METZLER AUTOREN LEXIKON

METZLER AUTOREN LEXIKON

Deutschsprachige Dichter
und Schriftsteller
vom Mittelalter bis zur
Gegenwart

Zweite, überarbeitete und erweiterte Auflage
Herausgegeben von Bernd Lutz

Verlag J. B. Metzler
Stuttgart · Weimar

Die Deutsche Bibliothek – CIP-Einheitsaufnahme
Metzler-Autoren-Lexikon : deutschsprachige Dichter und
Schriftsteller vom Mittelalter bis zur Gegenwart / hrsg. von
Bernd Lutz. – 2., überarb. und erw. Aufl. – Stuttgart ; Weimar :
Metzler, 1994
ISBN 3-476-00912-2
NE: Lutz, Bernd [Hrsg.]; Autoren-Lexikon

Gedruckt auf säure- und chlorfreiem, alterungsbeständigem Papier
ISBN 3-476-00912-2

© 1994 J. B. Metzlersche Verlagsbuchhandlung
und Carl Ernst Poeschel Verlag GmbH in Stuttgart
Satz: Typomedia Satztechnik GmbH, Scharnhausen
Druck: Franz Spiegel Buch GmbH, Ulm
Printed in Germany

Verlag J. B. Metzler Stuttgart · Weimar
EIN VERLAG DER SPEKTRUM FACHVERLAGE GMBH

Vorwort zur ersten Auflage

Wer sich als Literaturleser einen Eindruck von den Daten, den Lebensumständen, dem Lebensplan, dem literarischen Konzept und den wesentlichen Werken eines Autors der deutschen Literaturgeschichte verschaffen möchte, ist auf zwei Auskunftsmittel angewiesen: die zahlreichen Literaturgeschichten, die alten und die neuen, und die dazu vorhandenen biographischen Lexika. Relativ rasch wird man zu der Einsicht gelangen, daß weder die Literaturgeschichten noch die biographischen Lexika einen anschaulichen und faßbaren Begriff der Persönlichkeit des Autors vermitteln. Die Literaturgeschichten können diesen Anspruch nicht erfüllen, weil sie das Subjektive übergreifende Momente der Sozialgeschichte, der literarischen Institutionen, der Gattungsgeschichte und der literarischen Kommunikation in den Vordergrund zu stellen haben. Die biographischen Lexika dagegen setzen ihren Ehrgeiz in die möglichst vollständige Nennung der annähernd 3000 Autoren, die bekannt geworden sind – wo sie sich nicht räumlich oder zeitlich von vornherein Beschränkungen auferlegen. Zuletzt sehen sie sich allesamt zu bedenklichen Vereinfachungen gezwungen: Die Daten zu Leben und Werk werden ohne thematischen Zusammenhang bekanntgegeben; aufgrund der notwendigen Verknappung fallen literarhistorische Werturteile fast zwangsläufig plakativ aus; eine Gewichtung wesentlicher Autoren der deutschen Literaturgeschichte gegenüber den kleineren Lichtern drückt sich allenfalls über die Menge der nur in der Nähe größerer Bibliotheken zugänglichen Sekundärliteratur aus, mit der die einzelnen Artikel substanziell untermauert werden sollen.

Mit der Konzeption dieses Lexikons deutschsprachiger Autorinnen und Autoren ist der Versuch gemacht, die Verfahrensweisen der Literaturgeschichte und der Biographik lebendig und eindringlich miteinander zu verbinden. Das Konzept dieses Buches kann gewinnen, wo es der Literaturgeschichte gegenüber zu verstehen gibt, daß es mit dem reflektierenden Zugriff, der Darstellung des »literarischen Prozesses« allein nicht getan ist, wenn es um die Erfassung der Fülle und der Zufälligkeiten des literarischen Lebens geht. Dadurch ist ein Buch zustande gekommen, das viel Verständnis für das mitunter Rätselhafte und Bizarre der schriftstellerischen Existenz abverlangt. Die Schar der schreibenden Höflinge und Rebellen, der Alkoholiker und Drogensüchtigen, der Weiberhelden und der Verfechter asketischer Ideale, der lechzenden Ämteraspiranten und der saturierten Couponschneider legt alles andere als den verklärenden Eindruck von den »Leiden großer Meister« nahe. Die beabsichtigte erzählerische Intensität der einzelnen Artikel mußte zwangsläufig zu Lasten der Vollständigkeit gehen. Es werden daher nur diejenigen Autoren behandelt, die in der Literaturgeschichte im allgemeinen Rang und Namen haben. Daß das Feld interessanter Autorinnen und Autoren bei weitem nicht ausgeschöpft ist, wird insbesondere für das 19. und 20. Jahrhundert bewußt; doch waren hier, was Schreibkapazität, Umfang und Zeitpunkt der Fertigstellung des Buchs betreffen, rasch Grenzen erreicht, die einen ersten Einhalt geboten haben.

Dieses Buch stellt eine Gemeinschaftsleistung von über einhundert Literaturwissenschaftlern des In- und Auslands dar. Sie haben sich mit großer Umsicht und Geduld der Aufgabe gestellt, auf (letzten Endes doch wieder) knappem Raum »ihre« Autoren zur

Geltung zu bringen. Sie haben dies umso bereitwilliger getan, als sie nicht nur einem raschen Informationsbedürfnis dienen, sondern vor allem zum »Weiterlesen«, zur Weiterbeschäftigung mit der schwierigen und vertrackten Sache der Literatur anregen wollen.

Zu danken ist denjenigen, die beim Zustandekommen des Buchs geholfen haben: Heidi Oßmann, Christel Pflüger und Susanne Wimmer.

Stuttgart, im August 1986   Bernd Lutz

Vorwort zur zweiten Auflage

Das *Metzler Autoren Lexikon* ist zahlreich rezensiert und insgesamt als neuartiges lexikalisches Unternehmen begrüßt worden. Bemängelt wurden regelmäßig »fehlende« Autorinnen und Autoren, über die man gerne etwas gelesen hätte. Der Herausgeber der ersten Auflage war sich dieser Tatsache durchaus bewußt und hat deshalb von »einem ersten Einhalt« gesprochen, der gemacht werden mußte. Aufgrund des großen Erfolges konnte die zweite Auflage weiter ausgreifen, vor allem im 20. Jahrhundert und in der unmittelbaren literarischen Gegenwart. Das innerliterarische Beziehungsgeflecht ist damit dichter geworden. Mehr als eine »geglückte Auswahl« kann bei einem einbändigen Lexikon nicht gelingen, damit ein wenig Spiegel des Vermächtnisses der deutschen Literatur, deren Ausdrucksstärke unter einem abstrakten Vollständigkeitsanspruch sehr zu leiden begänne. An dieser Stelle ist für ihre tätige Mithilfe zu danken: Eva-Maria Eckstein, Martina Gronau, Heidi Oßmann, Andrea Rupp und Sigrun Zühlke.

Stuttgart, im April 1994   Bernd Lutz

Abraham a Sancta Clara

Geb. 2.7.1644 in Kreenheinstetten b. Meßkirch; gest. 1.12.1709 in Wien

Johann Wolfgang Goethe behielt recht, als er Friedrich Schiller einen Band mit Schriften von A. zusandte und dazu bemerkte, sie würden ihn »gewiß gleich zu der Kapuzinerpredigt begeistern« (5.10.1798). Denn Schiller fand hier das Material, das er brauchte, um den Auftritt des Kapuziners in *Wallensteins Lager* mit Leben zu erfüllen, und er übernahm charakteristische Merkmale von A.s volkstümlichem Predigtstil, die Wortspiele, die Reihungen, die lateinisch-deutsche Mischsprache, die Verbindung von drastischem Ton und höherem Anliegen. So setzte er »Pater Abraham«, diesem »prächtige(n) Original«, mit all seiner »Tollheit« und »Gescheidigkeit« ein Denkmal, das nachhaltiger wirkte als das wesentlich komplexere Werk des Predigers.

A., eigentlich Hans Ulrich Megerle, Gastwirtssohn, war nach dem Besuch der Lateinschule in Meßkirch, des Jesuitengymnasiums in Ingolstadt und des Benediktinergymnasiums in Salzburg 1662 in den Orden der Reformierten Augustiner-Barfüßer eingetreten. Das Noviziat absolvierte er im Kloster Mariabrunn bei Wien, und von da an stand Wien im Mittelpunkt seines Wirkens, wenn er auch gelegentlich Aufgaben an anderen Orten wahrnehmen mußte (so war er von 1670 bis 1672 Wallfahrtsprediger im Kloster Taxa bei Augsburg und von 1686 bis 1689 Prior im Grazer Kloster seines Ordens). Nach der Priesterweihe (1668) und seiner Ernennung zum Kaiserlichen Prediger (1677) – Kaiser Ferdinand II. hatte dem Orden die Seelsorge an der kaiserlichen Hofkirche übertragen – machte er »Karriere« in seinem Orden, dem er in hohen seelsorgerischen und administrativen Funktionen diente, zeitweise auch als Vorsteher der deutsch-böhmischen Ordensprovinz.

Vor allem jedoch verstand er sich als Prediger, und sein Werk ist untrennbar mit dieser Funktion verbunden. Das gilt auch für die Schriften, die formal eigene Wege gehen und mit den üblichen literaturwissenschaftlichen Gattungskriterien nur schwer zu erfassen sind. Drucke seiner Predigten erschienen von 1673 an, als er »Vor der gesambten Kayserl. Hoffstatt« eine Lobpredigt auf Markgraf Leopold von Österreich hielt *(Astriacus Austriacus Himmelreichischer Oesterreicher)*. Sein Publikum erreichte und faszinierte er durch eine unwiderstehliche Verbindung von Ernst und Komik, von tiefer Frömmigkeit, gezielter Satire und »barocker« Sprachgewalt; dem intendierten moralischen und geistlichen Nutzen dienten auch die zahlreichen Zitate kirchlicher und antiker Autoren, die Gedichteinlagen und die eingeflochtenen exemplarischen Geschichten und Wundererzählungen (»Predigtmärlein«).

Seine bekanntesten Schriften entstanden aus aktuellem Anlaß, der Pestepidemie von 1679 und der Belagerung Wiens durch die Türken 1683: *Mercks Wienn* (1680), eine Verbindung von Pestbericht, Predigt und Totentanz (»Es sey gleich morgen oder heut / Sterben müssen alle Leuth«); *Lösch Wienn* (1680), eine Aufforderung an die Wiener, die Seelen ihrer durch die Pest hingerafften Angehörigen durch Gebet und Opfer aus dem Fegefeuer zu erlösen; und *Auff / auff Ihr Christen*, ein Aufruf zum Kampf *wider den Türckischen Bluet-Egel* (1683). Darüber hinaus belebte A. die traditionelle Ständesatire und die

Narrenliteratur (z. B. *Wunderlicher Traum Von einem grossen Narren-Nest*, 1703), pflegte den Marienkult und sorgte für erbauliche Unterweisung mit Hilfe von Ars moriendi (Sterbekunst) und moralisierender Emblematik (*Huy! und Pfuy! Der Welt*, 1707). Seine Erfahrungen als Prediger flossen in die großen Handbücher, Exempel- und Predigtsammlungen ein: *Reimb dich Oder Ich liß dich* (1684), *Grammatica Religiosa* (1691) und als herausragendstes Beispiel dieser Werkgruppe *Judas Der Ertz-Schelm* (4 Teile, 1686–95) – kein epischer Versuch, sondern eine Art Predigthandbuch, das die Lebensgeschichte des Judas als formalen Rahmen benutzt und jede Station, jedes Laster zum Anlaß einer warnenden Predigt nimmt, die es nicht verfehlt, die »sittliche Lehrs-Puncten« auf anschauliche Weise zu illustrieren.

Der Beifall, den man seit Klassik und Romantik A.s »Witz für Gestalten und Wörter, seinem humoristischen Dramatisieren« spendet (Jean Paul), darf freilich nicht darüber hinwegtäuschen, daß es sich für den Prediger nur um Mittel zum Zweck handelt, um Elemente einer im Dienst der »allzeit florierenden / regierenden / victorisirenden Catholischen Kirchen« zielstrebig eingesetzten Überredungskunst.

Literatur: Franz M. *Eybl:* Abraham a Sancta Clara. Tübingen 1992; Abraham a Sancta Clara. Ausstellungskatalog. Karlsruhe 1982.
Volker Meid

Achternbusch, Herbert
Geb. 23. 11. 1938 in München

Was an A. auffällt, ist seine Verwandtschaft mit Eulenspiegel. In seinem Theaterstück *Gust* (1984) bittet die sterbende Ehefrau Gust um ein »süßes Wort«, und Gust, der Nebenerwerbsimker, stammelt vor sich hin: »Honig«. Das war auch die Antwort Eulenspiegels auf dieselbe Bitte der an seinem Sterbelager sitzenden Mutter. Es sind aber nun nicht nur die Kalauer, von denen Eulenspiegel und Achternbusch ausgiebig Gebrauch machen, sondern es verbindet sie etwas im Kern ihrer Haltung. Die deutschen Bauern wurden mit dem Beginn der Neuzeit auf ihr Land festgenagelt wie der Grünewaldsche Christus ans Kreuz: die meisten von ihnen ging bis ins 19. Jahrhundert in die sog. »zweite Leibeigenschaft«. Wenn nun einer in einem Volk, das zu 95 % aus Bauern besteht, kein Bauer sein will und auch kein Handwerk lernt, dann ist das schwierig. Till ist der bodenlose Bauer, der seinen Acker verläßt, weil man von ihm nicht mehr leben kann. Er zeigt uns, wie ein Neubau einer städtischen, später bürgerlichen Gesellschaft nicht gelingen kann, wenn die Bauernfrage, d. h. das Verhältnis der Menschen zu ihrem Land, das ist also auch die Frage der nationalen Identität, nicht gelöst ist. So erscheint Eulenspiegel den Städtern und den Herren, und man kann sagen, daß das Mißlingen der deutschen Geschichte im 20. Jahrhundert Eulenspiegel bestätigt hat. Und nun kehrt in A., der von bayrischen Bauern abstammt, dieselbe Bodenlosigkeit wieder. Was ihn im Kern mit Eulenspiegel verbindet, ist die Absurdität der Haltung: »Du hast zwar keine Chance, aber nutze sie!« *(Die Atlantikschwimmer,*

1978), Dies ist die Lebenslosung Eulenspiegels und mag auch für A.s Lebens gelten, wenn man manches aus den Ich-Erzählungen für bare Münze nimmt. Bestimmt aber gilt sie für seine Arbeit. »Wenn das schon Dummköpfe sind, denen meine Bücher gefallen, was müssen das erst für Dummköpfe sein, denen sie nicht gefallen« *(Revolten, 1982).* Rückt man seine Bücher, Filme, Theaterstücke und Bilder in die Tradition der Eulenspiegelstreiche, so versteht man sie richtig. Eulenspiegel hat z.B. auf dem Bremer Marktplatz Milch in einen großen Bottich gießen lassen, also Milchmengen gesammelt, mit denen eine mittelalterliche Bauerngesellschaft oder frühe Stadtbewohner auf keinen Fall sinnvoll umgehen konnten. Die Absurdität dieses Bildes können wir heute, zur Zeit europäischer »Milchseen« und »Butterberge«, kaum noch nachempfinden. Die Dinge sind uns tatsächlich so weit über den Kopf gewachsen, daß für unsere Zeit die dem Eulenspiegelschen entsprechenden Absurditäten andere Bilder erfordern. Man erkennt aber im folgenden Beispiel von A. immer noch das Prinzip des grotesken Milchzubers, in dem absurde Harmonie entsteht: »Ursprünglich war ich ein gelernter Flugzeugmaurer. Für 25 Mark in der Stunde habe ich mit Kelle und Wasserwaage Mauern in Flugzeugen hochgezogen. Wie es keinen Treibstoff mehr gegeben hat, habe ich für Kontergankinder Führungen in Atomkraftwerken gemacht. Wenn ich sie was gefragt habe, dann haben sie hier an der Schulter die Finger gehoben. Ich habe ihnen erklärt, daß die Atomkraft den Menschen die Arme erspart« *(Das letzte Loch, 1981).*

Liest man Artikel und Bücher über A., dann fallen immer wieder dieselben Wörter: assoziativ, Aufbegehren, bayrisch, chaotisch, dilettantisch, eigensinnig, individuell, radikal, subjektiv, ungebärdig, utopisch, verwundet, zornig. Zwei Begriffe sind bisher nicht (oder ganz vereinzelt!) genannt worden. Sie haben auch mit Eulenspiegel zu tun: Realismus und Aufklärung. Man kann sagen, daß die Hauptlinie der »Dialekt der Aufklärung«, die Linie des Verstandes, der instrumentellen Vernunft in unserem Jahrhundert, dem Jahrhundert der Verwüstungen, in ihrem Scheitern zu erkennen ist. Jetzt werden die vergessenen, liegengelassenen Nebenlinien interessant. Es gab eine »Aufklärung vor der Aufklärung« des 17. und 18. Jahrhunderts, der die Verengung auf das gerade Denkvermögen des Menschen fremd war. Rabelais, Cervantes, Boccaccio, Shakespeare, um ein paar berühmte Namen zu nennen, hätten den Ursprungssatz der Vernunftaufklärung »Ich denke, also bin ich« vielleicht nicht verstanden und ihn für wenig realistisch, d.h. der Natur des Menschen gemäß gehalten. Von dieser Aufklärung vor und neben der Aufklärung, die auf breiterer, aber ungeordneterer, unübersichtlicherer Grundlage fußt, geht ein starker komischer Impuls aus, der sich in Menschen wie A. und seinen Lesern und Guckern wieder bemerkbar macht. Ihr Hauptprinzip heißt »Aufklärung durch Vernebelung« (Heiner Müller), d.h. sie würden das Gebot »sapere aude!« nie aussprechen, weil sie der Wirkung direkter, linearer, verständiger Kommunikation mißtrauten. Von diesem Prinzip leben auch A.s Arbeiten: »Ich möchte aber Filme, die niemand versteht. Früher hat man einen Bachlauf nicht verstanden, heute wird er begradigt, das versteht ein jeder.« »Es geht nicht mehr darum, dieses bürgerliche Verbrechertum zu beweisen, sondern unverschämte Behauptungen in die Welt zu setzen. Die Literatur soll erfinden ... Die Erfahrung soll springen, in Erfindungen springen.« Ist es nicht immer noch überraschend, daß Kant in seinem berühmten Aufsatz »Beantwortung der Frage: Was ist Aufklärung?« (1783) als erstes Beispiel von Unmündigkeit die Abhängigkeit vom Buch anführt? »Es ist so bequem, unmündig zu sein. Habe ich ein Buch, das für mich Verstand hat, einen Seelsorger, der für mich Gewissen hat, einen Arzt, der für mich die Diät beurteilt, usw.: so brauche ich mich ja nicht selbst zu bemühen.« Natürlich meint Kant mit dem Buch das damals beherrschende Buch, die Bibel. Aber das Verhältnis der Leser zum Geschriebenen muß sich nicht dadurch ändern, daß an die Stelle der Bibel inzwischen alle möglichen Bücher oder auch Filme, Fernsehen u.a. getreten sind. Auch Bücher wie die von Kant, die in emanzipatorischem Interesse verfaßt wurden, können sich gegen die Gewohnheit unmündigen Lesens schlecht wehren. Aus diesem Scheitern zieht A. die Konsequenz, Bücher zu schreiben, die überhaupt keinen Verstand haben und daher auch keinen »für mich« haben können. Das Vertrauen auf den Unsinn (von Erfindung und Erfahrung), Komik, will ein Hemmnis gegen unmündiges Lesen sein, denn unsinnigen Sätzen kann man nicht sklavisch-verständig folgen. »Lachen ist ein guter Ausgangspunkt für Denken.«

Wer an dem Begriff der Erfahrung festhält, kann kein Gegenaufklärer sein. Es kann sich dabei im Usprung und Kern nur immer um die eigene Erfahrung handeln. (Das gilt, nebenbei bemerkt, sogar für den abstrakten Denker Kant, dem die theoretische und praktische Vernunft zwar gebietet, Reisen für etwas unbedingt Notwendiges zu halten, der aber, um nicht mit dem eigenen Verhalten in Konflikt zu geraten, dann die Einschränkung macht: außer, wenn man in Königsberg, einer Stadt an Fluß und Meer wohnt, denn dann komme ja die Welt in die Stadt.) Auf die Einsicht der Bedrohung der Welt gründet sich Achternbuschs Realismus. »Ich bin der Erfinder der Individuellen Kunst, Erfinden kann man die leicht, aber durchsetzen!« Die seit dem 18. Jahrhundert benutzten künstlerischen Formen, die alten Behälter der Erfahrung, können die lebendige, also zunächst individuelle Erfahrung der Gegenwart auf keinen Fall mehr fassen: »Wer eine spezielle literarische Form pflegt, mag er auch noch so ideologische Fassadenpflege betreiben, dient dem blockhaften politischen System. Jeder Roman ist eine totale politische Institution.« Die Grundform A.s ist der Assoziationsstrom, der aber als Naturform der Phantasie, nicht als Kunst bezeichnet werden muß. Sein Realismus besteht gerade darin, ein kunstloser Künstler zu sein. Dies zieht die Feindschaft der Bürokratie *(Das Gespenst,* 1983), der Ritter des Kulturbetriebs und der Traditionalisten auf sich. Aber es sichert ihm die Zuneigung der Künstler, und zwar auch solcher, die gar nicht zueinander und zu ihm zu passen scheinen. Sie bemerken, daß hier einer die Wurzeln der Kunst, d.h. nichtentfremdeter Produktivität offen hält, so daß man daran anknüpfen kann.

Zusammenhänge sind oft unterirdisch. Man muß nicht bestreiten, daß A. mit den häufig genannten Kameraden im Geiste (Karl Valentin, Oskar Maria Graf, Charlie Chaplin, Buster Keaton, Marx-Brothers, Jean Paul, auch mit Robert Walser und Franz Kafka) offenkundig vieles verbindet, wenn man auf andere, weniger offenkundige Bezüge hinweist. Dazu gehört z.B. eine geheime Verwandtschaft mit Robert Musil. Für ein dekadentes Lebensgefühl, welches seine Zeit bestimmte, fand Musil folgendes Bild: »Sätze wie dieser schmecken so schlecht wie Brot, auf das Parfüm ausgegossen wurde, so daß man jahrzehntelang mit alledem nichts mehr zu tun haben mag.« In A.s Film *Der Depp* (1982) wird folgendes Gericht serviert: »Das Sauerkraut mit dem Schokoladenherz«. Beide Bilder zeigen einen Weltekel, dessen deutscher komischer Archetyp Eulenspiegel ist, unterscheiden sich aber städtisch (Wien, bürgerlich, ironisch) und ländlich (bayrischer Wald, bäuerlich, komisch). Mit diesem Abscheu gegen die Außenwelt geht fast immer die Sehnsucht nach einem anderen Menschen einher, der die Welt genauso verabscheut: das ist Agathe für den Mann ohne Eigenschaften und Susn in den Büchern A.s. Um das Soziale, eigentlich Asoziale, das Kriegerische in der Liebe möglichst gering zu halten, verkleidet sie sich als Inzest. Susn ist wie Agathe die Schwester: »Der Vater hat dir die Susn in den Kopf gespuckt, sag ich da. Er hat einen Rausch gehabt, und in seinem Kater tröstete er sich mit einer schönen Erfindung, einer Tochter aus seinem Samen!« *(Die Alexanderschlacht, 1978)* Der »letzten« ernsthaften »Liebesgeschichte« Musils folgt die letzte komische. So verstecken sich in A.s Werk, der insofern mitnichten der eigensinnige Eigenbrötler ist, als der er erscheint, Chiffren der deutschen Geistesgeschichte. Das Inzestmotiv läßt sich bis zu Wieland zurückverfolgen. Er wiederbelebt historisch vorhandene Protestenergie gegen die Traumata des geschichtlich Gewordenen: »Denn das Individuum ist der Sinn der Geschichte und ihr Ende zugleich.«

Literatur: *Jansen*, Peter W. und *Schütte*, Wolfram (Hrsg.): Herbert Achternbusch. München/ Wien 1984. *Drews*, Jörg (Hrsg.): Herbert Achternbusch, Materialienband Frankfurt a. M. 1982.

Rainer Stollmann

Aichinger, Ilse
Geb. 1. 11. 1921 in Wien

Ein »zartes, vielgeliebtes Wunderkind« war – so erinnert sich der Kritiker Joachim Kaiser noch 1980 – A. für die Mitglieder der legendären Gruppe 47, als sie (ab 1951) an deren Tagungen teilzunehmen begann und 1952 für die *Spiegelgeschichte* ihren Preis erhielt.

Einer aus der Gruppe, der Lyriker und Hörspielautor Günter Eich, wurde A.s Mann. Von ihm, sagt sie nach seinem Tod, habe sie ein Engagement gelernt, das über das politische hinausging, »ein Engagement gegen das ganze Dasein überhaupt«. »Ich lasse mir die Welt nicht bieten«, hat sie ein andermal gesagt und ihren Widerstand gegen politische Systeme, Macht und Machtträger (»die Gekaderten«) immer schon verstanden »nur als Teil eines größeren Widerstandes, dem die Natur nicht natürlich erscheint, für den es den Satz ›weil es so ist‹ nicht gibt«. Der so umfassend definierte Widerstand schließt ein Schreiben aus, das von einer vorgegebenen Welt und Wirklichkeit ausgeht und einem Programm oder einer Ideologie verpflichtet ist. Und zu keiner Zeit kommt für A. eines in Frage, das nicht den Widerstand in Sprache umsetzt und in ihr aufzeigt: »Sie ist, wenn sie da ist, das Engagement selbst«.

»Ich gebrauche jetzt die besseren Wörter nicht mehr«, beginnt die Titelerzählung des Bandes *Schlechte Wörter* (1976), die eine grimmig-melancholische Demonstration der poetischen Autonomie, ein Plädoyer für eine den Definitionen, Devisen, Konventionen entrissene Sprache ist. A. hat mehrere poetologische Texte geschrieben. Einer davon,

Meine Sprache und ich (1978), hat den Titel abgegeben für die Taschenbuchausgabe der gesammelten Erzählungen, 1978; darin findet sich auch *Der Querbalken*, von Wolfgang Hildesheimer als ein Schlüsseltext der modernen deutschen Literatur interpretiert. Diese Texte berichten alle erzählerisch, keineswegs theoretisierend, vom schwierigen Umgang mit der Sprache und mit der Welt, die sich in ihr spiegelt.

Ihr erstes Buch, den Roman *Die größere Hoffnung* (1948), begann A. zu schreiben, um darüber zu berichten, »wie es war«. Sie hatte die Jahre des Kriegs und der Naziherrschaft in Wien verlebt und mußte als Halbjüdin (vor allem aber ihre jüdische Mutter) ständig mit der Deportation rechnen. Diese dokumentarische, historische, autobiographische Realität wird verwandelt in eine poetische. Einmal dadurch, daß A. weder den Schauplatz noch die Verfolger und die Opfer benennt. Vor allem aber durch eine kühne, expressive Bildersprache, die nicht nur mit der damals zur Wahrheitsfindung für unverzichtbar gehaltenen »Kahlschlag«-Sprache nichts gemein hat, sondern auch innerhalb von A.s übrigem Werk einzig da steht. Die Verwandlung überhöht oder schließt den realen Schrecken keineswegs aus, aber sie konfrontiert ihn radikal mit einer durch ihn nicht einzuholenden poetischen Gegenwelt. In dieser Gegenwelt lebt eine Gruppe verfolgter Kinder und Halbwüchsiger spielerisch und – buchstäblich! – spielend den Widerstand und die Verweigerung: Im Kapitel »Das große Spiel« führen sie ein Theaterstück auf; sie spielen es so intensiv, daß ein »Häscher« von der »Geheimen Polizei«, der die Kinder abholen soll, seinen Auftrag vergißt und sich in das Spiel einbeziehen läßt. Die fünfzehnjährige Ellen, die sich der Gruppe angeschlossen hat, obwohl sie »zwei falsche Großeltern zu wenig« habe, kommt dabei zu der Erkenntnis, daß die »große Hoffnung« – auf ein Ausreisevisum nämlich – zu wenig ist. »Nur wer sich selbst das Visum gibt . . ., (wird) frei«. Die »größere Hoffnung« aber richtet sie – während sie von einer explodierenden Granate zerrissen wird – auf eine neue Welt des Friedens und der Menschlichkeit.

A.s einziger Roman, obwohl früh in seiner Bedeutung erkannt (»die einzige Antwort von Rang, die unsere Literatur der jüngsten Vergangenheit gegeben hat« – Walter Jens), sei trotzdem bis heute »ein Buch, das geduldig auf uns wartet«, meint Peter Härtling; der Erfolg von A.s frühen Erzählungen habe einer breiten Publikumsresonanz im Wege gestanden. Von Rezeption und Umfang her bilden die Erzählungen tatsächlich das Zentrum ihres Werks. Und manche davon sind Lesebuchklassiker geworden; von den früheren neben der *Spiegelgeschichte* vor allem *Der Gefesselte, Die geöffnete Order, Das Fenstertheater,* von den späteren *Mein grüner Esel, Wo ich wohne* oder *Mein Vater aus Stroh*. Hingegen sind A.s Hörspiele (vier davon gesammelt im Band *Auckland*, 1969) und die Dialoge und Szenen (*Zu keiner Stunde*, 1980) kaum zur Kenntnis genommen worden; in diesen Textgattungen ist A.s Poetik des Schweigens (»Vielleicht schreibe ich, weil ich keine bessere Möglichkeit zu schweigen sehe«), der Leerräume und der ständigen Verlegung der Grenzen der Realität von Zeit und Raum besonders weit getrieben.

In A.s literarischer Entwicklung seit *Die größere Hoffnung* ist eine sprachliche und gedankliche Radikalisierung zwar unverkennbar, aber sie läßt zu keiner Zeit Teile ihres früheren Werks überholt erscheinen. Zu Recht verrät in dem 1978 erschienenen Gedichtband *Verschenkter Rat* keine chronologische Anordnung die bis zu fünfundzwanzig Jahre auseinanderliegende Entstehungszeit der Gedichte. Der andere, der nicht durch Überlieferung und Übereinkunft verstellte Blick auf die Realität ist für die frühe wie die späte Lyrik kennzeichnend. *Nachruf* ist aus diesem freien Blick heraus entstanden. Die Raum- und Zeitlosigkeit, in der die vier lakonischen Imperative gesprochen sind, vermag eine von allen Seiten (religiös, historisch, sozial und politisch) abgesicherte Weltordnung auf den Kopf zu stellen und zu zertrümmern: »Gib mir den Mantel, Martin, / aber geh erst vom Sattel / und laß dein Schwert, wo es ist, / gib mir den ganzen«. Und der Prosatext *Schnee* (aus *Kleist, Moos, Fasane*, 1987) läßt in seinen letzten Zeilen und mittels eines verbindlichen Irrealis' die ganze Schöpfungsgeschichte neu (und humaner) beginnen: »Wenn es zur Zeit der Sintflut geschneit und nicht geregnet hätte, hätte Noah seine selbstsüchtige Arche nichts geholfen. Und das ist nur ein Beispiel«. Der Prosaband *Kleist, Moos, Fasane* versammelt verstreut erschienene autobiographische Texte und Erzählungen, zudem A.s Äußerungen über andere Autoren (wie Josef Conrad, Georg Trakl, Franz Kafka, Adalbert Stifter, Thomas Bernhard) und ihre bisher unveröffentlichten Aufzeichnungen 1950–1985.

An dem 1987 überraschend erschienenen Prosaband mit Texten aus vier Jahrzehnten und in der 1991 von R. Reichensperger zu A.s siebzigstem Geburtstag herausgegebenen Taschenbuchausgabe der *Werke* in acht Bänden ist es nochmals zu überprüfen, wie die zu einer Klassikerin der Moderne gewordene Autorin zugleich eine Avantgardistin geblieben ist und in welchem Maß die Zeitlosigkeit, in der ihr Schreiben angesiedelt ist, nicht die geringste Gemeinsamkeit aufweist mit Zeit*ferne*.

Werkausgabe: Aichinger, Ilse: Werke. Taschenbuchausgabe in acht Bänden. Hrsg. von Richard *Reichensperger.* Frankfurt a. M. 1991.

Literatur: *Moser,* Samuel (Hrsg.): Ilse Aichinger, Materialien zu Leben und Werk. Frankfurt a. M. 1990; *Lindemann,* Gisela: Ilse Aichinger. München 1988.   *Heinz F. Schafroth*

Altenberg, Peter (d. i. Richard Engländer)
Geb. 9. 3. 1859 in Wien; gest. 8. 1. 1919 in Wien

A. war der Inbegriff des Wiener Kaffeehausliteraten und Bohemien. Seine Prosaskizzen, seine kulturkritischen Aphorismen und Bilder aus dem Wiener Großstadtalltag nannte er »Extrakte des Lebens« (*Wie ich es sehe*, 1896; *Was der Tag mir zuträgt*, 1900; *Bilderbögen des kleinen Lebens*, 1909). Nach einem abgebrochenen Jura- und Medizinstudium versuchte er sich u. a. als Buchhändler, bis er sich – von Karl Kraus gefördert – als freier Schriftsteller in den Kaffeehäusern einrichtete, dort residierte, arbeitete und lebte. Außer Karl Kraus waren Egon Friedell und der Architekt Adolf Loos seine Mentoren; mit den Literaten des Jungwiener Kreises stand er im engen Kontakt.

A. gilt als Meister der kleinen Form: der Skizze, des Feuilletons, des Aphorismus, der Anekdote. Er komprimierte einen Eindruck in knappster sprachlicher Gestalt, hinter der jedoch stets das erlebende Ich greifbar bleibt: das solipsistische Ich eines sensitiven, nervösen Augenmenschen. Die Sammlung *Wie ich es sehe* (die Betonung liegt auf

»sehe«) kann für A.s literarisches Verfahren exemplarisch stehen. Den Augenblick, den flüchtigen Eindruck, die plötzliche Begegnung, die dissoziierte Wirklichkeit holt er mit seiner Ein-Wort- und Ein-Satz-Kunst in die Sprache. Am besten hat er dieses in seiner *Selbstbiographie* (1918) charakterisiert: »Ja, ich liebe das ›abgekürzte Verfahren‹, den *Telegrammstil der Seele!* Ich möchte einen Menschen *in einem Satze* schildern, ein Erlebnis der Seele *auf einer Seite*, eine Landschaft *in einem Worte!* Lege an, Künstler, ziele, triff ins Schwarze! Basta.« Dort hat er auch seine Optik, seinen Kult des Sehens beschrieben: »Mein Leben war der unerhörten Begeisterung für Gottes Kunstwerk ›Frauenleib‹ gewidmet! Mein armseliges Zimmerchen ist fast austapeziert mit Aktstudien von vollendeter Form.... Wenn P. A. erwacht, fällt sein Blick auf die heilige Pracht, und er nimmt die Not und die Bedrängnis des Daseins ergeben hin, da er zwei Augen mitbekommen hat, die heiligste Schönheit der Welt in sich hineinzutrinken! *Auge, Auge, Rothschild-Besitz des Menschen!*... Ich möchte auf meinem Grabsteine die Worte haben: ›Er liebte und sah!‹«

A. war der unschuldigen Huldigungen und Verehrung für das Schöne voll; vor allem den aufblühenden Jungmädchenleib beschrieb er. Bei aller Egozentrik war er fähig, sich ohne Begehren der Frau zu nähern, ein Freund, kein Verführer. Er ging als ästhetischer Solipsist ganz im interesselosen Anschauen seiner schönen Objekte auf. Er bedauerte, daß die freien erotischen Beziehungen durch Konventionen und durch das Machtstreben vereitelt werden.

A. machte das Café Central berühmt, so wie diese Lokalität seine Lebensweise förderte und prägte. Er schrieb zumeist auf Veranlassung, eilig für ein kleines Honorar, das oft schon durch den Vorschuß aufgebraucht war. Zornig konnte er in seinen Aphorismen werden: »Mein Gehirn hat Wichtigeres zu leisten, als darüber nachzudenken, was Bernard Shaw mir zu *verbergen* wünscht, indem er mir es *mitteilt!*« Zuweilen zielte er tiefer: »Musik ist: wie wenn die Seele plötzlich in einer *fremden Sprache* ihre *eigene* spräche!« Sein Erscheinen ließ immer etwas Besonderes erwarten; seine berühmte allnächtliche Odyssee, die Suche nach seiner Wohnung, war polizeinotorisch. Allein dies reichte Egon Friedell schon aus für eine ganze Anthologie von Altenberg-Anekdoten, in denen er seine erinnerbare Gestalt gefunden hat.

Literarisch liegt A.s Bedeutung in seinem »Impressionismus« oder »Pointillismus«, besser: in den spontan wirkenden Skizzen, und in seinem Beitrag zur Geschichte des Wiener Feuilletons. Der Ich-Kult war ihm wie den meisten Kaffeehausliteraten Selbstverständlichkeit. »Mich interessiert an einer Frau *meine* Beziehung zu ihr, nicht *ihre* Beziehung zu mir!... Der Blick, mit dem sie einen anderen liebenswürdig anschaut, macht *mich, mich allein* unglücklich! Daher gehört dieser Blick *mir, mir* und nicht ihm, dem eitlen Laffen! Mir, mir allein gehört alles, was von ihr kommt, Böses und Gutes, denn *ich, ich* allein empfinde es!«

A. war der klassische Schmarotzer, der in Häusern der Aristokratie ebenso verkehrte wie im Bordell, wenn er nicht gerade im Kaffeehaus war. Als Bohemien und radikaler, doch sanftmütiger Individualist verfolgte er, verfolgten ihn verschiedene Reformideen (natürliche Kleidung, Gesundheitsschuhe). Mit seinem Reformwahn reagierte er auf den Verlust der Wertordnung, auf das, was bei Hermann Broch als »Verlust des Zentralwertes« in der zu Ende gehenden Donaumonarchie diagnostiziert worden war. Seine Exzesse (Alkohol, Schlafmittel) verursachten wiederholt Nervenkrisen und bedurften der klinischen Behandlung. Oder er erholte sich als Nachtschwärmer bei Gelagen von seinen strapaziösen Reformen an Leib und Gliedern. Kaum verwunderlich, daß für ihn Stoffwechselstörungen die einzige Erklärung für die Taten der Bösewichter der Weltliteratur waren. In den späteren Jahren wird das Erlebnis, der einzigartige Eindruck derart stilisiert, daß die Empfindung zum Fetisch wird oder zum beliebigen Reiz verkümmert. Seine Texte wurden nach seinem Tode von Alfred Polgar (»Nachlaß«), von Karl Kraus (Auswahl) und von Egon Friedell herausgegeben (*Das Altenberg-Buch*, 1922).

Werkausgabe: P. A.: Ausgewählte Werke in zwei Bänden, München 1979.
Literatur: *Schaefer*, Camillo: Peter Altenberg oder die Geburt der modernen Seele. Wien und München 1992; *Kosler*, Hans Christian (Hrsg.): Peter Altenberg, Leben und Werk in Texten und Bildern, München 1981.   *Helmut Bachmaier*

Anders, Günther (d. i. Günther Stern)
Geb. 12. 7. 1902 in Breslau, gest. 17. 12. 1992 in Wien

»Kraft aus dem Ursprung ziehen?... Aus der Fremde habe ich meine Kräfte gezogen« (*Besuch im Hades*, 1967) – jener Fremde, die nicht nur einen wechselnden geographischen, sondern auch den gesellschaftlichen Ort des während des Nationalsozialismus politisch und rassisch Verfolgten, seit den 5oer Jahren des unerwünschten Warners vor der »atomaren Drohung« meint. Schon 1917 wurde A. in Frankreich als Zwangsmitglied eines paramilitärischen Schülerverbandes mit den Folgen des Ersten Weltkrieges konfrontiert und war als Sohn jüdischer Eltern, des Psychologenpaars Clara und William Stern, antisemitischen Quälereien ausgesetzt. Trotzdem folgte dem Abitur (1920) ein »politikfreies Intermezzo« mit vorwiegend philosophischen und künstlerischen Interessen. Sein Studium der Philosophie, zunächst in Hamburg bei Ernst Cassirer und Eduard Spranger in Berlin, dann u. a. bei Martin Heidegger sowie Edmund Husserl in Freiburg, schloß A. mit einer Dissertation über *Die Rolle der Situationskategorie bei den »Logischen Sätzen«* (Freiburg 1924) ab. Es folgten Seminare und Semester bei Heidegger, Max Scheler, dessen Assistent er wurde, Karl Mannheim und Paul Tillich. Zugleich arbeitete er für den Rundfunk, schrieb an einem Versepos über Berlin und begann seine Tätigkeiten als Journalist und Rezensent bei der kurzlebigen Monatszeitschrift *Das Dreieck*. Neben Gedichten erschien hier bereits 1924 sein Plädoyer für eine *Philosophie der Aktualität*.

In Paris, wo er sich in dieser Zeit öfter aufhielt und u. a. als Kulturkorrespondent für die *Vossische Zeitung* arbeitete, beendete A. sein erstes philosophisches Buch *Über das Haben* (1928). In »sieben Kapitel(n) zur Ontologie der Erkenntnis« sucht A. sich hier von Husserl abzugrenzen. Das Buch enthält auch bereits die für die Folgezeit grundlegende These von der »Unfestgelegtheit des Menschen in seiner Vieldeutigkeit«, die A. erstmals 1929 vor den Kant-Gesellschaften in Hamburg und Frankfurt a. M. in einem

Vortrag *Über die Weltfremdheit des Menschen* entfaltete. Dieser Vortrag dokumentiert, wie der früh von der Person und der Philosophie Heideggers beeindruckte A. sich schon bald zu dessen Kritiker wandelte. In seiner Betonung der »Tat, durch die der Mensch sich letzlich fortwährend definiert, durch die er bei jeder Gelegenheit determiniert, wer er ist«, wird dieser Vortrag bedeutsam für die Formulierung der Philosophie von Jean-Paul Sartre. A. sieht den Menschen auf keine bestimmte Welt und keinen bestimmten Lebensstil festgelegt, da er eine ihm gemäße Welt erst erschaffen, verändern und erhalten muß. Die Frage der philosophischen Anthropologie, »was der Mensch denn eigentlich ist«, erscheint A. »folglich zu Unrecht gestellt«, denn: »Künstlichkeit ist die Natur des Menschen und sein Wesen ist Instabilität«.

Auch die literatur- und kunstkritischen Arbeiten der dreißiger- und vierziger Jahre zu Alfred Döblin, Franz Kafka, George Grosz u. a. beherrscht das Thema *Mensch und Welt* (wie ein zusammenfassender Essayband mit Schriften zur Kunst und Literatur von 1984 betitelt sein wird), das A. unter dem Eindruck der politisch-sozialen Krisensituation hier auch als soziologisches Problem begriff. Nach vergeblichen Bemühungen, sich in Frankfurt a. M. bei Paul Tillich mit einer Arbeit zur Musikphilosophie zu habilitieren, konnte A. durch Vermittlung von Bertolt Brecht in verschiedenen Berliner Tageszeitungen als »Knabe für alles« publizieren. In seiner literarischen Produktion der 40er Jahre setzte A. sich nach der Lektüre von Hitlers *Mein Kampf* (1928) ausschließlich mit dem Faschismus und dem drohenden Krieg auseinander. Dabei bedient er sich unter dem Einfluß von Brechts Fabeln und dessen »Mischung aus Weisheit und Frechheit« vielfältiger Formen, insbesondere des didaktischen Schreibens. So auch in dem 1930/31 begonnenen Roman *Die molussische Katakombe* über die innere Mechanik des Faschismus, aus dem am Tag nach dem Reichstagsbrand (27. 2. 1933) noch ein Vorabdruck im *Berliner Tageblatt* erscheinen konnte. Das Erzählen von Geschichten wird in diesem Roman zur Methode des Überlebens, indem in den fiktiven Gesprächen zweier Häftlinge im molussischen Staatsgefängnis die »für die Fortsetzung des Freiheitskampfes notwendigen Lehren« in Form einer Reihe von politischen Fabeln weitergegeben werden. Von Brecht noch 1933 an den Kiepenheuer-Verlag vermittelt, fiel das Manuskript bei einer Durchsuchung zunächst der Gestapo in die Hände, die diese literarische Analyse totalitärer Systeme aber für eine Sammlung von Südsee-Märchen hielten. Schließlich gelang es A.s Frau, der Philosophin Hannah Arendt, das Manuskript in Sicherheit nach Paris zu bringen, wohin das Ehepaar 1933 ins Exil gehen mußte. Durch zweimalige Überarbeitung (1935 in Paris sowie 1938 in New York) erhält der Roman schließlich jene Fassung, deren Veröffentlichung A. erst 1992 mit dem Hinweis zustimmte, daß »heute ... das Buch bestimmt (ist) für alle Opfer der Lüge«. In Frankreich konnte der unbekannte Autor außer der mit dem Novellenpreis der Emigration 1936 ausgezeichneten Novelle *Der Hungermarsch* (1935) nur die Übersetzung seines Vortrags von 1929 veröffentlichen. 1936 trennte sich A. von seiner Frau und ging in die USA, wo Kontakte zu Theodor W. Adorno, Herbert Marcuse, Thomas Mann, Alfred Döblin u. a. bestanden. Neben einem Kapitel seines späteren Kafka-Buches auf der Basis seines Pariser Vortrags gegen eine Kafka-Mode (1934) und einer Polemik gegen Heidegger erschienen nur noch zahlreiche Gedichte in der deutschsprachigen New Yorker Zeitschrift *Aufbau*. Darüber hinaus blieben A. nur die »zahllosen Chancen der Misere« u. a. als Hauslehrer, Fabrikarbeiter in Los Angeles und Mitarbeiter am »Office for War Information« in New York, bis er nach längerer Zeit die Möglichkeit bekam, an der »New York School for Social Research« Vorlesungen über Ästhetik zu halten. 1959 kehrte A. »mit einem Koffer und tausend Manuskripten« als überlebender Jude nach Europa zurück, der sich bei seinem *Besuch im Hades*, d. i. Auschwitz, »am tiefsten geschämt habe, als ›Jude-noch-da-zu-sein‹«; denn »da fühlte ich mich, da ich kein Auschwitzhäftling gewesen war, da ich durch einen Zufall durchgekommen bin, wie ein Deserteur« (*Mein Judentum*). Er lebte seitdem in Wien ud hatte mit seiner Streitschrift *Kafka – Pro und contra* (1951) einen ersten anhaltenden literarischen Erfolg. Als Autor philosophischer Erzählungen liefert er Beispiele einer »fröhlichen Philosophie«, in der die Anstrengung der Phantasie die des Begriffs ergänzt, um so die Wirklichkeit einzuholen (*Kosmologische Humoreske*, 1968). Auf allgemeine Beispielhaftigkeit konzentrieren sich die erstmals 1967 veröffentlichten Tagebuchnotizen, indem sie solche exemplarischen Erfahrungen verzeichnen, »die sich auf die Zerstörung unserer Welt und auf die Verwüstung unserer heutigen Existenz beziehen« (Neuaufl. *Tagebücher und Gedichte*, 1985).

Diese Gefahren stehen auch im Zentrum seiner Fabeln *Der Blick vom Turm* (1968). In der Art, wie A. hier die Form der moralischen Erzählung nutzt, um in einer an Gotthold Ephraim Lessing und Brecht erinnernden Sprache, in prägnanter Kürze und verallgemeinernder Verfremdung, z. T. tatsächlicher Geschehnisse, beispielhaft die Zerstörung des Humanen aufzuweisen, zeigt sich A. als »Moralist aus der Tradition der europäischen Aufklärung« (Hans Mayer). Einer breiteren Öffentlichkeit wurde A. weniger durch seine einzigartigen literarischen Werke, als durch seine zeitkritischen Studien bekannt. In ihnen machte A. unter dem Schock der Atombombenabwürfe auf Hiroshima und Nagasaki 1945 als dem »Null einer neuen Zeitordnung« nunmehr die drohende Zerstörung der Humanität und physische Selbstauslöschung der Menschheit zu seinem Hauptthema (*Endzeit und Zeitenwende*, 1972; *Hiroshima ist überall*, 1982) und wird »der wahrscheinlich schärfste und luzideste Kritiker der technischen Welt« (Jean Amery).

Die Ergebnisse seiner sich aus konkreten eigenen Erfahrungen entfaltenden »Gelegenheitsphilosophie« faßt sein philosophisches Hauptwerk *Die Antiquiertheit des Menschen* (Bd. I 1956, Bd. II 1980) zusammen. Dessen weitverzweigte Auseinandersetzungen mit dem technischen Fortschritt und dem daraus resultierenden Totalitarismus der gesellschaftlichen Verhältnisse variieren stets »ein einziges Thema: das der Diskrepanz der Kapazität unserer verschiedenen Vermögen«. Durch sie sieht A. in diesem Werk die Gegenwartssituation des Menschen geprägt, da dieser nun in der Lage ist, mehr Produkte und Effekte herzustellen, als sich vorzustellen und verantworten zu können. Die Kluft, die zwischen der Kapazität der Technik und der Phantasie sowie dem Vermögen des Menschen besteht, sich die Konsequenzen vorzustellen, läßt den Menschen als antiquiert erscheinen. Er fühlt sich der seelenlosen Vollkommenheit und Perfektion der von ihm selbst geschaffenen Welt der Maschinen und Produkte nicht mehr gewachsen und verliert infolge dieses Gefühls der »prometheischen Scham«, wie es sich beim ersten Atombombenabwurf gezeigt hat, auch die Hemmung vor den katastrophalen Folgen ihres Einsatzes, einer möglichen »Welt ohne Menschen (vielleicht sogar ohne Leben)«.

A. war u. a. als Mitinitiator und -organisator der internationalen Anti-Atombewegung und Juror beim Russel-Tribunal gegen den Vietnam-Krieg bereit, auch öffentlich politisch-praktische Konsequenzen zu ziehen. Daher mag man ihm für seine literarisch-philosophischen Schriften im offiziellen Kulturbetrieb erst spät die ihm gebührende Anerkennung gezollt haben (u.a. den Theodor-Adorno-Preis 1987, den Sigmund-Freud-Preis für wissenschaftliche Prosa, 1992). Daß A. aber bis zu seinem Tode stets »bei geöffneter Tür philosophiert(e)«, ohne sich politisch vereinnahmen zu lassen, dokumentieren seine provozierenden Thesen eines Gesprächs über *Notstand und Notwehr*, an sie schloß sich eine kontrovers und heftig geführte Debatte an (*Gewalt – ja oder nein*, 1987). Denn A. wagte es, angesichts des »Atomstaates« (Robert Jungk), der mit Hiroshima begann und mit Tschernobyl und dessen Folgen dramatisch weiterlebt, die Frage nach Demokratie und Macht, vor allem aber nach dem staatlichen Gewaltmonopol radikal neu zu stellen. Letztlich aber zog A. damit nur die politische Konsequenz aus seiner grundlegenden Einsicht, »erst einmal habe man ein ontologisch Konservativer zu sein, das heißt, dafür zu sorgen, daß die Welt bleibe, damit man sie verändern könne«.

Literatur: *Arnold*, Heinz Ludwig (Hrsg.): Text + Kritik Heft 115: Günther Anders 1992; *Liessmann*, Konrad Paul (Hrsg.): Günther Anders kontrovers. München 1992; *Lütkehaus*, Ludger: Philosophieren nach Hiroshima. Über Günther Anders. Frankfurt a.M. 1992; *Reimann*, Werner: Verweigerte Versöhnung. Zur Philosophie von Günther Anders. Wien 1990; *Liessmann*, Konrad Paul: Günther Anders – Zur Einführung. Hamburg 1988.

Matthias Schmitz

Andersch, Alfred
Geb. 4. 2. 1914 in München; gest. 21. 2. 1980 in Berzona

A. entstammt einer Generation, die zu ihrem Selbstbewußtsein gelangte, als die Weimarer Republik bereits deutliche Auflösungserscheinungen zeigte und die Nationalsozialisten ihren Herrschaftsanspruch anzumelden begannen. Diese Generation wuchs inmitten eines dramatischen kulturellen Bruchs auf zwischen einer auf die Individualität ausgerichteten bürgerlichen Welt und der neuen Ideologie der Volksgemeinschaft, die der Auffassung vom souveränen Einzelnen widersprach, ja, seine endgültige und vollständige Vernichtung meinte. Ihre Alternative bestand nicht in innerer Emigration oder Exil, sie mußte standhalten mit neuromantischem Blick zurück, mit völlig ungewisser Zukunft. Mit dem Kriegsende 1945 konnte sie nicht, wie die ganz junge Generation der Notabiturienten und Flakhelfer, bei »Null« beginnen. Es blieb ihr auch nicht der Rückgriff auf den spätexpressionistischen Ästhetizismus, die sozialistisch-kommunistische Parteilichkeit, die im Exil überlebt hatte, oder den Kulturkonservatismus, der sich während des Dritten Reichs fast unsichtbar verschanzt hatte. Diese Generation saß ideologisch, sprachlich, literarisch zwischen allen Stühlen. Dies erklärt, weshalb sie sich nach dem Ende des Zweiten Weltkriegs demokratisch engagierte, aber auch dem Existenzialismus anhing, zu politischem Fatalismus neigte und sich den hämischen Vorwurf der Besinnung auf das »Eigentliche« am Menschen einhandelte.

A. ist noch inmitten wilhelminischer Verhältnisse aufgewachsen. Der streng autoritäre, rechtskonservative Vater schickt ihn auf das Wittelsbacher Gymnasium in München, das er wegen schwacher Mathematik- und Griechisch-Leistungen vorzeitig verlassen muß. Von 1928 bis 1930 absolviert er eine Buchhandelslehre; sein Lehrherr Lehmann ist wie A.s Vater Mitglied der ultrakonservativen Thulegesellschaft, die sich im Kampf gegen die Münchner Räterepublik einen Namen gemacht hat, antisemitische Propaganda betreibt und offen die NSDAP unterstützt. Im Anschluß an seine Ausbildung als Buchhändler ist A. – von 1931 bis 1933 – arbeitslos. Er betätigt sich im Kommunistischen Jugendverband und leitet dessen Organisation in Südbayern. Nach dem Reichstagsbrand am 27. Februar 1933 wird er verhaftet und ins Konzentrationslager Dachau gebracht, im Mai entlassen, im Herbst nochmals verhaftet und anschließend unter die Aufsicht der Gestapo gestellt. A. findet Arbeit als Büroangestellter, heiratet Angelika Albert, zieht nach Hamburg, weil er dort, durch die Alberts gefördert, Leiter der Werbeabteilung einer Photopapierfabrik werden kann. 1940 wird er als Bausoldat eingezogen und ist in Frankreich stationiert. Er wird für kurze Zeit aus der Wehrmacht entlassen, setzt seine 1939 in Hamburg begonnenen Schreibversuche fort – die *Kölnische Zeitung* veröffentlicht im April 1944 *Erste Ausfahrt*. A. wird erneut eingezogen und desertiert am 6. Juni 1944 in Süditalien. Er läuft zu den Amerikanern über und wird im August in die USA gebracht. Im Kriegsgefangenenlager Fort Kearney schreibt er zahlreiche Beiträge für den *Ruf*, eine Zeitschrift für die deutschen Kriegsgefangenenlager in den USA, die er 1946 zusammen mit Hans Werner Richter auf deutschem Boden neu herausgeben wird. Nach seiner Enttäuschung an der Kommunistischen Partei trägt ihn nun der Glaube an die »Vier Freiheiten« Franklin D. Roosevelts, an Religionsfreiheit, Redefreiheit, Befreiung von Not und Furcht, in deren Zeichen die Welt nach dem Sieg über Hitler-Deutschland neu geordnet werden soll.

Die Wirklichkeit nach 1945 hat sich als weitaus bescheidener und komplizierter erwiesen. Mit den Augen von Jean-Paul Sartres Orest kehrt A. in die Trümmerlandschaft Deutschlands zurück: »Blutbeschmierte Mauern, Millionen von Fliegen, ein Geruch wie von Schlächterei ... verödete Straßen, ein Gott mit dem Gesicht eines Ermordeten, terrorisierte Larven, die sich in der dunkelsten Ecke ihrer Häuser vor die Brust schlagen. Das war Deutschland.« Sein Glaube an eine Synthese von Freiheit und Sozialismus die sich nicht zuletzt in der Redaktionspolitik des *Ruf* niedergeschlagen hat, zerbricht rasch an den Gegebenheiten des zwischen der Sowjetunion und den westlichen Alliierten ausgebrochenen Kalten Kriegs. Sein Begriff des Engagements, für deutsche Ohren neu, reduziert sich für ihn auf das dem Einzelnen existentiell Mögliche, auf Literatur (*Deutsche Literatur in der Entscheidung*, 1948). Ein biographischer Grund hat bei diesem Konzept den Ausschlag gegeben, A.s Einsicht in das Versagen der Kommunistischen Partei im Widerstand gegen Hitler, gegen den Faschismus, das er später auch als eigene, persönliche Schuld, als Ausweichen vor der Entscheidung zu erkennen gegeben hat: »Ich werfe mir vor, daß ich nicht am spanischen Bürgerkrieg teilgenommen habe. Ich hatte in einem deutschen KZ gesessen, ich war aus ihm entlassen worden, es wäre nicht schwer gewesen, über die deutsche Grenze zu gehen und in den spanischen Krieg zu ziehen. Ich habe eine feine Entschuldigung: ich bin überhaupt nicht auf die Idee gekommen ... daß ich nicht ein einzigesmal daran gedacht habe, es zu tun, ist eigentlich unentschuldbar«. Er ist von Anfang an hellwach bei den Lesungen der Gruppe 47 dabei, die für das neue literarische Selbstverständnis stehen soll, leitet von 1948 bis 1950 das Abendstudio des Senders Frankfurt a. M. und wirkt damit stilbildend für die nachfolgenden literarisch-essayistischen Abend- und Nachtprogramme; er propagiert in seinem Programm – wie später mit dem kritisch-progressiven »radio essay« des Senders Stuttgart von 1955 bis 1958 – nicht nur die junge deutsche Schriftstellergeneration, sondern versucht auch, seine Hörer an die infolge des nationalsozialistischen Kahlschlags weitgehend unbekannten Autoren des westlichen Auslands – amerikanische Realisten wie Hemingway und Faulkner, französische Existentialisten wie Jean-Paul Sartre und Albert Camus – heranzuführen.

1952 erscheint sein autobiographischer Bericht *Die Kirschen der Freiheit*, an dessen Anfang A. das Bild der Münchner Räterevolutionäre gestellt hat, die 1919 vor den Augen des Fünfjährigen durch die Leonrodstraße zur Erschießung geführt worden sind. An dessen Ende steht, als logischer Schlußpunkt einer stets gefährdeten Jugend in Deutschland, A.s Desertion in Etrurien, mit der er in die Arme der freiheitlichen Welt überläuft. A.s beherrschendes Thema der Flucht und der Entscheidung – seinem Buch hat er eine Sentenz André Gides vorangestellt: »Ich baue nur noch auf die Deserteure« – geht einher mit einem Literaturkonzept, bei der sich das Engagement überraschend traditionell ausschließlich an der Intensität des Erzählerischen mißt: »Was heißt denn handeln? Ist es nur die Aktion, die mich in eine Beziehung zu anderen setzt? Heißt lesen nicht auch handeln? Oder Nachdenken? Wo beginnt der Prozeß, der zu einem Verhalten führt?«

1957 ist A.s erster Roman *Sansibar oder der letzte Grund* erschienen. Wieder steht mit der Geschichte der Rettung einer Jüdin und eines Kunstwerks, des »Lesenden Klosterschülers« von Ernst Barlach, vor dem drohenden nationalsozialistischen Zugriff, das Thema der Flucht in die Freiheit im Vordergrund und spiegelt zugleich A.s eigene Aussichtslosigkeit, aber auch Unentschlossenheit während des Dritten Reichs: »Man mußte weg sein, aber man mußte irgendwohin kommen. Man durfte es nicht so machen wie Vater, der weggewollt hatte, aber immer nur ziellos auf die offene See hinausgefahren war. Wenn man kein anderes Ziel hatte als die offene See, so mußte man immer wieder zurückkehren. Erst dann ist man weg, dachte der Junge, wenn man hinter der offenen See Land erreicht«.

1958 hat sich A. nach Berzona im Tessin zurückgezogen, seinem Wohnsitz bis zum Tod. Einer der Hauptgründe für die von nun an eingenommene Distanz zur Bundesrepublik und deren Kulturbetrieb mag darin bestanden haben, daß für ihn Franklin D. Roosevelts Vision einer einigen und friedlichen Welt endgültig gescheitert war und in den militanten, reaktionären Tendenzen des neuen demokratischen Staates keine Zukunft mehr zu erkennen war. Es war aber auch eine nachgeholte Emigration, an die A. seit 1937 dachte, weil er mit einer »Halbjüdin« verheiratet war. Die ausschließliche Konzentration auf die Literatur war so nur eine logische und notwendige Konsequenz. Mit der *Roten* erschien 1960 ein Roman, bei dem das Motiv Flucht und Entscheidung nicht mehr zu tragen schien, weil es außerhalb des politischen Erfahrungsraums angesiedelt war und die private Geschichte einer Frau erzählt wird, die in Mailand von ihrem Mann flieht und in Venedig bei einem ehemaligen Spanienkämpfer endet. Es ist A.s umstrittenster Roman, der trotz der versuchten Anlehnung an Stilmittel des italienischen Neorealismus auch heute noch nicht von dem Vorwurf der Oberflächlichkeit freigesprochen ist. A. hat ihn 1972 in einer veränderten Fassung nochmals veröffentlicht. Die Verfilmung durch Helmut Käutner (1962, mit Ruth Leuwerick und Gerd Fröbe in den Hauptrollen) greift noch auf die alte Fassung zurück. Früh hatte A. das neue, alltagspolitische Thema der sich emanzipierenden Frau aufgegriffen.

In den darauffolgenden Jahren veröffentlicht A. Reiseberichte (*Wanderungen im Norden*, mit Photos von Gisela Andersch, seiner Frau seit 1950, einer Malerin), Erzählungen (*Ein Liebhaber des Halbschattens*, 1963) und gesammelte Hörspiele (*Fahrerflucht*, 1965). Mit diesen Veröffentlichungen und dem Essay-Band *Die Blindheit des Kunstwerks* (1965) ist A. beim Sichten und Sichern seiner literarischen Rollen und seines Selbstverständnisses als Schriftsteller. Während sich in diesen Jahren die Literatur in der Bundesrepublik politisiert, schweigt er. Stattdessen macht er mit seinem Roman *Efraim* (1967), der Gestalt des heimatlos gewordenen Juden deutscher Herkunft, aber mit englischem Paß, noch einmal die Fahrt durch die eigene Geschichte und verwirft mit diesem Roman die Unterordnung der Literatur unter politische Zwecke: »Ich mag das Wort Engagement nicht mehr, während das Wort Humanität für mich nichts von seinem Wert eingebüßt hat«; und: »Die Ästhetik des Widerstands ist der Widerstand der Ästhetik«. Diesen rigorosen, auf die Sprache der Literatur konzentrierten Standpunkt hat A. in einer Auseinandersetzung mit Hans Magnus Enzensberger noch einmal vertieft (*Literatur nach dem Tod der Literatur*, 1974), um sich von dem puristischen Verdacht zu befreien, er fröne im Tessin einem verräterischen Eskapismus. Zwei Jahre später hat A. mit seinem Gedicht *artikel 3 (3)* eine Debatte über Radikalenerlaß, Berufsverbot und Meinungsfreiheit im demokratischen Staat ausgelöst, die den Rückzug A.s in den Elfenbeinturm der Literatur vor aller Augen widerlegt hat.

A., seit 1972 schweizer Staatsbürger, hat 1974 mit *Winterspelt* einen letzten Roman veröffentlicht. Er greift auf eine Episode im Zweiten Weltkrieg zurück – ein deutscher Major will sein gesamtes Bataillon den Amerikanern übergeben, ein Plan, der an der bereits angelaufenen Ardennenoffensive scheitert, – und zeigt damit ein resignatives Zusammenspiel von ohnmächtiger persönlicher Integrität und der alles zerstörenden »großen Geschichte«. Kurz vor seinem Tod hat A. eine Erzählung abgeschlossen, die er seinem verstorbenen Freund Arno Schmidt – Außenseiter wie er selbst – gewidmet hat: *Vater eines Mörders* (1980). Als wolle er den erzählerischen Kreis schließen, den er beschrieben hat, geht er zurück in seine Jugend und berichtet die Geschichte einer Griechischstunde im Wittelsbacher Gymnasium in München, die vom Vater Heinrich Himmlers, der tatsächlich A.s Griechischlehrer gewesen war, abgehalten wird. Der Satz: »Es ist verdienstvoll, das Land zu loben«, wird in all der Grausamkeit durchexerziert, zu der ein autoritäres Erziehungssystem fähig ist. Der in der Schilderung dieser Unterrichtsstunde zutagetretende Mechanismus von Angst und Unterdrückung gibt eine stimmungsgeladene Antwort auf die Frage, wie es zu den Ereignissen von 1933 hatte kommen können: »Angemerkt sei nur noch, wie des Nachdenkens würdig es doch ist, daß Heinrich Himmler, – und dafür liefert meine Erinnerung den Beweis – , nicht wie der Mensch, dessen Hypnose er erlag, im Lumpenproletariat aufgewachsen ist, sondern in einer Familie aus altem, humanistisch fein gebildetem Bürgertum. Schützt Humanismus denn vor gar nichts? Die Frage ist geeignet, einen in Verzweiflung zu stürzen«.

Werkausgabe: Alfred Andersch. Studienausgabe in 15 Bänden. Zürich 1979.

Literatur: *Wehdeking,* Volker u. *Heidelberger,* Irene (Hrsg.): Alfred Andersch. Perspektiven zu Leben und Werk. Kolloquium zum 80. Geburtstag des Autors. Wiesbaden 1994; *Reinhardt,* Stephan: Alfred Andersch. Eine Biographie, Zürich 1990; *Heidelberger-Leonard,* Irene: Alfred Andersch. Die ästhetische Position als politisches Gewissen. Frankfurt a.M. 1986; *Wehdeking,* Volker: Alfred Andersch. Stuttgart 1983; *Schütz,* Erhard: Alfred Andersch. München 1980.

Bernd Lutz

Andreae, Johann Valentin

Geb. 17. 8. 1586 in Herrenberg/Württemberg; gest. 27. 6. 1654 in Stuttgart

»Neun Jahre habe ich nun zu Stuttgart in der Sklaverei zugebracht und nirgends die Regierung weniger regierend, den Rat weniger ratsam, die Gesellschaft weniger gesellschaftlich, die Religion weniger religiös, die Regeln weniger regelmäßig, den Wert weniger wert, die Freundschaft weniger freundschaftlich und meine Wirkungskraft weniger wirksam gefunden.« So schreibt A. 1647 über seine Erfahrungen als Hofprediger in Stuttgart. Aber nicht nur hier sieht er seine Bemühungen verkannt. Seine autobiographischen Schriften sind voll von Klagen über die Widerstände gegen seine Versuche, »die Sache des Christentums und die Unschuld der Sitten mit der Reinigkeit der Lehre« zu vereinigen und ein dem calvinistischen Genfer Modell entsprechendes strenges Sittenregiment durchzusetzen. Doch was an der Wirklichkeit scheiterte, lebte als literarisch-utopisches Programm weiter.

A. stammte aus einer angesehenen lutherischen Theologenfamilie, doch seine eigene Karriere machte zunächst wenig Fortschritte. Sein Studium in Tübingen erstreckte sich über einen langen Zeitraum (von 1602 bis 1607 und von 1613 bis 1614); die nicht ganz freiwillige Unterbrechung – es ist dunkel von einer Affäre mit »Buhlschwestern« (veneres) oder Verleumdung die Rede – nutzte er sowohl zu Reisen in die Schweiz (Genf), nach Frankreich, Österreich und Italien als auch zu privaten wissenschaftlichen und literarischen Studien. 1614 wurde er zum Diakon in Vaihingen bei Stuttgart bestellt, im selben Jahr heiratete er. Dort hatte er zwar Muße für seine literarischen Arbeiten, doch die »Zwietracht der Bürger«, »Sittenverderbnis« und »Beleidigungen« ließen ihm die Berufung zum Superintendenten nach Calw von 1620 bis 1639 wie eine Erlösung erscheinen. Hier kam es jedoch zu Konflikten mit der weltlichen Obrigkeit über die von A. vertretene Kirchenzucht. Außerdem wurde Calw vom Dreißigjährigen Krieg hart getroffen. Plünderung und Einäscherung der Stadt im September 1634 ist Thema der *Threni Calvenses,* der *Calwer Totenklagen* (1635). 1639 wurde er als Hofprediger nach Stuttgart berufen. Die letzten Lebensjahre verbrachte er als Abt in Bebenhausen bei Tübingen (von 1650 bis 1654) und Adelberg bei Göppingen (1654) und beklagte die »Verderbnis des eisernen Zeitalters«.

Während in den späteren Jahren die Klage über den Zerfall der alten Ordnungen stärker in den Vordergrund tritt, hatte der junge A., von Johann Arndts Vorstellungen von einem praktischen Christentum (*Vier Bücher vom wahren Christentum,* 1605–09) und humanistischen Sozietätsgedanken inspiriert, mit weitausgreifenden Reformkonzepten auf die Krise des lutherischen Glaubens und die Säkularisierungstendenzen der Gesellschaft reagiert. In seinen anonymen Rosenkreuzerschriften propagiert er spielerisch die Idee einer »Allgemeinen und General Reformation, der gantzen weiten Welt« (1614) durch eine esoterische christliche Bruderschaft von Gelehrten (u. a. *Fama fraternitatis*, 1614; *Chymische Hochzeit: Christiani Rosencreütz*, 1616). Die Kehrseite, die Mißstände in der zeitgenössischen Gesellschaft im allgemeinen und der Gelehrtenwelt im besonderen, beleuchten A.s Satiren (*Menippus*, 1617–18) und seine lateinische Komödie *Turbo* (1616): Hier wird auf die Gefahren verwiesen, die in dem Streben nach Erkenntnis liegen, wenn es nicht in christlichem Geist geschieht (»Mein Forschen war meine Sünde, meine Neugier hat die Natur beleidigt«). Anders freilich als im Faustbuch (1587) oder in Jacob Bidermanns *Cenodoxus* (1602), wo sich Umkehr als unmöglich herausstellt, führt A. seinen Gelehrten zu Selbsterkenntnis und Reue.

Doch geht es A. nicht in erster Linie um Literatur, sondern um christliche Praxis. Dieser dienen seine pädagogischen und erbaulichen Schriften, und die Fiktion der Rosenkreuzerbruderschaft war das Vorspiel für das Projekt einer »Christlichen Gesellschaft« (societas christiana), für das er sein Leben lang warb: »Generalreformation« durch eine auf die Praxis orientierte Verbindung von christlicher Wissenschaft und evangelischer Frömmigkeit. Das Modell einer neuen christlichen Welt stellt die »Christianopolis« dar (*Reipublicae Christianopolitanae Descriptio*, 1619), die Utopie einer »Christenstadt« mit ausgeprägt mathematisch-naturwissenschaftlichen und technischen Zügen.

Literatur: Johann Valentin Andreae. 1586–1986. Ausstellungskatalog. Bearbeitet von Carlos *Gilly*. Amsterdam 1986; *Dülmen*, Richard van: Die Utopie einer christlichen Gesellschaft. Johann Valentin Andreae (1586–1654). Teil 1. Stuttgart 1978; *Brecht*, Martin: Johann Valentin Andreae. Weg und Programm eines Reformers zwischen Reformation und Moderne. In: Contubernium 15 (1977), S. 270–343. *Volker Meid*

Andres, Stefan
Geb. 26. 6. 1906 in Breitwies bei Trier; gest. 29. 6. 1970 in Rom

Katholischer Schriftsteller, Heimatdichter, Zeitkritiker – vielfältig sind die Etiketten, mit denen A. bedacht wurde. Und alle passen sie, und passen auch wieder nicht. Sein Werk ist vielschichtig, umfangreich und erstreckt sich, obwohl er vor allem als Erzähler im Gedächtnis geblieben ist, auch auf Lyrisches und Dramatisches.

Seine Kindheit wurde von dem unerschütterlichen Glauben geprägt, zur geistlichen Laufbahn bestimmt zu sein. Seine Eltern hatten ihn, das jüngste ihrer neun Kinder, »Gott versprochen«. Beeindruckt von seinem tiefgläubigen, gütigen Vater, zog A. diese Bestimmung lange nicht in Zweifel. Von diesen Jahren der ersten Kindheit bis zum Tod seines Vaters (1918) erzählt A. in dem autobiographischen Roman *Der Knabe im Brunnen* (1953). Ohne die Rührseligkeit vieler

Kindheitserinnerungen vermittelt er ein Bild jener Jahre, zeigt die unreflektierte, selbstverständliche Frömmigkeit der Welt, in der er aufwuchs. Er brauchte daher lange, bis er Konsequenzen aus seinen Erfahrungen mit den kirchlichen Institutionen zog: 1928, nach dem gescheiterten Noviziat bei den Kapuzinern in Krefeld und abgelegter Abiturprüfung, beschloß er, Germanistik zu studieren. Rückblickend kommentierte A. seine Entscheidung so: »Eine ihrem Äußeren nach geringfügige, indes mich seltsam erschreckende Erfahrung, die ich mit der kirchlichen Bürokratie machte, verlieh mir, ich kann sagen: innerhalb einer halben Stunde, die Erkenntnis, daß ich weder die charakterliche noch die geistige Bauart mitbrachte, um als Mit-Weichensteller innerhalb eines geschlossenen Systems ohne Schaden für meine Seele – und nicht nur für sie! – leben zu können.« Aber trotz z.T. vehementer Kritik an der Organisation Kirche blieb der Katholizismus stets geistiger Bezugspunkt des »christlichen Humanisten«, als den er sich selbst charakterisierte.

Sein Germanistikstudium, später verbunden mit kulturhistorischen Studien, führte ihn zunächst nach Köln, dann nach Jena und Berlin: »Ich hatte kein Ziel, ich schnupperte an den Wissenschaften herum, träumte vorwärts und rückwärts, hatte wenig Geld, aber viel, fast möchte ich sagen: Gottvertrauen«. Zu seiner eigentlichen Bestimmung kam er über das Sprechen, die Lust am Fabulieren, am Erzählen: 1933 erschien sein erster Roman, *Bruder Lucifer*, der – ohne gänzlich autobiographisch zu sein – A.' Erfahrungen seiner Novizenzeit aufgreift. Gleich dieses erste Werk verschaffte ihm eine, wenn auch bescheidene, finanzielle Unabhängigkeit; außerdem ermöglichte ihm ein Stipendium der amerikanischen Abraham-Lincoln-Stiftung seine erste große Reise nach Italien. Er gab sein Studium auf, suchte als freier Schriftsteller zu leben. Doch mit dem aufkommenden Nationalsozialismus wurden die Lebensumstände immer unerträglicher, beruflich wie privat. Seine Ablehnung des NS-Regimes war entschieden, in seiner ganzen Persönlichkeit gegründet. Daß er durch die jüdische Abstammung seiner Frau Dorothee Freudiger, mit der er seit 1932 verheiratet war, auch konkret bedroht war, gab ihm allenfalls ein zusätzliches Motiv: »Als wenn ich die Nazis haßte, weil meine Frau nicht arisch ist. Sie sind mir als Bauernsohn, als Christ, als Deutscher, als Humanist und Europäer zuwider wie jede Art von Pestilenz.« So verwundert es nicht, daß sich A. auch als »Mahner« versteht, der »Sand im Getriebe einer unmenschlichen Welt sein wollte« (Christoph F. Lorenz). Und diese Tendenz zeigt sich schon früh in seinen Werken, auch wenn sie keine explizite Kritik an den Verhältnissen in Deutschland enthalten, sondern eher – allerdings durchaus modellhaft – vom Individuum ausgehen, sein Schuldigwerden und seine Wiedereingliederung in »die Ordnung der Welt« zum Thema machen (z.B. *Die Vermummten*, in: *Moselländische Novellen*, 1937; *Die Hochzeit der Feinde*, 1947 – entstanden vor dem Krieg). Die Novellen *El Greco malt den Großinquisitor* (1936) und *Wir sind Utopia* (1943) dagegen behandeln offen den Konflikt zwischen Geist und Macht und sind von vielen als Widerstandsliteratur verstanden worden.

1937 gelang es A., mit seiner Familie nach Italien überzusiedeln. In Positano überlebte er – in ständiger Geldnot, gefährdet und durch den Tod seiner ältesten Tochter tief betroffen – das Dritte Reich. Als er 1950 nach Deutschland zurückkehrte (Unkel am Rhein), begann die Zeit seiner größten Wirkung, vor allem durch seine Novellen und ihre christlich begründete Kritik am Nationalsozialismus. Diese Thematik prägte auch die Romantrilogie *Die Sintflut* (1949, 1951, 1959), während er sich in den Romanen *Der*

Mann im Fisch (1963) und *Die Dumme* (1969) Fragen der Gegenwart zuwandte: der Bedrohung durch die Atombombe bzw. der problematischen gesellschaftlichen Entwicklung in Nachkriegsdeutschland (Ost und West). Inzwischen, 1961, war er jedoch wieder nach Italien zurückgekehrt. Bis zu seinem Tod lebte er in Rom. Mit seinem letzten Roman (*Die Versuchung des Synesios*, postum 1971), den er gerade noch vollenden konnte, bevor er an den Folgen einer Operation starb, kam er noch einmal – in spätantiker Maske – auf eines seiner Grundthemen zurück, die Versuchung durch die Macht und den Widerstand entgegen.

Werkausgabe: Mein Thema ist der Mensch. Texte von und über Stefan Andres. Hrsg. vom Wissenschaftlichen Beirat der Stefan-Andres-Gesellschaft. München 1990.
Literatur: Mein Thema ist der Mensch. Texte von und über Stefan Andres. Hrsg. vom Wissenschaftlichen Beirat der Stefan-Andres-Gesellschaft. München 1990; Stefan Andres. Eine Einführung in sein Werk. München 1982; *Große*, Wilhelm (Hrsg.): Stefan Andres. Ein Reader zu Leben und Werk. Trier 1980; *Wagener*, Hans: Stefan Andres. Widerstand gegen die Sintflut. In: Ders. (Hrsg.): Zeitkritische Romane des 20. Jahrhunderts. Stuttgart 1975. S. 220–240; Ders.: Stefan Andres. Berlin 1974; Utopie und Welterfahrung. Stefan Andres und sein Werk im Gedächtnis seiner Freunde. München 1972.

Marianne Meid

Angelus Silesius (d. i. Johannes Scheffler)
Datum der Taufe 25. 12. 1624 in Breslau; gest. 9. 7. 1677 in Breslau

Johannes A.S., so nannte sich Johannes Scheffler, der Sohn eines nach Breslau übergesiedelten polnischen Adeligen und einer Schlesierin, nach seiner Konversion zum Katholizismus am 12. Juni 1653. Der öffentlich vollzogene Konfessionswechsel war eine Demonstration, ein Zeichen für das Vordringen der Gegenreformation in Schlesien. Öffentliche Aktionen – beispielsweise Schauprozessionen – lösten nun die anfängliche »Untergrundarbeit« der Jesuiten im überwiegend lutherischen Schlesien ab. Auch A.S. beteiligte sich künftig »mit einem Seraphischen Eyfer und resolution im Hertzen« an derartigen Veranstaltungen.

A.S. hatte in Breslau das Elisabethgymnasium absolviert, in Straßburg (von 1643 bis 1644), Leiden (von 1644 bis 1646) und Padua (von 1647 bis 1648) studiert und war als Doktor der Philosophie und der Medizin nach Schlesien zurückgekehrt. Er trat eine Stelle als Hof- und Leibmedicus in Oels an (von 1649 bis 1652), und hier scheint er sich allmählich – angeregt durch die Beschäftigung mit mystischer Literatur und bestärkt durch Schwierigkeiten mit der orthodox-lutherischen Geistlichkeit – an die katholische Kirche angenähert zu haben. Der Böhme-Anhänger Abraham von Franckenberg machte ihn mit der Tradition der deutschen Mystik vertraut und vermittelte die Bekanntschaft mit dem Dichter Daniel Czepko von Reigersfeld: In dessen im 17. Jahrhundert ungedruckten *Sexcenta Monodisticha Sapientum* fand A.S. das Vorbild für seine mystische Epigrammatik.

1657 erschienen dann die Früchte dieser Beschäftigung mit der mystischen Tradition und dem epigrammatischen Werk Czepkos, die *Geistreichen Sinn- und Schlußreime,* die seit der erweiterten zweiten Ausgabe von 1675 den Titel *Cherubinischer Wandersmann oder Geist-Reiche Sinn- und Schluß-Reime zur Göttlichen beschauligkeit anleitende* erhielten. Der Hinweis auf die Cherubim bezieht sich auf die alte Unterscheidung der Engel und deutet an, daß der Versuch, den mystischen Weg zu Gott zu beschreiben, hier in einer intellektuellen, den Verstand ansprechenden Weise unternommen wird. Dem entspricht die »geistreiche« (= spitzfindige) Form des Alexandriner-Epigramms, die eine antithetische, pointierte Sprechweise herausfordert und zu schroffen, paradoxen Feststellungen und Behauptungen führt, mit denen das Unsagbare in Worte gefaßt werden soll *(»Gott lebt nicht ohne mich. Ich weiß daß ohne mich Gott nicht ein Nu kan leben / Werd' ich zu nicht Er muß von Noth den Geist auffgeben«).* Seine Verse enthielten, schreibt er, »vil seltzame *paradoxa* oder widersinnische Reden . . .; welchen man wegen der kurtzen Verfassung leicht einen Verdamlichen Sinn oder böse Meinung könte andichten«.

Sein zweites, 1657 erschienenes Werk ist gänzlich anderer Natur: Dem spekulativen Umkreisen mystischer Vorstellungen im *Cherubinischen Wandersmann* stellt A.S. die *Heilige Seelen-Lust Oder Geistliche Hirten-Lieder der in ihren Jesum verliebten Psyche* zur Seite, die den affektiven Weg zu Gott beschreiben. Es handelt sich um ein Gegenstück zur weltlichen Pastoral- und Liebesdichtung, deren Formen und Motive parodiert und dem geistlichen Zweck nutzbar gemacht werden. Über allem herrscht der Affekt der Liebe, eine durch das Hohelied legitimierte Brautmystik, die sich mit ihrer Transformation überkommener Metaphern weit vorwagt.

Die späteren schriftstellerischen Arbeiten von A.S. sind – sieht man von der *Sinnlichen Beschreibung Der Vier letzten Dinge* (1675) ab – kontroverstheologische Traktate im Dienst der Gegenreformation. Für einige Jahre war der 1661 zum Priester geweihte A.S. offiziell mit gegenreformatorischer Politik befaßt – von 1664 bis 1666 als Hofmarschall beim Offizial und Generalvikar von Schlesien, Sebastian von Rostock, der die Rekatholisierung des Landes mit allen Mitteln betrieb –, im übrigen diente er diesem Ziel auch ohne Amt. Eine Sammlung dieser Schriften – 39 von insgesamt 55 Traktaten – erschien 1677 *(Ecclesiologia Oder Kirchen-Beschreibung).* Als Höhepunkt seiner schriftstellerischen Polemik kann wohl die an den Kaiser gerichtete Schrift *Gerechtfertigter Gewissenszwang oder Erweiß / daß man die Ketzer zum wahren Glauben zwingen könne und solle* (1673) gelten: der Mystiker und Dichter frommer Hirtenlieder als fanatisches Instrument der Gegenreformation.

Werkausgaben: Sämtliche poetische Werke. Hrsg. von Hans Ludwig *Held.* 3 Bde. München ³1949/52.; Sämtliche poetische Werke und eine Auswahl aus seinen Streitschriften. Hrsg. von Georg *Ellinger.* 2 Bde. Berlin 1923.

Literatur: *Gnädinger,* Louise: Angelus Silesius. In: Harald *Steinhagen*/Benno von *Wiese* (Hrsg.): Deutsche Dichter des 17. Jh.s. Berlin 1984. S. 553–575; *Reichert,* Ernst Otto: Johannes Scheffler als Streittheologe. Gütersloh 1967; *Sammons,* Jeffrey L.: Angelus Silesius. New York 1967; *Wiese,* Benno von: Die Antithetik in den Alexandrinern des Angelus Silesius. In: Euphorion 29 (1928), S. 503–522.

Volker Meid

Anton Ulrich, Herzog von Braunschweig-Lüneburg
Geb. 4.10.1633 in Hitzacker/Niedersachsen; gest. 27.3.1714 in Salzdahlum b. Wolfenbüttel

»Wann nun«, schreibt Sigmund von Birken, der Nürnberger Poet und Redakteur von A.U.s *Aramena* (1669–1673), über den höfischen Roman, »dergleichen Bücher / der Adel mit nutzen liset / warum solte er sie nit auch mit ruhm schreiben können: Und wer soll sie auch bässer für den Adel schreiben / als eine person / die den Adel beides im geblüt und im gemüte träget?« Der damit angesprochene A.U. war der zweite Sohn Herzog Augusts des Jüngeren, der Wolfenbüttel zu einem kulturellen Mittelpunkt machte und seinen Kindern eine anspruchsvolle Erziehung angedeihen ließ (verantwortlich dafür war der Grammatiker Justus Georg Schottelius). An deren Ende stand die Kavalierstour, die A.U. von 1655 bis 1656 über Straßburg nach Paris führte, wo er sich – ständig in Geldnöten – bemühte, sein Herzogtum würdig zu vertreten: »Es gehet mir ietz gar zu elend, da ich etliche wochen ohne geld hie leben mussen, und noch von einem neüen wexel weder höre noch sehe«, klagt er Ende 1655. Doch fehlt es nicht an literarischen Anregungen. Er lernt Madeleine de Scudéry kennen, die berühmte Romanschriftstellerin, und besucht häufig das Theater. Nach der Rückkehr schreibt er anläßlich seiner Hochzeit sein erstes Bühnenwerk, das *Frühlings-Ballet.* 1659 wird er als »der Siegprangende« Mitglied der »Fruchtbringenden Gesellschaft«. In den Jahren bis etwa 1663 entsteht eine ganze Reihe von Singspielen und Balletten, mit denen A.U. dazu beiträgt, die Geburtstage seines Vaters und andere gesellschaftliche Ereignisse gebührend zu begehen. Dieser Serie von Theaterdichtungen folgt 1665 eine Sammlung *Geistlicher Lieder* (1667 unter dem neuen Titel *ChristFürstliches Davids-Harpfen-Spiel*), deren Grundbestand freilich schon 1655 dem Herzog handschriftlich als Neujahrsgabe dargebracht worden war.

Herzog August starb 1666, sein ältester Sohn Rudolf August wurde regierender Herzog, und A.U. hatte wohl viel Zeit für seine literarischen Pläne. Von 1669 bis 1673 erschienen die fünf Bände seines Romans *Die Durchleuchtige Syrerinn Aramena*, eine labyrinthische Konstruktion, die das Wirken der Vorsehung in einer scheinbar chaotischen Welt sichtbar macht: Der Roman als Abbild der göttlichen Weltordnung, zugleich aber bewußte Standeskunst. War die Handlung der *Aramena* in biblischen Zeiten angesiedelt, so verwendet A.U.s zweiter Roman, *Octavia Römische Geschichte* (1677 ff.), das Rom Neros als Folie für die kombinatorische Romankomposition. Die »Verfolgungen der ersten Christen, in einen Roman gekleidet«, erregten noch »das lebhafteste Interesse« von Johann Wolfgang von Goethes »Schöner Seele«. A.U. freilich hatte Schwierigkeiten mit dem Roman. Nach drei Bänden (1677–79) stockte die Arbeit. Sigmund von Birken, der die Manuskripte druckreif gemacht hatte, war 1681 gestorben, außerdem wurde A.U. immer stärker in die Regierungsgeschäfte einbezogen (Mitregent seit 1685) und spielte bald die führende Rolle. Intrigen der drei Welfenherzöge (Hannover, Celle, Wolfenbüttel) um die Vorherrschaft sorgten für Unruhe. Als 1692 Hannover die Kurwürde erhielt, leistete A.U. Widerstand. Das Resultat sah Herzogin Elisabeth Charlotte von Orléans, Liselotte von der Pfalz, richtig voraus: »Der krieg, so die Wolffenbüttelsche herren ahnfangen wollen, kompt mir eben vor alss wenn man in die höhe speit undt dass es einem wider auff die nass felt, denn ich glaube, dass es ihnen selbsten ahm übelsten bekommen wirdt.« 1704, nach dem Tod seines Bruders, übernahm A.U. die alleinige Regentschaft, 1710 trat er zum Katholizismus über. Weitere Bände der *Octavia* erschienen von 1703 an, doch zu einem Ende gelangte der Herzog nicht. In ironischer Distanz schrieb er an Gottfried Wilhelm Leibniz, den er als Wolfenbütteler Bibliothekar gewonnen hatte: »Es ergehet mir mit dieser arbeit, als wan der geist des verfaßers vom Amadis (Ritterroman aus dem 16. Jahrhundert mit über 20 Bänden) in mich gefahren wäre, daß die Octavia anstatt von 6 theilen etliche und zwanzig bekommen solte, maßen ich noch immer hin arbeite und kein ende finden kan« (10.3.1713). Es blieb bei 6922 Druckseiten.

Werkausgabe: Anton Ulrich: Werke. Historisch-kritische Ausgabe. Im Auftrag der Herzog August Bibliothek und in Verbindung mit Hans-Henrik *Krummacher* hrsg. von Rolf *Tarot*. Stuttgart 1982 ff.
Literatur: *Pleschinski,* Hans: Der Holzvulkan. Bericht einer Biographie. Zürich 1986; *Valentin,* Jean-Marie (Hrsg.): »Monarchus Poeta«. Studien zum Leben und Werk Anton Ulrichs von Braunschweig-Lüneburg. Amsterdam 1985; Herzog Anton Ulrich von Braunschweig. Leben und Regieren mit der Kunst. Ausstellungskatalog. Braunschweig 1983; *Mazingue,* Etienne: Anton Ulrich duc de Braunschweig-Wolfenbüttel (1633–1714) un prince romancier au XVIIème siècle. 2 Bde. Bern u.a. 1978; *Haslinger,* Adolf: Epische Formen im höfischen Barockroman. Anton Ulrichs Romane als Modell. München 1970. *Volker Meid*

Arendt, Erich
Geb. 15.4.1903 in Neuruppin; gest. 25.9.1984 in Wilhelmshorst bei Berlin

Als A. als schon alter Mann einmal darüber nachdachte, wie eine Sammlung seiner Lieblingsgedichte aussehen könne, da war er sich dessen sicher, daß in ihr ein Schlachtgedicht von August Stramm und Johann Wolfgang Goethes *Willkommen und Abschied* stehen müßten. Damit sind Energien bezeichnet, die A.s ganzes langes Leben inspiriert haben: Kampf und Leiderfahrung auf der einen, die Macht des Eros auf der anderen Seite. Aber auch poetische Orientierungen sind damit angedeutet: A.s erstes Vorbild war der 1915 gefallene frühexpressionistische Lyriker August Stramm, dessen abgehackte, aufs äußerste verknappte Verse der antinaturalistischen, aktivistischen und gestischen Lyrikauffassung des jungen Poeten vollkommen entsprachen. Und Goethes Gedicht war ihm auch deshalb so wichtig, weil er in der Wie-Vermeidung seiner ersten Strophen vorweggenommenen Expressionismus sah. So ist es nur folgerichtig, daß A.s erste Gedichte in den Jahren von 1925 bis 1928 in Herwarth Waldens Zeitschrift *Der Sturm* erschienen.

Mit der Stadt seiner Geburt, immerhin die Stadt Theodor Fontanes, Karl Schinkels und der berühmten Bilderbögen, und seiner eher dürftigen Kindheit und Jugend (der Vater war Schulhausmeister, die Mutter Waschfrau), verband A. wenig. 1926 kam er, der eine Lehrerausbildung absolviert hatte, in die Metropole Berlin, wo er bis 1930 an einer aus sozialistischem Reformgeist hervorgegangenen sog. »Lebensgemeinschaftsschule« in Neukölln Zeichen- und Literaturunterricht erteilte. Bald war er Mitglied der KPD und ab 1928 auch im »Bund proletarisch-revolutionärer Schriftsteller« (BPRS), dessen rein operative, politisch-instrumentelle Literaturdoktrin – für A. in der Person Johannes R. Bechers einschüchternd und abschreckend verkörpert – ihm jedoch völlig fremd blieb. Erst im Spanischen Bürgerkrieg, in dem er, wie er selbst sagte, »als Antifaschist, nicht als Funktionär gefordert wurde«, befreite sich seine Poesie wieder vom Diktat einer politischen Räson. A., der fließend spanisch sprach und als Reporter und Bibliothekar einer »fliegenden Bücherei« für Soldaten tätig war, fand hier zum Spezifischen seiner Lyrik: dem Gedicht als imaginativer Historiographie, als »Geschichtsschreibung von der Leidseite, von der Erleidensseite« (A.). Diese Tendenz verstärkte sich noch in der Lyrik des kolumbianischen Exils, wo A. zusammen mit seiner Lebensgefährtin Katja Hayek-A. die Jahre 1942 bis 1950 (nach abenteuerlicher Flucht) verbrachte. Während er sein Leben mühsam als Nachhilfelehrer und Pralinenverkäufer fristete, entstanden Gedichte, die die verbreitete Zeit- und Ortlosigkeit der Exillyrik konterkarieren, indem sie die so elementare wie fremde Natur- und Menschenwelt mit offenen Sinnen in sich aufnehmen und mit dem »rebellischen Auge des Dichters« (Saint-John Perse) durchdringen. 1951, nach A.s Rückkehr in die DDR (Berlin, zeitweise Hiddensee), kann dann endlich sein erster Gedichtband *Trug doch die Nacht den Albatros* mit den Versen aus Frankreich, Kolumbien usw. erscheinen; 1952 kommt die *Bergwindballade*, A.s gesammelte Lyrik aus dem Spanischen Bürgerkrieg, heraus. Die ernüchternden Erfahrungen der ersten DDR-Jahre sind in den Bänden *Gesang der sieben Inseln* (1957) und *Flug-Oden* (1959) – Gedankengedichte über den »ikarischen Flug« des Menschen und seine zwiechlächtige Vernunfttätigkeit – aufbewahrt. – Eine entscheidende biographische wie poetische Zäsur bedeuten A.s Griechenlandaufenthalte zu Beginn der sechziger Jahre – eigentlich Auftragsreisen für einen Kunstverlag. In der Folge entstanden nicht nur schöne Essays über griechische Landschaften, Baukunst und Plastik, sondern vor allem der Lyrikband *Ägäis* (1967), mit dem sich A. endgültig in die vordere Reihe der europäischen Avantgardepoesie hineingeschrieben hat. Freilich: Landschaft und antiker Mythos wirken nicht nur belebend, die Sinne öffnend, sondern sie bieten sich auch an, in ihnen die im Erleiden steckengebliebene Geschichte der menschlichen Gattung zu chiffrieren. Zu dieser Leidensgeschichte zählt A. zunehmend auch die Realgeschichte des Sozialismus – in der Sowjetunion, in der Tschechoslowakei, im eignen Land. Wichtige Gedichte auch der späteren Bände (*Feuerhalm*, 1973; *Memento und Bild*, 1976; *Zeitsaum*, 1978; *entgrenzen*, 1981) sprechen davon. Der Verdüsterung des Geschichtsbildes entsprechend erfährt A.s späte Lyrik eine nun auch sprachliche Tendenz zur Reduktion bis hin zum Verstummen, die ihm in der DDR als hermetische »Wort-Alchimie« angelastet worden ist. Parallelen zu Paul Celan (dem A. freundschaftlich verbunden war) sind unübersehbar, freilich nicht durchgängig. – Die westliche Literaturkritik hat A. erst seit einem Sammelband bei Rowohlt (1966) zögernd zur Kenntnis genommen. Auch A.s Leistung als Übersetzer, vor allem aus dem Spanischen (Alberti, Aleixandre, Asturias, Guillén, Hernández, Neruda, Vallejo, Gongora), und der damit verbundene Einfluß auf die jungen Poeten der DDR bis hin zur Prenzlauer Berg-Szene wird noch zu wenig wahrgenommen.

Werkausgabe: Arendt, Erich: Aus fünf Jahrzehnten. Gedichte. Rostock 1968.
Literatur: *Arnold,* Heinz Ludwig (Hrsg.): Erich Arendt. Text + Kritik. Sonderband. München
1984; *Laschen,* Gregor und *Schlösser,* Manfred (Hrsg.): Der zerstückte Traum. Für Erich Arendt.
Zum 75. Geburtstag. Berlin/Darmstadt 1978.   *Wolfgang Emmerich*

Arndt, Ernst Moritz

Geb. 26. 12. 1769 in Groß Schoritz auf Rügen; gest. 29. 1. 1860 in Bonn

Gleich zu Beginn seiner langen schriftstellerischen Laufbahn
bringt A. das seltene Kunststück zuwege, mit einem Buch ver-
ändernd in die politische Wirklichkeit einzugreifen. Zum
Abschluß seiner diskontinuierlich verlaufenen Ausbildung ist
er, nach dem Studium der Theologie in Greifswald und Jena
als Hauslehrer auf Wittow tätig, »ganz von dem Entschlusse«
abgekommen, »ein Geistlicher zu werden« und bricht, »fast
wie Bruder Sorgenlos, ... ohne bestimmte Richtung und Ziel,
ohne Vorbereitungen und Vorarbeiten« zu einer eineinhalb-
jährigen »abenteuerlichen« Reise durch mehrere europäische
Länder auf, von der er 1799 mit geschärftem gesellschaftli-
chen Problembewußtsein in seine Heimat zurückkehrt. Vier Jahre später legt er, inzwischen Dozent für Geschichte und Philologie an der Universität Greifswald, den *Versuch
einer Geschichte der Leibeigenschaft in Pommern und Rügen* vor. Seine Parteinahme gegen die
rücksichtslose Ausbeutung der Hörigen macht ihm zwar die »Edelleute« und »junke-
risch gesinnten Großpächter« zu Feinden, »welche schrien, ich sei ein Leuteverderber
und Bauernaufhetzer«, trägt andererseits aber zur Beseitigung der Leibeigenschaft in
den beiden seinerzeit schwedischen Gebieten bei: »Wenn dem so ist, so hat der Mann
recht«, soll König Gustav IV. Adolf nach der Lektüre der Schrift geäußert haben, in der
ihm der unter »förmlicher Anklage« stehende Verfasser die wichtigsten Stellen eigens
unterstrich.

A., der seinen Stolz nie verhehlt, »ganz tief unten an der Erde« geboren zu sein, als
Sohn eines »Freigelassenen«, der sich rasch zum »unabhängigen und angesehenen stral-
sundischen Gutspächter« emporgearbeitet hatte, bleibt zeitlebens ein mutiger »politisch schreibender und handeln müssender Mensch«, dessen Werk überwiegend zeitkritisch und appellativ ausgerichtet ist. Die gewichtigste Ausnahme stellen seine *Märchen
und Jugenderinnerungen* (1818–1843) dar. Das durchgehende soziale Engagement für »die
Kleinen und Armen im Volke«, die »Bauern, Handwerker und Arbeiter«, wird im Verlauf der Auseinandersetzung mit der napoleonischen Expansion allerdings von der Pro-
pagandierung einer zur religiösen Pflicht erhobenen Liebe zum »heiligen Vaterland«
überlagert. Hierbei verbindet sich das Eintreten für die nationale Freiheit und Einheit
mit dem militanten Haß auf »die Franzosen, ... die hinterlistigen und treulosen Reichs-
feinde seit Jahrhunderten«, sowie mit einer Vorstellung von den »großen« Deutschen
als dem »ersten, edelsten Volk Europas«, die später von den nationalsozialistischen Ras-
senideologen leicht als eigene Vorgeschichte beansprucht werden konnte.

Nach der Niederlage Preußens 1806 weicht A. vor dem französischen Heer nach

Schweden aus, wo er sich schon kurz zuvor zu wissenschaftlichen Studien aufgehalten hatte. Im gleichen Jahr erscheint der erste Band von *Geist der Zeit*, eine aufsehenerregende Diagnose des deutschen Niedergangs, für den die Aufklärung und der Absolutismus verantwortlich gemacht werden. 1809 kehrt er nach Deutschland zurück und findet in Berlin Kontakt zu den patriotischen Kreisen. Aus Opportunitätsgründen aus seiner Professur entlassen, reist er 1812, einem Ruf des dort als Berater der antinapoleonischen Allianz tätigen Freiherrn vom Stein folgend, nach St. Petersburg. Als Privatsekretär des Reformministers seit Anfang des darauffolgenden Jahres wieder in Deutschland, agitiert der bekannte Publizist und Lyriker, dessen »grade« und »grobe« Sprache bewußt an Martin Luther anknüpft, zugunsten einer breiten Mobilisierung der Freiheitsbewegung. Mit Forderungen »aus dem Munde und im Namen des deutschen Volkes an seine Fürsten« greift er unmittelbar nach dem militärischen Sieg in die Diskussion um die politische Neugestaltung Deutschlands ein.

Von der Unsinnigkeit jeder Restauration überzeugt, gerät A. nach dem Erscheinen des vierten Bandes von *Geist der Zeit* (1818), in dem er unter Rekurs auf die national-, verfassungs- und volksstaatlichen Ziele der Befreiungskriege mit der wiederhergestellten »Willkür« scharf abrechnet, in das Schußfeld der einsetzenden Demagogenverfolgung. Im November 1820 wird er unter Belassung der Hälfte seiner Einkünfte, ohne ordentlichen Prozeß von seiner Geschichts-Professur an der Universität Bonn suspendiert, die er zwei Jahre zuvor zum Dank für seine – so der preußische Staatskanzler Hardenberg – »trefflichen ... Gesinnungen zur Zeit der Not« erhalten hatte.

Erst 1840, mit der Thronbesteigung Friedrich Wilhelms IV., erfolgt A.s Rehabilitierung. Seine Vorlesungen hält er bis ins 84. Lebensjahr. Als ältester Abgeordneter wird er 1848 in die erste deutsche Nationalversammlung gewählt, wo er, »ein gutes altes deutsches Gewissen« und Feind aller »republikanischen oder gar kommunistischen Glückseligkeits- und Freiheitsträume« zwar »vieles« verändert, »aber nicht alles ... und nicht alles plötzlich neu« wünscht sowie im Sinne des rechten Zentrums für »die auf edler, freiheitlicher Grundlage ruhende Monarchie« unter preußischer Führung eintritt. Die Feiern zu A.s 90. Geburtstag zeigen, elf Jahre vor der Reichsgründung, die breite Resonanz dieser Idee.

Werkausgabe: Ernst Moritz Arndt: Sämtliche Werke. Erste einheitliche Ausgabe seiner Hauptschriften. 14 Bde., Leipzig 1892–1909.

Literatur: *Sichelschmidt,* Gustav: Ernst Moritz Arndt. Berlin 1981; *Paul,* Johannes: Ernst Moritz Arndt. »Das ganze Teutschland soll es sein!« Göttingen/Zürich/Frankfurt a. M. 1971.

Hans-Rüdiger Schwab

Arnim, Achim von

Geb. 26.1.1781 in Berlin; gest. 21.1.1831 in Wiepersdorf

»Von Rechts wegen sollte dieses Büchlein in jedem Hause ... am Fenster, unterm Spiegel, oder wo sonst Gesang- und Kochbücher zu liegen pflegen, zu finden sein, um aufgeschlagen zu werden in jedem Augenblick der Stimmung oder Unstimmung.« Johann Wolfgang Goethe stand 1806 mit seiner Begeisterung über den gerade erschienenen ersten Band von *Des Knaben Wunderhorn* nicht allein. Diese Sammlung »alter deutscher Lieder« beeinflußte nachhaltig die Lieddichtung der deutschen Romantik und wirkte noch auf die nachfolgenden Balladendichter (Joseph Freiherr von Eichendorff, Ludwig Uhland, Eduard Mörike, Heinrich Heine, Theodor Storm). Wie kaum ein anderes Werk ist das *Wunderhorn* Ergebnis einer Freundschaft zwischen zwei Menschen, den Schriftstellern Clemens Brentano und A., die sich zum ersten Male 1801 als Studenten an der Universität Göttingen begegnen. Beide haben gleichartige künstlerische Neigungen und Interessen entwickelt, in jungen Jahren Zugang zum Kreis der Frühromantiker gefunden; aus enger Geistesverwandtschaft erwächst langanhaltende Freundschaft, die Spuren im dichterischen Werk beider Autoren hinterläßt. A., altem brandenburgischen Adel entstammend, wächst als Halbwaise bei der Großmutter in Berlin auf, da der Vater zunächst als preußischer Diplomat unterwegs ist, dann die Leitung der Berliner Oper übernimmt und sich später nur um die Bewirtschaftung des eigenen Gutes in der Uckermark kümmert. Der »trübe gepreßten Luft einer zwangvollen Kinderstube« entzieht sich A. durch die Flucht in »allerlei Gelehrsamkeit«, beschäftigt sich besonders mit deutscher und Weltgeschichte sowie aufklärerischer Philosophie, erwirbt Kenntnisse und bildet Neigungen aus, die später zur Grundlage seines erzählerischen und dramatischen Werkes werden. 1798 beginnt A. in Halle Jurisprudenz zu studieren, interessiert sich aber mehr für Naturwissenschaften und romantische Naturphilosophie. Als häufiger Gast im Hause des bekannten Komponisten Johann F. Reichardt auf dem Giebichstein trifft er mit Ludwig Tieck und anderen bekannten Autoren der Frühromantik zusammen. Als A. im Jahr 1800 nach Göttingen geht, sind ihm die Künste schon wichtiger als die Wissenschaften, arbeitet er bereits, angeregt von Goethes *Werther*, an seinem ersten Roman, *Hollins Liebesleben* (1802). Gespräche mit Goethe selbst wie mit anderen Dichtern bestärken ihn in seiner Hinwendung zur Poesie. 1802 besucht A. in Frankfurt a. M. den Freund Clemens Brentano, an dessen Schwester Bettine (der späteren romantischen Schriftstellerin Bettina von A.) ihn bald ein herzliches, dauerhaftes Verhältnis bindet, das 1811 zur Eheschließung führt. A., dessen Wesen etwas »wohltuend Beschwichtigendes« hat (Eichendorff), unternimmt mit dem lebhaften Brentano im Juni 1802 von Frankfurt a. M. aus eine Rheinfahrt, die für die schriftstellerische Arbeit der kommenden Jahre zum Schlüsselerlebnis wird. In der lebensprallen Atmosphäre eines Marktschiffes fühlen sich die beiden als »fahrende Spielmänner«, werden »im Gesange der Schiffer von tausend Anklängen der Poesie berauscht«, erliegen der Faszination des Volksliedes. A. sucht jetzt mündlich Überliefertes, sammelt Bücher und Flugschriften mit volkstümlichen Liedern, trägt auf einer großangelegten Bildungsreise, die ihn durch die Schweiz, Frankreich, England führt, weiteres Material zusammen. Nach mehrjähriger Sammelarbeit beschließen die Freunde die Herausgabe eines »wohlfeilen Volksliederbuches«, von dem 1805 der erste Band erscheint. Mit *Des Knaben Wunderhorn* wollte A. aber weniger eine authentische Textsammlung bieten, sondern vielmehr ein »Denkmal deutschen Geistes« errichten. Stärker als Brentano neigt A. zur Neubearbeitung, dichtet Texte willkürlich um, paßt sie dem Zeitgeschmack an, um so mit »alten deutschen Liedern« ein Bollwerk aufzubauen gegen das »gewaltsame Vordringen neuer Zeit und ihrer Gesinnung«, wozu für A. besonders der Geist der Französischen Revolution gehört. Als Beitrag zur Entwicklung eines »vaterländischen« Bewußtseins sollen die gesammelten Volkslieder eine gemeinsame kulturelle Basis schaffen und damit auch politische Einigkeit ausdrücken. Anders als die Frühromantiker begeistern sich Brentano und A., die zwischen 1805 und 1808 in Heidelberg einen Zirkel gleichgesinnter Freunde und Autoren um sich scharen (Johann Joseph von Görres, Philipp Otto Runge, Eichendorff, Justinus Kerner, Ludwig Tieck), nicht aus ästhetischen, sondern aus nationalistischen Gründen für die altdeutsche Kunst und das Mittelalter. In seiner *Zeitung für Einsiedler* (als Buch: *Tröst-Einsamkeit*, 1808) bringt A., neben den zur »Heidelberger Romantik« gerechneten Autoren, altdeutsche Prosa, um über politisch Trennendes hinweg das »gemeinsam Volksmäßige« bewußt zu machen. Die nationale Gesinnung jüngerer deutscher Autoren erhält durch Napoleons Eroberungskriege in diesen Jahren Auftrieb; durch die Niederlage Preußens bei Jena und Auerstedt (1806) fühlt sich auch A. betroffen und verfaßt vaterländische Lieder für das Militär. Zu Beginn der Befreiungskriege läßt er sich 1813 sogar zum Hauptmann eines preußischen Landsturmbataillons machen. In Berlin beteiligt sich A. 1811 an der Gründung der »Christlich-Deutschen Tischgesellschaft«, einem privaten, patriotischen Gesprächskreis von Bildungsbürgern, Kaufleuten und Adligen mit unterschiedlichsten Vorstellungen über die politische Erneuerung Preußens. A. stellt zwar selbst auch die Legitimität des Geburtsadels in Frage, verklärt aber in seinen Dichtungen vergangene, hierarchisch gegliederte feudale Gesellschaftsstrukturen. Sein unvollendet gebliebener Roman *Die Kronenwächter* (1817) idealisiert einen »von Gott Begnadeten«, der »alle Deutschen zu einem großen friedlichen gemeinsamen Leben vereinigen wird«. Durch die Fülle anschaulichen historischen Materials aus dem 16. Jahrhundert wird diese ansonsten etwas »verworrene« Geschichte einer Geheimgesellschaft, welche die Krone des künftigen Kaisers schützt, zu einem der ersten bemerkenswerten deutschen historischen Romane. Seine mit zunehmendem Alter konservativer werdende Weltsicht verschließt A. aber nicht den Blick für die grundlegenden gesellschaftlichen Entwicklungen seiner Zeit. In seiner vielschichtigen Novelle *Die Majoratsherren* (1820) widerspiegeln sich gleichermaßen Untergang und Verfall einer überlebten Feudalgesellschaft wie die kritisch betrachtete Herausbildung kapitalistischer Wirtschaftsverhältnisse. Etwas resignierend wegen ausbleibender Verkaufserfolge zieht sich A. 1814 auf sein Gut nach Wiepersdorf zurück, lebt vorwiegend als Gärtner und Landwirt, schreibt daneben für Zeitungen und Unterhaltungsjournale. Mit dem *Wunderhorn* und seinen Novellensammlungen (*Der Wintergarten*, 1809; *Isabella von Ägypten, Karl des Fünften erste Jugendliebe*, 1812) hat sich A. zwar »ein Renommee unter Literaten« erworben, ist aber »im Volk ... ganz unbekannt« (Heinrich Heine) geblieben, obwohl er »so schön und golden wie weder Tieck noch Novalis« zu träumen versteht (Georg Herwegh). Mit seiner überquellenden Phantasie (die Goethe mit einem Faß vergleicht, »wo der Böttcher vergessen hat, die Reifen fest zu schlagen, da läuft's denn auf allen Seiten heraus«) nimmt A. Bilder, Motive und Erzählweisen vorweg, die später bei anderen Autoren und in trivialisierter Form publikumswirksam werden.

Werkausgabe: Arnim, Achim von: Sämmtliche Werke. Hrsg. von *Grimm,* Wilhelm. 22 Bände. Berlin 1839–56 (Nachtragsband Tübingen 1976).

Literatur: *Burwick,* Roswitha und *Fischer,* Bernd (Hrsg.): Neue Tendenzen zur Arnim-Forschung. Germanie Studies in America. Frankfurt a. M. / Bern / New York 1988; *Kratzsch,* Konrad: Ludwig Achim von Arnim, das Leben eines romantischen Dichters. Berlin 1981; *Knaack,* Jürgen: Achim von Arnim – Nicht nur Poet. Darmstadt 1976.

Horst Heidtmann

Arnim, Bettine von
Geb. 4. 4. 1785 in Frankfurt am Main; gest. 20. 1. 1859 in Berlin

Den Zeitgenossen gibt ihre (wie die einen sagen) »wunderbare Natur«, ihr (so die anderen) »wunderliches Wesen« Rätsel auf; in jedem Falle aber übt sie eine ungewöhnliche Faszination aus. Als Verkörperung »ganz ewig gärender Poesie«, ein »herumirrlichtelierender Kobold«, dabei ausgestattet mit »blendendem Verstand« und »grenzenloser Herzensgüte«, sorgt sie für Gesprächsstoff. Aufgrund ihrer Familiengeschichte findet die Tochter eines der wohlhabendsten Frankfurter Kaufleute von früh an Kontakt zu ästhetisch interessierten Zirkeln: erstmals im Offenbacher Haus ihrer Großmutter Sophie von LaRoche, einer vielgelesenen Schriftstellerin des späten 18. Jahrhunderts, wo sie nach vierjähriger Erziehung im Ursulinenkloster Fritzlar ab 1797 aufwächst; dann durch Vermittlung ihres Bruders Clemens Brentano und schließlich in München und Landshut von 1808 bis 1810, dem Sitz der bayerischen Landesuniversität, an der ihr Schwager Friedrich Karl von Savigny zeitweise lehrt. Schon hier machen Anekdoten über ihre »märchenhafte Erscheinung« und ihr erstaunliches Temperament, über ihre »kecken jungenhaften Manieren« und ihren »satirischen Mutwillen« die Runde, die später in verschiedenen Variationen wiederkehren: »Unter dem Tisch ist sie öfter zu finden wie drauf«, weiß man etwa zu berichten, »auf dem Stuhl niemals«. Oder: »Sie hüpfte trällernd durchs Zimmer, spielte mit einem Apfel Fangeball, voltigierte kühnlich über einen Sessel, versteckte meiner Mutter das Strickzeug, warf mich beim Tee mit Brotkügelchen und machte einen Heidenlärm«. Auch: »Sie legt sich aus ihrer Loge auf die nächste in der anderen sitzende Mannsperson und spricht: Bettina muß sich anlehnen, Bettina ist müde«. Eine andere Beobachterin sucht immer neue Umschreibungen, um sich des irritierenden Phänomens zu vergewissern: » das Sprunghafte, Wirbliche, Flatterhafte, Funkensprühende, Feuerwerkige, Explodierende, Enthusiastische, Exzentrische, Elektrisierende, Kokett-Geistreiche, Jungherzig-Frisch und Erfrischende«. Die so Charakterisierte hingegen fragt mit dem ihr von Kindheit an eigenen Selbstbewußtsein bündig: »Warum nennt man überspannt, was nicht der Gemeinheit, den gewohnten Vorurteilen sich fügt?«

Dieses »närrische« Image, (wie sie es gelegentlich nennt), verhilft ihr zu einem willkommenen Freiraum vor der Zensur, als sie 1843 in der Schrift *Dies Buch gehört dem König* mit der gleichen »rücksichtslosen Ungeniertheit«, die sie der Konvention gegenüber an den Tag legt, die gesellschaftlichen Verhältnisse beleuchtet. »Traurig genug«, schreibt Karl Gutzkow, (einer der bekanntesten Zeugen für die Zustimmung, die A. von ihren ersten Büchern an gerade bei den jungen Intellektuellen sucht und findet), »daß nur ein Weib das sagen durfte, was jeden Mann hinter Schloß und Riegel würde gebracht haben«, und »wunderbar« zugleich, »daß eine Frau, der man die ›Wunderlichkeit‹ um ihres Genies und ihrer... Stellung willen nachsieht, aufsteht und eine Kritik... veröffentlicht, wie sie vor ihr Tausende gedacht, aber nicht einer so resolut, so heroisch, so reformatorisch-großartig ausgesprochen hat«. In der für A.s Stil typischen Form dialektgefärbter, metaphernreicher und assoziativ-abschweifender Betrachtungen der »Frau Rat«, der Mutter des von ihr geradezu kultisch verehrten Johann Wolfgang von Goethe, welche die 21jährige oft besucht hatte, appelliert das *Königsbuch* an Friedrich Wilhelm IV. von Preußen, den sie lange in Illusionen befangen, dazu willens und fähig glaubt, sich als Vordenker, Erzieher und Wohltäter seines zur Mündigkeit berufenen Volkes an die Spitze einer liberalen und sozialen Reformbewegung zu setzen und – auch für Minderheiten wie die Juden oder die aufgrund mangelnder Fürsorge der Gesellschaft straffällig Gewordenen – die in der Ära des Absolutismus »verlorenen Rechte der Menschheit« wiederherzustellen.

Durch ihr folgendes Projekt, eine große Dokumentation der wachsenden sozialen Verelendung und ihrer Ursachen, überschreitet sie dann doch die Toleranzschwelle. Mitte Mai 1844 ruft sie in einigen Zeitungen dazu auf, ihr Informationsmaterial zuzusenden. Als knapp drei Wochen später der von preußischen Truppen in kurzer Zeit niedergeschlagene Aufstand der schlesischen Weber ausbricht, wirft ihr der Innenminister vor, »die Leute gehetzt, ihnen Hoffnungen geweckt« zu haben. »Den Hungrigen helfen wollen, heißt jetzt Aufruhr predigen«, zitiert B., die durch ihre Pflege Cholerakranker während der Epidemie von 1831 erstmals mit den frühen Berliner Elendsvierteln in Berührung gekommen war, resigniert aus einer Zuschrift: »Mein Armenbuch habe ich einstweilen abgebrochen, denn der Druck würde hier nicht gestattet werden« (erst 1962 erfolgt die Veröffentlichung ihrer Vorarbeiten). Obgleich nun die Schikanen zunehmen, läßt sich (so der Mann ihrer Freundin Rahel Varnhagen) die »tapfere Frau..., in dieser Zeit die einzig wahrhafte und freie Stimme«, dadurch nicht einschüchtern. Ihre Abendgesellschaften bleiben Treffpunkte »demokratischer« Oppositioneller. Auch ihre Hilfe für in Not Geratene oder politisch Verfolgte setzt sie fort. Für verurteilte Revolutionäre im In- und Ausland versucht sie die Begnadigung zu erwirken. Ihre Denkschrift gegen die gewaltsame preußische Intervention von 1848 fordert für Polen das Recht auf Selbstbestimmung und »Volkssouveränität«. Vier Jahre später jedoch findet ihre Fortsetzung des *Königsbuchs (Gespräche mit Dämonen)* bereits keine Resonanz mehr.

Von 1811 bis 1831 ist B. mit Achim von Arnim verheiratet. Der Erziehung der sieben Kinder wegen und weil ihr Mann sich mehr und mehr von der städtischen Geselligkeit absondert, die sie liebt, kehrt sie von Gut Wiepersdorf später nach Berlin zurück, wo das Paar schon während der ersten drei Ehejahre gelebt hatte. Erst mit 50 Jahren tritt sie als Schriftstellerin an die Öffentlichkeit und wird sofort berühmt. *Goethes Briefwechsel mit einem Kinde* (1835) ist die erste der drei frei bearbeiteten und mit eigenen Erfindungen durchsetzten Korrespondenzen (deshalb besser: Briefromane), mit denen sie am Beispiel für sie am wichtigsten gewordenen Begegnungen – es folgen *Die Günderode* (1840) und *Clemens Brentanos Frühlingskranz* (1844) – in umgekehrter Chronologie ihre eigene Entwicklungsgeschichte bis zur Ehe aufarbeitet und zugleich die Ideen der romantischen Aufbruchsphase an die Gegenwart vermitteln will. Dabei entwickelt sie aus den Berichten über ihre Herkunft zugleich eine Folie für ihr Selbstverständnis. Georg Michael Frank von LaRoche, der kurtrierische Kanzler, präfiguriert die eigene Rolle: »So wie der Großvater möcht ich sein, dem alle Menschen gleich waren, ...dem nie eine Sache gleichgültig war...; ich glaub..., daß man auf dem Großvater seine Weise die tiefste Philosophie erwerbe, nämlich... die Vereinigung der tiefsten geistigen Erkenntnis mit dem tätigen Leben.«

Werkausgabe: Arnim, Bettine von: Werke und Briefe. Hrsg. von *Konrad*, Gustav, Bd. 1 bis 5. 1959–1961.

Literatur: »Herzhaft in die Dornen der Zeit greifen ...« Bettine von Arnim 1785–1859. Ausstellung: Freies Deutsches Hochstift/Frankfurter Goethe Museum. Frankfurt a.M. 1985; *Dischner*, Gisela: Bettina von Arnim. Eine weibliche Sozialbiographie aus dem 19. Jahrhundert. Berlin 1984; *Drewitz*, Ingeborg: Bettine von Arnim. Romantik-Revolution-Utopie. Düsseldorf/Köln 1969.

Hans-Rüdiger Schwab

Arp, Hans
Geb. 16. 9. 1886 in Straßburg; gest. 7. 6. 1966 in Basel

Während ringsum in Europa der Krieg tobte, drängelten sich am 5. Februar 1916 in einer Züricher Kneipe die Gäste, um der Eröffnung des »Cabaret Voltaire« beizuwohnen. Eine Bewegung nahm hier ihren Anfang, die in den nächsten Jahren unter dem Begriff DADA die Kunstwelt aufhorchen machte. Zum Gründerkreis von Malern und Dichtern verschiedener Nationalität gehörte auch der Elsässer A. »Wir suchten eine elementare Kunst, die den Menschen vom Wahnsinn der Zeit heilen und eine neue Ordnung, die das Gleichgewicht zwischen Himmel und Hölle herstellen sollte«, erinnerte er sich später. Die Soirées der Züricher Dadaisten waren vor allem literarische Demonstrationen. Auch A. trug mit seinen ersten DADA-Texten, die er »Arpaden« und »Wolkenpumpen« nannte, dazu bei. Eines der bekanntesten Gedichte wurde *kaspar ist tot*, parodistische Zeitenklage und programmatisches Unsinnsgedicht in einem. A. war 1914 aus Paris gekommen, wo er nach dem Besuch der Kunstgewerbeschule Straßburg (1904) und der Weimarer Kunstakademie (1905/1906) die Académie Julian besucht hatte. Nach Kriegsausbruch war es für ihn dort schwierig geworden: »Ich wußte nie, wohin ich als Elsässer gehörte; ich habe das immer als sehr schmerzlich empfunden«, klagte er später. Damit mag in gewisser Weise die melancholische Grundstimmung zusammenhängen, die noch durch die skurrilsten Bildkombinationen seiner Texte durchschimmert und einen Gutteil ihres Reizes ausmacht. In jedem Fall war die Zweisprachigkeit, die Nähe und zugleich die Distanz zu zwei »Mutter«-Sprachen enthält, keine schlechte Voraussetzung für die Spielwelten von DADA. Der erste Impuls für dadaistische Schreibversuche ist für A. sicher die Absetzung von der eigenen neuromantisch-symbolistischen Vergangenheit und ihre Erledigung durch die Preisgabe an die Lächerlichkeit gewesen. Als typische Doppelbegabung ist bei A. seine literarische Entwicklung schwer von seiner bildnerischen abtrennbar. Viele Erfahrungen aus dem »anderen« Bereich prägten das Schreiben. Hierzu gehörte sicherlich die Erprobung des Spielprinzips »Zufall«, das zu spezifisch bildnerischen, aber eben auch sprachlichen Ergebnissen automatisierter Niederschriften führte. Dazu gehörte ebenfalls ein gewisses aktionistisches Beharren auf der Vorläufigkeit aller künstlerischer Arbeit. Die literarischen Texte aus dem Ersten Weltkrieg sind zumeist in vielerlei Varianten überliefert; A. betonte geradezu ihre Instabilität und ließ sie darum auch erst verhältnismäßig spät durch autorisierte Publikationen fixieren: *Die Wolkenpumpe* (1920) und *Der Vogel selbdritt* (1920), *7 Arpaden* (1923) und *Der Pyramidenrock* (1924), *Weißt du schwarzt du* (1930). A. nahm an vielen happeningartigen DADA-Veranstaltungen teil, zunächst in Zürich, dann, nach der Auflösung dieses Zentrums, in Berlin, Hannover, Köln und anderen europäischen Städten. A.s Name erschien oft im Zusammenhang mit denen anderer Dadaisten (Max Ernst, Kurt Schwitters, Tristan Tzara, Richard Huelsenbeck, Walter Serner). Simultantexte, in denen man mit Einfällen und Assoziationen »konzertierte«, waren eine beliebte dadaistische Produktionsform. Als die DADA-Bewegung auch in Deutschland zuendeging, zog es den Elsässer wieder nach Paris, wo er Anschluß an die Surrealisten fand. A. publizierte in den folgenden Jahren verstärkt auch in französischer Sprache. Er heiratete seine Lebensgefährtin Sophie Taeuber (1922). Durch den Tod der Mutter (1930) zerbrach die dadaistische Leichtigkeit und Farbigkeit der frühen Produktionen. Mit *Träume vom Tod und Leben* (1932) drang ein schwermütig-elegischer Ton in die Texte ein; er fängt sich aber wieder in einer Schreibphase konstruktivistischer Experimente (*Muscheln und Schirme*, 1939). Aber die leidvollen Erfahrungen der Flucht vor den Nazis, zunächst nach Südfrankreich, dann in die Schweiz, vor allem der Tod Sophies (1943) verstärkten die düstere Melancholie, die sich auch in den Gedichten dieser Zeit niederschlug (*Die ungewisse Welt*; *Sophie*; *Der vierblättrige Stern*; *Die Engelsschrift*; *Blatt um Feder um Blatt*). Eine Wendung zum Religiösen kam im Alterswerk hinzu (*Sinnende Flammen*, 1961). Nach dem Kriege lebte A. abwechselnd in Frankreich und in der Schweiz, reiste viel (Amerika, Griechenland, Ägypten) und konnte noch autorisierend an der Werkausgabe seiner Gedichte (1963 ff.) mitwirken. In der Erinnerung an die eigene DADA-Jugend (*Dadaland, Dada war kein Rüpelspiel*) beharrte A., anders als manche DADA-Zeitgenossen, auf den konstruktiven Beitrag, den DADA über die bloße Destruktion des Tradierten hinaus geleistet habe. Was damals die Suche nach der »elementaren Kunst« war, kehrte später im Werk A.s in verschiedenen Varianten (etwa: »konkret«, »abstrakt«) immer wieder. Es ist – mal spielerischer, mal grüblerischer – Ausdruck jener lebenslangen Suche nach einer sinnfälligen Ordnung durch die Kunst in einer chaotischen Welt.

Werkausgabe: Arp, Hans: Gesammelte Gedichte. Hrsg. von *Arp-Hagenbach,* Margarete und *Schifferli,* Peter. 3 Bände. Zürich / Wiesbaden 1963. 1974. 1983.
Literatur: *Arnoldt,* Heinz: Hans Arp. Text und Kritik 92. München 1986; *Döhl,* Reinhard: Das literarische Werk Hans Arps 1903–1930. Stuttgart 1967.   *Horst Ohde*

Artmann, Hans Carl
Geb. 12. 6. 1921 in Wien

»Ich kam auf einem baum (oder in einem baum) der gemarkung Kurthal nahe dem weiler St. Achaz im Walde zur welt... Ich bin das kind aus der Verbindung einer wildente und eines kuckucks und verbrachte meine jugend in den lichten laubwildernissen der buche und der linde.« Wo er nun geboren ist, bereitet den Lexikographen, obwohl doch St. Achaz gewiß auf keiner Karte zu finden ist, Kopfzerbrechen. Wo er sich nach Jahren in Wien (1945–60), Stockholm (1961), Berlin (1962/65/68), Lund und Malmö (1963–65), Graz (1966–67) nun aufhält, läßt sich nur mit der Angabe »wohnhaft in Salzburg« (seit 1972), aber nicht seßhaft, umgehen. Wieviele der alphabetisch reihbaren Sprachen Arabisch, Bretonisch, Chaldäisch... – er wirklich beherrscht, wird er allein nur wissen: Dänisch, Englisch, Französisch, Gälisch, Jiddisch, Niederländisch, Schwedisch, Spanisch ausgenommen, weil er aus diesen nachweislich übersetzte, Piktisch oder Dacisch ebenso, weil er diese erfand. Wie oft er verheiratet gewesen sei? »Ich weiß es nicht mehr. Ich glaube dreimal« (1973).

A. ist das einzige Kind eines Schuhmachers und dessen Ehefrau, wuchs im Arbeiter- und Vorstadtmilieu von Wien-Breitensee auf, besuchte die Hauptschule und verteilte dort als Vierzehnjähriger seine ersten, unter dem Pseudonym John Hamilton handgeschriebenen Detektivgeschichten. 1940 zur Wehrmacht eingezogen, in Rußland verwundet, in amerikanische Kriegsgefangenschaft geraten, kehrte er 1945 in seine Geburtsstadt zurück. A. wurde der poetische Kopf der Avantgarde, die sich 1949 im »Art-Club« und dann in der »Wiener Gruppe« zusammenfand. Zu dieser zählte man ihn bis 1960 – Friedrich Achleitner, A., Konrad Bayer, Gerhard Rühm, Oswald Wiener (so Gerhard Rühm 1967) –, obwohl es sie, so er selbst 1973, gar nicht gab. Nachweislich fand im August 1953 jene »poetische demonstration« statt, die vom Goethe-Denkmal zur Illusionsbahn im Prater führen sollte, im Menschenauflauf aber vorzeitig stecken blieb und der Öffentlichkeit zum ersten Mal A.s *Acht-Punkte-Proklamation des poetischen Actes* (1953) dokumentierte: »Es gibt einen Satz, der unangreifbar ist, nämlich der, daß man Dichter sein kann, ohne auch nur irgendjemals ein Wort geschrieben oder gesprochen zu haben. Vorbedingung ist aber der mehr oder minder gefühlte Wunsch, poetisch handeln zu wollen.« Zum gelebten poetischen Akt gehören Masken und Rollen, denn »er ist die Pose in ihrer edelsten Form«: der Dichter belegt auf einer seiner vielen Reisen – nach Frankreich, Belgien, Holland, Italien, Spanien, Irland – zwei Schlafwagenbetten, weil »junge, unabhängige, englische Gentlemen« solches tun, oder taucht mit dem deerstalking-hat des Sherlock Holmes, mit Monokel und Chrysantheme auf. Die Pose gehört schließlich zum poetischen Akt des Schreibens, denn Leben und Schreiben, »das kann man nicht trennen«. A. ist der »churfürstliche Sylbenstecher«, dichtet im Sprachkostüm des Barock (u.a. *Von den Husaren und anderen Seiltänzern*, 1959) und in der Tracht des Wiener Dialekts (u.a. *med ana schwoazzn dintn*, 1958 sein erster großer Erfolg), bedient sich des Edda-Stoffes (*Die Heimholung des Hammers*, 1977) wie der gängigen Grusel- und Horror-Requisiten (u.a. *dracula dracula*, 1966), verfügt über Kasperltheater und soap opera, pop art und comic strip; er übersetzt/ adaptiert (auch das kann man kaum trennen) jiddische Sprichwörter und lappische Mythen und bleibt dabei unverkennbar »H. C. Artmann, den man auch John Adderley Bancroft alias Lord Lister alias David Blennerhast alias Mortimer Grizzleywood de Vere & c. & c. nennt!«

Der »wahrscheinlich einzige wesentliche *Dichter*..., den die deutsche Literatur nach 1945 hervorgebracht hat« (Peter O. Chotjewitz), der 1955 »mit allem nachdruck gegen das makabre kasperltheater« der Gründung des österreichischen Bundesheeres protestierte, Polizisten nicht nur beleidigte, sondern sich auch mit ihnen prügelte (u. a. 1970 zu vier Monaten Gefängnis auf Bewährung verurteilt), erhielt 1974 den Großen Österreichischen Staatspreis für Literatur und 1977 den Preis der Stadt Wien.

Literatur: *Donnenberg,* Josef (Hrsg.): Pose, Possen und Poesie. Zum Werk H. C. Artmanns. Stuttgart 1981; *Pabisch,* Peter: H. C. Artmann. Ein Versuch über die literarische Alogik. Wien 1978.

Ernst Kretschmer

Aston, Louise, geb. Hoche
Geb. 26.11.1814 in Gröningen bei Halberstadt, gest. 21.12.1871 in Wangen/Allgäu

Bei ihren Zeitgenossen stand A. in dem Ruf, den Höhepunkt des damaligen feministischen Radikalismus zu verkörpern. Daß sie sich vorwiegend im Umkreis revolutionär gesinnter Journalisten aufhielt, Männerkleidung bevorzugte, öffentlich Zigarren rauchte und ihr Liebesleben nach dem Prinzip des ›variatio delectat‹ gestaltete, machte sie der Obrigkeit offenbar besonders verdächtig. Jedenfalls wurde sie, noch bevor sie auch nur eine Zeile veröffentlicht hatte, 1846 als »staatsgefährliche Person« aus Berlin gewiesen, weil sie »Ideen geäußert, und ins Leben rufen wolle, welche für die bürgerliche Ruhe und Ordnung gefährlich seien« (*Meine Emancipation, Verweisung und Rechtfertigung,* 1846).

Diese Berliner Ausweisung gab für A. den Anstoß, sich an die Öffentlichkeit zu wenden. Ihre in Brüssel verlegte Emanzipationsschrift, die »die schlagendsten Belege für die Unterdrückung des Weibes von seiten jeglicher Gewalt aufwies« (Anneke), kann als der erste deutsche feministische Beitrag zur Verteidigung der Frauenrechte gelten. »Wir Frauen«, heißt es dort programmatisch, »verlangen jetzt von der neuen Zeit ein neues Recht; nach dem versunkenen Glauben des Mittelalters Anteil an der Freiheit dieses Jahrhunderts; nach der zerrissenen Charta des Himmels einen Freiheitsbrief für die Erde!«

Was Männer von Spinoza bis Hegel, Schleiermacher und David Friedrich Strauß längst geäußert hatten, nämlich den Zweifel an einem persönlichen Gott und den Willen, schon »hier auf Erden glücklich zu sein«, das wurde bei einer Frau zum staatsgefährdenden Frevel.

Ihr geschiedener Ehemann, der englische Fabrikant Samuel Aston, verweigerte ihr wegen ihres vermeintlichen sittenwidrigen Lebensstils selbst die gerichtlich zuerkannte bescheidene Jahresrente. ›Frei‹ geworden stellte sich A. ganz auf die Seite der 48-Revolutionäre. Und so brach sie selbstbewußt mit in den schleswig-holsteinischen Krieg auf und ging als blonde Barrikadenkämpferin in die Zeitgeschichte ein.

Im Vergleich zu der Mehrzahl der Vormärzautorinnen hat A. ein eher schmales Werk hinterlassen: Zwei Lyrikbände (*Wilde Rosen*, 1846; *Freischärler-Reminiscenzen*, 1849), drei Romane (*Aus dem Leben einer Frau*, 1847; *Lydia*, 1849; *Revolution und Contrerevolution*, 1849), eine Streitschrift (*Meine Emancipation, Verweisung und Rechtfertigung*, 1846) und eine über den ersten Jahrgang nicht hinausgekommene Zeitschrift (*Der Freischärler*, 1848). In all ihren Schriften geht es in erster Linie um das Thema der freien Liebe, der weiblichen Selbstbestimmung und der sozialen Gerechtigkeit.

Nach der gescheiterten 48-Revolution versiegt A.s literarische Schaffenskraft. Sie, die von allen Vormärzautorinnen am entschiedensten für eine Neuordnung der Gesellschaft plädiert hatte, ist seit 1849 schriftstellerisch nicht mehr hervorgetreten.

Literatur: *Goetzinger*, Germaine: Für die Selbstverwirklichung der Frau. Louise Aston in Selbstzeugnissen und Bilddokumenten. Frankfurt a. M. 1983; *Möhrmann*, Renate: Die andere Frau. Emanzipationsansätze dt. Schriftstellerinnen im Vorfeld der Achtundvierziger-Revolution. Stuttgart 1977.

Renate Möhrmann

Auerbach, Berthold
Geb. 28. 2. 1812 in Nordstetten/Horb a. N.; gest. 8. 2. 1882 in Cannes

Zwei Monate auf dem Hohenasperg – dem württembergischen Staatsgefängnis – zwangen 1837 sein Leben in eine neue Richtung. Bis dahin hatte er, in einem schwäbischen Dorf aufgewachsen, das erst durch Napoleon an Württemberg gekommen war, immer eine öffentliche Anstellung erstrebt. Der Enkel eines Rabbiners, dessen Familie aus Prag ins vorderösterreichische Nordstetten eingewandert war, hatte die Talmudschule in Hechingen besucht und schließlich das Abitur in Stuttgart gemacht, damit alle Formalitäten erfüllt waren, um im Land etwas werden zu können, vielleicht ebenfalls Rabbiner. In Tübingen war er der einzige Student der jüdischen Theologie, wurde jedoch schon 1833 als »Burschenschafter«, d. h. Mitglied einer als hochverräterisch und staatsgefährdend geltenden studentischen Verbindung, die mit den neuen liberalen Ideen sympathisierte, von der Universität gewiesen und unter Polizeiaufsicht gestellt. Gnadenhalber durfte er bis zu seiner Verurteilung im »ausländischen« Heidelberg weiterstudieren.

Schon 1833 hatte er sein Stipendium verloren und mußte sich seither durch Schreiben das Studium verdienen: So entstanden u. a. eine *Geschichte Friedrichs des Großen* (1834, vorsichtigerweise noch unter einem Pseudonym veröffentlicht) und ein *Spinoza*-Roman (1837). Nach der Verurteilung war an ein Weiterkommen in Württemberg nicht zu denken, so blieb nur das »Ausland« und der mühsame Weg eines freiberuflichen Schriftstellers. 1840 wanderte er nach Bonn, von 1841 bis 1845 war er als Kalenderredakteur in Karlsruhe tätig. Die *Schwarzwälder Dorfgeschichten* – zunächst von mehreren Verlegern zurückgewiesen – brachten 1843 den Durchbruch zum Erfolg; sie trugen auch dazu bei, daß die »Dorfgeschichte« eine gängige Gattung wurde. Fast über Nacht damit in Deutschland berühmt und gelesen, wurde A. auch schnell in andere Sprachen übersetzt und war bald eine europäische Berühmtheit. Seither erschienen bis zu seinem Tode unzählige, kleine und große, zur Anekdote verkürzte oder zum Roman sich dehnende »Dorfgeschichten«; eine der bekanntesten ist der liebenswürdig-sentimentale Roman *Barfüßele* (1856). A. war nun längst einer der meistgelesenen Autoren, und der Verleger Johann Georg Cotta, der ihn noch 1842 abgelehnt hatte, brachte 1857 seine *Gesammelten Schriften* heraus, schon jetzt zwanzig Bände.

A. ist populär und ein begehrter Gast in den bürgerlichen Salons der Städte; Breslau, Frankfurt, Wien, Dresden, Berlin sind wesentliche Lebensstationen, eine Breslauerin wird seine erste, eine Wienerin die zweite Frau. Nach seinen Erfahrungen mit dem württembergischen Staat ist A. vorsichtig; zwar kommentiert er die Ereignisse im Gefolge der 48er Revolution noch als Liberaler (»Welch traurige Wendung nehmen die Dinge im Schwarzwald«), jedoch unter Ausschluß der Öffentlichkeit nur brieflich. Im übrigen paßt er sich an; auch die Entstehung des Deutschen Reichs findet seine Zustimmung und erregt sein Nationalgefühl. Seine Erzählungen kommen dem Zeitgeschmack entgegen und bevorzugen einfache und überschaubare Konflikte. *Diethelm von Buchenberg* (1853) ist als Kriminalgeschichte mit sozialkritischem Einschlag schon eine Randerscheinung; *Die Frau des Geschworenen* (1861) zeigt liberal-volksbildnerische Tendenzen in der Form der Kalendergeschichte, die A. in der Tradition des von Johann Peter Hebel geprägten Volkskalenders vielfältig nachahmte und trivialisierte; das *Barfüßele* aber ist Musterbeispiel für seine Darstellung einer kaum bedrohten dörflichen Idylle, welche in krassem Gegensatz zur industriellen Revolution und ihren sozialen Auswirkungen eine fast exotisch anmutende heile Welt biedermeierlich erzählt.

Die Gefahren seiner Schriftstellerei sieht A. später selbst: »Oft überfällt mich's mit Schrecken, ob ich nicht mir und der Welt Illusionen gemacht« (1877). Und eben darin ist auch die Art seiner Wirkung und Nachwirkung begründet: überschätzt zu Lebzeiten, rasch unterschätzt nach seinem Tod, durch den Hitler-Faschismus mühelos ins Vergessen gestoßen. Aus dem heutigen Abstand kann der Realismus, der auch noch trivialen, gedanklich naiven und nostalgisch-schönen Geschichten innewohnt und auf genaue Weise ein Stück Welt von Damals vergegenwärtigt, wieder gesehen werden, sowie die eigentümliche Symbiose, aus der ihr Autor kam und diese Welt darstellte: »Ich bin Deutscher, und nichts anderes könnte ich sein; ich bin ein Schwabe, und nichts anderes möchte ich sein; ich bin ein Jud – und das hat die rechte Mischung gegeben.«

Literatur: *Scheuffelen*, Thomas: Berthold Auerbach. Marbach 1986.   *Ludwig Dietz*

Ausländer, Rose
Geb. 11. 5. 1901 in Czernowitz/Bukowina; gest. 3. 1. 1988 in Düsseldorf

Die Familie A.s gehörte zur Minderheit des deutschsprachigen jüdischen Beamtentums. Nach dem Anschluß der Bukowina an Rumänien verarmte die Familie, A. mußte nach dem Tod ihres Vaters ihr Philosophiestudium abbrechen und emigrierte 1921 nach New York. Nach einer glücklichen und behüteten Kindheit war sie nun ganz auf sich gestellt; die 1923 mit dem Studienfreund Ignaz Ausländer geschlossene Ehe hielt gerade drei Jahre. Sie arbeitete als Bankangestellte »unter dem lieblosen Herzschlag der Uhren«; ihrer eigentlichen Neigung, dem Schreiben, widmete sie sich nach den Bürostunden. Schon in Czernowitz hatte sie Gedichte verfaßt, die allerdings noch wenig eigenständig waren. Stark beeinflußt von so widersprüchlichen Richtungen wie der Neuromantik und dem Expressionismus, lesen sich einige ihrer frühen Werke manchmal wie unfreiwillige Parodien. A. selbst mag dies später so empfunden haben: Ihren von Alfred Margul-Sperber 1939 zusammengestellten Gedichtband *Der Regenbogen* erklärte sie in ihrer autobiographischen Notiz *Alles kann Motiv sein* (1971) für verschollen, eindeutig in der Absicht, sich davon zu distanzieren. Erst mit dem Gedichtzyklus *New York* (1926/27) fand sie zu eigener Sprache und Form. Wenn auch die Nähe zum Expressionismus noch spürbar ist, so weisen diese Gedichte doch in der Darstellung von Härte und sozialer Misere einerseits und von menschlicher Schönheit und der kargen Poesie der Großstadt andererseits einen ausgeprägten Realismus im Stil der Neuen Sachlichkeit auf, den auch ihre späteren Gedichte über New York zeigen.

Während dieser New Yorker Jahre hatte sie u. a. Kontakt zu einem Kreis von Anhängern des jüdisch-spinozistischen Philosophen Constantin Brunner, dessen Werk sie schon in Czernowitz studiert hatte und das z. T. ihre Gedichte beinflußte, vor allem in der Ablehnung eines personalen Gottesbildes. So war sie in New York zwar nicht isoliert, aber dennoch hat die Erfahrung des Exils, des »in der Fremde daheim«, ihr Werk ebenso geprägt wie die Erkenntnis, daß die Heimat zur Fremde geworden war.

1931 kehrte A. nach Czernowitz zurück, um ihre kranke Mutter zu pflegen. Von 1941 bis 1944 war sie im Ghetto von Cernowitz, das letzte Jahr in einem Kellerversteck. »Wir zum Tode verurteilten Juden waren unsagbar trostbedürftig. Und während wir den Tod erwarteten, wohnten manche von uns in Traumworten – unser traumatisches Heim in der Heimatlosigkeit. Schreiben war Leben. Überleben.« So charakterisierte A. die Rolle des Schreibens in diesen Jahren als Überlebenshilfe, als Mittel zur Bewältigung einer übermächtigen, grausamen Realität. Der in dieser Zeit entstandene Gedichtzyklus *Ghettomotive* ist dementsprechend von der Form her überwiegend traditionell: ästhetische Kriterien, literaturwissenschaftliche Diskussionen waren unwichtig geworden in einem Leben in permanenter Angst und Bedrohung, in ständiger Nähe zum Tod.

»Was . . . über uns hereinbrach, war ungereimt, so alpdruckhaft beklemmend, daß – erst in der Nachwirkung, im nachträglich voll erlittenen Schock – der Reim in die Brüche ging. Blumenworte welkten. Auch viele Eigenschaftswörter waren fragwürdig geworden in einer mechanisierten Welt.« So begründete A. ihr dichterisches Schweigen zu Beginn ihres zweiten USA-Aufenthaltes (1946 bis 1964). Danach schrieb sie längere Zeit Gedichte nur in englischer Sprache, und erst 1956 kehrte sie zum Deutschen zurück: »Mysteriös, wie sie erschienen war, verschwand die englische Muse. Kein äußerer Anlaß bewirkte die Rückkehr zur Muttersprache. Geheimnis des Unterbewußtseins.« 1957 traf sie Paul Celan, den sie im Cernowitzer Ghetto kennengelernt hatte, in Paris wieder. Er machte sie mit den Strömungen der deutschen Nachkriegslyrik vertraut.

Von 1961 an widmete A. sich ganz dem Schreiben; ihren Angestelltenberuf hatte sie krankheitshalber aufgegeben. 1964 kehrte sie nach Europa zurück. Die erste Station war Wien, 1965 zog sie nach Düsseldorf. Im selben Jahr erschien auch ihr Gedichtband *Blinder Sommer*, das Ergebnis einer minuziösen Arbeitstechnik: Prosaskizzen wurden in Verse umgearbeitet, Alltagserfahrungen, Gedanken und Gefühle zum einen genau wiedergegeben, zum anderen poetisch überhöht. Neben der Realität wird die Sprache ein immer wichtigeres Motiv. Der Sprache kam immer mehr Ersatzfunktion für die erlittenen Verluste zu: »Mein Vaterland ist tot / sie haben es begraben / im Feuer / Ich lebe / in meinem Mutterland / Wort (*Mutterland*, 1978). So wurde das dichterische Wort selbst zunehmend zum Gegenstand ihres lyrischen Sprechens, ohne daß das metasprachliche Thema die anderen, konkreteren, verdrängt hätte: «Meine bevorzugten Themen? Alles. Das Eine und das Einzelne. Kosmisches, Zeitkritik, Landschaften, Sachen, Menschen, Stimmungen, Sprache –.« Diese Vielfalt, die mit einer epigrammatischen Verknappung der Sprache einherging, fand ihren Niederschlag in zahlreichen Gedichten. Zwischen 1974 und 1987 veröffentlichte sie fast jährlich einen Band (*Im Atemhaus wohnen*, 1980; *Mein Atem heißt jetzt*, 1981; *Mein Venedig versinkt nicht*, 1982 usw.). Ihr Werk fand, spät, öffentliche Anerkennung. 1980 erhielt sie den Gandersheimer Literaturpreis, 1984 den Literaturpreis der Bayrischen Akademie der Schönen Künste.

Werkausgabe: Gesammelte Werke. Hg. von Helmut *Braun*. 7 Bde. Frankfurt a. M. 1984–86.
Literatur: *Braun*, Helmut (Hrsg.): Rose Ausländer. Materialien zu Leben und Werk. Frankfurt a. M. 1986

Marianne Meid

Bachmann, Ingeborg
Geb. 25. 6. 1926 in Klagenfurt; gest. 17. 10. 1973 in Rom

Vom schrillen Mißklang einer politischen Katastrophe wurde sie als Elfjährige geweckt. Adolf Hitler ließ Mitte März 1938 deutsche Truppen in Österreich einmarschieren und vollzog damit den Anschluß an das Deutsche Reich: »Es hat einen bestimmten Moment gegeben, der hat meine Kindheit zertrümmert. Der Einmarsch von Hitlers Truppen in Klagenfurt. Es war so etwas Entsetzliches, daß mit diesem Tag meine Erinnerung anfängt: Durch einen zu frühen Schmerz, wie ich ihn in dieser Stärke vielleicht überhaupt nicht mehr hatte ... Diese ungeheuerliche Brutalität, die spürbar war, dieses Brüllen, Singen und Marschieren – das Aufkommen meiner ersten Todesangst.« Diese Todesangst hat ihr Leben und ihr Werk gezeichnet – der Roman *Malina* von 1971 aus dem unvollendet gebliebenen Zyklus *Todesarten* und ihr qualvoller Tod bezeugen es.

Sie ist zusammen mit zwei Geschwistern im kleinbürgerlichen Haushalt eines Lehrers und späteren Hauptschuldirektors in Klagenfurt aufgewachsen, besuchte die Volksschule, das Bundesrealgymnasium, schließlich die Oberschule für Mädchen, wo sie 1944 die Matura ablegte. Im Wintersemester 1945/46 begann sie das Studium der Philosophie, das sie mit den Nebenfächern Psychologie und Germanistik 1950 in Wien abschloß, mit einer Dissertation über *Die kritische Aufnahme der Existentialphilosophie Martin Heideggers*. Zu schreiben hat sie begonnen »in einem Alter, in dem man Grimms Märchen liest«; 1948/49 werden erste Gedichte von ihr veröffentlicht. Anfang 1951 liest sie in London bei einer Veranstaltung der »Anglo-Austrian Society« aus ihren Gedichten vor, 1952 folgt die Ursendung ihres Hörspiels *Ein Geschäft mit Träumen* durch den Wiener Sender Rot/Weiß/Rot, bei dem sie inzwischen als Redakteurin angestellt ist. Noch im selben Jahr wird ihr Gedichtzyklus *Ausfahrt* veröffentlicht, erhält sie eine erste Einladung von Hans Werner Richter, während der Niendorfer Tagung der Gruppe 47 zu lesen. Inmitten einer männlichen Schriftstellergeneration, die, kaum älter, verhärtet, verzweifelt gerade den vielfältigen Schrecken und Todesgefahren des Dritten Reichs entkommen ist, haben ihre im Namen der Liebe ausgesprochenen Untergangs- und Auferstehungsvisionen – zunächst unsicher vorgetragen – einen bleibenden Eindruck hinterlassen. Hier wagte jemand, mutig und unbeirrt, wenngleich voller Zweifel, in weit ausgreifenden kosmischen, antikisierenden, biblischen Gebärden von der Verletzbarkeit und der Heilung des menschlichen Herzens zu sprechen: »Reigen – die Liebe hält manchmal/im Löschen der Augen ein,/und wir sehen in ihre eignen/erloschenen Augen hinein./ . . ./Wir haben die toten Augen/gesehn und vergessen nie./Die Liebe währt am längsten/und sie erkennt uns nie.« Diese Signatur der Gebrochenheit, mit der sie zurück und nach vorn blickt, trägt ihr ein Jahr später den Preis der Gruppe 47 ein, als ihr erster großer Gedichtband *Die gestundete Zeit* erscheint. Die bis dahin unerhörte Radikalität der Liebe spricht auch aus ihrem zweiten Gedichtband *Anrufung des Großen Bären*, den sie 1956 veröffentlicht. Mit der ihr eigenen Geste des Warnens und der prophetischen Vorausschau, der Beschwörung der Natur und der Liebe als dem letzten

Halt des Menschen, der in »gestundeter Zeit« lebt, schreibt sie ihr eigenes Kapitel in der Lyrikgeschichte der 50er Jahre. Als geistige Landschaft, als seelische Heimat benennt sie den Süden, den sie erstmals 1952 mit ihrer Schwester Isolde bereist hat, als »erstgeborenes Land«, in dem ihr »Leben zufiel«; was sie daran faszinierte, war der unmerkliche, träumerische Übergang vom Topographischen zum Mythischen, der ihrer Sehnsucht nach Betäubung vollkommen entsprach. In einer Notiz zu dem Gedicht *In Apulien* (1955) hat sie dieses Übergängige bezeichnet: »Natürlich war ich in Apulien; aber *In Apulien* ist etwas anderes, löst das Land auf in Landschaft und führt sie zurück auf das Land, das gemeint ist. Es gibt wunderschöne Namen für die Ursprungsländer, die versunkenen und die erträumten, Atlantis oder Orplid … Ich bin nicht sicher, ob es noch in Apulien oder schon in Lukanien war, als ich aus dem Zugfenster sah, in einen Olivenhain, auf einen riesigen Mohnteppich, der bis an den Horizont lief. In einem solchen Moment zündet man sich eine Zigarette an, oder man drückt sich an die Waggonwand, weil einer vorbei will; vielleicht war es aber auch nicht dieser unbedachte Moment, sondern der, in dem *In Apulien* geschrieben wurde. Der Prozeß besteht aus vielen Faktoren, aus Schreiben, Denken mit einer fortschreitenden Konzentration, die wieder in Schreiben mündet.«

1952 während der Niendorfer Tagung der Gruppe 47 hat sie den gleichaltrigen Komponisten Hans Werner Henze kennengelernt und sich in ihn verliebt. Sie schreibt Opernlibretti für ihn (*Der Prinz von Homburg*, 1958; *Der junge Lord*, 1964 u. a. m.) und sucht mit ihrer Liebe zu Henze einen Ausweg aus der Verzweiflung an der Sprache, die sie bis zum gefühlsgeladenen Verstummen treibt: »daß wir mit unserer Sprache verspielt haben, weil sie kein Wort enthält, auf das es ankommt«. In ihrer an Heinrich von Kleist erinnernden Unbedingtheit des Gefühls scheitert sie an Henze, wie später, von 1958 bis 1962, an Max Frisch, der seine ebenso bedrohte wie verletzte Eitelkeit als Schriftsteller in *Montauk* (1975) dokumentiert hat. Daß eine Frau nicht nur schrieb, was sie dachte und empfand, sondern damit radikal ernstzumachen suchte, war für die zünftige – selbst die schreibende – Männerwelt der 50er und 60er Jahre offensichtlich ein Schritt, auf den sie nicht vorbereitet war.

Die B. hat seit 1953, von kurzen Unterbrechungen abgesehen (Berlin, München, Zürich), in Italien, vornehmlich in Rom, gelebt. Sie ist viel gereist, hat übersetzt, u. a. die hermetischen, vielschichtigen Gedichte von Guiseppe Ungaretti, hat das Drama *Herrschaftshaus* des Engländers Thomas Wolfe für den Hörfunk bearbeitet, Essays und Hörspiele (*Der gute Gott von Manhattan*, 1958) geschrieben. Im Wintersemester 1959/60 ist sie die erste Gastdozentin auf dem soeben geschaffenen Poetiklehrstuhl der Universität Frankfurt a. M. und hält eine Vorlesung über die Probleme zeitgenössischer Dichtung, die sie in Anlehnung an den von ihr hochgeschätzten Robert Musil in der Behauptung von »Literatur als Utopie« gipfeln läßt: »Es gilt weiterzuschreiben. Wir werden uns weiterplagen müssen mit diesem Wort Literatur und mit der Literatur, dem, was sie ist und was wir meinen, das sie sei, und der Verdruß wird noch oft groß sein über die Unverläßlichkeit unserer kritischen Instrumente, über das Netz, aus dem sie immer schlüpfen wird. Aber seien wir froh, daß sie uns zuletzt entgeht, um unsertwillen, damit sie lebendig bleibt und unser Leben sich mit dem ihren verbindet in Stunden, wo wir mit ihr den Atem tauschen.« Dieser entschlossene Appell an die Sache der Literatur erscheint zwiespältig, wenn man die Bestandsaufnahme betrachtet, welche die B. von den rückschrittlich-fortschrittlichen 5oer Jahren macht: »In der Nachgeburt der Schrecken/Sucht das Geschmeiß nach neuer Nahrung.« Es ist das lang anhaltende Entsetzen, das sie an dieser scheinbar unangebrachten Stelle wieder einholt, ein seit dem Schicksalsjahr 1938 im Zeichen der Liebe zurückgedrängter Zorn, eine bewußt kleingehaltene Trauer, die sich angesichts der Wirklichkeit, in der das Leben der B. zu leben ist, immer deutlicher mit den Momenten der Angst und des Ekels verbindet. Zwar hält sie diesem tödlichen Gefühl der Vereinzelung und Vereinsamung bis zuletzt eine utopische Entgrenzungssehnsucht und eine bisweilen klassisch-antike Feier des Irdischen entgegen: »nichts Schönres unter der Sonne/als unter der Sonne zu sein«, doch zeichnet sich mit ihrem Erzählungsband von 1961, *Das dreißigste Jahr*, ein Rückzug aus der »Utopia« des Gedichts und ein Schritt auf eine neue Menschlichkeit hin ab, die jenseits des »Reichs der Männer und jenseits des Reichs der Frauen« liegt. Sie hat damit eine neue, weibliche Form des Schreibens gefunden, deren Richtung zwar bis heute erahnt wird, unter anderem durch Christa Wolf, aber bei weitem nicht konsequent begangen worden ist. Hatten in der Erzählung *Unter Mördern und Irren* (1961) die Frage nach dem Sinn von Opfer und Widerstand und in der gleichnamigen Titelgeschichte des *Dreißigsten Jahrs* die Folgenlosigkeit des persönlichen Widerstands im Mittelpunkt gestanden, so war die B. jetzt noch einen Schritt weitergegangen: Ihre letzten Endes versöhnlichen, beschwichtigenden Rufe schienen aus einer anderen Welt zu kommen, waren kaum noch zu verstehen, kaum noch zu befolgen.

Danach hat die B. lange Jahre geschwiegen, es folgten Zeiten ausgedehnter Reisen und öffentlicher Ehrungen (Hörspielpreis der Kriegsblinden 1961; Georg-Büchner-Preis 1964; Großer Österreichischer Staatspreis für Literatur 1968). Nach nahezu zehn Jahren veröffentlicht sie 1971 ihren Roman *Malina*, mit dem sie den Zyklus *Todesarten* eröffnen will. Zwar glaubt sie in diesem im wesentlichen autobiographischen Roman noch an den Tag, »an dem werden die Menschen schwarzgoldene Augen haben, sie werden die Schönheit sehen, sie werden vom Schmutz befreit sein und von jeder Last«, aber sie rechnet auch in einem exakt-bedrängenden Seelendiagramm mit der faschistischen Vaterwelt ab, der sie entstammt und die sie noch heute lebendig glaubt: »Ich wollte zeigen, daß unsere Gesellschaft so krank ist, daß sie auch das Individuum krank macht. Man sagt, es stirbt. Doch das ist nicht wahr: Jeder von uns wird letzten Endes ermordet. Diese Wahrheit nebelt man in der Regel ein und nur bei einer Bluttat sprechen die Zeitungen davon. Das weibliche Ich meines Buches wird fortwährend in vielen ›Todesarten‹ ermordet. Doch fragt niemand, wo dieses Töten beginnt. Auch die Kriege sind in meinen Augen nur die Konsequenz dieser verborgenen Verbrechen.« Mit diesem Roman, bei dem sie sich von ihrem Vater/Geliebten in die »Größte Gaskammer der Welt« eingeschlossen fühlt, sollten als Fortsetzung des Versuchs, »sich selbst zur Sprache zu bringen«, nach dem Erzählungsband *Simultan* von 1972 *Der Fall Franza* und *Requiem für Fanny Goldmann* erscheinen. Der Tod hat diese Absicht vereitelt. Sie ist der offiziellen Version nach an den Folgen eines »Brandunfalls« gestorben. Demnach nahm sie in der Nacht auf den 26. September 1973 zunächst ein Beruhigungsmittel, dann legte sie sich mit einer brennenden Zigarette ins Bett. Sie schlief ein, Bett und Nachthemd fingen Feuer – als sie aufschreckte, war ihre Haut in großen Flächen verbrannt – jede Hilfe kam zu spät. Als hätte sie das Bezwingende, Geheimnisvoll-Konsequente ihrer Dichtung in das eigene Sterben – auch dieses noch gestaltend – hinüberretten und damit bewahrheiten wollen, läßt sie ihren Roman *Malina* enden: »Schritte, immerzu Malinas Schritte, leiser die Schritte, leiseste Schritte. Ein Stillstehen. Kein Alarm, keine Sirenen. Es kommt niemand zu Hilfe. Der Rettungswagen nicht und nicht die Polizei. Es ist eine sehr alte, eine sehr starke Wand, aus der niemand fallen kann, die niemand aufbrechen kann, aus der nie mehr etwas laut werden kann.«

Werkausgabe: Bachmann, Ingeborg: Werke. Hrsg. von Christine *Koschel*. 4 Bde. München/ Zürich 1978
Literatur: *Serke*, Jürgen: Frauen schreiben. Ein neues Kapitel deutschsprachiger Literatur. Frankfurt a. M. 1982; *Witte*, Bernd: Ingeborg Bachmann. In: Puknus, Heinz (Hrsg.): Neue Literatur der Frauen. München 1980; *Neumann*, Peter Horst: Vier Gründe einer Befangenheit. Über Ingeborg Bachmann. In: Merkur. Deutsche Zeitschrift für europäisches Denken. Jahrgang 1978. Heft 11. S. 1130–1136.   *Bernd Lutz*

Balde, Jacob
Geb. 4. 1. 1604 in Ensisheim (Elsaß); gest. 9. 8. 1668 in Neuburg a.d. Donau

»Jetzt erwacht unser Landsmann aus seinem lateinischen Grabe«, so charakterisierte Johann Gottfried Herder nicht unzutreffend seine Übertragungen von Gedichten B.s in seiner *Terpsichore* (1795–96). Was jedoch in den folgenden Jahrhunderten die Rezeption erschwerte, die lateinische Sprache, war im 17. Jahrhundert kein Hindernis. B. galt – Protestanten und Katholiken zugleich – als einer der großen Poeten der neulateinischen Tradition, die im 17. Jahrhundert erst allmählich ihrem Ende entgegenging und an der auch die primär deutsch dichtenden Zeitgenossen B.s noch teilhatten.

B. stammte aus dem damals vorderösterreichischen Elsaß, und obwohl er nach seiner Aufnahme in den Jesuitenorden (1624) seine Heimat nicht wiedersah, betonte er stets die Bindung an das Elsaß und empfand sich als habsburgischer Elsässer im Exil: Daß er auf bayerischem Boden altern müsse (»In Bavara tellure senescam«), dieser Gedanke bewegt ihn in einer Ode, die nicht ohne Grund *Melancholia* überschrieben ist.

Als er 1622 von der bischöflich-straßburgischen Universität Molsheim nach Ingolstadt wechselte, wollte er zunächst nur dem Krieg ausweichen und sein juristisches Studium fortsetzen, das ihn – in der Nachfolge seines Vaters – auf eine Beamtenstelle in der vorderösterreichischen Verwaltung vorbereiten sollte. Es gibt romantische Legenden über die Motive für den Eintritt in den Jesuitenorden – von unerwiderter Liebe zu einer Bäckerstochter und nächtlichem Glockenläuten ist die Rede – , jedenfalls machte er nun die üblichen Ausbildungsstadien durch (Noviziat, Studium, Unterrichtstätigkeit, erneutes Studium), wurde 1632 zum Priester geweiht und übernahm 1635 eine Professur für Rhetorik in Ingolstadt. Hier wurde auch seine Tragödie *Jephtias* 1637 aufgeführt (Druck 1654). Im selben Jahr wechselte er an das Münchener Gymnasium und wurde sogleich fest an den Hof Maximilians I. gebunden: seit 1637 als Prinzenerzieher, ein Jahr später auch als Hofprediger und schließlich 1640 – gegen seinen Willen – als Hofhistoriograph. Es waren schwierige Jahre, in deren Verlauf er immer stärker den Konflikt zwischen ungeliebtem Amt und Poesie empfand, und doch die dichterisch fruchtbarsten seines Lebens. Hier entstanden nach einem oft gedruckten *Poema de vanitate mundi* (1638), einem satirischen Lob der Mageren (1638) und einem deutschen *Ehrenpreiß...Mariae* (1640) seine großen Lyriksammlungen, Vermischte Gedichte (*Sylvarum libri IX*, 1643–46) und Oden und Epoden (*Lyricorum libri IV. Epodon liber unus*, 1643): Zeugnisse einer Horaz-Nachahmung, die zugleich von Distanzierung – von Horaz als Epikuräer – und Verwandtschaft sprechen, Verwandtschaft vor allem mit der Wandlungsfähigkeit, der Proteusnatur des römischen Dichters, die B. in einer Ode charakterisiert (»Paradox. Er ahmt manchmal Horaz nach, ohne ihn nachzuahmen«). B. verfügt als »Dichterproteus« nicht nur über eine Vielfalt von Themen – Persönliches, Politisches und nicht zuletzt Religiöses (Mariendichtung) – , sondern auch über die Gabe der ironischen Distanzierung, die es ihm ermöglicht, seine innere Unabhängigkeit angesichts des politischen Drucks, dem er ausgesetzt ist, zu behaupten. »Es ist nicht meine Sache, mich auf die unreinen Küsse der Fama einzulassen, Goldblech zu verarbeiten und mich mit hochmütigen Larven abzuplagen oder übermäßige Lobsprüche noch zu potenzieren«, heißt es in einer Ode. Kein Wunder, daß er als Hofhistoriograph scheiterte. 1650 verließ er München. Über Landshut und Amberg gelangte er schließlich 1654 an den Hof in Neuburg an der Donau, wo er bis zu seinem Tod als Hofgeistlicher wirkte. Seine innere Unabhängigkeit führte auch zu Schwierigkeiten mit den Ordenszensoren. Das wurde deutlich, als er sich nach seinen Münchener Erfahrungen stärker der Satire zuwandte und der Orden darüber wachte, ob er nicht gegen die Würde seines Standes verstoße. Eine Satire auf die Zensoren wurde von diesen gar nicht erst freigegeben.

Werkausgabe: Opera poetica omnia. Neudruck der Ausgabe München 1729. Hrsg. von Wilhelm *Kühlmann* und Hermann *Wiegand*. 8 Bde. Frankfurt a.M. 1990.
Literatur: *Valentin,* Jean-Marie (Hrsg.): Jacob Balde und seine Zeit. Bern 1986; *Breuer,* Dieter: Princeps et poeta. Jacob Baldes Verhältnis zu Kurfürst Maximilian I. von Bayern. In: Hubert *Glaser* (Hrsg.): Um Glauben und Reich. Kurfürst Maximilian I. München 1980. S. 341–352; *Herzog,* Urs:Divina poesis. Studien zu Jacob Baldes geistlicher Odendichtung. Tübingen 1976; *Schäfer,* Eckart: Deutscher Horaz: Conrad Celtis, Georg Fabricius, Paul Melissus, Jacob Balde. Wiesbaden 1976; *Berger,* Rudolf: Jacob Balde. Die deutschen Dichtungen. Bonn 1972.   *Volker Meid*

Barlach, Ernst
geb. 2. 1. 1870 in Wedel/Holstein; gest. 24. 10. 1938 in Rostock

B. war keine jener Begabungen, die neben dem Schreiben auch malen oder zeichnen; er hat als Bildhauer und Graphiker wie als Dramatiker Werke geschaffen, die zum wichtigsten Bestand der Kunst und Literatur ihrer Zeit gehören. Er fing früh zu schreiben und zu gestalten an, doch erst nach einer Rußlandreise im Jahr 1906 hatte der 36jährige das Gefühl, seinen eigenen Weg gefunden zu haben. Sowohl das *Russische Tagebuch* wie *Eine Steppenfahrt* (beide 1906/07 entstanden) zeigen einen neuen Zugriff zur Wirklichkeit, die Sprache wie der Zeichenstift werden von nun an eigenwillig und souverän gehandhabt. Zum Drama drängten B. keine Theatererlebnisse. Er bezeichnete sich des öfteren als »bühnenfremd« und besuchte nur eine einzige Aufführung eines eigenen Stückes. Der Bildhauer stand wie unter einem Zwang, seine in der Plastik stummen Figuren auch in Dialogen zu gestalten: »Ich gestehe, daß mir wohl der dramatische Dialog bei der Arbeit zu sehr genügt hat, daß ich die Handlung vernachlässigt habe.« Er hatte das Gefühl, »nur ratend und tastend ins Blinde hinein (zu) arbeiten«. Seine Dramen sind keine Allegorien, die sich ohne Rest auflösen lassen. Dabei geht es stets um das Verhältnis des Menschen zu Gott, das als elementar empfunden wird: »Wir sind den Elementen anheimgegeben, und sie suchen unser Elementares und wissen damit umzuspringen, daß wir tanzen oder starren.« Dabei unterscheidet B. zwischen dem »Schöpfer alles Seins«, dem Absoluten, der »menschlich unfaßbar« bleibt, und dem Gott, den die Menschen nach sich selbst bilden. Der Mensch ist ein »verarmtes und ins Elend geratenes Nebenglied aus besserem Hause«, ein »armer Vetter«. B.s erstes Drama, *Der tote Tag*, erschien 1912 und wurde 1919 uraufgeführt. Das in urtümlich-mythischen Zeiten angesiedelte Stück handelt vom Kampf der erdschweren Mutter mit dem geistigen Vatergott. Im gleichen Jahr erlebte *Der arme Vetter* seine Uraufführung. 1921 folgten *Die echten Sedemunds*, deren innere Handlung in einem Wirbel aus Jahrmarktstrubel und Friedhofsgroteske fast untergeht. Sein erfolgreichstes Stück war *Die Sündflut* (1924). Nur in äußeren Dingen hält sich B. an die biblische Erzählung. Noah ist zwar der gehorsame Diener Gottes, aber sein Gott ist der von den Menschen erdachte. Der absolute Gott wird vom heroisch untergehenden Calan erahnt, vom Atheisten also. Wieder in die Kleinstadt führt *Der blaue Boll*, der 1930 in Berlin in der Inszenierung von Jürgen Fehling und mit Heinrich George als Boll eine gefeierte Aufführung erlebte. Eines der führenden Motive B.s wird hier zum Leitmotiv: Der Mensch lebt, um sich zu wandeln, um zu werden. Im historischen Gewand erscheint dieses Motiv noch einmal in dem erst aus dem Nachlaß herausgegebenen *Der Graf von Ratzeburg*. Der Titelheld und der Knecht Offerus wollen dem höchsten Herren dienen, der Knecht erreicht als Christofferus sein Ziel, der Graf kann erst im Tod sagen: »Gott hat mich.« B. wußte: »Der Norden scheint die Gefahr zu haben, daß man statt tief einmal grundlos wird.« Er ist ihr wohl zweimal erlegen, in Stücken, die zeitkritisch angelegt waren. *Der Findling* (1919) versucht, in einem Mysterienspiel den Ausweg aus der Zeitnot zu zeigen. Ähnliches will auch *Die gute Zeit* (1929). Beiden Stücken fehlt das, was

B.s beste Dramen auszeichnet: ihre feste Verknüpfung mit der Realität, ihre landschaftliche Gebundenheit.

B. hat viele seiner Figuren nach Menschen seiner Umgebung gezeichnet. Sein Leben verlief in zwei sehr unterschiedlichen Abschnitten. Der Arztsohn erlebte eine kleinstädtische Jugend, besuchte anschließend die Kunstgewerbeschule in Hamburg und die Akademie in Dresden, war auf der Akademie Julien in Paris, gab ein wenig erfolgreiches Gastspiel als Lehrer an der Keramikfachschule in Höhr, lebte nach der entscheidenden Rußlandreise von 1906 bis 1909 in Berlin. Nachdem ihm eine Reise nach Florenz gezeigt hatte, wie wenig ihm die Kunst der italienischen Renaissance zu sagen hatte, ließ er sich 1910 in Güstrow nieder. Es hat nicht an Versuchen gefehlt, ihn zu einer Übersiedlung nach Berlin zu bewegen; auch Ehrungen blieben nicht aus: 1919 Berliner, 1925 Münchner Akademie, 1924 Kleistpreis, 1933 Ritter des Ordens Pour le mérite. Aber B. blieb der Kleinstadt mit ihrem bescheidenen Leben, dem niederdeutschen Sprachraum und seiner Landschaft treu. Im Plattdeutschen, das er gelegentlich verwendete, sah er eine »naivsaftige, hartmäulige, allem Menschlichen und Ungelehrten passende Sprache«. Auch die hochdeutschen Dialoge sind oft nicht leicht zu verstehen, weil sie eine Vertrautheit mit Menschen und Umgebung voraussetzen, wie sie nur im kleinstädtischen Bereich vorkommt. Das hat B.s Regisseure immer wieder dazu verführt, ihn mystisch-raunend anstatt realistisch und saftig zu inszenieren, zum großen Kummer des Künstlers. Von B.s Prosa fällt zuerst das sehr dichte *Ein selbsterzähltes Leben* (1928) auf. Zwei Romane blieben Fragment und erschienen erst nach 1945. Der frühere, *Seespeck*, gibt ein pralles Bild eines bohemienhaften Lebens in der Provinz; Höhepunkt ist die Schilderung des Dichters Theodor Däubler (»verirrter Herr aus einer höheren Existenzform, aus übermenschlichem Bereich«), den B. während seines Rom-Aufenthalts kennengelernt hatte. Das zweite Romanfragment, *Der gestohlene Mond*, ist in Stil und Aufbau von Jean Paul beeinflußt, vor allem das Doppelgängermotiv erinnert an ihn.

Nach der Machtergreifung durch die Nationalsozialisten wurde B. als »ostisch« angefeindet. Zunächst wurden seine Denkmäler entfernt, dann wurden seine Plastiken in der Ausstellung »Entartete Kunst« (zuerst München 1937) gebrandmarkt, schließlich die Aufführung seiner Stücke verboten. B., der sich in den letzten Jahren seines Lebens immer mehr von der Außenwelt abgekapselt hatte, hielt dieser schleichenden Verfemung nicht stand und starb als gebrochener Mann.

Literatur: *Piper,* Ernst: Ernst Barlach und die nationalsozialistische Kunstpolitik. Eine dokumentarische Darstellung zur entarteten Kunst. München 1983; *Jansen,* Elmar (Hrsg.): Ernst Barlach. Werk und Wirkung. Berichte, Gespräche, Erinnerungen. Frankfurt a.M. ²1975; *Franck,* Hans: Ernst Barlach. Leben und Werk. Stuttgart 1961.   *Walter Schmähling*

Becher, Johannes R(obert)

Geb. 22.5.1891 in München, gest. 11.10.1958 in Berlin

In der DDR galt er lange als »der größte deutsche Dichter der neuesten Zeit«. Walter Ulbricht meinte 1958, »daß die Hauptstraße der neueren deutschen Dichtung von Goethe und Hölderlin zu B. und durch ihn durch weiterführt«; westliche Kritiker sahen in ihm meist nur den »literarischen Apparatschik«. Dabei war für B. der Weg zum »Staatsdichter« und erstem Kulturminister der DDR (1954 bis 1958) keineswegs vorgezeichnet: Er wächst in behüteter großbürgerlicher Umgebung auf, lehnt sich gegen die strenge chauvinistische Erziehung des Vaters, eines Oberlandesgerichtspräsidenten, dadurch auf, daß er »der ›Katholische‹ innerhalb der protestantischen Familie« wird. Religiöse Sehnsüchte nach der Harmonie des »ewigen Tags« artikulieren sich in ersten Gedichten nach dem Vorbild Charles Baudelaires, Arthur Rimbauds, Richard Dehmels. Früh bemerkt B. die sozialen Widersprüche des wilhelminischen Deutschlands; in der Großstadt Berlin, wo er 1911/12 ein Studium beginnt, empören ihn das »schändliche Königreich Armut«, Krankheit und Tod in den Arbeitervierteln. Mit Gedichten über den »süßen Geruch der Verwesung«, mit lyrischen Disharmonien (*Verfall und Triumph*, 1914) will B. gegen soziale Ungerechtigkeit protestieren; die Zerstörung sprachlicher Konventionen soll den Leser wachrütteln: »Hah Syntax Explodier!... Zerpressen! Stopp! Entdehnen!« Mit religiösem Pathos, utopischen und anarchistischen Träumen von Freiheit wird B. zu einem der Wortführer und wichtigsten Autoren auf dem linken Flügel des Expressionismus. Zunächst ist es vor allem gefühlsbestimmter Protest, der zum Widerspruch gegen den wilhelminischen Obrigkeitsstaat und nach Ausbruch des Ersten Weltkrieges zu bewußter Kriegsgegnerschaft, 1918 in den Spartakusbund und 1919 in die KPD führt. B. sucht nach neuen gesellschaftlichen Idealen und versucht, sich von seiner bürgerlichen Herkunft und dem Elternhaus zu lösen, was erkennbar die Themen seiner Gedichte beeinflußt (Vatermord in *Nach Tag*). Obwohl B. als einer der ersten deutschen Dichter nach der Oktoberrevolution die junge Sowjetrepublik hymnisch verklärt (»heiliges Reich«), leidet er selbst nach der gescheiterten deutschen Novemberrevolution an Depressionen, fühlt sich weltanschaulich verunsichert und gerät in zeitweilige Drogenabhängigkeit. Entscheidend wird für B. die Lektüre von Maxim Gorki, Wladimir Iljitsch Lenin, Karl Marx, die ihm hilft, sich endgültig von seiner bürgerlichen Vergangenheit zu befreien und seine Orientierung innerhalb der marxistischen Arbeiterbewegung zu finden. Diesen Loslösungsprozeß, der sich letzlich wie ein roter Faden durch das gesamte Lebenswerk zieht, beschreibt B. später ausführlich in seiner wichtigsten Prosaarbeit, dem Roman *Abschied. Einer deutschen Tragödie erster Teil. 1900–1914* (1940), der autobiographisch geprägten Geschichte vom jungen Staatsanwaltsohn Hans Peter Gastl, der sich vom unentschlossenen Suchenden zum »standhaften« Menschen an der Seite der Arbeiterklasse entwickelt, sich 1914 gegen den Krieg entscheidet und damit »Abschied« von seiner bisherigen Klassenzugehörigkeit nimmt. B. selbst stürzt sich 1923 in die politische Alltagsarbeit der KPD: in Berlin schließt er sich der Parteizelle in der Klopstockstraße 26 an, wo er »eigentlich erst so recht zum Sozialisten erzogen« wird. Er übersetzt Wladimir Majakowski, schreibt revolutionär-agitierende Gedichte (*Der Leichnam auf dem Thron*, 1924) und Antikriegsprosa, wie den düster-visionären, sofort nach Erscheinen verbotenen Roman über einen zukünftigen imperialistischen Giftgaskrieg, *Levisite oder Der einzig gerechte Krieg* (1926). Als Mitbegründer (1928) und erster Vorsitzender des »Bundes proletarisch-revolutionärer Schriftsteller« (BPRS) sowie Herausgeber von dessen Zeitschrift *Linkskurve* plädiert B. in Reden und programmatischen Artikeln für die Leninschen Prinzipien einer parteilichen Literatur (»Werdet Klassenkämpfer: Gebraucht eure Kunst als Waffe«) und kritisiert linksbürgerliche Autoren wie Heinrich Mann. Von der Tendenz zu Proletkult und Sektierertum sind die Dichtungen und theoretischen Arbeiten dieser Jahre nicht frei. Wie der mit ihm befreundete ungarische Literaturtheoretiker Georg Lukács orientiert sich B. an den Höhepunkten der bürgerlich-realistischen Literatur als den »wahren Vorbildern« bei der Entwicklung der Theorie des Sozialistischen Realismus, die auf Jahrzehnte den formalen Spielraum kommunistischer Autoren eingrenzt: »Formenspielereien lenken nur ab vom Inhalt«. Durch die Ablehnung des »Avantgardistentums« beschränkt B. auch die eigenen literarischen Mittel, in seinem freirhythmischen Poem auf den ersten sowjetischen Fünfjahrplan, *Der große Plan* (1931), wie in den im sowjetischen Exil entstehenden lyrischen *Dank an Stalingrad* (1943) und dramatischen Darstellungen des Kriegsgeschehens (*Winterschlacht*, 1942), in denen sich Hoffnungen auf eine Wende in der deutschen Geschichte artikulieren. Als Mitglied im »Nationalkomitee Freies Deutschland« und im Zentralkomitee der KPD beteiligt sich B. an den kulturpolitischen Planungen für das Nachkriegsdeutschland, in das er bereits im Juni 1945 zurückkehrt. Seine Freude über die wiedergewonnene Heimat gibt B., der trotz politischer Verklärung der Sowjetunion in zehn Jahren Exil nicht die russische Sprache lernt, im Gedichtband *Heimkehr* (1946) Ausdruck. Für eine »demokratische Sammlungsbewegung der Intelligenz«, ein antifaschistisches Volksfrontbündnis, das er mit dem »Kulturbund zur demokratischen Erneuerung Deutschlands« (dessen Präsident B. von 1945 bis 1957 ist), agitiert er zunächst auch in den Westzonen. Im Zuge der sich abzeichnenden Teilung Deutschlands und des beginnenden Kalten Krieges engagiert sich der Kommunist B. als Politiker und Dichter für den Aufbau der DDR, richtet Oden an die Jugend (»Wir wollen Lernende und Vorbild sein«), besingt hymnisch menschliche Schöpferkraft, technischen Fortschritt sowie die Staats- und Parteiführer der DDR, deren Nationalhymne (*Auferstanden aus Ruinen*) er 1949 zusammen mit Hanns Eisler schreibt. Obwohl sich B. als vielfacher Funktionsträger und Minister den tagespolitischen und langfristigen Zielen der SED verpflichtet fühlt und Kritik daran als »Revisionismus« zurückweist, erhofft er sich in späten literaturtheoretischen Visionen eine »Literaturgesellschaft« mit einer Vielfalt sich gegenseitig durchdringender und befruchtender Gattungen und Genres, beginnt formales Neuerertum differenzierter zu bewerten (*Das poetische Prinzip*, 1957), und hinsichtlich des von ihm seit 1920 als »überlebt« abgelehnten Expressionismus gewinnt er vor seinem Tod noch die Überzeugung, daß »man ... eines Tages auf diese Versuche wieder zurückkommen« wird.

Literatur: *Haase*, Horst: Johannes R. Becher. Sein Leben und Werk. Berlin 1981; *Rohrwasser*, Michael: Der Weg nach oben. Johannes Robert Becher. Politiken des Schreibens. Basel 1980.

Horst Heidtmann

Becker, Jurek
Geb. 30. 9. 1937 in Lodz

Bis zum achten Lebensjahr mußte B. seine Kindheit im Ghetto von Lodz und in deutschen Konzentrationslagern verbringen. Nach der Befreiung fand er seinen Vater wieder, der in Auschwitz überlebt hatte und nun mit seinem Sohn in Deutschland blieb, unter anderem, weil er den deutschen Antisemitismus für erledigt hielt, beim polnischen war er sich weniger sicher. B. betont, er sei wie andere Kinder in der DDR aufgewachsen, habe kaum markante Erinnerungen an Ghetto und Lager und habe auch als Atheist keinen Grund, sich als Jude zu fühlen. Diese Loslösung beruht vor allem auf B.s Abneigung gegen Festlegungen und die darauf gegründeten Erwartungen. Sie hat zur Folge, daß er die Befindlichkeiten und Empfindungen von Juden als allgemein menschliche sieht; daß er diese dann an Juden am ehesten darstellen kann, ist eine andere Sache.

Immer wieder werden in B.s Werk auf der Grundlage von zunehmend einfachen, meist auf B.s Biographie bezogenen Handlungen drängende moralische Fragen erörtert. Dabei verstärkt sich die Tendenz zum parabelhaften Erzählen. B. bekennt sich zu seiner Faszination durch Franz Kafka. Das Komplexe der Problematik wird jeweils dadurch sichtbar, daß B.s Erzähler sehr vielfältig und erfindungsreich dazu eingesetzt werden, die Handlungen durchsichtig zu machen. Besonders eindrucksvoll geschieht das in B.s erstem Roman *Jakob der Lügner* (1969) und in den Erzählungen in dem Band *Nach der ersten Zukunft* (1980). So erklärt es sich, daß der autobiographische Ansatz im Stofflichen sich immer mehr verflüchtigt, je genauer man liest.

Die Polarität zwischen Vorurteilen – eigenen oder fremden – und der Flexibilität, die der Einzelne braucht, um sich und seine Meinungen zu ändern, damit er als er selbst überleben kann, hat B. nicht nur im Hinblick auf die Macht des Vergangenen über die Gegenwart beschäftigt, wie in *Jakob der Lügner* (1968), *Der Boxer* (1976) oder *Bronsteins Kinder* (1986), sondern auch im Hinblick auf Zwänge, die aus der Gegenwart wirkten, wie in *Irreführung der Behörden* (1973) und *Schlaflose Tage* (1978). Hier bezieht B. den Stoff aus Erfahrungen, die er als junger Schriftsteller in der DDR machte. Als einer derjenigen, die gegen Wolf Biermanns Ausbürgerung protestiert hatten, ging er nach Westberlin. Die Vielschichtigkeit auch der dort entstandenen Bücher ergibt sich daraus, daß sie außer den ideologisch verfestigten auch solche Vorurteile in Frage stellen, die manchmal den Widerstand gegen die Zwänge motivieren. Dazu dient vor allem der subtile, meist zwiespältige Humor, der alle Romane und Erzählungen B.s auszeichnet.

Es ist nicht leicht, die in diesem kritischen Prozeß mit jedem Werk neu ansetzende Selbstbefragung B.s mitzuvollziehen. Das liegt an den Verhältnissen, gegen die er die Absicht seines Erzählens behauptet: als Katalysator in einem Prozeß der Erkenntnis zu dienen, die Mut zum Handeln macht. Wie schwer ihm das manchmal fiel, zeigt der Roman *Aller Welt Freund* (1982), in dem es um die Fähigkeit des Einzelnen geht, der Fahrt in den allgemeinen, scheinbar unausweichlichen Untergang, auf die viele sich damals erschreckt sahen, noch Lebenswillen entgegenzusetzen.

In der zweiten Hälfte der achtziger Jahre hat B. dann doch wieder – diesmals auf breiter Basis – versucht, Freude am Widerstand zu wecken: Er schrieb die Drehbücher der Fernsehserie *Liebling – Kreuzberg*. Rechtsanwalt Liebling, gespielt von Manfred Krug, B.s Freund aus gemeinsamer DDR-Vergangenheit, ist der in jeder Hinsicht menschliche Anwalt der Übervorteilten. Er bekämpft die Gemeinheiten, denen sie ausgesetzt sind, mit Mut, List und Phantasie. Die Streitfälle sind alltäglich – das alles lud zur Identifikation ein. Der juristische Sachverstand ließ die Geschichten authentisch erscheinen, ohne ihren enormen Unterhaltungswert zu beeinträchtigen. Zwar konnten die Zuschauer den Sendungen kaum entnehmen, wie sie ohne einen Liebling zu *ihrem* Recht kommen, aber dafür waren sie glückliche Zeugen der Siege, die das Gute davontrug. Ob Liebling den Widerstandswillen seines Publikums durch sein sympathisches Beispiel stärkte oder ob er mit dem unangebrachten Vertrauen in eine doch nur fiktive Gerechtigkeit den status quo stabilisierte, bleibt offen. Unbestritten ist, daß B. die notorisch abstumpfende Wirkung der üblichen Fernseh-Serie in ihr erfreuliches Gegenteil verkehrt hat.

In *Warnung vor dem Schriftsteller* (1990), seinen Frankfurter Poetik-Vorlesungen, spricht B. von seinen Berufserfahrungen in Ost- und Westdeutschland. Weil ihn am Schriftsteller vor allem dessen Auseinandersetzung mit seiner Gesellschaft interessiert, kommt es zu einer vergleichenden Kritik wesentlicher Charakteristika der beiden deutschen Nachkriegsgesellschaften kurz vor deren Ende. Die dritte Vorlesung ist auf die Zukunft bezogen: In dem Streit, ob die Nicht-Leser oder die Schriftsteller an der Bedeutungslosigkeit und den miserablen Aussichten der Literatur schuld sind, den B. rücksichtslos mit sich führt, ohne ihn zu entscheiden, wird klar, daß weder die einen noch die andern ihre Lage erkennen und durch Handeln verändern wollen. Weil die Möglichkeit, auf unserem Planeten zu existieren, erkennbar und rapide abnimmt, habe mit dem Fatalismus eine ungehemmte Vergnügungssucht um sich gegriffen; die Literatur sei Teil der Unterhaltungsindustrie geworden.

Die Bestätigung dafür scheint B. selbst mit seinem vorerst letzten Roman *Amanda herzlos* (1992) zu liefern, an dem die Kritik fast nur den Unterhaltungswert und den Humor lobt. Sie könnte sich jedoch täuschen; möglicherweise liefert *sie* die Bestätigung. Denn das Porträt der Protagonistin in den unterschiedlichen Perspektiven der drei männlichen Liebhaber und Erzähler zeugt jenseits der lässigen, humorvollen Erzählweisen von einer abgründigen Einsamkeit im Verhältnis der Menschen zueinander. Damit würde sich der Roman in B.s Gesamtwerk fügen: Aller Zukunftsoptimismus, aller Widerstandswille, alles Vertrauen in die menschliche Vernunft, aller Humor, alle Freundlichkeit und alle Hoffnung sind darin von einer Gefahr wie von einem Abgrund umgeben und bedroht; davon gehen Angst, Unsicherheit und Lähmung aus, die immer wieder neu zu überwinden sind.

Literatur: *Heidelberger-Leonard*, Irene, (Hrsg.): Jurek Becker. Frankfurt a.M. 1992; Text + Kritik, Heft 116 (1992): Jurek Becker; *Wetzel*, Heinz: Fiktive und authentische Nachrichten in Jurek Beckers Romanen Jakob der Lügner und Aller Welt Freund. In: Im Dialog mit der Moderne, hrsg. Roland *Jost* und Hansgeorg *Schmidt-Bergmann*, Frankfurt a.M. 1986.   *Heinz Wetzel*

Beer, Johann
Geb. 28. 2. (oder 28. 3.) 1655 in St. Georgen/Oberösterreich; gest. 6. 8. 1700 in Weißenfels

»Anno 1655 den 28sten Martii styli novi bin Ich zu St: Geörgen in Oberösterreich, unweit vom Attersee gelegen, auf die Welt gebohren. Mein Vater«, so fährt B. in seinen autobiographischen Aufzeichnungen fort, »so daselbst ein Gastwirth war, zog hernach wegen der Religion nacher Regenspurg«: B.s Familie – er schreibt sich auch »Bähr« – gehört zu den zahlreichen Protestanten, die angesichts einer rigoros durchgeführten gegenreformatorischen Religionspolitik die österreichischen Erblande verließen. Dies geschah 1670; vorher hatte der junge B. Klosterschulen und die Lateinschule in Passau besucht. Nachdem er seine Ausbildung am Gymnasium poeticum in Regensburg beendet hatte (1676), ging er – mit einem Stipendium des Rates der Stadt – zum Theologiestudium nach Leipzig, doch das war wohl seine Sache nicht: Einige Monate später, im Herbst 1676, trat er als Altist in die Hofkapelle des Herzogs von Sachsen-Weißenfels ein. Hier machte er Karriere als Hofmusikus: 1685 wurde er zum Konzertmeister ernannt. Doch er verstand sich nicht allein als ausübender Musiker, wie seine *Musicalischen Discurse* (entstanden 1690, gedr. 1719) über das zeitgenössische Musikleben und die soziale Stellung des Musikers zeigen. 1697 erhielt er überdies das Amt des Hofbibliothekars. Seine Vielseitigkeit ließ ihn zu einem beliebten Mitglied der Hofgesellschaft werden. Daß er neben diesen Verpflichtungen zwischen 1677 und 1685 etwa zwanzig Romane schrieb, hielt er (wohl aus Gründen der Reputation) geheim. Unter seinem eigenen Namen erschienen nur *Deutsche Epigrammata* (1691), ein Passionsoratorium (1695) und einige musikalische Schriften. Erst Richard Alewyn hat 1932 die unter verschiedenen Pseudonymen (u. a. Jan Rebhu, Wolffgang von Willenhag, Alamodus Pickelhering, Amandus de Braterimo, Expertus Rupertus Ländler) veröffentlichten Romane als Werk eines Autors erkannt, eines fabulierfreudigen Erzähltalents, das sich mit Hans Jacob Christoph von Grimmelshausen vergleichen läßt.

B. beginnt als Nachfolger Grimmelshausens und versteht sich wie dieser als satirischer Schriftsteller. So verfaßt er eine Reihe von Pikaroromanen, von denen einige schon im Titel an den *Simplicissimus Teutsch* erinnern (*Simplicianischer Welt-Kucker*, 1677–79; *Jucundi Jucundissimi Wunderliche Lebens-Beschreibung*, 1680). Daneben entstehen – und das verweist auf die Opposition der satirischen Romanciers zum höfischen Roman – parodistisch gehaltene Ritterromane und -erzählungen – *Ritter Hopffen-Sack von der Speck-Seiten* (1678), *Printz Adimantus* (1678) und *Ritter Spiridon aus Perusina* (1679) – , alle voll »von Ritterlichen und wundersamen Begebenheiten / mit Abentheuren / Gespensten / Schlössern / Capellen / Thürmen und dergleichen / so vorhero nirgendswo gehöret worden«. Auf die Welt der Kleinbürger dagegen zielt eine Reihe von Satiren und unerfreulichen antifeministischen Schriften, die äußerlich an Christian Weises »politischen Roman« anknüpfen, ohne allerdings dessen anspruchsvolles Bildungsprogramm aufzunehmen (z. B. *Der Politische Feuermäuer-Kehrer*, 1682). Dagegen leistet B. mit dem Doppelroman *Teutsche Winternächte* (1682) und *Die kurtzweiligen Sommer-Täge* (1683) einen eigenständigen Beitrag zum Roman des 17. Jahrhunderts; seine lebendige

Schilderung einer (fiktiven) oberösterreichischen Adelswelt bedeutet zugleich einen Abschied von der asketischen Weltinterpretation gegenreformatorisch geprägter Pikaroromane.

Am 28. Juli 1700 nahm B. mit »ihro Durchl.« an einem Vogelschießen teil, wobei »dem Haubtmann Barthen seine Kugel-Flinthe unvorsichtiger Weise« losging und B. »auf das allergefährlichste verwundet« wurde. Er starb nach »unsäglichen schmertzen« – so seine eigenen Aufzeichnungen vom 29. und 30. Juli – wenige Tage später.

Werkausgabe: Sämtliche Werke. Hg. von Ferdinand van *Ingen* und Hans-Gert *Roloff*. Bern 1981 ff.

Literatur: *Hardin*, James: Johann Beer. Eine beschreibende Bibliographie. Bern/München 1983; *Müller*, Jörg-Jochen: Studien zu den Willenhag-Romanen Johann Beers. Marburg 1965; *Alewyn*, Richard: Johann Beer. Studien zum Roman des 17. Jh.s. Leipzig 1932.   *Volker Meid*

Bender, Hans
Geb. 1. 7. 1919 in Mühlhausen/Kraichgau

»In meiner Generation gab es keine Emigranten; die Deserteure waren Ausnahmen. Befehle und Kommandos bestimmten unsere Marschrouten ... Wir hatten auf Draht zu sein, ›geistig und körperlich‹. Wir hatten zu gehorchen und zu sterben. (Wem es zu pathetisch klingt, der möge die Gefallenenliste meiner Generation nachlesen!) Alles, was die Jugend zur schönen Jugend macht, wurde uns weggenommen«. Daß B. gerade in einigen der reizvollsten seiner Geschichten (*Das wiegende Haus*, 1961) – die Beschreibungen des literarisch sonst kaum präsenten dörflichen Milieus der 20er Jahre mit sensiblem Einfühlungsvermögen für die seelische und geistige Situation Heranwachsender verbinden – das »glückliche«, jedoch keineswegs »nur verklärt« gesehene »Kapitel« der eigenen Kindheit vergegenwärtigt, hat diesen Verlust zur Voraussetzung. Die allgemeine »Sehnsucht, den unwiederholbaren Anfang des Lebens wachzuhalten und zu bewahren«, sowie die Absicht, nach dem Vorbild der großen »Erzähler, die ich ... schätzte«, seine eigene »regionale Atmosphäre« darzustellen, kommen hinzu. Entscheidend ist freilich ihre Funktion als »Gegensatz zu dem«, was dem Abitur im Internat Sasbach folgt: »Von der Schulbank zum Arbeitsdienst, vom Arbeitsdienst zum Militär« – mit dem Intermezzo zweier Trimester Germanistik und einiger anderer Fächer während des ersten Kriegsjahres in Erlangen: »1939 habe ich die Uniform angezogen. 1949 bin ich aus russischer Gefangenschaft zurückgekommen, also von 20 bis 30 habe ich in einer Welt gelebt, in der ich eigentlich nicht leben wollte«. B. begreift diese Biographie als eine Verpflichtung: Indem er, »stellvertretend für meine Generation«, von seinen Erfahrungen erzählt, will er dazu beitragen, »diejenigen, die heute jung sind, vor einer ebenso uniformen wie bedrohten Jugend zu bewahren«.

Der »sogenannte Spätheimkehrer«, der sein Studium in Heidelberg, »an der meinem Heimatdorf nächstgelegenen Universität«, halbherzig wiederaufnimmt und zunächst als Mitarbeiter am Rundfunk sowie als Kinopächter »nebenher Geld verdient«, debütiert mit Gedichten (*Fremde soll vorüber sein*, 1951), macht sich jedoch vor allem aufgrund seiner präzisen realistischen Prosa rasch einen Namen. Die um »Objektivität« und Distanz bemühte Fähigkeit zur Beobachtung, die B. auszeichnet, führt er selbst auf frühe Anregungen im elterlichen Gasthaus zurück. Seine bevorzugte Gattung ist die »demokratische«, durch »Tonfall«, »Haltung« und »Wirkungsabsicht« der unmittelbar vorangegangenen Literatur entgegengesetzte Kurzgeschichte – am vollständigsten bisher im Rahmen der Werkauswahl *Worte, Bilder, Menschen* (1969) gesammelt – , deren unterschiedliche Formmuster er meisterhaft beherrscht und deren Theorie zwei seiner vielbeachteten Essays zum Gegenstand haben. Dem lebensgeschichtlichen Gewicht entsprechend, nehmen Themen des Kriegs und der Gefangenschaft, von der auch sein zweiter Roman, *Wunschkost* (1959), un-»geschönt« handelt, großen Raum ein. Andere, so gleichfalls sein erster kurzer Roman *Eine Sache wie die Liebe* (1954), spielen in der »Besatzungszeit« oder während der »selbstzufriedenen« Prosperität der Wiederaufbauphase in der Bundesrepublik.

»Von Anfang an« hat B. den »Wunsch, nicht nur selber zu schreiben . . ., sondern auch anderen zur Veröffentlichung zu verhelfen«. Dieses »aufregende Steckenpferd« gerät zum Glücksfall für die deutsche Nachkriegsliteratur. Über die von ihm gegründeten *Konturen. Blätter für junge Dichtung* (1952/53) lernt er Walter Höllerer kennen, mit dem zusammen er ein Jahr später das erste Heft der *Akzente* vorlegt. Bis 1980 (davon zwischen 1968 und 1975 alleinverantwortlich), gibt er die profilierteste literarische Zeitschrift der Bundesrepublik heraus: »Sie hat in meiner zweiten Lebenshälfte die Hauptrolle gespielt«. Seit Juni 1959 in Köln ansässig, vier Jahre lang leitender Redakteur bei zwei Zeitungen, (kurzzeitig auch Verlagslektor in München), wird der eminent belesene Kritiker und Anthologist zu einem wichtigen Repräsentanten des literarischen Lebens. Als solcher genießt B., dessen Geschichten in zahlreichen Übersetzungen vorliegen, auch im Ausland hohes Ansehen, wie Vortragsreisen von der Türkei bis Neuseeland und eine Gastdozentur in Austin/Texas unterstreichen.

Selbst stets ein für innovatorische Strömungen offener Förderer gerade junger Autoren, findet er, nicht ohne Bezug auf die »mit dem Lebensalter« wachsende »Schwierigkeit zu schreiben«, in den 70er Jahren zu einer neuen Form, der »Aufzeichnung«: »einige Sätze, die etwas komprimieren und konzentrieren« (*Einer von ihnen*, 1979). Auch sie spiegelt B.s lebensgeschichtlich vermittelte Grundposition: »Besser skeptisch als konform«.

Literatur: *Koch*, Werner: Mein Freund Hans Bender. In: Koch, Werner: Kant vor der Kamera. Referenzen und Pamphlete. Mainz 1980. S. 163–169; *Zecchin*, Maria: Hans Bender. Herausgeber – Kritiker – Schriftsteller. Diss. Venedig 1980; *Schöffler*, Heinz: Der Schriftsteller Hans Bender. In: Hans Bender: Die halbe Sonne. Geschichten und Reisebilder. Mit einer Einführung von Heinz *Schöffler*. Baden-Baden 1968. S. 7–21.   *Hans-Rüdiger Schwab*

Benjamin, Walter

Geb. 15. 7. 1892 in Berlin, gest. 26. 9. 1940 in Port-Bou/Pyrenäen

»benjamin ist hier. er schreibt an einem essay über baudelaire. ... das ist nützlich zu lesen. merkwürdigerweise ermöglicht ein spleen benjamin, das zu schreiben. er geht von etwas aus, was er aura nennt ... diese soll in der letzten zeit im zerfall sein, zusammen mit dem kultischen ... alles mystik, bei einer haltung gegen mystik«. Obwohl aus dieser Notiz Bertolt Brechts, den B. im Sommer 1938 in dessen dänischem Exil besuchte, eine fast aggressive Ratlosigkeit gegenüber einem Zentralbegriff des B.schen Denkens spricht, trifft die Bemerkung doch präzis die tiefe Widersprüchlichkeit im schwierigen Werk des originellen Philosophen und vermutlich bedeutendsten deutschsprachigen Literaturkritikers des 20. Jahrhunderts. Denn die Intention, jüdisch-theologische Traditionen und Mystik mit Aufklärung und einer politisch-operativen Literatur zu vermitteln, macht den entscheidenden Impuls in B.s Schriften aus. Den frühen Erfahrungen als »wohlgeborenes Bürgerkind« im Berlin der Jahrhundertwende, die, ähnlich Marcel Proust, den B. übersetzte und kommentierte, ihm zeitlebens Fluchtpunkt eines quasi paradiesischen Zustands blieben, folgten Schul- und Studienjahre unter dem Einfluß des jugendbewegt-schulreformerischen Gustav Wyneken. Die Freundschaft mit Gerhard (später: Gershom) Scholem, den er 1915 kennenlernte, verband B.s romantisch-spekulativen Idealismus aufs Tiefste mit theologischen Fragestellungen. Seine Dissertation *Der Begriff der Kunstkritik in der deutschen Romantik* (1920) und der große Aufsatz über *Goethes Wahlverwandtschaften* (1924/25), der ihm die Protektion Hugo von Hofmannsthals einbrachte, entfalten eine Vorstellung von Kritik, die »in ihrer zentralen Absicht nicht Beurteilung, sondern einerseits Vollendung, Ergänzung, Systematisierung des Werks, andrerseits seine Auflösung im Absoluten« anstrebt. Während B. sich in Frankfurt a. M. auf eine Habilitation vorbereitete, lernte er 1923 Theodor W. Adorno kennen, der später zum Sachwalter von B.s spekulativ-metaphysischen Intentionen wurde und diese gegen den materialistischen Einfluß Bertolt Brechts verteidigte; die in den 50er und 60er Jahren von Theodor W. Adorno geleisteten bzw. angeregten Editionsarbeiten der Schriften B.s sollten dann dazu führen, daß B.s Denken bis heute auf die Kulturwissenschaften, aber auch auf den außerakademischen Kulturbetrieb, außerordentliche Wirkungen ausübt. Die akademische Karriere blieb B. selbst freilich verschlossen, da die Genialität der Habilitationsschrift *Ursprung des deutschen Trauerspiels* (1928 als Buch) von ignoranten Professoren nicht erkannt wurde. B., der fast ständig mit Finanzproblemen zu kämpfen hatte, etablierte sich als freier Schriftsteller und Übersetzer. Als Kritiker für wichtige Zeitschriften der Weimarer Republik war er während der 20er und frühen 30er Jahre durchaus bekannt und einflußreich. Indem er die literarische Kritik materialistisch und geschichtsphilosophisch zugleich fundierte, gab er ihr eine neue Funktion. Er sah in ihr »nicht mehr ein Element des literarischen Marktes, noch auch ein Mittel der ästhetischen Wertung, sondern den Ort, an dem er durch eine Diskussion über Rolle und Aufgabe des Literaten in der Gegenwart dessen Politisierung vorantreiben konnte« (Bernd Witte). B.s eigene Politisierung, seine

Annäherung an marxistische Positionen, ergab sich einerseits aus seiner Erfahrung der bankrotten, positivistischen Kulturwissenschaften, sowie aus seiner äußeren Proletarisierung in z.T. unwürdigen Lebensbedingungen; andererseits sah er im Werk Bertolt Brechts, den er 1929 kennenlernte, für die bürgerliche Intelligenz die Notwendigkeit vorgezeichnet, ihre Probleme mit Mitteln des dialektischen Materialismus anzugehen. Wichtig war auch die unglückliche Liebesbeziehung (wie überhaupt B.s Liebes- und Privatbeziehungen allesamt unter einem unglücklichen Stern standen und zu seiner melancholischen Grundhaltung beigetragen haben dürften) mit der lettischen Revolutionärin und Regisseurin Asja Lacis: Ihr widmete er sein materialistisch und surrealistisch inspiriertes Aphorismenbuch *Einbahnstraße* (1928).

Im März 1933 ging B. ins Pariser Exil und begann seine konfliktreiche Zusammenarbeit mit Max Horkheimers und Theodor W. Adornos »Institut für Sozialforschung«. Die Aufsätze *Der Autor als Produzent* (1934) und vor allem *Das Kunstwerk im Zeitalter seiner technischen Reproduzierbarkeit* (1936) entfalten B.s Theorie von der notwendigen Interessenidentität bürgerlicher Intellektueller mit den revolutionären Massen und verkünden, auf dem Hintergrund der faschistischen Gewaltherrschaft, das objektive Ende der alten, auratischen Kunst. Gleichwohl hielt B. an seinen metaphysischen Intentionen fest, so daß seine Schriften, die sich wesentlich um die Schaffung einer Theorie der Erfahrung bzw. des Erfahrungsverlustes in der modernen Industriegesellschaft zentrieren, widersprüchlich und hermetisch blieben. Sie sind jedoch auch von äußerster Präzision des Stils und hoher Schönheit der Darstellung. »Was an Benjamin so schwer zu verstehen war, ist, daß er, ohne ein Dichter zu sein, dichterisch dachte.« (Hannah Arendt) – Während seine wirtschaftliche Situation immer ausweglos wurde, da sich im Exil kaum noch Publikationsmöglichkeiten boten, seine Anbindung an die kommunistische Partei bloße Idee blieb und Pläne, nach Palästina auszuwandern, verworfen wurden, arbeitete er an seinem Fragment gebliebenen Großwerk über die Pariser Passagen, das, anknüpfend an das frühe Trauerspiel-Buch, eine Urgeschichte des 19. Jahrhunderts entwerfen sollte, deren Züge in die Gegenwart hineinragen und diese bestimmen. Ausformuliert wurden jedoch nur die Kapitel über Charles Baudelaire, die B. ausgliederte und vorab veröffentlichen konnte.

Mitte Juni 1940 floh B. in letzter Minute vor den anrückenden deutschen Truppen aus Paris, wo er seine gesamten Manuskripte zurückließ. Nachdem er sich in Marseille ein amerikanisches Visum beschaffen konnte, versuchte er schließlich, über die Pyrenäen illegal nach Spanien einzureisen. Die Flüchtlingsgruppe um B. wurde an der spanischen Grenze jedoch abgewiesen. Körperlich und geistig aufs Äußerste erschöpft und enttäuscht, mit Selbstmordgedanken schon seit längerer Zeit vertraut, nahm er sich in dem spanischen Grenzort Port-Bou mit einer Überdosis Morphiumtabletten das Leben. Mit Adornos Worten ist durch »diesen Tod ... die Philosophie um das Beste gebracht worden ..., was sie überhaupt hätte erhoffen können.«

Werkausgabe: Benjamin, Walter: Gesammelte Schriften. Hrsg. von Rolf *Tiedemann* und Hermann *Schweppenhäuser.* Frankfurt a. M. 1972 ff.
Literatur: *Witte,* Bernd: Walter Benjamin. Reinbek bei Hamburg 1985; *Fuld,* Werner: Walter Benjamin – Zwischen den Stühlen. Eine Biographie. München/Wien 1979; *Scholem,* Gershom: Walter Benjamin – Die Geschichte einer Freundschaft. Frankfurt a. M. 1975; *Adorno,* Theodor W.: Über Walter Benjamin. Frankfurt a. M. 1970.

Klaus Modick

Benn, Gottfried

Geb. 2. 5. 1886 in Mansfeld/Westpriegnitz; gest. 7. 7. 1956 in Berlin

Spät, 1951 erst, ehrt man den eben noch politisch »unerwünschten Autor« mit dem Georg-Büchner-Preis, ihm verliehen, »der, streng und wahrhaftig gegen sich selbst, in kühnem Aufbruch seine Form gegen die wandelbare Zeit setzte und..., durch Irren und Leiden reifend, dem dichterischen Wort in Vers und Prosa eine neue Welt des Ausdrucks erschloß«, so die Urkunde. 1952 folgt das Bundesverdienstkreuz I. Klasse, postum der Große Kunstpreis des Landes Nordrhein-Westfalen. Mit den *Statischen Gedichten* (1949) hatte eine sensationelle und suggestive Rezeption begonnen, und zwar ganz unter dem Vorzeichen »Sprachmagie«, durch die der provozierende Protest seiner expressionistischen Lyrik (*Morgue*, 1912; *Söhne*, 1913; *Fleisch*, 1917) und der erkenntniskritische und analytische Rang seiner Reflexionsprosa (*Gehirne*, 1916; *Diesterweg*, 1918) sowie seiner dramatischen Skizzen (*Etappe, Ithaka, Der Vermessungsdirigent*, 1919) lange übertönt wurde. B. nannte den unverhofften Ruhm ironisch sein »Comeback« und hielt an der Einheit seines Gesamtwerks fest: »Es zieht sich doch eine Linie von: Die Krone der Schöpfung, das Schwein der Mensch bis zu dem letzten Siegel: ›im Dunkel leben, im Dunkeln tun, was wir können‹« (an F.W. Oelze, 6. 8. 1952). « Fünfzehn Jahre lang von den Nazis als Schwein, von den Kommunisten als Trottel, von den Demokraten als geistig Prostituierter, von den Emigranten als Renegat, von den Religiösen als pathologischer Nihilist öffentlich bezeichnet« (*Berliner Brief*, 1948), fiel ihm die Rückkehr in die Öffentlichkeit nicht leicht und machte es den Nachgeborenen schwer, zwischen intellektueller Faszination und ideologiekritischem Unbehagen zu unterscheiden. Dies gilt auch dort, wo B.s existentielle Rücksichtslosigkeit, seine distanzierte selbstherrliche Gestik, seine leidenschaftliche Ablehnung alles Bürgerlichen, seine Auffassung, daß das Alltägliche und dessen Gegenwelt, die der dichterischen Bildlichkeit, einander ausschließen, sein philosophisches, auf den Grund gehendes Vokabular, für eine völlig vergangene Erlebnis- und Begriffswelt gehalten wird, nämlich für die »Fortsetzung des deutschen Idealismus mit anderen Mitteln« (Peter Rühmkorf). In Person, Werk und »Wirkung wider Willen« ist B. eine exemplarische Erscheinung, weniger des geschichts- und perspektivlos gewordenen Bürgertums, als vielmehr musterhaft für das Krisenbewußtsein der Moderne überhaupt. In Sellin (Neumark) als Sohn der Erzieherin Caroline B., geb. Jequier aus der romanischen Schweiz, und des preußischen Pfarrherrn Gustav B. aufgewachsen, hat er die prägende Sozialisationsphase nie verleugnet: »Gewiß habe ich die Atmosphäre meines Vaterhauses bis heute nicht verloren: in dem *Fanatismus zur Transzendenz*... ins Artistische abgewendet, als Philosophie, als Metaphysik der Kunst« (*Dichterglaube*, 1931). Der autoritäre und orthodoxe Vater hindert ihn, der qualvoll an Krebs sterbenden Mutter beizustehen. 1922 stirbt Edith Osterloh, seine erste Frau; 1929 stürzt sich die Schauspielerin Lili Breda, mit der er befreundet ist, in den Tod; Herta von Wedemeyer, die er 1938 ehelicht, nimmt sich aus Angst vor den Russen das Leben – subtil nur zugegebene Erschütterungen. Denn die »Ereignislosigkeit« seiner biographischen Existenz spielte B. stets gegen die Weite seines »lyrischen Ich« aus. In Berlin hat er bis auf wenige Jahre sein Leben zugebracht, als abgebrochener Theologe an der Militärärztlichen Akademie (»Kälte des Denkens, Nüchternheit . . .vor allem aber die tiefe Skepsis, die Stil schafft, wuchs hier«), als Psychiater an der Charité, dann als Serologe und Pathologe in Charlottenburg, ab 1917 als Facharzt für Haut- und Geschlechtskrankheiten. Im Rückblick schien ihm seine Existenz »ohne diese Wendung zu Medizin und Biologie undenkbar« (*Lebensweg eines Intellektualisten*, 1934). Eine Wende für B. wird 1932 die Berufung in die Preußische Akademie der Künste. »Die Wahl war damals eine außerordentliche Ehre«, berichtet er in *Doppelleben*, 1950. Gedanklich der konservativen Revolution nahe und wegen seiner esoterischen Kunstauffassung (*Über die Rolle des Schriftstellers in dieser Zeit*, 1929; *Können Dichter die Welt ändern?*, 1930; *Eine Geburtstagsrede und ihre Folgen*, 1931) von den Linksintellektualisten scharf kritisiert, läßt sich B. in seiner neuen Rolle zur Legitimation der nationalsozialistischen Machtergreifung (*Der neue Staat und die Intellektuellen*, 1933) und zu groben Anwürfen gegen die »literarischen Emigranten« im Rundfunk hinreißen. Bald enttäuscht, entschließt sich B. zur »aristokratischen Form der Emigrierung« (an Ina Seidel, 12.12.1934), bevor er 1936 im *Völkischen Beobachter* und im *Schwarzen Korps* infam beleidigt und existenzgefährdend beschimpft wird. Wie schon während des Ersten Weltkriegs in Brüssel tut er Dienst als Militärarzt, zuletzt, von 1943 bis zur Kapitulation, in Landsberg a.d. Warthe, wo der *Roman des Phänotyp. Landsberger Fragment* (1944) entstand. Halt und anspruchsvollen Gedankenaustausch bietet ihm seit 1932 die Korrespondenz mit dem Bremer Importkaufmann Dr. Oelze, dem er bis 1956 rund 700 Briefe schickt. Im Winter 1933 war B. vom NS-Ärztebund von der Liste attestberechtigter Ärzte gestrichen worden, 1938 kamen der Ausschluß aus der Reichsschrifttumskammer und das Schreibverbot. B. war zeitlebens ein introvertierter Einzelgänger, der sich sogenannten Geselligkeiten gern entzog, schwierig im Umgang und häufig schroff. Distanz auch kennzeichnet seine Beziehung zu den Weggefährten und Freunden: Zu Klabund, den er seit der Gymnasialzeit in Frankfurt a.d. Oder kannte, zu den Bekannten aus dem »Café des Westens«, später zu Carl und Thea Sternheim, zu Paul Hindemith, mit dem er 1931 ein Oratorium *(Das Unaufhörliche)* schuf, zu Oskar Loerke in der Zeit des Terrors, zu seinem Verleger Max Niedermayer, nach 1950 auch zu Ernst Jünger, Ernst Robert Curtius, Max Bense, Friedrich Sieburg und Max Rychner. Zu europäischem Ansehen gelangte B. am Ende doch noch: 1952 ist er deutscher Vertreter auf der »Biennale Internationale de Poésie« in Knokke (Belgien). Ein Vortrag in Marburg über *Probleme der Lyrik* (1951) wirkt auf die Generation der jungen Lyriker und in der Germanistik nachhaltig. Doch auf die Pseudokultur des Wiederaufbaus reagiert B.s späte Lyrik (*Fragmente*, 1951; *Destillationen*, 1953; *Aprèslude*, 1955) eher melancholisch. B.s Oeuvre ist Konfession und Reflexion eines »späten Menschen«, des *modernen Ich* (1920), das der heteronomen Erfahrungswelt und dem Nihilismus der Denkstile noch einmal die »Form als Sein« entgegenstellt. Im Bewußtsein von Untergang und Verlust leistet er poetischen Widerstand als Lebens- und Überlebenskampf wider den Materialismus, den Wissenschaftspositivismus, den Fortschrittsoptimismus, den Kapitalismus wie den Sowjetkommunismus. Alle schriftstellerischen Möglichkeiten der Demontage und Destruktion, des Zynismus und der Lakonik hat er versucht, Pessimismus in der Nachfolge Arthur Schopenhauers als »seelisches Prinzip« und das Artistenevangelium nach Friedrich Nietzsche zu verkünden – als Denkformen intellektueller Redlichkeit.

Eine *Ausdruckswelt* (1949), singulär und exklusiv gemeint, sollte die »Substanz« der abendländischen Kultur wenigstens in mystischer Partizipation oder als inneren Traumvorgang bewahren. Platonismus, Neuplatonismus, säkularisierte Restposten des Christentums, Biologismen und z.T. abenteuerliche neuro-physiologische und genetische Thesen sind das intellektuelle Äquivalent einer hinreißenden, ästhetisch versierten Montage- und Argumentationstechnik, in der B. die Assoziationsfülle der Worte und Wortfolgen freisetzt, das Zeichenpotential aus Philosophie, antiker Mythologie, Fremdsprachen, Medizin, Technik und Jargon der Gosse raffiniert verwendet. Von der »Ästhetik des Häßlichen« seiner Anfänge bis zum elegischen Altersparlando wird im Werk B.s eine strukturelle Kontinuität sichtbar. Häufig folgt der aggressiven Herausforderung durch benannte Unerträglichkeiten der Realität die Regression in künstliche Gebilde, die nicht selten Selbstdestruktion und gnadenlose Kritik dieses Rückzugsverhaltens nach sich zieht. Dies ist eine eigentümliche gestische Konstanz, die sich bei B. nicht nur im Wechsel zwischen Provokation der Öffentlichkeit und radikalem Rückzug in die autonome Einbildungskraft wiederholt, sondern als Textstruktur nachweisbar ist. Er ist der provozierte Provokateur, dessen Ausflüchte in Rausch und lustvolle Entgrenzungen oder in Form und Zucht eine den eigenen Narzißmus kränkende Wirklichkeit auszuschließen versuchen. Das Doppelleben des *Ptolemäers* (1949) steht für B.s verzweifelten Versuch, das Krisenbewußtsein der Moderne als Existenzform auszuhalten: »Wir lebten etwas anderes, als wir waren, wir schrieben etwas anderes, als wir dachten, wir dachten etwas anderes, als wir erwarteten, und was übrigbleibt, ist etwas anderes, als wir vorhatten.« Verführung durch Bilderflut, Sublimation sozialer Defekte durch Kunst ist B.s Absicht. Zeitverhaftet dagegen scheint sein Geschichts- und Kunstbegriff, der die »Phantasiewelt« des Dr. B. zuweilen auf die enge Welt der »Männerphantasien« reduziert. Die Modernität seines Werks liegt im Versuch, von den Inhalten und der Sprachfunktion zum »reinen« Ausdruck zu gelangen. Fragwürdig geblieben sind die denkerische Selbststilisierung und die notorisch verfochtene These vom »asozialen«, d.h. moralfreien »Wesen« der Kunst. Seiner Tochter Nele schrieb dieser Fanatiker des gesteigerten, des »provozierten Lebens« definitiv: »Immer wieder erlaube ich mir auf zwei Sentenzen von mir zu verweisen, die lang zurückliegen, ein Vers: ›schweigend strömt die Äone‹, und ein Prosasatz: – ›du stehst für Reiche, nicht zu deuten und in denen es keine Siege gibt‹. Ich könnte einen dritten hinzufügen: ›es gibt Dinge, die verdienen, daß man niemanden von ihnen überzeugt.‹ So, nun hast du den schillernden G.B.« (4.12.1947).

Werkausgabe: Benn, Gottfried: Sämtliche Werke. In Verbindung mit Ilse Benn. hrsg. von Gerhard *Schuster.* Stuttgart 1986.

Literatur: *Holthusen,* Hans Egon: Gottfried Benn, Leben Werk Widerspruch 1886–1922. Stuttgart 1986; *Arnold,* Heinz Ludwig (Hrsg.): Gottfried Benn. Text + Kritik. Sonderband. München 1985; *Hillebrand,* Bruno (Hrsg.): Gottfried Benn. Darmstadt 1979; *Brode,* Hanspeter: Benn-Chronik. Daten zu Leben und Werk. München 1978.   *Michael Stark*

Bense, Max Otto
Geb. 7. 2. 1910 in Straßburg; gest. 29. 4. 1990 in Stuttgart

Der Mathematiker, Physiker, Philosoph und Schriftsteller B. verteidigte sein allgemeines philosophisches Anliegen als »Existentiellen Rationalismus«. Nach der Ausweisung der Deutschen aus dem Elsaß durch die siegreichen Franzosen zog er mit seinen Eltern 1920 nach Köln. Bereits während der Schulzeit begann B. literarische Texte zu verfassen und schloß sich der Rheinischen Gruppe um den Kölner Literaten und Buchhändler Goswin P. Gath an. Die zwischen Physik, Mathematik, Astronomie, Philosophie, Literatur und Malerei oszillierenden Interessen B.s sind in den zahlreichen Publikationen der 30er Jahre erkennbar. Bereits als Schüler Mitarbeiter an der *Kölnischen Zeitung* und dem Kölner Rundfunk, verfaßte er neben zahlreichen Rezensionen essayistische Prosa wie *Überwindung der Lebensangst, Geist und Gestalt, Von der Wahrheit im Aphorismus, Das Gesetz in der Schönheit, Über die Phantasie.*

Während des Studiums der Mathematik, Physik und Philosophie in Bonn veröffentlichte B. 1934 sein erstes Buch *Raum und Ich*, das ihm die Anerkennung des von ihm sehr bewunderten Gottfried Benn einbrachte. Das Buch, in der Nachfolge Friedrich Nietzsches angesiedelt, enthält bereits im Kern alle Themen, die B. während seines weiteren Lebens beschäftigen sollten; treffend nannte er es sein »Quellwerk«. Es folgten philosophische, geistesgeschichtliche und kulturpolitische Essays wie *Aufstand des Geistes* (1935), *Die abendländische Leidenschaft* (1938), *Sören Kierkegaard, Leben im Geist* (1942), *Umgang mit Philosophen* (1947), *Von der Verborgenheit des Geistes* (1948), *Technische Existenz* (1949), *Plakatwelt* (1952), *Rationalismus und Sensibilität* (1956), *Modelle* (1961), *Experimentelle Schreibweisen* (1964), *Brasilianische Intelligenz* (1965). Nach der Promotion in Bonn war B. als Physiker bei der Bayer AG Leverkusen tätig, und während des Zweiten Weltkriegs im Labor Dr. Hollmann in Berlin in Georgenthal/Thüringen. Seit 1945 Kurator der Universität Jena, habilitierte er sich 1946 mit *Geistesgeschichte der Mathematik* und wurde zum außerordentlichen Professor ernannt. Nach der Flucht in den Westen 1948 setzte er als stellvertretender Präsident des »Rheinischen Kulturinstituts« seine Vortragstätigkeit fort und arbeitete für Zeitungen und Rundfunkanstalten. 1949 wurde B. Professor an der Technischen Hochschule/Universität Stuttgart und hatte bis zu seiner Emeritierung den Lehrstuhl für Philosophie und Wissenschaftstheorie inne. Seine ästhetischen und semiotischen Schriften (z.B. *Aesthetica. Einführung in die neue Ästhetik*, 1965, ²1982; *Semiotik. Allgemeine Theorie der Zeichen*, 1967) und seine rhetorische Begabung brachten ihm viele Vortragseinladungen im In- und Ausland; seine Offenheit für alles Neue machte ihn Anfang der 60er Jahre zum Anwalt der aufkommenden Computer-Graphik.

Mit *bestandteile des vorüber. dünnschliffe mischtexte montagen* (1961) beginnt eine Phase der Reflexion über die Rolle und das Material des Schriftstellers: über Wörter, Sätze, Textformen, die nun zum Gegenstand gemacht werden und in *Entwurf einer Rheinlandschaft* (1962) mit Beschreibungen, Erinnerungen und Montagen vermischt auftreten. Die Auflösung und Zusammensetzung des Sprachmaterials wird vorgeführt in *vielleicht zunächst wirklich nur. monolog der terry jo im mercey hospital* (1963), in *Die präzisen Vergnügen* (1964) und *Die Zerstörung des Durstes durch Wasser. Einer Liebesgeschichte zufälliges Textereignis* (1967). Als 1981 B.s erster Gedichtband *Zentrales und Occasionelles* erscheint, notiert Ludwig Harig in seiner Besprechung: »Ich habe niemanden kennengelernt, der ein so radikales Wörterwesen wäre wie Max Bense, niemanden, der so hartnäckig auf die Wörter setzte wie er, auch wenn die Wörter ihm oft zugesetzt und ihn in die Enge getrieben haben.« Der Band vereinigt poetische Formen verschiedenster Art: rhythmische Prosa, konkrete Poesie, gereimte Gedichte, metaphorische Reflexionen. Was in *Rationalismus und Sensibilität* (1956) theoretisch analysiert wurde, begegnet hier in Form literarischen Ausdrucks: Sinnlichkeit, Vernunft und Kritik.

In der von ihm begründeten Zeitschrift *augenblick. zeitschrift für tendenz und experiment* (1955–1960) und in der Reihe *rot*, die seit 1960 erschien, nahm B. kritisch Stellung zu Literatur, Kunst und Politik, was ihm nicht nur Freunde einbrachte. Die Polemik gegen Dogmen, die er im *augenblick* begonnen hatte, übersetzte B. später in poetische Formen: »Ich brauche keine langen Märsche/ der Dogmatiker für mich,/ die Frieden sagen und Gefängnis meinen/ . . . Das denkende Wesen gegen das gläubige,/ Prinzip Forschung gegen Prinzip Hoffnung,/ das Urteil der Schlußfigur gegen Nomenklatura« (*Selbst-Porträt mit Sacharow für Helmut Mader* in: *Das graue Rot der Poesie*, 1983). B. bezeichnete sich selbst als »engagierten Schriftsteller«, der die Auseinandersetzung nicht scheute und auch in Kauf nahm, daß wegen seines Atheismus nach Erscheinen der Bücher *Descartes und die Folgen* (1955), *Ein Geräusch in der Straße* (1960) und *Artistik und Engagement* (1970) seine Absetzung als Hochschullehrer gefordert wurde. Seine Kritik an der konventionellen Verwendung der Sprache und sein Plädoyer für eine neue Sprechweise sollten zugleich eine Neuorientierung in der Welt ermöglichen. B.s Kritik galt auch den herkömmlichen hermeneutischen Methoden der Literaturwissenschaft, denen er eine Zeichenästhetik, die auf informationstheoretischer Grundlage Ansätze zur numerischen Analyse von Kunst entwickelt, entgegenstellte (*Ästhetische Information*, 1956).

Wichtiges Thema seines philosophischen und literarischen Werks war, seit dem ersten Buch *Raum und Ich*, die Todeserfahrung, -furcht, -sehnsucht, -reflexion: »Letzte Implikation./ Wenn dann, / noch nicht / vielleicht bald / oder später / doch sicher / zweifellos / wird es sein,/ und warum / auch nicht? / Wenn der Gedanke endet, / gehe ich auch« *(Das graue Rot der Poesie)*. Inhalt der Gedichtbände *Kosmos Atheos* (1985), *Nachteuklidische Verstecke* (1988) und des Prosafragments *Der Mann, an den ich denke* (1991) sind Erinnerungen an Landschaften, Menschen, Tiere und vor allem der Mond: »Poesie ist die Notwehr der Wörter / gegen ihre Verachtung und ihr Vergessen, / Entzücken des Mondes gegen die Kälte« *(Nachteuklidische Verstecke)*. Seine Selbsteinschätzung formulierte B. in den beiden letzten Aphorismen der postum erschienenen *Poetischen Abstraktionen:* »Es war nicht immer der heiße Traum der Poesie, den er im Sinne hatte, wenn er schrieb. – Es war auch der kalte Weg der saturierten Prosa, der seine Argumentation und ihr Problem gewann und seine Ängste unterlief.«

Literatur: *Pasqualotto*, Giangiorgio: Avanguardia e tecnologia, Walter Benjamin, Max Bense e i problemi dell' estetica tecnologica. Rom 1971; *Andersch*, Alfred: Texte als ästhetische Objekte. In: Merkur 203. Heft 2. 1965; *Günther*, Gotthard: Sein und Ästhetik. Ein Kommentar zu Max Benses »Ästhetische Information«. In: Texte und Zeichen 3. 1957. S. 429–440.   *Elisabeth Walther*

Bergengruen, Werner
Geb. 16.9.1892 in Riga; gest. 4.9.1964 in Baden-Baden

Mitte Oktober 1937 erhält B. die offizielle Bestätigung seiner Entfernung aus der Reichsschrifttumskammer des Hitler-Staates zugestellt. »Anlaß, ihn als politisch unzuverlässig anzusehen«, hatte er davor schon genug geboten. In einem »dringlich« angeforderten Gutachten des »Gaupersonalamtes« München/»Hauptstelle für politische Beurteilungen« heißt es: »Weder er noch seine Kinder sind Mitglied einer Gliederung. Der deutsche Gruß ›Heil Hitler‹ wird weder von ihm noch von seiner Familie angewendet ... Eine NS-Presse bezieht er soweit bekannt ebenfalls nicht ... Bemerkt sei noch, daß B ... konfessionell stark gebunden ist.«
Auch literarisch manifestiert sich seine Distanz zu den Machthabern. Mit den symbolisch verschlüsselten Romanen *Der Großtyrann und das Gericht* (1935) und *Am Himmel wie auf Erden* (1940) – für den sein Verlag (wie für andere Werke nach dem Schreibverbot) eine Sondergenehmigung erwirkt, die aber ein knappes Jahr später widerrufen wird – sowie mit dem anonym veröffentlichten, von der Gestapo beanstandeten Gedichtzyklus *Der ewige Kaiser* (1937) zählt B. zu den wenigen, in Deutschland verbliebenen Vertretern einer – so Heinrich Böll – »ganz eindeutig antifaschistischen« Literatur. Seine regimekritischen Gedichte kursieren in Abschriften.

Grundlegend für diesen mutigen Widerstand ist B.s Bekenntnis zu einem »Konservatismus« des »alten Wahren«, zu den »fundamentalen Gegebenheiten des Daseins, an denen der Mensch sich inmitten aller Schwankungen immer wieder zu orientieren vermag«. Dieses entschiedene Traditionsbewußtsein ist von den Erfahrungen seiner Herkunft nicht zu trennen: »nun gehöre ich«, resümiert der 67jährige seine spätzeitliche Selbstdeutung (die, ironisch gebrochen, auch in seinen interessantesten Nachkriegsroman, *Der letzte Rittmeister* (1952) eingegangen ist), »wohl in manchem Betracht zu den Letzten – den letzten einer verfallenden Zeit, den Cidevants, den bywschie ljudi (gewesenen Leuten), den letzten Balten, den letzten Kaiserlichen oder Königlichen, den letzten Parteigängern der Freiheit« – verstanden als die Behauptung der Individualität gegen den neuzeitlichen Prozeß der alle Lebensbereiche ergreifenden Mechanisierung, Normierung und Nivellierung – , »ja in einem bestimmten Sinne vielleicht gar zu den letzten Dichtern«, denen für ihn das »Offenbarmachen ... ewiger Ordnungen« aufgegeben ist.

Geboren wird B. in der damals zum Zarenreich gehörenden lettischen Metropole Riga als Sohn eines Arztes. Seine Familie zählt zu der »zahlenmäßig geringen, in jedem anderen Betracht aber ausschlaggebenden deutschen Oberschicht von aristokratisch-patrizischer Artung, durch Jahrhunderte gewohnt, herrenmäßig sich zu behaupten«. Nach der Gymnasialzeit (in Lübeck und Marburg) befaßt er sich während des Studiums (in Marburg, München und Berlin), finanziell der Notwendigkeit einer Berufswahl enthoben, sieben Semester hindurch mit verschiedenen Fächern, ohne zu einem Abschluß zu gelangen. Beim Ausbruch des Ersten Weltkriegs meldet er sich freiwillig zur deutschen Armee und tritt dann »in die Stoßtruppe der Baltischen Landwehr ein, die ... den Kampf gegen die Rote Armee führte«. Zu Beginn der 20er Jahre leitet er zwei Zeitschriften, die Fragen des deutschen Ostens behandeln. Seit dem Erscheinen seiner ersten literarischen Versuche 1922/23 arbeitet B. (zunächst knapp eineinhalb Jahrzehnte in Berlin) als freier Schriftsteller. Sein rasch wachsendes Œuvre besteht aus mehreren Romanen und einer unübersehbaren Zahl von Novellen (am bekanntesten geworden ist *Die drei Falken*, 1937) die, seinem Willen zur Darstellung des Prototypisch-Überzeitlichen gemäß, an klassische Formmuster anknüpfen und ganz überwiegend in der Vergangenheit angesiedelt sind. Hinzu kommen Gedichtbände, Reiseglossen, autobiographische Schriften sowie Übersetzungen der großen russischen Realisten. Das Werk ist von der Strömung des sich auf ontologische »Unwandelbarkeiten« berufenden Widerspruchs zur Moderne nach dem Ersten Weltkrieg geprägt.

Seine Konversion zum Katholizismus 1936, dem Jahr seines Umzugs nach Solln bei München, definiert B. retrospektiv als Ergebnis einer »langsamen, organischen« Entwicklung. Im Herbst 1942 fällt das Haus einem Bombenangriff zum Opfer. Die Familie siedelt nach Tirol, vier Jahre später dann nach Zürich über. 1958 verlegt B. seinen Wohnsitz schließlich nach Baden-Baden, der Geburtsstadt seines engen Freundes Reinhold Schneider.

Nach dem Zweiten Weltkrieg genießt B. in der Bundesrepublik zunächst den Ruf eines gesellschaftlich repräsentativen Dichters. Seine Auflagenziffer im In- und Ausland steigt auf mehrere Millionen. Während er, im Hinblick auf einzelne Werke nicht ohne Berechtigung, beansprucht, »Tröster« und »Beunruhiger« zugleich zu sein, vermögen seine Veröffentlichungen zunehmend nurmehr die erste Funktion zu beglaubigen. *Die heile Welt* – so der Titel einer Gedichtsammlung von 1950, die sich freilich auf eine metaphysische Gewißheit bezieht und die deutsche Schuld keineswegs ausblendet –, wird zum Schlagwort eines mit der Verdrängung der Vergangenheit einhergehenden gesellschaftlichen Einverständnisses. Außerdem beschleunigen die stilistische »Unzeitgemäßheit« des hochdekorierten und bei offiziellen Anlässen von Staat und Kirche gern eingeladenen Dichters sowie die Widersprüchlichkeit seiner »elitären« Kulturkritik seinen Resonanzverlust unter den Intellektuellen. Einerseits beklagt er die Veränderung der »Welt ... bis zur gänzlichen Unwiedererkennbarkeit ... infolge des Aufkommens der Technik« und des »Kapitalismus«, auf der anderen Seite verspottet er die seinem unbedingten Lebensvertrauen zuwiderlaufende Furcht »vor Kriegen, ... vor der Vergiftung der Luft und des Wassers, die von den noch unbewältigten Abfallprodukten der Industrie bewirkt wird, und ... vor den Auswirkungen der Atomenergie« als »albern« (1958). Innerkirchlich bleibt der trotz seiner Bestimmung des Glaubens als existentiellen »Sprung über den eigenen Schatten« von den Zweifeln und Nöten der Moderne unangefochtene Christ den Reformen des Zweiten Vatikanischen Konzils gegenüber mißtrauisch.

Literatur: *Bänziger,* Hans: Werner Bergengruen. Weg und Werk. Bern ⁴1983; *Burckhardt,* Carl Jacob: Über Werner Bergengruen. Zürich 1968; Dank an Werner Bergengruen. Im Einvernehmen mit Frau Lotte Bergengruen und den Freunden des Dichters zum 70. Geburtstag von W. B. am 16. September 1962 herausgegeben von Peter *Schifferli.* Zürich 1962.

Hans-Rüdiger Schwab

Bernhard, Thomas
Geb. 9. 2. 1931 in Heerlen/Holland; gest. 12. 2. 1989 in Gmunden/Oberösterreich

Preisgekrönt und verleumdet, verehrt und geschmäht – die anhaltend widersprüchlichen, z.T. heftigen Reaktionen auf Werk und Person B.s mag er selbst als eines jener Mißverständnisse angesehen haben, die er unter Menschen einzig für möglich hielt:»Ich spreche die Sprache, die nur ich allein verstehe, sonst niemand, wie jeder nur seine eigene Sprache versteht; und die glauben, sie verstünden, sind Dummköpfe und Scharlatane.« Die Unaufhebbarkeit des Mißverstehens als tieferer Grund und treibende Kraft seines Sprechens und Schreibens hat bei B. ihren Ursprung nicht zuletzt in der Prägung durch »zwei brauchbare Schulen natürlich: das Alleinsein, das Abgeschnittensein, das Nichtdabeisein einerseits, dann das fortgesetzte Mißtrauen andererseits«. Ihre Spur geht bis in die Kindheit und Jugendzeit zurück, deren existentiellen und zeitgeschichtlichen Hintergrund B. in seinen autobiographischen, gleichwohl seine Realitätserfahrungen mit gewoller Selbststilisierung und -inszenierung kunstvoll mischenden Erinnerungsbüchern eindrucksvoll beschrieben hat (*Die Ursache*, 1975; *Der Keller*, 1975; *Der Atem*, 1978; *Die Kälte*, 1981; *Ein Kind*, 1982).

In einem Heim für ledige Mütter, dem holländischen Klosterspital Heerlen, wird B. als unehelicher Sohn der Tochter des österreichischen Schriftstellers Johannes Freumbichler geboren. Zunächst in der Obhut geistlicher Schwestern, muß die Mutter ihn schon bald nach der Geburt zu Pflegeeltern in Rotterdam geben, weshalb sich B. später häufiger als »Kind des Meeres, nicht der Berge« bezeichnete. Nachdem B. seine frühe Kindheit im Anschluß an diesen »Meeresaufenthalt« bei den Großeltern mütterlicherseits in Wien und Seekirchen am Wallersee verbracht hat, erlebt er »die schönsten Jahre« im oberbayerischen Traunstein. Ohne daß er seinen östereichischen Vater, einen 1943 »in Frankfurt an der Oder an den Kriegswirren zugrundegegangen(en)« Tischler, je gesehen hätte, wird in dieser Zeit für B. der geliebte Großvater zur prägenden Gestalt. Gegen die Haltung der Schule und für die Kunst fördert Johannes Freumbichler, der selbst »schon in frühester Jugend dieser sogenannten Normalität entflohen war«, früh B.s musische Begabung und bemüht sich um eine vielfältige »Belehrung, die glücklich machte«. »Aber neben dem Großvater immer wieder – man ist allein« (*Drei Tage*, 1971). So auch mit dem plötzlichen eigenen Entschluß, die 1943 begonnenen Salzburger Internatsjahre abzubrechen, um u.a. eine Kaufmannslehre aufzunehmen (1947). Bei der Arbeit im feuchten Keller holt sich B. eine schwere Rippenfellentzündung und wird derart lugenkrank, daß er schon »die letzte Ölung« erhält. Doch nachdem er bereits 1949 den Tod des Großvaters als Abschluß »meine(r) erste(n) Existenz« erlebt hatte und ein Jahr darauf auch seine Mutter starb, entscheidet sich B. gegen den Tod: »ich wollte leben, und zwar mein Leben leben«. Nunmehr entdeckt B., der sein Leben in jungen Jahren später als einen »Gang durch die Hölle« charakterisierte, für sich als Form des Überlebens wie als einzig mögliche Lebensform überhaupt das Schreiben. »In der Lungenheilstätte Grafenhof begann ich, immer den Tod vor Augen, zu schreiben. Daran wurde ich vielleicht wiederhergestellt« (*Lebenslauf*, 1954). Das literarische

Frühwerk der 50er Jahre bestimmt nach Art und Umfang B.s lyrische Produktion (vgl. *Gesammelte Gedichte*, 1991). Bereits in seiner ersten Buchveröffentlichung des Gedichtbands *Auf der Erde und in der Hölle* (1957) sah C. Zuckmayer »vielleicht die größte Entdeckung, die ich in den letzten zehn Jahren in unserer Literatur gemacht habe«. Doch der Prosaautor und Dramatiker B. ließ nach der letzten Veröffentlichung von Originalgedichten (1963) seine Lyrik allenfalls als den Ausdruck seiner damaligen Gemütsverfassung gelten, bis er in den 80er Jahren Neuauflagen und Veröffentlichungen auch bisher ungedruckter Gedichte (*Ave Vergil*, 1981) zustimmte. Auch sie bestätigen, daß B.s Gedichte bereits alle bevorzugten Themen der späteren Werke (wie Tod, Krankheit, Erkenntniszweifel, Verfall u.a.) enthalten, doch verbindet sich noch die Sinnsuche und Sprachform dieser Lyrik des primär bildhaften Ausdrucks mit einer religiös-christlichen Erfahrung und Haltung. Dies hängt weniger mit dem durchscheinenden Grundmuster der Lyrik von Georg Trakl als der intensiven Auseinandersetzung mit dem religiösmetaphysischen Konzept Blaise Pascals zusammen, in der B. die persönlichen und zeitgeschichtlichen Krisen zu verarbeiten sucht. Daher nimmt das Frühwerk, das auch die Psalmenform nicht ausschließt, seinen Ausgang von »einem ungemein starken moralischen Anspruch an Kunst und Künstlertum...., der auf Positivität zielt« (Manfred Mixner).

Neben drei Gedichtbänden, kurzen Bühnenspielen und einer vertonten Kammeroper entstehen fünf Sätze für Ballett, Stimmen und Orchester mit dem Titel *die rosen der einöde* (1959). Zunächst arbeitete B. jedoch unmittelbar nach seiner Heilung beim *Demokratischen Volksblatt*, für das er 1952–55 Gerichts- und Reiseberichte sowie Buch-, Theater- und Filmkritiken schreibt. Mit dieser journalistischen Brotarbeit finanziert B., der bereits in der Schul- und Lehrzeit Musik- und Gesangsunterricht nahm, u.a. die Fortsetzung seines in Wien (1951) begonnenen Musik und Schauspielunterrichts in Salzburg. Während seines anschließenden Gesangsstudiums, das er parallel zum Schauspiel- und Regiestudium 1955 am »Mozarteum« in Salzburg beginnt (1955–57), setzt er sich u.a. in einer verlorengegangenen Arbeit mit Bertolt Brecht und Antonin Artaud auseinander. Nach der »mit Erfolg« bestandenen Bühnenreifeprüfung (1957) betätigt sich B. breits als freier Schriftsteller. Die frühen Prosa-Skizzen, Miniaturen, Aphorismen und Kurz-Erzählungen werden aber erst dreißig Jahre später als B.s letztes Buch erscheinen (*In der Höhe. Rettungsversuch, Unsinn*, 1989).

Der eigentliche Durchbruch als Prosaautor gelingt B. 1963 mit dem Roman *Frost*. Ihm schließen sich in rascher Folge so bedeutende Prosawerke wie *Amras* (1964), *Verstörung* (1967) oder *Watten. Ein Nachlaß* (1969) an, bis mit den Romanen *Das Kalkwerk* 1970) und *Korrektur* (1975) ein vorläufiger künstlerischer Endpunkt der Prosa erreicht wird. Mit ihr hat B. »einen eigenen Tonfall in die deutsche Sprache gebracht« (W. Schmied) und wird vielfach für sie geehrt (u.a. Bremer Literaturpreis 1964, Georg-Büchner-Preis 1970). Bereits *Frost* offenbart B.s endgültigen Bruch mit der Illusion einer möglichen heilen (zumindest heilbaren) Welt. Seine Literatur scheint nunmehr gleich der Poesie des Malers Strauch in *Frost* »immer nur aus der Mitte ihres einzigen Gedankens, der ganz ihr gehört, erfunden«. Denn im Grunde variieren seine Werke seither alle nur den einen, gleichzeitig ihre objektive Grenze bezeichnenden Gedanken der absoluten Sinnlosigkeit der menschlichen Existenz in einer restlos sinnentleerten Welt: »Wir sind (und das ist Geschichte und das ist der Geisteszustand der Geschichte):

die Angst, die Körper- und Geistesangst und die Todesangst als das Schöpferische.« Der Erschütterung dieser Erfahrung sich auszuliefern und gleichzeitig ihr einen »ebenso unbedingten und rücksichtslosen Kunstwillen als Selbstbehauptungs- und Existenzwillen« (Herbert Gamper) entgegenzustellen, macht die in sich widersprüchliche Grundbewegung seiner Sprachkunstwerke aus. Ihre Protagonisten sehen sich nicht nur der Drohung einer feindlichen gesellschaftlichen Umwelt, sondern zugleich den grausamen »Vorgängen äußerer und innerer Natur« ausgeliefert – denn es ist die ganz unromantisch gedeutete »lebenslänglich unbegreifliche und unverständliche Natur, die Menschen zusammenstößt mit Gewalt, mit allen Mitteln, damit diese Menschen sich zerstören und vernichten, umbringen, zugrunde richten, auslöschen«. Dieser Naturgeschichte ausgeliefert, erscheint B.s »Geistesmenschen« einzig »der Verstand als chirurgisches Instrument« der Bewahrung persönlicher Integrität. Doch statt zur Rettung führt sie ihr künstlerisches *(Frost)* oder wissenschaftliches *(Das Kalkwerk)* Ringen um absolute Erkenntnis in die Selbstvernichtung. Diese aber entfaltet B.s Prosa der »schlimmsten Genauigkeit« (Ingeborg Bachmann), für deren Kompositions- und Sprachkunst das große Erzählwerk *Auslöschung* (1986) nochmals ein überzeugendes Beispiel liefert, als historische Konsequenz einer nicht nur geistig, sondern auch wissenschaftlich und politisch »zerbröckelnden Welt« (Ingeborg Bachmann) europäischer Traditionen und Utopien. Die abgelegenen Wohnorte, verbunden mit dem Verlust menschlicher Kontakte und unterschiedlicher Formen des Wahnsinns, sind räumliche und psychosoziale Chiffren eines beziehungslosen Individualismus, der sich formal in einer gebrochenen Erzählweise (»Ich bin ein Geschichtenzerstörer«) und monologischen Sprechform virtuos aus- und darstellt.

Im stetig fortentwickelten Prosawerk zum eigentlichen Handlungmoment geworden, bestimmt die innere Dynamik der monologisierenden Rede auch B.s Theaterstücke. Mit ihnen tritt der Prosaist B. erstmals 1970 *(Ein Fest für Boris)*, seit 1975 dann vorwiegend – neben seinen autobiographischen Arbeiten – mit unverkennbar eigenem Profil auch als Dramatiker hervor.

Insbesondere für seine Salzburger Stücke (*Der Ignorant und der Wahnsinnige*, 1972; *Macht der Gewohnheit*, 1974) gilt, daß »aus der Sprache, langsam ... sich mein Drama entfaltet«. B., der seit 1955 in bewußter Distanz zum Kulturbetrieb vorwiegend in seinem »Denkkerker«, einem Vierkanthof in Ohlsdorf/Oberösterreich, lebte, liebte es, sein Theaterpublikum mit immer neuen, z.T. rüden Attacken gegen Kultur, Kirche und Politik(er) zu provozieren. Seine Dramen weisen aktuelle Bezüge zum Terrorismus *(Der Präsident)* oder zur Filbinger-Affäre *(Vor dem Ruhestand)* auf, wie B. in *Heldenplatz* (1988) u.a. zur möglichen Gefahr faschistischer Tendenzen im heutigen Österreich Stellung nahm. Doch der künstlerischen Qualität solcher Stücke kam dabei nicht immer die Lust des »eingefleischten Österreichers« (Rolf Hochhuth) an der skandalträchtigen Provokation zugute – vor allem der Provokation jenes »österreichischen Staates«, gegen dessen »Einmischung« und »Annäherung ... meine Person und meine Arbeit betreffend in aller Zukunft« der schwerkranke B. sich kurz vor seinem Tod noch in seinem Testament glaubte »verwahren« zu müssen. Entgegen allem Anschein offenbaren seine eher aktuell ausgerichteten Dramen auch, daß eingreifend-analytische »Politik ... Bernhards Sache nicht« war (M. Merschmeier). Letztlich variieren die Dramen nur die Negativität von B.s Gesellschafts-, Menschen- und Weltbild, betonen aber stärker die komischen Aspekte seines »philosophischen Lachprogramms«. Wenn sie auch nicht immer der »Monotonie einer selbstzufriedenen Kunstwelt« (Bernhard Sorg) entgehen, erscheinen sie als gleichwohl notwendiger Bestandteil von B.s Gesamtwerk mit seinen grausamen »Bücher(n)« über die letzten Dinge, über die Misere des Menschen, nicht das Miserable, sondern die Verstörung, in der jeder sich befindet« (Ingeborg Bachmann).

Literatur: *Arnold*, Heinz Ludwig (Hrsg.): Thomas Bernhard. Text+Kritik. Heft 43. 3. Aufl.: Neufassung München 1992; *Sorg*, Bernhard: Thomas Bernhard. 2., neubearb. Aufl. München 1992; *Klug*, Christian: Thomas Bernhards Theaterstücke. Stuttgart 1991; Dittmar, Jens (Hrsg.): Thomas Bernhard Werkgeschicht. Zweite aktualisierte Aufl. Frankfurt a. M. 1990; *Bartsch*, Kurt u.a. (Hrsg.): In Sachen Thomas Bernhard. Königstein/Ts. 1983.

Matthias Schmitz

Bichsel, Peter
Geb. 24. 3. 1935 in Luzern

»Ich hatte«, erinnert sich B., »einen 5./6. Klasslehrer, der meine Aufsätze liebte und schätzte, trotz meiner Handschrift und meiner Kleckse – er hat mein Talent unter dem Schutt meiner Legasthenie, unter dem Schutt meiner Linkshändigkeit für mich ein für allemal entdeckt«. Als ein Medium »befreiender«, identitätsstiftender Veränderung ist daher »lernen, das habe ich... festgestellt,... an und für sich schön«. Da diese Offenheit im Vorgang des Erzählens aufscheint, geht es ihm darum, dessen »selten gewordene« »humane Tradition« fortzusetzen: »Solange es noch Geschichten gibt, so lange gibt es noch Möglichkeiten« und selbst angesichts der »neuen Form der Ausweglosigkeit ... in der zweiten Hälfte des zwanzigsten Jahrhunderts« »vielleicht noch... einen kleinen Hauch von Hoffnung«.

Der »Geschichtenerzähler« ist »subversiv«, weil er gegen eine fortschreitende Sprachlosigkeit und die zu Lasten der »Menschlichkeit« erfolgende Fixierung auf das »Bruttosozialprodukt« an »die unbestimmte Sehnsucht« nach einem »sinnvollen« Leben erinnert. Eine auf »Repräsentation« ausgerichtete Kunst des »Bildungsbürgertums« vermag solche »emanzipatorischen« Anstöße hingegen nicht mehr zu vermitteln. B. ist daher jede elitäre Selbstdarstellung fremd: er legt vielmehr Wert darauf, als Schriftsteller »antastbar« zu bleiben. Die »Kneipe«, die »Beiz« gilt ihm als eine Nische für die zu erlernende Fähigkeit, »in Geschichten (zu) leben«, für die Versöhnung von »Kultur und Alltag«, von »Zusammensein« und Mitteilung, die »eine friedliche Gesellschaft« charakterisiert.

Wenn B. sich einen »sehr schulmeisterlichen Autor« nennt – die jüngste Sammlung seiner Reden und Aufsätze trägt den bezeichnenden Titel *Schulmeistereien* (1985) – , verweist er damit allerdings nicht nur auf den undoktrinär fragenden und erklärenden, an die Nachdenklichkeit des Lesers appellierenden Grundzug seines Schreibens, sondern zugleich auf einen wichtigen Abschnitt seiner Biographie. Als 16jähriger wechselt der Handwerkersohn – »Meine Eltern waren einfache Leute ... Bücher hatten wir zu

Hause keine« – von der Bezirksschule Olten auf das Volksschullehrerseminar Solothurn über. 1955 wird er »patentiert« und unterrichtet danach in zwei kleinen Ortschaften der näheren Umgebung. Mit seiner ersten schmalen Buchveröffentlichung, *Eigentlich möchte Frau Blum den Milchmann kennenlernen* (1964), 21 aus frühen lyrischen Versuchen herausgewachsenen Prosaminiaturen aus der Trostlosigkeit des kleinbürgerlichen Milieus in der Tradition Robert Walsers, gelingt dem bis dahin allenfalls wenigen Experten Bekannten ein auch international ausstrahlender, spektakulärer Erfolg, den insbesondere die *Kindergeschichten* (1969) konsolidieren, nachdem der zwei Jahre zuvor erschienene Roman *Die Jahreszeiten*, der das Scheitern sprachlicher Wirklichkeitserfassung thematisiert, kontrovers aufgenommen worden war.

1968 zieht B. nach Bellach um. Zwei Jahre später, nach einem kurzen Intermezzo an der Kunstgewerbeschule Zürich, gibt er den »gern« ausgeübten Lehrerberuf endgültig zugunsten einer freien Schriftstellerexistenz auf. Als Rundfunkautor und Kolumnist verschiedener Zeitungen versucht er bewußt ein breiteres Publikum zu erreichen. Zu den wiederkehrenden Themen zählt dabei die Kritik an den gesellschaftlichen Zuständen seiner Heimat. Seit der Rückkehr vom Aufenthalt als »writer in residence« am Oberlin College/Ohio 1972 engagiert sich B., der früh der sozialdemokratischen Partei beigetreten war, verstärkt in der politischen Basisarbeit. Längere Zeit hindurch ist er als Berater für Willi Ritschard, den Bundesrat für Verkehr und Energie, später für Finanzen, tätig.

Mit einer Sammlung seiner Kolumnen *(Geschichten zur falschen Zeit)* meldet sich der nach eigener, freilich nicht ganz zutreffender Einschätzung »sehr faule Schriftsteller« und »Wenigschreiber« erst 1979 wieder auf dem Buchmarkt zurück. Schon vorher vielfach ausgezeichnet, wird er 1981, als erster Nicht-Deutscher, zum Stadtschreiber von Bergen-Enkheim gewählt. Seine vorläufig jüngste Veröffentlichung, *Der Busant. Von Trinkern, Polizisten und der schönen Magelone* (1985), zeigt, daß er auch in der Zeit des von ihm prognostizierten Wiedererstarkens einer erlesenen Ästhetik des »Salons« an seinem einfachen »narrativen« Konzept festhält, über das er in seinen Poetik-Vorlesungen *(Der Leser. Das Erzählen)* an der Universität Frankfurt a. M. Anfang 1982 gesprochen hatte.

Literatur: *Bänziger*, Hans: Peter Bichsel. Weg und Werk. Bern 1984. – *Hoven*, Herbert (Hrsg.): Peter Bichsel: Auskunft für Leser. Darmstadt/Neuwied 1984.

Hans-Rüdiger Schwab

Bidermann, Jacob
Geb. 1578 in Ehingen b. Ulm; gest. 20. 8. 1639 in Rom

Die Zeitgenossen, wenn sie nicht gerade Zeugen von Aufführungen seiner Stücke an einem Jesuitengymnasium waren, kannten ihn wohl vor allem als neulateinischen lyrischen und epischen Dichter: Epigramme (1620), ein Herodes-Epos (1622), Heldenbriefe (1630) und die satirischen Prosastücke mit dem Titel *Utopia* (1640, entstanden 1602) lagen lange vor seinen Dramen im Druck vor. Erst Jahrzehnte nach seinem Tod erschien eine Sammlung seiner Stücke (*Ludi theatrales sacri*, 1666). Allerdings war schon 1635 sein bekanntestes Drama, *Cenodoxus*, von Joachim Meichel ins Deutsche übersetzt

worden, durchaus eine Ausnahme und eine Anerkennung des besonderen Ranges der
»Comoedi / von einem verdambten Doctor zu Pariß«.

Das Jesuitendrama stand im Dienst der Gegenreformation. Verteidigung des wahren
Glaubens, Widerlegung der Ketzer, Bekehrung der Abgefallenen, das waren die Ziele,
die sich der Orden gesetzt hatte und die seine Dichtung und ihren hohen Stellenwert
im Ausbildungsprogramm der jesuitischen Gymnasien legitimierten. Die Dramen, die
wir kennen – nur eine geringe Zahl aus der großen Produktion kam zum Druck –, wurden, stets in lateinischer Sprache, für die öffentlichen Aufführungen am Ende des Schul-
jahres geschrieben, wenn sie nicht, wie die Wiener *ludi caesarei* des Nicolaus von Avancini, als höfisch-repräsentative Festspiele konzipiert waren.

Anders als Avancini, der das religiöse Anliegen um eine politische Dimension erweiterte und die Darstellung der triumphierenden Kirche mit einer Verherrlichung des
österreichischen Herrscherhauses verband, sah B. die »Welt« – und damit auch die Welt
der Politik – mit äußerst skeptischen Augen. Für ihn, mit dem die Jesuitendramatik
ihren ersten Höhepunkt erreicht, steht die Angst um das Seelenheil im Mittelpunkt.
Gefahr droht durch eine falsche Einstellung gegenüber der Welt, gefordert ist die
Absage an die Welt und ihre – durchaus auch geistigen – Versuchungen.

B. trat 1594 in den Orden ein. Er hatte das Jesuitengymnasium in Augsburg besucht
und folgte nun dem im Jesuitenorden üblichen Ausbildungsweg, der ihn von Landsberg (Noviziat) nach Ingolstadt (Studium der Philosophie), Augsburg (Unterrichtstätigkeit) und wieder Ingolstadt (Theologiestudium) führte. Anschließend lehrte er in München von 1606 bis 1614 Poesie und Rhetorik und in Dillingen von 1615 bis 1625 Philosophie und Theologie, bis er 1625 als Bücherzensor des Ordens nach Rom berufen
wurde. Seine dramatische Produktion ist eng mit seiner Lehrtätigkeit verbunden. 1602
wurde in Augsburg sein erstes Stück, *Cenodoxus*, aufgeführt, die Geschichte des hochmütigen und scheinheiligen Doktors, ein Tendenzstück gegen die Antike und den
Humanismus, gegen die Emanzipation des Individuums. Allegorische Darstellungsweisen in der Tradition der Moralitäten *(Jedermann)* verdeutlichen die Lehre. Bis 1619 folgen elf weitere Stücke, die freilich nicht alle erhalten sind. *Belisarius* (1607) zeigt Aufstieg und Fall eines großen Feldherrn, ein beliebter Vorwurf. *Philemon Martyr* (1615–17)
bringt die wunderbare Wandlung eines heidnischen Mimen zum christlichen Märtyrer
auf die Bühne. Andere Stücke machen mit vorbildlichen Eremitengestalten deutlich,
wo das wahre Heil liegt: in der Abkehr von der Welt und der Hinwendung zu Gott
(*Macarius Romanus*, 1613; *Joannes Calybita*, 1618; *Josaphatus*, 1619).

Von der wünschenswerten Wirkung derartiger Theaterkunst berichtet die Vorrede zu
den *Ludi theatrales*: Eine Münchener *Cenodoxus*-Aufführung wird heraufbeschworen, die
»eine so große Bewegung wahrer Frömmigkeit hervorrief«, daß eine Anzahl vornehmer Bürger, »von heilsamer Furcht vor dem die Taten der Menschen so streng richtenden Gott erschüttert«, sich zu den Ignatianischen Exerzitien zurückgezogen habe,
»worauf bei den meisten eine wunderbare Bekehrung folgte«.

Werkausgabe: Ludi theatrales 1666. Hrsg. von Rolf *Tarot.* 2 Bde. Tübingen 1967; Cenodoxus.
Deutsche Übersetzung von Joachim Meichel (1635). Hrsg. von Rolf *Tarot.* Stuttgart 1965 u. ö.
Literatur: *Hess,* Günter: Spectator – Lector – Actor. Zum Publikum von Jacob Bidermanns
»Cenodoxus«. In: Archiv für Sozialgeschichte der deutschen Literatur 1 (1976), S. 30–106; *Best,*
Thomas: Jacob Bidermann. Boston 1975.

Volker Meid

Biermann, Wolf
Geb. 15. 11. 1936 in Hamburg

B. ist der bedeutendste deutsche »poète-chanteur« und gilt als »eine der markantesten Erscheinungen des deutsch-deutschen Kulturlebens der Nachkriegszeit« (Jay Rosellini). Seine frühen Gegner in der DDR, die »Bonzen«, »Monopolbürokraten« und »Büroelephanten« mit ihren »Schwammfressen« bekamen schnell zu spüren, daß er die Trommel zu schlagen versteht. Sie fürchteten sich vor der Propagierung seines »sexuellen Freistils«, seiner plebejischen »Hetze« und »rücksichtslosen Schimpferei«, hinter denen sie eine alternative »Doktrin« vermuteten, welche die führende Rolle der SED in Frage stellte. Auf dem 11. Plenum des ZK der SED im Jahre 1965 suchten sie, dieser Gefahr mit verstärkter politischer Repression zu begegnen. Nach einer mehrwöchigen Kampagne denunzierten führende Repräsentanten der DDR seine »sogenannten Gedichte« (Erich Honecker) als »Besudelung der Partei der Arbeiterklasse« (Alexander Abusch), als »pornographisch und antikommunistisch« (Klaus Höpcke) und belegten ihn mit einem absoluten Auftrittsverbot.

Dabei gehörte er nach Herkunft und Überzeugung zu ihrer »Familie, bis aufs Blut zerstritten, aber Familie« (»Nur wer sich ändert, bleibt sich treu«). In einer Hamburger Arbeiterfamilie aufgewachsen, war die DDR für ihn der Staat, der mit den Mördern seines jüdischen und kommunistischen Vaters endgültig abgerechnet und begonnen hatte, die Zukunft Deutschlands aufzubauen. Selbst nach vielen Jahren Berufsverbots in der DDR, bekannte er sich zur »kritischen Solidarität« mit ihr und bestand darauf, daß sie die »bessere Hälfte« Deutschlands sei.

Das waren keine Lippenbekenntnisse, denn seine eigene Entwicklung war mit seiner politischen Wahlheimat eng verknüpft. Er studierte Ökonomie an der Humboldt-Universität (1955–57), lernte am Berliner Ensemble bei Benno Besson, Manfred Wekwerth und Erich Engel das Regiehandwerk (1957–59) und legte nach einem vierjährigen Studium (1959–63) sein Staatsexamen im Fach Philosophie ab. In der DDR fand er erste Förderer, Freunde und Mitstreiter wie Helene Weigel, Hanns Eisler, Wolfgang Heise und Robert Havemann. Schließlich waren es ironischerweise die DDR-Behörden selbst, welche ihn auf seinen Weg als Liedermacher stießen, denn durch die Schließung des Berliner Arbeiter- und Studententheaters (b.a.t) im Jahre 1963, das er noch als Student zwei Jahre vorher gegründet hatte, verwehrten sie ihm die geliebte Arbeit am Theater. So trug er – unter ständig stärker werdenden Anfeindungen der SED, deren Kandidat er vorübergehend (1962–63) war – seine Gedichte und Lieder in beiden deutschen Staaten vor und wurde populär. Selbst das absolute Auftrittsverbot nach dem 11. Plenum konnte daran nichts mehr ändern: Tonbänder seiner Lieder zirkulierten illegal in der DDR, und die im gleichen Jahr in Westberlin erschienene *Drahtharfe* wurde der bis dahin bestverkaufte Lyrikband seit 1945 (Marcel Reich-Ranicki). Auch die späteren Lyrik- und Liederbände wie *Deutschland. Ein Wintermärchen* (1972), *Für meine Genossen* (1972), *Nachlaß 1.* (1977), *Preußischer Ikarus* (1978), *Verdrehte Welt – das seh' ich gerne* (1982) und *Affenfels und Barrikade* (1986), die alle nur im Westen erschienen, erzielten eine für dieses Genre hohe Auflage.

Als die Regierung ihn im November 1976 nach seinem Kölner Konzert wegen »feindseligen Auftretens« ausbürgerte, löste sie ihre schwerste Legitimationskrise seit dem Bau der Berliner Mauer aus, weil sie damit in der DDR noch vorhandene Hoffnungen auf die Reformierbarkeit des realen Sozialismus zerbrochen und eine Protest- und Ausreisewelle provoziert hatte. Viele Intellektuelle und Künstler in Ost und West solidarisierten sich mit dem schlagartig »zum Idealbild« (Robert Havemann) gewordenen, exilierten Künstler. In der Bundesrepublik anfangs begeistert empfangen, schien die Einigung der Neuen, nicht an Moskau orientierten Linken unter seinem und Rudi Dutschkes Banner (»Lied vom roten Stein der Weisen«) nur noch eine Frage der Zeit zu sein. Doch zunehmend wurde klar, daß er sich gerade mit ihnen in einem schärfer werdenden »Clinch« befand. Schließlich wurde er »müde an seinen Linken«, weil es eine große Kälte unter denen gab, die die Welt wärmer machen wollen (*Der Sturz des Dädalus*).

Als er 1953 in die DDR kam, fand er den Kommunismus »kerngesund und fast schon verwirklicht«, »weil (er) nichts begriff«. Nach ein paar Jahren Leben in der DDR merkte er, daß »der Kommunismus krankt« und »schrieb Lieder und Gedichte, die ihn gesund machen sollten«. Aber die Bonzen bedankten sich nicht für seine »bitteren Pillen«. Als B. verboten war, »röchelte« er, »daß der Kommunismus nicht krank, sondern todkrank ist«. Nach seiner Ausbürgerung »begriff (er) das Unglaubliche«, daß der Kommunismus längst tot war und die Luft verpestete (*Duftmarke setzen*). Trotzdem kam der endgültige Zerfall der DDR für ihn genauso überraschend wie für seine »treuen Feinde vom Politbüro«. Das Verschwinden des realen Sozialismus brachte ihm vorerst allerdings kein neues Exil, wie er in seinem Gedicht *A Paris* (1980) prophezeit hatte, wohl aber eine herausragende Stellung in den politischen Auseinandersetzungen nach dem Fall der Berliner Mauer. Die in *Klartexte im Getümmel* (1990), *Über das Geld und andere Herzensdinge* (1991) und *Der Sturz des Dädalus* (1992) gesammelten Essays dieser Zeit gehören zum Besten, was in Deutschland zu den Themen deutsche Einheit, Umgang mit dem Erbe der DDR und Golfkrieg veröffentlicht wurde. Sein – trotz aller Vorbehalte – Eintreten für die Vereinigung Deutschlands und für den Krieg der Alliierten gegen Saddam Husseins Invasionstruppen spaltete die deutsche Linke noch einmal auf und war einer der kräftigen Anstöße für eine Umwertung des politischen Koordinatensystems in der neuen Bundesrepublik.

B.s künstlerisches Schaffen bezieht sehr viel Kraft aus der gewählten Nähe zu Dichtern und Komponisten wie François Villon, Friedrich Hölderlin, Jean Pierre de Béranger, Heinrich Heine, Bertolt Brecht und Hanns Eisler. Er hat eine dialektische Weltsicht und Gestaltungsweise, die sich in den Texten selbst, aber auch am kontrastierenden Zusammenwirken von Text, Musik und Vortrag zeigt, das seinen Liedern zu einer komplexen Aussage verhilft: »Denn, wenn ich Musik zum Text schreibe, schreibe ich sie eigentlich gegen den Text, renne gegen an, suche den Kontrapunkt« (»Vorworte«). Diese Dialektik zeigt sich auch an der bewußten Verbindung des scheinbar nur Privaten und Politischen, die sehr stark an Heinrich Heines Fähigkeit erinnert, Sinnlich-Privates, Körperlich-Erotisches bruchlos in Gesellschaftlich-Verallgemeinerbares überzuführen (Thomas Rothschild).

Obwohl B. auch immer wieder kämpferische Gedichte und Lieder mit eindeutigen Aussagen zu Tagesthemen schreibt, läßt sich seit etwa Mitte der achtziger Jahre eine

Problematisierung seiner politischen und poetischen Positionen feststellen. In vielen seiner Gedichte und Lieder wird verstärkt ein verletzliches und einsames Ich sichtbar (*Pardon*), dessen Beziehung zu anderen Menschen problematisiert (*Das mit den Männern und den Frauen*) und dessen verbliebene Zuversicht als »rabenschwarz« apostrophiert wird (*Mein Herz weiß alles besser*). Doch mündet diese gewonnene Verletzlichkeit und Gebrochenheit nicht in Larmoyanze, sondern in dem trotzigen »Nur wer sich ändert bleibt sich treu«, wie es im jüngsten Band seiner Gedichte und Lieder *Alle Lieder* (1991) heißt.

Literatur: *Rosellini,* Jay: Wolf Biermann, München 1992; *Rothschild,* Thomas (Hrsg.): Wolf Biermann, Liedermacher und Sozialist. Reinbek bei Hamburg 1976.   *Wolfgang Müller*

Blei, Franz
Geb. 18.1.1871 in Wien, gest. 10.7.1942 Westbury/Long Island (USA)

Im Gespräch meinte Franz Kafka um 1920, B. sei »riesig gescheit und witzig. Es ist immer lustig, wenn wir mit ihm zusammenkommen. Die Weltliteratur defiliert in Unterhosen an unserem Tisch vorbei. Franz Blei ist viel gescheiter und größer als das, was er schreibt, . . . ein nach Deutschland verirrter orientalischer Märchenerzähler.« Dies war anläßlich des *Bestiarium Literaricum / das ist: / Genaue Beschreibung / Derer Tiere / Des literarischen / Deutschlands / verfertigt / von / Dr. Peregrin Steinhövel* (1920) gesagt, dem ersten Druck von B.s bis heute bekanntestem Buch, in dem er seine Zeitgenossen als »Litera-Tiere« vorstellt; so etwa »die Fackelkraus« (Karl Kraus), die »wegen ihrer unreinen Geburt stets wutgeschwollen und eine Anti-Natur« sei, »weil sie aus dem Kot dessen geboren ist, den sie vernichten will«. Er kannte sie nämlich alle, sogar persönlich und keineswegs nur die deutschen Literaten, die er hier beschreibt. Ein »Erzkritiker« (Albert Paris Gütersloh) ist er, aus Literatur und Künsten nicht wegzudenken; denn mit außergewöhnlicher Witterung begabt, hat er, oft als erster, entdeckt und gefördert: Rudolf Borchardt, Hermann Broch, Carl Einstein, Franz Kafka, Robert Musil, Max Scheler, René Schickele, Ernst Stadler, Carl Sternheim, Robert Walser, Franz Werfel u.v.a.m. Er wußte angehende Schriftsteller auf den ihnen angemessenen eigenen Weg zu setzen, schon entwickelte im Wagnis unzeitgemäßer Eigenart oder Modernität zu bestärken, mit seiner gesellschaftlich-kritischen Fähigkeit Verbindungen herzustellen, die sich durchweg als konstitutiv und schöpferisch für die jüngste deutsche Literatur erwiesen. So meinte Musil z.B. »Sternheim ist nicht nur eine Entdekkung, sondern geradezu ein Erziehungsprodukt B.s gewesen« (1931), oder Gütersloh für seinen Fall: »Dir schulde ich das Wissen um das Maß der Dichtung, Dir die entbundene Zunge« (1939). Immer ist B. da, wo sich Dichter und Künstler zusammentun – in Cafés, Freundeskreisen, Verlagen, Zeitschriften, Theatern; in Wien, Prag, Berlin, Leipzig, München, Zürich – und dann natürlich auch dort, wo sich Kapital findet, das für sie aktiviert werden könnte.

Dabei beschränkte er sich nicht auf den deutschsprachigen Teil Europas. Nach Herkunft Schlesier, nach Schulbildung (im Kloster Melk und in Wien) Österreicher, studierte und promovierte er in Genf und Zürich, lebte drei Jahre in den USA und in Paris. Trotz dann festem Wohnsitz in München (1901–11, 1920–23) und Berlin (1911–14, 1923–33) bleibt er polyglott und Internationalist und entdeckt so, d. h. besucht, erwirbt Rechte, übersetzt, publiziert, propagiert, für die Deutschen: Maurice Barrès, Charles Baudelaire, Aubrey Vincent Beardsley, William Beckford (ohne den Einsteins *Bebuquin* undenkbar ist), Gilbert Keith Chesterton, Paul Claudel, André Gide, Octave Mirbeau (der Kafka Motive für seine *Strafkolonie* gab), Charles Péguy, Marcel Schwob, André Suarès, Walt Whitmann (dessen Langverse die Expressionisten aufgreifen), den Kubismus Georges Braques und Pablo Picassos usw. B.s letztes Buch *Zeitgenössische Bildnisse* (1940) entwirft immerhin fast 80 Porträts aus dem riesigen Kreis der persönlichen Begegnungen (von Ferdinand Bruckner über Wladimir Iljitsch Lenin, Tommaso Marinetti, Gustav Klimt, Walter Rathenau und Miguel de Unamuno bis Oscar Wilde), ein paar Dutzend weitere stehen in der *Erzählung eines Lebens* (1930): geistreiche Essays allesamt, die in meist absichtsvoll-einseitiger Beleuchtung Situationen und Persönlichkeiten überraschend transparent machen.

Instrumente seines Wirkens waren Zeitschriften, die er in reicher Zahl herausgab (die berüchtigsten: *Amethyst, Opale*; die berühmtesten: *Hyperion, Die Weißen Blätter, Summa, Die Rettung*), die Beratung von Verlegern (Hans v. Weber, Kurt Wolff, E.-E. Schwabach u. a.) und nicht zuletzt die Anregung zu Zeitschriften- und Verlagsgründungen und Übersetzungen. Seine wahrhaft vielseitigen Tätigkeiten – auch als Schauspieler und Regisseur, bei Film und Oper (*Nusch-Nuschi* für Paul Hindemith, 1921) – sind aus dem kulturellen Geschehen zwischen 1900 und 1933 nicht wegzudenken.

Gewiß ist B. überdies ein beachtlicher Literat, nicht nur wegen der Anzahl seiner Bücher, darunter ein halbes Hundert kulturhistorischen Inhalts. Immer wieder handeln sie von Frauen und der Bedeutung des Erotischen (*Frauen und Abenteurer*, 1927; *Glanz und Elend berühmter Frauen*, 1927; *Die Göttliche Garbo*, 1930; *Formen der Liebe*, 1930). Aber auch die glänzende Biographie *Talleyrand* ist dabei. Wilhelminische Prüderie hätte wiederholt seine Publikationen gern als Pornographie verboten; er wußte sich jedoch stets zu wehren und sei es mit der Fiktion, es handle sich um nicht-öffentliche Privatdrucke; folgerichtig erschien denn auch eine Reihe seiner Veröffentlichungen pseudonym oder anonym (wie etwa die Streitschrift über *Unsittliche Literatur und Deutsche Republik*, 1921), so daß der genaue Umfang seines Werks bis heute nicht feststeht.

Er selbst hat damit immer seine gesellschaftliche Haltung verbunden: den Austritt aus der Kirche, die frühe Bekanntschaft mit Bebel und die Mitarbeit in der Sozialdemokratie Victor Adlers, das Studium der Sozialökonomie, seine Rekatholisierung und sein Kommunist-Sein (1919: »Es lebe der Kommunismus und die heilige katholische Kirche«), eine erklärte Nazi-Gegnerschaft. So kam 1933 nur die Flucht aus Berlin in Frage, zunächst nach Mallorca, mit Beginn des Spanischen Bürgerkriegs nach Wien, 1938 nach Italien, 1939 nach Frankreich, endlich in die USA. Hier – fern aller lebendigen Möglichkeiten zu Kunst und Literatur – starb er 1941. Jahrzehntelang vergessen, hat ihm die Erkenntnis, welchen Wert ihm Größte zumaßen, inzwischen ein Nachleben in deren Schatten gesichert.

Werkausgaben: Schriften in Auswahl. Mit einem Nachwort von A. P. *Gütersloh*. München 1960; Vermischte Schriften (Das frühe Werk). 6 Bde. München 1911/12.

Literatur: *Barnouw*, Dagmar: Franz Blei ohne Folgen In: Wolfgang Paulsen (Hrsg.). Österreichische Gegenwart. Bern/München 1980; *Steffen*, Detlev: Franz Blei (1871–1942) als Literat und Kritiker der Zeit. Göttingen 1966   *Ludwig Dietz*

Bobrowski, Johannes
Geb. 9. 4. 1917 in Tilsit; gest. 2. 9. 1965 in Berlin

»Zu schreiben habe ich begonnen am Ilmensee 1941, über russische Landschaft, aber als Fremder, als Deutscher. Daraus ist ein Thema geworden, ungefähr: die Deutschen und der europäische Osten. Weil ich um die Memel herum aufgewachsen bin, wo Polen, Litauer, Russen, Deutsche miteinander lebten, unter ihnen allen die Judenheit. Eine lange Geschichte aus Unglück und Verschuldung, seit den Tagen des deutschen Ordens, die meinem Volk zu Buch steht. Wohl nicht zu tilgen und zu sühnen, aber eine Hoffnung wert und einen redlichen Versuch in deutschen Gedichten. Zu Hilfe habe ich einen Zuchtmeister: Klopstock.«

Diese so bündig klingende Äußerung B.s von 1961 über sich selbst sagt viel und doch nicht alles über einen Lyriker und Prosaisten, der dem literarischen Establishment hierzulande anfangs »provinziell«, »entlegen« und »antiquarisch« vorkam. Gewiß, das Projekt von B.s Leben war der »Sarmatische Diwan« (Sarmatien nannten die römischen Geschichtsschreiber den Siedlungsraum der Slawen), und doch wäre es fatal, den Dichter B. nur über sein Thema begreifen zu wollen.

Aufgewachsen war der Sohn eines Eisenbahnbeamten im memelländischen Tilsit nahe der litauischen Grenze, später in einem nicht weit entfernten Dorf bei Rastenburg. 1928 zog die Familie in die Kantstadt Königsberg um, wo B. das humanistische Gymnasium besuchte. Er nahm Unterricht in Harmonielehre, lernte die Orgel spielen und studierte nach dem Abitur 1937 Kunstgeschichte. Der Militärpflichtdienst, ebenfalls noch in Königsberg, schloß sich an. 1939 wurde B. Gefreiter eines Nachrichtenregiments. Zuerst wurde er in Frankreich, dann am Ilmensee und an anderen Stellen der Ostfront eingesetzt. Seine ersten acht Gedichte wurden, auf Empfehlung von Ina Seidel, 1943/44 in die Zeitschrift *Das Innere Reich* aufgenommen. Von 1945 bis 1949 war B. (wie Franz Fühmann, Georg Maurer u. v. a.) in sowjetischer Kriegsgefangenschaft, die er als Bergarbeiter in Nowoschachtinsk bei Rostow (Donezbecken) verbrachte. Seit 1949 lebte er in Friedrichshagen bei Ostberlin im Kreise einer großen Familie, zunächst als Lektor des Altberliner Verlags Lucie Groszer, ab 1959 als Lektor für Belletristik im Union-Verlag.

B. selbst hat den eigentlichen Anfang seines Dichtens auf die frühen fünfziger Jahre datiert. Peter Huchel – die Begegnung mit ihm zählt zu den wichtigsten in B.s Leben – hatte 1955 in *Sinn und Form* fünf Gedichte des scheinbaren Debütanten abgedruckt, darunter die *Pruzzische Elegie*, doch bis zur ersten Buchveröffentlichung vergingen noch Jahre. Vor allem Christoph Meckel, dem jüngeren Poetenfreund, ist es zu danken, daß schließlich 1961 der erste Lyrikband *Sarmatische Zeit* in einem westdeutschen Verlag erschien, der den Durchbruch für B. bedeutete. Leser und Kritiker (1962 erhielt B. den Preis der Gruppe 47) begannen zu begreifen, wie wichtig diese Gedichte waren, welche die »Blutspur« der Geschichte aufnahmen über den vermeintlichen Umweg der Natur und Landschaft, in die diese Spur eingesenkt war. Was so entstand, waren keine »reinen« Naturgedichte à la Wilhelm Lehmann, vielmehr wurde die Natur als lebendiges, geschichtsträchtiges Gegenüber angesprochen. B. hatte noch – anders als Paul Celan, dessen Gedichte ihn zeitlebens irritierten – ein »ungebrochenes Vertrauen zur Wirksamkeit des . . . Verses, der wahrscheinlich wieder mehr Zauberspruch, Beschwörungsformel wird werden müssen«. Seine Sprache war und blieb – wiederum anders als die Celans – »ungeflügelt«, relativ einfach in der Art der gesprochenen Sprache, auch in den nachfolgenden Bänden *Schattenland Ströme* (1962) und *Wetterzeichen* (1967 aus dem Nachlaß). Freilich: B.s poetische Sprache mit ihren inversiven Brechungen der gängigen syntaktischen Abfolge war, nach dem Vorbild Friedrich Gottlieb Klopstocks, »der Leidenschaften Ausdruck, welcher dahin mit dem Rithmus strömet« – und als solche eben nicht »einfach«.

Prosa zu schreiben hatte B. ursprünglich nicht geplant. Nach Abschluß der ersten beiden Lyrikbände merkte er jedoch, daß noch so viele Charaktere, Situationen und Ereignisse Sarmatiens im »großen Hof seines Gedächtnisses« (Augustinus) aufbewahrt waren, welche die Gedichtform gesprengt hätten, so daß der Gebrauch der Prosa unumgänglich wurde. Zum gleichen Thema, aber in einer ganz anderen, verzögernden, nachfragenden, bedenklichen Sprache (die mancher für altfränkisch-betulich hielt) entstanden jetzt binnen kurzer Zeit die Romane *Levins Mühle. 34 Sätze über meinen Großvater* (1964) und *Litauische Claviere* (1966) sowie die Erzählungsbände *Boehlendorff und Mäusefest* (1965) und *Der Mahner* (1968 aus dem Nachlaß). Am Tag nach dem Manuskriptabschluß der *Litauischen Claviere* Ende August 1965 wurde B., der in seinen letzten Jahren ein hektisches, vom Literaturbetrieb in West und Ost stark beanspruchtes Leben geführt hatte, in eine Ostberliner Klinik eingeliefert; fünf Wochen später starb er an den Folgen eines Blinddarm-Durchbruchs. Der erlebte Ruhm des Dichters B., der als der »letzte Präsident des Neuen Friedrichshagener Dichterkreises« mit den »schönen Nilpferdaugen« (so der vielleicht engste Freund Günter Bruno Fuchs) von vielen geliebt und von vielen ausgenutzt worden war, hatte keine fünf Jahre gedauert.

Werkausgabe: *Bobrowski,* Johannes: Gesammelte Werke in 6 Bänden. Hrsg. v. Eberhard *Haufe.* Berlin 1987.
Literatur: *Meckel,* Christoph: Erinnerung an Johannes Bobrowski. Düsseldorf 1978; *Wolf,* Gerhard: Beschreibung eines Zimmers. 15 Kapitel über Johannes Bobrowski. Berlin 1971.

Wolfgang Emmerich

Bodmer, Johann Jakob
Geb. 19. 7. 1698 in Greifensee/Kanton Zürich; gest. 2. 1. 1783 in Zürich

Breitinger, Johann Jakob
Geb. 1. 3. 1701 in Zürich; gest. 13. 12. 1776 in Zürich

Wie Castor und Pollux, die Zwillinge der antiken Mythologie, werden die beiden Schweizer Schriftsteller stets in einem Atemzug genannt. Anders aber als das Dioskurenpaar, das sich abwechselnd im Olymp und im Hades aufhalten durfte, um nicht getrennt zu werden, haben B. und B. nur im Schattenreich literarhistorischer Fußnoten Asyl gefunden – eine Gesamtausgabe ihrer Schriften gibt es bis auf den heutigen Tag nicht. Als Anreger und Wegbereiter sind sie jedoch aus der deutschsprachigen Literatur des 18. Jahrhunderts nicht wegzudenken.

Der vielseitigere und beweglichere Geist war ohne Zweifel B. Der aus einem Schweizer Pfarrhaus stammende und zunächst auch für den Pfarrerberuf bestimmte junge Mann interessierte sich für Poesie und Geschichte mehr als für Theologie; seine Ausbildung erhielt er am Collegium Carolinum, der traditionsreichen Zürcher Gelehrtenschule. Wichtiger als die dort erworbene klassische Bildung wurde für ihn die Freundschaft mit seinem Studiengenossen Br. und anderen Mitschülern, die lebenslang zu seinem Zürcher Literatenkreis gehören sollten. Auch an der Kaufmannslehre fand B. keinen Gefallen: die Ausbeute von zwei Reisen, die er als Zwanzigjähriger auftragsgemäß nach Lyon und Lugano unternahm, bestand nicht in geschäftlichen Erfolgen, sondern in neuen literarischen Erfahrungen, insbesondere in der Bekanntschaft mit der englischen Poesie und Publizistik. Wieder in Zürich, begründete B. zusammen mit Br. und anderen Freunden den Literatenkreis »Gesellschaft der Mahler«, der von 1721 bis 1723 die moralische Wochenschrift *Die Discourse der Mahlern* herausgab. Dem Vorbild von Joseph Addisons *Spectator* verpflichtet, enthielt dieses Journal neben moralischen und politischen Kommentaren zum Zeitgeschehen vor allem kritische Beiträge zur Literatur und Kunst. Zwischen 1735 und 1741 folgte, ebenfalls als Gemeinschaftswerk, die *Helvetische Bibliothek*, eine Reihe von Beiträgen zur eidgenössischen Geschichte mit patriotisch-republikanischem Akzent. 1725 wurde B. zum Professor für helvetische Geschichte am Zürcher Carolinum berufen, in ein Amt, das er bis ins hohe Alter ausübte. Seit 1737 saß er auch als Mitglied im Großen Rat von Zürich. Forschungen zur Zürcher Stadtgeschichte, Übersetzungen und Editionen, darunter eine bedeutsame deutsche Ausgabe von John Miltons *Paradise Lost* (1732; verbesserte Fassung 1769), zahlreiche Dramen und epische Dichtungen meist biblischen Inhalts, die zu Recht heute vergessen sind, und nicht zuletzt philologische Pionierleistungen wie die Herausgabe mittelalterlicher Poesie (Manessische Handschrift, Nibelungenlied) zeigen einen für seine Zeit erstaunlich weiten Horizont publizistischer Tätigkeit. Die größte Wirkung erzielte B. jedoch durch seine ästhetisch-kritischen Schriften. Friedrich Gottlieb Klopstock, Christoph Martin Wieland, Johann Kaspar Lavater und der junge Johann Wolfgang Goethe suchten seine Bekanntschaft, weil sie in ihm einen Erneuerer der erstarrten Kunst- und Literaturszene der Frühaufklärung zu finden hofften.

Noch weniger aufsehenerregend, noch stärker in provinziellen Bahnen als B.s Biographie verläuft die Lebensgeschichte Br.s. Der aus einer angesehenen Zürcher Handwerkerfamilie stammende Br. absolvierte ebenfalls die Karriereschule des Carolinum und übernahm im gleichen Jahr wie Bodmer am selben Institut ein geistliches Lehramt. Hebraistik, Logik und Rhetorik, griechische Literatur waren seine späteren Lehrfächer. Konservativer in seinen politischen Anschauungen als B. die lateinische Sprache neben der deutschen noch fleißig benutzend, war Br. dennoch eine treibende Kraft in jener fast unmerklichen Umwälzung des ästhetischen Denkens, mit der erst die nachfolgende Schriftstellergeneration ernst machte. In Goethes Urteil scheint Br. wegen seiner Solidität sogar höher zu rangieren als dessen Mitstreiter: »Bodmer, so viel er sich auch bemüht, ist theoretisch und praktisch zeitlebens ein Kind geblieben. Breitinger war ein tüchtiger, gelehrter, einsichtsvoller Mann, dem, als er sich recht umsah, die sämtlichen Erfordernisse einer Dichtung nicht entgingen.« Die höfliche Beurteilung bezog sich auf B.s poetologisches Hauptwerk, die 1740 veröffentlichte *Critische Dichtkunst*, die Goethe gleichwohl als einen »ermüdenden Irrgarten« disqualifizierte.

Ihren bescheidenen, aber wichtigen Platz in der Geschichte der deutschsprachigen Literatur haben »die Schweizer«, wie sie kurzerhand genannt wurden, vor allem dadurch erworben, daß sie als erste gegen die allmächtig scheinende Literaturdoktrin Johann Christoph Gottscheds polemisierten. Seit Beginn der 40er Jahre des 18. Jahrhunderts machten sie mit nie ermüdender Energie Front gegen die auf Regeln und Mustern beruhende Poetik des Leipziger Literaturpapstes. Schon im Titel einer Schrift wie B.s *Critischer Abhandlung von dem Wunderbaren in der Poesie* (1740) wird kenntlich, worum es ging: Daß Naturnachahmung mehr als die Befolgung kodifizierter Regeln, daß Subjektivität die Triebkraft dichterischer Produktivität sei, stand für B. und Br. nicht im Widerspruch zum Geist der Aufklärung, dem sie sich verpflichtet fühlten. Dem Vorbild des französischen Rationalismus, der auch die Affekt-Lehren ihrer Zeit beherrschte, hielten sie das Beispiel des englischen Sensualismus entgegen, der mit Johann Joachim Winckelmann einsetzenden Antikenseligkeit die Beispiele der europäischen Poesie des Mittelalters. Der mit Christoph Martin Wieland beginnende Shakespeare-Kult, die bei den Romantikern kulminierende Verehrung des Mittelalters, Sturm und Drang und Geniezeit, haben in diesem Neuansatz ihre Wurzeln. Über die undankbare Rolle der Vordenker und Vorbereiter sind die »Schweizer« im Gedenken der Nachwelt trotzdem nicht hinausgelangt.

Literatur: *Schmidt,* Horst Michael: Sinnlichkeit und Verstand. Zur philosophischen und poetologischen Begründung von Erfahrung und Urteil in der deutschen Aufklärung. München 1982; *Bender,* Wolfgang: J.J. Bodmer und J.J. Breitinger. Stuttgart 1973. *Dietrich Kreidt*

Böll, Heinrich

Geb. 21. 12. 1917 in Köln; gest. 16. 7. 1985 in Langenbroich

Auf dem Schriftstellerkongreß 1974 in Jerusalem hat B., damals Präsident des internationalen PEN, das 20. Jahrhundert ein »Jahrhundert der Vertriebenen und der Gefangenen« genannt. Vertriebenheit ist für B. die Grunderfahrung unserer Zeit, ihr vor allem sei die Universalität von Leiden und Elend zu verdanken. Der Gegensatz von Heimat und Vertriebenheit ist B.s großes Thema, das er von Werk zu Werk fortschreibt – das Fehlen regionaler, sozialer und sprachlicher Identität gilt ihm als Konstante, die historischen Ursachen des Heimatverlustes variieren. Die Topographie von B.s Prosa bleibt an seine rheinländische Herkunft gebunden, Heimat aber ist für ihn kein geographischer Begriff. Sie bildet sich durch die Existenz einer Humanität stiftenden Ordnung, die sich im praktischen Leben einer Gemeinschaft bewährt, die, wie es 1964 in den *Frankfurter Vorlesungen* heißt, »Nachbarschaft, Vertrauen« ermöglicht. Das Glück solcher sozialen Gebundenheit hat B. zweimal erfahren können, in Interviews weist er darauf immer wieder hin: in seiner Kindheit und Jugend und in der Zeit der ersten Nachkriegsjahre. Aus der Erinnerung daran bezieht er die psychische Energie, die Möglichkeit einer humanen Gemeinschaftsordnung auch in Zeiten zu verteidigen, in denen er sich in Deutschland wie ein Fremder fühlt: heimatlos in der eigenen Heimat. »Trostlos« ist deshalb seine Literatur nie, »aber immer untröstlich« – so B. 1966 in der Wuppertaler Rede über *Die Freiheit der Kunst*.

B. wird als achtes Kind des Schreinermeisters Viktor Böll und seiner zweiten Frau Maria geboren. Der Vater ist beruflich zunächst außerordentlich erfolgreich, er eröffnet ein »Atelier für kirchliche Kunst«, bezieht 1923 ein villenähnliches Haus in einem Kölner Vorort und sorgt liebevoll für die Ausbildung seiner Kinder – ein »Kafka-Erlebnis« hat B. nach eigener Aussage nie gehabt. Er charakterisiert seine Kindheit als »relativ heil«, »sehr frei und verspielt«. Die Bedrohung dieser heilen Welt wird ab dem Jahr 1930 spürbar, als die Weltwirtschaftskrise Deutschland erreicht. Viktor Bölls Firma geht bankrott, die Familie muß das große Haus aufgeben und lebt danach in ständiger finanzieller Not. Die damalige Lebensform kennzeichnet B. in der Erinnerung 1976 als »proletarisch«, »eine Art Anarchismus«, »Antibürgerlichkeit«, gibt ihr damit Attribute, die er auch für die Gemeinschaftsutopien seiner Romane in Anspruch nimmt. B.s Biograph Klaus Schröter hat freilich mit Recht auf die Problematik dieses Selbstverständnisses hingewiesen, was die faktische Klassenzugehörigkeit und das soziale Verhalten der Familie zu dieser Zeit betrifft. Der Vater bezieht immerhin noch Einnahmen aus einem Mietshaus, die Kinder werden – so B. – »klassisch-katholisch« erzogen, aufs Gymnasium geschickt und mit dem Kanon bürgerlicher und zeitgenössischer katholischer Literatur vertraut gemacht. B.s Favoriten heißen nicht Bert Brecht, Kurt Tucholsky oder Heinrich Mann, sondern Friedrich Hölderlin, Heinrich von Kleist, Paul Claudel oder Gilbert Chesterton. Die damalige Lektüre Leon Bloys, der franziskanisch zwischen dem »Mangel an Notwendigem« und dem »Mangel an Überflüssigem« unterscheidet, die Teilhabe des jungen B. auch am Argwohn der Autoren des Renouveau catholique gegenüber kirchlichen Institutionen, den das Reichskonkordat 1933 zwischen dem Hitlerstaat und dem Vatikan bestätigt, werden seine Prosa später entscheidend beeinflussen, ebenso auch die Erfahrung, daß sich die Familie in den 30er Jahren solidarisch verhält, Halt bietet und staatlichem Zugriff Widerstand leistet in einer Zeit der ökonomischen und politischen Krise. B. wird diese Erfahrung literarisch und privat – im Umgang später mit seinen eigenen Kindern – tradieren. Familienloyalität als Freiheitsform wird ein Faktor seines utopischen Denkens. B. hat das Glück, daß sowohl die Eltern wie auch die Lehrer seiner Schule antifaschistisch gesonnen sind. Ein besonders guter Schüler ist er nicht, wiederholt auch auf dem Gymnasium eine Klasse, besteht 1937 das Abitur und fängt eine Lehre als Buchhändler in Bonn an, die er im Jahr darauf abbricht. Im Sommersemester 1939 schreibt sich B. für Germanistik und klassische Philologie an der Universität Köln ein. Der Kriegsausbruch zerstört nicht nur seine Studienpläne, sondern die Heimat seiner Kindheit und Jugend, er setzt der Geborgenheit in der Familie zeitweilig ein Ende. B. leistet den Kriegsdienst in Frankreich, in der Sowjetunion, in Rumänien, Ungarn und im Rheinland. Kurz vor Kriegsende entfernt er sich unerlaubt von der Truppe und versteckt sich bei seiner Frau Annemarie, einer gebürtigen Çech aus Pilsen, Lehrerin von Beruf, die er im März 1943 geheiratet hat. Aus Angst vor Entdeckung kehrt er mit gefälschten Papieren in die Wehrmacht zurück und gerät in Kriegsgefangenschaft, aus der er im September 1945 entlassen wird. Im Oktober desselben Jahres stirbt sein erstes Kind.

Zurück in Köln geht es B. sehr elend. Zwei Jahre fast ist er unfähig, ein neues Leben zu beginnen. Seine Frau ernährt die Familie, sie gibt erst 1951/52, als die Söhne Raimund, René und Vincent geboren sind, den Schuldienst auf, arbeitet in der Folge, manchmal mit ihrem Mann, als Übersetzerin aus dem Englischen, u.a. der Werke J. David Salingers oder Patrick Whites. B. schlägt sich in diesen Jahren mit Gelegenheitsarbeiten durch und beginnt zu schreiben. Als ihm Nicolas Born und Jürgen Manthey 1977 die politische Inaktivität seiner Generation nach Kriegsende vorwerfen, antwortet er: »die Tatsache, besetzt zu sein, ... hatte natürlich etwas Befreiendes und etwas Verantwortungsloses ... Wir waren doch alle müde, wir waren krank, wir waren kaputt, jahrelang im Gefangenenlager, nicht als Entschuldigung ist das zu verstehen, sondern als realistische Feststellung der Situation.« Das Eingeständnis B.s, daß der aufrichtigen Hoffnung auf die Möglichkeit eines selbstbestimmten Neuaufbaus der deutschen Gesellschaft das Faktum des physischen und psychischen, moralischen und politischen Bankrotts entgegenstand, und vor allem die Herrschaft der Alliierten, verdient Anerkennung; die erste Nachkriegsgeneration mußte sich, wollte sie ihren Ideen leben, aus dem Gebiet der Politik auf das der Literatur begeben. Ihre Angehörigen – neben B. u.a. Alfred Andersch, Hans Werner Richter, Wolfdietrich Schnurre oder Walter Kolbenhoff – nennen sich das »junge Deutschland«, sie grenzen sich von der ästhetizistischen Literatur der »inneren Emigranten« der Nazijahre ebenso ab wie von der Literatur der Exilierten, welchen die Erfahrung von Diktatur und Krieg fehlt. Ihr Programm ist festgehalten in der Zeitschrift *Der Ruf*, dem publizistischen Vorläufer der »Gruppe 47«, der bedeutendsten deutschen Autorenvereinigung nach 1945. Es soll dazu dienen, die Wiederkehr des Faschismus zu verhindern. Seine Hauptpunkte werden zu Invarianten von B.s Poetik: der »totale Ideologieverdacht«, die Ablehnung aller Welt- und Daseinsorientierungen, die mit dem Anspruch auf den Besitz absoluter Wahrheit auftreten, zugunsten einer Ethik des Humanen, die ihren Wert in der Praxis beweisen muß. Die Angst vor der Irrationalität der Masse, die dem Nationalsozialismus zur Herrschaft verhalf, begründet die Rückforderung der Freiheits- und Kritikrechte des Einzelnen wie auch das Elitedenken dieser skeptischen Generation: Gesellschaftlicher Fortschritt wird mit Nonkonformismus zusammengedacht. Das politische Konzept bleibt vage, einen humanen Sozialismus stellt man sich vor, Kapitalakkumulation und individueller Besitztrieb gelten als amoralisch. Das Moralische ist zugleich ein literarisches Programm, gefordert wird eine Literatur, in der Ethik und Ästhetik, wie B. es eineinhalb Jahrzehnte später in den *Frankfurter Vorlesungen*, seinem theoretischen Hauptwerk, wiederholt, »kongruent« sind, eine Literatur, die engagiert, realistisch und antikalligraphisch, d. h. hier auch: einem breiten Publikum verständlich, zu sein hat. Die Zeit der »Trümmerliteratur«, die für B. so schwierige Phase der ersten Nachkriegsjahre, stellt sich für ihn in der Erinnerung doch als eine glückliche Zeit der Besitzlosigkeit, Gleichheit und Brüderlichkeit dar, in der das Wissen um die lebensnotwendigen Bedürfnisse noch allgemein ist. Mit der Währungsreform 1948 beginnt, was B. mit Erschrecken feststellt: die Rückkehr des bürgerlichen Besitzdenkens, die »Gleichschaltung« der Menschen in einer totalen Konsumgesellschaft. Daß die moralischen Forderungen der »jungen Generation« in der bundesdeutschen Gesellschaft nicht eingelöst worden sind, könnte erklären, warum B. am Konzept des *Ruf* zeit seines Schreibens festgehalten hat. Seine Literatur bewegt sich, so B. Anfang der sechziger Jahre, zwischen den Polen »Verzweiflung und Verantwortung«, weil aus Deutschland keine Heimat wird, statt sozialer Gebundenheit eine Mentalität des »Hast Du was, dann bist Du was« herrscht.

1951, mit dem Preis der »Gruppe 47« für die satirische Geschichte *Die schwarzen Schafe*, beginnt B.s Aufstieg als Schriftsteller. Der Sammelband *Wanderer, kommst du nach Spa...* ist schon 1950 erschienen, und als Erzähler von short stories, welche die Sinnlosigkeit des Krieges wie die positiven Erfahrungen von Menschlichkeit in der Kriegs- und Nachkriegszeit thematisieren, wird er in den fünfziger Jahren bekannt. Die Konzeption von Familien- und Epochenromanen – der erste *Und sagte kein einziges Wort* stammt aus dem Jahr 1953; hervorzuheben sind vor allem *Billard um halbzehn* (1959), *Ansichten eines Clowns* (1963) und *Gruppenbild mit Dame* (1971) – verhilft B. dazu, in den Worten Jochen Vogts, »zu einem authentischen Geschichts-Erzähler unserer Nachkriegsepoche« zu werden. Das Themenspektrum erweitert sich: Gegen die Wirtschaftswundereuphorie und die »Unfähigkeit zu trauern«, gegen die politische Restauration und die Verbindung von kirchlichem und staatlichem Machtinteresse im »Milieukatholizismus« schreibt B. an, ein »schwarzes Schaf«, ein »Nestbeschmutzer« wie die nonkonformistischen Helden seiner Romane, die private Verweigerungsformen gegen gesellschaftliche Zwänge erproben, was anfangs, wie das Beispiel des Clowns Hans Schnier zeigt, von B. nur als eine Narrenmöglichkeit gedacht wird. Wo Inhumanität herrscht, erfordert das Engagement für das Humane die Darstellung dessen, was in der bundesrepublikanischen Gesellschaft zum »Abfall« und was ihr »abfällig« geworden ist, wie B. es nennt. In *Ende einer Dienstfahrt* (1966) und *Gruppenbild mit Dame* vermittelt er die Hoffnung, daß unter der Voraussetzung der »Einigkeit der Einzelgänger« Residuen natürlicher Menschlichkeit Bestand haben könnten. Historiograph deutscher Geschichte ist B. auch als Essayist. In der Werkausgabe umfassen seine Aufsätze und Reden mehrere Bände, trotzdem ist seine Bedeutung hier noch nicht angemessen erkannt worden und vergleichbar wohl nur mit der Pier Paolo Pasolinis für die italienische Gesellschaft. Beider Zeitkritik ist urchristlich-konservativ: Die Zerstörung neutestamentlicher Werte wie Wahrheits-, Nächsten- und Friedensliebe durch den verborgenen Totalitarismus der Konsum- und Mediengesellschaft klagen sie an, ungeschützt und dem Haß der veröffentlichten Meinung ausgesetzt. B., durch sein Engagement für die sozialliberale Regierung Willy Brandts der rechten Presse schon anstößig, wird von ihr an den Pranger gestellt, als er 1972 für eine sachliche Berichterstattung der Bild-Zeitung über die Baader-Meinhof-Gruppe plädiert; im Zuge einer Terroristenfahndung durchsucht daraufhin die Polizei sogar B.s Landhaus in der Eifel. B.s Antwort auf die Bedrohung individueller Freiheit durch die Gewalt der Massenmedien und der Staatsüberwachung ist die Novelle *Die verlorene Ehre der Katharina Blum* (1974). Zur operativen Literatur der siebziger und achtziger Jahre gehören auch die *Berichte zur Gesinnungslage der Nation* (1975) oder der Dokumentationsband *Bild-Bonn-Boenisch* (1984). Ungeachtet aller persönlichen Angriffe und politischer Schwarzweißmalerei, so nimmt der in der Sowjetunion beliebteste deutsche Erzähler Alexander Solschenizyn oder Lew Kopelew bei sich auf und dennoch wird ihm von der Presse mangelnde Solidarität mit den Dissidenten vorgeworfen, setzt sich B. weiterhin für Minderheiten und Außenseiter der bundesdeutschen Gesellschaft ein, für die Zigeunerstämme Sinti und Roma, für Hausbesetzer und Kernkraftgegner, für die Umweltschutz- und die Friedensbewegung.

1967 mit dem Büchner-Preis und 1972 als bisher einziger Deutscher nach dem Kriege mit dem Nobelpreis für Literatur ausgezeichnet, ist Deutschlands im In- und Ausland meistgelesener zeitgenössischer Autor in der Literaturkritik immer noch umstritten. Anachronistischen Moralismus und schlichte Positivität wirft man ihm ebenso vor wie kleinbürgerlichen Provinzialismus oder die Nichtbeherrschung der formalen Errungenschaften des modernen Romans, wobei man meist übersieht, daß der Ton des »sermo humilis« und die thematische Beschränkung auf die »Poesie des Alltags« von B. bewußt gewählt sind und er sich in der Nobelvorlesung mit Recht in eine »internationale Bewegung« einer gegenklassischen, gegenidealistischen Literatur einordnen darf, die sich für »ganze Provinzen von Gedemütigten, für menschlichen Abfall erklärten« zuständig erachtet. Ausnahmen bestätigen freilich die Regel der B.-Kritik. Folgende Sätze Theodor W. Adornos wären ein würdiger Nachruf für den Autor, es handelt sich freilich um eine Festgabe zu B.s fünfzigsten Geburtstag, und Adorno hat sie mit *Keine Würdigung* überschrieben: »Böll ist einer der erfolgreichsten deutschen Prosaschriftsteller seiner Generation, von internationalem Ruf. Er gilt zugleich, seit seinen Anfängen, als fortschrittlich … Und er ist aktiver, praktizierender Katholik. Die Konstellation dieser nicht leicht versöhnbaren Momente hätte ihn vorbestimmt zum offiziellen deutschen Dichter, zu dem, was man repräsentativ nennt … Mit einer in Deutschland wahrhaft beispiellosen Freiheit hat er den Stand des Ungedeckten und Einsamen dem jubelnden Einverständnis vorgezogen, das schmähliches Mißverständnis wäre … Es hätte nur einer Geste, nur eines unmerklichen Tons sogenannter Positivität bedurft, und er wäre der poeta laureatus geworden.«

Werkausgabe: Böll, Heinrich: Werke. 10 Bände. Hrsg. von *Baker,* Bernd. Köln 1978.
Literatur: *Reich-Ranicki,* Marcel: Mehr als ein Dichter. Über Heinrich Böll. Köln 1986; *Schröter,* Klaus: Heinrich Böll. Reinbek bei Hamburg 1982; *Arnold,* Heinz Ludwig (Hrsg.): Heinrich Böll. Text + Kritik. Sonderband. München 1978; *Nägele,* Rainer: Heinrich Böll. Einführung in das Werk und in die Forschung. Frankfurt a. M. 1976.   *Günter Blamberger*

Borchardt, Rudolf
Geb. 9. 6. 1877 in Königsberg; gest. 10. 1. 1945 in Trins am Brenner

»Ich bin 25 Jahre alt, evangelisch reformierter Konfession. Doktor der Philosophie. Ich habe an den Universitäten Berlin, Oxford, Bonn und Göttingen klassische Philologie und Archäologie studiert und bereite mich auf die Habilitation für diese Disziplin vor. Mein freies selbständiges und disponibles Vermögen beträgt im Augenblicke rund 820 000 Mark. Ich bin ... von meiner Familie pekuniär unabhängig. Meine Konstitution ist gesund ... Mein Vater ist, seit er sich von der Leitung seiner eigenen Bankhäuser zurückgezogen hat, Aufsichtsrat in einer Anzahl von industriellen und Bankinstituten. Meine Mutter ... stammt aus einer jüdischen Familie.« So beschreibt B. Herkunft, Ausbildung und Vermögensverhältnisse in einem Heiratsantrag, den er an den Vater des Mädchens richtet, dabei Wirklichkeit und Einbildung zu einer höheren Wahrheit mischend, wie es sich für einen Dichter gehört, der höchste Ansprüche stellt. Tatsache ist, daß er »durch die Fülle lebendiger Gedanken« sofort die Aufmerksamkeit seines Göttinger Professors gefunden, sein Examen glänzend bestanden und allerbeste weitere Aussichten hatte. Aber zum Doktorexamen war es nicht gekommen; ein skandalöses Duell hatte einen seelischen und körperlichen Zusammenbruch ausgelöst und eine längere Kur nötig gemacht. Auch die Vermögensverhältnisse sind, obschon B. zeitlebens über ererbten materiellen Rückhalt verfügte, kaum realistisch benannt. Fiktionen werden hier Realitäten, die nicht mit dem Maßstab platter Wirklichkeit gemessen werden dürfen. Dies gilt für B.s Dichtungen, jedoch nicht minder für seine dem Tagesgeschehen gewidmeten Äußerungen: Nicht einmal sie sind Kopien der Welt, sondern autonome Schöpfungen innerhalb dieser Welt.

Der Kuraufenthalt in Bad Nassau hatte B. mit einer jungen Dame zusammengebracht, die alles in ihm zu den höchsten Erwartungen und Leistungen steigerte. Alle bis dahin entwickelten dichterischen Vorstellungen sammelt und ordnet er nun um das Bild, das er sich von diesem Mädchen macht (das übrigens seine Leidenschaft nicht erwiderte und nicht daran dachte, ihn zu heiraten). Das entstandene *Buch Vivien* ist eine der großartigsten Dichtungen B.s geblieben, zu Lebzeiten nur aufgelöst und in überarbeiteter Form in den *Jugendgedichten* (1913), erst postum in den ursprünglichen Fassungen (*Vivian*, 1985) veröffentlicht.

Diese Gedichte sind frischestes, unmittelbar Sprache gewordenes Erlebnis und gleichwohl von hohem Kunstverstand gebildet. Mit der natürlichsten Gebärde äußert sich B. in schwierigen festen Formen, später (*Vermischte Gedichte*, 1924; *Die Schöpfung aus Liebe*, 1929) ebenso souverän in seltenen griechischen und romanischen Mustern, doch z.B. auch in einer Weiterentwicklung der goetheschen Hymne. Obwohl B. nicht ohne Stefan Georges spracherneuernde Leistung zu denken ist, steht er von Anfang an als ein selbständiger Meister da, außerhalb des Kreises um George, nur Hugo von Hofmannsthal vergleichbar, mit dem ihn eine jahrelange für beide produktive Freundschaft verbinden wird. Schon die frühesten Dichtungen umschreiben damit den Ort, den B. immer mehr ausfüllt: eine »schöpferische Restauration« im Anschluß an Johann Gottfried Herder und die – unvollendet gebliebene – Romantik. Daß er damit in scharfem Gegensatz zu breiteren Zeitströmungen steht, kümmert ihn nicht, Publikumsverständnis ist für ihn kein Qualitätskriterium. Ob zeitweise gerühmt oder völlig unbeachtet, er behauptet seinen Platz unbeirrt; vom rigorosen Standpunkt des »konservativen Revolutionärs« aus ist der vielgelobte Literaturhistoriker Friedrich Gundolf aus Georges Kreis »ein rechtes Literaturbübchen« (1910) oder Bert Brecht »ein talentloser Dialogisierer von ödem Radau« (1928); er wagt 1928 auch zu fragen: »Was ist von der giftig schillernden Seifenblase der ›expressionistischen Literatur‹ übrig, als ein Tropfen schmutziges Wasser?«

Von 1902 bis 1944 lebt B. mit kleinen Unterbrechungen in Italien: Die Toscana wird seine Heimat. Ihr dankt er die Entdeckung des Mittelalters, das ihn zu außerordentlichen Leistungen reizt. In *Pisa, Ein Versuch* (1935) wird die Geschichte der Stadt dargestellt als Summe einer neuen Wissenschaft – der »mittelalterlichen Altertumswissenschaft« –, welche Kunst-, Kultur-, Sprach-, Literatur-, Wissenschafts- und politische Geschichte in eines faßt. B. vereinzelt seine Gegenstände und Interessen nicht zu Fachwissen und entfernt sie voneinander, sondern hält sie eng zusammen – »auf Rufweite« – und vergegenwärtigt sie in einer unmittelbaren, eben dichterischen Hervorbringung, womit er sie zugleich der ausdörrenden Luft der Wissenschaft entzieht. Zu demselben Komplex gehören u. a. die Schriften über die altrömische und toscanische *Villa* (1907), *Volterra* (1935), über Dante Alighieri und Dante Gabriel Rosetti. Längst beherrscht er aufgrund der ihm eigenen »Gleichdenkung literarischer, kultureller und politischer Vorgänge« (Hofmannsthal) auch das archaisierend historische Übersetzen. Ob Verdeutschungen antiker, mittelalterlicher oder neuzeitlicher Literaturdenkmäler – sie alle sind Dokumente des »ungewöhnlichsten Geistes« (Franz Blei, 1913) und einer einsamen Höhe der Kunst des Übersetzens (z. B. *Dante deutsch*, 1923; *Die großen Trobadors*, 1924; *Swinburne*, 1919).

Schon als Student hatte B. sich an Hofmannsthal gewandt, dieser ihn eingeladen und an Alfred Walter Heymel und Rudolf Alexander Schröder für die *Insel* (die Keimzelle des Insel-Verlags) vermittelt. Hier kommt er auch in Berührung mit Franz Blei, einer der grauen Eminenzen der deutschen Literatur, der ihm wiederholt zu Veröffentlichungen seiner unpopulären Produktion verhilft. Mit Hofmannsthal verbindet ihn eine nicht konfliktfreie Freundschaft, die 1911/12 in einem Aufenthalt in B.s Villa bei Lucca gipfelt. Immer steht Hofmannsthal in der Mitte seines Interesses für Dichtung und das Dichterische, doch trotz zahlreicher Essays und Reden über Hofmannsthal wird die früh geplante Monographie nie verwirklicht. Mit Schröder bleibt B. lebenslang befreundet und übt nicht geringen Einfluß auf dessen Werk aus; nach einer in England geschlossenen, später gescheiterten Ehe wird 1920 eine Nichte Schröders seine zweite Frau. Gemeinsam mit Schröder und Hofmannsthal gab er 1909 das Jahrbuch für Dichtung *Hesperus* und von 1922 bis 1927 die Zeitschrift *Neue deutsche Beiträge* heraus.

1914 meldete sich B. sofort als Kriegsfreiwilliger; zunächst ist er als Infanterist, dann im Generalstab tätig. Nach dem Krieg kommt er nur noch als Redner in das so verwandelte, seinem Denken und seinen Ansprüchen immer weniger gemäße Deutsche Reich. Aber er hört nicht auf, mit Reden und Essays, selbst mit Erzählungen (*Das hoffnungslose Geschlecht*, 1929; *Vereinigung durch den Feind hindurch*, 1937) für die als notwendig erkannte Wiederherstellung der Traditionen zu kämpfen, für eine *schöpferische Restaura-*

tion (so der Titel einer Rede 1927). Er mußte indessen erfahren, daß seine Auffassungen »im Namen des politischen Geistes und des Geistes überhaupt« von der Realität vernichtet wurden. In der Rede *Führung* (1931) verkündete er als Ideal, »Nation und Partei in einem Höheren zu verschmelzen«, ohne dabei Programm und Wirklichkeit der NSDAP zu beachten, wurde deshalb von den Gegnern der Nazis mißverstanden und angefeindet, aber auch von diesen 1933 als »Jude« – der sich als Preuße fühlte – verfemt und aus der Nation ausgestoßen. Die Toscana wurde nun Asyl und schützte ihn bis zum Herbst 1944, als er mit seiner Familie zwangsweise von der Gestapo hinter die Reichsgrenze nach Innsbruck gebracht wurde. Er konnte zwar nach Trins flüchten, starb hier jedoch an einem Schlaganfall.

»Das Eigentümliche und zugleich Gefährliche« sei – so notierte Hofmannsthal 1923 –, daß sich in B. »eine philologisch-historische Begabung höchsten Ranges, wie sie kaum einmal im Jahrhundert auftaucht, mit einer dichterischen Sendung verschwistert«. B. ist einer der wenigen großen »gelehrten Dichter« unseres Jahrhunderts, vielleicht sein größter Poeta doctus.

Werkausgabe: Borchardt, Rudolf: Gesammelte Werke in Einzelbänden. 14 Bände. Stuttgart 1955-90.
Literatur: *Glaser,* Horst Albert und *De Angelis,* Enrico (Hrsg.): Rudolf Borchardt 1877-1945. Referate des Pisaner Colloquiums. Frankfurt a.M./Bern/New York/Paris 1987; *Hummel,* Hildegard: Rudolf Borchardt. Interpretationen zu seiner Lyrik. Frankfurt a.M./Bern 1983; *Tgahrt,* Reinhard, u.a.: Rudolf Borchardt, Alfred Walter Heymel, Rudolf Alexander Schröder. Marbach 1978.
Ludwig Dietz

Borchert, Wolfgang
Geb. 20. 5. 1921 in Hamburg; gest. 20. 11. 1947 in Basel

B.s Hörspiel- und Dramenfassung von *Draußen vor der Tür,* in ganzen acht Tagen im Herbst 1946 als ein Vermächtnis der unbequemen Fragen an die deutschnationale Vätergeneration auf dem Totenbett geschrieben, führte zu einer langanhaltenden B.-Mode. Es war geradezu eine akustische Signatur der frühen Nachkriegszeit: die in den Ruinen der Trümmerzeit verhallenden letzten Fragen des Stücks, »Wo ist denn der alte Mann, der sich Gott nennt? Warum redet er denn nicht!... Gibt denn keiner, keiner Antwort???«, trafen bei allem Anklang an Ernst Tollers *Hinkemann* und Bertolt Brechts *Trommeln in der Nacht* mit ihrem unideologischen, existentiellen Pazifismus den Nerv einer Zeit der Heimkehrer und hungernd Überlebenden. B.s eigene, traurig kurze Biographie verlieh den allsonntäglich im Rundfunk und auf den Bühnen widerhallenden Fragen nach der Kriegsverantwortung das moralische Gewicht der reinen Stimme des Opfers; der Versuch seiner Figur Beckmann, die Verantwortung des kleinen, antifaschistischen Landsers für elf Kriegstote seinem vorgesetzten Offizier zurückzugeben, traf nicht nur die Gesinnungslage der frühen Gruppe 47 (die sich ihren Namen in dem Monat gab, als B. starb, und sich mit Alfred Andersch und

Heinrich Böll sogleich auf ihn berief), er bot vielen Mitläufern »eine wunderbare, wenn auch uneingelöste Entlastung« an (Reinhard Baumgart). Wie brisant sein Pazifismus dennoch blieb und bleibt, erwies sich in den frühen 50er Jahren der neuen Bundeswehr, als kräftig ins Dritte Reich verstrickte konservative Kritiker wie Hans Egon Holthusen das Stück als »sauren Kitsch« zu entschärfen versuchten.

Schon früh konnte es der einzige Sohn eines eher farblosen Volksschullehrers und der ihn stärker prägenden Mecklenburger Heimatschriftstellerin Hertha Borchert in der Hitlerjugend nicht mehr aushalten, auch wenn eine bündische Lagerfeuerromantik seinem frühen Hang zu Rainer Maria Rilke, Georg Trakl und existentieller Naturstimmung entgegenkam. Schon die Kleidung verriet den Bohemien und Nonkonformisten: rote Pompons statt der Krawatte, die vom Hut geschnittene Krempe, das exzentrisch geschnittene lange Haar bedeuteten in einer Zeit unterdrückter Individualität Gefahr. Die starke Mutterbindung bringt auch eine Scheu gegenüber anderen Bindungen an Frauen mit sich, ein unruhiges Wechseln der Partnerinnen, die Suche nach Verständnis bei Älteren, den Künstler in B. fördernden Frauen wie Aline Bußmann (die Freundin der Mutter, deren Mann, der Anwalt Hager, B. später erfolgreich verteidigte). Bis zum Abitur hält er nicht durch, geht zwei Jahre vor dem Abschluß als Lehrling in den Buchhandel, besucht dann heimlich die Schauspielschule Helmuth Gmelins und besteht im März 1941 die Prüfung vor der Reichstheaterkammer, gefolgt von drei glücklichen Monaten bei der Lüneburger Wanderbühne »Landesbühne Osthannover«, wo er Rollen in Volkskomödien übernimmt. Zwischen dem fünfzehnten und dem zwanzigsten Lebensjahr sind unzählige mittelmäßige Gedichte und drei Theaterstücke entstanden, so *Yorick, der Narr!*, nachdem B. Gustav Gründgens als Hamlet erlebt hatte, und eine skurrile Komödie mit dem Titel *Käse*. Zu B.s Gefängnisleiden und der angeborenen Leberkrankheit, die, lange nicht diagnostiziert, durch Haft und Fronteinsatz im russischen Winter 1941/1942 und den Fußmarsch von Frankfurt nach Hamburg bei Kriegsende zur unheilbaren Organschwäche wird – wäre es nicht gekommen, wenn B. nicht immer wieder Pech mit Gesinnungsschnüfflern und Denunzianten gehabt hätte, mit subalternen Vorgesetzten und übertrieben pflichttreuen nationalsozialistischen Briefkontrolleuren. Es beginnt während der Buchhandelslehre mit der merkwürdig anmutenden Beschwerde einer Kollegin, die von »Rieke-Liebe« schwärmende Ode B.s beweise Homosexualität; als sich das Opus als Hommage an Rainer Maria Rilke erweist, hat der 19jährige die erste dunkle Nacht in einem Gestapo-Keller hinter sich und wird in seiner Nazi-Verachtung bestärkt. Die vielen Briefe, die er aus Kaserne und Lazarett schrieb, wurden sämtlich geöffnet und auf Verdächtiges hin überprüft. Als er im Januar 1942 im Raum Klin-Kalinin eine Handverletzung davontrug, war eine »Schmutzige Denunziation« (Peter Rühmkorf) die Folge: B. habe sich die Verwundung selbst beigebracht. Im Juli 1942, in Nürnberger Untersuchungshaft, wartet er bei Androhung der Todesstrafe sechs Wochen lang auf sein Verfahren. B.s innere Wandlung vom Komödianten, der von einer Laune in die andere fällt, vom exzentrischen Bürgerschreck zum ernsten, ja haßerfüllten Gegner des kruden Kommiß und Militarismus vollzieht sich in dieser Nürnberger Zelle, die er in seiner ersten gelungenen Erzählung *Die Hundeblume* (Januar 1946) festgehalten hat. Der Schluß der Erzählung ist, aus der biographischen Situation erklärlich, von außerordentlichen Bildern der Verwandlung – in einen braunen Balinesen – und des Todes beherrscht. Dieser Anklang an das pessimi-

stisch-romantische Credo seiner expressionistischen Vorgänger erscheint in dem kurz
darauf geschriebenen Stück *Draußen vor der Tür* nochmals, wenn die lebensbejahende
innere Gegenstimme Beckmanns, der »Andere«, am Ende verstummt: »In einer deshu-
manisierten und von allem Geist verlassenen Welt tauchen bezeichnenderweise als
Ideal und Glücksvorstellung nicht die Freiheit, nicht Individualität und Persönlichkeits-
steigerung auf, sondern der Rückzug ins Vorzivilisierte und – schließlich – in die
Schmerz- und Namenlosigkeit des Todes« (Peter Rühmkorf).

Auch wenn man B. am Ende begnadigte, dann doch wieder zu Gefängnis wegen
Staatsgefährdung (aufgrund privater Protestbriefe) verurteilte und schließlich wieder,
nach verkürzter Haft, der zynischen »Frontbewährung« überließ, seine Gesundheit war
unrettbar erschüttert. Nach der Winterschlacht bei Toropez wurde B. mit Fußerfrierun-
gen und Fleckfieberverdacht im Januar 1943 ins Seuchenlazarett Smolensk eingeliefert.
Mitte 1943, nach scheinbarer Rekonvaleszenz in Elend (Harz), kommt B. krank vor
Heimweh und nicht mehr »frontdiensttauglich« nach Hamburg und tritt in der zerstörten Stadt im »Bronzekeller« mit Chansons à la Ringelnatz auf. Doch der Leidensweg
wiederholt sich noch einmal; kurz vor der Abkommandierung an ein Fronttheater
kommt es wegen einer Goebbels-Persiflage in der Kaserne zu erneuter Denunziation;
er wird ins Gefängnis gesteckt, diesmal bis September 1944 in Berlin-Moabit, jedem
der zahllosen Fliegerangriffe schutzlos ausgesetzt. Bis zu einer letzten »Frontbewährung« im Frühjahr 1945 bei Frankfurt a. M., wo die Franzosen B. gefangennehmen; er
kann fliehen und wandert zu Fuß die 600 Kilometer nach Hamburg zurück; fiebernd
und geschwächt muß er sich vorkommen, wie eine »Marionette« des Systems, erfüllt
von einem »schönen, klaren Nihilismus«.

Noch einmal Kabarett im Herbst 1945, noch ein Versuch zur Theatergründung und
Mitarbeit an Helmuth Gmelins *Nathan*-Inszenierung, dann zwingt ihn das Leberleiden
endgültig ins Bett. Alle verbleibende Lebenskraft bäumt sich im Schreiben auf. *Draußen
vor der Tür* begründet mit der Hörspielsendung durch Ernst Schnabel im NWDR am
13. 2. 1947 und der Uraufführung in den Hamburger Kammerspielen (mit Hans Quest
als Beckmann) B.s Ruhm. Er stirbt nach einem kurzen Basler Krankenhausaufenthalt,
den ihm die Verleger Henry Goverts und Carl Oprecht ermöglichten, am 20. November 1947, einen Tag vor der Uraufführung des Heimkehrer- und Antikriegsdramas. Das
Stück lebt, als expressionistisches Stationendrama und »morality play«, aus der Titelmetapher: »Draußen« der heimkehrende, hungrige, bindungslose, schuldbewußte Soldat, »drinnen« die reuelosen Offiziere und Kriegsgewinnler.

Alfred Andersch hat vermutet, Ernst Schnabel bestätigt und Manfred Durzak nachgewiesen, wie rasch und virtuos sich B.s bleibende Leistung in der Kurzgeschichte an den
amerikanischen Autoren der »Lost generation« und den Klassikern der Gattung, wie
O. Henry, orientierte. Es entstanden exemplarische Seismogramme der Trümmerzeit
mit ihrer Schuldverdrängung, ihren Hungerproblemen, dem wölfischen Überlebens-
drang und der dennoch unverhofft aufblühenden Mitmenschlichkeit inmitten der Ruinen. Einen der letzten Glücksmomente erlebte B. durch den bewundernden Brief, den
ihm Carl Zuckmayer wenige Tage vor dem Tod schrieb: »Die Stärke Ihrer Sachen ist,
man hätte sie auch aus dem Papierkorb in irgendeinem überfüllten Bahnhofs-Wartesaal
herausklauben können, sie wirken nicht wie ›Gedrucktes‹, sie begegnen uns, wie uns
die Gesichter der Leute oder ihre Schatten in den zerbombten Städten begegnen.«

Werkausgabe: Borchert, Wolfgang: Das Gesamtwerk. Hamburg 1974.
Literatur: *Burgess*, J. A. Gordon: Wolfgang Borchert. Bibliographie. Hamburg 1985 – *Burgess*,
J. A. Gordon: Wolfgang Borchert. Aufsätze. Hamburg 1985 – *Schröder*, Claus B.: Wolfgang Borchert. Biographie. Hamburg 1985 – *Wolff*, Rudolf (Hrsg): Wolfgang Borchert: Werk und Wirkung. Bonn 1984.

Volker Wehdeking

Born, Nicolas
geb. 31. 12. 1937 in Duisburg; gest. 7. 12. 1979 in Hamburg

»Zusammen halten wir uns/eine Weile/über Wasser/noch ein paar Atemzüge/dann ist es wieder still./Das waren wir« (*Das Auge des Entdeckers*, 1972). Hinweise auf Vergehen und Sehnsucht nach menschlicher Nähe, die hoffnungslos vom Todesmotiv umschlungen wird, finden sich lange vor B.s Tod in seinen Texten. Sie fallen stärker ins Auge, weil B. so jung – an Lungenkrebs – starb. Die Trauer um diesen Toten war groß. Sie galt einem Lyriker und Romancier, der »immer Betroffener, nie Unbeteiligter« (Günther Kunert) war, ein »Fremdgänger« (Günther Grass) und »Querdenker« (Martin Lüdke/Delf Schmidt) von »liebenswerter Menschlichkeit«
(Hans Maria Ledig-Rowohlt). B. war »immer auf der Suche nach einem richtigen, authentischen Leben« (Dieter Wellershoff); er wußte, daß das nicht nur ein individuelles Problem war, sondern ein allgemeines. Früh erklärte er dieses utopische Suchspiel zum literarischen Programm. Auch das wurde an ihm bewundert.

Der Autodidakt – B. lebte als Chemograph in Essen, bevor er 1965 nach Berlin zog – debütierte mit dem Gemeinschaftswerk *Das Gästehaus* (1964/65). Der Text entstand in Walter Höllerers »Literarischem Colloquium«. Die erste eigene Veröffentlichung folgte mit dem Roman *Der zweite Tag* (1965). B. beschreibt darin Ereignisse und Assoziationen während einer Reise. Der Erzähler nimmt Wirklichkeit distanziert, doch in subjektiver Optik auf. Das Ziel ist »nicht die Erreichung und Bewältigung eines fiktiven Erlebnisses, sondern des sich immer von neuem konstituierenden Jetzt« (Martin Grzimek). Der Einfluß von Wellershoff und seiner »Kölner Schule« des Neuen Realismus, der in den 60er Jahren für eine »phänomenologisch orientierte Schreibweise« und eine Literatur von Daseinsmodellen in »Simulationsräumen« plädierte, ist unverkennbar. Als Rudiment ist er noch in B.s *Wo mir der Kopf steht* (1974) vorfindbar.

Nach diesem Frühwerk veröffentlichte B. über eine längere Zeit hinweg keine größere Prosa-Arbeit mehr. In der Lyrik, zunächst mit *Marktlage* (1967), fand er eine adäquate Form, seine literarische Haltung zu konkretisieren. B. rückt rigoros »von allen Bedeutungsträgern« ab, »weg von Dekor, Schminke und Parfüm« (Klappentext). Er setzt auf alltägliche Sachbestände, unartifizielle Sprache und subjektive Augenblicksempfindung. Die Lebenswirklichkeit der Bundesrepublik wird in diesen Durchgangsgedichten stenogrammartig und lakonisch auf Fakten reduziert. *Marktlage* erschien zu einer Zeit, als die neue politische Linke ihre »Kunst ist tot«-These zu formulieren begann. Der gegenüber Kollektivräuschen und abstrakten Solidaritäten zunehmend skeptische B. schrieb bereits am Band *Wo mir der Kopf steht* (1970). Diese subtilen Aufzeichnungen eines zeitgenössischen Bewußtseins sind Antworten auf die orthodoxen Kultur- und Bilderstürmer. Zwar heißt es zur ästhetischen Wirksamkeit von Literatur: »Kein Gedicht bewirkt eine meßbare Änderung der Gesellschaft, aber Gedichte können, wenn sie sich an die Wahrheit halten, subversiv sein.« Doch von »Agitprop« oder »Kampftexten« kann hier keine Rede sein.

Eine Präzisierung dieser Position bringt *Das Auge des Entdeckers*. B. distanziert sich vom gesellschaftskritischen Autor, weil dieser auf die Misere abonniert sei und zum kritischen Partner der Macht werde. Er fordert, »unsere besseren Möglichkeiten« besser darzustellen, denn Literatur habe »die Realität mit Hilfe von Utopien erst einmal als die gräßliche Bescherung sichtbar zu machen, die sie tatsächlich« sei. B. stößt sich jetzt weniger an den Alltagsdetails – darin den schönen Gedichten von *Keiner für sich, alle für niemand* (1978) ähnlich –, vielmehr revolutioniert er (gelassener als Rolf Dieter Brinkmann) die eingestanzten Wahrnehmungen, entdeckt seinen inneren Kontinent und setzt ihn in Beziehung zu einer verwalteten Welt, in deren System er nicht mehr vorgesehen ist.

Das *Auge des Entdeckers* bringt dem Lyriker B. den Durchbruch. Den Romancier profiliert *Die erdabgewandte Seite der Geschichte* (1976). Der Roman spielt Ende der 60er Jahre im studentisch bewegten Berlin. Er behandelt die unmöglich gewordene Liebe zwischen einer Schallplattenverkäuferin und einem Schriftsteller; ein weiterer Erzählstrang gilt den Bemühungen des »ausgebrannten Lebensprofis« um seine Tochter. Der Schriftsteller ist der sensible Erzähler dieses so komplizierten wie exemplarischen Prozesses. B. setzt damit die in den Gedichten begonnene »subjektive Monographie« (Vormweg) fort. Die selbstfinderische Suche nach »den besten menschlichen Substanzen, nämlich der Gefühle, Gedanken und der Fähigkeit zur Vernunft« (Klappentext), verläuft bis zur Erschöpfung resignativ. Die Kritik würdigte den Roman als »literarisches Ereignis« (Marcel Reich-Ranicki), als »das bis jetzt radikalste Beispiel des Trends der ›Neuen Innerlichkeit‹« (Peter Handke); konstatierte aber auch ein »Pathos des Selbst-Leidens« (Wolfram Schütte) und monierte den Verzicht auf ein »strukturelles Gegengewicht« (Ralf Schnell) zur verengten Erzählperspektive. Mit seiner »Geschichte« traf B., der auch als Essayist (*Die Welt des Maschine*, 1980) und Herausgeber in Erscheinung trat, einen Nerv des inneren Zustands der durch den RAF-Terrorismus verunsicherten Bundesrepublik.

Die »Deutsche Eiszeit«, den »Krieg in Libanon« (Krüger), »Selbstentferntheit« und »Vergeblichkeitsgefühle« beklagt der Roman *Die Fälschung* (1979). Der todgeweihte B. beschreibt einen Journalisten bei der Arbeit in Beirut und Damur. Sein ›fataler‹ Held Georg Laschen, Stellvertreter einer ganzen Generation, ist seelisch krank geworden an seiner Berufsrolle und der Gleichgültigkeit seiner Umwelt für das Grauen. Auf dem Höhepunkt der Krise mustert er seine Existenz als Fälschung aus, als »Dabeisein ohne Dasein«. Theodor W. Adornos Satz, es gäbe kein richtiges Leben im falschen, ist die knappste Formel für die »Untröstlichkeit des Bornschen Romans« (Reinhard Baumgart) – vielleicht sogar für dieses kurze Schriftstellerleben. B. vermied in der »Fälschung« alles modische »Design des Untergangs« (Stegers); er vertraute wiederum der eigenen Wahrnehmung. Diese Konsequenz hält das Buch, womöglich das Œuvre B.s aktuell.

Literatur: *Lüdke*, Martin u. *Schmidt*, Delf (Hrsg.): Nicolas Born zum Gedenken. In: Literatur-magazin 21. Reinbek bei Hamburg 1988. S. 124–164; *Schnell*, Ralf: Die Literatur der Bundesrepublik. Stuttgart 1993, S. 404–407.

Waltraut Liebl-Kopitzki

Börne, Ludwig
Geb. 6. 5. 1786 in Frankfurt a. M.; gest. 12. 2. 1837 in Paris

Niemand habe ihm die Erfüllung seiner Pflicht so erschwert »als dieser einzige Mann in fünf Monaten«, schrieb der entnervte Zensor der Freien Stadt Frankfurt a. M. 1819 über den jungen und noch unbekannten Publizisten B. und dessen Zeitschrift *Die Wage* (1818 ff.). Eine derartige – wenn auch zwangsläufig negativ ausgedrückte – Anerkennung ist durchaus keine Ironie: B. hat sich zeit seines Lebens als ein »Zeit-Schriftsteller« verstanden, der – wie er selbst formulierte – nicht »Geschichtsschreiber, sondern Geschichtstreiber« ist. *Die Wage* kündigte er als ein »Tagebuch der Zeit« an, die »das bürgerliche Leben, die Wissenschaft und die Kunst, vorzüglich aber die heilige Einheit jener drei« besprechen werde. Dieses politisch-publizistische-literarische Programm sollte den auf Mobilisierung der öffentlichen Meinung zielenden B. von nun ab notwendig und unablässig in Konflikt mit der Zensur bringen (vgl. B.s eigene Darstellung *Denkwürdigkeiten der Frankfurter Zensur*, 1819). Diese Zensur, neu kodifiziert in den sogen. »Karlsbader Beschlüssen« von 1819, die von da ab bis in die 40er Jahre ständig verschärft wurden, war der genuine Ausdruck jenes repressiven »Metternichschen Systems«, das die von B. unterstützten demokratischen Forderungen nach politischer Freiheit und bald auch nach sozialer Gerechtigkeit bereits im Stadium ihrer Publizierung unterdrücken wollte. Dennoch: Die Zensur hat den operativen Schriftsteller B. nicht bezwingen können, aber er auch nicht sie. Die beim Fall der Zensur 1848 von Heinrich Heine ironisch ausgedrückte Klage, er könne nun nicht mehr schreiben, hätte B. allerdings nie geteilt, denn er wollte immer direkt sprechen, wenn er nur gedurft hätte.

Als nach 1819 das direkte Schreiben nicht mehr möglich war, ging B. in seinen literatur- und theaterkritischen Beiträgen (gesammelt in *Dramaturgische Blätter*, 1829) zur indirekt formulierten Zeitkritik über, deren Stil in dialektischer Weise von der Zensur geprägt war (vgl. *Bemerkungen über Sprache und Stil*, 1829). Erst die Pariser Julirevolution von 1830 und ihre den politischen Liberalismus ermutigenden Folgen für Deutschland befreiten B. von dieser Schreibweise, die er zwar meisterhaft beherrschte und die ihn berühmt gemacht hatte, der er aber immer weniger Wirkung zutraute. Indem er von nun an festen Wohnsitz in Paris nahm, beendete er, der von früh an lungenleidend und kränklich war, das unstete Wanderleben zwischen Frankfurt a. M., Stuttgart, Berlin und Paris. Er setzte damit seine politische Hoffnung, wie viele Liberale in dieser Zeit, auf das »moralische Klima von Paris«, das – wie er am 17. 9. 1830 schrieb – ihm schon immer wohl getan hatte und nun erst recht helfen würde. Die Hoffnung sollte trügen. Als kritischer Beobachter des Fortgangs der Julirevolution legte er in den *Briefen aus Paris* (begonnen im Herbst 1830, erschienen 1831–33) ein Zeugnis seiner neuen Erfahrungen ab, die ihn politisch vom gemäßigten Liberalen zum radikalen Republikaner werden ließen. Das wegen seines Umfanges von über 20 Druckbogen von der Vorzensur befreite Werk wurde gleichwohl nachträglich verboten, was seine Verbreitung jedoch nicht verhindern konnte. Daß diese Briefe, in denen B. »als einer der ersten deutschen Schriftsteller mit der ganzen Kraft messianischer Überzeugung die Selbstverständlichkeit der Menschenrechte, die revolutionäre Würde des dritten und des vierten Standes und die moralische Notwendigkeit einer egalitären Gesetzgebung gegen die Machthaber und gegen die Zweifler ausgesprochen« hat (M. Schneider), ursprünglich und in ihren ersten Teilen zunächst als private Briefe an eine Frau, die von ihm geliebte Jeannette Wohl, verfaßt worden sind, sollte nicht unerwähnt sein.

Die von vielen deutschen Liberalen geäußerte Ablehnung der *Briefe aus Paris* veränderte B.s schriftstellerische Zielsetzung. Hatte er schon im 58. Brief aus Paris betont: »Die Zeiten der Theorien sind vorüber, die Zeit der Praxis ist gekommen. Ich will nicht schreiben mehr, ich will kämpfen«, so unterstützte er als prominenter Schriftsteller durch seine Teilnahme am Hambacher Fest 1832 die größte antifeudale Demonstration im Vormärz. In Paris engagierte B. sich in der politischen Arbeit emigrierter deutscher Intellektueller und Handwerker, die mit ihren Aktivitäten im »Deutschen Volksverein« über die bisher von ihm angesprochene (bildungs-)bürgerliche Öffentlichkeit hinaus auf eine plebejische Öffentlichkeit zielten, für die die Literatur jakobinisch funktionalisiert werden sollte. B. berührt sich hier durchaus mit dem jungen Georg Büchner des *Hessischen Landboten* von 1834, bleibt aber als Republikaner, der den »citoyen« gegenüber dem »bourgeois« verteidigt und vor einem »Krieg der Armen gegen die Reichen« warnt, trotz aller Radikalität in den Grenzen des frühen Liberalismus. Dem entspricht auch seine Auffassung von der politischen Funktion der Literatur. B. trennte scharf zwischen einem publizistischen Zeitschriftstellertum mit dezidierter politischer Tendenz und einer ästhetischen Kunst, die von Politik nicht bestimmt sein durfte. Für B. hatte die operative Prosa den Vorrang, solange die politische Freiheit nicht errungen war; erst dann war »Dichtung« im Sinne seines Kunstideals (wieder) möglich.

B., aufgewachsen im Frankfurter Ghetto unter dem Namen Juda Löw Baruch, bis er 1818 den Namen Ludwig Börne annahm, ohne dadurch den antisemitischen Beschimpfungen seiner Kritiker zu entgehen, hat sich nachdrücklich für die Emanzipation der Juden eingesetzt. Diese war ihm Teil einer politischen Emanzipation der Deutschen, die sie vom bornierten Nationalismus zu einem freiheitlichen Patriotismus führen sollte, den er in der französischen Nation schon verkörpert sah (vgl. insbesondere *Menzel der Franzosenfresser*, 1837, sowie B.s Pariser Zeitschrift *La Balance*). B.s Ethos des »Zeit-Schriftstellers« ließ ihn zu einem scharfen Kritiker Johann Wolfgang von Goethes, den Heinrich Heine 1830 ein »Zeitablehnungsgenie« genannt hatte, und der reaktionär gewordenen Romantiker werden, denen er schon in seiner *Denkrede* (1826) Jean Paul als Alternative gegenüberstellte. Sein moralisch begründetes politisches Engagement ließ ihn aber auch in wachsendem Maße an dem »Künstlerjuden« (Thomas Mann) Heinrich Heine Kritik üben, die dieser in *Über Ludwig Börne* 1840 gnadenlos zurückgab. Die Dissoziation zwischen diesen beiden bedeutenden oppositionellen Schriftstellern der Metternich-Zeit ist auch als eine Dissoziation von sozialer und ästhetischer Funktion der Literatur zu verstehen, die im Vormärz ebensowenig überwunden werden konnte wie später etwa in den Literaturdebatten der ausgehenden Weimarer Republik angesichts des Faschismus.

Werkausgaben: Sämtliche Schriften. Hrsg. von Inge und Peter *Rippmann*. 5 Bde. Düsseldorf 1964/68 [Reprint: Dreieich 1977]; Briefe aus Paris. Hrsg. von Alfred *Estermann*. Frankfurt a. M. 1986.
Literatur: *Jasper,* Willi: Keinem Vaterland geboren. Ludwig Börne. Eine Biographie. Hamburg 1989; Die Kunst – Eine Tochter der Zeit. Neue Studien zu Ludwig Börne. Von Peter U. *Hohendahl* u. a., Bielefeld 1988.

Peter Stein

Brant, Sebastian
Geb. 1457 oder 1458 in Straßburg; gest. 10. 5. 1521 in Straßburg

Er beargwöhnte das Produkt Buch, bezweifelte den Nutzen seiner Verbreitung durch den Druck, verspottete die Art des Umgangs mit Büchern und erlebte, wie sein Hauptwerk, *Das Narrenschiff* (1494), durch den Druck zum Erfolgsbuch in seiner Zeit wurde, zum ersten »Bestseller« deutscher Sprache. Sein Zeitgenosse, der Abt Johannes Trithemius, würdigte es als »divina satyra«, göttliche Satire, und somit als Seitenstück zur *Divina Commedia* von Dante Alighieri. Mitte des 19. Jahrhunderts gestand der Literaturhistoriker Friedrich Zarncke: »Ich kenne kein zweites Werk, das so phänomenartig aufgetreten, so durchgreifend und so weitverbreitet seinen Einfluß geäußert hätte, wenigstens bis dahin nicht, und namentlich nicht ein deutsches.«

Soll heißen: bewirkte etwas, nämlich in Bezug auf Buchproduktion und Bücher, wurde gekauft, übersetzt (am stärksten beachtet: die 1497 in Basel erschienene, von B. selbst überwachte lateinische Version von Jacob Locher, *Stultifera Navis*), vielfach aufgelegt, bearbeitet, verhunzt, nachgedruckt und nachgeahmt, zog einen Kometenschweif weiterer Narrenbücher hinter sich her (bald schon, 1512, Thomas Murners ebenbürtige *Narrenbeschwörung*). Aber war dies die vom Dichter beabsichtigte Wirkung? Er hatte sich das Buch gedacht »zu Nutz und heilsamer Lehre, Vermahnung und Erfolgung (Erlangung) der Weisheit, Vernunft und guter Sitten, sowie auch zur Verachtung (Ächtung) und Strafe (Kritik) der Narrheit, Blindheit, Irrsal und Torheit aller Stände und Geschlechter (Gattungen) der Menschen«, wohl wissend – der Prolog, gleich die ersten Verse bezeugen es: »Alle Lande sind jetzt voll heiliger Schrift / Und was der Seele Heil betrifft: / Voll Bibeln, heiliger Väter Lehr / Und andrer ähnlicher Bücher mehr, / So viel, daß es mich wundert schon, / Weil niemand bessert sich davon. / Ja, Schrift und Lehre sind veracht't, / Es lebt die Welt in finstrer Nacht.«

Paradoxie der Autorexistenz eines satirischen Geistes. Er sieht, daß keine Besserung durch Bücher kommt und, um diesen Zustand zu verbessern, was macht er? Ein neues Buch. Worin, beiläufig, das 1. Kapitel betitelt ist: *Von unnützen Büchern.* Keine Selbstironie, sondern das Thema des scheingelehrten Narren, dem »die Bücher der ganzen Welt« zur Verfügung stehen, indes ohne Nutzen, da er sie aufhäuft, ohne sie zu begreifen. Ein Grundmotiv im *Narrenschiff*: Bücher, guter Rat, nützliche Lehre wären vorhanden, doch es fehlt, wie am Begriffsvermögen, so an der Umsetzung im Leben. Bekennt nicht der Buchverfasser selber sich vieler Torheiten schuldig? Also muß er »im Narrenorden prangen«, »der Narr Sebastianus Brant«, obschon ein hochgelehrtes Haus und ausgezeichneter Honoratior.

In seinem Erfolgsbuch gelang es dem Autor, sowohl eigene Erfahrungen zu verarbeiten, wie sie reichsstädtisches Leben mit sich brachte, als auch die Fülle angelesener Motive aus der mittelalterlichen ebenso wie humanistischen Literatur. Er bot eine komplexe Schau aller Widrigkeiten und Laster, die aus der Sicht des gebildeten Stadtbürgers dessen Existenz gefährdeten oder ihn belästigten: von den nur lächerlichen Modetorheiten über die bedenkliche Herrschaft des Geldes bis hin zum ernsten Niedergang des Reichs und des Glaubens (dafür: Chiffre von der Ankunft des Antichrist). Jeden einzelnen Schaden stellte B. personifiziert als Narren für sich vor, sie alle zusammen in der Mammutmetapher der im Narrenschiff vereinigten sämtlichen Narren (Variation: in einer Flotte von Narrenschiffen). Was Abhilfe gewährleisten könnte? Einzig noch die Weisheit, zu erlangen auf dem Wege, den vornehmlich die Humanisten propagierten: durch – theologisch eingefärbte – Wissenschaft (Lehre). B. entwarf als Gegenbild zum Narrenschiff einen verklärten Zustand vollendeter Weisheit ohne materielles Eigentum, mit Gütergemeinschaft bei allgemeiner Bedürfnislosigkeit, die rückwärts gewandte Utopie eines Goldenen Zeitalters nach antikem Muster. Die simple Konfrontation beider, des Narrentums und seines Gegenbilds, entsprach dem ästhetischen Empfinden des Zeitalters ebenso wie der enzyklopädische Charakter der Narrenrevue und selbst der didaktische Grundzug dieses wie anderer Erfolgsbücher der Epoche.

B.s literarische Laufbahn wurde erzwungen durch die Notwendigkeit, seinen Lebensunterhalt zu verdienen. Aus der Tätigkeit als Herausgeber und Korrektor bei mehreren Basler Verlagen entwickelt sich die eigene Schriftstellerei. Sie umfaßt außer rechtswissenschaftlichen Beiträgen erörternde Literatur, religiöse und weltliche, darunter lateinische und deutsche Gedichte, selbst ausgesprochene Gelegenheitstexte (ein Meteor, sonderbare Mißgeburten u. a.), vor allem aber poetische Manifeste zur Reichspolitik; Adressat häufig: der Kaiser.

In zwei Städten, Mittelpunkten des Geisteslebens im damaligen Deutschland, vollziehen sich nicht weniger als drei Karrieren B.s, des Hochschullehrers, des Autors, des reichsstädtischen Politikers. In Straßburg ist der Vater, Diebolt B., der angesehene Wirt zum »Goldenen Löwen« und langjährig Ratsherr. Der Sohn, bereits früh im Kontakt mit dem oberrheinischen Humanismus (Schlettstadt), bezieht 1475 die Universität Basel und widmet sich humanistischen Studien, bald auch der Rechtswissenschaft. Seit 1484 doziert er am selben Ort als Jurist, amtiert später als Dekan der juristischen Fakultät, erhält jedoch erst 1496 eine besoldete Stelle. Als Basel 1499 der Eidgenossenschaft beitritt, als deren Gegner sich B., Verfechter der Reichseinheit und Parteigänger des Kaisers Maximilian I., betrachtet, läßt er sich in das Amt des Rechtsbeistands seiner Heimatstadt nach Straßburg berufen und ist dort als Stadtschreiber bzw. »Erzkanzler« bezeugt. Hohe Ehrungen bleiben nicht aus, so hat er z. B. den Titel eines kaiserlichen und kurmainzischen Rats erhalten. Die Umstände seiner letzten Lebensjahre allerdings liegen im Dunkeln.

Werkausgabe: Das Narrenschiff. Hrsg. von Hans-Joachim *Mähl*. bibliogr. erw. Aufl. Ditzingen 1992.
Literatur: *Westermann*, R.: Sebastian Brant. In: Die deutsche Literatur des Mittelalters. Verfasserlexikon. Band I. Berlin 1933. Spalte 276–289.   *Wolfgang Beutin*

Braun, Volker
Geb. 7. 5. 1939 in Dresden

»Ich bin an einem Sonntag geboren und verfolgt vom Glück: / Nicht zerborsten unter den Bomben, nicht ausgezehrt / Von den verschiedenen Hungern.« So beginnt das Gedicht *Der Lebenswandel Volker Brauns*. Sein Autor, Dresdner wie andere Poeten der »Sächsischen Dichterschule« (Karl Mickel, Heinz Czechowski u. a.), begreift sich als Kind der faschistischen Ära, der er mit Glück entronnen ist. Der Vater war noch in den letzten Kriegstagen gefallen, die Mutter überlebte mit ihren fünf Söhnen – B. war der vorletzte – die Zerstörung Dresdens.

B. bemühte sich nach dem Abitur zunächst vergeblich um einen Studienplatz, weil er, entgegen den Erwartungen der »streng sorgenden Gouvernante« DDR-Staat, kein »Muttersöhnchen des Sozialismus« (B. im Rimbaud-Essay 1985) sein wollte. So wurde er 1957/58 Druckereiarbeiter in Dresden, danach für zwei Jahre Tiefbauarbeiter im Braunkohlenkombinat Schwarze Pumpe und Maschinist im Tagebau Burghammer. Er ging sozusagen seinen ganz individuellen »Bitterfelder Weg«, und die Trennung von Hand- und Kopfarbeit, die vertikale Arbeitsteilung, die er in diesen Jahren als Problem auch noch des »realen Sozialismus« am eignen Leib erfuhr, wurde zu einem bis heute hartnäckig festgehaltenen Thema seiner literarischen Arbeit. 1959 war der Prosabericht *Der Schlamm* entstanden (erst 1972 veröffentlicht). Als B. 1960 an der Karl-Marx-Universität in Leipzig Philosophie studierte, schrieb er weiter, nun vor allem Gedichte. 1962 wurden einige von ihnen auf der berühmt gewordenen Lesung Stephan Hermlins in der Berliner Akademie der Künste vorgestellt, und 1965 erschien der erste Gedichtband *Provokation für mich* (1966 unter dem Titel *Vorläufiges* in der Bundesrepublik). Binnen kurzem war B., der 1964 sein Philosophie-Diplom erworben hatte und 1965 nach Berlin umgezogen war, zu einem der populärsten jungen Poeten der sog. Lyrikwelle geworden. Er selbst hat seine frühen Gedichte später als »provokatorisches Daherreden« bezeichnet, aber es war doch schon mehr: nämlich der rhetorische Versuch, Lyrik als nichtmonologisches, öffentliches Sprechen zu praktizieren – als »Gegensprache« zur herrschenden, und als »Vorgang zwischen Leuten«. Überkommene Haltungen wurden in der Sprache umgearbeitet und schließlich verworfen. Poesie sollte keine »Darstellung des Gegebenen, sondern Aufbrechen des Gegebenen« sein. Damit war B. der Vorsprecher und Fürsprecher einer ganzen jungen Generation, die folgerichtig in der Literaturgeschichte die »Volker-Braun-Generation« genannt wird.

Auch der Dramatiker B. verfolgte, erkennbar seit 1965, als er auf Einladung Helene Weigels Mitarbeiter am Berliner Ensemble wurde, die erklärte Absicht einer eingreifenden, operativen Literatur. Theaterstücke sollten probedenkend, probehandelnd »Praxis im Versuchsstadium« vorführen. Daß dies nicht risikolos war, zeigte der Umgang der DDR-Institutionen mit B.s Dramen bis zum Ende dieses Staates. Schon das erste große Stück *Die Kipper* (erste Fassung *Kipper Baul Bauch*) mußte sieben Jahre bis zur DDR-Erstaufführung 1972 warten. Auch *Hinze und Kunze* (erste Fassung *Hans Faust*, 1968 uraufgeführt) konnte sich nur schwer durchsetzen. Gleiches gilt für die beiden komplementären Frauen-Stücke *Tinka* (1976) und *Schmitten* (entstanden 1969–78; Uraufführung 1982), *Der große Frieden* (1979) und *Simplex Deutsch* (1980). Nicht besser ging es den Stücken *Guevara oder der Sonnenstaat* (BRD 1977 – DDR 1984), *Dmitri* (nach Schillers *Demetrius*; BRD 1982 – DDR 1984), *Siegfried Frauenprotokolle Deutscher Furor* (1986), *Die Übergangsgesellschaft* (BRD 1987 – DDR 1988), *Lenins Tod* (1988) und *T* (wie Trotzki; 1990). Dabei hält *Lenins Tod* mit einer Wartezeit von 18 Jahren zwischen Niederschrift und Uraufführung wohl den (DDR-)Rekord. In seinen Stücken versucht B., einen dritten Weg zwischen dem »glänzenden Hacks« und dem »großartigen (Heiner) Müller« zu gehen. Er »verhöhnt« die »Halbheiten, Schwächen und Erbärmlichkeiten« (Karl Marx) der »Revolution von oben« in seinem Land, ohne ihm doch je die kritische Solidarität endgültig aufzukündigen. Gleiches gilt für die späteren Lyrikbände (*Wir und nicht sie*, 1970; *Gegen die symmetrische Welt*, 1974; *Training des aufrechten Gangs*, 1979; *Langsamer knirschender Morgen*, 1987) und die stärker in den Vordergrund tretende Prosa. Berühmt wurde B.s nach dem Leben geschriebene, sprachlich von Heinrich von Kleist und Georg Büchner inspirierte Erzählung *Unvollendete Geschichte* (1975), deren Titel die eigne Geschichtsphilosophie manifestiert: den »realen Sozialismus« als noch durchaus »unvollendete Geschichte« zu begreifen. So war es auch nur selbstverständlich, daß B. im November 1976 zu den Erstunterzeichnern der Petition gegen die Ausbürgerung Wolf Biermanns gehörte.

In den letzten DDR-Jahren hat sich B.s Geschichtsbild spürbar verdüstert. Das zeigt sein satirischer *Hinze Kunze Roman* (1981; veröffentlicht 1985) ebenso wie die Komödie *Die Übergangsgesellschaft*, welche die DDR im Spiegel von Tschechows *Drei Schwestern* als ausweg- und zukunftsloses Dauerprovisorium verhöhnt, und der virtuose Prosatext *Bodenloser Satz* (1989). Dennoch hat B. in und nach der Wende 1989/90 melancholisch-trotzig an »seinem Ländchen« DDR und der sozialistischen Utopie festgehalten, manifest u.a. in seinem allegorischen Stück *Iphigenie in Freiheit* (1992).

Werkausgabe: Texte in zeitlicher Folge. 10 Bände. Halle/Leipzig 1989–1993.

Literatur: *Wallace*, Ian: Volker Braun: Forschungsbericht. Amsterdam 1986; *Profitlich*, Ulrich: Volker Braun. Studien zu seinem dramatischen und erzählerischen Werk. München 1985; *Rosellini*, Jay: Volker Braun. München 1983.

Wolfgang Emmerich

Brecht, Bertolt
Geb. 10. 2. 1898 in Augsburg; gest. 14. 8. 1956 in Ostberlin

Als B. einmal gefragt wurde, was er tun würde, wenn er einen Menschen liebte, antwortete er: »Ich mache einen Entwurf von ihm und sorge dafür, daß er ihm ähnlich wird.« Auf die erstaunte Rückfrage: »Wer? Der Entwurf?« sagte B. ruhig: »Nein, der Mensch.« Diese überraschende Antwort korrespondiert mit der Überzeugung B.s, daß der Mensch noch mit dem letzten Atemzug neu beginnen könne, und mit seiner Feststellung: »in mir habt ihr einen, auf den könnt ihr nicht bauen«. Das ist kein Plädoyer für Unzuverlässigkeit, sondern für Veränderung. Die Liebe gilt nicht einem fertigen Menschen, einem »Bild«, das man sich macht, um dann enttäuscht zu sein, daß er – der Mensch – nicht hält, was er versprach (so die üblichen bürgerlichen Zweierbeziehungen). Liebe ist ein produktives Verhalten, das den Geliebten »formt«, ihn entwickelt, mehr und anderes aus ihm macht, als er ist. Obwohl die Frau als Geliebte und Liebende im Werk nur eine geringe Rolle spielt, waren die vielen Liebesbeziehungen, die B. einging, ein wichtiges »Produktionsmittel«. Im Alter von 26 Jahren hatte er drei Kinder mit drei Frauen: Frank mit Paula Banholzer, Hanne mit Marianne Zoff und Stefan mit Helene Weigel, die 1930 noch die gemeinsame Tochter Barbara gebar. Ein Kind, das Ruth Berlau 1944 zur Welt brachte, starb nach wenigen Tagen. »Laßt sie wachsen, die kleinen Brechts«, war sein selbstbewußtes Motto, und Josef Losey überlieferte aus den USA: »Er aß wenig, trank wenig und fickte sehr viel.« Die Liebe zu vielen Frauen, die gemeinsame Produktion (»gegenseitiges Entwerfen«) sowie ständige Veränderung (nicht zu bleiben, wo und was man ist) sind die Grundkategorien für B.s Leben und vor allem für sein Werk.

Er stamme aus den »schwarzen Wäldern« und sei von seiner Mutter in die Asphaltstädte hineingetragen worden, so hat B. seine Herkunft selbst lyrisch stilisiert *(Vom armen B. B.)*. Tatsächlich lebte die Familie des Vaters in Achern (Schwarzwald), seiner Großmutter setzte B. mit der Erzählung *Die unwürdige Greisin* ein literarisches aber nicht authentisches Denkmal: Er projizierte die eigenen Veränderungen, seinen Übergang in die »niedere Klasse«, in seine Vorfahren und versuchte, ihnen so historische Legitimation zu geben. B. wurde in Augsburg geboren und lebte zunächst, als der Vater noch kaufmännischer Angestellter war, durchaus in kleinbürgerlichen Verhältnissen. Der Umzug in die Stiftungshäuser der Haindlschen Papierfabrik, der mit dem Aufstieg des Vaters zum Prokuristen und dann zum kaufmännischen Direktor der Fabrik verbunden war, bedeutete ein Leben in proletarischem Milieu, von dem sich allerdings der gutbürgerliche Lebensstil und auch die Größe der Wohnung der Familie entschieden abhoben. Der junge B. genoß die Vorzüge sehr, zumal er bald auch im eigenen Mansardenzimmer leben durfte.

Er verlebt eine gewöhnliche bürgerliche Jugend, zu der auch die ersten Schreibversuche gehören. Am »vaterländischen Aufbruch« (1914) nimmt er literarisch teil, mit begeistert zustimmenden (sicher auf Bestellung geschriebenen) Elogen auf Kaiser, Krieg und Vaterland. Aber er verfügt auch früh schon über andere Töne, die in der

B.-Clique, einem von B. dominierten Freundeskreis, – und mit der Gitarre – entwikkelt werden. Man zieht bürgerschreckend durch die Straßen und versammelt sich vornehmlich in der Natur (am Lech). Im Typus des Baal, den er 1918 in seinem ersten großen Drama entwirft, erhält die antibürgerliche Einstellung B.s erste gültige Gestalt, auch wenn er ihr nur sehr bedingt entsprochen hat: der genialische Dichtertypus, der sich um die gesellschaftlichen Konventionen nicht mehr kümmert, alle liebgewonnenen Werte negiert (der Nihilismus des jungen B.) und seine »naturhafte« Vitalität auf Kosten der anderen radikal auslebt. Es ist die frühe Studentenzeit (1917 bis 1924), in der er zwischen Augsburg und München hin- und herpendelt. Mit dem ebenfalls 1918 entstandenen Gedicht *Legende vom toten Soldaten* formuliert er wirksam und gültig seine Abneigung gegen den Krieg; das Gedicht soll ihn schon in den 20er Jahren auf die schwarze Liste der Nazis gebracht haben.

Das Studium in München nahm B. nie richtig auf. Er schrieb stattdessen seinen ersten großen Erfolg, das Drama *Trommeln in der Nacht* (1919), das ihm den Kleist-Preis (1922) einbrachte. Herbert Jhering, der als Entdecker B.s gelten darf, schrieb enthusiasmiert: »Bertolt Brecht hat das dichterische Antlitz Deutschlands verändert.« Das Stück kritisiert das sich neu etablierende Bürgertum der Weimarer Republik: Die Bürger sichern sich ihre Anteile, über Leichen gehend. Den Menschentypus der 20er Jahre erfaßt B. in der Figur des anpasserischen Galy Gay. Das Stück *Mann ist Mann* (entstanden zwischen 1924 und 1926) plädiert für »Einverständnis«, nämlich mit den gesellschaftlichen Veränderungen, die den Menschen tiefgreifend wandeln – als Mensch, der von Technik abhängig ist und in der Massengesellschaft lebt, womit Vereinzelung, Entfremdung, Anonymität und Gesichtslosigkeit verbunden sind. Das Einverständnis bedeutet dabei keineswegs vorbehaltlose Bejahung der neuen Gegebenheiten, vielmehr kennzeichnet es das notwendige Eingehen auf die gesellschaftlichen Realitäten, damit Veränderung nicht bloße Wünschbarkeit bleibe. Die vielfach mit dem Stichwort »Behaviorismus« beschriebene Lebensphase (zwischen ca. 1924 bis 1931) ist keine Zeit, in der sich B. der kapitalistischen Anpassungsideologie verpflichtet, sondern die Zeit – sie beginnt spätestens mit *Trommeln in der Nacht* –, in der B. nicht mehr bloß gegen die bürgerlichen Zwänge revoltiert, sondern ihre Faktizität und ihre prägende Macht einkalkuliert. In Geschichten (z.B. *Nordseekrabben*, 1926), in Gedichten (vgl. *Das Lesebuch für Städtebewohner*, 1930) und Stücken (*Im Dickicht der Städte*, 1922) zeigt er immer wieder, daß die gesellschaftliche Entwicklung das autonome bürgerliche Individuum bereits innerhalb des Bürgertums selbst ausradiert hat. Der Mensch ist fremdbestimmt und Mensch nur noch in der Masse; will er sich als Individuum neu gewinnen, so muß er diese Tatsache anerkennen, folglich in die Bestimmung des Individuellen aufnehmen: das Individuum ist nicht mehr als gegeben vorauszusetzen, sondern ist Resultat des gesellschaftlichen Prozesses. Diesen Prozeß »einzuverstehen« (verstanden zu haben, bedingt anzuerkennen), ist notwendige Voraussetzung für jegliche Änderung, auch des Menschen, und hat zugleich zur Konsequenz, auf die »Massen«, das heißt in der Klassengesellschaft auf das Proletariat, als historische Kraft zu setzen.

Zu B.s Realismus gehört auch die Wahl des angemessenen Produktionsorts. München, wo er bis 1924 arbeitete, beschreiben kritischere Zeitgenossen als verspießertes großes Dorf, das auf die Dauer nur wenig zu bieten hatte. B. bereitete seine Übersiedlung nach Berlin sorgfältig vor, indem er Kontakte knüpfte und seine Stücke zur Aufführung anbot (*Trommeln in der Nacht* wurde im Dezember 1923 am Deutschen Theater gegeben, *Dickicht* hatte ein knappes Jahr später ebenda Premiere). Auch Helene Weigel, seine spätere Frau, lernte er schon 1923 kennen und lieben. B. suchte nicht die einsame Dichterexistenz, die Besinnung auf sich selbst, er benötigte vielmehr den Betrieb, den vielgescholtenen Großstadtdschungel, die Kontakte, die rasche öffentliche Bestätigung seiner Arbeit und viele Mitarbeiter. B. übertrug die Kollektivarbeit am Theater oder Film bereits auf die Text-Produktion selbst. Er nutzte jede Möglichkeit der Information, hörte bei Gesprächen geduldig zu, sie zugleich rücksichtslos ausbeutend, und beteiligte stets Freunde und Freundinnen – am wichtigsten wurden Elisabeth Hauptmann (ab 1924 bis zu B.s Tod) und Margarete Steffin (ab 1932 bis 1941, ihrem frühen Tod) – als direkte Mitarbeiter. Auch dies erfolgte aus der Einsicht in das veränderte Verhältnis von Literatur und Gesellschaft. Die Zeit war vorbei, in der der einzelne – in Einsamkeit und Freiheit – noch vernünftige Werke zu produzieren vermochte. »Größere Gebäude kennen sie nicht, als solche, die ein einzelner zu bauen imstande ist«, heißt es höhnisch am Ende einer *Geschichte vom Herrn Keuner* über die *Originalität*. Von daher ließ ihn auch der Plagiatsvorwurf kalt, den Alfred Kerr nach der Uraufführung der *Dreigroschenoper* öffentlich gegen ihn erhob. Die Übernahme von Vorhandenem war B. selbstverständlich; er begründete gegen Kerr sein Plagiieren frech mit der »grundsätzlichen Laxheit in Fragen geistigen Eigentums«. Jede Tradition konnte so verarbeitet und im dreifachen Wortsinn »aufgehoben« werden: mit Vorliebe die römische Antike (Horaz), Shakespeare und – in großem Umfang – die Lutherbibel.

1926 gilt als das wichtigste »Umbruchsjahr« in der Biographie B.s: er las Karl Marx, als er für die Vorgänge an der Weizenbörse, die er im *Joe Fleischhacker*-Projekt dramatisieren wollte, keinerlei vernünftige Erklärung erhielt. In Wirklichkeit handelt es sich um keinen »Bruch«, sondern um das – naheliegende – Resultat seines Realismuskonzepts. B.s Werk, das in seinen Anfängen noch biographisch bezogen war, wurde immer mehr »Zeitdichtung«, eine Dichtung, die sich mit den aktuellen Fragen der Zeit auseinandersetzte und nicht »Ausdruck einer Persönlichkeit« sein wollte. Daran liegt es auch – eine weitere wichtige Eigenheit des Werks – daß B. seine Dichtungen – für Ausgaben, bei Aufführungen u. a. – immer neu überarbeitete und »aktualisierte«. Zum Beispiel existieren vom *Galilei* drei große Fassungen, deren erste (1938) noch ganz auf die Titelfigur ausgerichtet ist, ihre »Entmachtung« und »Ausmerzung« aufgrund des Verrats der Wissenschaft. Erst mit der 2. Fassung (1944/45), die B. mit Charles Laughton im USA-Exil erarbeitet, kommt das Thema der Atombombe hinzu, während die 3. Fassung (1953) schon mit der Alltäglichkeit der Bombe rechnete und mit der Tatsache, daß die Wissenschaft wie selbstverständlich an ihrer Herstellung arbeitete. Mit der Marx-Lektüre war durchaus keine »Ideologisierung« der Dichtung verbunden, wie gern behauptet wird. Der Marxismus stellte für B. vielmehr die beste »Methode« bereit, die gegebenen Realitäten zu erfassen. Selbst Stücke wie *Die Maßnahme* – aus der »Lehrstückzeit« (1928 bis 1931) – sind keine marxistischen Thesenstücke, sondern kunstvoll gebaute ästhetische Kollektivübungen, die der sich ausbreitenden Distribution der Massenmedien durch idiotische Unterhaltung und Einlullung des Publikums eine kommunikative Alternative gegenüberstellen wollten: das Publikum sollte nicht einseitig »bedient« und damit ruhig gestellt durch die Passivität der Rezeption von Medien, sondern aktiv herausgefordert und beteiligt werden. »Über literarische Formen muß man die Realität befragen, nicht die Ästhetik, auch nicht die des Realismus«, war B.s ästhetischer Leitsatz.

Die marxistische »Wende« bedeutete keineswegs, daß B. das »Kulinarische« aufgab. Im Gegenteil fiel gerade in diese Zeit B.s Arbeit an der *Dreigroschenoper* (1927/28), die einen legendären Erfolg auslöste. Zwar hatte B. die Oper als Affront gegen die Gesellschaft gedacht, die ihm nun begeistert zujubelte, aber er hatte doch die ästhetischen Mittel gefunden, die der Zeit entsprachen. Der Song vom *Mackie Messer* wurde, auch von B. mit krächzender Stimme gesungen, zum Schlager, und die Berliner Gesellschaft gab sich mit Vorliebe als Halbwelt der Nutten, Zuhälter und Gangster. Insofern objektivierte der Erfolg doch noch die Kritik des Stücks, freilich von der besseren Gesellschaft als kitzlig-anstößige Unterhaltung genossen: die Weimarer Republik kündigte bereits ihr Ende an (1930).

B. gehörte zu den wenigen, die aufgrund ihrer Kenntnis der politischen und wirtschaftlichen Lage dieses Ende illusionslos voraussahen, wenn nicht durch eine starke Arbeiterbewegung ein Gegengewicht geschaffen würde. Mit seinen Lehrstücken, dem Revolutionsstück nach Maxim Gorkis *Die Mutter* oder mit dem sehr genauen Milieufilm *Kuhle Wampe* (beide 1930) versuchte er entsprechend zu agitieren und die Solidarität der Arbeiter zu fördern – ohne Erfolg.

Mit der »Machtübernahme« der Nazis ist seiner Arbeit jegliche Grundlage genommen; der Reichstagsbrand (27.2.33), den er in seiner politischen Bedeutung sofort erkennt, zwingt ihn zur sofortigen Flucht aus Deutschland, zunächst nach Prag, nach Wien und Paris und dann nach Svendborg (Dänemark), wo er mit seiner Familie und der Mitarbeiterin Margarete Steffin von 1933 bis 1939 lebt, liebt und arbeitet. B. stellt seine Produktion ganz auf den antifaschistischen Kampf ein und richtet danach Themen und Sprache seiner Werke aus, zunächst noch in der Hoffnung, damit in Deutschland die antifaschistischen Kräfte so stärken zu können, daß sie eine politische Chance fänden. Heftig bekämpft er alle – auch »linken« – Strömungen, die im Faschismus nur den »Ausbruch von Barbarei« sehen und meinen, vor ihm die »Kultur« »retten« zu müssen. 1935, auf dem internationalen Schriftstellerkongreß zur »Verteidigung der Kultur« in Paris, fordert er als einziger, endlich von den »Eigentumsverhältnissen« zu reden und zu erkennen, daß langst Menschen zu retten sind, wo immer noch von der Rettung der Kultur gehandelt wird. »Dem, der gewürgt wird / Bleibt das Wort im Halse stecken«, hält B. Karl Kraus vor, der gemeint hatte, daß das »Wort entschlafen« sei, als »jene Welt erwachte«.

B. wußte früh, daß Hitler Krieg bedeutete. Noch in Dänemark, ehe ihn der Krieg zwang, über Finnland (1940) und die Sowjetunion nach den USA zu fliehen, beginnt er mit *Mutter Courage und ihre Kinder* (1941); das Stück führt den Krieg als (mit anderen Mitteln) fortgeführten Handel vor und zeigt – am Beispiel der Courage, die ihre drei Kinder verliert – die mit ihm verbundenen Opfer. Die »Courage«, gespielt von der Weigel, wurde später das Stück, das B.s Weltruhm begründete. Das finnische Volksstück *Herr Puntila und sein Knecht Matti* (1940), das den Typus des scheinbar liebevollen, vitalen, aber brutalen Kapitalisten entwirft, negiert die Möglichkeit der Klassenversöhnung. Mit dem *Aufstieg des Arturo Ui* (1941), schon für die USA gedacht, wollte er – im überschaubaren Gangstermilieu von Chicago – die Zusammenhänge von kapitalistischer Wirtschaft, Gangstertum und politischem Aufstieg des Faschismus seinem neuen Gastland des Exils, »öfter als die Schuhe die Länder wechselnd«, demonstrieren.

B. richtete sich in den USA – er ging nach Santa Monica (Kalifornien) und versuchte sich u. a. auch als Filmeschreiber in Hollywood – von vornherein nicht auf Dauer ein. Er wartete vielmehr auf das Kriegsende, setzte früh auf einen Sieg der Sowjets und blieb ein kritischer Beobachter der Emigrantenszene, besonders der des »Frankfurter Instituts für Sozialforschung« – Theodor W. Adornos und Max Horkheimers. Seine Versuche, unter den Emigranten Einigkeit über das »andere« Deutschland zu erzielen und entsprechend unterstützend tätig zu werden, scheiterten an der Kollektivschuldthese. Das Kriegsende diagnostizierte er bereits als Beginn einer neuen – größeren – Konfrontation.

Die Rückkehr nach Deutschland war selbstverständlich. Dort sah B. sein Publikum, aber auch seine Heimat und sein »Volk«. Die Annäherung geschieht von außen, über die Schweiz. Auch der österreichische Paß – nach der Gründung der beiden deutschen Staaten erworben (1950) – ist ein Bekenntnis zur Heimat (zum ganzen Deutschland). Mit Stücken wie *Der kaukasische Kreidekreis* (1945) plädiert er für die Übernahme des Besitzes durch das Volk – »daß da gehören soll, was da ist, denen, die für es gut sind« – und mit *Die Tage der Kommune* (1948/49) für eine revolutionäre Lösung, das heißt: für ein sozialistisches Deutschland. Die Entscheidung für die DDR war nur folgerichtig.

Seine letzten Jahre gelten der praktischen Theaterarbeit im Berliner Ensemble, das unter der Intendanz von Helene Weigel im Theater am Schiffbauerdamm residiert, der kritischen Erledigung der Vergangenheit mit Bearbeitungen Shakespeares, Molières, Sophokles' u. a. gegen die »Beerbung« der bürgerlichen Errungenschaften und dem Kampf um die Erhaltung des Friedens. Sein Realismus und seine Sehnsucht nach Veränderung machten ihn früh weise; mit den *Buckower Elegien* (1953) schrieb er ein Alterswerk, vergleichbar nur mit dem *West-östlichen Divan* von Johann Wolfgang von Goethe, im Alter von nur 55 Jahren. Auf dem Totenbett diktierte er: »Schreiben Sie, daß ich unbequem war und es auch nach meinem Tod zu bleiben gedenke. Es gibt auch dann noch gewisse Möglichkeiten.« Er hat recht behalten.

Werkausgabe: Brecht, Bertolt: Werke. Hrsg. von Werner *Hecht* u. a. 30 Bde. Berlin/Frankfurt a. M. 1988 ff.

Literatur: *Mittenzwei,* Werner: Das Leben des Bert Brecht oder Der Umgang mit den Welträtseln. 2 Bände. Ostberlin 1986; *Joost,* Jörg Wilhelm/*Müller,* Klaus-Detlef/*Voges,* Michael: Bert Brecht. Epoche, Werk, Wirkung. München 1985; *Knopf,* Jan: Brecht-Handbuch. Bd. 1: Theater. Stuttgart 1980. Band 2: Lyrik, Prosa, Schriften. Stuttgart 1984 (Sonderausgabe: Stuttgart 1986); *Völker,* Klaus: Bertolt Brecht. Eine Biographie. München 1976; *Petersen,* Klaus-Dietrich: Bertolt-Brecht-Bibliographie. Bad Homburg/Berlin/Zürich 1968.

Jan Knopf

Brentano, Clemens

Geb. 9. 9. 1778 in Ehrenbreitstein; gest. 28. 7. 1842 in Aschaffenburg

»Seit fünfzehn Jahren lebt Herr Brentano entfernt von der Welt, eingeschlossen, ja eingemauert in seinen Katholizismus ... Gegen sich selbst und sein poetisches Talent hat er am meisten seine Zerstörungssucht geübt ... Sein Name ist in der letzten Zeit fast verschollen, und nur wenn die Rede von den Volksliedern ist, die er mit seinem verstorbenen Freund Achim von Arnim herausgegeben, wird er noch zuweilen genannt.«

Heinrich Heines kritische Marginalie in seiner *Romantischen Schule* (1835) ruft den bereits zu Lebzeiten vergessenen Dichterkollegen in Erinnerung, von dessen umfangreichem Oeuvre nurmehr noch die frühe Volksliedersammlung *Des Knaben Wunderhorn* bekannt und geschätzt geblieben ist. Die weitere Wirkungsgeschichte von B.s Werk sollte Heines Nachrede auf den verschollenen Poeten bis heute nur bewahrheiten. Die Gründe für diese Vergeßlichkeit – »die Leute haben im Leben wenig von ihm gewußt und nach dem Tode ihn kaum vermißt« (Joseph von Eichendorff) – welche die Nation dem »romantischsten ihrer Dichter« (Rudolf Haym) entgegenbrachte, sind kaum in B.s übersteigertem Romantizismus, im Geschmackswandel oder in einer verschütteten Rezeptionsgeschichte zu suchen; vielmehr finden sie sich, wie von Heine vermutet, in B.s »zerrissener« Biographie. Und es ist vor allem nicht der Katholizismus, zu dem sich fast alle Romantiker bekannten, der Heines Kritik herausfordert, sondern die Zerstörungswut, mit der B. im Zeichen der Religion gegen sein poetisches Werk vorgeht und es schließlich verleugnet. Allerdings war B. in seiner katholischen Phase keineswegs als Autor »verschollen«, wie Heine vorschnell annahm, sondern er war als Erbauungsschriftsteller erfolgreicher als alle seine dichtenden Zeitgenossen; seine religiösen Schriften, teilweise anonym erschienen, erreichten hohe Auflagen und wurden in alle wichtigen europäischen Sprachen übersetzt.

Dieser Widerspruch in B.s Schaffen als Gegensatz von Poesie und Leben sollte nicht überbewertet, aber ebensowenig vorschnell harmonisiert werden: es zeigt sich vielmehr die innere Konsequenz eines enttäuschten, auf der Suche nach geistigem Rückhalt befindlichen Lebens, dessen äußere Bizarrie die Zeitgenossen immer wieder faszinierte und gleichzeitig verwirrte. »Die seltsamen Abenteuer, die seine eigene bizarre Ansicht der Welt ihm zugezogen« (Wilhelm Grimm), sie beginnen 1798, als sich der Frankfurter Kaufmannssohn nach dem Tod von Vater und Mutter der aufgedrungenen bürgerlichen Berufsausbildung entzieht; aber auch der Besuch der Universitäten in Bonn, Halle, Jena und Göttingen führt zu keinem abgeschlossenem Studium: Bergwissenschaft, Medizin und Philosophie werden nacheinander betrieben und wieder aufgegeben. In Jena, dem Zentrum der frühromantischen Bewegung, trifft B. auf seine eigentliche Bestimmung; unter dem Einfluß von Johann Gottlieb Fichte, Friedrich Wilhelm Joseph von Schelling, den beiden Schlegel, Ludwig Tieck und Ernst August Friedrich Klingemann beginnt er »eine freie poetische Existenz«; ein beträchtliches Erbe macht ihn unabhängig. Im Jenaer Kreis lernt er auch seine spätere Frau Sophie Mereau kennen, die er 1803 heiratet. Gemäß dem aufgelösten romantischen Gattungsbegriff setzt seine literarische Produktion auf verschiedenen Gebieten ein: Neben die Lyrik tritt die Literatursatire (*Gustav Wasa*, 1800) die sich hauptsächlich gegen August von Kotzebue richtet, und der »verwilderte Roman« *Godwi oder das steinerne Bild der Mutter* (1801), der in der Nachfolge des frühromantischen Bildungsromans eine verwirrende Formenvielfalt mit Witz und Sentiment verbindet; nach dem Lustspiel *Ponce de Leon* (1804), das die Aufmerksamkeit Johann Wolfgang von Goethes findet, beginnt B. neben der im romantisch-mittelalterlichen Stil gehaltenen *Chronika eines fahrenden Schülers* (1818) mit seinem wohl ehrgeizigsten Jugendwerk, dem Versepos *Die Romanzen vom Rosenkranz* (1810) – »eine Reihe von romantischen Fabeln, in welcher sich eine schwere, alte Erbsünde mit der Entstehung des Rosenkranzes löst« –, dessen labyrintische Handlung zu keinem Abschluß kommt.

Die Übersiedlung des jungen Ehepaares nach Heidelberg mit dem Freund und »Herzbruder« Achim von Arnim in einen Kreis gleichgesinnter Schriftsteller und Gelehrter führt zu einer fruchtbaren Epoche gemeinsamer Arbeit. Aus der Begeisterung für die alte deutsche Poesie geht die berühmte Volksliedersammlung *Des Knaben Wunderhorn* (1805/08) hervor, eine Kontamination von gesammelter, umgearbeiteter und eigener, nachempfundener Lyrik, die den von den Brüdern Grimm vorgegebenen Maßstab von Kunst- und Volkspoesie überspielt. Als Pendant zu der Volksliedersammlung ist eine altdeutsche Prosasammlung geplant, deren ersten und einzigen Band B. 1809 vorlegt, die Neubearbeitung von Jörg Wickrams *Goldfaden.*

Der Tod seiner Frau, eine kurz danach unüberlegt geschlossene Ehe und die Auseinandersetzung mit dem Homerübersetzer Johann Heinrich Voß um die Authentizität der *Wunderhorn*-Sammlung verleiden B. Heidelberg, das er 1809 zusammen mit Arnim verläßt. Nach einem längeren Aufenthalt in Bayern trifft er in Berlin wieder mit seinem Freund zusammen. Wie in Heidelberg, bewegen sie sich in den gesellig-gelehrten Zirkeln, die sich um die neugegründete Universität gebildet hatten. In Zusammenarbeit mit den befreundeten Brüdern Grimm faßt B. verschiedene Märchenpläne: ein Zyklus von eigenen Rheinmärchen soll neben die Bearbeitung von Giovanni Basiles neapolitanischen Märchen aus dem 17. Jahrhundert treten; ebenfalls wird die Arbeit an den *Romanzen vom Rosenkranz* wiederaufgenommen. 1811 verläßt er Berlin; nach Reisen nach Böhmen – dort entsteht das historisch-romantische Drama *Die Gründung Prags* (1812) – und Wien, wo er in den katholischen Kreisen um den Historiker Adam Müller und den Theologen Clemens Maria Hofbauer verkehrt, kehrt er 1814 wieder nach Berlin zurück. Unter dem Einfluß einer unglücklichen Liebe zu der tiefreligiösen Pfarrerstochter Luise Hensel bricht in B. eine lang angestaute Lebenskrise durch; sie stellt ihn vor die Entscheidung zwischen Ästhetizismus oder einem bewußten, religiösen Leben. 1817 legt er die Generalbeichte ab und vollzieht damit den endgültigen Bruch mit seinem poetischen Vorleben: »Mein ganzes Leben habe ich verloren, teils in Sünde, teils in falschen Bestrebungen. Meine dichterischen Bestrebungen habe ich geendet, sie haben zu sehr mit dem falschen Wege meiner Natur zusammengehangen.« Nach der Konversion zum Katholizismus sucht B. eine seinen neuen, rigorosen religiösen Vorstellungen entsprechende Aufgabe. 1819 reist er nach Dülmen, um die Visionen der stigmatisierten Nonne Anna Katharina Emmerick aufzuzeichnen. Diese selbstgewählte »Lebensaufgabe« hält ihn bis zum Tod der Nonne 1824 in Westfalen fest. Auf 16000 Folioseiten hat B. als Sekretär der Emmerick ein Material gesammelt, das er bis zu seinem Tod unter hagiographischen Gesichtspunkten bearbeitet: Er beabsichtigte, das Leben Jesu entgegen der zersetzenden Bibelkritik aus dem protestantischen Lager als historische Tatsache nach den aufgezeichneten Visionen und seinen eigenen religiösen Vorstellungen zu beschreiben: »Alles ließ den großartigen Zusammenhang ahnen, daß die heiligende Vorwelt, die entheiligende Mitwelt und die richtende Nachwelt sich fortwährend als ein historisches und zugleich allegorisches Drama nach den Motiven und der Szenenfolge des Kirchenjahres vor, in und mit ihr abspielten.« 1833 veröffentlichte er anonym *Das bittere Leiden unseres Herrn Jesu Christi*; postum erschienen *Das Leben der Heil. Jungfrau Maria* und *Das Leben unseres Herrn und Heilandes Jesu Christi* (1852/58). Alle Bücher hatten einen unglaublichen Erfolg; sie machten B. zum berühmten katholischen Erbauungsschriftsteller, dessen poetisches Werk allerdings vergessen war und das er selber als »geschminkte, duftende Toilettensünden unchristlicher Jugend« glaubte diskreditieren zu müssen. In seinen letzten Lebensjahren lebt er in München, dem »Hauptquartier der katholischen Propaganda« (Heine), im Kreis seiner Freunde und in enger Beziehung zu dem Jugendfreund Joseph Görres, beschäftigt mit der Ausarbeitung der Emmerick-Papiere. Als man ihn drängte, sein poetisches Werk in einer Auswahl herauszugeben, lehnte er dies ab: »Ich habe zu wenig eine öffentliche Basis, als daß ich ein Flora veröffentlichen könnte; ich zittere vor dem Gedanken der Öffentlichkeit und des Geschwätzes darüber.«

Werkausgabe: Brentano, Clemens: Sämtliche Werke und Briefe. Hrsg. von Jürgen *Behrens* u. a. 36 Bände. Stuttgart 1975 ff.
Literatur: *Kastinger Riley*, Helene M.: Clemens Brentano. Stuttgart 1985; *Frühwald*, Wolfgang: Das Spätwerk Clemens Brentanos (1815–1842). Romantik im Zeitalter der Metternichschen Restauration. Tübingen 1977; *Gajek*, Bernhard: Homo poeta. Zur Kontinuität der Problematik bei Clemens Brentano. Frankfurt a. M. 1971. *Karl-Heinz Habersetzer*

Brinkmann, Rolf Dieter
Geb. 16. 4. 1940 in Vechta; gest. 23. 4. 1975 in London

»Wenn dieses Buch ein Maschinengewehr wäre, würde ich Sie über den Haufen schießen.« Diese Aggressivität, mit der B. 1968 auf einer Tagung den Literaturkritikern entgegentrat, verdeutlicht den Haß, mit dem er allgemein den Literaturbetrieb in der Bundesrepublik verfolgte, sowie die Verachtung und den Spott, mit denen er seinen Schriftstellerkollegen begegnete. B., ein Außenseiter wegen seiner radikalen Kritik und Lebenshaltung und der daraus folgenden Selbstisolierung, kein berühmter und in der Öffentlichkeit bekannter Autor, aber ein sehr kontrovers diskutierter: einerseits der Vorwurf der »Fluchtträume« (Roman Ritter), der »paranoiden Strategie« (Dieter Wellershoff) und sogar des faschistoiden Sprachgebrauchs und Menschenbildes (Michael Zeller), andererseits Heiner Müllers emphatische Beurteilung: »Ich finde, das einzige Genie in dieser Literatur hier war der Brinkmann. Was er geschrieben hat, ist wirklich ein Dokument dieses Landes (der BRD).«

1959 begann B., seine Gedichte zu veröffentlichen, seit 1962 erschienen mehrere Lyrikbände in kleineren Verlagen (*Ihr nennt es Sprache*, 1962; *Le chant de monde*, 1964/65), 1965 der erste Prosaband *Die Umarmung*. Mit seiner präzisen Realitätswahrnehmung als Spannung von Subjektivität und Wirklichkeitsfragmenten gehört er – beeinflußt vom Nouveau Roman – zu den sog. »Neuen Realisten« um Dieter Wellershoff. Schon Anfang der 60er Jahre entwickelten sich die zentralen Besonderheiten seiner Literatur: die Großstadt als Sujet (vgl. *In der Grube*, in: *Ein Tag in der Stadt*, 1966; *Nichts*, in: *Alle diese Straßen*, 1965; *Raupenbahn*, 1966; *London: Piccadilly Circus*, in: *Straßen und Plätze*, 1967), Material, »was wirklich alltäglich abfällt« (*Notizen*, in: *Piloten*, 1968), eine Sensibilität des Bilder-Blicks, gerichtet auf die Oberfläche der Wirklichkeit, das filmische Nebeneinander von Eindrücken, Momentaufnahmen.

Diese fotographisch gebannten Alltagssituationen spitzen sich bei dem autobiographischen Roman *Keiner weiß mehr* (1968) in einem wegen seiner Banalität und Ausweglosigkeit brutalen Ehealltag zu, dessen Entfremdung und Gewaltförmigkeit ihre ausgeprägteste Form in der obszönen Darstellung der Sexualität finden.

B.s radikale Selbstkritik steht in Beziehung zur »neuen Sensibilität« (Herbert Marcuse) der Studentenrevolte von 1968. Seine besondere Sympathie gilt dabei der amerikanischen Beat-Szene, deren Texte er herausgibt und übersetzt (*ACID. Neue amerikanische Szene*, 1969; Ted Berrigan, 1969; Frank O'Hara, 1969; *Silver Screen. Neue Amerikanische Lyrik*, 1969) und sie damit in der Bundesrepublik bekannt macht. Der Alltag wurde wie selbstverständlich und jenseits der Mystifikation literarischer Gegenstand, Kunst und Wirklichkeit gingen bruchlos ineinander über und dokumentierten somit die »Auflösung . . .starrer Gattungseinteilungen« (*Der Film in Worten*, in: *ACID*), Sprache wurde gleichsam filmisch in Bilder übersetzt.

Mit dem Scheitern der Studentenrevolte und der zunehmenden Vermarktung der Subkultur verändert sich auch B.s Haltung; die Folge ist eine wütende Isolation; obwohl er wie besessen arbeitet, veröffentlicht er von 1970 bis zu seinem Tod so gut wie nichts mehr. »Jeden Tag eine Fülle von Zetteln, klein und eng beschrieben mit seinen Erfahrungen und Imaginationen. In Notizbüchern, Zettelkästen und Heftern hatte er den Rohstoff für noch einige unerhörte Bücher, von denen jedes, so verstand er sich, eine Attacke auf die Gesellschaft werden sollte« (Nicolas Born). Anfang der 70er Jahre sendete der WDR drei Hörspiele (*Auf der Schwelle*, 1971; *Der Tierplanet*, 1972; *Besuch in einer sterbenden Stadt*, 1973), die schon im Titel eine fortgeschrittene Radikalisierung erkennen lassen, thematisch als Abgesang an die Zivilisation, als extremes Einzelgängertum, als alptraumartig empfundene Mischung von Gewalt und Chaos ausgedrückt, ästhetisch ähnlich der »Neuen Musik« mit Geräusch-Chaos, Anonymität der Stimmen und surrealer Sprechweise experimentierend.

Der Titel seines letzten Hörspiels (*Besuch in einer sterbenden Stadt*, 1973) verweist auf B.s bekanntesten und wichtigsten Text, *Rom, Blicke*, der 1979 postum erschien und im Kontext des 1987 als Faksimile edierten Tagebuchs Erkundungen für die Präzisierung des Gefühls für einen Aufstand und des 1988 veröffentlichten Romans *Schnitte* (1973) zu sehen ist.

Diese Montage von Tagebucheintragungen, Briefen an seine Frau, Fotos, Zeichnungen, Ansichtskarten, Stadtplänen und »objets trouvés«, »gefrorener Gegenstände«, wie er sie nennt, ist die spezifische, zersplitterte und zerrissene Form von B.s Identitätssuche in einer zerfallenden Welt. In seinen Augen ist bereits alles vergangener Zivilisationsmüll, der nichts mehr mit dem lebendigen, empfindenden Menschen zu tun hat; es bleibt nur der verzweifelte Schritt nach vorn: »Ich will werden, was immer das ist«, schreibt er programmatisch in *Rom, Blicke.* Die Großstadt Rom, deren Geschichte gleichförmig von den Spuren der Gewalt, der Unterdrückung, der politischen Selbstherrlichkeit und der Vergötzung des technischen Fortschritts durchzogen ist, wird B. zu einem Anti-Stilleben von verwester, ekelerregender Natur, zu einem räumlichen Labyrinth von Stadtruinen und – soweit sie überhaupt ins Blickfeld geraten – von gesichtslosen Massenmenschen samt ihrer deformierten Sexualität. Der Mensch ist nur mehr Staffage. B.s Arbeits- und Reisejournal ist nicht nur ein Anti-Italien-Pamphlet, das sich gegen die klassische Italiensehnsucht der Deutschen richtet – es ist auch ein Anti-Geschichtsbuch: Rom erscheint als wahllos aufgeschüttetes Trümmerfeld der Geschichte und mit ihm das Abendland als eine Landschaft des Todes. Zwar kennt das Buch auch ruhige Gegenbilder, diese aber verstärken sich erst in dem noch von B. selbst zusammengestellten Gedichtband *Westwärts 1 &2* von 1975. Kurz darauf kam B. in London bei einem Verkehrsunfall ums Leben, ein alltäglicher Tod – der Normalzustand als Ausnahmezustand.

Literatur: *Schenk,* Holger: Das Kunstverständnis in den späten Texten Rolf Dieter Brinkmanns. Frankfurt a. M./Bern/New York 1986; *Lampe,* Gerhard W.: Ohne Subjektivität. Interpretationen zur Lyrik Rolf Dieter Brinkmanns vor dem Hintergrund der Studentenbewegung. Tübingen 1983; *Arnold,* Heinz Ludwig (Hrsg.): Rolf Dieter Brinkmann. Text + Kritik H. 71. München 1981. *Florian Vaßen*

Britting, Georg
Geb. 17.2.1891 in Regensburg; gest. 27.4.1964 in München

»Ich habe mich immer gehütet, und hüte mich, mir während des Schreibens ›klar‹ zu machen, was ›gemeint‹ sei«, notierte B. einmal, als er zu seinem einzigen Roman *Lebenslauf eines dicken Mannes, der Hamlet hieß* (1932) befragt wurde. Diese Abwehr von Deutung bezeichnet auch ein Stilprinzip des als Naturlyriker bekanntgewordenen Bayern. Seine Texte, Gedichte und Erzählungen kommen ohne angestrengte Symbolik aus und behalten dennoch eine Sensibilität für Geheimnisvolles, so daß man B. »einen der letzten Träger des magischen Lebensgefühls« (Lily Gädke) genannt hat. Der Beamtensohn B. studierte in Regensburg. Seit Ende des Ersten Weltkriegs lebte er als freier Schriftsteller in München. In den Krieg war er freiwillig gezogen und war 1918 schwerverwundet heimgekehrt. Er versuchte, in einigen expressionistischen Zeitschriften Fuß zu fassen, edierte auch zusammen mit Josef Achmann eine eigene *(Die Sichel),* doch zog er sich bald endgültig aus dem Literaturbetrieb zurück. Er veröffentlichte zunächst fast ausschließlich Erzählerisches. Erst 1935 erschien seine erste und wohl erfolgreichste Gedichtsammlung, *Der irdische Tag*, die den Durchbruch brachte. Eine kräftige, »barocke« Metaphernsprache und derbe Reimklänge, die Kenntnis der süddeutsch-bäuerlichen Lebens- und Dingwelt, eine idyllische Naturdarstellung, die, stimmungsvoll genug, doch jeden Ton einer süßlichen Erlebnislyrik vermeidet und stattdessen Natur auch in ihrer dämonischen Gestalt erfaßt: Das alles schien B. als bayrisches »Naturtalent« abzustempeln und war doch auf der Höhe der Zeit. B. suchte eine sinnlich-unmittelbare Präsenz der Naturdinge in seinen Texten herzustellen, gleichzeitig aber, ihnen ihr »zweites Gesicht« (Walter Höllerer) zu belassen. Unter dem Nationalsozialismus wurden seine Texte geduldet, schon weil sie »die mildernden und sänftigenden, traditionellen Geistlösungen« abwiesen. B. konnte publizieren, ein weiterer Lyrikband erschien (*Rabe, Ross und Hahn*, 1939); Zeitschriften, vor allem *Das Innere Reich*, veröffentlichten verschiedene Texte. In den 40er Jahren, während des Krieges, zog B. sich wie viele auf einen traditionellen Formästhetizismus zurück, schrieb Sonette, so zur Totentanzthematik (*Die Begegnung*, 1947), und Gedichte in antiken Metren (in *Lob des Weines*, 1944, erweitert 1950, und *Unter hohen Bäumen*, 1951). Altersdistanz und formale Sicherheit nahmen zu, doch blieb das Besondere einer individuellen Erlebnisstruktur erhalten. 1953 erschien der Erzählband *Afrikanische Elegie*, bevor man in der *Gesamtausgabe in Einzelbänden* (von 1957 bis 1961) das Lebenswerk zu sammeln begann.

Werkausgabe: Britting, Georg: Sämtliche Werke. Kommentierte Ausgabe nach den Erstdrucken. 5 Bände. Hrsg. von Walter *Schmitz*. München 1987ff.

Literatur: *Bode*, Dietrich: Georg Britting. Geschichte seines Werkes. Stuttgart 1962.

Horst Ohde

Broch, Hermann
Geb. 1. 11. 1886 in Wien; gest. 30. 5. 1951 in New Haven/Conn.

Was verbindet die *poetae docti* des frühen 20. Jahrhunderts miteinander, jene Gruppe wissenschaftlich und philosophisch geschulter Autoren, zu der B. gezählt wird? Nicht allein spezifische Generationserfahrungen, wie die Entstehung der künstlerischen Avantgardebewegungen oder das Auseinanderbrechen der alten Ordnungen im Ersten Weltkrieg, denn diese wurden von vielen geteilt; entscheidend ist vielmehr deren theoretische Verarbeitung, der Versuch, eine Deutung der Epoche in der – selbst seinem Gehalt gegenüber – reflektierten Form des Romans zu geben. Dieses Bedürfnis wurde noch verstärkt, als sich in den zwanziger Jahren die Philosophischen Fakultäten in ein Ensemble von Humanwissenschaften aufzulösen begannen. Da eine Gesamterkenntnis der menschlichen Existenz von den einzelwissenschaftlichen Disziplinen, auch der (neopositivistischen) Philosophie, nicht mehr zu erwarten war, konnte diese Aufgabe selbstbewußt von einer Literatur beansprucht werden, die sich von dem Pathos und dem antirationalistischen Affekt des Expressionismus gelöst hatte und unabhängig von jeder links- und rechtsintellektuellen Programmatik die Analyse der eigenen Zeit im erzählerischen Experiment verwirklichte. – Zu den hier angedeuteten Motiven seines Schreibens hat sich B. in zahlreichen Essays, Briefen und werkbegleitenden Schriften geäußert. In einem 1941 verfaßten Arbeitsprogramm, das ironisch als *Autobiographie* überschrieben ist, hat er sie zusammengefaßt: »Dies ist nur insoweit eine Autobiographie, als damit die Geschichte eines Problems erzählt wird, das zufällig mit mir gleichaltrig ist, so daß ich es – wie übrigens ein jeder aus meiner Generation, der es zu sehen gewillt gewesen war – stets vor Augen gehabt habe: es ist … das Problem des Absolutheitsverlustes, das Problem des Relativismus, für den es keine absolute Wahrheit, keinen absoluten Wert und somit auch keine absolute Ethik gibt … und dessen apokalyptische Folgen wir heute in der Realität erleben.« Der Prozeß des »Wertverlustes« hat mit dem Ersten Weltkrieg nur einen Höhepunkt, nicht seinen Abschluß erreicht. Die Gründe seiner Entstehung und die Schilderung seiner Wirkungen im menschlichen Denken und Handeln sind das Thema des dreiteiligen Romans *Die Schlafwandler*, der 1930/32 als erstes Werk B.s erscheint. Der Säkularisierungsprozeß der Neuzeit wird als Zerfall der überkommenen Wertordnungen gedeutet und »personifiziert«: die Figuren der Romane dokumentieren allein durch ihr Handeln, daß sie drei Generationen angehören, in deren Abfolge der »Zerfall der Werte« seine Endphase erreicht. B. wollte mit seiner Trilogie einen literarischen Beitrag zu der geschichtsphilosophischen Debatte der zwanziger Jahre leisten, in deren Zentrum das Problem der Modernisierung, die historistische Infragestellung überlieferter Normensysteme und die Möglichkeit einer wertbezogenen Geschichtsdeutung stand (Max Weber, Ernst Troeltsch u.a.). Im *Huguenau*-Roman hat er in theoretischen Exkursen die formalen Voraussetzungen seiner Geschichtsphilosophie und damit die erkenntnistheoretischen Grundlagen auch seines Erzählens erläutert. Mit wertphilosophischen Fragestellungen hat sich B. seit Beginn des Ersten Weltkrieges eingehend befaßt. Nachdem er auf Wunsch seines Vaters, eines jüdischen Textilgroßhändlers, ein Ingenieurstudium absolviert hatte (1904 bis 1907), war er als Assistenzdirektor in die väterliche Fabrik eingetreten, die er ab 1915 als Verwaltungsrat leitete. Gleichzeitig beginnt er mit einem autodidaktischen Studium der neukantianischen Philosophie und Phänomenologie, publiziert erste literaturkritische und wertphilosophische Abhandlungen (in den Zeitschriften *Brenner* und *Summa*) und verkehrt in den Literatenkreisen Wiens, wo er Franz Blei, Robert Musil und Georg Lukács kennenlernt. Allmählich zieht er sich aus dem Industriellenleben zurück und beginnt 1925 an der Universität die Fächer Mathematik und Philosophie zu studieren, vor allem bei den Vertretern des »Wiener Kreises« (Moritz Schlick, Rudolf Carnap). In die Zeit des Studiums fällt der Verkauf der Textilfabrik und die Entscheidung für die Literatur – eine mehr als nur ideelle Entscheidung, da ihm die Einkünfte aus dem verbliebenen Vermögen kein sicheres Auskommen garantieren. Nach dem finanziell geringen Erfolg der *Schlafwandler* (1931/32) verfaßt B. einen kürzeren Roman für den S. Fischer-Verlag (*Die Unbekannte Größe*, 1933), ein Drama, und mehrere Vorträge, die literaturtheoretische Themen behandeln (*James Joyce und die Gegenwart*, 1936). Die »Erkenntnisfunktion« der Dichtung und ihre »ethische Aufgabe«, die B. in seinen Essays reflektiert, bestimmen auch die Romanprojekte der 30er Jahre, die er – nach einer Verhaftung 1938 in die Emigration gezwungen – im amerikanischen Exil wieder aufgreift. Die Unsicherheit der äußeren Lebensverhältnisse, das Engagement für verschiedene Flüchtlingskomitees (*The City of Man. A Declaration on World Democracy*, 1941), häufige Wohnungswechsel und eine wachsende Arbeitsüberlastung, von der ein umfangreicher Briefwechsel Zeugnis ablegt, unterbrechen jedoch die Kontinuität der schriftstellerischen Produktion. Unterstützung erhält B. von Freunden und akademischen Stiftungen, die auch seine Forschungen zur Massenwahntheorie für einige Zeit finanzieren. Eine literarische Darstellung massenpsychologischer Phänomene findet sich in dem Romanfragment *Die Verzauberung* (drei Fassungen des Romans entstanden zwischen 1934/35 und 1951). Im Genre des Heimatromans beschreibt B. unter Verwendung mythischer und mythenkritischer Bilder in parabelhafter Form die zerstörerische, sich bis zum Ritualmord steigernde Wirkung einer regressiv-irrationalistischen Ideologie, den Mechanismus der Macht, mit der ein einzelner die Bewohner einer Dorfgemeinschaft seinem demagogischen Einfluß unterwirft. Gehört die *Verzauberung* zum Typ des antifaschistischen, die Zeitereignisse deutenden Romans (ähnlich wie die 1950 unter dem ironischen Titel *Die Schuldlosen* veröffentlichte Novellensammlung), wendet sich die Frage nach Schuld und Verantwortung in *Der Tod des Vergil* (1945) auf die Literatur selbst zurück, auf ihren das Handeln hemmenden Ästhetizismus, über den der sterbende Vergil, auch er ein Dichter »am Ende einer Kultur«, nachdenkt. Durch die konsequente Verwendung des inneren Monologs, archetypischer Figuren und einer lyrisch-visionären, bisweilen rhetorisch überlasteten Sprache bei einer formal strengen Komposition des gesamten Werkes, zählt der *Vergil*, wie Thomas Mann urteilte, zu den »ungewöhnlichsten und gründlichsten Experimente(n), das je mit dem flexiblen Medium des Romans unternommen wurde«.

Werkausgabe: Broch, Hermann: Kommentierte Werkausgabe. Hrsg. von Paul Michael *Lützeler*. 17 Bände. Frankfurt a. M. 1974–1981.

Literatur: *Lützeler*, Paul Michael (Hrsg.): Hermann Broch. Frankfurt a. M. 1986; *Vollhardt*, Friedrich: Hermann Brochs geschichtliche Stellung. Tübingen 1986; *Lützeler*, Paul Michael: Hermann Broch. Eine Biographie. Frankfurt a. M. 1985.

Friedrich Vollhardt

Brockes, Barthold Hinrich
Geb. 22. 9. 1680 in Hamburg; gest. 16. 1. 1747 in Hamburg

In seiner Autobiographie schildert der Kaufmannssohn, wie er sich sein Leben nach dem erfolgreichen Abschluß seiner Ausbildung vorstellte. Er hatte in Halle von 1700 bis 1702 ein juristisches Studium absolviert, ein halbes Jahr am Kammergericht in Wetzlar verbracht (1702) und am Ende seiner Bildungsreise (Italien, Schweiz, Frankreich, Holland) in Leiden den Titel eines Lizentiaten der Rechte erworben. 1705 war er wieder nach Hamburg zurückgekehrt: »Nachdem ich nun hieselbst die gewöhnlichen Visiten angenommen und gegeben, ging ich mit mir zu Rathe, wie ich nunmehr mein Leben anstellen, ob ich mich auf die Praxin legen, und ein eifriger Advocat werden, oder ein geruhiges Leben führen und mein eigener Herr bleiben wolte. Zu dem letztern hatte ich einen natürlichen Trieb, und ward auch darin je mehr und mehr bestärket durch den Umgang verschiedener Freunde. Meine Absicht war demnach durch eine artige Aufführung zu einer reichen Heyraht zu gelangen.« Sein Vorhaben gelang, nicht zuletzt deshalb, weil er über ein beträchtliches ererbtes Vermögen verfügte. So widmete er sich sechzehn Jahre lang als dilettierender Privatier allein seinen Interessen, der Poesie und den anderen Künsten, und auch als er 1720 mit der Wahl in den Rat seiner Heimatstadt seine politische Karriere begann, änderte sich wenig an seinem Ideal eines beschaulichen Lebens. Gleichwohl bewährte er sich auf einigen Gesandtschaftsreisen, die ihn an die Höfe von Wien, Berlin und Glückstadt (die Residenz der dänischen Könige) führten. In äußerstem Kontrast zu diesen Einblicken in das höfische Leben seiner Zeit steht das beschauliche Landleben, das ihm durch die Ernennung zum Amtmann in der hamburgischen Besitzung Ritzebüttel (Cuxhaven) ermöglicht wurde (von 1735 bis 1741). Auch der andere Punkt seines Programms, die gute Partie, hatte sich 1714 erledigt. Im selben Jahr gründete B. zusammen mit gelehrten Freunden im Stil der Sprachgesellschaften des 17. Jahrhunderts die literarische Vereinigung der Teutschübenden, 1724 rief er die Patriotische Gesellschaft ins Leben.

Die Spannweite von B.' literarischem Werk ist beträchtlich. Einerseits reicht es mit der Übertragung von Giambattista Marinos epischem *Bethlehemitischen Kinder-Mord* (1715) weit in die europäische Barocktradition zurück (Marinos Text datiert von 1620), andererseits nimmt es mit den Übersetzungen von Alexander Popes *Essay on Man* (*Versuch vom Menschen*, 1740) und James Thomsons *Seasons* (*Jahres-Zeiten*, 1745) Impulse der englischen Aufklärung auf. Diese Spannung, die auch zwischen seinem Oratorientext (*Der für die Sünde der Welt gemarterte und sterbende Jesus*, 1712) und seinen Beiträgen zur Moralischen Wochenschrift *Der Patriot* (1724–26) besteht, wird auch noch in seinem Hauptwerk erkennbar, den neun Bänden des *Irdischen Vergnügens in Gott, bestehend in Physicalisch- und Moralischen Gedichten* (1721–48). Mit seiner Metaphorik und der häufig verwendeten Kantatenform ist es noch barocken Traditionen verpflichtet, während es mit seinem philosophisch-religiösen Grundtenor Gedanken der Aufklärung reflektiert. Die Gedichte sind poetische Manifestationen eines von keinem Zweifel angekränkelten philosophischen Optimismus, ständig variierte »Erweise«, daß die bestehende irdische Welt die beste aller möglichen Welten sei. Dies geschieht in philosophischen Gedichten über allgemeine Themen, vor allem jedoch in den zahlreichen Texten, die von der Anschauung einer Naturerscheinung – Blume, Tier, Naturphänomen – , von der Beschreibung ihrer Schönheit, Zweckmäßigkeit und Nützlichkeit zum Lob des Schöpfers führen: »üm auch in diesen Dingen Sein' Allmacht, Seine Lieb' und Weisheit zu besingen.«

Werkausgabe: Barthold Hinrich Brockes. Irdisches Vergnügen in Gott. 9 Teile (1735–1748). Nachdruck Bern 1970.

Literatur: *Ketelsen*, Uwe-K.: Barthold Hinrich Brockes. In: Harald *Steinhagen*/Benno von *Wiese* (Hrsg.): Deutsche Dichter des 17. Jh.s. Berlin 1984. S. 839–851; *Loose*, Hans-Dieter (Hrsg.): Barthold Hinrich Brockes (1680–1747). Dichter und Ratsherr in Hamburg. Hamburg 1980; *Guntermann*, Georg: Barthold Hinrich Brockes' »Irdisches Vergnügen in Gott« und die Geschichte seiner Rezeption in der deutschen Germanistik. Bonn 1980; *Ketelsen*, Uwe-K.: Die Naturpoesie der norddeutschen Frühaufklärung. Stuttgart 1974.   *Volker Meid*

Brod, Max
Geb. 27. 5. 1884 in Prag; gest. 20. 12. 1968 in Tel-Aviv

Der Sproß einer alteingesessenen jüdischen Familie aus Prag und promovierte Jurist vollbrachte gleich mehrere kulturhistorische Heldentaten: Er rettete das nachgelassene Werk seines Freundes Franz Kafka vor der testamentarisch geforderten Vernichtung und machte es als Herausgeber der Weltöffentlichkeit zugänglich; mit zahlreichen Essays, einer Kafka-Biographie (1937) und den autobiographischen Schriften *Streitbares Leben* (1960) und *Der Prager Kreis* (1966) wurde B. zum begriffsprägenden Chronisten der Prager deutschen Literatur; als unermüdlicher Talentsucher förderte er den jungen Franz Werfel, verhalf Leoš Janáček zum Durchbruch und brachte als erster Jaroslav Hašeks *Schwejk* auf die Bühne.

So hilfreich dieses Auftreten als Kulturmanager für andere war, so tragisch war die Wirkung auf B. selbst: daß er auch Dichter, Philosoph und Komponist war, wurde zur Nebensache. Dabei war sein literarisches Frühwerk mit den programmatischen Novellenbänden *Tod den Toten!* (1906) und *Experimente* (1907), das ganz im Zeichen seiner Schopenhauer-Lektüre und eines an ihr entwickelten »Indifferentismus« stand, von enormer Wirkung auf die Berliner Expressionisten. Im Kreis der »Aktion« wurde sein Erstlingsroman *Schloß Nornepygge* (1908) als ›Bibel‹ verehrt.

Wenig später vollzog B. eine doppelte Wandlung, die sein weiteres Leben bestimmte: Zunächst distanzierte er sich vom fatalistischen Denken und machte die Suche nach dem Mitmenschen zu seinem eigentlichen Thema. Niederschlag dieses »Durchbruchs zur Liebe« war der ›kleine Roman‹ *Ein tschechisches Dienstmädchen* (1909), aber auch der Vortrag von Werfels Gedicht *An den Leser* mit seinem ›O-Mensch-Pathos‹ 1910 bei einer Lesung in Berlin, womit B. laut Kurt Pinthus offiziell das Jahrzehnt des Expressionismus einläutete. In B.s literarischem Hauptwerk, dem historischen Roman *Tycho Brahes Weg zu Gott* (1915), wird das Thema des Suchens politisch und theologisch interpretiert; in der Wendung zum Mitmenschen wird die Schöpfung fortgeführt, besteht der Weg zum Göttlichen. Unter dem Einfluß Martin Bubers gelangte B. zur Überzeugung, diese Tat-Philosophie sei der Kerngedanke des Judentums. B. bekannte sich nun offen zum Zionismus und unterstützte ihn politisch. So wurde er Gründungsmitglied des Jüdischen Nationalrates in der ČSR und trat 1919 bei der ersten jüdischen Großdemonstration als Redner auf. Die Frage der jüdischen Identität bewegte auch seinen Freundeskreis, den er später als ›engeren Prager Kreis‹ definierte: Kafka, der blinde Dichter Oskar Baum und Felix Weltsch, mit dem zusammen er den Essay *Zionismus als Weltanschauung* (1925) verfaßte. Aus dieser Konstellation wird B.s strikt theologische Kafka-Exegese verständlich. Wegen seiner Leistungen als jüdischer Denker wurde B. Ende der 30er Jahre ein Lehrstuhl für Religionsphilosophie am Hebrew Union College, einem Rabbiner-Seminar der jüdischen Reformbewegung in Cincinnati, angeboten.

B. blieb jedoch seiner – im Roman *Rebellische Herzen* (1957) verewigten – Profession als Jounalist beim *Prager Tagblatt* treu, die er seit 1924 neben seiner Stellung als Kulturreferent im Ministerratspräsidium der ČSR hauptberuflich betrieb. B.s belletristischen

Werke dieser Zeit sind großteils in einer Mischform aus sentimentaler Liebesgeschichte, Bildungsroman und philosophischem Traktat gehalten. Während der Liebesroman *Die Frau, nach der man sich sehnt* (1927) 1929 als Stummfilmmelodram mit Mar-
lene Dietrich verfilmt wurde, sind in *Stefan Rott oder Das Jahr der Entscheidung* (1931) philosophische Probleme so dominant, daß der Roman als »Prager Zauberberg« (Joachim
Schoeps) bezeichnet wurde. Daneben entstanden eine Reihe historischer Romane, für
deren bekanntesten *Rëubeni, Fürst der Juden* (1925) B. 1930 den tschechoslowakischen
Staatspreis erhielt.

Der Einmarsch Hitlers in Prag zwang B. 1939 zur Flucht. Er wählte Palästina, das ihm
bereits von einer Reise aus dem Jahr 1928 bekannt war, als neue Heimat und war von
1939 bis 1945 als Dramaturg an der führenden hebräischen Bühne »Habima« tätig.
Nach Kriegsende beschäftigte sich B. besonders mit religionsphilosophischen Fragen
angesichts des Holocaust, bei deren Beantwortung er immer wieder auf Formulierungen Kafkas zurückgriff. In diesem Zusammenhang entstanden – gleichzeitig mit der
ersten Kafka-Rezeptionswelle – B.s Essays *Franz Kafka als wegweisende Gestalt* (1953)
und *Verzweiflung und Erlösung im Werk Franz Kafkas* (1957). Kennzeichnend für B.s Denken blieb ein erstaunlicher, bis an sein Lebensende ungebrochener Optimismus, mit
dem er auch tagespolitische Ereignisse wie den Sechs-Tage-Krieg kommentierte. Daß
B. nach seinem Tode von der israelischen Germanistik in eigenartiger Umkehrung zu
den Anfeindungen durch die jüdischen Großkritiker Karl Kraus und Walter Benjamin
eine Apotheose erfuhr, hat jedoch einen anderen Grund: Wie kein anderer eignet sich
B.s Lebenslauf mit seinem Wandel vom apolitischen Ästheten zum zionistischen Aktivisten, vom Mitteleuropäer zum überzeugten israelischen Staatsbürger als Paradigma
für eine ganze Generation von Schriftstellern jüdischer Herkunft.

Literatur: *Pazi*, Margarita (Hrsg.): Max Brod 1884–1984. Untersuchungen zu Max Brods literarischen u. philosophischen Schriften. New York 1987; *Wesseling*, Berndt W.: Ein Porträt zum
100. Geburtstag. Stuttgart 1969/Gerlingen: 1984; *Dorn*, Anton August: Leiden als Gottespro-
blem. Eine Untersuchung zum Werk von Max Brod. Freiburg i. Br. 1981; *Pazi*, Margarita: Max
Brod. Werk und Persönlichkeit. Bonn 1970; *Gold*, Hugo (Hrsg.): Max Brod. Ein Gedenkbuch.
1884–1968. Tel Aviv 1969.   *Stefan Bauer*

Bronnen, Arnolt
Geb. 19. 8. 1895 in Wien; gest. 12. 10. 1959 in Berlin

B. war eine durchwegs umstrittene Persönlichkeit, sogar was die Fakten seiner Herkunft betrifft. Als er 1930 wegen seiner angeblich halbjüdischen Abstammung von der Rechten unter Druck gesetzt wurde, behauptete er, mit Hilfe einer eidesstattlichen Erklärung seiner Mutter, daß er nicht der Sohn des jüdischen Gymnasiallehrers und Schriftstellers Ferdinand Bronner sei, sondern in Wahrheit der uneheliche Sohn des protestantischen Pfarrers W. A. Schmidt. Nach Absolvierung seiner Schulzeit in Wien studierte B. an der dortigen Universität Jura, bevor er sich im Mai 1915 freiwillig zum Militärdienst meldete. Nach einer schweren Verwundung im Oktober 1916 an der Tiroler Front verbrachte er drei Jahre in italienischer Kriegsgefangenschaft. 1919 kehrte er nach Wien zurück, von wo aus er ein Jahr später nach Berlin übersiedelte. 1922 wurde das frühe Theaterstück *Die Geburt der Jugend* (geschrieben 1914) veröffentlicht und *Vatermord* (entstanden 1915) mit Erfolg aufgeführt. *Vatermord*, zugleich eine persönliche Rebellion und eine repräsentative Revolte einer ganzen Generation gegen autoritäre Strukturen (wie Walter Hasenclevers *Der Sohn*, Hanns Johsts *Der junge Mensch*, Georg Kaisers *Rektor Kleist*), machte B. für kurze Zeit zu einer berühmt-berüchtigten Figur. Diese Periode war geprägt durch eine intensive Freundschaft mit Bertolt Brecht, die dazu führte, daß man Mitte der zwanziger Jahre die beiden in Berlin als ›Dramatiker-Zwillinge‹ bezeichnete.

Die *Exzesse* (1923) spielt in einer Zeit der Inflation und der Ausbeutung durch Unternehmer. Das Stück verbindet sexuelle und verbale Ausschweifungen mit einem grobschlächtigen Nationalismus: Eine deutsche Nachkriegserfahrung von Stralsund bis Bozen wird dargestellt in Form von sexuellem und finanziellem Mißbrauch. B.s literarisches und dramatisches Werk ließ seit Mitte der zwanziger Jahre ein Interesse an großen geschichtlichen Figuren erkennen, wie die Novelle *Napoleons Fall* (1924) und das Alexander-Schauspiel *Ostpolzug* (1926) belegen. Die Polarisierung der deutschen Politik der späten Zwanziger zeitigte einen abrupten Wechsel B.s zur äußersten Rechten: er beschrieb sich in einem Interview als »nicht völkisch, aber Faschist«. Sein Interesse an Film und Rundfunk (er arbeitete in den frühen zwanziger Jahren für die Ufa, von 1926 bis 1928 für die Funkstunde, Berlin, und ab 1928 für die Reichsrundfunkgesellschaft, vorwiegend als Verfasser von Hörspielen) spiegelt sich in seinem größten finanziellen Erfolg, dem Hollywood-Roman *Film und Leben Barbara la Marr* (1928), wider. 1929 erschien *O.S.*, ein Freikorps- bzw. Oberschlesien-Roman, der von der nationalsozialistischen Presse und von Ernst Jünger hoch gepriesen, von den linken Intellektuellen dagegen tief verabscheut wurde. Paradoxerweise lenkte die Nazi-Presse, obgleich sie B.s politische Einstellung begrüßte, die Aufmerksamkeit auch auf seine jüdische Abstammung. Die daraus resultierende Reihe von Rechtsstreitigkeiten nötigte ihn zu bestreiten, daß er Ferdinand Bronners Sohn sei. In dieser Zeit begann B.s Freundschaft mit Josef Goebbels. Wie um seine rechtsradikale Gesinnung zu belegen, veröffentlichte B. anschließend *Roßbach* (1930), einen Roman über den Freikorpsführer Major Gerhard

Roßbach, und wurde in eine öffentliche Auseinandersetzung mit Thomas Mann verwickelt, welche im Oktober 1930 darin gipfelte, daß er Thomas Manns Berliner Rede
Appell an die Vernunft störte.

B.s Versuche, sich 1933 beim Nazi-Regime beliebt zu machen, waren nur teilweise
erfolgreich. Es gelang ihm zwar, eine Entlassung aus der Reichsrundfunkgesellschaft
abzuwenden; im Juli 1934 avancierte er zum Dramaturg beim neuen Fernsehdienst.
Unterdessen wurden aber seine Bücher im Rowohlt Verlag beschlagnahmt. Alfred
Rosenberg attackierte Goebbels dafür, daß er sich vor B. stellte, und obschon dieser
1936 der NSDAP beitrat, wurde er von der Liste der Reichsschrifttumskammer gestrichen und erhielt im Mai 1937 Schreibverbot. Trotz hartnäckiger Bemühungen um Aufhebung dieses Verbots – er war 1941 und 1942 kurzzeitig erfolgreich – sah sich B.
zunehmend angefeindet wegen seiner frühen Schriften. Angesichts weiterer Drohungen zog er im August 1943 nach Goisern im Salzkammergut. Er wurde im August 1944
einberufen, schloß sich aber in den letzten Kriegstagen dem Widerstand an. Nach dem
Waffenstillstand war er für kurze Zeit Bürgermeister von Goisern. Von 1945 bis 1951
arbeitete er als Kulturredakteur der *Neuen Zeit* in Linz. Er trat der österreichischen Kommunistischen Partei bei, obwohl er sich nunmehr Schwierigkeiten wegen seiner Nazi-
Vergangenheit gegenübersah. In seinem Stück *Die Kette Kolin* (1950) verarbeitet er seine
Erlebnisse im Widerstand. Nach Abschluß des Staatsvertrags (1955) verließ B. Österreich und siedelte nach Ostberlin über. Vier seiner Bühnenstücke, einschließlich *Glo-
riana*, welches im Elisabethanischen England spielt (begonnen 1939, aber unter den
Nazis verboten), veröffentlichte der Aufbau-Verlag 1958, ein Jahr vor B.s Tod.

Literatur: *Mayer*, Hans: In Sachen Arnolt Bronnen. In: Arnolt Bronnen gibt zu Protokoll. Kron-
berg/Taunus 1978. S. 467–478; *Klingner*, Edwin: Arnolt Bronnen. Werk und Wirkung. Eine Personalbibliographie. Hildesheim 1974.   *Rhys W. Williams*

Bruyn, Günter de
Geb. 1. 11. 1929 in Berlin

»Nicht nur durch Leben, auch durch Lektüre wird man zu
dem, was man ist« – dieser Satz B.s gilt gewissermaßen von
Anfang an für ihn selbst. Eingeschränkt durch Krankheit und
eine wenig robuste physische Konstitution, entwickelt er als
Kind und Jugendlicher eine sehr »ichbezogene Art zu lesen«.
Er wächst als jüngstes von vier Kindern in Berlin-Britz auf;
seine Jugend verläuft generationstypisch: 1933 wird er einge-
schult, 1943 ist er Luftwaffenhelfer, 1944 Soldat. Was er in dieser Zeit erlebt und vor allem empfindet, vertieft sich durch
Lektüreerfahrungen, die ihn nachhaltig erschüttern. In der
unmittelbaren Nachkriegszeit liest B. Arnold Zweigs *Sergeant
Grischa* und Thomas Manns *Tonio Kröger*, und Jahre später wird er daraus für sein eigenes
Schaffen folgern, »daß die oberste Pflicht des Schriftstellers darin besteht, die Wahrheit
zu sagen, im Kleinen wie im Großen, in Teilen wie im Ganzen«. Nach 1946 beteiligt

sich B., nun zwanzigjährig, am Aufbau der sozialistischen Gesellschaft, deren Wachsen er als Autor anteilnehmend und kritisch begleiten wird. Einige Jahre arbeitet er als Lehrer auf dem Land, dann wird er – seiner Liebe zu Büchern folgend – Bibliothekar, schließlich wissenschaftlicher Mitarbeiter am Berliner Zentralinstitut für Bibliothekswesen. Mit 35 Jahren entschließt er sich zu einem neuen Anfang: er gibt seine sichere Stellung auf, nimmt sich eine billige Wohnung in einem der Hinterhäuser in der Auguststraße in Berlin-Mitte und macht sich als Schriftsteller selbständig. Seine ersten Erzählungen *Ein schwarzer, abgrundtiefer See* (1963) und ein Band mit Parodien *Maskeraden* (1966) sind Versuche, zunächst in Auseinandersetzung mit geltenden literarischen Konventionen eine eigene Schreibhaltung zu finden. Unter dem Titel *Der Holzweg* parodiert B. hier seinen ersten Roman *Der Hohlweg* (1963) dessen Darstellung des »Kriegs als entwicklungsfördernde Katastrophe« – wie sie der offiziellen Literaturauffassung dieser Jahre entspricht – er rigoros als nicht im Einklang mit der eigenen Erfahrung verwirft. Moralische Unglaubwürdigkeit durch Anpassung und Verzicht auf Authentizität, wie B. sie Jahre später in *Preisverleihung* (1972) am Beispiel eines »ausgezeichneten« Literaten aufdeckt, hat er als mögliche Gefährdung für sich selbst frühzeitig gesehen. Sein sich auf die Frage, wie sich menschliche Echtheit gegenüber steigendem Konformitätsdruck behauptet, konzentrierendes Interesse macht B. zu einem Moralisten – allerdings zu einem, den, wie Christa Wolf bemerkt, sein Humor und seine Menschenfreundlichkeit auszeichnen. Diesen zentralen Konflikt gestaltet B. mit wechselnden erzählerischen Mitteln, aber im gleichbleibenden Grundton heiterer Ironie in seiner mehr zu kleineren als romanhaften Formen tendierenden Prosa. In *Buridans Esel* (1968) scheitert der Bibliothekar Karl Erp an seiner kleinbürgerlichen Unfähigkeit, innere Erstarrung und äußere Konformität durch eine neue Liebe zu durchbrechen. *Märkische Forschungen* (1979) schildert zwei konträre Aneignungsweisen von Literatur und Geschichte: den bedenkenlosen Karrierismus des Literaturprofessors Menzel, der auch vor einer Verfälschung historischer Tatsachen nicht zurückschreckt, und die naiv-positivistische Wahrheitssuche des Dorfschullehrers Pötsch. Das Fontanesche Motiv der wegen Klassenschranken zum Scheitern verurteilten Liebe gibt B.s Roman *Neue Herrlichkeit* (1984) – einer psychologischen, ironisierenden Studie über soziale Unterschiede in der DDR-Gesellschaft am Beispiel einer Liebesgeschichte zwischen einem Stubenmädchen und einem Funktionärssohn – einen ganz besonderen Reiz. B.s Bücher wurden in der DDR viel gelesen; *Buridans Esel* und *Märkische Forschungen* sind mit großem Erfolg verfilmt worden – dennoch ist es um den Autor eher still. »Es ist schwer, ihn zum Reden zu bringen, am schwersten zum Reden über ihn selbst. Er hört lieber zu und beobachtet« (Karin Hirdina). Will man Persönliches über ihn erfahren, muß man vor allem seine Essays lesen – über seine »Wahlverwandtschaften« zu Theodor Fontane, Thomas Mann, Jean Paul u.a. – oder seine Jean Paul-Biographie (*Das Leben des Jean Paul Friedrich Richter*, 1975), die, wie er gerne eingesteht, ihm von seinen Büchern das liebste ist: »Weil ich mich da am meisten unverstellt selbst geben konnte ... In der Biographie ist ja nichts erfunden, alles ist strikt dokumentarisch. Bei Fiktivem besteht für mich ein großer Teil der Arbeit im Verstecken, im Wegrücken von mir. Das war bei Jean Paul nicht nötig.« Dieses Buch, eine Mischung aus sorgfältiger historischer Rekonstruktion und poetischer Darstellung, ist ein Grenzgang zwischen Prosa und Essayistik. Als Schriftsteller, als Essayist und als (gemeinsam mit Gerhard Wolf) Herausgeber der Reihe *Märkischer Dich-*

tergarten (u.a. über Ludwig Tieck, Friedrich Nicolai, Friedrich de la Motte-Fouqué u.a.) ist B. bis heute ausschließlich auf Geschichte und Tradition seiner engeren Heimat, auf Berlin und die Mark Brandenburg bezogen (*Im Spreewald. Auf den Spuren von Theodor Fontane zwischen Berlin und der Oder*, 1991). Nach dem Band *Frauendienst. Erzählungen und Aufsätze* (1987) veröffentlichte B. unter dem Titel *Jubelschreie, Trauergesänge. Deutsche Befindlichkeiten* (1991) Essays, in denen er die umwälzenden Vorgänge der letzten beiden Jahre kritisch bilanzierte. Als Mitherausgeber der Dokumente jener Sitzung des DDR-Schriftstellerverbandes im Juni 1979, die mit dem Ausschluß von Stefan Heym, Adolf Endler, Klaus Schlesinger u.a. endete (*Protokoll eines Tribunals*, 1991) bezog B. gemeinsam mit anderen Schriftstellerkollegen Partei in einer Auseinandersetzung, die noch nicht abgeschlossen ist: »um die Freiheit des Wortes und um die Moral der Literatur« (Joachim Walther).

1992 erschien mit *Zwischenbilanz. Eine Jugend in Berlin* der erste Teil von B.s Autobiographie, die er einleitete mit den Sätzen: »Mit achtzig gedenke ich, Bilanz über mein Leben zu ziehen: die Zwischenbilanz, die ich mit sechzig beginne, soll eine Vorübung sein: ein Training im Ich-Sagen, im Auskunftgeben ohne Verhüllung durch Fiktion. Nachdem ich in Romanen und Erzählungen lange um mein Leben herumgeschrieben habe, versuche ich jetzt, es diskret darzustellen, unverschönt, unüberhöht, unmaskiert. Der berufsmäßige Lügner übt, die Wahrheit zu sagen. Er verspricht, was er sagt, ehrlich zu sagen: alles zu sagen, verspricht er nicht.« Diesem Anspruch wird die distanziert-reflektierende Prosa gerecht, die den Weg eines Einzelgängers zwischen dem Zwang zur Anpassung und einem sanften Widerstand gegen Macht und Autorität nachzeichnet. Die Autobiographie endet im Jahr 1950; sie macht neugierig auf ihre Fortsetzung.

Literatur: *Wittstock*, Uwe: Günter de Bruyn. Materialien zu Leben und Werk. Frankfurt a.M. 1991; *Hirdina*, Karin: Günter de Bruyn. Sein Leben und Werk. Berlin 1983. *Sonja Hilzinger*

Büchner, Georg
Geb. 17.10.1813 in Goddelau b. Darmstadt; gest. 19.2.1837 in Zürich

»Büchners Briefe lesend, muß man sich mitunter mit Gewalt erinnern, daß es nicht die eines Zeitgenossen sind« – so 1978 Volker Braun. Oder 1967, nach der Erschießung des Studenten Benno Ohnesorg, Heinrich Böll in seiner Büchner-Preis-Rede: »Die Unruhe, die Büchner stiftet, ist von überraschender Gegenwärtigkeit, sie ist da, anwesend hier im Saal. Über fünf Geschlechter hinweg springt sie einem entgegen«. B.s Modernität, seine politische wie ästhetische Aktualität hat durchaus Tradition, auch wenn dies, unter Hinweis auf eine in der Tat fulminante »Spätrezeption«, meist unbeachtet blieb: Schon 1837 ist B. für den Jungdeutschen Karl Gutzkow ein »Kind der neuen Zeit«. 1851 erklärt der demokratische Publizist Wilhelm Schulz, B.s Werke ragten »an tausend Stellen ... frisch und unmittelbar« in die nachmärzlich-reaktionäre »Gegenwart« hinein. Dreißig Jahre später ist er für die deutschen Frühnaturalisten (Gerhart Hauptmann treibt einen regelrechten »Kultus« mit ihm) »unser genialer Georg Büchner«, seine vor der »Ästhetik des Häßlichen« nicht Halt machenden Dichtungen werden intensiv und produktiv aufgenommen. Wiederum eine Generation weiter feiert ihn der Expressionismus als »unerreichtes Vorbild« (Julius Bab). Mit seinem in der kurzen Frist von drei Jahren entstandenen dichterischen Werk ist B. seither für die Weltliteratur wie für das Welttheater richtungweisend geworden, revolutionäre Demokraten erblicken im Mitverfasser des *Hessischen Landboten* einen Vorläufer, das Interesse auch an seinen philosophischen und naturwissenschaftlichen Schriften hält unvermindert an.

Herkunft und Elternhaus spielen für B.s Leben und Werk keine unwesentliche Rolle. Während die traditionell im Arztberuf tätigen Vorfahren väterlicherseits den Geist des emanzipierten Bürgertums repräsentieren, ist er durch die Verwandtschaft seiner Mutter eng mit dem Absolutismus des 18. Jahrhunderts verbunden, kennt dessen Privilegien und Schwächen. Seit 1816 leben die B.s in Darmstadt, wo der Vater zum Assessor am Großherzoglichen Medizinalkolleg ernannt wird; seine Heirat mit der Tochter eines leitenden Beamten hat ihn in verwandtschaftliche Beziehungen zu den tonangebenden Familien der Stadt gebracht. Bis zum Alter von 7 Jahren erhält B. vermutlich Elementarunterricht durch seine Mutter, an der er »mit liebender Verehrung« hängt (Ludwig Wilhelm Luck). Vier Jahre lang besucht er dann eine private »Erziehungs- und Unterrichts-Anstalt«, ehe er 1825 in die Tertia des Großherzoglichen Gymnasiums eintritt, das er bis zum Frühjahr 1831 durchläuft und mit einem »Exemtionsschein« verläßt, in dem ihm »gute Anlagen« und ein »klarer und durchdringender Verstand« attestiert werden. Als z.T. durch die Schule vermittelte, gelegentlich sich im Werk widerspiegelnde Lektüre sind für diese Zeit nachgewiesen: Homer, Aischylos, Sophokles, Winckelmann, Bürger, Goethe (*Faust, Werther*), Schiller, Matthison, Jean Paul, die Brüder Schlegel und Platen; Tieck (*Phantasus*), Brentano und andere »Hauptromantiker« sowie »alle Volkspoesie, die wir auftreiben konnten« (Friedrich Zimmermann), daneben Byron, Calderon, Werke der französischen Literatur und, besonders ausgiebig, Shakespeare: v.a. *Hamlet, Maß für Maß, Macbeth, Julius Caesar* und die Heinrichdramen, aber auch *Der Kaufmann von Venedig.* Aus der Gymnasialzeit sind eine Reihe von überwiegend den republikanischen Heroenkult in den Mittelpunkt stellende Aufsätze bzw. Reden überliefert, Plädoyers für patriotische Ehre und Pflicht, Kühnheit und Größe, etwa der *Helden-Tod der vierhundert Pforzheimer* (»Solche Männer waren es, die ... mit dem kleinen Reste des Lebens sich Unsterblichkeit erkauften«) oder eine Rechtfertigung des *Kato von Utika* (»Katos große Seele war ganz erfüllt von einem unendlichen Gefühle für Vaterland und Freiheit, das sein ganzes Leben durchglühte ... Den Fall seines Vaterlands hätte Kato überleben können, wenn er ein Asyl für die andre Göttin seines Lebens, für die Freiheit, gefunden hätte. Er fand es nicht«). In diesen Schülerschriften erweist sich B. bereits als »Vergötterer der Französischen Revolution« (Alexis Muston), wie sich denn auch in seinem letztem Schulheft neben Notizen über Hieroglyphen heimlich hingekritzelte Verse aus dem *Großen Lied* der radikalen Gießener Burschenschaft finden (»Auf, die Posaunen erklingen, Gräber und Särge zerspringen, Freiheit steht auf«). Die Auseinandersetzung mit den deutschen Verhältnissen wird zunehmend konkreter: Einem unter den etwa 15jährigen Gymnasiasten gegründeten »Primanerzirkel« bietet nach dem Zeugnis des Schulfreundes Luck der »residenzliche Culturboden«

Anlaß und »ergötzlichen Stoff zu allerlei kritischem und humoristischem Wetteifer in Beurtheilung der Zustände«.

Am 9. November 1831 immatrikuliert sich B. an der medizinischen Fakultät der Straßburger Académie. Der Studienort ist auf »Wunsch des Vaters« gewählt worden, weil sich hier Aneignung von französischer Lebensart und Wissenschaftsmethode (empirische Schule von Georges-Louis Duvernoy) mit bestehenden verwandtschaftlichen Relationen (Cousins und Cousinen der Mutter) verbinden. Quartier bezieht B. bei der Familie des verwitweten Pfarrers Jaeglé, mit dessen Tochter er sich im Frühjahr 1832 heimlich verlobt. Mit Ausnahme von einem dreimonatigen Ferienbesuch in Darmstadt (Sommer 1832) verbringt B. fast zwei Jahre in Straßburg. Der Aufenthalt gibt Gelegenheit, gesellschaftliche Prozesse in einem gegenüber seiner hessischen Heimat fortgeschrittenen politischen System über einen längeren Zeitraum zu verfolgen. B. erlebt in Straßburg modellhaft die wachsende Macht eines neuen »Geldaristokratismus« und ist überzeugt, damit einen Blick in Deutschlands Zukunft getan zu haben, sofern es nicht gelingt, die Interessen der »niederen Volksklassen« gegen den Egoismus der liberalen Bourgeoisie durchzusetzen. Die bis heute bekannten Zeugnisse belegen nur Teilbereiche von B.s Straßburger Aktivitäten: sie zeigen ihn als »hospes« der (politisch harmlosen) Theologenverbindung »Eugenia« und als nicht unproblematischen, »absprechend spröden« (Edouard Reuss) Begleiter auf einer mehrtägigen Vogesenwanderung, an der ebenfalls überwiegend Theologen teilnehmen. Doch selbst die »Eugenia«-Protokolle spiegeln alles andere wider als nur stille Teilhabe am fidelen Verbindungsleben: »Büchner spricht in etwas zu grellen Farben von der Verderbtheit der deutschen Regierungen«, heißt es am 24. Februar 1832, am 28. Juni verzeichnet das Protokoll eine lebhafte Debatte über »das sittliche Bewußtseyn«, über die Strafgesetze, u. über das Unnatürliche unsers gesellschaftlichen Zustandes, besonders in Beziehung auf Reich u. Arm«, und am 5. Juli wagt sich »der so feurige u. so streng republikanisch gesinnte deutsche Patriot« – so sehen ihn seine Freunde aus dem Theologenkreis um die Brüder Stoeber – sogar an die »constitutionelle Verfassung« unter Louis Philippe, die nach B.s Ansicht »nie das Wohl u. das Glück Frankreichs befördern« werde. Mit der »in neuerer Zeit gelernt[en]« Einsicht, »daß nur das nothwendige Bedürfniß der grossen Masse Umänderungen herbeiführen kann« und »alles Bewegen und Schreien der Einzelnen« dagegen »vergebliches Thorenwerk« sei, kehrt B. im Spätsommer 1833 nach Hessen zurück. Die sich anschließenden beiden Semester an der »Pflichtuniversität« Gießen sind geprägt von den polizeilichen Verfolgungen im Anschluß an den Frankfurter Wachensturm, an dem B. »weder aus Mißbilligung, noch aus Furcht« nicht teilgenommen hat, sondern weil er »im gegenwärtigen Zeitpunkt jede revolutionäre Bewegung als eine vergebliche Unternehmung« ansieht (April 1833 an die Familie), von den bedrückenden »politischen Verhältnissen«, nicht nur im Großherzogtum (»Das arme Volk schleppt geduldig den Karren, worauf die Fürsten und Liberalen ihre Affenkomödie spielen«; 9.12.1833 an August Stoeber), von einem Widerwillen gegenüber dem inzwischen verhaßten Brotstudium im »abscheulichen« Gießen (»Ich schämte mich, ein Knecht mit Knechten zu sein, einem vermoderten Fürstengeschlecht und einem kriechenden Staatsdiener-Aristokratismus zu Gefallen«; April 1834, an die Familie), und von einem heimlichen »Heimweh« nach Straßburg und der Verlobten, die er Ostern 1834 ohne Wissen der Eltern besucht. Die von hier aus erfolgte Nachricht der

Liaison mit einer (unbegüterten) Pfarrerstochter löst bei seinem Vater, der mit seiner unnachsichtigen Strenge schon früh den Keim zu B.s Opposition gelegt hat, »äußerste Erbitterung« aus.

Inzwischen hat B. den führenden Kopf der oberhessischen Opposition kennengelernt, den Butzbacher Rektor Friedrich Ludwig Weidig, und lebt, bis auf den Umgang mit dem »etwas verlotterten und verlumpten Genie« August Becker, der für Weidig als Emissär arbeitet, sehr zurückgezogen (Carl Vogt). Im Winter 1833/34 vertieft er sich in die Lektüre der französischen Revolutionsgeschichte, die ihn in der Historie einen »gräßlichen Fatalismus« walten sehen läßt, einen – oberflächlich vom Zufall beherrschten – ewigen Kampf zwischen Privilegierten und Unterdrückten, der 1789 wie 1830 zugunsten der Bourgeoisie entschieden worden war. Jede durchgreifende Revolution mußte also eine soziale sein, mußte gleichsam, wie es in einem späteren Brief an Gutzkow heißt, »von der ungebildeten und armen Klasse aufgefressen werden.« Und obwohl B. wegen der »unabwendbaren Gewalt« und der Unkontrollierbarkeit der weiteren Folgen fast zurückschreckt vor dem revolutionären Handeln, entscheidet er sich im Frühjahr 1834 für die sozialrevolutionäre Agitation: Gründung der Darmstädter und Gießener Sektionen der geheimen »Gesellschaft der Menschenrechte« mit strikt republikanischer und egalitärer Zielsetzung bis hin zur »Gütergemeinschaft«, Entwurf und Verbreitung des (von Weidig abgeschwächten und so betitelten) Hessischen Landboten: eine »eingreifende Untersuchung« (Thomas Michael Mayer), mit der B. einerseits »die Stimmung des Volks und der deutschen Revolutionärs erforschen«, andererseits zum Aufstand ermutigen wollte: »Soll jemals die Revolution auf eine durchgreifende Art ausgeführt werden, so kann und darf das bloß durch die große Masse des Volkes geschehen, durch deren Ueberzahl und Gewicht die Soldaten gleichsam erdrückt werden müssen. Es handelt sich also darum, die große Masse zu gewinnen, was vor der Hand nur durch Flugschriften geschehen kann.« Verrat und erpreßte Geständnisse, aber auch Vorbehalte Weidigs und anderer führender Oppositioneller lassen B.s Konzept scheitern.

Im September 1834 kehrt er nach Darmstadt zurück. Während er sich nach außenhin auf Druck des Vaters mit fachwissenschaftlicher Lektüre beschäftigt, beteiligt sich die von ihm geleitete Darmstädter Sektion der »Gesellschaft der Menschenrechte« an Geldsammlungen für die Anschaffung einer Druckpresse zur heimlichen Flugschriftenherstellung und, vordringlich, an Plänen zur Befreiung der politischen Gefangenen, die schon bis zur Beschaffung eines Betäubungsmittels und von Nachschlüsseln gediehen. Gleichzeitig erfolgt die Niederschrift des Revolutionsdramas Danton's Tod, in dem B. ein »wirklichkeitsnahes Bild« der historischen Situation (Fraktionskämpfe unter den Jakobinern), die B. in vieler Hinsicht als modellhaft erkannte, wie der »Gesellschaftstotalität« des Jahres 1794 zeichnet. Widersprüche und Konflikte werden offengelegt, »die Motive der Handelnden erscheinen zweideutig«, dem Zuschauer fällt die Entscheidung über »Recht und Unrecht« schwer (Hans-Georg Werner 1964) – kein Drama der revolutionären Begeisterung, sondern der Probleme und Grenzen der bürgerlichen, »politischen« Revolution, welche die Gleichheit aller postuliert und die Grundlage der Ungleichheit, die bürgerlichen Eigentumsverhältnisse, unangetastet läßt: das Volk hungert weiter.

Anfang des Jahres 1835 erhält B. mehrere gerichtliche Vorladungen, denen er jedoch keine Folge leistet; einer Verhaftung kommt er durch Untertauchen zuvor, woraufhin er behördenintern »wegen Hochverrat mit Steckbriefen verfolgt« wird. Noch bevor Ende März der Frankfurter *Phönix*, an dessen Verleger Sauerländer und Feuilletonredakteur Gutzkow er sich in separaten Briefen gewandt hatte, mit dem auszugsweisen Druck des Dramas beginnt, flieht B. nach Straßburg, wo er zunächst inkognito, mit den Papieren eines elsässischen Weinkellners, lebt. Die im Großherzogtum gegen ihn laufenden Ermittlungen werden mit dem 18. Juni durch einen Steckbrief in der Lokalpresse öffentlich gemacht. Der Buchdruck von *Danton's Tod*, den der *Phönix*-Redakteur Duller mit dem tendenziös-verharmlosenden Untertitel *Dramatische Bilder aus Frankreichs Schreckensherrschaft* versieht, erfolgt ohne B.s Mitwirkung, aber auch ohne behördliche Beanstandung: Umsichtig-zensorische Eingriffe Gutzkows haben das Manuskript druckfähig gemacht. Ein nachträgliches Verbot erfolgt nicht, obwohl eine pseudonyme Rezension in der Beilage der Dresdner *Abend-Zeitung* (im Zusammenhang der Fehde zwischen Wolfgang Menzel und Karl Gutzkow) geradewegs dazu auffordert.

Im Straßburger Exil übersetzt B. für Sauerländer die Hugo-Dramen *Lucrèce Borgia* und *Marie Tudor*, Brotarbeiten, die ihm – wie der *Danton* – bescheidene 100 Gulden Honorar einbringen. B.s Übersetzungen sind drastischer, lakonischer, aber auch subtiler als das Original; das Pathos der französischen Schauerromantik wird hier auf ein Minimum reduziert. Eine »Novelle« über den Aufenthalt des Sturm-und-Drang-Dichters Jakob Michael Reinhold Lenz bei dem philanthropischen Pfarrer Johann Friedrich Oberlin im elsässischen Steintal, die Fallstudie eines künstlerischen, psychischen und damit auch sozialen Grenzgängers, in der B. durch die mitempfindende Darstellung einer schizophrenen Psychose und die am Rande formulierten Grundsätze seiner antiidealistischen Ästhetik literarisches Neuland betritt, bleibt trotz mehrfacher Ermunterungen Gutzkows unvollendet. Statt dessen wirft B. sich mit aller Gewalt in das »Studium der Philosophie«: es entstehen die Schriften über Cartesius und Spinoza und Teile seiner kommentierten Auszuge aus Wilhelm Gottlieb Tennemanns *Geschichte der griechischen Philosophie*.

Als Thema seiner Dissertation wählt B. jedoch einen »naturhistorischen Gegenstand«: Für die zuerst in der Straßburger »Societé du Muséum d'histoire naturelle« vorgetragene, erst 1837 erschienene Abhandlung *Sur le système nerveux du Barbeau* wird ihm am 3. 9. 1836 von der Philosophischen Fakultät der Universität Zürich die »Doctorwürde« verliehen. Parallel dazu verfaßt B., als Wettbewerbsbeitrag zur »Preisaufgabe« des Cotta-Verlags »für das beste ein- oder zweiaktige Lustspiel«, die Komödie *Leonce und Lena*, deren »Grundstimmung« blanker »Haß« (Hans Mayer) ist, Wut über die deutschen »Verhältnisse« im System des Spätabsolutismus. Da B., der von Besuchern zu dieser Zeit als nervös-aufgeregt und erschöpft erlebt wird, den Einsendeschluß um zwei Tage verpaßt, erhält er sein Manuskript »uneröffnet« zurück.

Gewissermaßen als Gegenstück zum ›höfischen‹ Lustspiel entwirft B. ein »bürgerliches Trauerspiel« (Ludwig Büchner), in dessen Mittelpunkt – erstmals in der deutschen Literaturgeschichte – die Figur eines »pauper« steht, der Stadtsoldat Woyzeck, der im Zustand physischer wie psychischer Zerrüttung seine Geliebte ersticht. Der sozialen Tragödie liegt, »wie dem *Hessischen Landboten*, ein System zugrunde: das System der Ausbeutung, Unterdrückung und Entfremdung ... Es ist seine Armut«, die Woyzeck »rettungslos ausliefert, und es ist die bis zum Extrem gesteigerte entfremdete Arbeit, die ihn erdrückt . . . Vom ›Mord durch Arbeit‹ haben wir in *Danton's Tod* nur gehört, im *Woyzeck* sehen wir ihn als dramatische Wirklichkeit« (Alfons Glück 1985). Das titellose Fragment bleibt jahrzehntelang ungedruckt und wird erst 1875 von Karl Emil Franzos (aufgrund einer Verlesung unter dem Titel *Wozzeck*) veröffentlicht.

Mit dem unsicheren Status eines politischen Flüchtlings versehen, siedelt B. im Oktober 1836 nach Zürich über. Von den dortigen Professoren, vor allem Lorenz Oken, gefördert und seit einer »Probevorlesung« (über Schädelnerven verschiedener Wirbeltierarten) als Privatdozent zugelassen, gibt B., vor meist nur Johann Jakob Tschudi als einzigem Zuhörer, »zootomische Demonstrationen«. Neben den Vorbereitungen für das Sommersemester entsteht in Zürich die Fassung letzter Hand von *Leonce und Lena*; eine Weiterarbeit an *Woyzeck* ist nicht belegt.

Ein viertes Drama B.s, das erstmals 1850 von seinem Bruder Ludwig erwähnt wird und den Renaissanceschriftsteller Pietro Aretino zum Mittelpunkt gehabt haben soll, ist unter Umständen nur Legende. In dieser Phase produktivster Anstrengung fällt B. am 19. 2. 1837 einer Typhusinfektion zum Opfer. »Mit einer flüchtigen Bemerkung auf seinem Todesbette: ›Hätte ich in der Unabhängigkeit leben können, die der Reichthum gibt, so konnte etwas Rechtes aus mir werden‹ – wies er selbst auf den tieferen, auf den sozialen Grund seines frühzeitigen Todes. Aber selbst seine nächste Umgebung konnte sein baldiges Ende nicht ahnen; denn B., der Proletarier der geistigen Arbeit und das Opfer derselben, hatte sich lächelnd zu Tode gearbeitet« (Wilhelm Schulz 1851).

Werkausgaben: Georg Büchner: Werke und Briefe. Münchner Ausgabe. Hrsg. von Karl *Pörnbacher*, Gerhard *Schaub*, Hans-Joachim *Simm* und Edda *Ziegler*, München ³1992; Georg Büchner: Gesammelte Werke. Erstdrucke und Erstausgabe in Faksimiles. 10 Bdn. Hrsg. von Thomas Michael Mayer. Frankfurt a. M. 1987.
Literatur: *Hauschild*, Jan-Christoph: Georg Büchner. Biographie. Stuttgart 1993; *Dedner*, Burghard/*Oesterle*, Günther (Hrsg.): Zweites Internationales Georg Büchner Symposium 1987. Referate. Frankfurt a. M. 1990; Interpretationen. Georg Büchner: Dantons Tod, Lenz, Leonce und Lena, Woyzeck. Stuttgart 1990; Georg Büchner. Revolutionär, Dichter, Wissenschaftler 1813 bis 1837. Der Katalog. Ausstellung Mathildenhöhe, Darmstadt, 2. August bis 27. September 1987. Basel, Frankfurt a. M. 1987.

Jan-Christoph Hauschild

Burger, Hermann
Geb. 10. 7. 1942 in Menziken (Aargau); gest. 28. 2. 1989 in Brunegg (Aargau)

»Um die Konsequenzen von Kleists Aufsatz *Über die allmähli-che Verfertigung der Gedanken beim Reden* für die Schreibpraxis zu begreifen, mußte ich nicht Germanistik, sondern Architek-tur... studieren«. In vier Semestern Architekturstudium inklusive eines Vordiploms hatte B., wie er sagte, das für seine späteren Romane notwendige »Entwerfen« gelernt. Dennoch aber wechselte er, ein »leidenschaftlicher Leser moderner Lite-ratur«, von der Architektur zur Germanistik, Kunstgeschichte und Pädagogik, promovierte bei Emil Staiger mit einer Disser-tation über *Paul Celan – Auf der Suche nach der verlorenen Sprache* und habilitierte sich, mittlerweile auch als Feuilletonredak-teur am *Aargauer Tagblatt* produktiv, mit einer *Studie zur zeitgenössischen Schweizer Literatur*.

Seine Einlassung auf die Sprache, die ihn, wie er zeit seines Lebens hoffte, dazu befä-hige, »die Lebensursache herauszufinden«, beschränkte sich von Anfang an nicht nur auf den rezeptiven Umgang mit Literatur. Das Schreiben wurde ihm, der unter schwe-ren Depressionen litt, zur existentiellen Angelegenheit, zur »lebensrettende(n) oder -verlängernde(n) Langzeitmaßnahme als Reaktion auf eine höchste Notsituation«. Noch zur Studienzeit publizierte der Poeta doctus seinen ersten Gedichtband (*Rauch-signale*, 1967) und eine Sammlung von Prosastücken (*Bork*, 1970). Mit seinem Roman *Schilten. Schulbericht zuhanden der Inspektorenkonferenz* (1976, verfilmt 1978 von Beat Kuert) avancierte B. quasi über Nacht zum literarischen Geheimtip. In einer hochartifi-ziellen, aus enzyklopädischem Fundus gespeisten Fachgelehrtensprache berichtet in *Schilten* ein Aargauer Dorfschullehrer einer imaginären höheren Instanz vom grotesken Unterrichtsbetrieb an seiner Schule, die an den Dorffriedhof grenzt: Die Turnhalle dient primär als Aussegnungshalle; die Schulhausglocke ist zugleich Totenglöcklein; zum letzten Geleit von Verstorbenen wird die komplette Schülerschaft abkomman-diert. Der Schulunterricht wird daraufhin von Lehrer Schildknecht umfunktioniert zu einer Arbeitsgemeinschaft mit dem Tod: Statt Heimatkunde gibt er Todeskunde, Biolo-gie verkommt zu einem Exkurs über das Ausstopfen von Vögeln, eine längere Unter-richtseinheit befaßt sich mit dem Selbstmord und dem Leben im Tod.

Die Auseinandersetzung mit dem Tod ist B.s zentrales Schreibthema, präsentiert als der immer neue Versuch, »den verlorenen Lebenszusammenhang in der Sprache zu gewinnen« (Elsbeth Pulver). Einzig in der Kunstwelt der Sprache gelingt die Herstel-lung eines Bezugs zu der als schmerzhaft empfundenen Wirklichkeit. »Einen Gegen-stand mit Wörtern anpacken, drehen und wenden, bis er sein anderes, sein wahres Gesicht zeigt«: so formulierte B. in seiner Frankfurter Poetikvorlesung im Winterseme-ster 1985/86, publiziert unter dem bei Kleist entlehnten Titel *Die allmähliche Verfertigung der Idee beim Schreiben*, sein poetisches Programm. B.s Sprachbesessenheit und Wortakro-batik, seine Vorliebe »für das atemlos Labyrinthische und Verschachtelte, für das orna-mental überladene, mit Fremdwörtern gespickte Schmerzens-Esperanto« sowie die Faszination für das Circensische und Magische zeigt sich insbesondere in der Titelge-schichte des Erzählbandes *Diabelli* (1979), in der ein erfolgreicher Zauberkünstler sich vor der eigenen Meisterschaft ekelt, erkennend, ein Leben lang nichts anderes erzeugt zu haben als Scheinwirklichkeit und Illusion: »Habe illudiert und illudiert und dabei mein Selbst verjuxt«. Diabelli, in einem Brief (wiederum) an eine höhere Instanz die Bedingungen für sein Künstlertum reflektierend, erklärt sich auch bezüglich der Künstlichkeit seiner Sprachgebilde: »Woher sollte ich eine sogenannte Muttersprache nehmen, wenn es mir zeitlebens am mütterlichen Element gefehlt hat?« Manifest wird eine solche Mutter-Deprivation gemäß traditionellem psychologischem Erklärungsmuster (Freud) in schwerer Depression und, wie im Roman dargestellt, in schmerzhafter Unterleibsmigräne oder Impotenz, heilbar nur durch eine »Die künstliche Mutter« genannte Therapie in einem unterirdischen Stollen des Schweizer Gotthardmassivs. Einer solchen unterzieht sich in B.s gleichnamigem Roman (1982) der an einem Muttertrauma leidende »Privatdozent für deutsche Literatur und Glaziologie«, Wolfram Schöllkopf. Am Ende seines Genesungsprozesses, nach Wiedererlangung von Potenz und Selbstwertgefühl, schlägt die Depression unheilvoll in ihr Gegenteil um: Anfälle von Euphorie führen zur Verdopplung, dann zur Auslöschung der Identität und in den Tod. Hier wie auch in B.s letztem Roman *Brenner* (1989) – Band I der auf vier Teile angelegten Geschichte einer Aargauer Zigarrendynastie beschreibt die Suche nach der verlorenen Zeit: nach Kindheit und Jugend – steht das Fiktionale gleichberechtigt neben dem Unverschlüsselten, Privaten. Mit seiner Privatisierung der Kunst und der Ästhetisierung des Privaten verschiebt B. die Grenze zwischen Kunst und Leben nach beiden Seiten und nimmt auch dabei für sich in Anspruch, »das unverschobene Selbstporträt als legitimes Romanmuster zu etablieren« (Hermann Kinder). Das Spiel mit Identitäten nötigte den »Grenzverschieber« immer häufiger zur imaginierten Grenzüberschreitung zwischen Leben und Tod, die im exakt kalkulierten Akt des Suizids als identitätsstiftende Einheit zu erfahren seien. Im *Tractatus logico suicidalis. Über die Selbsttötung* (1988) hat B., knapp ein Jahr vor seinem Tod, auch den eigenen, artistischen Abgang literarisch beglaubigt: »Der Selbstmord als Abschluß einer Krankheitskarriere wäre ein *opus magnum*«.

Literatur: *Isele*, Klaus (Hrsg.): Salü, Hermann. In memoriam Hermann Burger. Eggingen 1991; Gerda *Zeltner*: Das Ich ohne Gewähr. Gegenwartsautoren aus der Schweiz. Frankfurt a. M. 1980.

Josef Hoben

Bürger, Gottfried August

Geb. 31. 12. 1747 in Molmerswende/Harz; gest. 8. 6. 1794 in Göttingen

»Es ist traurig anzusehen, wie ein außerordentlicher Mensch sich gar oft mit sich selbst, seinen Umständen, seiner Zeit herumwürgt, ohne auf einen grünen Zweig zu kommen. Trauriges Beispiel Bürger.« Diese bedauernden Worte Johann Wolfgang Goethes in seinen *Maximen und Reflexionen* galten einem Mann, der wie kein zweiter in Deutschland den Typus des volkstümlichen Schriftstellers verkörperte. Aus einer ärmlichen Pfarrersfamilie stammend, hatte es B. lebenslang schwer, eine seinen Talenten und Neigungen entsprechende Position zu finden. Nach dem Theologie- und Jura-Studium in Halle (1764) und Göttingen (1768) gelang es ihm zwar, 1772 eine Amtmannstelle in Altengleichen bei Göttingen zu bekommen. Zwistigkeiten mit seinen Arbeitgebern belasteten ihn jedoch, und die Tätigkeit ließ ihm wenig Zeit für seine dichterische Arbeit, mit der er bereits während des Studiums begonnen hatte (Shakespeare- und Homer-Übersetzungen). Ohne offiziell dem »Göttinger Hain« anzugehören, unterhielt er zu den meisten Mitgliedern freundschaftliche Kontakte. In seiner dichterischen Praxis ging er jedoch eigene Wege. Sein 1773 entstandenes Gedicht *Der Bauer. An seinen Durchlauchtigten Tyrannen* (gedr. 1776) stellt ein frühes Beispiel einer volkstümlichen und zugleich sozialkritischen Lyrik dar. Dieses Gedicht machte B. in ganz Deutschland bekannt. Jahrzehnte später nahmen Georg Büchner und Ludwig Weidig einige Zeilen aus diesem Gedicht in ihren *Hessischen Landboten* auf. Volkstümlich sind auch seine Balladen (z. B. *Leonore, Des Pfarrers Tochter von Taubenhain*), die starken Eindruck auf die Zeitgenossen machten und die Ballade in den Rang einer anerkannten und populären Kunstform erhoben. Als B. 1778 seine erste Gedichtsammlung erscheinen ließ, fanden sich über 2000 Subskribenten, darunter 19 regierende Fürsten, u. a. die Königin von England. Als Herausgeber des *Göttinger Musenalmanachs* (von 1778 bis 1794) reifte er zu einer in ganz Deutschland anerkannten Instanz heran. Seine berufliche und finanzielle Situation war nichtsdestoweniger desolat. Dazu kamen schwierige persönliche Verhältnisse. Sein außereheliches Verhältnis zu seiner Schwägerin war ein öffentlicher Skandal *(Beichte eines Mannes)*.

Erst nach dem Tod seiner ersten Frau (1784) konnte er deren Schwester heiraten, die jedoch bereits 1786 starb. Eine dritte Ehe, 1790 geschlossen, endete 1792 mit einer Scheidung. Bereits 1783 hatte B., zermürbt von den jahrelangen Auseinandersetzungen mit seinen Vorgesetzten, die Amtmannstelle aufgegeben und war als Privatdozent nach Göttingen gegangen, wo er Vorlesungen über Ästhetik, deutsche Sprache und Literatur hielt. Neben Übersetzungen aus dem Englischen und Griechischen (Umarbeitung der jambischen *Ilias*-Übertragung in Hexameter, Übertragung von William Shakespeares *Sommernachtstraum* zusammen mit August Wilhelm Schlegel) verfaßte er weiter Balladen, bearbeitete die *Wunderbaren Reisen zu Wasser und Lande, Feldzüge und lustige Abenteuer des Freiherrn von Münchhausen* (2. erweiterte Ausgabe 1788) und bemühte sich, seine Konzeption von »Volkstümlichkeit« theoretisch auszuarbeiten (*Von der Popularität der Poesie*, Fragment, 1778 f.). Er war der Meinung, daß die Dichtkunst »zwar von Gelehrten, aber nicht für Gelehrte als solche, sondern für das Volk ausgeübt werden müsse« (Vorrede zu den *Gedichten*, 1789). Mit einer solchen Auffassung geriet er in offenen Gegensatz zu den Bemühungen von Goethe und Schiller, die sich unter dem Eindruck der Französischen Revolution von dem alten Sturm- und Drang-Konzept der Volkstümlichkeit abwandten. Schillers scharfes Verdikt *Über Bürgers Gedichte* (1791), mit dem er den eigenen Übergang zum Konzept der *Ästhetischen Erziehung* vorbereitete, konnte jedoch nicht verhindern, daß B. gerade aufgrund seines Konzepts von Volkstümlichkeit immer wieder geschätzt wurde. So schrieb Heinrich Heine in seiner *Romantischen Schule* (1833): »Der Name ›Bürger‹ ist im Deutschen gleichbedeutend mit dem Wort citoyen«, und wies damit indirekt auf die Verwandtschaft zwischen B. und den Autoren der Vormärz-Zeit hin.

Werkausgabe: Bürger, Gottfried August: Sämtliche Werke. Hrsg. von Günter und Hiltrud *Häntzschel*. München 1987.

Literatur: *Häntzschel*, Günter: Gottfried August Bürger. München 1988; *Kaim-Kloock*, Lore: Gottfried August Bürger. Zum Problem der Volkstümlichkeit in der Lyrik. Berlin 1973.

Inge Stephan

Busch, Wilhelm
Geb. 15. 4. 1832 in Wiedensahl; gest. 9. 1. 1908 in Mechtshausen

»In Dankbarkeit für fröhliche Stunden« – so endet ein Telegramm von Wilhelm II. zu B.s 70. Geburtstag. Ähnliche Reaktionen aus Bürgerhäusern und Arbeiterfamilien belegen B.s klassenübergreifende Stellung als populärster Autor und Zeichner seiner Zeit; eine Popularität zu verstehen aus der Spezifik des von B. entwickelten Genres Bildergeschichte, zu verstehen aber auch aus der deutschen Misere, sprich der gescheiterten Revolution von 1848 und dem »deutschen Spießbürgertum« als dem »allgemeinen deutschen Typus« (Friedrich Engels). Die begeisterte Rezeption B.s – neben wenigen negativen, vor allem moralisch empörten Stimmen – basiert auf einem Mißverständnis: die scheinbare Harmonie und Idylle des *Humoristischen Hausschatzes* (1884 ff.) verdeckt B.s »Nachtseite« – Tod und Gewalt, das Böse, das Dämonische und die Unveränderbarkeit der Welt.

Eine Spannung zwischen äußerer Ruhe und scheinbarer Gelassenheit einerseits und innerer Unruhe und tiefsitzender Angst andererseits bestimmt auch B.s Leben, das von immer wiederkehrenden Liebesenttäuschungen und künstlerischen Identitätskrisen bestimmt wird. Seit frühester Kindheit getrennt von seinen Eltern in protestantischer Pfarrhaus-Atmosphäre aufgewachsen, hat er schon mit seiner Berufswahl Schwierigkeiten. B., der im Gegensatz zu vielen malenden Schriftstellern und schreibenden Malern eine wirkliche Doppelbegabung war, ging nach dem abgebrochenen Maschinenbaustudium in Hannover (1847 bis 1851) an die Kunstakademien in Düsseldorf (1851), Antwerpen (1852) und München (1854). Gerade weil er in der Malerei seine eigentliche künstlerische Berufung sah, bedeutete für ihn die niederländische Malerei des 17. Jahrhunderts ein Schlüsselerlebnis, das ihn grundsätzlich verunsicherte. In der Folge scheiterte er dreimal als Maler: 1856 in München, 1869 in Frankfurt a. M. und 1877 wieder in München.

In der ersten Münchner Zeit von 1854 bis 1868 begann B., neben der Malerei Gedichte, Opernlibretti, Märchen- und Singspiele, z.T. als Gelegenheitsarbeiten für Feste und Feiern, zu schreiben und Karikaturen zu zeichnen. 1858 lieferte er die ersten Beiträge für die *Fliegenden Blätter,* 1859 den ersten *Münchner Bilderbogen: Die kleinen Honigdiebe.* Schon in dieser frühen Zeit ist es typisch für B., daß er im Gegensatz etwa zu den Malern Moritz von Schwind und Ludwig Richter Geschichten erzählt – in Bild und Wort. Beide Teilbereiche stehen für sich und sind doch eng aufeinander bezogen; nahezu gleichwertig, dominiert letztlich doch der Körper im Bild gegenüber der Sprache im Text. Ist der graphische Ausdruck B.s zunächst noch starr und zugleich sehr detailliert, die Sprache noch erzählende Prosa, so wird sein Strich mit der Zeit klarer und auf das Wesentliche reduziert (Holzstichverfahren, ab 1875 Zinkographie), der Text in Versform zumeist als Knittelvers (vierhebig, Paarreim) wird lakonisch prägnant. Er erhält »Schliff und Form«, so daß er sich sentenzenhaft ins Gedächtnis einprägt: »Dieses war der erste Streich, / Doch der zweite folgt sogleich.« Seine Sprachkomik erzielt B. vor allem durch inhomogene, ironisch trivialisierte Reimwörter. B.s Bildergeschichten, beeinflußt von volkstümlicher Literatur (Märchen, Fabel, Schwänke) stehen in der Traditionslinie des komischen Epos, der Verserzählung und der »littérature en estampe« (Kupferstichliteratur) des Karikaturisten und Rhetorikers Rodolphe Töpffer. Auffällig ist dabei die spezifische Verbindung von Schematismus und Stereotypie mit einem grotesken, z.T. surrealen Spielcharakter, sichtbar vor allem in den Körperdeformationen, den spöttischen Karikaturen und den grausamen Depersonalisierungen (»Qualspirale«). Die Dynamik der Bilder (Bewegung, Abläufe, Simultaneität) verweist eher auf spätere filmische Techniken, besonders sichtbar in den Bildergeschichten ohne Worte, als auf die Comic strips.

Berühmt wurde B. jedoch erst – und ist es bis heute – mit *Max und Moritz* (1865). Von dieser Bildergeschichte existieren über hundert Übersetzungen, zahlreiche Bearbeitungen, Vertonungen, Parodien und audiovisuelle Fassungen – sie ist neben dem *Struwwelpeter* (1847) von Heinrich Hoffmann das erfolgreichste und bekannteste deutsche Kinderbuch, dennoch nicht unumstritten; zeitweise wurde es sogar wegen seines »höchst verderblichen Einflusses« auf die Kinder verboten. B.s triebhafte Kindergestalten stehen in scharfem Gegensatz zum unschuldigen Kinderbild des 19. Jahrhunderts, seine bösen Buben sind letztlich nicht erziehungsfähig, zumal die Erwachsenen als »Erzieher« ebenso negativ gezeichnet werden: sie sind selbstzufriedene, hinterhältige, rücksichtslose Spießer, denen jedes Mittel recht ist, um ihre heiligsten Güter – Ruhe, Ordnung und Besitz – wiederherzustellen bzw. zu sichern. Dieses »kleine Kinder-Epopöe« ist demnach weniger ein Kinderbuch als Erziehungsmittel, denn Ironisierung einer unheilvollen Kinder- und Erwachsenen-Welt.

In den folgenden, von 1865 bis 1884 publizierten Bildergeschichten greift B. teils die Erziehungsthematik wieder auf (*Plisch und Plum,* 1882), teils ersetzt er das böse, triebhafte Kind durch vital-aggressive Tierfiguren (*Hans Huckebein,* 1867; *Fipps der Affe,* 1879). Mit dem *Heiligen Antonius von Padua* (1870) beginnen B.s Tendenz-Bildergeschichten.

Kritik an Frömmelei und moralischer Heuchelei (*Die fromme Helene*, 1872) sowie welfischem Partikularismus (*Die Partikularisten*, 1873) steht neben dem politisch problematischen *Pater Filucius* (1872), einer Auftragsarbeit im Kontext des Kulturkampfes. Diese und die nationalistische Bildergeschichte *Monsieur Jaques à Paris während der Belagerung im Jahre 1870* machten B.s geringes politisches Bewußtsein deutlich. Trotz Kritik am Militarismus, an Pomp und Pathos des Wilhelminismus – bei gleichzeitiger Bismarck-Verehrung –, trotz Lektüre des sozialdemokratischen *Vorwärts* und Sentenzen wie »Der Eine fährt Mist, der Andre spazieren; / Das kann ja zu nichts Gutem führen« (*Der Nökkergreis*, 1893) hält B. Distanz zu jeder Art von Politik.

In den meisten Bildergeschichten konzentriert sich B. auf das alltägliche Leben, häufig in Form einer ländlichen oder kleinstädtischen Idylle, örtlich fixiert auf Haus und Garten, zeitlich fixiert auf Feierabend und Freizeit. Soweit überhaupt der Arbeitsprozeß thematisiert wird, ist es ein handwerklicher oder bäuerlicher; weder Adel und Großbürgertum noch Arbeiter, weder Großstadt noch Industrialisierung haben einen Platz in dieser engen Welt. Doch die Idylle trügt. Die menschlichen Beziehungen, insbesondere die intimsten in Ehe und Familie, sind extrem entfremdet, und der Mensch unterliegt der »Tücke des Objekts«, d. h. in einer verdinglichten Welt gewinnen die Produkte Gewalt über die Produzenten. Besonders typisch für B.s Philister-Lebensläufe ist die *Knopp-Trilogie* (1875–77), an deren Ende der Tod, »die schwarze/ Parze mit der Nasenwarze«, steht.

Grauen und Verzweiflung bilden letztlich auch den Ausgangspunkt für B.s Humor; trotz aller Versöhnlichkeit beinhaltet er Schadenfreude – es ist ein böses Lachen. Durch seine Schopenhauer-Studien fühlte sich B. in seinen Ansichten bestärkt und philosophisch gerechtfertigt. Dessen Primat des Willens über den Intellekt, der Wille als das Böse verbindet sich bei B. mit dem Gedanken der Erbsünde, der im Zentrum seiner asketisch-pietistischen Moral (Arbeit und Triebverzicht) steht. Erst im Alter trat bei B. der Erlösungs- und Versöhnungsaspekt der christlichen Religion stärker in den Vordergrund.

Nach *Balduin Bählamm* (1883) und *Maler Klecksel* (1884), deren Thematik nicht zufällig B.s eigene Künstlerproblematik kommentiert, bricht er radikal mit den Bildergeschichten – er trennt wieder diese in Erfolg und ästhetischer Konstitution einmalige Verbindung von Bild und Wort und schreibt stattdessen Lyrik und Prosa, er zeichnet und malt. Den Traum von einer Künstlerexistenz als Maler hatte B. sich trotz seiner ca. eintausend Ölbilder nicht erfüllen können. Aber im Privaten verstärkte er seine Maltätigkeit bis zu deren Ende 1895 und entwickelte in der Porträt-, Genre- und in der zum Schluß dominierenden Landschaftsmalerei eine nichtnaturalistische, fragmentarisch-moderne Maltechnik.

Während B.s Gedichtbände *Kritik des Herzens* (1874), *Zu guter Letzt* (1904) und *Schein und Sein* (postum 1909) in ihrer Mischung aus Gelegenheitsgedichten und Gedankenlyrik, aus sentenzhafter Nüchternheit und satirischer Respektlosigkeit, aus Banalität und Grübelei bei gleichzeitiger poetischer Konventionalität bis heute wenig Beachtung fanden, ragen die Prosaerzählungen *Eduards Traum* (1891) und *Der Schmetterling* (1895) bei aller Parallelität zu den Bildergeschichten aus dem literaturgeschichtlichen Kontext von Realismus und Naturalismus heraus; in der Tradition der Romantik stehend und auf Symbolismus und Surrealismus vorausdeutend, sind sie in ihrer Radikalität –

Eduards Traum z. B. als eine der ersten deutschsprachigen Antiutopien – einmalig in ihrer Zeit. Im *Schmetterling* erfährt man mehr über B.s Lebensgefühl von Vergeblichkeit als in seinen kurzen anekdotenhaften autobiographischen Texten *Was mich betrifft* (1886) und *Von mir über mich* (1893). Er zeigt »die Weste und nicht das Herz« – gerade diese Abwehrhaltung und Verhüllungstechnik führte zu der bekannten verklärenden Rezeption, sie enthüllt aber auch die Krise des bürgerlichen Zeitalters, die Person B. mit einbezogen; eine Krise, die in den Bildergeschichten ihren adäquaten, heute noch lebendigen Ausdruck fand.

Werkausgabe: Busch, Wilhelm: Historisch-kritische Gesamtausgabe. Hrsg. von Friedrich *Bohne.* Hamburg 1959.

Literatur: *Vogt,* Michael (Hrsg.): Die boshafte Heiterkeit des Wilhelm Busch. Bielefeld 1988; *Pape,* Walter: Wilhelm Busch. Stuttgart 1977; *Ueding,* Gert: Wilhelm Busch. Das 19. Jahrhundert en miniature. Frankfurt a. M. 1977. *Florian Vaßen*

Campe, Joachim Heinrich
Geb. 29. 6. 1746 in Deensen/Holzminden; gest. 22. 10. 1818 in Braunschweig

Am 26. 8. 1792 ernannte die französische Nationalversammlung C. zusammen mit Friedrich Gottlieb Klopstock, Friedrich Schiller, Johann Heinrich Pestalozzi, George Washington und dreizehn weiteren Ausländern zum Ehrenbürger Frankreichs, weil er sich durch »Gesinnung und Werke als Freund der Freiheit, Gleichheit und Brüderlichkeit« erwiesen habe. C. hat diese Ehrung eher geschadet als genützt. Er wurde öffentlich als Revolutionsprediger und Umstürzler denunziert. Nichts war falscher als das. Der aus altem braunschweigischen Adelsgeschlecht stammende C., dessen Vater das Adelsprädikat wegen unklarer Abstammungsverhältnisse nicht führen durfte, war von Herkunft und Temperament ein eher gemäßigter Mann. Nach dem Theologiestudium in Helmstedt und Halle arbeitete er als Hauslehrer bei der Familie Humboldt. Zu seinen Zöglingen Alexander und Wilhelm hatte er lebenslang einen guten Kontakt, mit Wilhelm von Humboldt machte er sich 1789 auf eine Reise nach Paris (*Briefe aus Paris zur Zeit der Revolution geschrieben,* 1790). Obgleich sehr erfolgreich, befriedigte C. weder der Status des Hauslehrers noch der des Predigers, für den er ausgebildet war. Seine pädagogischen Interessen waren weitreichender und drängten ihn zur Übernahme größerer Aufgaben. 1776 trat er in die von Johann Bernhard Basedow begründete »Philantropie« in Dessau ein und übernahm als »Educationsrath« noch im selben Jahr die Leitung des angesehenen Instituts. Nach Zerwürfnissen mit Basedow gründete C. eine eigene pädagogische Anstalt in Hamburg, die er 1783 an seinen Freund Trapp übergab. C. konzentrierte sich in den folgenden Jahren auf die Ausarbeitung pädagogischer Reformpläne und Abhandlungen und wurde zu einem der produktivsten pädagogischen Schriftsteller in Deutschland. Seine 16bändige *Allgemeine Revision des gesamten Schul- und Erziehungswesens* (von 1785 bis 1791) schuf die Basis für die Ent-

wicklung der Pädagogik als wissenschaftlicher Disziplin. Daneben arbeitete er als Kinder- und Jugendbuchautor (*Robinson der Jüngere*, 1779/1780; *Hamburgischer Kinderalmanach*, 1779/84; *Sammlung interessanter und zweckmäßig abgefaßter Reisebeschreibungen für die Jugend*, von 1785 bis 1793) und trug dazu bei, daß in Deutschland ein eigenes Genre »Kinder- und Jugendliteratur« entstand. Seine rastlosen pädagogischen Bemühungen trugen jedoch, wie das »pädagogische Jahrhundert« insgesamt, ein Janusgesicht: Die Besessenheit, mit der C. Kindheit und Jugend pädagogisierte und der absoluten Herrschaft des »Vernünftigen« und »Zweckmäßigen« unterordnete, nahm zum Teil aberwitzige Züge an. So fragte sich C. angesichts des Rheinfalls bei Schaffhausen: »Wozu nützen denn die in der Tat schauderhaft schönen Luftsprünge des Rheinstromes? Wird irgend etwas zum Besten der Menschheit dadurch bewirkt?« Im Zentrum der Kontrolle und Nachforschung stand jedoch die kindliche Sexualität. Auch für C. war Onanie ein »Verbrechen«, das er durch »Infibulation« am liebsten gänzlich ausrotten wollte. In den Bereich der »Schwarzen Pädagogik« (nach einem Buch von Katharina Rutschky, 1977, das anhand von pädagogischen Dokumenten die »Folgen und Begleiterscheinungen der Aufmerksamkeit« von Erziehungspersonen aufzeigt, welchen der »Heranwachsende seit dem 18. Jahrhundert ausgesetzt« ist) gehören auch seine Versuche, Erziehung klassen- und geschlechtsspezifisch zu definieren (*Väterlicher Rath für meine Töchter*, 1809), obgleich das Bemühen um Liberalität und Fortschrittlichkeit unüberhörbar ist. In den letzten Lebensjahren widmete er sich vor allem Sprachuntersuchungen (*Wörterbuch zur Erklärung und Verdeutschung der unserer Sprache aufgedrungenen fremden Ausdrücke*, 1801, 2. Aufl. 1813) und gab zusammen mit anderen ein fünfbändiges *Wörterbuch der deutschen Sprache* (1807–1812) heraus. Auf seinem Grabstein stehen die beziehungsreichen Sätze: »Hier ruhet nach einem Leben voll Arbeit und Mühe zum erstenmale der Pflanzer Joachim Heinrich Campe. Er pflanzte – wenn gleich nicht immer mit gleicher Einsicht und mit gleichem Glück – doch immer mit gleichem Eifer und mit gleicher Treue Bäume in Gärten und Wälder, Wörter in die Sprache und Tugenden in die Herzen der Jugend. Wanderer! Hast Du ausgeruht unter seinen Bäumen, so geh hin und thue desgleichen!«

Literatur: *Leyser*, Jakob Anton: Joachim Heinrich Campe. Ein Lebensbild aus dem Zeitalter der Aufklärung. Braunschweig 1977; *Fertig*, Ludwig: Campes politische Erziehung. Eine Einführung in die Pädagogik der Aufklärung. Darmstadt 1977. *Inge Stephan*

Canetti, Elias
Geb. 25. 7. 1905 in Rustschuk/Bulgarien

»Mein ganzes Leben ist nichts als ein verzweifelter Versuch, die Arbeitsteilung aufzuheben und alles selbst zu bedenken, damit es sich in einem Kopf zusammenfindet und darüber wieder Eines wird.« Wenn auf einen zeitgenössischen Autor der Begriff des Dichters im emphatischen Sinn noch paßt, dann auf C. Noch einmal verwirklicht sich in seinem Werk die Einheit von Denken und Schreiben, von philosophischer Universalität und künstlerischer Gestaltung. Imponierend schon die äußere Erscheinung C.s: die lebendige Offenheit; die menschliche Wärme, die von ihm ausstrahlt; nicht zuletzt die wache Neugier des Blicks, von dem man sich sofort durchschaut fühlt. Zugleich ist er – wie Susan Sontag schreibt – »auf charakteristisch unpersönliche Weise extrem mit sich selbst befaßt. Er ist ganz davon in Anspruch genommen, jemand zu sein, den er bewundern kann.« Wenn er spricht, gar vorliest – und er ist ein hinreißender Rezitator seiner eigenen Werke –, dann scheint die Märchenerzählerin Scheherazade zu neuem Leben erwacht, so sehr vergißt man die Zeit. Imponierend aber auch der Ernst, die Unbedingtheit seines intellektuellen Anspruchs, die nicht nachlassende Begierde, einen Weg durch das Labyrinth unserer Zeit zu finden.

C. blieb lange so gut wie unbekannt, ein unbequemer Einzelgänger gegen die Zeit, ein unnachsichtiger Kritiker der herrschenden Lügen. Erst die 1963 veranstaltete Neuausgabe seines Romans *Die Blendung* (entstanden 1930/31, erstmals erschienen 1935) brachte ihm den Durchbruch zum späten Ruhm (Nobelpreis für Literatur 1981) und das Interesse einer breiteren Leserschaft. Hauptfigur dieses Romans ist der Sinologe Kien, der in einer Art intellektueller Unzucht mit seinen Büchern gegen die Wirklichkeit anlebt (sein Urbild soll ein Wiener Sinologe gewesen sein, der den Ausbruch des Ersten Weltkriegs erst zwei Jahre danach aus einer Pekinger Zeitung erfuhr). Der weltlose, kopfstimmige Gelehrte wird von seiner Haushälterin Therese durch einen Trick – listig zieht sie sich zum Lesen Handschuhe an, das Buch legt sie auf ein Samtkissen – geblendet und zur Ehe verführt. Mit diesem Schritt liefert Kien sich den Niederungen des Lebens aus, banal-grotesken Figuren wie dem Hausbesorger und dem Intriganten Fischerle, in deren Netzen er sich mehr und mehr verfängt. Am Ende des schonungslosen Kampfes zwischen Geist und Wirklichkeit zündet Kien schließlich seine 25 000 Bände umfassende Bibliothek an und verbrennt mit seinen Büchern – ein beklemmendes, vielstimmig erzähltes Panorama über die Entzündbarkeit der Welt, deren kollektiver, totalitärer Wahn hier in hellsichtiger Analyse vorweggenommen ist.

Für den Sohn sephardischer (spanisch-jüdischer) Eltern waren Spagnolisch und Bulgarisch, später, nach der Übersiedlung der Familie nach Manchester 1911, Englisch die ersten Sprachen, die er lernte. 1912 starb der Vater plötzlich, erst 31jährig – C. wird dieses Ereignis nie vergessen, den Tod immer als den Machthaber über das Leben hassen, ihn zum Angelpunkt und Eckpfeiler seines literarischen Werkes machen (»Mich brennt der Tod!«). Die Mutter übersiedelte mit ihren drei Kindern 1913 zuerst nach Wien,

1916 nach Zürich, 1921 nach Frankfurt a. M. Erst im Alter von acht Jahren lernte C. unter Anleitung der Mutter Deutsch – »eine spät und unter wahrhaftigen Schmerzen eingepflanzte Muttersprache«. Die magische Welt seiner frühesten Jugend, die Bizarrerie und Faszination des Balkans, schließlich die Eroberung der Wirklichkeit durch Sprache und Schrift hat er mit fesselnder Eindringlichkeit in der Autobiographie seiner Kindheit, *Die Gerettete Zunge* (1977), beschrieben. 1924 ging er nach Wien zurück, begann dort das (ungeliebte) Studium der Chemie, das er 1929 mit der Promotion abschloß. Dort lernte er auch Veza Taubner-Calderon (gest. 1963) kennen, die er 1934 heiratete. Seine Entwicklung zum Schriftsteller im Wien der 20er Jahre, unter der »Leibeigenschaft« des bewunderten Satirikers Karl Kraus, schildert *Die Fackel im Ohr* (1980). Den Abschluß von C.s dreiteiligem Lebensroman bildet *Das Augenspiel* (1985), das mit dem Tod der Mutter 1937 endet. Als Schriftsteller, dies zeigen die Bände der Autobiographie, geht C. äußerst behutsam mit seinen Erinnerungen um. In seiner unstillbaren Passion sucht er den Weg zu den »in sich selbst eingebundenen Menschen«, will er »Menschen erlernen«. In ihren Stimmen und Gesten läßt er sie, ein unersättlicher Beobachter und Zuhörer, wieder auferstehen, enthüllt er seine Wahrheit ihres Lebens. Stärker noch als die Galerie berühmter Zeitgenossen, denen er begegnete, prägen sich die überscharf belichteten Gestalten des bürgerlichen Pandämoniums ein: die deformierten, von der »tobsüchtigen Bewegung des Geldes« und der Machtblindheit geknechteten Zimmerwirtinnen, Pensionäre, Hausmeister und Dienstmädchen. Es ist jene groteske Welt, der wir in der *Blendung*, in den beiden frühen – von C. selbst besonders geschätzten – Theaterstücken *Hochzeit* (1932) und *Komödie der Eitelkeit* (entstanden 1933/34) wiederbegegnen. C. bedient sich dabei, wie K. Kraus in seinem Lesedrama *Die letzten Tage der Menschheit*, der Technik des akustischen Zitats, der »akustischen Maske«, die noch die geheimsten Gedanken der Menschen enthüllt.

Zum Schlüsselerlebnis wurde für C. der Brand des Wiener Justizpalastes, den die empörte Arbeiterschaft am 15. 7. 1927 anzündete. »Die Polizei erhielt Schießbefehl, es gab neunzig Tote . . . Es ist das nächste zu einer Revolution, was ich am eigenen Leib erlebt habe . . . Ich wurde zu einem Teil der Masse, ich ging vollkommen in ihr auf, ich spürte nicht den leisesten Widerstand gegen das, was sie unternahm.« Das Geheimnis der Masse – und damit von Macht und Überleben – ließ ihn von nun an nicht mehr los, steigerte sich vielmehr durch die immer abschüssigere Fahrt der Geschichte, die Machtübernahme des Faschismus, den Zweiten Weltkrieg, den Holocaust und den Atombombenabwurf auf Hiroshima und Nagasaki zur Erkenntnis der universellen Bedrohung, in welche die Menschheit sich selbst gebracht hatte. In der das Schubkastendenken aller universitären Disziplinen verwerfenden Abhandlung *Masse und Macht* (1960), wie in den diese Arbeit begleitenden aphoristischen Aufzeichnungen *Die Provinz des Menschen* (1973), gelang es C., die Wurzeln der Gewalt zu entschleiern: Triebverdrängung und Aggressivität, Ordnung und Destruktion zeugen und stützen sich wechselseitig. Seit seiner Emigration im Herbst 1938 über Paris nach London hatte C. sich jede literarische Beschäftigung verboten, um ausschließlich an diesem Buch zu schreiben. Eingehende Studien der Anthropologie, der Ethnologie, der Sozialpsychiatrie, vor allem aber der chinesischen Philosophie und der Mythenüberlieferung der Menschheit haben es von Anfang an begleitet. Lange bevor sie Mode wurden, hat C. so die bedrängenden Themen unserer Zeit entwickelt: die Lust zum Untergang, die Zerstörung von Psyche und

Umwelt, die Ausrottung der Natur. Am meisten mißverstanden wurde seine Besessenheit durch den Tod (*Die Befristeten*, 1952) – er erkennt den Tod nicht an, weil dies hieße, sich der Macht zu beugen. Im Tod verkörpert sich für ihn alles Böse, alles Übel, weil er dem Leben Grenzen setzt, weil er alle Unterschiede gleich macht. Seine Tod-Feindschaft kennzeichne ihn, so Susan Sontag, als einen unverbesserlichen, bestürzten Materialisten, aber auch als einen unerbittlichen Don Quixote: »Denn immer weiß ich zu gut, daß ich gegen den Tod gar nichts ausgerichtet habe.« Als eine archaische, selbst schon mythische Gestalt ragt C. in die Literatur der Gegenwart – ein glänzender Schriftsteller, ein universaler Denker, dem die Menschen so wichtig sind wie die Worte. Denn der *Beruf des Dichters* (so der Titel einer programmatischen Rede, 1976) besteht für ihn in der Kraft zur Verwandlung, in der »Verantwortung für das Leben, das sich zerstört, und man soll sich nicht schämen zu sagen, daß diese Verantwortung von Erbarmen genährt ist«.

Werkausgabe: Canetti: Werke. 5 Bde. München 1992 ff. (noch nicht abgeschlossen).
Literatur: Hüter der Verwandlung. Beiträge zum Werk von Elias Canetti. München 1985; *Piel,* Edgar: Elias Canetti. München 1984; *Barnouw,* Dagmar: Elias Canetti. Stuttgart 1979.

Uwe Schweikert

Carossa, Hans
Geb. 15. 12. 1878 in Bad Tölz; gest. 12. 9. 1956 in Rittsteig bei Passau

»Raube das Licht aus dem Rachen der Schlange« – das über dem *Rumänischen Tagebuch* (1924) stehende Motto könnte durchaus über das Gesamtwerk gestellt werden. Es signalisiert in der Chronik aus dem Ersten Weltkrieg die Überzeugung, daß hinter Leiden und Tod ein Sinn verborgen bleibt, und gilt für den Autor als Hüter tradierter Ideale und humanistischer Werte in Zeiten tiefgreifender Umwälzungen. Der Blick soll geweitet werden in eine idyllisch versöhnte Welt, die im 20. Jahrhundert zerfallen ist. Johann Wolfgang Goethe, Adalbert Stifter, Eduard Mörike und Gottfried Keller werden als Zeugen aufgerufen, daß dem Bösen auch in schweren Zeiten nicht die Vorherrschaft über das Gute und Schöne einzuräumen sei. C. entzieht sich diesem Dualismus durch Abschottung vom Zeitgeschehen: Während feuerspeiende Panzer den Boden Europas zerpflügen, kreuzt er unbeirrt durch Postkutschengefilde. Aber gerade diese Ausblendung des Chaos bedeutete vielen Lesern stille Besinnung, Trost und Erbauung, obgleich diese isolierte Wunschwelt gelegentlich ins Triviale abgleitet. Die vom Vater bestimmte Arztlaufbahn (1903 Arzt in Passau, dann in Nürnberg und Seestetten a. d. Donau, ab 1914 in München, von 1916 bis 1918 freiwilliger Bataillonsarzt) wurde schon bald als Einschränkung literarischer Ambitionen empfunden, besonders als er beim Studium in München Anstöße in dieser Richtung durch Kontakte mit Richard Dehmel, Frank Wedekind, Karl Wolfskehl u. a. erhielt, ohne sich jedoch einem bestimmten Kreis anzuschließen. Ein festes Honorar des Insel-Verlags milderte den

Konflikt zwischen Beruf und Neigung und führte nach erster Lyrik (*Gedichte*, 1910) zur Veröffentlichung einer Reihe autobiographischer Prosawerke (*Eine Kindheit*, 1922; *Verwandlungen einer Jugend*, 1928; *Das Jahr der schönen Täuschungen*, 1931/41; *Ein Tag im Spätsommer*, 1947; *Aufzeichnungen aus Italien*, 1948; *Der Tag des jungen Arztes*, 1955; sowie *Führung und Geleit*, 1933.), in denen er Kindheit, Jugend, Studium und gereiftes Schicksal nachgestaltet. Vorangegangen war ein Goethes *Werther* nachempfundener Roman *Die Schicksale Dr. Bürgers* (1913). 1936 erschien ein weiterer Tagebuchroman, der »die seelischen Erlebnisse und Kämpfe eines älteren Mannes« schildert *(Geheimnisse des reifen Lebens. Aus den Aufzeichnungen Angermanns)* und dem Roman *Der Arzt Gion* (1931) verwandt ist. Dieser in viele Sprachen übersetzte Roman verhalf gemeinsam mit dem Züricher Gottfried-Keller-Preis (1928), dem Frankfurter Goethe-Preis (1938) und anderen Ehrungen zu Ruhm und Erfolg, der sich auch relativ problemlos ins Dritte Reich fortsetzte: Die Nazimachthaber brauchten Aushängeschilder, um das angebliche Kontinuum humanistischer Tradition gegenüber dem skeptischen Ausland nachzuweisen. So wurde ein Unpolitischer gegen seinen Willen von einem totalitären System vereinnahmt. Gelegentlich hat er aber auch Ehrenämter bekleidet (so wurde er 1941 Präsident eines faschistischen europäischen Schriftstellerverbands) und peinliche Beiträge geleistet, wie ein Lobgedicht zu Hitlers Geburtstag, welches 1942 im Verein mit anderen Hymnen an den »Führer« als Tornisterschrift für im Felde stehende Soldaten erschien – und das zu einer Zeit, als C. über Kristallnacht, Euthanasie, die Mißhandlung der KZ-Sträflinge und der polnischen Arbeiter informiert war. Daran ändern auch gelegentliche Bittschriften für Verfolgte nichts. Die Schweiz verweigerte ihm 1944 als Nazisympathisant die Einreise. Fragwürdig bleibt sein Anspruch auf »Innere Emigration«, anfechtbar auch ein Rechtfertigungsversuch nach dem Krieg (*Ungleiche Welten*, 1951) über seine Haltung in dieser Zeit: die Emigranten hätten ihr »Seelengleichgewicht verloren« und – sinngemäß – ohne Hitlers Vernichtungspolitik wäre der Staat Israel nicht entstanden; die Juden sollten sich deshalb unter »Verzicht auf Rache« den Deutschen gegenüber großmütig erweisen. Derartige Verharmlosungen rufen erneut Kritik auf den Plan. C.s Werk allerdings hat wegen seiner »unvergleichlich berückenden Prosa« (Stefan Zweig) solche Anfechtungen überstanden.

Werkausgabe: Carossa, Hans: Sämtliche Werke. 2 Bde. Frankfurt a. M. 1968.
Literatur: *Falkenstein*, Henning: Hans Carossa. Berlin 1983; *Vogt*, Willi: Hans Carossa in unserer Zeit. Zürich 1978; *Loewy*, Ernst: Literatur unterm Hakenkreuz. Frankfurt a. M. 1966.

Lothar Zeidler

Celan, Paul (d. i. Paul Antschel)

Geb. 23. 11. 1920 in Czernowitz/Bukowina; gest. vermutlich 20. 4. 1970 in Paris

»Vielleicht darf man sagen, daß jedem Gedicht sein ›20. Jänner‹ eingeschrieben bleibt? Vielleicht ist das Neue an den Gedichten, die heute geschrieben werden, gerade dies: daß hier am deutlichsten versucht wird, solcher Daten eingedenk zu bleiben? – Aber schreiben wir uns nicht alle von solchen Daten her? Und welchen Daten schreiben wir uns zu?« Entgegen vielen ignoranten Exegeten der 50er und 60er Jahre, die C. ob seiner vermeintlichen Esoterik und Hermetik abwechselnd lobten und tadelten, hat dieser sich für jeden, der es wissen wollte, von Beginn an von bestimmten Daten her- und ihnen zugeschrieben. Das entscheidende persönliche (nicht genau zu ermittelnde) Datum ist die Ermordung seiner Mutter durch Genickschuß im Lager Michailowka östlich des Bug Ende 1942, nachdem der Vater schon Ende September des gleichen Jahres ebenfalls in diesem Lager von SS-Leuten erschossen worden war. Das politische Datum, von dem diese und Millionen andere Morde sich wiederum herschreiben, ist der 20. Januar 1942, an dem von den Nazis auf der sog. Wannsee-Konferenz in Berlin die Ausrottung der Juden planmäßig organisiert wurde. Auf diesen »20. Jänner« bezog sich C. in seiner Büchnerpreis-Dankesrede vom 22. 10. 1960 (es ist das Datum, an dem Georg Büchner seinen Dichter Jakob Michael Reinhold Lenz »durchs Gebirg« gehen läßt), und auf dieses Datum bezog er sich Zeit seines Lebens. Große Teile nicht nur seiner frühen Lyrik sind eine Art imaginäres Gespräch mit der ermordeten Mutter, und in diesem Sinne kann man C. einen eminenten »Erlebnislyriker« (Sieghild Bogumil) nennen.

C. wuchs als einziges Kind jüdischer Eltern (der Vater war Makler im Brennholzhandel) in Czernowitz/Bukowina auf. Das »Buchenland« war bis 1918 Bestandteil der Habsburger-Monarchie, danach Rumäniens. Die Gemeinsprache der Gebildeten – nicht nur der Juden – war das Deutsche. Es wurde für C., wie für andere bedeutende Lyriker der Bukowina (A. Margul-Sperber, R. Ausländer, A. Kittner, M. Rosenkrantz, I. Weissglas, A. Gong) zur lebenslangen Sprache der Poesie, auch wenn man ansonsten Rumänisch sprach. Nach dem Abitur im Juni 1938 ging C. nach Tours in Frankreich, um Medizin zu studieren. Er reiste über Berlin – seine Ankunft dort fiel mit dem 10. 11. 1938 auf den Tag nach der »Kristallnacht«. Der Aufenthalt in Frankreich bedeutete für C. vor allem die Bekanntschaft mit der Poetik und Poesie des Surrealismus, die seine eigene Lyrik (erste Gedichte schrieb er bereits als 17jähriger) dauerhaft beeinflußten. Nach Kriegsausbruch im September 1939 war für C. eine Fortsetzung des Studiums in Frankreich unmöglich geworden. Er blieb in Czernowitz und studierte jetzt Romanistik, auch noch nach dem Einzug der Roten Armee in die Stadt im Juni 1940. Der Überfall der Nazi-Wehrmacht auf die Sowjetunion im Juni 1941 brachte die rumänische Armee nach Czernowitz zurück und führte schließlich zu mehreren Deportationsschüben der Juden, deren einer im Juni 1942 auch C.s Eltern erfaßte. C. selbst entging ihm, indem er sich versteckte. Seit 1941 hatte er in seiner Heimatstadt Zwangsarbeit leisten müssen, ab Juli 1942 war er bei einem rumänischen Straßenbau-Bataillon.

Vom Tod der Eltern hörte er u.a. durch den Freund, Mitschüler und Mitpoeten Immanuel Weissglas, der, anders als C., seine Eltern ins Lager nach Transnistrien begleitet und mit ihnen überlebt hatte. Vermutlich haben Weissglas' Erzählungen (im Haus von Rose Ausländer, 1944) C.s Selbstvorwürfe, am Tod seiner Eltern mitschuldig zu sein, verstärkt. Jedenfalls hat er Motive aus Weissglas' (erst 1972 veröffentlichtem) Gedicht *Er* von 1944 für seine *Todesfuge* – das Gedicht von 1945, das ihn später weltberühmt machte – aufgegriffen, freilich keineswegs plagiiert, sondern völlig verwandelt. Inzwischen liegt C.s Frühwerk 1938–1948 – einschließlich des Bändchens für seine Geliebte Ruth Lackner (später verheiratete Kraft) von 1944 und seiner Texte in rumänischer Sprache – nahezu vollständig vor, so daß sein Ort im Kontext der literarischen Szenen von Czernowitz und Bukarest gegenüber bestimmt werden kann.

Im Herbst 1944 nahm C., nachdem er seit Anfang dieses Jahres als Arzthelfer in einer Czernowitzer Klinik gearbeitet hatte, in dieser Stadt das Studium – jetzt der Anglistik – wieder auf. Im April 1945 verließ er Czernowitz, das von der Sowjetunion annektiert worden war, für immer und ging nach Bukarest, wo er als Übersetzer und Lektor tätig war. Drei erste deutsche Gedichte erschienen 1947 in der rumänischen Zeitschrift *Agora*. Auf Anraten des väterlichen Freundes Alfred Margul-Sperber änderte C. seinen Familiennamen Antschel/Ančel anagrammatisch zu »Celan«. Für fast drei Jahre lebte er in der Bukarester Literaturszene, pflegte Kontakte zu den dortigen Surrealisten und veröffentlichte auch Gedichte in rumänischer Sprache (die *Todesfuge* erschien zuerst im Mai 1947 als *Tango-ul mortii*, als *Todestango*, in einer rumänischen Zeitschrift). Im Dezember 1947 überschritt C. die rumänisch-ungarische Grenze und ging nach Wien. Hier erschien 1948 sein erster Gedichtband *Der Sand aus den Urnen* in 500 Exemplaren, den er jedoch wegen zahlreicher Druckfehler wieder zurückzog. Im Juli 1948 beendete C. seine »postkakanische Existenz« (so er selbst in einem Brief) endgültig und ging nach Paris, wo er seine Studien der Germanistik und Sprachwissenschaft fortsetzte und 1950 abschloß. Ein enger Kontakt zu dem schwerkranken Yvan Goll und seiner Frau Claire entwickelte sich, der freilich nach Golls Tod 1950 zu C.s Ungunsten ausschlug: Claire Goll wurde bis zu ihrem Tod 1977 nicht müde, C. zu diffamieren und des Plagiats zu bezichtigen. Der Höhepunkt dieser Kampagne lag um 1959/60. 1952 heiratete C. die Graphikerin Gisèle Lestrange, 1955 wurde der Sohn Eric geboren. Seit 1959 war C. Lektor für deutsche Sprache und Literatur an der École Normale Supérieure in der Rue d'Ulm.

Seine Pariser Existenz dauerte 22 Jahre – eine Zeit der scheinbaren Kontinuität, die auf neu gewonnene Heimat und Identität schließen lassen könnte. Doch so war es nicht. Der Zwiespalt zwischen seiner bukowinisch-deutschen Sprach- und Kulturherkunft und seinem »être juif«, seiner jüdischen Existenz (Bezugspunkt vor allem in dem Band *Die Niemandsrose*), war und blieb so traumatisch wie unauflöslich, zumal beide Herkünfte nicht mehr wirklich lebbar waren. So sah sich C., wie er einmal an Margul-Sperber schrieb, »als Person, also als Subjekt ›aufgehoben‹, . . . zum Objekt pervertiert . . . als ›herkunftsloser‹ Steppenwolf zumeist, mit weithin erkennbaren jüdischen Zügen«, als den, »den es nicht gibt«. Seine Pariser Isolation war für ihn nach seinem eignen Verständnis die einzige Möglichkeit, ein seinen immer gegenwärtigen traumatischen Erfahrungen der vierziger Jahre angemessenes poetisches Werk zu schaffen. Nur hier, am entferntesten Punkt, war es ihm möglich, »solcher Daten (wie des ›20. Jänner‹)

eingedenk zu bleiben«, von denen die Büchnerpreis-Dankesrede spricht. C. reiste wieder und wieder nach Westdeutschland – 1958 erhielt er den Bremer Literaturpreis, 1960 den Büchnerpreis – , doch die deutsche »Unfähigkeit zu trauern« schwand nicht, vielmehr begegnete sie ihm wieder und wieder und verletzte ihn tief. Eine Dichtung der Erinnerung und des Gedächtnisses als eines »scharfen Messers« entstand in den Bänden *Mohn und Gedächtnis* (1952), *Von Schwelle zu Schwelle* (1955), *Sprachgitter* (1959), *Die Niemandsrose* (1963) und *Atemwende* (1967): des Gedächtnisses an die Opfer der Geschichte in den Lagern, in den Revolutionen, in den Exilen. Doch mit zunehmender Zeitdauer wurde C. sein eigenes poetisches Konzept fragwürdig. Es ging, so merkte er, nicht mehr nur um das Problem, ob der »deutsche, der schmerzliche Reim« (*Nähe der Gräber*, 1944), ob die »eisige Mutter-Sprache« (Dieter Schlesak), die Mörder-Sprache den Greueln der Zeit angemessen sei, sondern um die sprachliche Sagbarkeit des Erfahrenen schlechthin. Deutlich vom Band *Sprachgitter* an rückt die Sprache mit ihrem Eigenleben ins Zentrum von C.s Lyrik. Die Skepsis gegenüber den »Wortkadavern« (Emile Cioran in C.s Übersetzung), dem »Metapherngestöber«, ja dem Raum pragmatisch-instrumenteller Sprachverwendung überhaupt (»die tausend Finsternisse todbringender Rede«) wurde immer unabweisbarer. »Das Namengeben hat ein Ende«, heißt es schließlich 1967. In den späteren Lyrikbänden (von einem »Verstummen« im wörtlichen Sinne kann keine Rede sein!) *Fadensonnen* (1968), *Lichtzwang* (1970), *Schneepart* (1971) und *Zeitgehöft* (aus dem Nachlaß 1976) ist denn auch an die Stelle des direkten, abbildenden, »wirklichkeitsmächtigen« Sprechens ein indirektes, uneindeutiges, stockendes, stotterndes Sprechen getreten, in dem Zitate dominieren, Objekt- und Metasprache einander durchdringen und Sprachzeichen aus heterogensten Bereichen in wachsender Reduktion und Komplexität miteinander verknüpft werden. Und so wie sich C. in seiner Poesie immer mehr aus dem Raum menschlich-gesellschaftlicher Kommunikation zurückzog in menschenleere Räume des Vegetabilischen und Mineralischen, um »Lieder... jenseits der Menschen« zu singen, so war es auch im gelebten Leben. Dem »absoluten Gedicht« (das freilich sein Engagement nie aufgab) entsprach das »absolute Exil«, dem auch ein später Besuch Israels im Herbst 1969 keine Wende mehr geben konnte. Ende April 1970 wählte C., der bedeutendste Avantgardelyriker deutscher Sprache, den Freitod in der Seine. Seither wächst, wie sein Ruhm, stetig die Auseinandersetzung um eine angemessene Auslegung seiner Gedichte. Die in Gang gekommene historisch-kritische Ausgabe wird dabei hilfreich sein.

Werkausgabe: Celan, Paul: Gesammelte Werke in 5 Bänden. Hrsg. von Beda *Allemann*, Stefan *Reichert* unter Mitw. von Rolf *Bücher*. Frankfurt a. M. 1992.

Literatur: *Buck*, Theo: Muttersprache, Mördersprache. Celan-Studien I. Aachen, 1993; *Hamacher*, Werner / *Menninghaus*, Wilfried (Hrsg.): Paul Celan. Frankfurt a. M. 1988; *Chalfen*, Israel: Paul Celan. Eine Biographie seiner Jugend. Frankfurt a. M. 1979; *Janz*, Marlies: Vom Engagement absoluter Poesie. Zur Lyrik und Ästhetik Paul Celans. Frankfurt a. M. 1976; *Szondi*, Peter: Celan-Studien. Frankfurt a. M. 1972.   *Wolfgang Emmerich*

Chamisso, Adelbert von
Geb. 30. 1. 1781 auf Schloß Boncourt/Champagne; gest. 21. 8. 1838 in Berlin

»Es ist die alte, gute Geschichte. Werther erschoß sich, aber Goethe blieb am Leben. Schlemihl stiefelt ohne Schatten, ein ›nur seinem Selbst lebender‹ Naturforscher, grotesk und stolz über Berg und Tal. Aber Chamisso, nachdem er aus seinem Leiden ein Buch gemacht, beeilt sich, dem problematischen Puppenstande zu entwachsen, wird seßhaft, Familienvater, Akademiker, wird als Meister verehrt. Nur ewige Bohèmiens finden das langweilig.« Thomas Mann würdigt hier das glückliche Ende eines Selbstfindungsprozesses und damit eine eigentlich singuläre Lebensleistung. Louis Charles Adelaide de Ch., der sich später stolz einen »Dichter Deutschlands« nennen wird, erlernt die deutsche Sprache erst mit fünfzehn Jahren, im Exil, in Berlin, wohin es seine Familie nach den Wirren der Französischen Revolution verschlagen hat. Ch. tritt in preußische Dienste, wird 1796 Page der Königin Friederike Luise und zwei Jahre später Fähnrich in einem Berliner Regiment. Durch das Studium der Schriften der in Berlin populären französischen Aufklärer, vor allem Jean Jacques Rousseaus, und die Lektüre Schillerscher Dichtung eignet sich Ch. die Moralvorstellungen des Bürgertums an, die er niemals wieder aufgeben wird. Er entfremdet sich so seinem Stand und damit seiner Familie. 1801, als den Chamissos von Napoleon die Rückkehr nach Frankreich erlaubt wird, bleibt Adelbert, wie er sich bald darauf nennt, in Deutschland. Finanzielle Gründe geben dafür zunächst den Ausschlag. Berlin wird ihm seit 1803 immer mehr auch zur geistigen Heimat: Er hört Vorlesungen August Wilhelm Schlegels und gründet mit Julius Eduard Hitzig, Karl August Varnhagen u.a. den »Nordsternbund«, der den Ideen der Frühromantik verpflichtet ist. Der Freundeskreis gibt von 1804 bis 1806 Musenalmanache heraus, in denen Ch. erstmals deutsche Gedichte veröffentlicht. Nach der Niederlage Preußens 1806 im Krieg gegen Napoleon aber folgen Jahre der Isolation, in denen Ch. den Eindruck hat, daß ihm »die Welt überall mit Brettern zugenagelt« ist. Im besetzten Berlin ist für den gebürtigen Franzosen kein Platz mehr, aus den Gesellschaften der nun deutsch-national gesonnenen Romantiker bleibt er ausgeschlossen. Er quittiert den preußischen Militärdienst und versucht vergeblich, in Frankreich eine Anstellung auf Dauer zu finden. Ch. schließt sich dem Kreis um Frau von Staël an, folgt der von Napoleon Verbannten auch ins Schweizer Exil nach Coppet. Deprimiert, der spekulativen Philosophie der Romantik und des Dichtens überdrüssig, beschließt er hier, im Frühjahr 1812, sein Leben auf eine neue Grundlage zu stellen: »Ich will alle Naturwissenschaften mehr oder weniger umfassen und in einigen Jahren als ein gemachter Mann und ein rechter Kerl vor mir stehen.« Ch. immatrikuliert sich an der Berliner Universität und treibt vor allem botanische Studien, die 1813 schon durch den Befreiungskampf der Deutschen gegen Napoleon unterbrochen werden müssen. Die Verzweiflung darüber hebt er in einer Erzählung auf, der nach ihrer Veröffentlichung 1814 ein sensationeller Erfolg beschert ist: der *Wundersamen Geschichte des Peter Schlemihl*, der dem Teufel zwar nicht seine Seele, aber seinen Schatten verkauft. Aus der menschlichen Gemeinschaft deshalb verstoßen, heimatlos geworden, wandert

Schlemihl mit Siebenmeilenstiefeln durch die Welt und findet erst als Naturforscher und Eremit seine Ruhe wieder. 1815, nach einer erneuten Mobilmachung Preußens, folgt Ch. seinem Helden und heuert auf einem russischen Expeditionsschiff als Botaniker an. Nach der Rückkehr von einer dreijährigen Reise in den Pazifik und in die Arktis findet er freilich die soziale Anerkennung, die Peter Schlemihl versagt bleibt. Die Berliner Universität ernennt Ch. 1819 zum Ehrendoktor, er wird Assistent am Botanischen Garten, Kustos des Königlichen Herbariums und heiratet, zum Verdruß seiner Familie, eine Bürgerstochter. In den Jahren danach publiziert er die wissenschaftlichen Erträge der Expedition und macht sich als Botaniker, Zoologe, Ethnograph und Sprachforscher einen Namen. 1835 wird er zum Mitglied der Berliner Akademie der Wissenschaften gewählt. Die Weltreise hat auch Konsequenzen für die Dichtung Ch.s. Im Reisetagebuch, das erst 1836 erscheint, verurteilt er den »naturphilosophisch-poetischen Kram« der deutschen Dichter, die »die Welt aus dem Halse der Flasche betrachten, in welcher sie eben eingeschlossen sind«, während er »doch durch alle Poren zu allen Momenten neue Erfahrungen« einatme. Der Romantiker wird, mindestens was seine Themen betrifft, zum Realisten, verpflichtet sich der Empirie und dem moralischen Engagement. Unter dem Einfluß von Pierre Jean de Bérangers politischen Chansons schreibt er als erster volkstümliche soziale Gedichte in Deutschland, am bekanntesten: das *Lied von der alten Waschfrau*, und wird damit den Vormärzliteraten ein Vorbild. Deren radikaldemokratische Gesinnung teilt er jedoch nicht, er plädiert für Reformen in einer konstitutionellen Monarchie. Ch.s Gedichte, lange Zeit in seinem *Poetischen Hausbuch* versteckt, erscheinen 1831 in einer Gesamtausgabe und tragen ihm ungeheuren Ruhm ein. Von 1832 bis zu seinem Tod, 1838, redigiert er – zuerst gemeinsam mit Gustav Schwab, dann in alleiniger Verantwortung – den repräsentativen *Deutschen Musenalmanach* und ist dabei, wie sich Heinrich Heines Worten entnehmen läßt, der geeignetste Mittler zwischen den Generationen: »Obgleich Zeitgenosse der romantischen Schule, an deren Bewegungen er teilnahm, hat doch das Herz dieses Mannes sich in der letzten Zeit so wunderbar verjüngt, daß er in ganz andere Tonarten überging, sich als einer der eigentümlichsten und bedeutendsten modernen Dichter geltend machte und weit mehr dem jungen als dem alten Deutschland angehört.«

Werkausgabe: Chamisso, Adelbert: Sämtliche Werke in 2 Bänden. Hrsg. von Werner *Fendel*. München/Wien 1982.
Literatur: *Feudel*, Werner: Adelbert von Chamisso. Leben und Werk. Leipzig 1980; *Brockhagen*, Dörte: Adelbert von Chamisso (Forschungsbericht). In: *Martino*, Alberto (Hrsg.) in Verbindung mit Günter *Häntzschel* und Georg *Jäger*: Literatur in der sozialen Bewegung. Aufsätze und Forschungsberichte zum 19. Jahrhundert. Tübingen 1977. S. 373–423; *Hoffmann*, Volker: Nachwort. In: Adelbert von Chamisso. Sämtliche Werke. Bd. II. München 1975. S. 665–699.

Günter Blamberger

Claudius, Matthias
Geb. 15. 8. 1740 in Reinfeld/Holstein; gest. 21. 1. 1815 in Hamburg

Mit seinem Werk wollte er den Lesern »kein Ambrosia, keine raffinierte blähige Konditorware« geben, wie er 1782 in einer Selbstanzeige seiner *Sämtlichen Werke* anmerkte, »sondern ehrlich hausbacken Brot mit etwas Koriander, das dem armen Tagelöhner besser gedeiht und besser gegen Wind und Wetter vorhält«. Aus einem norddeutschen Pfarrhaus stammend, entdeckte C. bereits während seiner Zeit als Theologie- bzw. später Rechts- und Staatswissenschaftsstudent in Jena (von 1759 bis 1763) seine Liebe zur Literatur, und versuchte, sich als Autor zu etablieren. Seinen *Tändeleyen und Erzählungen* (1763), von Friedrich Nicolai später als »platteste Nachahmung Gerstenbergs und Gellerts« getadelt, war zwar kein großer Erfolg beschieden, sie brachten ihn jedoch in Kontakt zu anderen Autoren, die ihm später nützlich werden sollten. Nach verschiedenen vergeblichen Versuchen, sich als Hauslehrer und Sekretär eine bürgerliche Existenz aufzubauen (1764/65), fand C. schließlich als Hilfsredakteur der *Hamburgischen Adreß-Comptoir-Nachrichten* den Einstieg in den Journalismus, dem fortan seine ganze Leidenschaft galt. Bereits hier entwickelte er jenen originellen »Botenstil«, der zu seinem Markenzeichen wurde und dem er über Jahrzehnte treu blieb. 1770 dann übernahm C. die Redaktion des *Wandsbeker Bothen*, der am 1. Januar 1771 mit der ersten Nummer erschien und in wenigen Monaten in Deutschland zu einer der berühmtesten Zeitungen wurde. Das lag nicht nur an der lockeren, witzigen und unkonventionellen Machart, sondern auch daran, daß es C. gelang, Autoren wie Johann Gottfried Herder, Johann Wolfgang von Goethe, Gotthold Ephraim Lessing, Gottfried August Bürger, Ludwig Hölty, Johann Heinrich Voß, Johann Wilhelm Ludwig Gleim und viele andere als Beiträger zu gewinnen. Die Zeitung erschien viermal wöchentlich und hatte in ihrer besten Zeit über vierhundert Abonnenten. Berühmt war der sogenannte »Poetische Winkel« des Blattes. Hier fanden sich Erstveröffentlichungen von Gedichten, Aufsätze, Besprechungen, Kommentare und Rezensionen, z.B. über Goethes *Werther*, Friedrich Gottlieb Klopstocks *Oden*, Lessings *Minna von Barnhelm* und *Emilia Galotti*. C. steuerte vor allem prosaische und poetische Kleinformen bei, die häufig volkstümlich-besinnlich im Ton, wie das berühmte Gedicht *Der Mond ist aufgegangen* (1779), gehalten waren, manchmal aber auch eine unerbittliche antifeudale Stoßrichtung hatten, wie z.B. das *Schreiben eines parforcegejagten Hirschen an den Fürsten, der ihn parforcegejagt hatte* (1778). Obgleich der *Wandsbeker Bothe* zu den angesehensten Blättern der Zeit gehörte und Redakteur und Titel des Blattes im öffentlichen Bewußtsein zu einer Einheit verschmolzen, mußte die Zeitung 1775 ihr Erscheinen einstellen. Ein weiteres Zeitungsprojekt scheiterte ebenfalls an den schwierigen Marktbedingungen. Auch mit seinen *Sämmtlichen Werken (Asmus omnia sua secum portans)*, die er zwischen 1775 und 1812 in acht Teilen herausgab, blieb C. der große Erfolg versagt. In den letzten Jahrzehnten lebte C. vor allem als anerkannter Mittelpunkt einer vielköpfigen, stetig anwachsenden Familie. Die Sorge für zwölf Töchter und Söhne, von denen zehn die Kinderjahre überlebten, zwang ihn zu immer neuen beruflichen Anstrengungen. So war er 1776/1777

Oberlandeskommissar in Darmstadt, im selben Jahr Erzieher der Söhne Friedrich Heinrich Jacobis, erhielt 1785 sein Gehalt vom dänischen Kronprinzen und arbeitet 1788 schließlich als Bankrevisor in Altona, bis er 1814 nach Hamburg umzog. Literarisch war C. schon zu seinen Lebzeiten zu einer Institution geworden. Seine mystisch-antiaufklärerische Orientierung nach 1789 isolierte ihn jedoch unter seinen Zeitgenossen. Selbst Johann Gottfried Seume, der auf seinen Reisen selten eine Berühmtheit ausließ, verzichtete auf seiner Nordischen Reise 1805 auf einen Besuch bei C.: »In Wandsbek war ich Willens, Herrn Claudius meine Referenz zu bezeigen: ich hörte aber, daß er sich jetzt ausschließlich mit sehr hohem Mysticismus beschäftigte, so daß er und ich gestöret worden wären. Ich ließ ihn also in seiner Frömmigkeit und wandelte in der meinigen weiter.«

Werkausgabe: Claudius, Matthias: Sämtliche Werke. München 7 1991.
Literatur: *Rowland,* Herbert: Matthias Claudius. Boston 1983; *Roedl,* Urban: Matthias Claudius. Sein Weg und seine Welt. Hamburg 3 1969.   *Inge Stephan*

Courths-Mahler, Hedwig
Geb. 18. 2. 1867 in Nebra/Thüringen; gest. 26. 11. 1950 in Rottach-Egern

Obschon als »Fourths-Malheur« und »Kotz-Mahler« verspottet und parodiert, Superlative ringsum: Über zweihundert Romane hat sie geschrieben (bei deren Abschluß sie immer geweint haben soll), allein vierzehn Titel im Jahr 1920; ca. 30 Millionen Exemplare betrug die Gesamtauflage, als sie starb; über Jahrzehnte war sie die Nr. 1 aller Leihbüchereien. Die erfolgreichste und reichste deutsche Autorin hat sich »aus dem Dreck herausgeschrieben« (Friede Birkner, die eine ihrer zwei gleichfalls vielschreibenden Töchter): unehelich geboren, bei Zieheltern aufgewachsen, ein paar Jahre Volksschule nur, Dienstmädchen, Lehrmädchen in Leipziger Textilgeschäften, Opfer von Nachstellungen und Entlassungen, ausgebeutet von ihren frühen Verlegern. Theater, Oper und Zirkus als kulturelle Entschädigung, hingerissen von der Pantomime, *Hedwig, die Zigeunerbraut,* deren Namen sie fortan trug. Lieblingslektüre: *Die Gartenlaube,* Eugenie Marlitt vor allem, der sie nacheifern möchte. Mit siebzehn Jahren erste Schreibversuche, traurige Geschichten mit schlimmem Ende, die zum Teil in Zeitungen gedruckt wurden, sie regional bekanntwerden lassen. Der große Durchbruch erfolgte spät: mit 38 Jahren erst, in Berlin. Erstmals erschienen ihre Romane in Buchform (ab 1905), viele davon wurden sogleich übersetzt, dramatisiert und verfilmt. Tantiemen bis zu 30000 RM pro Monat waren keine Seltenheit. Stoffe wurden auf den alljährlichen dreimonatigen Reisen erdacht und einem »Stoffbuch« einverleibt, Zeitungen auf Material hin ausgeschlachtet. Gezielt wurde für den und in Abhängigkeit vom literarischen Markt geschrieben, bis auf die Seite genau der gewünschte Umfang geliefert. Daß der Autor sich nach dem Geschmack des Lesers richten müsse (und nicht umgekehrt), war ihr nie zweifelhaft. In ihren Frauenromanen, den »harmlosen Märchen für große Kinder« (C.), dreht sich letztlich alles um den Mann; ihr Zentrum und Ziel ist die Heirat, auf die glückhaft hingesteuert wird, vornehmlich Adelige und Großbürgerliche stellen das schwarz-weiß gezeichnete Personal im erlesenen Ambiente. Die belohnte, leidgeprüfte Tugend ist die moralische Botschaft ihrer stets nach den gleichen trivial vernutzten Versatzstücken zusammengefügten, gesichts- und geschichtslosen Handlungen – mit manch gerissenem Titel (z. B. »*Ich lasse Dich nicht!*« – den die Klassik-Kennerin aus der Kerker-Szene des *Urfaust* geklaut hat). Ihre Heldinnen reagieren nur, bleiben passiv und kultivieren ihre Unterordnung masochistisch bis zur Selbstaufgabe mit stets überdimensioniertem Opfer. Sobald (nach oben) geheiratet wird, gibt die Frau ihre bescheidene Erwerbstätigkeit auf (Blumenmalen z. B.), macht auf Gattin total. Ausgespart wird gerade das, was C. selbst verkörpert: der Typus der selbständigen, aktiven, intellektuell schaffenden, verheirateten Frau und Mutter, mit 14 bis 16 Stunden täglicher Schreibtischarbeit, die durch ihre Tätigkeit für die Familie aufkommt, im Inflationsjahr 1923 ihr Millionen-Vermögen verliert und sich ein neues erschreibt. Fritz Courths, seit 1889 ihr Mann, hatte früh seine Arbeit aufgegeben; alle männlichen Helden, die sie ersann, waren das Gegenbild vom eigenen. Trotz des Erfolgs verlor sie nicht den Blick für eine kritische Selbsteinschätzung. Ihrer vergötterten Asta Nielsen hatte sie anvertraut: »Wenn ich eine Schriftstellerin wäre, die wertvolle Werke geschaffen hätte, dann würde ich Ihnen mein schönstes Buch widmen, aber ich schreibe ja nur eine ganz leichte Unterhaltungslektüre für schlichte Menschen und deshalb unterlasse ich das« (1927). Der »begeisterten Kinobesucherin« wird klar: »Ich habe nie etwas anderes versucht als das, was Sie jetzt im Film machen.« Meist Hand in Hand mit ihren Töchtern, wird das Kino-Erlebnis zur mit Marzipankugeln übersüßten Szene: »Wenn Henny Porten aufs Schafott geführt wird oder Asta Nielsen weint, dann ist es wundervoll, ein bißchen zu knabbern.« Daß im Kino Sehnsüchte ebenso stillgelegt werden wie in ihren Romanen, ist ihr dabei trotzdem nicht entgangen. 1935 verließ C. Berlin und zog sich auf den »Mutterhof« bei Rottach-Egern am Tegernsee zurück. Den Fragebogen der Reichsschrifttumskammer soll sie unausgefüllt zurückgeschickt, das Ansinnen, ihr Figurenarsenal nationalsozialistisch auszurichten, abgelehnt haben. Ihre Produktion verlangsamte sich und stagnierte: zwischen 1940 und 1947 erschien kein einziger neuer Roman mehr, 1948 dann ihr letzter: *Die Flucht in den Frieden.* Stoffe für weitere 200 Romane hat man im Notizbuch der Verstorbenen gefunden.

Literatur: *Avé,* Lia: Das Leben der Hedwig Courths-Mahler. München und Wien 1990; *Sichelschmidt,* Gustav: Hedwig Courths-Mahler. Deutschlands erfolgreichste Autorin. Bonn ²1985; *Müller,* Ingrid: Untersuchungen zum Bild der Frau in den Romanen von Hedwig Courths-Mahler. Bielefeld 1978; *Riess,* Curt: Kein Traum blieb ungeträumt. München 1974. *Dirk Mende*

Czechowski, Heinz
Geb. 7. 2. 1935 in Dresden

Aus einem Interview vom März 1981 läßt sich die ästhetische Position des heute in Leipzig lebenden C., ehemals Zeichner, Absolvent des Leipziger Literaturinstituts »Johannes R. Becher« und zeitweiligen Lektors recht genau erfassen: »Literatur hat mir das Wahrnehmen von Realität geschärft, mich diese intensiver beachten lassen als in der Zeit, da ich Dichtung eigentlich nicht kannte; das heißt, man kann mit Gedichten auf Wirklichkeit reagieren, wenn bestimmte Kunsterfahrungen gegeben sind, mögen sie noch so begrenzt sein am Anfang« (in: *Ich, beispielsweise*). Dabei interessiert C. nie das nur persönlich Subjektive als Moment poetologischer Reflexion, sondern die Objektivierung dieses Prozesses selber, jene sich seit den späten sechziger und verstärkt den siebziger Jahren in der DDR entfaltende und gesellschaftlich belangvolle Selbstreflexion des Gedichts als eines »historischen Ortes«. Eine bisweilen melancholische- Skepsis im Blick auf die Landschaft und die Stein gewordenen Verhältnisse, nicht mehr aufhebbar, die Akzeptanz des unerläßlich gewordenen literarischen Rollen- und Maskenspiels – die »Folgen des Ichs unerheblich« –, das auch die Züge des Phantastisch- Absurden in das Gedicht zwingt. Hintergründig und auf falsche Spuren führend, nennt er seine lyrischen Erfahrungen »Gelegenheitsgedichte«, »Erlebnisse«, deren Originaleindruck für ihn Dresden ist; Dresden als geschichtliches und ästhetisches Modell der traumatischen und tragischen Weltaneignung in unserem Jahrhundert. Dem Untergang der Stadt im Bombenhagel gilt eine seiner bewegendsten lyrischen Sequenzen: »Dieses Zusammentreffen von geschichtlich determinierten Ereignissen öffnete einem die Augen, wenn man sehen wollte … Von dort aus laufen alle Fäden, öffnen sich alle Perspektiven, in welche Richtung ich immer blicke.« Seine Lyrik ist Beschwörung des erlebten Raumes, Interpretation des historisch und zumeist literar-historisch bedeutsamen Ortes durch das unstete, sich selbst und seiner Antriebe nicht gewisse Bewußtsein. C.s sog. Reisegedichte sind subtil gehandhabte Eingriffe in die DDR-Wirklichkeit mitsamt dem verordneten und verwalteten Erbe. Neben Wulf Kirsten ist es C., der bereits in den 70er Jahren auf die ökologische als eine auch die ästhetischen Fundamente des Gedichtes beschädigende Endzeitsituation verweist: »Der Jammer eines Zitats, / Der Sermon der Unendlichkeit, / Der mich erreicht / Beim Blick auf die fleischlosen Gärten, / Als wäre der Winter / / Die einzig wirkliche Jahreszeit« (*Tag im Februar*). Zunächst sind, mit wechselnder Notation, Peter Huchel und Bert Brecht prägend für C. Früh adaptiert er den hohen Ton Hölderlins: »Selbst im Verfall noch hatte er schöne Visionen«. Die oftmals polemische, kryptische Zitierung und Wiederbelebung literarischer Leitfiguren und Landschaften im Porträtgedicht – C. muß als einer der Meister in diesem Genre in der Tradition Johannes R. Bechers, Johannes Bobrowskis und auch Peter Huchels gelten – wandelt sich zusehends zu einer Spurensuche in einem imaginären Venedig: »Ich müßte mich schon sehr täuschen, wenn ich mich irre, daß die Landschaft, in der ich mich plötzlich wiederfand, nicht an jene Gegend erinnerte, wie sie um die Müllkippe in unserer Nähe beschaffen ist« – ein keineswegs nur ökologischer Befund!

Gerade das Naturgedicht eröffnete Autoren wie C. oder bereits Peter Huchel und Reiner Kunze in der Form der »verdeckten Schreibweise« einen größeren politischen wie ästhetischen Spiel-Raum; wenn C. nicht in die Radikalität des Tones eines Volker Braun vordringt, so hängt das entschieden mit seinem Bekenntnis zu einer anderen, »inneren« Landschaft zusammen; Annihilation des Jetzigen nannte das der von C. porträtierte Novalis, jenen geheimen Widerstand gegen die Wirklichkeit in ihrer normativen Kraft des Faktischen: »Kein Vorhang, / Der überm Brautbett / Zufallen wird, / Auch kein Roman, Der in der Kinderstube / Sich erschließt, Fragmente.«

In den letzten Jahren hat C. einen wieder an Brecht gemahnenden lyrischen Lakonismus entwickelt, der den unmittelbaren Eingriff in die Alltagswelt kaum mehr verdecken mag: »Der Freund ist gekommen / Der mir berichtet / Vom Treffen der Dichter in R., / Die inmitten der wie Pilze / Aus dem Boden schießenden Reaktoren / Über Hölderlin sprachen« (*Besuch*).

1962 erschien C.s erster Gedichtband (*Nachmittag eines Liebespaares*), in den Folgebänden (u.a. *Schafe und Sterne, 1974*; *Was mich betrifft, 1981*; *Ich, beispielsweise, 1982*; *An Freund und Feind, 1983*; *Nachtspur, 1993*) finden sich dann die großen Porträt- und Landschaftsgedichte C.s, 1984 erhält er den Heinrich-Mann-Preis der DDR. Die Summe seines bisherigen Schaffens und zusehends auch bei uns beachtet sind die Bände *Ich und die Folgen?* und *Mein Venedig*, (1989) mit den vorausschauenden Versen: »Nun aber wir, entstellt / Von des Nachdenkens Anstrengung und / Unserer Trauer, gezeichnet / Vom Irrtum, der keinem erspart bleibt.« Freier Zeilenstil, nach wie vor die gestische Tonlage Brechtschen Sprechens, die Tendenz zur elliptischen Verknappung, Zurücknahme der auktorialen Position, auch der Zitathäufung, verstärkt die Momente der skeptischen Trauer sind C.s Stilmittel: »Mißtrau dem, der nur Lyrik schreibt« / »Ach, wieviele Grenzen hat dieses Land noch immer«. Insgesamt also ein poetisch-lyrisches Programm, das sich erst recht nach der Vereinigung weiterschreiben ließe: »Geduckt / Geh ich unter den Leuten. / Alles hat nichts zu bedeuten. / Vielleicht / Sind wir nicht für das Leben gemacht. / GETAN / IST NOCH LANG NICHT / GEDACHT« (*Mein Venedig*).

Literatur: *Emmerich*, Wolfgang: Kleine Literaturgeschichte der DDR. Neuwied ²1989. S. 403 ff.; *Hähnel*, Ingrid (Hrsg.): Lyriker im Zwiegespräch. Traditionsbeziehungen im Gedicht. Berlin/Weimar 1981. S. 241–252

Karl Hotz

Dach, Simon
Geb. 29. 7. 1605 in Memel; gest. 15. 4. 1659 in Königsberg

Daß Preußen die »Kunst der Deutschen Reime« von ihm gelernt habe, daran läßt D. keinen Zweifel: »Zwar man sang vor meinen Zeiten Aber ohn Geschick und Zier.« Er schätzte sich und seine Bedeutung gewiß nicht falsch ein. Seine Königsberger Mitbürger lohnten sein Talent und seinen Fleiß mit Aufträgen und die brandenburgischen Kurfürsten mit Beförderungen und Zuwendungen. So konnte er schreiben: »Mein Gewerb und Handel sind Reime.«

Der Weg auf den preußischen Parnaß war freilich beschwerlich. Armut, Entbehrungen und Kränklichkeit kennzeichneten die ersten Jahrzehnte von D.s Leben. Sie führten den Sohn eines schlechtbesoldeten Gerichtsdolmetschers von Memel über Königsberg nach Wittenberg und Magdeburg (1621 bis 1626): das erste und letzte Mal, daß er Ostpreußen verließ. In Magdeburg schloß er seine Schulbildung ab und kehrte, auf der Flucht vor Pest und Krieg, nach Königsberg zurück, wo er sein Studium der Theologie und Philosophie durch Privatunterricht finanzierte. 1633 wurde er Lehrer an der »Cathedral-Schule« in Königsberg, eine Tätigkeit, die ihm verhaßt war: »O Schule, du hast Schuld, daß schier mein Geist erlieget.« Die Poesie half ihm aus »der Schulen Staub«: 1635 schrieb er den Text für ein opernhaftes Festspiel zu Ehren des polnischen Königs *(Cleomedes)*, 1638 begrüßte er den brandenburgischen Kurfürsten Friedrich Wilhelm und seine Familie mit einer panegyrischen Festdichtung. Die überwiegende Zahl seiner Gedichte – etwa 1500 im ganzen – galt jedoch alltäglicheren Anlässen: D.s Verse begleiteten die Angehörigen des gehobenen Königsberger Bürgertums und teilweise auch des Adels von der Wiege bis zur Bahre.

Zwei seiner bedeutendsten Gedichte, *Klage über den endlichen Untergang und ruinierung der Musicalischen Kürbs-Hütte und Gärtchens* (1641) und *Danckbarliche Auffrichtigkeit an Herrn Robert Roberthinen* (1647) blieben Manuskript. Beide sind umfangreiche Alexandrinergedichte, die zeigen, daß D. nicht nur den liedhaften Ton beherrscht, wie ihn etwa das Freundschaftsgedicht *Der Mensch hat nichts so eigen* charakterisiert. Die Kürbishütte, deren Zerstörung beklagt wird und die gleichwohl im dichterischen Werk überdauert, war der Ort im Garten des Komponisten Heinrich Albert, an dem sich die Freunde trafen, an dem sie musizierten und ihre Gedicht lasen: neben D. und Albert der kurfürstliche Beamte Robert Roberthin, der Professor Christoph Kaldenbach und andere – der sogenannte Königsberger Dichterkreis. Die Lieder in Alberts *Arien* (1638–50) geben beredt Zeugnis von dieser musikalisch-poetischen Geselligkeit. Das Freundschaftsgedicht an Roberthin verzichtet weitgehend auf die zeitübliche Stilisierung ins Überpersönliche und Exemplarische – und blieb deshalb wohl ungedruckt. Es gewährt dafür einen unverstellten Blick auf einen wenig privilegierten Lebenslauf und verweist zugleich auf ein entscheidendes Thema in D.s Dichtung: die Freundschaft, die allein Trost und Stütze in den irdischen Nöten bringt und hilft, das »Creutz« gottergeben zu tragen.

D.s Situation besserte sich. Er erfuhr allerhöchste Protektion und wurde 1639 auf Druck des Kurfürsten Georg Wilhelm zum Professor der Poesie an der Königsberger

Universität ernannt, zu deren Hundertjahrfeier er 1644 das Schauspiel *Sorbuisa* beisteuerte. Georg Wilhelms Nachfolger, Friedrich Wilhelm, so wird überliefert, »liebete den Dachen dermassen, daß er viele seiner Verse auswendig kunte, auch niemahlen in Königsberg eintraff, daß er den Dachen nicht hätte sollen mit seiner Pohlin (Regina Pohl, die D. 1641 geheiratet hatte) nach Hofe hohlen lassen.« 1658 schenkte ihm der Kurfürst ein kleines Landgut, Reaktion auf einen poetischen Bettelbrief.

Werkausgaben: Gedichte. Hrsg. von Walther *Ziesemer.* 4 Bde. Halle 1936–1938; Simon Dach und der Königsberger Dichterkreis. Hrsg. von Alfred *Kelletat.* Stuttgart 1986.
Literatur: *Segebrecht,* Wulf: Simon Dach und die Königsberger. In: Harald *Steinhagen/*Beno von *Wiese* (Hrsg.): Deutsche Dichter des 17. Jh.s Berlin 1984. S. 242–269; *Schöne,* Albrecht: Kürbishütte und Königsberg. Modellversuch einer sozialgeschichtlichen Entzifferung poetischer Texte. Am Beispiel Simon Dachs. München ²1982; *Krummacher,* Hans-Henrik: Das barocke Epicedium. In: Jahrbuch der Deutschen Schillergesellschaft 18 (1974), S. 89–147; *Ljungerud,* Ivar: Ehren-Rettung M. Simonis Dachii. In: Euphorion 61 (1967), S. 36–83.   *Volker Meid*

Dahn, Felix
Geb. 9. 2. 1834 in Hamburg; gest. 3. 1. 1912 in Breslau

Im Alter von acht Jahren begann der Knabe Felix, mehrbändige Geschichtswerke gleichsam zu verschlingen; zunächst las er die achtbändige Weltgeschichte von Joseph Annegarn, dann die 14 Bände der Beckerschen Weltgeschichte. Die »geschichtliche Begeisterung« – »ich war (ganz besonders gern) König Teja auf dem Vesuv« *(Erinnerungen,* 1890–95) – , die »bilderschauende und gestaltungsbedürftige Einbildungskraft« wurden in kindliche Kampf- und Kostümspiele umgesetzt. Friedrich Schillers poetischer Idealismus, die Anschaulichkeit der Epen Homers und James F. Coopers Indianer- und Siedlergeschichten begeistern den Lateinschüler und Gymnasiasten. Vater und Mutter sind angesehene Schauspieler in München; die Welt des Theaters gehört zum Alltag des Heranwachsenden. 1850 wird die Kindheitsidylle durch die Scheidung der Eltern zerstört und das schöne Haus am Englischen Garten verkauft. D.s »Zug zur Schwermut« verstärkt sich; der angehende Student der Philosophie und Rechte setzt gegen die Gefahr des selbstzerstörerischen Fatalismus eine asketische Arbeits- und Pflichtethik, die »mitleidloseste Selbst-Zucht« *(Erinnerungen).* Mit 23 Jahren wird D. nach der Habilitation an der Münchener Universität zum Privatdozenten für Deutsches Recht, Rechtsphilosophie, Handels- und Staatsrecht ernannt. Neben der wissenschaftlichen Karriere vertiefen sich D.s Verbindungen zum Literaturgeschehen. Während des Berliner Studienjahres (1852/53) verkehrt er im Haus der Dramatikerin Charlotte Birch-Pfeiffer und ist Gast des Dichterbundes »Tunnel über der Spree«, dem u.a. auch Theodor Fontane angehörte; in München zählt er zum Dichterkreis »Das Krokodil« (mit Emanuel Geibel, Paul Heyse, Victor v. Scheffel). Unermüdlich dichtet D. seit seiner Schülerzeit in spätromantischer und klassizistischer Manier; zunächst erscheinen Gedichte, dann Balladen, Versepen und Dramen; bevorzugt werden Stoffe aus der Geschichte. Erst 1863 erhält D. die ersehnte Professur in Würzburg; 1872 wird er nach Königsberg, 1888 nach Breslau berufen. Im Zentrum des breiten wissenschaftlichen Werks steht die elfbändige Darstellung *Die Könige der Germanen* (1861 bis 1907). Als Freiwilliger nimmt der Gelehrte begeistert am Deutsch-Französischen Krieg 1870/71 teil; die Reichsgründung von 1871 begrüßt er enthusiastisch. Im Zeichen von Historismus und Nationalismus trägt sein literarisches Werk nun dazu bei, für »Volk und Reich« eine schicksalsbelastete, aber heroische Vergangenheit zu konstruieren. Bereits 1858 hatte D. mit der Arbeit an dem mehrbändigen Werk *Ein Kampf um Rom* begonnen. Als der Roman über den Verfall des Ostgotenreiches 1876 erschien, erwiderte seine Botschaft von Heldentum und Ethos der Germanen, von der Intriganz der Römer und der Dekadenz im alten Byzanz die aktuelle politische Stimmung der Reichseuphorie, des antikatholischen Kulturkampfes und des vermeintlichen geistigen Aufbruchs. Obwohl die Literaturkritik bald den von D. und Georg Ebers begründeten Typ des historistischen »Professorenromans« verwarf, blieb die Breitenwirkung von *Ein Kampf um Rom* ungebrochen, zumal die Verbindung von Abenteuerhandlung, Geschichtsvermittlung und nationalethischem Gehalt das Buch zu einem »Schmöker« für die heranwachsende Jugend machte. Die ideologisierende Verstärkung der rassistischen und antisemitischen Perspektiven des Textes in der nationalsozialistischen »Literaturpflege« gaben dem Roman vom heldenhaften Kampf und Untergang der Germanen eine neue, unheilvolle Aktualität. D. freilich hatte seinen *Kampf um Rom* im literarischen Wert geringer eingestuft als spätere Erzählungen und Romane aus dem Stoffbereich der germanischen Mythologie, der Heldensagen und Völkerwanderungszeit. Bereits 1899 umfaßte die Ausgabe seiner *Sämtlichen Werke poetischen Inhalts* 21 Bände; 1903 folgten vier weitere Bände. Selbstkritisch sah sich der Autor dennoch nur als ein »Dichter dritten Ranges«.

Werkausgabe: Dahn, Felix: Gesammelte Werke. 10 Bände. Leipzig 1921–1924.

Literatur: *Hovey,* Mark A.: Felix Dahn's »Ein Kampf um Rom«. Phil. Diss. Buffalo 1981; *Meyer, Herbert:* Felix Dahn. Leipzig 1913.

Jörg Schönert

Däubler, Theodor
Geb. 17. 8. 1876 in Triest; gest. 13. 6. 1934 in St. Blasien/Schwarzwald

Man sagt, D. habe »ein Epos von 30 000 Versen geschrieben, das nun in München erscheinen soll«, er sei »groß geworden ohne Schule und Schulung« und »allerhöchst intelligent und ein Temperament wie von Shakespeare«, so berichtet 1909 Ernst Barlach über D., den er zu dieser Zeit in der Toscana kennengelernt hat und sich mit ihm befreundet hat. Die Persönlichkeit D.s wird Barlach nie mehr loslassen; immer von neuem wird D., der in seiner monumentalen Körpermasse wie eine von Barlach erfundene Figur anmutet, diesem Künstler zum »Modell« für Zeichnungen und Plastiken, selbst zur Romangestalt. D. hat damals schon ein vieljähriges Wanderleben als Vagabund und Clochard hinter sich: Mit 15 Jahren ist er als Schiffsjunge auf See; nachdem er seinen einjährigen Militärdienst in Wien abgeleistet hat, gaukelt er ab 1898 ruhelos durch die Lande – Neapel, Berlin, Wien, Venedig und Rom sind seine Stationen. Ab 1903 hält er sich längere Zeit in Paris auf, wo er die moderne Malerei kennenlernt.

Unter südlicher Sonne im damals noch österreichischen Triest geboren, dort und in Venedig zweisprachig aufgewachsen, zieht es D. als »mittelländischen Menschen« sein Leben lang in die wärmeren Gefilde. Seit 1921 lebt er in erbärmlicher Armut in Griechenland, einige Zeit sogar unter den Mönchen des Bergs Athos. Von dort aus reist er u. a. nach Konstantinopel, Syrien, Ägypten, Nubien. 1926 muß D. schwerkrank nach Berlin zurückkehren, fährt aber bald wieder nach Neapel und Capri und unternimmt Vortragsreisen quer durch Europa.

Als er Barlach begegnet, ist das eigentliche Hauptwerk gerade abgeschlossen, das großartig-ungeheuerliche und schwer zu lesende Epos *Das Nordlicht* (von 1898 bis 1910). Freunde und Verleger drängten ihn wiederholt dazu, das auf einer privaten Mythologie gründende Epos lesbar und verständlicher zu machen; dies geschah durch eine geeignete Auswahl (*Perlen von Venedig,* 1921), eine erleichternde Einführung (*Die Treppe zum Nordlicht,* 1920), diesen Mythos faßbarer darstellende Gedichtbände (*Hesperien,* 1915; *Hymne an Italien,* 1916). Natürlich zwang die Notwendigkeit, Geld zu verdienen, D. auch zu einfacheren Werken, zu Erzählungen und Romanen wie *Der unheimliche Graf,* 1921; *Der Schatz der Insel,* 1925, oder *L'Africana,* 1928. Barlach ist nur einer von zahlreichen Künstlern, denen D. freundschaftlich verbunden war (George Braque, Marc Chagall, Pablo Picasso, Paul Klee, Oskar Kokoschka, Franz Marc usw.) und über die er begeistert und begeisternd schreibt, einprägsam-ausdrucksstarke Formeln und Interpretationen findend (*Der neue Standpunkt,* 1916; *Im Kampf um die moderne Kunst,* 1919). Trotz öffentlicher Anerkennung und Ehrung – Mitglied der Preußischen Akademie (1928), mehrmals Präsident des deutschen PEN-Clubs (1927 bis 1932), Verleihung der Goethe-Medaille (1932) – bleibt er ohne jeden materiellen Erfolg. 1932 erkrankt D. schwer an Tuberkulose, wird zur Erholung nach Davos und Arosa geschickt. Ein Jahr später erleidet er einen Schlaganfall und kommt in das Sanatorium St. Blasien. D. stirbt, wie er voraussagt, »als schwindsüchtiger Lump, ein Lappen im Wind«, hielt es jedoch für möglich, daß Bücher von ihm »in kommender Zeit gelesen werden«. Auf seinem Grabstein steht der letzte Vers seines großen Epos: »Die Welt versöhnt und übertönt der Geist!«

Literatur: *Kemp,* Friedhelm und *Pfäfflin,* Friedrich: Theodor Däubler. Marbach a.N. 1984.

Ludwig Dietz

Dauthendey, Max(imilian Albert)
Geb. 25.7.1867 in Würzburg; gest. 29.8.1918 in Malang (Java)

Mitte April 1912 erhielt D. für das Versdrama *Spielereien einer Kaiserin,* seinen einzigen Bühnenerfolg, Tantiemen über stattliche 900 Reichsmark. Diese Summe hätte dem hochverschuldeten Dichter aus der finanziellen Klemme geholfen, zu seinem Unglück aber kam die Summe an einem Samstag an – das Geld konnte übers Wochenende nicht angelegt werden. Das unerwartete Gefühl plötzlichen Reichtums beflügelte die Schritte des hochgestimmten Dichters und erweckte, beim Anblick einer herrlichen Waldwiese, in ihm die Sehnsucht nach einem Eigenheim. Zufällig hatte der Besitzer des Grundstücks D.s frommen Wunsch gehört; ehe der Dichter sich's versah, war man handelseinig, und das Honorar hatte einen neuen Herrn gefunden. Aber damit nicht genug. D. ließ sich für 25 000 Mark ein Haus bauen. So kamen zu den alten Schulden die neuen; die Hypothek aber, die er für das Haus aufnahm, wurde auf einer sonnigen Italienreise verbraucht. Solch unbürgerlich-lockeres Finanzgebaren ist bezeichnend für den Lebensstil des Gentleman-Poeten, dessen ungebundenes Leben an die Existenz eines Zugvogels erinnert.

In Würzburg geboren als Sohn eines preußischen, lange Zeit in Petersburg lebenden Fotografen und einer Deutschrussin, tat sich der verträumte Knabe mit allem Schulzwang schwer. Nach dem mühsam erreichten Einjährigen-Examen sollte er nach väterlichem Wunsch eine fotografische Ausbildung absolvieren, um später das elterliche Geschäft zu übernehmen. Doch D. leistete so lange Widerstand, bis der Vater schließlich überzeugt war, sein Sohn sei zu einem praktischen Beruf untauglich. Die erste größere Talentprobe, der Roman *Josa Gerth* (1893), steht noch in der Nachfolge von Jens Peter Jacobsens Roman *Niehls Lyne.* Auf zahlreichen Reisen durchquerte der junge Dichter Europa; in Schweden lernte er seine künftige Frau kennen. Geheiratet haben die beiden in Paris, wo D. zwischen 1896 und 1905 häufig wohnte und mit zahlreichen zeitgenössischen Literaten zusammentraf. Das ständig von Finanznöten geplagte Paar kam auf die Idee, durch die fingierte Nachricht, der arme Poet sei gestorben, Bestattungsgeld von den Schwiegereltern zu erbetteln. Nach dem Tode seines Vaters verkaufte D. dessen Fotoatelier, der gesamte Erlös wurde für eine ursprünglich als Auswanderung geplante Mexikoreise (1897) verbraucht. Im Jahre 1905 ließ sich D. in Würzburg nieder, begab sich aber schon Weihnachten 1905 auf eine Weltreise, die ihn durchs Mittelmeer über Kairo, Indien, nach Hongkong und Japan, quer über den Pazifik nach Los Angeles, Chicago und zurück nach London führte.

D. brauchte das Reisen als Anregung für sein Schreiben. Das miserable deutsche Klima, innere Unrast und nicht zuletzt die Heerscharen seiner Gläubiger trieben den mittellosen Weltenbummler in die Ferne. In Italien, beim Anblick des ewig blauen Mittelmeers, beschloß er, »wieder einmal nach Asien und an den Äquator zu reisen, um recht lange vor dem deutschen Bindfadenregen bewahrt zu bleiben.« So brach er im April 1914 zu seiner zweiten, mit Vorschüssen finanzierten Weltreise nach Sumatra und Deutsch-Neu-Guinea auf. Vom Ausbruch des Ersten Weltkriegs überrascht, wurde er auf Java interniert. Dort starb er an den Folgen einer Malariaerkrankung.

Angefangen hat D. mit Lyrik; seine erste Gedichtsammlung *Ultraviolett* (1893) enthält bereits im Keim die Eigenarten seiner Poesie: die impressionistische Bildkraft, die in Farben und Düften manifeste Sensualität, die Verabsolutierung des synästhetischen Reizes. Stefan George glaubte damals, mit dem Neutöner einen Anhänger für seine Kunstreform gewinnen zu können, freilich hat die spätere Wende D.s zum Volksliedhaften, ja Bänkelsängerischen (*Bänkelsang vom Balzer auf der Balz*, 1905) die Wesensverschiedenheit beider Poeten deutlich gezeigt. D. hat sein Poesieideal in euphorischem Überschwang einem Jugendfreund mitgeteilt: »Wenn man ein Musikstück hört, fragt niemand: Was will das sagen, welche Idee drückt dieses Symphonie aus? Das ist das Nebensächliche, ebenso wie man nicht fragt, wenn man den Sonnenaufgang genießt oder eine Aussicht vom Gebirge: Welche Idee drückt diese Handlung, dieses Morgenrot aus? Man soll einfach nur die Bilder genießen, die Wohl- und Wehlaute, die immer unbewußt im Gehirn anschlagen, wenn man den Duft oder die Farben von Rosen oder Jasmin genießt, oder den Kuckuckruf hört, oder den Regenduft atmet. Diese Wohl- und Wehlaute, die die ganze Stimmung ausmachen, die von Rosen und Jasmin auf uns strömen, will der Dichter durch die traurigen und freudigen Bilder, die er zeichnet, im Lesenden erwecken, um dadurch denselben Wohl- und Wehreiz hervorzurufen, den Rosen und Jasmin ausüben.« Auch in der späteren, immer massenhafter produzierten Natur- und Liebeslyrik dominiert das Sensorium für Farben und Töne, die Verherrlichung des Sinnenhaften und Erotischen und die ›panpsychische‹ Neigung, Leben und Welt als ein Fest zu begreifen (*Das Lied der Weltfestlichkeit*, 1918). D. war der halb naiven, halb überheblichen Meinung, der Besitzbürger solle für Kunst das vom Künstler Verlangte bezahlen, er sei geradezu zum Unterhalt für den Dichter verpflichtet. Da weder Lyrik noch die zahlreichen Dramen den dringend auf Einnahmen angewiesenen Dichter ernähren konnten, blieb ihm nur die verwegene Hoffnung auf den Nobelpreis, die er insbesondere an das umfangreiche binnenreimgespickte Reisetagebuch *Die geflügelte Erde* (1910) knüpfte. War dieses Unternehmen bereits nicht mehr ganz zeitgemäß, so leidet auch der ehrgeizige, die Mexikoreise verarbeitende Roman *Raubmenschen* (1911) unter dem Mangel individueller Personengestaltung und stringenter Handlungsführung. Spielerischer Hang zur Groteske, lyrischer Duktus und erzählerische Lust zeichnen die Novellen aus. Die beiden Sammlungen *Lingam* (1910) und *Die acht Gesichter am Biwasee* (1911) stellen den künstlerischen Höhepunkt seines Werkes dar; hier verbinden sich modische Jugendstilelemente, lyrisch-impressionistische Stimmung mit persönlichen Reiseerfahrungen. Außer den Novellen hat D. lesenswerte autobiographische Schriften (*Der Geist meines Vaters*, 1912; *Gedankengut aus meinen Wanderjahren*; 1913) und Reiseschilderungen (*Erlebnisse auf Java*, 1924; *Letzte Reise*, 1925) verfaßt, alle in der für ihn typischen improvisierenden, Bilder und Szenen farbig aneinanderreihenden Technik. Als Zeugnisse einer für damalige deutsche Verhältnisse seltenen kosmopolitischen Mentalität können sie ebensolches Interesse beanspruchen wie das poetische Werk.

Literatur: *Ueding*, Gert: Weltfremdheit und Weltsehnsucht. In: Ders.: Die anderen Klassiker. München 1986. S. 184–197; Max Dauthendey: Sieben Meere nahmen mich auf. Ein Lebensbild mit unveröffentlichten Dokumenten aus dem Nachlaß. Eingeleitet und hrsg. von Hermann *Gerstner*. München 1957; *Kraemer*, Wilhelm: Max Dauthendey. Mensch und Werk. Gießen 1937; *Wendt*, Hermann Georg: Max Dauthendey. Poet-Philosopher. New York 1936; *Gebhardt*, M.: Max Dauthendey. In: Lebensläufe aus Franken. Hrsg. von Anton *Chroust*. Band 3. Würzburg 1927. S. 53–68.

Gunter E. Grimm

Dehmel, Richard

Geb. 18. 11. 1863 in Wendisch-Hermsdorf (Mark Brandenburg); gest. 8. 2. 1920 in Hamburg-Blankenese

»Wir sind hier Einige, die *lachen* all der fin de siècle-Phrasen: wir *glauben* an die Kraft und die Schönheit, die da kommen wird!« – diese selbstbewußte und zukunftsgewisse Erklärung findet sich in einem Brief D.s vom 26. Nov. 1891 an den einflußreichen dänischen Literaturkritiker Georg Brandes, der in einem Artikel des *Berliner Tageblatts* vom 21. November die deutsche Lyrik als in vielem epigonal kritisiert und dabei auch Ds. »sonst verdienstvollen« ersten Gedichtband *Erlösungen* (1891) kurz erwähnt hatte. Daß dieser Gedichtband in manchem noch der von der Klassik herkommenden Tradition und auch dem Vorbild der Naturalisten verpflichtet war, wußte D. selbst sehr genau; er hat ihn für die 2. Auflage 1898 einem rigorosen »Säuberungswerk« unterworfen, das zeigt, wie tief er von der Notwendigkeit einer Überwindung des Hergebrachten überzeugt war. Mit den Bänden *Aber die Liebe* (1893), *Lebensblätter* (1895) und besonders *Weib und Welt* (1896) hatte er in der Zwischenzeit Gedichte vorgelegt, die eben deshalb, weil sie von den Zeitgenossen als konsequent modern empfunden wurden, zu einer ungewöhnlich starken Polarisierung der öffentlichen Meinung über ihn (D. wurde »fanatisch angeschwärmt« oder »fanatisch verlacht«) geführt hatten. – Worin bestand diese Modernität? Inhaltlich und thematisch in eben jenem gegen die »décadence«, aber auch gegen den Pessimismus der Naturalisten gerichteten Lebenspathos, das schon der Brief von 1891 zum Ausdruck bringt. Es ist noch dieselbe Frontstellung, wenn D. 1895 als Mitherausgeber der Jugendstil-Zeitschrift *Pan*, nun gegen Stefan George gerichtet, erklärt: »Jener will die Kunst um der Kunst willen; wir wollen eine Kunst für das Leben und Leben ist vielgestaltig.« Im Spektrum der unterschiedlichen lyrischen Tendenzen vor 1900 ist D. damit der »vitalistische Antipode« Georges. Die von Friedrich Nietzsche beeinflußte vitalistische Grundeinstellung wird thematisch konkretisiert vor allem in den Liebesgedichten. Die rauschhafte Begegnung mit dem »Leben« ereignet sich exemplarisch in der Begegnung zwischen den Geschlechtern, die dann zu einer kosmischen Erfahrung erweitert wird: »Wir Welt«, so die Formel in dem Zyklus *Zwei Menschen* von 1903. Wenn D. als der Verkünder eines »neuen Menschen« gefeiert wurde, dann wesentlich wegen der Enttabuisierung und Neubewertung der Sexualität. – Zu dem Programm einer durch Ästhetisierung zu erreichenden Steigerung des individuellen Lebensgefühls steht nur scheinbar im Widerspruch, daß D. auch »soziale Gedichte« (*Der Arbeitsmann, Erntelied*) verfaßt hat. Die soziale Thematik war für ihn nur ein anderes Mittel, die »seelische Gesamtentwickelung der Menschheit« voranzubringen; Friedrich Nietzsche und Ferdinand Lassalle erschienen ihm »gleichermaßen« als Gegner des »Bourgeois«, »d. i. der wirklich entartenden Menschenklasse unserer Zeit«. – Als modern haben die Zeitgenossen auch die Form von D.s Gedichten eingeschätzt, die zeitgenössische Formel »Wendung zur Einfachheit« läßt sich zur Beschreibung auch aus heutiger Sicht verwenden. Gemeint ist einmal die Abkehr von dem naturalistischen Detailrealismus, eine Stilisierung im Sinne des Jugendstils, die gleichbedeutend mit einer Reduzierung auf das Typische und einer über die Abbildung des Wirklichen weit hinausgehenden Steigerung ist. Gemeint ist aber auch die Abkehr von der langen bis auf die Empfindsamkeit des 18. Jahrhunderts zurückgehenden Tradition der Erlebnislyrik. Das Erlebnishafte, die »Stimmung« tritt zurück hinter der »ornamentalen« Gestaltung einfacher Bilder. Voraussetzung für »Kunst« ist eine Stilisierung, mit der sich gerade ein »Unpersönlichkeitsbedürfnis« Geltung verschafft, darin war D. mit Stefan George bei aller Gegensätzlichkeit durchaus einig. Die gegen D.s Lyrik nicht nur von den Zeitgenossen, sondern auch von der späteren Literaturgeschichtsschreibung immer wieder vorgebrachte Kritik: sie sei nicht naiv, sondern bewußt, nicht echt, sondern künstlich, nicht erlebt, sondern gemacht, ist in Wahrheit gerade die Bestätigung ihrer Modernität.

Die Gedichtbücher der 90er Jahre sind einer Zeit großer innerer und äußerer Spannungen abgewonnen. Man erlebt D. als »wilden Mann«, »Berserker«, eine Art »Satyr«, zugleich aber als überaus korrekt gekleideten, disziplinierten, nervösen Großstadtmenschen; als robust und doch zugleich hypersensibel. Zum Kreis der Berliner Bohème gehörig (Strindberg, Munch, Przybyszewski, Scheerbart, Hille, Schlaf, Bierbaum, Meier-Gräfe u. a.) ist D. gleichzeitig (ab 1888) Sekretär des Zentralverbandes Deutscher Privater Feuerversicherungen in Berlin. Der Zwang der beruflichen Tätigkeit führt 1893 zu einer regelrechten Nervenkrise, in der er von einem Tag auf den anderen »den ganzen Kram an die Wand« schmeißt, um von da an als freier Schriftsteller zu leben. Seine Ehe (seit 1889) mit Paula Oppenheimer, mit der er drei Kinder hat, ist vor allem durch die Liebesbeziehung zu Ida Auerbach, geb. Coblenz gestört. Mit der Lösung aus diesen Konflikten (1899 Trennung von seiner Frau, 1901 Heirat mit Ida Auerbach und Übersiedlung nach Hamburg) ist freilich zugleich auch die produktive Phase von Ds. schriftstellerischer Existenz beendet. In *Zwei Menschen* (1903) führt der Stilisierungswille Dehmels zu einem bereits von den Zeitgenossen bemerkten Schematismus: »Ich denke noch mit Schauder an die Vorlesung in Bierbaums Münchener Wohnung. Zuletzt fürchtete man sich vor dem Refrain«, so die Erinnerung des D. freundschaftlich verbundenen Kunstkritikers Julius Meier-Gräfe. Die wesentliche Leistung ist die Herausgabe der *Gesammelten Werke* in 10 Bänden im Fischer-Verlag, Berlin 1906–

1909, für die D. noch einmal sein gesamtes lyrisches Werk überarbeitet und die
zugleich die Bedeutung, die ihm nunmehr zuerkannt wird, dokumentiert. Dramen
(*Michel Michael*, 1911; *Der Menschenfreund*, 1917) bleiben Versuche. Das *Kriegs-Brevier* von
1917 enthält Gedichte, bei denen der Wunsch, sich mit dem »Volk« zu solidarisieren, zu
peinlichen Entgleisungen führt. Daß D. 1914, über fünfzigjährig, sich als Freiwilliger
zum Kriegsdienst meldet, ist Ausdruck eines in den Gedichten immer wieder bekunde-
ten, aber auch im Leben durchgehaltenen, hier zuletzt fehlgeleiteten Aufbruchwillens.
Eben dieser Aufbruchwille aber war es, der es vielen Vertretern des frühen Expressionismus ermöglicht hat, in D. ihnen selbst Verwandtes zu erkennen. Else Lasker-Schüler
hat 1913 ein Erinnerungsbild, bei dem der Eindruck der spannungsgeladenen Person
Ds. sich mit der Faszination durch seine streng stilisierten Gedichte verbindet, in Versen
festgehalten: »Immer Zickzack durch sein Gesicht, / Schwarzer Blitz. / / Über ihm
steht der Mond doppelt vergrößert.«

Werkausgabe: Gesammelte Werke in zehn Bänden. Berlin 1906–1909.
Literatur: *Fritz*, Horst: Literarischer Jugendstil und Expressionismus. Zur Kunsttheorie, Dich-
tung und Wirkung Richard Dehmels. Stuttgart 1969; *Bab*, Julius: Richard Dehmel. Die
Geschichte eines Lebens-Werkes. Leipzig 1926.
Jürgen Viering

Demski, Eva
Geb. 12. 5. 1944 in Regensburg

Von einem »Buddenbrook-Schicksal der Wirtschaftswunderzeit« war bei D.s erstem Roman *Goldkind* (1979) die Rede,
von einer »Chronik der Bundesrepublik« sprachen die Feuilletons über das Romanschaffen. Hinter diesen positiven Urteilen der Literaturkritik steht D.s schriftstellerischer Ansatz,
Geschichte aufzubewahren, Kenntnisse der Vergangenheit als
Erinnerung wachzuhalten und nicht zuletzt somit das »Fortwirken der Vergangenheit in der Gegenwart« (Peter König)
zu beschreiben.

Die Biographie D.s ermöglichte diese literarische Aufgabe
in besonderer Weise. Ein Jahr vor Kriegsende als Tochter des
Bühnenbildners und Theaterregisseurs Rudolf Küfner in Regensburg geboren, verläuft
der persönliche Lebensweg zeitgleich mit den Stationen der deutschen Nachkriegsgeschichte. Die 50er Jahre der restaurativen »Wirtschaftswunderzeit« erlebt sie als Schüle-
rin in einer Regensburger Klosterschule sowie nach dem Umzug der Eltern in einem
altsprachlichen Gymnasium in Frankfurt. An den Studentenunruhen seit Mitte der
60er Jahre nimmt die Studentin der Germanistik, Kunstgeschichte und Philosophie in
Mainz und Freiburg als aktives Mitglied des SDS (Sozialistischer Deutscher Studenten-
bund) teil. Sie heiratet 1967 den Juristen Reiner Demski, der später bis zu seinem Tod
1974 u. a. als Strafverteidiger der Terroristin Gudrun Ensslin auftrat und von den Ermitt-
lungsbehörden zum Sympathisantenkreis der RAF (Rote Armee Fraktion) gezählt
wurde. Nach Tätigkeiten als Dramaturgieassistentin und Lektorin arbeitete D. als Jour-

nalistin für den Rundfunk und lebt seit 1977 als freie Schriftstellerin in Frankfurt. Aufgrund dieser unmittelbaren Zeitgenossenschaft der Autorin, in der die eigene Biographie und die bundesrepublikanische Geschichte zusammenfallen, verdichten sich in ihren Romanen einzelne autobiographische Elemente immer wieder zu charakterisierenden Schilderungen geschichtlicher Abschnitte.

Der Romanerstling *Goldkind* schildert als Entwicklungsroman das Scheitern eines verwöhnten Jungen. Die hermetische, Geborgenheit vermittelnde, bürgerliche Gesellschaftsform in »R.«, in der das »Goldkind« als Erbe des großväterlichen Geschäftes heranwächst, zerbricht an den neuen Bedingungen des Wirtschaftswunders. Der namenlose »N.« läßt sich treiben und bleibt unfähig, in Beziehung mit der Außenwelt zu leben. Mit dem Porträt des Anti-Helden »N.« entsteht ein Panorama der Nachkriegszeit, das unliebsame Fragen als »nach dem Spuk« verdrängt. Im Gegensatz zu den »Väter-Büchern«, die wenige Jahre nach *Goldkind* von einigen Schriftstellern vorgelegt werden, verzichtet D. in ihrem Roman über eine vaterlose Kindheit auf Anklagen und Vorwürfe. *Goldkind* hält sich in einer Schwebe von melancholischer Sympathie und ironischer Distanz.

Auch in den nachfolgenden Romanen geht es D. nicht um eine vordergründige Politisierung ihres Ansatzes, obwohl bei der Entwicklung der Figuren immer wieder konkrete politische Ereignisse eine Rolle spielen. In *Karneval* (1981) ist es die Entwicklung von Ulrike Meinhoff zur militanten Terroristin, die von der Erzählerin einmal kurz erwähnt wird und von welcher Losies Tat abgegrenzt wird. Die das Ziel verfehlenden Schüsse der Karnevalsprinzessin Losie auf das Komiteemitglied Dr. Elsbächer bleiben eine Einzeltat. »Eigentlich ist nichts passiert. Aber alles ist anders geworden«, heißt es am Schluß des Romans. Nicht die »Machtmänner« wie Losies Vater, der neureiche Bauunternehmer, und Dr. Elsbächer, der erfolgreiche Chefarzt, ändern sich, sondern Losie und die Erzählerin des Romans, eine aus Ostpreußen stammende adlige Gouvernante. Sie sehen ein, daß ihr »Besonderheitswahn« gescheitert ist.

Ebenso geht D. im Roman *Scheintod* von einer Beziehung aus, um ein geschichtliches Thema zu beleuchten. *Scheintod* sorgte bei seinem Erscheinen 1984 für großes Aufsehen, denn in der Zeit der Terroristenfahndungen erweckte der Roman über den Ehemann Reiner Demski und über mehrere Sympathisanten der RAF durch seine autobiographischen Elemente nicht nur literarisches Interesse. Im Gegensatz zur Lektüre als Schlüsselroman jedoch widmet sich die Autorin vorrangig der Trauer einer jungen Witwe, die sich veranlaßt sieht, eine Bestandsaufnahme ihrer Ehe zu vollziehen. In zwölf Tageskapiteln entsteht ein Lebensbild des »Anarchojuristen« mit seinen hochfliegenden Plänen und seiner Todesangst. Erst als stellenweise »aus der Beziehungskiste ein Polit-Krimi« (Lydia Schieth) wird, indem die Mitglieder der »Gruppe« die Witwe bitten, belastendes Material aus der Kanzlei zu entwenden, weitet sich die Biographie zum Psychogramm der terroristischen Vereinigung. *Scheintod* wird an solchen Stellen zu einer literarischen Verarbeitung von Hoffnungen und Weltentwürfen der 68er-Studenten-Generation, die in Haß und Zerstörungswut umschlagen können.

Das gesamte Panorama der deutschen Geschichte von Kriegsende bis in die Gegenwart zeichnet *Afra. Roman in fünf Bildern* (1992) nach. Drei Frauen, Theres, Afra und Nivea, stehen im Mittelpunkt des Romans. Theres hat bei Kriegsende von einem farbigen Besatzungssoldaten ein Kind bekommen, die dunkelhäutige Afra. Dieses Stigma der Hautfarbe wird für Afra zum entscheidenden Lebensantrieb. Zwar leidet sie einerseits an diesem Makel, doch weiß sie umgekehrt diese Besonderheit sehr geschickt zu nutzen. Bei ihrer Tochter Nivea hat sich die dunkle Hautfarbe, das Anderssein und die Exzentrität verloren. Die »bunten Wechselfälle des Lebens« (Walter Hinck), die mit diesem Roman über Frauen – denn Männer kommen in *Afra* nur am Rande vor – geschildert werden, zeichnen mit viel Liebe für Details die Etappen der deutschen Nachkriegswirklichkeit nach.

Obwohl in den für D. charakteristischen Geschichtsromanen immer wieder die Beziehungen der Protagonistin sowie eine subtile psychologische Genauigkeit dominieren, gehört D. keineswegs zu den Autorinnen der Subjektivitätswelle. Streitbar distanziert sich die Schriftstellerin in mehreren Essays gerade von der als weinerlich empfundenen Frauenliteratur (*Abschied von der Larmoyanz*, 1987). D. will das Private und vor allem das Autobiographische rückbinden an ein gesellschaftliches Thema der Zeitgeschichte. Ein Beispiel hierfür ist auch der Roman *Hotel Hölle, guten Tag...* (1987). Zwar beginnen die Liebesbriefe einer Frau an den zurückerwarteten Mann mit dem Satz: »Verzeihen Sie, wenn ich noch etwas genauer versuche, dieser Empfindungen habhaft zu werden«, aber im Verlauf der Geschichte wird die Entdeckung der Nazi-Folterer, die vor Jahren im Keller des Hotels Hölle ihr Unwesen trieben, zum Hauptthema. Das Prosawerk von D. spiegelt insgesamt wider, was die Autorin programmatisch von einem »Roman der Zeit« fordert: »Herstellung einer Literatur, die Mächtige darstellt und damit Macht, die herausfindet, was Moral heute wäre und wohin sie verschwunden ist, in welche kleinen, privaten Welten« (*Der Stoff liegt auf der Straße*, 1985).

Literatur: *Wieskerstrauch*, Liz: Schreiben zwischen Unbehagen und Aufklärung. Literarische Porträts der Gegenwart. Weinheim/Berlin 1988, S. 53–65; *Segebrecht*, Wulf (Hrsg.): Über Eva Demski. Bamberg 1984   *Hans-Ulrich Wagner*

Döblin, Alfred
Geb. 10. 8. 1878 in Stettin; gest. 26. 6. 1957 in Emmendingen

»Ich führe immer zwei Leben. Das eine schlägt sich mit den Dingen herum, will hier ändern und da ändern. Es phantasiert, quält sich, erreicht nichts. Es ist wie das Feuer am feuchten Holz, qualmig und gibt kein Licht. Das andere ist wenig sichtbar. Ich gebe mich ihm wenig hin, obwohl ich weiß, es ist das wahre. Es ist merkwürdig: ich weiß das und möchte mich ihm, um es anzufachen und zu steigern, widmen. Aber ich werde immer daran verhindert. Der Qualm hüllt mich ein« (*Schicksalsreise*, 1949). Die amphibische Entschluß-, ja Entwicklungslosigkeit, dies Sowohl-als-auch wurde zum Prägestempel von Leben und Werk. D. war Arzt und Dichter, Naturwissenschaftler und Phantast, deutscher Jude und preußischer Sozialist; dem Rationalen verschworen und zugleich offen für das seelisch Labile, für Stimmungen, für das Irrationale; von politischer Passion und religiösem Eifer gleichermaßen erfüllt. Von den ersten, im Nachlaß erhaltenen Texten, die um die Jahrhundertwende entstanden, bis zu den Diktaten des Schwerkranken zieht sich die eine Konstante durch D.s Werk: das lebenslange Schwanken zwischen Aufruhr und Mystik, zwischen luzider Vergeistigung und sexueller Pathologie. Handeln oder Nichtwiderstreben, Schwimmen oder Treibenlassen – auf diese Formel hat er die widersprüchlichen Elemente in seinem ersten großen Roman *Die drei Sprünge des Wang-lun* (1915) gebracht.

Kindheit und Jugend D.s standen unter dem Bann eines Ereignisses, das er als seine »Vertreibung aus dem Paradies« bezeichnet hat: als er zehn Jahre alt war, ging der Vater, ein musisch begabter Schneider, mit einer seiner Schneidermamsells auf und davon und ließ Frau und fünf Kinder im sozialen Elend zurück. »Ich erinnere mich ungern daran«, wird der Sohn vierzig Jahre später schreiben, »es führt geradewegs zu mir.« Der Vater verkörperte für ihn das Lust-, die Mutter des Realitätsprinzip – Lebenshaltungen, zwischen denen er ständig schwankt und, von Frauen angezogen und sie zugleich fliehend, affektiv hin- und hergetrieben ist. Die Familie als Brutstätte allen gesellschaftlichen Unheils hat er in den beiden autobiographisch grundierten Romanen *Pardon wird nicht gegeben* (1935) und *Hamlet oder Die lange Nacht nimmt ein Ende* (1956) dargestellt. Der Hamlet-Roman ist D.s Lehrstück über die Schuld der Väter, welche die Söhne abtragen müssen. Erst als er »der Beherrschung durch das Bürgerlich-Familiäre« entkommt, tritt Edward – die Hauptfigur, der Hamlet des Romans – in ein Leben jenseits der inneren Gefängnisse und Särge, das nicht mehr von Unfreiheit und leibhaftiger Bedrohung bestimmt ist.

Die Mutter zog mit den Kindern 1888 nach Berlin, der Stadt, deren leidenschaftlicher Liebhaber, später auch Chronist und Epiker D. bis 1933 ist. Hier hatte er in der Schule seine erste Begegnung mit dem preußischen Obrigkeitsstaat, mit dem deutschen Ordnungsdenken. Hier lernte er aber auch in der Begegnung mit Philosophie und Kunst, wie man widersteht – er las Friedrich Hölderlin und Heinrich von Kleist – »meine geistigen Paten. Ich stand mit ihnen gegen das Ruhende, gegen das Bürgerliche, Gesättigte und Mäßige« –. Er las Friedrich Nietzsche und Arthur Schopenhauer, Baruch de Spinoza und Buddha, verlor sich in der Musik Richard Wagners. Nach dem Abitur (1900) studierte er Medizin, insbesondere Neurologie und Psychiatrie, und legte 1905 in Freiburg sein Doktorexamen ab. Als Assistenzarzt praktizierte er in den Irrenanstalten Prüll bei Regensburg (von 1905 bis 1906) sowie in Berlin-Buch (von 1906 bis 1910). In diesen Jahren entstanden die ersten literarischen Arbeiten – darunter 1902/1903 der Roman *Der schwarze Vorhang*, eine psychographische Studie über Triebunterdrückung und sexuelle Befallenheit, über »die Frau als Erlöserin im Tod« (Robert Minder), sowie jene zwölf Erzählungen, die er 1913 unter dem Titel *Die Ermordung einer Butterblume* als Buch veröffentlichte. Schon für diese Anfänge gilt, was D. später als ästhetisches Bekenntnis formulierte: »Ich legte beim Schreiben Wert darauf, nicht mit der Natur zu konkurrieren. Es war mir von vornherein klar, daß man dieser Realität gegenüberstand. Es galt, nachdem überall naturalistische Prinzipien als Forderungen verkündet wurden, dies Gegenüberstehen zu zeigen.« Mit dieser Überzeugung war D. ein Bahnbrecher des Expressionismus. Nicht zufällig, daß er, der schon lange mit Herwarth Walden befreundet war, 1910 zum Mitbegründer des Künstlerkreises »Der Sturm« wurde und bis 1915 einer der Hauptbeiträger der gleichnamigen expressionistischen Zeitschrift blieb. Sein Erzählen reflektiert die Erkenntnisse der Naturwissenschaften und die Erfahrungen der modernen Psychiatrie. Seine Schreibweise ähnelt einem »Kinostil«, der nicht langatmig und psychologisch abgesichert erzählt, sondern baut in harten, abgehackten, oftmals japsend sich überschlagenden Fügungen ein Prinzip, das seine Parallelen in der gleichzeitig entstehenden abstrakten Malerei sowie in der atomalen Musik fand und das D. als »Futuristische Worttechnik« bezeichnet hat: »Wir wollen keine Verschönerung, keinen Schmuck, keinen Stil, nichts Äußerliches, sondern Härte, Kälte und Feuer, Weichheit, Transzendentales und Erschütterndes, ohne Packpapier.«

Als Hauptwerk dieser Ästhetik darf der Roman *Wang-lun* gelten. 1911 machte D. sich als Kassenarzt für Neurologie selbständig; 1912 heiratete er die Medizinstudentin Erna Reiss, nachdem er im Jahr zuvor Vater eines unehelichen Kindes geworden war. Durch vier Söhne (1912, 1915, 1917 und 1926 geboren) und das Menetekel seiner eigenen Jugend fühlte er sich an seine soziale Verantwortung erinnert. Er entfloh daher der »wahren Strindberg-Ehe« (Robert Minder) nicht – trotz der Verlockung, in Yolla Niclas, die ihm später auch in die Emigration folgte, 1921 eine Seelenführerin kennengelernt zu haben, von der er sich und sein Werk verstanden fühlte. 1915 wurde er als Militärarzt eingezogen und im Elsaß stationiert. Angesichts der Realität des Krieges wandelte D., der bis dahin mit nationalistischer Propaganda und futuristischer Maschinenbegeisterung sympathisiert hatte, sich schnell zum entschiedenen Kriegsgegner und Sozialisten. Während der Weimarer Republik, zu deren repräsentativen Schriftstellern er schließlich gehörte, trat er mit Wort und Tat – als Autor, als Vorsitzender des »Schutzverbandes deutscher Schriftsteller«, seit 1928 auch als Mitglied der »Preußischen Akademie der Künste«– für den Fortbestand der Demokratie, für die Freiheit der Kunst ein. Er sprach der Kunst eine kämpferische Rolle, eine eingreifende Funktion zu. Über die halbherzige Revolution (»eine kleinbürgerliche Veranstaltung im Riesenausmaß«), über die Kompromißgesinnung der deutschen Sozialdemokratie (von 1919 bis 1921 war er Mitglied der USPD, von 1921 bis 1928 der SPD) machte er sich dennoch keine Illusionen. Seine eigene Haltung wird man zutreffend als individualanarchistisch-linksradikalen Aktivismus umschreiben konnen. Trotz einer deutlichen Wendung zur Naturmystik, die sich in seinem Werk bereits anfangs der 20er Jahre ankündigt, griff D. in der Endphasee der Weimarer Republik wieder aktiv handelnd und schreibend (*Wissen und Verändern!*, 1931) in die Tagespolitik ein.

Bereits 1929 war der Roman *Berlin Alexanderplatz* erschienen – jenes Buch, das D. populär machte und bis heute sein auflagenstärkstes und meistgelesenes geblieben ist. So sehr sich diese Wertschätzung rechtfertigen läßt, so sehr verdeckt sie, daß *Berlin Alexanderplatz* den konsequenten Abschluß einer Entwicklung darstellt. Die futuristische Epik, die nicht den Einzelnen, sondern die Masse in den Mittelpunkt stellte, hatte in dem visionären Zukunftsroman *Berge, Meere und Giganten* (1924) ihren Höhepunkt erreicht. Den »Menschen und die Art seiner Existenz« gestaltete D. erstmals in dem wenig bekannten, mit großer Sprachmusikaltität geformten Vers-Epos *Manas* (1927). Daß *Berlin Alexanderplatz* dort einsetzt, wo das indische Epos endete, der ehemalige Transportarbeiter Franz Biberkopf ein ins Proletarische gewendeter Manas sei, hat D. selbst bestätigt: »Jedes Buch endet (für mich) mit einem Fragezeichen. Jedes Buch wirft am Ende einem neuen den Ball zu ... Die Frage, die mir der *Manas* zuwarf, lautete: Wie geht es einem guten Menschen in unserer Gesellschaft? Laß sehen, wie er sich verhält und wie von ihm aus unsere Existenz aussieht.« *Berlin Alexanderplatz* ist ein religiöses Lehrgedicht – mit einer realistisch erzählten und einer mythisch deutenden Handlungsebene, eine Kontrapunktik, die ihre formale Bestätigung in der Montagetechnik findet. Gezeigt wird, ähnlich Bertolt Brechts Lehrstücken, wie ein Mensch so oft gebrochen wird, bis er schließlich funktioniert.

Unmittelbar nach dem Reichstagsbrand floh D. am 2.3.1933 in die Schweiz. Von dort aus übersiedelte er im Sommer 1933 nach Paris. Er erhielt 1936 als einer der wenigen Emigranten die französische Staatsbürgerschaft. Nachdem er bereits 1924 auf seiner Polenreise (*Reise in Polen*, 1926) das Ostjudentum kennengelernt hatte und damit zum erstenmal in Berührung mit seinem jüdischen Erbe kam, engagierte er sich in den ersten Jahren der Emigration für die jüdische Landnahme in Übersee, die sogenannte Frejland-Bewegung (*Jüdische Erneuerung*, 1933; *Flucht und Sammlung des Judenvolks*, 1935). Das Exil hat auch ihn entwurzelt, schließlich zerbrochen. Es hat ihm die weitere Ausübung des Arztberufs unmöglich gemacht, dessen er als Korrektiv des Schreibens immer bedurfte, hat ihn, den seßhaften Großstädter, aus Berlin vertrieben, das seine Heimat war. Der Hölle Europa im Sommer 1940 gerade noch entronnen, mußte er endlich in den USA das Elend des Exils erfahren – in einem Zustand des Nichtmehrlebens und Nochnichtgestorbenseins. Keines seiner Werke wurde während dieser fünf Jahre gedruckt; auch der mehrbändige, 1937 begonnene und 1943 abgeschlossene Roman *November 1918* blieb Manuskript – ein Werk, von dem Brecht rühmend sagte, es stelle »einen neuen triumph des neues typus eingreifender dichtung dar«.

Die 1941 vollzogene Konversion zum Katholizismus entfremdete ihn auch seinen alten Freunden und Bekannten. Vollends gerieten die Jahre nach 1945 zum Satyrspiel der Döblinschen Lebenstragödie. Als einer der ersten Exilierten kehrte er im November 1945 in das vom Faschismus befreite Deutschland zurück. Als Mitarbeiter der französischen Militäradministration war er, im Rang eines Offiziers, für die literarische Zensur verantwortlich: »Gejätet wird, was den Militarismus und den Nazigeist förden will. »Er wollte aktiv mitwirken am geistigen Wiederaufbau und an der Demokratisierung, wollte den »Realitätssinn im Land stärken«. Eine bis heute nicht wiederaufgelegte Broschüre über den Nürnberger Kriegsverbrecherprozeß (*Der Nürnberger Lehrprozeß*, 1946) kam, unter dem Pseudonym Hans Fiedeler, in einer Massenauflage an die Kioske. Der prominente Remigrant fand, trotz der Herausgabe der Zeitschrift *Das goldene Tor* (von 1946 bis 1951), trotz der Mitbegründung der Mainzer »Akademie der Wissenschaften und der Literatur«, keinen Anschluß mehr an die deutsche Literatur. Er fühlte sich verdrängt – »verurteilt, weil nämlich emigriert, zu dem Boykott des Schweigens«. Auch politisch ging er in Distanz zur bundesdeutschen Restauration, die sich seit 1949 formierte. Der bereits 1946 abgeschlossene *Hamlet*-Roman, für den sich kein westdeutscher Verleger mehr interessiert, erschien schließlich 1956 in Ostberlin. D. starb, nach langer, schwerer Krankheit, verkannt und vergessen; nicht einmal die Religion konnte ihm mehr Trost spenden angesichts des »ungeheuren abscheulichen Schutthaufens« (16.2.1957), zu dem Welt, Leben und Werk ihm zusammengeschrumpft waren.

Werkausgabe: Alfred Döblin: Ausgewählte Werke in Einzelbänden. Begr. von Walter *Muschg*, fortgef. von Anthony W. *Riley*. 23 Bde. Olten und Freiburg i. Br. 1960ff.

Literatur: *Müller-Salget*, Klaus: Alfred Döblin, Werk und Entwicklung, Bonn ²1988. *Links*, Roland: Alfred Döblin. München 1981; *Meyer*, Jochen (Hrsg.): Alfred Döblin 1878–1978. Sonderausstellung des Schiller-Nationalmuseums, Marbach a.N. 1978; *Prangel*, Matthias: Alfred Döblin. Stuttgart 1973.

Uwe Schweikert

Doderer, Heimito von

Geb. 5. 9. 1896 in Weidlingau bei Wien; gest. 23. 12. 1966 in Wien

»Schreiben ist die Entschleierung der Grammatik durch ein schlagartig eintreffendes Erinnern. Die Gegenwart des Schriftstellers ist so eine wiedergekehrte Vergangenheit. Was ich anstrebe, das ist der »stumme Roman« – französisch würde man sagen »roman muet«. Keine Aussage, keine Dicherworte, keine Sentenzen, keine Randbemerkungen, nichts von alledem! Aber Gestalt – Gestaltung des Lebens!«

Innerhalb der europäischen Tradition der realistisch-psychologischen Romans ist D.s Werk auch seiner Bedeutung nach in die Nähe Marcel Prousts zu rücken. Beiden Romanciers der Pariser und Wiener Gesellschaft des Fin de siècle wandelt sich die Suche nach der verlorenen Zeit zum Aufbruch in die gegenwärtige Vergangenheit der eigenen Existenz. Erinnerung – mémoire, ästhetische und moralische Instanz im Schreibprozeß –, wird schöpferisches, geistiges Prinzip, das den Bewußtseinsstrom gliedert und auf seine wechselnden Bedeutungen hin sichtbar macht. Die Aufgabe des Schriftstellers besteht deshalb für D. in unbeschränkter Wahrnehmungsbereitschaft, im interesselosen Erinnern, im »lebensgemäßen Denken« alles Welthaltigen. Dagegen bedeutet die Auslieferung des Ästhetischen an die modernen Ideologien bewußte Wahrnehmungsverweigerung: Politik als »äußerste Verflachung des Menschen«.

D. wächst in Wien als Sohn eines Architekten auf. Mit dem Schreiben beginnt er in der russischen Kriegsgefangenschaft (von 1916 bis 1920). Nach Wien zurückgekehrt, veröffentlicht er seinen ersten und einzigen Gedichtband *Gassen und Landschaft* (1923). Es folgen Erzählungen und kleinere Romane, die das Trauma der Gefangenschaft zu bewältigen versuchen (*Das Geheimnis des Reiches*, 1930).

Mit dem psychologisierenden Kriminalroman *Ein Mord, den jeder begeht* (1938) findet D. zum zentralen Thema seines weiteren Schaffens: der Menschwerdung des an seiner Bürgerlichkeit erstickenden Individuums. Der Zweite Weltkrieg, den er als Hauptmann der Luftwaffe mitmacht, unterbricht die Arbeit an seinem großen Roman der Menschwerdung. Das Werk erscheint 1951 unter dem bezeichnenden Doppeltitel, der die Entwicklung eines k. u. k. Leutnants mit dem geheimnisvollen Flair Wiens verknüpft: *Die Strudlhofstiege oder Melzer und die Tiefe der Jahre*. Mit diesem Roman, dem ersten Satz eines großangelegten epischen Zyklus über die Wiener Gesellschaft vor und nach dem Ersten Weltkrieg, polyphonisch strukturiert, wird D. berühmt, obwohl der ersehnte Nobelpreis für Literatur ausbleibt. Der Roman enthält D.s später nurmehr noch variierte Lebensphilosophie: Der Umweg als Schicksal der Menschwerdung. Wie die Strudlhofstiege im Wiener Alsergrund zwei Stadtteile zufällig miteinander verknüpft, so wird das Leben des Leutnant Melzer auf nach oben angelegten Kaskaden zur Sinnerfüllung geleitet – Stiegenmetaphysik als Vorherbestimmung des Schicksals. Der ebenfalls 1951 erscheinende kleine Roman *Die erleuchteten Fenster oder die Menschwerdung des Amtsrates Zihal* bietet eine humorvolle Reprise der *Strudlhofstiege*. Beide Werke sind die »Rampe« für den bereits 1931 skizzierten Roman *Die Dämonen* (1956), dessen Titel sich nicht nur zufällig an F. M. Dostojewskij anlehnt. Um den Brand des Justizpalastes in Wien 1927 gruppieren sich mit der *Strudlhofstiege* verwandte und fortgeführte Personenkonstellationen, eine »Synopsis des Lebens« von barocken Ausmaßen. Hauptthema des Romans ist die Darstellung moderner Ideologien, die Heraufkunft der Dämonen, kaschiert als Faschismus, Romantizismus und Sexismus und die Gegenwehr von einzelnen und Gruppen gegen diese »Lebensvereinseitigungen«. Der Brand des Justizpalasts symbolisiert in diesem Widerstreit nicht nur den Ausbruch dämonischer Gewalt, sondern zugleich den Abschied von der »Welt von Gestern«. In den *Merowingern* (1962) treibt D. dieses Thema auf seinen grotesken Höhepunkt.

Ein neues, auf vier Teile angelegtes Romanprojekt – Arbeitstitel war *Nr. 7* – sollte D.s Vorstellung vom »Roman als reiner Kunstform« endgültig verwirklichen. Bis zu seinem Tod erschien der erste Teil dieser viersätzigen Symphonie, *Die Wasserfälle von Slunj*; der zweite Satz, *Der Grenzwald*, das vorweggenommene Todeserlebnis, blieb Fragment.

Literatur: *Weber*, Dietrich: Heimito von Doderer. München 1987; *Horowitz*, Michael (Hrsg.): Begegnungen mit Heimito von Doderer. Wiesbaden 1983; *Schaffgotsch*, Franz Xaver (Hrsg.): Heimito von Doderer: Erinnerungen seiner Freunde. München 1972.

Karl-Heinz Habersetzer

Domin, Hilde
Geb. 27.7.1912 in Köln

D. ist eine gut zugängliche Hermetikerin, denn den Großteil ihres Werkes, auch die überraschendsten Bilder, kann der Leser aus der Biographie erschließen: einer Kette immer entlegenerer Exilstationen von Italien (von 1932 bis 1939) über England (1939/40) bis Santo Domingo in den Antillen (von 1940 bis 1952) und den USA (1953/1954). So geschieht auch ihr Durchbruch zum Verfassen von Gedichten, den sie als eine zweite Geburt beschreibt, aus der Notwendigkeit heraus, sich selbst »am Rande der Welt« überhaupt noch zu spüren: »verwaist und vertrieben, ... stand ich auf und ging heim, in das Wort ... Von wo ich unvertreibbar bin. Das Wort aber war das deutsche Wort. Deswegen fuhr ich wieder zurück« (1964). Die Bilder der Flucht und Vertreibung, des Wohnendürfens, aber nur auf Abruf, übernimmt sie von den französischen, italienischen und spanischen Symbolisten und Surrealisten. Ihr erstes Gedicht (im November 1951, nach dem Tod der Mutter) übersetzt die 39jährige bezeichnenderweise sofort ins Spanische, um seine Wirkung zu prüfen, so sehr ist sie dem Idiom Jorge Guilléns, Garcia Lorcas (dessen Freunde sie traf), André Bretons (den sie im Krieg auf Santo Domingo erlebte) und Guiseppe Ungarettis (den sie übersetzte) verhaftet. Als einen Auftakt für das Werk kann man die paradoxe Titelmetapher des ersten Lyrikbandes lesen, *Nur eine Rose als Stütze* (1959): Spannung zwischen Exil und Heimkehr, wiederentdeckte Muttersprache (im Beruf der Deutsch-Dozentin), Halt am fragilen poetischen Grundmotiv, zugleich Wiederentdeckung des Ich: »Und eine große Blüte stieg / leuchtend blaß / aus meinem Herzen« (1951).

Zusammen mit dem jüngeren Bruder wächst D. in einer großbürgerlichen Wohnung in Köln auf, schwänzt schon mit zwölf die Schule, um mitzuerleben, wie der bewunderte Vater, ein republiktreuer jüdischer Anwalt, der im Ersten Weltkrieg das Eiserne Kreuz erhalten hatte, vor Gericht einen »unschuldig Angeklagten bis an die Grenzen des beruflichen Ruins« verteidigt. Sie kann nicht vergessen, daß gerade dieser Mann, für den der Anwalt bei Reichspräsident Hindenburg ein Gnadengesuch erwirkte, zu den ersten gehörte, »die, nach 1933, aufhörten, meinen Vater auf der Straße zu grüßen.«

Daß der Vater nach der Emigration im November 1933 berufs- und mittellos in England leben muß, dort interniert wird und 1940, nach der Überfahrt nach New York, stirbt, ohne ein Grab zu haben, vergißt sie nie; lang wirkt die Szene nach, als die zur Sängerin ausgebildete Mutter (»Mein Julilaub, mein Windschutz«) nach Ende des Ersten Weltkriegs englische Lieder am Flügel singt: »Da gingen die Gäste türeschlagend davon.« Selbst auf dem Gymnasium unterdrückt man bis zu ihrem Abitur 1929 die Begeisterung der abgehenden Hochbegabten für »Paneuropa« und Fremdsprachen. Die Heidelberger Studentin der Rechte und Sozialwissenschaften erlebt Karl Jaspers und Karl Mannheim, bevor sie mit dem künftigen Mann, Erwin Walter Palm (der klassische Archäolgie studiert), nach Rom und darauf nach Florenz geht; das Auslandsstudium wird zur Emigration. Die junge Doktorandin (über *Pontanus als Vorläufer von Machiavelli*, 1935) entgeht in Rom, wo sie seit 1932 als private Sprachlehrerin arbeitet, mehrfach nur knapp einer Verhaftung, bevor sie 1940, nach einem sechsmonatigen Englandaufenthalt und dem Abschied von den Eltern, in die Domäne des berüchtigten Diktators Raffael Trujillo fortzieht: »Viele Flüchtlinge verdanken ihm das Leben. Er nahm sie auf, um sein Land aufzuweißen, ohne Ansehen ihres politischen Glaubens oder der Religion und ›Rasse‹.« Aber das Leben bleibt bedroht und entfremdet – »wir verzweifelten dauernd, ... veränderten viel« –, bis sie 1954, nachdem sie sechs Jahre an der Universität Santo Domingo als Lektorin für Deutsch tätig war, nach Deutschland und Spanien zurückkehrt; erst 1961, nach der Berufung Palms an die Universität Heidelberg, haben beide einen festen Wohnsitz.

Die Liebe zu dem Köln, das im Zweiten Weltkrieg untergegangen ist und Stätte einer ungetrübten Jugend war, und zu »Paneuropa« (noch 1985 geht sie als Stipendiatin an die Villa Massimo, wo neue Gedichte entstanden) bleiben Konstanten: in der »versunkenen Stadt« »schwimmt das Ich mit den Toten«. D. schreibt über die gerade durchstandene Situation: das Erlebnis des Ausgesetztseins bis zur *Rückkehr der Schiffe* (1962) und einer immer zeitkritischen und vorläufigen Ankunft im *Hier* (1964): »Freiheit ich will dich / aufrauhen mit Schmirgelpapier / du geleckte« (1968, nach Prag). Auch Erzählprosa und Literaturkritik sind autobiographisch gefärbt; *Das zweite Paradies* (1968) wird in der *Rückkehr* (dem Untertitel 1980) erlebt, das sie am ehesten in der Sprache fand, wie bei der Dichtung von Rafael Alberti, Vicente Aleixandre, Paul Celan und der Freundin Nelly Sachs (*Aber die Hoffnung*, 1982). Im Wintersemester 1987/88 hielt D. die Poetik-Vorlesungen in Frankfurt a. M., die 1988 unter dem Titel *Das Gedicht als Augenblick von Freiheit* in München erschienen. D. ist Mitglied der Deutschen Akademie für Sprache und Dichtung und erhielt zahlreiche Preise, u.a. den Rilke-Preis (1976), den Nelly-Sachs-Preis (1983) und zuletzt den Friedrich-Hölderlin-Preis (1992).

Werkausgaben: *Domin*, Hilde: Gesammelte Essays: Heimat in der Sprache. München 1992; *Domin*, Hilde: Gesammelte Gedichte. Frankfurt a. M. 1991

Literatur: *Hammers*, Irmgard: Hilde Domin. Dichtungstheoretische Reflexion u. künstlerische Verwirklichung. Diss. Köln 1983; *Wangenheim*, Bettina von (Hrsg.): Heimkehr ins Wort. Materialien zu Hilde Domin. Frankfurt a. M. 1982; *Stern*, Dagmar C.: Hilde Domin, From exile to ideal. Bern 1979.

Volker Wehdeking

Dorst, Tankred

Geb. 19.12.1925 in Oberlind bei Sonneberg/Thüringen

Dorothea Merz, die früh verwitwete Mutter, »ändert sich überhaupt nicht«. Noch am Ende ihrer Geschichte (*Auf dem Chimborazo*, 1974), dem Schlußteil des diskontinuierlichen »großen epischen Teppichs aus Lebensläufen« und »Lebensfragmenten« um die Familie eines thüringischen Maschinenfabrikanten, »in denen sich die Zeit« von der zweiten Hälfte der Weimarer Republik bis zu den frühen 70er Jahren »reflektiert«, ist sie unfähig dazu, »ihre Illusionen, die Illusionen der bürgerlichen Klasse, aufzugeben«. In den sechs je zur Hälfte aus erzählten Filmszenarien und Dramen bestehenden *Deutschen Stücken* (gesammelt im ersten Band der *Werkausgabe*, 1985) erweitert D. sein großes Thema der Selbststilisierung, eines »schauspielerischen« Verhältnisses der Wirklichkeit gegenüber, das bis dahin, »in ›Stoffe‹ verwandelt«, alle seine Texte durchzieht, zum kritischen sozialpsychologischen Panorama, indem er es am Beispiel der eigenen Herkunft konkretisiert. Die Auseinandersetzung mit dem »bürgerlichen Anspruch« und den psychischen »Zerstörungen«, die er hervorruft, dient dem Ziel, sich selbst »ein bißchen näher« zu kommen. Es geht um den Prozeß einer schrittweisen Identitätsfindung, nachdem schon der Heranwachsende seine Andersartigkeit erfährt: »Ich bin nicht wie ihr! . . . Ich will nicht so werden wie ihr!« Die Hauptfigur des im Wuppertal der jungen Bundesrepublik spielenden Films *Mosch* (1980) – »Jetzt baun sie überall auf wie verrückt . . . und es ist doch wieder das alte« –, der im Künstlermilieu einen »Neuen Anfang« sucht, läßt mit der geerbten Seifenfabrik zugleich die Normen der »idealistisch« verbrämten, bürgerlich-protestantischen Welt von »Leistung« und »Besitz« hinter sich.

Noch ein zweiter Grundzug von D.s Stücken erhellt aus diesem Zyklus verarbeiteter Autobiographie. Mit 16 Jahren zum Militär eingezogen (*Heinrich oder die Schmerzen der Phantasie*, 1985), »um Härte zu lernen, Gehorsam, Gemeinschaftsgeist«, und nach der Entlassung aus amerikanischer Gefangenschaft »illegaler« Grenzgänger zwischen Thüringen und Oberfranken, erkennt sein Protagonist die Brüchigkeit der großen »Weltentwürfe«: »Die anderen haben ihre Überzeugung, die wissen wie es weitergehen soll. Ich habe längst keine mehr«. Am Ende des Stücks *Die Villa* (1980) aus der unmittelbaren Nachkriegszeit nimmt er die Haltung des skeptischen Beobachters ein. D. bekennt sich wiederholt zu »einer Dramatik des ›Ich-weiß-nicht‹«. Er zieht es vor, »Irritationen weiterzugeben«, statt eine unumstößliche »Wahrheit« zu verkünden: »Mich hat in allen Stücken die Frage bewegt: wie soll man leben? Was soll man tun? Eine Patentantwort habe ich nicht gefunden, solchen Antworten mißtraue ich auch immer mehr«.

Das 1951 in Bamberg aufgenommene und ein Jahr später in München fortgesetzte Studium der Germanistik, Kunstgeschichte und Theaterwissenschaft bleibt ohne Abschluß. Er verdient seinen Lebensunterhalt zeitweise mit Gelegenheitsarbeiten: »Es ging mir sehr schlecht in den ersten Jahren. Ich hab da in Schwabing in so einer Bude gesessen und hab Marionettenstücke geschrieben, die nichts eingebracht haben. Und ich konnte mir wirklich nicht vorstellen, wie man in seinem Leben Geld verdient. Und dann bekam ich einen Preis in Mannheim – 1959 – für das erste Stück *Gesellschaft im Herbst*. Von da an ging es einigermaßen«. Die mit verschiedenen Mustern experimentierenden parabelhaften »kleinen Stücke« der frühen Phase (darunter *Die Kurve*, 1960; *Große Schmährede an der Stadtmauer*, 1961; *Der Kater oder Wie man das Spiel spielt*, 1963) »sind noch von diesem Marionettentheater beeinflußt die Personen haben keine Psychologie, es sind Typen, Allegorien, sie führen etwas vor«.

Toller (1968), die auch international vielbeachteten »Szenen« um die zwiespältige Rolle des Intellektuellen in der Revolution (am Beispiel der Münchner Räterepublik von 1919), bringt demgegenüber mit der offenen »Revueform« und einer realistischen Figurenkonzeption »etwas entscheidend Neues«. D., der auch Texte von Molière, Denis Diderot und Sean O'Casey neu übersetzt, realisiert die Bühnenfassung seiner Werke von da an verstärkt mit namhaften Regisseuren: Peter Palitzsch inszeniert neben *Toller* auch *Goncourt oder Die Abschaffung des Todes* (1977) und den Fernsehfilm *Sand* (1971); Peter Zadek, dem er schon früh wichtige Impulse für seine Abwendung von der »geschlossenen Form« verdankt, leitet u. a. die Aufführungen von *Eiszeit* (1973) und der Revue *Kleiner Mann – was nun?* nach Hans Fallada (1972), die, als »eine Art neues Volkstheater« geplant, »ein möglichst großes Publikum ansprechen soll«. Seit den frühen 70er Jahren arbeitet D. mit Ursula Ehler zusammen. Sie ist auch Mitautorin seines bislang spektakulärsten Unternehmens, des beinahe zehnstündigen Schauspiels *Merlin oder Das wüste Land* (1981), das am mythologischen Modell des Artushofes das Scheitern der Utopien vor der Geschichte zum Inhalt hat. Die allgemeine Lebensangst angesichts des abwesenden Gottes thematisierte D. in *Ich, Feuerbach* (1986) am Beispiel eines an seiner Kunst zerbrechenden Schauspielers. In *Korbes* (1988) setzte D. dieses Thema fort: Die einer finsteren Welt innewohnende Bosheit wird von der christlichen Heilsbotschaft nicht mehr erreicht.

Werkausgabe: Dorst, Tankred: Werkausgabe. 5 Bände. Frankfurt a. M. 1989.
Literatur: *Erken,* Günther (Hrsg.): Tankred Dorst. Frankfurt a. M. 1989; *Hensing,* Dieter: Tankred Dorst. Von der geschlossenen zur offenen Figurenkonzeption. In: *Kluge,* Gerhard (Hrsg.): Studien zur Dramatik in der Bundesrepublik. Amsterdam 1983. S. 177–223; *Laube,* Horst (Hrsg.): Werkbuch über Tankred Dorst. Frankfurt a. M. 1974.

Hans-Rüdiger Schwab

Drewitz, Ingeborg
Geb. 10.1.1923 in Berlin; gest. 26.11.1986 in Berlin

»Damals in den trümmerübersäten Straßen, im Niemandsland der toten Häuser, der ersoffenen S-Bahn-Schächte, der
Volkssturmkolonnen, die in die Lager getrieben wurden,...
die entsetzliche Wahrheit der Ermordung der Juden und der
Brutalität der nazistischen Kriegsführung... der Wunsch,
nein, der Zwang zu schreiben, diesen Widersinn zu entlarven
und hinter dem Schmerz den Anfang zu finden.« So
beschreibt D. rückblickend ihre Situation als angehende
Schriftstellerin im Berlin von 1945. Bis zu ihrem Tod lebte sie
in dieser Stadt, die die wichtigsten Schauplätze und Protagonisten für ihre literarischen Werke lieferte.

1941, wenige Monate vor dem Einfall der deutschen Truppen in Rußland, macht sie
ihr Abitur. Sie wird in den Arbeitsdienst eingezogen und kann erst 1942 mit dem Studium beginnen, ohne daß sie deshalb vom Kriegshilfsdienst oder von der Fabrikarbeit
befreit wird. Doppelt- und Dreifachbelastung bleiben überhaupt das treffendste Kenn-
zeichen für das gesamte Schaffen von D. Das Unmögliche möglich machen, könnte
man wie ein Motto über ihr Leben schreiben: Von 1942 bis 1945, als sich Berlin nach
und nach in ein Trümmerfeld verwandelt, bahnt sie sich ihren Weg durch die zerstörte
Stadt zu immer neuen Notbehelfen der Universität; sie schafft es, trotz der Gefahren an
Texte von Karl Marx heranzukommen; sie promoviert in Germanistik am 20.4.1945,
nur wenige Tage vor der Kapitulation.

Schon im September 1945 erhält sie ihren ersten Autorenvertrag, der die Währungsreform nicht überdauern soll. In diesen Jahren schreibt sie ihre ersten literarischen
Werke. Es sind Dramen, die in Zusammenarbeit mit kleinen Theatergruppen im Nach-
kriegs-Berlin entstehen. Zu Veröffentlichungen kommt es erst später. Die Not der
ersten Nachkriegsjahre lassen keinen Raum dafür. Wiederaufbau, Familie und Alltag
nehmen sie ganz in Anspruch. Sie heiratet 1946, bekommt drei Töchter, zum Schreiben
bleiben kaum zwei Stunden am Tag. Die fünfziger Jahre bringen dann die ersten Veröffentlichungen, die ersten Anerkennungen, die ersten Preise, doch auch die ersten
Ablehnungen. Ihr wichtigstes Thema ist zunächst die Vergangenheitsbewältigung, die
Aufarbeitung und Bewußtmachung der Nazizeit. Für ihr KZ-Drama *Alle Tore waren
bewacht* (1951) erhält sie im Jahr der Uraufführung 1955 die Jochen-Klepper-Plakette,
wird aber zugleich von der Kritik als »Nestbeschmutzerin« angegriffen. Die bittere Einsicht, daß sich die Vergangenheit nur mühsam aufarbeiten und schon gar nicht wegar-
beiten läßt, führt sie immer wieder dazu, die dreißiger und vierziger Jahre in ihre Hörspiele, Erzählungen und Romane einfließen zu lassen. Noch 1978 beschreibt sie in
ihrem Roman *Gestern war Heute* die Stationen einer Frau, deren Lebensdaten unverkennbar autobiographische Züge tragen. Eine Familiengeschichte, in der es um die
»Gegenwärtigkeit der Vergangenheit, auch um die Vergänglichkeit der Gegenwart
geht«, sagt D.

Das Literarische ist für D. nur eine der möglichen Formen, um aktiv zum Zeitgeschehen Stellung zu beziehen. Neben der Ermahnung zu einem kritischen Geschichtsbe-

wußtsein, für das auch ihre historischen Arbeiten über ›Berliner Salons‹ (1965) und *Bettine von Arnim. Romantik, Revolution, Utopie* (1969) Zeugnis ablegen, tritt sie immer häufiger mit einer Vielzahl von Essays, Reden und Porträts für die Probleme der neuen Generation ein. Angestrengt reist sie durch die Bundesrepublik, um an Podiumsdiskussionen, Fernsehsendungen, Literaturveranstaltungen, Demonstrationen und Friedenskundgebungen teilzunehmen.

Als langjähriges Mitglied in Berufsverbänden, wie des PEN-Zentrums der Bundesrepublik oder des Verbandes deutscher Schriftsteller, versucht sie, den Kollegen zu helfen, die politischen Repressionen ausgesetzt sind: »Engagiert leben – für mich bedeutet das: Zielvorstellungen von einem möglichen besseren Zusammenleben der Menschen haben, die emanzipatorischen Strukturen der Demokratie nicht verhärten lassen, den emanzipatorischen Sozialismus gegen die hierarchische Technokratie verteidigen.«

Das vielfältige Engagement von D. ist von Konsequenz und Optimismus getragen, so daß es den Leser durchaus verwundern kann, wenn die existentielle Grundsituation des Menschen unserer Zeit in ihren Werken immer wieder als ein gefährlicher Gang über eine brüchige Eisfläche erscheint: Gesellschaftlicher Egoismus, Verkrustung politischer Strukturen, die zerstörerische Macht von Vorurteilen, die Unmöglichkeit, die Liebe über den Alltag zu retten, all das veranschaulicht D. in der literarischen Metapher des Eises. Sich einsetzen für die humanitären Ziele der Gegenwart ist für D. wie auch für die Frauengestalten ihrer Romane dauernder Anporn. Erreichen läßt sich davon letzten Endes nur ein kleiner Bruchteil. Die Protagonistin in dem Roman *Wer verteidigt Katrin Lambert* (1974) überläßt sich resignierend dem Eis, gegen das sie ihr Leben lang angekämpft hat, und kommt darin um. Die Rechtsanwältin dagegen in *Eis auf der Elbe* (1982) wird trotz der Einsicht in die Vergeblichkeit menschlicher Hoffnungen auch weiterhin für den Kampf gesellschaftlicher Randgruppen eintreten. In dieser Überzeugung verschmelzen literarischer Anspruch und gelebte Realität. Ihr letzter Roman *Eingeschlossen* erscheint in ihrem Todesjahr 1986. Hier konfrontiert sie die mythologische Gestalt des Prometheus mit Jesus. Der einstige Kommunist und später nach Amerika ausgewanderte Physiker P. war an der Entwicklung der Atombombe beteiligt. Sein Gegenüber J. entstammt kleinbürgerlichen Verhältnissen und war in den sechziger Jahren ein revolutionärer Studentenführer. Unter dem Eindruck zunehmender Gewaltaktionen bricht er sein Studium ab und wird Sozialarbeiter. Anhand dieser beiden gegensätzlichen Charaktere zeigt D. exemplarisch Grundmodelle menschlichen Handelns zweier Generationen auf, deren Scheitern sich bereits dadurch manifestiert, daß sie sich in einer geschlossenen Anstalt begegnen.

D. erlag am 26.11.1986 einem Krebsleiden.

Literatur: *Häussermann*, Titus (Hrsg.): Ingeborg Drewitz: Materialien zu Werk und Wirken. Stuttgart 1983.   *Birgit Weißenborn*

Droste-Hülshoff, Annette von

Geb. 1 0. 1. 1 797 auf Schloß Hülshoff b. Münster; gest. 2 4. 5. 1 848 in Meersburg

Als die 48er Revolution in das stille Meersburg am Bodensee dringt, ringt auf der Burg eine schriftstellernde Freifrau aus Westfalen mit dem Tode, die ihr Leben und Wirken ganz dem Konservativen und Christlichen verschrieben hatte und damit zugleich auch der Abwehr alles Aufrührerischen und »Demokratischen« ihrer Zeit. Wenige Jahre zuvor hatte sie mit einer »Dorfgeschichte« aus dem Paderbornischen – der einzigen von ihr vollendeten Prosaarbeit – immerhin einen literarischen Achtungserfolg erzielt: der *Judenbuche* (1842). Ihr Tod im Mai 1848 blieb ohne merkliches publizistisches Echo, und in den Jahren nach der unrühmlich gescheiterten Revolution war sie so gut wie vergessen. Dies änderte sich erst in den 70er und 80er Jahren, als man sich im Zuge des sich erneuernden Katholizismus und des westfälischen Regionalismus nach literarischen Gewährsleuten umsah. Die daraus erwachsenen »Vereinnahmungen« der D. verstellten allerdings bis in die jüngste Zeit ein angemessenes Verständnis von Autorin und Werk. Dem 20. Jahrhundert galt die D. von Anfang an als »Deutschlands größte Dichterin«, und dieser Rang blieb ihr bis heute unbestritten.

Ihre literarische Karriere ist bestaunenswert: Eine adlige Gelegenheitsschriftstellerin der Biedermeierzeit, in den überaus engen Grenzen lebend, die ihr – der unverheiratet gebliebenen »Tante Nette« – von der Familie gezogen wurden, gut katholisch, »stockwestfälisch« und ein »loyales Aristokratenblut« (wie sie selber einmal schrieb), ein kurzsichtiges, stets kränkelndes und bald ältliches Münsteraner Freifräulein, das mit ebenso kühn poetischen wie gedankenschweren Gedichten und mit einer sowohl bis dato unerhört realistischen wie allegorisch verrätselten »Kriminalgeschichte« (ihrer *Judenbuche*) zur Weltliteratur vorstieß! Doch allzu oft wurde hier vorschnell als schöpferisches »Geheimnis« mystifiziert, was an geistigen und lebensgeschichtlichen Voraussetzungen der literarischen Produktivität der D. zugrunde lag.

Schon die Briefe der jungen D. zeigen eine überaus phantasiebegabte, freiheitsdurstige Frau in der Auseinandersetzung mit den gesellschaftlichen Konventionen ihrer Zeit, ihres Standes, und vor allem ihres Geschlechts. Eine Liebesaffäre brachte den Konflikt zum Ausbruch: Die D., eben 23 Jahre, wollte unter zwei Verehrern den zu ihr passenden wählen (statt sich wählen zu lassen); die Folge waren ein gesellschaftlicher Eklat und familiäre Sanktionen, unter denen das Selbstbewußtsein der jungen D. zusammenbrach. Fortan beugte sie sich der gesellschaftlichen Konvention und zog sich in eine für die Biedermeierzeit typischen Resignationshaltung zurück. Da die D. ihren Emanzipationsanspruch verdrängte und die sozialen und religiösen Traditionen zu befolgen suchte, mußte sie unter einer Vielzahl psychosomatischer Krankheitsbilder leiden. Daß der Name D.s – nach einem immerhin vielversprechenden Frühwerk (*Ledwina*, Gedichte, 1 838) – sich nicht im Dunkel vergessener Literaturgeschichte des 19. Jahrhunderts verlor, hat im wesentlichen zwei Gründe, die eng miteinander verknüpft sind. Zum einen stieß die D., nach vielen Überlegungen, zu einer exemplarischen Deutung ihrer mißlungenen Selbstverwirklichung vor, die fortan ihrem literarischen Schaffen zugrunde lag und ideell in den zeitgeschichtlichen Kontext der Restauration gehört. Nach diesem Deutungsschema bildet sich hinter einem lebensgeschichtlichen Versagen stets ein allgemein-menschliches, religiös gesehen ebenso notwendiges wie schuldhaftes Scheitern jedes Selbstbehauptungsanspruchs ab, der unter dem Vorzeichen der Todsünde »superbia« (des Hochmutes, »sein zu wollen wie Gott«) steht. Gleichzeitig aber fand die D. – auf der festen Grundlage ihres »restaurativen« Weltbildes – einen Ersatz für ihre unverwirklichten Vorstellungen vom Leben im Phantasie-Freiraum ihres literarischen Schaffens, in ihrer Kunst.

Das bekannte Gedicht *Am Turme* (1841/42) belegt in prägnanter Metaphorik, wie klar der Dichterin selber dieser Zusammenhang von biographischer Resignation und poetisch »Gelebtem« war. Auch das nicht minder bedeutende Gedicht *Das Spiegelbild* (1842) führt eindrucksvoll vor Augen, wie genau sich die D. im »Spiegel« ihres Werks reflektiert und welch gestochen scharfes Bild der eigenen Seelendynamik sie dabei gewinnt: »Es ist gewiß, du bist nicht ich/Ein fremdes Dasein ... / Voll Kräfte, die mir nicht bewußt / Voll fremden Leides, fremder Lust/Gnade mir Gott, wenn in der Brust / Mir schlummernd deine Seele ruht!« Zu solch lyrischer Kraft und poetischer Produktivität wie in den hier genannten Gedichten oder etwa auch in ihren *Heidebildern* bedurfte es bei der D. immer aber auch des Anstoßes durch einen literarischen Mentor, und ihr wichtigster war zweifellos Levin Schücking, der von 1841 bis Ostern 1842 Bibliothekar auf der Meersburg ist. Um diese »Dichterliebe« sind viele Legenden gewoben worden. Legt man die Briefe der D. zugrunde, so erhält man das ebenso authentische wie menschlich ergreifende Bild einer erst langsam erwachenden, dann immer dringlicheren Liebe des schon älteren Freifräuleins zu einem schriftstellerisch ambitionierten (innerlich weit distanzierteren) jungen Mann, einer Liebe allerdings, die für die D. nur unter dem Tarnmantel der Freundschaft und mütterlicher Zuwendung gelebt werden konnte. Schücking drängte die D. auch, ihre *Judenbuche* zum Abschluß zu bringen. In der Geschichte von der verfehlten Selbstverwirklichung des Friedrich Mergel, seiner Schuld und seiner grausigen Sühne mag die D. ein weiteres Mal ihre biographischen Versagungen, ihre Auflehnungsgelüste und ihr Schuldbewußtsein literarisch projiziert haben. Vor allem aber gelang es ihr hier, ihren Detailrealismus und ihren psychologischen Scharfblick mit einer religiösen Allegorik zu einer spannungsreichen Synthese zu verschmelzen, die bis auf den heutigen Tag den Leser in ihren Bann zieht.

Ihre späten Lebensjahre sah die D. – trotz vielfacher Krankheit und familiärer Einengung – im Zeichen der »Gnade«, wie dies am schönsten vielleicht ihr Gedicht *Mondesaufgang* (1844) bekundet. Erst durch ihre literarische Produktivität (die hier in der Mond-Metapher gespiegelt ist) konnte sie sich seelisch entspannen, und das ihr daraus erwachsene dichterische Selbstbewußtsein hat die D. Frieden schließen lassen mit sich selbst und ihre letzten Jahre in ein »mildes Licht« getaucht: »O Mond, du bist mir wie ein später Freund / Der seine Jugend dem Verarmten eint / Um seine sterbenden Erinnerungen / Des Lebens sanften Widerschein geschlungen / ... Bist, was dem kranken Sänger sein Gedicht / Ein fremdes, aber o! ein mildes Licht.«

Werkausgabe: Droste-Hülshoff, Annette: Historisch-kritische Ausgabe. Werke. Briefwechsel. Hrsg. von Winfried *Woesler.* 24 Bände. Tübingen 1978 ff.
Literatur: *Maurer,* Doris: Annette von Droste-Hülshoff. Ein Leben zwischen Auflehnung und Gehorsam. Bonn 1982; *Schneider,* Ronald: Annette von Droste-Hülshoff. Stuttgart 1977.

Ronald Schneider

Dürrenmatt, Friedrich

Geb. 5.1.1921 in Konolfingen bei Bern; gest. 14.12.1990 Neuchâtel

Er habe überhaupt »keine Biographie«, behauptet er hartnäckig: »ich schreibe nicht, damit Sie auf mich schließen, sondern damit Sie auf die Welt schließen«. In der Tat scheint D. den Standort seines Landes auch zu seinem persönlichen Platz gemacht zu haben: neutral, aus der Distanz beobachtend, und, wie er selbst einmal sagte, »hinter dem Mond«. Seit 1952 wohnt D. in Neuchâtel, hoch über dem See, zunächst in einem Haus, dann schon bald in zwei stattlichen Eigenheimen mit Swimmingpool; alles gut bewacht von zwei mächtigen, aber harmlosen Hunden. Von da aus verfolgt er kritisch das Weltgeschehen, das für ihn auch das gesamte kosmische Geschehen einschließt, und schleudert sporadisch seine einfallsreichen, aber stets bösen Beschimpfungen in Form von Theaterstücken, Romanen, Hörspielen und Erzählungen unter die Leute, um sie aus ihrem Alltag aufzuschrecken: ein militanter Neutralist. Sein Werk sucht nicht den Ausdruck der Persönlichkeit, insofern ergibt sich aus ihm tatsächlich keine Biographie; sein Werk versucht vielmehr, der vor sich hinwurstelnden Welt den Spiegel vorzuhalten, und zwar den der grotesken Verzerrung, um sie so kenntlich zu machen, nämlich als eine nicht wahrgenommene Chance. Um diese Thematik kreist sein Gesamtwerk. Die Astronomie, eines seiner wichtigsten Hobbys, beweist nur, daß der Kosmos aus lauter Katastrophen besteht: als Supernovae verglühen die Sonnen, die Materie verschwindet in den schwarzen Löchern des Alls, das Leben ist nur ein vorübergehender Zufall. Und wenn schon der Kosmos nur aus Chaos besteht, vermag D. nicht einzusehen, warum die Menschen mit ihrer schönen Erde nicht behutsamer umgehen, warum sie nicht, wie der Engel, der nach Babylon kommt, den blauen Planeten als die große Ausnahme, als das Kleinod unter den kosmischen Wüsteneien erkennen und annehmen. Statt dessen versuchen sie immer wieder und immer erfolgloser, die Welt zu verbessern, zu verändern: irgendein läppischer Zufall macht alles menschliche Planen zunichte und die Planenden zu (komischen) Narren, und am Ende jagt doch nur eine Katastrophe die andere, oder dramaturgisch mit D.s Werk gesagt: folgt eine schlimmstmögliche Wendung der anderen.

Zweifellos steht das Frühwerk, das Gesamtwerk bestimmend, unter dem Eindruck der gerade vergangenen faschistischen Barbarei als »Ergebnis« einer sich human und zivilisiert dünkenden Kulturnation. Und diese hinterließ nichts anderes als die Atombombe, die nun endgültig für den globalen Kollaps sorgen kann. Mit ihr sind für D. die »Geschichten« der einzelnen Länder, der einzelnen Menschen vorbei. Die Atombombe – und jetzt die Überrüstung – läßt niemanden mehr aus; die ehemalige Geschichte der Vaterländer wird zur Weltgeschichte (an sich), wie es *Die Physiker* (1961) vorführen. »Was alle angeht, können nur alle lösen«, lautet der bekannte Satz, den D. diesem Stück beigab. Deshalb spielen fast alle Stücke D.s auch im globalen Rahmen und mit kosmischen Ausblicken; sei es der *Meteor* (1964/65), der in Gestalt eines rüpelhaften, gottlästernden Nobelpreisträgers der Literatur einfällt und durch seine Auferstehung zum ewigen Leben das Leben um sich vernichtet, oder sei es die »Weltparabel« in *Porträt eines*

Planeten (1967), das die Weltgeschichte mitleidlos als Schlachthaus »entlarvt«, mit dem Fazit: »hops geht sie ohnehin«, die Erde, weil ihr kosmisches Ende schon vorprogrammiert ist. Sein Fazit war: Wenn wir nur überleben können, indem der Status quo erhalten bleibt, ist jeder Versuch, an ihm noch etwas ändern zu wollen, heller Wahnsinn und nur die Vorbereitung der nächsten schlimmstmöglichen Wendung, die Übernahme des Weltlaufs durch Irre, wie etwa die groteske Figur der Mathilde von Zahnd in den *Physikern*. Der Zusammenbruch der DDR und das sich vor D.s Tod abzeichnende Ende der Sowjetunion konnten ihn in seiner Überzeugung nicht erschüttern. Im Gegenteil meinte er in einem seiner letzten Interviews: Die Weltlage sei viel grotesker, als er sie sich in seinen Werken habe ausdenken können, die Wirklichkeit führe ein unüberbietbares Schmierentheater auf. So bleiben auch seine letzten Buchpublikationen, voran *Die Stoffe* (I-III, 1981; IV-IX, 1990), von der Ost-West-Konfrontation bestimmt, wenn sie nicht ohnehin in kosmische Dimensionen ausbrechen und weiterhin die Macht des Zufalls beschwören. D. forderte als (einzig möglichen) Gegenpol den »mutigen Menschen«, der die Welt aushält, wie sie ist. Er will nur noch im »Kleinen« wirken, wie der König Augias in der Komödie *Herkules und der Stall des Augias* (als Hörspiel 1954, als Drama 1962), der auf dem Mist, der die Welt bedeutet, einen Garten »Eden« für sich selbst angelegt hat, indem er den Mist als Humus nutzt. Der mutige Mensch geht freilich im Spätwerk D.s immer mehr verloren und wird durch bitterböses Gelächter, das Mensch und Weltlauf gilt, ersetzt.

Daß D. das Leben eines »mutigen Menschen« gelebt hat, darf angenommen werden, zumal es nach entbehrungsreichen Anfängen ein gutes Leben geworden war, abgerungen einer Welt, die D. verachtet hat (das ist das Paradoxon seines Lebens). Nach literarischen und philosophischen Studien in Bern und Zürich ab 1945, wo er nur die Literaturwissenschaft hassen lernt und sich zum Hobby-Philosophen ausbildet (Soeren Kierkegaard, Arthur Schopenhauer, Friedrich Nietzsche), wagt er sich schnell auf den Literaturmarkt, um Geld zu verdienen. Die geschickte Verbindung von Trivialgenres, philosophischem Tiefsinn, der manchmal auch recht flach ist, und Einfallsreichtum bringt rasch den Durchbruch, der mit seinem wohl besten Stück, *Der Besuch der alten Dame*, bereits 1955 zum Weltruhm führt. Von da an ist D. ein Mythos, dessen bewußte Herausforderungen immer neu für Schlagzeilen sorgen, aber auch zu zahlreichen Preisen und Ehrungen führen: u.a. dem Schillerpreis der Stadt Mannheim 1959, dem Großen Literaturpreis des Kantons Bern 1969, der Buber-Rosenzweig-Medaille 1977 und Ehrendoktoraten der Temple University, Philadelphia 1969, der Universität Nizza, der Hebräischen Universität Jerusalem 1977. Durch sie fühlt er sich freilich nicht belästigt, wie der Literat seiner Komödie *Der Meteor*, Wolfgang Schwitter: »Ein Schriftsteller, den unsere heutige Gesellschaft an den Busen drückt, ist für alle Zeiten korrumpiert«. D. verhindert die Korruption durch sporadisch erneuerte Invektiven gegen Kollegen und vor allem Kritiker, die er inzwischen in seinen Werken selbst abkanzelt (so z.B. in der *Dichterdämmerung* von 1980, in der sich Joachim Kaiser, Marcel Reich-Ranicki, Hellmuth Karasek etc. wiederfinden können). Er nannte 1970 Hans Habes Kritik an Harry Buckwitz, der am Züricher Schauspielhaus arbeitete, eine »Schweinerei« und den Autor selbst einen »einzigen Faschisten«, was prompt zu einer Verleumdungsklage durch Habe führte. Oder er hielt öffentlich – 1980 in einem Interview mit dem *Playboy* – Carl Zuckmayers Werk für »Scheiße«, Günter Grass für »zu wenig intelligent, um so dicke

Bücher zu schreiben«, Max Frisch für einen »Autor der Fehlleistungen« und 1985 – in einem *Stern*-Interview – Adolf Muschg für besonders langweilig. Aber seine Skandale sind stets Skandale, die sein Werk betreffen, nie seine Person, und sie sind immer so inszeniert, daß D., dessen letzte Werke nur noch mäßigen Erfolg hatten, wieder in Erinnerung gerät: ein böser Autor, der aus der Schweizer Distanz schoß und es sich ansonsten gut sein ließ; trotz Diabetes und zweier Herzinfarkte war er ein gewaltiger Rotweintrinker, guter Esser – sein bester Freund war der Hotelier und Koch Hans Liechti – und selbst ein guter Koch. »Die Kochkunst, richtig ausgebildet, ist die einzige Fähigkeit des Menschen, von der sich nur Gutes sagen läßt, und darf poetisch nicht mißbraucht werden«. Beim Essen und Trinken verstand der Autor, der nur Komödien schrieb, keinen Spaß.

D. stammt aus protestantischem Pfarrhaus, das prägend wird für die immer wieder antönende religiöse Thematik seines Werks (das Leben und die Erde als »Gnade«, die verkannt wird). Er heiratet 1947, in Zeiten wirtschaftlicher Unsicherheit, die Schauspielerin Lotti Geißler, mit der er drei Kinder hat. Gelegenheitsarbeiten im Kabarett prägen die späteren Komödien; den Griff zum Trivialgenre (Kriminalromane, Anlage der Stückfiguren als Comics – z. B. die »alte Dame«) erzwingt der notwendige Gelderwerb. Der frühe Erfolg macht den Rückzug möglich. In Zeiten, als alle sich engagieren (ab 1967), arbeitet D. am Theater (erst Basel 1968/1969, dann Zürich 1970). Danach zieht er sich wieder enttäuscht zurück: er hält jedes Engagement für verfehlt. 1981 läßt er sich – zum Anlaß seines 60. Geburtstags – mit einer 30-bändigen Werkausgabe als Klassiker ehren. 1982 stirbt die geliebte Frau Lotti; 1985 heiratet er die Filmemacherin Charlotte Kerr, die einen Vierstunden-Film über ihn (das heißt über seine Rollen) gedreht hatte (außer in die Eß- und Trinkkultur gibt es keine privaten Einblicke). Seine Komödientheorie ist auch das Fazit seines Lebens. Es wäre schauerlich, Kunst und Leben miteinander zu verwechseln (wie der Herr Traps in der *Panne*, 1956), in einer Zeit, in der Kreons Sekretäre den Fall Antigone erledigen, kann es kein verantwortliches und verantwortungsbewußtes Handeln im Großen mehr geben. Wer es dennoch versucht, macht sich zum Narren. Welt und Leben sind, gerade wenn sie sich tragisch ernstnehmen, eine Komödie: zum Totlachen.

Werkausgabe: Dürrenmatt, Friedrich: Werkausgabe in 30 Bänden. 3. verb. u. erw. Aufl. Zürich 1986.

Literatur: *Knapp,* Gerhard P.: Friedrich Dürrenmatt. Stuttgart 1980; *Knopf,* Jan: Friedrich Dürrenmatt. München ⁴1988.

Jan Knopf

Ebner-Eschenbach, Marie von
Geb. 13.9.1830 in Zdislavic/Mähren; gest. 12.3.1916 in Wien

Die junge, attraktive Komteß Marie soll eine glänzende Reiterin und Tänzerin gewesen sein: standesgemäß. Als unstandesgemäß, »unglückliche Kuriosität« aber betrachtete ihre Familie (von Dubsky, mährischer Hochadel) das poetische Treiben der Tochter, ihr frühes dichterisches Schaffen. Neben Lyrik und Erzähltexten entstanden vor allem Lust- und Trauerspiele, die den Einfluß des Burgtheaters und der Dramen Friedrich Schillers verrieten. Man wandte sich schließlich 1847 an den bedeutendsten zeitgenössischen Dichter in Wien, an Franz Grillparzer, und legte ihm einen Stoß von Maries Poesien vor, wohl in der Hoffnung, durch das vernichtende Urteil eines Berufenen der Dichterei ein Ende zu setzen. Der jedoch fand in den Texten »unverkennbare Spuren von Talent«, »Gewalt des Ausdrucks« und überhaupt eine »Anlage, die Interesse weckt und deren Kultivierung zu unterlassen wohl kaum in der eigenen Willkür der Besitzerin stehen dürfte«. E.s Ehrgeiz blieb vorerst noch dem Theater zugewandt, für das sie nach eigener Aussage der »Shakespeare des 19. Jahrhunderts« werden wollte. Es glückte ihr auch, einige dramatische Produktionen auf die Bühne zu bringen, indes mit nur geringem Erfolg. Enttäuscht nahm sie Abschied vom dramatischen Genre, um sich auf das erzählerische Gebiet zu konzentrieren. Hier gelang ihr denn in der Tat der Durchbruch, wenngleich verhältnismäßig spät: mit dem »kleinen Roman« *Lotti, die Uhrmacherin* (1880; Erscheinungsdatum auch der seither oft gedruckten *Aphorismen*). Seit den 70er Jahren entwickelte sich eine Eigentümlichkeit ihres Schaffens, die einer jüngeren Kollegin, Gertrud Fussenegger, Anlaß gab, in einer Festrede (1967) den Entwicklungsgang zweier dichterischer Figuren E.s bis in unsere Gegenwart zu verlängern: »Das Gemeindekind Pavel kommandiert als Funktionär in der Kolchose, die treue Magd Božena trägt als erfolgreiche Vorarbeiterin am ersten Mai die rote Fahne.« Ist diese Aktualisierung zwar keine Sympathiewerbung, so verdeutlicht sie doch komprimiert die Grundfrage, die E.s Werk stellt: Božena, Titelfigur der gleichnamigen Erzählung (1876), und Pavel, Held der Erzählung *Das Gemeindekind* (1887), gehören der untersten Schicht des Volkes an. Weshalb rückte ausgerechnet eine Dichterin aus dem Hochadel häufig Gestalten aus der Masse der Unteren in den Mittelpunkt ihrer Kunst? Und das nicht nur in den beiden umfangreichsten ihrer Erzählungen, sondern auch in sozialkritischen Novellen und Novelletten, wie z.B. *Die Großmutter* (1875) und *Er laßt die Hand küssen* (1886), die allerdings anders als die Tiergeschichte *Krambambuli* (1883) niemals zum Lektürekanon breiterer Leserschichten gehörten. Selber erkannte E. der großen wie der kleinen Erzählung die Aufgabe zu, Menschenschicksale in Form der »Lebensgeschichte« vorzuführen: »Was ich mit jeder meiner Arbeiten will: möglichst einfach die Lebensgeschichte oder ein Stück Lebensgeschichte eines Menschen erzählen, dessen Geschichte mir besonderes Interesse eingeflößt hat.« Ihr Werk erweist, wie die Dichterin zunehmend in Konflikt mit den herrschenden Auffassungen ihrer Zeit geriet: dem zerfallenden Liberalismus, dem Nationalismus und aufkommenden Antisemitismus in Österreich setzte sie beharrlich das humanistische Ideal der Klassik entgegen, dem Patriarchalismus ihre Auffassung der gebildeten, autonom über sich verfügenden Frau. Im selben Maße, wie im späteren 19. Jahrhundert die Demokratie und die Arbeiterbewegung erstarkten, prägten diese das erzählerische Werk E.s, wie es auch ihr politisches Credo bezeugt: »ihr Geringen, ihr seid die Wichtigen, ohne eure Mitwirkung kann nichts Großes sich mehr vollziehen – von euch geht aus, was Fluch oder Segen der Zukunft sein wird«. Es erklärt, weshalb sie nicht zögerte, immer wieder »die Lebensgeschichte oder ein Stück Lebensgeschichte« auch von »Geringen« wiederzugeben.

Werkausgabe: Ebner-Eschenbach, Marie von: Gesammelte Werke. Hrsg. von Johannes *Klein*. 3 Bände. München 1956–1958.

Literatur: *Kayser*, Brigitte: Möglichkeiten und Grenzen individueller Freiheit. Eine Untersuchung zum Werk Marie von Ebner-Eschenbach. Diss. Frankfurt a. M. 1974; *Necker*, Moritz: Marie von Ebner-Eschenbach. Nach ihren Werken geschildert. Leipzig etc. 1900.

Heidi Beutin

Edschmid, Kasimir
Geb. 5. 10. 1890 in Darmstadt; gest. 31. 8. 1966 in Vulpera (Schweiz)

»Auf ekstatischer Suche« nach anderen Ausdrucksmöglichkeiten der Literatur beschritt E. als Vorläufer und späterer Wortführer des Expressionismus mit hämmernd-aggressiven Wortkaskaden in Prosa, Essays und Manifesten neue Wege. Zur Zeit des Ersten Weltkriegs erschienen in Buchform die zuvor in René Schickeles *Weißen Blättern* (1913) veröffentlichten ersten Novellen (*Die sechs Mündungen, Das rasende Leben, Timur*, 1915/1916). Sie veranschaulichten E.s rauschhaft übersteigerten, visionären Stil, der eine realistische Darstellung oder psychologische Charakterentwicklung weitgehend ignorierte. Stattdessen sollte durch Auslotung aller Höhen und Tiefen menschlicher Erfahrung bis zu kosmischer Weite und Beschwörung erotischer und brutaler Exzesse ein neues Weltbild geschaffen werden, das auf historischen Vorbildern fußend (Georg Büchner, Jung-Deutschland, Sturm und Drang), zur flammenden Universalrevolution aufrufen wollte. In Vorträgen und Essays (*Über den Expressionismus in der Literatur und die neue Dichtung*, 1919; *Die doppelköpfige Nymphe*, 1920; *Das Bücher-Dekameron*, 1923) faßte er die Absicht dieser neuen Kunstrichtung und die Kritik an ungeistiger Tradition zusammen, die sich jenseits von fieberhaft-dämonisierter Sprache auf Völkerverständigung, Antikriegsgesinnung und Anprangerung der hirnlosen Obrigkeit richtete. Da der Roman *Die achatnen Kugeln* (1920) wegen des überspannten Verbalstils und verschleierter Handlung seine Wirkung verfehlte, bemühte sich E. im folgenden um größeren Realitätsbezug, wodurch eine breitere Aufnahme seiner Werke ermöglicht wurde, die nicht zuletzt durch den ersten deutschen Sportroman (*Sport um Gagaly*, 1927), durch Darstellung von Emigranten- und Industrieschicksalen (*Deutsches Schicksal*, 1932; *Der Zauberfaden*, 1949; Neufass. 1953) besonders lebendige biographische Romane über Lord Byron, Georg Büchner und Simon Bolivar gefestigt wurde. Seine kulturgeschichtlich vorbildlichen Reisebücher aus Europa, Afrika und Südamerika kennzeichnen sein journalistisch geschultes, »virtuoses Erzähltalent« (Kurt Pinthus). Die schriftstellerische Tätigkeit des Studienratssohn war vorgezeichnet durch intensives Studium der Romanistik an fünf europäischen Universitäten, fremdsprachliches Talent und ausgedehnte Reisen (Europa, Naher Osten, Afrika und Südamerika), was seine Ausbildung zum weltoffenen Journalisten entscheidend förderte. Das urbane und liberale Gepräge seines Schaffens schlug sich auch im Prosawerk und seiner Tätigkeit als Herausgeber der Zeitschrift *Tribüne für Kunst und Zeit* (1918–1922) nieder, wodurch er maßgeblich dazu beitrug, das oft beengend-provinzielle Weltbild der Kaiserzeit für eine breite Leserschaft zu grenzüberschreitenden Horizonten zu erweitern. Dieser auch bis 1933 blühenden und hoffnungsvollen Entwicklung wurde durch das nach der Machtübernahme von den Nazis verfügte Rede- und Schreibverbot ein jähes Ende gesetzt.

Literatur: *Brammer*, Ursula G.: Kasimir Edschmid. Bibliographie. Heidelberg 1970. *Rothe*, Wolfgang (Hrsg.): Expressionismus als Literatur. Gesammelte Studien. Bern 1969; *Friedmann*, Hermann (Hrsg.): Expressionismus. Gestalten einer literarischen Bewegung. Heidelberg 1956; *Weltmann*, Lutz (Hrsg.): Kasimir Edschmid – Der Weg, die Welt, das Werk. Stuttgart 1955.

Lothar Zeidler

Ehrenstein, Albert
Geb. 23. 12. 1886 in Wien; gest. 8. 4. 1950 in New York

Tubutsch ist der Titel des ersten Buches, mit dem der 24jährige Dr. phil. E. 1911 im talentsüchtigen Wiener Literaturbetrieb begeisterte Aufnahme findet. Es ist unbestritten auch das einzige Werk seiner im wesentlichen das expressionistische Jahrzehnt umfassenden Publikationszeit, das unbeschadet der Wandlungen des Zeitgeschmacks, für die gerade der Expressionismus Symptom ist, künstlerischen Rang behaupten kann. In der bitter-ironischen Selbstreflexion eines mit sich und der Welt zerfallenen Ich, das Wirklichkeit nur mehr in einer sinnlosen Folge skurriler bis grotesker Impressionen erfährt, und dessen Selbstvergewisserung allein noch der Name Karl Tubutsch garantiert, gelingt E. ein ebenso nuanciertes wie eindringliches Bild moderner Entfremdungszustände. Die hier gewonnene poetische Dichte erreichen die späteren Erzählungen und Prosaskizzen (*Der Selbstmord eines Katers*, 1912; *Nicht da, nicht dort*, 1916), die mehr oder weniger alle dieses Grundmuster der Welt- und Selbstentfremdung variieren, nicht wieder.

Tubutsch ist aber auch die Maske des Menschen E., der mit dem Doppelmakel, arm und jüdisch geboren, im antisemitischen Wien schon früh sein Anderssein, seine Nichtzugehörigkeit erfährt. Diese frühe Erfahrung der Desintegration, das Verwiesensein auf das eigene Ich, das Leiden an und der Haß gegen eine sich versagende Welt prägen sein Lebensgefühl und gehen in die mit Leidenschaft betriebene Teilnahme am literarischen

Leben ein, dem er sich, nirgendwo lange seßhaft, als Lektor, Kritiker und schließlich freier Schriftsteller verschreibt. Davon zeugen auch Thematik und Stimmung seiner ab 1910 in verschiedenen expressionistischen Periodika – u. a. in Herwarth Waldens *Sturm* – veröffentlichten Gedichte, die sein erster Lyrikband *Die weiße Zeit* (1914) versammelt. Sind ichzentrierte Expression, kühne Bildlichkeit und »wilder« Ton auch gängige Zeit- und Stiltypen, so radikalisiert E. diese in der verzweifelten Klage und Anklage eines stets und hoffnungslos am Widerstand der Welt scheiternden Ichs jenseits bloßer Salon- sentimentalität zu den »bittersten Gedichten deutscher Sprache« (Kurt Pinthus).

Die Erfahrung des Ersten Weltkriegs verändert seine Lyrik; das Ich der früheren Stimmungs- und Erlebnislyrik öffnet sich einem mitmenschlichen Wir, der individuelle Weltschmerz wird zu einem universellen (*Der Mensch schreit*, 1916). Mit wachsender Skepsis gegenüber der Wirksamkeit des poetischen Worts in einem fortwütenden »Bar- baropa« werden seine Gedichte erbitterter und politisch entschiedener, das expressioni- stische Bruderschaftspathos schlägt um in die Utopie der sozialistischen Revolution (*Die rote Zeit*, 1917; *Den ermordeten Brüdern*, 1919).

Der Zusammenbruch der Novemberrevolution (1918), von der er sich eine Zeiten- wende erhofft hat, bedeutet auch das Ende seines produktivsten Jahrzehnts. In den zwanziger Jahren zieht er sich aus dem literarischen Tagesgeschehen zurück und kehrt Europa in Reisen wie in den Nachdichtungen chinesischer Lyrik und Prosa den Rük- ken. 1932 emigriert er in die Schweiz, von dort 1941 in die USA, wo er, isoliert und längst vergessen, 1950 in einem Armenhospital stirbt.

Literatur: *Gauß,* Karl-Markus: Wann endet die Nacht? Über Albert Ehrenstein. Zürich 1986; *Beigel,* Alfred: Erlebnis und Flucht im Werk Albert Ehrensteins. Frankfurt a. M. 1972; *Drews,* Jörg: Die Lyrik Albert Ehrensteins: Wandlungen in Thematik und Sprachstil von 1910–1931. Ein Bei- trag zur Expressionismusforschung. München 1969.

Hans Jansen

Eich, Günter

Geb. 1. 2. 1907 in Lebus an der Oder; gest. 20. 12. 1972 in Salzburg

»Günter Eich ist ein Meister der Tarnung« (Walter Jens), »ein Dichter, einer der wenigen, die das hohe Wort zu Recht tra- gen« (Karl Korn), »ein stiller Anarchist« (Peter Bichsel). E. gilt als einer der bedeutendsten deutschen Lyriker der Nach- kriegszeit und als Schöpfer des poetischen Hörspiels. Sein Werk ist nicht umfangreich: ein halbes Dutzend Gedicht- bände, knapp dreißig Hörspiele, zwei Marionettenspiele, zwei schmale Prosabände, ein paar Kurzgeschichten, wenige Mis- zellen: Das ist die Ausbeute einer mehr als vierzigjährigen schriftstellerischen Tätigkeit. Das ist gleichzeitig ein Hinweis auf das Charakteristische seiner Arbeit. Zeitlebens ging es ihm nicht um das Beschreiben der Welt, sondern um die Erfahrung der Wirklichkeit durch die Poesie. Er war nicht eloquent, er schilderte nicht bildhaft, wortreich, sondern lako- nisch, knapp, verschwiegen. »Ich bin Schriftsteller, das ist nicht nur ein Beruf, sondern die Entscheidung, die Welt als Sprache zu sehen. . . . Ich schreibe Gedichte, um mich in der Wirklichkeit zu orientieren. Ich betrachte sie als trigonometrische Punkte oder als Bojen, die in einer unbekannten Fläche den Kurs markieren. Erst durch das Schreiben erlangen für mich die Dinge Wirklichkeit. Sie ist nicht meine Voraussetzung, sondern mein Ziel. Ich muß sie erst herstellen.«

Dieses Bekenntnis trug E. 1956 vor, als er sich das einzige Mal in seinem Leben in eine poetologische Diskussion einließ. Spätere Fragen nach den Impulsen für seine Arbeit beantwortete er mit dem für einen Schriftsteller immerhin verblüffenden Satz: »Eigentlich schreibe ich, weil ich gar nicht schreiben kann« – der Bitte nach einer Interpretation eigener Texte begegnete er: »Ich lehne es immer und überall ab, mich zu mir und meinen Sachen zu äußern.« E. hatte eine auffallende Scheu, ja Scham, über sich selbst, seine Biographie, seine Dichtung zu sprechen. Und wenn er es dennoch tat, dann lakonisch, distanziert, auf äußere Daten reduziert. Er stellte mehr Fragen, als daß er Antworten parat gehabt hätte.

Mit elf Jahren zog E. mit seiner Familie aus dem ländlichen Oderbruch nach Berlin. 1925 begann er, dort Volkswirtschaft und Sinologie zu studieren; in Paris setzte er diese Studien fort. Die ausgefallene Fächerkombination erklärte er mit dem Hinweis, daß er ein Studium gewählt habe, das keine gesellschaftliche Nützlichkeit erkennen lasse. Offensichtlich wollte schon der junge E. seine Tätigkeit der leichten Verwertbarkeit entziehen. Dieses Bestreben sollte sich als Konstante durch sein gesamtes Werk ziehen: »Seid unnütz«, fordert er seine Zeitgenossen in dem berühmten Hörspiel *Träume* (1950) auf; und: »Späne sind mir wichtiger als das Brett«, formuliert er 1968 in seinen *Maulwürfen.*

Mit 21 Jahren veröffentlicht E. unter dem Pseudonym Erich Günter erste Gedichte in der von Willi Fehse und Klaus Mann herausgegebenen *Anthologie jüngster Lyrik*. Es sind spätexpressionistische, naturmagische Gedichte, die auf einen empfindsamen, melancholischen Autor schließen lassen: »O ich bin von der Zeit angefressen und bin in gleicher Langeweile vom zehnten bis zum achtzigsten Jahre«, so schrieb E. 1928. Danach hat man von dem Lyriker E. nichts mehr gehört. Er taucht erst 1945 wieder auf.

Sein Studium gibt E. 1932 ohne Abschluß auf; er beschließt, Berufsschriftsteller zu werden. Er arbeitet für den Berliner Rundfunk, gemeinsam mit Martin Raschke verfaßt er die *Monatsbilder des Königswusterhäuser Landboten*, Kalendergeschichten und Hörfeatures, Umarbeitungen von literarischen Vorlagen, Spiele, die offenbar harmlos waren und ihn mit dem neuen Medium vertraut machten, auch wenn sie keinen eigenständigen literarischen Rang geltend machen können. Den Krieg überlebt E. als Soldat. Auch über diese Zeit hat er öffentlich geschwiegen. Er gerät in amerikanische Gefangenschaft. Und hier in Sinzig am Rhein, zwischen Stacheldraht und Latrine, schreibt er wieder Gedichte, Verse von verzweifelter Ironie, erniedrigter Menschlichkeit ohne jede Lamoyanz. Gedichte, die offenbar so sehr den Nerv der Sensiblen ihrer Zeit trafen, daß sie eine Gattung begründeten, die sogenannte »Kahlschlagpoesie«. Das berühmteste Gedicht aus dieser Zeit heißt *Inventur*: »Dies ist meine Mütze/dies ist mein Mantel / hier mein Rasierzeug / im Beutel aus Leinen/Konservenbüchse: / Mein Teller, mein Becher / ich hab' in das Weißblech / den Namen geritzt.« Durch die Kargheit seiner nur noch aufzählenden Sprache wurde dieses Gedicht zum Inbegriff für dichterischen Neubeginn und Sprachreinigung nach 1945.

Aus der historischen Distanz der 8oer Jahre wird eine andere Charakteristik E.s bereits hier deutlich: In den Gedichten aus der Gefangenschaft, die 1948 in dem Band *Abgelegene Gehöfte* erscheinen, experimentiert E. mit den verschiedensten poetischen Formen, er schreibt Prosagedichte wie Volksliedverse, er benutzt literarische Vorlagen, die an Heinrich Heine und Friedrich Hölderlin erinnern, und füllt sie mit neuen, erlebten Inhalten; ironisch verknüpft er romantische, lyrische Versatzstücke – »es flüstert verworren der Rhein« – mit seiner verlausten, unappetitlichen Realität: »Über stinkendem Graben / Papier voll Blut und Urin / umschwirrt von funkelnden Fliegen / hocke ich in den Knien / … / Irr mir im Ohre schallen / Verse von Hölderlin / In schneeiger Reinheit spiegeln / Wolken sich im Urin.« Dieses Auseinanderbrechen von Zusammenhängen als Prinzip, dieses Neuverknüpfen von Unerwartetem und Disparatem wird E. vor allem in seinen späten Prosa-Texten, den *Maulwürfen,* wieder aufnehmen und damit in neue poetische Bereiche vordringen. Nach seiner Entlassung aus der amerikanischen Kriegsgefangenschaft widmet er sich neben den Gedichten vor allem dem Hörspiel. Die Erstsendung seiner *Träume* werden zur »Geburtsstunde des poetischen Hörspiels« (Heinz Schwitzke). Jeweils zum Ende der vier Träume appelliert der Autor an seine Hörer: »Nein, schlaft nicht, während die Ordner der Welt geschäftig sind! Seid mißtrauisch gegen ihre Macht, die sie vorgeben für euch erwerben zu müssen! Wacht darüber, daß eure Herzen nicht leer sind, wenn mit der Leere eurer Herzen gerechnet wird! Tut das Unnütze, singt Lieder, die man aus eurem Mund nicht erwartet! Seid unbequem, seid Sand, nicht das Öl im Getriebe der Welt!«

Die Erfahrungen des Dritten Reichs sind noch frisch, und Dichter wie E. warnen eindringlich davor, sie zu verdrängen. Karl Korn urteilte damals: »Traumdeutung ist Günter Eichs Gedicht, und man kann zu seinem Ruhme wohl nicht mehr sagen, als daß er unser aller Träume dichtet.« Gemeint waren wohl vor allem die kollektiven Alpträume. E.s Hörspiele beginnen harmlos, in alltäglichen Situationen. Im Laufe der Handlung aber geht die Sicherheit verloren, eine ungeahnte Wirklichkeit überlagert die sichtbare Realität. Die Hörspiele verlassen die eingeübten Pfade, verunsichern, wollen aufmerksam, wachsam stimmen, Mißtrauen erwecken gegen die scheinbare Sicherheit der wahrnehmbaren Gegenwart. Es ist eine Zeit, in der E. gegen die Erkenntnis der »verwalteten Welt« (Korn) den totalen Ideologieverdacht anmeldet, in der er jeder Meinung mißtraut, jeden Standpunkt als Möglichkeit von Machtmißbrauch ablehnt. Gegen Ende seines Lebens hat E. die Unmittelbarkeit, das Pathos seiner berühmten Verse nicht mehr gemocht. An den Inhalten aber hat er stets festgehalten: er fühlte sich verantwortlich: »Alles was geschieht, geht dich an.«

Er wollte seine Arbeit als Herausforderung der Macht und der Mächtigen verstanden wissen: »Wenn unsere Arbeit nicht als Kritik verstanden werden kann, als Gegnerschaft und Widerstand, als unbequeme Frage und als Herausforderung der Macht, dann schreiben wir umsonst.« Er wehrt sich gegen alle Institutionen, auch gegen die Natur: »Nachrichten, die für mich bestimmt sind / weitergetrommelt von Regen zu Regen / von Schiefer- zu Ziegeldach / eingeschleppt wie eine Krankheit / Schmuggelgut, dem überbracht / der es nicht haben will / … / Bestürzt vernehme ich / die Botschaften der Verzweiflung / die Botschaften der Armut / und die Botschaften des Vorwurfs / Es kränkt mich, daß sie an mich gerichtet sind / denn ich fühle mich ohne Schuld« (*Botschaften des Regens,* 1955).

Zwischen 1955 und 1968 liegt eine Phase, in der E. an den Rand des Verstummens geriet. 1962 war er nach Japan gereist. Die Steingärten, Meditationsstätten der berühmten Tempel wurden für den abendlandmüden deutschen Dichter zur existentiellen Erfahrung des Ganz-Anderen, des Sprachlosen. Er war an einem schöpferischen Endpunkt angelangt. Seine Gedichte, Einzeiler häufig, konzentrierte, komplizierte Aphorismen betrauern das Vergebliche der »bösen Hoffnung«. Sie erschienen in dem Band *Anlässe und Steingärten* (1966). Es wurde still um E., der 1953 die Schriftstellerin Ilse Aichinger geheiratet hatte und nun mit ihr und den Kindern Clemens und Miriam in Groß-Gmain bei Salzburg abgeschieden lebte. Er war berühmt. Man hatte ihm schon 1950 den ersten Preis der Gruppe 47 verliehen, er war Träger des Hörspielpreises der Kriegsblinden und nahm 1959 den Georg-Büchner-Preis der Deutschen Akademie für Sprache und Dichtung entgegen. Endlich, 1967, sorgt er noch einmal für literarischen Wirbel. Auf der letzten Tagung der Gruppe 47, zu deren Gründungsmitgliedern er ja zählte, trug er seine neuen, irritierenden Prosatexte vor, die er *Maulwürfe* nannte, Tiere, mit denen er sich listig vergleichen wollte. E. reflektiert Literatur in seiner Literatur, er montiert Heterogenes, Aphorismen und Banalitäten, Redewendungen, Nonsens, Sprachklischees und politische Slogans. Eine anarchische Literatur, ein Anarchist in der Literatur. »Wäre ich kein negativer Schriftsteller, möchte ich ein negativer Tischler sein. Die Arbeit ist nicht weniger geworden, seitdem der liebe Valentin den Hobel hingelegt hat. Staatsmänner haben ihn übernommen. Aber es lebe die Anarchie! Mit diesem Hochruf gehe ich in die nächste Runde. Späne sind mir wichtiger als das Brett.« 1970 erscheint der zweite Band *Ein Tibeter in meinem Büro. 49 Maulwürfe.* Schließlich veröffentlicht E. einen letzten schmalen Gedichtband, *Nach Seumes Papieren* (1972), und ein Hörspiel, *Zeit und Kartoffeln* (1973). E. ist schwer krank. Er wird immer dünner, filigraner. Der Mann, der das Mitleiden, das Mitfühlen, die Mitverantwortung ins Zentrum seiner literarischen Arbeit gestellt hatte, litt jahrelang sichtbar dem Tode zu. Walter Jens übermittelt ein letztes Gespräch mit dem Freund aus dem November 1971: »Wir sprachen über seine Gedichte, da hielt er plötzlich inne und fragte: Findet ihr nicht auch, daß sie immer trauriger werden? Immer kürzer, immer trauriger? Im Grunde sei er des Schreibens längst leid; was zu sagen sei, sei jetzt gesagt«.

Werkausgabe: Eich, Günter: Gesammelte Werke. Hrsg. von Ilse *Aichinger* u. a. 4 Bände. Frankfurt a. M. 1973.
Literatur: *Heise,* Hans-Jürgen: Vermessungsstäbe bilden den Gottesbegriff. Leonberg 1985; *Arnold,* Heinz Ludwig (Hrsg.): Günter Eich. Text + Kritik 5. München ³1979; *Schafroth,* Heinz F.: Günther Eich. München 1976; *Müller-Hanpft,* Susanne (Hrsg.): Über Günter Eich. Frankfurt a. M. 1970.

Susanne Müller-Hanpft

Eichendorff, Joseph von

Geb. 10. 3. 1788 auf Schloß Lubowitz bei Ratibor/Oberschlesien; gest. 26. 11. 1857 in Neiße

»Es ist ein wunderbares Lied in dem Waldesrauschen unserer heimatlichen Berge; wo du auch seist, es findet dich doch einmal wieder, und wärs durchs offene Fenster im Traume, keinen Dichter noch ließ seine Heimat los.« E. selbst sah in seiner Heimatverbundenheit den Schlüssel zu seinem Werk. Die Erfahrung heimatlicher Natur, die er in Worte fassen und besingen will, wird zum auslösenden Moment dichterischen Schaffens. Nicht nur seine Wanderlieder und Naturgedichte gelten schlesischen Bergen und Wäldern, auch in der zur Zeit der Französischen Revolution angesiedelten Erzählung *Das Schloß Dürande* (1837) orientiert er sich bei der Beschreibung der Provence, in der unterhaltungsbetonten Liebesgeschichte *Die Entführung* (1839) bei der Gestaltung der Loire-Gegend am Vorbild schlesischer Landschaften. In abwechslungsreicher Mittelgebirgslandschaft, auf einem Schloß über der Oder wächst E. als Sohn eines preußischen Offiziers und reichen Landedelmanns geborgen und sorgenfrei heran, ohne von der 1789 mit dem Sturm auf die Bastille begonnenen Zeit politischen Umbruchs und bürgerlich-revolutionärer Bewegungen etwas zu spüren. Das fromme, katholische Elternhaus legt in ihm die Grundlagen für einen unerschütterlichen christlichen Glauben, aus dem er Zeit seines Lebens Kraft schöpfen wird. Nach dem Studium der Rechtswissenschaft (u. a. in Heidelberg, wo er mit Achim von Arnim und Clemens Brentano zusammentrifft) absolviert E. mit Auszeichnung das Examen in Wien; nachdem er sich als Patriot an den Befreiungskriegen gegen Napoleon beteiligt hat, geht er in den Verwaltungsdienst, wird Schulrat in Danzig und 1831 schließlich Regierungsrat im Berliner Kulturministerium. E. kommt seinen Beamtenpflichten korrekt nach, fühlt sich aber mehr zum Dichter berufen, sucht der Gleichförmigkeit des Dienstes durch eine Flucht in die Poesie zu entkommen. Durch das Elternhaus und seine Hofmeister ist E. früh an die Literatur herangeführt worden; als Zehnjähriger schreibt er ein erstes, in der Römerzeit angesiedeltes Trauerspiel, als Student und als Beamter sucht er den engen Kontakt zu den romantischen Schriftstellerkollegen. Der Wunsch nach Ausbruch aus dem Alltag, die Sehnsucht nach der Ferne, der Rückzug in eine harmonische Natur artikulieren sich bereits in den frühen Gedichten, mit denen E. das Lebensgefühl des zeitgenössischen Publikums trifft: »Ach wer da mitreisen könnte/ In der prächtigen Sommernacht.« Viele seiner Wanderlieder werden wie echte Volkslieder aufgenommen *(Wem Gott will rechte Gunst erweisen)*. Formale Neuerungen zeichnen die Lyrik, die neben Johann Wolfgang Goethe erkennbar Matthias Claudius zum Vorbild hat, nicht aus, stattdessen geht es E. um Empfindungsreichtum: »Die Poesie liegt in einer fortwährend begeisterten Anschauung der Welt und der menschlichen Dinge.« Mit seinen die Heimat verklärenden Bildern, Landschaften, Figuren, Stimmungen wird E. zum typischen Vertreter der deutschen Romantik: Ritter und Einsiedler, Waldmädchen und Wanderburschen, Liebe vor besonnten Bergen und Burgen, Waldeinsamkeit im Abendrot. Da E. zudem über einen »ausgeprägten Sinn für Melodik und Rhythmus«

verfügt, gehören Texte von ihm bis heute zu den am häufigsten vertonten deutschen Liedern *(In einem kühlen Grunde)*.

Stärker als durch seine lyrischen versucht der junge E. durch seine Prosadichtungen aus der Gegenwart mit »ihren tausend verdrießlichen und eigentlich für alle Welt unersprießlichen Geschäften« zu fliehen. So sind die frühen Novellen (*Zauberei im Herbste*, 1808/09; *Das Marmorbild*, 1819) noch stark durch märchenhafte und phantastische Elemente geprägt. In seiner wichtigsten Novelle, *Aus dem Leben eines Taugenichts* (1826), wird die reale Welt idyllisch überzeichnet. In diesem meistgelesenen, prototypischen romantischen Text steht der seinen Stimmungen folgende Mensch im Mittelpunkt, der ziellos Wandernde, der nach »Gottes Wundern« und seinem Glück Suchende, der auf Schönheit und nicht auf Nutzen bedacht ist. Durch idyllische Bilder einer harmonischen Einheit von Mensch und Natur kritisiert E. als Humanist eine philisterhafte, von zweckorientiertem Handeln bestimmte Welt. Die späten Dichtungen offenbaren jedoch zunehmend eine konservative Weltsicht. In der Lyrik verliert sich die Fröhlichkeit des Sänger- und Wanderlebens, balladenhafte Romanzen, religiöse, manchmal melancholische Gedichte folgen; in den *Zeitliedern* erweist sich E. als eher grollender Beobachter seiner Zeit, der in Satiren mit revolutionären Ereignissen und Bestrebungen scharf zu Gericht geht (*Auch ich war in Arkadien*, 1834; *Libertas und ihre Freier*, 1849/64). Als E. 1844 auf eigenen Wunsch aus dem Staatsdienst ausscheidet, ist der Höhepunkt seines literarischen Schaffens längst überschritten, doch mit Dichtungen, die ihm selbst und seinen Lesern »einen Spaziergang in amtsfreien Stunden ins Freie hinaus« bieten, bleibt er einer der volkstümlichsten Autoren seiner Epoche, der, bei aller Betonung des Subjektiven, doch Angst behielt vor dem Aufgehen im Irrationalen: »Du sollst mich nicht fangen, duftschwere Zaubernacht.«

Werkausgabe: Eichendorff, Joseph von: Sämtliche Werke. Historisch-kritische Ausgabe. Hrsg. von *Kosch*, Wilhelm und *Sauer*, August. Fortgeführt von *Kunisch*, Hermann und *Koopmann*, Helmut. Geplant auf 25 Bände. Regensburg 1908 ff. Stuttgart 1975 ff.

Literatur: *Wetzel*, Christoph: Joseph von Eichendorff. Salzburg 1982; *Krabiel*, Klaus-Dieter: Joseph von Eichendorff. Kommentierte Studienbibliographie. Frankfurt a. M. 1971.

Horst Heidtmann

Einstein, Carl

Geb. 26. 4. 1885 in Neuwied; gest. 3. 7. 1940 in Lestelle – Bétharram/Basses Pyrenées

Von den deutschen Truppen gehetzt, nahm er sich am 3. 7. 1940 in Südfrankreich das Leben. Die Flucht über die Pyrenäen war ihm nicht möglich, weil er sich 1936 in Spanien am Kampf gegen die Franco-Truppen beteiligt und damit die persönliche Konsequenz aus einem furiosen Pamphlet gegen den bindungslosen Intellektuellen und Avantgardisten gezogen hatte, der er selbst war (*Die Fabrikation der Fiktionen*, 1973 aus dem Nachlaß veröffentlicht).

1912 setzte die in Expressionistenkreisen bestaunte Buchausgabe seines (Anti-)Romans *Bebuquin oder die Dilettanten des Wunders* zusammen mit programmatischen Artikeln gegen die realistische Erzählkunst der avantgardistischen Epik neue Maßstäbe. Mit dem Bildband *Negerplastik* (1915), der gegen den Kulturdünkel der Kolonialmächte die Verwandtschaft kubistischer und »primitiver« Gestaltungsformen aufzeigte, avancierte er zu einem international angesehenen Kunsttheoretiker der Moderne.

Der Erste Weltkrieg forderte den bis dahin vorrangig mit erkenntnistheoretischen und ästhetischen Problemen befaßten Schüler des Philosophen Ernst Mach und des Kunsttheoretikers Conrad Fiedler zu politischem Engagement heraus. Die ästhetische und die politische Revolution galten ihm bald als zwei Seiten des gleichen Anliegens. In der Befreiung der modernen Kunst von der gegenständlichen Welt sah er eine Entsprechung zur politischen Befreiung von der bestehenden sozialen Wirklichkeit.

Nicht zuletzt der spektakuläre Gotteslästerungsprozeß, in den er zu Beginn der 20er Jahre mit seinem Drama *Die schlimme Botschaft* (1921) verwickelt wurde und die damit einhergehende Hetzkampagne der antisemitischen Presse veranlaßten ihn zur frühzeitigen Emigration. Obwohl der gegenüber dem Leser stets rücksichtslose Autor 1926 mit dem Band 16 der Propyläen-Kunstgeschichte, *Die Kunst des 20. Jahrhunderts* (3. Auflage 1931), einen überraschenden Publikumserfolg verbuchen konnte, siedelte er 1928 resigniert nach Paris um und damit in das Land, in dem er schon lange seine geistige Heimat sah. In den französischen Surrealistenkreisen fand E. vielfach Bestätigungen und Anregungen bei der psychoanalytischen und ethnologischen Ausarbeitung seiner ästhetischen Theorie. Sie ist geprägt von einem tiefen Unbehagen an der modernen Kultur, deren pluralistische Zersplitterung in »die Subjektivismen der tausend Meinungen« keinen Sinn und keine Einheit mehr erkennen lasse. Zwar habe sie sich dagegen mit der wissenschaftlichen, technischen und ökonomischen Vernunft einen neuen Kollektivmythos geschaffen, doch auf Kosten der irrationalen Schichten der menschlichen Natur. Zur Überwindung des vereinzelten und rationalisierten Ich propagierte er eine »halluszinative« Kunst, die aus den archaischen Strömen des kollektiven Unbewußten schöpft. Mit diesem Konzept, das vor allem die Monographie über George Braque von 1934 (*L'Œuvre de George Braque*) ausformulierte, konnte E. an die vernunft- und zivilisationskritischen Motive seines frühen Werkes anknüpfen. Schon der *Bebuquin* hatte der Mechanik kausalen Denkens eine alogische Phantastik entgegengesetzt, die das von der Vernunft Ausgegrenzte begehrte: das »Wunder«.

E. war sein Leben lang auf der Suche nach einem neuen, Einheit und verbindliche Orientierung stiftenden Mythos, der ihm das ersetzen konnte, was er mit seinem verzweifelten Haß auf die strenge jüdische Gläubigkeit seines Vaters verloren hatte. Die überraschenden Diskontinuitäten und spannungsvollen Widersprüche seines Denkens, die seinem Programm einer permanenten Revolte entsprachen und ihn nie in einer endgültigen Position verharren ließen, machen die Vitalität seiner Schriften aus. Mit einer zerrissenen Persönlichkeit und einem fragmentarisch zersplitterten Werk ist er stets ein Repräsentant jener modernen Spaltungen geblieben, die er zu überwinden suchte.

Literatur: *Kiefer*, Klaus (Hrsg.): Carl-Einstein-Kolloquium. Frankfurt a. M./Bern 1988; *Arnold,* Heinz Ludwig (Hrsg.): Carl Einstein. Text + Kritik 95. München 1987; *Penkert*, Sybille: Carl Einstein. Beiträge zu einer Monographie. Göttingen 1969.

Thomas Anz

Ende, Michael
Geb. *12.11.1929* in *Garmisch-Partenkirchen*

E. sieht sich selbst im Schnittpunkt zweier Reservate: dem der Kinderliteratur und dem der phantastischen Literatur. Er polemisiert gegen die »Zivilisationswüste«, Produkt von Aufklärung und Moderne, als eine Welt der Zweckrationalität. Laut E. wird in dieser Welt spielerische Phantasie und Emotionalität allenfalls noch Kindern zugestanden. E. artikuliert ein in der westlichen Industriegesellschaft verbreitetes kulturelles Unbehagen, das den Wunsch nach positiven Utopien beständig wachsen läßt. Wie zuletzt die Autoren der Romantik Märchenliteratur nicht als eigene Gattung für Kinder aufgefaßt haben, richtet sich auch E. nicht ausschließlich an Kinder, sondern an »das Kind im Menschen«. Für E. hat in der heutigen Zeit die welterklärende Funktion des Märchens wie des Mythos eine fundamentale Bedeutung für Bewußtseinsbildung und Heimischwerden des Menschen in der Welt. Einer Welt, die im Zuge der einseitigen Herrschaft der Zweckrationalität keine für sie gültigen Mythen mehr besitzt. Dichtung soll »Innenwelt in Außenwelt und Außenwelt in Innenwelt« verwandeln. Die von E. geschaffenen »Grauen Herren« oder das am »Nichts« erkrankte »Phantàsien« repräsentieren in »Innenbilder« verwandelte gegenwärtige Welterfahrung. Dagegen macht E. postmaterialistische Werte wie Selbstverwirklichung, Solidarität, Meinungsfreiheit und die Erhaltung kultureller und natürlicher Substanz geltend. Der große internationale Erfolg seiner Bücher beruht nicht zuletzt darauf, daß sie einem immer häufiger verspürten Wertevakuum begegnen.

E. wächst als Sohn des surrealistischen Kunstmalers Edgar Ende in der Münchner Bohème auf und wählt von Anfang an die künstlerische Laufbahn. Eine begonnene Schauspielkarriere bricht E. ab, um als Dramatiker tätig zu werden, wobei er sich in der Auseinandersetzung mit der Brechtschen Theaterkonzeption verliert und sich zuletzt ganz von ihr abwendet. Dennoch bleibt E. dem Theater treu, zu seiner Erzählliteratur gibt es meist auch Bühnenfassungen. Mit den beiden *Jim Knopf*-Büchern (1960/61), deren Manuskript eher zufällig neben der Beschäftigung mit dem Theater entstanden ist, beginnt E.s Karriere als freier Schriftsteller. Schon hier zeigt sich die außerordentliche Intensität seiner Bilderwelt. Die Abenteuerreise von Jim Knopf und seinem Freund Lukas, dem Lokomotivführer, führt durch reale und phantastische Welten, in denen neben märchenhaften Gestalten auch die Technik, die Dampflokomotive Emma, ihren Platz hat. E. zieht sich 1970 aus Deutschland zurück, um in Genzano bei Rom inmitten von Weinbergen und Olivenhainen ein »Aussteiger«-Dasein zu führen. Hier entstehen neben Kindergeschichten, lyrischen und dramatischen Texten auch seine beiden großen Märchenromane *Momo* (1973) und *Die unendliche Geschichte* (1979). Nach dem Tod seiner Frau, der Schauspielerin Ingeborg Hoffmann, kehrt E. 1985 nach Deutschland zurück. *Momo oder die seltsame Geschichte von den Zeit-Dieben und von dem Kind, das den Menschen die gestohlene Zeit zurückbrachte* zeigt deutlich den kritisch-utopischen Ansatz E.s. Momo agiert als kindliche Retterfigur gegen die »Grauen Herren«, Symbole moderner Übel wie Hast, Nervosität und Unstetigkeit. Die Tatsache, daß Momo mit Hilfe einer übersinnlichen Instanz, Meister Hora, handelt, legt nahe, daß dieser Märchenroman, wie alle Geschichten E.s, keine Lösungsmodelle anbieten will, sondern eine gleichnishafte Lektüre verlangt.

Die *Unendliche Geschichte*, der in den 80er Jahren geradezu zum Kultbuch avancierte Bestseller, wurde zur Grundlage für das bisher größte, in seiner endgültigen Form von E. selbst nicht gebilligte deutsche Filmprojekt. In diesem Buch zeigt sich in besonderem Maße E.s Nähe zu okkulten Traditionen und zur Sprachmagie. Der Akt der Namengebung wird zum existenzgebenden Faktor. Kraft seiner Phantasie rettet Bastian das am »Nichts« erkrankte Phantàsien. Indem er der Herrscherin Phantàsiens einen neuen Namen gibt, wird er selbst in die Welt der künstlerischen Fiktion hineingezogen, womit die *Unendliche Geschichte* in der Gegenüberstellung von realer und fiktiver Welt ihre eigenen Gestaltungsprinzipien reflektiert. E. aktualisiert eine romantische Kritik an der Aufklärung, den Verlust von Traum und Phantasie, und macht sie in einer organisch wuchernden Bilderwelt sinnlich erfahrbar. Wie Bastian gerät auch der Leser in den Sog der Geschichte, seine eigene innere Bilderwelt wird angeregt und verschafft ihm ein Leseerlebnis von eigener Faszination. Ebenso zielt die Anthologie *Der Spiegel im Spiegel. Ein Labyrinth* (1984) auf das Bild jenseits des Bildes. Mit surrealistischen Traumbildern wird hier eine therapeutische Wirkung auf den Leser beabsichtigt. E. will »den Menschen in der Welt wieder heimisch machen« und setzt dafür nicht nur ein Konglomerat von Versatzstücken einer breit gefächerten Kulturgeschichte ein, sondern schafft mit seiner Bilderwelt tatsächlich so etwas wie »moderne« Mythen.

Literatur: *Wilke*, Sabine: Poetische Strukturen der Moderne. Zeitgenössische Literatur zwischen alter und neuer Mythologie. Stuttgart 1992, S. 169–222; *Kaminski*, Winfried: Antizipation und Erinnerung. Studien zur Kinder- und Jugendliteratur in pädagogischer Absicht. Stuttgart 1992; *Beccarius*, Peter: Michael Ende – Der Anfang der Geschichte. Biographie. München 1990; *Ludwig*, Claudia: Was du ererbt von deinen Vätern hast . . . Michael Endes Phantàsien – Symbolik und literarische Quellen. Frankfurt a. M./Bern e. a. 1988; *Prondczynsky*, Andreas von: Die unendliche Suche nach sich selbst: Auf den Spuren eines neuen Mythos. Versuch über eine »Unendliche Geschichte«. Frankfurt a. M. 1983; *Wernsdorff*, Christian von: Bilder gegen das Nichts. Zur Wiederkehr der Romantik bei Michael Ende und Peter Handke. Neuss 1983. *Simone Duelli*

Enzensberger, Hans Magnus
Geb. 11.11.1929 in Kaufbeuren

»Endlich, endlich ist unter uns der zornige junge Mann erschienen«, rief Alfred Andersch nach der Lektüre des ersten Gedichtbandes von E. aus. Das Klischee vom »zornigen jungen Mann« sollte zu einem Markenzeichen eines Autors werden, der sich gegen jede literarische und politische Festlegung wehrt. Die Einschätzung Anderschs, E. habe mit *verteidigung der wölfe* (1957) etwas geschrieben, »was es in Deutschland seit Brecht nicht mehr gegeben hat: das große politische Gedicht«, trifft durchaus zu. In Metaphorik und Sprachspiel zunächst noch an Gottfried Benn anknüpfend, beziehen sich E.s Gedichte (es folgen *landessprache*, 1960; *blindenschrift*, 1964) zunehmend auf politische Sachverhalte, in der dialektischen Argumentation und den syntaktischen Techniken des Verkürzens, Schachtelns und Fügens Brecht ähnlich. Im restaurativen Klima der 50er Jahre ist die Literaturkritik tief verschreckt von der politischen Präsenz dieser Gedichte. Hans Egon Holthusen nennt E. einen »Bürgerschreck«, »rabiaten Randalierer« und »schäumenden Haßprediger«.

Bevor E. als Lyriker in Erscheinung trat, promovierte er 1955 mit einer Untersuchung zu Clemens Brentanos Poetik. Seine Kindheit verbrachte E. in Nürnberg, nach dem Krieg besuchte er die Oberschule in Nördlingen; von 1949 bis 1954 studierte er in Erlangen, Hamburg, Freiburg/Br. und Paris Literaturwissenschaften, Sprachen und Philosophie. Bei der Redaktion Radio-Essay (Alfred Andersch) in Stuttgart erntete er zwischen 1955 und 1957 als Kritiker erste Lorbeeren: Für den Rundfunk verfaßte er Beiträge, die später als Aufsatzsammlungen Furore machten. In seinem Essay *Die Sprache des »Spiegel«* untersucht E. »Moral und Masche eines deutschen Nachrichtenmagazins«. Typisch für diesen streitbaren Autor ist, daß er die *Spiegel*-Analysen – wenn auch der brisantesten Stellen beraubt – in eben jener Zeitschrift abdrucken ließ. Sein Interesse gilt (in Anlehnung und Weiterentwicklung von Theodor W. Adornos Begriff der »Kulturindustrie«) den Vorgängen in der »Bewußtseinsindustrie«, die nicht nur traditionell künstlerisch-kulturelle, sondern auch Bereiche des Tourismus, der Mode usw. umfaßt. Der Essayband *Einzelheiten* (1962), in dem sich auch E.s grundlegende Darstellung zum Zusammenhang von »Poesie und Politik« findet, gilt als wichtigste theoretische Arbeit des Autors. Wie sein romantisches Vorbild Clemens Brentano ist auch E. »polyglott, gewandt, ein poeta doctus par excellence, nicht ohne modische Attitüde« (Hans Schwab-Felisch), er beherrscht sieben Sprachen nahezu perfekt, übersetzte und edierte Autoren wie César Vallejo, Pablo Neruda oder William Carlos Williams. Bis auf den großen Roman hat er alle literarischen Genres erfolgreich erprobt (die 1972 publizierte Zitaten-Montage über den spanischen Anarchisten Buenaventura Durruti – *Der kurze Sommer der Anarchie* – benannte E. zwar lakonisch als »Roman«, im strengen Sinn ist dies dokumentarische Werk aber keineswegs als ein solcher zu bezeichnen). Das schöpferische Interesse des Autors verschiebt sich zur Mitte der 60er Jahre weiter von der Literatur zur Politik; er ist damit nicht nur Weggefährte, sondern auch Vorreiter und Prophet einer Politisierung, wie sie mit der Studentenbewegung, den anti-amerikanischen Protesten gegen den Vietnam-Krieg usw. zum Ausdruck kommt. Sein Essayband mit dem bezeichnenden Titel *Politik und Verbrechen* (1964) beschäftigt sich denn auch – ebenso analytisch wie politisch, juristisch und militärisch beschlagen – mit der Grauzone einer menschenfeindlichen, verbrecherischen Politik. Mit Gründung seiner Zeitschrift *Kursbuch* (1965) läßt sich E. in West-Berlin nieder, widmet sich ganz der politischen Publizistik sowie der Herausgabe politischer Recherchen. Das programmatisch offene *Kursbuch* verlagert, parallel zur Radikalisierung der jungen Generation vor allem an den Universitäten, seinen Schwerpunkt immer weiter von der Literatur zur Politik; es avanciert dabei zur wichtigsten Zeitschrift der Neuen Linken. Heft 15/1968 gewinnt Berühmtheit durch die Proklamierung des »Tods der Literatur« (Walter Boehlich), der bürgerlichen, wohlgemerkt. Von einem Cuba-Aufenthalt (1968/69) bringt E. das Dokumentar-Theaterstück *Das Verhör von Habana* (1970) mit. E.s Rolle besteht darin, Tonbandmaterial über die Schweinebucht-Invasion von 1962 zu montieren, zu übersetzen, auszuwählen.

Die Spannweite seiner Werke ist groß: Prägen dieses Stück die Agitprop-Ziele der Neuen Linken, so sind E.s Neuübersetzung und Nachdichtung von Molières *Der Menschenfeind* (1979) sowie das vom Diderot-Stück *Ist es gut? Ist es böse?* angeregte Spiel *Der Menschenfreund* (1984) im traditionell-harmlosen Konversationston gehalten. Auch das Schauspiel *Die Töchter der Luft* (1992) ist kein originäres Bühnenstück E.s, sondern eine von der konventionellen Rhetorik befreite Neuübersetzung des gleichnamigen Calderon-Stückes. Zur Überraschung des Publikums veröffentlicht E., der im *Kursbuch* der Literatur die gesellschaftliche Notwendigkeit absprach und ihr Harmlosigkeit bescheinigte, 1971 einen Lyrikband *(Gedichte 1955–1970)*, der neben alten auch dreißig neue Gedichte präsentiert. Lakonisch und bissig nimmt er darin Abschied von den Illusionen der »Kulturrevolution« der späten 60er Jahre. Sind diese Gedichte noch von der einfachen Sprechweise des Agitprop gekennzeichnet, so kehrt E. mit der Balladendichtung *Mausoleum* (1975), dem Versepos vom *Untergang der Titanic* (1978) und dem Gedichtband *Die Furien des Verschwindens* (1980) nach langen Jahren der politisch-intentionalen Literatur und Publizistik zu den leisen Tönen literarischer Mitteilungsformen zurück. Auch hier erweist sich das literarische Gespür des Autors als trendsetzend und vorausschauend. Denn die apokalyptischen Visionen und die ästhetische Lust am Untergang, die sich in den 80er Jahren in der Öffentlichkeit verbreiten, nimmt E. gerade in der *Titanic*-Dichtung ironisch vorweg. Seit 1974 fungiert er nur noch als Mitarbeiter des *Kursbuchs*. Nunmehr in München lebend, gründet er 1980 die auf ein arriviert-linkes Publikum zielende Zeitschrift *TransAtlantik*. Auch dieses Blatt kündet – mit Hochglanzästhetik und dem ständigen »Journal des Luxus und der Moden« – vom kommenden »Zeitgeist« einer Phase des modischen Schicks und der Entpolitisierung eines großen Teils der ehemals kritischen Intelligenz. Den Beobachter dieses »literarisch Reisenden«, der stets auf der Suche nach Neuem ist, wundert es nicht, daß E. dieses politisch allzu seichte Projekt schnell wieder aufgab, um sich einem neuen zuzuwenden: Der *Anderen Bibliothek*, in der er seit Januar 1985 seine Lieblingsbücher der Weltliteratur herausgibt. Die von E. in den *Politischen Brosamen* (1982) vorherrschende Essay-Struktur, die aus subjektiver Perspektive vorgibt, sich an Details abzuarbeiten und doch das allgemeine Ganze im Blick hat, wird mit *Ach Europa!* (1987) und *Mittelmaß und Wahn* (1988) zur Meisterschaft (und Masche) gebracht. In den *Wahrnehmungen aus sieben Ländern* und *Gesammelten Zerstreuungen* (so die Untertitel) wird das Erzählte aber allzu häufig zur anekdotischen Geschichte alltäglicher Beobachtungen. Anders als der Titel erwarten läßt konzentriert sich E. schließlich im Gedichtband *Zukunftsmusik* (1991) auf symptomatische Einzelheiten, thematisiert er das Dichten selbst, verweigert er sich jedem programmatischen Statement. Nach dem Büchner-Preis von 1963 kann der Heinrich-Böll-Preis von 1985 als gerechtfertigte Würdigung eines schillernden Œuvres angesehen werden.

Literatur: *Dietschreit*, Frank und *Heinze-Dietschreit*, Barbara: Hans Magnus Enzensberger. Stuttgart 1986; *Schickel*, Joachim (Hrsg.): Über Hans Magnus Enzensberger. Frankfurt a. M. 1970.

Frank Dietschreit

Ernst, Paul
geb. am 7. 3. 1866 in Elbingerode im Harz; gest. am 13. 5. 1933 in St. Georgen an der Stiefing (Österreich).

E.s Leben und Werk machen ihn zu einer exemplarischen Gestalt der Zeit- und Geistesgeschichte seiner Epoche. Er begann 1885 ein Theologiestudium in Göttingen, später wechselte er nach Tübingen. In Berlin war er mit den Brüdern Julius und Heinrich Hart, den deutschen Vorkämpfern des Naturalismus, und mit dem Dichter und sozialistischen Theoretiker Bruno Wille befreundet. E. wendet sich, v. a. unter dem Einfluß der Schriften Leo Tolstois, dem sein erster Aufsatz 1888 in der *Vossischen Zeitung* gilt, dem Sozialismus zu. Er wird sozialdemokratischer Journalist bei der »Berliner Volksbühne«, Versammlungsredner der Arbeiter-Vereine und korrespondiert mit Friedrich Engels. 1892 promoviert E. in Bern mit einer volkswirtschaftlichen Dissertation und arbeitet mit an Rudolf Meyers *Der Kapitalismus fin de siècle*. Von 1895 bis 1897 dauert der Umgang mit den Naturalisten Arno Holz und Johannes Schlaf in Berlin sowie seine enge Freundschaft mit Richard Dehmel und dem Philosophen und Soziologen Georg Simmel.

Entscheidend wird das Jahr 1898: In seinem Kurzroman *Wie die Flügel brechen* stellt E. seinen Bruch mit Naturalismus wie Sozialismus (»Wozu war denn das alles?«) literarisch dar. Auf dem Nullpunkt gänzlicher Orientierungslosigkeit (»Ein Ziel hatte er immer haben wollen, aber was war denn ein Ziel? Er wußte ja gar nicht mehr, was ein Ziel war. Das hatte er ja vergessen«) erfolgt eine Rückbesinnung auf die klassische Tradition der strengen Form (vgl. die spätere Essaysammlung *Der Weg zur Form*, 1906). – E.s Italienreise von 1900 (seine Beschäftigung mit der italienischen Landschaft und mit Giotto, mit der italienischen Novellistik – er übersetzt *Altitaliänische Novellen* in zwei Bänden, 1902) sowie sein Umzug von Berlin nach Weimar (1903) sind Ausdruck dieses Neuklassizismus. In Weimar bildet er das neuklassische Triumvirat zusammen mit Wilhelm von Scholz und Samuel Lublinski.

Die theoretische Konzeption der Neuklassik erscheint als konsequente Um- und Neubesetzung vorheriger Positionen: An die Stelle des Subjektiven und Psychologischen der Gestaltung treten objektive Ideen und Werte (parallel zur Psychologismuskritik in der Logik und Philosophie um 1900, z. B. bei Edmund Husserl); an die Stelle der Evokation depressiver Stimmungen die eines erhebenden Glücks, an die Stelle der »hysterischen Nerven-Kunst« des fin de siècle bzw. des naturralistischen Romans setzt E. sein Konzept einer »gottlosen Tragödie«. Sie soll nicht »Furcht und Mitleid« hervorrufen, sondern »höchste Lebensfreude, Glück, Stolz und Herrscherbewußtsein«. Hier dokumentiert sich der entscheidende Einfluß Friedrich Nietzsches; mit ihm hatte sich E. bereits ab 1890, damals vom marxistischen Standpunkt aus, befaßt; vgl. den Essay *Friedrich Nietzsche* (1900). »Gott ist tot«: Die Tragödie soll deshalb die reinste und konkreteste Darstellung der völligen Gottlosigkeit mit Hilfe der abstraktesten Formbewegung sein, um der unbarmherzigen Tatsächlichkeit der gottlosen Welt ästhetisch standzuhalten.

Die wichtigsten Dramen E.s, die diesem Konzept genügen sollen, sind *Canossa* (1907), *Brunhild* (1908), *Ariadne auf Naxos* (1911) und *Preußengeist* (1914), die als Bühnenwerke wenig Anklang finden, wohl aber bei Philosophen wie Vaihinger, Simmel und Lukács. 1905/06 wird E. erster Dramaturg am neueröffneten Düsseldorfer Schauspielhaus und Herausgeber der Theaterzeitschrift *Die Masken*. Seine Aufführungspläne (Alfieri, Calderon, Hans Sachs, französische Klassiker) scheitern. 1910 beginnt die Freundschaft mit Georg Lukács.

Nach dem Ersten Weltkrieg zieht sich E. zunächst in den Harz, dann nach Oberbayern, von 1925 bis zu seinem Tode schließlich auf ein südsteirisches Schloß zurück – ohne Radio, ohne Telefon, ohne Zeitungen – ersichtlich erschöpft und enttäuscht von den Prozessen der permanenten Desillusionierung. Er konstatiert die »Selbstzerstörung der bürgerlichen Gesellschaft« und den »Zusammenbruch der führenden Schichten und ihrer Idee«. Seine Zeitdiagnose dokumentieren die Aufsatzsammlungen *Der Zusammenbruch des Deutschen Idealismus* (1916–18) und *Der Zusammenbruch des Marxismus* (1919). Seit 1916 erscheinen die *Gesammelten Werke* (bis 1922 12 Bände), 1920 die *Komödianten- und Spitzbubengeschichten*, 1921 die bereits 1912 begonnenen und von nicht wenigen für das beste Werk E.s erachteten philosophisch-poetischen *Erdachten Gespräche* (u. a. mit den Stücken *Das Glück, Religion und Moral, Don Juans Dämonie, Über das Tragische, Das Handeln des Dichters, Idealismus und Positivismus, Die Mechanisierung des Geistes*). In die späte Schaffensphase fallen die erfolgreichen Romane *Der Schatz im Morgenbrotstal* (1926) und *Das Glück von Lautenthal* (1930). Sie dementieren in der Praxis die frühere rigorose Literaturtheorie ihres Verfassers. E. schreibt schließlich biographische Werke: *Jugenderinnerungen* (1929/30) und *Jünglingsjahre* (1931). 1927 beginnt die zweite Ausgabe der *Gesammelten Werke* (zunächst 19 Bände). Spät wieder religiös geworden, verfaßt er den Gedichtkreis *Beten und Arbeiten* (1932) und resignative Alterslyrik (»Die Welt ist so, daß ich nicht leben kann«; »Ich bin ein alter Mann und müder Mann«; »Noch hab ich Nichts, das ich gesollt, geschafft.«). In diese letzte Schaffensperiode fällt auch das monumentale *Kaiserbuch* (1923–1928), ein sechsbändiges »Versepos der Deutschen«: Unzeitgemäß ist es gegen die moderne Wirklichkeit gerichtet, aber inwiefern es z. B. durch Elemente des Historischen Materialismus mitgeprägt wird, das ist erst noch zu entdekken. Die Wertschätzung für E. wuchs gegen Ende seines Lebens. 1931/32 stellten Artur Hübner, Paul Kluckhohn, Werner Sombart und Walter Vogel mit Unterstützung von über einhundert Ordinarien der Geisteswissenschaften einen Antrag an die Schwedische Akademie in Stockholm, den Nobelpreis für Literatur an E. zu verleihen. Darüber hinaus war und blieb E. eindeutig ein Gegner des Nationalsozialismus, ein Gegner jeglichen Rassismus und Antisemitismus, so sehr man ihn später von dieser Seite hat vereinnahmen wollen, so sehr manche seiner Stoffe hierfür prädestiniert schienen.

E.s literarische und theoretische Kritik der Moderne ist aktuell, auch wenn sein Werk fremdartig in der Landschaft des 20. Jahrhunderts steht: Alle hohen und gültigen Formen und Ordnungen des traditionellen und bürgerlichen Lebens sieht er zerfallen. Die große sozialistische Alternative erlitt in unseren Tagen jenen »Zusammenbruch des Marxismus«, den er seit 1919 prognostizierte. Die Restitution alter Formensprache – z.B. der Klassik – stößt, so zeigt sein *Weg zur Form*, notwendig an Grenzen. Alle nachmodernen Entwicklungen drohen restaurativ und epigonal hinter die Moderne zurückzufallen. Als Theologe, als Marxist und Naturalist, als formstrenger Neuklassiker und in resignativ-nachdenklicher Zurückgezogenheit von der Moderne hat E. die Problematik im vollen, an Friedrich Nietzsche geschulten Bewußtsein von der Bedeutung des »Todes Gottes« immer neu bearbeitet. Zu Recht sagt deshalb sein Freund und späterer Gegner Georg Lukács über ihn: »Der Kern vom Lebenswerk Paul Ernsts ist die Ethik des Dichterischen.«

Literatur: *Fuerst*, Norbert: Paul Ernst. Der Haudegen des Geistes. München 1985; *Kutzbach*, Karl August (Hrsg.): Paul Ernst und Georg Lukács. Dokumente einer Freundschaft. Emsdetten 1974.   *Thomas Rentsch*

Ezzo
im 11. Jahrhundert

In der mittelalterlichen Literaturgeschichte finden sich bisweilen eigenartige Konstellationen: Ausgerechnet das älteste mittelhochdeutsche Lied übermittelt – in einer noch über ein Jahrhundert andauernden überwiegend anonymen Literaturlandschaft – in der Prologstrophe relativ ausführliche Auskünfte: Zunächst wird E., der älteste mittelhochdeutsche Autorname, genannt, außerdem – auch dies singulär – sein Auftraggeber, der Bamberger Bischof Gunther (1057–65), vor seiner Berufung zum Bischof Kanzler von Italien und als Literaturliebhaber bezeugt: wird er doch in einem Brief seines Domscholasticus Meinhart wegen seiner Vorliebe für *fabulæ curiales* (höfische Geschichten) getadelt. Weiter erscheint hier der älteste Komponist eines deutschen Liedes, Wille, in dem man den späteren Abt des Bamberger Klosters Michelsberg sieht. Schließlich kann dem Prolog, je nach Deutung, auch der Anlaß der Abfassung und die Entstehungszeit entnommen werden, allerdings dies nicht mit letzter Sicherheit.

E. lebte um die Mitte des 11. Jahrhunderts in Bamberg, wo uns sein Name auch in mehreren Urkunden begegnet. Seinen Status verrät genauer eine um 1130 verfaßte lat. Biographie des Passauer Bischofs Altmann (gest. 1091), die *Vita Altmanni*, in der E. als *canonicus* (Mitglied eines Domkapitels) und *scholasticus* (Lehrer an einer Domschule) bezeichnet wird, der eine auf einer Pilgerfahrt nach Palästina (1064/5, an der auch Gunther von Bamberg teilnahm) gesungene bekannte *cantilena de miraculis Christi* in seiner Muttersprache verfaßt habe (*patria lingua nobiliter composuit*). Als Anlaß für E.s erhaltenes

Lied, ein in Abschnitte von 6–12 paargereimten Vierzeilern eingeteilter Hymnus, sieht man aufgrund einer Angabe E.s (*duo îlten si sich alle munechen* – da beeilten sich alle, nach der Mönchsregel zu leben) eine Reform des Domkapitels in Bamberg, die auf 1061 angesetzt wird. Dafür könnte E.s Lied als Festkantate gedacht gewesen sein. Das Lied ist in zwei Fassungen mit bemerkenswerten Unterschieden überliefert. Eine Straßburger lateinische Handschrift (S) enthält eine (unvollständige) siebenteilige Fassung, eine Vorauer Handschrift mit frühmittelhochdeutschen Werken (V) eine Fassung von 34 Abschnitten. Letztere enthält die informative Prologstrophe.

E.s Gesang ist nicht nur das älteste mhd. geistliche Lied, es ist auch eines der meistdiskutierten in der Forschung des 19. und 20. Jahrhunderts. Streitpunkte sind u.a. die ursprüngliche Fassung und die Frage, ob der erhaltene Text mit dem in der *Vita Altmanni* erwähnten Pilgerlied identisch sei. Nicht genügend ins Kalkül einbezogen wurden bei der Diskussion die aufschlußreichen Unterschiede zwischen beiden Fassungen, die sich jeweils an ein anderes Publikum wenden: S aristokratisch an *herron*, dagegen V demokratisch an *alle*. Die Fassung S nennt als Programm *von dem angenge/ von alem manchunne* (von dem Anfang der Menschheit) und von der Weisheit der Bücher der Genesis und des Buchs der Könige im AT, das ungefähr auch erfüllt wird. Die Erweiterung in der Fassung V ist eigens in einer Zusatzstrophe angekündigt: Programm ist nun ein (lapidarer) Überblick über Christi Leben und seine Heilstaten. Da von Christi Wundern indes nur am Rande die Rede ist, kann sich die Notiz in der *Vita Altmanni* kaum auf die erhaltenen Texte beziehen. E. könnte demnach mindestens noch ein weiteres, verlorenes (Pilger-)Lied verfaßt haben.

Werkausgabe: Kleinere deutsche Gedichte des 11. u. 12. Jahrhunderts. Nach der Auswahl von Albert *Waag* neu hrsg. von Werner *Schröder*. Tübingen 1972. S. 1–26 (ATB 71/72).

Günther Schweikle

Fallada, Hans (d.i. Rudolf Ditzen)
Geb. 21. 7. 1893 in Greifswald; gest. 5. 2. 1947 in Berlin

Sein Leben würde Stoff für einige Romane bieten, wenn es darum ginge, die vielfältigen seelischen Brechungen zu zeichnen, denen ein im Schoß des Wilhelminismus aufgewachsener, für die Wahrheit empfänglicher Charakter unterworfen ist, der den Ersten Weltkrieg, die Weimarer Republik, das Dritte Reich und den ersten Arbeiter- und Bauernstaat auf deutschem Boden erlebt hat, zeit seines Lebens – entgegen dem Willen des Vaters und der Mutter – sich nicht anzupassen wußte, »nichts taugte« und doch von keinem größeren Wunsch beseelt war, als sich im kleinen, bescheidenen Glück zurechtzufinden. Am Anfang dieses Lebens steht der verträumt-verschüchtert im Matrosenanzug Seiner Majestät in die Kamera blickende Sechsjährige, schwarze Schnürstiefelchen an den Beinen und den kleinen Bruder mit drolligem Holzpferdchen an der Hand; an dessen Ende ein Berliner Medizinprofessor, der angesichts des vom Tod Gezeichneten zu seinen Studenten gesagt haben soll: »Das, meine Herren, was Sie hier sehen, ist der Ihnen allen bekannte Schriftsteller Hans Fallada, oder vielmehr das, was die Sucht nach dem Rauschgift aus ihm gemacht hat: Ein Appendix!«

Er wächst auf als ältester Sohn eines wilhelminischen Beamten, der sich bedächtig, fleißig, umsichtig in den Kopf gesetzt hat, es zu etwas zu bringen, und das auch tatsächlich schafft: Der Vater wird 1908 zum hochangesehenen Reichsgerichtsrat ernannt und 1918 als Träger des Königlichen Kronenordens Zweiter Klasse in den Ruhestand versetzt. Die Familie zieht im Schatten dieser Karriere mit – über Berlin nach Leipzig. Die Erwartungen des Vaters ruhen auf seinem Ältesten, der aber ist kränklich, schwach, lernt schlecht, wird von seinen Lehrern als unbegabt abgeurteilt, weint in der Schule bei jeder Gelegenheit, ist den Torturen seiner Klassenkameraden nicht gewachsen, gilt als Pechvogel und Versager. Kurz vor der Aufnahmeprüfung in die Untersekunda des Leipziger Carola-Gymnasiums, die ihm die Wiederholung eines ganzen Schuljahrs ersparen und die väterliche Anerkennung einbringen soll, verunglückt er am 17. April 1909 mit seinem Fahrrad. Er gerät unter einen Schlächterwagen, wird von den Pferdehufen und den eisenbeschlagenen Rädern schwer verletzt, muß ein Vierteljahr in der Klinik zubringen und verliert ein ganzes Schuljahr. Er liest die französischen und russischen Realisten des 19. Jahrhunderts, die er in der Bibliothek seines lesefreudigen Vaters findet, heimlich aber auch Friedrich Nietzsches *Zarathustra* und Oscar Wildes *Das Bildnis des Dorian Gray*, deren nihilistische, dekadente Prophetie jetzt ganz in seine Stimmung paßt: »Das Kostüm des 19. Jahrhunderts ist abscheulich – so düster und deprimierend. Die Sünde ist das einzige farbige Element, das unserer Zeit geblieben ist.« Der ihn behandelnde Arzt stellt Anzeichen einer manifesten Hysterie fest, er ist leicht erregbar, es geht ihm körperlich schlecht. 1910 und 1911 kommt es an seinem Gymnasium zu drei aufsehenerregenden Schülerselbstmorden – Rudolf Ditzen ist noch nicht dabei, aber die Zerstörungslust arbeitet bereits in ihm. Er schließt sich der Wandervogelbewegung an, sucht darin einen Ausweg, aber während eines fünfwöchigen Ausflugs nach Holland macht er sich bei seinen Kameraden lächerlich, kommt mit einer schweren Typhusinfektion nach Hause. Während er sich erholt, beginnt er plötzlich, anonym obszöne Briefe an die Tochter eines Kollegen seines Vaters zu schreiben, wird nach einer Weile prompt überführt, sein Selbstmord – er hat sich heimlich einen Revolver verschafft – kann gerade noch verhindert werden. Die Verständnisfähigkeit der Familie ist am Ende; für ihr öffentliches Ansehen ist der Sohn untragbar geworden. Er selbst will jetzt Schriftsteller werden, soll aber nach wie vor Jura studieren – wie der Vater. Ungeschützt wird der von tiefen Konflikten gepeinigte Siebzehnjährige nach Rudolstadt in Pension gegeben. Dort besucht er wieder das Gymnasium, gibt sich aber nach wie vor überreizt, weltmüde, vereinsamt. Am 17. Oktober 1911 nimmt die »Gymnasiasten-Tragödie von Rudolstadt« ihren Lauf. Unter ungeklärten Umständen erschießt Rudolf Ditzen seinen Schulfreund von Necker am frühen Morgen und verletzt sich selbst mit zwei weiteren Schüssen schwer. Noch im Krankenhaus wird er verhaftet und unter Mordanklage gestellt. Als man zu Hause davon erfährt, äußert die Mutter erleichtert: »Gott sei Dank, wenigstens nichts Sexuelles.« Der Untersuchungsrichter erkennt schließlich auf versuchten Doppelselbstmord und billigt dem Angeklagten verminderte Zurechnungsfähigkeit zu. Die bürgerliche Welt hat Rudolf Ditzen endgültig ausgeschlossen, weil »er unfähig ist, die sittliche Zulässigkeit des eigenen Verhaltens zu beurteilen und nach dieser Einsicht zu handeln« (§ 51 Strafgesetzbuch). Er wird in die geschlossene Anstalt Tannenfeld bei Jena eingewiesen und macht Bekanntschaft mit der Psychiatrie seiner Zeit, mit Streckbett, Isolationshaft, starken Beruhigungsmitteln. Seine hochgebildete, von den üblichen Berührungsängsten erstaunlich freie Tante Ada versucht, ihn durch Sprach- und Literaturunterricht abzulenken und als Übersetzer zu protegieren. Im Spätjahr 1913 wird er entlassen, tritt eine Stelle als Gutseleve an, zeichnet sich aus durch Fleiß und Korrektheit. Bei Kriegsausbruch 1914 meldet er sich zum Stolz seines Vaters als Freiwilliger, wird aber schon nach wenigen Tagen wieder entlassen. Ein unruhiges Wanderleben als kleiner Angestellter auf pommerschen, mecklenburgischen und westpreußischen Gütern beginnt; er mausert sich zum tüchtigen, kenntnisreichen Spezialisten für Kartoffelanbau, der in diesen Jahren kriegswichtig ist – entsprechend viel Geld ist dabei zu verdienen. Zwischendurch schlägt Rudolf Ditzen immer wieder über die Stränge, fährt in die Metropole Berlin, pumpt sich mit Alkohol und Morphium voll, bis er kein Geld mehr hat. Die Dosierungen, die er braucht, werden immer größer – 1917 muß er sich erstmals einer Entziehungskur unterziehen. 1918 kommt es zur Nagelprobe zwischen Kartoffelanbau und Literatur: Rudolf Ditzen schreibt, unterstützt durch ein kleines Stipendium seines Vaters, an dem Roman *Der junge Goedeschal*, mit dem er die Leiden seiner Jugend endlich loswerden will. Er steht unter Hochdruck, weil er seine Glaubwürdigkeit der Familie gegenüber ein letztes Mal aufs Spiel gesetzt hat: »Mein erster Roman war bis zu einem bestimmten Termin fertigzustellen – all dies verlangte höchste seelische wie physische Leistungsfähigkeit, die Morphium allein vermitteln konnte ... Morphium war mir immer nur ein Mittel, das Arbeit zu jeder Stunde ermöglichte, intensivste Arbeit.« Der Roman, in dem er ungeniert und exzessiv seine Jugenderfahrungen verarbeitet hat, erscheint 1920 im Rowohlt-Verlag. Der Vater verlangt, daß dies pseudonym geschieht, weil er nicht erneut ins Gerede kommen will. Rudolf Ditzen wird künftig alle seine Bücher unter dem Namen »Hans Fallada« veröffentlichen.

Das Buch wird ein Mißerfolg; weitere Sanatorienaufenthalte sind zu verzeichnen; mal als Buchhalter, mal als Rendant zieht er unruhig von Gut zu Gut, die Abhängigkeit von Alkohol und Morphium bleibt; einmal schießt er in äußerster Erregung mit dem Revolver um sich. Während sein zweites Buch *Anton und Gerda* (1923) – wieder bei Rowohlt, wieder ein Mißerfolg – erscheint, unterschlägt er Geld, wird rechtskräftig verurteilt; zwei Jahre später unterschlägt er nochmals, die zweieinhalbjährige Gefängnisstrafe sitzt er in Neumünster ab. Im Februar 1928 wird er nach Hamburg entlassen, lebt »ganz unten« vom Adressenschreiben und begegnet »Suse«, Anna Margarethe Issel, die er 1929 heiratet und die von nun an sein Leben, wenigstens nach außen hin, in eine gewisse Ordnung bringt – wozu er mit seiner Pedanterie beiträgt. Anfang 1930 stellt ihn Ernst Rowohlt in seinem Berliner Verlagshaus in der Rezensionsabteilung an – er leistet gute Arbeit und schreibt nebenbei wie besessen. Während seiner kurzen Tätigkeit als Annoncenwerber und Lokalreporter beim *General-Anzeiger von Neumünster* hat er Material über die Landvolkbewegung und einen Prozeß gesammelt, bei dem die Ereignisse während einer Landvolkdemonstration verhandelt wurden. Er hat alles aus erster Hand, die Erregung ist noch greifbar. Als sein Roman *Bauern, Bonzen und Bomben* 1931 erscheint, wird er von der Kritik als bedeutender realistischer Roman einer ziellos treibenden Republik bezeichnet. Deutlich ist zwischen den Zeilen das »Deutschland erwa-

che!« der Nationalsozialisten zu lesen, aber auch die Kritik an der bürgerlichen Zurückhaltung der Sozialdemokratie. Rudolf Ditzen hat mit diesem Buch der unruhigen,
angsterfüllten Zeitstimmung die Zunge gelöst.

Er geriet in die Verlagskrise bei Rowohlt, schied als Angestellter aus, schrieb aber
weiter: 1932 erschien *Kleiner Mann – was nun?*, der Roman, der das Elend der Arbeitslosigkeit während der Weltwirtschaftskrise mit der Standfestigkeit des kleinen, privaten Glücks konfrontierte und den Schriftsteller F. weltberühmt machte. Von den
Erlösen konnte er sich ein kleines Anwesen im mecklenburgischen Carwitz kaufen
– inzwischen waren zwei Kinder zur Welt gekommen. Bilder auf dem Kutschbock,
mit den Kindern am Seeufer, am Gartentisch bei Kaffee und Kuchen herrschen nun
vor.

Der Schein trügt. Inzwischen sind die Nationalsozialisten an der Macht, F. wird
denunziert – als 1934 *Wer einmal aus dem Blechnapf frißt* herauskommt, dem im selben
Jahr *Wir hatten mal ein Kind*, sein »persönlichstes« Buch, folgt, fallen die neuen Literatur-
päpste Will Vesper und Hellmuth Langenbucher über ihn her. Er denkt nicht daran, ins
Exil zu gehen, er will mit seiner Familie überleben, arrangiert sich, ist zynisch, aber
doch kompromißbereit, mogelt sich durch, schottet sich ab – alle Haltungen sind ihm
möglich, während er Kinderbücher und Märchen schreibt (*Hoppelpoppel – wo bist du?*,
1936; *Geschichten aus der Murkelei*, 1938), sich mit Drehbüchern und Filmvorlagen versucht (*Der eiserne Gustav, 1938* – für Emil Jannings; *Ein Mann will hinauf*, 1941 – für die
Wien Film AG) oder sich erinnert (*Damals bei uns daheim*, 1942). Als 1937 mit *Wolf unter
Wölfen* der große Zeitroman der Weltwirtschaftskrise von 1923 erscheint, ist Reichspro-
pagandaminister Joseph Goebbels sogar so angetan, daß er das Buch durch Veit Harlan
verfilmen lassen möchte.

Rudolf Ditzen spritzt indessen weiter Morphium, trinkt, ist hinter den Frauen her.
1944 wird die Ehe mit Suse geschieden; gleichzeitig läuft eine Anklage wegen versuchten Mordes, weil er bei einer letzten Auseinandersetzung mit seiner Frau in den
Küchentisch geschossen hat. Wieder rettet ihn die amtlich bescheinigte Unzurech-
nungsfähigkeit. Während er erneut eine Entziehungskur macht, schreibt er in kaum
mehr als zwei Wochen *Der Trinker* (1944), ein hastiges Dokument des menschlichen, seines eigenen Zerfalls. Am 1.2.1945 heiratet er Ursula Losch, die er im Sommer zuvor
kennengelernt hat, lebenslustig, leichtfertig, Morphinistin und Alkoholikerin wie er. In
Feldberg erlebt er mit Ursula das Kriegsende, wird von der sowjetischen Militäradministration als Bürgermeister eingesetzt. Der aus dem sowjetischen Exil zurückgekehrte
Johannes R. Becher fordert ihn zur Mitarbeit an der *Täglichen Rundschau* und beim »Kulturbund zur demokratischen Erneuerung Deutschlands« auf. Becher setzt große Hoffnungen auf Rudolf Ditzen, die Chronik Deutschlands während des Dritten Reichs zu
schreiben; er versorgt ihn, der vor Schulden nicht ein noch aus weiß, in Berlin mit Wohnung und Geld, das sofort in die gewohnten Bahnen rinnt – es wird in Schnaps, Zigaret-
ten und Morphium umgesetzt –, an einen humanitären Aufschwung, eine demokra-
tisch-volkssozialistische Erneuerung glaubt er nicht mehr. Der körperliche Verfall des
»alt gewordenen Gymnasiasten« (Erich Kästner) ist nicht aufzuhalten. Im Auftrag der
DEFA-Filmgesellschaft schreibt Rudolf Ditzen noch gegen Ende 1946 in wenigen
Wochen ein dokumentarisches Buch über den kleinbürgerlich-proletarischen Widerstand im Dritten Reich: *Jeder stirbt für sich allein.*

Literatur: *Caspar*, Günter: Fallada-Studien. Berlin 1988; *Liersch*, Werner: Hans Fallada. Sein großes kleines Leben. Biographie. Düsseldorf/Köln 1981; *Manthey*, Jürgen: Hans Fallada. Reinbek bei Hamburg 1963.

Bernd Lutz

Fassbinder, Rainer Werner

Geb. 31. 5. 1945 in Bad Wörishofen; gest. 10. 6. 1982 in München

F.s Debut 1968/68 kam zur rechten Zeit: Die alte Repräsentationskultur wurde in Frage gestellt. Der Autodidakt, der vom Kellertheater kam und an der Filmhochschule abgelehnt worden war, eroberte den verunsicherten Kulturbetrieb im Handstreich. Obwohl der antiautoritäre Gestus im Auftreten unverkennbar war, teilte F. nie die Illusionen der Studentenbewegung: Dem Fortschrittsoptimismus der Linken mißtraute er, sein pessimistisches Weltbild bewahrte ihn vor der damals grassierenden Revolutionsromantik. Dank seiner atemberaubenden Produktivität besetzte er rasch ästhetische Positionen und konnte auch Mißerfolge ohne Schaden verkraften.

Die kurzatmige Produktionsweise – F. schuf in 15 Jahren 40 Filme, 15 Theaterstücke und 4 Hörspiele – hat sich unmittelbar in die Ästhetik eingegraben. F. schrieb Stücke wie Drehbücher immer mit Blick auf die Realisation. Vieles wirkt roh zusammengezimmert, Vorlagen für die eigene Inszenierung. Kennzeichnend ist sein Elektizismus: Hemmungen, fremde Stile zu kopieren, die Werke anderer zu plündern, hatte F. nie. »Bastarde der Form« nannte ein Kritiker die frühen Theaterarbeiten. Kino-Zitate und literarische Versatzstücke werden mit Wirklichkeitspartikeln collagiert, Szenen und Dialoge nach einfachen Montageverfahren strukturiert. »Alles in Einzelteile zerlegen und neu zusammensetzen, das müßte schön sein«, umriß der junge F. sein ästhetisches Programm. Seine ersten Filme verweigern sich den Kino-Konventionen: Der Realismus wird aufgebrochen durch extreme Stilisierung; der Rhythmus der Montage, die Spielweise der Darsteller – die ihre Rolle nicht ausfüllen, sondern geliehene Gesten zitieren – und vor allem die starre Kamera lassen Kinoillusion nicht aufkommen. Komponierte F. Filmbilder wie theatralische Tableaus, so sind seine experimentelle Theaterarbeiten von einer Filmdramaturgie geprägt. Die choreographische Struktur, das Zitieren religiöser Rituale und die Verweigerung psychologischer Einfühlung nehmen Tendenzen des zeitgenössischen Theaters auf: F. übernahm so konträre Konzepte wie die Ästhetiken von Brecht und Antonin Artaud und zwang sie zusammen, manchmal mit Brachialgewalt.

Wie produktiv F. das Verfahren »auseinandernehmen und neu zusammensetzen« zu handhaben verstand, zeigt seine Aneignung des realistischen Volksstücks, das Ende der sechziger Jahre eine Renaissance erlebte. Im Februar 1968 brachte er (erstmals nach 40 Jahren) Marieluise Fleißers *Pioniere in Ingolstadt* wieder auf die Bühne; zwei Monate später wartete er mit einem eigenen Stück im Fleißer-Stil auf: *Katzelmacher*. Die Dialogsprache, ein Gemisch aus Leerformeln, Ressentiments und Gefühlskitsch, zeichnet sich durch lakonische Kürze aus. Gegenüber dem Theaterstück stellte der Film *Katzelmacher* (1969) eine weitere Stufe der Reduktion dar. Rituale des Alltags werden vorgeführt, modellhaft wird die Brutalität sozialer Mechanismen ausgestellt. Die Jagd auf einen Außenseiter wird völlig undramatisch, als Aneinanderreihung von Momentaufnahmen, geschildert: eine leidenschaftslose Bestandsaufnahme deformierten Bewußtseins. In der provozierenden Monotonie der Inszenierung findet das dumpfe Dasein seine Entsprechung: Alle Szenen sind frontal aufgenommen, es gibt weder Schwenk noch Zoom und nur eine einzige, sich wiederholende Kamerafahrt.

Der Name seiner Bühne – Spielstätte war eine Schwabinger Kneipe – war Programm: »antiteater«. Die bundesdeutsche Theatergeschichte wurde bis Ende der siebziger Jahre, als sich verschiedene freie Gruppen bildeten, fast ausschließlich vom subventionierten Stadt- und Staatstheater geschrieben. Das »antiteater«, eine Künstlerkommune mit F. als bestimmender Figur, entwickelte aus der Verbindung von aufklärerischem Impetus und experimenteller Ästhetik einen neuen Stücktypus. Vier Theatertexte F.s, zwischen 1969 und 1971 entstanden, weisen in Schreibtechnik und Inszenierungspraxis weitgehend Übereinstimmung auf: *Preparadise sorry now* (1969) (der Titel nimmt polemisch Bezug auf die Produktion *Paradise now* des Living Theatre), *Anarchie in Bayern* (1969), *Werwolf* (1969) und *Blut am Hals der Katze* (1971). Es sind Lehrstücke, die an einem Modell – sei es der Historie, einer Science-fiction-Serie oder einer Illustrierten-Reportage entnommen – alltägliche Gewalt-Verhältnisse in kurzen Spots grell ausgeleuchtet. Von Charakteren kann keine Rede sein, die Rollen sind nur angedeutet; die szenische Situation wird knapp angerissen, quasi anzitiert, denn die Textfragmente sind derart formuliert, daß sie der Zuschauer zu einer Geschichte auffüllen kann. Konstruktion und Kombination deuten auf das Baukastenprinzip, wobei die Einzelteile verschiedenen »Materialgruppen« zuzuordnen sind. Die Dramaturgie weist eine durchlässige Struktur auf; in der Vorbemerkung zu *Preparadise sorry now* heißt es: »Das Stück kann man sich zusammensetzen, wie man es für richtig hält.« Die Textsegmente werden jedoch nicht additiv gereiht, sondern verfolgen in Form einer Schachtelmontage Eskalationsprozesse.

Eine Avantgarde-Bühne kann nicht alt werden. Gleichzeitig mit dem Ende des »antiteaters« vollzog F. einen Paradigmen-Wechsel: Waren seine ersten zehn Filme – von *Liebe ist kälter als der Tod* (1969) bis *Warnung vor einer heiligen Nutte* (1970) – hermetische Selbstbespiegelungen, so orientierte er sich nun an den Hollywood-Melodramen Douglas Sirks. Mit bewußt einfach erzählten Geschichten und ohne Scheu vor großen Gefühlen wandte er sich an ein breites Publikum, ohne seine Eigenart zu verleugnen. Für den Neuansatz stehen *Händler der vier Jahreszeiten* (1971) und *Angst essen Seele auf* (1973), die deutlich den Einfluß von Sirk verraten. Auch auf dem Theater ist der Stilwechsel unverkennbar. In *Bremer Freiheit* (1971) verarbeitete er einen historischen Kriminalfall zu einem effektsicheren Bilderbogen. Das Stück weder psychologisches Kammerspiel noch schwarze Komödie, läßt sich charakterisieren als holzschnittartige Morität. Der Untertitel »Ein bürgerliches Trauerspiel« ist polemisch besetzt: F. erzählt von einer Frau, in ihren Anspruch auf Liebe und Glück in der damaligen Gesellschaft nicht anders durchzusetzen vermochte als durch Mord. Das Melodrama *Die bitteren Tränen der Petra von Kant* (1971) fiel bei der Uraufführung durch; lediglich Botho Strauß, damals noch Kritiker, lobte die »sehr künstliche Nachempfindung einer echten Kitsch-Geschichte«. F.s eigene Verfilmung (1972), die auch dem Theaterstück zum Durchbruch verhalf, verrät nicht bloß durch die Widmung, daß das Stück ein homosexuelles Dreiecksverhältnis übersetzt in eine lesbische Beziehung.

Das Konzept »antiteater« ließ sich nicht in den etablierten Theaterbetrieb integrieren: Sowohl am Schauspiel Bochum wie am Frankfurter Theater am Turm, wo er kurzzeitig Intendanten-Positionen innehatte, scheiterte F. Er rächte sich auf seine Art und hinterließ den Frankfurtern ein Erbe, das lange in der Stadt rumorte und trotz mehrerer Anläufe nicht zur Aufführung kam: *Der Müll, die Stadt und der Tod* (entstanden 1975, im folgenden Jahr verfilmt von Daniel Schmid unter dem Titel *Schatten der Engel*).

Kein anderes deutsches Stück hat Artauds Forderung, das Theater müsse wie die Pest sein, seine Aufgabe sei die kollektive Entleerung von Abszessen, so erfüllt wie dieses bizarre Großstadt-Märchen, angesiedelt im Dschungel von Korruption und Kapital. F. erzählt eine Passionsgeschichte: vom Aufstieg und Fall der Hure Roma B. und ihrem Zuhälter Franz. Anstoß erregte die Figur des (namenlosen) reichen Juden: ein skrupelloser Bodenspekulant, der geschützt von einem verlogenen Philosemitismus, seine Geschäfte betreibt. Der Antisemitismus-Vorwurf – nach der Publikation 1976 zuerst von Joachim Fest erhoben; der Suhrkamp Verlag zog das Buch *Stücke 3* zurück und ließ es einstampfen – ist nicht haltbar: Die Sympathie des Autors für Minderheiten und Außenseiter ist unverkennbar. F. nahm sich das Recht, ungeschützt und ohne Rücksichten Tabus anzugreifen; schrieb Botho Strauß früher einmal, dieser Autor umkreise mit seinen Theaterstücken »eine Wundzone sozial-psychologischer Desintegration«, so stieß er hier mitten hinein. Die Leitmotive seines Werks – Angst, Gewalt und Sexualität – verbinden sich zu einer eigentümlichen Kreuzung von Mysterienspiel und Parabel: eine expressionistisch gestimmte, durch rüde Obszönität gesteigerte Anklage gegen »die Kälte der Städte«. Die Mischung von Verweisen auf die Frankfurter Realität, Versatzstücken aus der Trivialliteratur und Klassiker-Zitaten, lyrisch-pathetischen Einsprengseln und parodistischen Stilbrüchen, bedenklichen Typisierungen und privaten Obsessionen, gerade dieses Konglomerat erschien den Kritikern gefährlich. So unfertig und unreflektiert das Stück auch erscheint, es hat eine Debatte ausgelöst, die weit über das Theater hinausführte. Die Reaktionen verstörten F.; *Der Müll, die Stadt und der Tod* blieb sein letztes Theaterstück. Zehn Jahre nach der Entstehung sollte es posthum in Frankfurt uraufgeführt werden: Demonstrationen vor dem Theater und eine Bühnenbesetzung verhinderten die Premiere.

F. hatte entscheidenden Anteil am deutschen Autorenfilm; seine Produktivität forcierte die Entwicklung und verhalf ihm auch international zum Durchbruch. Experimentierfreudig und undogmatisch, schuf er in der Auseinandersetzung mit traditionellen und modernen Filmästhetiken einen unverwechselbar eigenen Stil, der nicht frei von Manierismen ist. Er drehte für das Fernsehen, u. a. die das Genre Familienserie umfunktionierende Serie *Acht Stunden sind kein Tag* (1972) und träumte von einem deutschen Hollywoodfilm, worunter er vor allem Professionalität und ein auf Emotionen zielendes Erzählkino verstand. Am überzeugendsten hat er dies Konzept umgesetzt in drei Filmen, die Zeitgeschichte anhand von Frauenschicksalen erzählen: *Die Ehe der Maria Braun* (1978), *Lola* (1981) und *Die Sehnsucht der Veronika Voss* (1981). Sein Werk umfaßt radikale Selbstbefragungen (*Satansbraten*, 1976; *In einem Jahr mit 13 Monden*, 1978), sozialkritische Melodramen und mit politischer Angriffslust formulierte Attacken auf die bundesdeutsche Gesellschaft (Beitrag zu dem Kollektivfilm *Deutschland im*

Herbst, 1978; *Die dritte Generation*, 1979), mit hohem Budget ausgestattete und zynischem Kalkül inszenierte Kommerzfilme (*Lili Marleen*, 1980) und avantgardistische Low-Budget-Produktionen, wie seinen einzigen Dokumentarfilm *Theater in Trance* (1981) mit Texten von Artaud.

Drei ebenso eigenwillige wie umstrittene Literaturverfilmungen stehen zentral in F.s Werk: *Fontane Effi Briest* (1974), *Berlin Alexanderplatz* (1980; nach Alfred Döblin) und *Querelle* (1982; nach Jean Genet). Hier wird die literarische Vorlage nicht als Stoff ausgebeutet: Es handelt sich eher um filmische Reflexionen, in künstlichen Studiolandschaften, mit eingesprochenen Off-Kommentaren und Inserts realisiert. F. vertrat die Auffassung, daß eine wirkliche Literaturverfilmung sich als »Beschäftigung mit bereits formulierter Kunst« zu erkennen geben muß.

Werkausgaben: »Sämtliche Stücke«. Frankfurt a. M. 1991; »Fassbinders Filme«, Werkausgabe in 13 Bänden, Frankfurt a. M. 1990 f. (bisher erschienen: Bd. 1–5; »Die Anarchie der Phantasie. Gespräche und Interviews«. Frankfurt a. M. 1986; »Filme befreien den Kopf. Essays und Arbeitsnotizen«. Frankfurt a. M. 1981.
Literatur: *Thomsen*, Christian Braad: »Rainer Werner Fassbinder«. Hamburg 1993; *Haag*, Achim: »Deine Sehnsucht kann keiner stillen«. München 1992; *Arnold*, Heinz Ludwig (Hrsg.): Rainer Werner Fassbinder. Text + Kritik, H. 103. München 1989. *Michael Töteberg*

Feuchtwanger, Lion
Geb. 7.7.1884 in München; gest. 21.12.1958 in Los Angeles/Cal.

»Der Schriftsteller L. F. konnte in der Stunde bis zu 7 Seiten Schreibmaschine schreiben, bis zu 30 Zeilen schriftstellern und bis zu 4 Zeilen dichten. Während der Stunde Dichtens nahm er um 325 Gramm ab.« Dieser selbstironische Blick auf die eigene Produktionsweise als Arbeit statt als »geniales Schaffen« kennzeichnet die sachliche, aus dem Geist des bürgerlichen Humanismus stammende, aufklärerische Haltung, die das Gesamtwerk F.s durchzieht. Zu einem der auflagenstärksten deutschsprachigen Schriftsteller überhaupt konnte er freilich nur werden, weil es ihm gelang, sachliche Seriosität mit äußerer Spannung, historische Gehalte mit bunter, gelegentlich bewußt Kolportageelemente nutzender Erzählweise zu verschmelzen. Nach einer germanistischen Doktorarbeit über Heinrich Heine löste F. sich vom jüdisch-großbürgerlichen Elternhaus und begann seine literarische Karriere in der Münchner Bohème der Jahrhundertwende. Doch l'art pour l'art und ästhetische Antibürgerlichkeit der frühen Arbeiten (*Kleine Dramen*, 2 Bde; 1905/06, und der Roman *Der tönerne Gott*, 1911) zerbrachen am Schock des Ersten Weltkriegs, an dem F., schwächlich, kurzsichtig und stets kränkelnd, aktiv nicht teilnehmen mußte. Unter dem Eindruck der Münchner Räterepublik und deren blutiger Niederschlagung fand er im Konflikt zwischen Geist und Macht, Aufklärung und Barbarei, Betrachten und Handeln sein neben der Judenproblematik wichtigstes Thema. 1919 machte er die Bekanntschaft Bertolt

Brechts und wurde dessen großer Förderer. Zwischen den ungleichen Autoren entwickelte sich eine lebenslange, ebenso streit- wie fruchtbare Zusammenarbeit, der mehrere gemeinsame Stücke entsprangen. Während F. wichtige Anstöße zu Bertolt Brechts »Epischem Theater« gab, drängte Brecht seinerseits den zur Kontemplation neigenden Freund zu einer Politisierung seiner Werke, zum gesellschaftskritischen Realismus.

Als 1925, F. war inzwischen aus dem antisemitisch gestimmten München in die liberale Atmosphäre der Metropole Berlin ausgewichen, sein Roman *Jud Süß* erschien, der drei Jahre lang keinen Verleger gefunden hatte, wurde aus dem bekannten, aber kaum berühmten Dramatiker und Kritiker F. über Nacht ein internationaler Bestsellerautor. Der ökonomische Erfolg, der ihm manch spöttisch-neidischen Seitenblick weniger erfolgreicher Kollegen eintrug, blieb ihm treu, und F. war auf entwaffnende Weise stolz auf diesen Erfolg. Besonders im angelsächsischen Sprachraum, wo Unterhaltsamkeit nicht als literarisches Defizit gilt (als Lob für einen neuen Roman galt dort lange die Floskel: »It's nearly like Feuchtwanger«), und in der UdSSR, deren Realismuskonzept F. entgegenkam, erzielte er Rekordauflagen. »Der kleine Meister«, wie ihn Thomas Mann nannte, wurde zum großen Meister des historischen Romans. Er belebte das heruntergekommene Genre neu, indem er mit stupendem historischem Wissen, exakten Recherchen und großer Kompositionskraft Erfahrungen und Probleme seiner Gegenwart im Gewand unterschiedlicher Epochen reflektierte. Selbst sein bedeutender zeitgeschichtlicher Roman *Erfolg* (1930), nach dessen Erscheinen F. zum Nobelpreis vorgeschlagen wurde, fingierte die Distanz eines historischen Romans. Die scharfe Analyse des aufkommenden Nationalsozialismus sowie die satirische Demaskierung Hitlers und seiner Helfer trugen mit dazu bei, daß F. bei der Machtübernahme der Nationalsozialisten schleunigst emigrieren mußte. Er ließ sich im südfranzösischen Sanary nieder, verfaßte Romane, welche die Weltöffentlichkeit auf die Vorgänge in Deutschland hinwiesen (*Die Geschwister Oppermann*, 1933; *Der falsche Nero*, 1936; *Exil*, 1939), bemühte sich aktiv um das Zustandekommen der antifaschistischen Volksfront (1936, unter Léon Blum) und bereiste 1937/38 die UdSSR. Seine Annäherung an den Sozialismus, ein historischer Kompromiß des linksliberalen Bürgertums zur Abwehr des Faschismus, provozierte in konservativen Kreisen das Bild F.s als Stalinist: ein törichtes Etikett, das nach 1945 dafür verantwortlich war, daß er in der Bundesrepublik lange verdrängt und vergessen blieb, während die DDR ihn von Anfang an als Wegbereiter einer sozialistischen Literatur feierte und pflegte.

1940 wurde F. von der Vichy-Regierung interniert; in letzter Sekunde bewahrte ihn eine abenteuerliche Flucht in die USA vor der Auslieferung an die Gestapo. Sein auf diesem Hintergrund verfaßter Erlebnisbericht *Der Teufel in Frankreich* (1942) zeigt einen vernunftgläubigen Stoiker, der selbst in scheinbar ausweglosen Situationen nie seine freundliche Gelassenheit verliert. In den USA kaufte er sich, auflagen- und tantiemenstark wie kaum ein Exilautor, bekannt jedoch auch für seine finanzielle Hilfsbereitschaft, eine Villa in Pacific Palisades. Dort entstanden, nach Vollendung der *Josephus*-Trilogie (1951), in der die jüdische Problematik voll entfaltet wurde, die großen Altersromane: Die sogenannte Revolutions-Trilogie, aus der besonders der *Goya*-Roman (1951) herausragt, sowie *Die Jüdin von Toledo* (1955) und *Jefta und seine Töchter* (1957). Im Roman *Die Füchse im Weinberg* (1950) läßt F. Benjamin Franklin Sätze sagen, die recht unmittelbar als F.s eigene Utopie gelten können. Die Utopie eines Mannes, den Unvernunft und Ungerechtigkeit von München nach Berlin, von Berlin nach Frankreich, und von Frankreich in die USA gejagt hatten (deren Staatsbürgerschaft er bezeichnenderweise wegen des Verdachts »unamerikanischer Umtriebe« nie erhielt): »Ich träume von einer Zeit, da nicht nur die Liebe zur Freiheit, sondern auch ein tiefes Gefühl für die Menschenrechte in allen Nationen der Erde lebt. Ich träume von einem Zeitalter, da Leute wie wir, wohin immer auf dem Planeten wir unsere Schritte lenken mögen, sagen dürfen: Hier bin ich zu Hause.«

Werkausgabe: Feuchtwanger, Lion: Gesammelte Werke in Einzelausgaben. 14 Bde. Berlin/ Weimar 1955 ff.
Literatur: *Dietschreit*, Frank: Lion Feuchtwanger. Stuttgart 1988; *Sternburg*, Wilhelm von: Lion Feuchtwanger. Ein deutsches Schriftstellerleben. Königstein 1984; *Arnold*, Heinz-Ludwig (Hrsg.): Lion Feuchtwanger. Text + Kritik. Sonderband. München 1983.   *Klaus Modick*

Fichte, Hubert
Geb. 21.3.1935 in Perleberg/Westpriegnitz; gest. 8.3.1986 in Hamburg

Hat er je darüber gesprochen oder geschrieben, den Wörtern verfallen, Namen nachhorchend? Für den *einen* Fichte unserer Geistesgeschichte, den Philosophen Johann Gottlieb Fichte, war das Ich absolut, nicht nur Bewußtsein von sich selbst, sondern auch Tat, denn es setzte erst sich und dann die Welt (das Nicht-Ich); für *den anderen*, den 1935 in Perleberg geborenen, in Hamburg und Oberbayern aufgewachsenen Schriftsteller F. war das Ich das Nicht-Ich, nämlich »das Donnerwort, das Zentnerwort, das Echowort: die Lüge«. Die mitteleuropäische, die eurozentrische Identitäts-Lüge. Identität erschien F. etwas höchst Fragliches, etwas Unfestes, Wandelbares, ein Schichtengemisch, in dem Archaisches und Gegenwärtiges synkretistisch sich überlagerte wie in den afro-amerikanischen religiösen Kulten der Karibik und Südamerikas. Identität, als Welt-Vertrauen, war ihm eine überall zu erforschende Sehnsucht, kein Zustand; das Ich, sagte Arthur Rimbaud – ein Unruhe-Poet wie F. – ist ein Anderer.

Uneheliches Kind einer Souffleuse, die sich als Schauspielerin träumte, in der Nazi-Nomenklatur »Halbjude«, nach der Bombardierung Hamburgs als Protestant in bayrisch-katholischer Umgebung, einem Waisenhaus, aufgewachsen, Homosexueller: Das sind existentielle Erfahrungen der Ausgeschlossenheit, der Fremde, der Bedrohung, der Nicht-Identität mit den Anderen (der »Mehrheit«, der »Normalität«), welche F. früh geprägt haben; sein ganzes vielgestaltiges, offenes, ausgreifendes Oeuvre hält daran fest, läßt sich davon bewegen und erregen. Eine vergleichbar intensive, sich selber reflektierende Sensibilität, eine ähnliche Zärtlichkeit für das Fremde und im Umgang mit ihm findet sich in der ganzen deutschen Gegenwartsliteratur nicht.

Seit er in die Welt kam, war F. in ihr nicht heimisch: deshalb hat er sie bereist, durchforscht, erfahren. Physische und psychische Erfahrung, durch die Eindrücke im Selbst gefiltert, gebrochen und analytisch zerlegt, ohne Sentimentalität, aber mit aller Empfindlich- und genauester Empfindungsfähigkeit: das macht F.s Romane, ethnopoetische Studien, seine Interviews und Essays zu einzigartigen Zeugnissen einer sowohl autobiographischen als auch ins Universale ausfahrenden Poesie und Sprachkunst, Wort-Imagination und Beschwörung des Fremden (weit ab oder ganz nahe).

Denn ob der Kinderschauspieler, der Landwirt in Schweden und der Schäfer in der Provence, der Stipendiat der Villa Massimo oder der Reporter und Reisende in Afrika, der Karibik, in Nord- und Südamerika sich in die Wirklichkeit einfädelte, ob unter die Gammler, Ausgeflippten des St.-Pauli-Lokals »Palette« oder unter die Teilnehmer eines Voodoo-Kults in Haiti: F.s Wahrnehmung war von der stets gleichen Vorurteilslosigkeit, Sensibilität und Genauigkeit. Im Fremden war er heimisch.

Kindheit und Jugend, aus der Perspektive von Kindern und Halbwüchsigen gesehen: das hat er in seinen Debüt-Erzählungen *Der Aufbruch nach Turku* (1963) und dem ersten Roman *Das Waisenhaus* (1965) vorgelegt; gerade das *Waisenhaus* gehört zu den ungewöhnlichsten Büchern der deutschen Nachkriegsliteratur. *Detlevs Imitationen ›Grünspan‹* (1971), zuvor das Porträt der Hamburger Szenenkneipe *Palette* und ihres Stammpersonals (1970) und danach die *Interviews aus dem Palais d'Amour* (1972) – später zum Interview-Roman *Wolli Indienfahrer* umgearbeitet – und abgeschlossen im *Versuch über die Pubertät* (1974): In diesen Arbeiten schießt F.s Hamburger Ethnopoesie, gewonnen an den Rändern der Gesellschaft, in der Subkultur und in tabuisierten Sprach- und erotischen Erlebniswelten zu einer Tetralogie zusammen, welche das autobiographische Ich, seine Ängste und Sehnsüchte, seine Neugier und seine Analytik zum Prisma macht, die intimsten und die allgemeinsten Erfahrungen zu zerlegen.

Schon der *Versuch über die Pubertät* verläßt die Hamburger Welt, indem F. seine Erfahrungen mit religiösen Riten und Festen in Bahia und auf Haiti mit den Riten der Pubertät in Mitteleuropa verspiegelt. Seine zusammen mit der Fotografin Leonore Mau unternommenen Reisen zu den Orten ekstatischer Lebens- und Todeserfahrungen, in der Karibik und Lateinamerika, führten zu großangelegten Studien (*Xango*, 1976; *Petersilie*, 1981 und *Lazarus und die Waschmaschine*, 1985), in denen Protokolle in Litaneien, Stenogramme in Gedichte transzendieren. Eine »Ethnopoesie« des Fremden legte da F. vor, die Erkenntnisse, Erfahrungen, Beobachtung und Beschreibung jedoch nicht an die eigene Metapher, das mitgebrachte Bild verrät. »Wäre nicht eine andere Welterfahrung denkbar? Nicht Touropa, Spartakus Guide und Marcel Mauss – die Magazinierungen von Erlebnissen, das Präparieren von Erfahrungstrophäen – sondern Warten, in der Mitte einer Welt und ihres Geschehens, bis das Fremde auf einen zukommt und sich erschließt?«

Das große Projekt seiner letzten Jahre, eine auf 17 Bände geplante *Geschichte der Empfindlichkeit* (inzwischen liegen 14 Bände vor), ist Fragment geblieben; aber die »geschlossene Form«, auf die unsere tonangebenden Kritiker immer pochen, auf die das Publikum so scharf ist, war ohnehin F.s Sache nie. Seine Prosa zersplittert oder überschreitet die Grenzen zwischen Erzählung und Essay, Beschreibung und Ritus, zwischen Blick und Gedanke. Gisela Lindemann hat, aufgrund des optischen Eindrucks seiner Bücher, vom »Dichter als Setzer« gesprochen: Ein Satz, zwei Sätze = eine Zeile, Leerzeilen zwischen den einzelnen »takes«.

Man könnte aber auch an einen Mosaikarbeiter denken, der winzige Steinchen zusammen mit größeren neben- und hintereinandersetzt: Wortkonzentrate, Blitzlich-

ter auf Momente der Welt oder: Skalpell-Schnitte in ihren weichen Leib: F. seziert, ima-
giniert, halluziniert. Das Geheimnis seiner Prosa sind die Leerstellen zwischen seinen
lapidaren Sätzen und überscharfen Bildern. In diesen Dunkelfeldern, im Dazwischen
(wo Davor und Danach sich vermischen) versteckt sich seine poetische Kraft; es ist eine
sehr diskrete, zarte, aber auch robuste Kraft: das Andere wahrzunehmen und das Nicht-
Ich sich vorstellen zu können. Denn erst wenn wir wissen, wer die anderen sind, wissen
wir auch, wer wir selbst sind.

Literatur: *Tuchert*, Torsten: »Herzschlag aussen«. Die poetische Konstruktion des Fremden und
des Eigenen im Werk v. Hubert Fichte. Frankfurt a.M. 1987; *Beckermann*, Thomas (Hrsg.):
Hubert Fichte. Materialien zu Leben und Werk. Frankfurt a.M. 1985; *Wangenheim*, Wolfgang
von: Hubert Fichte. München 1980. *Wolfram Schütte*

Fischart, Johann, gen. Mentzer

Geb. 1546 oder 1547 in Straßburg; gest. wahrscheinlich 1590, wohl in Forbach b. Saarbrücken

F. lebte in der Epoche, die geprägt ist durch die Auseinandersetzung zwischen Reformation und Gegenreformation: Er
wurde während des Schmalkaldischen Kriegs geboren und
starb, als sich die Fronten des Dreißigjährigen Kriegs bereits
abzuzeichnen begannen. Sein literarisches Werk, die Hinterlassenschaft eines Autors, der in den Kämpfen seiner Zeit enthusiastisch Partei ergriff, vereinigt in sich denkbar große
Widersprüche.
Zwei Uhr morgens, am 20. Juni 1576: 54 Bürger, darunter 24
Ruderer, brechen zu Schiff von Zürich auf. Sie befördern in
einem mächtigen Eisentopf, der in einer Tonne mit erhitztem
Sand eingebettet ist, kochendheiß eingefüllten Hirsebrei auf dem Wasser nach Straßburg. Noch warm muß er dort ankommen, damit ihn die Ratsherren verzehren können. Die nicht ungefährliche Fahrt geht die Limmat und Aare hinab in den Rhein und
weiter rheinabwärts, bis man bei Sonnenuntergang desselben Tags tatsächlich am Ziel-
ort anlangt. Ein Wagestück, das bei den Zeitgenossen bedeutendes Aufsehen erregte
und in mehreren Dichtungen gefeiert wurde. Die merkwürdigste darunter, von Heinrich Kurz als »die beste Erzählung« des 16. Jahrhunderts gerühmt, stammt von F.: *Das
Glückhafft Schiff von Zürich* (1576). Er versteht die Unternehmung als entmythologisierte
Argonautenfahrt, als Sinnbild »handfester Arbeitsamkeit«, womit er ein Lob der Arbeit
verknüpft: »Dann nichts ist also schwer und scharff / Das nicht die arbeit underwarff
/ ... / Die Arbeit hat die Berg durchgraben / ... / Hats Land mit Stätten wonhaft
gmacht / Und die Ström zwischen Damm gebracht.« Das Schiff bildet für ihn den
Gegensatz zu magisch-märchenhaften Praktiken älterer Zeiten, z.B. zum Flügelpferd
der Antike, und er korrigiert die Phantasien der Poeten, indem er nüchtern aussagt:
»Arbeit und fleis / das sind die flügel / So füren über Stram und hügel.« Es gibt kaum
eine europäische Dichtung der Zeit, die sich verständiger ausnähme und Landschaft,
Menschen, menschliches Tun heiterer im Licht des Tags vorführte, kaum eine, die auf

vergleichbar engem Raum (858 Verse) so komprimiert das stadtbürgerliche Lebensgefühl der Renaissance ausdrückte. Sie bietet eine Schau idealer Tugenden und Motive, allesamt schön überglänzt vom Morgenrot des anbrechenden neuen Zeitalters: Freiheit, Einigkeit, Freundschaft, gute Nachbarschaft, Treue, Frieden. Es fehlt nicht die Verehrung der »Erfahrung« und »Vernunft«, womit schon jetzt, wie auch im Denken Thomas Müntzers, Martin Luthers u. v. a. m., jener Kult der Vernunft seine Anfänge nimmt, der seinen Höhepunkt zweihundert Jahre später in der europäischen Aufklärung und während der Französischen Revolution erreicht. Und doch sorgt derselbe Verfasser 1581/82 für die Verbreitung von zwei der unvernünftigsten, düstersten Erzeugnisse der Weltliteratur: er übersetzt des Franzosen Jean Bodin Schrift *De Daemonomania Magorum (Vom ausgelasnen wütigen Teuffelsheer)* und gibt den *Malleus maleficarum (Hexenhammer)* der deutschen Inquisitoren Heinrich Krämer (H. Institoris) und Jakob Sprenger, zuerst erschienen 1487, neu heraus, beides Dokumente des Hexenwahns. F. fördert so selbst den Justizmord an Hunderttausenden von Menschen, meistens Frauen. Dabei war er einer der gebildetsten deutschen Autoren seiner Zeit: als Sohn eines wohlhabenden Straßburger Gewürzhändlers besuchte er das berühmte Gymnasium seiner Vaterstadt. Später unterrichtete ihn ein Verwandter in Worms, der Dichter Kaspar Scheidt (Übersetzer des *Grobianus* (1551) von Friedrich Dedekind; F.: »Der best Reimist zu unser Zeit«). Reisen führten ihn in mehrere Länder Westeuropas, wo er mit Hugenotten und hugenottischem Schrifttum bekannt wurde. Er studierte die Rechte in Siena (1574 in Basel zum Dr. jur. promoviert). Seit 1570 hatte F. in Straßburg die Stelle eines Mitarbeiters und Korrektors bei seinem Schwager inne, dem Drucker Jobin. Mit dem Maler und Graphiker Tobias Stimmer arbeitete er ebenfalls zusammen. Seit 1581 war er als Jurist am Reichskammergericht in Speyer tätig, seit 1583 als Amtmann in Forbach, wo zu seinen Obliegenheiten auch die Führung von Hexenprozessen gehörte. Ebenfalls 1583 heiratete er Anna Elisabeth, die Tochter des Elsässer Schriftstellers Bernhart Hertzog (u. a. Autor der Schwanksammlung *Schiltwacht*, 1560). Die Probleme, die sein Werk der Literaturgeschichtsschreibung aufgibt, sind bis heute ungelöst. Er verfaßte etwa achtzig Schriften, von denen keine einzige dem Kriterium der Originalität gerecht wird. Sie erweisen sich sämtlich als Bearbeitungen von Vorlagen anderer, selbst das *Glückhafft Schiff* und nicht zuletzt die umfänglichste von F.s Dichtungen: *Geschichtklitterung*, eine stark erweiterte Version (1. Aufl. 1575; unter diesem Titel seit der 2. Aufl. von 1582) des *Gargantua* von François Rabelais (1532 ff.). Alle Texte zeugen jedoch von großer sprachlicher Kühnheit. Daher schwankt das Urteil der nachfolgenden Generationen je nachdem, ob der wenig neue Inhalt oder F.'s Sprachkunst höher bewertet wurde. Am ehesten lesbar, außer dem *Glückhafften Schiff*, ist heute noch das komische Tierepos *Flöh Haz, Weiber Traz* (1573; *Der Angriff der Flöhe und die Verteidigung der Frauen*). Die Streitschriften hingegen haben mit dem Ende der Glaubenskämpfe ihre Aktualität verloren. In ihnen verfocht F. die Sache der Reformation, insbesondere des Calvinismus, und klagte die katholische, vor allem die spanische Hegemonialpolitik an, des »Landaußmetzigen« und des »Weltgeitz«, also des Völkermords und Weltherrschaftsstrebens.

Werkausgabe: Fischart, Johann: Dichtungen, hrsg. von K. *Goedeke,* Leipzig 1880.

Literatur: *Seitz,* Dieter: Johann Fischarts Geschichtklitterung: Untersuchungen zur Prosastruktur und zum grobianischen Motivkomplex. Frankfurt a. M. 1974; *Spengler,* Walter Eckehart: Johann Fischart, genannt Mentzer. Studie zur Sprache und Literatur des ausgehenden 16. Jahrhunderts. Göppingen 1969; *Sommerhalder*, Hugo: Johann Fischarts Werk. Eine Einführung. Berlin 1960; *Hauffen*, Adolf: Johann Fischart. Ein Literaturbild aus der Zeit der Gegenreformation. 2 Bde. Berlin 1921/1922.   *Wolfgang Beutin*

Flake, Otto
Geb. 29.10.1880 in Metz; gest. 10.11.1963 in Baden-Baden

»Flakes dichterischer Dämon hat helle Augen und eine klare Stirn: das mag manche befremden, die den Dichter immer als den Dunklen sehen wollen, den geheimnisvoll Verworrenen, den Mystagogen. Seine Romane sind Tagbücher, Werke für Menschen, die Wachheit lieben, ihre Mahnung ist Verantwortlichkeit, Ethos ...« Stefan Zweig, Wegbegleiter in den 20er Jahren, hat F.s Anliegen zutreffend beschrieben. Schriftsteller wollte er sein, kein Dichter. Um Selbstbehauptung, Souveränität, ging es ihm. Seine beharrliche Ablehnung einer außerhalb des Menschen angesiedelten, übergeordneten Sinngebung hat Ludwig Marcuse 1927 zu der Äußerung geführt: »Flake: das ist für uns die Frage nach der Möglichkeit des skeptischen, pessimistischen Revolutionärs, des Aktiven ohne Glauben.«

In seinen Schriften hat F. immer wieder versucht, sich und den Menschen zu zeigen, wie man sich in der ›transzendentalen Obdachlosigkeit‹ (Georg Lukács) einzurichten vermag, wie man ohne die Hilfe, aber auch ohne die Angst vor Göttern leben kann. »Der schönste aller Wahlsprüche drückt aus, worauf es ankommt; er heißt: *Fluctuat nec mergitur*. Die Götter leben von der Feigheit der Menschen und sind deshalb Dämonen.« Dieser Wahlspruch im Wappen der Stadt Paris steht auch über dem Leben von F.s gelungenster Romangestalt, dem *Fortunat* (1946/47). Mit diesem Roman hat F. ein anschauliches Bild des 19. Jahrhunderts geschaffen, und zugleich in der Figur des Jakob, später Jacques Kestenholz, die Vision eines zusammenwachsenden Europas.

Im Elsaß aufgewachsen, »zwischen den Kulturen«, bemühte er sich zeitlebens um eine Deutschland und Frankreich verbindende europäische Sehweise. Sein fünfbändiger Roman-Zyklus um *Ruland*, eine Art fiktive Autobiographie, belegt dies nachdrücklich, vom *Freitagskind* (1913), später *Eine Kindheit*, bis zum *Freund aller Welt* (1928). Aber auch seine Übersetzungen (Balzac, Stendhal etc.), seine kulturgeschichtlichen Werke über den *Marquis de Sade* (1930) *Die französische Revolution* (1932) und seine zahlreichen Essays und Artikel zeigen seine unentwegte Vermittlertätigkeit.

Nach einer langen Reihe von Wanderjahren (Berlin, Leipzig, Konstantinopel, Brüssel, Zürich), nach dem erstaunlichen Romanexperiment *Die Stadt des Hirns* (1919) und dem Schlüsselroman der Züricher Dadaisten-Szene *Nein und Ja* (1920), läßt F. sich, längst Hausautor beim angesehenen S. Fischer Verlag und Mitarbeiter von so bedeutenden Zeitungen wie dem *Berliner Tageblatt*, der *Frankfurter Zeitung*, der *Vossischen Zeitung* und von Zeitschriften wie der *Weltbühne*, der *Neuen Rundschau*, dem *Neuen Merkur* 1928 in Baden-Baden nieder. »In den frühen Jahren war ich links vom Rhein zu Hause, in den späteren rechts – beide Seiten des Stromes schließen und wölben sich zum Lebensraum am Oberrhein.«

Er wurde dort zum Chronisten dieser Region, der sie wie nur wenige künstlerisch und geistig durchdrang. In seinen Romanen und Biographien, in seinen Essays und Skizzen ist sie stets mehr als nur Hintergrund, vor dem sich Geschichten aus Vergangenheit und Gegenwart abspielen, sie ist Thema. *Hortense oder Die Rückkehr nach Baden-Baden* (1933) ist das erste in der langen Reihe der im Badischen verankerten Bücher. *Die junge Monthiver* (1934), *Anselm und Verena* (1935), *Scherzo* (1936), *Die Sanduhr* (1950), *Schloß Ortenau* (1955) und viele andere setzen sie fort, darunter sein *Türkenlouis* (1937) und seine *Kaspar Hauser*-Studie (1950).

Rund einhundert Bücher weist F.s Bibliographie auf. Dennoch gehört F. eher zu den weniger gefragten Autoren der deutschen Literaturgeschichte. Sein aufgeklärter Individualismus, seine kompromißlose Sachlichkeit, seine Lakonie, vor dem Zweiten Weltkrieg geschätzt, fanden in den Jahren danach kaum noch Beachtung. Die großen Auflagen, die seine Bücher später erzielten, können das nicht verdecken. F. fühlte sich denn auch unverstanden: »Es besteht ein Unterschied zwischen der Kühle, die nicht schwingt, und der, die diese Bezeichnung nicht verdient, weil sie in Wahrheit Haltung, Form, Geschlossenheit ist.«

»Eine Art *Extra dry* der Prosa« hat Max Rychner diesen Stilwillen F.s genannt. In seiner Autobiographie *Es wird Abend* (1960) hat F. ihn perfektioniert. Oder wie Peter de Mendelssohn sagt: »Flakes Sätze gehen nervig, geschmeidig diszipliniert, und der Zucht dessen, was er zu sagen hat, entspricht die Anmut, mit der er es sagt.« Daß F. neben seiner stilistischen Brillanz äußerst aufschlußreiche politische wie kulturkritische Schriften verfaßt hat, die man als weitsichtige und scharfe, die Probleme der damaligen Zeit genau umreißende Analysen nutzbar machen könnte, ist bislang nur wenig vermerkt worden. Auch den hohen Rang seiner Bildungsromane gilt es erneut zu entdecken. Sie belegen, laut Stefan Zweig, wie F.s ganzes Werk, »daß Kunst auch Klugheit sein kann und Klugheit eine Kraft«.

Literatur: *Ueding*, Gert: Vom möglichen Leben Otto Flakes. In: Ders.: Die anderen Klassiker. Literarische Porträts aus zwei Jahrhunderten. München 1986; Michael *Farin*(Hrsg.): Otto Flake – Annäherungen an einen Eigensinnigen. Baden-Baden 1985; Michael *Farin*: Otto Flakes Lauda-Romane ›Die Stadt des Hirns‹ und ›Nein und Ja‹. Dokumentation – Analyse – Bibliographie. Frankfurt a. M./Bern 1979.

Michael Farin

Fleißer, Marieluise
Geb. 23. 11. 1901 in Ingolstadt; gest. 1. 2. 1974 in Ingolstadt

Ihr Leben und Schreiben war von der bayrischen Heimatstadt geprägt, ihren Ruhm in jungen Jahren errang sie in der Metropole der Weimarer Republik, in Berlin. Die Werke, die sie bekannt machten, die Dramen *Fegefeuer in Ingolstadt* (1926 uraufgeführt) und *Pioniere in Ingolstadt* (1928), tragen den Stempel der Herkunft schon im Titel. »Sie hat einfach die Überzeugung, daß man in der Provinz Erfahrungen macht, die es mit dem großen Leben der Metropole aufnehmen können«, schrieb Walter Benjamin 1929. Ingolstadt als Lebensform – das bedeutet für das Kind des Eisenwarenhändlers Fleißer eine Erziehung, die durch bayrisch-provinziellen Katholizismus und durch eine materiell behütete, kleinbürgerliche Familie geprägt ist, in der die »Besonderheit« des Mädchens, der Hang zu Büchern, durchaus akzeptiert wird. 14jährig kommt sie in ein klösterliches Internat in Regensburg, wo sie 1919 das Abitur macht. Anschließend schreibt sie sich als Studentin der Theaterwissenschaft in München ein. Sie wohnt in Schwabing, doch ein unbeschwertes Bohèmeleben will ihr nicht gelingen; die Großstadt wird weniger als Befreiung aus kleinstädtischer Enge, denn als Ort der Fremdheit und Kälte im mitmenschlichen Umgang erfahren. Die Suche nach Schutz und Geborgenheit konkurriert noch mit der Lust auf Abenteuer: Die biographisch getönten Erzählungen der F. aus den 20er Jahren geben darüber Auskunft. Über Lion Feuchtwanger, dem sie ihre ersten literarischen Versuche zeigt, lernt die Studentin Bertolt Brecht kennen. Er erkennt die spezifische Begabung der F., das »Geschehen als Ausdruck« zu geben und das bayrische Idiom als Sozialcharakteristik zu verwenden. Für F. wird die Begegnung mit dem jungen Brecht lebensbestimmend – noch als sie in den 70er Jahren ihre Texte für die Werkausgabe (1972) überarbeitet, richtet sie sich nach seinen vermeintlichen Ansprüchen. 1924 jedenfalls bricht sie auf sein Anraten und nach seinem Vorbild ihr Studium ohne Examen ab, will sich als Autorin behaupten – und muß aus Geldmangel (es ist die Zeit der Inflation) vorläufig zurück ins väterliche Haus, während Brecht nach Berlin übersiedelt. Als er sich dort für das erste Drama der F., *Fegefeuer in Ingolstadt* (urspr. *Die Fußwaschung*), einsetzt und eine Vorstellung auf der »Jungen Bühne«, dem Experimentiertheater, durchsetzt, reist sie nach Berlin, erlebt die Probenarbeit Brechts, nimmt seine Änderungsvorschläge an. Der Erfolg gibt ihr Recht: Sowohl der Kritiker Alfred Kerr als auch Herbert Ihering – sonst durchweg Antipoden – sind sich in ihrer Begeisterung für die junge Dramatikerin einig. Im Spiegel des Geschlechterverhältnisses entfaltet der Text ein Panorama der kleinbürgerlichen Gesellschaft zwischen den Kriegen, die keine Außenseiter duldet. Sprachlosigkeit angesichts der eigenen Empfindungen drückt sich in Sprachklischees aus, die erwachende Sexualität Jugendlicher in religiöser Verblendung. Die Sprache der F. offenbart ein Talent, unbeeinflußt von literarischen Vorbildern eigene Erfahrung in einer authentischen Form zu verallgemeinern.

Im Sommer 1926 ermuntert Brecht sie zu einem neuen Stück, nachdem sie ihm von der Anwesenheit preußischer Pioniere in ihrer Heimatstadt und den Auswirkungen auf das soziale Leben, von den kurzfristigen Liebesabenteuern, erzählt hat. Ihr ist der Kern des Sujets, die Wirkung der Militärordnung auf männliches Verhalten, eigentlich fremd, und sie arbeitet an den *Pionieren in Ingolstadt* (1929) weitgehend nach den dramaturgischen Vorstellungen Brechts, verdichtet den Stoff zu einer Sozialstudie mit modellhaften Situationen, während ihre ureigenste Stärke in der Schilderung der von Trostlosigkeit und verzweifelter Anstrengung gekennzeichneten Begegnung zwischen Mann und Frau liegt. Nach einer wenig beachteten Uraufführung in Dresden verschärft Brecht die sexuell anstößigen Dialoge und Handlungselemente des Stücks, so daß sich selbst das libertine Berliner Publikum verunsichert fühlt, die rechte Presse von nationaler Schande spricht (Verunglimpfung des Militärs), die eigentlich abgeschaffte Zensur wieder in Kraft tritt und der Ingolstädter Bürgermeister sich über die öffentliche Verhöhnung seiner Heimatstadt beklagt. Die 28jährige Autorin findet sich plötzlich in einem öffentlichen Kampffeld, auf dem sie sich nicht bewegen kann. Sie hatte sich kaum mehr mit dem Stück identifiziert und es Brecht, der immer wieder Änderungen verlangt hatte, gleichsam überlassen. Der Skandal aber ist ausschließlich mit ihrem Namen verbunden. Brecht, der kaum begreift, warum sie darunter so leidet, steht ihr nicht bei, hat er doch sein eigenes Ziel – die Provokation des Publikums, der Kritik und der Zensur – erreicht.

Daß die F. in dieser Situation die Beziehung zu Brecht abbrach, zeigt, wie wenig sie seinem Ideal der Härte und der Anpassung an die »Kälte der Welt« gerecht werden konnte und wollte, zeigt aber auch ihre Stärke: keine andere der zahlreichen Frauen, die mit Brecht lebten und arbeiteten, hat sich je aus eigenem Entschluß von ihm getrennt.

Doch das Bedürfnis nach Schutz setzt sich durch: F. geht eine Verbindung mit dem nordisch-völkisch orientierten Dichter und Journalisten Hellmut Draws-Tychsen ein und gerät in der literarischen Szene Berlins ins rechte Lager, ohne sich über die Tragweite dieses Schritts im Klaren zu sein. In dem Stückfragment *Der Tiefseefisch* (1930) schildert sie durchsichtig, wie eine hilflose Dichterin zwischen dem exzentrischen Odenschmied seinen Mannen und dem neusachlichen Schriftsteller mit seiner »Literaturwerkstatt« bis zur Selbstaufgabe getrieben wird. Brecht hat ihr die Veröffentlichung dieses Textes untersagt, sie hat sich, solange er lebte, daran gehalten.

Obwohl die Beziehung zu Draws-Tychsen sie an den Rand der psychischen Zerrüttung bringt, ist es auch eine Zeit neuer Erfahrungen (erste Reisen ins Ausland) und literarischer Produktivität. F.s Selbstverständnis, »aus dem Unbewußten heraus« zu schreiben, stand konträr zum Brechtschen Literaturbegriff, während es den Vorstellungen Draws-Tychsens durchaus entsprach. F. hat in Brecht das Genie bewundert und geliebt, nicht sein literarisches Programm, auf das er sie zu verpflichten suchte. Die *Draws-Geschichten*, die um 1930 entstehen, sind für das Verhältnis von Leben und Schreiben der F. aufschlußreich. Gequält von Geldnot und der hochfahrenden Art ihres Verlobten, beschreibt sie mit souveräner Heiterkeit und einem genauen Blick für die Schwäche ihres Partners, dem sie sich gleichwohl unterwirft, die bizarren Situationen, die er immer wieder heraufbeschwor. Nachdem er durchgesetzt hat, daß sie ihren Verlag Ullstein verläßt und damit einen Vertrag löst, der ihr eine gewisse materielle Sicherheit garantiert hat, schreibt sie als Auftragsarbeit für den neuen Verlag Kiepenheuer ihren einzigen Roman, dessen Titelfigur *Mehlreisende Frieda Geyer* (1931) erfolgreich um ihre ökonomische Unabhängigkeit und sexuelle Emanzipation kämpft. Ort der Handlung: eine bayrische Provinzstadt, der männliche Partner: ein Sportschwimmer und Tabakhändlersohn – erkennbar ein Porträt des ehemaligen Verlobten und künftigen Ehemanns der F., Bepp Haindl. Wiederum fällt der Gegensatz zwischen überlegener literarischer Übersetzung der eigenen Erfahrungen (die F. war aus der Verlobung mit Haindl immer wieder in die intellektuelle Szene der Großstadt ausgebrochen) und der demütigenden Realität der Ehe (1935 bis 1958) auf. Als sie 1933 keine Chance mehr sieht, weiter zu veröffentlichen, fühlt sie sich – bei den Nazis als »Asphaltliteratin« und »Sexualbolschewistin« verrufen – gezwungen, in ihre Heimatstadt zurückzukehren. Dort als Nestbeschmutzerin erst recht gemieden, flieht sie 1935 aus dem Elternhaus in die Vernunftehe mit ihrem Freund von einst und bleibt so vor den schlimmsten Übergriffen bewahrt. Von allen Kontakten mit den ehemaligen Dichterkollegen isoliert, lebt sie von nun als Ehe- und Geschäftsfrau, jeder intellektuellen und kreativen Tätigkeit entfremdet, – zwischen 1938 und 1945 arbeitet sie mit langen Unterbrechungen an einem Historiendrama über Karl Stuart – so daß sie am literarischen Neubeginn nach 1945 nicht teilhat. Wieder ist es Brecht, der ihr 1950 hilft, das gegen Ende des Krieges entstandene Volksstück *Der starke Stamm* in München zur Aufführung zu bringen. Die Wiederaufnahme ihrer literarischen Produktion ist ihr jedoch erst nach dem Tod ihres Mannes möglich. Sie schreibt Prosa, welche die Zeit ihres Verstummens und die Rekonstruktion ihrer Beziehung zu Brecht zum Thema hat. Im Schatten der Wiederentdeckung des kritischen Volkstheaters in den 60er Jahren erlangt sie überraschend einen späten Ruhm. Die jungen bayrischen Autoren Rainer Werner Fassbinder, Franz Xaver Kroetz und Martin Sperr sehen die Fleißerschen Dramen mit ihrem stilisierten Dialekt als Vorbild und Anregung, sorgen für die Neuentdeckung ihres Werks. Als die F. 1974 stirbt, ist sie eine wieder gespielte und gelesene Autorin, die sowohl im Rahmen des erwachten Interesses an der Kultur der Weimarer Republik sowie an einer weiblichen Ästhetik aufmerksam zur Kenntnis genommen wird.

Werkausgabe: Marielouise Fleißer. Gesammelte Werke in 4 Bänden. Hrg. von Günther *Rühle*. Frankfurt a. M. 1994.

Literatur: *Lutz*, Günther: Marieluise Fleißer. Verdichtetes Leben. München 1988; *McGowan*, Moray Autorenbuch CH. Beck. Marieluise Fleißner. München 1987; *Tax*, Sissi: Marieluise Fleißer. Schreiben, Überleben. Ein biographischer Versuch, Basel/Frankfurt a. M. 1984; *Rühle*, Günther (Hrsg.): Materialien zum Leben und Schreiben der Marieluise Fleißer, Frankfurt a. M. 1973.

Genia Schulz

Fleming, Paul

Geb. 5. 10. 1609 in Hartenstein/Sachsen; gest. 2. 4. 1640 in Hamburg

In den Jahren von 1633 bis 1639 reiste eine holsteinische Gesandtschaft nach Rußland und Persien, um eine neue Handelsroute zu erschließen und Schleswig-Holstein in den profitablen Orienthandel einzuschalten. Berühmt wurde das im übrigen ergebnislose Unternehmen durch die Reisebeschreibung von Adam Olearius (*Offt begehrte Beschreibung Der Newen Orientalischen Reise*, 1647; erweiterte Ausgabe 1656). Unter den Teilnehmern wird unter den »Hoff-Junckern und Trucksessen« F. aufgeführt, den »Mars«, »der Unhold aller Kunst«, so schreibt er selber, aus seiner Heimat vertrieben habe. Die Reise hat ihre Spuren in seinem Werk hinterlassen, nicht nur, daß sie Anlaß zu zahlreichen Gedichten auf Landschaften, Städte, Flüsse, Freunde und die ferne(n) Geliebte(n) gegeben hat, sondern auch in der Art, daß diese Ausnahmesituation, die Abtrennung vom literarischen Betrieb und seinen Konventionen F. geholfen haben mag, den eigenen Ton zu finden. Die Sehnsucht des »halb-verlorenen Sohns« nach seiner idealisierten Heimat ist die andere Seite dieser Trennung.

F. stammte aus einem protestantischen Pfarrhaus und erhielt dank der Unterstützung einer gräflichen Patin eine seiner Begabung angemessene Ausbildung. 1622 kam er nach Leipzig, besuchte zunächst die Thomasschule, dann ab 1628 die Universität, wo er nach der obligatorischen Ausbildung in der Artistenfakultät mit dem Studium der Medizin begann und am 2. Mai 1633 vorläufig mit dem Magistergrad abschloß: »Apollo war mir günstig / der Musicant' und Artzt«, schreibt er, der seit 1630 mit religiösen, patriotischen und erotischen Dichtungen in deutscher und lateinischer Sprache hervorgetreten war.

Mit der Reise verliert die patriotische Thematik allmählich an Bedeutung. Die Reise und die Reisegesellschaft selbst werden zum Thema. F. evoziert mit Hilfe eines verschwenderischen mythologischen Apparats die exotischen Schauplätze, besingt die gesellschaftlichen Anlässe und Gelegenheiten und ruft die überstandenen Gefahren zurück – Stürme, Schiffbrüche, Tatarenüberfälle, Hunger und Durst. Andererseits führen lange Zwischenaufenthalte an verschiedenen Orten zu zahlreichen sozialen Kontakten, so zur Familie des Kaufmanns Heinrich Niehusen, der drei Töchter hatte, »welche unverheirathet bei Flemings Anwesenheit in Reval seine Dichtergabe viel in Anspruch nahmen« (so der F.-Herausgeber J. M. Lappenberg).

Der Grundton der Liebesdichtung ist petrarkistisch, doch behauptet sich neben den traditionellen Motiven der klagenden Liebe, neben Selbstverlust, Todessehnsucht und dem ganzen antithetischen und hyperbolischen Arsenal der überlieferten Liebessprache ein anderes Thema, das der Treue. Dabei klingt in dem schlichteren Ton der Lieder (»Oden« in barocker Terminologie) das Volks- und Gesellschaftslied an *(Ein getreues Hertze wissen/hat deß höchsten Schatzes Preiß)*, während Sonett und Alexandriner die angemessenen Formen darstellen, um die Antinomien der petrarkistischen Liebesauffassung auszudrücken. Das Gegenbild des von widerstreitenden Affekten hin und her gerissenen petrarkistischen Liebhabers, wie er in einem Teil der Liebesgedichte gezeichnet ist, zeigen die weltanschaulich-philosophischen Sonette *(An Sich, Grab-schrifft)* und einige der großen Alexandrinergedichte *(In grooß Neugart der Reussen)*, die ein Tugendprogramm auf der Basis des Neostoizismus formulieren.

F. kam nicht mehr dazu,, eine Ausgabe seiner Gedichte zu veranstalten. Unmittelbar nach der Rückkehr von der »Orientalischen Reise« und seiner Verlobung mit Anna Nie-husen in Reval (8. Juli 1639) reiste er nach Leiden, wo er am 23. Februar 1640 mit einer Disputation *De Lue Venerea* zum Doktor der Medizin promovierte. Auf der Rückreise nach Reval starb er am 2. April 1640 in Hamburg. In der »Grabschrifft / so er ihm selbst gemacht...auf seinem Todtbette drey Tage vor seinem seel: Absterben«, formuliert er voller Selbstbewußtsein die Gültigkeit und Leistung des eigenen Lebens, das durch die Dichtung der Unsterblichkeit versichert ist: »Man wird mich nennen hören / Biß daß die letzte Glut diß alles wird verstören.«

Werkausgaben: Teutsche Poemata [1646]. Neudruck Hildesheim 1969; Lateinische Gedichte. Hrsg. von J. M. *Lappenberg*. Stuttgart 1963. Neudruck Amsterdam 1969; Deutsche Gedichte. Hrsg. von J. M. *Lappenberg*. Stuttgart 1865. Neudruck Darmstadt 1965.
Literatur: *Sperberg-McQueen*, Marian R.: The German Poetry of Paul Fleming. Chapel Hill 1990; *Entner*, Heinz: Paul Fleming. Ein deutscher Dichter im Dreißigjährigen Krieg. Leipzig 1989; *Fechner*, Jörg-Ulrich: Paul Fleming. In: Harald *Steinhagen*/Benno von *Wiese* (Hrsg.): Deutsche Dichter des 17. Jh.s. Berlin 1984. S. 365–384; *Beller*, Manfred: Thema, Konvention und Sprache der mythologischen Ausdrucksformen in Paul Flemings Gedichten. In: Euphorion 67 (1973), S. 157–189; *Pyritz*, Hans: Paul Flemings Liebeslyrik. Zur Geschichte des Petrarkismus. Göttingen 1963.   *Volker Meid*

Fontane, Theodor
Geb. 30.12.1819 in Neuruppin; gest. 20.9.1898 in Berlin

Es gab ein geflügeltes Wort unter Theaterleuten, das F. immer wieder zitierte und das ihm zum Trostsatz wurde: »Um neun ist alles aus.« Um neun Uhr abends ging am 20. September 1898 das »künstlerisch abgerundete« Leben F.s zu Ende. – »Man fährt bei solch autobiographischer Arbeit entweder, wie Lübke es tut, in einem offenen Wagen durch eine freie, weit sich dehnende Landschaft, oder man fährt umgekehrt durch eine Reihe langer Tunnels mit intermittierenden Ausblicken auf im Licht aufleuchtende Einzelpunkte.« So F. in einer Besprechung der *Lebenserinnerungen* seines Freundes, des Kunsthistorikers Wilhelm Lübke. Eine freie, weit sich deh-nende Landschaft finden wir bei F. erst in den letzten zwei Jahrzehnten, nach dem Erscheinen seines ersten Romans *Vor dem Sturm* (1878). Das Konzept dazu trug er über-lange in sich herum, und keine Unterbrechungen durch andere Aufgaben konnten ihm die Überzeugung nehmen, daß dieser Roman geschrieben werden würde, »weil ich diese Arbeit als ein eigentlichstes Stück Leben von mir ansehe.« Die Kriegsbücher hiel-ten ihn auf, aber sie waren ihm »keine Herzenssache«. »Wird das Buch *(Der Deutsche Krieg von 1866)* geschrieben – gut, wird es nicht geschrieben – auch gut; es geht der

Welt dadurch von meinem Eigensten, von meiner Natur . . . nichts verloren; der Roman aber darf nicht ungeschrieben bleiben. Die Welt würde es freilich verschmerzen können, aber ich nicht. So liegt die Sache. Ich möchte das Kriegsbuch schreiben, weil der Roman . . . doch unter allen Umständen geschrieben würde« (an Wilhelm Hertz, 11. 8. 1866). *Vor dem Sturm* war der Beginn für den Romancier, den Heinrich Mann als den Begründer des modernen deutschen Romans bezeichnete und den er als seinen und seines Bruders Vorgänger ansah.

Es gab genügend »lange Tunnel« im Leben F.s. Zuerst den wirklich so genannten »Tunnel über der Spree«, den Berliner literarischen Sonntagsverein, dem sich F., durch Bernhard von Lepel eingeführt, 1844 anschloß. »Ein Tunnel ist kein Loch, er ist ein Durchgang«, meinte ein Mitglied, eine Verbindung also, die zu einem Ziel führt. Hier in diesem Berliner »Tunnel« wurde F., der mit seiner Balladendichtung dem herrschenden Geschmack entgegenkam, eine Anerkennung zuteil wie kein zweites Mal, so sehr er sich sein Leben lang danach sehnte. »Dort machte man einen kleinen Gott aus mir«, schrieb er fünfzig Jahre später. Dieser Balladenruhm gründete sich vor allem auf seine altenglischen und schottischen Balladen, die auch vielfach vertont wurden. Er ist F. zeit seines Lebens geblieben, später zu seinem Leidwesen, weil er auf Kosten seiner Romane ging. Und doch: Im Alter (mehrere seiner Romane waren schon erschienen) kehrte er noch einmal »zu den Göttern oder Hämmeln« seiner Jugend zurück, so daß er »mit fünfundsechzig wieder bei fünfundzwanzig . . . angelangt« ist: »Die Schlange, die sich in den Schwanz beißt, der Ring, der sich schließt« (an Emilie Zöllner, 18. 8. 1885). Aber es ist kein Zurückgehen etwa auf die alte Heldenballade; jetzt dringt die zeitgenössische Wirklichkeit in die Ballade ein, und neue Töne werden hörbar, und mit der Spruchdichtung seines Alters findet F. einen neuen, ihm gemäßen Ausdruck lyrischer Empfindung. Der »Tunnel über der Spree« legte für F. auch das Fundament seiner Freundschaften, von denen viele bis in sein Alter erhalten blieben und denen er im Tunnelkapitel seiner Autobiographie *Von Zwanzig bis Dreißig* (1898) viele Seiten widmet.

Vom Berliner »Tunnel über der Spree« war der Weg nicht weit zum Londoner Tunnel unter der Themse, dem technischen Wunder jener Zeit und Symbol des Fortschritts. »Seit Jahren blickt’ ich auf England wie die Juden in Ägypten auf Kanaan«, schrieb der Vierundzwanzigjährige in das Tagebuch seiner ersten Englandreise (1844), und in der Tat wurde ihm England das gelobte Land. Der zweiwöchigen Reise nach London folgten acht Jahre später ein halbjähriger Aufenthalt dort und dem wieder ein noch längerer von 1855 bis 1858. Hier war er nun, um »jenes eine große Kapitel England« zu studieren. Er hatte die politische Notwendigkeit eines solchen Studiums seiner Dienststelle, der Zentralstelle für Preßangelegenheiten, nachdrücklich ans Herz gelegt und sich als den jungen Deutschen, »der Lust, ja die Begeisterung zu diesem Studium hat«, dringend zur Berücksichtigung empfohlen. Die Jahre dort waren nicht leicht und seine Arbeit als Korrespondent aufreibend. Und doch wurde England für seine Entwicklung in persönlicher und literarischer Hinsicht von ausschlaggebender Bedeutung. Immer hatte F. unter seiner kümmerlichen Schulbildung gelitten, denn schon mit sechzehn Jahren hieß es, den väterlichen Beruf des Apothekers zu erlernen. In diese vier Lehrjahre von 1836 bis 1840 fallen F.s dichterische Anfänge. Erst in der Weltstadt London wurde ihm die Möglichkeit gegeben, seinen Horizont zu erweitern und sich zu entfalten. In *Meine Kinderjahre* (1894) gedenkt er daher dankbar seines Vaters, der ihm zu dem zweiten Aufenthalt in London verholfen hatte, der dann den dritten nach sich zog: »Und so fügte sich's denn, daß er, der in guten Tagen, in diesem und jenem, wohl manches versäumt hatte, schließlich doch der Begründer des bescheidenen Glückes wurde, das dieses Leben für mich hatte.«

Von der Schottlandreise (1858) führte den gebürtigen Neuruppiner, den Märker hugenottischer Abstammung, der Weg zur literarischen Erfassung der Heimat: Die Arbeit an den *Wanderungen durch die Mark Brandenburg* (von 1862 bis 1882) schloß sich unmittelbar an seine Bücher über England und Schottland an. Zweck dieses Werks war es, die Schauplätze, auf denen sich das politische Leben Preußens und der Mark abgesponnen hatte, »auf denen die Träger eben dieses politischen Lebens tätig waren«, zu beleben und die »Lokalität« wie die Prinzessin im Märchen zu erlösen. Wandernd, plaudernd, reisenovellistisch ging er vor. Als »historische Landschaft« charakterisierte ein Rezensent dieses Werk, das in unserer Gegenwart erneute Bedeutung erlangt hat.

Die *Wanderungen* entstanden aus innerem Bedürfnis und stellten sich als folgerichtige schriftstellerische Entwicklung dar. Anders stand es mit den Kriegsberichten, die auf äußere Anstöße hin entstanden: die drei Bismarckschen Kriege von 1864, 1866 und 1870/71. Eine ungeheure Fleißarbeit am Schreibtisch und Reisen auf die Kriegsschauplätze waren nötig. Recherchieren kann gefährlich sein: Der als Spion verdächtigte Dichter wurde vor dem Denkmal der Jungfrau von Orléans in Domremy am 5. Oktober 1870 gefangen genommen. Mehrere Wochen saß F. auf der Isle d'Oléron gefangen. »Oh, Jeanne d'Arc! il faut que je paye cher pour vous«, schreibt er von dort an seine Frau. Wir lesen darüber in *Kriegsgefangen. Erlebtes 1870* (1871). Über ein Jahrzehnt hat F. an den Kriegsbüchern gearbeitet. Anerkennung haben sie ihm nicht gebracht, nur Enttäuschung. Erst jetzt wird ihnen eine positivere Einschätzung zuteil. Das Ende dieser Arbeit fiel in das Krisenjahr 1876, in dem F. noch einmal seiner Frau Emilie zuliebe den Versuch machte, sein Leben wirtschaftlich abzusichern. Im März 1876 wird er zum Ersten Sekretär der Königlichen Akademie der Künste in Berlin berufen. Ende Mai bittet er bereits wieder um seine Entlassung. Schon die berufliche Bindung in den 50er Jahren war für ihn oft unerquicklich gewesen. Die zehn Jahre als Korrespondent des englischen Artikels in der konservativ-preußischen *Kreuzzeitung* (von 1860 bis 1870) waren erträglich, weil man ihm genug Zeit für seine *Wanderungen* ließ; aber auch diese Stellung gab er auf, um einen lockeren Vertrag mit der *Vossischen Zeitung* zu schließen, für die er fast zwanzig Jahre lang Theaterrezensionen schrieb, eine Arbeit, die seinem kritischen Blick entgegenkam. Der erneute Versuch, eine feste Anstellung zu erlangen, das Interludium einer Sekretariatsstelle an der Königlichen Akademie der Künste (1876), endete mit Demütigungen und allseitiger Verstimmung. Er war schließlich froh, seinen Kopf aus »dieser dreimal geknoteten Sekretärschlinge herausgezogen zu haben« und wählte für den Rest seines Lebens, trotz »Abgrund und Gefahren«, die freie Schriftstellerexistenz: »Mir ist die Freiheit Nachtigall, den andern Leuten das Gehalt« (an Mathilde von Rohr, 17.6.1876). Die beiden letzten Jahrzehnte seines Lebens verliefen ebenmäßig, mit Ausnahme einer mehrmonatigen, schweren psychischen Krise (1892). In der Zurückgezogenheit seines Arbeitszimmers entstanden nach dem Erscheinen von *Vor dem Sturm* (1878) hintereinander seine Romane und Novellen. Zu den Höhepunkten gehören *Irrungen, Wirrungen* (1888), *Unwiederbringlich* (1892), *Frau Jenny Treibel* (1893), *Effi Briest* (1895) und *Der Stechlin* (1899). Die Entwicklung Berlins zur Weltstadt löste seine schöpferischen Energien aus. Äußere Unterbrechungen boten die Sommerfrischen, die durch die Begegnung mit neuen Menschen stimulierend wirkten: »Ich betrachte das Leben, und ganz besonders das Gesellschaftliche darin, wie ein Theaterstück und folge jeder Szene mit einem künstlerischen Interesse wie von meinem Parkettplatz No. 23 aus« (an Georg Friedlaender, 5. 7. 1886). Ein solcher zweiter Parkettplatz wurde ihm vor allem Krummhübel in der Nähe seines Schmiedeberger Altersfreundes Georg Friedlaender. Dem geselligen Beisammensein schloß sich ein lebhafter Briefwechsel an, und diese uns erhaltenen Briefe F.s stellen eine reiche Quelle für die letzten fünfzehn Jahre seines Lebens dar. Sie spiegeln vor allem seine immer kritischer werdenden Anschauungen über die Entwicklung in Preußen-Deutschland wieder. Auch hier schließt sich ein Kreis. Seit dem Briefwechsel mit dem Jugendfreund Bernhard von Lepel, aus dem das politische Engagement des jungen F. in den Revolutionsjahren 1848/49 deutlich hervorgeht, haben wir nur selten solche Töne gehört, wie in diesen letzten zwei Jahrzehnten. Eine lebhafte Auseinandersetzung mit seiner Zeit charakterisiert den jungen wie den alten F. Alles geht ein in sein Romanwerk, das, wie Heinrich Mann schreibt, »das gültige, bleibende Dokument einer Gesellschaft, eines Zeitalters« wurde. Hier in seinen Romanen zeigt sich F.s Kritik an der Gesellschaft seiner Zeit subtiler als in seinen Briefen durch die Dialektik seiner Gespräche. Das Plaudern, der Dialog beherrscht seine Romane und verleiht ihnen ihren besonderen Reiz. Aus dem »strengen Zeitgenossen« wird der »versöhnliche Dichter« (Richard Brinkmann).

F. war von einer nervösen Labilität und stark von Stimmungen abhängig. Durchdrungen von einem starken Selbstbewußtsein, war er in hohem Grade empfindlich; »Empfindling« nannte er sich selbst einmal. Jahrzehntelang stand er unter wirtschaftlichem Druck. Immer wieder raffte er sich auf, »das Leben zu zwingen«. Seine Romane verraten jedoch wenig von den Spannungen seines Wesens und Lebens, die ein weiser Humor verdeckt. Sie sind, wie Hans-Heinrich Reuter sagt, »das harmonische Ergebnis einer glücklich bewältigten Synthese von Lebensanschauung und Kunstverstand. »Das Endresultat«, schreibt F., sein Leben überblickend, »ist immer eine Art dankbares Staunen ... Es ist alles leidlich geglückt, und man hat ein mehr als nach einer Seite hin bevorzugtes und, namentlich im kleinen, künstlerisch abgerundetes Leben geführt, aber, zurückblickend, komme ich mir doch vor wie der *Reiter über den Bodensee* in dem gleichnamigen Schwabschen Gedicht, und ein leises Grauen packt einen noch nachträglich«, schrieb er am 23. August 1891 an seine Frau.

Werkausgabe: Fontane, Theodor: Sämtliche Werke: Hrsg. von *Schreinert,* Kurt und *Gross,* Edgar. 24 Bde. München 1959–1975.

Literatur: *Jolles,* Charlotte: Theodor Fontane. Stuttgart ⁴1993; *Loster-Schneider,* Gudrun: Der Erzähler Fontane. Seine politischen Positionen in den Jahren 1864–1898 und ihre ästhetische Vermittlung. Tübingen 1986; *Voss,* Lieselotte: Literarische Präfiguration dargestellter Wirklichkeit bei Fontane. Zur Zitatstruktur seines Romanwerks. München 1985; *Müller-Seidel,* Walter: Theodor Fontane. Soziale Romankunst in Deutschland. Stuttgart ²1980/³1994; *Reuter,* Hans-Heinrich: Fontane. 2 Bde. Berlin/München 1968.

Charlotte Jolles

Forster, Johann Georg Adam
Geb. 27.11.1754 in Nassenhuben bei Danzig; gest. 10.1.1794 in Paris

»Ich bin dreiunddreißig Jahre alt, ich bin gesund, und mein Äußeres hat, ohne mir zu schmeicheln, nichts Abstoßendes. Ich habe die zweite Reise Cooks um die Welt mitgemacht und sie beschrieben. Mit allen Zweigen der Naturgeschichte, einschließlich Physik und Chemie, habe ich mich beschäftigt. Ich zeichne Pflanzen und Tiere ziemlich gut. Ich habe einige Kenntnisse in der Philosophie, den schönen Wissenschaften und Künsten. Aber die Geographie, die Geschichte, die Politik, die öffentlichen Angelegenheiten haben für mich immer Reiz gehabt, und ihnen habe ich alle meine Mußestunden gewidmet. Ich schreibe Latein und verstehe auch ein wenig das Griechische. Ich spreche und schreibe mit Leichtigkeit Französisch, Englisch und Deutsch; ich lese ohne Schwierigkeiten das Holländische und Italienische, und mit ein wenig Übung könnte ich mich in der Kenntnis des Spanischen, Portugiesischen und Schwedischen vervollkommnen, da die Anfangsgründe dieser Sprachen mir bekannt sind. Ich verstehe auch ein wenig Polnisch und Russisch, daher scheint es mir, daß man mich vorteilhaft in Verhandlungen und Korrespondenzen, die darauf Bezug haben, verwenden könnte.«

Bis auf die Charakterisierung seines Äußeren, das seine Frau als außerordentlich »unschön« bezeichnete, hat F. in dieser Selbsteinschätzung von 1787 bei der Aufzählung seiner intellektuellen Vorzüge eher untertrieben als hochgestapelt. Er gehörte zu den wenigen universal gebildeten Männern seiner Zeit, deren Wissen nicht nur angelesen, sondern das Ergebnis umfassender eigener Erfahrung war. Bereits als zehnjähriger Knabe hatte er zusammen mit seinem Vater Johann Reinhold, einem hochgebildeten und erfahrungshungrigen Mann, im Auftrag von Katharina II. eine Rußlandreise unternommen, die ihn fast ein Jahr lang über viertausend Kilometer quer durch das damalige Russische Reich führte. Als Gehilfe des Vaters bei Bodenuntersuchungen und kartographischen Aufnahmen erwarb sich F. das praktische und theoretische Rüstzeug für seine späteren naturwissenschaftlichen und ethnologischen Untersuchungen. Die finanziellen und beruflichen Hoffnungen, die der Vater an die Reise geknüpft hatte, realisierten sich jedoch nicht, so daß Vater und Sohn schließlich 1766 nach England fuhren, um dort, in der Heimat ihrer Vorfahren, eine neue berufliche Existenz aufzubauen. Die Mutter und die sechs jüngeren Geschwister blieben vorerst zurück. F. mußte den Vater bis an die Grenze der Belastbarkeit unterstützen. Bereits mit 13 Jahren trat er mit einer Übersetzung von Michail Wassiljewitsch Lomonossows *Kurzer russischer Geschichte* ins Englische hervor und half dem Vater mit seinen Einnahmen, die Familie, die 1767 nach England nachgekommen war, über Wasser zu halten. Obwohl der Vater die Grundlagen von 17 Sprachen beherrschte und ein bedeutender Naturwissenschaftler war, gelang es ihm nicht, eine angemessene und einträgliche Position in England zu erhalten. Sein Sohn Georg sollte später ganz ähnliche Erfahrungen machen. Erst das Angebot des berühmten Weltreisenden James Cook an Johann Reinhold Forster, als Naturforscher an seiner zweiten Expedition in die Südsee teilzunehmen, veränderte die desolate Situation der

Familie. Wiederum nahm der Vater den Sohn als Gehilfen mit. Diese Reise, die größte bis dahin durchgeführte Expeditionssegelfahrt, dauerte drei Jahre (von 1772 bis 1775) und führte über das Kap der Guten Hoffnung durch den Pazifischen Ozean bis hin nach Neuseeland, Tahiti und den Tonga-Inseln. Sie wurde für F. zu einem entscheidenden Bildungserlebnis. Anstelle des Vaters, der sich mit der englischen Admiralität überworfen hatte, erhielt F. die Gelegenheit, einen Bericht über die Reise zu verfassen (*A voyage towards the South Pole and round the world*, 1777, dt. 1778/1780). Mit diesem Werk begann, wie Alexander von Humboldt später in seinem *Kosmos* anmerkte, »eine neue Ära wissenschaftlicher Reisen, deren Zweck vergleichende Völker- und Länderkunde ist«. Die Anerkennung der Zeitgenossen war enthusiastisch. Sie galt nicht nur dem universalen Gelehrten und Wissenschaftler, sondern auch dem Schriftsteller F., dessen weltbürgerliche Gesinnung und dessen geistvoller Stil von Johann Wolfgang Goethe, Friedrich Schiller, Johann Gottfried Herder, Georg Lichtenberg, Martin Wieland und anderen Schriftstellern in Deutschland lebhaft bewundert wurde.

Während es F. gelang, dem Vater eine Stelle in Halle als Professor der Naturkunde und Mineralogie zu beschaffen, wo dieser bis zu seinem Tode wirkte, waren F.'s eigene Bemühungen um eine Stelle weniger erfolgreich. Die Professur am Collegium Carolinum in Kassel war schlecht bezahlt, ebenso die Professur, die er in Wilna erhielt. Sie bot ihm jedoch die Möglichkeit, Therese Heyne, die Tochter des berühmten Altphilologen aus Göttingen, zu heiraten (1786). Therese, die später nach dem frühen Tod F.s unter dem Namen ihres zweiten Mannes Huber eine eigene schriftstellerische Karriere begann, schätzte F. zwar, liebte ihn aber nicht und hatte während der Ehe zwei leidenschaftliche Beziehungen zu anderen Männern, die F. freundschaftlich ans Haus zu binden suchte. Ein Angebot der russischen Regierung, die wissenschaftliche Leitung einer vierjährigen Weltumsegelung mit Forschungen in der Südsee und im nördlichen Pazifik zu übernehmen, riß F. aus der Wilnaer Misere heraus. Zusammen mit Therese kehrte er nach Deutschland zurück, um die Reise vorzubereiten und seine Frau und die 1786 in Wilna geborene Tochter in der Obhut der Schwiegereltern in Göttingen zu lassen. Die russische Expedition zerschlug sich jedoch, und so mußte F. froh sein, als ihn 1788 der Kurfürst als Universitätsbibliothekar nach Mainz berief.

Hier nun begann jene neue Etappe in F.s Leben, die ihn, den hochgelobten und vielbewunderten Gelehrten und Schriftsteller, politisch isolieren sollte. Zunächst war F. wie viele seiner Zeitgenossen von dem Ausbruch der Revolution im Nachbarland begeistert. Zusammen mit dem jungen Alexander von Humboldt machte er sich auf eine Reise nach England, die ihn auf dem Rückweg auch durch Frankreich führte. Seine Fragment gebliebene Reisebeschreibung *Ansichten vom Niederrhein* (1791–94), von Georg Christoph Lichtenberg für »eins der ersten Werke in unserer Sprache« gehalten und als »Buch über den Menschen« gelesen, gab der Gattung wesentliche Impulse. Die darin vorherrschende Sympathie mit den Idealen der Französischen Revolution machte den Autor jedoch verdächtig. Sein praktisches Engagement während der Revolution in Mainz schließlich machte ihn in Deutschland zur unerwünschten Person: »Sie können einen Menschen nicht begreifen, der zu seiner Zeit auch handeln kann, und finden mich verabscheuenswert, wenn ich nach den Grundsätzen wirklich zu Werke gehe, die sie auf dem Papier ihres Beifalls würdigen.« F. gehörte zu denjenigen Mainzer Intellektuellen, welche die französischen Revolutionstruppen, die am 21. Oktober 1792 in

Mainz einmarschierten, nicht als Eroberer, sondern als Befreier begrüßten. In der »Gesellschaft der Freunde der Freiheit und Gleichheit« spielte er zusammen mit anderen Professoren der Mainzer Universität eine führende Rolle. Mit volkstümlich gehaltenen Flugschriften, brillanten Reden und der Zeitung *Der Volksfreund* (1793) versuchte er, die Bevölkerung für die Revolution zu gewinnen: »Ich habe mich für eine Sache entschieden, der ich meine Privatruhe, meine Studien, mein häusliches Glück, vielleicht meine Gesundheit, mein ganzes Vermögen, vielleicht mein Leben aufopfern muß.« Als Abgeordneter des Rheinisch-Deutschen Nationalkonvents, dem ersten modernen Parlament auf deutschem Boden, ging F. nach Paris, um das Anschlußgesuch der gerade ausgerufenen Mainzer Republik zu überbringen. Wenige Tage später begann die mehrmonatige Belagerung von Mainz durch die preußischen Truppen, die schließlich zur Rückeroberung durch die Koalitionstruppen führte. Damit war F. die Rückkehr nach Mainz abgeschnitten. Krank und verarmt arbeitete er im Pariser Exil an seiner *Darstellung der Revolution in Mainz* und seinen *Parisischen Umrissen* (beide Fragment geblieben), die von Friedrich Schlegel als das »einzige verständliche und verständige Wort über jene große Epoche« bezeichnet wurden. Friedrich Schlegel war übrigens der einzige, der F. nicht wie einen »toten Hund« (Friedrich Engels) behandelte, sondern in einem mutigen Essay als »vortrefflichen gesellschaftlichen Schriftsteller« würdigte.

Werkausgabe: Forsters Werke in 2 Bänden (Teils.). Hrsg. von Gerhard *Steiner*. Berlin 1983. Georg Forsters Werke. 18 Bde. Hrsg. Akademie der Wissenschaften Berlin 1982 ff.
Literatur: *Rasmussen*, Detlev (Hrsg.): Georg Forster als gesellschaftlicher Schriftsteller der Goethezeit. Tübingen 1988; *Harpprecht*, Klaus: Georg Forster oder die Liebe zur Welt. Eine Biographie. Reinbek bei Hamburg 1987; *Steiner*, Gerhard: Georg Forster. Stuttgart 1977.   *Inge Stephan*

Frank, Leonhard
Geb. 4. 9. 1882 in Würzburg, gest. 18. 8. 1961 in München

Er war und blieb zeit seines Lebens ein »einfacher Autor« und »ewiger Autodidakt«, ein deutscher Dichter aus der Provinz und ein kosmopolitischer Europäer. Aufgewachsen ist er, viertes Kind eines Würzburger Schreinergesellen, in ärmlichsten Verhältnissen. Nach Volksschulbesuch, Schlosserlehre, mehrfachem Berufswechsel als Fabrikarbeiter, Klinikdiener, Anstreicher und Chauffeur stürzte er sich, sechzehnjährig und von der Idee besessen, Maler zu werden, in das Schwabinger Leben der Künstler und Bohemiens, das er als seine »Universität« bezeichnete. Eine Sammlung von Farblithographien (*Fremde Mädchen am Meer und eine Kreuzigung*, 1913) ist indes seine einzige Veröffentlichung als bildender Künstler geblieben.

Nach seinem Umzug nach Berlin (1910) begann er zu schreiben, zunächst von den Verletzungen der Kindheit durch Elternhaus und Schultyrannen – so in den Romanen *Die Räuberbande* (1914), mit dem F. sofort bekannt wurde, und *Die Ursache* (1915), einer leidenschaftlichen Anklage gegen die Todesstrafe. Fast alle zeit- und gesellschaftskritischen Werke F.s spielen vor dem Hintergrund seiner Heimatstadt Würzburg, und fast alle Individuationsprobleme besitzen autobiographischen Charakter, festgemacht an der Romanfigur Michael Vierkant. Aus der Antithese vom Glauben an den »guten Menschen« und der Ablehnung der realen Gesellschaft resultiert bei F. die Forderung nach einer besseren Welt, wie sie in der Natur als einer Instanz und eines Symbols menschlicher Ordnungen und menschlichen Verhaltens durchscheint.

Als überzeugter Pazifist und aus Protest gegen das patriotische Kriegsgeheul ging F. 1915 freiwillig in die Schweiz ins Exil (bis 1918), wo sein Novellenzyklus *Der Mensch ist gut* (1917) entstand, ein Manifest gegen Krieg und Tod, in dem auch die Revolution in Deutschland vorausgesagt wird. Das in Deutschland verbotene Buch, das die Sozialdemokraten in über 500000 Exemplaren auf Zeitungspapier drucken und an die Front schicken ließen, zählte nach Einschätzung der Literaturkritik zu den geistigen Wegbereitern der Revolution von 1918/19.

Der in F.s Romanen zentrale Konflikt zwischen Individuum und Gesellschaft äußert sich in verschiedenen Formen und Bereichen als Kritik an der bürgerlichen Gesellschaft, die mit ihren erstarrten Normen die Ausbildung von Individualität behindert. Als Erziehungskritik erscheint sie in der ganz in der Tradition des Schülerromans stehenden *Räuberbande*, dessen jugendliche Helden den in Elternhaus und Schule erfahrenen Zwängen ein von Wildwestromantik geprägtes Freiheitsideal entgegensetzen. Ichfindung ist demnach nur in der romantischen Sehnsucht nach der Ferne zu erreichen, wer im Prozeß der Verbürgerlichung die Sehnsucht hinter sich läßt, wird zur gesellschaftlichen angepaßten »Ich-Leiche«.

Der Bürger (1924) formuliert Gesellschaftskritik ebenfalls primär als Erziehungskritik, das Recht auf ein eigenständiges Wachstum der Subjektivität einklagend sowie das auf ein »reines Ich«, das nicht »versunken und verschüttet und ertötet ist im Bürger des zwanzigsten Jahrhunderts«. Kritik an der Justiz artikuliert F. in seinem von der psychoanalytischen Theorie Freuds, mit der sich F. in seinen Münchener Bohemejahren auseinandersetzte, beeinflußten Roman *Die Ursache* (1915), in welchem er bei der juristischen Bewertung einer Unrechtstat sowie bei der Ermittlung des Strafmaßes für die Ausleuchtung der für ein Verbrechen maßgeblichen psychosozialen Ursachen plädiert. In *Karl und Anna* (1927) verwirklicht sich die Liebe als ein anerkanntes Recht der Individualität gegen das positive Recht, hat die Legitimität echter Liebe Vorrang vor der Legalität des Eherechts. Fortgesetzt wird diese Rechtskritik in dem Roman *Bruder und Schwester* (1929), in dem am Beispiel des Inzests die Verletzung gesellschaftlicher Tabus als ein Akt der Freiheit, als legitime Opposition gegen das »naturwidrige« positive Recht gezeigt wird. Bedingung für die ungehinderte Entfaltung von Individualität und damit für eine Besserung der Gesellschaft ist deren strukturelle Veränderung, die sich für F. weniger in der von Karl Marx postulierten Nivellierung der gesellschaftlichen Klassen mittels Revolution als vielmehr in der »Anarchie der Liebe« als einem individuell geführten Kampf gegen eine »in der Lüge erstarrten« Zivilisation erreichen läßt. Der Mensch ist gut, solange er sich in Aufruhr und in der Veränderung befindet.

1933 ging F., jetzt leidenschaftlich für einen Sozialismus mit menschlichem Antlitz eintretend, als einer der ersten deutschen Schriftsteller ins Exil, nachdem seine Bücher verbrannt worden waren; die offizielle Ausbürgerung erfolgte 1934. Er emigrierte über Zürich und London nach Paris und floh von dort nach dem Einmarsch der deutschen

Truppen über Portugal in die USA, wo er sich den Lebensunterhalt zunächst als Drehbuchautor in Hollywood, dann als freier Schriftsteller in New York verdiente. 1950
kehrte er als einer der ersten deutschen Emigranten nach Deutschland zurück. In seiner
Heimatstadt Würzburg wurde er nicht sehr freudig empfangen, sah die doch in *Die
Jünger Jesu* (1949), einer Abrechnung mit den überlebenden Nazis, eine Verunglimpfung
eines Teils ihrer Bürgerschaft. In dem autobiographischen Roman *Links wo das Herz
ist* (1952), seinen in der dritten Person geschriebenen Memoiren, gibt er »die Fiktion
zugunsten seiner Lebenswahrheit« auf: die Romanfigur Michael Vierkant ist jetzt mit
dem Autor F. völlig identisch. Über sein Leben, das in den späten fünfziger Jahren
in Ost und West eine öffentliche Würdigung erfuhr, ist darin u.a. vermerkt: »Sein
Leben war das eines kämpfenden deutschen Romanschriftstellers in der geschichtlich
stürmischen Hälfte des zwanzigsten Jahrhunderts. Seine Bücher sind Bildnisse seines
Innern«.

Literatur: *Schmeling*, Christian: Leonhard Frank und die Weimarer Zeit. Frankfurt a.M. 1989;
Glaubrecht, Martin: Studien zum Frühwerk Leonhard Franks. Bonn 1965.   *Josef Hoben*

Frauenlob (d.i. Heinrich von Meißen)
Geb. um 1250; gest. 29.11.1318 in Mainz

In der Fortsetzung der sog. Martinschronik (einer Kaiser-
Papst-Geschichte des Martin von Troppau, 2. Hälfte 13. Jh.)
durch den bischöflichen Notar Matthias von Neuenburg
(bezeugt in Straßburg und Basel in der 1. Hälfte des 14. Jahrhunderts) wird berichtet, der Dichter F., gestorben am 29.11.
1318, sei von Frauen zu seiner Grabstätte im Kreuzgang des
Mainzer Doms getragen worden. Der mittelalterliche, 1774
zerstörte Grabstein wurde nach einigen Jahren durch eine
heute noch zu sehende (ungenaue) Nachbildung ersetzt. Auf
einem zweiten, ebenfalls erst aus dem 18. Jh. stammenden
Stein ist die in der Chronik geschilderte Szene des Grabgelei-
tes abgebildet. – F. wurde von den Meistersingern nicht nur zu deren Zwölf Alten Meistern gezählt, er galt ihnen auch als der Begründer ihrer Kunst, der die ältesten Meister-
singerschulen ins Leben gerufen habe. – Aus dem Beinamen »von Meißen« wird abgeleitet, daß der Dichter aus diesem Gebiet stammte; auch seine Sprache weist ins Mittel-
deutsche. Den schon im Mittelalter gebräuchlichen »Künstlernamen« (Große Heidelberger Liederhandschrift: *Meister Heinrich Vrowenlop*) verdankt er seinem Eintreten für
den Begriff ›frouwe‹ als Ehrentitel des weiblichen Geschlechts im Streit mit seinen Sän-
gerkollegen Regenbogen und Rumelant, welche für den Vorrang des Begriffes »wîp«
eintraten (eine Begriffsopposition, die schon Walther von der Vogelweide in die Dich-
tungsdiskussion eingebracht hatte). Diese Kontroverse läßt sich in Grundzügen aus der
Überlieferung herausarbeiten. An Hand der Apostrophierungen in seiner Preislyrik
läßt sich in großen Zügen ein für mittelalterliche Berufssänger typisches Wanderleben
verfolgen: So erscheinen als Gönner Erzbischof Giselbert von Bremen, Graf Otto von

Ravensberg, Fürst Wizlav von Rügen. Er dichtete Totenklagen auf König Rudolf (gestorben 1291), Herzog Heinrich von Breslau (gestorben 1290) und auf König Wenzel II. von Böhmen (gestorben 1305, letztere bezeugt allerdings nur in Ottokars Österreichischer Reimchronik). Eine besondere Beziehung scheint zum Leibarzt König Rudolfs, Peter von Aspelt, bestanden zu haben, der später zum Erzbischof von Mainz aufstieg: Damit könnte F.s Aufenthalt in Mainz in seinen letzten Jahren zusammenhängen. Nach weiteren Strophen hat F. an der Schwertleite König Wenzels II. (1292) teilgenommen; er besang Hoffeste des Herzogs Heinrich von Breslau und Rudolfs von Habsburg, kannte Kärnten und die Mark Brandenburg. Er war also in einem Großteil des damaligen deutschen Sprachgebiets als Hofsänger unterwegs, wobei sich gewisse Schwerpunkte seines Wirkens im östlichen Süd- und Mitteldeutschland herauskristallisieren. Er dichtete, wie andere Lyriker vor ihm, überwiegend für ein höfisches Publikum, obwohl ihn später dann die handwerklichen Meistersinger zu einem der ihren machten. Neben zahlreichen Spruchstrophen (über 400) verfaßte er drei lyrische Prunkgedichte, sog. Leichs (einen Marien-, Kreuz- und Minneleich), weiter Minnelieder und Rätselgedichte im sog. »geblümten« Stil, einer maniert metaphernreichen Sprachkunst. Recht selbstbewußt stellt er sich über die Klassiker Walther von der Vogelweide und Reinmar. Konrad von Würzburg preist er in einer Totenklage. Seine Nachwirkung, vor allem bei den späteren Vertretern des geblümten Stils und bei den Meistersingern, war groß: davon zeugen im 14. Jahrhundert etwa das Lob Johanns von Neumarkt, des Kanzlers am Hofe Karls IV., der ihn als »vulgaris eloquencie princeps« (als Fürsten der volkssprachlichen Redekunst) preist, ferner seine Registrierung im Grundbuch des Meistersangs, der Kolmarer Handschrift. Der Chronist des Meistersangs, Cyriacus Spangenberg, rühmt ihn noch um 1600 als einen Sänger, dessen Bestreben der Preis der Frauen gewesen sei.

Werkausgabe: *Stackmann,* Karl u. *Bertau,* Karl (Hrsg.): Frauenlob (Heinrich von Meißen). Leichs, Sangsprüche, Lieder. 2 Bde. Göttingen 1981.
Literatur: *Bertau,* Karl: Zum wîp-vrouwe-Streit. In: Germanisch-Romanische Monatsschrift 59, Neue Folge 28 (1978). S. 225–231; *Stackmann,* Karl: Probleme der Frauenlob-Überlieferung. Beiträge 98. Tübingen 1976. S. 203–230; ders.: Bild und Bedeutung bei Frauenlob. In: Frühmittelalterliche Studien 6 (1972). S. 441–460.

Günther Schweikle

Freiligrath, Ferdinand

Geb. 17. 6. 1810 in Detmold; gest. 18. 3. 1876 in Cannstatt

Wilde Exotik, revolutionäre Empörung, nationale Begeisterung – exemplarisch abzulesen an Gedichttiteln wie *Löwenritt, Reveille, Hurrah, Germania!* – sind die drei zentralen Stichworte zu F.s Lebenshaltung und zugleich charakteristisch für die drei wichtigsten Phasen seiner literarischen Produktivität. Gemeinsam ist ihnen nicht nur Leidenschaft- und Begeisterung, sondern auch eine besondere, je unterschiedlich akzentuierte Affinität zu Deutschland: Ferne und Heimat, Freiheit und Gleichheit, Krieg und Einheit.

Bekannt und berühmt wurde der junge kaufmännische Angestellte F. durch seine »Wüsten- und Löwenpoesie« (*Gedichte*, 1838). Beeinflußt vom englischen und französischen Exotismus, besonders von Victor Hugos Orientpoesie (*Aus dem Morgenland*, 1829; dt. 1841), entstand ein neuer Ton in der deutschen Lyrik: ferne Natur und fremde Völker, wilde Abenteuer und exotische Szenen voller Theatralik und mit einem Übermaß an Metaphern; alexandrinisches Versmaß und ausgefallene Fremdwortreime, Langzeile und »Dampfschiffrhythmus« (Bettine von Arnim) verleihen den Gedichten Pathos und Eindringlichkeit, die den Bedürfnissen der begeisterten Leser entsprachen. F.s Fernweh ist sowohl im Kontext der zu jener Zeit weitverbreiteten Mode des Reisens und der Lektüre von Reiseliteratur zu sehen als auch im Kontrast zu den bedrückenden, rückständigen deutschen Verhältnissen bzw. zu dem von F. selbst in Amsterdam erlebten »modernen Getreibe« des Handelskapitalismus.

F. sieht rückblickend nicht zu Unrecht in dieser Lyrik eine Zivilisationskritik, eine »Opposition gegen die zahme Dichtung wie gegen die zahme Sozietät« (Brief v. 9. 7. 1852). Zugleich aber stand er in den 30er Jahren in entschiedener Opposition zur politischen Prosa-Literatur der Jungdeutschen und deren Emanzipationstendenz – er stimmte sogar Wolfgang Menzels Heine-Denunziation zu; eine literarisch-politische Haltung, die Anfang der 40er Jahre mit F.s die Reaktion verherrlichendem und zugleich Überparteilichkeit beanspruchendem Gedicht *Aus Spanien* (1841) und Georg Herweghs scharfer Erwiderung *Die Partei* ihren Höhepunkt erreichte und 1842 zu einer Pension seitens des preußischen Königs Friedrich Wilhelm IV. führte.

F.s bekannte Verse: »Der Dichter steht auf einer höhern Warte, / als auf den Zinnen der Partei«, verloren jedoch in den folgenden Jahren auch für ihn selbst ihre Gültigkeit. Beeinflußt von Hoffmann von Fallersleben wandte er sich zusehends gegen das soziale Elend und die sich wieder verschärfende politische Unterdrückung, mit der er seine ersten persönlichen Erfahrungen machte, als die Zensur 1843 zwei seiner Gedichte verbot. Im Frühjahr 1844 ging F. nach Belgien ins Exil und verzichtete auf den preußischen »Ehrensold«. In seinem literarischen Schaffen markiert der noch sehr heterogene Gedichtband *Ein Glaubensbekenntnis* (1844) diese Bruchstelle – von nun an tritt er, wie es im Vorwort heißt, »auf die Seite derer, die mit Stirn und Brust der Reaktion sich entgegenstemmen!« In der Schweiz, der nächsten Station des Exils (1845), engagierte sich F., befreundet mit dem freiheitlich gesinnten Gottfried Keller, gleichermaßen gegen

Adel und Bürgertum und beschwört in dem schmalen Gedichtband *Ça ira* (1846) die Revolution, nun mit derselben Begeisterung und Phantasie wie einst die exotischen Abenteuer. Das Gedicht *Wie man's macht!* provozierte deshalb auch den Widerspruch der Freunde Karl Marx und Friedrich Engels: »Man muß gestehen, nirgends machen sich die Revolutionen mit größerer Heiterkeit und Ungezwungenheit als im Kopf unseres Freiligrath«. Immerhin ist der Maschinist im Gedicht *Von unten auf!* eine der ersten selbstbewußten Proletariergestalten in der deutschen Literatur.

Aus finanziellen Gründen ging F. 1846 als Kaufmann nach England, bevor er im Mai 1848 nach Köln zurückkehrte und aktiv an der Revolution teilnahm; er wird Mitglied im Volksverein und im Bund der Kommunisten. Während der Zusammenarbeit mit Karl Marx, Friedrich Engels und Georg Weerth an der *Neuen Rheinischen Zeitung* (1848/49) war F.s Lyrik durch die Verbindung von Emotionalität und konkreten Revolutionsereignissen besonders massenwirksam. Sein Gedicht an die Märzgefallenen, *Die Toten an die Lebenden*, z.B. fand als Flugblatt reißenden Absatz, brachte ihm aber auch einen Prozeß wegen »Aufreizung zum Umsturz«ein. Er nennt sich jetzt selbst »Trompeter der Revolution« (*Trotz alledem!*, *Reveille*).

Bis zu seiner Emigration nach England (1851) setzte F. seine politischen Aktivitäten im Rheinland fort. Nach der Niederlage der Revolution erlosch jedoch allmählich seine revolutionäre Begeisterung und damit die spezifische Voraussetzung seiner politischen Lyrik. Ohne die Basis theoretischer Kenntnisse – »Ich sollte mich eigentlich gar nicht an Reflexionen geben« – entfremdete er sich zusehends von seinen politischen Freunden. 1859 kam es zum Bruch mit Karl Marx und Friedrich Engels, 1867 zur Amnestie und Rückkehr nach Deutschland. Neben einer Vielzahl von Übersetzungen und Gelegenheitsgedichten stimmte er nun mit patriotischer Lyrik in die Kriegsbegeisterung und den Einheitsjubel ein (*Hurrah, Germania!*, 1870), warnte jedoch zugleich in seinen Briefen vor nationalistischen Übertreibungen.

Die poetischen Mittel seiner Lyrik jedoch – Prosa zu schreiben, hatte er nach einigen Versuchen schnell aufgegeben – sind seit den Anfängen unverändert. Auch jetzt dominieren Pathos und Rhetorik, extreme Situationen und starke Kontraste: das der Reaktion entgegengeschleuderte *Trotz alledem!* von 1848 setzt sich – bis in den Sprachduktus vergleichbar – in dem gegen Frankreich gerichteten *So wird es geschehn!* von 1870 fort; aus dem »Trompeter der Revolution« wurde das Kriegssymbol *Die Trompete von Vionville*.

Werkausgabe: Ferdinand Freiligrath: Werke. Hrsg. von J. *Schwering* (Nachdruck der Ausg. von 1909). Hildesheim 1974.
Literatur: *Hartknopf*, Winfried: Ferdinand Freiligrath (1810–1876). In: *Martino*, Alberto u. a. (Hrsg.): Literatur in der sozialen Bewegung. Tübingen 1977. S. 424–487; *Kittel*, Erich: Ferdinand Freiligrath als deutscher Achtundvierziger und westfälischer Dichter. Lemgo 1960; *Gudde*, E. G.: Freiligraths Entwicklung als politischer Dichter. Berlin 1922.

Florian Vaßen

Freytag, Gustav
Geb. 13.7.1816 in Kreuzburg/Schlesien; gest. 30.4.1895 in Wiesbaden

»Freier Schriftsteller« war wohl kaum das Berufsziel des schlesischen Erfolgsautors. Obwohl der »Hausdichter des deutschen Bürgertums« rückblickend die Atmosphäre eines gebildeten Elternhauses für seine »faßliche Darstellung der Menschenwelt«, die deutsch-polnische Grenzgebietslage seines Heimatortes für seine bürgerlich-nationale Gesinnung und die Aufführungen des Provinztheaters für seine dramatische Gestaltungsfähigkeit verantwortlich machte, strebte der kleinstädtische Arztsohn zunächst eine Universitätskarriere an.

Der ursprünglich an klassischer Philologie interessierte F. promovierte schließlich bei dem Altphilologen Karl Lachmann in Berlin mit einer Dissertation über die Anfänge des Dramas (1838). Mit Hilfe seines Lehrers A. H. Hoffmann von Fallersleben gelang es dem erst Dreiundzwanzigjährigen, der »vor allem Andern die Sorge für [seinen] künftigen Beruf hinter [sich] haben wollte« *(Erinnerungen)*, sich als Privatdozent (1839 bis 1844) für deutsche Sprache und Literatur mit einer Abhandlung über die mittelalterliche Dichterin Hrotsvit von Gandersheim (1839) an der Universität Breslau zu habilitieren. Sein akademisches Lehramt ermöglichte dem sozialen Problemen gegenüber aufgeschlossenen Liberalen – er war Gründungsmitglied eines karitativen Vereins für die notleidenden Weber – die Fortsetzung seiner poetischen Versuche, die ihm in der Studentenschaft Popularität eintrugen. Daß »Volkstümlichkeit« von Anfang an ein wichtiges Kriterium seiner Dichtung war, beweisen der frühe Gedichtband *In Breslau* (1845) und sein freundschaftliches Verhältnis zu dem Dorfgeschichten-Autor Berthold Auerbach. Durch sein vom königlichen Theater in Berlin prämiertes Lustspiel *Die Brautfahrt, oder Kunz von der Rose‹n›* (1844) avancierte F. zum gefragten Dramatiker. Er wurde deshalb später in die Berliner »Schillerpreiscommission« berufen und schrieb – des häufigen Redigierens ihm zugesandter Arbeiten müde –, gleichsam als »Lehrbuch« für Anfänger, seine an Antike und Klassik orientierte *Technik des Dramas* (1863). F. stellt 1844 seine Vorlesungen aufgrund fachlicher Differenzen mit der Fakultät ein. Seine handwerkliche Dichterauffassung und Kontakte zum Dresdner Theaterkreis um Eduard Devrient ermöglichten es ihm, sich eine neue Existenz als Berufsschriftsteller aufzubauen. Die heute vergessenen zeitkritischen Stücke (*Die Valentine*, 1847, u.a.) spiegeln bereits F.s nationalliberale Ansichten gegen Kleinstaaterei und philiströs-restaurative Enge wider, die sich vor dem Hintergrund der Barrikadenkämpfe der 48er Revolution zu einer von der »Straßendemokratie« abgegrenzten politischen Haltung verfestigen. Seine »Agitation« in einem Leipziger Handwerkerverein wird durch die Zusammenarbeit mit dem Literaturhistoriker Julian Schmidt bis 1871 in der von ihnen übernommenen Wochenschrift *Die Grenzboten* erfolgreich fortgesetzt. Nicht nur politische Bildung im nationalliberalen, preußisch-kleindeutschen Sinne strebte das einflußreiche Blatt an, sondern auch die Verwirklichung einer neuen »volkserzieherischen« literarischen Absicht: Realismus als Lebens- und Darstellungsprinzip. Ein neues politisches Forum fand F. zwischen 1871 und 1873 in der eben gegründeten Zeitschrift *Im neuen Reich*, die der Historiker Alfred Dove in F.s

Leipziger Stammverlag Salomon Hirzel herausgab. In dem Lustspiel *Die Journalisten* (1854) verarbeitete F. mit seinem mitunter übertriebenen Humor (Theodor Fontane) unmittelbare Wirklichkeitserfahrungen, genauso wie in dem Gelehrtenroman *Die verlorene Handschrift* (1864) und besonders in dem oberflächlich als Kaufmannsroman bezeichneten gründerzeitlichen Sozialprogramm *Soll und Haben* (1855), die beide an F.s Breslauer Zeit erinnern. Der als zeithistorische Quelle immer noch lesenswerte Bildungsroman *Soll und Haben* galt auch formal und nicht nur inhaltlich als das »Musterbeispiel« des bürgerlich-programmatischen Realismus, weil sein dramatischer Aufbau dem von F. entwickelten Romankonzept entsprach und insofern auch für spätere Romane eine Vorbildfunktion besaß (Hans Mayer: *Von Lessing bis Thomas Mann*). Beweise der Akribie und des ungeheuren Fleißes, den schon Zeitgenossen wie Conrad Alberti rühmten, sind die kulturgeschichtlich auch heute noch interessanten *Bilder aus der deutschen Vergangenheit* (1859–1867), eine wissenschaftlich fundierte Textsammlung auf der Grundlage seiner historischen Quellen- und Flugschriftensammlung (Stadt- und Universitätsbibliothek Frankfurt a. M.). Gewissermaßen als deren Fortsetzung kann F.s vielgelobte Biographie des badischen liberalen Politikers *Karl Mathy* (1869) gelten. Ebenso wie sein Spätwerk, der an Walter Scott angelehnte historische Romanzyklus *Die Ahnen* (1873–1881), verdeutlichen gerade diese Werke F.s patriotische Absicht, historisches Bewußtsein als vaterländische Geschichte zu vermitteln. Daß seine literarische und journalistische Tätigkeit nach 1848 letztlich im Dienste der Politik Preußens und der späteren Reichsgründung stand, beweist nicht nur der ideologische Gehalt seiner Werke, die Adel und Proletariat diffamieren und allein das Bürgertum heroisch als Stütze des Staates preisen, sondern auch sein Einsatz im liberalen Nationalverein, den Herzog Ernst II. von Sachsen-Coburg-Gotha 1853 als Sammelbecken der deutschen Einheitsbewegung gegründet hatte. Gotha, Zufluchtsort der Liberalen, wurde daher in der Reaktionszeit zum Hauptaufenthalt des Dichters und begründete die Freundschaft mit dem kunstsinnigen Fürsten, der ihm 1854 als Schutz vor den Nachstellungen der preußischen Polizei den Hofratstitel verliehen hatte und dem F. aus Dank *Soll und Haben* widmete. Herzog Ernst II. veranlaßte ihn, von 1867 bis 1870 als Abgeordneter der Nationalliberalen Partei im konstituierenden Reichstag des Norddeutschen Bundes in Berlin mitzuwirken. Ihm gestand er, wie wenig er sich selbst als Politiker betrachtete: »In der Politik ist zweifelhaft, was ich leiste und nütze, in meinem Fach weiß ich es.« Wie gradlinig der Gedanke des Liberalismus die Weltanschauung des Bildungsbürgers F. bestimmte, zeigte sich sowohl in der Ablehnung radikaler Forderungen der Revolutionäre von 1848/49 als auch der restaurativen Vision eines großdeutschen Kaiserreichs.

Immer wieder diskutiert wurde in der Forschung F.s angeblicher Antisemitismus, der in den 70er Jahren nach einer heftigen Pressekontroverse die von Rainer Werner Fassbinder geplante Fernsehverfilmung von *Soll und Haben* nicht zustande kommen ließ. F.s Ehe mit der Jüdin Anna Strakosch, seine Mitgliedschaft im 1890 gegründeten »Verein zur Abwehr des Antisemitismus« und Aufsätze wie *Der Streit über das Judentum* (1869, gegen Richard Wagner) und *Ueber den Antisemitismus* (1893) bekräftigen, daß der liberal denkende F. tatsächlich den assimilierten jüdischen Bürger ohne Einschränkung tolerierte.

Werkausgabe: Gesammelte Werke. Hrsg. von *Elster*, Hanns Martin: 12 Bände. Leipzig 1926.
Literatur: *Büchler-Hauschild*, Gabriele: Erzählte Arbeit. Gustav Freytag und die soziale Prosa

des Vor- und Nachmärz. Paderborn 1987; *Herrmann,* Renate: Gustav Freytag. Bürgerliches Selbstverständnis und preußisch-deutsches Nationalbewußtstein. Würzburg 1974; *Lindau,* Hans: Gustav Freytag. Leipzig 1907.

Gabriele Büchler-Hauschild

Fried, Erich
Geb. 6. 5. 1921 in Wien; gest. 22. 11. 1988 in Baden-Baden

»Ich schreibe Gedichte, wie ein Karnickel Junge kriegt«, äußerte F. zu Beginn der achtziger Jahre einmal über die unheimlich anmutende Fülle Produktivität seines lyrischen Schaffens, und man stelle sich ihn vor, den kleinen, humorigen Mann mit den vielen, liebenswert skurrilen, unbürgerlichen Zügen, wie er dabei spitzbübisch durch seine schwarz geränderte Brille blinzelt und anschließend, seinen geschnitzten Gehstock in der einen Hand haltend, mit der anderen Hand das volle, immer leicht verwilderte Haar von der Stirn seines riesig wirkenden Kopfes streicht. Und doch verbirgt sich hinter F.s ironischer Selbstcharakteristik der bittere Ernst einer Lebensbewältigung, die »Schreibenmüssen« heißt, schreiben gegen erlebtes und erlittenes Unrecht, gelegentlich zornig schreiben gegen die menschenfeindlichen Heucheleien der großen und kleinen Politik, und zuletzt auch schreiben, so ließe sich in einem F.-nahen Duktus sagen, um der Verzweiflung der Hoffnung die Hoffnung wiederzugeben.

Schon früh spürte F., einziges Kind einer jüdischen Familie aus Wien, die sozialen Spannungen in der österreichischen Metropole. Aus der Nähe erlebt der Heranwachsende den »Blutigen Freitag« von 1927, den Bürgerkrieg von 1934 und einen immer stärker werdenden Antisemitismus. Als kurz nach dem Anschluß Österreichs (13. 3. 1938) die Eltern verhaftet werden und der Vater an den Folgen eines Gestapo-Verhörs stirbt, flieht der 17jährige Gymnasiast – mit dem festen Vorsatz, »Schriftsteller zu werden« und »gegen Faschismus, Rassismus und Austreibung unschuldiger Menschen« zu schreiben – nach England. In London schließt sich F. den vorwiegend von Kommunisten getragenen Exilorganisationen an, von deren parteigebundenem Kern er sich aber Anfang 1944 wieder trennt. Zu wichtigen Freunden der Emigration werden ihm u.a. die österreichischen Schriftsteller Hans Flesch(-Brunningen), Theodor Kramer und Hans Schmeier (Freitod 1943) sowie der Breslauer Literaturwissenschaftler Werner Milch. Nur notdürftig sichern Gelegenheitsjobs die Existenz des Flüchtlings ab, 1944 erscheint sein antifaschistisches Erstlingswerk, die *Deutschland*-Gedichte.

Nach dem Zusammenbruch des nationalsozialistischen Regimes entscheidet sich F., in London zu bleiben, wo er bis zuletzt mit seinen sechs Kindern und der dritten Ehefrau Catherine lebte. Seine literarischen Arbeiten wenden sich zunächst »trotz aller Zeitverbundenheit den längerwährenden Grundthemen der Dichtung« zu (Nachwort zu *Gedichte,* 1958). Durch Vermittlung Werner Milchs korrespondiert er mit Elisabeth Langgässer in Berlin, ein Briefwechsel entsteht mit dem Hamburger Verleger Eugen

Claassen. Nach der Mitarbeit bei den in London redigierten Alliierten-Zeitschriften *Neue Auslese* und *Blick in die Welt* wird F. ab 1952 festangestellter Kommentator bei der deutschen Abteilung der BBC (bis 1968, als er den Sender aufgrund politischer Differenzen verläßt). Seitdem lebte er als freier Schriftsteller, mit häufigeren Aufenthalten in Deutschland, Österreich und der Schweiz.

Zur ersten Wiederbegegnung mit dem Kontinent kommt es 1953 während einer Reise nach Berlin; Wien, seine Heimatstadt, sieht er erst 1962 wieder. In der Zwischenzeit hat sich F. einen Namen als Übersetzer (u.a. v. Dylan Thomas, William Shakespeare) gemacht, 1956/57 erscheint er als England-Korrespondent im Impressum der von Alfred Andersch herausgegebenen Zeitschrift *Texte und Zeichen*. Hans Magnus Enzensberger und Ernst Jandl besuchen ihn in London. Zunehmende Kontakte und Reisen nach Deutschland führen schließlich zur Annäherung an die außerparlamentarische Opposition (Beiträge für die Zeitschrift *konkret*, Freundschaft mit Rudi Dutschke) und zur Teilnahme an den Tagungen der Gruppe 47 (Debüt 1963), wo er später »als Linksaußen abgestempelt« wird (Helmut Heißenbüttel).

Heftige Kontroversen (nicht nur literaturkritische) lösen F.s *Vietnam*-Gedichte (1966) in der Mitte der 60er Jahre, aus. Ebenso wie das anschließende Engagement gegen Israels Palästinenserpolitik und gegen die ›Sympathisanten‹-Hetze der Baader-Meinhof-Hysterie in den 70er Jahren tragen sie ihm (ähnlich wie Heinrich Böll) massive Anfeindungen und das schräge Etikett eines wildgewordenen Polit-Dichters (u.a. »dichtender Verschwörungsneurotiker«; *Die Zeit*, 1977) ein. In den Reihen der CDU möchte man seine Gedichte »lieber verbrannt sehen« (Bernd Neumann, 1977), die CSU streicht sie aus bayrischen Schullesebüchern (1978). Auf den viel und oft falsch zitierten Text *Auf den Tod des Generalbundesanwalts Siegfried Buback* anspielend, spricht der damalige Justizminister Hans Jochen Vogel während einer Anti-Terror-Debatte des Deutschen Bundestags 1978 von einem »Schriftsteller, der sich des Ermordeten eilends bemächtigte, um ihn in kümmerlichen Versen zu diffamieren«. Oberflächlichen Vorwürfen solcher Art entzieht sich das komplexe, selbstkritische (von ernstem bis kaustischem Sprachspiel geprägte) Gesamtwerk F.s (»Hauptaufgabe der Kunst ist Kampf gegen Entfremdung«), für das eine Abwehr simplifizierender, politischer Feindbilder geradezu charakteristisch ist. Ein späteres (wiederum umstrittenes) Beispiel für seine Verständigungsbemühungen mit Menschen »auf der anderen Seite« ist seine einfühlsame Auseinandersetzung mit dem Neonazi Michael Kühnen (1984). Bis zuletzt und trotz seines Krebsleidens ein unermüdlicher Dichter auf Reisen, Verfasser von über dreißig Lyrikbänden und mehreren Prosasammlungen, Bühnen-, Roman- und Hörspielautor, unbequemer Journalist, anerkannter Übersetzer sowie Träger verschiedener internationaler Literaturpreise, ist F. einer der auffälligsten und engagiertesten Schriftsteller der deutschsprachigen Nachkriegsliteratur. In der Urkunde zur Verleihung des Georg-Büchner-Preises heißt es: »Die Deutsche Akademie für Sprache und Dichtung verleiht den Georg-Büchner-Preis 1987 F., der in seinen poetischen Werken wie in seinen Übersetzungen die deutsche Sprache aus Verdunkelungen und aus dem Geschwätz zu einer unmißverständlichen Triftigkeit führt. Sie würdigt den in jeder Hinsicht mutigen Schriftsteller, der es nicht aufgibt, gegen die Übermacht der Mißstände unserer Welt zu schreiben, bei dem Sprache und Handeln, Wort und Sache eine maßgebliche Einheit werden«. Nach einer dritten Krebsoperation verstarb F. in Baden-Baden und wurde am 9.12.1988 auf dem Londoner Friedhof Kensal Green beigesetzt.

Werkausgabe: Gesammelte Werke. Hrsg. von *Kaukoreit*, Volker u. *Wagenbach*, Klaus: 4 Bände. Berlin 1993.

Literatur: *Kaukoreit*, Volker: Vom Exil bis zum Protest gegen den Krieg in Vietnam. Frühe Stationen des Lyrikers Erich Fried, Werk und Biographie 1938–1966. Darmstadt 1991; Einer singt aus der Zeit gegen die Zeit. Erich Fried 1921–1988. Materialien und Texte zu Leben und Werk. Zusammengestellt und bearbeitet von *Kaukoreit*, Volker und *Vahl*, Heidemarie. Darmstadt 1991; *Lampe*, Gerhard: »Ich will mich erinnern an alles was man vergißt«. Erich Fried. Biographie und Werk. Köln 1989. *Volker Kaukoreit*

Friedell, Egon
Geb. 21.1.1878 in Wien; gest. 16.3.1938 in Wien

»Manche, die ihn kannten, sagen: Bei ihm wußte man nie, woran man war«, notiert Dora Zeemann. Diese Irritation über den Menschen F. färbt auch die Urteile über den Autor. Denn wie durch sein Leben geht durchs Werk eine Selbstironie, die es jedem Interpreten schwer macht, F.s Bedeutung zu vermitteln. Nicht leichter wird die Annäherung durch die Selbstinszenierungen, Alkoholexzesse und Bonmots, hinter denen er sich zeit seines Lebens verschanzte. Mystifikation treibt schon F.s Name: Er war das dritte Kind des großbürgerlich-jüdischen Ehepaars Friedmann. Kurz nach seiner Geburt trennten sich die Eltern; 1889 starb der Vater: F. kam für fünf Jahre in die Obhut einer Frankfurter Tante. Noch während der Schulzeit (Abitur 1899) kehrte er heim nach Wien und schloß sich bald dem Literatenzirkel um Peter Altenberg an. 1897 konvertierte F. zum Protestantismus; sein Pseudonym – anfangs »Fridell« geschrieben – erscheint erstmals 1904. Im selben Jahr promovierte er, über Novalis, zum Doktor der Philosophie.

Sein Erbteil erlaubte es ihm, dem Schreiben und der Schauspielerei – in der er sich seit 1905 versuchte – recht ungebunden nachzugehen. 1908 macht ihn die Titelrolle der szenischen Groteske *Goethe*, die er bis 1938 viele hundert Male spielte, berühmt. *Goethe* war seine erste Gemeinschaftsarbeit mit Alfred Polgar; ihr folgten bis 1910 sieben weitere Stücke, deren Witz und Bosheit bis heute nicht veraltet sind. Vom Fronteinsatz entbunden, aber durch den Krieg ums Vermögen gebracht, mußte F. 1917 die Belieferung verschiedenster Journale, zumal mit Theaterkritiken, sehr ernsthaft angehen. Diese nie gekannte Abhängigkeit von der Presse bedrückte ihn keineswegs. Von 1921 bis 1925 schufen er und Polgar, jeweils zu Fasching, bis ins Layout genau parodierte Ausgaben der größten Wiener Zeitungen. Die Komik, Präzision und formale Vielfalt der *Böse Buben*-Blätter haben ihre Anlässe ohne Schaden überlebt; sie dürfen getrost zum Kanon der deutschsprachigen Satire dieses Jahrhunderts gezählt werden. Nachdem die *Polfried AG* 1924 die *Stunde*, F.s Hausblatt, erledigt hatte, folgte umgehend seine Entlassung aus der Redaktion. – Weil Max Reinhardt ihn bald danach als Dramaturgen und Darsteller ans Theater in der Josefstadt engagierte, bekam F. die materielle Sicherheit, mit der Niederschrift seines Hauptwerks zu beginnen, der dreibändigen *Kulturgeschichte der Neuzeit* (1931). Vorgearbeitet hatte er diesem Werk seit Jahrzehnten; auch in etlichen Glossen und Essays, die er nun, kaum revidiert, dem rasch wachsenden Buch einverleibte. Schon der erste Band, 1927 erschienen, hatte großen Erfolg. Der ästhetische Reiz der *Kulturgeschichte* ist tatsächlich beträchtlich. Konzipiert wie eine Biographie populären Charakters; durchsetzt mit ebenso großartig gefundenen wie erzählten Anekdoten; geschrieben in einem durchweg makellosen Deutsch, dessen ruhiger Rhythmus die 1300 Seiten mühelos trägt, zeugt sie von einer stets sehr persönlichen, bisweilen poetischen Durchdringung des Stoffs. Doch nicht viel weniger Teil am Erfolg hatte F.s Geschichtsphilosophie. Sie tradiert und verbindet die universalistische Methode Jacob Burckhardts und Friedrich Nietzsches historischen Nihilismus, den magischen Idealismus Novalis' und Thomas Carlyles Heroenkult. Mächtig und sehr zeitgemäß fließt Oswald Spenglers pseudobiologische Theorie vom Verfall der Kulturen ein. Das Ergebnis ist bedenklich. F. malt die Neuzeit als ungeheure Nacht, verfinstert von ratlosen, gottlosen Massen, erhellt allein durch die Leitsterne der Epochen, die Helden, Genies: Der starke Mann als Prisma des Zeitgeists, die Weltgeschichte als gigantisches Bühnenstück. Um seine Nähe zur nationalsozialistischen Ideologie wußte F. genau. Er habe, schreibt er 1935, zwar »den Nationalsozialismus verkündet, aber den *richtigen*, den es auch heute noch nicht gibt«. Allerdings versuchten die Nazis nicht, ihn zu vereinnahmen. Den satirischen Blick F.s und seinen tiefen Mystizismus – der christlich, nicht völkisch ist – konnten auch »Trottel« (F.) nicht überlesen. Ein Arrangement mit dem Land, aus dem er bis 1935 genug Tantiemen bezogen hatte, um sich ein Haus in Kufstein zu bauen, traf er nie, denn: »Es ist dort das Reich des Antichrist angebrochen.« 1938 wurde die *Neuzeit* in Deutschland verboten. Trotz wachsender finanzieller Probleme und einer Diabeteserkrankung arbeitete F. mit der üblichen Zügigkeit an seiner *Kulturgeschichte des Altertums* (posthum 1940). In ihr wird F.s Methode völlig romanhaft: Er *dichtet* seinen Traum von der Antike und sucht, mit phantastischem Spürsinn, alle Belege zusammen, die dazu passen. Aber er konnte sein reifstes Werk nicht vollenden. – Je wahrscheinlicher Hitlers Triumphzug nach Wien wurde, desto ernsthafter erwog F. den Freitod. Emigrieren wollte er nicht. Einen Tag nachdem der deutsche Staat sich um Österreich vergrößert hatte, standen SA-Männer vor seiner Tür: »Wohnt da der Jud Friedell?« Er zögerte nicht, warnte die Passanten drei Stockwerke tiefer und sprang aus dem Fenster.

Die Genrebildchen vom gelehrten Clown und philosophischen Trunkenbold haben lange eine ernsthafte Rezeption F.s verhindert. Dank Heribert Illig, der in den 80er Jahren die Schriften F.s neu ediert hat, ist inzwischen hinter den Mystifikationen ein extrem verletzlicher Mensch und brillanter Schriftsteller sichtbar geworden.

Literatur: *Wiesemann*, Raymond: Egon Friedell. Die Welt als Bühne. München 1987; *Illig*, Heribert: Schriftspieler – Schausteller. Die künstlerischen Aktivitäten Egon Friedells. Wien 1987.

Kay Sokolowsky

Friedrich von Hausen
in der zweiten Hälfte 12. Jahrhundert

Das *Chronicon Hanoniense*, die Geschichte der Grafen von Hennegau (verfaßt Anfang des 13. Jahrhunderts von deren Kanzler, Gislebert von Mons), berichtet, F., ein »vir probus et nobilis« (ein »tüchtiger und edler Mann«), sei am 6. Mai 1190 bei der Verfolgung feindlicher Türken bei Philomelium (heute Akschehir, Anatolien) vom Pferd gestürzt und gestorben – wenige Tage vor einem Sieg des sonst nicht gerade erfolgreichen Heeres der deutschen Kreuzritter unter Friedrich I. Barbarossa (und wenige Wochen vor dem Tod des Kaisers). Dieser »miles strenuus et famosus« (»tapfere und berühmte Ritter«) wird allgemein als der Minnesänger angesehen, von dem die Große Heidelberger und die Weingartner Liederhandschrift rund zwanzig Minnelieder bewahren. Die vorangestellte Miniatur zeigt jeweils einen Kreuzfahrer zu Schiff. Es gibt allerdings nirgends eine direkt bezeugte Verbindung zwischen dem Ritter und dem Minnesänger. – Als Heimat des staufischen Ministerialen F. gilt Rheinhausen bei Mannheim. Dies war umstritten, bis die um 1300 anzusetzende Abschrift eines um 1200 revidierten, 200 Jahre älteren lateinischen Sachwörterbuches (als *Summarium Heinrici* bezeichnet) vor einigen Jahren in die Forschungsdiskussion eingebracht wurde: Die Bemerkung zum Stichwort »Neckar«: »apud husen castrum quondam Waltheri rhenum influit« (»bei Hausen, einstmals Burg Walthers, mündet er [der Neckar] in den Rhein«) verweist auf den Vater F.s, einen staufischen Freiherrn, der zwischen 1140 und 1173 in Urkunden der Erzbischöfe von Mainz und Trier, des Bischofs von Worms und des Abtes von Lorch als Zeuge fungiert – übrigens zusammen mit einem Bligger von Steinach und dessen gleichnamigem Sohn, welcher der Dichter sein könnte, den Gottfried von Straßburg als Verfasser einer nicht erhaltenen epischen Dichtung rühmt. Walther von Hausen begegnet überdies in einer Totenklage des frühhöfischen Spruchdichters Spervogel. – F. wird (zusammen mit seinem Vater) erstmals 1171 faßbar in einer Urkunde des Erzbischofs Christian von Mainz. Allein tritt er 1172 in einer Urkunde für das Zisterzienserkloster Wernersweiler bei Zweibrücken auf, dann 1175 in Urkunden wiederum des Mainzer Erzbischofs, ausgestellt bei Pavia während des 5. Italienzuges Friedrichs I. Nach einer Zeugnislücke von elf Jahren (bis 1186) erscheint F. im Gefolge des Kaisersohnes und Mitregenten für Italien, des späteren Heinrich VI. in oberitalienischen Urkunden. Im Dezember 1187 war er bei der Begegnung Friedrichs I. mit dem französischen König Philipp August zugegen. 1188 geleitete er als Gesandter des Kaisers den Grafen Balduin von Hennegau (den Schwiegervater des französischen Königs) zum Hoftag nach Worms. – In diesen spärlichen Zeugnissen läßt sich das Leben eines staufischen Adligen erahnen, der als Sohn eines Freiherrn in die Dienste verschiedener Würdenträger trat und schließlich sogar zur kaiserlichen »familia« gehörte. So karg aber diese Zeugnisse für das Leben eines bedeutenden Ministerialen sind, so aufschlußreich (und reichhaltig) sind sie für das Leben eines Minnesängers, dessen Herkunft, Stand und Lebensumkreis selten belegt sind. In der Forschung wird der Dichter F. als das Haupt eines Kreises von Minnesängern am staufischen Hof gesehen, zu dem vor allem der nachmalige Kaiser Heinrich VI., Bligger von Steinach und Ulrich von Gutenburg gezählt werden. Dieser sogenannte rheinische Minnesang entwickelte gegenüber dem frühhöfischen, sogenannten donauländischen Minnesang eines Kürenberg oder Meinloh von Sevelingen anstelle von Paarreimstrophen (meist Langzeilen) die Stollenstrophe, schuf eine Liebeslyrik, in der Mann und Frau nicht mehr, wie im frühen Minnesang, als natürliche Partner auftreten, der Mann sich vielmehr der am Feudalsystem orientierten Ideologie der Hohen Minne unterwirft, bereit, als Dienstmann sich einer meist abweisenden Minneherrin zu ergeben. Diese Entwicklung könnte sowohl durch die Vermittlung der aus Burgund stammenden Kaiserin Beatrix (die von französischen Dichtern als Mäzenin gerühmt wird), als auch durch persönliche Begegnungen mit französisch-provenzalischen Dichtern (während verschiedener politischer Missionen) begünstigt worden sein. F. hat wohl diesen Typus der Hohen Minnelyrik als erster voll ausgebildet. Seine Lieder lassen sich in drei Gruppen gliedern: 1. Lieder der Hohen Minne, die besonders von der »huote«, der gesellschaftlichen Beaufsichtigung der Dame, handeln; 2. Sehnsuchtslieder aus der Ferne, entstanden wohl im Zusammenhang mit den Italienzügen; und 3. Kreuzzugslieder, die unter dem Eindruck des bevorstehenden dritten Kreuzzuges (1189) gedichtet sind, und die um das Problem der Unvereinbarkeit von Pflichten gegenüber einer Minneherrin und Gott kreisen (vgl. als bekanntestes Lied *Mîn herze und mîn lîp, diu wellent scheiden*). F.s Lyrik ist gekennzeichnet durch eine bis dahin unbekannte Gedanklichkeit, die auch ein komplexeres Verhältnis von Sprache und Vers bewirkte. Er gilt als geistesverwandter Vorläufer Reinmars.

Werkausgaben: Des Minnesangs Frühling. 38., erneut revid. Aufl. Stuttgart 1988, S. 73–96; *Schweikle*, Günther (Hrsg.): Friedrich von Hausen. Lieder. Mhd/Nhd. Stuttgart 1984.

Literatur: *Schweikle*, Günther (Hrsg.): Friedrich von Hausen. Text, Übersetzung und Kommentar. Stuttgart 1984.

Günther Schweikle

Fries, Fritz Rudolf
Geb. 19. 5. 1935 in Bilbao/Spanien

Das Ende der DDR veranlaßte F. zu dem melancholisch-ironischen Ausruf: »Denn ach, wie viele Möglichkeiten bot doch das *ancien régime* zur Subtilität, zur poetischen Metapher und zum Untertauchen.« Der Erzähler F. hat diese Möglichkeiten, inspiriert durch sein Leben in zwei Kulturen, von Kindesbeinen an genutzt und ein umfangreiches phantastisch-realistisches Prosawerk geschaffen, das die DDR-Literatur bereichert hat, ohne doch für dieselbe typisch zu sein.

Im baskischen Bilbao als Sohn eines deutschen Kaufmanns und Enkel einer spanischen Großmutter, die kein Deutsch sprach, geboren und aufgewachsen, war F. das Spanische ebenso vertraut wie die Vatersprache. 1942 übersiedelte die Familie nach Leipzig, der Vater wurde eingezogen, so daß F. auch noch von den Kriegs- und Nachkriegswirren in Deutschland geprägt wurde. Von 1953 bis 1958 studierte der kleinwüchsige junge

Mann Romanistik und Anglistik in Leipzig und arbeitete danach als freier Übersetzer und Dolmetscher. Von 1960 an war er Assistent bei dem bedeutenden Romanisten Werner Krauss an der Sektion für Deutsch-Französische Aufklärung bei der Akademie der Wissenschaften zu Berlin. Als der erste Roman *Der Weg nach Oobliadooh* 1965 fertig war und F. keine Druckmöglichkeit in der DDR sah, nahm Uwe Johnson, ein Freund seit gemeinsamen Leipziger Tagen, den Text mit nach Westberlin und schrieb ein positives Gutachten für den Suhrkamp Verlag. 1966 erschien das Buch in Frankfurt a. M., was zur Folge hatte, daß F.s Assistentenvertrag bei der Akademie aufgelöst wurde. F. wurde zum freien Schriftsteller wider Willen, der sich vor allem mit literarischen Übersetzungen aus dem Spanischen ernährte. – *Der Weg nach Oobliadooh* ist ein Schelmenroman in der klassischen spanischen Tradition, der kraft seiner gesamten Anlage gegen den sozialistischen Bildungs- und Erziehungsroman polemisiert und damit auch zu einer Parodie auf die propagierte »Ankunftsliteratur« gerät. F.' unheroische Helden, der Schriftsteller Arlecq und der Zahnarzt Paasch, träumen von einem Nirgendwo-Land, das die Welt des Jazz, das Westberlin und am Ende ein Irrenhaus sein kann – nur nicht die DDR. Daß F. mit seinem Erstling in seiner Heimat keinen Erfolg hatte, vielmehr gemaßregelt wurde, hatte spürbare Konsequenzen für sein Schreiben. 1967 arbeitete er zunächst an einer fiktiven Chronik *Verlegung eines mittleren Reiches* über das Leben in einem Dorf, das zwar von fremden Truppen besetzt, aber als einziges nach einer Atomkriegskatastrophe unverstrahlt geblieben ist – ein dystopisches Arrangement, das allzu viele Bezüge zur Welt des »realen Sozialismus« aufwies. Erst 1984 schrieb F. dieses Buch zu Ende und konnte es dann auch veröffentlichen. Die Prosabände *Der Fernsehkrieg* (1969) und *See-Stücke* (1973), die F.' Profil als DDR-Autor begründeten, sind demgegenüber in ihrer zurückgenommenen, objektivierenden, phantasieärmeren Erzählweise deutlich schwächer. Erst die drei späteren Romane *Das Luft-Schiff* (1974), *Alexanders neue Welten. Ein akademischer Kolportageroman* (1982) und *Die Väter im Kino* (1990) knüpfen wieder an F.' Anfänge an. Sie erzählen Realistisch-Alltägliches aus der zeitgenössischen DDR oder ihrer Vorgeschichte, konterkarieren und unterwandern diese Ebene aber regelmäßig durch phantastische, ver-rückte Gegengeschichten, womit sie erfolgreich gegen die verordnete DDR-Kultur der Monosemie angehen. Dabei begegnet einem immer wieder das Fliegen, oder der Traum davon als zentrale Metapher. Freilich ist F. an einer moralischen oder gar politischen Verwertbarkeit seiner Literatur nicht interessiert und versteht sich als geheimen »antikassandrischen« Gegenpol zu Christa Wolf. Aus seinen nicht zu überschätzenden Übersetzungen aus dem Spanischen ragen die von Julio Cortázar (u. a. *Rayuela*, 1983) sowie von César Vallejo, Nicolás Guillén und Federico García Lorca hervor. F. lebt in Petershagen bei Berlin, wovon viele seiner Gelegenheitsgedichte (*Herbsttage in Niederbarnim*, 1988) erzählen.

Literatur: *Böttiger*, Helmut: Fritz Rudolf Fries und der Rausch im Niemandsland. Eine Möglichkeit der DDR-Literatur. Hamburg 1985. *Wolfgang Emmerich*

Frisch, Max
Geb. 15. 5. 1911 in Zürich; gest. am 4. 4. 1991 in Zürich

An einer Stelle der Erzählung *Montauk* (1975), in der er ausschließlich biographische Fakten verarbeitet, äußert sich F. auf folgende Weise über sein Verhältnis zu Frauen: »Ich erfinde für jede Partnerin eine andere Not mit mir. Zum Beispiel, daß sie die Stärkere ist oder daß ich der Stärkere bin. Sie selbst verhalten sich danach, jedenfalls in meiner Gegenwart . . . Ob es mich peinigt oder beseligt, was ich um die geliebte Frau herum erfinde, ist gleichgültig; es muß nur überzeugen. Es sind nicht die Frauen, die mich hinters Licht führen; das tue ich selber.« Dergleichen mag mancher mißbilligen: Fehlt es F. an Lebensernst, gibt er sich als Spieler auf der Klaviatur fremder Existenzen aus, auch auf der seines eigenen Inneren? Jedenfalls zeigt sich hier eine komplizierte Persönlichkeit. Ein Mensch mit dem Bedürfnis nach Ich-Veränderung und Daseinsvariation im Leben wie auch durch die bloße Erfindung tritt uns entgegen, und wer sich schon einmal mit ihm beschäftigt hat, wird fragen, ob sich in dieser psychischen Disposition der Grund für seinen unruhigen Lebensgang, sein Verlangen nach beruflichem Wandel, seine stets neue Darstellung des menschlichen Fluchttriebs findet. Hängen Leben und Werk so eng zusammen? Machte F. einerseits aus seiner Existenz eine Fiktion, bilden seine poetischen Werke andererseits das Porträt seiner Biographie?

Den Roman *Stiller* (1954), der seinem Autor nach und nach den Durchbruch als Erzähler brachte, läßt F. mit dem Satz »Ich bin nicht Stiller« beginnen: Ein Mensch kann sich mit seiner Vergangenheit nicht identifizieren und will daher auch äußerlich als ein anderer erscheinen. Der Roman *Mein Name sei Gantenbein* (1964) gibt bereits durch seinen Titel zu verstehen, daß nicht von Fakten, sondern von Vorstellungen die Rede ist: Ein Ich erzählt nicht von seinem wirklichen Leben, sondern von seinen Lebensmöglichkeiten, die allesamt unrealisiert bleiben, aber in ihrem Zusammenspiel ahnen lassen, was es mit dem redenden Ich auf sich haben könnte. Wer ist dieser Erzähler? Eine erfundene Figur oder der Autor selber? – Das ist nicht zu entscheiden, wir erfahren buchstäblich nichts von der Identität dieses Erzähler-Ichs. Drei Jahre später erschien das Theaterstück *Biografie: Ein Spiel* (1967), in dem der Protagonist sogar Gelegenheit erhält, seine Vergangenheit zu verändern, sich über alle Lebensfakten hinwegzusetzen und sich in dieser Welt neu und anders zu etablieren. Schon in seinem ersten Theaterstück *Santa Cruz* (geschrieben 1944, uraufgeführt 1947) begegnen wir der Konstellation, daß zwei Männer jeweils von dem Leben träumen, das der andere führt: »Solange ich lebe«, sagt der eine über den anderen, »begleitet ihn meine Sehnsucht . . . Ich möchte ihn noch einmal kennenlernen, ihn, der mein anderes Leben führt.« Abermals gefragt: Kommt hier die oft beschworene Identitätsproblematik des modernen Menschen zum Ausdruck oder lediglich die des problematischen Individuums Max F.? – In *Montauk* lesen wir den Satz: »My greatest fear: Repitition«. Das klingt nun wahrhaftig wie ein persönliches Bekenntnis. Doch selbst in diesem Fall kann man nicht sicher sein, daß es sich nicht doch um pure Literatur handelt, denn wir haben die (allerdings nicht ganz wörtliche) Übersetzung eines Satzes aus *Stiller* vor uns: »Meine Angst: die Wiederholung –!«

Es läßt sich wohl tatsächlich nicht leugnen, daß bei F. Lebensgang und intellektuelle Entwicklung, Werkgeschichte und persönliche Daseinserfahrung eng miteinander verknüpft waren. Kaum häufiger als bei anderen Autoren lassen sich biographische Fakten als Textdetails wiederfinden – wenn man von *Montauk* absieht. Aber klarer als bei den meisten Dichtern läßt sich zeigen, daß die Lebensgeschichte in derselben persönlichen Disposition fundiert war wie die Entwicklung des poetischen Werks. F.s beruflicher Werdegang, der ihn über die Matura zum Germanistik-Studium (1931 bis 1933), von dessen vorzeitiger Beendigung zum Journalismus, von dort zum Zweitstudium als Architekt (1936 bis 1941), schließlich zum Angestellten und endlich zum selbständigen Architekten (1942) führte, bevor der Dichter 1954 das eigene Büro aufgab und es mit dem freien Schriftstellerleben versuchte, weist ebenso auf ein Bedürfnis nach Verwandlung hin wie der häufige Ortswechsel. In Zürich geboren und dort zunächst wohnhaft, kaufte F. später eine Wohnung in Berlin, dann auch eine in Zürich; in Berzona baute er ein Haus, nachdem er von 1960 bis 1965 in Rom gelebt hatte, wohnte jedoch nicht nur dort, sondern auch in Zürich, später häufig in New York, wo er ebenfalls eine Wohnung erwarb. Die meisten Ortswechsel markierten innere Krisen und deren Lösungen. Seit 1942 mit Constanze von Meyenburg, einer Kollegin, verheiratet, trennte er sich von seiner Frau 1954, zur Zeit der Auflösung des Architektenbüros, und zog nach Männedorf bei Zürich. Es war zudem das Jahr, in dem *Stiller* erschien. 1959 lebte F. in Zürich mit Ingeborg Bachmann zusammen, dann wieder getrennt: erst die Übersiedlung nach Rom brachte eine vorübergehende Beruhigung in diese verzehrende Beziehung. Als 1964 *Mein Name sei Gantenbein* erschien, ließen sich die Spuren dieses Erlebnisses wohl noch erkennen, aber das Erlebnis selbst war bewältigt. F. lebte inzwischen mit Marianne Oellers, die er 1968 heiratete und für die er das Haus in Berzona (Tessin) baute: »Jetzt möchte ich ein Haus haben mit Dir«, heißt es in *Montauk*, jenem Werk, das am Ende dieser Beziehung steht und in dem von diesem Ende die Rede ist. Dabei konfrontiert F. seine Vergangenheit, gerade auch die wesentlichen Begegnungen, mit der Wochenendbeziehung zu einer Verlagsmitarbeiterin namens Alice Locke-Carey, die in der Erzählung Lynn genannt wird; allein, auch hieraus ergab sich, gänzlich unvermutet, eine Lebensveränderung: Nach vielen Jahren sah F. die junge Mitarbeiterin wieder und lebte fortan längere Zeit mit ihr zusammen. Manchmal, so will es scheinen, nimmt nicht nur die Biographie auf die Poesie, sondern – umgekehrt – auch das Werk auf das Leben seines Verfassers Einfluß.

Dabei hatte F. schon 1937 einen ernsthaften Versuch unternommen, sein Leben aus dem Zusammenhang mit der Literatur zu lösen. Wiewohl er zu diesem Zeitpunkt außer einigen Kurzgeschichten mit dem Roman *Jürg Reinhart* (1934) und der Erzählung *Antwort aus der Stille* (1937) bereits zwei umfänglichere Prosaarbeiten vorgelegt hatte, glaubte er nicht an sein literarisches Talent: »Mit 25 Jahren war ich fertig mit der Schriftstellerei: Ich wußte, daß es mir im letzten Grund nicht reicht, und verbrannte alles Papier, das beschriebene und das leere dazu, fertig mit falschen Hoffnungen.« Solches Mißtrauen hatte zur Folge, daß F. zunächst nichts Poetisches produzierte, sondern ein Tagebuch. Die *Blätter aus dem Brotsack* (1940) bilden die Aufzeichnungen eines vom Krieg verschonten eidgenössischen Soldaten. Diese Form hat nachgewirkt. 1950 erschien das *Tagebuch 1946–1949*, ein allerdings schon als literarisch zu klassifizierender Text, der keineswegs nur Zeit- und Lebensbeobachtungen, sondern auch Reflexionen und poetische Passagen bündelt. Und das 1972 publizierte *Tagebuch 1966–1971* besitzt eine noch weitaus artistischere Form. F. montiert vier in unterschiedlichen Schrifttypen gesetzte Textarten miteinander: Nachrichten, persönliche, literarische und fiktive Aufzeichnungen. Dergleichen war das Ergebnis der längst wieder aufgenommenen, rein poetischen Produktion.

Sieht man von dem an *Jürg Reinhart* anknüpfenden Roman *J'adore ce qui me brûle oder Die Schwierigen* (1943) ab, so versuchte es F. nach der literarischen Selbstverbrennung zunächst mit dem Theater. In rascher Folge erschienen und wurden aufgeführt *Nun singen sie wieder* (1945), *Die Chinesische Mauer* (1947), *Als der Krieg zu Ende war* (1949), *Graf Öderland* (1951), Dramen, in denen F. sein Augenmerk erstmals auf gesellschaftliche Tatbestände richtete. Dies ist – wenn auch nicht allein – dem Einfluß Bertolt Brechts zuzuschreiben, mit dem F. seit dem Herbst 1947 in engem Kontakt stand. Die dramaturgischen Wirkungen dieser Begegnung machten sich jedoch erst später bemerkbar, in den nachgerade zur Pflichtlektüre für deutsche Schüler avancierten Stücken *Biedermann und die Brandstifter* (1958) und *Andorra* (1961). Nichts hat F.s Erfolg bei Lesern und Käufern von Büchern und bei jenen, die literarische Preise zu vergeben haben, so befördert wie diese beiden Stücke.

Dabei wurde F. schon vorher von der Kritik höchst wohlwollend behandelt und mit Preisen reichlich geehrt. Außer dem Nobel-Preis, für den er wohl alljährlich vorgeschlagen wurde, fehlt kaum ein wichtiger Preis oder eine große Ehrung. Unter ihnen findet man den Charles-Veillon-Preis (für *Homo faber*, 1957) ebenso wie den Georg-Büchner-Preis (1958), den Schillerpreis des Landes Baden-Württemberg (1965) ebenso wie den Friedenspreis des deutschen Buchhandels (1976), zum Dr. h.c. ernannte ihn die Philipps-Universität Marburg bereits 1962, und 1982 tat die City University New York dasselbe. In den 60er Jahren der wohl prominenteste Autor deutscher Sprache, ist F. danach stärker in den Hintergrund getreten. Sein spätes Drama *Triptychon* (1978) wurde – auch wegen entsprechender Bestimmungen des Autors – kaum aufgeführt. Seine gesellschaftskritische Stimme, die sich noch 1971 in *Wilhelm Tell für die Schule* und 1974 im *Dienstbüchlein* artikulierte und in der Schweiz auf bieder-zornige Ablehnung stieß, erhob sich kaum noch, und die beiden Erzählungen *Der Mensch erscheint im Holozän* (1979) und *Blaubart* (1982) fanden nicht jene Resonanz, auf die Arbeiten des Autors F. früher zählen konnten. Allerdings wurde *Blaubart* 1983 von Krzystof Zanussi verfilmt. Gegen Ende des Streifens findet sich ein Gag, den der Regisseur zwar von Hitchcock entliehen hat, der aber gut auf F. paßt, auf den Dichter also, dessen Leben seine Kunst und dessen Kunst sein Leben prägte: Für einen Augenblick kann man F. leibhaftig im Publikum des Blaubart-Prozesses sehen. So wurde denn der Dichter schließlich zu einem Kunstelement seines eigenen Werkes. Dergleichen belegt wohl noch deutlicher als die Verleihung des Heine-Preises durch die Stadt Düsseldorf im Jahre 1989, daß F. am Ende seines Lebens zu einem Klassiker geworden ist.

Werkausgabe: Frisch, Max: Gesammelte Werke in zeitlicher Folge. Hrsg. von *Mayer,* Hans unter Mitwirkung von *Schmitz,* Walter. 7 Bände. Frankfurt a.M. 1976–86.

Literatur: *Gockel,* Heinz: Max Frisch. Drama und Dramaturgie. München 1989; *Petersen,* Jürgen H.: Max Frisch. Stuttgart 1978, ²1989; *Schmitz,* Walter: Max Frisch. Das Werk (1931–61) Bern/Frankfurt a.M./New York 1985; *Knapp,* Gerhard P. (Hrsg.): Max Frisch. Aspekte des Prosawerks. Bern, Frankfurt a.M., Las Vegas 1978.

Jürgen H. Petersen

Frischlin, Nicodemus

Geb. 22. 9. 1547 in Balingen; gest. 29. 11. 1590 in Hohenurach

Daniel Friedrich Schubart hat, aus vergleichbarer Erfahrung, den streitbaren Humanisten und Poeten einen »Bruder meines Geistes« genannt und ihm nachgerühmt: »Die Wahrheit schien ein Schwert in deinem Mund, ein Wetterstrahl!« Die Zwänge der feudalen Kleinstaaterei und die Zustände an den Universitäten des 16. Jahrhunderts haben das Leben F.s überschattet und schließlich frühzeitig zugrundegerichtet. Sein Leben und Werk machten ihn in der späthumanistischen Gelehrtenrepublik zu einem Außenseiter und zeigen manche weit in die Barockzeit vorausweisende Züge. Daß das Interesse an dem gelehrten Dichter stets eher seinem Leben als seinen Schriften galt, ist nicht zuletzt auf das Fehlen zugänglicher Textausgaben zurückzuführen; sein zeitgenössisches, sozial breit gestreutes Publikum hat ihn als einen hochbegabten Komödiendichter, einen überlegenen Spötter mit derbem Wortwitz und grobianischer Sprachkraft, einen glänzenden Redner und Stilisten sowie einen geistvollen und anregenden akademischen Lehrer im Gedächtnis behalten. Das weit verstreute poetische Werk in nahezu allen damals gepflegten Gattungen und Genres wird an Umfang übertroffen durch die Ergebnisse gelehrter Tätigkeit, die ihm u. a. einen Platz in der Rezeptionsgeschichte der lateinischen Grammatik sichern. Bedeutsam für die Entwicklung des Dramas im 16. und 17. Jahrhundert sind seine Komödien und Tragödien, die sich durch dramaturgische Neuerungen, bühnenwirksame Figuren und volkstümliche Sprache auszeichnen. Nach geradlinigem Bildungsgang und Ernennung zum außerordentlichen Professor der Poetik an der Tübinger Universität (1568) scheint ihm eine glänzende akademische und künstlerische Karriere eröffnet. Seine in der Tradition des lutherischen Schuldramas stehenden Komödien *Rebecca* (1576) und *Susanna* (1577) bringen ihm den Titel eines »Poeta laureatus« und ein Adelsprädikat als »comes palatinus« (Pfalzgraf) ein; der Ausstellung eines bürgerlichen Frauenideals dient auch sein einziges gedrucktes deutsches Drama *Fraw Wendelgard* (1579). Die aristophanische Komödie *Priscianus vapulans (Der geprügelte Priscianus, 1578)* streitet mit satirischer Schärfe gegen den Verfall der klassischen Bildung; *Phasma (Die Erscheinung, 1580)* wünscht alle nicht lutherisch-rechtgläubigen Konfessionen zum Teufel, nicht ohne durch Mehrdeutigkeiten und unterschwellige Ironie den Autor selbst dem Verdacht der Behörden auszusetzen. Das berühmteste und gelungenste Stück, *Julius Redivivus (Der wiedererstandene Julius, 1582)* verfolgt eine kulturpatriotische Zielsetzung: die Deutschen haben in der Kriegskunst wie in der Gelehrsamkeit das Erbe antiker römischer Größe angetreten; Caesar und Cicero repräsentieren den Freundschaftsbund zwischen Macht und Geist, den sich der Autor zwischem dem Landesfürsten und humanistischen Gelehrten erträumte. Der Widerspruch zwischen heroisierendem Fürstenlob und gesellschaftskritischen Tendenzen durchzieht das Leben und Werk F.s; sein Schicksal war es, zwischen erbosten Adelscliquen und universitären Konkurrenten zerrieben zu werden. Anstoß dazu gab vor allem seine *Oratio de vita rustica (Rede über das Landleben)*, in der die Ausbeutung der Bauern angeprangert war und nach deren Druck im Jahre 1580 F. aus dem

Lande Württemberg verbannt wurde. Nach jahrelangem Wanderleben versucht er in Frankfurt a. M. eine Existenzgründung als Buchdrucker, die von seinen Feinden verhindert wird. Sein scharfsichtiger und beißender Spott auf die Borniertheit der politischen und wissenschaftlichen Zustände wäre, vervielfältigt durch die im *Julius Redivivus* hochgelobte Kunst des Buchdrucks, für sie zu gefährlich geworden. Unter erbärmlichen Verhältnissen auf der Burg Hohenurach (Schwäbische Alb) eingekerkert, stürzt er bei einem Fluchtversuch zu Tode, »ohne sonderliche Ceremonien begraben«. Während die Speyerer Schulordnung von 1594 ihn einen »bei allen gelerten hochberumten« Dichter nennt, höhnt ihm die Zunft in Gestalt seines Tübinger Professorenkollegen und Lehrers Martin Crusius (in der Übersetzung seines Biographen David Friedrich Strauß) nach: »Frischlinus lieget hier, vom Falle bös verstaucht: Er war ein guter Kopf, doch hat er ihn mißbraucht.«

Werkausgabe: Sämtliche Werke. Bd. 1. Hrsg. *Elschenbroich, Adalbert* von Bearb. von *Mundt, Lothar*. Berlin/Bern/Frankfurt a. M. u.a. 1992.
Literatur: *Price*, David: The political dramaturgy of Nicodemus Frischlin. Essays on humanistic drama in Germany. Chapel Hill: Univ. of North Carolina Press 1990 (Univ. of North Carolina studies in the German languages and literatures; 111); *Schade*, Richard E.: Nikodemus Frischlin. In: Deutsche Dichter. Leben und Werk deutscher Autoren. Hrsg. G. E. *Grimm* und F. R. *Max*. Bd. 2: Reformation, Renaissance und Barock. Stuttgart 1988. S. 100–108; *Elschenbroich*, Adalbert: Eine textkritische Nikodemus Frischlin-Ausgabe. Vorüberlegungen. In: Jahrbuch für Internationale Germanistik 12, 1980, 1, S. 179–195; *Schreiner*, Klaus: Frischlins »Oration vom Landleben« und die Folgen. In: Attempto, Heft 43/44 (1972), S. 122–135; *Strauß*, David Friedrich: Leben und Schriften des Dichters und Philologen Nicodemus Frischlin. Ein Beitrag zur deutschen Kulturgeschichte in der zweiten Hälfte des 16. Jahrhunderts. Frankfurt a. M. 1856.

Jürgen Schutte

Frischmuth, Barbara
Geb. 5. 7. 1941 in Altaussee/Steiermark

Die Biographie F.s ist mit ihren Romanen und Erzählungen eng verflochten durch ihre polyglotte Begabung und die Versuche, sich mit Hilfe fremder Sprachen Lebensformen zu erschließen, die aus anerzogenen Orientierungen herausführen. Sie studierte Türkisch und Ungarisch an der Universität Graz; nach Aufenthalten in der Türkei und in Ungarn (von 1961 bis 1963) folgte ein Orientalistikstudium in Wien, wo sie heute als freie Schriftstellerin lebt. Ihr erstes Buch, *Die Klosterschule* (1968), resümiert die Erfahrungen der Autorin in der geschlossenen Welt eines katholischen Mädchenpensionats. In diesem Text montiert sie eine Folge von Sprachwendungen, die sie unmittelbar der überstrengen Internatswelt entlehnt hat. Sie erweckt den Eindruck, daß sich das Leben nach den Regeln und dem Sprachgebrauch der Kaserne abspielt. Indem sie die Welt von Befehl und Gehorsam bis zur Parodie hin übertreibt, entlarvt sie die überlebte, aber noch mächtige Struktur des »autoritären Charakters« (Theodor W. Adorno). Sie entzieht ihrem authentischen Sprachmaterial die scheinbare

Logik, indem sie es in zusammenhangslose Zitate auflöst, und macht damit den paranoiden Grundzug einer Welt deutlich, die auf Dressur und Unterdrückung hin angelegt ist. Bei diesem dichterischen Verfahren hat sich F. von dem amerikanischen Sprachwissenschaftler Benjamin Lee Whorf inspirieren lassen, der erstmals in seinem Buch *Sprache, Denken, Wirklichkeit* (deutsch 1963) nachgewiesen hat, daß von der Sprache her Denken und Weltinterpretation des Sprechenden weitgehend entschlüsselt werden können. In ihren Kinderbüchern eignet sie sich eine fiktive Kindheit an, die an die Stelle der tristen realen treten soll. Die Erzählsammlung *Haschen nach Wind* (1974) zeigt Frauen in ausweglosen Verstrickungen, in die sie durch verfehlte Erziehung geraten sind. In der Romantrilogie *Die Mystifikationen der Sophie Silber, Amy oder Die Metamorphose* und *Kai und die Liebe zu den Modellen* (1976–79) übersetzt F. das ausgegrenzt Irreale in die Wirklichkeit zurück und zeichnet Bilder einer labilen Versöhnung von Sinnlichkeit und Rationalität. Ihr Türkei-Buch *Das Verschwinden des Schattens in der Sonne* (1973) kulminiert in der Zerschlagung erotischen Glücks durch die Übergriffe der Militärdiktatur und endet, wie die meisten ihrer Geschichten, im Gefühl der Vergeblichkeit, Enttäuschung und im Mißverständnis. Es sind »Sackgassengeschichten«, die, wie ein Kritiker (Reinhard Urbach) formulierte, nicht aus Problemen heraus-, sondern erst einmal in diese hineinhelfen. Ihre folgenden Texte werden durch das Thema »Frau mit Kind« erweitert (z. B. *Die Ferienfamilie,* 1981). Das Kind steht für die Utopie des möglichen Neubeginns. Gleichzeitig bedeutet es Natur, denn das Kind ist zuerst Erfahrung vor der Sprachwerdung. Die Fortsetzung des Themas Natur erfolgt durch die Verlängerung der Kette Frau-Kind durch ein neues Glied Tier. (*Ida, die Pferde – und Ob,* 1989). Die Frage, wie nun mit der Natur umzugehen sei, bleibt offen.

Literatur: *Gürtler*, Christa: Schreiben Frauen anders. Untersuchungen zu Ingeborg Bachmann und Barbara Frischmuth. Stuttgart 1983; *Serke*, Jürgen: Barbara Frischmuth: Die Macht neu verteilen, so daß sie keine Gefahr mehr für die Welt bedeutet! In: ders.: Frauen schreiben. Hamburg 1979. *Helmut Bachmaier*

Fritz, Walter Helmut
Geb. 26. 8. 1929 in Karlsruhe

Zum 50. Geburtstag sind seine *Gesammelten Gedichte* erschienen, seine Gedichte finden sich in vielen Anthologien und Lesebüchern, dennoch ist der Schriftsteller F., der bisher mehr als fünfundzwanzig Bücher, vor allem Lyrik und Prosagedichte, veröffentlichte, einer breiteren Öffentlichkeit nach wie vor unbekannt. Das rührt nicht nur von der eher scheuen, jedem literarischen Betrieb abholden Art dieses im wahren Sinne noblen Autors (u. a. Mitglied der Akademie der Wissenschaften und Literatur in Mainz, der Bayerischen Akademie für Sprache und Dichtung, des PEN), sondern auch von der Thematik und Tonlage seiner Lyrik her. Bereits die Titel verraten etwas von der spezifischen Prägung dieses poetischen Werks: *Veränderte Jahre* (1963), *Die Zuverlässigkeit der Unruhe* (1966), *Aus der Nähe* (1972), *Schwierige Überfahrt* (1976), *Sehn-*

sucht (1978), *Wunschtraum Alptraum* (1981), *Immer einfacher immer schwieriger* (1987) – jeweils Gedichte und Prosagedichte –, dazu die Prosawerke *Umwege* (1964), *Zwischenbemerkungen* (1964), *Abweichung* (1965), *Die Verwechslung* (1970), *Die Beschaffenheit solcher Tage* (1972), *Bevor uns Hören und Sehen vergeht* (1975), *Cornelias Traum und andere Aufzeichnungen* (1985), *Zeit des Sehens* (1989) – außerdem die Essays und Übersetzungen des Germanisten und Romanisten (u. a. Bosquet, Jaccottet, Follain, Ménard), Hörspiele und literaturwissenschaftlichen Arbeiten (F. war bis 1964 Gymnasiallehrer, dann freier Schriftsteller und Dozent).

Das Gedicht besteht aus »Arbeit, Liebe, Wörtern, Gegenwart« und einer »Allergie gegenüber großen Worten«; der Satz von William Carlos Williams, auf den sich F. auch sonst beruft, »Das Gedicht hat seinen Ursprung in halblauten Worten«, könnte ebenso von ihm selber stammen. Sensibilität für alle Lebensvorgänge, Hellhörigkeit für die Beschädigungen und Ängste des Alltags, eine Aura der »Gelassenheit, der Intelligenz und der Hellsicht«, so wie er sie an Follain rühmt, das Einswerden von BILD und INBILD prägen die Gedichte vor F. Er muß als einer der Meister des Prosagedichts der Moderne gelten; gerade das Prosagedicht in seiner formalen wie oftmals bei F. philosophisch reflektierten Thematik kommt der Schreibweise des Lyrikers entgegen, dessen Gedicht wesentlich durch den Zeilenstil, einen manchmal an Bert Brecht und vor allem Günter Eich erinnernden Lakonismus und neuerdings wieder eine schwebende Eleganz des Wortes geprägt ist. »Der Beginn aller Schrecken ist Liebe«, so heißt es in einer für F. typischen und an Robert Walser erinnernden Prosaskizze, zwischen Traumnotat, Meditationstext, Prosagedicht und Kurzgeschichte oszillierend; der Titel *Instabil* beschreibt recht genau die Bewußtseinslage der Figuren wie die Intention des Autors: »Ich bin zu instabil, dachte sie. Sie wiederholte sich das Wort während des Tages immer wieder.« Instabilität als Voraussetzung für Kreativität und Phantasie, dem entspricht ein anderer Leitsatz in dem Prosatext *Hab keine Angst*: »Schließlich wird man wieder zum Kind. Darauf läuft es hinaus.« In einem der schlichten, aber dennoch höchst kunstvollen, ausgewogenen Zeilengedichte reflektiert das lyrische Subjekt über die *Geschichte des Wartens*, so recht ein Thema des Dichters: »Niemand hat die Geschichte / des Wartens geschrieben. / Vielleicht ist niemand / arglos genug, / sie zu beginnen. / Sie wäre länger als / alle andern Geschichten. / Wahrscheinlich käme er / an kein Ende.«

Mit dem literarischen Porträt- und Votivgedicht ist eine andere lyrische Domäne von F. genannt; die Spannweite reicht von Columbus über Pascal, Montaigne und Gauguin bis zu den Modernen, Cesare Pavese, Albert Camus oder Marie Luise Kaschnitz, deren Schriftstellerethos sich F. in mancherlei Beziehung verwandt weiß. In der Sammlung *Unaufhaltbar* (1988) findet sich das Epitaph- und Trauergedicht auf den befreundeten Schriftsteller Hans Jürgen Fröhlich, das so endet: »... Die ungeheure Arbeit des Lebens, / des Todes ... das Erschrecken / über Verluste, die Nachtseite / des Daseins ... / oder das Starren gegen die Wand ...«. Dies ist die für F.s Dichtung typische Tonlage, dem entspricht sein auch theoretisch-essayistisch immer wieder artikuliertes Poesieverständnis. Poesie als eine Chiffre »für die Suche nach unserem Leben ... Erkenntnis ... die auf keine andere Weise zu gewinnen ist«; »Sie ist Nahrung; das Dach überm Kopf ... Atem, Handlung, Erneuerung.«

F. hat, so will es scheinen, noch viel mit dem gemein, was wir unter einem Dichter, zumal einem Lyriker, verstehen. Die Vielfalt seiner Themen und Formen läßt dennoch immer die »poetische Mitte« erkennen. Sein Naturverständnis hat mitunter franziskanische Züge. Eines seiner schönsten Gedichte in diesem Zusammenhang ist *Der indianische Freund sagt*. Es variiert das schlichte Zeilengedicht *Der japanische Mönch sagt*, und eine Poesie, wie der Autor immer wieder betont, scheinbar »ohne Aufwand«, aber geschult durch ein besonders poetisches Gedächtnis und ein Leben in und mit der Dichtung, das neue Wege und Denkmodelle wagt, keineswegs Tendenzen der Beharrung zeigt. Für sein Schaffen werden die folgenden Sätze aus einem Essay auch weiterhin richtungsweisend sein: »Die Ungeduld gegenüber Konventionen . . .; die Einsicht, daß wir noch immer an einem Anfang stehen in der Bemühung, richtig miteinander zu leben; . . . zu beachten, wie Sinn entsteht, wenn man miteinander an etwas arbeitet.«

Literatur: *Zeltner*, Gerda: Der Alltag, dies fremde Land. Zu den Romanen von W. H. Fritz. In: Die neue Rundschau 1979 H. 1. S. 103 ff.; *Pohl*, Ingrid: »Wirklichkeit und Gedicht«. Ebd. S. 130 ff.

Karl Hotz

Fuchs, Günter Bruno
Geb. 3. 7. 1928 in Berlin; gest. 19. 4. 1977 in Berlin

In dem Gedicht *Geschichtenerzählen* heißt es am Schluß: »Nun, wie gefällt Ihnen das?/ Bitte bitte, hören Sie auf!–/ Ich glaube,/ Sie erzählen mir da lauter Geschichten.« Ebenso wie das Erzählen von dem fiktiven Leser im Gedicht ungläubig abgewehrt wird, so verständnislos zeigte sich oft die zeitgenössische Öffentlichkeit gegenüber dem Werk von F.. Schlagwörter wie »Hinterhof-Sänger«, um die scheinbaren Idyllen im Berliner Zille-Milieu zu klassifizieren, »Nonsens-Poet«, um den sprachspielenden Clown in der Scheerbart-Nachfolge in den Griff zu bekommen und nicht zuletzt die oft behauptete »Trinkerlogik«, um sich belustigt zu distanzieren von dem in der Kneipenszene Berlins beheimateten Dichter: Solche Etikettierungen belegen das Abgrenzen einer bürgerlichen Gesellschaft gegenüber einem, der sich zum Außenseiter stilisieren ließ und die Rolle des Bohemien oder des Narren akzeptieren mußte.

Dabei verlief die Biographie von F. zunächst eher unspektakulär. Als Junge aus kleinbürgerlichen Verhältnissen in Berlin wuchs F. bei der Großmutter auf. Sechzehnjährig wurde er als Luftwaffenhelfer eingezogen und geriet in Kriegsgefangenschaft. Nachdem er Ende 1945 nach Berlin zurückgekehrt war, suchte er in den verschiedensten Berufen sein Auskommen, um daneben an der Hochschule für Bildende Künste zu studieren. Eine Anstellung 1948 als Schulhelfer im Ostteil der Stadt führte nach zwei Jahren zur Kündigung. Wiederum übte er unterschiedliche Berufe im Ruhrgebiet aus, bevor er 1952 in Reutlingen Zeichenlehrer an einer Privatschule wurde. In diese Zeit fallen die ersten künstlerischen Kontakte als Mitherausgeber von Zeitschriften wie *Visum* und *Telegramm*. Kinderbücher, Kurzprosa, Funkarbeiten und Graphiken bilden ein literarisches Frühwerk, das bis zur Rückkehr nach Berlin 1957 zu datieren ist.

Erst in den Berliner Jahren bis zu seinem Tod 1977 entstand in unzähligen Holzschnitten, Gedichten und Kurzprosaformen wie Märchen, Legenden und Kalendergeschichten, was Walter Höllerer die »Gegenwelt« von F. nannte, die dieser auch selbst zu verkörpern schien. F., der Lyriker und Prosaist, der Graphiker und Galerist, grenzte sich bewußt vom etablierten Literatur- und Kunstbetrieb ab. Als die abstrakte Malerei höchste Anerkennung fand, begründete er 1959 die alternative Galerie »Die Zinke« in Berlin mit und »erzählte« naiv und kindlich in Holzschnitten seine Bildergeschichten. Viele seiner Texte und Graphiken erschienen abseits herkömmlicher Verlagsstrukturen in der von ihm 1963 mitinitiierten Gruppe der »Rixdorfer Drucke« oder wurden beim befreundeten Künstler V. O. Stomps in der Eremitenpresse gedruckt. In seinen Texten spiegeln die Kinder, Zigeuner, Zirkusleute, Flüchtlinge und Vögel diese kompromißlose, nonkonformistische Haltung wider. Eichendorffs Geschichte *Aus dem Leben eines Taugenichts* (1972) wird in zwölf Kürzesttexten und acht Holzschnitten noch einmal neu erzählt; programmatisch lautet der Titel eines Sammelbandes von Prosa, Gedichten und Bildern: *Die Ankunft des Großen Unordentlichen in einer ordentlichen Zeit* (1978). Eine neue unordentliche Realität mit einem phantastischen, lustig-verspielten Inventar wird vor dem Leser ausgebreitet.

Die skurrilen, kauzigen Außenseiter und die herumwandernden Clochards, die für »GBF« – wie man ihn oft nannte – so typisch sind, stehen in der Tradition von Figuren wie der des heiligen Franziskus (*Die Wiederkehr des heiligen Franz*, 1954). Auch sie haben auf Reichtum, Macht und Gunst verzichtet, um schließlich in einer spontanen Menschlichkeit mit der Schöpfungsordnung zu leben. Die Natur kann unverletzt aufleuchten, im Gespräch mit den Tieren, im noch zwecklosen Spiel der Kinder, in der konkreten Hilfsbereitschaft. Für kurze Zeit wird der paradiesische Urzustand vergegenwärtigt und zur eingelösten Utopie, bevor die allzu reale Welt, angefüllt mit Polizisten, Bürgermeistern, Militärs und verbohrten Erwachsenen wieder ihr Recht durchsetzt. Mit dem Erzählen selbst, dem F. eine Wirklichkeit schaffende Kraft zumißt, kann der Zerstörung für einige Momente widerstanden werden.

Doch neben dieser Poetik der »messianischen Heiterkeit« (Elisabeth Borchers) steht gleichermaßen die resignative, melancholische Verunsicherung und Angst. Häufig erkennen die Sonderlinge in den Texten, daß diese Welt sich ihnen entzieht. Mit dem literarischen Perspektivenwechsel zum »Kinderblick« (Maria Lypp) muß man sich ständig vergewissern: »Überhaupt, angesichts der Fülle von Dingen stellte ich jedesmal die beharrliche Doppelfrage: Was ist denn das, was ich da sehe, was ist denn das? – und erhielt fesselnde Antworten, kurze und längere« (*Bericht eines Bremer Stadtmusikanten*, 1968). Die Auskünfte, die sich zwar im lustigen Treiben zeigen, wenn Häuser hüpfen und turnen, Schornsteine einen Kopfstand machen, hungrige Schneemänner an die Tür klopfen oder der Mond ein Telegramm schickt, sie bilden jedoch eine – im Wortsinn – verrückte Welt, eine, die flieht und weiterrückt, indem man sich umdreht: »Ich lehne mich ans Geländer. Die Nacht ist verschrieben an Schornsteine, Dächer und Fassaden der Stadt. Eine flüchtende Schar, die nicht ertappt werden will. Nur wenn du hinschaust, stehen sie reglos und täuschen Müdigkeit vor. Sobald du dich abkehrst, laufen sie wieder in Windeseile von dannen« (*Krümelnehmer oder 34 Kapitel aus dem Leben des Tierstimmen-Imitators Ewald K.*, 1963).

In immer neuen Variationen stellte F. der Logik der ordentlichen Gesellschaft seine mit Witz und spielerischer Freude vorgetragene »vermeintliche Trinkerlogik« entgegen, bescheiden und leise mit einem »Vielleicht«, wie in dem Gedicht *Geburtstag* (»Vielleicht freust du dich/ über diesen Gesang ...«), um so zwar höflich aber entschieden Widerstand anzumelden.

Literatur: *Propp*, Thomas: Ordnung muß sein, sprach der Anarchist. Eine Reise zum Dichter Günter Bruno Fuchs und zurück. Lüneburg 1985; *Lypp*, Maria: Kinderblick und Wanderbühne. Zu den Texten von Günter Bruno Fuchs. In: Zeitschrift für Literaturwissenschaft und Linguistik. Beiheft 7. Göttingen 1977, S. 21–45.   *Hans-Ulrich Wagner*

Fühmann, Franz
Geb. 15.1.1922 in Rochlitz/Rokytnice (ČSR); gest. 8.7.1984 in Berlin

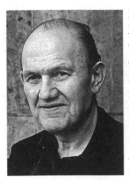

Insistierende Selbsterkundung kennzeichnet den Grund der Existenz des ostberliner Schriftstellers, Journalisten und Kulturpolitikers; sein Schreiben beharrt auf dem Geltungsrecht einer Literatur, die ihr »mythisches Element« nicht preisgibt, historisch unabgegoltenen Fragen in veränderter Gegenwart nachzuspüren. Die Erprobung dieser gleichermaßen ethischen wie ästhetischen Maxime durchmißt vom epischen Gedicht über die Mythenadaption bis hin zu operativen Genres ein breites Gattungsspektrum. Sie findet ihren wahren Ausdruck jedoch erst in einer für den Autor typischen Synthese von Erzählung und Essay: So erkundet der Episodenzyklus *Das Judenauto* (1962, rev. Urfass. 1979) die Korrumpierung eines kleinbürgerlichen und in vielfacher Hinsicht generationstypischen Bewußtseins durch den Faschismus und die »Wandlung« des Erzählers/Autors zum entschiedenen Antifaschisten und Marxisten, der in russischer Kriegsgefangenschaft (bis 1949), auf der Antifa-Schule, mit der »Wahrheit über Auschwitz« konfrontiert, sich der Einsicht in die eigene Schuldverstrickung nicht länger verschließen kann und im Sozialismus die Chance zur Verwirklichung der politischen und »menschlichen Emanzipation« (Karl Marx) sieht. So meldet gut zehn Jahre später das Tagebuch einer Ungarnreise, *Zweiundzwanzig Tage oder Die Hälfte des Lebens* (1973), in Gegenwartsbeobachtungen, Reflexionen, Aphorismen und Traumsequenzen den erneuten und diesmal von »affirmativer Pathetik« weit entfernten Anspruch F.s an, den zutage getretenen und existentiell erfahrenen Widersprüchen (»jene Erschütterung vom August 1968«) und kulturpolitischen Defiziten der ihm im geographischen wie politischen Sinne zur Wahlheimat gewordenen DDR ebensowenig wie seinen eigenen auszuweichen. Vielmehr sieht er es als seine Aufgabe, sich »im Prozeß des Schreibens Klarheit zu verschaffen«, und, wie es das mutige Referat auf dem VII. Schriftstellerkongreß der DDR im gleichen Jahr sozusagen als Schreibanweisung formuliert, Literatur in Ideologie nicht aufgehen zu lassen, da auch der Mensch in ihr sich nicht erschöpfe. Mit dem Essay *Der Sturz des Engels* (1982), in dem F.s Lebens- und Leseerfahrung mit Georg Trakls als dekadent verpönten Gedichten zur Verteidigung der relativen Eigenständigkeit von Literatur gegenüber der Doktrin geraten, mischt F. sich noch einmal vor seinem Tod in die Literaturdebatte der DDR ein und erreicht – wie zuvor schon mit seinen E.T.A.-Hoffmann-Studien – eine Revision der dogmatisch erstarrten literaturwissenschaftlichen Positionen der sozialistischen Erbeauffassung. Jungen Autor(inn)en der DDR gilt F. schon fast als eine »mythische« Vorbildfigur in seiner Suche nach »Wahrheit und Würde« und dem Bekenntnis zu »Scham und Schuld« seiner Generation.

Werkausgabe: *Fühmann, Franz: Ausgewählte Werke in Einzelbänden*. Rostock 1977ff.
Literatur: *Richter*, Hans: Franz Fühmann. Ein deutsches Dichterleben. Berlin 1992; *Kohlhof*, Sigrid: Franz Fühmann und E.T.A. Hoffmann. Romantikkonzeption und Kulturkritik in der DDR. Frankfurt a. M. 1988; *Wittstock*, Uwe: Franz Fühmann. München 1988; *Loest*, Erich: Franz Fühmann. Paderborner Vorlesungen. Paderborn 1986.

Cornelia Berens

Gaiser, Gerd
Geb. 15. 9. 1908 in Oberriexingen/Württemberg; gest. 9. 6. 1976 in Reutlingen

»Was uns gestaltlos und unbewältigt umgibt«, wollte G. »in Bildern begreifen«. Als Sohn einer alten Pfarrersfamilie hatte er die ebenso traditionsreichen evangelisch-theologischen Seminare durchlaufen, studierte dann aber an Kunstakademien (Stuttgart, Königsberg), Universitäten (Dresden, Tübingen) und auf Reisen in den romanischen Ländern die bildenden Künste, um ausübender Maler und Zeichenlehrer zu werden, und mußte schließlich feststellen, daß auch diese Beschäftigung nicht die seine Absichten befriedigende Ausdrucksform war. Erst der Krieg, an dem er als Jagdflieger und Offizier teilnahm, gab ihm das große eigene Thema; schon in der vom Hitlerstaat gerade noch geduldeten Zeitschrift *Das innere Reich* erschienen Prosatexte, die aus dieser persönlichen Erfahrung entstanden. Sie bildeten die Anfänge des nach Novellen (*Zwischenland*, 1949) und dem Heimkehrer-Roman *Eine Stimme hebt an* (1950) Aufsehen erregenden Romans *Die sterbende Jagd* (1953), der Glanz und Untergang einer deutschen Jagdfliegerstaffel im Zweiten Weltkrieg erzählt. Gerühmt als »Prosaepos auf einsamer Höhe« und »gewiß das beste deutsche Kriegsbuch in Romanform überhaupt«, das, »realistisch und symbolisch zugleich, die technisch-kriegerische Welt in einem hochpoetischen Licht« erscheinen lasse (Hans Egon Holthusen), begründete dieses Buch eine steile Schriftstellerkarriere, die zur raschen Aufnahme weiterer Erzählwerke führte (u. a. *Das Schiff im Berg*, 1955; *Gianna aus dem Schatten. Novelle*, 1957) und in dem Roman *Schlußball* (1958) ihren Höhepunkt fand. G. zeigt hier am Beispiel eines Tanzstundenballs in einer süddeutschen Industriestadt (die als Reutlingen zu entschlüsseln ist) Schatten des bundesrepublikanischen Wirtschaftswunders auf, in dem längst nicht mehr Geist, nur noch Geld regiert. Das breite internationale Echo, das sich in zahlreichen Ehrungen und in einer Fülle von Übersetzungen äußerte, rief eine scharfe, polemische Auseinandersetzung hervor, die eine so hohe Einschätzung G.s kritisierte (u. a. Walter Jens, 1960), seine Qualitäten auf die eines »Heimatdichters« reduzieren und einen Zusammenhang mit der Blut-und-Boden-Literatur des Hitlerstaats herstellen wollte. Diese Auseinandersetzung behinderte die Rezeption des Alterswerks G.s

(u. a. *Gazelle grün*, 1965; *Alpha und Anna. Geschichten einer Kindheit*, 1975) und die Veröffentlichung des Nachlasses. Trotz seiner Zeitthematik, so versucht Hermann Bausinger (1983) gerechter zu urteilen, sei G.s Werk zwar »ein Stück Blindheit vor den Realitäten der Zeit, ein schwärmerischer Traum rückwärts; aber an einigen Stellen auch ein hellsichtiger Blick in eine Zukunft, der wir inzwischen nähergekommen sind«.

Literatur: *Bullivant*, Keith: Between Chaos and Order: The Work of Gerd Gaiser. Stuttgart 1980; *Schaufelberger*, Anna-Regula: Das Zwischenland der Existenz bei Gerd Gaiser. Bonn 1974; *Hohoff*, Curt: Gerd Gaiser. Werk und Gestalt. München 1962.   *Ludwig Dietz*

Ganghofer, Ludwig
Geb. 7. 7. 1855 in Kaufbeuren; gest. 24. 7. 1920 in Tegernsee

»›Papa, die Berge! Die Berge! Die Berge!‹«, erinnert sich G. in seinem *Lebenslauf eines Optimisten* (1909 ff.): »Dieses Bild sprang mir mit solcher Kraft in die Seele, daß ich seiner Schönheit hörig blieb durchs ganze Leben.« Sein Vater war Förster und wurde als Ministerialrat Leiter des bayrischen Forstwesens, seine Mutter, die Försterstochter, besaß »Gebetbüchle«, deren Lektüre ihr »Gottesdienst« war: Johann Wolfgang Goethes Gedichte. G. schrieb neben Schauspielen, Erzählungen, Novellen, Gedichten und Kriegsberichten 18 Romane; die Gesamtauflage seines Werks wird auf 30 Millionen Exemplare geschätzt; G. erlebte selbst noch die erste seiner mehr als dreißig Verfilmungen: *Die Hochzeit von Valeni* (1913). Er schuf damit eine literarische Welt, in der Gut und Böse, Stark und Schwach, Schön und Häßlich, Natürlich (hochländlich) und Verderbt (zivilisatorisch) unzweifelhaft voneinander geschieden sind und das eine über das andere schließlich siegt.

Als G. nach dem Studium der Literaturgeschichte und Philosophie in München, Berlin und Leipzig (von 1875 bis 1879) und kurzer Tätigkeit als Dramaturg am Wiener Ringtheater (1881) für A. Körner die »oberbayrische Zither« der *Gartenlaube* wurde und bei A. Bonz sein erstes Buch, *Der Jäger von Fall* (1883), erschien, war der Weg des Erfolgs geebnet. Sechs Jahre lang (von 1886 bis 1892) war er Feuilletonredakteur des *Neuen Wiener Tageblatts*. Ab 1895 lebte er als arrivierter Schriftsteller in München. Mit Ernst von Wolzogen und Fritz von Ostini gründete er 1897 die »Münchner Literarische Gesellschaft«, die u. a. Hugo von Hofmannsthals *Der Tor und der Tod* zur Uraufführung brachte. In seinem Jagdhaus »Hubertus« (s. den gleichnamigen Roman *Schloß Hubertus*, 1895) besuchte dieser den »erprobten Freund und Förderer als Jagdgast; auf seinem Landsitz am Tegernsee war Ludwig Thoma Freund und Nachbar. Fast sechzigjährig, meldete sich G. bei Ausbruch des Ersten Weltkriegs freiwillig ins Feld und ließ sich von seinem Verehrer Wilhelm II. zum offiziellen Kriegsberichterstatter, zur *Eisernen Zither* (1914), bestallen. Nach der Niederlage des Deutschen Kaiserreichs war auch G.s feudal orientierte Bergbauern- und Jägerwelt nicht mehr in Ordnung. Zwei Jahre vor seinem Tod begann der Autor des *Klosterjägers* (1892), der *Martinsklause* (1894), des *Schweigens im*

Walde (1899), Kriminalromane zu schreiben, die im städtisch-bürgerlichen Milieu spielten.

Literatur: *Prangel*, Matthias: Die Pragmatizität »fiktionaler« Literatur. Zur Rezeption der Romane und Erzählungen Ludwig Ganghofers. Amsterdam 1986; *Mettenleiter*, Peter: Destruktion der Heimatdichtung. Typologische Untersuchungen zu Gotthelf-Auerbach-Ganghofer. Tübingen 1974; *Schwerte*, Hans: Ganghofers Gesundung. In: Burger, Heinz Otto (Hrsg.): Studien zur Trivialliteratur. Frankfurt a. M. 1968. S. 154–208.

Ernst Kretschmer

Geibel, Emanuel
Geb. 17. 10. 1815 in Lübeck; gest. 6. 4. 1884 in Lübeck

Nach seinem Tod, so Thomas Mann in seiner Rede *Lübeck als geistige Lebensform*, erzählte man sich, habe eine alte Frau auf der Straße gefragt: »Wer kriegt nu de Stell? Wer ward nu Dichter?« Im Todesjahr des Lübecker »Stadtheiligen« (Paul Heyse) hatten seine ersten *Gedichte* (1840) die einhundertste Auflage erreicht, sein Konterfei zierte Sammeltassen, sein Name die »Geibel«-Havanna. Der Pastorensohn, der in Bonn Theologie und in Berlin Philologie studiert hatte, war als bedeutendster deutscher Lyriker des Jahrhunderts anerkannt, er wurde mit dem Schillerpreis (1869) ausgezeichnet und mit Johann Wolfgang Goethe auf eine Stufe gestellt.

Auf Empfehlung Bettine von Arnims und ihres Schwagers von Savigny hatte er 1838 die Anstellung des Hofmeisters beim russischen Gesandten in Athen erhalten und die griechische Inselwelt bereist; auf Empfehlung Carl Friedrich von Rumohrs erhielt er – nach seiner Rückkehr ohne Beruf, vom Preußenkönig Friedrich Wilhelm IV. eine jährliche Pension von dreihundert Talern. Diesem widmete er dann auch sein erstes Drama *König Roderich* (1844), denn: »Du gabst ein Leben mir vom Staube / Des niedern Marktes unberührt, / Ein Leben, wie's im grünen Laube, / Der freie Vogel singend führt.« Daß »der Sänger mit dem König gehen« solle, meinte 1852 auch der Bayernkönig Maximilian II., als er G. als Honorarprofessor für deutsche Literatur und Metrik und für ein Anfangsgehalt von achthundert Gulden nach München berief, ihn in den Maximiliansorden und dann – verbunden mit dem persönlichen Adelsschlag – in den Kronenorden aufnehmen ließ. G. wurde zum unbestrittenen Haupt des »Münchner Dichterkreises« – des in der Hofburg tagenden königlichen »Symposions« und der privat sich treffenden »Krokodile« – , dem seit 1854 auch der von ihm protegierte Freund Paul Heyse angehörte. Den Jahren in München setzte 1868 der Maximilian-Nachfolger und Wagner-Freund Ludwig II. ein Ende, als er G.s Huldigungsgedicht *An König Wilhelm* mit der Streichung der Bezüge beantwortete. König Wilhelm aber unterließ es seinerseits nicht, dem Heimkehrenden die preußische Pension auf eintausend Taler zu erhöhen, und die Lübecker empfingen ihn mit Fackelzug und Festmahl. In und um Lübeck blieb er, zunehmend unter Magenschmerzen und Schreibhemmungen leidend, bis zu seinem Tod.

»Nun, das nenn' ich doch Erfolg«, kommentierte 1856 Friedrich Hebbel die vierzigste Auflage der *Gedichte* und setzte hinzu: »Bei solcher Trivialität unglaublich!« Seinen zeitgenössischen Ruhm begründete G. mit der virtuosen Beherrschung des traditionellen Lyrik-Repertoires. Kein klassisches Versmaß, das er nicht makellos, keine romantische Metapher, die er nicht geschmackvoll zu verwenden wußte. Warum aber diese Lyrik »epigonal« blieb, ließ er den *Bildhauer des Hadrian* erklären: »Wohl bänd'gen wir den Stein, und küren, / Bewußt berechnend, jede Zier, / Doch, wie wir glatt den Meisel führen, / Nur vom Vergangnen zehren wir. / O trostlos kluges Auserlesen, / Dabei kein Blitz die Brust durchzückt! / Was schön wird, ist schon da gewesen, / Und nachgeahmt ist was uns glückt.« Sich dabei das Wohlwollen der preußischen Könige zu sichern, fiel dem als »Reichsherold« Gefeierten (*Heroldsrufe*, 1871) nicht schwer. 1846 bezog er lyrisch streitbar gegen Dänemark *Für Schleswig Holstein* Stellung, 1871 dann – »das Maß ist voll, zur Schlacht mit Gott« – gegen den »Erbfeind« Frankreich und für das zu schaffende deutsche Reich, dessen Kaiser Preuße sein sollte.

G.s *Der Mai ist gekommen* ist berühmt geblieben, sein »Und es mag am deutschen Wesen/Einmal noch die Welt genesen« berüchtigt. Vergessen sind, wie die Mehrzahl seiner Gedichte, die klassizistisch schwerfälligen Dramen, noch heute anerkannt aber seine sensibel nachempfundenen Übersetzungen: *Klassische Studien* (1840, zusammen mit Ernst Curtius), *Spanisches Liederbuch* (1852, zusammen mit Paul Heyse), *Romanzero der Spanier und Portugiesen* (1860, zusammen mit Adolf Friedrich von Schack) und *Fünf Bücher französischer Lyrik* (1862, zusammen mit Heinrich Leuthold).

Werkausgabe: *Geibel*, Emanuel: Gesammelte Werke. 8 Bände. Stuttgart 1883/84.
Literatur: *Hinck*, Walter: Epigonendichtung und Nationalidee. Zur Lyrik Emanuel Geibels. In: ders.: Von Heine zu Brecht. Lyrik im Geschichtsprozeß. Frankfurt a. M. 1978. S. 60–82; *Gaedertz*, K.Th.: Emanuel Geibel, Sänger der Liebe, Herold des Reiches. Ein deutsches Dichterleben. Leipzig 1897.　　　　　　　　　　　　　　　　　　　　　　　　　*Ernst Kretschmer*

Gellert, Christian Fürchtegott
Geb. 4. 7. 1715 in Hainichen/Erzgebirge; gest. 13. 12. 1769 in Leipzig

»An Gellert, die Tugend, und die Religion glauben, ist bey unserm Publico beynahe Eins« – so faßten die *Frankfurter Gelehrten Anzeigen* drei Jahre nach G.s Tod die besondere Bedeutung des Dichters zusammen. Tatsächlich gab es kaum einen Schriftsteller in der ersten Hälfte des 18. Jahrhunderts, der so enthusiastisch gefeiert wurde wie er. Zahlreiche Anekdoten, die schon zu seinen Lebzeiten kursierten, berichteten von der Verehrung, die ihm von allen Seiten und quer durch alle Schichten entgegengebracht wurde: Einfache Landleute versorgten den in bescheidenen Verhältnissen lebenden Dichter mit Eßwaren und Brennmaterialien, Adelige holten seinen Rat in Liebesangelegenheiten ein, Fürsten bezeugten ihm ihren Respekt. Sogar Friedrich II., sonst kein Liebhaber der deutschen Literatur, empfing G. zu einer Audienz

(1760), um ihm dann aber die nicht sehr freundliche Frage zu stellen, warum es in Deutschland keinen guten Schriftsteller gebe. Eine solche Frage konnte G. jedoch nicht aus der Fassung bringen, war er sich doch seines eigenen Wertes, der ihm öffentlich so eindrucksvoll bestätigt wurde, durchaus bewußt.

Dabei war G. ein eher bescheidener, keineswegs auftrumpfender Mann, der ein zurückgezogenes und anspruchsloses Leben als Junggeselle führte. Aus einer kinderreichen Pastorenfamilie stammend und von Geburt an von schwächlicher Konstitution, wurde er früh an ein einfaches und arbeitsames Leben gewöhnt. Mit Abschreibearbeiten trug er bereits als Kind seinen Teil zum Lebensunterhalt der fünfzehnköpfigen Familie bei. Mit vierzehn Jahren kam er auf die berühmte Meißner Fürstenschule St. Afra, wo er Freundschaft mit Gottlieb Wilhelm Rabener und Karl Christian Gärtner schloß, die ihn später in den Kreis der sogenannten »Bremer Beiträger« einführen sollten. Sein Studium an der Universität Leipzig (von 1734 bis 1738) mußte er wegen Geldmangel abbrechen und sich als Hauslehrer in gräfliche Dienste verdingen. Erst 1741 gelang es ihm, nach Leipzig zurückzukehren, wo er sich schließlich mit einer Schrift über die Fabeldichtung habilitieren konnte. Mit dieser Schrift, die ihm 1751 eine außerordentliche Professur für Poesie und Beredsamkeit in Leipzig eintrug, lieferte er die theoretische Rechtfertigung seiner eigenen, in den Leipziger Jahren entstandenen Dichtung, mit der er sich im Rahmen des von Johann Christoph Gottsched u. a. formulierten aufklärerischen Literaturprogramms bewegte.

Ursprünglich ausgelöst war sein eigenes literarisches Schaffen durch die Lektüre des spätbarocken Lyrikers Johann Christian Günther, den er bereits als Schüler las. Die Begeisterung für Günther verwandelte den eher betulichen und förmlichen G. nach seinen eigenen Worten in einen »feuerspeienden Ätna«. Die damals entstandenen Gedichte hat er aber in den Jahren »seines gereinigten Geschmacks nie ohne Ekel in die Hände nehmen können« und später alle vernichtet. Statt subjektivistisch geprägter Liebeslyrik, wie Günther sie schuf, verfaßte G. moralische *Fabeln und Erzählungen* (1746/48), in denen er das frühaufklärerische Programm in eine gefällige, populäre Form umsetzte. Auch mit seinen *Lehrgedichten und Erzählungen* (1754) und seinen posthum veröffentlichten *Moralischen Vorlesungen* (1770) verschaffte er dem aufklärerischen Tugendbegriff eine breite öffentliche Resonanz.

Mit seinem Roman *Leben der schwedischen Gräfin von G**** (1746) verließ G. jedoch die überlieferten aufklärerischen Muster. Zum einen wandte er sich einer damals von der Aufklärungspoetik noch sehr verachteten Gattung zu und zum anderen schuf er den ersten deutschen »Originalroman«, in dem Gefühl und Empfindsamkeit erstmals einen legitimierten Raum erhielten. Er bereitete damit sowohl der späteren Empfindsamkeit wie auch der Sturm-und-Drang-Bewegung den Weg. Ein Vorbereiter und Mittler war G. auch auf dem Gebiet des Dramas. Seine theoretische und praktische Begründung des »rührenden Lustspiels« (*Pro comoedia commovente*, 1751) im Anschluß an englische und französische Vorbilder öffnete den Weg sowohl für eine neue Komödienform wie auch für das spätere bürgerliche Trauerspiel. Mit der Kategorie der »Rührung« führte G. ein wichtiges Moment in die damalige Diskussion ein. Seine eigenen *Lustspiele* (1747), in denen sich das Bürgertum erstmals nicht mehr in lächerlichen Figuren und Situationen dargestellt sah, waren außerordentlich erfolgreich. Ein Wegbereiter war G. auch auf einem anderen Gebiet. Sein Werk *Briefe, nebst einer praktischen Abhandlung von dem guten*

Geschmacke in den Briefen (1751), mit dem er gegen den trockenen Kanzleistil seiner Zeit Front machte und für eine kultivierte Natürlichkeit und Lebhaftigkeit plädierte, legte den Grund für die Anerkennung des Briefs als eigener literarischer Gattung und gab dem Briefroman bis hin zu Johann Wolfgang Goethes *Die Leiden des jungen Werthers* (1774) wesentliche Impulse.

Nach dem Antritt der außerordentlichen Professur ließ G.s literarische Produktivität auffällig nach. Die Verbindung von wissenschaftlicher und literarischer Arbeit gelang ihm nicht. Er konzentrierte sich fortan vor allem auf seine Vorlesungen, die viel besucht waren und ihm den Ruf eines »begnadeten Tugendlehrers« einbrachten.

So sehr G. auch das öffentliche Ansehen genoß, so bewahrte es ihn doch nicht vor Hypochondrie und schweren Depressionen, die das letzte Jahrzehnt seines Lebens überschatteten und ihn zu einem grämlichen Sonderling werden ließen. Beigetragen zu der selbstquälerischen Grundstimmung hat nicht nur sein notorisch schlechter Gesundheitszustand, sondern wohl auch eine Ahnung davon, daß er durch die neuere literarische Entwicklung bereits überholt war. Tatsächlich brach der Gellert-Kult, der bei seinem Tod einen letzten und beispiellosen Höhepunkt erreicht hatte, bald in sich zusammen. Die Tatsache, daß G. zwischen den Zeiten und Epochen stand, führte alsbald zu einer vollständigen Umbewertung seiner Person und zu einer Verkennung seiner eigentlichen Leistung. Bereits 1771 sprachen Jakob Mauvillon und Ludwig August Unzer in ihren *Briefen über den Werth einiger deutscher Dichter* das für die weitere literaturgeschichtliche Rezeption folgenreiche Verdammungsurteil: »Gellert war ein seichter Schriftsteller; als solcher gefiel er den seichten Köpfen und, da diese immer die Mehrheit des lesenden Publikums bilden, so ist es kein Wunder, wenn Gellert der Mann des Tages wurde. Er war der Liebling aller Landprediger und Landpredigerstöchter – welch ungeheures Kontingent von Bewunderern, Verehrern, Lobpreisern.«

Werkausgabe: Gellert, Christian Fürchtegott: Gesammelte Schriften. Hrsg. von *Witte,* Bernd. 6 Bände. Berlin/New York 1988ff.

Literatur: *Witte,* Bernd: Die Individualität des Autors. Gellerts Briefsteller als Roman eines Schreibenden. In: German Quaterly 62, 1 (1989) S. 5–14; *Schlingmann,* Carsten: Gellert. Eine literarhistorische Revision. Bad Homburg v.d.H./Berlin/Zürich 1967. *Inge Stephan*

George, Stefan

Geb. 12. 7. 1868 in Rüdesheim; gest. 4. 12. 1933 in Minusio bei Locarno

Zu Lebzeiten war G. wie weiland Richard Wagner eine umstrittene Größe: den Verehrern standen die Gegner unversöhnlich gegenüber, Neutralität schien es nicht zu geben. Den Jüngern galt er als eine der genialsten Figuren abendländischer Kultur, als eine »antike Natur«. »Nur George hat heute den lebendigen Willen und die menschliche Wesenheit, die zuletzt in Goethe und Napoleon noch einmal Fleisch geworden, die in Hölderlin und Nietzsche zuletzt als körperlose Flamme gen Himmel schlug und verglühte« – so feiert 1920 der anerkannte Literarhistoriker Friedrich Gundolf den Dichter. Diametral entgegengesetzt ist das Urteil Franz Werfels, das die christlich-religiösen Einwände versammelt. In seinem monumentalen Roman *Stern der Ungeborenen* (1946), der eine Bilanz abendländischer Kulturleistungen zieht, steht G.s Name »für alle von Herrschsucht berstenden Kalligraphen, die anstatt in Sack und Asche, mit stark geschweiften Röcken, gebauschten Krawatten und falschen Dante-köpfen einherwandeln und ihre Schultern und Hüften drehn, wobei sie einen kranken Lustknaben öffentlich zum Heiland machen und die blecherne Geistesarmut in kostbaren Gefäßen umherreichen, während die von ihnen Verführten dem rohesten und blutigsten aller Teufel schließlich ins Garn gehn«. Auch moderne Würdigungen stehen nicht jenseits der Parteien Haß und Hader. Und das, obwohl es seit den 30er Jahren um G. gänzlich still wurde, sein Werk auch nach 1945 ohne Resonanz blieb.

Stefan Anton G. war der Sohn eines Weingutsbesitzers und Gastwirts. Aber sein Sinn strebte nach Höherem: Nach dem Besuch des Darmstädter Gymnasiums und dem kurzzeitigen Studium der Romanistik, Anglistik, Germanistik, Philosophie und Kunstgeschichte in Berlin erkannte er seine höhere Bestimmung und verzichtete, da das elterliche Vermögen ihm dies erlaubte, bewußt auf die Ausübung eines Brotberufs. Sein ganzes Leben war ausschließlich der Dichtung und dem »Umdichten« fremdsprachiger Lyrik geweiht, wozu seine Sprachbegabung ihn prädestinierte. Er soll außer Griechisch und Latein, Französisch und Englisch, Italienisch, Spanisch, Holländisch, Dänisch, Norwegisch und Polnisch beherrscht haben. Aus den meisten dieser Sprachen liegen Übersetzungen vor, deren künstlerische Geschlossenheit ihresgleichen sucht. Außer im Elternhaus wohnte G., der ein unstetes Reiseleben führte, bei Freunden, die er aus Altersgenossen, später aus der jüngeren Generation systematisch um sich scharte. Bevorzugte Wohnorte waren München, Bingen, Berlin, Heidelberg, Basel, Würzburg und Marburg.

In G.s Gestalt kulminiert der Wille einer ästhetischen Lebensgestaltung, die konsequent zur Verabsolutierung des Künstlerideals führt. Auf der Suche nach geeigneten Dichterkollegen begegnete G. dem jungen Hugo von Hofmannsthal, der sich freilich nach einer stürmischen Freundschaft vom besitzergreifenden Kollegen distanzierte. Das Scheitern der Verbindung ist einigermaßen symptomatisch; G. konnte nur zweitrangige Genies um sich versammeln; die größeren brauchten zur Entfaltung ihrer Eigenart keinen Schulmeister. Hochgestylter Dichteranspruch und pädagogisches Streben sind bei G. zeitweise so eng miteinander verknüpft, daß seine eigene Dichtung geradezu Lehrbuchcharakter annimmt – freilich nicht den eines Schulbuchs für jedermann, sondern einer Bibel für Eingeweihte. Denn exklusiv wollte G. sein, bis zur totalen Abschirmung gegen die kulturlose Außenwelt, was bereits die konsequente Kleinschreibung und die neugeschaffene Schrifttype indizieren. Hatte G. anfangs nur die Erneuerung der Literatur auf seine Fahnen geschrieben, so weitete er später diesen Anspruch auf die Kultur, die Gesellschaft, den Staat und sogar die Religion aus. In der zweiten Hälfte des 19. Jahrhunderts hatte das etwas wässrig-klassizistische Ideal des Münchner Kreises um Emanuel Geibel und Paul Heyse dominiert; von ihnen und vom vulgären Naturalismus distanzierte sich G. mit Verve. Sätze wie: »In der dichtung ist jeder der noch von der sucht ergriffen ist etwas ›sagen‹ etwas wirken zu wollen nicht einmal wert in den vorhof der kunst einzutreten« und: »Den wert der dichtung entscheidet nicht der sinn sondern die form«, bilden den Kern seiner aus dem französischen Symbolismus (Stéphane Mallarmé, Paul Verlaine, Charles Baudelaire) übernommenen Kunstdoktrin des »l'art pour l'art« (»Kunst um der Kunst willen«). Bezeichnend für seinen Kunstwillen ist die Partialität, mit der er sich ihre Themen und Stoffe aneignete: alles Häßliche (wovon sich bei Baudelaire vieles findet) wurde rigoros ausgeschieden; Aufnahme fand nur das Sittlich-Schöne, das geistig-seelische Erhebung gewährte.

Geistiges Haupterlebnis des jungen G. war neben der Beziehung zu den Symbolisten der Einfluß Friedrich Nietzsches. Persönliche Begegnungen spielten im Grunde eine untergeordnete Rolle; mit Frauen hatte er, nach einer mißglückten Beziehung zu Ida Coblenz, die bald darauf aparterweise seinen poetischen Intimfeind Richard Dehmel heiratete, nichts mehr im Sinn; geistigen Kontakt mit ebenbürtigen Männern vermochte er wegen seiner wachsenden Herrschsucht nicht pflegen. Die Briefwechsel und die Zeugnisse seines Kreises zeigen auf erschreckende Weise, daß nicht nur die Jüngeren, sondern auch die Gleichaltrigen sich dem Anspruch des Dichters nahezu willenlos unterordneten. Für sie alle galt er als der unfehlbare »Meister«. Gespräche gab es im Grunde nie, die Jünger führten nur seine Anordnungen aus. Wer sich seinem Willen nicht beugte, wurde aus Kreis und Freundschaft verbannt. Dieses Schicksal traf denn auch mit vorhersehbarer Konsequenz die etwas selbständigeren Geister, die Literaturwissenschaftler Friedrich Gundolf (dessen Lebensgefährtin G. nicht zusagte) und Max Kommerell – beide ursprünglich besonders treue Anhänger. Unzweifelhaft prägte G.s Dichtertum ein homoerotisches Moment. Exemplarisch und geradezu tragisch-skurril kommt dieses Erleben in seiner Begegnung mit dem Knaben Maximilian Kronberger zum Ausdruck, in dem er zunächst ein säkulares poetisches Genie zu entdecken glaubte und ihn als moderne Antinous-Figur verherrlichte, ihn jedoch, nach seinem frühen Tod, nachgerade zur religiösen Kultfigur stilisierte. Die blinde Anhängerschar machte diese Farce ergebenst mit: Kronberger erhielt in einer Art Neuauflage der antiken Apotheose den Götternamen »Maximin« und die poetische Unsterblichkeit in G.s Gedichtbuch *Der siebente Ring* (1907; Veröffentlichung 1909). G. selbst verstand sich vorderhand als Prophet des toten Gottes Maximin; spätere Altersweisheit ließ ihn von dieser Abstrusität jedoch Abstand nehmen.

Wie stark der Wille sein dichterisches Schaffen prägte, zeigen die frühen, noch weitgehend epigonalen Werke (*Die Fibel*, 1901). G. ist ausschließlich Lyriker, weil er nur im lyrischen Ausdruck seine esoterische Sprachkunst verwirklichen konnte. Am Beginn selbständiger Produktion stehen die drei Bücher *Hymnen* (1890), *Pilgerfahrten* (1891) und *Algabal* (1892); die Welt des heidnischen Kaisers Heliogabal dokumentiert den Absolutheitsanspruch des Dichter-Schöpfers. Die nächste Sammlung *Die Bücher der Hirten- und Preisgedichte, der Sagen und Sänge und der Hängenden Gärten* (1895) führen die bukolisch-hymnische Thematik weiter; als Gipfel dieser erlesenen Filigrankunst muß das 1897 erschienene Werk *Das Jahr der Seele* gelten, das G.s reinste Naturgedichte enthält, obgleich seinen Parklandschaften immer etwas Gewaltsames anhaftet: Einzelwahrnehmungen erscheinen ins künstlerische Gebilde gehämmert und mit symbolischem Sinn aufgeladen. Zunehmend macht sich in G.s lyrischem Werk eine konstruktive Tendenz bemerkbar. Wirken bereits die einzelnen Gedichte wie sorgfältig abgewogene Klang- und Reimkörper, so sind die Gedichtsammlungen selbst von streng symmetrischer Architektur. Das Buch *Der Teppich des Lebens und die Lieder von Traum und Tod mit einem Vorspiel* (1899) besteht aus zwei mal 24 in Zweiergruppen angeordneten Gedichten, jedes Gedicht hat 4 Strophen mit vier Versen. Hier kündigt sich die definitive Wendung des Nur-Ästhetikers zum Lehrmeister an, der Dichtung nur noch als Mittel zum Zweck erkennt. Zunehmend treten politische und historische Themen in den Vordergrund; Zeitkritik im Gefolge Nietzsches nimmt im monumentalen Gedichtbuch *Der siebente Ring* (1907) einen beträchtlichen Rang und Platz ein. G. spielte sich nun als dantesker Richter der (wilhelminischen) Gegenwart auf: was nicht in sein konservativ-hieratisches Weltbild paßte, wurde schlankweg verworfen und mit maßlosen Schmähungen bedacht. *Der Stern des Bundes* (1914) galt als Gesetzbuch der Bewegung: in den 100 Sprüchen, die sich auf drei Bücher zu je 30 Gedichten, einem Eingang mit 9 Gedichten und einem Schlußchor verteilen, wird Reinheit zum obersten Gebot und zwar in recht äußerlichem Sinn – Frauen, Demokraten und Fremdrassige hatten im Geheimklub nichts zu suchen. Alltagsprobleme waren den erlauchten Mitgliedern zu gewöhnlich; man beschäftigte sich lieber mit epochalen Genies. Ein Sproß dieser biographisch-elitären Geisteshaltung ist die Geschichtsschreibung des George-Kreises, der sich immerhin einige hagiographische Meisterwerke verdanken, etwa *Friedrich II.* von Ernst Kantorowicz, *Napoleon* von Berthold Vallentin, *Goethe* von Friedrich Gundolf, *Wagner und Nietzsche* und *Platon* von Kurt Hildebrandt, *Nietzsche. Versuch einer Mythologie* von Ernst Bertram – allesamt Monumentalwerke, die historische Entwicklungen getreu der Devise »große Männer machen Geschichte« in heroisch frisierter Weise darstellen. Maßgebliches Organ von G.s »Kunstlehre« waren die 1892 gegründeten *Blätter für die Kunst*, die bis 1919 in 12 Folgen erschienen, und das zwischen 1910 und 1912 publizierte *Jahrbuch für die geistige Bewegung*. Über sie gewann G. zeitweilig großen Einfluß auf die deutsche Geisteswissenschaft, zumal zahlreiche Georgeaner den Beruf des Hochschullehrers ergriffen.

Das letzte Gedichtbuch, das ältere und neuere Stücke zusammenfaßt, heißt nicht zufällig *Das neue Reich* (1928). Merkwürdigerweise erscheint G.s Anspruch hier zurückgeschraubt: so finden sich neben hellsichtiger Zeitdiagnose *(Der Krieg)* wieder rein lyrische Gebilde von geradezu schlichter Zartheit, die wie eine Rücknahme der früheren Position anmuten. Unverkennbar ist Resignation ein Wesenszug der letzten Jahre des Dichters. Lehnte er früher Dichterehrungen als Ausdruck des verabscheuten Literaturbetriebs prinzipiell ab, so erteilte er Kultusminister Rust, der ihm einen »Ehrenposten« in der deutschen Dichterakademie anbot, auch aus politischen Gründen eine Absage.

Seine Ausreise aus Deutschland im Jahr 1933 kann jedoch nicht als Emigration gewertet werden.

G. hat sich als »Ahnherr jeder nationalen Bewegung« verstanden. Seine Haltung gegenüber dem neuen Regime schwankt zwischen Zustimmung und Distanz. Am 19. September 1933 äußerte er gegenüber Edith Landmann, es sei doch immerhin das erste Mal, daß seine (politischen) Auffassungen ihm »von aussen wiederklängen«. Edith Landmanns Hinweis auf die Brutalität des nationalsozialistischen Vorgehens verharmloste er, »im Politischen gingen halt die Dinge anders«. Ähnlich wie bei Ernst Jünger ist seine Distanz weniger Ausdruck der politischen als der aristokratischen Gesinnung: auch wenn er am Nationalsozialismus positive Züge entdeckte, dessen Vertreter waren ihm zu vulgär. Die anfängliche Vereinnahmung seines Werkes und das Faktum, daß viele seiner Anhänger zum nationalsozialistischen Regime umschwenkten, dokumentiert immerhin die Verwandtschaft von ästhetischem Führerkult und politischem Faschismus.

Die Nachwelt hat sich Bert Brechts nonchalantem Urteil von 1928 über den mirakulösen Poeten angeschlossen: »Ich selber wende gegen die Dichtungen Georges nicht ein, daß sie leer erscheinen: ich habe nichts gegen Leere. Aber ihre Form ist zu selbstgefällig. Seine Ansichten scheinen mir belanglos und zufällig, lediglich originell. Er hat wohl einen Haufen von Büchern in sich hineingelesen, die nur gut eingebunden sind, und mit Leuten verkehrt, die von Renten leben. So bietet er den Anblick eines Müßiggängers, statt den vielleicht erstrebten eines Schauenden«.

Werkausgabe: Stefan George. Werke. 2 Bände. Hrsg. von Robert *Boehringer.* Stuttgart ⁴1984.
Literatur: *Heintz,* Günther: Stefan George. Studien zu seiner künstlerischen Wirkung. Stuttgart 1986; *Würffel,* Stefan Bodo: Wirkungswille und Prophetie. Studien zu Werk und Wirkung Stefan Georges. Bonn 1978; *Durzak,* Manfred: Zwischen Symbolismus und Expressionismus: Stefan George. Stuttgart, Berlin, Köln, Mainz 1974; *David,* Claude: Stefan George. Sein dichterisches Werk. München 1967; *Linke,* Hansjürgen: Das Kultische in der Dichtung Stefan Georges und seiner Schule. München/ Düsseldorf 1960. *Gunter E. Grimm*

Gerhardt, Paul
Geb. 12. 3. 1607 in Gräfenhainichen/Sachsen; gest. 27. 5. 1676 in Lübben im Spreewald

O Haupt voll Blut und Wunden, Befiehl du deine Wege, Geh aus mein Herz und suche Freud oder *Nun ruhen alle Wälder:* Die Lieder G.s gehören zu den wenigen dichterischen Leistungen des 17. Jahrhunderts, die bis heute lebendig geblieben sind. Sie setzen die Tradition des reformatorischen Kirchenlieds fort, verschließen sich aber weder der mit dem Namen von Martin Opitz verbundenen Literaturreform noch dem Bedürfnis nach einer vertieften und verinnerlichten Frömmigkeit, das sich als Reaktion auf ein als veräußerlicht empfundenes Christentum und die gelehrte Streittheologie in zahlreichen Erbauungsschriften Ausdruck verschaffte (z.B. Johann Arndts *Vier Bücher vom wahren Christentum,* 1605–09, und *Paradiesgärtlein,* 1612). Die protestantische Lieddichtung öffnet sich zuerst mit Johannes Heermann diesen Tendenzen; das Andachts- und Erbauungslied entsteht. »Doch der ist am besten dran, Der mit Andacht singen kann«, heißt es dann bei G.

Geistliche Andachten Bestehend in hundert und zwantzig Liedern (1667) nennt denn auch Johann Georg Ebeling, Herausgeber (und Komponist) der ersten Gesamtausgabe, G.s Texte, die vorher schon nach und nach in verschiedenen Auflagen von Johann Crügers *Praxis Pietatis Melica* (1648 u. ö.) veröffentlicht worden waren. Volkstümliche Schlichtheit und religiöse Innigkeit charakterisieren viele seiner (zuweilen recht langen) Lieder – die Auswahl im *Evangelischen Kirchen-Gesangbuch* bevorzugt Texte dieser Art. Sie basieren etwa zur Hälfte auf Bibelstellen, sprechen von Anfechtung, Kreuz und Buße, aber auch von Trost, Gottvertrauen und Freude, von der Gewißheit der Erlösung. G.s Lieder einer praktischen Frömmigkeit gründen auf den durch die Reformation errungenen Glaubenseinsichten. Die Stärke der lutherischen Überzeugungen ihres Verfassers erhellt das entscheidende Ereignis in seinem im übrigen wenig ereignisreichen Leben: die Amtsenthebung.

G., Sohn eines Gastwirts und einer Pfarrerstochter, besuchte die Fürstenschule in Grimma und studierte von 1628 an Theologie im streng lutherischen Wittenberg. Anschließend schlug er sich als Hauslehrer durch, zunächst in Wittenberg, dann von etwa 1643 an in Berlin, bis er 1651 zum Propst in Mittenwalde in der Mark berufen und in die Lage versetzt wurde, einen Hausstand zu gründen. Als Diakon an der Berliner Nikolaikirche (seit 1657) wurde er in die Besonderheiten der brandenburgischen Kirchenpolitik verstrickt: Das Herrscherhaus war reformiert, das Territorium lutherisch. Macht- und religionspolitische Gesichtspunkte waren nicht zu trennen. Ein von Kurfürst Friedrich Wilhelm angeordnetes Religionsgespräch blieb ohne Ergebnis, Edikte verlangten Konzessionen von den Lutheranern. G. lehnte es ab, einen Revers zu unterschreiben und die kurfürstlichen Edikte anzuerkennen, die u. a. einen Verzicht auf theologische Auseinandersetzungen, auf den Exorzismus bei der Taufe und auf ein Studium in Wittenberg forderten. Sein »armes Gewissen« ließ auch einen angebotenen Kompromiß nicht zu, die Gefahr für die unverfälschte lutherische Lehre schien ihm zu groß. 1667 wurde er endgültig abgesetzt. Seine letzten Jahre – von 1669 bis zu seinem Tod – verbrachte er als Archidiakonus in Lübben im Spreewald, das zum lutherischen Sachsen-Merseburg gehörte. In seinem Vermächtnis an seinen Sohn schlagen noch einmal die Berliner Erfahrungen durch: »Die heilige Theologiam studiere in reinen Schulen und auf unverfälschten Universitäten, und hüte dich ja vor Synkretisten, denn sie suchen das Zeitliche und sind weder Gott noch Menschen treu.«

Werkausgabe: Geistliche Andachten (1667). Hrsg. von Friedhelm *Kemp*. Bern/München 1975; Dichtungen und Schriften. Hrsg. von Eberhard *von Cranach-Sichart*. München 1957; Geistliche Lieder. Historisch-kritische Ausgabe. Hrsg. von Johann Friedrich *Bachmann*. Berlin 1866, ²1877.
Literatur: *Hoffmann*, Heinz (Hrsg.): Paul Gerhardt. Dichter – Theologe – Seelsorger. 1607–1676. Berlin 1978; *Jenny*, Markus/*Nievergelt*, Edwin (Hrsg.): Paul Gerhardt. Weg und Wirkung. Zürich 1976.

Volker Meid

Gernhardt, Robert
Geb. 13.12.1937 in Reval/Estland

Sein Schreib- und Zeichenstil ist geprägt durch die ständige und langjährige Zusammenarbeit mit F.W. Bernstein, F.K. Waechter, Eckhard Henscheid und anderen, die vorwiegend in den satirischen Zeitschriften *pardon* (seit 1962) und *Titanic* (seit 1979) veröffentlichen.

Die Autoren bezeichnen ihre Kooperation als »Neue Frankfurter Schule« in nicht nur ironischer Anlehnung an die Kritische Theorie der Frankfurter Schule. Die »Neue Frankfurter Schule« scheint der bislang letzte einflußreiche und lebendige Literaturzirkel in der bundesdeutschen Nachkriegsliteratur zu sein.

G. trug maßgeblich zur Ausformung eines überindividuellen Stils von Komik bei, der oft imitiert wurde. Seine Nonsensverse und Figuren werden anonym tradiert, als Grafitti variiert und gehören schon heute zum Wortschatz und literarischen Kanon der Deutschen. Vor allem der Deutschen, die mit dem studentischen Protest am Ende der sechziger Jahre, dann mit den Friedens- und Ökologiebewegungen sympathisierten und den bundesrepublikanischen Lebensstil als dumpf und banal empfanden. Die Nonsens-Bildgedichte und Parodien in der *Pardon*-Beilage *WimS* (1964–1976) verwandelten den täglichen und publizistischen Stumpfsinn lustvoll in ein komisches Nichts und trafen damit einen neuen Lebensstil. Die *WimS*-Buchausgabe wurde sogar »eine Art neue Bibel der neuen Generation/Scene« (Henscheid) genannt.

G. ist vor allem Spieler. Er spielt lustvoll mit Figuren, Szenen, Haltungen und Gesten, mit Verhaltensmustern, mit Mustern der Alltagssprache, mit literarischen Stoffen und Gattungen, die ihm seit seinem Germanistikstudium geläufig und suspekt sind. Neben der Biographie (*Die Wahrheit über Arnold Hau*, 1966), der Reportage, dem Interview ist es vor allem die Textgattung Gedicht, die er seinem parodistischen, travestierenden Spieltrieb überantwortet. Schon die Titel der Gedichtsammlungen geben über die literarische Technik Auskunft: *Besternte Ernte* (1976), *Die Blusen des Böhmen* (1977), *Wörtersee* (1981). G. hält an den klassischen Strophenformen und am Endreim fest und zieht aus beiden größten poetischen und komischen Spielgewinn, z.B. wenn sich »Herr Paster« auf »Laster« reimt und die Verfluchung des Sonetts natürlich in vollendeter Sonettform erfolgt. Die Perspektive des Spielers und des Spaßmachers, der seinen Emotionen dauernd ins Wort fällt und seinem Pathos Beine stellt, wird auch in *Körper in Cafés* (1987) beibehalten. Dort formuliert er auch seinen poetischen Auftrag: Zu wittern »Das, was seit alters her bei jeglicher Suche/ Nach Sinn für sie abfällt: Den Unsinn.«

Die Popularität seiner Gedichte ist durch seine Zeichnungen, Karikaturen und Bildgeschichten mitbedingt. G. hat Malerei studiert und verfolgt einen Malstil, der sich »ernsthaft und beharrlich auf den Gegenstand einläßt«. Seine Bilder und Zeichnungen zeigen – in krassem Gegensatz zur wortreich bevölkerten Szenerie der Erzählungen – menschenleere, vergessene Ecken und tote Winkel, triviale Gegenstände in toskanischem Licht. G., der gerne Tiermaler geworden wäre, gibt Zeugnis und Auskunft *Über Malerei* in *Innen und Außen* (1988). Zu Tierbildern von Almut Gernhardt hat er die

Geschichten verfaßt, die gemeinsam als Kinderbücher publiziert wurden (z.B.: *Mit dir sind wir vier*, 1976).

G. ist Historiograph der bundesrepublikanischen Trivialität, dessen Beobachtungen in den siebziger und achtziger Jahren immer differenzierter werden. Er ist ein Volksstimmenimitator und ironischer Bauchredner des Jargons der Uneigentlichkeit. Seine zahlreichen satirischen Erzählungen befassen sich in traditionellem Erzählstil mit den banalen »Standardsituationen« und Problemen aus dem Alltag »unserer Kreise«. Mit Beziehungskrisen, Urlaubskatastrophen, den Eitelkeiten, Skrupeln und rhetorischen Selbsttäuschungen großstädtischer Intellektueller. Das epische Personal rekrutiert sich aus der künstlerisch-akademisch-politischen »Szene«, klassischer Schauplatz ist die Szenenkneipe und die servierten Chianti-Viertel geben das epische Zeitmaß an, das die Erzählungen gliedert. Der Alkoholgenuß ist überhaupt wichtiger Bestandteil der Erzählungen. Nur die Beobachtungen, nicht aber das Urteil des satirischen Erzählers sind unerbittlich. Er nimmt keine didaktische Position ein, die Geschichten kippen aus eigener Kraft ins Komische um, fallen gerne auf den Erzähler selbst zurück (*Kippfigur*, 1986; *Es gibt kein richtiges Leben im valschen*, 1987). Sein Roman *Ich, Ich, Ich* (1982) und das Schauspiel *Die Toscana-Therapie* (1986) variieren die Motive, Schauplätze und Personenkonstellationen der Erzählungen. Seinen eigenen »bösen Blick auf Eiliges und Dunkelheiten«, die komischen Bearbeitungen des »zeittypischen Schwachsinns« bei sich und anderen Autoren hat G. in einer beachtenswerten *Feldtheorie der Komik* beackert. Das idealtypische Komik-Genre-Produkt habe keine Botschaft, nur eine Wirkung. Komik sei die domestizierte und gesellschaftsfähigste Form der Lust, das Bedürfnis nach Veränderung und Aufhebung der Realität. Sie ziele radikal und herzlos auf das Lachen der Leser. Er selbst erstrebe eine Balance: Die abstrakten Gesetze des Komik-Genres zu erfüllen und gleichzeitig doch von sich und seinen unverstellten Gefühlen zu reden.

Die Frage *Was gibt's denn da zu lachen?* (1988) beantwortet G. als Komik-Theoretiker in der monatlichen Titanic-Kolumne *Humorkritik* unter dem kollektiven Pseudonym Hans Menz: Eine fortlaufend notierte kritische Geschichte des zeitgenössischen Humors, in der Witze, Karikaturen, Filme und Vorbilder (Kurt Tucholsky, Fields, Loriot) oder negative Beispiele (Ephraim Kishon, Hanns Dieter Hüsch, Heinrich Böll) diskutiert werden. Seine Bemühungen um die theoretische Begründung seines Schreibens, Malens und Lachens sind besonders glänzend formuliert in der Betrachtung *Glanz* in *Glück, Glanz, Ruhm* (1983) als Exegese der Bockenheimer »Taverne Wachtelstubb«. Der Autor rekonstruiert Schicht um Schicht den Glanz vergangener Moden am Beispiel dieses Lokals und seiner Besucher und liefert so in Erzählform eine frühe kritische Ästhetik der Postmodernen.

Für eine Geschichte des literarischen Erfolgs bleibt als erstaunlich festzuhalten, daß ein dermaßen innovativer und reflektierender Autor auch Drehbücher zu fünf Filmen mitverfaßte, von denen die vier »Otto«-Filme zu wahren Kassenschlagern wurden (1985, 1987, 1989, 1992). G. betrat 1963 die literarische Landschaft mit dem Pseudonym »Lützel Jeman« (Niemand, Kaum Einer) – ein Pseudonym, dessen Bescheidenheit sich in den satirischen Provinzen und theoretischen Gefilden bald als nicht haltbar erwies.

Literatur: *Köhler*, Peter: Nonsens. Theorie und Geschichte der literarischen Gattung, Heidelberg 1989; Die neue Frankfurter Schule. 25 Jahre Scherz, Satire und schiefere Bedeutung aus

Frankfurt a. M.. Hrsg. von W. P. *Fahrenberg* in Zusammenarbeit mit Armin *Klein*, Göttingen 1987.
Michael Kienzle

Gerstäcker, Friedrich
Geb. 10. 5. 1816 in Hamburg; gest. 31. 5. 1872 in Braunschweig

»Du erhältst hierbei, meine teure Mutter, mein Tagebuch von meinen letzten Jagden in Arkansas; möge es Dir helfen, ein paar Stunden Dich zu zerstreuen.« Als der Schreiber der Zeilen eineinhalb Jahre darauf seinem Tagebuch nach Dresden hinterherreiste, bemerkte er zu seinem Erstaunen, daß nicht nur die Mutter, sondern auch eine Reihe seiner Landsleute Zerstreuung gefunden hatten. Durch einen Freund der Familie waren die Erlebnisse in Robert Hellers Zeitschrift *Rosen* gelangt. Der Abenteurer war zum Schriftsteller geworden; 1844, im Jahr darauf, erschien das Tagebuch unter dem Titel *Streif- und Jagdzüge durch die Vereinigten Staaten von Amerika.* Das Fernweh aus früher Jugend war vorerst gestillt, die frühe Abenteuer- und Reiseliteratur zeigte erste Früchte: G. hatte zunächst als Kaufmann und Landwirt in Döben sein Auskommen gesucht (von 1835 bis 1837), dann aber unter dem Eindruck der Lektüre von James F. Cooper, Charles Sealsfield und Daniel Defoes *Robinson Crusoe* den Ozean überquert. Diese Bücher dienten vielen seiner Zeitgenossen als Reiseführer, wenn sie das Verlangen, der zersplitterten Heimat den Rücken zu kehren, in die Tat umsetzten. Wie froh war man dann in der Fremde, wenn man, so G., feststellen konnte: »Das Truthahnschießen findet hier noch ganz so statt, wie es Cooper so trefflich in seinem *Ansiedler* beschreibt.« Träume und Glücksgefühle nämlich brachen sich häufig an der harten Realität in der Neuen Welt, an dem Überlebenskampf, der dort zu bestehen war: G.s abenteuerlicher Lebenswandel als Koch, Matrose, Silberschmied, Unternehmer, Hotelier und Fabrikant, als Jäger, mit der »Büchse und Jagdtasche das Gebiet durchstreifend«, war ein beredter Beweis. Doch die Landsleute lasen es mit Spannung und Vergnügen: »Frei war ich, frei, hoch und froh hob sich mir zum ersten Mal wieder die Brust in dem wundervollen Gefühl gänzlicher Unabhängigkeit.« In den folgenden Jahren verarbeitete er seine Erlebnisse (geschult an Übersetzungen amerikanischer Erfolgsliteratur) in Abenteuer- und Sagenbüchern. Am meisten geschätzt waren beim Publikum die *Regulatoren in Arkansas* (1845, 10. Auflage 1897) und deren Fortsetzungen *Die Flußpiraten des Mississippi* (1848) sowie *Der Deutschen Auswanderer Fahrten und Schicksale* (1847). G. verstand es, mit derben, flächigen Charakterbildern eine äußerst unterhaltende und zuweilen komische Wirkung zu erzielen, die mit ethnischem Wissen und einem Gespür für Sensationen verbunden waren. Auch die Schattenseiten des Ansiedlerlebens blieben nicht unerwähnt: »Als ich hinkam, waren die Wirtshäuser überfüllt von Menschen, die auf Arbeit warteten und gern jeden irgend gebotenen Lohn angenommen haben würden, um nur ihren Lebensunterhalt zu verdienen« (G. über die

Stadt Cincinnati). Allerdings blieben zugunsten der äußeren Handlung, der Bevorzugung von Spannungseffekten, Schilderungen geistig-politischer Zusammenhänge zurück, welche die Werke seines Vorbilds Sealsfield auszeichneten. 1849 wurde G. vom Frankfurter Reichsministerium mit 500 Talern ausgestattet, durch die er sich eine Exkursion nach Südamerika und Australien leisten konnte, welche fünf Jahre dauerte und über Kalifornien, Hawaii, die Gesellschaftsinseln und Java führte. 1860 bereiste er Südamerika und 1862 mit dem Naturforscher Alfred Brehm Ägypten und Abessinien. Natürlich änderten sich nach diesen Reisen auch die Schauplätze seiner Romane, die zunehmend zur bloßen Unterhaltungsliteratur tendierten (*Tahiti*, 1854; *Die beiden Sträflinge*, 1856). Erst in *Gold* (1858) sind wir mit G. wieder in Amerika unterwegs. Hier wird der Weg einer Gruppe von Aussiedlern durch das vom Goldrausch kriminalisierte Kalifornien verfolgt, die ein schnelles Glück zu machen erhofft. Die einstmals demokratischen Ansätze und Hoffnungen müssen der Schilderung aus der Halbwelt weichen: »Wüste Gestalten, die mit Revolver und Messer im Gürtel durch die Straßen taumeln oder an Schenktischen lehnend die gemeinsten und widerlichsten Flüche ausstoßen« (*Neue Reisen*, 1869), veranlassen die Protagonisten des Romans, nach Europa zurückzukehren. G. gewann mit derartigen Werken zunehmend einen an der *Gartenlaube* orientierten, nach oberflächlicher Unterhaltung drängenden Leserkreis, dessen Beifall ihn zur Massenproduktion von Abenteuerliteratur verleitete. Nach einer letzten großen Reise 1867/1868 nach Mexiko, Venezuela und Nordamerika lebte G. in Dresden und Braunschweig. Als er 1872 starb, hinterließ er ein vielbändiges Werk, wovon außer den genannten seine Erzählungen und Humoresken *Klabautermann* und *Herrn Malhubers Reiseabenteuer* literarischen Bestand haben.

Literatur: *Steinbrink*, Bernd: Abenteuerliteratur des 19. Jahrhunderts in Deutschland. Tübingen 1983; *Ostwald*, Thomas: Friedrich Gerstäckers Leben und Werk. Braunschweig 1977.

Burkhard Baltzer

Gerstenberg, Heinrich Wilhelm von
Geb. 3. 1. 1737 in Tondern/Schleswig; gest. 1. 11. 1823 in Altona

Als G. im biblischen Alter von 86 Jahren starb, war er als Autor bereits völlig vergessen. Und doch hatte er in seiner Jugend zu den Schrittmachern der neuen Epoche des Sturm und Drang gehört, hatte als Dichter und Kritiker neue Akzente gesetzt. Johann Wolfgang von Goethe, der mit scharfen Urteilen nicht geizte, nannte ihn in *Dichtung und Wahrheit* immerhin »ein schönes aber bizarres Talent«, das im Ganzen »wenig Freude« mache. Gehört G. zu den verkannten Genies, ein Repräsentant tragischer Literaturgeschichte?

In Tondern als dänischer Untertan geboren, studierte er seit 1757 Juristerei an der Universität Jena. Dort wurde er in gesellig-poetischem Kreis zu eigenen Dichtungen im Rokokostil angeregt. Seine erste Publikation, die aus Prosa und Versen gemischten *Tändeleien* (1759), waren ein durchschlagender Erfolg, der ihn zum Abbruch seines Studiums veranlaßte. Im dänischen Kriegsdienst brachte er es zwar bis zum Rittmeister, aber statt der erhofften Referentenstelle wurde er sogar auf einen Subalternposten abserviert. Die beträchtliche Reduktion des Salärs legte den Grundstein für den Schuldenberg, den er lebenslang vor sich herschob. Verheiratung und siebenfacher Kindersegen trugen ein übriges zur finanziellen Misere bei. Das Thema des verhungernden Ugolino, das er im gleichnamigen Drama (*Ugolino*, 1768) gestaltete, war insofern nicht lediglich ein bizarrer Einfall, sondern Ausdruck der eigenen existentiellen Furcht. Immerhin fällt in diese von Sorgen bedrückte Zeit seine größte literarische Fruchtbarkeit – seine Mitarbeit an zahlreichen literarischen Rezensionsorganen (*Bibliothek der schönen Wissenschaften und freyen Künste*, 1759–65; *Der Hypochondrist*, 1762; *Briefe über Merkwürdigkeiten der Literatur*, 1766/67; *Hamburgische Neue Zeitung*, 1767–71). In Kopenhagen, wohin er 1763 übergesiedelt war, wurde sein Haus zum Zentrum eines musischen Kreises, zu dem u. a. Friedrich Gottlieb Klopstock, Helferich Peter Sturz, Johann Andreas Cramer und Matthias Claudius zählten. Mit zwei Dichtungen hat er in diesen Jahren Epoche gemacht: sein *Gedicht eines Skalden* (1766) hat die Mode der Bardendichtung ausgelöst, die antike durch nordische Mythologie ersetzen wollte; sein Drama *Ugolino* greift eine Episode aus Dantes *Divina Commedia* auf. Auch wenn sich G. an die aristotelischen drei Einheiten hält, rechnet *Ugolino* nicht mehr zum wirkungsästhetischen Typus. Nicht das rhetorisch definierte »movere«, die Erregung von Schrecken und Mitleid beim Zuschauer, ist das Ziel des Dramatikers, vielmehr die Gestaltung der Leidenschaften und Affekte selbst. So unvollkommen die konkrete Ausführung gelang, so sicher hat G. als Rezensent die neue Zielsetzung verfolgt und neue kritische Maßstäbe gesetzt, die unmittelbar auf Johann Gottfried Herder vorausweisen. Nicht mehr fixierte Normen sollten das Richtmaß für den Rezensenten bereitstellen, sondern das Kunstwerk selbst und die Absicht seines Schöpfers. Verstehen tritt an die Stelle beckmesserischer Kritik. Mit seiner Forderung, der Dichter müsse die lebendige Natur nachbilden, statt poetische Vorbilder imitieren, gehört er zu den Wegbereitern des Sturm und Drang. Seine bahnbrechenden Äußerungen zu William Shakespeare, dem dramatischen Abgott der Sturm-und-Drang-Dichter und zum Geniebegriff dienen demselben Zweck: der Aufwertung der dichterischen Individualität. 1771 wechselte G. in den Zivildienst über, doch erst 1775 erhielt er den Posten eines dänischen Konsuls in Lübeck, der den Schuldenberg indes nicht verringerte. Mit Freunden wurde sogar das Projekt einer Auswanderung nach Tahiti erwogen – ein deutlicher Widerhall der modischen, von Jean Jacques Rousseaus Schriften inspirierten Naturbegeisterung. Der Verkauf seines Amtes, die ausgedehnte Projektmacherei, der Versuch einer Geldheirat – alle diese Anstrengungen, seiner Finanzklemme zu entkommen, blieben ohne Erfolg. Erfolglos war auch sein letzter poetischer Versuch, das Melodram *Minona oder die Angelsachsen* (1785), in dem G. in oratorienhaftem Stil die Entstehung der angelsächsischen Nation feiert. Endlich 1789 schiffte er in den ruhigen Hafen der Lebensanstellung ein; er wurde Mitdirektor beim Altonaer Lotto. Seine erste Frau war 1785 gestorben, 1796 verheiratete er sich ein zweites Mal. Aus der Zwischenzeit gibt es ein recht entlarvendes Zeugnis für seine (nichtsdestoweniger) anwachsende Selbstherrlichkeit und Egozentrik. Obwohl ärmlich lebend, hielt er große Stücke auf äußeren Schein und forderte für seine Söhne die Anrede »Junker«. Er selbst lebte ausschließlich auf seinem Zimmer, ein vom Familienalltag abgehobener Jupiter, von Tabakwolken umdampft.

Schlag zwölf trat er aus seinem Zimmer, setzte sich an den Tisch, aß und trank still-
schweigend. Nach dem Essen verließ er ebenso stumm den Raum. In seiner Spätzeit
beschäftigte er sich mit ernsthafteren Dingen als Poesie, nämlich mit Mystik und Philosophie, insbesondere mit dem kritischen Werk Immanuel Kants. Die meisten seiner
einschlägigen Arbeiten hat er selbst vernichtet. Für die Entwicklung der deutschen Literatur war G. seit Anfang der 70er Jahre ohne Bedeutung.

Literatur: *Gerth*, Klaus: Studien zu Gerstenbergs Poetik. Ein Beitrag zur Umschichtung der
ästhetischen und poetischen Grundbegriffe im 18. Jahrhundert. Göttingen 1960; *Wagner*, Albert
Malte: Heinrich Wilhelm von Gerstenberg und der Sturm und Drang. Bd. 1. Gerstenbergs
Leben. Schriften und Persönlichkeit. Bd. 2. Gerstenberg als Typus der Übergangszeit. Heidelberg 1920/24.

Gunter E. Grimm

Gessner, Salomon
Geb. 1. 4. 1730 in Zürich; gest. 2. 3. 1788 in Zürich

Die Verlockungen der schweizerischen Natur und die Idyllen
G.s haben Johann Wolfgang von Goethe und seinen Freund
Johann Kaspar Lavater auf der Schweizerreise (Mai bis Juli
1775?) motiviert, »ihre frische Jünglingsnatur zu idyllisieren«
(*Dichtung und Wahrheit* IV,19) – und nackt zu baden. Man
machte ihnen aber schnell begreiflich, »sie weseten nicht in
der uranfänglichen Natur, sondern in einem Lande, das für
gut und nützlich erachtet habe, an älteren, aus der Mittelzeit
sich herschreibenden Einrichtungen und Sitten festzuhalten«.
Dieses Land und, noch genauer, seine Vaterstadt Zürich hat G.
seit 1750 nach zwei Lehr- und Wanderjahren als Buchhändler
in Berlin und Hamburg nie wieder verlassen – und hier starb er 1788 hochgeehrt als
Ratsherr im Großen und Kleinen Rat des Kantons, Oberaufseher der städtischen Fron-
waldungen, Verleger und Teilhaber einer Porzellanmanufaktur. Auch den 1756 zum
erstenmal erschienenen *Idyllen* G.s hätte Goethe es allerdings ansehen können, daß sie
nicht auf Lebensgenuß und sinnliche Freuden, sondern auf tugendhaftes Handeln in
einer empfindsam getönten Natur gerichtet waren: es wurde wenig geküßt in ihnen,
dafür viel Edles und Gutes getan – und noch viel mehr empfunden. Goethes Kritik, sie
seien nach seines »Herrn Schwehervaters Kupferstichsammlung« und nicht nach der
Natur gebildet, ändert nichts an der Attraktivität dieses verbürgerlichten Arkadien für
ein mittelständisches Publikum: Empfindsamkeit, neoklassizistische Verehrung der
Antike und die hintergründige Erotik der Rokokodichtung verschmolzen in G.s mit
eigenen Kupferstichen illustrierten Idyllen zu einer publikumswirksamen Einheit.
Bereits 1750 wurden drei Bände ins Französische übersetzt, von 1780 bis 1793 erschien
eine Prachtausgabe mit 72 ganzseitigen Kupferstichen im Quartformat. Das »sanfte
Entzücken« in den Erscheinungen der Natur und der kleinen Welt der Familie kann in
seiner Detailtreue die Verwandtschaft mit diesen Miniaturen nicht verleugnen. Nach
dem großen Erfolg seiner *Idyllen* wandte sich G. tatsächlich nurmehr der Malerei und
der Zeichnung zu, dem eigentlichen Kern seines Werks.

Werkausgabe: Gessner, Salomon: Sämtliche Schriften. Hrsg. von *Bircher*, Martin. 3 Bände. Zürich 1972–74.
Literatur: *Bircher*, Martin und *Schinkel*, Eckhard (Hrsg.): Salomon Geßner 1730–1788. Maler und Dichter der Idylle. Ausstellungskatalog Wolfenbüttel ²1982; *Kesselmann*, Heidemarie: Die Idyllen Salomon Geßners im Beziehungsfeld von Ästhetik und Geschichte im 18. Jahrhundert, Kronberg 1976.

Claudia Albert/Burkhardt Baltzer

Glaeser, Ernst
Geb. 29. 7. 1902 in Butzbach; gest. 8. 2. 1963 in Mainz

 G. gehörte nicht zu denjenigen, die im August 1914 auszogen, um das Fürchten zu lernen, dazu war er zu jung. Dennoch wurde ihm der Erste Weltkrieg zum Schlüsselerlebnis. Als 1927/28 die literarische »Wiederkehr des Krieges« mit den Kriegsromanen von Ludwig Renn, Arnold Zweig und Erich Maria Remarque einsetzte, wurde er, der Angehörige einer »Zwischengeneration«, mit *Jahrgang 1902* zu einem der erfolgreichsten Autoren. Das 1928 bei Kiepenheuer & Witsch erschienene und in über zwanzig Sprachen übersetzte Werk machte G.s eigenen Jahrgang zum literarischen Begriff. »La guerre, ce sont nos parents«, ist das Motto des Romans, der – soziologisch verfahrend – ein Bild der wilhelminischen Gesellschaft entwirft, die G., Sohn eines Amtsrichters, beobachtet hatte. Mit literarischen Mitteln, die auch für das weitere Romanschaffen charakteristisch bleiben werden (die Erzählhaltung eines gleichsam erlebenden und berichtenden Ichs, reportageartig und in der Art von Tagebucheinträgen aufzeichnend), wird Anklage erhoben gegen eine im Sexuellen, Moralischen und Politischen »verlogene Gesellschaft der Väter«, die sich dem jungen Ich-Erzähler im Verlaufe der »Großen Zeit« des Ersten Weltkriegs enthüllt.

Dem Widerwillen gegen die Welt seiner Eltern hatte G. in den vorangegangenen fünf Jahren bereits in zwei Stücken Ausdruck verliehen. Der Vater, die Hauptfigur in *Überwindung der Madonna* (1924) wird in den Wahnsinn und schließlich in den Tod getrieben. Sein zweites Stück, *Seele über Bord* (1926), provozierte einen Gerichtsprozeß wegen Gotteslästerung. Nach dem Erfolg von *Jahrgang 1902* wurde G. literarischer Leiter des Südwestfunks; gleichzeitig blieb er Mitarbeiter der *Frankfurter Zeitung*. 1929 veröffentlichte er *Fazit. Querschnitt durch die deutsche Publizistik*, eine Sammlung feuilletonistischer Essays, die als beispielhaft für die literarische Neue Sachlichkeit gilt.

G.s Antibürgerlichkeit schlägt sich Ende der Weimarer Republik zunehmend in einer KPD-nahen politischen Tätigkeit nieder. 1931 veröffentlicht er (zusammen mit Franz Carl Weiskopf) *Der Staat ohne Arbeitslose. Drei Jahre ›Fünfjahresplan‹*. Er wird Mitglied des Bundes proletarisch-revolutionärer Schriftsteller und des Internationalen Vereins revolutionärer Schriftsteller, bei dessen zweitem Kongreß in Charkow er stürmisch gefeiert wird. Daß seine Bücher 1933 öffentlich verbrannt werden und er selber als »Zersetzer von Familie und Staat« (zusammen mit Erich Kästner und Heinrich Mann) gebrandmarkt wird, ist der Höhepunkt einer schon länger andauernden nationalsozialistischen Hetzkampagne gegen ihn.

Nach seiner Emigration in die Schweiz fühlt sich G. zunehmend isoliert. Möglicherweise ist der Grund darin zu suchen, daß nach der Verbrennung seiner Bücher in Deutschland seine antifaschistischen Romane *Das Gut im Elsaß* (1932) und *Der letzte Zivilist* (1935) gerade bei den literarischen Organen der Kommunistischen Partei auf ablehnende Kritiken stoßen. Jedenfalls läßt sich schon bei der in dem angesehenen Exilverlag Querido erschienenen Novellensammlung *Das Unvergängliche* (1936) ein deutliches Heimweh ablesen; gleichzeitig wendet er sich von einer explizit soziologisch-politischen Auseinandersetzung mit dem Faschismus ab. Es bleibt gewiß »das andere Deutschland«, nach dem sich der Ich-Erzähler (beispielsweise im *Pächter*) sehnt, aber die Grundhaltung ist von einer Politikmüdigkeit geprägt, und der Erzählton ist resignativ.

Der Sehnsucht nach einer inneren Zugehörigkeit gibt er 1939 zum Entsetzen seiner ehemaligen Mitstreiter nach; er wird während des Zweiten Weltkrieges Schriftleiter bei einer Wehrmachtszeitung, was aber keineswegs die Verunglimpfung seiner Bücher durch die nationalsozialistische Literaturkritik (z. B. von Will Vesper und Wilhelm Stapel) mindert. Von Exilautoren wird er zum »literarischen Kriegsverbrecher« (Ulrich Becher) gestempelt; spätestens jetzt gibt es den »Fall« G. in seinem vollen Ausmaß.

Die weiteren zwanzig Jahre seines Lebens verbringt G. vorwiegend mit journalistischen Tätigkeiten. Ein letzter Roman erscheint 1960: *Glanz und Elend der Deutschen*, der in der Be- und Verurteilung des »Wirtschaftswunders« nach dem Zweiten Weltkrieg manche autobiographischen Züge aufweist. Das Buch wird vorwiegend negativ aufgenommen, die Kritik bemängelt das Abstumpfen seines Talents. »Alle wußten sie, wohin sie gehörten«, sagte der Ich-Erzähler im *Jahrgang 1902*, »wohin sie zu gehen, was sie zu leiden hatten. Ich nicht.« Diese radikale Standortlosigkeit, die das Werk, aber genau so treffend das Leben G.s charakterisiert, führte ihn auf das Abstellgleis der Kritik. Aber es ist vielleicht gerade diese für das zwanzigste Jahrhundert nicht untypische, zu problematischen Verhaltensweisen führende Heimatlosigkeit der Intellektuellen, die G. zum gültigen Sprecher seiner Generation gemacht hat.

Literatur: *Rotermund*, Erwin: Zwischen Exildichtung und Innerer Emigration. Ernst Glaesers Erzählung »Der Pächter«. München 1980; *Koebner*, Thomas: Ernst Glaeser. Reaktion der »betrogenen« Generation. In: H. *Wagener* (Hrsg.): Zeitkritische Romane des 20. Jahrhunderts. Stuttgart 1975.

Wolfgang Natter

Gleim, Johann Wilhelm Ludwig
geb. 2.4.1719 in Ermsleben; gest. 18.2.1803 in Halberstadt

G. gehört zu jenen Dichtern, die im 18. Jahrhundert eine rein bürgerliche Literatur schufen. Er kam aus dem Bürgertum, sein Vater war Obersteuereinnehmer. Er besuchte das Lyzeum in Wernigerode, bevor er in Halle Jura und Philosophie studierte (von 1738 bis 1740). Schon auf der Universität schrieb er mit Freunden Verse, die in der Art der hellenistischen Nachahmer des griechischen Lyrikers Anakreon von Wein und Liebe handelten. Wie wenig eigenes Erleben dabei eine Rolle spielte, zeigt ein Epigramm G.s: »A.: Gleim wird von allen bösen Zungen / So schlimm verlästert und betrübt! / B.: Schon Recht, warum hat er von Lieb und Wein gesungen / Und nicht *getrunken*, nicht *geliebt*!« Allerdings haben die deutschen Anakreontiker dazu beigetragen, daß die lyrische Sprache anmutiger und eleganter wurde. G., der immer Junggeselle blieb, war Hauslehrer, dann Sekretär bei verschiedenen Adeligen, bevor er mit 28 Jahren beim Domkapitel in Halberstadt eine einträgliche Stelle als Sekretär bekam, die ihm genug Muße ließ. Sprachlich ist G. nie über den leicht tändelnden, einen energischen Zugriff verweigernden Ton hinausgekommen, den er in seinem *Versuch in Scherzhaften Liedern* (1744) gefunden hat. Dabei hat er, was die Inhalte seiner Gedichte betrifft, immer zu den fortschrittlichsten Köpfen seiner Zeit gehört. So schrieb er vielgelobte, aber von den Soldaten nicht gesungene *Preußische Kriegslieder... von einem Grenadier* (1758). Auch an Volksliedern versuchte er sich und übersetzte Gedichte der Minnesänger. Seine *Romanzen* (1756) waren in ihrer Nachahmung des Bänkelsangs Muster für spätere Parodien. Auch den Begriff »Zeitgedicht« hat er geprägt (1792). In diesen Versen bezog er Stellung gegen die Französische Revolution, was ihm die Feindschaft deutscher Jakobiner einbrachte. In einer Ode *An Gleim* lobt Klopstock »seinen brennenden Durst, Freunden ein Freund zu sein!« In seiner Begeisterung für seine zahlreichen Freunde sammelte G. ihre Porträts, von denen 138 im Gleimhaus in Halberstadt erhalten sind. Seine Briefe zeigen, daß er ein treuer Weggefährte von Ewald von Kleist, Johann Peter Uz und anderen, ein gestrenger, auch empfindlicher Mentor (Karl Wilhelm Ramler) und ein väterlicher Förderer (Johann Jakob Wilhelm Heinse) sein konnte. Heinrich von Kleist nannte ihn 1801 »einen der rührendsten und interessantesten Greise«. Wenn auch von G. kaum etwas im literarischen Bewußtsein lebendig geblieben ist, er war ein Erkunder neuer Themen, eine herausragende Figur im literarischen Leben des 18. Jahrhunderts und ein eifriger Ratgeber junger Talente.

Literatur: *Perels*, Christoph: Studien zur Aufnahme und Kritik der Rokokolyrik zwischen 1740 und 1760. Göttingen 1974; *Zeman*, Herbert: Die deutsche anakreontische Dichtung. Ein Versuch zur Erfassung ihrer ästhetischen und literarhistorischen Erscheinungsformen im 18. Jahrhundert. Stuttgart 1972.   *Walter Schmähling*

Gomringer, Eugen
Geb. 20.1.1925 in Cachuela Esperanza/Bolivien

Der Name kaum eines anderen Autors ist so sehr durch nur einen Text und seine Assoziation mit »Konkreter Poesie« bekanntgeworden wie der Name G.s durch das Ideogramm *das schweigen* aus dem Band *Konstellationen* von 1953, das immer wieder als frühes Muster der »Konkreten Poesie« zitiert wird. Der Sohn eines ausgewanderten Schweizers und einer Bolivianerin wurde in der Schweiz polyglott erzogen, studierte in Bern und Rom Nationalökonomie und Kunstgeschichte (von 1944 bis 1953). Für die Propagierung und Agitierung einer literarischen Avantgarde, die in besonderer Weise sich als eine internationale verstand, war G. von Herkunft und Ausbildung also bestens vorbereitet. Bestimmend für G.s Auffassungen wurde der Einfluß durch die »konkreten Maler«, vor allem durch Max Bill, als dessen Sekretär er an der Ulmer Hochschule für Gestaltung von 1954 bis 1958 tätig war. Die Nachkriegszeit hatte in weiten Bereichen, etwa der Architektur und des Industriedesign, ein neues Verständnis in der Formgebung hervorgebracht. G. wandte solche Prinzipien auf die Literatur an, der Auffassung Bills verpflichtet, daß jedes Kunstprodukt, und so auch das literarische, ein Gegenstand zum geistigen Gebrauch zu sein habe. In krasser Opposition zum bürgerlichen Lyrikbegriff stellte G. den visuellen Materialcharakter seiner *Konstellationen* heraus: sie seien »eine realität an sich und kein gedicht über«. Er forderte mit der »Konkreten Poesie« eine Art von Literatur, »die mit dem literaturbetrieb weniger zu tun hat als mit führenden entwicklungen auf dem gebiet des bauens, der malerei und der plastik, der produktgestaltung, der industriellen organisation, mit entwicklungen, denen ein kritisches, doch positiv entschiedenes denken zugrunde liegt« *(vom vers zur konstellation. zweck und form einer neuen dichtung*, erschienen 1954 in der Zeitschrift *augenblick*). Mit dieser Auffassung fand er Bundesgenossen und Nachfolger. In einem eigens gegründeten Verlag publizierte G. von 1960 bis 1965 die deutsch-brasilianische Folge *konkrete poesie/poesia concreta* und betonte so die Internationalität dieser Dichtung, für die er unermüdlich warb und organisatorisch tätig war, wobei er Engagement für die Kunst mit verschiedenen Posten in der Industrie zu verbinden wußte (1959 Werbechef; 1962 Geschäftsführer des Schweizer Werkbundes; 1967 Kulturbeauftragter der Firma Rosenthal AG in Selb). G. ist die erste erfolgreich provozierende Positionsbestimmung der »Konkreten Poesie« im programmatischen Aufbruch der 5oer Jahre zu verdanken. Sein eigener literarischer Beitrag ist auf die *Konstellationen* beschränkt geblieben – Helmut Heißenbüttel edierte die Werksammlung 1969 noch einmal *(EG, worte sind schatten – die konstellationen 1951–1968)* –, sein Engagement für die Sammlung der international verstreuten Richtungen der »Konkreten Poesie« ist bedeutend geblieben.

Literatur: *Arnold*, Heinz Ludwig (Hrsg.): Konkrete Poesie. Text + Kritik. Sonderband I. München 1970. Sonderband II. München 1971.

Horst Ohde

Görres, Johann Joseph

Geb. 25. 1. 1776 in Koblenz; gest. 29. 1. 1848 in München

»Er gleicht wirklich einem ungeheuren Turm, worin hunderttausend Gedanken sich abarbeiten und sich besprechen und zurufen und zanken, ohne daß der eine den andern versteht«, urteilte Heinrich Heine bissig über G., der zeit seines Lebens als ideenreicher, widerspruchsvoller und streitbarer Geist galt. Ob G. uns heute, gegen Ende des 20. Jahrhunderts, noch viel zu sagen hat, mag fragwürdig sein. Wenn auch sein umfangreiches und vielseitiges Werk fast in Vergessenheit geraten ist, so wird doch sein Name in liberalen, konservativen und auch in marxistischen Geschichtswerken weiterhin zitiert. Und dieses nicht ohne Grund: denn an G.' lebensgeschichtlicher Entwicklung läßt sich die Geschichte des ausgehenden 18. und der ersten Hälfte des 19. Jahrhunderts ablesen. Sein Denken führte durch fast alle großen Strömungen der Epoche zwischen Aufklärung und Spätromantik. Der Sohn eines Floßhändlers und einer Italienerin schwärmte als Jüngling für Napoleon und die Revolution, änderte aber seine Einstellung, nachdem Napoleon an die Macht gekommen war, und wurde schließlich ein vehementer Verfechter eines Katholizismus mit stark mythischer Tendenz. Umstritten als Dichter und Gelehrter, war er doch allseits anerkannt als einflußreicher politischer Publizist und Journalist der deutschen Romantik. Die Herausgabe zweier Zeitschriften, *Das rote Blatt* (1798) und *Der Rübezahl* (1798/99), machten ihn in seiner prorevolutionären Epoche bekannt. Während der Zeit, in der er Generaldirektor des öffentlichen Unterrichts in den linksrheinischen Provinzen war (von 1814 bis 1816), verschaffte G. mit der Herausgabe des *Rheinischen Merkur* dem nationalen Gedanken der Deutschen das erste große politische publizistische Organ, das, in ganz Europa bekannt, als »fünfte Weltmacht« gegen Napoleon gerühmt wurde. Den deutschen Regierungen wurde G., der für die Freiheit des Rheins, die Sicherung der Grenzen und eine freie Verfassung kämpfte, unbequem, als er sich gegen den Ungeist der Reaktion und die Rückkehr zum absolutistischen Regiment wandte. Seine Kritik am Versagen der Regierung in der nationalen Frage führte zum endgültigen Verbot der Zeitschrift. In seiner berühmt gewordenen Streitschrift *Teutschland und die Revolution* (1819), die ins Französische, Englische, Niederländische und Schwedische übersetzt wurde, setzte er seine Kritik an der Unfähigkeit und der Willkür der Regierungen fort. Einer Verhaftung durch die preußische Regierung entzog sich G. durch die Flucht nach Straßburg und später in die Schweiz. In seiner Abhandlung *Europa und die Revolution* (1821) versuchte G., in einer geschichtsphilosophischen Gratwanderung nachzuweisen, wie wenig die Staaten und Regierungen auf die sogenannte Volksseele und das Christentum Rücksicht nehmen. Sein besonderes Interesse galt den altdeutschen Studien. In den Jahren seiner vielgerühmten Lehrtätigkeit in Heidelberg (von 1806 bis 1808), denen fünf Jahre Professur der Naturgeschichte und Physik an der Sekundärschule in Koblenz vorausgegangen waren, – Joseph Eichendorff, der ihn in Heidelberg hörte, beschrieb seinen Vortrag als ein »prächtiges, nächtliches Gewitter, weckend und zündend für das ganze Leben« – gab er seine Schrift über *Die teutschen Volksbücher* (1807) heraus. Damit begründete G.

die germanistischen Studien, die auch Teil der von seinen Freunden Clemens Brentano und Achim von Arnim unterstützten Wirkungsgeschichte der mittelalterlichen Kultur waren. Im Zusammenhang mit diesen Arbeiten entstand auch die *Mythengeschichte der asiatischen Welt* (1810), in der er auf die Verwandtschaft der germanischen Poesie mit der orientalischen, insbesondere der persischen, hinweist. Sein letztes, der altdeutschen Literatur gewidmetes Werk erschien 1817: *Die altdeutschen Volks- und Meisterlieder.* Nachdem er aus dem Exil zurückgekehrt war, wurde G. von König Ludwig I. 1826 zum Professor für Geschichte nach München berufen. Hier galt er bald als der Anführer der katholischen Publizistik, die das Kampforgan *Der Katholik* veröffentlichte. Sein fünfbändiges Alterswerk *Die Christliche Mystik* (von 1836 bis 1842), in welchem er die Geschichte der Menschheit im Kampf mit dem Bösen und der Sehnsucht nach Erlösung erzählte, zeigte seine Tendenz, mythisierende Bilder zu entwerfen. Dem Vorwurf des theologischen Dilettantismus mußte sich G. immer wieder aussetzen, und dennoch hat gerade sein intuitives Denken zur Wiedererstarkung und Verinnerlichung des Katholizismus wesentlich beigetragen. G. starb unmittelbar vor Ausbruch der revolutionären Erschütterung Europas und der Proklamation des kommunistischen Manifestes. »Tot ist Görres, die tonsurierte Hyäne«, schrieb Heinrich Heine in satirischer Bösartigkeit und bestätigte so zugleich die mächtige Wirkung des attackierten früheren Gegners.

Werkausgabe: Görres, Joseph: Gesammelte Schriften. Hrsg. von *Schellberg*, Wilhelm u. a., fortgeführt von *Raab*, Heribert. Köln 1926 ff.

Literatur: *Wacker*, Bernd: Revolution und Offenbarung. Das Spätwerk (1824–48) von Joseph Görres – eine politische Theologie: Tübingen 1988; *Habel*, Reinhardt: Joseph Görres. Studien über den Zusammenhang von Natur, Geschichte und Mythos in seinen Schriften. Wiesbaden 1960.

Konstanze Görres-Ohde

Goethe, Johann Wolfgang
Geb. 28. 8. 1749 in Frankfurt a. M.; gest. 22. 3. 1832 in Weimar

Ein Werk hat G. hinterlassen, das, obgleich mittlerweilen wohlbekannt, doch niemals als solches benannt worden ist: sein Leben. Wie keine andere bedeutende Figur der Weltgeschichte hat G. – von seinen mittleren Jahren an – jeden Augenblick seines Daseins in Briefen, Tagebüchern, Notizen, in Gesprächen, die zur Niederschrift schon vorherbestimmt waren, aufbewahrt. Dieses »Leben« hätte bloßes Kunstwerk werden können, wenn es dem Dichter gelungen wäre, es ganz und gar selbst aufzuschreiben. Tausend Zufälle jedoch mußten ihm, wie jedem, in den Arm fallen, um ihn davon abzuhalten, und so konnte er, bedauernd und stolz zugleich, nur die »Bruchstücke einer großen Konfession« selbst und bereits als literarisches Werk der Nachwelt überliefern: *Dichtung und Wahrheit* von 1811/12 ein, die *Italienische Reise* (1816/17) und *Die Campagne in Frankreich* (1822).

In *Dichtung und Wahrheit* begleitet die günstigste Konstellation der Gestirne die

Geburt des Kindes: am 28. August 1749 geleiten es die Jungfrau, Jupiter und Venus mit freundlichen Blicken in die Welt, Saturn und Mars »verhielten sich gleichgültig«. Von da an hatte auch im wirklichen Leben den Abergläubischen ein freundliches Dreigestirn umgeben: eine bewundernde Schwester, Cornelia, ein verantwortungsbewußter Vater, Johann Caspar und eine liebevolle Mutter, Catharina Elisabeth. Das Haus am Hirschgraben in Frankfurt a. M., in dem G. Kindheit und Jugend verbrachte, war wohlhabend und gesellig. Der Vater, durch eine beträchtliche Geldsumme zum Kaiserlichen Rat ohne große Dienstgeschäfte avanciert, richtete seine Energie vor allem auf sein Haus und auf die Erziehung des Sohns. Der Knabe lernte viele Sprachen und ihre Literaturen kennen: Griechisch, Latein, Hebräisch, Französisch, Englisch, Italienisch. Vor der väterlichen Disziplin konnte er in die freundliche Atmosphäre von Mutter und Schwester entweichen. Gegen die Strenge des Vaters erprobte der Knabe im Schutz der Frauen die Macht seiner Phantasie, aus der Askese befreiten sich so doch immer wieder Sinnlichkeit und Lust. In diesem Milieu wuchs in G. der gebildete Dichter heran, der neue Erfahrungen der Wirklichkeit stets einer gelehrten Tradition anzuvertrauen vermochte.

Zunächst folgte G. dem Wunsch und Rat des Vaters und begann die Ausbildung für einen Brotberuf. 1765 bezog er als Student der Rechte die Universität Leipzig und schloß dieses Studium in Straßburg 1771 mit der Lizentiatenwürde ab. Eine juristische Praxis in Frankfurt a. M. mißglückte; G. ging im Mai 1772 als Referendar ans Reichskammergericht nach Wetzlar, von wo er im September schon wieder schied, um sein berufliches Glück noch einmal in Frankfurt a. M. zu versuchen; dort schloß er eine bald wieder aufgelöste Verlobung mit der reichen Kaufmannstochter Lili Schönemann. Diese freudlosen Stationen des Berufslebens nehmen mit der Begegnung mit dem achtzehnjährigen Erbprinzen von Weimar, Carl August, im September 1775 nur scheinbar ein Ende. Mit dem berühmten *Werther*-Dichter führte nämlich Carl August G. gleichzeitig auch als Verwaltungsbeamten in Weimar ein: Bald wurde er dort Legationsrat im Großen Consilium, besorgte die Rekrutierung von Soldaten, war Mitglied der Wegebaukommission und förderte den Bergbau in Ilmenau. Nicht mit der Ankunft in Weimar also, sondern erst mit der Flucht von dort nach Italien läßt G. den vom Vater verordneten Beruf des Juristen hinter sich.

Schon in Leipzig freilich war G. dem trockenen Studium der Rechte ausgewichen und hatte sich den musischen Figuren der damaligen Weltstadt, vor allem dem Akademiedirektor Friedrich Oeser angeschlossen, der ihn mit den Schriften Johann Joachim Winckelmanns vertraut machte. Mehr als die Liebelei mit der Wirtstochter Anna Katharina Schönkopf mag ihn der Zuspruch des Freundes Ernst Behrisch zu den Annette-Liedern (1767) im anakreontischen Stil angeregt haben; andererseits konnte ihn die harte Kritik die sein Lehrer Gellert an seiner Poesie übte, auch wieder in eine heftige schöpferische Krise stürzen.

Eine schwere Krankheit brachte den Neunzehnjährigen an seinem Geburtstag wieder nach Hause zurück. Am Krankenbett betreute ihn Susanna von Klettenberg, eine Freundin seiner Mutter, die den Herrnhutern nahestand und den labilen Jüngling zu religiösen Erfahrungen zu bewegen suchte. Seiner Pflegerin hat G. ein nicht gerade schmeichelhaftes Denkmal in den *Bekenntnissen einer schönen Seele* im 6. Buch von *Wilhelm Meisters Lehrjahren* (1795) gesetzt. Es zeigt – wie auch die frühen Romane, *Die Lei-*

den des jungen Werthers (1774) und *Wilhelm Meisters theatralische Sendung* (1777), jene erste, zum größten Teil verworfene Fassung der *Lehrjahre* – , daß G. psychologisch scharf beobachtete: Angebliche Gnadenerfahrungen und Liebesdramen nimmt er als das Material, aus dem Charaktere zu bilden sind.

Dennoch hat G. mit dem *Werther,* dessen biographischer Anlaß, die kurze Liebe zu Charlotte Buff in Wetzlar, schon für die Mitwelt so leicht auszumachen war, einen Topos des bürgerlichen Literaturverständnisses begründet, dessen bevorzugter Gegenstand er selbst und seine Poesie denn auch geblieben sind: den des unmittelbaren Zusammenhangs von Erleben und Literatur, vor allem von Poesie und Liebe. Mehr noch als der Prosaschriftsteller scheint der Lyriker der Liebesgeschichten bedurft zu haben, um dichten zu können. Das Kapitel »G. und die Frauen« eröffnet die Liebeslyrik, die ausdrücklich an Friederike Brion gerichtet ist, die Pfarrerstochter aus Sesenheim, die G. bei seinem Aufenthalt in Straßburg 1770 kennenlernte; Minna Herzliebs Name ist als Wortspiel im Sonetten-Zyklus von 1808/09 wiederzufinden; auch soll sie den Dichter zur Figur der Ottilie in den *Wahlverwandtschaften* (1809) angeregt haben; Marianne von Willemer hat durch eine fast geheime Leidenschaft und Anteilnahme den Zyklus des *West-östlichen Divans* inspiriert; die siebzehnjährige Ulrike von Levetzow, die der Zweiundsiebzigjährige mit einem Heiratsantrag umwarb, gab ihm die Töne der *Trilogie der Leidenschaften* ein.

Nun waren aber die sogenannten Liebeserlebnisse G.s eher gedämpft und für ein so langes Leben durchaus auch in ihrer Häufigkeit normal. Im Verhältnis zur Menge der Werke, die jedenfalls ohne die Inspiration durch eine weibliche Muse entstanden, ist der Anteil der an Freundinnen und Geliebte gerichteten Poesie gering. Einer einzigen Frau in G.s Leben wurde bislang der Titel der Muse verweigert: Christiane Vulpius, die er nach der Italienreise in sein Haus nahm und 1806 nach der Schlacht von Jena, die auch Weimar in Mitleidenschaft gezogen hatte, heiratete. Ihre Existenz hat aber so gut wie jede andere ihren Niederschlag in der Dichtung gefunden: in den *Römischen Elegien* (1788–90), in *Alexis und Dora* und vor allem im Thema eines zyklischen Wachstums und Vergehens in der *Metamorphose der Pflanzen* (1790). Die Nachwelt, die an G.s Liebesleben so großen Anteil nahm, hat freilich recht, die fernen Geliebten gegenüber dieser Frau, mit der er einen Hausstand gründete, auszuzeichnen. Alle anderen hat G. selbst in jener Distanz gehalten, in der Musen immer zu bleiben haben. Selbst Charlotte von Stein, mit deren Hilfe er im ersten Weimarer Jahrzehnt seine Poesie und sein Leben neu einrichtete, hatte von sich aus durch Stand, Ehe und Sprödigkeit eine Unnahbarkeit, die der poetischen Inspiration förderlich war.

Letztlich bleiben die Anregungen von Freunden so gut wie die aus der Dichtung der Vergangenheit und Gegenwart die eigentlichen poetischen Quellen G.s. In den vorweimarer Jahren nahm er eine Fülle von Anregungen auf, vor allem geriet er in Straßburg unter den Einfluß Johann Gottfried Herders, der ihn die deutsche Vergangenheit, das Straßburger Münster, das »Originalgenie« Shakespeare begreifen lehrte und dessen Sammlungen von Volksgut mehr denn die Liebe zu Friederike Brion den Volksliedton seiner frühen Lyrik prägten.

Nach einer Rheinreise zu den Brüdern Friedrich Heinrich und Johann Georg Jacobi (1774) unternahm G. 1775 die erste Schweizer Reise mit den beiden Grafen Christian und Friedrich Leopold Stolberg zu Johann Kaspar Lavater und in der Erinnerung an

Jean Jacques Rousseau. Diese bewegliche Existenz endete durch das Dazwischentreten des Weimarer Erbprinzen Carl August. Am 7. 11. 1775 traf G. in Weimar ein, das durch die Herzoginmutter Anna Amalia bereits zum »Musenhof« geworden und dessen glänzender Stern Christoph Martin Wieland als Prinzenerzieher war.

Das erste Weimarer Jahrzehnt ist das Jahrzehnt der Fragmente. Die Schwierigkeit, sich dem Hofleben anzupassen, bestimmte G.s Existenz auch als Dichter. Da er neben seinen Amtsgeschäften das Liebhabertheater leitete, entstand eine Anzahl kleinerer Dramen und Singspiele, mit denen er die Hofgesellschaft an ihren Fest- und Geburtstagen unterhielt. Freilich schuf G., bei dem immer Kleines neben Großem, eine Menge von Gelegenheitsdichtung neben genialen Plänen herlief, gleichzeitig den *Egmont* (1790), den *Tasso* (1788) und die Prosafassung der *Iphigenie*, die er selbst in der Rolle der Orest zusammen mit Corona Schröter als Iphigenie 1779 aufs Liebhabertheater brachte.

Die Freundschaft zu Herzog Carl August bewährte sich ein Leben lang, doch gewann nach einer kurzen ersten Zeit des jugendlichen Übermuts G. die nötige Distanz zu ihm, die er als pädagogische Aufgabe definierte: Fürstliche Willkür wollte er zu aufgeklärter Regierung verändern.

In dieser sittlichen Aufgabe realisierte sich ein hervorstechender Wesenszug G.s: die Angst vor Unruhe und Leidenschaftlichkeit. Die Geste der Beschwichtigung wurde später zur geheimrätlichen Steifheit, die fast alle Besucher an ihm beobachteten, viele beklagten. Dieser Animosität gegen Unruhe unterwarf er sich denn auch selbst in dem nie mehr wieder aufgehobenen Entschluß, seinen Sitz im engen Kreis von Weimar zu nehmen, den er lediglich durch Reisen in die Schweiz, nach Italien und in die böhmischen Bäder unterbrach. Die aristokratische Distanz zur Hofdame Charlotte von Stein unterstützte seine Selbsterziehung. An äußeren Ereignissen ist also die so oft und so breit erzählte Biographie G.s arm; sie hat gar nichts von jener Exzentrizität, die der normale Leser von einem großen Künstler erwartet. Figuren, deren Biographie in der Tat, wie G. meinte, die krankhaften Züge des Genies zeigten, wie Jakob Michael Reinhold Lenz, Friedrich Hölderlin, Heinrich von Kleist, hat er aus seinem Leben denn auch ausgewiesen.

Der jugendliche Übermut, in dem auch der Herzog G. noch kennengelernt hatte, legte sich in Weimar schnell. Zum ersten Mal fluchtet G. 1777 aus dem Treiben des Hofes, als er, statt mit auf die Jagd zu gehen, eine einsame Reise in den Harz unternahm – eine Flucht, welche die nach Italien präludiert. Die Gedichte *Über allen Gipfeln ist Ruh'* und *Harzreise im Winter*, die auf dieser Wanderung entstanden, beweisen, daß G. der unterschiedlichsten lyrischen Töne fähig ist: der stimmungsvollen Erlebnisdichtung wie der symbolisch dunklen Oden- und Hymnendichtung. Während andere Dichter ganz auf einen eigenen Ton festgelegt sind: Friedrich Schiller, Friedrich Hölderlin, Clemens Brentano, Johann Peter Hebel, verfügt G. – und nicht nur in seiner Lyrik – über alle poetischen Stile und Haltungen. Universalität war ihm in der Dichtung in der Tat natürlich und unbewußt; bewußt hingegen schien er sie sich aufzuerlegen in anderen Bereichen der Kultur, vor allem in den Naturwisssenschaften. Ohnehin mag es als Zeichen gelesen werden, daß er sich in der einsamen Gegend des Harzes den Gesteinstudien hingab: die naturwissenschaftlichen Forschungen behalten ein Leben lang den Charakter des Eigenbrötlerischen; der Auseinandersetzung mit anderen Gelehrten wich G. eher aus.

Auch die Arbeitsweise, die sich G. in Weimar angewöhnt hatte, diente der Taktik, Unmittelbarkeit aus seinem Schaffen zu verbannen. Im Laufe seines Lebens hat er eine Schar von Hilfskräften, wenig bekannten Schreibern, bekannteren Sekretären und Mitarbeitern wie Riemer, Johann Peter Eckermann, den Kanzler von Müller um sich versammelt, die seine Dichtungen korrigierten, seine Werke herausgaben, seine Archive ordneten und seine Gespräche aufschrieben. Noch vor dem Aufbruch nach Italien plante der Verleger Göschen die erste Gesamtausgabe von G.s Werken, und auch dieses Unternehmen bedeutet einen Einschnitt in der Arbeitsweise des Dichters, indem er von nun an immer im Blick auf die publizistische Verwertung seiner Werke lebte, sich mit ihrer Umarbeitung und Neufassung plagte, kurz: der Plan, die Selbstkontrolle, die Organisation, die gezielte Produktion für die mitlebende Öffentlichkeit und die Nachwelt entstehen als Haltung im ersten Weimarer Jahrzehnt und beherrschen von da an immer mehr G.s Existenz.

Als G. 1786 – am Geburtstag des Herzogs – nach Italien aufbrach, erhoffte er sich im Land der Antike eine Wiedergeburt aus der Enge von Amt, Gesellschaft und Selbstverpflichtung. Die *Italienische Reise*, jene überarbeiteten Briefe aus Italien an Charlotte von Stein, zeigt einen ungemein gutwilligen, aber mit einem nicht allzu sensiblen Auge begabten Adepten Winckelmanns auf der Wallfahrt ins Ursprungsland der Kunst, der auf den Wegen von Rom nach Neapel, Sizilien und zurück stets fleißig an der Fertigstellung seiner Werke, des *Egmont*, des *Tasso*, der in Verse zu fassenden *Iphigenie*, für die erste Werkausgabe arbeitete, und, nach unendlichen Mühen im Zeichenunterricht bei Philipp Hackert und in der Umgebung der Malerfreunde Wilhelm Tischbein und Angelika Kaufmann, erst jetzt einsah, daß er zum Dichter und keinesfalls zum Maler bestimmt sei. Da es ihm also versagt war, Landschaft und Kunst auf dem Papier festzuhalten und sich zu vergegenwärtigen, entschloß er sich, die Kunst als Reliquie zu verehren: statt eines malenden Originalgenies wurde er zum Kunstsammler, statt des Künstlers zum Kunsthistoriker. Immer wenn bei G. die musische und intellektuelle Begabung versagte, ersetzte er sie durch Fleiß. In seinem späteren Leben konnte er daher die zahlreichen Besucher in seinem geräumigen Palais am Frauenplan nicht nur durch jene ersten Einkäufe aus Italien, die monumentalen Gipskopien von Jupiter und Juno, beeindrucken, sondern auch durch reichhaltige Sammlungen antiker Münzen, Gemmen, von Kupferstichen und Majoliken, Gesteinen und Pflanzen; das Haus des gebildeten Dichters war zum Museum geworden.

Noch enger also begann er, als er 1789 von Italien zurückkehrte, seine Kreise zu ziehen, indem er sich vom beweglichen Gesellschafter und Liebhaber zum seßhaften Hausherrn und endlich, 1806, zum Ehemann entwickelte, zum Weltmann in seinen vier Wänden. Der Bruch mit Charlotte von Stein, möglicherweise von G. unbewußt heraufbeschworen, jedenfalls ausdrücklich von der Freundin ausgesprochen, bedeutete die Begründung des Hausstandes mit Christiane Vulpius, die erst in des Herzogs Jägerhaus, dann am Frauenplan die Wirtschaft führte, durch die auch, wie Charlotte von Stein fand, G. dick und sinnlich wurde. Jedenfalls beginnen allmählich die Empfänge bei G. mit den Tafelfreuden und der Betrachtung seiner Sammlungen. Nachdem er sich so eingezogen hatte, verwundert es auch nicht, wenn die Emphase der ersten Italienreise nicht zu wiederholen war. Als er Anna Amalie nach Venedig begleitete, entstanden in den *Venezianischen Epigrammen* (1796) so mißgelaunte wie amüsierende Satiren.

Von den Regierungsaufgaben blieben G. die Aufsicht über das Theater und über die wissenschaftlichen Anstalten in Jena. In diesem Zusammenhang entstanden der *Versuch die Metamorphose der Pflanze zu erklären* (1790) und die Versuche über die Farbenlehre, die ihn insgesamt 43 Jahre seines Lebens beschäftigten und die vor allem ein uneinsichtiger Kampf gegen Isaac Newton begleitete und inspirierte. Das Ergebnis der naturwissenschaftlichen Experimente zielte bei G. daraufhin, die Gesetze der Natur einem anthropologischen Konzept zu unterwerfen und jede Unruhe aus der Natur zu verbannen. Vor allem der Ausbruch der Französischen Revolution, deren politische Tendenz G. nie akzeptierte, beeinflußte die naturwissenschaftlichen Arbeiten: die Metamorphose, die allmähliche, nicht gewaltsame Entwicklung aller Variationen aus einem Urphänomen, einer Urpflanze, wurde der Gewaltsamkeit jeglicher Revolution entgegengesetzt.

Nachdem G. den Herzog auf den Kriegsschauplatz bei Valmy begleitet hatte, ein Erlebnis, das in der *Campagne in Frankreich* (1822) festgehalten wurde, nahm er sich des aktuellen Themas der Revolution halbherzig in den Dramen *Der Großkophta* (1792) und *Der Bürgergeneral* (1793) an, bis es endlich im Epos *Hermann und Dorothea* (1797) den fernen Horizont bildete, vor dem sich die edle Einfalt der Antike in den Figuren der Moderne nur umso vorbildlicher verwirklichen konnte. Auch in den *Unterhaltungen deutscher Ausgewanderten* (1795) ersetzt die Revolution die Katastrophe, die bei Boccaccio, an dessen *Decamerone* die Novellensammlung erinnert, die Pest ist. Erst die Begegnung mit Napoleon 1808 beim Fürstentag in Erfurt versöhnte G. mit den Folgen der Revolution, da er sie hier von einer »dämonischen« Macht in Ordnung gehalten sah.

Den Versuch, den Roman *Wilhelm Meister* weiterzuführen, der mit der Skizze des 7. Buchs beim Aufbruch nach Italien liegen geblieben war, scheiterte zunächst, bis die anregende Freundschaft mit Friedrich Schiller begann. Die beiden Dichter, in gewisser Weise Konkurrenten, konnten sich einander am ehesten nähern durch ein Gespräch über die Urpflanze nach einem Vortrag in Jena. Schiller erhob in einem werbenden Geburtstagsbrief 1794 G. zum antikischen Dichter in nachantiker Zeit und bestätigte ihm damit die Idee einer Wiedergeburt der Poesie, wie sie G. schon in Italien entworfen hatte. Schiller kam G. außerdem als Theaterdichter gelegen, mit dessen großen Dramen er das Weimarer Theater der neunziger Jahre zum führenden in Deutschland machte. Obgleich Theaterdirektor, schrieb G. von nun an kaum mehr Dramen. Als letztes Werk dieser Gattung wurde 1803 die *Natürliche Tochter* aufgeführt, ohne daß allerdings die nie endende Arbeit am *Faust* aufhörte. Ohnehin aber meinte G., nur ein gewaltsamer, krankhafter Zustand bringe Tragödien hervor, und so hatte er denn auch seine Dramenfiguren eher als Melancholiker, denn als tragische Helden gebildet. Nun überließ er Schiller das Feld der Tragödie und schuf sich so die Möglichkeit, den Roman *Wilhelm Meisters Lehrjahre* (1796) zu vollenden.

Das Dokument dieser Dichterfreundschaft ist der Briefwechsel, den G. 1828/29 herausgab, und in dem er sich, wie auch in so manchem anderen, etwa dem mit Carl Friedrich Zelter, als der berühmte, aber wenig hingebungsvolle Freund erwies. Die Briefe der nachitalienischen Zeit zeigen G. als den Herrscher, der Geschenke der Geselligkeit entgegennimmt, ohne mehr dafür zu geben als die Aura seiner Anwesenheit.

Auratisch nämlich war G. in den neunziger Jahren durch die frühen Jenaer Romantiker geworden: sie haben ihn zum klassischen Autor der Zeit stilisiert, indem sie vor allem die *Lehrjahre* als den romantischen Roman der Ironie zu ihrem Gründungsbuch machten. Aus dem Bewußtsein, das höchste Maß deutscher Literatur zu repräsentieren, bildeten Schiller und G. eine Partei und zettelten mit den *Xenien* (1797), satirischen Distichen auf den Literaturbetrieb, einen unfeinen Literaturkrieg an.

G. jedenfalls konnte ein reservierter Zeitgenosse bleiben, denn die eigentlichen ständigen Begleiter seines Lebens waren zwei literarische Figuren, Wilhelm Meister und Faust. Mit der Publikation der *Lehrjahre* (1795/96) und von *Faust I* (1808) verließen sie ihn nicht. Erst kurz vor seinem Tode, mit *Wilhelm Meisters Wanderjahren* (1821 und 1829) und *Faust II*, der 1831 für die posthume Veröffentlichung versiegelt wurde, ließ seine Phantasie von den Gestalten ab. In Wilhelm Meister schuf er den glücklichen Finder, in Faust den ewigen Sucher – ein solch klares Gesicht zumindest zeigen die Figuren bei allem Wandel, den sie in den fünfzig Jahren ihrer Entstehung durchmachten: als Helden eines psychologischen, eines Bildungs- und schließlich utopischen Romans, beziehungsweise eines Volksstücks, eines Sturm-und-Drang-Dramas und allegorischen Zeitstücks.

Nach Schillers Tod 1805 verlor Weimar seine gesellschaftliche Bedeutung, sieht man von der Attraktion ab, die G. selbst war. Herder und Anna Amalia starben, die Romantiker zogen, vor allem wegen der Vertreibung des »Atheisten« Johann Gottlieb Fichte, die G. zu verhindern gesucht hatte, vom nahen Jena weg. G. suchte immer häufiger die Bäder auf, Teplitz, Karlsbad, Marienbad, wo er eine internationale Gesellschaft genoß. Seiner Umgebung zeigte er sich sowohl als Papst wie als Kauz. Jedenfalls stehen den von Eckermann überlieferten Weisheiten, die ex cathedra gesprochen sind, die polternden Satiren und derben Witze gegenüber, mit denen sich in J. D. Falks *Erinnerungen* und des Kanzler Müllers *Unterhaltungen* ein lebensfroher, temperamentvoller, übermütiger Dichter vorstellt.

Wäre G.s Denken so marmorn gewesen, wie es Eckermann charakterisierte, so hätte er nicht mehr, wie er es doch bis zuletzt tat, auf alle Strömungen seiner Zeit mit poetischen Versuchen antworten können. Freilich ist der alte G. von großer Eigenart, ja Eigenwilligkeit und Schrulligkeit, und dennoch möchte man ihn geradezu einen modischen Dichter nennen: keine poetische Tendenz der Zeit, in der er sich nicht geübt hätte! Was er in seiner Jugend mit allen Möglichkeiten der vergangenen Literatur machte: der Anakreontik, der Elegie, der französischen Tragödie – sie ausprobieren, um sie fortzuentwickeln; das unternahm er nun mit der Literatur der Zukunft, um sie festzuhalten: er schrieb die *Novelle* (1828) als die neue Form einer quasi-mündlichen Zeitschriftenpublikation und das *Märchen* (1795), wobei er als Titel bewußt nur die Gattungsbezeichnung wählte, wohl wissend, daß in diesen Formen der Stil ein Spiel und kein wesentlicher Inhalt mehr sein konnte. G. machte sich jedoch auch zum historistischen Dichter, der, angeregt durch die Freundschaft mit den Sammlern Boisserée, mittelalterliche Bilder, Madonnen und allerlei Aberglaube in seinem Roman *Die Wahlverwandtschaften* (1809) und in der Erzählung *Joseph II* in den *Wanderjahren* unterbrachte; die Mythenforschung der Romantik fand hier ebenfalls ihren Niederschlag; an der romantischen »Sonettenwut« beteiligte er sich durch den Zyklus *Sonette* (1808/09), den er wiederum nur mit dem Gattungstitel versah; und schließlich schuf er im *West-östlichen Divan* (1814/15) eines seiner großen Alterswerke im Stil der neuen orientalischen Mode. Hier haben ihn Stil, Haltung und Motivik der Poesie des persischen Dichters Hafis zu ganz unbürgerlich losen Liebesszenen und zur Darstellung einer Knabenliebe angeregt. Mit den Schenkenliedern jedenfalls hat G. der deutschen Lyrik eine Heiterkeit gerettet, wie sie das ganze 19. Jahrhundert hindurch in dieser Gattung nicht mehr erlaubt sein sollte. Mit diesen in vielfachem Sinne trunkenen Liedern, die geradezu an die anakreontischen Anfänge G.s erinnern, endet das Werk eines großen Lyrikers, das ganz zuletzt nach dem Tod des lebenslangen Freundes Carl August 1828 in der melancholischen Seligkeit der *Dornburger Gedichte* ausklingt.

Die letzten Arbeiten am *Faust* schuf ein verlassener Dichter, nachdem auch Charlotte von Stein und 1830 in Rom selbst der Sohn gestorben war, der vom Vater das Trinken gelernt und ihm so treu gedient hatte, wie keine andere Hilfskraft sonst. Die Anekdoten von G.s Tod am 22.3.1832 versuchen, die unendlich weiten Horizonte seiner Poesie zu fassen: ob er als Letztes nun sagte: »Mehr Licht« oder, zu seiner Schwiegertochter Ottilie: »Reich mir dein Patschhändchen« – das Nebeneinander dieser geflügelten Worte zeigt nur, daß dem Dichter im Leben wie im Tode der erhabene wie der scherzhafte Ton leicht von den Lippen ging.

Werkausgaben: Werke. (Weimarer Ausgabe) 133 Bde. Hrsg. im Auftrage der Großherzogin Sophie von Sachsen. Abt. 1: Werke. Abt. 2: Naturwissenschaftliche Schriften: Abt. 3: Tagebücher. Abt. 4: Briefe. Weimar 1887–1919. (Nachdr. Tokyo, Tübingen 1975); Sämtliche Werke. Briefe, Tagebücher und Gespräche. 40 Bde. (im Erscheinen). Hrsg. von *Birus*, Hendrik u. a., Frankfurt a.M. 1985 ff; Sämtliche Werke nach Epochen seines Schaffens. (Münchner Ausgabe). 21 Bde. (im Erscheinen) Hrsg. von *Richter*, Karl. München 1985 ff.
Literatur: *Sengle*, Friedrich: Das Genie und sein Fürst. Stuttgart 1993; *Mandelkow*, Karl R.: Goethe in Deutschland. Rezeptionsgeschichte eines Klassikers. 2 Bde. München 1980 und 1989; *Biedrzynski*, Effi: Goethes Weimar. Das Lexikon der Personen und Schauplätze. München 1992; *Conrady*, Karl Otto: Goethe. Leben und Werk. 2 Bde. Königstein 1982/1985; *Göres*, Jörn (Hrsg.): Goethes Leben in Bilddokumenten. München 1981; *Mayer*, Hans (Hrsg.): Goethe im XX. Jahrhundert. Hamburg 1967; *Meyer*, Heinrich: Goethe. Das Leben im Werk. Hamburg 1949.
Hannelore Schlaffer

Goetz, Curt (d.i. Kurt Walter Götz)
Geb. 17.11.1888 in Mainz; gest. 12.9.1960 in Grabs (Schweiz)

Sein großer Schülertraum, Arzt zu werden wie sein Schweizer Großvater väterlicherseits, scheitert am Niedergang der Privatklinik, die seine verwitwete Mutter in Halle (Saale) geleitet hatte. So beschließt G., Schauspieler zu werden wie sein Großvater mütterlicherseits. Sein Mut wird mit ersten Engagements in Rostock (1907), Nürnberg (1909) und Berlin (ab 1911) belohnt, wo der junge Charakterdarsteller vor allem die gerade »aktuellen« Naturalisten spielt. 1911 beginnt G. zu schreiben: *Der Lampenschirm, kein Stück in drei Akten* heißt seine erste Komödie, ein früher Versuch epischen Theaters, dem aber kein zweiter folgt, wenngleich G. seine Vorliebe für desillusionierende Elemente beibehalten sollte. Daneben beginnt eine dritte Karriere: 1912 tritt er das erste Mal vor eine Filmkamera (*Schwarzes Blut*, Regie: Harry Piel), zahlreiche

Rollen im Stummfilm, später auch Tonfilm folgen. 1923 heiratet er (nach einer ersten, 1917 geschiedenen Ehe) seine Schauspielerkollegin Valérie von Martens (d.i. Valery Pajér Freiin von Mayersperg; 1894–1986). Das Paar steht ab 1925 an der Spitze eines reisenden Ensembles, das mit zunehmendem Erfolg das inzwischen angewachsene Œuvre G.' aufführt: die Einakter-Zyklen *Nachtbeleuchtung* (1918), *Menagerie* (1919), *Die tote Tante und andere Begebenheiten* (1924), sowie die dreiaktige Komödie *Ingeborg* (1921). 1927 wird in Stettin *Hokuspokus, ein Reisser in drei Akten* uraufgeführt. Es ist G.' erster durchschlagender Erfolg. Im Rahmen einer Justizkomödie, bei der sich am Ende Ermordeter, Geliebter, Mordkomplize und (in der Zweitfassung von 1953) Verteidiger als ein und dieselbe Person erweisen, hält er der »verlogenen, sog. Großen Kunst« den »ehrlichen Hokuspokus« des Zirkusartisten entgegen. Fast 400mal sind G. und seine Frau in *Hokuspokus* auf der Bühne, ab 1953 auch im Kino zu sehen. In den folgenden Stücken: *Der Lügner und die Nonne* (1929) und *Dr. med. Hiob Prätorius* (1932; 1949 bearbeitet und mit G./v. Martens verfilmt) zeigt sich der Autor als leidenschaftlicher Anwalt eines offenen, nicht moralisierenden Umgangs mit Sexualität, Krankheit und Tod.

Nach der Machtergreifung Hitlers ziehen sich G., der die Schweizer Staatsbürgerschaft besitzt, und seine Frau an den Thuner See zurück, um im Februar 1939 in die USA zu emigrieren, wo G. eine Anstellung als Drehbuch-Autor bei *MGM* findet, die er später zugunsten der Führung einer Hühnerfarm aufgibt. Seine Exil-Erlebnisse verarbeitet er in den Stücken *Nichts Neues aus Hollywood* (1956) und *Die Bärengeschichte* (1963 veröffentlicht), in den beiden Erzählungen *Tatjana* (1946) und *Die Tote von Beverly Hills* (1951) sowie in den *Memoiren*, die seine Frau 1963 vollendet.

In den USA entsteht (als Ausarbeitung der *Toten Tante*) G.' sicherlich populärstes Stück: *Das Haus in Montevideo oder Traugotts Versuchung*, das zunächst in englischer Sprache unter dem Titel *It's a Gift* 1945 am Broadway, dann – nach der Rückkehr des Ehepaares nach Europa – 1946 am Zürcher Schauspielhaus Premiere hat. G. erzählt darin die Geschichte um den vielfachen Vater und »Hyper-Moralisten« Prof. Dr. Traugott Hermann Nägler, der einst seine – vor kurzem verstorbene – Schwester, die ledig Mutter geworden war, aus dem Haus getrieben hatte. In ihrem Testament vermacht sie nun demjenigen Mitglied des Hauses Nägler ein Vermögen, das ebenfalls »unehrenhaft« Mutter werden sollte. Am Ende tritt Traugotts eigene Frau das Erbe an, da das Schiff, auf dem ihre Ehe geschlossen wurde, für einen Trauakt 27 cm zu kurz war, somit alle Kinder, die sie mit dem Moralisten hat, »Bastarde« sind. 1951 kommt es zur äußerst erfolgreichen Verfilmung mit G./v. Martens unter eigener Regie.

Nach der Anerkennung durch das Publikum wird G. auch staatliche Anerkennung zuteil: 1958 wird er Mitglied der West-Berliner Akademie der Künste, 1959 erhält er im Fürstentum Liechtenstein den Titel Prof. h. c. Ein Jahr später stirbt er.

Am ausgestaltetsten erscheinen in G.s Stücken die Rollen der »reifen Männer«, die er größtenteils für sich schrieb. Seine Helden sind Ärzte, Advokaten, Geheimräte, die sich mit Witz und Eleganz in der »besseren« Gesellschaft einen Namen gemacht, sich aber nicht an deren moralische Normen verkauft haben. Vor allem in den frühen Stücken tauchen so die traditionellen Motive des Boulevard- und Konversationstheaters auf, zu dessen populärsten deutschsprachigen Autoren G. – wie neuere Statistiken zeigen – immer noch zu rechnen ist: die Eheprobe in *Die Taube in der Hand* (1919), *Ingeborg, Der*

Mörder (1924) bzw. der verziehene oder gar begrüßte Ehebruch in *Der Hund im Hirn* (1919), *Tobby* (1918).

Neben den männlichen Hauptrollen wirken bei G. die Gestalten der Ehefrauen häufig farblos. Größeres Interesse ziehen hingegen seine pubertierenden und mädchenhaften Kindfrauen auf sich, deren Sexualität ihn im Laufe seines Schaffens immer mehr beschäftigt. Nach den Anfängen in *Der Spatz vom Dache* (1919) und *Das Märchen* (1924) gipfelt diese Entwicklung in der Prosa: *Tatjana* und *Die Tote von Beverly Hills* erzählen die Geschichten erotomaner Kindfrauen, die etablierte Männer ins Verderben stürzen. Dabei scheut G. in seinen einzigen Erzählungen, die beide noch vor Nabokovs *Lolita* (1955) erschienen sind, keineswegs vor der überdeutlichen Schilderung zurück.

Werkausgabe: *Goetz*, Curt: Sämtliche Bühnenwerke. Stuttgart 1987.
Literatur: *Knecht*, Angelika: Curt Goetz. Diss. Wien 1970; *Martens*, von Valérie (Hrsg.): Das Große Curt Goetz Album. Bilder eines Lebens, mit einer Einleitung von Werner *Wien*. Stuttgart 1968.
Stefan Henze

Gottfried von Neifen
in der ersten Hälfte 13. Jahrhundert

Dieser mittelhochdeutsche Lyriker ist einer der wenigen Autoren des 13. Jahrhunderts, die aus ständischen Gründen auch außerliterarisch faßbar sind: Er stammte aus einem bedeutenden schwäbischen Freiherrengeschlecht, dessen Burg als mächtige Ruine noch heute den Albrand südöstlich von Nürtingen beherrscht. Sein Vater, Heinrich II. von Neifen, ist im Gefolge Kaiser Friedrichs II. bezeugt und war Protonotar von Friedrichs Sohn, Heinrich (VII.). Auch der Sohn Gottfried, der erstmals 1234 in Frankfurt urkundet, gehörte zu dessen Hofkreis. Er wurde in die Auseinandersetzungen Heinrichs (VII.) mit seinem kaiserlichen Vater hineingezogen und in der entscheidenden Schlacht an der Erms im Juni 1235 zusammen mit seinem Bruder von Friedrich II. gefangengenommen, allerdings nicht wie Heinrich nach Apulien verbannt: Schon 1236 erscheint er in Straßburg wieder im Umkreis des Kaisers, was für eine baldige Aussöhnung spricht. Bis zum April 1255 taucht dann G.v.N. immer wieder in schwäbischen Urkunden auf, aus einer ist auch der Name seiner Gattin, Mechthild, zu erfahren, – offensichtlich ein relativ seßhafter Angehöriger des schwäbischen Adels, der sich in seinen freien Stunden der Lyrik widmete.

G.v.N. gehört zu der Gruppe nachklassischer Lyriker, die – zumeist in schmalen Lied-Corpora – das Motiv-, Stil- und Formenschema des klassischen Minnesangs um 1200 weiterführte. Aus ihr ragt er indes schon durch den Umfang seines Werkes (51 Lieder mit 189 Strophen) heraus. Es zeichnet sich aus durch eine virtuose Beherrschung des klassischen Formenarsenals, insbesondere durch eine einzigartige Reimartistik, die seinen Liedern Klangfülle und tänzerische Bewegtheit verleiht. Das Themenspektrum umfaßt v.a. traditionelle Hohe-Minne-Klagen, auf welche die Miniatur in

Handschrift C anspielt, aber auch einige Beispiele des im 13. Jahrhundert immer beliebter werdenden genre objectif: derb-parodistische Lieder der niederen Minne und pastourellenartige oder schwankhafte Texte (Lied von der Flachsschwingerin, Büttner-lied), z.T. mit ausgelassenen Refrains. Seine 45 Minnelieder werden durch einen die Jahreszeit charakterisierenden sog. ›Natureingang‹ eröffnet, wodurch sie sich in (27) Sommer- und (18) Winterlieder gliedern lassen. Kennzeichnend ist neben der Formvirtuosität ein heiterer Sensualismus: gerühmt als Charakteristikum seiner Lieder wird z.B. das Motiv des roten Mundes der *frouwe*.

Allerdings blieb die Überlieferung der Lieder G.s v. N. – wie auch die literarische Resonanz – offenkundig auf den deutschen Südwesten beschränkt. Das gesamte Lie-dercorpus ist nur in der Großen Heidelberger Liederhandschrift (C) bewahrt; drei wei-tere Handschriften überliefern einige Einzelstrophen. Die in C seinen Liedern vorange-stellte Miniatur, deren Wappen mit dem Siegel einer Urkunde G.s v. N. übereinstimmt, zeigt einen Werbenden neben einer sich abwendenden Dame.

Auch innerliterarisch finden sich noch Spuren von G.s dichterischem Wirken: er wird erwähnt von dem Schweizer Minnesänger Taler, dem Tiroler Spruchdichter Fried-rich von Sonnenburg und von dem Franken Hugo von Trimberg in dessen didakti-schem, weitverbreiteten Großwerk *Der Renner* (1300). Bemerkenswert ist weiter, daß G.v.N. zu den wenigen mittelhochdeutschen Dichtern gehört, die Eingang in eine Sagentradition gefunden haben: In der *Ballade vom edlen Moringer*, einer Mythisierung des klassischen Thüringer Dichters Heinrich von Morungen, taucht er als *Her von Nifen* als dessen jüngerer Rivale auf.

Werkausgabe: Dt. Liederdichter des 13. Jh.s Hrsg. v. Carl *von Kraus.* Bd. 1 Text. 1952. Bd. 2 Kommentar, bes. v. Hugo *Kuhn.* 1958. 2. Aufl. durchges. v. Gisela *Kornrumpf,* Tübingen 1978.
Literatur: *Kuhn*, Hugo: Minnesangs Wende. Tübingen ²1967, S. 44–80.   *Günther Schweikle*

Gottfried von Straßburg
um 1200

Tristan und Isolde ist das einzige epische Werk G.s. Sein Name wird dort allerdings nicht genannt. Vielleicht soll der Buch-stabe G am Beginn des strophischen Prologs auf den Verfasser hindeuten, vielleicht ist G aber auch als Abkürzung für die Standesbezeichnung »Graf« vor dem im Akrostichon gebilde-ten Namen Dietrich zu verstehen, einem mutmaßlichen Gön-ner. Der Name des Autors ist nur durch spätere mittelhoch-deutsche Dichter überliefert, z. B. durch den späthöfischen Epiker Rudolf von Ems, der ihn neben Hartmann von Aue und Wolfram von Eschenbach als sein Vorbild preist, so wie später auch Konrad von Stoffeln in seinem Artusroman *(Gau-riel).* Konrad von Würzburg apostrophiert ihn als Autorität in Minnefragen. Außerdem nennen ihn die Fortsetzer seines unvollendet gebliebenen Werkes, Ulrich von Türheim (vor 1240) und Heinrich von Freiberg (um 1300).

Von den Lebensdaten dieses Dichters ist nichts bekannt; offen ist auch die Bedeutung des Beinamens »von Straßburg«: Herkunfts- oder Wirkungsort? Die Große Heidelberger Liederhandschrift überliefert unter G.s Namen nicht nur 81 lyrische Strophen, sondern auch eine u. U. kennzeichnende Miniatur: Sie zeigt das typisierte Bild vermutlich des Dichters in einem Kreis von Zuhörern, die er zu unterrichten scheint, eine Doppeltafel in Händen. In der Bildüberschrift wird er demgemäß (wie auch in anderen mittelalterlichen Zeugnissen) als »meister« (d. i. magister) tituliert. Auf Vertrautheit mit den Artes weist die rhetorische Gelehrsamkeit hin, welche G. in seinem Roman ausbreitet; von Gelehrtheit zeugt auch die kunstvoll ausgesponnene Allegorie der Minnegrotte (ein idealisierter »lieblicher Ort«, an welchem die Liebenden zeitweilig Zuflucht finden). Literarische Bildung beweist G. zudem in der literaturkritischen Übersicht über die Dichter seiner Zeit, die erste ihrer Art in mittelalterlicher volkssprachlicher Dichtung. Daß G. diesen Exkurs anstelle einer ausführlichen Schilderung der Schwertleite des Helden einschiebt, verrät überdies einiges über seine kritische Stellung zur damaligen Rittergesellschaft. – Im Prolog umreißt G. sein ästhetisch-ideologisches Programm: Die mit Nachdruck herausgestellte Minneauffassung als Erfahrung von »liep unde leit« verbindet ihn mit der Ideologie der »Hohen Minne« eines Reinmar. Für sein Werk erwartet er eine esoterische Gemeinde der »edelen herzen«, welche die Geschichte der Verbindung Tristans mit der von ihm für seinen Oheim Marke geworbenen Frau in seiner Sicht akzeptiert. Denn G. stellt die überkommene Fabel in neue Sinndimensionen, indem er die Magie des Minnetrankes rationalisiert oder allegorisiert: Der Minnetrank bleibt dabei auch für neuzeitliche Interpreten in einem verwirrenden Schwebezustand zwischen Zaubermittel und Symbol für eine naturgegebene Verbindung der beiden Protagonisten, die durch ihre Singularität füreinander bestimmt sind.

G. schreibt einen klassischer Klarheit verpflichteten, in Vers und Sprachduktus eleganten Stil. Ausdrücklich rühmt er den stilverwandten Hartmann von Aue, polemisiert dagegen gegen den dunklen metaphorischen Stil, wie ihn sein großer Antipode Wolfram pflegt, allerdings ohne diesen zu nennen, so wie auch Wolfram in seinen Werken, in denen er auf andere zeitgenössische Dichter allenthalben Bezug nimmt, G. nirgends erwähnt. Auch in der Personengestaltung, bes. im Ritterbild, setzt sich G. markant von dem Wolframs ab: Tristan wird als hochgebildeter, in allen Sparten höfischer Kultur versierter Hofmann vorgeführt, der eher beiläufig auch in Waffenkämpfen brilliert und selbst die List als Mittel der Auseinandersetzung nicht verschmäht, in eklatantem Gegensatz zur ethisch fundierten Kämpfernatur Parzivals. – Die Resonanz für G.s Werk blieb schon im Mittelalter, soweit die handschriftliche Überlieferung (27 Handschriften) als Zeugnis gelten kann, weit hinter Wolframs Werken zurück (*Parzival* 84 Handschriften). Auch in der neuzeitlichen Forschung hat G.s Epos nicht dasselbe Interesse gefunden, nachdem schon der Begründer der germanistischen Textkritik, Karl Lachmann, an der »weichlichen, unsittlichen Erzählung« Anstoß genommen hatte. – Die Gedichte, welche in den drei grundlegenden Minnesanghandschriften (A, B, C) unter G. tradiert sind, wurden ihm von der germanistischen Textkritik alle »abgesprochen«; dafür wird ihm meist ein unter dem Namen Ulrichs von Lichtenstein überliefertes Gedicht *Vom gläsernen Glück* zugelegt, da Rudolf von Ems einen Spruch dieses Titels als Werk G.s rühmt. Trotz aller Einwände in der früheren Forschung behauptet G. heute seinen Platz unter den Klassikern der mittelhochdeutschen Blütezeit.

Werkausgabe: *Krohn*, Rüdiger (Hrsg.): Gottfried von Straßburg, Tristan. Mhd./Nhd. Stuttgart 1980, 3. Aufl. Bd. 1 u. 2 1985, Bd. 3 1991.

Literatur: *Schweikle*, Günther: Zum Minnetrank in Gottfrieds ›Tristan‹. In: Ûf der mâze pfât. Festschr. f. Werner Hoffmann. Göppingen 1991. s. 135–148; *Steinhoff*, Hans-Hugo: Bibliographie zu Gottfried von Straßburg. 2 Bde. Berlin 1971, 1986; *Weber*, Gottfried und *Hoffmann*, Werner: Gottfried von Straßburg. Stuttgart ⁵1981; *Wolf*, Alois (Hrsg.): Gottfried von Straßburg. Darmstadt 1973.

Günther Schweikle

Gotthelf, Jeremias (d. i. Albert Bitzius)
Geb. 4. 10. 1797 in Murten/Fribourg; gest. 22. 10. 1854 in Lützelflüh/Bern

Sein Pseudonym war sein Programm. Er entlehnte es seinem literarischen Erstling *Der Bauernspiegel* (1837), der fiktiven Autobiographie des Jeremias Gotthelf. Wie der Prophet, warnte und mahnte der Prediger Bitzius vor den »Schweinsblasen des Zeitgeistes«, vor den »brüllhaften Naturen und neumodischen Spekulanten«. Und dabei prägte ihn ein tiefes Vertrauen in den festgefügten Ordo eines bisweilen alttestamentlich anmutenden Gottes, wenn er, dieser »vortreffliche Maler des Volkslebens, der Bauerndiplomatik, der Dorfintrigen, des Familienglücks und Familienleids« (Gottfried Keller, 1849), die bäuerliche Welt des Berner Landes in ihrem Wechselspiel mit den historisch-politischen Umbrüchen der Schweiz des 19. Jahrhunderts in zahlreichen Erzählungen und voluminösen Romanen schilderte. Der aus einer alten Berner Patrizierfamilie stammende Pfarrerssohn G. wußte, wovon er schrieb: Seine Kindheit verbrachte er seit 1805 in Utzensdorf im unteren Emmental, wo der Vater eine Pfarrstelle übernommen hatte, zu der auch ein landwirtschaftlicher Betrieb gehörte. Ab 1812 besuchte er zunächst das Gymnasium in Bern, um dann in derselben Stadt Theologie zu studieren. Die Vikariatszeit führte ihn 1820 zurück zum Vater; er unterbrach sie 1820/21 für ausgedehnte Studienaufenthalte und Bildungsreisen in Deutschland (Göttingen, Hamburg, Rostock, Weimar, Leipzig, Dresden). Erziehung in einem aufgeklärten Elternhaus, Theologiestudium und eine den helvetischen Horizont durchaus überschreitende Bildung begründeten G.s offensiven christlichen Liberalismus, der im Laufe seines Lebens jedoch zunehmend von restaurativen Tendenzen überlagert wurde (*Zeitgeist und Berner Geist*, 1849). 1824 trat G. eine Vikarsstelle in Herzogenbuchsee an und ging in dieser Funktion 1830 nach Lützelflüh im Emmental, wo er 1832 Pfarrer wurde und dies bis zu seinem Tode dort blieb. Mit Herzogenbuchsee setzte seine reiche und weitgespannte publizistische Tätigkeit ein; dabei »mischte (er) sich in alle Angelegenheiten« (Carl Manuel in der ersten Gotthelf-Biographie, 1857). Er, der den Pädagogen und Sozialreformer Johann Heinrich Pestalozzi persönlich kannte und von dessen Ideen stark beeinflußt war, gehört mit seinen literarisch und in direktem politischen Engagement sich äußernden Reformbestrebungen in die Tradition der Schweizer Volksaufklärung, wenn er gegen *Armennot* (1840), Alkoholismus (*Wie fünf Mädchen im Branntwein jämmerlich umkommen*, 1838; *Dursli der Brannteweinsäufer*,

1839) Aberglauben und Kurpfuscherei (*Wie Anne Bäbi Jowäger haushaltet und wie es ihr mit dem Doktern geht*, 1843/44) zu Felde zog, wenn er sich um Alphabetisierung, Auf- und Ausbau des Volksschulwesens und Verbesserung der Lehrerausbildung bemühte (*Leiden und Freuden eines Schulmeisters*, 1838/39), um Erziehung zu Arbeitsamkeit und Selbstdisziplin (*Wie Uli der Knecht glücklich wird*, 1841; *Uli der Pächter*, 1847), wenn er Kalendergeschichten schrieb und den *Neuen Berner-Kalender* redigierte: »In jeder Gemeinschaft muß Zucht und Ordnung aufrecht erhalten werden, sonst zerfällt sie, und in keiner Gemeinschaft duldet man die, welche öffentlich Umsturz, Auflösung dieser Ordnung predigen. In jeder Gemeinschaft sind solche, welche über Aufrechterhaltung der Ordnung wachen und für fortdauerndes stetiges Reformieren, daß Revolution nie nötig werde; denn nur da entsteht Revolution, wo man das Reformieren vegißt« (*Der Bauernspiegel*, 1837). So sah G. auch sich selbst: als konservativen Aufklärer, der noch in seinem Spätwerk Volkserziehung und Sozialkritik zu seinem poetischen Anliegen machte und an die kritische Reflexion der Möglichkeiten, Grenzen und Defizite der Aufklärung anschloß. Sein Realismus weist darum auch auf den inneren Zusammenhang zwischen dem ausgehenden 18. und 19. Jahrhundert hin.

Werkausgabe: Jeremias Gotthelf: Sämtliche Werke in 24 Bänden und 18 Ergänzungsbänden. Hrsg. von Rudolf *Hunziker*, Hans *Blösch*, Kurt *Guggisberg*, Werner und Bee *Juker*. Erlenbach/ Zürich 1911–1977.

Literatur: *Hahl*, Werner: Jeremias Gotthelf – der »Dicher des Hauses«. Stuttgart 1993; *Holl*, Hans Peter: Jeremias Gotthelf. Leben, Werk, Zeit. Zürich und München 1988; *Jarchow*, Klaus: Bauern und Bürger. Die traditionale Inszenierung einer bäuerlichen Moderne im literarischen Werk Jeremias Gotthelfs. Frankfurt a. M. 1988; *Godwin-Jones*, Robert: Narrative Strategies in the Novels of Jeremias Gotthelf. New York/Bern/Frankfurt a. M. 1986; *Fehr*, Karl: Jeremias Gotthelf (Albert Bitzius), Stuttgart 1985; *Holl*, Hans Peter: Gotthelf im Zeitgeflecht. Bauernleben industrielle Revolution und Liberalismus in seinen Romanen. Tübingen 1985; *Braungart*, Wolfgang: Aufklärungskritische Volksaufklärung. Zu Jeremias Gotthelf. In: Fabula 28, 1987, S. 185–226; *Bauer*, Winfried: Jeremias Gotthelf. Ein Vertreter der geistlichen Restauration der Biedermeierzeit. Stuttgart/Berlin/Köln/Mainz 1975; *Gallati*, Ernst: Jeremias Gotthelfs Gesellschaftskritik. Bern 1970.

Wolfgang Braungart

Gottsched, Johann Christoph

Geb. 2.2.1700 in Judittenkirchen bei Königsberg; gest. 12.12.1766 in Leipzig

Wäre es nach Friedrich Wilhelm I., dem »Soldatenkönig«, gegangen, sähe die Literaturgeschichte des 18. Jahrhunderts in Deutschland anders aus. Seine Soldatenwerber hatten ein Auge auf einen hünenhaften jungen Mann geworfen, der das Gardemaß der »Langen Kerls«, der Elitetruppe des preußischen Königs, besaß. Doch der soeben zum Magister promovierte G. hatte andere Pläne. Er entzog sich der Rekrutierung und floh aus Königsberg nach Leipzig. Mit seiner Ankunft in der sächsischen Universitätsstadt (1724) beginnt für G. eine steile Karriere als Gelehrter und Schriftsteller, die ihm schon bald den Ruhm eines deutschen Literaturpapstes einbringt.

Erst um die Jahrhundertmitte wird seine Autorität ins Wanken kommen, später ins Gegenteil umschlagen: Gotthold Ephraim Lessings zornige Polemiken, Spott und Verachtung der jüngeren Generation um Friedrich Gottlieb Klopstock, Johann Gottfried Herder, Johann Wolfgang Goethe prägen ein Bild G.s, das ihn als Vertreter eines altmodischen, pedantischen Klassizismus abstempelt. »Gottsched war nicht der Anfang eines neuen Zeitalters, sondern der Abschluß des alten«, resümiert noch der liberale Literaturhistoriker Hermann Hettner einhundert Jahre später.

Heute ist das Urteil über G. differenzierter geworden. Seine Biographie zeigt den Zwiespalt zwischen einem noch in der feudal-absolutistischen Ordnung befangenen Denken und bürgerlich-aufklärerischen Reformideen. Programmatisch ist die Antrittsvorlesung, die G. 1725 in Leipzig hält: Sie behandelt die rationalistische Philosophie Christian Wolffs, die den Ärger der Theologen heraufbeschwor, weil sie die Einheit von Sein und Denken, von Natur und Vernunft aus Kausalitätsprinzipien ableitete, nicht aus der biblischen Offenbarung.

Während die Professorenlaufbahn G.s gediegen voranschreitet – insgesamt fünfmal wird er Rektor an der Leipziger Alma Mater –, erregt seine außerakademische Aktivität größere Aufmerksamkeit. Kaum in Leipzig angekommen, wird G. 1726 Wortführer der »Deutsch übenden poetischen Gesellschaft«, die er schon 1727 zur »Deutschen Gesellschaft« umformt, einem Literaturzirkel, der sich um die Reinigung der deutschen Sprache von barocker Überladenheit bemüht. Dann stürzt er sich in journalistische Arbeiten; als Herausgeber der *Vernünftigen Tadlerinnen* (1725/26) und des *Biedermann* (1727–29) reiht er sich ein in die noch junge Tradition der Moralischen Wochenschriften, die eine wichtige Stütze der entstehenden bürgerlichen Öffentlichkeit darstellen; allgemeines Aufsehen erregt der junge Gelehrte 1727; er verbindet sich mit der Wandertruppe der Schauspielerin Friederike Caroline Neuber, um auch auf der Bühne »dem guten Geschmack« zum Sieg zu verhelfen. Für die zum untersten Pöbel gerechneten fahrenden Komödianten bedeutete die Gottsched-Neubersche Theaterreform in sozialer wie in künstlerischer Hinsicht eine außerordentliche Aufwertung. Die Verbannung des Harlekin von der Bühne, die Eliminierung der Improvisation, die Verpflichtung auf den Klassizismus der französischen Vorbilder Pierre Corneille, Jean Racine u.a. waren der Preis, den das deutsche Theater zahlte, um aus dem »Zustand der Verwilderung« herauszukommen und am Hof wie im städtischen Bürgertum gesellschaftsfähig zu werden. Gotthold Ephraim Lessing sprach später das Verdammungsurteil: »Es wäre zu wünschen, daß sich Herr Gottsched niemals mit dem Theater vermengt hätte. Seine vermeinten Verbesserungen betreffen entweder entbehrliche Kleinigkeiten, oder sind wahre Verschlimmerungen.« Weder eine Kleinigkeit noch eine Verschlimmerung war jedoch die Verbindung, die G. zwischen dramatischer Dichtung und dem Theater als erster wiederherstellte. Lessing selbst und die nachfolgenden Dramatiker verdankten diesem entscheidenden Schritt mehr, als sie sich eingestehen wollten.

Was die Positionen G.s so angreifbar machte, war seine Überzeugung, daß sowohl in der Kunst als auch in Natur und Gesellschaft alles nach festen Regeln abliefe, mithin Nachahmung der Natur identisch sei mit der Nachahmung klassischer Muster. 1730 veröffentlichte G. sein poetologisches Hauptwerk, den *Versuch einer Critischen Dichtkunst vor die Teutschen*. Aristoteles, Horaz und die französischen Dichter erscheinen darin als Gesetzgeber und Vorbilder. Wie ein Rezept klingt die Anleitung z. B. zum Verfertigen einer Tragödie: »Der Poet wählet sich einen moralischen Lehrsatz, den er seinen Zuschauern auf eine sinnliche Art einprägen will. Dazu ersinnt er sich eine Fabel, daraus die Wahrheit eines Satzes erhellet. Hiernächst suchet er in der Historie solche berühmte Leute, denen etwas ähnliches begegnet.« Auch darin folgte G. der normativen Barock-Poetik, daß die Tragödie den Göttern, Heroen und Fürsten, die Komödie hingegen Personen niederen Standes vorbehalten sei.

Die Opposition, die sich etwa seit 1740 gegen G. zu formieren beginnt, artikuliert sich zuerst in der literarischen Fehde zwischen G. und den Schweizer Schriftstellern Johann Jakob Bodmer und Johann Jakob Breitinger. Die Jahrzehnte dauernden Auseinandersetzungen zeigen das Ringen um ein neues Bewußtsein von künstlerischer Subjektivität. Klopstock unter den zeitgenössischen, die englischen Dramatiker William Shakespeare und John Milton unter den älteren Dichtern werden zu den neuen Leitbildern. Die Auffassungen G.s verlieren immer mehr an Boden. Fast zum gleichen Zeitpunkt, 1741, trennen sich G. und die Neuberin in heftigem Streit. Aber selbst die Tatsache, daß diese Auseinandersetzungen öffentlich ausgetragen werden, ist etwas Neues, Ungewohntes. Mehr als ein Versuch, Parteigänger um sich zu scharen, ist auch der Aufruf G.s an junge Dramatiker, Beiträge für ein Sammelwerk deutscher Originalautoren einzusenden. Die von 1741 bis 1745 in sechs Bänden veröffentlichte *Deutsche Schaubühne* ist von G. zu Recht als Krönung seines Lebenswerks angesehen worden. Den ursprünglichen Plan, vor allem antike Vorbilder darin abzudrucken, ließ der Herausgeber bald fallen. Zu den französischen Klassikern, die ihre Stelle einnahmen, gesellten sich Autoren wie Ludwig Holberg und Johann Elias Schlegel, nicht zu knapp auch eigene Beiträge, wie G.s Mustertragödie *Der sterbende Cato* (1730); die letzten drei Bände der *Deutschen Schaubühne* enthalten bereits ausschließlich Beiträge deutscher »Originalschriftsteller«. Das Fundament für eine deutsche Nationalliteratur auf dem Gebiet des Dramas, in enger Verbindung mit dem Theater, war damit geschaffen.

Werkausgabe: Gottsched, Johann Christoph: Ausgewählte Werke. Hrsg. von *Birke*, Joachim, ab Band 6 von *Birke*, Brigitte u. a. Berlin 1968–87.
Literatur: *Wilke*, Jürgen: Der deutsch-schweizerische Literaturstreit. In: Akten des 7. Internationalen Germanisten-Kongresses. Göttingen 1985; *Möller*, Uwe: Rhetorische Überlieferung und Dichtungstheorie im frühen 18. Jahrhundert, München 1983; *Wetterer*, Angelika: Publikums-

bezug und Wahrheitsanspruch. Der Widerspruch zwischen rhetorischem Ansatz und philosophischem Anspruch bei Gottsched und den Schweizern. Tübingen 1981; *Freier,* Hans: Kritische Poetik. Legitimation und Kritik der Poesie in Gottscheds Dichtkunst. Stuttgart 1973.

Dietrich Kreidt

Grabbe, Christian Dietrich
Geb. 11.12.1801 in Detmold; gest. 12.9.1836 in Detmold

»Wie Plato den Diogenes sehr treffend einen wahnsinnigen Sokrates nannte, so könnte man unsern Grabbe leider mit doppeltem Recht einen betrunkenen Shakespeare nennen.« Heinrich Heines Vergleich charakterisiert treffend die innere Zerrissenheit der Dichterbiographie. Das Leben des Dramatikers G. glich einer »lebendigen Anomalie«, einer »Natur in Trümmern: von Granit und Porphyr«, wie Karl Immermann, der Freund in den letzten Lebensjahren, das paradoxe Erscheinungsbild des Detmolder »Olympiers« in seinem Nachruf zeichnet. G. begriff sich selbst als eine Zwischenexistenz, Abbild der politischen Zerrissenheit seiner Zeit. Der ständige Rückschritt der Metternichschen Restauration stellt G. in seinen Dramen immer wieder vor die Frage, ob die Geschichte überhaupt Sinn und Entwicklung kennt oder nicht. Die Erfahrung des Scheiterns hochfliegender Pläne an der eigenen provinziellen Beschränkung wird zur biographischen Signatur. Das Zerbrechen eines einheitlichen Stilwillens mit dem Ende der Kunstperiode und die Zweifel am Idealismus als einem tragenden poetischen Prinzip bilden den Ausgangspunkt seiner Geschichtsdramen (*Herzog Theodor von Gothland,* 1819; *Marius und Sulla,* 1823; *Napoleon,* 1831; *Die Hermannschlacht,* 1835). In seinen Protagonisten finden sich autobiographische Züge, etwa die Stilisierung des handelnden Individuums als einsame, tragisch-heroische Figur. Aber das Charisma des Weltenlenkers fällt G.s Faszination am Schrecken, am gewaltsamen Untergang zum Opfer. Die Verzweiflung über eine fehlgeschlagene Sinngebung der Geschichte und das Erkennen der Realität als eine ad absurdum geführte Theodizee erklären den zynisch-sarkastischen Grundton seiner Werke. Ludwig Tieck wies in einem Brief von 1822 auf die bereits im *Gothland,* G.s erstem dramatischen Versuch, vorhandene Ambivalenz hin, die in späteren Stücken noch augenscheinlicher werden sollte: »Ihr Werk hat mich angezogen, sehr interessiert, abgestoßen, erschreckt und meine große Theilnahme für den Autor gewonnen.« Die zwiespältige Welterfahrung bleibt das lebenslange Trauma des »Schnapslumpen Grabbe«, wie ihn die kleinbürgerlichen Spießer in der Enge der kleinen Residenzstadt Detmold hinter vorgehaltener Hand nannten. »Eben dadurch, daß Ihr Werk so gräßlich ist, zerstört es allen Glauben an sich«, heißt es noch in dem Brief Tiecks, dessen Urteil G. sehr am Herzen lag. Das Lustspiel *Scherz, Satire, Ironie und tiefere Bedeutung* (1822) ist wesentlich auf G.s Rezeption der romantischen Literatursatire, vor allem der Stücke Tiecks zurückzuführen. In diese

Zeit fällt auch die intensive Beschäftigung mit William Shakespeare, die den unter Zeitgenossen heftig umstrittenen Aufsatz über die *Shakespearo-Manie* (1827) zur Folge hatte. Darin erklärt G. die Grundzüge seines ästhetischen Programms; er polemisiert gegen eine epigonale Aneignung und Vergötterung des englischen Dramatikers und hält das Prinzip eines nationalen Dramas, wie er es bei Friedrich Schiller entdeckt zu haben glaubte, dagegen. G. trifft mit seiner Polemik die Epigonen und Trivialliteraten seiner Zeit, die als nachromantische Schwärmer und poetische Belletristen in seinen Augen den beispielhaften Rang von Shakespeare abwerteten. Aber auch der ästhetische Anspruch des ›Jungen Deutschland‹ (dem Kern des literarischen Vormärz), radikal von der Literatur weg zum Leben hinzuführen, wird durch G.s zynisch-melancholische Diktion entlarvt. Damit aber ist auch die biographische Diskrepanz formuliert, die G. in seiner Provinzialität von den Höhentraumata der ›wahren Olympier‹, der Klassiker in Weimar, trennte. Als einziger Repräsentant dieses großbürgerlichen »discours extraordinaire« verblieb Ludwig Tieck als romantisch-ironischer Sachwalter der Shakespeareschen Komödientradition. Im Vormärz jedoch schrieb man andere Verse auf die dramatischen Fahnen: die politische Emanzipation sollte nicht nur Forderung, also ›ästhetische‹ Utopie bleiben, sondern wollte bewirkt, erfahren und realisiert werden. »Wahre Kunst, wahres Leben; Modernismus, Kunst und Kommerz, Literatur und Revolution für ein besseres Leben«. G. war ästhetisch und biographisch Vorbild und Warnung zugleich. Sein Ahnenkult jedoch verbot ihm die »Grabschändung« seines Ahnherrn Shakespeare.

G.s Versuche, während der Jahre des Jurastudiums in Leipzig und Berlin (1820 bis 1823) nicht nur Anschluß an die literarisch bedeutsamen Kreise seiner Zeit zu gewinnen, sondern möglichst auch eine seinen künstlerischen Ambitionen entsprechende Wirkungsmöglichkeit am Theater zu finden, haben trotz seiner schauspielerischen Qualitäten keinen Erfolg. Der Druck des ersten Bandes seiner dramatischen Werke (1827) fällt zeitlich mit der Anstellung als Hilfsauditeur in Detmold zusammen. Fortan bleibt G. in seiner Geburtsstadt, deren Mauern er nur zu zwei kurzen Aufenthalten in Frankfurt bei seinem Verleger Kettembeil und Düsseldorf bei Immermann verlassen hat. Der Widerstand gegen eine ihn vereinnahmende kleinbürgerlich-ärmliche Existenz als Militärgerichtsbeamter fällt in eine literarisch sehr produktive Phase. 1829 erscheint das einzige, zu seinen Lebzeiten aufgeführte Drama *Don Juan und Faust*, zu dem Albert Lortzing eine Bühnenmusik komponierte. G.s Bemühen, trotz seiner chronischen Trunksucht ein bürgerlichen Maßstäben angemessenes Leben zu führen, scheitert ebenso, wie die 1833 geschlossene Ehe mit der um zehn Jahre älteren Louise Clostermeier, die noch kurz vor seinem Tod den Antrag auf Scheidung einreichte. Der »unglückliche und geniale Dichter G.«, wie ihn seine wenigen Freunde nannten, ist in die Schar der sogenannten »Gescheiterten« einzureihen, sein Name wird im gleichen Atemzug mit Georg Büchner, Heinrich von Kleist, Jakob Michael Reinhold Lenz, Frank Wedekind, Georg Heym genannt: Die Reihe ließe sich beliebig fortsetzen; überall nahm er etwas auf, viele beeinflußte er wesentlich in ihrem Schaffen (vgl. Hanns Johst, *Der Einsame*, 1917). Seine Dramen und Theaterkritiken bilden immer noch eine beständige Irritation in der heutigen Diskussion um Dramen- und Theatertheorie, seine Person bildet den Hintergrund von Romanen (z.B. Thomas Valentin, *G.s letzter Sommer*, Ein Roman, 1980). Das »absurde Theater« der Nachkriegszeit sah in G. einen seiner Stammväter, und auch das epische Theater im Sinne Bertolt Brechts hat in G. einen Vorläufer unter anderen. Selbst die Nationalsozialisten glaubten, G.s Werk als völkisch-germanisches Heldenepos verstehen zu können. Dies jedoch dürfte zu den tragischen Irrtümern der Wirkungsgeschichte zu rechnen sein und unterstreicht nur mehr den widersprüchlichen Fragmentcharakter seines Werkes.

Werkausgabe: Grabbe, Christian Dietrich: Werke und Briefe. Hrsg. von der Akademie der Wissenschaften in Göttingen. Bearbeitet von *Bergmann*, Alfred. 6 Bände. Emschelten 1960–73.
Literatur: *Freund*, Winfried (Hrsg.): Grabbes Gegenentwürfe. Neue Deutungen seiner Dramen. München 1986; *Ehrlich*, Lothar: Christian Dietrich Grabbe. Leben, Werk, Wirkung. Berlin 1983; *Kopp*, Detlev: Geschichte und Gesellschaft in den Dramen Christian Dietrich Grabbes. Frankfurt a.M. 1982; *Bergmann*, Alfred: Grabbe in Berichten seiner Zeitgenossen. Stuttgart 1968.

Thomas Schneider

Graf, Oskar Maria
Geb. 22. 7. 1894 in Berg am Starnberger See; gest. 28. 6. 1967 in New York

Zwei Tage nach der Bücherverbrennung (10. Mai 1933) erschien in der *Wiener Arbeiterzeitung* ein Artikel G.s unter dem Titel »Verbrennt mich!«, der danach durch die Weltpresse lief. In die erste Liste verbotener Bücher hatten die Nazis von den 13 selbständigen Titeln G.s nur seine Autobiographie *Wir sind Gefangene* (1927) aufgenommen. Zurecht fragte sich G., womit er die »Unehre« verdient habe, daß sein übriges Werk nicht »der reinen Flamme des Scheiterhaufens« übergeben worden sei.

G., als neuntes Kind eines bayrischen Bäckers geboren, floh 1911 nach dem Tode seines Vaters aus dem brutalen Regiment seines ältesten Bruders nach München, um Schriftsteller zu werden. Hier geriet er in die anarchistische Bohème (Gustav Landauer, Franz Jung, Ernst Toller u.a.) und ans Hungertuch. Er debütierte mit expressionistischer Lyrik, brachte sich aber nur schlecht und recht mit Gelegenheitsarbeiten durch und wurde Ende 1914 zum Militär einberufen. Einer alten Familienchronik hatte G. entnommen, daß die Herrschenden »unser Geschlecht wegen nichts ausgesogen, geschunden, verkrüppelt und zerstückelt haben, solange erinnerlich ist.« G.s Vater reagiert auf jede Uniform allergisch, und an seiner Mutter schätzt G. ihre Respektlosigkeit. Bei G. selbst verdichtet sich diese jahrhundertelange Erfahrung der Unterdrückung zu einem antimilitaristischen Widerstand, dessen Form einzigartig ist: Auf dem Exerzierplatz verfällt er in unbändiges Gelächter, tritt in Hunger- und Sprechstreik, wird in Gefängnisse und Irrenhäuser eingewiesen, wo er nah an den Rand des Wahnsinns und des Todes gerät, bis er 1916 aus dem Kriegsdienst entlassen wird. Noch 1938 weigert sich G. als Exilierter in New York zu unterschreiben, daß er bereit sei, für die Freiheit Amerikas die Waffe in die Hand zu nehmen, sodaß er Staatenloser bleibt und die US-Staatsbürgerschaft erst zwanzig Jahre später erhält.

G. nimmt an der Münchner Oktober-Revolution 1919 teil, schreibt nach deren Scheitern, nun wisse er, wo er hingehöre, und wird 1920 Dramaturg eines kleinen sozialistischen Arbeitertheaters, das bis in die Inflationszeit durchhält (*Wunderbare Menschen*, 1927). In den zwanziger Jahren ist der ehemalige Tölpel vom Lande Mittelpunkt der Münchener Bohème. Seine Künstler- und Atelierfeste sind weit über die bayrische Grenze hinaus berühmt oder berüchtigt. Als Hofnarr der Gesellschaft entdeckt er seine Fähigkeit des mündlichen Erzählens und beginnt, »Bayrisches« zu schreiben. Besonders mit dem *Bayrischen Dekameron* (1928) ist er so erfolgreich, daß er von seiner Schriftstellerei hätte leben können, wenn er nicht völlig unfähig gewesen wäre, mit Geld umzugehen. Außerdem will G. weder ein neuer Ludwig Ganghofer noch ein Ludwig Thoma werden. Gegen seine »Firmierung« als bayrischer Heimatdichter läßt er sich Visitenkarten drucken: »O. M. Graf, Provinzschriftsteller, Spezialität: ländliche Sachen«, d. h.: er kann an die Tradition bayrischer Heimatliteratur nur ironisch anknüpfen, weil er ja aus eigener Erfahrung weiß, wie wenig »Heimat« in den halbfeudalen Verhältnissen des Landes zu finden ist und daß alle Vergoldung des Dörflichen bloße Illusion städtischer Heimatlosigkeit ist.

Über die Grenzen Deutschlands hinaus bekannt wird G. mit seiner Autobiographie *Wir sind Gefangene* (1927). Mit diesem Buch hat er sich freigeschrieben vom dumpfen Druck des Landlebens, vom Nachahmen eines ihm fremden expressionistischen Pathos und von der Gefahr, ein bloß drolliger Unterhaltungsautor zu werden. Das Zu-sich-selbst-Gelangen seines Talents geschieht nur wenige Jahre vor Beginn der Herrschaft des Faschismus (*Bolwieser*, 1931). Auf der Flucht über Wien, Brünn und Prag schreibt G. gegen das Dritte Reich an. Sein erster antifaschistischer Roman *Der Abgrund* (1935), der das Schicksal einer süddeutschen Arbeiterfamilie behandelt, die vor Hitler nach Wien flieht und dort ein zweites Mal dieselben politischen Fehler erleben muß, will eine Diskussion über die vermeidbaren Ursachen dieser entsetzlichen Niederlage eröffnen. Der Druck des Buches in der Sowjetunion wird von deutschen kommunistischen Exilfunktionären behindert, der Roman selbst nach Erscheinen von sozialdemokratischen Funktionären im Exil als »rein kommunistisch« verunglimpft. 1937 erscheint *Anton Sittinger*. Darin behandelt G. das zweite politische Hauptproblem des Antifaschismus. Wie konnte der Nationalsozialismus die Kleinbürger an sich binden? Es gibt kein zweites Buch des Exils, das kleinbürgerlicher Hinwendung zum Faschismus so genau von innen nachspürt.

In New York bemüht sich G. mit aller Kraft um Hilfe für europäische Künstler, die vom Faschismus bedroht sind. Er lebt im deutschen Milieu, lernt kaum Englisch und muß seine z. T. im Selbstverlag gedruckten Bücher eigenhändig unter die Leute bringen. Von den Werken, die er nach 1945 schreibt, gelingen ihm vor allem die biographisch gefärbten (*Das Leben meiner Mutter*, 1946; *Unruhe um einen Friedfertigen*, 1947; *Gelächter von außen*, 1966).

Wenn G. zeitlebens darauf beharrt, nicht bloß ein internationaler Sozialist, sondern auch ein bayrischer Katholik zu sein, so meint er damit die Unterseite halbfeudalkatholischer Herrschaft: das Unbeherrschte, den sinnlich-derben Widerstand eines ungleichzeitigen sozialen Unten, der sich bei ihm selbst in einem großen Gelächter kristallisierte. Was diesen Schriftsteller fruchtbar machte, war das Festhalten an zwei widersprüchlichen Protestformen: dem organisierten Widerstand der Beherrschten und dem unmittelbaren Protest unbeherrschter, »katholischer« Sinnlichkeit.

Werkausgabe: Graf, Oskar Maria: Werkausgabe der Büchergilde Gutenberg. Hrsg. von *Schoeller*, Wilfried F. Frankfurt a. M. 1982 ff.

Literatur: *Mersmann*, Gerhard: Oskar Maria Graf, rebellisches Exil – eutopische Provinz. Frankfurt a. M. 1988; *Benjamin*, Walter: Oskar Maria Graf als Erzähler. 1931. In: Ders.: Werkausgabe. Band 8. Frankfurt a. M. 1980. S. 309 ff; *Dietz*, Wolfgang und *Pfanner*, Helmut F.: Oskar Maria Graf. Beschreibung eines Volksschriftstellers. München 1974; *Recknagel*, Rolf: Ein Bayer in Amerika. Berlin 1974.

Rainer Stollmann

Grass, Günter
Geb. 16. 10. 1927 in Danzig

»Als ich zweiunddreißig Jahre alt war, wurde ich berühmt. Seitdem beherbergen wir den Ruhm als Untermieter. Er steht überall rum, ist lästig und nur mit Mühe zu umgehen ... Ein manchmal aufgeblasener, dann abgeschlaffter Flegel. Besucher, die glauben, mich zu meinen, blicken sich nach ihm um. – Nur weil er so faul und meinen Schreibtisch belagernd unnütz ist, habe ich ihn in die Politik mitgenommen und als Begrüßgustav beschäftigt: das kann er. Überall wird er ernst genommen, auch von meinen Gegnern und Feinden. Dick ist er geworden. Schon beginnt er, sich selbst zu zitieren ... Er läßt sich gerne fotografien, fälscht meisterlich meine Unterschrift und liest, was ich kaum anlese: Rezensionen.« Es war das Erscheinen der *Blechtrommel* 1959, das das Leben ihres Autors so drastisch veränderte, wie er 13 Jahre später beschreibt. Über Nacht wurde G. aufgrund eines einzigen Buches zu einer nationalen, bald auch zu einer internationalen Berühmtheit. Der Welterfolg der Schlöndorffschen Verfilmung von 1979 zementierte diese zentrale Bedeutung der *Blechtrommel* für die weltweite Reputation von G. noch. G. hat diese Fixierung auf seinen Erstling sowenig gefallen wie Johann Wolfgang Goethe oder Thomas Mann – eine gewisse Berechtigung hatte sie schon, steckte der Autor in der *Blechtrommel* doch den epischen Raum für seine Hauptwerke bis hin zur *Rättin* von 1986 ab – Danzig und die Kaschubei –, erprobte er das Erzählmittel, das bis zum einstweilen letzten Roman dominiert: Ein erzählendes, reflektierendes Ich versichert sich schreibend seiner Vergangenheit – im *Butt* (1977) bis zur Steinzeit –, seiner Gegenwart und, vor allem in der *Rättin*, seiner Zukunft.

Auch das bevorzugte Milieu ist in der *Blechtrommel* schon voll präsent, die »kleinbürgerlichen Verhältnisse«, in denen G. »selbst ...aufgewachsen« ist: 1927 wurde er als Sohn eines Kolonialwarenhändlers in Danzig-Langfuhr geboren, besuchte das Gymnasium, bis die Einberufung als Luftwaffenhelfer und später als Panzerschütze den Schulbesuch beendete. Nach dem Krieg studierte er nach kurzer Tätigkeit im Kalibergbau und einem Steinmetzpraktikum in Düsseldorf (1949 bis 1952) und Berlin (1953 bis 1956) Graphik und Bildhauerei, daneben erschienen erste Gedichte und Kurzprosa. Auch später, als er längst Schriftsteller im Hauptberuf war, kehrte er in Vorbereitungsphasen epischer Großwerke wie *Butt* und *Rättin* immer wieder zu Graphik und Bildhauerei als seinem erlernten Beruf zurück. In Berlin heiratete G. 1954 die Schweizer

Ballettstudentin Anna Schwarz und zog mit ihr 1956 zum Abschluß ihrer Ausbildung nach Paris, wo er die Hauptarbeit am *Blechtrommel*-Manuskript leistete. 1958 diente eine erste Polenreise, der viele weitere folgten, letzten Recherchen. 1960 kehrte das Ehepaar mit den 1957 geborenen Zwillingen nach Berlin zurück, wo 1961 und 1965 zwei weitere Kinder geboren wurden. Seine Erfahrungen in Kindheit und Jugend bilden aber nicht nur den Erlebnishintergrund der *Blechtrommel* und ihrer Erweiterung bis 1963 zur *Danziger Trilogie*, sie sind auch das zentrale Motiv seines politischen Engagements in den 60er Jahren: Als Jugendlicher hatte er seine eigene Verführbarkeit erlebt, hatte er den totalen Krieg begrüßt und an die Gerechtigkeit der deutschen Sache geglaubt – geblieben war ihm ein untilgbares Schuldgefühl und die Angst vor allen Ideologien. Die Angriffe auf den Emigranten Brandt, den Kanzlerkandidaten der SPD und Regierenden Bürgermeister von G.' neuer Heimat im Jahr des Mauerbaus führten zum ersten politischen Engagement im Jahre 1961, dem in den folgenden Wahlkämpfen von 1965, 1969 und 1972 ein für einen deutschen Schriftsteller beispielloser Einsatz folgte: In eigener Regie und auf eigene Kosten führte er 1965 über fünfzig, später jeweils weit über einhundert Wahlveranstaltungen für die SPD in der Bundesrepublik durch – gegen die »Restauration«, für mehr Demokratie, soziale Gerechtigkeit, für eine Aussöhnung mit Polen und Israel. Die antiideologische Konstante blieb, die Angriffsrichtung verschob sich: G., der praktische Erfahrungen nur mit rechten Ideologien hatte, sah sich ab 1967 einer militanten Neuen Linken gegenüber, was vor allem den Wahlkampf von 1969 prägte. Hatte G. sein schriftstellerisches Werk und sein politisches Handeln bis jetzt säuberlich getrennt – verbunden waren sie durch den eingangs genannten »Ruhm«, der auch »Gegner und Feinde« ihn ernst nehmen läßt – so vermischt sich in dieser Phase beides: Von *Die Plebejer proben den Aufstand* (1966) über *örtlich betäubt* (1969) bis zu *Aus dem Tagebuch einer Schnecke* (1972) sind die dichterischen Werke stark von den gleichzeitigen politischen Auseinandersetzungen geprägt.

Nach 1972 zog sich G. aus der Öffentlichkeit zurück – wortwörtlich an einen Zweitwohnsitz in Wewelsfleth in Holstein. Private Gründe – das Scheitern der ersten Ehe, eine neue Beziehung, die Geburt eines Kindes – und die intensive Arbeit am *Butt* wirkten zusammen. 1978 wurde die erste Ehe geschieden, 1979 heiratete G. die Organistin Ute Grunert, die er im *Butt* (1977), in *Kopfgeburten* (1979) und *Die Rättin* (1986) porträtiert. Das optimistische Eintreten für Demokratie und soziale Gerechtigkeit in den 60er und frühen 70er Jahren wich zu Beginn des achten Jahrzehnts einer tiefen Skepsis: Bereits *Der Butt* gestaltete das Ende aller positiven Zukunftsperspektiven, das bloße »Fortwursteln« im völlig unzulänglichen »Krisenmanagement« angesichts von Kriegen, wachsendem Elend in der Dritten Welt und globaler Umweltzerstörung. Drei Werke der achziger Jahre sind diesen Themen gewidmet: In *Die Rättin* gestaltet Grass in Anlehnung an biblische und apokryphe Apokalypsen das Ende des Äons des Menschen, der an seiner Aggressivität gegenüber seinesgleichen und der gesamten Schöpfung scheitert, und den Anbruch des Äons der Ratten, die zur Solidarität fähig sind. *Zunge zeigen* (1988) berichtet vom Indien-Aufenthalt 1986/87 in einem Essay und einem Motive des Essays verknappenden Langgedicht; Elendsszenen, angesichts deren es Grass die Sprache verschlägt, werden in Zeichnungen festgehalten. *Totes Holz* (1990) bietet in Reproduktionen großformatiger Kohlezeichnungen Bilder vom Kriegsschauplatz Wald, vor denen der Schreiber G. nahezu verstummt. Diesen Anklagen gegenüber zeichnet sich die Erzählung *Unkenrufe* (1992) durch die gelassene Heiterkeit aus, mit der Grass ohne aufdringliche Satire die Geschichte eines polnisch-deutschen »Versöhnungsfriedhofs« für Vertriebene in Gdansk erzählt, wobei gerade der glänzende Erfolg des Unternehmens den gut gemeinten Ansatz kommerzialisiert und korrumpiert und damit letztlich scheitern läßt.

Werkausgabe: Grass, Günter: Werkausgabe in 10 Bänden. Hrsg. von *Neuhaus,* Volker. Darmstadt/Neuwied 1987.

Literatur: *Neuhaus,* Volker: Günter Grass. 2. Aufl. Stuttgart 1993; *Vormweg,* Heinrich: Günter Grass. Reinbek bei Hamburg 1986.

Volker Neuhaus

Greiffenberg, Catharina Regina von

Geb. 7. 9. 1633 auf Schloß Seyssenegg b. Amstetten; gest. 8. 4. 1694 in Nürnberg

Ihre Welt war die des protestantischen österreichischen Landadels, eine durch Absolutismus und Gegenreformation bedrohte, aber auch eine humanistischer Bildung aufgeschlossene Welt. Der Verkehr mit benachbarten Literaten öffnete G. den Zugang zur zeitgenössischen deutschen Dichtung. In Johann Wilhelm von Stubenberg, einem der bedeutendsten Übersetzer italienischer und französischer Romane des 17. Jahrhunderts, fand sie ihren »Meister«, der ihre ersten poetischen Versuche korrigierte, bis er schließlich einräumen mußte, daß »anjetzt...die Schülerinn über den Meister« sei (1659). Er empfahl sie Sigmund von Birken, dem Oberhaupt des »Pegnesischen Blumenordens« in Nürnberg, und dieser war es auch, der die Veröffentlichung ihrer »zu Gottseeligem Zeitvertreib« erfundenen *Geistlichen Sonnette / Lieder und Gedichte* (1662) besorgte. Das erste Sonett, *Christlicher Vorhabens-Zweck,* nennt das »Spiel und Ziel«, dem G. sich in ihrem Leben und in ihrer Dichtung verschrieben hatte: Gotteslob, Lob der göttlichen Vorsehung, der Gnade und Güte Gottes, Lob Gottes in der Natur und – ein entscheidendes Paradox – in der Erfahrung des Leides. Die Musikalität der Sprache und die häufige Verwendung von ungewöhnlichen Komposita (»Anlaß-Kerne«, »Herzgrund-Rotes Meer«, »Schickungs-Äpfel«) machen den ästhetischen Reiz der Gedichte aus.

Zu den »Widerwärtigkeiten«, die G. in vielen Gedichten beklagt und mit christlich-stoischer Gefaßtheit zu ertragen willens ist, gehört auch die Werbung ihres dreißig Jahre älteren Onkels um ihre Hand. Ihr »abscheu« hat dabei möglicherweise weniger mit der Person Hans Rudolphs von Greiffenberg und der nahen Verwandtschaft zu tun als mit dem Vorsatz, ihr Leben dem Lob Gottes zu weihen. 1651 war ihr bei einem Gottesdienst in Preßburg – alle protestantischen Geistlichen waren 1629 aus den österreichischen Erblanden ausgewiesen worden – ein »licht...Angeglimmet und Aufgegangen«, das ihr die Verherrlichung Gottes als Aufgabe ihres Lebens gewiesen hatte. Die Hochzeit fand gleichwohl 1664 in der Nähe von Nürnberg statt und führte – nach der Rückkehr nach Österreich – zur Verhaftung Hans Rudolphs. Er wurde schließlich freigesprochen, und G. lebte fortan als Herrin auf Seyssenegg. Sie sah sich »in Eine von Aller Ergetzung leer- und unlustvolle Einsamkeit verbannt«. Nun widmete sie sich ihrem großen Vorhaben, den Kaiser zum lutherischen Glauben zu bekehren. Sie reiste mehrmals nach Wien, suchte ihm, dem »Adler«, Bekehrungsschriften zuzuspielen, freilich ohne Ergebnis. Größeren Erfolg hatten ihre Erbauungsschriften, umfängliche *Andächtige Betrachtungen* über Leben, Wunderwerke und den Tod Christi (1672, 1678, 1693). Nach dem Tod ihres Mannes (1677) geriet sie in finanzielle Schwierigkeiten; 1680 ließ sie sich in Nürnberg nieder und verbrachte hier, anerkannt und verehrt, die wohl glücklichsten Jahre ihres Lebens.

Werkausgabe: Sämtliche Werke. Hrsg. von *Bircher,* Martin und *Kemp,* Friedhelm. 10 Bände. Millwood N. Y. 1983.

Literatur: *Liwerski,* Ruth: Das Wörterwerk der Catharina Regina von Greiffenberg. Bern/ Frankfurt a. M. 1978; *Daly,* Peter M.: Dichtung und Emblematik bei Catharina Regina von Greiffenberg. Bonn 1976; *Frank,* Horst-Joachim: Catharina Regina von Greiffenberg. Leben und Welt der barocken Dichterin. Göttingen 1967.

Volker Meid

Grillparzer, Franz
Geb. 15.1.1791 in Wien; gest. 21.1.1872 in Wien

In G.s Erzählung *Der arme Spielmann* (1847) begegnet der Leser dem musikalischen Dilettanten Jakob, der sich selbst als Künstler überfordert, in der Praxis kläglich scheitert und mit seinem »Höllenkonzert« die Ohren der Zuhörer foltert. Dies ist kein Zufall, weitere Unzulänglichkeiten treten zutage: Ist Jakob einmal erotisch erregt, kommt es zu einem Kuß – aber durch eine Glasscheibe. Oder er zieht einen Kreidestrich durch das Zimmer, das er gemeinsam mit zwei Handwerksgesellen bewohnt, um zwischen seiner sauberen, über jeden Verdacht erhabenen Welt und der Unordentlichkeit seiner Zimmergenossen deutlich zu trennen – G. rechnet in dieser autobiographischen Studie grotesk-stilisierend und klinisch-kalt mit seinen eigenen Schwächen ab. Über Seiten hinweg dokumentiert er in dieser Erzählung die Auswirkungen der politischen Verhältnisse im Vormärz, dann wiederum demonstriert er mit seiner Erzähltechnik den Übergang von der klassischen Novelle zur realistischen Schilderung.

Seine Tagebücher lassen ihn als einen Autor erkennen, in dem sich die Bewußtseinslage der Vormärzautoren – zwischen Hypochondrie und Verzweiflung schwankend – exemplarisch spiegelt. G. war zwischen 1832 und 1856 Direktor des Hofkammerarchivs – »habe die Archivdirektorsstelle erhalten und so des Menschen Sohn um dreißig Silberlinge verkauft« – und wurde durch die Ansprüche »von oben« und die eigenen Nöte in unlösbare Konflikte getrieben, die schließlich zur Desorientierung, zur Selbstisolation des Dichters führten. Noch die mitteilsam-sarkastischen Selbstanalysen des Vereinsamten in seinen Tagebüchern stehen in krassem Gegensatz zu seinem tief unglücklichen Bewußtsein. Den geschichtlichen Hintergrund dafür bildet der rapide

Verfall der königlich-kaiserlichen Monarchie, die einst das Zentrum der Welt dargestellt hatte. Deren offizielle Ideologie wurde als »kategorischer Traditionalismus« bezeichnet. Die Auffassungen des Wiener Hofs von Politik, Gesellschaft und Geschichte spiegelt eine Äußerung des einflußreichen Hofrates und Zensors Friedrich Gentz wider, die der Grazer Historiker Julius Schneller überliefert hat: »Die Aufklärung habe seit dreißig Jahren nur Arges ... gebracht. Jedes Weiterschreiten führe an den Abgrund. Er selbst denke wie Fürst Metternich, und Fürst Metternich erkenne bestimmt, daß die josefinische Epoche ein Wahnsinn sei. Auch das allmähliche und von oben begünstigte Streben nach den neuen Zeitformen sei revolutionär. Man müsse unbedingt festhalten an dem Geschichtlichgewordenen, nicht an dem rein Ausgedachten. Herkommen und Glaube bildeten die wahre Grundlage für Haus, Kirche und Staat.« Durch das raffinierte System von Überwachung, Zensur und Bespitzelung wurde die Friedhofsruhe der Metternich-Ära zum Alptraum vieler österreichischer Autoren. G. verpflichtete dagegen die Herrschaft in seinen Habsburger-Dramen auf die Prinzipien einer wohltätigen, überpersonalen, sakralen Konstitution, und er attackierte die Degeneration des Herrscherhauses (*Alpenszene*, 1838) oder den Machiavellismus Klemenz Wenzels von Metternich: »Der Falsch und Wahr nach seinem Sinne bog,/Zuerst die andern, dann sich selbst belog,/Vom Schelm zum Toren ward bei grauem Haupte,/Weil er zuletzt die eignen Lügen glaubte.« Joseph Roth konnte deshalb in seinem Essay von 1937 G. als den einzigen »konservativen Revolutionär Österreichs« bezeichnen, der von rechts opponierte und den Staat von oben gefährdet sah. Ambivalent sind G.s Beurteilungen der Revolution von 1848: Zuerst pflichtete er der bürgerlichen Befreiung bei; als er aber wahrnahm, daß daraus auch der nationale Separatismus seine Legitimation bezog, wehrte er sich entschieden ab, denn er sah den Staat dadurch endgültig vom Zerfall bedroht. Solche Widersprüchlichkeit wird bei einem Autor verständlich, der am Habsburgertum festhalten wollte, dessen Repräsentanten aber keineswegs mehr die ideellen Werte verkörperten, die er damit verband.

Als 20jähriger schon hat G. in seinem Tagebuch den desolaten psychischen Zustand festgehalten: »Ich kann nicht länger mehr so fort leben! Dauert dieses unerträgliche, lauwarme Hinschleppen noch länger, so werd' ich ein Opfer meiner Verhältnisse. Dieses schlappe geistertötende Einerlei, dieses immerwährende Zweifeln an meinem eigenen Werte, dieses Sehnen meines Herzens nach Nahrung, ohne je befriedigt zu werden; ich kann es nicht mehr aushalten«. 1820, als gereifter Mann, klagt er in seinem Tagebuch über den »ewigen Wechsel der Empfindungen«, den er durch sein reizbares Wesen verursacht sieht, und in seiner *Selbstbiographie* von 1853, die neben der Erzählung vom *Armen Spielmann* den besten Zugang zu seinem Wesen eröffnet, spricht er von dem Unsteten und »Fließenden«, das ihn ausmacht: »In mir nämlich leben zwei völlig abgesonderte Wesen. Ein Dichter von der übergreifendsten, ja sich überstürzenden Phantasie und ein Verstandesmensch der kältesten und zähesten Art«. Bei G. treffen eine deutliche Veranlagung zur Labilität und die Anforderungen, die das königlich-kaiserliche Beamtentum an ihn stellt, in einem unauflösbaren Widerspruch zusammen. Der tieferliegende Grund dafür mag in einer mißglückten Ablösung von der Mutter liegen, die eine stabile Identitätsbildung verhinderte. Überflutungsängste, ozeanische Gefühle, ein »zerstörendes Verstäuben ins Unermeßliche« – so ein Tagebucheintrag von 1819 – spannen G. auf die tägliche Folter. Nicht zufällig endet der *Arme Spielmann* mit einer

Überschwemmung, bricht am Ende des *Bruderzwists in Habsburg*, eines seiner späten Stücke (ersch. 1872), das Chaos des 30jährigen Kriegs herein, während die *Jüdin von Toledo*, ebenfalls in den 50er Jahren vollendet (ersch. 1872), mit einer verwüsteten Hadeslandschaft schließt. Dämme und Grenzen rücken deshalb bei G. in das Zentrum seiner dichterischen Gestaltung: ethisch als der Gedanke des Maßes, politisch als Bewahrung des restaurativen status quo, ästhetisch als – wenngleich gebrochene – Betonung der Individualität, die noch klassizistisch konturiert wird: Geschlossene Bezirke, Kloster, Tempel, Burg, Turm bilden visuelle Zeichen und Räume, die den Gestalten seiner Dramen als Zufluchtsorte dienen und in denen sie sich selbst vor den von außen drohenden Gefahren bewahren können.

Dagegen lösen Grenzüberschreitungen die Handlung seiner Dramen aus: Rustan in *Traum ein Leben* (1834) ist ein Grenzgänger zwischen Traum und Wirklichkeit; in *Libussa* (uraufgef. 1874) steht die Gründung Prags – Prag bedeutet Schwelle – im Mittelpunkt der Handlung.

G.s eminenter Gelehrsamkeit und polyglotter Begabung steht eine relativ gleichförmige äußere Biographie entgegen: eine königlich-kaiserliche Beamtenlaufbahn mit allen Peinlichkeiten und Segnungen, einige ausgedehnte Reisen nach Deutschland, England, Frankreich, Griechenland und die Türkei – das war die Beweglichkeit, die G.s Leben aufzuweisen hatte. Er blieb unverheiratet, war »ewig verlobt« mit Kathi Fröhlich – zuletzt lebte er mit den vier Schwestern Fröhlich in einem Haushalt zusammen. Der Freitod der Mutter und eines Bruders gehörten zu den einschneidenden persönlichen Erlebnissen, an denen er lange Zeit litt. Als 1838 seine philosophische Komödie *Weh dem, der lügt!* beim Wiener Publikum durchfiel, zog er sich grollend – und für den Rest seines Lebens – von der literarischen Szene zurück. Erst in hohem Alter kamen öffentliche Ehrungen auf ihn zu, als es längst zu spät war. Dabei war die Wiener Kultur der Jahrhundertmitte, die den Schnittpunkt der unterschiedlichsten Traditionen bildete, ohne sein auf Integration bedachtes, zuletzt aber verzweifeltes künstlerisches Talent nicht denkbar. Für den wesentlich späteren Hugo von Hofmannsthal war G. »eine repräsentative Figur«, weil in dessen dramatischen Dichtungen Elemente der antiken Literatur, der spanischen Barocktragödie, des Wiener Volkstheaters und der Weimarer Klassik zu einer einzigartigen Synthese zusammengefunden haben. Nahezu jedes einzelne Drama G.s gehört einer anderen Gattung an – der Schicksalstragödie, dem Künstlerdrama, dem Besserungsstück, dem Geschichtsdrama, dem Traumspiel, der Liebestragödie –, jedes wiederholt aufgrund des von G. mitgetragenen ästhetischen Historismus die gesamte in Europa bekannte Gattungsgeschichte und erprobt zugleich neue Ausdrucksmöglichkeiten.

G.s Schaffen bewegt ein grundlegender Dualismus von zeitenthobenem Ordnungsdenken und geschichtlicher Veränderung. Der Widerspruch von ewiger Seinsordnung, die im Rückgriff auf die spanische Barockscholastik verstanden wird, und der entstehenden neuzeitlichen Subjektivität reißt eine Kluft auf, die G. nur scheinbar und tragisch schließen kann. Er betreibt keine geschichtsblinde Restauration, sondern deutet – schon völlig unter den Bedingungen der Moderne stehend – deren Problematik an. In dieser widersprüchlichen Verschränkung liegt die Besonderheit seiner Dichtung. Seine Dramen sind Zeugnis des Habsburger Mythos, gehören aber gleichzeitig zur Vorgeschichte der Moderne.

Werkausgabe: Werke. 6 Bde. Hrsg. von Helmut *Bachmaier.* Frankfurt a. M. 1986 ff.; Grillparzer, Franz: Sämtliche Werke. Historisch-kritische Gesamtausgabe. Hrsg. von *Sauer,* August und *Backmann,* Reinhold. 42 Bände. Wien 1909–48.

Literatur: Helmut *Bachmaier* (Hrsg.): Franz Grillparzer. Materialienband. Frankfurt a. M. 1991; *Bachmaier,* Helmut: Franz Grillparzer. Salzburg 1980; *Politzer,* Heinz: Franz Grillparzer oder Das abgründige Biedermeier. Wien 1972.

Helmut Bachmaier

Grimm, Jacob
Geb. 4. 1. 1785 in Hanau; gest. 20. 9. 1863 in Berlin

Grimm, Wilhelm
Geb. 24. 2. 1786 in Hanau; gest. 16. 12. 1859 in Berlin

Eigentlich möchten sie nichts weiter sein als »in stiller Zurückgezogenheit« lebende Gelehrte – jedenfalls behaupten sie dies verdächtig oft. Wenn es aber darauf ankommt, scheuen sie keineswegs den öffentlichen Konflikt. Dann zählen sie zu jenen »Männern, die auch der Gewalt gegenüber ein Gewissen haben«, und sind bereit, dafür geradezustehen. Im Unterschied zu der »Bequemlichkeit« und »Unterwürfigkeit« ihrer meisten Kollegen legen sie Wert auf die Einheit von Gesinnung und Tat: »Die Welt« sei zwar »voll von Männern, die das Rechte denken und lehren, sobald sie aber handeln sollen, von Zweifel und Kleinmut angefochten werden«. Als der neue König von Hannover 1837 die von seinem Vorgänger im Einvernehmen mit den Landständen verkündete Verfassung aufhebt, befinden sich die Brüder G. unter den (nur) sieben Göttinger Professoren, die gegen diese »willkürliche Gewaltmaßregel« das »gegründete Recht des Widerspruchs« geltend zu machen wagen, da der Monarch ein ordentlich verabschiedetes Gesetz nicht »einseitig umstürzen« dürfe.

Sechs Wochen später unterzeichnet Ernst August II., der auf eben jene »unumschränkte Herrschaft« pocht, deren »Zeit« für J. G. spätestens mit der Pariser Julirevolution von 1830 »vorüber« ist, die Entlassungsurkunden: »Nach den heiligen von der göttlichen Vorsehung Uns aufgelegten Pflichten können Wir Männern, welche von solchen Grundsätzen beseelt sind, die Verwaltung des ihnen verliehenen Lehramtes unmöglich länger gestatten, indem Wir sonst mit Recht besorgen müßten, daß dadurch die Grundlagen der Staaten nach und nach gänzlich untergraben würden«. J. G., der die Protestation redigiert hatte, muß gar innerhalb von drei Tagen sein Hoheitsgebiet verlassen. Die Affäre um die »Göttinger Sieben« erregt in ganz Deutschland Aufsehen und führt »in weiten Kreisen« zur Solidarisierung mit den Verbannten.

Wie J. G. in der wenig später erschienen Schrift *Über meine Entlassung* ausführt, gründet der »Widerstand« der Brüder nicht zuletzt in ihrem Amtsverständnis. Vor dem Anspruch der Geschichte und der kritischen Erwartung der Studenten erscheint ihnen der Rückzug des Professors in die akademische Selbstgenügsamkeit unzulässig: »Da kann auch nicht hinterm Berge gehalten werden mit freier Lehre über das Wesen, die Bedingungen und die Folgen einer beglückenden Regierung«. Dies gilt zumal angesichts der gesellschaftlichen Dimension ihres eigenen Faches: »Lehrer der Philologie haben den lebendigen Einfluß freier oder gestörter Volksentwicklung auf den Gang der Poesie und sogar den innersten Haushalt der Sprache unmittelbar darzulegen«.

Die Brüder G. sind die wichtigsten Pioniere der bei ihnen nie nationalistisch verengten, sondern auf ein »geschwisterliches« Verhältnis der Völker untereinander bezogenen »deutschen Wissenschaft«, als die sie der ältere der Brüder auf der ersten Germanistenversammlung 1846 in Frankfurt a. M. bezeichnet, zu deren »Vorsitzendem« er gewählt wird. »Fast alle« ihre »Bestrebungen« richten sich auf die »Erforschung unserer älteren Sprache, Dichtkunst und Rechtsverfassung entweder unmittelbar oder beziehen sich doch mittelbar darauf«. Sie führen damit eine Anregung der »neueren romantischen Dichter« weiter, von denen sie besonders Achim von Arnim eng verbunden bleiben, dessen *Sämtliche Werke* W. G. ab 1839 herausgibt. Die Parallelität ihrer Anfänge zur französischen Besatzung ist kein Zufall: »Das Drückende jener Zeiten überwinden half ... der Eifer, womit die altdeutschen Studien getrieben wurden; allein man suchte nicht bloß in der Vergangenheit einen Trost, auch die Hoffnung war natürlich, daß diese Richtung zu der Rückkehr einer anderen Zeit etwas beitragen könne«, da, wie J. G. seinen Bruder ergänzt, »die Denkmäler und Überreste unserer Vorzeit in alle Beziehungen des Vaterlandes einzugreifen scheinen«. Programmatisch heißt es in der Einleitung zu ihrer Zeitschrift *Altdeutsche Wälder* (1813/16): »Wir erkennen eine über alles leuchtende Gewalt der Gegenwart an, welcher die Vorzeit dienen soll«. Auf alle ihre (von zahllosen Aufsätzen ergänzten) Bücher trifft daher zu, was J. G. in der Widmung zu seiner 1848 erschienenen *Geschichte der deutschen Sprache* behauptet – die er merkwürdigerweise »für seine beste ... hält«: es sind »durch und durch politische« Arbeiten.

Während »nach Deutschlands Befreiung« die ihr »vorher abgewandte öffentliche Meinung« für die Germanistik empfänglich und günstig zu werden beginnt, fürchten die Regierungen des Deutschen Bundes die darin fortwirkenden liberalen und nationalstaatlichen Energien der antinapoleonischen Kriege und verweigern »von früh auf« jede Unterstützung. Wie andere Vertreter jener Wissenschaft, die zur »festeren Einigung unseres gemeinsamen Vaterlands« beitragen will und an »die alte Freiheit des Volks« erinnert, führt diese Ausrichtung auch J. G. schließlich in das Parlament der Paulskirche. Als Monarchist ein Gegner »aller republikanischen Gelüste«, beantragt er dort gleichwohl, den »Begriff von Freiheit ... an die Spitze unserer Grundrechte zu stellen« und den »rechtlichen Unterschied zwischen Adeligen, Bürgerlichen und Bauern« abzuschaffen. Enttäuscht von den Zwistigkeiten und der Unergiebigkeit der Debatten vertauscht er allerdings bereits im Oktober des Revolutionsjahrs 1848 den seinem Bemühen um gesellschaftlichen Ausgleich gemäßen Ehrenplatz im Mittelgang der ersten Reihe des Plenums wieder mit seinen Büchern.

Die Brüder G. haben einen gemeinsamen Lebenslauf: »So nahm uns in den langsam schleichenden Schuljahren *ein* Bett auf und *ein* Stübchen, da saßen wir an einem und demselben Tisch arbeitend, hernach in der Studentenzeit standen zwei Bette und zwei Tische in derselben Stube, im späteren Leben noch immer zwei Arbeitstische in dem nämlichen Zimmer, endlich bis zuletzt in zwei Zimmern nebeneinander, immer unter *einem* Dach in gänzlicher unangefochten und ungestört beibehaltener Gemeinschaft unsrer Habe«. Ihr Vater, seit 1791 Amtmann in Steinau bei Schlüchtern, stirbt schon fünf Jahre später. Da »das Vermögen der Mutter schmal« ist, kommen die Brüder 1798 zu einer Kasseler Tante in Kost und besuchen das dortige Lyzeum. Nach dem väterlichen Vorbild und unter dem Zwang, eine rasche Anstellung zu finden, studieren sie Jura in Marburg. Während W. G. im folgenden Jahr die Staatsprüfung ablegt, begleitet J. Anfang 1805, kurz vor seinem Abschluß, ihren Lehrer Friedrich Karl von Savigny, den Begründer der Historischen Rechtsschule, nach Paris, um ihm bei seinen literarischen Arbeiten zu helfen. In die Heimat zurückgekehrt, erhält er »mit genauer Not ... endlich den Akzeß beim Sekretariat des (hessischen) Kriegskollegiums« und wird, nach einem »kummervollen Jahr«, in dem er »keinen Pfennig bezogen hatte«, 1808, mit Beginn der französischen Herrschaft, Verwalter der Privatbibliothek König Jérôme Bonapartes von Westfalen in Kassel, wenig später auch Beisitzer im Staatsrat. Die großzügig bemessene Freizeit verwendet er »fast unverkümmert auf das Studium der altdeutschen Literatur und Sprache«. Die gemeinsame volkskundliche Sammeltätigkeit dieser Jahre findet ihren Niederschlag in einer unveröffentlichten Anthologie internationaler Volkslieder, vor allem aber in den *Kinder- und Hausmärchen* (1812/15) – die W. G., dessen Überarbeitungen diese epochemachende Ausgabe ihren einheitlichen Ton ganz überwiegend verdankt, ab der stark veränderten zweiten Auflage allein betreut – sowie in den weit weniger erfolgreichen *Deutschen Sagen* (1816/18).

Nach der Rückkehr des Kurfürsten bewirbt sich J. G. Ende 1813 um eine Stelle im diplomatischen Dienst. Als hessischer Legationssekretär reist er in den beiden folgenden Jahren zweimal in kulturpolitischer Mission nach Paris und nimmt, mit wachsender Verstimmung, am Wiener Kongreß teil. » Die ruhigste, arbeitsamste und vielleicht auch die fruchtbarste Zeit« ihres Lebens beginnt, als ihr »liebster Wunsch« eines »gemeinschaftlichen Amts« in Erfüllung geht. Im April 1816 wird J. G. als »zweiter Bibliothekar«, dem auch »das Zensorische größtenteils« obliegt, in Kassel angestellt, wo W. schon zwei Jahre lang tätig ist. »Von Kindesbeinen an« mit »eisernem Fleiße« ausgestattet, legt er, dessen »Freude und Heiterkeit«, anders als bei dem weniger robusten und geselligeren Bruder, »in der Arbeit selbst« besteht, hier den Grundstock zu seiner großen Rekonstruktion des Volksgeistes aus der Trias von Sprache, Recht und Religion. Der *Deutschen Grammatik* (1819/37) – mit der er, so Heinrich Heine, auf dem Gebiet der »Sprachwissenschaft« als Einzelner »mehr geleistet« habe als die »ganze französische Akademie seit Richelieu« – folgen die *Deutschen Rechtsaltertümer* (1828), danach die *Deutsche Mythologie* (1835). W. G., der später vornehmlich kritische Editionen mittelhochdeutscher Texte besorgt, vollendet während dieser Jahre das »Hauptwerk seines Lebens«: *Die deutsche Heldensage* (1829). Da ihnen die erstmals erhoffte, »mäßige und gerechte Gehaltszulage verweigert« und damit »weitere Aussicht auf künftige Beförderung abgeschnitten wird«, folgen sie dem im Herbst 1829 ergangenen Ruf nach Göttingen.

Auf Initiative Friedrich Wilhelms IV. von Preußen (bei dem sich einflußreiche Freunde dafür verwenden), kehren sie nach ihrer Entlassung 1841 in Berlin wieder an die Universität zurück. Vier Jahre nach dem Bruder, 1852, verzichtet auch W. G. auf seinen Lehrauftrag, um sich ebenfalls noch einmal ganz auf die Forschung zu konzentrieren, auf die nach »langen Vorbereitungen und Zurüstungen« endlich in Angriff genommene »umfassendste Arbeit ihres Lebens«: das *Deutsche Wörterbuch*, das ein Dokument der sprachlichen Kontinuität und Einheit des Volkes sein soll, dessen politische Einigung mißglückt war. 1854 erscheint der erste programmatische Band dieses »Werks von unermeßlichem Umfang«, hinter dem die Brüder im Alter, wie W.s Frau findet, zu »verschimmeln« drohen. Fast einhundert Jahre nach J.s Tod, der noch bis zum Buchstaben F vordringt, wird es vorläufig fertiggestellt.

Werkausgabe: Sämtliche Werke. Hrsg. von Ludwig E. *Schmidt*. Hildesheim 1985 ff.
Literatur: *Seitz*, Gabriele: Die Brüder Grimm. Leben-Werk-Zeit. München 1984; *Gerstner*, Hermann: Leben und Werk der Brüder Grimm. Gerabronn/Crailsheim 1970; *Denecke*, Ludwig: Jacob Grimm und sein Bruder Wilhelm. Stuttgart 1971.   *Hans-Rüdiger Schwab*

Grimmelshausen, Hans Jacob Christoph von
Geb. 1621 (oder 1622) in Gelnhausen; gest. 17. 8. 1676 in Renchen/Baden

In der Vorrede zum *Satyrischen Pilgram* (1666/67), G.s erster Veröffentlichung, fragt Momus, der personifizierte literarische Neid, was denn »von einem solchen Kerl wie der Author ist / zu hoffen« sei. Man wisse ja wohl, »daß Er selbst nichts studirt, gelernet noch erfahren: sondern so bald er kaum das ABC begriffen hatt / in Krieg kommen / im zehenjährigen Alter ein rotziger Musquedirer worden / auch allwo in demselben liderlichen Leben ohne gute disciplin und Unterweisungen wie ein anderer grober Schlingel / unwissender Esel / Ignorant und Idiot, Bernheuterisch uffgewachsen« sei.

Gewiß, der Autor widerspricht sich selber mit dieser überlegten Verwendung des alten Bescheidenheitstopos, der ja gerade auf seine Bildung, seine Kenntnis literarischer Techniken und Überlieferungen verweist. Andererseits steckt in diesem Stück satirischer Selbstkritik ein Problem, das G. wohl zu schaffen gemacht hat: Seine Biographie trennen Welten vom typischen Lebenslauf eines humanistischen Gelehrtendichters, der auf Grund seiner akademischen Ausbildung einen privilegierten Platz in der Gesellschaft beanspruchen konnte. Allerdings ist es schwierig, die ersten zwanzig Lebensjahre G.s zu rekonstruieren, da es an dokumentarischem Material fehlt. Man muß sich daher, methodisch durchaus fragwürdig, mit Rückschlüssen aus der Biographie von G.s Romanhelden Simplicius Simplicissimus behelfen, die autobiographische Züge aufzuweisen scheint.

G. wurde im hessischen Gelnhausen, einer lutherischen Reichsstadt, geboren und wuchs bei seinem Großvater auf, dem Bäcker Melchior Christoph, der sich nicht mehr »von Grimmelshausen« nannte. Zunächst besuchte G. wohl sechs oder sieben Jahre lang die Lateinschule in Gelnhausen, doch im September 1634 wurde die Stadt von kaiserlichen Truppen geplündert und zerstört, und die Bevölkerung floh in die von Schweden und Hessen besetzte Festung Hanau. Das war für G. das Ende seiner formalen Ausbildung. Von da an bestimmte der Krieg sein Leben. Er scheint nach einigem Hin und Her im kaiserlichen Heer gedient zu haben, war von 1637 bis 1638 in Westfalen stationiert und gelangte schließlich an den Oberrhein. Er wurde Regimentsschreiber des schauenburgischen Regiments in Offenburg – Schriftstücke von seiner Hand sind ab 1644 überliefert –, kurz vor Kriegsende nahm er noch einmal, als Regimentssekretär, an einem Feldzug in Bayern teil. Nach seiner Rückkehr heiratete der inzwischen zum Katholizismus übergetretene G. am 30. 8. 1649 Catharina Henniger, die Tochter eines angesehenen Zaberner Bürgers und späteren Ratsherrn. Im selben Jahr trat er in den Dienst seines früheren Offenburger Kommandanten und seiner Familie und bekleidete bis 1660 die Stelle eines »Schaffners« in Gaisbach bei Oberkirch (Ortenau), d. h. er war Vermögensverwalter, Wirtschafts- und Rechnungsführer der Freiherrn von Schauenburg. Anschließend, von 1662 bis 1665, versah er eine ähnliche Verwalterstelle auf der nahegelegenen Ullenburg. In den beiden nächsten Jahren betrieb er dann eine Wirtschaft in Gaisbach (»Zum Silbernen Stern«), bis es ihm 1667 mit der erfolgreichen Bewerbung um die Schultheißenstelle im benachbarten Renchen endgültig gelang, die Existenz seiner vielköpfigen Familie – zehn Kinder wurden zwischen 1650 und 1669 geboren – zu sichern.

Die erhaltenen Dokumente geben keine Antwort auf die Frage, wie sich Vita und Werk vereinbaren lassen; wie, wo und wann G. Gelegenheit und Zeit fand, sich die umfangreichen Kenntnisse anzueignen, von denen seine Schriften zeugen; wie der Abstand zwischen einem tätigen bürgerlichen Leben in eher untergeordneten Verwaltungspositionen und dem großen Epiker und souveränen Satiriker zu überbrükken wäre.

Mit Ausnahme zweier bereits 1666 erschienenen Schriften wurde die gesamte literarische Produktion G.s während seiner Renchener Zeit veröffentlicht. Thema der satirisch-realistischen Romane und Erzählungen ist immer wieder der Krieg. *Der Abentheurliche Simplicissimus Teutsch* (1668; auf dem Titelblatt vordatiert auf 1669, um eine längere Aktualität zu gewährleisten) und die sich anschließende *Continuatio . . . Oder Der Schluß desselben* (1669), fiktive Autobiographie in der Tradition des spanischen Pikaroromans, weiten die »Beschreibung deß Lebens eines seltzamen Vaganten« aus zur grellen Schilderung einer heillosen Welt, der Welt des Dreißigjährigen Krieges, deren Verderbnis vor dem Hintergrund der christlichen Lehre und verschiedener innerweltlicher Utopien nur um so deutlicher wird. In engem thematischen und teilweise auch personellen Zusammenhang mit dem *Simplicissimus* stehen vier weitere Romane und Erzählungen, die der Autor selbst als Teile seines großen Romans bezeichnet: *Courasche* (1670), *Der seltzame Springinsfeld* (1670), *Das wunderbarliche Vogel-Nest* (2 Teile, 1672 und 1675). Den Gegenpol zu diesem satirischen »Romanzyklus« bilden die erbaulichen Romane *Dietwalt und Amelinde* (1670) und *Proximus und Lympida* (1672), mit denen G. an seinen frühen Josephsroman anknüpft (*Histori vom Keuschen Joseph in Egypten*, 1666) und Erzählweisen und Motive des höfischen Romans mit Legendenhaft-Erbaulichem verbindet. Das erzählerische Werk wird ergänzt durch Kalenderschriften (*Ewig-währender Calender*, 1670) und eine Reihe von satirischen Traktaten, die zum einen auf ältere Motive zurückgreifen (*Verkehrte Welt*, 1672), zum andern auch zu aktuellen Fragen der Absolutismus- und Staatsräsondiskussion Stellung nehmen (*Zweyköpffiger Ratio Status*, 1670; *Rathstübel Plutonis Oder Kunst reich zu werden*, 1672). Nur »ein geringer Dorfschultes«, wie Quirin Moscherosch, Pfarrer in einem Nachbarort, 1674 schreibt, »aber ein Dauß Eß, u. homo Satyricus in folio«: ein Teufelskerl und Satiriker von großem Format.

Werkausgabe: Werke. Hrsg. von *Breuer,* Dieter. 3 Bde. Frankfurt a.M. 1989 ff.; Gesammelte Werke in Einzelausgaben. Unter Mitarbeit von *Bender,* Wolfgang und *Sieveke,* Franz Günter, hrsg. von *Tarot,* Rolf. 13 Bände. Tübingen 1967–76.

Literatur: *Meid,* Volker: Grimmelshausen: Epoche – Werk – Wirkung. München 1984; *Weydt,* Günther: Hans Jacob Christoffel von Grimmelshausen. Stuttgart ²1979; Simplicius Simplicissimus. Grimmelshausen und seine Zeit. Ausstellungskatalog. Münster 1976; *Rötzer,* Hans Gerd: Picaro – Landstörtzer – Simplicius. Studien zum niederen Roman in Spanien und Deutschland. Darmstadt 1972.

Volker Meid

Grün, Anastasius (d.i. Anton Alexander Graf von Auersperg)
Geb. 11.4.1806 in Laibach; gest. 12.9.1876 in Graz

In Johann N. Nestroys Revolutionsposse *Freiheit in Krähwinkel* (1848) prallen der freiheitlich gesinnte Nachtwächter und der reaktionäre Ratsdiener Klaus zusammen. Jener hatte sich erkühnt zu bemerken: »Wir werd'n so frei sein«, was als »ruchloser Ausdruck« von dem borniertem Amtsbüttel scharf gerügt wird. Dies ist eine Anspielung auf die Schlußpointe in G.s *Salonszene,* wo ein dürftiger Klient, das österreichische Volk, an Klemens Wenzel Metternichs Tür klopft und fleht: »Dürft' ich wohl so frei sein, frei zu sein?« Das Gedicht gehört zu G.s *Spaziergängen eines Wiener Poeten* (1831), die, durch die Juli-Revolution in Paris angeregt, das wohl meistzitierte Werk politischer Dichtung vor 1848 wurden (zunächst anonym erschienen; erst 1838 gab sich G. als Autor zu erkennen). Der Spaziergänger streift durch Wien und stößt überall auf die Anzeichen offener und versteckter Unterdrückung; seine Kritik richtet sich gegen Klerikalismus, Bürokratie, Zensur und den »Naderer« (Polizeispitzel): »Freiheit ist die große Losung, deren Klang durchjauchzt die Welt!« G. bekennt sich zum Josefinismus, der in Österreich im 19. Jahrhundert im Liberalismus eine Fortsetzung fand und dessen Zerfall die Wiener Moderne mitbedingte. Als politischer Lyriker zählt G. zu den Vorläufern Georg Herweghs und Ferdinand Freiligraths. Die *Rheinische Zeitung* schrieb 1842, daß die Jugend nicht mehr wie Ludwig Christoph H. Hölty reime, sondern mit G. zürne. Seine *Spaziergänge* waren die erste große Kampfansage an das Metternich-System: im Vormärz trat G. für liberale Rechte ein, nach 1848 bekämpfte er reaktionäre Tendenzen; 1848 sah man ihn als Mitglied des Frankfurter Parlaments, ab 1861 gehörte er dem österreichischen Herrenhaus an, wo er für moderne Ehe- und Schulgesetze plädierte und sich gegen das Konkordat erklärte. Sein zukunftsträumerischer Gedicht-Zyklus *Schutt* (1836), der losgelöst von der politischen Gegenwart Recht, Freiheit, Liebe, Friede und Glück feiert, oder sein Epos *Der Pfaff vom Kahlenberg* (1850) konnten nicht an den großen Erfolg der *Spaziergänge* anknüpfen. G. hat Jura studiert und war früh mit Wiener Autoren wie Eduard von Bauernfeld und Ignaz Castelli sowie mit dem Schwäbischen Dichterkreis (besonders Ludwig Uhland) in Berührung gekommen. Er trat als Übersetzer slowenischer Volkslieder (1850) und als Bearbeiter der englischen Balladen von Robin Hood (1864) hervor; er wurde der Biograph seines Freundes

Nikolaus Lenau und Herausgeber seiner Werke (1855). Das Pseudonym Anastasius (= Auferstehender) G. sollte die Wiederbelebung josefinischer Freiheitsprinzipien im österreichischen Staatsleben signalisieren.

Literatur: *Sengle*, Friedrich: Biedermeierzeit. Band 2. Stuttgart 1972, S. 512 f., 540 f.; *Madl*, Antal: Politische Dichtung in Österreich (1830–1848). Budapest 1969. *Helmut Bachmaier*

Grün, Max von der
Geb. 25. 5. 1926 in Bayreuth

1960 kritisiert Walter Jens die gegenwärtige Literaturszene: »Man beschreibt das Individuum, das es sich leisten kann, Gefühle zu haben, den Menschen im Zustand eines ewigen Feiertages, den Privatier für alle Zeiten. Arbeiten wir nicht?« Ganz anders G., der zur gleichen Zeit gemeinsam mit Fritz Hüser die Bildung eines Arbeitskreises plant, welcher sich literarisch-kritisch mit der modernen Arbeitswelt und dem Einfluß der Technik auf menschliches Verhalten auseinandersetzen soll – ein Jahr später konstituiert sich daraus die Dortmunder Gruppe 61. G.s literarische Protokolle der Arbeitswelt kommen nicht von ungefähr: er arbeitet nach amerikanischer Kriegsgefangenschaft und einer Ausbildung zum Maurer zunächst im Baugewerbe. Im Anschluß schuftet er 1951 bis 1963 als Bergmann auf einer Zeche bei Unna, wo er einen schweren Unfall erleidet und sich zum Grubenlokomotivführer umschulen lassen muß. Die Gefahren der Arbeit unter Tage sind es auch, die er zunächst exemplarisch darstellt – es entstehen Romane wie *Irrlicht und Feuer* (1963) und *Männer in zweifacher Nacht* (1962). Neben der vielfältigen Vergegenwärtigung der Arbeitssphäre, der Schilderung der Entfremdung des Menschen von seiner Arbeit aufgrund zunehmender Automatisierung versucht G., die Alltagswelt zu skizzieren, etwa die Situation einer Familie, in der Mann und Frau berufstätig sind. Heinz Ludwig Arnolds Feststellung zum Roman *Zwei Briefe an Pospischiel* (1968, als Fernsehspiel 1974): »Das ist eine Geschichte, banal wie die Wirklichkeit, ... welche genau unsere gesellschaftliche Position in diesen Jahren trifft«, läßt sich deshalb eigentlich auf das Gesamtwerk G.s anwenden. Das von G. beschriebene Milieu ist authentisch, weil es sein eigenes war; hinter den Figurationen lassen sich wohl Erfahrungen des Autors selbst entdecken. Die in diesem Kontext zwangsläufige Verzahnung von Politik und Wirtschaftsinteressen, die Auseinandersetzung mit Aktivitäten der Gewerkschaft, als deren kritischen Fürsprecher er sich versteht, machen G. zu einem unbequemen, oft von allen Seiten angefeindeten Autor, einem Vertreter nonkonformistischer Literatur. Im Roman *Die Lawine* (1986) verifiziert G. die Utopie eines von der Belegschaft geleiteten Unternehmens und stellt damit gängige wirtschaftliche wie auch politische Zustände in Deutschland auf den Kopf (»in diesem Land wird sich erst etwas ändern, wenn sich die Eigentumsverhältnisse geändert haben«). Die jüngsten Feindseligkeiten, Vorurteile und versteckten Ängste der Deutschen gegenüber Aussiedlern aus dem Osten und Bürgern der ehemaligen

DDR thematisiert G. im Roman *Springflut* (1990), wobei er Stück für Stück die heile deutsche Welt demontiert und deren Scheinheiligkeit und Fragwürdigkeit offenlegt. Auf seine Bedeutung für Literatur und Gesellschaft angesprochen, meint G.: »Ich habe – mit anderen – eine neue gesellschaftliche Dimension in die Literatur hineingetragen.«

Literatur: *Reinhardt*, Stephan (Hrsg.): Max von der Grün. Texte, Daten, Bilder. Frankfurt a. M. 1990; *Reinhardt*, Stephan (Hrsg.): Max von der Grün. Auskunft für Leser. Frankfurt a. M. 1986; *Arnold*, Heinz Ludwig (Hrsg.): Max von der Grün. Text + Kritik. Sonderband. München 1978; *Reinhardt*, Stephan (Hrsg.): Max von der Grün. Materialienbuch. Darmstadt/Neuwied 1978.

Carola Hoepner-Peña

Gryphius, Andreas
Geb. 2. 10. 1616 in Glogau; gest. 16. 7. 1664 in Glogau

»Der Autor über seinen Geburts-Tag den 29. Septembr. des MDCXVI Jahres«, so lautet die Überschrift eines Sonetts von G. Das Datum ist falsch, der Autor entscheidet sich bewußt gegen die historische und für eine symbolische Wahrheit. Er wählt den Tag als Geburtstag, »An dehm der Engel-Printz den Teuffel triumphirt«, den Tag des Erzengels Michael: Zeichen dafür, daß er sein Leben unter den besonderen Schutz Christi und seiner »Engel Schar« sieht – und ein Hinweis darauf, daß man im 17. Jahrhundert ein besonderes Verhältnis zur historischen Wahrheit hatte.

G. wurde, und das ist die historische Wahrheit, am 2. Oktober 1616 in Glogau geboren. Der Dreißigjährige Krieg und die damit verbundenen konfessionellen Konflikte prägten seine Jugend. Sein Vater, ein protestantischer Geistlicher, kam auf ungeklärte Weise ums Leben, als Friedrich V. von der Pfalz, der »Winterkönig«, 1621 auf der Flucht durch Glogau zog; das evangelische Gymnasium, das G. seit 1621 besuchte und an dem sein Stiefvater Michael Eder lehrte, wurde im Zuge der Rekatholisierungspolitik Wiens 1628 geschlossen. Erst 1632 konnte G., dessen Mutter inzwischen ebenfalls gestorben war, wieder eine Schule, das Gymnasium in Fraustadt, besuchen. Den Beginn einer besseren Zeit bedeuten die anschließenden Jahre in Danzig (1634 bis 1636) und auf dem Gut des angesehenen Rechtsgelehrten Georg Schönborner in der Nähe von Fraustadt (1636 bis 1638). In Danzig vermittelten ihm die Lehrer des Akademischen Gymnasiums auch den Zugang zur neueren deutschen Dichtung – zwei lateinische Herodes-Epen hatte er schon 1634 und 1635 veröffentlicht –, und Georg Schönborner verlieh 1637 seinem Hauslehrer kraft seiner Rechte als Kaiserlicher Pfalzgraf Adelstitel und Magisterwürde und krönte ihn zum Poeten.

Inzwischen waren nämlich G.' erste deutsche Gedichte, die sogenannten *Lissaer Sonette* (1637) erschienen. Sie enthalten bereits einige seiner bekanntesten Texte und nehmen auch schon das Thema auf, das kennzeichnend für sein gesamtes Werk werden sollte: »Ich seh' wohin ich seh / nur Eitelkeit auff Erden.«

Das gute Verhältnis zur Familie Schönborner führte dazu, daß G. die beiden Söhne zum Studium an die calvinistische Universität Leiden begleiten durfte, beliebter Studienort für protestantische Schlesier. G. nutzte die Zeit in Leiden (1638 bis 1644) zu intensiven Studien, wobei seine besonderen Interessen der Staatslehre und den modernen Naturwissenschaften galten. Zugleich wuchs sein dichterisches Werk: 1639 erschienen die *Son- undt Feyrtags Sonnete*, die den sonntäglich zur Vorlesung kommenden Evangelienabschnitten folgen, 1643 das erste Buch der Sonette (in dem auch – überarbeitet – die Lissaer Sonette aufgingen), Oden und Epigramme. Entscheidend für seine späteren dramatischen Versuche war die Begegnung mit den Werken des holländischen Dramatikers Joost van den Vondel, die häufig im neuen Amsterdamer Schauspielhaus gegeben wurden. Die folgende Reise (1644 bis 1646) durch Frankreich und Italien brachte ihn nicht nur zu den wichtigsten Sehenswürdigkeiten – ihnen gelten einige Sonette –, sie führte auch zu neuen wissenschaftlichen und literarischen Kontakten und zur Erweiterung seiner Kenntnis des europäischen Theaters: Pierre Corneille in Paris, die Oper und die Commedia dell'arte in Venedig.

Über Straßburg – hier vollendete er sein erstes Trauerspiel *Leo Armenius* – kehrte er 1647 nach Schlesien zurück, erhielt ehrenvolle Berufungen an mehrere Universitäten, lehnte jedoch ab und trat statt dessen 1650 das Amt eines Syndicus in Glogau an. Damit war er Rechtsberater der Landstände in einer Zeit, in der die Habsburger die Gegenreformation in Schlesien weiter voranzutreiben suchten. Im Zusammenhang mit der Abwehr dieser Bestrebungen steht die von G. herausgegebene Dokumentensammlung *Glogauisches Fürstenthumbs Landes Privilegia* (1653).

Das stetige Wachsen seines literarischen Werkes zeigen die Sammelausgaben von 1650 (*Teutsche Reim-Gedichte*, nicht autorisiert), 1657 (*Deutsche Gedichte / Erster Theil*) und 1663 (*Freuden und Trauer-Spiele auch Oden und Sonnette*). Vieles war freilich schon früher, vor seinem Amtsantritt in Glogau, entstanden. Das gilt nicht zuletzt für das dramatische Werk, mit dem G. das deutschsprachige Kunstdrama begründet. In seinem ersten Trauerspiel *Leo Armenius* (1650) spricht er von der Absicht, »die vergänglichkeit menschlicher sachen in gegenwertigem / und etlich folgenden Trauerspielen vorzustellen«. Diesem Programm sind die folgenden Stücke verpflichtet – *Catharina von Georgien* (1657), *Cardenio und Celinde* (1657), *Carolus Stuardus* (1657, Neufassung 1663), *Papinianus* (1659) –, wenn auch die aktuelle politische Bedeutung gerade der Märtyrerstücke nicht zu übersehen ist: Catharina von Georgien stirbt für »Gott und Ehr und Land«, Papinianus widersetzt sich standhaft dem kaiserlichen Ansinnen, Unrecht zu rechtfertigen, und das aktuelle »Trauer-Spil« um Karl I. (hingerichtet am 30.1.1649) vertritt ganz im lutherischen Sinn das göttliche Recht der Könige.

Daß es an der herrschenden Ordnung nichts zu rütteln gibt, lehren auch die Lustspiele *Horribilicribrifax* (1657) und *Peter Squentz* (1658): Wer den ihm angemessenen Platz in der gesellschaftlichen Hierarchie verkennt, wirkt komisch. Die Lustspiele, das opernhafte Festspiel *Majuma* (1657) und ein aktweise wechselndes Mischspiel (*Verliebtes Gespenste. Die gelibte Dornrose*, 1660) – dies sind freilich nicht allzuhäufige Ausflüge des tiefsinnigen Melancholikers ins Heitere. Schwerwiegender – auch für eine Interpretation der Lyrik und der Trauerspiele – scheinen die großenteils postumen Veröffentlichungen von Werken geistlichen Inhalts: Übersetzungen von Erbauungsbüchern des Engländers Richard Baker (1663, 1687), Bearbeitungen von Kirchenliedern Josua Stegmanns (*Himmel Steigente HertzensSeufftzer*, 1665) und die eigenen *Dissertationes Funebres, Oder Leich-Abdanckungen* (1666). Es sind Werke, die zu seinem Vorhaben zurückführen, »die vergänglichkeit menschlicher sachen« vorzustellen, um so den Blick für das, »was ewig« ist, zu schärfen.

Werkausgabe: Gesamtausgabe der deutschsprachigen Werke: Hrsg. von *Szyrocki*, Marian und *Powell*, Hugh. 10 Bände. Tübingen 1963–83.

Literatur: *Mannack*, Eberhard: Andreas Gryphius. Stuttgart ²1986; *Mauser*, Wolfram: Dichtung, Religion und Gesellschaft im 17. Jahrhundert. Die Sonette des Andreas Gryphius. München 1976; *Kaiser*, Gerhard (Hrsg.): Die Dramen des Andreas Gryphius. Stuttgart 1968; *Jöns*, Dietrich Walter: Das »Sinnen-Bild«. Studien zur allegorischen Bildlichkeit bei Andreas Gryphius. Stuttgart 1966.

Volker Meid

Günderrode, Karoline von
Geb. 11. 2. 1780 in Karlsruhe; gest. 26. 7. 1806 in Winkel Rhein

Als »sanft und weich in allen Zügen«, als »schüchtern-freundlich und viel zu willenlos, als dass sie in der Gesellschaft sich bemerkbar gemacht hätte«, beschrieb Bettine von Arnim die einstige Freundin, doch das junge Stiftsfräulein, das zu zaghaft war, um das Tischgebet laut herzusagen, verlor und fand sich mitunter in heftigen, gewalttätigen Phantasien, träumte sich aus den Grenzen ihres Geschlechts, in denen sie doch gefangen blieb, da sie Gewalt nur als gegen sich selbst gerichtete auffassen konnte: »Schon oft hatte ich den Wunsch, mich in ein wildes Schlachtgetümmel zu werfen, zu sterben. Warum ward ich kein Mann!« (29. 8. 1801) Der Tod zog sie an; bald in heroischer (oft ossianischer), bald in antiker oder exotischer, bald in mystisch-philosophischer Verkleidung und gepaart mit dem Wunsch nach liebender Selbstpreisgabe und -aufopferung, prägt er ihre Dichtung. Als sich ihr Geliebter, der um neun Jahre ältere, verheiratete Heidelberger Professor und Mythenforscher Friedrich Creuzer nach knapp zweijähriger Bekanntschaft mit einem Abschiedsbrief von ihr lossagte, erstach sie sich mit dem eigenen silbernen Dolch. »Sie konnte nicht leben ohne Liebe, ihr ganzes Leben war aufgelöset in Lebensmüdigkeit«, schrieb die Freundin Susanne von Heyden (28. 7. 1806); eine andere Freundin, Lisette Nees von Esenbeck, urteilte moralisch und intellektuell schärfer: »Sie fiel, ein Opfer der Zeit, mächtiger in ihr würkender Ideen, frühzeitig schlaff gewordener sittlicher Grundsäze: eine unglückliche Liebe war nur die Form unter der dies alles zur Erscheinung kam« (undatiert).

Nach dem frühen Tod des Vaters, des markgräflich-badischen Regierungsrates Hector von Günderrode (1786), hatte G. erst mit Mutter (Louise) und Geschwistern (von fünfen starben drei als Kinder) in Hanau gelebt, ehe sie 1797 ins Frankfurter »von Cronstetten Hynspergische adelige evangelische Damenstift« eintrat, einer standesgemäßen Versorgungsanstalt für unvermögende Töchter aus guter Familie. Ihr Leben dort war, wenn auch nicht klösterlich, so doch geregelt, eingeschränkt; sie hatte kaum Zukunftsaussichten – und sehr viel Zeit, die sie mit Lektüre, mit historischen, philosophischen, philologischen und naturwissenschaftlichen, mythologischen Studien zu füllen suchte, schließlich auch mit eigenen poetischen Versuchen, in denen sie sich Fluchtwelten schuf – und als unzureichend erkannte: »Ist denn Nichts was meine Seele stillet?/ Nichts, was dieses Lebens bange Leere füllet? /Dieses Sehnen, wähnt' ich, sucht die Vorwelt, / Die Heroenzeit ersehnt mein kranker Geist«; die Liebe, die nach solchen und weiteren Umwegen endlich als Antwort und Erfüllung proklamiert wird (in: *Der Franke in Egypten*), brachte ihr den Tod. Freundschaften konnten sie nicht halten, Friedrich Carl von Savigny, den sie (vor Creuzer) leidenschaftlich und unerwidert geliebt hatte, hat von der »Narzißnatur« der G. gesprochen.

Ihr poetisches Werk ist schmal. 1804 veröffentlichte sie *Gedichte und Phantasien*, 1805 *Poetische Fragmente* (beide Bändchen unter dem männlichen Pseudonym »Tian«); Eine weitere Sammlung von Gedichten und Prosastücken (*Melete* von »Ion«), die schon im Druck gewesen war, wurde nach ihrem Freitod von Creuzer zurückgezogen, dem sie – eine einzige Liebeserklärung – zugeeignet war. Die G. spricht kaum verhüllt von ihrem Begehren, von ihrer Verehrung für den Weisheitslehrer, von ihrer »religiösen« Hoffnung auf den Heilsbringer Creuzer. Ob die *Melete* ihn unsterblich macht, wie Christa Wolf meint, – »ein Angebot, dem er nicht gewachsen war« – , ist zweifelhaft.

Der Nachwelt ist die Dichterin G. stets interessanter, poetischer erschienen als die Schattenwelt ihrer Dichtungen, deren historisch-biographische Bedeutung den ästhetischen Wert wohl übersteigt; Bettine von Arnims Günderrode-Briefbuch und Christa Wolfs Erzählung *Kein Ort. Nirgends.* (1979) sind dafür repräsentative Belege. Friedrich Schiller, Novalis und Clemens von Brentano, Johann Gottfried Herder und F.W.J. Schelling, um nur einige der für sie wichtigen poetischen und philosophischen Lehrer zu nennen, blieben nie erreichte Vorbilder. Dennoch ist ihre Leistung hoch zu schätzen: Sie hatte den Mut zur Selbstpreisgabe, der den schreibenden Frauen ihrer (und nicht nur ihrer) Zeit in aller Regel fehlte. Am unverstelltesten und eindrucksvollsten aber zeigt sich G. wohl in ihren Briefen – leider sind zu wenige erhalten geblieben.

Werkausgabe: Günderrode, Caroline von: Sämtliche Werke und ausgewählte Studien. Historisch-kritische Ausgabe. Hrsg. von *Morgenthaler*, Walter. 3 Bände. Frankfurt 1990.
Literatur: *Wolf*, Christa (Hrsg.): Karoline von Günderrode, Der Schatten eines Traumes. Gedichte, Prosa, Briefe, Zeugnisse von Zeitgenossen. Mit einem Essay von Christa Wolf. Berlin 1979; *Arnim*, Bettina von: Die Günderode. 2 Bde. Grünberg und Leipzig 1840.

Ursula Naumann

Günther, Johann Christian
Geb. 8. 4. 1695 in Striegau/Schlesien; gest. 15. 3. 1723 in Jena

»Mit dem im Himmel wär es gut, Ach, wer versöhnt mir den auf Erden?« Dieser Seufzer, mit dem das Gedicht *Nach der Beichte an seinen Vater* (1720) beginnt, blieb wie seine anderen Rechtfertigungsgedichte ohne Gehör. »Fünfmahl hab ich schon versucht, nur dein Antlitz zu gewinnen, Fünfmahl hastu mich verschmäht, o was sind denn dies vor Sinnen!«, heißt es in dem letzten Bittgedicht vom März 1722, mit dem »ein gehorsamer Sohn« den »Unwillen eines redlichen und getreuen Vaters« zu besänftigen suchte. Aber wie hätte G. durch Gedichte und poetische Sendschreiben eine Versöhnung herbeiführen können, wo doch gerade die Hinwendung zur Poesie den Konflikt ausgelöst hatte?

G.s Vater war Stadtarzt im schlesischen Striegau und hatte seinen Sohn ebenfalls für die medizinische Laufbahn bestimmt. Doch schon auf dem Gymnasium in Schweidnitz (1710 bis 1715) fand G. Lehrer, die seine poetische Begabung förderten (und er fand eine Geliebte, Magdalena Eleonore Jachmann, die ihn inspirierte); auch in seiner Studentenzeit in Wittenberg (1715 bis 1717) und Leipzig (1717 bis 1719) widmete er sich wohl mehr dem studentischen Leben und der galanten Poesie als der Medizin. Doch die Versuche, die Dichtkunst zu einem »Beruf« zu machen, schlugen fehl: Die große heroische Ode auf den Frieden von Passarowitz *(Eugen ist fort. Ihr Musen, nach!)* hatte nicht die erhoffte Resonanz bei Prinz Eugen, und eine von Johann Burckhard Mencke, dem späteren Lehrer Johann Christoph Gottscheds, angeregte Bewerbung beim Dresdener Hof Augusts des Starken blieb ohne Erfolg. Zu diesen Fehlschlägen kamen literarische Fehden und Schwierigkeiten mit der lutherischen Orthodoxie in Schlesien, Vorgänge, die ihn seiner Familie entfremdeten. G. hielt sich mit Gelegenheitsgedichten mühsam über Wasser, fand hier und da vorübergehend Gönner. 1720 lag er monatelang krank im Armenhaus von Lauban in Schlesien, versuchte dann noch einmal, sich im bürgerlichen Leben zu etablieren und als Arzt niederzulassen. Doch auch dieser Versuch scheiterte. Berühmt wurde er, als ein Jahr nach seinem Tod die erste *Sammlung von Johann Christian Günthers aus Schlesien, Theils noch nie gedruckten, theils schon heraus gegebenen, Deutschen und Lateinischen Gedichten* erschien.

Sein Werk umfaßt die traditionellen lyrischen Gattungen: Lob- und Helden-, Geburts- und Ehren- wie auch andere Glückwünschende Gedichte; Vermählungs-Gedichte; Leichen-Gedichte; Vermischte Gedichte (diese Sektion enthält auch die religiösen Gedichte); Verliebte Gedichte. Die Texte zeigen ihn als einen versierten Gelehrten- und Gelegenheitsdichter, der souverän über die literarische Überlieferung verfügt. Das poetologische Prinzip der Imitatio – Fundament der Renaissance- und Barockpoetik – gilt weiter. Es gilt im Sinn der Nachahmung dichterischer Vorbilder, es hat aber auch den allgemeineren Sinn der Nachfolge: G., der »deutsche Ovid«, identifiziert sein Schicksal mit dem des exilierten römischen Dichters; er sieht sich, und das ist seine zweite dichterische Rolle, mit der er die Krise seines Glaubens an die göttliche Vorsehung zu meistern sucht, als anderer Hiob.

Entschiedener als jeder andere Dichter der Zeit bringt G. die eigene Person in die Dichtung ein und bereitet insofern, obwohl die aufbrechende Subjektivität das Gefüge der traditionellen Poetik noch nicht sprengt, spätere Entwicklungen vor. Er besaß alles, schreibt Johann Wolfgang von Goethe in *Dichtung und Wahrheit*, »was dazu gehört, im Leben ein zweites Leben durch Poesie hervorzubringen, und zwar in dem gemeinen wirklichen Leben«.

Werkausgabe: Sämtliche Werke. Historisch-kritische Gesamtausgabe. Hrsg. von *Krämer*, Wilhelm. 6 Bände. Leipzig 1930–37. Nachdruck Darmstadt 1964.

Literatur: *Regener*, Ursula: Stumme Lieder? Zur motiv- und gattungsgeschichtlichen Situierung von Johann Christian Günthers ›Verliebten Gedichten‹. Berlin/New York 1989; *Arnold*, Heinz Ludwig (Hrsg.): Johann Christian Günther. Text + Kritik. Heft 74/75. München 1982; *Bölhoff*, Reiner, Johann Christian Günther 1695–1975. Kommentierte Bibliographie, Schriftenverzeichnis, Rezeptions- und Forschungsgeschichte. 3 Bde. Köln/Wien 1980–83; *Krämer*, Wilhelm: Das Leben des schlesischen Dichters Johann Christian Günther 1695–1723. Stuttgart ²1980.

Volker Meid

Gutzkow, Karl
Geb. 17. 3. 1811 in Berlin; gest. 16. 12. 1878 in Frankfurt a. M.

»Sein Name wird bleiben, aber von seinen Werken nichts«, so urteilte Theodor Fontane; dagegen schrieb der im Lob sparsame Arno Schmidt: »Er saß, wie jeder gute Schriftsteller übrigens, zeitlebens *zwischen* sämtlichen Stühlen.« G. kommt in jeder deutschen Literaturgeschichte vor, aber selten gut weg. Den einen war er, gemessen am Niveau des zeitgenössischen politisch-literarischen Diskurses vom linken Hegelianismus bis hin zum wissenschaftlichen Sozialismus zu liberal – und das galt als zu wenig. Schon die frühe Kritik des damals steckbrieflich gesuchten Georg Büchner an seinem mutigen Förderer G. blieb hier das entscheidende Verdikt über die Qualität des politischen Schriftstellertums, das G. zusammen mit Ludolf Wienbarg, Heinrich Rudolph Laube und Theodor Mundt unter dem Etikett »Junges Deutschland« in der Mitte der 30er Jahre repräsentierte: »Die Gesellschaft mittelst der Idee, von der gebildeten Klasse aus reformieren? Unmöglich!« Den anderen war G.s Programm des »Schmuggelhandel der Freiheit: Wein verhüllt in Novellenstroh« ebenfalls zu liberal, aber ihnen ging dieser politisch-literarische »Tendenzschriftsteller« damit zu weit. Zusammen mit den Schriften Heinrich Heines und der jungdeutschen Schriftsteller wurden G.s bisherige Publikationen 1835 verboten, in Preußen sogar auch die künftigen, und erst 1842 wieder zugelassen – ein bis dahin noch nicht da gewesener Akt staatlicher Gewalt gegen freie Schriftsteller, der einem Berufsverbot gleichkam. G. erhielt zusätzlich für seinen Roman *Wally, die Zweiflerin* (1835), in dem er die Kritik an der herrschenden religiösen Orthodoxie provokativ mit der Forderung nach freier Liebe verband, einen Monat Gefängnis. Er wurde danach nicht zum Renegaten wie Laube, aber am weiteren Politisierungsprozeß der Literatur in den 40er Jahren nahm er nicht mehr teil. Den Rechtsruck der liberalen Opposition nach 1848 hin zum »Nationalliberalismus« und zu Bismarck machte er jedoch auch nicht mit (schloß dann aber doch Frieden mit dem neuen Kaiserreich).

G., der Sohn eines Pferdeknechts, der soziale Aufsteiger und entlaufene Theologe, war ein Vermittler. Als bisher noch kaum gewürdigter rastloser Journalist und als Literaturkritiker (*Literaturblatt, Phönix, Augsburger Allgemeine Zeitung, Unterhaltungen am häuslichen Herd* u. a.) vermittelte er die immer noch exklusiven Fragen von Kunst und Literatur mit den aktuellen politischen Problemen der Gesellschaft – im Kampf mit der Zensur und um das tägliche Brot. Als Theaterautor setzte er diese Bemühungen in einer Vielzahl heute vergessener Stücke fort (z.B. *Das Urbild des Tartüffe*, 1844; *Uriel Acosta*, 1847) – und unterlag hier einerseits der sich operativ politisierenden Lyrik vor 1848, andererseits dem dezidiert entpolitisierten historischen Drama Christian Friedrich Hebbels. Als Erzähler schließlich zielte er mit seinem Konzept des »Roman des Nebeneinander« auf den modernen Gesellschaftsroman, in dem die Daguerreotypisierung (d. h. die naturalistische Abbildung) der sozialen Wirklichkeit ebenso vermieden werden sollte wie deren Verklärung (*Die Ritter vom Geist*, 1850/51; *Der Zauberer von Rom*, 1859/61). Auch hier kam G. gegen die erfolgreicheren Gustav Freytag, Friedrich Spielhagen und Gottfried Keller nicht an, erst recht nicht gegen den englischen und französischen Gesellschaftsroman.

G. war einer der ersten deutschen Berufsschriftsteller. Der Zwang, sich auf dem Markt behaupten zu müssen, führte zu wachsender Selbstentfremdung und zu Widersprüchen bei seinem Ziel, den aufrechten Gang durch literarische Aufklärung zu fördern. Er schrieb mehr als Johann Wolfgang von Goethe, änderte ständig um, ohne jemals den eigenen Stil, den glänzenden Erfolg und das sichere Auskommen erringen zu können. Es war ein geschundenes Leben, angefüllt mit unablässigem Streit, manifestem Verfolgungswahn und wachsender Depression: eine der vielen Varianten gestörter deutscher Bürgerlichkeit. G. erstickte (sich), halb betäubt von einem Schlafmittel, im Rauch der umgestürzten Lampe, nachts im Bett. Dieses Leben, das nach Theodor Fontane eine »schon bei Lebzeiten beiseitegeworfene Existenz« war, hat G. – heute noch lesenswert – in seinen Briefen und den Autobiographien *Aus der Knabenzeit* (1852/73) und *Rückblicke auf mein Leben* (1875) selber fesselnd beschrieben.

Werkausgabe: Werke. 15 Teile in 7 Bänden: Hrsg. von *Gensel*, Reinhold. Hildesheim/New York 1975 [Reprint der Ausg. Berlin 1912]

Literatur: *Jendretzki*, Joachim: Karl Gutzkow als Pionier des literarischen Journalismus. Frankfurt a. M. 1988; *Funke*, Rainer: Beharrung und Umbruch 1830–1860. Karl Gutzkow auf dem Weg in die literarische Moderne. Frankfurt a. M. 1984; *Schneider*, Manfred: Die kranke schöne Seele der Revolution. Heine, Börne, das »Junge Deutschland«, Marx und Engels. Frankfurt a. M. 1980.

Peter Stein

Hacks, Peter
Geb. 21. 3. 1928 in Breslau

Am Ende des äsopischen Zeitalters der DDR wandte sich *Theater heute* (Jahrbuch 1990) mit vier Fragen an deren Intellektuelle. Die Antworten des in Ostberlin und Mittenwalde/ Mark Brandenburg lebenden Dramatikers H.: (1) Die politischen Veränderungen in der DDR bedeuten »nichts Neues«; (2) »Nichts Neues« erhofft er sich von den DDR-Theatern; (3) »Dieselben wie immer«, Stücke und Themen, will er sehen; (4) er arbeitet »an Werken«.

Bei der im Westen zum Strafprozeß stilisierten »Vergangenheitsbewältigung« (Christa Wolf) der ehemaligen DDR hat sich H. weitgehend Abstinenz auferlegt. Tribunale, Verteidigung und Anklage, sind H. aus der eigenen Biographie vertraut – so und so. Nach vier Dramen mit historischen Stoffen entstand 1958 das Gegenwartsstück *Die Sorgen und die Macht* (Uraufführung 1960). Es sorgte in der DDR für den ersten »Fall« H..

Die Komödie ist H.' erster Beitrag zur »sozialistischen deutschen Nationalliteratur« im Rahmen des »Bitterfelder Wegs« (1959). Am Beispiel eines Braunkohlenwerks demonstriert er die Schwachpunkte der »Tonnenideologie«. Ein politischer Lernvorgang wird mit einer »sozialistischen Minna-Tellheim-Variante« (J. Maurer) verknüpft. Die SED entdeckte in »diesem Drama der DDR-Übergangsperiode« (Konrad Franke) kleinbürgerliche und vulgär-marxistische Positionen. Als die dritte Fassung durchfiel, kündigte H. dem Deutschen Theater seine Mitarbeit auf.

Während dieser Kontroverse schrieb H. das zweite Zeitstück, die Vers-Komödie *Moritz Tassow*. Darin thematisiert er Widersprüche der sozialistischen Bodenpolitik. 1965 uraufgeführt, wurde es bald wegen »rüpelhafter Obszönität« abgesetzt. Dabei weicht H. nicht von der offiziellen ideologischen Linie ab. Für ihn existiert das sozialistische Zeitalter real. Die Widersprüche der DDR-Gesellschaft deutet er als nicht-antagonistisch und »auf evolutionärer Weise aufhebbar« (*Versuch über das Theater von Morgen*, 1960). Daraus leitet er seine dramaturgischen Konflikte und deren Lösung ab, bevorzugt in Form der Komödie. H.' Probleme mit seiner Gesellschaft waren vorrangig seine Kunstprobleme.

Der »Fall« H. ließ in der Bundesrepublik jene kalten Krieger verstummen, die dem Wahl-Münchner die bekenntnishafte »Republikflucht« 1954 nach Ostberlin verübelten und seine Stücke ignorierten. Denn H.' frühe Historien, mit »plebejischer Perspektive« (Bert Brecht) und einem mechanistisch dialektisch-materialistischen Geschichtsbild, sind aus seiner Auseinandersetzung mit der »bürgerlichen« Bundesrepublik entstanden. So verhandelt er in *Die Schlacht bei Lobositz* (1954) kritisch die westliche Remilitarisierung.

Der Verteidigung seiner Zeitstücke müde, rückte H., der auch als Kinderbuchautor, Nachdichter und Übersetzer arbeitete, von den Widerspiegelungs-Forderungen der SED ab. Er verschrieb sich der poetischen Gestaltung historischer und mythologischer Stoffe, die er in Mustergesellschaften implantierte (*Adam und Eva*, 1972). Vermutungen, er habe resigniert, konterte er mit einer »post-revolutionären Dramaturgie« (1972).

Darin distanziert er sich von frühen Arbeiten und Brechts epischem Theater. Das »klassische Drama« sei das neue Theaterstück des gewachsenen DDR-Sozialismus, zeitlos stelle es die Widersprüche dar, »das einzige Thema der Kunst« (*Das Poetische*, 1972).

Zu diesem Ansatz fand H. über die Bearbeitung fremder Stücke (u. a. *Polly oder Die Bataille am Bluewater Chreek* nach John Gay, Uraufführung 1965). Als wichtigster »Klassiker« gilt *Amphytrion* (Uraufführung 1968). Die – nach Plautus, Molière, Dryden und Kleist – fünfte Bearbeitung wurde im Westen als »Rettungsaktion« eines antiken Stoffs, aber auch als die »gescheiteste« (Horst Laube) gewürdigt. Der hier virtuos verwendete »gestische, plebejische, dialektische Jambus« ist Teil der neuen Klassik (*Versuch über das Theaterstück von morgen*, 1960). H.s Interesse an *Amphytrion* konzentriert sich auf die Grundkonstellation: Was geschieht, wenn ein Gott sich in den Alltag der menschlichen Gesellschaft einblendet. Darin findet er seinen Konflikt wieder – »den zwischen der Welt, die ist, und der, die sein könnte, zwischen dem Sein der Menschen und ihren Möglichkeiten, zwischen Realitäten und Utopie« (Volker Canaris). H. vertraut den Möglichkeiten, die Welt zu vervollkommnen.

Mit *Amphytrion* gelang H. ein großer Wurf. Auch Stücke wie das Lustspiel *Omphale* (Uraufführung 1970 in Frankfurt a. M.), oder die Nachdichtung von Goethes Posse *Das Jahrmarktsfest zu Plundersweilen* (Uraufführung 1975) füllten die Spielpläne. Die »Hacks-Welle« im Westen ebbte kurzzeitig ab, als der Nationalpreisträger für Kunst und Literatur (1974/77) die Ausweisung von Wolf Biermann (1976/77) durch die DDR-Behörden guthieß. – Der Dramatiker H. als Ankläger.

Danach schraubte der »Theaterdichter des Allgemeinmenschlichen, des bereits versöhnten Gattungswesens im ›postrevolutionären‹ Zeitalter« (Wolfgang Emmerich), sein Engagement zurück. 1988 veröffentlichte H. das Trauerspiel *Jona*, eine Historie aus dem 9. Jahrhundert über den gottgesandten Propheten, aber auch - wie die Stücke davor – ein Drama der sozialistischen Rettungsversuche. Es rückt die politische Entspannung zwischen Ost und West ins Zwielicht. H. mutmaßt den Verrat der »alten großen Sache« an den mächtigen Bruderstaat »BRD«. 1989 schließlich wird das bizarre Königinnen-Drama *Federgrund* (in Braunschweig) uraufgeführt. Wiederum eine anachronistische Rückwendung in Zeiten politischen Wandels. 1992 folgt schließlich *Fafner, die Bisam-Maus* (Uraufführung in Krefeld). In dieser Kapitalismus-Komödie stehen sich »Ossis« und »Wessis« gegenüber. Das Stück bewegt sich auf »Stammtisch-Niveau« (A. Rossmann), es verfehlt den aktuellen Bezug. – Auf den Exodus des menschenfressenden Irrtums DDR und der Wiedervereinigung reagierte H. bis dato mit einem defensiven Notprogramm, wie einst der Mauer-Staat. Was bleibt von diesem DDR-Œuvre? Es gilt H.' Prognose über die Ästhetik Brechts (1961): »Jede Leistung des menschlichen Geistes (wird) historisch, vergänglich und ewig«.

Literatur: *Emmerich*, Wolfgang: Kleine Literaturgeschichte der DDR. Darmstadt/Neuwied. ²1989; *Laube*, Horst: Peter Hacks. Dramatiker des Welttheaters. Velber bei Hannover. 1972; *Rohmer*, Rolf: Peter Hacks. In: Literatur der DDR. Hrsg. H.J. Geerdts. Stuttgart 1972. S. 454–472.

Siegmund Kopitzki

Hadloub, Johannes
um 1300

Die Bezeichnung der Großen Heidelberger Liederhandschrift als *Manesse-Kodex* geht auf ein Gedicht dieses Lyrikers zurück: Er berichtet darin, daß die beiden Züricher Patrizier, Rüdiger Manesse und sein Sohn Johannes (Kustos des Stiftsschatzes, gestorben 1297) Liederbücher gesammelt hätten. Die in Zürich entstandene Große Heidelberger Liederhandschrift könnte auf deren Sammlung einzelner Liederbücher aufbauen; manche Forscher sind auch geneigt, in den Manesse geradezu die Auftraggeber dieser Handschrift zu sehen und H. als den Schreiber des Grundstockes (110 von 140 Abschnitten). Für ein engeres Verhältnis H.s zu dieser Handschrift könnten zwei Besonderheiten sprechen: Seine Sammlung schmückt die größte Initiale der ganzen Handschrift und nur ihm ist eine Doppelminiatur gewidmet mit zwei Szenen aus zweien seiner sog. Erzähllieder, in welchen H. sich als Minnender in der Manier des höfischen Sanges stilisiert. In einem dieser Lieder führt er auch einen Kreis erlauchter Sangesliebhaber vor: neben den Manesse den Konstanzer Bischof von Klingenberg, eine Fürstin von Zürich und einen Fürsten von Einsiedeln. Aus diesen wenigen Andeutungen läßt sich das Publikum erahnen, für das H. seine Lieder geschaffen hat, vor dem er die vergehenden höfischen Minneideale – gewissermaßen als Erbwalter einer schwindenden ritterlichen Kultur – in städtischer Umgebung nachgespielt haben könnte, dem also H. als eine Art zeitgenössischer Impresario gedient haben mochte.

Nach einer Urkunde vom 4. Januar 1302 hat er am Neumarkt zu Zürich ein Haus gekauft; er gehörte also wohl zu den Bürgern der Stadt. – In seiner Lyrik (etwa 50 Lieder) präsentiert er sich als gelehriger Schüler des traditionellen Minnesangs. Er dichtet Lieder im Stile der Hohen Minne Tagelieder, versucht sich in der lyrischen Prunkform des Leichs (3 Leichs), verfaßte aber auch Lieder des sog. Gegensanges im Stile Neidharts oder Steinmars (z.B. das *Herbstlied*) und schuf wohl sogar neue Gattungen wie das *Haussorge-Lied* (das später markant bei Oswald von Wolkenstein begegnet) oder besonders die Erzähllieder (balladenartige Szenen aus dem Minnesang-»Milieu«), weiter ein sich eventuell an die provençalische »serena« anschließendes Nachtlied und schließlich sog. Erntelieder. So vielseitig und wendig sich H. in seinen Gedichten zeigt, so stellen diese doch eine eigenartige Mischung aus thematischer und motivlicher Originalität und etwas biederer Gestaltung dar. Sein Werk blieb, von einer Strophe des Nachtliedes abgesehen, in seiner Wirkung offenkundig auf den Züricher Kreis beschränkt.

Werkausgabe: *Schiendorfer,* Max (Hrsg.): Johannes Hadlaub. Die Gedichte des Zürcher Minnesängers. Zürich 1986.

Literatur: *Renk,* Herta-Elisabeth: Der Manessekreis, seine Dichter und die Manessische Handschrift. Stuttgart/Berlin/Köln/Mainz 1974.

Günther Schweikle

Hagedorn, Friedrich von

Geb. 23. 4. 1708 in Hamburg; gest. 28. 10. 1754 in Hamburg

Ein ehrlicher Mann müsse nur 45 Jahre lang leben wollen, sagte H. mehrfach; er selbst erreichte das Alter von 46 Jahren. H.s Leben verlief nach anfänglicher Unsicherheit in gemächlichen Bahnen: Geboren 1708 als Sohn eines dänischen Konferenzrates und Residenten, verlor er bereits 1722 den Vater. Die Mutter mußte mit geringen Mitteln zwei Kinder erziehen: Friedrich besuchte zunächst das Hamburger Gymnasium, bezog 1726 die Universität Jena, wo er Juristerei mit keinem sonderlichen Eifer, schöne Literatur dagegen mit Hingabe studierte und sie auch »dem zeitverderblichen Bierschwelgen« vorzog. Nach drei Jahren kehrte er, ohne Studienabschluß, nach Hamburg zurück und übernahm 1729 eine Stelle als Privatsekretär des dänischen Gesandten in London, wo er bis 1731 blieb. Vom Londoner Großstadtleben profitierte er gesellschaftlich und literarisch: Er eignete sich umfassende Kenntnisse der englischen Sprache und Literatur an. Seine Hoffnungen auf einen Dauerposten im dänischen Dienst erfüllten sich jedoch nicht, und er lebte einige Zeit mehr schlecht als recht in der Heimatstadt Hamburg, zum großen Kummer der standesbewußten Mutter sogar als Hofmeister. 1733 schließlich erhielt er den mit 100 Pfund Sterling wohldotierten und mit freiem Logis gekoppelten Posten eines Sekretärs am »English Court«, einer altehrwürdigen Handelsgesellschaft in Hamburg. Dem selben Zweck der bequemen Lebensversorgung diente allem Anschein nach die Heirat mit einer Engländerin, einer Schusterstochter. Indes scheint H. sich hier vertan zu haben; die Biographen berichten übereinstimmend, das von ihr eingebrachte Vermögen habe nicht seinen Erwartungen entsprochen; leider sei sie auch »weder jung noch schön noch geistreich« gewesen. Immerhin entpuppte sie sich später als fürsorgliche Krankenpflegerin. Für den Rest seines Lebens konnte H. sich ganz seiner Lieblingsbeschäftigung widmen, der Literatur und dem geselligen Umgang. Mitglied verschiedener literarischer Zirkel, pflegte er eine ausgedehnte Korrespondenz und einen ausgewählten Freundeskreis. Das Tagwerk war beschaulich eingerichtet: Tägliche Besuche im Dresserschen Kaffeehause wechselten mit Fahrten zum Klostergut Harvestehude an der Alster. Die Lebensideale dieses liebenswürdig-souveränen Weltmanns waren mildtätige Humanität und lebensfrohe Urbanität – eine im damaligen Deutschland seltene Mischung, die sein modern anmutender Satz nachdrücklich festhält: »Man muß ein Europäer und mehr als das sein, um nicht bloß eine einheimische Vernunft und ein ingenium glebae (eine an die Erdscholle gebundene Phantasie) zu haben.« Zum Habitus dieses musischen und geselligen Lebens gehörte außer der finanziellen auch die geistige Unabhängigkeit: H. schloß sich keiner der literarischen Parteien an, weder der Leipziger Schule um Johann Christoph Gottsched noch den Schweizern (Bodmer/ Breitinger), denen er freilich näher stand. »Ich habe«, bekennt er, »es oft für eine nicht geringe Glückseligkeit gehalten, daß es niemals mein Beruf gewesen ist, noch seyn können, ein *Gelehrter* zu heißen. Dafür habe ich die beruhigende Erlaubnis, bei den Spaltungen und Fehden der Gelehrten nichts zu entscheiden. Meine müßigen Stunden genießen der Freiheit, mich in den Wissenschaften nur mit dem zu beschäftigen, was mir schön, angenehm und betrachtungswürdig ist. Meiner Dichterei ist es, wie ich mir schmeichle, nicht nachteilig, daß ich, um weniger unwissend zu sein, die besten Muster der Alten und Neuern mir täglich bekannter mache, obwohl ich dadurch weit mehr suche, gebessert, klüger, oder auch zu Zeiten aufgeräumter, als sinnreich und dichterisch zu werden.« Positive Folge seiner ausgebreiteten und unsystematischen Lektüre war die Selbständigkeit der eigenen dichterischen Produktion. Dilettant im besten Sinne, verwarf er schon früh die steifen Muster des Spätbarock und orientierte sich an englischen und französischen Vorbildern (vor allem an der Eleganz des französischen Fabeldichters Jean de La Fontaine); beim späteren H. rückte der lateinische Klassiker Horaz an den vordersten Platz. Dessen Ideal eines epikuräischen, maßvoll geübten Lebensgenusses machte er sich zur eigenen Devise. In mehreren lyrischen Gattungen hat er sich um eine elegante, metrisch und stilistisch ausgefeilte Diktion bemüht: seine Fabeln und Erzählungen (*Versuch in poetischen Fabeln und Erzählungen*, 1738), seine Oden und Lieder (*Sammlung neuer Oden und Lieder*, 1742–56), aber auch seine »moralischen« Gedichte (*Moralische Gedichte*, 1750) und Epigramme weisen ihn als den unbestrittenen Meister lyrischer Kleinkunst aus. Als er – an den Folgen der Gicht und der Wassersucht – am 28. 10. 1754 starb, war man sich in Deutschland über seine dichterische Bedeutung selten einig. Neben Albrecht von Haller galt er als Vollender der Opitzschen Dichtungsreform; vertrat jener die ernste Lehrdichtung, so repräsentierte H. den Typus einer heiteren, anakreontisch und horazisch beschwingten Rokoko-Poesie, die gerade in ihrer politischen Abstinenz dezidiert bürgerliches Bewußtsein ausdrückte.

Werkausgabe: Friedrich von Hagedorn. Poetische Werke. Hrsg. von Johann Joachim *Eschenburg* 5 Bde. Hamburg 1800 u. ö.

Literatur: *Pietsch*, Wolfgang Josef: Friedrich von Hagedorn und Horaz. Untersuchungen zur Horaz-Rezeption in der deutschen Literatur des 18. Jahrhunderts. Hildesheim 1988; *Guthke*, Karl S.: Friedrich von Hagedorn und das literarische Leben seiner Zeit im Lichte unveröffentlichter Briefe an Johann Jacob Bodmer. In: Jahrbuch des Freien Deutschen Hochstifts. Frankfurt a. M. 1966. S. 1–108; *Epting*, Karl: Der Stil in den lyrischen und didaktischen Gedichten Friedrich von Hagedorns. Stuttgart 1929.

Gunter E. Grimm

Hahn-Hahn, Ida

Geb. 22. 6. 1805 in Remplin/Mecklenburg; gest. 12. 1. 1880 in Mainz

»Das Recht ist von Männern erfunden; man lehrt sie es deuten und anwenden; unwillkürlich kommt es ihrem Vortheil zu gut. Männer dürfen ja Alles thun, Alles wissen, Alles lernen. Sie sitzen zu Gericht und entscheiden, wie Gott selbst, über die Seelen und über Leben und Tod. Sie stehen auf der Kanzel zwischen der Menge, an Wiege und Grab bei dem Einzelnen, und vertheilen Himmel und Hölle. Sie vertheidigen das Vaterland, sie umschiffen die Welt – und wir... wir sehen zu!... Schickt die Mädchen auf die Universität und die Knaben in die Nähschule und Küche: nach drei Generationen werdet ihr wissen, ob es unmöglich ist, und was es heißt, die Unterdrückten sein« (*Der Rechte*, 1838).

Das klingt wie ein feministisches Manifest und entstammt doch der Feder einer ostelbischen Gräfin, deren Wiege noch ganz auf dem Boden des Feudalismus steht und die aufwächst zwischen Landjunkern, deren Ehrgeiz sich in Pferdezucht, Parforcejagden und Tarokspiel erschöpft, und Comtessen, die ihre Tage mit Tapisserienähen, Medisancen und Visiten dahinbringen. Bildung wird in dieser Kastengesellschaft als unnötiger Ballast betrachtet, insbesondere für Mädchen. Die wechselnden Gouvernanten, die für die junge Ida engagiert werden, haben in erster Linie die Aufgabe, sie für das Leben in der Gesellschaft vorzubereiten. Einen regelmäßigen Schulunterricht lernt sie nicht kennen. Hinzu kommt bald die materielle Unsicherheit. Ihr Vater, Karl Friedrich Hahn, jener berüchtigte Theatergraf, hat auf dem Familiensitz ein Theater errichtet und den Schauspielern, als seinen »natürlichen« Kindern, im Schloß Quartier gewährt. Seine Theatervorliebe weitet sich aus zur zerstörerischen Passion. Der finanzielle Ruin ist unaufhaltsam. Die Eltern trennen sich, und die in Glanz und Reichtum aufgewachsenen vier Hahn-Kinder lernen nun mit der Mutter die Entbehrungen bescheidener Verhältnisse kennen.

Doch für die H. währt dieser Zustand nicht lange. Die bewährte finanzielle Konsolidierung durch die Einheirat in vermögende Verhältnisse funktioniert auch hier. Die Mädchen werden rechtzeitig darauf abgerichtet. Und so akzeptiert die gerade 21jährige 1826 den Heiratsantrag ihres reichen Vetters Graf Friedrich Hahn. Schon bald allerdings prallen die Interessengegensätze dieser so unterschiedlichen Menschen aufeinander. Die Gräfin schwärmt für den Dichter Lord Byron, der Graf für Geländeritte. Die Auseinandersetzungen bleiben nicht aus. Es kommt zu Tätlichkeiten von seiten des Mannes. Schon nach dreijähriger Ehe findet die Scheidung statt.

Damit beginnt die zweite Phase in H.s Leben, die Zeit der Reisen und der Selbstfindung. Die Reisen bieten ihr die Möglichkeit, sich von familiärer Bevormundung und dem herrschenden Rollendiktat zu befreien. Sie bedeuten Aufbruch und Ausbruch zugleich. Die Gräfin bereist Deutschland, die Schweiz, England, Italien, Frankreich und Spanien, ja sogar den Orient. Anders als ihre Vorläuferin Lady Mary Wortley Montague, die, in privilegierter Stellung, als Gesandten-Gattin den Orient bereist und das offizielle Kulturprogramm absolviert, versucht H., auch mit der einfachen Bevölkerung in

Berührung zu kommen. Sie besucht Märkte und Volksfeste, Schulstuben und Kranken-
häuser und erwirkt sich sogar die Erlaubnis, einen türkischen Harem zu besichtigen.
»Ich reise, um zu leben«, schreibt sie an ihre Mutter. Auf diesen Streifzügen durch die
Welt holt sie ihre vernachlässigte Bildung auf. Sie beobachtet und schreibt das Beobachtete auf; spontan, subjektiv, diskontinuierlich. Der Prozeß des Schreibens wird ihr wichtig. So entstehen zwischen 1840 und 1844 die Reisebücher *Jenseits der Berge* (1840), *Reisebriefe* (1841), *Erinnerungen aus und an Frankreich* (1841), *Ein Reiseversuch im Norden* (1843)
und *Orientalische Briefe* (1844).

Gleichzeitig entwickelt sie sich zu einer der beliebtesten Romanautorinnen des Vormärz. In dem Jahrzehnt vor der Revolution von 1848 entstehen jene zehn Gesellschafts-
romane, die von ihren Zeitgenossen geradezu verschlungen werden, so vor allem *Cecil*
(1844), *Zwei Frauen* (1845), *Der Rechte* (1845), *Gräfin Faustine* (1845), *Sigismund Forster*
(1845) u.a.m. Es sind Frauenromane, und zwar nicht nur bezüglich ihrer Autorenschaft,
sondern auch ihrem Inhalt nach. Die Frau beherrscht ganz ausdrücklich das Aktions-
feld, genau gesagt die Aristokratin zwischen fünfzehn und dreißig. Nicht zu Unrecht ist
H. immer wieder der Vorwurf gemacht worden, daß sie sich lediglich für den Egalitäts-
anspruch der Damen aus der Aristokratie interessiere und sozusagen Gräfinnenemanzi-
pation betreibe. Doch dabei darf nicht vergessen werden, daß ihr eigener Befreiungs-
prozeß durch ihre diskriminierenden Eheerlebnisse in Gang gesetzt wurde und sie
zunächst einmal das beschrieb, was sie kannte: »das »Herrinnen-Privileg« von Mannes-
Gnaden.

Mit dem Revolutionsjahr 1848 beginnt H.s dritte Phase, die katholische. Sie konver-
tiert und verbringt fortan in Mainz ihr Leben im Kloster. Sie schreibt zwar weiterhin
Romane, nun aber zur Verherrlichung der römisch-katholischen Kirche. In ihren widersprüchlichen Aktivitäten gehört sie gewiß zu den interessantesten Frauen des 19. Jahrhunderts.

Werkausgabe: Ida Hahn-Hahn. Gesammte Werke. 45 Bde. Regensburg 1902–1905.
Literatur: *Möhrmann*, Renate: Die andere Frau. Emanzipationsansätze deutscher Schriftstelle-
rinnen im Vorfeld der Achtundvierziger Revolution. Stuttgart 1977; *Schmid-Jürgens*, Erna Ines: Ida
Gräfin Hahn-Hahn. Berlin 1933; *Helene*, Marie: Gräfin Ida Hahn-Hahn. Ein Lebensbild nach der
Natur gezeichnet. Leipzig 1869.
Renate Möhrmann

Haller, Albrecht von

Geb. 16.10.1708 in Bern; gest. 12.12.1777 in Bern

Schon früh eignete sich H. an, wofür ihn seine Zeitgenossen und die Nachwelt später gleichermaßen bestaunten und bewunderten: ein wahrhaft enzyklopädisches Wissen. So soll H., der Sohn eines Berner Verwaltungsbeamten, der als kränkliches Kind zunächst von Hauslehrern unterrichtet wurde, im Alter von neun Jahren u.a. ein hebräisches und griechisches Wörterbuch sowie eine chaldäische Grammatik verfaßt haben. Auch in der Dichtkunst übte sich H. bereits in diesem Alter und bewies damit – wie H.s Schüler und Biograph Johann Georg Zimmermann rühmte – einmal mehr seinen »ungemeinen Fleiß« und »feurigen Eifer, sich zu erheben« sowie »unumschränkte Gedult in der Arbeit«. Diese Eigenschaften verließen H. auch später ebenso wenig wie seine Fähigkeit, angelesenes Wissen produktiv zu nutzen (H.s Lebenswerk umfaßt rund 600 Publikationen). 1720 starb H.s Vater, seine Mutter war schon früher gestorben, und der Vormund schickte H. für zwei Jahre auf das Berner Gymnasium. Anschließend wurde er nach Biel zu einem Arzt in die »Lehre« gegeben. H.s brennendes Interesse an den Naturwissenschaften wurde geweckt, seiner Neigung zur Dichtkunst tat dies jedoch keinen Abbruch. Um an einer Universität seine naturwissenschaftlichen Kenntnisse zu vertiefen, ging H. mit fünfzehn Jahren nach Tübingen. Doch erst als er zwei Jahre später (1725) an die Universität Leyden wechselte, fand er die für ihn optimalen Arbeits- und Studienbedingungen. Vorlesungen in Medizin, Botanik und Chemie hörte er u.a. bei dem berühmtesten Mediziner seiner Zeit, Herman Boerhaave. Auch an den Sektionen des Anatomen Bernhard Siegfried Albinus nahm H. teil. Selbst wenn er ab und zu Gedichte schrieb, ruhten die wissenschaftlichen Studien keineswegs. Im Gegenteil: bereits 1727, mit neunzehn Jahren, erwarb H. den medizinischen Doktorgrad. Bevor H. 1728 nach Basel zog, wo er an der einzigen Schweizer Universität dann v.a. mathematische und botanische Studien betrieb, bereiste H. England und Frankreich. In London und Paris lernte er die bedeutendsten Ärzte kennen, die ihn als Zuschauer an ihren Operationen teilnehmen ließen. Die Eindrücke, die H. 1728 auf einer Studienreise in die Alpen sammelte, wurden für seine Dichtung ebenso wichtig wie für seine botanischen Studien. Da sich die Möglichkeit, an der Baseler Universität zu lehren, zerschlug, entschied sich H. 1729, in seine Vaterstadt Bern zurückzukehren. Hier ließ er sich als praktizierender Arzt nieder und widmete sich in seiner freien Zeit weiterhin der Wissenschaft und seiner, wie er es nannte, »poetische(n) Krankheit«, dem Dichten. H.s wissenschaftliche Publikationen mehrten sein Ansehen in der gelehrten Welt. Ein anderes Publikum erreichte H. mit der Veröffentlichung seiner gesammelten Gedichte, die 1732 zunächst anonym unter dem Titel *Versuch Schweizerischer Gedichte* erschienen. Dieser schmale Band, der H.s Ruhm als Dichter begründete, enthielt neben einem Liebeslied an Marianne Wyss *(Doris)*, seit 1731 H.s Ehefrau, und neben Gedichten philosophischen Inhalts (z.B. den *Gedanken über Vernunft, Aberglauben und Unglauben*) auch solche, die in scharfer satirischer Form Mißstände der Zeit anprangerten (z.B. *Die verdorbenen Sitten*). Als der erfolgreiche Gedichtband in der zweiten Auflage unter H.s Namen erschien, konnte und wollte das Berner Patriziat und die religiöse Orthodoxie Verse wie den folgenden nicht mehr ignorieren: »Bei solchen Herrschern wird ein Volk nicht glücklich sein! / Zu Häuptern eines Stands gehöret Hirn darein!« Es wundert nicht, daß H.s Bewerbung um eine Professur in Bern abschlägig beantwortet wurde. Immer größer klaffte der Widerspruch zwischen H.s wachsender Reputation als Wissenschaftler, auch im Ausland, und seiner Tätigkeit als Berner Stadtarzt und – seit 1735 – Bibliothekar. Als H. 1736 von der damals noch jungen Universität Göttingen ein Lehrstuhl für Anatomie, Chirurgie und Botanik angeboten wurde, verließ er daher, wenn auch ungern, seine Vaterstadt. Äußerlich erfolgreich verbringt H. in Göttingen siebzehn Jahre seines Lebens: als anregender Lehrer zieht H. Schüler aus vielen Ländern an; seine wissenschaftlichen Werke, unter anderem ein mehrbändiger Kommentar zu den Vorlesungen seines ehemaligen Lehrers Boerhaave, mehren H.s Ruhm als einen der letzten Universalgelehrten und werden in ganz Europa geachtet. So wird er zum ›Königlich Groß-Britannischen Hofrath und Leib-Medicus‹ ernannt und erhält ehrenvolle Berufungen nach Utrecht und Oxford, die er ebenso ablehnt wie den von Friedrich II. initiierten Ruf nach Berlin. 1749 wird H. in den erblichen Adelsstand erhoben. Sein Wirken festigt den Ruf der Universität, die ihm u. a. den botanischen Garten verdankt. Für den *Göttingischen Gelehrten Anzeiger* schreibt H. einen Großteil der Besprechungen (rund 9000 aus den unterschiedlichsten Bereichen); diese Zeitschrift, deren Leitung H. 1747 übernimmt, wird so zu einem führenden Rezensionsorgan. Überschattet sind all diese Erfolge von persönlichen Schicksalsschlägen: während der Göttinger Jahre sterben H.s geliebte erste Frau Marianne, sein Sohn und seine zweite Frau. Querelen mit den Kollegen und literarische Fehden wollen nicht enden. Der materialistische Philosoph La Mettrie »widmet« 1748 H. aus persönlicher Rache sein damals berüchtigtes Werk *L'homme machine* und versucht so den Anschein zu erwecken, H. sei, wie er selbst, Atheist. Schon sieben Jahre zuvor hatte H. bilanziert: »Ich arbeite, ich leide: darin besteht mein ganzes Leben.« Bereits mit der Übersiedlung nach Göttingen war H.s poetische Produktion fast vollständig versiegt. (1736 entstehen noch das Fragment *Unvollkommenes Gedicht über die Ewigkeit* und die *Trauerode, beim Absterben seiner geliebten Marianne*). Die wichtigsten der rund drei Dutzend Gedichte, die 1777 in der elften und letzten rechtmäßigen Auflage des *Versuch(s) Schweizerischer Gedichte* enthalten sind und an denen H. beinah von Auflage zu Auflage gefeilt hatte, waren also zwischen H.s achtzehntem und achtundzwanzigstem Lebensjahr entstanden. In dieser Zeit erschloß H. der deutschen Lyrik neue Stoffe und gab ihr eine Sprache zu deren Darstellung. Zu Recht wies H., der nach seinen eigenen Worten »in der Dichtung« sich »auszuzeichnen ... weder Hoffnung noch Wunsch« gehabt hatte, 1772 rückblickend auf seine dichterische Leistung hin, die er nur mit Hagedorn zu teilen brauchte: »Wir (H. und Hagedorn) fühlten, daß man in wenigen Wörtern weit mehr sagen konnte, als man in Deutschland bisher gesagt hatte; wir sahen, daß philosophische Begriffe und Anmerkungen sich reimen ließen, und strebten beyde nach einer Stärke, dazu wir noch keine Urbilder gehabt hatten.« H.s »neue Art zu Dichten« zeigt sich am deutlichsten in seinen schulemachenden philosophischen Lehrgedichten, so z. B. in der einst berühmten Alexandriner-Dichtung *Die Alpen* (1729), in denen sich eigene Naturerfahrung, konkrete Naturschilderung und Zivilisationskritik bzw. Lob des (idealisierten) Älpler-Lebens eindrucksvoll verbinden. Es verwundert nicht, wenn unter den wenigen

Büchern, die Schiller 1782 auf seiner Flucht aus Stuttgart mitnahm, die Gedichte H.s waren. Mögen den jungen Schiller die Größe der Gedichtvorwürfe und H.s Diktion fasziniert haben, heute scheint ein anderer Aspekt der Gedichte H.s nicht minder anziehend: ihre Fähigkeit, Aufklärung zu betreiben und gleichzeitig deren Begriffe skeptisch zu hinterfragen. H.s Gedichte beschwören Gott und seine Gerechtigkeit zwar emphatisch, verschweigen aber nicht, wie wenig Gott, Vernunft und Natur im Einklang stehen. Der aufklärerische Zweifel zeigt nicht selten seine Nachtseite, die Verzweiflung. Weniger an der Kundgabe von Gefühlen als an Erkenntnis interessiert, stellt sich der Naturwissenschaftler H. auch als Dichter letztlich die Frage, »weswegen eine Welt vor nichts den Vorzug fund«. Wenn er, »versenkt im tiefen Traum nachforschender Gedanken«, schließlich seine Einsicht in die Begrenztheit und Relativität allen Wissens formuliert, dann klingt in seinen Versen aber doch ein eigener (Gefühls-)Ton mit: »Du hast nach reifer Müh und nach durchwachten Jahren / Erst selbst, wie viel uns fehlt, wie nichts du weißt, erfahren.« Diese Zeilen schrieb H. 1730 in seiner Heimatstadt Bern. Hierher zurückzukehren hoffte H. wohl die ganzen Göttinger Jahre. Bereits Mitte der vierziger Jahre trat H. wieder in Kontakt mit der Berner Regierung. Als H. 1753 schließlich durch Los die Stellung eines Rathausammanns zufiel, verließ er – der berühmte Wissenschaftler, der mit 1200 Kollegen in ganz Europa korrespondierte – Göttingen. Seinen neuen, eher bescheidenen Posten in Bern, hoffte H. bald mit der ersehnten Stelle eines Landvogts zu vertauschen. Diese Hoffnung sollte sich nie erfüllen. Doch erledigte H., allmählich zum rigiden Verteidiger des Althergebrachten in Politik und Religion geworden und ausgesöhnt mit den Verhältnissen in seiner Heimat, erfolgreich größere und kleinere (auch diplomatische) Aufgaben im Dienste der Republik Bern. Seine freie Zeit widmete er weiterhin der Wissenschaft. Unter den zahlreichen Veröffentlichungen seiner Berner Jahre, u.a. zu medizinischen, botanischen und theologischen Fragen, ragen die acht Bände der *Physiologie* (1757–1766) hervor; mit dieser monumentalen Arbeit hat H. die moderne Physiologie begründet.

Kaum Erfolg hatte H. hingegen mit seinen drei politischen Romanen *(Usong, Alfred, Fabius und Cato)* aus den siebziger Jahren, in denen er die Regierungsformen Tyrannis, gemäßigte Monarchie und Republik nicht primär erzählerisch, sondern erörternd abbildete. Im Alter machen H. religiöse Skrupel, Ängste und Einsamkeit zu schaffen (»Das Alter ist einsam, meine meiste Freunde sind todt, eine neue Welt steigt empor, die ich nicht kenne«). Kränklichkeit und Melancholie, unter denen er schon lange leidet, nehmen zu. Kraft und Stimmung zur Arbeit, die ihm stets Therapeutikum und Narkotikum zugleich war, sucht H. sich in den letzten Jahren seines Lebens durch Opium zu erhalten. Seine wissenschaftliche Neugierde verläßt ihn bis zuletzt nicht. Ganz Arzt, soll H., das »lebendige Lexikon der allgemeinen menschlichen Kenntnisse« (J. G. Sulzer), die europäische Berühmtheit, das Mitglied unzähliger Akademien, noch seinen verlöschenden Puls kommentiert haben: »il bat, il bat, il bat – plus«.

Werkausgabe: *Haller*, Albrecht von: Gedichte. Hrsg und eingel. von Ludwig *Hirzel*. Frauenfeld 1882.
Literatur: *Kempf*, Franz R.: Albrecht von Hallers Ruhm als Dichter. Eine Rezeptionsgeschichte. New York, Bern, Frankfurt a. M. 1986; Albrecht von Haller. Zum 200. Todestag. Göttingen 1977; *Helbling*, Josef: Albrecht von Haller als Dichter. Bern 1970; *Siegrist*, Christoph: Albrecht von Haller. Stuttgart 1967.   *Dietmar Jaegle*

Hamann, Johann Georg
Geb. 27. 8. 1730 in Königsberg; gest. 21. 6. 1788 in Münster

Georg Wilhelm Friedrich Hegel sieht den »gediegenen Inhalt« der Schriften H.s darin, »dieses Christentum mit ebenso tiefer Innigkeit als glänzender geistreicher Energie auszusprechen und gegen die Aufklärer zu behaupten«. H. wehrt sich gegen den Erkenntnisoptimismus der Aufklärung, die ihn gleichwohl in seiner Jugend entscheidend prägt. Der Sohn einer gebildeten Königsberger Arztfamilie studiert an der dortigen Universität Theologie und Jura ohne Abschluß. Er freundet sich mit dem aufgeklärten Kaufmannssohn Johann Christoph Berens und mit Immanuel Kant an. Wohl um Handelsinteressen des Hauses Berens zu vertreten, reist er 1757/58 nach London. Mit dem Scheitern seiner Mission gibt er den Plan auf, Ökonom und Weltmann zu werden. Aufgrund wiederholter Bibellektüre tritt eine vollkommene Veränderung seiner Gedankenwelt ein (dargestellt im *Tagebuch eines Christen* und in *Gedanken über meinen Lebenslauf*). Der Bruch mit Kant und Berens, die dem nach Königsberg Zurückgekehrten weltfremde »Schwärmerei« vorhalten, wird unausweichlich. H. begründet seine Haltung in den *Sokratischen Denkwürdigkeiten* (1759). Darin knüpft er an Sokrates an, den die Aufklärer als Vorbild ansehen. Dessen eingestandene »Unwissenheit« interpretiert H. als »Glaube«, der »kein Werk der Vernunft« darstellt. Der Einsicht in die Grenzen des menschlichen Intellekts entspreche positiv die Zuwendung zu Gottes Liebe und Heilsbotschaft. Kant und Berens sind in der Konstellation dieser Schrift die Sophisten, denen gegenüber Sokrates, in dessen Tradition H. Christus und letztlich sich selbst stellt, die eigentliche »Vernunft« mit priesterlicher Sehergeste zur Geltung bringt.

Drei Jahre später erscheinen die *Kreuzzüge des Philologen* (1762), eine Sammlung von Aufsätzen, deren wichtigsten die *Aesthetica in nuce* darstellt. In ihr polemisiert H. leidenschaftlich gegen die »vernünftige« Bibelexegese: »Nicht Leyer! – noch Pinsel! – eine Wurfschaufel für meine Muse, die Tenne heiliger Litteratur zu fegen! ... Poesie ist die Muttersprache des menschlichen Geschlechts.« Gott ist für H. entsprechend der »Poet am Anfange der Taten«. Als Abglanz seiner Schöpfungstat interpretiert H. die menschliche Kreativität. Wie Christus die gesetzesgläubigen Pharisäer aus dem Tempel vertrieben habe, sei das Genie gegen den Konsens der Aufklärung nicht an Gesetze und Regeln gebunden. »Christ oder Poet. Wundern Sie sich nicht, daß dies Synonyme sind.« Diese religiöse Begründung des Genies, die in Johann Gottlieb Klopstocks Dichtung ihre zeitgenössische Entsprechung findet, unterscheidet H. von der eher prometheischen Schöpfungsästhetik des Sturm und Drang. Die Distanz auch zum befreundeten Johann Gottfried Herder drückt H.s Rezension von dessen Abhandlung *Über den Ursprung der Sprache* (1772) aus, in der er, selbstsicher am Johannesevangelium orientiert, ausdrücklich an ihrem göttlichen Ursprung festhält.

Der »Magus aus dem Norden«, wie ihn Friedrich Karl von Moser nennt, ist ein Gelegenheitsschriftsteller. Er schreibt aus dem Dialog heraus, versucht den Leser in die eigene Argumentation hineinzuziehen. Seinen eigenen Standort drückt er meist nur indirekt aus. Ein bildreicher Wortschatz, Verkürzungen, bewußt arrangierte Widersprüche und zahlreiche Fremdzitate prägen seine Abhandlungen. Ihr antiaufklärerischer Gestus drückt sich in der Zielsetzung »je dunkler, desto inniger« aus.

Sein Geld verdient H. nicht mit seinen Schriften. Er ist Zöllner, später Packhofverwalter in Königsberg. Dort führt er eine unter den Zeitgenossen zunächst viel beredete »Gewissenehe« ohne Heirat mit Anna Regina Schumacher, der ehemaligen Magd seines Vaters. Sein Verhältnis zu Preußen ist kritisch: »Weh dem reichen Fürsten, dessen Untertanen Bettler sind.« In den durch die Behörden erfahrenen Zurücksetzungen sieht H. den Widerspruch zwischen dem humanen Anschein des aufgeklärten Absolutismus und seiner inhumanen Praxis, zwischen Herr und Knecht. Von Gott her seien dem Menschen Freiheit und Selbstbestimmung gegeben, Armut und Würdelosigkeit seien eine Folge des Sündenfalls.

»Man ahndete hier einen tiefdenkenden gründlichen Mann, der, mit der offenbaren Welt und Literatur genau bekannt, doch auch noch etwas Geheimes, Unerforschliches gelten ließ, und sich darüber auf eine ganz eigne Weise aussprach. Von denen, die damals die Literatur des Tages beherrschten, wurde er freilich für einen abstrusen Schwärmer gehalten, eine aufstrebende Jugend aber ließ sich wohl von ihm anziehen. Sogar die Stillen im Lande wendeten ihm ihre Aufmerksamkeit zu« (Goethe).

Werkausgabe: Briefwechsel. 7 Bände Hrsg. von Walther *Ziesemer*, Arthur *Henkel*. Frankfurt a. M. 1979; Johann Georg Hamann. Sämtliche Werke. Hrsg. von Josef *Nadler*. Wien 1949–1957.
Literatur: *Bayer*, Oswald: Zeitgenosse im Widerspruch. München 1988; *Jørgensen*, Sven-Age: Johann Georg Hamann. Stuttgart 1976. *Hans-Gerd Winter*

Handke, Peter
Geb. 6. 12. 1942 in Griffen/Kärnten

Wie kaum ein zweiter Autor der Gegenwart ist H. in der literaturkritischen Auseinandersetzung der Anlaß von vorbehaltloser Bewunderung wie auch von aggressiver Polemik: Man hebt seinen Mut zu Poesie und Individualismus ebenso hervor wie die sprachliche Genauigkeit in der Wiedergabe von Beobachtetem; auf der anderen Seite stehen Vorwürfe der Realitätsferne, des falschen Pathos und narzißtischer Selbstinszenierung.

H. wurde 1942 in bäuerlich-proletarischen Verhältnissen geboren; die Erfahrungen von Kindheit und Jugend im Berlin der Nachkriegszeit und im ländlichen Kärnten haben Eingang in das stark autobiographisch geprägte Werk gefunden. Bereits die Schulzeit vermittelte grundlegende sprachliche Erfahrungen: »Sollte ich ein Erlebnis beschreiben, so schrieb ich nicht über das Erlebnis, wie ich es gehabt hatte, sondern das Erlebnis veränderte sich dadurch, daß ich darüber schrieb, oder es entstand oft erst beim Schreiben des Aufsatzes darüber, bis ich schließlich an einem schönen Sommertag nicht den schönen

Sommertag, sondern den Aufsatz über den schönen Sommertag erlebte« (*Ein autobiographischer Essay*, 1967). 1961 begann H. ein Jurastudium in Graz, wo er sich der Künstlergruppe »Forum Stadtpark« anschloß. Der Veröffentlichung kürzerer Prosatexte folgte eine Mitarbeit beim Rundfunk, für den H. Feuilletons und Buchbesprechungen verfaßte. H.s erster Roman, *Die Hornissen*, erschien 1966; diese Publikation veranlaßte ihn zur Aufgabe des Studiums und zur Entscheidung für eine freie schriftstellerische Existenz. Anknüpfend an die frühe Erfahrung der Wirklichkeitskonstitution durch Sprache thematisieren *Die Hornissen* das Problem des Erzählens als ein Wechselverhältnis von Inhalt und Form. Auch H.s frühe Stücke, wie *Publikumsbeschimpfung* (1966) und *Kaspar* (1968), beleuchten die Ordnungs- und Zerstörungsfunktion der Sprache; *Kaspar* stellt ein Subjekt vor, das Sprache erleidet und gebraucht und erst in diesem Doppelspiel ein Selbstbewußtsein ausbildet, das freilich nur ein vermitteltes und von immer neu aufbrechender Nicht-Identität gezeichnetes sein kann.

H., inzwischen in die Bundesrepublik übergesiedelt, gelangte zu einiger Publizität, als er 1966 auf der Tagung der »Gruppe 47« in Princeton der zeitgenössischen Literatur »Beschreibungsimpotenz« vorwarf. In programmatischen Essays (*Die Literatur ist romantisch*, 1966; *Ich bin ein Bewohner des Elfenbeinturms*, 1967) formulierte er seine eigene Position: Literatur ist für ihn ein Mittel, sich »über sich selber, wenn nicht klar, so doch klarer zu werden«. An ein literarisches Werk stellt H. den Anspruch, es solle noch nicht bewußte Möglichkeiten der Wirklichkeit aufzeigen und zur Destruktion konventionalisierter Bedeutungen beitragen, ein Anspruch, den um Realismus bemühte Beschreibungsliteratur nicht einlösen könne. Ebenso bestreitet H. der sog. »engagierten Literatur« den Kunstcharakter: der literarische Gebrauch der Sprache verweise nicht auf die außersprachliche Realität, sondern sei notwendig selbstreflexiv.

Die unter dem Titel *Die Innenwelt der Außenwelt der Innenwelt* (1969) versammelten lyrischen Texte versuchen, H.s theoretischen Einsichten Rechnung zu tragen, und erweisen das Wechselverhältnis von Innen und Außen als sprachlich bedingt. Mit der 1970 erschienenen Erzählung *Die Angst des Tormanns beim Elfmeter*, 1971 von Wim Wenders verfilmt, wird die einmal angeschlagene Thematik weitergeführt. Der Text protokolliert die Wahrnehmung eines aus den stabilen Bedeutungsbeziehungen von Innen und Außen, Zeichen und Bezeichnetem herausgetretenen Bewußtseins.

H., der auch Hörspiele und Filmbücher schrieb, lebte 1969/70 in Paris. Die Rückkehr in die Bundesrepublik leitete eine Werkphase ein, die durch die Erzählungen *Der kurze Brief zum langen Abschied* (1972) und *Die Stunde der wahren Empfindung* (1975) markiert ist. Das Attribut »Innerlichkeit«, mit dem H., 1973 Büchner-Preis-Träger, besonders seit den 70er Jahren belegt worden ist, bezeichnet eine entschlossene Suche nach dem Ich, dem im Rückzug aus der vereinbarten Welt auch die Vereinbarungen des Bewußtseins ungültig werden und dem nurmehr das Ideal eines unverstellten Blicks auf die Welt, gedacht als Erfahrung des authentischen Ichs, bleibt. Momente der Epiphanie, Erfahrungen erkennenden Außersichseins im *Kurzen Brief* verdichten sich in der *Stunde der wahren Empfindung* zum Glücksprogramm eines befreienden Sichverlierens und -wiederfindens. Nur scheinbar lenkt H. mit der Erzählung *Wunschloses Unglück* (1972), die das Leben seiner Mutter beschreibt, von den das eigene Ich betreffenden Fragen ab, findet er doch in der Figur der Mutter die Spuren seiner selbst.

Die Suche nach Unmittelbarkeit wird im Journal *Das Gewicht der Welt* (1977) fortgesetzt; Wahrheit, Schönheit, Universalität und Natur sind denn auch die Koordinaten seiner neuen Ästhetik, wie H. in der Kafka-Preis-Rede 1979 ausführt.

Die Wende zur Positivität wird noch einmal in der Tetralogie *Langsame Heimkehr* (*Langsame Heimkehr*, 1979; *Die Lehre der Sainte-Victoire*, 1980; *Kindergeschichte*, 1981; *Über die Dörfer*, 1981) erzählt, die von den Aufzeichnungen der *Geschichte des Bleistifts* (1982) begleitet wird. Sie dokumentiert auch die Heimkehr des Autors H., der nach einer zweiten Zeit in Paris und mehreren USA-Aufenthalten 1979 nach Österreich zurückkehrte. Das artikulierte »Bedürfnis nach Heil«, entworfen als mystischer Augenblick, in dem Selbstverlust und Selbstfindung in der Erfahrung neuer Sinnhaftigkeit zusammenfallen, findet seine Antwort in einer zunehmend mythisierten Natur. Als ewige Schrift wird sie in der Schau – daher die Betonung des Visuellen in H.s späteren Texten – zum Ursprung der Kunst. Der 1983 erschienene Roman *Der Chinese des Schmerzes* setzt als Ursprungsort des Erzählens das Bild der »Schwelle« ein, das Übergang und Trennung zugleich ist. Seit der Mitte der 80er Jahre rücken H.s Arbeiten die Materialität des Schreibens selbst in den Mittelpunkt. Dies gilt insbesondere für *Die Wiederholung* (1986) und das »Märchen« *Die Abwesenheit* (1987), die als Allegorien des Schreibens gelesen werden können. In einem ausführlichen Gespräch mit Herbert Gamper, erschienen 1987 unter dem Titel *Aber ich lebe nur von den Zwischenräumen*, gibt H. Auskunft über sein neues, an Buchstabe und Schrift orientiertes poetologisches Selbstverständnis. Mit den drei »Versuchen« – *Versuch über die Müdigkeit* (1989), *Versuch über die Jukebox* (1990), *Versuch über den geglückten Tag* (1991) – nähert sich H., der seit Anfang der 90er Jahre wieder in Paris lebt, einer den Formprinzipien des Essays verpflichteten Schreibweise. Eine passagenweise fast schwerelos wirkende Prosa fordert die Verbindlichkeit des Unscheinbaren ein.

So sehr sich H.s Texte im Laufe der Jahre verändert haben, so konsequent ist die Entwicklung: Immer ist es die Sprache selbst, als Wort und als Schrift, die den Zugang zur Wirklichkeit des Daseins erschließen soll. Der Versuch, sprachliche Übergangsmomente auf Dauer zu stellen, kann indessen ein Kippen der Balance in stilisierte Gewichtigkeit oder ins Unverbindliche kaum vermeiden.

Werkausgaben: *Handke,* Peter: Die Theaterstücke. Frankfurt a. M. 1992; *Handke,* Peter: Gedichte. Frankfurt a. M. 1987.

Literatur: *Cassagnau,* Laurent, *Le Rider,* Jacques, *Tunner,* Erika (Hrsg.): Partir, revenir . . . En route avec Peter Handke. Paris 1992; *Haslinger,* Adolf: Peter Handke. Jugend eines Schriftstellers. Salzburg 1992; *Wolf,* Jürgen: Visualität, Form und Mythos in Peter Handkes Prosa. Opladen 1991; *Arnold,* Heinz Ludwig: Peter Handke. Text + Kritik, H.24. München 1989; *Fellinger,* Raimund (Hrsg.): Peter Handke. Frankfurt a. M. 1985; *Renner,* Rolf Günter: Peter Handke. Stuttgart 1985.

Martina Wagner-Egelhaaf

Harsdörffer, Georg Philipp

Geb. 1. 11. 1607 in Fischbach bei Nürnberg; gest. 17. 9. 1658 in Nürnberg

1648, kurz vor dem Ende des Dreißigjährigen Krieges, beschäftigte sich der Rat der Stadt Nürnberg auf drei Sitzungen mit einem Lobgesang H.s auf den schwedischen Feldmarschall Carl Gustaf Wrangel. Man verstand den Text als antikaiserliches und antibayerisches »Pasquill« und befürchtete daher, »daß gemaine hiesige Statt, deßen in vielweg zu endgelden haben dürffte«. Während der Drucker zwei Tage in einem »versperten Thurm« verbringen mußte, erhielt der Patrizier H. Hausarrest und wurde zur Rede gestellt, »warumb er dieses, hiesiger Statt sehr nachtheiliges lobgesang nit nur gemacht, sondern wider ... außdrückliches Verbott, drucken und außtheilen laßen«. Diese Zensurepisode, welche die schwierige Lage einer lutherischen Reichsstadt während des Dreißigjährigen Krieges illustriert und ein Schlaglicht auf die Bedingungen literarischen Schaffens im 17. Jahrhundert wirft, war möglicherweise der Grund dafür, daß H. erst sehr spät in seinem Leben, nämlich 1655, in den Inneren Rat der Stadt gewählt wurde, eine Position, für die ihn Herkunft, Ausbildung und Ansehen durchaus empfahlen.

H. erhielt eine Ausbildung, die ihm die Teilnahme am öffentlichen Leben der Stadt ermöglichen sollte. Dem Studium der Rechtswissenschaften, Philosophie, Geschichte, Philologie und Mathematik in Altdorf und Straßburg (1623 bis 1626) schloß sich eine mehrjährige Bildungsreise an (1627 bis 1631), die in Genf begann und nach Frankreich, Belgien, England und Italien führte. Nach dieser Reise hat H. Nürnberg nur noch gelegentlich verlassen. 1634 heiratete er Susanne Fürer von Haimendorff, 1637 wurde er zum Assessor am Stadtgericht berufen, eine Stellung, die er ausfüllte, bis er in den Inneren Rat gewählt wurde.

Trotz der beruflichen Beanspruchung war H.s literarische Schaffenskraft geradezu beängstigend. 20 000 Druckseiten, so hat man gezählt, umfaßt sein Werk: »Er pflage einen Bogen Zufüllen u. also backwarm unter die Presse Zujagen, sonder das concept zu limiren (feilen) oder 9 tage, zu geschweig Jahre, wie Horatius will, liegen Zulassen«, schrieb Sigmund von Birken 1662 wenig pietätvoll.

Mit den *Frauenzimmer Gesprächspielen* (8 Bde., 1641–49) führte der »Spielende« – unter diesem Namen wurde er 1642 in die »Fruchtbringende Gesellschaft« aufgenommen – eine in den romanischen Ländern gepflegte Gattung auch in Deutschland ein, Spiel- und Konversationsliteratur mit didaktischen Zügen, über weite Strecken hin zugleich ein Lehrbuch der Poetik. Und somit eine Ergänzung zu seinem *Poetischen Trichter* (1647–53), einer Poetik, die besonderen Nachdruck auf die Bildlichkeit, auf Umschreibungen, Gleichnisse und Sinnbilder legt. Als Vermittler romanischer Erzählliteratur tritt H. in seinen umfangreichen Anthologien auf, die trotz (oder wegen) ihrer moralisierenden Anspruchslosigkeit großen Erfolg hatten (u. a. *Der Grosse Schau-Platz jämmerlicher Mordgeschichte*, 1649–50; *Der Grosse Schau-Platz Lust- und Lehrreicher Geschichte*, 1650–51). Zu seinem Werk gehören ferner Andachtsbücher, geistliche Betrachtungen und Lehrgedichte, physikalisch-mathematische Lehrbücher, Briefsteller und höfische Erziehungssschriften, darunter die *Ars Apophthegmatica* (1655), eine Sammlung witziger Aussprüche und »Hofreden«.

Von 1644 bis 1645 veröffentlichten H., Johann Klaj und Sigmund von Birken das *Pegnesische Schäfergedicht*, eine Festdichtung für eine Doppelhochzeit, die an Martin Opitz' *Schäfferey Von der Nimfen Hercinie* (1630) anschließt. Mit ihrem Gemeinschaftswerk begründeten die »Nürnberger« – Klaj war aus Meißen gekommen und wirkte später als Pfarrer in Kitzingen, Birken stammte aus Wildstein bei Eger – den »Pegnesischen Blumenorden«; zugleich deutet sich die Neigung zur Schäferdichtung an, die für diese Dichtergesellschaft typisch werden sollte (»Durch die Hirten / oder Schäfer werden verstanden die Poeten / durch ihre Schafe / die Bücher«). Hier zeigt sich auch schon jene Vorliebe für daktylische und anapästische Verse, Klangmalerei und Formexperimente aller Art, die den Werken der Nürnberger ihren besonderen ästhetischen Reiz verleiht.

Werkausgaben: Georg Philipp Harsdörffer. Poetischer Trichter. Darmstadt 1969; Georg Philipp Harsdörffer. Frauenzimmer Gesprächspiele. Hrsg. von Irmgard *Böttcher.* 8 Bde. Tübingen 1968-69.

Literatur: *Hess,* Peter: Poetik ohne Trichter. Harsdörffers »Dicht- und Reimkunst«. Stuttgart 1986; *Böttcher,* Irmgard: Der Nürnberger Georg Philipp Harsdörffer. In: *Steinhagen,* Harald *Wiese,* Benno von (Hrsg.): Deutsche Dichter des 17. Jahrhunderts. Ihr Leben und Werk. Berlin 1984. S. 289–346; *Krebs,* Jean-Daniel: Georg Philipp Harsdörffer (1607–1658) Poétique et Poésie. 2 Bde. Bern/Frankfurt a. M. 1983; *Helmer,* Karl: Weltordnung und Bildung. Versuch einer kosmologischen Grundlegung barocken Erziehungsdenkens bei Georg Philipp Harsdörffer. Bern/Frankfurt a. M. 1982; *Zeller,* Rosmarie: Spiel und Konversation im Barock. Zu Harsdörffers »Gesprächspielen«. Berlin/New York 1974.   *Volker Meid*

Härtling, Peter
Geb. 13.11.1933 in Chemnitz

Auf der Flucht mit der Familie aus Böhmen nach Zwettl (Niederösterreich) gerät H.s Vater 1945 in russische Kriegsgefangenschaft und stirbt bald darauf. Als ein Jahr später im schwäbischen Nürtingen die Mutter ihrem Leben ein Ende setzt und H. von Verwandten aufgenommen wird, ist ihm mit seinen 13 Jahren genau das zum frag-würdigen Lebensinhalt geworden, was die Gesellschaft um ihn herum in den folgenden zwanzig Jahren buchstäblich mit Gewinn verschweigt und verdrängt. Die Schule, ein Duckmäuserhort von »Stehengebliebenen«, verläßt er noch vor dem Abitur und wechselt nach kurzer Fabrikarbeit in den schreibenden Beruf (Journalist, von 1956 bis 1962) Redakteur bzw. später Leiter der *Deutschen Zeitung* und bis 1970 Mitherausgeber des *Monat*).

Schon als Junge gilt er als »Vielleser«; er geht mit Literatur als Fundus und Projektionsmöglichkeit für Flucht- und Gegenwelten um. Die ersten Gedichte erscheinen 1953 unter dem Titel *poeme und songs.* Verträumte und poetische Szenerien herbeizaubernde Verse, die mit musikalischen und malerischen Klangassoziationen spielen, durchbrechen gewaltlos die Mauern beengter Wirklichkeit. Auch aus seinen späteren Gedichtwerken (*Unter den Bäumen*, 1958; *Spielgeist – Spiegelgeist*, 1962), die sich teilweise verbindlicheren Perspektiven des Realitätsbezugs öffnen, spricht ein ganz der persönlichen Phantasie und dem inneren Gehör verpflichtetes magisches Wort- und Bildgeflecht, das »Bedeutung« geradezu erst als Variation poetischer Immanenz zuzulassen scheint. Nach einer Auswahlveröffentlichung 1979 und den beiden seinem neueren lyrischen Schaffen gewidmeten Titeln *Vorwarnung* (1983) und *Die Mörsinger Pappel* (1987) liegen seit 1989 alle bis dahin von H. publizierten Gedichte in einem Band gesammelt vor, zu dem Karl Krolow das Vorwort geschrieben hat.

In seiner Lyrik auch ein wesentliches Strukturmoment von H.s Erzählkunst zu finden, deren entscheidendes inhaltliches Merkmal als eine poetisch stimulierte und gelenkte Erinnerungstechnik gelten kann. Ihr adäquates stilistisches Medium findet er in der Montage von Erinnerungen, Zitaten, biographischen Belegen und vergegenwärtigender Nachbildung am überkommenen Objekt – aufgefangen, gegeneinander ausgespielt und in den narrativen Rahmen komponiert durch die individuierende Kraft sich erinnernder Phantasie. H. selbst läßt sein eigentliches Erzählerdasein erst mit dem Roman *Niembsch oder Der Stillstand* (1964) beginnen, der von dem spätromantischen Dichter Nikolaus Lenau handelt. In der Titelfigur thematisiert er im Gespinst oszillierender Perspektivenwechsel die Fragwürdigkeit der Zeit- und Geschichtserfahrung für das empirische Ich-Bewußtsein, das im erotisch besetzten Bild der Selbstvergessenheit (Don Juan) den erlösenden Stillstand der Zeit sucht. Während sich der verwaiste, seiner Herkunft ungewisse und deshalb bedrohte *Janek* (1966) im von den Nationalsozialisten beherrschten Böhmen der schillernden Gestalt des verschwundenen und totgeschwiegenen Vaters in seiner bodenlosen Existenz als Varietésänger »annähert«, sucht H.s akademischer Repräsentant des Geschichtspessimismus, der Professor Lauterbach aus dem *Familienfest* (1969), seine eigene Identität und deren historisch-politischen Ort nach der gescheiterten Revolution von 1848 in einer geschichtsphilosophischen Erinnerungsüberprüfung, faszinierend eingewebt in das lokale und geistige Kolorit einer schwäbischen Kleinstadtwelt des 19. Jahrhunderts. Mit dem *Familienfest* hat H. ein poetisches Experiment skeptizistischer Geschichtsschreibung auf dem nahezu neutralen Feld fremder, fiktiver Biographien abgeschlossen, das ihm die erzählerischen Modalitäten einer Erinnerungsarbeit bis hin zur stark beachteten Geschichte des jüdischen Rechtsanwalts *Felix Guttmann* (1985) ausleuchtet. Inzwischen ist er auch als engagierter Essayist und Kritiker umworben, und der S. Fischer Verlag gewinnt ihn als Cheflektor und Geschäftsführer (1967 bis 1973). Die breite Palette seiner Publikationen zeigt einen Autor, der die geistige und gesellschaftspolitische Auseinandersetzung auch öffentlich sucht. 1970 publiziert H. (»Ich kenne keine Poetik der Revolution, nur eine des Widerstandes«) sein ideologiekritisches Revolutionsstück *Gilles* und beginnt mit ... *und das ist die ganze Familie* eine ansehnliche Reihe von Kinderbüchern, die deutlich die Handschrift eines Vaters tragen, dem sich die Erfahrungen der eigenen Kindheit wie die des politisch hellhörigen Zeitgenossen zu einem humanistischen Auftrag gegenüber den Heranwachsenden gestalten. Nachdem H. mit der Erzählung *Ein Abend, eine Nacht, ein Morgen* (1971) einen Abstecher in die Untiefen der Modethematik »Selbstverwirklichung/Midlife-crisis« gewagt hat, wendet er sich mit der autobiographischen Romanmontage *Zwettl* (1973) nun explizit der Archäologie seiner eigenen Jugend zu, die er sieben Jahre später in dem literarischen Zwiegespräch mit dem oppositionell besetzten Vaterbild fortsetzt *(Nachgetragene Liebe*, 1980). Es scheint, als habe H. jetzt die Stoff- und Fragenkreise methodisch ausgeleuchtet, die seinem Gestaltungswillen die adäquate Bühne stellen können. Fremde Lebensgeschichten, Autobiographisches und Fiktion sind nunmehr gleichrangige und ebenso selbstverständliche Medien wie die poetischen Darstellungstechniken. So zielt der Roman *Eine Frau* (1974) inhaltlich und entstehungsgeschichtlich mitten in die sich entfaltende Emanzipationsdiskussion, während *Das Windrad* (1983) rückblickend der zivilisationsüberdrüssigen Aussteigerromantik nachspürt.

Dagegen erscheint H.s erfolgreichstes Buch *Hölderlin* (1976) – dessen Gestalt ihn allerdings schon Jahrzehnte beschäftigt hat – in einer Literaturlandschaft oft oberflächlicher Hölderlin-Euphorie, der nicht selten der Protagonist zum bloßen Etikett einer gedankenschwachen und politpropagandistischen Selbstdarstellung gerät. H.s Methode einer intellektuellen, politischen und empfindungsmäßigen »Anverwandlung« mag manchem in philologischer und poetologischer Hinsicht fragwürdig erscheinen, das Faszinosum ihrer atmosphärischen Dichte kann ihr wohl kaum bestritten werden. Eine vergleichbare Resonanz war der Geschichte um Eduard Mörike und Maria Meyer (*Die dreifache Maria*, 1982) allerdings nicht beschieden. Ein weiteres Mal kehrt der Erzähler H. in dieses geschichtliche Umfeld zurück, wenn er mit einem Ausschnitt aus dem Leben des Mörike-Freundes Wilhelm Waiblinger den Umständen nachfragt, unter denen dessen ungestümes und aufbegehrerisches Verlangen nach einer genialischen Einheit von Dichtung und Leben zerbricht (in dem 1987 erschienenen Roman *Waiblingers Augen*).

Geradezu als psychologische Kontrafaktur zu *Eine Frau* liest sich der Roman *Hubert oder die Rückkehr nach Casablanca* (1978). Der autoritäre Charakter einer nationalsozialistischen Vaterfigur treibt Hubert in die Scheinwelt einer Identifikation mit Kinohelden. Übergangslos spielt sich sein gebrochenes Ich nach 1945 rettungheischend in die von neuen Erfolgsklischees beherrschte Verdrängungsgesinnung. Erst als seine Erinnerung auf schützende Synchronisation verzichtet und lapidar das offene Wort wagt, weist sich ihm ein eigener Weg. Wenn sich H. 1988 den zentralen Motiven von Wilhelm Müllers *Winterreise* – mit zu imaginieren ist dabei immer auch die Vertonung Schuberts – zuwendet, dann entsteht dabei ein Buch, das manche Kritiker bereits als Lebensbilanz einschätzen. Ein prononciert reflektierendes Ich nimmt die beherrschenden Erlebnisse aus der Kindheit – Flucht, Vertreibung, Fremd- und Ausgestoßensein –, die auch auf die wichtigen frühen Stoffe hinführen, auf und prüft, was geblieben ist und womit es in Beziehung stehen mag. Der »erzählende Essay« (Rolf Hackenbracht) resümiert »das Fremdsein« als »die uns zeitgemäße Existenzform«, ohne in die Resignation zu lenken – dem Aufklärer H. geht es immer auch darum, jene Zwänge, Gewaltformen und Mechanismen zu entlarven, die einen allererst zu einem Fremden machen.

Mehrere Ausgaben, zuletzt der Essay-Band *Wer vorausschreibt, hat zurückgedacht*, zwischen 1966 und 1990, dokumentieren eine thematisch weitgestreute, die Auseinandersetzung suchende, keine Tabus fürchtende Tätigkeit des Kritikers, Literatur-Vermittlers und Mahners, der sich um Vergessenes kümmert, sich Gedanken darüber macht, was Lesen für Kinder bedeutet, in den politischen Meinungsstreit eingreift, exemplarische wie dezidiert subjektive Interpretationen vorträgt (vgl. auch seine programmatischen

Frankfurter Poetikvorlesungen *Der spanische Soldat oder Finden und Erfindens* 1984) und immer wieder dort die notwendige Erinnerungsarbeit einfordert, wo so viele verdrängen woll(t)en. Auch die stattliche Reihe zum Teil preisgekrönter Kinderbücher ist Beleg für das aufklärerische Engagement H.s. Besonders hervorgehoben unter den Romanen bzw. Erzählungen für Kinder seien *Das war der Hirbel* (1973), die Geschichte eines in Heime abgeschobenen, schwer hirngeschädigten Kindes, *Oma,* das mit dem Deutschen Jugendbuchpreis (1976) ausgezeichnete Buch um das Zusammenleben verschiedener Generationen, ein Thema, das mit ganz anderem Schwerpunkt 1981 *Alter John* wieder aufnimmt, oder *Fränze* (1989), der Roman eines 13jährigen Mädchens, das an sich selbst das Scheitern einer Familie durch Arbeitslosigkeit und fortschreitende Zerrüttung erfährt.

H.s letztes größeres Werk *Herzwand* (1990) heißt im Untertitel programmatisch *Mein Roman* und versammelt in einem erinnernden Spiel biographische, werkgeschichtliche und poetische Stimmen zu den letzten fünf Jahrzehnten von der frühen Gefährdung des Kindes H. im Krieg und auf der Flucht bis hin zur Herzkatheterisierung des bald Sechzigjährigen – genauer und charakteristischer: von dieser zurück zu jenen frühen Erlebnissen. Die Motive und Themen treten in Kontrast, werden aktuellen Fragen und Konflikten, Startbahn West etwa, ausgesetzt und nach all jenen Hinweisen und Verstecken abgesucht, die gültigere Antworten geben könnten, als es die bisherige Erinnerungsarbeit vermochte. Nicht immer gelingen die Übergänge bruchlos. Doch das wäre gerade in diesem Genre auch äußerst überraschend, dürfte es doch zuvörderst zu jenen gehören, die das Wort von der »schmutzigen Ästhetik« (Frankfurter Poetikvorlesungen) einklagt.

Literatur: *Bichsel,* Peter (Hrsg.): Festgabe für Peter Härtling. Stuttgart 1993. *Lüdke,* Martin (Hrsg.): Peter Härtling. Materialienbuch. Darmstadt 1988; *Dücker,* Burckhard: Peter Härtling. München 1983; *Hackenbracht,* Elisabeth und Rolf (Hrsg.): Peter Härtling. Materialienbuch. Darmstadt u. Neuwied 1979.

Gerhard Gönner

Hartmann von Aue
um 1200

In der Verslegende *Der Arme Heinrich* stellt sich der Dichter vor als »ritter« (der »geleret was«) und als »dienstman ze Ouwe«. Als Ritter erscheint er auch auf den Miniaturen der Minnesanghandschriften. Sehr viel mehr als diese knappen Angaben ist über das Leben dieses Dichters nicht bekannt, das zwischen 1160 und 1210 angesetzt wird. Für den Beinamen »Ouwe« hat die Forschung vier Möglichkeiten diskutiert: Obernau bei Tübingen, Eglisau (Aargau), die Reichenau und Aue bei Freiburg. Übersehen wurde ein Aue, das im Zusammenhang mit H.s Klagen über den Tod seines (ungenannten) Herrn in zwei seiner Kreuzlieder Bedeutung erhalten könnte, nämlich Hagenau, die damals herausragende Kaiserpfalz, ein Zentrum des staufischen Hofes, an dem auch Dichter wie Friedrich von Hausen, Reinmar und Walther von der Vogelweide zu vermuten sind. Der »Herr« wäre dann Kaiser Friedrich I., dessen Tod auf dem 3. Kreuzzug tatsächlich eine über einen engeren Lebenskreis hinausreichende Erschütterung ausgelöst hat (vgl. den Kreuzleich Heinrichs von Rugge). So gesehen, wäre die Kaiserpfalz H.s »Dienstort« gewesen.

Gesichert ist dagegen H.s literarische Anerkennung im Mittelalter: Schon Gottfried von Straßburg rühmt ihn seiner klaren Sprache und Darstellung wegen. Wolfram von Eschenbach beruft sich auf ihn als Gewährsmann in »Artusfragen«: Dies evtl. eine Anspielung darauf, daß H. durch zwei komplementär angelegte Werke, *Erec* und *Iwein*, die Artusepik nach dem Vorbild des altfranzösischen Dichters Chrestien de Troyes in der mittelhochdeutschen Literatur begründete. Beide Werke kreisen um das Problem der »mâze«, um die Schwierigkeit, die richtige Mitte zwischen den ritterlichen Pflichten gegenüber der Gesellschaft und denen der Ehefrau zu finden. Während Erec sich »verligt«, seine Aufgaben als Landesherr versäumt, »verrîtet« sich Iwein, vergißt auf einer Turnierfahrt seine Frau und seine Herrscherpflichten. Beide müssen sich dann in doppeltem Aventiure-Cursus bewähren. Gegenüber den französischen Vorlagen betont H. stärker die didaktischen Implikationen der Fabeln, prangert verantwortungsfreies Aventiure-Rittertum an.

Von H. stammen außerdem zwei höfische Legendenromane mit einer ins Religiöse ausgreifenden Schuldproblematik: *Gregorius*, die Geschichte eines doppelten Inzests (mit Schwester und Mutter), stellt die zentrale These auf, daß keine Schuld so groß sei, daß sie bei echter Reue nicht vergeben werden könne: Der »guote sündaere« Gregorius wird nach übermenschlicher Buße schließlich erhöht – zum Papst. Ironisch gebrochen erscheint die Geschichte in Thomas Manns *Der Erwählte*. – Der *Arme Heinrich* ist die Geschichte eines Ritters, der über dem Besitz aller Güter dieser Welt Gott vergißt, welcher ihn dafür mit Aussatz schlägt. Die Heilung ist nicht durch Fremdopfer (eine unschuldige Jungfrau), wie zunächst geplant, sondern erst nach der Ergebung in das auferlegte Schicksal möglich. – H. verfaßte überdies ein minnedidaktisches Verswerk, das sog. *Büchlein*; ein zweites wird gewöhnlich für unecht angesehen. – Außerdem sind von ihm 18 Lieder überliefert. Neben traditionellen Minneklagen, Frauen- und Kreuzliedern (jeweils mit eigenständiger Motivik) stehen als Neuerungen die Klagen über den Tod seines Herrn, die Absage an die Hohe Minne (mit Hinwendung zu »armen wîben«), die radikale Lösung von irdischer Minne (mit Plädoyer für Handlungsethik). H.s Nachruhm beweisen im 13. Jahrhundert mehrere Autoren, die sich auf ihn als Artusdichter berufen: Heinrich von dem Türlin, Pleier, Konrad von Stoffeln, Reinbot von Durne u.a. Meist wird er in einer Klassiker-Trias zusammen mit Gottfried von Straßburg und Wolfram von Eschenbach genannt (z.B. von Rudolf von Ems u.a.). Als Lyriker ist er nur einmal bei Dem von Gliers als Dichter von (nicht erhaltenen) Leichs zitiert.

Werkausgaben: *Cramer*, Thomas (Hrsg.): Hartmann von Aue. Erec. Mhd. Text u. Übertragung. Frankfurt a.M. 1972; *Benecke*, Georg Friedrich/*Lachmann*, Karl (Hrsg.): Iwein. Eine Erzählung von Hartmann von Aue. 1827. 7. Ausg. neu bearb. v. Ludwig Wolff. Berlin 1968; *Paul*, Hermann (Hrsg.): Hartmann von Aue. Gregorius. 13., neubearb. Aufl. bes. v. Burghart *Wachinger*. Tübingen 1984; *Paul*, Hermann (Hrsg.): Hartmann von Aue. Der arme Heinrich. 15. durchges. Aufl. bes. v. Gesa *Bonath*. Tübingen 1984; *Reusner*, Ernst von: Hartmann von Aue. Lieder. Mhd./Nhd. Stuttgart 1985.
Literatur: *Cormeau*, Christoph/*Störmer*, Wilhelm: Hartmann von Aue. Epoche. Werk. Wirkung. München 1985; *Wapnewski*, Peter: Hartmann von Aue. Stuttgart ⁷1979; *Kaiser*, Gert: Textausle-

gung und gesellschaftliche Selbstdeutung. Aspekte einer sozialgeschichtlichen Interpretation von Hartmanns Artusepen. Wiesbaden ²1978; *Neubuhr*, Elfriede: Bibliographie zu Hartmann von Aue. Berlin 1977; *Kuhn*, Hugo/*Cormeau*, Christoph (Hrsg.): Hartmann von Aue. Darmstadt 1973.

Günther Schweikle

Hasenclever, Walter

Geb. 8. 7. 1890 in Aachen; gest. 22. 6. 1940 in Les Milles/Südfrankreich (Internierungslager)

Der Sohn eines Sanitätsrats aus jüdischem Hause mußte zwangsweise Jura studieren (1908–1909 in Oxford und Lausanne), dies schon ein Ausdruck des »frühzeitigen Konflikts mit überstrengem, ultrakonservativem Vater« (Kurt Pinthus). Er ›entwich‹ jedoch nach Leipzig, war dort mit Kurt Pinthus, Ernst Rowohlt, Kurt Wolff und Franz Werfel befreundet, und studierte mit Unterstützung seiner Großmutter Germanistik und Philosophie, was einem Bruch mit dem Elternhaus gleichkam. Bis zur Einberufung Anfang 1915 war er Student in Bonn. Zunächst Kriegsfreiwilliger (Dolmetscher und Ordonnanz), wurde er nach einem Aufenthalt in einem Lazarett-Sanatorium als nervenkrank und somit kriegsdiensttauglich eingestuft. Die folgenden Jahre lebte er in Dresden und war mit Oskar Kokoschka und Paul Wegener befreundet. Sein Drama *Der Sohn* (1916 in Prag uraufgeführt und wenige Tage später in Dresden der Zensur wegen vor geladenen Gästen gespielt) hatte laut Vorrede »den Zweck, die Welt zu verändern«. Sein eigenes Vaterverhältnis darin bewältigend, hatte H. den Kern eines Generationskonflikts, den Kampf der Idealisten gegen die feudale Tyrannis der kriegeführenden und alle Gefühle unterdrückenden Väter aufgegriffen. Das Stück wurde zum Inbegriff des Expressionismus, wobei H. darunter lediglich einen Gegenentwurf zum alten Theaterschema verstanden wissen wollte. Die Sprache ist weitgehend naturalistisch und der Freiheitskampf des Sohnes gegen den peitschenschwingenden Vater erinnert an Schillers Pathos, das sich als Euphorie des Ausbrechens, Ekstase und Hedonismus auch in der Lyrik H.s jener Jahre finden läßt (*Der Jüngling* 1913; *Tod und Auferstehung*, 1917). Der Einfluß des Hillerschen Aktivismus führte zu einer Politisierung H.s, war doch schon *Der Sohn* ein »Vorspiel des Bürgers zum Staat«, die über das Drama *Der Retter* (1916), dem Opfergang eines Dichters in Kriegszeiten, der von einer Friedensmission beseelt ist, hin zum plakativen Pazifismus der *Antigone* (1917) führte, »mit der das Gewissen gegen Krieg und Vergewaltigung protestierte« und »in der der antike Stoff zur Irreführung der Zensur mit zeitlichen Ereignissen durchsetzt war« (H.). Die Vorstellung vom ›neuen Menschen‹, vom Dichter als Verkünder und Führer (»Er wird den großen Bund der Staaten gründen./ Das Recht des Menschentums. Die Republik.« aus: *Der politische Dichter*, 1919) war allerdings nicht lange aufrechtzuerhalten (»schon 1917 erkannte ich die Unmöglichkeit, in Deutschland politische Ideale zu verwirklichen«) und in der Komödie *Die Entscheidung* (1919) rechnet er zeitsatirisch-slapstickhaft mit den Unzulänglichkeiten der Novemberrevolution ab, die er in der *Antigone* vorweggenommen hatte (»Nieder die Fürsten!«). H. hatte sich frühzeitig mit dem neuen Medium Kino auseinandergesetzt und auch beleuchtungstechnisch versucht, die Filmchoreographie der Zeit auf die Bühne zu bringen. Im Schauspiel *Die Menschen* (1918) konzentriert sich alles auf Regieanweisungen bei sonst fast stummer Handlung. Mit *Die Pest* (1920) legte H. laut Vorwort »den ersten Filmtext, der in Buchform gedruckt wurde« vor. Die Unvereinbarkeit von Film und Drama hat H. späterhin allerdings ausdrücklich betont. Durch das Studium der Schriften Swedenborgs, den er übersetzte, und der Reden Buddhas begann eine mystische Phase H.s, die sich in dem zeit- und raumlosen Erlösungsdrama *Jenseits* (1920) widerspiegelt, das die ganze Palette okkulter Vorstellungen bereithält als eine »neue Dimension und Sprache auf der Bühne« (H.) und im *Caligari*-Film ein Pendant hat. Im Rückblick sprach H. davon, sich ins »Abstrakt-Spekulative« verrannt zu haben. Nachdem er 1924 als Schauspieler mit Paul Wegener eine Hollandtournee hinter sich gebracht hatte, lebte er bis 1928 als Korrespondent des Berliner *8-Uhr-Abendblattes* in Paris, wo er sich unter dem Eindruck des französischen Lustspiels wie des savoir vivre der Gesellschaftskomödie zuwandte und zu »einem der bühnensichersten Komödiendichter in deutscher Sprache« (Hermann Kesten) wurde. Das Erfolgsstück *Ein besserer Herr* (1926) persifliert die Geschäftstüchtigkeit der Zeit am Beispiel eines Heiratsschwindlers und die Macht des Geldes, die alle Gesellschaftsschichten scheinbar miteinander aussöhnt. Die Komödie *Ehen werden im Himmel geschlossen* (1928) brachte H. Anzeigen und Prozesse wegen Gotteslästerung ein, da er das himmlische Personal (Gott, Petrus, Maria) in einen eleganten Salon verlegt, von wo aus irdische Entscheidungen über Leben und Tod mit der Süffisanz eines autokratischen Staatsapparats gefällt werden. Temporeiche, lebendige Dialoge ohne übermäßige psychologische Durchgestaltung der Figuren machten H. zu einer Art neuem Klassiker, der weit vom rein Boulevardhaften entfernt ist und an der dunklen Seite, der »Moira der alten Griechen« (H.) festhalten wollte. Von 1929 bis 1932 lebte er in Berlin, unternahm aber zahllose Reisen in Europa und nach Marokko, 1930 war er in Hollywood mit einem Drehbuch für Greta Garbo beauftragt, das Projekt scheiterte jedoch. H.s Mißtrauen gegenüber (Macht-)Politik und Politikern wurde farcenhaft aufbereitet in *Napoleon greift ein* (1929, 1930 uraufgef.): Der aus einem Wachsfigurenkabinett entlaufene Napoleon sieht sich mit der modernen Staatenpolitik und dem Kult um seine Person konfrontiert. 1933 mußte H. ins Exil, zunächst nach Nizza, lebte 1937/38 auf einem erworbenen Landsitz in Italien, wurde interniert, entkam nach London und kehrte zu seinem Unglück 1939 an die französischen Riviera (Cagnes-sur-Mer) zurück. Nach mehrmaligen Inhaftierungen nahm er sich angesichts der möglichen Auslieferung im Lager Les Milles 1940 das Leben. Die Stücke des Exils schlagen wieder spirituelle Töne an (*Sinnenglück und Seelenfrieden*, 1936 uraufgef.) oder widmen sich einfühlsam einem Menschenschicksal (*Münchhausen*, 1948 uraufgef., handelt vom betrogenen Greis und seiner jungen Frau). Rassengesetze und Faschismus komödienhaft in biblisches Gewand zu kleiden, so geschehen in *Konflikt in Assyrien* (uraufgef. 1939 in London), konnte H. nur Kritik einbringen.

Die beiden posthum veröffentlichten Romane H.s sind autobiographischer Natur. *Irrtum und Leidenschaft* (1969), als Parallelisierung von Amourösem und Zeitgeschichtlichem zugleich bitteres Resümee des historischen Versagens des deutschen Bürgertums, zeigt den zunehmend seiner geistigen Traditionen beraubten Dichter, der Roman *Die*

Rechtlosen (1963) den im Lager unter demütigenden Bedingungen seiner Freiheit beraubten Menschen.

Werkausgabe: *Hasenclever*, Walter: Sämtliche Werke. Hrsg. von *Breuer*, Dieter und *Witte*, Bernd. Mainz 1989 ff.
Literatur: *Breuer*, Dieter (Hrsg.): Walter Hasenclever 1890-1940. Aachen 1990; *Wilder*, Ania: Die Komödien Walter Hasenclevers. Ein Beitrag zur Literatur der Zwanziger Jahre. Frankfurt a. M./Bern/New York 1983; *Raggam*, Miriam: Walter Hasenclevers Leben und Werk. Hildesheim 1973.
Oliver Riedel

Hauff, Wilhelm
Geb. 29.11.1802 in Stuttgart; gest. 18.11.1827 in Stuttgart

Unter dem Pseudonym H. Clauren, dessen sich der preußische Hofrat Karl Heun als erfolgreicher Unterhaltungsschriftsteller bedient, erscheint in der zweiten Augusthälfte 1825 bei dem Stuttgarter Verlag Friedrich Franckh ein Roman mit dem reißerischen Titel *Der Mann im Mond oder der Zug des Herzens ist des Schicksals Stimme*. Als Multiplikator des »Aufsehens«, das diese keineswegs allgemein als solche erkannte Parodie erregt, wirkt der von dem Plagiierten angestrengte Prozeß, in dem Franckh schließlich zu der gemessen am Verkaufsertrag »geringen« Strafe von 50 Reichstalern verurteilt wird. Für den jungen Imitator, der sich nun auch als Verfasser der kurz zuvor anonym erschienenen und von der Kritik günstig aufgenommenen *Mitteilungen aus den Memoiren des Satan* zu erkennen gibt, eines im darauffolgenden Jahr um eine Fortsetzung erweiterten satirischen Kaleidoskops der frühen Restaurationszeit, steht der geschickt provozierte Skandal am Beginn einer steilen Karriere. Er avanciert rasch zu einem umworbenen Mitarbeiter verschiedener belletristischer Zeitschriften und Verlage.

Die Art und Weise, in der H. sich ins Gespräch bringt, zeigt beispielhaft, daß er die Mechanismen des expandierenden Büchermarkts souverän durchschaut und sie seiner sozialen Arrivierung zielstrebig nutzbar zu machen versteht. Durchweg verrät der in Relation zur Entstehungszeit von nicht einmal drei Jahren staunenswerte Ertrag seiner hektischen Produktivität, die nach anfänglichen lyrischen Versuchen ausschließlich der Prosa gilt, ein sicheres Gespür für aktuelle Trends. Die Bereitschaft zur partiellen Anpassung an den Publikumsgeschmack zum Zweck der ökonomischen Absicherung verbindet sich freilich mit dem Anspruch »zeitgemäßer« Innovation. *Lichtenstein* (1826), seine Gestaltung einer (so der Untertitel) »romantischen Sage aus der württembergischen Geschichte« nach dem Vorbild der historischen Romane Walter Scotts, verhilft dieser Gattung in Deutschland zum Durchbruch. H.s Beiträge zum »Modeartikel« der Zeit, der Novelle – *Die Bettlerin vom Pont des Arts* (1826) etwa, *Jud Süß* oder *Das Bild des Kaisers* (beide 1827) –, entfalten programmatisch einen urbanen Erzählgestus jenseits aller literarischen »Schulen«, der breite Kreise für die »allgemeine Bildung« gewinnen und zugleich »den ernster denkenden ... fesseln« will. Am berühmtesten geworden sind indes zu Recht seine drei zyklischen »Märchenalmanache«: *Die Karawane* (1825), *Der Scheik von Allessandria und seine Sklaven* (1826) sowie *Das Wirtshaus im Spessart* (1827) mit dem herausragenden Stück *Das kalte Herz*. Sie gehören nach Robert Walser »zum Schönsten und Kostbarsten«, »was in deutscher Sprache jemals gedichtet wurde.«

H. stammt aus einer Familie der alteingesessenen bürgerlichen »Ehrbarkeit« seiner Heimat. Der Vater, ein kurz vor der Geburt seines zweiten Sohnes als Republikaner denunzierter und zeitweise inhaftierter Jurist im Staatsdienst, stirbt 1809. In Tübingen besucht H. bis 1817 die Lateinschule. Auf Antrag der Mutter wird er bereits ein Jahr früher als üblich aus dem Seminar Blaubeuren 1820 zum Studium der protestantischen Theologie, mit Philologie und Philosophie als Nebenfächern, nach Tübingen entlassen. 1821 schließt er sich einer Nachfolgeverbindung der aufgrund der »Karlsbader Beschlüsse« zwei Jahre zuvor verbotenen Burschenschaft »Germania« an, deren Eintreten für gesellschaftliche Freiheitsrechte (bei gleichzeitiger Distanz zu ihrer Deutschtümelei) er teilt.

Da H. das Pfarramt umgehen will, nimmt er unmittelbar nach seiner Abschlußprüfung im Spätsommer 1824 zunächst für eineinhalb Jahre eine Stelle als Hauslehrer in der Familie des württembergischen Kriegsratspräsidenten an, die ihm genügend Freiraum zur literarischen Arbeit läßt. Die obligatorische große Bildungsreise führt den inzwischen zum Dr. phil. Promovierten 1826 nach Paris, in die Normandie und nach Brüssel, später hält er sich dann in einigen norddeutschen Städten auf. Die humoristischen *Phantasien im Bremer Ratskeller* (1827) erinnern an eine seiner Stationen.

Mit Beginn des nächsten Jahres übernimmt H. die belletristische Redaktion des von Friedrich Johann Cotta verlegten, angesehenen *Morgenblatts für gebildete Stände*. Auch im Umgang mit dem neuen Dienstherrn behält er sein ausgeprägtes Selbstbewußtsein. »Ich fühle Kraft und Beruf in mir, Gutes, vielleicht, wenn ich reif genug sein werde, sogar Schönes und Erhabenes zu schaffen; daß dies jetzt noch nicht ist, weiß ich selbst«, hatte er am 7. 9. 1826 einem Freund geschrieben. Der frühe Tod, wenige Tage nach der Geburt seines Kindes, ereilt ihn mitten in neuen dichterischen Plänen und läßt die angekündigten Fortschritte nicht mehr zu, deren Plausibilität die Nekrologe übereinstimmend hervorheben. Auch mit seinem vorliegenden Werk aber ist H. einer der wenigen wirklich populären »Klassiker« der deutschen Literatur.

Werkausgabe: Wilhelm Hauff. Sämtliche Werke. Hrsg. von Sibylle von *Steinsdorff*. 3 Bde. München 1970.
Literatur: *Pfäfflin*, Friedrich (Hrsg.): Wilhelm Hauff. Der Verfasser des »Lichtenstein«. Chronik seines Lebens und Werkes. Stuttgart/Marbach 1981; *Martini*, Fritz: Wilhelm Hauff. In: Wiese, Benno von (Hrsg.): Deutsche Dichter der Romantik. Ihr Leben und Werk. Berlin 1971. S. 442–472; *Hofmann*, Hans: Wilhelm Hauff. Eine nach neuen Quellen bearbeitete Darstellung seines Werdeganges. Mit einer Sammlung seiner Briefe und einer Auswahl aus dem unveröffentlichten Nachlaß des Dichters. Frankfurt a. M. 1902.   *Hans-Rüdiger Schwab*

Hauptmann, Gerhart

Geb. 15.11.1862 in Ober-Salzbrunn/Schlesien; gest. 6.6.1946 in Agnetendorf/Schlesien

»Der Sozialismus dieser Zeit ehrt in Ihnen den mitleidigen Dichter der ›Weber‹ und des ›Hannele‹, den Dichter der Armen; und nachdem man der Demokratie alles nachgesagt hat, was ihr nachgesagt werden kann, ist festzustellen, daß sie des Landes geistige Spitzen, nach Wegfall der dynastisch-feudalen, der Nation sichtbar macht: das unmittelbare Ansehen des Schriftstellers steigt im republikanischen Staat, seine unmittelbare Verantwortlichkeit gleichermaßen, – ganz einerlei, ob er persönlich dies je zu den Wünschbarkeiten zählte oder nicht.« In Thomas Manns Rede *Von deutscher Republik*, die H. zum 60. Geburtstag gewidmet war, wird dem Dichter 1922 ein hohes Amt zugewiesen und H. gar als »König der Republik« gefeiert. Heinrich Mann hat im gleichen Jahr ähnlich emphatische Töne gefunden, als er den Jubilar als »Präsident des Herzens« neben den Reichspräsidenten stellte. Das sind fürwahr große Worte für einen Dichter, der 1889 noch von Theodor Fontane als »wirklicher Hauptmann der schwarzen Realistenbande« (14.9.1889) bezeichnet und von offizieller Seite des wilhelminischen Kaiserreiches mit Prozessen überzogen worden war. Dennoch ist H. frühzeitig in die Rolle eines Repräsentanten hineingewachsen, den viele Gruppen für sich reklamiert haben, der letztlich aber doch sehr eigenwillige Wege ging. So war H. ein eminent politischer und zugleich auch unpolitischer Dichter. Seine Werke und auch sein öffentliches Auftreten ließen ihn als politischen Anwalt erscheinen, der 1920/21 gar zum Amt des Reichspräsidenten gedrängt werden sollte, aber sein eigenes Selbstverständnis hat ihn mehr in der Rolle des über den Parteien stehenden Dichters gesehen. 1932 hebt er gegenüber Harry Graf Kessler hervor, daß er »der Sozialdemokratie nie eigentlich sehr nahe gestanden« habe, und lehnt es deshalb ab, sich für die rechtmäßige preußische Regierung zu engagieren, denn er wolle sich »prinzipiell nicht in die Tagespolitik einmischen«.

Auch wenn Thomas Manns Karikatur H.s als Mynheer Peeperkorn im *Zauberberg* (1924) überzeichnet ist, so trifft sie dennoch etwas Wesentliches, wenn es heißt: »Ein eigentümlicher, persönlich gewichtiger, wenn auch undeutlicher Mann«. Tatsächlich ist die biographische und künstlerische Kontur bei H. seltsam verschwommen: Aus bescheidenen Verhältnissen kommend, mit unzureichender Schulbildung versehen, hatte der junge H. zunächst einen Beruf in der Landwirtschaft angestrebt, fühlte sich jedoch der schweren Arbeit nicht gewachsen, glaubte sich zur Bildhauerei berufen, besuchte zeitweise eine Kunstschule, studierte aber auch als Gasthörer an den Universitäten Jena und Berlin Geschichte und fand erst in der Mitte der 80er Jahre Anschluß an Berliner Literaturkreise wie den Verein »Durch«. 1885 sicherte ihn eine reiche Heirat ab und ermöglichte ihm eine freie Schriftstellerexistenz und ein beinahe großbürgerliches Leben, das ab den 90er Jahren auch durch die reichlichen Tantiemen unterstützt wurde. H. gehörte schon um die Jahrhundertwende zu den erfolgreichsten deutschen Theaterdichtern. Er fand entscheidende Hilfe durch einen so wichtigen Verleger wie Samuel Fischer, einflußreiche Kritiker wie Theodor Fontane, Paul Schlenther und später Alfred Kerr und Theaterdirektoren wie Otto Brahm. Seine Einnahmen erlaubten ein aufwendiges Leben mit wechselnden Wohnsitzen in Berlin, in seinem Haus »Wiesenstein« in Agnetendorf/Schlesien und Hiddensee auf der Insel Rügen.

Beurteilt wird diese Biographie meist unter politischen und ideologiekritischen Aspekten, denn der Dichter der *Weber* schien sich frühzeitig auf eine sozialkritische Haltung festgelegt zu haben. Es hat H. jedoch immer wieder verärgert, daß sein Bild als Dichter vor allem durch seine naturalistische Phase, durch jene wirkungsvollen Theaterstücke wie *Vor Sonnenaufgang* (1889), *Die Weber* (1892), *Der Biberpelz* (1893) geprägt worden ist. Er selbst strebte schon in den 90er Jahren über diese »Richtung« hinaus und verstand sich als Vertreter einer allgemeineren »deutschen« Dichtung. So kann man mit guter Berechtigung als Konstante dieses Lebenswegs einen »wesentlich emotional geprägten Nationalismus« (Peter Sprengel) annehmen, denn auch Thomas Mann hat schon 1922 vor allem das »Deutschtum« und »eine Volkstümlichkeit des humansten Gepräges« betont. »Weiland poeta laureatus der deutschen Sozialdemokratie, dann der Barde des wilhelminischen ›Weltkrieg-Deutschland-über-Alles‹, dann Olympier der Weimarer Republik, schließlich Ehrengreis des III. ›Tausendjährigen‹ Reiches« (Walter Mehring) – solche harschen Urteile würden sich unter dem Aspekt des Nationalismus relativieren, denn dann hat dieser »letzte Klassiker« und »Nachfolger Goethes« immer nur danach gestrebt, ein deutscher Dichter in Deutschland zu sein. Biographische Zeugnisse bestätigen diesen Wunsch. Am 17. März 1933 schreibt H. an Rudolf Binding: »daß wir... gegen die Regierung, der wir unterstehen, nicht frondieren dürfen, ist eine Selbstverständlichkeit. Übrigens habe ich das auch als freier Schriftsteller niemals irgendeiner Regierung gegenüber getan. Dazu ist mein Wesen zu positiv eingestellt. Nicht im Gegenwirken sieht es das Heil, sondern im Mitwirken.« Das sind entlarvende Sätze, die H.s Verhalten zu Beginn des Ersten Weltkriegs ebenso erklären wie im Dritten Reich, wo er eine vorsichtige Anpassung und geistige Distanzierung zugleich versuchte.

Die gern als Schutzbehauptung verstandene Aussage im Prozeß um die *Weber*, er habe keine »politische Dichtung« schreiben wollen, gewinnt so aus der historischen Perspektive eine veränderte Bedeutung. Dennoch haben gerade die frühen Werke H.s eine starke politische Wirkung gezeitigt: *Vor Sonnenaufgang*, als Werk eines »Schnapsbudenrhapsoden« verlästert, schockierte ein bürgerliches Publikum durch die freimütige Darstellung von Sexualität und Trunksucht; *Die Weber* begeisterten ein Proletarierpublikum, das unter Absingen der Arbeiter-Marseillaise das Theater verließ; *Der Biberpelz* wurde durchaus als politische Satire auf den preußischen Obrigkeitsstaat verstanden. Aber es ist bezeichnend, daß H. – auch wenn mit *Fuhrmann Henschel* (1898), *Rose Bernd* (1903), *Die Ratten* (1911) weitere naturalistische Stücke folgten – schon früh die Annäherung an ein bürgerliches Publikum suchte, indem er mit seinem »Märchendrama« *Die versunkene Glocke* (1896) oder mit seinem »Glashüttenmärchen« *Und Pippa tanzt!* (1906) den Weg von den proletarischen, ja klassenkämpferisch anmutenden Themen zu volkstümlich-mythologischen Sujets fand. Diese Stücke haben H. eine starke Resonanz verschafft, waren sie doch eingelagert in eine breitere literarische Strömung symbolistischer und neuromantischer Dichtung um die Jahrhundertwende, die zugleich eine Entpolitisierung anzeigte. Solche Werke versöhnten die herrschende Gesellschaft, die H. nun mit Literaturpreisen, Ehrendoktorwürden und 1912 gar mit dem Nobelpreis belohnte. Am Ende des Kaiserreichs war er ein arrivierter und keineswegs ein verfemter Schriftsteller, der durchaus schon als nationaler Dichter gesehen wurde. Dieser Rolle versuchte er durch die Wahl seiner literarischen Themen gerecht zu werden, indem er sich immer mehr von politischen, sozialen und zeitkritischen Aspekten entfernte und dafür eher nationale bzw. mythologische Stoffe wählte, wie z. B. im Hexameter-Epos *Till Eulenspiegel* (1928) oder in der Atriden-Tetralogie (1941 ff.). Mit den selbstgewählten Vorbildern Aischylos, Euripides und Goethe versuchte H., sich in eine klassische Traditionslinie zu stellen und verlor gerade dadurch vieles von seiner ursprünglichen »modernen« Aussagekraft, die seine frühe Dichtung so wirkungsvoll hat werden lassen.

Werkausgabe: Gerhart Hauptmann. Sämtliche Werke. Hrsg. von Hans-Egon *Hass* u. a. 11 Bde. Frankfurt a. M. 1962–1974.
Literatur: *Kuczyński*, Krzystof und Peter *Sprengel* (Hrsg.): Gerhart Hauptmann – Autor des 20. Jahrhunderts. Würzburg 1991; *Sprengel*, Peter: Gerhart Hauptmann. Epoche – Werk – Wirkung. München 1984; *Brescius*, Hans von: Gerhart Hauptmann. Zeitgeschehen und Bewußtsein in unbekannten Selbstzeugnissen. Eine politisch-biographische Studie. Bonn ²1977.

Helmut Scheuer

Haushofer, Marlen
Geb. 11. 4. 1920 in Frauenstein/Oberösterreich; gest. 21. 3. 1970 in Wien

»Ich schreibe nie über etwas anderes als über eigene Erfahrungen. Alle meine Personen sind Teile von mir, sozusagen abgespaltene Persönlichkeiten, die ich recht gut kenne. Kommt einmal eine mir wesensfremde Figur vor, versuche ich nie in sie einzudringen, sondern begnüge mich mit einer Beschreibung ihrer Erscheinung und ihrer Wirkung auf die Umwelt.« Erst mit der Wiederveröffentlichung ihres Romans *Die Wand* 1983 wurde H.s literarische Bedeutung allgemein anerkannt. Man las das 1963 erstmals erschienene Buch (für das seine Autorin damals den Arthur-Schnitzler-Preis erhalten hatte) im Gefolge der Friedensbewegung als eine frühe Warnung vor der Neutronenbombe, im Gefolge der Frauenbewegung als ein frühes Manifest feministischer Kulturkritik. Die Wand aber, die der Ich-Erzählerin dieses Romans als Isolation von außen wie von innen niedergeht, ist keine politische Chiffre, sondern die radikale Konsequenz ihrer Erfahrungen als Frau im eng umzirkelten Kreis gesellschaftlicher Sozialisation. Die Wurzeln der Daseinstrauer, des klaustrophobischen Eingeschlossenseins, des Wegdenkens von allen Menschen – Züge, die in den meisten Erzählungen und Romanen H.s wiederkehren – liegen, sucht man denn schon nach einer biographisch motivierten Veranlassung, nicht in der Gegenwart, sondern in der Vergangenheit: »Katholische Kindheit und ›Hitlerjugend‹ waren die frühen Tapeten zu Marlen Haushofers Seelenleben« (Dorothea Zeemann). Die schreckliche Erkenntnis, daß einer nie wieder in seine Kindheit zurückkehren könne – mit diesem Bild schließt der Roman *Himmel, der nirgendwo endet* (1966), in dem H. die Autobiographie ihrer ersten zehn Lebensjahre beschrieben hat. Es ist wohl kein Zufall, daß sie mehrere – überaus erfolgreiche – Kinderbücher verfaßte (u. a. *Bartls Abenteuer, ein Katzenbuch,* 1964; *Brav sein ist schwer,* 1965; *Schlimm sein ist auch kein Vergnügen,* 1970), die sich in heiterer Mimikry der kindlichen Seele einfühlen. Die Wälder und Berge ihrer Kindheit jedenfalls kehren in fast allen Romanen als Fluchtorte wieder – jetzt freilich in charakteristischer Ambivalenz als Stätten idyllischer Regression und melancholischer Leere. Unbeschwerte Jugend im Oberösterreichischen, wo der Vater Revierförster war; Leidensjahre in einer katholischen Klosterschule; Reichsarbeitsdienst in Ostpreußen; Germanistikstudium in Wien und Graz; frühe Ehe mit einem Partner, von dem sie sich scheiden ließ, um ihn zwei Jahre darauf erneut zu heiraten; schließlich der Krebstod – das sind die Stichwörter ihrer Biographie, die sich fernab aller Öffentlichkeit als Hausfrau und Mutter, als Ordinationshilfe ihres Mannes, eines Zahnarztes, in der oberösterreichischen Kleinstadt Steyr vollzog. Das Schreiben hatte sie aus ihrem Alltag ausgegrenzt – wie die Ich-Erzählerin des Romans *Die Mansarde* (1969) ihre Tätigkeit als Illustratorin und Zeichnerin. Die Mansarde, das Dachzimmer im bürgerlichen Einfamilienhaus, die Alm- und Berghütte in der *Wand* – sie werden den Frauen zu Fluchtorten ihrer unbürgerlichen Ausschweifungen, die sie in der Familie, in der Gesellschaft nicht realisieren können. Immer wieder ereignet sich die Katastrophe als das Normale: »Die Verrücktheit, die meine ganze Generation befallen hat, ist die Folge von Ereignissen, denen wir nicht gewachsen waren.« Alles ,was H. geschrieben hat, sind Ehe-Geschichten, ist in der Familie angesiedelt, wird mit dem Blick und dem Wissen einer Frau dargestellt, aber zugleich als Bericht fiktionalisiert, dem es nicht um Identifikation, sondern um schmerzvolle Distanz geht: »Es gibt keine vernünftigere Regung als Liebe . . . Nur, wir hätten rechtzeitig erkennen sollen, daß dies unsere einzige Möglichkeit war, unsere einzige Hoffnung auf ein besseres Leben . . . Für ein unendliches Heer von Toten ist die einzige Möglichkeit des Menschen für immer vertan . . . Ich kann nicht verstehen, warum wir den falschen Weg einschlagen mußten. Ich weiß nur, daß es zu spät ist.« Allen Erzählungen und Romanen H.s (u. a. *Die Tapetentür,* 1957; *Wir töten Stella,* 1958; *Schreckliche Treue,* 1968) liegt dieselbe Situation zugrunde: eine Frau scheitert an der Liebesunfähigkeit der Männer, an der Monstrosität des Alltags, vor der sie sich nur durch Rückzug, durch Flucht retten kann. Aber allemal zeichnet H. die Frau, »die Parallelschaltung der Ehe widerstandslos mitvollziehend« (Anne Duden), auch als Mitschuldige am Verrat der Männer – mitschuldig durch Wissen, mitschuldig durch Schweigen. Gerade in diesem passiven Entgleiten, in dieser Auflösung des Ich, dessen Blick, dessen Worte von weit her zu kommen scheinen, liegt nicht zuletzt die Faszination, die H.s Bücher auf eine jüngere Generation ausüben: »Leben ist nur noch eine Begleiterscheinung der Verhältnisse« (Anne Duden). Die letzte Tagebucheintragung H.s vom 26. Februar 1970 schließt: »Mach Dir keine Sorgen – alles wird vergebens gewesen sein – wie bei allen Menschen vor Dir. Eine völlig normale Geschichte.«

Literatur: »Oder war da manchmal noch etwas anderes?« Texte zu Marlen Haushofer von Anne *Duden* u. a. Frankfurt a. M. 1986.   *Uwe Schweikert*

Hebbel, Christian Friedrich
Geb. 18. 3. 1813 in Wesselburen; gest. 13. 12. 1863 in Wien

Bereits fünf Jahre vor seinem ersten Tragödienerfolg schrieb H. folgende Selbstbeurteilung nieder: »Ich hege längst die Überzeugung, daß die Poesie nur eine heilige Pflicht mehr ist, die der Himmel den Menschen auferlegt hat, und daß er also, statt in ihr ein Privilegium auf Faulenzerei usw. zu haben, nur größere Anforderungen an seinen Fleiß machen muß, wenn er Dichter zu sein glaubt. Ich kenne ferner zu den Schranken meiner Kunst auch die Schranken meiner Kraft, und weiß, daß ich in denjenigen Zweigen, die ich zu bearbeiten gedenke, etwas werden kann und werde. Diese Zweige sind aber die Romanze und das lyrische Gedicht, vielleicht auch das höhere Drama« (1835).

Der als Sohn eines Maurers in Wesselburen in Norderdithmarschen geborene und in ärmlichsten Verhältnissen aufgewachsene H. mußte auf eine weiterführende schulische Ausbildung verzichten; als Schreiber und Laufbursche bei einem Kirchspielvogt eignete er sich durch beständiges Lesen ein erstaunliches, aber ganz und gar unschulmäßiges Wissen an. Erste dichterische Versuche wurden in den regionalen Zeitungen veröffentlicht, doch das Vorhaben, als Schauspieler der Enge der Wesselburener Welt zu entfliehen, scheiterte. Die in Hamburg lebende Schriftstellerin Amalia Schoppe und seine spätere Geliebte Elise Lensing ermöglichten ihm 1835 einen einjährigen Aufenthalt in Hamburg, doch da es für ein Universitätsstudium zu spät war, begab sich H. auf eine Reise nach München, weil er dort auf bessere Startchancen als angehender Literat hoffte. Hier beschäftigte er sich intensiv mit dem Studium der großen Tragödien des Aischylos, mit William Shakespeares und Friedrich Schillers Dramen, doch hatte er keinen Erfolg. Seine Rückreise nach Hamburg – zu Fuß, allein mit seinem Hund durch den rauhen März des Jahres 1839 wandernd – ist symptomatisch für den unermüdlichen Einzelgänger H. In Hamburg verdingte er sich als Rezensent und Mitarbeiter bei dem von Karl Gutzkow herausgegebenen *Telegraph für Deutschland* und vollendete in dieser Zeit *Judith* (1841), eine Tragödie, in der sich die Jüdin Judith als »maßloses Individuum« das göttliche Recht der Rache am Assyrerkönig Holofernes herausnimmt, weil dieser sie vergewaltigt habe. H. wurde damit beim Theaterpublikum als ungewöhnlicher Dramatiker bekannt. Während der Folgezeit, in der H. sich vergeblich beim dänischen König um eine Stelle bemühte, arbeitete er in seiner Streitschrift *Mein Wort über das Drama* (1843) seine grundlegende Auffassung von Kunst und Drama aus. Dem dänischen Dichter Adam Oehlenschläger hatte er schließlich ein für zwei Jahre bewilligtes Reisestipendium zu verdanken, das es ihm ermöglichte, während eines Parisaufenthalts Heinrich Heine kennen und schätzen zu lernen, ebenso Felix Bamberg, einen Kenner der Hegelschen Philosophie, und Arnold Ruge, den Begründer der *Hallischen Jahrbücher* und radikalen Demokraten. H.s großes Interesse an der Philosophie hat sich auch in seinen Gedichten niedergeschlagen, die er erstmals 1848 in einer Ludwig Uhland gewidmeten Ausgabe herausbrachte. Doch, wenn auch die philosophisch-abstrakte Denkweise in seiner Lyrik vorherrschte und nur wenige seiner Gedichte den an sich selbst gestellten Anspruch einlösten (in jedem wahren Gedicht sollten sich das Allgemeinste und Individuellste gegenseitig durchdringen), so haftet doch dem Dichter bis heute der Makel des Gedankendichters zu Unrecht an.

Zur Zeit der 48er Revolution, in der H. als engagierter Journalist Partei für eine konstitutionelle Monarchie auf demokratischer Grundlage ergriff, gehörte er seit bereits drei Jahren zu den bekannteren Dichterpersönlichkeiten Wiens. Hier lernte er die Schauspielerin und seine spätere Frau Christine Enghaus (Heirat 1946) kennen, die ihm nicht nur ein von materiellen Sorgen freies Leben bot, sondern ihn auch dem Theater näher brachte. In den Wirren der Revolution entstand das Ehedrama *Herodes und Mariamne* (1850), vier Jahre später konzipierte er seine *Agnes Bernauer* (1855), in welcher der Konflikt zwischen dem Recht des einzelnen auf freie Existenz und Liebe auf der einen Seite und der allumfassenden Staatsraison auf der anderen Seite im Mittelpunkt steht. Doch zeichnen sich H.s Dramen weniger durch die Dynamik sozialgeschichtlich bemerkenswerter Veränderungen aus, sondern sind getragen von der Idee eines statischen, unveränderlichen Zustands sittlicher Weltordnung; H. beharrte dabei auf der Autonomie der Kunst und hielt an der traditionellen Dramenstruktur fest, auch in seinem Drama *Gyges und sein Ring* (1856).

Ganz in das Umfeld gründerzeitlicher Literaturtendenz fiel H.s *Nibelungen*-Trilogie (1862), für die ihm der Schiller-Preis (1863) zuerkannt wurde; deren vollständige Aufführung erlebte er aber selbst nicht mehr. Was dem heutigen Leser an diesem nationalen Stoff Schwierigkeiten bereitet, dürfte allerdings weniger auf den Inhalt zurückzuführen zu sein als auf die Tatsache, daß deutschnational und -nationalistisch Gesinnte – auf besonders verhängnisvolle Weise im Dritten Reich – diesen Stoff und seinen Autor ihrer Weltanschauung einverleibten. Diese Art der H.-Rezeption hat also ihre eigene Tradition und beeinträchtigt noch heute seinen Ruf nachhaltig. Doch nicht nur die *Nibelungen* haben H. geschadet. Schon seine Zeitgenossen Hermann Hettner und Gottfried Keller warfen ihm die »verkünstelte und verzwickte Motivation« und die »historische Willkür« seiner Stücke vor, und auch sein allzu sehr auf persönlichen Vorteil bedachtes Streben sowie der Ehrgeiz des Autodidakten brachten ihm das Urteil »krankhaft forcierte Genialität« ein. Trotz alledem ist H. wie keinem anderen gerade in den *Nibelungen* die Durchdringung archaischer Monumentalität mit einem individualpsychologischen Realismus gelungen.

Bei seinen Frauengestaltungen nahm er in dem immer wieder zum Ausdruck gebrachten Selbstbehauptungsrecht der Frau gegenüber der drohenden Unterdrückung durch den Mann Themen Henrik Ibsens und August Strindbergs vorweg, so daß noch der junge Georg Lukács behaupten konnte, mit H. beginne die moderne Tragödie (1911). In die meisten Literaturgeschichten ging er allerdings paradoxerweise als »der letzte große (klassische) Tragödiendichter« ein.

Lange Zeit übersehen wurden nicht zuletzt seine Tagebücher, Briefe und kritischen Schriften zur Literatur der Zeit, die aufgrund seiner scharfen Beobachtungsgabe, seines unbestechlichen Geistes und seines aphoristischen Talents zu den interessantesten literarischen Zeugnissen des 19. Jahrhunderts zählen.

Werkausgabe: Werke. 5 Bde. Hrsg. von Gerhard *Fricke*, Werner *Keller*, Karl *Pörnbacher*. München 1963 ff. Friedrich Hebbel. Sämtliche Werke. Historisch-kritische Ausgabe. Hrsg. von Richard Maria *Werner*. 3 Abteilungen in 24 Bde. Berlin 1904–1907.

Literatur: *Kreuzer,* Helmut (Hrsg.): Friedrich Hebbel. Darmstadt 1989; *Grundmann,* Hilmar (Hrsg.): Friedrich Hebbel. Neue Studien zu Werk und Wirkung. Heide 1982; *Meetz,* Anni: Friedrich Hebbel, Stuttgart ³1973.

Roland Tscherpel

Hebel, Johann Peter
Geb. 1 0. 5. 1 760 in Basel; gest. 22. 9. 1 826 in Schwetzingen

Mit selbstironischer Verwunderung berichtet der knapp 62jährige einer guten Bekannten davon, daß aus ihm (wie es in seiner letzten Veröffentlichung, den für den Schulunterricht nacherzählten *Biblischen Geschichten* (1824) über Davids Aufstieg aus einfachen Verhältnissen heißt), offensichtlich »etwas geworden« ist: »Seit 1819 bin ich Prälat, Mitglied der Ersten Kammer und trage das Kommandeurkreuz des Zähringer Löwenordens. Ich möchte Sie sehen in dem Augenblick, wo Sie dieses lesen«. Nach dem Zeugnis eines frühen Biographen reagiert er auf die Nachricht von seiner Erhebung zu der in der evangelischen Landeskirche Badens bis dahin »noch nie erhörten Würde« mit einer bezeichnenden Reminiszenz: »Was würde meine Mutter sagen!« Im Umgang mit der höheren Gesellschaft nämlich hat H. den Abstand zu seiner Herkunft nie ganz überwunden: »Ihr habt gut reden«, antwortete er, einmal auf diese Scheu angesprochen, »Ihr seid des Pfarrers N. Sohn von X . . . Ich aber bin . . . als Sohn einer armen Hintersassen-Witwe zu Hausen aufgewachsen, und wenn ich mit meiner Mutter nach Schopfheim, Lörrach oder Basel ging, und es kam ein Schreiber an uns vorüber, so mahnte sie: ›Peter, zieh's Chäppli ra,'s chunnt a Her‹; wenn uns aber der Herr Landvogt begegnete, so rief sie mir zu, ehe wir ihnen auf zwanzig Schritte nah kamen: ›Peter, blib doch stoh, zieh geschwind di Chäppli ab, der Her Landvogt chunnt!‹ Nun könnt Ihr Euch vorstellen, wie mir zu Mute ist, wenn ich hieran denke – und ich denke noch oft daran – und in der Kammer sitze mitten unter Freiherren, Staatsräten, Ministern und Generalen, vor mir Standesherren, Grafen und Fürsten und die Prinzen des Hauses und unter ihnen der Markgraf«.

Erst verhältnismäßig spät, nach einem »langen Umweg«, beginnt H.s ungewöhnliche Karriere. »Ich habe schon in dem zweiten Jahre meines Lebens meinen Vater, in dem dreizehnten meine Mutter verloren«; beide Eltern standen im Dienst einer Basler Patrizierfamilie. Heimatliche Gönner ermöglichen dem Waisenjungen 1775 den Besuch des Karlsruher »Gymnasium illustre« und (ab 1778) das Studium der Theologie in Erlangen. Da H.s Examen zwei Jahre später nicht zu ihrer Zufriedenheit ausgefallen zu sein scheint, ziehen sich die bisherigen Mentoren zurück: »Elf Jahre lang, bis in das einunddreißigste meines Lebens, wartete ich vergeblich auf Amt und Versorgung. Alle meine Jugendgenossen waren versorgt, nur ich nicht«. Er arbeitet zunächst als Hauslehrer und Hilfsgeistlicher in Hertingen, bevor er 1783 eine dürftig bezahlte Stelle als Präzeptoratsvikar am Lörracher Pädagogium erhält. Enge Lebensfreundschaften entstehen während der später als

»glücklich« erinnerten Zeit. Zugleich trägt er sich der beruflichen Zurücksetzung wegen »lange mit dem Gedanken, noch umzusatteln und Medizin zu studieren«.

Dieser Stillstand endet erst im Herbst 1791, als H. – statt auf eine als idyllisches Wunschbild bis ins Alter beschworene »Landpfarrei« im Oberland, zudem erst, nachdem der ursprünglich vorgesehene Kandidat abgelehnt hatte – als Subdiakon an seine frühere Schule berufen und bereits ein Jahr später zum Hofdiakon befördert wird. Sein Fächerspektrum reicht von den alten Sprachen bis zu den Naturwissenschaften, in denen er seine Kenntnisse rasch selbständig erweitert. Wenige Jahre später schon verleihen ihm zwei »Naturforschende Gesellschaften« in Jena und Stuttgart die Mitgliedschaft. Inzwischen auf H.s pädagogisches Geschick aufmerksam geworden, »vertauscht ... das Konsistorium« 1798 seinen »bisherigen Titel mit dem eines Professors« und zieht ihn in der Folge als Berater und Mitarbeiter in den Aufgaben der kirchlichen Verwaltung heran.

Angeregt durch eine Zeitschrift im Umfeld der zeitgenössischen Wiederentdeckung der eigenen »Vorzeit« beginnt er, dreizehn Jahre nach seiner »Minnesänger«-Lektüre von 1787, wieder mit Versen in dem der »altdeutschen Ursprache« verwandten Dialekt seiner »geliebten Heimat«. Die kunstvolle Naivität der in »moralisch veredelnder Absicht genau im Charakter und Gesichtskreis« der einfachen Landbevölkerung bleibenden *Alemannischen Gedichte* (1803) verhilft H. schlagartig zu einem, wie Johann Wolfgang Goethe in seiner Rezension der zweiten Auflage schreibt, »eigenen Platz auf dem deutschen Parnaß«. Zur literarischen Berühmtheit geworden, gewinnt der nunmehr zum Kirchenrat Ernannte die persönliche Gunst des regierenden Fürsten und erlangt, obschon er sich weiterhin in den »Wirtshäusern« heimischer fühlt, Zutritt in die »Zirkel, wo die Hofluft weht«.

Zwischen 1807 und 1814, als er nach konfessionellen Vorwürfen zurücktritt, dann noch einmal vier Jahre später, redigiert H. in alleiniger Verantwortung den zuvor in eine Absatzkrise geratenen protestantischen Landkalender, der, wie ihm bewußt ist, »für den gemeinen Mann ein Stellvertreter der Zeitungen und Zeitschriften« ist. Schon aus dem neu gewählten Titel, *Der Rheinländische Hausfreund*, erhellt sein Selbstverständnis als vertrauter Gesprächspartner der »geneigten Leser«. Seine aus verschiedenen Quellen geschöpften »Artikels« realisieren eine »unterhaltende« Aufklärung »in natürlicher Sprache«, die nicht herablassend doziert, sondern vom »eigentümlichem Geschmack des Volks« ausgeht. Er hat »jene« – im 20. Jahrhundert von Ernst Bloch und Walter Benjamin über Martin Heidegger bis zu Elias Canetti und Heinrich Böll vielbewunderte – »echte und edle Popularität« im Blick, »die zwischen gebildeten und ungebildeten Lesern keinen Unterschied erkennend aus dem Menschen hervorgeht und den Menschen erfaßt«. Die »Mannigfaltigkeit« der Themen und Stoffe, von Personal und Schauplätzen, löst den Anspruch des »Kalendermachers« auf die Präsentation eines »Spiegels der Welt« ein. Da er mit diesem Konzept »in kurzer Zeit in ganz Deutschland eine seltene Aufmerksamkeit rege gemacht hat«, legt H. 1811 eine geringfügig überarbeitete Auswahl seiner Geschichten vor, das *Schatzkästlein des rheinischen Hausfreundes*.

»Meine Lage ist den Musen nicht so günstig wie ich wünsche. Meine Geschäfte vermehren sich von Jahr zu Jahr statt sich zu mindern, und die gute Laune verliert sich unter ihrer Last und unter ihren Zerstreuungen«, hatte er bereits 1807 auf die Bitte zur Mitarbeit an einem literarischen Almanach geantwortet. In den Briefen aus dem letzten Lebensjahrzehnt häufen sich, der gewachsenen Beanspruchung entsprechend, diese Klagen. 1821 zeichnet die Universität Heidelberg den undogmatischen Christen – »Wer aber ohne den Glauben gut handelt, auch dessen wird sich Gott erbarmen« – aufgrund seiner Verdienste bei der Union der lutherischen und reformierten Kirche in Baden mit der theologischen Ehrendoktorwürde aus. Die Amtspflichten lassen H. buchstäblich bis zu seinem Ende nicht mehr los: er stirbt auf einer Dienstreise, zu der er, schon »in der Qualität eines Patienten«, aufgebrochen war.

Werkausgabe: Hebel, Johann Peter: Gesamtausgabe. Hrsg. von *Zentner,* Wilhelm. Karlsruhe 1959–72.
Literatur: *Franz,* Kurt: Johann Peter Hebel. Kannit verstan. Ein Mißverständnis und seine Folgen. München/Wien 1985; *Schlaffer,* Hannelore (Hrsg.): Johann Peter Hebel: Schatzkästlein des Rheinischen Hausfreundes. Ein Werk in seiner Zeit. Tübingen 1980; *Kully,* Rolf Max: Johann Peter Hebel. Stuttgart 1969; *Zentner,* Wilhelm: Johann Peter Hebel. Karlsruhe 1965.
Hans-Rüdiger Schwab

Heimann, Moritz
Geb. 19.7.1868 in Werder bei Rehfelde/Mark Brandenburg; gest. 22.9.1925 in Berlin

»Die Geschichte vergißt eines zuerst: die Geschichte, – und mythologisiert sogleich darauf los.« H. ist, gleichsam ein Opfer dieser Einsicht, schon legendär gewesen, als er noch in höchster Wirksamkeit lebte (das Zitat stammt aus dem bibliophilen Druck seiner *Aphorismen* von 1915). »Heimann« war (und bleibt vielleicht) das Synonym für eine Funktion: Verlagslektor, Freund der Schriftsteller, ihr strenger Förderer. Seit 1896 arbeitete er für S. Fischer, Berlin, dessen Verlag, als der literarisch wohl wichtigste der Zeit, von H. mitgeprägt wurde. Wie groß oder wie klein seine Macht im Verlag und sein Einfluß bei den Autoren in Wirklichkeit waren, läßt sich schwer ermessen; H. selbst machte sich keine Illusionen darüber. 1918, als er fünfzig wurde, pries man ihn, zu seinem Verdruß, als »Weisen«, gar als »Vater Heimann«. Ein gesuchter Mann, dessen »Sprechstunden« vielen offenstanden, nicht nur Autoren. Einen »sokratischen Juden« nannte Martin Buber ihn 1918, als »Gesprächskünstler« hatte ihn Stephan Großmann 1928 in Erinnerung. H. war bewundert, geliebt, und er hatte keine Feinde (jedenfalls meldete sich keiner). Als Schriftsteller aber, als Buch- und Bühnenautor wurde er gerade nur respektiert, vielleicht, so Robert Müller 1921, »weil er selbst die Personal-Union mit seinem eigenen Förderer dargestellt haben würde«.

Otto Brahm hatte ihn 1894 entdeckt, als Dramatiker, dem erst noch »die Leviten« zu lesen seien, er hatte ihn im selben Jahr mit Gerhart Hauptmann zusammengebracht; beide empfahlen ihn S. Fischer, ab Mai 1895 erschienen Kritiken von H. in der *Neuen Deutschen Rundschau,* auch unter den Namen »Hans Pauli« und »Tobias Fischer« (später veröffentlichte er gelegentlich als »Julius«, als »Th. Elsner«, manchmal auch anonym).

Aufgewachsen war H. mit seinen Schwestern Ida und Deborah in dem märkischen Dorf Kagel bei Herzfelde, dort ging er zur Schule, danach bis zum Abitur in Schneidemühl aufs Gymnasium – und zog nach Berlin, wo er unter dem Vorwand, Medizin studieren zu wollen, vornehmlich Philosophie und Germanistik gehört haben soll; zeitweilig lebte H. als strenger Vegetarier, auch war er vermutlich in Rußland, zu Besuch bei Tolstoj –: »Ich habe keine Biographie, aber ich besitze alles, was ich versäumt, und alles, was ich verloren habe« (Aphorismus aus dem Nachlaß).

Verheiratet war er mit der Bildhauerin Gertrud Heimann, einer der Schwestern Marschalk (durch sie also verschwägert mit Gerhart Hauptmann und Emil Strauß). Mit ihr und dem Sohn Fritz lebte H., wenn er nicht in Berlin war, im heimatlichen Kagel. Alles Persönliche blieb privat. Über seine letzten Jahre – seit 1917 war er herz- und nierenkrank – wird man einiges erfahren können, wenn Oskar Loerkes Tagebücher komplett veröffentlicht sein werden. Loerke, von H. als großer Lyriker erkannt, sein Nachfolger im Amt des Lektors und ein Vertrauter, mußte die testamentarisch verfügte Aufgabe übernehmen, die schriftliche Hinterlassenschaft zu vernichten.

H.s Ehrgeiz galt dem Drama. *Der Weiberschreck* (1898), ein langgezogener Intrigensketch mit Verlobung, das erste gedruckte und erste aufgeführte Stück, blieb ohne Erfolg; *Die Liebesschule* (1905), ein Lehrstück in schönen Versen, fand wenig Freunde; *Joachim von Brandt* (1908), Lokalschwank, Konversationsstück, politische Satire und Literaturkomödie in raffinierter Staffelung, hatte einen Achtungserfolg; die Tragödie *Der Feind und der Bruder* (1911), groß angelegt und perfekt durchgeführt in Vers und Prosa: als Buch gerühmt, auf der Bühne ohne Glück; stark beachtet wurde dann das Presse und Moral traktierende, dialogisch subtil vorgehende Drama *Armand Carrel* (1920), das einen Nerv der Zeit traf; 1922, aufgeführt erst nach H.s Tod: *Das Weib des Akiba*, Geschichte einer legendären Ehe, zwölf Szenen mit dem Bar Kochba-Aufstand als politisch-religiösem Hintergrund.

Manche der insgesamt zwölf Erzählungen wurden von Kollegen wie Hugo von Hofmannsthal, Thomas Mann und Arnold Zweig, als Musterstücke einer unaufgeregten Erzählkultur geschätzt, z.B. *Die Tobias-Vase* und *Wintergespinst* (beide 1905), *Die letzte Ohnmacht* (1912), *Dr. Wislizenus* (1913). Von den Sammelbänden (*Gleichnisse*, 1905; *Novellen*, 1913; *Wintergespinst*, 1921) kam indes keiner über die erste Auflage hinaus.

H.s Domäne als Schriftsteller war der Essay oder, wie er selbst lieber sagte: Aufsatz. Hervorgegangen ist seine Form, die er nie schematisch handhabe, aus der literaturkritischen Übung. Auch wenn es um Bücher oder Theaterstücke ging – von 1903 bis 1905 war er Berliner Theaterreferent für die Wiener Tageszeitung *Die Zeit* –, schrieb H. bei aller Professionalität immer zugleich noch über etwas anderes, und auch die jeweilige politische Situation war präsent. H.s Kunst bestand darin, daß er erzählend zu argumentieren vermochte, ein gründlicher Lehrer, mit der Energie, sich selber Fragen zu stellen, auch dort, wo sonst keiner fragt. Sein Stil ist geradezu spannend, er steuert auf Pointen nicht zu, sondern setzt sie voraus: »Wenn das Leben einen Sinn hätte, das wäre ebenso furchtbar, als wenn wir ihm keinen gäben« (Aphorismus aus dem Nachlaß).

Bewußter Jude, bewußter Preuße, mit Sympathien für den Sozialismus, auch für den Zionismus, dem er gleichwohl fern blieb, märkisch-konservativ und neugierig: H. hielt sich, ökonomisch oft in Nöten, unabhängig. Zwischen 1914 und 1925 schrieb er für die Feuilletons der *Vossischen Zeitung*, des *Berliner Tageblatts*, der *Frankfurter Zeitung*, der *Neuen Freien Presse* und für so programmatische Zeitschriften wie *Der Jude*, die *Sozialistischen Monatshefte*, *Die Schaubühne* (bzw. *Die Weltbühne*) oder *Das Tage-Buch*. Aber als 1918 seine *Prosaischen Schriften* in drei Bänden gesammelt erschienen, wurden sie nicht gekauft. An

S. Fischer schrieb H. 1922, er stehe vor dem »niederziehenden Mißerfolg der Schriften«, und wenn er »noch so kalt und fremd auf alle Umstände« blicke, »doch wie vor einem Rätsel«. Jakob Wassermann, der dem Förderer und Freund zweimal ein Denkmal gesetzt hat (mit der Figur des Dichters Melchior Ghisels in seinem Roman *Der Fall Maurizius*, 1928, dann in einem Porträt der *Selbstbetrachtungen*, 1931 und 1933) sah die Gründe für dieses Scheitern vornehmlich in H.s hervorstehenden Qualitäten – »Ferner lag es am Fehlen einer leichten Beimischung von Banalität, jenes Grans von Billigkeit, von Übertreibung, von Selbststeigerung, die ein Autor braucht, um sich durchzusetzen, und die man auch bei den größten Schriftstellern finden wird.«

Werkausgabe: Moritz *Heimann*. Prosaische Schriften in drei Bänden. – Berlin 1918, Bd. 4: Wintergespinst. Novellen, 1921, Bd. 5: Nachgelassene Schriften, 1926.
Literatur: *de Bruyn*, Günter: Im Schatten der eigenen Bedeutung. Moritz Heimann – ein jüdischer Autor der Mark, in: Moritz *Heimann*: Märkische Novellen. Wintergespinst, Die Tobias-Vase, Dr. Wislizenus. Frankfurt a.M. 1993, S. 9–24; *Mattenklott*, Gert: Moritz Heimann. Ein Portrait, in: Moritz *Heimann*: Was ist das: ein Gedanke? Essays. Hrsg. und mit einem Nachwort von Gert *Mattenklott*. Frankfurt a.M. 1986, S. 251–276; *Heydebrand*, Renate von: Moritz Heimann. Über den Zusammenhang von Weltbild und Literaturkritik, in: Zeit der Moderne. Festschrift für Bernhard *Zeller*. Hg. v. H.H. Krummacher u.a. Stuttgart 1984, S. 171–225; *Reich-Ranicki*, Marcel: Der Kritiker Moritz Heimann, in: Die Neue Rundschau, 82. Jg., 1971, S. 127–143; Moritz Heimann. Eine Einführung in sein Werk und eine Auswahl von Wilhelm *Lehmann*. Wiesbaden 1960; *Baay*, Dirk: Moritz Heimann. Critic and Writer. Michigan 1959. *Dierk Rodewald*

Hein, Christoph
Geb. 8. 4. 1944 in Heinzendorf/Schlesien

»Ja, ich verstehe mich als Chronist, der mit großer Genauigkeit aufzeichnet, was er gesehen hat. Damit stehe ich in einer großen Tradition von Johann Peter Hebel bis Kafka. Aber der Schriftsteller ist kein Prediger, der den Sachverhalt, den er darstellt, auch noch selber kommentiert.«
Mit diesen Worten hat H. im März 1990 seine Haltung als Autor, frühere Aussagen bekräftigend, umrissen. Damit stellt er sich außerhalb des mainstream der DDR-Literatur, die in der Regel die Funktion von Ersatzöffentlichkeit willig annahm, volkspädagogisch wirken und oft auch noch den Propheten spielen wollte. Nicht so H., der sowohl als Bühnenautor als auch als Erzähler sein Material kalt hält, sich um nichts mehr als um sprachliche Präzision bemüht und Autorenkommentare für »geradezu kunstfeindlich« hält. Und doch verschmäht er es nicht, Moralist zu sein: nämlich als Essayist und Publizist, der wie jeder andere Mensch auch Überzeugungen und Meinungen hat und sie in diesem Genre auch vertreten darf. Christoph H. arbeitet nicht als Spezialist in nur einer Gattung, sondern in dreien: als Dramatiker, als Erzähler und als Essayist.

H. entstammt einer schlesischen Pfarrersfamilie und steht damit in einer langen, für die Literatur produktiven Tradition von Lenz über Friedrich Nietzsche bis zu Gottfried Benn. Die Familie flieht zu Kriegsende zunächst nach Thüringen und läßt sich dann in

Bad Düben bei Leipzig nieder. Als Pfarrerskind darf Christoph H. die Oberschule in der DDR nicht besuchen und wird deshalb 1958 Internatsschüler an einem humanistischen Gymnasium in Westberlin. Der Mauerbau 1961 verhindert den dortigen Schulabschluß – H. entschließt sich der Familie wegen, die mittlerweile in Ostberlin wohnt, im Ostteil der Stadt zu bleiben. Erst 1964 kann er in einer Abendschule das Abitur nachmachen. Zwischen 1961 und 1967 schlägt er sich als Montagearbeiter, Kellner und Buchhändler durch und ist für ein Jahr Regieassistent bei Benno Besson an der Volksbühne. Nach mehreren vergeblichen Anläufen, an der Filmhochschule in Potsdam-Babelsberg Dramaturgie zu studieren, nimmt er 1967 ein Philosophie-, später auch Logikstudium an der Universität Leipzig auf, das er, nach einem Wechsel an die Humboldt-Universität in Berlin 1970, im Jahre 1971 abschließt. Im gleichen Jahr wird er, wiederum an der Volksbühne bei Besson, als Dramaturg angestellt und bekommt 1973 einen Vertrag als Hausautor. Die Schriftstellerlaufbahn des Christoph H., der schon seit Kindheitstagen schreibt, hat begonnen, auch wenn noch kein Stück von ihm gespielt, geschweige denn ein Buch gedruckt ist. 1974 wird die Komödie *Schlötel oder Was solls* an der Volksbühne uraufgeführt – ein Stück, das das Scheitern eines vom Pathos der sozialistischen Utopie besessenen Intellektuellen im Brigadealltag in Szene setzt. Vom *Cromwell* (1978/80) an hat H. überwiegend Geschichtsstoffe bearbeitet, freilich auf der Grundlage eines erklärtermaßen »egoistischen« Geschichtsbewußtseins: »Man will seine Väter kennen, um sich zu erfahren«. Auch in dem »Salonstück« *Lassalle fragt Herrn Herbert nach Sonja* (1980) interessiert weniger die historische Person und mehr die Aktualität des Politikers als theatralischer Rollenspieler, dessen lächerliches Zugrundegehen als Privatmann auch sein öffentliches Scheitern bezeichnet.

Auch H.s nächste Stücke *Die wahre Geschichte des AhQ* (1983) wie das Walter-Benjamin-Stück *Passage* (1987) sind der Analyse der von gesellschaftlicher Praxis ausgeschlossenen bzw. sich ihr selbst verschließenden Intellektuellen gewidmet. Der Weg hin zu diesen auch internationalen Theatererfolgen ist dornenreich: 15 geplante DDR-Uraufführungen scheitern im Lauf der 70er Jahre, und 1979 wird H. – nach Bessons Weggang – von der neuen Volksbühnenleitung genötigt, seine Dramaturgentätigkeit aufzugeben. Seine an Lenz und Büchner geschulte Theaterästhetik, seine heiklen Stoffe passen nicht in die kulturpolitische Landschaft. H. hält sich mit Übersetzungen, Funkfeatures und Kritiken über Wasser.

Mit dem Erzählungsband *Einladung zum Lever Bourgeois* wird H. 1980 endlich zum öffentlichen Autor, und dies als Erzähler. 1982 ist das Jahr seines Durchbruchs: Die Novelle *Der fremde Freund (Drachenblut)* erscheint, und H. gewinnt ein fasziniertes Publikum in der DDR wie in der Bundesrepublik. Die in glänzender, der Ökonomie von Theaterstücken abgeschauter Manier erzählte unerhörte Geschichte handelt von den Deformationen der Zivilisation, in der wir leben, von den Folgekosten der instrumentellen Vernunft – und das provozierte die Leser im Osten wie im Westen. Auch H.s spätere Romane *Horns Ende* (1985) und *Der Tangospieler* (1989) handeln, wie schon die Debüterzählung zur Racine-Gestalt, von vereinsamten, gesellschaftslosen Individuen, die, zumeist unheroisch bis opportunistisch, in einem allem subjektiven Wünschen und Hoffen feindlichen Milieu zugrundegehen. Dabei weigert sich H. strikt, die »Sklavensprache als Kunstmaß« zu bedienen und seine Texte so zu kodieren, daß sie nachträglich vom »wissenden Leser« zurückzuübersetzen sind. Freilich grundieren gerade seine

Erzählungen in Rollenprosa einen »Untertext« (Tschechow), der den allzu planen Aussagen der Figuren zuwiderläuft und Defizite kenntlich macht.

Zum Ende der 80er Jahre hin wurde H., der lange Unterschätzte, zum deutsch-deutschen Erfolgsautor, wozu nicht zuletzt seine als Schlüsselstück auf das SED-Politbüro gedeutete Komödie *Die Ritter der Tafelrunde* (1989) beitrug. 1982 war ihm der Heinrich-Mann-Preis in Ostberlin, 1983 der Kritikerpreis in Westberlin verliehen worden. Im Sommer 1989 war er Inhaber des Poetik-Lehrstuhls an der Folkwang-Schule in Essen. Im gleichen Jahr bekam er den Lessing-Preis (in der DDR) und 1990 den Erich-Fried-Preis (in Wien). In den Monaten und Jahren vor und nach der Wende in der DDR mauserte sich H. zu einem der wichtigsten Autoren, denen es mit dem Konzept »Öffentlich arbeiten« ernst war. Im November 1987 hält er seine vielbeachtete Rede *Die Zensur ist überlebt, nutzlos, paradox, menschen- und volksfeindlich, ungesetzlich und strafbar*, im September 1989 folgt die ebenso mutige Rede *Die fünfte Grundrechenart* gegen die spätstalinistische Heuchelei und Verlogenheit im eigenen Land. Seit Mitte Oktober 1989 war H. Mitglied der »Unabhängigen Untersuchungskommission zu den Ereignissen vom 7./8. Oktober 1989 in Berlin« und sprach auch am 4. 11. 1989 bei der Massenkundgebung auf dem Berliner Alexanderplatz (u. a. von der »Heldenstadt Leipzig«). Für viele überraschend, verweigert er aber im Dezember 1989 seine Unterschrift unter dem Aufruf »Für unser Land«. H. wußte: »Die Selbständigkeit der DDR ist hier verludert und vertan worden – und nicht durch die Schuld Westdeutschlands.« Der unbestechliche, eigensinnige, unwehleidige Autor H., der nie in der SED war und heute Marx und Bloch zitiert, weiß, daß er »als Schriftsteller in diesem Land ... eine Chance« hat, »die es weltweit ganz selten gibt: daß man in seiner kurzen Lebenszeit zwei Leben führen« und über beide schreiben kann. Sein neuer Roman *Das Napoleonspiel* (1993) ist bereits einem dem DDR-Leben fernen Protagonisten gewidmet.

Literatur: *Zekert*, Ines: Poetologie und Prophetie. Christoph Heins Prosa und Dramatik im Kontext seiner Walter-Benjamin-Rezeption. Frankfurt a. M./Berlin/Bern/New York/Paris/ Wien 1993; *Hammer*, Klaus (Hrsg.): Christoph Hein. Ein Arbeitsbuch. Materialien. Auskünfte, Bibliographie. Berlin/Weimar 1992; *Baier*, Lothar (Hrsg.): Christoph Hein. Texte, Daten, Bilder. Frankfurt a. M. 1990.

Wolfgang Emmerich

Heine, Heinrich
Geb. 13. 12. 1797 in Düsseldorf; gest. 17. 2. 1856 in Paris

»Denk ich an Deutschland in der Nacht, / Dann bin ich um den Schlaf gebracht« (*Nachtgedanken*, 1843) und: »Ein neues Lied, ein besseres Lied, / O Freunde, will ich Euch dichten! / Wir wollen hier auf Erden schon / Das Himmelreich errichten« (*Deutschland. Ein Wintermärchen*, 1844) – zwei extreme Haltungen H.s, deren sehr unterschiedlicher literarisch-politischer Gestus kennzeichnend ist für seine Widersprüchlichkeit und Zerrissenheit: durch das »Herz des Dichters« geht »der große Weltriß« (*Die Bäder von Lucca*, 1830). Doch weder kritische Trauer noch sinnlicher Lebensgenuß entsprachen den Erwartungen der Mehrzahl der Leser in den letzten einhundertfünfzig Jahren. Nicht erst die antisemitische, nationalistische Rechte Ende des 19. Jahrhunderts und die Nationalsozialisten, die unter H.s berühmtes Lorelei-Gedicht »Verfasser unbekannt« schrieben, auch ein Großteil der zeitgenössischen Kritiker denunzierte H. als ichbezogen und originalitätssüchtig, als unmoralisch und gotteslästerlich, als jüdisch und französelnd; der Ruf nach der Verbrennung seiner Bücher wird schon 1827 laut. Diese Ausgrenzung wurde auch von den Liberalen mitvollzogen, und selbst der Radikaldemokrat Ludwig Börne, zeitweise H.s Weggefährte, kritisiert dessen Subjektivität und Ästhetizismus, dessen Immoralität und Areligiosität, eine Position, die sich tendenziell auch in der deutschen Arbeiterbewegung fortsetzte. »Die Wunde Heine« (Theodor W. Adorno) und deren öffentliche Behandlung, z.B. im Denkmalsstreit (1887–93, 1928–33) und in der Auseinandersetzung um die Benennung der Düsseldorfer Universität (1965–72) ist aus der deutschen Misere zu erklären und verweist zugleich auf sie. Denn H.s Schaffen wurde nicht im Kontext der literarischen und politischen Zustände gesehen, vielmehr wurde es ignoriert oder dämonisiert bzw. verklärt, d.h. auf das *Buch der Lieder* (1827) als bürgerlichen Lyrikschatz reduziert.

Harry H., der als Sohn eines jüdischen Kaufmanns zunächst den Beruf seines Vaters ergriff, studierte, unterstützt von seinem reichen Onkel, seit 1819 in Bonn, Göttingen und Berlin die Rechte. 1825 legte er das juristische Examen ab und promovierte; im selben Jahr trat er zum protestantischen Glauben über, als »Eintrittsbillett« in die Gesellschaft. Dennoch scheiterten aus politischen Gründen seine Bemühungen um eine Professur in München. In dieser Lebensphase, der Suche nach einer bürgerlichen Existenz, in der H. auch Vorlesungen bei August Wilhelm Schlegel und Ernst Moritz Arndt, bei Friedrich Carl von Savigny und Georg Wilhelm Friedrich Hegel hörte und in den Berliner Salons verkehrte, veröffentlichte er nach den ersten Gedichten (1817) nicht zufällig seinen ersten Prosatext über *Die Romantik* (1820). Auch in der Gedichtsammlung *Buch der Lieder* wird H.s Nähe zur Romantik, seine Bewunderung für ihre »Volkspoesie«, ihre Übersetzungs- und Sammeltätigkeit (Achim von Arnim, Clemens von Brentano, *Des Knaben Wunderhorn*, 1806/08) deutlich, zugleich aber auch sein ständig wachsender Abstand. Neben konventionell romantischen Liebesgedichten verwendet H. schon ironische Distanzierungen, häufig konzentriert in pointiert desillusionierenden Schlußversen. Trotz der einfachen Volksliedform entspringen Naturidylle, Liebesleiden und

Todessehnsucht nicht einem unmittelbarem Gefühl, vielmehr verwendet er bewußt romantische Stilmittel, eingebettet in Reflexion und Sentimentalität. Die Welt ist auch für den jungen H. schon brüchig, aber mit seiner Form des »Weltschmerzes« kann er, im Unterschied etwa zu Franz Grillparzer oder Nikolaus Lenau, spielerisch umgehen.

Nicht das weltberühmte *Buch der Lieder*, das immerhin schon zu H.s Lebzeiten dreizehn Auflagen erreichte, sondern seine *Reisebilder* (1826–1831) begründeten seinen frühen literarischen Ruhm. Im Kontext eines allgemeinen Reisefiebers und der damit zusammenhängenden Modeliteratur als Unterhaltung, Belehrung und Gesellschaftskritik schuf H. eine neue Form der Reiseliteratur, die nicht nur bei den Jungdeutschen begeisterte Nachahmer fand. H. verbindet die politische Information und Kritik der Aufklärung mit der Empfindsamkeit und subjektiven Erlebnisweise Laurence Sternes und Jean Pauls sowie mit den romantischen »Wanderungen« zu einem neuen Genre des sich emanzipierenden bürgerlichen Individuums. Dabei ersetzte die europäische Emanzipation mit ihrer Radikalisierung von der Philistersatire in der *Harzreise* bis zur Adels- und Kleruskritik und Revolutionsbegeisterung in *Die Stadt Lucca* (1831) die Selbstbildung als zentrale Thematik und Absicht. Trotz der Ungebundenheit als Reisender, als freier Schriftsteller, als Intellektueller, besteht bei H. jedoch eine unlösbare Verbindung zu Deutschland als seiner Heimat. Vor allem in der *Harzreise* kontrastiert H. die »Banalität« der deutschen Realität mit der Natur, dem Volk mit seinen Märchen und dem Traum. Das veränderte thematische Interesse korrespondiert mit der Auflösung des traditionellen Gattungsgefüges, es entsteht eine »Antireiseliteratur«, gerichtet gegen das klassische Literaturideal: Lyrik steht neben Essayistik und Erzählung, Reflexionen neben Stimmungsbildern und autobiographischen Beobachtungen, an die Stelle einer linearen Komposition treten Brüche und Assoziationen. Die widersprüchliche Subjektivität des Ich-Erzählers, die Mischung verschiedener Sprachebenen, Konversationston neben scharfer Satire, eine spezifische Bildhaftigkeit (Reise-Bilder) und die vorherrschende Stilfigur der Antithese führen zu einer Poetik der Dissonanz, des Fragmentarismus und ansatzweise der Montage in der Art der literarischen Moderne.

Nach der Julirevolution 1830 setzte H. diese neue Literaturkonzeption, die in die politischen Geschehnisse eingreifen und Stellungnahme beziehen soll, fort. In einer differenzierten und immer wieder modifizierten Auseinandersetzung mit Johann Wolfgang Goethe – H. betont den Indifferentismus, aber auch den Sensualismus des Weimarers – und in Abgrenzung zu Hegels Theorem vom »Ende der Kunst« spricht er vom »Ende der Kunstperiode« und dem Beginn einer neuen Kunst, »die sogar eine neue Technik hervorbringen muß«. »Bis dahin möge, mit Farben und Klängen, die selbsttrunkenste Subjektivität, die weltentzügelste Individualität, die gottfreie Persönlichkeit mit all ihrer Lebenslust sich geltend machen« (*Französische Maler*, 1834).

H.s Emigration nach Frankreich im Mai 1831 bildet einen tiefen Einschnitt in sein Leben, insbesondere die Erfahrungen mit der Metropole Paris, in Fortsetzung seiner neuen Wahrnehmungsweise in London (*Englische Fragmente*, 1831), der Kontakt in Praxis und Theorie mit der Arbeiterklasse, den Frühsozialisten und Kommunisten sowie seine Erfahrungen mit dem Widerspruch von politischer und sozialer Revolution. H. wurde insofern zu einem der wichtigsten Vermittler zwischen Frankreich und Deutschland, als er für beide Literaturmärkte schrieb: die Deutschland-Schriften, *Die romantische Schule* (1836) und *Zur Geschichte der Religion und Philosophie in Deutschland* (1835), zuerst in französischer Sprache, die Frankreich-Berichte, *Französische Zustände* (1833), *Französische Maler* (1834), *Über die französische Bühne* (1840) und *Lutezia* (1854) in deutscher Sprache. Obwohl H. in das Pariser Leben weitgehend integriert war (er stand im Kontakt mit Giacomo Meyerbeer, Victor Hugo, Alexandre Dumas, Pierre Jean de Béranger, George Sand und Honoré de Balzac; er heiratete 1841 Crescence Eugenie Mirat), orientierte er sich weiterhin an Deutschland und hielt sowohl über seine deutschen Besucher als auch durch seine Korrespondenzen für deutsche Zeitungen einen intensiven Kontakt aufrecht, der auch durch den Beschluß des Bundestages zum Verbot der Schriften des Jungen Deutschland (1835) nicht unterbrochen wurde.

Während H. in der *Romantischen Schule*, einem Gegenbuch zu Mme de Staëls *De l'Allemagne*, den französischen Lesern ein kritisches Bild der deutschen Literatur, speziell der Romantik vorlegt, damit zugleich aber auch ein »Programm zur deutschen Literatur« liefert, zeigt er in *Zur Geschichte der Religion und Philosophie in Deutschland* Entwicklungslinien von der Reformation bis zu Immanuel Kant, Johann Gottlieb Fichte, Friedrich Wilhelm Joseph Schelling und Hegel auf. In den späteren *Briefen über Deutschland* (1844), einer Art Kommentar zu seiner Geschichte der Philosophie, enthüllt H. das »Schulgeheimnis«: Hegel ist im Kern revolutionär, und sein berühmter Satz: »Alles was ist, ist vernünftig«, bedeute eigentlich: »Alles was vernünftig ist, muß sein.« Aus der Verbindung dieser linkshegelianischen Position mit Anschauungen des Saint-Simonismus, H.s »neuem Evangelium« (*Französische Zustände*), entwickelte er seine Auffassung von der Notwendigkeit einer universalen »sozialen Revolution« (*Französische Zustände*) – »le pain est le droit du peuple« (*Verschiedenartige Geschichtsauffassung*, 1830). Dieser theoretische Ansatz sowie die sich daraus ergebende Konsequenz, die Kritik an der Unzulänglichkeit einer politischen Revolution, wie sie H. nach 1830 erlebte, führte zu heftigen Konflikten mit der deutschen Oppositionsbewegung. Ludwig Börne, einer ihrer Wortführer, sah in H.s Vernachlässigung der Politik, z.B. der Frage Republik oder Monarchie, einen Verrat an den revolutionären Ideen, was zu Vorwürfen und Verdächtigungen führte. H.s »Denkschrift« *Ludwig Börne* (1840) ist deshalb als Verteidigung und zugleich als Abrechnung mit den »neuen Puritanern«, Börnes »Zeitkreis«, zu verstehen, und zwar im Sinne des Aristophanes als Polemik in z.T. unflätigem Ton (vgl. die August-von-Platen-Polemik in *Die Bäder von Lucca*).

Obwohl H. die Tendenz der Saint-Simonisten zur Klassenversöhnung nicht akzeptierte, blieb die Antithese von Sensualismus und Spiritualismus, die Proklamation der Gleichheit der Genüsse, der zentrale theoretische Bezugspunkt, auch in der Auseinandersetzung mit dem Kommunismus. Nur so ist zum einen H.s Fehleinschätzung zu verstehen, er habe mit seiner sensualistischen Haltung – »wir stiften eine Demokratie gleichherrlicher, gleichheiliger, gleichbeseligter Götter« – »längst geträumt und ausgesprochen«, was die »Führer« des »Proletariats«, »die Philosophen der großen Schule«, die »von der Doktrin zur Tat« gehen, als »Programm« »formulieren« (*Briefe über Deutschland*). Nur so ist zum anderen, trotz enger Freundschaft und Zusammenarbeit mit Karl Marx, auch H.s zwiespältige Haltung noch 1854 gegenüber dem »schauderhaft nacktesten, ganz feigenblattlosen, kommunen Kommunismus« (*Geständnisse*, 1854) zu verstehen. Immerhin »sprechen zwei Stimmen zu seinen Gunsten«, nämlich »daß alle Menschen das Recht haben, zu essen«, und der Haß auf den »gemeinsamen Feind«, und relativieren das »Grauen« des Künstlers vor den »dunklen Ikonoklasten« (Französische Vorrede zu *Lutezia*, 1855). Bezugspunkt für diese Haltung bildet ohne Zweifel der Gleichheitskommunismus, insbesondere der Neo-Babouvismus, den H. in den späten 30er Jahren als herrschende Strömung des Frühsozialismus in Paris kennenlernte. Aufbau und Sprachstil der zentralen Textstellen lassen jedoch auch einen ironischen Gestus H.s vermuten; er macht sich scheinbar die Vorurteile des Bürgertums zu eigen und spielt verdeckt mit deren Angst, gerade auch mit Blick auf seine bürgerlichen Leser. Der Idealisierung des Volkes tritt H. ebenso entgegen wie dessen Erniedrigung und benennt stattdessen die gesellschaftlichen Ursachen für dessen Häßlichkeit, Bosheit und Dummheit.

In den 30er Jahren schrieb H. vor allem Prosa, und zwar zumeist in einer neuen literarisch-kritisch-analytischen Form, besonders ausgeprägt in einer Vielzahl aktualisierender Vorreden (*Über den Denunzianten*, 1837; *Der Schwabenspiegel*, 1839) und Vorworten (*Don Quichote*, 1837). Demgegenüber steht H.s Erzählprosa, obwohl mit der Form des historischen Schelmenromans experimentierend (*Der Rabbi von Bacherach*, 1840; bzw. *Aus den Memoiren des Herrn von Schnabelewopski*, 1834) ebenso zurück wie seine frühen Theatertexte (*Almansor*, 1823; *William Ratcliff*, 1823) und seine späten heidnisch-mythischen und phantastischen Stücke und Ballettlibretti (*Der Doktor Faustus. Ein Tanzpoem*, 1851; *Die Göttin Diana*, 1854; *Die Götter im Exil*, 1854).

Stand die Prosa für H. in den 30er Jahren auch im Vordergrund, so schrieb er doch gleichermaßen eine große Anzahl von Gedichten. Veröffentlicht hat er sie jedoch erst 1844 in seinem zweiten wichtigen Lyrikband, den *Neuen Gedichten*, in dessen drittem Teil, den *Zeitgedichten* (1841–44), H. einen neuen Ton anschlägt: Neben aggressiver Satire auf die Herrschenden *(Der Kaiser von China*, 1843/44) steht die ironische Auseinandersetzung mit der politisch-literarischen Modeströmung der Tendenzpoesie in Deutschland (Ferdinand Freiligrath, Georg Herwegh u.a.) – »Blase, schmettre, donnre täglich« (*Die Tendenz*, 1842). H.s Kritik an ihrem »vagen, unfruchtbaren Pathos« und ihrem »unklaren Enthusiasmus« setzt sich fort und spitzt sich zu in *Atta Troll* (1847), dem schlecht tanzenden Tanzbären, der zwar »Gesinnung« hat, aber keine sinnliche Ausdruckskraft – »kein Talent, doch Charakter«. An den Anfang der *Zeitgedichte* stellte H. als Gegenposition seine *Doktrin* (1842) – er selbst als Tambour-Major, der die Hegelsche Philosophie, Reveille trommelnd und die Marketenderin küssend, in die Praxis umsetzt. Das beste Gegenbeispiel zu den »gereimten Zeitungsartikeln« bietet H. jedoch mit dem als Flugblatt verteilten und im Pariser *Vorwärts* abgedruckten Gedicht *Die schlesischen Weber* (1844), das den Weberaufstand in das Bild der ein »Leichentuch« für »Altdeutschland« produzierenden Weber faßt, als Ausdruck der historischen Notwendigkeit der Revolution.

Gegen Preußen und die »deutsche Ideologie« wendet sich auch H.s Versepos *Deutschland. Ein Wintermärchen* (1844). Mit Zorn und Liebe stellt H. seinen »Patriotismus« gegen dessen »Maske« und »die der Religion und Moral« (Vorwort) und verspottet gleichermaßen den Anachronismus des germanisch-christlichen Königtums (Kyffhäuser-Sage) wie die Welt der Bourgeoisie (Göttin Harmonia). In diesen »versifizierten Reisebildern« (Brief v. 20.2.1844) verbinden sich Volksliedstrophe und volkstümliche Motive aus Sage und Märchen, Mythologie, Religion und Traum, Trauer um Deutschland und diesseitiges Glücksstreben zu einem »neuen Genre« (20.2.1844), das H. selbst, in der Tradition von Aristophanes stehend, »radikal, revolutionär« nennt (14.9.

1844). Politischer Bezugspunkt dieser schärfsten deutschsprachigen Satire des 19. Jahrhunderts bilden der Saint-Simonistische Sensualismus und die Emanzipationsgedanken des jungen Karl Marx.

Mitte der 40er Jahre gerät H. in eine Krise – Isolierung von den politischen Freunden, Erbstreitigkeiten, Beginn seiner Krankheit, die ihn ab 1848 ans Bett fesselte; dem Siechtum in der »Matratzengruft« stellte er die Intensität seiner Literaturproduktion entgegen. Die Prosatexte aus dieser Zeit leben vor allem von der Erinnerung: Er arbeitet sein Leben auf – die *Geständnisse* und die erst postum von der Familie zensiert veröffentlichten *Memoiren* (1884) –, und er arbeitet seine *Berichte über Politik, Kunst und Volksleben* für die *Augsburger Allgemeine Zeitung* (von 1840 bis 1844) zu den zwei Büchern der *Lutezia* um. *Romanzero* (1851), H.s dritter großer und sehr erfolgreicher Gedichtband, lebt dagegen ebenso wie die *Gedichte 1853 und 1854* (1854) aus der bedrückenden Gegenwart. H.s Leiden führt zu Verzweiflung und Widerstand, zu Distanz vom politischen Tagesgeschehen, der deutschen Misere nach 1848 und zur Konzentration auf die Kunst, zur religiösen »Bekehrung« und zu blasphemischen Zweifeln und Fragen nach der Gerechtigkeit angesichts von siegreichem Bösen und hilfloser Armut, wie H. es im *Lazarus*-Zyklus betont. Das letzte Gedicht dieses Abschnitts, *Enfant perdu*, bekenntnishaft wie die meisten Gedichte dieser Zeit, kann als H.s Testament gelesen werden: »Ein Posten ist vakant! – Die Wunden klaffen /Der eine fällt, die andern rücken nach /Doch fall ich unbesiegt, und meine Waffen/sind nicht besiegt – Nur mein Herze brach.«

H. war trotz Besuchen von Freunden und der Hilfe der Mouche nicht erst in der Einsamkeit der Krankheit isoliert. Als Jude war er trotz Assimilation ein Paria und schöpfte aus seiner Bindungslosigkeit die Kraft seiner Utopie; als Intellektueller seiner Klasse, dem Bürgertum, sich entgegenstellend, aber auch außerhalb des heraufkommenden Proletariats stehend, sah er die Gesellschaft mit analytisch-kritischem, mit fremdem Blick; als Schriftsteller wurde er trotz Einfluß und Erfolg Außenseiter, ausgegrenzt nicht zuletzt auch von den Liberalen und Radikaldemokraten. Sein Sensualismus – die Revolution als »Bacchantenzug« – und seine ästhetische Sensibilität machten ihn verdächtig; verdächtig auch wegen der Subversivität seiner Sprache, seiner Ironie, seiner Trauer, seines grellen Lachens, die entgegen Karl Kraus' Verdikt von der Sprachzerstörung Widerstand gegen Alltagssprache und Alltagsordnung leistet, sich jedoch zunehmend gegen Vereinnahmungstendenzen in Ost und West zu wehren hat: »Die Wunde Heine beginnt zu vernarben, schief« (Heiner Müller).

Werkausgabe: Sämtliche Schriften. 6 Bde in 7 Bdn. Hrsg. von Klaus *Briegleb*. München 1975–1985; Sämtliche Werke. Historisch-kritische Gesamtausgabe der Werke. Hrsg. von Manfred *Windfuhr*. Hamburg 1975. Säkularausgabe. Werke, Briefwechsel, Lebenszeugnisse. Herausgegeben von den Nationalen Forschungs- und Gedenkstätten der Klassischen Deutschen Literatur und dem Centre National de Recherche Scientifique. 30 Bde. Weimar/Paris 1970 ff.
Literatur: *Ziegler*, Edda: Heinrich Heine. Leben, Werk, Wirkung. München 1993; *Höhn*, Gerhard: Heine-Handbuch. Zeit, Person, Werk. Stuttgart 1987; *Brummack*, Jürgen (Hrsg.): Heinrich Heine. Epoche – Werk – Wirkung, München 1980; *Galley*, Eberhard: Heinrich Heine, Stuttgart ³1976; *Kaufmann*, Hans: Heinrich Heine. Geistige Entwicklung und künstlerisches Werk. Berlin/Weimar ³1976.   *Florian Vaßen*

Heinrich von Morungen
um 1200

In einer Urkunde des Markgrafen Dietrich von Meißen (gest. 1221), des Schwiegersohnes Hermanns, Landgrafen von Thüringen und bekannten Literatur- und Kunstmäzens, ausgestellt am 17. August 1218 in Leipzig, erscheint in der Zeugenreihe ein »Henricus de Morungen«, mit dem Zusatz »miles emeritus« (Ritter »außer Diensten«). Eine weitere Urkunde, die mutmaßlich auf 1217 zu datieren ist, belegt, daß dieser ein Benefiz (Besitzungen mit jährlich 200 Talenten Einkünften), erhalten »propter alta merita« (wegen großer Verdienste), dem Thomaskloster in Leipzig vermachte. In einer wohl aus dem Besitz dieses Klosters stammenden Handschrift des 16. Jahrhunderts wird überliefert, er habe seinen Lebensabend im Thomaskloster verbracht und sei dort 1222 gestorben. Außerdem wird berichtet, er habe eine Indienreise unternommen. – Diese wenigen Daten hat man auf den nur in der Lyriküberlieferung faßbaren Dichter H. bezogen. Ein Ministerialengeschlecht dieses Beinamens ist erst seit 1226 (bis ins 18. Jahrhundert) nachweisbar; es nannte sich nach einer Burg bei Sangershausen in Thüringen, die zum staufischen Reichsgut gehörte. Dies verleitete die Forschung zu dem Schluß, H. habe sich auch am staufischen Hofe aufgehalten und habe das Frauenpreislied, das seine Liedsammlung in der Großen Heidelberger und der Weingartner Liederhandschrift eröffnet, der Kaiserin Beatrix gewidmet.

In der hauptsächlich oberdeutschen Minnesangüberlieferung steht H. im Vergleich mit seinen Zeitgenossen Reinmar und Walther von der Vogelweide etwas abseits. Auch in den Dichternennungen vor allem des 13. Jahrhunderts taucht er selten auf. Erwähnt wird er nur in den didaktischen Werken *Seifrid Helbling* (als »Minnedieb«) und im *Renner* Hugos von Trimberg (um 1300), weiter im Losbuch des Konrad Bollstätter (15. Jahrhundert, zitiert neben Wolfram von Eschenbach und Reinmar von Brennenberg) und schließlich in der Zimmerischen Chronik (16. Jahrhundert). – H. gehört wie Tannhäuser oder Reinmar von Brennenberg zu den mittelhochdeutschen Dichtern, deren sich die Sage bemächtigt hat: In der *Ballade vom edlen Moringer* (erstmals erwähnt bei Caesarius von Haisterbach um 1220, als Gedicht faßbar erst 1459) wird die Indienfahrt ausgemalt, nach welcher der Heimkehrende seine Frau bei der Hochzeit mit einem anderen Minnesänger, von Nifen, antrifft. – In der Großen Heidelberger Liederhandschrift sind unter seinem Namen 104 Strophen (35 Lieder), in der Kleinen Heidelberger Liederhandschrift 29 Strophen, in der Weingartner Liederhandschrift 25 Strophen überliefert. Diese Lieder setzen sich von denen etwa Reinmars durch ihren ausgeprägten Sensualismus, durch ihre visionäre Schau ab, durch rhythmisch bewegte Versformen (sog. mittelhochdeutsche Daktylen), musikalische Sprache und anschauliche, sinnenhafte Bilder. H. spiritualisiert und dämonisiert die Minne (vgl. sein *Elbenlied*), betont deren Vergänglichkeit (Spiegelgleichnis) und schwankt zwischen Ergebenheit und drängendem Fordern, das unter dem Einsatz der Liebeskrieg-Metaphorik auch nicht vor Drohungen zurückschreckt, so der Drohung, sich im Sohn einen Rächer zu erziehen oder die Dame auch noch im Jenseits mit seiner Minne zu verfolgen. H. greift nicht nur auf provençalische, sondern auch auf antike Dichtungstraditionen zurück (Ovid; er beschwört Venus und Paris). Auffallend sind seine Licht- und Gestirne-Vergleiche. – Sein schmales Werk ist eine poetische Kostbarkeit, geprägt durch Kunstwerke wie den klangvoll-schwebenden sog. Tagelied-Wechsel. Bei ihm finden sich auch erste Ansätze zu einer Beschreibung der sinnlichen Schönheit einer Frau. – Im Unterschied zur eingeschränk-teren mittelalterlichen Resonanz H.s – im Vergleich etwa mit Reinmar – erreichen H.s Lieder einen neuzeitlichen Leser offensichtlich leichter als die hermetischen Texte anderer mittelalterlicher Lyriker. Schon in der Auswahlübersetzung Ludwig Tiecks, *Minnelieder aus dem schwäbischen Zeitalter* (Berlin 1803, Nachdruck 1966), ist H. mit der größten Liederzahl vertreten – noch vor Walther von der Vogelweide.

Werkausgabe: *Tervooren*, Helmut (Hrsg.): Heinrich von Morungen. Lieder. Mittelhochdeut-scher und neuhochdeutscher Text. Übersetzung, Kommentar. Stuttgart 1975.

Günther Schweikle

Heinrich von Veldeke
um 1200

Dieser Dichter wurde das Opfer des ersten bekannten literari-schen »Kriminalfalles« der deutschen Literaturgeschichte. Er berichtet selbst im Epilog seines höfischen Romans *Eneide*, er habe das Manuskript der Gräfin Margarete von Cleve zu lesen gegeben. Einer ihrer Damen sei es dann, wahrscheinlich 1174, während der Hochzeit der Gräfin mit dem Thüringer Land-grafen Ludwig III. (gestorben auf dem dritten Kreuzzug 1190), von einem Bruder des »Hochzeiters«, Heinrich, gestoh-len worden. Damals war das Werk bis zu der Stelle gediehen, wo Aeneas Lavinias Brief liest (v. 10–930). Erst neun Jahre später (und nach dem Tod des gräflichen Bücherdiebs 1180) erhielt H. sein Manuskript zurück. Er scheint es dann am Hof seiner Gönner, des Land-grafen Hermann von Thüringen, eines der wichtigsten Mäzene des Hochmittelalters (und berühmten politischen Opportunisten), und dessen Bruders Friedrich, vollendet zu haben – nach dem berühmten Mainzer Hoffest 1184, das er im Schlußteil des Romans mit der Hochzeit des Aeneas vergleicht.

Die *Eneide* eröffnet eine Reihe mittelhochdeutscher Epen mit antiken Stoffen, für die Thüringen ein Zentrum gewesen zu sein scheint (Albrecht von Halberstadt, *Ovid*; Her-bort von Fritzlar, *Liet von Troye*). – Die Daten aus dem Buchraub sind die einzigen, eini-germaßen sicheren Lebenszeugnisse über H. Im Epilog der *Eneide* und in den Minne-sanghandschriften wird er als »meister« aufgeführt, was auf geistliche Bildung schließen läßt. Die Forschung weist ihn einem Ministerialengeschlecht zu, das allerdings erst im 13. Jahrhundert urkundlich zu fassen ist. Von dem einstigen Sitz dieses Geschlechts zeugt vielleicht noch die sog. Velkermolen, eine Mühle bei dem Dorfe Spalbeke, west-lich von Maastricht in der heute belgischen Provinz Limburg. In diesen Raum weist auch H.s früheres episches Werk, die Heiligenlegende *Sente Servas* (über Servatius, den

Stadtheiligen und Namenspatron des Münsters zu Maastricht). Verfaßt hat es H. im Auftrag der Gräfin Agnes von Loon und eines Herrn Hassel, Custos des Münsters. Es schließt thematisch und formal noch an die vorhöfische Literatur an und hat dann offenbar in staufischer Zeit keine große Verbreitung mehr gefunden: Es ist nur in einer späten Handschrift (15. Jahrhundert) in spätlimburgischem (niederfränkischem) Dialekt erhalten. H.s Dialekt läßt sich nur aus einigen Servatius-Fragmenten (um 1200) erschließen.

Das Hauptwerk H.s, die *Eneid*, ist dagegen in 12 allerdings ausschließlich hochdeutschen (z.T. fragmentarischen) handschriftlichen Zeugnissen des 13. bis 15. Jahrhunderts erhalten. Diese mittelhochdeutsche *Eneide* ist eine Umgestaltung der *Aeneis* Vergils nach dem Vorbild des um 1160 entstandenen altfranzösischen *Roman d'Enéas* eines unbekannten Normannen. Im altfranzösischen und mittelhochdeutschen Werk ist das lateinische Nationalepos über die Gründung Roms, eine Symbiose aus Mythos und Geschichte, in einen Minneroman verwandelt, in dem Exempla der unglücklichen Liebe (Karthagerkönigin Dido) und der glücklichen (Lavinia, Tochter des Latinerkönigs) einander gegenübergestellt sind. Aeneas wird aber auch hier als Gründer Roms gepriesen.

Die grundlegende literarische Leistung, die H. mit diesem Werk erbrachte (erstmals geschmeidige Handhabung des höfischen Reimverses, stringente Handlungsführung), wurde schon in mittelhochdeutscher Zeit erkannt und gerühmt: So von Gottfried von Straßburg in der Literaturstelle des *Tristan*: »er inpfete daz erste rîs in tiutscher zungen« (v. 4738; »er pfropfte den ersten (Dichtungs-)Zweig auf den Stamm der deutschen Sprache«). Ähnlich lobt ihn der späthöfische Epiker Rudolf von Ems im *Alexander* (um 1230) als denjenigen, »der rehter rîme alrêrst began« (v. 3114; »der richtige Reimverse als erster schrieb«), ebenso nochmals im *Willehalm von Orlens* (um 1240). Wolfram von Eschenbach bezieht sich auf H. u. a. als »Fachmann in Minnefragen«. – Überliefert sind von H. auch rund 40 Gedichte, meist einstrophige Minnelieder und witzig pointierte Spruchtexte (in oberdt. Sprache mit niederdt. Dialektspuren). In einigen Liedern hat er auch die damals neue Tendenz der hohen Minne aufgenommen. In der anonymen Novelle *Moriz von Crâun* (1190) wird H. auch als Autor einer nicht erhaltenen Geschichte von Salomon und Venus erwähnt.

Werkausgabe: *Kartschoke,* Dieter (Hrsg.): Heinrich von Veldeke. Eneasroman. Mhd. / Nhd. Stuttgart 1986.

Literatur: *Wenzelburger,* Dietmar: Motivation und Menschenbild der Eneide Heinrichs von Veldeke als Ausdruck der geschichtlichen Kräfte ihrer Zeit. Göppingen 1974; *Smet,* Gilbert de (Hrsg.): Henric van Veldeken. Symposion Gent 1970. Antwerpen/Utrecht 1971; *Brandt,* Wolfgang: Die Erzählkonzeption Heinrichs von Veldeke in der »Eneide«. Ein Vergleich mit Vergils »Aeneis«. Marburg 1969.

Günther Schweikle

Heinse, Johann Jakob Wilhelm

Geb. 15.2.1746 in Langewiesen/Thüringer Wald; gest. 22.6.1803 in Aschaffenburg

Die äußeren Lebensumstände H.s waren durchaus typisch für die bedrückende Lage der deutschen Intellektuellen im 18. Jahrhundert. Seine Lebensauffassung wich jedoch erheblich von der Norm ab. Schon die frühesten Zeugnisse zeigen ihn in heftiger Opposition zur christlichen Moral und als Verfechter einer Ethik des Lebensgenusses. Die skeptische Zuwendung seines Lehrers Christoph Martin Wieland zur unvollkommenen, aber einzig wirklichen »sublunarischen« Welt verwandelt H. in eine überschwengliche Bejahung der Diesseitigkeit und aller vitalen Kräfte. Seine Verherrlichung der »Natur« und des gesteigerten Lebens ist die Kehrseite einer pauschalen, manchmal anarchistisch gefärbten Ablehnung der bestehenden gesellschaftlichen Verhältnisse. Geboren in einem kleinen »Stadtflecken« eines winzigen Duodezfürstentums, wuchs H. in beengter, orthodox protestantischer Umgebung auf. Sein Vater war Stadtschreiber und Organist, später Bürgermeister; trotzdem führte die zehnköpfige Familie ein kärgliches Leben. Nach Abschluß des Gymnasiums in Schleusingen mußte H. sich durch das Studium in Jena (1766) und Erfurt (1768) hindurchhungern, dann mit literarischen Brotarbeiten und Übersetzungen sein Leben fristen. Protegiert von Johann Wilhelm Ludwig Gleim, war er zwei Jahre lang Hauslehrer in Halberstadt. Seit 1774 wohnte H. in Düsseldorf bei den Brüdern Friedrich Heinrich und Johann Georg Jacobi, wo er die kurzlebige Damenzeitschrift *Iris* redigierte.

Die große Italienreise, das Ziel all seiner Wünsche, konnte H. 1780 endlich antreten (zu Fuß, lange vor Johann Gottfried Seume!); wie bei Johann Joachim Winckelmann, Karl Philipp Moritz, Johann Wolfgang von Goethe u.a. war es eine Flucht aus der Misere. Die drei italienischen Jahre wurden der Höhepunkt seines Lebens und weckten schöpferische Energien. Als verspätete, erst im mediterranen Klima gereifte Frucht der Geniepcriodc crschien 1787 *Ardinghello und die glückseligen Inseln*, der erste deutsche Künstlerroman. Das Werk besteht aus einer Reihe abenteuerlicher Episoden, in denen der Romanheld als Kraft- und Universalgenie des 16. Jahrhunderts gezeichnet wird: Ardinghello ist zunächst Maler, daneben Gelehrter und Virtuose, bewährt sich aber zunehmend auch im aktiven Leben, sei es als Gesellschaftsreformer oder als Pirat. Infolge einer Familienfehde zum Mörder geworden, flieht er aus Venedig und streift durch Italien; Genua, Florenz, Rom und Neapel bilden die Hauptetappen. In Briefen an seinen Freund – der zugleich Erzähler des Romans ist – schildert er seine (meist erotischen) Erlebnisse, entwirft seine Anschauungen der Natur und des natürlichen Menschen und widmet sich eingehenden Kunstbetrachtungen über antike Statuen oder Gemälde der Renaissance. Höhepunkt und Abschluß seiner Wanderjahre ist die Gründung eines Idealstaats auf den »glückseligen Inseln« der Ägäis. Es liegt gewiß nahe, solche Wunschbilder für eine bloße Kompensation der nicht erreichbaren Lebensfülle zu halten. H. war jedoch mit einer bemerkenswerten seelischen Robustheit ausgestattet, er litt weniger als andere unter dem Riß zwischen Anspruch und Wirklichkeit. Natur- und

Kunsterlebnisse entschädigten ihn für viele Entbehrungen. Seine Schilderungen erhabener Landschaften und berühmter Kunstwerke werden an Intensität von keinem Zeitgenossen erreicht.

H. hatte nie das »Joch« eines bürgerlichen Amtes erstrebt, aber er brauchte schließlich doch ein festes Auskommen. So akzeptierte er 1786 die Stelle als Vorleser und Privatbibliothekar beim Erzbischof bzw. Kurfürsten von Mainz: der grimmige Antiklerikale im Dienst des nach dem Papst mächtigsten Pfaffen! Dem Aufenthalt in der geistlichen Metropole setzten die Revolutionskriege ein Ende; während der Mainzer Republik war H. an den Niederrhein ausgewichen, dann mußte er die Bibliothek nach Aschaffenburg begleiten (1794) und seine letzten Jahre, von kleineren Reisen abgesehen, in dieser »öden und freudeleeren« Stadt verbringen. Der späte H. führt eine Art Doppelexistenz: nach außen loyaler und diplomatisch glatter Hofrat, hat er sich zur Abschirmung seiner eigentlichen Individualität mit einem »Futteral« überzogen (wie Georg Forster sagt) und vertraut seine inneren Überzeugungen nur noch monologisch den Tagebüchern an. Die von 1774 bis zum Todesjahr reichenden privaten Aufzeichnungen mehr oder weniger aphoristischen Charakters haben freilich nicht seelische Innenschau, sondern ideologische Selbstverständigung zum Ziel. Für den heutigen Leser macht dieser umfangreiche Nachlaß durch die enzyklopädische Weite der Themen und den spontanen Ausdruck einer radikal aufklärerischen Geisteshaltung wohl den interessantesten Teil von H.s Gesamtwerk aus.

Werkausgabe: Wilhelm Heinse. Sämtliche Werke. Hrsg. von Carl *Schüddekopf* und Albert *Leitzmann.* 10 Bde. (in 13). Leipzig 1902–1925.

Literatur: *Schramke,* Jürgen: Wilhelm Heinse und die Französische Revolution. Tübingen 1986; *Dick,* Manfred: Der junge Heinse in seiner Zeit. München 1980; *Baeumer,* Max L.: Heinse-Studien. Stuttgart 1966.

Jürgen Schramke

Heißenbüttel, Helmut
Geb. 21. 6. 1921 in Rüstringen

»Die Überlegungen, die ich mir gemacht habe, sind fast immer in Gang gebracht worden von der Irritation durch herkömmliche Urteile«, bekennt H. in den *Frankfurter Vorlesungen* (1963). In dem Satz schon deutet sich ein besonderes Autorenprofil an, das nicht so sehr durch einschneidende Individualerlebnisse und deren Niederschlag im Werk geprägt ist.

Die äußeren Daten seiner Biographie – Kriegsteilnahme, schwere Verwundung, Studium der Kunstgeschichte, Architektur und Germanistik in Dresden, Leipzig und Hamburg, Arbeit als Verlagslektor und von 1959 bis 1981 als Redakteur von »Radio-Essay« am Süddeutschen Rundfunk – finden im Werk nur in der auffälligen Kopplung von poetischen und essayistischen Ansätzen ihren erkennbaren Reflex. Prägender ist eine durchgehaltene, vor allem sprachreflektorische Anstrengung, die aus Zweifel und Neugierde gleichermaßen hervorgeht. Das Werk dokumentiert diesen Vorgang nicht als abgeschlossenes Ergebnis, sondern als immer nur Vorläufiges, als einen offenen Prozeß, der sich in einer langen zusammenhängenden Veröffentlichungsreihe von literarischen Experimenten ausdrückt *(Textbücher, Projekte)*, aber auch in einer Vielzahl theoretischer Äußerungen. H. führt so schreibend vor, »daß es nicht auf definitive Lösungen ankommt, sondern darauf, die Fragen so weit voranzutreiben, daß sie ganz deutlich werden oder daß die Sache ganz deutlich wird, auf die die Fragen zielen«. In diesem Sinne ist H.s Werk als experimentelle Literatur angelegt, ohne daß es sich eindeutig auf Gattungsbegriffe oder Strömungen, wie etwa ›Konkrete Poesie‹, festlegen läßt. In der experimentierenden Spracharbeit mag man auch am ehesten so etwas wie einen autobiographischen Entwurf H.s aufspüren, der keinesfalls als Zusammenhang von personalen ›Geschichten‹ lesbar sein will, sondern als sprachexperimentierender Versuch einer Selbstverständigung. Das sucht Abhängigkeiten aufzudecken, aber auch Möglichkeiten zu erkunden: »Während ich erzählt werde, erzählt sich das zu Erzählende« *(Textbücher)*. Ludwig Wittgensteins Sprachphilosophie und vor allem sein Satz: »Die Bedeutung eines Wortes ist sein Gebrauch in der Sprache«, lieferten das nötige Argumentationsmuster für ein Schreiben, das nicht mehr an der Fiktion eines autonomen Subjekts festhielt, sondern sprachliche Denk- und Sprachpartikel montierte, ›kombinierte‹. Dies galt schon für die erste beachtete Nachkriegspublikation *Kombinationen* (1954), auch für die *Topographien* (1956). Diese ›Gedichte‹ münden als Vorstufen ein in die seit 1960 bis 1970 erschienene Reihe der *Textbücher 1–6*. Mit ihnen begründete H. ein eigenwilliges Ordnungsprinzip, das eigene Werk als Prozeß zu demonstrieren. In den *Textbüchern* entwickelte H. ein Repertoire literarischer »Sprachspiele«, in denen er die Konventionalität gesellschaftlicher Redeformen zu entlarven und aufzubrechen suchte. Im Jahre 1970 beginnt mit dem »Quasi-Roman« *D'Alemberts Ende* als *Projekt Nr. 1* eine neue Publikationsreihe. Dies Werk stellt insofern einen qualitativen Sprung dar, als H. hier nicht mehr Sprachkritik und Sprachexperiment in ›wörtlichen‹ Naheinstellungen und antigrammatischen Detailexerzitien demonstriert, sondern im größeren Textentwurf so »etwas wie ein Gesamtrepertoire heutiger Existenzmöglichkeiten« darzustellen sucht. Dabei entsteht aus Geschichtsteilen und Dialogen ein Handlungs- und Figurenpanorama, dessen groteske Überzeichnung H. selber als »Satire auf den Überbau« verstanden wissen wollte. Die Wirksamkeit dieses und anderer Texte erprobte H. auch erfolgreich im Medium des Hörspiels. Die kritisch-experimentelle Erkundung von Gattungsformen (vor allem erzählenden), die sich mit dem *Projekt Nr. 1* ankündigte, setzte H. in den folgenden Jahren fort. 1974 zitierte das *Projekt Nr. 2* unter dem Titel *Das Durchhauen des Kohlhaupts* die Tradition des »Lehrgedichts«. Von 1978 bis 1980 erschienen – zusammengefaßt als *Projekt 3/1–3* – *Eichendorffs Untergang und andere Märchen, Wenn Adolf Hitler nicht den Krieg gewonnen hätte. Historische Novellen und wahre Begebenheiten* und *Das Ende der Alternative*. Mehr und mehr rückte das Augenmerk auf historische Situationen und Figuren, auch auf lebensgeschichtliche Ich-Episoden. Die Texte erproben eine neue Kleinform von Erzählprosa, setzen sich zitierend mit Vorbildern und Mustern auseinander. Immer aber zeigen die Texte auch Sollbruchstellen des Zweifels und erzeugen jene »Irritation«, die zugleich Ausgang von H.s Arbeit und beabsichtigtes Ziel der Wirkung auf den Leser ist. Bis zu den letzten literarischen und poetologischen Arbeiten hält sich so der Impuls, Schreiben als einen offenen Prozeß zu verstehen, wodurch H. zu einem der Hauptvertreter experimenteller Literatur geworden ist.

Literatur: *Arnold,* Heinz Ludwig (Hrsg.): Helmut Heißenbüttel. Text + Kritik. Sonderband. München 1981; *Döhl,* Reinhard: Helmut Heißenbüttel. In: Weber, Dietrich (Hrsg.): Deutsche Literatur der Gegenwart. Band 1. Stuttgart ³1976, S. 627–656.

Horst Ohde

Henscheid, Eckhard
Geb. 14. 9. 1941 in Amberg/Oberpfalz

 Von zahlreichen, zumal von kunstverständigen Lesern längst als inflammierender, wo nicht als gewichtigster Autor deutschsprachiger Gegenwartsliteratur überhaupt angesehen, weist der Schriftsteller H. vor allem ein Merkmal auf, das er mit keinem vergleichbar ranghohen Artisten seines Berufes teilt. Als Ebenbürtige erlangten beispielsweise weder Brigitte Kronauer noch Ror Wolf die Anerkennung ihrer Arbeit derart medienunabhängig, derart massenhaft vom »lesenden Volk« direkt. H. vermochte von Anbeginn, seine Arbeit – vorbei an preisverteilenden Juroren, machthabenden Verlegern und Literaturkritikern – an die Endverbraucher unmittelbar durchzureichen, an eine begierige Leserschaft. Gegen die Medien, die dem Autor lange bloß einen Status als »Oberspaßmacher der Nation« (Jörg Drews), gar nur als »Klamaukschriftsteller« (Gert Ueding) zubilligen mochten, setzte sich, wachsend, ein inspiriertes Lesepublikum durch.

H.s inzwischen bestsellernaher Erfolg ist desto bemerkenswerter, je genauer die Bandbreite seines Œuvres ins Auge gefaßt wird. Nahezu sämtliche literarische Gattungen (und nicht nur eine, wie gemeinhin für hochverkäufliches Produzieren typisch) kommen in diesem, inzwischen fast 30 Buchtitel umfassenden Werk gleichmäßig virtuos zur Geltung. Die Leser folgten dem Spektrum von kleinteiligen *Polemiken* und *Satiren,* folgten den schwebeleichten Feuilletons (*Sudelblätter,* 1987; *Die Wolken ziehn dahin,* 1992), den anspruchsvoll musikologischen Fachanalysen (in 3., erweiterter Auflage nunmehr: *Verdi ist der Mozart Wagners. Ein Opernführer,* 1992), folgten mit äußerstem Vergnügen selbst den komisch-kritischen Anekdoten (z.B.: *Wie Max Horkheimer einmal sogar Adorno hereinlegte,* 1983) und Fußball-Dramoletten (*Standardsituationen,* 1988).

Im Brennpunkt des Leseentzückens stand freilich, und dies von Anbeginn, H.s poetische Prosa – die großen Erzählungen (*Ein scharmanter Bauer,* 1980, *Roßmann, Roßmann...,* 1982; *Frau Killermann greift ein,* 1985), die neuen *Märchen* (*Die drei Müllerssöhne,* 1989) und *Kleine Poesien* (1992). Selbst gewagten neuen Roman-Formen (*Beim Fressen beim Fernsehen fällt der Vater dem Kartoffel aus dem Maul,* 1981; sowie: *Helmut Kohl. Biographie einer Jugend,* 1985) – zumeist bereits vom 1973er Erstling *Die Vollidioten* an – folgte die Leserschaft bis hin in die epischen Zentralmassive der Romanprosa von *Geht in Ordnung – sowieso – – genau – – –* (1977), ja bis hinein in die traumhafte Epik der *Mätresse des Bischofs* (als letztem Titel der berühmten, derzeit an die 30 Auflagen starken *Trilogie des laufenden Schwachsinns*; erschienen 1978).

H.s anspruchsvolle Version eines in der unmittelbaren Gegenwart angesiedelten, neuen Faust-Romans – also erst 1983 *Dolce Madonna Bionda* – machte den Lesern endgültig klar, in welche Prosahöhen der Autor sie längst schon verlockt hatte; das Nachklettern begann, beschwerlich zu werden, die langhin lauthals begeisterte Fan-Gemeinde begann zu schrumpfen. Wiederum erst 1988, als H. neuerlich auch die Form der *Novelle*, ja fast der »Idylle« in klassisch Schillerschem Sinn, wiederbelebt hatte, setzte ein Umdenken auch jenseits der grauen Leserschaft ein; der Autor avancierte, langsam zwar aber unaufhaltsam, nun auch in den Verwaltungsetagen des Literaturbetriebs. Erst mit der bahnbrechenden Einfalt seiner *Maria Schnee* (*Eine Idylle*, 1988) gelang H., nach 25 Jahren dichtester Autorarbeit, der Aufstieg zum nun allseits gewitterten Klassiker der Gegenwart; resümierend hierzu Brigitte Kronauer: »Die hier sich ereignenden Wunder sind weniger spektakulär, aber von nachhaltiger Heilkraft«.

Damit könnte, auf engstem Raum, eins der Erfolgsgeheimnisse der H.schen Schriftstellerarbeit formuliert sein: eine – im mehrfachen Sinn – tatsächlich heilende. Denn, wo auf der einen Seite das Satirische, das Bloßlegen unserer unmerklich tiefkorrumpierten Alltagssprache mitsamt der sie steuernden Wahrnehmungsmuster heilsam zur Wirkung kommt (bei der Lektüre etwa des *Dummdeutsch*-Lexikons, 1985, erweitert 1993; der *Erledigten Fälle*, 1986, sowie anderweitig versammelter Satiren und Glossen in 3 Folgen von 1969 bis 1990), kommt auf der anderen, weitaus gewichtigeren Seite des H.schen Œuvres ein Natur-, ein Welt-Bild zur Sprache, das den Menschen als nurmehr verzeihliche, liebenswürdig-mitleidheischende Kreatur unter anderen voll Erbarmen zum Thema nimmt; heilkräftig für den Leser eben dieser Schreibperspektive wegen; einer Perspektive, die H. mit keinem Autor der deutschen Gegenwartsliteratur teilt, kaum selbst mit älteren. Ahnherrn der H.schen Prosa finden sich freilich. Abgesehen von den spätitalienischen Tonkünstlern (zumal Verdi, Puccini) und einiger ihrer kongenialen Interpreten dürfte zuallererst der Freiherr von Eichendorff, auch Gottfried Keller, prägend gewesen sein; weiterhin die berückenden Labereien Fjodor Michailowitsch Dostojewskis, die komische Kühle der Kafkaschen Prosa, die schier gänzlich unauffällige Lebendigkeit der Romankunst Italo Svevos, die elektrische Normalität Vladimir Nabokovs.

Dem gebürtigen Oberpfälzer H. von seiner landsmannschaftlichen Herkunft her freilich am nächsten stehend erweist sich der oberfränkische Genius Jean Paul. Dessen Künste ausschweifender Digressionen dominieren auch die formal gebanntere Epik H.s über weite Strecken hin.

Den Provinzler H., der seinen katholisch geprägten Heimatort Amberg auch spirituell niemals ganz verließ, verschlugen, nach Abschluß des Studiums in München als Magister Artium, lediglich pure Zufälle in die Metropole Frankfurt am Main, in die Redaktion der damaligen Satirezeitschrift *pardon* (1968), einen Hort bereits jener Kräfte, denen sich der Name einer neuen (gegenüber der älteren, Adorno/Horkheimerschen) Frankfurter Schule verdankt; den zeichnenden Dichtern F. W. Bernstein, Robert Gernhardt, F. K. Waechter. Wo überhaupt eine »Schule«, war diese es, die dem jugendlichen H. half, rücksichtslos hervorzutreten mit eigenen Ideen, wie eine neue Prosa beschaffen sein könne.

Literatur: *Arnold,* Heinz Ludwig (Hrsg.): Eckhard Henscheid. Text + Kritik. Sonderband. München 1981; *Kronauer,* Brigitte: Henscheids Poesien. In: B.K.: Literatur und schöns Blümelein. Graz/Wien 1993.   *Bettina Clausen*

Herder, Johann Gottfried
Geb. 25. 8. 1744 in Mohrungen/Ostpreußen; gest. 18. 12. 1803 in Weimar

»Ein rundes Gesicht, eine bedeutende Stirn, eine etwas stumpfe Nase, ein etwas aufgeworfener, aber höchst individuell angenehmer Mund. Unter schwarzen Augenbrauen ein paar kohlschwarze Augen, die ihre Wirkung nicht verfehlten.« So schildert Johann Wolfgang Goethe H., der ihm 1770 in Straßburg begegnet. Diese Begegnung ist für den einundzwanzigjährigen Goethe ein zentrales Erlebnis; denn H. treibt ihm mit Macht allen Leipziger Rokokogeist aus und gibt zentrale Anstöße für seine Entwicklung zum ersten der Sturm-und-Drang-Dichter – so die Einsicht, »daß die Dichtkunst überhaupt eine Welt- und Völkergabe sei, nicht ein Privaterbteil einiger feinen gebildeten Männer«.

1773 faßt H. seine Moral in einem Brief an seine spätere Frau Caroline Flachsland zusammen: »Jeder handle nur ganz aus sich, nach seinem innersten Karakter, sei sich treu.« Sein Versuch, so zu leben, scheitert immer wieder an der Enge der Ständegesellschaft, was H. in seiner eher antifeudalen Grundeinstellung bestärkt. Seine Wunschbiographie zeichnet er im *Journal meiner Reise 1769*, das er nach seinem freiwilligen Weggang aus Riga aufgrund von »Kontrarietäten« zwischen sich und seinen Ämtern schreibt: »Ich habe nichts auf der Welt, was ich sehe, das Andere haben: Eine Ader für die Bequemlichkeit, wenige für die Wollust, nichts für den Geist. Was bleibt mir übrig als Wirksamkeit und Verdienst? Dazu brenne ich und krieche durch die Welt.« In hochgespanntem Ehrgeiz entwirft sich H. als »Genius« und sozialer Reformer des zurückgebliebenen Livlandes. »Was in einem solchen Geiste für eine Bewegung, was in einer solchen Natur für eine Gärung müsse gewesen sein, läßt sich weder fassen noch darstellen. Groß aber war gewiß das eingehüllte Streben« (Goethe).

Das Studium in Königsberg von 1762 bis 1764 wird die prägende Chance für den in eine »dunkle«, aber nicht dürftige Mittelmäßigkeit« hineingeborenen Sohn eines Mohrunger Küsters und Mädchenschullehrers. Hier wird er nach dem Wort eines Zeitgenossen zu einem »Jüngling für die große Welt«. Er beschäftigt sich über die Theologie hinaus mit Literatur und Literaturkritik. Vor allem hört er mit Enthusiasmus den vorkritischen Immanuel Kant, an dessen Position er im Prinzip zeit seines Lebens festhält. Er freundet sich mit Johann Georg Hamann an, dessen Theologie-, Sprach- und Poesieverständnis ihn tief beeinflussen. 1764 wird er aufgrund seines pädagogischen Talents an die Domschule in Riga berufen, später auch zum Prediger. Wie viele Intellektuelle seiner Zeit sieht er im Pfarrerberuf ein Forum und Medium, um »Kultur und Menschenverstand unter den ehrwürdigen Teil der Menschen zu bringen«, »den wir Volk nennen«. Den Gestus des volksbezogenen Predigers und Erziehers behält H. auch in seinen Schriften bei. Nach Reisen nach Frankreich, Holland, Hamburg, Eutin, Darmstadt und Straßburg wird H. 1771 Konsistorialrat beim Grafen zu Schaumburg-Lippe in Bückeburg. Während dieser durchaus ehrenvollen Tätigkeit erlebt er die Enge und den Despotismus in einem kleinen Fürstentum.

Immerhin vermag H. als streitbarer Mann nach eigenem Bekunden »der gelehrten Republik von allen Seiten Stoß zu geben«. Er tritt zuerst als Literaturkritiker auf in *Über die neuere deutsche Literatur. Fragmente* (1767) und in *Kritische Wälder. Oder Betrachtungen die Wissenschaft und Kunst des Schönen betreffend* (1769). Hier und in dem preisgekrönten Aufsatz *Ursachen des gesunkenen Geschmacks bei den Völkern, da er geblühet* (1775) entwickelt er – unter anderem an dem englischen Dramatiker William Shakespeare – den für die Sturm-und-Drang-Bewegung richtungweisenden Geniebegriff und das Postulat von der Freiheit des Schriftstellers: »Nun sollte aber die Zeit kommen, wo das Dichtergenie sich selbst gewahr werde, sich seine eigenen Verhältnisse selbst schüfe« – allerdings in Bezug auf die geschichtliche Lage. Später bezeichnet H. den Dichter als »Schöpfer eines Volkes um sich« (in: *Über die Wirkung der Dichtkunst auf die Sitten der Völker in alten und neuen Zeiten*, 1778). Zu dieser neuen Bestimmung des Autors tritt die historische Analyse. So versteht er in der Abhandlung *Über den Ursprung der Sprache* (1772), die von der Berliner Akademie preisgekrönt wurde, entgegen dem Verständnis der Aufklärung Poesie nicht als beruhend auf einem hohen Stand der Zivilisation, sondern als ursprüngliche Äußerungsform des Menschen, an die das Genie der Gegenwart allenfalls anknüpfen könne. In *Auch eine Philosophie der Geschichte zur Bildung der Menschheit* (1774), einem »großartigen Handbuch des Historismus« (J. Stadelmann), zeigt H. entgegen der aufklärerischen Verachtung der Geschichte, daß jede Epoche ihre Glückseligkeit »in sich selbst« habe und doch die historische Entwicklung als wenn auch nicht geradliniger Weg von der Kindheit zum Mannesalter verstanden werden könne. Das freilich alles andere als antiquarische Interesse H.s gilt vor allem der eigenen Zeit, deren Errungenschaften er ablehnt. So habe der »policirte Staat« des Absolutismus die organische Gemeinschaft früherer Kulturen zerstört. Der abstrakte Kosmopolitismus der Aufklärung habe die nationalen Individualitäten vernichtet. Schon hier werden – für H.s Folgewirkung wichtig – die slawischen Kulturen in ihrer Eigenständigkeit aufgewertet.

Durch Goethes Vermittlung erhält H. 1776 die Stelle eines Generalsuperintendenten, später eines Vizepräsidenten des Oberkonsistoriums in Weimar. Klagen über das »Wühlen im alten sächsischen Dreck« begleiten schon sehr schnell die umfangreichen Amtsgeschäfte, bei denen er oft die fehlende Unterstützung durch das Beamtentum und den Herzog, aber auch durch Goethe beklagt. H. ist Prediger, Kirchenrevisor, Aufseher über das Schulwesen und das Armen- und Waisenhaus. Neben seinem Amt entfaltet er eine umfangreiche Publikationstätigkeit – eingestandenermaßen auch aus Geldgründen. H.s theologische Schriften (u. a. *Briefe, das Studium der Theologie betreffend*, 1780/81; *Christliche Schriften*, 1794–98) wollen Christentum und Humanitätsidee miteinander verbinden. So wird er zum Ahnherrn der »liberalen« Theologie. Seine geschichtsphilosophischen Hauptwerke sind die *Ideen zur Philosophie der Geschichte der Menschheit* (1784–1791) und die *Briefe zur Beförderung der Humanität* (1793–94). In ihnen verbindet er seine These vom Eigenwert der jeweiligen Kulturen mit der Idee vom Fortschritt als Entfaltung von »Vernunft und Billigkeit«, »Humanität« aufgrund »wachsender wahrer Aufklärung der Völker«. Diesen Prozeß sieht er aber von Rückschritten, auch von plötzlichen Durchbrüchen – zum Beispiel Revolutionen – geprägt. Seine Grundhaltung unterscheidet H. von Goethes Bevorzugung einer »antirevolutionären«, langsamen Evolution. Entsprechend billigt H. die Französische Revolution bis zur Hinrichtung Ludwigs XVI. 1793 enthusiastisch. Dadurch isoliert er sich am Weimarer Hof und von Goethe, mit dem er nur zeitweise – zum Beispiel bei der panentheistischen Aneignung Baruch Spinozas – ein geistiges Bündnis eingehen kann.

Die Jahre bis zum Tod 1803 sind geprägt durch den immer aussichtsloseren Kampf gegen die idealistische Philosophie seines früheren Lehrers Kant. Dieser will den Menschen zu einem radikal von der Natur getrennten Vernunftwesen machen, während H. zum Beispiel in den *Ideen* »Analogien« zwischen Mensch und Natur, natürlichen Abläufen und menschlicher Geschichte zieht. Ferner verwirft Kant den Individualitätsgedanken H.s; er sieht den Einzelnen, aber auch die einzelne Epoche nur in ihrer Funktion für Gattung und Gattungsgeschichte. Kant fehlt das Verständnis für die Vielfalt der Geschichte, die H. in den *Ideen* von den alten Kulturen – auch den nichteuropäischen – bis zur Gegenwart fasziniert und faszinierend vorführt. Ein weiterer wichtiger Dissens betrifft die Kunstauffassung: Gegen Kants Lehre vom interesselosen Schönen hält H. an der humanistisch-moralisch-lebenspraktischen Funktion der Kunst fest (vgl. *Über den Einfluß der schönen in die höhern Wissenschaften*, 1779; *Kalligone*, 1800). Die Ablehnung der idealistischen Philosophie und der ästhetischen Autonomie verhindern eine Verständigung mit Friedrich Schiller und später mit den Romantikern. »Herder verfällt wirklich zusehends, und man möchte sich zuweilen im Ernst fragen, ob er, der sich jetzt unendlich trivial, schwach und hohl zeigt, wirklich jemals so außerordentlich gewesen sein kann« (Friedrich Schiller, 1801).

H. ist der große Anreger seiner Zeit, in seinen zum Teil äußerst einflußreichen Ideen widersprüchlich, in seinen Formulierungen oft sprunghaft. Trotz der Breite und Weite ist häufig ein fragmentarischer Grundzug seines Werkes festgestellt worden. Ein Grund dafür liegt neben dem schon von Goethe festgestellten Mangel an Methode an dem zentralen Widerspruch, der seine Biographie prägt: zwischen seinem großen intellektuellen und praktischen Ehrgeiz und der Enge seiner Zeit, den geringen Entfaltungsmöglichkeiten trotz des gelungenen sozialen Aufstiegs.

Werkausgabe: Johann Gottfried Herder. Sämmtliche Werke. 33 Bde. Hrsg. von Bernhard *Suphan*. 1877–1913 (Neudruck Hildesheim 1967–1968).

Literatur: *Sander*, Gerhard (Hrsg.): Johann Gottfried Herder (1744–1803). Hamburg 1987; *Dobbek*, Wilhelm: Johann Gottfried Herders Weltbild. Wien 1969; *Adler*, Emil: Herder und die deutsche Aufklärung. Wien/Frankfurt a. M./Zürich 1968.

Hans-Gerd Winter

Hermlin, Stephan
Geb. 13. 4. 1915 in Chemnitz (Karl-Marx-Stadt)

In H.s Leben und Werk scheint die Utopie realisiert, die hinter dem marxistischen Begriffszusammenhang des »Erbes« steht; wie keinem anderen deutschen Autor ist es ihm gelungen, in die Solidarität der Arbeiterbewegung einzutreten, ohne die Zivilisation des Großbürgertums, aus dem er stammte, verächtlich zurückzulassen. Der »spätbürgerliche Schriftsteller und Kommunist« (H. in einer Selbstcharakteristik) wurde als Sohn eines Unternehmers und konzertreifen Pianisten geboren, seine Mutter stammte aus Großbritannien. Kosmopolitismus und jene Verbindung aus praktischer Tüchtigkeit und musischer Bildung, die das deutsche Bürgertum einmal auszeichnete, umgaben seine Kindheit. 1931, mit 16 Jahren, trat er von der Straße weg in den Kommunistischen Jugendverband Deutschlands ein. Fast fünfzig Jahre später schrieb das Mitglied der Akademie der Künste der DDR, dreifacher Nationalpreisträger, er habe immer das Gefühl gehabt, das Beste in sich aufgeben zu müssen, »wenn ich je meine Unterschrift, die ich um die Mittagszeit eines beliebigen Tages in einer beliebigen Berliner Straße geleistet hatte, als nicht mehr gültig betrachten würde«. So hing ihm diese Unterschrift an und verdammte ihn zunächst zu einem langen, qualvollen Leben in antifaschistischer Illegalität: bis 1936 als Drucker und illegaler politischer Agitator in Berlin untergetaucht, dann Flucht durch Ägypten, Palästina, England. Beteiligung am Spanischen Bürgerkrieg und in der französischen Résistance, Internierung in Frankreich. In der Schweiz, wohin er mit Unterstützung der Résistance aus dem französischen Lager geflohen war, begann H. eine publizistische Karriere; 1945 waren seine ersten Gedichtbände in Zürich erschienen *(12 Balladen von den großen Städten; Wir verstummen nicht)*. Nach seiner Rückkehr nach Deutschland arbeitete er beim Frankfurter Rundfunk, zusammen mit Golo Mann und Hans Mayer. Der rasch einsetzende Kalte Krieg vertrieb ihn 1947 in die spätere Hauptstadt der DDR. Dort wurde er zum Vizepräsidenten des Deutschen Schriftstellerverbandes gewählt. In seinem schmalen Werk spielt der weltgeschichtliche Abwehrkampf gegen den deutschen Faschismus die Schlüsselrolle, jene eine Bewegung, in der die beiden Welten, denen er angehörte, die bürgerliche und die sozialistische, einen kurzen historischen Moment lang zusammenarbeiten.

In der Realität des Kalten Kriegs zerriß seine Utopie immer mehr. H. schrieb kaum mehr Gedichte: zuletzt erschien *Tod des Dichters* (1958). In der Bundesrepublik unter der Kanzlerschaft Adenauers wurde er mit Schmutz beworfen, in der DDR befand er sich zeitweilig in einer Isolation, die einem Kaltgestelltsein sehr nahe kam. Sein bisher letztes Buch, der autobiographische Prosazyklus *Abendlicht* (1979), steht im Zusammenhang mit H.s Engagement gegen den absurden Rüstungswettlauf der frühen 8oer Jahre. In den beiden Berliner Schriftstellerkonferenzen zur »Friedenserklärung« – Ostberlin 1981, Westberlin 1983 –, mit denen sich ihr federführender Initiator H. einen »Lebenswunsch« erfüllte, versuchte er, in einem Dialog der Intellektuellen den unerbittlichen Machtkampf der beiden Weltmächte zu entkrampfen. Nichts kennzeichnet sein

Lebenswerk deutlicher als die melancholische Schönheit von *Abendlicht*, wenn man es mit dem Blick auf diese zwar noblen, aber doch vergeblichen Bemühungen hin liest.

Literatur: *Schlenstedt*, Silvia: Stephan Hermlin. Berlin 1985. *Stephan Wackwitz*

Herrmann-Neiße, Max
Geb. 23. 5. 1886 in Neiße; gest. 8. 4. 1941 in London

H., der sich seit 1917 nach seiner Geburtsstadt *Herrmann-Neiße* nennt, entstammt einem alten schlesischen evangelischen Bauerngeschlecht; der Vater betrieb einen Bierverlag mit einer Schankstube. Früh begeistert sich der körperlich mißgebildete Knabe für Theater, Kabarett und Literatur; Neigungen, die die Eltern dem einzigen Kind bereitwillig gestatteten. Nach dem Besuch des Gymnasiums in Neiße studiert H. von 1905–1909 zuerst in München und dann im heimatlichen Breslau Kunst- und Literaturwissenschaft, ohne an einen Abschluß denken zu müssen. Bereits 1906 erscheint ein kleiner Band mit Gedichten und Skizzen bei J. Singer in Straßburg (der auch Alfred Döblin und René Schickele verlegt hatte); es sind kleine »Jugendtollen« des Kleinstadtbohèmiens H., Heine, Liliencron und Bierbaum verpflichtet. 1909 kehrt er ins Elternhaus zurück, unstet, hypochondrisch leidend an der Enge der katholischen Provinzstadt, gleichzeitig den Eltern zutiefst verbunden. In Neiße entstehen u. a. *Das Buch Franziskus* (Hauptstück *Porträte des Provinztheaters*, 1913), und – von seinem Landsmann und Förderer Alfred Kerr lanciert – bei S. Fischer der Gedichtband *Sie und die Stadt* (1914). Nach dem plötzlichen Tod der Eltern, die Mutter nahm sich wenige Monate nach dem Herztod des Mannes das Leben, wagt sich H. mit der ihm seit 1911 verbundenen Leni Gebek nach Berlin und findet rasch Anschluß an die Kulturszene; neben den Gedichtbänden und Romanen der Berliner Zeit (1917–1933) stehen feuilletonistische Arbeiten; Leni arbeitet als Mannequin; George Grosz, Heinrich Zille, Alfred Polgar gehören u. a. zum Freundeskreis; Else Lasker-Schüler hat sie porträtiert: »Er ist der grüne Heinrich ... Lenlein, die Grünheinrichfrau ist eigentlich ein Heiligenmädchen, betet den grünen Heinrich an. Der ist ganz klein, trägt einen Hügel auf dem Rücken, so daß man ihn erst, wenn man mit ihm reden will, besteigen muß und es viel schwieriger fällt, zu ihm zu gelangen wie zu Menschen, die alltäglich in die Höhe, manche nach unten, aufgeschossen sind ... Der grüne Heinrich ist ein Dichter, und seine Gedichte sind große pietätsvolle Wanduhren ...«. Im Nachlaßfragment hat H., der zu den bedeutenden Vertretern der expressionistischen und nachexpressionistischen Literatur der zwanziger Jahre zu rechnen ist, dem Berliner Freund Heinrich Zille ein poetisches Denkmal gesetzt. Mit dem als Nr. 49 der berühmten Bücherei *Der jüngste Tag* bei Kurt Wolff 1918 erschienenen Band *Empörung, Andacht, Ewigkeit* – die Leitworte des Titels sind inhaltlich wie formalästhetisch programmatisch – reiht sich H. in die expressionistische Bewegung ein; sein Pathos leitet sich von Jakob Böhme, dem schlesischen Mystiker, her; neben mystisch-ekstatischen stehen expressionistische Porträt-Gedichte, die Struktur der Strophen und Verse ist vielschichtig. Im Gedicht auf die Mutter *(Der Mutter)* finden sich die folgenden Abschlußzeilen, die in mancherlei Hinsicht für das sentimentale Pathos und die weiterwirkende spätromantische Schreibart typisch sind: »Ich rann wie Sand / ganz weiß aus deiner spielgewölbten Hand . . ./ Und wie ich selber mich im Spiel versinne, / fließt Ernst und Lust in deine Hand zurück, / und alles wird, was immer ich beginne, / zu deinem Grame und zu deinem Glück.« H. hat immer wieder sowohl sein ›fortgeschrittenes literarisches Gegenwartsbewußtsein‹ wie sein schlesisches, Johann Christian Günther und Eichendorff verwandtes Dichtungsverständnis betont: »Unerwartet mir vom Geschick geschenkt (das Gedicht) als ein seltsames Wunder – plötzlich klingt in mir, steht vor meinem geistigen Auge ein Vers, und nachher reiht sich an den einen der nächste und immer noch ein nächster«; und an andrer Stelle: »Nie schrieb ich in Lyrik, Epik, Dramatik eine Zeile, die nicht durch Erleben bedingt war, meine Absicht war immer, die Menschen in den gleichen Erlebnisstrom zu bannen«. Als Leitmotive seines Schaffens benennt er selbst: Naturverbundenheit und Außenseitertum, Hingabe und Mißtrauen Menschen gegenüber, Begeisterung und Skepsis, Frauenverehrung und Sadismus. In der Tat beweisen gerade die Werke der Berliner Zeit, die Prosa stärker noch als die Lyrik, die Dissonanzen dieses Lebens, den grundierenden Paroxismus und nervus eroticus, zugleich die auch in den Jahren des Exils durchgehaltene Besorgnis um die Würde des Dichteramtes. 1914 bereits entstanden, erscheint 1920 der Roman *Cajetan Schaltermann*, eine bitterböse Abrechnung mit der Heimatstadt Neiße; eine Art Fortsetzung, nunmehr abwägender und distanzierter, der im Londoner Exil geschriebene und posthum veröffentlichte Roman *Die Bernert-Paula* (1933/34). Unter den zahlreichen Prosaskizzen und Erzählungen ragt die auch stilistisch an Kafka erinnernde *Der Todeskandidat* (1927) – eines der bekanntesten Werke des Dichters – heraus.

1919 war, wiederum bei S. Fischer, wo H. auch kurz im Verlag tätig war, der Gedichtband *Verbannung* erschienen, literarisch zelebrierte Gewißheit fernen Schicksals, »Bekenntnis einer schmerzhaft erlebten Verbannung aus Paradiesen behüteter Gotteskindschaft, heimatlicher Beglückung, schützender Friedfertigkeit« – entscheidend aber: noch nicht die Vertreibung aus seiner einzig wirklichen Heimat, dem deutschen Gedicht. Nacheinander erschienen in der Berliner Zeit *Im Stern des Schmerzes* (1924), *Einsame Stimme* (1927), *Abschied* (1928) – und als letzte Veröffentlichung vor dem Exil das Bändchen *Musik der Nacht* (Gedichte aus den Jahren 1929-1932); die Titel bedeuten jeweils Leitthemen seiner Lyrik. Bald nach der Machtübernahme verläßt H. mit seiner Frau Deutschland aus freien Stücken, aus ethischer Gesinnung, keiner politischen Fronde zugehörig. Der Schock des Heimatverlustes ist ablesbar im Gedicht; nach der Zwischenstation Zürich, Holland, Paris wird London von September 1933 bis zu seinem Tod zu einer kaum mehr leistbaren Prüfung, wichtigster Halt ist wiederum Leni, die auch für das ökonomische Überleben verantwortlich wird. Die einzige Publikation im Exil ist der in Zürich erschienene Band *Um uns die Fremde* (1936), Gedichte, elegische Klagen, die H. früh schon, entscheidend aber mit den grandiosen, im Nachlaßband *Mir bleibt mein Lied* versammelten Gedichten aus der Londoner Zeit zum bedeutendsten deutschsprachigen Lyriker der Emigration machen; beispielhaft *Apokalypsie 1933; Die Heimatlosen; Immer leerer wird mein Leben* (anläßlich seines 48. Geburtstages); *Fremd ist die Welt und leer; Einst und nun; Herbst in der Verbannung.* Die große Werkausgabe enthält im

2. Band noch viele verstreut gedruckte Gedichte aus der »Londoner Gefangenschaft«, wie sie H. bezeichnete. Die von Leni herausgegebenen Bände *Letzte Gedichte* (1941) und *Mir bleibt mein Lied* (Auswahl aus unveröffentlichten Gedichten 1942) enthalten Verse von nachdrücklicher Einprägsamkeit und einem säkularisierten Pathos, immer wieder die schlesische Heimat mit der fremden Wirklichkeit vergleichend, überblendend: *Hydepark im Schnee* (»Ein heimatlicher Weihnachtswald von Schnee/ ist mitten in der fremden Stadt entstanden.../ Vielleicht, daß in dem fremden Wald von Schnee/ ich die verlorne Jugend wiederfind«), zugleich das Gefühl des absoluten Ausgesetztseins: »Der Erlöser liegt begraben / und wird niemehr auferstehn,... in den verlornen Reichen / nahm das Dunkel überhand, / und es gibt für unsersgleichen / nirgends mehr ein Heimatland« (›*Karfreitag 1939*‹).

Am 8. April 1941 stirbt H. in London, den Epitaph seines gelebten wie ungelebten Lebens hat er sich in dem Gedicht *Ein deutscher Dichter bin ich einst gewesen* selbst gesetzt. Die vielbändige Werkausgabe bestätigt, daß H. nicht nur einer der produktivsten Lyriker der ersten Hälfte des 20. Jahrhunderts, sondern auch einer der dem deutschen Dichtertraum selbst in der Dunkelheit des Exils zutiefst verpflichteten Autoren ist – Mahnung und Auftrag uns, in weniger schlimmen Zeiten lebend, uns seiner zu erinnern.

Werkausgabe: Herrmann-Neiße, Max: Gesammelte Werke. Hrsg. von *Völker*, Klaus. 8 Bände. Frankfurt a. M. 1986 ff.

Literatur: *Lorenz*, Rosemarie: Max Herrmann-Neiße. Stuttgart 1966.   *Karl Hotz*

Herwegh, Georg
Geb. 31. 5. 1817 in Stuttgart; gest. 7. 4. 1875 in Lichtental bei Baden-Baden

Der als Sohn eines Gastwirts geborene H. gerät früh in Opposition zu seiner bürgerlichen Umgebung: Auf die Verschickung zu einem Verwandten aufs Land und die Einweisung in eine Lateinschule durch die Eltern, die sich 1832 scheiden lassen, reagiert der 13jährige mit psychischer Erkrankung. Als 19jähriger wegen Schulden und Streitereien aus dem Tübinger Stift verwiesen, debütiert er 1837 als Kritiker und Dichter an August Lewalds *Europa* in Stuttgart, wo er sich auch mit einer Lamartine-Übersetzung beschäftigt. 1839 zwangsrekrutiert, kann er sich dem verhaßten »Gamaschendienst« nur durch Desertion in die Schweiz entziehen. Seinen Lebensunterhalt bestreitet er zunächst als Feuilletonredakteur der *Deutschen Volkshalle*. In Zürich entstehen dann 1840/41, unter der Ägide des ehemaligen »Burschenkaisers« August Adolf Ludwig Follen, die überwiegend politischen *Gedichte eines Lebendigen* (Zürich und Winterthur 1841) – abstrakte Freiheitslyrik, »Tendenzpoesie« (Heinrich Heine), die in den pathetischen Formeln der Dichtung der Befreiungskriege zum Kampf für politisch-soziale Veränderungen aufruft. Der Erfolg ist, trotz Verbots in den meisten deutschen Staaten, beispiellos: Begünstigt durch die gärende Zeitstimmung und die Möglichkeiten des vormärzlichen »Bücherschmuggels« werden in vier Jahren knapp 16000 Exemplare abgesetzt (2. Teil 1843: rund 7500 Ex.); das »H.-Fieber« ergreift selbst Conrad Ferdinand Meyer, Gottfried Keller und Theodor Fontane. Über Nacht ist H. einer der populärsten politischen Lyriker geworden. Seine Deutschlandreise im Herbst 1842 gerät zum Triumphzug, der den Dichter bis in den Audienzsaal des preußischen Königs führt, jedoch ein unvorhergesehenes Ende nimmt, als dieser ihn, als Antwort auf einen unbotmäßigen »offenen Brief«, aus Preußen ausweisen läßt. Nachdem H. zu einem Heros des Republikanismus avanciert ist, ergeben sich plötzlich Konflikte anderer Art. Seit der Verheiratung mit Emma Siegmund führt H. ein aufwendiges, bis in die 50er Jahre hinein auch sorgenfreies Leben. Wilhelm Weitling empört sich 1843: »Wenn so ein Mensch doch nur einmal die Hälfte von dem, was er ... an seidenen Schlafröcken und goldenen Ketten verschleudert, zur Erlösung der Elenden hergeben wollte!« Auch bei anderen – keineswegs nur proletarischen – Freunden stößt der prunkende Luxus, mit dem sich das Ehepaar im Pariser Exil umgibt, auf Unverständnis. Der tragische Ausgang von H.s abenteuerlichem Feldzug für die deutsche Republik vom April 1848, der durch boshafte Verleumdung ins Lächerliche gezogen wird und H.s Ansehen bei der liberalen Opposition stark herabsetzt, eine Liebesaffäre mit der Frau seines Freundes Alexander Herzen und vor allem der Rückgang seiner literarischen Produktivität lassen H.s Rolle, poetisch wie politisch, bereits 1852 als ausgespielt erscheinen. Seit 1853 lebt das Ehepaar, nach einer zweijährigen Trennung, in Zürich; 1866 siedelt es nach Baden-Baden über, wo H. im Alter von nur 58 Jahren stirbt. Auf seine Verfügung hin wird er in »freier Schweizer Erde« begraben, in Liestal (Kanton Basel-Land). H.s Spätwerk, darunter acht Shakespeare-Übersetzungen, ist vergleichsweise wenig Beachtung geschenkt worden, obgleich die postum erschienenen *Neuen Gedichte* (1877) eine Kontinuität seiner politischen Versdichtung belegen, die sich besonders gegen Bismarcks »Blut- und Eisen«-Politik richtete.

Werkausgabe: Herweghs Werke in drei Teilen. Hrsg. von Hermann *Tardel*. Berlin/Leipzig/Wien/Stuttgart [1909].
Literatur: *Vahl*, Heidemarie und *Fellrath*, Ingo (Hrsg.): »Freiheit überall, um jeden Preis!« Georg Herwegh 1817–1875. Bilder und Texte. Stuttgart 1992; *Pepperle*, Ingrid: Georg Herwegh. Leben, Werk und Wirkung. Mit unbekannten Briefen und Texten. Teil I (1817–1843). Diss. Berlin 1990; *Büttner*, Wolfgang: Georg Herwegh. Ein Sänger des Proletariats. Berlin ²1976; *Kaiser*, Bruno (Hrsg.): Der Freiheit eine Gasse. Aus dem Leben und Werk Georg Herweghs. Berlin 1948. *Jan-Christoph Hauschild*

Herzmanovsky-Orlando, Fritz
Geb. 30. 4. 1877 Wien, gest. 27. 5. 1954 Schloß Rametz bei Meran

Als Sohn eines Wiener Ministerialbeamten besuchte er die Eliteschule des Theresianums und studierte anschließend Architektur an der Technischen Hochschule in Wien. Seinen Beruf als Architekt übte H.-O. kaum aus. Gesundheitliche Gründe erzwangen 1916 eine Übersiedlung nach Meran. Finanzielle Unabhängigkeit erlaubte fortan völlige Konzentration auf künstlerisches Schaffen. Bereits zu Beginn des Jahrhunderts lernte er jene Menschen kennen, die ihm in den nächsten Jahrzehnten als Freunde, aber auch in der antirationalistischen bis mystischen Geisteshaltung zur Seite standen: Alfred Kubin, Oskar A. H. Schmitz, Gustav Meyrink, Karl Wolfskehl und der Sammler und Kulturhistoriker Anton Maria Pachinger.

Bestimmende Faktoren für das literarische Schaffen des Autors sind die Herkunft aus einer aus dem Osten stammenden, erst zwei Generationen zuvor nobilitierten Familie, die humanistische Bildung, die schriftstellerische und zeichnerische Doppelbegabung und die kommerzielle Erfolglosigkeit seiner schriftstellerischen Bemühungen. Die Herkunft bestimmte fast kompensatorisch – ähnlich wie bei Hugo von Hofmannsthal oder Joseph Roth – die intensive Auseinandersetzung mit der österreichischen Vergangenheit und Kultur, wobei die umfassende Bildung dazu beitrug, die Geschichte von der Antike an in Schichten zu einem Bild übereinander zu legen, unter Auswertung seriöser wie dubioser Quellen. Die minuziöse Beschreibung gerät dort zum Phantasma, wo der Zeichner H.-O. an die Historie gerät. Die Erfolglosigkeit bedingte – über den Fragmentcharakter als ästhetische Kategorie hinaus – eine gewisse Unabgeschlossenheit der meisten Werke; da keine Notwendigkeit bestand, einen Text zu vollenden, zog sich die Arbeit oft über Jahrzehnte hin, was übrigens eine Datierung sehr erschwert. Der unfertige und skizzenhafte Charakter der Schriften führte in den frühen fünfziger Jahren zur Bearbeitung durch Friedrich Torberg, die zwar den Autor endlich der Öffentlichkeit nicht länger vorenthielt, in den massiven Eingriffen jedoch zu dem mutierte, was »hermanovskysch« heute im kurrenten Sprachgebrauch bedeutet: zur simplen Chiffre für Verkauztes und Grotesk-Komisches.

1917 lag der erste Roman *Der Gaulschreck im Rosennetz* vor. Nach umfangreichen Eingriffen durch den Verleger Artur Wolf erschien das Werk, mit Illustrationen vom Autor versehen 1928. Es blieb, abgesehen vom Privatdruck *Der Kommandant von Kalymnos*, das einzige zu Lebzeiten des Autors in den Handel gelangende Buch.

Der zweite Teil der österreichischen Trilogie *Rout am Fliegenden Holländer* lag 1921 im Kern vor, erfuhr aber Ende der dreißiger, Anfang der vierziger Jahre weitere umfangreiche Ergänzungen. Werden im *Gaulschreck* die höchsten Beamtentugenden dem Edlen von Eynhuf zum letalen Verhängnis, so verglüht im *Rout* die ganze Insel Scoglio Pomo samt altösterreichischem Publikum – Abbild »des unvergleichlichen Traumreiches Österreich«. Der dritte Teil der Trilogie *Das Maskenspiel der Genien* war in erster Niederschrift April 1929 beendet. Dieser seltsame utopische Roman – er spielt im Jahre 1966 bzw. 1977 – thematisiert nur vordergründig den Aktäonmythos, dem der Protagonist

Cyriak von Pizzicolli zum Opfer fällt. Von allen umfangreicheren Prosatexten wird in diesem Werk die ästhetische Besonderheit des Fragmentcharakters am deutlichsten. Über mehr formale Geschlossenheit verfügen etwa die Novellen *Der Kommandant von Kalymnos* oder *Cavaliere Huscher.*

Verschiedene Erzählungen widmen sich dem anekdotischen Umfeld des Bekanntenkreises H.-O.s *(Dem Andenken der großen Naiven Stella Hohenfels; Don Carlos, Kleine Geschichte um Gustav Meyrink; Beethovens letzte Magd);* ein Zyklus setzt Anton Maria Pachinger ein Denkmal *(Onkel Tonis verpatzter Heiliger Abend; Onkel Toni und Nietzsche; Onkel Toni und die Klystierspritze),* einer der beeindruckenden Verwandten Pepi Watzka *(Das Unheil breitet seine Fittiche über die Familie Watzka aus; Das Unglück mit den Wanzen; Das Familienbild; Das Jüngste Gericht).*

Formale Überlegungen ließen den Autor – dessen Werk sich insgesamt schwer literarischen Gattungen zuordnen läßt – Prosatexte auch in Dramenform gestalten. So fand *Der Kommandant von Kalymnos* (erste Niederschrift 1924) in der Folge eine Neugestaltung als Opernlibretto *Die Krone von Byzanz.* Die Novelle *Apoll von Nichts* entstand etwa parallel zur Dramenfassung des Stoffes *Exzellenzen ausstopfen – ein Unfug* um die Mitte der dreißiger Jahre, als neben *Die Fürsten von Cythera* eine Reihe weiterer Dramen entstanden *(Kaiser Joseph II. und die Bahnwärterstochter; 's Wiesenhendl oder Der abgelehnte Drilling; Prinz Hamlet der Osterhase oder »Selawie« oder Baby Wallenstein).* Als Experiment mit neuen Gattungen sind die Hörspielfassung zu *Der verirrte böse Hund* und etliche – nur im Entwurf überlieferte – Filmdrehbücher *(Die Götteraugen von Seringham; Erna Sack; Garibaldi; Im Salonwagen; Der Unbekannte von Collegno)* zu betrachten.

Freundschaften mit Schauspielern und Tänzerinnen förderten nicht nur das Interesse für das Drama. Speziell in Balletten sah der Autor eine »kommende Kunstform«, doch blieb auch diesen *(Der Zaubergarten oder Zweimal tot und lebendig; Die Fahrt ins Traumland; Youghiogheni; Diana und Endymion; Der Raum der Europa; Abduhenendas mißratene Töchter; Das Bajaderenopfer)* der Erfolg einer Aufführung versagt. Fächert sich die thematische Bandbreite von der Antike zur Gegenwart, so lassen sich doch einige Schwerpunkte fixieren: Vertreter patriarchalischer Ordnung unterliegen mutterrechtlicher Herrschaft mit dämonischem Einschlag; Androgynitätsmythos, antike Mythologie wirken bis in die Gegenwart, spielerischer Eklektizismus historischer Phänomene, Kompilationen zahlreicher Exzerpte oft entlegenster Quellen, führen zu Verschiebungen zeitlicher und räumlicher Dimensionen. Dies bewirkte die Etikettierung des Autors als Surrealisten, als der er allerdings mehr im formalen Experiment anzusehen ist. Es ging dem Autor nicht darum, historische Abläufe nachzuzeichnen, vielmehr legte er ein vielschichtiges Resümee vieler vergangener Jahrhunderte vor, als Schlußpunkt zu einer österreichischen Vergangenheit, die ihm 1918 zu Ende schien. So sah er die Gesellschaft nach dem Zusammenbruch der Monarchie als »vierte Klass Passagiere in einen Zug gepackt, von dem man weiß, daß er irgendwo ins Schienenlose kommen wird.« »Ich versuche das Marionettenhafte der Lebensepochen, die ich überschauen kann, zum Niederschlag zu bringen.« Die Welt als Marionettentheater, an deren Fäden eine mächtige »Gegenordnung« am Werk ist, die sich kausaler und rationaler Logik entzieht.

Werkausgabe: Sämtliche Werke in zehn Bänden. Hrsg. im Auftrag des Forschungsinstituts Brenner-Archiv. Salzburg/Wien, 1983 ff.

Literatur: *Reitterer,* Hubert: Österreichische Geschichte im Werk von F. v. H. In: Österreich in

Geschichte und Literatur 30/1986, S. 275–284; *Schmidt-Dengler,* Wendelin: Groteske und geordnete Wirklichkeit. Anmerkungen zur Prosa H.-O.s. In: Österreich in Geschichte und Literatur 14/1970; S. 191–201; *ders.,* Kristallhafte Vorgänge. Zur H.-O.s Erzählung; *Huscher,* Cavaliere. In: Wort in der Zeit, 9/1964, S. 38–43; *Kircher,* Klaralinda: F.v.H.s »Kaiser Joseph II. und die Bahnwärterstochter«. Versuch einer historisch-kritischen Edition. Diss. Wien 1979.

Klaralinda Ma-Kircher/Wendelin Schmidt-Dengler

Hesse, Hermann
Geb. 2. 7. 1877 in Calw; gest. 9. 8. 1962 in Montagnola

»Mit dem *Camenzind,* seinem ersten großen Roman, hatte Hermann Hesse zu Beginn des Jahrhunderts die damalige Jugend begeistert. *Demian* erregte die Generation der Heimkehrer aus dem Ersten Weltkrieg, und ein Vierteljahrhundert später faszinierten die geistige Disziplin Kastaliens, die Kräfte der Meditation und Humanität jene Menschen, die im Chaos eines zerbrochenen Staates und verlorenen Krieges nach neuen Ordnungen suchten« (Bernhard Zeller). Diese Faszination ging von einem Roman H.s aus, in dem einzigartig und bis heute für viele Lesergenerationen erregend der Kulturpessimismus, die Technikfeindlichkeit und der Existentialismus der 20er Jahre ausgedrückt waren: dem *Steppenwolf* von 1927, mit dem H. in der Gestalt des völlig vereinsamt durch die Welt streifenden Harry Haller die »Krankheit der Zeit« diagnostizieren wollte. Es zeugt von der visionären Kraft dieses »nur für Verrückte« gedachten Romans, daß er noch in den 70er und 80er Jahren die Nach-Vietnam-Generation, vor allem in den Vereinigten Staaten, durch seine Kritik am Krieg, an der Technik, am Amerikanismus, dem Leistungswillen und der Rationalität in seinen Bann schlug. Die Psychedelics und Hippies der amerikanischen Protestbewegung sahen sich durch die Flucht Harry Hallers in die Sexualität, die Musik, den Drogenrausch und die fernöstliche Philosophie in ihrer radikalen Verwerfung der herrschenden gesellschaftlichen und politischen Kultur glänzend bestätigt und lasen H. als Aufforderung zu einer neuen, auf Freiheit und Gefühl gegründeten »Gegenkultur«. Nimmt man H.s Roman *Siddhartha* von 1922 als weiteren Riesenerfolg, der den Tod seines Autors überdauerte, mit hinzu, so vervollständigt sich das Paradox eines Lebenswerks, mit dem sich im Verlauf seiner Wirkungsgeschichte immer wieder große Gruppen von Menschen, vor allem der jungen Generation, identifiziert haben, obwohl es zunächst ganz und gar unpolitisch angelegt war und die Individuation einer ebenso sensiblen wie verstörten Einzelseele in den Mittelpunkt stellte.

H. erlebte zwei tiefgreifende persönliche Krisen. Die eine: Flucht aus dem Klosterseminar Maulbronn und der anschließende Prozeß der Selbstfindung bis zur Veröffentlichung des *Peter Camenzind* (1904). Die andere: Abwendung vom penetranten Weltkriegsnationalismus und der Schlußstrich, den er mit dem *Demian* (1919), seiner »Seelenbiographie«, unter die erlittenen Erschütterungen und Zerrüttungen zog: Tod des Vaters, lebensgefährliche Erkrankung des Sohns, Ehekrise, die eigene Nervenkrankheit,

Sanatoriumsaufenthalt. Vieles spricht dafür, daß H. mit diesen beiden Krisen in das Zentrum der Psychopathologie seiner Generation getroffen hat. Während dieser Krisen fand H. aber auch in der Hinwendung zum Schreiben, in seiner persönlichen Auffassung von Literatur als Form subjektivistischer Entwicklung und Selbstfindung, den inneren Halt, der seiner Generation verlorenzugehen drohte.

Das Elternhaus H.s im kleinstädtischen Calw war durch den Pietismus – H.s »schwäbisch-indischer« Großvater war seit 1836 in der pietistischen Indienmission tätig gewesen – und eine unvermutet weltoffene Gelehrsamkeit so christlich und idealistisch geprägt, daß der frühreife, hochbegabte, aber auch widerspenstige Knabe bereits mit dreizehn Jahren wußte, daß er »Dichter oder garnichts werden« wolle und mit fünfzehn Jahren der von den Eltern gewünschten Ausbildung zum Theologen buchstäblich davonlief. Am 7. März 1892 kommt der verzweifelte Ausreißer bis Baden und Hessen, er verbringt die Nacht bei 7 Grad ohne Mantel und Geld im Freien und kehrt erst am nächsten Mittag, von einem Landjäger begleitet, erschöpft und hungrig ins Maulbronner Seminar zurück. Es folgen Monate der physischen und psychischen Schwäche, er denkt sogar an Selbstmord. Im Mai 1892 verläßt H. Maulbronn für immer und die hilflosen Eltern machen den Fehler, den sensiblen Jungen zu einem befreundeten Exorzisten nach Bad Boll, dann, nach einem Selbstmordversuch aus Liebesschwärmerei, in eine »Anstalt für Schwachsinnige und Epileptische« nach Stetten zu geben. Erbittert reagiert der durchaus vernünftige, sich einer vorübergehenden Nervenschwäche bewußte H. mit einer Absage an Glaube und Elternliebe: »Wenn Ihr mir schreiben wollt, bitte nicht wieder Euren Christus. Er wird hier genug an die große Glocke gehängt ... Ich glaube, wenn der Geist des verstorbenen ›Christus‹, des Juden Jesus, sehen könnte, was er angerichtet, er würde weinen.«

H. beginnt, den Vater mit »Sehr geehrter Herr« anzureden. Beide Eltern denken und empfinden unter strenger Ausrichtung auf Gott, das Ich mit seinen Neigungen und Gefühlen hat daneben kein Recht. Die Mutter klagt über H.s »offene Feindschaft gegen Gott und Sein Lichtreich ... ›Selbst‹ ist sein Gott«. Auch wenn H. nach Abschluß des »Einjährigen-Examens« am Gymnasium in Cannstatt noch ein halbes Jahr bei den Eltern wohnt, bevor er bis Herbst 1895 eine Lehre als Turmuhrenmechaniker in der Calwer Fabrik von Heinrich Perrot hinter sich bringt und seine »Ruhe und Heiterkeit« trotz des Spotts über den »Landexamensschlosser« wiederfindet, ist der Gedankenaustausch mit den Eltern abgerissen. Weil der Vater H.s neue Lesewut, seine Romanlektüre als Wurzel aller »Verirrungen« verurteilt, bleibt dem Jungen nur die entschiedene Trennung von den Eltern: »Ich glaube, wenn ich Pietist und nicht Mensch wäre, wenn ich jede Eigenschaft und Neigung an mir ins Gegenteil verkehrte, könnte ich mit Ihnen harmonieren«, hat er ihnen 1892 geschrieben.

H.s anthropozentrisches Weltbild findet zunächst in Heinrich Heine und Iwan Turgenjew Bestätigung gegen das Übermaß kirchlicher Frömmelei. Heinrich Heine, der »der Romantik ein Ende« machte und doch »ihre letzten, reifsten Lieder« schrieb, imponiert ihm als Aufklärer und Ironiker, Iwan Turgenjew als antiautoritärer, keinem Prinzip anhängender »Nihilist«. Dann aber, schon 1895 nach der Lehre bei Perrot, erfolgt eine Hinwendung zur Weimarer Klassik, zum Schönheitsideal der Antike, später zu den Romantikern: »Die tollste Sturm-und-Drang-Zeit ist glücklich überstanden ... Hätte ich in Literatur z.B. an einer Hochschule auch nur ein Pünktchen mehr lernen können als privatim? Gewiß nicht«, stellt er 1895 fest. Das alles geht ein in die Novelle *Unterm Rad* (1906), autobiographischer Reflex seines Maulbronner Desasters. Das »Eigenrecht der Literatur« drückt H. nicht leer und formalistisch aus, auch wenn die Gedichte, seit 1896 gedruckt, und die erste Sammlung von Erzählprosa, entstanden während der nächsten Tübinger Buchhändlerlehrjahre von 1895 bis 1899, mit dem Titel *Eine Stunde hinter Mitternacht* (1899), noch im Zeichen einer »für Künstler durch die Ästhetik« ersetzten »Moral« stehen (1897). Die folgenden Basler Jahre als Buchhändler und Antiquar von 1899 bis 1903 bringen den schriftstellerischen Durchbruch und eine allmähliche Abkehr vom blassen Kolorit melancholischer Endzeitstimmung; das im Zentrum der *Hinterlassenen Schriften und Gedichte von Hermann Lauscher* (1901) stehende *Tagebuch 1900* rückt bereits die Basler Kindheitsjahre von 1881 bis 1886 in weitere Entfernung und läßt die »Schönheitsinsel« der ersten Prosa in ungeschminkter Selbstkritik und leidenschaftlicher Selbsterforschung hinter sich. Der Sprung in das eigene Thema der psychologischen Persönlichkeitsbildung, die sich zugleich mit einem zivilisations- und bildungskritischen »Zurück zur Natur« vollzieht, gelingt im *Peter Camenzind* (1904). Dieser ist versetzt mit einem guten Schuß Lebensphilosophie, die von einer ausgiebigen Lektüre des »Umwerters aller Werte«, Friedrich Nietzsche, herrührt. Das frühere Lieblingsbild, Arnold Böcklins »Toteninsel«, weicht nun einem neuen Realismus im Kreis von Basler Schülern Jacob Burckhardts, in dessen Geist H. zwei Italienreisen antritt. Samuel Fischer, der auf *Hermann Lauscher* aufmerksam geworden war, druckte den *Peter Camenzind* 1903 in der Zeitschrift *Die Neue Rundschau* vorab. Als das Buch 1904 bei S. Fischer erschien, war H. über Nacht berühmt. Camenzind »strebt von der Welt und Gesellschaft zur Natur zurück, er wiederholt im kleinen die halb tapfere, halb sentimentale Revolte Rousseaus, er wird auf diesem Wege zum Dichter«. Spät und treffend hat H. 1951 die literarische Thematisierung der eigenen Biographie beschrieben. Was dieses gegen die Großstadtzivilisation geschriebene Buch vom Tenor der sozialen Schicksalhaftigkeit, mit dem Naturalisten wie Gerhart Hauptmann gerade auf den Plan getreten waren, oder von dem neuen Gemeinschaftserlebnis der bündischen Wandervogeljugend unterschied, war der kompromißlose, gesellschafts- und gemeinschaftsfeindliche Wunsch, sich nicht anzupassen, sondern »eigensinnig nur seinen eigenen Weg zu gehen und die Spannungen zwischen analytischem Denken und sinnlicher Anschauung als individuellen Weg in allen Stufen« auszuhalten: »Beinahe alle Prosadichtungen, die ich geschrieben habe, sind Seelenbiographien, in allen handelt es sich nicht um Geschichten, Verwicklungen und Spannungen, sondern sie sind im Grunde Monologe, in denen eine einzige Person – wie Peter Camenzind, Knulp, Demian, Siddartha, Harry Haller – in ihren Beziehungen zur Welt und zum eigenen Ich betrachtet wird.«

Die folgenden Jahre am Bodensee verbringt H. in einem gemieteten Bauernhaus in Gaienhofen; später lebt er mit den drei Söhnen (Bruno, Heiner und Martin) und der Ehefrau Maria Bernoulli, die er 1904 auf seiner zweiten Italienreise kennengelernt hat, bis 1912 im eigenen Bauernhaus. Diese Jahre erfüllen den ruhelosen H. mit wachsendem Unbehagen am »Philisterland«. Die Schwierigkeiten seiner Künstlerehe gehen in die Romane *Gertrud* (1910) und *Roßhalde* (1914) ein; auch die zweite Ehe mit Ruth Wenger, von 1924 bis 1927, bleibt ein Übergang, und erst die Altersbeziehung mit Nina Dolbin, geb. Ausländer (ab 1931), besteht bis zum Tod. Das Einzelgängermotiv ist bis zum *Steppenwolf* (1927) durchgehalten, wo es zum Titelsymbol wird: »In meinem Leben haben stets Perioden einer hochgespannten Sublimierung, einer auf Vergeistigung zielenden Askese abgewechselt mit Zeiten der Hingabe an das naiv Sinnliche, ans Kindliche, Törichte, auch ans Verrückte und Gefährliche. Jeder Mensch hat dies in sich«, schreibt er 1928 in *Krisis*.

Die mönchische Askese und doppelgängerische Seelenlage, gespiegelt in *Knulp* (1915), einem Bruder der romantischen Sternbalde, Schlemihle und Taugenichtse, führt zu wachsender Entfremdung von der Familie: »Die Gattin aus dem alten Basler Geschlecht ist viel zu tief in die Ahnenreihe versunken. Festen und froher Geselligkeit ist sie ganz abgeneigt. So bleibt der Künstler ein Eigenbrötler, wenn nicht ein Widersacher; bleibt er der Einsame und Isolierte in einer entlegenen Kammer. Erst 1911 mit einer Reise nach Indien, und eigentlich erst im Kriege, und noch später 1919 mit der Übersiedlung von Bern ins Tessin beginnt die menschliche Anonymität des Autors sich aufzulösen und mitzuteilen«, erinnert sich später Hugo Ball.

Während der an das Leben im Bauernhaus anschließenden Phase von 1912 bis 1919 lebt H. in Bern. Bei Ausbruch des Ersten Weltkriegs meldet er sich zunächst freiwillig zum Militärdienst, wird jedoch wegen hochgradiger Kurzsichtigkeit für felddiensttuntauglich erklärt. Unter dem Eindruck der Kriegsereignisse selber, seiner aufopfernden Tätigkeit in der Kriegsgefangenenfürsorge und der chauvinistischen literarischen Musik, mit der die Grauen dieses Weltkriegs begleitet werden, weigert sich H. 1915 in einem Beitrag der *Neuen Zürcher Zeitung* mit dem Titel *Wieder in Deutschland*, angesichts des allerorten vom Krieg gezeichneten Vaterlands und des Elends, unter dem die Gefangenen und die Verwundeten zu leiden haben, »Kriegsnovellen und Schlachtgesänge« zu verfassen. Als er daraufhin von der deutschen Presse, u. a. vom *Kölner Tagblatt*, als »vaterlandsloser Geselle« und »Drückeberger« beschimpft wird, bricht er die letzte Brücke zu Deutschland ab und bewirbt sich um die schweizerische Staatsbürgerschaft, die er 1923 erhält. Von 1915 bis 1919 widmet er trotz großer persönlicher Schwierigkeiten und trotz des sich verschlimmernden Nervenleidens einen erheblichen Teil seiner Arbeitskraft der »Bücherzentrale für deutsche Kriegsgefangene Bern«, redigiert die Schriftenreihe und das Kriegsgefangenenblatt *Pro Captivis*. Mit der Veröffentlichung von *Demian. Die Geschichte einer Jugend* – 1919 zunächst bei S. Fischer unter dem Pseudonym Emil Sinclair erschienen – , *Zarathustras Wiederkehr. Ein Wort an die Deutschen* (1919) und *Sinclairs Notizbuch* (1923) versucht er, die Deutschen nach dem großen Krieg zur inneren Einkehr, zu Pazifismus und zu humanitärem Internationalismus zu bewegen. Unter diesem Vorzeichen werden Romain Rolland, T. S. Eliot, Thomas Mann und Hugo Ball seine Freunde, später treten Carl Gustav Jung, André Gide, Rudolf Alexander Schröder, Hans Carossa und Martin Buber hinzu. Nach der Indienreise von 1911 und der Begegnung mit Sigmund Freud und Jung, vermittelt durch den Jung-Schüler und Psychotherapeuten H.s, Josef Bernhard Lang, gewinnt der Weg zum Selbst als dem »innigeren Verhältnis zum eigenen Unbewußten« (*Künstler und Psychoanalyse*, 1918) die Bedeutung von Lebensnorm, Gott und Sinn. Von nun an bildet die Selbstfindung des Schriftstellers durch seine Bilder und Fiktionen die Voraussetzung zur Lösung der Bewußtseins- und Zeitkrisen. Logos und Mythos verschränken sich zu einem bis zum Ende auszuhaltenden Spannungsverhältnis, ob im menschenzugewandten Taoismus (*Siddhartha*, 1922) oder den späten, auf Chinesisch-Pantheistisches oder auf Humor und Weisheit abzielenden Gedichten.

In den Jahren zwischen den beiden Weltkriegen hat H. in der Öffentlichkeit unermüdlich vor Nationalismus, Rassismus und Kriegstreiberei gewarnt. Als sich im nationalsozialistischen Deutschland diese Gefahren immer deutlicher abzeichnen, beginnt er – der zahllosen Aufrufe, Pamphlete und offenen Briefe müde geworden – eine der erstaunlichsten Korrespondenzen der deutschen Literatur: von den neuen Herren Deutschlands längst geächtet, schreibt er jährlich etwa eintausend Briefe an junge Deutsche, um auf sie persönlich einzuwirken – der Nachlaß umfaßt etwa 35 000 Briefe. Er verläßt sich aber auch auf die ordnenden Seelenkräfte Kastaliens, einer utopischen Ordensprovinz des Jahres 2200 in der italienischen Schweiz, in dem sein letzter großer Roman, *Das Glasperlenspiel. Versuch einer Lebensbeschreibung des Magister Ludi Josef Knecht samt Knechts hinterlassenen Schriften. Herausgegeben von Hermann Hesse* (1943), spielt. Er schildert in diesem Roman, an dem er seit 1931 (dem Jahr der *Morgenlandfahrt*) gearbeitet hat, den exemplarischen Lebenslauf Josef Knechts, der als Novize in dem heroisch-asketischen Orden der Glasperlenspieler heranwächst. Der glänzend begabte Knecht wird schließlich Meister des Spiels, das sich einer längst vergangenen Geschichtsepoche, dem krisenhaften »feuilletonistischen Zeitalter« des 19. und 20. Jahrhunderts, verdankt. In Knechts vollendetem Umgang mit allen Inhalten und Werten der Weltkultur scheint sich der Kreis zwischen Schüler und Meister, Lernen und Lehre wieder einmal geschlossen zu haben, aber er erkennt, daß Kastalien keine Existenz an sich selbst, sondern eine geschichtliche und damit vergängliche Gestalt der christlich-abendländischen Kultur ist. Er bricht aus dieser Welt aus und ertrinkt in einem See; ein unübersehbares Fragezeichen, das H. selber hinter die Vollkommenheit seiner pädagogischen Provinz, die beziehungsreich den »Morgenlandfahrern« gewidmet ist, gesetzt hat.

Aufgrund seines schlechten Gesundheitszustands, vor allem seiner zunehmenden Sehschwäche, hat H. in seinen letzten Lebensjahren keine größeren Werke mehr geschrieben. Außer Gedichten sind vor allem Prosaskizzen entstanden; daneben arbeitete er zusammen mit seinem Verleger und Freund Peter Suhrkamp an der Neuausgabe seiner in Deutschland vergriffenen oder von den Nationalsozialisten unterdrückten Werke. Es war die Zeit der großen Ehrungen (Goethe-Preis der Stadt Frankfurt a.M., 1946; Nobelpreis für Literatur, 1946; Friedenspreis des Deutschen Buchhandels, 1955). Ähnlich den Jahren nach dem Ersten Weltkrieg setzte nach 1945 eine neue, breite Begeisterung für sein Werk und seine Person als einer Chiffre des Überlebens, der größeren Hoffnung ein, vor der er sich kläglich mit einem Schild »Bitte keine Besuche« am Eingang seines Hauses zu schützen suchte. Seinen Lebensabend verbrachte er fast ausschließlich in Montagnola, wo er seit 1931 lebte. 1961 wurde an ihm eine Leukämie diagnostiziert, die schließlich zu seinem Tod führte. Noch in seinen letzten Tagen hat er an einem Gedicht gearbeitet, *Knarren eines geknickten Astes*, die widersprüchliche Summe der menschlichen Existenz in einem trotzig-resignierenden Naturbild bergend.

Werkausgabe: Hermann Hesse: Gesammelte Werke in zwölf Bänden. Frankfurt a.M. 1970.

Literatur: *Schneider,* Christian Immo: Hermann Hesse. München 1991; Internationales Hermann-Hesse-Kollequium in Calw 1986. Hrsg. von Friedrich *Bran.* Bad Liebenzell 1987; *Unseld,* Siegfried: Hermann Hesse – eine Werkgeschichte. Werk- und Wirkungsgeschichte. Frankfurt a.M. 1985; *Michels,* Volker (Hrsg.): Hermann Hesse. Sein Leben in Bildern und Texten. Frankfurt a.M. 1978; *Ziolkowski,* Theodore: Der Schriftsteller Hermann Hesse. Wertung und Neubewertung. Frankfurt a.M. 1979.

Volker Wehdeking

Hessel, Franz
Geb. 21.11.1880 in Stettin; gest. 6.1.1941 in Sanary-sur-Mer

Unter der Überschrift *Die Wiederkehr des Flaneurs* hat Walter Benjamin das folgenreichste Buch H.s angekündigt, den Band *Spazieren in Berlin* von 1929, und damit auf die Tradition hingewiesen, die diesen »sanften Surrealisten« mit der französischen Großstadtpoesie seit Baudelaire verbindet. H. selbst hat sich lieber unter der Maske des »siebenten Zwerges« verborgen, jenes kleinen Wichtes, der das schöne Schneewittchen hoffnungslos aus der Ferne liebt und der gerade durch seine ungeschickte Liebe zur Ursache für ihre Wiedererweckung zum Leben und ihre glückliche Verbindung mit dem Prinzen wird.

Am 21. November 1880 in Stettin geboren, wuchs H. im großbürgerlichen Milieu des Berliner Alten Westens auf, wo sich sein Vater als Bankier niedergelassen hatte. Nach dem Abitur am Joachimsthaler Gymnasium ging er zum Studium nach München, schloß sich aber bald als Jünger Karl Wolfskehls und Freund von Franziska Gräfin Reventlow der Münchener literarischen Bohème an. 1906 siedelte er nach Paris über, wo er mit wenigen Unterbrechungen bis 1913 im Quartier Montparnasse lebte. Hier bekam er durch den Kunsthändler Wilhelm Uhde Zugang zu dem im Café du Dôme tagenden Künstlerzirkel um Jules Pascin, wurde mit der avantgardistischen Kunst des jungen Pablo Picasso und seiner Zeitgenossen bekannt und fand in dem Schriftsteller Henri-Pierre Roché den kongenialen französischen Freund. Dieser donjuaneske Liebhaber führte ihn in die Geheimnisse von Paris ein. Mit ihm verband ihn eine Liebe zu dritt zu der jungen Malerin Helen Grund, die H. 1913 in Berlin heiratete. In seinem 1953 veröffentlichten Roman *Jules et Jim*, der durch die Verfilmung François Truffauts berühmt wurde, erzählt Roché die stürmischen Episoden dieser leidenschaftlichen Beziehung.

Nach dem Krieg, den H. als Landsturmmann in Polen und im Elsaß überlebte, siedelte er sich für kurze Zeit mit seiner Familie – inzwischen waren zwei Söhne geboren – im bayrischen Hohenschäftlarn an, um ab 1920 wieder in Berlin zu leben. Durch die Inflation um sein väterliches Erbe gebracht, arbeitete er seit 1923 als Lektor für den Rowohlt Verlag, gab 1924 dessen Hauszeitschrift *Vers und Prosa* heraus, betreute die Ausgabe des Gesamtwerks von Honoré de Balzac und publizierte Übersetzungen von Werken Stendhals, Balzacs, Giacommo Casanovas und Albert Cohens. 1925 ging er nach Paris zurück und blieb dort bis 1927, um mit Walter Benjamin an der Übersetzung des zweiten und dritten Teils von Marcel Prousts *A la Récherche du Temps Perdu* zu arbeiten. Auch für ihn selbst war diese Rückkehr in die zur zweiten Heimat gewordene Stadt, wie er in seinem Pariser Tagebuch *Vorschule des Journalismus* schreibt, eine Suche nach der verlorenen Zeit.

Nach 1933 hat H. in Deutschland keine eigenen Texte mehr publiziert. Er lebte jedoch weiterhin in Berlin, wo Rowohlt ihn trotz eines Betätigungsverbots durch die Reichsschrifttumskammer heimlich weiterbeschäftigte. Unter anderem betraute er ihn mit der Übersetzung des siebenbändigen Romans *Die guten Willens sind* von Jules

Romains. Im Oktober 1938 wurde H. in einer dramatischen Aktion von seiner Frau, von der er seit Mitte der zwanziger Jahre getrennt lebte, ins französische Exil gerettet, wo er zunächst in Paris, seit 1940 in Sanary-sur-Mer lebte. Nach der Invasion der deutschen Truppen in Frankreich (1940) in dem berüchtigten Lager Les Milles interniert, starb er wenige Monate nach seiner Entlassung am 6. Januar 1941.

H.s literarisches Werk ist durch und durch autobiographisch und zugleich ganz literarisches Spiel. An seinem Anfang steht die Erfahrung des Verlustes. In seiner ersten Veröffentlichung, dem Gedichtband *Verlorene Gespielen* von 1905, sind die Totenklage um die frühverstorbene Schwester und die Sehnsucht nach dem sonnenbeschienenen Garten der verlorenen Kindheit in Stettin zentrale Motive. In Paris schreibt H. den Roman *Der Kramladen des Glücks* (1913), in dem er eine deutsch-jüdische Bildungsgeschichte im Schwabing der Jahrhundertwende erzählt, wobei er in dem jungen Gustav Behrendt sich selbst, in der Gestalt der Gerda von Broderson die Gräfin Reventlow porträtiert. Konstitutiv für die Weltsicht des Romans ist die Kinderperspektive, die dem Helden die Welt in ein buntes, aus distanzierter Nähe betrachtetes Schauspiel verwandelt. Die Außenseiterstellung des jungen Helden wird in der Erfahrung einer doppelten Fremdheit begründet, der unter den Deutschen und der in seinem eigenen Volk, den Juden.

Am ehesten hat H. sich in Paris zu Hause gefühlt, dessen Stadtlandschaft zum Schauplatz seines zweiten Romans wird, der *Pariser Romanze* von 1920. In den Briefen eines deutschen Soldaten an seinen französischen Freund Claude werden die gemeinsamen Spaziergänge, Begegnungen und Liebesabenteuer im Vorkriegsparis erinnert. Diese idyllische Welt ist jedoch von Anfang an überschattet vom Kriegstod des Erzählers, den der Untertitel *Papiere eines Verschollenen* andeutet, so daß die Stadt in Vorwegnahme surrealistischer Motive in todverfallene, dem Untergang geweihte Natur verwandelt erscheint: »Die steinernen Wände, die seidenden Kleider, die Fetzen und Früchte der Märkte sind uns, während wir sie sehen, schon entrückt wie Erinnerung. Unser Gang durch die Straßen ist ein Traumgleiten, als brauchten wir nicht unsere Glieder zu regen.«

In seinem dritten Roman *Heimliches Berlin* von 1927 entwirft H., auf dem Hintergrund der Inflation und der durch sie bedingten gesellschaftlichen Wandlungsprozesse, die Utopie eines gewaltlosen Berlin, das als märkisches Dorf »an der Landstraße zwischen Rom und Moskau« liegt und dessen Gesellschaft sich in Gesprächen über Freundschaft und Liebe konstituiert. »Dies Buch steht technisch der Photomontage nahe: Hausfrauen, Kinder mondäne Damen, Kaufherren, Gelehrte sind von den schattenhaften Umrissen platonischer und menandrischer Maskenträger scharf überschnitten« (Walter Benjamin).

H.s schriftstellerische Eigenart erfüllt sich in den kurzen Prosatexten, die er zunächst als Feuilletons publiziert, um sie dann in mehreren Bänden gesammelt vorzulegen. In ihnen sind die Charakteristika seines Schreibens, Traumvision und Todesbewußtsein, Perspektive der Kindheit und Intensionslosigkeit am klarsten ausgeprägt. In dem 1929 veröffentlichten Band *Spazieren in Berlin* befreit der Autor als Spaziergänger die ihm begegnenden Menschen und Dinge aus ihrem funktionalen Kontext und verwandelt sie in Zeichen, die sich nach dem Gesetz des Zufalls zu einem anderen Text zusammenfügen, der die Spuren des Uralten, die zugleich die Spuren des eigenen Unbewußten sind, in der Physiognomie der Großstadt lesbar macht.

Im Exil hat H. an einem letzten Roman gearbeitet, in dem noch einmal alle Motive seines Schreibens in der Erinnerung an das Leben im Berlin der Zwischenkriegszeit versammelt sind. Das unabgeschlossene, 1987 unter dem Titel *Alter Mann* erstmals publizierte Werk enthält in einer Kindheitserinnerung die Urszene des H.schen Schreibens: »Man müßte im Alter wieder den Genuß der Kindheit finden, dies erkenntnisreiche Tasten, dies Fühlen, ohne zu greifen, dies Erbeben in Sinnesseligkeiten ohne bestimmtes Begehren. Damals in dem Eckhaus an der Mosel. Da wurde ich einmal in den Apfelkeller getan für eine Stunde. Denn vor der Tür war, glaube ich, ein Kirchenbrand. Da saß ich lange in dem süßen Obstgeruch. Aber ich war viel zu erregt um zu essen. Könnte mir denken, daß ich wieder dahin finde, daß es genug und mehr als genug ist, an der Frucht zu riechen, mehr manchmal, als sie zu essen.«

Literatur: *Flügge*, Manfred: Gesprungene Liebe. Die wahre Geschichte zu ›Jules und Jim‹. Berlin und Weimar 1993; *Koehn*, Eckhardt: Straßenrausch. Flanerie und kleine Form. Versuch zur Literaturgeschichte des Flaneurs bis 1933. Berlin 1989; *Witte*, Bernd: Franz Hessel. Ein Bauer von Paris. In Juni 3. 1989. H. 1. S. 16–33; *Vollmer*, Hartmut: Der Flaneur in einer »quälenden Doppelwelt«. Über den wiederentdeckten Dichter Franz Hessel. In: Neue Deutsche Hefte 34. 1987. H. 1. S. 725–735

Bernd Witte

Heym, Georg
Geb. 30. 10. 1887 in Hirschberg/Niederschlesien; gest. 16. 1. 1912 Berlin

»Ich liebe alle«, notiert H. 1909 in seinem Tagebuch, »die in sich ein zerrissenes Herz haben. Ich liebe Kleist, Grabbe, Hölderlin, Büchner, ich liebe Büchner und Marlowe. Ich liebe alle, die nicht von der großen Menge angebetet werden. Ich liebe alle, die oft so an sich verzweifeln, wie ich fast täglich an mir verzweifle«. Er hätte sich von der Französischen Revolution begeistern lassen, wäre nach Frankreich geeilt und nicht zuhause »sitzen geblieben« wie »das Schwein Goethe, der überhaupt nichts gemacht hat« (1911). Im 1912 neu zu wählenden Reichstag werde auch bloß »fünf Jahre lang viel geredet« und nicht gehandelt werden, auch nicht, wenn eine sozialdemokratische Mehrheit kommen sollte, denn in Wahlversammlungen sei er schon »vor tödlicher Langeweile unter dem Phrasen-Schwall dieser Miniatur-Robespierrechen gestorben«. Diese grundsätzlich negierende Haltung faßt der Satz zusammen: »Ich wäre einer der größten deutschen Dichter geworden, wenn ich nicht einen solchen schweinernen Vater gehabt hätte« (1911). Johann Wolfgang Goethe, Sozialdemokratie und Vater, ein konservativer Staatsanwalt, sind dabei offensichtlich Stellvertreter von Traditionen und Konventionen, für die er keinerlei Verständnis aufbringen kann, weil sie ihn auf die verschiedenste Weise seiner Freiheit berauben. Und natürlich befriedigen ihn auch sein Studium des Rechts, von 1907 bis 1910 in Würzburg, Jena und Berlin und sein Brotberuf nicht, zuletzt ist er Gerichtsreferendar, denn seine Berufung besteht darin, Dichter zu sein.

Auch über arrivierte dichtende Zeitgenossen, wie etwa Stefan George, findet er die bösesten Worte und macht sich gleichwohl die Errungenschaften der Spracherneuerung zu eigen, die von ihnen ausgeht; denn er kann z.B. Charles Baudelaire nicht anders als in einer Übertragung Georges aufnehmen und Arthur Rimbaud in einer durch George angeregten Übersetzung. Und eben diese Repräsentanten der französischen Moderne sind es, die ihm zwingendes Vorbild werden. Als einen »deutschen Baudelaire« hat ihn deshalb sein erster Verleger Kurt Wolff, damals Partner Ernst Rowohlts, empfunden. Die neuartigen Metaphern und die ungewohnten Themen, die bisher tabuierte Bereiche aufbrechen, widersprachen den Vorstellungen des Bildungsbürgertums, zu dem seine Eltern gehörten, das durch Romantik und Biedermeier und eine biedermeierlich und deutschnational umgedeutete Klassik – daher H.s Horror vor Goethe – bestimmt war. So wurde H. in Berlin, dem Zentrum der fortschrittlichen Dichtung, Mitstreiter einer Gruppe jüngster Literaten und nach seinem Tod – er ertrank vierundzwanzigjährig beim Schlittschuhlaufen auf der Havel beim Versuch, den befreundeten Lyriker Ernst Balcke, der in das Eis eingebrochen war, zu retten – als früher Vollender des jungen Expressionismus gefeiert, obwohl er noch durchweg und unübersehbar mit dem literarischen Jugendstil verbunden ist; Johannes R. Becher, Gottfried Benn, Jakob van Hoddis, Ernst M. R. Stadler, Georg Trakl und viele andere danken ihm wesentliche Impulse. Die als befremdend und aktuell zugleich erfahrene neue Thematik machen schon einige Gedichttitel deutlich: *Die Selbstmörder* (1911), *Die Morgue* (1911), *Die Tote im Wasser* (1910), *Die Dämonen der Städte* (1910). Die rhythmisch einprägsame Fülle meist negativer Metaphern, in denen sich die Visionen einer von Katastrophen heimgesuchten Welt äußern, hat dazu geführt, in H. einen Propheten des Ersten Weltkriegs und seines Grauens zu sehen. Seine wenigen Erzählungen scheinen die Auffassung zu bestätigen, es handle sich hier um durchgängig »revolutionäre« Dichtung, obwohl sie eher mit linker Hand geschrieben sind und die neue Thematik und Ausdruckswelt bevorzugen. Es wird jedoch übersehen, daß der Dichter auch viele Verse hinterlassen hat, die sich in alte Traditionen einfügen: vor allem Liebes- und Naturgedichte, von denen man einige zu den »schönsten« (Gottfried Benn) in deutscher Sprache zählt. So wird in H.s Werk die »Zerrissenheit« einer großen, noch nicht fertigen dichterischen Persönlichkeit vielfältig greifbar, von Emmy Ball-Hennings, die ihn in Berlin erlebte, mit »halb Rowdy, halb Engel« umschrieben.

Werkausgabe: Georg Heym. Dichtungen und Schriften. Gesamtausgabe. Hrsg. von Karl Ludwig *Schneider.* 6 Bde. 1960 ff.

Literatur: Georg Heym. 1887–1912. Eine Ausstellung der Staats- und Universitätsbibliothek Carl von Ossietzky. Hamburg/Wiesbaden 1988; *Korte,* Helmut: Georg Heym. Stuttgart 1982; *Loewenson,* Erwin: Georg Heym oder Vom Geist des Schicksals. Hamburg/München 1962.

Ludwig Dietz

Heym, Stefan (d.i. Helmut Flieg)
Geb. 10. 4. 1913 in Chemnitz

H.s Leben und Werk ist geprägt von Sozialismus, Judentum und Exil in einer Zeit, in der die Ansichten eines Menschen von keiner Seite als seine Privatsache betrachtet wurden. Schon früh erkannte H. die Schwierigkeiten, die sich aus sozialem Interesse und einem entsprechenden Standpunkt ergaben. Wegen einer antimilitaristischen Gedichtveröffentlichung wird der Kaufmannssohn 1931 vom Chemnitzer Gymnasium verwiesen. Zwei Jahre später flieht er über die Tschechoslowakei in die USA, wo er nach einem Studium an der Universität Chicago die verschiedensten Jobs ergreift: Tellerwäscher, Verkäufer, Kellner, Sprachlehrer, Handelsvertreter, Korrektor, und von 1937 bis 1939 Chefredakteur der antifaschistischen New Yorker Wochenzeitung *Deutsches Volksecho*. In der amerikanischen Armee kämpft er, zuletzt im Rang eines Offiziers, im Zweiten Weltkrieg bei der Invasion in der Normandie und dem Frankreichfeldzug mit, verdammt jedoch Koreakrieg und Kommunistenhetze. Nach der faschistischen Ära ist für H. die Front des Kalten Kriegs bestimmend. 1952 kehrt er in die DDR zurück. Dort begleitet er den Aufbau des Sozialismus vor allem als Redakteur der *Berliner Zeitung* (von 1953 bis 1956). Seine Romane und Erzählungen reflektieren sein journalistisches, später auch sein historisches Interesse an der Zeit und kommentieren sie.

H.s erster Roman *Hostages* (1942; unter dem Titel *Der Fall Glasenapp*, DDR 1958; Bundesrepublik 1976) setzt seine publizistische Arbeit fort: Er hatte die Nationalsozialisten und ihren Einfluß in New York bekämpft. Der Film zu dem Roman wurde 1944 angegriffen, weil der Held ein Kommunist sei – 1958 kritisierte das *Neue Deutschland*, in dem Buch über die tschechische Untergrundbewegung käme kein Kommunist vor. In H.s Kriegsromanen, vor allem dem Bestseller *The Crusaders. A Novel of Only Yesterday* (1948; *Kreuzfahrer von heute*, DDR 1950; *Der bittere Lorbeer*, Bundesrepublik 1950), wird seine zunehmend kritische Einstellung gegenüber der US-Gesellschaft deutlich. Die von H. als Sergeant der »Psychological Warfare Unit« der US-Armee verfaßten Flugblätter lassen im Nachhinein die Wurzeln der Auseinandersetzung erkennen (*Wege und Umwege*, 1980; *Stalin verläßt den Raum*, 1990). H.s Erzählungen zwischen 1945 und 1953 (*Die Kannibalen und andere Erzählungen*, DDR 1953) zeigen scharf seine Parteinahme für die von der *Freien Wirtschaft* – so der Titel einer Erzählung – Betrogenen. H.s Bitterkeit gegenüber dem US-Kapitalismus und der von diesem eingeführten Korruption kulminiert in *Goldsborough* (DDR 1953; Bundesrepublik 1978), einem Roman über den Bergarbeiterstreik in Pennsylvania 1949/50, den H. unterstützte und miterlebte. H.s Rechtfertigung der kommunistischen Machtübernahme in Prag 1948 in *The Eyes of Reason* (1951; *Die Augen der Vernunft*, DDR 1955; Bundesrepublik 1982) ist danach logisch konsequent. In *Goldsborough* ist ein Arbeiter die Hauptfigur, während der Intellektuelle zu spontan handelt; in *The Eyes of Reason* werden die Interessen der Unteren durch die Revolution gewahrt, was eine der Hauptfiguren, ein Arzt aus einer Unternehmerfamilie, akzeptiert, während sein Bruder es zwar prinzipiell bejaht, aber als bürgerlicher

Künstler damit nicht fertig wird. Aus einem Blick auf die Publikationsdaten kann man schließen, daß mit diesen frühen Romanen sein bundesrepublikanischer Verlag ebenso viele Probleme gehabt zu haben scheint wie sein DDR-Verlag mit seinen späteren. H.s Technik ist – neben seiner Fähigkeit, spannend zu schreiben – durch eine Handlung gekennzeichnet, in deren Verlauf die Hauptperson des Romans zu bestimmten Einsichten gelangt. Durch Signale im Text wird der Leser aufgefordert, diese Entwicklung nachzuvollziehen und für sich daraus zu lernen. Besonders in den Zeitromanen kommen dadurch die Nebenrollen gelegentlich etwas zu kurz, bleiben im Typischen oder im Klischee stecken. Dieser Zug findet sich immer wieder bis hin zu *Auf Sand gebaut* (1990), einem Band mit Erzählungen, die direkt auf die Situation der DDR-Bürger angesichts der Wiedervereinigung eingehen. Sie geben journalistischer Wirklichkeitsnähe bei gleichzeitiger ironischer Distanzierung vor literarischem Abstand den Vorzug. Seine aus seinem bisherigen Leben und Werk heraus konsequente »Einmischung« zugunsten des Erhalts der DDR wurde von Schriftsteller-Kollegen und Politikern heftig angegriffen (*Einmischung: Gespräche, Reden, Essays*, 1990). In den historischen Romanen ist dieses Charakteristikum kaum sichtbar. 1983 schrieb H. im Vorwort zur Veröffentlichung seiner Magisterarbeit von 1936 über Heinrich Heines *Atta Troll*: »Äußerlich einem wissenschaftlichen Traktat mit all seinen Attributen ähnelnd . . ., erscheint mir diese kleine Schrift heute fast wie eine Prophetie der Kämpfe meines eigenen Lebens, ein Programm meines eigenen Werks . . . Es ist, als hätte der Verfasser der Dissertation vorausgesehen, was dem späteren Romanautor immer wieder an den Kopf geworfen wurde: seine realistische Einstellung zu den Dingen, seine Hinwendung zu den Nöten der Menschen, und immer muß etwas passieren – nein, so richtig schöne Dichtung kann man das nicht nennen.« In diesem Hinweis auf die Kontinuität in H.s Werk ist seine wichtigste Waffe der späteren Romane zu erkennen: die Ironie.

In *Die Papiere des Andreas Lenz* (DDR 1963; *Lenz oder die Freiheit*, Bundesrepublik 1965) führt H. mit einem neuen Thema, Bedingung und Möglichkeit der Revolution, die Form des historischen Dokumentarromans ein: Ein Student und Liederdichter (Zeuge der Badischen Revolution von 1849, gefallen in der Schlacht von Gettysburg 1865 als Offizier der Nordstaaten) hinterläßt Papiere, Aufzeichnungen und Exzerpte, die den Aufstand und sein Scheitern beleuchten. H. tritt als Herausgeber der Papiere auf, womit der Text eine Aura der Authentizität und eine vermehrte Autorität erhält. Die Frage der Durchführung einer Revolution ist auch in den folgenden Werken ein zentrales Thema, selbst die psychologische Beschreibung des *Lassalle* (Bundesrepublik 1969; DDR 1974) und die Verdrängungen des vielgeehrten Schriftstellers *Collin* (Bundesrepublik 1979) hängen damit zusammen. Ziel ist wohl, daß sich der Leser der Risiken und Bedingungen einer Revolution bewußt wird und der Rolle des Menschen in ihr. Mittels der Satire drängt H. in *Der König-David-Bericht* (Bundesrepublik 1972; DDR 1973) auf die endliche Verwirklichung des Sozialismus, indem er die Verhältnisse am Hofe König Salomos und das Leben König Davids, der nach H.s marxistischer Bibellektüre die »Revolution vom primitiven Stammeskommunismus hin zum orientalischen Despotismus« durchgeführt hat, Revue passieren läßt. Hineingewoben sind dreitausend Jahre Geschichte mit dem Stalinismus als End- und Höhepunkt. Dieser Roman enthält autobiographische Züge, wie sich H.s Memoiren *Nachruf* (1988) entnehmen läßt. Die konkrete sozialistisch-kommunistische Utopie, die im *König David Bericht* nur anklingt, beherrscht H.s vielleicht bedeutendsten Roman *Ahasver* (1981).

Die Titelgestalt, der – nach H. – gefallene Engel, ewige Jude und Revolutionär Ahasver hofft, durch alle seine Wanderungen hindurch, die Menschen dazu zu bewegen, eine ihren Interessen dienende Revolution zu entfachen, und streitet aus diesem Grunde mit Jesus (»Reb Joshua«). Als letzterer schließlich durch den eigenen Augenschein überzeugt ist und gegen Gott aufsteht, wird noch in seinem Scheitern die Unzerstörbarkeit der konkreten, diesseitigen Utopie des verwirklichten Sozialismus deutlich, zumal das Schlußkapitel wie die ganze transzendente Ebene in der Lutherschen Bibelsprache gehalten ist, während die Ebene des 16. Jahrhunderts durch einen Barockton und die der Gegenwart durch Wissenschaftler- bzw. DDR-Amtsdeutsch gekennzeichnet sind. Diese sprachliche Stilisierung – in *Die Schmähschrift oder Königin gegen Defoe* (Bundesrepublik 1970; DDR 1974) und im *König David Bericht* erprobt – erlaubt H. starke ironische und satirische Effekte. Der *Bericht* und *Ahasver* bringen in ihren Themen auch H.s jüdische Wurzeln zur Geltung. Erst aus der Autobiographie ist zu erkennen, in wie konkreter Weise H. von dem Massenmord an den Juden betroffen wurde. Das Verstummen angesichts des Grauens wird bereits im *König David Bericht* nicht nur als literarische Figur verwendet, und im *Ahasver* spricht der Teufel im Wechsel mit dem Revolutionär. Ahasver, der wandernde, ewige Revolutionär ist auch ewiger Jude.

Werkausgabe: Stefan Heym. Werkausgabe. München 1981 ff.

Literatur: *Hutchinson,* Peter: Stefan Heym. The Perpetual Dissident. Cambridge/New York 1992; *Ecker,* Hans-Peter: Poetisierung als Kritik. Stefan Heyms Neugestaltung der Erzählung vom Ewigen Juden. Tübingen 1987; *Bohnert,* Christiane: Stefan Heym: »Der König David Bericht«. Die Macht der Ohnmacht vor der Geschichte. In: Jahrbuch zur Literatur der DDR 5. Bonn 1986, S. 143–195.
Christiane Bohnert

Heyse, Paul
Geb. 15. 3. 1830 in Berlin; gest. 2. 4. 1914 in München

Als erster deutscher Dichter erhielt H. im Jahre 1910 den Nobelpreis. Im Vorschlag hieß es: »Unter den lebenden älteren Dichtern Deutschlands wird Paul Heyse allgemein fast unbestritten als der größte anerkannt«, und in der Verleihungsrede ist von H.s »Goetheähnlicher Künstlerschaft« die Rede. Die Ehrung krönt eine ganze Reihe von Preisen und Auszeichnungen, die H., das vielgeliebte Glückskind bürgerlicher Dichterträume, im Laufe seines langen Lebens angesammelt hat. Geboren als Sohn eines Universitätsprofessors, mußte er aus dem Studium der klassischen Philologie, der Kunstgeschichte und der Romanistik von 1838 bis 1851 keinen Brotberuf machen, wohl aber prägte es lebenslang seine Interessen. Nach einem Studienaufenthalt in Italien kam er bereits 1854 in den Genuß einer Einladung des bayrischen Königs Maximilian II., die den Daueraufenthalt in München mit Jahresgehalt einschloß. Neben Emanuel Geibel, von dem er bereits 1848 in den »Tunnel über der Spree« eingeführt worden war, avancierte H. zum Haupt der sogenannten Münchener Schule, einer klassizistischen, überwiegend aus norddeutschen Autoren (»Nordlichtern«) bestehenden Dichtergesellschaft von Königs Gnaden. H.s 1874 fertiggestelltes Haus in der Luisenstraße wurde bis zu seinem Tod zu einem geistig-geselligen Zentrum Münchens; 1899 legte sich der Dichterfürst eine fürs Überwintern gedachte Villa in Gardone am Gardasee zu. Dennoch war H. kein Fürstendiener. Aus Solidarität mit benachteiligten Kollegen verzichtete er 1869 auf seine Pension, trat 1887 aus dem Kapitel des Maximiliansordens und 1891 aus der Jury des Schillerpreises aus. H.s literarische Bedeutung liegt eindeutig auf dem Gebiet der Novelle. Er selbst strebte zeitlebens in allen Gattungen nach poetischen Lorbeeren – in der Lyrik, in der Verserzählung, im Roman und besonders nachhaltig im Drama (über sechzig Stücke), jedoch blieb ihm gerade hier der durchschlagende Erfolg versagt. Der radikale Geschmackswandel, der mit dem Aufkommen des Naturalismus verbunden war, erfaßte auch H.s ästhetisches Ideal, die stilisierte Darstellung des Schönen und Edlen. Vom Bildungsbürgertum immer noch goutiert, fiel sein Werk bei den progressiven Künstlern selbst völlig in Mißkredit. Conrad Alberti kanzelte den Altmeister schon 1889 ab: »Paul Heyse ist kein einzelner Mensch – er ist ein Symbol, die plastische Verkörperung der ganzen sittlichen Verkommenheit der deutschen Bourgeoisie, welcher die Gemeinheit, die Lüsternheit, die Frechheit, die Schamlosigkeit als das Ideal der Schönheit gilt. Heyse lesen, heißt ein Mensch ohne Geschmack sein – Heyse bewundern, heißt ein Lump sein.« »Sic transit gloria mundi (So vergeht der Welt Ruhm)« – der Dichter, der zu Lebzeiten als der legitime Nachfolger Johann Wolfgang Goethes galt, ist seit Ende des Ersten Weltkriegs völlig in Vergessenheit geraten. Dabei gibt es unter seinen rund 150 Novellen über das Anthologien-Paradestück L'Arrabiata (in: Novellen, 1855) hinaus zahlreiche Stücke von Rang (z.B. Villa Falconieri, 1887). Dem allgemeinen Verdikt über die hemmungslose Überproduktion H.s mit ihrer teilweise oberflächlichen Psychologie fielen auch die farbig und elegant formulierten Erzählungen zum Opfer. Technische Perfektion, stilistische Virtuosität und eine unter den deutschen Zeitgenossen seltene Weltläufigkeit sind Eigenarten seiner Prosa, die auch heute ein nicht bloß kulturgeschichtliches Interesse erwecken kann. Die unter seinem Einfluß stehende Schriftstellerin Isolde Kurz hat die gewinnende Persönlichkeit dieses nachgeborenen Olympiers treffend charakterisiert: »Der Zeitraum, in dem er wirkte, hat in Deutschland größere Dichtergenien gesehen, aber keinem wurde gehuldigt wie ihm, und gäbe es bei uns die Würde des Poeta laureatus, so wäre sie fraglos ihm zugekommen. Seine hochkultivierte aristokratische Persönlichkeit mit der weltweiten literarischen Bildung und den diplomatischen verbindlichen Umgangsformen stempelte ihn schon äußerlich dazu. Dieser ausstrahlenden Persönlichkeit, die ihm in der ganzen Welt verdiente Freundschaften gewann, und die vielleicht seine schönste Schöpfung war, verdankte er wohl mehr als seinen schon leise welkenden Werken den Nobelpreis.«

Werkausgabe: Paul Heyse. Gesammelte Werke. 15 Bde. Stuttgart 1924 (Nachdruck Hildesheim 1984–1985).

Literatur: *Jeziorkowski,* Klaus: Der Virtuose des Durchschnitts. Der Salonautor in der deutschen Literatur des 19. Jahrhunderts, dargestellt am Beispiel Paul Heyse. In: Ders.: Eine Iphigenie rauchend. Aufsätze und Feuilletons zur deutschen Tradition. Frankfurt a. M. 1987, S. 114–129; Heyse, Paul: Münchner Dichterfürst im bürgerlichen Zeitalter. Ausstellung in der Bayerischen Staatsbibliothek 23. Januar bis 11. April 1981. München 1981.

Gunter E. Grimm

Hildesheimer, Wolfgang

Geb. 9. 12. 1916 in Hamburg; gest. 21. 8. 1991 in Poschiaro/Schweiz

Die biographische Form und das für ihre Geschlossenheit verantwortliche Kausalitätsprinzip hat H. zeit seines Schreibens zu parodieren versucht, um die »Einsicht der Unvorstellbarkeit« eines Lebensgeschehens zu fördern. Diese Einsicht gewinnt, wer den eigenen Lebenslauf als Diskontinuum erlebt. H., als Sohn eines jüdischen Chemikers in Hamburg geboren, emigriert mit seiner Familie 1933. Der Zögling der berühmten Odenwaldschule wird englischer Public-School-Boy, absolviert 1934 bis 1937 eine Tischlerlehre in Jerusalem, studiert danach in London Zeichnen und Bühnenbildnerei und arbeitet seit 1940, wieder in Palästina, zuerst als Englischlehrer, später als Informationsoffizier der britischen Regierung. 1946 holen die Alliierten H. als Simultandolmetscher zu den Nürnberger Kriegsverbrecherprozessen, deren Protokolle er nach Abschluß der Verhandlungen redigiert. Danach läßt er sich in Ambach am Starnberger See als freier Graphiker und Maler nieder. Darf man H. glauben, so schlägt dort, am 18. Februar 1950, die Geburtsstunde des Dichters – weil es im Atelier zum Malen zu kalt und zu dunkel ist: »Unlustig also nahm ich ein Blatt Papier zur Hand, um wenigstens zu zeichnen, aber wider jegliches Erwarten begann ich eine Geschichte zu schreiben. Am nächsten Tag schrieb ich eine zweite, und so wurde ich allmählich Schriftsteller.« Eine Künstleranekdote, gewiß, und H.s erster Erzählband *Lieblose Legenden* (1952) ist reich an Lügengeschichten über Spätberufene, Doppeltalente und Epigonen. Mit der Eleganz ihres Stils überspielen diese Satiren auf eine politische und kulturelle Restaurationszeit ihre eigentliche Ausgangsposition: das Bewußtsein vom Ende der abendländischen Kunst und Kultur, das scheinbar »lieblos« konstatiert wird. Der Emigrant H. hält mit seinem Debüt den Anschluß zur europäischen Literatur der Moderne, deren Lektüre seinen in Deutschland verbliebenen Altersgenossen während des Krieges verwehrt war. H. nimmt an den Lesungen der »Gruppe 47« teil, mit der Poetik der »Trümmerliteratur« aber, mit dem exoterischen Stil und moralischen Engagement eines Heinrich Böll oder Wolfdietrich Schnurre verbindet ihn nichts. In den 50er und frühen 60er Jahren vor allem mit Theater- und Hörspielen erfolgreich (*Das Opfer Helena, Der Drachenthron*, 1955; *Herrn Walsers Raben*, 1960; *Die Verspätung*, 1961), wählt H. andere Vorbilder: James Joyce und Djuna Barnes, die er später übersetzt, Samuel Beckett oder Albert Camus, dessen Philosophie er ins Pessimistische wendet, indem er auch die »Revolte« gegen das Absurde für sinnlos hält. H. ist der einzige deutsche Autor, der eine Theorie absurder Literatur konzipiert hat (*Erlanger Rede*, 1960; *Frankfurter Vorlesungen*, 1967). Drei Aufgaben soll sie erfüllen: nach Auschwitz das Schweigen auf die Frage nach dem »Sinn der Schöpfung« hörbar zu machen, »Ersatzantworten« der Priester, Wissenschaftler und Politiker in ihrem Ungenügen zu entlarven und zu lehren, daß man sich mit der Vernunftwidrigkeit des Lebens abzufinden und Verzweiflung als »kontinuierliche Lebenshaltung« anzunehmen hat. H.s Romane *Tynset* (1965) und *Masante* (1973) lösen diese Forderungen ein. Statt des satirischen der frühen Werke herrscht nun der melancholische Ton. Geschichte stellt sich für den Erzähler, in beiden Büchern Schriftsteller von Beruf, als ein Trümmerhaufen dar, in dem er vergeblich einen humanen Gedanken sucht, für Parabeln des Absurden aber genügend Stoff findet, vor allem in den Häschergeschichten des Dritten Reiches. Er ist jüdischer Abstammung und, wie H. 1957 in die Schweiz, ein zweites Mal aus Deutschland emigriert, aus Furcht, die Nazischergen könnten wieder an die Schaltstellen der Macht zurückkehren. Der offen bleibende, aber wahrscheinliche Tod des Erzählers am Schluß von *Masante* signalisiert das Ende des Erzählens überhaupt: »Zeugenschaft geben? Für wen? Wovon? Von Gleichgültigkeit, Dulden, Versagen, Ohnmacht? Lieber ein Ende«. H., 1966 mit dem Georg-Büchner-Preis ausgezeichnet, versteht sich als Schriftsteller einer Endzeit, in der alle Aufzeichnungen vergeblich sind, weil die Realität des Absurden unveränderlich bleibt, diese Botschaft aber kein einverständiges Publikum findet. Der Rest ist deshalb Schweigen, trotz der erfolgreichen Antibiographien *Mozart* (1977) und *Marbot* (1981), in denen H. noch einmal das Entlarven bzw. Herstellen von Legenden demonstriert. 1983 entscheidet er sich, das Schreiben von fiktionaler Literatur aufzugeben. Er zeichnet wieder, stellt Collagen her und engagiert sich in Essays für den Schutz der Natur. 1987 erschien *Nachlese*, eine Sammlung früherer Notizen und 1989 *Klage und Anklage*, das auch nach 1984 entstandene Texte enthält.

Werkausgabe: Wolfgang Hildesheimer. Gesammelte Werke. 7 Bde. Hrsg. von Christian *Hart-Nibbrig* u.a. Frankfurt a.M. 1991.

Literatur: *Jehle,* Volker (Hrsg.): Wolfgang Hildesheimer. Frankfurt a.M. 1989; *Arnold,* Heinz Ludwig (Hrsg.): Wolfgang Hildesheimer. Text + Kritik. Sonderband. München 1986; *Blamberger,* Günter: Versuch über den deutschen Gegenwartsroman. Stuttgart 1985. S. 74–100.

Günter Blamberger

Hippel, Theodor Gottlieb
Geb. 31. 1. 1741 in Gerdauen/Ostpreußen; gest. 23. 4. 1796 in Königsberg

H. gehört zu den geistvollsten und dennoch fast unbekannten Prosaschriftstellern der deutschen Spätaufklärung. Erfolgreich und bekannt waren, jedenfalls im 18. Jahrhundert, seine Bücher *Über die Ehe* (1774), *Über die bürgerliche Verbesserung der Weiber* (1792) und vor allem sein Roman *Lebensläufe nach aufsteigender Linie. Nebst Beylagen A. B. C.* (1778–1781), von dem sein Autor, verallgemeinernd, selbst bemerkt: »Wer Romane liest, sieht die Welt im optischen Kasten, ist in Venedig, Paris und London, je nachdem die Bilder vorgeschoben werden. Dieses sey ein Wort ans Herz für die, welche meinen Lebenslauf zu sehr als Lebenslauf finden, wo die Einheit der Zeit und des Ortes zu eng das Vergnügen verschränkt; denn wenn gleich meine Leser oft nur Thal, Berg und Gesträuch gesehen haben, so war es doch wenigstens nicht durchs Glas. Ein andermal von der gerechten Klage, über die verkehrte Welt, daß Geschichte in vielen Fällen Roman, und Roman Geschichte geworden.« Aber nicht der Autor wurde bekannt: H. hat auf so strikte wie erfolgreiche Weise seine Anonymität zu wahren gesucht, was mit seinem Berufsverständnis als hoher preußischer Beamter, aber auch mit einer stark ausgeprägten Scheu vor der Öffentlichkeit zusammengehangen haben mag, so daß er gewissermaßen ein Doppelleben führte, das seine Königsberger Freunde, zu denen neben Georg Friedrich Hamann auch Immanuel Kant gehörte, als dies nach seinem Tode bekannt wurde, nicht wenig irritierte.

Geboren in Gerdauen, einer Familie von Pfarrern und Lehrern entstammend, studierte H. zunächst Theologie in Königsberg, war als Hauslehrer tätig, bis er Gelegenheit erhielt, eine größere Reise bis nach St. Petersburg zu unternehmen. In seiner fesselnden Selbstbiographie (aus dem Nachlaß 1801), die nicht zuletzt durch das interessant ist, was er verschweigt, berichtet er auch von seiner bescheidenen Herkunft; Armut und Pietismus haben seine Jugend geprägt und waren vielleicht ein Motiv für das spätere Bemühen, das Adelsdiplom der Familie erneuern zu lassen. Von diesen Jugenderfahrungen ist viel auch in die *Lebensläufe* eingegangen, die durch die Autobiographie manche nicht unwichtige Aufhellung erfahren.

H. nimmt dann noch einmal ein Jurastudium auf und wird als Advokat und Notar tätig, wobei er die Grundlage für sein später bedeutendes Vermögen legen kann. Er tritt der Freimaurerloge bei, veröffentlicht *Geistliche Lieder* (1772), Logenreden, satirische Arbeiten und verfaßt auch einige Theaterstücke, darunter *Der Mann nach der Uhr oder der ordentliche Mann* (1763).

Als Anwalt wie auch später als Beamter erlangte H. großes Ansehen; 1787 wird er dirigierender Bürgermeister und Polizeidirektor von Königsberg und erntet auch hier allgemeines Lob für seine Tätigkeit. Fleiß, Umsicht und Genauigkeit werden ihm in seiner Amtsführung nachgerühmt, die freie Zeit gehört der Lektüre und der heimlich betriebenen Schriftstellerei. Nach den *Lebensläufen* veröffentlicht er einen weiteren Roman, ebenfalls von der Sterneschen Manier geprägt, die *Kreuz- und Querzüge des Ritters A bis Z.* (1793/94), in dem es wiederum mehr um die scharfe, geistreiche Zeichnung von Charakteren geht als um Entwicklung, Handlung und Intrige; Dialog, Satire und philosophische Reflexion überwiegen auch hier. Die letzte Lebenszeit gehört der Niederschrift seiner Lebensgeschichte und kleineren Arbeiten; H. stirbt, nachdem er im preußisch gewordenen Danzig eine offenbar sehr anstrengende administrative Tätigkeit ausgeübt hat, frühzeitig und ohne seine Anonymität als Autor preisgegeben zu haben. Das problematische Inkognito und Widersprüche in seiner Lebensführung scheinen ihn nicht beunruhigt zu haben: der Lobredner der Ehe blieb unverheiratet, der Mann, der republikanische Grundsätze vertrat, war als Polizeidirektor für eine sehr weitgehende Überwachung verantwortlich, der Selbstdenker, der schon in seinem ersten Roman Kantische Gedanken popularisierte (vor dem Erscheinen der drei Kritiken!), scheint sich Höhergestellten gegenüber nicht selten recht subaltern verhalten zu haben, der Mann, der auf innere Unabhängigkeit pochte, war an Karriere und Vermögen offenbar nicht wenig interessiert.

In gewisser Hinsicht mag er geschrieben haben, was er im Leben nicht zu verwirklichen wußte, es mindert dies den Wert seiner Schriften für uns in keiner Weise, es würde, ironisch betrachtet, die Anonymität seiner Schriften sogar noch einmal rechtfertigen, und in die Selbstgespräche seiner Romane ist deswegen wohl nicht weniger Lebensbetrachtung, Menschenkenntnis und Welterfahrung eingegangen.

Freilich hat H. als ein Mann der Aufklärung doch vor allem handeln wollen, er hat wohl deshalb seine Amtsgeschäfte so wichtig genommen und Ehrgeiz nicht gering geschätzt. Es mag dabei ein kompensatorisches Moment im Spiel gewesen sein, denn er erkannte bald, daß die einzige Möglichkeit zu handeln in der Ausbildung der Begriffe liegt. So bleibt dem Menschen nicht viel mehr als das Denken. Hier könnte auch, ähnlich wie bei Lichtenberg, der Ursprung seiner satirischen Neigung liegen: in ihr wie in den moralphilospophischen Grundsätzen versucht sich die Subjektivität gegen das Bestehende zur Wehr zu setzen, dem er doch in seinem Amte stets zu Diensten war – dies aber, wenn man will, durchaus im Sinn der Kantischen *Beantwortung der Frage: Was ist Aufklärung?*

Es mag sein, daß H. aus diesem Widerspruch stammende Überlegungen in den *Lebensläufen* seinem Vater in den Mund gelegt hat: »Niemand kommt aus seinem Vaterlande. Seitdem die neue Welt entdeckt worden, ist sie ein Theil von unserm Geburtsorte. Bin ich im Gefängnisse, beim Gastmahl, am Hofe, in der Stadt, auf dem Lande, in Mitau, im – – Pastorat, ich bin beständig zu Hause. Ein Thor sagt, daß er vertrieben sey, ein Weiser hat nur eine Reise unternommen, wenn er im Exilium ist. Oft ist man in seinem Vaterlande ein Sklave und im Exilium in Freiheit.« Von vielleicht selbstkritischem Sarkasmus zeugt auch die Erwiderung auf die Frage, was treuer sei als ein Kettenhund: »Eine Treue an der Kette ist auf zweierlei Art verdächtig.«

Jean Paul, der H. bewunderte, hat seine witzige Metaphorik gepriesen, für die es in den *Lebensläufen* zahllose Beispiele gibt, wie etwa in der folgenden Reflexion des Erzählers: »Je mehr ich mir Zeit nehme mich zu fassen, desto mehr verlier' ich das Gleichgewicht. – Fast glaub' ich, daß die Fassung so schnell komme als der Schreck, die Hülfe wie die Krankheit, und wenn alle Fassung nur Betäubung wäre?« H. ist durchaus ein Vorläufer Jean Pauls, und beide sind bedeutende Verwandte des Laurence Sterne. So versah Schlichtegroll die Ausgabe der Selbstbiographie H.s mit einer an den Verfasser des *Hesperus* gerichteten Vorrede.

Werkausgabe: Theodor Gottlieb von Hippels Sämtliche Werke. 14 Bde. Berlin 1928/39 (Reprint dieser Ausgabe Frankfurt a. M. 1971).

Literatur: *Kohnen*, Joseph: Theodor Gottlieb von Hippel. Eine zentrale Persönlichkeit der Königsberger Geistesgeschichte. Lüneburg 1987; *Wuthenow*, Ralph Rainer: Das erinnerte Ich. Europäische Autobiographie und Selbstdarstellung im 18. Jh. München 1974; *Promies*, Wolfgang: Die Bürger und der Narr oder das Risiko der Phantasie. Sechs Kapitel über das Irrationale in der Literatur des Rationalismus. München 1966.

Ralf-Rainer Wuthenow

Hochhuth, Rolf
Geb. 1. 4. 1931 in Eschwege/Nordhessen

H. hatte seine Zeitgenossen mit dem ersten von ihm verfaßten Theaterstück offenkundig an einem wunden Punkt getroffen. Am 20. Februar 1963 unter der Leitung von Erwin Piscator uraufgeführt, erregte und schied *Der Stellvertreter* (1963, erw. 1967) die Geister wie kein anderes Stück zuvor: rüde Polemiken, Tumulte, eine Anfrage im Bundestag, aber auch begeisterte Zustimmung, Übersetzungen in fast zwanzig Sprachen, Inszenierungen in ungefähr dreißig Ländern. Warum rührte ein junger, gänzlich unbekannter Autor, der die nationalsozialistische Ära nur als Kind und Jugendlicher miterlebt hatte, an eine derart tabuisierte Frage wie die nach der möglichen Mitschuld Papst Pius XII. am Tode zahlloser Juden, weil sich dieser zu keiner öffentlichen Verurteilung der Hitlerschen Massenmorde bereitfand?

H. entstammt einer traditionsreichen Bürgerfamilie, in der er eine behütete Kindheit verlebt. Nach eigenen Aussagen ein »miserabler Schüler«, aber voller Leidenschaft für Bücher, geht er 1948 nach der Mittleren Reife vom Gymnasium ab und beginnt eine Buchhändler-Lehre. Zwischen 1950 und 1955 arbeitet er in Buchhandlungen in Marburg, Kassel und München, besucht als Gasthörer Vorlesungen, erarbeitet sich im wesentlichen das Werk der deutschen Realisten und der Historiker des 19. Jahrhunderts. In diese Zeit fallen H.s erste eigene Schreibversuche, sie bleiben unveröffentlicht. 1955 wird er Verlagslektor (bis 1963), 1957 heiratet er. Rückblickend erinnert sich H. besonders an die Tage des Zusammenbruchs des NS-Regimes: »Diese Anschauung von . . . unerhörten Begebenheiten hat mich geprägt für immer . . . Und dieses Gefühl hilfloser Unzulänglichkeit . . . gegenüber der Geschichte traf mich wie ein Erdbeben«. An anderer Stelle führt er aus: »Mein Vater heißt Hitler. Für mich, den ehemaligen Pimpf in Hitlers Jungvolk, den Schwiegersohn einer von Hitler Enthaupteten, den . . . Augenzeugen vom Abtransport der Juden – für mich liegt die Auseinandersetzung mit Hitler allem zugrunde, was ich . . . schreibe.« Geschichte gilt H. als schicksalhaft: Sie bestimmt zwar das menschliche Dasein, entzieht sich letztlich aber der Erkenntnis und Beeinflussung. Andererseits bestand er – darin unterscheidet er sich etwa von Theodor W. Adorno oder Friedrich Dürrenmatt – auf der Entscheidungsfreiheit und Verantwortlichkeit des Individuums auch in der modernen Massengesellschaft. Maßstab menschlichen Handelns dürften jedoch nicht Ideologien oder Religionen sein – diese unterstellten der Geschichte ein Ziel oder einen höheren Zweck und instrumentalisierten den Menschen dadurch –, sondern nur dessen Moralität. Diese Moralität des individuellen Handelns selbst unter Bedingungen existentieller Bedrohung: das ist H.s Thema; sie auszuloten und gerade von geschichtsmächtigen Personen, wie z. B. Pius XII., unbeirrbar einzufordern, ist wesentliche Aufgabe des Schriftstellers. H. bedient sich dazu einer besonderen Form des Dokumentartheaters. Zwar entfaltet er mittels umfangreicher dokumentarischer Einschübe den historischen Hintergrund seiner Stücke, doch sind Personen und Handlungen in Abhängigkeit von deren Idee teilweise fiktiver Natur. Der Erfolg des *Stellvertreters* war jedoch so spektakulär, daß er ungeachtet dieser Spezifik dem ganzen Genre zum Durchbruch verhalf und eine neue Phase im westdeutschen Nachkriegstheater einleitete. 1963 übersiedelt H. nach Basel, um die Distanz zu gewinnen, die ihm zur konsequenten Erfüllung seiner Aufgabe notwendig erscheint. Hier wird ihm der existentialistische Philosoph Karl Jaspers Freund und Mentor. H. verfaßt erste Gedichte, veröffentlicht die Erzählung *Die Berliner Antigone* (1966). 1967 folgt das Winston Churchills Kampf gegen Hitler behandelnde Theaterstück *Soldaten*. In einer Vielzahl von Offenen Briefen mischt er sich in die Politik ein, fordert deren moralische Erneuerung.

In diesen Arbeiten treten sein Menschenbild und politisches Credo deutlich zutage. H. widerspricht der von Karl Marx und Herbert Marcuse vertretenen Auffassung, im Gefolge eines Wandels der Gesellschaft könne der »neue Mensch« entstehen. Nicht der Mensch sei veränderbar, er bleibe der »alte Adam«, neige zum Mißbrauch ihm zufallender Macht; wenn überhaupt, dann sei Fortschritt nur möglich durch eine Verbesserung der Institutionen, sie müßten Machtkonzentration verhindern. »Nicht mehr übersehbar«, schreibt H., »daß *jeder* Goliath unerträglich ist – nicht aber, weil er sich rot verkleidet oder das Gold liebt oder das Kreuz: sondern weil er ein Goliath ist ... Und Übermacht ist immer faschistisch, gleichviel, ob in privater, ob in staatlicher Faust« (*Vorstudien zu einer Ethologie der Geschichte*, 1969–71).

Nicht nur in den Essays, auch in seinen Theaterstücken (der Tragödie *Guerillas*, 1970; den Komödien *Die Hebamme* und *Lysistrate und die NATO*, 1971 und 1973) wendet sich der Autor jetzt der Gegenwart zu, doch bleibt er seinem eigentlichen Thema, der moralisch motivierten Auseinandersetzung mit der Macht, treu. Und wiederum sind es einzelne, »anständige Menschen«, die aufbegehren: der Senator, der mit einer Handvoll Gleichgesinnter die oligarchische Macht der 120 vermögendsten Familien der USA mittels eines Staatsstreichs zu brechen sucht; die Kommunalpolitikerin, die unter bewußter Mißachtung geltender Gesetze das Los der Bewohner einer Obdachlosensiedlung verbessert. Diese Rigorosität, mit der H. die ökonomisch Mächtigen einerseits und den ideologisch begründeten Machtanspruch der Linken andererseits attackiert, schafft ihm zahlreiche Gegner. H. sitzt zwischen allen Stühlen. Nach dem Monodram *Tod eines Jägers* (1976), in dem die fiktive Lebensbilanz Ernest Hemingways Anlaß ist für Reflexionen über die soziale Verantwortung des Schriftstellers, wendet er sich mit dem Essay *Tell 38* (1976), der Erzählung *Eine Liebe in Deutschland* (1978) und dem Stück *Juristen* (1980) erneut der NS-Zeit zu. Wiederum erweist sich dabei die politische Brisanz seiner Themen: Äußerungen H.s in *Eine Liebe in Deutschland* über die Tätigkeit des damaligen baden-württembergischen Ministerpräsidenten Hans Filbinger als Militärrichter im Dritten Reich führen nach langer öffentlicher Debatte zu dessen Rücktritt im August 1978. Die Stücke *Ärztinnen* (1980) und *Judith* (1984) erreichen mit ihren aktuellen Themen keinen solchen Wirkungsgrad, sie bestätigen jedoch H.s Rolle als der rigorose Moralist und Mahner der neueren deutschen Literatur. *Sommer 14. Ein Totentanz* (1989) zeigt in 13 Einzelbildern Europa am Vorabend des Ersten Weltkriegs und führt vor, daß Krieg durch verantwortliches Handeln zu verhindern gewesen wäre. H.s bislang letztes Stück *Wessis in Weimar* (1993) befaßt sich mit den Schwierigkeiten des inneren Vereinigungsprozesses in Deutschland.

Die Kritik hat H. immer wieder die mangelnde Beherrschung formaler Mittel vorgeworfen – damit mag sie in der Tendenz recht haben, aber, so fragt Claus Peymann 1980, »enthält dieser (Qualitäts-)Begriff nicht auch Gefahren? ... Ich empfinde eine Lücke, die zwischen unseren theatralischen Ausdrucksmitteln klafft und den blutigen Themen, die sich stellen. Vielleicht könnte H. mit seinen Stücken diese Lücke schließen helfen.«

Literatur: *Wolff,* Rudolf: Rolf Hochhuth. Werk und Wirkung. Bonn 1987; *Hinck,* Walter (Hrsg.): Rolf Hochhuth – Eingriff in die Zeitgeschichte. Essays zum Werk. Reinbek bei Hamburg 1981; *Taëni,* Rainer: Rolf Hochhuth. München 1977. *Christian Pohl*

Hoddis, Jakob van (d.i. Hans Davidsohn)
Geb. 16. 5. 1887 in Berlin; 30. April 1942 Deportation, Todesdatum und -ort unbekannt

Als Zangengeburt in die Welt gesetzt, der kräftigere Zwillingsbruder tot, der Vater kokainabhängig, Arzt und Materialist, die Mutter schöngeistige Idealistin. Ihr, die er zeitlebens um Geld anging, widmete der 15jährige zum 44. Geburtstag ein Heft mit 28 Gedichten, romantisierende und historisierende Verse aus der Märchen- und Sagenwelt. Ihm schrieb der 18jährige satirische Epigramme, mit denen er auf Autoritäten, bürgerliche Doppelmoral und wilhelminische Ideale witzig eindrosch. Legte sich mit seinem Deutschlehrer an, als der losgiftete: »Sudermann, Hauptmann, Nietzsche und die anderen Schweine«, ging von der Schule ab, machte als »Wilder« das Abitur nach (1906). Ein Architekturstudium und Baupraktikum in München wurde abgebrochen (1906/1907), dafür in Jena und Berlin Griechisch und Philosophie studiert. Mit seinen Freunden Erwin Loewenson und Kurt Hiller gründete H. den »Neuen Club« (1908), einen literarischen Zirkel, gedacht als Kritik am herkömmlichen Kulturbetrieb und als Förderung einer neuen, avantgardistischen Kultur. In seinem »Neopathetischen Cabaret«, dem sich u. a. Ernst Blass und Georg Heym anschlossen, zog der »Neue Club« seine öffentlichen, turbulenten Lesungen und Aktionen ab. H.s Lyrik galt als repräsentativ für den »Neuen Club«, dem »heiter-siedenden Laboratorium des lebendigen Geistes« (Erwin Loewenson), sie entsprachen Hillers Theorie von »Gehirnlyrik« als einer Verschmelzung aus sensualen, sentimentalen und mentalen Elementen. Angeschrieben wurde gegen bildungsbürgerliche Traditionen, die verlächerlicht werden – Johann Wolfgang von Goethe und die deutsche Klassik im *Italien*-Zyklus etwa –, Erwartungshaltungen wurden zerstört, Wertvorstellungen abgewertet, umgewertet, negiert, parodiert, aufgelöst in schwarzen Humor – weswegen André Breton H. so schätzte – und im Groteskstil zerrieben, der zum Markenzeichen von H. wird. Großstadt wurde ästhetisch umgesetzt, ihre neuen Stoffe, doch auch ihre neuen Erfahrungsweisen (Verkehr, Tempo, Technik, Reklame, Kino, Zeitung, Gleichzeitigkeit, Dichte, Intensität). Bekannt wurde H. vor allem als Autor des *Varieté*-Zyklus (zehn Gedichte) und des *Weltendes* (1911), der »Eröffnung der expressionistischen Lyrik« (Kurt Hiller). »Diese 8 Zeilen entführten uns, keinem sind solche zwei Strophen gelungen« (Johannes R. Becher), die einsetzen: »Dem Bürger fliegt vom spitzen Kopf der Hut«. H. galt als Bürgerschreck: verwahrlost, unrasiert, picklig, ein jähzorniger Maulheld und Einzelgänger, 1.53 m groß (»Krümel« hatten ihn die Mitschüler verspottet). Der Vortrag seiner Gedichte, die er alle stets bei sich trug, muß bestechend gewesen sein. Er schrieb wenig und langsam und verlor viel. Expressionistische Zeitschriften wie *Der Sturm, Die Aktion, Die neue Kunst* veröffentlichten seine Gedichte, lediglich eine geschlossene Sammlung von sechzehn Gedichten wurde gedruckt (*Weltende*, 1918). Schon früh zeigten sich Hinweise auf eine beginnende Schizophrenie (ab 1911/12), erste Internierungen in Nervenheilanstalten folgten (ab 1912). Zwei Frauen wurden, neben der Mutter, für sein Leben bestimmend: Emmy Hennings (die spätere Frau von Hugo Ball), durch die er vom jüdischen Glauben zum Katholizismus konvertierte, und Lotte Pritzel, in die er sich erfolglos verliebte, bekannt durch ihre lasziv-frommen Puppenschöpfungen (mit denen sich H., geschminkt und verkleidet, identifizierte). Verstärkt schrieb H. religiös übersteigerte Lyrik, die später immer mehr von Sexualphantasien überwuchert wurde. Am 25. 4. 1914 trat H. ein letztes Mal bei einem Autorenabend der *Aktion* auf, danach verliert sich sein Leben in und um Heilanstalten (Jena, Bad Eglersburg, Frankenhain, Tübingen, Göttingen). H. schrieb, malte, spielte Schach, trieb »Spitzenmathematik«, rauchte und onanierte gleichermaßen exzessiv, zog vor jedem Tier, das ihm in Tübingen begegnete, den Hut. Lebte autistisch und schwerhörig friedlich dahin. Lächelte und lachte oft: »Und kann ich die Welt nicht aushalten, darum gab mir Gott das Lachen«. Nur wenn man ihn waschen wollte, wurde er aufbrausend. Aus der »Israelitischen Heil- und Pflegeanstalt« in Bendorf-Sayn bei Koblenz (ab 1933) wurde er, laut Gestapoliste, als »lfd. Nr. 8« deportiert (wahrscheinlich ins polnische Belzec, Chelmno oder Sobibor) und irgendwann und irgendwo vergast und verscharrt.

Werkausgabe: Jakob van Hoddis. Dichtungen und Briefe. Hrsg. von Regina *Nörtemann*. Zürich 1987.

Literatur: *Läufer,* Bernd: Jakob van Hoddis. Der »Varieté-Zyklus«. Ein Beitrag zur Erforschung der frühexpressionistischen Großstadtlyrik. Frankfurt a. M. 1992; *Seim,* Jürgen (Hrsg.): Tristitia ante. Geahnte Finsternis. 1887–1987. Zu Leben und Werk des Dichters Jakob van Hoddis. Gütersloh 1987; *Hornbogen,* Helmut: Jakob van Hoddis. Die Odyssee eines Verschollenen. München 1986; *Reiter,* Udo: Jakob van Hoddis. Leben und lyrisches Werk. Göppingen 1970.

Dirk Mende

Hoffmann, Ernst Theodor Amadeus

Geb. 24. 1. 1776 in Königsberg; gest. 25. 6. 1822 in Berlin

Der Zeitpunkt, an dem H. als Ausdruck seiner Bewunderung für Mozart seinen dritten Vornamen Wilhelm durch Amadeus ersetzte (1809), fällt in die Jahre, in denen er sich den beiden Seiten seines Künstlertalents widmete, die heute mit seinem Namen erst in zweiter Linie verbunden, wenn nicht gar vergessen sind: der Musik und der Malerei. 1810 hatte er am Bamberger Theater die Stelle eines Direktionsgehilfen angenommen, in der er bald als Bühnenarchitekt, bald als Theatermaler und Komponist arbeitete und sich in scharfsinnigen Rezensionen mit Ludwig van Beethovens Kompositionen auseinandersetzte. Entscheidenden Einfluß auf H.s spätere schriftstellerische Tätigkeit übt die leidenschaftliche Liebe zu seiner Gesangsschülerin Julia Marc aus (1811), die in den zwei Frauengestalten Julia und Cäcilia in der Erzählsammlung, den *Fantasiestücken in Callots Manier* (1814–15) und hier besonders in der Erzählung *Nachricht von den neuesten Schicksalen des Hundes Berganza* (1814) ihren Niederschlag findet.

Der Bamberger Zeit (von 1808 bis 1813) folgte ein weiteres Jahr, in dem sich H. vorwiegend mit der Musik beschäftigte und seine Oper *Undine* (1812–1814; Text von Friedrich de la Motte-Fouqué) vollendete, »eines der geistvollsten« Werke, »das uns die neuere Zeit geschenkt hat«, wie Carl Maria von Weber in seiner Rezension schreibt. 1813 wurde H. von Joseph Seconda als Musikdirektor nach Dresden berufen. Nach dem Zerwürfnis mit Seconda (1814) wendet er sich brieflich an seinen alten Freund Theodor Gottlieb von Hippel mit »dem sehnlichsten Wunsch . . ., wieder im preußischen Staate angestellt zu werden« und mit der Bitte, ihm »eine Anstellung in irgend einem Staats-Bureau zu verschaffen«, die ihn »nähren« sollte. Die wirtschaftliche Not zwingt H., seinen juristischen Brotberuf wieder aufzunehmen, den er 1806 mit dem Einzug der Franzosen in Warschau, wo erste Kontakte zu den Romantikern entstanden waren (von 1804 bis 1806), verloren hatte. Zunächst arbeitete H. am Berliner Kammergericht ohne festes Gehalt, 1816 wurde er zum Kammergerichtsrat ernannt. Die Doppelexistenz als preußischer Kammergerichtsrat und als Künstler, die H. fortan führt, vor allem nach seiner Ernennung zum Mitglied der »Immediatkommission zur Ermittlung hochverräterischer Verbindungen und anderer gefährlicher Umtriebe« (1819), wird satirisch im *Kater Murr* (1820–22) und der Knarrpanti-Episode im *Meister Floh* (1822) verarbeitet. Die juristische Tätigkeit schärfte H.s Blick für skurrile und groteske Situationen und für die Erscheinungsformen des Spießbürgerlichen, die er in komischen Verwicklungen, im Aufeinanderprallen von (spieß-)bürgerlicher Existenz und dem Künstlerischen und Phantastischen in vielen seiner Erzählungen verarbeitete. Die Jahre als preußischer Beamter sind die Zeit von H.s eigentlicher literarischer Produktion. Besonders *Die Elixiere des Teufels* (1815/16) und die *Nachtstücke* (1816/17) tragen dazu bei, daß er von Zeitgenossen und in der Folgezeit als »Gespenster-Hoffmann« verspottet wurde. Sein Anliegen, die Bedrohung des Menschen durch das Unheimliche und Unbegreifliche und die oft gleitenden Übergänge vom Wunderbaren zum Entsetzlichen, vom Genialen zum Krankhaften zu zeigen, Themen, die auch seine Tagebuchnotizen durchziehen und die Heinrich Heine (1836) dazu veranlaßten, H.s Werk als einen »entsetzlichen Angstschrei in 20 Bänden« zu nennen, wird oft durch die kurzweiligen Abenteuer- und Spukgeschichten überdeckt.

Diese Spannung, welche die Erzählungen, vor allem *Die Serapions-Brüder* (1819/20), durchzieht, wird auch in seinen Tagebüchern deutlich: Romantisch-religiöse Eintragungen wechseln sich ab mit bissigen Bemerkungen, Humoristisches wird von überspannten Ideen und bizarren Gedanken abgelöst. Die Bedeutung des Unheimlichen, seine Ambivalenz, zugleich anziehend und abstoßend zu wirken, wird in diesen Notizen des »Meisters des Unheimlichen« (Sigmund Freud) stets betont.

H.s letzte Lebensjahre werden von dem Konflikt zwischen seiner schriftstellerischen Tätigkeit und seinem juristischen Beruf überschattet. Die satirische Verarbeitung seiner Tätigkeit in der »Immediatkommission« führte zur Beschlagnahmung des Manuskripts des *Meister Floh* und zog ein Disziplinarverfahren gegen den schon todkranken H. nach sich (1822). Seine Verteidigung der Knarrpanti-Episode im *Meister Floh* enthält gleichsam sein poetisches Vermächtnis: Ohne böse Nebenabsichten habe er die »scurrilen, ja gänzlich bizarren Abentheuer«, frei dem Flug der Phantasie folgend, verfaßt; er habe kein politisches Pamphlet vorlegen wollen, sondern ein Produkt der Phantasie eines »humoristischen Schriftstellers, der die Gebilde des wirklichen Lebens nur in der Abstraction des Humors wie in einem Spiegel auffassend reflectirt. Dieser Gesichtspunkt läßt mein Werk in dem klarsten Lichte erscheinen, und man erkennt, was es sein soll, und was es wirklich ist.«

Werkausgabe: E. T. A. Hoffmann. Sämtliche Werke. Hrsg. von Wulf *Segebrecht* u. a. 6 Bde. Frankfurt a. M. 1985 ff.
Literatur: *Kaiser,* Gerhard R.: E. T. A. Hoffmann. Stuttgart 1988; *Prang,* Helmut (Hrsg.): E. T. A. Hoffmann. Darmstadt 1976; *Wittkop-Ménardeau,* Gabrielle: E. T. A. Hoffmanns Leben und Werk in Daten und Bildern. Frankfurt a. M. 1968.

Bernhard Zimmermann

Hoffmann von Fallersleben, August Heinrich
Geb. 2. 4. 1798 in Fallersleben bei Braunschweig; gest. 19. 1. 1874 auf Schloß Corvey/Westfalen

»Glauben Sie, daß sich nach dem preußischen Landrecht dichten läßt? Ich erkläre nochmals: ich habe nur die Stimmung der Zeit und des Volkes wiedergegeben, denen ich nun einmal angehöre.« Mit diesen Worten verteidigte sich der Kaufmannssohn H. vor den preußischen Richtern, die ihm im Jahre 1842 Berufsverbot erteilten. Er verlor seine Breslauer Professur für deutsche Sprache und Literatur (von 1835 bis 1842) wegen der bei Hoffmann & Campe erschienenen *Unpolitischen Lieder* (1840 ff.). Charakteristisch für die Zeit des Vormärz, hatte H. in seinen Gedichten mit Spottlust das deutsche Philistertum, die »Rückwärtserei«, Pfaffentum und feudale Überheblichkeit ironisiert. Er war kein politischer Vordenker, er war ein Stimmungsmensch, der die aufgewühlten Strömungen der vorrevolutionären Zeit aufnahm und mit ihnen sympathisierte.

Seine Naturlyrik, politischen Gedichte und Kinderlieder boten für die Komponisten seiner Zeit reichen Stoff: Louis Spohr, Robert Schumann, Felix Mendelssohn-Bartholdy und Franz Liszt vertonten sie. Einige der heute noch populärsten Kinderlieder, wie *Kuckuck, Kuckuck* oder *Ein Männlein steht im Walde*, stammen aus seiner Feder. Wenig bekannt ist, daß auch das *Lied der Deutschen*, das sogenannte Deutschlandlied, H. zum Verfasser hat. Er schrieb es im Jahre 1841 auf Helgoland, und sein Verleger Campe zahlte ihm umgehend für die Verse den stattlichen Preis von vier Louis d'or. Der chauvinistische Ton des Hymnus ist nicht zu überhören, auch wenn die damaligen Grenzen des Deutschen Bundes grob umrissen wurden. Die Überbetonung des Deutschen – vor allem gegenüber dem »Welschtum« – war eine fatale Tradition seit den antinapoleonischen Befreiungskriegen, die auch den liberalen H. prägte. Als Wissenschaftler beschäftigte ihn vor allem die mittelalterliche Literatur, später wurde er Mitarbeiter am Grimmschen Wörterbuch.

H. galt als Aufrührer und Rebell, bis 1848 wurde er 39mal aus deutschen Landen ausgewiesen. Auch nach der gescheiterten Revolution erhielt er keinen Lehrstuhl. 1854 bot ihm der Herzog von Sachsen-Weimar eine Redakteursstelle bei den *Weimarischen Jahrbüchern für deutsche Sprache und Literatur* an; 1860 siedelte er mit seiner Familie auf Schloß Corvey über, wo er im Dienste des Herzogs von Ratibor Bibliothekar wurde. Zurückgezogen begann er mit der Niederschrift seiner Biographie, die noch zu seinen Lebzeiten in sechs Bänden erschien.

In den Wirren der 48er Revolution verstummt H., er hält sich fern vom politischen Treiben. Später verfaßt er nur noch Naturlyrik und Kinderlieder. Nach der Reichseinigung gehört H. zu den Vormärzlern, die das neue Reich bejubeln, aber schon bald tritt Ernüchterung bei ihm ein, denn das neue Staatswesen entspricht doch nicht seinen republikanischen Vorstellungen.

Werkausgabe: August Heinrich Hoffmann von Fallersleben. Gesammelte Werke. Hrsg. von Heinrich *Gerstenberg*. 8 Bde. Berlin 1880–1893.

Literatur: *Heinrich-Jost,* Ingrid: August Heinrich Hoffmann von Fallersleben. Berlin 1982.

Lerke von Saalfeld

Hoffmannswaldau, Christian Hoffmann von
Geb. 25. 12. 1616 in Breslau; gest. 18. 4. 1679 in Breslau

»Der Herr von Hoffmannswaldau / welcher ein schüler des Opitzes gewesen«, habe gleichwohl einen anderen Weg eingeschlagen, »indem er sich sehr an die Italiäner gehalten / und die liebliche schreib-ahrt / welche nunmehr in Schlesien herrschet / am ersten eingeführet«, schreibt Benjamin Neukirch 1695 in einem Rückblick auf die Entwicklung der deutschen Literatur im 17. Jahrhundert. Daniel Casper von Lohenstein deutet in seiner »Lob-Rede« auf den verstorbenen Freund lakonisch eine Rangordnung an: »Opitz that es den Alten und Ausländern nach / Unser Herr von Hofmannswaldau aber zuvor.« Daß er die »Welschen« und ihre »gutten Erfindungen« schätzte, bekannte H. selber, doch gerade diese Offenheit für den italienischen Concettismus und Sensualismus in der Art Giambattista Marinos war Kritikern von der Aufklärung an oft ein Stein des Anstoßes.

Der Schluß freilich von der freizügigen Behandlung der sinnlichen Liebe auf Leben und Charakter des Dichters, ohnehin unzulässig im barocken Dichtungsverständnis, findet keine Stütze in der Biographie des Breslauer Patriziers. H. erhielt eine standesgemäße Erziehung, unbehelligt von den Schrecken des Dreißigjährigen Krieges. Sie gipfelte – nach dem Besuch des Elisabethgymnasium in Breslau, dem Studium am Akademischen Gymnasium in Danzig (1636 bis 1638) und der Universität Leiden (1638 bis 1639) – in einer zweijährigen Bildungsreise (1639 bis 1641) nach England, Frankreich und Italien. In Rom »drehete er«, wie Lohenstein berichtet, »dem väterlichen Befehle zufolge seine Deichsel dem Vaterlande zu« – geplant war die Weiterreise nach Konstantinopel. Es bedurfte offenbar eines gewissen Druckes, um ihn in Breslau »unbeweglich zu machen« und zur Heirat zu bewegen (1643). Er widmete sich zunächst vorwiegend seinen literarischen und wissenschaftlichen Interessen, bis er 1647 in den Rat der Stadt gewählt wurde, dem er bis zu seinem Tod in verschiedenen Funktionen, zuletzt als Präses, angehörte. Seine Tätigkeit für die Stadt (»Breßlau aber blieb doch sein liebstes Kind«) führte ihn mehrmals zu Verhandlungen nach Wien (1657, 1660, 1669/70). 1657 wurde er zum Kaiserlichen Rat ernannt. Man rühmte seine Höflichkeit, seine Freundlichkeit und seine weltmännische Bildung. Sein Haus wurde zum Mittelpunkt eines regen gesellschaftlichen Lebens, in dem auch die Dichtung ihren Platz hatte.

Viele seiner Dichtungen sind schon in den vierziger Jahren entstanden, darunter die scharfsinnig-pointierten *Poetischen Grab-Schrifften*, umfangreiche Übersetzungsarbeiten und ein Großteil der Lyrik. Die berufliche Beanspruchung führte dazu, daß in den folgenden Jahrzehnten nur noch zwei umfangreichere Werke fertiggestellt werden konnten, 1652 die Übersetzung von Giovanni Battista Guarinos *Pastor fido* (*Der getreue Schäfer*) und 1664 die *Helden-Briefe*, fiktive Briefwechsel in der Tradition von Ovids *Heroides*, die andeuten, »was die Liebe vor ungeheure Spiele in der Welt anrichte«. An eine Verbreitung seiner Texte durch öffentlichen Druck dachte H. zunächst nicht. Eine ständisch und regional begrenzte Öffentlichkeit wurde durch zirkulierende Abschriften erreicht. Erst als dieser Kreis durch unberechtigte Drucke seiner *Grab-Schrifften* (1662

u. ö.) und der *Pastor fido*-Übersetzung (1678) durchbrochen wurde, entschloß er sich zu einer Auswahlausgabe seiner Werke (*Deutsche Übersetzungen und Getichte*, 1679), die jedoch einen Teil seiner »Lust-Getichte«, d. h. in erster Linie die weltlichen Oden, nicht enthielt, da ihr Verfasser befürchtete, sie möchten zu »ungleichem« (d. h. unbilligem) Urteil Anlaß geben (sie veröffentlichte dann Benjamin Neukirch in der Anthologie *Herrn von Hoffmannswaldau und andrer Deutschen Auserlesene und bißher ungedruckte Gedichte*, 1695 ff.). Dafür bringen die *Deutschen Übersetzungen und Getichte* Texte, die das einseitige Bild vom ironisch-frivolen Erotiker zu korrigieren vermögen: geistliche Lieder, melancholische Gedanken über die Vergänglichkeit der Welt, lyrische Diskurse, die vom rechten Leben handeln. Der neostoizistische »Entwurff eines standhafftigen Gemüths« gehört ebenso zu H.s dichterischen Rollen wie die »Verachtung der Welt«, die auf petrarkistischen Situationen und Motiven basierenden erotischen Sonette oder die witzig-frivolen Oden, die mit religiöser Bildersprache den sinnlichen Genuß feiern. Lohenstein jedenfalls hatte »kein Bedencken einen Breßlauischen Praeses seiner Sinnreichen Getichte halber zu rühmen«.

Werkausgabe: Christian Hoffmann von Hoffmannswaldau. Sämtliche Werke. Hrsg. von Franz *Heiduk*. 5 Bde. Hildesheim 1984 ff.
Literatur: *Heiduk*, Franz: Christian Hoffmann von Hoffmannswaldau. In: Harald *Steinhagen/ Benno von Wiese* (Hrsg.): Deutsche Dichter des 17. Jahrhunderts. Ihr Leben und Werk. Berlin 1984. S. 473–496; Ders.: Hoffmannswaldau und die Überlieferung seiner Werke. In: Jahrbuch des Freien Deutschen Hochstifts 1975. S. 1–72; *Rotermund*, Erwin: Affekt und Artistik. Studien zur Leidenschaftsdarstellung und zum Argumentationsverfahren bei Hofmann von Hoffmannswaldau. München 1972; Ders.: Christian Hofmann von Hoffmannswaldau. Stuttgart 1963.

Volker Meid

Hofmannsthal, Hugo von
Geb. 1. 2. 1874 in Wien; gest. 15. 7. 1929 in Rodaun bei Wien

»Allzugenau war es ihm sichtbar, daß er allüberall auf verlorenem Posten stand: aussichtslos war der Weiterbestand der österreichischen Monarchie, die er geliebt hatte und nie zu lieben aufhörte; aussichtslos war die Hinneigung zu einem Adel, der nur noch ein karikaturhaftes Scheindasein führte; aussichtslos war die Einordnung in den Stil eines Theaters, dessen Größe nur mehr auf den Schultern einiger überlebender Schauspieler ruhte; aussichtslos war es all das, diese schwindende Erbschaft aus der Fülle des maria-theresianischen 18. Jahrhunderts, nun im Wege einer barock-gefärbten großen Oper zur Wiedergeburt bringen zu wollen. Sein Leben war Symbol, edles Symbol eines verschwindenden Österreichs, eines verschwindenden Theaters – , Symbol im Vakuum, doch nicht des Vakuums.«

Wenn H. auf die »formidable Einheit« seines Werks verweist, so scheint sie in Hermann Brochs eindringlicher Analyse auf ihren innersten Begriff gebracht: politische, soziale und künstlerische Aussichtslosigkeit und Vergeblichkeit, denen der Dichter aber dennoch mit seinem Lebenswerk einen unbeirrbaren und beharrlichen Widerstand entgegenzusetzen wußte. Mit dem Zusammenbruch der k.u.k. Monarchie 1918 wurde für H. diese Erkenntnis zum Lebensproblem, »das Paradoxon des scheinbaren Noch-Bestehen-Könnens bei tatsächlichem Ende«. Das Kriegsende bildete denn auch die eigentliche Zäsur in seinem Leben und Werk, die beide aus einem geistig-politischen »Vorher« und »Nachher« zu begreifen sind.

Geboren wird H. in Wien zu einer Zeit, die voller Spannungen ist. Im Jahr der Weltausstellung 1873 kommt es zum großen Börsenkrach, in dem das spekulierende Großbürgertum, darunter auch sein Vater, einen Großteil des Vermögens verliert; trotz des Ausgleichs mit Ungarn von 1867 ist das Nationalitätenproblem im Bunde mit dem erstarkenden Panslavismus, Nationalismus und Antisemitismus eine ständig wachsende Belastung für den Erhalt des Kaiserreichs; Kunst und Literatur antworten auf diese bedrängenden Gegenwartsprobleme mit Flucht in einen unverbindlichen Ästhetizismus, dessen unterschwellige Katastrophenstimmung mit den Schlagwörtern »décadence«, »Fin de siècle«, »l'art pour l'art«, »Symbolismus« oder »Romantizismus« nurmehr kaschiert erscheint. Prägnanter wird die Stimmung der Jahrhundertwende gefaßt in den Seitenhieben von Karl Kraus und Hermann Bahr gegen die herrschende Literatenschicht – die »Kaffeehausdekadenzmoderne« als »fröhliche Apokalypse Wiens«. »Die demolirte Litteratur« – zu ihren Vertretern zählt Karl Kraus 1897 ausdrücklich auch den jungen H., der noch als Gymnasiast in den einschlägigen literarischen Kaffeehauskreisen mit sprachvollendeten Gedichten debütierte und von Bahr und Arthur Schnitzler als Wunderkind gefeiert wurde. Stefan George hatte den jungen Dichter als Mitarbeiter für seine *Blätter für die Kunst* gewonnen, in denen 1892 das dramatische Fragment *Der Tod des Tizian* erscheint; bis 1897 treten neben Gedichte voller Musikalität und Sprachmagie weitere dramatische Arbeiten: *Alkestis* und *Der Thor und der Tod* als das wohl berühmteste Werk des jungen H. Er selbst charakterisiert sie im Rückblick als »Stücke ohne Handlung, dramatisierte Stimmungen«. »Das Bekenntnishafte, das furchtbar Autobiographische daran« ist oft übersehen worden; es enthüllt sich als die Auseinandersetzung des jungen Dichters mit dem Todeserlebnis als Lebensüberfluß; die Schrecklichkeit des Todes wird in allen Dramoletts *(Gestern; Der weiße Fächer; Die Frau im Fenster)* durch ein gesteigertes dionysisches Lebensgefühl überwunden: Tod und Leben verschmelzen im mystischen Erlebnis zu einer höheren, göttlichen Einheit. Die Hingabe an dieses rauschhafte Daseinsgefühl wird aber bereits in dem *Märchen der 672. Nacht* (1895) in Frage gestellt: »Die tödliche Angst vor der Unentrinnbarkeit des Lebens« führt zur Erkenntnis, daß eine humane Existenz jenseits des schönen, aber verarmenden Lebens – von H. als Zustand der »Präexistenz« beschrieben – in Sittlichkeit und in Verantwortung gegenüber der Lebensaufgabe gesucht werden muß. Der Ästhetizismus wird erkannt als ausweglose Verstrickung in eine verführerische Scheinwelt; wie wird er überwunden? 1901 gibt H. die durch Dissertation und Habilitationsschrift in Romanistik vorbereitete Universitätslaufbahn zugunsten des Schriftstellerberufs auf; in demselben Jahr heiratet er und zieht in das »Fuchsschlössel« in Rodaun bei Wien, das er bis zu seinem Tode bewohnt. Die neuen Verhältnisse zusammen mit der Erschöpfung des lyrisch-subjektiven Jugendstils führen in eine tiefe schöpferische Krise: der »bivalente Zustand zwischen Präexistenz und Verschuldung«, zwischen Ästhetizismus und Lebensschicksal muß entschieden werden. Der sogenannte »Chandos-Brief« (*Brief des Philipp Lord Chandos an Francis Bacon*, 1902) sucht diese Wandlung zu formulieren; in ihm äußert sich nicht nur die Verzweiflung über den Sprachverlust – »die abstrakten Worte zerfielen mir im Munde wie modrige Pilze« – , sondern auch die Kritik an der Gefühlsintensität, »das ganze Dasein als eine große Einheit« erleben zu wollen. Die in der Jugendlyrik beschworene Einheit von Mensch, Ding und Traum ist endgültig zerbrochen. Nach dem »Tod des Ästheten« (Richard Alewyn) sucht H. die Rettung aus der Schaffenskrise durch den »Anschluß an große Form« zu finden. Dies bedeutet die Wende zum objektiveren dramatischen Stil und zur Prosa (der Roman *Andreas oder die Vereinigten*, 1907), in denen sich der Sprache als traditionell geprägter Form der Konversation dennoch schöpferisch begegnen läßt. Mit der Umgestaltung von Thomas Otways *Gerettetem Venedig* beginnt 1904 die neue Epoche des Dramatikers, die vielen Bewunderern seines Jugendwerks unverständlich bleibt. Gleichzeitig beginnt sich H. dem griechischen Drama zuzuwenden (*Elektra*, 1904; *Ödipus und die Sphinx*, 1906). In der Zusammenarbeit mit Richard Strauß seit 1906 zeigt sein dramatisches Schaffen vertieferen Ausdruck, »die Erfüllung traditioneller theatralischer Forderung« mit der Oper als »der wahrsten aller Formen«. Die lebenslange enge Verbindung zwischen Dichter und Komponist (*Briefwechsel*, 1927) findet neben *Elektra*, *Ariadne auf Naxos* (1912), *Die Frau ohne Schatten* (1916) und *Arabella* (hrsg. 1933) in der triumphalen Aufführung des *Rosenkavaliers* (Dresden 1911) ihren Höhepunkt. Der Stoff aus der Zeit Maria Theresias führt H. zur Entdeckung des Barock und des habsburgischen Mythos; Calderon wird für die Bühne neu zu gewinnen versucht (*Das Salzburger große Welttheater*, 1922; *Dame Kobold*, 1922); die schwierige Umgestaltung des Schauspiels *Das Leben ein Traum* in ein religiös-politisches Trauerspiel der Gegenwart (*Der Turm*, 1927) weist auf die Grenzen dieser Anverwandlung aus dem Geist des spanischen Barock.

Aus demselben Geist der Allegorie entsteht für die von H. mitbegründeten Salzburger Festspiele 1920 die Neufassung des englischen *Jedermann*. Die Überzeugung, daß man »nach verlorenen Kriegen Lustspiele schreiben muß«, die »das Einsame und das Soziale« zusammenfügen, läßt ihn an sein Jugendwerk anknüpfen (*Christinas Heimreise, Silvia im Stern, Der Abenteurer und die Sängerin*). Es entstehen in rascher Folge *Der Schwierige* (1921), *Der Bürger als Edelmann* nach Molière (1918), *Der Unbestechliche* (1923). In diesen Komödien findet das Konversationsstück seinen unüberbietbaren Höhepunkt: »Das erreichte Soziale«.

Die Neubesinnung auf die Rolle Österreichs und seiner kulturellen Grundlagen nach dem Weltkrieg – »Österreichs tausendjähriger Glaube an Europa« – führt H. zu einer verstärkten kulturpolitischen Aktivität, wie sie in der Münchener Rede *Das Schrifttum als geistiger Raum der Nation* (1927) ihren konzentrierten Ausdruck findet. Die dort verkündete Idee einer »konservativen Revolution« als »schöpferischer Restauration« mit dem Ziel einer »neuen deutschen Wirklichkeit« vor dem Hintergrund europäischer Tradition sollte in den innenpolitischen Krisen Österreichs und Deutschlands ungehört verhallen. 1929 stirbt H. einige Tage nach seinem Sohn.

Werkausgabe: Hugo von Hofmannsthal. Sämtliche Werke. Kritische Ausgabe in 38 Bdn. Hrsg. von Rudolf *Hirsch* u. a. Frankfurt a. M. 1975 ff.

Literatur: *Koch*, Hans-Albrecht: Hugo von Hofmannsthal. Darmstadt 1988; *Volke*, Werner: Hugo von Hofmannsthal. Hamburg 1967; *Broch*, Hermann: Hofmannsthal und seine Zeit. Eine

Studie. In: Broch, Hermann: Gesammelte Werke. Bd. 1, Zürich 1955. S. 43–181. – Separat-
druck: München 1964; *Alewyn,* Richard: Über Hugo von Hofmannsthal. Göttingen ³1963.

Karl-Heinz Habersetzer

Hölderlin, Friedrich

Geb. 20. 3. 1770 in Lauffen a. N.; gest. 7. 6. 1843 in Tübingen

»Klare Linien« in etwas so Verworrenem wie einem Menschenleben kommen meistens nur durch Stilisierung
zustande. Von Johann Wolfgang Goethe weiß man – scheinbar – deshalb so viel, weil er bewußt ein Bild von sich arrangierte. H. ist als »Klassiker« mit einer Verspätung von über einhundert Jahren entdeckt worden. Ein unstilisiert gelebtes
Leben hinterläßt jedoch nach so langer Zeit eine nur noch
unklare und mißverständliche Spur. Schwach umrissene
»Dunkelzonen« entstehen, biographische »Leerstellen«, in
denen sich Einfühlung, Phantasie, Fiktion einnisten. Das ist
einer der Gründe dafür, daß H. immer schon ein Lieblings-
thema der Dichter war. Bevor man nur daran dachte, eine Biographie über ihn zu schreiben, tauchte H. ja schon als literarische Figur auf – 1811 in Justinus Kerners *Reiseschatten.* Keiner seiner bisherigen Biographen konnte auf Einfühlung, letztlich auf Fiktion
verzichten, wenn er sich von H. ein Bild machen wollte.

H. war der Sohn eines schwäbischen Patriziers und herzoglichen Beamten. Sein Vater
starb früh, ebenso sein Stiefvater. Mit neun Jahren ist der älteste und einzig leibliche
Sohn ohne väterliches Gegengewicht mit der Mutter allein, die wohl warmherzig und
bemüht, aber auch engstirnig, wenig einfühlsam war, ebenso Angst vor dem Leben
hatte, wie sie selbst Angst verbreitete. Ihren Ehrgeiz für den Sohn richtete sie auf das
beruflich höchste Ziel, das an ihrem pietistisch-kleinbürgerlichen Horizont sichtbar
war: Er sollte Pfarrer werden, und der sicherste und respektabelste Weg dahin führte
über die Klosterschulen, strenge religiöse Erziehungsstätten, und das Tübinger Stift, die
theologische Zwangsanstalt des württembergischen Herzogs. Auf diesen Weg wurde H.
geschickt, und er hätte ihn vielleicht stumm hinter sich gebracht, wie so viele Generationen vor ihm, wenn das Datum seines Eintritts ins Stift nicht 1788 gelautet hätte. Die
Französische Revolution, die H. in der angeregten und unterschwellig aufsässig
gestimmten Atmosphäre des Stifts ein Jahr später, mit neunzehn Jahren, erlebte, brachte
einen völligen Umsturz aller moralischen, ideellen und politischen Vorstellungen. Es
scheint, als habe sie in ihm eine Rebellion gegen die Mutter und ihren Lebensplan ausgelöst. Er schreibt in seinen Briefen, er wolle lieber Jurist werden als Pfarrer (der Beruf
des Vaters!); außerdem nimmt er seine Gedichte immer ernster: Schon sind die ersten
der *Tübinger Hymnen,* die »eigentliche Revolutionsdichtung« (Christoph Prignitz)
erschienen. Wie für die Mutter der Pfarrer das Höchste war, was man erreichen konnte,
so scheint es für Friedrich immer mehr der Schriftsteller geworden zu sein. Ein emotio-
nales Duell zwischen Mutter und Sohn beginnt. H. argumentiert gegen die mütterliche

Sphäre in seinen Briefen, in einem langangelegten, zähen Überzeugungs-, ja Agitations-versuch will er die Mutter zu sich herüberziehen, ein deutliches Anzeichen dafür, daß er von ihrer Zustimmung ganz elementar abhängig gewesen ist. 1793, nach dem Studium, ringt er ihr zunächst einen Aufschub der Pfarre ab: Friedrich Schiller, die von jetzt ab bestimmende, idealisierte »Vatergestalt«, vermittelt eine Hofmeisterstelle bei Charlotte von Kalb, die mit Schiller und Jean Paul befreundet und Mitglied der Weimar-Jenaer Intellektuellenkreise ist. Die Anstellung dauert nicht lange. Schon einige Monate später siedelt H. nach Jena über, in die intellektuelle Hauptstadt Europas im letzten Jahrzehnt des 18. Jahrhunderts. Er hört Vorlesungen bei Johann Gottlieb Fichte, lernt die Frühromantiker kennen, trifft Johann Wolfgang Goethe, wird von Friedrich Schiller protegiert, der seinen entstehenden Roman *Hyperion* (2 Bde. 1797/99) an den Verleger Cotta in Stuttgart vermittelt. Er schließt Freundschaft mit Isaak von Sinclair, einem demokratisch gesinnten jungen Adeligen aus Homburg vor der Höhe, der bis in die Zeit der großen Krise hinein mit ihm verbunden bleibt und der den Kontakt zur politischen Sphäre, den revolutionären, »jakobinischen« Zirkeln der Zeit herstellt. Für einen jungen Mann mit literarischem Ehrgeiz war H.s Stellung in Jena geradezu ideal. Nach kurzer Zeit jedoch, im Frühsommer 1795, geschieht das Unerwartete, Widersinnige, eigentlich Lebensfeindliche: H. bricht von einem Tag auf den anderen auf und wandert zu Fuß zum mütterlichen Haus nach Nürtingen zurück. Wir wissen nicht, warum. Politische Verwicklungen? Psychotische Episode? Angst vor Friedrich Schillers Nähe? Nach einigen höchst deprimierten Monaten in Nürtingen tritt H. dann eine Stelle an, die inzwischen zu einem der mythischen Schauplätze der deutschen Literaturgeschichte geworden ist: Er wird Hofmeister im großbürgerlichen Haushalt des Bankiers Jakob Gontard in Frankfurt am Main. H. hat in der nun einsetzenden Oden-Dichtung und in seinen Briefen die neue Entwicklung festgehalten: den seit Goethes Briefroman *Die Leiden des jungen Werthers* (1774) archetypischen Konflikt zwischen geistloser bürgerlicher Macht und ohnmächtigem bürgerlichen Geist, und – darüber weit hinausgehend – als Substrat dieses Konflikts das ödipale Drama, das seinen Schatten auf die neuen Frankfurter Beziehungen wirft. H. verliebt sich in die Dame des Hauses, die mit ihrem Ehemann – wie es seit langem bürgerliche Konvention ist – nicht dem Gefühl, sondern nur der Rechtsform nach verheiratet war. Susette Gontards »Madonnenkopf« wird das Ideal für H.s »Schönheitssinn«, von dem er in einem Brief schreibt. Neben der realen Mutter wird ein neues, als »Muttergottes« idealisiertes mütterliches Urbild sichtbar, das von H. als »Rettung« schlechthin empfunden worden sein muß. Ein Aufatmen ist der Grundgestus der *Diotima*-Oden aus der Frankfurter Zeit. Die neue, glückliche Symbiose wird jedoch unvermeidlich gestört durch das Dazwischentreten der »bösen Vatergestalt«, die sich als alles bestimmend, als mächtiger erweist: Jakob Gontard feuert den Hauslehrer 1798; die Geliebte bleibt in ihrem Gefängnis zurück. Aus ihren erhalten gebliebenen Briefen und aus ihrem späteren Lebenslauf ist ersichtlich, daß Susette die Affäre wohl im wörtlichen Sinn das Herz gebrochen hat. H. setzt nun alles auf eine Karte: Im nahen Homburg vor der Höhe versucht er, der »guten Vaterfigur« Friedrich Schiller nachzueifern und als Schriftsteller den Durchbruch zu erzwingen. Nach einem Jahr muß er feststellen, daß sein kommerzielles Hauptprojekt, eine literarische Zeitschrift, *Iduna*, nicht zustandekommen kann, weil sich keine prominenten Beiträger finden, und daß Friedrich Schiller an seinem früheren Schüler das Interesse verloren hat.

Die ehrgeizigste literarische Arbeit der Homburger Zeit, die Tragödie *Der Tod des Empedokles*, bleibt Fragment. 1800 kehrt er erneut nach Hause zurück. Nach einem glücklichen Sommer bei Freunden in Stuttgart bahnt sich die seelische Katastrophe an. H. quittiert innerhalb weniger Monate zwei Hofmeisterstellen, eine in der Schweiz, die zweite in Bordeaux, von wo aus er über Paris wieder in die Heimat zurückwandert. Während er noch unterwegs ist, stirbt Susette Gontard an den Röteln. Als er im Sommer 1802 wieder in Schwaben eintrifft, begegnet man einem Geistesgestörten. Im Elternhaus tobt er gegen die Mutter; die idealisierte, in alle Höhen der menschlichen Vorstellungskraft gelobte Seelenfreundin ist tot; die Mutter, die stets sein Leben belastet hat, dieser Schatten ragt mächtiger und größer denn je herein. Bei der Mutter, der er entkommen wollte, ausgerechnet bei ihr muß er jetzt Zuflucht suchen. Die »böse« Vaterrepräsentanz, Jakob Gontard, war Sieger geblieben, die »gute« Vaterrepräsentanz, Friedrich Schiller, hatte sich abgewandt. Vielleicht war das der Moment des endgültigen Zusammenbruchs. Die fieberhafte literarische Aktivität, die jetzt einsetzt und der wir sein weltliterarisch einmaliges Spätwerk verdanken, ist jedenfalls auf dem Hintergrund fortschreitender psychischer Regression zu sehen. Zum Schein wird er in Homburg als Bibliothekar angestellt, wird aus der Privatschatulle des landgräflichen Beamten Isaak von Sinclair bezahlt. Als die Landgrafschaft durch Napoleon aufgelöst wird, bringt man H. nach Tübingen. Der Freund Sinclair hat der Mutter geschrieben, daß sein »Wahnsinn eine sehr hohe Stufe erreicht« habe: »Seine Irrungen haben den Pöbel dahier so sehr gegen ihn aufgebracht, daß bei meiner Abwesenheit die ärgsten Mißhandlungen seiner Person zu befürchten stünden.« H. widersetzt sich heftig, glaubt an eine Entführung, will aus der Kutsche fliehen, gelangt aber schließlich in das Klinikum des Medizin-Professors und Kanzlers J. H. Ferdinand Autenrieth, wo man ihn sofort mit Belladonna- und Digitalis-Präparaten ruhigstellt. Dem unheilbar Erkrankten diagnostiziert der Arzt eine Lebenserwartung von nur noch drei Jahren. Er wird dem Schreinermeister Zimmer in Obhut gegeben. Der erinnert sich: »Im Klinikum wurde es mit ihm noch schlimmer. Damals habe ich seinen Hyperion gelesen, welcher mir ungemein wohl gefiel. Ich besuchte Hölderlin im Klinikum und bedauerte ihn sehr, daß ein so schöner und herrlicher Geist zu Grund gehen soll. Da im Klinikum nichts weiter mit Hölderlin zu machen war, so machte der Kanzler Autenrieth mir den Vorschlag, Hölderlin in mein Haus aufzunehmen, er wüßte kein passenderes Lokal. Hölderlin war und ist noch ein großer Naturfreund und kann in seinem Zimmer das ganze Neckartal samt dem Steinlacher Tal übersehen.«

Gelegentlich wird H. von »Paroxysmen« befallen, muß Stunden und Tage im Bett verbringen, dann musiziert er wieder, empfängt Besuche, schreibt, kämpft mit den Gespenstern der Vergangenheit: »Der edle Dichter des Hyperion ... raset nicht, aber spricht unaufhörlich aus seinen Einbildungen, glaubt sich von huldigenden Besuchern umgeben, streitet mit ihnen, ... widerlegt sie mit größter Lebhaftigkeit, erwähnt großer Werke, die er geschrieben habe, andrer, die er jetzt schreibe«, hat Varnhagen von Ense anläßlich eines Besuches bei dem Kranken festgehalten. Schließlich stirbt H. nach sechsunddreißig Jahren eines dämmernd-wachen Dahinlebens an den Folgen der Brustwassersucht nachts um elf Uhr. H. »habe am Abend noch sehr heiter in den Mond hinaus gesehn und sich an dessen Schönheit gelabt, habe sich dann ins Bett gelegt und sei verschieden«.

Erst einhundert Jahre später wurde sein Werk wiederentdeckt – im Zeichen der kulturrevolutionären Erneuerungsbewegungen des Jahrhundertbeginns. Man erblickte in seinem Leben wie in seinem Werk die Chiffre eines gebrochenen, sehnsüchtig sich an die antiken Anfänge der europäischen Geschichte rückerinnernden Entfremdungsgefühls. Noch in den heutigen Debatten um H.s Leben und Werk ist solche »Rückprojektion« mancher Aporien der Moderne zu beobachten: So in der Diskussion um den »Jakobiner« H. das Problem der Politisierung des modernen Intellektuellen, und in der mit vielen Vorurteilen behafteten Debatte über H.s Krankheit die Pathographie des bürgerlichen Subjekts schlechthin; so schließlich auch in dem mit Friedrich Nietzsche und Martin Heidegger wieder bewußt gewordenen utopischen Horizont einer als »eigentlicher« Lebensform des menschenwürdigen Daseins rückerinnerten, vorchristlichen Antike.

Werkausgabe: Friedrich Hölderlin. Sämtliche Werke. Frankfurter Ausgabe. Hrsg. von D. E. *Saltler.* Frankfurt a. M. 1977–1993; Friedrich Hölderlin: Sämtliche Werke. Große Stuttgarter Hölderlin-Ausgabe. Hrsg. von Friedrich *Beißner* u. a. 8 Bde. Stuttgart 1943–1985.

Literatur: *Burdorf,* Dieter: Hölderlins späte Gedichtfragmente: »Unendlicher Deutung voll«. Stuttgart 1993; *Wiltkop,* Gregor (Hrsg.): Hölderlin. Der Pflegesohn. Stuttgart 1993; *Uffhausen,* Dietrich: Friedrich Hölderlin. Bevestigter Gesang. Die neu zu entdeckende hymnische Spätdichtung bis 1806. Stuttgart 1989; *Wackwitz,* Stephan: Friedrich Hölderlin. Stuttgart 1985; *Beck,* Adolf: Hölderlins Weg zu Deutschland. Fragmente und Thesen. Mit einer Replik auf Pierre Berteaux' »Friedrich Hölderlin«. Stuttgart 1982; *Berteaux,* Pierre: Friedrich Hölderlin. Frankfurt a. M. 1978; *Beck,* Adolf: Hölderlin. Chronik seines Lebens mit ausgewählten Bildnissen. Frankfurt a. M. 1975; *Kurz,* Gerhard: Mittelbarkeit und Vereinigung. Zum Verhältnis von Poesie, Reflexion und Revolution bei Hölderlin. Stuttgart 1975; *Binder,* Wolfgang: Hölderlin-Aufsätze. Frankfurt a. M. 1970.

Stephan Wackwitz

Hölty, Ludwig Heinrich Christoph
Geb. 21. 12. 1748 in Mariensee b. Hannover; gest. 1. 9. 1776 in Hannover

»Man kann sich ihn aus dem Gebäude der deutschen Literaturgeschichte hinwegdenken, ohne daß dieses zusammenbräche, aber es fehlte ein liebgewordener Schmuck, den wir ungern vermissen würden« (August Sauer). Zum Schmuck für den bürgerlichen Salon ist H. vor allem als Textdichter für Wolfgang Amadeus Mozart und Johann Friedrich Reichardt, Franz Schubert und Johannes Brahms geworden. Als Predigerssohn teilt er das Schicksal zahlreicher Stürmer und Dränger: das mühsame, nicht zu Ende geführte Theologiestudium in Göttingen von 1769 bis 1772, die dürftige Existenz als Privatlehrer und Übersetzer und vor allem die Leidenschaft zur Dichtung. So war die Gründung des Göttinger Hainbundes, zu dem sich am 12. 9. 1772 H., Johann Heinrich Voß, die beiden Grafen Christian und Friedrich Leopold Stolberg u. a. zusammentaten, ein euphorisches Kontrastprogramm gegen die einengende deutsche Kleinstaaterei, ein Zeichen der Verehrung für Friedrich Gottlieb Klopstock und ein Versuch, sich mit dem »natürlichen« Leben des »einfachen Volkes« zu identifizieren.

An Johann Heinrich Voß schrieb H.: »Mein Hang zum Landleben ist so groß, daß ich es schwerlich übers Herz bringen würde, alle meine Tage in der Stadt zu verbringen. Eine Hütte, ein Wald daran, eine Wiese mit einer Silberquelle und ein Weib in meiner Hütte ist alles, was ich auf diesem Erdboden wünsche.« Daß dies eher der Wunsch eines intellektuellen Stadtbürgers war, zeigt H.s Entscheidung, im Kreise der Freunde in Göttingen zu bleiben, wo er sich als Privatlehrer für Griechisch und Englisch und mit dem Verfertigen von Gelegenheitsgedichten durchschlug. Im *Göttinger Musenalmanach*, dem Forum der Sturm-und-Drang-Generation, konnte H. seine empfindsamen Gedichte, Idyllen und Balladen veröffentlichen, von denen die *Frankfurter Gelehrten Anzeigen* 1773 schrieben, daß sie Friedrich Gottlieb Klopstock in Rhythmus und Sprachbeherrschung am nächsten stünden. Bei einer Reise nach Leipzig verschlimmerte sich H.s tuberkulöse Erkrankung so sehr, daß er 1776 nach Hannover zurückkehren mußte, wo er am 1. September starb. Eine moderne Hommage an H.s flüchtige und vom Tode gezeichnete Existenz ist Johannes Bobrowskis Widmungsgedicht *An Hölty* vom 23. Mai 1965: »Maientanz/oder Die Schäferin /Blättergeschrei um den Lorbeer./Windung, im Frost/Rauch./Der Atem/gegangen durch das Wasser./Es war eine Furt/sandig, Wirbel zogen, das Licht/starr. Es war ein Baum./ Abend. Ein Mund/der sich dem Salz versagte./War deine Stimme/Mailied/unter der Erde« (aus *Wetterzeichen*).

Werkausgabe: Ludwig Christoph Heinrich Hölty. Sämtliche Werke. Kritisch hrsg. von Wilhelm *Michael*. 2 Bde. 1914–1918 (Nachdruck Hildesheim 1969).
Literatur: *Müller*, Ernst: Ludwig Christiph Heinrich Hölty. Leben und Werk. Hannover 1986; *Oberlin-Kaiser*, Thymiane: Ludwig Christoph Heinrich Hölty. Phil. Diss. Zürich 1964; *Albert*, Ernst: Das Naturgefühl Ludwig Heinrich Christoph Höltys. Dortmund 1910 (Nachdruck Hildesheim 1978).

Claudia Albert/Burkhardt Baltzer

Holz, Arno
Geb. 26. 4. 1863 in Rastenburg/Ostpreußen; gest. 26. 10. 1929 in Berlin

»Vater der Moderne« nannte ihn 1963 Helmut Heißenbüttel. Gemeint war damit der Vertreter des »konsequenten Naturalismus«, aber mehr noch der Verfasser einer *Revolution der Lyrik* (1899) und der *Phantasus*-Gedichte (erstmals 1898). Theorie und Praxis waren bei H. immer eng verbunden. Nach Versuchen mit konventioneller Lyrik – Emanuel Geibel war sein Vorbild – wurde H. in den 80er Jahren zu einem engagierten Vertreter einer »modernen«, sozialkritischen Dichtung (*Das Buch der Zeit. Lieder eines Modernen*, 1886). Junge Schriftsteller, die sich aus der Provinz nach Berlin gezogen fühlten, diskutierten über eine neue realistische Kunst. Waren die meisten Mitglieder dieser Berliner Literatenzirkel Studenten der Universität, die z.T. noch bei Wilhelm Scherer die Grundzüge einer positivistischen Literaturtheorie kennengelernt hatten, so war H. ein Autodidakt. Aus einer mittelständischen Familie stammend, hatte er zwar das Gymnasium besucht, mußte es aber als bereits 18jähriger Untersekundaner verlassen. Zunächst versuchte er, sein Geld als Journalist zu verdienen, entschied sich aber bald für eine freie Schriftstellerexistenz. H. hat immer wieder über die schwierige materielle Situation geklagt, denn von seinen Werken konnte er nicht gut leben. Da gab es kleine Literaturpreise, Stipendien, teure Subskriptionsbände seiner Werke und nicht zuletzt Spenden, die Freunde für ihn öffentlich einforderten. Franz Mehring hat von einem häßlichen Spiel mit einem großen Talent gesprochen. H. blieb während seines ganzen Schriftstellerlebens in Berlin, da er sich als Großstadtdichter fühlte (vgl. seine *Phantasus*-Lyrik). Großen Widerhall fand er seit Mitte der 80er Jahre in einem Kreis junger Intellektueller, der das Theater revolutionieren wollte. Als 1889 der Theaterverein »Freie Bühne« und 1890 die gleichnamige Zeitschrift gegründet wurden, war H. dabei. Zu Beginn der 90er Jahre ist er mit fast allen bekannten Schriftstellern in Berlin befreundet. Das fehlende Universitätsstudium hat H. durch eifrige Lektüre theoretischer Schriften wettgemacht. Er beschäftigte sich mit den Werken der französischen Positivisten, der englischen Empiristen und setzte sich mit Emile Zolas Theorie auseinander. So wurde er bald der theoretische Kopf der Berliner Naturalisten. Seine Studien befruchteten die Zusammenarbeit mit Johannes Schlaf, mit dem H. eine Reihe von Prosaskizzen (*Papa Hamlet*, 1889; *Neue Geleise*, 1892) und das Drama *Die Familie Selicke* (1890) herausgab. So ungewöhnlich solche Gemeinschaftswerke in der Geschichte der Literatur sind, so sind sie doch ein Ausdruck des gemeinsamen Aufbruchwillens, der die jungen Naturalisten erfaßt hatte. Die Werke von H. und Schlaf wurden zum Inbegriff eines konsequenten Naturalismus, der mit Beobachtungsintensität und naturgetreuer Nachahmung (»Sekundenstil«) der Dichtung neue Darstellungsweisen erschloß, deren Wirkung über die sozialkritische Literatur der 20er Jahre bis zur Dokumentarliteratur der Gegenwart zu verfolgen ist. Der Theoretiker H. hat mit seiner Programmschrift des Naturalismus *Die Kunst. Ihr Wesen und ihre Gesetze* (1. Teil 1891; 2. Teil 1893) zudem sein berühmtes und so mißverständliches »Kunstgesetz« verkündet: Kunst = Natur – x.

H. war eine ungewöhnlich ausstrahlungsstarke und dominierende Persönlichkeit, die gern andere Menschen um sich scharte und eine Kreisbildung versuchte. Solche Bindungen – u. a. mit Gerhart Hauptmann und Paul Ernst – waren anregend und belastend zugleich. Besonders Johannes Schlaf hat diese intensive Freundschaft bald als Bürde empfunden und sich in einen häßlichen Streit um den individuellen Anteil am gemeinsamen Werk eingelassen. Auch H. gab bei dieser um 1900 öffentlich geführten Diskussion kein gutes Bild ab. Dennoch ist wohl sein literarischer Anteil am Gemeinschaftswerk höher einzuschätzen, da er der kritischere und engagiertere Autor war. Für den Naturalismus insgesamt wurde allerdings Gerhart Hauptmann im Laufe der 90er Jahre zum Repräsentanten. Enttäuscht hat sich H., der in Hauptmann nur seinen »Schüler« sah, von der naturalistischen Bewegung abgewandt und in der satirischen Komödie *Sozialaristokraten* (1896) mit den ehemaligen Berliner Freunden abgerechnet.

Während H. in der Folgezeit versuchte, seine Existenzsicherung durch bewußt publikumsbezogene Theaterstücke (*Traumulus*, 1904) zu betreiben, entfaltete er zugleich in der Lyrik seine stärkste Kraft. Hier zeigte er sich als ein besessener Autor, der seine Werke immer wieder überarbeitete. So geriet der *Phantasus* im Laufe der Jahrzehnte zu einem »Riesen-Phantasus-Nonplusultra-Poem« (H.), das durch Wortreihung und Klangmalerei, durch bewußte Rhythmisierung und vor allem durch eine eigenwillige graphische Gestaltung überraschte: die Verse sind an einer imaginierten Mittelachse ausgerichtet, »von der die Wortgruppen symmetrisch nach beiden Seiten ausschwingen« (Heißenbüttel). Ebenso überbordend und wortverliebt zeigte sich H. als Satiriker und Parodist, wenn er z. B. in der *Blechschmiede* (1. Fassung 1902) moderne und traditionelle Lyrikformen virtuos zur Verspottung der literarischen Tradition einsetzt oder in *Dafnis. Lyrisches Porträt aus dem 17. Jahrhundert* (1904) die erotische Lyrik des Barock imitiert.

Auch wenn sich H. in autobiographischen Partien im *Phantasus* gern als »der von allen seinen Blutsbrüdern Beschimpfte, Gemiedene, Geächtete, Gehetzte, Gejagte, Geschmähte, Verlassene, Verstoßene, Vertriebene, Verlästerte, Verbannte, Verfluchte, Verwünschte, Verfemte, friedlos Umherirrende« hinstellte, so hatte er doch spätestens in den 20er Jahren eine starke öffentliche Reputation erreicht: Zum 60. Geburtstag erhält er von Gustav Stresemann persönliche Zeilen und von der Universität Königsberg die Ehrendoktorwürde; 1926 wird er in die Sektion für Dichtkunst der Preußischen Akademie berufen, mehrfach wird er von Vorschlagsberechtigten zum Nobelpreiskandidaten gekürt. Mögen ihn die einen als Genie verklären, die anderen als Größenwahnsinnigen diffamieren, der nur durch die »Propaganda einer Oberlehrer-Clique« (Thomas Mann) ins öffentliche Bewußtsein gedrungen sei, aus der Geschichte der modernen Literatur ist H. nicht mehr fortzudenken, denn dafür waren seine Beiträge zu wirkungsvoll.

Werkausgabe: Arno Holz. Werke. Hrsg. von Wilhelm *Emrich* und Anita *Holz.* 7 Bde. Neuwied/ Berlin 1961–1964.
Literatur: *Burns,* Rob: The Quest für Modernity. The Place of Arno Holz in Modern German Literature. Frankfurt/Bern 1981; *Schulz,* Gerhard: Arno Holz. Dilemma eines bürgerlichen Dichterlebens. München 1974; *Scheuer,* Helmut: Arno Holz im literarischen Leben des ausgehenden 19. Jahrhunderts (1883–1896). Eine biographische Studie. München 1971.

Helmut Scheuer

Horváth, Ödön von
Geb. 9. 12. 1901 in Fiume (= Rijeka); gest. 1. 6. 1938 in Paris

»Ich wurde in Fiume geboren, bin in Belgrad, Budapest, Preßburg, Wien und München aufgewachsen und habe einen ungarischen Paß – aber ›Heimat‹? Kenn' ich nicht.« Mit dieser autobiographischen Notiz charakterisierte H. das ruhelose Wanderleben, das er, mehr gezwungen als freiwillig, bis zu seinem frühen Tod führte. Seine Arbeit als Schriftsteller begann nach dem Ersten Weltkrieg. Nach ersten literarischen Versuchen, von denen ein Pantomime-Libretto (*Das Buch der Tänze*) 1922 in einem Münchner Verlag erschien, nach einem Zwischenaufenthalt in Murnau, wo er zurückgezogen und intensiv an Entwürfen arbeitete, entschloß sich H., nach Berlin zu gehen. Als er 1924 dort eintrifft, hat sich mit dem Ende der Nachkriegswirren auch der literarische Expressionismus verabschiedet. Die einsetzende Stabilisierungsphase der Weimarer Republik wird begleitet von einem Umschwenken der führenden Dramatiker auf komödiantisches und satirisches Theater: Georg Kaiser und Walter Hasenclever machen den Anfang; Carl Zuckmayers *Der fröhliche Weinberg* (1925) und Bertolt Brechts

Dreigroschenoper (1928) werden zu den größten Theatererfolgen der 20er Jahre. H. führte sich 1929 – mit mäßigem Erfolg – mit dem sozialkritischen Stück *Die Bergbahn* ein, einer Umarbeitung des dramatischen Erstlingswerks *Revolte auf Côte 3018*, das zwei Jahre zuvor in Hamburg uraufgeführt wurde. Immerhin nimmt der Ullstein Verlag H. unter Vertrag und bietet dem immer in Geldnöten schwebenden Autor ein schmales Auskommen. Im gleichen Jahr hat H.s nächstes Stück *Sladek der schwarze Reichswehrmann* in Berlin Premiere. Wüste Polemik von nationalsozialistischer Seite, sehr geteilte Kritiken aus dem linken und liberalen Lager sind die Reaktionen. Erst 1931, zwei Jahre, bevor H. sich aus Deutschland absetzen muß, gelingt ihm der Durchbruch zum gefeierten Dramatiker. Für sein Stück *Italienische Nacht* (1931), das die Auseinandersetzung zwischen Faschisten und Fortschrittlern in einem dörflichen Milieu zeigt, erhält er, allen Protesten der Rechtsradikalen zum Trotz, den begehrten Kleistpreis (1931). Carl Zuckmayer hat ihn, zusammen mit Erik Reger, für die Auszeichnung vorgeschlagen. Im gleichen Jahr wird H.s vielleicht bedeutendstes Stück, *Geschichten aus dem Wienerwald*, in Berlin uraufgeführt.

Heimatlosigkeit – dieses von H. selbst benannte Merkmal seines Lebens steht in merkwürdigem Kontrast zu seiner Absicht, Volksstücke zu schreiben. »Will man also das alte Volksstück fortsetzen«, erklärte er, »so wird man natürlich heutige Menschen aus dem Volk ...auf die Bühne bringen – also Kleinbürger und Proletarier«. Der aus den Fugen geratene »Mittelstand« bildet das Hauptpersonal seiner Stücke, die Provinz den bevorzugten Schauplatz. Ähnlich wie für Marieluise Fleißer, die zur gleichen Zeit in Berlin in Erscheinung tritt, ist für H. die Provinz längst von der Stadt überwältigt, Bildungsjargon statt Dialekt, und umgekehrt: auch in der Großstadt ist die Provinz allgegenwärtig *(Sladek)*. Entwurzelt, sich fremd geworden, sind beide.

Die Romane *Der ewige Spießer* (1930) und *Ein Kind unserer Zeit* (1938) umkreisen dieses Thema ebenso wie die meisten der 22 Schauspiele, die H. in knapp 12 Jahren schrieb. Einige dieser Stücke (die Posse *Hin und Her, Figaro läßt sich scheiden; Glaube Liebe Hoffnung*) werden zwischen 1934 und 1936 noch in Zürich und Wien uraufgeführt, *Der Jüngste Tag* (1938) bereits im entlegenen Mährisch-Ostrau. H. selbst ist wieder auf Reisen, auf der Flucht vor den Nazis. Am 1. Juni 1938 wird er bei einem Sturm von einem niederstürzenden Ast auf den Champs-Elysées in Paris erschlagen. Sein eben begonnener Roman trug den Titel *Adieu Europa*.

Werkausgabe: Ödön von Horváth. Kommentierte Werkausgabe in Einzelbänden. 15 Bde. Frankfurt a. M. 1838 ff

Literatur: *Krischke,* Traugott: Horváth-Chronik. Frankfurt a. M. 1988; Ders.: Ödön von Horváth. Kind seiner Zeit. München 1980.   *Dietrich Kreidt*

Hrotsvit von Gandersheim

Geb. um 935 in Sachsen; gest. nach 973 – vielleicht erst um 1000 –, wahrscheinlich im Stift Gandersheim

Weit über ein halbes Jahrtausend nach ihrer Entstehung erregen die mittellateinisch verfaßten, von ihr selbst in drei chronologisch aufeinanderfolgende »Bücher«, in Legenden, Dramen und historische Epen unterteilten Werke der Gandersheimer Stiftsdame H. überraschend großes Aufsehen bei der zeitgenössischen Intelligenz. Bereits in seiner Einleitung zur Erstausgabe von 1501 kann Conrad Celtes, der acht Jahre zuvor im Regensburger Kloster St. Emmeran einen danach in den Kreisen der deutschen Humanisten kursierenden Kodex der im Mittelalter weitgehend in Vergessenheit geratenen Dichterin entdeckt hatte, die späte, dafür desto überschwenglichere Rezeption dokumentieren. Drei als ungewöhnlich empfundene Faktoren werden dabei vor allem hervorgehoben: daß nämlich schon zu dieser frühen Zeit, im eigenen Land und dazu gar noch von einer Frau jene außerordentliche, der bewunderten Antike zur Seite gestellte Leistung möglich gewesen sei.

Keinswegs etwa nur deshalb, weil es sich bei ihr um die erste bekannte deutsche Dichterin handelt, ist H. freilich, worauf verschiedene Preisträgerinnen der zur tausendsten Wiederkehr ihres letzten nachweisbaren Lebensjahres gestifteten »Roswitha-Medaille der Stadt Bad Gandersheim« mit Recht aufmerksam gemacht haben, als Kronzeugin für den Anspruch von Frauen auf kreative Ebenbürtigkeit vorzüglich geeignet. Wie die in ihrem Brief an einige Gelehrte, denen ein Teil des zweiten »Buches« zur Begutachtung vorlag, besonders gehäuften Bescheidenheitstopoi zeigen, muß sie sich gegen das Vorurteil weiblicher Inferiorität behaupten. Ihre Vorreden und Widmungen, die in der lateinischen Etymologisierung ihres altsächsischen Namens als »Clamor Validus Gandeshemensis« (der starke Ruf – auch: Ruhm – ihres Stifts) gipfeln, lassen gleichwohl auf eine sehr selbstbewußte Frau schließen, die sich, bei aller zugestandenen Kritikwürdigkeit ihrer Schreibweise, des eigenen geistigen Rangs sicher ist: »gefall ich aber nicht, . . ./so freut doch wenigstens mich selbst, was ich geschafft«.

H.s erklärtes Ziel ist es, durch die literarische Bearbeitung der den Legendarien der gut ausgestatteten Stiftsbibliothek entnommenen Stoffe ihrer ersten beiden »Bücher« »die Kraft Christi, die in den Heiligen wirkt«, zu verherrlichen, wobei sie mit Vorliebe darstellt, wie durch diese gerade »die Zerbrechlichkeit des Weibes siegt/und des Mannes Kraft der Schande unterliegt«. »Fall und Bekehrung« sowie die Apotheose einer bis zum Martyrium bewährten »Jungfräulichkeit«, ihrer eigenen Lebensform, sind inhaltliche Konstanten ihrer auch kompositionell »mit nicht geringer Sorgfalt ausgearbeiteten« Texte. Die mit sprachlichen Vorzügen begründete Beliebtheit der lasziven Komödien des Terenz bei vielen gebildeten Christen veranlaßt sie zum bis über das Hochmittelalter hinaus singulär bleibenden Experimentieren mit der Form des (allerdings kaum zur Aufführung bestimmten) Dramas im Dienste ihrer gegenläufigen Aussage. Daß sie dabei selbst »kühne« Szenen nicht scheut, wurde ihr noch von der Forschung des 19. Jahrhunderts verübelt: in *Abraham* etwa, ihrem wohl interessantesten Stück, dessen

Handlung rein psychologisch motiviert ist und auf das sonst übliche Eingreifen höherer Mächte verzichtet, vollzieht sich die Bekehrung im Bordell.

Über H.s Leben weiß man kaum etwas. Der aristokratisch-exklusive Charakter des am Westabhang des Harzes gelegenen Gandersheimer Stifts, eines der Zentren der die Ansätze zu einer deutschsprachigen Kultur für eineinhalb Jahrhunderte unterbrechenden »ottonischen Renaissance«, über dessen Anfänge eines ihrer beiden historischen Epen handelt, legt die Vermutung nahe, daß sie einer Adelsfamilie der Umgebung entstammt. Gerberg II., ihre etwas jüngere Äbtissin, die, »in der Wissenschaft weiter vorangeschritten«, sie »mit hervorragender Gelehrsamkeit ... unterrichtet«, ist eine Nichte Kaiser Ottos I., dessen Politik H. in der Beschreibung seiner »Taten« geschichtstheologisch legitimiert. Im Sinne ihres historischen Umfelds hat Hilde Domin H. daher als eine zeitgeschichtlich »engagierte« Künstlerin bezeichnet.

Literatur: *Nagel*, Bert: Hrotsvit von Gandersheim. Stuttgart 1965; *Kronenberg*, Kurt: Roswitha von Gandersheim. Leben und Werk. Bad Gandersheim 1962.   *Hans-Rüdiger Schwab*

Huch, Ricarda
Geb. 18. 7. 1864 in Braunschweig; gest. 17. 11. 1947 in Schönberg/Taunus

Schon früh stand für H. fest, daß sie ohne Schreiben nicht würde leben können: »Seit meinem fünften Lebensjahr hatte ich Gedichte gemacht, später Novellen geschrieben, es war mir immer bewußt, daß dies meine Aufgabe und meine Leidenschaft war.« Das Interesse an Literatur und Kunst scheint in der Familie gelegen zu haben. Zu den Vorfahren gehört der Erzähler Friedrich Gerstäcker. Der Bruder Rudolf und die Vettern Felix und Roderich traten ebenfalls als Schriftsteller hervor, wurden aber schon bald von der erfolgreichen H. in den Hintergrund gedrängt, die, unbeeindruckt von literarischen Strömungen und Moden, ein umfangreiches Werk schuf, das bis auf wenige Ausnahmen fast alle Gattungen umfaßte und ihr zahlreiche Ehrungen und Anerkennung einbrachte. Für Thomas Mann war sie die »erste Frau Deutschlands«, und Alfred Döblin nannte sie eine »herrliche Frau«. Zu dieser Hochschätzung mag auch die Unbeirrbarkeit beigetragen haben, mit der H. sich den Vereinnahmungsstrategien der Nationalsozialisten entzog. Sie gehörte zu den wenigen in Deutschland verbliebenen Schriftstellern, die sich offen gegen das Regime erklärten und persönliche und materielle Nachteile in Kauf nahmen. Als sie 1933 durch ein von Gottfried Benn konzipiertes Schreiben aufgefordert wurde, ihre Loyalität den Nationalsozialisten gegenüber zu erklären, antwortete sie: »Was die jetzige Regierung als nationale Gesinnung vorschreibt, ist nicht mein Deutschtum. Die Zentralisierung, den Zwang, die brutalen Methoden, die Diffamierung Andersdenkender, das prahlerische Selbstlob halte ich für undeutsch. Bei einer so sehr von der staatlich vorgeschriebenen Meinung abweichenden Auffassung halte ich es für unmöglich, in einer staatlichen Akademie zu bleiben.« Mit diesen mutigen Worten trat sie aus der Preußischen Akademie der Künste aus, in die sie 1930 als erste Frau berufen worden war.

Hineingeboren in ein ursprünglich großbürgerliches Milieu, löste sie sich schon früh aus den Rollenerwartungen, die auf ihr als Mädchen in besonderem Maße lagen, und erkämpfte sich als eine der ersten Frauen in Deutschland ein Studium in Zürich (Geschichte, Philosophie, Philologie), das sie mit einer historischen Dissertation abschloß. Nach einer kurzen Zeit, in der sie als Sekretärin und Lehrerin arbeitete, machte sie das Schreiben zu ihrem Beruf. Sie begann mit sehr lebendigen und leidenschaftlichen Texten: Den Romanen *Erinnerungen von Ludolf Ursleu dem Jüngeren* (1893) und *Vita somnium breve* (1903; u. d. T. *Michael Unger* 1913), in denen sie, ähnlich Thomas Mann, den Zerfall einer großbürgerlichen Familie beschrieb und die eigene prekäre Situation in diesem Zerfallsprozeß zum Thema machte. Später dann, unter dem Eindruck des Ersten Weltkriegs und dem Scheitern ihrer beiden Ehen, aus denen sie als alleinerziehende Mutter einer Tochter hervorging, wandte sie sich von den autobiographischen Formen des Anfangs ab und der Geschichte und Literaturgeschichte zu, um hier eine überzeitliche Objektivierung zu finden. Sie arbeitete über den Dreißigjährigen Krieg, beschäftigte sich mit der Romantik, der Revolution von 1848 und dem italienischen Freiheitskampf im 19. Jahrhundert. Mit dem historischen Roman und dem philosophischen und literaturgeschichtlichen Essay wählte sie selbstbewußt eine traditionell von Männern beherrschte Domäne. Auf »Frauenliteratur« wollte sie sich nicht festlegen lassen. Dichten war für sie eine androgyne Tätigkeit, sich selbst sah sie als »Ausnahmenatur«.

Mit Büchern über Martin Luther, Wallenstein, Garibaldi, den Grafen Confalionieri u. a. begründete sie ihren Ruhm als historische Schriftstellerin. 1923 verfaßte sie eine mitreißende und einfühlsame, von Sympathie getragene Biographie des russischen Anarchisten Bakunin. 1946 begann sie mit den Sammelarbeiten zu einem Buch über den deutschen Widerstand, das sie jedoch nicht mehr abschließen konnte.

Die Beschäftigung mit der Geschichte verstärkte die mystischen und spekulativen Strukturen in H.s Denken und führte zu einem höchst widerspruchsvollen Konservativismus, der in den Konzept des »Romantischen Sozialismus« seinen problematischen Ausdruck gefunden hat. Weltbürgerlicher Humanismus, anarchistische Freiheitsideen und Vorstellungen eines alternativen, unentfremdeten Lebens verbanden sich mit ständischem Reichsdenken und nationalem Pathos zu einer politischen Philosophie, die H. zwar unauffällig gegen den totalitären Zugriff der Nationalsozialisten werden ließ, ihrem späten Werk aber einen hohen Grad von Abstraktheit und Angestrengtheit verlieh.

Werkausgabe: Ricarda Huch. Gesammelte Werke. Hrsg. von Wilhelm *Emrich*, 11 Bde. Köln/Berlin 1966–1974.
Literatur: *Vieleck*, Stefanie: So weit wie die Welt geht. Ricarda Huch. Geschichte eines Lebens. Reinbek bei Hamburg 1990; *Peter*, Hans-Werner (Hrsg.): Ricarda Huch. Studien zu ihrem Leben und Werk. 2 Bände. Braunschweig 1985 und 1988; *Hoppe*, Else: Ricarda Huch. Weg, Persönlichkeit, Werk. Stuttgart ²1951.

Inge Stephan

Huchel, Peter
Geb. 3. 4. 1903 in Berlin; gest. 30. 4. 1981 in Staufen/Baden

Der schweigsame Mann aus der Mark Brandenburg hat immer unwirsch seine wenigen Gedichte gegen einseitige biographische oder politische Interpretation zu bewahren gesucht, wollte doch jeder Text »für sich selber stehen und sich nach Möglichkeit behaupten gegen seine Interpreten, gegen etwaige Spekulationen, Erhellungen und Biographismen«. Doch wie kaum sonst das Werk eines hermetischen Lyrikers ist gerade »Der Fall Peter Huchel« *(Die Welt)* im Streit zwischen Ost und West politisch in Anspruch genommen worden. H. verlebte, ähnlich dem befreundeten Landsmann Günter Eich, seine Kindheit auf dem Lande, im märkischen Spreewald, auf dem Hof des Großvaters in Alt-Langerwisch. Es sind die Bilder dieser Landschaft, ihrer Natur und ihrer Menschen, die vor allem die frühen Gedichte bestimmen und die die Vorstellung vom »Naturlyriker« H. festgelegt haben. Diese Gedichte entstanden, als H. schon fern dieser Landschaft in Berlin, Freiburg und Wien Literatur und Philosophie studierte, als er, mit wenig Geld und als Gelegenheitsarbeiter, ausgedehnte reisen nach Frankreich, durch den Balkan und die Türkei unternahm. Politisch fühlte er sich »durch Kunsterlebenisse zur Linken gezogen«, sympathisierte mit dem Marxismus, weigerte sich aber, der Partei beizutreten: »unterdessen schlägt sein Herz privat weiter. Und er lebt ohne Entschuldigungen« (so H. 1931 über sich selbst). Die Dresdner Zeitschrift *Die Kolonne*, um 1930 das Forum einer naturmagischen Schreibweise, verlieh ihm 1932 ihren Lyrikpreis für den Gedichtzyklus *Der Knabenteich* (1932). Man fand in den die Kindheit beschwörenden Gedichten eine besondere Sprache, deren Begriffe »den Zauber des Vergangenen noch in ihren Falten wie einen Geruch zu bewahren scheinen . . . Die Worte öffnen sich wie Fächer, und es entfällt ihnen die verlorene Zeit« (Martin Raschke). Zusammen mit Gedichten, die einen Reflex auf seine Zeit im Süden darstellten, hatte sich mittlerweile erst ein schmales Œuvre mit verstreuten Einzelveröffentlichungen ergeben, als die Machtübernahme der Nationalsozialisten 1933 die literarische Entwicklung unterbrach. Ähnlich Günter Eich schrieb H. von 1933 bis 1938 verschiedene Funkarbeiten, die gern als dem ›eigentlichen‹ Werke nicht zugehörig abgetan wurden, die aber, sofern sie greifbar sind, bei einer genaueren Würdigung des Gesamtwerkes beachtet werden sollten, gehören sie doch zu wichtigen Jahren einer Schreibexistenz in der »Inneren Emigration«: z. B. *Die Magd und das Kind; Die Herbstkantate*, beide 1935; *Margarete Minde*; 1939. Den Krieg überstand auch H. als Soldat, kehrte 1945 aus russicher Gefangenschaft nach Berlin zurück und wurde 1946 erster Nachkriegsredakteur für Kulturpolitik, schließlich Sendeleiter und Künstlerischer Direktor beim Ostberliner Rundfunk.

Als erste Buchpublikation H.s erschien 1948 im Aufbau-Verlag der schmale Band *Gedichte* (in der Bundesrepublik 1949), der Texte aus den Jahren 1925 bis 1947 sammelte und für den er 1951 den »Nationalpreis der DDR« (allerdings nur »dritter Klasse«) erhielt. Mit Unterstützung Johannes R. Bechers übernahm H. 1949 die Chefredaktion einer neuen Zeitschrift, *Sinn und Form*, die er schnell zu einem der wichtigsten Literaturorgane jener Jahre machte. Die unangepaßte Redaktionsführung H.s hielt sich dabei an die kulturpolitischen Gründungsbeschlüsse, »diejenige Weltliteratur unserer Zeit bekanntzumachen, die Ausdruck des Veränderungswillens« ist (Hans Mayer). H. hatte sich für den sozialistischen deutschen Staat entschieden und darum sicher auch versucht, ihm in seinem Sinne zu »dienen«. Die öffentlichen Auftritte H.s in den 50er Jahren waren durchaus parteilich. Auch seine literarischen Versuche, die gesellschaftliche Entwicklung des Heimatstaates zu stützen – so die Feier der Bodenreform durch das lange Gedichtfragment *Das Gesetz* (1950) –, dürfen nicht als bloße Pflichtübung gesehen werden. Aber H. setzte sich auch für westdeutsche Autoren ein (z. B. Hans Henny Jahnn), riskierte Kritik des eigenen Lagers. Nach dem Tod des Freundes Bertolt Brecht und des Mentors Becher wurde H.s Stellung schwierig, bis er 1962 die Leitung der Zeitschrift *Sinn und Form* aufgeben mußte. Die letzte, von ihm redigierte Nummer (V/VI 1962) gestaltete er als programmatisches Bekenntnis, das so auch verstanden wurde. Im gleichen Jahr erhielt er Publikationsverbot. Die Lebensbedingungen verschärften sich noch, als er 1963 den Westberliner Kunstpreis für Literatur annahm und in der Bundesrepublik den zweiten Gedichtband *Chausseen, Chausseen* (1963) veröffentlichte. Bis 1971 lebte H. in Wilhelmshorst praktisch unter Hausarrest und in leidvoller Isolierung, dann durfte er in den Westen ausreisen. Wer nun von den folgenden Gedichtsammlungen *Gezählte Tage* (1972) und *Die neunte Stunde* (1979) Dissidentenlyrik erwartete, wurde enttäuscht. H. blieb auch hier der strenge, hermetische Lyriker, dessen Thema nicht Tagespolitik ist. Es geht ihm um das existentielle Leben in einer bedrohten Welt und darum, seine Entwürfe einer dichterischen Privatmythologie als Rettungsversuche dagegenzusetzen. Denn dies scheint durchgehend das Lebenswerk des Lyrikers zu bestimmen: ein lyrisch umgesetztes Zeichen- und Bildsystem, das seine Anregung und Basis in der Mystik Jakob Böhmes (»war es vor allem Jakob Böhme, der mich fesselte«) und in den Naturmythen von Johann Jakob Bachofens »Mutterrecht« findet. In den Gedichten aus den Kriegsjahren mit den Bildern von Flucht und Zerstörung *(Chausseen, Chausseen)* erscheinen zeitgeschichtliche Erfahrungen des Grauens am direktesten, und doch trägt auch hier ein Netz von zeitlos mythischen Bildzeichen die Texte. Die späteren Gedichte, in Berlin-Wilhelmshorst aus dem Zwang geschrieben, sich in Chiffren verstecken zu müssen (z. B. *Der Garten des Theophrast; Unter der Wurzel der Distel)* sind in besonderer Weise als Lyrik mit politischen Bezügen interpretiert worden; sicher zu Recht, doch drohte dieser Lyrik dadurch die Gefahr, um wichtige Bereiche verkürzt, für flinke Urteile benutzt zu werden. Dagegen wehrte sich H. und stimmte Interpreten (Axel Vieregg) ausdrücklich zu, die sich um ein komplexeres Verhältnis seiner Gedichte und ihrer Mythenzeichen bemühten. Zehn Jahre lebte H. noch nach seiner Ausreise in den Westen, mit Preisen geehrt, zurückgezogen vom Literaturbetrieb. Nach seinem Tod erschien eine zweibändige Ausgabe seiner Werke *(Gesammelte Werke,* 1984), so daß nun vielleicht leichter ein Urteil zu finden ist, wo der Ort dieser Lyrik ist, die mit den Etiketten »Naturlyrik« und »politischer Lyrik« gleichermaßen verfehlt wird.

Werkausgabe: Peter Huchel. Gesammelte Werke in 2 Bde. Hrsg. von Axel *Vieregg.* Frankfurt a. M. 1984.

Literatur: *Vieregg,* Axel (Hrsg.), Peter Huchel. Materialien. Frankfurt a. M. 1986; *Vieregg,* Axel: Die Lyrik Peter Huchels. Zeichensprache und Privatmythologie. Berlin 1976; *Mayer,* Hans (Hrsg.): Über Peter Huchel. Frankfurt a. M. 1973.

Horst Ohde

Hugo von Trimberg
um 1300

Dieser Autor mittelhochdeutscher und lateinischer didaktischer Werke war in der zweiten Hälfte des 13. Jahrhunderts am St. Gangolf-Stift in der Teuerstädter Vorstadt Bambergs als weltlicher Vertreter des geistlichen Domscholasters tätig – 42 Jahre lang, wie er am Schluß seines mittelhochdeutschen Hauptwerks, der sog. *Renner*, angibt. Dieser ist die umfangreichste mittelhochdeutsche Lehrdichtung, welche die Reihe der didaktischen Werke, die mit der höfischen Standeslehre des Thomasin von Zerklaere beginnt, im 13. Jahrhundert repräsentativ abschließt. Der Titel ist aus einer immer wiederkehrenden Wendung im Text abgeleitet, welche auf das Forteilen von Thema zu Thema, aber auch auf das Streben nach dem ewigen Heil hinweisen soll.

Der *Renner* enthält eine Fülle persönlicher Daten, die zwar keine geschlossene Biographie des Dichters ergeben, aber doch einige Blicke auf die Lebensumstände eines Schulmeisters jener Zeit erlauben: H. war verheiratet, hatte für einen größeren Hausstand zu sorgen (12 Personen) und besaß eine für seine Zeit beachtliche Bibliothek von etwa 2000 Bänden. Er beklagt, daß er nicht an einer der berühmten ausländischen Universitäten studieren konnte. Sein Hauptwerk hat er als alter und kranker Mann verfaßt und im Jahre 1300 abgeschlossen. Aus zeitgeschichtlichen Anspielungen ergibt sich, daß er noch bis 1313 Ergänzungen vorgenommen hat. Danach ist sein Tod anzusetzen. – Der *Renner* ist eine großangelegte Sündenklage, Bußpredigt, Sittenlehre von über 24 Tausend Reimversen. Den sieben Hauptsünden entsprechend, ist das Werk in sechs Distinktionen und einen umfangreichen Hauptteil *Von den letzten Dingen* eingeteilt. Zwischen die religiösen und moralischen Belehrungen ist mannigfaches Schulwissen (über die Sieben Freien Künste, über Sprache, Literatur, Botanik, Astronomie, Medizin, Jurisprudenz, Wirtschaft, Geldverkehr, Spiele und Turniere usw.) eingestreut, z. T. in Form von Spruchweisheiten, aber auch eingekleidet in Fabeln und Schwänke.

Der *Renner* gehört zu den am reichsten überlieferten Werken neben Wolframs von Eschenbach *Parzival* (über 60 z. T. reich und kostbar illustrierte Handschriften). Er muß zu einer Art »Grundlektüre« der gebildeten Stände geworden sein; z. B. wurde er auch in das berühmte sog. *Hausbuch* des Würzburger Protonotars Michael de Leone aufgenommen, in welchem auch Lieder Reinmars und Walthers von der Vogelweide und die Notiz über dessen Grab stehen. Er wird noch vom Meistersang-Historiographen Cyriacus Spangenberg ausführlich gewürdigt (1598).

Nach einer im *Renner* mitgeteilten Werkbilanz hat H. insgesamt acht deutschsprachige und »viereinhalb« lateinische Bücher verfaßt. Von den deutschsprachigen ist nur der *Renner* und eventuell eine Vorstufe dazu, der *Samener*, erhalten. Von den lateinischen Büchern sind dagegen vier überliefert: ein Heiligenkalender *Laurea Sanctorum (Lob der Heiligen)*, eine Sammlung lateinischer Predigtmärlein *Solsequium*, ein Epilog zu einem lateinischen Marienleben und die älteste mittelalterliche lateinische Literaturgeschichte *Registrum multorum auctorum* (Verzeichnis vieler Autoren). – H. nennt sich im

Renner mit Beinamen »von Trimberg« (evtl. einem frühen »Dienstort«), in seinen lateinischen Werken dagegen »de Wern«, wohl Oberwerrn bei Schweinfurt, das heute als der Ort angesehen wird, wo er um 1230/40 geboren wurde. – H. war ein engagierter Schulmeister, der sich z. T. recht kritisch über die Bedingungen eines Lehrers und über das Interesse der Schüler äußert. – Nachdem sich im 18. Jahrhundert Johann Christoph Gottsched, Johann Gottfried Herder und Gotthold Ephraim Lessing für den *Renner* interessiert hatten, wurde das Werk im 19. Jahrhundert in Verkennung seiner Kompositionstechnik und seines Lektürezweckes als weitschweifig und ungegliedert abgewertet. Erst seit kurzem wird H.s Bedeutung wieder mehr gewürdigt.

Werkausgabe: *Ehrismann,* Gustav (Hrsg.): Der Renner von Hugo von Trimberg. 4 Bde. Tübingen 1908–1911. Nachdruck mit Nachwort und Ergänzungen von Günther Schweikle. Stuttgart 1970.

Literatur: *Sowinski,* Bernhard: Lehrhafte Dichtung des Mittelalters. Stuttgart 1971; *Rupp,* Heinz: Zum Renner Hugos von Trimberg. In: Typologia Litterarum. Festschrift Max Wehrli. Zürich/Freiburg i. Br. 1969. S. 233–259.

Günther Schweikle

Humboldt, Wilhelm von
Geb. 22. 6. 1767 in Potsdam; gest. 8. 4. 1835 in Tegel

»Im Grunde ist alles, was ich treibe, Sprachstudium. Ich glaube die Kunst entdeckt zu haben, die Sprache als Vehikel zu gebrauchen, um das Höchste und Tiefste und die Mannigfaltigkeit der ganzen Welt zu durchfahren« (an den Philologen Friedrich August Wolf, 1805). Mit und durch die Sprache aber stieß H. auch zum wesentlich dialogischen Charakter seiner Gesamterscheinung vor. Ihre Offenheit bewirkte den Eindruck des merkwürdig Unfertigen und Vorläufigen seines Werks und Wirkens und bedurfte stets, um vollendet zu sein, der Ergänzung durch den Anderen. H. hat deshalb zum »Klassiker des Briefes« (Eduard Spranger) werden können, in dessen Korrespondenz mit seiner Frau Caroline von Dacheröden, mit Friedrich Schiller, Johann Wolfgang Goethe, Theodor Körner u. a. dank seiner Teilnahme am politischen und geistigen Leben der europäischen Metropolen sich facettenreich die damalige Welt- und Geistesgeschichte spiegelt. Sie zeigt aber auch sein lebenslanges Bemühen um Selbstbildung und -vollendung, die ihm nur auf dem Weg über das klassische Altertum erreichbar schien.

Frühzeitig in Verbindung mit der Berliner Aufklärung und dem romantisch empfindsamen Kreis um Henriette Herz, studierte der von Hauslehrern (Joachim Heinrich Campe, Johann Jakob Engel) erzogene H. zuerst in Frankfurt a. d. Oder und 1788 in Göttingen die Rechte, wo er sich erstmals neben den gerade erscheinenden Schriften Immanuel Kants der klassischen Philologie unter Leitung Christian Gottlob Heynes widmete. Nach einer kurzen Zeit im Staatsdienst, für den H. als Angehöriger der Preußen tragenden und prägenden Adelsschicht bestimmt war, schied er kurz vor seiner

Heirat 1791 aus dem Amt, um in den folgenden Jahren bis 1802 in finanziell gesicher-
ter Lage als »ein Gebildeter auf der Suche nach seiner Aufgabe und Bestimmung« (G.
Masur) zu leben. Vor allem der Freundschaftsbund mit Friedrich Schiller eröffnete ihm
diese neue Lebens- und Schaffensepoche, in der H., seit 1794 in Jena ansässig, als Mitherausgeber der *Horen* den ersten Anschluß an den sich bildenden Kreis der Weimarer
Kunstfreundee gewann und Goethe persönlich kennenlernte. Staatstheoretische und
humanistisch-bildungsphilosophische Arbeiten entstehen nun neben fragmentarischen
Entwürfen zu einer universalen Anthropologie, die bereits die für das Spätwerk charakteristische Verbindung von erfahrungswissenschaftlicher Methode und spekulativer
Durchdringung des Stoffes zeigen. Zum Abschluß gelangten aber nur als ein grundlege-
nes Manifest der klassischen Ästhetik die *Ästhetischen Versuche* über Goethes *Hermann und
Dorothea* (1799). Von Paris aus, wohin H., der bereits 1789 das revolutionäre Frankreich
bereist hatte, 1797 übersiedelte, unternahm er größere Reisen nach Südfrankreich und
Spanien, wobei ihn das Studium der baskischen Sprache und Kultur erstmals zur intensiven Beschäftigung mit Sprachproblemen anregte. Dieses Interesse dauerte auch während seiner Tätigkeit als preußischer Resident beim Vatikan in Rom von 1802 bis 1808
an, der sich mit seiner Berufung zum Direktor der »Sektion des Kultus und Unterrichts« im preußischen Innenministerium das von bedeutenden politischen Denkschrif-
ten begleitete Jahrzehnt seines eigentlich staatsmännischen Wirkens anschloß. Orientiert an der neuhumanistischen Idee der allgemeinen Menschenbildung, leitete H. eine
umfassende Reform des preußischen Unterrichtswesens ein und engagierte sich nach
seinem vorzeitigen Entlassungsgesuch (1810) als Diplomat für eine politisch tragfähige
Lösung der deutschen Frage nach dem Sturz der napoleonischen Ordnung und dem
Verscheiden des alten Reiches. Nicht zuletzt wegen seines wachsenden Widerstands
gegen die sich abzeichnende reaktionäre Erstarrung in Preußen entließ man ihn 1819
aus allen Ämtern. H. zog sich daraufhin auf sein Tegeler Schloß zurück und konzentrierte sich auf geschichtstheoretische, vorwiegend aber sprachwissenschaftliche Studien, deren Ergebnisse die grundlegende Einleitung seines Buches über die Kawi-Spra-
che zusammenfaßt. Nach dem Tode seiner Frau (1829) von körperlichen Leiden
gezeichnet, gelang ihm in seiner *Rezension von Goethes zweitem römischen Aufenthalt*
(1830) noch einmal eine zukunftsweisende Deutung von dessen Dichtungs- und Weltverständnis; zugleich gab er, mit einer Charakteristik Schillers versehen, seinen Briefwechsel mit dem Dichter heraus (1830) – als wollte H., in dessen Todesjahr die erste
Eisenbahn von Nürnberg nach Fürth verkehrte und Georg Büchners *Dantons Tod*
schrieb, sein Festhalten am Menschenbild und Daseinsentwurf, »daß der Geist doch das
Höchste ist und nicht untergehen kann«.

Werkausgabe: Wilhelm von Humboldts Gesammelte Schriften. Im Auftrag der (Königlich)
Preußischen Akademie der Wissenschaften. Hrsg. von Albert *Leitzmann* u. a. 17 Bde. Berlin
1903–1936 (ND 1967/68).
Literatur: *Borsche,* Tilman: Wilhelm von Humboldt. München 1990; *Otto,* Wolf Dieter: Ästhetische Bildung. Studien zur Kunsttheorie Wilhelm von Humboldts. Frankfurt a. M. 1987; *Trabant,*
Jürgen: Apeliotes oder Der Sinn der Sprache: Wilhelm von Humboldts Sprach-Bild. München
1976; *Scurla,* Herbert: Wilhelm von Humboldt. Werden und Wirken. Berlin 1970; *Liebrucks,*
Bruno: Sprache. Wilhelm von Humboldt. Sprache und Bewußtsein. Band 2. Frankfurt a. M.
1965.   *Matthias Schmitz*

Hutten, Ulrich von

Geb. 21. 4. 1488 auf Burg Steckelberg bei Fulda; gest. 29. 8. 1523 auf der Insel Ufenau/Zürichsee

»Er flamme als Haß in uns auf gegen alles Undeutsche, Unfreie, Unwahre; aber glühe auch als Begeisterung in unseren Herzen für die Ehre und Größe des Vaterlandes; er sei der Genius unseres Volkes, wenigstens so lange, als diesem ein zürnender, strafender, mahnender Schutzgeist Not tun wird.« Dieser Appell aus David Friedrich Strauß' Biographie über H. (1858–60) ist durchaus typisch für H.s Wirkung. Leben und Werk des fränkischen Ritters und Humanisten sind verbunden mit der Geschichte des Nationalbewußtseins. So unterschiedliche Autoren wie Friedrich Gottlieb Klopstock, Christoph Martin Wieland, Johann Gottfried Herder, Johann Wolfgang von Goethe, Ludwig Uhland, Ferdinand Freiligrath, Georg Herwegh, Ferdinand Lassalle und Conrad Ferdinand Meyer haben sich in ihren Werken zu H. bekannt. Dabei scheint ein weites Spektrum deutschen Nationalgefühls auf. Für Herder ist H. 1776 der geistvolle Vertreter einer deutschen Kulturnation, »ein Mann von Genie, von Gefühl, vom edlem Triebe«. Für ihn war H. »kein Politicus«, sondern ein Streiter für Freiheit und Wahrheit. Das 19. und mehr noch das 20. Jahrhundert wird H. nur noch als Politiker sehen. Schon in Lassalles *Sickingen*-Drama (1859) ist H. der »Auferwecker der Nation«, bei Conrad Ferdinand Meyer wird er gar zum Künder der hohenzollerschen Monarchie, und der nationalsozialistische Autor Kurt Eggers stilisiert seinen Helden zum Befürworter des Krieges und des Revanchismus, zum Vertreter der »Volk-ohne-Raum«-Ideologie. Solche Deutungen können mit einiger Berechtigung aus Leben und Werk H.s gewonnen werden, denn tatsächlich ist er einer der frühen Vertreter des deutschen Nationalgefühls. In seinen Schriften lassen sich vielfältige Ansätze der späteren Nationalismus-Argumente finden. H. war nie ein Vertreter der »bonae literae« wie Erasmus, sondern eigentlich immer ein »politischer« Autor. Er wollte sich nicht auf den engen Kreis der humanistischen Gelehrten beschränken, obwohl er deren Anerkennung anstrebte, sondern entwickelte sich im Laufe seines Lebens zu einem Mann, der Geist und Tat zu verbinden trachtete. Diese Mischung von alter ritterlicher Faustrechtsgesinnung und neuer literarischer Streitlust hat schon den Zeitgenossen imponiert und vor allem die Wirkungsgeschichte bestimmt. H.s Lebensweg mit der Flucht des 17jährigen aus dem Kloster zu Fulda, seinem anschließenden Vagantenleben, das ihn quer durch Deutschland und auch zweimal nach Italien führte, mit einer Dichterkrönung durch Maximilian in Augsburg (1517), mit lateinischen Schriften für die Erneuerung des mittelalterlichen Imperiums, mit polemisch-sarkastischen Attacken gegen die Papstkirche und die »Mönchlein« in Deutschland mußte ihn zwangsläufig an die Seite Martin Luthers führen, dessen theologischen Streit er mit politischen Konturen versah. Politisch wirksam war zudem seine zeitweilig enge Bindung an den erfolgreichen Condottiere des frühen 16. Jahrhunderts, an den kaiserlichen Feldhauptmann Franz von Sickingen, der ihm um 1520 Schutz auf einer seiner Burgen gewährte. Zur Zeit des Wormser Reichstages von 1521 sahen sich Kaiser und Kurie gezwungen, H. auf der Ebernburg in der Pfalz zu hofieren, da sie ihn mehr fürchteten als den Mönch von Wittenberg. Politische Intrigen haben H.s – und auch Sickingens – Wirkung begrenzt; enttäuscht und um sein Leben fürchtend zog sich H. nach dem Tode Sickingens 1522 in die Schweiz zurück, wo er schließlich an den Folgen einer ihn schon lange quälenden »Franzosen-Krankheit« mit 35 Jahren starb.

Ein solches dynamisches und scheinbar selbstbestimmtes Leben hat die Zeitgenossen und mehr noch die Nachwelt beeindruckt, die diese Biographie immer mehr zu einem Mythos gestaltete. Die literarischen Werke traten dabei oft in den Hintergrund bzw. wurden allenfalls als Belege für die Biographie herangezogen, obwohl sie für die Entwicklung der frühneuhochdeutschen Schriftsprache sehr wertvoll waren. H. hatte nämlich von Luther gelernt, wie wichtig es ist, eine breite Ansprache zu suchen. Ab 1519 übersetzte er deshalb seine besten Dialoge ins Deutsche (*Gesprächsbüchlein*, 1521) und schrieb andere Streitschriften gleich deutsch. Ähnlich wie in seinen lateinischen Werken führte er den Deutschen die germanische Vergangenheit bzw. die Blüte mittelalterlicher Kaiserherrlichkeit vor Augen, um ein deutsches Geschichtsbewußtsein und damit auch ein deutsches Nationalgefühl zu wecken. Es ist kein Zufall, daß er eine der großen Figuren für die Geschichte des Nationalbewußtseins entdeckte: 1529 erscheint postum sein *Arminius*-Dialog. Und nicht zuletzt verdanken wir H. eines der schönsten Lieder des 16. Jahrhunderts, in dem sich eine neue Subjektivität kundtut. *(Ich hab's gewagt mit Sinnen).* Dieses Selbstbewußtsein ist nicht unwesentlich durch das ritterliche Ehrgefühl gespeist, aber es sorgt für ungewöhnliche Töne, die die Zeitgenossen aufhorchen ließen. Selbst in einem Entschuldigungsschreiben aus dem Jahre 1520, in dem H. sich und sein Handeln verständlich machen will, finden wir selbstgewisse Formulierungen: »Sonder hab ich als einer, der seinem vatterlandt wol wil, des frommen und nutz zuschaffen, nachtheil und schaden zu fürkommen, gedenckt, der auch gebürlicher freyheit begirig, schandlicher dienstbarkeit verdrieß und beschwaernuß gehabt, von gemeiner teütscher Nation gebrechen, anzeigung gegeben, und vormanung gethon«.

Werkausgabe: Opera Omnia Hutteni. Hrsg. von Eduard *Böcking.* 5 Bde. und 2 Supplementbde. Leipzig 1859–1870 (Neudruck Aalen, 1963).
Literatur: *Füssel*, Stephan (Hrsg.): Ulrich von Hutten. Akten des internationalen Ulrich von Hutten-Symposions in Schlüchtern. München 1989; *Scheuer*, Helmut: Ulrich von Hutten: Kaisertum und deutsche Nation. In: Daphnis, Bd. 2 (1973), S. 133–157; *Holborn*, Hajo: Ulrich von Hutten. Göttingen 1968. *Helmut Scheuer*

Iffland, August Wilhelm
Geb. 19. 4. 1759 in Hannover; gest. 22. 9. 1814 in Berlin

»Er sondert seine Rollen so voneinander ab, daß in der folgenden kein Zug von der vorhergehenden erscheint. Dieses Absondern ist der Grund von allem übrigen, eine jede Figur erhält durch diesen scharfen Umriß ihren Charakter, und eben so wie es dadurch dem Schauspieler gelingt bey der einen Rolle die andere völlig vergessen zu machen, so gelingt es ihm auch sich von seiner eigenen Individualität, so oft er will, zu separieren.« So Johann Wolfgang Goethe 1796 über den Schauspieler I., dessen Stücken man nur von seiner schauspielerischen Praxis her gerecht wird: Sie sind von ihrer Funktion her organisiert, virtuosen Schauspielern Entfaltungsmöglichkeiten zu bieten; deshalb kam und kommt die Literaturgeschichte kaum über das Urteil der Trivialität seiner Stücke hinaus, ohne doch ihrer Spezifik gerecht zu werden.

Der Weg des enthusiastisch gefeierten Schauspielers, Regisseurs und nach August von Kotzebue erfolgreichsten Theaterautors der Goethezeit wurde – stilisiert – von ihm selbst beschrieben *(Meine theatralische Laufbahn,* 1798). Der Beamtensohn verläßt, statt Prediger zu werden, heimlich die Familie, um sich der Seylerschen Schauspielergesellschaft in Gotha anzuschließen (1777). Ihr Leiter Ekhof wird sein Vorbild und Freund. Nach der Aufhebung des Gothaer Theaters 1779 geht er an das Mannheimer Nationaltheater. Hier beginnt er, für das Theater zu schreiben. 1796 bewegen ihn die Revolutionskriege, Mannheim zu verlassen; ökonomischee Erwägungen sowohl wie seine Ergebenheit gegenüber der Monarchie lassen ihn nach einigen Gastspielen die Stelle des Direktors des Berliner Nationaltheaters annehmen. 1811 wird er Generaldirektor der Könglichen Schauspiele. Zahlreiche Gastspiele von Berlin aus bis nach Prag, Graz und Wien verbreiten seinen Ruhm als Schauspieler. Seine 63 Bühnenwerke erleben Tausende von Aufführungen; allein *Die Jäger* (1785) dürften bis 1850 an die fünfhundert Mal aufgeführt worden sein.

Zusammen mit Kotzebue stellte er mindestens ein Drittel des Repertoires für das Theater der Goethezeit. Und darüber hinaus ist seine Verbreitung an Liebhabertheatern kaum zu überblicken. Die Spezifik von I.s Schauspielkunst deutet sich im angeführten Urteil Goethes an: Die Fähigkeit zum völligen, aber stets kontrollierten Aufgehen in wechselnden Rollen – als neue, unerhörte Virtuosität gefeiert zu einer Zeit, in der die Trennung von Person und Rolle des Schauspielers in Kostüm und Habitus, das Absehen von seiner eigenen Identität sowohl im Verhalten und Denken der Schauspieler selbst wie in der Mentalität des Publikums noch keineswegs selbstverständlich war. Das empathische Rollenspiel auf der Bühne ermöglichte auch einfühlendes Erleben auf der Seite der Zuschauer, ein damals historisch noch junger Modus ästhetischer Erfahrung, und so begeisterte sich das Publikum seiner Zeit an I.s Virtuosität im Rollenwechsel: Bei einem Gastspiel in Magdeburg spielte er z. B. an 22 Abenden hintereinander 25 Rollen, ein andermal an drei Abenden drei verschiedene Rollen im selben Stück. 519 Rollen spielte er insgesamt in 4132 nachgewiesenen Auftritten. Diese Schauspiel- und zugleich Wahrnehmungsweise fundierte, was später Illusionstheater hieß, und mit eben der Formel, die dann Bertolt Brecht zur Distanzierung vom »dramatischen Theater« benutzte, reflektierte I. selbst die Identifikation mit seiner Rolle. Nicht »Ich spielte«, sagte er, sondern »Ich *war* der junge Ruhberg«; und auch die faszinierten Zeitgenossen charakterisierten so sein Spiel. Die Prinzipien seiner »natürlichen Menschendarstellung« bestimmen entsprechend auch die Art seiner Stücke: »Familiengemälde« meist, Darstellungen des bürgerlichen Alltags mit jenem Personal, dem das Publikum sich gleich wußte. Friedrich Schiller spottete: »Man siehet bei uns nur Pfarrer, Kommerzienräte, Fähnriche, Sekretärs oder Husarenmajors«. Der Beschränkung auf die Darstellung häuslicher Verhältnisse entspricht als ständiger Handlungsort ein bürgerliches Zimmer (»Zimmer-Dramatik«).

Ohne nennenswerte Entwicklung im Schaffen I.'s variieren seine Stücke immer wieder das Hausvater-Motiv: Die als formale Rechtsposition durch die familiengeschichtlichen Wandlungen am Ende des 18. Jahrhunderts fraglich gewordene Autorität des Vaters wird durch das Modellieren und Ausspielen von emotionalen Bindungen neu fundiert. Georg Wilhelm Friedrich Hegel: »Hauptsächlich aber war es der Triumph des *Moralischen*, der am häufigsten in diesem Felde gefeiert wurde. Gewöhnlich handelt es sich hier um Geld und Gut, Standesunterschiede, unglückliche Liebschaften, innere Schlechtigkeiten in kleineren Kreisen und Verhältnissen und dergleichen mehr, überhaupt um das, was wir auch sonst schon täglich vor Augen haben, – nur mit dem Unterschiede, daß in solchen moralischen Stücken die Tugend und Pflicht den Sieg davonträgt und das Laster beschämt und bestraft oder zur Reue bewegt wird, so daß die Versöhnung nun in diesem moralischen Ende liegen soll, das alles gutmacht. Dadurch ist das Hauptinteresse in die Subjektivität der Gesinnungen und des guten und bösen Herzens hineingesetzt.« Quasi obligatorisch das happy end mit rührendem Schlußtableau. Schon die Zeitgenossen sahen, daß die (Schein-)Konflikte banal sind, bloß aus Irrtümern und Zufällen entstehen, daß die moralische Besserung nur von außen kommt, daß Natur und Kultur in falschem Gegensatz stehen (Karl August Böttiger). Doch das berührte ihn wenig. Um literarische Qualität an und für sich ging es ihm nicht, ein Stück von ihm sei »bloß nach seinem Effekt auf der Bühne zu beurteilen«. Die Bühne als Kanzel verstehend, war sein Ziel die Vermittlung bürgerlicher Untertanen-Moralität durch theaterspezifische Rühr-Effekte: »Es ist . . . darauf angelegt, daß nicht leicht jemand mit trockenen Augen herausgehen soll.«

Werkausgabe: Theater von August Wilhelm Iffland. Erste vollständige Ausgabe. 24 Bde. Wien 1843.

Literatur: *Sørensen*, Sven-Aage: Herrschaft und Zärtlichkeit. München 1984; *Mathes*, Jürg: Nachwort. In: August Wilhelm Iffland: Die Jäger. Stuttgart 1976; *Glaser*, Horst Albert: Das bürgerliche Rührstück. Stuttgart 1969; *Klingenberg*, Karl-Heinz: Iffland und Kotzebue als Dramatiker. Weimar 1962.   *Erich Schön*

Immermann, Karl Leberecht
Geb. 24. 4. 1796 in Magdeburg; gest. 25. 8. 1840 in Düsseldorf

Es gibt kaum einen Antiquariatskatalog, in dem nicht der heute so gut wie vergessene I. mit einem Werk verzeichnet ist, das bis ins erste Drittel unseres Jahrhunderts mit über 80 Auflagen sehr erfolgreich gewesen war: *Der Oberhof* (1838/39). Die Popularität dieser Erzählung, die eine abgeschlossene, heile Bauernwelt zeigt und mit der I. auf fatale Weise »zum Ahnherrn der realistischen Dorfgeschichte, der Heimatkunst, schließlich der Blut- und Boden-Literatur« (Friedrich Sengle) geriet, beruhte jedoch auf einem Mißverständnis: *Der Oberhof* war keine selbständige Erzählung, sondern ein Kompositionselement innerhalb des zeitkritischen Romans *Münchhausen* (1838/39), der verfallende Adelswelt und idyllisches Landleben ironisch so kontrastieren wollte, daß das beide bedrohende Dritte, der heraufkommende Industriekapitalismus, erkennbar werden sollte. Das mißlang gründlich, doch auch nicht ohne Grund. Die Abtrennung des Teiles vom Ganzen, die der Literaturbetrieb gegen den Autor und seine Absichten durchsetzte, ist eben auch als ein Urteil über diesen »halben« Schriftsteller zu verstehen, der als Konservativer liberal, als Liberaler konservativ, als verspäteter Romantiker zu modern und als früher realistischer Romancier noch zu romantisch war. Das Selbstverständnis dieser Übergangsgestalten, die sich mehr als »Nachgeborene« denn als »Vorläufer« empfanden, beschrieb I. selbst so: »Unsere Zeit, die sich auf den Schultern der Mühe und des Fleißes unserer Altvordern erhebt, krankt an einem gewissen geistigen Überflusse. Die Erbschaft ihres Erwerbes liegt zu leichtem Antritte uns bereit, in diesem Sinne sind wir Epigonen.« *Die Epigonen*, so auch der Titel des zwischen 1823 und 1836 entstandenen ersten großen Zeitromans I.s, enden mit der konservativen Utopie eines abgezäunten »grünen Plätzchens«, einer Insel inmitten der sich industrialisierenden Welt.

I. war, im Unterschied zu den zeitgenössischen jungdeutschen Literaten, kein Berufsschriftsteller. Er hatte als Jurastudent an den Befreiungskriegen (Ligny und Waterloo 1815) teilgenommen, trat 1818 in den preußischen Staatsdienst und war ab 1827 Landgerichtsrat in Düsseldorf. Eingezwängt in die Pflichten des Berufes und die Enge der ungeliebten Kleinstadt, strebte er in die Ferne (vgl. seine Reisebeschreibungen) und in die Höhen kultureller Verständigung, die für ihn traditionell mit dem Theater verbunden waren. 1832 gründete er in Düsseldorf einen Theaterverein, ab 1834 wurde er Leiter des Theaters, das er (ohne Erfolg) zu einer an Weimar orientierten »Deutschen Musterbühne« führen wollte, die den Text streng über den Schauspieler und das Rezitieren über das Mimische stellte. I.s eigene, umfangreiche dramatische und satirische Dichtung ist wohl nur noch literarhistorisch interessant, wobei am ehesten die Faust-Adaption *Merlin* (1832) und das komische Epos *Tulifäntchen* (1830) interessieren dürften. Aus den postum veröffentlichten autobiographischen *Memorabilien*, die in den Jahren 1840 bis 1843 erschienen, ragt besonders *Die Jugend vor fünfundzwanzig Jahren* als kulturkritische Reminiszenz an die napoleonische Umbruchszeit hervor.

Werkausgabe: Karl Immermann. Werke in 5 Bdn. Hrsg. von Benno von *Wiese*. Frankfurt a. M. 1971.

Literatur: *Hasubek*, Peter (Hrsg.): »Widerspruch, du Herr der Welt!« – Neue Studien zu Karl Immermann. Bielefeld 1990; *Kohlhammer*, Siegfried: Resignation und Revolte. Immermanns »Münchhausen«: Satire und Zeitroman der Restaurationsepoche. Stuttgart 1973; *Wiese*, Benno von: Karl Immermann. Sein Werk und sein Leben. Bad Homburg u. a. 1969.

Peter Stein

Jacobi, Friedrich Heinrich
Geb. 25. 1. 1743 in Düsseldorf; gest. 10. 3. 1819 in München

In seiner 1857 erschienenen *Geschichte der poetischen Literatur Deutschlands* schreibt Joseph von Eichendorff über J.: »Das Wahre ist, daß der große Zwiespalt der Zeit, den er zu vermitteln unternahm, in ihm selber unvermittelt war, daß er sich einen Glauben eingebildet, den er nicht rechtfertigen wollte und konnte, und daher einen Glauben verfocht, den er im Grunde nicht hatte, und sonach eingestehen mußte, ›wie Alles bei ihm auf die schwermüthige Trauer über die Natur des Menschen hinauslaufe‹. – Er war nichts als ein bedeutsames feuriges Fragezeichen der Zeit, an die kommenden Geschlechter gerichtet, ein redlich Irrender, immerdar schwankend, aber schwankend wie die Wünschelruthe nach dem verborgenen Schatze.« Zwiespalt und Vermittlung zeichnen tatsächlich das geistesgeschichtliche Profil J.s., der zeitlebens versuchte, Philosophie und Literatur, Glaube und Vernunft, Leidenschaft und Moral, geistiges und praktisches Leben zum Ausgleich zu bringen.

Als Sohn eines begüterten Kaufmanns wurde J. im Gegensatz zu seinem älteren Bruder Johann Georg, dem späteren Lyriker und Herausgeber der Zeitschrift *Iris*, zum Beruf des Vaters bestimmt. Nach einer kurzen Lehrzeit in Frankfurt a. M. kam er zur Ausbildung in ein Genfer Handelshaus. In Genf, wo der Mathematiker Lesage sein Mentor und Lehrer wurde, widmete J. einen Großteil seiner Zeit philosophischen und naturkundlichen Studien. Jean Jacques Rousseaus Schriften, insbesondere sein *Émile*, wurden zum wichtigsten Lektüreerlebnis dieser Zeit. 1764 übernahm J. das väterliche Handelsgeschäft, dem er zu weiterer Prosperität verhalf. Zusammen mit seiner Frau Betty, geb. von Clermont, führte er auf seinem Landsitz Pempelfort bei Düsseldorf das, wie Goethe schreibt, »gastfreiste aller Häuser«, wo neben Goethe selbst Christoph Martin Wieland, die Brüder Alexander und Wilhelm von Humboldt, Franz Hemsterhuis, Denis Diderot, Georg Forster, Wilhelm Heinse und viele andere in den Genuß einer freundschaftlichen, auf die Vermittlung der Individuen bedachten Atmosphäre kamen. 1772 als Wirtschaftsfachmann in die Hofkammer von Jülich-Berg berufen, wurde J. zum Fürsprecher einer liberalen Wirtschaftspolitik im Sinne Adam Smiths.

Tief beeindruckt war J. von Goethe, der 1774 nach Pempelfort kam. Er sah im jungen Goethe die Verkörperung des Genies und schloß eine enthusiastische Freundschaft mit ihm. Goethe war es auch, der J. zu eigener literarischer Produktivität anregte. 1775/76 veröffentlichte J. seinen Briefroman *Eduard Allwills Papiere* (Neufassung 1792 unter dem Titel *Eduard Allwills Briefsammlung*), dessen nicht nur formale Vorbilder Samuel Richardsons Romane und Goethes 1774 erschienener *Werther* waren. Der Charakter des Titelhelden Allwill, des genialisch-schwärmerischen Verführers und Egozentrikers, wird vermittelt über die Briefe der ihn umgebenden Figuren, insbesondere der Frauen, dargestellt. Hatten Richardsons Dandy Lovelace und der junge Goethe selbst das Vorbild für den Entwurf des Typs Allwill abgegeben, zeichnet sich im Roman bereits eine kritische Beurteilung des Sturm- und -Drang-Genies ab, dessen Exzentrität schließlich nach Maßgabe des natürlichen Sittengesetzes reguliert wird. Der Roman *Woldemar. Eine Seltenheit aus der Naturgeschichte* (1777 in vier Fortsetzungen im *Teutschen Merkur*, als Buch 1779, erweitert 1794), den J. Goethe widmete, stellt auf der Folie von Rousseaus *Julie ou la Nouvelle Héloïse* (1761) abermals einen begeisterten, indes in seinen zwischenmenschlichen Beziehungen scheiternden Gefühlsmenschen in den Mittelpunkt. Der Roman ist eine Antwort auf Rousseaus Ideal der alle sinnliche Gefährdung überwindenden Freundschaft: Ihm stellt J. die Unbeständigkeit des menschlichen Herzens gegenüber. J. wollte in seinen Romanen »Menschheit wie sie ist, erklärlich oder nicht auf das Gewissenhafteste vor Augen stellen« und im individuellen Charakter dem »Dasein« selbst zum Ausdruck verhelfen. Die Beigaben zu den Romanen (etwa die »Vorrede« zum *Allwill* sowie die »Zugabe an Erhard O.«, das Fortsetzungsgespräch zum *Woldemar* »Der Kunstgarten«) unterstreichen die philosophische Motivation der Texte, der gegenüber das literarische Medium kaum seinen eigenständigen Stellenwert zu behaupten vermag. Man hat in J.s. Romanen daher ästhetisch riskante Unternehmungen gesehen, aber auch versucht, sie im Sinne einer im Widerspruch gegründeten Modernität zu lesen. In seiner berühmten Rezension des *Woldemar* bemängelt Friedrich Schlegel eben die Unterordnung des Sinnlichen unter ein geistiges Prinzip und die nur scheinbare Auflösung der Widersprüche des Textes »mit einem Salto mortale in den Abgrund der göttlichen Barmherzigkeit«. *Woldemar* führte indessen auch zu einer längeranhaltenden Verstimmung zwischen J. und Goethe, denn dieser hatte im Kreise der Weimarer Hofgesellschaft eine Spottrede auf das Buch des Freundes gehalten und dasselbe an einem Baum ›gekreuzigt‹. Überdies wurde Goethes *Woldemar*-Parodie ohne Wissen ihres Verfassers zum Druck gebracht.

J.s Rolle im sog. Spinozismus-Streit stellt eine weitere Vermittlungsleistung dar, die der Diskussion um Spinozas Pantheismus hitzigen Auftrieb gab. Wieder war Goethe der Anlaß: In einem Brief an Moses Mendelssohn berichtet J., er habe 1779 Lessing eine Abschrift von Goethes »Prometheus«-Ode gezeigt, um Lessings Unterstützung gegen die pantheistische Haltung des Gedichtes zu gewinnen. Doch habe sich Lessing daraufhin selbst zum Spinozismus bekannt. Mendelssohn indessen wollte und konnte in Lessing keinen Spinozisten sehen, und es entspann sich ein heftiger Briefwechsel über diese Frage, den J. unter dem Titel *Über die Lehre des Spinoza in Briefen an den Herrn Moses Mendelssohn* (1785) veröffentlichte. Weitere Streitschriften von beiden Seiten folgten. J.s. Deutung des spinozistischen Pantheismus, die im übrigen maßgeblich das Spinoza-Bild der Frühromantiker prägte, profiliert zugleich seine eigene philosophisch-theologische Weltanschauung. So lehnte er Spinozas spekulative Philosophie ab, weil er in ihr die ethische Feiheit des Menschen preisgegeben sah und die von Spinoza gesetzte vollkommene göttliche Substanz nur als radikal atheistische Position begreifen konnte. Gleichermaßen lehnte er Kants Ethik als eine der lebendigen Wirklichkeit des Menschen zuwiderlaufende Regelvorgabe ab.

1805 wurde J. von der Bayerischen Akademie der Wissenschaften, die ihn wenig später zu ihrem Präsidenten ernannte, nach München berufen. Die folgenden Jahre waren bestimmt von philosophischen Auseinandersetzungen, insbesondere mit Schelling (*Von den göttlichen Dingen und ihrer Offenbarung*, 1811) und Hegel, in denen J. wiederum die Begründung des Wissens im Glauben zu verteidigen suchte. Der Streit mit Schelling kostete J. schließlich sein Amt des Akademiepräsidenten.

Das im Gespräch mit Lessing von J. geprägte, vielzitierte und vielbelächelte Bild von der Notwendigkeit eines »Salto mortale« zur Rettung der geistigen Freiheit gegenüber der Erkenntnis weitgehender deterministischer Zusammenhänge unterstreicht nur den bleibenden Grundwiderspruch im Denken J.s, wie er sich besonders nachdrücklich in einem Brief an Hamann aus dem Jahr 1783 ausspricht: »Licht ist in meinem Herzen, aber so wie ich es in den Verstand bringen will, erlischt es. Welche von beyden Klarheiten ist die wahre? die des Verstandes, die zwar feste Gestalten, aber hinter ihnen nur einen bodenlosen Abgrund zeigt? oder die des Herzens, welche zwar verheißend aufwärts leuchtet, aber bestimmtes Erkennen vermissen läßt? – Kann der menschliche Geist Wahrheit ergreifen, wenn nicht in ihm jene beyden Klarheiten zu Einem Lichte sich vereinigen? Und ist diese Vereinigung anders als durch ein Wunder denkbar?«

Werkausgaben: *Jacobi*, Friedrich H.: Werke – Briefwechsel – Dokumente. Stuttgart-Bad Cannstatt 1981 ff. (im Erscheinen); *Jacobi*, Friedrich Heinrich: Auserlesener Briefwechsel, hrsg. von Friedrich *Roth*, 2 Bde. Nachdruck d. Ausg. Leipzig. 1825 – 27. Bern 1970.

Literatur: *Rose*, Ulrich: Friedrich Heinrich Jacobi. Eine Bibliographie. Heinrich-Heine-Institut Archiv-Bibliothek-Museum Bd. 2. Stuttgart, Weimar 1993; *Stäcker*, Thomas: Der Aufruhr der Seele. Zur Romankonzeption Friedrich Heinrich Jacobis. Hamburg 1993; *Bechmann*, Friedrich: Jacobis »Woldemar« im Spiegel der Kritik. Eine rezeptionsästhetische Untersuchung. Frankfurt a. M. 1990; *Hammacher*, Klaus: »Jacobis Romantheorie«. In: *Jaeschke*, Walter und *Holzhey*, Helmut (Hrsg.): Früher Idealismus und Frühromantik. Der Streit um die Grundlagen der Ästhetik (1795–1805). Hamburg 1990. 174–189; *Rose*, Ulrich: Poesie als Praxis. Jean Paul, Herder und Jacobi im Diskurs der Aufklärung. Wiesbaden 1990; *Schneider*, Peter Paul: Die »Denkbücher« Friedrich Heinrich Jacobis. Stuttgart-Bad Cannstatt 1986; Benno von *Wiese*: Friedrich Heinrich Jacobi. In: Deutsche Dichter des 18. Jahrhunderts. Ihr Leben und Werk. Unter Mitarbeit zahlreicher Fachgelehrter hrsg. v. Benno von *Wiese*, Berlin 1977, 507 – 523; *Göres*, Jörn (Hrsg.): Veränderungen 1774: 1794. Goethe, Jacobi und der Kreis von Münster. Eine Ausstellung des Goethe-Museums Düsseldorf. Anton- und Katharina-Kippenberg-Stiftung. Düsseldorf 1974.

Martina Wagner-Egelhaaf

Jahnn, Hans Henny
Geb. 17.12.1894 in Stellingen b. Hamburg; gest. 29.11.1959 in Hamburg

1920 erhielt ein bis dahin völlig unbekannter junger Schriftsteller für sein im Vorjahr als Buch erschienenes Drama *Pastor Ephraim Magnus* durch Oskar Loerke den renommierten Kleist-Preis zugesprochen: Es war J. »Nur keine Literatur wie alle machen, nur das nicht, was man einem in der Schule als Dichtung eintrichtert, nur ja nicht jene Sprache« – dies war J.s Vorsatz, als er 1916/17 in Norwegen das Stück schrieb. Mit dieser einen Veröffentlichung war J. für sein Leben gezeichnet. »Aus der Unterwelt« überschrieb ein noch ernsthafter Rezensent, Julius Bab, seine Polemik, in der er J.s Stück als einen Ausbruch des Wahnsinns charakterisierte, als ein »großartig gräßliches Dokument eines äußersten Zustandes«, das mit Kunst, mit Theater nichts zu tun habe und darum im »Giftschrank der Menschheit« zu bewahren sei. Der Skandal war, daß J. den Verzweiflungen des Körpers die gleiche, wenn nicht eine größere Bedeutung zumaß als den Abgründen der Seele. »Ich selbst habe keine Ähnlichkeit mit den Gerüchten über mich«, lautete eine seiner Entgegnungen. Wer ihn sah, hätte ihn in seiner zeremoniösen Betulichkeit, in seiner introvertierten Empfindsamkeit eher für einen versponnenen Pastor halten mögen. J.s Vater besaß eine Schiffstischlerei im Hamburger Hafen. Die handwerkliche Geduld und Genauigkeit scheint er seinem Sohn vererbt zu haben. Schon in der Schule war J. Außenseiter. Die gleichgeschlechtliche Liebe zu seinem Mitschüler Gottlieb Friedrich Harms – von beiden Elternseiten heftig bekämpft, so daß sie sich in mehreren Ausbruchsversuchen entlud – ist der Schlüssel zu J.s Leben und Werk: »Allmählich ist die Liebe unser Eigentum geworden.« Mit Harms zusammen emigrierte er während des Ersten Weltkriegs nach Norwegen (von 1915 bis 1918). Dort entstanden, nach zahllosen, meist dramatischen Versuchen noch während der Schulzeit, die ersten gültigen Werke – dichterische Visionen einer als tragisch erkannten Schöpfung, voll heidnischer, antichristlicher Kulturkritik. Die Tagebücher, die J. und Harms in Norwegen führten, zeigen, wie das Werk eine Ablösung von der Autobiographie, die Gestaltung eines als unlösbar empfundenen Lebenszwiespalts darstellt. In Norwegen wurde auch der utopische Traum von Ugrino geboren – einer Glaubensgemeinschaft, die J. und Harms 1920 in Eckel bei Klecken, am Nordrand der Lüneburger Heide, gründen. Von den hochfliegend-absurden Plänen einer Wiedergeburt kultischer Archaik – monumentalen Weihe- und Grabbauten im Stil ägyptischer Pyramiden und romanischer Basiliken – erwies sich allein der Ugrino-Verlag als lebensfähig. Dort erschienen u.a. die Gesamtausgaben Arnolt Schlicks, Samuel Scheidts, Vincent Lübecks, Carlo Gesualdos und Dietrich Buxtehudes – mehrstimmiger Musik, die auch in J.s literarischem Werk als Medium der Erinnerung eine zentrale Rolle spielt. Aus dem Zusammenbruch der Ugrino-Idee (1925) rettete J. auch sein Engagement für die Orgel. Bereits 1923 hatte er die vom Zerfall bedrohte barocke Arp-Schnitger-Orgel in der Hamburger Jakobi-Kirche renoviert. J., der sich in Norwegen autodidaktisch mit der Orgel und ihrer kultischen Funktion beschäftigt hatte, wurde damit zu einem Wegbereiter der sog. Orgel-Reformbewegung der Zwanziger Jahre. Bis 1933 bestritt er seinen Lebensunterhalt durch Orgelbau und als amtlicher Orgelsachverständiger und hat insgesamt mehr als 100 Orgeln konstruiert oder renoviert. 1926 heiratete er Ellinor Philips und zog wieder nach Hamburg. 1929 vollendete er den Roman *Perrudja*, der noch im selben Jahr mit Hilfe der eigens dafür gegründeten Lichtwark-Stiftung erscheinen konnte. Mit diesem Werk präsentierte er sich als Epiker, der gleichrangig neben Alfred Döblin und James Joyce steht: polyphon, bildgewaltig, sprachschöpferisch; in abgespaltenen, sich verselbständigenden Geschichten die Handlung umkreisend und einkreisend. Wie später in *Fluß ohne Ufer*, liegt auch hier schon dem Erzählten eine Autobiographie des Erzählens zugrunde, die norwegische Landschaft als ein Phantasieraum der inneren Erfahrung – Natur, die den Menschen auf seine kreatürliche Befindlichkeit, das Ausgeliefertsein an Zeugung und Tod, auf das »Unausweichliche« also, hinführt.

Nach der Machtübernahme durch Adolf Hitler verlor J. sein Amt als Orgelbauer, fühlte sich boykottiert und gefährdet. Die Zeit des Nationalsozialismus verbrachte er, nachdem er sich kurzfristig als Gast des mit ihm befreundeten Germanisten Walter Muschg in der Schweiz aufgehalten hatte, von 1934 an auf der zu Dänemark gehörigen, in der Ostsee liegenden Insel Bornholm. Dort hatte er einen Bauernhof gekauft, den er allerdings nur bis 1940 (und mit zweifelhaftem Erfolg) bewirtschaftete. Er verstand sich nicht als Emigrant und hat auch niemals Kontakt zum literarischen Exil gesucht. Er besaß vielmehr einen reichsdeutschen Paß bis 1938 und war Mitglied der Reichsschrifttumskammer. Danach galt er im rechtlichen Sinne als Auslandsdeutscher, konnte aber ohne größere Schwierigkeiten ins Reich reisen und dort sogar veröffentlichen. Auch die Zeit der deutschen Besetzung Dänemarks (von 1940 bis 1945) überstand er im wesentlichen unbehelligt. J.s und des NS-Regimes Einstellung zueinander darf man wohl als einen beiderseitig ungeklärten Zustand bezeichnen. Auf Bornholm entstand J.s Hauptwerk, die Romantrilogie *Fluß ohne Ufer* (*Das Holzschiff*, 1949; *Die Niederschrift des Gustav Anias Horn* I/II, 1949–51; *Epilog*, unvollendet 1961 aus dem Nachlaß). J.s »Romanungeheuer«, das zu den großen Prosawerken unseres Jahrhunderts gehört, ist ein Versuch über die Schöpfung, den Menschen und seine Einsamkeit. Es ist vieles zugleich: allegorische Detektivgeschichte, Künstlerroman, Erkundung der äußeren und inneren Wirklichkeit – vor allem aber ist es ein Buch über die Zeit gegen die Zeit. Es zeigt den Menschen als »Schauplatz von Ereignissen«. In der Liebe des Komponisten Gustav Anias Horn zu dem Matrosen Alfred Tutein, dem Mörder von Gustavs Verlobter Ellena, wiederholt sich der archetypische Beziehung von Gilgamesch und Enkidu aus dem altbabylonischen Epos: »Ich gehe im ›Fluß‹ bis an die Grenze der mir erreichbaren Wahrheit, und ich habe die Unerschrockenheit, die die völlige Einsamkeit gibt, eingesetzt.« 1950 kehrte J. endgültig von Bornholm nach Hamburg zurück. Vielfältig engagierte er sich im letzten Jahrzehnt seines Lebens: kulturpolitisch als Mitglied der Akademien in Hamburg, Mainz und Ostberlin sowie im PEN; politisch als früher, rastloser Warner gegen die atomare Bedrohung der Menschheit. Was er schreibt, wird mit dem bezeichnenden Titel seiner einzigen breiter bekannt gewordenen Veröffentlichung als »nicht geheure Geschichten« abgestempelt und ausgegrenzt; sein Leidens-, sein Lustfanatismus, seine kompromißlose Wahrheitssuche machen ihn verdächtig. Von seinen literarischen Werken erreichte das Schauspiel *Thomas Chatterton* in der Regie Gustaf Gründgens' 1956 einen Achtungserfolg. Ein unvollendeter homoerotischer Liebesroman *Jeden ereilt es* (1968) und das Atomdrama *Der staubige Regenbogen* (1961) erschien erst aus dem

Nachlaß. J. war einer der großen Unzeitgemäßen, so genial wie maßlos, Dichter und Orgelbauer, Landwirt und Pferdezüchter, Gründer einer Glaubensgemeinschaft und Hormonforscher – von einer unendlichen Fülle der Interessen und Überzeugungen, die ihn zum Außenseiter stempeln mußten. Seine Zukunft als großer moderner Autor hat erst begonnen.

Werkausgabe: Hans Henny Jahnn. Werke in Einzelbänden. Hamburger Ausgabe. 11 Bde. Hamburg 1985 ff.

Literatur: *Schweikert,* Uwe: Hans Henny Jahnn »Fluß ohne Ufer«. In: Interpretationen. Romane des 20. Jahrhunderts. Bd. 1. Stuttgart 1993; *Bitz,* Ulrich (Hrsg.): Jahnn lesen: Fluß ohne Ufer. München 1993; *Wagner,* Rüdiger: Hans Henny Jahnn – Der Revolutionär der Umkehr. Orgel, Dichtung, Mythos, Harmonik. Murrhardt 1989; *Wolffheim,* Elsbeth: Hans Henny Jahnn. Reinbek bei Hamburg 1989; *Freeman,* Thomas: Hans Henny Jahnn. Eine Biographie. Hamburg 1986; *Meyer,* Jochen: Verzeichnis der Schriften von und über Hans Henny Jahnn. Neuwied/Berlin 1967.

Uwe Schweikert

Jandl, Ernst
Geb. 1. 8. 1925 in Wien

»ab 1952 erschienen meine gedichte in zeitschriften, 56 in einem buch, *andere augen.* 55 erfolgte, parallel zu privaten umwälzungen, die zuspitzung zu groteske und experiment. neue freunde, friederike mayröcker, artmann, rühm, regten an, stramm arp schwitters gertrude stein wurden angewandt, die möglichkeit zur publikation endete. 63 sammelte ich meine manuskripte und fuhr damit nach deutschland. in stuttgart traf ich reinhard döhl. er akzeptierte meine experimentellen gedichte und half mir, die isolation zu durchbrechen, in die ich geraten war.« J.s *selbstporträt 1966* markiert sehr genau den wichtigen Einschnitt in der Biographie dieses wohl bekanntesten, weil witzigsten Autors der »Konkreten Poesie«. Die bruchähnliche »Zuspitzung« der Schreibweise aus einer früheren Phase ist nicht ungewöhnlicher Teil der Biographie vieler Avantgardisten. Die prompte wirtschaftliche Sanktion durch den »Markt« mit Publikationsverweigerung und Isolation ist ebenfalls nicht ungewöhnlich. Die Namen von Freunden, etwa aus der »Wiener Gruppe« und aus der Traditionsreihe von Expressionismus, Dadaismus und der französischen Avantgarde signalisieren Anstöße und Einflüsse, die den Wiener Gymnasiallehrer in der Entwicklung seiner vor allem auf das Rezitieren angelegten Form von »Konkreter Poesie« geprägt haben. Trotzdem sollte es nach dem Bruch genau zehn Jahre dauern, bis das »eigentlich erste Buch« erscheinen konnte: *Laut und Luise* (1966), in dem einige der Texte enthalten sind, die J. dauerhaft bekanntgemacht haben *(schtzngrmm, lichtung, wien:heldenplatz).* Dies nicht zuletzt, weil J.s »Sprechgedichte«, die in der Rezitation durch den Autor recht eigentlich »zur Sprache« kommen, auch durch eine Schallplatte gleichen Titels weite Verbreitung erlangten. J. hatte in den 60er Jahren mit seinen Gedichten einen so starken Erfolg, weil sie scheinbar mühelos Wirklichkeitsnähe durch Anbindung an das Alltagssprechen erreichten und weil sie milde Gesellschaftskritik mit witzigen Pointen verbanden. J. demonstrierte so eine Leichtigkeit der Kunst, weil er, bei aller Ernsthaftigkeit seiner poetologischen Grundsätze (etwa in *voraussetzungen, beispiele und ziele einer poetischen arbeitsweise*), nicht auf den Spaß an der Sprache und am Sprechen verzichtete. Dies zeigte sich einmal in den Gedichten, die J. in verschiedenen Werksammlungen veröffentlichte (*sprechblasen* 1968; *der künstliche baum* 1970; *serienfuss* 1974). Das zeigte sich auch in verschiedenen Arbeiten für den Hörfunk. J.s Hörspiele, meist in enger Zusammenarbeit mit der Freundin Friederike Mayröcker (»Alles, in diesen letzten zwanzig Jahren, danke ich ihr«) entstanden, gaben dem ›Neuen Hörspiel‹, das Ende der 60er Jahre reussierte, entscheidende Impulse. *Fünf Mann Menschen* von J./Mayröcker wurde als gelungenes Beispiel moderner »konkreter Poesie« 1969 mit dem begehrten »Hörspielpreis der Kriegsblinden« ausgezeichnet. Der Akzent auf Sprechtexte führte J. fast notwendig auch zu dramatischen Versuchen (*parasitäres Stück*, 1970; *Die Humanisten*, 1976). Die Texte – auch die Gedichte (*Die Bearbeitung der Mütze*, 1978; *Der gelbe Hund*, 1980) – wurden böser, indem sie nicht mehr so sehr den Spaß mit der Sprache artikulierten als vielmehr ihre heruntergekommene Verdorbenheit. Der Gedichtband *idyllen* (1989), der Arbeiten von 1982 bis 1989 versammelt, läßt bei der Lektüre »das Lachen auf den Lippen gefrieren« (Ludwig Harig).

Am erfolgreichsten wurde sein Stück *Aus der Fremde* (1979). Aber spätestens hier äußerten sich deutlich, weil rücksichtslos gegen sich selbst, J.s Schreibnot, Alterszweifel und deren thematischer Niederschlag in den Texten. Sie sind bestimmt von resignativen Sarkasmen, die aus einem depressiven, desillusionierten Pessimismus kommen. In den *Frankfurter Vorlesungen* (1984) zeigte J. noch einmal – Texte sprechend, sie überlegen interpretierend und auf Traditionen beziehend – die Möglichkeiten seiner sprachexperimentellen Ansätze. Die Tatsache, daß das Fernsehen die fünf Teile aufzeichnete und sendete, gab der Veranstaltung einen besonderen, fast testamentarischen Rang. Denn in diesem Medium konnte sich am angemessensten die Besonderheit der Poesie J.s vorstellen, ihre audiovisuelle Realisation und deren didaktische und amüsierende Wirkung auf das Publikum: »denn was mich wirklich interessiert ist weniger das woraus es gemacht wird als dass es eine sache ist die gemacht wird damit man sie herzeigen kann, und die die leute anschauen und über die sich die einen freuen und die andern ärgern, und die zu nichts sonst da ist.«

Werkausgabe: Ernst Jandl. Gesammelte Werke. Gedichte, Stücke, Prosa. Hrsg. von Klaus *Siblewski*. 3 Bde. Darmstadt/Neuwied 1985.

Literatur: *Siblewski*, Klaus (Hrsg.): Ernst Jandl. Texte, Daten, Bilder. Frankfurt a. M. 1990; *Estermann*, Alfred (Hrsg.): Ernst Jandl. Frankfurt a. M. 1984; *Schmidt-Dengler*, Wendelin: Ernst Jandl. Materialienbuch. Darmstadt 1982; *Wulff*, Michael: Konkrete Poesie und sprachimmanente Lüge. Von Ernst Jandl zu Ansätzen einer Sprachästhetik. Stuttgart 1978.   *Horst Ohde*

Jean Paul (d. i. Johann Paul Friedrich Richter)
Geb. 21.3.1763 in Wunsiedel; gest. 14.11.1825 in Bayreuth

»Ich habe ihn ziemlich gefunden, wie ich ihn erwartete: fremd wie einer, der aus dem Mond gefallen ist, voll guten Willens und herzlich geneigt, die Dinge außer sich zu sehen, nur nicht mit dem Organ, womit man sieht« (Friedrich Schiller an Johann Wolfgang von Goethe, 28.6.1796). Den Weimaraner Klassikern, auf der Suche nach Bündnispartnern und Gefolgsleuten ihrer Literaturpolitik, muß J. in der Tat, seiner Bildung wie seiner Biographie nach, wie ein herabgeschleuderter Mondbewohner erschienen sein. Wohl bei keinem zweiten Großen der deutschen Literatur klaffen Wirklichkeit und Phantasie, äußeres Dasein und erschriebene Wunschwelt so weit auseinander wie bei J. Die Ereignislosigkeit seines bürgerlichen Lebens, die völlige Verlagerung des Handelns und Denkens nach Innen, die vorausdeutende Darstellung des gelebten Alltags in der Literatur – er hat sie selbst bestätigt, als er seiner früheren Freundin Emilie von Berlepsch, die er damit vor einem Besuch warnen wollte, 1810 schrieb: »Nur versprechen Sie sich ... von dem wenig, der ... wenig andere Freuden mehr hat als die, bis zum Sterben zu schreiben und nicht blos von der Feder, sondern auch für die Feder zu leben, müßt' er sie sogar in eignes Blut eintunken.« Johann Paul Friedrich Richter, der sich seit 1792 als Autor Jean Paul nannte, wuchs in beengten, erdrückenden Umständen auf. Das eingeschränkte, eingeschrumpfte Dasein seiner Idyllenhelden Wutz und Fixlein, denen das geistige Selberstillen die Liebe und der Meßkatalog die Bibliothek ersetzen muß (»Vollglück in der Beschränkung«, wird er es nennen) – er hatte dies selbst gekannt, erfahren und erlitten. Der Vater (gest. 1779) war Lehrer, Organist und Pfarrer im oberfränkischen Raum – subalternes Faktotum in Ämtern, deren Inhaber dazu gezwungen waren, in materieller wie geistiger Ausstattung von der Hand in den Mund zu leben. In charakteristischer Verkehrung hat J. später seine harte Kindheit und Jugend zur Idylle verklärt (*Selberlebensbeschreibung*, 1826 aus dem Nachlaß veröffentlicht). Die Wurzeln seiner psychischen Frustrationen und Neurosen, seines zwanghaften Schreibens, selbst noch von Fasson und Statur seines Werkes – das fremd im Kunstraum der Klassik und Romantik steht – liegen hier, in der materiellen Not und den Hungerjahren seiner Jugend. Der Heranwachsende entkam den Entbehrungen, aber auch den Forderungen des Alltags durch die Flucht in eine Lesewut, die so kurios wie konsequent war, so verbissen wie abwegig sich nährte. Er las sich durch die Werke aller Wissenschaften; griff nach allen Büchern, die er erreichen konnte und legte sich von allem, was er studierte, Kollektaneen (die sogenannten Zettelkästen) an. Exzerpierte er anfangs noch ganze Gedankengänge, so bald nurmehr Kuriosa und Besonderheiten, ausgefallene und absonderliche Begebenheiten, Erklärungen oder auch nur Worte. Aus dieser enzyklopädischen Belesenheit, aus dieser Verzettelung des Wissens, die noch an der polyhistorischen Gelehrsamkeit der Aufklärung teilhat, bezog J. den unerschöpflichen Vorrat an entlegenen Kenntnissen, an witzigen Gleichnissen, an frostiger Satire, mit denen er in seinen Romanen die Leser immer wieder aus dem Dampfbad der Rührung ins Frostbad der Abkühlung hinaustreibt. Rückblickend hat er diese Jahre, in denen er Werk an Werk – und die meisten fürs Schreibpult – reihte, seine »satirische Essigfabrik« genannt. Nur ein weltfremder Sonderling konnte damals noch mit solcher Ausdauer auf die Satire setzen, eine aus der Mode gekommene Form, die kaum ein Verleger mehr drucken, kaum ein Publikum mehr lesen mochte (*Grönländische Prozesse*, 1783; *Auswahl aus des Teufels Papieren*, 1789). Aus Angst, zwischen Kopf und Herz nicht die richtige Mischung zu treffen, überließ er sich bis Ende der 80er Jahre – 1781 war er nach Leipzig gezogen, von dort 1784 vor seinen Gläubigern wieder ins heimatliche Franken geflohen, wo er sich seit 1787 als Hofmeister betätigte – einem ganz und gar kopfstimmigen Schreiben. Erst persönliche Schicksalsschläge, die sich am 15. 11. 1790 in einer Todesvision entluden (»an ienem Abend drängte ich vor mein künftiges Sterbebette durch 30 Jahre hindurch, sah mich mit der hängenden Todtenhand, mit dem eingestürzten Krankengesicht, mit dem Marmorauge – ich hörte meine kämpfenden Phantasien in der lezten Nacht«), machten ihn zum Dichter. Sie lösten die Erstarrung, unter der seine schwärmerische Phantasie, seine Alliebe bislang begraben lagen – umso mehr, als er die eigene Wiedergeburt als einen Widerhall jenes Menschheitsmorgens erfuhr, den die deutschen Intellektuellen durch die Französische Revolution angebrochen glaubten. Unmittelbare Frucht dieses Erlebnisses war *Die unsichtbare Loge* (1793) und die dem Roman als Anhang beigegebene Idylle *Leben des vergnügten Schulmeisterlein Maria Wutz in Auenthal*. Mit dem Roman, einer damals im Kanon der poetischen Gattungen jungen Form, hatte J. endlich das Gefährt gefunden, das breit und umfassend genug war, seine entgegengesetzten Stilmittel und Empfindungen, seine Abschweifungen und Extrablätter, eingeschalteten Reflexionen und Anreden an den Leser aufzunehmen und in einer Art Kontrastharmonie dennoch zu einem Ganzen zu binden. Mit der Froschperspektive des *Wutz*, in der die Totalität der Welt durch den naiv-kindlichen Blickwinkel, das Große durch das Kleine relativiert wird; mit der Doppelperspektive des hohen Menschen und des Humoristen, wie sie der *Loge* zugrundeliegt, hatte er sich zugleich des Stils seines Erzählens versichert: jener Mischung aus empfindsam-gefühlvoll die Stimmung des Herzens, die Erregung des Inneren wiedergebender Begeisterung, und aus satirisch-humoristischer Entlarvung der Wirklichkeit. Dieser Stil, diese Romanform (er hat sie in der *Vorschule der Ästhetik*, 1804, auch theoretisch zu rechtfertigen gesucht) wird alle seine weiteren Werke einschließlich des am populärsten gewordenen Romans *Flegeljahre* (1804/1805) kennzeichnen. Den endgültigen Durchbruch beim zeitgenössischen Publikum erzielte J. mit seinem zweiten Roman, *Hesperus* (1795). Er machte J. zum Liebling der Weiber, zum Idol zahlloser Verehrerinnen (u.a. Charlotte von Kalb, Emilie von Berlepsch, Henriette von Schlabrendorff, Caroline von Feuchtersleben), vor deren wirklichem Begehren der platonische Tuttiliebhaber sich jedoch jeweils erschreckt zurückzog; er verschaffte ihm 1796 auch die erste Einladung nach Weimar, das Interesse Goethes und Schillers, die Freundschaft Johann Gottfried Herders und Christoph Martin Wielands und damit den Eintritt in die literarische Welt. Wie sein Wutz blieb J. in all den Verlockungen und Versuchungen das häusliche Schalentier, das sich nicht öffnete. Mit keiner der namhaften Verehrerinnen, die um sein Herz und seine Hand buhlten, sondern ausgerechnet mit Karoline Mayer verheiratete er sich 1801: »Mein Herz wil die häusliche Stille meiner Eltern, die nur die Ehe giebt. Es wil keine Heroine – denn ich bin kein Heros –, sondern nur ein liebendes sorgendes Mädgen; denn ich kenne jezt die Dornen an jenen Pracht- und

Fackeldisteln, die man genialische Weiber nent« (16. 6. 1800). Den zeitgenössischen Literaturbetrieb, den klassischen Ästhetizismus, den philosophischen Egoismus Weimars und Jenas studierte er, um ihn dann in seinem »General- und Kardinalroman« *Titan* (von 1800 bis 1803) in all seinen krankhaften wie verbrecherischen Verirrungen abzubilden. Der Einkräftigkeit des Geniewesens, wie die Klassiker und Romantiker es propagierten, setzte er die Allkräftigkeit der harmonischen Bildung entgegen: »Titan solte heissen Anti-Titan; jeder Himmelsstürmer findet seine Hölle; wie jeder Berg zulezt seine Ebene aus seinem Thale macht. Das Buch ist der Streit der Kraft mit der Harmonie.« Wolfgang Harich hat im *Titan* die Gestaltung einer prosaepischen Revolutionsdichtung unter deutschen Verhältnissen gesehen – gleich weit entfernt von der Weimaraner Anpassung ans *»juste milieu«* wie von dessen universalpoetischer Verflüchtigung durch die Jenaer Romantiker. Daß dieser heroischen Utopie keine Wirkung beschieden war, lag sicher nicht allein an der deutschen Misere, sondern war auch Ausdruck einer Überforderung der von Laurence Sterne übernommenen humoristisch-ausufernden Romanform, der J. hier etwas aufzwang, was diese nicht zu leisten vermochte und sie entweder durch Überdehnung oder Ausdünnung auszehren mußte. Ungehemmter, vollkommener ist J. dort, wo er, wie im *Siebenkäs* (1796/1797) oder in den *Flegeljahren*, den Doppelroman von Phantast und Humorist, von Idealismus und Realismus schreiben, den Einbruch des Kosmischen ins Häusliche zeigen kann. Beide Male war es seine erklärte Absicht, eine »Synthese des Dualism zwischen Poesie und Wirklichkeit« zu stiften. Beide Male aber überwindet der Schluß nicht die Gegensätze, sondern schreibt sie fest. Beide Romane mußten notwendigerweise offen enden, im Sinne einer auf Lösung zielenden Totalität Fragment bleiben. In den *Flegeljahren* stärker noch als im *Siebenkäs* erscheint der Fragmentcharakter zugleich als die bewußt beabsichtigte Vermittlung zwischen irrealer, weil außerhalb einer Möglichkeit zur Verwirklichung liegender Utopie und realer, jedoch unerträglicher Wirklichkeit. Damit aber schlagen die *Flegeljahre* die Brücke zum ironisch-satirischen Spätwerk, in dem diese Problematik thematisiert wird. Nach seiner Verheiratung zog es J. in immer engerer Annäherung – zunächst 1801 nach Meiningen, 1803 nach Coburg – wieder in seine Heimat zurück. Im August 1804 schließlich übersiedelte er nach Bayreuth – hauptsächlich des guten Bieres wegen (»Bei der Einfahrt eines Bierfasses in Koburg läuft er seliger umher als bei dem Eintritt eines Kindes in die Welt«, schrieb seine Frau schon 1804). Von kurzfristigen Reisen abgesehen (die wichtigsten führten ihn 1817 und 1818 nach Heidelberg, 1819 nach Stuttgart, 1822 nach Dresden) sollte er Bayreuth bis zu seinem Tode nicht mehr verlassen. Jetzt erst entwickelte und kultivierte er jene philiströsen, spießigen Züge, die sein Bild der Nachwelt überlieferten: wie er, von Frau und Familie mehr und mehr sich zurückziehend, wie ein Junggeselle jeden Morgen von seinem Hund begleitet zur Rollwenzelei, einem malerisch vor den Toren der Stadt gelegenen Wirtshaus zog, wo er, von der Wirtin Dorothea Rollwenzel mütterlich umsorgt, im Garten oder auf seiner Stube sitzend, fast täglich arbeitete. Als Folge der politischen Misere und der persönlichen Resignation zerfiel auch seine von der humoristischen Subjektivität – sein Humor ist die Verschmelzung aus empfindsamem Gefühl, visionärer Utopie und satirischem Witz – gestiftete Romankunst. Nach 1805 kehrte er zur kleineren Form zurück, schrieb Aufsätze und Beiträge für Zeitschriften, politische Flugschriften, Satiren, vereinzelt auch größere satirische Charakterstücke und Erzählungen (*Des Feldpredigers Schmelze Reise* *nach Flätz*, 1809; *Dr. Katzenbergers Badereise*, 1809; *Leben Fibels*, 1812). Einmal noch griff er zum Roman – in dem von desillusionierender Ironie erfüllten Alterswerk *Der Komet* (von 1820 bis 1822), das ebenfalls Fragment blieb und als dessen innere Fortsetzung man die um das Problem von Todessehnsucht und Unsterblichkeit kreisende Abhandlung *Selina* (Fragment; 1826 aus dem Nachlaß) ansehen darf. J.s Bedeutung nach 1806, erst recht nach 1815, lag darin, daß er sich nicht aus der Politik zurückzog, sondern aktiv und mit satirischen Mitteln reagierte und zu wirken versuchte (*Friedens-Predigt an Deutschland*, 1808; *Politische Fastenpredigten*, 1817). Nicht zuletzt diese Haltung kann erklären, warum er für viele Zeitgenossen bis hin zu den Autoren des Jungen Deutschland zum Vorbild wurde. Erst nach der Jahrhundertmitte verfiel er der Vergessenheit. Aber die ästhetischen Voraussetzungen des modernen, experimentellen Romans, dessen Menschenbild und Wirklichkeitszertrümmerung sich in vielem mit den Erfahrungen, den formalen und stilistischen Eigenheiten J.s treffen, haben seiner Kunst aufs neue Leser zugeführt.

Werkausgabe: Jean Paul. Sämtliche Werke. Hist.-krit. Ausgabe. Hrsg. von Eduard *Berend* u. a. Abt. I (Zu Lebzeiten des Dichters erschienene Werke), Bd. 1–19; Abt. II (Nachlaß), Bd. 1–5 ; Abt. III (Briefe), Bd. 1–9. Weimar 1927 ff. Noch nicht abgeschlossen.

Literatur: *Wölfel*, Kurt: Jean-Paul-Studien. Frankfurt a. M. 1989; *Ortheil*, Hanns-Josef: Jean Paul. Reinbek bei Hamburg 1984; *Kommerell*, Max: Jean Paul. Frankfurt a. M., ⁵1977; *Bruyn*, Günter de: Das Leben des Jean Paul Friedrich Richter. Halle 1975 / Frankfurt a. M. 1976; Jean Paul-Chronik. Daten zu Leben und Werk. Zusammengestellt v. Uwe *Schweikert*, Wilhelm Schmidt-Biggemann* und Gabriele *Schweikert*. München 1975; *Schweikert*, Uwe: Jean Paul. Stuttgart 1970; *Berend*, Eduard: Jean-Paul-Bibliographie. Neu bearb. u. erg. von Johannes *Krogoll*. Stuttgart 1963.
Uwe Schweikert

Jelinek, Elfriede
Geb. 20. 10. 1946 in Mürzzuschlag, Österreich

J. ist seit nunmehr über 20 Jahren das »enfant terrible« der deutschsprachigen Literaturszene; immer wieder sorgt die Österreicherin für Aufsehen in den Medien. Schon ihre extravagante Erscheinung reizt die Kritiker. Sie sehen in ihrem gestylten Äußeren eine Maske zur Tarnung einer angeblich ambivalenten Frau, die – Mitglied der kommunistischen Partei (1974 bis 1991) – nicht müde wird, die kapitalistische Konsumgesellschaft zu kritisieren. In ihren literarischen Werken ist J. konsequent. Sie beschreibt das österreichische Kleinbürgertum mit Akribie und wird häufig in einem Atemzug mit Ingeborg Bachmann oder Thomas Bernhard genannt. J. hat eine eigene literarische Ausdrucksform gefunden, deren Anfänge bei den postdadaistischen Experimenten der Wiener Gruppe zu finden sind, zu der sie lange Zeit gehörte. Sie schreibt in allen literarischen Gattungen; eine Aufzählung ihres Œuvres ist hier nicht möglich. Über kaum eine Autorin dürfte so viel geschrieben worden sein. Was ist das für eine außergewöhnliche Frau, die von sich selbst behauptet, die »meist gehaßte Schriftstellerin« zu sein?

Aufgewachsen ist sie in Wien, wo sie bis heute lebt und arbeitet. Bereits mit vier Jahren kam sie in eine katholische Klosterschule. Da die Mutter berufstätig war, mußte sie ganztägig diese Privatschule besuchen. Dort waren, dem hohen Schulgeld entsprechend, überwiegend Kinder aus der Oberschicht. In einem Interview erzählt sie 1991, daß sie erst später registriert habe, »mit den Töchtern bekannter Austrofaschisten, die ja alle Klerikalfaschisten waren«, auf einer Schulbank gesessen zu haben. Diese Erfahrung habe ihr Denken geprägt.

Sie selbst entstammt einem bürgerlichen Elternhaus. Der Vater, Diplomchemiker, war proletarisch-jüdischer Herkunft. Ihr Großvater war Mitbegründer der österreichischen Sozialdemokratie. Die katholische Mutter, mit der sie ein Wiener Reihenhaus teilt, kommt aus großbürgerlichem Hause. Dazu J.: »Ich bin also zweigeteilt aufgewachsen, ein Riß ging durch unsere Familie.« Die Mutter versuchte mit wenig Erfolg, ihre Tochter von den Arbeiterkindern fernzuhalten, mit denen sich J. schon früh enger verbunden fühlte als mit den Eliteschülern ihres Gymnasiums, das sie bis zum Abitur besuchte. Für Ausbruchsversuche blieb jedoch wenig Zeit, denn die Nachmittage galten der musischen Ausbildung am Wiener Konservatorium, wo sie Orgel, Klavier und Blockflöte belegt hatte. Trotz ihrer vorzüglichen Musikausbildung – 1971 schloß sie als staatlich geprüfte Organistin ab – wollte sie nicht Musikerin werden.

Nach der Matura studierte sie 1964 neben Musik an der Universität Wien Theaterwissenschaften, Kunstgeschichte und Sprachen. Diese Studien brach sie nach sechs Semestern ab und entschied sich für die Literatur. Schreiben, meint sie, sei eine spontane Kunst, wobei sie die Sprache als musikalisches Material ansieht. Tatsächlich zeugen alle Texte von J. von einer großen Musikalität. Ob sie zitiert, collagiert oder parodiert, immer wieder komponiert sie ein neues Lied, eine Fuge oder eine ganze Oper mit vielen Kontrapunkten und Mißklängen. Weder die Sprache selbst und schon gar nicht der Inhalt sollen im herkömmlichen Sinne gefallen. J. experimentiert häufig mit bereits vorhandenen Texten, nimmt zum Beispiel die Trivialsprache aus Heftchenromanen, entkleidet sie ihrer Unschuld und stellt den latenten Gehalt an Gewalt heraus. So entstand 1970 ihr erster Roman *wir sind lockvögel baby!*, wo sie Elemente der Subkultur, Figuren aus Comic- und Webetexten, Handlungsmuster des Trivialromans und des Horrorfilms verwendet. All dies verbindet sie zu einer Szenenfolge, die persiflierenden Charakter hat und der Popart nahesteht. Hierzu gehört auch ihr 1972 erschienener Roman *Michael. Ein Jugendbuch für die Infantilgesellschaft*, für den sie eine Collage aus Werbeslogans erstellt hat. Jugendliche leben dort in einer Scheinwelt. J. entlarvt die Verlogenheit der Massenmedien, die nur scheinbare Identifikationsmöglichkeiten bieten. Sie zeigt die Klassenunterschiede auf. Obwohl diese als gravierend erfahren werden, ist jede Klasse auf ihre Art deformiert und korrupt. Es gibt keine Individualität, sondern nur Prototypen und Klischees. J. provoziert häufig durch Kleinschreibung, Austriazismen oder bewußte inhaltliche Brechungen. So schreibt sie in ihrem Roman *Die Liebhaberinnen* von 1975 ironisch: »Für ihr geld können sie hier nicht auch noch naturschilderungen erwarten«. Es handelt sich um eine Anti-Love-Story, in der die Liebe als Waffe im Kampf um eine soziale Besserstellung eingesetzt und die Chancenlosigkeit der Frau geschildert wird. Zwei Akkordarbeiterinnen versuchen, sich durch Unterwerfung und »Muß-Ehen« gesellschaftlich zu verbessern. Während dies bei Brigitte mit ihrem Elektriker Heinz gelingt, scheitert Paulas Ehe mit dem gewalttätigen und trunksüchtigen Erich.

Häufig sind ihre Bücher autobiographisch, am deutlichsten in ihrem Roman *Die Klavierspielerin* von 1983: Hier zum Beispiel ihre Kenntnisse der Musik, die Zitate aus der Musikliteratur und die schwierige Mutter-Tochter-Beziehung. Sie thematisiert die Macht und Demütigung in der bürgerlichen Gesellschaft und analysiert festgefahrene Strukturen im österreichischen Kapitalismus. Die Klavierspielerin leistet mit Rücksicht auf ihre Mutter, mit der sie zusammenlebt, Triebverzicht. Sie kompensiert ihre Sexualität in Kunst, in Kasteiung und Arbeit. Mit diesem Roman erzielt J. internationalen Ruhm, obwohl sie bereits vorher mit vielen Preisen ausgezeichnet worden war. 1969 erhielt sie den Lyrik- und Prosapreis der österreichischen Jugendkulturwoche und den Lyrikpreis der österreichischen Hochschülerschaft. 1972 wurde ihr ein österreichisches Staatsstipendium für Literatur bewilligt. Als man ihr 1978 die Roswitha-Gedenkmedaille der Stadt Bad Gandersheim verlieh, nahm sie diesen Preis für Frauen nur widerwillig entgegen. Sie kritisierte in ihrer Dankesrede, daß es für schreibende Männer keinen Preis gäbe. 1979 erhielt sie den Drehbuchpreis des Innenministeriums der BRD, 1983 den Würdigungspreis des Bundesministeriums für Unterricht und Kunst. Drei weitere namhafte Preise folgten: 1986 der Heinrich-Böll-Preis, 1987 der Literaturpreis des Landes Steiermark und 1989 der Preis der Stadt Wien für Literatur.

1989 erschien ihr wohl provokativster und meistdiskutierter Roman *Lust*. J. macht den Leser zum Voyeur eines obszönen Ehepaares, dessen Spiele alles andere als lustvoll sind. Der Fabrikdirektor Herrmann mißbraucht seine eheliche Macht über seine Frau Gerti, die seine nie versiegende Potenz zu allen Zeiten und in allen Lebenslagen über sich ergehen lassen muß. Während Herrmann sich früher bei Prostituierten austobte, besinnt er sich aus Angst vor Aids nun auf seine legale Ehefrau. Hier wird die Erniedrigung der Frau derart überzeichnet, daß es schwierig ist, diesen Roman mit realistischen Maßstäben zu messen. J. sagte dazu, daß ihre bewußte Überzeichnung männlicher Sexualität und Brutalität eine »exemplarische Analyse von gesellschaftlichen Sachverhalten« aufzeigen solle. Sie ist davon überzeugt, daß der Faschismus 1945 nicht verschwunden sei, sondern sich in die Familien zurückgezogen habe und sich dort im Herrschaftsverhältnis des Mannes über die Frau manifestiere. Wie in all ihren Werken, wird die Frau auch hier auf ihre sexuelle Funktion reduziert. Frauen sind bei J. die Unterdrückten in der Klassengesellschaft. Männer bestimmen ihr Leben, spielen die dominierende Rolle und machen sie zum Objekt. Doch auch die Frauen werden kritisch gezeichnet. Sie spielen das Spiel der Unterdrückung lustvoll mit und ziehen das beengte Hausfrauendasein an der Seite von Alkoholikern, Vergewaltigern oder Faschisten einem emanzipierten Leben vor. J. selbst ist seit 1974 mit einem Münchner Informatiker verheiratet, weshalb sie bei Feministinnen oft auf Unverständnis stößt.

Aktuelle politische Probleme nimmt sie auf und ist sich dabei im klaren, keine Lesermassen zu erreichen, sondern nur eine intellektuelle Minderheit. In einem ihrer jüngsten Prosa-Stücke in *Totenauberg* von 1991, reflektiert sie auf die Völkerwanderung aus dem Osten und benutzt dafür die Metapher des Tourismus, anspielend auf Todtnauberg im Schwarzwald, wo der Philosoph Martin Heidegger eine Hütte besaß. Dort traf er sich mit seiner jungen Geliebten Hannah Arendt, mit der er seine Abhandlungen besprach. J. läßt die beiden in einer schwer verständlichen, artifiziellen Sprache miteinander diskutieren. Touristen machen sich heute diesen Ort zur zweiten Heimat, obwohl sie ihn in Wirklichkeit zerstören. Todtnauberg wird als Symbol von Heimat benutzt und als Ideologie entlarvt. *Totenauberg* wurde im September 1992 im Akademietheater in Wien uraufgeführt und vom Publikum mit großem Premierenjubel angenommen. J.s Stücke werden heute auf allen namhaften Bühnen gespielt. Mag sich ihre Hoffnung, daß sich durch ihre Literatur »eine neue Intelligenz formieren« wird, erfüllen.

Literatur: *Gürtler*, Christa: Der böse Blick der Elfriede Jelinek. Dürfen Frauen so schreiben? In: *Gürtler*, Christa u.a. (Hrsg.): Frauenbilder – Frauenrollen – Frauenforschung. Wien 1987. S. 50–62; *Mattis*, Anita Maria: Sprechen als theatralisches Handeln? Studien zur Dramaturgie der Theaterstücke Elfriede Jelineks. Wien 1987.

Birgit Weißenborn

Johnson, Uwe
geb. 20.7.1934 in Kammin/Pommern; gest. 23.2.1984 in Sheerness (England)

Schon Mitte der fünfziger Jahre erkannte der Leipziger Literaturhistoriker Hans Mayer das große erzählerische Talent des damals zwanzigjährigen Germanistikstudenten J. und empfahl seinen Schüler, der eine hervorragende Diplomarbeit über Ernst Bach angefertigt hatte, dem westdeutschen Verleger Peter Suhrkamp, nachdem vier namhafte Verlage der DDR dessen frühes Romantyposkript *Ingrid Babendererde* abgelehnt hatten. Zu einer ersten Buchveröffentlichung kam es erst im Herbst des Jahres 1959 (*Mutmaßungen über Jakob*). J., Sohn eines aus Mecklenburg stammenden Gutsverwalters und späteren Angestellten des Greifswalder Tierzuchtamtes, war in den letzten Kriegsjahren Schüler eines nationalsozialistischen Internats; zwischen 1946 und 1952 besuchte er die Oberschule in der Barlach-Stadt Güstrow. Der plötzliche Wechsel der politischen Systeme, den der Schüler J. anhand des Bildertauschs im Klassenzimmer (Hitler/Stalin) genau registrierte, fand autobiographisch Niederschlag in der ersten seiner Frankfurter Poetik-Vorlesungen (*Zwei Bilder*) im Sommersemester 1979.

Konflikte mit der »Freien Deutschen Jugend«, deren Mitglied J. lange Jahre war, vereitelten eine Anstellung des begabten Germanisten im Staatsdienst und zwangen ihn zu wissenschaftlicher Arbeit am heimischen Schreibtisch. In dieser Zeit entstanden eine neuhochdeutsche Prosabearbeitung des Nibelungenliedes und die Übersetzung von Herman Melvilles *Israel Potter* aus dem Amerikanischen; beide Bücher sind zwar in der DDR, jedoch zunächst ohne Angabe ihres Übersetzers, erschienen. Bemerkenswert sind ferner J.s Gutachten für Verlage aus den Jahren 1956 bis 1958, in denen er Editionspläne für Werkausgaben und Exposés vorlegt (u.a. zu Peter Altenberg, Frank Wedekind, Franz Werfel). Bernd Neumann hat diese bislang unbekannten Dokumente wie auch J.s Klausuren und frühen Prosaskizzen 1992 vorzüglich in den Bänden 3 und 4 der »Schriften des Uwe-Johnson-Archivs« ediert. Als gewissenhafter Philologe hatte sich J. noch einmal in den sechziger Jahren erwiesen: er gab Bertolt Brechts *Me-ti* heraus.

Nachdem auch der Suhrkamp Verlag, besonders auf Betreiben des damaligen Mitarbeiters und Lektors Siegfried Unseld, das Manuskript des Jugendwerks, genauer, dessen vierte Fassung, abgelehnt hatte, legte J. eine zweite Arbeit vor, den noch umfangreicheren Roman *Mutmaßungen über Jakob*. Daraus wurde sein erstes Buch, das in einer Erstauflage von 5000 Exemplaren erschien und rasch Gegenstand germanistischer Dissertationen wurde. J. hatte wegen dieser Publikationsmöglichkeit im Westen schweren Herzens seine mecklenburgische Heimat verlassen; er sei, wie er immer wieder in Interviews versicherte, nicht geflohen, sondern »übergesiedelt«.

Während die Existenz eines J. in der DDR bis zum Erscheinen eines Aufsatzes von Horst Drescher in *Sinn und Form* ignoriert wurde, abgesehen von zwei polemischen Attacken in der kulturpolitischen Wochenzeitung *Sonntag* (Hochmuth/Kessler) und im *Neuen Deutschland* (Hermann Kant) 1962, erkannten die Literaturkritiker des übrigen deutschsprachigen Raums sehr rasch die außerordentliche Belesenheit dieses jungen Autors, sahen in seiner komplexen Erzähltechnik und stilistischen Virtuosität Ähnlichkeiten zu den angloamerikanischen Vorbildern William Faulkner, Ernest Hemingway und James Joyce, konstatierten aber auch Kompositionsmerkmale des »nouveau roman« eines Alain Robbe-Grillet und anderer zeitgenössischer Autoren. Die Reihe der Schriftsteller, mit denen J. in der Folgezeit verglichen wurde, ist endlos lang und reicht von Franz Kafka über Thomas Mann bis Robert Musil und Christa Wolf, Franz Tummler und Fritz Rudolf Fries. Der entscheidende Impuls, der diesem Erstling eines völlig unbekannten Literaten in der westdeutschen Literaturszene zu so großer Popularität verhalf – gleichzeitig erschienen *Die Blechtrommel* von Günter Grass und Heinrich Bölls *Billard um halb zehn* – ging jedoch nicht so sehr vom stilistischen Gestaltungswillen und dessen Eigenwilligkeit aus, sondern vielmehr von der spezifischen Thematik, die hier aufgegriffen wird: die Spaltung Deutschlands. Dieser thematische Aspekt der *Mutmaßungen über Jakob*, so zeigt es die Wirkungsgeschichte dieses Romans, wurde von der Literaturkritik einhellig überbewertet, zuweilen hypostasiert, was zu einer simplifizierenden Etikettierung J.s (»Dichter der beiden Deutschland« etc.) führte, die die feuilletonistische Publizistik des europäischen Auslands nach dem Erscheinen der Übersetzungen unkritisch übernahm und weiter propagierte. J. wurde für diesen Roman, der nicht nur die sprachliche und menschliche Entfremdung der beiden Teile Deutschlands vielperspektivisch ausleuchtet, sondern auch das politische Klima der fünfziger Jahre vergegenwärtigt (Ungarn-Aufstand, Suez-Krise, Aktivitäten des DDR-Staatssicherdienstes), mit dem Fontane-Preis des Berliner Senats ausgezeichnet.

War das Thema der *Mutmaßungen* die detailgenaue Rekonstruktion einer entscheidenden Lebensphase des Reichsbahn-Dispatchers Jakob Abs bis zu dessen tragischem Tod bei einem Arbeitsunfall auf einem Rangiergleis, waren die Protagonisten DDR-Bürger, so ist im zwei Jahre später folgenden Roman (*Das dritte Buch über Achim*, 1961) die handlungstragende Figur ein Hamburger Journalist namens Karsch, der von einer früheren Freundin, einer Schauspielerin, zu Besuch in die DDR eingeladen wird und dort den politisch engagierten Radrennsportler Achim kennenlernt. Dieser Karsch wird von einem DDR-Verlag beauftragt, zu den zwei bereits geschriebenen Biographien über das Sport- und Jugendidol Achim eine dritte zu verfassen, stößt bei seinen Recherchen in der Vergangenheit des gefeierten Rennfahrers jedoch auf Fakten – begeisterter Hitlerjunge, Teilnahme am Aufstand des 17. Juni, die sich mit der ideologischen Konzeption eines staatlichen Verlags nicht in Einklang bringen lassen. Die engen Grenzen der Pressefreiheit erkennend, reist Karsch wieder ab. In diesem Roman, der ja vor dem Mauerbau (13. August 1961) geschrieben wurde, sind noch die Hoffnungen der Entstalinierungsphase spürbar, die Möglichkeiten eine Kooperation zwischen einem westdeutschen Publizisten und einem ostdeutschen Verlag in Sachen Sport werden immerhin zur Diskussion gestellt. Dieser Roman über die Anfänge der Entstehungsgeschichte einer letztendlich gescheiterten deutsch-deutschen Sportler-Biographie liest sich einfacher als sein Vorgänger, wenngleich J. auch hier mit einer Frage-Antwort-Technik arbeitet, die nach einer ersten Textlektüre Fragen offenläßt. Die Kritik nahm das Werk euphorisch auf; namhafte europäische Literaturverlage erkannten dem erst 27jährigen J. den Internationalen Verlegerpreis (Prix Formentor) zu; Übersetzungen des Romans folgten daraufhin in sieben Sprachen und lösten ein breites Echo in der Presse aus. J. reiste ein erstes Mal in die USA, wo er nicht nur las, sondern auch seinen poetologischen Essay *Berliner Stadtbahn* vorstellte.

Die Mailänder Kontroverse mit Hermann Kesten im Spätherbst 1961 hatte zu einer Diskussion im Deutschen Bundestag geführt; die CDU forderte eine Rücknahme des Villa-Massimo-Stipendiums, des staatlich geförderten Rom-Aufenthalts für Schriftsteller und Künstler; dazu kam es jedoch nicht, da ein Tonband den Beweis erbrachte, daß Kesten den jungen Autor verleumdet hatte.

Im Jahr 1964 betätigte sich J. journalistisch als Kritiker des DDR-Fernsehens für den Westberliner *Tagesspiegel* (*Der 5. Kanal*, 1986); 1965 erschien wieder ein größerer Prosatext (*Zwei Ansichten*), in dem J. auf Stilexperimente und komplizierte Erzählstrukturen verzichtet: er schildert eine Flucht von Ost nach West. Mit Recht ist darauf hingewiesen worden, daß dieser Text eine Zäsur und einen vorläufigen Schlußpunkt in seiner literarästhetischen Entwicklung setzt. Das fiktionale Handlungspotential, das sich aus den Konsequenzen der deutschen Teilung ergab, schien erschöpft.

J. wählt für die Jahre 1967/68 New York als seinen neuen Wohnsitz, arbeitet bei Harcourt-Brace-Jovanovich als Schulbuch-Lektor (*Das neue Fenster*, 1967), schließt Freundschaft mit der Verlegerin Helen Wolff, beobachtet die amerikanische Alltagswirklichkeit, liest und archiviert die *New York Times* und sammelt unermüdlich Stoff für seine *Jahrestage*, deren erster Band 1970 erscheint. Die ersten Impressionen des New Yorker Lebens verarbeitet J. in einem kleinen Drehbuch zu einem Film von Christian Schwarzwald (*Summer in the City*, 1968). Detaillierte Milieustudien, der Vietnamkrieg und die Berichterstattung über ihn, Rassenprobleme und Alltäglichkeiten beschäftigen den Autor, der gleichzeitig Quellenstudien zur deutschen Geschichte der jüngsten Vergangenheit treibt, zu Vergleichen findet und langsam ein vielfädiges Erzählgerüst um seine Protagonistin Gesine Cresspahl, die NATO-Sekretärin aus den *Mutmaßungen* spinnt, auf zwei Zeitebenen den Roman vorantreibt und sich als einer der bedeutendsten Erzähler der Nachkriegszeit erweist. Noch bevor die Tetralogie abgeschlossen ist, erst 1983 erscheint der vierte Band, erhält J. den Georg-Büchner-Preis der Deutschen Akademie für Sprache und Dichtung (1971), den Wilhelm-Raabe-Preis der Stadt Braunschweig und den Thomas-Mann-Preis der Hansestadt Lübeck, die höchsten literarischen Ehren, auf die 1983 der Kölner Literaturpreis folgt.

1974 sucht J. freiwillig das Exil; er zieht nach Sheerness-on-Sea, auf eine Themse-Insel, lebt zurückgezogen als »Charles«, gerät infolge einer Ehekrise in eine »Schreibhemmung«, die seine literarischen Projekte verzögert. 1974 erscheint ein schmales Bändchen, ein Nekrolog auf Ingeborg Bachmann (*Eine Reise nach Klagenfurt*); 1977 gibt J. die umfangreiche Autobiographie der Publizistin Margret Boveri unter dem Titel *Verzweigungen* heraus. Sein sachkundiges und faktenreiches Nachwort umfaßt 60 Druckseiten und könnte ebenso als Monographie gelesen werden. 1979 wird J. Gastdozent für Poetik an der Frankfurter Goethe-Universität und resümiert über den Schriftstellerberuf, reflektiert eigene Erfahrungen, erzählt Anekdoten, gewährt Einblicke in das »Handwerk des Schreibens« und rechnet mit so manchem Zeitgenossen ab (*Begleitumstände*, 1980). In einem Beitrag zu einer Festschrift für Max Frisch (1981) verarbeitet J. seine Ehekrise. In sprachlich dichter, zumeist konjunktivischer, überaus steifer Prosa skizziert ein Dr. John Hinterhand sein Unglück. Diese autobiographischen Assoziationen erschienen 1982 als Buch unter dem Titel *Skizze eines Verunglückten*.

Vereinsamt starb J. im Februar 1984. Ein Jahr nach seinem Tod entschloß sich der Suhrkamp Verlag, das einst abgelehnte Typoskript *Ingrid Babendererde* zu publizieren, jene Schulgeschichte, die mit einer Flucht nach Westberlin endet und aus der J.s ungebrochene Verbundenheit zu seiner mecklenburgischen Heimat spricht. J. hat seinen gesamten Nachlaß dem Verleger Siegfried Unseld vermacht. Der Suhrkamp Verlag und die Frankfurter Goethe-Universität haben ein Johnson-Archiv eingerichtet, das seine umfangreiche Mecklenburgiana-Sammlung beherbergt und der wissenschaftlichen Öffentlichkeit zugänglich ist. Mit dem Fall der Mauer und der Wiedervereinigung Deutschlands ist J.s Werk zunehmend ins Blickfeld germanistischer Interessen geraten.

Literatur: *Strehlow*, Wolfgang: Ästhetik des Widerspruchs. Versuche über Uwe Johnson dialektische Schreibweise. Berlin 1993; *Bengel*, Michael (Hrsg.): Uwe Johnson »Jahrestage«. Frankfurt a. M. 1985; *Riedel*, Nicolai: Untersuchungen zur Geschichte der internationalen Rezeption Uwe Johnsons. Hildesheim/New York 1985; *Gerlach*, Rainer/*Richter*, Matthias (Hrsg.): Uwe Johnson. Frankfurt a. M. 1984; *Neumann*, Bernd: Utopie und Mimesis. Zum Verhältnis von Ästhetik, Gesellschaftsphilosophie und Politik in den Romanen Uwe Johnsons. Kronberg/Ts. 1978.   *Nicolai Riedel*

Johst, Hanns
Geb. 8.7.1890 in Seerhausen/Oschatz; gest. 23.11.1978 in Ruhpolding

Er verbrachte seine Jugend in Leipzig, war als Pfleger in den Bodelschwinghschen Anstalten in Bethel tätig und studierte in München, Wien und Berlin Kunstgeschichte und Philosophie. 1914 meldete er sich freiwillig zu den Heerscharen des Kaisers – er fühlte sich zu Höherem berufen und schrieb nebenbei wie selbstverständlich Dramen und Gedichte. Das Drama *Die Stunde der Sterbenden* erschien im ersten Kriegsjahr, die Bauernkomödie *Stroh* 1916, als man in Frankreich und Flandern längst zum Stellungskrieg übergegangen war, im selben Jahr schob er einen Gedichtband *Wegwärts* nach, von dem eine Luxusausgabe gezogen wurde. Ebenfalls 1916 erschien *Der junge Mensch. Ein ekstatisches Szenarium.* Auch in diesem Fall war eine Luxusausgabe in dreißig numerierten und signierten Exemplaren erhältlich – auf Bütten gedruckt und in Pergament gebunden. Dem Tod auf dem Schlachtfeld, der jetzt täglich tausendfach gestorben wurde, entgegnete er mit dem Motto: »Den Manen meiner ersten Freunde! Es ist eine rasende Wollust: jung sein und um die Verzückung des Todes wissen.«

Am 30. April 1918 saß der junge Bertolt Brecht unter den Zuschauern, als in den Münchner Kammerspielen J.s Drama *Der Einsame. Ein Menschenuntergang* uraufgeführt wurde. Dessen Held, der Dichter Christian Dietrich Grabbe, verkörpert die melancholische Einsamkeit des zu Höherem geborenen Genies, das sich seine Ideale nicht korrumpieren läßt, weder durch den zurückhaltenden Verleger noch durch die zechenden Ratsherren, sondern – seiner Zeit weit voraus – dem Suff erliegt. Mit diesem in einer pathetischen und herben Sprache geschriebenen Stück gehörte J. zu den erfolgreichen Vertretern des expressionistischen Dramas, das auf eine Erneuerung des Menschen aus war. Bei dem jungen Brecht löste *Der Einsame* keine Zustimmung aus. Er wendet das Ideendrama J.s antibürgerlich, materialistisch und beginnt, an seinem *Baal* zu arbeiten, den er als sinnlichen Gegenentwurf konzipiert: »Baal frißt! Baal tanzt! Baal verklärt sich!« Der Spätexpressionismus ist dabei, sich in zwei Lager zu spalten. Der Weg J.s führt nach rechts.

Als aus den Revolutionswirren von 1918/1919 nicht der ersehnte »neue Mensch«, sondern »nur« die neue demokratische Ordnung der Weimarer Republik und der Versailler Vertrag hervorgingen, war J. enttäuscht. Auf der Suche nach einer passenden ideologischen Heimat geriet er, wie z.B. Arnolt Bronnen und Gottfried Benn, in ein Lager, in dem die geistigen und politischen Vorbereitungen für den Aufbruch ins Dritte Reich getroffen wurden. Seit 1918 als freier Schriftsteller in der Nähe Münchens lebend, veröffentlichte er während der 20er Jahre recht erfolgreiche Dramen, Romane und Gedichtbände, die einer modischen Gesellschaftskritik das Wort redeten, im Namen des Natürlichen, Ursprünglichen und Volkhaften. So widmete er einen 1924 in der »Sammlung Schollenbücher« erschienenen Aufsatzband *Wissen und Gewissen* »den letzten Goten, den Kreuzfahrern, den Schwarmgeistern und Flagellanten, den Freikorps und Sturmtrupps der deutschen Sehnsucht«, verbreitete sich über das »Ethos der

Begrenzung«, über das »Wahre, Gute und Schöne« und huldigte dem »Glauben«. Mit seinen beiden Dramen *Thomas Paine* (1927) und *Schlageter* (1933), »Adolf Hitler in liebender Verehrung und unwandelbarer Treue« gewidmet, bekannte er sich schließlich offen und begeistert zum Nationalsozialismus. Im *Schlageter*, das die 1923 erfolgte Hinrichtung des Freikorpsmanns Albert Leo Schlageter durch die Franzosen als märtyrerhaftes Fanal der nationalsozialistischen Revolution verherrlicht, findet sich der bemerkenswerte Satz: »Wenn ich das Wort Kultur höre, entsichere ich meinen Revolver.« Seine Dienstbarkeit sollte belohnt werden. Zunächst machte er Karriere als Dramaturg in der Reichshauptstadt Berlin. Von 1935 bis 1945 amtierte er als Präsident der Reichsschrifttumskammer und der Preußischen Akademie der Künste und sorgte im Auftrag des Führers für die literarischen Vorbereitungen der »Umschaltung der Massen nach gewonnenem Siege auf die Innerlichkeit«. Er hielt es 1940 für angebracht, die deutsche Literatur der Blitzkriegstrategie Adolf Hitlers zuzuordnen: »Mit seinen Soldaten schafft der Führer das Reich... Mit seinen Baumeistern meistert er den gewonnenen Raum – und mit euch, durch eure Wortgewalt, ist er gewillt in die Geschichte einzugehen! Diese Stunde, deutsche Dichter, ist das höchste Aufgebot, das die deutsche Nation je ergehen ließ! Stellt euch ihm! Schafft geistigen Raum und bevölkert ihn mit euren edelsten Werken, daß es eine Lust ist zu leben, daß die tausendjährigen Klagen über das Jammertal endlich verstummen und das Reich zum Himmelreich werde!« (*Der Dichter in der Zeit*, 1940). Er veröffentlichte während des Dritten Reichs weihevolle Gedichtbände (*Die Straße. Gedichte und Gesänge*, 1942), Aufsätze und ein Requiem (*Fritz Todt*, 1943) oder ließ veröffentlichen: *Erkenntnis und Bekenntnis. Kernsätze aus den Werken und Reden* (1940) und *Hanns Johst spricht zu Dir. Eine Lebenslehre aus seinen Reden und Werken* (1941). 1945 wurde J. von den Alliierten interniert und erhielt bis 1955 Publikationsverbot. Unmittelbar nach dessen Aufhebung erschien der Roman *Gesegnete Vergänglichkeit*, der von der Literaturgeschichte nicht mehr zur Kenntnis genommen wurde. J. starb vergessen in hohem Alter.

Literatur: *Hartung,* Günter: Literatur und Ästhetik des deutschen Faschismus. Drei Studien. Köln 1983; *Pfanner,* Helmut F.: Hanns Johst. Vom Expressionismus zum Nationalsozialismus. The Hague/Paris 1970.   *Bernd Lutz*

Jonke, Gert
Geb. 8. 2. 1946 in Klagenfurt

J. hat in seinem experimentellen Prosastück *Glashausbesichtigung* (1970) sein poetologisches Credo abgelegt: »Ich glaube nicht an normale Erzählungen. Ich kann nur an Erzählungen, die durch andere Erzählungen unterbrochen werden, glauben. Ich glaube, jeder einzelne Satz der Erzählung muß durch einen darauffolgenden Satz einer zweiten oder dritten Erzählung unterbrochen werden. Indem ich jeden Satz der Erzählung vom folgenden Satz der Erzählung durch einen Satz einer zweiten oder dritten Erzählung trenne und erst später einsetze, erhalte ich viele Erzählungen in einer einzigen Erzählung.« Die Struktur seiner Prosa steht demnach unter dem Prinzip der vielfältigen Verschachtelung. Sätze und Textsequenzen werden nicht linear durchgeschrieben, sondern diskontinuierlich aneinandergereiht. Sie fügen sich zu einem Gewebe intertextueller Referenzen zusammen, bilden eine Art Vernetzung von Wortreihen, letztlich eine Serie von Textsegmenten, die durch bestimmte Kompositionsmuster der Musik geordnet werden. Die Wirklichkeit, die aus solcher Sprache entsteht, gleicht einem Gebilde aus dem Baukasten, der das Wort- und Wirklichkeitsmaterial in seinen Elementen archiviert.

Für J.s Literaturbegriff ist charakteristisch, daß die Struktur eines Textes und die Struktur der Wirklichkeit einander entsprechen, und zwar in dem Sinne, daß das Modell des Textes mit dem Modell der Wirklichkeit übereinstimmt. Es gibt für ihn keine bloße Faktizität von Tatsachen, die Wirklichkeit ist nicht an und für sich da, sondern sie wird erzeugt und bildet sich erst im Fortgang der Erzählung heraus. Die Grammatik des Textes gibt dabei die Regeln zu erkennen, nach denen sich Realität herausbildet. Die Transparenz des Glashauses – die Glashausmetaphorik ist ein Rückgriff auf Paul Scheerbarts Theorie der Glasarchitektur, in der die Transparenz zum Zeichen der Moderne schlechthin geworden ist – soll die inneren Abläufe und jene Regeln sichtbar bzw. lesbar machen.

Neben einfache Protokollsätze treten bei J. akribische Miniaturen von scheinbar belanglosen Einzelheiten. Das Geflecht der Sätze ist auf den ersten Blick nicht leicht zu durchdringen, weil die Gegenstände durch ihre Nähe ihr vertrautes Aussehen verloren haben, fremd geworden sind. Paradoxerweise erzeugt diese Genauigkeit eine Verfremdung der Dinge: Dort, wo sie präzise erfaßt werden, verflüchtigt sich ihre vertraute Erscheinung. »Manche Sachen scheinen so unverständlich, weil sie so deutlich sind«, bemerkte J. einmal in einem Interview.

Struktur und Ordnung der Texte werden gebildet durch Reihungen, Variationen, Reprisen, Inversionen, durch die Krebs- und die Sonatenform, durch die Fuge, das Rondo, also die Muster musikalischer Formen. Die Kompositionstechnik liefert die Regeln für die Organisation von J.s Sprachexplosionen und Satzkaskaden. Die Musik gerät damit zur eigentlichen Methodik der Wirklichkeit, die Philosophie der Musik zur letzten akzeptablen Metaphysik.

Die Musikästhetik Arthur Schopenhauers, Friedrich Nietzsches und Eduard Hanslicks, aber auch Franz Grillparzers Erzählung vom *Armen Spielmann*, der einmal den lieben Gott spielen will – eine Restauration der Idee der absoluten Musik – : all dies steht im Horizont von J.s Musikgeschichten (bes. *Der ferne Klang*, 1979).

In *Der Kopf des Georg Friedrich Händel* (1988) verwandelt sich der Leib Händels in einen Klangkörper (»Während er schon über seinem eigenen Körper zu schweben glaubte, der als ein durchsichtiges Spiegeln von bisher noch niemals gehörten Klängen empfindbar geworden ist«), nachdem er zuvor durch eine halbseitige Lähmung in zwei Hälften zerrissen wurde: Lähmung, Erstarrung *und* Lebendigkeit, Bewegung sind in einem Leib gefangen. Die menschliche Stimme, der richtige Gesang bleiben wie in Halldór Laxness' Roman *Das Fischkonzert* das Faszinosum und das Geheimnis der Kunst. Händel tritt bei J. als der erste Künstler auf, der sich bitten und nichts befehlen ließ.

In der Theatersonate *Sanftwut oder Der Ohrenmaschinist* (1990) vollzieht sich dann endgültig die Identität von Person, Körper und Musik: Der taube Beethoven wird eins mit seiner Tonwelt; er verkörpert – ganz wörtlich genommen – seine Hammerklaviersonate. Er spielt nicht Musik, er *ist* Musik geworden.

Es sind die Zwischentöne, die Zwischenräume, die Zwischenzeiten, die bei J. besonderer Aufmerksamkeit bedürfen. Seine Erzählungen und Romane gleichen Intermezzi, verhalten sich wie Zwischenspiele zur gewöhnlichen Realität. Diese Zwischenspiele der Wirklichkeit drehen sich, kreisen um das Verschwinden, das Verstummen, um die Erinnerung: Zwischen der Anwesenheit und der Abwesenheit des Erzählten steht das Verschwinden; zwischen der Rede und dem Schweigen das Verstummen und zwischen Vergangenheit und Gegenwart die Erinnerung (entsprechend die Umkehrungen wie Erscheinen, Ertönen, Vergessen).

In seiner ersten Veröffentlichung, dem *Geometrischen Heimatroman* (1969), dreht sich alles um einen leeren Dorfplatz, lediglich mit einem Brunnen in der Mitte. Ansonsten erschreibt der Roman eine Wirklichkeit, die abwesend ist; nur die möglichen Beziehungen imaginierter Gegenstände und Personen werden protokolliert. In der *Schule der Geläufigkeit* (1977), diese Erzählung ist eine fiktive Künstlerautobiographie, wird die Gegenwart der Erinnerung in immer neuen Variationen dem Verlöschen entzogen.

Die Leere, die verklungene Erinnerung, die Auflösung des Realen in die Musik – stets erscheinen bei J. solche unbestimmten Zentren, in denen alles zusammenstürzt und sich einigt. Oder er überschreitet die Grenzen des Anfangs und des Endes, wohl wissend, daß der Anfang ebensowenig einholbar ist wie das Ende. Wo beginnt ein Text, wann ein Leben? Und wo endet die Geschichte? Gewiß nicht mit dem Schlußpunkt. Die Leser setzen den Text fort, der damit dem Autor entzogen wird.

J.s literarische Ahnen sind die Autoren der phantastischen Literatur; er ist ein ausgewiesener Jorge Luis Borges-Leser und Robert Walser-Kenner. Geistesverwandt fühlt er sich mit dem Iren Flann O'Brien. Die Filme Federico Fellinis (J. studierte an der Wiener Akademie für Film und Fernsehen, bevor er freier Schriftsteller wurde), die Sprachphilosophie Fritz Mauthners und Ludwig Wittgensteins Sprachspiele haben ihn lange beschäftigt.

Was an seiner Schreibart hervorsticht, sind seine Vorliebe fürs Detail, für das Kleine und Unscheinbare, dann seine Genauigkeit in der Deskription, schließlich die Verzögerung, die Langsamkeit im Fortgang des Erzählens – kurz: das Minimale, die Akribie, das Retardierende, ähnlich wie bei Adalbert Stifter. In J.s narrativer Genauigkeitsmikrologie verbinden sich Traditionen der klassischen Moderne mit den experimentellen (Wiener Gruppe), phänomenologischen und sprachanalytisch orientierten Richtungen der neueren Literatur. J.s Prosa ist in einem eminenten Sinne der präzise Einstieg in die sprachlich erzeugte Wirklichkeit der Dinge.

Literatur: *Geißler*, Rolf: Zeigen und Erkennen, Aufsätze zur Literatur von Goethe bis Jonke, München 1979; *Laemmle*, Peter, *Drews*, Jörg (Hrsg.): Wie die Grazer auszogen, die Literatur zu erobern. Texte, Porträts, Analysen und Dokumente junger österreichischer Autoren (edition text + kritik), München 1975.

Helmut Bachmaier

Jung, Franz
Geb. 26.11.1888 in Neisse; gest. 21.1.1963 in Stuttgart

»Was suchst du Ruhe, da du zur Unruhe geboren bist?« – als J. Ende 1915 mit diesem Motto des Thomas von Kempen die erste Nummer seiner Zeitschrift *Die freie Straße* aufmachte, formulierte der soeben desertierte kriegsfreiwillige 27jährige Uhrmachersohn, der einige Semester Jura und Kameralia gehört, aber schon 1912 mit dem Prosaband *Das Trottelbuch* als expressionistischer Literat debütiert hatte, die Losung für seinen persönlichen *Sprung aus der Welt* (1918), den unwiderruflichen Absprung aus den spießigen Sekuritäts-Normen des *juste milieu*, des kleinbürgerlich-katholischen Elternhauses, der beruflichen Karriere, der bürgerlichen Ehe – da bekannte er sich nicht ohne Verachtung und Trotz zu der exemplarisch »unruhigen« Existenzform des schriftstellernden Bohème-Anarchisten.

Als J. 45 Jahre später dasselbe Motto seiner Autobiographie *Der Weg nach unten* (1961) voranstellte, hatte sich für ihn das janusköpfige Mystiker-Wort in einem anderen Sinne erfüllt: als das Eingeständnis eines von vornherein vergeblichen Versuchs, dem eigenen Leben über allen proklamierten Nonkonformismus hinaus auch ein Moment von sehr wohl ersehnter, neuer »Ruhe« zu geben. Im Gleichnis mit dem fiktiven »Torpedokäfer« (welcher der Autobiographie ursprünglich den Titel geben sollte) verdichtete J. die schonungslose Bilanz seines Lebens: eines Käfers, der sich in absurder Unbeirrbarkeit zu immer neuem Fluge erhebt, obgleich er immer wieder gegen eine unsichtbare und undurchdringliche Wand prallt und zerschmettert zu Boden fällt. »Ich habe«, so J., »den Flug unzählige Male in mir selbst erlebt, bei Tag und bei Nacht: das Ende ist immer das gleiche gewesen: Anprall, Sturz, Kriechen am Boden, sich zurückbewegen zum Ausgangspunkt, zum Startplatz.« Dabei hatte J. zunächst gerade dadurch reüssiert, daß er seiner persönlichen Unruhe literarischen Ausdruck verlieh. Mit seiner von Gustav Landauers Anarchismus und Otto Gross' Psychoanalyse inspirierten autobiographischen Prosa (*Kameraden*, 1913; *Sophie*, 1915; *Opferung*, 1916) und seinen eigenwilligen Essays über persönliche und gemeinschaftliche Befreiung (*Der Fall Gross*, 1921; *Die Technik des Glücks*, 1921/1923) galt J. innerhalb der radikalisierten Intelligenz zwischen Franz Pfemferts *Aktion* und dem Malik-Verlag, zwischen Dada und Spartakus als ein schillernder »Mephisto« (so Wieland Herzfelde). Und auch in den mit der Novemberrevolution beginnenden »roten Jahren« fand J. als Aktivist an allen Fronten des Klassenkampfes Aufgabe und Bestätigung: am 9. November 1918 bei den Straßenkämpfen in Berlin, im

Mai 1920 als Delegierter der rätedemokratischen und antizentralistischen KAPD im Disput mit Lenin in Moskau, im März 1921 bei den Arbeiteraufständen in Sachsen und Thüringen. Buchstäblich als eine andere Art des revolutionären Handelns schrieb er zwischendurch, von der Weimarer Klassenjustiz wiederholt ins Gefängnis verbracht, in einem einzigen Durchgang jene ersten proletarisch-revolutionären Erzählungen, Romane und Dramen (*Joe Frank illustriert die Welt*, 1921; *Proletarier*, 1921; *Die rote Woche*, 1921; *Arbeitsfriede*, 1922; *Die Kanaker*, 1921; *Wie lange noch?*, 1921; *Annemarie*, 1922; *Die Eroberung der Maschinen*, 1923), die in ihrer erfahrungsoffenen, spontanen Parteilichkeit und formalen Suggestivität bis heute lebendig und lesbar geblieben sind, weil sie sich noch nicht, wie die spätere KP-orientierte Literatur, als Bebilderung parteioffizieller Gewißheiten verstand. 1922/23 engagierte sich J. dann auch in der Sowjetunion in Willi Münzenbergs Hungerhilfe und beim Aufbau enteigneter und zerstörter Fabriken – und schrieb auch hierüber aufklärende und mahnende Berichte an die deutschen Genossen (*Hunger an der Wolga*, 1922; *An die Arbeitsfront nach Sowjetrußland*, 1922; *Die Geschichte einer Fabrik*, 1924).

Dann aber, als in Deutschland nicht die sozialistische Revolution, sondern die bürgerliche Republik und in Rußland nicht die Räte, sondern die Partei gesiegt hatte, verlor J. den Handlungsraum seines impulsiven und unbedingten politischen Aktivismus – und damit zugleich den Stoff zum Schreiben und den Kontakt zum Leser. Da er weder zum Opportunisten noch zum Sektierer taugte, blieb er auf sich selbst verwiesen – und zwar, wie sich zeigen sollte, endgültig. Während seine Romane und Dramen keine Verleger mehr fanden und seine Mitarbeit an Erwin Piscators Studiobühne Episode blieb, verließ sich J. seit Mitte der zwanziger Jahre immer mehr auf seine ökonomischen Kenntnisse und journalistischen Fähigkeiten. Als ebenso unprofessioneller wie umtriebiger Wirtschafts- und Börsenkorrespondent lebte er eine wiederum ganz unbürgerliche Existenz, die es ihm auch nach 1933 ermöglichte, als Einzelkämpfer im Dschungel von illegalem Widerstand und Gegenspionage zunächst in Berlin (als Mitglied der »Roten Kämpfer«), dann in Budapest und Wien (u. a. als Informant für die *Grünen Berichte* der Exil-SPD) zu überleben und dem tödlichen Zugriff der Faschisten zu entkommen.

1945, von den Amerikanern aus dem KZ Bozen befreit, versuchte er zunächst von Italien aus, seit 1948 in den USA, Anschluß zu gewinnen an die prominenten Kreise des literarischen Exils – vergeblich. Ohne eine typische Exil-Karriere weder im Westen noch im Osten Deutschlands heimisch, kam er 1960 in die Bundesrepublik, um seine Autobiographie abzuliefern, die fesselnde Selbstabrechnung eines »wühlenden Beobachters« mit »großer Verachtung für physischen Komfort«, (so ein langjähriger Weggenosse) und ein Stück großer Literatur. Zwei Jahre nach ihrer Veröffentlichung starb er an Herzversagen.

Werkausgabe: Franz Jung. Werke in Einzelausgaben. 12 in 13 Bänden, zwei Supplementbände. Hamburg 1980–1992.

Literatur: *Michaels,* Jennifer E.: Expressionist, Dadaist, Revolutionary and Outsider. Bern/ Frankfurt a. M. u. a. 1989; *Schulenburg,* Lutz (Hrsg.): Der Torpedokäfer. Hommage à Franz Jung. Hamburg 1988; *Rieger,* Wolfgang: Glückstechnik und Lebensnot. Leben und Werk Franz Jungs. Mit einer Franz-Jung-Bibliographie von Walter Fähnders. Freiburg i. B. 1987; *Mierau,* Fritz: Leben und Schriften des Franz Jung. Eine Chronik. Hamburg 1980; *Imhof,* Arnold: Franz Jung. Leben, Werk, Wirkung. Bonn 1974.   *Martin Rector*

Jünger, Ernst
Geb. 29. 3. 1895 in Heidelberg

Ende 1913 hielt es ein verträumter, musisch hochbegabter Apothekersohn in der vom Wilhelminismus geprägten provinziellen Enge seines Heimatortes nicht mehr aus. Berauscht von Fernweh und Abenteuerlust unterzeichnete der Achtzehnjährige einen Vertrag mit der Französischen Fremdenlegion und brannte nach Afrika durch, kehrte jedoch auf Intervention des Vaters bereits fünf Wochen später zurück. Die Erzählung *Afrikanische Spiele* (1936) machte im Rückblick deutlich, daß sich bei dieser romantischen Jugendepisode in J. früh der Drang geregt hatte, den »Tod als Partner, als Zeugen der Wirklichkeit« zu erfahren. Diese makabre Partnerschaft hat J., ob als jugendlicher Legionär, als hochdekorierter Westfront-Grabenkämpfer des Ersten Weltkriegs oder auch als kühner Experimentator in der geistigen Abenteuerlandschaft der Drogen (*Annäherungen*, 1970), sein Leben lang provoziert. Sie markiert einen zentralen Fluchtpunkt seines Werks. Diese Disposition zielt auf eine entschlossene Geistesgegenwart, auf einen erfüllten Zustand des Hier und Jetzt, der noch einmal versucht, bedrohte Traditionen in sich einzubeziehen, bevor diese in der fortschreitenden Geschichtslosigkeit, im Kampf zwischen musischem und technischem Potential versinken. Es handelt sich um ein, keineswegs dekadent-todessüchtiges, Bewußtsein, das lebt und schreibt im Wissen darum, daß jeder Atem- und jeder Schriftzug stets der letzte sein könnten. Dies Bewußtsein spielt in verschiedenen Schattierungen vom Weltkriegs-Tagebuch *In Stahlgewittern* (1920) bis hin zu den Spätwerken *Aladins Problem* (1983) oder *Eine gefährliche Begegnung* (1985) eine Rolle, und es hat entscheidend J.s vielgerühmten, aber auch vielgeschmähten Stil (Fritz J. Raddatz: »Herrenreiterprosa«) geprägt. Denn dieser Stil strahlt noch im feinsten Detail zwingende Exaktheit und apodiktische Strenge aus; eine Kaltnadeltechnik, die selbst scheinbare Nebensächlichkeiten mit Bedeutung aufzuladen weiß: Im Angesicht des Todes ist kein Ding zu gering, um nicht der Betrachtung und Darstellung wert zu werden. Mit dem als kriegsverherrlichend bezeichneten, bei näherer Betrachtung freilich seltsam distanzierten *In Stahlgewittern* und mit den während der 20er Jahre entstandenen Arbeiten wie *Der Arbeiter* (1932) erwies sich J. als militanter Konservativer mit Beziehungen zu Ernst Niekisch, Arnolt Bronnen und Carl Schmitt. Doch deuteten Bücher wie das vom Surrealismus beeinflußte *Das abenteuerliche Herz* (1929/1938) bereits an, daß eine bloß ideologiekritische Betrachtung entscheidende Dimensionen des Werks verfehlt. Selbst Bertolt Brecht wehrte Angriffe auf den schillernden Autor und Reichswehroffizier ab: »Laßt mir den Jünger in Ruhe!« Die Mixtur aus Verwandtschaft und Feindschaft, welche die kulturelle Linke J. gegenüber von Anfang an empfand, kommt in Theodor W. Adornos Bemerkung: »ekelhafter Kerl, der meine Träume träumt«, zum Ausdruck. Überhaupt gehört die analytische Aufmerksamkeit, die J. besonders in seinen zahlreichen, publizierten Tagebüchern der Verschränkung von Traum und Wirklichkeit zollt, zu den Hauptcharakteristika seiner Schreibweise. Auch in diesem Punkt ist die Nähe zum französischen Surrealismus überaus deutlich; insofern ist es nicht zufällig, daß J. in Frankreich erhebliche Wirkung erzielt. Man liest dort J. auch mehr als den bohemistisch-dandyhaften Künstler denn als den politischen Aktivisten, der eine Zeit lang auf der falschen Hochzeit tanzte. Allerdings hatte er aus seiner wesentlich ästhetisch motivierten Verachtung des Nationalsozialismus von Anfang an keinen Hehl gemacht und 1933 den Eintritt in die gleichgeschaltete Deutsche Akademie der Dichtung abgelehnt. Er schrieb den symbolistisch verschlüsselten, rhythmisch hochstilisierten Prosatext *Auf den Marmorklippen*, der 1939 durchaus als Form der inneren Emigration, aber auch des geistigen Widerstands begriffen wurde. Als Hauptmann gehörte er bis 1944 zur deutschen Besatzung von Paris, wurde jedoch wegen seiner Verbindungen zu den Verschwörern nach dem Attentat vom 20. Juli aus der Wehrmacht entlassen. Bis Kriegsende schwebte er in ständiger Gefahr, vom »Volksgerichtshof« abgeurteilt zu werden. Nach 1945 wurde es still um J., obwohl er regelmäßig publizierte: Utopisch-phantastische Romane wie *Heliopolis* (1949) oder *Gläserne Bienen* (1957), von Martin Heideggers Existentialismus beeinflußte Essays wie *Über die Linie* (1950), zudem weiter Tagebücher, in deren Kombination von subjektiver Beobachtung und verallgemeinernder Abstraktion er die ihm wohl gemäßeste Kunstform fand. Im Gebiet der Naturwissenschaft gilt der weitgereiste Insektenforscher übrigens als eine internationale Kapazität (*Subtile Jagden*, 1967). Als ihm 1982 der Goethe-Preis verliehen wurde, kulminierte die wieder aufgelebte Diskussion um J. erneut. Doch inzwischen war »der Fall« des politikverachtenden »Anarchen« (J. über J.) mit dem platten Etikett »faschistischer Ästhetik« nicht mehr zu erledigen. Mitte der 70er Jahre hatte Alfred Andersch bereits eine Lanze für J. gebrochen, indem er dessen einzigartige Kunst, naturwissenschaftliche Erkenntnis mit literarischer Darstellung zu verschränken, herausstrich: »Die Gegensätze sollen aufgehoben werden. Versöhnung, nicht durch flaues Friedenstiften, sondern durch subtiles Konstatieren von allem, was beweist, daß jedes Ding viele Seiten hat.« Was Karl-Heinz Bohrer *Die Ästhetik des Schreckens* nannte, bekam 1985 noch eine besondere Pointe, als J. zu seinem 90. Geburtstag mit dem Kriminalroman *Eine gefährliche Begegnung* eine Art Poetik des Verbrechens vorlegte. Die Faszination der Gefahr, des Abenteuers und des Todes, in der sich wie in einem Brennglas das voluminöse Gesamtwerk bündeln ließe, mag dazu beigetragen haben, daß J. in seinem inzwischen wahrhaft biblischen Alter immer noch produktiv ist. Andersch porträtierte ihn 1975 so: »Das Gesicht eines Modells von Picasso, einen mediterranen Bronze-Kopf unter einem Helm aus weißen Haaren... Er sieht nicht wie ein deutscher, sondern wie ein lateinischer Dichter aus... das Picassohafte, Moderne an ihm, (sind) die Brechungen.«

Werkausgabe: Ernst Jünger. Sämtliche Werke in 18 Bdn. Stuttgart 1978–1982.
    Literatur: *Schwilk*, Heimo (Hrsg.): Ernst Jünger. Stuttgart 1988; *Kaempfer*, Wolfgang: Ernst Jünger. Stuttgart 1981; *Bohrer*, Karl-Heinz: Die Ästhetik des Schreckens. München/Wien 1978.
Klaus Modick

Jünger, Friedrich Georg
Geb. 1. 9. 1898 in Hannover; gest. 20. 7. 1977 in Überlingen

Wie es in der Urkunde des Immermann-Literatur-Preises heißt, der dem Dichter 1953 verliehen wurde, verbindet J. die Heiterkeit des Geistes mit klarer Humanität und bewahrt unbeirrbar in unserer schwankenden Zeit das Vertrauen zum Leben in seinem Schaffen.

Der Sohn eines Apothekers und jüngere Bruder Ernst Jüngers, mit dem er sich stets innig verbunden fühlte, verbrachte seine Kindheit und Jugend in Hannover und Detmold und lernte die Natur am Steinhuder Meer und im Erzgebirge lieben; 1916 meldete er sich als Freiwilliger an die Front, wo er 1917 in der großen Flandernschlacht so schwer verwundet wurde, daß sein Bruder Ernst den bereits Totgeglaubten erst in letzter Minute retten kann. Nach seinem Abschied als Offizier (1920) studierte J. in Halle und Leipzig Jura und promovierte, aber er schreibt in seinen Jugenderinnerungen *Grüne Zweige* (1951): »Ich erkannte, daß ich weder Richter noch Anwalt werden konnte«. Ab 1928 als freier Schriftsteller in Berlin tätig, wo er den Dialog mit seinem Bruder fortsetzen kann, hat der nachdenkliche junge Mann in dieser hektischen, von geistloser Geschäftigkeit erfüllten Großstadt, in der die politische Unruhe dieser Zeit besonders spürbar ist, häufig gegen ein Gefühl von Entfremdung und Sinnlosigkeit anzukämpfen: »Es gibt einen Punkt, an dem die verständige Ordnung des Lebens uns fragwürdig wird, an dem seine rationale Steuerung zerbricht, und an ihn gelangte ich jetzt oft«, schreibt er in *Spiegel der Jahre* von 1958.

Zunächst trat J. mit Lyrik an die Öffentlichkeit (*Gedichte*, 1934; *Der Taurus*, 1937). Diese frühen antikisierenden Verse, oft Oden und Elegien, setzen die Tradition von Friedrich Gottlieb Klopstock und Friedrich Hölderlin fort; sie feiern die Elemente Wasser und Feuer, die Wildnis und die Stunde des Pan, verherrlichen das griechische Ideal der Harmonie von Geist und Körper. Die nationalsozialistischen Machthaber bezogen zu Recht »das Niedere«, vor dem die Musen fliehen, in J.s Gedicht *Der Mohn* (1934) auf sich selbst und ließen den Dichter, der zu diesem Zeitpunkt dem Widerstandskreis um Ernst Niekisch nahestand, von der Geheimen Staatspolizei überwachen.

J.s bedeutsamer Beitrag zur Krise der technisierten Gesellschaft erschien 1946 unter dem Titel *Die Perfektion der Technik* und gab eine Antwort auf Ernst Jüngers *Der Arbeiter* (1932); später fand das Buch seine Fortsetzung mit *Maschine und Eigentum* (1949). Der zeitkritische Essay löste bei seinem Erscheinen erregte Diskussionen aus: Damals mußte sich der Autor vor allem von linker Seite rückwärtsgewandten Antitechnizismus vorwerfen lassen.

1937 zog der Schriftsteller nach Überlingen, zunächst ins Weinberghaus hoch über der Stadt, dann wohnte er mit seiner Frau Zita an der Seepromenade, ganz nahe dem von ihm so geliebten Wasser: »Es gibt wenige Vorstellungen des Glückes für mich, an denen das Wasser nicht beteiligt ist«. Mit seinen Gedichten *Das Weinberghaus* (1947) verlieh J. seiner Verbundenheit mit der Bodenseelandschaft beredten Ausdruck. Bis zu seinem Tod hat der Lyriker, Essayist und Romancier an das Leben als einen Wert an sich geglaubt, der alle zeitgeschichtlichen Gefährdungen überdauert: »Heil wie du auf diese Welt gekommen, / Unzerstörbar wirst du fortgenommen«.

Werkausgabe: Friedrich Georg Jünger. Werke. Stuttgart 1978–1985.
Literatur: *Soergel*, Albert und *Hohoff*, Curt: Dichtung und Dichter der Zeit. Düsseldorf 1963. Band 2, S. 601–609; *Wiese*, Benno von: Rede auf Friedrich Georg Jünger. In: Friedrich Georg Jünger zum 60. Geburtstag. München/Frankfurt a. M. 1958. *Susanne Stich*

Kafka, Franz
Geb. 3. 7. 1883 in Prag; gest. 3. 6. 1924 in Kierling bei Klosterneuburg

Das »Grenzland zwischen Einsamkeit und Gemeinschaft habe ich äußerst selten überschritten, ich habe mich darin sogar mehr angesiedelt als in der Einsamkeit selbst. Was für ein lebendiges schönes Land war im Vergleich hierzu Robinsons Insel.« Dies stellt K. wenige Jahre vor seinem Tod fest. Noch immer lebt er als Junggeselle im Bereich der elterlichen Familie, die ihn einengt und bevormundet, am Rande sowohl des assimilatorisch gesinnten wie des neuen nationaljüdischen Judentums, in einem Beruf, der ihm »unerträglich« ist, »weil er meinem einzigen Verlangen und meinem einzigen Beruf, das ist der Literatur, widerspricht«, in seiner Geburtsstadt, die er von jeher verlassen will, weil sie ihm Ausdruck dieser Gefangenschaft ist. Alle Fluchtversuche – Heirat, Assimilation, Zionismus, Ortswechsel, vor allem aber eine Existenz als freier Schriftsteller – sind bisher schon in den Anfängen gescheitert.

Der tschechisch-jüdische Vater stammte aus der Provinz und hatte nach der Heirat mit einer wohlhabenden Deutsch-Jüdin in Prag ein Geschäft für Kurzwaren und Modeartikel gegründet. Von vornherein waren die Eltern entschlossen, ihren wirtschaftlichen Erfolg zur Verschmelzung mit der systembejahenden, herrschenden deutschen Oberschicht zu nutzen. Dennoch steht K. zeitlebens über den Vater den Tschechen näher als die meisten seiner deutschjüdischen Altersgenossen und damit zwischen allen drei Völkern Prags. Der Aufstiegswille zeigt sich auch im Bildungsweg des Sohnes: Er hatte das humanistische Gymnasium zu besuchen und Jura zu studieren. 1907 hat K. mit Examen, Doktordiplom und Gerichtsjahr alle Voraussetzungen für den Staatsdienst. – Im Gegensatz zu anderen Autoren des sogenannten »Prager Kreises«, Max Brod, dem lebenslangen Freund und Propagator, Oskar Baum, Willy Haas, Egon Erwin Kisch, Franz Werfel u. a., hat K. noch nichts veröffentlicht. Nur der unmittelbaren Eingebung folgendes Schreiben vermittelt ihm Glück, und stets ist es autobiographisches Interesse, das bei ihm die literarische Produktion hervortreibt. Daraus folgen Widerwille und Widerstand gegen ihre Veröffentlichung, oft auch die Vernichtung des Geschriebenen, das solchen Maßstäben nicht standhält. Schon die älteste erhaltene Erzählung *Beschreibung eines Kampfes* (von 1902 bis 1910) formt die späteren Themen und Darstellungsmittel vor: Isolation, Mißlingen und Scheitern, Rettungsversuche, Verwandlungen und Tiermetaphern. Kleine Prosa veröffentlicht 1908 erstmals Franz Blei, der in seinen Zeitschriften ausschließlich von ihm entdeckte oder früh geförderte Schriftsteller druckte, wie Rudolf Borchardt, Max Brod, Carl Einstein, René Schickele oder Robert Walser.

Von einer ersten Stelle in einer privaten Versicherungsgesellschaft wechselte K. 1908 zur halbstaatlichen »Arbeiter-Unfall-Versicherungs-Anstalt für das Königreich Böhmen in Prag« und blieb hier bis zu seiner Pensionierung. Böhmen war der am weitesten industrialisierte Raum der Donaumonarchie und die führende Versicherungsanstalt deshalb in ständiger Erweiterung. K. arbeitete bald in leitender Stellung in ihrer wichtigsten »technischen« Abteilung und hatte z. B. über die Klassifizierung der Betriebe nach Gefahrenklassen zu entscheiden und dabei auch Betriebe zu inspizieren. Mit diesem Aufgabenbereich stand er mitten in der modernen Welt: Die Arbeiterschaft und ihre Probleme, das Ausgeliefertsein des Menschen an Mächte, die als anonym erlebt werden, Arbeitgeber, Versicherung, Staat, waren eine tägliche Erfahrung. So hat seine berufliche Tätigkeit K.s Bild von der Welt wesentlich mitgeformt.

Nachhaltigstes Erlebnis dieser Jahre ist die Begegnung mit einer polnisch-jüdischen Theatergruppe, die seit 1910 wiederholt in Prag gastiert. K. faszinieren ihre jiddische Sprache, ihre ostjüdische Religiosität und ihre gebärdenstarken Darbietungen der volkstümlichen Stücke, und er lernt in der Freundschaft mit ihrem Hauptdarsteller Jizchak Löwy »gierig und glücklich originäres Judentum« kennen. Die Verarbeitung der gestenreichen, innere Vorgänge ins Sichtbare wendenden und sich bis zur Groteske steigernden jiddischen Schauspiele bereitet den Durchbruch zum eigentlichen Schreiben vor.

1912 entsteht in einer einzigen Nacht *Das Urteil*. »Nur so kann geschrieben werden, nur in einem solchen Zusammenhang, mit solcher vollständigen Öffnung des Leibes und der Seele«, die Geschichte sei »wie eine regelrechte Geburt mit Schmutz und Schleim« aus ihm herausgekommen. Sie wird nach einer öffentlichen Lesung sofort erkannt als »Durchbruch eines großen, überraschend großen, leidenschaftlichen und disziplinierten Talents«. Gewidmet ist sie Felice Bauer.

Die 24jährige Berlinerin Felice hatte K. bei Brod kurz gesehen, und eine ihn zerreißende Beziehung begann. Sein umfangreichstes Briefwerk entsteht, in dem er um Felice wirbt, sich darstellt, verteidigt und angreift. Der »Kampf« um Felice, der »andere Prozeß« (Elias Canetti), z.T. zeitgleich mit der Entstehung des Romans *Der Prozeß*, dauert bis Ende 1917: Juni 1914 kommt es zur Verlobung, im Juli wird sie wieder gelöst. 1917 erfolgt die zweite Verlobung, im Dezember die endgültige Trennung, vorgeblich wegen K.s Erkrankung. Den Ausbruch einer offenen Lungentuberkulose sieht K. selbst als befreiende Folge der Auseinandersetzung mit Felice, die er sucht, wenn er nicht schöpferisch tätig ist, und die er flieht mit all ihren bürgerlichen Vorstellungen von Ehe, Reputation und Wohnung, sobald er sich seines Schreibens sicher ist: »So geht es nicht weiter, hat das Gehirn gesagt, und nach fünf Jahren hat sich die Lunge bereit erklärt zu helfen.«

Das Urteil steht als erste größere Arbeit K.s in einem Jahrbuch des Kurt-Wolff-Verlags. Mit ihm hatte Brod den Freund auf einer Ferienreise nach Weimar zusammengebracht, wohin sie die Verehrung Johann Wolfgang Goethes führte. Wolff sammelte nach und nach die wesentlichsten, seit 1914 pauschal als »Expressionisten« bezeichneten jungen Dichter; auch K., dessen Bücher nun hier erscheinen, wird deshalb irrtümlich von vielen Zeitgenossen als Expressionist mißverstanden. *Das Urteil* und die sofort darauf entstandenen Erzählungen *Die Verwandlung* (1916) und *Der Heizer* (1913), die K. unter dem

Titel *Söhne* zusammenfassen wollte, variieren freilich das damals als expressionistisch empfundene Thema des Vater-Sohn-Konflikts, wenn auch auf die eigentümlichste Weise. In jeder der drei Novellen führt der Schuldspruch des Vaters zum Tod des Sohnes, und jedesmal ist eine Art von Verführung der Anlaß. In der *Verwandlung* erwacht der Sohn, der als Ernährer der Familie die Rolle des Oberhaupts übernommen hat, eines Morgens als »ungeheueres Ungeziefer«; der Vater kann seine Autorität zurückgewinnen, der Sohn wird allmählich eins mit seiner Mistkäfer-Gestalt und weiß, daß er zu »verschwinden« hat; eine Putzfrau wirft seine Überreste in den Müll. Die scheinbar einsinnige Geschichte ist gleichwohl mehrschichtig angelegt; mythologische, tiefenpsychologische und gesellschaftspolitische Bezüge sind erkennbar, so daß eine Ausdeutung der Vaterfigur möglich oder nötig ist: beispielsweise als Personifikation von Macht schlechthin, die den Menschen zum Tier deformiert, oder präziser, etwa als Kapitalismus, womit die Verwandlung den Prozeß der Entfremdung symbolisieren könnte. Die *Verwandlung* ist die erste Erzählung, die eine Tiermetapher geschlossen durchkomponiert; zahlreiche »Tiergeschichten« werden ihr folgen. Der Roman *Der Verschollene (Amerika)*, 1927, dessen erstes Kapitel der als »Fragment« erschienene *Heizer* darstellt, bleibt wie viele andere Erzählungen unvollendet: Auch darin wiederholt sich das Mißlingen im Leben K.s und seiner Gestalten.

Obwohl K. vom Kriegsdienst freigestellt ist, kann er sich dem Krieg nicht entziehen: Prag ist frontnahe Großstadt, und so flüchten vor allem die polnischen Juden aus den Kriegsgebieten hierher. K. vollendet 1914 die zeitkritische Novelle *In der Strafkolonie*, die Kurt Tucholsky nach ihrer Veröffentlichung (erst 1920) als »unbedenklich wie Kleist« rühmen wird. Ein neuer Roman *Der Prozeß* entsteht und bleibt bis 1925 liegen; »Fräulein Bürstner«, Ursache der Verhaftung »K.s« verweist hier mit ihren Initialen auf Felice Bauer wie das Kürzel für die Hauptgestalt auf den Dichter selbst. Im Lauf des Krieges intensiviert sich K.s Verhältnis zum Zionismus, auch der Umgang mit Flüchtlingen nähert ihn dem Ostjudentum. Die Erzählungen des Buches *Ein Landarzt* (1916/ 17) stehen in Verbindung zu chassidischen Geschichten, wie sie u.a. Martin Buber sammelte, der sich seit langem für das neue Judentum engagiert. K., häufig mißtrauisch gegen die eigene Produktion, ist von der Qualität seiner neuen Geschichten so überzeugt, daß er eine »Orgie beim Lesen« zweier in Bubers Zeitschrift *Der Jude* gedruckten »Tiergeschichten« empfindet, und muß »immer erst aufatmen von Eitelkeits- und Selbstgefälligkeitsausbrüchen«. Als die *Landarzt*-Erzählungen 1919 als Buch mit der Widmung »Meinem Vater« erscheinen, sind sie eine Art positiver Abrechnung mit dem Vater und Gegenstück zum *Brief an den Vater* (1919). Dieser Brief, mit einem Umfang von 60 Druckseiten, ist der schonungsloseste biographische Versuch K.s; er geht aus von seinem jüngsten gescheiterten, dritten Heiratsversuch (mit der Pragerin Julie Wohryzek) und stellt seine Entwicklung unter der erdrückenden Person des Vaters, dem »zuschnürenden Ring seines Einflusses« dar, der alle Lebensversuche zum Mißlingen verurteilte. Eine weitere leidenschaftliche Beziehung scheitert: Die Übersetzerin seines *Heizers* ins Tschechische, Milena Jesenská, hat K. 1920 brieflich kennengelernt und erfährt sie schnell »als lebendiges Feuer, wie ich es noch nie gesehen habe«; aber sie vermag sich aus ihrer zerrütteten Ehe und ihrem Wiener Bohème-Kreis nicht zu lösen. Ein dritter Roman, *Das Schloß* (1922), der den Kampf des angeblichen Landvermessers »K.« um Aufnahme in die Dorfgemeinschaft und um Annäherung an das Schloß berichtet, hat dieses Geschehen integriert. Mit ihm ist die »Trilogie der Einsamkeit«, wie Brod die drei unvollendet gebliebenen Romane nennt, abgeschlossen.

Sofort nach der endlich erreichten vorzeitigen Pensionierung (Juli 1922) arbeitet die große Erzählung *Forschungen eines Hundes* (1922) K.s wechselndes Verhältnis zum Judentum auf, freilich in der Form der Parabel, die unabhängig vom Leben des Autors Gültigkeit hat. Wiederholt erwägt er die Übersiedlung nach Palästina – neben seinen Hebräisch-Studien (seit 1917) der sicherste Beweis für eine Bejahung der zionistischen Ziele. Da trifft er in den Sommerferien 1923 an der Ostsee auf die etwa zwanzig Jahre alte Ostjüdin Dora Diamant. Von ihr, der Gefährtin seines letzten halben Jahres, wird er sich »gut und zart behütet« fühlen, »bis an die Grenzen irdischer Möglichkeit«. Die Palästina-Pläne sind in dem Versuch, mit Doras Hilfe Prag zu entrinnen und in Berlin zu leben, aufgehoben. Eine Robinsonade, denn die sich verschlimmernde Krankheit läßt ihn mitten im »wilden« Berlin wie auf einer Insel leben, und doch ein Neubeginn mit neuer Aktivität und Produktivität. Der hier entstandene *Bau* (1923/24) und die späteste Erzählung *Josefine die Sängerin* (1924) zeigen die von der Krankheit unberührt gebliebenen, wenn nicht gesteigerten Fähigkeiten K.s. Im März 1924 erzwingt die notwendig gewordene ständige ärztliche Kontrolle die Rückkehr nach Prag. K.s Tod wird nur von wenigen persönlichen Bekannten wahrgenommen. Brod, als Verwalter und Propagator des Werks, wird den Nachlaß – ein Vielfaches des von K. selbst Veröffentlichten –, den Nachruhm vorbereitend, begleitend und steigernd, nach und nach publizieren.

Bald darauf machte das Dritte Reich nicht nur der deutsch-jüdischen Symbiose ein Ende, zu deren außergewöhnlichen Ergebnissen eben K.s Werk gehört, es vertrieb auch ihre noch lebenden Repräsentanten und K.s Werk ins Exil. Doch gerade dadurch erhielt dieses Werk nun prophetische Qualität: Die Verfemten und Geflüchteten sahen darin ihre eigene Ohnmacht gegenüber den realen und anonymen Mächten vorweggenommen. Und die eskalierenden Ereignisse – Weltkrieg und Nachkrieg, die Herrschaft des Stalinismus – bestätigten immer wieder von neuem, daß K.s Werk parabolisch die absurde Welt der Gegenwart in präziser Unheimlichkeit darstelle. Im Vorfeld des Prager Frühlings bekam es sogar politische Funktion, indem die Möglichkeiten seiner – zunächst unerwünschten – Interpretation als Instrument zur Befreiung aus dem stalinistischen Totalitarismus verstanden wurden (Kafka-Konferenz in Liblice, 1963). Schon längst war K. in allen westlichen Staaten berühmt, in zahllose Sprachen übersetzt und extensiv interpretiert. Jetzt sollte sein Werk den restlichen Teil der Welt erobern. Denn von keinem anderen Autor dieses Jahrhunderts ging eine derart starke Aufforderung zur Interpretation, zur Exegese, zur Analyse aus. K.s rätselhafte und verrätselte Dichtungen faszinierten bis hin zum Zwang, sie auszulegen, ihnen nachzuspüren, sie nachzuahmen. Keiner Interpretation – weder der philosophischen, theologischen (jüdischen und christlichen), psychoanalytischen, gesellschaftspolitischen oder rein artistischen, noch deren Mischformen oder Spielarten – schien er sich zu widersetzen. »Ätherisch wie ein Traum und exakt wie ein Logarithmus«, urteilte Hermann Hesse schon 1925 und nannte K. einen »heimlichen Meister und König der deutschen Sprache«.

Werkausgabe: Franz Kafka. Gesammelte Werke. Hrsg. von Max *Brod.* Frankfurt a. M. 1950 ff. Literatur: *Binder,* Hartmut: Vor dem Gesetz. Eine Einführung in Kafkas Welt. Stuttgart 1993; *Robertson,* Ritchie: Kafka. Judentum – Gesellschaft – Literatur. Stuttgart 1988; *Haymann,* Ronald:

Franz Kafka. München 1986; *Kurz*, Gerhard (Hrsg.): Der junge Kafka. Frankfurt a. M. 1984; *Dietz*, Ludwig: Franz Kafka. Stuttgart 1975; *Wagenbach*, Klaus: Franz Kafka. Reinbek bei Hamburg 1964; *Wagenbach*, Klaus: Franz Kafka. Eine Biographie seiner Jugend. 1883–1912. Bern 1958. *Ludwig Dietz*

Kaiser, Georg
Geb. 25. 11. 1878 in Magdeburg; gest. 4. 6. 1945 in Ascona

Vom Tod des Dichters in seinem Hotelzimmer auf dem Monte Verità erfuhr Margarethe Kaiser, geb. Habenicht, Mutter zweier Söhne und einer Tochter, durch das Radio. Seit August 1938 lebte der prominente Dramen-Expressionist, in den 20er Jahren erfolgreich wie sonst nur noch Gerhart Hauptmann und Bertolt Brecht, im Schweizer Exil. »J'ai gagné la bataille!« soll er zuletzt gesagt haben, nach einem Künstlerleben, das durch Ruhm und Miseren geprägt war. Keine Exaltation des anachronistisch gewordenen Geniekults hatte dieses geborene Theatertalent vermieden, sein Ich grandios zu inszenieren und die Einmaligkeit seiner Idee des »Neuen Menschen« zu verkünden. Monumental ist sein Werk: mehr als siebzig Dramen, daneben Romane (*Es ist genug*, 1932; *Villa Aurea*, 1940), Erzählskizzen, Lyrik, Filmexposés, Fragmentarisches und Briefe. »Dramenkaninchen« (Alfred Kerr), »Nachahmer«, »Ausdruckstechniker«, »Bluffmann« oder »Boxer des Geistes« nannten ihn seine Verächter, als »Denkspieler« (Bernhard Diebold) und »Ingenieur« des Dramas (Walter Huder) verbuchten ihn Wissenschaft und Kritik. Als rätselhafte Figur gilt er vielen wegen seines egomanen Schreibzwangs und finanzieller Allüren noch heute und sein Werk der Ideologiekritik als unglaubwürdig, wirklichkeitsfremd, subjektivistisch. Berühmt-berüchtigt wurde die Selbsteinschätzung vor Gericht; angeklagt wegen Verpfändung und betrügerischen Verkaufs von Inventar aus einer angemieteten Villa in Tutzing und der Münchner Wohnung, konterte er: »Ich halte mich für einen so exorbitanten Ausnahmefall, daß weder Gesetzgebung noch Psychiatrie ihn aufklären.« Wie Spazierer in *Hölle Weg Erde* (1919) um der Erneuerung der Menschheit willen bestraft wird, sah er sich als Opfer seines Werks.

K. war der fünfte von sechs Söhnen des Versicherungskaufmanns Friedrich Kaiser und seiner Frau Antonie, geb. Anton, beide aus dem bäuerlichen Milieu der Mark Brandenburg stammend. Nach der mittleren Reife begann er mit einer Buchhandelslehre, wechselte in das Ex- und Importfach, »zwischen Kaffeesäcken seinen Platon« lesend, brach als Kohlentrimmer 1898 auf einem Frachtdampfer nach Südamerika auf, arbeitete drei Jahre als Kontorist im AEG-Büro in Buenos Aires, bevor ihn die Malaria zur Rückkehr zwang. Die reiche Heirat 1908 erlaubte ihm die freie Schriftstellerei in Seeheim und Weimar, wo man aufwendig lebte. Im Ersten Weltkrieg war K. freigestellt, kurzzeitig aber beim Roten Kreuz tätig. Mit dem Erfolg der *Bürger von Calais* (2. Fassung, 1914) und des Stationenstücks *Von morgens bis mitternachts* (1916) beginnt der Siegeszug auf dem Theater, eine mit über vierzig Uraufführungen und Inszenierungen in aller Welt unglaubliche Karriere, der 1933 ein Ende bereitet wurde. Sein sozialistisches und antimilitaristisches Engagement (*Die Lederköpfe*, 1928; *Ächtung des Kriegers*, 1929; *Mississippi*, 1930) bezahlt K. mit Verfemung. 1933 provoziert die SA einen Theaterskandal bei der Uraufführung von *Der Silbersee* (1932). Adolf Bartels u. a. diffamieren seine Arbeit als »bolschewistisch« und »verjudet«; von der Mitgliederliste der Preußischen Akademie, der er seit 1926 angehört, wird K. gestrichen. Goebbels' Angebote zur Bejahung des NS-Staates lehnt er ab und entgeht 1938 der Verhaftung durch die Gestapo. In der Schweiz entsteht neben antifaschistischen Stücken ein dramatisches Spätwerk, in dem der isolierte Autor sich selbst und seine Zeit in biblischen und antiken Sujets bespiegelt. Vergebens haben sich Thomas Mann und Albert Einstein für K.s Einreisegenehmigung in die USA eingesetzt. *Der Soldat Tanaka* (1940) wird auf Intervention der japanischen Gesandtschaft vom Spielplan des Zürcher Schauspielhauses gestrichen, sein Stück *Der Schuß in die Öffentlichkeit* (1938) nach dem Überfall auf Holland eingestampft.

Das »diffus« und »ziellos« (Manfred Durzak) scheinende Gesamtwerk, das in Stil, Thema und Form oft sicheren Instinkt für intellektuelle Moden und literarische Trends beweist, begann amateurhaft-epigonal mit parodistischen Jugendstücken. Der dramaturgische Ansatz seiner Stücke beruht häufig auf dem »Prinzip der umkehrbaren Thematik« (Wolfgang Paulsen) von Vorlagen und Verhaltensnormen: *Der Fall des Schülers Vehgesack* (geschr. 1901/02) kehrt Frank Wedekinds *Frühlingserwachen* um, *Die jüdische Witwe* (geschr. 1902; 2. Fassung 1908) Friedrich Hebbels *Judith*, *König Hahnrei* (1913) die Tristan-Sage; eine dramaturgische Strategie, die auch das Stück *Der gerettete Alkibiades* (1920) bestimmt, das zu seinen besten gehört. Konstruierte Gegensätzlichkeit von Geist und Leben und starke Abstraktion kennzeichnet auch den »Expressionisten«, dem die so erfolgreichen Modelle des Verkündigungsdramas und der Stationentechnik gelangen. Die Polarität der Epoche zwischen utopischem Bewußtsein und totaler Zivilisationskritik dokumentiert seine *Gas*-Trilogie (*Koralle*, 1917; *Gas*, 1918; *Gas Zweiter Teil*, 1920), in der die Ambivalenz des Geldes, die Funktionalisierung der Person, die Entfesselung des Produktionsprozesses und die Selbstvernichtung der Menschheit als logische Potenzen (Silvio Vietta) paradigmatisch eingefangen sind. Mit *Nebeneinander* (1923), ironisch »Volksstück« genannt, verbindet K. die expressionistische Stationentechnik und das neusachliche Simultanstück. Seine Enthüllungskomödien, die Wendung zu Revue und Lichtoper, kamen dann dem Publikumsgeschmack immer mehr entgegen (z. B. *Kolportage*, 1924; *Der Zar läßt sich photographieren*, 1927; *Zwei Krawatten*, 1929). Dem korrupten Materialismus der Zeit vermag er jedoch nur den absoluten kreativen Geist und die gesunde Psyche und Physis entgegenzustellen. Quälend bleibt für ihn – Folge seiner extremen Selbstzweifel – die Frage nach Identität und Einheit des Subjekts (z. B. in *Zweimal Oliver*, 1926). Sein Haß auf den Hitler-Faschismus ist, wie seine Verachtung der kapitalistischen Demokratien, unaufhaltbar: nur ohnmächtiges Aufbäumen gegen den Kulturterror ist dem einstigen Starautor geblieben (*Klawitter*, geschr. 1939/40). Selbstmythisierungen enthalten die Dramen der letzten Schaffensphase, immerhin aber auch Gegenentwürfe zum eigenen Ideal-Selbst (*Das Floß der Medusa*, geschr. 1940/43). Die ungerechte Verfolgung des Künstlers durch die Realität ist auch das Thema seines letzten Dramas *Bellerophon* (geschr. 1944). K., der preußische

Leistungsethiker, der im Alleingang die Korrektur einer als falsch empfundenen Wirklichkeit aus vitalistischem Impuls zu leisten versuchte, gestand 1920 seinem psychiatrischen Gutachter: »Ich bin ein doppelter Mensch. Ein Georg Kaiser, creator und ein Georg Kaiser, ein Ausgestoßener«. Bertolt Brecht, der ihn den »redseligen Wilhelm« des Theaters nannte, zählte ihn aber doch zu seinen »unehelichen Vätern«.

Werkausgabe: Georg Kaiser. Werke. Hrsg. von Walter *Huder.* Berlin 1970–1972.
Literatur: *Arnold,* Armin (Hrsg.): Interpretationen zu Georg Kaiser. Stuttgart 1980; *Pausch,* Holger A. und Reinhold, Ernest (Hrsg.): Georg Kaiser Symposium. Berlin/Darmstadt 1980; *Petersen,* Klaus: Georg Kaiser. Künstlerbild und Künstlerfigur. Bern/Frankfurt a.M./München 1976.

Michael Stark

Kant, Hermann
Geb. 14. 6. 1926 in Hamburg

»Auf jeden Fall ist sicher, ohne sie (die DDR) wäre ich nicht der Schriftsteller, der ich bin, das heißt eben … ausgeprägter DDR-Schriftsteller, in dessen Arbeit die DDR so drin ist wie Sauerstoff in der Luft.« Ohne die DDR wäre K. vermutlich gar nicht Schriftsteller geworden, zumindest hat ihm dieser Staat mit Bildung und finanziellen Mitteln auf den Weg geholfen. Aus einer Arbeiterfamilie stammend und stolz auf diese Herkunft, erlernt K. den Beruf des Elektrikers – und verschlingt in seiner Freizeit Unmengen von Büchern. Sein kurzes Intermezzo beim Militär – sechs Monate vor Kriegsende – führt in polnische Gefangenschaft. Vier Jahre arbeitet er in Warschaus Trümmern und hat genügend Zeit, um über die »Schuld der Unschuldigen« nachzudenken und zum engagierten Antifaschisten zu werden. Hier macht er seine ersten Erfahrungen mit dem Schreiben: Mit Wandzeitungsartikeln mischt er sich in die Diskussionen der Gefangenen. Dieser Schreibimpuls hält sich durch, »der Streit, der politische Streit« fordert ihn immer wieder heraus. In die damalige sowjetische Besatzungszone zurückgekehrt, holt er auf der Arbeiter- und Bauernfakultät Greifswald das Abitur nach, studiert dann Germanistik in Berlin, wird Hochschulassistent und Redakteur einer Studentenzeitung. Seit 1959 ist K. freier Schriftsteller.

In allen Artikeln, Erzählungen und Romanen K.s ist die DDR bzw. ihre Vorgeschichte direkt, unverschlüsselt Gegenstand – auch insofern ist sie »Sauerstoff«. Für die journalistische Arbeit versteht sich das fast von selbst. In ihr zeigen sich auch schon früh wesentliche Züge seines Stils und seiner Fragestellung: das ironisch-satirische Sprechen, die Vorliebe für das Anekdotische, die Auseinandersetzung mit den kleinen Miseren des Alltags. Das Alltags-Sujet beherrscht vor allem seine Erzählungen (*Ein bißchen Südsee,* 1962; *Eine Übertretung,* 1975; *Der dritte Nagel,* 1981; *Bronzezeit,* 1986; *Die Summe,* 1987). Die Romane verfolgen Etappen der DDR-Geschichte. *Die Aula* (1965) schildert die Aufbaujahre und die erste Studentengeneration der Arbeiter- und Bauernfakultät. Den Aufstieg eines jungen Büchsenmachers zum Minister führt rückblickend *Das*

Impressum (1972) vor. Von der Vorgeschichte der DDR, von Kriegsende, Gefangennahme und Gefangenschaft erzählt *Der Aufenthalt* (1977). Die Verbiegung der Menschen durch den Faschismus, die bis heute nachwirkt, beschäftigt in den 70er Jahren viele Schriftsteller in der DDR. K. ist nie »Vorreiter« gewesen, aber die *Aula* und der *Aufenthalt* stehen, zusammen mit Werken anderer Autoren, jeweils am Anfang eines neuen literarischen Abschnitts. Noch in einer anderen Hinsicht ist K. ein »ausgeprägter DDR-Schriftsteller«. Für ihn besteht eine unmittelbare Beziehung zwischen Schreiben und Politik, denn »Literatur ist nicht für den Zustand der Welt verantwortlich, aber schon für das, was wir über diesen Zustand denken.« K., seit 1949 SED-Mitglied und Parteifunktionär, wird im Schriftstellerverband Vizepräsident unter Anna Seghers (von 1969 bis 1978) und später Präsident (von 1978 bis 1989). Die kulturpolitische Situation ist in der Zeit seines Vorsitzes hochkompliziert. Nach der Biermann-Ausweisung (1976) wird der Verband heftig erschüttert, es gibt eine Reihe von Ausschlüssen und Austritten, einige Schriftsteller verlassen die DDR. K. hat alle Hände voll zu tun, er will die offizielle Linie durchsetzen, ist damit auch an Ausschluß-Politik und Diffamierungen beteiligt. Andererseits bemüht er sich, den Verband zusammenzuhalten und »abweichende« Autoren zu integrieren. In seinem Memoiren-Band *Abspann*, der 1991 erscheint, reflektiert K. auch diesen Teil seines Lebens und versucht, sich für seine Politik zu rechtfertigen. Obwohl (oder weil) er zu seiner Verantwortung steht, wird er den Ruf, ein regierungstreuer »Aktivist der DDR« gewesen zu sein, wohl nie mehr verlieren. »Abspann« signalisiert ein Ende: das politische Ende eines Literatur-Funktionärs – und möglicherweise auch das literarische Ende eines Schriftstellers, der einmal ein »ausgeprägter DDR-Schriftsteller« war.

Literatur: *Krauss,* Hannes: Hermann Kant. In: *Schütz,* Erhard, *Vogt,* Jochen u.a.: Einführung in die deutsche Literatur des 20. Jahrhunderts. Band 3 – Bundesrepublik und DDR. Opladen 1980. S. 94–106; *Krenzlin,* Leonore: Hermann Kant. Leben und Werk. Berlin 1980.

Dorothee Schmitz-Köster

Kantorowicz, Alfred
Geb. 12.8.1899 in Berlin; gest. 27.3.1979 in Hamburg

»Aber ein Schwert sollt ihr mir auf den Sarg legen, denn ich war ein braver Soldat im Befreiungskampf der Menschheit«. Dieses Heine-Zitat verwandte der Literaturwissenschaftler K. in seiner Rede zum 100. Todestag des politischen Dichters im Februar 1956 vor internationaler Öffentlichkeit; und er fährt fort: »Heute und hier, Kampfgefährte Heine, sei willkommen in unserer Mitte, an unserer Spitze!« Auch K.s eigenes Leben, das er als gutbürgerlicher Sohn aus jüdischer Kaufmannsfamilie begann, steht im Zeichen des Kampfes und des Exils. Enthusiastischer Kriegsfreiwilliger 1917/18, nach dem Studium von Jura und Germanistik engagierter Kulturkorrespondent in der Nachfolge Kurt Tucholskys in Paris (1928), tritt der nach Berlin zurückgekehrte

Journalist aus Angst vor der nationalsozialistischen Machtergreifung, trotz seiner ausgeprägten »Scheu vor gruppenmäßiger organisatorischer Bindung«, 1931 der Kommunistischen Partei bei. Nach seiner Ausbürgerung (1934) durch die Nazis wegen seiner Mitarbeit am *Braunbuch über Reichtagsbrand und Hitlerterror* (1933) findet K., begleitet von seiner
späteren Frau Friedel, im Exil in Frankreich eine seiner Liebe zur Literatur gemäße Aufgabe als Gründer und Leiter der »Deutschen Freiheitsbibliothek«, dem zeitweiligen
Zentrum der verbrannten und verbotenen Schriftsteller. Dann kämpft der Literat mit
Gewehr und Schreibstift gegen den Franco-Faschismus in Spanien, wie seine Reporta-
gensammlung *Tschapaiew. Das Bataillon der 21 Nationen* (1938) dokumentiert, die als Aufruf zu internationaler solidarischer Hilfe verstanden wurde. K.s *Spanisches Tagebuch*
(1948; 1966 als *Spanisches Kriegstagebuch*) hat in klarer, ungekünstelter und lebhafter Sprache den Alltag der jungen *Freiheitssoldaten* (1936–38) zum Inhalt, durchsetzt von allgemeinen Reflexionen über Ziel und Sinn des antifaschistischen Kampfes. Vor Hitlers
Schergen aus Frankreich geflohen (zu seiner Internierung und Illegalität siehe das 1971
erschienene Werk *Exil in Frankreich*), gelangt der Heimatlose nach fünfjähriger Tätigkeit
für den Radiokonzern Columbia Broadcasting System in den USA 1946 wieder nach
Ostberlin, wo er ab 1947 versucht, mit der Monatsschrift *Ost und West* »eine geistige
Brücke der Verständigung zwischen den Deutschen aller Zonen« zu schlagen; das relativ unabhängige Blatt wird 1949 von der SED verboten. Im gleichen Jahr erscheinen
unter dem Titel *Deutsche Schicksale* (wiederaufgelegt 1964) K.s verschiedene biographische Porträts u.a. früherer Weggefährten wie Egon Erwin Kisch und Arthur Koestler.
Den Versuch über den von ihm verehrten Carl von Ossietzky, Opfer der Naziherrschaft, ein Buch mit anschließender Verfilmung zu erarbeiten, kann der Schriftsteller
nicht realisieren.

Seit 1950 wird K., nun renommierter Professor für deutsche Literatur in Berlin, der
sich selbst als »Lehrer, Berater, Förderer« der Jugend versteht, von den Machthabern als
Repräsentationsfigur gegenüber dem Westen und China benützt. Der Aufstand vom 17.
Juni 1953 und der in Ungarn 1956 veranlassen den kritischen Denker, der schon lange
den vom Stalinismus verlangten »Kadavergehorsam« ablehnt und nach seiner Weigerung, die Ungarnresolution zu unterschreiben, zunehmend unter staatlichen Druck
gerät, zu dem Schluß: »Unsere Gedankenschuld war der Irrglaube, daß der Zweck die
Mittel heilige; daß während einer Übergangsperiode humane sozialistische Inhalte notfalls mit Zwang durchgesetzt werden könnten.« Auch jenseits der Demarkationslinie
sieht der unangepaßte Zeitgenosse »Sturheit, Intoleranz, Vorurteil, Unbedenklichkeit
der Kampfmittel, Selbstüberschätzung, Unvernunft und Geistfeindlichkeit«, wie sein
Deutsches Tagebuch (1. Teil 1959, 2. 1961) belegt, eine Chronik der Jahre 1945–57, ein
wichtiges Zeitzeugnis und »langes Selbstgespräch«, worin K. gewissenhaft über seine
inneren Zweifel und Kämpfe reflektiert, über die Entwicklung und Veränderung der
politischen Landschaft und die Unmoral der Herrschenden. Über zwanzig Jahre lang
findet der Literat schließlich doch Zuflucht in der Bundesrepublik, die ihn, der in der
DDR nun totgeschwiegen wird, erst 1966 als politischen Flüchtling anerkennt. Eine
neue Professur bleibt dem mit dem Makel des Kommunisten Behafteten versagt. Seine
Reden und Aufsätze aus den 60er und 70er Jahren sind 1985 unter dem Titel erschienen: *Etwas ist ausgeblieben* (Zitat aus einem Rilke-Brief von 1923). Hier handelt es sich
um Betrachtungen »ganz in der Tradition der Aufklärung«, um das Plädoyer eines Ent-

täuschten für die Eigenständigkeit der Literatur ohne geistige Bevormundung.

Seit 1963 in Hamburg, wo er 1965 nochmals heiratet, ist K. Mitglied der »Freien Akademie der Künstler« und erhält als späte Würdigung seiner Arbeit 1969 den Thomas Dehler-Preis. *Politiker und Literatur im Exil* (erschienen 1978) ist K.s letztes Werk. Bis zu seinem Tod bedauert der streitbare Intellektuelle, daß Deutschland die Chance zu einem wirklichen Neubeginn verpaßt habe, worunter er vor allem die Rückbesinnung »auf die bürgerlichen Tugenden der Humanität, der Toleranz« versteht. K. bleibt ohne geistige Heimat, ein zunehmend resignierter, doch aufrechter Kämpfer für eine bessere Welt.

Literatur: *Mytze,* Andreas W. (Hrsg.): In memoriam Alfred Kantorowicz (Europäische Ideen H. 44) Festschrift Berlin 1979; *Heydorn,* Heinz-Joachim: Wache im Niemandsland. Zum 70. Geburtstag von Alfred Kantorowicz. Köln 1969.

Susanne Stich

Karsch, Anna Louisa
Geb. 1. 12. 1722 in Hammer bei Züllichau; gest. 12. 10. 1791 in Berlin

»Ohne Vorsatz, ohne Kunst und Unterricht sehen wir sie unter den besten Dichtern ihren Platz behaupten. Mit Bewunderung erfahren wir an ihr, wie die Natur durch die Begeisterung würket und wie ohne dieses kein Vorsatz und keine Bestrebung vermögend ist, dasjenige zu ersetzen, was ohne sie fehlt... Wie unzweifelhaft es sei, daß unsre Dichterin ihren Beruf allein von der Natur bekommen habe, erhellet am deutlichsten aus den Umständen ihres Lebens.« So urteilt Johann Georg Sulzer über K. in seiner Vorrede zu ihren von ihm und Johann Wilhelm Ludwig Gleim herausgegebenen *Auserlesenen Gedichten* (1764), und es ist damit ein Teil des Musters vorgegeben, das die zahlreiche biographische Literatur über K. durchzieht. Der andere Teil des Musters geht zurück auf Gleim, den anderen Herausgeber der Sammlung. Er ist es, der K. den Beinamen der deutschen Sappho gegeben hat, einer großen Dichterin also, die aus und über Liebe schreibt. K. hat an beiden Vorstellungen mitgearbeitet: Sulzer stellte sie für sein Vorwort ihren Lebensbericht in vier großen Briefen zur Verfügung (zuerst erschienen 1831), Gleim schickte sie in ihrem ersten Brief die Nachdichtung und die Variation einer sapphischen Ode mit. Sie wollte und sollte die Natur und die antike Dichterin verkörpern. Daß sie diese Rollen übernommen hat, trug dazu bei, ihr einerseits den Erfolg zu sichern, andererseits Entwürfe einer natürlichen deutschen Nationalliteratur zu konsolidieren. Daß ihr Werk besonders auf der Folie ihres Lebens interessierte, zeigt das. Die Identifikation mit der Ursprünglichkeit hat sie aber auch belastet. Die Kritik von Moses Mendelssohn und Friedrich Nicolai, die kurz nach dem Erscheinen ihrer Gedichtsammlung erschien, ging, ebenso wie sehr viele der folgenden Einschätzungen in zwei Richtungen: Die Gedichte K.s seien entweder aus dem begnadeten Augenblick heraus entstanden und zu wenig geplant und durchdacht, oder sie seien wegen eines aufgesetzten Formwillens und der Durchsetzung mit mythologischem

Ballast unerträglich: Die Natur dichtet zu natürlich, oder die Natur dichtet zu unnatürlich. Beiden Zuschreibungen, so zeigen vorsichtig neuere Untersuchungen, kann mit differenzierter Analyse unter Berücksichtigung des gesellschaftlichen und literarischen Umfelds begegnet werden. K. als eine der großen innovativen Briefschreiberinnen des 18. Jahrhunderts – sie korrespondierte unter anderem mit Johann Jakob Bodmer, Johann Arnold Ebert, Johann Wilhelm Ludwig, Gleim, Johann Wolfgang Goethe, Johann Christoph Gottsched, Johann David Michaelis, Karl Wilhelm Ramler, Johann Christoph Unzer, Johann Peter Uz, Christoph Martin Wieland, Friedrich Wilhelm Zacharia – wird erst in diesem Jahrhundert entdeckt.

Geboren wurde K. als Tochter des Gastwirtsehepaares Dürbach in Hammer, einem kleinen Anwesen zwischen Croßen und Züllichau. Als sie fünf Jahre alt war, nahm sie ein Großonkel zusammen mit ihrer Großmutter zu sich nach Tirschtiegel. Er brachte ihr Lesen, Schreiben, Rechnen und ein wenig Latein bei. Während dieser Zeit starb ihr Vater, und ihre Mutter verheiratete sich wieder. Kurz darauf wurde die inzwischen etwa Zehnjährige nach Hause geholt, wo sie zunächst die Kinderwärterin ihres Halbbruders, nach dem Umzug der Familie nach Schwiebus dann Rinderhirtin wurde. In diese Zeit fällt ihre Bekanntschaft mit ihrem »Bücherlieferanten« Johann Christoph Grafe, einem etwa gleichaltrigen Hirten, mit dem sie später noch von Berlin aus korrespondieren wird. Mit etwa zwölf Jahren lernte sie einige Zeit Handarbeiten und war Magd bei einer Müllersfrau. Die Familie siedelte nach Tirschtiegel um, nachdem der Großonkel der Großmuter sein Anwesen vererbt hatte. Als auch der Stiefvater starb, wurde sie, noch nicht 16 Jahre alt, mit dem Tuchweber Hiersekorn aus Schwiebus verheiratet. Diese Ehe, aus der vier Kinder hervorgingen, wurde auf Betreiben des Ehemannes geschieden. Die beiden noch lebenden Söhne blieben beim Vater, der, mit dem sie schwanger war, wurde enterbt. Auch die zweite Ehe mit dem Schneider Karsch, in der sie drei Kinder zur Welt brachte, verlief unglücklich. Die Verbindung wurde seit der Einberufung des Mannes zum preußischen Militär 1760 von ihr als getrennt angesehen. Bereits in den sorgenvollen Ehejahren hatte sie mit Gelegenheitsgedichten für den Lebensunterhalt ihrer Familie gesorgt und sich einen gewissen Namen als Panegyrikerin gemacht, die die Siege Friedrichs II. im Siebenjährigen Krieg feierte. Anfang 1761 halfen ihr verschiedene Gönner, die auch für die Versorgung der Kinder Christian Hiersekorn (geb. vermutlich 1748) und Caroline Luise Karsch (die spätere Caroline von Klencke, geb. 1750) aufkamen, aus der schlesischen Provinz nach Berlin zu ziehen. Dort wurde K. bald in den literarischen Kreisen bekannt und in den Gesellschaften als Attraktion bestaunt. Durch die Vermittlung von Ramler lernte sie den anakreontischen Dichter und Domsekretär in Halberstadt Johann Wilhelm Ludwig Gleim kennen, den sie seit einer rokokohaften Tändelei unerwidert liebte und mit dem sie bis zu ihrem Tod korrespondierte. Nach ihrem ersten Besuch bei Gleim in Halberstadt im September 1761 ließ sie sich für ein Jahr in Magdeburg nieder, wo sie im Hause des Kommandanten von Reichmann ein von Versorgungsängsten freies Leben führte. Im Oktober 1762 kehrte sie nach Berlin zurück. Sie wechselte dort häufig die Wohnung und ging den größten Teil ihrer Zeit gesellschaftlichen Verpflichtungen nach, d.h. sie besuchte Freitische, erledigte Auftragsarbeiten oder bot solche an. Gleim besorgte zusammen mit Sulzer die oben erwähnte, auf Subskriptionsbasis herausgegebene Sammlung, die K. einen Gewinn von über 2000 Talern einbrachte. Die Zinsen des von den Freunden fest angelegten Betrages sicherten ihr einen Teil des Lebensunterhalts. Sie war darüber hinaus auf Spenden von wohlhabenden Freunden und auf Nebenverdienste durch Gelegenheitsgedichte, Publikationen in Zeitschriften und kleine Gedichtsammlungen angewiesen, zumal sie für Brüder, Kinder und Enkelkinder, darunter Wilhelmine von Klencke, die spätere Helmina von Chézy, aufkam. Pläne, noch einmal eine größere Sammlung, vor allem mit den sogenannten 60 sapphischen Liedern – den Liebesgedichten an Gleim – oder eine Briefauswahl zu veranstalten, wurden nie realisiert. Eine größere Gedichtausgabe, die die Tochter besorgte und in der die Gedichte an Gleim fehlen, erschien erst 1792, nach ihrem Tode. Auf die 1763 von Friedrich II. in einer Audienz versprochene Hilfe wartete sie vergeblich. Erst der Nachfolger Friedrich Wilhelm II. ließ ihr in Berlin ein Haus bauen, das sie im Frühjahr 1789 bezog, und in dem sie auch starb.

Werkausgabe: Karschin, Anna Louisa: Gedichte und Lebenszeugnisse. Herausgegeben von Alfred *Anger*. Stuttgart 1987.

Literatur: *Bennholdt-Thomsen*, Anke, *Runge,* Anita (Hrsg.): Anna Louisa Karsch (1722-1791). Von schlesischer Kunst und Berliner »Natur«. Ergebnisse des Symposions zum 200. Todestag der Dichterin. Göttingen 1992; *Schlaffer,* Hannelore: Naturpoesie im Zeitalter der Aufklärung. Anna Lousia Karsch (1722–1791). Ein Portrait. In: *Brinker-Gabler,* Gisela (Hrsg.): Deutsche Literatur von Frauen. Bd. 1: Vom Mittelalter bis zum Ende des 18. Jahrhunderts. München 1988, S. 313–324; *Bovenschen,* Silvia: Anna Lousia Karsch, die Sappho aus Züllichau – Paradigma eines Kulturtypus. In: dies.: Die imaginierte Weiblichkeit. Exemplarische Untersuchungen zu kulturgeschichtlichen und literarischen Präsentationsformen des Weiblichen. Frankfurt a. M. 1979, S. 150–157.

Regina Nörtemann

Kasack, Hermann
Geb. 24.7.1896 in Potsdam; gest. 10.1.1966 in Stuttgart

Das einzige Kind des Arztes Richard Kasack und seiner Frau Elsbeth besuchte das humanistische Viktoria-Gymnasium zu Potsdam und legte 1914 als Kriegsfreiwilliger das Notabitur ab, wurde aber wegen eines Herzfehlers rasch wieder aus dem Militärdienst entlassen. Von 1914 bis 1920, unterbrochen von Kriegs-Ersatzdienstzeiten, studierte er Germanistik und Philosophie. Er begann sein Studium in Berlin und wechselte dann nach München über. Vom Dezember 1916 bis August 1917 war er zum zivilen Hilfsdienst beim Generalgouverneur von Belgien nach Brüssel eingezogen. Er kehrte 1917 nach Berlin zurück und beendete 1920 sein Studium in München. Er hatte vor, über die Lyrik Friedrich Hölderlins zu promovieren, nahm aber 1920 das Angebot des Verlegers Gustav Kiepenheuer an, als Lektor in dessen Verlag einzutreten. Kiepenheuer war durch seine Lyrik, die Dramen und die Prosa, die in expressionistischen Zeitschriften wie Franz Pfemferts *Aktion,* Wolf Przygodes *Die Dichtung,* Herwarth Waldens *Der Sturm* erschienen, beeindruckt worden. K.s erster Lyrik-Band, *Der Mensch,* erschien 1918 im Roland-Verlag München, der zweite unter dem Titel *Die Insel* im Ernst-Rowohlt-Verlag (1920); er schrieb expressionistische Dramen, von denen als einziges *Die Schwerter* (1918 geschrieben, 1920 veröffentlicht) 1926 aufgeführt wurde. Rezensionen über das Theater erschienen in verschiedenen Zeitschriften. Daneben betrieb K. seine wissenschaftliche Tätigkeit weiter: 1921 erschien die mit Friedrich Seebass gemeinsam herausgegebene Ausgabe der *Gesammelten Werke in vier Bänden* von Friedrich Hölderlin.

Als Lektor und späterer Direktor des Kiepenheuer-Verlags blieb K. bis 1925 in Potsdam, im Mai 1926 trat er als Verlagsdirektor bei S. Fischer in Berlin ein, wo er 15 Monate lang blieb. Einen kleinen Erfolg hatte er 1924 mit seinem van-Gogh-Drama *Vincent* und veröffentlichte in zahlreichen Zeitschriften Gedichte sowie Essays und Rezensionen. 1925 fand die erste Lyrik-Sendung in der Berliner Funkstunde statt: »Ich verkaufte mich an den Rundfunk, was die Existenz sicherte«, schrieb er später an seinen Sohn. Bis zur Machtübernahme der Nationalsozialisten hatte er an die einhundert eigene Sendungen verfaßt und größtenteils selbst gesprochen. 1929 wandte er sich auch der neuen Gattung des Hörspiels zu, schrieb für den Berliner Jugendfunk zehn Hörspiele von *Tull dem Meisterspringer* und beschäftigte sich mit aktuellen Themen wie der Arbeitslosigkeit Anfang der 30er Jahre. In dieser Zeit kam er über die Rundfunkarbeit mit Günter Eich zusammen.

Im März 1933 wurde ihm mitgeteilt, »daß sein Name im Funk nicht mehr tragbar sei«. Damit war die einzige regelmäßige Erwerbsmöglichkeit verschlossen. Da seine Frau ihre Praxis als Masseurin erweitern konnte und somit den Lebensunterhalt der Familie sicherte, konnte K. als freier Schriftsteller weiter tätig sein und wurde nicht zu Kompromissen mit dem Regime der Nationalsozialisten gezwungen. Nach 1933 führte K., wie er es später von seinem Freund Oskar Loerke formulierte, »das Katakombendasein der geistig Verbannten«. Aus dieser Zeit stammen viele Gedichte, die in Zyklen in der *Neuen Rundschau* erschienen, sowie Aufsätze. 1941 trat er die Nachfolge Loerkes als Verlagslektor beim Suhrkamp-Verlag an, wo er bis 1949 tätig war. Er leitete den Verlag, als Peter Suhrkamp 1944 von der Gestapo verhaftet wurde, auch über den Einmarsch der Roten Armee und das Kriegsende hinaus. Während des Kriegs widmete er sich editorischer Arbeit (Friedrich Hölderlin, Johann Gottfried Seume, Ludwig Tieck); 1943 erschien unter dem Titel *Das ewige Dasein* K.s Gedichtsammlung aus 25 Jahren.

Erst nach dem Zusammenbruch von 1945 erschien K.s wichtigstes Prosawerk, *Die Stadt hinter dem Strom* (begonnen 1942, veröffentlicht 1947). Die Kontinuität der inneren Emigration über 1945 hinaus wird an diesem Roman deutlich: Das Buch will verschlüsselt-kritisches Abbild der Naziherrschaft und Utopie in einem sein. Das von dem »Chronisten« Dr. Lindhoff dargestellte visionäre Zwischenreich ist Sinnbild einer totalitären Staatsmaschinerie; K.s Anklage setzt einen idealisierten Subjektivismus voraus, der den gesellschaftlichen Strukturen kaum gerecht wird. Daß eine vom Krieg betroffene Generation K.s zivilisationskritische Momente billigte, ist durchaus verständlich; aber seine Perspektive ist keine Abrechnung mit dem Faschismus, sondern eine Emigration aus der Geschichte. Im Oktober 1947 war er in Berlin Gast des ersten Schriftstellerkongresses mit Vertretern aus allen vier Besatzungszonen und durfte mehrfach zu Lesereisen in die westlichen Zonen fahren. Im April 1948 wurde er zum Vorstandsmitglied des »Schutzverbandes deutscher Autoren« gewählt. Seine Hoffnungen auf eine einheitliche deutsche Literatur (und auf einen einheitlichen PEN-Club) gingen nicht in Erfüllung. Im Februar 1949 übersiedelte er nach Stuttgart. 1952 erschien der Roman *Das* große Netz, 1953 die Erzählung *Fälschungen*; 1955 ein Lyrikband *Aus dem chinesischen Bilderbuch*. Er wurde 1953 zum Präsidenten der »Deutschen Akademie für Sprache und Dichtung« in Darmstadt gewählt. 1956 erschien der Essayband *Mosaiksteine* mit Studien über Ludwig Tieck, Johann Gottfried Seume, Hermann Hesse, Rainer Maria Rilke, Gottfried Benn, Oskar Loerke, dessen Werke und Tagebücher er herausgab, Gertrud Kolmar, Georg Kaiser, Alfred Döblin, Thomas Mann u.a., in dem er aber auch Rechenschaft ablegte über seine Tätigkeit als großer Anreger und Förderer der deutschen Literatur.

Literatur: Hermann Kasack. 1896–1966. Marbacher Magazin 2 (1976); *Kasack,* Wolfgang (Hrsg.): Leben und Werk von Hermann Kasack. Ein Brevier. Frankfurt a.M. 1966.

Rhys W. Williams

Kaschnitz, Marie Luise
Geb. 31.1.1901 in Karlsruhe; gest. 10.10.1974 in Rom

»Als eine ewige Autobiographin, eine im eigenen Umkreis befangene Schreiberin werde ich, wenn überhaupt, in die Literaturgeschichte eingehen, und mit Recht. Denn meine Erfindungsgabe ist gering. Ich sehe und höre, reiße die Augen auf und spitze die Ohren, versuche, was ich sehe und höre, zu deuten, hänge es an die große Glocke«. *Orte* (1973) heißt der Titel des letzten von K. veröffentlichten Buches. Es sind kurze Prosastücke, selten mehr als eine Druckseite umfassend – isolierte Augenblicke, die aus dem Gedächtnis hervorgeholt werden, ins helle Licht der aufblitzenden Erinnerung gestellt, »als sei jedes dort gesprochene Wort, jede dort gelebte Empfindung Stoff geworden . . ., als sei es nur nötig, das Außen zu beschwören, um alles andere wieder Gestalt werden zu lassen.« K. ist ein eindrucksvolles Beispiel für jene künstlerische Alterswildheit einer Sprach- und Ausdrucksverknappung, einer Formverdichtung, einer unkonventionellen Absage an die eigene Herkunft. In einem sehr präzisen Sinne – dies enthüllt ihr Spätwerk – hat K. immer Orte beschrieben: Orte des Lebens, Erinnerungsorte, Gedankenorte, aber auch Orte der geschichtlichen Verbrechen, des Todes und des Eingedenkens.

Marie Luise von Holzing-Berstett stammte aus badisch-elsässischem Adelsgeschlecht. Sie wuchs in Berlin auf, wo ihr Vater als General in preußischen Diensten stand. Sie hat diese wohlbehütete, sozial privilegierte Jugend später immer als eine angstbeladene, qualvolle Zeit erinnert. Mag sie schreibend auch eine große Trennung von ihrer Vergangenheit vollzogen haben, so blieb sie in ihrem Lebensumkreis, ihrem Lebenszuschnitt doch von adligen Wertvorstellungen geprägt. Nach einer Lehre als Buchhändlerin kam sie 1924 erstmals nach Rom. Dort befreundete sie sich mit Guido von Kaschnitz-Weinberg, der bis 1932 als Assistent am Deutschen Archäologischen Institut tätig war. 1925 heirateten sie; 1928 wurde die einzige Tochter geboren. Die Universitätslaufbahn ihres Mannes bestimmte die weiteren Lebensstationen: 1932

Königsberg, 1937 Marburg, 1941 Frankfurt a. M., 1953 Rom. Seit 1956 war Frankfurt der ständige Wohnsitz, unterbrochen von längeren, regelmäßigen Aufenthalten in Rom sowie im heimatlichen Schwarzwalddorf Bollschweil bei Freiburg. An der Seite ihres Mannes durchkreuzte K. auf zahllosen Forschungs- und Studienreisen das gesamte Abendland, dessen Grenzen auch die Landkarte ihres Werks absteckt.

Sie scheint nur langsam und unter Mühen zum Schreiben gefunden zu haben. Die frühen Gedichte, Erzählungen und Romane sind überwiegend anempfundene Literatur: klassizistisch in der Form, neuromantisch in der Sprache, unpolitisch in der Mythisierung einer als zeitlos erlebten Natur. Die Auseinandersetzung mit der eigenen Gegenwart – wie in dem Roman *Liebe beginnt* (1933) – bleibt vereinzelt. »All meine Gedichte waren eigentlich nur der Ausdruck des Heimwehs nach einer alten Unschuld oder der Sehnsucht nach einem aus dem Geist und der Liebe neu geordneten Dasein« (*Rede zur Verleihung des Georg-Büchner-Preises*, 1955). Noch die Trümmerpoesie unmittelbar nach dem Zusammenbruch des Faschismus war eine humanistisch überblendete Fluchtliteratur (*Menschen und Dinge 1945*, 1946; *Totentanz und Gedichte zur Zeit*, 1948; *Zukunftsmusik*, 1950). Erst durch die Absage an die Feierton des Ewigmenschlichen findet sie als Lyrikerin in den frühen 50er Jahren zu einer eigenen Sprache (*Hiroshima*; *Tutzinger Gedichtkreis* – beide 1951). In immer erneuten Ansätzen (so z. B. *Zoon Politikon*, 1964) stellt sie sich in ihren mit dem Vorbild Paul Celans, aber auch mit den unversöhnlichen Widersprüchen der Kunsttheorie des Freundes Theodor W. Adorno auseinandersetzenden Gedichten der Trauerarbeit und dem Eingedenken des Faschismus, der sich in den Katastrophen der Gegenwart fortzeugt. Ihre Lyrik ist Vergegenwärtigung der Leidenswahrnehmung und Leidensfähigkeit – selbstquälerisch und selbstzweifelnd »Kargwort neben Kargwort« (*Müllabfuhr*, 1972) setzend.

Den Tod ihres Mannes hat sie als einschneidenden Bruch ihrer Biographie erlebt, als Verlust, aber auch als Identitätsgewinn, dem sich nun die Schleusen der Erinnerung öffnen. Erinnerung hat mit Archäologie zu tun; wie diese ist sie Erdarbeit ein Freilegen des verschütteten Ich. Das wohl konsequenteste Beispiel für die facettierte Schreibweise von K.s autobiographischer Prosa (u. a. *Wohin denn ich*, 1963; *Tage, Tage, Jahre*, 1968; *Steht noch dahin*, 1970) ist die *Beschreibung eines Dorfes* (1966). Sie umschreibt in diesem so eigenwilligen wie vollkommenen Prosatext nicht das Dorf, nicht ihre Erinnerung und auch nicht die Wirklichkeit seines gegenwärtigen Zustands, sondern – gleichsam in »Patrouillengängen« (Robert Minder) – die Arbeit, die sie im Vorfeld einer letzten Endes naiven literarischen Abbildung zu leisten hat: »Die Technik der Skizze hat keine andere Funktion, als auf einen eigentlichen Text zu verweisen, der niemals geschrieben werden wird« (Sabina Kienlechner).

Eine Vorkämpferin der Frauenemanzipation war K. nicht. Sie hat sich gerne auf eine »weibliche Position« zurückgezogen, unter der sie dann auch wieder litt, wenn man ihr Werk als »Damenliteratur« apostrophierte. Die karge, gleichsam Bild an Bild, Einstellung an Einstellung reihende Lyrik und Prosa ihrer letzten Jahre, das Weglassen und Aussparen jeder Vermittlung und Perspektive, als sei das Ganze das Unwahre; die mangelnde epische Fülle und dramatische Vehemenz, die sie zum ästhetischen Prinzip erhebt, erzeugt sie durch eine Art kindlicher Holzschnittechnik und Schwarzweißmalerei, mit jenen »traumhaft anmutenden Landschaftsskizzen«, von denen sie Horst Bienek erzählte, sie »mit ganz elenden Kinderbuntstiften ausgeführt zu haben, während mein Mann seinen archäologischen Studien nachging«. Gestorben ist K. in Rom, begraben liegt sie im heimatlichen Bollschweil.

Rettung durch Phantasie (1974) überschrieb sie den letzten Vortrag, den sie nicht mehr halten konnte. Der Titel spielt an auf die verwandelnde Kraft der Kunst, an die sie bis zuletzt geglaubt hat: »Adorno hat mir einmal von Gegenbildern gesprochen, die es gälte aufzurichten, um die Bilder des Friedens und der Harmonie erst recht zur Geltung zu bringen.«

Werkausgabe: Marie Luise Kaschnitz. Gesammelte Werke in 7 Bdn. Hrsg. von Christian *Büttrich* und Norbert *Miller*. Frankfurt a.M. 1981–1989.

Literatur: *Gersdorff*, Dagmar von: Marie Luise Kaschnitz. Eine Biographie. Frankfurt a.M. 1992; *Pulver*, Elsbeth: Marie Luise Kaschnitz. München 1984; *Schweikert*, Uwe (Hrsg.): Marie Luise Kaschnitz. Frankfurt a.M. 1984.

Uwe Schweikert

Kästner, Erich
Geb. 23.2.1899 in Dresden; gest. 29.7.1974 in München

Zu K.s 50. Geburtstag schrieb Wolfgang Harich folgende Zeilen über die K.-Lektüre seiner Jugendzeit: »Mit seinen Kinderbüchern hatte K. mir, als ich sieben oder acht Jahre alt war, in vorsichtiger, unaufdringlicher, aber äußerst wirksamer Dosierung jene moralisch-humanistischen Gegengifte verabreicht, die später der faschistische Staat unter allen Umständen von uns, von den ›Garanten der Zukunft‹, fernzuhalten wünschte. Trotzdem hätte ich für meinen Antifaschismus keine Garantie übernehmen mögen, wären mir nicht rechtzeitig K.s ›zersetzende‹ Gedichte gegen Krieg und Militarismus in die Hände gefallen.«

Mit dem »aufklärerisch-moralischen Grundton« und dem Antimilitarismus sind zwei wesentliche Züge von K.s literarischem Werk beschrieben. K., der Satiriker, Moralist, Journalist, Kabarett- und Drehbuchautor, »Gebrauchslyriker« und Romancier für Kinder und Erwachsene hatte eigentlich Lehrer werden wollen, doch die am Fletscherschen Lehrerseminar in Dresden hochgehaltene autoritäre Pädagogik und »Untertaneneinübung« des wilhelminischen Obrigkeitsstaates ließen ihn von diesem Berufswunsch Abstand nehmen. Seine üblen Erfahrungen während einer menschenunwürdigen Rekrutenausbildung 1917 taten ein übriges, um ihn zu einem entschiedenen Gegner aller autoritären Systeme und zu einem überzeugten, engagierten Pazifisten und Republikaner werden zu lassen. Der aus kleinbürgerlichen Verhältnissen stammende Musterschüler studierte mit dem »Goldenen Stipendium« der Stadt Dresden in Leipzig, Rostock und Berlin Germanistik, Geschichte, Philosophie und Theatergeschichte und wurde nach seiner Promotion über die *Erwiderungen auf Friedrichs des Großen Schrift »De la Littérature allemande«* (1925) als Journalist verschiedener Zeitungen, vor allem durch seine Theaterrezensionen und sein lyrisches Schaffen: *Herz auf Taille* (1928), *Lärm im Spiegel* (1928), *Ein Mann gibt Auskunft* (1930) und *Gesang zwischen den Stühlen*

(1932), schnell bekannt, geliebt und auch gefürchtet; einige seiner Gedichte fanden lebendige Interpreten in den Berliner Kabaretts. Weil K. in erster Linie »Zweckliteratur« schrieb, weil er eine leicht verständliche, sachliche und milieugeprägte Alltagssprache pflegte und eine Welt aus bürgerlicher Sicht porträtierte und nicht zuletzt, weil er die Klaviatur der komischen Töne vom heiteren Humor bis zum bitteren Sarkasmus meisterhaft beherrschte, gelang es ihm wie kaum einem anderen links engagierten Schriftsteller der 20er Jahre, nicht nur eine literarisch interessierte Minderheit, sondern ganze Volksschichten, die bis dahin von Lyrik nichts gewußt oder nichts gehalten hatten, für seine Verse zu begeistern. 1929 debütierte er mit dem Roman *Emil und die Detektive* als Kinderbuchautor; 1939 erschienen *Pünktchen und Anton* und *Der 35. Mai oder Konrad reist in die Südsee*; 1933 folgte *Das fliegende Klassenzimmer*, Literatur für Kinder, die sich durch ihren humorig-gemüthaften »Kästner-Ton«, die entwaffnenden und einnehmenden Gesten für die »kleinen Helden« und eine gewisse Idyllensehnsucht auszeichnete und auf eine durch Klugheit, Besonnenheit und Mitmenschlichkeit kontrollierte Tugendpraxis zielte.

Doch trotz oder vielleicht auch wegen seiner literarischen Erfolge blieb K. gerade bei der linksbürgerlichen Intelligenz umstritten; seinen schärfsten Kritiker fand er in Walter Benjamin, der ihm und seinen Zeitgenossen Walter Mehring und Kurt Tucholsky in seinem Essay *Linke Melancholie* (1931) zum Vorwurf machte, seine »politische Bedeutung« erschöpfe sich »mit der Umsetzung revolutionärer Reflexe ... in Gegenstände der Zerstreuung« und des »Amusements«, die sich »dem Konsum zuführen« ließen. Wenn auch diese Kritik zu hart ausfiel (Alfred Andersch), so traf sie doch zu, sofern K. mit seinen satirisch-kritischen Gedichten deshalb auf breite Zustimmung in bürgerlichen Kreisen rechnen konnte, weil sein lyrischer Protest »nicht selten ungenau gezielt und unzureichend begründet war« und aus diesem Grunde lediglich ein »literarisch konfektioniertes Unbehagen« zur Folge hatte. Besonders deutlich wurde dies in seinem zeitkritischen Roman *Fabian* (1931), in dem sich K. weitgehend auf eine Widerspiegelung der Krisenphänomene der 20er Jahre beschränkt und das Scheitern des Moralisten Fabian, der die Menschen »anständig und vernünftig« machen wollte, zum Thema macht. Jegliche Fundierung in einem breiteren sozialgeschichtlichen Rahmen fehlt. Der politischen Rechten, den Prüden und den Moralaposteln war und blieb K. wegen seiner Offenheit, auch in Dingen der Sexualmoral, ein Dorn im Auge. Am 10. Mai 1933 mußte er die Verbrennung seiner Bücher unter der Diktatur der Nationalsozialisten erleben. Trotz der gefährlichen Situation, der Verhaftungen und Verhöre emigrierte K. nicht, sondern versuchte, sich mit seinen Kinderbüchern und humoristischer Unterhaltungsliteratur wie *Drei Männer im Schnee* (1934), *Die verschwundene Miniatur* (1935) und *Georg und die Zwischenfälle* (1938; als *Der kleine Grenzverkehr*, 1949), die wie seine anderen Stücke nur im deutschsprachigen Ausland erscheinen durfte, über Wasser zu halten. Als die Nazis erfuhren, daß er unter einem Pseudonym das Drehbuch für eine Verfilmung der *Abenteuer des Barons von Münchhausen* zum 25jährigen Jubiläum der UFA geschrieben hatte, wurde er 1942 mit dem totalen Schreib- und Publikationsverbot belegt.

Die zwölf Jahre innerer Emigration und Isolation hatten ihn, wie er es selbst in seiner Einschätzung der kulturgeschichtlichen Auswirkungen der Naziherrschaft beschreibt, ins »Provinzielle« abgleiten lassen. Seine literarische Abrechnung mit dem autoritären Staat in *Die Schule der Diktatoren* (1956) kann kaum als Beitrag zur intellektuellen Durch-

leuchtung und Bewältigung der Hitler-Diktatur gelten, und auch seine 1949 erschienene *Konferenz der Tiere* zeigte, daß er seine moralischen Appelle eher in den aufklärerischen Stil der Tierfabel zu kleiden verstand. Um so entschiedener setzte er sich für den
kulturellen Wiederaufbau und für ein entmilitarisiertes Deutschland ein. Als eindringlicher Mahner trat er seinen Lesern mit seinen Tagebuchaufzeichnungen *Notabene 45, ein
Tagebuch* (1961) gegenüber, leistete mit seinen kritischen Strophengedichten unverzicht-
bare Dienste für die Münchner Kabaretts »Die Schaubude« und »Die kleine Freiheit«
und blieb auch seinem Engagement für die Jugend treu, indem er die Jugendzeitschrift
Pinguin herausgab. Vor allem wegen seiner Kinderbücher wurden ihm in vielen Ländern der Welt Preise zuerkannt; 1957 erhielt er den Georg-Büchner-Preis. Trotzdem
mußte er im Oktober 1965 zum zweiten Mal erleben, daß in Düsseldorf seine Bücher
öffentlich verbrannt wurden, dieses Mal von der dortigen Jugendgruppe des Bundes
entschiedener Christen.

Werkausgabe: Erich Kästner. Gesammelte Schriften. 6 Bde. Zürich/Berlin/Köln 1959.
Literatur: *Bennmann,* Helga: Humor auf Taille. Erich Kästner, Leben und Werk. Frankfurt a. M.
1985; *Bäumler,* Marianne: Die aufgeräumte Wirklichkeit des Erich Kästner. Köln 1984; *Wolff,*
Rudolf (Hrsg.): Erich Kästner. Werk und Wirkung. Bonn 1983; *Kiesel,* Helmut: Erich Kästner.
München 1981.

Roland Tscherpel

Keller, Gottfried
Geb. 19.7.1819 in Zürich; gest. 15.7.1890 in Zürich

Am Lebensende ist der Schweizer Autor ein berühmter deutscher Dichter. Als er den siebzigsten Geburtstag feiert,
erreicht ihn aus Berlin eine Glückwunschadresse mit mehreren hundert Namen, darunter Helmuth Graf von Moltke,
Heinrich von Treitschke, Herman Grimm und Theodor Fontane. Dazu K. nicht ohne Ironie: »Gerade, wie wenn ich ein
vornehmer Herr wäre!«.
Nein, das ist er nicht und das wollte er auch nicht werden. Der
Sohn eines frühverstorbenen Drechslermeisters wächst in
bescheidenen Verhältnissen auf, bleibt der kleinen-Leute-
Welt immer verbunden und hat doch unbescheidene Wün-
sche. Nachdem er wegen eines Jugendstreichs die Industrieschule verlassen muß,
nimmt er Malunterricht, und ein anschließender Aufenthalt in der Kunststadt München von 1840 bis 1842 soll der künstlerischen Vervollkommnung dienen. Der Erfolg
bleibt aus und die alte traumatische Furcht, ein »untätiges und verdorbenes Subjekt« zu
werden, wächst damit. Die heimatliche Kantonalsregierung gewährt Stipendien, und
die sparsame Mutter unterstützt ihren Sohn bis zu dessen 42. Lebensjahr. So kann K. in
Heidelberg (1848/49) studieren, wo er u.a. die Bekanntschaft Ludwig Feuerbachs
macht, dessen Materialismus von nun an für die eigene Weltanschauung prägend bleibt.
So kann er mehrere Jahre in Berlin verbringen (1850 bis 1855), dessen einflußreiche
Salons der gesellschaftlich eher unbeholfene K. – er ist nach Varnhagen von Enses
Urteil »für die Welt etwas verschroben, nicht ganz brauchbar zugerichtet« – aufsucht,

dessen Literatencliquen er aber meidet. Das subjektive Ziel des Berlinaufenthalts, aufgrund häufiger Theaterbesuche eigene Entwürfe auszuführen, wird nicht erreicht. Dennoch kommt der Stipendiat nicht ohne Resultate zurück, denn in Berlin entstehen wichtige Prosaarbeiten, wie der erste Teil des Novellenzyklus *Die Leute von Seldwyla* (1856) und der autobiographische Roman *Der grüne Heinrich* (1854/55). Auch wenn der Heimgekehrte inzwischen eine gewisse lokale Reputation besitzt – schon seit den vierziger Jahren ist er mit Georg Herwegh und Ferdinand Freiligrath bekannt – jetzt verkehrt er mit Georg Semper und Friedrich Theodor Vischer, so kann er doch von seinen literarischen Arbeiten nicht leben. Depressionen bleiben nicht aus, zumal der kleingewachsene Mann trotz mehrfacher demütiger Versuche keine Lebensgefährtin findet und von der Mutter (bis zu ihrem Tod 1864) und der Schwester (bis 1888) versorgt wird. So führt er ein Junggesellenleben mit häufigen Wirtshausbesuchen und gelegentlicher Randale. Eine Neigung zum Bummelantentum ist unverkennbar. Wirkt aber schon Berlin mit seiner nüchtern-norddeutschen Atmosphäre nach eigenen Angaben als »Korrektionsanstalt«, so verlangt das hochdotierte Amt des Staatsschreibers (1861 bis 1876) – K.s überraschende Wahl erregt »allgemein ein staunendes Kopfschütteln« (*Eidgenössische Zeitung* vom 17.9.1861) – eine Selbstdisziplin, die der Schriftsteller später nutzen kann.

Die Rückkehr von Berlin nach Zürich kann nicht, wie bei Theodor Storm oder Wilhelm Raabe, als Flucht in eine provinzielle Idylle bewertet werden, weil das geographische Abseits ein politisches Mittendrin befördert: die Schweizer Demokratie erlaubt politisches Handeln und öffentliche Auseinandersetzungen, an denen K., auch publizistisch, teilnimmt. Die Schweizer Gesellschaft läßt noch einen revolutionären Geschichtsoptimismus zu, der auch das aufklärerische Citoyen-Ideal als einzulösendes umfaßt. Deshalb lehnt der Demokrat K. radikaldemokratische Bestrebungen des Proletariats ebenso als zerstörerische ab wie den bourgeoisen Klassenegoismus, der dazu drängt, »so gut wie überall nach Geld und Gewinn zu jagen« (Brief an L. Assing vom 21.4.1856) und dabei das Gemeinwohl vernachlässigt. Weltanschaulich-politisch steht K. so im Gegensatz zur restaurativen deutschen Entwicklung nach dem Scheitern der 48er Revolution, während er sich literarisch-künstlerisch, auch in zahlreichen Briefwechseln (u.a. mit Hermann Hettner, Paul Heyse, Theodor Storm), nach Deutschland orientiert und eine eigene Schweizer Nationalliteratur ablehnt. Unter diesen Umständen gerät die persönliche Vereinzelung nicht zur gesellschaftlichen Einsamkeit; K. sondert sich nicht desillusioniert wie Gustave Flaubert oder resigniert wie Theodor Storm von der bürgerlichen Gesellschaft ab, sondern er bestimmt sich als tätiger Bürger seines Gemeinwesens. Aus dieser demokratischen Bürgerlichkeit beziehen Prosa und Lyrik ihre anschauliche Lebensfreude, ihre Freude am Dinglich-Zuständlichen. Mit ihr wird auch ein Literaturverständnis deutlich, das in der Tradition der Klassik am Selbstzweck der Literatur festhält, oder, wie K. es gelegentlich ausdrückt, deren »Reichsunmittelbarkeit« betont und das ihr zugleich mit dem Ausspruch, »das Didaktische im Poetischen aufzulösen, wie Zucker oder Salz im Wasser« eine öffentliche Wirkung zuspricht.

Die soziale Bindung und gesellschaftliche Funktion der Literatur bedingt in der Lyrik die Neigung zum weltanschaulichen Bekenntnis und zum Vermeiden jeglicher formaler Artistik. K. benutzt überlieferte Strophen- und Versformen. Neben dem Lied bevorzugt er Sonette, Ghasele und Balladen. Die erste Sammlung *Gedichte* (1846) belegt, wie sehr der Autor mit seiner Naturlyrik und politischen Lyrik an den Vormärz-aktivismus anknüpft, obgleich sich der Schweizer stärker als seine deutschen Vorbilder Anastasius Grün und Georg Herwegh auf die konkrete Wirklichkeit einläßt und sein rhetorisches Pathos dämpft. Die folgenden Gedichte lassen eine steigende Tendenz zu stärkerer Objektivierung der lyrischen Aussage erkennen (vgl. *Neuere Gedichte*, 1851). Besonders in der »Festlyrik«, jenen Gelegenheitsgedichten zu Schützen-, Sänger- und Kadettenfesten, löst die Sprachwerdung des Öffentlich-Gemeinsamen die subjekti-vierte lyrische Erlebnissprache aus. Auch wenn die Alterslyrik zum Erlebnis- und Stim-mungsausdruck zurückkehrt, so bleibt doch eine Weltoffenheit als Konstante, die ihr Fundament in der Positivität der bürgerlichen Welt, in der Bejahung der politischen Freiheit und wirtschaftlichen Blüte hat.

Über die Schweiz hinaus wird K. allerdings, wenn auch verspätet, mit seiner Prosa bekannt. Die Gratulation zum siebzigjährigen Geburstag gilt insbesondere dem Novel-listen, der sich von der ursprünglichen Programmatik, einer in die zeitgeschichtlichen Ereignisse eingreifenden Literatur, trennt und sich überschaubaren heimatlichen Stof-fen zuwendet – ähnlich wie Theodor Storm oder Wilhelm Raabe, sich zugleich doch von beiden markant unterscheidend. So erhält in dem zweiteiligen Novellenzyklus *Die Leute von Seldwyla* (1865 u. 1874) das einzelne isolierte Geschehen der Novelle durch den in den Vorreden hergestellten Bezug zur gleichnamigen fiktiven Narrenstadt einen umfassenderen epischen Bezug. Der unabgeschlossene Rahmen verweist hier auf eine spezifisch schweizerische, gesellschaftlich-geschichtliche Kohärenz. Die zehn Geschichten über die gemütlichen, biedermeierlichen Seldwyler, die sich naiv, aber bis-weilen auch selbstsüchtig durchwursteln, sind mit humorvoll-ironischer Distanz erzählt. K. legt unzulängliche Verhältnisse und Verhaltensweisen bloß und verleiht dem Geschehen bisweilen satirische, aber auch komisch-versöhnliche Züge. Dabei benutzt er, sich um Novellentheorie wenig kümmernd, Elemente des gesellschaftskritischen Realismus ebenso wie die des Märchens oder des Schwanks. Die fünf Erzählungen des Zyklus *Züricher Novellen* (1876/77) wollen als positives Pendant zu den *Leuten von Seld-wyla* Züricher Bürgersinn darstellen. Ihren artistischen Höhepunkt erreicht K.s Novelli-stik mit dem *Sinngedicht* (1881), in dem der Rahmen, die Geschichte einer sich anbah-nenden Liebe, selbst zur Novelle wird.

In *Der grüne Heinrich* (1. Fassung 1854/55; 2. Fassung 1879/80), dem bedeutendsten Entwicklungsroman des sogenannten bürgerlichen Realismus, erzählt K. eine »geistige Robinsonade«, in der »man zuschaut, wie sich ein Individuum alles neu erwerben, aneignen und einrichten muß« (Brief an Hermann Hettner vom 26. 6. 1854). Jene erzählerische Überschaubarkeit garantiert im Roman der autobiographische Bezug. In der zweiten objektivierten Fassung – nur die will der Autor gelten lassen – schildert der »Ich-Erzähler« das Scheitern des Künstlers Heinrich Lee, der als Oberamtmann schließ-lich eine selbstgenügsame, aber nützliche Existenz findet. Die Frage nach einem sinner-füllten Leben erhält so eine bescheidene Antwort.

Werkausgaben: Gottfried Keller: Sämtliche Werke. 7 Bde. Frankfurt a. M. 1985 ff.; Gesam-melte Werke in drei Einzelbänden. München 1978 u. ö.

Literatur: *Boeschenstein*, Hermann: Gottfried Keller. Stuttgart ²1977; *Muschg*, Adolf: Gottfried Keller. München 1977.

Georg Bollenbeck

Kempowski, Walter
Geb. 29. 4. 1929 in Rostock

Unter seinem Schreibtisch ist im Boden ein Stein eingelassen, der aus dem Steinbruch des Zuchthauses Bautzen stammt. 1948 war K., Sohn eines Rostocker Reeders, wegen angeblicher Spionage gemeinsam mit seinem Bruder Robert zu 25 Jahren Zuchthaus verurteilt worden. Auch die Mutter mußte wegen Mitwisserschaft für 6 Jahre nach Bautzen. Als K. 1956 amnestiert wird, beginnt er aus Erbitterung, nicht als politischer Häftling anerkannt zu sein, aus dem Schuldgefühl seiner Mutter gegenüber und auf soziale Kränkungen hin, den »Bautzen-Stoff« aufzuarbeiten: »Ich begann meinen Ärger zu sublimieren und mir die Einzelheiten meiner Haft ins Gedächtnis zu rufen, da die amtliche Anerkennung mir verweigert wurde, sie auf anderem Gebiet zu ertrotzen«. Nach einer Phase literarischer Produktion, in der er stark von Franz Kafka abhängig war, veröffentlicht K. nach langem Experimentieren 1969 *Im Block. Ein Haftbericht.* Nach und nach ordnet der Schriftsteller seine Vergangenheit, bringt Struktur in sie. Zeugenaussagen, Bilder, Erinnerungen, Kinoplakate, Zeitungsabschnitte, Aktennotizen, Verbalimpressionen etc. werden in Zettelkästen gesammelt und systematisiert. Die neun Romane, die aus diesem Material entstanden sind, bilden die Chronik des deutschen Bürgertums am Beispiel der Familie Kempowski, welche die Stadtgeschichte Rostocks und die deutsche Zeitgeschichte in sich vereint. Mit dem 1971 erscheinenden Band *Tadellöser & Wolff* (verfilmt von Eberhart Fechner), der die Kriegsphase von 1939 bis 1945 schildert, verschafft sich K. einen festen Platz in der zeitgenössischen Literatur. In pointillistischer Erzählmethode reiht der Protokollant unkommentiert und äußerst ironisch Redensarten, Zeugenaussagen, Fakten in der Art von Momentaufnahmen und Stereotypen aneinander. Das Collage-Prinzip durchzieht die gesamte Chronik, so sind z. B. *Aus großer Zeit* (1980) und *Ein Kapitel für sich* als Großcollagen gearbeitet. Die Geschehnisse von 1900 bis 1957 reichen von »Tadellöser & Wolff« bis »Miesnitzdorfer & Jenssen«, entlocken der naiven Mutter oft ein »Wie isses nun bloß möglich?« und dem überaus konservativem Vater ein »Klare Sache, und damit hopp!« K. erlebte seine Kindheit zwischen Harzausflug und Klavierstunden, Pimpfappell und Bombenalarm; »als andere schon lange an der Front standen oder im Gefängnis saßen, ging ich in Warnemünde baden. Unangenehm und störend war lediglich das Üben von Linksum und Rechtsum in der Hitlerjugend. Ich hätte in dieser Zeit lieber Platten gehört oder Bücher gelesen.« Bestandteil der Chronik sind auch die Befragungsbände *Haben sie Hitler gesehen?*, *Haben Sie davon gewußt?* und *Immer so durchgemogelt.*

Die starke emotionale Bindung an seine Eltern, insbesondere an seinen Vater, der als Reserveoffizier im Zweiten Weltkrieg fällt, äußert sich besonders in einem seiner Hörspiele (*Moin Vaddr läßt*, 1980). K. wird Flakhelfer und anschließend Druckereilehrling. Nach seiner Haftentlassung holt er das Abitur nach und studiert in Göttingen Geschichte, Germanistik und Pädagogik: »Viel Zeit verbrachte ich in den verschiedenen Antiquariaten. Bei Kerst kaufte ich mir von dem überschüssigen Nachhilfestundengeld Kafka und grüne Galsworthy-Romane, fünf Mark das Stück, diese riesige Familiensaga, von der man nicht genug kriegen kann, und Gottfried Keller, sechs Bände mit Wasserschaden für nur fünfundzwanzig Mark.« In Göttingen lernt er auch Hildegard Janssen, eine niedersächsische Pfarrerstochter, die ebenfalls den Lehrerberuf anstrebt, kennen. Die beiden heiraten und werden als Junglehrerehepaar 1965 an eine Zwergschule in Nartum bei Bremen versetzt. Von K.s pädagogischer Erfahrung profitieren seine Kinder- und Schulbücher, die in den 70er Jahren entstehen (u. a. *Unser Herr Böckelmann*, 1979). Nach der Schließung der Landschule lehrt er zunächst an einer Mittelpunktschule in Zeven und nimmt dann 1979 eine Stelle als Lehrbeauftragter an der Universität Oldenburg an, lebt aber mit seiner Frau und den beiden Kindern weiterhin auf dem Land.

Notizen aus seinem Tagebuch von 1983 finden zweifach Eingang in K.s Werk. In den *Hundstagen* (1988) verbringt der alternde Schriftsteller Alexander Sowtschick einen ungewollt turbulenten Sommer mit der jungen weiblichen Generation. Die Tagebuchaufzeichnungen bilden zum anderen das Fundament von *Sirius. Eine Art Tagebuch* (1990). K. verarbeitet hier den ihn umgebenden Mikrokosmos, indem er die Ereignisse von 1983 durchsetzt mit Kommentaren aus dem Jahr 1990, Rückblenden in die Nachkriegszeit und in das Jahr 1973 sowie mit Dokumenten aus seinem Archiv und zahlreichen Zeichnungen und Fotographien. Erstmals schreibt K. auch über seine schriftstellerischen Techniken.

1992 erscheint *Mark und Bein,* eine »Episode« über ein Trio auf einer PR-Fahrt durch Ostpreußen, das sich auf dieser Reise mit der allgegenwärtigen Vergangenheit auseinandersetzen muß. In seinem »Haus Kreienhoop«, in dem K. regelmäßig Literaturseminare abhält, befinden sich auch sein Bildarchiv mit rd. 200 000 Fotos und eine umfangreiche Sammlung von Biographien und Tagebüchern. »Inzwischen hat sich ganz von selbst ein Projekt ergeben, in das ein großer Teil der zeitgenössischen Berichte eingehen könnte: Das *Echolot. Ein kollektives Tagebuch von 1943–1949«.* 1993 erschienen die ersten vier Bände dieser langatmigen dokumentarischen Chronik, von der Literaturkritik euphorisch aufgenommen und innerhalb weniger Monate in vierter Auflage. Die vier Bände dokumentieren in den gängigen Formen privater Mitteilungen Innen und Außen der Deutschen im Dritten Reich und umfassen die Monate Januar und Februar 1943. »Damit werde ich mich wahrscheinlich den Rest meiner Tage beschäftigen«, meint ihr Sammler und Herausgeber.

Literatur: *Dierks,* Manfred: Autor-Leser-Text: Walter Kempowski. *Dierks,* Manfred: Walter Kempowski. München 1984. Künstlerische Produktivität und Leserreaktionen am Beispiel »Tadellöser & Wolff«. München 1981.   *Susanne Wimmer*

Kerner, Johann Georg
Geb. 9. 4. 1770 in Ludwigsburg; gest. 7. 4. 1812 in Hamburg

Der »Revolutionsmann« K., der nach Georg Forsters begeisterten Worten »Freiheit wie ein Vulkan sprühte«, stammte aus einer streng monarchisch gesonnenen württembergischen Beamtenfamilie. Sein Vater stand im Dienst des Herzogs Karl Eugen, dessen despotische Regierungsmethoden bereits den jungen Friedrich Schiller zum Rebell werden ließen. Wie Schiller wurde auch K. Zögling der berühmt-berüchtigten Karlsschule in Stuttgart, der »Sklavenplantage«, wie sie Christian Friedrich Daniel Schubart nannte. Gegen den Willen des Vaters entschied sich K. für das Medizinstudium, in der stillen Hoffnung, als Schiffsarzt der Enge und Repression in Deutschland entfliehen zu können. Der Ausbruch der Französischen Revolution von 1789 sollte auch sein bis dahin streng reglementiertes Leben revolutionieren. Unter dem Eindruck der Ereignisse in Frankreich verließ er die Karlsschule und ging nach Straßburg, wo er – ähnlich wie Georg Büchner eine Generation später – seine medizinischen Studien fortsetzte und zugleich Mitglied im dortigen Jakobinerklub wurde. 1791 reiste er weiter nach Paris, um der Revolution ganz nahe zu sein. Mit publizistischen Arbeiten schaltete er sich in die revolutionären Auseinandersetzungen ein und vermittelte Nachrichten aus dem revolutionären Frankreich nach Deutschland. Seine *Briefe aus Paris* (1797) und die sich inhaltlich daran anschließenden *Briefe, geschrieben auf einer Reise von Paris nach den Niederlanden* (1797/98), gehören zusammen mit den Reiseberichten Johann Georg Forsters und Andreas Georg Friedrich Rebmanns zu den besten Beispielen politischer Publizistik am Ende des 18. Jahrhunderts in Deutschland. K. arbeitete jedoch nicht nur publizistisch für die Revolution, er trat auch direkt in französische Dienste und wurde in die Widersprüche der revolutionären Entwicklung sehr handgreiflich und schmerzhaft verwickelt. Er geriet auf die Proskriptionslisten Robespierres, konnte jedoch fliehen, sein revolutionäres Selbstverständnis blieb ungebrochen. Nach dem Sturz der Jakobiner kehrte er nach Frankreich zurück und trat wieder in französische Dienste. Als Emissär der Regierung nach Deutschland geschickt, setzte er sich für eine Veränderung der politischen Verhältnisse in seinem Heimatland ein, geriet jedoch mit seinen politischen Ansichten und Absichten alsbald in Konflikt mit der offiziellen französischen Politik und mit den Bedingungen und Möglichkeiten in Deutschland. Als Napoleon die Macht übernahm, quittierte K. den französischen Dienst und kehrte nach Deutschland zurück, wo er als Journalist und Schriftsteller in einer Zeit der allgemeinen Restauration und Resignation die Ideale der Revolution weiter zu verbreiten suchte, dabei aber sehr schnell an Grenzen stieß. Er mußte erkennen, daß »die vereinzelte Kraft nur noch die Ehre des einzelnen retten« konnte. Als Armenarzt in Hamburg setzte er in den letzten Jahren seines Lebens alle seine Kräfte für diejenigen ein, denen er politisch nicht helfen konnte. Er starb in Ausübung seines Berufes als Opfer der Flecktyphusepidemie, die 1812 in Hamburgs Armenvierteln wütete.

Literatur: *Engels,* Hans-Werner: Republikaner ohne Republik. Georg Kerners »Reisen« 1796–1801. In: Europäische Reiseliteratur im 18. und frühen 19. Jahrhundert. Hrsg. von Wolfgang

Griep und Hans-Wolf *Jäger.* Heidelberg 1990; *Voegt,* Hedwig (Hrsg.): Georg Kerner. Jakobiner und Armenarzt. Reisebriefe, Berichte, Lebenszeugnisse. Berlin 1978; *Wohlwill,* Adolph: Georg Kerner. Ein deutsches Lebensbild aus dem Zeitalter der Französischen Revolution. Hamburg und Leipzig 1886.

Inge Stephan

Kerner, Justinus
Geb. 18.9.1786 in Ludwigsburg; gest. 21.2.1862 in Weinsberg

David Friedrich Strauß' Nachruf auf seinen ihm geistig so ungleichen Landsmann und Freund befaßt sich eingehend mit der ungewöhnlichen Art von dessen Prominenz: »Der Reisende glaubte nicht in Schwaben gewesen zu sein«, schreibt der linkshegelianische Theologe und Bibelkritiker in Übereinstimmung mit anderen Zeugen für die liebenswürdige, »poetische Persönlichkeit« des Angesprochenen, »wenn er nicht das Kernersche Haus besuchte; hatte er es aber einmal besucht, so kam er womöglich wieder oder schickte andere, die er durch seine Schilderung begierig gemacht hatte; und so wurde dieses kleine Haus zu einem Wallfahrtsorte, einem Asyl, wo Empfängliche Anregung für Geist und Herz, Bekümmerte Trost, Lebensmüde Erquickung suchten und fanden... So wurde mancher Fremde, der im Wirtshause abgestiegen war, von Kerner in sein Haus geholt, von der gütigen Hausfrau darin festgehalten... Wirklich waren in seiner Nähe, in seiner Atmosphäre die Menschen besser, wenigstens erträglicher als oft anderwärts, und so vertrugen sich auch in seinem Hause Gegensätze, die sich sonst ausschlossen«.

K.s berühmtes Domizil unterhalb der Burgruine Weibertreu, das er drei Jahre nach seiner Ernennung zum Oberamtsarzt in Weinsberg 1822 bezieht, ist aber nicht nur Schauplatz dieser toleranten, klassenlosen Gastlichkeit, an der Mitglieder von Fürstenhäusern ebenso teilhaben wie wandernde Handwerksburschen, Gelehrte ebenso wie Bauern, Anhänger der Restauration nicht minder als deren Gegner oder Flüchtlinge des gescheiterten Aufstands in Polen von 1830/31. Es gilt ferner, wie Karl Leberecht Immermann spottet, als »das Hauptquartier des Geisterreiches«, wo man »die besten dämonischen Umstände« vorfindet und bei K.s Therapien auf der Grundlage seiner »Vorliebe für die Erscheinungen des Nachtlebens der Natur, für Magnetismus und Pneumatologie« zugegen sein kann. Der Neunjährige war, wie sein *Bilderbuch aus meiner Knabenzeit* (1849) berichtet, in Maulbronn selbst durch eine »magnetische Manipulation« von einer nervösen Magenerkrankung geheilt worden. Schließlich ist K.s Haus auch ein Treffpunkt jenes in der literarischen Polemik der 30er Jahre umstritten Freundeskreises, den er selbst freilich nicht als homogene schwäbische »Schule« mißverstanden wissen will.

Schon in der Vorgeschichte dieser Gruppe kommt K. eine Schlüsselrolle zu. Über den Umweg zweier kaufmännischer Lehrjahre auf der herzoglichen Tuchfabrik Ludwigsburg nach dem Tod seines Vaters – der, wie beide Großväter, den Rang eines Oberamtmanns und Regierungsrats bekleidete –, nimmt er Ende 1804 in Tübingen das Studium der Medizin auf. Um ihn und Ludwig Uhland, der trotz späterer weltanschaulicher und politischer Differenzen zeitlebens sein engster Vertrauter bleibt, bildet sich ein Zirkel literarisch interessierter Kommilitonen. In K.s Bude liegen von Januar bis März 1807 die acht Folgen des handschriftlichen *Sonntagsblatts für gebildete Stände* auf, eines von der Rezeption romantischer Texte geprägten Gegenunternehmens der Freunde zu Johann Friedrich Cottas neugegründetem *Morgenblatt für gebildete Stände* mit seiner anfänglichen Ausrichtung an der Ästhetik eines rationalistischen Klassizismus.

Dem Vorbild des Volkslieds sowie der heimatlichen Sage und Geschichte sind seine vom gleichen Jahr an (später auch im *Morgenblatt*) veröffentlichten, handwerklich oft nachlässigen Gedichte, in denen der schwermütige Ton überwiegt, besonders verpflichtet. 1826 legt der bis ins Alter hinein produktive Lyriker eine erste Gesamtausgabe vor, die bis 1854 fünf Auflagen erlebt. Die frühen literarischen Auseinandersetzungen mit den »Plattisten«, Erfahrungen seines Studiums – als Praktikant hatte er kurz den »wahnsinnigen« Friedrich Hölderlin beobachtet – sowie Erlebnisse eines längeren, vor allem der fachlichen Weiterbildung dienenden Aufenthalts in Norddeutschland und Wien im Anschluß an seine Promotion gehen in den Roman *Die Reiseschatten* (1811) ein, dessen durchgehaltene Ironie sowie dessen Integration von lyrischen und dramatischen Partien auf wichtige Postulate der Frühromantik verweist. Mit zwei Untersuchungen über »die in Württemberg so häufig vorfallenden tödlichen Vergiftungen durch den Genuß geräucherter Würste« (1820 und 1822), von denen gerade die ärmere Bevölkerung betroffen ist, leistet K., der bis zu seiner Übersiedlung nach Weinsberg in einigen kleineren schwäbischen Orten tätig ist, einen bedeutsamen Beitrag zur zeitgenössischen medizinischen Forschung. Unter der Vielzahl der Schriften aus den folgenden Jahrzehnten, in denen er, gelegentlicher Ironisierungen ungeachtet, seinen »Glauben an die Existenz von Geistern« bis zur Verstiegenheit vertritt, erregt seine Beschreibung des Falles der *Seherin von Prevorst* (1829) das größte Aufsehen.

Halb erblindet, beantragt K. 1850 seine Versetzung in den Ruhestand, in dem er durch die Könige von Württemberg und Bayern mit Ehrenpensionen unterstützt wird. Mit Abscheu registriert er die »Dampfestollheit« der Zeit und (als Gegner der Revolution von 1848) den »wüsten Streit in der Politik«. Beide Entwicklungen bedeuten für ihn das Ende der Poesie.

Werkausgabe: Justinus Kerner. Ausgewählte Werke. Hrsg. von Gunter E. *Grimm.* Stuttgart 1981.
Literatur: *Grüsser,* Otto-Joachim: Justinus Kerner. 1786–1862. Arzt – Poet – Geisterseher. Berlin 1987; *Jennings,* Lee Byron: Justinus Kerners Weg nach Weinsberg (1809–1819). Die Entpolitisierung eines Romantikers. Columbia/S.C. 1982; *Fröschle,* Hartmut: Justinus Kerner und Ludwig Uhland. Geschichte einer Dichterfreundschaft. Göppingen 1972; *Lahnstein,* Peter: Justinus Kerner. In: Lahnstein, Peter: Bürger und Poet. Dichter aus Schwaben als Menschen ihrer Zeit. Stuttgart 1966. S. 117–152.   *Hans-Rüdiger Schwab*

Kerr, Alfred

Geb. 25. 12. 1867 in Breslau; gest. am 12. 10. 1948 in Hamburg

»Ist es Wirklichkeit? Ich sehe zurück auf mein Leben und merke, daß ich ein Kritiker war.« Mit diesen Worten eröffnet K. die *Einleitung* zu seinen *Gesammelten Schriften*, die der S. Fischer Verlag 1917 in fünf Bänden vorlegt: *Die Welt im Drama* zieht die Quersumme eines kämpferischen Lebens für das Theater, denn die kritische Beobachtung von Drama und Theater, der engagierte Einsatz für neue Talente wie die schonungslose Ablehnung vermeintlicher Begabungen auf den Brettern, die die Welt bedeuten, sind die Profession des Stars im Berliner Feuilleton.

Eine solche Karriere hatten sich die Eltern, der Weinhändler Emanuel Kempner und seine Frau Helene für ihren Sohn Alfred (erst 1909 erhält dieser die ministerielle Erlaubnis, den Namen Kerr zu führen) nicht vorgestellt. Die Universitätslaufbahn, die nach dem erfolgreichen Studium der Philosophie und Germanistik sicher gewesen wäre, genügt dem Jungakademiker, der über Clemens Brentanos *Godwi* 1894 bei Erich Schmidt in Berlin promoviert wird, hingegen nicht. Ein einstiger Studienkollege, der Theaterdirektor Otto Brahm, unterstützt dessen Wunsch nach freier Schriftstellerei. Schon im Jahr darauf etabliert sich K. als Theaterkritiker; er schreibt für die *Nation*, die *Breslauer Zeitung*, die *Königsberger Allgemeine Zeitung* und ab 1901 für den *Tag*. Von 1919 bis zum 15. Februar 1933, dem Datum der überstürzten Flucht aus dem faschistischen Deutschland, ist er beim *Berliner Tageblatt*. Daneben entfaltet K. rege publizistische Aktivitäten in den verschiedensten Periodika – von S. Fischers *Neuer Deutscher Rundschau* bis zu Franz Pfemferts *Aktion*. Mit einer Vortragsreihe im Rahmen der *Berliner Funkstunde* nutzt K. darüber hinaus sehr konsequent das neue Medium Radio für kritische Kommentare zu Fragen aus Kunst und Politik.

K.s Verdienste um die Entwicklung des deutschen Theaters nach der Jahrhundertwende steht in engem Zusammenhang mit seinem Eintreten für den Naturalismus. Ein Theaterabend der »Freien Bühne« im Oktober 1889 ist der Auslöser: Die »Vorstellung hieß ›Vor Sonnenaufgang‹ und war von einem unbekannten Gerhart Hauptmann – mit bewußt hartem ›t‹. Eine Szene vor allem blitzt in mir auf (sie tat es in der Zwischenzeit öfter); selbst mein Ohr hielt die fast erschreckenden Geräusche fest. Der Held, junger Weltverbesserer, steht hier vor einem Geschäftsmann. Und der Dichter hatte beide so kennzeichnend gemalt, dass die Hörerschaft nicht umhin konnte, den wurstigen Durchschnittler mit gewitterstarkem Beifall zu belohnen. Das Haus raste. Ich sah nicht das losgelassene Banausentum: sondern die Gestaltung eines Dramatikers.« Hauptmann findet in K. einen engagierten Fürsprecher, der ihn wohlwollend-kritisch begleitet bis zu jenem bitteren Ende, da K., inzwischen ins Exil vertrieben, Hauptmann öffentlich die langjährige Freundschaft aufkündigt, als dieser zu Hitler schweigt.

Unter dem Stichwort Realismus verabschieden die Jungen das Illusionstheater. Mit ihnen bricht sich eine theatralische Moderne Bahn, die folgenreich für die weitere Entwicklung des Theaters wird, die K. geist- und erkenntnisreich begleitet. Dabei versagt er sich jeder Kumpanei. Dauerhafte Förderung und scharfzüngige Ablehnung gründen stets auf künstlerisch-ästhetischen Maßstäben, die den wissenschaftlich wie den literarisch Gebildeten ausweisen. Wenn sich K. auch bestimmten Richtungen (Naturalismus, Impressionismus, Neue Sachlichkeit) der (Bühnen-)Kunst verschreibt, das Vermögen zur Analyse leidet darunter nicht. K. kämpft für den Reformer Otto Brahm und hält Distanz zu dem Schwärmer Max Reinhardt; er feiert das »republikanische« Theater des Leopold Jessner, bemüht sich um ein freundliches Urteil über Piscators »soziologische Dramaturgie« und verkennt Bertolt Brecht, den er für ein begabtes, aber überschätztes enfant terrible hält – und für einen Plagiator.

Originalität, die sich der Einzigartigkeit eines Künstlers verdankt, ist die Richtschnur seines Urteils. Hier steht K. noch ganz in der Tradition des Geniegedankens; insofern ist es nur folgerichtig, daß er sich in seinen »Kernbeleuchtungen« vorrangig den einzelnen, den Großen im »Mimenreich«, den »Denkern« und »Gestalten« widmet. Die expressive, expressionistisch zergliederte Sprache konterkariert dabei gleichsam die Strenge der gedanklichen Arbeit. K. will den Kritiker als »Nachschöpfer« verstanden wissen: »Der wahre criticus ist ein nicht unzurechnungsfähiger Dichter.« Und der erste dieser neuen Gattung ist K. selber. Ohne jede Scheu erweitert er die Aristotelische *Poetik*: »Fortan ist zu sagen: Dichtung zerfällt in Epik, Lyrik, Dramatik und Kritik.« Solch Selbstbewußtsein macht Erstaunen. Es ist nicht nur Ausdruck der allseitigen Beachtung und Wertschätzung, die K. als Kritiker und Literat in der Berliner Metropole entgegengebracht wird, es speist sich zudem aus dem Programm der deutschen Romantik und ihrem Versuch, die Kritik zur Kunst, d. h. zur »Poesie der Poesie« zu erheben. Sprachgestaltung und Stilsicherheit kennzeichnen K.s Texte – seien es nun Theaterberichte, Reisebeschreibungen *(Newyork und London, O Spanien, Die Allgier trieb nach Algier, Eine Insel heißt Korsika)* oder politische Essays. In der Wortwahl läßt er sich zudem vom Berliner Idiom beeinflussen: Witz und Humor grundieren seine Schriften ebenso wie analytische Schärfe.

K. ist ein entschiedener Kämpfer für die erste deutsche Republik. Sein Rückfall in einen unerquicklichen Chauvinismus während des Ersten Weltkrieges (K. hatte unter dem Pseudonym »Gottlieb« Spott- und Haßgedichte veröffentlicht) ist ihm beständiger Anlaß, die Stimme zu erheben und vor nationalistischen, gar faschistischen Tendenzen in Politik und Gesellschaft zu warnen. Um 1932 wirbt er mit einem Flugblatt für die SPD, in dem es heißt: »Schwindel ohne Leistung... das ist die N.S.D.A.P. Erlogene Versprechungen als Köder ... das ist die N.S.D.A.P. Laßt euch von großsprecherischen Quacksalbern nicht dumm machen! Sie wollen nichts als die brutale Macht und eine Herrschaft blutigster Barbarei!« K.s Worte sind eine prophetische Mahnung an die Zeitgenossen: »Was Hitler, der Mann des gebrochenen Ehrenworts, auch dreist dagegen lügen mag – die Herrschaft der N.S.D.A.P. bedeutet Krieg! Letztes Elend! Deutschlands Zerfall!« Am eigenen Leib erfährt K. die grausame Bestätigung seiner Vorahnung. Der erklärte Republikaner und Jude muß nach Hitlers Machtantritt Berlin verlassen; Julia Kerr und die Kinder Michael und Judith folgen wenig später nach. Über Prag, Wien, Zürich und Paris übersiedelt die Familie 1936 nach London. Auch im Exil arbeitet K. unermüdlich an seinem Projekt politischer Aufklärung: Er schreibt für Exilzeitungen und -zeitschriften, spricht auf Kongressen (z. B. *Kongreß zur Verteidigung der Kultur*) und bei Gedenktagen (z. B. am 10. Mai 1934, dem ersten Jahrestag der Bücherverbrennung). 1934 erscheint in Brüssel *Die Diktatur des Hausknechts*, ein Jahr darauf *Walter Rathe-*

nau: Erinnerungen eines Freundes und 1938 der Gedichtband *Melodien*. Für die BBC liefert er politische Beiträge, formuliert Aufrufe und verschickt Grußadressen, um die aus Deutschland Vertriebenen zu einen und stärken. Als Präsident des Deutschen PEN Club London in den Jahren 1939 bis 1947 trachtet er mit der Autorität des alten großen Mannes, die Gemeinsamkeiten im antifaschistischen Lager zu bewahren. K.s im Exil verfaßten Manuskripte, das Tagebuch *Ich kam nach England*, ein Opernlibretto *Der Chronoplan*, die Novelle *Der Dichter und die Meerschweinchen* liegen im Kerr-Archiv der Akademie der Künste und harren z. T. noch der Veröffentlichung.

Nach der Niederwerfung des Nationalsozialismus meldet sich K. in der *Neuen Zeitung* wieder zu Wort; das deutsche Publikum dankt ihm seine frühe publizistische Rückkehr mit Hochachtung und Respekt. Die britische Besatzungsmacht bittet um K.s Unterstützung beim kulturellen Wiederaufbau und lädt ihn ein, nach Deutschland zu kommen. K. reist Ende September 1948, er fliegt zum ersten Mal in seinem Leben. Willy Haas begrüßt ihn auf dem Hamburger Flughafen. Die geplante Vortragsreise durch deutsche Städte kommt jedoch nicht zustande. Im Oktober erleidet er einen Schlaganfall, der ihn halbseitig lähmt. Am 12. Oktober 1948 begeht K. im British Military Hospital Selbstmord. Die letzten Worte, die er auf einen Zettel kritzelt, lauten: »Ich habe das Leben sehr geliebt, aber beendet, als es zur Qual wurde.«

Werkausgabe: Alfred Kerr. Werke in Einzelbänden. 8 Bde. Hrsg. von Hermann *Haarmann* und Günther *Rühle*. Berlin 1989 ff.
Literatur: *Schoellmann*, Traute: Ein Weg zur literarischen Selbstverwirklichung. Alfred Kerr. Zur Eigenart und Wirkung seiner kritischen Schriften. München 1977; *Schneider*, Hubertus: Alfred Kerr als Theaterkritiker. 2 Bde. Rheinfelden 1984.   *Hermann Haarmann*

Kesten, Hermann
Geb. 28. 1. 1900 in Nürnberg

»Ich habe nie um der Kunst willen geschrieben, sondern nur der Wahrheit wegen, oder wegen der Gerechtigkeit«, gestand K. 1974 anläßlich der Verleihung des Büchner-Preises, und 1977, als man ihm den Nelly-Sachs-Preis überreichte, wurde er als »leidenschaftlicher Aufklärer« (Horst Krüger) in der Tradition Gotthold Ephraim Lessings und Voltaires bezeichnet. Der Doyen der deutschen Literaturszene der zwanziger Jahre und des Exils, Sohn eines Kaufmanns jüdischer Herkunft, studierte Geschichte, Germanistik und Philosophie in Frankfurt a. M., verlor seine Dissertationsmanuskripte über Heinrich Mann und brach 1923 sein Studium ab. Nach ersten Beiträgen für die *Frankfurter Zeitung* und die *Jugend*, konnte er zwei Theaterstücke im Gustav Kiepenheuer Verlag unterbringen, zu dessen Cheflektor er dann rasch avancierte. Mit seinem ersten Roman *Joseph sucht die Freiheit* (Postdam 1927, Kleistpreis), dessen bittere Ironie und Trockenheit des Stils (Parataxe) die Familie als Hort menschlicher Defekte entlarvt, wurde er gleich zu einem Repräsentanten einer literarischen ›Neuen Sachlichkeit«, die auch in seinen Erzählungen den Autor als kalten Beobachter feiert. Die Befreiung des Menschen von Dogmen und Ideologien ihrer Zeit und die damit verbundene Kritik der Institutionen Kirche, Staat und Religion wurde zum Hauptmotiv in K.s Romanen, der Moralist K. streitet ex negativo – er zeigt die gesellschaftlich-seelischen Deformationen – für eine Humanität. Zusammen mit den Romanen *Ein ausschweifender Mensch* (1929) und *Glückliche Menschen* (1931) hat man ein Sittenpanorama von der Kaiserzeit bis zur Weimarer Republik mit Balzacscher Personenfülle. *Der Scharlatan* (1933) rundet diesen scharfsichtigen Bilderbogen mit der Darstellung eines gescheiterten Intellektuellen, der rigoros eine NS-Karriere einschlägt, ab. Erotischen Szenerien werden in diesen Romanen in einem herb-realistischen Stil einige Freiheiten zugestanden. Das Moment der völligen Desillusionierung der Romanhelden, ihre Wanderschaft durch verschiedene gesellschaftliche Sphären und ihr Streben nach bürgerlichen Werten erinnert an Motive des spanischen Schelmenromans. K., seit 1927 in Berlin, dort mit Joseph Roth (dessen Werke er herausgab), Heinrich Mann, Ernst Toller, Erich Kästner u.v.a. befreundet, verließ 1933 Deutschland und übernahm die literarische Leitung der Deutschen Abteilung des Allert de Lange Verlags in Amsterdam. Bereits 1933 waren seine Werke in 22 Sprachen übersetzt. Seine Rolle als Entdecker, Förderer und Vermittler von Autoren, der er schon vor 33 durch die Herausgabe einiger Anthologien gerecht wurde, und bei der ihm die Bekanntschaft mit praktisch allen bedeutenden Schriftstellern der Zeit sehr zu statten kam, konnte er im Exil weiter ausbauen. 1939 wurde er nach einem Nizzaaufenthalt vorübergehend interniert und ging, wie schon längerfristig geplant, nach New York, wo seine Vermittlertätigkeit im Rahmen des »Emergency Rescue Commitee« nunmehr existentielle Züge annahm. Wie Feuchtwanger widmete sich K. im Exil zunächst historischen Stoffen. Die beiden erfolgreichen Romane *Ferdinand und Isabella* (1936) und *König Philipp II.* (1938) befassen sich mit Spaniens Aufstieg zur Weltmacht durch »List, Mord und Geduld« und nehmen in geschichtlicher Spiegelung Entwicklungen in Hitlerdeutschland vorweg. Zeitgeschichte als Familiengeschichte – damit knüpfte K. wieder an seine ersten Romane an – wird in *Die Kinder von Gernika* (1938) gestaltet: Ein Junge, der die Zerstörung überlebt hat, berichtet von den desolaten Familienverhältnissen, die allerdings fast die Schrecken des Bürgerkriegs relativieren. *Die Zwillinge von Nürnberg* (1947) zeigen im Stile eines zeitkritischen Realismus extreme politische Polarisierungen von 1918 bis 1945: Der eine wird Nazi-Funktionär, der andere zum Emigranten, die Nemesis kommt über beide. In *Die fremden Götter* (1949) prangert K. die dogmatischen Unversöhnlichkeiten zwischen Judentum und Christentum, verteilt auf die Rollen eines durch die Verfolgung wieder gläubig gewordenen Juden und dessen in einem Kloster erzogenen Tochter, an. 1949 erhielt K. die US-Staatsbürgerschaft und besuchte im gleichen Jahr erstmalig wieder Deutschland, danach lebte er abwechselnd in New York und Rom, seit 1977 in Basel. Erotische Motive als Ausdruck von Lebensbejahung und Selbstverwirklichung gewinnen in den späteren Romanen zunehmend an Bedeutung und zementieren das Verdikt vom Unterhaltungsschriftsteller K. Nach seiner *Casanova*-Biographie (1952) folgen in *Ein Sohn des Glücks* (1955) die Amouresken eines modernen Herzensbrechers. In *Die Zeit der Narren* (1966) kritisiert K., von den Nachkriegswirren ausgehend, die bundesrepublikanische Wohlstandsgesellschaft mit ihrer Selbstzufriedenheit und Fassadenhaftigkeit.

Der Essayist bzw. Feuilletonist, der sich gerne auf eine unterhaltsame »littérature engagée« im Sinne Heinrich Heines beruft, zeigt sich in *Meine Freunde die Poeten* (1953) und *Filialen des Parnaß* (1961) mit einer Fülle von Dichterportraits, Erinnerungen und literarhistorischen Urteilen, die freilich manchmal nur die Pole »modern/reaktionär« zu kennen scheinen. Eine amüsante Kulturgeschichte des Kaffeehauses als mythischer Topos literarischer Produktion »Wartesaal der Poesie« (K.) und ein Bekenntnis zum Kosmopolitismus lieferte er mit *Dichter im Café* (1959). Sein letzter Roman *Ein Mann von sechzig Jahren* (1972) entrollt in mehreren Ich-Monologen eine Geschichte von Liebe und Tod, statt des geplanten Doppelselbstmordes eines beruflich erfolgreichen Ehepaares erschießt sich der Liebhaber der Frau, als Romancier sein letztes Werk hinterlassend.

Werkausgabe: Kesten, Hermann: Ausgewählte Werke in 20 Einzelbänden. Frankfurt a. M. 1980ff.

Literatur: *Bieneck*, Horst (Hrsg.): Hommage an Hermann Kesten. Zum 80. Geburtstag. Frankfurt a. M. 1980; *Winkler*, Andreas: Hermann Kesten im Exil (1933–40). Sein politisches und künstlerisches Selbstverständnis und seine Tätigkeit als Lektor in der deutschen Abteilung des Allert de Lange-Verlages. Diss. Hamburg 1977.

Oliver Riedel

Keun, Irmgard
Geb. 6. 2. 1905 in Berlin; gest. 5. 5. 1982 in Köln

»Eine schreibende Frau mit Humor, sieh mal an! ... Hier ist ein Talent.« So äußerte sich 1932 Kurt Tucholsky über K., in deren Werk sich in der Tat humoristisch-ironisches Erzählen mit (zeit)kritischem Scharfblick verbindet. In all ihren Büchern stellt sie die eigene Gegenwart dar: der Bogen spannt sich von der Kaiserzeit (*Das Mädchen, mit dem die Kinder nicht verkehren durften*, 1936) bis in die Nachkriegsjahre (*Ferdinand, der Mann mit dem freundlichen Herzen*, 1950; *Wenn wir alle gut wären*, 1954). K. schildert aus der Unmittelbarkeit des eigenen Lebens ein Stück »deutsche Wirklichkeit«, wie Klaus Mann schon 1937 seine Rezension des Romans *Nach Mitternacht* (1937) überschrieb, der auf eindrückliche Weise das alltägliche Leben in Hitler-Deutschland, die banale Grausamkeit literarisch dokumentiert (1981 mit K. in einer Nebenrolle verfilmt). Nicht selten lassen sich Ähnlichkeiten ausmachen zwischen den – meist weiblichen – Ich-Erzählern und der Autorin: Es handelt sich oft um entwurzelte Personen, die trotz vordergründiger Naivität vielschichtig und schwer einzuordnen sind.

Schon K.s Geburtsjahr bereitet Schwierigkeiten. Sie selbst gab es mit 1910 an, tatsächlich wurde sie - als Tochter einer eher großbürgerlichen Familie – bereits 1905 geboren. Sie entstammt einem Milieu, dem sie später durch ihre Lebensweise eine radikale Absage erteilen sollte. In Köln, wo die Familie seit 1918 lebte, besuchte K. nach kurzer Tätigkeit als Stenotypistin die Schauspielschule und hatte anschließend einige Engagements. Diese Erfahrungen schlagen sich u.a. in dem Roman *Das kunstseidene Mädchen*, 1932, nieder. Alfred Döblin ermunterte sie zum Schreiben. 1931 veröffentlichte sie ihren ersten Roman, *Gilgi – eine von uns*, 1932, im Jahr ihrer Heirat mit dem 30 Jahre älteren Schriftsteller und Regisseur Johannes Tralow, den zweiten (*Das kunstseidene Mädchen*). Beide waren große Erfolge und machten K. mit einem Schlag zur populären Schriftstellerin. Ihr Privatleben jedoch war weniger glücklich: Streitigkeiten mit ihren Eltern, Geldprobleme, Schwierigkeiten in ihrer Ehe (die 1937 geschieden wurde), eine sich abzeichnende Alkoholabhängigkeit. Mit der Machtübernahme der Nationalsozialisten war ihre literarische Karriere in Deutschland zu Ende, ihre Bücher wurden als »Asphaltliteratur mit antideutscher Tendenz« beschlagnahmt. Dieses Schicksal teilte K. mit vielen anderen Autoren, ungewöhnlich war ihre mutige Reaktion: Sie reichte beim Landgericht Berlin Klage auf Schadenersatz ein und mußte sich daraufhin Verhören bei der Kölner Gestapo unterziehen. 1936 emigrierte sie und ging zunächst nach Belgien. Hier lernte sie Joseph Roth kennen, den »einzigen Mann, dessen Worte in meiner Seele Wurzeln geschlagen haben«, wie sie viele Jahre später dem Roth-Biographen David Bronsen anvertraute. Bis zur Trennung im Frühjahr 1938 reiste sie mit Roth u.a. nach Frankreich, Österreich, Polen und Galizien (Lemberg) und lernte so die Ruhelosigkeit und das Entwurzeltsein des Emigrantenlebens aus erster Hand kennen. Der Roman *Kind aller Länder* (1938) legt davon ein beredtes Zeugnis ab. Aus der Sicht der zehnjährigen Ich-Erzählerin Kully wird das Schicksal einer Emigrantenfamilie erzählt, eine Erzählperspektive, die es K. – geschützt durch die Naivität und Direktheit des Kindes – ermöglicht, Situation und Verhalten der Menschen schonungslos offenzulegen. Nach K.s eigenen Angaben war Roth Modell für die Figur des Vaters, eines charmanten, aber eher verantwortungslosen Schriftstellers, dessen Versuche, seine Familie vor dem finanziellen Ruin zu bewahren, immer phantastischere Formen annehmen.

Nach der Trennung von Roth reiste K. in die USA, wo sie Arnold Strauss, einen aus Deutschland emigrierten jüdischen Arzt besuchte, mit dem sie eine Beziehung verband, die – symptomatisch für ihr Leben – durch Unentschlossenheit charakterisiert war. Nachdem ihre wohl eher halbherzig betriebenen Versuche, ebenfalls in die USA auszuwandern, gescheitert waren, kehrte sie 1940 von den inzwischen besetzten Niederlanden mit gefälschten Papieren nach Deutschland zurück. Hier lebte sie unentdeckt bis zum Kriegsende, begünstigt durch falsche Pressemeldungen über ihren Selbstmord.

Die Nachkriegszeit, die für andere von den Nationalsozialisten verfolgte Schriftsteller Rehabilitierung brachte, verlief für K. enttäuschend: bis zu ihrer Wiederentdeckung Ende der 70er Jahre lebte sie einsam und kaum beachtet im Raum Köln-Bonn. Sie veröffentlichte nur noch einen Roman (*Ferdinand, der Mann mit dem freundlichen Herzen*, 1950), der ebenso wie die Satiren *Wenn wir alle gut wären* (1954) die sich immer vehementer durchsetzende Spießbürgermentalität aufs Korn nimmt. Vor allem der Roman zeigt jedoch deutlich ein Nachlassen ihrer stilistischen Ausdruckskraft und wirkt wie ein schwacher Abklatsch ihrer früheren Werke. Der von ihr angekündigte Roman ihres Lebens wurde im Nachlaß nicht gefunden. Der geplante Titel – *Kein Anschluß unter dieser Nummer* – ist jedenfalls bezeichnend für ihre letzten Lebensjahre, über die nur wenig bekannt ist: Geburt einer Tochter (1951), Leben in Armut, ständiger Kampf gegen den Alkohol, gelegentliche Feuilletons für den Düsseldorfer *Mittag* in den 50er Jahren und schließlich der späte Erfolg, als der Claassen-Verlag von 1979 an Neuauflagen ihrer Romane veröffentlichte und die Stadt Ingolstadt ihr 1981, ein Jahr vor ihrem Tod, den Marie-Luise-Fleisser-Preis verlieh.

K.s. Romane spiegeln vielfach eigene Erfahrungen, doch wichtiger als der autobiographische ist ihr zeitkritischer Aspekt. Es sind Romane, geschrieben aus der Sicht von Menschen, die am Rand der Gesellschaft stehen: Weil sie politisch anders denken als die Masse, weil sie in der Emigration leben müssen, weil sie den schnellen Gesinnungswandel der Nachkriegszeit nicht mitmachen können und wollen. Die Bindungslosigkeit und die Isolation drückt sich auch im Stil aus, zeigt sich im scheinbar vordergründigen, ungesteuerten Drauflosreden der Personen, das an die assoziative Technik des Films erinnert. Es entsteht so der Eindruck der Unmittelbarkeit – und auch der Eindruck von heiterer Leichtigkeit, einer Leichtigkeit, die ihr Leben oft entbehrte.

Literatur: *Kreis,* Gabriele: »Was man glaubt, gibt es«. Das Leben der Irmgard Keun. Zürich 1991; *Rosenstein,* Doris: Irmgard Keun. Das Erzählwerk der dreißiger Jahre. Frankfurt a. M. usw. 1991; *Jordan,* Christa: Die Angestellten in der Erzählprosa am Ende der Weimarer Republik. Frankfurt a. M. 1988; *Lorisika,* Irene: Frauendarstellungen bei Irmgard Keun und Anna Seghers. Frankfurt a. M. 1985.

Marianne Meid

Keyserling, Eduard von
Geb. *14.5.1855 in Tels-Paddern (Kurland); gest. 28.9.1918 in München*

Corinth hat ihn gemalt, und es gibt ein paar Photographien: Er sah sehr vornehm und sehr häßlich aus. Freunde (Max Halbe, Korfiz Holm) und Otto von Taube, ein Neffe, haben Erinnerungen und Anekdoten überliefert, die vom ironischen Witz K.s zeugen, davon, daß er Haltung bewahrte trotz schwerer und langer Krankheit, von seiner Selbstdiskretion. Vor allem weil der Nachlaß, wie K. es verfügt hatte, nach seinem Tod vernichtet worden ist, findet man nur wenige genaue persönliche Daten und detaillierte Auskünfte. Nicht nur im Hinblick auf literaturgeschichtliche Popularität, sondern auch als Person und Figur ist K. »der wahrscheinlich unbekannteste große deutsche Erzähler des Jahrhunderts« (Jens Malte Fischer, 1974) und wird es bleiben, trotz wichtiger neuer Funde und der durch sie bestärkten Vermutung, daß die Recherchemöglichkeiten längst nicht erschöpft sind: 1990 wurde von Peter Sprengel *Die schwarze Flasche* (1902), ein bislang verloren geglaubter kabarettistischer Einakter, aus den Akten der ehemaligen Berliner Zensurbehörden publiziert, und 1991 hat Klaus Gräbner unter dem Titel *Sommergeschichten* einige bibliographisch bisher nicht erfaßte kleine Erzählungen zusammengestellt, die zwischen 1907 und 1917 in der Wiener *Neuen Freien Presse* erschienen sind.

Als zehntes von schließlich zwölf Geschwistern ist Eduard von K. in einer pietistisch-gutsherrlichen Welt mit musischen Schlupfwinkeln aufgewachsen. 1874 begann er in Dorpat Jura, Philosophie und Kunstgeschichte zu studieren; drei Jahre später wurde er der Universität verwiesen, »wegen einer Lappalie – einer Inkorrektheit« (Otto von Taube, 1954), über die man bis heute nichts weiß. Fest steht allerdings die über den Lebensweg wohl entscheidende Folge: Die Standesgenossen seiner Heimat mieden ihn nun. Der kurländische Graf wurde zum Außenseiter. In Österreich hat er weiterstudiert; ab wann und wie lange, ist ungewiß. Aller Wahrscheinlichkeit nach kam es in Wien zu Kontakten mit sozialistischen und anarchistischen Kreisen; sein zweites Buch, *Die dritte Steige,* spielt dort und erzählt von einschlägigen Aktivitäten eines jungen Adligen. Erschienen ist dieser Großstadtroman 1892, fünf Jahre nach dem Erstling, dem stärker noch vom Naturalismus beeinflußten Kleinstadtroman *Fräulein Rosa Herz,* und zwei Jahre nachdem K. als Verwalter von Familiengütern in die Heimat zurückgekehrt war. Die verquere »Schriftstellerei« wird die gesellschaftliche Isolation noch verstärkt haben.

1895 zog K. mit zwei seiner älteren Schwestern nach München. Dort lebte und arbeitete er, abgesehen von einer mehrmonatigen Kunstreise durch Italien 1899/1900, fortan als Berufsschriftsteller. Nachdem er einige Jahre zu den Hauptfiguren der Schwabinger Bohème gezählt hatte, starb er, von den meisten Freunden vernachlässigt, seit dem Kriegsausbruch ohne Einkünfte aus der Heimat, an den Folgen einer Syphilisinfektion, die sich seit etwa 1897 als Rückenmarksleiden manifestiert hatte. 1908 war Erblindung hinzugekommen; seitdem hatte K. diktiert.

In den Münchner Jahren publizierte er einige Aufsätze zur Kunst, Essays, Rezensionen, Aphorismen, kleinere erzählerische Studien; bis 1905 schrieb er vier bald aufgeführte und gedruckte, kaum bühnenwirksame Dramen, die seither nicht wieder aufgelegt wurden. Vor allem entstanden die Romane, Novellen, Erzählungen, die seinen literarischen Rang ausmachen. Das erste dieser Werke erschien 1903: *Beate und Mareile. Eine Schloßgeschichte,* das letzte, posthum, 1919: *Feiertagskinder. Roman.* Fast alle diese Bücher erreichten zu K.s Lebzeiten Auflagen von jeweils etlichen tausend Exemplaren; in *Fischers Bibliothek zeitgenössischer Romane* kamen drei von ihnen auf mehrere Zehntausend: *Beate und Mareile,* 1909; *Am Südhang,* 1916; *Im stillen Winkel,* 1918. Der Höhepunkt von K.s Erfolg beim Publikum lag in den letzten beiden Kriegsjahren.

Die Titel der Erzählungen dieses Autors mit dem vornehmen Namen scheinen altmodische Geschichten aus einer noch heilen Welt zu versprechen: *Harmonie* (1905), *Bunte Herzen* (1908), *Abendliche Häuser* (1913) oder gar *Fürstinnen* (1917). Sie spielen in der Tat meist auf ländlichen, von sozialen oder politischen Konflikten fast gar nicht berührten Adelssitzen. Doch trivial sind diese »Schloßgeschichten« nicht, sie *handeln* vielmehr von trivialen Mustern, auf melancholische, verhalten ironische Weise, mit psychologischer Subtilität. Stets geht es darum, daß die jungen Hauptfiguren in der »von weißen ... Schleiern verhangenen Welt« der Schlösser (*Beate und Mareile*) nicht »leben« können. Aber los kommen sie trotzdem nicht. Von ihren Ausbruchsversuchen in andere Lebens- und Liebesgeschichten, die sie sich bunter, erfüllter, wie erzählte Geschichten vorstellen, kehren sie desillusioniert, »zerzaust wie die Hühner nach dem Regen« (*Abendliche Häuser*), zurück.

K.s Schreibweise läßt sich am ehesten als »impressionistisch« kennzeichnen: ein eminent sinnlicher, zugleich lakonischer, mitunter drastischer Impressionismus. Die weitgehende örtliche Beschränkung auf die »alten Schlösser« ermöglichte es, mit ganz eigener Prägnanz Themen aufzugreifen, die in der Literatur der Jahrhundertwende geläufig waren: ästhetische Inszenierung überhandnehmender Langeweile und Entfernung vom »Leben«, Maskenhaftigkeit des (sprechenden) Ich, Décadence, die Kluft zwischen erotisierter Anspannung und unterdrückter Sexualität, die allzu feinen »Nerven«. Das Alte ist am Ende. Alternativen gibt es nicht. Zumindest nicht für die in der Schloßwelt fixierten Figuren, aus deren Perspektiven, in kaum merklichen Übergängen von der einen zur anderen wechselnd, szenisch und in »erlebter Rede«, so behutsam und so streng erzählt wird, daß keine wegweisende Instanz auszumachen ist, es sei denn »das Leben«, aber: »Leben überhaupt is unjesund«, hat K., so Korfiz Holm, einmal gesagt. Er wird oft mit Fontane verglichen. Die Hinweise auf die Tradition des Gesellschaftsromans, vor allem auf K.s Kunst der Gesprächsführung, haben literarhistorischen Sinn und Zweck. Allerdings verharmlosen sie die bereits von den Zeitgenossen meist unterschätzte Modernität der *Schloßgeschichten*. K.s Erzählen ist unspektakulär, aber kühner, als gemeinhin angenommen wird.

Werkausgabe: Gesammelte Erzählungen in vier Bänden. Hrsg. u. eingeleitet von Ernst *Heilborn*. Berlin 1922.

Literatur: *Bachmeier*, Helmut: Die Grazie des Plauderns. Ein Nachwort. In: Keyserling, Eduard von: Abendliche Häuser. Roman. München 1992, S. 156–182; *Schulz*, Angela: Ästhetische Existenz im Erzählwerk Eduards von Keyserling. Frankfurt a.M./Bern/New York/Paris 1991; *Weber*, Richard A.: Color and Light in the Writings of Eduard von Keyserling. Frankfurt a.M./Bern/New York/Paris 1990; *Kirsten*, Wulf: Nachwort. In: Keyserling, Eduard von. Abendliche Häuser. Ausgewählte Erzählungen. Berlin ²1986, S. 671–696; *Steinhilber*, Rudolf: Eduard von Keyserling. Sprachskepsis und Zeitkritik in seinem Werk. Darmstadt 1977; *Taube*, Otto von: Daten zur Biographie Eduards von Keyserling. In: Euphorion, 48, 1954, Heft 1, S. 95–97.

Andreas Lohr-Jasperneite

Kinder, Hermann
Geb. 18. 6. 1944 in Toruń / Polen

»Auch der Kopf gehört zum Lesen« (*Nein, so wie es ist, ist es nicht gut genug*, 1980). Vor theoretischen Anstrengungen scheut sich K., der über den poetischen Realismus des 19. Jahrhunderts promovierte, nicht. Schon lange vor seinem Naturwissenschaftsroman *Ins Auge* (1987) begleitete den in Konstanz Literatur lehrenden Akademischen Rat der Vorwurf, »akademische Literatur« zu produzieren. Seinen Kritikern hält K. einen »verkümmerten Literaturbegriff« vor. Ihrer rigorosen Trennung zwischen »Denken und Empfinden« widersetzt er sich mit dem Experiment, Unterhaltung und Aufklärung miteinander zu verbinden. Sein Thema ist nicht der auf allgemeine Wahrheiten abonnierte objektive Realismus, sondern die subjektiven »Bilder im Kopf«. Seine Maxime: »Lebensnotwendig ist es, sich Bilder im Kopf zu machen, und ebenso, diesen Bildern zu mißtrauen«. Hinter den ästhetischen Fragen stehen ethische. »Es geht ums Gleiche: Wie soll, wie kann man leben?« (*Von den Bildern im Kopf*, 1983).

In die literarische Praxis umgesetzt, bedeutet das »Recht zu den Bildern im Kopf« und die »Pflicht des Zweifels gegen sie«, daß K. »Widersprüche, Sprünge, Wechsel, Störungen« in seine Texte einstreut, »die das bestätigende Miterleben unterbrechen und zum Aussteigen veranlassen, die nahelegen, anhand der schreibenden und lesenden Verfertigung der Bilder im Kopf über diese selbst nachzudenken«. Mit diesem Programm knüpft K. an Prämissen des »Modernen Roman« an und mutiert so zum »Autor der provokatorischen Leserirritation« (Klaus Modick), auch wenn dem Leser die Theorie nahezu unsichtbar bleibt. Im Debut *Der Schleiftrog* (1977) kokettiert er sogar damit, keine künstlerischen Ambitionen zu verfolgen. »Seit Jahren«, notiert Romanheld Bruno, Kind der studentischen 68er Generation und K.s literarisches »alter ego«, »verfolge ich die Theorie des modernen Erzählens, und da setze ich mich einfach hin und erinnere mich.« Diese »bewußte Kunstlosigkeit« (Paul Michael Lützeler) ist eine der vielen Fallen des Fallenstellers K., denen selbst professionelle Archäologen des Kopfinnenwerks erliegen. K.s sowohl selbstkritisch-provokatorische als auch selbstironischgroteske Analyse der antiautoritären Generation im *Schleiftrog* spiegelt bereits K.s Auseinandersetzung mit Konstruktionsprinzipien der Moderne wider: Dazu zählt das Spiel mit dem Genre, das nebenbei die Konzeption der Produktion K.s erhellt, das Verhältnis von Phantasie und Realität zu thematisieren: in seiner ersten Fassung hatte der *Schleiftrog* den Untertitel *Einbildungsroman*; in der Druckfassung heißt er *Ein Bildungsroman*. Dazu gehören die Reflexionen des Ich-Erzählers über zeitgemäßes Erzählen, stilisierte Erinnerungssequenzen, Montagen, dokumentarische und kryptische Zitate. Trotz aller Artifizialität gilt der Roman aufgrund seiner atmosphärischen Dichte als »ein Stück bundesrepublikanischer Geschichtsschreibung« (Jörg Drews).

Die Folie der zerfallenden antiautoritären Bewegung bemüht K. erneut mit der Erzählung *Du mußt nur die Laufrichtung ändern* (1978). Schon der Titel ist Literatur – ein Zitat aus Franz Kafkas *Kleiner Fabel* – und suggeriert Programm (so Ulrich Schmidt): K. greift mit der Schilderung der Autofahrt eines Studienrats von der Nordsee zum Bodensee ironisch das romantische Motiv der »Bewegung ohne Ende« auf, die allein das »Glück« gewährleisten könne: in der »angenehmen Täuschung«, »es gäbe ein Ziel«. Die trügerischen Aufbruchs- und Fluchtphantasien des R4-Fahrers bleiben allerdings in einer Art »linker Melancholie« stecken: die »Überführung der Wirklichkeit in die Poesie der GleichheitFreiheitBrüderlichkeit« darf (weiterhin) geträumt werden. Ein sprachlich aggressives Nebenwerk. Konsequenter tritt der Held des zweiten, »äußere Daseinsbedingungen und Kräfte« abrufende Roman K.s *Vom Schweinemut der Zeit* (1980) auf. In dieser Satire auf den Universitätsbetrieb verführt der »Starrkrampf zwischen dem, was man ist, und dem, was man nie sein wird«, einen arbeitslos gewordenen Kunsthistoriker zum Freitod. »Kunschtmüller« handelt entgegen aller Erkenntnis, er weiß, »nicht der Wunsch, die Tat heilt Schwermut«. Der Roman konstatiert das Verschwinden aller Utopien in einer Wirklichkeit, die ohne Utopien unbewohnbar scheint. Ein mögliches Lernziel: Sich dieser Differenz zu stellen, trotz beschädigter Identität.

Die bis dahin radikalste literarische Selbstreflexion legte K. mit dem Roman *Der helle Wahn* (1981) vor. Der Titel ist hier Metapher für eine vom Licht der Wahrheit erhellte Fiktionskunst, die die aus romantischer Zeit herrührende Forderung nach der Einheit von Poesie und Kritik erfüllt. Am Beispiel eines Autorentreffens wird die Mythologie des modernen Romans untersucht. Der »hoch manieristische Text« (Sibylle Cramer), wurde als kritische Replik auf die damaligen Moden von Erfahrungsliteratur und Poesiekult gelesen; er wendet sich emphatisch gegen den Dichter als »Hohepriester« und »Weltausleger« und bekennt sich zur »Tradition der Phantasiekritik und der anti-illusionistischen Prosa« (Klappentext). Zwischen diesem Roman, der das Image K.s als »akademischer Hirnwind« zementierte, und dem letzten großen Roman *Ins Auge* entstanden u. a. die Dokumentation *Bürgers Liebe* (1981), die groteske Erzählung *Der Mensch, ich*

Arsch (1983), die an Kleist-Anekdoten erinnernde Kurzgeschichtensammlung *Liebe und Tod* (1983) sowie die Anthologie *Die klassische Sau.* Sie alle führen im Nachklang zu den gescheiterten politischen Hoffnungen der Jahre davor, »die Möglichkeiten und die Grenzen der ›Bilder im Kopf‹ am Paradigma der Liebe vor« (Ulrich Schmidt). K.s Interesse sowohl im bis jetzt wichtigsten Werk *Ins Auge* als auch in dessen novellistischer Fortschreibung, dem Prosa-Triptychon *Die Böhmischen Schwestern* (1990), gilt dagegen aktuellen Entwicklungen unseres Zivilisationsprozesses. Dazwischen liegt die nach einem »Survival-Training« K.s in Shanghai verfaßte Geschichte *Kina Kina* (1988). Beide Bücher thematisieren die Gefahren der Technobiologie – zum einen demonstriert am Beispiel des Augenarztes und Hirnphysiologen H. C. Hirschberg, der mittels einer Laseroperation das individuelle Sehvermögen und die damit verbundene subjektive Erlebnisfähigkeit an der menschlichen Linse aufheben, damit die »Bilder der Welt korrigieren und beherrschbar machen will«, zum anderen am Beispiel des Zell- und Genforschers Virchow und der siamesischen Zwillinge Rosa und Josefa, die K. zum »Ernstfall der Humanität« (Hans Mayer) werden und aus der er eine Kritik der Aufklärung ableitet. Der gute Mensch als dumpfes »Biomaterial«, der »Neue Mensch« vom Reißbrett – statt als Produkt fortschreitender Mündigkeit. So lautet die Schreckensvision – ungeachtet aller Tagträume aller Virchos »von einem glücklichen, gesunden, leidlosen Dasein«. – K.s *Ins Auge* ist zweifellos »ein Höhepunkt seines Schaffens« (Irmela Brender). Die Virtuosität, mit der er erzählt, die Unangestrengtheit, mit der er Geschichten und Geschichte in immer neuen Sprech- und Sehweisen arnoverschmitzt referiert, erreichen nur wenige heutige Schriftsteller. Andere haben dafür mehr Leser: Das Drama des intelligenten Schriftstellers.

Literatur: *Modick,* Klaus: Kalkulierte Sinnlichkeit. S. 199–209. In: ders.: Das Stellen der Schrift. Siegen 1988; *Lützeler,* Paul Michael: Von der Intelligenz der Arbeiterschaft: Zur Darstellung sozialer Wandlungsversuche in den Romanen und Reportagen der Studentenbewegung. S. 115–134. In: *Lützeler,* Paul Michael und *Schwarz,* Egon (Hrsg.): Deutsche Literatur seit 1965. Königstein/Ts. 1980.

Siegmund Kopitzki

Kipphardt, Heinar
Geb. 8. 3. 1922 in Heidersdorf/Oberschlesien; gest. 18. 11. 1982 in München

K. wuchs in dem Industriedorf Gnadenfrei am Eulengebirge auf. Sein Vater wurde wegen seiner sozialdemokratischen Haltung 1933 verhaftet und erst 1938 aus dem Konzentrationslager Buchenwald entlassen. Als 18jähriger entschloß sich K., Medizin zu studieren, »um das nationalsozialistische Deutschland mit einem bürgerlichen Beruf verlassen zu können«. Er studierte mit Fachrichtung Psychiatrie in Bonn, Köln, Königsberg, Würzburg und Düsseldorf. Zur Wehrmacht eingezogen, erlebte er als Soldat den Rückzug aus der Sowjetunion. Nach Kriegsende schloß er sein Studium mit der Promotion in Düsseldorf ab, war dann Assistenzarzt in mehreren Kliniken, zuletzt an der Universitätsnervenklinik der Charité in Ostberlin. 1950 wurde er Chefdramaturg am »Deutschen Theater« unter dem Intendanten Wolfgang Langhoff. Über seinen Anfang schrieb er 1953: »Am Drama bestach mich die direkte Wirkung, die große Öffentlichkeit eben dieser Kunstgattung, das allabendliche, lebendige Weiterdichten einer Arbeit«. Im eigenen Alltag fand er den Stoff für seine erfolgreiche Satire auf die Literaturverhältnisse in der DDR: Drei Wochen nach dem 17. Juni uraufgeführt, war das Lustspiel *Shakespeare dringend gesucht* laut K. »ein Angriff auf eine Reihe von Borniertheiten, die in der damaligen Phase des sozialistischen Aufbaus verbreitet waren«. Die Satire scheint der selbstkritischen Haltung der SED entsprochen zu haben, denn sie erlebte in drei Spielzeiten 400 Vorstellungen und brachte ihrem Autor den Nationalpreis Dritter Klasse der DDR ein. Trotz seiner Kritik des westlichen Wirtschaftswunders in seinem nächsten Drama *Der staunenswerte Aufstieg des Alois Piontek* (1956) machten sich wachsende Spannungen zwischen dem streitbaren Dramaturgen und der Partei bemerkbar; deutlich wurde dies vor allem in seinen Beiträgen in Zeitschriften, wo er den Spielplan des »Deutschen Theaters« und die Inszenierungen gegen immer heftigere Kritik verteidigte. 1959 endete diese Phase von K.s Leben und Schaffen, als er den Vertrag kündigte und nach Düsseldorf übersiedelte, »weil ich nach den Auseinandersetzungen um den Spielplan keine Bedingung für meine Arbeit mehr sah«.

Nach zweijähriger Dramaturgentätigkeit am Düsseldorfer Schauspielhaus ließ sich K. in München nieder. Hier entstand 1962 das Schauspiel *Der Hund des Generals*, in dem er sich nicht nur mit heiklen Problemen der jüngsten deutschen Vergangenheit, sondern auch mit der eigenen Biographie auseinandersetzte. Der Fall eines militärischen Machtmißbrauchs im Zweiten Weltkrieg veranschaulicht die Unsicherheit bundesrepublikanischer Rechtsfindung gegenüber Verbrechen des Dritten Reichs und dient der Demaskierung der Legitimationsideologie. Die formalen Möglichkeiten eines Verhörs verweisen auf das Dokumentarstück *In der Sache J. Robert Oppenheimer* (1964), *Joel Brand* (1965) sowie auf das erst 1983 erschienene *Bruder Eichmann*. Die Bezeichnung »dokumentarisches Theater« hat sich trotz kritischer Vorbehalte durchgesetzt: K. betonte, daß seine intensive Beschäftigung mit Quellenmaterialien zu Stoffen der Zeitgeschichte den Anspruch erhob, unbequeme historische Ereignisse anhand von exakten wissenschaftlichen Studien zu durchleuchten, um die heutige Gesellschaft zu belehren und auf indirekte Weise zu verändern. Die Aufdeckung der historischen Wahrheit in der Verhörsituation soll den Zuschauer dazu bewegen, nicht so sehr die eigene Vergangenheit als ähnliche Prozesse in der Gegenwart zu verstehen. In der Nachbemerkung zum *Oppenheimer*, meistgespieltes Stück der Theatersaison 1964/65, notierte K. seine Absicht, »ein abgekürztes Bild des Verfahrens zu liefern, das szenisch darstellbar ist und das die Wahrheit nicht beschädigt«. Zusammen mit Rolf Hochhuth und Peter Weiss schuf K. mit seinen Dokumentarstücken eine für die 60er Jahre charakteristische Form. 1970 wurde K. Dramaturg der Münchner Kammerspiele und förderte gesellschaftswirksames Theater, »das unsere Wirklichkeit reflektiert und Veränderungen begünstigt«. Nachdem er für ein Programmheft zu Wolf Biermanns *Der Dra Dra* Abbildungen führender westdeutscher Persönlichkeiten als kapitalistische Drachen (die im Spiel getötet werden) vorgesehen hatte, wurde sein Vertrag nicht verlängert. Dies markierte das Ende der zweiten Phase seines Schaffens; er zog sich nach Angelsbruck bei München zurück, und es wurde still um ihn.

Die Desillusionierung nach der Zeit der Hoffnung auf politische Veränderungen brachte K. zurück zu der Überzeugung: »Die politische Praxis des Schriftstellers ist sein Buch«. Der Film *Leben des schizophrenen Dichters Alexander März* sowie die Bearbeitung desselben Materials im Roman *März* (1976) und im Theaterstück *März ein Künstlerleben* (1980) enthalten K.s Ansichten über die tiefkranke Gesellschaft, womit er die »puritanisch-kapitalistische Leistungsgesellschaft« meint, dargestellt am Beispiel eines psychisch gestörten Menschen, der sich unter dem Druck der Verhältnisse aus der Gesellschaft zurückzieht. Authentisches Material, insbesondere die therapeutischen Fallstudien des Psychiaters Leo Navratil und die Gedichte des kranken Dichters Herbrich (eigentlich Ernst Herbeck), dessen Sammlung *Alexanders poetische Texte* 1977 erschien, wird mit fiktiven Momenten zusammengesetzt. Mit *Alexander März* stellt K. einen »Gegentypus zur normativen Leistungsgesellschaft« vor: Schizophrenie entpuppt sich paradoxerweise als die einzige »gesunde« Reaktion auf eine zutiefst kranke Gesellschaft. 1981 veröffentlicht K. knapp 160 Träume aus den Jahren 1978 bis 1981 in seinen *Traumprotokollen*. An sich selbst registriert er die durch gesellschaftliche Zwänge verursachten Deformationen, er notiert Trauminhalte kommentarlos, verweigert dem Leser jedes Interpretationsangebot, bietet sie als literarischen Rohstoff. Nach dem Jahrzehnt des dokumentarischen Theaters, des Engagements, fand K. in seiner letzten Phase zurück zu der früheren Faszination der Psychiatrie und gleichzeitig zu einer »Neuen Subjektivität«, die für die späten 70er und frühen 80er Jahre in der Bundesrepublik charakteristisch sind. Trotz seines gelegentlich heftigen Nonkonformismus ging K. als Schriftsteller paradoxerweise konform mit den Entwicklungsphasen der Nachkriegsliteratur.

Werkausgabe: Kipphardt, Heinar: Gesammelte Werke. Hrsg. von *Naumann*, Uwe unter Mitarbeit von *Kipphardt*, Pia. 10 Bände. Reinbek bei Hamburg 1990.
Literatur: *Stock*, Adolf: Heinar Kipphardt. Reinbek bei Hamburg 1987; *Rischbieter*, Henning: »Dies muß veröffentlicht werden«. Nachruf auf Heinar Kipphardt. In: Theater heute. Velber 1983. Heft 1; *Rühle*, Günther: Der Frager (Nachruf). In: Frankfurter Allgemeine Zeitung vom 19.11.1982.

Rhys W. Williams

Kirsch, Sarah
Geb. 16. 4. 1935 in Limlingerode/Harz

»Ich habe einfach so, aus freiem Impetus, zu schreiben angefangen, ich hatte bis dahin sehr wenig Gedichte gelesen,... meine Naivität war eigentlich mein Glück, denn ich meinte, das muß ja ganz leicht sein, das könnte ich viel besser!« Aus völlig »heiterm Himmel« kommt K.s Schreibimpuls aber doch nicht. Sie hat zu dieser Zeit – sie ist Mitte zwanzig – schon Kontakt zur »Arbeitsgemeinschaft junger Autoren« in Halle. Auch Rainer Kirsch, ihr Ehemann, und andere, später bekannte Dichter der DDR gehören zu dieser Gruppe. Hier beginnt K.s lyrische Sozialisation.

In ihrer Kindheit und Jugend interessiert sich Ingrid Bernstein – so der Mädchenname – für etwas ganz anderes: für die Natur. Sie wächst im Harz auf, ihr Vater hat anthroposophische Neigungen, mit der Mutter unternimmt sie lange Streifzüge durch die Wälder: »Meine Mutter kannte ungeheuer viele Pflanzen, sie konnte jedes Blümchen benennen«. Hinzu kommt eine prägende Lektüre: Adalbert Stifter. Nach der Schule beginnt K. eine Forstarbeiterlehre, studiert dann aber Biologie. »Daß ich in der Natur eigentlich immer nur die Literatur gesucht habe, das ist mir erst später eingefallen« – in der »Arbeitsgemeinschaft junger Autoren« und während des Studiums am Literaturinstitut in Leipzig (1963 bis 1965) vermutlich.

1965 veröffentlicht K. *Gespräch mit dem Saurier* zusammen mit Rainer Kirsch; *Landaufenthalt* (1967) ist der erste eigene Gedichtband. Die Natur als Hintergrund, als Spiegel menschlicher Beziehungen und gesellschaftlicher Zustände, manchmal auch als ungebrochene Idylle – das ist von Anfang an der wichtigste Themen- und Bild-Raum ihrer Gedichte. Einen zweiten Kristallisationspunkt bildet die Liebe und das Verhältnis zwischen den Geschlechtern. Ihn rückt K. in ihrem dritten Gedichtband *Zaubersprüche*, in den Erzählungen *Die ungeheuren bergehohen Wellen auf See* und in den Protokollen *Die Pantherfrau, Fünf unfrisierte Erzählungen aus dem Kassetten-Recorder* (alle 1973) in den Vordergrund. Ein Dichterkollege prägt in dieser Zeit das Schlagwort vom »Sarah-Sound«; das auf K.s spezifische Art des lyrischen Sprechens abhebt: die mehrdeutigen Satzstrukturen, die Atemlosigkeit, der die Satzzeichen zum Opfer fallen, Märchenbilder und mythische Rückgriffe, die manchmal als »Hang zu dunklem Raunen und Romantisieren« kritisiert werden.

K. kann sich in der DDR – und nicht nur dort – durchsetzen, trotz mancher Kritik an ihren angeblich privaten und pessimistischen Gedichten. Sie bekommt Preise und Stipendien, ihre Bücher haben hohe Auflagen und eine große Lesergemeinde. Bis sie 1976 – der vierte Gedichtband *Rückenwind* ist gerade erschienen – den Brief unterschreibt, in dem DDR-Künstler die Parteiführung bitten, die Ausweisung Wolf Biermanns zu überdenken. K. fällt in Ungnade, als sie die Unterschrift nicht zurückzieht; ihre Parteimitgliedschaft in der SED wird gestrichen, der Schriftstellerverband schließt sie aus. Das Leben in Berlin (Ost), wo sie seit 1968 wohnt, wird ihr unerträglich, sie kann nicht mehr arbeiten: »Ich war wie gelähmt«, meint sie rückblickend. 1977 wird ihr Ausreiseantrag genehmigt, sie »zieht um«, nach Westberlin. Den Versuchen, aus diesem

»Umzug« politisches Kapital zu schlagen, entzieht sie sich. 1978 lebt sie ein halbes Jahr in Rom (Stipendium der Villa Massimo), sie reist nach Frankreich, in die USA. »Jetzt besitze ich einen fröhlicheren Paß, ein rechtes Sesam-Öffne-Dich-Blättchen ohne die Angst, das seh ich nicht wieder«. *Drachensteigen* (1979) enthält die letzten Gedichte, die in der DDR geschrieben sind und die ersten aus Westberlin; *La Pagerie* (1980), poetische Prosa von einer Reise nach Südfrankreich; *Erdreich* (1982), der fünfte Gedichtband, Eindrücke aus den USA und aus Norddeutschland, der neuen Wahlheimat. »Meine Bücher bestehen eigentlich immer aus zwei Teilen: einem, der noch zum letzten, und einem Teil, der schon zum nächsten Buch gehört«. Mit *Katzenleben* (1984), dem sechsten Gedichtband, ist K. endgültig in einem norddeutschen Landleben angekommen. Aber trotz aller scheinbaren Idylle wird ihr Ton zusehends bitterer, die Stimmung verdüstert sich, die Landschaften werden menschenleer. Eine Tendenz, die sich in ihren Gedichtbänden *Schneewärme* (1989) und *Erlkönigs Tochter* (1992) bis zur Untergangs- und Todesahnung verstärkt. Nur Unterwegs-Sein scheint noch Trost und Befreiung zu spenden – die Begegnung mit fremden Küsten, mit einer verwunschenen nordischen Landschaft, mit Schafen, Katzen und Leuchttürmen. Mit *Irrstern* (1986) beginnt eine Hinwendung K.s zur kleinen Prosa, die allerdings deutlich vom Ton der Lyrik geprägt ist. Neben den Themen- und Bild-Raum Natur rückt zusehends eine Reflexion auf Vergangenes – Vergangenes aus ihrer DDR-Zeit. *Allerlei-Rauh* (1988) beschreibt zwei Varianten des Landlebens – ein gegenwärtig-andauerndes und ein vergangenes, kurzes, das K. mit Künstlerfreunden in Mecklenburg verbrachte. *Schwingrasen* (1989) verarbeitet Erinnerungen an die Kindheit und die Liebe zu »Prinz Herzlos« und reflektiert auch ein politisches Geschehen, das vom Bankrott des Sozialismus zeugt. Mit *Spreu* (1991) knüpft K. an *La Pagerie* an: ein tagebuchartiger Prosa-Text, der von wundersamen Begebenheiten während verschiedener (Lese-) Reisen erzählt und zum ersten Mal kleine Aquarelle und Collagen der Dichterin vor Augen stellt.

Literatur: *Arnold,* Heinz Ludwig (Hrsg.): Sarah Kirsch. Text + Kritik. Heft 101. München 1989; *Wagener,* Hans: Sarah Kirsch. In: Köpfe des 20. Jahrhunderts. Band 113. Berlin 1989; *Volckmann,* Silvia: Zeit der Kirschen? Das Naturbild in der deutschen Gegenwartslyrik: Jürgen Becker, Sarah Kirsch, Wolf Biermann, Hans Magnus Enzensberger. Königstein/Ts. 1982.

Dorothee Schmitz-Köster

Kisch, Egon Erwin
Geb. 29. 4. 1885 in Prag; gest. 31. 3. 1948 in Prag

Er war ein deutschsprachiger Schriftsteller jüdischer Abstammung und tschechischer Nationalität: K., ein ehrgeiziger Bonvivant, ein fröhlicher Klassenkämpfer, ein engagierter und raffinierter Journalist. Er entstammte einer angesehenen und wohlhabenden Prager Tuchhändlerfamilie. Ähnlich wie Erich Kästner verband ihn eine enge Liebe zu seiner Mutter, die sich aufgrund der Kompromißlosigkeit des Sohnes allerdings in erster Linie von Seiten Ernestine Kischs zu bewähren hatte: Egon entwickelte sich als Privatschüler, als Klosterschüler und als Heranwachsender auf der »Nikolander«-Oberrealschule zum »Sorgenkind«: er war ein schlechter Schüler, ein Haudegen in Couleur und verbrachte als Neunzehnjähriger einen Großteil seines Militärdienstes unter Arrest, nachdem er sowohl ein Studium an der Technischen Hochschule als auch an der Deutschen Universität in Prag nach kurzer Zeit abgebrochen hatte.

Auch eine private Journalistenschule in Berlin verließ er 1906 nach kurzer Zeit wieder und arbeitete bis 1913 als Lokalreporter der deutschtümelnden Prager Zeitung *Bohemia*. Frühen Gedichten (*Vom Blütenzweig der Jugend*) und Geschichten (*Der freche Franz*, 1906) folgten 1912 die ersten Reportagen des Lokalberichterstatters: *Aus Prager Gassen und Nächten*. Besonders die nächtlichen Gassen Prags, ihre Lokale und Freudenmädchen waren K. vertraut. Ob von Max Brod oder von Franz Werfel, stets wird der junge Journalist als frauenumschwärmter Bohémien, als versierter Tänzer und profunder Kenner der Prager Halb- und Unterwelt geschildert. Der schreibende Flaneur wandte sich mit der Begeisterung seiner expressionistisch dichtenden Zeitgenossen dem »Miljöh« der Großstadt zu, den »Außenseitern der Gesellschaft«, und somit dem von Kurt Tucholsky immer wieder geforderten »vertikalen Journalismus«. Bei aller liebevollen Verbundenheit hatte K. die Betuchtheit seines Elternhauses abgelegt und sich voller Vitalität dem »anderen« Prag zugewandt – stoffliche Vorlage für seinen einzigen Roman *Der Mädchenhirt* (1914).

Im Ersten Weltkrieg schwer verwundet, begann K. Partei zu ergreifen: zunächst in einer Doppelexistenz als Militärjournalist und illegal agierender Soldatenrat, später dann als Mitglied der »Föderation Revolutionärer Sozialisten ›Internationale‹«, im November 1918 vorübergehend als Kommandant der Roten Garde in Wien und ab Juni 1919 schließlich als Mitglied der Kommunistischen Partei Österreichs. Nach einem kurzen Aufenthalt in seiner Geburtsstadt zieht K. 1921 nach Berlin und wird dort Mitarbeiter politisch so unterschiedlicher Zeitungen wie dem *Berliner Börsen-Courier*, der *Weltbühne* oder der *Roten Fahne*. K. ist verletzbar und ehrgeizig: seine (von ihm provozierte) Feindschaft zu Karl Kraus oder dem Wiener Kaffeehausdichter Anton Kuh, vor allem aber die ebenso vehement wie multilateral gegen ihn geführte Pressekampagne bezüglich seines unentschlossenen politischen Vorgehens im Winter 1918/19 haben ihn hart getroffen. K. setzt in Berlin alles daran, als Journalist berühmt zu werden. Bekannt ist er bereits durch die sensationelle Veröffentlichung seiner Recherchen im *Fall des Generalstabchefs Redl* (1924 als Buch erschienen) – berühmt wurde K. durch seinen Sammelband *Der rasende Reporter* (1924). Wie er in einem Brief an seine Mutter betonte, hatte er alles getan, um dem Buch zum Erfolg zu verhelfen: Mit dem Titel hatte sich K. selbst eine Art Warenzeichen gegeben; im Vorwort war zudem eine Konzession des Kommunisten an die »Neue Sachlichkeit« zu lesen: »Der Reporter hat keine Tendenz, hat nichts zu rechtfertigen und hat keinen Standpunkt.« Was ihn selbst betraf, so vertrat er inzwischen einen klaren Standpunkt, wenn auch niemals exakt denjenigen seiner Partei. K.s Kunst bestand darin, die Wirklichkeit aus persönlichen Wahrheiten heraus dokumentarisch zu gestalten oder – wie es Joseph Roth formuliert hat: »Egon Erwin Kisch ist kein rasender Reporter; das ist ein Spitzname, den er sich nicht ohne Selbstironie gegeben hat; er ist ein gewissenhafter und gründlicher Berichterstatter. Was ihn aber zum vorzüglichen Schriftsteller macht und seine Berichterstattungen zu literarischen Werken, ist ...die Gnade des echten Schriftstellers, die darin besteht, daß man die Wirklichkeit beschreibt, ohne die Wahrheit zu verletzen; daß man trotz der dokumentarischen Wirklichkeit nicht versäumt, die Wahrheit zu sagen.«

K., inzwischen weltbekannt, veröffentlichte noch zwei weitere, reißerisch betitelte Reportagesammlungen, mit denen er das Unterhaltungsbedürfnis seiner Leser befriedigen, aber zugleich auch den Blick für gesellschaftliche Randgruppen schärfen wollte: *Hetzjagd durch die Zeit* (1926) und *Wagnisse in aller Welt* (1927). Entschieden trat K. nun für die Parteilichkeit des Schriftstellers ein. Gespräche in Alfred Döblins »Gruppe 1925« sowie im »Schutzverband Deutscher Schriftsteller« mögen hierzu beigetragen haben. Er setzt sich erfolgreich für Max Hoelz, kommunistisches Opfer der Klassenjustiz, ein und wird Mitbegründer des »Bundes Proletarisch-Revolutionärer Schriftsteller«. Nach *Zaren, Popen, Bolschewiken* (1927), *Paradies Amerika* (1930) und zwei Reportagebänden aus Asien muß K. auf der Höhe seines literarischen Erfolges 1933 Deutschland verlassen. Oft nur kurzzeitige Stationen seines Exils sind die Tschechoslowakei, Frankreich, Großbritannien, Spanien, Belgien, die Niederlande und Australien, wo er seine Teilnahme als Delegierter des »Weltkongresses gegen Faschismus und Krieg« auf sensationelle Weise gegen den Willen der australischen Behörden erzwingt (*Landung in Australien*, 1937). Während der Arbeit an diesem Buch wohnt K. mit seiner Vertrauten und späteren Frau Gisela Lyner nahe Ostende. Dort lebt 1936 auch Irmgard Keun, die später über K. schrieb: »Er sprühte und knisterte vor Lebendigkeit, Kampfeslust, Witz und Einfällen.« Diese Eigenschaften waren es auch, die K. ein Jahr später bei den Interbrigaden in Spanien so beliebt machten: In zahlreichen Erinnerungen an den Spanischen Bürgerkrieg finden sich Schilderungen des humorvoll-vitalen K., der, stets eine Zigarette im Mundwinkel, als unterhaltsamer Freizeitzauberer und uniformierter Zeitungskorrespondent am Bürgerkrieg teilnahm.

Nachdem der antifaschistische Widerstand in Europa zusammengebrochen war, zogen K. und seine aus behördlichen Gründen nun angetraute Lebensgefährtin Gisela nach Mexiko. Der populäre Reporter arbeitete dort an der Zeitschrift *Freies Deutschland* mit und veröffentlichte im Exilverlag *El Libro Libre* nach Jugenderinnerungen (*Marktplatz der Sensationen*, 1942) seinen letzten Reportageband: *Entdeckungen in Mexiko* (1945). Ein Jahr nach Kriegsende kehrte K. mit seiner Frau nach Prag zurück. Er starb im Alter von 62 Jahren an einem Herzschlag.

K. verhalf der Reportage als literarischer Form zu allgemeiner Anerkennung. Zum Teil mit rhetorischen Mitteln, bewußten Redundanzen und der Gegenüberstellung von scheinbar Widersprüchlichem, mit Wortspielen und Anspielungen, mit Ironie, bisweilen parodierend oder auch polemisierend, gestaltete K. Sachliches phantasievoll, betonte er als Schriftsteller den exotischen Reiz gerade des Alltäglichen und verblüffte durch die literarische Bearbeitung keinesfalls »einfach« berichteter Wahrheiten. Auf den Autor selbst trifft zu, was er im *Rasenden Reporter* über Honoré de Balzac geschrieben hat: Er war »der größte Phantast der Realität«.

Werkausgabe: Egon Erwin Kisch. Gesammelte Werke in Einzelausgaben. 10 Bde. Berlin 1960 ff.

Literatur: *Haupt*, Klaus und Wessel, Harald: Kisch war hier. Reportagen über den »Rasenden Reporter«. Ostberlin 1985; *Prokosch*, Erdmute: Egon Erwin Kisch. Reporter einer rasenden Zeit. Bonn 1985; *Siegel*, Christian: Egon Erwin Kisch. Reportage und politischer Journalismus. Bremen 1973.

Michael Bauer

Klabund *(d. i. Alfred Henschke)*
Geb. 4. 11. 1890 in Crossen a. d. Oder; gest. 14. 8. 1928 in Davos

Als Gottfried Benn 1928 in der *Totenrede für Klabund* seinen früh verstorbenen Dichterfreund als den Inbegriff des sich selbst verzehrenden, genialischen Künstlers feierte, wußte er sich mit einer breiten literarischen Öffentlichkeit einig. Klabund (Wandlung), wie sich der Apothekersohn genannt hatte, war 1912 mit seinem Gedichtband *Morgenrot! Klabund! Die Tage dämmern!* berühmt geworden. Von Alfred Kerr entdeckt, hat K. als Kabarettist und Liedermacher in der Tradition von François Villon, Heinrich Heine und Frank Wedekind fast alle Spielarten des Chanson beherrscht. Er hat aggressiv-politische und dokumentarisch-sozialkritische Balladen geschrieben (*Gedichte*, 1926; *Das heiße Herz*, 1922; *Die Harfenjule*, 1927) und ist als Verfasser vielgelesener Unterhaltungsromane und literarischer Biographien wie *Pjotr* (1923), *Borgia* (1928), *Rasputin* (1929) und *Mohammed* (1917) bekannt geworden. K. eröffentlichte kleine spätexpressionistische Kunstromane wie *Bracke* (1918), *Franziskus* (1921) und zahlreiche Erzählungen (*Novellen von der Liebe*, 1930) neben literarhistorischen Arbeiten (*Geschichte der Weltliteratur in einer Stunde*, 1922), nicht zu vergessen seine kongeniale Vermittlung fernöstlicher Dichtung in zahlreichen Übersetzungen. Er hat mit seinen über siebzig Büchern, die in kaum mehr als zwanzig Jahren, getrieben von der tödlichen Erkrankung, entstanden sind, sein Publikum in Atem gehalten. Unter seinen Theaterstücken ist das für Elisabeth Bergner geschriebene *Der Kreidekreis* (1925) nicht zuletzt durch Brechts Stück bis heute lebendig.

Bereits seine ersten Vers-Veröffentlichungen rufen in seinem Geburtsort einen Kleinstadtskandal hervor; es zieht den jungen Literaten rasch nach Berlin, wo man ihn, wie später in München, als Kabarettisten (er trägt seine Chansons zur Gitarre vor) feiert; die reaktionäre Presse verunglimpft ihn wie seine Mitstreiter Kurt Tucholsky, Walter Mehring und Erich Kästner. Die seit seinem sechzehnten Lebensjahr immer stärker hervortretende Tuberkulose zwingt ihn zu häufigen und längeren Aufenthalten in südlichen

Sanatorien (über deren Atmosphäre er vor Thomas Mann berichtet hat); die Kranken-
stationen markieren fortan seine Lebens- und Werkgeschichte: Arosa, Locarno, Davos,
wo er, gerade 38 Jahre alt, seiner Krankheit erliegt. Noch im selben Jahr erscheint eine
mehrbändige Werkausgabe, doch noch ehe er auf den Index der Nationalsozialisten
geriet, verblaßte die Erinnerung an den Dichter; das Ehrengrab in seiner Heimatstadt
zerstörten die Polen im Glauben, es habe sich um eine Nazigröße gehandelt.

Heute gilt es, den politisch eingreifenden und vorausahnenden Warner, den mutigen
Pazifisten, der sich gleichwohl von keiner Richtung vereinnahmen ließ, wiederzuentdecken, dem alles Ideologische ein Greuel war. So hat er nach anfänglicher Begeisterung für die deutschen Großmachtziele im Ersten Weltkrieg 1917 in einem offenen
Brief Kaiser Wilhelm II. aufgefordert abzudanken, um den Völkerfrieden zu ermöglichen. Es gilt, K. als den Verfasser des erst 1946 veröffentlichten *Tagebuchs im Gefängnis*
wiederzuentdecken, in dem er schildert, wie er 1919 nach der Zerschlagung der
Münchner Räterepublik in bayrischen Gefängnissen als Schutzhäftling eingesessen und
worin er ahnungsvoll die kommende Militärdiktatur prophezeiht. K. muß aber auch als
bedeutender Dokumentarist und betroffener Ankläger sozialer Verelendung in den
Großstädten *(Berliner Weihnacht,* 1918; *Proleten)* und als Dichter des Kosmischen neu
gelesen werden. Seine Sehnsucht nach Entgrenzung und nach dem Übergang in die
Natur – »Ich liege auf dem Grunde alles Seins / Und bin mit Kiesel, Hecht und
Muschel eins« – durchzieht auch die beiden kleinen Romane *Bracke* und *Franziskus.*
»Bruder Bracke«, Vagabund, märkischer Eulenspiegel und Sonderling – das werkbiogra-
phische Grundmuster ist deutlich – geht in die Allnatur ein, Sphärenmusik begleitet
seine »Reise«: »Die Sonne versank, und leise begann das Horn des Mondes im Abend
zu tönen«. Wegweisend könnte die von K. in Lyrik wie Prosa geradezu inbrünstig
beschworene Versöhnung zwischen Natur und Mensch werden, seine franziskanische
Naturfrömmigkeit, die Kritik am westlichen Leben (»Der westliche Mensch ist außer
sich«), nicht zuletzt sein der langen tödlichen Krankheit abgerungener Lebensmut.
Neu zu lesen ist sein *Kunterbuntergang des Abendlandes* (1922), seine *Ballade des Vergessens*
und seine vorgreifende Warnung, *Es werden Tage kommen:* »Eine Tanne / steht noch –
vielleicht. / Das Gehörn einer Gemse / hängt am Abgrund«.

Literatur: *Kaulla,* Guido von: Brennendes Herz Klabund. Legende und Wirklichkeit. Zürich/
Stuttgart 1971; *Kesting,* Marianne, in: Klabund. Der himmlische Vagant. Eine Auswahl mit einem
Vorwort von Marianne Kesting. Köln 1968.
                                                                                    Karl Hotz

Kleist, Ewald Christian von

Geb. 7. 3. 1715 auf Gut Zeblin b. Köslin/Pommern; gest. 24. 8. 1759 in Frankfurt a. d. Oder

Am Sonntag, dem 12. August 1759, wurde Preußens Friedrich II. von den Russen und Österreichern in der Schlacht von Kunersdorf vernichtend geschlagen. Mitgefochten hatte als Major der deutsche Dichter Ewald Christian von K., ein enger Freund Gotthold Ephraim Lessings. Dieser schreibt am 25. August an Johann Wilhelm Ludwig Gleim, K. sei verwundet, aber er lebe noch: »Er hat seinen Wunsch erreicht, er hat geschlagen und sich als einen braven Mann gezeigt.« Tage später erst wird K.s Tod zur Gewißheit. Zuerst an der rechten Hand verwundet, dann in den linken Arm geschossen, das rechte Bein zerschmettert, von Kosaken mehrfach bis auf die Haut ausgeplündert, wurde er schließlich von einem russischen Offizier erkannt und nach Frankfurt an der Oder gebracht. Er widersetzte sich einer Amputation seines Beines und verblutete in der Nacht vom 22. auf den 23. März. Lessing hatte wohl nicht Unrecht mit seiner Vermutung: »Er hat sterben wollen!«

K. entstammte einem alten pommerischen Adelsgeschlecht. Er besuchte das Jesuitenkollegium in Deutsch-Krone und das Gymnasium in Danzig; von 1731 bis 1735 studierte er in Königsberg Philosophie, Mathematik und Jura. Weniger Neigung zum Soldatenberuf als handfeste finanzielle Schwierigkeiten seines Vaters veranlaßten ihn zum Eintritt in dänische und 1740, nach dem Regierungsantritt Friedrichs II., in preußische Dienste. Am öden Kasernenleben hat er nie Geschmack gefunden; geistloses Reglement und sture Subordination haben die in ihm angelegte Schwermut und Hypochondrie sicherlich verstärkt. Hinzu kam Unglück in der Liebe; die Verbindung mit Wilhelmine von der Goltz, einer weitläufigen Verwandten, ging in die Brüche. Fortan riegelte K. sich gegenüber sämtlichen Frauenzimmern ab und pflegte einen schwärmerischen Freundschaftskult. Welch engen Bund Romantik und Lebensernst in K.s Psyche eingingen, zeigt seine Bekanntschaft mit dem anakreontischen Dichter Gleim. Als dieser K., der an einer im Duell empfangenen Wunde darniederlag, das Lied *Tod, kannst du dich auch verlieben?* vorlas, packte den darob so heftige Lachlust, daß seine Wunde erneut zu bluten anfing, was die Heilung erfreulicherweise beschleunigte.

In der eigenen lyrischen und epischen Produktion kompensierte K. die Eintönigkeit des Potsdamer Garnisonlebens. Drei Werke haben ihn den Zeitgenossen bekannt gemacht: das Hexametergedicht *Der Frühling* (1749), in dem er auf den Spuren des schottischen Dichters James Thomson (*The Seasons*, 1726–30, eine poetische Beschreibung der Jahreszeiten) einen empfindungsvollen, mit kritischen Reflexionen gespickten Gang durch die idyllische Natur beschreibt, das Rührung anpeilende Trauerspiel *Seneca* (1758), in dem der edle Stoiker seine tugendhafte Haltung mit dem Leben bezahlt, und das in Blankversen gedichtete Kleinepos *Cissides und Paches* (1759), in dem zwei junge Makedonier ihr Vaterland vor dem Ansturm der Feinde retten. Dieses Werk, im Kriegslager verfaßt, deutete auf K.s eigenes Ende hin: Ehre oder Tod hieß die Devise seines späteren Lebens, und den Krieg hat er als eine Befreiung empfunden. »Wenn ich nur so glücklich bin, daß ich einmal recht ins Feuer komme, welches ich in diesem

Kriege noch immer hoffe, so bin ich mit Allem zufrieden«, heißt es in einem Brief. Melancholie und Schwärmerei, Langeweile und Tatendrang, Todessehnsucht und Naturbegeisterung – alle diese nur scheinbar einander ausschließenden Motive finden sich in K.s Briefen und Dichtungen. Die treuen Freunde ehrten ihn auf verschiedene Weise: Der dichtende Domsekretär Gleim sammelte seine Briefe und Manuskripte, der berühmte Verleger Friedrich Nicolai verfaßte ein »Ehrengedächtnis«, der klassizistische Lyriker Karl Wilhelm Ramler veranstaltete eine Werkausgabe, Lessing verlieh seinem Major von Tellheim Züge von K.s liebenswürdigem und zugleich sprödem Charakter – sicherlich das dauerndste aller Ehrenmale.

Werkausgabe: Ewald Christian von Kleist. Sämtliche Werke. Hrsg. von Jürgen *Stenzel*. Stuttgart 1971.

Literatur: *Buch,* Hans Christoph: Dulce et decorum est pro patria mori. Über C. E. von Kleist. in: Begegnungen, Konfrontationen. Berliner Autoren über historische Schriftsteller ihrer Stadt. Hrsg. von Ulrich *Janetzki*. Berlin 1987. S. 11–25; *Aust,* Hugo: Ewald von Kleist. In: *Wiese,* Benno von (Hrsg.): Deutsche Dichter des 18. Jahrhunderts. Ihr Leben und Werk. Berlin 1977. S. 98–114.

Gunter E. Grimm

Kleist, Heinrich von
Geb. 18. 10. 1777 in Frankfurt a. d. Oder; gest. 21. 11. 1811 am Wannsee bei Potsdam/Berlin

Zwei Dichter markieren die in ihrer Zeit unverstandene, weil unvermittelte Wende vom Weltbild des deutschen Idealismus zur Gegenwart, ins 20. Jahrhundert. Beide sind nicht alt geworden: der eine schied durch Freitod mit 34 Jahren aus dem Leben, der andere wurde durch Typhus mit 23 Jahren weggerafft. Den genialischen Dichtern K. und Georg Büchner war bei den Zeitgenossen kein Erfolg beschieden. Beiden, die heute als Dramatiker der Weltliteratur unsere Spielpläne wesentlich beherrschen, stand in ihrem Leben praktisch keine Bühne zur Verfügung. Mit großer Verspätung erst kamen ihre dramatischen Werke gegen Ende des 19. Jahrhunderts auf die Theaterspielpläne, d.h., sie wurden erst ganz langsam ins Bewußtsein einer breiteren literarischen Öffentlichkeit gerückt. Mit 1885 ist das Stichjahr bezeichnet, in dem die Talsohle überwunden wurde. Sieht man von dem als hochromantisch verstandenen *Käthchen von Heilbronn* (Urauff. Wien 1810) und seinem relativen Erfolg auf den Bühnen des 19. Jahrhunderts einmal ab, so ergibt sich ein deprimierendes Bild, das auch durch den *Zerbrochnen Krug,* dem Johann Wolfgang von Goethes Uraufführungsversuch in Weimar (2. 3. 1808) nicht gerade dienlich war, kaum gemildert wird. Nur drei der sieben vollendeten Theaterarbeiten K.s sind zu seinen Lebzeiten gespielt worden. Zwar wurde K.s *Familie Schroffenstein* vermutlich ohne Wissen des Dichters 1804 in Graz uraufgeführt, brachte es im Königlichen Schauspielhause in Berlin bis 1885 aber zu nur sechs Aufführungen, und der *Prinz von Homburg,* der 1821 in Wien das Bühnenlicht erblickte, wurde nach der Berliner Erstaufführung (26. 7. 1828) am 1. August 1828 durch Kaiser Friedrich Wilhelm III. verboten. Bis 1860 herrschte dann fast Grabesruhe.

Nach einer nur mutmaßlichen Uraufführung der *Hermannsschlacht* 1860 in Breslau fand die Berliner Erstaufführung des Stücks erst 1875 statt. Die weniger sanfte und romantische größere Schwester des *Käthchens von Heilbronn, Penthesilea,* wurde dann 1876, der *Amphitryon* 1899 und das *Guiskard*-Fragment 1901 in Berlin uraufgeführt. Ab 1885 gewinnen auch die bereits uraufgeführten Stücke K.s erheblich an Ansehen, das die nun steigenden Aufführungsziffern bescheiden belegen. Noch sind diese Stücke nicht als dramatische Weltliteratur für die Bühne kanonisiert, aber mit ihrer Uraufführung ist dokumentiert, daß sie nicht mehr aus der Moderne wegzudenken sind. In beiden Dichtern, K. und Büchner, finden und erkennen sich zahlreiche Dichter unseres Jahrhunderts und vornehmlich auch die Autoren der Gegenwart wieder. Die zwei bedeutendsten Literaturpreise unseres Jahrhunderts sind nach K. und Büchner benannt, und die Geschichte dieser Preise spiegelt ihrerseits die Wertschätzung und die Bedeutung der beiden Dichter für die moderne Literatur wider (Kleistpreis 1911–1933; wieder neu seit 1985; Büchnerpreis seit 1923, besonders aber seit 1946 mit nachhaltiger Wirkung).

Nicht, daß die Gegenwart K. und Büchner besser verstünde als etwa die Zeitgenossen – , aber zumindest ein größeres Gespür für die Problematik ihrer Existenzen darf unsere Gegenwart für sich behaupten. Die Dunkelheit und Rätselhaftigkeit ist im Falle von K.s Person, Leben und Werk sogar noch erheblich größer als beim jüngeren Büchner; sein Freitod umgibt seine Person mit größtem Geheimnis, während Büchners engagiertes Geheimnis dem heutigen politischen und sozialen Bewußtsein offensichtlicher ist. – Die Faszination K.s für das moderne Bewußtsein ist dabei vermutlich in der Person, Lebensweg und Werk gleichermaßen konturierenden und bestimmenden paradoxalen Struktur zu suchen. Johann Wolfgang Goethe, mit dem und gegen den K. einen lebenslangen Kampf führte, schauderte genau davor instinktiv zurück und reagierte gegenüber der Zerrissenheit dieses modernen Ich mit entschiedener Abwehr. Der Renegat, der ihm »den Kranz von der Stirne reißen wollte«, blieb ihm ein modernes Rätsel. Aber K. war sich selbst ein Rätsel, wie er uns ein Rätsel bleiben wird, und als solches ist er uns nah und ganz fern zugleich: vertrauliche Fremdheit, fremde, befremdlichste Vertraulichkeit.

Derjenige, für den es nur das eine Ziel gab, »der größte Dichter seiner Nation zu werden«, der wie kein anderer aus diesem Grunde »Goethe leidenschaftlich bewundert«, aber auch »beneidet und sein Glück und seinen Vorrang gehaßt« hat, begann relativ spät zu schreiben, aber mit dem deutlichsten Bewußtsein von seinem hohen Talent. Sein Leben verlief bis zu seiner auf eigenen Wunsch erfolgten Entlassung aus dem Militärdienst am 4. April 1799 in den überlieferten Bahnen der Familientradition, die ihrerseits eingebettet war in die Tradition Preußens und seiner Geburt und Geschichte aus dem Geiste der Armee Friedrichs des Großen. Der *Aufsatz, den sichern Weg des Glücks zu finden und ungestört – auch unter den grössten Drangsalen des Lebens – ihn zu geniessen!* (um 1799) zeigt in seinem spätaufklärerischen Jargon diese Herkömmlichkeit und Traditionalität, wenngleich der im Aufsatz höchst eindrücklich anempfohlene Mittelweg indirekt auch ein Beweis dafür sein kann und konnte, daß dem Verfasser ein solcher Weg des Glücks wohl kaum beschieden sein mochte. Noch aber schien sich K.s Leben nach diesem vulgär-optimistischen Glücksweg zu gestalten. Er beginnt am 10. April 1799 an der Universität Frankfurt an der Oder ein kameralistisches Brotstudium, lernt die Tochter des Ortskommandanten, Wilhelmine von Zenge, kennen, ist schnell verliebt und

Anfang 1800 mit ihr verlobt. Aber der so sicher betretene Weg des Glücks, d. h. eines von Beherrschung der Leidenschaften durch moralische Ausbildung und Lebensplan abgesteckten Pfades, verliert sich schnell im Dickicht der Gefühle, im Chaos eines aller überzeugenden Ordnung spottenden Werde- und Entwicklungsganges.

K. unternimmt August bis Ende Oktober 1800 eine geheimnisvolle Reise, deren Plan und Ziel wohl aus pekuniären Gründen durcheinandergeriet und in Würzburg an ein somit eher zufälliges Ziel kam. Hier aber scheint sich K. seiner Bestimmung für die Literatur bewußt geworden zu sein, seiner Berufung für die Dichtung, seines poetischen Talents. Er beginnt zu schreiben. Diese Reise in ihrer von K. absichtlich inszenierten Heimlichkeit und ihrem durcheinandergeratenen Reiseplan gerät zur Folie für K.s nun anhebenden, vom Dämon ins Chaos getriebenen Lebensplan. Er bricht sein Brotstudium, das er entgegen seinem Wunsche, Gelehrter zu werden, nur unwillig begann, ab. Das Erlebnis Rousseaus und die sogenannte Kantkrise im März 1801 scheinen dem Dämon in ihm Beistand zu leisten. Der konnte durch die Kantlektüre, die ihm sein »höchstes Ziel«, die Wahrheit, als vergeblich vorstellte, nicht gebannt werden. Daß »hienieden keine Wahrheit zu finden ist«, diese neue Überzeugung wurde durch die fast gleichzeitige Erfahrung ›Rousseau‹, d. h. einer »Philosophie des Gefühls«, nicht kompensiert. Rousseau markierte weniger einen Ausweg aus der »Kantkrise« als vielmehr eine Verstärkung seiner antirationalistischen Neigungen und Tendenzen. Der rationalistisch konzipierte »sichere Weg des Glücks« war endgültig verworfen. Das Muster jener Würzburgreise wiederholt sich. Er reist nach Paris, aus dem es ihn nach vier Monaten ins Gegenteil verschlägt. Er will Bauer in der Schweizer Einsamkeit einer Aare-Insel bei Thun werden. 1802 löst er im Mai sein Verlöbnis mit Wilhelmine von Zenge, liegt krank in Bern darnieder. Der Unbehauste, Umhergetriebene liefert aber dennoch in der *Familie Schroffenstein* (1803) und im *Guiskard*-Fragment einen künstlerischen Niederschlag seiner aus Rousseau und Kant bezogenen Probleme. Jenes Familien-Drama, das ursprünglich *Die Familie Ghonorez* hieß, liest K. um den Jahreswechsel 1801/02 dem Dichterfreund Heinrich Zschokke vor. Der berichtet über das allseitige Gelächter der Zuhörerschaft wie auch seines Dichters über den ins Groteske gesteigerten Versuch, den Bau einer sittlichen Welt als Schein zu entlarven, ihre Gesellschaftsstruktur als in Wahrheit selbstzerstörerisch zu erweisen. In schrecklicher Schönheit geht die Welt, diese Familien-Welt, durch zwei an den eigenen Kindern verübten Mordtaten zugrunde. Der Umschlag beim Vortrag des Trauerspiels ins unfreiwillige Gelächter zeitigte gleichzeitig den Anstoß, sich im Komischen zu versuchen. Zschokke verwies K. auf einen französischen Kupferstich, »La cruche cassée«, der als Grundszene für das erst um 1805/06 in Königsberg gänzlich fertiggestellte Lustspiel *Der zerbrochne Krug* diente. Auch die Anfänge von K.s zweitem Lustspiel *Amphitryon* (1807), jenem Mysterium ehelicher Liebe in Gott, reichen in diese Zeit. Aus dem Versuch einer Molière-Übersetzung für Heinrich Daniel Zschokke wurde ein nach und nach sich verselbständigendes Stück, in dem aus jenem galanten Abenteuer des Göttervaters eine nahezu blasphemisch-theologische Unternehmung sich herausschälte. Das Lustspiel erschien im Mai 1807 und weist schon auf jene Erzählung von der *Marquise von O...*, die im zweiten *Phöbus*-Heft Anfang 1808 erschien.

Wiewohl nur eine Zeitspanne von fünf bis sechs Jahren umfassend, geschieht in den Jahren zwischen K.s Versuch, in der Schweiz Landwirt zu werden, und der Rückkehr aus französischer Gefangenschaft nach Dresden (1807) der Quantität wie Qualität nach etwas Ungeheuerliches. So wie K. nach Besuchen bei Christoph Martin Wieland in Oßmannstedt (1802/03), wo sich dessen 13jährige Tochter Luise in den Dichter verliebt, wegen des Mißlingens des *Guiskard*-Entwurfs sich wiederum in eine Reise nach Boulogne-sur-Mèr stürzt (Ende 1804), die eine an Wahnsinn grenzende Selbstmord-Unternehmung darstellte, endend im totalen körperlichen und seelischen Zusammenbruch, so erleidet Preußen in diesem Zeitraum seinerseits im Oktober 1806 den totalen militärischen Niedergang. K., mühsam wiederhergestellt und 1804 in Berlin zurück, 1805 in bescheidener Staatsstellung in Königsberg, antizipierte jedoch nicht allein diesen Niedergang, sondern er mußte den Zusammenbruch Preußens nachträglich durch einen erneuten Einbruch des Chaos in seine gerade wiederhergestellte, bescheidene kleine Lebensordnung bestätigen. In dieser Zeit, in der die Staatsordnung durch Napoleon angegriffen sowie seine private Situation durch Krankheit belastet ist, gelingt ihm noch die Beendigung des *Zerbrochnen Krugs* und des *Amphitryon*; auch der Beginn der Arbeit an den Erzählungen von *Michael Kohlhaas*, der *Marquise von O . . .* und des *Erdbebens in Chili* fällt in diesen Zeitraum. Die kurze Phase dieser relativen Ordnung endet mit dem endgültigen Ausscheiden K.s aus dem Staatsdienst sowie mit einer unfreiwilligen Reise unter entwürdigenden Umständen, ohne Kenntnis der eigentlichen Gründe, des Ziels und ihres Endes: K. wird am 30. Januar 1807 vor den Toren Berlins verhaftet und nach Frankreich gebracht, wo er bis Juli 1807 in Gefangenschaft bleibt. Hier arbeitet er mit stoischer Gelassenheit an *Penthesilea*, die nach der Entlassung im Sommer 1807 in Dresden fertiggestellt wird. Sofort beginnt er mit dem *Käthchen von Heilbronn*, der Kehrseite der *Penthesilea*, die durch »gänzliche Hingebung« so mächtig ist wie »jene durch Handeln«. Das schöne Kind aus Schwaben weiß nichts von seiner Schönheit und Grazie, und so spiegelt sich in dieser ihr unbewußten Haltung jene ganze Dialektik des späteren Aufsatzes *Über das Marionettentheater* (12.15.12. 1810 in den *Berliner Abendblättern*), der neben der für den Freund Rühle von Lilienstern verfaßten Abhandlung *Über die allmähliche Verfertigung der Gedanken beim Reden* (1805/06) zu K.s bedeutendsten Schriften zählt, in denen sich ein Kunst- und Weltverständnis direkter artikuliert als in den Dramen und Erzählungen.

Obwohl K. sich genuin als Dramatiker fühlte – nach Ernst von Pfuels Mitteilung hat er sich nur ungern zum Erzähler »herabgelassen« – , beginnt er im dritten Drittel seines eigentlichen Lebens- und Schaffensjahrzehnts nun sogar reine Herausgeber-, Redaktions- und Journalistenunternehmungen, um sich wirtschaftlich abzusichern. Keine, weder die *Phöbus*-Gründung (1808–1809) noch das Tageszeitungsgeschäft *Berliner Abendblätter* (1.10.1810–30.3.1811), hatte Erfolg, und der Wunsch, eine Verlagsbuchhandlung zu eröffnen, gelangte aus finanziellen Gründen nicht einmal in ein konkretes Planungsstadium. Gleichzeitig aber sah K. noch einmal den günstigsten Augenblick für sich als Dramatiker gekommen. Napoleon erschien ihm als ein Gegner von weltpolitischem Format, an dem sich sein Dämon – der neben Liebe auch grenzenlosen Haß kennt – messen konnte. *Die Hermannsschlacht* wurde der Gunst der Stunde abgerungen und sollte am Wiener Burgtheater uraufgeführt werden. Der Wechsel des Schlachtenglücks (6.7. 1809 Sieg der Franzosen über die Österreicher bei Wagram) reihte K.s Pläne für das Stück in die beinahe ununterbrochene Serie von Mißerfolgen ein, die mit dem *Prinz Friedrich von Homburg*, der erst von Ludwig Tieck (1821) aus dem Nachlaß herausgegeben wurde, ein Ende fand. Freilich war das ein Ende in tödlicher, selbstzerstörerischer Konsequenz, für die K. lebenslang anfällig war. Im *Prinzen Friedrich von Homburg* nahm er seinen eigenen Tod vorweg, verklärte, erhöhte das Schreckliche ins Prächtige, verlieh ihm Sinn und Würde in einer apotheotischen Inszenierung. Nach der Fertigstellung der Reinschrift im Juni 1811 blieb ihm, dem »auf Erden nicht zu helfen war«, nur noch, seine Abschiedsbriefe zu konzipieren und zu schreiben. Sie sind, neben den auch sonst höchst bedeutsamen Briefen K.s, integraler Bestandteil seines Lebens und seines Werkes, ein hochkarätiger Ersatz für jenen verlorengegangenen Roman, der die »Geschichte meiner Seele« schildern sollte. Die letzte Reise mit der todkranken Henriette Vogel hatte einen genauen Plan, hatte ein Ziel und einen Endzweck. Sie war entgegen allen Reisen K.s, entgegen seiner ganzen Lebensreise voller ruhiger Ordnung, frei von Chaos, ein sicherer Weg des völligen Glücks. Wie paradox! – Der einzige Erfolg in einem Leben ununterbrochener Mißerfolge ist die Selbstzerstörung, über deren Planung und Ausführung des Dichters »Triumphgesang« anhebt, zu dem ihn seine Seele im Augenblick des Todes treibt. Er hat den sichern Weg seines Glücks beschritten; er geht ihn zusammen mit einer Seele, welche die seine durch Berührung »mit der ihrigen zum Tode ganz reif« gemacht hat. K., dessen Natur Unabänderlichkeiten mit Konsequenzen zu begegnen wußte, begriff, daß seine »ganze jauchzende Sorge nur sein kann, einen Abgrund tief genug zu finden, um mit ihr (Henriette!) hinab zu stürzen.« Am 21. November 1811, so die Eintragung im Stahnsdorf-Machnower Kirchenbuch, erschoß K. Henriette Vogel, 31 Jahre alt, und »dann sich selbst in seinem 34sten Jahre. Beide sind auf der Stelle wo der Mord und Selbstmord geschah, in zwei Särge gelegt und in ein Grab gelegt worden. O tempora! o mores!!«

Werkausgabe: Heinrich von Kleist. Sämtliche Werke und Briefe. Hrsg. von Helmut *Sembdner*. München 1964.

Literatur: *Gönner*, Gerhard: Von »zerspaltenen Herzen« und der »gebrechlichen Einrichtung der Welt«. Versuch einer Phänomenologie der Gewalt bei Kleist. Stuttgart 1989; *Wichmann*, Thomas: Heinrich von Kleist. Stuttgart 1988; *Günzel*, Klaus: Kleist: Ein Lebensbericht in Briefen und zeitgenössischen Berichten/vorgestellt von Klaus *Günzel*. Stuttgart 1984; *Siebert*, Eberhard: Kleist. Leben und Werk im Bild. Frankfurt a. M. 1980; *Kleist*, Heinrich von: Ausstellungskatalog der Staatsbibliothek Preußischer Kulturbesitz in Verbindung mit der Heinrich-von-Kleist-Gesellschaft. Berlin 1977; *Sembdner*, Helmut (Hrsg.): Heinrich von Kleists Lebensspuren. Dokumente und Berichte der Zeitgenossen. Bremen 1957 (Neuausgabe Frankfurt a. M. 1977).

Joseph Kiermeier-Debre

Klinger, Friedrich Maximilian

Geb. 17.2.1752 in Frankfurt a. M.; gest. 9.3.1831 in Dorpat

»Ich habe, was und wie ich bin, aus mir gemacht, meinen Charakter und mein Inneres nach Kräften und Anlagen entwickelt, und da ich dieses so ernstlich tat, so kam das, was man Glück und Aufkommen in der Welt nennt, von selbst.« Seine Karriere als »Weltmann und Dichter« ist K. jedoch nicht in die Wiege gelegt. Er ist der Sohn eines armen Frankfurter Stadtartilleristen. Nach dem frühen Tod des Vaters (1760) ernährt die Mutter die Kinder durch Nähen und Waschen. Durch Vermittlung von Gönnern erhält der Sohn freien Unterricht am Gymnasium. Von 1774 bis 1776 studiert er in Gießen Jura, Theologie und Literatur. In dieser Zeit beginnt er, Dramen zu veröffentlichen. Schreiben ist für K. Forum und Medium einer Flucht aus drückender Enge, eines Aufstiegs durch Anerkennung in der literarischen Öffentlichkeit, deren aufklärerischen Konsens über das Theater er zugleich aufkündigt. Darin sieht er sich durch die Freundschaft mit dem jungen Johann Wolfgang Goethe bestärkt, mit dem er auch die Begeisterung für William Shakespeare, den Kultautor der Sturm-und-Drang-Generation, teilt. In den eigenen Texten radikalisiert er die vermeintliche »Regellosigkeit« Shakespeares und seine intensive Darstellung von Leidenschaften und Gefühlsumbrüchen. Die Dramen schildern Leidenschaften, die bis zur Zerstörung des Ichs reichen, unbedingtes Geltungsverlangen, zugleich Sucht nach Liebe und Empfindsamkeit, gewaltsames Handeln, lähmende Melancholie und selbstzerstörerische Reflexion. Die dargestellten Widersprüche sind Widersprüche des Autors, der einen Platz innerhalb der Ordnungen anstreben muß, die er in seinen Dramen bestreitet. Alle genannten Elemente finden sich in den *Zwillingen* (1776), mit denen K. einen Preis der Ackermannschen Theatertruppe gewinnt (Aufführung in Hamburg durch Friedrich Ludwig Schröder). Sie schildern die Rache eines zurückgesetzten Erstgeborenen an seinem scheinbar erfolgreicheren Bruder. Nicht zufällig empfindet der ebenfalls aus ärmlichen Verhältnissen stammende Karl Philipp Moritz eine tiefe Sympathie mit der Hauptfigur: »Ihm fielen dabei alle die Kränkungen ein, denen er von seiner frühesten Kindheit an, fast so lange er denken konnte, beständig ausgesetzt gewesen war« *(Anton Reiser)*.

Ein Besuch K.s in Weimar führt 1776 zur Distanzierung Goethes, der zum Geheimen Rat aufsteigt – eine schmerzliche Erfahrung, die K. radikal seine eigene unsichere Stellung in der Gesellschaft vor Augen führt. Zwei Jahre lang ist K. dann Theaterdichter und Schauspieler bei der Seylerschen Truppe (u. a. Aufführung von *Sturm und Drang* in Leipzig 1776). Später gelingt K., der nach Goethe über »Festigkeit« und »Beharrlichkeit« verfügt, trotz seines »brausenden Eifers gegen den Zwang des Hofes« (so die *Allgemeine deutsche Bibliothek*) eine beispiellose Karriere in Rußland. Sie übertrumpft sogar den Aufstieg Goethes und findet zunächst in der Militärhierarchie statt: »Als Soldat studier ich mein Metier. Wart auf den entscheidenden Tag, wo ich alles werden kann, wenn ich Kopf gezeigt habe, zeige Herz und Mut und brav bin«. Diese Karriere bedeutet den endgültigen Abschied von der Sturm-und-Drang-Position. K. wird 1780 Gardeoffizier und Vorleser beim Großfürsten Paul in Petersburg, Ausbilder, schließlich Direktor des ersten Kadettenkorps und Pagenkorps (ab 1785, bzw. 1801). Schließlich wechselt er in die Hauptschulverwaltung beim Ministerium für Volksbildung, wird Kurator des Schulbezirks und der Universität Dorpat (ab 1802). K.s Aufstieg fällt in die Zeit, als Katharina II. und Alexander I. scheinbar die Autokratie aus aufklärerischem Geist reformieren wollen. 1816 muß K. im Zuge der Restauration sein Kuratoramt, 1820 alle übrigen Ämter zurückgeben.

In einem Zyklus von Romanen, welche die »Räder der politischen Maschine entblößen« sollen, verarbeitet er sein Festhalten an den Prinzipien einer radikalen Aufklärung bei gleichzeitiger, als notwendig erkannter Anpassung an die engen Grenzen selbständigen Handelns als Beamter in einem streng autokratisch-hierarchischen Gesellschaftssystem. In dem Dialogroman *Der Weltmann und der Dichter* (1798) schreibt K. über die Unmöglichkeit, seiner Position eine Beurteilung gleich welcher Art zukommen zu lassen. Beide Gegenspieler, der erfolgreiche, gelegentlich zur Anpassung bereite Minister und der kritisch-moralisierende Dichter müssen am Ende die Lebensform des anderen anerkennen, obwohl ihre Prinzipien einander ausschließen. Folgerichtig verbietet der »Weltmann« K. als Direktor des Kadettenkorps seinen Schülern die Romane des »Dichters«, insbesondere des antikirchlichen und -feudalistischen *Raphael de Aquillas* (1793) über Kirche und Staat im Spanien Philipps II. und Philipps III.

Für den Schüler von Jean Jacques Rousseau stellt das feudalabsolutistische System den Höhepunkt einer geschichtlichen Fehlentwicklung dar, welche die ursprüngliche Gleichheit aller Menschen zerstört habe. An Stoffen unterschiedlicher Zeiten und Länder erörtert er dementsprechend die Herrschaft von Selbstsucht, Machtgier und Jagd nach Geld, der gerade auch die Klasse der »Bessergeborenen« unterliege. K. sieht hierbei auch deutlich, wie sich innerhalb der feudalen Gesellschaftsordnung Elemente bürgerlichen Profitstrebens durchsetzen, ohne das System als solches zu gefährden. Die *Geschichte Giafars des Barmeciden* (1792/94) demonstriert, wie auch reformwillige Herrscher – hier Harun al Raschid – scheitern müssen, weil sie zur Aufrechterhaltung des Systems auf Korruption und Willkür angewiesen sind. Das Beharren des Großwezirs Giafar auf »Tugend« und sittlicher Autonomie gefährdet dagegen die auf absolutem Gehorsam basierende Alleinherrschaft. K. versucht hier zu belegen, wie Immanuel Kants kategorischer Imperativ, gegen die »Erfahrung« gehalten, zwangsläufig zur »giftigsten Satyre gegen die Menschen« werde. Die Französische Revolution beinhaltet für K. aus der Distanz Rußlands keine ernsthafte politische Alternative – zumal wegen des mit ihr verbundenen Terrors. Die unaufhebbaren Widersprüche der eigenen Existenz formuliert K. zuletzt in der dreibändigen Sammlung von Aphorismen, Kurzessays, -dialogen und literarischen Kritiken, *Betrachtungen und Gedanken über verschiedene Gegenstände der Welt und der Literatur* (1803–1810).

Als russischer Beamter hält sich K. streng an den Grundsatz, das »öffentliche Gute« nur auf die Weise »zu befördern..., die der Staat... vorzuschreiben für nötig gefunden hat« – eine Einstellung, die ihm nicht selten Kritik von seiten der Intelligenz einbringt. 1820 gibt er mit der Übersiedlung nach Petersburg endgültig den Wunsch auf, nach Deutschland zurückzukehren. Der deutschen klassisch-romantischen Literatur steht er als Aufklärer äußerst kritisch gegenüber, weil sie den Bezug auf die politisch-soziale Realität der Gegenwart aufgebe. Allerdings scheitern auch die Helden K.s mit ihrer abstrakten kritischen Moral an dieser Realität, über deren Geschichte eine »eiserne«, mit gutem Willen nicht zu brechende »Notwendigkeit« gebiete.

Werkausgabe: Klingers Werke. Historisch-kritische Gesamtausgabe. Hrsg. von *Gilman*, Sander L. u. a. 24 Bände. Tübingen 1978 ff.
Literatur: *Hill*, David: Klingers Novels: The Structure of the Cycle. Stuttgart 1982; *Segeberg*, Harro: Friedrich Maximilian Klingers Romandichtung. Heidelberg 1974; *Hering*, Christoph: Friedrich Maximilian Klinger. Der Weltmann als Dichter. Berlin 1966.   *Hans-Gerd Winter*

Klopstock, Friedrich Gottlieb
Geb. 2. 7. 1724 in Quedlinburg; gest. 14. 3. 1803 in Hamburg

Als K. am 22. März 1803 in Hamburg beigesetzt wurde, war ein Repräsentant deutscher Dichtung, ja deutscher Kultur gestorben, dem Zehntausende hanseatischer Bürger die letzte Ehre gaben. Und doch, der Sänger des großen religiösen Epos *Der Messias*, seit 1770 in der Hansestadt ansässig und eines ihrer Ruhmesblätter, glich schon damals eher einem Monument aus vergangenen Zeiten. Gotthold Ephraim Lessings polemische Mahnung von 1753, man solle K. – wie die Dichter überhaupt – nicht so sehr loben, sondern lesen, hatte seither noch an Dringlichkeit gewonnen. Die Zeiten waren längst über K.s Dichtungen und theoretische Schriften hinweggegangen. Eine Art versteinerter Ehrfurcht umgab sein ehemals bahnbrechendes Lyrikwerk, seine biblischen und patriotischen Dramen, seine geistlichen Lieder und gewitzten Epigramme, seine dichtungstheoretischen Schriften, Übersetzungen und Sprachforschungen, seine grammatischen und historiographischen Unternehmen. Ehrwürdig, aber unzeitgemäß war der alte Sänger der Religion und des Vaterlandes geworden; nur wenig schien man in seinen Gedanken und Werken von der neusten Zeit wiederzufinden. Offenbar hatte der alte Poet einen lebendigen Bezug zur Realität längst verloren.

K.s Leben und Werk verkörpern das Dilemma der aufklärerischen Utopie im Deutschland des »bürgerlichen« 18. Jahrhunderts; sie umspannen Aufschwung, Widersprüchlichkeit und Wirkungsverlust einer intellektuellen Bewegung, die aus dem Schoß der alten feudalen Welt heraus eine neue Ära der menschlichen »Glückseligkeit« entwerfen und verwirklichen wollte. Aufstieg und Niedergang, die Anstrengung gegen eine widerständige Realität waren wichtige biographische Erfahrungen schon des ganz jungen Mannes. K.s Vater, aus einem thüringischen Handelshaus stammend und bis 1732 als Stiftsadvokat in Quedlinburgischen Diensten tätig, hatte sich für einige Jahre auf ein riskantes Wirtschaftsunternehmen eingelassen, das schließlich scheiterte und den nahezu ruinierten Juristen in seine alte Amtstätigkeit zurückzwang. Friedrich Gottlieb, das älteste von siebzehn Kindern, hatte unter diesem Niedergang nicht wenig zu leiden. Zunächst noch von einem Hauslehrer unterwiesen, besuchte er seit 1736 das Quedlinburger Gymnasium. Erst durch Vermittlung eines reichen Verwandten gelang es, dem begabten Schüler einen Freiplatz an der Fürstenschule Pforta zu verschaffen.

Der junge K. erhält hier bis 1745 eine gründliche humanistische Bildung, treibt fleißige Bibelexegesen und studiert die griechischen und lateinischen Dichter und Historiker. Daß ihn schon zu dieser Zeit eigene poetische Versuche in der deutschen und in den alten Sprachen beschäftigen, zeigt sich in seiner »Abschiedsrede« von Schulpforta. Der junge K. ruft die Deutschen zu größerem kulturellen und dichterischen Selbstbewußtsein auf. Er fordert ein großes nationales Epos, das es mit den Werken der Ausländer, auch mit ihren Klassikern, aufnehmen soll.

So ist es kaum verwunderlich, daß der wenig bemittelte Student der Theologie schon 1745 in Jena und seit Juni 1746 in Leipzig vor allem auf poetische Pläne sinnt. Im Kreis der »Bremer Beiträger«, der Herausgeber der *Neuen Beiträge zum Vergnügen des Verstandes und des Witzes,* erwachsen ihm Anregungen genug. Dieser Leipziger Freundschaftsbund ist ganz auf eine Dichtung eingeschworen, die sich nicht länger dem Geschmack adliger oder großbürgerlicher Gönner beugen, sondern eine selbstbewußte und autonome moralische Richterfunktion in der Gesellschaft übernehmen soll. Der Poet sei ein »Schöpfer«, kein bloßer »Nachahmer« der Natur und vor allem kein Verseschmied nach scheinbar ewig geltenden Kunstregeln. Statt sich auf die höfische oder stadtpatrizische Indienstnahme einzulassen, beschwören die »Bremer Beiträger« ihr solidarisches Lebensprinzip der »Freundschaft« oder der »Familiarität«, wie K. später formuliert hat. Gegenüber dem »Falschheitsvollen Hof« liegt in der »Freundschaft« ein Garant für Mitmenschlichkeit, Aufrichtigkeit, Gleichberechtigung und gegenseitige Achtung. Auch der junge K. macht in diesem Kreis eine kritische Sozialisation durch. Später wird er immer wieder den Gegensatz von Menschlichkeit und gelehrtem »Verdienst« auf der einen und arroganter, kalter Machtsphäre des Hofes auf der anderen Seite hervorheben.

Schon im Herbst 1745 hatte der junge Dichter begonnen, die ersten drei Gesänge seines *Messias* in einer Prosafassung zu Papier zu bringen; 1748 druckten die *Neuen Beiträge* eine erste Versfassung dieser wortmächtigen Eingangsgesänge ab. Gleichsam über Nacht wird aus dem stud. theol. K. der hochgelobte Dichter des Heilands; ein literarischer Wurf, der die Lebensbahn des jungen Mannes auf Anhieb verändern sollte. K. will nun endgültig Schriftsteller werden und gibt sein theologisches Studium auf. Bescheiden genug muß er beginnen: als Hofmeister in Langensalza. Bis in den Sommer 1750 hält es ihn hier, dann aber lockt der frühe Ruhm in die Welt hinaus. Der berühmte Schweizer Gelehrte und Schriftsteller Johann Jakob Bodmer macht dem Dichter das Angebot, in seinem Züricher Haus den begonnenen *Messias* zu vollenden. K. nimmt an, aber der Aufenthalt endet in bösem Streit, weil Bodmer einen weltentrückten Dichter, nicht aber einen Mädchenfreund und lebensfrohen Gesellen erwartet hatte.

Dennoch war bedeutend, was K. in der Schweiz an Lebenserfahrungen gewinnen konnte. Vor dieser Zeit sei er nur »auf Schulen« gewesen, schrieb er später einmal. Doch schon seit den Leipziger Zeiten war er sich vor allem der gesellschaftlich-politischen Aufgaben eines Dichters wohl bewußt. Er hat die »Beherrscher der Nazionen« seither immer in ein kritisches Licht gerückt, auch wenn sie, wie in der Schweiz, als »Aristokraten in den Republiken« die Macht in Händen hielten. Nur wenige Monate hatte der junge Dichter in der »republikanischen« Schweiz zugebracht, da erreichte ihn ein Angebot des dänischen Ministers Graf von Bernstorff, an den Hof nach Kopenhagen zu kommen und dort bei einer Jahrespension von 400 Talern ein achtbares Auskommen zu finden. 26 Jahre ist K. zu dieser Zeit alt, ein ganzes Dichterleben liegt noch vor

ihm. Soll er es einem wenn auch vielgepriesenen Hof weihen? Was würden die Freunde
sagen, die sich seit langem Gedanken darüber gemacht hatten, wie sie ihm eine unabhängige Existenz verschaffen und die Zwänge einer höfischen Indienstnahme ersparen
könnten? Der berühmte Hamburger Dichter Friedrich von Hagedorn beschwört K.
damals, sich in Dänemark auf keinen Fall eine Besoldung geben zu lassen: der *Messias*
könne unmöglich unter den Bedingungen eines Hofamtes vollendet werden.

Aber die Befürchtungen der Freunde waren unbegründet. Schon in den Berufungsver-
handlungen trat der junge Dichter ungewöhnlich selbstbewußt auf. Er betrachtete sich
als einen Repräsentanten der bürgerlichen »Gelehrtenrepublik« Deutschlands, der von
vornherein jede höfische oder repräsentative Unterordnung seiner Person verweigern zu
müssen glaubte. Tatsächlich ist K. in den folgenden nahezu zwanzig Jahren seines Däne-
markaufenthalts nur »titulär« als »Hofraad« eingestuft worden und hat sich weitgehende
persönliche und öffentliche Freiräume sichern können. Zumal im Kreise von Freunden
wie Johann Andreas Cramer, Heinrich Wilhelm von Gerstenberg, Helferich Peter Sturz,
den Grafen Stolberg, Johann Bernhard Basedow und dänischer Gelehrter hat der Dichter
des *Messias* erheblichen kulturpolitischen Einfluß nehmen können. Der *Nordische Aufseher*,
eine politisch engagierte Moralische Wochenschrift, war das Sprachrohr dieses humanistisch gebildeten Zirkels von »Patrioten«, die unablässig für die moralische Unterweisung
und literarische Kultivierung der sozialen Führungsgruppen in der dänischen Hauptstadt
arbeiteten und gegenüber der fürstlichen Obrigkeit die Rechte einer unabhängigen
Öffentlichkeit wahrnahmen. Belobigt wurden im *Nordischen Aufseher* zwar die verfas-
sungsrechtliche Limitierung der königlichen Gewalt in Dänemark und der humane
Reformgeist bei ihren Spitzenbeamten, bekämpft und kritisiert dagegen die Neigung vor
allem der großbürgerlichen Kreise, auf den Hof und die Nobilitierung zu schielen und
jede bürgerliche »Anständigkeit« vermissen zu lassen. »Religion«, »Tugend« und »Patriotismus«, jene vielgerühmten Attribute einer moralisch geläuterten, libertären Lebensform, hat auch K. damals zu seinem Programm erhoben. Überhaupt konnte er am Funk-
tionieren des dänischen Absolutismus entscheidende Erfahrungen und Einsichten darüber gewinnen, wie eine nationale Integration der Gelehrten und Schriftsteller in
Deutschland geschaffen werden könnte, die sich der Kulturlosigkeit und Machtanma-
ßung der feudalabsolutistischen Kleinstaaten entgegenzustellen vermochte. Die Organisation einer unabhängigen Öffentlichkeit schien dazu das wichtigste Mittel; sie war ja
zugleich jene Lebensform, die es K. im Umkreis des dänischen Hofes gestattete, eine
»freie« und damit repräsentative Existenz als »bürgerlicher« Schriftsteller zu führen. Verschiedentlich hat K. in Dänemark darüber nachgedacht, wie eine nationale »Societät« der
deutschen Gelehrten praktisch zu realisieren sei. Im Jahre 1768 dediziert er Kaiser Joseph
II. sein patriotisches Drama *Hermanns Schlacht*, da ihm zu Ohren gekommen ist, am Wiener Hof stehe die Errichtung einer großen Akademie der Künste und der Wissenschaften
bevor. Aber das Vorhaben scheitert kläglich am Desinteresse des Monarchen. Der Patriot
K., der seit einigen Jahren schon Stoffe und Motive aus der Geschichte und Mythologie
der (alten) Deutschen in seinen Dichtungen propagiert hat, muß sich mit jener großen,
freiheitsrechtlich verklärten Vergangenheit bescheiden.

Die Zeiten werden Ende der 60er Jahre für K. etwas bewegter. Sein Freund und Gönner Bernstorff verliert alle politischen Ämter in Kopenhagen und geht nach Hamburg,
wohin ihm der Dichter folgt. Nicht zufällig fällt seine Wahl auf die freie Reichs- und

Handelsstadt. K. fühlt sich als »Republikaner«, als »Patriot«, als Wortführer derjenigen, die ihre kritische geistige Kraft in den Dienst des »Civismus« und der »Glückseligkeit« von Gesellschaft und Staat stellen wollen. Gerade als »bardischer« Dichter, dessen »Genie« sich aus den naturrechtlichen Urgründen der vaterländischen Geschichte speist, will K. die »heilige Dichtkunst« nie »durch höfisches Lob entweihn«, will er für »der Vernunft Recht vor dem Schwertrecht« das Wort ergreifen.

Kein Wunder, daß sich die hitzigen Dichterjünglinge des Sturm und Drang und des »Göttinger Hain« begeistert auf die Seite dieses selbstbewußten »patriotischen« Sängers stellten. Der nahezu fünfzigjährige Dichter als Idol, ja als Busenfreund von politisch aufbegehrenden Jünglingen, das hatte es in Deutschland noch nicht gegeben. Oft genug sind K. und die ihm folgenden »Genies« wegen ihrer radikalen Fürstenschelte und ihrer als »regellos« und »verstiegen« empfundenen Dichtungen an den Pranger der Öffentlichkeit gestellt worden. Die Fraktion der älteren Aufklärer war geradezu entsetzt, als K.s *Deutsche Gelehrtenrepublik* erschien: ein in die Fiktion nationalhistorischer »Landtage« verwobener Organisationsplan für die bürgerliche Intelligenz im deutschen Reich, den der Dichter 1774 im Selbstverlag herausgegeben hatte. Als ein Skandal wurden die Verhöhnung der unpatriotischen und biederen Stubengelehrsamkeit, die witzige bis scharfe Kritik am Mittelmaß und an der Eitelkeit des Öffentlichkeitsbetriebes sowie an der fürstlichen Ignoranz empfunden. Weit über 3000 Subskribenten des Buches bewiesen dennoch, wie sehr der Name des Dichters für eine kulturell geachtete Instanz zu stehen vermochte.

Der Markgraf Karl Friedrich von Baden hatte eben diese Autorität im Sinn, als er den gerühmten Sänger in Karlsruhe zum Hofrat befördern ließ, um sich seines kulturpolitischen Sachverstandes und seiner Anwesenheit zu erfreuen. Doch dieses Reiseunternehmen K.s, das ihn natürlich auch zu Johann Wolfgang Goethe nach Frankfurt a. M., vorher schon im Triumphzug zum »Hain« nach Göttingen geführt hatte, endete nach wenigen Monaten (März 1775) mit der unwiderruflichen Heimkehr des Dichters nach Hamburg. Im folgenden Jahr zieht K. auf Lebenszeit zu Johanna Elisabeth von Winthem, der Nichte seiner in Dänemark 1758 verstorbenen Frau Meta; 15 Jahre später vermählt er sich mit der entfernt verwandten Dame.

In Hamburg kann K. insgesamt ein geruhsames Leben führen; die dänische und die badische Pension bilden einen soliden finanziellen Grundstock. Der Dichter und Wissenschaftler aber bleibt rastlos tätig. Allerdings macht nicht mehr der »bardische«, im altdeutschen Gewand daherkommende Poet von sich reden, obwohl er seine patriotischen Dramen *Hermann und die Fürsten* (1784) und *Hermanns Tod* (1787) noch vollendet, sondern der Abschluß des *Messias*, Studien über Sprache, Grammatik und Dichtung der Deutschen sowie die Publikation seines ausgefeilten Lyrikwerks treten in den Vordergrund.

Einen Höhepunkt erlebt K.s lyrische Dichtung zur Zeit der Französischen Revolution. Schon früh hatte er in seinen kunstvoll versifizierten bis freirhythmischen Oden, Elegien und Hymnen politische Interessen und Forderungen artikuliert, gegen fürstliche Anmaßungen, Kabinettskriege, Leibeigenschaft und Soldatenhandel und für den amerikanischen Unabhängigkeitskampf oder für den Tyrannenmord das Wort ergriffen. Im Beginn der Französischen Revolution wollte er nun eine »neue/labende, selbst nicht geträumte Sonne« erblicken und feierte des »Jahrhunderts edelste That«: »Ach du warest es nicht, mein Vaterland, das der Freyheit/Gipfel erstieg, Beispiel strahlte den Völkern umher«. Doch dieses innige Bedauern K.s schlug während der jakobinischen Terrorzeit in bittere Enttäuschung und aggressive Anklage um. Die Hinrichtung der Königsfamilie in Paris, die bluttriefende Wohlfahrtsdiktatur und der vermeintlich von den Jakobinern allein angezettelte Krieg erschreckten den »empfindsamen Revolutionär« aufs tiefste. K.s Beurteilung der revolutionären Ereignisse entsprach der seines »liberalen« Hamburger Freundeskreises. Als christlich inspirierter Denker sah er in der Aufklärung einen langwierigen Diskussions- und Überzeugungsvorgang, der die kollektive Sensibilisierung und Kultivierung der Menschen zur Folge haben würde. K. wollte den friedlichen Austausch von Fürsten und Untertanen, die gütliche politische Reform. Und nur wo blutige Tyrannis herrschte oder sich ein Volk umbruchartig entschloß, »Republik« zu werden, schien ihm ein politisches Aufbegehren rechtens zu sein. Ein gewaltsames praktisches Erzwingen der »Freiheit« konnte es damit freilich immer noch nicht geben, war doch gerade sie eine »göttliche« Verheißung. Nur »weise Menschlichkeit« galt ihm als das Mittel einer emanzipatorischen geschichtlichen Praxis in der säkularen Welt. Der *Messias*-Dichter war und blieb davon überzeugt, daß die »Freyheit von Handlungen« und die Kraft des »Immerwirkenden« in der Geschichte der Menschen ineinandergreifen und mit Gewißheit »zu der Schöpfung letztem Zweck, der Seligkeit Aller« führen werden.

So aufmerksam der historische und politische Denker K. zeitlebens auch gewesen sein mochte, seine aufklärerische Utopie und sein idealer Patriotismus gründeten in jener beharrlich festgehaltenen Theodizee. Wie diese, so war auch seine Dichtungsauffassung früh schon entwickelt und wollte sich – bei aller bahnbrechenden Bedeutung für das Entstehen einer autonomen Bürgerkultur um die Mitte des 18. Jahrhunderts – selbstbewußt gegen die weitere historisch-intellektuelle Entwicklung behaupten. Als empfindsamer Dichter der Liebe, der Freundschaft, der Natur und des Allerheiligsten, als patriotischer Dramatiker und Historiograph, als Dichtungstheoretiker, Sprach- und Grammatikforscher, ja als Repräsentant eines neuen, »freien« Schriftstellertypus hat K. zeitlebens einem christlich-empfindsam getönten Rationalismus angehangen. Mit der »göttlichen« erwartete er, immer wieder verstört aber letztlich unverdrossen, auch die »menschliche, edle Verheißung« auf Erden. Dieser wollte er als Dichter und als Wissenschaftler, als tätiger Propagandist eine historisch angemessene geistige Wirkungskraft verleihen; er wollte »Wahrheit . . . und Geschichte« zusammenführen, damit die Welt dereinst endlich die Gestalt der moralischen Idee annehmen möge.

Dem gealterten Dichter erschien die Wirklichkeit seiner Zeit immer mehr als ein transitorisches Reich, als eine Vor-Zukunft. »Ich will mich der Siegenden freuen/die mein Aug' entdeckt in der immer ändernden Zukunft«, hat er 1798 geschrieben. Am Ende hielt K. seine Lebensarbeit für geleistet, sein Vermächtnis für ganz und gar ausformuliert. In den Augen der Mit- und Nachwelt gerann dieses große Werk aber schon bald zum Monument einer ehrwürdigen Vergangenheit.

Werkausgabe: Friedrich Gottlieb Klopstock. Werke und Briefe. Hrsg. von Elisabeth *Höpker-Herberg* u. a. Berlin/New York 1974 ff. (Hamburger Klopstock-Ausgabe).
Literatur: *Zimmermann,* Harro: Freiheit u. Geschichte. F. G. Klopstock als historischer Dichter und Denker. Heidelberg 1986; *Werner,* Hans-Georg (Hrsg.): Friedrich Gottlieb Klopstock. Werk und Wirkung. Berlin 1978; *Kaiser,* Gerhard: Klopstock. Religion und Dichtung Kronberg/Ts.
²1975.   *Harro Zimmermann*

Kluge, Alexander
Geb. 14.2.1932 in Halberstadt

»Die Form des Einschlags einer Sprengbombe ist einprägsam. Sie enthält eine Verkürzung. Ich war dabei, als am 8. April 1945 in 10 Meter Entfernung so etwas einschlug.« Man kann mit Sicherheit annehmen, daß dieses Erlebnis den 13jährigen – wie viele seiner Altersgenossen – nachhaltig geprägt hat, für ihn ein unüberwindbares Trauma darstellte. Am Thema Krieg hält K. zeitlebens fest, es zieht sich durch alle seine Filme, Bücher und theoretischen Texte. Von Stalingrad, dem Trauma aller Deutschen, sagt K., er werde nicht aufhören, darüber zu arbeiten. Möglich, daß einer, der erfahren hat, daß er nur zufällig noch am Leben ist, daraus besonders starke Kraft zieht, um seinen eigenen Motiven zu folgen.

K., Sohn eines Arztes, lebt nach der Scheidung seiner Eltern bei seiner Mutter in Berlin. Er studiert Jura, Geschichte und Kirchenmusik in Marburg, Freiburg und Frankfurt a. M., promoviert in Rechtswissenschaft, volontiert dann aber 1958/59 bei dem Filmregisseur Fritz Lang, der *Das indische Grabmal* dreht. Er sieht Jean Luc Godards *A bout de souffle* (dt.: *Außer Atem*, mit Jean Paul Belmondo und Jean Seberg, 1959) und will daraufhin selbst Filme drehen. Die deutsche Kinolandschaft wird vom amerikanischen Konfektionsfilm und von deutschen Schnulzen beherrscht. Gegen diese Realität beginnt Anfang der 60er Jahre die Protestbewegung des »Neuen deutschen Films«. 1985 läuft in den Kinos K.s 27. Film. K. steht jetzt nicht nur als vielfach preisgekrönter Autorenfilmer da (z. B.: *Abschied von gestern*, 1966; *Die Artisten in der Zirkuskuppel: ratlos*, 1967; *Gelegenheitsarbeit einer Sklavin*, 1973; *In Gefahr und größter Not bringt der Mittelweg den Tod*, 1974); es wäre auch alles, was den neuen deutschen Film institutionell absichert (Kooperation der Autoren und Produzenten, Filmförderungsgesetz, Rahmenabkommen Film/Fernsehen, Einrichtung des Instituts für Filmgestaltung in Ulm, wo K. lehrte), ohne die unermüdliche Lobbyistentätigkeit und Überzeugungsarbeit K.s so nicht zustandegekommen. Seit 1983 befinden sich die Regisseure im Grabenkrieg mit der CDU/CSU/FDP-Regierung, die dabei ist, dem Kommerz im Film wieder freie Bahn zu verschaffen. Wie Godard in *Prénom Carmen* (1983), reflektiert K. in *Der Angriff der Gegenwart auf die übrige Zeit* (1985) die »Utopie Film« als historisches Phänomen des 20. Jahrhunderts, das in der »Kolonialisierung« des Bewußtseins durch die Industrie der sog. Neuen Medien untergeht. Dies legt K. auch in dem von ihm herausgegebenen Buch *Utopie Film* (1983) dar. »Das alles hat den Charakter einer Baustelle. Es ist grundsätzlich imperfekt«, schreibt K. über die realistische Methode im Film. »Baustelle« ist aber auch all seine eigene Arbeit. Eigensinnig und ohne Rücksicht auf Markt und Moden produziert K. von Anfang an in eigenen Formen, sodaß der etwas antiquiert wirkende Begriff des Lebenswerks naheliegt; damit ist aber nicht ein herausragendes, abgeschlossenes Opus gemeint, sondern die lebenslange, kontinuierliche Arbeit, die ihren Motiven treu bleibt. In diesem Sinne sind Film, Literatur und Philosophie K.s eine Einheit. So ist z. B. die Schlußgeschichte des Films *Die Macht der Gefühle* (1983) nach Motiven aus K.s erstem literarischen Band *Lebensläufe* (1962) gedreht; die Textbücher werden zu Text-Bilder-

Büchern (*Schlachtbeschreibung*, 1964, 1978 und 1983); den Filmbüchern (z. B.: *Die Patriotin*, 1979) werden theoretische Passagen und Geschichten beigegeben, so daß man »600 Stunden« Film bräuchte, »um dieses Buch zu verfilmen«. Sogar der 1300 Seiten starke, zusammen mit dem Sozialwissenschaftler Oskar Negt verfaßte philosophische Band *Geschichte und Eigensinn* (1981) ist ein Montagewerk, enthält Hunderte von Bildern und Geschichten.

Darin geht es um die »politische Ökonomie der Arbeitsvermögen«, also um die Unterseite der Ökonomie des Kapitals, die Marx zwar bemerkt und benannt, aber nicht beschrieben hat. Die Linie dieser Theoriebildung wurde 1992 von Negt und K. fortgesetzt mit dem Band *Maßverhältnisse des Politischen*. In 15 Essays entwickeln die Autoren nun umgekehrt die Ökonomie der nichtprofessionell betriebenen Politik nicht als eines besonderen abgegrenzten Sachbereiches oder spezieller Stoffe, sondern als eines »Intensitätsgrades der Gefühle«, den jeder Stoff des menschlichen Lebens annehmen kann. Seit 1988 moderiert K. Kulturmagazine (»Prime Time«, »10 vor 11«, »News and Stories«). Die freundliche, neugierige, auch naive Art und Weise, in der K. Interviews führt, sind Alternative zu der Pseudooriginalität und Eitelkeit, die das Talkshow- und Magazinfernsehen sonst bestimmen.

Genau genommen geht es K. überhaupt nicht um Bücher oder Filme, sondern um die Herstellung von Öffentlichkeit. Für ihn zählen nicht Buchstaben- oder Bilderwelten, sondern der Austausch von Erfahrungen, den die herrschende, d. h. von bestimmten politischen und wirtschaftlichen Interessen gesteuerte Öffentlichkeit verhindert. Die Art, wie er sich ausdrückt, entsteht aus dieser Notlage und ist ständig auf der Suche nach Auswegen. Der deutlich sichtbare Bruch, den K. dabei mit allen konventionellen Ausdrucksformen (also auch literarischen) wie kaum ein anderer zeitgenössischer deutscher Autor vollzieht, hat seinen Grund gerade darin, daß er an den Wurzeln der filmischen, literarischen und philosophischen Tradition festhält: der Vermittlung authentischer Erfahrung.

Wenn K. der »Erfinder der dokumentarischen Methode« genannt wird, wenn man darauf hinweist, daß er alle Formen der öffentlichen Rede, der Expertenjargons, der Zeitungsnotiz, des Gerichtsprotokolls, der Verwaltungsrichtlinien, Tabellen, Abbildungen, allen nur greifbaren Ausdrucksmüll benutzt, wenn man mit Recht sagt, daß sein Stoffhunger unersättlich ist, wenn man also das »Objektive« dieses Autors hervorhebt, dann muß man gleichzeitig hinzufügen, daß diese außerordentlichen Materialmengen von radikaler Subjektivität zusammengehalten und organisiert werden. Das Subjektive liegt in dem Schnitt, der Montage, der Assoziation, mit einem Wort: in der Form. »Es gibt nichts Objektives ohne die Gefühle, Handlungen, Wünsche, d. h. Augen und Sinne von Menschen, die handeln.« Die »Form«, in der K. seine Geschichten erzählt, »ist ein Gefühl«. Gefühl ist Bewegung, und die eigenen Gefühle passen heute weder in die literarisch überlieferten noch in die öffentlich herrschenden Ausdrucksformen. Was K.s Geschichten so neu und unvergleichlich erscheinen läßt, ist dann nichts Besonderes, sondern etwas, das in allen Menschen steckt, wenn sie ihre Motive und Gefühle ernst nehmen und gegen die Enteignung ihrer Ausdrucksformen protestieren. Es sind genuine Formen von Erfahrung.

Literatur: *Arnold*, Heinz Ludwig (Hrsg.): Alexander Kluge. Text + Kritik. Sonderband. München 1985; *Böhm-Christl*, Thomas (Hrsg.): Alexander Kluge. Frankfurt a. M. 1983.

Rainer Stollmann

Knigge, Adolph Freiherr von

Geb. 16.10.1752 auf Gut Bredenbek bei Hannover; gest. 6.5.1796 in Bremen

Als Verfasser des Buches *Über den Umgang mit Menschen* (1788) ist K. zu fragwürdigem Ruhm gekommen. Das, was als Beitrag zum bürgerlichen Emanzipationskampf gemeint war, geriet in seiner Wirkung zum banalen Etikette-Buch. Die zahlreichen Neuauflagen des Buches drängten die politischen und sozialen Absichten des Verfassers immer stärker zurück und verkehrten sie schließlich in ihr Gegenteil.

Als politischer Autor war K. in Deutschland schon zu seinen Lebzeiten unerwünscht. Zunächst deutete nichts darauf hin, daß K. einer der gefürchteten »Revolutionsprediger« werden sollte. Aus einem alten (jedoch verarmten) adeligen Geschlecht stammend, erhielt er die übliche standesgemäße Ausbildung: Er studierte Jura in Göttingen (1769 bis 1772). Zu seinen Lehrern zählten die später berühmt gewordenen Brüder Johann Adolf und Johann August Schlegel. Durch den frühen Tod der Eltern verlor er den ererbten Familienbesitz und war gezwungen, sich seinen Lebensunterhalt selbst zu erarbeiten. Nach seinem Studium nahm er die Stelle des Hofjunkers und Assessors bei der Kriegs- und Domänenkammer Kassel an; 1777 gelangte er dann auf Goethes Empfehlung als weimarischer Kammerherr nach Hanau, später nach Frankfurt a. M. Auch wenn er zeitlebens um die Einsetzung in seinen alten Besitz kämpfte, so wandte er sich doch früh und entschieden von seiner Klasse ab und verstand sich, ironisch auf den Freiherrn anspielend, als »freier Herr Knigge«. Bereits als 20jähriger hatte er sich den Freimaurern angeschlossen, einige Jahre später trat er dem radikalaufklärerischen Illuminatenorden bei (1780 bis 1784). Als Rezensent der *Allgemeinen Deutschen Bibliothek* versuchte er, seine literarischen Neigungen mit seinen politischen Interessen zu vermitteln und eine Existenz als »freier Autor« aufzubauen. Neben Dramen (*Theaterstücke*, 1779/80; *Dramaturgische Blätter*, 1788/89) verfaßte er eine Vielzahl von unterhaltsamen aufklärerischen Romanen. Der Ausbruch der Revolution in Frankreich veränderte seine literarische Praxis. Es entstanden die bissigen politischen Satiren *Benjamin Noldmann's Geschichte der Aufklärung in Abyssinien* (1791), *Des seligen Herrn Etatsraths Samuel Conrad von Schaafskopf hinterlassene Papiere* (1792) und *Josephs von Wurmbrand politisches Glaubensbekenntniß* (1792), die zu wütenden Attacken der Reaktion führten und K.s letzte Lebensjahre verbitterten, ihn jedoch in seinem politischen Engagement nicht beugen konnten. Im Gegensatz zu seinen politischen Gegnern schätzte er die Wirksamkeit seiner Schriften eher gering ein: »Noch nie haben Bücherschreiber große Weltbegebenheiten bewirkt, sondern die veränderte Ordnung der Dinge wirkt im Gegenteil auf den Geist der Bücherschreiber«.

Werkausgabe: Adolph Freiherr von Knigge. Sämtliche Werke. (Nachdruck der Ausgabe 1781–1796). Hrsg. von Paul *Raabe*. 20 Bde. Nendeln 1978.

Literatur: Ob Baron Knigge auch wirklich tot ist? Eine Ausstellung zum 225. Geburtstag des Adolph Freiherrn Knigge. Wolfenbüttel 1977.

Inge Stephan

Köppen, Edlef
Geb. 1. 3. 1893 in Genthin; gest. 21. 2. 1939 in Gießen

Das Ende des Ersten Weltkrieges erlebte K. in einer Irrenanstalt, in die er wegen Befehlsverweigerung eingeliefert worden war. Der 1893 Geborene hatte einen für seine Generation typischen Weg als kriegsfreiwilliger Student – mit Eisernem Kreuz und Leutnantspatent – zurückgelegt, bevor er sich zu einer pazifistischen Gesinnung durchrang.

Bereits während des Kriegs erschienen seine ersten literarischen Arbeiten, Gedichte gegen den Krieg, die in die Zeitschrift *Die Aktion* aufgenommen wurden. Nach dem Krieg, aus dem K. mit einer Lungenverletzung zurückkehrte, erschienen in den 20er Jahren weitere Gedichte in *Die Horen* und *Die Dichtung*. Er veröffentlichte aber auch zahlreiche Aufsätze und Rezensionen (in: *Die neue Bücherschau; Die literarische Welt*), eine Übersetzung und einige Erzählungen. K. wurde 1921 Lektor bei dem Verlag Kiepenheuer & Witsch in Potsdam und 1925 Mitarbeiter der literarischen Abteilung der »Funkstunde Berlin«, 1932 deren Leiter. In dieser Tätigkeit hat er sich, wie Fritz Homeyer sich 1961 erinnerte, eine ganze Generation von Dichtern und Schriftstellern verpflichtet: »Bei seiner beratenden Verlagstätigkeit, im Rundfunk und im Film freigebig und unaufhörlich anderen aus dem Reichtum seines Wesens und seiner Ideen schenkend, verschwenderisch bis zur Selbstaufgabe, blieb ihm kaum Zeit zu eigener Produktion.«

Zu einem ganz großen Werk reichte die Zeit aber doch. 1930 erschien im Horen-Verlag *Heeresbericht*, ein Werk, das man nach seiner Neuentdeckung und Neuauflage 1976 als literarisch interessantesten Versuch bewerten kann, den Ersten Weltkrieg als Bildungsweg darzustellen, der zum Pazifismus führen müßte. K.s Rundfunkerfahrungen haben ihn dabei wohl in einer dialektischen Montagetechnik geschult, die das Werk in die Nähe Alfred Döblins *Berlin Alexanderplatz*, Karl Kraus' *Die letzten Tage der Menschheit* rückt, aber auch an Erwin Piscators und Kurt Schwitters' Zitat- und Montagetechniken erinnert. In *Heeresbericht* reihen sich Tagebuchaufzeichnungen, Zeitungsnotizen, Briefe aus der Heimat, Professorenproklamationen, Kriegspredigten, und Zensuredikte aneinander, gegliedert durch jene entstellenden offiziellen Mitteilungen der Obersten Heeresleitung, die dem Roman seinen Namen geben. Die Frontperspektive der stark autobiographisch geprägten Figur Adolf Reisigers wird somit ergänzt durch und kontrastiert mit den Kriegsvorgängen in der Heimat und im Führungsstab. Es wird dadurch deutlich, wie in einer gesteuerten Öffentlichkeit ein falsches Bild vom Krieg und von den tatsächlichen Kräfteverhältnissen erzeugt wird. Reisiger macht einen, auch für den Leser, beispielhaften Lernprozess gegen das anerzogene Pflichtgefühl durch, bis er den Krieg zum »größten Verbrechen, das ich kenne«, erklärt.

Im Vergleich zu anderen Kriegsromanen der Zeit wurde das Buch kein Erfolg: es wurden keine 10 000 Exemplare verkauft; 1935 verboten es die Nationalsozialisten. Prophetisch wirkt heute die zeitgenössische Rezension des Journalisten, Schriftstellers und Filmdramaturgen Axel Eggebrecht, der im *Tagebuch* den ausbleibenden Verkaufserfolg kommentierte: »Wie wenig Hoffnung kann man für die nächste Zukunft einer

Menschheit haben, für die ein solches Buch zu spät kommt, nicht mehr Mode ist, ein wenig beachteter Nachzügler. Allerdings dürfte es später einmal seine große Konjunktur erleben. Nach dem nächsten Weltkrieg nämlich. Erstaunt und erschüttert wird man da lesen, wieviel wir wußten – und wie wenig wir davon wissen wollten.« 1933 wird K. vom Rundfunk entlassen, weil er nach seiner »bisherigen politischen Betätigung nicht die Gewähr dafür« bot, »jederzeit rückhaltlos für den nationalen Staat« einzutreten. Ein weiteres Buch, *Vier Mauern und ein Dach,* erschien noch 1934, dann wurde K. mit einem totalen Veröffentlichungsverbot belegt. Unter dem Pseudonym Joachim Felde konnte er dank der Unterstützung einiger Berliner Tageszeitungen noch Kurzgeschichten und Rezensionen publizieren, 1937 fand er für kurze Zeit eine Stelle bei einer Filmfirma. Zwei Jahre später starb er an den Spätfolgen seiner Verschüttung im Ersten Weltkrieg – sein Manuskript über den Nationalsozialismus blieb unvollendet.

Literatur: *Momber,* Eckardt: s'ist Krieg! s'ist Krieg! Versuch zur Literatur über den Krieg 1914–1933. Berlin 1981; *Gollbach,* Michael: Die Wiederkehr des Weltkrieges in der Literatur. Kronberg/Ts. 1978.

Wolfgang Natter

Koeppen, Wolfgang
Geb. 23. 6. 1906 in Greifswald

Die nüchterne Trennung von Dichtung und biographischer »Wahrheit« war nie Sache des Autors K. Als der Fünfundachtzigjährige das Geheimnis um die Autorschaft des 1948 unter dem Namen des Opfers erschienenen Ich-Berichts eines Münchner Juden lüftete – *Jakob Littners Aufzeichnungen aus einem Erdloch* (1992) –, gelang diesem frühen, erschütternden Nachkriegswerk noch einmal eine kleine literarische Sensation (auch die Akklamation der Kritiker, die es an die Spitze der SWF-Bestenliste wählten). Der im Trümmer-München hungernde, mit seiner jungen Frau in einem Bohéme-Zirkel lebende K. hatte dies Stück sensibler Trauerarbeit für ein paar Care-Pakete aus Übersee geleistet und sich damit selbst etwas von der Seele geschrieben. Der nach New York ausgewanderte Littner hatte den Kleinverleger Kluger und K. ausfindig gemacht, damit das wie durch ein Wunder gelungene Überleben mit der Polin Janina in einem Erdloch nahe dem Ghetto von Zbaraz (nach der Flucht aus München über Prag, Krakau und Lemberg) einen Zeugen fand. Die erstaunliche literarische Einfühlung in die wenigen Notizen Littners hatte K. mit dem Titelanklang an Dostojewskijs *Aufzeichnungen aus einem Erdloch* chiffriert, auf den Überlebensbericht des Unbekannten hatte 1948 bereits Bruno E. Werner, Autor der *Galeere,* in der *Neuen Zeitung* aufmerksam gemacht. Der heute fast verstummte K. liefert mit den anrührenden Bildern des Berichts die Werkstufe auf dem Weg zur einsamen Meisterschaft seines Hauptwerks im frühen Nachkriegsdeutschland. Er verspricht uns jedoch immer noch die Veröffentlichung eines letzten großen Romans, der Gegenwartskritik im inneren Monolog mit Rückblenden üben soll, vielleicht mit dem Titel »In Staub mit allen Feinden Brandenburgs«, mit einer Aufarbeitung der eigenen Biographie nach seiner Rückkehr aus dem holländischen Exil ins Dritte Reich (von 1938 bis 1945). Auffallend sind die großen Perioden des Verstummens, dazwischen fallen schubweise seine Schreibphasen: 1934 und 1935 erscheinen zwei vielversprechende Erstlinge, *Eine unglückliche Liebe* und *Die Mauer schwankt*; im ersten Teil übt K. geschickt verhüllt, weil er den Ort des Geschehens in den Balkan verlagert, Kritik am NS-Staat: schließlich schrieb K. das verlorengegangene Roman-Manuskript der »Jahwang-Gesellschaft« über holländische Fremdenlegionäre in Java, angeregt durch ein Gedicht von Arthur Rimbaud und seine Erfahrungen in einem Bohème-Kreis in Holland, aus dem einige Bekannte, in einen Skandal verwickelt, in die Fremdenlegion gingen. Was an diesem Thema mit seiner javanischen Exotik ausweichend und auf eine preziöse Art – in Kreisen einer holländischen *jeunesse dorée* der Aussteiger – anarchisch angelegt war, erklärt K. heute aus seinem früh angelegten Außenseitertum, das ein Zusammengehen mit europäischen Exil-Gruppen ebenso erschwerte, wie die Angst des sensiblen Sprachkünstlers und James Joyce-Bewunderers vor Trennung von der Muttersprache.

Als Leopold Schwarzschilds Pariser Emigrantenblatt *Das Neue Tagebuch* K. in der Rubrik »Abseits von der Reichskulturkammer« genannt hatte und es ihm in Holland zu gefährlich wurde, kehrte er 1938 schwarz über die Grenze zurück, mit einer Abmeldung von Rheinfeld (Holstein), wo er durch Zufall noch eingetragen stand, ins ihm nicht geheure Berlin. Herbert Ihering, Gönner aus der Berliner *Börsen-Courier*-Zeit von 1931 bis 1934, und Erich Engel brachten K. beim deutschen Film unter, wo er sich bis 1943 mit Drehbüchern über Wasser hielt, die er bewußt so anlegte, daß sie für gesinnungsfördernde Verfilmungen ungeeignet waren. Als der Chef der »Bavaria«-Filmgesellschaft das Ganze durchschaute, drohte er mit Fronteinsatz. Eben dies, für Adolf Hitler kämpfen zu müssen, wollte K. um jeden Preis vermeiden und ging daher in den Untergrund, lebte ein halbes Jahr bis Kriegsende sogar im Keller (bei einem nur bedingt vertrauenswürdigen Starnberger), ernährte sich von rohen Kartoffeln. In Feldafing lernte er vor Kriegsende seine spätere Frau kennen, die Anwaltstochter Marion Ulrich. Nach Jakob Littners *Aufzeichnungen,* diesem in seiner fragmentarischen Knappheit und seinen Erzählbrüchen bereits zum Hauptwerk überleitenden Ich-Bericht, ließ sich K. durch den Verleger Henry Goverts zum nächsten Roman überreden. Er begann die Trilogie gegen die Restaurationsbewegung der frühen 5oer Jahre und gegen die verlogene Mentalität sich wieder etablierender nationalsozialistischer Stützen und Mitläufer (*Tauben im Gras*, 1951; *Das Treibhaus*, 1953; *Der Tod in Rom*, 1954). Die Romane, in denen K. seismographisch dem faschistischen Nachhall in der jungen, wieder aufrüstenden Bundesrepublik nachspürte, wurden nur von wenigen Lesern verstanden. Der Büchner-Preis (1962) folgte erst dem schöpferischen Ausatmen in Reiseliteratur mit politisch weniger brisanten Themen. Nach zwanzigjähriger Pause folgte die von Melancholie überschattete Erzählung *Jugend* (1976), die autobiographisch gefärbt ist.

In einer poetisch verfremdeten Prosa werden die bunten Stichwörter der frühen Biographie zu einem Porträt des nirgends heimisch werdenden Außenseiters (Greifswald, Ortelsburg, Hamburg, Würzburg, Berlin) zusammengefügt: »Gymnasium in Ostpreußen, Distanz von der Herkunft, unregelmäßiges Studium, bildungsbeflissen, aber kein Ziel, Zeit der Arbeitslosigkeit (in der ich Außenseiter blieb), Schiffskoch (zwei Fahrten), 14 Tage Platzanweiser im Kino, Eisbereiter in St. Pauli, Dramaturg und Regievolontär an guten Theatern, loses Verhältnis zu Piscators dramaturgischem Kollektiv (unbefriedigend, aber schon Berlin), früher Journalismus, gleich in Berlin, links, Gast im Romanischen Café, Anstellung am *Börsen-Courier*.«

Margarete Mitscherlich hat sich einfühlsam dem hier deutlich werdenden frühen Verlust von Primärbindungen (an die Familie des unehelich Geborenen, Heimat, Bürgertum und Schule) bis zum sturen Einzelgängertum angenommen und die Folgen einer durch das Dritte Reich verstellten Verwirklichung nachgezeichnet. Der Druck, das Lebenswerk vollenden und die große Begabung ein letztes Mal einlösen zu sollen, war für K. am Ende allem Anschein nach zu groß, auch wenn nach 1968 das Verständnis für seine Art der Trauerarbeit gewachsen ist. Es fehlte die Erfahrung des Widerstands in einer Exil-Gruppe, nach 1945 die Bindung an die Gruppe 47, die K. durchaus mit Sympathie betrachtete. Karl Korn hat in einer frühen, einsichtigen Kritik zu *Tauben im Gras* die Formel für K.s gesamte Trilogie gefunden: Sie sei K.s »Klage darum, daß wir drauf und dran sind, den Gewinn der geistigen und seelischen Erschütterungen von 1945 und alles dessen, was davor und danach liegt, zu vertun im Taumel einer fragwürdigen Restauration«. Hier lag für den jeder Gruppen- und Programmbindung »kraß und fremd« gegenüberstehenden Autor der historische Moment des eigenen Engagements. Auch wenn die Bundesrepublik den Weg von K.s schlimmsten Befürchtungen nicht gegangen ist, hat er doch über der eigenen geringen Leserresonanz den Glauben verloren, »daß man mit Schreiben, mit Kritik, Satire irgend etwas ändern könnte« (1971). Das Leben im deutschen Süden bedeutete doch einen gewissen Neuanfang nach 1945; dort fand er zur ironischen Distanz: »Der Staat Preußen, aus dem ich kam und dessen Schlachtenruhm das Schulkind gequält hatte mit Daten des Sieges und des Todes, war an einer ihm von einem österreichischen Schlawiner aufgezwungenen, doch Preußen nicht seelenfremden Hybris erstickt und zerlegt worden, Bayern, ein in Jahrhunderten gepflegtes, wie es sich sah, Gott gefälliges Reich im wesentlichen erhalten, standhaft davongekommen, wie wir alle, die wir im Sommer 1945 lebten. Ich blieb in München« (1982).

Werkausgabe: Wolfgang Koeppen. Gesammelte Werke in sechs Bänden. Hrsg. von Marcel *Reich-Ranicki*. Frankfurt a. M. 1986.

Literatur: *Oehlenschläger*, Eckart (Hrsg.): Wolfgang Koeppen. Frankfurt a. M. 1987; *Hielscher*, Martin: Wolfgang Koeppen. München 1988; *Treichel*, Hans-Ulrich: Fragment ohne Ende. Eine Studie über Wolfgang Koeppen. Heidelberg 1984; *Greiner*, Ulrich (Hrsg.): Über Wolfgang Koeppen. Frankfurt a. M. 1976. *Volker Wehdeking*

Kolb, Annette
Geb. 2. 2. 1870 in München, gest. 3. 12. 1967 in München

Die K. »ist eine Edelziege von vornehmem Pedigree. Ihr Fell ist seidig und hat einen Schimmer ins Romantisch-Blaue«; so sagte Franz Blei in seinem literarischen *Bestiarium* 1920 von ihr, die er seit 1906 gefördert, deren Aufsätzchen, Übersetzungen und Bücher er zum Druck gebracht und der er für den ersten Roman *Das Exemplar* 1913 den Fontane-Preis zuerkannt hatte.

Mit zwei Schwestern wuchs sie in München auf und lebte hier jahrzehntelang. Von der französischen Mutter, einer im Paris Napoleons III. gefeierten Pianistin, hatte sie ihr musikalisches Talent und brillierte selbst auf dem Klavier, was zur Unterhaltung auch notwendig war, denn Mutter und Töchter pflegten »Salon zu halten«; wenigstens fünfsprachig soll es hier zugegangen und aus- und eingegangen sein, was es so an Elite in München gab, wohnhaft oder bloß besuchsweise: Literaten, Künstler, Unternehmer, Diplomaten. Der Vater – königlich-bayerischer Gartenbaudirektor – der den Salon ganz den Damen überließ, trug als Abwesender insofern zum Niveau bei, als es von ihm hieß, er sei ein Sohn Maximilians II. und damit Halbbruder König Ludwigs II. Dieses und vieles andere Autobiographische ist in K.s überwiegend schmalen Feuilleton-Büchern und Romanen auf das Selbstverständlichste allgegenwärtig, ja es ist das eigentliche und einzige zugleich Material wie Form gebende Element.

Und eben dies war den Zeitgenossen – wie René Schickele, Joseph Roth, Hugo von Hofmannsthal, Rainer Maria Rilke, Thomas Mann – ihr Charakteristikum und Qualitätsmerkmal, daß frei von Vorbildern und Einflüssen alles ausschließlich vom persönlichen Konto komme; »unentehrte und mit der zartesten Berechnung wirkende und vollbringende Kräfte wie sie aus einer Seele kommen, die sich besitzt« – mit diesen Worten rühmte ein Anonymus aus ihrem literarischen Freundeskreis um Franz Blei und Robert Musil 1912 den Roman *Das Exemplar*, der es nicht nötig habe, »sich an Mord zu entzünden«. Wie *Das Exemplar* sind auch *Daphne Herbst* (1928) und *Die Schaukel* (1934), ihre zwei weiteren Romane, unsentimental-romantische Liebesgeschichten, deren stofflicher Reiz in der vollständigen Beherrschung einer autobiographisch bestimmten und begrenzten – halbadelig-bürgerlich absterbenden – Welt besteht, die der rückwärts gewandte Blick in charmantem, doch unpretentiös-reinem Stil noch einmal vergegenwärtigt; »feinsinnig« nannten das hilflose Kritiker nicht selten.

Eine zukunftweisende Qualität gewinnt die autobiographische Basis dagegen in Feuilletons und Essays (u. a. *Wege und Umwege,* 1914; *Kleine Fanfare* 1930), Betonte Junggesellin ihr Leben lang und wohl aus Überzeugung, ist sie schon vor dem Ersten Weltkrieg nicht Suffragette, dazu ist sie viel zu sehr Lady und immer mit Hütchen, aber markante Vertreterin jener, die sich Vorstellungen von der »künftigen Frau« machen – und damit auch den »künftigen Mann« entwerfen müssen –, deren Existenz nicht mehr einzig darauf gründet, daß sie vom Mann als Geliebte, Ehefrau und Mutter seiner Kinder alimentiert wird. Und aus zwei Nationen stammend, bewußt »auf beide vereidet«, aus mehreren Sprachen und Kulturen Nahrung ziehend, schreibt sie mitten im Ersten

Weltkrieg, der ihre Hoffnung auf ein geistiges Europäertum im Kriegstaumel zu vernichten droht, *Briefe einer Deutsch-Französin* und Pazifistin für eine Verständigung zwischen den Völkern –, ein gerade jetzt, wie sie selbst weiß, besonders »unmögliches Unterfangen« und darum nur noch möglich in einer nach Zürich exilierten Zeitschrift, in René Schickeles *Weißen Blättern*.

Mit dieser Einstellung – um ihren Hoffnungsträger der zwanziger Jahre, von dem sie eine Einigung Europas erwartete, kreist der *Versuch über Briand* (1929) – ist der Konflikt mit den Nazis vorprogrammiert. Daß »die innerlich Geringen nicht zur Führung gelangen dürfen«, war schon ein Leitmotiv des Romans *Daphne Herbst* gewesen; sie wiederholt diese Überzeugung in ihrem *Beschwerdebuch* (1932), das mit der in Paris gehaltenen Rede *Le Briandisme en Allemagne* schließt, in welcher sie nochmals eine deutsch-französische Annäherung zu beschwören versucht. Aus ihrem Abscheu vor Hitler kann sie keinen Hehl machen: Er ist für sie ein »Nero im Jägerhemd«, überdies mit »niederträchtigem Deutsch«. So muß sie 1933 sofort emigrieren: nach Frankreich, Spanien, Portugal, dann in die USA (über die sie freilich schon 1940 ironisch in *Glückliche Reise* berichtet und nochmals 1960: *Memento*). Sobald als möglich ist sie zurück in Europa: Seit 1945 lebte sie in München und Paris.

Auch die biographischen Arbeiten, aus K.s steter Nähe zur Musik erwachsen, die politische Grenzen zu viel leichter überwindet, – *Mozart* (1938), *Schubert* (1941), *König Ludwig II. und Richard Wagner* (1947) – sind Begleiterscheinungen ihres so lange unzeitgemäßen unerbittlichen Europäertums. Nach dem Zweiten Weltkrieg wurde sie damit allmählich zeit-gemäß, konnte in Adenauers und De Gaulles Zusammengehen ihre Hoffnungen sich realisieren sehen und, endlich staatskonform, deshalb zahlreiche Auszeichnungen erhalten.

Literatur: *Lemp*, Richard: Annette Kolb. Leben und Werk einer Europäerin. Mainz 1979; *Rauenhorst*, Doris: Annette Kolb. Ihr Leben und ihr Werk. Freiburg i. Br. 1969.   *Ludwig Dietz*

Kolmar, Gertrud (eig. Gertrud Chodziesner)

Geb. 10.12.1894 in Berlin; 1943 nach Auschwitz deportiert

K., ihr Pseudonym Kolmar ist der deutsche Name der polnischen Stadt Chodziesen, woher die Familie ihres Vaters kam, wird 1894 als Älteste von vier Kindern einer großbürgerlichen jüdischen Familie – ihr Vater ist ein bekannter Strafverteidiger – im Berliner Neu-Westend geboren. Während des Ersten Weltkriegs arbeitet sie als Dolmetscherin (neben englisch und französisch spricht sie auch russisch und hebräisch), in den zwanziger Jahren als Erzieherin autistischer Kinder. Seit 1928 lebt sie sehr zurückgezogen im Haus ihrer Eltern. 1930 stirbt die Mutter, ihre Geschwister emigrieren. Nach dem Zwangsverkauf des Familienbesitzes lebt K. mit ihrem Vater seit 1939 im »Sperrgebiet«, in einem der zahlreichen Berliner »Judenhäuser«. 1941 wird sie zur Zwangsarbeit in einem Rüstungsbetrieb verpflichtet, Anfang 1943 wird sie nach Auschwitz deportiert, wo sie umkommt. Das genaue Datum ihres Todes ist unbekannt.

Aus K.s Werk, dessen größter Teil zu ihrer Lebenszeit ungedruckt blieb, spricht in Thematik und Metaphorik ein starkes jüdisches Selbstbewußtsein. Dies gilt nicht nur für die Lyrik – die bildhaft-expressive Sprache und die biblisch-mythischen Motive erlauben Vergleiche zur Lyrik Else Lasker-Schülers und Nelly Sachs' –, sondern auch für die fiktionale (die Erzählungen *Susanna* und *Eine jüdische Mutter*) und nicht-fiktionale (ein Essay über Robespierre, Briefe an die in der Schweiz lebende Schwester Hilde aus den Jahren 1938–1943) Prosa. Nur drei Gedichtbände (*Gedichte*, 1917; *Preußische Wappen*, 1934; *Die Frau und die Tiere*, 1938) erscheinen zu ihren Lebzeiten, weitere Lyrik, Prosa und der Briefwechsel werden erst in den sechziger und siebziger Jahren aus dem Nachlaß publiziert.

K.s Schreiben ist von Anfang an durch eine »lebenspraktische Funktion« (Silvia Schlenstedt) bestimmt, zunächst in einem individuell-privaten Sinn – zur Bewältigung der unerfüllten Liebesbeziehung zu einem Offizier –, in existentiellem Sinn durch das Erleiden des Faschismus: »Es war ein Schreiben, das das Leben aktiv zu bestehen half, indem es das eigene Erleben in objektivierten Bildern poetisch durcharbeitete und das individuelle Dasein in größere Zusammenhänge stellte und damit sinngebend aufzuheben suchte« (Silvia Schlenstedt). Ein grundsätzliches Gefühl des Ausgeschlossen- und Fremdseins, das zum Beispiel die weiblichen Ichs des Zyklus *Weibliches Bildnis* charakterisiert (*Die Dichterin, Die Landstreicherin, Die Jüdin, Die Fremde, Die Fahrende* usw.) findet seinen mythisch-historischen Ort im leidenschaftlichen Bewußtsein der Zugehörigkeit zum jüdischen Volk – etwa im dichterischen Selbstbildnis der »mit Türmen gegürteten« Jüdin. Der Gedichtzyklus *Das Wort der Stummen*, im Herbst 1933 entstanden, versammelt alle wesentlichen Themen, Motive und Haltungen der Gedichte des letzten Lebensjahrzehnts: unerfüllte Mutterschaft, Identifikation mit Pflanze und Tier, biblische, mythische und historische Sujets. Gedichte wie *Der ewige Jude, Wir Juden* z.B. zeugen von der »im dritten, christlich-deutschen Reich« brutal aktualisierten Leidensgeschichte der Juden. Wie nirgendwo sonst bezieht sich K. hier unmittelbar und offen auf politische Zeitereignisse und will für die Opfer des Nazi-Terrors, zu denen sie gehört, Klänge finden, die »rasen, wie eine Sturmglocke aufschreit um Mitternacht«. Dennoch – und dies zeigt besonders K.s Auseinandersetzung mit der Geschichte der Französischen Revolution in mehreren Gedichten bzw. Gedichtzyklen und dem Robespierre-Essay – reduziert sich Geschichte für K. nicht auf die Geschichte endlosen Leidens. Selbst in der Situation des ohnmächtigen Opfers sucht K. nach Möglichkeiten geschichtsverändernden Handelns, nach Beispielen des Aufbegehrens, des rückhaltlosen Kämpfens, die sie in Figuren wie Judith und Moses oder den Jakobinern gestaltet. 1941 schreibt K. in einem Brief an ihre Schwester Hilde, zu ihrer »Kraft zum Dulden« gehöre »etwas durchaus Aktives«: der Glaube, »daß der Mensch wenn auch nicht immer und nicht überall, ein äußerst widriges Geschick aus seinem eigenen Wesen heraus zu wandeln vermag, mit ihm ringen kann, wie Jakob mit dem Engel kämpfte«. In dieser tief religiösen Haltung K.s verbinden sich auf eigentümliche Weise Selbstaufgabe und kämpferische Zuversicht.

Werkausgabe: Kolmar, Gertrud: Weibliches Bildnis. Sämtliche Gedichte. München 1987.
Literatur: *Wall*, Renate: Verbrannt, verboten, vergessen. Kleines Lexikon deutschsprachiger Schriftstellerinnen 1933 bis 1945. Köln 1988, S. 94–95; *Schlenstedt*, Silvia: Bilder neuer Welten. In: Frauen Literatur Geschichte. Schreibende Frauen vom Mittelalter bis zur Gegenwart. Hrsg. von *Gnüg*, Hiltrud u. *Möhrmann*, Renate. Stuttgart 1985, S. 300–317; *Balzer*, Bernd: Die Wirklichkeit als Aufgabe. Nachwort in: *Kolmar*, Gertrud: Eine jüdische Mutter. Erzählung. Frankfurt a. M. Berlin/Wien 1981, S. 163–182.

Sonja Hilzinger

Konrad von Würzburg
in der zweiten Hälfte des 13. Jahrhunderts

Er war der erste nichtadlige Dichter der deutschen Literaturgeschichte, dessen Leben sich auf Grund von Zeugnissen etwas genauer abzeichnet. In seinen Werken nennt er sich »von Wirzeburc Cuonrât« oder »Cuonze von Wirzeburc«. Im *Hausbuch* des Würzburger Protonotars Michael de Leone (Mitte 14. Jahrhundert) wird er zitiert als »meister Cuonrat geborn von Wirzeburg«, womit K.s Beiname als Herkunftsname gesichert ist. Sein dichterisches Schaffen wird wohl erstmals 1257/58 faßbar mit der ersten mittelhochdeutschen Wappendichtung *Turnier von Nantes*, die er als Preisgedicht auf den von deutschen Parteigängern 1257 zum deutschen König gewählten Richard von Cornwall gestaltete. Der weitere Lebensweg, durch Gönnerbezeichnungen markiert, führt K. in die beiden oberrheinischen Bischofsstädte Straßburg und Basel. Der Auftraggeber der Verserzählung *Heinrich von Kempten* ist der aus einem elsässischen Freiherrengeschlecht stammende Straßburger Dompropst Berthold von Tiersberg (urkundlich zwischen 1261 und 1277). In Basel schreibt K. (wohl von 1270 ab) die *Silvesterlegende* für den Domherrn Liutold von Roeteln, die *Alexiuslegende* für die Patrizier Johannes von Bermeswil und Heinrich Isenlin, den *Pantaleon* für Johannes von Arguel, den Roman *Partonopier und Meliur* für den »miles« (Ritter) Peter Schaler. Im Jahr

1295 ist ein Haus »quondam magistri Cuonradi de Wirzeburg« (eines gewissen Meisters Konrad von Würzburg) in der heutigen Augustinergasse in Basel verzeichnet. K. war verheiratet mit einer Berchta und hatte zwei Töchter, Gerina und Agnes. Sein Tod wird in den Kolmarer Annalen 1287 (vermutlich zwischen dem 8. und 22. Oktober) angezeigt: »Obiit Cuonradus de Wirciburch, in Theothonico multorum bonorum dictaminum compilator« (Verfasser vieler guten Dichtungen in deutsch). Begraben wurde er in der Maria-Magdalena-Kapelle des Basler Münsters. In den lateinischen Quellen wird er als »magister«, in den deutschen Handschriften als »meister« aufgeführt; dies deutet auf ein Studium hin. K. wird im Mittelalter vor allem als Lyriker gerühmt, so von den zeitgenössischen Spruchdichtern Hermann der Damen und Rumelant von Sachsen. Sein Tod wird beklagt von Frauenlob und Boppe; auch Hugo von Trimberg preist im *Renner* den Lyriker K., ebenso Lupold Hornburg und Heinrich von Mügeln (beide Mitte 14. Jahrhundert) und schließlich Cyriacus Spangenberg um 1600. Die Meistersinger zählten ihn zu ihren Zwölf Alten Meistern.

Erhalten sind von K. ein religiöser und ein Minne-Leich, 23 Minne- und Tagelieder und 51 Spruchstrophen, lyrische Werke, in denen er sich als kunstreicher Formvirtuose erweist (zwei seiner Lieder bestehen z. B. nur aus Schlagreimen). Seine heute als bedeutsamer eingeschätzten epischen Werke zeichnen sich durch einen eleganten, flüssigen Stil aus: Nicht von ungefähr beruft sich K. auf Gottfried von Straßburg als einzigem der klassischen Epiker. Im geblümten Stil versucht er sich nur einmal in dem epischen Marienpreis *Die goldene Schmiede*. Kein anderer mhd. Epiker des 13. Jh.s hinterließ ein so umfangreiches Werk wie K. v. W.: Dazu gehören neben den oben erwähnten drei höfischen Verslegenden einige Versnovellen, von denen ihm die Forschung allerdings nur drei belassen hat, darunter *Der Welt Lohn*, eine Erzählung um den Dichter Wirnt von Grafenberg, welcher mit der allegorischen Figur der doppelseitigen Frau Welt konfrontiert wird. Die anderen Verserzählungen (wie *Die halbe Birn* u. a.) wurden ihm ihrer Obszönität wegen »abgesprochen«. Weiter liegen drei Versromane vor: *Engelhard*, die Gestaltung einer Freundschaftssage, *Partonopier und Meliur*, ein Ritterroman, dessen Kern eine an das antike Märchen von Amor und Psyche erinnernde Feensage bildet, und schließlich als umfangreichstes Werk der bei 40 000 Versen unvollendet gebliebene *Trojanerkrieg*. K. ragt aus der deutschen Literatur der zweiten Hälfte des 13. Jahrhunderts nicht nur durch Form und Umfang seiner Werke hervor, sondern auch durch seine poetologischen und dichtungstheoretischen Ausführungen in Prologen (insbes. im *Partonopier* und im *Trojanerkrieg*) und dem Gedicht *Klage der Kunst*.

Werkausgaben: *Gereke*, Paul (Hrsg.): Konrad von Würzburg. Engelhard. 3. neubearb. Aufl. von Ingo Reiffenstein. Tübingen 1982 (ATB 17); *Bartsch*, Karl (Hrsg.): Konrads von Würzburg Partonopier und Meliur. Wien 1871, Neudruck Berlin 1970; *Keller*, Adelbert von (Hrsg.): Der Trojanische Krieg von Konrad von Würzburg. Stuttgart 1858, Nachdruck Amsterdam 1965; *Schröder*, Edward (Hrsg.): Kleinere Dichtungen Konrads von Würzburg. 3 Bde. Berlin Bd. 1 u. 2 ³1959, Bd. 3 ³1967; *Gereke*, Paul (Hrsg.): Konrad von Würzburg. Die Legenden. 3 Bde. Bd. 1/2 Halle 1925/26, Bd. 3 2. Aufl. bes. v. Winfried Woesler. Tübingen 1974 (ATB 19–21).

Literatur: *Kokott*, Hartmut: Konrad von Würzburg. Ein Autor zwischen Auftrag und Autonomie. Stuttgart 1989; *Brunner*, Horst (Hrsg.): Konrad von Würzburg. Seine Zeit, sein Werk, seine Wirkung. In: Jahrbuch der Oswald-von-Wolkenstein-Gesellschaft. Bd. 5 (1988/89); *Brandt*, Rüdiger: Konrad von Würzburg. Darmstadt 1987; *Brunner*, Horst: Konrad von Würzburg. In: Ruh, Kurt u. a. (Hrsg.): Die deutsche Literatur des Mittelalters. Verfasserlexikon. Bd. 5 Berlin/ New York ²1985, Sp. 272–304. *Günther Schweikle*

Körner, Theodor

Geb. 23. 9. 1791 in Dresden; gest. 26. 8. 1813 bei Gadebusch/Mecklenburg

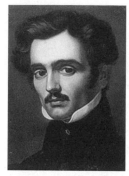

»Deutschland steht auf; . . . – Ja, liebster Vater, ich will Soldat werden, will das hier gewonnene glückliche und sorgenfreie Leben mit Freuden hinwerfen, um, sei's auch mit meinem Blute, mir ein Vaterland zu erkämpfen.« In der Tat setzt der Sohn des mit hervorragenden Vertretern des kulturellen Lebens freundschaftlich verbundenen Appellationsrats Christian Gottfried Körner durch diesen Entschluß vom 10. März 1813 viel aufs Spiel. Innerhalb kürzester Zeit war der vormalige Student der Naturwissenschaften an der sächsischen Bergakademie Freiberg sowie der Philosophie und Geschichte an der Universität Leipzig, wo er aufgrund seiner Teilnahme an Prügeleien zwischen den »Landsmannschaften« relegiert wurde, nach einem Intermezzo als Hörer in Berlin, seit Ende 1811 zum gefeierten Theaterdichter Wiens aufgestiegen. In rascher Folge legte er eine Reihe von Dramen vor, deren Qualität indes, trotz freundlicher Worte Johann Wolfgang Goethes, der, ebenso wie K.s Vorbild Friedrich Schiller, seinem Vater nahesteht, sichtbar unter den Umständen ihrer Entstehung leidet: Einige werden in wenigen Tagen, die Oper *Das Fischermädchen* (1811) gar nur »in sieben Stunden zusammengeschrieben«. Sorgfältiger gearbeitet ist das auf die französische Besatzung Deutschlands bezogene historische Trauerspiel *Zriny* (1812), welches den opferbereiten Patriotismus thematisiert.

Anfangs nur »zum Kugelgießen kommandiert«, avanciert K. schließlich zum Leutnant und Adjutanten des Majors von Lützow, zu dessen populärer Partisanentruppe er sich meldet und von der er schreibt: »Es ist kein Unterschied der Geburt, des Standes, des Landes: wir sind alle freie Männer«; ihre Farben, schwarz-rot-gold, werden schon im Vormärz zum Symbol der demokratisch-nationalstaatlichen Bewegung. Bereits Mitte Juni 1813 schwer verletzt, kommt K. knapp zehn Wochen später bei einem nächtlichen Angriff in der Nähe von Schwerin ums Leben. Seine während der Soldatenzeit entstandenen Lieder, patriotische und kriegerische Appelle von suggestivem Pathos, erscheinen 1814 postum unter dem Titel *Leier und Schwert*.

Während des 19. Jahrhunderts und zumal im Umfeld der beiden Weltkriege dient der »Heldentod« des jungen Dichters, als ein nationalistisch-militaristischer Mythos verklärt, propagandistischen Zwecken, was die Rezeptionsgeschichte seines Werkes seither schwer belastet. Allen begründeten Vorbehalten der »heroischen« Wortwahl gegenüber bleibt freilich daran zu erinnern, daß K. sein Engagement allein mit »der glühendsten Begeisterung für die gute Sache des Volkes« – nicht dem Interesse der »Kronen« – legitimiert, mit dessen Recht, seine »Freiheit« gegen die »fremde Tyrannei« zu verteidigen.

Werkausgabe: Theodor Körner. Sämmtliche Werke. Hrsg. von Karl Streckfuß. Berlin 1834.
Literatur: *Jöst,* Erhard: Der Heldentod des Dichters Theodor Körner. Der Einfluß eines Mythos auf die Rezeption einer Lyrik und ihre literarische Kritik, in: Orbis Litterarum 32 (1977), S. 310–340; *Peschel,* Emil/*Wildenow,* Eugen: Theodor Körner und die Seinen. 2 Bde. Leipzig 1898. *Hans-Rüdiger Schwab*

Kotzebue, August von
Geb. 3. 5. 1761 in Weimar; gest. 23. 3. 1819 in Mannheim

Selten in der Literaturgeschichte hat ein Autor so viel Anerkennung und Abneigung zugleich auf sich gezogen wie K. Er war mit Abstand der populärste deutsche Bühnenschriftsteller seiner Zeit. In den letzten Direktionsjahren August Wilhelm Ifflands am Berliner Nationaltheater, von 1809 bis 1813, wurden nur zwei Werke von Johann Wolfgang Goethe und eines von Friedrich Schiller aufgeführt; dagegen beherrschte K. mit 34 Stücken souverän den Spielplan. Auch seine Beamtenkarriere verlief erfolgreich. Schon als Zwanzigjähriger tritt er nach seinem Studium der Rechte als Sekretär in den russischen Staatsdienst, 1785 wird er geadelt. Von 1797 bis 1799 ist er als Bühnendichter in Wien tätig, dann kehrt er nach Rußland zurück. Dort wird er wegen einer Denunziation 1800 verhaftet und in die Verbannung geschickt. Doch bereits nach vier Monaten läßt der Zar Paul K. aus Sibirien zurückholen und befördert ihn in allen Ehren zum Theaterdirektor am Petersburger Hof. In den Jahren 1802 bis 1806 findet man ihn wieder als Schriftsteller, Journalist und Bühnenautor in Deutschland, zuerst in Weimar, dann in Berlin. Durch seine mit Garlieb Merkel herausgegebene Zeitschrift *Der Freimütige* macht er sich sowohl den Kreis um Goethe als auch die Romantiker zu Feinden. Aber selbst in Weimar werden seine sentimentalen, technisch perfekten und mit Effekten reich ausgestatteten Stücke viel gespielt. Zurück in Rußland, arbeitet er als Herausgeber der antinapoleonischen Zeitschriften *Die Biene* (1808–1810) und *Die Grille* (1811–1812). Nach einem beruflichen Aufstieg zum russischen Generalkonsul und Staatsrat für auswärtige Angelegenheiten kehrt K. 1817 als persönlicher Berichterstatter des Zaren Alexander I. nach Deutschland zurück. »Mit Attrappen Leben vortäuschen« (Martin Greiner) – niemand hat dieses Handwerk besser verstanden als K. Er schrieb über zweihundert Theaterstücke – ein Rekord sogar für seine Zeit. Fast ausnahmslos gehören sie zum Genre des Familienrührstücks, stets werden die Konflikte in einem happy end aufgelöst. Gelegentliche Ausflüge in die Satire wie *Die Deutschen Kleinstädter* (1803) ändern nichts an diesem Grundmuster, das K. seit seinem ersten großen Bühnenerfolg *Menschenhaß und Reue* (1789) immer wieder abwandelte. Unter melodramatischen Umständen, die er sonst selbst so schätzte, fiel K. im März 1819 einem Attentat zum Opfer. Bescheinigte ihm Goethe »eine gewisse Nullität«, so sah der Attentäter, der Student Carl Ludwig Sand, in K. einen Vaterlandsverräter und russischen Spion. Die Ermordung K.s löste die Karlsbader Polizeistaatsbeschlüsse und eine Jahrzehnte dauernde Periode scharfer Zensur aus.

Werkausgabe: August von Kotzebue. Theater. Mit biographischen Nachrichten. 40 Bde. Wien/Leipzig 1840/41.

Literatur: *Kaeding*, Peter: August von Kotzebue. Auch ein deutsches Dichterleben. Berlin 1985; *Maurer*, Doris: August von Kotzebue. Ursachen seines Erfolges. Konstante Elemente der unterhaltenden Dramatik. Bonn 1979; *Glaser*, Horst Albert: Das bürgerliche Rührstück. Stuttgart 1969.

Dietrich Kreidt

Kracauer, Siegfried

Geb. 8. 2. 1889 in Frankfurt a. M.; gest. 26. 11. 1966 in New York

Biographen begegnete K. mit Mißtrauen. »Meine Art der Existenz«, schrieb er in einem späten Brief an Theodor W. Adorno, »würde buchstäblich aufs Spiel gesetzt, wenn die Daten aufgeschreckt würden und mich von außen her überfielen.« Festlegungen wehrte er als heteronom ab, um das Eigenste zu bewahren: eine ungeschützte Offenheit für die Phänomene, deren Bedingung die Freiheit von konventionellen Bindungen war, ein Raum der »Exterritorialität«. Das »alteingewurzelte Bedürfnis, exterritorial zu leben«, mag seinem Ursprung nach Reaktion auf jenes Außenseitertum gewesen sein, in das K. als Jude hineingeboren wurde. Doch hat er die Position des Außenseiters nicht nur erlitten, sondern mit zunehmender Konsequenz vertreten und theoretisch fruchtbar werden lassen in der geschärften Aufmerksamkeit für Vorgänge an der gesellschaftlichen Peripherie, für soziale Randgruppen und Randzonen bürgerlicher Kultur, für flüchtige und unscheinbare Erfahrungen, die durch die Maschen der Systeme fallen oder sich der begrifflichen Festlegung entziehen. Nach dem Studium der Architektur, Philosophie und Soziologie wurde K. 1921 Mitarbeiter der renommierten *Frankfurter Zeitung*. Bis 1930 Feuilleton-Redakteur in Frankfurt a. M., dann Leiter des Kulturressorts in Berlin, fand er als Journalist zu seiner schriftstellerischen Identität. Diese prägt sich nicht in einer bestimmten Form, einem einzelnen Thema oder einer starren theoretischen Position aus, sondern in der unablässigen Anstrengung um ein erfahrendes Denken, das die Phänomene der alltäglichen Lebenswelt in ihrer Besonderheit angemessener zu erfassen vermag als ein im herkömmlichen Sinn theoretisches. An den Erscheinungen der »Oberfläche« spürte K. der Dialektik der Aufklärung nach. Er entdeckte den Film als Medium der »Zerstreuungskultur« und mit ihm jene Öffentlichkeit des verarmten Mittelstandes, auf den die Kulturindustrie der zwanziger Jahre zugeschnitten war (*Die Angestellten*, 1930). Über akademische Fächergrenzen setzte er sich ebenso hinweg wie über die schroffe Trennung von Theorie und Literatur. Seine beiden Romane *Ginster* (1928) und *Georg* (1934; 1973 erstveröffentlicht), deren äußere Handlung der Lebensgeschichte K.s zwischen 1914 und 1933 nachgezeichnet ist, reflektieren – in ironischer Umkehr des Schemas des traditionellen Bildungsromans – den Zerfall bürgerlicher Individualität vor dem Hintergrund der gesellschaftlichen Krisen und Eruptionen des Ersten Weltkriegs und der Weimarer Republik. Seine zahlreichen kurzen Prosatexte (Glossen, Miniaturen, Fallgeschichten sowie vor allem Städtebilder) erkunden exemplarische Erfahrungsbereiche der Moderne. Im Blick des Oberflächenphänomenologen werden Konfigurationen alltäglicher Wirklichkeit, Straßenzüge, Häuserfronten, Innenräume, zu materialen »Hieroglyphen«, zu »Sinnbildern«, deren metaphorische Entzifferung den historischen Gehalt der Epoche am topographischen Fragment freisetzt.

Schon in der Weimarer Zeit zeigte K. eine betonte Abwehrhaltung gegen jeden Versuch der Vereinnahmung durch eine politische Gruppierung. Er bestand darauf, als Einzelner zu sprechen. Im Exil, dessen erste Station 1933 Paris wurde, verschärfte sich diese

Abwehr. K. konzentrierte sich auf die schriftstellerische Arbeit – zunächst vor allem auf die »Gesellschaftsbiographie« *Jacques Offenbach und das Paris seiner Zeit* (1937) – , hielt Distanz zur antifaschistischen Opposition. Sein Einzelgängertum hat er mit einem jahrelangen, zermürbenden Kampf um die Einreise in die USA teuer bezahlt: Für den, der zwischen allen Stühlen saß, wollte sich keine institutionelle Lücke öffnen. Erst in buchstäblich letzter Minute, im April 1941, konnte K. sich nach New York retten.

Den Riß in der Lebensgeschichte, den die Exilierung bedeutete, hat K. nicht zu kitten versucht, sondern bewußt gelebt. Er arbeitete als wissenschaftlicher Mitarbeiter im Museum of Modern Art und als Dozent an der Columbia University. Er nahm die amerikanische Staatsbürgerschaft an, ohne je in den USA wirklich heimisch zu werden. Er lernte mit Zähigkeit Englisch – bereits 1947 erschien die Filmgeschichte *From Caligari to Hitler* – , aber er wurde mit der fremden Sprache nie ganz vertraut. Er blieb seinen frühesten theoretischen Absichten treu, doch fand er weder in den USA noch im Nachkriegsdeutschland ein breites Publikum für seine Schriften. Unter solchen Bedingungen entstanden die monumentale *Theory of Film* (1960) und die geschichtsphilosophischen Meditationen *History – The Last Things Before the Last* (postum 1969), die nicht nur ihrer Entstehungszeit wegen als Alterswerke zu bezeichnen sind. K. versichert sich in ihnen des Beabsichtigten und Geleisteten, indem er noch einmal das lockere Gefüge der Lebenswelt skizziert – und zugleich die besondere Blickweise, der sie sich öffnet. Die Erfahrungen des Phänomenologen, dessen Nähe zu den Dingen stets die verfremdende Distanz zur gesellschaftlichen Umwelt voraussetzte, verschmelzen sich ihm mit denen eines mehr als 30jährigen Exils. »Die wahre Existenzweise des Exilierten ist die eines Fremden.« Für den Außenseiter, der zuletzt nur in der »Exterritorialität« leben konnte, mag dieser Satz auch in der Umkehrung gegolten haben.

Werkausgabe: Siegfried Kracauer. Schriften. Hrsg. von Karsten *Witte*. 8 Bde. Frankfurst 1971 ff. Literatur: *Kessler*, Michael / *Levin*, Thomas Y. (Hrsg.): Siegfried Kracauer. Neue Interpretationen. Tübingen 1990; *Mülder*, Inka: Siegfried Kracauer – Grenzgänger zwischen Theorie und Literatur. Seine frühen Schriften (1913–1933). Stuttgart 1985; *Arnold*, Heinz Ludwig (Hrsg.): Siegfried Kracauer. Text + Kritik. Sonderband. München 1980; *Adorno*, Theodor W.: Der wunderliche Realist. In: Noten zur Literatur III. Frankfurt a. M. 1966. S. 83–108. *Inka Mülder*

Kramer, Theodor

Geb. 1. 1. 1897 in Niederhollabrunn; gest. 3. 4. 1958 in Wien

Seine Widersprüchlichkeit war es, die seine Mitmenschen an ihm faszinierte: Volksdichter und Kaffeehausliterat, Kriegsinvalide und Hypochonder, raunzerischer Eigenbrödler und geselliger Zecher, engagierter Sozialist und träger Lebemensch, dessen einziges Charakteristikum für Elias Canetti in maßloser Freßsucht bestand. Anders urteilte Thomas Mann über den genußsüchtigen Melancholiker aus dem österreichischen Dörfchen Niederhollabrunn nordöstlich von Wien; er hielt K. »für einen der größten Dichter der jungen Generation«, einen Lyriker, »dessen künftiger Platz im kulturellen Leben Europas, soweit er in Freiheit leben kann, sowohl durch die außergewöhnliche Qualität seines Werkes als auch durch seine intellektuellen Fähigkeiten gesichert ist.« K. schrieb, so auch der Titel eines seiner Gedichte, *Für die, die ohne Stimme sind*. Programmatisch trägt sein vierter Gedichtband den Titel *Mit der Ziehharmonika* (1936): »Nicht fürs Süße, nur fürs Scharfe / und fürs Bittre bin ich da; / schlag, ihr Leute, nicht die Harfe, / spiel die Ziehharmonika« – der arbeitende Mensch, das Lumpenproletariat, Verachtete und Ausgestoßene, ihr Alltag, ihr Leid und ihre Freuden waren der Stoff für K.s Verse.

Ob auf dem Dorf als Sohn des jüdischen Gemeindearztes oder später, im Alter von zehn Jahren, als Landkind auf einer »bösartigen Realschule« in Wien, K. wußte, was es bedeutet, nicht dazuzugehören. Nachdem er in der Großstadt auf Drängen der Eltern Schule und Handelsakademie mit mäßigem Erfolg absolviert hatte, wurde K. zum Militär eingezogen. Als er 1918 aus dem Kriegsdienst entlassen wurde, war er ein Invalide von 21 Jahren. Für K. begann ein unstetes Leben zwischen Vitalität und Depression, Schaffenskraft und Kränkelei. Nach kurzzeitigem Studium arbeitete er während der 20er Jahre in verschiedenen Berufen, in häufig wechselnden Anstellungen und, ständig unterbrochen durch ausgedehnte Wanderungen durch Niederösterreich und das Burgenland, als Buchhändler und Verlagsvertreter. Die »Stadtlandschaft« Wiens war K. längst ebenso vertraut wie die ländliche Heimat, obwohl diese für sein außergewöhnlich umfangreiches Werk thematisch vorherrschend blieb.

Vier Jahre nachdem sich für K. mit seinem Erstlingswerk *Die Gaunerzinke* (1928) literarischer Erfolg abzuzeichnen begonnen hatte, schränkte die Machtübernahme der Nationalsozialisten K.s Publikationsmöglichkeiten im deutschen Sprachraum stark ein. Nach dem Einmarsch deutscher Truppen in Österreich sah sich der jüdische Dichter und Obmann der »Vereinigung sozialistischer Schriftsteller« gezwungen, seine Heimat zu verlassen: Der Erste Weltkrieg hatte K. zum Invaliden gemacht, die Wirtschaftskrisen der 20er Jahre ließen ihn zum dichtenden Vaganten werden, der Nationalsozialismus zwang ihn ins Exil. K. arbeitete daraufhin mehrere Jahre als Bibliothekar am »County Technical College« in Guildford/Surrey. Er war in Österreich vergessen, als er wenige Monate vor seinem Tode nach Wien zurückkehrte. Erst 1984 besann man sich seiner: Im Wiener Europa-Verlag begann die Veröffentlichung seines Gesamtwerks.

K. verband die Naturlyrik des 19. Jahrhunderts mit der sozialen Thematik der literarischen Moderne, den egozentrischen Weltschmerz zeitgenössischer Einzelgänger, wie etwa Jakob Haringers, mit der nur im ersten Moment sachlich wirkenden Form lyrischer Milieustudien und Naturabbildungen. K. nimmt eine Sonderstellung innerhalb der deutschsprachigen Literatur ein: Er ist, wie Erich Fried hervorhob, »ein sehr seltenes ›Gebilde‹, ein sozialistischer Heimatdichter«.

Werkausgabe: Theodor Kramer. Gesammelte Gedichte. Hrsg. von Erwin *Chvojka*. 3 Bde. Wien 1984–1987.
Literatur: *Kaiser*, Konstantin (Hrsg.): Theodor Kramer, 1897–1958, Dichter im Exil. Aufsätze und Dokumente. Wien ²1985. *Michael Bauer*

Kraus, Karl
Geb. 28. 4. 1874 in Jicin (Böhmen); gest. 12. 6. 1936 in Wien

Als ihm 1933 »zu Hitler nichts einfiel«, hörten die zahlreichen Kritiker in diesem Wort nicht die bittere satirische Abfertigung, erkannten nicht den Sinn dieses Verdikts vor seinem ganzen Werk: daß nämlich die Sprache nicht mehr imstande sei, den nationalsozialistischen Ungeist und seine Folgen für Deutschland in sich zu fassen. Und kaum einer von ihnen wußte oder ahnte, daß K. damals an der *Dritten Walpurgisnacht* schrieb und nicht dem Umfang, wohl aber der Gestalt nach den Schrecken der Nazizeit visionär vorwegnahm. Dieser Sohn eines Papierfabrikanten aus Böhmen, der in Wien aufwuchs und sich erst von seiner jüdischen Abkunft lossagen wollte, aber nach dem Ersten Weltkrieg auch aus der Katholischen Kirche wieder austrat, hatte im Elternhaus eine eher amusische Erziehung genossen. Gelernt hatte er nach dem Abitur 1892 nichts oder vielmehr nichts Attestables; etwas Jura studiert, was ihm vielleicht bei seinen späteren Prozessen zugute kam, etwas Germanistik und Philosophie, was ihm kaum genützt haben dürfte. Der Versuch einer Karriere als Schauspieler scheiterte trotz unbestreitbaren Talents, und so entschied er sich für eine Laufbahn als Journalist.

K. gründete 1899 die Zeitschrift *Die Fackel* und avancierte mit ihrer immer stärker anwachsenden Verbreitung zu einer geistigen und moralischen Instanz ersten Ranges. Seine Herausgeberschaft war jedoch keinesfalls aus einem Mißerfolg geboren, wie es seine Feinde später glauben machen wollten – hatte man ihm doch unmittelbar zuvor die Feuilleton-Redaktion der Wiener *Neuen Freien Presse* angetragen, deren Mitarbeiter er bis dahin gewesen ist und die er später erbittert als ein Exempel für ihre Art des selbstgefälligen, bildungsbürgerlichen Journalismus verfolgte. K. zeichnet bei der *Fackel* nur als Herausgeber, tatsächlich aber ist die seit dem 1. April 1899 bis Februar 1936 mit nur zwei längeren Pausen (bei Kriegsausbruch 1914 und 1933) erscheinende Zeitschrift sein Hauptwerk: Fast alle Beiträge nämlich stammen von ihm selbst; 37 Jahrgänge mit 922 Nummern in 415 Heften – oder rund 18 000 Seiten. Nur in der ersten Zeit (bis 1911) hat er gelegentlich fremde Beiträge angenommen und Mitarbeiter gelten lassen. Seine erklärte Absicht, die er mit der *Fackel* verfolgte, war die »Trockenlegung des Phrasensumpfes«: der Kampf gegen die liberale Mitte der bürgerlichen Gesellschaft, ihre Unkultur und vor allem ihre Presse.

Einige seiner Beiträge, denen er überaktuelle Bedeutung beimaß, hat K. in Auswahlbände übernommen. Wie er schon in den Fahnenkorrekturen der *Fackel* Versionen oft mehrfach umarbeitete, so sind die Buchfassungen nunmehr gänzlich erneuert oder doch wenigstens gründlich redigiert, kaum je aber mit der alten Vorlage identisch. Dahinter steht das sein ganzes Werk kennzeichnende Bemühen um eine dem Gedanken optimal angemessene äußere Form – gleichviel, ob es sich um eine einzelne Formulierung, um Seiten- oder Zeilenumbruch oder um ein einziges Komma handelte, welches ihn mitunter Stunden der Überlegung und seitenlange Ausführungen kosten konnte.

Gleich zu Beginn seiner Laufbahn, als er beabsichtigte, dem literarischen Kartell um den Schriftsteller und Kritiker Hermann Bahr und dessen korrupten Machenschaften Einhalt zu gebieten, verlor er unter dem Hohngeschrei seiner Gegner den Prozeß, den Bahr gegen ihn anstrengte. Es lohnt, den Bericht darüber in den Erinnerungen der Alma Mahler-Werfel zu lesen: Wie hilflos und beinahe komisch er vor Gericht, als die Zeugen umgefallen waren, durch Verlesen einer Novelle Bahrs diesen »entlarven« wollte.

Die meisten seiner Schlachten aber hat er nicht vor Gericht geschlagen, sondern in der *Fackel* – und dort und vor der Geschichte denn auch gewonnen: Gegen die Päpste der politischen Publizistik und Theaterkritik Maximilian Harden (1907/08) und Alfred Kerr (1928/29). Jenem, der nicht vor der Privatsphäre seiner Gegner einhielt, demonstrierte K. neben solcher Niederträchtigkeit auch durch Analyse seiner Sprache die Zweideutigkeit und Pseudo-Ästhetisierung seines Journalismus. Im Fall Kerr konfrontierte K. dessen Nachkriegspazifismus mit seinem früheren Opportunismus: durch bloßen Abdruck der kriegshetzerischen Gedichte Kerrs, von denen dieser sich nie distanziert hatte, freilich auch seiner nichtöffentlichen Äußerungen.

Seinen Krieg gegen die »Preßbuben« führte K. in alle Richtungen; ob nun gegen die Journalisten der bürgerlichen *Neuen Freien Presse*, gegen des Zeitungsverlegers Imre Bekessys Revolverblätter oder gegen Siegfried Jacobsohns linksstehende *Weltbühne*, ob gegen den Berliner Literaturprofessor Richard M. Meyer, den Theaterintendanten Paul Schlenther oder den Schriftsteller Stephan Großmann, den Literaturhistoriker Albert Sörgel, den Dichter Otto Ernst und viele andere, deren Namen heute kaum mehr den Spezialisten erinnerlich sind. Freilich war er oft ungerecht, und so manches Mal mag er auch sehr geirrt haben. Nie aber gemessen an den eigenen Maßstäben, die er besonders auch an seine eigene Sprache anlegte. Denn immer prangerte er zuerst die sprachlichen Untaten seiner Gegner an, die nach seiner Auffassung nur als eine andere Gestalt ihrer moralischen Verfehlungen oder verbrecherischen Handlungen erscheinen.

Doch nicht nur durch Satire und Polemik, die ihn berühmt machten, hat er sich literarisch hervorgetan – auch als Verfasser von Aphorismen (zuerst in der *Fackel*, dann gesammelt als *Sprüche und Widersprüche*, 1909; *Pro domo et mundo*, 1912 und *Nachts*, 1919). Als Lyriker sodann (9 Bände *Worte in Versen*, 1916–1930) beansprucht er einen Platz auf dem Parnaß. Als Dramatiker ferner: die heute fast vergessene satirische »Operette« *Literatur oder Man wird doch da sehn* (1921) etwa, vor allem aber *Die letzten Tage der Menschheit* (1922), jenes gewaltige Weltkriegspanorama. Als Übersetzer und Erneuerer schließlich hat er Sonette und einige Dramen von William Shakespeare nachgedichtet und Johann Nepomuk Nestroy und Jacques Offenbach neu bearbeitet. In seinen exakt 700 Vorlesungen bemühte er sich, neben den eigenen auch fremde Werke, zumeist Gedichte und Dramatisches, zu neuem Leben zu erwecken.

K. besaß einen untrüglichen Sinn für literarische Qualität; mit Loyalität unterstützte er die Dichter Peter Altenberg, Frank Wedekind, Detlev von Liliencron und Else Lasker-Schüler. Er griff jedoch auch mit einem unerbittlichen Haß alle emporgekommene Mittelmäßigkeit, alle Gesinnungslumperei an. Das mag erklären (wenn es auch nicht entschuldigt), mit welcher Unnachsichtigkeit, ja Intoleranz er seine Gegner attackierte und selbst vor Intrigen manchmal nicht zurückschreckte.

Doch sein Kampf beschränkte sich nicht auf die Sprache. Einigemale hat er auch versucht, aktiv in die Politik einzugreifen. So fuhr er z.B. 1915 nach Rom, um den Kriegseintritt Italiens zu verhindern. Nach den Arbeiterunruhen 1927 forderte er den Polizeipräsidenten Wiens, Johann Schober, mit Plakaten zum Rücktritt auf. Seinen Polemiken haftet natürlich viel Partikulares an (schließlich war die *Fackel* eine Zeitschrift) – das lenkt gleichwohl bei genauerer Lektüre nicht ab von dem, worum es ihm eigentlich zu tun war: daß Reinheit der Sprache eine Lauterkeit der Gesinnung, Wahrheit und Wahrhaftigkeit zugleich nicht bloß repräsentiere, sondern sie selber sei. Georg Christoph Lichtenbergs Idee von einer *Physiognomik des Stils* – in K. wird sie zu einer mit nachgerade religiösem Eifer verkörperten Lehre. Mit dieser Lehre hat er sich identifiziert: Er empfand sich selbst als den Wertmaßstab seines Zeitalters.

Werkausgaben: Karl Kraus. Schriften. Hrsg. von Christian *Wagenknecht*. 20 Bde. Frankfurt a.M. 1986ff; Kraus, Karl: Werke. Hrsg. von *Fischer*, Heinrich. 14 Bände und 2 Supplementbände. München 1952–70.

Literatur: *Timms*, Eward: Karl Kraus. Apocalyptik Satirist. New Haven/London 1986; *Krolop*, Kurt: Sprachsatire als Zeitsatire bei Karl Kraus. Ostberlin 1987; *Arnold*, Heinz Ludwig (Hrsg.): Karl Kraus. Text + Kritik, Sonderband. 1975 (darin u.a. kommentierte Auswahlbibliographie von S.P. Scheichl); *Fischer*, Jens Malte: Karl Kraus. Stuttgart 1974; *Wagenknecht*, Christian: Das Wortspiel bei Karl Kraus. Göttingen 1966; *Schick*, Paul: Karl Kraus, Reinbek bei Hamburg 1965; *Kerry*, Otto: Karl Kraus – Bibliographie. Wien ²1965 (Fortführung in den Kraus-Heften. Hrsg. von Christian *Wagenknecht*). *Ulrich Joost*

Krolow, Karl
Geb. 11.3.1915 in Hannover

1944 wollte K. den kurz zuvor erschienenen Gedichtband *Der grüne Gott* von Wilhelm Lehmann rezensieren. Es wäre eine der wenigen öffentlichen Reaktionen auf diese bald richtungsweisenden Verse gewesen, die nicht ins Konzept einer Blut-und-Boden-Literatur paßten. Die Zeitschrift *Das Innere Reich* konnte indessen zu diesem Zeitpunkt nicht mehr gedruckt werden. K.s Absicht zeigt jedoch seine Ausgangsposition schon vor 1945, die sich auch mit dem einschneidenden Ereignis der sogenannten »Stunde Null« nicht veränderte; er ist kein Schriftsteller der Stunde Null, auch wenn er jetzt erst hervortritt. Er schließt an das neue deutsche Naturgedicht an, für das Oskar Loerke, Wilhelm Lehmann, Elisabeth Langgässer, Peter Huchel u. a. schon grundlegende Muster geschaffen hatten und das in der Tradition des Naturgedichts von der Klassik bis zum Expressionismus steht, d. h. auch wesentliche Errungenschaften des von der nationalsozialistischen Literaturpolitik als »entartet« verfemten Expressionismus aufgenommen und für eine bruchlose Weiterführung gerettet hatte.

K. hatte seit 1935 in Göttingen und Breslau Germanistik, Romanistik, Kunstgeschichte und Philosophie studiert und sich von 1942 an auf ein Leben als freier Schriftsteller eingelassen. Die Romanistik erschloß ihm die Poesie der französischen und spanischen Moderne, die in ihren zeitgenössischen Vertretern auf ihn und – auch durch seine Übersetzungen – auf eine ganze Generation jüngerer Schriftsteller entschiedenen Einfluß gewann. Das Studium der Germanistik sicherte die Grundlagen für K.s stets das eigene sprachliche Handeln reflektierende Äußerungen; hierzu gehören schon früh Rezensionen, nach 1945 zahlreiche literaturkritische und poetologische Essays, darunter Vorlesungen als Gastdozent für Poetik an der Universität Frankfurt a. M. (1960/61) und eine große Darstellung der *Lyrik in der Bundesrepublik Deutschland seit 1945* (in *Kindlers Literaturgeschichte der Gegenwart*, 1973). Und doch ist dieser umfangreichste Teil seines Werks nur von begleitender Natur. Trotz allem Streben nach Objektivität sind diese Äußerungen zugleich persönliche, gelegentlich privateste Ortsbestimmungen des Lyrikers K. Nur diese kritische Selbstbeobachtung ermöglichte Kontinuität und Wandel über vierzig Jahre hinweg: daß dieses lyrische Werk repräsentativ für die westdeutsche Lyrik werden und bleiben konnte, indem es vielfältige Entwicklungen integrierte, ohne seine Eigenart zu verlieren.

Seit der Verleihung des Büchner-Preises 1956 durch die von Wilhelm Lehmann mitbegründete »Deutsche Akademie für Sprache und Dichtung« lebt K. in Darmstadt (und hat inzwischen noch viele Ehrungen und Preise bekommen). 1952 hatte er sich mit dem Gedichtband *Die Zeichen der Welt* durchgesetzt und seinen Ruhm mit *Wind und Zeit* (1954) und *Tage und Nächte* (1956) gefestigt. Noch herrschen hier die konventionellen Formen (eine liedhafte Strophe mit festem Metrum und Reim) vor, aber die mythologische Überhöhung, die bei der Langgässer das Verständnis erschwert, oder die »Menschenleere« Lehmanns sowie eine auf Naturdetails eingeschränkte Metaphorik – ironisiert als »Gedichte mit umgehängter Botanisiertrommel« (Klaus Jeziorkowski) – ist vermieden und durch surreale Elemente erweitert. Tatsächlich hat K. damit die Phase seiner eigentlichen naturmagischen Lyrik abgeschlossen und sprengt dessen formale und thematische Enge längst auf (*Huldigung an die Vernunft*, (1950); *Gedichte von der Liebe in unserer Zeit*, (1950). So spricht K. schon in der Büchner-Preis-Rede von der »Karnevalistik der Worte«, vom »lyrischen Konfettiwerfen«, das freilich durch die »Grazie des Intellekts« zu mildern sei und durch »alle die Understatements, die ... das kurze Achselzucken beigeben«. Und unter dem Einfluß der Franzosen (Guillaume Apollinaires u.a.) und Spanier (Rafael Albertis, Jorge Guilléns u.a.) wird vollends der »kleine Himmel über dem deutschen Gedicht aufgerissen«. Die Versbände *Fremde Körper* (1959), *Unsichtbare Hände. Gedichte 1959–1962* (1962), *Landschaften für mich* (1966), *Alltägliche Gedichte* (1968), *Der Einfachheit halber* (1977) oder die neugeordneten *Gesammelten Gedichte* (Bd.1 1965, Bd.2 1975, Bd.3. 1985) erweisen, wie sich K. nach und nach den verschiedensten fremden Einflüssen ausgesetzt hat, um dem raschen Abnutzungsprozeß der poetischen Sprache entgegenzuwirken. In den späten Bänden *(Schönen Dank und vorüber,* 1984; *Als es soweit war,* 1988) wird der Gedanke an den Tod eindringlich zum Thema. Durchweg hat seine Offenheit – ob gegenüber Surrealismus, Dadaismus, Lakonismus, Konkreter Poesie oder ausländischer Lyrik auch kleinster Literaturen – K. zu sensiblen und eigentümlichen Lösungen geführt, so daß ein schon 1962 durch Hugo Friedrich gefälltes Urteil, diese Lyrik sei »eine bedeutende dichterische Diagnose der modernen Seele«, sich bis heute immer von neuem bestätigt hat.

Werkausgabe: Karl Krolow: Gesammelte Gedichte. 3 Bde. Frankfurt a.M. 1965 ff.

Literatur: *Arnold,* Heinz Ludwig (Hrsg.): Karl Krolow. Text + Kritik. Heft 77. München 1983; *Fritz,* Walter Helmut (Hrsg.): Über Karl Krolow. Frankfurt a.M. 1972. *Ludwig Dietz*

Kroetz, Franz Xaver
Geb. 25. 2. 1946 in München

»Vater: Beamter / Mutter: Hausfrau / geb. 25. Februar 1946 in München / 1946–1951 Simbach am Inn / ab 1951 München: / 4 Klassen Volksschule / 5 Klassen Oberschule (durchgefallen) / 2 Jahre Schauspielschule München (Abschluß durchgefallen) / 1 Jahr Max-Reinhardt-Seminar Wien (3., 4. Semester) / (dann durchgeflogen) / 2 Jahre Abendmittelschule (Mittlere Reife) / Bühnengenossenschaftsprüfung Schauspiel (bestanden) / etwa 1966 / Anfang 1967 Kellertheater, kleine Engagements / dann bis heute Gelegenheitsarbeiter (mindestens 12 Berufe vom Irrenwärter bis zum Lagermeister und Bananenschneider) / Gammeln (von Mutter und Freundin gelebt) / »echt« schreiben seit 4 Jahren 15 Stücke, Einakter, 2 Romane etc. / zwischendurch: 2 Jahre Bauerntheater (spielen, Stück geschrieben, inszeniert, Künstlerische Geburtsstätte).« – So verkündet K. im Programmheft einer *Stallerhof*-Inszenierung 1972/1973. Drei Jahre später wurde er, der nach dem Willen seines Vaters den Beruf des Steuerberaters hätte ergreifen sollen, zu einem der meistgespielten deutschen Dramati-

ker der Gegenwart, Ende der 70er Jahre ist er mit seinen rund 4 Dutzend Bühnenstük-
ken *der* meistgespielte. Schon als Zwanzigjähriger schreibt er Stücke am laufenden
Band, die er allerdings fast ausnahmslos nicht an die Öffentlichkeit bringt. Seine praktischen Erfahrungen holt er sich nach endlich bestandener Schauspielprüfung an kleinen
Münchner Kellertheatern und am Tegernseer Bauerntheater.

Die politische Stimmung seit Mitte der 60er Jahre trug einiges zu K.'s Erfolg bei. Im
Bestreben, auch das Theater zu politisieren, gelangten die Stücke Ödön von Horvaths
und Marieluise Fleißers erneut auf die Bühne. K. beschäftigte sich mit beiden Autoren,
fand sich in Themen und Mitteln seiner ersten Stücke (*Wildwechsel*, 1968) bestätigt und
ließ sich von ihnen in seinen folgenden Aufführungen anregen.

Die Kritiker bezeichneten ihn als »Pornoautor« (nach seinem Eintritt in die DKP im
März 1972 kam noch der »Kommunist« dazu) und legten seinen Schauspielen das
Raster der Darstellung von »Randgruppen«, »Sprachlosigkeit« und »sexuellen Abnormi-
täten« auf, wodurch die Neugierde der Öffentlichkeit noch mehr gesteigert wurde. »Ich
will doch in meinen Stücken nichts anderes zeigen als die seelische Abstumpfung und
Vereinsamung, in die ein Mensch durch die bestehende Gesellschaftsordnung getrieben
werden kann.«

K. untersucht die Lebensbedingungen und ihre Auswirkungen in der kapitalistischen
Konsumgesellschaft der Bundesrepublik. Er dringt dabei bis in die intimsten Bereiche
des Menschen vor und kommt zu dem Ergebnis, daß diese Gesellschaft den Einzelnen
brutal unterdrückt und versklavt. Um eine unmittelbarere Wirkung der Charaktere zu
erzeugen, demonstriert K. seine Überlegungen am Beispiel seiner ihm unmittelbar vertrauten Umwelt. Alle Figuren in seinen Stücken sprechen bayrischen Dialekt.

Seine frühen Stücke handeln in einem engen, überschaubaren Rahmen. Darin widmet er sich einzig den sozial Schwachen, die sich wegen ihrer mangelnden Ausbildung
in Beruf, Familie und mit dem Partner nicht auseinandersetzen können. K. kennzeichnet diese Figuren mit Eigenschaften wie leichtgläubig, voller Vorurteile und mangelhaft
im Ausdrucksvermögen bis hin zur Sprachlosigkeit. Sie haben sich in ihren Problemen
so festgefahren, daß sie sich nicht mehr sprachlich ausdrücken können. Diese Ausweglosigkeit führt in die Apathie oder in das Verbrechen. Da ist z. B. die geistig behinderte
und noch blutjunge Beppi, die von dem alten Knecht des *Stallerhof* (1971) ein Kind
bekommt. Bei den Eltern stößt sie auf Unverständnis, denn so ein Kind ist gegen die
»Ehre«: »Das weiß ich, meine Tochter, wo noch ein Kind is, das zruckblieb is, hat net
schwanger zu sein, von einem alten Taugenichts. Wie man da dastehn tut, vor die
andern. Nein.« Als das Kind nach der Geburt in ein Heim soll, bringt es Beppi aus Verzweiflung um (*Geisterbahn*, 1971).

Nach der späten Beschäftigung mit Bertolt Brecht versuchte K. sich auch in der »großen Form«. In seinen beiden Hebbel-Bearbeitungen, *Maria Magdalena* (1972) und *Agnes
Bernauer* (1976), bringt er neben den Heimarbeitern auch den Unternehmer ein. Die
beiden von der Theorie her geschriebenen Stücke, waren jedoch kein Erfolg. K.
bekannte, daß er seine Stücke aus der eigenen Anschauung, aus der Realität heraus entwickeln müsse, denn: »Realismus heißt für mich nämlich ›aus erster Hand kommend‹.«
Hat K. in seinen frühen Stücken nur ausgestellt und aufgezeigt, so erweitert er schon in
seiner Experimentierphase 1972/73 um kommentierende Eingriffe, setzt sogar illu-
sionsbrechende Mittel ein. In *Dolomitenstadt Lienz* (1972), einer »Posse mit Gesang«,

spielen drei Häftlinge Karten und Schach und unterhalten sich dabei völlig bewußt über ihre Situation. Mit ihren Phantasien und Träumen läßt K. erstmals die Zukunft eine Rolle spielen. Langsam vergrößert er sein Figurenrepertoire auch auf den »durchschnittlichen« Bürger und läßt seine Charaktere eine Entwicklung durchmachen, an deren Ende die Bereitschaft steht, ihr Verhalten zumindest im persönlichen Bereich zu verändern, um künftige Katastrophen zu vermeiden (*Das Nest*, 1974).

K., nach eigenen Aussagen ein Schriftsteller, der »auch« Politik macht, tritt im Mai 1980 aus der DKP aus. In seinen neuen Stücken gewinnt er mehr Abstand von seinen Figuren, wagt es, auch surreale Szenen einzubringen. Er beschäftigt sich mit den Auswirkungen der Technisierung auf den Alltag des Menschen. In seinem zweiteiligen Roman *Der Mondscheinknecht* (1981, 1983) schildert K. das bäuerliche Leben vom Beginn des 20. Jahrhunderts bis in die Gegenwart. Dieses Dasein unterliegt unerbittlichen traditionellen Gesetzen: »De Rasse is de Rasse. Des is as wichtigste. Bei Mensch und Viech. Und du bisd a guada Schlog, weist a Kreizberger bist, merkda des . . . Es Lem is Zucht« – so der Vater des Erzählers. Der aufgrund einer Kinderlähmung behinderte Anton Kreuzberger beschreibt in seinen Aufzeichnungen ein Außenseiterleben unter ständigen Demütigungen, das einzig wegen seiner Arbeit anerkannt wird. »Und weil schreiben sich wehren heißt, und Dichtung Widerstand ist, und Fantasie eine Waffe, schreibt er weiter, so lange, bis er begreift, wo sein Ich den Anfang hat: immer dort, wo er sich gewehrt hat.« Die Stärke des Romans liegt eindeutig in den kraftvollen, lebensnahen Bildern der Bauernexistenz. Der Fortsetzungsteil, in dem sich K. dem Stadtleben des Behinderten zuwendet, verblaßt allerdings dagegen.

Die widersprüchlichsten Reaktionen, sowohl beim Publikum als auch bei den Theaterkritikern, hat eines seiner bekanntesten Stücke, *Bauernsterben* (1985), hervorgerufen. Das Stück wurde begeistert bejubelt, aber auch erbittert ausgepfiffen und angegriffen; die CSU-Fraktion forderte im Stadtrat die Absetzung der Aufführung vom Programm der Münchner Kammerspiele. Zwei Bilder durchziehen *Bauernsterben* vom Anfang bis zum Ende: Heimat und – neu bei K. – Christus. Die beiden erwachsenen Kinder der Bauernfamilie Reithmaringer verlassen den Hof, um in der Stadt, in München, ihr Glück zu suchen. Mit der Christusfigur als Symbol für Heimat, als Schutzengel und ständigem Begleiter, ziehen sie in den tristen Rohbau eines Einzimmer-Appartments. Doch die Stadt »nimmt sie nicht an«, sie scheitern kläglich an den Voraussetzungen, die für das Konsumleben erfüllt werden müssen. Um zu überleben, setzen die beiden ein, was sie haben: Er verdingt sich als Blutspender – bis die Bühne im Blut schwimmt –, sie geht auf den Strich, läßt sich von ihrem perversen Freier das Haar abschneiden, das dieser durch ihren Kot zieht. In ihrem Elend suchen die beiden, »Heimat« in die Stadt zu bringen: Der Bruder kauft ein Farbposter, auf dem ein Wildbach und Natur abgebildet sind, und karrt Erde in die Wohnung, Christus wird zu einem erlösenden Gesprächspartner. Letztendlich kehren sie heim, doch die Eltern sind bereits gestorben und auch der Bruder erreicht die »Heimat« nicht lebend. Die Schwester erweist dem Christus einen »letzten Liebesdienst«: sie nagelt ihn ans Kreuz, »macht Ordnung«, denn auch er muß »heim«. K., auf den Aspekt der Religion im Theater befragt: »Ich glaube, daß ich eigentlich ein christlicher Autor bin, was ja nun auch ganz erklärlich ist, denn es sind nicht nur die Traditionen, es ist auch die Erziehung. Diese Verbindung ist die, die auch in allen meinen Stücken vorherrscht.«

Nach *Bauernsterben* gehen die Theater auf Distanz zu seinem Werk. K. bemüht sich darauf bei den Medien. Als »Baby Schimmerlos« in der Fernsehserie *Kir Royal* (1986) avanciert er kurzfristig zum Publikumsliebling. »Meine verschiedenen Versuche, woanders Fuß zu fassen, bei Fernsehen oder Presse, zeugen nicht von Geilheit auf maßlose Karriere, sondern von innerer Unsicherheit.« Im November 1989 hält K. das politische Klima im vereinten Deutschland nicht mehr aus, er reist mit seiner Frau Marie Theres Schell und Tochter Josefine nach Brasilien und Peru. Es entsteht, nach seinem Nicaragua-Tagebuch von 1985, sein zweites veröffentlichtes Tagebuch, die *Brasilien-Peru-Aufzeichnungen* (1991). Zentrale Themen sind die Auswirkungen des Zusammenbruchs des Osten und die Vergänglichkeit seines eigenen Dichtens und Seins: Verfall, Krankheit und Tod beherrschen seine Gedankenwelt, daneben »das Gefühl, daß ich nie wieder einen wirklich guten Satz schreiben werde.«

Literatur: *Riewoldt*, Otto (Hrsg.): Franz Xaver Kroetz. Frankfurt a. M. 1985 *Arnold*, Heinz Ludwig (Hrsg.): Franz Xaver Kroetz. Text + Kritik. Sonderband. München 1978; *Carl*, Rolf-Peter: Franz Xaver Kroetz. München 1978.

Susanne Wimmer

Krüss, James *(Pseudonyme Markus Polder, Felix Ritter)*
Geb. 31. 5. 1926 auf Helgoland

»Auf kleinen Inseln mit wenig Auslauf bildet sich selbst das magerste Talent zur Phantasie bis an seine äußersten Grenzen aus.« Damit erklärt K., der Kindheit und Jugend bis zu seinem 16. Lebensjahr auf der Insel Helgoland verbrachte, warum er zum international erfolgreichsten deutschen Kinderbuchautor nach dem Zweiten Weltkrieg avancieren konnte. Er mußte sich intensiver als andere Kinder mit dem »ältesten Spielzeug des Geistes« beschäftigen, mit Lall- und Laut-, Sprach- und Buchstabenspielen, die er später in Gedichten und Geschichten zum »heißgeliebten schönen Unsinn, dem Nonsense« ausgestaltet. Auch mit den sozialen und ästhetischen Funktionen von Sprache setzt sich K. immer wieder auseinander, bildhaft in Dichtungen für Kinder sowie theoretisch in einigen sprachwissenschaftlichen Aufsätzen. In der Kindheit aufgenommene Bilder, vom Großvater, einem Hummerfischer, gehörte Geschichten und dadurch angeregte Phantasien dienen K. als wichtigste Stoffgrundlage. In seinen zentralen Werken geben vor allem Inseln und Küstenlandschaften den Hintergrund ab, vor dem Fischer, Leuchtturmwärter, Wassermänner und Möwen agieren und erzählen: *Der Leuchtturm auf den Hummerklippen* (1956), *Mein Urgroßvater und ich* (1967), *Mein Urgroßvater, die Helden und ich* (1967). Als »Meister der Rahmenerzählung« (Malte Dahrendorf) läßt K. reale Gestalten – den Erzähler und seinen Urgroßvater – oder phantastische Wesen aufeinandertreffen und sich gegenseitig kurze Geschichten oder Märchen, Balladen, Nonsenseverse, linguistische oder moralische Reflexionen vortragen. Dabei ist es für K. als Erzähler »vollkommen gleichgültig, ob die Geschichte passiert ist oder nicht. Bei Geschichten kommt es nicht darauf an, daß sie wahr, sondern schön sind … Die besten Geschichten sind die, welche schön und lehrreich zugleich sind.« In seinen »Gedanken zur Kinderliteratur«, gesammelt unter dem Titel *Naivität und Kunstverstand* (1969), fordert K., daß jugendliche Leser genau so ernst zu nehmen sind wie erwachsene, daß Kinderbuchautoren einer besonderen »Pflicht zur Phantasie« nachzukommen haben und daß die künstlerische Qualität wichtiger als die didaktische sein muß. K. hat selbst nach dem Krieg ein Lehrerstudium absolviert, dann aber – angeregt und gefördert von Erich Kästner – für Kinder zu schreiben begonnen. Durch die Phantasiefreudigkeit seiner Kinderromane und -hörspiele, seiner Bilderbücher und Reime gewinnt die westdeutsche Kinderliteratur in den 50er Jahren eine neue Qualität. Mit ungebrochener Naivität (»höhere Kindlichkeit«) sucht K. den Kindern bei der Erschließung ihrer Umwelt Hilfestellung zu geben, gesellschaftliche Beziehungen zu verdeutlichen und Kritikfähigkeit zu entwickeln. Eine überzeugende Einheit von Aufklärung und Phantastik gelingt K. erstmals in *Die glücklichen Inseln hinter dem Winde* (1958), einer in Handlung entworfenen, mit Nonsense und Situationskomik unterlegten Utopie, in der Mensch und Tier in Vernunft, Gleichheit, Frieden und Freundschaft miteinander leben, die K. als Gegenbild zur realen politischen Situation der Zeit – mit Wettrüsten und Kaltem Krieg – verstanden wissen will. Ernsthafter konzipiert, doch gleichzeitig das Abenteuer betonend ist K.s Hauptwerk, der parabelhafte Roman *Timm Thaler oder das verkaufte Lachen* (1962): Ein Junge verkauft sein Lachen an den Teufel, doch der damit gewonnene Reichtum bringt ihm kein Glück. K. knüpft damit an überlieferte Bilder der deutschen Romantik (Chamissos *Schlemihl*), um die Inhumanität der kapitalistischen, von Geld und Macht bestimmten Welt zu vermitteln. Seit 1979 arbeitet K. an seiner Autobiographie, der erste Teil der Trilogie, der die »frühen Jahre« erzählt, erschien 1988. Wenngleich K. in späteren Werken seltener das politische und moralische Engagement seiner frühen Arbeiten erreicht, so kann er doch durch sein mit zahlreichen Preisen ausgezeichnetes Gesamtwerk (u.a. mehrmals Deutscher Jugendbuchpreis) deutlich machen, »daß Phantasie und soziales Verhalten sehr viel miteinander zu tun haben, ja einander bedingen« (Malte Dahrendorf).

Literatur: Sechs Jahrzehnte oder vom kleinen Boy zum großen Boy. James Krüss zum 60. Geburtstag. Hamburg 1986; *Dahrendorf,* Malte: James Krüss zum 50. Geburtstag. In: Gebt uns Bücher, gebt uns Flügel. Octinger Almanach 14. Hamburg 1976.   *Horst Heidtmann*

Kubin, Alfred

Geb. 10.4.1877 in Leitmeritz/Nordböhmen; gest. 20.8.1959 in Zwickledt/Oberösterreich

»Lieber Freund, – – – fertig! – – – gottseidank! ... Schreiben tue ich nichts mehr in meinem Leben hoffe ich! – «, schrieb der knapp 32jährige K. an seinen lebenslangen Freund Fritz von Herzmanovsky-Orlando (10.1.1909) nach Fertigstellung seines in nur zwölf Wochen niedergeschriebenen phantastischen Romans *Die andere Seite* (erschienen Juni 1909). K. hat sich recht und schlecht sein Leben lang an diesen Schwur gehalten und außer einer nicht zu umfangreichen Autobiographie, *(Aus meinem Leben,* 1911), die mehr die innere Biographie schildert, und einigen kürzeren Essays, Aufsätzen und kleinen Erzählungen nichts mehr weder an Umfang noch an Qualität seinem Roman Vergleichbares geschrieben. Der autodidaktische Einzelgänger, der sich schon sehr früh als Zeichner und Illustrator in die große Reihe seiner Vorbilder Francisco Goya, Max Klinger, Gustave de Groux, Felicien Rops, Eduard Munch, James Ensor, Odilon Redon u.a. als Ebenbürtiger einreihen konnte, gehört mit seinem Roman damit zu jenen berühmten Doppelbegabungen (etwa Ernst Theodor Amadeus Hoffmann: Musiker-Dichter; Gottfried Keller: Maler-Schriftsteller), die zumeist einen langen Kampf auszufechten haben, bis das stärkere Talent die Oberhand gewinnt. Für K. dagegen stand seine Begabung als Erzähler und Schriftsteller dem Zeichner nie im Weg, auch wenn sein großer Roman den Ertrag einer zeichnerischen Krise im Jahre 1908 darstellt.

Die Bewältigung dieser Krise im anderen Medium hat er im eigentlichen Sinne aber nicht als ein Überwechseln ins Literaturlager verstanden. Charakteristisch ist, wie K. das Verhältnis zwischen seinem Text und den beigegebenen 50 Illustrationen beschreibt: »Diese Zeichnungen werden das beste was ich bis jetzt machte, der erläuternde Text in Romanform ist gleichsam der Rahmen. Ich persönlich will nicht als Schriftsteller auftreten« (23.12.08). Daß diese Haltung K. aber befähigt hat, kongenial zahlreiche Werke der Weltliteratur zu illustrieren (z.B. die Werke von Edgar Allan Poe, E.T.A. Hoffmann, Fjodor M. Dostojevskij, Gustav Meyrink, Carl Orff, Gérard de Nerval, Honoré de Balzac, Jean Paul, Achim von Arnim, Voltaire, August Strindberg, Christian Andersen sowie Wilhelm Hauffs Märchen oder die Bibel u.a.), steht außer Zweifel. Daß K. allerdings seinen eigenen Roman nur als einen Rahmen empfindet, unterschätzt sein eigenes Roman-Opus doch entschieden. Die phantastische Vision von Pateras Traumstaat und beider Untergang ist ein wirklich prophetischer Vorläufer am Beginn des 20. Jahrhunderts vom Untergang jener bürgerlichen Welt, der später zweifellos in literarisch noch entschieden gesteigerter Qualität, wenn auch mit weniger Prophetie, etwa in Thomas Manns *Zauberberg* oder in Robert Musils *Mann ohne Eigenschaften* Darstellung und Ausdruck findet. K.s Roman stellt die poetische Verbindung her zwischen jener dem Untergang geweihten realen Träumerwelt, in der nur »seinesgleichen geschieht«, und jenem diese spätbürgerliche Traumwelt als wirklichen Mikrokosmos, als repräsentativen Teil einer wirklichen Zauberberggesellschaft abbildenden alternativen Monte Verita bei Ascona. Zu diesem begann die Künstlerbohème aus dem K.

bekannten Cafe Stefanie in München um 1900 so aufzubrechen, wie der Protagonist von K.s Roman sich auf den Weg in die Traumstadt Perle macht, um Zeuge ihres Untergangs zu werden.

K.s Roman am Beginn des Jahrhunderts wurde für die moderne Literatur ein Schlüsselwerk, und er ist nicht zuletzt durch die Verfilmung von Johannes Schaaf (1973) unter dem Titel *Traumstadt* auch dem zeitgenössischen apokalyptischen Denken wieder ins Bewußtsein gerufen worden.

Literatur: *Breicha,* Otto (Hrsg.): Alfred Kubin. Weltgeflecht. Ein Kubin-Kompendium. Schriften und Bilder zu Leben und Werk. München 1978; *Bisanz,* Hans: Alfred Kubin. Zeichner, Schriftsteller und Philosoph. München 1977; Kubin, Alfred: Leben · Werk · Wirkung. Im Auftrag von Dr. Kurt Otte zusammengestellt von Paul *Raabe.* Hamburg 1957.

Joseph Kiermeier-Debre

Kuhlmann, Quirinus
Geb. 25. 2. 1651 in Breslau; gest. 4. 10. 1689 in Moskau

»Man hat ihn aber zuvorher im gefängniß auff das allergrausamste gepeiniget . . . Worauff sie ihn in etwas wieder genesen lassen / und hernach auff einen grossen platz der stadt geführet, da sie ihn in einem dazu gemachten häußlein . . . lebendig verbrant«, so faßt Gottfried Arnold in seiner *Kirchen- und Ketzer-Historie* (1699 – 1700) die Berichte von K.s Hinrichtung am 4. Oktober 1689 in Moskau zusammen. Es war das schreckliche Ende eines Dichters, eines Märtyrers für eine höchst zweifelhafte Sache, ein chiliastisches Programm, das seinen Ursprung in der Begegnung mit dem Werk Jacob Böhmes hatte: »ein B gebahr mich; ein B widergebahr mich.«
K., Sohn eines Breslauer Kaufmanns, trat schon während seiner Schulzeit am Breslauer Magdalenengymnasium mit Veröffentlichungen hervor (*Unsterbliche Sterblichkeit / das ist/ Hundert Spielersinnliche Grabeschriften,* 1668), und auch als er anschließend in Jena Rechtswissenschaften studierte, zeigte er starke poetische (und historische) Interessen, die sich in mehreren Werken, darunter die Sonettsammlung *Himmlische Libes-küsse* (1671), niederschlugen. In Vorlesungen war er selten zu sehen: »Er achtet Nichts als was unter Seinem Nahmen leuchtet, und aus seiner Stirn entsprossen«, schrieb ein Kommilitone. Im Herbst 1673 reiste er nach Leiden, brach aber sein Studium unvermittelt wieder ab: Die Lektüre der Werke Böhmes gab seinem Leben und Schaffen eine neue Richtung (die Lesefrüchte dieser Begegnung mit dem Mystiker erschienen 1674 als *Neubegeisterter Böhme*). K. bewegte sich fortan in den religiösen Randgruppen Hollands und Englands, unter den Böhme-Anhängern und anderen Sektierern, fand Mäzene, die seine Projekte finanzierten, etwa die ergebnislose Reise in die Türkei, um den Sultan zu bekehren (1678 bis 1679). Als das Geld versiegte, machte er statt einer wirklichen Reise nach Jerusalem eine »Geistreise«. Auch Frauen spielten eine – für K. nicht immer glückliche – Rolle; er war dreimal verheiratet.

Der *Kühlpsalter* (1684–1686, erste Teilveröffentlichung 1677) deutet dieses bizarre Leben auf seine Weise. Das Werk ist als heiliges Buch konzipiert, als dritter Teil der Bibel nach Altem und Neuen Testament; der Verfasser versteht sich als Prophet. Er begründet hier und in einer Reihe von Begleitschriften seine Berufung und seine Auserwähltheit mit Denkfiguren, die er Böhme und den chiliastischen Bewegungen seiner Zeit entnimmt; er sieht sich als den schon von Böhme erwarteten Jüngling, der den Antichrist stürzen und zum Tausendjährigen Reich überleiten werde. Die zugleich autobiographische und heilsgeschichtliche Dichtung entspringt trotz des expressiven und ekstatischen Stils einiger Gedichte strengem formalen und rationalen Kalkül und zeigt in ihren auffälligen Sprachmanipulationen manieristische Züge.

Als K. mit seiner Rußlandreise 1689 den letzten Versuch machte, für seine »Kühlmonarchie« zu werben, wurde er in Moskau auf Betreiben der dortigen deutschen lutherischen Geistlichkeit verhaftet und schließlich wegen Ketzerei, Verschwörung und Gotteslästerung zum Tode verurteilt. So unangemessen dies angesichts seiner wenig praktikablen Vorstellungen von einem politisch und konfessionell geeinten Europa erscheinen mag, so wenig läßt sich bezweifeln, daß in seiner Kühlmonarchie, der Vereinigung der wahren Gläubigen im Kühlreich der Jesueliter, kein Platz für die herrschenden Mächte vorgesehen war. Sein Hauptwerk endet in einer »sentenz über alle Kaiser, Könige und Fürsten der 70 Nationen« mit den Worten: »Auf, Kaiser, Könige! Gebt her Kron, hutt und Zepter!«

Werkausgaben: Himmlische Libes-Küsse. 1671. Hrsg. von Birgit *Biehl-Werner.* Tübingen 1971; Quirinus Kuhlmann. Der Kühlpsalter. Hrsg. von Robert L. *Beare.* 2 Bde. Tübingen 1971.
Literatur: *Bock,* Claus Victor: Quirinus Kuhlmann. In: *Steinhagen,* Harald / *Wiese,* Benno von (Hrsg.): Deutsche Dichter des 17. Jahrhunderts. Ihr Leben und Werk. Berlin 1984. S. 736–751; *Dietze,* Walter: Quirinus Kuhlmann. Ketzer und Poet. Versuch einer monographischen Darstellung von Leben und Werk. Berlin 1963; *Bock,* Claus Victor: Quirinus Kuhlmann als Dichter. Bern 1957.

Volker Meid

Kühn, Dieter
Geb. 1. 2. 1935 in Köln

»Im bisherigen Buchentwurf herrscht die Ich-Perspektive eines Autors vor, der den Leser am Auswählen und Auswerten von Material teilnehmen läßt; auch kann ihm der Leser beim Schreiben zuschauen, sozusagen über die Schulter.« Was der Erzähler in *Die Präsidentin* (1973) als Ziel seines Schreibens charakterisiert, gilt eigentlich für alle Prosaschriften K.s. Seit seiner Dissertation über Robert Musils *Mann ohne Eigenschaften* mit dem sprechenden Titel *Analogie und Variation* (1965) erprobt K. ein literarisches Verfahren, das den Leser in die Pflicht nehmen will, indem es einen dialogischen, offenen und experimentellen Gestus wählt und auf eine erzählerische Abfolge, auf eine »harmonische« Entfaltung verzichtet. Vor allem seine Schriften, die sich um die Lebensgeschichte historischer Personen bemühen, demonstrieren vorsichtige Annäherungen an Wirklichkeiten, die als gemeinsamer Erkenntnisvorgang und Aufklärungsversuch von Autor und Leser inszeniert werden. K.s erster großer Erfolg *N* (1970) – eine biographische Skizze von Napoleon – führt eine Art konjunktivisches Schreiben vor, wie es auch Musil kennt, wo der Autor sich jedem vorschnellen Sinnzusammenhang verweigert und den Blick von einer biographischen Zielgerichtetheit zur Möglichkeitsform in der Geschichte lenkt. An Napoleons Lebenslauf werden die Zufälle und das Sprunghafte einer Entwicklung in den Blick gerückt; es wird gezeigt, wie allmählich ein Mann mit Eigenschaften entsteht. Dieser biographischen Neugier verdanken Werke wie *Josephine (1976), Bettines letzte Liebschaften* (1986) und *Beethoven und der schwarze Geiger* (1991) ihr Entstehen. Spätestens seit *Ich Wolkenstein* (1977) hat K. bewiesen, wie fruchtbar diese Darstellungsweise auch als wissenschaftliches Verfahren sein kann, um die vielfältigen Möglichkeiten, die in historischen Prozessen stecken, in den Blick zu rücken. Der Mittelalterforschung haben K.s Werke jedenfalls belebende Impulse gegeben: Mit *Der Parzival des Wolfram von Eschenbach* (1986), *Neidhart aus dem Reuental* (1988) und *Tristan und Isolde des Gottfried von Straßburg* (1991) hat K. nicht nur eine Brücke zwischen Kunst und Wissenschaft geschlagen, sondern sich auch als Übersetzer mittelhochdeutscher Texte Renommee verschafft. Über diesen historischen Arbeiten darf nicht vergessen werden, daß K. auch auf anderen Feldern ein überaus produktiver Autor ist, denn seit den 60er Jahren schreibt er Hörspiele, Theaterstücke, ideologiekritische Essays, literaturwissenschaftliche Aufsätze und Rundfunkessays. Mit Romanen wie *Stanislaw der Schweiger* (1975) oder *Die Kammer des schwarzen Lichts* (1984) hat K. zudem gezeigt, daß, er auch ohne historische Anregungen ein fabulierfreudiger Erzähler sein kann.

Literatur: *Klüppelholz,* Werner und Helmut *Scheuer* (Hrsg.): Dieter Kühn. Frankfurt a. M. 1992.   *Helmut Scheuer*

Kunert, Günter
Geb. 6. 3. 1929 in Berlin

K. zählt zweifellos zu den literarisch vielseitigsten, schöpferisch produktivsten, aber trotzdem sprachlich virtuosen, inhaltlich einfallsreichen und intellektuell anspruchsvollen Autoren der Nachkriegskriegszeit, die auch nach der deutschen Wiedervereinigung im Osten wie im Westen gelesen und gewürdigt werden. Sein schriftstellerisches und essayistisches Werk umfaßt mehr als 60 Buchausgaben (Gedichte, Kurzprosa, Reiseskizzen, literaturkritische Reflexionen und einen Roman), daneben Hörspiele, Drehbücher, Libretti, Liedtexte (zur Musik von Kurt Schwaen), Reportagen und Rezensionen, Spiel- und Kinderfilme und das Theaterstück *Futuronauten* (Hannover 1981).

Während des Dritten Reiches fiel K., dessen Vater mit einer Jüdin verheiratet war, sich jedoch trotz staatlicher Repressionen nicht scheiden ließ, unter die faschistischen

Rassengesetze und wurde für »wehrunwürdig« erklärt; eine Zeitlang arbeitete er in einer Tuchwarenhandlung. Nach dem Zusammenbruch des NS-Regimes studierte er von 1945 bis 1947 fünf Semester an der Hochschule für Angewandte Kunst in Berlin-Weißensee: sein zeichnerisches Talent fand Niederschlag in zahlreichen Illustrationen eigener Bücher. 1947 erschien bereit sein erstes Gedicht *(Ein Zug rollt vorüber)* in einer Berliner Tageszeitung, seither lebte K. (bis 1979) als freier Schriftsteller in Ostberlin. In der Folgezeit schrieb er regelmäßig satirisch-ironische und grotesk-komische Prosaskizzen in den Wochenmagazinen *Frischer Wind* und *Eulenspiegel,* immer wieder aber auch Gedichte für den *Ulenspiegel.* Ein erster Lyrikband mit dem programmatischen Titel *Wegschilder und Mauerinschriften* (1950) eröffnet die lange Reihe weiterer Gedichtsammlungen, in denen K. die Menschen auffordert, der Fortschrittsideologie nicht blind zu folgen, seinen Standort in der gesellschaftlichen Wirklichkeit kontinuierlich zu reflektieren, in geschichtlichen Dimensionen zu denken und den eigenen Wahrnehmungshorizont zu erweitern. Die thematische Akzentuierung in K.s Lyrik ist ebenso vielschichtig wie seine Gestaltung formenreich: von lakonischen Vierzeilern, Sonetten, mehrstrophigen Balladen, Assoziationslyrik zu Bildern *(Zu Radierungen von Goya)* und Dichtern, über pointierte Kritik an Staat, Gesellschaft, Partei und Kleinbürgerattitüden bis hin zu Naturlyrik und Utopieentwürfen, melancholischer Selbstreflexion und ironisch-aggressiver Situationsvergegenwärtigung. Strenger Reim und freier Rhythmus schließen sich nicht aus; Gestaltungsprinzipien sind Paradoxie und Antithetik, jeweils funktionalisiert auf das Darstellungsziel.

Im Jahr 1962 erhält K. den Heinrich-Mann-Preis: Die Gedichtbände *Unter diesem Himmel, Tagwerke* und *Das kreuzbrave Liederbuch* waren bis dahin erschienen. Wegen drei in der *Weltbühne* und in der Rostocker *Ostsee-Zeitung* vorabgedruckter Gedichte, in denen ein Angriff auf die DDR-Gesellschaft gesehen wurde, entwickelt sich eine heftige Diskussion: Der Gedichtband *Der ungebetene Gast* erscheint nicht in seiner ursprünglichen Gestalt 1963, sondern verändert erst 1965. 1963 publiziert der Carl Hanser Verlag eine Lyrik-Auswahl *(Erinnerung an einen Planeten),* 1964 folgt der Prosaband *Tagträume;* beide Bücher erschließen für K. auch ein Lesepublikum im Westen. Hier erscheint 1967 der erste (und bislang einzige) Roman *Im Namen der Hüte*: In der DDR liegt dieses Buch erst 1976 in einer kleinen Auflage vor. Im sozialistischen Ausland erscheinen seit 1949 regelmäßig Übersetzungen seiner Prosastücke und Gedichte in Anthologien, Zeitschriften und Zeitungen, seit Anfang der sechziger Jahre auch im westlichen Europa.

1972/73 war K. Gastprofessor an der University of Texas (Austin) und hielt Vorlesungen über die DDR-Lyrik; 1973 wurde sein literarisches Werk mit dem Johannes-R.-Becher-Preis ausgezeichnet. Becher und Brecht hatten das Talent des jungen Lyrikers K. frühzeitig erkannt und den Autor gefördert. Eine weitere Auslandsreise führte K. als Writer in Residence an die University of Warwick (1975). Die England-Impressionen verarbeitete K. in seinem *Englischen Tagebuch* (1978) und in seinem Gedichtzyklus *Englische Gedichte,* die Amerika-Erlebnisse in seinen gesellschaftskritischen wie scharfsinnigen Prosastudien *Der andere Planet* (1974). Beide Werke haben K. als vorzüglichen Reiseschriftsteller ausgewiesen; seither pflegt er dieses Genre in eindrucksvollen Berichten für *Merian* und *Geo.* Als belesener Zeitgenosse und Literaturkritiker seiner Zeit profiliert sich K. in seinen Essays *Warum schreiben?,* in denen er sich mit Traditionen und Tendenzen literarischer Produktion auseinandersetzt. In seinen Hörspielen (Sammeltitel *Ein anderer K.*, 1977) beschäftigt er sich mit Albrecht Dürer, Heinrich Heine und Heinrich von Kleist; dies ist als Versuch zu sehen, das eigene Werk in ein Traditionskontinuum einzubinden.

K.s Mitunterzeichnung der Petition gegen die Ausbürgerung Wolf Biermanns (1976) zieht 1977 seinen Ausschluß aus der SED nach sich. Im Herbst 1979 verläßt er – zunächst mit einem befristeten Visum – die DDR und zieht nach Itzehoe, später nach Kaisbortel bei Schenefeld. Der Autor unternimmt zahlreiche (Bildungs-)Reisen, widmet sich Fragen der Kunst und Architektur, der Kulturgeschichte und der Vergangenheitsbewältigung. 1981 wirkte er als Gastdozent für Poetik an der Frankfurter Goethe-Universität (*Vor der Sintflut*, 1985), im Herbst 1985 las er Poetik an der Universität Augsburg.

K., nicht nur Dichter im traditionellen Sinn, auch Nachdichter, Publizist und Essayist, erhält am 13.12.1985 den Heinrich-Heine-Preis der Stadt Düsseldorf. Seine denkwürdige Rede schließt mit den Worten: »Heines Epoche ist vorüber. Und die der Dichtkunst, um diese altertümliche Benennung ein letztes Mal zu verwenden, vermutlich ebenfalls. Aber es handelt sich um einen langen, zögernden, langsamen Abschied – uns zum fragwürdigen Trost gesagt.«

K. hat indessen nicht aufgehört, den Geist seiner Zeit und seiner Zeitgenossen zu diagnostizieren und seine Erkenntnisse niederzuschreiben: als Feuilletons in den Zeitungen, als Rezensionen, als Essays, Gedichte und Hörspiele. Mit den Lyrikbänden *Berlin beizeiten* (1987), *Druckpunkt* (1988) und *Fremd daheim* (1990) setzt er seine poetischen Erkundungen fort: führt uns nach Berlin, aber mehr noch zum Denken über unsere Zeitlichkeit. In der Tradition Montaignes steht seine Essay-Sammlung *Die letzten Indianer Europas* (1991); im selben Jahr erhält er den Ernst-Robert-Curtius-Preis. Seine Analysen und Kommentare zu den literarischen und politischen Ereignissen im Vollzug der »Wende« faßt er unter dem Titel *Der Sturz vom Sockel* (1992) zusammen. Als Meister der kurzen Prosaform zeigt sich K. in gewissen Abständen immer wieder: *Im toten Winkel* (1992) heißt sein ›Hausbuch‹, aus dem Berührungslust und versuchte Nähe zu Johann Peter Hebels *Schatzkästlein des rheinischen Hausfreundes* von 1811 sprechen.

Literatur: *Durzak*, Manfred, *Steinecke*, Hartmut (Hrsg.): Günter Kunert. Beiträge zu seinem Werk. München/Wien 1992; *Riedel*, Nicolai: Internationale Günter-Kunert-Bibliographie. Bd. 1. Hildesheim/Zürich/New York 1987. (Bd. 2 in Vorb.); *Jonsson*, Dieter: Widersprüche – Hoffnungen. Literatur und Kulturpolitik der DDR. Die Prosa Günter Kunerts. Stuttgart 1978.

Nicolai Riedel

Kunze, Reiner
Geb. 16. 8. 1933 in Oelsnitz/Erzgebirge

»schriftsteller K.« weigert sich, »an(zu)treten / Kopf bei fuß«. Sein vorläufig letzter, größtenteils in der Bundesrepublik entstandener Gedichtband *auf eigene hoffnung* (1981) führt im neuen gesellschaftlichen Umfeld konsequent das Thema fort, mit dem er seit Ende der 50er Jahre bei den Kulturfunktionären der DDR Anstoß erregte: die, mit einem Titel Johannes R. Bechers, aus dem K. erste Anregungen dieser Art bezieht, *Verteidigung der Poesie* gegen jede doktrinäre Fremdbestimmung. Den Versuchen zur Funktionalisierung der Kunst im »sinn« politischer Parteien oder anderer Interessengruppen setzt er die Parole des Erasmus von Rotterdam entgegen: »Von niemandem vereinnahmbar«. Diesen beispielhaften Anwalt einer unabhängigen, skeptischen Vernunft zählt er, neben Albert Camus, dessen Bewußtsein humaner Verantwortlichkeit auch angesichts einer »absurden« Welt er teilt, und Sebastian Castellio, dem »Begründer des modernen Toleranzgedankens«, zu seinen bevorzugten »Wahlahnen«. Das »kompromißlose« Bestehen auf dem Freiraum der Kunst, »nicht einstimmen/(zu) müssen«, das zugleich ein Bekenntnis zu der Unverfügbarkeit des einzelnen den Ansprüchen der Macht gegenüber beinhaltet, ist durch seine eigenen Erfahrungen mit ideologischen Konformitätszwängen beglaubigt.

Seine Eltern haben ihm bereits die Lehrstelle bei einem Schuhmacher ausgesucht, als K. »nach Kriegsende« die Chance erhält, eine der im Zuge der Beseitigung traditioneller Bildungsprivilegien neu eingerichteten »Aufbauklassen für Arbeiterkinder auf den Oberschulen« zu besuchen. Mit 16 Jahren tritt er in die SED ein, von der er im Rahmen eines antifaschistischen gesellschaftlichen Neubeginns die weitere »Beseitigung der sozialen Unterschiede« erhofft. Von 1951 bis 1955 studiert K. in Leipzig Journalistik und Philosophie, legt aber »unter anderem« auch in Literatur-, Musik- und Kunstgeschichte das Examen ab. Während der anschließenden vierjährigen Tätigkeit als wissenschaftlicher Assistent beginnt für ihn »die große politische Desillusionierung«, der, »als Ergebnis« ideologischer Angriffe, »ein psychischer Zusammenbruch« folgt. »Kurz vor der Promotion« verläßt er die Universität und arbeitet ein Jahr »als Hilfsschlosser im Schwermaschinenbau«. Danach wird er freier Schriftsteller.

Für »eine zum Teil peinlich-billige Illustration« vorgegebener Ideen hält K. rückblickend seine bis dahin veröffentlichten Gedichte. »Literarisch verantwortbar« erscheint ihm erst der 1963 nur in der Bundesrepublik erschienene Band *Widmungen*. Auf die Entwicklung seiner Ästhetik des »poetischen Bildes« und der lakonischen »Genauigkeit« übt die – durch die Korrespondenz mit seiner späteren Frau seit 1960 vermittelte – Bekanntschaft mit der »modernen tschechischen Poesie« und ihren wichtigsten Repräsentanten, als deren Übersetzer er nun hervortritt, einen »bestimmenden« Einfluß aus. Auch nach der Rückkehr in die DDR 1962, nach Greiz im Vogtland, bleibt ihm die Tschechoslowakei »geistiges Asyl«. Als K. einen Tag nach der gewaltsamen Beendigung des dortigen reformsozialistischen Experiments durch die Truppen des Warschauer Paktes aus Protest die SED verläßt, steigern sich seine bisherigen Veröffentlichungsschwierigkeiten zum »totalen« Boykott.

Nachdem die Gedichtbände *Sensible Wege* (1969) und *Zimmerlautstärke* (1972) ledig-lich bei westdeutschen Verlagen erschienen waren, wird 1973, nicht zuletzt aufgrund K.s wachsendem internationalem Ruhm, in der DDR überraschend ein schnell vergrif-fener Querschnitt durch sein lyrisches Œuvre vorgelegt *(Brief mit blauem Siegel)*. Mit dem Erscheinen der vornehmlich die alltäglichen staatlichen Repressionen auf die Jugend thematisierenden Prosaminiaturen *Die wunderbaren Jahre* (1976) im Westen ist der Bruch jedoch endgültig. K. wird aus dem Schriftstellerverband ausgeschlossen. Erst nach einem schikanösen Nervenkrieg der Behörden gegen die Familie wird im April 1977 seinem Antrag auf Ausreise in die Bundesrepublik stattgegeben.

Auch in seiner neuen Heimat, wo er – vielfach ausgezeichnet, daneben seit der anfechtbaren Verfilmung der *Wunderbaren Jahre* (1979, bei der er selbst Regie führte), die Ausschnitthaftigkeit der Texte zugunsten einer linearen Handlung auflöst, gelegentlich pauschal der »Anpassung« verdächtigt, ist K. kritischer Nonkonformist und »Einzelgän-ger« geblieben. Beispielhaft verdeutlicht dies seine Distanz zu den hektischen Marktge-setzen des »Literaturbetriebs«, von dem er sich auch räumlich fernhält, weil er die von ihm beklagte Reduktion der Menschen auf ihren Warencharakter widerspiegelt.

Literatur: *Feldkamp*, Heiner (Hrsg.): Reiner Kunze. Materialien zu Leben und Werk. Frankfurt a.M. 1987; *Wolff*, Rudolf (Hrsg.): Reiner Kunze. Werk und Wirkung. Bonn 1983; *Wallmann*, Jür-gen P. (Hrsg.): Reiner Kunze. Materialien und Dokumente. Frankfurt a.M. 1977.

Hans-Rüdiger Schwab

Kurz, Hermann
Geb. 30. 11. 1813 in Reutlingen; gest. 10. 10. 1873 in Tübingen

Die Tradition der selbstbewußten ehemaligen Freien Reichs-stadt Reutlingen prägte ihn. Sein Leben verbrachte er fast ausschließlich in Württemberg. Seine weitesten Reiseziele waren Straßburg, München oder Frankfurt a.M. Seine Sozia-lisation schien eine typisch schwäbisch-theologische zu wer-den: Lateinschule, Landexamen, Seminar Maulbronn von 1827 bis 1831, Konkursprüfung, Tübinger Stift von 1831 bis 1835, Vikariat (1835/36) und dann die Pfarrstelle.

Das beschränkte Glück und die »fuchsfalsche Gemütlichkeit« der Heimat hat er nicht gewollt, den Erfolg als freier Schrift-steller hat er weder im Lande noch außerhalb finden können. Als unangepaßtes »Blaues Genie« ist er vom Stift verwiesen worden. Unter dem selbst zugelegten Namen »Hans Unstern« hat er ein bescheidenes und ärmliches Leben geführt. Die »frühe Verschollenheit« (Paul Heyse) seiner Werke hat sich bis auf unsere Tage erhalten.

Seine Tübinger Lehrer Ludwig Uhland, David Friedrich Strauß, Friedrich Theodor Vischer und Ferdinand Christian Baur haben seinen Abfall von der Theologie und seine spätere Existenz als Journalist, Literaturhistoriker, Übersetzer und Schriftsteller vorbe-reitet. Nach Abbruch der Theologenlaufbahn verbrachte er die ersten »grausamen Jahre« zwischen 1836 und 1845 in Stuttgart.

Nach ausgedehnten Studien entstand dort der historische Roman um Heinrich Roller, Friedrich Schiller und Herzog Carl Eugen. Die Beschreibung der schwäbischen Oligarchie und herzoglichen Willkür schien dem Verleger Johann Friedrich Cotta noch immer so brisant, daß er die Zusage zum Druck widerrief. Damit begann die »Leidensgeschichte des Romans« (Hermann Fischer) unter dem vom Franckh-Verlag gewünschten, schlechteren Titel *Schillers Heimatjahre* (1843). K. wurde nicht nur um sein Honorar gebracht, es dauerte auch vierzehn Jahre, bis die zweite, durchgesehene Auflage erscheinen konnte.

1844 wird K. zusammen mit Berthold Auerbach Redakteur eines liberalen Familienblattes in Karlsruhe. Er kommt dort in Berührung mit dem badischen Liberalismus, mit Friedrich Daniel Bassermann, Karl Mathy und dem Landsmann Ludwig Pfau. Sein Interesse verlagerte sich von literarhistorischen und philosophischen Themen zu politischen. »Wer heute keine Partei ergreift, von dem heißt es: Pfui über dich Buben hinter dem Ofen.« Mit diesen Worten gegen den verehrten Eduard Mörike soll er beider Freundschaft 1848 für längere Zeit unterbrochen haben. Im selben Jahr änderte er demonstrativ die »zopfige« Schreibweise seines Familiennamens von »Kurtz« in »Kurz«.

Nach Stuttgart war er eigentlich zurückgekehrt, um den *Sonnenwirt* fertigzustellen. Die politischen Ereignisse zwangen ihn jedoch wieder in die »Fron der Freiheit« (Isolde Kurz). Er wurde Redakteur am demokratischen *Beobachter*. Er kommentierte Prozesse gegen 48er, schrieb Polemiken, berichtete über Revolutionen und Emigrantenschicksale, setzte sich für die Gleichbehandlung der Juden ein, handelte sich eine Verurteilung, die »Ehre der königlichen Staatsregierung beleidigt zu haben« und acht Wochen Haft auf dem Hohenasperg ein.

Durch seine Freundschaft mit dem Arbeiterführer und Metallarbeiter August Hochberger, durch seine Heirat mit der emanzipierten radikalen Sozialistin Marie von Brunnow entwickelte K. Verständnis für die soziale Frage und lernte Sozialisten wie Edouard Vaillant kennen. Auch nach dem Scheitern der Hoffnungen aus den Jahren 1848/49, auch nach dem Rückzug von der politischen Redakteursarbeit 1854 blieb K. ein oppositioneller großdeutscher Demokrat.

1854 erschien sein wichtigstes Werk, *Der Sonnenwirt. Eine schwäbische Volksgeschichte.* Aufgrund amtlicher Protokolle, Quellen und Akten rekonstruierte K. das Schicksal des Friedrich Schwan, des »Sonnenwirtles«. Schiller hatte ihn als »Verbrecher aus verlorener Ehre« geschildert. K. schildert ihn als »Verbrecher aus verlorener gesellschaftlicher Stellung«. In aufklärerischem Sinn wurde der *Sonnenwirt* zum »Thesaurus schwäbischer Sitte und Art« (Hermann Fischer). Feudale Unterdrückung und dörfliche Enge werden mit psychologischem Interesse beschrieben. Wie in den *Heimatjahren*, nun aber ohne romantische Anleihen, gilt K.' Sympathie der Gegengesellschaft von Vaganten, Räubern und Zigeunern. Daß K. seinen faszinierenden Heimatroman durch ein 38. Referatkapitel formal zerstört, ist seinem entmystifizierenden Realismus geschuldet.

Weder sein Roman noch seine Novellen dieser Zeit haben Erfolg. K. verbittert zunehmend, eine nervöse Erkrankung isoliert ihn. Heyse beschrieb ihn als jemanden, der weiß, »daß er am Ende doch von Niemand erwartet wird«. K. leistete als Übersetzer beträchtliche Arbeit. Er übersetzte u. a. George Moore, Lord Byron, William Shakespeare, Miguel de Cervantes, Alphonse de Brédenbec de Chateaubriand, Ludovico

Ariosto und den *Tristan* des Gottfried von Straßburg. Seine *Denk- und Glaubwürdigkeiten* sowie seine Novellen sind von kulturgeschichtlichem und literarischem Reiz. Hervorzuheben sind *Das Wirtshaus gegenüber*, eine Tübinger Szenen-Geschichte, und *Die beiden Tubus*, ein literarisches Denkmal schwäbischer Theologensozialisation. Immerhin erhielt er einen Ehrensold der Schillerstiftung und wurde 1863 zweiter Unterbibliothekar an der Universitätsbibliothek Tübingen. Der wendigere Paul Heyse bewegt K. zur gemeinsamen Herausgabe des *Deutschen Novellenschatzes* (1871–75, 21 Bde), der zum ersten buchhändlerischen Erfolg K.s wurde. K., der spröde, aufrechte Epiker und Novellist aus Schwaben, starb mit 60 Jahren in Tübingen, nach der Sitte des Landes hoch gelobt, wenig gelesen und schlecht entlohnt.

Werkausgabe: Hermann Kurz. Sämtliche Werke in zwölf Teilen. Hrsg. von Hermann *Fischer*. Leipzig 1904.
Literatur: *Linder*, Joachim: »O diese sogenannte schwäbische Gemütlichkeit«. Bildung und Erziehung, Verbrechen und Strafe bei Hermann Kurz. In: Zur Sozialgeschichte der deutschen Literatur im 19. Jahrhundert. Teil 2. Hrsg. von Monika *Dimpfl* und Georg *Jäger*. Tübingen 1990. S. 25–84; »Ich bin zwischen die Zeiten gefallen«. Hermann Kurz – Schriftsteller des Realismus, Redakteur der Revolution, Übersetzer und Literaturhistoriker. Stadtmuseum Reutlingen. Reutlingen 1988; *Eggert*, Hartmut: Hermann Kurz: Der Sonnenwirt. Fiktion und Dokument – Formkrise des historischen Romans im 19. Jahrhundert. In: Horst *Denkler* (Hrsg.): Romane und Erzählungen des bürgerlichen Realismus. Stuttgart 1980; *Kindermann*, Heinz: Hermann Kurz und die deutsche Übersetzungskunst im 19. Jahrhundert. Stuttgart 1918.

Michael Kienzle

Kurz, Isolde
Geb. 21. 12. 1853 in Stuttgart; gest. 5. 4. 1944 in Tübingen

»Ich kann nicht sagen, was ich bin, ich kann nur sagen, wie ich wurde.« Dieser Satz leitet eine autobiographische Skizze von K. ein, könnte aber ebenso gut über ihren Erinnerungen stehen, *Aus meinem Jugendland* oder der *Pilgerfahrt nach dem Unerreichbaren*. Nicht nur ihr eigenes, sondern auch das Leben der ihr Nahestehenden nachzuzeichnen, war ihr wichtig: zuallerst hat sie den Eltern literarische Denkmale gesetzt, dem Schriftsteller-Vater (*Hermann Kurz. Ein Beitrag zu seiner Lebensgeschichte*, 1906) und der Mutter, Marie geb. von Brunnow, einer überzeugten Demokratin, die ihren Adelstitel aufgab und sich während der 48er Revolution engagierte (*Meine Mutter*, 1926). Die nach Edgar zweitgeborene Tochter erhielt den Namen Isolde – »von der Mutter unter die Sterne der Poesie gegriffen« und Clara Maria »vom Vater für den Fall, daß sich die Romantik mit der Realität nicht vertrüge«. Von Stuttgart zog die Familie nach Oberesslingen, dann – um die Söhne, Erwin, Alfred und Balde (eigentlich Garibaldi) gewachsen, nach Kirchheim und 1863 nach Tübingen. Isolde wurde nicht in die Schule geschickt, weil »die Eltern nicht viel Gutes von den damaligen Mädchenschulen erwarteten«, sondern von der Mutter unterrichtet: Schillers Balladen, sozialistisches Schrifttum und die Literatur der klassischen Antike war Lehrstoff, wobei die frühe Bekanntschaft mit Geschichte und Mythos der antiken Götter und Heroen ihre Sehnsucht nach dem Süden weckte. Geprägt durch eine unkonventionelle antireligiöse Erziehung stieß sie in Tübingen auf Mißtrauen, zudem tat sie nichts lieber als reiten und schwimmen, was von der schwäbischen Umgebung als provozierend empfunden wurde und sogar die Behörden auf den Plan rief. Ihre daraus resultierende heftige Abneigung gegenüber dem schwäbischen Spießertum hat K. zur landflüchtigen Frau und Kleinstadt-Borniertheit zu einem ihrer literarischen Topoi neben Traum, Liebe und Tod werden lassen. Seit dem 12. Lebensjahr arbeitete sie an Übersetzungen (italienisch, französisch, russisch) für Zeitschriften und dem vom Vater edierten Novellenschatz. Nach dem Tod ihres Vaters ging sie 1876 nach München zu ihrem Bruder Erwin, lebte von Sprachunterricht und Übersetzungen, aber schon 1877 erfolgte der Umzug zu Edgar nach Florenz. Sie blieb für drei Jahrzehnte in Italien, wo sie sich nicht nur intensiv mit der Renaissance beschäftigte, sondern dort den Abglanz der Antike auch in der Gegenwart wiederzufinden glaubte, im »zwecklos Schönen«, in der »großen Linie, der herrschenden Form«.

Schon früh hatte sie Stücke verfaßt (und wieder vernichtet), Märchen für den kranken Bruder Balde erdacht und 1888 einen Gedichtband veröffentlicht. Die *Florentiner Novellen* (1890), die in der Renaissance spielen, wurden gleich ein großer Erfolg. Es folgten die gegenwartsnäheren *Italienische Erzählungen* (1895), Aphorismen *(Im Zeichen des Steinbocks)* und die *Florentinischen Erinnerungen* (1910) in denen sie u. a. der Brüder Edgar und Alfred gedenkt, die Freunde Adolf Hildebrand und Arnold Böcklin würdigt, aber auch Hommagen an Licht und Landschaft Italiens formuliert. Nach 1905 lebte sie mit der Mutter, die sie bis zu deren Tod 1911 pflegte, abwechselnd in München und ihrem Sommerhaus in Forte dei Marmi. Im Volksmund hieß sie dort – sicher auch in Anspielung auf ihren Schönheitssinn, die Betonung des Ästhetischen – die »Poetessa«.

In ihrem Lebensentwurf war K. durchaus eine Ausnahmeerscheinung: hatte sie sich doch, da es sie nicht nach »Geborgenheit und landläufigem Glück« verlangte, gegen eine Heirat entschieden. Sie fürchtete »die Dienstbarkeit, die Eros für die Frau mit bringt«, denn »den empanzipierten Mann, der die Frau als seine ihm ebenbürtige Partnerin akzeptiert, gibt es noch nicht«.

In einem Epos *Die Kinder der Lilith* (1908) zeichnet sie Lilith als von Gott geschaffene, begeisternde, fordernde erste Frau und wahre Partnerin Adams, der freilich »die seelenlose Puppe« aus seiner Rippe, die ihn anhimmelnde Eva, übrigens ein Geschöpf des Teufels, vorzieht. Doch zwischen vorsichtigen feministischen Ansätzen und Chiffren für die Sensibilisierung weiblicher Wahrnehmung einerseits, der Ignoranz gegenüber der zeitgenössischen Frauenbewegung und ihrer Idealisierung eines konservativen, von Verzicht geprägten Frauenbildes andererseits (*Vanadis. Der Schicksalsweg einer Frau*, 1931), klaffen tiefe Widersprüche.

1911 kehrte ein Jugendfreund, Ernst von Mohl, aus Rußland zurück und stand ihr bis zu seinem Tod 1929 als Lebensgefährte zur Seite; sie beschrieb ihn später als *Ein Genie der Liebe*. 1912 unternahmen sie gemeinsam eine Reise nach Griechenland (*Wandertage in Hellas*, 1913), eine zweite führte sie 1933 nach Kleinasien, wo sie »Troja, das früheste Wunschziel, so spät noch« besuchte. K. war zwar zeitlebens eher unpolitisch, hatte aber 1916 mit *Schwert aus der Scheide* ein nationales Gedicht verfaßt und ließ sich, obwohl sicher weder Kriegstreiberin noch antisemitisch, in der Hoffnung auf eine Rettung der deutschen Kultur, anfänglich auch von den Nazis blenden. 1913 erhielt sie (anläßlich des 100. Geburtstages ihres Vaters) den Ehrendoktor der Universität Tübingen. In Tübingen verbrachte sie ihr letztes Lebensjahr und liegt dort begraben.

Wenn K. in Vergessenheit geraten ist, dann weil sie mit ihrem Werk in kein Schema paßt, nicht als Heimatdichterin, nicht mit Frauenthemen oder als Klassik-Epigonin rezipierbar ist, vielleicht auch wegen ihrer Kritik an der christlichen Religion, ihrer Vorliebe für Träume und entrückte Seelenzustände. Als Außenseiterin fernab literarischer Stränge lohnt sie eine Beschäftigung, sind ihre Texte noch von feinem Humor, leiser Ironie durchzogen und bei allem Formwillen überaus anschaulich, denn ihr Vorbild und »große Sehnsucht war das Leben mit all seinem Reichtum«.

Literatur: *Onodi*, Marion: Isolde Kurz. Leben und Prosawerk als Ausdruck zeitgenössischer und menschlich-individueller Situation von der Mitte des 19. bis zur Mitte des 20. Jahrhunderts. Frankfurt a. M., 1989.   *Irene Ferchl*

Langgässer, Elisabeth
Geb. 25. 2. 1899 in Alzey/Rheinhessen; gest. 25. 7. 1950 in Karlsruhe

Sie wurde als Tochter eines Architekten geboren, besuchte die höhere Schule in Darmstadt und war etwa zehn Jahre lang Lehrerin an verschiedenen Schulen in Hessen. 1929 zog sie nach Berlin, wo sie bis 1930 als Dozentin an der sozialen Frauenschule tätig war. Ab 1930 hatte sie als freie Schriftstellerin in Berlin Kontakt zum Kreis um die Literaturzeitschrift *Die Kolonne* und gab 1933 zusammen mit Ina Seidel den Band *Frauengedichte der Gegenwart* heraus. 1935 heiratete sie den katholischen Philosophen Dr. Wilhelm Hoffmann (der später ihren Nachlaß betreute). Sie wurde 1936 als »Halbjüdin« aus der Reichsschrifttumskammer ausgeschlossen und erhielt Schreibverbot. Obwohl man bereits 1936 bei ihr multiple Sklerose diagnostiziert hatte, wurde sie Ende 1944 in einer Fabrik dienstverpflichtet. 1948 verließ sie mit ihrer Familie Berlin und lebte bis zu ihrem Tod in Rheinzabern; sie wurde in Darmstadt beerdigt. 1950 erhielt sie als postume Auszeichnung den Georg-Büchner-Preis.

L.s drei Gedichtzyklen zeigen die jeweilige Phase ihres dichterischen Schaffens und ihrer geistigen Entwicklung an. Ihr Lyrikband *Der Wendekreis des Lammes. Ein Hymnus der Erlösung* (1924) markiert die erste von drei Phasen, in der sie noch keine Prosa schrieb. Der erste Zyklus zu den Sonn- und Feiertagen des Kirchenjahres wird von Wilhelm Hoffmann als »Ausdruck unmittelbarer Christlichkeit« bezeichnet. Die zweite Phase *Tierkreisgedichte* (1935) wendet sich der antiken Naturwelt oder dem Mythos zu. Am Beginn dieser Phase steht der für das Gesamtverständnis wichtige Roman *Proserpina* (1932). Er gestaltet den Mythos, die Urgeschichte des ewigen Frauenschicksals, das in der Dreigestalt von Proserpina, dem Mädchen, Demeter, der Mutter, und Hekate verkörpert wird. Das Frauenschicksal wird zum Gleichnis von Entstehung und Vergänglichkeit, von Leben und Tod. In diesem Mythos ist der Mann der Herrscher der Unterwelt, nicht der Erlöser. Die Mythe vom Frauenschicksal findet in den *Tierkreisgedichten* ihren lyrischen Ausdruck. Darin drückt L. ihre Vorstellung von der gefallenen Natur der Antike aus. Auch die Erzählungen der 30er Jahre, *Triptychon des Teufels. Ein Buch von dem Haß, dem Börsenspiel und der Unzucht* (1932), dienen der detaillierten Darstellung des Sündhaften, das sie als elementare Urtriebe der Natur (Sexualität, Gewalt) versteht. Der Einfluß von Georges Bernanos und die radikale Katholizität des französischen »Renouveau catholique« ist von der Kritik konstatiert worden. Die dritte Phase wird bestimmt durch den Zyklus *Der Laubmann und die Rose. Ein Jahreskreis* (1947). Hier ist die Christlichkeit nicht mehr, wie in den 20er Jahren, unreflektierter Besitz, sondern gefärbt durch das Wissen um die Gleichzeitigkeit von gefallener und erlöster Natur. Wie L. selbst in einer Briefstelle formuliert: »Der Laubmann ist ein Gebilde, dem Sie in süddeutschen Schnitzereien begegnen können: ein Menschengesicht, das aus Blütenteilen, Früchten und Blättern zusammengesetzt ist, hier aber, in diesen Versen mehr als das: die nach Erlösung seufzende gefallene (wie der theologische Ausdruck heißt) Natur. Ihm gegenüber steht die Rose ... Sie ist – dem Zwang des Weiterzeugens und Fruchttragens entzogen – reines Dasein geworden, Hauch, Duft, Logos. Diese ›Rosa mystica‹ ist Maria.« L.s Hauptwerk, der Roman *Das unauslöschliche Siegel* (1946), ist eine anspielungsreiche Erlösungsparabel um einen konvertierten Juden, der durch die Stationen einer sündhaften Welt geschickt wird und die in die Wirklichkeit der Welt einbrechende Gnade der Erlösung erlebt. Dieses Schema der Rückkehr in die Erlösung nach den Erlebnissen der satanischen, sündhaften Natur und Welt findet sich auch in ihrem letzten Roman, der *Märkischen Argonautenfahrt* (1950). Die dichterische Intensität der Aussage und eine bildkräftige Sprache kennzeichnen L.s Werk; sie verzichtet auf realistische Charakterisierung der Helden und auf Fabel im üblichen Sinn, denn der Grundkonflikt in ihrer Prosa ist der Kampf im Menschen zwischen Göttlichem und Satanischem. Auch ihr Werk ist ein Versuch, die Problematik einer erlebten Geschichte zu deuten, sie bietet aber als Lösung einzig und allein die Erlösung an.

Werkausgabe: Elisabeth Langgässer. Gesammelte Werke. 5 Bde. Hamburg 1959–1964.

Literatur: *Hetmann,* Frederik: Schlafe, meine Rose. Die Lebensgeschichte der Elisabeth Langgässer. Weinheim 1987; *Riley,* Anthony W.: Elisabeth Langgässer. Bibliographie und Nachlaßbericht. Berlin 1970; *Augsburger,* Eva: Elisabeth Langgässer. Erlangen 1962.

Rhys W. Williams

La Roche, Sophie von
Getauft 6.12.1730 in Kaufbeuren/Allgäu; gest. 18.2.1807 in Offenbach

»Ich wollte nun einmal ein papiernes Mädchen erziehen, weil ich meine eigenen nicht mehr hatte, und da half mir meine Einbildungskraft aus der Verlegenheit und schuf den Plan zu Sophiens Geschichte«, schrieb L. im Rückblick über ihren ersten Roman, *Geschichte des Fräuleins von Sternheim* (1771), mit dessen Veröffentlichung sie zur berühmtesten deutschen Schriftstellerin in der zweiten Hälfte des 18. Jahrhunderts wurde. Begeisterte Leser identifizierten die Autorin sogar mit der Hauptfigur ihres Romans, einer »schönen Seele«, einem neuen Frauentyp: sie mache »bei jeder Gelegenheit die Güte ihres Herzens tätig«, wie J. G. Jacobi die »Sophie« im Sinne seiner Zeitgenossen treffend charakterisierte.

Sophie Gutermann wuchs in Augsburg auf; ihre Mutter vermittelte eine pietistische Erziehung und die »weiblichen Fertigkeiten«, ihr Vater war ein gelehrter Arzt, der sie in die Welt der Bücher und des Wissens einführte. Ihre Begegnung (und zweite Verlobung) mit ihrem Biberacher Vetter Christoph Martin Wieland bedeutete auch die Begegnung mit der schönen Literatur, die aber erst viel später ihr Lebensinhalt werden sollte. Die 1753 geschlossene Konvenienzehe mit dem Verwaltungsbeamten und Staatsmann Frank von La Roche verlief harmonisch und zufriedenstellend. Sie ermöglichte der bürgerlichen Sophie eine gesellschaftliche Stellung im Kreise des Grafen Stadion am Hofe des Erzbischofs von Mainz (1753–61), dann auf dessen Landgut Warthausen bei Biberach und später glänzende Jahre am Hof des Kurfürsten von Trier mit Sitz in Koblenz-Ehrenbreitstein (1771–80), wo führende Literaten der Zeit (Goethe, die Jacobis, Merck, Wieland) sie besuchten.

Bei ihrem Erstlingsroman *Die Geschichte des Fräuleins von Sternheim* fungierte der im benachbarten Biberach lebende Wieland als Berater und als Herausgeber; in seiner Vorrede entschuldigte Wieland behutsam die Autorschaft einer Frau und versuchte, sie gegen die gestrengen Literaturkritiker in Schutz zu nehmen mit dem nachdrücklichen Verweis auf das »liebenswürdige Geschöpf« der Heldin: »Gutes will sie tun; und Gutes wird sie tun.« Damit waren aber auch die engen Grenzen für weibliche Autorschaft und Fiktion gezogen und die »Frauenliteratur« – Frauen schreiben für Frauen – geboren. Die Autorin hatte jedoch das Schema des traditionellen Liebesromans entscheidend durchbrochen, indem sie zwar eine den Erwartungen der bürgerlichen Gesellschaft entsprechend tugendhafte, empfindsame Frau imaginierte, diese aber sich gegen diese Gesellschaft selbst behaupten, eigenwillig (und zunächst falsch) handeln läßt. Die Heldin Sophie von Sternheim entzieht sich der Bevormundung durch Männer und findet in der Tätigkeit für sozial schwächere Frauen eine Lebensaufgabe, bevor sie in einer idealen, partnerschaftlichen (nicht patriarchalischen) Ehe in die patriarchale Gesellschaft zurückkehrt. Aktive Betätigung und Reisen, eigenes Empfinden und eigene Entscheidung als Frau, das waren neue Themen im Familien- und Liebesroman des 18. Jahrhunderts, in dem Frauen nur als Objekte männlicher Wünsche, Bedürfnisse und Ängste – etwa in Gellerts *Schwedischer Gräfin* oder Rousseaus *Nouvelle Héloise* – konzipiert wurden. – Von Richardsons auch in Deutschland viel gelesenen Romanen hatte L. die Briefform zu einer vielschichtigen Verflechtung der Erzählperspektiven weiterentwickelt, indem sie mehrere Briefschreiber, tagebuchartige Passagen und den Bericht der als Herausgeberin fungierenden Freundin benutzt und zueinander in Beziehung setzt. Noch wichtiger war ihre psychologisch einfühlsame Darstellung der Charaktere, besonders der gefühlvollen Sophie. Die Autorin schrieb aus der Perspektive einer Frau und schuf eine empfindsame Seele. Diese »Menschenseele«, ein »ganzes Ideal von einem Frauenzimmer, sanft, zärtlich, wohltätig, stolz und tugendhaft, und betrogen« (so Caroline Flachsland an Herder) beeindruckte die Zeitgenossen; auch der junge Goethe hatte diesen Roman der »Mama La Roche« (und deren in Frankfurt jungverheiratete Tochter Maximiliane Brentano) beim Schreiben des *Werther* (1774) vor Augen.

Auch die weiteren Werke L.s erfreuten sich anhaltender Beliebtheit beim weiblichen Publikum. *Rosaliens Briefe* (1780–81) und *Miß Lony und der schöne Bund* (1789) wurden als Frauenromane, aus denen Frauen Gutes für ihr Leben lernen können, gelesen. Sentimentale Frauengestalten und das Tugendgebot, dem diese (groß-) bürgerlichen Frauen unterworfen sind, stehen hier neben modernen Themen wie Freundschaft, Erziehung, Hof- und Landleben, Krankheit und Armut. Mit ihrer Zeitschrift *Pomona. Für Teutschlands Töchter* (1783–84) schuf L. die erste Frauenzeitschrift in Deutschland, die von einer Frau und dazu noch nach ihren eigenen Vorstellungen herausgegeben wurde, während die moralischen Wochenschriften und auch später die Flut der Damenkalender von männlichen Literaten redigiert und größtenteils auch beliefert wurden. Die Zeitschrift brachte Aufsätze zu allgemeinbildenden Gegenständen (u. a. Geschichte, Dichtkunst, Medizin), Reiseberichte, Beiträge anderer Autorinnen (u. a. Elisa v. d. Reck. Caroline v. Wolzogen), Frauenthemen (Mode, Tanz, »moralische Schönheit«) und einen direkten Dialog mit den Leserinnen. Diese teils authentischen, teils fingierten Briefe und Antworten gaben der Zeitschrift eine persönliche Note, wenn L. bereitwillig Fragen über ihr Leben und ihre Interessen beantwortete (»Das Bild meiner Arbeit und Sorgen«). In den »Briefen an Lina« beriet sie ein junges Mädchen über ihre Aufgaben und Pflichten im Hause, gab Ratschläge zur eigenen Bildung und praktische Anleitungen zur Lebensführung, sowie Hinweise auf karitative Betätigung. Hier schon wird das Leitbild der (idealen) bürgerlichen Frau des 19. Jahrhunderts entwickelt; Emanzipation oder Autonomie der Frau kommen jedoch noch nicht ins Blickfeld.

Nach der Entlassung Frank von La Roches 1780 und dem Umzug nach Speyer und 1786 nach Offenbach konnte L. mehrere große Reisen unternehmen, in die Schweiz, nach Paris, nach Holland und England, was noch sehr ungewöhnlich für eine bürgerliche Frau war. Von diesen Reisen brachte sie neuen Stoff zu mehreren Reisebeschreibungen und Tagebüchern mit. Sie war eine gute Beobachterin von Menschen, Gegenständen und Verhältnissen, wie ihre Eindrücke vom vorrevolutionären Paris (im *Journal einer Reise durch Frankreich*, 1787) oder von ihrem Besuch bei der englischen Autorin Fanny Burney (*Tagebuch einer Reise durch Holland und England*, 1788) zeigen.

Im letzten Jahrzehnt ihres Lebens, das durch die Wirren der Revolutionskriege, Sorgen um die erwachsenen Kinder und den eigenen Lebensunterhalt überschattet war, hielt L. Rückschau in mehreren Erinnerungswerken. Noch einmal fungierte Wieland als Herausgeber für ihr letztes Werk *Melusinens Sommerabende* (1806). In einer Zeit der strengen Geschlechtertrennung und der eindeutigen Herrschaft männlicher Gesichtspunkte und Interessen in der deutschen Literatur fand ihr Werk kaum Interesse bei den großen Dichtern, denn in das Weimarer Literaturprogramm paßte die alte Frau weder als Geliebte noch als Muse. Erst ihre Enkelin Bettine von Arnim, die nach dem frühen Tode ihrer Mutter einige Jahre bei ihr in Offenbach verbracht hatte, fand warme Worte für die phantasievolle, liebenswerte Großmutter und knüpfte an ihr Werk an.

Literatur: *Becker-Cantarino*, Barbara. »Sophie von La Roche (1730–1807). Kommentiertes Werkverzeichnis: Das achtzehnte Jahrhundert 17 (1993); *Nenon*, Monika. Autorschaft und Frauenbild. Das Beispiel Sophie von La Roche. Würzburg 1988; *Becker-Cantarino*, Barbara: Der lange Weg zur Mündigkeit. Frauen und Literatur in Deutschland 1500–1800. Stuttgart 1987; *Heidenreich*, Bernd. Sophie von La Roche – eine Werkbiographie. Frankfurt a.M./Bern/New York 1986.

Barbara Becker-Cantarino

Lasker-Schüler, Else
Geb. 11.2.1869 in Wuppertal-Elberfeld; gest. 22.1.1945 in Jerusalem

»Else Lasker-Schüler ist die jüdische Dichterin. Von großem Wurf... Ihr Dichtgeist ist schwarzer Diamant, der in ihrer Stirn schneidet und wehe tut. Sehr wehe. Der schwarze Schwan Israels, eine Sappho, der die Welt entzwei gegangen ist. Strahlt kindlich, ist urfinster. In ihres Haares Nacht wandert Winterschnee«. Die Metaphorik dieser Charakteristik ihres Freundes und Vorbildes Peter Hille aus dem Jahre 1904 zeichnet prophetisch Lebenslauf und Schaffensweg der damals 35jährigen Frau vor, die in ihrem ersten Gedichtband *Styx* (1902) Liebe und Tod, Einsamkeit und Verlassenheit aus dem Geist der Neuromantik thematisiert hatte.

Prägende Lebenserfahrungen lagen hinter ihr: die in einem behüteten Elternhaus in Elberfeld als jüngste im Kreise von fünf Geschwistern einer gutbürgerlichen Familie aufgewachsene L.-S. hatte ihren Lieblingsbruder Paul (1882), ihre innig geliebte Mutter Jeannette geb. Kissing (1890) und später ihren Vater Aron Schüler (1897) verloren. Ihr Tod bedeutete die Vertreibung aus dem Paradies der Kindheit und hinterließ die lebenslange Sehnsucht nach der zum Mythos verwandelten Heimat ihrer Väter. Die Heirat mit dem Arzt Dr. Jonathan Berthold Lasker, Bruder des berühmten Schachmeisters Emanuel Lasker, am 15. Januar 1894 und die wenigen Ehejahre in Berlin endeten mit Entfremdung, belasteten sie zeitlebens mit Schuldgefühlen, weckten aber in der zierlichen, schönen L.-S. – »ein schwarzer Diamant« – ihre schriftstellerischen und künstlerischen Neigungen. Die »Aussteigerin« fand um die Jahrhundertwende Anschluß an den Kreis der »Neuen Gemeinschaft« der Brüder Hart in Berlin-Schlachtensee; sie lernte die Schriftsteller dieser Lebensreformbewegung kennen, so Gustav Landauer, Martin Buber, Erich Mühsam, Ludwig Jacobowsky, schloß sich schwärmerisch Peter Hille an, den sie später (*Das Peter Hille Buch*, 1906) als »Petrus den Felsen« wie einen Heiligen verklärte.

Vor allem lernte die junge Autorin in dieser Atmosphäre den Komponisten und Klaviervirtuosen Georg Lewin kennen, den sie – eine Erfinderin poetischer Namensformen – künftig Herwarth Walden nannte und 1903 kurz nach ihrer Scheidung heiratete. Diese Verbindung eines von der modernen Kunst besessenen Organisationstalents mit einer phantasiebegabten, ihre Umwelt, ihre Freunde und Zeitgenossen in ihr poetisches Spiel verwebenden Dichterin war ein Glücksfall für die Aufbruchstimmung im vorexpressionistischen Jahrzehnt: in dem von Walden 1904 gegründeten Verein für Kunst in Berlin, in dessen Verlag L.-S.s zweiter Gedichtband *Der siebente Tag* (1905) erschien, lasen Richard Dehmel und Karl Kraus, Paul Scheerbart und Peter Altenberg, Max Brod und Paul Leppin und viele andere. Die Autoren, die L.-S. in Porträtgedichten besang und mit unbestechlicher Treffsicherheit in poetischen Prosaskizzen charakterisierte (*Gesichte*, 1913), wurden Vorreiter der 1910 aufkeimenden neuen künstlerisch-literarischen Bewegung des Expressionismus: sie waren die ersten Mitarbeiter der 1910 von Herwarth Walden begründeten Zeitschrift *Der Sturm*, deren Name von L.-S. stammte und die das berühmteste Organ der modernen Kunst und der expressionistischen Dichtung wurde. Durch ihre eigenen Beiträge und durch ihr auffälliges, extravagantes Auftreten in den Berliner Cafes wurde L.-S. in der Vorkriegszeit zu einer Schlüsselfigur der sonst ganz männlichen Bewegung des Expressionismus.

Durch die Trennung von Herwarth Walden (1912) wieder auf sich allein gestellt, lebte sie als mittellose und heimatlose Schriftstellerin in Berlin und wurde in Künstler- und Literatenkreisen eine ebenso angesehene und bewunderte wie in ihrer Unberechenbarkeit gefürchtete Persönlichkeit, die durch ihren unverschlüsselten Briefroman *Mein Herz* (1912) dem Berliner Frühexpressionismus ein Denkmal setzte. Die jüngeren Dichter gingen in ihre schwärmerischen, leidenschaftlichen Liebesgedichte ein, so Gottfried Benn, Georg Trakl, Paul Zech, Hans Ehrenbaum-Degele und andere. Mit rührender Anhänglichkeit hatte sie durch eine Reise nach Rußland 1913 vergeblich versucht, ihren gefangengehaltenen todkranken Freund, den Anarchisten Johannes Holzmann (Senna Hoy) zu retten. Ihr ihm gewidmeter Gedichtzyklus wurde ein Epitaph.

Mit sicherem Instinkt erkannte L.-S. auch das künstlerische Genie Franz Marcs, des »Blauen Reiters«, den sie in ihrer »Kaisergeschichte« unter dem Titel *Der Malik* (1919) verewigte. Der Roman erschien zuerst in Fortsetzungen 1916/17 in der *Neuen Jugend*, die der junge Herzfeld herausgab, den L.-S. Wieland Herzfelde nannte. Ihr Romantitel gab dem Malik-Verlag, einem bedeutenden sozialistischen Verlag der Weimarer Republik, den Namen. Mit dem Erscheinen der zehnbändigen Gesamtausgabe ihrer Werke bei Paul Cassirer in Berlin 1919–1920 stand L.-S. im Zenit ihres zeitgenössischen Ruhms. In überarbeiteten und veränderten Fassungen veröffentlichte sie ihre vom Stil der Jahrhundertwende geprägten, durch eine sinnliche Bildersprache und kühne Wortschöpfungen auch dem expressionistischen Sprachstil zuzuordnenden Gedichte (*Styx*, 1902; *Der siebente Tag*, 1905; *Meine Wunder*, 1911; *Hebräische Balladen*, 1913), teils einprägsame Liebesgedichte (z.B. das berühmte *Ein alter Tibetteppich*) und lyrische Denkmäler für Freunde, Zeitgenossen und Weggefährten, teils weltverlorene Gesänge (z.B. *Weltende*), teils Verse mit jüdischer und orientalischer Thematik.

Ihre stark autobiographisch durchsetzten Prosabücher, in denen sie sich als Meisterin der Verwandlungskünste erwies und als Tino von Bagdad, Prinz Jussuf, Prinz von Theben oder als Joseph von Ägypten auftrat, stattete L.-S. mit eigenen Zeichnungen und Aquarellen aus, die eine starke illustrative Begabung zeigen. Besonders ihre Gedichtauswahl *Theben* (1923 bei Alfred Flechtheim), der sie handkolorierte Lithographien beifügte, ist das reizvolle Zeugnis einer künstlerischen Doppelbegabung, deren grenzenlose Phantasie mit ihrem eigenen Leben, ihrem Herkommen und ihrer Zeit spielte. »Ich kann ihre Gedichte nicht leiden«, schrieb Franz Kafka 1913, »ich fühle bei ihnen nichts als Langeweile über ihre Leere und Widerwillen wegen des künstlichen Aufwandes. Auch ihre Prosa ist mir lästig aus den gleichen Gründen, es arbeitet darin das wahllos zuckende Gehirn einer sich überspannenden Großstädterin«. Diese der Eigenwilligkeit und Eigenständigkeit L.-S.s sicherlich nicht gerecht werdende Kritik zeigt den Zwiespalt, in den ihre Freunde im Umgang mit der subjektiven Einzelgängerin, die man eine lyrische Anarchistin nennen könnte, gerieten.

Leben und Werk sind bei der »jüdischen Dichterin« in der Tat aufs engste verknüpft, was sich in den Zeiten als tragisch erwies, in denen sie, wie in den Jahren der Weimarer Republik, keinen eigentlichen Freundeskreis mehr um sich scharen konnte. In einer durchaus erfrischenden, höchst subjektiven Abrechnung, *Ich räume auf!* (1925), hatte sie mit ihren Verlegern gebrochen, so daß sie ohne diese hart zu kämpfen hatte, zumal der Tod ihres einzigen Sohnes Paul ihr Leben verdüsterte. Das Erscheinen des Sammelbandes *Konzert* (1932) bei Ernst Rowohlt und die gleichzeitige Verleihung des Kleistpreises für ihr Gesamtwerk schienen eine Wende zu bringen, erwiesen sich aber als bitterer Abgesang.

Ihr weiteres ruheloses, ahasverisches Schicksal, das sie im April 1933 in die Schweiz, 1934 zum erstenmal in ihr *Hebräerland* (Titel ihres Reisebuchs von 1937) und 1939 endgültig nach Palästina führte, wo sie, von den wenigen aus Deutschland entkommenen jüdischen Schriftstellern scheu verehrt, am 22. Januar 1945 in der Hadassah in Jerusalem als arme, alte Frau 76jährig verstarb, verdient nicht nur Mitleid, sondern auch Respekt vor einem erschütternden Alterswerk. Den frühen Gedichtbänden stellte sie 1943 ihr letztes Buch, *Mein blaues Klavier*, gegenüber, eine Sammlung später Verse einer »Verscheuchten«. Das erfolglose Drama *Die Wupper* (1909) fand in einem postum veröffentlichten Weltdrama *Ichundich* (1970) ein Gegenstück: jüdisches Schicksal und Heimatlosigkeit, Liebe und Enttäuschung, Weltangst und Zuversicht kamen in der Doppelgestalt des Ich und in ihrer subjektiven Sprachgestaltung noch einmal zum Ausdruck. Sie haben L.-S. zu einer der charaktervollsten und farbigsten Gestalten der deutschen Dichtung des 20. Jahrhunderts gemacht. Ihr Ruhm ist heute wieder so groß wie in ihrer besten Lebenszeit. »Der schwarze Schwan Israels« wird in dem Land ihrer Väter heute so verehrt wie die »Sappho, der die Welt entzwei gegangen ist« in dem Land ihrer Kindheit und ihrer Sprache, deren Machthabern sie entflohen war.

Werkausgabe: Else Lasker-Schüler. Gesammelte Werke in drei Bänden. Bd. I und II. Hrsg. von Friedhelm *Kemp*. München 1959/1962. Bd. III Hrsg. von Werner *Kraft*. München 1961.

Literatur: *Feßmann*, Meike: Spielfiguren. Die Ich-Figurationen Else Lasker-Schülers als Spiel mit der Autorrolle. Ein Beitrag zur Poetologie des modernen Autors. Stuttgart 1992; *Raabe*, Paul: Die Autoren und Bücher des literarischen Expressionismus. Stuttgart 1985. S. 296–300; *Bauschinger*, Sigrid: Else Lasker-Schüler. Eine Monographie. Heidelberg 1981; *Bänsch*, Dieter: Else Lasker-Schüler. Zur Kritik eines etablierten Bildes. Stuttgart 1971. *Paul Raabe*

Le Fort, Gertrud von
Geb. 11.10.1876 in Minden; gest. 1.11.1971 in Oberstdorf

»In Hildesheim kam ich ... mit 14 Jahren endlich in eine richtige Schule.« Bis zu diesem Zeitpunkt war die einer alten Familie protestantischer Emigranten aus Norditalien und Savoyen entstammende preußische Offizierstochter, auch aufgrund einiger Ortswechsel, »privatim unterrichtet« worden. Ihre »Entwicklung« verläuft in jeder Hinsicht »sehr langsam« und ungewöhnlich. Zwischen dem 32. und 41. Lebensjahr hospitiert sie mit Unterbrechungen an den Universitäten Heidelberg, Marburg und Berlin hauptsächlich an den theologischen, philosophischen und historischen Fakultäten, wobei sie gelegentlich »die einzige weibliche Hörerin« ist. Eine offizielle Immatrikulation ist nicht möglich, da sie kein Abitur besitzt.

Ihre Heidelberger Studienzeit bezeichnet Le F. rückblickend als »die wichtigste und entscheidendste Etappe meines Lebens«, insofern ihr hier eine weit zurückreichende Bezogenheit auf die »Vereinigung der getrennten (christlichen) Bekenntnisse« bewußt wird. Mit ihrer Konversion in Rom, dem Ziel mehrerer Reisen, zieht sie 1926 die Konsequenz aus dieser Einsicht, die sie eben nicht als Zeichen der konfessionellen Konfrontation, sondern als deren möglicher Überwindung in der »Einheit des Glaubens« verstanden wissen will.

Zwei Jahre zuvor war mit den *Hymnen an die Kirche* ihr über die Grenzen des deutschen Sprachraums hinaus aufsehenerregendes Debüt von literarischem Rang erfolgt. Ihren zahlreichen »jugendlich unreifen« Versuchen in Vers und Prosa mißt sie selbst keinen großen Wert bei. Die spätexpressionistisch-ekstatische Stillage wird mit der Verlagerung ihres Schaffens auf die Epik von einem historischen Realismus abgelöst – wichtige Ausnahme sind die beiden Teile des Gegenwartsromans *Das Schweißtuch der Veronika (Der römische Brunnen*, 1928, und *Der Kranz der Engel*, 1946) –, der seinen Höhepunkt in der Novelle *Die Letzte am Schafott* (1931) findet, einer frühen Gestaltung existentieller Weltangst, die zugleich auf die Modernität dieser um die Transparenz »ewiger Ordnungen« bemühten Kunst verweist. So begreift Le F. auch »das Historische nie als eine Flucht aus der eigenen Zeit, sondern als den Abstand, von dem aus man die eigene Zeit schärfer erkennt«.

Mit ihren Romanen und Erzählungen, deren letzte in ihrem 92. Lebensjahr erscheint, profiliert sich Le F., die von 1922 bis 1939 in Baierbrunn bei München lebt, bevor sie sich zwei Jahre später definitiv in Oberstdorf, ihrem Kurort, zu bleiben entschließt, als eine führende Repräsentantin der sogenannten »christlichen Literatur«, die, bei allen grundsätzlichen Vorbehalten gegenüber dieser »doch etwas gequälten Unterscheidung«, für sie »eine volle rückhaltlose Abwendung von allem Moralismus und Pharisäertum« sowie die »unwiderstehliche Neigung« beinhaltet, sich entgegen allen bürgerlichen Sicherungsbedürfnissen »der Fragwürdigen, der Angefochtenen, ja der tragisch Gescheiterten anzunehmen« (1952). Obschon dieser Prämissen wegen Spannungen mit ihrem Publikum nicht ausbleiben, ist gerade Le F.s Beitrag zur literarischen Einübung des seit der zweiten Hälfte des 19. Jahrhunderts im kulturellen Ghetto verharrenden deutschen Katholizismus sozialgeschichtlich von hohem Belang.

Seine Religiosität macht ihr Werk den nationalsozialistischen Literaturgeschichten suspekt, die Le F. seit 1938, dem Erscheinungsjahr des nicht nur als ökumenischer, sondern auch als Appell gegen die Gewalt lesbaren Romans *Die Magdeburgische Hochzeit*, übergehen. Zumal ihre *Hymnen an Deutschland* (1931) hatten sie vorher freilich als Verfechterin eines dem mittelalterlichen Vorbild verpflichteten, vordemokratischen Reichsdenkens ausgewiesen.

Nach dem Zweiten Weltkrieg registriert die hochdekorierte Dichterin mit Sorge den »tiefen Umbruch auf allen Gebieten« (1960). Ihre Kritik richtet sich insbesondere gegen die gesellschaftlich verfestigte Macht einer aggressiven, »einseitigen und übersteigerten Männlichkeit«, der sie in ihren Frauengestalten modellhaft die Utopie humaner Veränderung durch die Fähigkeit zu Liebe und Verzeihen sowie zu einer »rebellischen ... Gewaltlosigkeit« (Ulla Hahn) entgegensetzt. Ihr Bild der »mütterlich« opferbereiten *Ewigen Frau* (so der Titel eines Essaybandes von 1934) ist gewiß nicht identisch mit dem modernen Emanzipationspostulat, weist aber gleichwohl bedeutsam in die Zukunft. Die Frau unterscheidet sich bei ihr vom Mann gerade durch ihren Verzicht auf jedes Herrschaftsgebaren; sie ist die »Beschützerin des Lebens«, nicht nur der durch den »modernen Krieg« bedrohten Menschheit – ihre Erzählung *Am Tor des Himmels* (1954) reflektiert dessen naturwissenschaftliche Genese –, sondern auch von »Tier und Pflanze«, die ebenso gefährdet sind. Da der Mensch für Le F. nicht »das Recht« hat, selbst der vorgeblichen Verteidigung von »Glaube« oder »Freiheit« wegen, »das zwangsweise Massensterben« zu verordnen und »die Schöpfung Gottes zu vernichten«, engagiert sie sich noch im hohen Alter zugunsten des »Komitees gegen Atomrüstung« der späten 50er Jahre.

Literatur: *Le Chevallerie,* Eleonore von (Hrsg.): Gertrud von le Fort. Wirken und Wirkung. Heidelberg 1983; *Kranz,* Gisbert: Gertrud von le Fort. Leben und Werk in Daten, Bildern und Zeugnissen. Frankfurt a. M. 1976.   *Hans-Rüdiger Schwab*

Lehmann, Wilhelm
Geb. 4. 5. 1882 in Puerto Cabello, Venezuela; gest. 17. 11. 1968 in Eckernförde

Sie seien »am Weichenstellwerk ihrer Zeit tätig«, so begründete Alfred Döblin die Verleihung des Kleist-Preises 1923 an Robert Musil und L. Dieser hatte damals noch keine Gedichte veröffentlicht und erhielt den Preis für sein erzählendes Werk, vor allem die Romane *Der Bilderstürmer* (1917), *Die Schmetterlingspuppe* (1918) und *Weingott* (1921), mit dem er seit 1915 Aufsehen erregt hatte. Schon hier ist L.s Thema »das immer geschehende Jüngste Gericht« der Natur, des »Grünen Gottes«, wie Oskar Loerke 1934 formulierte, und in der Selbstinterpretation der ersten beiden Romane, »der Untergang eines Naturverräters und die Verzweiflung über Naturverlust«. Mit dem Jahr 1923 ist aber auch schon der Endpunkt einer frühen Wirkung erreicht; das Leserpublikum beachtete L. seitdem fast nicht mehr, und die Romane, die dennoch entstanden, konnten – wie *Der Überläufer* (1925) und *Der Provinzlärm* (1929) – erst lange nach 1945 veröffentlicht werden, nachdem sich L. als Lyriker durchgesetzt hatte. Die *Mühen des Anfangs* (so der Titel einer *Biographischen Aufzeichnung*, 1952) hatte L. zu diesem Zeitpunkt allerdings hinter sich. Dazu gehört die kleinbürgerliche Familie, die der Vater verlassen hat und die nun ganz von der Mutter beherrscht wird, das Brotstudium der Philologie mit Doktordiplom und Staatsexamen (1908) und die Suche nach einer eigenen dichterischen Sprache, denn »außerhalb der Kunst vermochte ich keinen Sinn im Leben zu erfinden« (*Biographische Notiz*, 1932); aber auch die frühe und scheiternde Ehe mit einer um vieles älteren Frau. 1912 wurde er Lehrer an der vielbeachteten Freien Schulgemeinde Wickersdorf in Thüringen, einem Landschulheim, das im Widerspruch zu den schulischen Drillanstalten der wilhelminischen Zeit, getragen von der Jugendbewegung aus einer freien, experimentellen Pädagogik konzipiert war. In die Auseinandersetzungen zwischen ihren Gründern und zeitweiligen Leitern (Gustav Wyneken und Martin Luserke) wurde auch L. hineingezogen; sie hinterließen unübersehbare Spuren im frühen Erzählwerk. Dem Krieg, den er verabscheute, konnte er sich zunächst als unabkömmlich entziehen. 1917 einberufen und an die Westfront versetzt, blieb er »als gemeiner Soldat von keinem Entsetzen verschont« und geriet in Gefangenschaft; Tagebuchblätter dieser Zeit wurden in den Roman *Weingott* integriert. Nach seiner Rückkehr nahm L. eine Stelle an einem Landschulheim in Holzminden an, wechselte jedoch 1923, um mehr zum Schreiben zu kommen, an die staatliche Schule in Eckernförde, wo er bis zu seiner Pensionierung unterrichtete.

Einen gleichgesinnten Freund fand L. in Oskar Loerke, dem Lektor seines ersten Verlegers, Samuel Fischer. Wie L. mit seiner Prosa, kam Loerke mit seinen Gedichten vom Expressionismus her, und beide trafen sich in der Bemühung, die expressionistischen Errungenschaften um Formen und Inhalte einer neuen Sachlichkeit zu erweitern. Sie bestätigten und ermutigten sich auf diesem Weg, auch in der immer schwierigeren Zeit des Nationalsozialismus. Noch ehe L., über fünfzigjährig, seinen ersten Gedichtband *Antwort des Schweigens* (1935) veröffentlichte, hatte Loerke für ihn die bald berühmte Formel vom »Grünen Gott« gefunden. Mit diesem ersten, gleichnamigen Gedichtband (1942) stand L.s Rang als Lyriker fest. Doch konnte er – in kleinen Auflagen gedruckt und außerhalb des von der nationalsozialistischen Literaturpolitik gesteckten Rahmens – erst nach 1945, dann allerdings in einem nur Gottfried Benn und Bertolt Brecht vergleichbaren Maß, »Schule« machen.

So gilt L. – inzwischen waren vier weitere Lyrikbändchen erschienen, die er 1957 in *Meine Gedichtbücher* vereinigte – als der eigentliche Begründer des naturmagischen Gedichts, in welchem die Fülle des Konkreten sich in botanischer und zoologischer Genauigkeit äußert und sich mit einer neuen Mythisierung der Natur verbindet. »Das unbeachtetste Unkraut wird hier zur funkelnden Mythe«, hatte schon 1918 ein Rezensent der *Schmetterlingspuppe* erkannt. Der Kritik, daß der Mensch hier zu verschwinden drohe, setzt L. in einem seiner pœtologischen Essays, in dem er auf Brecht anspielt, entgegen: daß »ein Gespräch über Bäume nicht das Wissen um böse Zustände und Taten ausschließt«, vielmehr helfe, »den verloren gegangenen Menschen wieder zu holen«.

Werkausgabe: Wilhelm Lehmann. Gesammelte Werke in acht Bänden. Hrsg. in Verbindung mit der Akademie der Wissenschaften und der Literatur in Mainz und dem Deutschen Literatur-

archiv in Marbach a. N. von *Weigel-Lehmann*, Agathe, *Schafer*, Hans D. und *Zeller*, Bernhard. Stuttgart 1982ff.
Literatur: *Doster*, Ute: Wilhelm Lehmann. Marbach 1982.   *Ludwig Dietz*

Lenau, Nikolaus (d. i. Niembsch, Edler von Strehlenau)
Geb. 13. 8. 1802 in Csatád; gest. 22. 8. 1850 in Oberdöbling/Wien

Als der 30jährige im Mai 1832 euphorisch in die »Neue Welt« aufbricht, versteht er dies als Flucht vor einer »Tyrannei«, die nicht nur den politischen Freiheitswillen, sondern auch das schöpferische Geistesleben im ersten Aufkeimen erstickt. In Amerika aber findet er in den 14 Monaten seines Aufenthalts, von dem er sich neben einem (verklärten) Farmerleben einen verheißungsvollen Neuanfang als Dichter versprochen hat, nichts anderes als eine Kultur von »Krämerseelen«, die seinem Schaffen nur vertraute Motive aus dem spätromantischen Bilderkanon des alten Europa aufdrängt. Es ist bezeichnend, daß sich die Amerika-Erfahrung erst nach seiner Rückkehr dichterisch niederschlägt – und zwar in einem sozialkritischen Engagement, das den Haß gegen die weißen Eroberer des Indianerlandes in mühsam gebundene Verse preßt.

Schon seine Kindheit war geprägt von Aufbrüchen und Reisen, denen eine glückverheißende Ankunft eigentlich erst im späten, poetisch stimulierten Erinnerungsbild gelang (v. a. der Jugendjahre in Tokaj). Aus dem überbehüteten Dasein bei der Mutter und den Zwängen einer am Offiziersstand orientierten Erziehung und Überwachung durch die Großeltern (in Stockerau bei Wien) findet L. für sich keine identitätssichernde Rolle im Selbstverständnis der restaurativen Gesellschaft Österreich-Ungarns. Seine bürgerlichen Studien und Existenzentwürfe bleiben Episode, alibihaft begleiten sie seine Jagd nach einer Einheit von Kunst und Leben, die umso konsequenter dieses zerstört, je gewaltsamer sie jener die Last aufbürdet, das den Menschen vorenthaltene Glück heraufzubeschwören. Die Melancholie dessen, der insgeheim um die Unwiederbringlichkeit des in den »Alten« aufscheinenden Ideals weiß, erfährt im Schmerz des Aufbruchs und Abschieds das je neu erregende Moment der Rebellion. Durch den Tod seiner Mutter (1829) und die damit verbundene Erbschaft wird L. finanziell unabhängig. 1831 findet L. im Kreis der »schwäbischen Romantik« eine ambivalente dichterische Heimat. Gustav Schwab vermittelt ihm die Aufnahme beim Verleger Cotta in Stuttgart, wo er zum exotischen Mittelpunkt der Salons wird und ebenso treuer Gastfreundschaft und Sympathie begegnet wie bei Justinus Kerner in Weinsberg. Doch erleben die Mitglieder dieses biedermeierlich abgerückten Zirkels, die in der Poesie oft nur stille Verklärung neben dem Leben suchten, den unsteten Gast mit den »seelenvollen, unergründlichen Augen« nicht nur als ausdrucksstarken Rezitator eigener Gedichte: Irritation und Dissonanz stören nicht selten die sonst so gemächliche Welt, wenn L. den kompromißlosen Anspruch des Ästhetischen gegenüber dem Trivialen zugunsten eines gesteigerten Lebens einklagt, dem Sinnlichkeit in »gutbürgerlichen« Schranken ein seelisches Gefängnis bedeutet.

Seine seit 1833 alle Rücksichten vernachlässigende Leidenschaft zu der verheirateten Sophie von Löwenthal in Wien hat damals nur Befremden ausgelöst. Ein Leben im »Eilwagen« zwischen der Donaumetropole und Stuttgart beginnt: Reisen als poetisches Stimulans und existentielle Äußerungsform innerer Rastlosigkeit und euphorischen Drängens. In dieser Zeit (von 1833 bis 1842) entstehen auch die drei großen epischen »Gedichte«: *Faust* (1836), *Savonarola* (1837) und *Die Albigenser* (1842). Die lyrische Übersteigerung des sinnlichen Erlebnis- und Entgrenzungsdranges in der Gestalt Fausts und die Stilisierung Savonarolas zum selbstzerstörerischen Asketen, dem der Stachel der Sinnlichkeit zum Instrument des eigenen Martyriums wird, wecken die Vorstellung von der spezifischen Erscheinung eines an sich selbst zerbrechenden Ich-Bewußtseins, so wie sich in dem blutrünstigen Ketzerkreuzzug gegen die Albigenser auf grausigste Weise L.s fatalistisches Bild einer nur noch »trümmerhaft« auftretenden Menschheitsgeschichte darstellt.

Der körperliche und seelische Zusammenbruch im September 1844, dem nach mehreren Selbstmordversuchen ein sechsjähriges Dahindämmern in geschlossenen Heilanstalten folgt, setzt L.s Arbeit an seinem *Don Juan*-Projekt ein jähes Ende, als hätten hier Leben und Kunst in einer letzten gemeinsamen Anstrengung das existentielle und poetische Merkmal der Moderne in der Realität inszeniert: Das Fragmentarische als letzte Konsequenz aus einer unheilvollen Verschwisterung von Melancholie und Rebellion.

Werkausgabe: Nikolaus Lenau. Sämtliche Werke und Briefe in 6 Bänden. Hrsg. von Eduard *Castle*. Leipzig 1910–1923.
Literatur: *Hammer*, Jean-Pierre: Lenau. Poète, rebelle et libertaire. Paris 1987; *Schmidt-Bergmann*, Hansgeorg: Ästhetismus und Negativität. Heidelberg 1984; *Mádl*, Antal: Auf Lenaus Spuren. Wien/Budapest 1982; *Schmidt*, Hugo: Nikolaus Lenau. New York 1971.

Gerhard Gönner

Lenz, Hermann
Geb. 26. 2. 1913 in Stuttgart

Ein Foto von einer Straße aus der Zeit vor den Weltkriegen – und sei eine noch so finstere oder belanglose Gegend abgebildet – löst ein »realistisches Märchengefühl« aus: Trauer, Heimeligkeit, zugleich das konkrete Wissen, das die Zirkel der »oral history« und der Alltagsgeschichtsschreibung füllt. So nämlich hat es wirklich einmal ausgesehen. Dieses Märchen war einmal. Dieses Gefühl, dieses Wissen sind das wichtigste Thema L.s, das Zentrum seines Werks. L. wurde ein Jahr vor dem Ausbruch des Ersten Weltkriegs, vor dem Beginn des ersten der großen Modernisierungsschübe geboren, in denen das 19. Jahrhundert, die traditionelle bürgerliche Welt, unterging. L. ist ein Chronist all dessen, was diesen Modernisierungsschüben, zu denen der Technikkult, der Amerikanismus der 20er und 30er Jahre, der Faschismus ebenso gehören wie das »Wirtschaftswunder« oder die kulturrevolutionäre Reformära am Ausgang der 60er Jahre, zum Opfer fiel. Das von der Geschichte Verworfene scheint klein, unwichtig, die Beschäftigung damit müßig – L.' Figuren, seine Geschichten, die nicht nur in den späten, offen autobiographischen Romanen immer tagebuchartig-persönlich wirken, markieren einen Gegenpol zu jeder Art gesellschaftlichen Eingreifens, zu jeder Art von Heroismus. »Erich erzählte von seinem Leben in der Buchhandlung und sagte, wenn er dort nichts tue als sitzen, ab und an einen Büchertitel auf eine Karteikarte kritzele oder Rechnungen schreibe, habe er das Gefühl, als würde sein Kopf weit und nähme auch Vergangenes herein und kläre es. Weit abseits zu sein, das lasse er sich gern gefallen« – in dieser Haltung überlebt eine Figur in *Der Kutscher und der Wappenmaler* (1972) die Nazizeit, und in dieser Haltung, kann man sich vorstellen, hat auch der Autor selbst sein Leben bestanden.

Studium in Heidelberg und München (Kunstgeschichte, Archäologie, Germanistik) während des Nationalsozialismus, 1940 Soldat im Krieg gegen die Sowjetunion, Kriegsgefangener in den USA, 1946 Rückkehr in das unzerstörte Stuttgarter Elternhaus – diese Zeit und der Beschluß, »abseits zu bleiben und etwas fertigzubringen nur mit Papier und einem alten Federhalter, in dem wie vor zwanzig Jahren eine Stahlfeder steckte«, wird beschrieben in dem autobiographisch angelegten Romanzyklus *Verlassene Zimmer* (1966), *Andere Tage* (1968), *Neue Zeit* (1975), *Tagebuch vom Überleben und Leben* (1978), *Ein Fremdling* (1983), *Der Wanderer* (1986) und *Seltsamer Abschied* (1988). Als einen »poetischen Geschichtsunterricht . . . voller Anmut, voller Würde« bezeichnete Peter Handke, der den Autor in den 70er Jahren »entdeckte«, dieses autobiographische Romanprojekt. L. schreibt viel, wird wenig beachtet, verdient sein Geld als Kulturfunktionär. Seit 1951 ist er Sekretär des Verbandes deutscher Schriftsteller in Baden-Württemberg. L. hatte schon in seiner Studentenzeit (gefördert von Georg von der Vring) Gedichte und kleinere Erzählungen veröffentlicht. Jetzt entstehen surreal-phantastische Erzählungen: *Das doppelte Gesicht* (1949), *Spiegelhütte* (1962) und Romane, die in einer (durchaus nicht nur idealisierten) österreichischen und süddeutschen Vergangenheit etwas auffinden wollen, was vom Furor des Wiederaufbaus, der ja auch eine Zerstörung war (»Kollektivität als blinde Wut des Machens«, schrieb Theodor W. Adorno) und vom Wachstumsfetischismus der 50er und 60er Jahre noch unangetastet blieb: *Die Augen eines Dieners* (1964), *Der Kutscher und der Wappenmaler* (1972), *Dame und Scharfrichter* (1973).

L.' Hauptwerk bilden die drei Romane, die er 1980 unter dem Titel *Der innere Bezirk* zusammenfaßte und abschloß. Die Geschichte Margots von Sy und ihres Vaters kontrastiert die Umwälzungen in den 30er Jahren mit der Geschichte eines »Bezirks«, in dem allein die Gesetze der individuellen Erfahrung und des persönlichen Wachstums gelten. Die stoische Maxime: »Sieh nach innen« des römischen Kaisers und Philosophen Mark Aurel umreißt in diesen Büchern einen Widerstandsraum, in dem die Emotionen und Sehnsüchte Zuflucht finden, die von einem »Fortschritt«, der in Wirklichkeit eine Katastrophe ist, ausgetrieben werden sollen. Diesen Bezirk, diesen Garten des Anachronistisch-Menschlichen, dieses Museum des Gefühls hat L. gepflegt – es scheint, daß hier das Zentrum seines unspektakulären Lebens liegt. Solche Priorität ist – wohl notwendig – erkauft mit einer Gleichgültigkeit gegen alle »Geltung«, gegen den »Erfolg«, der bei L. spät kam, Mitte der 70er Jahre, 1978 bekam er den Büchner-Preis, in dieser Zeit erst wechselte er zum Suhrkamp-Verlag.

Kutscher und Leibdiener: solche Berufe haben seine Helden, in diesen sozialen Milieus entfalten sie ihre seismographische, zum Äußersten verfeinerte Sinnlichkeit. Und ist nicht L. selber, der Journalist, Verbandssekretär, kaum beachtete Schriftsteller lange Zeit ganz ähnlich in einer Art Subalternität verborgen gewesen? War er nicht, abgesehen vielleicht von Arno Schmidt, von allen bedeutenden bundesdeutschen Nachkriegsschriftstellern der am wenigsten Geehrte, »Erfolgreiche«? 1975 ist L. von Stuttgart nach München gezogen. Unterdessen verlagerte sich das wirtschaftliche Schwergewicht der Republik in den Mittleren Neckarraum, holte das »Wachstum« das Gewachsene auch in einer Gegend ein, die lange noch »Provinz« hatte bleiben dürfen. Die Stuttgarter Altstadt erstrahlt inzwischen im Neonglanz der Yuppie-Cafés und spiegelt sich in der Marmorverkleidung bombastischer »Schwaben-Centers«. Margot von Sy könnte hier keine Dachkammer mehr mieten, die nicht schon längst zum »Loft« ausgebaut wäre. »Sie lächelte und das Vergangene glitt wieder her.«

Literatur: *Moritz,* Rainer: Schreiben, wie man ist. Tübingen 1989; *Kreuzer,* Ingrid und *Kreuzer,* Helmut (Hrsg.): Über Hermann Lenz. Dokumente seiner Rezeption (1947–1979) und autobiographische Texte. München 1981.

Stephan Wackwitz

Lenz, Jakob Michael Reinhold
Geb. 12. 1. 1751 in Seßwegen/Livland; gest. 23. oder 24. 5. 1792 in Moskau

»Wir werden geboren – unsere Eltern geben uns Brot und Kleid – unsere Lehrer drücken in unser Hirn Worte, Sprachen, Wissenschaften ... es entsteht eine Lücke in der Republik wo wir hineinpassen – unsere Freunde, Verwandte, Gönner... stoßen uns glücklich hinein – wir drehen uns eine Zeitlang in diesem Platz herum wie die andern Räder und stoßen und treiben – bis wir, wenn's noch so ordentlich geht abgestumpft sind und zuletzt wieder einem neuen Rade Platz machen müssen – das ist ... unsere Biographie.« L. fragt: »Heißt das gelebt? heißt das seine Existenz gefühlt, seine selbständige Existenz, den Funken von Gott?« Damit ist die zentrale Erfahrung benannt, die L. in seinen Werken ausdrückt. So läßt er in der Komödie *Der Hofmeister oder die Vorteile der Privaterziehung* (1774) einen jungen Hofmeister mit dem sprechenden Namen Läuffer die Anpassung an die Gesellschaft durch eine Selbstkastration vollziehen, nachdem er vorher trotz fast perfekt antrainierter Selbstverleugnung die Tochter des Hauses »versehentlich« geschwängert hat. L. deckt schonungslos die sozialen Widersprüche auf, welche die Institution des Hofmeisters als des bürgerlichen Erziehers adliger Kinder prägen und gestaltet diese Tätigkeit als Sinnbild für die abhängige und unterwürfige Rolle des Intellektuellen in der zeitgenössischen Ständegesellschaft. Für Bertolt Brecht ist diese Komödie ein »Standardwerk«, in dem die »deutsche Misere«, das Fehlen erfolgreicher Revolutionen, dargestellt sei. Brecht schätzt L. als »realistischen« und »poetischen« Dichter, weil er zum einen die tiefgreifenden gesellschaftlichen Widersprüche, insbesondere den Ständegegensatz und die unterdrückte

Aufsässigkeit der Bürger komisch und tragisch gestaltet, zum andern weil er aufgrund der Dominanz der »Umstände« über die Personen seine Dramen antiaristotelisch ausrichtet. Mit dem Verzicht auf die drei Einheiten (Handlung, Zeit, Ort) und der Tendenz zu einer »offenen« Dramenform entwickelt L. selbständig Anregungen weiter, die er von Volkstheater, Puppenspiel und vor allem von William Shakespeare bekommen hat, den er auch zum Teil übersetzt.

L. wird als Sohn eines Pastors geboren, geht in Dorpat zur Schule und studiert in Königsberg unter anderem beim jungen Immanuel Kant. 1771 geht er als Begleiter von zwei Adligen nach Straßburg. Damit mißachtet er den ausdrücklichen Willen des Vaters, der für ihn eine Hofmeister- und Pfarrerlaufbahn vorgesehen hat. Diesen Ungehorsam verzeiht ihm der Vater nie.

In Straßburg wird L. zum Sturm-und-Drang-Dichter. Jean-Jacques Rousseau und Johann Gottfried Herder beeindrucken ihn stark. In rascher Folge entstehen die wichtigsten Werke: Gedichte, Plautus-Bearbeitungen, die gesellschaftskritischen Dramen *Der Hofmeister*, *Die Soldaten* (1776), *Der neue Menoza* (1776), die wichtigste gattungstheoretische Schrift *Anmerkungen übers Theater* (1774), die Erzählung *Zerbin oder die neuere Philosophie* (1776), die autobiographischen Schriften *Tagebuch* (1775, gedruckt 1877) und *Moralische Bekehrung* (1775, gedruckt 1889). Die Begegnung mit dem »Bruder Goethe« prägt L. tief. Unglückliche Lieben, unter anderem zu Friederike Brion, der verlassenen Freundin Johann Wolfgang Goethes, fesseln seine Phantasie. Der Alltag ist hingegen ausgefüllt durch die Pflichten als Bursche der beiden Adligen, die Offiziere in einem französischen Regiment werden. Am Ende der Straßburger Zeit muß L. nach Kündigung dieser Stelle »wie ein Postgaul« hinter dem Geld hinterherlaufen und ernährt sich durch Stundengeben.

L. wird zunehmend in der literarischen Öffentlichkeit als eine zentrale Figur des Sturm-und-Drang-Kreises beachtet. In Straßburg beteiligt er sich 1775 maßgeblich an der Gründung der »Deutschen Gesellschaft«, deren Sekretär er wird. In ihr liest er aus seinen Werken und setzt er sich für den Gebrauch der deutschen Sprache und gegen eine unselbständige Übernahme der französischen Kultur ein. Trotz der Erfolge prägt die Erfahrung mangelnder Freiheit sein Leben und Selbstverständnis von Anfang an. So erstrebt er mehr als andere Schriftsteller seiner Zeit praktische Wirkungen in der Gesellschaft und ist von ihnen weiter als andere entfernt, da er in seiner produktiven Phantasie die Unheilbarkeit der gesellschaftlichen Widersprüche ausformuliert. Ein Beispiel ist *Der Hofmeister*, in dem Lenz über den geheimen Rat für öffentliche Schulen plädiert, andererseits aber in der Dorfschule Wenzeslaus' den beklagenswerten Zustand des öffentlichen Schulwesens vorführt. Entgegen seinem Drang nach Taten kann er keines seiner zahlreichen, von Johann Wolfgang von Goethe als »phantastisch« eingestuften Reformprojekte verwirklichen. So will L. die fürstlichen stehenden Heere durch eine Aufhebung des Eheverbots für Soldaten reformieren. Damit verbindet er die Einführung eines Volksheeres und setzt – ganz realistisch – als Voraussetzung einer solchen Reform das Ende der fürstlichen Ausplünderung der Untertanen an (*Über die Soldatenehen*, 1775/76, gedruckt 1914). Bezeichnenderweise wird diese »Reform« in den französischen Revolutionsheeren realisiert.

1776 folgt L. Goethe nach Weimar. Dort erlebt er vorübergehend die Erfüllung seiner Wünsche nach Geselligkeit und Anerkennung. Sein zunächst nur belachtes exzentrisches Gebaren, seine Unfähigkeit, Regeln und Etikette einzuhalten, machen aber auf Dauer seine Stellung am Hof unhaltbar. Er flieht in die Einsiedelei nach Berka. Nach seiner Rückkehr führt eine »Eselei«, eine in ihrem Inhalt von allen Beteiligten geheimgehaltene Beleidigung Goethes zu seiner von diesem bewirkten Ausweisung aus Weimar am 29. 11. 1776. Was immer der Anlaß für diesen radikalen Bruch gewesen ist, Goethe und L. entwickeln sich zu diesem Zeitpunkt menschlich und literarisch in unterschiedliche Richtungen. Goethe grenzt die *Werther*-Stimmung aus, die L. in seinem Verhalten und in dem zum größeren Teil in Berka entstandenen Briefroman *Der Waldbruder* kultiviert. L. bleibt den subjektivistischen und gesellschaftskritischen Positionen des Sturm und Drang verbunden, während Goethe die Chance nutzt, als Bürger am Weimarer Hof eine reformorientierte Verwaltungstätigkeit zu beginnen.

»Ausgestoßen aus dem Himmel als ein Landläufer, Rebell, Pasquillant«, irrt L., aus der Bahn geworfen, bei südwestdeutschen und Schweizer Freunden herum. Am Wendepunkt seines Lebens treten die Symptome seiner »Krankheit« zutage, welche die Zeitgenossen als »Manie« und »Melancholie« diagnostizieren. Die Symptome äußern sich besonders deutlich während eines Aufenthaltes bei dem Pfarrer Johann Friedrich Oberlin in Waldbach (Elsaß), dessen Tagebuchaufzeichnungen Georg Büchner als Vorlage für seine *Lenz*-Erzählungen benutzen wird. Für Oberlin wie für den Vater, zu dem der Sohn 1779 als Gescheiterter zurückkehrt, sind seine Wahnvorstellungen und Selbstmordversuche Folge eines verfehlten Lebens, gezeichnet durch Verschwendung und Nichtstun. Später scheitern Bemühungen um feste Anstellungen in Riga, Petersburg und Moskau. Immerhin gelingt es L., sich der reformorientierten Moskauer Freimaurerbewegung anzuschließen. Bis zuletzt entwirft er – jetzt auf Rußland bezogen – gesellschaftsreformerische Projekte und setzt zugleich seine Freunde durch »poetische Ideen«, »Gutherzigkeit« und »Geduld« in »Erstaunen«. 1792 findet man Lenz tot auf einer Moskauer Straße. Für Goethe ist er in *Dichtung und Wahrheit* nur ein »vorübergehendes Meteor«; die Zeitgenossen haben ihn weitgehend vergessen. Doch nach Büchner wird L. zuerst im Naturalismus aufgrund der Bezüge seines Werkes zur Moderne zunehmend anerkannt und gewürdigt – vor allem nach Brechts Bearbeitung des *Hofmeisters* (1949).

Werkausgabe: Jakob Michael Reinhold Lenz. Werke und Briefe in 3 Bdn. Hrsg, und mit einem Essay von Sigrid *Damm*. Leipzig, München 1987.

Literatur: *Stephan*, Inge, *Winter*, Hans-Gerd: »Unaufhörlich Lenz gelesen und nur aus ihm Besinnung geholt.« Studien zu Leben und Werk von J. M. R. Lenz. Stuttgart 1994; *Winter*, Hans-Gerd: Jakob Michael Reinhold Lenz. Stuttgart 1987; *Damm*, Sigrid: Vögel, die verkünden Land. Das Leben des Jakob Michael Reinhold Lenz. Berlin/Weimar 1985; *Stephan*, Inge und *Winter*, Hans-Gerd: »Ein vorübergehendes Meteor«? J. M. R. Lenz und seine Rezeption in Deutschland. Stuttgart 1984.   *Hans-Gerd Winter*

Lenz, Siegfried
Geb. 17.3.1926 in Lyck/Masuren

Nicht erst seit seinem unerwarteten Bestseller *Deutschstunde* (1968) wird L. vorgeworfen, seine Vermarktung in den Medien und die Breitenwirkung seiner Werke beweise, daß sein Schreiben im Grunde auf das rückhaltlose Einverständnis, auf eine »Komplizenschaft mit dem Leser« hin angelegt sei. Seine Aufarbeitung der deutschen Vergangenheit in den Romanen, Erzählungen, Geschichten und Hörspielen trage zu sehr die Spuren des Persönlichen und sei gleichzeitig so allgemein, ja neutral gehalten, daß er damit der Neigung seiner Leser entgegenkomme, die unliebsame nationalsozialistische Vergangenheit zu verdrängen. Diesem Entgegenkommen entspreche auch die traditionelle, kaum einmal ästhetische Experimente wagende Stilhaltung, die eingängige Natur-, Landschafts- und Personendarstellung seiner Eigenbrödler und Sonderlinge, vor allem aber die autobiographisch-lebensgeschichtliche Tendenz, die »menschliche Botschaft«, von der sowohl die »zeitlos-archaischen«, der Existenzphilosophie der 50er Jahre und Ernest Hemingways stoisch-skeptizistischer Weltsicht verpflichteten Kurzgeschichten und Romane wie die großen Romane der 60er und 70er Jahre getragen sind. Abgesehen von der fragwürdigen Gleichsetzung des Leserverhaltens mit der Absicht des Schreibenden übersieht eine solche Charakterisierung, wie nachhaltig L. jeweils aus dem Zeitkontext heraus, in ihn eingreifend und ihn übersteigend, geschrieben hat; zunächst in einer ersten Phase der unmittelbaren Verarbeitung des Kriegs und der Nachkriegszeit: *Es waren Habichte in der Luft* von 1951. L. thematisiert in diesem Roman Flucht und Entkommen, Widerstand und Entzug als Schlüsselerlebnis des siebzehnjährigen Notabiturienten, der zur Marine eingezogen wird und sich kurz vor Kriegsende in den Wäldern Dänemarks versteckt, die drohende standrechtliche Erschießung stets vor Augen. Es folgen der Roman *Duell mit dem Schatten* (1953), ein Band mit Erzählungen (*So zärtlich war Suleyken*, 1955), das Hörspiel *Das schönste Fest der Welt* (1956) und der Roman *Der Mann im Strom* (1957), in dem L. vom Scheitern eines älteren Mannes im Dschungel des Konkurrenzkampfes erzählt. Das tragische Scheitern eines Sportlers stellt er in dem Roman *Brot und Spiele* (1959) dar, dann erscheinen Erzählungen und »Geschichten aus dieser Zeit« (*Jäger des Spotts*, 1958).

In der »Spurensicherung« und der literarischen Erinnerungsarbeit entdeckt L. einen zweiten Antrieb zum Schreiben, um die verlorene Heimat Masuren in der Literatur zu vergegenwärtigen – ihre Landschaft, ihre Seen, die Wälder, den Menschenschlag und die Sprache –, sei es in der Form der heiter-anekdotischen, schwankhaften Erzählung (*So zärtlich war Suleyken*, 1955; *So war das mit dem Zirkus*, 1971) oder der bedeutsamen Dokumentation Masurens im *Heimatmuseum* von 1978. Das stark ausgeprägte Zeit- und Gegenwartsbewußtsein von L., das sich u. a. in der Parteinahme für die bei Kriegsende zu Millionen aus ihrer Heimat Vertriebenen (*Verlorenes Land – Gewonnene Nachbarschaft*, 1971) und seinem Engagement für die Ostpolitik Willy Brandts ausgedrückt hat, rührt von der journalistischen Vergangenheit des jungen L. her, der sein nach Kriegsende aufgenommenes Studium der Philosophie, der Anglistik und der Literaturwissenschaft abbricht, um Feuilletonredakteur bei der Zeitung *Die Welt* in Hamburg zu werden. Seit diesem Zeitpunkt hat er planmäßig zu schreiben begonnen und bereits 1951 den Sprung in die Existenz als freier Schriftsteller gewagt. Hamburg und der Norden bleiben über Jahrzehnte Lebensraum und Sphäre seiner Wirkung; heute lebt L. mit seiner Frau im dänischen Jütland.

Die zweite Werkphase des mit zahlreichen kleineren und größeren Literaturpreisen ausgezeichneten Autors (u. a. René-Schickele-Preis 1952; Literaturpreis der Stadt Bremen 1961; Gerhart-Hauptmann-Preis der »Freien Volksbühne« Westberlin 1970) setzt mit dem Hörspiel bzw. Drama *Zeit der Schuldlosen* (1961, später wie viele andere Werke verfilmt) ein; es folgen der Roman *Stadtgespräch* (1963), dann die Erzählungen *Der Spielverderber* (1965). Inzwischen hat sich L., obgleich kein Parteimitglied, für den Bundestagswahlkampf der SPD engagiert. Die Schriftstellerexistenz empfindet er zunehmend als Instanz öffentlicher politischer Verantwortung, als soziales Gewissen, ohne daß er als geborener Erzähler und Geschichtenerfinder in ein Moralisieren verfiele, vielmehr spielt er in epischer Breite alle Varianten des Denkbaren und Möglichen durch, um seine Leser wachzurütteln. »Und wenn Daniel sich gestellt hätte?«, lautet der Einleitungssatz des *Stadtgesprächs*.

Der überraschende Erfolg des im bedeutsamen Jahr 1968 – die außerparlamentarische Opposition erlebte ihren Höhepunkt, der »Tod der Literatur« wurde proklamiert – erschienenen Romans *Deutschstunde* ist in der Fähigkeit von L. begründet, anknüpfend an die großen Zeitromane des 19. Jahrhunderts, Theodor Fontanes und Wilhelm Raabes vor allem, gesellschaftliche und politische Strömungen und Entwicklungen aufzunehmen und sie erzählerisch als Lebensschicksale verstehbar zu machen. Siggi Jepsen, der Held der *Deutschstunde*, leistet seine Strafarbeit über »die Freuden der Pflicht« eigentlich für alle Deutschen – eine Lizenzausgabe erschien 1974 in der DDR. Das Erscheinen des Buchs fiel nicht zufällig auch in eine Periode erstarkender neonazistischer Umtriebe. Während sich Siggi Jepsen mit seiner Strafarbeit von der Vaterwelt ablöst, ist L. dabei zu erkunden, warum die oft gepriesene »deutsche Seele« so anfällig für den Faschismus ist. L. schließt damit an die großen Erziehungs- und Bildungsromane des 19. Jahrhunderts an, an das, was deutsche Wirklichkeit, deutsche Tradition, falsch verstandene Loyalität, deutschen Wachtraum stets ausgemacht hat. Die *Deutschstunde* ist aber auch ein Zeitroman: Die autoritär geführte Anstalt, in der Siggi Jepsen einsitzt, ist eine Chiffre der restaurativen späten Adenauer-Ära.

Der Auseinandersetzung mit dem fatalen Pflichtbegriff in der *Deutschstunde* folgt 1973 der Roman *Das Vorbild*, in dem sich L. mit dem Vorbildlichen, Leidbildhaften, dem lebensgeschichtlich Bedeutsamen, auf mehrere Figuren facettenartig verteilt, befaßt. Während Siggi Jepsen die »Heimatkunde« seines Großvaters noch verspottet, wird dieses Thema der Heimat, ihres Verlustes und ihrer Wiederfindung – freilich keiner realhistorischen Heimat – im 1978 erschienenen Roman *Heimatmuseum* in epischer Breite gestaltet. Mit dem *Heimatmuseum* ist, so scheint es, dem genuinen Erzähler L. sein zweites Meisterwerk, nach der *Deutschstunde*, gelungen; reich an unvergeßlichen Landschaftsbildern der Heimat Masuren, Einzelschicksalen, einverwoben in Zeit und Raum, sonderlingshaften Figuren und historischen Rückblenden. *Der Verlust* (1981) wendet sich hingegen ganz dem Privat-Subjektiven, dem Einzelschicksal zu: Sprachverlust als Verlust der menschlichen Beziehungen, als Weltverlust. Der novellenartig angelegte

Roman widerruft im Sinne und Geist humaner Verantwortung den Emanzipationsprozeß der Frau – Nora mit Namen! – sie bleibt bei dem Freund, der die Sprache verloren hat und gewinnt damit eine neue Identität. Der Roman *Exerzierplatz* (1985), wiederum erzählt aus der Perspektive eines Außenseiters und Sonderlings, beschreibt den Weg einer Verwandlung: Aus dem ehemaligen Exerzierplatz wird eine Baumschule, es öffnet sich ein Weg aus der Fatalität der Geschichte heraus in eine konkrete, realisierbare Utopie. Eher in das Erzählmuster des Trivialromans führt der bislang letzte Roman von L., *Die Klangprobe;* gemeint ist die »Tauglichkeitsprüfung« des Steinmetz und Bildhauers Bode am Material, am Stein. Leitmotivisch umspannt und gliedert den Roman die »gelungenste Figur des Meisters«, der »Wächter«, Entwicklungs- und Knotenpunkt der erzählerischen Fäden. Ganz nach dem Muster seines Erzählens wird die im Alltäglichen angesiedelte und von einer mitunter etwas aufgesetzt wirkenden Symbolik des Steins und seiner Bearbeitung durchzogene Geschichte aus dem Blickwinkel des Sohnes, Jan Bode, eines Kaufhausdetektivs vorgetragen. Mit der Geste der Solidarität und einem Gefühl erhebender Genugtuung endet der Roman: »Und obwohl ich mich darum bemühte: es gelang mir einfach nicht, einen Namen für das Gefühl zu finden, das mich beherrschte«.

Literatur: *Wagener*, Hans: Siegfried Lenz. Autorenbücher. München ⁴1985; *Arnold*, Heinz Ludwig (Hrsg.): Siegfried Lenz. Text + Kritik. München 1976; *Bassmann*, Winfried: Siegfried Lenz. Sein Werk als Beispiel für Weg und Stand der Literatur in der Bundesrepublik Deutschland. Bonn 1976; *Schwarz*, Wilhelm Johannes: Der Erzähler Siegfried Lenz. Bern-München 1974; *Russ*, Colin (Hrsg.): Der Schriftsteller Siegfried Lenz. Urteile und Standpunkte. Hamburg 1973.

Karl Hotz

Leonhard, Rudolf
Geb. 27. 10. 1889 in Lissa (heute Leszno), Provinz Posen; gest. 19. 12. 1953 in Berlin

Im französischen Exil, zur Zeit der Naziherrschaft, hat L. unter vier verschiedenen Pseudonymen publiziert und politisch gearbeitet: Als Robert Lanzer (= Landser) veröffentlichte er 1944 ein an die deutschen Soldaten gerichtetes Bändchen *Deutschland muß leben...!* Raoul Lombat war sein »nom de guerre« in der französischen Résistance. Roger Lehardon und Robert Lewandowski waren weitere Decknamen, unter denen er schrieb. Das biographische Detail kann als signifikant für den Lebenslauf als ganzen verstanden werden: L. hat viele, verschiedenartige Leben gelebt und geträumt (»Gedichteträumer« nannte er sich einmal), schwankend zwischen Zukunftshoffnung und Verzweiflung. Am Anfang, 1915, steht der Aufruf »Wir wollen selbst die neue Welt errichten!«, am Ende, zurückgekehrt nach Deutschland, in die DDR, das schwarze Fazit: »Es regnet Steine«. L. hatte als Anwaltssohn eine behütete, ereignisarme Kindheit in der Provinz verbracht und dann Philologie und Jura in Berlin und Göttingen studiert. Erste praktische Erfahrungen als Jurist empfand er als abstumpfend und niederdrückend. Bei Kriegsausbruch 1914 meldete er sich als Freiwilliger, wandelte sich jedoch binnen Monaten zum Pazifisten. Er selbst hat ein Gespräch mit Walter Hasenclever, Ernst Rowohlt und Martin Buber in der Silvesternacht 1914/15 im Weimarer Hotel »Elephant« als zukunftsentscheidend bezeichnet. Die meiste Zeit des Krieges hat er, nach einem Verfahren vor dem Kriegsgericht, in Lazaretten und Irrenanstalten verbracht. Auf ein schmales Heft Kriegsgedichte (*Über den Schlachten*, 1914) folgte 1919 der Band *Chaos*, der alle Zyklen zum Kriegserlebnis, pro und contra, sammelt und L. als emphatischen Hasser des Krieges zeigt. Als solchen – und als Spartakussympathisanten, der er mittlerweile geworden war – stellte ihn dann auch Kurt Pinthus' berühmte Anthologie *Menschheitsdämmerung* (1919) vor. L. war zum messianischen Expressionisten geworden, der von der kommenden Revolution vorwiegend als einer geistig-seelischen sprach, aber doch auch an der Novemberrevolution 1918 und der Niederschlagung des Kapp-Putsches 1920 aktiv teilnahm. Bleibendes Verdienst hat er sich mit seinen *Polnischen Gedichten* (1918) erworben, einem damals singulären Plädoyer für das Selbstbestimmungsrecht des polnischen Volkes.

In den 20er Jahren lebte L. als ungemein produktiver Autor (Gedichte, Dramen, Hörspiele) und Verlagslektor der »Schmiede« (als Herausgeber der Reihe *Außenseiter der Gesellschaft*) in Berlin. Enttäuscht von der politischen Entwicklung und vom literarischen Betrieb in Berlin, ging er 1927 auf Einladung Hasenclevers nach Paris. 1932 erschien ein bemerkenswertes Buch: *Das Wort. Versuch eines sinnlichen Wörterbuchs der deutschen Sprache*, in dem L. die Wörter aus ihrer phonetischen Gestalt »klanglogisch« deutete. James Joyce war begeistert von diesem Experiment und forderte L. erfolgreich auf, an der deutschen Übertragung seines »work in progress« mitzuarbeiten. – Nach 1933 war L. einer der energischsten Aktivisten des antifaschistischen Exils und fungierte u. a. als Vorsitzender des »Schutzverbandes Deutscher Schriftsteller« (SDS) im Ausland, als Sekretär des »Vorläufigen Ausschusses zur Vorbereitung einer deutschen Volksfront« und als Mitherausgeber der »Deutschen Freiheitsbibliothek«. 1938 erschienen seine gegen die Naziherrschaft agitierenden *Gedichte* als Tarnschrift. Zwischen Oktober 1939 und 1945 war L., ständig von der Auslieferung an die Deutschen bedroht, in Lagern interniert (Le Vernet, Les Milles) oder in der Illegalität. Nach gelungener Flucht aus dem Auslieferungslager Les Castres am 22. 9. 1943 lebte er versteckt in Marseille und beteiligte sich am Kampf der Résistance. Unter den Mitexilierten verbreitete sich das Gerücht von seinem Tod; 1944 hielt Alfred Kantorowicz in New York eine Totenrede auf ihn. Von 1944 bis 1950 lebte L., zeitweise schwer krank, wieder in Paris. Erst 1950 kehrte er, der 1947 am 1. Deutschen Schriftstellerkongreß in Berlin teilgenommen hatte, in die DDR zurück. Man dankte es ihm nicht und beachtete ihn kaum. Dem Ministerpräsidenten Otto Grotewohl gestand L. im Spätherbst 1953, daß er am liebsten wieder emigrieren würde. Heute sind seine geschiedene Frau Susanne L. (eine sog. Renegatin) und vor allem sein Sohn Wolfgang (Yale University) bekannter als er selbst, einer der wichtigsten expressionistischen und antinazistischen Lyriker.

Werkausgabe: Rudolf Leonhard. Ausgewählte Werke 4 Bde. Hrsg. von Maximilian *Scheer*. Berlin 1961–1970.

Literatur: *Jentzsch*, Bernd: Rudolf Leonhard, »Gedichteträumer«. Ein biographischer Essay. Dokumente und Bibliographie. München/Wien 1984; *Scheer*, Maximilian (Hrsg.): Freunde über Rudolf Leonhard. Berlin 1958.   *Wolfgang Emmerich*

Lessing, Gotthold Ephraim

Geb. 22.1.1729 in Kamenz; gest. 15.2.1781 in Braunschweig

Eine von dem Dramatiker Heiner Müller geschaffene Theaterfigur stellt sich mit der folgenden Sentenz dem Publikum vor: »Mein Name ist Gotthold Ephraim Lessing. Ich bin 47 Jahre alt. Ich habe ein/zwei Dutzend Puppen mit Sägemehl gestopft das mein Blut war, einen Traum vom Theater in Deutschland geträumt und öffentlich über Dinge nachgedacht, die mich nicht interessierten.« Diese Absage an eine pathetisch-inhaltsleere Klassikerverehrung ist nur scheinbar provokant. In Wirklichkeit bleibt auch sie in den Vorstellungen befangen, die von jeher das Bild bestimmt haben, das man von der Person und dem Werk L.s entworfen hat. Da ist zunächst das Stereotyp vom unpoetischen Dichter, dessen keineswegs gemütvolle Stücke einer »dramatischen Algebra« gehorchen, die man nur »frierend bewundern« kann (Friedrich Schlegel); da ist ferner der Traum vom Theater und seiner nationalpädagogischen Aufgabe, zu deren Erfüllung nur das Publikum fehlte, wie L. am Ende seiner *Hamburgischen Dramaturgie* (1767–1769) resigniert feststellen muß; und da ist schließlich der Kritiker und bisweilen unversöhnliche Polemiker L., der mehr an der Form und der öffentlichen Wirkung seiner aufklärerischen Schriften als an den Inhalten oder der Wahrheit der jeweiligen Streitsache interessiert war. Man hat die Zeitumstände bedauert, unter denen der Autor gelitten hat, und gleichzeitig die konsequente Haltung bewundert, mit der er, trotz vieler mißlingender Pläne und unverschuldeten Unglücks als einer der ersten im »bürgerlichen« Zeitalter das Leben eines freien Schriftstellers führte. Diese Freiheit verdankte er vor allem seiner universalen Bildung.

Bereits im Kindesalter wird L. von seinem Vater, einem theologisch ehrgeizigen lutherischen Pfarrer, durch Privatunterricht auf seine schulische und universitäre Laufbahn vorbereitet, die selbstverständlich zum Predigeramt führen sollte. Die an den Kurfürsten von Sachsen gerichtete Bitte des Vaters, seinen Sohn als »Alumnus mit einer freyen Kost-Stelle« in die Fürstenschule St. Afra in Meißen aufzunehmen, wird 1737 gewährt. Der Schüler übertrifft die in ihn gesetzten Erwartungen. Nach der hervorragend bestandenen Aufnahmeprüfung (1741) und ersten Konflikten mit der Schulordnung (»ein guter Knabe, aber etwas moquant«) fügt sich L. schnell in das »klostermäßig« geregelte Leben der Eliteschule. Der umfangreiche Lehrplan berücksichtigt vor allem die alten Sprachen; Latein, Griechisch, Hebräisch; mit zeitgenössischer, gar deutscher Literatur oder Zeitschriften können sich die Schüler nur in den wenigen Nebenstunden oder privaten Kolloquien beschäftigen. Erste schriftstellerische Versuche entstehen jedoch schon während der Meißener Zeit. Als L. 1746 aufgrund seiner guten Leistungen vorzeitig entlassen wird, hat er im Gepäck nach Leipzig, wo er sich zum Theologiestudium immatrikuliert, den Entwurf zu dem Lustspiel *Der junge Gelehrte*, das 1748 von der Neuberschen Theatertruppe mit großem Erfolg aufgeführt wird. Unter einem Vorwand zitieren ihn die besorgten Eltern nach Hause, da sie mit Recht vermuten, daß er im Umgang mit einem als »Freigeist« verrufenen Verwandten, Christlob Mylius, sein Studium vernachlässigt habe. L. wechselt das Studienfach, ändert aber kaum seine

Lebensweise, die enger mit dem Theater als der Universität verknüpft ist. Es entstehen eine Reihe von Stücken, die sich äußerlich an die sächsische Typenkomödie anlehnen, die Publikumserwartung aber produktiv durchbrechen, indem sie Vorurteilshaltungen nicht bestätigen, sondern als solche entlarven (*Der Freygeist / Die Juden*, 1749). Um seinen Leipziger Gläubigern zu entgehen, zieht L. noch 1748 nach Berlin, wo er sich als Redakteur verschiedener Zeitschriften eine Existenzgrundlage schafft. »Ich lernte einsehen«, heißt es in einem Brief an die Mutter, »die Bücher würden mich wohl gelehrt, aber nimmermehr zu einem Menschen machen.« Das Studium hat er zwar dennoch mit einer philosophischen Magisterarbeit in Wittenberg abgeschlossen (1752), aber erst nachdem er sich einen Namen als Rezensent wissenschaftlicher und literarischer Neuerscheinungen erworben hatte, dessen Einfluß stetig wachsen sollte: »Sagt Er, die Schrift sey gut, so druckt sie jedermann« (Johann Wilhelm Ludwig Gleim 1755). Die Wirkung seiner Kritik beruhte auf ihrer dialogischen Form. Der Leser wird direkt angesprochen und in die Entwicklung des Gedankenganges einbezogen – zwangsläufig auch das Opfer der Polemik, wie der Pfarrer Samuel Gotthold Lange, dessen Horaz-Übersetzung L. kritisiert hatte, um die Entgegnung Langes mit einem *Vade Mecum* (1754) zu beantworten, das in seiner Unmittelbarkeit neue Maßstäbe für das sonst eher moderate Streitgespräch unter Gelehrten setzt: »Ein Glas frisches Brunnenwasser, die Wallung Ihres kochenden Geblüts ein wenig niederzuschlagen, wird Ihnen sehr dienlich seyn, ehe wir zur ersten Unterabtheilung schreiten. Noch eines Herr Pastor! Nun lassen Sie uns anfangen.«

Neben der Rezensionstätigkeit widmet sich L. weiterhin dem Theater. Er schreibt ein Fragment gebliebenes politisches Trauerspiel über den Berner Bürgeraufstand (*Samuel Henzi*, 1749) und gibt zusammen mit Christlob Mylius die *Beyträge zur Historie und Aufnahme des Theaters* heraus, die er ab 1754 als *Theatralische Bibliothek* allein fortsetzt. Eine Sammlung seiner Arbeiten erscheint zwischen 1753 und 1755 unter dem Titel *Schrifften*, darunter auch die »Rettungen« historisch verkannter Autoren. Ihre Rehabilitierung bildet das Gegenstück zur aktuellen Streitschrift. Während L. hier eindeutig Stellung nimmt, hält er zu den zeitgenössischen »Literaturparteien« auffällige Distanz. Gleichwohl beteiligt er sich an der poetologischen Diskussion, am erfolgreichsten mit seinem 1755 uraufgeführten »bürgerlichen Trauerspiel« *Miss Sara Sampson*, das die von Johann Christoph Gottsched gezogenen Gattungsgrenzen bewußt ignoriert. Die empfindsame Familientragödie verfehlte nicht ihre Wirkung auf das identifikationsbereite Publikum: »die Zuschauer haben drey und eine halbe Stunde zugehört, stille gesessen wie Statüen, und geweint«. Nicht zufällig entwirft L. zur selben Zeit eine Theorie der Affekterregung und ihrer moralischen Wirkung im Briefwechsel mit seinen Freunden Moses Mendelssohn und Friedrich Nicolai (1756/57). Die Tragödie »soll unsre Fähigkeit, Mitleid zu fühlen, erweitern«. Denn der »mitleidigste Mensch ist der beste Mensch, zu allen gesellschaftlichen Tugenden, zu allen Arten der Großmuth der aufgelegteste«.

In der Lebenspraxis ließ sich dieser aufklärerische Optimismus freilich seltener bestätigen als auf dem Theater. Noch während des Briefwechsels muß L. einen Prozeß gegen einen jungen Leipziger Kaufmann anstrengen, den er auf einer mehrjährigen Bildungsreise durch Europa begleiten sollte, die bei Ausbruch des Siebenjährigen Krieges unterbrochen worden war; seine Entschädigungsforderungen sind erst Jahre später anerkannt worden. Der Krieg vereitelt zwar L.s Reisepläne (»Dank sey dem Könige von

Preußen!«), verschafft ihm aber, paradox genug, zum ersten Mal eine feste Anstellung. Er gibt die Mitarbeit an den bei Friedrich Nicolai verlegten und vielbeachteten *Briefe(n) die Neueste Litteratur betreffend* (von 1759 bis 1765) auf und geht, völlig überraschend für seine Berliner Freunde, 1760 als Regimentssekretär nach Breslau. Patriotische Gefühle haben bei diesem Entschluß keine Rolle gespielt. Erst kurz zuvor hatte L. in seinem – lange unverstanden gebliebenen – Trauerspiel *Philotas* (1759) die Inhumanität des Krieges und den blinden Heroismus seiner »Helden« verurteilt. Die fluchtartige Abreise, über die sich L. selbst »jeden Tag wenigstens eine Viertelstunde« wundert, bedeutet keinen Bruch mit seinem bisherigen Leben als Schriftsteller. Die Breslauer Amtsgeschäfte lassen genügend Zeit für private Studien, und das Offiziersmilieu gibt ihm willkommene Gelegenheit, seine Spielleidenschaft zu befriedigen. Es entstehen Vorarbeiten zum *Laokoon* (1766) und nebenbei Milieustudien zur *Minna von Barnhelm oder das Soldatenglück* (1767), einer Komödie »von spezifisch temporärem Gehalt« (Johann Wolfgang Goethe), in der ebensooft von Liebe und Ehre wie von Geld die Rede ist und in die L.s Erfahrungen mit abgedankten Offizieren, Kriegskontributionen und dem preußischen Polizeiwesen in einer nicht nur die Zensurbehörden in Aufregung versetzenden Wirklichkeitsnähe eingegangen sind: das Berliner Publikum ist begeistert, während das Stück in Hamburg nur mäßigen Erfolg hat. L. ist zu dieser Zeit bereits als Berater und »Dramaturg« des neugegründeten »Nationaltheaters« in der Hansestadt, einem Unternehmen, das nach weniger als einem Jahr an dem mangelnden Publikumsinteresse scheitert: »Über den gutherzigen Einfall, den Deutschen ein Nationaltheater zu verschaffen, da wir Deutsche noch keine Nation sind!« (*Hamburgische Dramaturgie*, 101–104 St.) Als auch ein von L. mitgetragenes Verlagsunternehmen nicht den erwarteten Erfolg hat und die Schulden des nun wieder »freien« Schriftstellers wachsen, nimmt er eine ihm vom Braunschweiger Hof angebotene Bibliothekarsstelle in Wolfenbüttel an. Sein Gehalt ist jedoch so gering, daß die Heirat mit Eva König, einer Hamburger Kaufmannswitwe, mit der er sich 1771 verlobt, zunächst aufgeschoben werden muß. L. leidet unter der Einsamkeit in Wolfenbüttel, die er mit Reisen nach Dresden und Wien unterbricht, wo er auch neue Stellenangebote prüft. Zum Hofleben hält er Abstand. An Eva König schreibt er zum Jahreswechsel 1772/73, er sei »bey Hofe gewesen, und habe mit andern gethan, was zwar nichts hilft, wenn man es thut, aber doch wohl schaden kann, wenn man es beständig unterläßt: ich habe Bücklinge gemacht, und das Maul bewegt.«

Daß sein Trauerspiel *Emilia Galotti* (1772) wenige Monate zuvor im Rahmen eines höfischen Festes ohne Skandal uraufgeführt werden konnte, ist heute nur schwer vorstellbar. Der Mißbrauch fürstlicher Macht wird ebenso deutlich kritisiert wie die Ohnmacht des Bürgers geschildert, der seine Tochter tötet, um sie vor »der Schande« eines Mätressenschicksals zu bewahren; der heroische Schluß steht dabei jedoch im Widerspruch zu L.s eigener Forderung nach »Wahrscheinlichkeit der Umstände« und Charaktere *(Hamburgische Dramaturgie)*, die dem Zuschauer eine Identifikation mit der Hauptfigur im Sinne der Mitleidstheorie erlauben sollen. Entfernt sich L. hier bereits von seinen poetologischen Grundsätzen, gilt dies in noch weit stärkerem Maß von seinem letzten Stück, dem »dramatischen Gedicht« *Nathan der Weise* (1779), das als didaktisches Parabelspiel keinen festen Gattungsnormen mehr unterliegt. Es verdankt seine Entstehung den theologischen Auseinandersetzungen, die L.s letzte Wolfenbütteler Jahre bestimmen. Von rein theologischem Interesse scheint auch das erste Manuskript zu sein, das L. aus der umfangreichen Sammlung der Bibliothek zusammen mit einem Kommentar veröffentlicht (*Berengarius Turonensis*, 1770), ein »bisher völlig unerkannt gebliebenes« Dokument zum Abendmahlsstreit des 11. Jahrhunderts, mit dem der Herausgeber sich bei den lutherischen Theologen in »einen lieblichen Geruch von Rechtgläubigkeit« zu setzen weiß. Der Herzog erteilt ihm daraufhin Zensurfreiheit für die Publikation weiterer Beiträge *Zur Geschichte der Litteratur. Aus den Schätzen der Herzoglichen Bibliothek zu Wolfenbüttel* (1773–81), deren dritter Teil dann allerdings eine Abhandlung enthält, die L. weder in den »Schätzen« der Bibliothek entdeckt noch aus Gründen orthodoxer Rechtgläubigkeit in die *Beyträge* aufgenommen hat. Es handelt sich um einen Abschnitt aus der *Apologie oder Schutzschrift für die vernünftigen Verehrer Gottes* von Hermann Samuel Reimarus, einer radikal-deistischen und bibelkritischen Schrift, die L. von den mit ihm befreundeten Kindern des Hamburger Philologen nach dessen Tod erhalten hat.

Das erste daraus veröffentlichte *Fragment eines Ungenannten* (1774) bleibt zunächst unbeachtet. Durch eine längere Abwesenheit L.s von Wolfenbüttel wird die Veröffentlichung weiterer »Fragmente« unterbrochen. L. muß den jungen Prinz Leopold von Braunschweig auf einer mehrmonatigen Italienreise begleiten. Erst nach dieser erneuten Trennung von Eva König kann die Hochzeit im Oktober 1776 stattfinden. Im Dezember 1777 wird ein Sohn geboren, der »nur vierundzwanzig Stunden« lebt; am 10. Januar 1778 stirbt auch die Mutter. L. schreibt an einen Freund: »Lieber Eschenburg, meine Frau ist tot: und diese Erfahrung habe ich nun auch gemacht. Ich freue mich, daß mir viel dergleichen Erfahrungen nicht mehr übrig sein können zu machen; und bin ganz leicht.« Im Jahr zuvor waren fünf weitere Texte aus dem Reimarus-Nachlaß erschienen. Die Kritik der Theologen ließ nun nicht länger auf sich warten, und L. wurde als der Herausgeber jener »gotteslästerlichen Schriften« zur Verantwortung gezogen. In rascher Folge entstehen seine Verteidigungsschreiben und Repliken auf eine immer direkter werdende Kritik, die vor allem von dem Hamburger Hauptpastor Johann Melchior Goeze ausging. In ihrer Brillanz und sprachlichen Ausdruckskraft markieren diese polemischen Streitschriften (*Über den Beweis des Geistes und der Kraft*, 1777; *Eine Duplik*, 1778; *Eine Parabel. Nebst einer kleinen Bitte; Axiomata; Anti-Goeze 1–11*, 1778) einen Höhepunkt der Aufklärung in Deutschland. Da der Disput öffentlich ausgetragen wird und noch dazu in deutscher Sprache statt im exklusiven Gelehrtenlatein, beendet ein herzogliches Publikationsverbot die Kontroverse und enthüllt damit erst ihre politische Brisanz.

In dieser Situation erinnert sich L. an einen älteren Dramenentwurf, den er auszuarbeiten beginnt und dem Publikum, vor dem er im Fragmentenstreit zum Schweigen verurteilt ist, zur Subskription anbietet. »Es wird nichts weniger«, heißt es in einem Brief an den Bruder Karl, »als ein satirisches Stück, um den Kampfplatz mit Hohngelächter zu verlassen. Es wird ein so rührendes Stück, als ich nur immer gemacht habe falls ich nicht etwa die ganze Streitigkeit aufgeben wollte. Aber dazu habe ich noch ganz und gar keine Lust.« 1779 erscheint *Nathan der Weise*. So wie in diesem Stück der Unterschied von Vernunft und Offenbarung, von »Geist« und »Buchstabe« der Religion, von Toleranz, Humanität und ethischem Handeln poetisch gestaltet und in der Ringparabel zusammengefaßt wird, dominiert L.s deistisch inspirierter Theodizee-Gedanke auch die anderen Schriften des Spätwerks (*Ernst und Falk. Gespräche für Freymäurer*, 1778; *Die Erziehung des Menschengeschlechts*, 1780). An seinen Bruder Karl schreibt L. im April 1779: » Es kann wohl seyn, daß mein Nathan im Ganzen wenig Wirkung thun würde, wenn er auf das Theater käme, welches wohl nie geschehen wird.«

Inzwischen gehört der *Nathan* zum Lektürekanon der Schulen und zum festen Inventar der Theaterspielpläne, was der skeptischen Voraussage L.s indessen nur zum Teil widerspricht. Mehr denn je verdankt das Lehrstück religiöser Emanzipation seine Aktualität dem traurigen Umstand einer nicht bewältigten Vergangenheit, an die man zwar ungern, aber aus bestimmten Anlässen mit einiger Gewohnheit und entsprechend abnehmender Wirkung erinnert. Das aufklärerische Drama wird zum Argument, mitunter zum Alibi eines oberflächlichen Philosemitismus, der, unter Berufung auf eine vermeintlich unversehrte Tradition deutsch-jüdischer Symbiose, der Auseinandersetzung mit den historischen Gründen der nationalsozialistischen Rassenideologie und dem Fortbestehen eines antijüdischen Ressentiments ausweicht. Dabei ist gerade die Wirkungsgeschichte L.s unlösbar mit den Assimilationsbestrebungen der deutschen Juden im 19. Jahrhundert und ihrem spätestens seit der Reichsgründung deutlich werdenden Scheitern verknüpft. Entsprechend schwer hatten es das deutsche Publikum und die Literaturvermittler mit dem Aufklärer L. als dem Autor des *Nathan*. Man hat andere Teile des Werkes in den Vordergrund gerückt und sich ein Bild vom nationalen »Kämpfer« L. zurechtgedeutet, das sich jedoch bis heute nicht zum Porträt eines »Klassikers« runden lassen wollte.

Werkausgabe: Gotthold Ephraim Lessing: Werke. 8 Bde. Hrsg. von Herbert G. *Göpfert*. München 1978; Gotthold Ephraim Lessing. Sämtliche Schriften. Hrsg. von Karl *Lachmann*. 3. Aufl. besorgt durch Franz *Muneker*. 23 Bde. Stuttgart/Leipzig 1886–1924 (Neudruck Berlin 1968).
Literatur: *Barner*, Wilfried u.a.: Lessing. Epoche, Werk, Wirkung. München ⁵1987; *Jacobs*, Jürgen: Lessing. Eine Einführung. München/Zürich 1986; *Ter-Nedden*, Gisbert: Lessings Trauerspiele. Stuttgart 1986; *Guthke*, Karl S.: Das bürgerliche Trauerspiel. Stuttgart ³1984; *Hildebrandt*, Dieter: Lessing. Biographie einer Emanzipation. München/Wien 1979; *Neumann*, Peter Horst: Der Preis der Mündigkeit. Über Lessings Dramen. Stuttgart 1977.   *Friedrich Vollhardt*

Lewald, Fanny
Geb. 24.3.1811 in Königsberg; gest. 5.8.1889 in Dresden

»Sieht man der Frage der Frauen-Emanzipatoin fest in das Auge, so zerfällt sie in verschiedene Abteilungen. Es handelt sich erstens um die gleichmäßigen Bildungsmittel für die Frauen wie für die Männer, zweitens um die Freiheit, die angeborene Begabung und das durch Unterricht und Bildung erworbene Können und Wissen, gleich den Männern, zu eigenem Vorteil und zum Besten der Gesamtheit zu verwerten, und endlich um das Recht, gleich den Männern bei der Gesetzgebung innerhalb des Staates, dessen Genossen die Frauen sind, einen Einfluß und eine Mitwirkung zu haben.« Indem L. so argumentierte, zeigte sie sich also als eine frühe Feministin, eine Autorin, die sich konsequent für die Befreiung der Frauen eingesetzt hat? Gertrud Bäumer kommt zu der Einschätzung, »daß ihre *Osterbriefe* (1863) und *Für*

und Wider die Frauen (1870) das Beste sind, was in der ersten Generation der Frauenbewegung zur Sache gesagt ist«. Auch heute, nachdem L., die zu ihrer Zeit eine der meistgelesenen und wohl auch international bekannten Autorinnen war, dann aber in ›Vergessenheit‹ geriet, ›wiederentdeckt‹ wurde, lassen sich solch positive Einschätzungen finden. Gisela Brinker-Gabler bezeichnet L. als »konsequente Vorkämpferin der Frauenemanzipation« und wertet die Lewaldsche Lebensgeschichte als den »beispielhaften Weg einer bürgerlichen Frau aus Unterdrückung und Unselbständigkeit *ins Freie*«. Diese euphorischen Einschätzungen bedürfen einer Korrektur, blieb doch L. zeitlebens den patriarchalisch-bürgerlichen Vorstellungen verhaftet, wenn sie beispielsweise die Erwerbstätigkeit verheirateter Frauen als »ein Übel« betrachtet und davon ausgeht, »daß alle Mädchen es für das größte Glück erachten, einen geliebten Mann und gesunde Kinder zu haben«. Die Begrenztheit ihres Emanzipationsansatzes wird auch an der Beurteilung von Louise Aston deutlich, die durch ihr kurzgeschnittenes Haar und durch öffentliches Zigarrenrauchen für Aufsehen gesorgt hatte, diese ist für L. eine »nicht eben fördersame Vorkämpferin der Frauen-Emanzipation«. Vor- oder Leitbild können die L.schen Emanzipationsvorstellungen heute folglich nicht mehr sein, der exemplarische Charakter ihres Werks und ihrer Biographie liegt nun aber gerade darin, die Widersprüchlichkeit, die Zerrissenheit, aber auch die Anpassungsleistungen und die Zwiespältigkeit des Frauen-Emanzipationskonzeptes einer bürgerlichen Frau des 19. Jahrhunderts zu dokumentieren: »L.s Erinnerungsbuch ›Meine Lebensgeschichte‹ in dem sie ihre Mädchenjahre in Königsberg und ihre Anfänge als Schriftstellerin beschreibt, gehört zu den wichtigen Dokumenten über die Lebensverhältnisse bürgerlicher Frauen im 19. Jahrhundert. Es waren vor allem ihre darin beschriebenen Erfahrungen, die aus ihr später eine Anwältin für Frauenrechte machten« (Gisela Brinkler-Gabler). Dies sechsbändige Werk erschien erstmals 1861/62, geschrieben hat sie daran seit 1858.

L. wurde als älteste Tochter einer Kaufmannsfamilie in Königsberg geboren. Doppelt benachteiligt, wie sie bald lernen sollte, denn sie war jüdischer Herkunft und ein Mädchen. Diese doppelte Diskriminierung wurde von ihr in ihrem zweiten Roman *Jenny* aufgegriffen. Ihr Elternhaus war allerdings weniger durch die Religion bestimmt, mehr durch die preußisch-patriarchalische Haltung des Vaters. »Der Herr will es! Der Vater hat es gesagt! Das waren Aussprüche, welche für das ganze Haus die Unumstößlichkeit eines Gottesurteils hatten.« Der Vater widmete jedoch seiner ältesten Tochter viel Aufmerksamkeit, indem er sie in ihrem Bildungsdrang unterstützte. Seine Erziehung war rationalistisch, für ›weibliche‹ Schwächen war kein Platz. Wohingegen ihre Mutter ihr beständig, mit Blick auf ihre ›Bestimmung‹ als Ehefrau und Mutter, vorhielt, »daß nichts widerwärtiger und unbrauchbarer sei, als ein gelehrtes Frauenzimmer«. L. verehrte ihren Vater bis ins hohe Alter. Die Tatsache, daß er (und ihre Brüder, später der Ehemann) ihre Bücher vor Erscheinen lasen und dann die Erlaubnis zur Veröffentlichung gaben, erschien ihr nicht als Zensur. Im Gegenteil, nach dem Tod ihres Vaters überlegte sie selbst, ob ihre Äußerungen wohl sein Wohlgefallen finden würden – Selbstzensur! Auch in der Schule war ihr Wissensdrang auffällig, wurde aber sofort eingeschränkt; »Dein Kopf hätt' auch besser auf 'nem Jungen gesessen«, so der Schulrat. Bildung, ganz im Sinne der Aufklärung verstanden, blieb für sie ein Leben lang jedoch der Ansatz für die Emanzipation der Frau. Eine Bildung freilich, die das Ziel haben soll,

»einem vernünftigen Mann die passende Gefährtin« zu sein, und damit »der ganzen bürgerlichen Gesellschaft zu Gute« kommen soll. Damit ist dieses Bildungsideal weit davon entfernt, Frauen die Möglichkeit zu einem selbstbestimmten Leben zu geben.

Nach der Schulzeit erlebt sie den Wartestand der Bürgerstochter auf einen passenden Mann als quälend, sie hat das Gefühl, »überflüssig und unnütz« zu sein. Ihren Eltern widersetzt sie sich, da sie nicht bereit ist, einen ungeliebten Mann zu heiraten. In dieser Zeit entwickelt sie ihre Vorstellungen von der Ehe, die herrschende Konvenienzehe lehnt sie entschieden ab: »Mir sei die Dirne, die sich für Geld verkaufe, wenn sie nichts gelernt habe und ihre Familie arm sei, nicht halb so verächtlich als ein Mädchen, das genug gelernt habe, um sich zu ernähren, und sich für Haus und Hof verkaufe«. Sie plädiert für die Liebesheirat und befürwortet die Ehescheidung, Themen, die sie in den Romanen *Clementine* (1843) und *Eine Lebensfrage* (1845) bearbeitet.

Das Schreiben – der Anstoß kommt von einem Mann, auch die Erlaubnis vom Vater ist zwingende Voraussetzung – erlebt L. als persönliche Befreiung, als die Möglichkeit, endlich etwas Wichtiges zu tun. Dabei wird das Schreiben, so Regula Venske, »für L. zu einem Medium, in dem Aufbegehren *und* Anpassung stattfindet, in dem sie Freiräume entwickelt *und* zurücknimmt, Ausbruchsphantasien *und* Emanzipationsgedanken formuliert und diszipliniert«. Entsprechend dieser Erfahrungen fordert sie in ihren politischen Schriften und in ihren Romanen *Adele* (1855) und *Die Erlöserin* (1873) das Recht der Frauen auf Erwerb und auf eine adäquate Ausbildung. Sie läßt aber auch keinen Zweifel daran, daß der eigentliche Beruf der Frau es sei, Mutter und Ehefrau zu sein.

Da sie durch das Schreiben ihren eigenen Lebensunterhalt verdienen kann, nimmt sie als 34jährige eine eigene Wohnung – mit Erlaubnis des Vaters. Auf ihrer ersten Italienreise (1845) lernt sie ihren späteren Ehemann, Adolf Stahr, kennen, damals noch verheiratet und Vater von fünf Kindern – die Ehe mit L. kam erst 1855 zustande.

Emanzipation der Frau ist für L. wesentlich auf den Mann bezogen, Bildung und Erwerbstätigkeit sind diesem anzugleichen, bis zur Ehe. Die Möglichkeit eines selbstbestimmten – auch sinnlichen – Lebens, losgelöst von herrschenden bürgerlichen Normen sieht ihr Konzept nicht vor, die traditionelle Rollenverteilung und auch die Vormachtstellung des Mannes in Gesellschaft und Staat werden nicht angetastet.

Literatur: *Venske*, Regula: »Ich hätte ein Mann sein müssen oder eines großen Mannes Weib!« – Widersprüche im Emanzipationsverständnis der Fanny Lewald. In: Frauen in der Geschichte, Bd. 4, Düsseldorf 1983; *Brinker-Gabler*, Gisela: Einleitung zu ›Fanny Lewald, Meine Lebensgeschichte‹ · Frankfurt a. M. 1980.   *Kristine Tromsdorf*

Lichtenberg, Georg Christoph
Geb. 1.7.1742 in Ober-Ramstadt bei Darmstadt; gest. 24.2.1799 in Göttingen

Der Sohn des nachmaligen Landessuperintendenten seiner Heimat und Enkel eines erweckten Pietisten sollte eigentlich nach dem Willen seines hessischen Landesherren Ludwig IX. von Darmstadt an der Universität Gießen unterrichten – und wurde in Göttingen Professor. Er wollte nach zwei zusammen fast zweijährigen Englandaufenthalten für immer in London bleiben – und verließ Göttingen danach nur noch dreimal für je knapp eine Woche. Er wünschte sich, als Privatier in Gotha bei seinem Bruder Lebensabend und letzte Ruhestätte zu finden – und mußte doch wiederum Göttingen vorziehen.

Im Mai 1763 war er zum Studium an die ganz auf England hin orientierte Aufklärungsuniversität Göttingen gekommen. Nach dem damals üblichen »triennium academicum«, in dem er sich wacker mit Philosophie, Physik, Mathematik, ja sogar Baukunst und Fortifikation herumschlug und seine Fertigkeit im Englischen und im Zeichnen verbesserte, ernährte er sich von 1766 bis 1770 als »Hofmeister« reicher englischer Studenten, teilte also das Schicksal so vieler stellungsloser »Kandidaten« seines Zeitalters. Mit mehr Glück als die meisten von ihnen, denn diese Verbindung nach England fand den Gefallen des Universitätskurators und ermöglichte so seine Karriere: 1770 wurde er zum »Professor Philosophiae Extraordinarius« ernannt, 1775 zum »Ordinarius« und lehrte in Göttingen bis zu seinem Tode reine und angewandte Mathematik, Astronomie, physikalische Geographie, unterrichtete zuerst auch in Privatstunden englische Sprache. Vor allem aber seine Collegia über Experimentalphysik, in dieser Gestalt damals vielleicht einmalig, machten ihn weit über die Grenzen Kurhannovers und Deutschlands berühmt. Nicht bloß wegen der Anschaulichkeit seiner Versuche, in denen er aufs engste Forschung und Lehre vereinigte und z.B. mit Hilfe eines Drachens die Luftelektrizität demonstrierte oder im Kleinen die Ballonaufstiege seiner Zeitgenossen durch mit Wasserstoff gefüllte Schweinsblasen und gar deren Explosivität durch den elektrischen Funken in Fernzündung vorführte. Sondern auch wegen der Art seines Unterrichts, für die ihm Alexander von Humboldt 1790 dankbar schrieb: »Wahrheit an sich ist kostbar, kostbarer aber noch die Fertigkeit, sie zu finden.«

In der Provinzstadt Göttingen, fern den kulturellen und politischen Zentren, hat er seine kleineren Entdeckungen gemacht und ist öfter dicht an großen entlanggestreift, hat mit seinen elektrostatischen Entladungen als erster das Phänomen demonstriert, auf dem heute das Xerokopierverfahren beruht, und bei dieser Gelegenheit zur Schlichtung des Streits über die Frage, ob die Elektrizität aus einer oder zwei Materien bestehe, das von Franklin vorgeschlagene plus und minus als Benennung mit den Zeichen »+« und »–« durchgesetzt.

22 Jahre lang hat er als seinen »Mietzins«, wie er das nannte, den *Göttinger Taschen Calender* redigiert, den er größtenteils auch selber schrieb: Damit propagierte er angewandte Aufklärung und verfaßte Perlen deutscher Prosa obendrein. $4^{1}/_{2}$ Jahre hindurch gab er zusammen mit seinem Freund Georg Forster das *Göttingische Magazin der Wissenschaften und Litteratur* heraus. Viermal bearbeitete er, immer aufs neue korrigierend und

ergänzend, das Physiklehrbuch seines früh verstorbenen Kollegen und Studienfreundes Erxleben, das bis ins erste Jahrzehnt des 19. Jahrhunderts das Grundlehrbuch an allen deutschen Universitäten gewesen ist. Und damit hatte der Antisystematiker die willkommene Entschuldigung, das geplante und von ihm geforderte eigene Kompendium nicht zu schreiben.

Wie er überhaupt zu Lebzeiten mehr geplant als vollendet hat: Zweimal mindestens nahm er Anlauf zu einem großen satirischen Roman gegen Mißstände seines Zeitalters. Eine Autobiographie war vorgesehen, eine Auseinandersetzung mit der Theorie des Regens, mit dem archimedeischen Problem und der Wahrscheinlichkeitsrechnung und manches mehr, wovon wir nur die Titel kennen.

»Mit der Feder in der Hand« konnte er dennoch selbstbewußt von sich sagen, »habe ich mit gutem Erfolge Schanzen erstiegen, von denen andere, mit Schwert und Bannstrahl bewaffnet, zurückgeschlagen worden sind.« So bekriegte er mit durchgehaltener Ironie im *Timorus* (1773) den Zürcher Pfarrer Johann Kaspar Lavater, als der den Berliner Aufklärer Moses Mendelssohn aufforderte, vom jüdischen zum christlichen Glauben überzutreten. 1776 mischte er sich in die damals heftig geführte Diskussion über den Büchernachdruck ein mit den witzigen *Episteln an Tobias Göbhard*. 1777/78 griff er dann Lavaters Theorie einer »Physiognomik« an – und nicht bloß, weil er, wohl infolge einer Rachitis in seiner Kindheit, sich als kleines, verbuckeltes Männchen von dessen Heilslehre ausgeschlossen wußte. Denn die sah eine Entwicklung, dann aber auch Einteilung der Menschheit vor, deren Ziel zwar der schönste aller Menschen, der Gottessohn Christus, deren Beginn aber der Primat bildete. Ein letztes Mal, 1781/82, geißelte er Johann Heinrich Voßens ungehobeltes und borniertes Verhalten, als dieser seine Vorstellung der Transkription des griechischen Eta als »ä« durchsetzen wollte. Diese Satiren und Polemiken, die ihn unter seinen Zeitgenossen berühmt und gefürchtet gemacht haben, sind heute zwar außerhalb der Literaturgeschichten nahezu vergessen, ebenso wie seine *Ausführliche Erklärung der Hogarthischen Kupferstiche* (1794/99, Fragment), die im 19. Jahrhundert wahrscheinlich doppelt so hohe Auflagen erzielte wie seine sämtlichen übrigen Werke zusammen. Aber mit den 1600 von ihm überlieferten Briefen (geschrieben hat er wohl 6–8000, seine Korrespondenz reichte über ganz Europa) hat er sich einen Platz unter den Klassikern der deutschen Briefliteratur errungen.

Und nahezu drei Jahrzehnte hindurch zeichnete er sich regelmäßig in seinen *Sudelbüchern* Gelegenheitsnotizen auf. Sie wurden gleich nach seinem Tode in einer Auswahl bekannt gemacht, vollständig (sie sind zu etwa 60 Prozent im Original überliefert) jedoch erst im 20. Jahrhundert veröffentlicht; heute kennen wir anderthalb Tausend Druckseiten davon. Dieses Sammelsurium aus Exzerpten, witzigen Formulierungen, nachdenklichen Einfällen und selbstanweisenden Betrachtungen aus allen Bereichen des Lebens und Geistes, diese »Pfennigs Wahrheiten«, wie er selbst sie nannte, zeigen ihn zunächst als einen der schärfsten Beobachter und originellsten Köpfe seiner Zeit, als Philosophen auch, weil er die eigene Art zu denken demonstriert und lehrt, »Wahrheit zu finden«, und lassen ihn zumal erscheinen als einen Meister der Sprache und als Begründer des deutschen Aphorismus. In ihnen endlich artikuliert sich einer, der philosophisch mit Christian Wolff begann, die Engländer studierte und Immanuel Kant in sein Denken integrierte, ohne ihm doch sklavisch anzuhängen; der poetisch in der Lehre Gottscheds unterrichtet wurde, dann aber Gotthold Ephraim Lessing sich zum

Ideal nahm; dessen ästhetisches Bedürfnis zuerst von Christian Fürchtegott Gellert befriedigt werden konnte, bis er Henry Fielding und Laurence Sterne kennenlernte und am Ende gar Jean Paul begierig las. In diesen Entwicklungen aber zeigt sich auch jemand, der von fast jedem Zeitalter ›für sich‹ reklamiert werden konnte, ja zum ersten Autor des 20. Jahrhunderts hat man ihn bereits ernannt – und damit muß es nicht sein Bewenden haben.

Werkausgabe: Georg Christoph Lichtenberg: Briefwechsel. Hrsg. von Ulrich *Joost* und Albrecht *Schöne*. München 1983 ff; Georg Christoph Lichtenberg. Schriften und Briefe. Hrsg. von Wolfgang *Promies*. 4 Bde und 2 Kommentarbde. München 1967–1992.

Literatur: *Promies*, Wolfgang: Lichtenberg. Reinbek bei Hamburg ⁴1992; Lichtenberg-Studien. Hrsg. von und Ulrich *Joost*. 1989 ff.; *Jung*, Rudolf: Lichtenberg-Bibliographie. Heidelberg 1972 (regelmäßige Fortführung im Lichtenberg-Jahrbuch); *Mautner*, Franz H.: Lichtenberg. Geschichte seines Geistes. Berlin 1967; *Dencke*, Otto: Lichtenbergs Leben I. München 1944.

Ulrich Joost

Lichtenstein, Alfred
Geb. 23. 8. 1889 in Berlin; gest. 25. 9. 1914 in Vermandovillers/Somme

Ihr bevorzugtes Genre war das Gedicht, ihre Lieblingslandschaft die Großstadt. Sie zogen singend in den Krieg und starben jung. Das literarische Werk wie auch das Schicksal von L. ist in vielerlei Hinsicht exemplarisch für die Lyrik des deutschen Expressionismus und seiner Dichter: »Die Sonne fällt zum Horizont hinab./ Bald wirft man mich ins milde Massengrab.// Am Himmel brennt das brave Abendrot./ Vielleicht bin ich in dreizehn Tagen tot.//«

L. fiel im Alter von fünfundzwanzig Jahren wenige Wochen nach Kriegsbeginn an der Somme, unweit von Reims. Trotz einer fünf Jahre später von seinem Freund Kurt Lubasch herausgegebenen Werkausgabe blieben die Grotesken des Berliner Fabrikantensohnes bis Anfang der sechziger Jahre vergessen. Seit der Wiederentdeckung durch Klaus Kanzog gehört sein Gedicht *Die Dämmerung* zum vielzitierten Kanon expressionistischer Lyrik. Knapp ein Dutzend Buchtitel, Gedichtüberschriften und Verszeilen stehen stellvertretend für ein kurzes, doch durchgeformtes und dichtes Kapitel der deutschen Literaturgeschichte; zu ihnen gehören *Weltende* von Jakob van Hoddis, *Die Straßen komme ich entlang geweht* von Ernst Blass, Paul Boldts *Junge Pferde! Junge Pferde!*, *Und schöne Raubtierflecken...* von Ernst Wilhelm Lotz sowie Friedrich Wilhelm Wagners *Jungfraun platzen männertoll*. Die Zeit vor dem Ersten Weltkrieg drängte eine Generation großstädtischer Bürgersöhne zu grotesker Gestaltung in Vers und Prosa, allen voran Salomo Friedlaender, der sich Mynona nannte, doch keineswegs anonym bleiben wollte. L. gelang der literarische Durchbruch mit seinem Gedicht *Die Dämmerung*, das zwei Monate nach van Hoddis' *Weltende* und einen Monat nach *Die Jungfrau* von Ernst Blass in Herwarth Waldens *Sturm* veröffentlicht worden war: »An einem Fenster klebt ein fetter Mann./ Ein Jüngling will ein weiches Weib besuchen./ Ein grauer Clown zieht sich die Stiefel an./ Ein Kinderwagen schreit und Hunde fluchen.«

Im Gegensatz zu seinen von der Forschung als »ichdissoziiert« eingestuftem Dichterkollegen Hans Davidsohn, van Hoddis, wechselte L. von Café zu Café zwischen Ichbesessenheit und Selbstzweifel: die Welt als Panoptikum, Vorstadtkabarett und Irrenanstalt, als erotisches Varieté und weltstädtischer Kintopp mit Helden, Schönheiten und Abgründen. Sowohl thematisch als auch in ihrer Verflechtung von grotesker Form und apokalyptischer Vision erinnern L.s Verse an die Zeichnungen des Malerdichters Ludwig Meidner. Die Großstadt, ihre Straßen und Cafés, offenbart mondänes Flair und die verzerrte Idylle eines *Sonntagnachmittag*: »Auf faulen Straßen lagern Häuserrudel,/ Um deren Buckel graue Sonne hellt./ Ein parfümierter, halbverrückter Pudel/ Wirft wüste Augen in die große Welt.«

L., ein frühes Opfer deutscher Kriegslüsternheit, hatte eineinhalb Jahre vor Beginn des Ersten Weltkrieges und auf den Tag genau zwanzig Jahre vor der Berufung Adolf Hitlers zum Reichskanzler seine *Prophezeiung* niedergeschrieben: »Einmal kommt – ich habe Zeichen/ Sterbesturm aus fernem Norden./ Überall stinkt es nach Leichen./ Es beginnt das große Morden.«

Als das zweite »große Morden« begann, war sein Werk wieder vergessen. Dies, obwohl L. die gesellschaftlichen Widersprüche des Wilhelminischen Kaiserreichs, weit mehr als van Hoddis, im Gedicht thematisiert hatte. Neu ist in seinen Versen die motivische Legierung von Dekadenz und Apokalypse, von grotesker Naturlyrik und panischem Stimmungsgedicht – die Welt als große Mausefalle. L., ein Meister und großer Freund von Alliteration und Anapher, ordnete seine teils reimenden, teils freirhythmischen Gedichte, von denen rund einhundertdreißig veröffentlicht sind, in einer »Selbstkritik« vier Gruppen zu: »Die ersten achtzig Gedichte sind lyrisch. Im landläufigen Sinn. Sie unterscheiden sich wenig von Gartenlaubenpoesie. Der Inhalt ist die Not der Liebe, des Todes, der allgemeinen Sehnsucht.« Diese »Frühen Gedichte«, zum Teil noch auf dem Gymnasium entstanden und Mitschüler ironisierend, sind nur bedingt das, was er selbst abwertend als »lyrisch« bezeichnet hat. Kaum ein Vers erinnert an Gartenlaubenpoesie, ganz im Gegenteil: *Ich! Bekenntnisse einer schönen Seele* zählt zu den Wegbereitern des deutschsprachigen Chansons, des Kabaretts der zwanziger Jahre, ebenso *Der Bureaukrat* mit der Strophe: »Er war Pedant beim Militär,/ Im Leben und in Lieben./ Er hat ein dürres Eheweib/ Und Kinder hat er sieben.«

Es folgt die Gruppe »phantastischer, halb spielerischer Gebilde«. Sie sind trotz der vom Dichter selbst angeführten »Freude an reiner Artistik« mit wenigen Ausnahmen eher von geringer Kunstfertigkeit. Wedekinds Bühnenblut fließt durch Altenbergsche Kaffeehäuser. Im Mittelpunkt einer weiteren Versfolge steht *Die Dämmerung*. L. wollte in diesen Gedichten »die Unterschiede der Zeit und des Raumes« zugunsten der »Idee des Gedichtes« beseitigen; sur-reale Sprachbilder sollten »die Reflexe der Dinge unmittelbar – ohne überflüssige Reflexionen« aufnehmen.

Die letzte der vier vom Autor selbst unterschiedenen Gedichtzyklen bilden die Verse des von der Natur wie vom Leben gleichermaßen benachteiligten Kuno Kohn. Er diente seinem Verfasser als Kunstfigur und Pseudonym. Kohn, für den unter anderem der bucklige Richard aus dem Berliner Café des Westens Pate gestanden hat, ist das lyrische Ich der meisten von L.s literarischen Travestien deutscher Natur- und Stimmungs-lyrik, zugleich aber auch eine Figur seiner Skizzen und Geschichten.

Die Prosa von L. steht unter dem Einfluß Mynonas, Paul Scheerbarts und Carl Ein-steins. Ihre grotesken Helden sind Mieze Meier, Lisel Liblichlein, Konrad Krause und Kuno Kohn, schon im Namen ein groteskes Fabelwesen aus deutschem Raubritter jüdi-scher Herkunft. Auf die Ablehnung seiner Lyrik durch Georg Heym, Jakob van Hoddis, Ernst Blass und Kurt Hiller reagierte L. in seinen Geschichten, wie Klaus Kanzog nach-gewiesen hat, mit den parodierenden Gestalten eines Gottschalk Schulz, Max Mechen-mal, Spinoza Spaß und eines Dr. Bryller. Spielerische Formenvielfalt, bewußte Wieder-holung von Themen und Motiven, wilde Assoziationen und polternde Alliteration in den Namen großstädtischer Helden von durchweg melancholisch-exzentrischer Welt-sicht und meist sehr trauriger Gestalt sind charakteristisch für L.s Prosa. Noch zu Leb-zeiten führte das Skizzenhafte seiner Geschichten zum Vorwurf mangelnder dichteri-scher Disziplin. Obwohl spielerische Assoziation und der Verzicht auf lineares Erzählen Konzept war, fand L. zurecht zunächst als Lyriker Eingang in die Literaturgeschichte.

Erste Gedichte schrieb er als Schüler des Luisenstädtischen Gymnasiums in Berlin (1899–1909). Eineinhalb Jahre nachdem sich der Jurastudent in Berlin immatrikuliert hatte, erschien im September 1910 in Herwarth Waldens *Sturm* mit *Mieze Meier* ein erster Prosatext. Nach mehreren erfolgreichen Lesungen bei Autorenabenden der *Aktion* promovierte L. in Erlangen mit einer Arbeit über Urheberrechte an Bühnenwer-ken. Seine Militärzeit bei einem bayerischen Regiment mündete in die Mobilmachung zum Ersten Weltkrieg.

Seinem gebeugt durchs Leben gehenden Kuno Kohn legte L. ein autobiographisches Bekenntnis in den Mund: »Das Gefühl der vollkommenen Hilflosigkeit, das dich über-fallen hat, habe ich häufig. Der einzige Trost ist: traurig sein. Wenn die Traurigkeit in Verzweiflung ausartet, soll man grotesk werden. Man soll spaßeshalber weiterleben. Soll versuchen, in der Erkenntnis, daß das Dasein aus lauter brutalen hundsgemeinen Scher-zen besteht, Erhebung zu finden.« Sowohl die Gedichte als auch die Prosa L.s greifen Themen der Zeit auf, wie sie sich die Boheme zwischen Prag, Wien, München und Ber-lin stellte: Großstadtleben, Kaffeehäuser und Kneipen, Prostitution, Drogen, Wahn und Freitod. Besondere Bedeutung kommt bei L. der Vision des Krieges zu, seiner Angst vor, wie seinem Wunsch nach »Eisenklauen«, die eine menschlichere Ordnung als die des Deutschen Kaiserreiches schaffen sollten. Die Großstadt wird als bedrohlicher doch einzig denkbarer Lebensbereich dargestellt, dem allerdings sehnsuchtsvoll-phantasti-sche Landschaften gegenübergestellt werden. Das bei L. häufig wiederkehrende Lamento eines nächtlichen Heimkehrers, der durch die Straßen von Berlin läuft, wurde bislang ohne die mitschwingende Selbstironie und Bohemekoketterie interpretiert. Es gehört zu L.s Grotesken, das Tragische komisch, das Komische tragisch darzustellen, das Alltägliche monströs und die Monster des Alltags gewöhnlich.

Werkausgaben: Lichtenstein, Alfred: Gesammelte Gedichte. Kritisch hrsg. von *Kanzog*, Klaus. Zürich 1962; Lichtenstein, Alfred: Gesammelte Prosa. Kritisch hrsg. von *Kanzog*, Klaus. Zürich 1966.

Literatur: *Vollmer*, Hartmut: Alfred Lichtenstein. – Zerrissenes Ich und verfremdete Welt. Aachen 1988; *Küntzel*, Heinrich: Alfred Lichtenstein. In: Rothe, Wolfgang (Hrsg.): Expressionis-mus als Literatur. Bern/München 1969. S. 398–409.

Michael Bauer

Liliencron, Detlev von
Geb. 3. 6. 1844 in Kiel; gest. 22. 7. 1909 in Alt-Rahlstedt bei Hamburg

»Damals war Liliencron mein Gott, / ich schrieb ihm eine Ansichtskarte«, erzählt Gottfried Benn in einem seiner letzten Gedichte über eine Reise zu Anfang des Jahrhunderts. L. war der lyrische ›Gott‹ auch schon der »Modernen«, der »Jüngstdeutschen« um 1890 gewesen. Im Werk des zwanzig Jahre älteren aristokratischen Royalisten sahen die Revolutionäre verwirklicht, was sie in Drama und Roman anstrebten. Die Familie L.s war 1673 zu Reichsfreiherrn geadelt worden. Der Großvater hatte die Linie des Dichters um das Familienvermögen gebracht: Eine Leibeigene erzwang 1800 durch ihren Kniefall vor dem dänischen König – dem Landesherrn Schleswig-Holsteins – die Eheschließung, wodurch die Nachkommen von der ungeteilten Erbschaftsfolge ausgeschlossen waren. Auf diesen »schlechten, wilden, wüsten« Vorfahren, »der wie wahnsinnig hinter den Weibern her war«, führte L. seine »wilde Weiberlust« bis ins Alter zurück. Die fast lebenslange finanzielle Misere Friedrich Adolf Axel v. L.s – »Detlev« war sein »prénom de plume« – begann mit seinem Eintritt 1863 ins Preußische Heer. Vor den Kriegen von 1866 und 1870/71, an denen er mit Auszeichnung teilnahm, häufte er Schulden auf. Adlige Großzügigkeit und Nonchalance in Gelddingen verstrickten ihn in Kleinlichkeiten und Peinlichkeiten im bürgerlichen Sinne. 1875 mußte er als Premierleutnant wegen seiner Schulden den über alles geliebten Dienst quittieren und wanderte – wie sein Vorbild, der adlige Lyriker Nikolaus Lenau – in die USA aus. Nach wechselnden Tätigkeiten als Sprach- und Klavierlehrer, Bereiter, Anstreicher und Barpianist kehrte er im Februar 1877 nach Deutschland zurück. Ihm wurde eine kleine Pension gewährt, er durfte wieder Uniform tragen und wurde später Charakterhauptmann. Als Gesangslehrer gescheitert, strebte er, seit 1878 mit Helene Freiin von Bodenhausen verheiratet, den Staatsdienst an. Nach Verwendungen als Verwaltungschef von 1882 bis 1885 in Pellworm und Kellinghusen scheiterte er erneut wegen seiner alten Schulden bei Handwerkern, Gastwirten, Vermietern; er quittierte auch den öffentlichen Dienst, wurde geschieden, leistete den Offenbarungseid, seine gesamte Habe wurde gepfändet – die kleine Bibliothek und seinen Schreibtisch behielt er als Leihgaben treuer Freunde. 1883 war sein erster Gedichtband erschienen. Seine Dichtungen entstanden in den folgenden Jahren im größten Elend, auch unter realem Hunger: Kleinste Honorare, geringe Unterstützungen der Schillerstiftung wurden dem Briefträger von den Gläubigern fast aus den Händen gerissen. Unterhaltszahlungen an die zweite Ehefrau – die 1887 mit Auguste Brandt geschlossene Ehe wurde 1892 geschieden – schmälerten die Pension. Die Not wurde so groß, daß 1897 führende Persönlichkeiten des Kulturlebens zu einer öffentlichen Sammlung für L. aufriefen. Mit der dritten Ehefrau Anna Michael konnte er nur zusammenziehen, weil ein Freundeskreis um Elisabeth Förster-Nietzsche die Miete zahlte. 1901 gab L. seinen Namen für eine »Brettlbühne«, ein literarisches Kabarett, her – und mußte auf Gastspielreisen durch die Provinz tingeln. Ab 1903 erhielt er ein Gnadengehalt des Kaisers, die Rettung brachten die zahlreichen Ehrengaben in Form von Geldgeschenken zum

60. Geburtstag, bei dem L. gefeiert wurde wie nie zuvor oder später ein deutscher Dichter aus demselben Anlaß. Kurz nach seinem 65. Geburtstag und der Ehrenpromotion durch die Philosophische Fakultät der Universität Kiel starb er an einer Lungenentzündung. Seine Romane und Dramen waren nie erfolgreich; die von Thomas Mann als »erste Offenbarung des ›Realismus‹« gefeierten Novellen sind uns durch die vorherrschenden Kriegsthemen ferngerückt, von *Poggfred* (1896), »diesem göttlichen Feuilleton von einem Epos, diesem leichtesten, glücklichsten, kecksten, freiherrlichsten Gebilde der modernen Literatur« (Thomas Mann), trennen uns heute die Schwierigkeiten mit der Gattung »subjektives Epos« – geblieben sind die Gedichte des neben Friedrich Nietzsche und Conrad Ferdinand Meyer größten Lyrikers zwischen Spätromantik und Moderne.

Werkausgabe: Detlev von Liliencron. Sämtliche Werke. Hrsg. von Richard *Dehmel*. 15 Bde. Berlin 1904–08.

Literatur: *Heintz*, Günter (Hrsg.): Detlev von Liliencron: Gedichte. Stuttgart 1981; *Spiero*, Heinrich: Detlev von Liliencron. Sein Leben und seine Werke. Berlin und Leipzig 1913.

Volker Neuhaus

Liscow, Christian Ludwig
Geb. 26. 4. 1701 in Wittenburg; gest. 30. 10. 1760 in Berg/Eilenburg

Christoph Martin Wieland rief im Jahre 1756 laut nach einem neuen L., nach einem Mann, der die »übermütigen, kleinen Geister so lange mit der Satyre« züchtige, »bis sie das Schreiben auf ewig verschwören, und sich entschließen, in aller Stille sich selbst zu überleben.« Tatsächlich lebte L. 1756 noch, doch sein Wirken war schon zu Lebzeiten in Vergessenheit geraten. Das von Wieland den kleinen Geistern zugedachte Schicksal hatte ihren Zuchtmeister, den herbeigerufenen Satiriker, selbst getroffen. So kam es zu der von Johann Wolfgang Goethe in *Dichtung und Wahrheit* (1812) verewigten Legende, L. sei nach kurzem Wirken gestorben, »verschollen als ein unruhiger, unregelmäßiger Jüngling«, und zum Vorwurf der Banalität: er habe eben »das Alberne albern gefunden« – eine natürliche, aber nicht weiter förderliche Sache. In die Annalen der Literaturgeschichte ist L. als der Vertreter der Personalsatire eingegangen, als der erste deutsche Satiriker, der seinen Vernichtungswillen nicht nur an fiktiven Typen, wie sein Zeitgenosse Gottlieb Wilhelm Rabener, der Repräsentant der allgemeinen Satire, sondern ungehemmt an lebenden Opfern ausließ. In der durch Moraldoktrinen und Humanitätsideale reglementierten deutschen Literatur des 19. Jahrhunderts war deshalb für L. kein Platz mehr: Er geriet zunehmend in Mißkredit als halbmoralischer Unmensch, »als unverträglicher, boshafter Narr« (Friedrich Ebeling).

Nach einem Theologiestudium wurde L. zunächst Hauslehrer in Lübeck, dann Privatsekretär eines hamburgischen Geheimrats und schließlich Sekretär des sächsischen Premiers Heinrich Graf von Brühl. Wegen allzu offenherziger Äußerungen eingekerkert und aus dem Dienst entlassen, verbrachte er sein letztes Lebensjahrzehnt geruhsam auf dem glücklich erheirateten Gut Berg bei Eilenburg.

L.s umstrittene Bedeutung beruht auf seinen wenigen satirischen Feldzügen, die er in den Jahren 1732 bis 1736 unternahm. Anfangs in fremdem Auftrag, wurde das Polemisieren und die Lust am Erledigen hilfloser Gegner zu seiner zweiten Natur. Denn der Rostocker Naturrechtler Manzel, der in fremden Wissenschaften dilettierende Lübecker Theologe Heinrich Jakob Sivers, oder der Hallenser Rhetorikprofessor Johann Ernst Philippi waren keine ernstzunehmenden Gegner, die zu besiegen eine geistige Tat gewesen wäre. Insofern hat L. auch die größten Schwierigkeiten, sein lustvoll rüdes Vorgehen zu legitimieren, und in dieser Rechtfertigung versammeln sich bereits alle Argumente für und gegen den Typus der persönlichen Satire. Zwar verbrämt er seine unter dem Deckmantel der Anonymität vorgenommene Strafaktion als moralisch. Der Satiriker mache die Toren lächerlich, er verabreiche recht eigentlich Medizin: »Eine Satyre ist eine Arzeney, weil sie die Besserung der Thoren zum Endzweck hat; und sie hört es nicht auf zu seyn, wenn sie gleich, als ein Gift, den Thoren tödtlich ist. Denn in dem Tode, welchen sie verursachet, bestehet eben die Besserung der Thoren. Dieser Tod gereicht ihnen zum Leben. Sie sollen der Thorheit absterben und klug werden.« Selbstverständlich handelt es sich hier um eine Alibi-Argumentation, und L. selbst hat daneben die Vernichtung des Gegners und die Lust an der »Zeugung geistlicher Kinder« als eigentlichen Zweck betont. Denn zu welchen Folgen das öffentliche, aber anonyme Vorgehen L.s führte, belegt der tragische Fall Philippis. L.s »ohne den geringsten Skrupel« verfaßte Satire *Briontes der Jüngere, oder Lobrede auf den Hochedelgebornen und Hochgelahrten Herrn D. Johann Ernst Philippi ... gehalten in der Gesellschaft der kleinen Geister* (1732) schlägt bereits den ironischen Duktus an, den er auch in den folgenden, immer radikaleren Satiren beibehält *(Unparteiische Untersuchung,* 1733). Im Gutachten *Eines berühmten Medici glaubwürdiger Bericht* (1734) bescheinigt er dem von einer Wirtshausschlägerei ohnehin stark lädierten Philippi den Tod und widerlegt dessen öffentlichen Einspruch mit »schlagenden« Gründen *(Bescheidene Beantwortung der Einwürfe,* 1735). Sicherlich haben L.s Schriften zum gesellschaftlichen Abstieg Philippis beigetragen – der unglückliche Professor endete in der Irrenanstalt.

L.s scheinbar so moralisches, angeblich im Namen der »Königin Vernunft« geübtes Richteramt ist gerade in moralischer Hinsicht sehr anfechtbar. Seine polemischen Satiren – mit Ausnahme der letzten Schrift *Die Vortrefflichkeit und Notwendigkeit der elenden Skribenten, gründlich erwiesen,* (1734) – stehen hart an der Grenze zum juristisch einklagbaren Pasquill. Auch wenn er mit diesen Schriften tatsächlich zur Herstellung vernunftbegründeter Öffentlichkeit beitrug, so geschah es doch um einen hohen menschlichen Preis: Das Prinzip der Vernunft siegte zwar, aber auf Kosten der Humanität. L. als Vorläufer Lessings zu bezeichnen, mag etwas hoch gegriffen sein. Immerhin, beiden eignet eine gewisse Unbedenklichkeit in der Wahl der Mittel, wenn es darum ging, die eigene »Wahrheit« durchzusetzen. Jedenfalls war L. sich der Grenzen seines Tuns bewußt: »Ich weiß wohl, daß ich keine Riesen erleget; sondern nur mit Zwergen gekämpfet habe: und nichts in der Welt ist so geschickt, mich demühtig zu machen, als der Sieg, den ich über dieselben erhalten habe.«

Literatur: *Brummack,* Jürgen: Vernunft und Aggression. Über den Satiriker Liscow. In: Deutsche Vierteljahrsschrift für Literaturwissenschaft und Geistesgeschichte 49 (1975), Sonderheft 18. Jahrhundert, S. 118–137; *Saine,* Thomas P.: Christian Ludwig Liscow: The First German Swift. In: Lessing Year Book 4 (1972), S. 122–156; *Tronskaja*, Maria: Die deutsche Prosasatire der Aufklärung. Berlin 1969, S. 17–40; *Lazarowicz*, Klaus: Verkehrte Welt. Vorstudien zu einer Geschichte der deutschen Satire. Tübingen 1963, S. 28–71.

Gunter E. Grimm

Logau, Friedrich von

Geb. 24. 2. 1605 in Brockuth b. Nimptsch/Schlesien; gest. 25. 8. 1655 in Liegnitz

»Bald werden wir einen von unsern besten alten Dichtern wieder unter uns aufleben sehen«: Mit diesen Worten kündigte Gotthold Ephraim Lessing im 36. Literaturbrief (*Briefe, die neueste Literatur betreffend*, 26. 4. 1759) die gemeinsam mit Karl Wilhelm Ramler herausgegebene Auswahl aus L.s *Sinngedichten* an, die wenig später erschien und den bedeutenden Epigrammatiker wieder der literarischen Öffentlichkeit zugänglich machte. L. ist einer der Autoren, die nur mit einem Werk in die Literaturgeschichte eingegangen sind, nicht, weil seine anderen Texte vergessen worden wären, sondern weil er, wie Lessing schreibt, in der Tat wenig mehr als ein »Epigrammatist« war. Geboren wurde er auf dem Familiengut im schlesischen Herzogtum Brieg. Sein ungewöhnlich langer Schulbesuch in Brieg von 1614 bis 1625 erklärt sich aus den Kriegswirren, die immer wieder Unterbrechungen verursachten. Von 1625 bis 1631 studierte er Jura an der Universität Altdorf, übernahm dann das verschuldete und verwüstete Familiengut und trat – gewiß auch aus finanziellen Erwägungen – in den Dienst des Brieger Hofes. 1644 wurde er zum Rat ernannt, zehn Jahre später wechselte er im Zug einer Erbteilung nach Liegnitz über.

Ein Jahr zuvor war sein Hauptwerk unter einem Pseudonym erschienen, *Salomons von Golaw Deutscher Sinn-Getichte Drey Tausend*, dem nur einige Gelegenheitsgedichte und – schon 1638 – eine erste kleine Epigrammsammlung vorausgegangen waren. »Kein Deutscher hat noch nie / (ließ ich mich recht berichten) Gevöllt ein gantzes Buch / mit lauter Sinn-Getichten«, schreibt er und begegnet möglichen Einwänden gegen »Meng und Uberfluß« der Epigramme mit einem Hinweis auf die unendliche Zahl der Zeugnisse von Gottes Wirken und menschlicher Handlungen: »Geh zehle mir die Stern und Menschliches Beginnen!« So spiegelt sich in der Vielzahl der Epigramme – es sind genau 3560 – die Fülle der Erscheinungen, die »Menge Menschlichen Fürhabens«. Doch das Spiegelbild zeigt eine Welt, die in Unordnung geraten, »verkehrt« ist: »Die Welt ist umgewand«, heißt es an einer Stelle.

Die Maßstäbe für seine kritisch-satirische Auseinandersetzung mit der zeitgenössischen Wirklichkeit nimmt L. aus einer idealisierten Vergangenheit, einer statischen, hierarchisch gegliederten Welt, in der noch die »alten deutschen Tugenden« wie Treue, Redlichkeit und Frömmigkeit herrschten, in der man noch nichts von der neuen »politischen« Moral wußte. Vor dem Hintergrund der (verklärten) altständischen Gesellschaft beurteilt er Ereignisse, Institutionen und menschliches Verhalten der Gegenwart, wendet er sich gegen Neuerungen und verteidigt das Überkommene, tritt er für religiöse Tole-

ranz ein. Der Klage über das »Hofe-Leben« und die Anmaßung der Städte und Bürger
stellt der Hofmann die Sehnsucht nach dem Landleben gegenüber und greift zur alten
Gattung des Landlobs, um ein neustoisch geprägtes Gegenbild zur lasterhaften Welt des
Hofes und der Stadt zu entwerfen. »Neuerung gefährlich«, lautet die Überschrift eines
Epigramms, das L.s konservatives Weltbild illustriert: »Das böse wol gestellt laß stehen
wie es steht / Es ist noch ungewiß wie neues abegeht.«

Werkausgabe: Friedrich von Logau. Sämtliche Sinngedichte. Hrsg. von Gustav *Eitner*. Tübingen
1872. Nachdruck Hildesheim/New York 1974.

Literatur: *Verweyen*, Theodor: Friedrich von Logau. Ein unbekanntes Gedicht und Hinweise zur
Biographie des Autors. In: Euphorion 83 (1989). S. 246–260; *Elschenbroich*, Adalbert: Friedrich von
Logau. In: Harald *Steinhagen*/Benno von *Wiese* (Hrsg.): Deutsche Dichter des 17. Jahrhunderts. Berlin 1984. S. 208–226; *Wieckenberg*, Ernst-Peter: Nachwort zu Friedrich von Logau: Sinngedichte.
Stuttgart 1984; Ders.: Logau – Moralist und Satiriker. In: Volker *Meid* (Hrsg.): Gedichte und
Interpretationen. Bd. 1. Stuttgart 1982. S. 257–266. *Volker Meid*

Lohenstein, Daniel Casper von
Geb. 25. 1. 1635 in Nimptsch/Schlesien; gest. 28. 4. 1683 in Breslau

Die Kunst des »Schleßischen Marin«, schrieb Johann Jacob
Bodmer 1734 über Christian Hoffmann von Hoffmannswaldau, »steckte Teutschland an«, »der hochgefärbte Schein Nahm
bald das junge Volck von leichten Sinnen ein«. Zu den Angesteckten gehörte nicht zuletzt L., bei dem die entschiedenste
Steigerung des »barocken« Bildstils erkennbar wird, so daß er –
mehr als jeder andere Dichter des ausgehenden 17. Jahrhunderts – der Folgezeit als exemplarischer Vertreter von
»Schwulst« und »Unnatur« galt. Die Zeitgenossen dachten
anders darüber und urteilten, daß er die deutsche Poesie durch
»viel neues« bereichert habe und »absonderlich in sententien /
gleichnissen / und hohen erfindungen sich (als) höchstglücklich erwiesen« habe (Benjamin Neukirch, 1695).

Daniel Casper – den erblichen Adelstitel mit dem Prädikat »von Lohenstein« erhielt
sein Vater, Ratsherr in Nimptsch und kaiserlicher Zoll- und Steuereinnehmer, erst 1670 –
besuchte das Magdalenengymnasium im vom Krieg verschonten Breslau von 1642 bis
1651, studierte dann von 1651 bis 1655 Jura in Leipzig und Tübingen und ließ sich nach
einer Bildungsreise in die Schweiz und die Niederlande 1657 als Anwalt in Breslau nieder.
Hier entstanden seine nach den jeweiligen Schauplätzen so genannten afrikanischen bzw.
römischen Trauerspiele: *Cleopatra* (1661, 2. Fassung 1680) und *Sophonisbe* (1. Aufführung
1669, Druck 1680) bzw. *Agrippina* (1665) und *Epicharis* (1665). Vorausgegangen war das
erste türkische Trauerspiel *Ibrahim Bassa* (1653), ein Stück aus seiner Schulzeit, und ein
weiteres Türkendrama, *Ibrahim Sultan* (1673), beschließt die Reihe der dramatischen
Arbeiten. Anders als in den Märtyrerdramen von Andreas Gryphius geht es hier nicht
mehr um die Entscheidung zwischen Zeit und Ewigkeit, Diesseits und Jenseits, sondern
die Konflikte sind durchaus innerweltlich (ohne daß aber die Transzendenz ganz ausge-

schaltet wäre). Die Antithese von Vernunft und Leidenschaften bestimmt das menschliche Handeln; Sieger im politischen Machtkampf bleibt der, der seine Affekte beherrschen kann. Zugleich suggerieren die emblematischen »Reyen« einen unabänderlichen Geschichtsverlauf, den ein nicht näher bestimmtes »Verhängnis« regiert, eine Konstruktion, die zu einem Preis der Herrschaft des Hauses Habsburg als Ziel der Weltgeschichte benutzt wird.

Nach einer kurzen Tätigkeit als Regierungsrat des Fürstentums Oels (1668 bis 1670) trat L. – inzwischen Gutsbesitzer und seit 1657 verheiratet – 1670 in den Dienst der Stadt Breslau, zunächst als Syndicus, ab 1675 als Obersyndicus, und führte in seiner Funktion als Rechtsberater des Rates der Stadt erfolgreiche diplomatische Verhandlungen in Wien. Er konnte das Wiener Kabinett von der Loyalität der überwiegend protestantischen Stadt überzeugen und verhindern, daß sie mit einer Garnison belegt wurde.

Die »Nebenstunden« sind literarischen Projekten gewidmet, die – sieht man von der Lyrik ab (*Blumen*, 1680) – seine politischen und historischen Interessen deutlich machen. 1672 erscheint seine Übersetzung von Baltasar Graciáns *El Político D. Fernando el Católico (Staats-Kluger Catholischer Ferdinand)*, ein absolutistischer Fürstenspiegel, doch das große Werk seines letzten Jahrzehnts ist der *Arminius*-Roman, der 1689 – 90 postum gedruckt und von Kritikern wie Christian Thomasius mit höchstem Lob bedacht wurde: die Geschichte Hermanns des Cheruskers als eine Art gigantischem weltgeschichtlichem Schlüsselroman, der Ereignisse und Personen neuerer Zeit in verdeckter Form einbezieht und als Kommentar zur aktuellen politischen Lage und als Warnung vor den Folgen der »deutschen Zwietracht« begriffen werden will. Kurz vor Vollendung des riesigen Werkes – es wurde von Christian Wagner, einem Leipziger Prediger, zu Ende geführt – starb L. »durch einen unvermuteten Schlag-Fluß«.

Werkausgabe: Türkische Trauerspiele, Römische Trauerspiele, Afrikanische Trauerspiele. Hrsg. von Klaus Günther *Just* 3 Bde. Stuttgart 1953 – 57; Großmüthiger Feldherr Arminius. Mit einer Einführung von Elida Maria *Szarota*. 2 Bde. Hildesheim/New York 1973.
Literatur: *Béhar*, Pierre: Silesia Tragica. Épanouissement et fin de l'école dramatique silésienne dans l'œuvre de Daniel Casper von Lohenstein. 2 Bde. Wiesbaden 1988; *Meyer-Kalkus*, Reinhart: Wollust und Grausamkeit. Affektenlehre und Affektdarstellung in Lohensteins Dramatik am Beispiel von »Agrippina«. Göttingen 1986; *Spellerberg*, Gerhard: Daniel Casper von Lohenstein. In: Harald *Steinhagen*/Benno *von Wiese* (Hrsg.): Deutsche Dichter des 17. Jahrhunderts. Berlin 1984. S. 640– 689; *Asmuth*, Bernhard: Daniel Casper von Lohenstein. Stuttgart 1971 ; *Gillespie*, Gerald/*Spellerberg*, Gerhard (Hrsg.): Studien zum Werk Daniel Caspers von Lohenstein. Amsterdam 1983.

Volker Meid

Löns, Hermann

Geb. 29.8.1866 in Culm (Westpreußen), als Kriegsfreiwilliger gefallen bei Loivre 26.9.1914.

»Es gibt keine internationale Kunst; alles mögliche kann international sein, nur Kunst nicht, denn Kunst ist in ihrer primitivsten Form wie in ihrer höchsten Verfeinerung immer etwas Nationales, sogar das Nationalste des Volkes, und wenn sie auch bei einem hochzivilisierten Volke einzelner Menschen, der Künstler, privat-persönliches Werk zu sein scheint, ist das nur scheinbar der Fall: der Künstler ist das Werkzeug, mit dem sein Volk Kunstwerke schafft.« Kein Zweifel, L. verdankte seinen literarischen Ruhm nicht zuletzt seiner in einigen der erfolgreichsten Werke deutlich zur Schau gestellten völkisch-nationalen Einstellung.

L., dessen Vorfahren seit Jahrhunderten als z. T. sehr gebildete und literarisch aktive Apotheker, Lehrer, Organisten und Küster tätig waren (L. dagegen hätte sich gern als Bauernnachkömmling gesehen), wuchs in einem Lehrerhaushalt in Westpreußen und Pommern unter neun Geschwistern auf. Er entwickelte schon früh Interesse an Natur und Naturwissenschaften und beschäftigte sich beinahe sein ganzes Leben lang intensiv mit beschreibender Regionalbiologie, u. a. mit Schnecken (deren eine, Planorbis drostei, er nach A. Droste-Hülshoff benannte) und Holzläusen. Nach dem Umzug der Familie ins westfälische Münster 1884 vertiefte L. seine Kenntnisse von Flora und Fauna. Nach dem Schulabschluß studierte er erfolglos in Münster und Greifswald auf Druck des Vaters Medizin und kehrte nach einem kurzen Aufenthalt in Göttingen 1889 nach Münster zurück, wo er sich nach dem Bruch mit dem Vater bis zum Herbst 1891 durchschlug. Nach kurzer journalistischer Tätigkeit in Kaiserslautern und Gera, die auch durch seine Trunksucht ein Ende fand (die ihm neben belegten Depressionen zeitlebens wohl ziemlich regelmäßig zu schaffen machte und wahrscheinlich auch hinter seinem angeblichen Irresein bei Vollmond stand), wandte sich das Blatt für ihn 1893 überraschend: Er wurde als Journalist in Hannover durch seine Zeitungsglossen im Bürgertum schlagartig bekannt und blieb bis heute in und um Hannover als Journalist und Schriftsteller eine schon sprichwörtliche Berühmtheit.

L.' Ruhm beruht aber weniger auf seinen (teilweise beachtlichen) journalistischen und naturwissenschaftlichen Leistungen als vielmehr auf seinen fünf Romanen, die ab 1909 erschienen (*Das letzte Hansbur*, 1909; *Der Wehrwolf*, 1910; *Dahinten in der Heide*, 1910; *Das zweite Gesicht* 1912; und *Die Häuser von Ohlenhof*, 1917), von denen insbesondere *Der Wehrwolf*, eine in den Dreißigjährigen Krieg verlegte präfaschistische Gewaltorgie mit implizitem Gegenwartsbezug zur angeblich allgegenwärtigen Bedrohung Deutschlands durch alle möglichen finsteren Mächte, ihn zu einem der meistgelesenen deutschen Schriftsteller der ersten Jahrhunderthälfte machte.

Auch seine anderen Romane tragen z. T. starke Züge von Fremdenfeindlichkeit und verherrlichen als das Paradigma des Deutschtums die Heidelandschaft um Celle und Lüneburg und ihre an die Scholle gebundenen Bewohner, die nach L. ganz einem eigenen, für andere kaum nachvollziehbaren Pflichtenkodex ihrer überschaubaren Gemeinschaft leben. Diese Werke kreisen um das im »Stamm« oder der Familie liegende über-

individuelle Schicksal, das sich letztlich und für den einzelnen oft zwangsläufig im Bau-
erntum mit hier und da noch erkennbaren heidnischen Wurzeln erfüllt. Diese Werke
transportieren eine antizivilisatorische, nationalistische und teilweise rassistische Hei-
matideologie, die sich gegen alles Moderne stemmt: »Unsere Parteipolitik, unsere
Kunst, unser Feuilleton, lieber Mann, es ist wie der Asphalt; es sieht glatt und sauber aus,
und besieht man es in der Sonne, dann klebt es und stinkt. Ich danke ergebenst! Ich will
das werden, was meine Ahnen waren: ein Bauer und von dem ganzen Stadtkrempel mit
seiner Talmikultur keinen Schwanzzipfel mehr sehen.« Das *zweite Gesicht*, mit einer
bisherigen Auflage von über einer Million Exemplaren ähnlich erfolgreich wie der
Wehrwolf, behandelt auf einem ähnlichen ideologischen Hintergrund mit autobiographischen Einschlägen eine Mann-Frau-Beziehung, in der sich L.' oftmals nicht unproble-
matische Beziehung zum anderen Geschlecht niederschlägt. Die ihm bis heute nachgesagten Dutzende unehelicher Kinder, die er in der Heide hinterlassen haben soll, sind
Fiktion. Es dürfte aber in einigen Kreisen Anstoß erregt haben, daß er nach dem Scheitern auch seiner zweiten Ehe offen mit einer ehemaligen Hausangestellten der ehemaligen Familie zusammenlebte.

L.' heutige Bedeutung liegt eher auf einem anderen Gebiet, das sich ursprünglich auch
aus seiner journalistischen Arbeit entwickelte: der Jagd- und Tiergeschichte, in der er
aus seiner intimen Naturkenntnis und intensiven Jagdleidenschaft heraus zum Teil
äußerst einfühlsam und kenntnisreich, wenn auch stark vermenschlichend, plastische,
exakt beobachtete Naturschilderungen liefert. Natur hat hier für ihn einen typischen
Stellenwert als Schauplatz des erbarmungslosen Existenzkampfes ebenso wie als idyllischer Gegensatz zur Großstadt erhalten, fungiert aber auch als ein Ort, der in einzelnen
Tierschicksalen der (Selbst-)Versicherung eines allgemein Humanen dient (*Mümmel-
mann*, 1909). L. steht in diesen Geschichten der realen Natur als einer ohne den Menschen eigenständigen, voll entwickelten Lebensform wertkonservativ gegenüber und
zeigt störende Eingriffe durch den Menschen auf, kultiviert aber auch die Rolle des
Bauern und Jägers als Naturschützer. L., der kleinere Formen sichtlich am besten
beherrschte, hat hier in seinem unprätentiösen, der (plattdeutschen) Umgangssprache
bewußt angenäherten Idiom, das manchmal unter gewollter Witzigkeit und lächerlichen Neologismen leidet, wesentliches zur Gattung der Natur- und vor allem Jagd-
geschichte in der deutschen Literatur beigetragen. Er war als einer der wesentlichen
Förderer der Naturschutzbewegung auch an der Einrichtung von Naturschutzgebieten
beteiligt (Lönsheide bei Wilsede) und kann in dieser Hinsicht nicht nur aufgrund seiner
Schriften eine gewisse Vorreiterrolle beanspruchen.

Wurde L. zu seinen späten Lebzeiten und bis zum Zweiten Weltkrieg außer durch seine
im national gesonnenen Bürgertum populären Romane und die Naturschilderungen
auch durch volksliedhafte Lyrik (vor allem in der Wandervogelbewegung) sehr populär,
ist seine Wirkung seit dem Zweiten Weltkrieg weitgehend auf Niedersachsen
beschränkt: er gilt als *der* Heide- und hannöversche Heimatschriftsteller schlechthin
und hat außer in der Jägerschaft kaum überregionale Bedeutung und Leserschaft mehr.
Sein Lebenswandel, der trotz allem Chauvinismus gering entwickelte Antisemitismus,
sein jugendliches Geplänkel mit der Sozialdemokratie nebst verschiedener politischer
Querelen um die Rückführung seiner in den dreißiger Jahren auf einem französischen
Acker aufgefundenen Gebeine verhinderten eine Rolle als Säulenheiliger des Faschis-

mus, seine regionale thematische und sprachliche Bezogenheit steht einer über das Hannöversche hinausgehenden Beliebtheit entgegen. Die Literaturwissenschaft hat sich kaum ernsthaft mit L. beschäftigt, die Welle an oft skurriler Sekundärliteratur aus dem Bekanntenkreis, die sich post mortem an seinen Verkaufserfolg anzuhängen suchte, ist lange abgeebbt – lediglich einige seiner Tiergeschichten und Heideschilderungen dürften dauerhaft überleben.

Werkausgabe: *Löns*, Hermann: Gesamtausgabe. Hrsg. von *Deimann*, Wilhelm. 5 Bände. Hamburg 1960.

Literatur: *Anger*, Martin: Hermann Löns. Schicksal und Werk aus heutiger Sicht. 2. Auflage Braunschweig 1986; *Kothenschulte*, Uwe: Hermann Löns als Journalist. Dortmund 1968. *Deimann*, Wilhelm: Hermann Löns. Der Künstler und Kämpfer. Hannover 1935. *Harald Borges*

Loerke, Oskar
Geb. 13. 3. 1884 in Jungen/Weichsel; gest. 24. 2. 1941 in Berlin-Frohnau

Der Sohn eines Ziegelei- und Hofbesitzers aus der Weichselniederung reiste und wanderte gern, es waren L.s extensivste Erfahrungen, mit der Welt, vor allem mit der Natur in Kontakt und Dialog zu kommen. Seine weiteste Reise führte ihn nach Nordafrika, dank eines Reisestipendiums des »Norddeutschen Lloyd«, das er in Verbindung mit dem 1913 verliehenen Kleist-Preis erhielt. Seinen Niederschlag fand solche Welterfahrung in ausführlichen Beobachtungen und Reflexionen der Tagebücher (*Tagebücher 1903–1939*, 1955; *Reisetagebücher*, 1960), aber auch im literarischen Werk (*Wanderschaft*, 1911; *Gedichte*, 1916, unter dem Titel *Pansmusik* 1929; *Die heimliche Stadt*, 1921). L.s Gedichte, auch die Erzählungen, kreisen um das Thema einer überpersönlichen, raum- und zeitübergreifenden Ordnung der natürlichen Dinge, von welcher der Mensch ausgeschlossen ist, solange er ihr nur immer als ichzentriertes Subjekt gegenübertritt. L.s Dichtung zeichnet Weisen von Erfahrung und Anschauung nach, die diese Grenzen überschreitbar werden lassen. Frühe expressionistische Spracheinflüsse werden schnell abgebaut, L.s Bild- und Sprachwelt ist diszipliniert bis hin zum angestrengten Rigorismus, mißtrauisch gegen gefühliges Erleben: »Ich hatte mein Erleben heimzuleiten in die Form seiner Existenz durch Sprache.« Seine Werke waren keine großen Publikumserfolge, doch wurden sie rasch mit ihren Neuerungen von Perspektive und Bildwahl als Vorbild wirksam und von anderen Lyrikern übernommen (Wilhelm Lehmann, Elisabeth Langgässer, Günter Eich, Karl Krolow). Die Anforderungen des Berufs, später die politischen Zeitumstände, zum Ende hin zunehmende Kränklichkeit schränkten seine Reisen mehr und mehr ein, banden ihn an Berlin. Nach seiner Tätigkeit als Dramaturg am Theaterverlag (seit 1914) war L. ein Vierteljahrhundert, von 1917 bis zu seinem Tode, als Lektor für den S. Fischer-Verlag in Berlin beschäftigt, entdeckte und förderte Autoren, rezensierte Bücher im *Berliner Börsen-Courir* (gesammelt in *Der Bücherkarren*, 1965). Er wurde als Lyriker, Essayist und Kritiker gleichermaßen zur respektierten Autorität, pflegte wenige, aber intensive Freundschaften (z. B. zu Wilhelm Lehmann). Im Jahr 1926 wurde er zum Senator der »Preußischen Akademie der Künste« bestellt, 1928 zum ständigen Sekretär in deren »Sektion für Dichtkunst«. Ein erfolgreiches Leben, das 1933 mit der Machtübernahme durch die Nationalsozialisten einen tiefgreifenden Bruch erfuhr. Er mußte den Posten in der Akademie räumen, seine Verlagsarbeit war gefährdet, der gewohnte Tätigkeitsbereich eingeschränkt. Selber alles andere als ein Widerständler, wurde er in eine »Innere Emigration« gezwungen, die seine auf geistige Kommunikation angelegte Existenz auf langsam tödliche Weise in Isolation und Verzweiflung trieb. Die *Tagebücher* geben hierüber beredte Auskunft. Mehr denn je war er auf das »Lese-Gespräch« mit Büchern angewiesen, wurden – so die Titel von Essaysammlungen – aus *Zeitgenossen aus vielen Zeiten* (1925) nahe *Hausfreunde* (1939). Mit den Lyrikbänden *Der längste Tag* (1926), *Atem der Erde* (1930) und *Der Silberdistelwald* (1934) hatte L. den Weg für die Naturlyrik der 30er Jahre vorgezeichnet und wirksam bestimmt. Das lyrische Gesamtwerk, das einen über 25 Jahre hin geplanten, »mathematisch-musikalischen« Zusammenhang darstellt, sollte 1936 mit *Der Wald der Welt* abgeschlossen sein (siehe *Meine sieben Gedichtbücher*, in: *Neue Rundschau*, 1936). Späteres erschien nur noch als Privatdruck; erst Hermann Kasack edierte 1949 unter dem Titel *Die Abschiedshand* diese *Gedichte aus dem Nachlaß*. Kompositorische Strenge im Formalen, Musikalität, präzise Verbindung von Gedankenlyrik mit intensiver Bildlichkeit und ein mythengesättigtes Umschreiben der »Grundmächte des Daseins« prägen L.s Naturlyrik, die bei Zeitgenossen, mehr aber noch bei der Generation von Naturlyrikern der Nachkriegszeit respektvolle Wertschätzung gefunden hat. Respekt galt vor allem dem Autor, der lange die Spannung zwischen einem Lyrikentwurf kosmisch weit gedachter, geistiger Existenz und der Repression der konkreten Wirklichkeit schreibend auszuhalten vermochte, bis ein Herzleiden sein zuletzt von tiefer Resignation erfülltes Leben beendete.

Literatur: *Tgahrt*, Reinhard (Hrsg.): Oskar Loerke. Marbacher Kolloquium 1984; *Tgahrt*, Reinhard (Hrsg.): Oskar Loerke 1884–1964. Katalog zur Sonderausstellung des Schiller-Nationalmuseums. Marbach 1964; *Kasack*, Hermann: Oskar Loerke. Charakterbild eines Dichters. Wiesbaden 1951.

Horst Ohde

Loest, Erich
Geb. 24. 2. 1926 in Mittweida/Sachsen

Mit dem Helden seines letzten, noch in der DDR aufgelegten Buchs verbindet den Autor eine Reihe von Gemeinsamkeiten, die wichtige Stationen seines eigenen Werdegangs markieren: »Wir sind Landsleute«, begründet L. seine besondere Nähe zu Karl May, in dessen Lebensgeschichte der Roman *Swallow, mein wackerer Mustang* (1980) das vielschichtige Spannungsverhältnis von literarischer Fiktion und Realität transparent macht: »Er war 7 Jahre im Gefängnis, ich auch. Er hat Kolportageromane geschrieben, ich mit meinen Krimis auch. Er hat Zeit seines Lebens etwas entwickelt, was ich auch entwickeln mußte im Knast: Sich hinauszuträumen aus dem engen Leben oder das Leben im Traum zu sich hereinzuholen.«

Der »Knast« – das ist die »Strafvollzugsanstalt Bautzen II«, wo L. bis zum 25. September 1964 einsitzt. Mit dem Morgen der Entlassung endet sein autobiographischer Rechenschaftsbericht *Durch die Erde ein Riß* (1981). L.s *Lebenslauf* – so der Untertitel – protokolliert radikal aufrichtig exemplarische politische »Irrtümer« seiner Generation: Der Sohn eines »bürgerlich-nationalen« Eisenwarenhändlers aus der sächsischen Kleinstadt Mittweida wächst »konform« in die Ära der nationalsozialistischen Herrschaft hinein. Mit zehn Jahren wird er Hitlerjunge, später Jungvolkführer und schließlich Soldat, der als »Werwolf« bis in die letzten Tage vor der Kapitulation gegen die Alliierten kämpft.

Nach dem Zusammenbruch – er ist zuerst in der Landwirtschaft und Industrie tätig, danach als Journalist bei der *Leipziger Volkszeitung* – , wiederholen sich die Mechanismen eines »blinden Glaubens« unter geändertem Vorzeichen. Seit 1947 SED-Mitglied, wird er, ohne Gelegenheit zum »argwöhnischen Nachdenken«, »von einem ideologischen Kampf in den anderen umgesetzt, umgehetzt«. »Wider Willen« ist er drei Jahre später »freier Schriftsteller«. Den dafür verantwortlichen Tadel der »Standpunktlosigkeit« seines ersten Romans (*Jungen, die übrigblieben*, 1950), kompensiert er danach durch eine strikte Befolgung der ästhetischen Vorgaben des »Sozialistischen Realismus«. Da er zu einer Treueversicherung an die Partei bereit ist, beläßt man es schließlich bei einer »Rüge« für seine Kritik an der offiziellen Reaktion auf die Ereignisse des 17. Juni 1953. Der nächste Konflikt mit der Autorität hat ungleich schwerwiegendere Folgen. Seiner Teilnahme an den vom XX. Parteitag der KPdSU ausgelösten Reformdebatten unter den Intellektuellen wegen über die notwendige »Demokratisierung der Partei und des Staates« wird er im November 1957 festgenommen und nach einjähriger Untersuchungshaft »als angeblicher Konterrevolutionär verurteilt«.

Nach der Entlassung aus dem Gefängnis – wie Karl May zu »einer Unperson« geworden – verdient er, wieder in Leipzig, »nötiges Geld« als sehr erfolgreicher »Krimischreiber unter Pseudonym«, bevor er sich, ermutigt durch den scheinbaren kulturpolitischen »Frühling« der ersten Honecker-Jahre, in »konfliktreichen, herzhaften Geschichten und Romanen« nach dem Vorbild Hans Falladas »milieugerecht« mit der nationalsozialistischen Vergangenheit und dem Alltag in der DDR zu befassen beginnt. Seine Darstellung eines Durchschnittsbürgers im Roman *Es geht seinen Gang oder Mühen in unserer Ebene* (1978), der sich dem gesellschaftlichen »Leistungsdruck« entzieht, da er (wie L.) nach unangenehmen »Zusammenstößen mit der Macht« selbst keine Macht mehr ausüben will, bricht ein »Tabu« der DDR-Literatur. Die Neuauflage des rasch vergriffenen Buchs wird von den Behörden verzögert und beschränkt.

Ein Jahr später gibt L. endgültig seinen Vorsatz auf, »unauffällig zu leben, sich aus politischen Querelen herauszuhalten«. Als Mitunterzeichner einer Petition gegen die Diffamierung Stefan Heyms verläßt er den Schriftstellerverband der DDR, dessen Leipziger Bezirksvorsitzender er Anfang der 5oer Jahre war und aus dem er zweimal ausgeschlossen wurde. Im März 1981 siedelt er – zunächst mit einem Dreijahresvisum, das er nicht mehr verlängert – in die Bundesrepublik über. Die Romane *Völkerschlachtdenkmal* (1984) und *Zwiebelmuster* (1985) bekennen sich, mit den programmatischen Worten eines seiner Helden, zu »Leipzig als (schriftstellerischer) Lebensaufgabe«. Komplementär zu dieser Konzentration auf einen kritischen Regionalismus entstehen zahlreiche Reisefeuilletons (*Saison in Key West*, 1986). Nach der politischen Wende in der DDR (Herbst 1989) wurde L. durch das Oberste Gericht rehabilitiert und hat seit 1990 auch einen Wohnsitz in Leipzig. *Fallhöhe* (1988), ein tragikomischer Thriller über das geteilte Deutschland, der Roman *Katerfrühstück (1992) und Heute kommt Westbesuch* (2 Monologe, 1992) sind die bislang letzten Publikationen des sehr produktiven Autors.

Literatur: *Mohr*, Heinrich: Spurensicherung. Erich Loests Versuch, die eigene Wahrheit zu schreiben. In: Jahrbuch zur Literatur in der DDR 3 : Probleme deutscher Identität. 1983, S. 1–17; *Bock*, Stephan: Literatur, Gesellschaft, Nation. S. 176–186. Stuttgart 1980.   *Hans-Rüdiger Schwab*

Ludwig, Otto
Geb. 12. 2. 1813 in Eisfeld/Werra; gest. 25. 2. 1865 in Dresden

Dichter zu sein, hieß zu L.s Lebzeiten, als Dramatiker etwas zu gelten: »Nach der Seite hin einen guten Wurf, und man ist durch. Alles andre wird doch nur wie Larifari betrachtet« (Theodor Fontane, 16.2. 1853 an F. Witte). Mehr als zwei Jahrzehnte literarkritischer und schriftstellerischer Arbeit setzte L. an diesen großen Wurf. Doch als Autor der einst erfolgreichen Schicksals- und Familientragödie *Der Erbförster* (gedr. 1853) führt er heute nur eine Randexistenz auf den deutschen Bühnen – im Gegensatz zu Georg Büchner, Friedrich Hebbel und Richard Wagner, die wie L. im Jahr der Völkerschlacht bei Leipzig geboren wurden. Die mißliche Erfahrung fehlender Kraft im Konkurrenzkampf des Literaturmarktes, der Schlagschatten der großen Vorgänger und das selbstkritische Bewußtsein eines Nachgeborenen prägen L.s Entwicklung zu einem »Dichter der zweiten Reihe«. Im bildungsbürgerlichen Elternhaus der thüringischen Kleinstadt Eisfeld, sein Vater war Stadtsyndikus und herzoglich-sächsischer Hofrat, wächst der Junge mit Büchern auf, liest vor allem William Shakespeare, die deutschen Klassiker und Romantiker. Im Alter von 12 Jahren verliert er den Vater, 1831 stirbt die Mutter. Der Besuch der höheren Schule wird zugunsten einer Kaufmannslehre ausgesetzt und 1833 endgültig abgebrochen. L. entscheidet sich zwischen den widerstreitenden Neigungen zur Musik und Literatur: Als Autodidakt will er sich zum Komponisten ausbilden. Seine finanziellen Verhältnisse bessern sich durch ein Stipendium des Herzogs von Meiningen. Mit 26 Jahren verläßt der angehende Musiker erstmals den Umkreis seiner Heimatstadt, um in Leipzig bei Felix Mendelssohn-Bartholdy zu studieren. Ohne in der sächsischen Metropole Fuß gefaßt zu haben, kehrt L. 1840 nach Eisfeld zurück und gibt das Musikstudium auf. Er will über einsiedlerische Literaturstudien und dramatische Versuche in die Fußstapfen der großen Theaterautoren treten. Um der »Willkür des falschen Idealismus«, nach der Art Friedrich Schillers, zu entfliehen, schult sich L. vor allem an Shakespeare, entwirft Drama um Drama, greift vorzugsweise zu historischen Stoffen und bearbeitet, wie Friedrich Hebbel, die Geschichte der Agnes Bernauer. Er lebt anspruchslos vom ererbten Vermögen und verdient sich ein Zubrot mit kleineren Erzählungen und Novellen (zuerst *Das Hausgesinde* 1840). Von 1842 bis 1844 wohnt L. in Leipzig und Dresden; die Freundschaft mit Eduard Devrient, dem Dramaturgen und Regisseur am Dresdner Hoftheater, erschließt ihm die Theaterpraxis. Doch erneut zieht sich L. mit wenigen Unterbrechungen in eine Einsiedelei zurück, in die Schleifmühle bei Meißen (1844 bis 1849). Dort wird 1849 *Der Erbförster* abgeschlossen. Die Uraufführung am 9. 1. 1850 in Dresden bringt L. die ersehnte öffentliche Anerkennung als Dichter; freundschaftliche Verbindungen zu Gustav Freytag, Julian Schmidt und Berthold Auerbach festigen sich. Mit 39 Jahren kann der Autor nach achtjähriger Verlobungszeit heiraten, um in Dresden eine Familie zu gründen. Doch weiterhin bleiben die Einkünfte des freien Schriftstellers kümmerlich, zumal sich L. in die skrupulöse Arbeit an mehreren Fassungen seines *Makkabäer*-Dramas verwickelt. Es wird 1853 ohne den ersehnten Erfolg uraufgeführt. Nun erhält aus finanziellen Gründen die Arbeit an Erzählprosa für Zeitschriften und Feuilletons mehr Gewicht, ohne daß die ehrgeizigen Dramenpläne aufgegeben wären. Das Kleinstadt-Mileu der thüringischen Heimat bildet den Hintergrund für L.s Erzählungen *Die Heiterethei* (1855/56) und ihr »Widerspiel« *Aus dem Regen in die Traufe* (1857); 1856 erscheint die Dachdecker-Geschichte *Zwischen Himmel und Erde*. Die psychologische Motivation dieses »kleinbürgerlichen Familiendramas« reicht bis in die Bereiche der Psychopathologie. Damit bringt L. neue, die Zeitgenossen irritierende Perspektiven in das Themenspektrum des »poetischen Realismus«. Dieser programmatische Begriff findet sich in L.s *Shakespeare-Studien*, die postum (1871) veröffentlicht wurden. Seit 1860 hatte sich der Gesundheitszustand des stets kränkelnden Nervenleidenden erheblich verschlechtert; nach seinem Tode erhält zunächst seine Frau, dann seine Tochter Cordelia eine lebenslängliche Unterstützung durch die Deutsche Schillerstiftung, deren erster »Pensionär« der finanziell so erfolglose Schriftsteller 1859 geworden war.

L.s Versuche, die »Dichtkunst« durch Ergründen ihrer »Gesetze« und intensives Studium der »Technik« ihrer großen Werke beherrschen zu lernen, weisen voraus auf den »wissenschaftlichen« Anspruch im Literaturprogramm des Naturalismus, insbesondere auf Arno Holz. Während heute in der Literaturwissenschaft die 1891 veröffentlichten *Roman-Studien,* vor allem zu Walter Scott und Charles Dickens, geschätzt werden, pries Hugo von Hofmannsthal L.s Arbeiten zu Shakespeare und dem Drama: »da kann man wirklich fundamentale Sachen lernen« (26. 6. 1892 an Richard Beer-Hofmann).

Werkausgabe: Otto Ludwig. Sämtliche Werke. Historisch-kritische Ausgabe. Hrsg. von Paul
Merker. 6 Bde. München 1912–1922.
Literatur: *Schönert,* Jörg: Otto Ludwig: »Zwischen Himmel und Erde«. In: Horst *Denkler*
(Hrsg.): Romane und Erzählungen des bürgerlichen Realismus. Stuttgart 1980. S. 153–172;
Reuter, Hans-Heinrich: Umriß eines »mittleren« Erzählers. Anmerkungen zu Werk und Wir-
kung Otto Ludwigs. Jahrbuch der Deutschen Schillergesellschaft 12. 1968. S. 318–358; *Stern,*
Adolf: Otto Ludwig. Ein Dichterleben. Leipzig 1891.

Jörg Schönert

Luther, Martin
Geb. 10.11.1483 in Eisleben; gest. 18.2.1546 in Eisleben

Im Jahre 1521 trat L., ein 38jähriger Mönch, in Worms vor
den Kaiser und die Reichsstände. Als Wortführer in eigener
Sache verteidigte er seine Wirksamkeit und seine Schriften,
dazu die Gewissensfreiheit, ohne zu widerrufen. Ein Akt
öffentlichen Widerstands, der in der deutschen Geschichte seinesgleichen sucht. Ein Autor unserer Zeit, Bernt Engelmann,
bewertete als gleichrangige Parallele nur noch die Ablehnung
der Kriegskredite im Reichstag durch Karl Liebknecht (1914).
Indem L. Freiheit für alle Christenmenschen in Anspruch
nahm, setzte er ein durch die Jahrhunderte unvergessenes
Bild des Befreiers vom Glaubensmonopol der katholischen
Kirche. Nicht daß fortan jeder hätte glauben mögen, was er wollte, aber einem jeden
stand nun die Freiheit zu, das, was er glaubte, gegenüber jeglicher Obrigkeit, sei sie
geistlicher oder weltlicher Art, zu behaupten. Hiermit wollte er dem Nutzen keines
anderen so sehr dienen wie dem des »gemeinen Mannes«. Dessen Wohl und Wehe
stellte er höher als alles, die eigenen literarischen Leistungen eingeschlossen: »Wollte
Gott, ich hätte mein Lebenlang einem einzigen einfachen Mann mit all meinem Können dabei geholfen, besser zu werden, ich wäre damit zufrieden, dankte Gott und
würde hiernach willig all meine Schriften verloren geben.« Sein ganzes reformatori-
sches Werk unternahm er vornehmlich dem gemeinen Mann zuliebe.

Worin bestand es? Ein Bischof, Johannes von Meißen, tat 1508 den Ausspruch:
»Wann er die Bibel lese, so finde er viel ein ander Christentum, Religion und Leben
darin, als man heutiges Tages führete.« Die Reformation kann als der energische Versuch beschrieben werden, die aufgezeigte Kluft zu schließen und das Christentum,
Lehre und Leben der Christenheit, in den alten, in der Bibel geschilderten Zustand
zurückzuversetzen. Es war eine große Veränderung innerhalb der Kirche und, da diese
nicht abgetrennt von der Welt existierte, auch außerhalb ihrer, im weltlichen Zusammenleben der Menschen, in Familie und Gesellschaft. Neben dem reformatorischen
Werk, das er als theologisches verstand, erwuchs ihm eine zweite, eine praktische Aufgabe, da er im Verlauf seiner öffentlichen Wirksamkeit zu einer Instanz geworden war,
an die man appellierte, Fürsten und andre Herren, immer wieder aber auch die einfachen Leute. In einem Brief an Anton Unruhe (1538) schilderte er es so: »Danke Euch,
mein lieber Richter Anton, daß Ihr der Margareta Dorst behilflich gewesen und die ade-

ligen Hansen nicht der armen Frau Gut und Blut hinnehmen lasset. Ihr wißt, Doktor Martinus ist nicht Theologus und Verfechter des Glaubens allein, sondern auch Beistand des Rechts armer Leute, die von allen Orten und Enden zu ihm fliehen, Hilfe und Fürbittschriften an Obrigkeiten von ihm zu erlangen, daß er genug damit zu tun hätte, wenn ihm sonst keine Arbeit mehr auf der Schulter drückte.«

L. selbst entstammte einer Familie einfacher, nicht unbedingt armer Leute. Die Vorfahren waren Bauern, der Vater, Hans L., wurde nach einer Zeit auf dem Lande Bergmann, verstand sogar, Anteile an Schächten und Hütten zu erwerben. L. studierte an der humanistisch beeinflußten Universität Erfurt (von 1501 bis 1505) und trat 1505 ins dortige Augustinerkloster ein, was er selber später als unerlaubt bezeichnete, da dem Willen des Vater entgegen. 1512 übernahm er den Lehrstuhl »Lectura in Biblia« (Bibelauslegung) an der Universität Wittenberg (im damaligen Kursachsen). Hier verfaßte er seine 95 *Thesen* gegen den Mißbrauch des Sündenablasses, der meist gegen Bezahlung erfolgte. Ob ihre Plakatierung an der Schloßkirche Faktum ist oder Legende: die Veröffentlichung im Herbst 1517 läutete die Reformation ein. L.s Kritik berührte dabei durchaus nicht, wie es heute scheint, eine Beiläufigkeit, sondern eine den Zeitgenossen als fundamental geltende Einrichtung. Befand doch z.B. der gelehrte Sebastian Brant in seiner Satire *Das Narrenschiff* (1494, Kap. *Vom Antichrist*), der christliche Glaube beruhe auf drei Dingen (in dieser Reihenfolge): dem Ablaß, den biblischen Schriften, der Glaubenslehre. Was L. auslöste, war in den Augen des Kaisers und der überwiegenden Zahl der Reichsstände »Aufruhr«, eine Gesetzwidrigkeit großen Stils. So attestierte es ihm das »Wormser Edikt« (1521). Was er lehrte, spiegelte sich darin wider: Er habe »vieler Ketzer höchstinstanzlich verdammte Ketzereien in eine stinkende Pfütze zusammen gesammelt und selbst etliche neu erdacht«; Verweis darauf, daß L. Elemente der antirömischen Opposition, die das ganze Mittelalter hindurch bestand, aufgenommen, aktualisiert und erneut gegen den, wie die Unzufriedenen es sahen, Hauptherd des Übels, Rom, gelenkt hatte. Aus den anderthalb Jahrhunderten vor 1517 fanden nicht zuletzt Impulse der Reformationen von John Wiclif und Johannes Hus sowie Gedanken und Entdeckungen der Humanisten (Valla, Erasmus von Rotterdam, Ulrich von Hutten) Eingang in die reformatorische Lehre, zudem die »Gravamina« (Beschwerden) der ganzen deutschen Nation, der oberen wie der unteren Stände. So nahm L. einen historischen Augenblick lang das Gesamtinteresse der nationalen Oppositionsbewegung gegen die römisch-katholische Hierarchie und ihre weltlichen Parteigänger wahr, Fürsprecher einer überwältigenden Majorität.

Nicht länger jedoch als bis 1525. Das Bauernkriegsjahr brachte ihn nicht nur in Gegensatz zu einem Teil der Bevölkerung, den er bisher zu den Hauptstützen der Reformation gezählt hatte, den Bauern, sondern auch gegen den berühmten Wortführer des Humanismus diesseits der Alpen: Erasmus. Die Bauern gingen ihm zu weit, wenn sie sich vermittels Gewalt aus den bestehenden Abhängigkeitsverhältnissen befreien wollten. Das war Bruch der bestehenden Rechtsordnung. Erasmus, auf der anderen Seite, ging ihm nicht weit genug, hielt er doch an der Autorität des Papstes und der alten Kirche fest, auch wenn er mit L. deren Reformbedürftigkeit anerkannte. In der Auseinandersetzung mit Erasmus ging es um eine theologisch-philosophische Grundfrage, die Willensfreiheit (dazu L.s Schrift: *De servo arbitrio*, 1525; *Vom unfreien Willen*), die L. aller theologischen Tiefgründigkeit zum Trotz doch immer auch im Lichte der Nöte des gemeinen Mannes sah: »Auch mir ist bekannt, und ich räume es ein, daß du einen freien Willen habest, die Kühe zu melken, ein Haus zu bauen usw. Aber nicht länger als wie du in Sicherheit und Freiheit des Leibes lebst, ungefährdet und ohne in einer Notlage zu stecken. Da bildest du dir leicht ein, du habest einen freien Willen, der etwas kann. Wenn aber die Not vor der Tür steht, daß weder zu essen noch zu trinken, weder Lebensmittelvorrat noch Geld mehr da ist, wo bleibt hier dein freier Wille? Er verliert sich und kann nicht bestehen, wenns drauf ankommt.«

Nur ein herausragendes Mittel, so wußte L., stand ihm zur Verfügung, um den Erfolg seines reformatorischen Werks zu sichern: die öffentliche Verbreitung schriftlicher und mündlicher Äußerungen. Eine wesentliche Vorbedingung fand er zwar vor: den Buchdruck. Doch eine zweite mußte er erst schaffen: die grundsätzliche Festlegung seiner Rolle als Schriftsteller. Ein Autor durfte seine Autorität nicht mehr länger aus der Übereinstimmung mit der römisch-katholischen Lehre und den Vorstehern der Institution Papstkirche herleiten. Davon losgelöst, war sie statt dessen an einen kanonischen Text zu binden, die Bibel, mußte sie hineinverlegt werden in den Akt ihrer Exegese und Verbreitung ihrer Lehren durch Publikation und Predigt. Hierbei entsprach der neubestimmten Schriftsteller-Autorität eine ebenfalls neue Möglichkeit für den Leser/Hörer, welches Standes oder Ranges auch immer, besonders wieder des gemeinen Mannes, die vom Autor neuen Typs produzierten Äußerungen (in Schrift und Predigt) zu rezipieren. Dies erforderte auf der Seite des Autors eine veränderte Kommunikationsstrategie samt den entsprechenden lexisch-grammatischen Mitteln: Übergang zur deutschen Sprache, Eingriffe in den Wortschatz, Umgestaltung vorhandener und Etablierung neuer Genres (u. a. des Gemeindelieds; von seinen Schöpfungen am bekanntesten: *Ein feste Burg*). Die »Revolutionsregierung« zu Wittenberg, wie der Romantiker Novalis den Protestantismus des 16. Jahrhunderts abfällig kennzeichnete, wäre unter den publizistischen sowie politisch-militärischen Gegenschlägen der alten Mächte zusammengebrochen ohne die Stützung durch die revolutionierte Öffentlichkeit, jene von der Reformation auf eine neue Basis gehobene Kommunikation von Autor und Publikum, Prediger und Gemeinde. Zur Umprägung vorgefundener deutscher Sprache zu einem Verständigungsmittel, das nicht bloß der Massenbeeinflussung von oben diente, kommt die eigene Sprachverwendung L.s hinzu. Friedrich Schlegel, nach Abflauen seiner Begeisterung für die Französische Revolution, tadelte sie als »revolutionäre Beredsamkeit«. Das kann man besonders von den literarischen Originalschöpfungen L.s gelten lassen, darunter vor allem den programmatischen und den Kampfschriften (z. B.: *An den christlichen Adel deutscher Nation*, 1520), die eine ungeheure Resonanz erzeugten und L. zu einem der erfolgreichsten Autoren der älteren Jahrhunderte machten. Seine größte künstlerische Leistung jedoch war die Bibelübersetzung; begonnen 1521 auf der Wartburg (bis zu L.s Tod 253 stets verbesserte Neuauflagen, die letzte von L. selbst besorgte Gesamtausgabe 1545). Der sprachschöpferischen Bedeutung nach ist mit ihr nur das Werk der Kunstperiode in Deutschland, eingeschlossen die Shakespeare-Übersetzungen der Romantik, vergleichbar. Die Bibelübersetzung L.s, wie überhaupt das gesamte theologisch-schriftstellerische Lebenswerk des Reformators, prägten bis heute die Geschichte der deutschen Sprache und Literatur in ihrer Fortentwicklung.

Werkausgabe: Martin Luther. Werke, Weimar 1883 ff. (Weimarer Ausgabe).
Literatur: *Beutin*, Wolfgang: Der radikale Doktor Martin Luther. Ein Streit- und Lesebuch.

Köln 1982; *van Dülmen,* Andrea: Luther-Chronik. Daten zu Leben und Werk. München 1983; *von Loewenich,* Walther: Martin Luther. Der Mann und das Werk, München 1982; *Lohse,* Bernhard: Martin Luther. Eine Einführung in sein Leben und Werk. München 1981; *Wolf,* Herbert: Martin Luther. Stuttgart 1980; *Benzing,* Josef: Lutherbibliographie. Verzeichnis der gedruckten Schriften Martin Luthers bis zu dessen Tod, Baden-Baden 1966.   *Wolfgang Beutin*

Mann, Heinrich
Geb. 27. 3. 1871 in Lübeck; gest. 12. 3. 1950 in Santa Monica/Kalifornien

»Heinrich Mann ist wie sein Bruder Thomas deutscher Abstammung. Es wäre verfehlt, ihn und seine Werke in die Rubrik ›jüdischer Zersetzungsliteratur‹ zu stecken. Es ist auch nicht angebracht, ihn mit moralischer Entrüstung einfach abzutun. Heinrich Mann ist nicht Geschmeiß wie so und so viele der vergangenen Größen, sondern ein Gegner. Es hat keinen Wert, Heinrich Mann zu erniedrigen, er muß im Kampf um unser politisches, gesellschaftliches und geistiges Leben widerlegt und geschlagen werden.« Dieses Urteil widerfuhr dem Dichter im *Literaturblatt der Berliner Börsenzeitung* vom 25. Juni 1933. Unter dem Titel *Kritische Gänge* wurde hier mit denjenigen abgerechnet, deren Bücher am 10. Mai 1933 verbrannt worden waren und deren Namen bereits auf den Ausbürgerungslisten standen. Vorausgegangen war dieser »verdienten Ehre« (Klaus Mann) M.s Entfernung aus der Sektion Dichtkunst der Preußischen Akademie der Künste am 15. 2. 1933. Seine Unterschrift unter den »Dringenden Appell« für den Aufbau einer einheitlichen Abwehrfront von SPD und KPD lieferte dem Kultusministerium den geeigneten Vorwand, diesem wahren »Antideutschen« die Niederlegung seiner Funktion als Vorsitzender der Abteilung Dichtkunst nahezulegen. Mit ihm trat Käthe Kollwitz aus der Akademie der Künste aus. Von mehreren Seiten gewarnt, emigrierte M. am 21. Februar 1933 zunächst nach Toulon, später nach Nizza.

Seinem selbst von erbittertsten Feinden anerkannten Rang als Gegner des nationalsozialistischen Regimes wurde er gerecht, als er noch im Jahre 1933, im »Einweihungsjahr des Tausendjährigen Reiches«, die Essaysammlung *Der Haß* publizierte, die parallel im Pariser Gallimard-Verlag und im Amsterdamer Querido-Verlag erschien. Die französische Tradition des *J'accuse!* von Emile Zola, einer Streitschrift von 1898, mit der dieser in die damals schwebende Dreyfus-Affäre eingriff, verband sich hier mit einer psychologischen Analyse der Protagonisten des Regimes: des gewissenlosen Abenteurers Hitler, der »Bestie mit Mystik« Göring, des »verkrachten Literaten« Goebbels. M. setzte in der Tradition seiner Essaybände *Geist und Tat* (1911) und *Zola* (1915) die Verteidigung der Kultur dagegen. Die Emigration wurde ihm so zur »Stimme des stumm gewordenen Volkes«, zum Abbild des »besseren Deutschland«. Der Sammlung der antifaschistischen Intellektuellen und der Stärkung ihres Widerstands war M.s Arbeitskraft in den ersten Jahren der Emigration von 1933 bis 1938 gewidmet: Er war Präsident des »Komitees zur Schaffung einer deutschen Bibliothek der verbrannten Bücher«, die als »Deutsche

Freiheitsbibliothek« bereits am 10. Mai 1934 in Paris eingeweiht wurde; er initiierte die erste Vorbereitungstagung für die Volksfront im Pariser Hotel Lutetia am 2. Februar 1936, an der 118 Vertreter verschiedenster Oppositionsgruppen teilnahmen. In unzähligen Essays, Zeitschriftenbeiträgen, Tarn- und Flugschriften, in Rundfunkaufrufen und Anthologien plädierte er für einen streitbaren Humanismus, der ihn bisweilen der KPD und der Sowjetunion näherbrachte. M. – so hebt Brecht hervor – »sah die deutsche Kultur nicht nur dadurch bedroht, daß die Nazis die Bibliotheken besetzten, sondern auch dadurch, daß sie die Gewerkschaftshäuser besetzten. . . . Er geht aus von der Kultur, aber die Kultiviertheit bekommt einen kriegerischen Charakter.« Exponent einer solchen kämpferischen Kultur ist Henri IV.; der Protagonist des zweibändigen Epos *Die Jugend des Königs Henri Quatre* und *Die Vollendung des Königs Henri Quatre*. Der zweite Teil erschien zwischen 1937 und 1939 in der Exilzeitschrift *Internationale Literatur* und entfachte eine heftige Debatte zwischen Arnold Zweig, Lion Feuchtwanger, Thomas Mann und Georg Lukács über die Funktion des historischen Romans im Exil. Das »wahre Gleichnis« vom »guten König« ist aber nicht nur Quintessenz von M.s dichterischem Schaffen – »Der historische Roman gehört in gewissen Fällen zum letzten, das einer machen lernt«, schreibt er im kommentierenden Aufsatz *Gestaltung und Lehre* (1939) – sondern auch Zukunftsperspektive in der »Zeit der Schrecken« und Erinnerung an M.s geistige Verwurzelung in Frankreich. Bereits 1927 hatte er bei einem Besuch von Henris Schloß in Pau bemerkt: »Wunderbare Ermutigung, leibhaftig zu sehen; der menschliche Reichtum kann machtvoll sein. Ein Mächtiger kann auch lieben, wie dieser König seine Menschen.«

Weit hinter die Exiljahre zurück verweist Henri in seiner Sinnlichkeit wie in seinem Machtstreben auf die Anfänge M.s: auf seine Künstler- und Tyrannengestalten, auf seinen das Philistertum seiner Heimatstadt Lübeck verachtenden Ästhetizismus. So wollte er weder die väterliche Getreidefirma übernehmen noch die in Dresden begonnene Buchhändlerlehre fortsetzen. Tod des Vaters und Umzug der Familie nach München (1891) ermöglichten Heinrich wie Thomas Mann eine von Zügen des Fin de siècle geprägte Junggesellenexistenz »im Besitz einer bescheidenen Rente und einer Fülle von melancholischem Humor, Beobachtungsgabe, Gefühl und Phantasie« (Klaus Mann). Eines der bezeichnendsten Produkte von M.s ständig zwischen Italien und der Münchner Bohème schwankendem Reiseleben ist die Trilogie *Die Göttinnen* (1903), die er seinem Verleger folgendermaßen ankündigt: »Es sind die Abenteuer einer großen Dame aus Dalmatien. Im ersten Teil glüht sie vor Freiheitssehnen, im zweiten vor Kunstempfinden, im dritten vor Brunst . . . Wenn alles gelingt, wird der erste Teil exotisch bunt, der zweite kunsttrunken, der dritte obszön und bitter.« Gleichzeitig verschärfen sich auch M.s auf Deutschland gerichtete kritische Impulse: der 1900 veröffentlichte satirische Roman *Im Schlaraffenland* setzt sich mit seiner aggressiven Schilderung des modernen Kapitalismus in Berlin in schroffen Gegensatz zu Heimatkunst und Gründerzeit. Einen Gegenpol zum wilhelminischen Macht- und Obrigkeitsstaat bildet die nicht zufällig in Italien angesiedelte Gesellschaftsutopie *Die kleine Stadt* (1910). Die Satire weitet sich zur politischen Kampfansage aus, als M. 1915 in seinem Essay über Zola Chauvinismus und Militarismus anprangert und damit Thomas Manns Verdikt des »Zivilisationsliteraten« auf sich zieht. »Das politisch-weltanschauliche Zerwürfnis erreichte bald einen solchen Grad von emotioneller Bitterkeit, daß jeder persönliche ·

Kontakt unmöglich wurde. Die beiden Brüder sahen einander nicht während des ganzen Krieges« (Klaus Mann).

Kritik an der Scheinmoral des Kleinbürgertums übt M. im *Professor Unrat* (1905), mit dessen Verfilmung unter dem Titel *Der blaue Engel* (1930) er international bekannt wird. Der Repräsentant des wilhelminischen Bürgertums, der tyrannische und machtbesessene Professor Unrat, ›entgleist‹ durch seine Liebe zur »Künstlerin Fröhlich« und muß dadurch seinen gesellschaftlichen Untergang erleben.

Den sieben Romanen der Vorkriegszeit folgt in den »goldenen zwanziger Jahren« eine Phase der Selbstbesinnung, in der M. zunächst publizistisch, dann auch wieder literarisch auf den immer offener zutagetretenden Zusammenhang von Großkapital und Politik reagiert: Diederich Heßling, der Protagonist des *Untertan* (1914), avanciert in dem Roman *Die Armen* (1917) zum Großkapitalisten, der in der »Villa Höhe« residiert, eine klare Anspielung auf Krupps »Villa Hügel«. Zu grotesken, ja spröden Formen wie der Parabel *Kobes* (1923) kehrt M. auch in der zweiten Phase seiner Emigration wieder zurück: dem im *Henri IV.* verkörperten persönlichen und politischen Aufschwung bis 1938 folgte mit dem deutschen Einmarsch nach Frankreich 1940 die Flucht über die Pyrenäen in die USA, die Beschäftigung als scriptwriter bei der Filmgesellschaft Metro-Goldwyn-Mayer, deren Ertrag gering war und deren Produkte nie verwendet wurden. Nelly Kroeger, M.s zweite Frau, schrieb 1942 an das Ehepaar Kantorowicz: »Amerika ist wohl außerordentlich hart. Wir können auch ein Lied singen. Manchmal leben wir von 4 Dollar, manchmal von 2 die Woche.« Eine Phase intensiver Arbeit brachte der Roman *Lidice*, der, im Sommer 1942 entstanden, das Böse in seiner Komik nochmals variierte. Doch haben gerade die grotesken Züge, mit denen die faschistische Besetzung der Tschechoslowakei geschildert wird, wie auch die filmszenenartig verknappte Form die im Exil ohnehin schwierige Verbreitung des Romans nachhaltig behindert.

Nach dem Selbstmord Nelly Kroegers am 16.12.1944 vereinsamte M. noch stärker. Den Versuchen der Kulturpolitiker der späteren DDR, ihn zur Übersiedlung zu bewegen, stand er skeptisch gegenüber: »Mag sein, man will mich nur umherzeigen und verkündigen, daß wieder einer zurückgekehrt ist. Aber eine Lebensweise des Auftretens, Sprechens und verwandter Pflichten kann ich mir nicht mehr zumuten«, schrieb er am 22. August 1946 an Alfred Kantorowicz. Am 5. Mai 1947 erhielt er die Ehrendoktorwürde der Philosophischen Fakultät der Humboldt-Universität, doch wurde deren Aufruf: »Deutschland ruft Heinrich Mann«, angesichts des sich verschärfenden Ost-West-Gegensatzes und der rigorosen Kulturpolitik der SED zunehmend fragwürdiger. Trotz der Bedenken gegen »Launenhaftigkeit« und »Unzuverlässigkeit« des Regimes plante M. noch kurz vor seinem Tode die Schiffsreise nach Gdingen, wo ihn Alfred Kantorowicz abholen sollte.

Thomas Mann würdigte das Vermächtnis des Bruders folgendermaßen: »Die Verbindung des Dichters mit dem politischen Moralisten war den Deutschen zu fremd, als daß sein kritisches Genie über ihr Schicksal etwas vermocht hätte, und noch heute, fürchte ich, wissen wenige von ihnen, daß dieser Tote einer ihrer größten Schriftsteller war.«

Werkausgabe: Mann, Heinrich. Gesammelte Werke. Hrsg. von der Deutschen Akademie der Künste zu Berlin. Berlin/Weimar 1966ff.
Literatur: *Reich-Ranicki*, Marcel: Thomas Mann und die Seinen. Stuttgart 1987; *Arnold,* Heinz

Ludwig (Hrsg.): Heinrich Mann. Text+ Kritik. Sonderband. München ⁴1986; *Haupt,* Jürgen: Heinrich Mann. Stuttgart 1980; *Ebersbach,* Volker: Heinrich Mann. Frankfurt a. M. 1978/Leipzig 1978.

Claudia Albert

Mann, Klaus

Geb. 18.11.1906 in München; gest. 21.5.1949 in Cannes

»Immer schweifend, immer ruhelos, beunruhigt, umgetrieben, immer auf der Suche«, so hat M. sich selbst in seiner Autobiographie charakterisiert und hinzugefügt, sein Leben sei »die Geschichte eines Schriftstellers, dessen primäre Interessen in der ästhetisch-religiös-erotischen Sphäre liegen, der aber unter dem Druck der Verhältnisse zu einer politisch verantwortungsbewußten, sogar kämpferischen Position gelangt.« Zur entscheidenden Zäsur für diesen Entwicklungsweg wurde der Machtantritt der Nazis in Deutschland 1933. In der Bekämpfung des Faschismus fand M. die Aufgabe seines Lebens.

Begonnen hatte er seine künstlerische Laufbahn 18jährig als Erzähler und Dramatiker, zugleich als Schauspieler: 1925 spielte er in Hamburg in seinem schwermütig-lasziven Bühnenerstling *Anja und Esther* neben seiner Schwester Erika, seiner Verlobten Pamela Wedekind und dem Regisseur Gustaf Gründgens. Gründgens schrieb damals, M. sei vielleicht berufen, der »Wegweiser der neuen Jugend« zu werden; Kritiker dagegen attackierten den jungen Bohemien als dekadenten Vielschreiber. Die frühen Werke M.s spiegeln das Dasein eines Teils seiner Generation, der sich an der Oberfläche lebensfroh und wie toll gebärdet, dabei im Grunde verzweifelt nach einem Lebenssinn sucht. Erst mit dem Roman *Treffpunkt im Unendlichen* (1932), über den der Verleger Samuel Fischer urteilte, er sei dieses Autors »erstes richtiges Buch«, gelang es M., dem Bild der verlorenen Generation eine überzeugende Form zu geben. Der väterliche Ruhm hatte dem ältesten Sohn Thomas Manns den Weg in die Öffentlichkeit ohne Zweifel erleichtert, aber dies war doch ein problematisches Glück, denn unvoreingenommene Leser gab es für M. kaum. Er fand seinen Weg vorwiegend in Antithesen zum eigenen Vater: in einer extravaganten, exzessiven Lebensweise ohne festen Wohnsitz; den »künstlichen Paradiesen« der Rauschmittel zugeneigt; trotz aller äußeren Unruhe stets schnell, fast mühelos und oft flüchtig schreibend.

Im März 1933 verließ M. Deutschland und wurde bald zu einem Repräsentanten der ins Exil getriebenen deutschen Schriftsteller. Dabei kam ihm zugute, daß er an Internationalität und den Status eines Reisenden seit langem und freiwillig gewöhnt war. Amsterdam wurde sein bevorzugter Aufenthaltsort; für den dort ansässigen Querido-Verlag gab er von 1933 bis 1935 eine Monatsschrift mit dem programmatischen Titel *Die Sammlung* heraus: M. gestaltete sie zu einem Forum der europäischen Literatur, in dem sich die ganze Vielfalt von Positionen der Faschismus-Gegner spiegelte. Er selbst warb mit Essays, Vorträgen und Aufrufen für die Einheit der Antifaschisten, unterstützte aktiv die Bemühungen um ein Volksfrontbündnis. Beeindruckt von einer Sowjetunion-Reise 1934, beeinflußt von seinen zu dieser Zeit maßgeblichen Vorbildern André Gide und dem Onkel Heinrich Mann, näherte er sich zeitweilig sozialistischen Ideen. In seinem Konzept vom großen Bündnis gegen die Barbarei blieb er auf Breite und Toleranz bedacht. Mit dem Roman *Der Vulkan* (1939) gelang ihm ein panoramatisches Epos der Emigration und zugleich ein poetisches Bekenntnis zu den nach dem bürgerlichen (und sozialistischen) Normenkatalog »Kaputten«: auch Drogensüchtige, Homosexuelle, Anarchisten und Selbstmörder finden in M.s Chronik von Exil-Schicksalen ihren Platz. Gerade im Exil mußte der Schriftsteller erleben, wie Homosexualität (die eigene erotische Neigung, zu der er sich schon in seinem ersten Roman *Der fromme Tanz*, 1925, bekannt hatte) diskriminiert wurde. Diese Erfahrung gab den Anstoß für zwei Werke über homoerotische Figuren der Historie, den Tschaikowsky-Roman *Symphonie Pathétique* (1935) und eine Novelle über den Freitod des Bayernkönigs Ludwig II., *Vergittertes Fenster* (1937).

1936 bereits war *Mephisto* erschienen, der satirisch gefärbte »Roman einer Karriere«. M. erzählt darin die Geschichte des Schauspielers Hendrik Höfgen, der sich mit den Nazis nach deren Machtantritt arrangiert und zum gefeierten Star des neuen Reiches aufsteigt. Höfgen repräsentiert den Verrat des Künstlers an Schönheit und Moral. Die Figur war vom Autor als symbolischer Typus gemeint, aber sie trägt unverkennbare Züge Gustaf Gründgens' – so wie M. häufig fiktive Figuren nach ihm vertrauten realen Personen gestaltete, ohne darum Porträts zu beabsichtigen. *Mephisto* wurde schon von den Zeitgenossen als Schlüsselroman mißverstanden. 1966 erfolgte ein Verbot der Verbreitung des Romans für die Bundesrepublik, 1971 verfassungsgerichtlich bestätigt, da die Figur Höfgen eine »Beleidigung, Verächtlichmachung und Verunglimpfung von Gründgens« darstelle. Erst 1981 konnte eine Neuausgabe erscheinen, wurde zum Bestseller und leitete eine Wiederentdeckung M.s ein.

M. wurde 1938 als Reporter Augenzeuge des Spanischen Bürgerkriegs. Dann zwang ihn – wie viele andere Exilierte – die Expansion des Faschismus in Europa, nach Amerika auszuweichen. Durch Vortragstourneen war er mit den USA bereits vertraut; nun versuchte er, auch mit Artikeln, Büchern und einer eigenen Zeitschrift (*Decision*, von 1941 bis 1942) die Amerikaner mit dem nichtfaschistischen, anderen Deutschland und den freiheitlichen Traditionen Europas bekannt zu machen. Während dieser Zeit wird er vom FBI als ein »sehr aktiver Agent des Comintern« überwacht. Der Schriftsteller wechselte die Sprache; erfolgreich, aber um einen hohen Preis, denn fortan veröffentlichte er fast nur noch essayistische Bücher. Auch seine Autobiographie erschien zuerst in englischer Sprache: als *The Turning Point* (1942). Der zentrale Topos »Wendepunkt« bezeichnet darin die Entscheidung des Autors am Ende dieses Lebensberichts, seine Rolle als bloßer »Kommentator, Warner, Propagandist und Kritiker« aufzugeben und in die amerikanische Armee einzutreten. Der Entschluß war sowohl ein Ergebnis politischer Überzeugung als auch eine Reaktion auf persönliche Krisenstimmungen. 1944/45 nahm M. – in der psychologischen Kriegführung eingesetzt – an der Invasion der alliierten Streitkräfte teil, die, von Süden kommend, die deutschen Truppen aus Italien zurückdrängten. Bei Kriegsende sah er als Sonderberichterstatter der Army-Zeitung *The Stars and Stripes* seine Heimat wieder. »Die Zustände hier sind zu traurig«, berichtete er dem Vater und ahnte: »Diese beklagenswerte, schreckliche Nation wird Generationen lang physisch und moralisch verstümmelt, verkrüppelt bleiben« (16.5.1945). Der im Exil so unermüdlich vom anderen Deutschland geschrieben hatte, fand davon allzuwenig vor bei seiner Rückkehr; und die Sehnsucht nach einer friedlichen Weltrepublik erwies sich mit dem bald ausbrechenden Kalten Krieg als Illusion. M. pendelte zwischen Europa und Amerika, besuchte auch die Sowjetische Besatzungszone und Prag; ein äußeres Lebenszentrum fand er so wenig wie eine geistige Heimstatt. Er übertrug seine Autobiographie ins Deutsche und erweiterte sie zu einer bedeutenden Epochenbilanz, mit vielen oft beiläufig entworfenen Porträts prominenter Zeitgenossen. *Der Wendepunkt* bewies noch einmal M.s hohe Kunst der Essayistik, und das Werk zeugt von politischer Weitsicht: »Die aufrichtige Verständigung zwischen Ost und West ist die conditio sine qua non: ohne sie geht es nicht.« Die Publikation des Buches (1952) erlebte M. nicht mehr. Er starb an den Folgen einer Überdosis Schlaftabletten. Politische und persönliche Enttäuschungen hatten sich summiert, dem lebenslang abgedrängten Todeswunsch endlich nachzugeben. Sein Neffe Klaus, schrieb apodiktisch treffend Heinrich Mann, sei »von dieser Epoche getötet« worden.

Literatur: *Arnold,*, Heinz Ludwig (Hrsg.): Text + Kritik, Heft 93/94: Klaus Mann. München. Januar 1987; *Naumann*, Uwe: Klaus Mann, Reinbek bei Hamburg 1984; *Grunewald*, Michel: Klaus Mann 1906–1949. 2 Bde. Bern/Frankfurt a.M./New York 1984; *Spangenberg*, Eberhard: Karriere eines Romans. Mephisto, Klaus Mann und Gustaf Gründgens. München 1982; *Kroll*, Fredric (Hrsg.): Klaus-Mann-Schriftenreihe. Wiesbaden. Bd. 1: 1976. Bd. 2: 1977. Bd. 3: 1979. Bd. 4/1: 1992. Bd. 5: 1986. (Bde. 4/II und 6 in Vorbereitung).

Uwe Naumann

Mann, Thomas
Geb. 6. 6. 1875 in Lübeck; gest. 12. 8. 1955 in Zürich

»stehkragen« und »reptil« nannte ihn Bertolt Brecht 1943 im kalifornischen Exil; und dies ist nicht nur Ausdruck der Verachtung für den Josephsroman, den Brecht als »die enzyklopädie des bildungsspießers« bezeichnete. Jenseits innerliterarischer Divergenzen zielte der Vorwurf auf die repräsentative Existenz M.s, auf seine Verteidigung der europäischen humanistischen Kultur in einem Moment, in dem diese endgültig zerstört schien. Brechts lebenslang verfolgtes Projekt der »berichtigung alter mythen« stieß hier auf einen Gegenentwurf, der sich gerade der Rettung und Aktualisierung des Mythos widmete, dies allerdings nicht nur, wie Brecht im Affront gegen das Bildungsbürgertum und den realistischen Roman des 19. Jahrhunderts meinte, zur Bestätigung einer traditionsreichen geistigen Heimat. In Wirklichkeit ist in keinem der Romane M.s der subjektive Wille, sich den politischen Tagesaufgaben zu stellen, stärker als im letzten Band der Josephs-Tetralogie, *Joseph der Ernährer* (1943), der New Deal und Vergesellschaftung des Eigentums, Züge Theodore Roosevelts, des Dichters M. und des biblischen Joseph miteinander vereint. Aus den Anfängen der Menschheitsgeschichte versucht M. hier eine Zukunftsperspektive zu gestalten: »Was uns beschäftigt, ist nicht die bezifferbare Zeit. Es ist vielmehr ihre Aufhebung im Geheimnis von Überlieferung und Prophezeiung, welche dem Wort ›Einst‹ seinen

Doppelsinn von Vergangenheit und Zukunft und damit seine Ladung potentieller Gegenwart verleiht«, schrieb M. im »Höllenfahrt« genannten Vorwort zum gesamten Zyklus. Durch die analytische, gelegentlich parodistische Art mythischer Rekapitulation wurde die biblische Geschichte zum Material einer »abgekürzten Geschichte der Menschheit«, die in der Gegenwart kulminierte und in der sich der »unendlich blaue Himmel Kaliforniens« mit dem des alten Ägypten vermischte.

Erst in dieser Perspektive erhält das vielzitierte Diktum M.s: »Wo ich bin, ist die deutsche Kultur«, seine reale – und für die Vielzahl exilierter deutscher Schriftsteller geradezu existentielle – Bedeutung: nur durch die Rettung seiner humanistischen Potenzen schien das Deutsche noch zu verteidigen, und in dem Maße, in dem das reale Deutschland zum Inbegriff der Inhumanität wurde, entwickelte sich Amerika zur neuen Heimat M.s. So war es nur konsequent, daß er am 23. 6. 1944 die amerikanische Staatsbürgerschaft annahm, die er bis zu seinem Tode beibehielt: »So waren wir amerikanische ›citizens‹, und ich denke gern, daß ich es noch unter Roosevelt, in seinem Amerika geworden bin.« Die Reflexion auf das humanistische Potential der deutschen Kultur lief parallel mit einer scharfen Kritik an Irrationalismus und Exzentrizität, die M. zunehmend – und so auch gegen seine eigene Vorgeschichte argumentierend – als Wurzeln des Nationalsozialismus betrachtete. Sie führte zu einer Relativierung der Philosophie Friedrich Nietzsches, dessen »Verkennung des Machtverhältnisses zwischen Instinkt und Intellekt« den nationalsozialistischen Appell an die Triebe, an das »gesunde Volksempfinden« legitimiert habe. Und so sei es auch verhängnisvoll, Leben und Moral als Gegensätze zu behandeln. Der »wahre Gegensatz« sei der zwischen Ethik und Ästhetik, und der Vermittlung dieser beiden Pole war M.s Arbeitskraft im Exil vor allem gewidmet: Von 1937 bis 1940 fungierte er als Mitherausgeber der Exilzeitschrift *Maß und Wert*, in zahlreichen politischen Reden und Aufsätzen wog er die Leistungen der deutschen Kultur gegen ihre politischen Verbrechen ab (so in *Schicksal und Aufgabe*, 1944; *Deutschland und die Deutschen*, 1945; *Nietzsches Philosophie im Lichte unserer Erfahrung*, 1947); in einer Radioserie der BBC appellierte er ab 1940 an »Deutsche Hörer« und versuchte, den Verängstigten und Entmutigten ein Gegenbild zur Propaganda des nationalsozialistischen Staates zu vermitteln; sein Haus in Princeton, später in Pacific Palisades, wurde zum »Rettungsbureau für Gefährdete, um Hilfe Rufende, Untergehende«. Ihre literarische Entsprechung fand die Auseinandersetzung mit Deutschland in den Romanen *Lotte in Weimar* (1939) und *Doktor Faustus* (1947, entstanden von 1943 bis 1945). Der Goethe des Weimar-Romans erweist sich ebenso als partielles Selbstbildnis wie der Chronist Serenus Zeitblom im *Doktor Faustus*. Johann Wolfgang Goethe, der ungeliebte, große alte Mann, der höflich respektierte Repräsentant, gibt Anlaß zur – durchaus Brechtschen – Frage, ob »große Männer« gebraucht werden, welche Funktion sie haben oder ob sie gar, wie nach einem chinesischen Sprichwort zitiert wird, »nationale Katastrophen« seien. Gegen die »Verhunzung des großen Mannes« durch die Nationalsozialisten setzt M. Goethe als Exponent des wahren, nicht des idealisierten Deutschland, und das heißt: Ungleichzeitigkeit, Zwiespältigkeit, Denken und Leben in Widersprüchen, Ironie als Wissen um die Kosten der klassischen Vollendung: »Du trinkst und schöpfst uns alle aus, und dann bedeuten wir Dir nichts mehr«, läßt M. Frau von Stein zu Goethe sagen.

Das gefährliche Gegenstück zur Goetheschen Selbststilisierung bildet die Gestalt des »deutschen Tonsetzers Adrian Leverkühn« im »Schmerzensbuch« *Doktor Faustus*. In dessen am Leben Nietzsches orientierter Biographie verbindet M. seine eigene Lebenszeit seit 1885 mit Einblendungen aus der Entstehungszeit, 1943 bis 1945, die sich wiederum auf die Volkssage vom Doktor Faustus, also das 16. Jahrhundert, beziehen. Das Gemeinsame der vielfach ineinander montierten Zeitebenen ist die Zurücknahme des Humanen, der Verlust der Transzendenz, die düstere Prophetie des Endes der Kunst, konzentriert in Leverkühns letztem Werk, der Kantate »D. Fausti Weheklag«, die, im Zwölftonsatz komponiert, Beethovens 9. Symphonie zurücknehmen will. Es scheint, als ob M. in Leverkühns Teufelspakt, seinem schöpferischen Rausch und der anschließenden geistigen Umnachtung Deutschland selbst habe in die Hölle schicken wollen. Nur der den Roman beschließende Celloton des hohen g läßt auf Gnade hoffen. Das konkrete Deutschland dagegen hatte sich zur Chiffre einer eher verachtenswerten Kultur gewandelt, die keine geographische Entsprechung mehr fand, und so lautete M.s Bilanz des zehnjährigen Exils im Jahre 1945: »Es ist kein Wartezustand, den man auf Heimkehr abstellt, sondern spielt schon auf die Auflösung der Nationen an und auf eine Vereinheitlichung der Welt. Alles Nationale ist längst Provinz geworden. Man gönne mir mein Weltdeutschtum, das mir in der Seele schon natürlich, als ich noch zu Hause war, und den vorgeschobenen Posten deutscher Kultur, den ich noch einige Lebensjahre mit Anstand zu halten suchen werde.«

Ihn glaubte M., gestärkt durch die weltweite Anerkennung als Botschafter der deutschen humanistischen Kultur wie als Schriftsteller, auch »von außen« halten zu können. Die sich ab 1945/46 entspinnenden Kontroversen um M.s Rückkehr entzweiten die »Innere Emigration« mit dem »verständnislosen, selbstgewissen und ungerechten« Exilanten, welcher der deutschen Tragödie von den »bequemen Logen des Auslandes« zugeschaut habe, seinerseits aber alle zwischen 1933 und 1945 in Deutschland gedruckten Bücher für »weniger als wertlos« hielt. Erst 1949 kehrte M. als Besucher zum zweihundertsten Geburtstag Goethes nach Deutschland zurück, doch wurde seine in Frankfurt a. M. und Weimar gehaltene Gedenkrede wiederum zum Politikum, dem er sich mit dem Hinweis auf die integrierende Funktion des Schriftstellers zu entziehen versuchte: »Ich kenne keine Zonen, mein Besuch gilt Deutschland selbst. Wer sollte die Einheit Deutschlands gewährleisten und darstellen, wenn nicht ein unabhängiger Schriftsteller, dessen wahre Heimat die freie, von Besatzungstruppen unberührte deutsche Sprache ist?« Und wiederum traf er bei seiner endgültigen Rückkehr nach Europa eine Wahl, die von der Hoffnung auf ein über den politischen Konflikten stehendes Weltbürgertum zeugte: 1952 ließ er sich in der Schweiz nieder, die ihm bereits nach der Ausbürgerung aus Deutschland 1936 Exil gewährt hatte. Höhepunkt seiner letzten Lebensjahre war der Roman *Bekenntnisse des Hochstaplers Felix Krull* (1954), der auf 1911/12 begonnene Vorarbeiten zurückgreift: »Gefühl der Großartigkeit, nach 32 Jahren dort wieder anzuknüpfen, wo ich vor dem *Tod in Venedig* aufgehört habe, zu dessen Gunsten ich den Krull unterbrach. Das Lebenswerk seit damals erwiese sich als Einschaltung, ein Menschenalter beanspruchend«, schrieb M. bereits 1943. Zehn Jahre später war Krull zur Projektionsfigur aller ihn seit Jahrzehnten beschäftigenden Themen geworden: Er ist Künstler und Hochstapler, Weltbürger und Gentleman, Konsument und Parodist der Weltliteratur – und damit nicht zuletzt ein gigantisches Selbstzitat M.s, der so sein »geschlossenes Lebenswerk« vollendete. Dies wurde aus Anlaß seines 80. Geburtstages im Jahre 1955 durch Ehrungen aus zahlreichen Staaten bestätigt: die

Universität Jena ernannte M. zum Ehrendoktor, die Stadt Lübeck zum Ehrenbürger, etwa zweihundert Repräsentanten französischer Politik und Kultur huldigten dem »génie allemand« mit einer Festschrift *Hommage de la France*.

Nur einer der Grabredner hat nach dem Tod M.s auf die psychischen Kosten einer solchen repräsentativen Existenz vorsichtig hingewiesen, Hermann Hesse: »Was hinter seiner Ironie und seiner Virtuosität an Treue, Verantwortlichkeit und Liebesfähigkeit stand, jahrzehntelang völlig unbegriffen vom großen deutschen Publikum, das wird sein Werk und Andenken weit über unsere verworrenen Zeiten hinaus lebendig erhalten.« Erst die Tagebücher M.s, zum Teil vernichtet, z.T. in versiegelten und verschnürten Paketen in Zürich verwahrt und ab 1975, also zwanzig Jahre nach dem Tod des Autors, zugänglich, geben Aufschluß darüber, wie sehr M. des Schutzwalls der Bürgerlichkeit, der repäsentativen Existenz bedurfte, um Selbstzweifel, Schwäche, Homosexualität zu überspielen. Das Klischee vom Leistungsethiker und mild lächelnden Ironiker verkehrt sich hier in das Bild eines »bis in die Nervenenden zitternden, psychosomatisch unterhöhlten, sexuell gefährdeten und ständig aus der Balance geratenden, bis in die Wolle gefärbten Konservativen, der seine repräsentative Existenz nur mit Mühe und aus schlechtem Gewissen aufrechterhielt« (Martin Gregor-Dellin). Die fünfzig Jahre dauernde Ehe mit Katja Pringsheim stellt sich als ein der Bürgerlichkeit halber selbst auferlegtes Exerzitium dar, das durch die eigenwilligen, teils selbst gefährdeten Kinder ständig in Frage gestellt wurde: Sie ist, wie bereits M.s Elternhaus in Lübeck, ständig bedrohtes Refugium vor den Kräften des Unbewußten wie der politischen Konflikte. Bürgerlichkeit bedeutet für M. weniger eine soziale oder politische Kategorie als den Versuch, sich in ein Ganzes einzuordnen, das die Namen Humanität, Ethik, Bescheidenheit, Skepsis ebenso tragen kann wie die des New Deal oder des (humanistisch verstandenen) Sozialismus.

Die ersten vier Jahrzehnte M.s sind vor allem der Aufgabe gewidmet, die Orientierungen und Leitmotive zu entwickeln und ins Zitatfähige zu erheben, die, unendlich variiert, die Bürgerlichkeit und ihre Bedrohungen in der Bürger-Künstler-Problematik umkreisen: die verführerische Macht der Musik besonders Richard Wagners, die Philosophie Nietzsches, des »Psychologen der Dekadenz«, und Arthur Schopenhauers Metaphysik des Willens, »deren tiefstes Wesen Erotik ist und in der ich die geistige Quelle der Tristanmusik erkannte« (1899). Aus diesem »Dreigestirn ewig verbundener Geister« ist Nietzsche der stärkste Einfluß auf M. zuzuschreiben: Kaum ein Essay läßt seinen Namen vermissen, und insbesondere seine Wagner-Kritiken prägten M.s »Begriffe von Kunst und Künstlertum auf immer ... und zwar in einem nichts weniger als herzlich-gläubigen, vielmehr einem nur allzu skeptisch-verschlagenen Sinn«. So warnt er davor, Nietzsche »wörtlich« zu nehmen und insbesondere den »Übermenschen«, die »blonde Bestie« und den »Cesare Borgia-Ästhetizismus« zu direkt ins Politische zu übersetzen. Die »Idee des Lebens«, die M. Nietzsche zu verdanken glaubt, muß durch das Korrektiv des Geistes ergänzt werden, und so erfährt sein vitalistischer Lebensbegriff eine Verbürgerlichung, in der die Ironie zwischen Leben und Geist, Bürger und Künstler vermitteln soll. Offensichtlich übersetzt M. hier Widersprüche seiner eigenen Existenz ins Ästhetische und legt so den Grund für die Repräsentativität, die sein weiteres Leben prägte: der Einfluß der künstlerisch, vor allem pianistisch begabten Mutter und des vier Jahre älteren Bruders Heinrich förderten die schwärmerische Identifikation mit dem Fin de siècle gegen den Wunsch des Vaters nach einer bürgerlichen Existenz zumindest des zweiten Sohnes. Nach dem Tod des Vaters 1891 und der Liquidation der elterlichen Getreidefirma gewann M. die Freiheit, seine literarischen Interessen intensiv zu verfolgen, wenngleich er – nach mühsam erlangter mittlerer Reife und zweifacher Wiederholung der Mittelstufenklassen – zunächst am 1. 4. 1894 eine Stelle als unbezahlter Volontär bei der Süddeutschen Feuerversicherungs-AG in München, dem Wohnort der Mutter seit 1891, antrat. Doch die dem Lübecker Vormund gegenüber angegebene Absicht, Versicherungsbeamter zu werden, blieb Episode: »Unter schnupfenden Beamten kopierte ich Bordereaus und schrieb zugleich heimlich an meinem Schrägpult meine erste Erzählung.« Diese erste Novelle, *Gefallen*, erschien 1894 und leitete eine Reihe kurzer Erzählungen ein, die 1898 bei S. Fischer in Berlin verlegt wurden. Die Titelnovelle *Der kleine Herr Friedemann* (1897) konfrontiert in idealtypischer Zuspitzung den buckligen Helden, »der sich auf eine klug-sanfte, friedlich-philosophische Art mit seinem Schicksal abzufinden weiß«, mit einer »merkwürdig schönen und dabei kalten und grausamen Frau«, die »den stillen Helden selbst vernichtete«. Parallel laufen Vorarbeiten zu den *Buddenbrooks*, die M. zwischen Oktober 1896 und April 1898 zum Teil gemeinsam mit seinem Bruder Heinrich in Italien konzipiert. Die Namensstudien, genealogischen und chronologischen Schaubilder, die genauen Recherchen bei älteren Familienangehörigen, die Informationen über Getreidehandel und Kochrezepte sind Indizien für M.s immer weiter entwickelte Technik, Realitätspartikel neu zu montieren und aus ihrer Kombination ironische Effekte zu gewinnen. Der »Verfall einer Familie« im Lübeck des 19. Jahrhunderts ist Abriß seiner eigenen Geschichte, gespiegelt in den Leitmotiven vom Verfall der patrizischen Handelsexistenz, also des »Bürgerlichen« im positiven Sinne angesichts der spätkapitalistischen Konkurrenz und der rauschhaften Hingabe an die Musik, verkörpert im sensiblen »Spätling« Hanno Buddenbrook, dessen Tod die einzige Zuflucht für seine »zarte Menschlichkeit« bildet. Der 1901 erschienene Roman erwies sich als »ein Stück Seelengeschichte des europäischen Bürgertums«, als prophetischer Gesellschaftsroman des 20. Jahrhunderts, und begründete M.s Weltruhm. Der Erfolg brachte M. mit führenden Münchner Gesellschaftskreisen in Kontakt, u. a. mit dem Universitätsprofessor und Wagner-Enthusiasten Alfred Pringsheim, dessen einzige Tochter Katja er 1905 heiratete. »Das Ganze war ein sonderbarer und sinnverwirrender Vorgang, und ich wunderte mich den ganzen Tag, was ich da im wirklichen Leben angerichtet hatte, ordentlich wie ein Mann«, schrieb er von der Hochzeitsreise aus Zürich an Heinrich. Bis 1933 lebte M. mit seiner schnell wachsenden Familie als freier Schriftsteller in München. Die Novellen *Tristan* (1903), *Tonio Kröger* (1903) und *Das Wunderkind* (1903) beförderten seinen Ruhm, aber auch die selbstauferlegte Verpflichtung, »ein symbolisches, ein repräsentatives Dasein, ähnlich einem Fürsten zu führen . . . im Lichtbereich eines ungeheuren Scheinwerfers, in ganzer Figur sichtbar der Öffentlichkeit, mit Verantwortung belastet für die Verwendung der Gaben, die man unklug genug war der Mitwelt zu verrathen.« Die Erzählung *Königliche Hoheit* (1909) transponiert dieses Thema auf die politische Ebene: Klaus Heinrich, der jüngere Bruder des Großherzogs der fiktiven Residenzstadt Grimmburg, beginnt aus Liebe zur Millionärstochter Imma Spoelmann ein Studium der Nationalökonomie und bricht aus der repräsentativen Existenz aus. In *Der Tod in Venedig* (1913, verfilmt 1964) dagegen thematisiert M. die Gefährdungen des Künstlers: »verbotene Liebe« und

Todessehnsucht. Die Stadt, das »Excentrischste und Exotischste«, was er kenne, wurde zum Kristallisationskern für Elemente der Biographie Nietzsches, Wagners und Gustav Mahlers.

Am 5. Januar 1914 bezog M. eine neu erbaute repräsentative Villa in der Poschingerstraße 1 in München, nahe der Isar, in der er sich »für immer« einrichten wollte. Der »völlig unerwartete« Ausbruch des Ersten Weltkrieges unterbrach die kontinuierliche Arbeit am *Zauberberg* und motivierte M. zu einer »gewissenhaften und bekennend-persönlichen essayistischen Auseinandersetzung mit den brennenden Problemen« der Zeit, den 1918 erschienenen *Betrachtungen eines Unpolitischen*. Sie sind Ergebnis eines heftigen Abgrenzungsbedürfnisses gegenüber Heinrich, der 1915 in seinem Essay *Zola* den imperialistischen Krieg verurteilt hatte, Abwehr der Demokratie, die M. als »Fortschrittsradikalismus« verstand, Bekenntnis zur »konservativen Revolution«. Der »Gedankendienst mit der Waffe« war allerdings weniger politisches Programm als hilflos-naives Produkt von »einem, der auszog, um das Deutschtum ergründen zu lernen, von dem er, wie der fahrende Ritter von seiner Dame, nicht viel anderes wußte, als daß er es liebte« (Max Rychner). Der bereits durch wechselseitige versteckte Polemiken angebahnte Bruch mit Heinrich Mann, dem »Zivilisationsliteraten«, war so auf Jahre hinaus besiegelt. Der weniger politische als wertkonservative Charakter der *Betrachtungen* läßt es gleichwohl einleuchtend erscheinen, daß M. sich 1918 bereits liberal-demokratischen Positionen annäherte, am entschiedensten in der Gerhart Hauptmann zum 60. Geburtstag gewidmeten Rede *Von deutscher Republik* (1922), in der er die Jugend für das, was »Demokratie genannt wird und was ich Humanität nenne«, zu gewinnen suchte. Endend mit einem unmißverständlichen »Es lebe die Republik!« erregte die Rede ungeheures Aufsehen, die nationalistische Presse signalisierte »Mann über Bord«. Die Summe seiner Auseinandersetzung mit Nationalismus und Demokratie zog M. im 1924 erschienenen *Zauberberg*, dessen erste Phase, motiviert durch den Sanatoriumsaufenthalt seiner Frau und den Verdacht einer eigenen tuberkulösen Erkrankung, bis in das Jahr 1912 zurückreicht. »Sicher war, daß die beiden Bände auch nur zehn Jahre früher weder hätten geschrieben werden noch Leser finden können. Es waren dazu Erlebnisse nötig gewesen, die der Autor mit seiner Generation gemeinsam hatte, und die er beizeiten in sich hatte kunstreif machen müssen, um mit seinem gewagten Produkt, wie einmal schon, im günstigen Augenblick hervorzutreten.« Als »Mensch des Gleichgewichts« versuchte er, nach der Verleihung des Nobelpreises für Literatur 1929 endgültig zum Repräsentanten der deutschen Kultur geworden, dem zunehmenden Irrationalismus in der deutschen Republik eine Utopie entgegenzusetzen, in der »Karl Marx den Friedrich Hölderlin gelesen hat« und in der der vielzitierte deutsche »Geist« sich mit der Weltliteratur versöhnt. Als »Weltbürger Thomas Mann« wurde er denn auch von den Nationalsozialisten diskriminiert.

M.s letztes öffentliches Auftreten nach der Machtergreifung, die Festansprache *Leiden und Größe Richard Wagners*, gehalten am 10.2.1933 in der Aula der Münchner Universität, konfrontierte noch einmal die Faszination durch den großen »Magier« mit seiner nationalsozialistischen Vereinnahmung: es sei »durch und durch unerlaubt, Wagners nationalistischen Gesten und Anreden den heutigen Sinn zu unterlegen«, der herrschende Geist des »brutalen Zurück« dürfe ihn nicht für sich in Anspruch nehmen. Gewarnt durch seine Kinder Erika und Klaus, kehrte M. nicht von einer Lesereise zurück und siedelte sich für den Sommer in Südfrankreich, dann ab Oktober 1933 in Küsnacht am Zürcher See an, wo er bis 1938 blieb. Sein Interesse, sich die deutschen Leser zu erhalten und die Ausbürgerung zu vermeiden, kollidierte immer stärker mit der Erwartung zahlreicher Emigranten, in M. den Wortführer eines besseren Deutschland zu sehen. Insbesondere das öffentliche Dementi, an der in Amsterdam von seinem Sohn Klaus herausgegebenen Zeitschrift *Die Sammlung* mitzuarbeiten und die Weigerung, seine Werke im Exilverlag Querido herauszugeben, entfremdeten M. seinen Kindern wie zahlreichen Lesern. In dem Bewußtsein, daß ihm »die Nachwelt« sein »Schweigen vielleicht nicht verzeihen werde«, zog er sich zunächst ganz auf die Arbeit am Josephs-Roman zurück, der in seiner »Umfunktionierung des Mythos« ein Gegenbild zum nationalistischen Irrationalismus sein sollte. Erst im Februar 1936 wurde die lang ersehnte Verteidigung des »besseren Deutschland« publiziert, als Antwort auf den Feuilletonredakteur der *Neuen Zürcher Zeitung*, Eduard Korrodi, der alle Emigranten – mit Ausnahme von M. – als jüdisch bezeichnet hatte. Nach der Olympiade 1936 wurde M. am 2. Dezember 1936 ausgebürgert, am 19. Dezember erkannte ihm die Universität Bonn die 1919 verliehene Ehrendoktor-Würde ab. Der Antwortbrief vom Neujahr 1937 ist das politische und schriftstellerische Credo des Dichters: »Ich habe es mir nicht träumen lassen, es ist mir nicht an der Wiege gesungen worden, daß ich meine höheren Tage als Emigrant, zu Hause enteignet und verfemt, in tief notwendigem politischem Protest verbringen würde. Seit ich ins geistige Leben eintrat, habe ich mich in glücklichem Einvernehmen mit den seelischen Anliegen meiner Nation, in ihren geistigen Traditionen sicher geborgen gefühlt. Ich bin weit eher zum Repräsentanten geboren als zum Märtyrer, weit eher dazu, ein wenig höhere Heiterkeit in die Welt zu tragen, als den Kampf, den Haß zu nähren. Höchst Falsches mußte geschehen, damit sich mein Leben so falsch, so unnatürlich gestaltete. Ich suchte es aufzuhalten nach meinen schwachen Kräften, dies grauenhaft Falsche – und eben dadurch bereitete ich mir das Los, das ich nun lernen muß, mit meiner ihm eigentlich fremden Natur zu vereinigen.«

Werkausgabe: Thomas Mann. Gesammelte Werke in dreizehn Bänden. Hrsg. von Hans *Bürgin.* Frankfurt a. M. 1974.

Literatur: *Koopmann,* Helmut (Hrsg.): Thomas Mann – Handbuch. Stuttgart 1990; *Gregor-Dellin,* Martin: Was ist Größe? München 1985; *Hansen,* Volkmar: Thomas Mann. Stuttgart 1984; *Hilscher,* Eberhard: Thomas Mann. Berlin 1982; *Mendelssohn,* Peter de: Der Zauberer. Das Leben des Schriftstellers Thomas Mann. Frankfurt a. M. 1975 ff.; *Bürgin,* Hans und *Mayer,* Hans-Otto (Hrsg.): Thomas Mann. Eine Chronik seines Lebens. Frankfurt a. M. 1965.

Claudia Albert/Gesine Karge

Marlitt, Eugenie (d. i. Eugenie John)

Geb. 5. 12. 1825 in Arnstadt (Thüringen); gest. 22. 6. 1887 ebenda.

»Es lebt in diesem Frauenzimmer etwas, das viele schriftstellernde Männer nicht haben: ein hohes Ziel; diese Person besitzt ein tüchtiges Freiheitsgefühl, und sie empfindet wahren Schmerz über die Unvollkommenheit in der Stellung der Weiber. Aus diesem Drang heraus schreibt sie. In allen Romanen, die ich von ihr gelesen habe, war immer das Grundmotiv, einem unterdrückten Frauenzimmer zu der ihr ungerechterweise vorenthaltenen Stellung zu verhelfen, ihre Befreiung von irgendeinem Druck, damit sie menschlich frei dastände – und hierin besitzt die Marlitt eine Kraft, das durchführen zu können, eine Macht der Rede, eine Wortfülle, eine Folgerichtigkeit in der Entwicklung ihrer Geschichten, daß ich Respekt vor ihr bekommen habe.« Eine solch lobende Äußerung wie die von Gottfried Keller ist selten unter den Stimmen der Zeitgenossen.

Die Eltern, Ernst John und Johanna, geb. Böhm, stammten aus Arnstadt, wo sie eine Leihbibliothek führten und mit ihren fünf Kindern in bescheidenen Verhältnissen lebten. Der dichterische Genius der zweiten Tochter, Friederike Christiane Henriette, genannt Eugenie, soll sich bereits im zarten Alter geregt haben: In der Schule frappierten ihre deutschen Arbeiten angeblich so sehr, daß Klausuren angeordnet wurden, weil niemand ihr eine so »wohlgelungene Anordnung von Stoff, Ausführung und Stil« zutraute. Der Vater wandte sich jedoch wegen ihrer glockenhellen Stimme an die regierende Fürstin Mathilde von Schwarzburg-Sondershausen und bat, sich ihrer Ausbildung wohlwollend anzunehmen. Diese ließ Eugenie in Klavier, Gesang und allgemeinbildenden Fächern unterrichten und schickte sie – als sie entgegen den Ratschlägen nicht Lehrerin oder Gouvernante, sondern Opernsängerin werden wollte – nach Wien zu berühmten Lehrern. Doch das Debüt der hoffnungsvollen Sängerin 1847 geriet zum Desaster, vor lauter Lampenfieber konnte sie kaum singen und infolge eines beginnenden Gehörleidens mußte sie bald darauf ihre Karriere beenden. Mathilde engagierte sie als Gesellschafterin und Begleiterin auf zahlreichen Reisen; als die Fürstin sich 1863 aus finanziellen Gründen von ihrem Personal trennte, mußte die inzwischen 38jährige Eugenie nach Arnstadt ins Haus ihres Bruders zurückkehren und gegen Entgelt Näh- und Stickarbeiten, Klavier- und Gesangsschüler übernehmen. Daneben machte sie sich mit Eifer ans Schreiben und sandte 1865 zwei Novellen unter dem Pseudonym E. Marlitt an Ernst Keil, den Herausgeber der *Gartenlaube*. Dieser antwortete prompt, schrieb an den »geehrten Herrn Marlitt« lobende Worte über die »Schöpfung, die nach Stoff und Form unwiderleglich den Stempel des Talents in sich trägt«, fügte hinzu: »Wessen Feder ein so allerliebstes, von echter Poesie durchwehtes Bild aus dem Kleinbürgertum schaffen konnte, hat gewiß noch manches interessante Motiv in petto« und engagierte M. als ständigen Autor seiner Monatszeitschrift.

Wie Eugenie John auf das Pseudonym gekommen ist, hat sie nie gesagt, warum sie sich wie viele ihrer Kolleginnen erst einmal hinter dem Schutzschild eines männlich erscheinenden Namens verbarg, liegt auf der Hand. Irgendwann meldete sich der Verleger Keil zu Besuch bei seinem Autor M. an, und das Geheimnis mußte gelüftet werden. Es hätte ihn nicht so völlig überrascht, schrieb er anschließend dem »verehrten Fräulein«, da er »in der Schilderung der weiblichen Charaktere in der Tat eine weiblich warme und weiblich feine Feder« erkannt zu haben glaubte. Aus der Begegnung mit Ernst Keil entwickelte sich eine dauernde Freundschaft, wobei nicht vergessen werden darf, daß der Erfolg seiner *Gartenlaube* nicht zuletzt auf ihr Konto ging. Sie vertrat eine ähnlich humanitäre, zwar unpolitische, aber tolerante, undogmatisch-christliche Weltanschauung und scheint ideal seinen Vorstellungen entsprochen zu haben. Entgegen seinem ursprünglichen Prinzip druckte er M.s Romane in Fortsetzungen, denn nach dem Abdruck der *Goldelse* (1866) stiegen die Abonnentenzahlen auf über 200 000 und bis zur Jahrhundertwende weiter auf eine halbe Million. Nach diesem Erfolg setzte er ihr ein Jahresgehalt von 800 Talern in Gold fest, und für die Einnahmen der *Reichsgräfin Gisela* (1869) konnte sie das »Dichterschlößchen Marlittsheim« erbauen.

Ihre Romane, darunter *Das Geheimnis der alten Mamsell* (1868) oder *Im Hause des Kommerzienrates* (1877) wurden gleich nach Erscheinen in fast alle europäischen Sprachen übersetzt, dramatisiert, oft nachgeahmt, später verfilmt. Was ihre Beliebtheit ausmacht, ist die Mischung aus kleinbürgerlichem Plüsch und luxuriösem Schloß-Ambiente, aus kriminalistischer Spannung und verwandtschaftlichen Intrigen, den kleinen Mißverständnissen und großen Standes-Konflikten, dem emanzipatorischen Hang ihrer – meist verwaisten, immer stolzen – Heldinnen, durch eigene Arbeit und Leistung etwas zu erreichen, aber dann doch hingebungsvoll an der Seite eines ernsten, reifen Mannes ins Happy-End der Ehe zu schreiten. Bis heute haben das Aschenbrödel-Motiv und die klare Gut-Böse-Ausrichtung im trivialen Genre nichts an Beliebtheit eingebüßt. Die dreizehn Romane und Erzählungen der Marlitt sind zwar nach einem Muster gestrickt, aber, verglichen mit der Massenproduktion der Hedwig Courths-Mahler, doch voll von unerwarteten Wendungen, hübsch-komischen Formulierungen und altjüngferlicher Liebenswürdigkeit. Als M. nach jahrelanger Krankheit – eine arthritische Lähmung fesselte sie seit 1868 an den Rollstuhl – starb, wurde sie als »Muse des häuslichen Herdes« und »echte deutsche Dichterin« gelobt. Interessant ist sie heute mehr als Phänomen der ersten Bestsellerautorin denn als Schriftstellerin.

Werkausgabe: Eugenie Marlitt. Gesammelte Romane und Novellen. 10 Bde. Leipzig 1888–1897.

Literatur: *Schenk*, Herrad: Die Rache der alten Mamsell. Eugenie Marlitts Lebensroman. Düsseldorf 1986; *Schönberg*, Jutta: Frauenrolle und Roman. Studien zu den Romanen der Eugenie Marlitt. Frankfurt a.M. 1986.

Irene Ferchl

Maron, Monika
Geb. 3. Juni 1941 in Berlin

Schon in einer Zeit, in der die Kulturen der Bundesrepublik und der DDR noch fest in ihrer Zweistaatlichkeit verankert schienen, war die in Ostberlin lebende M. eine der wenigen, die sich als „deutsche Schriftstellerin" verstanden. Dabei liegen ihre Wurzeln ebensosehr im Polnischen wie im Deutschen. Bis 1953 hatte sie – von ihren Großeltern mütterlicherseits her – einen polnischen Paß. Der jüdische Großvater wurde von einem nationalsozialistischen Sonderkommando umgebracht. Den leiblichen Vater durfte die Mutter, eine Halbjüdin, nicht heiraten. Als sie 1953 mit der Mutter von Neukölln, wo sie geboren war, in den Osten Berlins zog, brachten beide ihre sozialistische Überzeugung mit. Ihre Mutter als überzeugte Kommunistin, sie selbst als »Junge Pionierin«. Mit der Einkehr in sogenannte geordnete Familienverhältnisse (nach der Heirat der Mutter mit dem damaligen Chef der Volkspolizei und späteren Innenminister Karl Maron 1955), wurde die Jugendliche auf den für die DDR der 50er Jahre typischen Lebensweg geschickt, der von der Wiege bis zur Bahre politisch organisiert war. Doch der Anschein der totalen Behütetheit trog. Die Abneigung gegen den Stiefvater führte zu Konflikten und Widerständigkeiten, Verletzungen und Brüchen. Diese Themen der Kindheit und Jugend finden sich später in ihren Romanen und Erzählungen wieder.

Nach dem Abitur 1959 verließ sie das Elternhaus, wortlos. Sie arbeitete in einem Flugzeugwerk bei Dresden, kehrte dann aber zurück und schlug einen ganz normalen Weg ein: Studium der Theaterwissenschaften mit Diplom, Regieassistentin, Dozentin der Theaterwissenschaft, schließlich Journalistin. Die Zeitschrift *Wochenpost*, bei der sie arbeitete, galt als eine der wenigen interessanten in der Medienlandschaft der DDR. Der Tod des Stiefvaters und zunehmende Anpassungsschwierigkeiten im Beruf führten in eine Krise, aus der sie erst hinausfand, als sie sich den Zwängen verweigerte und fortan — als freie Schriftstellerin, die in ihrem Land nicht gedruckt wurde – in der Schwebe lebte.

Wie kann sich das Individuum in einer Gesellschaft, die es total vereinnahmen will, überhaupt noch behaupten? Die Frage stand nicht zufällig im Zentrum ihres ersten Romans *Flugasche* (1981), in dem die erzählerischen und stilistischen Eigenarten ihres seitherigen Opus in Ansätzen enthalten sind. Die Vorgeschichte des Schreibens, das Erzählte selbst und die Geschichte der Drucklegung wurden zu einem Lehrstück für die Schwierigkeiten, sich als Frau und Autorin zu behaupten, ohne sich Institutionen oder Herrschaftsordnungen zu unterwerfen. Das Buch sollte in der DDR veröffentlicht werden. Die Kulturbehörden untersagten dies in letzter Minute, da die Rahmenhandlung die Zerstörung der Umwelt in der DDR aufgriff. Weil es offensichtlich politische Gründe waren, aus denen das Buch in der DDR nicht erscheinen durfte, verstand man ihr Buch in der Bundesrepublik als »Umweltroman«. Daß M. eine eigenständige, ja eigenwillige Erzählerin ist, wurde dann allerdings mit ihrem ersten Erzählungsband (*Das Mißverständnis*, 1982) offenkundig. Gleichwohl hat sie nie verleugnet, daß sie sich mit dem ersten Buch »frei geschrieben« habe von der Journalistin zur Erzählerin. Spätestens bei Erscheinen ihres zweiten Romans *Die Überläuferin* (1986) wurde deutlich, daß ihr erster Roman *Flugasche* nicht als politischer Enthüllungsroman gedacht war. Der neue Roman griff das Thema Selbstsuche durch Rückzug aus äußeren und inneren Bedrängtheiten erneut auf und radikalisierte es. Die Heldin Rosalind zieht sich nicht nur zurück, sondern sie verändert ihre Wahrnehmung der Außenwelt. Sie verweigert sich nicht nur, sondern sie verwandelt sich in der Verweigerung und kann sich erst so als identisches Ich erfahren. Keiner der Romane, keines der Stücke, keine Erzählung M.s ist in der DDR veröffentlicht oder aufgeführt worden. Daraus zog die Autorin 1988 die Konsequenz und siedelte nach Hamburg über. Sie schuf sich damit eine Existenz zwischen den beiden deutschen Staaten, die ihre Person wie ihr bisheriges Œuvre gleichermaßen prägen.

Mit der Erfahrung der Übersiedelung und dem Leben in einer Zwischenexistenz, deren Ort nie genau zu bestimmen ist, erweiterte sich ihr Repertoire. Den journalistischen Teil ihrer Existenz hatte sie im Osten zurückgelassen. Im Westen entstand die streitbare Essayistin. In *Ein deutsch-deutscher Briefwechsel*, den sie kurz vor ihrem Weggang aus Ostberlin mit dem Publizisten Joseph von Westphalen (1987/88) geführt hatte, zuerst für *Die Zeit*, später als Buch veröffentlicht, in Kolumnen für den *Spiegel* oder die schweizerische Zeitschrift *DU* zeigte sie sich als originelle und witzige Polemikerin. Mit ihren Stellungnahmen zur deutschen Vereinigung hat sie die deutsche Öffentlichkeit mehrfach herausgefordert. Aus diesen Beiträgen entstand 1993 der Band *Nach Maßgabe meiner Begreifungskraft*.

Die Haltung des Widerspruchs gegen vorschnelle Vereinnahmungen bestimmt auch den bisher letzten Roman *Stille Zeile sechs* (1991), in dem sie Leben und Denken der antifaschistischen Gründergeneration der DDR am Beispiel eines alten Mannes und seiner jungen Kritikerin erzählt. Nach der Auflösung der DDR, in einer Zeit, die von Anklagen und Abrechnungen geprägt ist, entzog sie sich fast beiläufig dem Etikett des „Enthüllungsromans", indem sie die Täter auch als Opfer und den Haß von deren Kritikern als Teil einer Täterbiographie beschreibt. In diesem Roman scheint eine weitere Seite ihres Könnens durch, deren Konturen schon in *Die Überläuferin* zu erkennen waren: das Komische als die andere Seite des Tragischen. In ihrem bisher letzten Roman ist sie damit der naheliegenden Gefahr entgangen, unwillkürlich in einen pathetischen Ton zu verfallen. Die von Roman zu Roman weitergesponnene Thematik verlorener und gegen Widerstände gewonnener Lebensstücke läßt es zu, von einer »Romantrilogie« (Conrad Wiedemann) zu sprechen.

M.s Erzählweise ist gelegentlich als »realistisch« bezeichnet worden. Eine solche Kennzeichnung läßt die Tiefenschichten ihres Stils außer acht, der sich – wie das in ihren Werken Erzählte – der eindeutigen Zuordnung entzieht. Er ist karg und kunstvoll, manchmal schroff, dann wieder zart, ernst und komisch. 1992, drei Jahre nach dem Fall der Berliner Mauer, ist M. wieder nach Berlin gezogen. Ihre Leserschaft hat sich über die Jahre hinweg ständig vergrößert. Seit *Stille Zeile sechs* gilt sie als Erfolgsautorin.

Literatur: *Wiedemann,* Conrad: Die Grenzgängerin. Von Pankow nach Hamburg: Die Erzählerin Monika Maron. In: Zeitschrift der Kultur du. Heft 12 (1992), Zürich, S.20 – 24.

Antonia Grunenberg

May, Karl

Geb. 25. 2. 1842 in Hohenstein-Ernstthal; gest. 30. 3. 1912 in Radebeul

Seine Bücher haben einer groben Schätzung nach eine deutschsprachige Gesamtauflage von über 80 Millionen Exemplaren erreicht und sind in mehr als 30 Sprachen übersetzt worden. M. ist damit der auflagenstärkste und zugleich populärste Autor der deutschen Literaturgeschichte. Sämtliche Medien haben sich seiner in Form des Taschenbuchs, der Schallplatte, der Kassette usw. bemächtigt und schlachten ihn gewinnbringend aus. 1962 wurde unter der Regie von Herbert Reinl und der Starbesetzung Lex Barker als Old Shatterhand, Pierre Brice als Winnetou und Steward Granger als Old Shurehand – sämtlich Western-Film-erprobte Mimen – der mit 3,5 Millionen DM Kosten bis dahin aufwendigste Film der deutschen Nachkriegsfilmgeschichte hergestellt. M.s Andenken pflegen die Karl-May-Gesellschaft in Hamburg, die ein ausschließlich seinem Leben und seinem Werk gewidmetes Jahrbuch herausgibt, die Karl-May-Museen in Radebeul und Bamberg mit Teilen der Sammlung dem Arbeitszimmer und der Bibliothek; die heute verbindliche Ausgabe erscheint in 73 Bänden seit 1961 im Karl-May-Verlag Bamberg; seit 1952 finden jährlich im Sommer die Karl-May-Festspiele in Bad Segeberg statt: der institutionelle Rahmen eines – kleinbürgerlichen – Dichterfürsten.

Er wird als fünftes von vierzehn Kindern geboren. Die völlig mittellose Leineweberfamilie lebt von der Hand in den Mund, Arbeit gibt es nicht. Aber der kleine Karl lernt schnell, die Eltern setzen ihre ganze Hoffnung auf ihn. Ab 1856 besucht er das Proseminar, will Lehrer werden. Doch die Karriere ist rasch zu Ende. Wegen Diebstahls wird er 1862 zu sechs Wochen Haft verurteilt, von der Liste der Lehramtskandidaten gestrichen, die Zeugnisse werden kassiert. Die Opfer der Eltern waren umsonst: Er ist auf seine Anfänge zurückgeworfen. M. begeht in den folgenden Jahren eine Reihe von Straftaten meist Diebstahl, die ihm 1865 vier Jahre Arbeitshaus und 1870 vier Jahre Zuchthaus eintragen.

Bis in seine Zuchthausjahre hinein hat M. kaum eine Zeile geschrieben, geschweige denn veröffentlicht. In seiner Autobiographie *Mein Leben und Streben* (1910) hat er den privaten Mythos offenbart, den er während der Jahre im Zuchthaus entwickelt haben will, um der Volksschriftsteller zu werden, als der er sich aus der Erinnerung von 1910 heraus sah. Demnach hat ihm seine »Märchengroßmutter« einst das Märchen vom Stern Sitara erzählt, der mit der Erde viele Gemeinsamkeiten habe. Dieser Stern besteht aus einem Tiefland, Ardistan, in dem die Gewalt- und Egoismusmenschen wohnen, und dem Hochland, Dschinnistan, dem Land der Edelmenschen, »wo jeder Mensch der Engel seines Nächsten ist«. Dazwischen liegt Märdistan, durch das der unendlich gefahrvolle und beschwerliche Weg nach oben führt. M. hat sich selbst als Bestandteil dieses Märchens gesehen (»ich bin im tiefsten, niedrigsten Ardistan geboren«) und hegt den lebhaften Wunsch, »ein Märchenerzähler wie du zu werden, Großmutter« – ja, »ich selbst muß ein Märchen werden«. Er faßt im Zuchthaus den Plan, Humoresken, Dorfgeschichten und Erzählungen, die meist im Erzgebirgischen spielen, zu schreiben, um bekannt zu werden und zu zeigen, daß er gottesfürchtig, gesetzestreu und seinem König ergeben ist. Daneben aber sollen Reiseerzählungen, Gleichnisse und Märchen entstehen, die auf die großen Menschheitsfragen antworten, die Menschheitsrätsel lösen und die Seele des Lesers emporheben zur Edelmenschlichkeit von Dschinnistan. In der Absicht eines christlich-universalen Humanismus und Pazifismus will er die östliche und die westliche Welt miteinander versöhnen, dem Rassismus Einhalt gebieten und Gerechtigkeit auf Erden schaffen. Die Personen und Schauplätze seiner künftigen Romane wählt er in dieser Absicht, Kara ben Nemsi und Old Shatterhand sind die östlichen und westlichen Repräsentanten einer einzigen Absicht, dem Streben nach einer wohlverstanden deutschen, aber für die ganze Welt beispielhaften Menschlichkeit, die mit eschatologischer Unerbittlichkeit unterwegs ist, das Böse zu vernichten (spät ausgedrückt in seinem Symbolroman *Ardistan und Dschinnistan* von 1909). Mit diesem ethischen Impuls sind M.s Reiseerzählungen einmalig in der Geschichte des Genres, allesamt Zeugnisse einer »beschädigten Ich-Wirklichkeit« (Hans Wollschläger). Während M. noch im Zuchthaus Waldheim einsaß, hat er vermutlich zu Heinrich Gotthold Münchmeyer durch Manuskriptzusendungen Kontakt aufgenommen. Münchmeyer hatte in Dresden ein »Verlags- und Colportageschäft« inne. Er vertrieb Groschenhefte und Kalender und hatte Titel wie den schmierig-schlüpfrigen *Venustempel* (nebst Hausapotheke für Geschlechtskrankheiten) und das *Schwarze Buch/Verbrecher-Gallerie* im gutgehenden Programm. Münchmeyer suchte dringend einen Redakteur; M. trat im März 1875 bei ihm ein, betrieb dort zwei Unterhaltungsblätter, das *Deutsche Familienblatt* und die *Feierstunden*, daneben *Schacht und Hütte*. Dort erschienen M.s säuerlich-moralisierende *Geographische Predigten*, aber auch erste Skizzen des *Winnetou* und des *Old Firehand* (1875). Im März 1877 scheidet M. bei Münchmeyer aus, redigiert ein Jahr lang das Wochenblatt *Frohe Stunden* (ebenfalls in Dresden); andere Blätter beginnen, sich für seine Dorfgeschichten, seine Humoresken und Abenteuererzählungen zu interessieren. Am 17. 8. 1880 heiratet M. Emma Lina Pollmer, eine unbedarfte, lebenslustige und – wie sich herausstellen wird – intrigante junge Frau, die er bei seiner Schwester Wilhelmine kennengelernt hat. Wirtschaftlich geht es dem Paar nicht eben gut, obwohl M. unermüdlich schreibt. Selbst der feste Vertrag mit dem führenden katholischen Familienblatt *Deutscher Hausschatz*, das von Friedrich Pustet in Regensburg herausgegeben wird, trägt nicht einmal das Existenzminimum ein.

Die Wende kommt erst nach einer erneuten Begegnung mit Münchmeyer, dem das Wasser wieder einmal am Hals steht. Autor und Verleger vereinbaren fünf Romane, jeder zu einhundert Heften à 24 Seiten. Schon der erste, *Das Waldröschen/ oder/ Die Verfolgung rund um die Erde. Großer Enthüllungsroman über die Geheimnisse der menschlichen Gesellschaft von Capitän Ramon Diaz de la Escosura* (1883) wird ein ungewöhnlicher Erfolg. M., der oft nächtelang schreibt, liefert in den nächsten fünf Jahren allein für den gerissenen Münchmeyer 513 Hefte mit über 12 000 Druckseiten. Er beendet die Zusammenarbeit im Sommer 1887, weil er die Kolportage-Schreiberei satt hat. Inzwischen hat er den Verleger Joseph Kürschner kennengelernt; er arbeitet konzentriert und erzählerisch geschickt an dessen Jugendwochenschrift *Der gute Kamerad* mit, die erstmals am 1. 1. 1887 erscheint (dort u. a. *Der Sohn des Bärenjägers*, 1887; *Der Geist des Llano Estacata*, 1888; *Villa Bärenfett*, 1889; *Die Sklavenkarawane*, 1889; *Der Schatz im Silbersee*, 1890; *Das Vermächtnis des Inka*, 1891). Von entscheidender Bedeutung ist jedoch die Begegnung mit

Friedrich Ernst Fehsenfeld, der sich für M. begeistert hat und seine gesammelten Reise-
romane herausgeben möchte. M. übergibt ihm die Rechte aller bei Pustet erschienenen
Erzählungen; die Situation der bei Münchmeyer erschienenen Romane ist schwieriger.
Münchmeyer ist inzwischen gestorben; der neue Inhaber Ferdinand Fischer weigert
sich hartnäckig, die Rechte freizugeben; M. glaubt aber, daß sie längst an ihn zurückge-
fallen sind. Ein Rechtsstreit mit einigen Ausmaßen zeichnet sich ab, der allen Beteiligten, allen voran M., das Äußerste abverlangen wird.

I 892 beginnt die auf 33 Bände geplante Ausgabe Fehsenfelds – die Ausgabe »letzter
Hand« – mit dem für M.s Ardistan-Dschinnistan-Mythos programmatischen Band
Durch die Wüste. M. befindet sich in diesen Jahren auf dem Höhepunkt seiner Populari-
tät; er rechnet sich selbst etwa zwei Millionen Leser zu; allein 1896 hat Fehsenfeld
60 000 Exemplare seiner bei weitem noch nicht abgeschlossenen Ausgabe verkauft.
Unnötig und unerklärlich bricht in diesen Jahren bei M. wieder die alte Lust an der
Maskerade, an der Hochstapelei durch. Er posiert vor der Kamera als Kara ben Nemsi
mit der Silberbüchse in der Hand, die er – seinem Roman nach – längst dem toten
Freund Winnetou ins Grab gelegt hat; er hält weitschweifige Vorträge, in denen er seine
Erfahrungen als Westmann mitteilt; er beantwortet unermüdlich Leserpost, in der er
sich als weitgereister Experte aufspielt. Immer wieder wird nach dem Wahrheitsgehalt
seiner Romane und Erzählungen gefragt. Der Märchenerzähler, der er hatte sein wollen, verlegt sich auf die Wirklichkeit: »Ich bin wirklich Old Shatterhand resp. Kara ben
Nemsi und habe erlebt, was ich erzähle«. Da ist es nur selbstverständlich, daß er sein
Arbeitszimmer mit Jagdtrophäen aus aller Herren Länder ausstaffiert. Er sei Doktor der
Philosophie, vernimmt man immer wieder; er beherrsche aktiv 40 Sprachen und verstehe darüber hinaus etwa 1200 Sprachen und Dialekte. Er läßt eine großspurige Visi-
tenkarte drucken, auf der er sich mit Old Shatterhand gleichsetzt, als er die gleichnamige Villa, seinen letzten Wohnsitz, 1896 in Radebeul bezieht. Dabei hat er bis zu diesem Zeitpunkt kein einziges Mal das Ausland bereist – die Orientreise macht er erst
1899/1900 und nach Nordamerika fährt er 1908.

Unterdessen ist der neue Münchmeyer-Inhaber Fischer nicht untätig gewesen und
eröffnet 1901 mit einer großangelegten Werbekampagne seine 25 bändige Ausgabe der
Illustrierten Werke M.s mit der *Liebe des Ulanen*. Nun kommt es endgültig zum Prozeß, in
dem M.s Starrköpfigkeit, Fischers Geschäftstüchtigkeit, die Intriganz der Zeugen und
die Gerissenheit der Anwälte zu einem vernichtend-abschreckenden Spiel zusammen-
finden; der Prozeß kann denn auch erst von den Nachfolgern aller Beteiligten beendet
werden. Gleichzeitig setzt in der deutschen Presse, zunächst harmlos in der Kritik an
der simplen und bigotten Machart der Münchmeyer-Romane (»abgrundtief unsittliche
Bücher«), eine regelrechte »Karl-May-Hetze« ein, während der nach und nach M.s kriminelle Vergangenheit ans Tageslicht gebracht wird, um seine Glaubwürdigkeit in der
Öffentlichkeit und vor Gericht zu erschüttern. M. hat darauf mit Verbitterung in seiner
Autobiographie geantwortet: »Das hält kein Simson und kein Herkules aus«. Seiner
Rechtfertigung gegenüber seinen Gegnern ist in vielen Einzelheiten nicht zu trauen,
viele Begebenheiten seines Lebens stellt er sich so zurecht, wie er sie für seine Verteidigung braucht. Aber sie bezeugt den mutigen Entwurf eines Menschen, der unter den
schlechtesten Ausgangsbedingungen aufs Ganze ging, um zu sich selbst zu finden,
dabei aber an entscheidenden Punkten seines Lebens die Kontrolle über das Zulässige

und das Verbotene, über Realität und Fiktion verlor. Dennoch: Seinen letzten öffentlichen Auftritt hatte M. am 22. März 1912 in Wien. Vor 2000 Personen sprach er im Sophiensaal über das Thema des Edelmenschen und die Menschheitsfrage. Sein Vortrag ist mit Sicherheit kein Plädoyer für diejenigen Heroen gewesen, in deren Zeichen man unterwegs in den Ersten Weltkrieg war – seine Hörer sollen begeistert gewesen sein.

Werkausgaben: Karl Mays Illustrierte Werke. Hrsg. von Heinrich *Pleticka* und Siegfried *Augustin*. Stuttgart 1992ff; Karl Mays Werke. Historisch-kritische Ausgabe. Hrsg. von Hermann *Wiedenroth* und Hans *Wollschläger*. Zürich 1987ff; Karl May. Gesammelte Werke. Originalausgabe. Bamberg 1976.

Literatur: *Kosch*, Günter/*Nagl*, Manfred: Der Kolportageroman. Bibliographie 1850 bis 1960. Stuttgart 1993; *Ueding*, Gert (Hrsg): Karl-May-Handbuch. Stuttgart 1987; *Eggebrecht*, Harald (Hrsg.): Karl May – der sächsische Phantast. Frankfurt a.M. 1987; *Schmid*, Euchar Albrecht (Hrsg.): »Ich«. Karl Mays Leben und Werk. Karl May's Gesammelte Werke. Band 34. Bamberg ³1976; *Wollschläger*, Hans: Karl May. Grundriß eines gebrochenen Lebens. Zürich 1976.

Bernd Lutz

Mayröcker, Friederike
Geb. 20.12.1924 in Wien

Seit 1946 unterrichtete M. an Wiener Hauptschulen, ließ sich 1969 beurlauben und lebt seither als freie Schriftstellerin in Wien. 1946 erschienen ihre ersten Gedichte in der Wiener Avantgarde-Zeitschrift *Plan*. Seit 1954 Freundschaft und Zusammenarbeit mit Ernst Jandl und Bekanntschaft mit Mitgliedern der Wiener Gruppe, 1956 die erste Buchpublikation: *Larifari. Ein konfuses Buch*. 1970/71 und 1973 ist M. Gast des Westberliner Künstlerprogramms des DAAD. Zahlreiche Lese- und Vortragsreisen führen sie durch ganz Europa und in die USA. Ihr umfangreiches und in viele Sprachen übersetztes Oeuvre erhielt zahlreiche Auszeichnungen (u.a. 1968 Hörspielpreis der Kriegsblinden, 1977 Trakl-Preis, 1982 Großer Österreichischer Staatspreis und Roswitha-von-Gandersheim-Preis, 1989 Hauptpreis der deutschen Industrie). M. ist Mitglied zahlreiche Akademien und Künstlergremien (u.a. Österreichischer Kunstsenat, Deutsche Akademie für Sprache und Dichtung, Grazer Autorenversammlung). 1988 wurde das Friederike-Mayröcker-Archiv in der Wiener Stadt- und Landesbibliothek eingerichtet.

M. begann mit stark biographisch geprägten Gedichten und Kurzprosa und entwickelte in den 50er und 60er Jahren eine formal bewußtere Schreibweise. Zwischen 1964 und 1966 entstand eine Serie von langen Gedichten, gefolgt von experimenteller Prosa (*Minimonsters Traumlexikon* 1968; *Fantom Fan* 1971). Seit 1967 verfaßte M. Hörspiele – anfangs zusammen mit Ernst Jandl – zuletzt NADA NICHTS 1991. Seit Mitte der 60er Jahre entstand sprachexperimentierende szenische Prosa, beeinflußt von der Collagetechnik des Dada und von persiflierter Comic-Strip-Technik. Die Erzählung *je ein umwölkter gipfel* von 1973 markiert einen Einschnitt in ihrer Arbeit. In der Folge entstanden Prosaarbeiten, in denen M. versuchte, eine »neue experimentelle Romanform« zu entwickeln. Der Höhepunkt dieser Entwicklung ist 1980 erreicht in *Die Abschiede*, wo M. Erfahrungen, Erlebnisse, Träume und Zitate unter Verwendung von fiktiven Dialogen sowie von Montage und Wiederholungstechniken in stark metaphorische Textverläufe integriert, deren rhythmische Qualitäten den lyrischen Charakter dieser Prosa bestimmen. In den großen Prosaveröffentlichungen seither – u. a. *Reise durch die Nacht* (1984), *Das Herzzerreiszende der Dinge* (1985), *mein Herz mein Zimmer mein Name* (1988), *Stilleben* (1991) – arbeitet M. ohne Verwendung von Geschichten und genau identifizierbaren Personen, ohne zeitliche, räumliche und kausale Ordnungen. Vielmehr entfalten diese Texte so etwas wie die Selbstkommunikation M.s in Gestalt mehrdimensionaler Dialoge, die einen inneren Kosmos entwerfen, in dem Sprache, Wirklichkeit und Magie, Poesie und Theorie, Gefühl und Verstand zu einer subjektiv beglaubigten Synthese zusammenfließen. In einem Interview 1986 hat M. ihre Arbeitsweise so gekennzeichnet: »Bei meiner . . . Prosa gehe ich weiter in der erbarmungslosen Annäherung an die Wirklichkeit und gleichzeitig an eine auf die Spitze getriebene Magie, die in die Nähe eines Irrwitzes oder Wahnwitzes kommt. . . . Ich habe vor allem Wahrnehmungsvorstellungen, die sich in Sprache verwandeln müssen. Und dann habe ich Lebensirritationsvorstellungen, die sich in Sprache verwandeln.« In diesen stark suggestiven Texten werden herkömmliche Vorstellungen von Erzählliteratur, von Geschichte und Identität aufgelöst, wird die übliche Mitteilungsfunktion der Sprache weitgehend aufgehoben. Sprache evoziert Vorstellungen, Ideen und Erinnerungen, die Romanform wird weiterentwickelt zu einer Form des Erzählens ohne Geschichte, was » die Frage aufkommen lasse, ob wir tatsächlich, im eigentlichen Sinn, einzig aus unserem Kopfe schreiben?« *(Abschiede)*.

Literatur: *Kastberger*, Klaus: »einzelne Stücke, aus welchen sich das Ganze insgeheim zusammensetzt . . .«. Produktionsästhetische u. textanalytische Merkmale der Prosa Friederike Mayröckers. Wien 1991; *Schmidt*, Siegfried J. (Hrsg.): Friederike Mayröcker, Frankfurt a. M. 1984; *Arnold*, Heinz Ludwig (Hrsg.): Friederike Mayröcker. Text + Kritik. München 1984

Siegfried J. Schmidt

Meckel, Christoph
Geb. 12. 6. 1935 in Berlin

Wie kaum ein anderer Schriftsteller wehrt sich M. vehement dagegen, biographische Auskünfte zu geben. In Berlin geboren, in der Nachkriegszeit Graphikstudium in Freiburg und München, seit 1956 Veröffentlichungen von Gedichten, Prosa und Radierungen – solche Daten bilden ein sehr rudimentäres Raster des »Malerpoeten«, allenfalls noch zu ergänzen mit dem Hinweis auf unzählige Reisen und das Pendeln zwischen den Wohnsitzen in Berlin und in den französischen Westalpen (Département Drôme). Diese Lakonie verwundert um so mehr, da M.s umfangreiches Werk an vielen Stellen als verwandelte Autobiographie gelesen werden kann. *Suchbild. Über meinen Vater* (1980), eines der sog. »Väter-Bücher« zu Beginn der achtziger Jahre, stellt dabei nur das bekannteste Beispiel dar, da sich die Kontroverse über den moralischen Anspruch und Rigorismus der jüngeren Nachkriegsgeneration nicht zuletzt an M.s »Abrechnung« mit dem Vater entzündete. Der Vater Eberhard Meckel (1907–1969), promovierter Germanist und Lyriker der naturmagischen Richtung, ein Freund von Peter Huchel, wird in seinem Versagen gegenüber dem Nationalsozialismus schonungslos entlarvt: »Seit ich seine Kriegstagebücher las, kann ich den Fall nicht auf sich beruhen lassen; er ist nicht länger privat. Was ich von seiner NS-Zeit wußte, kannte ich nur aus dem, was er selber sagte. Das war die gereinigte Darstellung seiner Rolle«. M.s zwischen Dokumentation und Roman angesiedeltes *Suchbild* gerät, wie der Psychologe Tilman Moser feststellt, zur »ödipalen Leichenschändung«.

In den Romanen und Gedichten werden weitere autobiographische Elemente verarbeitet, etwa wenn der Erzähler das Zerbrechen einer Kindheit im Bombenhagel auf Freiburg 1944 beschreibt (*Der Brand*, 1965). In einer weiteren literarischen Biographie M.s (*Nachricht für Baratynski*, 1981), in der der russische Dichter J. A. Baratynski (1800–1844) zum »Vertrauten« des Ich-Erzählers wird, reiht M. sich in das Schicksal der Nachkriegsgeneration ein: »Ich gehöre zu einer verschonten Generation . . . Ich lebte, wie es die eigenen Wünsche wollten, in jedem Loch, ohne Vorschrift oder Diktat. Ich erlaubte keinem System, über mich zu verfügen und konnte mir jedes Recht auf Freiheit erlauben, Komfort und Sicherheit waren kein Opfer wert und Geld war nichts, wofür sich zu hungern lohnte. Ich . . . veröffentlichte, was mir haltbar erschien und fand die Zeit, die ich brauchte, um da zu sein.« Wesentliche Merkmale der Biographie M.s wie das rastlose Umherschweifen, die bohemehafte Rolle eines intensiven Lebens und die kompromißlose Haltung als Außenseiter gegenüber den Modeströmungen haben hier sicherlich einen Ausgangspunkt. Auch M.s Werk und sein poetischer Ansatz spiegeln dies wider. Der Leser und Betrachter der Prosa- und Gedichtbände, der Bilderbücher und bibliophilen Drucke sowie der über 1000 Radierungen seines großangelegten Projekts der »Weltkomödie« (*Bericht zur Entstehung einer Weltkomödie*, 1985) wird vom Bilderreichtum und der spielerisch experimentierenden Fabulierfreude, den surrealen Einfällen und grotesken, heiteren Gestalten in den Bann gezogen. Ein Figureninventar aus Gauklern und Filous, Ganoven und Prostituierten, Vögeln und Fischen durchzieht das

Werk. Grundlegendes Motiv ist das ständige Vagabundieren: Immer neu machen sich die Helden M.s auf, sind unterwegs zwischen Scheitern und Neuanfang (z. B. *Der wahre Muftoni*, 1982). Resignation und Hoffnung fallen für die in der Tradition der Flaneurs stehenden Figuren zusammen, treiben sie neu voran. Selbst die Liebe, die erlebt wird, ist nur ein vorübergehendes Verweilen, von Anfang an trägt sie den elegischen Charakter des Abschieds in sich (*Licht*, 1978).

M. gestaltet diese poetische Welt in ständig neuen Variationen, so daß er selbst von einem »work in progress« spricht. Umfangreiche Bilder-Zyklen erzählen mythologische Geschichten (*Moël*, 1959; *Das Meer*, 1965; *Der Strom*, 1976), eine Lyrik-Trilogie *Die Komödien der Hölle* (*Säure*, 1979; *Souterrain*, 1984 und *Anzahlung auf ein Glas Wasser*, 1987) knüpft an Dantes Gang durch das Inferno an, und der bezeichnende Titel eines Prosasammelbandes lautet *Ein roter Faden* (1983). Doch dieses System von »Bezugnahmen, Wiederholungen, Neuanfängen« (Wulf Segebrecht) entsteht nicht unverbindlich und zum Amüsement. Viele der Texte M.s sind explizit poetologische Gedichte und Erzählungen. In *Erfindungen* (*Im Land der Umbranauten*, 1961) heißt es: »Man soll nicht glauben, die Tätigkeit der Erfindung, wie ich sie betreibe, sei eine beliebige Wissenschaft«. Der Autor, der sich oft als Magier sieht, hat Verantwortung für seine Schöpfungen zu übernehmen, seine Geschöpfe kehren zurück und fordern Rechenschaft von ihm. Ausgehend von »nicht einmal nichts« (*Manifest der Toten*, 1960) hat er sich der Aufgabe verschrieben, »die Leere bewohnbar zu machen mit Shanties« (*Nebelhörner*, 1959). Dieser Vorsatz, durch Lieder, durch Sprache und Bilder, ein neues Paradies zu erschaffen, schloß von Anfang an Klage und Anklage ein: ». . . hier ist die Chronik der Leiden./ . . . Das Gedicht ist der Ort der zu Tode verwundeten Wahrheit« (*Rede vom Gedicht*). Doch die Bedrohung, die Brutalität und das apokalyptisch anmutende Chaos werden in M.s literarischem und bildnerischem Werk immer stärker und drängen zunehmend die wehrlosen, luftigen Phantasiegeschöpfe zurück. Oft kann M. nur noch vom »Plunder« berichten, vom greifbaren Überbleibsel vergangener Erlebnisse, vom Relikt mit dem »Schatten der Verblichenen«, wie Adalbert Stifter in der *Mappe meines Urgroßvaters* schreibt, auf die M. in *Plunder* (1986) anspielt. Aber auch hinter solchen melancholischen Aspekten der neuen poetischen Formel seiner jüngeren Veröffentlichungen steht immer noch das zyklische Prinzip von Vergeblichkeit und Erinnern, das M. bislang vor dem Verstummen bewahrt.

Literatur: *Moser*, Tilman: Ödipale Leichenschändung: Der Vater im Dritten Reich. Zu Christoph Meckels Roman *Suchbild*. In: *Moser*, Tilman: Romane als Krankengeschichten. Frankfurt a. M. 1985. S. 47–76; *Gutzschhahn*, Uwe-Michael: Prosa und Lyrik Christoph Meckels. Köln 1979; *Segebrecht*, Wulf: Christoph Meckels Erfindungen. In: Merkur 20. Jg. (1966). S. 80–85.

Hans-Ulrich Wagner

Mehring, Walter (Pseudonym Walt Merin)
Geb. 29. 4. 1896 in Berlin; gest. 3. 10. 1981 in Zürich

»Meringues«, der Name jenes luftigen Schaumgebäcks, war sein Spitzname, weil er so phantastisch übertreiben konnte, was seine Lebensgeschichte anging. Schriftsteller zu sein bedeutete für M.: »Anschauungen unbestechlich analysieren zu können«, mit dem Ziel der »geistigen Entlarvung der Herrschenden, die mit der Heiligkeit der Kirche, Würde der Nation, Vorrang der Uniform ihre Zwecke und Ziele tarnen« (1930). Der Vater, Sigmar M., war wegen Majestätsbeleidigung und Gotteslästerung eingesessen, ein engagierter Pazifist und Sozialdemokrat, Übersetzer von François Villon, Paul Verlaine, der Internationale, ein »homme de lettres«, dessen große Bibliothek zum »Schutzwall« der Familie wurde, »Fronten des Humanismus« wider den wilhelminischen Ungeist. Auf den Beschluß einer Lehrerkonferenz hin, die über sein »unpatriotisches Verhalten« befunden hatte, mußte M. das Königliche Wilhelms-Gymnasium verlassen und extern das Abitur absolvieren. Der Wunsch, Maler zu werden, wurde verworfen, das Studium der Kunstgeschichte abgebrochen und der Entschluß gefaßt, »künftig nur noch zu schreiben«, obzwar M. später einige seiner Bücher gekonnt illustrierte. M. schloß sich der »Gruppe Revolutionärer Pazifisten« an, diente als Richtkanonier im Ersten Weltkrieg, veröffentlichte in Herwarth Waldens Zeitschrift *Der Sturm* erste Gedichte (ab 1916) und seinen dramatischen Erstling *Die Frühe der Städte* (1918). Er trieb sich in der Berliner Dada-Bewegung um, schrieb für Max Reinhardts Kabarett »Schall und Rauch« das Puppenspiel *Einfach klassisch! Eine Orestie mit glücklichem Ausgang* (1919), zu der der befreundete George Grosz die Figurinen und Decors entwarf und John Heartfield lebensgroße Puppen modellierte. Als politischer Kabarett-Texter erlangte M. schnell Bekanntheit. »Die Triebfeder aller Kunst ist die Provokation«, dieser Satz von Eugène Delacroix war eines seiner Lieblingszitate. Skandale waren so unvermeidbar: Der Dada-Text *Der Coitus im Dreimäderlhaus* brachte ihm ein Strafverfahren ein (1919); *Der Kaufmann von Berlin* (1929), das von Erwin Piscator inszenierte Inflationsdrama (»eines der besten Stücke der Inflation«, Kurt Tucholsky) wurde zum heftig diskutierten Skandalon; *Die höllische Komödie* (1932) erhielt Aufführungsverbot. In schneller Folge erschienen seine Gedichtbände: *Das politische Cabaret* (1920) attackierte die Repräsentanten der Weimarer Republik (Reichswehr, Freikorps, Presse, Bourgeoisie, Justiz), im *Ketzerbrevier* (1921) wurden Staat und Kirche als Entmündigungsverbund enttarnt und ein selbstbewußter Individualismus dagegengesetzt, *Wedding-Montmerte* (1923) enthält neben den Paris-Chansons die über das »Grauenmonstrum Berlin« (Alfred Kerr), darunter drei seiner bekanntesten *(Wenn wir Stadtbahn fahren, Das Börsenlied, Ziehende Schafherde)*, und in *Europäische Nächte* (1924) wird in großen poetischen Bildern ein Thema umkreist: die Weimarer Republik und ihre Totengräber. Gegen das konventionelle »Versgerassel« setzte M. seine Montagen aus politischen Parolen, Schlagzeilen, Berlinbildern, verfremdeten literarischen Zitaten, Liturgieelementen, Versatzstücken literarischer Stilformen vom Mittelalter bis zur Gegenwart, stets fetzig formiert durch Anverwandlung der Rhythmen und Synkopen des Jazz (»Sprachenragtime«). »So etwas von Rhythmus war überhaupt noch nicht da. Er hat ein neues Lebensgefühl, einen neuen Rhythmus, eine neue Technik« (Tucholsky).

Vier Jahre wohnte M. in Paris (von 1924 bis 1928), wo er fast ausschließlich Prosa schrieb: *In Menschenhaut* (1924), *Westnordwestviertelwest* (1925), *Neubestelltes Abenteuerliches Tierhaus* (1925), *Algier oder Die 13 Oasenwunder* (1927), das er zur Hörspielfolge umarbeitete, (*Sahara*, 1929) und *Paris in Brand* (1927), ein historisch-satirischer Roman auf die »Große Hure Presse«. Als Journalist arbeitete M. für verschiedene Zeitungen und Zeitschriften: Glossen, Rezensionen, politische, kulturelle Kommentare und Essays erschienen in Carl von Ossietzkys *Weltbühne* (von 1920 bis 1924, von 1929 bis 1933) und in Leopold Schwarzschilds *Tage-Buch* (von 1925 bis 1928); überdies schuftete er noch als Übersetzer (von Honoré de Balzac, französischen Revolutionsliedern und Paul Morand). Nach Berlin zurückgekehrt (1928), verschärfte sich M.s politisch-literarische Opposition: dem Auswahlband *Die Gedichte, Lieder und Chansons des W.M.* (1929) folgten *Arche Noah SOS* (1931) und, im Exil schon, *Und Euch zum Trotz* (1934). Die Themen der Gedichte: Visionen vom kommenden Krieg, die Nazis, Rassenideologie, das Verhältnis von Individuum und Geschichte. Frontal wurde Adolf Hitler angegangen (*Portrait nach der Natur*) und Goebbels, der »Überknirps« (*Der hinkende Teufel*), der angekündigt hatte, er werde sich der »Intelligenzbestie« M. persönlich annehmen.

M.s Opposition war nicht das Ergebnis systemkritischer Analyse oder gar parteipolitischer Bindung. Als radikaler Individualist verstand er den Staat als »legalisierte Interessengemeinschaft, die sich gegen das Individuum verschworen hat.« Als »Katastrophen-M.« verspottet, erkannte er hellsichtig die tödliche Gefahr des Faschismus, vor der er warnte, war sich aber der Wirkungslosigkeit von Literatur bewußt: »Ich schreibe und ich werde kein Atom verändern.« Kurz vor der drohenden Verhaftung konnte M. über Paris nach Wien fliehen (27.2.1933), seine Bücher flogen in die Scheiterhaufen, und er wurde ausgebürgert (1935). Ungebrochen setzte M. im Exil seinen Kampf fort: mit zwei Romanen, dem ersten antifaschistisch-satirisch-historischen Roman überhaupt, *Müller. Die Chronik einer deutschen Sippe* (von Tacitus bis Hitler, 1935), ein Textbuch zur deutschen Geschichte, im Zentrum die Rassenideologie, und der *Nacht des Tyrannen* (1937) sowie Beiträgen für fast alle wichtigen Exil-Zeitschriften. Vor Einmarsch der deutschen Truppen konnte M. sich gerade noch, ohne jegliche Habe, nach Paris retten (13.3.1938), wo er zu Beginn des Zweiten Weltkrieges als feindlicher Staatenloser interniert wurde. Ausgepumpt und fertig durch die gnadenlose Verfolgung entstand an Silvester 1940/41 der zehnte von zwölf *Mitternachtsbriefen*: »in Memoriam« seiner ermordeten und in den Tod getriebenen Freunde (Erich Mühsam, Carl von Ossietzky, Kurt Tucholsky, Ernst Toller, Joseph Roth, Ernst Weiss, Theodor Lessing, Carl Einstein, Rudolf Olden, Ödön von Horváth). »Der beste Jahrgang deutscher Reben / Ließ vor der Ernte so sein Leben.«

Unter abenteuerlichen Umständen gelang es M., in die USA auszuwandern (1941); dort lebte er am Rande des Existenzminimums und schrieb Filmdrehbücher und Hörspiele als Brotarbeiten (*Das Dreigestrichene Fis, Der Freiheitssender*, beide 1942), ein Buch über *Timoshenko. Marshall of the Red Army* (1942), das er nie geschrieben haben will, einen Gedichtband *No Road Back* (1944) und kunsthistorische Schriften über *Grosz* und *Degas* (1946). Geblieben war ihm lediglich das, was er erinnerte, und dieses Material begann M. »erinnerungstreu« zu bearbeiten. Das Ergebnis: *Die verlorene Bibliothek. Autobiographie* einer Kultur (1952, engl. 1951), eine Auseinandersetzung mit seinem väterlichen, an die Nazis verlorenen, erinnerten »Büchererbe«, Portraits von Künstlern, die er kannte, literatur- und gesellschaftskritische Reflexionen, wobei er Geschichte nicht anders als bloße »Sinngebung des Sinnlosen« (nach Theodor Lessing) begreifen mochte.

In die Bundesrepublik zurückgekehrt (1953), lebte M., kaum beachtet, in Hamburg, Berlin, München, Ascona und schließlich in Zürich, immer aus dem Koffer in irgendwelchen Hotelzimmern, den *Don Quichote*, sein Lieblingsbuch, stets griffbereit auf dem Nachttisch. »Ich bin kein vergessener, ich bin ein ungedruckter Autor.« Verbittert durch die fehlende Resonanz bei Verlegern und Publikum, ungehalten über die spärlichen Neuauflagen, vereinsamte er immer stärker. »Die Menschen wollen ihre Untergänge entweder besungen haben oder vergessen. Mit beidem konnte M. nicht dienen« (Friedrich Dürrenmatt). Späte Ehrungen konnten ihn über seine Enttäuschungen nicht hinweghelfen (z.B. Fontane-Preis 1967). Das Honorarangebot des Ostberliner Aufbau-Verlages (DM 5000,–), seine *Müller-Chronik* neu aufzulegen, lehnte der Nonkonformist ebenso ab wie die 2000-DM-Spende des Bundespräsidenten Heinrich Lübke für in wirtschaftliche Not geratene Künstler. Außer kunsthistorischen Publikationen (*Paul Klee*, 1957; *Verrufene Malerei*, 1958; *Berlin-Dada*, 1959) veröffentlichte M. an Literatur nichts Neues mehr: Das in der Weimarer Zeit und im Exil Erschienene wurde gesichtet, neu arrangiert und komponiert und als *Neues Ketzerbrevier* (1966) und *Großes Ketzerbrevier. Die Kunst der lyrischen Fuge* (1974) vorgelegt, als »Testament« und »Summe« seiner lyrischen Erfahrungen. Zur »schlimmsten Katastrophe« seines katastrophenreichen Lebens wird ein verlorener Koffer (1976). Sein Inhalt: »drei Jahrzehnte Arbeit«, ein 800 Seiten starkes Manuskript, »Topographie einer Höllen-Reportage der Unter-Welt-städte.« »Meine Heimat ist die deutsche Sprache. Zuständig bin ich überall, staatenlos im Nirgendwo.«

Werkausgabe: Walter Mehring. Werke in Einzelausgaben. Hrsg. von Christoph *Buchwald.* Düsseldorf 1978 ff.

Literatur: Dichter im Exil – Walter Mehring 1896-1981. Eine Ausstellung der Universitätsbibliothek Wuppertal und Hagen. Wuppertal 1987; *Hellenberg,* Frank: Walter Mehring. Schriftsteller zwischen Kabarett und Avantgarde. Bonn 1983; *Arnold,* Heinz Ludwig (Hrsg.): Walter Mehring. Text + Kritik. Heft 78. München 1983.

Dirk Mende

Meister, Ernst
Geb. 3. 9. 1911 in Haspe bei Hagen; gest. 15. 6. 1979 in Hagen

Bei Hagen geboren, in Hagen gestorben; meist hat M. auch dort gelebt. Auf westfälischem Areal, als Mittvierziger, gewann er erstmals nennenswerte Öffentlichkeit. In den folgenden Jahren erreichte das Werk des Droste-Preisträgers von 1957 bei Kennern Wertschätzung »wie eine kulinarische Spezialität« (Nicolas Born), weitere Auszeichnungen wurden M. verliehen (1962 der Literaturpreis der Stadt Hagen, 1964 der Große Kunstpreis des Landes Nordrhein-Westfalen, 1976 der Petrarca-Preis, 1978 der Rilke-Preis), beim Publikum indes wurde er kaum bekannt. Sogar der Büchner-Preis von 1979, dem Todesjahr, blieb so gut wie wirkungslos. Zuzuschreiben ist das mindestens zwei ganz verschiedenen Rezeptionsfaktoren: Einerseits spielt ein mehr oder weniger unterschwelliger Provinzialitätsverdacht eine Rolle, anderseits der Schwierigkeitsgrad dieser Lyrik, der nicht zuletzt daraus resultiert, daß sie in der europäischen Tradition der literarischen Moderne steht. Hinzu kommt das anachronistisch (für manchen Geschmack wohl allzu pontifikal) wirkende, scheinbar ›weltanschauliche‹ Insistieren der Gedichte M.s, ihr appellativer Gestus. M.s zentrales, sperriges Thema, das mit zunehmender Verknappung in den Vordergrund tritt, der Tod und das Sterbenmüssen, macht es einer Lektüre nicht eben leicht, die nur aufs ›ästhetisch Gerade‹ aus ist.

In protestantisch-pietistischer Umgebung als Sohn eines Prokuristen, späteren Eisenfabrikanten aufgewachsen, begann M., längst dichtend und, Augenzeugenberichten und Fotografien zufolge von genialisch-nervöser Erscheinung, 1930 in Marburg Theologie zu studieren. Zwei Jahre später wechselte er, nach einem Intermezzo in Berlin, wo er Kontakt zur jungen literarischen Szene um Klaus Mann aufnahm, bestärkt vom Eindruck, den seine von Martin Heidegger geprägten Lehrer, Hans-Georg Gadamer und Karl Löwith auf ihn machten, zur Philosophie. Im Juni 1932 – das entscheidende Datum der Marburger Zeit – erschien im kleinen *Verlag der Marburger Flugblätter* M.s erster Gedichtband: *Ausstellung.* Ein in der Lyrik-Landschaft jener Zeit singulärer Erstling, der von sonst kaum mehr akuten experimentellen (expressionistischen, dadaistischen, aber auch surrealistischen) Tendenzen berührt zu sein scheint. Die ungewöhnliche Begabung des Zwanzigjährigen war offenkundig. Fritz Schwiefert, Verfasser der einzigen bekannten Rezension, versah M.s Gedichte in der *Vossischen Zeitung* (5. 11. 1933) mit einem entsprechenden Etikett: »Kandinsky-Lyrik«.

Nach der Emigration seines philosophischen Lehrers Karl Löwith ging M. 1934 nach Frankfurt a. M., 1935 heiratete er dort Else Koch, im Jahr darauf wurde das erste Kind geboren. Eine katastrophale Verschlechterung der ohnehin instabilen psychisch-physischen Konstitution im selben Jahr führte zu einer produktiven Lähmung, einem Leerlauf, über dessen Beziehung oder Nichtbeziehung zur zeitgeschichtlichen Katastrophe bislang nur vage Vermutungen möglich sind. Bereits in drei, der Schreibweise der jungen, »nichtfaschistischen« Erzählergeneration und ihrem »magischen Realismus« nahestehenden Prosastücken, die er 1935 in der *Frankfurter Zeitung* noch hatte unterbringen können, war der Verfasser der Gedichte von *Ausstellung* kaum wiederzuerkennen. Hinweise auf andere Veröffentlichungen zwischen 1932 und dem Ende des Nationalsozialismus gibt es nicht. Die weiterhin verfaßten Texte sind epigonal, dem Zeitgeist angepaßt, mit überraschenden Ausnahmen.

1939 kehrte M. notgedrungen aus Frankfurt a. M. nach Hagen zurück, kam als Angestellter im Betrieb des Vaters unter. 1942 erreichte ihn die endgültige Einberufung. Seine Zeit als Soldat, vor allem die der Kriegsgefangenschaft in Italien, trug paradoxerweise, so hat er es selbst empfunden, zu »zerebraler Genesung« bei. Zeugnisse dafür finden sich in nach der Heimkehr 1945 zusammengestellten Privatdrucken (*Gehn und Sehn in der Mütter Geheiß*, 1946/47), mit denen aus der Zeit zwischen 1932 und 1946 stammende Gedichte »für Freunde« zugänglich wurden. M. selbst hat sie später sehr skeptisch beurteilt. In den folgenden Nachkriegsjahren gelang es ihm schrittweise, »diese Dinge« hinter sich zu lassen und wieder zu seiner Begabung zurückzufinden. Um 1948 entstand eine Sammlung von Notaten und Aphorismen mit dem Titel *Gedanken eines Jahres*, ein Dokument tastender Positionsbestimmung mit Ansätzen zu Späterem. 1950 dann konnte er sein Studium in Heidelberg nochmals aufnehmen. Dieser Versuch blieb Zwischenspiel; das noch aus der Marburger Zeit stammende Dissertationsprojekt zu Friedrich Nietzsche scheiterte unwiderruflich. 1952 ist er wieder in Hagen, aber der Heidelberger Aufenthalt hat Kontakte geschaffen und Publikationsmöglichkeiten. Durch Vermittlung Hans Benders findet sich ein Verlag: V. O. Stomps' *Eremiten-Presse*, in der 1953 das schmale Gedichtheft *Unterm schwarzen Schafspelz* erscheint, die erste selbständige Publikation nach zwanzig Jahren. Eine rege literarische, auch malerische und zeichnerische Produktion setzte ein, trotz Stillständen, Krankheiten. 1960/61 wurde M. zwangsweise freier Schriftsteller. Über Wasser zu halten war die inzwischen sechsköpfige Familie nur durch Unterstützung des Landschaftsverbandes und die Berufstätigkeit Else Meisters.

Zwischen 1954 und 1979 kamen nahezu 20 Gedichtbände zustande, daneben schrieb M. Hörspiele, Erzählungen, Dramen und Essays. Auf die »Kandinsky-Lyrik« seiner Anfänge ging er nicht mehr zurück. Zwar pflegte er den Ausdruck zustimmend zu zitieren, stellte aber auch die ihm nicht mehr geheuren Aspekte heraus. Das hatte einen Kurswechsel von einem Denken »gegen« zu einem Denken »mit der Notwendigkeit« (*Vorstellung*, 1974) zur Voraussetzung, Erfahrungen am eigenen Leib. Als junger Autor habe er »gelassen«, so heißt es im wichtigsten der zu Lebzeiten publizierten autobiographischen Texte, dem *Fragment (10.3.1971)*, die »Auflösung der Kreatur« betrieben und einer ihn ohnehin beherrschenden »Weltangst« nichts »Solides« entgegengesetzt. Schreibend setzte er damals mutwillig seine wirkliche Person aufs Spiel. Nun kommt es auf »gemeinsame Angefochtenheit« an. Ihm scheint: »Das waghalsige Spielen ist nicht an der Zeit« (*Annette von Droste-Hülshoff oder Von der Verantwortung der Dichter*, 1959). Kompromißlos, kaum bekümmert um Betrieb und Moden, geht M. mit einer zumal in den späten Gedichtbänden spürbaren Gelassenheit in seiner poetischen Arbeit »bis zur Kapitulation mit dem Wort vor der stupenden Faktizität des Endes« (*Vorstellung*): »Gerettet sind wir / durch nichts, / und nichts / bleibt für uns« (*Wandloser Raum*).

Werkausgaben: Sämtliche Gedichte. Hrsg. von Reinhard *Kiefer*. Aachen 1985 ff; Sämtliche Hörspiele. Hrsg. von Reinhard *Kiefer*. Aachen 1990 ff; Prosa 1931 bis 1979. Hrsg. und mit Erläuterungen versehen von Andreas *Lohr-Jaspernite*. Mit einem Vorwort von Beda *Allemann*. Heidelberg 1989.

Literatur: *Kiefer*, Reinhard: Text ohne Wörter. Die negative Theologie im lyrischen Werk Ernst Meisters. Aachen 1992; Ernst Meister. 1911–1979. Leben und Werk in Texten, Bildern, Dokumenten. Im Auftrag der Ernst Meister Gesellschaft zusammengestellt von Bernhard *Albers* und Reinhard *Kiefer*. Aachen 1991; *Soboth*, Christian: Todes-Beschwörung. Untersuchungen zum lyrischen Werk Ernst Meisters. Frankfurt a. M./Bern/New York/Paris 1989; *Arnold*, Heinz Ludwig (Hrsg.): Ernst Meister. Text + Kritik. Heft 96. München 1987; Ernst Meister. Hommage. Überlegungen zum Werk. Texte aus dem Nachlaß. Hrsg. von Helmut *Arntzen* und Jürgen P. *Wallmann*. Münster 1985.

Andreas Lohr-Jasperneite

Mereau, Sophie Friederika
Geb. 28. 3. 1770 in Altenburg; gest. 31. 10. 1806 in Heidelberg

Klassikerklatsch: »Die M. ist wieder hier. Von ihr habe ich Ihnen was zu erzählen« (Schiller an Goethe). »Sagen Sie mir doch etwas von der Geschichte der kleinen Schönheit« (Goethe an Schiller). Das Gerücht ging um: Die M. könne nicht mit einem Mann im Zimmer sein, ohne von ihm umarmt zu werden. Diese »niedliche Miniatür-Grazie« (Jean Paul) beklatschte die Zeitschrift *Deutschland* 1796 in einer Reihe mit den beliebtesten deutschen Dichtern wie Goethe, Matthias Claudius, Johann Gottfried Herder, Gottfried Bürger, August Ludwig Christoph Hölty und Gottlieb Konrad Pfeffel. Sophie Schubart verbringt Kindheit und Jugend im sächsischen Altenburg. Dem Vater, einem herzoglichen Steuerbeamten, verdankt sie eine überdurchschnittliche Ausbildung. Ihre englischen, französischen, italienischen und spanischen Sprachkenntnisse, die sie früh erwirbt, schaffen die Grundlagen für ihre spätere Tätigkeit als versierte Übersetzerin.

Mit 23 Jahren heiratet sie den spröden Jenaer Juristen und künftigen Universitätsprofessor Karl Mereau, lustlos, doch ihm dankbar verpflichtet, nachdem er sich über Jahre unermüdlich bei Schiller erfolgreich für die Veröffentlichung ihrer dichterischen Werke eingesetzt hat, um sie als Frau zu gewinnen. Als das »Wahrzeichen Jenas« angehimmelt und angedichtet, gilt ihr Haus als geselliger und kultureller Mittelpunkt der Stadt. Alle kannten die M.: Goethe und Schiller, dem sie Garten und Gartenhaus zum ungestörten Schreiben abtritt, Herder und Fichte, bei dem sie als erste Frau Vorlesungen besucht, die Schlegels und Brentanos, Hölderlin und Schelling, Jean Paul und Achim v. Arnim, die Günderrode und die La Roche. M. lebt konträr zum überkommenen Rollenbild der Frau, das sie trotzdem überall einzwängt. Sie wolle »kein Anhang eines Mannes« sein, sich nicht »ihres eigenen Selbst entkleiden«, bekennt sie und prägt sich ein eigenes Wort für ihre ersehnte Existenzform: »Selbstbestandheit«. Diese Maxime versucht sie in ihrer Arbeit als Berufsschriftstellerin, ihrer Ehe und ihren leidenschaftlichen Beziehungen zu den nicht wenigen Geliebten (von stud. jur. Heinrich Kipp bis Friedrich Schlegel) zu leben. »Mit Lust gearbeitet«, wird häufig ins Stichwort-Tagebuch notiert. »Im Widerspruch zur Welt« habe sie sich gebildet, so Schiller, in dessen *Thalia* und *Horen* sie veröffentlicht, und sei so »zur Dichterin und Verfasserin von Romanen« geworden.

Deren zwei hat sie geschrieben: *Das Blütenalter der Empfindung* (1794, anonym) sowie *Amanda und Eduard. Ein Roman in Briefen* (1803). Immer und immer wieder wird ein Thema variiert: die Feier der freien, glückhaften Liebe, jenseits des Käfigs der Ehe, die Frau, die nicht passiv erduldet, sondern selbsttätig ihr Schicksal ergreift und eine Genußmoral gepredigt, die ihre Kraft allein aus dem genossenen Augenblick schöpft. Nanette, die Protagonistin in *Amanda und Eduard* meint: »Frisch, munter hingelebt, sein Dasein nach allen Seiten hin, sorgenlos ausgebreitet, so viel Freude genossen, als möglich: gegen andre, nicht gut, sondern klug sich betragen; sich nur an die Aussenseite gehalten, um das Innere nicht bekümmert, denn dies ergründet doch keiner.«

Natur- und Landschaftsgedichte machen die M. berühmt, in denen ihre Phantasie zu symbolisieren liebt und alles, was sich ihr darstellt, als einen Ausdruck von Ideen behandelt, so Schiller, ihr Mentor: *Des Lieblingsörtchens Wiedersehn* (1796), *Schwarzburg* (1796), *Die Landschaft* (1797), *Im Frühling* (1798), *Bergphantasie* (1798), *Der Garten zu Wörlitz* (1798). Reichhardt, Zelter u. a. vertonen ihre Gedichte, Beethoven schreibt die Musik zu *Feuerfarb* (1792). Ihr erstes veröffentlichtes Gedicht preist die Ideale der Französischen Revolution (*Bei Frankreichs Feier*, 1791) und stellt »der Freiheit Glut« über »der Liebe Zauber«. »Du, Freiheit und Frankreich als meine Lieblingsbilder«, schreibt sie an den geliebten Heinrich Kipp (1796). Freiheit, Liebe, Harmonie und Selbsttätigkeit sind ihre Schlüsselworte. M. läßt die erste Scheidung in Jena vollziehen (1801), als sie sich von Mereau trennt und mit ihrer umkämpften Tochter Hulda allein nach Camburg zieht. Doch auch sie heiratet wieder (1803), aber erst, als sie schwanger ist, gibt sie ihre verteidigte Selbständigkeit auf: den um acht Jahre jüngeren Clemens Brentano (allzeit auf der Suche nach seiner verlorenen Mutter), der sie mit seinen Liebesbriefen schwindlig schreibt und den sie schon früher geliebt, von dem sie sich aber nach vielen »schrecklichen Szenen« wieder getrennt hat (1799/1800).

Clemens beschwört ihr »eine freie, poetische Existenz, fern von Abenteuer und häuslichem Tod« – und besteht doch auf der Ehe. Als der Sohn sechs Wochen nach der Geburt stirbt, verlassen sie Marburg und ziehen nach Heidelberg (1804). Daß die Frau selbst Geld verdienen müsse, um frei zu werden, hat M. frühzeitig erkannt und gearbeitet wie kaum eine (der Vormittag blieb dem Schreiben vorbehalten): Sie übersetzt englische Prosa, *Spanische und italienische Novellen* (1804/06), Erzählungen des Boccaccio und seinen Liebesroman *Fiametta* (1806, bis heute aufgelegt), aus dem Französischen u. a. die *Persischen Briefe* des Montesquieu (1801/02) und die Briefe der Ninon de Lenclos, die mit ihrer sexuellen und geistigen Emanzipation für M. zu einer Identifikationsfigur wird und der sie einen biographischen Essay widmet, der als Selbstporträt gelesen werden kann. Beiträge für Almanache und Taschenbücher entstehen, die sie zum Teil auch selber herausgibt und die sich an Frauen wenden: *Kalathiskos* (1801/02), den *Göttinger Musenalmanach für das Jahr 1803*, die *Bunte Reihe kleiner Schriften* (1805). Die Beiträge enthalten auch ihre Erzählungen, wie *Marie* (1798), Thema: das freie, ungesetzliche Miteinanderleben, *Elise* (1800), die eigenständige Entwicklung einer jungen Frau, *Einige kleine Gemälde* (1801), Liebesfindung im Rahmen hingetupfter Genreszenen, oder *Die Flucht nach der Hauptstadt* (1806), bei der eine verheiratete Frau abenteuerlich mit ihrem Liebhaber durchbrennt, aber im Finale denn doch verbürgerlicht – Ausbruchsphantasien, ungelebtes Leben wird literarisiert. Im *Fragment eines Briefes über Wilhelm Meisters Lehrjahre* (1801) entwirft sie ihr poetisches Glaubensbekenntnis: der Dichter als »zweites

Schicksal«, der den verworrenen Stoff formt und harmonisiert. Ungedruckt bleibt ihre Bearbeitung mittelhochdeutscher Lyrik und Prosa und die des *Cid* von Corneille.

»Mehr Hölle als Himmel« sei ihre Ehe mit »dem göttlichen, unmenschlichen Clemens«, der sie zwar leidenschaftlich liebt (vor allem, wenn er weg ist), doch ihre »unendlich schlechten Verse« bespöttelt und schreibende Frauen ohnehin als »unnatürlich« abtut. Auch wenn es zu Ansätzen einer gemeinsamen literarischen Existenz kommt, so hat S. vor allem Clemens zur Inspiration zu dienen (»Ich werde keine Zeile dichten können, wenn Du mir fern bist«) und als Mutter herzuhalten (»Sage mir niemehr, Du wolltest kein Kind«). Vier Schwangerschaften in drei Ehejahren, keines der Kinder überlebt. Bei der letzten Geburt verblutet die Mutter. Unvollendet und abgebrochen ihr letzter Eintrag ins Tagebuch, kurz vor der Niederkunft, der das Fällen der geliebten alten Linden im Heidelberger Schloßgarten betrauert: »Sag, o! Heilige Linde, wer durfte es wagen,/legen das mordende Beil an den geheiligten Stamm,/daß dein ehrwürd'ges Haupt, dein grünes vollendetes Leben...«.

Literatur: *Bürger*, Christa. Leben Schreiben. Die Klassik, die Romantik und der Ort der Frauen. Stuttgart 1990; *Fleischmann*, Uta: Zwischen Aufbruch und Anpassung. Untersuchungen zu Leben und Werk der Sophie Mereau. Frankfurt a. M. u. a. 1989; *Bürger*, Christa: »Die mittlere Sphäre«. Sophie Mereau – Schriftstellerin im klassischen Weimar. In: *Brinker-Gabler*, Gisela (Hrsg.): Deutsche Literatur von Frauen. Bd. 1: Vom Mittelalter bis zum Ende des 18. Jahrhunderts. München 1988, S. 366–388; *Gersdorff*, Dagmar von: Dich zu lieben kann ich nicht verlernen. Das Leben der Sophie Brentano-Mereau. Frankfurt a. M. 1984.
Dirk Mende

Meyer, Conrad Ferdinand
Geb. 11.10.1825 in Zürich; gest. 28.11.1898 in Kilchberg

»Wie erbärmlich war ich nicht in Zürich daran! Was mich niederwarf und aufrieb, war die Mißachtung, das Fürkrankgelten, in der ich lebte, sowie mich am tiefsten jene Hinweisung auf meine in den letzten Jahren unverschuldete Berufslosigkeit kränkte«. Dies schreibt einer, der seine Gymnasialausbildung unterbricht, dessen Jurastudium scheitert und der schließlich wegen gesteigerter Depressivität eine Heilanstalt aufsuchen muß (1852, Nervenheilanstalt Prefargier). Für die streng calvinistische Mutter ist er der »arme Conrad«, ein Außenseiter, der die Erwartungen der patrizischen Familientradition, nach der die männlichen Mitglieder eine geachtete Stellung im öffentlichen Leben zu erreichen haben, kläglich enttäuscht. Dabei erlebt M. eine sorglose Jugend in bürgerlicher Geborgenheit. Aber nach dem Tod des Vaters (1840) entsteht eine langwierige Lebenskrise, eine zunehmende Isolation, mit der Angst verbunden, von der bürgerlichen Umwelt als mißraten angesehen zu werden. M. widmet sich philologischen und historischen Studien. Besonders die französische Literatur beeinflußt ihn. Der Tod der Mutter (1856) bedeutet eine gewisse Befreiung vom Erwartungsdruck und erlaubt die dauerhafte Annäherung an die geliebte Schwester Betsy. Im gleichen Jahr sichert eine beachtliche Erbschaft verfügbare Zeit für das Ziel, Dichter zu werden. Reisen nach Paris und München (1857) und insbesondere nach Rom (1858) wecken die Begeisterung für Kunstwerke der Antike und Renaissance. Auf den ersten Blick führt M. das behagliche Leben eines Rentiers. Die Heirat mit Luise Ziegler (1875), welche aus einer führenden Züricher Familie stammt, beschleunigt die erhoffte gesellschaftliche Rehabilitierung. Hinzu kommt eine wachsende literarische Anerkennung. Die Versdichtung *Huttens letzte Tage* (1871) macht ihn auch im Bismarck-Reich bekannt. Die meisten seiner elf Novellen erscheinen in J. Rodenbergs *Deutscher Rundschau*, einer angesehenen Zeitung für das nationalliberale Bürgertum. Seine Sammlung *Gedichte* (1882, letzter Band 1892) begründet den Ruhm als bedeutendster zeitgenössischer deutschsprachiger Lyriker. Trotz materieller Sicherheit und gesellschaftlicher Anerkennung bleiben tiefsitzende Ängste vor den Ansprüchen des selbstbewußt werdenden Proletariats, aber auch gegenüber der gesamten zeitgenössischen bürgerlichen Gesellschaft, die ihm »roh« erscheint. 1857 schreibt er in einem Brief aus Paris, »die Börse«, der »Katholizismus« und der »Neid des Proletariats« seien »die drei Pesten der Gegenwart«. Ab 1891 erfaßt M. eine senile Melancholie, von der er sich nicht mehr erholt.

Den liberal-konservativen Autor, den Bewunderer von Friedrich Schiller und Otto von Bismarck, stellt die Literaturgeschichtsschreibung zwischen bürgerlichen Realismus und Ästhetizismus. Im Vergleich zu Gottfried Keller, Wilhelm Raabe oder Theodor Storm empfindet sich der Künstler M. als Außenseiter, während er als Rentier ohne demokratisches Traditionsbewußtsein eher den Interessen seiner Klasse verpflichtet bleibt. Aus der Kollision zwischen einer an der italienischen Renaissance orientierten, durch Jacob Burckhardt vermittelten Persönlichkeitsauffassung und der als spießig empfundenen Enge der Gesellschaft ergibt sich andererseits eine schärfere Trennung zwischen formbewußter Kunst und chaotischem Leben. »Die brutale Actualität zeitgenössischer Stoffe«, so M., bleibt deshalb für die Novellistik ausgeschlossen. Darin gründet die Vorliebe für historische Stoffe, für Staatsaktionen und große Persönlichkeiten wie Jenatsch (*Jürg Jenatsch*, 1876), Thomas Beckett (*Der Heilige*, 1880), Fernando Francesco d'Avalos Pescara (*Die Versuchung des Pescara*, 1887) oder Angela Borgia (gleichnamige Novelle, 1891). Andere Novellen sind im Horizont großer geschichtlicher Gestalten angesiedelt, so *Die Richterin* (1885) in der Zeit Karls des Großen oder *Die Leiden eines Knaben* (1883) in der Ludwigs des XIV. Alltägliche Konflikte des Volkslebens spielen in den Novellen keine Rolle. M. schreibt keine kulturgeschichtlichen Novellen, er bedient sich vielmehr der Form, um in »historischer Maskerade« eigene Empfindungen und Erfahrungen auszudrücken. Die Leidenschaften und tragischen Konflikte (Ausnahme: *Der Schuß von der Kanzel*, 1878) der auf sich gestellten Hauptpersonen sind meist hochgradig psychologisiert. Dem gehobenen Personal entsprechen Wortschatz und Satzbau, die ohne Elemente der Umgangssprache auskommen. So vermitteln die Novellen, häufig verstärkt durch die Rahmenerzählung, den Eindruck einer distanzierten Objektivität. Persönlich stimmungshafte Elemente sind ihnen fremd.

Letzteres gilt auch für die Lyrik. »Ein Lyriker ist er nicht«, urteilt Theodor Storm aus Sicht der traditionellen Erlebnislyrik. Schon die Titel der ersten beiden Gedichtbände verweisen auf eine objektivierte Gegenständlichkeit, die anonym erscheinenden *Zwanzig Balladen von einem Schweizer* (1864) und die *Romanzen und Bilder von Conrad Ferdinand*

Meyer (1870). Er schreibt eine unpersönliche Lyrik, die auf keinen individuellen Erlebnisgrund verweist. Die Balladen wirken so handlungslos wie historische Genrebilder. Die für M. charakteristische Abwendung vom Erlebnisgedicht und die Hinwendung zu symbolhaft-verdichtender Aussage (vgl. *Der römische Brunnen, Eingelegte Ruder, Die Füße im Feuer*) führt, häufig befördert durch straffende Bearbeitungen, zu einer neuen lyrischen Sprache. Im Gegensatz zum französischen Symbolismus bleiben die Symbole M.s aber noch im Bereich bürgerlich-wohlanständiger Rede.

Werkausgabe: Conrad Ferdinand Meyer. Sämtliche Werke. Historisch-kritische Ausgabe. Hrsg. von Hans *Zeller* und Alfred *Zäch*. 15 Bde. Bern 1958 ff.

Literatur: *Fehr*, Karl: Conrad Ferdinand Meyer. Stuttgart ²1980; *Burkhard*, Marianne: Conrad Ferdinand Meyer. Boston 1978.

Georg Bollenbeck

Meyrink, Gustav
Geb. 19.1.1868 in Wien; gest. 4.12 1932 in Starnberg

Der Prager Bankier Gustav Meyer, der als Mittelpunkt okkulter Zirkel und spiritistischer Sitzungen ein stadtbekannter Bürgerschreck war, geriet 1902 unschuldig unter Betrugsverdacht in Haft und mußte daraufhin seinen Beruf wechseln. Er übersiedelte nach München, änderte seinen Namen (mit der Erlaubnis des bayrischen Königs 1917 offiziell) in Gustav M. und wurde Schriftsteller. Dieser »Fall Meyrink« zeigte für Thomas Mann so eindeutig die Wirkung des Künstlertums, daß er ihn, ohne M. beim Namen zu nennen, in seiner Novelle *Tonio Kröger* erwähnt.

Dem Okkulten und Antibürgerlichen blieb M., Sohn eines württembergischen Ministers und einer bayrischen Hofschauspielerin, als Schriftsteller treu. Ab 1903 arbeitete er als Redakteur des *Lieben Augustin* in Wien und verfaßte für die satirische Zeitschrift *Simplizissimus* novellistische Skizzen, die 1913 unter dem Titel *Des deutschen Spießers Wunderhorn* in Buchform erschienen. Darin stürzt M. die Welt der Materialisten, die alles erklären und mit dem Verstand greifen, ins Grotesk-Komische, indem er sie mit spukhaften Phänomenen konfrontiert.

Große Publikumserfolge gelangen M. mit seinen phantastischen Romanen *Der Golem* (1915), *Das grüne Gesicht* (1917), *Walpurgisnacht* (1917) und *Der weiße Dominikaner* (1921). Sie gehören heute zu den Klassikern der phantastischen Literatur. M. offenbart in ihnen geheimnisvolle Welten und mystische Weisheiten, die kabbalistische und buddhistische Einflüsse aufweisen. Doch der Erzähler mit der todernsten Miene verrät sich bei genauerem Hinsehen durch gelegentliches Augenzwinkern. Denn die Botschaft M.s, des Mystikers, entstammt der selben Wunderwelt, aus der M., der Bürgerschreck, seine satirischen Waffen bezog.

Werkausgabe: Gustav Meyrink. Gesamtausgabe in 6 Bänden. München/Wien 1982.

Literatur: *Smit*, Frans: Gustav Meyrink auf der Suche nach dem Übersinnlichen. München 1988; *Meister*, Jan C.: Hypostasierung – Die Logik mythischen Denkens im Werk Gustav Meyrinks nach 1907. Eine Studie zur erkenntnistheoretischen Problematik eines phantastischen Œuvres. Frankfurt a. M 1987; *Martin,* Florin F.: Okkultismus und Phantastik in den Romanen Gustav Meyrinks. Essen 1986; *Qasim,* Mohammad: Gustav Meyrink. Eine monographische Untersuchung. Stuttgart 1981; *Aster,* Evelin: Personalbibliographie von Gustav Meyrink. Bern 1980.

Stefan Bauer

Miegel, Agnes
Geb. 9. 3. 1879 in Königsberg; gest. 26. 10. 1964 in Bad Salzuflen

»Wenn es jemand an der Wiege nicht vorgesungen wurde, daß er unter die Dichter gehn würde, dann war ich es«, bekennt M. in dem kleinen Prosastück *Das Lied des Nöck.* Dieses darf als Hinweis auf den ihr mehr unerwartet vom Schicksal zugewiesenen als bewußt gesuchten Weg zur Dichtung gelten. Dabei aber fand die Königsberger Kaufmannstochter in ihrem Elternhaus, das in einem traditionsreichen Teil der Altstadt lag, eine gute Ausgangsbasis für ihren zukünftigen Weg als Autorin. Prägend wurde besonders der Vater mit seinem weltoffenen Bildungsstreben, das sich mit gelebter Treue zur Heimat und Religion verband.

Schon früh, um 1896, begann die erste Schaffensphase; sie fand ihren Höhepunkt und Abschluß in dem 1907 in Jena erschienenen Band *Balladen und Lieder.* Die Pensionszeit im kunstfreudigen Weimar war stimulierend vorausgegangen (1894 bis 1895). Über den selbst aufgenommenen Kontakt zu Carl Busse wird M. bald mit den jungen Balladendichtern Börries von Münchhausen und Lulu von Strauß und Torney bekannt, woraus sich lebenslange Freundschaften entwickeln. Münchhausen veröffentlicht im *Göttinger Musenalmanach für 1901* erstmals lyrische Gedichte und Balladen von M. 1901 erscheint bei Cotta auch ihre erste selbständige Veröffentlichung: *Gedichte.* Von Anfang an ist für ihr Schaffen das Nebeneinander von Erlebnislyrik (Natur und Liebe thematisierend) und Ballade (historische und naturmagische) bezeichnend. Dabei liegen Schwerpunkt und literarische Innovation bei der Balladendichtung. Mit Meisterballaden wie *Die Nibelungen, Die schöne Agnete* oder *Die Mär vom Ritter Manuel* trägt M. entscheidend zur Erneuerung dieser Dichtungsform bei. Eine mit Worten schwer zu umschreibende suggestive Melodik (»Miegelton«) verbindet sich in ihrer Sprache mit klarer farbiger Bildlichkeit. Der traumhaften Sicherheit der Diktion gehen zumeist medial geschaute Bilder voraus. Man darf sagen, daß der visionäre Ursprung Basis und Nährsalz der M.schen Dichtung ist. Er verbirgt sich hinter Schönheit und Sprachkraft ihrer Werke, von denen Münchhausen sagte, daß sie »unerhört neu und alt zugleich« seien, »als ob Grimm sie eben als Perlen aus dem Meer der mittelalterlichen Volksballadendichtung aufgefischt hätte«.

Auslandsaufenthalte in Frankreich (1898), England (1902 bis 1904) und Italien (1911) bereichern das Werk, das von Beginn an nicht nur dem heimatlichen Boden verhaftet ist. Neue Erfahrungen bringen auch die Ausbildungsjahre zur Säuglingsschwester in Berlin (1900 bis 1901) und zur Lehrerin in England und Berlin (1902 bis 1905).

Gesundheitliche Probleme und auch mangelnde Neigung verhindern aber die Ausübung der Berufe. 1906 zwingen familiäre Nöte M., eine landwirtschaftliche Ausbildung abzubrechen und dem kranken Vater bis zu dessen Tod (1917) beizustehen. Die sogenannten »13 verlorenen Jahre« in Ostpreußen führen vor allem zu vertiefter Heimatbindung, nicht zuletzt durch das Erlebnis des I. Weltkrieges; vgl. z. B. die Balladen *Das Opfer* oder *Die Fähre*. In Gedichten wie *Hindenburg, Über der Weichsel drüben* oder *Patrona Borussiae* gelingt es der im Kern unpolitischen Dichterin, Denken und Fühlen einer ganzen Region auszusprechen. Die Arbeit als Journalistin, die M. ab 1920 am Feuilleton der *Ostpreußischen Zeitung* aufnehmen muß, fördert den Durchbruch zur Prosa auch in ihrer Dichtung. Erzählungen wie *Die schöne Magelone* (1920), die vier *Geschichten aus Altpreußen* (1926) zählen zu den Höhepunkten der mittleren Schaffensperiode. – Frühe Ehrungen sind 1911 der Literaturpreis der Schillergesellschaft, 1916 der Kleist-Preis. 1924 erhält sie die Ehrendoktorwürde der Universität Königsberg und freies Wohnrecht in der Vaterstadt. Dem folgt 1929 zum in ganz Deutschland beachteten 50. Geburtstag ein monatlicher Ehrensold der Provinz Ostpreußen, der freies Schaffen ermöglicht. Das Erzählwerk wächst in der Folgezeit stark an und wird (in Auswahl) einmal vier Bände der *Gesammelten Werke* füllen. Es verarbeitet historische (die acht Geschichten von *Gang in die Dämmerung*, 1934), familiengeschichtliche (*Dorothee*, 1931; *Heimgekehrt*, 1931; *Kathrinchen kommt nach Haus*, 1936) und autobiographische Stoffe (*Kinderland*, 1930; *Unter hellem Himmel*, 1936). Ihre Prosa bestimmen zwei Komponenten: neben der realistischen Sicht der Außenwelt ist es der Blick ins Unheimliche, Hintergründige. Daneben entstehen weiter Lyrik und Balladen (*Herbstgesang*, 1932). Dramolette (z. B. *Zein Alasman*, 1927) sind trotz literarischer Qualitäten nicht bühnenwirksam und bleiben ein Nebengleis.

Die Berufung in die Preußische Akademie der Künste 1933 signalisiert die »Zeit des großen Irrtums« (Anni Piorreck), bzw. der »Tragik der Täuschung« (Fritz Martini). Eine gerechte Beurteilung muß dabei nicht nur die bedrohte Insellage Ostpreußens berücksichtigen, sondern auch die psychische Befindlichkeit M.s, die seit Jugendzeiten mit Visionen vom Untergang Ostpreußens belastet war (das Gedicht *Sterbesegen*, 1901), so daß die Gestalt eines vermeintlichen »Retters« (Hitler) für sie eine besonders starke Versuchung wurde. Einzelgedichte (vor allem in der Sammlung *Ostland*, 1940) zeigen unverkennbar nationalsozialistische Ideologie, sind gegenüber der Gesamtheit des Werkes aber peripher. Diesem jedoch galten der Herderpreis 1936 und der Goethepreis der Stadt Frankfurt a. M. 1940.

Die am 27. 2. 1945 beginnende Flucht ist der stärkste Einbruch im Leben der fast 66jährigen. Auf 20 Monate dänische Lagerzeit folgt im November 1946 die Ausreise nach Deutschland. Nach vorläufiger Bleibe auf einem der Münchhausenschen Güter in Niedersachsen (Apelern) lebt sie von 1948 bis zum Tod in Bad Nenndorf. 1947 erscheinen die Flüchtlingsgedichte *Du aber bleibst in mir* in ungebrochener Sprachkraft. Die folgende Alterslyrik gibt sich in Spruch und Lied volksliedhaft schlicht, zeigt jedoch eine neue Ebene religiöser Bewußtheit. Daneben aber bleibt M. der Ballade treu (z. B. *Der Traum vom Nobiskrug* in *Gedichte aus dem Nachlaß*, hrsg. von A. Piorreck 1979). Die beiden Märchen von *Ali dem Dichter* und der *Prinzessin Lale* (1954) haben etwas von spielerischer Leichtigkeit des Alters, während drei Erzählungen nach 1945 Flüchtlingsleben realistisch darstellen (im Sammelband *Heimkehr*, 1962). 1952–55, 1965 erscheinen die nicht annähernd vollständigen sieben Bände ihrer *Gesammelten Werke* bei Diederichs. Zu den unbestreitbaren Verdiensten M.s gehört nicht nur ihr Beitrag zur Erneuerung der Ballade, sondern auch, daß es ihr gelang, ostpreußischer Natur und Geschichte ein gültiges Denkmal in der deutschen Literatur zu setzen, dem vergleichbar, das Annette von Droste-Hülshoff für Westfalen schuf. Darüber hinaus wird ihr Werk als das einer stark seherisch veranlagten Frau ein besonderes Faszinosum bleiben. Die Worte, mit denen Emil Pretorius 1959 den ihr verliehenen Literaturpreis der Bayerischen Akademie der Schönen Künste begründete, sind unverändert gültig: »Agnes Miegel... ist mit ihrem Schaffen in Bereichen beheimatet, die unzeitgemäß erscheinen mögen, weil sie zeitlos sind. Ihre Dichtung steigt aus einer unmittelbaren Anschauung auf, die als visionär zu bezeichnen ist... Schon die frühen, um die Jahrhundertwende erschienenen Gedichte waren so sprachmächtig wie die Gedichte der Reifezeit«.

Werkausgabe: Agnes Miegel. Gesammelte Werke in 7 Bdn. Köln/Düsseldorf 1952 – 1965.
Literatur: *Piorreck*, Anni: Agnes Miegel. Ihr Leben und ihre Dichtung. München ²1990; *Kopp*, Marianne: Agnes Miegel. Untersuchungen zur dichterischen Wirklichkeit in ihrem Werk. München 1988; *Wagner*, Ruth Maria (Hrsg.): Leben was war ich dir gut. Agnes Miegel zum Gedächtnis. München 1965.

Annelise Raub

Mon, Franz (d. i. Franz Löffelholz)
Geb. 6. 5. 1926 in Frankfurt a. M.

»solange geschrieben wird, konkurrieren zwei tendenzen, das geschriebene darzubieten, die zur leichtesten lesbarkeit mit der, dem lesen widerstand zu bieten«, stimmt M. einmal seinen Leser in das ein, was ihn im folgenden erwartet *(textlaby-rinthe)*. M. – promovierter Lektor eines Frankfurter Schulbuchverlags – hat als Autor zeitlebens für ein schriftstellerisches Verfahren des »Querstellens« plädiert, was auf die Sprache, die Sprachverwendung, vor allem aber immer wieder auf das »Reden« bezogen ist. Mit seiner ersten beachteten Publikation *Artikulationen* (1959) bot er schon programmatisch und experimentierend Praxis und Theorie seiner besonderen Auffassung von »Konkreter Poesie«. »Konkret« wird für M. Sprache zunächst vor allem im artikulatorisch-gestischen Vollzug, im »tanz der lippen, zunge, zähne«, der erst möglich wird, wenn der Text auf eine »primitive materiale erfahrung« zurückgeführt wird. M. rechnet mit einem »mitspielenden« Leser, der sich dabei auf stark von linguistischer Theorie durchsetzte experimentelle Demonstrationen einlassen muß *(serielles manifest No. 85*, 1966). M.s *Lesebuch* (1967) präsentiert die Palette des bis dahin Erarbeiteten. Seinem »Roman« *Herzzero* (1968) gab er die Empfehlung mit, ihn »mit bleistift, kugelschreiber und filzstift zu lesen«. M., dessen Rolle für die publizistische Durchsetzung der »Konkreten Poesie« nicht hoch genug geschätzt werden kann, plädierte frühzeitig für eine Überschreitung der medialen Begrenzungen. So war er Mitherausgeber der Sammlung *movens* (1960, mit Walter Höllerer und Manfred de la Motte), die Dichtung, bildende Kunst, Musik und Architektur umfaßt. Seine poetologisch programmatischen Arbeiten veröffentlichte er gesammelt als *Texte über Texte* (1970), so daß übersichtlich vorliegt, was für M. sich zwischen Sprache und ihren verschiedenen visuellen und akustischen Konkretisationen abspielt. Ein wichtiges Anwendungsfeld für die »Konkrete Poesie« wurde ab den späten 60er Jahren der Rundfunk. Dem »Neuen Hörspiel« gab M. erfolgreiche Impulse (*das gras wies wächst*, 1969, als Schallplatte 1971; *bringen, um zu kommen*, 1970; *hören und sehen vergehen*, 1977; *lachst du wie ein hund*, 1985; *Montagnacht. Für Stimmen und Flöte*, 1987). So sieht M., auch wenn die »Konkrete Poesie« »sich heute vielleicht erschöpft« hat, ihr Fortwirken gesichert, denn »ihre Erfindungen ... gehen ein in die neuen intermedialen Versuche mit Text-Räumen und Hör-Spielen«.

Literatur: *Arnold*, Heinz Ludwig (Hrsg.): Franz Mon. Text + Kritik 1978, Heft 60, München 1978; *Schneider*, Peter: Konkrete Dichtung. In: Sprache im technischen Zeitalter. Jahrgang 1976, Heft 15; *Arnold*, Heinz-Ludwig (Hrsg.): Konkrete Poesie. Text + Kritik. Sonderband I. München 1970. Sonderband II. München 1971.   *Horst Ohde*

Morgenstern, Christian
Geb. 6. 5. 1871 in München; gest. 31. 3. 1914 in Meran

Als der Einundzwanzigjährige die Zeitschrift *Deutscher Geist* herausgab, stellte er ihr Oliver Cromwells: »Der kommt oft am weitesten, der nicht weiß, wohin er geht«, als Motto voran. Der Sohn des Landschaftsmalers Carl E. Morgenstern und Enkel der Landschaftsmaler Christian E. Morgenstern und Josef Schertel, der 1889 auf Wunsch des Vaters das Gymnasium verlassen hatte, um Offizier zu werden, hörte nun als Student der Nationalökonomie in Breslau Werner Sombart und Felix Dahn und schrieb sich dann dreiundzwanzigjährig in Berlin für Kunstgeschichte und Archäologie ein, ohne auch hier jemals abzuschließen. M. sollte zwei Jahrzehnte lang das Leben eines »freien« Schriftstellers führen. Seinen ersten Übersetzungsauftrag, August Strindbergs *Inferno* aus dem Französischen, übernahm er 1897, und noch im selben Jahr für die deutsche Gesamtausgabe des Fischer-Verlags die Versdramen und einen Teil der Gedichte Henrik Ibsens, verbrachte ein Jahr in Norwegen und traf dabei mehrmals mit dem Siebzigjährigen im Grand Hotel Kristianias/Oslo zusammen. 1902, nach Abschluß der Arbeit, versuchte er, seinen Lebensunterhalt als Journalist von Italien aus zu bestreiten, gab aber auf: »Vier Aufsätze monatlich = 100 M., wer bringt das fertig.« Er wurde, 1903 zurück in Berlin, Dramaturg bei Felix Bloch Erben, Lektor für Bruno Cassirer, Herausgeber der Halbmonatsschrift *Das Theater* und übte bei alledem »Sünde wider den heiligen Geist«: Feuilletons für mehr als ein Dutzend Zeitungen.

M.s Leben war unstet. Als Zehnjähriger ohne Mutter, dem Vater nach dessen dritter Ehe entfremdet, reiste er seit 1894 durch Europa. Auch die Heirat mit Margareta Gosebruch von Liechtenstern (1910), – »die Entdeckung meines Mannesalters ist die Frau« – ließ ihn nicht seßhaft werden. Sein »Wohnungsideal« war »das Zelt«. Seine Wohnungen aber mußten immer wieder Sanatorien und Kurhäuser sein, in Davos, Arosa, Meran, möglichst hoch gelegen. Die Mehrzahl der Reiseziele diktierte die Tuberkulose, an der er schließlich, nur noch des Flüsterns und kaum mehr der Bewegung fähig, starb. Das zermürbende Auf und Ab der Krankheit bestimmte nicht zuletzt auch die literarische Arbeit. Der eine große Roman, die eine große Dramentrilogie wurde nicht vollendet. M. blieb ein Poet der kleinen Form, der Gedichte, Epigramme und Aphorismen, Essays und Szenen, blieb »Gelegenheitsdichter und nichts weiter«.

Neben den humoristischen »Beiwerkchen, Nebensachen«, die seinen literarischen Ruhm begründeten, den *Galgenliedern* (1905/08) und dem *Palmström* (1910/12), und neben dem »Studentenscherz« *Horatius travestitus* (1896/1911) veröffentlichte er zu Lebzeiten acht Gedichtsammlungen und korrigierte kurz vor seinem Tod eine neunte, mit denen er seine Ansprüche als ernsthafter Dichter einzulösen suchte. Seinen Erstling *In Phanta's Schloß* widmete er 1895 »dem Geiste Friedrich Nietzsches«, dem »Auferwecker zu den höchsten Kämpfen des Lebens«, der sein »eigentlicher Bildner und die leidenschaftliche Liebe langer Jahre« blieb. Die Zeitkritik der *Melancholie* (1906) schließt sich dem völkischen Ideologen Paul de Lagarde an, dem »Marmorbild, auf dessen Sockel ewige Gebote eingegraben sind«. *Einkehr* (1910) und *Ich und Du* (1911) sind der Mystik des johanneischen »Ich und der Vater sind eins« verpflichtet. 1914 schließlich erschien *Wir fanden einen Pfad* »für Dr. Rudolf Steiner«, den »unvergleichlichen Lehrer«, den M. für den Nobelpreis vorschlagen wollte und dessen anthroposophischen Vortragsreisen er noch einmal unermüdlich nach Koblenz oder Kristiania, nach Bern oder Budapest folgte. M. 1912: »Niemand hat vielleicht so oft die Ansichten auf die Dinge gewechselt als ich, und niemand ist vielleicht trotz alledem selber so gleich geblieben.« Im Bild des suchenden »Mensch Wanderer«, das Margareta Morgenstern 1927 für eine der aus dem umfangreichen Nachlaß herausgegebenen Sammlungen als Titel wählte, mag dieses »gleich« sich finden lassen.

Werkausgabe: Christian Morgenstern. Sämtliche Dichtungen. Hrsg. von Heinrich O. *Proskauer.* 17 Bde. Basel 1971 ff.

Literatur: *Kretschmer,* Ernst: Christian Morgenstern. Stuttgart 1985; *Gumtau,* Helmut: Christian Morgenstern. Berlin 1971; *Bauer,* Michael: Christian Morgensterns Leben und Werk. München, ⁵1954.

Ernst Kretschmer

Morgner, Irmtraud
Geb. 22. 8. 1933 in Chemnitz; gest. 6. 5. 1990 in Berlin

»Mein Vater ist Lokführer. Jeder Junge, dessen Vater Lokführer ist, wünscht sich ... erst mal den (Beruf) des Vaters. Ich war offensichtlich ein Mädchen und wünschte trotzdem so. ... Vielleicht zeigte dieser Wunsch das Körnchen natürliche Widerspenstigkeit an, das ein konventionell erzogener weiblicher Mensch als Anfangskapital braucht, um eine Chance zu nutzen, sich gegen die Strömung der Sitten irgendwann freizuschwimmen.« Die ersten Lebensjahre bieten keinerlei Chance, sich gegen die »Strömung der Sitten« zu stellen, sie sind geprägt von Faschismus und Krieg. Von Bildung und Ausbildung ist in dieser Zeit nicht die Rede. »Ich bin in einem Haushalt ohne Bücher aufgewachsen. Als mir die Befreiung 1945 zur Oberschule verhalf, war mein Wortschatz klein. Bei Räumarbeiten geriet ich an einen Koffer mit Reclamheften. Gymnasialsortiment deutsche Literatur und Philosophie. Ich erbeutete es und schwartete durch.« Verstanden habe sie damals wenig, berichtet M., aber schon das Wenige habe ihr ein Leseerlebnis von der »Wucht eines Naturereignisses« verschafft. Die ersten Schreibversuche – Theaterszenen für die Laienspielgruppe – fallen noch in die Schulzeit. Das Studienfach Germanistik wählt M. eher zufällig und ohne große Ambitionen. »Die meisten männlichen Agitationsszenenschreiber wollten Wissenschaftler, Politiker oder Schriftsteller werden. Ich hatte Mühe, Redakteur werden zu wollen.« Von 1956 bis 1958 arbeitet sie als Redaktionsassistentin bei der Zeitschrift *Neue deutsche Literatur*, seit 1959 lebt sie als freie Schriftstellerin. Die Erfahrungen bei der Zeitschrift nehmen ihr die akademische Scheu vor dem Kunstwerk; sie beginnt, selbst etwas »Redigierbares« zu schreiben. Bis sie den »Mut, Kunst zu machen«, aufbringt, vergehen allerdings zehn Jahre.

Die ersten Erzählungen und Romane (*Ein Signal steht auf Fahrt*, 1959; *Ein Haus am Rand der Stadt*, 1962; *Notturno*, 1964) wertet M. im nachhinein kritisch. Das erste Buch, das für sie zähle, sei 1968 entstanden. »In der Kunst darf man nur von Gegenstanden reden, die man kennt. Das heißt, die man selber angefaßt hat, durchlebt. Ich mußte also lernen, daß Schreiben vor allem auch mit Biographie zu tun hat« – das ist ihre Schlußfolgerung aus den ersten Veröffentlichungen. Den Umbruch markiert der Roman *Rumba auf einen Herbst* (1992 aus dem Nachlaß veröffentlicht) – er wird aber nicht gedruckt, weil er den kulturpolitischen Richtlinien diametral entgegenläuft. Ein Versuch über das moderne Lebensgefühl, das von Musik, betonter Rationalität, dem Zerbrechen von Autoritäten und vom Geschlechterkonflikt geprägt ist. Mit dem Geschlechterkonflikt, mit der Unterdrückung der Frau und mit den Strategien ihrer Befreiung hat M. zu ihrem Thema gefunden; »der Eintritt der Frau in die Historie« wird ihre literarische Produktion bis zu ihrem Tod bestimmen. *Hochzeit in Konstantinopel* (1968) präsentiert eine Test-Reise vor der Hochzeit, nach der die Frau aus dem gemeinsamen Leben ›aussteigt‹. Die *Gauklerlegende. Eine Spielfraungeschichte* (1970) führt in einem Spiel von Realität und Phantasie die Konfrontation einer weiblichen und einer männlichen Welt vor. In *Die wundersamen Reisen Gustav des Weltfahrers* (1972) überschreitet der Großvater Gustav die Enge seiner Heimat und erkundet mit seiner phantastischen Lokomotive die Merkwürdigkeiten der Welt. Danach plant M. wieder etwas »Kleines, Schlankes« – und heraus kommt eine Trilogie; *Leben und Abenteuer der Trobadora Beatriz nach Zeugnissen ihrer Spielfrau Laura* (1974), *Amanda, Ein Hexenroman* (1983) – beide knapp 700 Seiten dick – und der Plan für einen dritten Band, der *Das heroische Testament* heißen soll (eine Veröffentlichung des Fragments ist geplant). Frauenbefreiung und der Zustand der Welt, um nichts Geringeres geht es: Männerherrschaft im Kapitalismus und im Sozialismus, Männerherrschaft und Krieg, die Entmachtung der Frauen in der realen Geschichte und in Mythen und Sagen, Utopien von befreiten Menschen. Den Mittelpunkt dieser Welt bildet der Frauenalltag in der DDR, den auch M. – zeitweise Ehefrau, unkündbar Mutter – zur Genüge kennt. »Ich beschreibe meine Situation. Ich lebe wie jede normale Frau zwei Schichten. Ich wirtschafte einerseits an meinem Schreibtisch an der griechischen Mythologie herum. Mit einer Hand blättere ich und denke, ich koche eine Suppe, und wir brauchen ganz dringend Sicherungen«. Für den weiblichen Lebensrhythmus mit seinen »alltäglichen Zerstückelungen« erscheint M. der Montageroman als angemessene Form, weil er das Arbeiten in begrenzten Zeiträumen und das Schreiben ohne ein starr vorgefaßtes Konzept möglich macht. Obwohl in ihrer ästhetischen Konzeption der weibliche Lebenszusammenhang eine wichtige Rolle spielt, wendet sich M. immer wieder gegen die Subsumierung ihrer Texte unter Begriffe wie Frauenliteratur und weibliche Ästhetik. Sie empfindet diese Termini als diskriminierend, einengend: »Ich schreibe Bücher für Menschen«.

Literatur: *Soden,* Kirstine von (Hrsg.): Irmtraud Morgners hexische Weltfahrt. Eine Zeitmontage. Berlin. 1991; *Gerhardt,* Marlis (Hrsg.): Irmtraud Morgner. Texte, Daten, Bilder. Frankfurt a. M. 1990; *Kaufmann* Eva: Der Hölle die Zunge 'rausstrecken . . . Der Weg der Erzählerin Irmtraud Morgner. In: Weimarer Beiträge. Zeitschrift für Literaturwissenschaft, Ästhetik und Kulturtheorie. 30. Jg., Berlin/Weimar 1984. Heft 9. S. 1515–1532.   *Dorothee Schmitz-Köster*

Mörike, Eduard
Geb. 8. 9. 1804 in Ludwigsburg; gest. 4. 6. 1875 in Stuttgart

Die Familie hatte auf ihn gesetzt. Die Onkel und Tanten sorgten nach dem Tod seines Vaters, eines Amtsarzts, für die gehörige theologische Ausbildung am Tübinger Stift. Er scheint die Situation damals intuitiv so erfaßt zu haben: die Großfamilie als Zwang, die Bildung als Macht. M. beugte sich, konnte aber bis an sein Lebensende keinen rechten Unterschied mehr machen zwischen verwandtschaftlichen Bindungen, gesellschaftlichen Zwängen und eigenem Wollen: Mit einer Kusine (Klara Neuffer; vgl. *Erinnerung,* 1822) kam er öfter zusammen – er meinte, sie heiraten zu müssen; eine Fremde (Maria Meyer; vgl. *Peregrina,* 1833 auch *Maler Nolten,* 1832) begehrte ihn – er flüchtete in Krankheit; sein Bruder August lehnte sich gegen die Familie auf – er stand auf seiten der Mutter, und der Lieblingsbruder schied aus dem Leben; zugleich

(1823/24) durchlebte der Theologiestudent die Glaubenszweifel seiner Zeit (vgl. *Märchen vom sichern Mann*, 1838), bevormundet von einer pietistischen älteren Schwester, die bald darauf starb.

Mit solchen (gewiß schon früher vorbereiteten) tiefgreifenden Erlebnissen sind die Voraussetzungen für Leben und Dichtung des jungen M. gegeben, und nur Modifikationen, freilich gewichtige, bestimmen ihre Zukunft. Mit nahezu psychoanalytischem Blick erkannte M. die prägende Wirkung der frühen Zeit (»Mit welchen Gefühlen sah ich die Gegenwart oft im Spiegel der Vergangenheit!«), seine von daher rührende Triebstruktur hat er stets dichterisch dargestellt. Sein Werk ist und bleibt für das Extrem offen, für individuelle Begegnungen, die unmerklich ihre Bedingungen stellen, für persönliche Neigungen im Widerstreit mit öffentlicher Moral, für gesellschaftliche Verantwortung, die Bedürfnisse anderer einschränkt, für die Utopie eines allgemeinen Einverständnisses auf der Basis von individualistischer Anarchie.

Sein äußeres Leben ist schnell erzählt. Es brachte nach dem Examen (1826) keine wesentlichen Einschnitte: Sein Versuch als freier Schriftsteller scheiterte ebenso wie seine Hoffnung, sich als Pfarrer von Vikaren vertreten und somit fürs Dichten freistellen zu lassen. Lange Zeit war er selber Vikar und nur kurz Pfarrer (in Cleversulzbach 1834/43; vgl. *Der alte Turmhahn*, 1840). Der mittellose Pensionär heiratete 1851, lebte dann in Stuttgart, floh zwischendurch aufs Land, hatte zwei Töchter und wußte nie richtig, sich zwischen der Frau (Margarethe, geb. Speeth) und seiner jüngeren Schwester Klara zu entscheiden. Er gab Deutschunterricht an einer Mädchenschule, erhielt den Dr. h. c. und den Professorentitel (1856). Über die Grenzen des Königreichs Württemberg kam er kaum hinaus.

Seine Dichtung lebt aus der Spannung zwischen dem Dasein in jeder Beziehung kleingehaltener Verhältnisse und krisenhaften Entscheidungssituationen, sie changiert zwischen Biedermeier und Existentialismus und hat bisher alle Lesergenerationen beeindruckt. Die frühen Werke, bis zu dem Roman *Maler Nolten* (1832) etwa, gestalten mit eindrucksvollen psychologischen Mitteln nachvollziehbare menschliche Erlebnisse im Rahmen von sogenannten Naturgesetzen. Lösungen der Konflikte ermöglicht allein das »Schicksal«; die fatalistischen Ergebnisse werden mit Chiffren dargestellt; hier trifft man auf den (»modernen«) M., der Deutungen offen läßt und den Leser zwar fasziniert, ihm aber den verständnisvollen Dialog verweigert.

Zunehmend bildete M. die Drangsal des einzelnen als allgemeines Verhängnis ab, das sogar die Dichtung erfaßt (seine Schicksalsgläubigkeit bedingte später Tendenzen zum Katholizismus und eine Neigung zur Parapsychologie). Selbstverwirklichung als zwischenmenschliche Verständigung wird sein Thema und anhand verschiedenster Gesprächssituationen und -formen ins Werk umgesetzt; Freundschaft und Liebe finden auf den unterschiedlichsten sozialen Ebenen ihre Darstellung (in der Lyrik häufig aus der Rolle der Frau gesehen): Vereinigung in Harmonie entpuppt sich aber stets als Illusion (vgl. *Liebesglück*), wenn sie überhaupt zustandekommt und wenn nicht der Bruch, vielfach gebrochene Menschen am Ende stehen. In der Idylle und im Märchen findet M. vorzüglich seine Formen für die Darstellung des »Wunderbaren«, und stete Rückblenden verdeutlichen im Erzählgestus die gebrochene Perspektive (*Lucie Gelmeroth*, 1838): Die Wahrheit des Geschehens ist erdichtet, die Dichtung verfügt nur über Detailkenntnisse, die sie erst – mit humoristischem Augenzwinkern – zu einem Ganzen konstruiert. Die Kunst wird da schon selbst zum Thema.

So sehr beherrschte M. die Formen, sie mögen vom Volkslied oder aus antiker Dichtung abgeleitet sein, in der Tradition von Abenteuergeschichte oder in der neuen Gattung der historischen Novelle stehen, daß er sich erlauben konnte, mit ihnen zu spielen. Am Anfang des *Maler Nolten* war noch Kunst als Verständigungsfaktor unter Individuen thematisiert; von nun an mußte nicht mehr darüber gesprochen werden: M. setzte vielmehr den Gattungszwang eines Versmaßes als für den Leser bekannt voraus und führte in den rhythmischen Abweichungen, in der unüblichen Wortwahl oder im unangemessenen Thema die Schwierigkeiten des Widerstands vor: Die Form ist hier die Macht, der sich das Geschehen zu fügen, der einzelne zu unterwerfen hat; und in den meist komischen Irregularitäten liegen die Krisen, zeigen sich auch Chancen für das Individuum (z.B. *Der Schatz*, 1835; *Ländliche Kurzweil*, 1842; *An Philomele*, 1841). Die Macht erleidet im Kleinen Schiffbruch. Aber sie bleibt Macht, weil sie den Kunstrahmen absteckt, in dem die Ereignisse spielen. Die Fiktion der Kunst signalisiert sich, auch die Harmonie der Kunst ist eine Illusion. Vor dieser Erkenntnis floh M. bisweilen in Unsinnspoesie *(Sommersprossen von Liebmund Maria Wispel)*, deshalb gab er immer öfter den Anlaß seiner Dichtung an: Dann war wenigstens der Vollzug von Kunst als gelungene zwischenmenschliche Verständigung zu betrachten, in einer Zeit allerdings, als die Dichtung derlei Rollen in der Gesellschaft zu spielen aufhörte.

Werkausgabe: Eduard Mörike. Werke und Briefe. Historisch-kritische Gesamtausgabe. Hrsg. von Hans-Henrik *Krummacher*, Herbert *Meyer*, Bernhard *Zeller*. Stuttgart 1967 ff.

Literatur: *Mayer*, Birgit: Eduard Mörike. Stuttgart 1987; *Simon*, Hans-Ulrich: Mörike-Chronik. Stuttgart 1981; *Graevenitz*, Gerhart von : Eduard Mörike: Die Kunst der Sünde. Zur Geschichte des literarischen Individuums. Tübingen 1978; *Heydebrand*, Renate von: Eduard Mörikes Gedichtwerk. Stuttgart 1972; *Steinmetz*, Horst: Eduard Mörikes Erzählungen. Stuttgart 1969.

Hans-Ulrich Simon

Moritz, Karl Philipp
Geb. 15. 9. 1756 in Hameln; gest. 26. 6. 1793 in Berlin

M., der erste psychologische Schriftsteller der deutschen Literatur und Mitbegründer der idealistischen Kunsttheorie, hat in seinem *Anton Reiser* (1785–1790) eine Kindheit und Jugend geschildert, für deren Scheußlichkeit es in der Weltliteratur wenige Parallelen gibt; der Roman beruht auf nichts anderem als der detailgenauen Beschreibung seiner eigenen ersten zwanzig Lebensjahre. M. wird als Sohn eines Militärmusikers und Unteroffiziers geboren. Der Vater war Anhänger einer pietistischen Sekte (der »Quietisten« um Madame Guyon) und terrorisierte die gesamte Familie, besonders einfallsreich jedoch seinen Erstgeborenen mit seiner sinnen- und lebensfeindlichen »Ertötungs«-Tugend. »Ein freundlicher Blick, den er einmal erhielt«, so erinnert sich M., »war ihm ganz etwas Sonderbares, das nicht recht zu seinen übrigen Vorstellungen passen wollte.«

Schon früh flüchtete sich das Kind aus der hysterischen Herzlosigkeit seines Elternhauses ins Lesen. Seinem autobiographischen Spiegelbild, dem jungen Reiser, ging es wie dem Bürgertum seiner Zeit, das sich kulturell aus seiner dem Adel untergeordneten Stellung emanzipieren wollte: »Durch das Lesen war ihm nun auf einmal eine neue Welt eröffnet, in deren Genuß er sich für all das Unangenehme in seiner wirklichen Welt einigermaßen entschädigen konnte.« Aus der Schule, bei der M. trotz der zeitüblichen grausamen Erziehungsmethoden »glaubte, mehr Gerechtigkeit als bei seinen Eltern zu finden«, nimmt ihn der Vater im Alter von zwölf Jahren, steckt ihn zu einem Hutmacher im entfernten Braunschweig in die Lehre – aus Gründen des »Glaubens«, denn der Handwerker, ein frömmelnder Sadist und schamloser Ausbeuter, gehörte ebenfalls den Quietisten an. Der *Anton Reiser* liest sich wie ein Kommentar zu der neuen Situation. Der Hutmacher »schien zu glauben, da nun mit Antons Seele doch weiter nichts anzufangen sei, so müsse man wenigstens von seinem Körper allen möglichen Gebrauch machen«. Ein Selbstmordversuch des dreizehnjährigen M. veranlaßt den Vater, seinen »mißratenen Sohn«, in dessen Herzen sich, der Konventikel-Sprachregelung zufolge, »Satan einen unzerstörbaren Tempel aufgebauet hatte«, wieder abzuholen. In Hannover, wohin die Eltern inzwischen gezogen waren – kurz darauf wird der Vater seinen allzu »weltlichen« Beruf zugunsten einer miserablen Dorfschreiberexistenz aufgeben –, erkennt der Garnisonspfarrer die Begabung des heranwachsenden Karl Philipp. Gegen den Willen des Vaters wird ihm der Besuch des Gymnasiums ermöglicht. Die Armut, die der Junge als außerordentlich demütigend empfand und die ihn zwang, Freitische und andere Almosen in Anspruch zu nehmen, verkrüppelt sein Selbstgefühl und erzeugt die klassischen Symptome der narzißtischen Störung: Selbstüberschätzung und Depression. Die phantastischen Auswege aus der Demütigung, die er seine Romanfigur Anton Reiser finden läßt, sind deshalb so interessant, weil er im Kleinen des Romans mit denjenigen kulturpsychologischen Taktiken voranzukommen sucht, die das Bürgertum als Ganzes zur selben Zeit verfolgt. Die psychologische Innenansicht der kulturellen Emanzipation des Bürgertums kennen wir fast nur aus dem *Anton Reiser*, einem »Buch, wie es kein anderes Volk der Erde besitzt« (Arno Schmidt). Das Bild selbstbestimmter Individualität bot sich dem Bürgertum paradoxerweise an der Figur des adligen Dandy dar, der »öffentlichen Person«, wie er in Johann Wolfgang Goethes *Lehrjahren* heißt. Dem Adligen allein, nicht dem Bürger, so reflektiert Goethes *Wilhelm Meister*, ist »eine gewisse allgemeine, wenn ich sagen darf personelle Ausbildung möglich«. Wie in dem Roman seines späteren Freundes Goethe ist es für den jungen M. das Theater, das solche »personelle Ausbildung« vermitteln kann. Das Lesen, das Reiser »so zum Bedürfnis geworden war, wie es den Morgenländern das Opium sein mag«, ist nur Vorstufe zum öffentlichen Auftritt als Schauspieler oder Prediger.

Im »Reich des schönen Scheins«, das Friedrich Schiller später zum Zentrum seiner Kunstphilosophie erhob, verschafft sich der Heranwachsende in seiner Phantasie die gelegentlich illusionäre Geltung, welche ihm in der Wirklichkeit von den bestehenden Verhältnissen verweigert wird. Die leidvollen Erfahrungen seiner Pubertät spiegeln das Dilemma einer in ihrer Entwicklung gehemmten bürgerlichen Klasse wider, die ihren Anspruch auf Mündigkeit von der Politik auf das Kulturelle verlagert hat – verlagern mußte. Das Reich der erhabenen Kunst, in der alle in der Wirklichkeit vorhandenen Widersprüche miteinander versöhnt sind und das den Dachstubenbewohner M. den täglichen Hunger vergessen ließ, wurde in seiner späteren, um das Bild des »in sich Vollendeten« kreisenden Kunstphilosophie systematisch als geistiges Territorium des Bürgertums entworfen. In der Praxis wiederum scheiterte der Versuch von M., sich auf dem Theater als eine »Persönlichkeit« zu entfalten: als sich der Student 1776 hoffnungsvoll einer Schauspielertruppe anschließt, läuft diese bald danach auseinander. 1778 findet man M. als Lehrer am Waisenhaus in der Garnisonsstadt Potsdam wieder, einer Kinderaufbewahranstalt, die eher einem Arbeitslager glich und der unmenschlich strengen, preußischen Tradition aus den Zeiten Friedrich Wilhelms I. verhaftet war. Wie so viele, die unter ihrer Schule gelitten haben, ist M. ein begeisterter und einfühlsamer Lehrer, aber die trostlosen Zustände im Waisenhaus treiben ihn erneut an den Rand des Selbstmords. Noch im gleichen Jahr gelingt ihm der Absprung an das renommierte, im Geist der Aufklärungspädagogik geleitete Gymnasium zum Grauen Kloster in Berlin, wo er es bis zum Konrektor bringt. Daneben entstehen publizistische Neben- und Brotarbeiten, M. gibt eine Zeitschrift mit dem griechischen Titel *Erkenne dich selbst* heraus. Er unternimmt eine Reise nach England und eine Wanderung durch Deutschland, bis er 1786 fluchtartig nach Italien aufbricht. In Rom erlebt er die beiden glücklichsten Jahre seines Lebens. Er schließt mit Johann Wolfgang Goethe, dem berühmten Verfasser der *Leiden des jungen Werthers* (1774) – auf seiner ersten Italienreise unterwegs –, eine tiefempfundene Freundschaft, nachdem er sich schon als Jugendlicher bei ihm als Diener hatte verdingen wollen, nur um dem einzigen Mann, von dem er sich verstanden fühlte, nahe sein zu können. Im Rom fühlt er sich zum ersten Mal als Persönlichkeit, die sich Geltung verschafft hat: gleichberechtigt und gleichrangig geht er mit den großen Intellektuellen seiner Zeit um und übt insbesondere mit seinen ästhetischen Schriften entscheidenden Einfluß auf sie aus. Goethe hat den Freund mit dem *Torquato Tasso* (Entwurf von 1790) in vielen Zügen porträtiert. Durch die Vermittlung des Herzogs von Weimar wird M. schließlich 1789 Professor der Theorie der Schönen Künste in Berlin, er heiratet und bringt es zu Ansehen und Wohlstand. Aber ein dauerhaftes Lebensglück ist ihm auch jetzt nicht beschieden. Der Mann, der das Elend seiner bigotten Herkunft und die Unmündigkeit seiner Klasse nicht nur in seiner psychologischen Schriftstellerei und in seiner Theorie autonomer Kunst, sondern auch im praktischen Alltag überwunden zu haben schien, starb 1793 an Tuberkulose und fiel damit, im Alter von 37 Jahren, den elenden Lebensumständen zum Opfer, über die er sich gerade erst hinweggesetzt hatte.

Werkausgabe: Karl Philipp Moritz. Die Schriften in dreißig Bänden. Hrsg. von Petra und Uwe *Nettelbeck.* Nördlingen 1986 ff.

Literatur: *Müller,* Lothar: Die Kranke Seele und das Licht der Erkenntnis. Karl Philipp Moritz' »Anton Reiser«. Frankfurt a. M. 1987; *Rau,* Peter: Identitätserinnerung und ästhetische Rekonstruktion. Studien am Werk von Karl Philipp Moritz. Frankfurt a. M. 1983; *Schrimpf,* Hans Joachim:: Karl Philipp Moritz. Stuttgart 1980; *Fürnkäs,* Josef: Der Ursprung des psychologischen Romans. Karl Philipp Moritz' »Anton Reiser«. Stuttgart 1977. *Stephan Wackwitz*

Moscherosch, Johann Michael
Geb. 7. 3. 1601 in Willstätt b. Kehl; gest. 4. 4. 1669 in Worms

»Diese Traumgesichte sind von den neugierigen Leuten so beliebet / daß sie vielmals nach einander aufgelegt worden / und haben fast mehr Früchte gebracht / als manches Bet- und PredigtBuch / welches man unter der Bank ligen läßet«, urteilte Justus Georg Schottelius über M.s Hauptwerk, das dem Verfasser den Gesellschaftsnamen des »Träumenden« in der Fruchtbringenden Gesellschaft und beträchtlichen, wenn auch gelegentlich nationalistisch gefärbten Nachruhm einbrachte. Die Rede ist von den *Gesichten Philanders von Sittewalt* (1640–50), die M. als freie Übertragung einer französischen Übersetzung der *Sueños*, der allegorischen Traumvisionen des spanischen Moralisten Francisco Gomez de Quevedo y Villegas begonnen, dann aber, die Möglichkeiten der menippeischen Satire mit ihrer bunten Vielfalt der Darstellungsformen und Sprechweisen zum Entwurf eines realitätsgesättigten Zeit- und Gesellschaftsbildes nutzend, in eigenständiger Weise fortgeführt hatte. Vor dem Gegenbild der »Alten Teutschen Redligkeit«, einer an lutherischer Ethik und altständischer Bürgerkultur orientierten konservativen Gesinnung, galt M.s satirische Attacke vor allem den »von der absolutistischen Hofkultur bestimmten, z.T. vom Bürgertum übernommenen Repräsentationsformen in Kleidung, Konversation, Umgangsstil und ›politisch‹-pragmatischer Gesinnung« (Walter E. Schäfer). Seine Alamode-Kritik (*Ala mode Kehrauß*) fand breite Nachfolge; das Gesicht *Soldaten-Leben* inspirierte noch Grimmelshausen.

Hofkritik, Kulturpatriotismus und Kriegsdarstellung reflektieren Erfahrungen eines unruhigen, widerspruchsvollen Lebens im deutsch-französischen Grenzgebiet und in der Reichsstadt Straßburg, zwischen Hof- und Bürgerkultur. Geboren wurde M. im rechtsrheinischen Willstätt, das zur Herrschaft Hanau-Lichtenberg gehörte, in deren Dienst sein Vater stand. Von 1612 bis 1624 besuchte er Gymnasium und Universität im nahegelegenen Straßburg. Nach der Magisterpromotion (1624) führte ihn die anschließende Bildungsreise über Genf in das politisch und literarisch als vorbildlich empfundene Frankreich (Lyon, Bourges, Orléans, Angers, Paris). Nach seiner Rückkehr machten die finanziellen Verhältnisse seiner Eltern – Willstätt war zerstört worden – eine Fortsetzung des Studiums unmöglich. Er übernahm daher zunächst eine Hofmeisterstelle (1626 bis 1628), doch endete seine pädagogische Tätigkeit recht unvermittelt, als er einem seiner gräflichen Zöglinge im Affekt den Arm brach. Die Bewerbung um den Straßburger Lehrstuhl für Poesie schlug 1630 fehl (im selben Jahr waren seine lateinischen *Epigrammata* erschienen), so daß er sich mit Stellungen als »Hof- und Rentmeister« bzw. Amtmann in Kriechingen (Créhange; 1630 bis 1635) und Finstingen (Fénétrange; 1636 bis 1641) in Lothringen begnügen mußte. Hier waren er und seine Familie Überfällen und Plünderungen ausgesetzt, Entbehrungen und die Pest führten zum Tod seiner beiden ersten Frauen (er heiratete ein weiteres Mal). Unter dem Eindruck dieser Erfahrungen wandelten sich seine Auffassungen über die französische Politik, schrieb er die *Gesichte* wie das moraldidaktische Gegenstück *Insomnis cura parentum* (1643), eine Ehe- und Erziehungslehre in der Tradition der Hausväterliteratur.

1645, nach dem Umweg über eine Sekretärsstelle in der schwedischen Festung Benfeld, erreichte M. endlich sein Ziel und erhielt eine angemessene Stellung in Straßburg. Er wurde zum »Frevelvogt« (Fiskal) berufen, einer Art Polizeidirektor, und sorgte im Verein mit dem Straßburger Kirchenpräsidium für eine rigorose moralische und religiöse Disziplinierung der Bürger (und der zahlreichen Flüchtlinge). Editionen patriotischer Schriften des elsässischen Humanismus begleiteten diese Tätigkeit; mit ihnen sollte die politische Situation der Stadt gestärkt werden. Angesichts des wachsenden Widerstandes gegen die strenge Disziplinierungspolitik genügte der – unbewiesene – Verdacht des Ehebruchs mit seiner Haushälterin, um den Sittenwächter Ende 1655 zum Rücktritt zu zwingen. Nach der gescheiterten reichsstädtischen Karriere trat M., der wohl als schwieriger Charakter gelten kann, als »Gräflicher Rat« und juristischer Berater in den Dienst des Grafen Friedrich Casimir von Hanau, eines verschuldeten absolutistischen Duodezfürsten, für den er auch diplomatische Missionen unternahm. Doch auch hier endete die Laufbahn nach Unstimmigkeiten und Verdächtigungen wegen finanzieller Unregelmäßigkeiten abrupt. Nach seiner Entlassung (1660) und dem vergeblichen Versuch, wieder in Straßburg Fuß zu fassen, lebte er zunächst als freier Schriftsteller in Frankfurt am Main und bekleidete dann (von 1663 – 64 an) bescheidene Amtmann-Stellungen an der Nahe. Er starb, symbolisch für sein unruhiges Leben, auf einer Reise an einem »hitzigen Fieber«.

Werkausgabe: Johann Michael Moscherosch. Wunderliche und wahrhafftige Gesichte Philanders von Sittewalt. Straßburg 1642-43. Neudruck Hildesheim/New York 1974.

Literatur: *Schäfer*, Walter E.: Die Lyrik Johann Michael Moscheroschs. In: Daphnis 14 (1985), S. 277–302; *Haberkamm*, Klaus: Johann Michael Moscherosch. In: *Steinhagen*, Harald/*von Wiese*, Benno (Hrsg.): Deutsche Dichter des 17. Jh.s. Berlin 1984. S. 185–207; *Kühlmann*, Wilhelm/*Schäfer*, Walter E.: Frühbarocke Stadtkultur am Oberrhein. Studien zum literarischen Werdegang J. M. Moscheroschs (1601–1669). Berlin 1983; *Schäfer*, Walter E.: Johann Michael Moscherosch. Staatsmann, Satiriker und Pädagoge im Barockzeitalter. München 1982; Johann Michael Moscherosch. Ausstellungskatalog. Karlsruhe 1981.

Volker Meid

Mühlbach, Luise (Pseudonym für Klara Mundt, geb. Müller)
Geb. 2. 1. 1814 in Neubrandenburg; gest. 26. 9. 1873 in Berlin

»Ich bin ein Weib, das ist mein ganzes Unglück ... Man hat uns Frauen alles genommen, selbst das Recht des geistigen Schaffens! Wir dürfen nur die Sklavinnen unserer Männer sein, und ihnen Kinder gebären, das ist unsere Pflicht und unser Beruf, und wenn wir es wagen, eigne Gedanken, eigne Gefühle, eigne Anschauungen zu haben, dann schreit alle Welt: Ein Sacrilegium, ein Sacrilegium! Ein entartetes Weib! Eine Frau, welche die Frechheit hat, ein denkendes Wesen zu sein, und es den Männern gleich thun zu wollen!« (*Aphra Behn*, 1849) M. hat diese Frechheit besessen. Sie war zweifellos die produktivste der Vormärzautorinnen und hat es im Laufe von 36 Jahren zu der beeindruckenden Zahl von 290 Romanen gebracht. Auch war sie damit höchst erfolgreich und konnte – nachdem ihr Mann, Theodor Mundt, aus politischen Gründen seinen Lehrstuhl für Literaturgeschichte verloren hatte – mit ihrer literarischen Tätigkeit die vierköpfige Familie ernähren.

Deutlich läßt sich ihr Werk in zwei sehr unterschiedliche Phasen aufteilen: in die vormärzliche, in der ihre frauenemanzipatorischen Romane entstanden (*Erste und letzte Liebe*, 1838; *Frauenschicksal*, 1839; *Bunte Welt*, 1841; *Der Zögling der Natur*, 1842; *Eva. Ein Roman aus Berlins Gegenwart*, 1844; *Aphra Behn*, 1849 u.a.), und in die nachmärzliche Produktion, in der die große Masse ihrer schnell geschriebenen historischen Romane entstand, mit denen sie zu einer der Hauptlieferanten der deutschen Leihbibliotheken wurde. Kennzeichnend für ihre Romane ist eine geradezu barocke Handlungsfülle. Und zwar handeln alle. Es kommt vor, wie z.B. in *Bunte Welt* oder in *Aphra Behn*, daß auch die Frau, um sich selbst oder ihre Überzeugungen zu verteidigen, sogar gewalttätig wird und zum Dolch greift. Doch lassen sich in der Handlungsvielfalt einige zentrale Themen erkennen: der Zweifel an der Dauerhaftigkeit der ersten Liebe, das Plädoyer für die Entfaltung der weiblichen Persönlichkeit, die Kritik an der herrschenden Konvenienzehe sowie die Forderung nach erleichterten Scheidungsmöglichkeiten. Mit solchen Themenkreisen entrichtet M. einen nicht unwesentlichen Beitrag zum jungdeutschen Roman. Ihr radikalstes Werk ist zweifellos der im Revolutionsjahr entstandene dreibändige Roman *Aphra Behn*. Hier unternimmt M. den Versuch, das Leben einer der ersten professionellen Dramatikerinnen, der englischen Autorin Aphra Behn (1640–1689), zu rekonstruieren und das Schicksal ihrer Heldin im emanzipatorischen Sinn neu zu deuten. Doch mit diesem Roman endete ihre progressive Phase. Die Autorin, die in ihren Vormärz-Werken stets die Republik als Staatsideal gefeiert hatte, entpuppte sich in der Folgezeit als Hagiographin des Absolutismus.

Werkausgabe: Luise *Mühlbach*: Ausgewählte Werke. Illustrierte Ausgabe. 15 Bde. Berlin 1867–1869.

Literatur: *Möhrmann*, Renate: Die andere Frau. Emanzipationsansätze deutscher Schriftstellerinnen im Vorfeld der Achtundvierziger Revolution. Stuttgart 1977; *Gulde*, Hildegard: Studien zum jungdeutschen Frauenroman. Weilheim 1933; *Ebersberger*, Thea (Hrsg.): Erinnerungsblätter aus dem Leben Luise Mühlbach's. Leipzig 1902. *Renate Möhrmann*

Mühsam, Erich
Geb. 6. 4. 1878 in Berlin; gest. 10./11. 7. 1934 im Konzentrationslager Oranienburg

Das bekannteste Foto, ein eher schäbiges Brustbild, zeigt ihn in seinen unverkennbaren Zügen und doch deutlich entstellt: der gemütliche Vollbart und das wilde dichte Haupthaar wirken dressiert und gestutzt, die sonst so gütig und listig blinzelnden Augen hinter dem unvermeidlichen Kneifer starren groß und leer, auf der Brust drängt sich ein weißes Pappschild vor mit der Aufschrift »Konzentrationslager Oranienburg«, darunter in penibler Bürokratenschrift die Nummer 2651 und das Datum: 3. 2. 1934. Ein knappes halbes Jahr später schlugen die Faschisten den Häftling M. auf bestialische Weise tot, weil sie ihn zum Selbstmord nicht hatten zwingen können. »Ein Anarchist richtet sich selbst«, behauptete die *Berliner Nachtausgabe* am 11. Juli 1934, aber Freunde und Mithäftlinge verbreiteten die Wahrheit durch den Untergrund, und Jan Petersen, der Chronist des illegalen Widerstands im faschistischen Berlin, hat sie in seinem Buch *Unsere Straße* (1936) festgehalten: Obwohl ihm alles Heroische zuwider war, hatte M. unbeugsam allen Folterungen und Erniedrigungen widerstanden. Es ist nicht ohne tragische Ironie, daß in der ungeteilten Verbeugung vor seinem Märtyrertod erst ein Hauch dessen verwirklicht wurde, wofür er ein Leben lang gestritten hatte: eine Einheit der Linken gegen Gewalt, Unrecht und Unfreiheit. Doch auch nach seinem Tod blieb M. eine fortwährende Herausforderung für die deutsche Linke. In der DDR wurde er zwar als Antifaschist geehrt, aber als Schriftsteller nur in Auswahl und mit distanzierenden Kommentaren gedruckt; in der Bundesrepublik gehörte er lange zu den vergessenen und verbrannten Dichtern. Erst sein einhundertster Geburtstag 1978 und sein fünfzigster Todestag 1984 riefen halbwegs in Erinnerung, wie exemplarisch die Lebensgeschichte dieses Mannes gezeichnet war von der durchgängigen Misere der deutschen Verhältnisse vom Kaiserreich über die Weimarer Republik bis zum Faschismus.

Schon als Schüler war der jüdische Apothekerssohn wegen einer Polemik gegen die Sedan-Feiern vom Lübecker Katharineum (wo auch Thomas Mann zur Schule ging) verwiesen worden; 1910 warf man ihn nach dem sogenannten »Soller-Prozeß« in München ins Gefängnis, weil er, wie er selbst sagte, versucht hatte, »das Lumpenproletariat revolutionär zu organisieren«; im letzten Kriegsjahr brachten ihn seine radikalen pazifistischen Aktivitäten erneut hinter Gitter; 1919 verurteilte ihn ein Standgericht der neuen »Republik« wegen seiner Teilnahme an Novemberrevolution und Räteregierung in München zu fünfzehn Jahren Festungshaft (aus der er 1924 vorzeitig entlassen wurde aufgrund der Generalamnestie, die wohl eher einem anderen Festungshäftling galt: Adolf Hitler); am Tag nach dem Reichtagsbrand schließlich wurde er von SA-Männern verhaftet. Damit war M. endgültig »unschädlich« gemacht, ein waschechter Anarchist aus dem Geiste Michail Kropotkins und Gustav Landauers, der gleichwohl keine Berührungsängste mit Marxisten und Kommunisten hatte, immer wieder pragmatische Kooperationen und theoretische Gemeinsamkeiten suchte und am Ende doch sich treu blieb: Schuld an der Niederlage des deutschen Proletariats hatte für ihn die »Verunreinigung seiner Kampfmittel durch die jede Idealität der Gesinnung verachtende Dogmatik des Marxismus«.

Um die Jahrhundertwende hatte der gelernte Apotheker begonnen, als freier Schriftsteller zu leben, zunächst im Umkreis der Friedrichshagener in Berlin, dann auf einer mehrjährigen Vagabondage in Zürich, Ascona, Paris und Wien, schließlich seit 1908 in der Schwabinger Bohème. In diesen Jahren schrieb er seine aggressiv-satirischen Cabaret-Chansons (am bekanntesten: das später von Ernst Busch gesungene *Revoluzzerlied* gegen die verspießerte Sozialdemokratie), sozialreformerische und kulturkritische Pamphlete (*Die Homosexualität. Ein Beitrag zur Sittengeschichte unserer Zeit*, 1903; *Ascona*, 1905) und füllte sein Ein-Mann-Blatt *Kain. Zeitschrift für Menschlichkeit* (1911–1914, bei Kriegsbeginn verboten, 1919 wieder aufgelegt als *Organ der Revolution*) mit Attacken gegen Militarismus und Reaktion. In der Festungshaft verarbeitete er seine Revolutionserfahrungen (am präzisesten in dem Arbeiterdrama *Judas*, 1920, und dem Bericht *Von Eisner bis Leviné*, 1921) und entwickelte jene Position des »kommunistischen Anarchismus«, für den er nach seiner Freilassung in Berlin, politisch weitgehend ein Einzelkämpfer, wiederum in einer Fülle von publizistischen Aktivitäten zu werben suchte: in der abermals von ihm allein bestrittenen Zeitschrift *Fanal* (1926–1931, seit 2. Jg: *Anarchistische Monatsschrift*), in seiner theoretischen Hauptschrift *Die Befreiung der Gesellschaft vom Staat* (1932) und in einigen künstlerisch eher konventionellen Arbeiten wie dem Sacco- und-Vanzetti-Drama *Staatsräson* (1928).

Daß M. trotz seines streitbaren und rastlosen öffentlichen Engagements alles andere als ein fanatischer oder verbitterter Politikaster war, sondern, in Caféhäusern ebenso zuhause wie in Arbeiterversammlungen, stets ein warmherziger und liebenswerter Menschenfreund und zärtlicher Ehemann, das kann man nachlesen in seinen *Unpolitischen Erinnerungen* (1927–29) und den postum veröffentlichten Gefängnisbriefen an seine Frau Kreszentia (*Bilder und Verse für Zensl*, 1975).

Werkausgabe: Erich Mühsam. Gesamtausgabe. Hrsg. von Günther *Emig*. 4 Bde. Berlin 1977–1983.

Literatur: *Köhnen*, Diana: Das literarische Werk Erich Mühsams. Kritik und utopische Antizipation. Würzburg 1989; *Jungblut*, Gert W.: Erich Mühsam. Notizen eines politischen Werdegangs. Schlitz ²1986; *Haug*, Wolfgang: Erich Mühsam. Schriftsteller der Revolution. Reutlingen ²1984; *Kauffeldt*, Rolf: Literatur und Anarchie. München 1983.

Martin Rector

Müller, Heiner
Geb. 9.1.1929 in Eppendorf/Sachsen

»Das erste Bild, das ich von meiner Kindheit habe, stammt aus dem Jahre 1933. Ich schlief. Dann hörte ich Lärm aus dem nächsten Zimmer und sah durch das Schlüsselloch, daß Männer meinen Vater schlugen. Sie verhafteten ihn. Die SA, die Nazis haben ihn verhaftet. Ich ging wieder ins Bett und stellte mich schlafend. Dann ging die Tür auf. Mein Vater stand in der Tür. Die beiden Männer neben ihm waren viel größer als er. Er war ein sehr kleiner Mann. Dann schaute er herein und sagte: Er schläft. Dann nahmen sie ihn mit. Das ist meine Schuld. Ich habe mich schlafend gestellt. Das ist die erste Szene meines Theaters.« Der Vater als KZ-Häftling, den der Junge mit seiner Mutter besucht; als Entlassener, der seinen Sohn zur Anpassung an das herrschende System ermuntert, als Anti-Stalinist, der Ende der 40er Jahre mit der SED Schwierigkeiten bekommt und in den Westen geht – das alles sind in der Erinnerung des Sohnes Bilder eines »Verlierers«, aber auch eines Mannes, der sich nicht zum Heroismus verpflichtet fühlt. M. wurde als Sohn eines Angestellten und einer Arbeiterin im Geist eines passiven Antifaschimus erzogen. Das Ende des Nationalsozialismus erlebt er als 16jähriger beim »Volkssturm«, Hitlers letztem Aufgebot. Bei Kriegsende bricht er aus einem amerikanischen Gefangenenlager aus, wird von Sowjets aufgegriffen und wieder freigelassen, durchquert tagelang das zerstörte Land. Er arbeitet in einem mecklenburgischen Landratsamt, macht Abitur. Die Arbeit in einer Bücherei bietet ihm Zugang zu vielfältigem Lesestoff – auch zu Autoren, die vor 1945 gefördert oder geduldet, später in der DDR als bürgerlich oder reaktionär der Ächtung verfallen. Einige Zeit kann M. sich noch in den Westzonen mit internationaler moderner Literatur versorgen. Zur Lektüre gehören Ernst Jünger, Friedrich Nietzsche, Gottfried Benn, T.S. Eliot, Franz Kafka ebenso wie Bertolt Brecht, die russischen Autoren der Avantgarde und des sozialistischen Realismus, antifaschistische Exilliteratur, die Geschichten der Anna Seghers. Seine umfassende Kenntnis der Weltliteratur beginnt er außerhalb eines Bildungskanons in einer Zeit des ideologischen, politischen und materiellen Umbruchs – der sprichwörtlichen Trümmerlandschaft – zu erwerben, sie schlägt sich in seiner Textproduktion nieder, die sich später durch den souveränen und destruktiv-innovativen Umgang mit der literarischen Tradition in Zitat, Textmontage, Anspielungen auszeichnet.

Ende der 40er Jahre beginnt M. zu schreiben. Er versucht, Meisterschüler bei Brecht am Berliner Ensemble zu werden, aber die Eignungsprüfung – eine Szene im Stil des sozialistischen Realismus zu schreiben – besteht er nicht. So arbeitet er als Journalist zuerst bei der Zeitschrift des Kulturbundes *Sonntag*, später bei der *Neuen Deutschen Literatur* und der *Jungen Kunst*, schreibt Rezensionen, veröffentlicht aber auch eigene poetische Arbeiten, die teils sachlich, teils hymnisch den Aufbau des Sozialismus an Beispielen aus dem Alltag beschreiben.

Parallel zu dieser »offiziellen« Textproduktion findet eine heimliche statt, die sich mit den Traumata der Vergangenheit in einer eigenen Formensprache befaßt (z.B. Szenen für die »Schlacht«, dem grotesken Panoptikum der Triebkräfte des deutschen Faschismus), Motive und Stilelemente der als »dekadent« und »konterrevolutionär« verfemten westlichen Avantgarde einbezieht. So verrät der erste Teil des 1983 veröffentlichten Textes *Verkommenes Ufer Medeamaterial Landschaft mit Argonauten*, der Anfang der 50er Jahre entstand, den Einfluß von T. S. Eliots *Waste Land*.

M. schreibt – geschult am didaktischen Theater Brechts, aber mit zugespitzter Konfliktkonstellation und verknappter Sprache – kurze Dramen, die das Verhältnis von Vergangenheit (Erbe der Nazizeit) und Zukunft(Aufbau des Sozialismus) anhand von Alltagskonflikten der Gegenwart zum Thema haben: *Der Lohndrücker* (1956 bis 1959 preisgekrönt) und *Die Korrektur* (1957), deren Aufführungen zwar Kontroversen auslösen, aber letztlich als »Brigade-« oder »Produktionsstücke« akzeptiert werden. M. ist – auch als wissenschaftlicher Mitarbeiter des Schriftstellerverbands – mit den verbindlichen Kriterien der sozialistisch-realistischen Wirklichkeitsdarstellung durchaus vertraut; aber sein erstes großes Drama über die Epochenumwälzung in der DDR anhand der Enteignung des Großgrundbesitzes und der Kollektivierung der Landwirtschaft (*Die Umsiedlerin oder das Leben auf dem Lande*, 1956/61) wird nach der ersten Aufführung auf einer Studentenbühne sofort abgesetzt, der Autor aus dem Schriftstellerverband ausgeschlossen mit der Begründung, das Stück enthalte alle Vorurteile des Klassenfeinds über die DDR. Die Schauspieler müssen Selbstkritik üben, der Regisseur B. K. Tragelehn wird strafversetzt.

M. schlägt sich mit Gelegenheitsarbeiten u. a. beim Rundfunk durch. Auch sein nächstes Stück über die DDR, *Der Bau* (nach Erik Neutschs Roman *Spur der Steine*, 1964), das die DDR als »Großbaustelle« allegorisiert – diesmal sind es Arbeiter und Ingenieure, die in einer hochstilisierten Verssprache ihre Alltagskonflikte verhandeln – wird von der Partei scharf kritisiert, nicht zuletzt wegen einer ironischen Anspielung auf den 1961 erfolgten Mauerbau. Trotz mehrfacher Textänderung, den Vorstellungen der Partei entsprechend, wird das Stück nicht aufgeführt.

Nachdem seine pointierten, solidarischen Darstellungen der DDR-Wirklichkeit grundsätzlich auf Ablehnung gestoßen sind, bedient sich M. – wie auch andere DDR-Dramatiker dieser Zeit – der Parabel. Im Gewand antiker Stoffe werden jetzt die Probleme des Sozialismus an der Macht, des (stalinistischen) Verrats an der Revolution und die Unmöglichkeit des einzelnen, sich aus der Gewaltgeschichte herauszuhalten, in verallgemeinernden, vielschichtigen Modellen entworfen. M.s Skepsis gegen den fortschrittverheißenden Geschichtsoptimismus, den die Partei fordert und in seinen Stücken vermißt, spricht sich in der Neufassung von Sophokles' *Philoktet* (1958/64) nachhaltiger aus als in den DDR-Stücken. Aber die Parabelform gestattet es, den geheimen »Subtext«, der vielen seiner Antikenbearbeitungen zugrunde liegt – das Problemfeld Stalinismus – zu übersehen und sie abstrakt als Stücke über Macht und Machtmißbrauch zu lesen.

1966 nimmt sich M.s Frau, die Lyrikerin Inge Müller, das Leben. Schrecken und Trauer, die im Prosatext *Todesanzeige* (1968) zum Ausdruck kommen und noch in der 1984 entstandenen *Bildbeschreibung* nachhallen, beeinflussen die Darstellung der Frauenfiguren in seinem weiteren Werk. Von Jokaste und Lady Macbeth über Dascha in *Zement*, Ophelia/Elektra in *Hamletmaschine* bis hin zu Medea verbindet sich mit der Sprache der Frau ein (selbst-)zerstörerischer Akt der Befreiung. Ausflucht ohne positiv beschreibbares Ziel –, ein Bild, das der Autor auch selbstreflexiv für seine Textproduktion einsetzt. Während die Frau im Frühwerk als Schwangere/Gebärerin Leben, Kontinuität und Zukunft repräsentiert (*Liebesgeschichte*, 1963; *Die Umsiedlerin*, 1961; Schlee in *Der Bau*, 1964), wird sie nun mit Bildern des Todes, des Aufstands und des radikalen (Ab)bruchs assoziiert.

Mit der Bearbeitung des *Ödipus Tyrann* von Sophokles in der Übersetzung Friedrich Hölderlins (1967, Regie Benno Besson) findet M. wieder größere offizielle Anerkennung, ein Jahr später erwacht auch im Westen (durch die Uraufführung des *Philoktet* in München, Regie Hans Lietzau) das Interesse an ihm, vorerst als dem sprachgewaltigen Bearbeiter antiker Stoffe. Als Dramaturg (am Berliner Ensemble 1970 bis 1976, anschließend an der Volksbühne) steht M. in einer kontinuierlichen Theaterpraxis, die besonders durch die Auseinandersetzung mit Shakespeare geprägt ist; er legt Übersetzungen und Bearbeitungen vor, führt schließlich Regie. Aber schon seine *Macbeth*-Bearbeitung (1971) entfacht eine polemische Debatte bis in die Fachwissenschaft hinein über den »Geschichtspessimismus« des Autors. Seine in den 70er Jahren entstandenen Stücke (*Mauser*, 1970 – eine Radikalisierung von Brechts *Maßnahme; Germania Tod in Berlin*, 1956/71; *Leben Gundlings Friedrich von Preußen Lessings Schlaf Traum Schrei*, 1976, und *Hamletmaschine*, 1977) fallen alle unter dieses Verdikt und wurden in der DDR nicht oder erst kurz vor der Wende gespielt. Nur mit der *Zement*-Bearbeitung (nach dem gleichnamigen Roman von Fjodor W. Gladkow über den russischen Bürgerkrieg) 1973, unter der Regie von Ruth Berghaus am Berliner Ensemble, erreicht M. eine gewisse Popularität. *Zement* wird das in der DDR am meisten diskutierte und akzeptierte Stück, wohl nicht zuletzt, weil es bei aller Schärfe der Konflikte deutlich Partei nimmt und sich formal im Rahmen einer gemäßigten Moderne bewegt: mit nacherzählbarer Fabel und übersetzbaren Parabeln – ein Darstellungsprinzip, das M. zunehmend aufbricht zugunsten des Fragments und vieldeutiger Metaphern. Im Westen sind es zahlreiche Inszenierungen der *Hamletmaschine* (1977), die den Autor in der internationalen Theaterszene durchsetzen, – ein Text, in dem u. a. das Verhältnis des (marxistischen) Intellektuellen zur (Staats-)Gewalt verhandelt wird. Die Hamletfigur hat M. seit frühen Jahren als Verkörperung der Situation des Intellektuellen zwischen Handlungshemmung und Verstrickung in einen (politischen) Gewaltzusammenhang beschäftigt; sein Werk ist mit Hamlet-Anspielungen durchsetzt.

Hamletmaschine ist eine »Abrechnung« mit der traditionsbeladenen Theaterfigur, der »Tragödie des Sohnes«, und zugleich eine programmatische Absage an herkömmliche Dramenform und »hohe Sprache«. An ihre Stelle tritt eine konzentrierte Bildlichkeit: »Ich war Hamlet. Ich stand an der Küste und redete mit der Brandung BLABLA, im Rücken die Ruinen von Europa.« Die »Zerreißung der Fotografie des Autors«, die im Text angewiesen wird, symbolisiert auch den Versuch, aus der Autorschaft, aus der Verantwortlichkeit zu entfliehen, aus der Geschichte auszusteigen. Hinweise auf den Aufstand im sozialistischen Lager (17. Juni 1953, Ungarn und Polen 1956, Prag 1968) geben dieser Haltung politische Brisanz: »Mein Platz, wenn mein Drama noch stattfinden würde, wäre auf beiden Seiten der Front, zwischen den Fronten, darüber.« *Hamletmaschine* artikuliert den Riß, der den Autor als politisches Subjekt/Objekt und als deutschen Dramatiker prägt.

Seit Mitte der 70er Jahre wächst das Interesse an M.s Werk. Der kleine Westberliner Rotbuch-Verlag beginnt mit einer Werkausgabe. 1975 besucht M. das erste Mal die

USA, er ist als Gastdozent nach Austin/Texas eingeladen. Während die DDR die ihr zugedachten Stücke nachholt (*Die Bauern* – neuer Titel der *Umsiedlerin*, 1976, und *Der Bau*, 1980; auch M.s Bearbeitungen eigener Stücke aus der Frühzeit, *Die Schlacht/Traktor*, wurden 1974 aufgeführt), interessiert man sich im Westen für den avantgardistischen Textproduzenten, der in Anlehnung an den frühen Brecht (M. schätzt besonders das *Fatzer*-Fragment), an Antonin Artaud und Samuel Beckett eine unverwechselbare, »postdramatische« Schreibweise entwickelt. In der Bundesrepublik, später auch in Frankreich und Italien, zögernd in einigen Ostblockstaaten, bemühen sich sowohl Staatstheater als auch freie Gruppen um seine Texte. M., der zunehmend in die Länder reisen kann, wo seine Stücke erarbeitet werden – für DDR-Verhältnisse ein außergewöhnliches Privileg – wird zum Wanderer zwischen den Welten. Er steht, so sagt er in Berlin 1981, »mit je einem Bein auf den zwei Seiten der Mauer. Das ist vielleicht eine schizophrene Position, aber mir scheint keine andere real genug.«

Auch sein Stück *Der Auftrag* (1979) inszeniert er zu Beginn der 80er Jahre im Osten und im Westen. Eine von M.s Generalthemen, der Verrat, ist darin mit einem neuen Problemfeld verknüpft: dem Aufstand der dritten Welt. Marxistische Analyse, die M.s Werke zugrunde liegt, wird ergänzt um einen anthropologisch orientierten Blick auf die unterdrückten Rassen. Die beherrschende Instanz Geschichte wird verschoben durch den Blick auf die »Geographie«, auf Landschaft und Körper. 1983 bietet ihm der amerikanische Theateravantgardist Robert Wilson die Mitarbeit an seinem Großprojekt *the CIVIL warS* (Bürgerkriege) an, das als kultureller Kontrapunkt zu den Olympischen Spielen in Los Angeles 1984 gedacht ist. Die Zusammenarbeit der beiden Künstler beginnt damit, daß sie sich Geschichten aus ihrer Kindheit erzählen: was traumatisch war, soll in Bilder und Worte aufgelöst werden, der Krieg ist nicht nur historisches Ereignis, sondern auch »Schlachtfeld in der eigenen Brust«. M. erzählt die Geschichte von der Verhaftung seines Vaters. Wilsons Großprojekt läßt sich nur in Fragmenten realisieren, aber gerade der deutsche Teil (in Köln), an dem M. beteiligt ist, überzeugt mit einer widerspenstigen Synthese von Kinderland-Ästhetik und Geschichtserinnerung.

Nach der *Hamletmaschine* hat M. seine Grundthemen Verrat, Gewalt, Macht, Tod des Körpers und Leben der Stimme immer wieder variiert. Zwischen *Quartett* (nach Laclos, 1980), *Verkommenes Ufer Medeamaterial Landschaft mit Argonauten* (1983), *Anatomie Titus Fall of Rome Ein Shakespearekommentar* (1984) und *Wolokolamsker Chaussee* (I–V, 1985–1987) ist der künstlerische Höhepunkt der kurze Prosa-Text *Bildbeschreibung* (1984), der die Dramenform endgültig begräbt und das Theater zu phantasiereichen »Übersetzungen« auffordert. M.s Kurztexte wie z.B. *Die Einsamkeit des Films* (1980), *Die Wunde Woyzeck* (1985 als Georg-Büchner-Preis-Rede) oder *Shakespeare eine Differenz* (1988 anläßlich einer Shakespeare-Tagung in Weimar) führen wie die offenen Briefe (z.B. an Mitko Gotscheff 1983 oder an Robert Wilson 1987) das ästhetische Prinzip der gemeißelten Thetik vor: Jeder Satz steht für sich und verlangt seine Reflexion.

Die 80er Jahre sind zunehmend von Anerkennung und Erfolg geprägt. Die westlichen Theater versuchen sich an den avantgardistischen Stücken, einige DDR-Theater wenden sich den genehmigten Dramen zu. Häufig gehen die Texte poetische Bündnisse mit (Bühnen-)Bild-Künstlern (z.B. Erich Wonder, Robert Wilson, Jannis Kounellis, A.R. Penck u.a.) und Komponisten ein (z.B. Heiner Goebbels, Wolfgang Riehm, Luc Lombardi). *Shakespeare Factory* (Band 1 und Band 2), *Kopien* (Band 1 und Band 2) –

in der zweiten Hälfte der 80er Jahre kommen M.s Übersetzungen und Bearbeitungen auf den Markt: englische (Shakespeare), französische (Molière, Koltès), russische (Majakowski, Tschechow, Suchowo-Kobylin), chinesische (Lu Hsün) Literatur. Beide Titel der Sammelbände verweisen auf den Autor als Handwerker eigenen Stils.

1988 am Deutschen Theater in Ostberlin wird M.s Inszenierung des *Lohndrücker* (1956) ein Jahr vor der »Wende« zu einem Erfolg in Ost und West. Sie führt die Erinnerung an den Anfang des sozialistischen Projekts vor – und läutet dabei gleichzeitig sein Ende ein. M. selbst versteht seine Inszenierungsarbeit am eigenen Text und seinem historischen Kontext als »Archäologie«.

Hamletmaschine, eingebettet in Shakespeares *Hamlet*, probt der Autor im Winter 1989/ 90. Zur Zeit, als die Berliner Mauer fällt, inszeniert M. die beiden Stücke letztlich als »Requiem für einen Staat«. Nach der Wiedervereinigung beider deutschen Staaten folgt die Inszenierung einer Kombination von Texten: *Herakles 2 oder die Hydra* (1972), *Mauser* (1970), *Quartett* (1980) *Der Findling* (1987, *Wolokolamsker Chaussee Teil V*) und ein neuer Kurztext *Herakles 13* (1991). Eine zusätzliche Textauswahl von Kafka, Brecht, Jünger u. a. zeigen noch einmal M.s ästhetisches Prinzip der Zusammenstellung, das er auch beim Schreiben anwendet: Plan und Zufall, Risiko und Willkür, Verknüpfung und Kontrastierung von Sprache, Wahrnehmung, Bildern.

In der neuen gesellschaftspolitischen Situation versucht M. aktiv, durch die Übernahme kulturpolitisch wichtiger Funktionen und zahlreicher Stellungnahmen öffentlich Einfluß zu nehmen. Er wird zum vielgefragten Kommentator. Interviews der Vergangenheit werden ergänzt (*Gesammelte Irrtümer*, Band 1, 1986 und Band 2, 1990); politisch vorherrschende Themen werden in der Sammlung *Zur Lage der Nation* (1990) verhandelt; die eher kunst- und geschichtsphilosophischen Überlegungen finden sich *Jenseits der Nation* (1992).

Weniger das zurückgezogene Schreiben als das öffentliche Sprechen und Handeln (als Verantwortlicher in der Ost-Akademie der Künste, als Mitintendant des Berliner Ensemble) zeichnen M. nach der »Wende« aus. 1992 erscheint eine umfangreiche Autobiographie unter dem Titel *Krieg ohne Schlacht. Leben in zwei Diktaturen*, die der Autor auf Tonband gesprochen hat und für den Druck überarbeiten ließ. Zur gleichen Zeit gibt er einen schmalen Band *Gedichte* heraus: chronologisch sortiert vom Ende der 40er bis zum Ende der 80er Jahre –, als wären sie lebensgeschichtliche Begleiter und zeitgeschichtliche Dokumente seines Schreibens in der DDR vom Anfang bis zum Ende. *Mommsens Block* (1992) ist ein konzentrierter Versuch, selbstreflexiv das eigene Verhältnis zur »Geschichtsschreibung« im Versgedicht zu formulieren.

M.s Werk und Leben zeichnet sich durch eine Haltung der Beharrlichkeit aus, durch die Fähigkeit, »ohne Hoffnung« auszukommen und anstelle hochfliegender Entwürfe eine bis zum Zynismus illusionslose Erkundung der Wirklichkeit zu formulieren. Die eigenen Texte versteht er als »Steine«, deren Substanz auch nachhaltige politische wie ästhetische Verformungsprozesse überdauert. M. ist der einzige ästhetisch innovative Dramatiker geworden, den die DDR hervorbrachte und den sie als loyalen Außenseiter schließlich zu akzeptieren gezwungen war. Die Bedeutung seiner Texte für das Theater und für die ästhetisch-theoretische Diskussion in Ost und West besteht darin, daß er die steril gewordene politische Aufklärungsästhetik mit einer an der literarischen Moderne orientierten Formensprache konfrontiert. Durch die Verbindung von politischer Reflexion und avantgardistischer Textur stellt sein Werk eine überzeugende Alternative zur Beliebigkeit einer »postmodernen« Ästhetik dar: »Der Stein arbeitet in der Wand.«

Literatur: *Raddatz*, Frank: Dämonen unterm Roten Stern. Stuttgart 1991; *Gruber*, Bettina: Mythen in den Dramen Heiner Müllers. Zu ihrem Funktionswandel in den Jahren 1958 bis 1982. Essen 1989; *Eke*, Norbert Otto: Heiner Müller. Apokalypse und Utopie. Paderborn 1989; *Arnold*, Heinz Ludwig (Hrsg.): Heiner Müller. Text + Kritik. München 1982; *Schulz*, Genia: Heiner Müller. Stuttgart 1980.

Genia Schulz

Müller, Wilhelm
Geb. 7. 10. 1794 in Dessau; gest. 30. 9. 1827 in Dessau

M.s erste Gedichtsammlung *Sieben und siebzig Gedichte aus den hinterlassenen Papieren eines reisenden Waldhornisten* erschien Ende 1820; an ihrem Anfang steht *Die schöne Müllerin*. Ein zweiter Band erschien 1824; er enthielt *Die Winterreise*. Durch Franz Schuberts Vertonungen gehören die beiden Zyklen zu den verbreitetsten Werken der deutschen Literatur. Fast gleichzeitig trat M. mit politischen Liedern hervor, in denen er den Freiheitskampf der Griechen gegen die Türken besang und sich dabei indirekt, aber deutlich auch gegen die Repression in Deutschland wandte. Vor allem die Hefte der Griechenlieder begründeten seinen Ruhm im neunzehnten Jahrhundert; sie brachten ihm den Namen »Griechen-Müller« ein.

M. wuchs in Dessau als Sohn eines Schneiders auf. Ab 1812 studierte er an der neuen Berliner Universität Philologie und Geschichte und nahm 1813/14 an den Freiheitskriegen teil. Nach seiner Rückkehr verliebte er sich in die siebzehnjährige Luise Hensel. Aus einem poetischen Gesellschaftsspiel im Salon Stägemann Ende 1816 ging *Die schöne Müllerin* hervor: Ein scheuer Müllerbursche glaubt sich von der Müllerin wiedergeliebt. Als er endlich merkt, daß sie ihm den »wilden Jäger« vorzieht, stürzt er sich in den Mühlbach. Jeder Teilnehmer dichtete eine Rolle; auch Luise Hensel nahm an dem Spiel teil. M. war – seines Namens wegen – der Müller. Als der achtunddreißigjährige Clemens Brentano in dem Kreis auftauchte und ungestüm um Luise zu werben begann, die vermutlich von M.s Liebe zu ihr gar nichts wußte, muß diesem das Spiel seine eigene Situation verdeutlicht haben; er dichtete seine Rolle nun aus dem eigenen Erleben.

Heinrich Heine lobte den »reinen Klang« und die »wahre Empfindung« von M.s Liedern, die er »sämmtlich« für »Volkslieder« hielt – im Gegensatz zu seinen eigenen. M. selbst war skeptischer. Er hielt es für notwendig, der *Schönen Müllerin* einen ironischen »Prolog« und »Epilog« anzufügen, in denen ein alberner Modedichter sich selbstgefällig an seinem »Handwerk«, an der kunstvoll gedrechselten Schlichtheit seiner Arbeit, erbaut. M. hat sich in seinen späteren Dessauer Jahren in Essays, Artikeln und Rezensionen mit Fragen der Poetik auseinandergesetzt. Die Gefahr einer »bequemen Leichtigkeit«, in die eine Lyrik abgleiten mußte, der das Natürliche und Einfache zum bloßen

Gestus wurde, hat er deutlich gesehen. In vielen seiner Liebes-, Wander-, Frühlings- und Trinklieder ist er ihr trotzdem erlegen.

Im Sommer 1817 ging er nach Rom, wo er sich für das Volksleben begeisterte und italienische Volkslieder sammelte. Als die finanzielle Not ihn Ende 1818 zur Rückkehr nach Dessau zwang, brachte er das Manuskript seines Buchs *Rom, Römer und Römerinnen* mit. In Dessau wurde er Hilfslehrer am Gymnasium und herzoglicher Hofbibliothekar; er heiratete eine Tochter der hoch angesehenen Familie Basedow. Mit der Ernennung zum Hofrat war er dann fest in das soziale Leben der kleinen Residenzstadt integriert.

M. galt als lebenslustig; seine Ehe war glücklich; er hatte Freunde, darunter Ludwig Tieck und Carl Maria von Weber; er war als Dichter und Literat in Deutschland bekannt. Deshalb ist es rätselhaft, wie er Ende 1823 *Die Winterreise* schreiben konnte, den Zyklus, in dem Einsamkeit, Schwermut und Resignation in Nihilismus und in Sarkasmen münden. Nirgends hat er seine Motivation zu erkennen gegeben. Einer verbreiteten Meinung nach hat er sich einfach dem Weltschmerz als einer literarischen Mode überlassen. Aber wer genau hinsieht, entdeckt überall motivische Anknüpfungen an *Die schöne Müllerin*, wo er eine eigene Erfahrung fiktional verarbeitet hatte. Anders als dort ist in der *Winterreise* die Natur von vornherein starr und unzugänglich, und der Lindenbaum lockt den Wanderer vergebens mit der Aussicht auf endgültige Ruhe. Er wendet sich ab und zieht durch die winterliche Einöde, ein Einsamer, der die Menschen in ihrer satten Zufriedenheit meidet und sich, verzweifelt über die Abwesenheit Gottes, selbst zu einem Gott aufwerfen will. Die dissonanten Bilder, der soziale Protest und das trotzige, auf Friedrich Nietzsche vorausdeutende Pathos der Gottverneinung lassen hinter sich, was M. bei den Zeitgenossen hätte lernen können.

Am Ende einer Rheinreise mit seiner Frau im Sommer 1827 besuchte er Gustav Schwab, Ludwig Uhland und Justinus Kerner, und dann auch Goethe, an dem er sich zeitlebens orientiert hatte und dem er schon vorher begegnet war. Dieser hielt ihn für »eine unangenehme Personnage, suffisant, überdies Brillen tragend«. Zehn Tage nach dieser Begegnung starb M. nachts im Schlaf. Wahrscheinlich hat er keines seiner Lieder in Schuberts Vertonung gehört, die, wie viele meinen, die beiden Zyklen vor dem Vergessen bewahrt hat. Vielleicht hat sie ihnen aber auch ein Eigenleben als Dichtung verwehrt. Daß sein Werk, das im 19. Jahrhundert hoch geschätzt wurde, nicht vergessen ist, zeigt unter anderem die kommentierte vierbändige Ausgabe, die Maria-Verena Leistner 1994 im Aufbau-Verlag herausbringen will und das ebenfalls für 1994 zum zweihundertsten Geburtstag in Berlin und Dessau geplante Müller-Symposion.

Literatur: *Wetzel*, Heinz: Wilhelm Müller, die schöne Müllerin und Die Winterreise: Die Frage nach den Zusammenhängen. Aurora 53 (1993), S. 139 – 171; *Baumann*, Cecilia C.: Wilhelm Müller, The Poet of the Schubert Song Cycles: His Life and Works. Pennsylvania State University 1981; *Popp*, Wolfgang: Die Dichtung Wilhelm Müllers. Ein Beitrag zum Problem sekundärer dichterischer Erscheinungen in der Literaturgeschichte. Diss. Konstanz 1967; Wilhelm Müller als Kritiker und Erzähler. Ein Lebensbild mit Briefen an F. A. Brockhaus und anderen Schriftstücken, hrsg. von Heinrich *Lohre*, Leipzig 1927.

Heinz Wetzel

Müntzer, Thomas

Geb. um 1490 in Stolberg/Harz; gest. 27.5.1525 bei Mühlhausen

Die »Schlacht« von Frankenhausen am 15. Mai 1525, gegen Mittag, war in Wirklichkeit ein Überfall der Fürstenheere auf das Lager der Bauern und ihrer Verbündeten, die Abschlachtung von fünf- bis sechstausend Aufständischen. M., der bedeutendste ihrer Führer, hätte vielleicht entkommen können, um seine Tätigkeit in anderen Aufstandsgebieten fortzusetzen. Doch verriet ihn in seinem Versteck ein Sack mit Post, den ein Plünderer bei ihm fand: M. bewahrte die Konzepte eigener Schreiben, Niederschriften aller Art sowie empfangene Briefe sorgfältig auf, selbst während des Feldzugs. Noch am Abend wurde M. seinem erbittertsten Feind, dem Grafen Ernst von Mansfeld, ausgeliefert. Es folgten: Verhör auf dem Wasserschloß Heldrungen, Folter, demütigende Überführung ins Fürstenlager bei Mühlhausen, die Hinrichtung dort am 27. Mai. Seine Frau, Ottilie von Gersen, ehemalige Nonne, die M. 1523 geheiratet und mit der er einen Sohn hatte, soll der Mitteilung Martin Luthers zufolge bei der Einnahme Mühlhausens durch die Fürsten von einem Adligen vergewaltigt worden sein. Sie war zum zweiten Male schwanger. Bei ihr entdeckte man ebenfalls einen Sack voller Briefe, Teile von M.s Korrespondenz aus reichlich zehn Jahren.

Bei Lebzeiten hatte M. hinnehmen müssen, wie die Gegner, voran Martin Luther, die Drucklegung seiner liturgischen, die Ordnung des Gottesdients betreffenden Schriften zu verhindern suchten, dann – nach dem Druck – ihrer Ausbreitung entgegenwirkten. Unterdrückt wurden so die wichtigsten seiner Flugschriften. Im Herbst 1524 ließ der Nürnberger Rat – Nürnberg war der Druckort – die *Außgetrückte emplössung des falschen Glaubens der vngetrewen welt* beschlagnahmen (das Manuskript sowie 400 noch greifbare Exemplare der Gesamtauflage in Höhe von 500; der Rest war bereits nach Augsburg verfrachtet worden), bald darauf die *Hoch verursachten Schutzrede vnd antwort wider das Gaistlosse, sanftlebende fleysch zur Wittenberg.* Wie er selber, so schien M.s Gedankenwelt für ewig ausgelöscht zu sein, über die im 19. Jahrhundert der konservative Historiker Leopold Ranke schrieb: »Die müntzerischen Inspirationen, die sozialistischen Versuche der Wiedertäufer und die paracelsischen Theorien entsprechen einander sehr gut; vereinigt hätten sie die Welt umgestaltet.«

Die Rechnung der Gegner ging nicht auf. Obwohl »der Müntzer, sei doch seine Sache nicht gefallen«, propagierte M.s Kampfgefährte Melchior Rinck. Ein Luther-Anhänger, Justus Menius, erkannte 1544: »Denn obwohl der Müntzer dahin ist, der lebt wahrlich noch.« Begreifliche Verstimmung kam bei Luther auf, als er wahrnahm, daß in seinen persönlichen Umkreis Müntzerlieder eingeschmuggelt wurden, ausgerechnet in den Druck der Wittenberger Gesangbücher! Wie wenig man M.s Schriften unterschätzte, zeigt der Umstand, daß sie bis 1590 immer wieder auf dem »Index Librorum prohibitorum« erschienen, der Liste der von der katholischen Kirche verbotenen Bücher. Vergebliche Mühe. Die »müntzerischen Inspirationen« kamen erneut ans Licht – die Wiedererstehung einer Gedankenwelt aus dem Postsack. Denn die Inhalte, M.s Briefschaften, waren von den Siegern sorgfältig archiviert worden. Für die Gegenwart hat man sogar von einer »Müntzer-Renaissance« gesprochen. Die Forschung tendiert dahin (obschon vereinzelt noch Urteile abgegeben werden, wie »ruheloser Fanatiker«, »gefährlicher Wahnsinniger«), M. als einen der Reformatoren in die Reihe der übrigen europäischen Reformatoren, von John Wiclif und Johannes Hus über Martin Luther und Philipp Melanchthon bis Ulrich Zwingli und Johann Calvin, einzubeziehen.

Umstritten freilich bis heute ist: Aus welchen Quellen leiteten sich M.s »Inspirationen« her? Genannt wurden: die mittelalterliche Mystik; apokalyptischer (auf die Offenbarung bezogener) Prophetismus; die Endzeitspekulationen des Joachim von Fiore (12. Jahrhundert); taboritische Gedankengänge aus dem linken Flügel des Hussitismus; das Alte Testament; der Humanismus; nicht zuletzt die frühreformatorischen Schriften Luthers. Er galt eine Zeitlang als Bundesgenosse der Wittenberger. Auf ihn zuerst soll 1519 das Prädikat »Lutheraner« angewandt worden sein. Anerkannt war seine umfassende Gelehrsamkeit (Universitäten: Leipzig seit 1506, Frankfurt a.d. Oder 1512); nachgewiesen ist seine überaus weitgespannte Lektüre. Seelsorgerische Aufgaben innerhalb der Kirche wurden ihm in schnellem Wechsel übertragen, u.a.: 1516/17 Propst im Kloster Frose (bei Aschersleben); 1519/20 Confessor (Beichtvater) im Nonnenkloster Beuditz (bei Weißenfels); am wichtigsten: 1523/24 Pfarrer in Allstedt an der Hauptkirche St. Johannis, Anfang 1525 an St. Marien in Mühlhausen, der freien Reichsstadt, demnächst im Zentrum des thüringischen Aufstandsgebiets.

Mit der Benennung von Einflüssen ist die Eigenart der reformatorischen Lehre M.s nicht erklärt, die ihn als einzigen Reformator an die Seite aufständischer Bauern und Bürger brachte. M. selbst wehrte gelegentlich die Auffassung ab, wonach das Eigene einem andern Autor zu verdanken wäre, wie er denn seine Theologie von derjenigen Luthers entschieden abgrenzte. Das Denken und die Begrifflichkeit anderer boten ihm nicht mehr als Material, um darin seine eigenen Erkenntnisse auszuformulieren. Wie er diese gewann, sagt er ausdrücklich in seinen Schriften: vermittels einer gründlichen Durcharbeitung der ganzen Bibel (im Gegensatz zu Luthers Favorisierung des Neuen Testaments), einer sozialkritischen Lektüre, aus der er die sozialrevolutionäre Folgerung zog, die Welt und der Einzelne müßten nach dem Gesetz Gottes umgestaltet werden, mit den Fürsten oder notfalls gegen sie, durch die Auserwählten Gottes. Dieser Bemühung diente M.s Schrifttum: die liturgischen Texte – er richtete als erster den Gottesdienst deutschsprachig ein); seine religiösen Lieder (Verdeutschungen altüberlieferter Psalmen u.a.), womit er zum Schöpfer des Gemeindelieds wurde; seine Flugschriften; vor allem aber seine Briefe und Manifeste, darunter das an die Mansfelder Bergarbeiter, »leidvollstes, rasendstes Revolutionsmanifest aller Zeiten« (Ernst Bloch).

Werkausgabe: Thomas Müntzer. Schriften und Briefe. Hrsg. von Günther *Franz.* Gütersloh 1968.

Literatur: *Bubenheimer,* Ulrich: Thomas Müntzer. Herkunft und Bildung. Leiden 1989; *Friesen,* Abraham/*Goertz,* Hans-Jürgen (Hrsg.): Thomas Müntzer. Darmstadt 1978; *Brackert,* Helmut: Bauernkrieg und Literatur, Frankfurt a.M. 1975; *Elliger,* Walter: Thomas Müntzer. Leben und Werk, Göttingen 1975.

Wolfgang Beutin

Murner, Thomas

Geb. 24.12.(?) 1475 in Oberehenheim/Elsaß; gest. 1537 ebd.

»Wer die Sitten der damaligen Zeit kennen will, wer die deutsche Sprache in all ihrem Umfange studieren will, dem rate ich, die Murnerschen Gedichte fleißig zu lesen.« Der gute Rat Gotthold Ephraim Lessings ist seither wenig befolgt, darum aber nicht weniger richtig. Der Franziskaner und Humanist, Doktor der Theologie (1506) und beider Rechte (1518) kannte das Leben des Volkes und dessen Sprache. Er ist viel herumgekommen, hat an sieben Universitäten – u.a. Paris, Krakau, Wien – studiert, an vielen Orten gepredigt und sich überall, wo er auftauchte, sogleich in die geistigen Auseinandersetzungen der Zeit eingemischt. Das ergab sich aus dem volksnahen und auf das tägliche Leben gerichteten Programm seines Ordens, dem er die Errungenschaften der modernen, humanistischen Bildung zu integrieren suchte. Nicht ohne persönlichen Ehrgeiz, aber zeitlebens bestrebt, dem »gemeinen mann« nützlich zu sein, bemühte er sich vor allem um die Popularisierung von Wissenschaft und Literatur. Er verwirklicht das Vorhaben, die *Aeneis* des Vergil »zu tütschem leben zu erquicken« (1515), übersetzt die *Institutionen* des Justinian (1518) und andere Rechtsquellen, vermittelt als origineller Universitätslehrer den Lernstoff des Jurastudiums als Kartenspiel. Das trägt ihm die Verfolgung und den Haß der Zunftjuristen ein, vorab des berühmten Ulrich Zasius, der ihn einen »ungewaschenen Mann« nennt und ihn bei den universitären Behörden anschwärzt. Überzeugt von der Geltung der ständischen Hierarchie und fest auf dem Boden kirchlicher Autorität, aber volksverbunden und furchtlos in der Sache tritt M. in seinen erbaulichen Schriften, vor allem jedoch in seinen Narrensatiren gegen feudale und frühkapitalistische Ausbeutung und Unterdrükkung auf. In der Verhöhnung feudaler Willkür, bürgerlicher Arroganz und Heuchelei, der von der Kirche mitverantworteten Verrohung des Alltagslebens entfesseln die *Narrenbeschwörung* und die *Schelmenzunft* (beide 1512) die schlagfertige Bildlichkeit und den sprachkritischen Witz der zeitgenössischen Volkssprache. Es ist diese gesammelte Energie und Überredungskunst der spätmittelalterlichen Volkspredigt, durch welche M.s Satiren sich gleichwertig neben das *Narrenschiff* Sebastian Brants oder das *Lob der Torheit* des Erasmus von Rotterdam stellen. Daß er virtuos über die Fähigkeit der scheinbar naiven Selbstpersiflage und des satirischen Rollenspiels verfügte, haben ihn dann besonders seine konfessionellen Gegner nach 1520 in gehässiger Weise entgelten lassen, unter hartnäckiger Ineinssetzung von Autor und literarischer Rolle. Sein publizistischer Einsatz gegen die Reformation eskalierte denn auch rasch: Von der *christliche(n) und briederliche(n) ermanung zu dem hoch gelerten doctor Martino luter Augustiner* (1520) zur exorzistischen Austreibung der Ketzerei in *Von dem grossen Lutherischen Narren wie in doctor Murner beschworen hat* (1522), in welcher der aufs äußerste Provozierte nun alle Register seiner »schympff red« zieht. Die Mobilisierung seiner ganzen satirischen Phantasie, bei der allein der angestrebte Überredungseffekt und kaum die standesgemäße Zurückhaltung des Geistlichen die Feder führte, hat M. von seiner eigenen Seite langdauerndes Mißtrauen eingebracht. Die der Reformation zuneigende Stadtregierung Straßburgs erteilte ihm 1524 Schreibverbot, und wenig später zwangen ihn empörte Anhänger Martin Luthers zur Flucht aus Oberehenheim, wo er sich zur Fortsetzung des Kampfes für den alten Glauben eine eigene Druckerei eingerichtet hatte. Er ist dann in der Schweiz konfessionspolemisch tätig gewesen und einige Jahre später in seine Vaterstadt zurückgekehrt. Es ist der bestimmende Widerspruch, vielleicht die Tragik dieses engagierten, hochbegabten Schriftstellers, daß er seiner aus den Fugen geratenen Zeit den Spiegel einer religiösen und sozialen Wertordnung vorzuhalten versuchte, die ihrerseits bereits obsolet geworden war.

Werkausgabe: Thomas Murner. Deutsche Schriften mit den Holzschnitten der Erstdrucke. Hrsg. unter Mitarbeit von G. *Ebermeyer*, E. *Fuchs*, P. *Merker*, V. *Michels*, W. *Pfeiffer-Belli* und M. *Spanier* von Frantz *Schultz*. Bd. 1–9. Berlin und Leipzig 1918–1931.

Literatur: *Heimann*, Sabine: Begriff und Wertschätzung der menschlichen Arbeit bei Sebastian Brant und Thomas Murner. Ein Beitrag zur Bestimmung des historischen Standorts der Autoren hinsichtlich ihres Verhältnisses zur frühbürgerlichen Entwicklung in Deutschland an der Wende vom 15. zum 16. Jahrhundert. Stuttgart 1990; *Schutte*, Jürgen: »Schympff red«. Frühformen bürgerlicher Agitation in Thomas Murners »Großem Lutherischen Narren« (1522). Stuttgart 1973; *Newald*, Richard: Wandlungen des Murnerbildes. In: Beiträge zur Geistes- und Kulturgeschichte der Oberrheinlande. Festschrift Franz Schultz. Frankfurt a. M. 1938. S. 40–78; *Liebenau*, Theodor von: Der Franziskaner Dr. Thomas Murner. Freiburg 1913.

Jürgen Schutte

Muschg, Adolf
Geb. 13.5.1934 in Zollikon/Schweiz

1984 hielt M. auf einer psychoanalytischen Tagung den Vortrag über »Psychoanalyse und Manipulation«. Zur ärgerlichen Enttäuschung der einen, zur Faszination der anderen Zuhörer argumentierte er überraschend gegen das Fundament der traditionellen Psychoanalyse: Sie nehme den Weg in die Seele nur über den Kopf und lasse den Leib dabei sträflich außer acht. Ödipus sei ein Intellektueller, der sich am Ende mit dem Wissen über sich selbst ums Leben bringe. Dagegen setzte M. einen anderen mythischen Prototyp, Orpheus. Er steht ihm für die Erfahrung der Einheit von Kopf und Leib. Gerade dann, wenn Orpheus, von den Mänaden zerrissen, in Stücken singend den Fluß hinuntertreibt, bewährt er den Zusammenhang von Geist und Natur: »Da will kein Es zum Ich werden, sondern da verteilt sich ein Ich in die Natur, im Vertrauen darauf, daß es in ihr nicht verlorengehen kann; da läßt es sich von den eigenen Es-Kräften tragen . . . und sammelt die zerstreuten Glieder des Ganzen, wie seine eigenen, zum Lied.« Mit diesem Mythenspiel bekundet M. ein neues Zutrauen zu seiner Kunst: Sie möge am Ende doch noch auf ihre Weise zusammenfügen, was in seiner Literatur bisher heillos voneinander getrennt erschien – das Ich, seinen Leib und sein Leben. Dies neue Vertrauen war eine Frucht der großen Zwischenbilanz und Perspektivenänderung, die der Roman *Das Licht und der Schlüssel* (1984) darstellt. Nicht, daß M. hier Lösungen für seine Problemfragen gefunden hätte – gerade hier bleibt alles vor jeder Entscheidungsmöglichkeit in der Schwebe. Und genau das ist der Ertrag des Romans: »Die Widersprüche gelten und spielen lassen«, sie mit »Gelassenheit, Freiheit und Güte« aushalten. Die bisher im Leben gesuchte Ganzheit kommt auf diese Weise in der Kunst zustande und wird damit, so hofft M., am Ende auch zur Lebenskunst.

Bis dahin hat die Literatur M.s allerdings im Zeichen Ödipus', des kunstvoll distanzierten Intellektuellen, gestanden. Der in seiner Perfektion erstaunliche erste Roman – *Im Sommer des Hasen* (1965) – des damaligen Göttinger Universitätsassistenten für Germanistik entwirft dafür das Grundmuster: Zum Jubiläum eines Schweizer Konzerns soll eine originelle Festschrift erscheinen. Bischof, der PR-Chef, schickt deshalb sechs Nachwuchsautoren auf einen Japan-Aufenthalt, über den sie dann berichten. Es entstehen dabei sechs Ich-Manifestationen. Bischof, seiner Rolle im Konzern überdrüssig, referiert und kommentiert diese Geschichten mit dem Interesse eines Menschen, der auf fremde Leben neugierig ist, weil er das eigene nicht hat. Am Ende schlägt er als seinen Nachfolger den Techniker Pius Gesell vor, der als einziger mit seinem Japan-Bericht gescheitert ist, weil er seine Sätze zu genau und zu wahrhaftig nimmt. Dafür hat er vermutlich das Leben. Die sprachliche Könnerschaft M.s ist im *Sommer des Hasen* bereits verblüffend. Er beherrscht nicht nur die traditionellen Erzähltechniken – vom Wechsel der Zeitebenen bis zum Motivgeflecht – souverän. Seine Sprache besitzt auch eine ungewöhnliche Assoziationsfähigkeit, was ein entdeckungsfreudiges Spiel mit semantischen Mehrdeutigkeiten erlaubt und gewohnte Identitätsgrenzen ins Fließen bringt. Allerdings verfängt sich hier wie auch in weiteren Romanen – *Gegenzauber* (1967), *Mitgespielt* (1969) – die Sprache oft in sich selbst und legt sich in »brillanten« Figuren hoch über die Dinge, ohne sie zu erreichen. Die Entfernung von dieser Artistik ist zugleich die Entwicklung des Erzählers M. Die geschieht einmal durch starke Einbeziehung der eigenen Biographie. *Albissers Grund* (1974) beschreibt den Selbstrettungsversuch des orientierungslosen Studienrates Dr. Peter Albisser in eine »linke« 68er-Szene, die grotesk im endgültig Kleinbürgerlichen scheitert. Als Gegenfigur erscheint der heimatlose »Psychiater« Zerutt, mit dem eine schwache messianische Hoffnung auf aufgeklärte, selbstbestimmte Humanität überlebt. 1984 kehrt Zerutt wieder – als Vampir in *Das Licht und der Schlüssel*. Hier ist er eine gewollt totale Kunstfigur, die mit ihren Geschichten aber gerade anderen – am Ende auch sich selbst? – zu einem konkreteren Leben verhilft. Das ist natürlich auch ein Selbstentwurf des Erzählers M. Die Zurücknahme der Artistik wird am deutlichsten in den kürzeren Erzählungen, deren Reihe 1972 mit *Liebesgeschichten* beginnt. Sie geben meist einen kurzen Ausschnitt aus einem Leben: Ein Einödbauer berichtet vor Gericht vom Inzest mit seinen Töchtern, und aus seiner unbeholfenen Rede entsteht eine reine Apologie der Liebe. *(Der Zusenn)* Dem Bauern Brämi hat sich die Welt entleert, und die Detonation des Dynamits, mit dem er sich in die Luft sprengt, wird hörbar als die Implosion eines Seelenvakuums. *(Brämis Aussicht)* Die Konzentration auf ein einziges Thema und die Raumbegrenzung machen M.s Sprache hier einfach und eindeutig. Das hat einige Kritiker bewogen, seine Erzählungen höher als die Romane zu stellen, da sie ihren schlichteren Kunstschein offensichtlich für »wahrhaftiger« halten.

Von den Dramen M.s hat sich vor allem *Kellers Abend* (1974, Neufassung: *Nacht im Schwan*) durchgesetzt. Es ist die Nacht vor Gottfried Kellers Dienstantritt als Zürcher Staatsschreiber, für das er seine politischen Ideale und sein Dichtertum verabschieden muß, wofür er nun ein konkret Handelnder sein wird. Dies Thema hat M. auch in seiner großen *Keller-Biographie* (1977) behandelt, der Habilitationsschrift des Professors für Germanistik an der Eidgenössischen Technischen Hochschule Zürich. Wie das Keller-Buch flankieren zahlreiche literarische und kulturkritische Essays die Produktion, es sind Sprach- und Analysestücke von hohem Glanz. M.s Frankfurter Poetik-Vorlesungen *Literatur als Therapie?* (1981) sind zu Recht in ihrer Verbindung von Psychohistorie und Ästhetik »eine Poetik der Gegenwart« (Pulver) genannt worden.

M. ist in der Schweiz nach dem Tode Max Frischs und Friedrich Dürrenmatts endgültig in deren Position des kritischen Repräsentanten gerückt. Sein jüngster Roman zeigt, wie M. diese Repräsentanz jetzt auffaßt: als Darstellung und Kritik des Menschlich-Typischen. *Der Rote Ritter* (1992) ist eine Nacherzählung des *Parzival* Wolframs von Eschenbach, die bei aller geschichtlichen Exaktheit natürlich keine Historienmalerei sein will, sondern ein Bedeutungsspiel zwischen dem Mittelalter und unserer Gegenwart. Der Roman ist in drei Schichten angelegt. Einmal läßt er sich auf M.s eigene, autobiographisch bestimmte Thematik hinlesen: Parzival ist der vaterlose Sohn einer geistig überaus ehrgeizigen Mutter, die den Menschen den Erlöser gebären will. Als Folge dieser hybriden Bestimmung ist er »tumb« und findet erst spät als Bürgerkönig und als Liebender zu sich selbst. In einer zweiten Schicht wird die Kultur des Rittertums als eine geschlossene (allerdings überständige) Welt vorgeführt, in der kulturell und genealogisch alles miteinander zusammenhängt. Die dritte Erzählschicht ist rein sprachlich. Hier spielen die Motive und Wortbedeutungen zwischen Mittelalter und Gegenwart, jedoch wirkt der artistischen Neigung zur Mehrdeutigkeit immer auch das Streben nach Zusammenhang entgegen: »Die Welt will befestigt sein!« Wie seine ritterliche Welt ist M.s überaus reicher Roman ein sprachlich geschlossener Kosmos von bis dahin nicht erlangter Festigkeit.

Literatur: *Dierks*, Manfred (Hrsg.): Adolf Muschg. Materialien. Frankfurt a.M. 1988; *Voris*, Renate: Adolf Muschg. München 1984; *Ricker-Abderhalden*, Judith (Hrsg.): Über Adolf Muschg Frankfurt a.M. 1979.

Manfred Dierks

Musil, Robert
Geb. 6. 11. 1880 in Klagenfurt; gest. 15. 4. 1942 in Genf

»Die Kurve meiner Geltung hat merkwürdige Spitzen und Senkungen. Mein Erfolg als Schriftsteller hat merkwürdige Begräbnisse und Auferstehungen enthalten«, resümiert der fast 60jährige M. eine nach außen hin gescheiterte Schriftstellerkarriere, die selbst in den kurzen Phasen öffentlicher Aufmerksamkeit geprägt bleibt von weitgehendem Unverständnis eines auf äußere Sensation fixierten Publikums gegenüber einem Autor, dem Stoff und Fabel wenig, die Idee aber alles bedeuten. Schon die Geburt dieser Karriere beruht nach eigener Einschätzung weitgehend auf einem Mißverständnis, gilt doch die breite Anerkennung, die sein erster Roman, *Die Verwirrungen des Zöglings Törleß* (1906), sofort nach seiner Veröffentlichung erfährt, vor allem der »mutigen« Darstellung tabuisierter Pubertätsleiden. Doch dieses Sujet ist ihm selbst nur Vorwand. Weder strebt er mit seinem Erstling das Bekenntnis einer verstörten Seele als weiteren Beitrag zu dem von Arno Holz, Frank Wedekind u. a. präludierten »Jahrhundert des Kindes« (Ellen Key) an, noch gilt ihm, der an gesellschaftspolitischen Fragen wenig interessiert ist, die Kadettenanstalt als kritisches Modell totalitärer Gesellschaftsstruktur. Sind dem Roman auch diese Aspekte eigen, auf die eine begeisterte Kritik zielt, so sind sie doch nicht Selbstzweck, sondern lediglich Funktionen der das einzelne Darstellungsmoment übergreifenden zentralen Idee, die in der Romanebene figuriert als das Aufbrechen der gewohnten Wirklichkeit und das Sichtbarwerden einer »anderen Welt«, die sich aber, und daraus resultieren die Verwirrungen des um Erkenntnis bemühten Törleß, dem Zugriff rationaler Reflexion wie der Vermittlung gängigen Sprechens entzieht. Diese irritierende Erfahrung einer doppelten Wirklichkeit bleibt bis in den *Mann ohne Eigenschaften* hinein Grundthema des M.schen Erzählens. Begnügt sich M. in seinem ersten Roman noch mit der Feststellung der dualen Wirklichkeitsstruktur, deren Pole er später in die Begriffe »ratioid« und »nichtratioid« faßt, so zielen die folgenden Werke auf Analyse und sprachliche Vermittlungsmöglichkeiten dieser anderen Welterfahrung.

Daß M.s Bemühung um die Versprachlichung transrationaler·Welterfahrung nie der modisch gewordenen Auflösung der Wirklichkeitsbindung von Sprache noch der allenthalben kursierenden Preisgabe der Vernunft selbst verfällt, verhindern nicht zuletzt die frühen Prägungen, die sein Denken in Familie und Ausbildung erfährt: Als Sohn einer altösterreichischen, gegen Sentiments jeder Art resistenten Beamten-, Ingenieurs- und Offiziersfamilie besucht er, zur Offizierslaufbahn bestimmt, ab dem vierzehnten Lebensjahr die Militäroberrealschule in Mährisch-Weißkirchen, verläßt diese jedoch vor der Ausmusterung als Offizier, studiert dann, der Familientradition folgend, Maschinenbau, legt hier sein Ingenieursexamen ab und ist schon mit 22 Jahren Volontärsassistent an der Technischen Hochschule Stuttgart. Er gibt diesen Berufsweg aber sehr bald auf, auch wenn er noch über einige Zeit hinweg naturwissenschaftlich-technische Artikel publiziert, und nimmt, während er den in Stuttgart begonnenen *Törleß* zu Ende bringt, in Berlin das Studium der Philosophie auf, insbesondere Logik und experimentelle Psychologie, und promoviert 1908 mit einer erkenntnistheoretischen Dissertation über Ernst Mach. Dem hier erworbenen Präzisionsideal bleiben sein Denken und seine Sprache auch dann verpflichtet, als er, die Sicherheit einer bürgerlichen Karriere ausschlagend, nur mehr freier Schriftsteller sein will. Folgen dieses durch den Erfolg des *Törleß* inspirierten Entschlusses sind eine lebenslange materielle Krise und der zeitweise hoffnungslose Kampf um literarische Anerkennung.

Schon sein zweites Buch, die *Vereinigungen* (1911), an dessen zwei Erzählungen M. nach eigener Auskunft zweieinhalb Jahre verzweifelt gearbeitet hat, erweist sich nicht nur als geschäftlicher Mißerfolg, es wird auch durch die Kritik barsch abgelehnt; in einem später fallengelassenen Vorwort zu *Nachlaß zu Lebzeiten* (etwa 1936), rechtfertigt sich M.: »Wirkliche Dichtung unterscheidet sich von alltäglicher sofort anders: Dichte der Beziehungen (Inbeziehungen). Reinheit der Gestalt (Strenge der Form), Vermeidung alles Überflüssigen (kürzester Weg), Größe der Sprache (an einem Wort läßt sich oft der Dichter sofort fühlen), wie wir an einer eintretenden Person sofort bemerken, daß sie eine Persönlichkeit ist, fühlen wir es auf der ersten Seite eines Buchs; dann aber auch Eigenschaften wie: Erzählerischkeit, Spannen, Vorgänge, fesselndes Milieu usw... Persönlich bestimmend war, daß ich von Beginn an im Problem des Ehebruchs das andere des Selbstverrats gemeint hatte. Das Verhältnis des Menschen zu seinen Idealen. Wie immer aber: Ich war nicht determiniert. Ich hatte soviel Ursache, einen bestimmten Ablauf wie viele andere zu beschreiben. Da bildete sich in mir die Entscheidung, den ›maximal belasteten Weg‹ zu wählen (den Weg der kleinsten Schritte), den Weg des allmählichsten, unmerklichsten Übergangs ... Es kam aber hinzu und entschied ein anderes Prinzip. Ich habe es das der ›motivierten Schritte‹ genannt. Seine Regel ist: Lasse nichts geschehen (oder tue nichts), was nicht seelisch von Wert ist. D.h. auch: Tue nichts Kausales, tue nichts Mechanisches.« Die Breite und Rigorosität der Ablehnung trifft ihn umso empfindlicher, als diese Erzählungen ihm selbst, und darauf besteht er noch nach Jahrzehnten, gültige Verwirklichungen seines Dichtungsprogramms sind, das er dann in mehreren Essays, in denen er die Erzählungen gegen den Vorwurf der Esoterik und weltlosen Subjektivität zu rechtfertigen sucht, breiter entfaltet. Das Zwischenreich von Intellekt und Gefühl als Ziel und Gegenstand der Darstellung, »Gefühlserkenntnisse und Denkerschütterungen« als der der Kausalität entzogene Beweggrund dieser psychischen Innenwelt, die Ausnahmemoral überlebensgroßer Beispiele als Kritik moralischer Konventionen, die der Exaktheit und Genauigkeit verpflichtete Versprachlichung und damit »Eroberung« vorsprachlicher Bewußtseinszustände sind die ästhetischen Maximen seines den *Vereinigungen* eingeschriebenen Dichtungsprogramms, dessen Einzigartigkeit ihn dennoch Außenseiter bleiben läßt.

Die sozialen und politischen Umwälzungen in der Folge des Ersten Weltkriegs zwingen den bis dahin gegenüber konkreten gesellschaftlichen Zuständen gleichgültigen M. zur Auseinandersetzung mit den Ursachen und Folgen des geistigen Zusammenbruchs, als den er den Krieg begreift. Seinen Niederschlag findet dies in zahlreichen zwischen 1915 und 1923 entstehenden Essays. Die dabei gewonnenen gesellschaftstheoretischen und sozialpolitischen Einsichten bilden dann, gleichsam als Gegenpol zu der ästhetischen Welterfahrung der *Vereinigungen*, aber zusammen mit dieser, das intellektuelle Gerüst seines Hauptwerks, *Der Mann ohne Eigenschaften*, das nach 1923 fast alle schöpferischen Kräfte M.s in Anspruch nimmt. Die sich wieder mehr traditionellem Erzählstil nähernden Erzählungen, die 1924 in dem Band *Drei Frauen* zusammengefaßt sind, bleiben erzählerisches Intermezzo, während das Drama *Die Schwärmer* (1921), an dem M. seit über zehn Jahren gearbeitet hat, noch dem Problemkreis der *Vereinigungen* zugehört.

Hauptthema des *Manns ohne Eigenschaften* ist für M. die Frage: »Wie soll sich ein geistiger Mensch gegenüber der Realität verhalten?« Dabei meint Realität sowohl den gegebenen Zustand, den im Roman das Gesellschaftsmodell »Kakanien« als »falsche Synthese« moderner Bewußtseinszustände repräsentiert, als auch den noch nicht verwirklichten »anderen Zustand«, dessen Realisierbarkeit im Liebesexperiment zweier sich jeder ideologischen Festlegung verweigernder Subjekte, eben des Manns ohne Eigenschaften, Ulrich, und seiner Zwillingsschwester, nachgegangen wird. Beabsichtigte M. ursprünglich, die zweifache Struktur der Wirklichkeit in einem dauernden Wechsel ihrer Pole abzubilden, entscheidet er sich letztlich für eine weitgehende Polarisierung ihrer Darstellung. So gerät der erste Band des *Manns ohne Eigenschaften*, der 1930 erscheint, in der hier gestalteten Konfrontation des »geistigen Menschen« Ulrich mit den Hauptfiguren der »Parallelaktion« zu einer in szenischer Schilderung und essayistischer Verselbstständigung höchst artistisch gestalteten, satirischen Abrechnung mit den durch diese repräsentierten modernen Ideologemen und Ideologien, die, und darauf verweist die zeitliche Situierung des Geschehens ein Jahr vor Ausbruch des Ersten Weltkriegs, unausweichlich ins Chaos führen. Erst der zweite Band des *Manns ohne Eigenschaften* (1932) versucht den utopischen Gegenentwurf eines »anderen Zustands«, der, in Fortführung der Linie der *Vereinigungen*, in der Mystik einer aller Welthaltigkeit entkleideten Liebe, also wiederum im Bereich autonomer Subjektivität, gespiegelt ist. Allerdings ist das Liebesexperiment im zweiten Band nicht zu Ende geführt; die Frage, ob und inwieweit der »andere Zustand« Wirklichkeitswert gewinnen kann und so als »wahre« Synthese der getrennten Wirklichkeitszustände, deren Suche das eigentliche Bewegmoment des Gesamtromans ist, vorgestellt wird, bleibt offen. Obwohl M. zehn Jahre fast ausschließlich an der Weiterführung des *Manns ohne Eigenschaften* arbeitet, bleibt der Roman trotz seiner annähernd 2000 Seiten Fragment.

Mit dem *Mann ohne Eigenschaften* kehrt M., der im zeitgenössischen Literaturbetrieb stets Außenseiter bleibt und sich in Wien, wo er die längste Zeit seines Lebens verbringt, mühsam mit Theaterkritiken, Essays und kleineren literarischen Arbeiten über Wasser hält, noch einmal in das Bewußtsein einer breiteren literarischen Öffentlichkeit zurück. Doch diese »Auferstehung« ist nicht von Dauer; schon 1935 veröffentlicht er in bitterer Selbstironie seinen *Nachlaß zu Lebzeiten*. Die letzten Lebensjahre im freiwilligen Schweizer Exil (ab 1938), in denen er, inzwischen ohne Verleger und weitgehend vergessen, mit manischer Besessenheit am Abschluß des *Manns ohne Eigenschaften* arbeitet, ohne diesem letztlich näher zu kommen, sind geprägt von bitterster Existenznot, und auch sein Tod löst keinen »Nachruhm« aus.

Im Gegensatz zur verweigerten Anerkennung zu Lebzeiten steht der spektakuläre Aufschwung der Musil-Rezeption nach Kriegsende, der 1952 durch die von Adolf Frisé besorgte Neuausgabe des *Manns ohne Eigenschaften* eingeleitet wird und mit wechselnden Schwerpunkten bis in die Gegenwart anhält. Der Roman, der in geradezu enzyklopädischem Ausgriff den sozialen und psychischen Voraussetzungen des Umschlags menschlicher Vernunft in die Barbarei des Ersten Weltkriegs nachzuspüren sucht, galt der gerade dem Inferno des Zweiten Weltkriegs entronnenen Nachkriegsöffentlichkeit als visionäres Deutungsmuster der stattgehabten nationalsozialistischen Raserei einerseits, wie als willkommenes Objekt intellektueller Bewältigung des eigenen Sündenfalls andererseits. Nicht zu Unrecht begriff man den *Mann ohne Eigenschaften*, jenseits des vordergründig Historischen, als »geistig-seelische Bilanz« des eigenen, des modernen Zeitalters. Damit wurde aus dem Sonderling M. nun, zehn Jahre nach seinem Tode, der im Zitat allgegenwärtige Zeitgenosse. Neben dem scharfsichtigen Denker und eloquenten Essayisten fand nun auch der Dichter M., und hier vor allem der Verfasser des die traditionelle Romanform überwindenden *Manns ohne Eigenschaften*, Würdigung, erkannte man doch nun in ihm, neben Thomas Mann, Hermann Broch u. a., einen der Ahnherren des modernen deutschen, wenn nicht, wie die zahlreichen Verweise auf Marcel Proust und James Joyce anzeigen, des modernen europäischen Romans. Trotz dieser inzwischen zum Klischee erstarrten Stilisierung zum sakrosankten »Ausnahmeautor« wurde M. ungeachtet der relativ hohen Auflagenzahlen auch nach dem Kriege nie zu einem wirklichen Publikumsautor; dafür wirkt seine Prosa auch heute noch zu konzessionslos gegenüber einem auf schnellen Konsum eingestellten Zeitgeschmack.

Werkausgabe: Robert Musil. Gesammelte Werke in neun Bänden. Hrsg. von Adolf *Frisé*. Reinbek bei Hamburg 1978.

Literatur: *Corino*, Karl: Robert Musil. Leben und Werk in Bildern und Texten. Reinbek bei Hamburg 1988; *Willemsen*, Roger: Robert Musil. Vom intellektuellen Eros. Zürich/München 1985; *Heydebrand*, Renate von (Hrsg.): Robert Musil. Darmstadt 1982; *Schneider*, Rolf: Die problematisierte Wirklichkeit. Leben und Werk Robert Musils. Versuch einer Interpretation. Berlin 1975.

Hans Jansen

Neidhart
in der ersten Hälfte 13. Jahrhundert

Einer der radikalsten und originellsten Neuerer der deutschen Literaturgeschichte: Neu war (Anfang des 13. Jahrhunderts) die Verkehrung der höfischen Minneszenerie in ein antihöfisches Liebes- und Rauftheater mit antihöfischer Staffage, neu war die Aufteilung der Lieder in jahreszeitlich geprägte Sommer- und Winterlieder mit z.T. neuen Liedgattungen (etwa Gespielinnenlieder), neu die Mischung von traditionellen Minnestrophen und Weltklagen mit »dörperlichen« Tanz-, Schelt- und Streitstrophen, neu auch der ansatzweise Bezug der Lieder auf einen Handlungshintergrund (Friderûn-Geschichte), neu die sog. Trutzstrophen, in denen N. das in den Liedern inszenierte Maskenspiel durchbricht und gegen bestimmte eigene Strophen polemisiert (die ältere Forschung sah darin lyrische Repliken realer Bauern). Neu war die Erweiterung des lyrischen Personals und die Namengebung der in seinen frühen Liedern nur typisierten Figuren. Neu war schließlich auch die Einführung eines männlichen Protagonisten in den Sommerliedern unter einem symbolisch gemeinten Namen: der »knappe« oder »ritter von Riuwental«. Eine kurzschlüssige Forschung hat dann allerdings diese dichterische Kunstfigur aus dem poetischen Zusammenhang gerissen und in die Realität des Dichters verpflanzt. So entstand (nach Ansätzen im 15. Jahrhundert) im 19. Jh. in Verkennung der Metaphorik des Werkes ein angeblicher Dichter N. von Reuental als Produkt einer biographistischen Germanistik. Die oberdeutsche mittelalterliche Überlieferung nennt dagegen den Autor nur N.; der Ritter von Reuental erscheint nur in einem Teil seiner Lieder. Mit der Trennung der beiden Gestalten geht allerdings eine der wenigen Möglichkeiten verloren, den Dichter vermeintlich biographisch zu fassen, ihn etwa dem niederen bairischen Adelsgeschlecht ›Reuental‹ zuzuweisen. N. gehört wohl eher mit Reinmar und Walther von der Vogelweide in den Kreis nichtadliger (fahrender) Sänger. Während einerseits die persiflierende Fiktionalität der Lieder N.s biographisch als Realität genommen wurde, hat man andererseits zwei in ihrer Art einmalige Strophen, in denen N. so etwas wie eine Werkbilanz zieht und die nur als Reflex aus N.s Biographie verstanden werden können, für unecht erklärt: Im Winterlied 28 gibt er 80, im Winterlied 30 104 Lieder als Ergebnis seines Schaffens an. Ausgehend von einem nicht auf der handschriftlichen Überlieferung basierenden Werkbegriff und Dichterbild wurde ihm etwa die Hälfte der unter seinem Namen tradierten (rund 130) Texte »abgesprochen«, so daß schließlich gerade noch 66 (meist im Strophenbestand zusätzlich dezimierte) Lieder als sein Eigentum galten. Aus einzelnen Liedern ist mit einiger Wahrscheinlichkeit ableitbar, daß N. zunächst in Baiern lebte (er nennt im Kreuzzugslied Landshut); er zog dann auf Grund nicht näher genannter Umstände an den Wiener Hof, der ihm schließlich eine Bleibe in Medelicke (wohl Mödling bei Wien oder Melk?) gab. Spielten die frühen Lieder in einer stilisierten ländlichen Umgebung (vgl. auch den stereotypen Natureingang), so siedelt N. in scheinrealistischer Ausmalung seine österreichischen Lieder im Tullner Feld (westlich von Wien) an. Aus einem Abwehrlied Walthers von der Vogelweide und aus einer Anspielung Wolframs von Eschenbach im *Willehalm* ergibt sich, daß er ein jüngerer Zeitgenosse der beiden war. Durch N.s Apostrophen Herzog Friedrichs II. von Österreich (1230–1246) kann seine Schaffenszeit etwa zwischen 1200 und 1240 eingegrenzt werden. Das Kreuzlied verrät, daß N. wohl an der unglücklich verlaufenen Kreuzfahrt von 1217 bis 1221 nach Ägypten (bei der auch Leopold VI. von Österreich dabei war) teilgenommen hat, auch dies Lied eine originelle Neuschöpfung: keine mit der Minnethematik verbundene Abschiedsklage wie im früheren Minnesang, sondern ein auf dem Kreuzzug verfaßter Rückkehrappell. Zwei weitere Lieder sprechen von einem Pilgerzug über den Rhein und von einer Kriegsfahrt wohl in die italienischen Marken. Alles in allem recht unsichere Anhaltspunkte für einen Lebensumriß. Reich (aber schwierig einzuschätzen) ist die Nachwirkung N.s: Schon zu seinen Lebzeiten hat die Dörperthematik in die Werke anderer Lyriker ausgestrahlt, so in die Burkharts von Hohenfels und Gottfrieds von Neifen. Die lyrische Rolle eines Dörperfeindes wandelte sich im Spätmittelalter in zweierlei Weise, indem aus dem poetischen Dörperfeind ein Bauernfeind wurde und diese Rolle vom lyrischen Protagonisten auf den Autor selbst überging (vgl. die Miniatur in der Großen Heidelberger Liederhandschrift, um 1300 und den *Ring* Heinrich Wittenwilers). Schon Wernher der Gartenære zitiert nach 1250 N. als Autorität in bäuerlichen Tanzvergnügungen.

In die Rolle eines Bauernfeindes als Schwankfigur scheint zu Beginn des 14. Jh.s, zur Zeit des Herzogs Ottos des Fröhlichen, ein Angehöriger des Wiener Hofes (ein Hofnarr?) geschlüpft zu sein. Dessen Grab ist noch heute an der Südwestecke des Wiener

Stephansdoms zu sehen; dort findet sich erstmals die Symbolgestalt, der Fuchs, der in den folgenden literarischen Traditionen einen weiteren Beinamen lieferte, bes. für das gedruckte Volksbuch *Neidhart Fuchs*, das Ende des 15. Jahrhunderts aus Liedern und Schwänken vor allem N.s zusammengestellt wurde. N.s Werk wurde zum Gattungsbegriff für Texte mit dörperlichen Werbe- und Raufszenen. Einige der unter seinem Namen überlieferten Schwankgedichte *(Neidhart mit dem Veilchen)* bildeten dann den Kern einer neuen Spielgattung, der Neidhartspiele (seit Mitte 14. Jahrhundert).

Werkausgabe: *Haupt*, Moriz (Hrsg.): Neidharts Lieder. 2. Aufl. neu bearb. v. Edmund *Wießner.* Leipzig 1923. Nachdruck von I. *Bennewitz-Behr*, U. *Müller* u. F.V. *Spechtler.* Stuttgart 1986; *Wießner*, Edmund (Hrsg.): Die Lieder Neidharts. 4. Aufl. revid. v. *Sappler*, Paul. Mit einem Melodienanhang v. Helmut *Lomnitzer.* Tübingen 1984 (ATB 44).
Literatur: *Schweikle*, Günther: Neidhart. Stuttgart 1990; *Brunner*, Horst (Hrsg.): Neidhart. Darmstadt 1986; *Birkhan*, Helmut (Hrsg.): Neidhart von Reuental. Aspekte einer Neubewertung. Wien 1983; *Simon*, Eckehard: Neidhart von Reuental. Geschichte der Forschung und Bibliographie. The Hague/Paris 1968.

Günther Schweikle

Nestroy, Johann Nepomuk
Geb. 7. 12. 1801 in Wien; gest. 25. 5. 1862 in Graz

»Nestroy, Johann, sehr lang, etwas ungeschlacht, Embonpoint, blatternarbig, rundes Gesicht, lockiges, etwas graues Haar, greller Schauspieler, desto glücklicherer Coupletsänger, fruchtbarer und beliebter Possenspieler, trefflicher Zeichner gemeiner Charaktere in Callot's Manier; schreit entsetzlich, treibt sich in Kneipen herum, und zwar nicht immer der Studien wegen. Werke: Viele Possen und Parodien, worunter einige von bleibendem Werthe.«
Als diese Notiz 1842 erschien, war N. bereits der von der Kritik und dem bürgerlichen Publikum gefeierte Textdichter von Lokalpossen, Komiker, Satiriker und Schauspieler der Wiener Volksbühne, die sich unter seinem Einfluß vom reinen Unterhaltungstheater für die unteren Stände zu einer kritisch-republikanischen Anstalt gewandelt hatte. Seine Stücke brechen radikal mit der langen Tradition der Ritter- und Zauberspiele, wie sie mit den Namen Josef Anton Stranitzky und Ferdinand Raimund verknüpft ist. In der realistischen Tendenz der Lokalposse, die den bürgerlichen Alltag im Biedermeier zur Zielscheibe ihres Witzes macht, begegnet der seit 1815 herrschenden Restauration Metternichs die Kritik des Lachtheaters: die Freisetzung des Komischen entlarvt die maroden kleinbürgerlichen Verhältnisse ebenso wie den obrigkeitsstaatlichen Zwang.

Zu seiner Rolle des Erneuerers und Vollenders des Wiener Volkstheaters findet N. erst auf Umwegen. Sein Vater, Hof- und Gerichtsadvokat in der k. u. k. Monarchie, hatte ihn für eine Beamtenlaufbahn vorgesehen. Nach einigen Semestern Jura gibt N. aber das Studium auf und wechselt 1818 überraschend zu seiner vermeintlich »letzten Begabung« ins Opernfach als Bassist; bis 1830 singt er alle bedeutenden Opernpartien seines Fachs im In- und Ausland. Obwohl ihm Begabung bescheinigt wird, vollzieht sich allmählich der Übergang zum komischen Sprechtheater. 1827 debütiert er gleichzeitig als Dichter und Schauspieler in seiner Lokalposse *Der Zettelträger Papp*. Endgültig setzt sich N. 1830 am Theater an der Wien durch, das ihn als Komiker und Bühnenautor unter Vertrag nimmt. In diesem Jahr verzeichnet seine Rollenliste bereits 226 Sprechrollen und nur noch 7 Gesangspartien; seine Spielleidenschaft und seine Begabung für das Memorieren lassen in den folgenden Jahren die Zahl der Auftritte noch weiter ansteigen. Daneben entstehen Jahr für Jahr eigene Stücke, deren Qualität von rasch zusammengeschriebenen Potpourris (*Der unzusammenhängende Zusammenhang. Quodlibet in zwei Akten*, 1830) über Parodien (*Magische Eilwagenreise durch die Komödienwelt oder Das Szenenragout in der theatralischen Einmachsauce*, 1830) bis zu Meisterwerken der komischen Kunst reicht (*Der böse Geist Lumpazivagabundus oder Das liederliche Kleeblatt*, 1833). In *Lumpazivagabundus* legt sich N. bereits früh thematisch und formal fest: Gesellschaftssatire, die teilweise durch die eingearbeiteten Zauberpartien entschärft wird. In dem berühmten *Kometen-Couplet* – »Da wird einem halt angst und bang / Die Welt steht auf kein' Fall mehr lang« – werden die »Volksleiden« wie Zunftzwang, Gewerbebeschränkung, Rekrutierpflicht, Paßwesen, Arbeitsbücher vorgetragen, um auf Handwerkerarbeitslosigkeit, auf den bankrotten Mittelstand und adelige Hochstapelei aufmerksam zu machen; nur das Glück in der Lotterie, verliehen von zwei Feen, kann den drei betroffenen, heruntergekommenen Handwerksgesellen aus dieser gesellschaftlichen Misere verhelfen. Kaiser Franz I. richtete gegen das Stück und seine Fortsetzung eine Beschwerde an die Zensur-Hofstelle, in der das Theater an der Wien (und damit N.) beschuldigt wird, dem Publikum »verkehrte Begriffe über menschliche und bürgerliche Lebensverhältnisse« zu vermitteln. In der Folge wird N., der schon früher der Zensur »wegen unerlaubten Extemporierens« aufgefallen war, streng überwacht. 1835 erscheint ein neuer N.; die Lokalposse mit Gesang läßt nunmehr den überholten Zauberapparat beiseite und wendet sich direkt der gesellschaftskritischen Intention zu: *Zu ebener Erde und erster Stock* enthält schon in seinem zweigeteilten Bühnenbild – im ersten Stock der reiche Spekulant, im Parterre ein verarmter Gewerbetreibender – eine eingängige Symbolik ständischer und gesellschaftlicher Ungerechtigkeit. Wenn auch am Ende der Posse der Reiche verarmt und der Arme in dessen Wohnung aufsteigen kann, so ist diese Versöhnung doch mehr erpreßt als realitätsnah. Ein solcher Schluß wird in der Posse mit Gesang *Einen Jux will er sich machen* (1842) von N. verschmäht; die Enttäuschung des Handlungsgehilfen Weinberl, der einmal »ein verfluchter Kerl« sein möchte, über den elenden Lauf des bürgerlichen Lebens wird trotz aller unwahrscheinlicher Abenteuer, die er in Wien erlebt, bis ans Ende durchgehalten; resignierend fügt er sich in sein Schicksal, wie auch *Der Zerrissene* (1844), der in seinem Reichtum an Langeweile erstickt. N. scheut sich nunmehr weder vor der Kritik der herrschenden Ungerechtigkeit und Dummheit, die sich weitgehend als Ständesatire gestaltet, sondern er wagt sich sogar in der Revolution von 1848 an die kleinbürgerlichen Ideale seines Publikums. Die Posse *Freiheit in Krähwinkel* (1848) rechnet sowohl mit dem alten Regime Metternichs ab als auch mit der Revolution als dümmlicher »Volksregiererei«. »Revolution« und »Reaktion«, so der Titel der beiden Abteilungen der Posse, sind für N. dieselben Seiten der Geschichte: »Gleichgültigkeit aller Stände, freie Abstimmung nach vorhergegangener Stimmung, und zur Vermeidung aller Streitigkeiten gar kein System.« Als N. 1854 zum Theaterdirektor avanciert, läßt seine eigene Produktion nach; die Höhe seiner früheren Stücke, insgesamt 62, erreicht er selbst nicht mehr in den genialen Parodien Friedrich Hebbels *(Judith und Holofernes)* und Richard Wagners *(Tannhäuser)*. Mit seinem Auftritt als Jupiter in der Operette *Orpheus in der Unterwelt* von Jacques Offenbach kehrt N. kurz vor seinem Tod wieder zum Musiktheater seiner Jugend zurück. Er ist »der erste deutsche Satiriker, in dem sich die Sprache Gedanken macht über die Dinge. Er organisiert die Flucht des Geistes vor der Menschheit, er ist die Rückwärtskonzentrierung. Nach ihm die Sintflut« (Karl Kraus).

Werkausgabe: Nestroy, Johann Nepomuk: Sämtliche Werke. Historisch-kritische Ausgabe hrsg. von *Hein,* Jürgen und *Hüttner,* Johann. Wien/München 1977ff; Johann Nepomuk Nestroy: Komödien. 3 Bde. Hrsg. von Franz H. *Mautner.* Frankfurt a. M. 1970.

Literatur: *Ahrens,* Helmut: Bis zum Lorbeer versteig' ich mich nicht. Johann Nestroy – sein Leben. Frankfurt a. M. 1982; *Mautner,* Franz H.: Nestroy. Heidelberg 1974; *Preisner,* Rio: Johann Nepomuk Nestroy. Der Schöpfer der tragischen Posse. München 1968. *Karl-Heinz Habersetzer*

Neumann, Robert
Geb. 22. 5. 1897 in Wien; gest. 3. 1. 1975 in München

Daß man ihn wegen seiner Stilvielfalt mit Georg Büchners Valerio aus *Leonce und Lena* verglich – »bin ich das? oder das?«–, akzeptierte er. »Grellster Naturalismus . . . in manchmal archaisch gestelzter, manchmal gehetzter und keuchender Prosa« sei *Sintflut* (1929), sein erster Roman, gewesen, »exuberant, disziplinlos, satirisch-sentimental und keineswegs so neu-sachlich, wie er glaubte«, sein zweiter, *Die Macht* (1932). Die kurzen Ich-Romane *Hochstaplernovelle* (1930), *Karriere* (1931), *Luise* (1966) nannte er »histrionisch, Verwandlungskunst«. Der Professorensohn, Student der Medizin, Chemie und Germanistik, Buchhalter, Börsenspekulant, Schokoladenfabrikdirektor, Kommanditgesellschaftschef, in den zwanziger Jahren durch die steigende Inflation verarmter Matrose und lange erfolgloser Schriftsteller, war in Deutschland durch zwei Bücher bekannt geworden, in denen er mit Stilarten hatte spielen können: seine ersten Parodiensammlungen *Mit fremden Federn* (1927) und *Unter falscher Flagge* (1932). Auf deren Hintergrund läßt sich interpretieren: »Weil ich mich in keinem dieser parodierten Stile wohlgefühlt und nach dem eigenen Stil gesucht habe, habe ich natürlich experimentiert.« 1934 aus dem Nazi-Deutschland nach England emigriert, schrieb er in englischer Sprache, u. a. mit Stilmitteln James Joyces – »beredt, facettenreich, daß es einem vor den Augen flirrt« – das Hauptwerk *The Inquest* (1945; dt. 1950 als *Bibiana Santis).* Zurück auf dem Kontinent, in Locarno, setzte er sein Werk auf deutsch fort: heiter-ironisch oder frivol-pornographisch, dokumentarisch oder polemisch, als Vizepräsident des internationalen PEN-Clubs oder als Autor für *Pardon* und *Konkret,* ein Werk, das mit *Gedichten* (1919), Dramen und Erinnerungen *(Ein leichtes Leben,* 1963) mehr als drei Dutzend Bücher umfaßt. Während der Arbeit an dem Roman *Der Tatbestand oder der gute Glaube der Deutschen* (1965), der sich »bitter« mit der bundesrepublikanischen Nachkriegsjustiz auseinandersetzt, notierte er in sein Tagebuch (*Vielleicht das Heitere*, 1968): »Man brauchte mehrere Identitäten.«

Literatur: *Scheck*, Ulrich: Die Prosa Robert Neumanns. New York/Bern/Frankfurt a. M. 1985; *Bienek*, Horst: Werkstattgespräche mit Schriftstellern (darin u. a. mit Robert Neumann). München 1962. S. 57–70; *Neumann*, Robert: Stimmen der Freunde. Der Romancier und sein Werk. Zum 60. Geburtstag am 22. Mai 1957. Wien/München/Basel 1957.   *Ernst Kretschmer*

Dichter des Nibelungenliedes
um 1200

Das *Nibelungenlied*, ein Epos vom Männerverrat an den Frauen Brünhild und Kriemhild und an dem strahlend-naiven Helden Siegfried am Burgundenhof und Kriemhilds Rache, die zum Untergang der Burgunden führt, am Hof des Hunnenkönigs Etzel, ist immer noch eine der bekanntesten mittelhochdeutschen Dichtungen, im 19. und noch im 20. Jahrhundert als deutsches Nationalepos gepriesen (und mißbraucht). Parallel sind, in drei Handschriftenzweigen, drei Fassungen (von ca. 2400 Strophen aus 4 paargereimten Langzeilen) überliefert: basierend auf der von Karl Lachmann, dem ersten Editor einer wissenschaftlichen Ausgabe, als archaisch eingestuften Handschrift A, auf der höfisch geglätteten Handschrift C und der zwischen beiden stehenden, neuerdings allgemein als Grundtext akzeptierten Handschrift B. Aber anders als etwa bei der gleichzeitigen Artusepik ist kein Autorname mit dem Werk verbunden.

Die Forschung suchte zunächst – entsprechend der Dichtungsauffassung des 19. Jahrhunderts unter der Prämisse eines einmaligen dichterischen Wurfs aus der Hand *einer* Dichterpersönlichkeit – das *Nibelungenlied* einem der bekannten mittelhochdeutschen Autoren zuzuschreiben, so u. a. den Lyrikern Kürenberg (der in seinen Liedern dieselbe Strophenform verwendet) oder Walther von der Vogelweide (der in einem Lied eine ähnliche Langzeile benutzt), aber auch Epikern wie Wolfram von Eschenbach oder Rudolf von Ems. Daneben wurde ein mittelalterliches ›Anonymitätsgesetz‹ behauptet, nach welchem sich der Autor eines Heldenepos nicht habe nennen dürfen. In den letzten Jahrzehnten wurde die Suche nach dem *einen* Autor aufgegeben. Ausgehend von der erkennbaren Genese des Werks wurde an seine Stelle ein diachrones Autorenkollektiv gesetzt, d. h. in den erhaltenen Fassungen des *Nibelungenliedes* wurden nur die Endstufen einer literarischen Reihe, einer Kette von verschiedenen Bearbeitungen zu verschiedenen Zeiten gesehen. Karl Bartsch konnte aus den erhaltenen Reimfassungen des *Nibelungenlieds* ältere (verlorene) Fassungen noch mit archaischen Assonanzen nachweisen.

Die erschließbaren Quellen des *Nibelungenlieds* gehen zurück auf Ereignisse und Gestalten der Völkerwanderungszeit (5. und 6. Jahrhundert); historisch sind der Burgundenkönig Gundaharius (gest. 435/437), der Hunnenkönig Attila/Etzel (gest. 453), der Ostgotenkönig Theoderich (Dietrich von Bern, gest. 526). Hinweise in Chroniken und späteren literarischen Werken belegen, daß eine Sage vom Burgundenuntergang seit der Völkerwanderungszeit nicht nur mündlich, sondern auch in schriftlichen Ausformungen existiert hat. In diesem Zusammenhang gewinnt die um 1200 entstandene sog. *Klage* Bedeutung, ein (ebenfalls anonymer) Epilog (von über 4000 Reimpaarversen) über das weitere Schicksal der Überlebenden des *Nibelungenlieds,* der in den meisten vollständigen Handschriften dem *Nibelungenlied* folgt. Die *Klage* enthält eine Art Verfasserlegende, die besagt, ein Bischof Pilgerin von Passau habe das *maere* von seinem Schreiber, »meister Kuonrat«, in lateinischer Sprache aufzeichnen lassen (v. 4315). Dieser Bischof wurde mit einem im 10. Jahrhundert bezeugten Pilgrim von Passau (971–991) identifiziert, und in dieser Zeit ist, neben dem lateinischen Walthariuslied (10. Jahrhundert) oder dem lateinischen *Ruodlieb* (11. Jahrhundert), eine lateinische Fassung des Nibelungen-Stoffes, eine Nibelungias, durchaus denkbar. Die Schlußphrase der Verfasserlegende in der *Klage,* nach Kuonrat sei das *maere* noch oft in deutscher Sprache gedichtet worden, weist ebenfalls darauf hin, daß das *Nibelungenlied* in den drei erhaltenen Fassungen aus älteren Vorstufen entwickelt wurde, wobei die Bearbeiter die Fabel jeweils mehr oder weniger stark an die Formen der eigenen Zeit, und schließlich um 1200 an den höfischen Stil- und Vorstellungsrahmen anpaßten. Diese Schlußredaktoren sind, obwohl im Text durchaus ein Ich-Sprecher auftritt, nicht namentlich, sondern nur durch ihre Gestaltungskunst dingfest zu machen. Sie erweisen sich als Kenner der höfischen Welt, der zeitgenössischen geistlichen und weltlichen Literatur und schließlich der donauländischen Landschaft. Man sieht diese namenlosen, doch überragenden Künstler – ohne letzten Beweis – als clerici, Fahrende oder ein Hofamt versehend; gerne wird an den Hof des Passauer Bischofs Wolfger von Erla gedacht, der zeitweilig auch der Mäzen Walthers von der Vogelweide war. Namen fehlen in der Überlieferung also weniger aufgrund eines Anonymitätsgesetzes als vielmehr wohl deshalb, weil sich die Dichter der Textfassungen um 1200, in der Traditionskette eines vorgegebenen ehrwürdigen Stoffes stehend, nur als Bearbeiter, Kompilatoren eingeschätzt haben mochten.

Werkausgabe: *Brackert,* Helmut (Hrsg.): Das Nibelungenlied. Mittelhochdeutscher Text und Übertragung. 2 Bde. Frankfurt a. M. 1970–71.

Literatur: *Ehrismann,* Otfrid: Nibelungenlied. Epoche. Werk. Wirkung. München 1987; *Heinzle,* Joachim: Das Nibelungenlied. München 1987; *Mackensen,* Lutz: Die Nibelungen. Sage, Geschichte, ihr Lied und sein Dichter. Stuttgart 1984; *Hoffmann,* Werner: Das Nibelungenlied. Stuttgart ⁵1982; *Nagel,* Bert: Das Nibelungenlied. Stoff, Form, Ethos. Frankfurt a. M. ²1970.

Günther Schweikle

Nicolai, Christoph Friedrich
Geb. 18. 3. 1733 in Berlin; gest. 8. 1. 1811 in Berlin

»Das Genie ist der wahre Probierstein eines schönen Geistes, nicht Regeln und eine übel angebrachte Gelehrsamkeit«. Der dies in jungen Jahren (1755) äußerte, sollte gleichwohl als einer der größten Philister und Poesiefeinde in die deutsche Geistesgeschichte eingehen. Nicht streitsüchtig, aber doch recht streitbar wie sein Freund Gotthold Ephraim Lessing und Autodidakt wie Moses Mendelssohn, zu dessen Freundschaft er durch Lessing gekommen war, hatte er es gewagt, sich auf Auseinandersetzungen mit den größten Genies seiner Zeit einzulassen, unter ihnen Johann Wolfgang Goethe, Friedrich Schiller, Immanuel Kant und Johann Gottlieb Fichte. Es begann mit seiner Parodie auf Goethes *Werther*, die sich jedoch nach seinem eigenen Bekunden nicht gegen das Werk selbst richtete, dessen Rang, wie auch den seines Autors, er vorbehaltlos anerkannte, sondern gegen die bekannten Auswüchse bei den Lesern der Selbstmordgeschichte (*Freuden des jungen Werthers*, 1775). Und doch hatte er von nun an in Goethe einen Feind, der gut zwanzig Jahre später, zusammen mit Schiller, in den 39 auf N. gerichteten *Xenien* den für sein Bild bei der Nachwelt entscheidenden Schlag führen sollte: »Der Todfeind / Willst du alles vertilgen, was deiner Natur nicht gemäß ist, / Nicolai, zuerst schwöre dem Schönen den Tod!«

Auch den Buchhändler und Verleger, den Verfasser von inventarisierenden und wirklichkeitsgesättigten Reisebeschreibungen attackierten die beiden Titanen der Weimarer Klassik, schließlich auch den Organisator der *Allgemeinen deutschen Bibliothek*. Doch gerade dieses Unternehmen war als eine der imponierenden Leistungen N.s hoch geschätzt von der Mehrzahl seiner Zeitgenossen. In den 268 Bänden dieses seines Rezensions- und Diskussionsorgans, die von 1765 bis 1806 erschienen, wurden insgesamt 80 000 Neuerscheinungen besprochen. Durch ihre thematische Vielfalt und die weite Verbreitung konnte die Zeitschrift – erklärte Absicht ihres Gründers – einer zersplitterten deutschen Nation als Forum geistiger Einheit dienen. N. selbst betrachtete die *ADB* als seine wichtigste Lebensleistung; so jedenfalls deutete er es in seiner Abschiedsvorrede zum letzten Band an, wobei er noch einmal seine Ziele nannte: »Doch glaube ich nicht umsonst gelebt zu haben, da der beste Theil meiner Zeitgenossen erkennt, daß dieses Werk auf den Fortgang der Wissenschaften in Deutschland, zur Verminderung der Ketzermacherey und des Köhlerglaubens, der seichten Schreiberey, der Pedanterey und der gelehrten Anmaßungen, hingegen zur Vermehrung einer vernünftigen Freyheit zu denken, und der Kultur des menschlichen Verstandes einen wohlthätigen Einfluß gehabt hat.« Dabei war es durchaus nicht von Anfang an vorgezeichnet, daß N. der einflußreichste Publizist und Verleger der Spätaufklärung werden sollte. Seine Anfänge zeigen ihn auf dem besten Wege zum Literaten und Literaturkritiker: Die Verteidigung John Miltons gegen dessen prosaisch-unfairen Kritiker Johann Christoph Gottsched durch den Zwanzigjährigen und vor allem die *Abhandlung vom Trauerspiele* (1757), an die sich der für die Entwicklung der deutschen Tragödie weichenstellende *Briefwechsel über das Trauerspiel* zwischen N., Gotthold Ephraim Lessing und Moses

Mendelssohn anschloß. Daß der »Literat« N. dann doch zeitlebens mit dem »Buchhändler« verbunden sein sollte, ist nicht zuletzt Folge eines Zufalls: Der Tod des Bruders, der das väterliche Verlagsgeschäft weitergeführt hatte, nötigte ihn 1758 zur Übernahme des Unternehmens, aus dem er gerade ein Jahr zuvor nach einer gerichtlichen Auseinandersetzung ausgeschieden war, um sich, von den Zinsen seines Erbteils lebend, ganz seinen Studien und literarischen Projekten widmen zu können. Die nun jedoch erzwungene Verbindung zur geschäftlichen Seite der Literatur mag N.s Nüchternheit, seinen Sinn für das Praktische, seine Vorliebe für eine Aufklärung der kleinen, aber weiterführenden Schritte, seine Ablehnung elitärer Konzepte gefördert haben. Auch sein satirischer Roman *Das Leben und die Meinungen des Herrn Magisters Sebaldus Nothanker* (1773–76), ein großer Erfolg und bald in vier Sprachen übersetzt, ist von didaktischen Absichten, aber auch von lebendigem Detailrealismus geprägt, der ihn zum kulturgeschichtlichen Dokument und zur amüsanten Lektüre macht. Daß der Aufklärer N., der keinen Streit scheute, an seinen Grundsätzen auch dann noch konsequent festhielt, als die Geistesgeschichte längst weitergegangen war, als schon die Brüder Schlegel auf den Plan traten, hat ihm, gerade auch von letzteren, den Vorwurf eingebracht, verknöchert, platt, ein Feind aller Phantasie zu sein. Wenige Jahrzehnte später erfuhr der zeitlebens schwer arbeitende, nach Berichten von Freunden zwar humorlose, aber sehr gesellige, liebenswürdige und in der Berliner Gesellschaft hochangesehene N. die bis heute treffende und gerechteste Würdigung – von Heinrich Heine: »Dieser Mann war sein ganzes Leben lang unablässig tätig für das Wohl des Vaterlandes, er scheute weder Mühe noch Geld, wo er etwas Gutes zu befördern hoffte, und doch ist noch nie in Deutschland ein Mann so grausam, so unerbittlich, so zernichtend verspottet worden, wie eben dieser Mann . . ., alter Nicolai, armer Märtyrer der Vernunft!«

Werkausgabe: Nicolai, Christoph Friedrich: Gesammelte Werke. Ausgabe in Neudrucken. Hrsg. von *Fabian*, Bernhard und *Spieckermann*, Marie-Luise. Hildesheim/Zürich/New York 1985 ff.

Literatur: *Raabe*, Paul: Der Verleger Friedrich Nicolai, ein preußischer Buchhändler der Aufklärung. In: ders.: Bücherlust und Lesefreuden. Beiträge zur Geschichte des Buchwesens in Deutschland. Stuttgart 1984; *Becker*, Peter Jörg u.a.: Friedrich Nicolai. Leben und Werk. Ausstellung zum 250. Geburtstag. Berlin 1983; *Fabian*, Bernhard (Hrsg.): Friedrich Nicolai 1733–1811. Essays zum 250. Geburtstag. Berlin 1983.

Georg Braungart

Niebergall, Ernst Elias
Geb. 13. 1. 1815 in Darmstadt; gest. 19. 4. 1843 in Darmstadt

»Jener bekannte Niebergall ist zweifellos ein Kerl gewesen«, schrieb Alfred Kerr 1915 in seiner Kritik der ersten Berliner *Datterich*-Aufführung, die an den einhundert Jahre zuvor geborenen Dichter erinnerte. Vor den Jubiläumsaktivitäten in Berlin und anderswo war er nur in seiner Heimatstadt bekannt, wo begeisterte Dilettanten seine Stücke »in der Mundart der Darmstädter« aufführten und wo man sich ein – durchaus unzutreffendes – N.-Bild nach dem Modell des Titelhelden des *Datterich* machte: ein durch Trunksucht verkommenes Genie.

Die Wirklichkeit war prosaischer. N. war das siebte Kind einer Musikerfamilie. Sein Vater, aus Thüringen stammend und mit einer Darmstädterin verheiratet, diente als Musiker am großherzoglichen Hof. Die Eltern starben früh, die finanziellen Verhältnisse waren schwierig; gleichwohl absolvierte N. das Gymnasium, mußte sich aber dann zum kostensparenden Theologiestudium an der Landesuniversität Gießen entschließen. Er immatrikulierte sich 1832, wurde aktives Burschenschaftsmitglied. 1834 mußte er sein Studium unterbrechen, weil gegen ihn ermittelt wurde: Das war eine Folge der Unterdrückungs- und Verfolgungsmaßnahmen, die nach der Pariser Juli-Revolution (1830), dem Hambacher Fest (1832) und anderen demokratisch-revolutionären Aktionen neben der Presse besonders die Universitäten und die – verbotenen – Burschenschaften betrafen. N. überbrückte die Zeit als Hauslehrer und Schulmeister in Dieburg bei Darmstadt. Hier vollendete er sein erstes Stück (*Des Burschen Heimkehr, oder: Der tolle Hund,* 1837) und schrieb trivial-romantische Erzählungen und Fortsetzungsgeschichten für die *Didaskalia,* die Beilage des *Frankfurter Journals* (seine Beiträge erschienen von 1836 bis 1841). Ende 1836 wurde er freigesprochen – er war kein Revolutionär wie sein Landsmann Georg Büchner. 1839 legte er schließlich seine theologische Prüfung ab, verzichtete aber auf die geistliche Laufbahn und trat statt dessen 1840 eine Stelle als Lehrer für Latein, Griechisch und Geschichte an einer Darmstädter Privatschule an. Ein Jahr später, 1841, erschien das Stück, das ihm seinen Platz in der Literaturgeschichte sicherte: *Datterich. Localposse, in der Mundart der Darmstädter.* Keine »Posse« freilich, sondern eine Charakter- und Gesellschaftskomödie eines literarisch versierten, kenntnisreichen Autors, der dem beschränkten Biedermeierbürgertum den Spiegel vorhält, es durchschaut und »doch auch wieder in seiner Unzulänglichkeit humoristisch gelten« läßt (Friedrich Sengle).

Literatur: *Hensel,* Georg: Ernst Elias Niebergall. Der ›Datterich‹ im Darmstädter Biedermeier. Darmstadt 1975; Ders.: Rede auf Niebergall. Der Datterich und die Darmstädterei. Darmstadt 1965; *Esselborn,* Karl: Ernst Elias Niebergall. Sein Leben und seine Werke. Darmstadt 1922.

Volker Meid

Nizon, Paul
Geb. 19. 12. 1929 in Bern

»Mein Element, meine schöpferische Bedingung, ist die Fremde«, sagt N. Sie enthält »die ganze Welt«. Sein Werk bringt den Ausbruch aus der Enge, die Öffnung zu Horizonten eindringlich zur Sprache. Der Sohn eines russischen Einwanderers und einer Bernerin wurde 1929 in der Bundeshauptstadt geboren, hat fünfzehn Jahre in Zürich gelebt, sich Achtung als Kunstkritiker erworben und an vielen Adressen Bücher geschrieben, die er andernorts, draußen in der Welt, erlebt hat. *Canto* (1963) erzählte voller Lebensmut von Rom. *Im Hause enden die Geschichten* (1971) zog einen Strich unter das Selbstgenügen im heimatlichen Bern. *Untertauchen* (1972) ließ einen Ratlosen aus Barcelona zurückkommen. Und Stolz beendete im gleichnamigen Roman (*Stolz*, 1975) im eiskalten Spessart müde sein Leben.

Bevor es dem Autor selbst so erging, schüttelte er die »Hausaufgabe Schweiz« ab, verabschiedete sich bei Rotwein, Blitz und Donner von Friedrich Dürrenmatt und reiste weiter nach Paris. Die Schweiz, hatte er im *Diskurs in der Enge* (1970) schlagwortkräftig analysiert, habe sich in Selbstgenügsamkeit verschanzt und enthielte ihm die Welt vor. Sah Dürrenmatt über Konolfingen die Sterne des Kosmos, so weit, wie seine Hirnschale es erlaubte, so brauchte N. die Reibung mit Fremdem, um zum Eigenen zu gelangen. »Alle wahren Dichter sind Emigranten«, diese Selbstüberhöhung der Zwetajewa, beschreibt auch seine Situation. Paris wird 1977 zur »unendlichen Stadt«, zum Gewässer, auf dem der »Schulstubenmief« ihn nicht mehr einholen konnte, in das der »Taucher« sich hinabsenken durfte, um die Bruchstücke der Welt in sich treiben zu sehen. Mit dem *Jahr der Liebe* (1981) bekundete er der Weltstadt an der Seine seine Verehrung, wie das vor ihm Ernest Hemingway, Henry Miller und andere getan haben. In kulturphilosophischen und weltgesättigten Essays macht der »Augenmensch« die Seine-Stadt zum Schnittpunkt zwischen Zivilisation und Kultur, Geschichte und Gegenwart, Europa und Afrika, Zentrum und Peripherie.

Aufgebrochen aus der Enge war der rastlose Wanderer schon zuvor in die Sprache. Mit dem »Wortbagger« gelte es, »Inselchen von lebendiger Gegenwart« unter die Füße zu schreiben, auf denen der Autor vorübergehend stehen könne. Obwohl N. sich gesellschaftlich bis heute in Schriftstellerverbänden engagiert, ist Schreiben als Selbstvergewisserung und Existenzform sein Thema. Bereits 1963 formulierte er in *Canto*, was bis heute Gültigkeit für ihn hat: Zu sagen habe er »nichts: Keine Meinung, kein Programm, kein Engagement, keine Geschichte, keine Fabel, keinen Faden. Nur diese Schreibpassion in den Fingern. Schreiben, Worte formen, reihen, zeilen, diese Art von Schreibfanatismus ist mein Krückstock, ohne den ich glatt vertaumeln würde. Weder Lebens- noch Schreibthema, bloß matière, die ich schreibend befestigen muß, damit etwas stehe, auf dem ich stehen kann.«

Das hat eine existentielle Dimension. *Am Schreiben gehen* sind die Frankfurter Poetik-Vorlesungen (1984) betitelt. Als »vorbeistationierenden Autobiografiefiktionär« hat N. sich selbstironisch beschrieben. »Das Leben ist zu gewinnen oder zu verlieren«, jeglicher Kompromiß wird abgelehnt, die Position des Künstlers liegt außerhalb der bürgerlichen Sicherheiten. Vincent van Gogh, über den er promoviert hat, und Robert Walser sind Leitbilder, wenngleich die Lebensuntüchtigkeit des letzteren N. abschreckt. Wie ein Thomas Wolfe sollte vor Leben beinahe bersten, wer sich daranmacht, darüber zu schreiben. N.s Kosmos ist vom Verfahren her egozentrisch, weil sich nur in die Sprache holen lassen was sich zuvor durch Erleben abgelagert habe. Er braucht die flutende Großstadt als Material und als Spiegel des eigenen Ich. In der Erinnerung und in der Melodie des Schreibens restituiert sich noch einmal das heroische Subjekt aus der frühen Romantik und setzt der zersplitterten Welt der Erfahrung den Entwurf einer erhofften Ganzheit entgegen. Der Marschierer, den Giacometti zum Typus des modernen Menschen verallgemeinerte, und der einsame, sinnlos weiterschanzende Soldat an der weiten Grenze zur Mandschurei werden im bisher letzten Buch, den auf Goya und Piranesi anspielenden Caprichos *Im Bauch des Wals* (1989) zu N.s existentialistischen Grundfiguren voll absurder Komik. Soviel, wenn auch augenzwinkernde Heroik wirkt inmitten sich auflösender Subjekte zumindest eigenwillig.

N. wurde geich mit seinem ersten Buch *Die gleitenden Plätze* (1959) von Friedrich Dürrenmatt, Max Frisch und Ingrid Bachmann anerkannt. Mit *Canto* erschrieb er sich seinen festen Platz in der deutschsprachigen Nachkriegsliteratur. Seit dem *Jahr der Liebe* wird er im Nachbarland als französischer Schriftsteller gefeiert. Dennoch ist N. ein Außenseiter geblieben. Ungleich anderen Kollegen seiner Generation nach Frisch und Dürrenmatt, wie Peter Bichsel oder Otto F. Walter, hat er die Schweiz als Thema abgelehnt. Aber auch die Sprachskepsis der 60er Jahre interessierte ihn nicht. Und sein existentielles Fragen ist den literarischen Spielen der Postmoderne fremd. Für die jüngste Generation Deutschschweizer Autoren, wie Martin R. Dean etwa, dürfte allerdings seine Distanz zum helvetischen Thema wichtig sein. Und das Unterwegssein tritt zunehmend ins Zentrum nicht nur des Kunstbetriebs.

Literatur: *Kilchmann*, Martin (Hrsg.): Paul Nizon. Frankfurt a. M. 1985; *Arnold*, Heinz Ludwig (Hrsg.): Paul Nizon. Text + Kritik. Heft 110, 1991; *Estermann*, Alfred (Hrsg.): Paul Nizon. Begleitheft zur Ausstellung der Stadt- und Landesbibliothek Frankfurt a. M. vom 15. Mai-30. Juni 1984. Frankfurt a. M. 1984.   *Gerhard Mack*

Nossack, Hans Erich
Geb. 30. 1. 1901 in Hamburg; gest. 2. 11. 1977 in Hamburg

N. wurde erst nach 1945 als Schriftsteller bekannt. Er teilt damit ein Generationenschicksal, aber er paßte sich keiner der nach 1945 aufkeimenden Literaturtendenzen an. Er war als Autor – darin Alfred Andersch, Wolfgang Koeppen, Arno Schmidt ähnlich – längst ausgereift und nahm bewußt die Rolle des Außenseiters in einem Literaturbetrieb in Kauf, den er als hanseatischer Kaufmann mit Distanz zur Kenntnis nahm. Dabei geriet er zu einem der phantasiereichsten, erzählerisch sichersten literarischen Oppositionellen der Nachkriegszeit. Er trug den Gegensatz zur gesellschaftlich-politischen Entwicklung der Bundesrepublik nicht in der geläufigen Form der engagierten Literatur jener Tage aus, sondern verblüffte als intellektueller »Partisan«, als der er sich seit seinen ersten Schreibversuchen gesehen hatte, durch den subversiven Einfallsreichtum seiner sprachlich streng und konzentriert vorgetragenen Parabeln, Allegorien, Mythen.

Als Sohn eines vermögenden Hamburger Kaffeeimporteurs geboren, studierte er bis 1922 in Jena Philosophie und Rechtswissenschaft, verdiente anschließend als Arbeiter und Büroangestellter seinen Lebensunterhalt, um von der Familie unabhängig zu sein, stand der Kommunistischen Partei in ihrem Widerstand gegen den erstarkenden Nationalsozialismus nahe. Er begann in den 20er Jahren, Gedichte und Theaterstücke *(Lenin)* zu verfassen, wurde 1933 mit Schreibverbot belegt, das er nicht beachtete. Um 1935 hat er – so seine Erinnerung – ein zweites Theaterstück, *Der hessische Landbote,* geschrieben, mit dem er in enger Anlehnung an Georg Büchners Absicht ein Bild der »Auflehnung der Jugend gegen Diktatur und Restauration« entwarf. In privatem Kreis ist das Stück vorgelesen worden (*So lebte er hin ... Rede auf Georg Büchner,* 1961). Er trat 1933 in die väterliche Firma ein, um zu »überwintern«, schrieb weiter Gedichte, in denen er angesichts der herrschenden Barbarei der Nationalsozialisten als geistiger Widerstandskämpfer erschien: »Nicht auf die physische Widerstandskraft kam es an, sondern allein auf die geistige. Nur mit ihr vermochte der wehrlose Einzelne die Selbstachtung zu bewahren und damit den Punkt zu gewinnen, von dem aus es nur ein absolutes Nein zur Unmenschlichkeit gibt« (*Dies lebenslose Leben,* 1967). Erstmals an die Öffentlichkeit trat er 1942 mit Gedichten, die er kaum ein Jahr zuvor im Luftschutzbunker geschrieben hatte. Sie erschienen in der mutigen *Neuen Rundschau* durch die Vermittlung von Hermann Kasack, der N. entdeckt hatte und von der ernsten, eindringlichen Menschlichkeit dieser Gedichte beeindruckt war. Ein eigenständiger Gedichtband N.s erschien erst nach Kriegsende (*Gedichte,* 1947).

Seinen literarischen Rang hat N. nicht als Lyriker oder Theaterautor – zwei Stücke, *Die Rotte Kain* (1949) und *Die Hauptprobe* (1956), fielen durch – , sondern als Erzähler und Essayist erobert. Wenngleich er als seine geistigen Paten Ernst Barlach, Max Beckmann, Albert Camus, Thomas Stearns Eliot, Vincent van Gogh und Cesare Pavese nennt, gibt es in seinem Leben ein Schlüsselerlebnis, das nachhaltig auf seine schriftstellerische Arbeit eingewirkt hat: das »Unternehmen Gomorrha«, die Bombardierung

Hamburgs im Juli 1943 durch die Alliierten, während der die Hälfte der Stadt zerstört wurde und mindestens 55 000 Menschen in dem Feuersturm, der durch die Stadt raste, den Tod gefunden haben. N. hat die in wenigen Tagen und Nächten anrollenden Bomberverbände vom Rand der Lüneburger Heide, wo er mit seiner Frau ein idyllisches Sommerwochenende verbringen wollte, erlebt und die Stadt erst Tage später wie eine fremde Welt des Grauens, des Todes, unfaßbarer Wirklichkeit wieder betreten: »Ratten und Fliegen beherrschten die Stadt. Frech und fett tummelten sich die Ratten auf den Straßen. Aber noch ekelerregender waren die Fliegen. Große, grünschillernde, wie man sie nie gesehen hatte. Klumpenweise wälzten sie sich auf dem Pflaster, saßen an den Mauerresten sich begattend übereinander und wärmten sich müde und satt an den Splittern der Fensterscheiben. Als sie schon nicht mehr fliegen konnten, krochen sie durch die kleinsten Ritzen hinter uns her, besudelten alles, und ihr Rascheln und Brummen war das erste, was wir beim Aufwachen hörten«. N., der die Stadt wie eine barocke Allegorie der Vergänglichkeit und Vergeblichkeit erlebt, hat während der Bombenangriffe fast alle seine Manuskripte verloren, die seine heimliche, gegen die Verhältnisse gelebte Existenz bezeugen; sie sind mit seiner Wohnung verbrannt, nur wenige fanden sich im fast völlig zerstörten Kontor der väterlichen Firma wieder: »Mir war alles, was ich in den fünfundzwanzig Jahren vorher geschrieben hatte, dabei verbrannt. Es gab nichts, worauf ich mich berufen konnte. Ich stand ohne Vergangenheit da«. Diesem Erschrecken folgte ein beispielhafter Aufstieg als Schriftsteller.

In wenigen Wochen des November 1943 hat N. seinen autobiographischen Bericht über die Zerstörung Hamburgs, *Der Untergang*, geschrieben, um der begreiflichen Tendenz zum Verdrängen und Vergessen entgegenzuwirken: »Als Misi und ich durch unseren zerstörten Stadtteil gingen und nach unserer Straße suchten, sahen wir in einem Haus, das einsam und unzerstört in der Trümmerwüste stand, eine Frau die Fenster putzen. Wir stießen uns an, wir blieben wie gebannt stehen, wir glaubten eine Verrückte zu sehen. Das gleiche geschah, als wir Kinder einen kleinen Vorgarten säubern und harken sahen. Das war so unbegreiflich, daß wir anderen davon erzählten, als wäre es wunder was. Und eines Nachmittags gerieten wir in einen völlig unzerstörten Vorort. Die Leute saßen auf ihren Balkons und tranken Kaffee. Es war wie ein Film, es war eigentlich unmöglich. Ich weiß nicht, welcher Umwege des Denkens es bedurfte, bis wir erkannten, daß nur wir mit verkehrten Augen auf das andere Tun blickten«. N. hat diesen Blick mit »verkehrten Augen« unter dem Einfluß des französischen Existenzialismus (Jean-Paul Sartre, der N. in Frankreich propagiert hat; Albert Camus) zum tragenden Prinzip seiner Prosa gemacht. *Nekyia. Bericht eines Überlebenden* (1947), *Interview mit dem Tode* und *Der Untergang* (1948) sind Dokumente einer Welterfahrung, die von der Gegenwart des Todes und der Vernichtung bestimmt ist und die alltägliche Normalität als existentiellen Leichtsinn an den Rand der an Samuel Becketts *Endspiel* gemahnenden Absurdität rückt: »Nun aber ist es zu spät. Es gibt keinen Mond mehr, dessen verlogene Milde uns zum Widerspruch reizt. Aber es fehlt auch an einer mondlosen Wohnung. Das Elend ist uns zuvorgekommen und hat jede wahre Zuflucht mit Beschlag belegt. Wir wühlen in den Abfalleimern«. N.s Romane und Erzählungen entwickeln sich unmerklich aus der Brechung einer als natürlich und selbstverständlich erachteten sozialen Rolle, stellen Entwürfe, Möglichkeiten einer ursprünglichen Freiheitserfahrung des Menschen dar. Eine Ehefrau verläßt aus Langeweile ihre gutbürgerliche Familie, um im Zusammenleben mit einem Schriftsteller eine neue Erfüllung zu finden (*Spätestens im November,* 1955); ein Fisch betritt aus grenzenloser Neugier das Land (*Der Neugierige,* 1955); ein Mann hält aus beziehungsloser Verzweiflung über sich selbst Gericht, ist Kläger und Angeklagter zugleich (*Spirale. Roman einer schlaflosen Nacht,* 1956 – später unter dem Titel *Unmögliche Beweisaufnahme*); ein hoher römischer Beamter begeht Selbstmord, um sich zum Leben zu bekennen (*Das Testament des Lucius Erinus,* 1965). N.s spielerisch von der Realität abgerückte Prosa – ihre bevorzugten Formen sind der Bericht und der Monolog – stellte eine Gesellschaft der 50er und 60er Jahre in Frage, die mit west-östlichem Wettrüsten, Wiederbewaffnung, fortdauerndem Antisemitismus, Naziskandalen nach dem Schlag Hans Globkes, verlogenen Gotteslästerungsprozessen und ständig steigenden Produktionsrekorden bewußtlos am Rand des Dritten Weltkriegs entlangzutreiben schien, beherrscht vom Drang nach Anpassung und Nivellierung und im Grunde – trotz der geschichtlichen Erfahrung – zu allem bereit (»Sie wollen nicht wissen, daß wir einem Märchen entstammen und wieder ein Märchen werden«). N.s Aufforderungen an diese Gesellschaft, die Grenzen des Alltäglichen und scheinbar Selbstverständlichen zu überschreiten, hatten – ihm selbst bewußt – wenig Aussicht auf eine nachhaltige Wirkung: »Um aber die wirkliche Wirklichkeit erleben zu können, muß man die Fassaden und Abstraktionen, hinter denen sie sich verkrochen hat, durchbrechen. Und wer das tut, ist natürlich schutzlos – schutzlos wie ein Liebender – und er ist sehr allein« (*Die dichterische Substanz im Menschen,* 1954). Die in dem Band *Die schwache Position der Literatur* (1966) enthaltenen Reden und Essays stellen einen beredten Kommentar zur Ohnmächtigkeit der Literatur in den 50er und frühen 60er Jahren dar.

N. hat sich 1956 als freier Schriftsteller selbständig gemacht und seinen Kaufmannsberuf aufgegeben. Er zog nach Aystetten bei Augsburg, 1962 nach Darmstadt (»zur Zeit bin ich in Darmstadt stationiert«), 1965 nach Frankfurt a. M., 1969 wieder nach Hamburg (»Und dann gibt es da noch das Wort Heimat, vor dem ich völlig versage. Ich habe den Verdacht, daß das Wort Heimat identisch mit Gestern ist, aber das wage ich nicht laut zu sagen«). 1961 ist er mit dem Georg-Büchner-Preis geehrt worden und hat eine beeindruckende Rede gegen die Verantwortungslosigkeit gesellschaftskonformen Handelns gehalten (»er tat alles, wie es die anderen taten«).

N.s letzte Romane (*Der Fall d'Arthez,* 1968; *Dem unbekannten Sieger,* 1969; *Die gestohlene Melodie,* 1972; *Ein glücklicher Mensch,* 1975) haben bei der Kritik keine bemerkenswerten Reaktionen mehr ausgelöst; die literarischen Sensationen seit der Politisierung der Literatur gingen über N.s Existenzialismus wie über einen altmodischen, individualistischen Bunker hinweg. »Seine Werke sind nicht Werke des Hasses und der Verachtung, sondern Werke der Achtung und der Liebe« (Walter Boehlich). Sie reichen als mutige und ungebrochene Appelle an menschliche Würde und Freiheit herüber, sind gültige Aufforderungen zu einer längst fälligen Mutation des Menschlichen, die N. in der Parabel vom Fisch, der aufs Land kroch, zum Ausdruck gebracht hat: »Und schon frage ich mich: Sollten denn nicht auch andere die gleiche Richtung eingeschlagen haben? So zahllos wie unser Volk war, ist es doch kaum denkbar, daß nur ich allein dieser Sehnsucht gefolgt bin. Haben sie vielleicht abseits gelebt wie ich und taten so, als wären sie wie alle? Damit man sie nicht fragte: Was ist denn mit dir? Sind sie auf diese Weise meiner Aufmerksamkeit entgangen, so wie ich der ihren? Sind wir aneinander vorbeigeschwommen, obwohl wir gleichen Sinnes waren und zusammengehörten? Wie denn, wenn einer von ihnen schon vor mir aufgebrochen ist? Und wenn ich mich eile, könnte ich ihn noch einholen? Wir könnten uns dann gegenseitig ermuntern und gemeinsam planen, welchen Weg wir nehmen. Selbst wenn ich nur sein Geripp am Wege fände, oder er fände meines, weil die Kräfte des Einsamen nicht länger ausreichen, welch großer Trost wäre das! Es würde mir anzeigen oder ihm: Hier, Bruder, geht die Richtung für uns«.

Literatur: *Reich-Ranicki*, Marcel: Der nüchterne Visionär. In: Ders.: Deutsche Literatur in Ost und West. München 1983. S. 17–33; *Hanser*, Renate: Auf der Suche nach der verlorenen Zukunft. Studien zur Biographie und zum Werk Hans Erich Nossacks. Diss. Karlsruhe 1981; *Schmid*, Christof: Über Hans Erich Nossack. Frankfurt a. M. 1970.   *Bernd Lutz*

Novak, Helga M.[aria]
Geb. 8. 9. 1935 in Berlin

Durch die spektakuläre Ausbürgerung Wolf Biermanns 1976 wurde die problematische Art des Umgangs der SED-Führung mit unbequemen Kritikern von links erst zum Gegenstand öffentlichen Interesses im Westen. Zehn Jahre vorher, im Frühjahr 1966, hat N. gänzlich unspektakulär diesen »kurzen Prozeß« am eigenen Leib erfahren. Seit 1968 lebt sie im Westen Deutschlands, und trotz kontinuierlicher Veröffentlichungen – neben vier Bänden mit Kurzprosa sowie zwei Romanen erschienen sieben Gedichtbände – ist sie nahezu unbekannt: eine Außenseiterin, eine unbequeme Dichterin hier wie dort. Ihre Schreibhaltung ist eine besondere Mischung aus Sensibilität und Härte. Bestimmende Thematik ihrer Texte ist die leidenschaftliche Selbstbehauptung gegen Vereinnahmung und Anpassungsdruck. Jürgen Fuchs beschreibt ihre Haltung so: »Sie ist solidarisch im guten, wirklichen Wortsinn. Und aufsässig, allein mit dem, was sie kann. Sie lebt das anarchistische, rebellische Element, das immer wieder unter die Stiefel der Marschierer gerät. Und sich immer wieder aufrichtet.« N. wächst in Köpenick bei Adoptiveltern auf, einer preußisch-kalten Erziehung ausgesetzt. Früh sucht sie sich Ersatzeltern, die sie in »Vater Staat und Mutter Partei« findet. In den beiden autobiografischen Romanen *Die Eisheiligen* (1979) und *Vogel federlos* (1982) entwirft N. ihre Lebensgeschichte zwischen 1939 und 1954 als eine Geschichte fortwährender, mühseliger Selbstbehauptung gegen die Vereinnahmung und Auslöschung ihrer Identität. Das Studium der Journalistik an der Leipziger Universität endet 1957 mit der Exmatrikulation und dem Ausschluß aus der Partei. Die Kommilitonin Brigitte Klump beschreibt N. mit folgenden Worten: »Eine Schönheit mit einem kühnen Gesicht, fast ausschließlich in schwarz, mal Rock, mal Hose mit Pulli, wie die Existentialistinnen in Paris. Mir schien, ihre Kleidung war Ausdruck ihrer inneren Haltung, Behauptung gegen unsere Funktionäre, die auch gern unsere Kleidung reglementiert hätten, durch täglich getragene FdJ-Uniform.« Einige Jahre lebt und arbeitet N. in Island. 1965 kehrt sie in die DDR zurück, beginnt am Literaturinstitut

J. R. Becher in Leipzig zu studieren und wird im Herbst desselben Jahres erneut exmatrikuliert; ein Jahr später wird ihr die Staatsbürgerschaft der DDR entzogen. Außerordentlich früh – bedenkt man die gleichzeitige DDR-Literatur – hat N. die menschenverachtende ›Rehabilitierung‹ von Opfern der stalinistischen Säuberungen und die ›Entstalinisierung‹ in der DDR thematisiert, so in der *Ballade von der reisenden Anna* (1958), die ihrem ersten Gedichtband (1965) den Titel gab. *Lernjahre sind keine Herrenjahre* (1962) aus dem gleichen Band reflektiert eindrucksvoll die Kontinuität einer deutschen Erziehung, die sich bruchlos in die stalinistischen Aufbaujahre fortsetzte. N.s Gedichte sind in der DDR nicht veröffentlicht worden – allerdings gab es Abschriften, die zirkulierten.» Uns traf das alles ins Herz, stellte das eigene Leben in Frage, die Umstände, den Staat, die Zeit, in der wir lebten«, beschreibt Jürgen Fuchs die Wirkung dieser Gedichte. Wenige Schriftsteller der DDR haben mit solcher Genauigkeit und Radikalität den Sozialismus an seinem eigenen Entwurf gemessen und den Finger auf diese lange noch schmerzende Wunde gelegt. N. hat diese Diskrepanz sehr früh gesehen und benannt. Die aus ihrer eigenen Lebensgeschichte erwachsene Sensibilität für gebrochene Lebensläufe anderer Menschen verschärft sich während der ersten zehn Jahre im Westen. Ihre Lieder und Balladen (*Balladen vom kurzen Prozeß*, 1975; *Margarete mit dem Schrank*, 1978 u. a.) ergreifen leidenschaftlich Partei für Entrechtete, Ausgestoßene und Vergessene; häufig sind es Frauen. Berufsverbot, Gesinnungsschnüffelei, verschärfte Polizeigesetze und der deutsche Herbst sind Thema einer Reihe von Gedichten, welche die Staatsgewalt nicht nur drastisch vorführen, sondern einer kritischen Analyse unterwerfen (*Lied von der Haussuchung, Septembernächte, Feindbild* u. a.). N.s Kurzprosa thematisiert in verschiedenen Kontexten – Arbeit, Alltag, zwischenmenschliche Beziehungen, Politik – Entfremdung und Gewalt. Auch die Sprache selber als eine Form von Gewalt wird thematisiert (*Geselliges Beisammensein*, 1968, *Aufenthalt in einem irren Haus*, 1971). Mit den Prosabänden *Wohnhaft im Westend* (1970, zusammen mit Helmut Karasek) und *Die Landnahme von Torre Bela* (1978) gestaltet N. autobiographische Erfahrungen in den Zusammenhängen der Studentenbewegung und der Revolution in Portugal. Die Radikalität ihrer Auseinandersetzung mit der eigenen Geschichte in verschiedenen politischen und gesellschaftlichen Kontexten führt sie konsequent zur Aufarbeitung ihrer Kindheit und Jugend. Ihre beiden autobiografischen Romane protokollieren die Geschichte der am eigenen Leib erfahrenen deutschen Erziehung, die zu Untertänigkeit und Autoritätsgläubigkeit führt, und sie machen die fatale Kontinuität preußischer, nationalsozialistischer und stalinistischer Erziehungsmaßnahmen sinnfällig. N. setzt jedoch am Beispiel ihrer eigenen Biografie dagegen, daß der Zwang zur Unterwerfung ein Widerstandspotential hervorzubringen vermag, das sich letztlich als die stärkere Kraft erweist. Nicht zuletzt endet die Aufarbeitung der eigenen Geschichte mit einer radikalen Desillusionierung. Die beiden letzten Gedichtbände, »*Legende Transsib*« (1985) und »*Märkische Feemorgana*« (1989) setzen bei dieser Desillusionierung an. Die sozialistische Utopie wird zur vergangenheitsbezogenen Legende, und Heimat wird wieder im Land der Kindheit, in der Mark Brandenburg, gesucht.

Literatur: *Irro*, Werner: Helga M. Novak: »Vogel federlos«. In: Ders.: Kritik und Praxis gegenwärtiger Literaturkritik. Würzburg 1986; *Fuchs*, Jürgen: Die mit dem dünnen Fell. Die mit den weichen Augen. Die mit dem derben Maul. Helga M. Novaks Gedichte 1955–1980. (Vorwort); in: Helga M. *Novak*, Grünheide Grünheide. Gedichte 1955–1980. Darmstadt 1983, S. 5–15

Sonja Hilzinger

Novalis (d. i. Georg Philipp Friedrich Freiherr v. Hardenberg)

Geb. 2. 5. 1772 auf Gut Oberwiederstedt bei Mansfeld; gest. 25. 3. 1801 in Weißenfels

»Was war jene Blume, welche / Weiland mit dem blauen Kelche / So romantisch süß geblüht / In des Ofterdingen Lied? / Wars vielleicht die blaue Nase / Seiner mitschwindsüchtgen Base, / Die im Adelsstifte starb? / Mag vielleicht von blauer Farb / Ein Strumpfband gewesen sein, / Das beim Hofball fiel vom Bein / Einer Dame: – Firlefanz! / Honni soit qui mal y pense.« – so dichtete Heinrich Heine um 1850, das verklärte Bild des N. ins Visier nehmend, das über die Dichterfreunde des Jenaer Kreises populär geworden war. Insbesondere Ludwig Tieck hatte in der Vorrede zur 3. Auflage von N.' Schriften den Dichter als Prototyp des romantischen Genies präsentiert, »begeistert von den Regionen unsichtbarer Welten ... ein echter wahrer Mensch, die reinste und lieblichste Verkörperung eines hohen unsterblichen Geistes«. Doch ist dies nur die eine, durch den frühen Tod an der Schwindsucht besonders beglaubigte Seite von N.' Persönlichkeit. Dem Mystiker und todessehnsüchtigen Schwärmer steht der überragende Naturwissenschaftler und Verwaltungsbeamte gegenüber: Sohn des Direktors der kursächsischen Salinen, studierte N. vom Wintersemester 1790 an Jura in Jena, Leipzig und Wittenberg und legte 1794 das juristische Staatsexamen mit ausgezeichneten Ergebnissen ab. Im November 1794 trat er eine Stelle als Aktuarius im nördlichen Thüringen an, um sich in die Verwaltungspraxis einzuarbeiten. Daß er daneben auch die politischen Ereignisse in Frankreich mit Engagement und Interesse verfolgte, belegt ein Brief an Friedrich Schlegel vom 1. August 1794: »Jetzt hat mein ganzer Charakter einen politisch-philosophischen Schwung erhalten und zwar sehr unmerklich ... Es realisieren sich Dinge, die vor zehn Jahren noch ins philosophische Narrenhaus verwiesen wurden ... Mich interessiert jetzt zehnfach jeder ungewöhnliche Mensch, denn ehe die Zeit der Gleichheit kommt, brauchen wir übernatürliche Kräfte.« Dieser Doppelcharakter von selbstbewußtem, aufs Praktische gerichtetem Optimismus und schwärmerischer Verklärung bestimmt auch sein Verhältnis zu Sophie von Kühn, der 12jährigen Stieftochter eines benachbarten Gutsbesitzers: innerhalb einer Viertelstunde habe er beschlossen, sie zu heiraten, schreibt er an den Bruder. Die Hoffnung auf Ehe und Familiengründung scheitert jedoch am Tode Sophies im März 1797. Seitdem tragen N.' Kalenderaufzeichnungen jeweils den Vermerk, wieviele Tage seither vergangen sind. Am 12./13. Juni, dem 86. und 87. Todestage Sophies, schreibt er: »Sie ist gestorben, so sterb ich auch, die Welt ist öde. Selbst meine philosophischen Studien sollen mich nicht mehr stören. In tiefer, heitrer Ruh will ich den Augenblick erwarten, der mich ruft.«

Arbeit und erneutes Studium werden zum Korrektiv seiner Verzweiflung: im Dezember 1797 nimmt er ein Studium als Gasthörer an der berühmten Bergakademie in Freiberg auf, beteiligt sich an geologischen Erkundungen in Sachsen und wird Ende 1799 zum Salinenassessor in Weißenfels ernannt. Zu seinen Pflichten gehören Geschäftsführung, Protokoll und Kassenrevision in der Verwaltung der kursächsischen Salinen. In diese Zeit fällt auch die Bekanntschaft mit dem Jenaer Kreis der Brüder

August Wilhelm und Friedrich Schlegel, in deren Zeitschrift *Athenäum* N. 1798 die *Blütenstaub*-Fragmente veröffentlichte. »Wir sind auf einer Mission. Zur Bildung der Erde sind wir berufen« – so lautet ihre emphatisch-individualistische Tendenz, und als Neuerer hat auch N. selbst sich im Kreise der frühromantischen »Symphilosophen« betrachtet: hier verwendete er zum ersten Mal das Pseudonym »Novalis«, das er, den Namen eines älteren Zweiges seiner Familie, von Roden, latinisierend, als »einer, der Neuland bestellt«, interpretierte. Romantisieren und Poetisieren der Welt werden nun zu N.' schöpferischen Potenzen: »Poesie ist die große Kunst der Konstruktion der transzendentalen Gesundheit. Der Poet ist also der transzendentale Arzt.« So bilden die 1800 im *Athenäum* publizierten *Hymnen an die Nacht* ein Gegenreich zur Realität, eine in Todessehnsucht und mystisch-erotischen Metaphern schwelgende Welt, denn »zugemessen war dem Lichte seine Zeit; aber zeitlos und raumlos ist der Nacht Herrschaft«. Auch die geschichtsphilosophische Programmschrift *Die Christenheit oder Europa* (1799) argumentiert mit der Einheit eines in der christlichen Religion begründeten Mittelalters, doch ist sie – entgegen gängigen Behauptungen – sehr viel weniger Plädoyer für eine klerikal-feudalistische Staatsform als das Projekt eines Staates, in dem individuelle und gesellschaftliche Beziehungen nicht in Philistertum und egoistischem Besitz- und Genußstreben aufgehen.

Folie für dieses goldene Zeitalter des »Noch-Nicht« ist das Mittelalter auch im *Heinrich von Ofterdingen*, jenem unvollendeten Roman, den N. im Dezember 1799 begann und der 1802, ein Jahr nach seinem Tode, von Friedrich Schlegel und Ludwig Tieck als Fragment veröffentlicht wurde. Heinrich, die Modellfigur des romantischen Dichters und der transzendentalen Mission der Poesie, überwindet das Diesseits: »Die Welt wird Traum, der Traum wird Welt.« Demgegenüber mußte der rationalistische Sieg der Vernunft in Johann Wolfgang Goethes zunächst auch von N. hochgeschätztem *Wilhelm Meister* auf massive Kritik stoßen: »Es ist im Grund ein fatales und albernes Buch. Hinten wird alles Farce, die ökonomische Natur ist die wahre übrigbleibende.« Heinrich von Ofterdingen dagegen wird von der blauen Blume in ein mystisches geschichtsloses Dasein geführt, das gleichwohl das »künstlichste aller Kunstwerke« ist. Walter Benjamin hat das scheinbar Unzeitgemäße dieser Uopie 1927 kritisiert: »Es träumt sich nicht mehr recht von der blauen Blume. Wer als Heinrich von Ofterdingen erwacht, muß verschlafen haben.«

Werkausgabe: Novalis: Schriften. Hrsg. von *Kluckhohn*, und *Samuel*, Richard. 6 Bände. Stuttgart 1960ff.

Literatur: *Uerlings*, Herbert: Friedrich von Hardenberg, genannt Novalis. Werk und Forschung. Stuttgart 1991; *Kurzke*; Hermann: Novalis. München 1988; *Mähl*, Hans-Joachim: Friedrich von Hardenberg (Novalis). In: *Wiese*, Benno von (Hrsg.): Deutsche Dichter der Romantik. Berlin ²1983.

Claudia Albert

Opitz, Martin

Geb. 23. 12. 1597 in Bunzlau/Schlesien; gest. 20. 8. 1639 in Danzig

Er müsse sich »hefftig verwundern«, schreibt O. in der Vorrede zu seinen *Teutschen Poemata* (1624), »daß / da sonst wir Teutschen keiner Nation an Kunst und Geschickligkeit bevor geben / doch biß jetzund niemanand unter uns gefunden worden / so der Poësie in unserer Muttersprach sich mit einem rechten fleiß und eifer angemasset«. Nun, so dürfen wir ergänzen, wird sich das ändern: Mit O. beginnt eine neue Epoche der deutschen Literatur. Zeitgenossen und Literaturgeschichtsschreibung übernahmen die von O. suggerierte – und durch seine Leistung bestätigte – Sicht. Denn wenn er auch keineswegs der einzige war, der für eine Erneuerung der deutschen Literatur plädierte, so wurde er doch zum (fast) unangefochtenen Anführer einer literarischen Bewegung, die es sich zum Ziel gesetzt hatte, mit der Tradition der »ungelehrten« volkstümlichen deutschen Dichtung des 16. Jahrhunderts zu brechen und eine »gelehrte« Dichtung auf humanistischer Grundlage – wie sie in der neulateinischen Dichtung oder den Renaissanceliteraturen Süd- und Westeuropas als Vorbild vor Augen stand – auch im Deutschen zu verwirklichen.

O., der sein nationalhumanistisches Literaturprogramm mit Nachdruck und diplomatischem Geschick durchzusetzen vermochte, hat nie ein regelrechtes Studium absolviert. Er erhielt zwar eine gediegene humanistische Schulbildung in Bunzlau, Breslau und Beuthen, doch als er 1619 nach Heidelberg ging, machten die Kriegswirren seine Studienpläne bald zunichte. Er schloß sich führenden Heidelberger Humanisten an und setzte sich publizistisch für Friedrich V. von der Pfalz, den Winterkönig, ein, verließ jedoch 1620 die von spanischen Truppen bedrohte Stadt und begleitete einen jungen Dänen als Hofmeister nach Holland und Dänemark. In Holland machte er die Bekanntschaft mit Daniel Heinsius und der neueren niederländischen Dichtung, deren metrische Prinzipien er übernahm (regelmäßiger Wechsel von Hebung und Senkung, Beachtung des natürlichen Wortakzents). 1621 kehrte er nach Schlesien zurück, doch konnte er keine befriedigende Anstellung bei der in Bedrängnis geratenen protestantischen Seite erhalten. 1626 trat er als Sekretär in den Dienst Karl Hannibal von Dohnas, der im Auftrag Wiens die Rekatholisierung Schlesiens betrieb: eine überraschende, nicht befriedigend erklärbare Wendung in O.' Leben.

Neben seinen beruflichen verfolgte er zielstrebig seine literarischen Pläne. Schon 1617 hatte er – in lateinischer Sprache – sein Programm der Nationalisierung der humanistischen Kunstdichtung vorgetragen (*Aristarchus sive de contemptu linguae Teutonicae*), doch erst mit den Publikationen der Jahre 1624 und 1625 tritt die Konsequenz dieses Unternehmens deutlich hervor. Im *Buch von der Deutschen Poeterey* (1624), der ersten Poetik in deutscher Sprache, formuliert er die Regeln der neuen Kunstdichtung; in den *Acht Büchern Deutscher Poematum* (1625; erweitert dann in den drei Bänden der *Weltlichen* und *Geistlichen Poemata*, 1638 – 44) stellt er die Muster zunächst für die lyrische Dichtung bereit. In der Folgezeit wird das Programm auf die anderen Gattungen ausgedehnt: So übersetzt O. Senecas *Trojanerinnen* (1625), Sophokles' *Antigone* (1636) und John Barclays

Argenis (1626), eine Apotheose des Absolutismus in Romanform. Mit *Dafne* (1627), einer Übertragung aus dem Italienischen, legt er den ersten deutschen Operntext vor (die Musik von Heinrich Schütz ist verloren), mit der *Schäfferey Von der Nimfen Hercinie* (1630) »erfindet« er eine neue Gattung der Schäferdichtung. Daneben entstehen große Lehr- und Lobgedichte, Bibeldichtung (*Die Klage-Lieder Jeremia*, 1626; *Salomons . . . Hohes Liedt*, 1627; das biblische Drama *Judith*, 1635; *Die Psalmen Davids*, 1637) und das epische *TrostGedichte In Widerwertigkeit Des Krieges* (entstanden 1620–21, gedr. 1633). Mit der Edition des frühmittelhochdeutschen *Annoliedes* (1639) schließlich bekräftigte er die kulturpatriotischen Hinweise auf das ehrwürdige Alter der deutschen Poesie in seiner *Poeterey*.

Mit O., dem »Vater der deutschen Dichtung«, hatte die deutsche Literatur mit großer Verspätung Anschluß an die europäische Entwicklung gefunden. Die Anerkennung für seine literarische und organisatorische Leistung blieb nicht aus: Poeta laureatus (1625), Adelserhebung (1627), Aufnahme in die Fruchtbringende Gesellschaft (1629). Doch bei aller literarischen Geschäftigkeit verlor er seine diplomatische Karriere nicht aus den Augen. 1633 wechselte er in den Dienst der protestantischen Piastenherzöge von Liegnitz und Brieg – Dohna hatte vor den schwedischen Truppen fliehen müssen –, 1636 knüpfte er Beziehungen zum polnischen Hof und wurde ein Jahr später zum Hofhistoriographen des polnischen Königs ernannt; er nahm aber auch diplomatische Aufgaben wahr und versorgte den König mit politischen Analysen und Nachrichten. Und gleichzeitig zahlten ihm die Schweden ein Gehalt für Berichte über Polen. O. starb in Danzig an der Pest, nachdem er noch veranlaßt hatte, daß seine politische Korrespondenz vernichtet würde.

Werkausgabe: Gesammelte Werke. Kritische Ausgabe. Hrsg. von Georg *Schulz-Behrend*. Stuttgart 1968ff.

Literatur: *Grimm*, Gunter E.: Literatur und Gelehrtentum in Deutschland. Tübingen 1983. S. 115–222; *Drux*, Rudolf: Martin Opitz und sein poetisches Regelsystem. Bonn 1976; *Garber*, Klaus: Martin Opitz – der ›Vater der deutschen Dichtung‹. Stuttgart 1976; *Szyrocki*, Marian: Martin Opitz. München ²1974.

Volker Meid

Oswald von Wolkenstein

Am Dom zu Brixen findet sich ein Gedenkstein, der einen bärtigen Mann mit Kreuzesfahne und Schwert zeigt. Vor einer Pilgerfahrt ins Heilige Land ließ ihn der Dichter selbst errichten: Es ist die älteste lebensgetreue Darstellung eines deutschen Dichters. Später folgen das ebenfalls porträthafte erste Vollbild (in der ältesten Wolkenstein-Handschrift A von 1425) und ein Brustbild (in der zweiten zu O.s Lebenszeit entstandenen Handschrift B von 1432), das ihn einäugig darstellt. So einzigartig, wie sich O. in die Geschichte der deutschen Dichterbiographien einführt, so einmalig ist auch seine Stellung in der heutigen Literaturgeschichtsschreibung: Er erscheint als der bedeutendste deutsche Lyriker des Spätmittelalters, der durch ein in Sprache, Formgebung, Metaphorik und Thematik höchst originelles Werk herausragt. Es sieht so aus, als wollte er alle lyrischen Gattungstypen erproben: vom Marienlob, von religiösen Sündenklagen und Beichtliedern über traditionelle Minnestrophen, Tagelieder, Frauenpreislieder und z.T. recht freizügige Pastourellen, über Reiselieder bis hin zu Spruch- und Kalendertexten. O. war ein viel und weit gereister Mann, davon zeugen seine Lieder (erwähnt werden Litauen, Portugal, Persien u. a.); er sprach nach eigenen Angaben zehn Sprachen (s. seine polyglotten Lieder). Er war überdies ein Sprachkünstler, der Wort- und Lautspiele virtuos handhabte. Auch als Komponist seiner Texte war O. ein vielseitiger Neuerer, sei es in der Art der Adaption romanischer Melodien oder in seinen eigenen Melodieschöpfungen. Von ihm sind die ältesten mehrstimmigen Liedkompositionen – erstmals auch in Mensuralnotation – bewahrt. Obwohl aber O. in viele politische Ereignisse der Zeit verwickelt war, klingen diese eigenartigerweise kaum oder nur mit mehr privaten Episoden in seiner Lyrik an. Die seltsame Verknotung von Persönlichem und Toposhaftem in den Liedern erweckte eine Forschungsdiskussion über das Verhältnis von Dichtung und Realität.

So sehr O. das heutige Bild der Literatur des 15. Jahrhunderts beherrscht, so wenig scheint er zu seiner Zeit als Dichter gewirkt zu haben. Außer den beiden von ihm wohl selbst initiierten Liederhandschriften (und einer Abschrift nach seinem Tode), welche rund 130 Lieder in zum Teil unterschiedlichen Fassungen bewahren, zeugen von ihm, anders als von Dichtern wie etwa Walther von der Vogelweide, keine Apostrophen bei anderen zeitgenössischen oder späteren Autoren. Er wirkte in der Zeit des beginnenden Meistersangs: Seine zum Teil hochartifiziellen Lieder waren allem Anschein nach außerhalb seiner persönlichen Sphäre wenig gefragt. Diesen Eindruck vermittelt auch die Überlieferung, denn in den Sammelhandschriften des 15. Jahrhunderts ist er, anders als etwa sein Zeitgenosse, der Mönch von Salzburg, nur mit ganz wenigen, meist untypischen Texten – und zudem durchweg anonym – vertreten.

So außergewöhnlich und vielgesichtig wie die Dichterpersönlichkeit scheint auch der Südtiroler adlige Standesherr und Ritter, der sich nach der Stammburg des Geschlechts im oberen Grödnertal nannte, gewesen zu sein. Sein genialisch-bewegtes Leben ist in über 1000 Urkunden bemerkenswert reich bezeugt. Das Geburtsjahr muß zwar erschlossen werden (man einigt sich neuerdings auf 1377), ebenso der Geburtsort (Burg Schöneck im Pustertal). Die Jugendzeit wird auf Grund seines vielleicht bekanntesten Liedes, des sog. Rückblickliedes *Es fügt sich*, rekonstruiert: Danach soll er mit zehn Jahren von zu Hause fortgezogen sein. Im Jahre 1400, dem Todesjahr König Wenzels, dürfte er nach einem abenteuerreichen Wanderleben zurückgekehrt sein. Das weitere Leben des anfangs wenig begüterten Zweitgeborenen war geprägt von Anstrengungen, seine materielle und soziale Lage zu verbessern, wodurch er immer wieder in Auseinandersetzungen mit Verwandten und Nachbarn geriet. Besonders der Erbschaftsstreit um seinen Wohnsitz, Burg Hauenstein am Schlern, mit dem Mitbesitzer Martin Jäger brachte ihn zeitweilig in Bedrängnis, selbst Gefangenschaften beklagt er in mehreren Liedern. O. war Mitglied des Südtiroler Adelsbundes und mischte kräftig mit bei der Opposition gegen den österreichischen Landesfürsten. Er nahm an diplomatischen Missionen und an Feldzügen König Sigismunds teil (z.B. gegen die Hussiten 1420 und 1431; vgl. das *Hussitenlied*). Auch während des Konstanzer Konzils (1414–1418; Reflexe davon z.B. im *Überlinger Lied*) gehörte er zum Gefolge des Königs. Der Wunsch, dem Geheimbund der Feme beizutreten, führte ihn nach Westfalen (vgl. das *Deutschlandreise-*

lied). Er erwirbt schon früh eine Pfründe im Kloster Neustift, schließt auch einen Dienstvertrag mit dem Brixener Bischof, den er jedoch schon bald wieder löst. 1417 heiratet er Margarethe von Schwangau, die er in den wohl ältesten privaten deutschen Liebesliedern besingt. Am 2. August 1445 stirbt einer der eigenwilligsten deutschen Lyriker, ein unruhiger politischer Kopf, in dem manche einen frühen Renaissancemenschen sehen wollen, in Meran. Beigesetzt ist er im Kloster Neustift.

Werkausgabe: *Klein*, Karl Kurt (Hrsg.): Oswald von Wolkenstein. Die Lieder. 3. neubearb. u. erw. Aufl. hg. v. Hans *Moser*, Norbert Richard *Wolf*, Notburga *Wolf*. Tübingen 1987.
Literatur: *Joschko*, Dirk: Oswald von Wolkenstein. Eine Monographie zu Person, Werk u. Forschungsgeschichte. Göppingen 1985; *Röll*, Walter: Oswald von Wolkenstein. Darmstadt 1981; *Müller*, Ulrich (Hg.): Oswald von Wolkenstein. Darmstadt 1980; *Mück*, Hans-Dieter: Die ›Streuüberlieferung‹ von Liedern und Reimpaarreden Oswalds von Wolkenstein: 2 Bde. Göppingen 1980.

Günther Schweikle

Otfried von Weißenburg
im 9. Jahrhundert

Der Mönch O. aus dem lothringischen Kloster Weißenburg nimmt in mehrfacher Hinsicht in der deutschen Literaturgeschichte eine Sonderstellung ein: Er ist der erste namentlich bekannte Dichter und Poetologe deutscher Zunge. Sein Werk, eine Evangelienharmonie, ist überdies so genau datierbar, wie es in der Regel frühestens im 13. Jahrhundert wieder der Fall ist. Ermöglicht wird dies durch mehrere Widmungen, die O. seinem Werk beigab: in althochdeutscher Sprache gerichtet an den weltlichen Oberherrn, König Ludwig den Deutschen (843–876) und an seinen ehemaligen Lehrer, Bischof Salomon I. von Konstanz (849–871), in lateinischer Sprache an den geistlichen Oberherrn, den Erzbischof Liutbert von Mainz (863–889). Aus den Regierungszeiten dieser Adressaten läßt sich der Abschluß des Werks auf die Jahre 863 bis 871 eingrenzen. Aus einer vierten (althochdeutschen) Zuschrift an die St. Galler Mönche und Studienfreunde Hartmuat und Werinbert ist überdies zu erfahren, daß O. in Fulda studierte, dem damaligen Wirkungsort des Hrabanus Maurus, berühmt als »praeceptor Germaniae«. Im Akrostichon dieser Widmung nennt sich der Autor selbst: *Otfridus Uuizanburgensis monachus*. Außerdem bezeichnet er sich in zwei Urkunden des Klosters (eine davon datiert: 29. 9. 851) als Schreiber (»Ego Otfrid scripsi et subscripsi«). Darüber hinaus findet sich in einer Handschrift des 10. Jahrhunderts ein lateinisches Gedicht auf einen Lehrer der Weißenburger Klosterschule mit dem Namen O.

O. ist der Verfasser der ersten umfangreicheren (End-)Reimdichtung des Abendlandes. Und nicht nur das: Er lieferte auch die ersten literatur- und sprachkritischen Überlegungen über ein volkssprachliches Werk. In der lateinischen Zuschrift und im ersten Kapitel, »Cur scriptor hunc librum theotisce dictaverit«, stellt er für seine Dichtung ausdrücklich den Endreim als Versmerkmal der lateinischen Versstruktur (»metrica constricta« – »durch Metrum gebändigt«) gegenüber. – Im 19. Jahrhundert, einer Zeit germanophiler Stabreimbegeisterung, wurde der endreimende O. im Gegensatz zum anonymen Verfasser des eine Generation früher entstandenen altsächsischen stabgereimten *Heliand* (ebenfalls eine Evangelienharmonie) abgewertet. Da der Stabreim als alleiniges genuin germanisches Versband proklamiert wurde, blieb für O.s Endreim lediglich die Herkunft aus kirchlichen Dichtungstraditionen, eine griffige Formel, die bis heute nachgeschrieben wird, obwohl vor O. keine mit seinem Werk vergleichbaren lateinischen Reimdichtungen bezeugt sind, nennenswerte lateinische Reimdichtungen vielmehr erst über ein Jahrhundert später begegnen. Die Hypothese des aus kirchlich-lateinischen Traditionen bezogenen Endreims steht zudem in eklatantem Widerspruch zu O.s sich komplementär stützenden poetologischen Äußerungen. Entsprechend der damaligen Bildungssituation mißt er generell seine eigene (althochdeutsche) Sprache und die seines Werks an der übermächtigen lateinischen Tradition. Er beruft sich allein ästhetisch (nicht formal) auf die klassischen Dichter Vergil, Lukan, Ovid und die spätantiken christlichen Autoren Juvencus, Arator, Prudentius. Als Anreger nennt er in der lateinischen Zuschrift an seine Klosterbrüder eine (nicht identifizierte) Dame namens Judith, als den direkten Anlaß zu einer deutschsprachigen Dichtung den Wunsch, durch sie anstößige volkssprachliche Dichtungen (»cantus obscenus«) zu verdrängen.

Eingeteilt ist das über 7000 Reimpaare umfassende Werk nach den fünf Sinnen in fünf Bücher. Die aus den vier Evangelien kompilierte Erzählung des Christuslebens folgt dem kirchlichen Perikopensystem (Evangelienabschnitte). Sie ist immer wieder durch Betrachtungen unterbrochen, in denen das Geschehen, entsprechend der mittelalterlichen exegetischen Praxis, in dreifachem Sinne (spiritualiter, d.h. dogmatisch, mystice, d.h. allegorisch, und moraliter) gedeutet wird. In der Kommentierung folgt O. dem englischen Kirchenlehrer Beda (um 700) und Alkuin, dem Leiter der karolingischen Hofschule (8. Jh.). Seinem Werk läßt sich (neben dem *Heliand*) noch die um 830 entstandene althochdeutsche Prosaübersetzung der Evangelienharmonie des Syrers Tatian vergleichen.

Überliefert ist O.s Werk in vier Handschriften (eine erstaunlich hohe Zahl für die althochdeutsche Zeit), eine davon mit drei Bildern. In einer der Handschriften glaubt man, in den Korrekturen die Hand des Dichters selbst zu erkennen. O.s Evangelienharmonie gehört zu den ersten altdeutschen Werken, die in der Neuzeit wiederentdeckt wurden. Sie erscheint bereits 1486 im *Catalogus illustrium virorum germaniam ...* des Abtes Johannes Trithemius und wird 1571 von Matthias Flacius Illyricus erstmals herausgegeben.

Werkausgabe: *Belkin*, Johanna/*Meier*, Jürgen: Bibliographie zu Otfrid von Weißenburg und zur altsächsischen Bibeldichtung (Heliand und Genesis). Berlin 1975.
Literatur: *Kartschoke*, Dieter: Altdeutsche Bibeldichtung. Stuttgart 1975; *Erdmann*, Oskar (Hrsg.): Otfrid von Weißenburg: Otfrids Evangelienbuch. 6. Aufl. besorgt von Wolff, Ludwig. Tübingen 1973; *Schweikle*, Günther: Die Herkunft des ahd. Reimes. Zu Otfrieds von Weißenburg formgeschichtlicher Stellung. ZfdA 96 (1967) 165–212; wieder in: Ulrich *Ernst*/Peter-Erich *Neuser* (Hrsg.): Die Genese der europäischen Endreimdichtung. Darmstadt 1977, S. 287–355.

Günther Schweikle

Perutz, Leo
Geb. 2. 11. 1882 in Prag; gest. 25. 8. 1957 in Bad Ischl

»Er könnte einem Fehltritt Franz Kafkas mit Agatha Christie entsprossen sein.« So charakterisiert Friedrich Torberg P. in seiner Anekdotensammlung *Tante Jolesch* und spielt damit auf die besondere Mischung an, die P.' Werk kennzeichnet: Es verbindet spannende Unterhaltung mit verwirrender Tiefgründigkeit, Popularität mit sprachlicher Meisterschaft. Die Neigung zur Genauigkeit mag in P.' Biographie angelegt sein. Als Sproß einer Prager Kaufmannsfamilie, die 1899 nach Wien übersiedelte, schlug er 1905 die berufliche Laufbahn eines Versicherungsmathematikers ein und erwarb sich in dieser Zunft durch die Entwicklung der sog. »Perutzschen Ausgleichsformel« bleibenden Ruhm. »Geradezu mathematische Präzision« (Egon Erwin Kisch) legte P. auch bei der Bearbeitung literarischer Stoffe an den Tag. Erst nach jahrelangem Feilen erschien 1915 sein Erstlingswerk *Die dritte Kugel*. Der historische Roman aus der Zeit der Eroberung Mexikos durch Cortez brachte P. begeisterte Kritiken ein und machte ihn über seinen Freundeskreis um Richard A. Bermann und Ernst Weiß hinaus bekannt. Bereits sein nächster Roman *Zwischen neun und neun* von 1918 war einer der größten Erfolge des deutschen Buchmarktes in der unmittelbaren Nachkriegszeit; er wurde in sieben Sprachen übersetzt, dramatisiert und kopiert: Alfred Hitchcock benutzte einen Teil der Handlung in seinem Krimi *The Lodger*.

Anfang der 20er Jahre ermöglichte P. der große Publikumserfolg der Romane *Der Marques de Bolibar* (1920) und *Der Meister des Jüngsten Tages* (1923), seinen bürgerlichen Beruf aufzugeben und sich ganz der schriftstellerischen Tätigkeit zu widmen. In der Wiener Literaten-Szene um das Café Herrenhof wurde er zur bekannten und wegen seines bissigen Humors gefürchteten Figur. In Deutschland gelang P. der endgültige Durchbruch, als sein Roman *Wohin rollst du, Äpfelchen…* 1928 in der *Berliner Illustrirten Zeitung*, der damals auflagenstärksten Illustrierten des Kontinents, in Fortsetzungen erschien. Mit dieser Geschichte vom Rachefeldzug eines österreichischen Kriegsgefangenen gegen seinen russischen Lagerkommandanten in den Wirren des Kriegsendes, die von der Kolportage aktueller Ereignisse zum perfekten Wahnbild der Umbruchszeit anschwillt, prägte P. eine neue Literaturform an der Grenze von Unterhaltungs- und Hochliteratur.

Die Machtübernahme der Nationalsozialisten veränderte P.' Lage grundlegend. Die Verbreitung seiner Werke in Deutschland wurde zunächst behindert, dann verboten. Der historische Roman *Der schwedische Reiter*, den P. als sein bestes Werk bezeichnete, erreichte beim Erscheinen 1936 sein Publikum nicht mehr. Nach dem Anschluß Österreichs ans Deutsche Reich emigrierte P. über Italien nach Palästina, wo er bald zu seinem Beruf als Mathematiker zurückkehrte. Völlig isoliert vom literarischen Leben versiegte seine schriftstellerische Tätigkeit während des Zweiten Weltkriegs weitgehend.

Erst am Beginn der 50er Jahre vollendete P. sein spätes Meisterwerk *Nachts unter der steinernen Brücke* (1953). Der »Roman aus dem alten Prag«, so der Untertitel der ersten Ausgaben, besteht aus fünfzehn raffiniert verwobenen, eigenständigen Erzählungen, die P. teilweise schon in den 20er Jahren konzipiert und veröffentlicht hatte. Erzählt wird, wie der legendäre Rabbi Loew mit Hilfe der jüdischen Zahlenmystik, der Kabbala, die Träume seiner Zeitgenossen manipuliert und so in die Geschichte eingreift, wie Kaiser Rudolf II. der Melancholie verfällt und – in einem Epilog – wie eine jüdische Legende in die Gegenwart getragen wird. Am Ende des Romans ordnen sich Tatsachen und Trugbilder zu einer höheren Wirklichkeit, einer konkreten Phantasiewelt, mit der P. den Mythos seiner Heimatstadt Prag weiterträumt. P.s Roman beschreibt den Beginn jüdischer Eigenständigkeit und Kultur im österreichischen Kaiserreich, P.s Biographie markierte ihr Ende. So ist es nicht verwunderlich, daß er wie Joseph Roth mit dem Legitimismus symphatisierte und der Habsburger-Vergangenheit nachtrauerte.

Weder persönlich noch literarisch gelang es P., nach Kriegsende im deutschen Sprachraum wieder Fuß zu fassen. Während er in Südamerika mit Unterstützung emigrierter Freunde und namhafter Autoren wie Jorge Luis Borges literarischen Ruhm erntete, blieben die deutschsprachigen Ausgaben seiner Werke bedeutungslos. Die Remigration scheiterte; lediglich seine Sommerferien verbrachte P. regelmäßig im kaiserlichen Bad Ischl, wo er 1957 überraschend verstarb.

P., der privat freundschaftlichen Umgang mit so gegensätzlichen Charakteren wie Egon Erwin Kisch und Josef Weinheber pflegte, der in der Öffentlichkeit aber jede persönliche Äußerung vermied, entzieht sich auch einer eindeutigen literarhistorischen Bestimmung. Jenseits biographischer Bezüge läßt sich sein Werk weder der psychologisierenden »Wiener Moderne« noch der theologisierenden »Prager deutschen Literatur« zuordnen; statt dessen besitzt es sein eigenes Strukturprinzip: die Formel »Mystik plus Mathematik«.

Werkausgabe: Leo Perutz. Taschenbuch-Gesamtausgabe. 11 Bde. Reinbek bei Hamburg 1987–1991.
Literatur: *Müller*, Hans-Harald, *Schernus*, Wilhelm (Hrsg.): Leo Perutz. Eine Bibliographie. Frankfurt a. M. 1990; *Müller*, Hans-Harald, *Eckert*, Brita (Hrsg.): Leo Perutz 1882–1957. Eine Ausstellung der Deutschen Bibliothek. Frankfurt a. M./Wien/Darmstadt, 1989; *Lüth*, Reinhard: Drommetenrot und Azurblau. Studien z. Affinität von Erzähltechnik u. Phantastik in Romanen von Leo Perutz und Alexander Lernet-Holenia. Meitingen 1988. *Stefan Bauer*

Der Pfaffe Konrad
in der zweiten Hälfte 12. Jahrhundert

Eine mit 39 bemerkenswerten Federzeichnungen geschmückte Handschrift vom Ende des 12. Jahrhunderts (Handschrift P, heute in Heidelberg) überliefert eine der frühesten epischen Dichtungen mit weltlichen Stoffen in der Stauferzeit, das *Rolandslied* (etwas älter sind nur das *Alexanderlied* des Pfaffen Lamprecht und die anonyme *Kaiserchronik*). Im Epilog dieses Werkes nennt sich der Verfasser als *phaffe Chunrat* (v. 9079). Außerdem erwähnt er – eine Novität in der Literatur dieser Zeit –, er habe eine französische Vorlage (eine Version der altfranzösischen *chanson de Roland*, um 1100) erst ins Lateinische, die immer noch vorherrschende Literatursprache der Zeit, dann ins Mittelhochdeutsche übertragen: Ein bedeutsamer Hinweis auf die Mehrsprachigkeit an den damaligen Höfen. K. gibt überdies einen Auftraggeber an (v. 9017 ff.), der ihm die »matteria« aus Frankreich verschafft und, auf Wunsch seiner Gattin, eine Übersetzung ins Deutsche erbeten habe. Allerdings sind K.s Worte nicht eindeutig: Er nennt seinen Gönner nur ›Herzog Heinrich‹, dessen Gattin »eines mächtigen Königs Kind.« In der Forschung wurden diese Angaben kontrovers gedeutet. Man dachte an Herzog Heinrich den Stolzen von Bayern (1126–1139), vermählt mit Gertrud, der Erbtochter Kaiser Lothars III. von Supplinburg, oder an den bairisch-österreichischen Herzog Heinrich Jasomirgott (1143–1156, gest. 1177), zuerst vermählt mit der Witwe Heinrichs des Stolzen, seit 1148 mit der byzantinischen Prinzessin Theodora, und schließlich an Heinrich den Löwen (1139–1180), den Sohn Heinrichs des Stolzen. Dieser war mit Mathilde, der Tochter des englischen Königs Heinrich II. und der Eleonore von Aquitanien verheiratet, der berühmten Mäzenin, die ihre kulturellen Interessen offenbar weitergab; ihre andere Tochter, Marie de Champagne, sicherte sich vor allem durch die Förderung Chrestiens de Troyes, des Schöpfers des französischen Artusromans, einen Platz in der Literaturgeschichte. In den letzten Jahrzehnten wurde diese letzte Hypothese favorisiert: Der Umweg des Pfaffen K. bei seinem Übersetzungsauftrag über das Lateinische paßt zu dem sich stärker an lateinischen Literaturtraditionen orientierenden sächsischen Herrscherhaus, insbesondere zur vorwiegend religiösen Auftragskunst als Mittel der Repräsentation und Herrscherlegitimation Heinrichs des Löwen. Mit dieser Hypothese ergäbe sich als Entstehungsort des Werkes das welfische »Kulturzentrum« Regensburg (auf das spezifische Kenntnisse des Autors und einige Namen verweisen) oder auch Braunschweig, die Hauptresidenz Heinrichs des Löwen (über deren Reliquienkult K. informiert). An beiden Orten könnte K. als Weltgeistlicher (in der herzoglichen Kanzlei?) oder als Kanoniker in einem Stift gewirkt haben. Die Entstehungszeit des *Rolandsliedes* wäre dann um 1170 anzusetzen, eine Zeit, die gerade noch zum frühhöfischen Sprach- und Darstellungsstil des Werkes passen würde: Das *Rolandslied* ist z. B. noch nicht vom aufdämmernden Frauenkult der Stauferzeit berührt; die Verlobte Rolands spielt sogar im Vergleich mit der älteren französischen Vorlage eine recht nebensächliche Rolle (man vergleiche dazu, wie Frauenrollen in wenig späteren epischen Werken, etwa in Veldekes *Eneit*, an Bedeutung gewinnen). K. verfährt indes auch sonst frei mit seiner Vorlage: Er erweitert sie von 4000 Versen auf 9094 Verse und wandelt das von einem frühzeitlichen Nationalgefühl (»la douce France«) getragene französische Heldengedicht (»chanson de geste«) in ein stärker christlich orientiertes Märtyrergeschehen um. Die zur Zeit K.s immer wieder aufflammenden Kreuzzugsaufrufe bilden hier einen politischen Hintergrund für die Kämpfe Rolands gegen die Heiden. Demgemäß wird z. B. Kaiser Karl als »gotes dienestman« apostrophiert, die kämpfenden Helden erscheinen als »milites christiani«.

Die handschriftlichen Zeugnisse des Werks (2 Handschriften, 4 Fragmente) stammen noch aus dem 12. Jahrhundert. Sie gehören verschiedenen Dialektgebieten an, was auf eine rasche und weite Verbreitung des *Rolandsliedes* hinweist. Im 13. Jahrhundert wurde es vom Stricker zu einem stauferfreundlichen Karls-Epos ausgeformt. Weltliterarisches Niveau erlangte der Stoff zu Anfang des 16. Jahrhunderts durch Ariosts *Orlando furioso*.

Werkausgabe: Das Rolandslied des Pfaffen Konrad. Hrsg. von Carl *Wesle*. 3. durchges. Aufl. bes. von Peter *Wapnewski*. Tübingen 1985 (ATB 69).
Literatur: *Kartschoke*, Dieter: Die Datierung des deutschen Rolandsliedes. Stuttgart 1965.

Günther Schweikle

Piontek, Heinz
Geb. 15.11.1925 in Kreuzburg/Oberschlesien

Anläßlich der Verleihung des Büchner-Preises an P. 1976 sprach der Dichter von der »Befreiung des Schönen«, gegen dessen Tabuisierung er sich immer wieder gewandt hat, und von der Wiedergewinnung der Lyrik in unserer Zeit. In seinem weitgefächerten Werk, das Gedichte, Erzählungen, Essays, Romane, Reiseprosa und Hörspiele umfaßt, ging P. früh seinen eigenen Weg, jenseits von literarischen Modeströmungen und ungeachtet Theodor W. Adornos Verdikt, daß das Gedicht nach Auschwitz unmöglich sei.

Der aus dem Geburtsort Gustav Freytags stammende Sohn eines Fleischers, der seine Kindheit und Jugendzeit in dem 1984 erschienen autobiographischen Roman *Zeit meines Lebens* schildert, und dessen Fortsetzung 1989 unter dem Titel *Stunde der Überlebenden* die Zeit beim Reichsarbeitsdienst 1943 bis zur Flucht bei Kriegsende erzählt, mußte 1943 die Schule verlassen und in den Krieg ziehen. Nach seiner Entlassung aus amerikanischer Gefangenschaft (1945) im Bayrischen Wald verrichtete er zunächst Gelegenheitsarbeiten und holte daneben das Abitur nach. Er studierte Germanistik und begann sich seit 1948 als Schriftsteller durchzusetzen. Ausgehend von Naturlyrik beschäftigt sich P. aber schon bald mit Themen aus der ihm vertrauten Arbeitswelt (Gedichte über Bauarbeiter, Straßenwärter, Landvermesser etc.) und Zeitgeschichte und findet die ihm gemäße Form des erzählenden, pointierenden Kurzgedichts, von P. »Romanze« genannt. Eines seiner bekanntesten Gedichte, *Die Verstreuten*, thematisiert die Flucht der ostdeutschen Bevölkerung. Auch in seinen Erzählungen, die sich anfangs formal an der amerikanischen »short story« orientierten, gelingt P. bald sein eigener, chronologisch aufbauender Stil, mit dem er Themen aus Kriegs- und Nachkriegszeit und Jugenderinnerungen aus dem Osten gestaltet, um das Wesen des modernen Menschen erklärbar zu machen. Der Lyriker und der Erzähler in seiner Person, so P., seien nicht streng zu trennen. Dem »Lakonischen, Kurzangebundenen« im Gedicht entsprechen aphoristische Erzählungen (*Minima*). Viele von P.s Gedichten haben einen nachdenklich stimmenden Grundton wie z.B. das *Riederauer Gedicht*, das über das Verhältnis des Individuums zur Gesellschaft, die Tragfähigkeit der Sprache und über den Sinn von Leiden und Tod meditiert.

In seinem ersten Roman *Die mittleren Jahre* (1967) verarbeitet P. die Dialektik von Freiheit und Fesselung; der Autor legt großen Wert auf die eigene Freiheit. Curt Hohoff sagt, P. sei in erster Linie Autor, erst in zweiter Mensch: »Die Substanz geht in das Werk ein, so daß der Mensch schließlich unfaßbar wird.«

P. lebte acht Jahre lang in kleinen Städten an der Donau, seit 1961 in München. Er arbeitet an mehreren Zeitungen, Zeitschriften und Rundfunksendern mit. Wichtig für ihn ist das Subjektive, Persönliche; er stimmt nicht für soziales oder politisches Engagement des Schriftstellers. In P.s zweitem, 1976 veröffentlichen Roman *Dichterleben*, in dem die Selbsterfahrung des Schriftstellers Reichsfelder in einer ihm fremden Gesellschaft thematisiert ist, finden sich auch autobiographische Züge.

Werkausgabe: Piontek, Heinz: Werke in 6 Bänden. München 1982–85.
Literatur: *Horst*, Eberhard: Rede auf den Preisträger. In: Jahrbuch der Deutschen Akademie für Sprache und Dichtung (1976). S. 69–72; *Hohoff*, Curt u. a.: Heinz Piontek – Hinweise. Erläuterungen. Proben. Daten. Hamburg 1966.

Susanne Stich

Platen, August von
Geb. 24. 10. 1796 in Ansbach; gest. 5. 12. 1835 in Syrakus

»Graf Platen ist ein kleiner, verschrumpfter, goldbebrillter Greis von fünfunddreißig Jahren; er hat mir Furcht gemacht. Die Griechen sahen anders aus! Er schimpft auf die Deutschen gräßlich, vergißt aber, daß er es auf deutsch tut.« So berichtete der Komponist Felix Mendelssohn aus Neapel über den verbitterten Dichter. Weil P. als Sohn aus zweiter Ehe kein Erbe zu erwarten hatte, trat er, noch nicht zehnjährig, in das Kadettenkorps in München ein, im September 1810 wechselte er in die Pagerie, das Erziehungsinstitut für königliche Edelknaben, über. In der falschen Hoffnung, mehr Zeit für seine literarischen Neigungen zu gewinnen, erstrebte er den Soldatenberuf. Dieses zweifelhafte Motiv verleidete ihm denn auch die Militärzeit als Quälerei, und er ließ sich bereits 1818 beurlauben. An den Universitäten Würzburg und Erlangen widmete er sich dem Studium moderner und älterer Sprachen und Literaturen; er soll außer Deutsch auch Französisch, Englisch, Italienisch, Spanisch, Portugiesisch, Lateinisch, Griechisch, Dänisch, Schwedisch, Holländisch und Persisch gelesen haben. Abneigung gegen das Militär, ein hoher Dichteranspruch und homoerotische Veranlagung verstärkten den Wunsch nach einer völlig unabhängigen Existenzweise: »Lieber betteln als meine Individualität opfern«, vertraute er bereits 1820 seinem Tagebuch an. 1824 reiste P. erstmals nach Italien. Seit 1826 hielt er sich, mit königlich-bayrischer Pension ausgestattet, von kurzen Aufenthalten in Deutschland abgesehen, ausschließlich in Italien auf, das er kreuz und quer durchstreifte, wobei Fußmärsche bis zu sechzig Kilometer pro Tag keine Seltenheit waren. Dem empfindlichen und polemischen Autor war Deutschland aus politischen und persönlichen Gründen fremd geworden. Für die Empfindlichkeit und Lust an der Polemik spricht unter anderem der Literaturstreit (1829/30) zwischen ihm, Karl Immermann und Heinrich Heine, bei dem P. Immermann als dichterischen Versager und Heine als penetranten Juden abkanzelte, Heine dagegen P.s Homosexualität und dichterischen Formalismus anprangerte und letztlich darauf aus war, sein Dichtungskonzept gegen das Unnatürliche, Schwächliche und Unzeitgemäße in P.s Werk durchzusetzen. Schon vor dieser unerquicklichen Fehde schreibt P. an Friedrich Wilhelm Joseph Schelling: »Die Welt ist so gestellt, daß ein Dichter eigentlich gar nirgends mehr hinpaßt, am wenigsten in sein Vaterland.« Thomas Manns Charakterisierung des verletzlichen, nur scheinbar formkalten Ästheten als einer Gestalt mit Tristan- und Don Quichote-Zügen ist durchaus berechtigt: Neben hochfahrendem Selbstlob und der skurrilen Jagd nach poetischem Nachruhm enthüllt vor allem das postum publizierte Tagebuch die psychische Zerrissenheit und geistige Standpunktlosigkeit des vielbelesenen Grafen. So bedeutete Form für ihn nicht bloß äußerlich ziselierte Einkleidung, sondern mühsam erreichte künstlerische Vollendung, ja geradezu existentiellen Halt. P. huldigte einem schon zu seiner Zeit antiquierten humanistischen Dichterideal: Auf Erlangens Straßen wandelte der Graf mit einem lorbeerumwundenen Hut. Obwohl er eine Reihe von literatenhaften Dramen (*Die verhängnisvolle Gabel*, 1826; *Der romantische Ödipus*, 1829) und ein Versepos, *Die Abassiden* (1834), verfaßte, wird er heute ausschließlich als Lyriker goutiert – weniger als metrisch gewiefter Verfertiger von Ghaselen (d.i. Gedichtform arabischen Ursprungs), Oden und Hymnen, doch als Verkünder einer untergangsbedrohten Schönheit. Die politische Verankerung von P.s Ästhetentum – seine »Zeitgedichte« und *Polenlieder* (1849) gehören zu den radikalsten Freiheitsdichtungen der Epoche – weist auf das an Dante orientierte Dichterverständnis des späten Stefan George voraus: der Dichter amtet als pseudosakraler Richter über die fehlgeleiteten Zeitgenossen. Zunehmend prägt die Todessehnsucht P.s Werk in einem Maße, das über den zeitspezifischen Weltschmerz hinausgeht. Fast erhält sein eigener Tod etwas Symbolisches: Aus Furcht vor der grassierenden Cholera flüchtete er nach Syrakus; von einer Kolik befallen, wähnte er sich von der Epidemie erfaßt und nahm eine Überdosis Abwehrmittel. Sie im Verein mit der Kolik führte zu seinem Tod.

Literatur: *Bumm*, Peter: August Graf von Platen. Eine Biographie. Paderborn/München/Wien/Zürich 1990; *Busch*, Frank: August Graf von Platen, Thomas Mann. Zeichen und Gefühle. München 1987; *Teuchert*, Hans-Joachim: August Graf von Platen in Deutschland. Zur Rezeption eines umstrittenen Autors. Bonn 1980; *Link*, Jürgen: Artistische Form und ästhetischer Sinn in Platens Lyrik. München 1971. *Gunter E. Grimm*

Plenzdorf, Ulrich
Geb. 26.10.1934 in Berlin

P. ist einer der populärsten, erfolgreichsten, meistübersetzten Autoren seiner Generation. Daß er dies als literarischer Autor – und nicht nur als Filmszenarist – ist, hat er paradoxerweise der repressiven Literaturpolitik der DDR zu verdanken. Sie drängte ihn aus dem als massenwirksam und damit gefährlich taxierten Medium Film in ›nur‹ literarische Genres ab und verhalf damit den *Neuen Leiden des jungen W.* (1972) zu Weltruhm. Dennoch war und ist P. nach seinem eigenen Verständnis Drehbuchautor – freilich einer, der das anspruchsvolle Genre des literarischen Szenariums mitkreiert hat.

P. entstammt einer Kreuzberger Kommunistenfamilie (der Vater war Fotograf bei der *Arbeiter-Illustrierten-Zeitung*, die Eltern wurden in der Nazizeit zeitweise eingesperrt) und hat sich selber als von der Tradition her »rot bis auf die Knochen« bezeichnet. Als Schüler wurde er nach Schlesien evakuiert. Nach dem Krieg besuchte P. für kurze Zeit die reformpädagogische polytechnische »Schulfarm Scharfenberg« in Himmelpfort an der Havel, bis die Familie nach Ostberlin umzog. Nach dem Abitur 1954 studierte P. drei Semester Marxismus-Leninismus am Franz-Mehring-Institut in Leipzig. Danach war er für drei Jahre Bühnenarbeiter bei der DEFA, wo er das Filmemachen ›von unten‹ her kennenlernte. Nach seinem (freiwilligen) Militärdienst bei der Nationalen Volksarmee 1958/59 studierte P. bis 1963 Dramaturgie an der Filmhochschule in Potsdam-Babelsberg. 1964 debütierte er erfolgreich mit der historischen Komödie *Mir nach, Canaillen*. Sein zweites – ernsthaftes – Szenarium *Karla* (1978 verfilmt von Hermann Zschoche), ein Lehrstück über die krassen Widersprüche zwischen Ideal und Wirklichkeit in der DDR-Schule, wird ein Opfer der Kulturpolitik, die, nach dem 11. Plenum des Zentralkomitee der SED im Dezember 1965, einen ganzen DEFA-Jahrgang verbietet (sog. Regalfilme). Durch diese und andere schlechte Erfahrungen ernüchtert, läßt P. das 1968/69 entstandene Filmszenarium *Die neuen Leiden des jungen W.* in der Schublade liegen und veröffentlicht 1972, nach Ulbrichts Machtverlust, den gleichnamigen Prosatext, der, auch als Theaterstück nach der Uraufführung in Halle/Saale 1972, in und außerhalb der DDR zum großen Erfolg wird. P.s in der »Jeanssprache« geschriebene, von J.D. Salingers *Catcher in the Rye* beeinflußte Geschichte eines DDR-Jugendlichen, der sich von der langweiligen Pflicht- und Vorbildkultur seines Landes abnabelt, nach dem Beispiel von Goethes *Werther* seinem subjektiven Begehren folgt und am Ende umkommt, traf den Nerv des SED-Staates empfindlich und begeisterte die Jugend systemübergreifend. 1973 folgten eine Romanversion und ein zweites Filmskript (gleichfalls nicht realisiert), 1974 eine Hörspiel- und 1976 eine Fernsehfassung, so daß P.s Erfolgstitel in sieben selbständigen Versionen vorliegt. Großen Anklang fand auch der Film *Die Legende von Paul und Paula* (1974, Regie: Heiner Carow), wiederum eine Geschichte von Anpassung und Verweigerung im DDR-Alltag, dem P. 1979 den Roman mit märchenhaften Zügen *Legende vom Glück ohne Ende* hinterherschickte. Ein Jahr zuvor hatte P., der Prosaschreiben als eine »sehr einsame Sache« erlebt, großen Erfolg beim Klagenfurter Lesewettbewerb und errang den Ingeborg-Bachmann-Preis für seine Geschichte *kein runter kein fern* (die Basis war ein Hörspiel), die den inneren Monolog eines DDR-Hilfsschülers mit Jubelparolen aus dem Radio zum zwanzigsten Jahrestag der DDR durchsetzt. Ansonsten ist P. der Autor von Filmszenarien – fast immer nach fremden Vorlagen – geblieben. Die wichtigsten sind *Der alte Mann, das Pferd, die Straße* (1978) und *Der König und sein Narr* (1988, beide nach Martin Stade), *Glück im Hinterhaus* (1986, nach de Bruyn), *Insel der Schwäne* (1986, nach Benno Pludra), *Ein fliehendes Pferd* (1986, nach Martin Walser), *Es geht seinen Gang* (1980, nach Erich Loest) sowie *Zeit der Wölfe* (1990) und *Ein Tag, länger als ein Leben* (1990, beide nach Dschingis Aitmatow). Fast jeder dieser Filme (teilweise auch Theaterfassungen) wurde zu DDR-Zeiten verboten oder zumindest verschoben. P. war und blieb ein unbequemer Autor, der z.B. auch Ende 1976 die Petition gegen die Biermann-Ausbürgerung unterschrieb.

Literatur: *Mews*, Siegfried: Ulrich Plenzdorf. München 1984; *Brenner*, Peter J. (Hrsg.): Plenzdorfs *Neue Leiden des jungen W.* Frankfurt a.M. 1982.

Wolfgang Emmerich

Raabe, Wilhelm

Geb. 8. 9. 1831 in Eschershausen; gest. 15. 11. 1910 in Braunschweig

Gegen Ende des Jahres 1854 entschließt sich der 23jährige R. plötzlich, einen Roman zu schreiben. Er hatte sowohl die Schule als auch eine Buchhändlerlehre vorzeitig abgebrochen, bevor er aus der Braunschweiger Provinz an die Berliner Universität gekommen war, um sich als Gasthörer philosophisch-historischer Vorlesungen weiterzubilden. Der Erstlingsroman *Die Chronik der Sperlingsgasse*, veröffentlicht 1856 unter dem Pseudonym »Jacob Corvinus«, wird zu einem überraschenden Erfolg – R. kann triumphierend nach Hause in das kleinstädtisch-bürgerliche Milieu zurückkehren, das er als scheinbarer Versager verlassen hatte und das zeitlebens seine Welt wie die seiner Werke bleiben wird: »Das hervorstechend Angenehme, was die Franzosen gezeugt haben, ist Paris, das, was den Deutschen gelungen ist, sind die deutschen Mittelstädte.« In den folgenden Erzählungen und Romanen zeichnet sich allmählich als zentrales Thema seiner Werke ab: die Erinnerung an die Kindheit als Erinnerung an ein verlorenes authentisches Leben; noch im Spätwerk wird es heißen, »Heimweh« sei »die Quelle aller Poesie«. In Verbindung mit der in R.s Büchern geschilderten Provinzwelt ist es gerade dieses romantische Motiv, das zum Fehlurteil über ihn als Dichter beschaulicher Winkel geführt hat.

Nach der obligatorischen Bildungsreise (Dresden, Prag, Wien, Süddeutschland) und der anschließenden Verlobung zieht R. 1862, am Hochzeitstag, mit seiner Frau noch einmal in eine Großstadt, diesmal nach Stuttgart. Er hatte die Stadt auf der Reise als eines der Zentren des geistigen Lebens der Zeit kennengelernt und nimmt nun, »als junger Ehemann im vollen geselligen, litterarischen und – politischen Tummel und Taumel der Tage«, an diesem Leben teil; er trifft u.a. Friedrich Theodor Vischer, Paul Heyse und Ferdinand Freiligrath. Zum wesentlichen Bestandteil der Stuttgarter Jahre von 1862 bis 1870 wird die Freundschaft mit dem Ehepaar Jensen. Zwischen Marie Jensen und R. entsteht eine starke geistige und emotionale Beziehung; zusammen mit Wilhelm Jensen, einem damals bekannten Schriftsteller und Journalisten, tritt er öffentlich für die liberalen Ideale des Bürgertums und für die kleindeutsche Reichseinheit unter preußischer Führung ein. In Stuttgart schreibt R. den Entwicklungsroman *Der Hungerpastor* (1864), der bald Aufnahme in den bürgerlichen Bildungskanon fand, sein größter Verkaufserfolg wurde und bis heute sein bekanntester Roman geblieben ist. Doch schon bei den nächsten größeren Werken, *Abu Telfan oder Die Heimkehr vom Mondgebirge* (1867) und *Der Schüdderump* (1869), läßt das Interesse des Publikums nach, das biedermeierliche Idyllen wünscht, während in seinen Büchern das kritische Potential immer deutlicher hervortritt. Besonders *Abu Telfan* dokumentiert in einer für R. spezifischen Form den Niedergang bürgerlicher Ideale, wie er dann in der wilhelminischen Gesellschaft offen zu Tage treten wird. Indem der Roman einer philisterhaften Bürgerwelt gesellschaftliche Außenseiter gegenüberstellt, die für die aufklärerischen Ideale autonomer Menschlichkeit einstehen, kann gerade solches Außenseitertum sowohl Mißstände einklagen wie zum Appell an die Gesellschaft werden. In diesem zweiten zentralen

Thema R.s liegt der eigentlich realistische Kern seiner Werke begründet, denn die Außenseiter sind keineswegs einfach die humorvoll geschilderten kauzigen Sonderlinge, als die sie oft gesehen werden.

Ziemlich überstürzt zieht die Familie R. 1870, mitten in den Wirren der Mobilmachung für den Deutsch-Französischen Krieg, endgültig zurück in die heimatliche »Mittelstadt« Braunschweig. Vermutlich haben der Wegzug der Jensens, die weiter sinkenden Verkaufszahlen seiner Bücher und die allgemeine geistige Entwicklung des deutschen Bürgertums zu R.s resignativem Rückzug ins Private geführt. Jedenfalls lebt er nun bis zu seinem Tod die Existenz eines patriarchalischen Familienvaters und Stammtischgenossen, wie sie in seine Bücher passen würde. Verbindungen nach außerhalb bestehen fast nur noch durch den Briefwechsel mit Freunden aus der Stuttgarter Zeit, vor allem mit dem Ehepaar Jensen. Die neu entstehenden Bücher werden kaum noch gekauft oder beachtet – »Ein gutes Zeichen. Ich werde immer unter den großen Toten mitaufgeführt« – , denn R. weigert sich weiterhin entschieden, Zugeständnisse an den Publikumsgeschmack zu machen. Erst viel später, als er sich schon als »Schriftsteller a. D.« bezeichnet, gelingt es seinen Stammtischfreunden, aus Anlaß seines siebzigsten Geburtstags eine R.-Renaissance in Deutschland einzuleiten: Man kennt ihn plötzlich wieder, seine Bücher werden gelesen, und nach seinem Tod konstituiert sich sogar eine »Raabe-Gemeinde«. Jedoch geschieht dies alles aus dem Geist des wilhelminischen Lehrerbeamtentums, das in R. vor allem einen humorvollen Weltweisen erkennen will. Aus heutiger Sicht sind es unter seinen fast siebzig Werken in erster Linie solche aus der Braunschweiger Zeit, denen er seine literarische Anerkennung verdankt. Auch er selbst bezeichnet dann seine bekanntesten Bücher, die *Chronik* und den *Hungerpastor*, als »abgestandenen Jugendquark« und schätzt das Spätwerk wesentlich höher ein. In ihm entwickelte er nämlich die bloße inhaltliche Gegenüberstellung von Philistertum und gesellschaftlichen Außenseitern weiter zur bipolaren Erzählstruktur von bürgerlichem Erzähler und einzelgängerischem Helden. Vor allem zeigt sich dies im *Stopfkuchen* (1891), den R. für sein bestes Buch hielt, und in *Die Akten des Vogelsangs* (1896), wo sich die bipolare Struktur zudem mit dem Thema der verlorenen Kindheit verbindet. Besonders in diesen beiden Werken zeigt sich, wie es für R. immer schwieriger wird, der zunehmend undurchschaubarer werdenden Erfahrungswirklichkeit am Ende des 19. Jahrhunderts gerecht zu werden; aber – so schreibt er –: »Je mehr ihm das Leben entglitt, desto mehr wurde er Dichter.« Der angestrebte Verweisungsbezug der bipolaren Struktur führt deshalb zu immer komplexeren Erzählvorgängen. Schließlich beginnen sich in der endlos scheinenden Modulation und Assoziation von Bildungszitaten und Erinnerungsbruchstücken, die das Spätwerk zur ebenso anstrengenden wie lustvollen Lektüre machen, auch R.s eigene Begriffe und Wertvorstellungen aufzulösen – in den Bruchstellen erscheint der sensible, neurotisch-depressive R., den er selbst immer verleugnete und der doch in einzelnen Brief- und Tagebuchstellen erkennbar ist: » und so ist das, was ihr meine sonnige Heiterkeit nennt, nichts als das Atemschöpfen eines dem Ertrinken Nahen.« In den verzweifelten wie vergeblichen Versuchen R.s, der bildungsbürgerlichen Welt des 19. Jahrhunderts literarisch noch Sinn abzugewinnen, kündigt sich schon eines der wichtigen Themen des 20. Jahrhunderts an: die Problematik der Sprache selber. In diesem Spätwerk liegt demnach die Bedeutung R.s, eine Bedeutung, wie sie in seiner Epoche vielleicht nur noch Gottfried Keller und Theodor Fontane zukommt. Diese beiden wohnten 1854 auch in Berlin; aber der »Nesthocker« hat sie, es ist kaum verwunderlich, zeitlebens nicht persönlich kennengelernt.

Werkausgabe: Raabe, Wilhelm: Sämtliche Werke. Hrsg. von *Hoppe*, Karl. Fortgeführt von *Schillemeit*, Jost. 20 Bände. Freiburg i. Br./Braunschweig 1951 ff.

Literatur: *Denkler*, Horst: Wilhelm Raabe. Legende – Leben – Literatur. Tübingen 1989; *Helmers*, Hermann: Wilhelm Raabe. Stuttgart ²1978.

Helmuth Liebel

Rabener, Gottlieb Wilhelm
Geb. 17. 9. 1714 in Wachau bei Leipzig; gest. 22. 3. 1771 in Dresden

Ein geistiger Nachfahre und Herausgeber seiner Werke im 19. Jahrhundert, der Thüringer Dichter Ernst Ortlepp, sagte über den sächsischen Junggesellen R.: »Er kannte die Liebe, aber nicht die Wollust.« Diese Vermutung, auf das schriftstellerische Schaffen angewandt, heißt, R.s literarisches Bemühen als Überzeugung anzuerkennen, jedoch das gewisse Etwas zu vermissen, das andere, z.B. Christian Fürchtegott Gellert, seinen intimen Jugendfreund, vor ihm auszeichnet. Er geriet schon gegen Ende seines Lebens in Vergessenheit, errang keine große Bekanntheit über den mitteldeutschen Sprachraum hinaus. »Sein Witz war so moralinsauer wie die Moral, die er ironisierte.« Dieses Urteil gilt einem Dichter, der den Brotberuf des Finanzbeamten gewählt und entsprechend trocken zu formulieren gelernt hatte. Gleichsam als Prosaübung darf seine Sammlung steuer- und verfassungsrechtlicher Vorschriften der kursächsischen Landesverwaltung interpretiert werden. Der Witz des Beamten R. war spröde und an seiner unmittelbaren Erfahrungswelt orientiert. Nicht Fürsten waren seine Gesprächspartner, sondern Kollegen und das steuerpflichtige Publikum, Handwerker, Kaufleute, Bauern; sie sind auch die Akteure auf seiner Imaginationsbühne. Autorität, die Personen und Institutionen hätte eignen können, stellte er nicht in Frage, Respekt vor Repräsentanten des Staates ironisierte er nicht. Seine literarische Hinterlassenschaft zeugt von einem geharnischten, ironischen-satirischen Impetus gegenüber seiner Klientel, den R. im Brotberuf nicht einmal denken durfte; allein die Ausführung ermüdet, sie ist stilistisch brav und bieder. R. spürte instinktiv, wo seine schriftstellerischen Ambitionen am besten aufgehoben waren. Nicht die großen Formen waren sein Metier, sondern der Brief, die Abhandlung, das Portrait, das Märchen, das Gleichnis, Sprichwortkommentare und andere kleine Prosaformen. Es fehlte ihm sicherlich keineswegs der Mut, sich an Großformen zu versuchen. Satiren entsprachen aber eher seiner Lebenswelt, wenngleich er monierte: »Ich kann es nicht leiden, wenn ein Satyriker zu mürrisch, zu böse und zu ernsthaft wird. Ich fühle es, daß ich schon itzt mir oft Gewalt anthun muß, diese finstre Miene in meinen Schriften nicht merken zu lassen, welche mir außerdem bey meinem menschenfeindlichen Berufe fast natürlich werden will.« Jonathan Swift war sein großes Vorbild, doch dessen Souveränität erreichte er nie. Und nach den Erfahrungen mit den sächsischen Zensurbehörden, an denen er »sich nicht den Kopf zerstoßen will«, die also ebenso kleinlich wie die Finanzbehörden agierten, hielt er sich in seinen kleinen Formen an den Duktus der gängigen Moralsatire, die eher reserviert und distanziert wirkte, kein Stein für schmerzhaften Anstoß bedeutete. Satire galt in der Zeitgenossenschaft R.s durchaus noch als umstrittenes Genre, obwohl immer mehr Autoren die Moralsatire als Kritik übten, nicht um bestehende Verhältnisse grundlegend zu ändern, sondern Bestehendes zu verbessern. Nur die landestypische bzw. sprachgeographische Ausprägung zeitigte gewaltige Unterschiede. Während in England und Frankreich die Satire schon über ein eigenes Formenregister verfügte, gesellschaftlich etabliert war, wuchsen im deutschen Sprachraum erst behutsam die Wurzeln jener literarischen Gattung heran. Das Schreiben R.s ist dem Gedanken der Aufklärung verpflichtet: falsche, nicht vernunftbegründete Zöpfe möchte er abschneiden. Den Spiegel vorhaltend, sagt er: Seid nicht so töricht, bedenkt eure menschliche Gebrechlichkeit. Bestimmte gesellschaftliche Gruppierungen allerdings nahm Rabener aus. Dies trug ihm den Ruf ein, ein nur halbherziger Kritiker zu sein, den Satiren mangele es an Schärfe; denn Klerus und Aristokratie verschonte er weitgehend mit Spott und Hohn. Als Finanzbeamter in gehobener Position – er war Steuerrat – hatte er sicherlich augenfällige Gründe dafür; in seinem Systemkonformismus war er aber sicherlich kein Opportunist. Die Themen und Darsteller seiner Satiren suchte er mit Bedacht aus: kleine allzu menschliche Schwächen mit manchmal großen Wirkungen, kleine Leute, die sich groß aufblasen und nach ihrer Bloßstellung zusammenfallen wie eine leere Hülle. »Fabula docet«; das war R.s literarisches Credo. Durch Lesen lernen, das wünschte sich der Autor. Durch Schreiben sich distanzieren vom anderen Selbst, das trieb den Beamten zur Feder, imaginierte seine Satiren. Schreiben als Therapie und Kompensation. R.s *Sammlung satyrischer Schriften* (1751–55 in 4 Bdn. erschienen) erlebte bis 1777 elf Auflagen. Satiren wie *Versuch eines deutschen Wörterbuchs* und *Beytrag zum deutschen Wörterbuch* sind Beispiele der für R. typischen Literaturform, in der er alle möglichen Torheiten abhandelte. Die Sprache wirkte elegant, gefällig, war ein Kind ihrer Zeit, Galanterie. Die Diagnose, die er seinem Zeitalter stellte, kommunizierte er in Briefen; seine Satiren sprechen nicht von der pessimistischen Einschätzung, die seine letzten Jahre bestimmten. 1755 hörte er auf zu publizieren. Alles weitere sollte posthum veröffentlicht werden. Das literarische Vermächtnis wurde jedoch 1760 bei einem Brand vollständig zerstört. Die letzten Lebensjahre glichen den Leiden eines Clowns, der nicht mehr lachen kann. Ab 1765 machte ihm seine angegriffene Gesundheit zu schaffen. R. verdiene, »als Heiliger verehrt zu werden«, meinte Goethe. Aber auch die Rettungsversuche Ortlepps 1839 mit der Neuherausgabe seiner Schriften fruchteten nichts, R. geriet in Vergessenheit.

Werkausgabe: *Rabener*, Gottlieb Wilhelm. Sämtliche Schriften. Hrsg. von Ernst Ortlepp. 4 Bde 1839.

Literatur: *Jacobs*, Jürgen: »Die Laster auf ihrer lächerlichen Seite.« Zur Satire der deutschen Frühaufklärung. In: Erforschung der deutschen Aufklärung. Hrsg. v. Peter *Pütz*, Königstein 1980. S. 271–288; *Lazarowicz*, Klaus: Verkehrte Welt. Vorstudien zu einer Geschichte der deutschen Satire. Tübingen 1963.

Thomas Schneider

Raimund, Ferdinand Jakob

Geb. 1. 6. 1790 in Wien; gest. 5. 9. 1836 in Pottenstein/Niederösterreich

Einerseits gibt es da die polizeiamtlich bekannte »heftige Gemütsart des Ferdinand Raimund«, der sich vom Süßigkeitenverkäufer im Burgtheater zum Schauspieler, zur Volkstheater-Lokalgröße, emporgearbeitet hat. Dieser traktiert mit seinen Ausbrüchen bei Generalproben, mit seinem unerlaubten Extemporieren auf der Bühne die Geduld der Kollegen und des Publikums; er mißhandelt wörtlich und tätlich die Schauspielerkollegin Grünthal ebenso, wie er seine angetraute Ehefrau Luise, geborene Gleich, Tochter des Lokalstückdichters Josef Alois Gleich mit nie in Abrede gestellter Treulosigkeit, wiederholten Kränkungen, gar Schlägen und Mißhandlungen quält. Kaum ein Jahr verheiratet, trennt diese sich 1821 wieder von ihm; Anfang 1822 werden beide geschieden. Andererseits ließ der in allen Schauspielerfinessen erprobte R. sich völlig naiv in diese Eheposse zwingen, obwohl seine eigentliche Liebe lebenslang einer anderen, Toni Wagner, einer Kaffeehausbesitzerstochter, galt; er steht für die Ehre und das Kind einer ungeliebten Frau ein, die ihr Vater regelrecht für 500 Gulden in dem sogenannten Kinderballettskandal um den Grafen Alois Kaunitz »fleischlich gebrauchen« ließ. Sich daraus wieder zu befreien, gelang wohl nur durch die genannte ungalante Ehemannsart. Einerseits von Melancholie, Menschenscheu, Hypochondrie, Zweifel und der Modekrankheit der Zeit, dem Weltschmerz, angefressen, als wäre er aus Georg Büchners *Leonce und Lena* (1836) entlaufen – »Wenn er nur nicht stets so trübsinnig wäre«, notiert sein Freund Costenoble schon im März 1821 in sein Tagebuch –, gilt er andererseits seinem Publikum doch als großer Volkskomiker, schreibt er ab 1823 in schneller Folge einfache, harmonische Zauberpossen und Zauberstücke, in denen »naiver Tiefsinn und zarter Kunstsinn ihre unauffälligen Triumphe feiern«, so daß sie der Deutung kaum bedürfen, daß Interpretation kaum gefragt zu sein scheint (Günther Erken).

Dieserart Volkstümlichkeit im Bunde mit einer davor unbeholfenen wissenschaftlichen Bemühung waren für das Bild R.s nicht unbedingt von Vorteil und für die gerechte Einschätzung seiner Stücke nicht in jedem Falle dienlich. Parodistische Haltung und Quellenbezug (*Fortunatus* und *Tausendundeine Nacht*) etwa beim Erstling, *Dem Barometermacher auf der Zauberinsel* (1823), und beim *Diamant des Geisterkönigs* (1824) wollen ernst genommen werden. Die im Wiener Milieu spielenden großen Dramen *Das Mädchen aus der Feenwelt oder Der Bauer als Millionär* (1826), *Der Alpenkönig und der Menschenfeind* (1828) und der erst nach langer Krise Ende 1833 niedergeschriebene *Verschwender* (1834) wollen nicht nur als sentimentaler Besitz der Nation verbraucht werden. Und ebenso verlangen die in Anlehnung an Shakespeare entstandene *Gefesselte Phantasie* (1828) oder die in arabisch-exotische oder griechisch-römisch-antike Tönung und Gewandung gehüllten Stücke, *Moisasurs Zauberfluch* (1827) und *Die unheilbringende Zauberkrone* (1829), gerechte geistige und theatralische Auseinandersetzung und Aneignung. Der Abstand und die Annäherung der sich vom Schauspieler zum Dichter umschaffenden Persönlichkeit R.s etwa zur Größe William Shakespeares oder auch nur

Carlo Graf Gozzis sollte ohne Vorurteil in dieser oder jener Richtung unbestechlich vermessen werden. Einerseits muß Franz Grillparzers Bemerkung herausfordern: »Übrigens starb dieser vortreffliche Mensch und höchst talentvolle Dichter eben zur rechten Zeit. Er hätte nichts Gutes mehr geschrieben, seit man ihn auf seine unbewußte Tiefe aufmerksam machte und er nun mit Absicht darauf hinarbeitete.« Andererseits muß auch die unkritische, apotheotische Verklärung R.s als eines Wiener Lokal-Shakespeare entschieden Widerspruch heraufbeschwören. Auch R. war und ist eines jener Paradoxa, wie sie im Bereiche der Kunst so häufig begegnen. Einerseits hatte der Hypochonder unsägliche Angst, von Tollwut befallen zu werden, andererseits schoß er sich wie tollwütig aus, in diesem speziellen Fall – ein Hund hatte ihm zwei kleine Bißwunden an der linken Hand beigebracht – höchst unbegründetem Tollwutverdacht, eine Kugel in den Kopf. Dies geschah am 30. August 1836 auf der Reise nach Wien. Am 5. September erst starb er an seiner tödlichen Wunde.

Werkausgabe: Ferdinand Raimund: Sämtliche Werke. Hist.-krit. Säkularausgabe in sechs Bänden. Hrsg. von *Brukner*, Fritz und *Castle*, Eduard. Wien 1924–1934.

Literatur: *Wagner*, Renate: Ferdinand Raimund. Eine Biographie. Wien 1985; *Hein*, Jürgen: Ferdinand Raimund. Stuttgart 1970. *Joseph Kiermeier-Debre*

Reinig, Christa
Geb. 6. 8. 1926 in Berlin

»Die Konfrontation mit der Neuen Frauenbewegung Mitte der 70er Jahre muß für Christa Reinig ein ungeheurer Selbstbefreiungsprozeß, eine revolutionäre Umwälzung ihres Lebens und ihrer Produktion gewesen sein. Sie nimmt in München an vielen Veranstaltungen der Frauenbewegung teil. Sie lernt Verena Stefan kennen, Reinig rezensiert *Häutungen*, Stefan *Entmannung* – beides sind feministische Bestseller. Sie liest die Publikationen der US-Feministinnen und erfährt bei Valerie Solanas, Ti-Grace Atkinson, Jill Johnston, dem radikalen Flügel, daß die lesbische Frau die eigentliche Avantgarde der Bewegung, das revolutionäre Subjekt ist. Sie hat mit fünfzig Jahren zum ersten Mal als Frau, als Lesbe einen gesellschaftlichen Ort, ein Zuhause bei anderen Frauen, die im Aufbruch sind, gefunden« (Marie Luise Gansberg). R. ist die einzige renommierte deutschsprachige Schriftstellerin, die sich offen als Feministin und auch als Lesbe bekannt hat. In der Zeit von Mitte der 70er bis Mitte der 80er Jahre, als sich R. zur Frauenbewegung zählt, publiziert sie nicht nur in zahllosen Zeitschriften und Anthologien der Frauenbewegung, sondern ist auch literarisch am produktivsten: Es erscheinen die Romane *Entmannung* (1976) und *Die Frau im Brunnen* (1979), die Essays *Der Wolf und die Witwen* (1980), der Erzählband *Die ewige Schule* (1982), der Lyrikzyklus *Müßiggang ist aller Liebe Anfang* (1984) und ein langes Gespräch mit der feministischen Literaturprofessorin Marie Luise Gansberg unter dem Titel *Erkennen, was die Rettung ist* (1986). In der Folge wird R. deshalb vom Literaturbetrieb marginalisiert, wird weniger rezensiert und kaum mehr mit Preisen bedacht.

Im Alter von 60 Jahren bilanziert R. selbst: »Manchmal frage ich mich: Bin ich denn überhaupt noch derselbe Mensch, der damit [mit Schreiben, M. M.] einmal angefangen hat? Auch die Umwelt, auf die ich einwirken wollte und die mich geformt hat, veränderte sich von Jahrzehnt zu Jahrzehnt so, als hätte ich von Zeit zu Zeit den Planeten gewechselt. Und vor allem: es änderten sich meine literarischen Kriterien.« Die äußeren Stationen von R.s Leben gleichen tatsächlich Planetenwechseln: 1926 wird sie als Tochter der Putzfrau Wilhelmine Reinig im Berlin der Weimarer Republik geboren. Als Kind erlebt sie die Machtübernahme der Nazis und als 19jährige die Zerschlagung der nationalsozialistischen Gewaltherrschaft. R. arbeitet als Blumenbinderin, Trümmerfrau und Fabrikarbeiterin. Sie schreibt Lyrik und Prosa, lebt mit ihrer Mutter in Ostberlin und engagiert sich in der Gruppe *Zukunftsachlicher Dichter* in Westberlin. Obwohl R. weder von Anna Seghers noch von Peter Huchel gefördert wird, erscheinen 1951 in einer DDR-Anthologie die ersten beiden Erzählungen von ihr. An der Arbeiter- und Bauernfakultät der neugegründeten DDR holt R. das Abitur nach, studiert anschließend Kunstgeschichte und christliche Archäologie und wird wissenschaftliche Assistentin am Märkischen Museum in Ost-Berlin. 1960 erscheint in der BRD der Lyrikband *Die Steine von Finisterre*, 1961 die Erzählung *der traum meiner verkommenheit* und 1963 der Band *Gedichte*, für den R. den Bremer Literaturpreis erhält. Auch wenn ihr später noch verschiedene wichtige Literaturpreise zugesprochen werden, so ist der erste doch am folgenreichsten: R. kann 1964 die DDR verlassen und lebt seither in München – mit Ausnahme eines Aufenthaltes in der Villa Massimo in Rom (1965/66). R. lernt als freie Schriftstellerin den Literaturmarkt kennen: »Um ein Haar habe ich das, was ich eigentlich wollte, gute Literatur machen, im Westen verwirkt.« Sie verfaßt Hörspiele: *Kleine Chronik der Osterwoche* (1965), *Tenakeh* (1965), *Wisper* (1967), *Das Aquarium* (1967), publiziert Prosa: *Drei Schiffe* (1965), *Orion trat aus dem Haus* (1969), *Das große Bechterew-Tantra* (1970), *Hantipanti* (1972) – und Lyrik; *Schwabinger Marterln* (1969), *Schwalbe von Olevano* (1969), *Papantscha-Vielerlei* (1971), *Die Ballade vom Blutigen Bomme* (1972).

Durch einen Unfall wird R. schwer behindert und mit 45 Jahren zur Frührentnerin. Nach langwieriger Genesungszeit schreibt sie *Die himmlische und die irdische Geometrie* (1975), einen höchst eigenwilligen autobiographischen Roman. Im Schreibprozeß legt sie ihre männlichen Masken ab und entwickelt erstmals eine weibliche Erzählposition. Es folgt der zweite Roman *Entmannung* (1976), in dem R. anhand typisierter Frauenfiguren »im Zerrspiegel die weiblichen Existenzmöglichkeiten im Patriarchat« (Ricarda Schmidt) demonstriert. In *Müßiggang ist aller Liebe Anfang* (1979) wird Thematik und Tonlage völlig anders: Ein weibliches Ich protokolliert im lyrischen Tagebuch in Haikus und Epigrammen ihre lesbische Liebeserfahrung. Verbunden damit blickt sie kritisch auf die alltägliche Männergewalt und zeigt Frauenwiderstand auf. Zur selben Zeit publiziert R. feministische Satiren in Zeitschriften der Frauenbewegung und gesammelt als *Der Wolf und die Witwen* (1980). R.: »Satire ist die Messerschärfe, mit der ich meine Leser skalpiere.«

Im Roman *Die Frau im Brunnen* (1984) gestaltet R. die lesbische Liebe zweier älterer Frauen aus, verknüpft – oft assoziativ – autobiographische Geschichten mit Teilen aus verschiedenen Theorien und Mythologien, entwickelt patriarchatskritische Positionen und schließt damit an die unterschiedliche Prosa und Lyrik von *Geometrie, Entmannung, Müßiggang ist aller Liebe Anfang* und *Der Wolf und die Witwen* an.

Ende der 80er Jahre zieht sich R. aus der Frauenbewegung zurück und publiziert die beiden Erzählbände *Nobody* (1989) und *Glück und Glas* (1991). Obwohl es in der Rezeption das Phänomen der »geteilten Reinig« (Marie Luise Gansberg) gibt, und R.s Werk zunächst als disparat erscheint, so erweisen sich doch Satire, Witz und Galgenhumor als bestimmender Gestus. R. verbindet in kunstvoller Weise eine klare Sprache mit einer komplexen Form, womit sie vielfältig zum Ausdruck bringt: »Mein Leben ist mein Thema und die Erinnerung meine Materie.«

Literatur: *Gansberg*, Marie Luise: Christa Reinig »Müßiggang ist aller Liebe Anfang« (1979). Ästhetische Taktlosigkeit als weibliche Schreibstrategie. In: Inge *Stephan*/Sigrid *Weigel*/Kerstin *Wilhelms* (Hrsg.): »Wen kümmert's, wer spricht.« Köln/Wien 1991. S. 185–194; *Marti*, Madeleine: Hinterlegte Botschaften. Die Darstellung lesbischer Frauen in der deutschsprachigen Literatur seit 1945. Stuttgart, 1991, S. 305–364; Erkennen, was die Rettung ist. Christa Reinig im Gespräch mit Marie Luise Gansberg. München 1986; *Schmidt*, Ricarda: Westdeutsche Frauenliteratur in den 70er Jahren. Frankfurt a. M. 1982, S. 240–283.   *Madeleine Marti*

Reinmar

um 1200

»Mich riuwet dîn wol redender munt und dîn vil süezer sanc« – mit diesem in der mittelhochdeutschen Literatur einzigartigen Nachruf preist Walther von der Vogelweide den verstorbenen Kunstgenossen R. In einer Parallelstrophe zitiert er überdies den Eingangsvers einer für dessen Kunst typischen Strophe: »So wol dir wîp wie reine dîn nam« (»Heil dir, Frau, welch' herrlicher Begriff«). Walther preist aber nicht nur, er parodiert auch die für R.s Lyrik charakteristische übersteigerte Lob- und Klagegebärde in einem Lied, das (in einer in der mittelhochdeutschen Lyrik singulären Überschrift) wiederum wörtlich auf ein R.-Lied Bezug nimmt.

Schon aus diesen seltenen Textbezügen geht hervor, daß R. und Walther von der Vogelweide, die beiden zu ihrer Zeit bedeutendsten mittelhochdeutschen Lyriker, in enger Beziehung zu sehen sind, wobei sich Walther allem Anschein nach gelegentlich durch Parodien und Anspielungen als aggressiver Konkurrent von R. absetzt. Der lyrische Schlagabtausch zwischen den beiden Dichtern wurde in der Forschung unter dem Stichwort »Reinmar-Walther-Fehde« (mit mehr oder weniger Hellhörigkeit) herausgearbeitet.

Auch Gottfried von Straßburg rühmt R.: Im Literaturexkurs seines *Tristan* nennt er den Verstorbenen die »leitefrouwe« der Minnesänger, deren Nachfolge Walther von der Vogelweide angetreten habe. Er apostrophiert R. dabei als »nahtegal von Hagenouwe«, ein Beiname, der in der früheren Forschung ohne rechte Begründung als Herkunftsoder Geschlechtsname aufgefaßt worden ist. In allen Handschriften wird dieser Dichter aber nur »R.« genannt; lediglich die Große Heidelberger Liederhandschrift legt ihm das Attribut »der Alte« bei (so auch in der Miniatur zum sogenannten »Wartburgkrieg« in derselben Handschrift). Weiteres ist über die Person R.s nicht überliefert. Die Forschung hat den in einer sogenannten Witwenklage auftauchenden Namen Liupold auf Leopold V. von Österreich bezogen und dieses Rollengedicht etwas voreilig zu einer offiziellen Totenklage erhoben und daraus auf eine langwährende ›Hofpoetenstelle‹ R.s am Wiener Hof geschlossen. Diese Hypothese ist jedoch nicht beweisbar.

R. scheint in der mündlichen Überlieferung schon bald mit seinem jüngeren Namensvetter, dem von den Meistersingern zu den Zwölf Alten Meistern gezählten Spruchdichter Reinmar von Zweter, verwechselt worden zu sein: So heißt etwa der Mitstreiter Walthers von der Vogelweide im »Wartburgkrieg« (um 1260) Reinmar von Zweter, und schon in Rubins Totenklage über mittelhochdeutsche Lyriker (2. Hälfte 13. Jahrhundert) ist es nicht mehr auszumachen, welcher der beiden Dichter gemeint ist. – In der schriftlichen Tradierung behielt R. der Alte jedoch seinen Rang. Nirgends sind seine Strophen (rund 60 Lieder) mit solchen Reinmars von Zweter vermischt. R. ist in der handschriftlichen Tradition der hochmittelalterliche deutsche Lyriker, der nach Walther mit der größten Zahl an Strophen bezeugt ist. In der Würzburger Handschrift E ist er sogar allein mit diesem vertreten. Die Konstellationen der Überlieferung lassen nur den einen Schluß zu, daß R. wie Walther um 1200 als fahrender Sänger unterwegs war und mit diesem in poetischer Konkurrenz stand. Einer ihrer dichterischen Turnierplätze könnte die von Gottfried mit R. in Verbindung gebrachte, damals bedeutendste Kaiserpfalz Hagenau im Elsaß gewesen sein, an der die beiden im Wettbewerb ihre Lieder vorgetragen haben mochten: R. seine gedankenschwere, selbstquälerische Reflexionslyrik zur Hohen Minne (seit Ludwig Uhland gilt er als Scholastiker der unglücklichen Liebe), gegen welche Walther seine (neuen) Töne setzte. R. hat allerdings auch »leichtere« Texte geschaffen (von der Forschung öfters für unecht erklärt): etwa Frauenlieder, die frühe Form des Wechsels und – selbst in die problematisierenden Lieder eingestreut – erotisch schillernde Strophen wie die *Kußraub-Wiedergutmachung* oder die *Probenacht*. Überliefert sind auch zwei Kreuzlieder. R.s wehleidig wirkende Seelenanalysen, Entsagungsgebärden und Leidensbereitschaft, die er mit Stolz zur Schau zu tragen schien, sind aber weniger Zeugnisse eines persönlichen Frauenkultes oder realer Liebeserfahrungen, als vielmehr lyrische Aussagen einer allgemeinen existentiellen Befindlichkeit, einer Erlösungssehnsucht aus menschlicher Isolierung und aus den Bedrängnissen eines undurchschaubaren Fatums, poetische Seismogramme des damaligen Mentalitätsstatus. Diese starke Zeitgebundenheit erklärt R.s Resonanz um 1200, erschwerte aber offenbar eine spätere Rezeption außerhalb der hochmittelalterlichen höfischen Sphäre und vor allem in der Neuzeit.

Werkausgabe: *Schweikle*, Günther: Reinmar. Lieder nach der Weingartner Liederhandschrift. Mhd./nhd., herausgegeben, übersetzt und kommentiert. Stuttgart 1986.
Literatur: *Tervooren*, Helmut: Reinmar-Studien. Stuttgart 1991; *Schweikle*, Günther: Minnesang. Stuttgart 1989; *Stange*, Manfred: Reinmars Lyrik. Amsterdam 1977.

Günther Schweikle

Remarque, Erich Maria (d.i. Erich Paul Remark)
Geb. 22. 6. 1898 in Osnabrück; gest. 25. 9. 1970 in Locarno

»Irgend etwas fehlt mir an seinem gesicht, wahrscheinlich ein monokel« (Bertolt Brecht, 1941). In Berlin hatte sich R. noch eins ins Auge geklemmt, mit Spazierstock, Melone plus gekauftem Adelstitel in der Pose des Dandys paradiert, um sich von den kleinbürgerlichen Verhältnissen abzusetzen, aus denen er stammte. Buchbindersohn, Volksschullehrer (von 1919 bis 1920), Angestellter in einer Steinmetz- und Grabmalfirma, Werbetexter und Chefredakteur für das PR-Blatt der Reifenfirma Continental in Hannover (ab 1922), in Berlin dann stellvertretender Chefredakteur von *Sport und Bild* (ab 1925), wo er über Nobelkarossen und andere mondäne Themata plauderte. Frühe Gedichte und Erzählungen in einem schwülstig-kitschigen Vokabular hatte der »lichtdeutsche Bohemien« (Armin Kerker) im Nackedei-Blatt *Die Schönheit* veröffentlicht (ab 1919), einer idealistisch-reformerischen und nationalistisch-reaktionären Zeitschrift, in deren Verlag auch sein bürgerlich romantisierender Künstlerroman *Die Traumbude* (1920) erschien. Ihre Mischung, die auch in den späteren Romanen noch erkennbar ist: Friedrich Nietzsches Vitalismus plus Wilhelm Bölsches Lebensphilosophie plus Joris Karl Huysmans Dekadenz-Begriff, gebrochen durch R.s »Vernunft ist mißratener Instinkt, der Instinkt geht immer richtig«; so heißt es in seinem *Leitfaden der Dekadence* (1924). Zwei Möglichkeiten werden aufgeboten, um die nachexpressionistisch, pathetisch aufbereitete Weltschmerz-Problematik zu bannen: durch Teilhabe an einer Leben und Tod aufhebenden Allnatur, aber auch durch die Flucht in den Luxus, die Kunst und die Schönheit. Von daher gewinnen Traktate wie *Über das Mixen kostbarer Schnäpse* (1924) ihre Schlüssigkeit (»Man hat sich an die Barbarei gewöhnt, Schnaps zu trinken, ohne ihn zu mixen«).

Zu leisten vermochte sich R. diesen Luxus durch seinen Bestseller *Im Westen nichts Neues* (1929), der mit den frühen ästhetizistischen Lösungsmodellen brach. Sein Thema: der Erste Weltkrieg und die vom Krieg zerstörte Generation (»lost generation«), dargestellt an vier Schülern. Der »Monotonie« als der »großen Schwierigkeit, die gerade der letzte Krieg jeder Gestaltung entgegensetzte« (Ernst Jünger), entgeht R. dadurch, daß er verschiedenste Erlebnisfelder vorstellt, die er nie wiederholt (Essen fassen, Latrine, Trommelfeuer, Gasangriff, Lazarett, Patroullie, Urlaub usw.). Auch wenn der Roman eine unpolitische Lesart zuläßt – »life fighting and confronting death«, das Leben, das sich anpaßt – , auch wenn die Ursachen des Krieges nicht thematisiert werden, so bleibt doch unmißverständlich klar: daß Krieg sinnloses Morden, Verrecken und Leiden bedeutet, keiner ästhetischen, politischen oder moralischen Überhöhung fähig. Eine Million Exemplare wurden in sechzehn Monaten verkauft. Die öffentliche Diskussion zog sich über Jahre hin: als bester Anti-Kriegsroman gefeiert, als undeutsch, pazifistisch und defätistisch von der Rechten geschmäht, von Teilen der Linken als »pazifistische Kriegspropaganda« *(Die Weltbühne),* als »remarquable Verwässerung des Krieges« (Egon Erwin Kisch) kritisiert, weil R. bei »aller« Ehrlichkeit in der Oberflächenschilderung (Walther Karsch) und obschon »glänzend und hinreissend geschrieben«, zu den Ursachen des Ersten Weltkriegs »schweige« *(Rote Fahne)*. Roman und Verfilmung (1930) benutzten die Nationalsozialisten zur Inszenierung mehrerer Skandale; R.s Schriften flogen »wegen literarischen Verrats am Soldaten des Weltkrieges« am 12.5.1933 in die Flammen der Bücherverbrennung. R. übersiedelte nach Porto Ronco bei Ascona, wo er die luxuriöse einstige Böcklin-Villa erworben hatte (1931), sammelte erlesene Bilder, Möbel, Teppiche, schöne Frauen und schrieb. Bis auf die Rennfahrergeschichte (*Der Himmel kennt keine Günstlinge*, 1961) lassen sich seine Romane, die zum Teil auch verfilmt wurden, lesen als eine plakative deutsche Chronik von 1914 bis 1945: *Der Weg zurück* (1931), als Fortsetzung von *Im Westen nichts Neues*, beschreibt das Schicksal der Kriegsheimkehrer, *Der schwarze Obelisk* (1956) die Zeit der Inflation (samt einem Schwenk auf das Jahr 1955 mit der Adenauer-Restauration), *Drei Kameraden* (1938) das Berlin Anfang der 30er Jahre, *Liebe Deinen Nächsten* (1941), *Arc de Triomphe* (1946), *Die Nacht von Lissabon* (1961) und *Schatten im Paradies* (1971) schildern Emigrantenschicksale; *Zeit zu leben, Zeit zu sterben* (1954) hat die Ostfront und die bombardierte Heimat zum Inhalt, *Der Funke Leben* (1956) ein KZ am Kriegsende. *Die letzte Station* (1956), sein einziges aufgeführtes Theaterstück, spielt zur gleichen Zeit im zerstörten Berlin. Das Grundthema, spannend auf »Knalleffekte« (Robert Neumann) hin erzählt, bleibt sich immer gleich: der unbändige, unzerstörbare Lebenswille, dessen heldenhafter Träger sich listig und tapfer im Leid behauptet. Ihre Konstanten: die melodramatische Liebesgeschichte, der Kameradschaftsmythos, die Poetisierung des Alkohol, die sympathische Prostituierte, die antirationale Haltung, das politische Desinteresse, die Heimat, die inflationären Geistesblitze und -blitzchen über Gott und die Welt. R.s Verhältnis zu den Stoffen bleibt ein literarisches: »Ich habe den Krieg für eine literarische Arbeit gebraucht« (so über *Im Westen nichts Neues*), auch wenn er sich für die Aufarbeitung der deutschen Vergangenheit einsetzte: »Man kann alten Dreck nicht vergraben, er fängt immer wieder an zu stinken.«

Seine Helden stellt er in die Situation des Mannes jenes von ihm gern zitierten Rükkert-Gedichts *Es ging ein Mann im Syrerland*. Der hängt, von allen Seiten bedroht, über einem Abgrund, erblickt einen Strauch mit Brombeeren, die er pflückt und ißt: »Und durch die Süßigkeit beim Essen/War alle seine Furcht vergessen.« Ihrer Kolportageelemente wegen wurden R.s Romane oft als »Halbtriumph der Literatur« verspottet, auch wenn ihre humanitäre Gesinnung, ihr Anti-Faschismus, ihre Friedensliebe nie fraglich war, und der unveröffentlichte Nachlaß mit Gedichten, Dramen und Kurzprosa sowie textkritische Editionen des schon veröffentlichten Werkes ein differenzierteres Bild seiner politischen Haltung entwerfen könnte. Keines seiner beschriebenen Schicksale hatte R. je selber erfahren: den Ersten Weltkrieg, den er von all den vielen Kriegsromanen am packendsten beschrieb, kannte er nur von einmonatigen Schanzarbeiten hinter der Front und aus den Erzählungen seiner Kameraden. Auch die beschriebenen Emigrantenschicksale mußte R. nicht erleiden: Nach Aberkennung der deutschen Staatsbürgerschaft (1938) lebte er in Hollywood und New York, verwöhnt von Luxus und Erfolg, schrieb für den amerikanischen Geheimdienst *Practical Educational Work in Germany after the War* (1944), wurde amerikanischer Staatsbürger (1947), kehrte aber nach dem Kriege in die Schweiz zurück (1948). Zahlreichen Legenden um Leben und Werk hat R. gekonnt Vorschub geleistet. Als »Direkt-«, nicht als »Umgehungsschreiber« (wie Thomas Mann) wollte er verstanden sein. »Wir haben Sie zum Tode verurteilt, weil wir

Ihren Bruder nicht greifen konnten«, soll Roland Freisler, Präsident des Volksgerichtshofs, gegiftet haben, als er 1943 R.s Schwester, Elfriede Scholz, wegen »hetzender, defaitistischer Äußerungen« zur Hinrichtung mit dem Fallbeil verurteilt hatte.

Literatur: *Schrader*, Bärbel (Hrsg.): Im Westen nichts Neues. Eine Dokumentation. Leipzig 1992; *Schneider*, Thomas: Erich Maria Remarque. Ein Chronist des 20. Jahrhunderts. Eine Biografie in Bildern und Dokumenten. Bramsche 1991; *Taylor*, Harley U.: Erich Maria Remarque. A Literary and Film Biography. New York u. a. 1989; *Firda*, Richard Arthur: Erich Maria Remarque. A thematic analysis of his novels. New York u. a. 1988; *Westphalen*, Tilmann u. a.: Erich Maria Remarque. Bibliographie. Quellen, Materalien, Dokumente. 2 Bde. Universität Osnabrück 1988.

Dirk Mende

Reuter, Christian
Datum der Taufe 9. 10. 1665 in Kütten b. Halle; gest. nach 1712

»Weiln aber hierdurch meine Fortun Zeit meines Lebens gehindert würde, und ich als ein Landes Kind hier in Sachßen nicht fortkommen könte, Alß falle ich Zu Euer Königl. Majestät Füßen, allerunterthänigst bittende, diese beschehene relegation allergnädigst auff zu heben, und dißfalls an die löbl. Universität Zu rescribiren.« Mit dieser Bittschrift vom 10. Oktober 1699 an den sächsischen Kurfürsten (und polnischen König) August den Starken suchte R. den endgültigen Verweis von der Leipziger Universität rückgängig machen zu lassen, dem schon zwei befristete Relegationen vorausgegangen waren: Reaktion der Universitätsgerichtsbarkeit auf R.s satirisch-literarische Tätigkeit, die als »Paquillantentum« verstanden wurde.

Als der relegierte Student beider Rechte die Bittschrift an seinen Landesherrn verfaßte, war er schon über dreißig Jahre alt. Der Bauernsohn R. besuchte das Domgymnasium zu Merseburg und studierte von 1688 an Jura an der von orthodox-protestantischen Professoren beherrschten Leipziger Universität, ein Studium, das trotz langer Dauer nie zu einem Ende führte. Auerbachs Keller, wie man vermutet hat, und eine rege Teilnahme am Theaterleben standen wohl einem Studienabschluß im Wege.

R.s Eintritt in die literarische Szene ist zugleich der Vorbote seines bürgerlichen Ruins: Als Anna Rosine Müller, die Wirtin des Gasthauses »Zum roten Löwen«, sich und ihre Familie in seinem Porträt der Schlampampe und ihrer Sippschaft in der Komödie *L'Honnéte Femme Oder die Ehrliche Frau zu Plißine* (1695) wiederzuerkennen glaubte, schaltete sie die Gerichte ein, die gegen ihren früheren Mieter vorgingen. R.s Beteuerungen, daß er das Lustspiel »fingiret und auf niemand gemacht«, daß er es »aus den Molliere meistens genommen« hätte, fand – obwohl nicht ganz falsch – wenig Glauben, zumal er bald darauf wieder rückfällig wurde und in einem neuen Stück (*La Maladie & la mort de l'honnete Femme*, 1696) den kleinbürgerlichen Drang nach Höherem karikierte. Auch *Schelmuffskys Warhafftige Curiöse und sehr gefährliche Reisebeschreibung Zu Wasser und Lande* (1696–97), eine aufschneiderische Lügengeschichte und Parodie auf die Phantastik der zeitgenössischen Reiseerzählungen, ist von der Familie Müller inspiriert. Doch wird hier stärker noch als in den Schlampampe-Komödien deutlich, daß hinter dem »Paquill«, der persönlichen Verunglimpfung, ein satirischer Angriff auf allgemeine Tendenzen der Zeit steht, auf Fehlentwicklungen der bürgerlichen wie der höfisch-aristokratischen Gesellschaft.

R.s akademische Karriere war zu Ende, obwohl er Gönner am Dresdener Hof besaß, die ihn in der Auseinandersetzung mit der Leipziger Universität unterstützten. 1700 wurde er Sekretär eines Kammerherrn in Dresden, fiel aber wohl bald darauf in Ungnade, als er in der Komödie *Graf Ehrenfried* (1700) einen heruntergekommenen Adeligen zum Gegenstand seiner Satire machte – eine Art Umkehrung der Schlampampe-Stücke – und zudem noch sehr undiplomatisch auf den Konfessionswechsel Augusts des Starken anspielte (August war im Zusammenhang mit seinen Bemühungen um die polnische Krone zum Katholizismus übergetreten). R. ging nach Berlin. Hier schlug er sich mit höfischen Gelegenheitsdichtungen durch. Nach 1712 verlieren sich seine Spuren.

Werkausgabe: Werke. Hrsg. von Georg *Witkowski*. 2 Bde. Leipzig 1916.

Literatur: *Grimm*, Gunter E.: Kapriolen eines Taugenichts. Zur Funktion des Pikarischen in Christian Reuters ›Schelmuffsky‹. In: Gerhart *Hoffmeister* (Hg.): Der deutsche Schelmenroman im europäischen Kontext. Amsterdam 1987. S. 127–149; *Fechner*, Jörg-Ulrich: Schelmuffskys Masken und Metamorphosen. Neue Forschungsaspekte zu Christian Reuter. In: Euphorion 76 (1982), S. 1–26; *Hecht*, Wolfgang: Christian Reuter. Stuttgart 1966.   *Volker Meid*

Reuter, Fritz
Geb. 7.11.1810 in Stavenhagen; gest. 12.7.1874 in Eisenach

Sein Zeitgenosse Honoré de Balzac erhob Protest gegen die Praxis der Isolationshaft, jene »bis ins Unendliche gesteigerte Qual«; R. mußte sie am eigenen Leibe erdulden. Von dem preußischen Kriminalrichter Dambach, einem der »furchtbaren Juristen« des 19. Jahrhunderts, stammt die Aktennotiz: »Reuter hat sich während seiner Gefangenschaft stets als ein roher Geselle bewährt und ist häufig wegen Übertretung der Hausgesetze bestraft. Er hat den Inspektor persönlich bedroht, sang die ärgsten Zotenlieder, polterte häufig im Kerker, zankte laut mit Schildwache und Gefangenenwärter, und nur seine gänzliche Isolierung brachte ihn zur Vernunft. Er ist an und für sich gutmütig, aber leicht zum Zorne gereizt und dann einem Tiere ähnlich. Gelernt scheint er fast nichts zu haben und der couleur perdue anzugehören. Deshalb hat er sein Studium aufgegeben und will Maler und Mathematiker werden. Nach seiner Entfernung von Jena hat er vagabundiert und ist bei einer Hure hier arretiert worden. Gefährlich scheint er nicht als Anhänger verderblicher Lehren, sondern als Taugenichts.«

Der Verfolger verrät sich selbst: Er vermutet politische Harmlosigkeit seines Opfers, rechtfertigt jedoch den Fortgang der Verfolgung mit »moralischen« Vorhaltungen. Dabei war bereits R.s Verhaftung in Berlin (31.10.1833) ein Rechtsbruch, denn R. – als Mecklenburger – ist in Preußen nicht zur Rechenschaft zu ziehen. Das Delikt? Im Todesurteil, ihm zugestellt nach über dreijähriger Haft, hieß es: »Daß der stud. jur. A.L.G.F. Reuter wegen seiner Teilnahme an hochverräterischen burschenschaftlichen Verbindungen in Jena und wegen Majestätsbeleidigung mit der Confiscation seines Vermögens zu bestrafen und mit dem Beile vom Leben zum Tode zu bringen sei.« Empfindlichkeit der Könige: Rache für R.s Teilnahme an der Silvesterfeier 1832 auf dem Markt zu Jena, wo das Burschenschafter-Lied *Fürsten zum Land hinaus* gesungen worden war. Das Todesurteil wurde nicht vollstreckt, die beleidigte Majestät wandelte es um in eine 30jährige Festungshaft. Über deren Folgen schrieb R. in dem Erinnerungsbuch *Ut mine Festungstid* (1862): »bleike, witte, grise Steingestalten wiren sei worden, dese frischen, gesunnen Lüd', dörch de ehre jungen Adern dat Blaud so lustig flaten was, de ehre jungen Glider nu stiw worden wiren, as bi steinolle Lüd', up de ehren Geist de Gefängnisqual lasten ded, un de minschliche Nidertracht un de Hoffnungslosigkeit von de Taukunft.«

Niemand hätte dem »Verlorenen«, dem Häftling ohne jede Aussicht, der nach siebenjähriger Einkerkerung freikam, die Zukunft vorherzusagen gewagt, die tatsächlich auf ihn wartete. Ein Menschenalter später galt er als der Berühmteste unter den deutschen Autoren des Realismus, wohlhabend, ausgezeichnet mit dem Ehrendoktor der Universität Rostock und (durch Bayerns Königshaus) mit dem persönlichen Adel. Unbestreitbar hatten die Erfahrungen der Haftzeit zur Ausbildung seiner dichterischen Fähigkeit beigetragen. Er äußerte, »daß meine Mutter in der ersten Jugendzeit hierauf den größten Einfluß geübt hat, daß später die Festungszeit durch die fortwährenden Phantasiespiele, die man in Ermangelung unterhaltender Wirklichkeit heraufzubeschwören gezwungen ist, der Klarheit und Deutlichkeit der Vorstellungen förderlich gewesen ist, und daß sie mich befähigt hat, den Menschen kennen zu lernen«. Weniger noch »den Menschen« als vielmehr, nach der Entlassung, vor allem die ländlichen Proletarier, aber auch die Junker Mecklenburgs und Pommerns (er betätigte sich als Aushilfskraft in der Landwirtschaft) sowie die Kleinbürger der Provinzstädte (wo er kümmerlich seinen Lebensunterhalt als Privatlehrer verdiente); sie verstand er perfekt zu schildern, vom Gesamtgestus her, den Sprachgestus eingeschlossen. Literarische Einflüsse erreichten ihn spärlich, Ausnahme: der englische historische und der Zeitroman (Walter Scott, Charles Dickens). Eine schwere Behinderung seines Lebens und Schaffens bildete der temporär auftretende Alkoholmißbrauch, ein neurotisches Leiden kaum ohne Zusammenhang mit der Vaterproblematik, durch die R.s Jugend geprägt war.

Als Schriftsteller begann R. während des Vormärz mit hochdeutschen journalistischen, satirischen, agitatorischen Arbeiten. Der Erfolg kam nach der 48er Revolution (woran R. sich als Mitglied lokaler Reformvereine beteiligte) mit den *Läuschen un Rimels* (1853 ff.), gereimten Schwänken in Mundart, die der Dichter im Selbstverlag erscheinen lassen mußte. Die vier plattdeutschen Dichtungen, mit denen er über das Eng-Provinzielle hinauswuchs, verfaßte er größtenteils in Neubrandenburg (von 1856 bis 1863): *Kein Hüsung* (1858), eine Verserzählung, von der R. sagte, er habe sie mit »seinem Herzblute im Interesse der leidenden Menschheit geschrieben«, sowie, neben den Erinnerungen an die Haftzeit, *Ut de Franzosentid* (1860) und *Ut mine Stromtid* (vollendet 1864 in Eisenach; Strom = Landmann). Außer *Kein Hüsung* erschienen sie in der Sammlung *Olle Kamellen* (alte Kamillen, weil, wie R. notierte, wirkungslos gegen Bauchschmerzen; ironisierende Verharmlosung des Gehalts). Der großangelegte Gesellschaftsroman *Ut mine Stromtid* zeigt im Mittelpunkt den kleinbürgerlichen Demokraten Unkel Bräsig, R.s populärste Schöpfung, »eine weit erhabenere Gestalt als alle Recken und Asen der Götterdämmerung« (Paul Heyse).

Ihm gelang im Deutschland seiner Zeit so etwas wie die Quadratur des Kreises, die Erringung des literarischen Erfolgs, ohne seine demokratische Überzeugung aufzugeben: »Ich habe kämpfen und streiten müssen, und wenn einer Augen hat zu sehen, so wird er zwischen den Zeilen meiner Schreibereien herauslesen, daß ich immer Farbe gehalten habe und daß die Ideen, die den jungen Kopf beinahe unter das Beil gebracht hätten, noch in dem alten fortspuken« (Brief vom 16. August 1864).

Werkausgabe: Reuter, Fritz: Gesammelte Werke und Briefe. Hrs. von *Batt*, Kurt. 9 Bände. Rostock 1967.

Literatur: *Hückstädt*, Arnold/*Siegmund*, Wolfgang: Fritz Reuter. Stavenhagen 1982; *Christiansen*, Heinz C.: Fritz Reuter. Stuttgart 1975; *Batt*, Kurt: Fritz Reuter. Leben und Werk. Rostock 1974.

Wolfgang Beutin

Rilke, Rainer Maria
Geb. 4. 12. 1875 in Prag; gest. 29. 12. 1926 in Val-Mont/Wallis

»Generationen deutscher Leser galt und gilt er als die Verkörperung des Dichterischen, sein klangvoll-rhythmischer Name wurde zum Inbegriff des Poetischen« (Marcel Reich-Ranicki, 1975). Als Fazit von R.s Nachruhm liest sich das wie die Sokkelinschrift für die Büste eines endgültig ins Musée imaginaire kanonischer Dichtung abgeschobenen Autors. Nach der schwärmerischen Verehrung R.s als seherischen Weltanschauungskünders in den 50er Jahren, nach der dann vehement einsetzenden Kritik am geschmäcklerischen, apolitischen oder gar kryptofaschistischen Ästhetizisten nun also die gleichgültig-freundliche Erhebung in den Rang des Klassikers? Tiefpunkte der Wirkungsgeschichte eröffnen immer auch die Möglichkeit einer unbefangenen Neuentdeckung. Wer in diesem Sinne einen Zugang zu Leben und Werk R.s sucht, findet ihn vielleicht in der folgenden Briefstelle aus dem Jahre 1915: »Solange man gezwungen ist, das Andere auch jedesmal für das Falsche, Arge, Feindliche zu halten, statt eben schlechthin für – das Andere, solange bekommt man keine gelassene und gerechte Beziehung zur Welt, in der jedes Raum haben soll, Teil und Gegenteil, ich und der von mir Allerverschiedenste. Und nur unter Voraussetzung und Zugebung einer solchen, vollzähligen, Welt wird man auch das eigene Innere, mit seinen internen Kontrasten und Widersprüchen, weit und geräumig und luftig einrichten.« Im Kern enthält dies kurze Zitat R.s Existenzentwurf und Dichtungsprogramm zugleich: Rückhaltlose Offenheit gegenüber Wirklichkeit wie menschlichem Du, aber auch gegenüber den Abgründen des eigenen Ich, dem Unbewußtem, der eigenen Kreatürlichkeit; zugleich jedoch das Bemühen, jenseits aller Konventionen und Schablonen, jenseits von Verdinglichung und Verdrängung, das Formlose und Fremde durch dichterische Gestaltung modellhaft in neue, spielerisch-schwebende und doch genaue Ordnungen zu überführen. So verstanden war Kunst für R. »auch nur eine Art zu leben« – allerdings eben »durch ihre angeborene Uneigennützigkeit, Freiheit und Intensität *jeder* menschlichen

Betätigung irgendwie vorbildhaft«. Von einem gelungenen Kunstwerk geht daher der Appell aus: »Du mußt dein Leben ändern« *(Archaïscher Torso Apollos)*.

Die psychische Disposition, die diesem Programm zugrundeliegt, ist biographisch zunächst als erlittene Beschädigung, als »Ich-Schwäche«, faßbar. Vor allem die unheilvolle Familienkonstellation wird prägend: der schwache Vater Josef R., in seiner Militärkarriere gescheitert und in die eintönige Beamtenexistenz eines Bahninspektors gezwungen – dagegen die dominierende Mutter Sophie, aus großbürgerlichem Haus, voll unerfüllter Ambitionen, die sie auf den Sohn überträgt. Nicht nur viele der frühen Erzählungen und Dramen zeugen vom vergeblichen Versuch R.s, sich aus der Abhängigkeit von ihr zu lösen, in der er sich »ganz willenlos, ganz Besitz ihrer Liebe« fühlte (*Einig,* 1897); noch der Vierzigjährige wird ein Gedicht mit der verzweifelten Klage beginnen: »Ach wehe, meine Mutter reißt mich ein«. Ebenso traumatisch wirkt sich die Militärschule aus, in der er von 1885 an auf eine Offizierslaufbahn vorbereitet werden soll – für den bisher in seinem Elternhaus überbehüteten, verzärtelten, ohne Kontakt mit Gleichaltrigen Aufgewachsenen »eine gewaltige Heimsuchung«, »unter fünfhundert Knaben eine (für mein Alter) überlebensgroße Erfahrung der Einsamkeit«.

Es ist R.s große Lebensleistung, diese Bedrohungen seiner Identität nicht nur überstanden, sondern ins Positive gewendet zu haben, was freilich nur in der Dichtung – die er als »eine Art Selbstbehandlung« der Psychoanalyse vorzog – wirklich gelang. Dort war etwa seine ungeheuer gesteigerte Sensibilität, seine Fähigkeit, auch feinste Nuancen einer Farbe, eines Tons, einer Stimmung wahrzunehmen, ausbalanciert durch das Vermögen ästhetischer Gestaltung. Im Leben dagegen mußte er sie als heillose Zerstreutheit empfinden – »meine Sinne gehen, ohne mich zu fragen, zu allem Störenden über« –, als lästige Stimmungsabhängigkeit, als Nebeneinander von »lahmem Willen« und »jähen, nervösen Willenseruptionen«, als »komplizierte Wechselwirkung körperlicher und seelischer Depressionen«. Auch persönliche und räumliche Bindungen gelangen R. nur in der Dichtung. Mit dem Abbruch eines in Prag und München nur halbherzig betriebenen Studiums (vor allem der Kunstgeschichte) entschied sich R. für den Dichterberuf; seither hat es ihn nie länger als einige Jahre an einem Ort gehalten. Sein unstetes Wanderleben – meist in Mietswohnungen, oft auch als Gast adeliger und großbürgerlicher Gönner, wie der Fürstin Marie von Thurn und Taxis oder der Schweizer Industriellengattin Nanny Wunderly-Volkart – endet erst 1921 mit der Übersiedelung in den einsamen Schloßturm von Muzot im Schweizer Wallis. In der Welt seines Werks aber formt und verdichtet sich die Vielzahl intensiver Stadt- und Landschaftserlebnisse (u. a. Florenz, Rußland, Worpswede, Paris, die Provence, Ägypten, Spanien, das Wallis) zum »imaginären Raum« seiner inneren Landschaften. Allen Liebesbeziehungen – und es gab nicht wenige – entzieht R. sich, sobald sie zum »Schicksal« zu werden drohen, d. h. zur äußerlichen, nicht mehr von spontaner Zuneigung getragenen Verpflichtung. So trennt er, der gehofft hatte, durch Ehe und Familie zum »Wirklichen unter Wirklichem« zu werden, sich 1902 nach nur einem Jahr des Zusammenlebens von seiner Frau, der Bildhauerin Clara, geb. Westhoff, und seiner Tochter Ruth. Die meisten seiner Liebesbeziehungen dauern nicht lange, sind auch wiederholt in abstandwahrenden Briefwechseln vorentworfen, hinter deren emotionaler Intensität das tatsächliche Erlebnis dann weit zurückbleibt. Sein im Leben unerreichtes Ideal einer »besitzlosen Liebe«, in der jeder der Partner zum »Wächter der Einsamkeit«, der Freiheit und Eigenheit des anderen werden soll, hat R. wiederum allein in seiner Dichtung verwirklicht: im lyrischen Entwurf eines idealen Gegenübers (der »künftigen Geliebten«, der »großen Nacht«, dem »Engel«), vor allem aber in seiner nie »besitzenden«, sondern »gleichnishaften Aneignung« gestalteter »Dinge«. All das läßt verstehen, wieso sich für ihn das Grundproblem seiner Existenz im Konflikt von Kunst und Leben konzentrierte: »In einem Gedicht, das mir gelingt, ist viel mehr Wirklichkeit als in jeder Beziehung oder Zuneigung; wo ich schaffe, bin ich wahr.« Und: »In der Kunst ist wirklich Raum für alle Gegensätzlichkeiten der inneren Verhältnisse, nur in ihr.«

Wie immer, wenn aus ganz und gar existenzieller Dichtung Weltliteratur entsteht, ist auch in R.s Fall das Biographisch-Besondere von zeittypischer Repräsentanz. Daß er sich dessen bewußt werden konnte, verdankt er vor allem der Begegnung mit der Schriftstellerin und späteren Psychoanalytikerin Lou Andreas-Salomé, die – nicht nur Freundin, sondern emanzipierte geistige Partnerin bedeutender Männer – den Zweiundzwanzigjährigen zu vertiefter Beschäftigung mit Friedrich Nietzsche anregt, ihm später auch Sigmund Freud nahebringt. Nietzsches programmatische Bejahung des in ständiger Wandlung begriffenen irdischen Daseins auch als Kreatürlichkeit, Schmerz, Tod und Trieb, unter Verzicht auf die ohnehin brüchig gewordenen Sicherungen von Metaphysik wie Naturwissenschaft, und Freuds Entdeckung der Tiefendimension des Unbewußten gaben R. Bestätigungen und Anhaltspunkte für die Verallgemeinerbarkeit seiner Existenzproblematik. So konnte er die Annahme aller Schichten seiner offenen Persönlichkeitsstruktur zugleich als »universale Ontodizee«, d. h. als »Rechtfertigung und Rühmung« des ganzen Seins (Ulrich Fülleborn), verstehen.

Viel unmittelbarer noch fand er in der Liebesbeziehung zu Lou, die ihm in lebenslanger Freundschaft auch später Halt und Hilfe gewährte, das, was seiner formal virtuosen, wegen ihrer Inhaltsleere und Epigonalität aber völlig mittelmäßigen Jugenddichtung so dringend fehlte. Durch Lou, die R. ein »unsagbar Wirkliches« war, verlor die Welt für ihn »das Wolkige, dieses Sich-Formen und Sich-Aufgeben, das meiner ersten Verse Art und Armut war«. Dichtungen, die das aus Bildklischees des Fin de siècle errichtete Traumkönigreich der frühen Lyrik erstmals hinter sich lassen, sind die *Weise von Liebe und Tod des Cornets Christoph Rilke* (1899; Erstdruck 1906, bereits zu Lebzeiten des Verfassers ein Bestseller) und das *Stunden-Buch* (1899 1903). Den entscheidenden Durchbruch aber bringt die nächste Werkstufe mit dem Roman *Die Aufzeichnungen des Malte Laurids Brigge* (1904–1910) und den zwei Bänden der *Neuen Gedichte* (1903–1907 u. 1907/8). In den Tagebuchaufzeichnungen seines fiktiven Stellvertreters Malte läßt sich R. ganz auf die Schockerfahrungen des Pariser Großstadtlebens ein, auf Vermassung und Vereinzelung, Reizüberflutung, Krankheit, Armut, Angst und Tod, und versucht über die Aufarbeitung der Kindheit eine Neubegründung seiner Identität, die unter dem Motto stehen könnte: »Wer macht sich neu und zerschlüge sich nicht vorher...« Die analoge »harte Sachlichkeit« der parallel entstehenden Gedichtbände gewinnt er in Auseinandersetzung mit der Plastik Auguste Rodins und den Bildern Paul Cézannes, die ihn in Wirklichkeitszuwendung wie Formwillen bestätigen. Zeigten R.s frühere Werke noch ganz jugendstilhaft die Verwobenheit von Ich und Welt, einen durch Reimornamente und Klangkaskaden verschlungenen »Teppich des Lebens« (Stefan George), so strebt er jetzt nach einer genauen Beobachtung einzelner Dinge, Lebewesen oder Geschehnisse und ihrer abstrahierenden Zusammenfassung zu »Kunstdingen«. Nicht um objektive Wiedergabe des Außen geht es R. dabei, auch nicht mehr um bloße Stimmungslyrik, sondern eben um ein Drittes, in dem äußeres Objekt und inneres Erleben des in der Darstellung ganz zurückgenommenen Subjekts aufgehoben sein sollen. Als durch »Vereinfachung« und »Auswahl« gestaltete Erlebnisse sind diese Gedichte so auch »Beweis der Einheit und Wahrhaftigkeit« des Ich, geschlossene und damit der Veränderung enthobene »Figuren«, Chiffren einer offenen, doch nie verfließenden Identität. Das folgende Jahrzehnt steht dann ganz im Zeichen einer Lebens- und Schaffenskrise. Zum einen muß R. erkennen, daß trotz der ästhetischen Lösungen alle existenziellen Probleme fortbestehen, zum anderen zerstört der Weltkrieg den ihm lebenswichtigen europäischen Kulturraum und spricht in seiner grauenvollen Sinnlosigkeit jeder Ontodizeebemühung Hohn. R.s »innere Vereisung« löst sich erst 1922 mit Vollendung der bereits 1912 begonnenen *Duineser Elegien* und der gleichzeitigen Niederschrift der *Sonette an Orpheus* – großen Weltgedichtzyklen wie dem *Waste Land* (1922) oder den *Cantos* (1917–1959) der amerikanischen Dichter T.S. Eliot und Ezra Pound. Ging es im mittleren Werk darum, vom genau beobachteten Einzelnen zu Grundfiguren menschlichen Erlebens zu kommen, so wird hier aus zu »lyrischen Summen« verknappten Erfahrungen ein neuer poetischer Mythos der » condition humaine« geschaffen, der zugleich ein poetisches Gegenbild zur entfremdeten Zivilisationswelt der Gegenwart entwirft. In seinen letzten Lebensjahren schreibt R. dann gelassen-entspannte Gedichtzyklen in französischer Sprache, aber auch kühn verknappte, an den französischen Spätsymbolisten Paul Valéry anknüpfende Lyrik. Zu ihr zählen die Verse, die der 1926 an Leukämie qualvoll Verstorbene testamentarisch zu seinem Grabspruch bestimmte: »Rose, oh reiner Widerspruch, Lust,/Niemandes Schlaf zu sein unter soviel/Lidern.«

Werkausgaben: *Engel*, Manfred/*Fülleborn*, Ulrich (Hrsg.): Rilkes »Duineser Elegien«. 3 Bände. Frankfurt a.M. 1982; Rilke, Rainer Maria: Sämtliche Werke in 6 Bänden. Hrsg. vom Rilke-Archiv. In Verbindung mit *Sieber-Rilke*, Ruth besorgt von *Zinn*, Ernst. Frankfurt a.M. 1955ff.

Literatur: *Engel*, Manfred: Rilkes »Duineser Elegien« und die moderne deutsche Lyrik. Stuttgart 1986; *Prater*, Donald A.: Ein klingendes Glas. Das Leben Rainer Maria Rilkes. München 1986; *Leppmann*, Wolfgang: Rilke. Sein Leben, seine Welt, sein Werk. Bern u. München 1981; *Schnack*, Ingeborg: Rainer Maria Rilke. Chronik seines Lebens und seines Werkes. 2 Bde. Frankfurt a.M. 1975; *Hamburger*, Käthe: Rilke in neuer Sicht. Stuttgart 1971.   *Manfred Engel*

Ringelnatz, Joachim

Geb. 7. 8. 1883 in Wurzen bei Leipzig; gest. 17. 11. 1934 in Berlin

Von Behörden ließ Hans Bötticher, Sohn des Musterzeichners und Schriftstellers Georg Bötticher, sich mit der Berufsbezeichnung »Artist« registrieren. Gearbeitet hat er in etwa vierzig Berufen, war Kommis in Leipzig und Tabakladenbesitzer in München, Bibliothekar beim Grafen Yorck von Wartenburg und beim Vater des Balladendichters Börries Freiherr von Münchhausen, Fremdenführer und Schaufensterdekorateur usw. usw. und war schließlich auch Seemann: von 1901 bis 1903 als Schiffsjunge, Leichtmatrose und Matrose auf Fahrten nach Belice, Venedig, Konstantinopel, Odessa, New York, 1904 als Einjährig-Freiwilliger und von 1914 bis 1918 als Marinesoldat der Kaiserlichen Kriegsmarine, ab 1917 Kommandant eines Minensuchbootes. Seinem Seemannsleben sind nicht allein die Erinnerungen *Was ein Schiffsjungen-Tagebuch erzählt* (1911), *Als Mariner im Krieg* (1928), *Matrosen* (1928) zu verdanken, auch eine Reihe von Erzählungen (*Die Woge*, 1922) und der Dreiakter *Die Flasche* (1932), sondern vor allem die Figuren des trinkfesten herzlich-derben *Kuttel Daddeldu* (1920/23) und des Artisten R. selbst, in obligater Matrosenkluft, mit obligatem Weinglas in der Hand. Sein Künstlername, der ihm einfach eingefallen sei und unter dem er 1919 zum ersten Mal schrieb, klingt an »Ringelnaß«, das Seepferdchen, an. 1909 debütierte R. in Kathi Kobus' »Künstlerkneipe«, wo Ludwig Scharf sein *Proleta sum*, Erich Mühsam *War einmal ein Revoluzzer* rezitierte und Frank Wedekind zur Laute sang: im Münchner »Simplicissimus«, dessen »Hausdichter« er bis 1911 blieb. Dem »Marineleutnant a. D.« gelang dort 1919 auch ein Neuanfang, und als er im Jahr darauf in Hans von Wolzogens Berliner »Schall und Rauch« reüssieren konnte, bereiste er fortan die Kabarett- und Kleinkunstbühnen Deutschlands (*Reisebriefe eines Artisten*, 1927). Seine letzte Tournee führte ihn 1933 – von den Nationalsozialisten mit Auftrittsverbot belegt – in die Schweiz; zu dieser Zeit war er bereits durch die beginnende Tuberkulose geschwächt. Bei seiner Beerdigung spielte man *La Paloma*, sein Lieblingslied.

Das Ringelnatz-Bild war schon zu Lebzeiten einseitig durch *Kuttel* bestimmt. Bekannt als »Krakeeler«, als spöttischer »Vorturner« der *Turngedichte* (1920/23), überwucherten die Geschichten vom Vagabunden, Trinker und Bürgerschreck den sensiblen Lyriker (*Allerdings*, 1928; *Flugzeuggedanken*, 1929), experimentierenden Romancier (*. . . liner Roma . . .*, 1924) und Kinderbuchautor (*Kleine Wesen*, 1910; *Geheimes Kinder-Spiel-Buch*, 1924; *Kinder-Verwirrbuch*, 1931). Er selbst stellte fest: »Ich bin nicht der olle ehrliche Seemann.« Er habe 1905 »dicke Tränen« geweint, als er nach Einspruch des Vaters seine Immatrikulation an der Universität Hamburg zurückziehen mußte, versuchte in den ersten »Simpl«-Jahren, seine fehlenden Kenntnisse »in Latein, Geschichte, Literaturgeschichte und anderem« aufzuholen, und war betroffen, als ihn 1913 die »Hermetische Gesellschaft«, eine jener gebildet-geistreichen Künstlergesellschaften, wegen unzureichend beantworteter Prüfungsfragen nur als »Appendix« aufnahm. »Ohne Geld, ohne Wohnung und ohne Verstand« hatte R. 1920 seinen »Lebensadjutanten Muschelkalk« geheiratet, eine Wohnung dann in München und 1930 in Berlin gefunden, der Geldmangel aber blieb notorisch.

Der Artist, der in den Inflationsjahren immer neue Finanzpläne entwarf, arbeitete exzessiv: Im Engagement meistens zweimal abends auf der Bühne, schrieb er in Garderoben, tagsüber in Cafés oder Wartesälen, nicht selten mit Brotaufträgen von Vereinen oder Gesellschaften beschäftigt, und führte seine Notizbücher ebenso gewissenhaft wie seine Korrespondenz, in der er unermüdlich seine Arbeiten zum Druck anbot. Bei alledem malte und zeichnete er und »nicht aus Spielerei, sondern mit viel Liebe, wenn auch mit viel Kampf und Unsicherheit«. 1923 fand in Berlin seine erste Ausstellung statt, 1925 nahm die Berliner Akademie seinen *Winter* an, nach 1933 wurde *Nachts am Wasser* als »entartete Kunst« aus der Berliner Nationalgalerie entfernt. R. war »etwas schief ins Leben gebaut ... eine alte Kommode/Oft mit Tinte oder Rotwein begossen/Manchmal mit Fußtritten geschlossen/Der wird kichern, der nach meinem Tode/Mein Geheimfach entdeckt.«

Werkausgabe: Ringelnatz, Joachim: Gesammelte Werke. Hrsg. von *Pape*, Walter. 8 Bände. Berlin 1983 ff.
Literatur: *Bemmann*, Helga: Daddeldu, ahoi! Leben und Werk des Dichters, Malers und Artisten Joachim Ringelnatz. Frankfurt a. M. 1982; *Pape*, Walter: Joachim Ringelnatz. Parodie und Selbstparodie in Leben und Werk. Berlin/New York 1974.

Ernst Kretschmer

Rinser, Luise
Geb. 30. 4. 1911 in Pitzling bei Landsberg a. Lech

Die Antithese zu jenem »Wandelmut«, den R. mit Recht für sich in Anspruch nimmt, sieht sie in den konsumistischen Verfestigungen des Denkens, in den Kategorien von »Ordnung und Sicherheit«, in dem »Bedürfnis des Spießers nach geistiger Beharrung«, das sich gegen neue Erfahrungen abschottet. Ihre eigene Bereitschaft, »sich offenzuhalten und ... in Frage stellen zu lassen«, verdeutlicht beispielhaft die Radikalität, mit der die Autorin, gegen die Erwartungshaltung ihres damaligen Publikums, sich dem reformerischen gesellschaftlichen Aufbruch der späten 60er Jahre stellt. Das »Wohnen ... auf den Baustellen« wird zur programmatischen Metapher dafür: »Ich habe zu viele Erdbeben miterlebt, um weiterhin Sicherheit in einem festen Haus zu suchen ... Es ist beschwerlich, von Widerspruch zu Widerspruch gejagt zu werden und keine der alten, der ›absoluten‹ Ordnungen wiederzufinden.« Entschlossen verabschiedet sie nun ihre »falsche Imago« einer »bürgerlich«-bejahenden, »der braven katholischen Schriftstellerin, der erbaulichen«, auf die man sie – was allerdings ihrer Fähigkeit zur sensiblen Gestaltung existentieller Verstörtheit nicht gerecht wird – während ihrer zweiten Schaffensphase zu fixieren pflegte.

Die schriftstellerischen Anfänge R.s, die (wie ihr Vater) nach dem Abitur in München eine Ausbildung als Volksschullehrerin absolviert und 1939 aus dem Schuldienst ausscheidet, da sie nicht in die Partei eintreten will, fallen in die Zeit des Nationalsozialismus, deren Mentalität ihr Roman *Der schwarze Esel* (1974) später am Beispiel einer bayerischen Kleinstadt kritisch durchleuchtet. Ihre erste Buchveröffentlichung, *Die gläsernen Ringe* (1941), die Entwicklungsgeschichte einer Heranwachsenden, wird als ein Beispiel jener dem »Geist« verpflichteten Literatur gelesen, die sich den ästhetischen Vorstellungen der Machthaber verweigert. R. erhält Publikationsverbot; ihr erster Mann, der Kapellmeister Horst Günther Schnell, fällt in einer Strafkompanie an der russischen Front. Ein halbes Jahr vor Kriegsende wird sie infolge einer Denunziation wegen »Wehrkraftzersetzung und staatsfeindlicher Gesinnung« inhaftiert. Nach 1945 profiliert sie sich zunächst mit einigen realistischen Kurzgeschichten, der (nach ihren eigenen Worten) »anti-antisemitischen« Erzählung *Jan Lobel aus Warschau* (1948), die einen wichtigen Aspekt ihres politischen Engagements aus dieser Zeit spiegelt, vor allem aber mit dem (ihr umfangreiches Werk seither begleitenden) Welterfolg des Romans *Mitte des Lebens* (1950), einer frühen Thematisierung des Anspruchs der Frau auf Selbstverwirklichung, bevor sie dann jene auslaufende Tradition fortzusetzen beginnt, die dem Stichwort der »christlichen Literatur« zugeordnet wurde (*Daniela*, 1953; *Abenteuer der Tugend*, 1957; *Die vollkommene Freude*, 1962).

Ihre zeitkritische Wandlung, die ihr gerade bei einem jungen Publikum zu neuer großer Resonanz verhilft, setzt daher auch im innerkirchlichen Bereich ein. Seit 1959, nach dem Scheitern ihrer zweiten Ehe mit dem Komponisten Carl Orff, in der Nähe von Rom ansässig, beobachtet sie das Zweite Vatikanische Konzil als akkreditierte Journalistin und greift in der Folge einige der von ihm angestoßenen Reformimpulse in theologischen Essays auf. Die Reihe ihrer *Tagebücher* seit 1970 verbindet eine religiös-»ganzheitliche« Reflexion in der Tradition großer spekulativer Denkrichtungen des Westens und des Ostens mit temperamentvollem Engagement gegen die Destruktivität eines zweckrational-»selbstmörderischen ›Fortschritts‹« sowie für »Minderheiten und Schwache«, wobei der internationale Horizont durch zahlreiche Reisen der Autorin beglaubigt wird. Ihr Roman *Mirjam* (1983) macht die neutestamentliche Handlung auf die aktuelle Situation von Strömungen hin transparent, die sie mit kritischer Sympathie begleitet: des Feminismus, des Pazifismus und der Befreiungsbewegungen der Dritten Welt. Auch in einer Phase zunehmender Selbstverbannung der Literatur in die Privatheit schöngeistiger Reservate hält die »starke Erzählerin« (Hermann Kesten) ihre dem Bewußtsein der Weltverantwortung und der Glaubensbereitschaft an die »Utopie Hoffnung« verpflichtete »kommunikative« Ästhetik aufrecht, die »Sicherheiten provozieren« sowie die Wahrnehmung und das »Gewissen schärfen« will. Ihre Bereitschaft, sich auf Vorschlag der Grünen als (aussichtslose) Kandidatin für die Bundespräsidenten-Wahl 1984 zur Verfügung zu stellen, ist in der Weigerung begründet, als mündiger Bürger und Künstler in der Demokratie »die Politik den Berufspolitikern« zu überlassen. Mit einem Zyklus tagebuchähnlicher Aufzeichnungen (*Baustelle*, 1970; *Grenzübergänge*, 1972; *Kriegsspielzeug*, 1978; *Winterfrühling*, 1982; *Im Dunkeln singen*, 1985; *Wachsender Mond*, 1988) findet sie eine Form, sich moralisch auszudrücken, Literatur zu privatisieren. Erlebnisse, Lektüren und Maximen werden zur moralischen und politischen Stellungnahme verwoben.

Literatur: *Falkenstein*, Henning: Luise Rinser. Berlin 1988; *Schwab*, Hans-Rüdiger (Hrsg.): Luise Rinser. Materialien zu Leben und Werk. Frankfurt a. M. 1986.　　*Hans-Rüdiger Schwab*

Rist, Johann
Geb. 8. 3. 1607 in Ottensen b. Hamburg; gest. 31. 8. 1667 in Wedel b. Hamburg

»Es rinnt ja so«, so deutete Philipp von Zesen anagrammatisch den Namen »Ioannes Rist«, durchaus nicht ironisch, sondern als Lob für die »Lieblichkeit« und »Zierlichkeit« seiner leicht dahinfließenden Verse gemeint. Freilich, vom Lob der Leichtigkeit des Produzierens bis zum Vorwurf der gehaltlosen Vielschreiberei ist es nicht weit. Tatsächlich war R. ein ungemein fruchtbarer Dichter, und als sich Georg Philipp Harsdörffer 1647 für seine Aufnahme in die »Fruchtbringende Gesellschaft« einsetzte, wies er darauf hin, daß dieser schon mehr als Martin Opitz geschrieben habe. Der im Jahr zuvor in den persönlichen Adelsstand erhobene R. mußte nicht lange warten und wurde – nach Johann Valentin Andreae – als zweiter Geistlicher in die Sprachgesellschaft aufgenommen. Später, 1658, als sich sein Ansehen weiter gefestigt und er als Kaiserlicher Hofpfalzgraf das Recht erhalten hatte, Dichter zu krönen, gründete er seine eigene Gesellschaft, den Elbschwanorden.

R. stammte, wie viele Dichter des 17. Jahrhunderts, aus einem protestantischen Pfarrhaus. Er besuchte das Gymnasium in Hamburg und Bremen und studierte von 1626 bis etwa 1631 in Rostock und Rinteln Theologie, beschäftigte sich aber auch mit Medizin und den Naturwissenschaften, so daß er später seine Gemeinde auch als Arzt und Apotheker versorgen konnte. 1635 wurde er als Pastor nach Wedel bei Hamburg berufen. Hier blieb er, zweimal verheiratet, bis zu seinem Tod.

Das Amt in dem kleinen Städtchen gab ihm die Muße für seine literarische Arbeit, die nicht ohne Spannung zu seinem geistlichen Beruf stand. Als Lyriker war er Opitz verpflichtet. Dieser habe das »Eiß gebrochen / und uns Teutschen die rechte Art gezeiget / wie auch wir in unsrer Sprache / Petrarchas, Ariostos, und Ronsardos haben können«, heißt es in R.s erster Gedichtsammlung *Musa Teutonica* (1634), mit der er die regeltreue deutsche Kunstlyrik in den niederdeutschen Sprachraum einführte. Zahlreiche weitere Sammlungen weltlicher und geistlicher Gedichte – u. a. *Poetischer Lust-Garte* (1638), *Des Daphnis aus Cimbrien Galathee* (1642), *Himlische Lieder* (1641 ff.) – bescherten ihm beträchtlichen Ruhm. Immer mehr verstand er sich als vorrangig geistlicher Dichter, und mit seinem Lied » O Ewigkeit du DonnerWort / O Schwerdt das durch die Seele bohrt« ging er – wenn auch nicht mit allen sechzehn Strophen – in die Gesangbücher ein.

Drei seiner insgesamt vier Schauspiele haben den Dreißigjährigen Krieg zum Gegenstand – das vierte ist die Tragikomödie *Perseus* (1634) –, und sie deuten wie manche seiner Zeitgedichte den Krieg moralisch als Strafe Gottes (*Irenaromachia*, 1630; *Das Friedewünschende Teutschland*, 1647; *Das Friedejauchtzende Teutschland*, 1653). In eine andere Richtung als diese formal an das Theater der Wanderbühne angelehnten moralisch-allegorischen Mahnungen, voraus ins 18. Jahrhundert, weisen die sogenannten *Monatsgespräche* (1663–1668), belehrende Gespräche, die sich vor allem den Dingen der Erfahrungswelt zuwenden und weniger ihre spirituelle Bedeutung als ihren Nutzen und ihren ästhetischen Reiz herausheben und dabei ein mit Realien gesättigtes Zeitbild entwerfen, wie es sonst in der Literatur des 17. Jahrhunderts kaum anzutreffen ist.

Werkausgabe: Sämtliche Werke. Hrsg. von *Mannack*, Eberhard. Berlin/New York 1967 ff.
Literatur: *Lohmeier*, Dieter/*Reichelt*, Klaus: Johann Rist. In: *Steinhagen*, Harald/*Wiese*, Benno
von (Hrsg.): Deutsche Dichter des 17. Jahrhunderts. Ihr Leben und Werk. Berlin 1984. S. 347–
364; *Moerke*, Ulrich: Die Anfänge der weltlichen Barocklyrik in Schleswig-Holstein. Neumünster 1972. S. 88–132.   *Volker Meid*

Rosegger, Peter
Geb. 31. 7. 1843 in Alpl bei Krieglach (Steiermark), gest. 26. 6. 1918 in Krieglach

»Es giebt Helden der Menschheit, von denen niemand was
weiß. In den dunklen Gründen des Volkes ist kein Chronist
und kein Dichter und kein Bildner, um zu verherrlichen die
Tapferkeit, die Güte, die Treue, die Entsagung und christliche
Duldung, die dort in schlichten armen Menschen Tag für Tag
walten!« R., der dies in seinem weltanschaulichen Bekenntnisbuch *Mein Himmelreich* (1900) schrieb, wollte genau dies sein:
Chronist, Dichter, Bildner (Lehrer) derer in den »dunklen
Gründen«. Daher fehlt in keiner Literaturgeschichte, in keinem Nachschlagewerk die Kennzeichnung: Volks- oder volkstümlicher Schriftsteller. Als Lehrer der Unterschichten versuchte er zudem eine Revolutionierung des Lehrplans. Was stand zuvor darauf? »Die
verkehrte Welt ist's gewesen. In der Geschichte haben wir, anstatt der naturgemäßen
Entwicklung der Menschheit nachzuspüren, spitzfindige Staatenklügelei getrieben; der
Lehrer hat allfort nur von hohen Fürstenhäusern und ihren Stammbäumen, Umtrieben
und Schlachten geschwätzt; sonst hat der Wicht nichts gewußt.« Und nun setzte er die
Lebensgeschichte, die Taten und Leiden der wirklichen Helden auf den Lehrplan, sie
selber, die Abkömmlinge der »dunklen Gründe«, die Menschen seiner Heimat, der Steiermark. Kaum die Bewohner der Städte – diese allenfalls kontrastiv –, vielmehr die auf
dem Lande, im (Wald-)Gebirge, im Wald.

Ein Hauptstichwort seines Schaffens lautet »Wald«, wie es die Titel und Untertitel
von Büchern und Auswahlausgaben, Band- und Kapitel-Titel bezeugen: *Die Schriften des
Waldschulmeisters* (1875) und *Waldheimat* (1877). Da gibt es Erzählungen *Aus dem Walde*
und *Neue Waldgeschichten*, das *Sterben im Wald* und den *Waldvogel*, *Waldferien* und *Waldju-
gend*; vor allem, mit Bezug auf das eigene Leben – denn die autobiographische Kompo-
nente herrscht in allem seinen Schaffen vor –: *Das Waldbauernbübel, Kindheitswege des
Waldbauernbuben, Mein Weltleben oder wie es dem Waldbauernbuben bei den Stadtleuten erging*
und (eine bekannte, unter pädagogischem Gesichtspunkt gefertigte Auswahl, vielleicht
seine bis heute bekannteste Schrift, 1901 f.) *Als ich noch der Waldbauernbub war*. So scheint
es auf den ersten Blick, als sei das umfassende Werk R.s der Ausdruck einer einzigen
großen Fluchtbewegung: aus der industriellen Zivilisation in die Waldursprünglichkeit,
von der Stadt aufs Land, aus dem Erwachsensein in Kindheit und Jugend. Dieselbe
Bewegung bestimmt den Handlungsgang des Romans *Erdsegen* (1900), von einigen Kritikern als Höhepunkt des Werks betrachtet; R. bearbeitete hier ein Thema, das in der

Luft der Zeit lag, nicht nur im deutschsprachigen Gebiet, wie man am Hauptwerk des Norwegers Knut Hamsun sieht: *Segen der Erde* (1917), wofür dieser den Nobel-Preis erhielt.

Über mangelnden Erfolg brauchte der Steiermärker R. ebenfalls nicht zu klagen. Noch bei Lebzeiten erschienen die *Gesammelten Werke*, in 40 Bänden. Er saß im »Herrenhaus«, der österreichischen Variante des britischen House of Lords, wurde mit der Ehrendoktorwüde in Wien und Heidelberg ausgezeichnet, in Graz und Krieglach mit je einem Haus beschenkt und genoß das Privileg, kostenfrei auf den österreichischen Staatsbahnen zu reisen. Er war als Sohn eines armen Bergbauern geboren worden, ältestes Kind unter sieben Geschwistern, und wurde zunächst Hirt (Ochsenbube). Seinen ersten Unterricht erteilte ihm ein arbeitsloser alter Waldschulmeister; 1858 kam er in die Lehre zu einem Wanderschneider, mit dem er in den Heimatregionen umherzog, beste Gelegenheit, das Land und die Menschen kennenzulernen. Bald begann er, ein Autodidakt, zu schreiben. Ihn inspirierten die damals beliebten Kalendergeschichten, kein verächtliches Genre, zählten zu den Verfassern doch berühmte Autoren, z.B. Berthold Auerbach und Ludwig Anzengruber, die hauptsächlichen Vorbilder R.s. Gleich seine frühsten literarischen Versuche, der Grazer *Tagespost* eingesandt, lenkten die Aufmerksamkeit auf ihn. Der Redakteur Svoboda förderte ihn, und staatliche und private Spenden und Stipendien ermöglichten ihm seit Mitte der 60er Jahre Studien und Reisen. Seit Mitte der 70er Jahre lebte er in Graz und Krieglach. In Graz gründete er 1876 eine Monatsschrift für Kultur und Dichtung: *Heimgarten*, die er bis 1910 redigierte und zum größeren Teil mit eigenen Beiträgen füllte (Mitarbeit u.a. des jungen Karl May). Als Buchverfasser debütierte er mit Dialekt-Lyrik (*Zither und Hackbrett*, 1869), wie er überhaupt neben seinen hochdeutschen Büchern weiterhin Schriften in steirischer Mundart verfaßte. Die Mehrzahl seiner hochdeutschen Erzählungen, Romane und erörternden Schriften wurden beliebte Lektüre eines breiten Publikums, etwa: *Heidepeters Gabriel* (1872 und 1876 in zwei Teilen; in einem Band zuerst 1882).

Aus der sozialen Tiefe auf die Höhe des Erfolgs, eine beneidenswerte Schriftstellerlaufbahn wie aus einem Guß? Bei näherem Hinsehen werden die Risse sichtbar. Eine Elementarkatastrophe, ein Unwetter, verwüstet 1859 die Steiermark und die wirtschaftlichen Grundlagen des elterlichen Hofs, von dem dieser sich nicht mehr erholt; 1868 müssen Haus und Hof verkauft werden. R. schrieb: »Ich habe keine Heimat mehr... Ich bin vielleicht nicht mehr angewiesen auf das einsame Haus in Alpl; es war doch nur eine arme Hütte; mir aber, mir aber! mir war sie mehr als ein goldener Palast – sie war mein liebes, trautes, einziges Daheim! Jetzt ist alles aus.« Oder doch nicht? Denn sein Schreiben, es kann als Bemühung gedeutet werden, die verlorene »arme Hütte« in der Phantasie wiederherzustellen, erneut aufzusuchen. Nie verwand R. den frühzeitigen Verlust seiner ersten Frau durch Tod nach nur zweijähriger Ehe (er setzte ihr ein Denkmal als Anna in *Heidepeters Gabriel*). Etwa zugleich mit dem Beginn seiner zweiten Ehe tritt die Krankheit auf, mit der er sich dann für sein ganzes Leben einzurichten hatte (Asthma) und die er schließlich als »gute Erzieherin« würdigte (seine Leidensgeschichte: in der Autobiographie *Mein Weltleben*, 1898). Als Autor, vor allem als Zeitschriftenredakteur hatte er allerhand Plackerei mit der Zensurbehörde in Graz auszustehen; nicht weniger als siebenmal wurde der *Heimgarten* konfisziert, jedesmal eine starke finanzielle Einbuße (vgl. das Kapitel »Zensurplagen«, *Mein Weltleben, Neue Folge*). Die

Empfindlichkeit des Zensors bezog sich besonders auf R.s religiöse Ansichten. Als Katholik vertrat er den Los-von-Rom-Standpunkt, leitete sein Christentum von der Bergpredigt her, engagierte sich für den Bau einer protestantischen Kirche in Mürzzuschlag und betätigte sich überhaupt karitativ und pädagogisch (sorgte z.B. für den Bau einer Waldschule in Alpl).

Welche Stellung er eigentlich in der Literatur einnehme, darüber war er sich nach eigenem Eingeständnis unklar. Ein Kritiker sagte ihm, er passe in »keine Kategorie« und sei »ein Wilder«. Einige Literaturhistoriker reihten ihn der Tradition der »Dorfgeschichte« ein; er sei ein Vorläufer oder gar Repräsentant der »Heimatkunst«-Bewegung (vom Ende des 19. Jahrhunderts bis 1945). Beteiligte er sich also an dem, was bereits 1858 Friedrich Hebbel in seiner Polemik *Das Komma im Frack* als »Dorfgeschichten-Schwindel« einiger Zeitgenossen schmähte? War er verantwortlich für den von Hebbel gewitterten »erstickenden Brodem, der sich bei dem Mangel an Luftzug nun in ihren Bauernstuben entwickeln mußte«? Gewiß ist: Die »Heimatkunst«, die sich später als »Blut- und Boden-Dichtung« offiziell etablierte, konnte bei ihrer Suche nach Ahnherren auf ihn zurückgreifen; in der Idealisierung des ländlichen Daseins war er ihr vorausgegangen. Doch steht er im Gegensatz zu ihr in der Tradition der Dorf- und Kalendergeschichte, und das heißt: er übernahm von dieser auch ihren aufklärerisch-volkserzieherischen Impetus. Niemals ging er daher zum Antisemitismus der Zeit über. An seinem Vorbild Berthold Auerbach hielt er fest. Dessen Bekenntnis zur Größe des Judentums rühmte er. Den Reformbestrebungen der Sozialdemokratie stand er mit Sympathie gegenüber, veranstaltete gelegentlich auch eine Lesung vor 1500 Arbeitern. Er bekannte sich zum entschiedenen Pazifismus, zu der schon von Kant begründeten Lehre, daß Kriege zwischen den Völkern abgeschafft werden müßten. Daß er am Anfang des Jahrhunderts die Zerstörung der Bauernwirtschaft und -kultur durch den Kapitalismus, die Vernichtung der Berglandschaft, seiner »Waldheimat«, den Ruin der Alpenregion nicht gutheißen konnte –, wer wollte es ihm, am Ende desselben Jahrhunderts, verübeln?

Werkausgabe: Peter Rosegger. Gesammelte Werke. 40 Bde. Leipzig 1913–1916.

Literatur: *Hölzl*, Wolfgang: »Der großdeutsche Bekenner«: nationale und nationalsozialistische Rosegger-Rezeption, Frankfurt a.M. 1991; *Baur*, Uwe (Hrsg.): »Fremd gemacht«? Der Volksschriftsteller Peter Rosegger, Wien 1988; *Latzke*, Rudolf: Peter Rosegger als Literat, Graz 1972; Ders.: Der junge Rosegger. Weimar 1943; *Kappstein*, Theodor: Peter Rosegger. Ein Charakterbild. Stuttgart 1904. *Wolfgang Beutin*

Roth, Joseph

Geb. 2. 9. 1894 in Brody/Galizien; gest. 27. 5. 1939 in Paris

»Mein stärkstes Erlebnis war der Krieg und der Untergang meines Vaterlandes, des einzigen, das ich je besessen: der österreichisch-ungarischen Monarchie.« Dieses Bekenntnis R.s aus den letzten Wochen der Weimarer Republik erklärt wichtige Ursachen jener Orientierungslosigkeit, die sein Leben und Werk in mehrfacher Hinsicht als *Die Flucht ohne Ende*, so der Titel eines Romans aus dem Jahre 1927, erscheinen ließ. Als österreichisch-ungarischer Kriegsfreiwilliger wurde R. 1916 Mitarbeiter einer Soldatenzeitung. Mit den Erfahrungen an der Front begann er nach dem Zusammenbruch der Monarchie beim pazifistischen Wiener Blatt *Der Neue Tag* eine Karriere als Lokalreporter. Hier wie in Berlin, wo er wenig später rasch zum gefragten Mitarbeiter des *Börsen-Courier* und anderer Zeitungen aufstieg, verfaßte er Artikel über die Sorgen der »kleinen Leute« und Kriegsopfer, Beobachtungen aus dem Alltag, Rezensionen neuer Filme, Bücher oder Theaterstücke – vertrat im festen Glauben an eine bessere Zukunft eine politische Linie, deren Grundlage ein humanitäres Sozialgefühl war. Einen Höhepunkt seines publizistischen Engagements brachte das Jahr 1924, als R. u. a. im *Vorwärts* und im Satire-Magazin *Der Drache* mit bissiger Lyrik und weitblickenden Glossen die immer stärker werdenden Rechtstendenzen in Politik und Kultur anprangerten. Nach der Wahl Hindenburgs zum Reichspräsidenten freilich begann R. zu resignieren, sich vom tagespolitischen Journalisten zum Feuilletonisten alter Wiener Schule, zum rastlosen Reisereporter zu wandeln, der den Lesern der *Frankfurter Zeitung* aus Paris, Südfrankreich, Rußland, Italien, Albanien und anderen Ländern Europas berichtete. Zudem profilierte er sich mehr und mehr als Romancier.

Wie er einerseits mit seinen Zeitungsartikeln nicht selten literarische Qualitäten erreichen konnte, sind andererseits R.s Essays, Erzählungen und Romane aus seinen Arbeiten für den Tag entstanden und meistens auch als Vorabdrucke in Zeitungen veröffentlicht worden. So sind lange Passagen aus älteren Artikeln in den Essay *Juden auf Wanderschaft* (1927) eingearbeitet, der den Autor – auf der Suche nach eigener Identität – als scharfsichtigen und mitleidenden Analytiker des Ostjudentums zeigt. All seine Romane vom *Spinnennetz* (1923) bis zu *Rechts und Links* (1929) haben aktuelle Fragen und Probleme zum Inhalt, die Protagonisten sind Kriegsversehrte, junge Männer der »Lost Generation«, emanzipierte Frauen; der Stil scheint dokumentarisch, so daß R. rasch als führender Vertreter der »Neuen Sachlichkeit« galt. Im Roman *Hiob* (1930) brachte er Neues, rückte von seinem bisherigen Werk ab: Er nahm Motive des biblischen Mythos auf und schrieb in einer Sprache, die sich zwischen Legende und Märchen bewegt. Mit seinem Hauptwerk *Radetzkymarsch* (1932) wandte er sich der Vergangenheit, seiner alten Heimat zu: In impressionistischen Bildern, voller Wehmut, aber auch kritisch mit der »unbestechlichen Genauigkeit eines k. und k. Berichts« (Heinrich Böll) schilderte er den Untergang der Donaumonarchie.

R. konnte den großen Erfolg seiner Bücher nicht auskosten. Die Geisteserkrankung seiner Frau Friedl weckte ein starkes Schuldgefühl in ihm und erforderte viel Geld, so daß ihn sogar die einst bekämpften rechtsgerichteten *Münchner Neuesten Nachrichten* mit einer Stargage als Feuilletonisten gewinnen konnten, in dessen Artikeln sich zunehmend ein starker Kulturpessimismus durchsetzte. Nach Hitlers Machtergreifung verließ R. als einer der ersten Deutschland. Er ging ins Exil nach Paris, reiste nach Wien, Salzburg, Amsterdam, Marseille, Nizza und Polen. Verstärkt trat er wieder als Journalist auf, als Kämpfer gegen den Nationalsozialismus. Doch im Grunde war er schon zu pessimistisch, fühlte sich so, wie er 1934 den Roman *Tarabas* untertitelte: als *Gast auf dieser Erde*.

Bereits vor der Zeit des Exils hatte R. in seiner Orientierungslosigkeit die Flucht in den Alkohol angetreten, ohne jedoch die Suche nach Heimat aufzugeben. Bald glaubte er, im intakten Ordnungssystem des Katholizismus Halt finden zu können; bald hielt er die Wiedereinführung der Habsburger-Monarchie für die einzige Möglichkeit, Österreich vor dem Faschismus zu retten. Deshalb vertrat R., so oft es ihm möglich war, in Artikeln und Vorträgen katholisch-legitimistische Ideen, und auch sein erzählerisches Spätwerk (u.a. *Die Büste des Kaisers*, 1935; *Die Kapuzinergruft*, 1938) wurde wesentlich von der Glorifizierung und idealisierten Überzeichnung der alten Donaumonarchie geprägt. Die Kehrseite dieser realitätsfernen Position war in R.s letzten Lebensjahren immer häufiger erbitterte antizionistische oder antikommunistische Polemik, die auch vor Freunden nicht haltmachte. Auf der anderen Seite blieb R. seiner humanitären Haltung treu, setzte sich ein für Opfer der Zeit, unterstützte einen Emigrantenhilfsfonds, half beim Aufbau der Pariser Freiheitsbibliothek, hielt Reden auf antifaschistischen Kongressen. Selten ist die Gegensätzlichkeit der Welten, in denen R. lebte, sinnfälliger gewesen als bei seiner Beerdigung: Die Zeremonie fand nach katholischen wie jüdischen Riten statt, das Grab zierten ein Kranz mit schwarz-gelb unterlegtem letzten Gruß des Hauses Habsburg und ein Kranz mit roter Schleife, niedergelegt im Auftrag des »Bundes Proletarisch-Revolutionärer Schriftsteller« von Egon Erwin Kisch.

Werkausgabe: Roth, Joseph: Werke in 6 Bänden. Hrsg. von *Hackert*, Fritz und *Westermann*, Klaus. Köln 1990ff.

Literatur: *Baumgart*, Reinhard: Auferstehung und Tod des Joseph Roth. München 1991; *Koester*, Rudolf: Joseph Roth. Berlin 1982; *Bronsen*, David: Joseph Roth. Eine Biographie. Köln 1974/ München 1981.   *Klaus Westermann*

Rückert, Friedrich
Geb. 16.5.1788 in Schweinfurt; gest. 31.1.1866 in Neuses/Coburg

Der Zeitgenosse Johann Wolfgang Goethes, Napoleons und Georg Wilhelm Friedrich Hegels, der Brüder Schlegel und des Novalis, aber auch Georg Büchners, Heinrich Heines, des Fürsten Metternich und des allerorten aufkeimenden Liberalismus war bei einem breiten Publikum beliebt und gehörte zu den meistgelesenen Dichtern seiner Zeit. »Hühnenhaft, mit mächtigem Haupt voll langer, weißgrauer Haare wandelte er durch das Rosenbeet des Familiengutes, an einem seiner 10000 Gedichte und Verse sinnend«, beschreibt ihn Felix Dahn, einer der Hauptvertreter des historischen Romans, in späteren Jahren. Sein Biograph Beyer stellte fest: »Was er schriftlich ausarbeitete, mußte auch schön und gleichmäßig auf dem Papier stehen.«

Er stammte aus bescheidenen Verhältnissen und ging den üblichen Weg, um seine Lage zu verbessern: Er studierte von 1805 bis 1808 die Rechte und Philologie in Würzburg und in Heidelberg. Der leidenschaftliche Parteigänger der antinapoleonischen Entente versuchte 1809 vergeblich, in das österreichische Heer aufgenommen zu werden; er wurde wegen seiner gesundheitlichen Anfälligkeit gar nicht erst gemustert. So habilitierte er sich zunächst einmal in Jena, einem der Zentren der deutschen Romantik, und hielt dort als Privatdozent Vorlesungen über orientalische und griechische Mythologie. Von 1812 bis 1814 lebte er als Gymnasiallehrer und Privatgelehrter in Hanau, Würzburg und Bettenburg. Als er 1814 erneut nicht am Krieg gegen Napoleon teilnehmen durfte, schickte er dem geschlagenen, flüchtenden Kaiser der Franzosen 74 *Geharnischte Sonette* (in *Deutsche Glimpf- und Schimpflieder*, 1814) hinterher: »Kann denn kein Lied / krachen mit Macht / so laut wie die Schlacht / hat gekracht in Leipzigs Gebiet?«. Mit diesen Sonetten wurde R. als unüberhörbarer politischer Lyriker der Befreiungskriege bekannt.

Nach dem Wiener Kongreß von der restaurativen Neuordnung Europas enttäuscht, übernahm er 1815 in Stuttgart die redaktionelle Leitung von Johann Friedrich Cottas *Morgenblatt für gebildete Stände* und von 1822 bis 1825 die des *Frauentaschenbuchs*, in dem er nur noch am Rande zu Zeitfragen Stellung nahm, dies im Sinne eines gemäßigt liberalen Patriotismus. Seit er im Jahr 1818 in Wien mit dem berühmten Orientalisten Joseph von Hammer-Purgstall zusammengetroffen war, hatten sich seine Interessen entschieden gewandelt. Statt mit politischer Lyrik beschäftigte sich er jetzt mit der arabischen, türkischen und persischen Sprache und Literatur und wurde schließlich nach seinen zahlreich erschienenen mustergültigen Übersetzungen aus diesen Literaturen auf Empfehlung Hammer-Purgstalls 1826 zum außerordentlichen Professor für orientalische Sprachen an der Universität Erlangen ernannt. 1841 wurde er vom preußischen König Friedrich Wilhelm IV. nach Berlin berufen. Da er in Berlin nur widerwillig Fuß faßte, verbrachte er schon bald den größten Teil des Jahres auf dem Familiengut in Neuses und zog sich 1848 vollständig dorthin zurück.

R.s lyrische Dichtung und die Übertragungen – er schrieb daneben Kinderlieder und Märchen, historische und biblische Versepen – waren von hoher formaler Virtuosität getragen; damit erschien er seinen Zeitgenossen als ebenso einzigartig wie faszinierend. Georg Gottfried Gervinus, liberaler und kämpferischer Literarhistoriker der Zeit, schrieb über R.: »Mehr als die Empfindungsstärke wirkt die Kraft in Sinnbildern, im symbolisierenden Scharfsinn und Witz; wie bei einem Walther ist nicht das Lied, sondern der Spruch, das didaktische Gedicht das Preisvollste in Rückerts Werken, denn jeden schwierigsten Gedankeninhalt bändigt er mit leichtem und sicherm Griffe.« Der ungemein produktive Autor der *Östlichen Rosen* (1822), des *Liebesfrühling* (1844), der *Haus- und Jahreslieder* (1838) und der sechsbändigen *Weisheit des Brahmanen* (von 1836 bis 1839) dichtete aber auch in einer moralisierend-didaktischen, alexandrinischen Glätte, die ausschließlich dem politischen »juste milieu«, der Philisterei des biedermeierlichen Mittelstands entgegenkam: »Lesen Sie den Tschi-King, das Liederbuch der Chinesen, mit dessen Übersetzung uns Rückert sein neuestes Geschenk gemacht hat, und Sie werden hinter dieser wundersam geschnörkelten, steifen Schale des so ganz eigentümlichen Volks den Kern des Reinmenschlichen bewahrt sehen. In die Poesie flüchtet sich das mißhandelte Herz, hier und hier allein war es vom Priesterzwange frei, der sonst das ganze Leben und selbst den Gedanken des Volkes beherrschte«, warb der Literaturkritiker Ludolf Wienbarg in seinen *Ästhetischen Feldzügen* für R. und zitierte ausdrücklich dessen weltliterarisches Credo: »Daß ihr erkennt: Weltpoesie / Allein ist Weltversöhnung.«

In der Literaturgeschichte führt R. heute eine Randexistenz, einzig als Lehrer August Platens scheint er von Belang, dessen antikisierender Klassizismus R.s Sache allerdings nicht gewesen ist. Vielleicht ließe sich R. aber als unzeitgemäßer Nachfahre Johann Gottfried Herders und Goethes rechtfertigen, als verspäteter Aufklärer aus dem Geist des weltliterarischen Kulturvergleichs, der sich aber auch mit bewußter poetischer »Leichtfertigkeit« bemühte, die eklatanten Widersprüche seiner Zeit dem Diktat des reinen Reims zu unterwerfen.

Werkausgaben: Rückert, Friedrich: Gesammelte poetische Werke. 12 Bände. Frankfurt a. M. 1867–69; Rückert, Friedrich: Gesammelte Gedichte. Erlangen 1834–38.

Literatur: *Fischer*, Wolfdietrich und *Gömme*, Rainer (Hrsg.): Friedrich Rückert (1788–1866). Neustadt/Aisch 1990; *Schimmel*, Annemarie: Weltpoesie ist Weltversöhnung. Schweinfurt 1967; *Kranz*, Christel: Friedrich Rückert und die Antike. Bild und Wirkung. Schweinfurt 1965.

Bernd Lutz

Rudolf von Ems
erste Hälfte 13. Jahrhundert

Das Leben dieses Autors, der zu den fruchtbarsten (fünf große epische Werke mit fast 100 000 Versen) und erfolgreichsten (insges. rd. 110 Handschriften) gehört, bleibt wie das vieler anderer mittelhochdeutscher Dichter schattenhaft. Außer seinen Dichtungen gibt es keine Zeugnisse über ihn. Der Autor selbst nennt sich in seinen Epen nur ›Rudolf‹; weiter vermerkt er einmal (*Alexander*, Vers 15 629), er sei »dienestman ze Muntfort«, einem zu seiner Zeit einflußreichen Grafengeschlecht, das u. a. am östlichen Bodensee Besitzungen hatte. Der heute übliche Zuname ›von Ems‹ wurde von zwei späteren Erwähnungen abgeleitet: In einer anonymen Fortsetzung seiner unvollendeten *Weltchronik* erscheint er als »R. von Ense«, in einer Handschrift des Romans *Wilhelm von Österreich* des Johannes von Würzburg (Anfang des 14. Jahrhunderts) als »von ains Ruodolf«. Identifiziert wurde Ems im Zusammenhang mit R.s vermutetem Stand als Ministeriale derer von Montfort mit Hohenems bei Bregenz. Für einige seiner Werke gibt R. historisch faßbare Gönner und die Umstände des Auftrags an, wodurch sich eine ungefähre Schaffenszeit von 1220 bis 1250 und ein Wirkungskreis im deutschen Südwesten erschließen läßt: R. bewegte sich offensichtlich in staufischer Sphäre bis hin in die Umgebung der Könige Heinrich (VII.) und Konrad IV., der sein letzter Auftraggeber war. Man nimmt an, daß er wie Konrad IV. auf der Italienfahrt 1250 bis 1254 gestorben ist.

R. beruft sich in seinen Werken auf die großen Epiker der Stauferzeit als Vorbilder, er rühmt insbesondere Gottfried von Straßburg als seinen stilistischen Meister. Von ihm übernahm er außerdem die Form des Literaturexkurses (*Alexander, Willehalm von Orlens*), in denen er eine große Zahl älterer und zeitgenössischer Autoren benennt und – ein Novum in der deutschen Literaturgeschichte – auch seine eigenen bis dahin entstandenen Werke (darunter eine verlorene Eustachiuslegende) anführt. Stofflich und intentional geht R. indes eigene Wege. Er kehrt sich ab von der märchenhaft-unwirklichen Artuswelt seiner Vorgänger und wendet sich historisierenden und historischen Stoffen zu, in deren Rahmen er in didaktischer Absicht eine realistisch gezeichnete Welt entwirft, in der sich Rittertum zu bewähren habe. Vermutlich am Anfang seines durch eine breite Gelehrsamkeit getragenen Schaffens stehen zwei Legendenromane: *Der Gute Gerhard* (um 1220), eine exemplarische Lebensgeschichte, die eine Fürstenmahnung impliziert, ist bemerkenswert durch ihre Struktur als Rahmenerzählung und den Status des Helden, der, obwohl Kaufmann, als Vorbild für Kaiser Otto herausgestellt wird. R. verfaßte das Werk für Rudolf von Steinach (gest. 1221), einen Ministerialen des Bischofs von Konstanz; es scheint allerdings nicht als zeitgemäß empfunden worden zu sein (nur 2 Handschriften). Anders der weitgehend dialogische Legendenroman *Barlaam und Josaphat* (um 1230), eine Glaubenslehre, die christliche Umsetzung der alten Buddhalegende der Weltflucht (20 Handschriften), verfaßt auf Anregung des Zisterzienserklosters Kappel bei Zürich.

Der Roman einer Kinderminne, *Willehalm von Orlens* (um 1230), dessen Protagonisten, Willehalm und Amelie, zu den exemplarischen Liebespaaren des Mittelalters gehören, wird, entsprechend R.s pragmatisch-didaktischen Intentionen, zugleich ein Spiegel höfischer Sitten und eine Fürstenlehre. Er wurde verfaßt im Auftrag des Ministerialen Johannes von Ravensburg und Konrads von Winterstetten, des Protonotars Heinrich (VII.) und Erziehers Konrads IV. (gest. 1243, Vater des Minnesängers Ulrich von Winterstetten). In seinen beiden letzten Werken rückt R.s Neigung zur Historie vollends in den Mittelpunkt: Groß angelegt ist der *Alexanderroman* (um 1240); die breite Ausgestaltung schon der Erziehung Alexanders weitet sich auch hier zu einer Fürstenlehre, blieb dann aber nach 21 000 Versen unvollendet (entsprechend nur 3 Handschriften), vielleicht, weil ein Auftrag König Konrads IV. zu einer Weltchronik R. von dem Alexanderprojekt abgezogen hatte. Auch dieses monumentale Werk, das alle bisherigen Dimensionen sprengt, eine zur Legitimation der Stauferherrscher angelegte Heils-, Welt- und Kaiserchronik, blieb unvollendet: Mitten in der Geschichte König Salomons bricht sie bei über 33 000 Versen ab. Dennoch war dem Werk ein außergewöhnlicher Erfolg beschieden (über 80 Handschriften, darunter 28 illuminierte Prachtcodices). Es wurde von späteren Autoren fortgesetzt, überarbeitet, erweitert, in andere Chroniken integriert und in Prosa umgebildet.

Werkausgaben: *Asher,* John (Hrsg.): Rudolf von Ems, Der guote Gêrhart. Tübingen ³1989 (ATB 56); *Junk,* Victor (Hrsg.): Rudolf von Ems. Alexander. 1928/29; Nachdruck Darmstadt 1970; *Ehrismann,* Gustav (Hrsg.): Rudolf von Ems »Weltchronik«. 1915; Nachdruck Berlin 1967. — Literatur: *Brackert,* Helmut: Rudolf von Ems. Dichtung und Geschichte. Heidelberg 1968; *Ertzdorff,* Xenja von: Rudolf von Ems. Untersuchungen zum höfischen Roman im 13. Jh. München 1967. *Günther Schweikle*

Rühm, Gerhard
Geb. 12.2.1930 in Wien

»die dichtung arbeitet autonom mit dem material sprache, also mit wortklängen und wortbildern und mit deren bedeutung«. Weder Inhalt noch Aussage, Thema oder Stoff, weder erlebte Geschichte noch erfundene Handlung sind Ausgangspunkt für das vielgestaltige dichterische und künstlerische Werk R.s, sondern ein undogmatisches, ästhetisch-analytisches Insistieren auf dem Ausgangsmaterial aller Dichtung, der Sprache selbst. R.s unvoreingenommener Umgang mit allen Elementen dieses Materials, dem Lautklang, dem Schriftbild, dem Sprechgestus, den grammatikalischen und syntaktischen Spielregeln und – natürlich – dem Bedeutungspotential führt zu einer intensiven Erkundung der Ausdrucksmöglichkeiten bis hin an die Grenzen der Sprachwahrnehmung und des Sprachverstehens und legt zugleich so etwas wie eine elementare Ästhetik der Sprache frei. Bewußt stellt sich R., der auch als Herausgeber zu Unrecht verschollene Werke verschiedener Epochen der Literaturgeschichte wieder zugänglich gemacht hat, in die Tradition einer sprachbezogenen Literaturkonzeption, wie sie etwa durch Arno Holz, die Wortkunst des expressionistischen Sturmkreises, Raoul Hausmann und Kurt Schwitters, Gertrude Stein, aber auch in der deutschen Mystik und der Dichtung des Barock repräsentiert ist. So sehr R. daran liegt, aus dem puren Sprachmaterial ständig neue Klang- und Bedeutungswelten hervorzutreiben, so entschieden lehnt er jede Form des Formalismus ab. Vielmehr ist für den sprachkritischen Ansatz der Wiener Gruppe, zu der sich R. im Wien der fünfziger Jahre mit H. C. Artmann, Oswald Wiener, Konrad Bayer und Friedrich Achleitner zusammengeschlossen hatte (und deren Historiograph er wurde), die Sprachphilosophie von Fritz Mauthner und von Ludwig Wittgenstein bestimmend. »Es gibt keine stärkere Gesellschaftskritik als die Kritik an der Sprache selbst«, spitzt R. diesen Ansatz zu, »die Sprache ist ein hierarchisch strukturiertes Herrschaftsinstrument«. Die soziale Funktion seiner Kunst sieht R. in der »Provokation zum Nonkonformismus« und vor allem in der Differenzierung der sprachlichen und nichtsprachlichen Ausdrucksmittel sowie in der Sensibilisierung der Wahrnehmungsfähigkeit, die auf eine ästhetische, nicht wissenschaftliche Erkenntnis zielt. Im Vergleich mit den anderen Autoren der Wiener Gruppe, aber auch mit ähnlichen poetologischen Konzepten der 50er Jahre wie etwa von Eugen Gomringer in der Schweiz oder Helmut Heißenbüttel oder Franz Mon in der Bundesrepublik hat sicherlich niemand die künstlerische Erforschung der Sprache so systematisch wie vielseitig in so viele Richtungen und Bereiche vorangetrieben wie R. Der methodische Reichtum seines Werks entzieht sich deshalb jeder einordnenden Beschreibung. Die traditionellen Gattungsgrenzen unterläuft R., der nach einem Klavier- und Kompositionsstudium an der Staatsakademie in Wien und bei J. M. Hauer als Komponist begann und heute – seit 1972 – als Professor für Freie Grafik in Hamburg lehrt, schon im Ansatz. »beim gegenwärtigen stand der gesamtkünstlerischen entwicklung ist es illusorisch zu fragen, ob es sich noch um dichtung oder schon musik oder grafik, um (mobile) plastik oder (theatralische) aktion handelt, die produktionen lassen sich nicht mehr in gesonderte disziplinen eingrenzen, die produzenten nicht mehr auf einen material-, ausdrucksbereich festlegen. das interesse gilt vielmehr den problemen des ausdrucks und der vermittlung überhaupt, der material- und bewußtseinserweiterung«. Zwischen Einwortgedichten und Eintonmusik, Lautdichtung und Visueller Poesie, Chansons und Konstellationen, Dialektdichtung und Konkreter Poesie, Prosastücken und Hörspielen, Gedichten und Theaterstücken, Minidramen und Melodramen, Schriftzeichnungen, Textfilmen, Visueller Musik, Tondichtungen etc. (gesammelt in den Bänden *fenster* (1968), *Gesammelte Gedichte und Visuelle Texte* (1970), *Ophelia und die Wörter* (1972; Neuausgabe unter dem Titel *theatertexte* 1990), *Text – Bild – Musik* (1984), *Zeichnungen* (1987), *botschaft an die zukunft* (1988), *geschlechterdings* (1990)) bietet die systematische Erprobung aller Möglichkeiten, die das Material Sprache überhaupt zu bieten hat, R. Gelegenheit, Entdeckungen jenseits der durch die Grenzen der Sprache normierten Bereiche unseres Verstehens und unseres Bewußtseins zu machen: eine ästhetisch-systematische Erforschung des im weitesten Sinne Unbewußten und dessen – tendenziell auch außersprachlichen – Funktionierens. Daher ist R.s dichterischer Grundeinfall immer methodischer Art. In der Einsinnigkeit einer erfundenen Handlung oder der abgeschilderten Realität sieht R. eine Versimpelung des komplexen Widerspiels zwischen Bewußtsein und Realität. Das Prosastück *die frösche* (1958 geschrieben, 1968 veröffentlicht) etwa demonstriert besonders anschaulich, wie R. unterschiedslos alles, was an Realitätswahrnehmung anschießt, durch eine Vielzahl von sprachlichen und methodischen Mikromanövern unmittelbar in ein vielschichtiges Textgeschehen umstrukturiert, das – fernab jeder realistischen Abschilderung – dennoch unablässig Inhaltliches evoziert. Was aber an inhaltlichen Qualitäten erfahrbar wird, ist nicht im Voraus als Textaussage festgelegt, sondern entsteht erst im methodischen Vollzug der Texte, wobei R. das Herstellen solch inhaltlicher Bezüge als eine aktive und unerläßliche Arbeit des Lesers oder Hörers ansieht. Am Ende kann dann selbst das alphabetisch geordnete Vokabular eines Fremdsprachenwörterbuchs trotz der mechanisch eingehaltenen Wortfolge zu phantastisch erregenden Vorstellungen von *reisefieber* (1989) führen oder gar eine Fülle vielfach einander spiegelnder Weltbilder freisetzen: *textall* (1993), ein utopischer Roman. Im Idealfall schwebt R. das ›totale Buch‹ vor, wie er es nur in *rhythmus r* (1958, veröffentlicht 1968) und in *mann und frau* (1972) verwirklichen konnte: nicht nur eine Fülle verschiedener Schrift- oder Textstrukturen in variabler Typografie, sondern auch zerknitterte, zerrissene, eingefärbte, transparente, vertauschbare, ineinandergesteckte Buchseiten mit plötzlichem Sandpapier oder rauszureißendem Seidenpapier provozieren im rapiden Wechsel der Sprach- und Sinneseindrücke dichteste, sinnlichste ästhetische Erfahrung.

Literatur: protokolle. Zeitschrift für Literatur und Kunst. Band 2. Wien/München 1987.

Klaus Ramm

Rühmkorf, Peter
Geb. 25. 10. 1929 in Dortmund

Lyrik ist für R. eine akrobatische Überlebensnummer. Das Gedicht *Hochseil* ist Sinnbild für die immer gefährdete, schwankende Basis dieser Gattung. Diese Träume von »einem Individuum / aus nichts als Worten« (»Wir turnen in höchsten Höhen herum / selbstredend und selbstreimend / von einem Individuum / aus nichts als Worten träumend. / . . ./ Wer von so hoch zu Boden blickt / der sieht nur Verarmtes-Verirrtes / Ich sage: wer Lyrik schreibt, ist verrückt/wer sie für wahr nimmt, wird es«). Später bezeichnet R. das Gedicht als »Verfassungsorgan des Ich«. Es notiere die inneren Widersprüche, die es zerrütten, die gesellschaftlichen Zwänge, die es an den Rand drängen. Durch Formkunst soll dem Ich aus seiner »ahnungslosen Befangenheit« herausgeholfen und ihm zugleich eine »utopische Konsistenz« vermittelt werden. R.s Absicht gilt aber nicht dem unmittelbar Positiven. Kritik, Selbstkritik, Ironie, Spott und Polemik prägen seine Verse, welche die sprachlich vergegenwärtigten Widersprüche der Realität für einen kurzen Moment artistisch auszubalancieren versuchen – vor allem durch ständige Aufhebung, Selbstaufhebung, Distanzierung. Formal ist R. ein Traditionalist; denn er verwendet den aus der Mode gekommenen Reim, dessen Geschichte und Funktion er eine eigene Untersuchung widmet (*Agar Agar – Zaurzaurim*, 1981). Ferner orientiert sich R. zeitweise an der Hymnen- und Odendichtung des 18. und frühen 19. Jahrhunderts, parodiert er Texte literarischer Vorbilder und entwirft sein Selbstbildnis in Konfrontation mit Autoren wie Walther von der Vogelweide und Friedrich Gottlieb Klopstock (*Walther von der Vogelweide, Klopstock und ich*, 1975).

Von R. wird häufig gesagt, er nehme im heutigen Literaturbetrieb eine Sonderstellung ein – obwohl er spätestens seit den 70er Jahren als Autor anerkannt ist, was sich in zahlreichen Preisen ausdrückt (zuletzt Georg-Büchner-Preis, 1993). Diesen Autor kennzeichnet eine Doppeltätigkeit als Poet und »nüchterner Prosaaufklärer«. Er selbst spricht von seiner »Schizographie«, von sich als »dividiertem Individuum«. Der individuell-anarchisch-vitalistisch geprägten Lyrik stehen in Essays politische Aufklärung und Solidaritätsappelle gegenüber. In Kolumnen der Zeitschrift *Konkret* wirbt R. in den 50er und 60er Jahren für eine Verständigung zwischen Ost und West, kritisiert den Kalten Krieg und den Vietnamkrieg. Auch danach verzichtet R. nicht auf politische Aufklärung. So organisiert und vertritt er zum Beispiel den 1981 erneuerten Boykottaufruf der Schriftsteller gegen die Springer-Presse, die ein »rechtsextremes Grundprofil« zeige.

Er wird als Sohn einer Lehrerin und eines »reisenden Puppenspielers« geboren. Er wächst auf dem Lande auf, in Warstade-Hemmoor bei Stade. 1950 macht er in Stade Abitur. Der seiner Umwelt kaum verborgen gebliebene »Defekt« seiner Familienverhältnisse mag eine Ursache dafür sein, daß R. früh die Chance eines Außenseitertums ergreift. Es liegt nahe, im »Hochseil«-Artisten das spielerische Erbe des Vaters fortgesetzt zu sehen, im didaktischen Streben das pädagogische Element der Mutter.

Von 1951 bis 1956 studiert R. ohne Abschluß in Hamburg Pädagogik, Kunstgeschichte, Germanistik und Psychologie. Weil er sich gegen die eilfertige Verdrängung der nationalsozialistischen Zeit zur Wehr setzt, die er als Schüler und Fronthelfer erlebt hat, prägen politisches Kabarett, Antikriegslyrik und die provokante Umdichtung von Liedern und Schlagern seine Anfänge als Lyriker. Früh beruft er sich auf Wolfgang Borchert, dem er 1961 eine einfühlsame Monographie widmet. Von 1951 bis 1956 gibt er zusammen mit Werner Riegel die Zeitschrift *Zwischen den Kriegen* heraus, in der er mit »polemischen Dreschflegeln« gegen den »Siebenschläfergeschmack« des Bürgertums rebelliert – allerdings mit einem deutlich elitär geprägten Bewußtsein der eigenen Isolation.

Zwecks »Vermehrung« der Autoren der Zeitschrift benutzt er verschiedene Pseudonyme. In die Zeit seiner Arbeit als Lektor im Rowohlt-Verlag (1958 bis 1964) fällt die fruchtbarste Phase seines lyrischen Schaffens (*Irdisches Vergnügen in g*, 1959; *Kunststücke*, 1962). Zugleich beginnt R., die Gattung, ihren Markt und Publikumsbezug in Essays zu reflektieren. Eine Anerkennung seiner Gedichte beinhalten die Lesungen vor der Gruppe 47 1960 und 1961. Obwohl besonders die erste auf »durchweg freundliche Resonanz« stößt, hält R. später trotz seiner Teilnahme an einigen Tagungen kritische Distanz zum »Auspendel- und Eichverfahren« der Gruppe, welches aus seiner Sicht »zwangsläufig« marktkonforme »gefällige Mittelmäßigkeit« oder »auffällige Ausgefallenheit« prämiere.« Seit 1964 lebt er – mit kurzen Unterbrechungen wie z. B. einem Aufenthalt in Rom dank eines Stipendiums der Villa Massimo 1964/65 – als freier Schriftsteller in Hamburg.

Im Zuge der politischen Reformen seit Mitte der sechziger Jahre versucht R., ein »versorgungsbedürftiges Publikum« mit »bestimmten Aufklärinhalten und mit Kunst, mit Theater« zu bedienen. So zeigt er in *Was heißt Volsinii* (1969) am historischen Beispiel mit aktuellen Bezügen, wie eine Clique aus Wirtschaft und Politik aus Angst vor dem Volk und zur Wahrung ihrer Interessen die etruskische Stadt an die römischen Invasoren verschachert. Als »roter Romantiker« sammelt, legitimiert und kommentiert R. die aufmüpfige und schlüpfrige »Poesie« des Volksmundes in der erfolgreichen Sammlung *Über das*

Volksvermögen (1967). Beide Texte sind Dokumente von R.s Sympathie mit der Studentenbewegung. Er versucht – wie andere Literaten auch –, seinen Schreibtisch »perspektivisch auf die Straße, das heißt direkt auf die Gesellschaft zu verlängern«.

Das Scheitern dieser Hoffnungen und die relative Erfolglosigkeit als Dramatiker lösen in R. eine Krise aus, aufgrund deren er seine Rolle als »Privat- und Einzelunternehmer« merklich defensiver, manchmal resignativer auslegt. Er verteidigt jetzt wieder den Autonomieanspruch der Lyrik als »utopischen Raum, in dem freier geatmet, inniger empfunden, radikaler gedacht und dennoch zusammenhängender gefühlt werden kann als in der sogenannten ›wirklichen Welt‹«. Ein Dokument dieser Haltung ist – nach jahrelangem Schweigen als Lyriker – der Band *Haltbar bis 1999* (1979). In ihm versucht R., die Kunststücke des Hochseil-Artisten zu erneuern und zugleich dem eigenen Einwand, »Artistik . . . rechtfertigt keinen Mann mehr«, Rechnung zu tragen. Den Artisten läßt er angesichts des Blicks in eine »ausweglose Zukunft« erkennen, »daß er den eigenen Fortschrittsbeinen nicht auf ewig entkommen kann – es sei denn – auf Kosten der menschlichen Bewegung überhaupt«. Als ein weiterer und neuartiger Versuch, die eigene »Schizographie« zwischen Künstlertum und Aufklärung zu überwinden, sind seine »aufgeklärten Märchen« anzusehen (*Der Hüter des Misthaufens*, 1983). Die Sammlung *Einmalig wie wir alle* (1989) enthält Lyrik, poetologische Essays und Briefe und kann als Poetik des Augenblicks verstanden werden. Eine Reaktion auf das, was im Moment wahrgenommen und erkundet wird und sich dadurch der Festschreibung entzieht.

Literatur: *Durzak*, Manfred und *Steinecke*, Hartmut (Hrsg.): Zwischen Freund Hein und Freund Heine: Peter Rühmkorf. Studien zu seinem Werk. Reinbek bei Hamburg 1989; *Bekes*, Peter und *Bielefeld*, Michael: Peter Rühmkorf. München 1982.

Hans-Gerd Winter

Sacher-Masoch, Leopold von
Geb. 27. 1. 1836 in Lemberg; gest. 9. 3. 1895 in Lindheim/Hessen

Mit »einer Rakete, die jäh und blendend aufsteigt, einen langen Feuerstreif durch das nächtliche Dunkel zieht, in der Höhe vielfarbige Leuchtkugeln auswirft und dann erlischt«, hat Karl von Thaler S.s literarisches Wirken verglichen, denn er habe die in ihn gesetzten Hoffnungen »traurig betrogen«. »Bei seinem bedeutenden Talent«, schlug der berüchtigte Adolf Bartels in dieselbe Kerbe, »hätte man ihn als das verlottertste Subjekt der deutschen Literatur zu betrachten, wenn man nicht fast gezwungen wäre, eine Art erotischen Wahnsinns bei ihm anzunehmen.« Insbesondere warfen ihm seine Kritiker die »Szenen knutiger Wollust« vor, die er in seiner heute berühmtesten Novelle *Venus im Pelz* (1869) und in seinem Roman *Die geschiedene Frau* (1870) beschrieben hatte. Sie haben seinen literarischen und auch persönlichen Ruf auf das Nachhaltigste beeinflußt. Richard von Krafft-Ebing etwa nahm die in ihnen dargestellten, S.s eigene Liebesbeziehungen verarbeitenden Abhängigkeitsverhältnisse von »übersinnlichen«

Männern und dominanten Frauen 1890 zum Anlaß, daraus den Begriff ›Masochismus‹ abzuleiten.

Aber es war nicht allein die ohnehin eher diffuse Sexualität, nicht sein monomanisches Umkreisen immergleicher Wonnen durch Erniedrigung, nicht seine Skandalerfolge mit den *Russischen Hofgeschichten* (1873/74) oder den *Messalinen Wiens* (1873), die ihn dem Kreuzfeuer bösartigster Angriffe aussetzten, es war auch seine Überheblichkeit gegenüber der Kritik, seine Stellung als Österreicher im preußischen Deutschland, sein Philosemitismus und seine für einen deutschen Autor erstaunlichen Erfolge in Frankreich nach 1870/71, die einen unvoreingenommenen Blick auf sein Werk verstellten. Erst in den letzten Jahren ist diese einsinnige Einschätzung einer differenzierteren Betrachtungsweise gewichen.

Einer gerechten Beurteilung allerdings steht die kaum zu überschauende Gesamtproduktion S.s im Wege. Seit Mitte der 60er Jahre des vorigen Jahrhunderts nämlich, mit dem Ausscheiden aus dem Lehrbetrieb der Grazer Universität zugunsten seiner literarischen Ambitionen, hatte S. seinen Lebensunterhalt ausschließlich als freier Schriftsteller zu bestreiten. Seine fortwährend angespannte finanzielle Situation zwang ihn zu massiver Vielschreiberei und Vielfachauswertung des bereits Geschriebenen. Schon zu Lebzeiten hatte S. über einhundert selbständige Publikationen vorzuweisen. Außerdem verfaßte er Feuilletons, Theaterstücke, historische Betrachtungen und versuchte sich als Gründer diverser Zeitschriften, etwa der »internationalen Revue« *Auf der Höhe* (1881–1885).

Ständige Ortswechsel (Graz, Wien, Bruck an der Mur, Budapest, Leipzig) sowie eine krisenreiche erste Ehe (mit Angelica Aurora Rümelin, die unter dem Pseudonym Wanda von Dunajew später ebenfalls schriftstellerisch tätig war) erschwerten zudem die konzentrierte Arbeit an seinem Hauptwerk *Das Vermächtniß Kains* (1870 ff.). Dieser großangelegte Zyklus, von Rudolf von Gottschall in seiner *Geschichte der deutschen Nationalliteratur* »eine novellistische Theodicee«, eine »divina comedia in Prosa« genannt, sollte in sechs mal sechs Novellen die *Liebe*, das *Eigentum*, den *Krieg*, den *Staat*, die *Arbeit* und den *Tod* behandeln und mit so bedeutenden literarischen Texten wie seinem den Ruhm der Anfangsjahre begründenden *Don Juan von Kolomea* (1866), dem *Capitulant* (1868), der *Venus im Pelz* und der *Gottesmutter* (1883) »das ganze Menschenschicksal« darstellen. Das vom Pessimismus Arthur Schopenhauers durchdrungene Kaleidoskop galizischen Lebens aber wurde nie vollendet.

Dabei hat sich S., auch in seinen letzten Jahren, die er in zweiter Ehe mit der Übersetzerin Hulda Meister in Lindheim verlebte, von zwei längeren Aufenthalten in Paris (1886/87) und Mannheim (1890) unterbrochen, immer wieder mit Galizien, dem Land seiner Kindheit, befaßt. In eindringlichen, überaus anschaulichen Bildern hat er das Leben einer längst vergangenen Zeit, einer längst vergangenen Welt, der Welt des Ostens, eingefangen und beschworen. Sein *Vermächtnis Kains*, seine *Judengeschichten* (1878 und 1881), seine *Polnischen Ghettogeschichten* (1886) und vor allem sein großer Roman *Der neue Hiob* (1878) lohnen, als frühe Beispiele einer realistischen Erzählart neu gelesen zu werden. Hier liegen unstreitig seine Verdienste, hier hat seine Wiederentdeckung anzusetzen. Daß er zudem als Initiator des »Oberhessischen Vereins für Volksbildung« seine sozialreformerischen Ideen teilweise Wirklichkeit werden ließ, gehört ebenfalls zu den wenig bekannten Seiten eines Autors, dessen Name in die Nomenklatur der Sexualpathologie eingegangen ist und dessen Werk hinter einem Begriff verschwand.

Literatur: *Michel*, Bernard: Sacher-Masoch 1836–1895. Paris 1989; *Koschorke*, Albrecht: Leopold von Sacher-Masoch. Die Inszenierung einer Perversion. München 1988; *Farin*, Michael (Hrsg.): Leopold von Sacher-Masoch. Materialien zu Leben und Werk. Bonn 1987.

Michael Farin

Sachs, Hans
Geb. 5. 11. 1494 in Nürnberg; gest. 19. 1. 1576 in Nürnberg

Er steht im achten Lebensjahrzehnt, da macht er Inventur gleich einem redlichen Gewerbetreibenden, pünktlich zum Jahreswechsel 1567. Zu revidieren ist, was er auf Lager hat an selbstgefertigten Produktionen: »Da inventirt ich meine Bücher.« Jene 34 Bände nämlich, worin er sein eigenes schriftstellerisches Werk handschriftlich eingetragen hat. Kaufleute verzeichnen ihren Warenbestand in Listen; er, was ihm im Laufe eines reichlichen halben Jahrhunderts an literarischen Erzeugnissen gelungen ist. Das Verzeichnis gerät ihm wiederum zum gereimten Poem, Titel: *Summa all meiner gedicht* (d.h. der sämtlichen Dichtungen). Das erste Drittel bietet die kurzgefaßte Selbstlebensbeschreibung, der Rest Auskünfte über die Menge (mehr als 6000 Werke zählt er) sowie die Genres, die der »fleißige Durchsucher« registriert. Er verfehlt nicht zum Beschluß, eine Besonderheit festzuhalten: »Gott sey Lob, der mir sendt herab / So miltiglich (freigebig) die schönen gab (Gaben) / Als einem ungelehrten mann, / Der weder latein noch griechisch kan«. Er mißt sich also am Ideal des Poeta doctus, des humanistischen Gelehrten-Dichters, ebenso selbst- wie standesbewußt. Er ist mehr als nur ein Meistersinger, ist Dichter, wie er es bereits 1517 vergleichend erkannte: »kem der singer auf todes bar, / sein kunst mit jm al stirbet gar (ganz); / wirt der dichter begraben, / sein kunst wirt erst erhaben.« Der Nachruhm beginnt erst.

Aus dem Blickwinkel des Barockgelehrten wird einst Daniel Georg Morhof die Besonderheit des Dichtertums von S. bestätigen (1682): »und muß man sich verwundern / daß ein Handwercksmann / der Lateinischen und Griechischen Sprache unkündig / so mancherley Sachen hat schreiben können / die nicht ohne Geist seyn.« Wenn jedoch dieser Handwerksmann am Neujahrstag 1567 ausreichend Vorkehrungen dagegen treffen zu können meint, daß die Nachwelt ihn, den Urheber, und seine Schöpfungen jemals verkenne, so irrt er sich sehr. Zweihundert Jahre später spricht ein jüngerer Schriftsteller die Warnung aus, einer, der es sich zur Aufgabe machte, den älteren in Schutz zu nehmen: »In Froschpfuhl all das Volk verbannt, / Das seinen Meister je verkannt« (Goethe, *Erklärung eines alten Holzschnittes, vorstellend Hans Sachsens poetische Sendung*), und sie fruchtet wenig: der Froschpfuhl erweist sich demnächst als dicht bewohnt, darunter von Literarhistorikern. So bewertet man das Werk vermöge unhistorischer Anlegung des Maßstabs der klassischen Literaturperiode. Wilhelm Scherer äußert, in gelehrtem Dünkel nicht ahnend, daß der Bumerang seiner Schelte auf ihn selbst zurückfällt: »An keinem Dichter des sechzehnten Jahrhunderts läßt sich die ästhetische Unbildung der Epoche so mit Händen greifen wie an Hans Sachs.« Man trennt den Dichter von seinem Werk, läßt dies ungelesen, feiert jenen. So heißt es 1895, in einem Rückblick auf die S.-Feiern von 1894, als das Besitz- und Bildungsbürgertum des Wilhelminismus, inspiriert durch Richard Wagners *Meistersinger*-Oper (Uraufführung 1868), in Gestalt des Schuhmacher-Poeten sich selber glorifizierte: »es herrschte in allen Kreisen der deutschen Bevölkerung ein rühmlicher Wetteifer, es einander in der Verherrlichung des Dichter-Handwerkers zuvorzuthun; das alles aber aus keinem anderen Grunde, als aus Freude an dieser gesunden, männlichen Persönlichkeit, die ihre Zauberkraft aufs neue bewährte, und es verstand, Millionen von Menschen des verschiedensten Standes und Bildungsgrades zu fesseln, zu unterhalten, zu erfreuen, ja zu wohlthuendem und innerlich befreiendem Lachen hinzureißen.«

S. gibt uns ein Bild von seinem körperlichen Zustand an diesem 1. Januar 1567: Er mutmaßt – nicht ganz zu Recht, denn noch sechs Jahre, bis 1573, wird er weiterdichten –, die Inventarisierung werde zugleich sein »Valete« sein: »Weil mich das alter hart vexirt, / Mich druckt, beschwert und carcerirt« (einkerkert!). Spaßig ist sein Leben nie gewesen: geboren, als in Nürnberg die Pest regierte; Lateinschule, Handwerkslehre (1509 bis 1511) und Wanderschaft (1511 bis 1516) bedeuteten harte Arbeit und Entbehrungen, ebenso die Anfänge als Meistersinger (sein Mentor ist der Leineweber Lienhard Nunnenbeck). Seine erste Ehefrau, Kunigunde Creutzer, gebar ihm sieben Kinder, sie verstarb 1560. Seit 1561 ist er mit Barbara Harscher verheiratet, welche aus erster Ehe sechs Kinder mitbrachte. Ereignisse der Geschichte: andauernde Kriege, worin in wechselnden Konstellationen sämtliche europäischen Mächte verwickelt sind. Die Reformation, als deren Parteigänger und unermüdlicher Propagandist S. seit 1523 ununterbrochen wirkt, und deren Niederlage 1547, im Schmalkaldischen Krieg, wonach eine Zeitlang um den Bestand der neuen Lehre gebangt werden mußte, beschäftigen die Zeitgenossen. Sein Werk ist zwiegespalten: neben dem Ernsten schrieb S. eine Menge heiterer Dichtungen. Zunächst gibt es da – im 18. Jahrhundert wird Lessing ihre Bedeutung erkennen – die kleinste Gruppe von Dichtungen, die Prosa-Dialoge, sechs an der Zahl, die einzigen Texte im Gesamtwerk, die S. als Prosaisten zeigen. Sie entstanden sämtlich, als die politischen Auseinandersetzungen des Reformationszeitalters ihre Höhepunkte erreicht hatten, in den Anfangsjahren des Bauernkriegs (1524) und des Schmalkaldischen Kriegs (1546) sowie im Zusammenhang mit den Kämpfen im Gefolge des Schmalkaldischen Kriegs (1554). In ihnen behandelte S. politisch-religiöse Grundfragen: Bibelverständnis, taktische und soziale Probleme der Reformation usw. Waren diese Dialoge dem neuen humanistischen Vorbild zu verdanken, so haben andererseits die gereimten Streitgedichte – S. selber benannte sie *Kampfgespräche* – eine lange, von der Antike über das Mittelalter reichende Tradition hinter sich. In ihnen führte sich nicht selten S. selber als Gesprächspartner ein, meistens in der Konfrontation mit allegorischen Figuren bzw. Gottheiten: *Klagrede der Frau Arbeit über den großen müßigen Haufen; Kampfgespräch zwischen Frau Armut und Pluto, dem Gott des Reichtums, über die Frage: welches unter ihnen das bessere sei.* Neben diesen Texten, die man modern als »Beiträge zur Theoriediskussion« bewerten könnte, stehen ausgesprochen lyrische – geistliche und weltliche, darunter auch Liebeslieder. Die größte Gruppe seiner Dichtungen (mit etwa 4000 Beispielen), die Meisterlieder, möchte man heute allerdings kaum mehr als lyrische Gebilde gelten lassen, so streng strophisch sie auch gebaut sind. Ihnen, wie überhaupt dem Schaffen der Meistersinger, liegt eine Auffassung vom Wesen künstlerischer Leistung zugrunde, die, gemessen an der Norm, die seit der klassischen Literaturperiode herrscht, völlig andersartig ist. Gefordert war keineswegs das Ringen um die originäre Dichtung, Ausdruck einmaligen Schöpfertums, sondern die dichterische Gestaltung, die einem für alle Kunstgenossen, die »Meister«, gültigen Regelkatalog vollendet entsprach. Sie ging aus einem Kollektiv hervor, der »Singschule«, und diente der Belehrung und Unterhaltung eben dieses Kollektivs sowie des größeren Ganzen, der Bürgerschaft. S. wußte selber, daß sein Schaffen insgesamt die Grenzen des herkömmlichen Meistersangs sprengte und ihn über den Rang des Meistersingers emporhob. Trotzdem darf derjenige Teil seines Werks, der dem Meistersang angehört, als die Vollendung eben dieses Meistersangs gelten. Daher sahen sowohl die Zeitgenossen als auch spätere Geschichtsschreiber des Meistersangs in S. den bedeutendsten Meister der Nürnberger Singschule. Neben den Meisterliedern bilden die zweite Großgruppe von Texten im Schaffen von S. die nichtstrophischen gereimten Versdichtungen, worunter neben den *Kampfgesprächen* besonders hervorzuheben wären: die Fabeln und Schwänke sowie die dramatischen Dichtungen (Tragödien, Komödien, Fastnachtspiele). Es sind Beispiele aus diesen Gattungen, die vom Gesamtwerk am längsten bekannt geblieben sind. Während die Zeit des S., das 16. Jahrhundert, durch die Zeitgenossen (Jörg Wickram u. a.) in Deutschland bereits die Blüte des Prosaschwanks bringt, hält S. an der althergebrachten gereimten Form fest (mit dem sprichwörtlich gewordenen »Knittelvers«). Die Inhalte kommentieren und kritisieren alle Stände und ihr Leben und lassen Mängel des Alltags und politische Vorgänge Revue passieren: *Der arm gemein Esel* (1525), *Das Schlauraffenland* (1530), *Landsknechtspiegel* (1546) u. a. In den Tragödien und Komödien griff er auf antike, auch biblische Stoffe zurück, ferner auf mittelalterliche und zeitgeschichtliche. Dabei behandelte er unter historisierendem Gewand durchaus brisante Gegenwartsthemen, so gleich in seiner frühesten Tragödie *Von der Lucretia* (1527) die Tyrannei-Problematik. Als unübertroffen beurteilt die Literaturgeschichtsschreibung indes v. a. seine Fastnachtspiele (»der unerreichte Meister dieser Gattung«, Barbara Könneker). Neben formalen Neuerungen (z. B. Einführung einer einheitlich-geschlossenen Handlung) und inhaltlichen (Reduzierung obszöner Bestandteile) ist es insbesondere die Parteinahme für die »Kleinen« (häufig an List Überlegenen), die diesen Teil des Gesamtwerks kennzeichnet. So demonstrieren z. B. *Der fahrend Schuler im Paradies* und *Der Roßdieb zu Fünsing mit den tollen diebischen Bauern*, wie kleine Diebe das Eigentum andrer Leute an sich bringen, ohne der Strafe zu verfallen, umgekehrt als in der Realität der Zeit, worin nach Meinung des S. und vieler Zeitgenossen »große Diebe die kleinen henken« (das Fastnachtspiel als illusionistischer Ausgleich der Wirklichkeit).

Alle diese Dichtungen entstanden unter den unwürdigsten Bedingungen, dem Druck der Zensur, ausgeübt von einem zwischen den Mächten lavierenden patrizischen Rat, dessen Politik in der Stadt die Niederhaltung der Zünfte bezweckte ebenso wie der Unterschichten. 1526: S. wird als »Schwärmer« überwacht (»Schwärmer«: zeitgenössischer Terminus für Müntzeranhänger und Täufer!). 1527: Der Nürnberger Rat erteilt ihm Schreib- und Veröffentlichungsverbot (»Befehl, daß er sich auf sein Handwerk, den Schusterberuf, beschränke, sich auch enthalte, in Zukunft irgend einen Dialog oder gereimte Dichtung verbreiten zu lassen«). Und so weiter, immer neue Schikanen bis ans Lebensende, mühsam eingeholte Erlaubnisse, wechselnd mit Verboten. Für die Situation des Dichters in der Zeit setzte er daher das Bild des Verkünders der Wahrheit, der klagt: »Sichst nicht vor meynem mund das groß, / Starck, ungewinlich, eyßren schloß, (das unüberwindbare Eisenschloß) / Das fürstn und adl mir hat fürgschlagn, / Die laster (Verbrechen) in (ihnen) nicht mehr zu sagn?« Ein Beweis für die Wirksamkeit der Zensur: Der Rat fehlt in der Reihe der Unterdrücker der Wahrheit!

Werkausgabe: Sachs, Hans: Werke. Hrsg. von *Keller*, Adalbert von und *Goetze*, Edmund. 26 Bände. Stuttgart 1870–1908. Nachdruck Hildesheim 1964.
Literatur: *Brunner*, Horst u. a. (Hrsg.): Hans Sachs und Nürnberg. Bedingungen und Probleme reichsstädtischer Literatur. Hans Sachs zum 400. Todestag am 19. Januar 1976. Nürnberg 1976; *Könneker*, Barbara: Hans Sachs. Stuttgart 1971. *Wolfgang Beutin*

Sachs, Nelly
Geb. 10.12.1891 in Berlin; gest. 12.5.1970 in Stockholm

Mit Else Lasker-Schüler und Gertrud Kolmar teilt sie aufgrund ihrer jüdisch-deutschen Herkunft ein gemeinsames, leidvolles Schicksal. Johannes Bobrowski hat diese drei großen Lyrikerinnen unseres Jahrhunderts in einem lyrischen Tryptichon verewigt und der S. darin ihren dichtungs- und menschheitsgeschichtlichen Ort zugewiesen: als der ständig Bedrohten und auf der Flucht Begriffenen, die »an die Stelle von Heimat die Verwandlungen der Welt« setzt. 1966 erhielt die Dichterin zusammen mit Samuel Josef Agnon den Nobelpreis für Literatur. Aus diesem Anlaß verfaßte sie einen Lebenslauf, der aus drei lapidaren Sätzen bestand: »N. S., geb. am 12.10.1891 in Berlin. Am 16. Mai 1940 als Flüchtling mit meiner Mutter nach Schweden gekommen. Seit 1940 in Stockholm wohnhaft, als Schriftstellerin und Übersetzerin tätig.«

Trotz aller Kargheit dieses Lebenslaufs sind die entscheidenden Fakten des so ganz nach innen gerichteten Lebens und Leidens genannt: die großbürgerliche, jüdisch-deutsche Herkunft aus einer Fabrikantenfamilie, die sie nachhaltig prägt und schon früh mit der Musik und der Literatur vertraut macht. Besonders die deutschen Romantiker haben es ihr angetan – vor allem liest sie die Karoline von Günderode. Sie besucht die Moabiter Dorotheenschule, muß aber bald – aus gesundheitlichen Gründen – häuslichen Privatunterricht nehmen. Seit ihrem fünfzehnten Lebensjahr steht sie mit der schwedischen Dichterin Selma Lagerlöf in Briefkontakt, noch nicht ahnend, wie lebenswichtig diese Verbindung für sie und ihre Mutter werden sollte. Die 1921 veröffentlichten *Legenden und Erzählungen* sind Selma Lagerlöf vielfach verpflichtet. Sie bleibt »durch eigenes unglückliches Schicksal« unverheiratet – dem im Konzentrationslager umgebrachten Bräutigam, dessen Identität sie nie preisgegeben hat, widmet sie eine der erschütterndsten Totenklagen der Weltliteratur: *Dein Leib im Rauch durch die Luft* (1944/45 entstanden; 1947 veröffentlicht).

Mit dem Machtantritt der Nationalsozialisten – eine für den Insel-Verlag geplante Gedichtausgabe kommt nicht mehr zustande – beginnen für S. die Jahre der immer »neuen Schauer der Angst«, des Untertauchens, der persönlichen Lebensbedrohung, der Berichte vom Tod der nächsten Angehörigen und Freunde in den Vernichtungslagern des Dritten Reichs. Sie stärkt sich mit der Lektüre jüdisch-mystischen Schrifttums, vor allem Jakob Böhmes, und sammelt in sich ein Potential an Leiderfahrung an, das sie zu einer in der deutschen Dichtung einzigartigen lyrischen Verarbeitung des Schmerzes und des Grauens befähigt, welches sie angesichts des Todes, der millionenfach in den Konzentrationslagern gestorben werden muß, empfindet. Sie ist darin einzig Paul Celan verwandt. Als das Visum für die Ausreise nach Schweden im Mai 1940 endlich eintrifft – Selma Lagerlöf hatte sich bis zuletzt dafür eingesetzt – bedeutet es für Mutter und Tochter die Rettung in letzter Minute.

Bis zu ihrem Tod bleibt sie in Schweden ansässig. Die Tätigkeit als Übersetzerin schwedischer Lyrik sichert nicht nur den Lebensunterhalt, sie bietet der S. auch die Gelegenheit, sich Zugang zur »lyrischen Weltsprache der Moderne« zu verschaffen. Die Phasen lyrischer Produktivität werden immer wieder von plötzlich auftretender Todesangst durchbrochen; es folgen längere Aufenthalte in Kliniken und Sanatorien. Nach und nach erscheinen ihre Gedichte und szenischen Spiele, die zunächst nur den Freunden bekannt sind, in ost- und später in westdeutschen Verlagen. 1947 erscheint der Gedichtband *In den Wohnungen des Todes* mit dem bereits erwähnten Gedicht auf ihren Bräutigam im Ostberliner Aufbau-Verlag und 1949 im Amsterdamer Querido-Verlag der Band *Sternverdunklung*. 1950 nimmt Peter Huchel Gedichte von ihr in seine Zeitschrift *Sinn und Form* auf, 1951 wird ihr »Mysterienspiel vom Leiden Israels« *Eli* bekannt. 1956 erscheinen ihre Übersetzungen schwedischer Lyrik in der Bundesrepublik, dann folgen das Gedichtwerk und die szenische Dichtung beim Suhrkamp Verlag (*Fahrt ins Staublose*, 1961; *Ausgewählte Gedichte*, 1963; der Sammel- und Hommageband *Nelly Sachs zu Ehren*, 1961, mit Beiträgen von Beda Allemann, Hans Magnus Enzensberger u. a.; *Späte Gedichte*, 1965) und beim Luchterhand-Verlag die *Schwedischen Gedichte* (1965). Eine erste große Anerkennung ihres Werks – neben anderen wie dem Lyrikpreis des schwedischen Schriftstellerverbands (1958) – erfährt sie vor dem Nobelpreis durch die Verleihung des »Friedenspreises des Deutschen Buchhandels« (1965).

Mit der Veröffentlichung des von Bengt Holmquist herausgegebenen *Buchs der Nelly Sachs* (1968) ist eine breitere literarische Öffentlichkeit auf sie aufmerksam geworden. In ihrem Todesjahr erscheinen auch ihre späten szenischen Dichtungen unter dem Titel *Verzauberung*. Dabei ist bemerkenswert, daß sich in ihren beiden letzten Jahrzehnten die radikale Absage an die »Mördersprache« immer deutlicher abschwächt. Schließlich fordert sie zur »Einübung in die neue Heiligensprache« auf, zu der sie sich durch die Lektüre des Buchs Sohar, dem Hauptwerk der jüdischen Kabbala, der alttestamentarischen Psalmen, der mittelalterlichen Mystiker, der Dichtungen des Novalis und der Übersetzungen Friedrich Hölderlins aus dem Griechischen, insbesondere Pindars, anregen läßt. So ist ihr Spätwerk durch ein dicht aufeinander bezogenes Metaphern- und Chiffrenrepertoire gekennzeichnet, von dem eine visionäre Botschaft ausgeht.

Eine sichtbare und breite Rezeption dieses einzigartigen dichterischen Werks steht bis heute aus; vielleicht sind es die demütige Daseinsfürsorge und die stumme Todesbereitschaft dieser Dichterin, die den Zugang erschweren, weil wir auch die historische Wahrheit nur schwer – und wieviel schwerer unsere je persönliche – zu ertragen vermögen: »Preßt an die Erde das lauschende Ohr, / Und ihr werdet hören, durch den Schlaf hindurch / werdet ihr hören / wie im Tode / das Leben beginnt«.

Literatur: *Bahr,* Erhard: Nelly Sachs. München 1980; *Lagercrantz,* Olof: Versuch über die Lyrik von Nelly Sachs. Frankfurt a. M. 1967; Nelly Sachs zu Ehren. Zum 75. Geburtstag am 10. Dezember 1966. Gedichte, Beiträge, Bibliographie. Frankfurt a. M. 1966.

Karl Hotz

Scheffel, Joseph Victor

Geb. 16. 2. 1826 in Karlsruhe; gest. 9. 4. 1886 in Karlsruhe

»Neben seiner Bibel« brauchte jeder echte Deutsche »nur noch ein Buch Scheffels« im Hause, urteilte ein Biograph im Todesjahr des Autors. Diese Begeisterung und der für die Maßstäbe des 19. Jahrhunderts unglaubliche Markterfolg seiner Werke sind es, die das Interesse noch auf die Person S.s lenken, während die überschwengliche Beurteilung der ästhetischen Qualitäten seiner Dichtung (»*Ekkehard* zählt zu den besten Büchern, die ich gelesen«, Theodor Fontane) heute allgemeiner Ernüchterung gewichen ist.

Zwei Ereignisse waren es vor allem, die in zeitlich enger Abfolge stattfanden und den jungen S., der eigentlich immer Maler werden wollte und vom Vater ins Studium der Rechte genötigt wurde, zum Dichter werden ließen: die gescheiterten Hoffnungen der bürgerlichen Revolution von 1848/49 und die ausgeschlagene Werbung um die Hand seiner großen Liebe Emma Heim 1851. Der Zusammenfall von politischer Resignation und persönlicher Enttäuschung, der Zwang, in der verhaßten juristischen Laufbahn »Frondienste leisten« zu müssen, sowie die wiederholten Versuche, alle Widrigkeiten der gesellschaftlichen Realität im Künstlerdasein hinter sich zu lassen, prägen Sch.s Leben und Werke in dem folgenden Jahrzehnt. Auf der großen Italienreise, die er 1852 antritt, um »einen Schluck Lethe zu trinken, in dem alle Erinnerungen seit 1848 ausgetilgt würden«, erfolgt die Entscheidung zum Dichterberuf, und es entsteht das Versepos *Der Trompeter von Säkkingen* (1854), wenig später in Deutschland der historische Roman *Ekkehard* (1855). In beiden verlagert S. die Handlung in eine »vergnügliche Zeit«, in eine durch »naive Frische« und »gesunde Kraft« gekennzeichnete mittelalterliche Frühgeschichte, und verschließt die poetische Scheinwelt gegenüber den Spannungen der unbewältigten Gegenwart. Der bagatellisierend-spielerische Humor und der gesellige Rahmenbezug lassen sein Werk für das gesellschaftspolitisch enttäuschte Publikum in der Nachmärz-Zeit zum Medium kompensatorischer Ablenkung werden, zum begrenzten Freiraum innerhalb der prosaischen Realität einer philiströsen Existenz. »Im Bild der Dichtung soll das arme Herz sich dessen freuen, was ihm das Leben nimmer bieten kann, an Reckenkampf und Minnelohn.« Auch die Lieder der 1867 erschienenen Sammlung *Gaudeamus,* größtenteils bereits in der Heidelberger Burschenschaftlerzeit entstanden, zeugen von dieser inhaltlichen Entleerung der Formen. Der Stil der Studentenlyrik S.s, die in den v. a. seit der Biedermeierzeit entstandenen Kommersbüchern weite Verbreitung fand und die lange Zeit zum festen Bestand nicht nur studentischer Geselligkeit zählte (*Alt-Heidelberg, du feine; Wohlauf, die Luft geht frisch und rein; Als die Römer frech geworden* u. a.), hängt eng mit der allgemeinen Entwicklung zusammen, die auch die Burschenschaften ihrer einstigen nationalen und freiheitlichen Zielsetzungen beraubte. Daß der Preisgesang auf das unbeschwerte und abenteuerlustige Wander-, Kneipen- und Bummelleben der »Scholaren« in dieser Situation nur eine beschwörende Reminiszenz sein konnte, wußte wohl auch S. selber: »Ich pflege eines Durstes, der mich an die besten Tage von Heidelberg erinnert. Es ist aber zu krampfhaft, um so lebensfroh zu wirken, wie damals.«

Sein Leben war denn auch weniger von der ihm nachgesagten Daseinsfreude und einem versöhnlichen Humor geprägt, sondern unstet und ruhelos, immer tiefer in Resignation und Isolation hineinführend. Übte er von 1850 bis 1852 noch die Tätigkeit des Rechtspraktikanten in Säckingen aus, so arbeitete S. 1856 als Privatgelehrter und ein Jahr später bereits als Bibliothekar des Fürsten in Donaueschingen. Eine 1864 geschlossene Vernunftehe scheiterte schon nach wenigen Jahren, nicht zuletzt wegen S.s mehrfachen Versuchen, in ausgedehnten Wander- und Trinkfahrten die alte Burschenherrlichkeit wiederzubeleben. Hochgesteckte künstlerische Pläne (u.a. ein Wartburg-Roman, der sich 1873 neben den *Ekkehard* reihen sollte) erfüllten sich trotz jahrelanger Vorarbeiten nicht mehr. In den siebziger Jahren produzierte S., hochgeehrt und zum »Lieblingsdichter des neuen Deutschland« (Conrad Alberti) erkoren, nur noch Gelegenheitsgedichte und widmete sich der illustrierten Prachtausgabe seiner Erfolgsbücher in Zusammenarbeit mit Anton von Werner. Er lebte still und zurückgezogen in seiner Villa bei Radolfzell am Bodensee, heimgesucht von den Begleiterscheinungen einer Gehirnkrankheit, die sich in Sehstörungen und Bewußtseinstrübung äußerte. Die Erhebung in den erblichen Adelsstand zum fünfzigsten Geburtstag traf einen psychisch gebrochenen Mann.

Literatur: *Selbmann*, Rolf: Dichterberuf im bürgerlichen Zeitalter. Joseph Victor von Scheffel und seine Literatur. Heidelberg 1982; *Proelß*, Johannes: Scheffel's Leben und Dichten. Berlin 1887. *Michael Limlei*

Schickele, René
Geb. 4.8.1883 in Oberehnheim (Obernai)/Elsaß; gest. 31.1.1940 in Vence/Südfrankreich

18jährig gründete S., Sohn eines elsässer Weinbauern und einer Französin, in dessen Elternhaus man nur französisch sprach, seine erste literarische Zeitschrift, *Der Stürmer*, »für künstlerische Renaissance im Elsaß«. Er hatte gerade das Gymnasium in Straßburg ohne Abitur verlassen und dennoch die Immatrikulation an der Universität erreicht, und als die Zeitschrift nach wenigen Nummern einging, gründete er sogleich eine zweite, *Der Merker*, die allerdings schon mit der dritten Nummer wegen Majestätsbeleidigung – ein Artikel nannte den Kaiser einen »Scharlatan« – beschlagnahmt wurde. In dieser Zeit, das hatten S. und seine Freunde Otto Flake und Ernst Stadler erkannt, waren Straßburg und das Elsaß in eine neue Phase ihrer Entwicklung getreten: Die erst nach der gewaltsamen Annexion von 1871 unter den veränderten

Verhältnissen Herangewachsenen konnten sich jetzt nach dreißig Jahren unbefangen auf die besondere Stellung ihrer Heimat zwischen Frankreich und Deutschland besinnen, in dem Bewußtsein, daß eines »das Elsaß über alle Provinzen von Deutschland erhebt, die Blüte zweier Traditionen«. Für die daraus abgeleitete und propagierte Mittlerfunktion wurde der Begriff des »geistigen Elsässertums« gefunden: »Bruderherzen, eines Tages werden ... wir eine Nation sein, diesseits-jenseits des Rheins ..., ›Elsässer‹ wird ein ... Begriff für die Wesensart aller geistigen Kinder werden, die gallisches und deutsches Blut nährt«.

Als Journalist, Herausgeber und Übersetzer schlägt sich S. durch; die Universitäten – in Straßburg, München, Paris, Berlin – sahen ihn freilich nur »flüchtig in ihren Räumen auftauchen«. Der Freund Stadler hält S.s Zeit in Paris als Korrespondent von 1909 bis 1911 für einen Wendepunkt: »Was innerlich lange vorbereitet war, vollendet diese Stadt. Ein neues Ideal wird in seiner Seele wirksam: der politische Kampf. Die Ästhetenträume zerflattern«. Als er wieder nach Straßburg zurückgekehrt ist, nun als Redakteur einer Zeitung, verhindert nur die Tatsache, daß er noch nicht das Mindestalter von dreißig Jahren hat, eine Kandidatur für den Reichstag, in dem das Elsaß seit der Annexion erstmals vertreten sein wird. Realist und seismographischer Beobachter – *Schreie auf dem Boulevard* (1913) heißt ein Buch mit Reportagen, die er von Paris mitbrachte – spürt er auch den Krieg kommen. Der Roman *Benkal der Frauentröster* (1914) nimmt Krieg und Revolution utopisch-visionär vorweg. Der Kriegsausbruch macht alle Bestrebungen vorerst zunichte und tötet die Freunde, dort Charles Péguy, hier Stadler. Noch 1914 stellt S., der »zweisprachige Grenzvogel« (wie er sich selber nennt), in dem Drama *Hans im Schnakenloch* (Uraufführung 1916) das Erlebnis der Grenze wieder vor in der Gestalt eines Elsässers mit »zwei Seelen« in der Brust, der zwischen den Nationen und Frauen schwankt, die sie verkörpern, dessen Schwanken indessen nicht Ausdruck platter Haltlosigkeit, sondern der Vielschichtigkeit seines recht eigentlich »elsässischen« Wesens ist. 1915 übernimmt S. – inzwischen in Berlin und zum Wehrdienst nicht tauglich – die Leitung der jungen, aber seit Erscheinen als Sammelpunkt des Expressionismus wirksamen Zeitschrift *Die weißen Blätter*, führt sie – zuletzt von der Schweiz aus – jahrelang in seinem pazifistisch-internationalistischen Sinn trotz ständiger Zusammenstöße mit der Zensur und macht sie zur renommiertesten Zeitschrift der modernen Literatur; Johannes R. Becher, Gottfried Benn, Kasimir Edschmid, Franz Kafka und Heinrich Mann gehören zu ihren Mitarbeitern.

Als das Elsaß nach dem verlorenen Krieg wieder Frankreich zugeschlagen wird, verlegt S. seinen Wohnsitz nach Badenweiler. Die 20er und frühen 30er Jahre sehen ihn dann auf der Höhe seiner Fähigkeiten: Mehrere Romane, darunter das drei Romane umfassende Werk *Das Erbe am Rhein* (1925–1931), in dem er sein großes Grundthema erneut variiert, begründen Ruhm und Erfolg. Seine internationalistische Haltung hieß ihn jedoch, nachdem er sicher war, daß eine politische »Sonnenfinsternis« komme, schon 1932 nach Südfrankreich emigrieren. Von hier aus, bald von zahlreichen Exilanten umgeben, beobachtet er Deutschland, »betrunken von Trauer«, und schreibt sein ganz aus gallischem Geist gespeistes Meisterwerk, den Roman *Die Witwe Bosca* (1933) – von Thomas Mann gerühmt als »Crème, Blüte, Spitze, das Äußerste an heiterer und gesunder Verfeinerung« und gleichwohl, nach S.s Selbstbekenntnis, eine »Auseinandersetzung mit dem in Mord und Tod verstrickten Europa«. Und hier im Exil entstand auch S.s einziges französisch geschriebenes Buch (*Le Retour*, 1938), Erinnerungen eines Schriftstellers, der die Sprache seiner Mutter verlassen hat, weil der Zauber der deutschen Poesie, der Sprache Goethes, ihn ganz besitzt.

Werkausgabe: Schickele, René: Werke in 3 Bänden. Hrsg. von *Kesten*, Hermann unter Mitarbeit von *Schickele*, Anna. Köln/Berlin 1959.
Literatur: *Ertz*, Michael: Friedrich Lienhard und René Schickele. Elsässische Literaten zwischen Deutschland und Frankreich. Hildesheim/Zürich/New York 1990; Friedrich *Bentmann* (Hrsg.): René Schickele. Leben und Werk in Dokumenten. Karlsruhe 1974.   *Ludwig Dietz*

Schiller, Friedrich
Geb. 10.11.1759 in Marbach am Neckar; gest. 9.5.1805 in Weimar

»Ich möchte nicht gern in einem anderen Jahrhundert leben und für ein anderes gearbeitet haben. Man ist ebensogut Zeitbürger als man Staatsbürger ist; und wenn es unschicklich ist, ja unerlaubt gefunden wird, sich von den Sitten und Gewohnheiten des Zirkels, in dem man lebt, auszuschließen, warum sollte es weniger Pflicht sein, in der Wahl seines Wirkens den Bedürfnissen und dem Geschmack des Jahrhunderts eine Stimme einzuräumen?« (*2. Brief zur ästhetischen Erziehung*, 1795). Als Sch. dies schrieb, hatte er noch wenig mehr als zehn Jahre zu leben, waren *Die Räuber* (1781/82), *Die Verschwörung des Fiesko zu Genua* (1783), *Luise Millerin* (*Kabale und Liebe*, 1783), *Vom Wirken der Schaubühne auf das Volk* (1784), die Ode *An die Freude* (1785) und das große Gedicht *Die Götter Griechenlands* (1788) und *Don Carlos* (1787 als *Dom Karlos*) veröffentlicht und aufgeführt, hatte er seine berühmt gewordene Antrittsvorlesung an der Universität Jena gehalten *(Was heißt und zu welchem Ende studiert man Universalgeschichte?* – Mai 1789) und neben zahlreicheren kleineren auch seine beiden großen historischen Abhandlungen *Geschichte des Abfalls der Vereinigten Niederlande von der spanischen Regierung* und *Geschichte des Dreißigjährigen Krieges* geschrieben, hatte er sich als Herausgeber mehrerer Anthologien und Zeitschriften versucht, zahlreiche Rezensionen verfaßt (darunter die keineswegs freundliche *Über Bürgers Gedichte* von 1791), sich schließlich unter dem starken Einfluß Immanuel Kants intensiv mit der Philosophie beschäftigt und sich zum Ziel gesetzt, »sich mit dem vollkommensten aller Kunstwerke, mit dem Bau einer wahren politischen Freiheit zu beschäftigen« (*2. Brief zur ästhetischen Erziehung*). Bis zu dieser Zeit (1795), die durch die Freundschaft mit Goethe fortan auch starke positive Akzente erhielt, enthält der biographische Katalog eine lange Liste negativer Erfahrungen: keine kontinuierliche Familienbindung, keine wirkliche Verwurzelung in der schwäbischen Heimat; keine Möglichkeit, den gewünschten Beruf des Theologen zu ergreifen, weil die Abhängigkeit der Familie vom Dienst für den württembergischen Landesherrn Carl Eugen diesen über das Schicksal des Kindes bestimmen ließ.

So absolvierte der junge Sch. auf Befehl Carl Eugens eine militärisch-medizinische Ausbildung an der neugegründeten Carlsschule in Stuttgart (von 1773 bis 1780) und wurde zum schlecht bezahlten und noch schlechter behandelten »Regimentsmedikus« (Dezember 1780), bis er sich dem Unverständnis des absolutistischen Fürsten durch Flucht entzog.

Dennoch fallen Sch.s erste dichterische Arbeiten in die Zeit der Carlsschule; Dichtung galt hier natürlich nicht viel, auch wenn einzelne Lehrer wie Professor Abel das erkennbare Talent des jungen Eleven nach Kräften förderten. Die wenigen, die von Sch.s Versuchen wußten, waren von seinen Ergebnissen nicht gerade begeistert; sie warfen ihm vor, seine Texte seien »künstlich«, »exaltiert«, »herzlos«; es gelang ihm offensichtlich nicht, seine »innere Bewegung« in angemessener, sprachlich differenzierter Weise zum Ausdruck zu bringen. Das erkannte S. auch selbst *(Brief an Boigeol,* 1777), und er bemühte sich zeitlebens, dem entgegenzuwirken; dennoch verstummte die Kritik an seiner Sprache nie; so lachten Caroline Schlegel und ihre Freunde 1799 über *Das Lied von der Glocke,* daß sie »fast von den Stühlen gefallen« wären, und Jean Paul kritisierte in seiner *Vorschule der Ästhetik* (1804) »die zu Juwelen versteinerte Hand«, die, wenn nicht das Spielen, dann doch das Hören störe.

Sch. hat die Empfindungen seiner Leser bis in unser Jahrhundert »polarisiert«, seine Werke wurden immer wieder als »Ideenmagazin« gesellschaftlich und politisch mißbraucht, ihr ästhetischer Wert aber verkannt. Schon sein erstes Drama, *Die Räuber,* löste durch den berühmten, nicht von Sch. stammenden Zusatz: »In tirannos« (in der zweiten Auflage 1782 bei Löffler) eine Kette von Mißverständnissen aus: Sch.s Kampf um die Aufführung in Mannheim (1782) brachte ihm eine Haftstrafe und – als Folge seiner anschließenden Flucht – eine lebenslange Entfernung von der schwäbischen Heimat ein, wenn man von dem kurzen Versuch, nach dem Tode Carl Eugens im Oktober 1793 im Frühjahr des nächsten Jahres, in Stuttgart zu leben, absieht. 1782 kam Sch. in Kontakt mit dem Intendanten des Mannheimer Nationaltheaters, Wolfgang Heribert Freiherr von Dalberg. Obwohl dieser ein »opportunes Ritterstück«, auf keinen Fall ein »revolutionäres«, inszenieren wollte, erlebte S. bei der Premiere seiner nun schon mehrfach umgearbeiteten *Räuber* im Januar 1782, daß das Drama trotz einer völlig unangemessenen Inszenierung eine überwältigende Wirkung beim Publikum erzielte, während die literarische Kritik es kaum zu Kenntnis nahm. Deshalb wollte S. mehr für die »Öffentlichkeit« seiner Dramen tun und versuchte, seine »Bühnentheorie« publik zu machen; aber alle diese Bemühungen brachten keinen Erfolg, auch seine Rede vor der »Deutschen Gesellschaft« in Mannheim (1784) wurde zwar mit Beifall aufgenommen, änderte die Einstellung des Intendanten von Dalberg aber nicht; S.s einjähriger Vertrag als »Theaterdichter« wurde im August 1784 nicht verlängert. Damit blieb ihm eine »Wirkung der Schaubühne auf das Volk«, die über bloße Unterhaltung hinausgehen sollte, versperrt, und die Möglichkeit, als unabhängiger Schriftsteller zu leben und zu schreiben, war gescheitert. An Jens Baggesen schrieb Sch. 1791: »Von der Wiege meines Geistes bis jetzt, da ich dies schreibe, habe ich mit dem Schicksal gekämpft, und seitdem ich die Freiheit des Geistes zu schätzen weiß, war ich dazu verurteilt, sie zu entbehren ... Ich habe mir diesen Beruf gegeben, eh ich seine Forderungen geprüft, seine Schwierigkeiten übersehen hatte.«

Dennoch versuchte Sch., »freier Schriftsteller« zu bleiben; zehn Jahre äußerster finanzieller Bedrängnis, Einschränkung, Abhängigkeit und Ratlosigkeit trieben den jungen Dichter auf geistige, materielle und räumliche Wanderschaft; seine Gönner waren entweder selbst adelig (Frau von Kalb, Frau von Wolzogen, Graf Schimmelmann, der dänische König, Carl August von Weimar), oder sie lebten in Abhängigkeit von einem Hofe (wie seine engen Freunde Körner und Goethe, die sich allerdings beide ihre Unabhängigkeit zu wahren wußten); Sch. mußte um alle Vergünstigungen bitten – und er hat es getan: Auf eigene Bitte hin wurde er »fürstlicher Rat« (1784 durch Carl August von Sachsen-Weimar), was ihm persönlich später den Zugang zur Weimarer Hofgesellschaft erleichterte; ebenfalls auf sein Gesuch hin machte ihn der Meininger Hof zum »Hofrat«, so daß er nun auch Ämter übernehmen konnte; aber erst die Erhebung in den erblichen Adelsstand öffnete ihm (und endlich auch wieder seiner Frau Charlotte von Lengenfeld) völlige »Gleichberechtigung« bei Hofe (der damaligen »Öffentlichkeit«).

Verschieden kurze, oft heftige Zuneigungen zu Frauen dürfen nicht darüber hinwegtäuschen, daß Sch. von diesen Begegnungen sich »Harmonie« und Ansporn für seine literarischen Arbeiten erhoffte; selbst der Sommer 1788 in Volkstedt, der seiner Verlobung und Heirat mit Charlotte von Lengefeld vorauslief, bildete hier keine Ausnahme: »Herz und Kopf jagen sich bei mir immer und ewig; ich kann keinen Moment sagen, daß ich glücklich bin, daß ich mich meines Lebens freue. Einsamkeit, Abgeschiedenheit von Menschen, äußere Ruhe um mich her und innere Beschäftigung sind der einzige Zustand, in dem ich noch gedeihe. Diese Erfahrung habe ich diesen Sommer gar häufig gemacht« (an Körner). Der hier zitierte Sommer war der von 1788 in Volkstedt, der seiner Verlobung und Heirat mit Charlotte von Lengefeld vorauslief, in dem er Charlotte und deren Schwester täglich sehen, daneben aber auch unter relativ günstigen Bedingungen arbeiten konnte. So ist es völlig verständlich, daß die Ernennung zum Professor für Geschichte in Jena (zunächst ohne festes Gehalt!) ihn zwar zunächst beflügelte, wie die schon erwähnte Antrittsvorlesung vom Mai 1789 – wenige Tage vor dem Zusammentritt der Generalstände in Frankreich! – auf eindrucksvolle Weise zeigt; doch schon bald erkannte Sch. auch die Last dieser Tätigkeit. Andererseits trieb sie ihn zu neuen Ideen: er huldigte nicht einem primitiven Fortschrittsglauben, sondern er wollte die »beschädigte« menschliche Gesellschaft von innen reformieren durch stete Konfrontation mit der »Idee der Totalität« (Wilhelm von Humboldt). Er suchte also in der Geschichte nach den großen verbindenden Ideen und Kategorien, die über das empirische Geschehen des Moments hinausreichten, eine Aufgabe, die er zunächst allein der Schaubühne vorbehalten hatte; hier setzte er fort, was Voltaire und Charles de Montesquieu philosophisch, Jacques Bénigne Bossuet (in seinem *Discours sur l'histoire universelle*) spezifischer schon begonnen und der Göttinger Historiker August Ludwig von Schlözer in seiner *Vorstellung einer Universalhistorie* (1772/73) ausgebaut hatte: aufgeklärte Geschichtswissenschaft im umfassendsten Sinne. Da Sch. moralisches Handeln und die Idee einer allgemeinen »politischen Ästhetik« mehr interessierten als detailgetreue Wiedergabe der Fakten, sollten die Geschichtsquellen die Vielfalt politischer, soziologischer, theologischer, philosophischer Aspekte aufzeigen – und damit auch den Widerstreit von Idee und »Wirklichkeit«. Schon während der historischen Arbeiten verschob sich also Sch.s Schwerpunkt wieder zum Dichterischen hin. So ist Wallenstein z.B. mehr ein »interessanter Charakter«, ein gescheiterter Ideenträger, als eine rein historische Figur: Sch. spürte, daß er als Historiker die Fragen nicht beantworten konnte, die ihm die historische Figur aufgab. In dieser Situation war die Begegnung mit der Philosophie Immanuel Kants (ab 1791) von nicht zu unterschätzender Bedeutung; denn durch sie wandte sich sein Interesse endgültig von der Historie zur Ästhetik, von der »Realität« zur Kunst. Zugleich lieferte Kants Philosophie Sch. die Möglichkeit, ein »System« der Ästhetik anzustreben und dieses System zu erklären als den »Versuch eines mündig gewordenen Volkes, seinen Naturstaat in einem sittlichen umzuformen« (*3. ästhetischer Brief*).

Die Schriften Kants haben Sch. in dieser Zeit intensiv beeinflußt, und in der Auseinandersetzung mit Kants Gedankenwelt ist er – besonders in ästhetischen Fragen – zu einer Klarheit vorgedrungen, die weit über die ästhetischen Schriften hinaus sein späteres Schaffen geprägt hat. Wilhelm von Humboldt, der ab 1793 engen Kontakt zu Sch. hatte, empfand dessen Verhältnis zu Kant kongenial nach; er schrieb 1830 über Sch.: »Ihn, der immer über seiner jedesmaligen Beschäftigung schwebte, der die Poesie selbst, für welche die Natur ihn bestimmt hatte und die sein ganzes Wesen durchdrang, doch auch wieder an etwas noch Höheres anknüpfte, mußte eine Lehre anziehen, deren Natur es war, Wurzel und Endpunkt des Gegenstandes seines beständigen Sinnens zu enthalten ... Sich fremder Individualität nicht unterzuordnen, ist Eigenschaft jeder größeren Geisteskraft, jedes stärkeren Gemüts, aber die fremde Individualität ganz, als verschieden, zu durchschauen, vollkommen zu würdigen und aus dieser bewundernden Anschauung die Kraft zu schöpfen, die eigne nur noch entschiedener und richtiger ihrem Ziele zuzuwenden, gehört wenigen an und war in Sch. hervorstechender Charakterzug. Allerdings ist ein solches Verhältnis nur unter verwandten Geistern möglich, deren divergierende Bahnen in einem höher liegenden Punkte zusammentreffen, aber es setzt von Seiten der Intellectualität die klare Erkenntnis dieses Punktes, von Seiten des Charakters voraus, daß die Rücksicht auf die Person gänzlich zurückbleibe hinter dem Interesse an der Sache.« Diese »Sache« war für Sch. die ästhetische Erziehung des Menschen zur geistigen Freiheit. Die »Eigentümlichkeit seines intellektuellen Strebens« bestand gerade darin, die Identität des Ursprungs von Philosophie und Poesie »zu fassen und darzustellen« (Humboldt): Mit dem Blick auf die Verhältnisse in Europa fragte Sch. deshalb im *8. Brief zur ästhetischen Erziehung*: »Woran liegt es, daß wir noch immer Barbaren sind? Es muß also, wenn es nicht in den Dingen liegt, in den Gemütern der Menschen etwas vorhanden sein, was der Aufnahme der Wahrheit ... im Wege steht. Ein alter Weiser hat es empfunden, und es liegt in dem viel bedeutenden Ausdrucke versteckt: sapere aude. Erkühne dich, weise zu sein. Energie des Muts gehört dazu, die Hindernisse zu bekämpfen, welche sowohl die Trägheit der Natur als die Feigheit des Herzens der Belehrung entgegensetzen.« Denn nach Sch. soll »alle Verbesserung im Politischen ... von Veredlung des Charakters ausgehen«. Glaubte Sch. also an diese »Wahrheit« und die Möglichkeit, eine Veredlung des menschlichen Charakters zu erreichen?

Die ästhetischen und philosophischen Schriften, die ebenso wie die spätere Lyrik in enger Zusammenarbeit mit Johann Wolfgang Goethe entstanden (z.B. die großen Balladen und die Xenien), die großen Dramen (hier vor allem die *Wallensteintrilogie* (1798/ 99; Uraufführung aller drei Teile im gleichen Winter in Weimar), *Maria Stuart* (1800 uraufgeführt, 1801 als Buch) und das Fragment des *Demetrius*, aber auch den Gedichtentwurf *Deutsche Größe* (wohl 1797), umkreisen direkt oder indirekt die Frage der Veredlung des menschlichen Charakters. Eine Antwort kann nur mit Sch. gegeben werden: Immer wieder ist auf die »Unzulänglichkeit« seiner Helden hingewiesen worden – von Karl Moor über Fiesko bis Wallenstein und Demetrius. In seiner *Ästhetik* hat Georg Wilhelm Friedrich Hegel diese Frage am Beispiel Wallensteins erörtert; über ihn heißt es dort: »Kaum hat er sich entschlossen, als er die Mittel, deren er sich gewiß glaubt, unter seinen Händen zerlaufen, sein Werkzeug zerbrechen sieht. Denn was die Obristen und Generale letztlich bindet, ist nicht die Dankbarkeit für das, was er ihnen Dankenswertes durch Anstellung und Beförderung erwiesen hat, nicht sein Feldherrnruhm, sondern ihre Pflicht gegen die allgemein anerkannte Macht und Regierung, ihr Eid, den sie dem Oberhaupte des Staats, dem Kaiser... geschworen haben.« Wo kann bei solch verwirrenden Beziehungen, wie Sch. sie Wallenstein vor den Augen des Zuschauers erleben läßt, der handelnden Figur Wahrheit erreichbar sein? Muß ein solcher Wallenstein sich nicht in seiner Schwäche an alte vertraute Fehler halten? Sind diese »Fehler« nicht gerade das »Menschliche« an Wallenstein?

Kritische Beobachter haben früh erkannt, daß Sch. in der Struktur seiner Dramen, in Aufbau und Verknüpfung der Handlung viel stärker, als es auf den ersten Blick erscheinen mag, der Aufklärung verpflichtet geblieben ist. Seine als »Ideenträger« konzipierten Figuren verfügen nicht über eine reiche Psyche, sie repräsentieren selten ihr Unbewußtes dem Publikum; das unterscheidet sie deutlich von Dramenfiguren des 19. und 20. Jahrhunderts. Die Sprache dieser Figuren kann also nicht so sehr Ausdruck subjektiver Gedanken- und Gefühlswelt lebendiger Individuen sein, als vielmehr kommentierende, transzendierende Reflexion des Dichters, der den Reden der auftretenden Personen die Tendenz zum Ideell-Gültigen geben wollte (Sch. selbst nannte seine Betrachtungsweise »sentimentalistisch«; vgl. *Über naive und sentimentalische Dichtung* 1796). Tatsächlich reden und handeln Sch.s Dramenfiguren immer in einem über Raum und Zeit hinausweisenden Sinngefüge – es ist leicht, dies als »Deklamieren« zu bezeichnen und vom heutigen Verständnis des Dramas her abzulehnen. Unter dem Einfluß der Französischen Revolution hatte Sch. aber begriffen, daß die geistigen Voraussetzungen für eine Entwicklung zur Freiheit noch keineswegs gegeben waren, und daß sie auf der Bühne im Modell leichter publikumswirksam entwickelt werden konnten als in theoretischen Schriften; man muß also zwischen Sch.s theoretischen Schriften und seinen Dramen nach 1790 permanente Verbindungslinien ziehen; die Bühne sollte »hier und jetzt bewegen«, die Wahl der sprachlichen Mittel hatte für ihn dabei nicht Vorrang. Seine ganz auf die Verkörperung von Ideen und Modellen gerichtete Darstellungsweise nahm also eine manchmal krasse Schwarzweißzeichnung der Charaktere in Kauf; die »Grundidee«, die auf dem Wege der Vernunft zu erreichende »Freiheit des Menschen zum Absoluten« im Guten und im Bösen – sollte dem Theaterpublikum sichtbar gemacht und als Denkmodell für eigenes Verhalten begriffen werden – eine wahrhaft kühne Forderung! Das berühmte Urteil Georg Büchners von 1835, »Idealdichter« wie Sch. hätten »fast nichts als Marionetten mit himmelblauen Nasen und affektiertem Pathos, aber nicht Menschen von Fleisch und Blut« geschaffen (Brief vom 28.7.), der Idealismus sie »die schmählichste Verachtung der menschlichen Natur« (*Lenz*), kritisierte einen Mangel, den Sch. kaum als Vorwurf empfand: Ihm waren nicht einzelne Figuren und deren persönliches Tun oder Lassen entscheidend, sondern die Gesamtheit der Ideen, die sie verkörperten.

Wie Sch. in seinen ästhetischen Schriften immer wieder darlegte, wollte er die »Totalität in unsrer Natur«, die den Menschen geraubt oder von der Gesellschaft mutwillig zerstört worden war, »durch eine höhere Kunst wiederherstellen« (Ende des *6. Briefes zur ästhetischen Erziehung*). Diese Aufgabe sah Sch. durchaus politisch, wenn er kritisierte: »Das jetzige Zeitalter, weit entfernt, uns diejenige Form der Menschheit aufzuweisen, welche als notwendige Bedingung einer moralischen Staatsverbesserung erkannt worden ist, zeigt uns vielmehr das direkte Gegenteil davon.« Jede Hoffnung auf eine Verbesserung dieser Verhältnisse werde solange »schimärisch« bleiben, »bis die Trennung in dem inneren Menschen wieder aufgehoben und seine Natur vollständig genug entwickelt ist, um selbst die Künstlerin zu sein und der politischen Schöpfung der Vernunft ihre Realität zu verbürgen« *(7. Brief)*.

Wie schon erwähnt, wollte Sch. in seinen Dramen bei den Figuren, die historische Größen darstellen, deren menschliche Unzulänglichkeiten nicht verstecken. Dabei mußte seine Darstellung mehrfach in Gegensatz zu einer »Gerechtigkeitsharmonie christlicher Prägung« geraten, die für Karl Moor vielleicht noch gelten mochte; indem der Mord an Wallenstein aber nicht in einer höheren Gerechtigkeit aufgehoben wird, sondern das Werk schwacher Menschen bleibt, hatte Sch. seine Ideen vom christlichen Dogma erkennbar abgelöst. Ein solches Heraustreten aus allen Konventionen der Zeit wurde von vielen Zeitgenossen als Blasphemie empfunden und auf fast alle Werke Sch.s übertragen.

Die 1794 einsetzende Freundschaft mit Goethe bedeutete für Sch. ein unendliches Gespräch (Alewyn) über alle Gegenstände der Kunst, der Literatur, des Denkens überhaupt: eintausend Briefe und mehr als sechzig Wochen gegenseitiger Besuche bis zu Sch.s Übersiedlung nach Weimar im Dezember 1799 legen aller Kritik zum Trotz ein deutliches Zeugnis von der geistigen Nähe der beiden ab, mochten auch ihre Anschauung der Natur und ihre Wege zur Kunst völlig verschieden sein, wie vor allem Sch. mehrfach brillant formuliert hat. Diese außerordentlich produktive und von materieller Not endlich freie letzte Lebensphase Sch.s ist von mehr als einem Dutzend schwerer Krankheiten verdüstert; nach 1795 ist Sch. eigentlich niemals völlig ohne Beschwerden gewesen, er hat, wie Peter Lahnstein es ausdrückt, »am Tod entlang gelebt«: »Es war ein Sicheinrichten mit der Krankheit, eine Gewöhnung an sie, eine Art von Zusammenleben mit ihr« (Thomas Mann), so daß »Verfeinerung«, »Sensibilität« und »Benervung« ihm nur realisierbar wurden durch »Arbeit, die ihm doch alles ist, ihm, dem fleißigsten der Dichter!« *(Versuch über Schiller*, 1955). Sch. selbst bestätigt dies, etwa wenn er sagt: »Der Fleiß ... gibt nicht nur die Mittel des Lebens, sondern er gibt ihm auch seinen alleinigen Wert« (an Körner, 1802). Dies galt sogar noch für die letzten Wochen seines Lebens, als er sich unmittelbar nach der Arbeit am *Wilhelm Tell* an Überlegungen, Entwürfe und Sammlungen zum *Demetrius* machte, »dem wohl gewaltigsten Entwurf seines Lebens, der mit allen seinen Implikationen und ungeheuren Anforderungen seinen Geist produktiv aufflammen ließ, während sein Körperliches am knappsten Rande der Lebensmöglichkeit schwebte« (Thomas Mann). Mitten in diesen Vorarbeiten zum *Demetrius* finden sich unter den Gründen, die gegen das Schreiben des Stückes sprechen, die Worte: »Die Größe der Arbeit.« Es ist schwer nachzuvollziehen, in welchem Maße in diesen letzten Wochen seines Lebens das Bewußtsein von der Tragik des *Demetrius* und des eigenen Lebens ineinanderflossen, bis die Natur den Abwehrkräften seines Körpers gegen die Krankheit ein Ende setzte. Goethe war nach der Nachricht von Sch.s Tod krank geworden, schrieb aber schon bald die erste Fassung des Gedichts *Epilog zu*

Schillers Glocke, das erstmals bie der Totenfeier in Lauchstädt (August 1805) vorgetragen (und 1815 erweitert) wurde. 1827 wurden die Gebeine Sch.s von ihrer ersten Grabstelle im Kassengewölbe auf dem alten Friedhof der St. Jacobskirche in die herzogliche Familiengruft auf dem neuen Weimarer Friedhof umgebettet. In dieser Zeit hatte Goethe Sch.s Schädel mehrere Monate bei sich in der Wohnung. In einem Gedicht auf den Schädel verehrte er »die gottgedachte Spur, die sich erhalten«.

Als Goethe wenig später (1828/29) seinen Briefwechsel mit Sch. herausgab, spottete August Wilhelm Schlegel in einem scharfen Epigramm über »den blassen Wagner und den kräftigen Faust«; auf Eduard Mörike dagegen hatte »der Geist dieser beiden Männer« eine ganz andere Wirkung: »Mein Kopf war aufs äußerste angespannt – meine Gedanken liefen gleichsam auf den Zehenspitzen, ich lag wie über mich selbst hinausgerückt und fühlte mich neben aller Feierlichkeit doch unaussprechlich vergnügt. Statt mich niederzuschlagen, hatte der Geist dieser beiden Männer eher die andere Wirkung auf mich. Gar manche Idee – das darf ich Dir wohl gestehen – erkannte ich als mein selbst erworbenes Eigentum wieder, und ich schauderte oft vor Freuden über seiner Begrüßung.« 1830 leitete Wilhelm von Humboldt seinen Briefwechsel mit Sch. mit einem ungewöhnlich scharfsinnigen Essay ein: *Über Schiller und den Gang seiner Geistesentwicklung.* Humboldts hier getroffenen Feststellungen haben bis heute Gültigkeit behalten, weil sie in ihrer Nähe zum Gegenstand« nicht übertroffen werden können. Der »dynamischen« Seite Sch.s setzte Heinrich Heine im ersten Buch der *Romantischen Schule* 1833 ein Denkmal: »Schiller schrieb für die großen Ideen der Revolution, er zerstörte die *geistigen* Bastillen, er baute an dem Tempel der Freiheit … Sch.s Selbstverständnis ist in lapidarer Kürze einem Stammbuchblatt für einen Unbekannten zu entnehmen: »Alles unser Wissen ist ein Darlehn der Welt und der Umwelt. Der thätige Mensch trägt es an die Mitwelt und Nachwelt ab, der unthätige stirbt mit einer unbezahlten Schuld. Jeder, der etwas Gutes wirkt, hat für die Ewigkeit gearbeitet« (22. September 1790).

Werkausgabe: Schiller, Friedrich: Sämtliche Werke. Herausgegeben von *Fricke,* Gerhard und *Göpfert,* Herbert G. 5 Bände, München 1958/59.

Literatur: *Lahnstein,* Peter: Schillers Leben; Biographie. München 1981, Neuaufl. 1990; *Wiese,* Benno von: Friedrich Schiller. Stuttgart ⁴1978; *Koopmann,* Helmut: Friedrich Schiller; Stuttgart ²1977 (2 Bde.) *Lecke,* Bodo (Hrsg.), Friedrich Schiller (2 Bde.) München 1970 (Reihe: Dichter über ihre Dichtungen). *Klaus Ehlert*

Schlaf, Johannes
geb. 21. 6. 1862 in Querfurt; gest. 2. 2. 1941 in Querfurt

Als Abschluß ihrer gemeinsamen Arbeit sammelten Arno Holz und Sch. 1892 die Ergebnisse in dem Band *Neue Gleise* (s. Arno Holz). Im Januar des nächsten Jahres erlitt Sch. einen Nervenzusammenbruch, der ihn in eine Krise warf, die bis 1898 andauerte. Er selbst nannte als Gründe seine finanzielle Notlage und die Unzufriedenheit mit dem Materialismus der naturalistischen Weltanschauung. Eine entscheidende Rolle spielte aber sicher auch der Zwang, sich von Arno Holz endgültig zu lösen. Auch nach der Beendigung des gemeinsamen Schaffens befanden Holz und Sch. sich zunächst in einem freundschaftlichen Verhältnis. Holz stand dem Kranken bei und äußerte sich begeistert über dessen Prosadichtung *Frühling* (1896), die auch anderweitig Zustimmung fand. Richard Dehmel schrieb anläßlich der Erstveröffentlichung im *Modernen Musenalmanach 1894* einen hymnischen Begleitbrief, Alfred Mombert bekannte noch 1933: »Die Jugend von heute mag schwer sich vorstellen, was in den neunziger Jahren des vorigen Jahrhunderts Schlafs ›Frühling‹ bedeutete. Es war für jene Jugend der Frühling einer neuen Weltschau: einer neuen religiösen Dichtung.« *In Dingsda* (1892) und *Frühling,* später in der Inselbücherei mit je einer Auflage von 60 000 der einzige breite Erfolg Sch.s, sind in ihrer impressionistischen Sprache der naturalistischen Schule verpflichtet. Ganz naturalistisch ist die erste Fassung des Dramas *Meister Oelze* (1892). Die Hauptfigur, ein Handwerksmeister, der seinen Vater getötet hat, um Alleinerbe zu werden, zeigt deutlich Züge des von Friedrich Nietzsche beeinflußten Vitalismus. In seinem Roman *Junge Leute* (1890), den er später einstampfen ließ, gibt Sch. Einblicke in seine Jugend.

Der Kaufmannssohn kam 1875 nach Magdeburg, wo er das Gymnasium besuchte. Er trat dem Lese- und Debattierklub »Bund der Lebendigen« bei, wo er Hermann Conradi kennenlernte. 1884/85 studierte er in Halle und Berlin alte Sprachen und Germanistik. Sch. war seinem Wesen nach kein Revolutionär. Schon in den *Jungen Leuten* wird die Kompromißbereitschaft der drei Freunde durchaus gebilligt, die ihre jugendlich-revolutionäre Haltung aufgeben und zu braven Bürgern werden. Nach dem *Meister Oelze* hat sich Sch. nicht mehr mit Stilfragen auseinandergesetzt, es ging ihm nur noch um Inhalte. Nach Beendigung seiner Nervenkrise hat er sein Verhältnis zu Holz in mehreren Romanen behandelt. Der jeweilige Held wird anfangs von einem Freund geleitet, später mit hypnotischen Kräften unterdrückt. Auch das Problem des Plagiats durch den Freund wird mehrfach aufgegriffen: *Das dritte Reich,* 1900; *Der Kleine,* 1904; *Der Prinz,* 1908; *Am toten Punkt,* 1909. Um seine volle Unabhängigkeit von Holz zu beweisen und um sich den ihm zustehenden Ruhm an der Schaffung des konsequenten Naturalismus zu sichern, ging Sch. zum direkten Angriff auf Holz über. Ab 1898 finden sich Zeitschriftenaufsätze, in denen er sich den größeren Anteil an den gemeinsamen Arbeiten zuschreibt. 1902 brach ein unerfreulicher Broschürenkrieg aus, der natürlich ohne Ergebnis enden mußte. Ein weiteres Thema, das Sch. in diesen Jahren beschäftigte, ist die Frau zwischen zwei Männern, der Mann zwischen zwei Frauen. In den genannten Romanen ist das meist ein Nebenmotiv, zentral stellt es sich in den Dramen *Gertrud* (1898), *Die Feindlichen* (1899), *Der Bann* (1891) und *Weigand* (1906) sowie in dem Roman *Mieze* (1912).

1904 zog sich Sch. von Berlin nach Weimar zurück. Die Dekadenz, in den Berliner Romanen breit dargestellt, soll nun überwunden werden. In *Peter Boies Freite* (1903) brechen Mann und Frau am Schluß nach den USA auf, »gen Westen, dem neuen Leben und der Arbeit entgegen. Der Arbeit!«. Die Wendung zur Heimatkunst wird deutlich, der urtümlich kräftige Mensch soll an die Stelle des Dekadenten treten. Die Begeisterung für Amerika als dem Land, in dem der Gesunde Lebensraum findet, übernahm Sch. von dem amerikanischen Dichter Walt Whitman, mit dem er sich intensiv beschäftigt und den er ins Deutsche übertragen hat. Auch aus dem Französischen hat er übersetzt, so Emile Zola, Honoré de Balzac, Emile Verhaeren und Paul Verlaine. In Weimar widmete sich Sch. stärker der Philosophie und der Astronomie. Aus der Verteilung der Sonnenflecken glaubte er beweisen zu können, daß die Erde der Mittelpunkt des Weltalls ist (*Die geozentrische Tatsache als unmittelbare Folgerung aus dem Sonnenfleckenphänomen*, 1925). Franz Kafka berichtet von einem Besuch im Jahr 1912: »Spricht hauptsächlich von Astronomie und seinem geozentrischen System. Alles andere, Literatur, Kritik, Malerei, hängt nur noch so an ihm, weil er es nicht abwirft.« Ganz abgeworfen hat er das Dichten nie. Aber die literarischen Texte wurden immer seltener. Immerhin gelang ihm noch 1920 in der Erzählung *Miele* der nüchterne, fast dokumentarische Bericht vom Leben eines Dienstmädchens in einer Provinzstadt. 1937 zog sich Schlaf in seinen Geburtsort Querfurt zurück.

Literatur: *Brands*, Heinz-Georg: Theorie und Stil des sogenannten »Konsequenten Naturalismus« von Arno Holz und Johannes Schlaf. Bonn 1978; *Bäte*, Ludwig: Die Akte Johannes Schlaf. Aus dem Archiv der Deutschen Schillerstiftung. Weimar 1966.   *Walter Schmähling*

Schlegel, August Wilhelm
Geb. 5. 9. 1767 in Hannover; gest. 12. 5. 1845 in Bonn

»Kosmopolit der Kunst und Poesie« nannte sich Sch. mit Recht. Der Weg zu »Kunst und Poesie« war – ebenso wie für den jüngeren Bruder Friedrich – bereits durch die Herkunft vorgezeichnet: Vater und Onkel, Johann Adolf und Johann Elias Schlegel, waren als Autoren kunsttheoretischer Schriften bekannt geworden. August Wilhelm, der Sohn des Hannoveraner Generalsuperintendenten, konnte sich auf diese familiäre Neigung berufen, als er das Studium der Theologie mit dem der Philologie vertauschte, der damals führenden Disziplin an der Universität Göttingen. Als Schüler Christian Gottlob Heynes lernte er, die antike Dichtung historisch zu verstehen, als Mitarbeiter an Gottfried August Bürgers *Musenalmanach* wurde ihm die zeitgenössische Literatur vertraut. Diese Spannung zwischen den ältesten und den neuesten Formen der Literatur, zwischen der Interpretation des Fremden und der kritischen

Anschauung des Eigenen bestimmten zeitlebens seine Produktivität. In Jena, wo sich nach der Heirat mit Caroline Michaelis-Böhmer 1796 (der er aus den Wirren der Mainzer Revolution und den Verlegenheiten einer außerehelichen Schwangerschaft geholfen hatte) und der Ankunft Friedrich Schlegels der intellektuelle Kreis der sogenannten Frühromantiker bildete, rezensierte er literarische Neuerscheinungen und machte gleichzeitig dem gebildeten Publikum die verschollenen Texte des Mittelalters und der frühen Neuzeit zugänglich.

Die bedeutende, aber unbekannte oder mißverstandene Literatur der Vergangenheit durch geschichtlich-ästhetische Erläuterung (also weder durch antiquarischen Kommentar noch durch Aktualisierung) der Gegenwart nahezubringen, blieb das beständige Ziel Sch.s in allen Epochen seines Lebens: als außerordentlicher Professor an der Universität Jena seit 1798, als Privatgelehrter in Berlin seit 1801, als Reisebegleiter und Hauslehrer der Madame de Staël am Genfer See seit 1804, als Professor für Indologie in Bonn seit 1818. Ebenso vielfältig sind die publizistischen Formen der Vermittlung: Philologische Abhandlungen, Kritiken, Essays, Vorlesungen (von 1801 bis 1803 in Berlin über Kunst, antike und mittelalterliche Literatur, 1808 in Wien *Über dramatische Kunst und Literatur*), Übersetzungen (Shakespeares von 1797 bis 1820, des spanischen Theaters von 1803 bis 1809), Nachdichtungen (*Blumensträuße italienischer, spanischer und portugiesischer Poesie*, 1803), Editionen (besonders altindischer Literatur). Gemeinsam ist diesen Arbeiten die Verbindung von gelehrter Kenntnis der europäischen Tradition, hermeneutischer Erschließung des Einzelwerks und kluger, eleganter Darstellung. Der Universalismus seiner literarischen Interessen enthob Sch. weitgehend dem Entweder-Oder, in dem sich die klassische und romantische Partei seiner Zeit gegenüberstanden. Vielmehr verkörpert er die um 1800 spezifisch deutsche Fähigkeit, sich auf die entlegensten Dichtungs- und Denkweisen einzulassen und als »Weltliteratur« einer imaginären Bibliothek einzugliedern.

Der Preis für solche »Bildsamkeit«, die das Fremde erkennt und seine Größe anerkennt, war die Schwäche seines Charakters und der Mangel an Originalität in seinen poetischen Versuchen. Seine Gedichte und Dramen sind epigonal, und die Wendungen seines Lebenswegs geschehen immer unter dem Einfluß stärkerer Naturen. Seine oft verspottete Eitelkeit entsprang der mißlungenen Anstrengung, diese Schwäche zu verhüllen. »Durch Putzerei mit vielen Orden«, so erschien Friedrich Wilhelm Gubitz 1827 der Bonner Professor, »mit Ringen an beiden Händen, in allem geschniegelt und gebügelt, in stolzer Vornehmheit gebrüstet wie eine eitle Schöne, sah er gleichsam aus, als betrachte er es für einen Fehlgriff der Schöpfung, daß er nicht ein reizendes Weib geworden sei«. Dies unmännliche Bild, das besonders boshaft und nachhaltig Heinrich Heine in der *Romantischen Schule* überlieferte, hat die Weltgeltung vergessen lassen, die Sch. als Wegbereiter der romanischen, germanischen und indischen Philologie zu seiner Zeit besaß und die er heute, da doch die Grenzen der Nationalliteraturen beengend geworden sind, als Vermittler von Weltliteratur wieder gewinnen könnte.

Werkausgabe: Schlegel, August Wilhelm: Sämtliche Werke. Hrsg. von *Böcking*, Eduard. 16 Bände. Leipzig 1846–48 (Nachdruck Hildesheim 1971/72).

Literatur: *Brentano,* Bernard von: August Wilhelm Schlegel. Frankfurt a. M. ³1986.; *Pange*, Pauline Gräfin de: August Wilhelm Schlegel und Frau von Staël. Hamburg 1940.

Heinz Schlaffer

Schlegel, Friedrich
Geb. 10. 3. 1772 in Hannover; gest. 12. 1. 1829 in Dresden

Ob als Sympathisant der Französischen Revolution, als führender Kopf der romantischen Bewegung oder Verfasser des Skandalromans *Lucinde* (1799), ob als universal gebildeter Historiker und Literaturkritiker neuen Schlags, als konservativer Diplomat, Journalist oder versponnener Mystiker: Sch. gab und gibt noch heute jedem Gelegenheit, mit Ärger oder Bewunderung über die Vielseitigkeiten und Widersprüche eines Mannes zu staunen, dem nichts verhaßter war als ein starres Denksystem, der seine Intellektualität vor allem in Form von Fragmenten entfaltete, im phantasievollen, selbstironischen Spiel mit oft extremen, doch unabgeschlossenen Denk- und Lebensexperimenten, die sich gegenseitig relativierten, ergänzten und stets offen blieben für neue, überraschende Wendungen – gemäß dem eigenen Konzept von »Bildung«, die er als »eine fortgehende Kette der ungeheuersten Revolutionen« verstanden wissen wollte.

Entsprechend exzentrisch nimmt sich sein Lebenslauf aus: schwer erziehbares Sorgenkind in einer traditionsreichen und gebildeten Bürgerfamilie; auf Weisung des Vaters Banklehre, aus der er jedoch davonläuft, sich in kürzester Zeit ein profundes Wissen der Antike aneignet und damit den Zugang zur Universität verschafft; Student der Rechtswissenschaften in Göttingen (1790/91), ein »Weltmann« im luxuriösen und frivolen Leipzig, der den »Müßiggang« feiert, sein Geld verspielt, sich in Affären verstrickt und mit hohen Schulden belastet, die er sein Leben lang nicht los wird; ein Intellektueller mit abgebrochenem Studium, der es wagt, als freier Schriftsteller den geistigen Autoritäten seiner Zeit zu trotzen, und in Jena, noch keine 25 Jahre alt, zu einem berühmten Autor avanciert; zusammen mit dem älteren Bruder August Wilhelm Herausgeber des die erste »romantische Schule« konstituierenden *Athenäums*, (von 1798 bis 1800), der Zeitschrift wider die »Leerheit und Lahmheit« der Literatur; ein Wissenschaftler mit ungeheurem Arbeitspensum, der der europäischen Philologie und Kunstgeschichtsschreibung ganz neue Kulturen erschließt: Persien, Indien, Ungarn, das Mittelalter, die Gotik.

Für die Ideen der Revolution gewann den von Hause aus Konservativen jene Frau, die schon zu Lebzeiten mit ihrem Verlangen nach politischer wie erotischer Freiheit zum romantischen Mythos weiblicher Emanzipation wurde: Caroline Böhmer, von Friedrich Schiller mit moralischer Entrüstung die »Dame Luzifer« genannt. Sch.s literaturkritische, historische und philosophische Arbeit verband sich, seit er sie kannte (1793), mit republikanischem Engagement. Dieses hatte für ihn nicht bloß politisch-praktische Bedeutung. So wie er unter »Literaturkritik« eine umfassende Kulturanalyse verstand, die das individuelle Kunstwerk und den Künstler in übergreifenden sozial- und ideengeschichtlichen Zusammenhängen charakterisierte (»Wer kann den Pindarischen Rhythmus begreifen, dem die Sitten und die Staatsverfassung der Dorier fremd sind«), meinte er mit »Revolution« die Erneuerung nicht nur der politischen Verhältnisse. In diesem, auch gegen die verkürzte, in den Terror einmündende Revolutionspraxis der Franzosen gerichteten Sinn ist das oft zitierte *Fragment* von 1798 zu verstehen: »Die Französische Revolution, Fichtes Wissenschaftslehre und Goethes Meister sind die größten Tendenzen des Zeitalters. Wer an dieser Zusammenstellung Anstoß nimmt, wem keine Revolution wichtig scheinen kann, die nicht laut und materiell ist, der hat sich noch nicht auf den hohen weiten Standpunkt der Geschichte der Menschheit begeben.«

Sch.s republikanischer Standpunkt artikulierte sich vornehmlich in der Form ästhetischer Reflexionen und geschichtsphilosophischer Betrachtungen. Hier konnte er, wie er dem Bruder im Januar 1796 bekannte, »unglaublich kühn sein, ehe daß jemand von der Polizei Notiz davon nimmt, oder die Kühnheit auch nur versteht.« Seine Auseinandersetzung mit der griechischen Kultur, die ihren bedeutendsten Niederschlag in der Abhandlung *Über das Studium der griechischen Poesie* (1797) fand, war indes nicht bloß von der Furcht vor der Zensur motiviert. Griechenland wurde für ihn, wie für viele seiner Zeitgenossen, zum Mythos einer harmonischen, freiheitlichen Gesellschaft, zum utopischen Gegenbild einer von vielfältigen Gegensätzen krisenhaft entzweiten Moderne, deren Beschreibung sich durch existentielle Krisenerfahrungen beglaubigte. Der junge Sch. bezeichnete sich selbst als »seelenkrank«, verglich sich gern mit Hamlet, klagte über seine Isolation und gestand seinem Bruder, daß Selbstmord sein »täglicher Gedanke« sei.

Daß die Beschäftigung mit der Vergangenheit keineswegs eine regressive Flucht aus der Gegenwart war, sondern sich mit dem Blick in die Zukunft auf die aktuellen politischen Ereignisse bezog, zeigt einmal mehr der Aufsatz *Über den Begriff des Republikanismus* (1796). Entgegen der These Immanuel Kants (in der Schrift *Zum ewigen Frieden*, 1795), die Republik sei nur in der aufgeklärten Monarchie zu verwirklichen, gab ihm hier die griechische Polis das Modell für eine aus dem Volke hervorgehende Demokratie ab. Solche Auffassungen brachten Sch. den Ruf eines Radikalen ein, der sich noch verstärkte, als er ein Jahr später die wohlwollende »Charakteristik« des wegen seiner revolutionären Aktivitäten geächteten »gesellschaftlichen Schriftstellers« Georg Forster publizierte. Zum öffentlichen Ärgernis machte Sch. indes vor allem die Liebesbeziehung zu seiner späteren Gattin Dorothea Veit, der noch rechtmäßigen Ehefrau eines Berliner Bankiers. Daß er die Geschichte dieser Liebe, statt wie üblich zu verheimlichen, auch noch in Form eines kaum verschlüsselten und sinnlich unverschämt offenen Romans 1799 veröffentlichte, war ein Skandal. Doch mehr als nur ein autobiographisches Dokument ist *Lucinde* der Versuch, die romantische Idee jener »natürlichen« Einheit von Liebe und Ehe, von Geist und Sinnlichkeit auszumalen, die der Autor durch bürgerliche Konventionen und staatliche Gesetze künstlich zerstört sah. Der Idee einer neuen Einheit sollte auch die Romankomposition mit der Vereinigung unterschiedlichster Literaturformen entsprechen, wie sie das berühmte 116. Athenäumsfragment programmatisch forderte: »Die romantische Poesie ist eine progressive Universalpoesie. Ihre Bestimmung ist nicht bloß, alle getrennten Gattungen der Poesie wieder zu vereinigen und die Poesie mit der Philosophie und Rhetorik in Berührung zu setzen. Sie will und soll auch Poesie und Prosa, Genialität und Kritik, Kunstpoesie und Naturpoesie bald mischen, bald verschmelzen.«

Als Sch. gut zwanzig Jahre später an der Edition seiner *Sämtlichen Werke* arbeitete, verleugnete er die Athenäumsfragmente ebenso wie den Roman. Seine Wandlung, die sich in dem seit 1800 zunehmenden Interesse an Mythologie und Mystik vorbereitet hatte, fand in einem Ereignis ihren offiziellen Ausdruck, das in seinem spektakulären Charakter die *Lucinde*-Affäre noch übertraf. Im April 1808 konvertierte er in Köln zur katholischen Kirche. Noch im gleichen Jahr brach Sch. in die Kaiserstadt Wien auf, und hier begann er, der sich in Deutschland stets vergeblich um eine feste Anstellung bemüht hatte, eine Karriere als hoher Beamter – im Dienste der Restaurationspolitik Metternichs.

Sch.s Werk weist trotz aller Wandlungen und Widersprüche durchaus Kontinuitäten auf. Die im Frühwerk so zentralen Begriffe wie Ganzheit, Einheit oder Universalität behielten ihren positiven Sinn. Die von ihm herausgegebene Zeitschrift, die zum zentralen Organ der Wiener Spätromantik wurde, trug den bezeichnenden Titel *Concordia* (von 1820 bis 1823). Seine Anstrengungen, die Selbstisolierung des modernen, die Herrschaft über die Welt der Objekte behauptenden Subjekts zu überwinden, die Aufspaltungen der Gesellschaft in Nationen, Klassen und Konfessionen, die Trennung von Vernunft und Sinnlichkeit, Kunst und Leben, Geist und Natur aufzuheben, führten im Lauf seines Lebens zu immer neuen Lösungsversuchen. »Wir haben keine Mythologie«, hatte er in dem 1800 publizierten *Gespräch über Poesie* geschrieben und die Forderung hinzugefügt: »Es wird Zeit, daß wir ernsthaft dazu mitwirken sollen, eine hervorzubringen.« In der permanenten Suche nach einer neuen, sinn- und einheitstiftenden Kraft, die in den Rationalisierungs- und Ausdifferenzierungsprozessen der Zivilisation verloren ging, ist Sch.s Werk weit über seine Zeit hinaus repräsentativ geblieben für charakteristische Verschlingungen von Mythos und aufgeklärter Moderne.

Werkausgabe: Schlegel, Friedrich: Studienangabe in 6 Bänden. Hrsg. von *Behler*, Ernst. Paderborn 1988.
Literatur: *Peter*, Klaus: Friedrich Schlegel. Stuttgart 1978; *Huge*, Eberhard: Poesie und Reflexion in der Ästhetik des frühen Friedrich Schlegel. Stuttgart 1971. *Thomas Anz*

Schlegel, Johann Elias
Geb. 17. 1. 1719 in Meißen; gest. 13. 8. 1749 in Sorø (Dänemark)

Der Dramatiker, Literaturtheoretiker, Übersetzer und Jurist Sch. wurde als Sohn einer gutbürgerlichen Meißener Familie geboren: Der Vater war kursächsischer Appellationsrat und Stiftssyndikus, der Großvater hatte als Oberhofprediger den Adelstitel erhalten, dessen sich aber erst Sch.s Neffe, der Romantiker August Wilhelm von Schlegel, bedienen sollte. Nach anfänglicher Privaterziehung durch den Vater besucht der 14jährige die berühmte Fürstenschule Pforta, an der später auch Friedrich Gottlieb Klopstock lernte. Sein Mitschüler Janozki schildert ihn als einen »mit feuerreichem Witz«, »tiefem Verstand« und »reicher Einbildungskraft« begabten jungen Mann, der seine Kenntnisse der alten Sprachen und Literaturen, der Philosophie und der Rhetorik autodidaktisch erweitert, eifrig moderne Volkssprachen studiert und nach einem gewandten Ausdruck strebt. Noch während seiner Schulzeit entstehen fragmentarische freie Übertragungen antiker Texte; seine erste Tragödie, die *Geschwister in Taurien*, wird bereits 1739 durch Caroline Neubers Schauspieltruppe aufgeführt. Im selben Jahr beginnt Sch., in Leipzig

Jura, Philosophie und Geschichte zu studieren; er lernt dort den berühmten Professor Johann Christoph Gottsched kennen, in dessen Zeitschriften der junge Dichter erstmals veröffentlicht. Diese frühen, zunächst literaturtheoretischen Abhandlungen beschäftigen sich mit aktuellen, kontrovers diskutierten Dichtungsfragen: in dem *Schreiben an den Herrn N. N. über die Comödie in Versen* (1740) verteidigt Sch. souverän die Nachahmungstheorie gegen allzu dogmatische Interpretationen; in der *Vergleichung Shakespears und Andreas Gryphs* (1741) wagt er trotz Gottscheds vernichtendem Urteil eine kritische Würdigung des Engländers. Im wesentlichen bleibt Sch. zwar wie Gottsched den Prinzipien des französischen Dramas verpflichtet, er relativiert aber die Ständeklausel und die Lehre von den drei Einheiten im Hinblick auf die Intensivierung der Publikumswirkung. Die zusammenfassende *Abhandlung über die Nachahmung* (1741–43) gilt deshalb als der eigenständigste Ansatz zu einer Dramentheorie aus dem Umkreis Gottscheds.

Sch.s erste große Tragödie *Hermann* (1743), die ihm das Prädikat »Deutschlands Racine« eintrug, zeichnet sich durch die Wahl des nationalhistorischen Stoffes und durch die sprachliche Geschliffenheit aus; noch gut zehn Jahre später rühmt Moses Mendelssohn die »Vortrefflichkeit« der Verse. 1742 legt Sch. sein juristisches Examen ab und tritt in die Dienste des sächsischen Gesandten von Spener, mit dem er 1743 nach Kopenhagen reist – noch ist die Dichtung eine »brotlose Kunst« (Gottsched) und ein bürgerlicher Beruf notwendig. Sch.s Engagement in der Wahlheimat belegen seine Tätigkeit als Herausgeber und Alleinautor der moralischen Wochenschrift *Der Fremde* (1745/46) und seine Unterstützung der dänischen Schaubühne, die 1747 mit seinem Vorspiel *Die Langeweile* wiedereröffnet wird. 1746 entsteht neben dem Lustspiel *Der Geheimnisvolle* die zweite große Tragödie *Canut*, die ganz dem Glauben an die Erziehbarkeit des Menschen verpflichtet ist, indem sie der Staatsidee des aufgeklärten Absolutismus und dem Ideal der Menschlichkeit huldigt (»Wer nicht will menschlich sein, sei auch nicht wert zu leben«). Die dramentheoretische Grundlage hierfür (Orientierung am Nationalcharakter zur Erhöhung der Wirkung) formuliert er in den *Gedanken zur Aufnahme des dänischen Theaters* (1747). Sch.s bedeutendstes Lustspiel *Die stumme Schönheit* (1747), das Gotthold Ephraim Lessing »unstreitig« für das »beste komische Original« hält, entspricht wie der *Triumph der guten Frauen* (1748) dem Muster der sächsischen Typenkomödie. Mit der Übersetzung von William Congreves *Braut in Trauer* führt er das Versmaß der Klassik, den Blankvers, in die deutsche Dichtung ein. 1748 erhält Sch. eine Professur für Geschichte, Kommerzwesen und Staatsrecht an der Ritterakademie in Sorø.

Trotz Lessings anerkennender Feststellung, daß »bis jetzt Schlegel dem deutschen Theater die meiste Ehre gemacht habe«, sind seit Beginn der Klassik seine dramatischen Werke aus den Spielplänen der Theater verschwunden und seine theoretischen Schriften vergessen – Moses Mendelssohns Begründung hierfür darf man getrost auf das Drama der Aufklärung vor Lessing übertragen: »Die Poesie des Hrn. Sch. war mehr eine Tochter der Vernunft, als der Einbildungskraft.«

Werkausgabe: Schlegel, Johann Elias: Werke. Hrsg. von Johann Heinrich *Schlegel* (1764–1773). Fünf Bände. Nachdruck Frankfurt a. M. 1971.

Literatur: *Bretzigheimer*, Gerlinde: Johann Elias Schlegels poetische Theorie im Rahmen der Tradition. München 1986; *Schulz*, Georg-Michael: Die Überwindung der Barbarei. Johann Elias

Schlegels Trauerspiele. Tübingen 1980; *Eichner*, Siglinde: Johann Elias Schlegel. In: *Wiese*, Benno von (Hrsg.): Deutsche Dichter des 18. Jahrhunderts. Ihr Leben und Werk. Berlin 1977, S. 162–175; *Paulsen*, Wolfgang: Johann Elias Schlegel und die Komödie. Bern/München 1977.

Heide Hollmer

Schlegel-Schelling, Caroline
Geb. 2. 9. 1763 in Göttingen; gest. 7. 9. 1809 in Maulbronn

Der Philosoph Friedrich Wilhelm Joseph Schelling sprach von Caroline als dem »seltenen Weib von männlicher Seelengröße, von dem schärfsten Geist, mit der Weichheit des weiblichsten, zartesten, liebevollsten Herzen vereinigt«. Friedrich Schlegel proklamierte, angeregt durch sie den Androgynenmythos modernisierend, die Verbindung von Männlichem und Weiblichem zur »vollen ganzen Menschheit«. Eine »politisch-erotische Natur« nannte er diese Frau, die ihre »Privatbegebenheiten« in die »Stürme einer großen Revolution« verwickelte. Beeindruckt durch den deutschen Jakobiner Georg Forster erlebte sie die Mainzer Republik. Gezwungen, Zeitgeschichte und eigenes Dasein in enger Beziehung zu sehen, kam sie in der Auseinandersetzung mit der Französischen Revolution zu sich selbst.

Aufgewachsen in der geistigen Atmosphäre Göttingens als Tochter eines Professors, des Orientalisten Johann David Michaelis, mit zwanzig Jahren an einen Arzt in die Provinz verheiratet, nach vier Jahren durch den Tod ihres Mannes frei, lehnte sie eine erneute Ehe ab, lebte mit ihren Kindern. Die Niederschlagung der Mainzer Republik brachte ihr Gefängnishaft, politische Verfemung und bürgerliche Ächtung in Deutschland. In dieser Situation wurde sie für Friedrich Schlegel zum »Boden einer neuen Welt«. »In den Frauen liegt jetzt das Zeitalter, nur unter ihnen gibt's noch interessante Charaktere«. Sein Forster-Aufsatz und sein Konzept des *Lucinde*-Romans sind von ihr inspiriert. Die Rolle der geistigen Anregerin setzte sie, nachdem sie 1796 Friedrichs Bruder August Wilhelm Schlegel heiratete, in Jena fort.

Ihr Haus wurde zum Zentrum der Jenaer Frühromantiker. Novalis, Clemens Brentano, Ludwig Tieck, Johann Heinrich Wilhelm Tischbein, Friedrich Schelling, Friedrich Schlegel und Dorothea Veith trafen sich dort, Johann Wolfgang Goethe und Johann Gottlieb Fichte waren zu Gast. Gegen das »alte offizielle Deutschland, das verschimmelte Philisterland« traten die »Jakobiner der Poesie« (Karl August Varnhagen v. Ense) an, suchten in »logischer Geselligkeit« und »gesellschaftlichem Witz« höchste geistige Produktivität, probierten im »Symexistieren« neue Lebensformen, in denen sich männlich und weibliche Individualitäten gleichermaßen entfalten sollten. Sch.s geistiger und organisatorischer Anteil als Mittelpunkt und Medium der Gruppe war entscheidend. Meßbar allerdings ist ihre Leistung nicht, und ihre Dichter-Freunde und die Nachwelt unterschlagen sie später nahezu vollständig. Das hängt auch mit Sch.s Haltung zusammen, die bitter erfahren mußte, welche Rolle man ihr als Frau zuwies: »Man schätzt ein

Frauenzimmer nur nach dem, was sie als Frauenzimmer ist.« Sie reduzierte sich bewußt auf eine Helferin der Männer, Lektorin, Mitarbeiterin an der Zeitschrift *Athenäum* und an A.W. Schlegels Übersetzungen. Sie ließ Schlegel ihre Arbeiten unter seinem Namen veröffentlichen; im Vorwort zu seinen *Kritischen Schriften* (1928) heißt es, die Arbeiten seien »zum Teil von der Hand einer geistreichen Frau, welche alle Talente besaß, um als Schriftstellerin zu glänzen, deren Ehrgeiz aber nicht darauf gerichtet war«. Friedrich Schlegels Aufforderung, ein »Romänchen« zu schreiben, Novalis' Drängen, »möchten doch auch Sie die Hände ausstrecken nach einem Roman«, widerstand sie. Bis auf wenige Kritiken, Gedichte und Konzepte ist nichts überliefert.

Ihre Rolle aber als große geistige Anregerin erfuhr in der Ehe mit Schelling (1803 geschlossen) nochmals einen Höhepunkt. »Unter den großen Philosophen ist es nur Schelling«, schreibt Karl Jaspers, »für den eine Frau durch ihre Persönlichkeit von entscheidender Bedeutung wurde, und zwar nicht nur durch erotische Leidenschaft und menschliche Verbundenheit, sondern in eins damit ursprünglich durch ihr geistiges Wesen«. Nur ihre Briefe haben die Jahrhunderte überdauert, von ihnen sind mehr als vierhundert überliefert. Diese Dokumente einer politischen und literarischen Umbruchsituation beinhalten zugleich intime Selbstaussagen eines ungewöhnlichen Lebens, das widerspruchsreich, erfüllt, aber auch unerfüllt war. Es genügte Sch. nicht, sich anzupassen, sie unterdrückt ihre Sehnsüchte selbst nicht, wenn sie verzweifelt war, und meisterte vorurteilslos ihr wechselvolles Leben. Ihre Briefe erzählen von weiblicher Lebenserfahrung im Sinne von Novalis, der denjenigen einen großen Menschen nennt, dessen Tagebuch das größte Kunstwerk sei. Mit ihnen drängt sie sich in erregender Weise ins Heutige und stärkt unsere Absicht, wir selbst zu sein und zu leben.

Literatur: *Kleßmann*, Eckart: »Ich war kühn, aber nicht frevelhaft« – Das Leben der Caroline Michaelis-Böhmer-Schlegel-Schelling. Bergisch Gladbach 1992; *Damm*, Sigrid (Hrsg.): »Lieber Freund, ich komme weit her schon an diesem frühen Morgen« – Caroline Schlegel-Schelling in ihren Briefen (mit einem einleitenden Essay). Darmstadt/Neuwied 1988.   *Sigrid Damm*

Schmidt, Arno
Geb. 18. 1. 1914 in Hamburg; gest. 3. 6. 1979 in Celle

»»VERFLUCHTE ZEITN!‹ – (d's wär <u>Mein</u> = Titl! (Für Meine
SelbstBio.))«. Der atomare Dritte Weltkrieg ist bereits abge-
laufen, wenn die Richter-Figur Kolderup in der *Schule der
Atheisten* (1972) auf zwei Worte bringt, was die literarische
Laufbahn seines realen Autors Sch. treffender kaum über-
schreiben könnte. Der Mythos vom »unmenschlichen, unbe-
zwinglichen Zentralmassiv« seiner Literatur, der zumal seit
Erscheinen des großen Typoskript-Romans *Zettel's Traum*
(1970) die Rezeption behinderte, wo nicht ersetzte – dieser
Mythos verdeckt das eigentlich Unmenschliche, gegen das der
Autor lebenslang schreibend rebellierte. Es ist dies die als
»leviathanisch« begriffene Verkettung permanent zerstörerischer Kräfte. Nicht nur in
der Außenwelt: »Um das Wesen des besagten Dämons zu beurteilen, müssen wir uns
außer uns und in uns umsehen. Wir selbst sind ja ein Teil von ihm.«

Am Vorabend des Ersten Weltkriegs als Sohn eines Polizisten und einer Gerberstoch-
ter in das amusische Klima Hamburger Mietskasernen-Kleinbürgerlichkeit hineingeboren, hat Sch. von Anfang an Teil an der stumpfen Rohheit einer engen Alltagswelt. Das
drückende Herkunftsmilieu bietet dem früh in sich selbst zurückgezogenen Hochbegabten auch späterhin kaum adäquate Entwicklungschancen. Für überragende Leistungen – Sch. macht 1933 Abitur in Görlitz, der Lausitzer Heimat der Eltern – steht ihm
als Preis nur Arbeitslosigkeit und zermürbende Stellungsuche bevor; anstatt einer syste-
matischen wissenschaftlichen und künstlerischen Ausbildung ergibt sich ab 1934 lediglich der Posten in der Lagerbuchhaltung einer schlesischen Textilfabrik. Im Mai 1937
folgt bereits die erste Kasernierung – kurz darauf die Verehelichung des 23jährigen mit
der Arbeitskollegin Alice Murawski (die als einzige den Weg des Autors bis zu seinem
Tod teilen wird). Diesem Versuch des Aufbaus einer eigenen Privat-Gegenwelt folgt
jedoch sogleich weitere Kasernierung, 1939 die Einberufung zum Krieg (ab 1942 zur
Heeresküstenartillerie in Norwegen), bis Ende 1945 schließlich britische Gefangenschaft. Die aufs Äußerste reduzierten Lebensbedingungen in wechselnden Notunter-
künften (Cordingen bis 1950, Gau-Bickelheim 1951, Kastel/Saar bis 1955) lassen auch
nach Kriegsende kaum Spielraum für die dennoch ständig weiterentwickelte literarische Produktion: »Wie unnatürlich das ist, macht der Leser sich gemeinhin nicht klar . . .
Wir hatten ja nicht einmal SchreiPapier in jenen Jahren, dicht nach '45; mein ›Levia-
than‹ (als erste Publikation 1949) ist auf Telegram-Formulare notiert, von denen mir
ein englischer Captain einen halben Block geschenkt hatte.« Wenn Sch., ab 1946
bereits, trotzdem auf der Hunger-Existenz als »freier Schriftsteller« besteht, sind damit
zugleich alle Konzessionen an soziale, politische und ästhetische Normen des wieder-
aufkommenden Kulturbetriebs ausgeschlossen. Die strikte Selbstbestimmtheit seiner
Laufbahn (»Kein Vaterland, keine Freunde, keine Religion«) ebenso wie sein literarisches Programm, »die Nessel Wirklichkeit fest an(zu)fassen; und uns alles (zu) zeigen:
die schwarze, schmierige Wurzel; den giftgrünen Natternstengel; die prahlende Blu-
men(büchse)«, sie werden dann auch schnell als Provokation registriert. Wegen »Got-

teslästerung« und »Pornographie« läßt man Sch. 1955 gerichtlich verfolgen, und er weicht ins hessische Darmstadt aus; intern zensiert man seine Texte (z. B. die Roman-Trilogie *Das steinerne Herz*, 1956, die vollständig erstmals 1986 gedruckt wird). Bis ein breiteres Lesepublikum Zugang zu seinem Werk findet, vergehen zwei Jahrzehnte, in denen Sch. bereits den Großteil seiner Kurzprosen (*Rosen & Porree*, 1959; *Kühe in Halbtrauer*, 1964), seiner Romane (*Brand's Haide*, 1951; *Aus dem Leben eines Fauns*, 1953; *Die Gelehrtenrepublik*, 1957; *KAFF auch Mare Crisium*, 1960) und seiner literarhistorischen Studien (*Dya Na Sore* und *Fouqué*, 1958; *Belphegor. Nachrichten von Büchern und Menschen*, 1961; *Sitara oder Der Weg dorthin*, 1962; *Die Ritter vom Geist*, 1965) fertiggestellt hat.

Das Augenöffnende seiner Prosakunst nehmen zuallererst Schriftsteller mit ähnlichem Erfahrungshintergrund wahr: Sch. »experimentiert: rasierklingenscharf bis an die Grenze des Möglichen . . . er verhält genau, wo die Sprache ihr Maximum an Deutlichkeit hat, auf der anderen Seite würde das Chaos sein, Sprachtrümmer, Worthack, die lädierte Grammatik«; so Peter Rühmkorf 1956. »An den Grenzen der Sprache« operiert Sch. von der Injektionstechnik »schärfster Wortkonzentrate« der frühen Prosa über die Mehrspaltentechnik von *KAFF* und *Zettel's Traum*, über die späten Novellen-Comödien bis hin zum *Julia*-Fragment 1979. Die Barrieren der konventionalen Schriftsprache noch über die »fonetische Schreibunk« des genau abgehörten Alltagssprechens hinaus überschreitend stößt Sch. forschend bis an das mehrsinnige Wurzelwerk der Wörter (die sog. »Etyms«) und damit in Tiefenschichten des Sprechens vor, die das Bewußtsein gewöhnlich absperrt. Sein Diktum: »Der Schriftsteller soll alleine gehen«, ihm oft genug als elitär-reaktionär angelastet, hat nicht zuletzt in dieser Pionierhaltung seine Basis. Von James Joyce, mit dem Sch. hier vielfach verglichen wurde, unterscheidet ihn freilich die elementare Bindung an die Naturwelt, deren Gestalten sein Werk von Anbeginn mitbevölkern; in noch kaum kenntlichen Metamorphosen zuletzt in *Abend mit Goldrand* (1975). »In Gesellschaft von Bäumen« (*Zettel's Traum*, Buch II) und unter den – ihm stets mitlebenden – Texten »vergessener Kollegen« (die er auch als kongenialer Übersetzer neu zur Sprache bringt) bleiben dem Autor zwanzig »zu späte« Jahre in der ihm gemäßen menschenarmen Landschaft am Rande des Heidedorfs Bargfeld in Niedersachsen. Anfang Juni 1979 stirbt der Autor über der Arbeit an dem Dialogroman *Julia, oder die Gemälde*; aus dem Nachlaß ersehbar war ein Held, der – durch eine Bildleinwand hindurch – die Welt der gewöhnlichen Erscheinungen hätte verlassen können. Das Fragment erschien 1983. Das Werk des »verhinderten Volksschriftstellers« (Helmut Heißenbüttel) aber steht immer noch zur Entdeckung an. Hilfreich dazu erscheint seit 1987 die editorisch verläßliche »Bargfelder Ausgabe«.

Literatur: Arno-Schmidt-Stiftung (Hrsg.): »Vielleicht sind noch andere Wege – «. 4 Vorträge. Bargfeld 1992; *Martynkewicz*, Wolfgang: Arno Schmidt. Reinbek bei Hamburg 1992; *Reemtsma*, Jan Philipp und *Rauschenbach*, Bernd (Hrsg.): »Wu Hi?«. Zürich 1986; *Krawehl*, Ernst (Hrsg.): Porträt einer Klasse. Frankfurt a. M. 1982; *Wollschläger*, Hans: Die Insel und einige andere Metaphern für Arno Schmidt. In: Arno Schmidt Preis 1982. Bargfeld 1982. S. 19–62.

Bettina Clausen

Schnabel, Johann Gottfried
Geb. 7. 11. 1692 in Sandersdorf b. Bitterfeld; gest. vor 1760

»Ich weiß wohl, daß lange Zeite dieser Name bloß galt, um etwas ganz Verächtliches zu bezeichnen«, schreibt 1828 Ludwig Tieck über »jene treuherzige Chronik« der *Insel Felsenburg*, deren schlechter Ruf in umgekehrtem Verhältnis zu ihrer Popularität stand. Das Buch war einer der meistgelesenen Romane im 18. Jahrhundert. Es erlebte zahlreiche Neuauflagen – bis 1769 für alle vier Bände insgesamt 22 – und popularisierende Bearbeitungen und ist »das Paradebeispiel der deutsche utopischen Robinsonade im 18. Jahrhundert und überhaupt eine der wenigen deutschsprachigen Utopien von Format« (Michael Winter). Doch an den prekären Lebensumständen seines Verfassers änderte der literarische Erfolg wenig.

Sch. stammte aus einem Pfarrhaus. Er wuchs als Waise bei Verwandten auf und besuchte von 1702 an die Lateinschule in Halle. Es ist anzunehmen, daß er anschließend Medizin studierte oder wenigstens medizinische Vorlesungen hörte und die Barbierkunst erlernte. Jedenfalls nahm er während des Spanischen Erbfolgekrieges von 1710 bis 1712 an den Feldzügen Prinz Eugens von Savoyen in den Niederlanden teil, wahrscheinlich als Feldscher. Seine Bewunderung für den Feldherrn drückte er später in einer *Lebens- Helden- und Todes-Geschicht* Prinz Eugens aus (1736). Für die Zeit nach 1712 fehlt jegliche Nachricht, bis sich Sch. 1724 mit Frau und Kind in Stolberg im Harz, einer kleinen Residenz, niederläßt: Er wird als »Hofbalbier«, »Herrschaftlicher Kammerdiener« und später auch als »Gräfl. Stolbergischer Hof-Agent« bezeichnet (allenfalls schlecht-, wenn nicht überhaupt unbesoldete Ämter).

Ständig in finanziellen Nöten, suchte er vergeblich, den entwürdigenden Verhältnissen mit Hilfe schriftstellerischer und journalistischer Arbeiten zu entkommen. Der Zwang zur Vielschreiberei wiederum – das zeigen beispielsweise die späteren Bände der *Insel Felsenburg* – führte zu einem Absinken der literarischen Qualität. Sch. fungierte als Autor, Herausgeber und Verleger einer Zeitung, der *Stolbergischen Sammlung Neuer und Merckwürdiger Welt-Geschichte* (1731–41), verfaßte eine *Nachricht* über den Empfang der Salzburgischen Emigranten in Stolberg (1732) und beschrieb »mit flüchtiger Feder« ein hochgräflich Stolbergisches Hochzeitsfest (1737).

Seinen Nachruhm verdankt er einem vielgelesenen galanten Roman (*Der im Irr-Garten der Liebe herum taumelnde Cavalier*, 1738), der ihn aber möglicherweise die Gunst der Geistlichkeit (und des Hofes) kostete, und vor allem den vier Bänden der »Felsenburgischen Geschichte« (1731, 1732, 1736, 1743), die unter dem abenteuerlichen Titel *Wunderliche Fata einiger See-Fahrer, absonderlich Alberti Julii, eines gebohrnen Sachsens ... entworffen Von dessen Bruders-Sohnes-Sohnes-Sohne, Mons. Eberhard Julio* erschienen: Mit dieser Verbindung von Utopie und Robinsonade beginnt der bürgerliche Roman der deutschen Aufklärung. Gegen die als bedrückend erfahrene europäische Gesellschaftsordnung, von deren verderbtem Zustand die zahlreichen Lebensgeschichten der Europamüden berichten, stellt Sch. die Utopie eines »irdischen Paradieses«, die Beschreibung eines auf Gottesfurcht, Vernunft und Tugend gegründeten bürgerlichen Gemeinwesens, in dem niemand Sehnsucht verspürt, sein »Vaterland, oder nur einen einzigen Ort von Europa« jemals wiederzusehen: In der Fiktion wird möglich, was die Wirklichkeit versagt. Sch.s Spur verliert sich. 1744 verfaßt er noch eine Bittschrift an den Stolbergischen Grafen,

1750 erscheint ein weiterer Roman (*Der aus dem Mond gefallene und nachhero zur Sonne des Glücks gestiegene Printz*), danach fehlt jede Nachricht. Im Jahr 1760 gilt er bereits als verstorben.

Werkausgabe: Wunderliche Fata einiger See-Fahrer. Tl. 1–4. 1731–1743. Nachdruck Hildesheim/New York 1973.
Literatur: *Müller*, Klaus-Detlef: Johann Gottfried Schnabel. In: *Steinhagen*, Harald/*Wiese*, Benno von (Hrsg.): Deutsche Dichter des 17. Jahrhunderts. Ihr Leben und Werk. Berlin 1984. S. 871–886; *Fohrmann*, Jürgen: Abenteuer und Bürgertum. Zur Geschichte der deutschen Robinsonaden im 18. Jh. Stuttgart 1981; *Stockinger*, Ludwig: Ficta Republica. Gattungsgeschichtliche Untersuchungen zur utopischen Erzählung in der deutschen Literatur des frühen 18. Jh.s. Tübingen 1981. S. 339–449; *Brüggemann*, Fritz: Utopie und Robinsonade. Untersuchungen zu Schnabels Insel Felsenburg (1731–1743). Weimar 1914.

Volker Meid

Schneider, Reinhold
Geb. 13. 5. 1903 in Baden-Baden; gest. 6. 4. 1958 in Freiburg

»Gestern abend rief das Ordinariat an, ob ich noch da sei: eine Zeitung habe gemeldet, ich hätte bereits einen Posten in Rußland angetreten. So kämpft ›man‹«. Sarkastisch protokollieren Sch.s Briefe die für das politische Klima der Zeit bezeichnenden heimischen Reaktionen auf seinen (»als eine letzte Warnung im Westen nicht mehr möglich war«) Mitte Februar 1951 von der Ostberliner Zeitschrift *Aufbau* veröffentlichten Appell, daß »ein geteiltes Volk, das in der Gefahr des Bruderkrieges ist und dessen Land zum Schlachtfeld der Welt werden kann«, sich »nicht bewaffnen« dürfe. Seine Gegner sind in der Wahl ihrer Mittel nicht zimperlich: sie reichen von persönlichen Verleumdungen – »einmal als Jude, dann als Kommunist, neuerdings als geistig umnachtet« – bis zum Boykott: »Eine Verteidigung ist nicht möglich. Das Ziel ist erreicht: man wagt nicht mehr mit mir zu arbeiten«.

Die katholische Presse tut sich bei dieser Kampagne gegen einen Autor, der, 1937/38 zur Kirche zurückgekehrt, unter Berufung auf seine »Gewissensnot« angesichts der »Atombombe«, »nichts weiter sein möchte als ein lebendiger Christ«, besonders unrühmlich hervor. Ihre »erbitterte Feindschaft« habe er sich, bilanziert Sch., infolge seiner »sowohl auf religiösen wie auf politischen Überzeugungen gegründeten Ablehnung der Rüstung« zugezogen, aufgrund seiner »Polemik mit der den Krieg rechtfertigenden Theologie« sowie seines »Bemühens« wegen, »über alle Gesetze hinweg eine menschliche Beziehung zu den Gegnern des Glaubens zu erhalten ... Ich mußte das erwarten«.

Mit der »Wende der Denkweise, die das Ja zur Waffe unabänderlich herbeiführt«, wird Sch. das endgültige Scheitern seines Engagements für eine ethisch fundierte, »neue gerechte Ordnung« nach dem Ende der »Zeit einer Klasse, deren erste Sorge« gewesen sei, »zu behalten, was sie hat«, vor Augen geführt, das er seit dem Kriegsende (wo er eines der seltenen Eingeständnisse deutscher »Kollektivverbrechen« ablegt) in einer Vielzahl von Reden und Aufsätzen verficht. Durch die Verleihung des Ordens »Pour le mérite« (1952) und den Friedenspreis des Deutschen Buchhandels (1956) erfährt Sch. zwar eine gesellschaftliche Rehabilitierung; dieser exemplarische Konflikt zwischen Geist und Macht in der frühen Bundesrepublik – er selbst beklagt, daß die Intellektuellen »in Deutschland seit je kein großes Verlangen zeigen, sich politische Unannehmlichkeiten zuzuziehen« – wiegt freilich desto schwerer, als er einen Schriftsteller betrifft, der während der nationalsozialistischen Herrschaft zu den mutigsten und integersten gehört. Seine Erzählung *Las Casas vor Karl V* (1938), als »Protest gegen die Verfolgung der Juden« konzipiert, ist einer der wichtigsten Texte des literarischen Widerstands. Als nach dem Erscheinen der rasch vergriffenen Essays *Macht und Gnade* (1940) die Behinderungen zunehmen, finden seine religiösen Kleinschriften und Sonette teils in illegalen Drucken, teils in hand- oder maschinenschriftlichen Kopien weite Verbreitung. Noch wenige Wochen vor Kriegsende wird die Anklage auf Hochverrat eingeleitet.

Die »Schwermut«, die Sch. wiederholt als sein existentielles »Erbe« bezeichnet, ist »nicht anders zu begreifen als im Zusammenhang mit dem Geschichtlichen«. In einem Hotel »dicht am Kurhaus in Baden-Baden« aufgewachsen, gewähren ihm seine »Kindheits- und Jugendjahre . . . den letzten Blick auf eine Welt und Gesellschaft, die . . . 1914 zu versinken begann«. Angesichts des »Verfalls der bürgerlichen Ordnung« nach dem Ersten Weltkrieg, von dem auch sein Elternhaus betroffen ist, gelangt er – »Ich fühlte keinen wirklich tragenden Grund mehr« – »zum totalen Pessimismus«. Der 19jährige unternimmt einen Selbstmordversuch. Nach dem Abitur und einem abgebrochenen landwirtschaftlichen Praktikum arbeitet er von Ende 1921 bis Mitte 1928 als kaufmännischer Übersetzer in Dresden. Angeregt durch die Lektüre des spanischen Philosophen Unamuno ist die iberische Halbinsel Ziel der ersten seiner zahlreichen Reisen durch Europa als freier Schriftsteller. Bereits die frühen Bücher des rasch wachsenden Werks (*Das Leiden des Camões*, 1930; *Philipp II*, 1931) befassen sich mit seinem Grundthema des Sinns einer notwendigerweise tragisch verlaufenden Geschichte, der immer »das Prinzip ihres Untergangs . . . eingeboren« ist.

Fichte. Der Weg zur Nation, 1932, im Jahr seiner Übersiedlung nach Potsdam erschienen, wo er bis zum Umzug nach Hinterzarten im Schwarzwald (1937) und wenig später nach Freiburg lebt, nähert sich bedenklich dem völkischen Reichsmythos an. Schon die nächste Veröffentlichung, *Die Hohenzollern* (1933), ein »gegen die Vergötzung des Blutes« gerichteter »Aufruf zur Monarchie«, der (ebenso wie das folgende *Inselreich*, 1936, eine Darstellung der britischen Geschichte) »unterdrückt« wird, zeigt allerdings deutlich die Unvereinbarkeit seines Konservatismus mit der Ideologie des nationalsozialistischen Staats. Dem anläßlich des 50. Geburtstags unternommenen Versuch, sein Werk »letztgültig« festzulegen, hält Sch. dessen Prozeßcharakter entgegen. Seine autobiographischen und tagebuchähnlichen Aufzeichnungen aus den letzten Lebensjahren (*Verhüllter Tag*, 1954; *Der Balkon*, 1957; *Winter in Wien*, 1958), die einer Reihe von historischen Dramen folgen, lösen diesen Anspruch des offenen »Wegs« ein. Unter dem Druck einer langwierigen Krankheit und der Auseinandersetzung mit der modernen Naturwissenschaft verbindet sich sein »Widerspruch« gegen die »Leere« der Zeit des Wirtschaftswunders mit der unversöhnten »Verzweiflung an Kosmos und Geschichte«.

Werkausgabe: Schneider, Reinhold: Gesammelte Werke in 10 Bänden. Hrsg. von *Landau,* Edwin Maria. Frankfurt a. M. 1977–81.

Literatur: *Zimmermann,* Ingo: Reinhold Schneider. Weg eines Schriftstellers. Berlin 1982; Reinhold Schneider. Leben und Werk im Bild. Von Edwin Maria *Landau,* Maria *van Look,* Leni *Mahnert-Lueg,* Bruno Stephan *Scherer.* In Selbstzeugnissen und Worten der Mitlebenden. Frankfurt a. M. 1977; *Schmitt,* Anselm und *Scherer,* Bruno: Reinhold Schneider. Leben und Werk in Dokumenten. Karlsruhe ²1973.

Hans-Rüdiger Schwab

Schnitzler, Arthur
Geb. 15. 5. 1862 in Wien; gest. 21. 10. 1931 in Wien

In seinem für die Beziehung von Psychoanalyse und Sch.s Dichtung aufschlußreichen Glückwunschschreiben zum 60. Geburtstag des Dichters hat Sigmund Freud die Distanz zu seinem »Collegen« Sch. mit einer Art »Doppelgängerscheu« erklärt. Er schreibt dazu: »Nicht etwa, daß ich so leicht geneigt wäre, mich mit einem anderen zu identifizieren oder daß ich mich über die Differenz der Begabung hinwegsetzen wollte, die mich von Ihnen trennt, sondern ich habe immer wieder, wenn ich mich in Ihre schönen Schöpfungen vertiefe, hinter deren poetischen Schein die nämlichen Voraussetzungen, Interessen und Ergebnisse zu finden geglaubt, die mir als die eigenen bekannt waren. Ihr Determinismus wie Ihre Skepsis – was die Leute Pessimismus heißen – , Ihr Ergriffensein von den Wahrheiten des Unbewußten, von der Triebnatur des Menschen, Ihre Zersetzung der kulturell-konventionellen Sicherheiten, das Haften Ihrer Gedanken an der Polarität von Lieben und Sterben, das alles berührte mich mit einer unheimlichen Vertrautheit ... So habe ich den Eindruck gewonnen, daß Sie durch Intuition – eigentlich aber in Folge feiner Selbstwahrnehmung – alles das wissen, was ich in mühseliger Weise an anderen Menschen aufgedeckt habe.« Freuds Doppelgängerscheu kann mit einigem Recht auf die Befürchtung bezogen werden, in Sch. dem mit »unheimlicher Vertrautheit« zu begegnen, was in ihm selbst versagte Möglichkeiten geblieben sind. Sch. lediglich eine Begabung zur Intuition zuzusprechen, verkürzt indes den wahren Sachverhalt, denn der Schriftsteller hatte sich als Mediziner mit der Psychoanalyse und ihrer Vorgeschichte eingehend befaßt. Als Sohn eines angesehenen Medizinprofessors hatte Sch. – wie Freud – an der Wiener Universität (von 1879 bis 1885) bei den damals herausragendsten Vertretern der Wiener medizinischen Schule studiert. Für die Zeitschrift seines Vaters, die *Internationale Klinische Rundschau,* hatte der Student als Medizinjournalist gearbeitet und dabei die Studien Charcots in der Übersetzung Freuds rezensiert. Hypnose und Suggestion wurden von Sch. experimentell angewandt. Folie hierfür blieb allerdings der Determinismus – der freie Wille ist nichts anderes »als die für die Dauer der persönlichen Existenz in das Individuum gesperrte Kausalität« – seiner durch Hermann von Helmholtz beeinflußten Anschauung, die am empiristischen und positivistischen Wissenschaftskonzept festhielt. In seiner Autobiographie *Jugend in Wien*

(ersch. 1968), die bis 1889 reicht, berichtet er ausführlich über seine wissenschaftlichen und literarischen Anfänge.

Für die Literatur war ihm, der zum Literatenkreis der Jungwiener gehörte, die Psychoanalyse eine außerordentliche Unterstützung, denn auch die »neueren Dichter« hätten erkannt, »daß die Seele im Grunde kein so einfaches Ding sei«. Als Mediziner sah er sich jedoch zu Einwänden gegen Freuds Theorie veranlaßt; Theodor Reik, von dem auch die erste wissenschaftliche Untersuchung zu Sch. stammt, spielte hierbei die Vermittlerrolle. Die Einwände Sch.s betrafen nach Michael Worbs die Erklärung psychischer Störungen einzig aus der Sexualität, obwohl dies gerade angesichts von Sch.s Werk befremden muß und vielleicht lediglich als eine Rationalisierung betrachtet werden darf. In seinem Plädoyer für eine »psychologische Literatur« schreibt Sch.: »Die Begrenzungen zwischen Bewußtem, Halbbewußtem und Unbewußtem so scharf zu ziehen, als es überhaupt möglich ist, darin wird die Kunst des Dichters vor allem bestehen.« Deshalb sprach er sich gegen die Überdeterminierung der Bildung des Unbewußten in der Psychoanalyse aus und führte als Korrektiv der Freudschen Topik ein »Mittelbewußtsein« ein: »Das Mittelbewußtsein wird überhaupt im Ganzen zu wenig beachtet. Es ist das ungeheuerste Gebiet des Seelen- und Geisteslebens; von da aus steigen die Elemente ununterbrochen ins Bewußte auf oder sinken ins Unbewußte hinab. Das Mittelbewußtsein steht ununterbrochen zur Verfügung. Auf seine Fülle, seine Reaktionsfähigkeit kommt es vor allem an.« Er kritisierte den gewohnheitsmäßigen Rekurs auf das Unbewußte, der häufig zu vorschnellen Antworten führe. Auch die Freudsche Topik »Ich/Über-Ich/Es« bedachte er mit dem Schematismus-Vorwurf, schließlich formulierte sein Empirismus Vorbehalte gegen jegliches ganzheitliches Erklärungsmodell, mithin auch gegen die Psychoanalyse. »Ich schreibe Diagnosen«, erklärte Sch. kategorisch zu seinen literarischen Arbeiten. Seinen eigenen Determinismus weichte Sch.s Skepsis auf, indem pragmatisch ein »Als ob« des freien Willens entgegengesetzt wird. Aus diesem Dualismus entspringen die Rollenkonzepte seiner Dramen und das Luigi Pirandello verwandte Spiel im Spiel (z.B. im *Grünen Kakadu*, 1899).

Eine Opposition zu seinem Determinismus bilden auch die liberalen Ideen, denen sich Sch. bereits seit früher Zeit verschrieben hatte. Der Wiener Liberalismus definierte den Menschen als rationales, autonomes Wesen, das durch – moralische – Selbstbeherrschung und Verfügung über die Natur das gesellschaftliche Glück ermögliche. Sch. ist darin Repräsentant seiner Zeit. Egon Friedell nannte ihn auch deshalb einen Darsteller der »Topographie der Wiener Seelenverfassung um 1900«. Die Krise des Wiener Liberalismus, die äußerlich mit dem Großen Krach an der Börse von 1873 eingeleitet wurde, brachte eine entschiedene Umorientierung in der Kunst mit sich. Karl Kraus stellte dazu polemisch fest, daß der »Wirkungskreis des Wiener Liberalismus (sich) auf ein Premierenpublikum« beschränke. Carl E. Schorske sieht als Resultat dieser Krise den Aufbau einer Ersatzwirklichkeit in der Kunst, die durch Introversion hervorgebracht wurde: der Weg nach Innen führte zur Selbstanalyse und zum Narzißmus, die in der Wiener Literatur der Jahrhundertwende im Zentrum stehen, zumal der Naturalismus in der versinkenden Habsburger-Metropole so gut wie nicht Tritt fassen konnte. Was Richard Hamann und Jost Hermand demnach über die Epoche festgestellt haben, gilt in besonderem Maße für Sch.: »Man schließt sich ab, beschränkt sich auf seinen ästhetischen Innenraum und gerät so in eine Landschaft der Seele, die fast ausschließlich auf dem Prinzip der autistischen Bezogenheit beruht.«

Ein Tagebuchzitat vom 19. Februar 1903 soll stellvertretend für die Art der Selbstbeobachtung bei Sch. stehen: »die Disharmonie, der Kampf zwischen zwei direct entgegengesetzten Lebensanschauungen, der mein Wesen charakterisirt und mich zu einer ewigen inneren Unruhe verdammt. Revolutionär ohne Muth, abenteuerlustig ohne die Fähigkeit Unbequemlichkeiten zu ertragen – Egoist ohne Rücksichtslosigkeit – und endlich ein Künstler ohne Fleiss – ein Selbsterkenner ohne Tendenz zur Besserung – ein Verächter des allgemeinen Urtheils mit der kleinlichsten Empfindlichkeit – so einer ist dazu geboren, *alles* zu bereuen, was er angefangen – denn er setzt nie sich selber ein, und es gibt kein Glücksgefühl ohne diese Entschlossenheit.« Das Tagebuch führte Sch. mit Akribie von 1879 bis zwei Tage vor seinem Tode; wegen der Intimität des Inhalts verbarg er es sogar vor seiner Frau. Es bezeugt »Schnitzlers Anstrengung, der Flüchtigkeit des Lebens die Festigkeit des Geschriebenen entgegenzustellen«, wie Werner Welzig, der Herausgeber der Tagebücher, konstatiert hat.

Der Dualismus von Kausalität und »Als ob« eines freien Willens brachte Sch. zu einem eigenen dramatischen Stil, der bei der französischen Konversationsliteratur Anleihen machte und die Handlung fortschreitend durch den geistreichen, eleganten Dialog auflöst. Die Figuren und ihr Charakter erhalten dadurch etwas Schwebendes, Undeutliches, Verwischtes; ihre Gesten und Reden verlieren sich im Unbestimmten. Nur einmal begegnen wir einem klinischen Realismus: in der frühen Novelle *Sterben* (1895). Als Novum führte Sch. den inneren Monolog in die deutsche Literatur ein, der eine Verwandtschaft mit der Technik der freien Assoziation der Psychoanalyse aufweist, die ihrerseits wiederum eine gewisse Abhängigkeit von der Talmud-Exegese verrät. Im *Lieutenant Gustl* (1900), einer Satire auf den Ehrenkodex der k. u. k. Offizierswelt, und in *Fräulein Else* (1924), der Darstellung des tödlichen Konflikts zwischen Selbstbewahrung und Opfer für die Familie, hat er dieses Ausdrucksmittel mit wachsender Präzision eingesetzt. Im *Reigen* (1900), einer Serie von zehn Einaktern, die wegen ihrer erotischen Offenheit mehrmals verboten wurde, herrscht allein schon äußerlich die Figur des Kreisens vor: jeder Einakter hat den Dialog vor und nach dem Geschlechtsakt zum Inhalt, eine über alle Standesgrenzen sich hinwegsetzende, potentiell ins Unendliche reichende Fortsetzung des Begehrens und seiner sprachlichen Rituale. Der erotische Reigen zieht alle Klassen in seinen Bann; die Abenteuer eines Grafen und eines Dichters, die einer luxuriösen Dame wie einer Prostituierten rollen als Bilderfolge eines modernen Totentanzes ab. Das »süße Mädl« wird hier ebenso zum erotischen Beuteobjekt der sog. besseren Herren wie in Johann Nepomuk Nestroys Posse *Das Mädl aus der Vorstadt*. Die Vorstädte Wiens mit ihrer kleinbürgerlichen Bevölkerung hatten gegenüber der Metropole eine eigene Lebensform und Theaterkultur hervorgebracht. Die Putzmacherinnen sind die exemplarischen weiblichen Vertreter eines Milieus, das nur auf den ersten Blick idyllisch anmutet. Sch. entdeckt dahinter die fatale Verkettung von Armut, Ausbeutung und grober Begier, die durch Geldscheine verdeckt wird. Gerade der Kontrast von Metropole und Vorstadt lieferte ihm die polaren Charaktere, die sozialen Spannungen, die skrupellosen Typen und die einfachen Mädchen mit ihrer sanften und oft verwüsteten Schönheit. Einzelne Stichwörter sollen kurz das Zentrum andrer Werke bezeichnen: »Hypnose« in *Die Frage an das Schicksal* (1889) aus dem *Anatol-*

Zyklus; »Hysterie« im *Paracelsus*-Stück (1894/98); »Inzest« in der Novelle *Frau Beate und ihr Sohn* (1906/13); schließlich behandelt die meisterhafte *Traumnovelle* (1925) die psychische Funktion des Traumlebens durchaus in einem der Freudschen *Traumdeutung* (1900) verpflichteten Sinne. Durch diese kleine Zusammenstellung mag deutlich werden, in welchem Maße Sch. die Themen der Psychoanalyse zu Sujetentwürfen gruppierte. Für sein literarisches Werk gilt insgesamt eine erstaunliche Kontinuität sowohl in thematischer als auch in formaler Hinsicht.

Als Jude war Sch. dem Antisemitismus in Wien ausgesetzt. In dem Schauspiel *Professor Bernhardi* (1912) und in dem Roman *Der Weg ins Freie* (1908) hat er die Situation des jüdischen Intellektuellen und der jüdischen Bourgeoisie behandelt. Der Zionismus galt ihm zwar als moralisches Postulat, er lehnte aber die Errichtung eines Judenstaates als geschichtsblind ab. Der große Roman *Der Weg ins Freie* ist darüber hinaus jedoch eine eindringliche Darstellung der Wiener Kultur und ihrer bürgerlichen Träger; er beschreibt »die sich zersetzende moralisch-ästhetische Kultur Wiens im Fin de siècle« (Carl E. Schorske). Hugo von Hofmannsthal hat die Bedeutung Sch.s folgendermaßen festgehalten: Als »Arzt und Sohn eines Arztes, also Beobachter und Skeptiker von Beruf, ein Kind der obern Bourgeoisie und des endenden 19. Jahrhunderts, einer skeptischen, beobachtenden und ›historischen‹ Epoche« habe Sch. »die sehr gebildete, scharf pointierte, an Reflexen und geistreichen Formeln reiche Sprache dieser bestimmten sozialen Gruppe« geschrieben.

Werkausgabe: Schnitzler, Arthur: Gesammelte Werke in zwei Abteilungen. Berlin 1912.
Literatur: *Worbs*, Michael: Nervenkunst. Literatur u. Psychoanalyse im Wien der Jahrhundertwende. Frankfurt a. M. 1983. Bes. S. 179–258; *Schorske*, Carl E.: Wien. Geist und Gesellschaft im Fin de siècle. Frankfurt a. M. 1982. Bes. S. 3–21; *Wagner*, Renate: Arthur Schnitzler. Eine Biographie. Wien/München/Zürich/New York 1981; *Janz*, Rolf-Peter und *Laermann*, Klaus: Arthur Schnitzler: Zur Diagnose des Wiener Bürgertums im Fin de siècle. Stuttgart 1977.

Helmut Bachmaier

Schnurre, Wolfdietrich
Geb. 22. 8. 1920 in Frankfurt a. M.; gest. 9. 6. 1989 in Kiel

Sch. gehört – obwohl er 1983 den Georg-Büchner-Preis erhielt – zu den verkannten Autoren der Gegenwart, wohl weil er einer ihrer vielseitigsten und unbequemsten ist. Zu schnell hat die literarische Öffentlichkeit ihn auf die Kurzgeschichte festgelegt, die seinen Ruhm in den 50er Jahren begründete und zu deren Klassikern er neben Wolfgang Borchert und Heinrich Böll zählt. Aber neben Kurzgeschichten (gesammelt in Bänden wie *Die Rohrdommel ruft jeden Tag*, 1950; *Eine Rechnung, die nicht aufgeht*, 1958; *Man sollte dagegen sein*, 1960), schrieb er auch Parabeln (*Das Los unserer Stadt*, 1959) und Fabeln (*Protest im Parterre*, 1957), Aphorismen (*Die Aufzeichnungen des Pudels Ali*, 1962) und Gedichte (*Kassiber und Neue Gedichte*, 1979), Hörspiele (*Spreezimmer möbliert*, 1967) und Dialoge (*Ich frag ja bloß*, 1973; *Ich brauch dich*,

1976), Kinderbücher (*Die Zwengel*, 1967) und Romane (*Der Schattenfotograf*, 1978; *Ein Unglücksfall*, 1981). Wie kaum ein zweiter spürte er literarischen Formen nach und befragte sie nach ihren Wirkungsmöglichkeiten. Denn Wirkung wollte er, ohne aufdringlich zu sein, immer erzielen; daß er zu den »engagierten« Schriftstellern gehört, hat er mehrfach betont (vgl. u. a. seine programmatische Schrift *Kritik und Waffe* aus dem Jahr 1961).

Sch.s Wirkungsabsichten und viele seiner Themenstellungen erklären sich aus seiner Biographie. »Der Tod, das ist mein Thema eins«, schrieb er 1984 – und entsprechend schon 1972 in einer Selbstbetrachtung (in dem Band *Auf Tauchstation*), er sei viermal zur Welt gekommen: das erste Mal 1920 in Frankfurt, wo er unruhige, durch Krankheiten gezeichnete Kinderjahre verbrachte; das zweite Mal 1928 in Berlin, wo er unter der Obhut seines als Bibliothekar tätigen, sich für den Naturschutz einsetzenden Vaters in Arbeitervierteln aufwuchs, die politischen Unruhen des Endes der Weimarer Republik unmittelbar miterlebte, den Aufstieg der Nazis und die Diskriminierung der Juden und Zigeuner, und erste Aktionen des Widerstands erprobte; das dritte Mal 1945 als Heimkehrer nach sechseinhalb Jahren Soldatsein; das vierte Mal schließlich nach vollständiger Lähmung und anderthalbjährigem Krankenhausaufenthalt in den 60er Jahren.

Die Zeit des Schreibens fällt in die dritte und vierte Lebensphase. Sch. war Mitbegründer der Gruppe 47 und eröffnete deren erste Lesung mit seiner Erzählung *Das Begräbnis*, einem Text, den man als exemplarisch für die vielzitierte »Kahlschlag- und Trümmerliteratur« der ersten Nachkriegsjahre ansehen kann. Der sarkastischen Desillusionierung der Wertvorstellungen einer schuldbeladenen, zur Sühne und Nächstenliebe unfähigen Gesellschaft dienen viele der gelungensten seiner Geschichten. Häufig zeigt er soziale Außenseiter oder Kinder (*Steppenkopp*, 1959; *Ein Fall für Herrn Schmidt*, 1962) als Opfer von Vorurteil und Brutalität, häufig die Repräsentanten und Mitläufer eben jener Gesellschaft (*Eine Rechnung, die nicht aufgeht*, 1966), in deren Verhalten der Leser die eigenen Versäumnisse erkennen soll. Einen anderen Akzent tragen die in *Als Vaters Bart noch rot war* (1958) gesammelten Geschichten, die vom erzählenden Ich zum Roman zusammengebunden werden. Hier widerstehen die sozial Schwachen den bedrückenden Verhältnissen im Berlin der 30er Jahre durch ihre Solidarität, ihre Heiterkeit und ihre List. Wie verwandt diese Geschichten dem Geist des stets neu zu »erarbeitenden«, »anzuverwandelnden« Mutmachers und Wirklichkeitsüberwinders Till Eulenspiegel sind, Sch.s erklärtem Freund (vgl. seine Rede *Mein Freund Till* von 1971), bliebe zu untersuchen. Auch Sch.s Humor trägt, wie der Eulenspiegels, Trauerschwarz. Es ist ein Humor, der sich dem Leidensdruck der Realität nicht entzieht, sondern sich ihm stellt und daher oft Züge der Bitterkeit annimmt. Man kann Sch.s ganzes Schreiben als Trauerarbeit verstehen (vgl. seinen Aufsatz *Beim Schreiben eines Romans*, 1984). In sie wollte er den Leser hineinziehen und ihm dennoch die Freiheit der Selbstreflexion sichern. Der Kurzgeschichte gelingt dies durch das Stilmittel der Aussparung und die Offenheit ihrer Struktur. Auch die Parabel überläßt die Suche nach ihrem Wahrheitsgehalt und ihrem »Sitz im Leben« dem Leser; und auch der Aphorismus, den Sch. so liebte, intendiert Einsicht – durch die Verfremdung des Gewohnten im überraschenden subjektiven Urteil, das zur gedanklichen Auseinandersetzung zwingt. Selbst Sch.s Gedichte tragen diesen reflektierenden und offenen Zug. Kassiber sind die verschlüsselten Mitteilungen eines Häftlings, eines dem Tode Ausgelieferten, der seine Erfahrungen weitersagt und Denkanstöße gibt, und sei es durch die an sich selbst gerichtete Frage (wie in *Epitaph*, dem Gedicht, das Sch. ganz bewußt auch nach Auschwitz schrieb).

Es überrascht nicht, daß er auch mit seinem ersten großen Roman den Leser zur selbständigen Trauerarbeit auffordert. *Der Schattenfotograf* besteht aus Tagebuchnotizen, Maximen und Reflexionen, Aphorismen, Geschichten, Kommentaren u.a.m. Diese assoziativ-erinnernde Schreibweise führt gerade durch die Auflösung eines narrativen Zusammenhangs zu Verstörungen, die den Leser nötigen, die aufgezeichneten Leidenserfahrungen auch auf sich selbst zu beziehen und die eigene Betroffenheit in Sinnfragen umzuwandeln. Die Überzeugung, daß Leben ohne Erinnerung nicht möglich sei, weist auf Sch.s selbstbezeugten Hang zum Jüdischen (vgl. *Gott im Harpyienauge*, 1984) und auch auf einige seiner geistigen Väter, auf Walter Benjamin und Ernst Bloch. Der Zusammenhang von Schuld, Erinnerung und Leben wird zum zentralen Problem des letzten Romans *Ein Unglücksfall* (1981), der die mißglückte jüdisch-deutsche Symbiose und das historische Verbrechen der Deutschen an den Juden thematisiert. Diesem Roman, ihm vor allem, wünschte Sch. Breitenwirkung; in der Literaturkritik ist er bisher so gut wie totgeschwiegen worden.

Literatur: *Hinck*, Walter: »Aphorismus statt Roman« und »Hinter der Stirn die lange Nacht«. In: Hinck, Walter: Germanistik als Literaturkritik. Frankfurt a.M. 1983; *Gockel*, Heinz: Der Erzähler Wolfdietrich Schnurre. In: Der Deutschunterricht. 33. Jahrgang (1981). Heft 3.

Peter Nusser

Schottelius, Justus Georg
Geb. 23. 6. 1612 in Einbeck; gest. 25. 10. 1676 in Wolfenbüttel

Jacob Grimm bemerkte 1819 über Sch.' grammatisches und poetologisches Hauptwerk, die *Ausführliche Arbeit von der Teutschen HaubtSprache* (1663), daß dieses Buch »gegen die magerkeit der folgenden sprachlehren...etwas anziehendes und poetisches« habe. Wissenschaft und Poesie sind in der Tat keine Gegensätze für den »Suchenden«, wie Sch. in der Fruchtbringenden Gesellschaft genannt wurde: Seine sprachtheoretische und grammatikalische Arbeit bestimmt seine Poetik, und seine poetischen Werke sind Experimente, welche die wissenschaftlich erkannten Möglichkeiten der Sprache – etwa der Wortbildung – erproben. Auch seine Beiträge zu anderen Gebieten wie der Traktat *Von Unterschiedlichen Rechten in Teutschland* (1671) oder die *Ethica Die Sittenkunst oder Wollebenskunst* (1669) sind dem Ziel der »Ausarbeitung« der Muttersprache verpflichtet.

Der »teutsche Varro«, wie man Sch. schon im 17. Jahrhundert nach dem größten römischen Grammatiker nannte, stammte aus einem Pfarrhaus. Seine Ausbildung führte ihn vom Gymnasium in Hildesheim zu der Universität Helmstedt, dem Akademischen Gymnasium in Hamburg und den Universitäten in Leiden und Wittenberg. In Helmstedt promovierte er 1646 schließlich zum Doktor beider Rechte. Aber schon vorher hatte seine erfolgreiche Beamtenlaufbahn begonnen: Er war 1638 von Herzog August von Braunschweig und Lüneburg zum Erzieher seiner Kinder ernannt worden und blieb fortan dem Hof in Braunschweig bzw. Wolfenbüttel verbunden (Hofgerichtsassessor, Hof- und Konsistorialrat). Hier schrieb er, der es allmählich zu Wohlstand brachte und zweimal verheiratet war, alle seine Bücher (wobei ihm die berühmte Wolfenbütteler Bibliothek zugute kam). Sein philologisch-poetologisches Programm legte er schon früh in drei Schriften nieder (*Teutsche Sprachkunst*, 1641; *Der Teutschen Sprache Einleitung*, 1643; *Teutsche Vers- oder ReimKunst*, 1645), auf denen die monumentale *Ausführliche Arbeit* von 1663 basiert. Die praktische Seite dieser »Spracharbeit« bilden die poetischen Versuche. Frühe Beispiele sammelt der *Fruchtbringende Lustgarte* (1647). In die ersten Jahre an Herzog Augusts Musenhof fällt auch die Schauspieldichtung (sechs Stücke sind bekannt, darunter das 1642 aufgeführte *FreudenSpiel genandt Friedens Sieg*), die Teil des prinzlichen Erziehungsprogramms war. Einer der Betroffenen, Prinz Ferdinand Albrecht, schrieb später wenig begeistert, daß »Schottelius ihn allerhand Lustspiele zu spielen zwang / ehe Er kaum das ABC kunte«. In den letzten Jahren überwiegt die Andachts- und Erbauungsdichtung, eine grelle, expressive Poesie, für die die *Grausame Beschreibung und Vorstellung Der Hölle Und der Höllischen Qwal* (1676) als Beispiel stehen mag: »Allerkläglichst Winselbrunst / überschmertzlichst Heulgewitter / Karmenvoller Wimmerwind / schluchtzen und ein Seuftzgeknitter / Füllet diese Höllenluft / schallet hindurch ewiglich / Daß die Ohren gellen stets / Haar zu Berge beugen sich.«

Literatur: *Gützlaff*, Kathrin: Der Weg zum ›Stammwort‹. In: Sprachwissenschaft 14 (1989). S. 58–77; *Berns*, Jörg Jochen: Justus Georg Schottelius. In: *Steinhagen*, Harald/*Wiese*, Benno von (Hrsg.): Deutsche Dichter des 17. Jahrhunderts. Ihr Leben und Werk. Berlin 1984. S. 415–434; Justus Georg Schottelius. 1612–1676. Ein Teutscher Gelehrter am Wolfenbütteler Hof. Ausstellungskatalog. Wolfenbüttel 1976.

Volker Meid

Schröder, Rudolf Alexander
Geb. 26. 1. 1878 in Bremen; gest. 22. 8. 1962 in Bad Wiessee

»Von den besten Absichten beseelt, etwas für die Entwicklung unserer Literatur- und Kunstverhältnisse Ersprießliches« in die Welt zu setzen, kündigten die Herausgeber Otto Julius Bierbaum, Alfred Walter Heymel und Sch. im September 1899 das Erscheinen einer neuen literarischen Monatsschrift *Die Insel* im Berliner Verlag Schuster & Loeffler an. Erstveröffentlichungen von Max Dauthendey, Richard Dehmel, Hugo von Hofmannsthal und Übersetzungen von August Strindberg, Francis Jammes, Edgar Allan Poe und Oscar Wilde gaben der ungewohnt aufwendig mit Büttenpapier und eigens geschnittener Frakturschrift gestalteten Zeitschrift ihr Profil. Aus der *Insel* mit ihrem entschieden ästhetizistischen Programm, dem bewußten Abstand des schönen Scheins, den sie zwischen sich und der Wirklichkeit aufgehen ließ, ging 1902 der Insel-Verlag hervor. Seit dieser Verlag durch Anton und Katharina Kippenberg geleitet wurde, galt er als Hort wertvoller, aufwendig gestalteter Ausgaben der Klassiker der Weltliteratur, mit den Hauptautoren Johann Wolfgang Goethe und Rainer Maria Rilke. Der Insel-Verlag war von Anbeginn an bis heute publizistisches Forum einer deutlichen Abneigung gegen weltanschauliche Verbindlichkeiten und politische Stellungnahmen. Heinrich Vogeler, der Graphiker, Maler und Buchillustrator, der von Anfang an an dem Unternehmen der *Insel* beteiligt gewesen war, erinnerte sich kritisch: »Nirgends war ein Horizont, nirgends ein Durchblick, nirgends eine Perspektive; das Ganze war ein schöner Vorhang, der die Wirklichkeit verhüllte.«

Es ist kein Zufall, daß Sch. an der Gründung dieses literarisch-künstlerischen Unternehmens beteiligt gewesen war; heute, nach den bewegten Jahre der beiden Weltkriege, der Weimarer Republik, der Weltwirtschaftskrise, des Wirtschaftswunders, erscheint es wie ein utopisches, nicht zu gefährdendes Eiland von Kultur und Bildung. Das Bewußtsein, zum reichausgestatteten Hüter und Bewahrer einer jahrtausendealten humanistischen und christlichen Tradition berufen zu sein, hat den auf Abstand und Maß bedachten Sch. zeit seines Lebens nicht verlassen. Von den Menschheitsidealen der griechisch-römischen Antike und der europäischen Klassik geprägt, bewies er als Lyriker, Erzähler, Essayist von Rang und äußerst fruchtbarer Übersetzer (Homer, Vergil, Horaz, Molière, William Shakespeare u. v. m.) ein hohes Maß an geistiger Übereinstimmung und formaler Souveränität, ein rundum »Gebildeter«, der für das deutsche Bildungsbürgertum des 20. Jahrhunderts neue Maßstäbe eines christlich-existentiell gefärbten Umgangs mit den »Klassikern« setzte.

Aus bürgerlichem Hause, einer Bremer Kaufmannsfamilie stammend, entwickelte Sch. frühzeitig ausgeprägte literarische Neigungen, ohne selbst in seinen jungen Jahren einem von ihm wohl als »modisch« empfundenen Naturalismus oder Expressionismus angehangen zu haben. Er dachte zeitloser. Nach dem Abitur ging er nach München, um Architektur zu studieren. In diese Münchner Zeit fällt die Gründung der Zeitschrift *Die Insel*. Nach einem einjährigen Aufenthalt in Paris (1901) arbeitete der angehende Innenarchitekt zunächst in seiner Heimatstadt Bremen, verbrachte die Jahre von 1905 bis 1908 in Berlin und lebte schließlich wieder in Bremen. Dort gründete er 1911 zusammen mit Hugo von Hofmannsthal, mit dem er bis zu dessen Tod eng befreundet war, mit Rudolf Borchardt, dem neuromantischen Anhänger Stefan Georges, mit Ludwig Wolde und Willy Wiegand eine Privatpresse, die im Handsatz herausragende bibliophile Ausgaben herstellte. Auch bei diesem Unternehmen der *Bremer Presse* bestand das kreativ Reizvolle für Sch. nicht im literarisch Neuen, Avantgardistischen, sondern im Nachgestalten, Nachempfinden, Nachschöpfen, Neugestalten längst vorhandener literarisch-künstlerischer Muster.

Hatte er 1914 den Ausbruch des Ersten Weltkriegs noch mit weihevollen patriotischen Versen begrüßt *(Heilig Vaterland)*, so widmete er sich während des Krieges, als Zensor in Brüssel tätig, dem Übersetzen aus dem Flämischen und Niederländischen. Während der Weimarer Republik stand er fernab von den Spannungen, an denen das erste republikanische System auf deutschem Boden schließlich scheiterte, veröffentlichte zurückhaltende Gedichte *(Audax omnia perpetii,* 1922; *Der Herbst am Bodensee,* 1925), gab die Werke Jean Pauls neu heraus (1923 in acht Bänden), übersetzte fleißig (*Cicero; Cato der Ältere über das Greisenalter,* 1924; *Vergil: Georgika,* 1924) und schrieb Beiläufiges: *Ein paar Worte über Büchersammeln* (1931), *Wege und Ziele der Bücherpflege* (1931), *Der Dichter und das Buch* (1931), um nur wenige Beispiele zu nennen. Den Nationalsozialisten entzog er sich, indem er – seit 1935 – im Chiemgau als Landschaftsmaler wirkte und vorwiegend Übersetzungen veröffentlichte, die ihm keinen unmittelbaren Kommentar zu dem abnötigten, was auf den Straßen, in den Versammlungslokalen, den Konzentrationslagern und den Kriegsschauplätzen, den bombardierten Städten vorging (*Shakespeare: Ein Sommernachtstraum*, 1940; *Shakespeare: Was ihr wollt*, 1941; *Shakespeare: Romeo und Julia*, 1942). Der herrschenden nationalsozialistischen Barbarei versuchte er durch die konsequente Flucht in die unvergänglichen Werte der abendländischen Kultur zu entgehen. Das reichte nicht aus für ein Überleben in der inneren Emigration. Mitte der dreißiger Jahre schloß er sich der Bekennenden Kirche an, die unter der Führung von Martin Niemöller und Karl Barth am sichtbarsten den protestantischen Widerstand gegen den Versuch der Nationalsozialisten geleistet hat, »Christentum« durch »Volkstum« zu ersetzen, und dafür selbst die Konsequenz der Konzentrationslager auf sich genommen hat. Schließlich wurde Sch. 1942 Lektor der Evangelischen Landeskirche Bayerns, u. a. aufgrund seiner Neuschöpfung des protestantischen Kirchenlieds, mit der er an den Geist des Widerstands anzuknüpfen suchte, der das Kirchenlied im 16. Jahrhundert getragen hat. Darüber hinaus hat Sch. ein beachtetes *Theologisches Wörterbuch zum Alten Testament* (1942) veröffentlicht.

Im Jahr 1946 wurde Sch. zum Direktor der Bremer Kunsthalle berufen. Mit seinen zahlreichen Veröffentlichungen der Nachkriegsjahre (*Christus heute*, 1947; *Stunden mit dem Wort*, 1948; *Über die Liebe zum Menschen*, 1950; *Goethe und wir*, 1950; *Macht und Ohnmacht des Geistes*, 1951; *Eine Handvoll Dynamit. Die Botschaft des Römerbriefs*, 1951), die er bis zu seinem Tod fortsetzte, entsprach Sch. dem Klima einer »geistigen Rückbesinnung«, die bei der Neuorientierung Deutschlands gedanklich eher an dem traditionellen, bürgerlich-christlichen Wertekanon – eine Form von innerer Revolte aus dem Geist des Abendlands – anknüpfte als an der Umgestaltung der politischen und wirtschaftlichen Verhältnisse, um einen erneuten Rückfall in die Barbarei zu verhindern. Damit war Sch. wieder einmal weit von der die Zeit bestimmenden literarischen Entwicklung (Gruppe 47, Autoren des Exils, Kahlschlaggeneration, Eindringen moderner amerikanischer, französischer, italienischer und englischer Literatur, Film des Auslands) entfernt. Als er schließlich in biblischem Alter starb, fungierte er mit deutlichem innerem Abstand, der seiner überlegenen Bildung und seinem kultivierten Christentum entsprach, als hochdekoriertes kulturelles Aushängeschild der Adenauerschen Restauration.

Werkausgabe: Schröder, Rudolf Alexander: Gesammelte Werke in 8 Bänden. Frankfurt a. M. 1952–65.

Literatur: R. A. Schröder zum 80. Geburtstag. Sonderausstellung im Schiller-Nationalmuseum Marbach. Stuttgart 1978.   *Bernd Lutz*

Schubart, Christian Friedrich Daniel

Geb. 24. 3. 1739 in Obersontheim/Württemberg; gest. 10. 10. 1791 in Stuttgart

»Ohne Recht und Urteil schmachtete er viele Jahre im Felsenkerker; das Auge seines Fürsten weidete sich an ihm, seine späte Entlassung ward Gnade, und nie bekam er die Ursache seines Gefängnisses zu wissen, bis an den Tag seines Todes. Wahre Begebnisse dieser Art müßten von Munde zu Munde, von Tagebuch zu Tagebuch fortgepflanzt werden; denn wenn Lebendige schweigen, so mögen aus ihren Gräbern die Toten aufstehen und zeugen.« Mit diesen anklägerischen Worten setzte Johann Gottfried Herder Sch. in seinen *Briefen zur Beförderung der Humanität* (1793) ein ehrendes Denkmal. Die zehnjährige Haftstrafe auf dem Asperg, dem berüchtigten »Hausberg der schwäbischen Intelligenz«, hatte Sch. zu einer Symbolfigur des antifeudalen Widerstands gemacht. Sein Leben ist durch diese lange Zeit auf dem »Thränen-, Höllen- und Schicksalsberg« unwiderruflich geprägt worden.

Als Sohn eines schwäbischen Dorfpfarrers zeigte Sch. bereits als Kind musikalische und literarische Talente. Nach eher unsystematisch betriebenen Studien vor allem der »schönen Wissenschaften« in Nördlingen und Erlangen (1758) brachte sich Sch. mühselig als Hilfsprediger, Hauslehrer und Organist durch, geriet aber wegen seines unsteten Lebenswandels immer wieder in Not. Erst 1774, mit der Übernahme des *Schwäbischen Journals*, konsolidierte sich seine finanzielle Situation. Unter dem Titel *Deutsche Chronik* wurde dieses Blatt für einige Jahre zu einem Forum der politischen Opposition in Süddeutschland. Der aufsässige, bissige Journalismus, der die *Chronik* (von 1774 bis 1777) auszeichnete und zu einem begehrten Blatt machte – die Auflage schwankte zwischen 1600 und 3000 Exemplaren – machte Sch. der Obrigkeit verhaßt und zwang ihn mehrmals zu Ortswechseln. Der Herzog Carl Eugen von Württemberg warf Sch. vor, es gäbe »fast kein gekröntes Haupt und kein(en) Fürsten auf dem Erdboden«, den er in seinen Schriften »nicht auf das freventlichste angetastet« habe. Tatsächlich bemühte sich Sch. in seiner *Chronik* um eine lebendige und unkonventionelle Mischung von politischen und literarischen Themen und verfaßte seine Beiträge in einem unterhaltsamen und volkstümlichen Ton. Enthusiastisch begrüßte Sch. die Stürmer und Dränger: »Da sitz ich mit zerfloßnem Herzen, mit klopfender Brust und mit Augen, aus welchen wollüstiger Schmerz tröpfelt, und sag Dir, Leser, daß ich eben die ›Leiden des jungen Werthers‹ von meinem lieben Goethe – gelesen? – nein, verschlungen habe. Kritisieren soll ich? Könnt ich's, so hätt ich kein Herz.« In seiner eigenen literarischen Praxis (vor allem Lyrik) knüpfte er an die volkstümlichen und sozialkritischen Bestrebungen der Stürmer und Dränger an (*Die Fürstengruft*, 1780). Seine Erzählung *Zur Geschichte des menschlichen Herzens* (1775) war Vorlage für Friedrich Schillers *Räuber* (1781).

Seine politische Unbotmäßigkeit brachte Sch. schließlich zu Fall. Unter einem Vorwand ließ ihn der Herzog Carl Eugen von Württemberg auf sein Hoheitsgebiet locken und ohne Prozeß und ohne förmliche Anklage auf der Festung Asperg verschwinden. »Jetzt rasselte die Tür hinter mir zu und ich war allein – in einem großen, düstern Felsenloche allein. Ich stand und starrte vor Entsetzen, wie einer, den die donnernde Woge verschlang und dessen Seele nun in schaurigen Scheol erwacht.« 377 Tage verbrachte Sch. völlig ohne Kontakt zur Außenwelt, aber auch als die Isolierung gelockert wurde, durfte er jahrelang keine Besuche oder Post empfangen. Bis Ende 1780 hatte er Schreibverbot. Der Herzog wollte ein Exempel an ihm statuieren. Während er gleichzeitig für Sch.s Frau und Kinder sorgte, unterwarf er den eingekerkerten Sch. einem drakonischen »Bekehrungswerk«. Die einzig erlaubte Lektüre waren geistliche Bücher, religiöse Fanatiker die einzigen zugelassenen Gesprächspartner. Hafterleichterungen wurden erst erteilt, als absehbar war, daß Sch. psychisch gebrochen und Widerstand nicht mehr von ihm zu befürchten war. Der Herzog fand sich sogar bereit, eine Ausgabe der Gedichte von Sch. zu veranstalten, während dieser bei ihm einsaß. Unter den dreitausend Subskribenten fanden sich Offiziere der Garnison und der Kerkermeister, aber auch vierzehn deutsche Regenten. Für den Herzog war die Ausgabe ein gutes Geschäft. Von den zweitausend Gulden Gesamteinnahmen strich er die Hälfte für sich ein. Freigelassen wurde Sch. trotz solcher herzoglichen »Gnadenbeweise« aber noch lange nicht. Nach fast neun Jahren durfte ihn zum erstenmal seine Frau besuchen. Die Entlassung von Sch. trug groteske Züge: Carl Eugen nahm den gebrochenen Rebellen ins Gnadenbrot und versprach ihm »das Leben von nun an leicht und angenehm zu machen«. Die *Chronik*, die Sch. auf allerhöchsten Befehl als *Vaterländische Chronik* wieder herausgeben durfte, hatte ihren Biß verloren. Das »Erziehungswerk« war gelungen. Sch. starb wenige Jahre später als Theater- und Musikdirektor an den Folgen der langen Gefangenschaft.

Werkausgabe: Christian Friedrich Daniel Schubarts, des Patrioten, gesammelte Schriften und Schicksale. 8 Bände. Stuttgart 1839/40. Nachdruck Hildesheim 1972.
Literatur: *Honolka*, Kurt: Schubart. Stuttgart 1985; *Meyers*, Michael: Für den Bürger. New York 1990; *Schoeller*, Wilfried F. (Hrsg.): Christian Friedrich Daniel Schubart. Dichter und Staatsfeind. Leben und Umtriebe eines schwäbischen Rebellen. Berlin 1979; *Härtling*, Peter (Hrsg.): Christian Friedrich Schubart: Strophen für die Freiheit. Eine Auswahl aus den Werken und Briefen. Stuttgart 1976.

Inge Stephan

Schwab, Gustav
Geb. 19. 6. 1792 in Stuttgart; gest. 4. 11. 1850 in Stuttgart

»Du wirst es gerne hören«, schreibt Sch. 1838, im zweiten Jahr seiner fünfjährigen Amtszeit in Gomaringen bei Tübingen, »daß ich gewiß einer der zufriedensten und vergnügtesten Landpfarrer Württembergs bin und in dieser letzten, betrübten (Hegels-) Zeit das Evangelium Jesu Christi unverzagt treibe.« In diesem betulichen Bekenntnis bringt er zwei Richtgrößen seines Denkens zur Sprache: einen ausgeprägten Regionalismus, der in der Wahl seiner Balladenstoffe ebenso zutage tritt wie in drei Reisebeschreibungen aus der schwäbischen Heimat sowie die einem glaubensstarken Protestantismus verpflichtete Abwehrhaltung gegenüber den »jungdeutschen« Strömungen nach der französischen Julirevolution von 1830.

Auf eine anspruchslose Begrenztheit von Sch.s Horizonts darf man daraus freilich nicht schließen. Gewiß ist seine von bürgerlicher Überformung romantischer Motive geprägte Lyrik – die er 1828/29 erstmals gesammelt vorlegt – nicht eben originell. Daß er »einige schöne Lieder, auch etwelche hübsche Balladen gedichtet« habe, konzediert gleichwohl Heinrich Heine selbst in der Satire über die »schwäbische Dichterschule«. Als außerordentlich vielseitiger literarischer Vermittler jedoch, als Herausgeber, Bearbeiter, Anthologist und Übersetzer, als Nachdichter und Kritiker, als Literaturpädagoge und vielbesuchter Mentor junger Talente (darunter Nikolaus Lenaus, Christian Friedrich Hebbels oder Eduard Mörikes) hat er Verdienste, die mit seinen popularisierenden Editionen der deutschen Volksbücher (1836/37) sowie der *Schönsten Sagen des klassischen Altertums* (1838–40) teilweise bis in die Gegenwart fortwirken.

Seine spätere Rolle ist durch die Abstammung aus dem gebildeten Stuttgarter Bürgertum begünstigt. Der Vater, ein überregional anerkannter Gelehrter, avancierte vom Professor an der Karlsschule, dem Institut fürstlicher Eliteförderung, zum höheren Regierungsbeamten. Über Friedrich Schiller, den berühmtesten Zögling dieser Anstalt, veröffentlicht der Sohn 1840 eine Biographie. Sch.s Elternhaus ist ein Mittelpunkt literarischer Geselligkeit in der württembergischen Hauptstadt, die nach 1815 (vor allem auf Grund verlegerischer Initiativen) zum literarischen Zentrum Süddeutschlands aufsteigt. Nach dem Besuch des Gymnasiums (bis 1809) nimmt er am Tübinger Stift, wo er die Burschenschaft »Romantika« gründet, das Studium der Theologie (mit den Nebenfächern Philologie und Philosophie) auf. Eine abschließende Bildungsreise führt ihn besonders in die Kreise der norddeutschen Spätromantik ein.

Von 1817 an, als der vormalige Vikar eine Anstellung als Professor der klassischen Literatur und »Antiquitäten« am Stuttgarter Oberen Gymnasium erhält, arbeitet er regelmäßig an Johann Friedrich Cottas *Morgenblatt für gebildete Stände* mit, der führenden belletristischen Zeitschrift der ersten Jahrhunderthälfte. Auch andernorts ein fleißiger Rezensent, leitet er zwischen 1827 und 1837 die poetische Beilage des *Morgenblatts* und gibt von 1833 bis 38 zusammen mit Adelbert von Chamisso den einflußreichen *Deutschen Musenalmanach* heraus.

Sch.s Karriere kulminiert schließlich in einer leitenden Position bei der Verwaltung. Seit 1845 wird er, nach vierjähriger Zeit als Stadtpfarrer und Amtsdekan in Stuttgart, zum Oberkonsistorialrat ernannt, dem die Aufsicht über die höheren Schulen in Württemberg obliegt. Neben den schon erwähnten Ausgaben hatte er sein pädagogisches Interesse zuvor auch in beachtlichen und viel aufgelegten »Mustersammlungen« deutscher Lyrik und Prosa »mit Rücksicht auf den Gebrauch in Schulen« (1835 und 1843) sowie in neuen Lehrplanentwürfen unter Beweis gestellt. Daneben hält er im kleinen Kreis Vorlesungen über die deutsche Literatur. Von seinem Vater angeregt, der 1826 zusammen mit seinem als Vorbild bewunderten Freund Ludwig Uhland eine erste Hölderlin-Auswahl vorlegt, veranstaltet Christoph Theodor Sch. zwanzig Jahre später die vorläufige Gesamtausgabe des weithin vergessenen Außenseiters. Nicht zuletzt in dieser Kontinuität zeigt sich das literarische Gespür.

Literatur: *Zeller*, Bernhard: Gustav Schwab im literarischen Leben seiner Zeit. In: Zeitschrift für württembergische Landesgeschichte 20 (1961). S. 268–289; *Klüpfel*, Karl: Gustav Schwab. Sein Leben und Wirken. Leipzig 1858.

Hans-Rüdiger Schwab

Schwitters, Kurt

Geb. 20.6.1887 in Hannover; gest. 8.1.1948 in Ambleside/Westmoreland

Ein bieder gekleideter Mann spricht 1918 im Berliner »Café des Westens« den DADA-Künstler Raoul Hausmann an, stellt sich als Kurt Schwitters vor und antwortet auf die Frage, was er mache: »Ich bin Maler und ich nagle meine Bilder.« Zwar wird nichts aus der erhofften Aufnahme in den »Club DADA«, aber man wird aufmerksam auf den Unbekannten, der außer Bildern auch noch Gedichte macht. Der Hannoveraner mit dem etwas spießigen Äußeren ist bereits über dreißig Jahre alt. Vier Jahre zuvor hat er noch an der Kunstakademie Dresden studiert (von 1909 bis 1914). Er wohnt bis zur Emigration 1937 im gutbürgerlichen Elternhaus. Dort finden die ersten MERZ-Vortragsabende statt, dort schreibt er, klebt, nagelt aus vorgefundenem Material seine Bilder, gestaltet er ganze Räume. Alles ist Teil eines Gesamtkunstwerks, an dem Sch., sich selber einbegreifend, in den Jahren nach dem Ersten Weltkrieg arbeitet und wofür er in bissigen Polemiken kämpft (*Tran*-Artikel).

Entstanden aus der Demontage des Wortes KOMMERZ, das den lettristischen Blickfang eines frühen Bildes bildet, wird MERZ für Sch. zum Inbegriff künstlerischer Tätigkeiten: »Ich nannte nun alle meine Bilder als Gattung nach dem charakteristischen Bilde MERZbilder. Später erweiterte ich die Bezeichnung MERZ erst auf meine Dichtung ... und endlich auf alle meine entsprechenden Tätigkeiten. Jetzt nenne ich mich selbst MERZ.« Die Nähe zu DADA, seiner Begriffsbildung und anti-konventionellen Kunstpraxis, ist offensichtlich. Doch ist bei Sch. eine Haltung festzustellen, die weniger an anarchischer Zerstörung als am experimentell Konstruktiven abstrakter Kunst interessiert ist. Hier liegen Gründe für seine Abgrenzung gegen DADA, äußerlich ablesbar am »Markenzeichen« MERZ. Dennoch fühlt sich Sch. der dadaistischen Bewegung zuge-hörig und ist mit Hans Arp, Hausmann und Tristan Tzara u. a. befreundet. Da Sch. erst ver-hältnismäßig spät dazustößt, kann er die bereits ausgearbeiteten avantgardistischen Ele-mente von DADA kritisch übernehmen und sie in eigener Weise weiterentwickeln.

Literarisch experimentiert Sch. ab 1918 im Stile August Stramms. Damit erweckt er das Interesse Herwarth Waldens, der in seiner Zeitschrift *Der Sturm* erste Texte von Sch. publiziert. 1919 erscheint das Gedicht *An Anna Blume*. Ganz im dadaistischen Sinne parodiert Sch. traditionelles Kunstpathos. Dies Gedicht markiert den Beginn einer kabarettistisch wirkenden Vortragsliteratur, mit der Sch. in den Folgejahren zum erfolg-reichen Rezitator wird. Vortragsreisen machen seine MERZ-Kunst bekannt. Die Col-lage von »objects trouvés« wendet er auch bei Texten an, montiert Alltagsrede, gramma-tische Reihen, Zahlen und vieles mehr. Die parodistische Dramatisierung im Vortrag will Kunst und Anti-Kunst zugleich sein, ist Ausdruck »karnevalistischen Weltempfin-dens« (Friedhelm Lach). In diesen Veranstaltungen liegen auch die Anfänge dessen, was Sch. zu einem der Väter der »Konkreten Poesie« gemacht hat, seine Lautpoesie. Ange-regt durch Raoul Hausmann, entwickelt Sch. seine berühmte *Ursonate*. 1923 bis 1932 veröffentlicht er Teile dieses Musterbeispiels dadaistischer Lautpoesie, erprobt und überarbeitet sie bis zur endgültigen Form. Er selber ist sein bester Interpret: »Mit welch hinreißendem Schwung sang, trillerte, flüsterte, schnarrte, jubelte er seine Urlautsonate, bis die Zuhörer aus ihrer grauen Haut fuhren ... Es gelangen ihm übermenschliche, verführerische, sirenenhafte Klänge« (siehe Hans Arp). Während die DADA-Bewe-gung zerfällt, ist Sch. um Alternativen und Entwicklungen bemüht. Sein visueller Kunstsinn drängt ihn zu neuen typographischen Formen. Ein Stil- und Ordnungsbe-dürfnis wird spürbar, das ihn ab 1922 Anschluß an Konstruktivisten wie El Lissitzky und an die »De Stijl«-Gruppe um van Doesburg suchen läßt. Mit den *Merzheften* (1923–1932) schafft er sich eine programmatische Plattform, entwirft neue Schriftfor-men, entwickelt utopische Theaterpläne (*Merzbühne* und *Normalbühne MERZ*) und plä-diert mit anderen in einem *Manifest Proletkunst* für ein klassenüberwindendes »Gesamt-kunstwerk«.

Sch. wird freier Werbeberater für Firmen und für die Stadt Hannover. Künstlerisch nähert er sich der »Neuen Sachlichkeit« an. Doch der frühere Erfolg bleibt aus. »Heute ist Schwitters einfach unmöglich ... Die Zeit geht weiter«, schreibt 1930 eine Zeitung. Von den Nazis verfolgt – seine Bücher werden 1933 verbrannt, seine Bilder 1937 als »Entartete Kunst« ausgestellt – emigriert er im selben Jahr nach Norwegen, flieht 1940 nach England, wo er bis zu seinem Tode vereinsamt und künstlerisch unbeachtet lebt. Öffentlichen Erfolg hatte S. im Zusammenhang der DADA-Bewegung, in der er sich als MERZ-Künstler zu behaupten wußte. Seine literarische Wirkung ist heute am ehesten bei Autoren der »Konkreten Poesie« festzustellen, die sich häufig auf ihn als Anreger berufen (Helmut Heißenbüttel, Ernst Jandl, Gerhard Rühm).

Werkausgabe: Schwitters, Kurt: Das literarische Werk. Hrsg. von *Lach,* Friedhelm. 5 Bände. Köln 1973–81.

Literatur: *Büchner,* Joachim und *Nobis,* Norbert (Hrsg.): Kurt Schwitters. 1887–1948. Ausstel-lung zum 99. Geburtstag. Hannover 1986; *Schmalenbach,* Werner: Kurt Schwitters. (Köln 1967) München 1984; *Lach,* Friedhelm: Der Merzkünstler Kurt Schwitters. Köln 1971; *Richter,* Hans: DADA – Kunst und Antikunst. Köln 1964.   *Horst Ohde*

Sealsfield, Charles (d. i. Carl Magnus Postl)

Geb. 3. 3. 1793 in Poppitz/Mähren; gest. 26. 5. 1864 in Solothurn/Schweiz

Der Fremde war einsam gestorben, als alter Mann war er vor wenigen Jahren in den kleinen schweizer Ort Unter den Tannen gezogen, und niemand wußte etwas über ihn zu sagen. Doch als die Eidgenossen sein Testament fanden, war der Name plötzlich in aller Munde: Mr. S. hatte ein wirres Leben geführt. Jetzt schrieben sogar noch die Zeitungen, er sei ein bedeutender Schriftsteller und Journalist gewesen und habe Reisebücher verfaßt. Aber so schön wie Jeremias Gotthelf, Franz Grillparzer und Adalbert Stifter wird er wohl nicht geschrieben haben. Und warum verbirgt einer seinen richtigen Namen? Postl hieß er, Carl Magnus Postl. Das Bild, das man sich von ihm zusammensetzte, ist bis heute lückenhaft geblieben. Nur S. selber hätte das Geheimnis helfen entschlüsseln können. Der Sohn einer katholischen Weinbauernfamilie war zum Geistlichen bestimmt worden; sieben Jahre hatte er in Prag Philosophie und Theologie studiert und war 1816 zum Priester geweiht worden. Den Mitteilungen seines jüngsten Bruders konnte man jedoch entnehmen, daß sich S. leidenschaftlich widersetzte, Geistlicher zu werden. Ende April reiste er nach Karlsbad und Wien und verließ Europa über die Schweiz und Frankreich, um im Herbst 1823 als Charles Sealsfield in New Orleans von Bord zu gehen. Gründe für diesen Schritt, der zugleich auch eine Flucht aus dem Kreuzherren-Orden war, hat er niemals genannt. Als Schlüssel gilt jedoch sein 1828 in London erschienenes Pamphlet *Österreich wie es ist oder Skizzen von Fürstenhöfen des Kontinents*, in dem er das despotische Metternich-System scharf angriff. Demnach hätte die Aufgabe seiner Existenz den Stellenwert einer Suche nach politischen Alternativen, erwachte doch in den reaktionären Staatsgebilden Europas in den Jahren des Vormärz ein reges Interesse an fernen Ländern, in denen ein glücklicheres Leben vermutet wurde. Amerika mit seiner freiheitlichen Verfassung wirkte als besonderer Magnet. Als S. für kurze Zeit nach Deutschland zurückkehrte, um diplomatische Mittlerdienste auszuführen (1826/1827), riß man sich um seine Erfahrungen, die er als Farmer, Reisender und Journalist in der Neuen Welt gewonnen hatte. In schneller Folge veröffentlichte er mehrere Bücher, deren erstes, *Tokeah or the White Rose* (1828; deutsch 1833), unter dem Pseudonym C. Sidon erschien und sofort literarische Aufmerksamkeit erregte. Den starren politischen Verhältnissen Europas erteilte er in diesem Buch durch die Charakterisierung selbstbewußter, tatkräftiger Republikaner eine Lektion. Unverkennbar war seine Schreibweise an James F. Coopers Zustandsschilderungen und Walter Scotts Charakterstudien geschult. Von 1827 bis 1830 bereiste S. abermals die Staaten und arbeitete als Redakteur in New York bei dem führenden französischen Blatt der USA, dem *Courrier des Etats Unis*, und anschließend als Korrespondent in London und Paris. In diesen Jahren wurde er mit Heinrich Heine, Ludwig Börne und Scott bekannt. 1832 kehrte er in die Schweiz zurück, um sich als Schriftsteller niederzulassen. Dort entstanden u. a. die *Transatlantischen Reiseskizzen* (1834), *Der Virey und die Aristokraten* (1835) und die sechs Bände der *Lebensbilder aus beiden Hemisphären* (von 1835 bis 1837), in denen S. auch sein schriftstellerisches Anliegen formulierte: »Mein Held«, schrieb er, »ist das ganze Volk; sein soziales, sein öffentliches, sein Privatleben, seine materiellen, politischen, religiösen Beziehungen treten an die Stelle der Abenteuer.« Da dieses Volk aber auch eine »Rotte von Exilierten, Spielern, Mördern und heillosem Gesindel« barg, die mit Ureinwohnern und kulturbringenden Siedlern um die Existenz stritten, entstanden ausnahmslos Werke abenteuerlichen Inhalts. In dem wunderbaren *Kajütenbuch oder Nationale Charakteristiken* (1841) gelang S. die Verbindung aller seiner gestalterischen Fähigkeiten. Novellistische Begebenheiten, spannende Zufälle, weltanschauliche Diskussionen und meisterhafte Schilderungen der Landschaft sind thematisch miteinander verwoben zu einer breiten Darstellung Amerikas der Pionierzeit: der Veränderung von Mensch und Natur auf der Grundlage bürgerlicher Freiheiten.

Werkausgabe: Sealsfield, Charles: Sämtliche Werke. Kritisch durchgesehen und erläutert. Hrsg. von *Arndt*, Karl J. R. Hildesheim/New York 1972ff.

Literatur: *Schnitzler*, Günter: Erfahrung und Bild. Die dichterische Wirklichkeit des Charles Sealsfield (Carl Postl). Freiburg i. Br. 1988; *Ostwald*, Th. (Hrsg.): Charles Sealsfields Leben und Werk aufgrund zeitgenössischer Presseberichte. Braunschweig 1976.   *Burkhard Baltzer*

Seghers, Anna (d. i. Netty Reiling)
Geb. 19. 11. 1900 in Mainz, gest. 1. 6. 1983 in Berlin

Das Leben der S. erscheint gleichnishaft für das, »was in diesem Jahrhundert an deutscher Geschichte zu erleben, zu erleiden war« (Christel Degemann). Die junge Jüdin Netty Reiling wird nachhaltig geprägt durch ihre Heimatstadt Mainz, die rheinhessische Landschaft und vor allem den Rhein; die Spuren dieses »Originaleindrucks« ziehen sich durch ihr ein halbes Jahrhundert umfassendes literarisches Schaffen. Im Sommer 1919 beginnt Netty Reiling an der Universität Heidelberg das Studium der Kunstgeschichte, Geschichte, Philologie und Sinologie, das sie 1924 mit der Promotion abschließt. In Heidelberg lernt sie politische Emigranten aus Osteuropa kennen, darunter den ungarischen Kommunisten Laszlo Radvanyi, den sie 1925 heiratet; hier erfährt sie die Bedeutung der Oktoberrevolution: »In dieser Zeit wurde ich erst politisch bewußt«, wird sie später sagen. Bereits die Zwanzigjährige weiß, daß sie schreiben möchte: »Es gab da zwei Linien: Erzählen, was mich heute erregt, und die Farbigkeit von Märchen.« Die ersten Erzählungen, die sie unter dem Namen S., Hercules Seghers war ein Graphiker der Rembrandt-Zeit, veröffentlicht, zeugen in ihrer märchenhaft verklärten Schilderung sozialen Elends von einer Solidarität mit Unterdrückten, »die fühlt statt weiß, aber wissen will« (Frank Benseler). 1928 tritt S. in die KPD ein, im selben Jahr veröffentlicht sie ihre aufsehenerregende, dann mit dem Kleist-Preis ausgezeichnete Erzählung *Aufstand der Fischer von St. Barbara*; 1929 wird sie Mitglied im »Bund Proletarisch-Revolutionärer Schriftsteller«. In dieser Zeit, die Familie lebt seit 1925 in Berlin, werden die beiden Kinder Peter und Ruth geboren. Im

Januar 1933 flieht S. nach Paris. In den Erinnerungen der Freunde und Kollegen begegnet man immer wieder diesem Bild: S. schreibend in einem Café, in der Hand eine Zigarette, vor sich einen Kaffee. Während des französischen Exils engagiert S. sich weiterhin politisch und publizistisch für den antifaschistischen Kampf. Literarisch vollzieht sie mit dem Roman *Der Kopflohn. Roman aus einem deutschen Dorf im Spätsommer 1932* (1933) die Wende zu nationalen Themen – zugleich bestimmt vom Auftrag, Aufklärung über den Faschismus zu leisten, wie durch Sehnsucht und Heimweh, was auch weiterhin das Deutschland-Bild ihrer im Exil geschriebenen Prosa und Essayistik prägt: in ihrer programmatischen Rede *Vaterlandsliebe* (1935), in dem Bergarbeiterroman *Die Rettung* (1937) und vor allem in dem Roman, der ihren Weltruhm begründet, *Das siebte Kreuz* (1942), jenem »Heimatroman aus Hitlerdeutschland« (Frank Benseler). Die um 1937 begonnene Arbeit an diesem Roman unterbricht S., um in zwei Briefen an Georg Lukács (1938/39) die Grundlagen ihrer Poetik zu formulieren. »Diese Realität der Krisenzeit, der Kriege usw. muß ... erstens ertragen, es muß ihr ins Auge gesehen und zweitens muß sie gestaltet werden«, schreibt sie. Die Unmittelbarkeit des Erlebens hebt sie gegenüber der normativen literarischen Methode hervor, gegen den Klassiker Johann Wolfgang von Goethe setzt sie Dichter wie Jakob Michael R. Lenz, Friedrich Hölderlin, Heinrich von Kleist, deren Werk die Spuren krisenhaften Umbruchs trägt und denen sie sich wesensverwandt fühlt. Ihre Lebensverhältnisse werden zunehmend bedrückender; zu der politischen Gefährdung kommt die Sorge um das tägliche Brot. Nach der Besetzung von Paris durch die Nazi-Wehrmacht wechselt S. auf der Flucht vor der Gestapo allnächtlich ihr Quartier, ihre Kinder sind bei Freunden, mit deren Hilfe schließlich die Flucht in unbesetztes Gebiet gelingt, in die Nähe des Lagers Le Vernet, wo ihr Mann interniert ist. Ihre Briefe von 1940/41 dokumentieren ihre tiefe Depression angesichts des Infernos, das sie nur schreibend aushalten, ja überleben kann. Die Arbeit an dem Roman *Transit* (1944; deutsch 1948), der die unmittelbaren Spuren dieser Krisenerfahrung trägt, hat ihr vermutlich das Leben gerettet (vgl. Sigrid Bock). War das *Siebte Kreuz* eine Heimatbeschwörung, so steht *Transit* für absolute Heimatlosigkeit. Endlich – im März 1941 – verläßt die Familie auf einem Frachtschiff Marseille, Frankreich, Europa. »Ich habe das Gefühl, ich wäre ein Jahr tot gewesen«, schreibt S. an Freunde in Mexico, wo die Flüchtlinge im November 1941 ankommen. Die Veröffentlichung des *Siebten Kreuzes* macht S. weltberühmt; die Zeit materieller Not ist vorbei, sie hat erstmals wieder Ruhe zum Arbeiten und engagiert sich, gemeinsam mit anderen Emigranten, im Kampf gegen den Faschismus. Da trifft sie tiefstes persönliches Leid: die Nachricht von der Ermordung ihrer Mutter in Auschwitz. Von einem Auto angefahren, schwebt S. wochenlang zwischen Leben und Tod. Sie schreibt die einzige unmittelbar autobiographische Erzählung, *Ausflug der toten Mädchen* (1946): ein Abschied von der Mutter, von der durch Bomben zerstörten Heimatstadt. »Es gab nur noch eine einzige Unternehmung, die mich anspornen konnte: die Heimfahrt«, heißt es im *Ausflug*. Im Zeichen dieser Rückkehr entsteht der große Roman *Die Toten bleiben jung* (1949), eine Chronik deutscher Geschichte von 1917 bis 1945.

Im Frühjahr 1947 vertauscht S. die Geborgenheit des mexikanischen Exils mit der Trümmerlandschaft Deutschlands. An die dreißig Jahre lebt sie, zusammen mit ihrem Mann, der 1952 in die DDR kommt, im 2. Stock eines Mietshauses in Berlin-Adlershof. Ihre Entscheidung für die DDR ist Ausdruck ihrer konsequenten Parteinahme »für den

Teil des Landes, der den Weg in eine sozialistische Zukunft gehen konnte« (Werner Roggausch): »Weil ich hier ausdrücken kann, wozu ich gelebt habe.« S., die sich in der Weltfriedensbewegung engagiert und lange Jahre (1952–78) Vorsitzende des Schriftstellerverbands bleibt, wird zu einer wichtigen Repräsentantin der DDR. Mehr als in früheren Jahren ist ihr Schaffen nach 1947 von theoretischen Äußerungen begleitet. Neben einfacher, didaktischer Kurzprosa (*Friedensgeschichten*, 1950) und den *Karibischen Geschichten* (1948/61) entstehen mythisch-legendenhafte Erzählungen (*Das Argonautenschiff*, 1948), schließlich die beiden großen DDR-Romane *Die Entscheidung* (1959) und *Das Vertrauen* (1968). Mit zunehmendem Alter und aus gesundheitlichen Gründen entzieht S. sich immer mehr öffentlichen Aufgaben. Ihre Prosa bleibt der Aufgabe verpflichtet, über verschiedene Kontinente und Epochen »Gedächtnis der Revolution« (Kurt Batt) zu sein und so für die *Kraft der Schwachen* (1965) zu zeugen. Bedeutende Akzente in der neueren DDR-Literatur setzt S. mit Erzählungen wie *Das wirkliche Blau* (1967) und *Die Reisebegegnung* (1973). Nach dem Tod ihres Mannes 1978 lebt S. sehr zurückgezogen. In den Augen jüngerer Kolleginnen eine »Zauberin« (Christa Wolf) und »Scheherezade« (Helga Schubert), wird S. mehr und mehr zu einer »Legendenperson«, mit ihrem Urbild nur teilweise identisch, zum anderen Teil aber aus den Bedürfnissen derer gemacht, die die Legende schaffen« (Christa Wolf). Daß hinter dieser »Legendenperson« ein Mensch mit Widersprüchen sichtbar wird, ist auch der Veröffentlichung einer 1957/58 entstandenen, fragmentarisch gebliebenen Novelle anzumerken (›Der gerechte Richter‹, 1990), die in einer für die Erzählerin S. ideologisch wie ästhetisch nicht zu bewältigenden Radikalität die sozialistische Idee mit ihrer deformierten stalinistischen Realität konfrontiert und damit eine für die DDR-Literatur frühe und bittere Bilanz des Scheiterns des Sozialismus gibt.

Werkausgabe: Gesammelte Werke in Einzelausgaben. Berlin 1993 ff.
Literatur: *Schrade,* Andreas: Anna Seghers. Stuttgart 1993; Argonautenschiff. Jahrbuch der Anna-Seghers-Gesellschaft Berlin und Mainz e.V., Berlin 1992 ff.; *Brandes,* Ute: Anna Seghers. Berlin 1992; *Zehl-Romero,* Christiane: Anna Seghers. Reinbek bei Hamburg 1982; *Hilzinger,* Sonja (Hrsg.): »Das Siebte Kreuz« von Anna Seghers. Texte, Daten, Bilder. Frankfurt a. M. 1990.

Sonja Hilzinger

Seidel, Ina
Geb. 15.9.1885 in Halle a.d.Saale; gest. 2.10.1974 in Schäftlarn bei München

Als sie im Alter von 89 Jahren starb, war sie als Schriftstellerin genauso bekannt wie die von ihr von Jugend an bewunderte Ricarda Huch, zu deren einhundertstem Geburtstag 1964 S. eine Rede verfaßt hatte, in der es heißt: »Die gefährdete Flamme wahrer Menschlichkeit, Ricarda Huch trug sie für uns mit hütenden Händen durch dürre Jahrzehnte«. Das Bemühen um diese wahre Menschlichkeit, um ein gelebtes »natürliches« Christentum, wird auch in S.s umfangreichem literarischen Werk sichtbar, besonders in ihren Romanen *Das Wunschkind* (1930), *Lennacker. Das Buch einer Heimkehr* (1938) und *Das unverwesliche Erbe* (1954). Religion als das Unvergängliche, Naturverbundenheit bis hin zum Mythischen, das Mütterliche und der Tod sind zentrale Themen der Dichterin. Die in Braunschweig und Tutzing (Oberbayern) aufgewachsene Arzttochter, deren Kindheit bis zum tragischen Selbstmord ihres Vaters glücklich verlief, gewann schon früh ein besonderes Verhältnis zur Heimat: »Das Gefühl, auf dem Boden einer Landschaft beheimatet zu sein, hängt ohne Zweifel mit dem sehr sinnenhaften Erleben dieses Bodens während der Kindheit zusammen«, schreibt sie in ihrem *Lebensbericht 1885–1923*. 1907 heiratet S. ihren Vetter, den evangelischen Pfarrer und Schriftsteller Heinrich Wolfgang Seidel. Mit ihm lebt sie von 1907 bis 1914 in Berlin, wo sie 1908 nach der Geburt einer Tochter an den Folgen eines Kindbettfiebers schwer erkrankt; eine Gehbehinderung bleibt zurück, zehn Jahre soll sie auf Anraten der Ärzte mit dem nächsten Kind warten. Auf eine sitzende Tätigkeit angewiesen, fängt sie nun ernsthaft mit Schreiben an, nicht mehr »nur im Verborgenen«.

Der Ausbruch des Ersten Weltkriegs findet seinen lyrischen Niederschlag in dem im Herbst 1915 unter dem Titel *Neben der Trommel her* erschienenen Gedichtband S.s, in dem die Trauer und Klage um die Gefallenen im Mittelpunkt steht. Die Kehrseite des Krieges ist auch Thema des 1930 erschienenen Romans *Wunschkind* (Entwurf schon 1914), dem wohl meistgelesenen Roman S.s um den Lebens- und Leidensweg der Mutter Cornelie Echter v. Mespelbrunn; der Opfermut der Heldin wird getragen von der Gewißheit, daß eines Tages die »Tränen der Frauen stark genug sein werden, um gleich einer Flut das Feuer des Krieges für ewig zu löschen.« Die Arbeit an dem dämonischen Roman *Das Labyrinth* (1922) hilft S., den Schmerz um den Verlust ihrer schon im Säuglingsalter gestorbenen Tochter (1918) zu bewältigen. Der Tod ihres Bruders Willy Seidel (auch er ein Schriftsteller), an dem die Dichterin sehr hing, lieferte den Anstoß zur Entstehung der höchst privaten, magisch-romantizistischen Erzählung *Unser Freund Peregrin* (1946).

Nach den Jahren in Eberswalde und wieder in Berlin (bis 1934) läßt sich das Ehepaar Seidel am Starnberger See nieder, mit dem für die Dichterin frohe Jugenderinnerungen verbunden sind. Nach dem Tod ihres Mannes und ihrer Mutter (1945) erscheint erst 1954 mit *Das unverwesliche Erbe* wieder ein Roman, der in der Art des traditionellen Familienromans an *Das Wunschkind* und *Lennacker* anknüpft, nur ist hier, im Alterswerk, die Problematik ganz verinnerlicht. Es geht um das Fortbestehen überlieferter moralisch-religiöser Werte und ihre unverbrüchliche Gültigkeit durch Generationen hindurch. Mit ihrem letzten Roman *Michaela* (1959) versuchte S., das Problem der deutschen Verstrickung im Dritten Reich aufzuarbeiten.

Literatur: *Thöns*, Gabriele: Aufklärungskritik und Weiblichkeitsmythos – die Krise der Rationalität im Werk Ina Seidels. Diss. Düsseldorf 1984; *Horst*, Karl August: Ina Seidel. Wesen und Werk. Stuttgart 1956.   *Susanne Stich*

Serner, Walter (eigtl. Walter Eduard Seligmann)

Geb. 15.1.1889 in Karlsbad (Böhmen), ermordet nach dem 20.8.1942 in einem nationalsozialistischen Vernichtungslager

Der jüdische Kulturphilosoph Theodor Lessing sieht S. 1925 als *Maupassant der Kriminalistik*. In einer gleichlautenden Würdigung beruft er sich auf eine »Auskunft des Verlegers« S.s zu dessen Lebensgeschichte. Danach ist S. »ein internationaler Hochstapler im allergrößten Stil. Er bereist gegenwärtig den Orient als Besitzer großer, öffentlicher Häuser in Argentinien.« Dessen ungeachtet rühmt Lessing S. als genialen Sprachartisten eines Milieus der Gauner, Hochstapler, Schieber usf. Darauf reagiert der nachmalige Chefideologe des Rassenwahns, Alfred Rosenberg, mit einer polemisierenden Judenschelte unter der Überschrift *Professor und Mädchenhändler* im *Völkischen Beobachter*, gerichtet gegen den Immoralismus Lessings und das Werk des gleichfalls gebürtigen Juden S. Nach einem »schändlichen Kesseltreiben« gegen den Kulturphilosophen sieht S. sich 1926 veranlaßt, eine öffentliche Klarstellung über sein Verhältnis zur Halbwelt zu geben. Sie enthält die rhetorische Frage: »Ist die Möglichkeit, daß jemand durch diese Kreise hindurchgeht, ohne mehr zu tun als eben hindurchzugehen, denn gar so phantastisch?« In der »Mädchenhändler-Affäre« erscheint fokusartig S.s gesamte Lebens- und Schaffensproblematik gebündelt, die ihn zu einem vielfach Verfolgten, Verachteten und Vergessenen machte und sein Werk als veristisches Abbild einer Welt ohne Skrupel und Normen auswies, das so nur ein »wirklicher« Verbrecher zeichnen konnte.

Als Folge seiner Lebensgewohnheiten sind die Informationen über S.s Biographie spärlich: Der Sohn des Zeitungsverlegers Berthold Seligmann (1852–1925) konvertierte 1909 zum katholischen Glauben der Mutter und änderte seinen Namen. Ab 1909 studierte er in Wien und Greifswald die Rechte und promovierte 1913 im zweiten Anlauf zum Dr. jur. 1914 emigrierte der Kriegsgegner in die Schweiz und lernte 1915 seinen langjährigen Freund, den Maler Christian Schad, kennen. Von dieser Zeit an wurde S. ständig verdächtigt, zumindest Spion zu sein; seine Post wurde überwacht, ihm wurden keine Reisepapiere erteilt. Nach Ende des Krieges entfaltete S. ein reges Reiseleben, auf dem ihn seit Mitte der zwanziger Jahre seine spätere Frau (Heirat 1938), die Berlinerin Dorothea Herz, begleitete und das ihn in die Hauptstädte Europas führte. 1929 ließ S. sich in Prag als Sprachenlehrer nieder. Gemeinsam mit seiner Frau wurde er 1942 von den Nazis deportiert.

S.s innerhalb 18 Jahren entstandenes Werk ist nicht sehr umfangreich, aber vielfältig. Seit 1909 schrieb er, orientiert an Stil und Moralismus von Karl Kraus sowie im Ton des Expressionismus, kunst- und literaturkritische Beiträge für die Zeitung seines Vaters sowie für Pfemferts *Aktion*. Dokumente einer schweren existentiellen Krise sind S.s während des Weltkriegs 1915/16 verfaßte Aphorismen und kulturkritischen Beiträge für die zeitweise von ihm (mit)herausgegebenen Zeitschriften *Der Mistral* und *Sirius*. Nach einer »Wendung um 180 Grad« (Christian Schad) trat S. ab 1917 als organisatorisch treibende Kraft, als falschmeldender Berichterstatter und als richtungweisender Philosoph der Dada-Bewegung in der Schweiz in Erscheinung. S. leistete Beiträge in zahlreichen Text- und Aktionsformen; mit der *Letzten Lockerung* (vollständig veröffentlicht 1920) erwies er sich als radikalster Denker des dadaistischen Relativismus. Seit 1921 erschienen seine Bände mit grotesken Kriminalgeschichten, die von Hans Arp, Alfred Döblin, Kasimir Edschmid u.a. teilweise begeistert aufgenommen wurden (*Zum blauen Affen*, 1921; *Der elfte Finger*, 1923; *Der Pfiff um die Ecke*, 1925; *Die tückische Straße*, 1926). Die aufs äußerste verdichteten, sämtlich sehr kurzen Prosaarbeiten handeln unter Überschriften wie *Eros vanné, Sprotte schmust, Psycho-Dancing* oder *Ein bedeutender Schlepper* vom – geschickt verschachtelten – Lug und Betrug zwischen kleinen Halbweltexistenzen irgendwo im gesellschaftlichen Niemandsland.

In besonders scharf gezeichneter Form kommt dies in S.s einzigem Roman, *Die Tigerin* (1925), zum Ausdruck, in dem der hochstapelnde Fec und die »männermordende« Kokotte Bichette in der französischen Halbwelt ihre Liebe in Szene setzen. Am Ende des Romans bleibt dem Leser nach einem hektischen und nur schwer im Detail nachvollziehbaren Geschehen zweifelhaft, inwiefern zumindest die Protagonisten zwischen Liebe als Betrugsinstrument und existentieller zwischenmenschlicher Gefühlsäußerung unterscheiden können.

Nachdem er veranlaßt hatte, daß seine bis dahin veröffentlichten Werke (einschließlich dem Theaterstück *Posada oder der große Coup im Hotel Ritz*, 1926) 1927 in einer Werkausgabe erschienen, beendete S. seine Schriftstellerexistenz. Erst seine Wiederentdeckung seit Ende der 70er Jahre ließ aus diesem »vergessenen Autor der Moderne« wieder einen exemplarischen werden.

Werkausgabe: Walter Serner. Das gesamte Werk. Hrsg. von Thomas *Milch*. Bd 1–8. Erlangen/ München: 1979–1984. Suppl. Bd. 1–3. München 1982–1992.
Literatur: *Backes-Haase*, Alfons: »Über topographische Anatomie, psychischen Luftwechsel und Verwandtes.« Walter Serner – Autor der »Letzten Lockerung«· Bielefeld 1989; *Bei*, Neda u.a.: Vokabelmischungen. Über Walter Serner. München 1989; *Schrott*, Paul: Walter Serner und Dada. Siegen 1989; *Wiesner*, Herbert: Dr. Walter Serner. 1889–1942. Ausstellungsbuch. Berlin 1989; *Bensch*, Joachim: Die frühen Schriften des Walter Serner (1889–1942). Freiburg i.Br. 1988.

Alfons Backes-Haase

Seume, Johann Gottfried
Geb. 29. 1. 1763 in Poserna; gest. 13. 6. 1810 in Teplitz/Böhmen

»Anbei will ich Ihnen hier mein Inventarium liefern . . ., was ich zur Bedeckung meiner huronischen Haut trage: 1. Meinen blauen Frack, 2. Zwei Westen, damit ich die Wintershawls abwerfen kann und doch noch eine in sacco behalte, 3. Zwei Paar Beinkleider inclusive der Unterziehhosen, 4. Ein Paar baumwollene und ein Paar wollene Strümpfe, 5. Zwei schwarze und zwei weiße Halstücher, 6. Zwei Schnupftücher, 7. Ein Paar Schuhe mit Schnallen, 8. Ein Paar Pantoffeln (Nachtmütze vacat). Nun kommt 9. die Bibliothek als a) Ein alter Homer, b) ein abgenutzter Theokrit, c) ein funkelnagelneuer Anakreon, d) ein alter Plautus, e) ein Horaz, f) ein Virgil, g) ein Tacitus, h) ein Sueton, i) ein Terenz, k) ein Tibull, Catull und Properz *in minima*, und endlich zwei Schmieralienbücher. . . Noch ist nicht zu vergessen ein Flickbeutel mit allen Requisiten Strümpfe zu stopfen, Knöpfe anzunähen etc. etc., und eine solide Bürste.« Mit diesem schmalen Gepäck macht sich S. am 6. Dezember 1801 auf jene Reise, die ihm zum »berühmtesten Wanderer« (Johann Wolfgang Goethe) Deutschlands machte.

Neun Monate lang lief er kreuz und quer durch die von den napoleonischen Kriegen erschütterten Länder: Über Triest, Venedig, Bologna, Rom, Neapel nach Syrakus und von dort zurück über Mailand, Zürich, Basel, Paris, Straßburg, Frankfurt, Weimar und Leipzig. Diese Reise, von den Zeitgenossen zunächst für eine »Grille« gehalten, war für S. der »erste ganz freie Entschluß von einiger Bedeutung«. Sie setzte den Schlußstrich unter seine bisherigen Bemühungen um eine bürgerliche Karriere. Sie war ein Bruch mit seinem bisherigen Leben, und sie war zugleich Ausbruch aus den beengten und bedrückenden Verhältnissen der letzten Jahre.

Als Sohn eines verarmten Fronbauern, der früh starb und seine Frau mit fünf kleinen Kindern vollkommen unversorgt zurückließ, war S. stets auf die Förderung adeliger Gönner angewiesen. So mußte er froh sein, daß ihm der Graf Hohenthal den Besuch der Lateinschule ermöglichte und später das Theologiestudium in Leipzig finanzierte. Durch die Lektüre freigeistiger Schriften in eine schwere Glaubenskrise gestürzt, brach S. das Studium ab. Auf seiner Flucht nach Paris wurde er 1781 von hessischen Werbern ergriffen und vom Landgrafen von Kassel, dem berüchtigten »Menschenmäkler« als Soldat nach Amerika verkauft. Nach einer 22-wöchigen Überfahrt, auf der die Gefangenen »gedrückt, geschichtet und gepökelt wie die Heringe« waren, erreichte S. Amerika, wurde jedoch zu eigentlich kriegerischen Aktionen nicht mehr eingesetzt, weil der amerikanische Unabhängigkeitskrieg damals bereits weitgehend entschieden war. Wieder zurück in Deutschland, gelang es S. 1783, aus hessischer Gefangenschaft zu fliehen; er wurde diesmal jedoch von preußischen Häschern ergriffen und war zum zweitenmal wider Willen »Soldat und halb Sklav« geworden. Erst die Kaution eines Gönners setzte ihn auf freien Fuß, so daß er 1787 nach Leipzig zurückkehren und mit dem Studium der Jurisprudenz und Philosophie beginnen konnte. 1792 schloß er seine Studien mit einer Habilitation ab, ohne damit jedoch den erhofften sozialen Aufstieg zu schaffen.

Auch die anschließende Tätigkeit als Hofmeister und als Sekretär des Generals von Igelström in Polen brachte ihm nicht die erhoffte Freiheit und Unabhängigkeit. Stattdessen wurde er in einen politischen Konflikt verwickelt, in dem er – wie schon einmal in Amerika – ungewollt auf der Seite der Unterdrücker stand.

Seine Versuche, sich mit anbiedernden Schriften eine Karriere am russischen Hof zu eröffnen, zerschlugen sich. Ab 1797 wurde S. Korrektor bei Göschen in Leipzig, wo er vor allem die Herausgabe von Friedrich Gottlieb Klopstocks Werken beaufsichtigte. Wenn ihm diese Tätigkeit auch wenig zusagte und er fürchtete, daß sein ganzes Leben ein »Druckfehler« werden würde, bot ihm diese Arbeit erstmals doch eine gewisse äußere Unabhängigkeit und ermöglichte ihm, den eigenen politischen Standort zu bestimmen. Das Vorwort zu seinen *Gedichten* (1801) zeigt einen neuen, selbstbewußten Ton, der in der Privatkorrespondenz jener Jahre noch deutlicher zutage tritt. In einer Zeit, als die Masse der deutschen Intellektuellen sich von der Revolution längst abgewandt hatten, entdeckte S. für sich die Ideale der Revolution und nahm eine zunehmend radikalere Haltung ein. Die Erfahrungen auf seinen Fußreisen durch Italien und Frankreich, später auch durch Rußland und Schweden, verstärkten die politische Kritik von S. und ließen ihn zu einem bedeutenden gesellschaftskritischen Schriftsteller werden. Sein *Spaziergang nach Syrakus im Jahre 1802* (1803) und sein Reisebericht *Mein Sommer 1805* (1806) gehören zu den überzeugendsten Beispielen einer kompromißlosen gesellschaftskritischen Literatur, die freilich nicht nur Goethe zu »sansculottisch« war. Außer dem Drama *Miltiades* (1808), einer verschlüsselten Auseinandersetzung mit Napoleon, konnte S. nach 1806 keinen Text mehr veröffentlichen. Weder seine *Plutarch-Vorrede* (1808), die er vorsichtshalber in lateinischer Sprache abgefaßt hatte, noch seine *Apokryphen* (1811), eine radikale, aphoristisch zugespitzte Auseinandersetzung mit Revolution und Konterrevolution, passierten die Zensur. Verbittert durch die politischen Verhältnisse und zermürbt durch eine qualvolle Krankheit, vegetierte er in den letzten Jahren am Rande des Existenzminimums. Seine Autobiographie *Mein Leben*, mit der er seine Verbindlichkeiten abzulösen gedachte, konnte er nicht mehr fertigstellen.

Werkausgabe: Johann Gottfried Seume. Werke. 2 Bde. Hrsg. von Jörg *Drews*. Frankfurt a. M. 1993.

Literatur: *Drews*, Jörg (Hrsg.): »Wo man aufgehört hat zu handeln, fängt man gewöhnlich an zu schreiben«. J. G. Seume in seiner Zeit. Bielefeld 1991; *Stephan*, Inge: Johann Gottfried Seume. Ein politischer Schriftsteller der deutschen Spätaufklärung. Stuttgart 1973.   *Inge Stephan*

Simmel, Johannes Mario
Geb. 7. 4. 1924 in Wien

Die Gesamtauflage seiner bislang 22 Romane, zwei Erzählbände, drei Kinderbücher und seines Theaterstücks beträgt
nach Angaben seines Verlages weltweit über 70 Millionen
Exemplare, in 28 Ländern erschienen Übersetzungen seiner
Werke. Neben Heinz G. Konsalik (75 Millionen Exemplare)
ist S. Auflagenkönig im Reich der deutschen Gegenwartsliteratur.

S. bringt in fast regelmäßigem 2-Jahres-Takt nach intensiven
und aufwendigen Recherchen jeweils einen neuen Roman
auf den Markt. Seine frühen literarischen Versuche – darunter
ein preisgekröntes Schauspiel (*Der Schulfreund*, 1960), Novel-
len und Kinderbücher – sind interessante Vorformen seiner späteren literarischen Produkte. Die sind fast alle im gleichen Verlag (Droemer Knaur, München) erschienen,
sind mit einem geflügelten Wort oder einem literarischen Zitat betitelt (z.B. *Niemand ist
eine Insel*, 1975) und sind von ihrem Umfang (ca. 600 Seiten), ihrer Aufmachung her als
Simmel-Produkt genormt. Sie finden jeweils mindestens 900 000 Leser (*Die im Dunklen sieht man nicht*, 1985), im günstigsten Fall jedoch 5 Millionen Käufer (*Und Jimmy ging
zum Regenbogen*, 1970). Viele S.-Stoffe wurden für das Fernsehen bearbeitet, verfilmt
und international verwertet.

Literaturwissenschaftliche Untersuchungen über ihn bekunden ihre Ratlosigkeit
durch Titel wie »Das Phänomen Simmel« oder Untertitel wie »Versuch, Johannes Mario
Simmel und seinen Erfolg zu verstehen«. Im Deutschunterricht wird er höchstens aus
didaktischen Gründen im Rahmen der Unterrichtseinheit »Trivialliteratur« berücksichtigt. Sein literarischer Aufstieg vollzog sich außerhalb des Literaturbetriebs und gegen das
Feuilleton. Erst im Laufe der achtziger Jahre begannen beide, ihn widerstrebend und
etwas herablassend als Halbbruder zu akzeptieren. Das Verdikt der »Trivialliteratur«
gegen seine Werke ist auch Ausdruck der noch immer vorhandenen historischen Spaltung des Lesepublikums in Deutschland nach Kriterien der Bildung, des zozialen Status
und des Geschmacks. Denn es ist vor allem eine breite, mit »kulturellem Kapital« unter-
versorgte Mittelschicht, die sich im Autor S., in den Figuren, Problemen und der Machart
seiner Romane begeistert wiedererkennt und immer wieder wiedererkennen will.

S. will keine »richtigen« Romane, sondern »Dokumentarromane« schreiben, die auf
»wahren Begebenheiten« beruhen, faktisch verbürgt sind und sich jeweils um einen
problematischen Gegenstand breitesten gesellschaftlichen Interesses drehen: Genmani-
pulation (*Doch mit den Clowns kamen die Tränen*, 1987), Neo-Nazismus, Drogenhandel,
Alkoholismus, Kriegsgefahr, Behinderungen, Währungsschiebereien oder Umweltzerstörung durch die Industrie (*Im Frühling singt zum letztenmal die Lerche*, 1990). In diesem
Roman wird der Schriftsteller Philipp Gilles von seiner Frau mit den Worten getröstet:
»Woran immer sie herumnörgeln, keiner hat jemals das, was du verteidigst, als schlecht
bezeichnet.« Der Widerspruch gegen S. bezieht sich immer auf die »ästhetischen Wunden«, die er den literarisch Gebildeten zufügt, auf die ästhetische Geschmacksdifferenz,
nie aber auf sein Engagement und dessen Ziele.

S., der streitbare Sozialdemokrat und Antifaschist, hat die Bezeichnung »demokratischer Gebrauchsschriftsteller« für sich übernommen. Mit jedem neuen Buch handelt er ein neues Thema ab, will mit immer erneuerter Dramatik jeweils »wachrütteln«, vor Katastrophen warnen und den Lauf des schlimmen Schicksals der Menschheit aufhalten. S. steht völlig im Banne seiner zeitgeschichtlichen Themen, ordnet ihnen die sprachlich-literarische Qualität unter und findet damit größten Anklang. Die Lektüre seiner Werke erfolgt extensiv, rasch und identifikatorisch. Dies scheint der Inhalt des Begriffs »demokratischer Gebrauchsschriftsteller« zu sein. Er beruft sich auf Vorbilder wie Hans Fallada, Ernest Hemingway, Graham Greene und Somerset Maugham. Sein »dreister Kolportage-Schwung« ordnet ihn zudem in die Reihe der populären deutschen Unterhaltungsprosaisten wie Karl Gottlob Cramer, Theodor Gottlieb Hippel, Christian Vulpius, August Lafontaine, Heinrich Clauren, der Eugenie Marlitt, Ludwig Ganghofer und Erich Maria Remarque ein. Mit seiner Technik, »den verdammten Zustand dieser Welt als stärkste Reizkulisse« (Jürgen Rühle) zu nutzen, aufklärerische Absichten unbedenklich mit erotischen und abenteuerlichen Elementen zu verquicken, ist er zum Synonym für das Genre geworden. Die Leser des letzten Romans wissen schon jetzt, was sie in etwa vom nächsten zu erwarten haben: einen allwissenden und belehrenden Erzähler, der die Handlung steigert, sie regelmäßig am Höhepunkt abbricht und mit einer anderen abgebrochenen Handlungslinie fortführt. Helden, die die Probleme personifizieren, ihre eigenen Schwächen, Verstörungen und Ängste aber durchaus zeigen, die sich in den geschilderten apokalyptischen Szenarien »Schonräume privaten Glücks« errichten. Die Helden stehen in Opposition zur Verschwörung des Undurchschaubaren: den internationalen Gesellschaften, den Geheimdiensten, dem Verbrechen. Fatalistisch und hoffnungsvoll ersehnen sie das Gute, sie rebellieren und unterwerfen sich gleichzeitig. Sie sind standardisierte Identifikationsangebote für Widersprüchlichstes und gleichen wahrscheinlich den Lesern und deren Ideale. Die Rollenschemata sind kalkuliert und eng begrenzt, vor allem Frauenfiguren werden stark schematisiert – auch das dürfte den Erfahrungen vieler Leserinnen entsprechen. Die Spannung wird durch häufige punktuelle Reize und Erwartungen erzeugt, die rasch befriedigt und wieder erneuert werden. S. konzentriert sich auf seine Botschaft und den Erfolg. Er kommt bei seinem Publikum auch ohne Reflektion und Veränderung seiner sprachlich-literarischen Mittel, ohne Ironie und Verfremdung, ohne verblüffende Pointen und elegante Anspielungen gut an – möglicherweise genau deshalb. Die ehrliche Verzweiflung des Autors an der chaotischen und apokalyptischen Welt bewegt sich literarisch in berechenbaren, beruhigenden und konventionellen Bahnen. Die Provokation S. besteht darin, daß der erfolgreichste Literat die in der modernen Literatur erfolgreichsten Mittel negiert, daß er ihren Standard unterbietet und gerade deshalb gerne gelesen wird.

In seinem 1993 erschienenen Roman *Auch wenn ich lache muß ich weinen* nimmt sich S. des Themas Gewalt gegen Asylbewerber und Ausländer an. Dafür legt sich der Verlag mit der nach eigenem Bekunden »größten Werbekampagne, die je für einen S.-Roman gemacht wurde« ins Zeug. Publikumsanzeigen sollen über 90 Millionen potentielle Leser im deutschsprachigen Raum ansprechen und eine aufwendige Hochglanzbroschüre im Din-A4-Format, zehnseitig ausklappbar, wurde schon vor Erscheinen vielfältig verschickt: der Literaturunternehmer S. paßt vorzüglich in die industrielle Landschaft unserer Republik.

Literatur: *Eisfeld*, Kurt H.: Fatalismus und Hoffnung. Untersuchungen zum Menschen- und Gesellschaftsbild im massenhaft verbreiteten Zeitroman. Frankfurt a. M./Bern/New York/Paris 1988; Zum Beispiel: Simmel. Werke und Wirkungen eines Bestsellerautors. Hrsg. von *Schmiedt-Schomaker*, Monika. Frankfurt a. M./Berlin/München 1983; Berichte über die Zeit, in der ich lebe. Johannes Mario Simmel und seine Romane. Eine Dokumentation. Hrsg. von *Langenbucher*, Wolfgang R. München/Zürich 1978; *Neumann*, Bernd: Rebellion und Unterwerfung. Versuch, Johannes Mario Simmel und seinen Erfolg zu verstehen. In: Basis. Jahrbuch für deutsche Gegenwartsliteratur 1977; Bd. 7., S. 156–181; Albrecht *Weber*: Das Phänomen Simmel. Zur Rezeption eines Bestseller-Autors unter Schülern und im Literaturunterricht. Freiburg i. B. 1977.

Michael Kienzle

Spee von Langenfeld, Friedrich
Geb. 25. 2. 1591 in Kaiserswerth b. Düsseldorf; gest. 7. 8. 1635 in Trier

»Persönlich kann ich unter Eid bezeugen, daß ich jedenfalls bis jetzt noch keine verurteilte Hexe zum Scheiterhaufen geleitet habe, von der ich unter Berücksichtigung aller Gesichtspunkte aus Überzeugung hätte sagen können, sie sei wirklich schuldig gewesen«, schreibt der Jesuitenpater S. in seiner anonym erschienenen Auseinandersetzung mit der Praxis der Hexenprozesse, *Cautio criminalis, seu de processibus contra sagas liber* (1631): Keine Widerlegung des Hexenglaubens, sondern ein Versuch, »zahllosen Unschuldigen zu helfen«, indem er die Unhaltbarkeit des Rechtsverfahrens bloßstellt und die Obrigkeiten zu grundlegenden Reformen auffordert. Die lateinische Reformschrift ist das einzige größere Werk S.s, das zu seinen Lebzeiten veröffentlicht wurde. Sie hatte freilich keinen unmittelbaren Erfolg, die schrecklichen Verfolgungen gingen weiter, und S. ließ sich aus Köln versetzen, wo man sich im Auftrag des Erzbischofs einer intensiven Hexenjagd hingab und S. selber eben wegen seiner Schrift gefährdet war.

Eigentlich war S., Sohn eines hohen kurkölnischen Beamten, mit anderen Erwartungen in den Jesuitenorden eingetreten: »Indien, mein Vater, und jene fernen Länder haben mir das Herz verwundet«, schrieb er 1617 in einem Gesuch an den Ordensgeneral in Rom. Doch der Wunsch, in der Heidenmission eingesetzt zu werden, wurde nicht erfüllt, das Problem der Ketzer im konfessionell gespaltenen Deutschland schien dringlicher.

S.s Bildungsgang begann in Köln, am Jesuitengymnasium (1601/02–08) und an der Universität (1608–10). Hier schloß er 1610 mit dem Baccalaureat ab und trat in den Jesuitenorden ein. Nach dem Noviziat folgte die übliche Ausbildung: Philosophiestudium (Würzburg, 1612 bis 1615), Lehrtätigkeit (Speyer, Worms und Mainz 1616–19), Studium der Theologie (Mainz, 1619 bis 1623). 1622 wurde er zum Priester geweiht und nach seinem Studienabschluß zur Paderborner Jesuitenuniversität abgeordnet (1623 bis 1626) und gegen Ende des Jahres 1628 mit der Rekatholisierung des Amtes Peine beauftragt. Ein nie aufgeklärter Mordanschlag (1629) beeinträchtigte seine Gesundheit für den Rest seines Lebens. Paderborn, Köln und Trier waren die weiteren

Stationen, wobei die Versetzungen – auch die früheren – nicht zuletzt durch Konflikte mit der Ordensobrigkeit hervorgerufen wurden: Gehorsam und Demut gehörten nicht zu den hervorstechendsten Eigenschaften des Jesuitenpaters, der in Trier an einer Infektion starb, die er sich in den Krankenhäusern zugezogen hatte.

Erst 1649 erschienen, nicht ohne Eingriffe der Zensur, seine beiden deutschen Hauptwerke, an die er in seiner Trierer Zeit (1632 bis 1635) letzte Hand angelegt hatte: *Güldenes Tugend-Buch* und *Trutz Nachtigal, oder Geistlichs-Poetisch Lust-Waldlein.* Das erste ist ein Erbauungs- und Exerzitienbuch, das die christlichen Haupttugenden durch Anschauung und Meditation einüben will, das zweite eine Liedersammlung, mit der S. unabhängig von Martin Opitz und anderen protestantischen Literaturreformern »zu einer recht lieblichen Teutschen Poetica die baan« zu zeigen sucht. Es ist allegorisierende geistliche Poesie, die sich durch die poetische Technik der Kontrafaktur Motive und Stilmittel der weltlichen Liebesdichtung der Renaissance und die Tradition der Bukolik dienstbar macht, Poesie, die sinnliche Anschaulichkeit und tiefere (theologische) Bedeutung miteinander verbindet und im Lob Gottes aus der Natur gipfelt: »O mensch ermeß im hertzen dein / Wie wunder muß der Schöpffer sein.«

Werkausgabe: Spee, Friedrich von: Sämtliche Schriften. Historisch-kritische Ausgabe. Hrsg. von *Oorschot,* Theo G. M. van. 3 Bände. Bern bzw. München bzw. Tübingen 1968–92.

Literatur: *Franz,* Gunther (Hrsg.): Friedrich Spee. Dichter, Seelsorger, Bekämpfer des Hexenwahns. Trier 1991; *Ritter,* Joachim-Friedrich: Friedrich von Spee 1591–1635. Ein Edelmann, Mahner und Dichter. Trier 1977.

Volker Meid

Stadler, Ernst
Geb. 11. 8. 1883 in Kolmar/Elsaß; gest. 30. 10. 1914 in Zaandevorde/Belgien

Der Reserveoffizier St. fiel schon wenige Wochen nach Kriegsausbruch. Als Ende 1914 auch Georg Trakl im Lazarett an einer Überdosis von Drogen starb, stilisierte der bedeutendste Verlag des derzeit tonangebenden Expressionismus die beiden zusammen mit Georg Heym zum führenden »lyrischen Dreigestirn« am Himmel der neuen Literaturrichtung – eine Einschätzung, die lange als zutreffend galt. Als Künstler ist St. jedoch sicher nicht in diese erste Reihe zu stellen, beeinflußte aber als Mitkämpfer, kreativer und vielfältig tätiger Kritiker die junge Literatur seit der Jahrhundertwende wesentlich. Als Einwohner des 1871 vom Deutschen Reich gewaltsam annektierten Elsaß muß er sich von jeher mit den deutsch-französischen Problemen konfrontiert sehen. Die von ihm propagierte Idee vom Elsaß als einem Lande mit weltbürgerlicher Funktion versuchte er, in sich zu verwirklichen: Er studierte Germanistik, Romanistik und vergleichende Sprachwissenschaft in Straßburg, dann in München und Oxford, habilitierte sich in Straßburg und vertiefte seine Studien nochmals in Oxford und London. Seine kultur- und literaturpolitischen Ansichten (er förderte in seinen Publikationen u. a. Gottfried Benn, Carl Einstein, Georg Heym, René Schickele,

Carl Sternheim, Franz Werfel) waren avantgardistisch. Der vergleichende Sprachwissenschaftler (er war sowohl des Englischen wie des Französischen mächtig), hatte eine aussichtsreiche Universitätslaufbahn vor sich (zuletzt als Professor in Brüssel, 1912 bis 1914; für eine Gastprofessur in Kanada beurlaubt). St. war einer der maßgebenden deutschen und essayistischen Vermittler wesentlicher junger Franzosen; er regte auch seine Freunde zu Übertragungen an. So warb er etwa für Paul Claudel und Romain Rolland und übersetzte selbst Charles Péguy und vor allem noch kurz vor dem Krieg Gedichte von Francis Jammes *(Gebete der Demut)*. Charakteristisch für ihn sind die rhythmisch-dynamischen Langverse, die breiten Einfluß auf Zeitgenossen und nachkommende Dichter ausübten: inhaltlich mit ihrer franziskanischen Weltfrömmigkeit, formal mit den als neuartig empfundenen, frei sich reimenden und metrisch ungebundenen Versen.

Die eigenen Gedichte dieser letzten Zeit, welche ebenfalls aus Langversen bestehen, sammelte St. in dem schnell berühmt gewordenen Band *Der Aufbruch* (1914). Die literarische Jugend fühlte darin ihre besondere Situation ausgedrückt und begriff diesen Titel als Stichwort für ihren Auftritt. Zugleich verstand sie – in schöpferischem Irrtum – die aus persönlichem Erleben entstandenen Verse St.s als geradezu allgemeingültiges Programm. »Form ist Wollust«, hieß es da, und »Form will mich verschnüren und verengen, / Doch ich will mein Sein in alle Weiten drängen«. Diese Abrechnung St.s mit den Nachahmern Stefan Georges und Hugo von Hofmannsthals, zu denen auch er einmal als Zwanzigjähriger gehört hatte (siehe *Präludien* 1905), wurde von seinen Zeitgenossen anders gedeutet: als grundsätzliche Aufforderung zum Bruch mit überalterten Traditionen und zum Zerstören der leergewordenen Formen, um zum »Wesentlichen« vorzustoßen. Im Gegensatz zur pessimistisch-negativen Grundhaltung der meisten Expressionisten verkörpert so St. eine optimistisch-positive Tendenz, deren befreiende Aufbruchstimmung und jugendlicher Vitalismus erst durch die weitere Entwicklung des Ersten Weltkriegs gebrochen wurde.

Werkausgabe: Stadler, Ernst: Dichtungen. Schriften und Briefe. Kritische Ausgabe. Hrsg. von *Hurlebusch*, Klaus und *Schneider*, Karl Ludwig. München 1983.
Literatur: *Gier*, Helmut: Die Entstehung des deutschen Expressionismus und die antisymbolistische Reaktion in Frankreich. Die literarische Entwicklung Ernst Stadlers. München 1977; *Schneider*, Karl Ludwig: Zerbrochene Formen. Hamburg 1967.   *Ludwig Dietz*

Sternheim, Carl
Geb. 1. 4. 1878 in Leipzig; gest. 3. 11. 1942 in Brüssel

In der Nachfolge Jean-Baptiste Molières verstand sich St. als ein »Arzt am Leibe seiner Zeit«, der »mit Sonde und Säge« umzugehen weiß und die »Schäden im Organismus der neuen bürgerlichen Gesellschaft« aufdeckt. Doch stilisiert sich der kompromißlose Kritiker der »Plüschzeit« (Autobiographie *Vorkriegseuropa im Gleichnis meines Lebens*, 1936) zugleich in der Rolle des »Über-Bürgers«. Person und Werk stehen zudem in der zeittypischen Spannung zwischen einem emphatischen Verständnis der erkenntnisstiftenden Leistungen von Kunst und ihrer illusionär-dekorativen Rolle in der alles nivellierenden Konsumgesellschaft des »juste milieu« (*Berlin oder Juste milieu*, 1920; *Tasso oder Kunst des Juste milieu*, 1921). Kind eines jüdischen Bankiers und Zeitungsverlegers und einer protestantischen Leipziger Schneidermeisterstochter, wird St. mit 19 Jahren protestantisch getauft, besteht kurz darauf mühevoll sein Abitur, schreibt sich an den Universitäten München, Göttingen, Leipzig, Jena und Berlin ein (1897 bis 1902), heiratet am 9. 11. 1900 Eugenie Hauth und läßt sich als angehender Schriftsteller zunächst in Weimar nieder. 1902 folgt der Umzug nach Berlin. Als Einjährig-Freiwilliger will St. in einem brandenburgischen Kürassierregiment »im Rahmen strengster Manneszucht sein Gleichgewicht« wiederherstellen.

Nach einem halben Jahr wird er als »dienstuntauglich« entlassen. Seine Ehe gerät durch die Bekanntschaft mit Thea Löwenstein (geb. Bauer) in eine Krise. Nach der Scheidung heiraten St. und Thea Bauer 1907. St.s zweite Frau bringt nicht nur ein beträchtliches Erbteil in die Ehe mit, sondern gibt, eigene künstlerische Interessen zurückstellend, dem unstet-labilen, aber höchst ehrgeizigen Ehemann Halt und Ansporn. 1908 baut sich das Ehepaar in einem Park vor den Toren Münchens das Schlößchen »Bellemaison«, das zum Treffpunkt für namhafte Künstler und die »beste Gesellschaft« wird. Nach ersten Dramen-Versuchen St.s (u. a. *Don Juan*, 1908) wird 1911 in Berlin sein »bürgerliches Lustspiel« *Die Hose* unter dem Titel *Der Riese* uraufgeführt. Trotz eines zwiespältig-skandalösen Erfolgs prophezeit der Freund Franz Blei: »Man wird *Die Hose* in hundert Jahren die spirituellste Komödie unserer Zeit nennen.« Drei weitere Komödien »aus dem bürgerlichen Heldenleben« bringen den ersehnten Theaterruhm: Nach dem provokativen Familienstück *Die Kassette* (Uraufführung 1911) sorgen dafür vor allem die Uraufführungen von *Bürger Schippel* (1913) und *Der Snob* (1914) in der Regie von Max Reinhardt. Mit knapp-präzisen Dialogen entwirft St. das soziale Spektrum zeittypischer Mentalitäten und Verhaltensweisen: »Vom Dichter gab es nichts, nur noch von Wirklichkeit hinzuzusetzen.« In ähnlicher Weise konfrontiert St. die illusionistische und verlogene Vorstellungswelt der Zeitgenossen (*Kampf der Metapher!*, 1917) mit dem nüchtern-brutalen Selbstbehauptungswillen seiner »Helden« in den Schauspielen *1913* (1915 veröffentlicht) und *Tabula rasa* (1916) sowie in den Erzählungen (zuerst *Busekow*, 1913) aus der Sammlung *Chronik von des zwanzigsten Jahrhunderts Beginn* (1918). »Die außerordentliche Disziplin, die Kälte, die Geometrie, die Nüchternheit dieses Dichters: das ist trocken saubere Menschenart. Ist einer, der in hartem Holz zu sägen liebt und nicht Laubstreu für Lesekühe schneidet« (Robert Musil, 1914). Während des Ersten Weltkriegs sind Aufführungen von St.s »undeutschen« Stücken verboten, so daß St. Texte anderer Autoren für das Theater bearbeitet und sich verstärkt der Erzählprosa zuwendet (Roman *Europa*, 1919/20).

Bereits 1912 hatte die Familie Deutschland verlassen; in der Nähe von Brüssel bezog sie den Landsitz »Clairecolline«, wo der Kunstkenner St. seine Gemäldesammlung (u. a. Vincent van Gogh, Paul Gauguin, Henri Matisse, Pablo Picasso) erweitert. Erneute Umzüge folgen: nach Uttwil (Schweiz) 1920, in den »Waldhof« bei Radebeul 1922. St. steht in freundschaftlicher Verbindung mit den Malern Frans Masereel und Conrad Felixmüller; er greift nun mit politischen und kulturkritischen Essays und Streitschriften (u. a. in *Die Aktion*) in das Tagesgeschehen ein. Er beklagt die Zerstörung des Individuums durch Kapitalismus und Massengesellschaft und rät den Zeitgenossen, »ihrer eigenen unvergleichlichen Natur (zu) leben.« Obwohl St. weiter als Dramatiker arbeitet (vgl. u. a. *Der Nebbich*, 1922; *Das Fossil*, 1923; *Oscar Wilde*, 1925; *Die Schule von Uznach*, 1926) und er vielfach seine Stücke selbst inszeniert, kann er in den 20er Jahren kein überzeugendes dramatisches Konzept entwickeln, in dem sich Zeitkritik und »Wirklichkeitsenthusiasmus« verbinden ließen. 1927 scheitert auch seine zweite Ehe. 1928/29 wird St. nach einem schweren geistig-körperlichen Zusammenbruch vorübergehend zu einem Pflegefall. Nach gesundheitlicher Besserung folgt 1930 eine kuriose vierjährige Ehe mit Pamela Wedekind (geb. 1908), dem »Dichterkind«. Bereits 1932 wendet sich die nationalsozialistische Kulturpolitik scharf gegen St., der 1930 seinen Wohnsitz in Brüssel genommen hatte. Als 1933 die Bücher und Theaterstücke des Autors in Deutschland verboten werden, ist St. bald auf finanzielle Hilfe von Freunden angewiesen. Krank und vereinsamt erlebt der entschiedene Kriegsgegner und Feind der Nationalsozialisten noch den Einmarsch der deutschen Truppen in Brüssel, aber nicht mehr den Zusammenbruch des Dritten Reiches. Am 11. 4. 1942 schreibt St. an seine ehemalige Frau Thea: »Ich bin fast immer allein! Aber über alldem steht, daß ich bester Laune – völlig genug vom Leben habe und mein Ende als höchstes Erdengut auch erwarte!«

Werkausgabe: Sternheim, Carl: Gesammelte Werke in sechs Bänden. Hrsg. von *Hofmann*, Fritz. Berlin/Weimar 1963–68.

Literatur: *Arnold*, Heinz-Ludwig (Hrsg.): Carl Sternheim. Text + Kritik. München 1985; *Sebald*, Winfried G.: Carl Sternheim. Kritiker und Opfer der Wilhelminischen Ära. Stuttgart u. a. 1969; *Wendler*, Wolfgang: Carl Sternheim. Weltvorstellung und Kunstprinzipien. Frankfurt a. M., Bonn 1966.

Jörg Schönert

Stieler, Kaspar

Geb. 25. 3. 1632 in Erfurt; gest. 24. 6. 1707 in Erfurt

»Ich heisse sie darumb die Geharnschte Venus / weil ich mitten unter denen Rüstungen im offenen Feld-Läger / so wol meine / als anderer guter Freunde / verliebte Gedanken / kurzweilige Begebnüsse / und Erfindungen darinnen erzehle«, schreibt St. in der Vorrede zur *Geharnschten Venus oder Liebes-Lieder im Kriege gedichtet* (1660), die zu den originellsten Liederbüchern des 17. Jahrhunderts gehört, ohne sich jedoch den verschiedenen Traditionen der Liebesdichtung zu verschließen. Im Gegenteil, die römische Liebesdichtung, Martin Opitz, Paul Fleming und Simon Dach, die Manier Philipp von Zesens und der Nürnberger (Georg Philipp Harsdörffer, Johann Klaj) haben ebenso ihre Spuren hinterlassen wie die Drastik und Sensualität der Studentenlyrik und die Schlichtheit des Gesellschaftsliedes. St.s Kunst besteht gerade in der virtuosen – durchaus auch ironischen und parodistischen – Variation, Kombination und Verarbeitung vorgegebener Themen und Motive: die Liebe als Wetzstein des Verstandes (Opitz).

Daß die Lieder »im Kriege gedichtet« worden seien, dieser Hinweis findet seine Bestätigung in St.s Biographie. Zunächst freilich folgt sein Leben traditionellen Bahnen: Der Sohn einer wohlhabenden Apothekerfamilie erhält von 1648 bis 1650 eine standesgemäße akademische Ausbildung an den Universitäten in Leipzig, Erfurt und Gießen, bis er hier wegen eines Duells der Universität verwiesen wird. Er setzt nach einer Zeit als Hauslehrer seine Studien der Medizin, Theologie, Rhetorik und später vor allem der Rechte in Königsberg fort (von 1653 bis 1655). Doch kommt es zu einer weiteren Unterbrechung: St. nimmt als »Auditeur«, einer Art Militärrichter, am schwedisch-brandenburgischen Krieg um Ostpreußen teil (1655 bis 1657), und hier mag manches Lied der *Geharnschten Venus* entstanden sein (ohne daß man das autobiographische Moment zu überschätzen braucht). Im Verlauf einer ausgedehnten Bildungsreise (1658 bis 1661) nach Holland, Frankreich, Italien und die Schweiz gerät St. noch einmal, und zwar in Frankreich, in Kriegsdienste. Nach einem letzten kurzen Studium der Rechte in Jena erhält er 1662 eine Stelle als Sekretär am Hof des Grafen von Schwarzburg-Rudolstadt in Thüringen und unterstreicht mit seiner Heirat im nächsten Jahr, daß die Wanderzeit ein Ende gefunden hat. Eisenach, Jena, Weimar und eine holsteinische Enklave bei Dessau sind die weiteren Stationen seines Lebens, bis er 1689 den Hofdienst aufgibt und sich als Privatgelehrter in Erfurt niederläßt.

Die literarische Produktion während dieser Jahre im Hof- und Universitätsdienst (St. war für kurze Zeit Sekretär der Universität Jena) ist anderer Art als die Liebeslyrik der Studien- und Kriegszeit. Es entstehen Stücke für die Hoftheater in Rudolstadt (*Rudolstädter Festspiele*, 6 Lustspiele, 1665–67) und Weimar (*Bellemperie*, 1680; *Willmut*, 1680), vor allem aber neben umfänglichen Erbauungsschriften praktische Anweisungen und Handbücher: Rhetoriken und Briefsteller (*Teutsche Sekretariat-Kunst*, 1673; *Der Allzeitfertige Sekretarius*, 1679), juristische Kompendien (*Der Teutsche Advocat*, 1678), eine Darstellung des Zeitungswesens (*Zeitungs-Lust und Nutz*, 1695) und schließlich das erste große deutsche Wörterbuch (*Der Teutschen Sprache Stammbaum und Fortwachs / oder Teutscher Sprachschatz*, 1691). Ungedruckt zu Lebzeiten blieb die *Dichtkunst* (1685), eine umfängliche Poetik in Versen. Sein Ansehen bei den Zeitgenossen gründete sich auf die großen Kompendien; als Dichter der unter einem Pseudonym veröffentlichten *Geharnschten Venus* wurde er erst 1897 identifiziert.

> Literatur: *Zeman*, Herbert: Kaspar Stieler. In: *Steinhagen*, Harald/*Wiese*, Benno von (Hrsg.): Deutsche Dichter des 17. Jahrhunderts. Ihr Leben und Werk. Berlin 1984. S. 576–596; *Ising*, Gerhard. Die Erfassung der deutschen Sprache des ausgehenden 17. Jh.s in den Wörterbüchern Matthias Kramers und Kaspar Stielers. Berlin 1956.   *Volker Meid*

Stifter, Adalbert
Geb. 23.10.1805 in Oberplan/Böhmerwald; gest. 28.1.1869 in Linz

Albert (seit 1818 Adalbert) St. entstammt einer Handwerkerfamilie, in der man Leinen webte und mit Flachs handelte. St.s Leben hat sich im wesentlichen in der europäischen Kernlandschaft zwischen Prag, Passau, Linz und Wien abgespielt; diese Landschaft zwischen Moldau und Donau beherrscht auch das Werk; nur einmal in seinem Leben kommt St. in den Süden (nach Triest); seine Weltanschauung, Wesen und Werk erscheinen zutiefst österreichisch, völkerverbindend und insgesamt östlich ausgerichtet. Trotz unverkennbarer zeittypischer Erscheinungsformen tendiert St. ins Überzeitliche; die großen Romane *Der Nachsommer* (1857) und *Witiko* (1865/67) sind literarische Entwürfe gegen die herrschenden politischen und sozialen Strömungen; politische Massenbewegungen, die einsetzende Verstädterung und die Anzeichen der industriellen Revolution, des beginnenden Maschinenzeitalters strahlen nur wie von ferne in sein Werk; wo sie allerdings erfaßt werden, wie etwa in den *Wiener Reportagen* (1844), dem *Tandelmarkt* oder den späten *Winterbriefen aus Kirchschlag* (1866), erkennt man nicht nur den naturwissenschaftlich geschulten Beobachter, sondern auch den entschiedenen Zeitkritiker. Naturbegriff und Landschaftsdarstellung in seinem Werk sind äußerst komplex und durchmessen sowohl die aus der späten Romantik bekannten Muster, bis hin zum nihilistischen Schauer; es finden sich aber auch Anklänge an die bis ins Utopische gesteigerten real-symbolischen Darstellungsweisen des späten Johann Wolfgang Goethe der *Wanderjahre*, wie jene rätselhaften säkularisierten »Offenbarungslandschaften«, höchst eindrucksvoll in ihrer Ruhe und Erstarrung. Walter Benjamin hat einmal von einer »geradezu pervers und raffiniert verborgenen Dämonie« der Natur bei St. gesprochen. Die in vielen seiner Texte einbrechenden oder wie selbstverständlich vorhandenen Fremden und »Wilden«, z.B. das »wilde Mädchen« im *Waldbrunnen* (1866), stellen nur den äußersten Rand des Personenspektrums dar, sind doch die Entsagungsfiguren St.s, meist Zurückgekehrte, Einzelne, oftmals wie St. selbst kinderlos, Resignierte und Sonderlinge, allesamt fremd und unzeitgemäß in ihrem Glauben, daß in der Versöhnung mit der Natur letztlich eine Entsühnung früher, zumeist durch Leidenschaft erzeugter Schuld, ihre »soziale Bewährung« erreichbar sei.

Die biographischen Spuren im Werk sind vielfältig und nachhaltig, aber selten oberflächenhaft festzumachen. Das gilt für die von der Mutter ererbte Triebhaftigkeit, gegen die er lebenslang angekämpft und angeschrieben hat. Es gilt aber auch für jenes »Zugrunderichtende«, das er zum erstenmal als Zwölfjähriger beim Unfalltod des Vaters unmittelbar miterlebt; das gilt vor allem für sein unglückliches erotisches Schicksal, das seinen Lauf nimmt, als Fanny Greipl seine leidenschaftliche Zuneigung abweist. Die unglückliche Liebe des Studenten zu ihr, 1827 einsetzend, eine schwere Belastung St.s über den frühen Tod Fannys im Jahr 1839 hinaus, ist denn auch vorrangiger Gegenstand der biographischen Arbeiten zu St. Das gilt aber auch für das über Jahrzehnte so ungewisse berufliche Schicksal. Dabei hatte St. das traditionsreiche Gymnasium des Stifts Kremsmünster, gefördert von Pater Placidius Hall, von 1818 bis 1826 glänzend durchlaufen, sich besonders der antiken Literatur, aber auch der Malerei und Naturkunde gewidmet und als notwendige Voraussetzung für den erstrebten Staatsdienst in Wien mit dem Jurastudium begonnen; in der Tat aber ist die Verstörung durch die nicht erwiderte Liebe zu Fanny Greipl derart, daß sie ihn für Jahre aus der Bahn wirft; weder schließt er das Studium ab (1830), noch hat er, der sich als Hauslehrer über Wasser hält (noch 1843 wird er als Hauslehrer Metternichs Sohn unterrichten), Erfolg bei seinen Bewerbungen. 1837 heiratet er die Modistin Amalie Mohaupt, die Ehe bleibt kinderlos, die beiden Ziehtöchter sterben früh (Josefine 1858 an Tuberkulose, Juliane 1859 durch Selbstmord). Ab 1840 meldet sich der Schriftsteller St. zu Wort, die Malerei tritt zurück, erste Erzählungen erscheinen in Journalen und Taschenbüchern, dann übernimmt der bedeutende Prager Verleger Gustav Heckenast Werk und Betreuung; St. verkehrt in den Wiener Salons, muß sich den Auseinandersetzungen in dem von gegenseitiger Konkurrenz beherrschten Literaturbetrieb stellen, u.a. mit Friedrich Hebbel; er empfindet die heraufziehende bürgerliche Revolution als überfällig, plant einen Robespierre-Roman, wendet sich aber dann von der Revolution ab. Er wirkt pädagogisch und ministerial, zunächst als Schulrat für Oberösterreich, gründet eine Realschule in Linz, dem Wohnsitz, scheidet aber auf eigenen Wunsch 1865 vorzeitig aus dem Schuldienst aus und wird zum Hofrat ernannt.

Nun erscheinen in Abständen – seit den 50er Jahren plagt ihn ein schweres Nervenleiden – die Erzählsammlungen; sein ständiges, im Falle der *Mappe meines Urgroßvaters* (erstmals 1841) lebenslanges Umarbeiten nennt er »Roden«. Und es erscheinen die Romane, die ihn nach einem halben Jahrhundert des Vergessens seit Beginn unseres Jahrhunderts zum »Klassiker«, zu einem der großen Erzähler nicht nur der deutschsprachigen Literatur bestimmt haben: Mit den *Studien* (1844–50) – der Titel wahrt noch den Bezug zur Romantik wie Malerei – , der Zusammenstellung überarbeiteter und in der Urfassung bereits vorliegender Erzählungen schafft St. den endgültigen Durchbruch. Sie enthalten u.a. *Der Condor* (1840), *Feldblumen* (1841), *Das Haidedorf* (1840), die berühmte und bereits den »anderen St.« zeigende Erzählung *Der Hochwald* (1842), *Die Narrenburg* (1843); in den 1847 erschienenen Bänden der *Studien* finden sich so bedeutende Erzählungen wie *Brigitta* – eine frühe Sozialutopie und Entwurf fraulicher Selbstbestimmung – , die Studienfassung der *Mappe meines Urgroßvaters*, von der Thematik, der Personengestaltung und Schreibart her sein persönlichstes und zugleich untergründigstes Werk, von suggestivem Appell und dem utopischen Glauben, daß Menschenschicksale von fernhin aufeinander angelegt seien, oder *Abdias*, in der das Problem menschlicher Schuld thematisiert wird. Die 1853 gesammelten Erzählungen *Bunte Steine* sind bis heute St.s bekanntestes Werk; im Vorwort dieser Ausgabe hat sich St. entschieden zu seiner Weltanschauung und Schreibart – das viel zitierte »sanfte Gesetz« – geäußert. Die Sammlung enthält *Granit* (1849), *Bergkrystall* (1845), *Turmalin* (1852), *Katzensilber*, *Bergmilch* (1843) und, vielleicht am nachhaltigsten, die Entsagungsgeschichte *Kalkstein* (1848).

Gipfelpunkt seines Werkes und sein großer Beitrag zum Bildungsroman der bürgerlichen Epoche ist *Der Nachsommer* (1857): im Rosenhaus begegnen sich alternde und junge Menschen und finden ihr Lebensglück in der Harmonie zu Natur und Kunst. Dies ereignet sich in der nahezu hermetisch abgeschlossenen Alpenwelt des Landguts Asperhof. St. bietet enzyklopädisch das Inventar der bürgerlichen Epoche auf – Gesellschaft, Geschichte, Natur, Kunst, Religion – und ordnet es lückenlos einer auf Einverständnis, Rationalität, Effektivität und künstlerische Wirkung bedachten Humanität unter, die deutlich auf die künstlerisch-philosophischen Weltordnungen des 18. Jahrhunderts zurückweist (Johann Gottfried Herder, Alexander von Humboldt und vor allem Johann Wolfgang Goethe). Die für St.s Alterswerk typische Suche nach menschlicher Sicherheit und Geborgenheit muß dabei zwangsläufig jedes »draußen« ausblenden. Seine edlen, sich vollkommen konfliktfrei darstellenden und souverän über die Schätze der Natur und des Geistes gebietenden »Kunst«-Menschen spielen ein Spiel, das angesichts der wirklichen Gegebenheiten der zweiten Jahrhunderthälfte alle Merkmale einer rückwärtsgewandten Utopie aufweist. St.s letzter Roman *Witiko* (1865/67) scheint dies unwillkürlich zu unterstreichen, wenngleich er an den für das 19. Jahrhundert typischen historischen Roman anknüpft und die Frühzeit der tschechischen Staatsgründung im 12. Jahrhundert behandelt. In diesem Roman, der aufgrund seiner Vielzahl ungewöhnlicher Stilmittel Verwirrung und Kontroversen hervorgerufen hat, entwirft er ein politisches Handlungsmodell, das ganz auf demokratischer Rationalität gegründet ist. Wie wenig St. in Wirklichkeit diesen Entwürfen getraut haben mag, zeigt die Tatsache, daß er durch Selbstmord endet: er verwundet sich mit dem Rasiermesser am Hals und stirbt zwei Tage später, ohne noch einmal das Bewußtsein erlangt zu haben.

Werkausgabe: Stifter, Adalbert: Werke und Briefe. Historisch-kritische Gesamtausgabe. Hrsg. von *Doppler*, Alfred und *Frühwald*, Wolfgang. 8 Bände. Stuttgart 1978 ff.

Literatur: *Naumann*, Ursula: Adalbert Stifter. Stuttgart 1979; *Wildbolz*; Rudolf: Adalbert Stifter. Stuttgart 1976; *Stiehm*, Lothar (Hrsg.): Adalbert Stifter. Studien und Interpretationen. Heidelberg 1968; *Glaser*, Horst Albert: Die Restauration des Schönen. Stifters »Nachsommer«. Stuttgart 1965. *Karl Hotz*

Storm, Theodor

Geb. 14. 9. 1817 in Husum/Schleswig; gest. 4. 7. 1888 in Hademarschen/Holstein

»In Storms Potsdamer Hause ging es her wie in dem öfters von ihm beschriebenen Hause seiner Husumer Großmutter... Das Lämpchen, der Teekessel, dessen Deckel klapperte, die holländische Teekanne daneben«, dies alles, so Theodor Fontane, seien Dinge gewesen, die von dem Besucher Würdigung erwarteten. Die Wohnung des unbesoldeten Assessors St. verweist auf die Bedeutung seiner Heimat, auf seine »Husumerei«. Schleswig mit seinen vorindustriellen Sozialverhältnissen – einem Nebeneinander von selbständigen Städten, adligen Gutsbezirken und freien Bauernschaften – bleibt der lebensweltliche Bezugspunkt für den Poeten und Juristen aus Husum. St. wächst in einer patriarchalisch geordneten Welt als Sohn eines Advokaten auf, studiert in Kiel (1837 und von 1839 bis 1842) und Berlin (von 1838 bis 1839). Während seines zweiten Kieler Studienaufenthalts freundet er sich mit den Brüdern Theodor und Tycho Mommsen an. Mit beiden gibt er das *Liederbuch dreier Freunde* (1843) heraus. Es ist bezeichnend, daß für St., der sich nach dem Studium in Husum als Advokat niederläßt, nicht die Revolution von 1848, sondern die Volkserhebung gegen die Dänen den entscheidenden politischen Bezugspunkt bildet. In dieser Zeit entstehen patriotisch-politische Gedichte. Als 1852 die dänischen Behörden St.s Bestallung als Advokat aufheben, beginnt mit der Anstellung im preußischen Justizdienst ein zwölfjähriges Exil. Erst 1864, nach dem Abzug der Dänen, kann St. in seine geliebte Heimatstadt zurückkehren. Der Justizbeamte lebt an der geographischen Peripherie Deutschlands. Der Lyriker und Novellist tauscht rege Briefe mit Gottfried Keller, Eduard Mörike und Iwan Turgenjew aus, auch besucht er gerne Kollegen und empfängt gelegentlich Besuch. Schon während seiner Potsdamer Zeit lernt St. im engeren literarischen Kreis der Vereine »Tunnel über der Spree« und »Rütli« Franz Theodor Kugler, Theodor Fontane und Paul Heyse kennen.

»Ich bedarf äußerlich der Enge, um innerlich ins Weite zu gehen« (Brief an Hermione von Preuschen vom 21. 9. 1881) – diese Vorliebe für eine provinzielle Beschaulichkeit mit Familienfesten, Leseabenden und Gesangsverein gründet auch in einem Ideal vom harmonischen Menschen, das in der großen unüberschaubaren Welt der Versachlichung überholt zu sein scheint. Für St. gerät die Provinz aber nicht zur patriarchalischen Idylle. Er erfährt ihre Bedrohung und setzt sie in seiner Dichtung um. Vertraut mit der materialistischen Popularphilosophie und als Gegner von Adelsprivilegien und theologischer Orthodoxie, schreibt St. aus dem Widerspruch zwischen intensiver Lebensbejahung und der Empfindung einer anonymen Bedrohung seines Ideals vom harmonischen Menschen. Dies erklärt das Nebeneinander von poetischer Stimmung und der Beschäftigung mit gesellschaftlichen Konflikten im literarischen Werk.

St. sieht sich vor allem als Lyriker, auch wenn ab Ende der 60er Jahre die novellistischen Arbeiten überwiegen. Dies gilt für alle von ihm benutzten Gattungen, wie ein Blick auf die erste selbständige Buchausgabe *Sommergeschichten und Lieder* (1851) zeigt. Sie vereinigt Prosastücke, Märchenszenen und Gedichte. Reflexionspoesie lehnt er ebenso ab wie die zeitgenössische Lyrikinflation oder Emanuel Geibels inhaltsleere Formkunst. Die meisten seiner Gedichte sind bestimmten Situationen verpflichtet. Dies gilt für die politischen Gedichte und die zahlreichen Liebesgedichte. In der Nachfolge Joseph Eichendorffs, Heinrich Heines und Eduard Mörikes entsteht eine liedhafte Erlebnislyrik, die immer wieder in meist elegischem Ton Heimat, Familie und Liebe thematisiert. In den besten Gedichten stellt er idyllische Zustände als vergangen oder bedroht dar. Von daher bildet sich das charakteristische Nebeneinander von friedlichem Landschaftsbild und gefährdeter menschlicher Beziehung.

Auch in der Novellistik herrscht zunächst, so in dem ersten großen Erfolg *Immensee* (1849), ein lyrisch-stimmungsvoller Ton, ein Spannungsverhältnis zwischen Vergangenheit und Gegenwart, Idylle und Wirklichkeit. St.s frühe Novellen-Konzeption klammert soziale und politische Zeitfragen aus und will in Anlehnung an eine Definition des zeitgenössischen Literaturhistorikers Georg Gottfried Gervinus der Gegenwart »eine poetische Seite abgewinnen«. So nutzt St. die Provinz und die Vergangenheit als erzählerische Rückzugsfelder. Dabei zeigen aber die »Desillusionsnovellen« (u.a. *Draußen im Heidedorf*, 1872; *Pole Poppenspäler*, 1874; *Hans und Heinz Kirch*, 1882) eine erweiterte sozialpsychologische Dimension. In ihnen wird die Menschen- und Umweltgestaltung gesellschaftlich präzisiert und zugleich an einem humanistischen Menschenbild festgehalten. Dies erscheint in den Novellen als Spannungsverhältnis zwischen demaskierten und poetisierten Konflikten. In den Chroniknovellen (u.a. *Aquis Submersus* und *Renate*, 1878; *Schimmelreiter*, 1888) entsteht eine durch kulturgeschichtliche Details veranschaulichte Welt mit häufig antiklerikaler und antifeudaler Tendenz. Im Gegensatz zum Historismus der Gründerzeit hat Vergangenheit hier zwei Funktionen: Sie erlaubt nicht nur einen Rückzug in überschaubare und damit erzählbare Verhältnisse, sondern auch aus liberaler Sicht eine Kritik an Adel und Klerus. Die Novellistik zeichnet sich durch ein verknappendes Erzählen aus, das die Raum- und Charaktergestaltung nur andeutet. Der Rahmen hat keine zyklenbildende Funktion. Der vom Autor eingeführte Erzähler oder Chronist schränkt die erzählerische Allwissenheit ein und beschränkt damit auch den Umfang des Erzählten.

St.s stoffliche und thematische Verengung in einer stimmungshaften Lyrik und Novellistik sichern dem Autor eine wachsende Popularität. Ähnlich Gottfried Keller und Conrad Ferdinand Meyer erreichen seine Novellen durch Vorabdrucke in Zeitschriften ein breites bürgerliches Lesepublikum. Die Einschränkung auf Heim und Herd ermöglicht es deutschtümelnden Interpreten, die bereits in einer gewissen Nähe zur späteren Blut- und Boden-Ideologie stehen, den Autor der Heimatkunst zuzuordnen. Nach 1945 erscheint er als unpolitischer Dichter zeitloser Schicksalsnovellen und stimmungshafter Naturlyrik.

Werkausgabe: Storm, Theodor: Sämtliche Werke. Hrsg. von *Laage*, Karl Ernst und *Lohmeier*, Dieter. 4 Bände. Frankfurt a.M. 1987f.
Literatur: *Bollenbeck*, Georg: Theodor Storm. Frankfurt a.M. 1988; *Goldammer*, Peter: Theodor Storm. Eine Einführung in Leben und Werk. Leipzig 1980; *Vinçon*, Hartmut: Theodor Storm. Stuttgart 1973.

Georg Bollenbeck

Stramm, August

Geb. 29. 7. 1874 in Münster/Westf.; gest. 1. 9. 1915 in Horodec/Rußland

Als Hauptmann der Reserve und Kompagnieführer fiel St. bei einem Sturmangriff in den Rokitnosümpfen, nachdem seine Einheit in vorangegangenen Schlachten schon auf ein Dutzend Leute zusammengeschmolzen war. Nach spätem Studium (mit Promotion über den Weltpostverein zum Dr. phil. 1909) neben dem Beruf höherer Postbeamter in Bremen und Berlin, hatte er für seine Dichtungen erst kurz vor Kriegsausbruch bei Herwarth Walden, dem Verleger und Herausgeber der avantgardistischen Zeitschrift *Der Sturm*, Verständnis und Förderung gefunden. Hier wurden zunächst seine dramatischen Versuche gedruckt – *Rudimentär* (1914), *Sancta Susanna* (1914; später vertont von Paul Hindemith) u.a. –, in denen nicht mehr Gestalten, sondern entpersönlichte *Kräfte* (1915, so der Titel eines weiteren Dramas) sich entfalten und bekämpfen. Rascher und anhaltender aufgenommen wurden seine nicht weniger extremen Verse, Liebes- und Kriegsgedichte der Sammlungen *Du* (1915) und *Tropfblut* (1915, veröffentlicht 1919).

Auf die Ausdruckskraft weniger, oft vereinzelter Wörter konzentriert, wobei Ausdruckswert und -gewalt vor allem durch Kürzung und Deformation ohne Rücksicht auf die Grammatik erneuert werden, ist St.s Versuch der überzeugendste eines durch die Erfahrung des Krieges verschärften, sprachlich radikalen Expressionismus, der ebenso Jugendstil und Symbolismus wie einen noch damit verbundenen Expressionismus – etwa Georg Heyms oder Georg Trakls – verneint. Ein Gedicht wie *Krieggrab* ist charakteristisch für seine Wortkunst – in der Kürze des »Telegramm-Stils« (Wegfall der Artikel etc.), in der Veränderung und Umfunktionierung wichtiger Wörter, in der Parallelisierung dreier Verse und dem Zerbrechen eines ursprünglich vierten Verses, um dessen gleiche Anzahl Wörter isoliert und ausdrucksstark zu stellen: »Stäbe flehen kreuze Arme / Schrift zagt blasses Unbekannt / Blumen frechen Staube schüchtern / Flimmer / tränet / glast / Vergessen«.

Werkausgabe: Stramm, August: Die Dichtungen. Hrsg. von Jeremy *Adler*. München 1990.
Literatur: *Pirsch*, Volker: Der Sturm. Herzberg 1985; *Möser*, Kurt: Literatur und die ›Große Abstraktion‹. Kunsttheorien, Poetik und ›abstrakte Dichtung‹ im ›Sturm‹. Erlangen 1983.

Ludwig Dietz

Strauß, Botho
Geb. 2. 12. 1944 in Naumburg/Saale

St., dessen Bühnenstücke zu den meistgespielten an deutschen Theatern gehören, ist ein Kristallisationspunkt der Literaturkritik. Sehen die einen in ihm »einen Buchhalter gegenwärtiger und vergangener Moden« (Christian Schultz-Gerstein), der nach dem Scheitern der studentischen Aufklärungsversuche das Irrationale salonfähig macht, so gilt er anderen als »sensibler Realist« (Helmut Schödel), dessen literarische Rätselbilder einer von Wahnsinn bestimmten Wirklichkeit entsprechen.

Geboren als Sohn eines Lebensmittelberaters, besuchte er das Gymnasium in Remscheid und Bad Ems; nach 5 Semestern brach er sein Studium der Germanistik, Theatergeschichte und Soziologie ab – nebenher versuchte er sich als Schauspieler auf Laienbühnen – , um sich als Kritiker und Redakteur bei der Zeitschrift *Theater heute* einen Namen zu machen. Zwischen 1967 und 1970 erlangte er hierbei einige Reputation und Bekanntheit. Den Wechsel vom Kritiker zum Theaterpraktiker vollzog St., als er in den frühen 70er Jahren als Dramaturg an der Berliner Schaubühne unter Peter Stein arbeitete. Erheblichen Anteil hatte St. z. B. an der bekannten und erfolgreich verfilmten Inszenierung von Maxim Gorkis *Sommergäste*. Sein erstes Theaterstück, *Die Hypochonder* (1972), fand allerdings kaum positive Resonanz. Die in dem Drama vorgeführten verschiedenartigen Angstsituationen, in denen das Publikum vergeblich nach einem Handlungsfaden suchte, wurden von der Kritik als ein esoterisches Verwirrspiel für Eingeweihte abgetan.

Den Geschmack von Publikum und Kritik traf St. dann mit seiner Erzählung *Die Widmung* (1977). Dargestellt wird der innere Leidensweg des Buchhändlers Richard Schroubek, der, verlassen von seiner Geliebten, sich aus seinen normalen sozialen Bezügen löst und sich ganz seinem Schmerz hingibt. Das Verlassensein und Herausgelöstwerden wird zu einer Grundkonstante im Werk des Autors. Auch die Protagonisten der späteren Dramen bewegen sich in geradezu künstlichen Handlungsräumen, die, zwischen Banalität und Exzentrik schwankend, einen klareren Blick auf die Befindlichkeit der Personen erlauben. Vor allem mit der *Widmung* wird St. zu einem herausragenden Literaten der in den späten 70er Jahren besonders gepflegten sogenannten »Neuen Innerlichkeit«. Seine Dramen *Bekannte Gesichter, gemischte Gefühle* (1975) und *Trilogie des Wiedersehens* (1977) waren – da sie jetzt den Zeitgeist der von Agitprop und Dokument befreiten Kunst widerspiegelten – erste durchschlagende Theatererfolge. Zum besten Stück der Spielzeit 1978/79 wurde seine Szenencollage *Groß und klein* erklärt. Vorgeführt werden die Stationen eines Leidenswegs, den eine junge Frau auf der Suche nach Zuneigung und Geborgenheit in verschiedenen Räumen der gegenwärtigen Gesellschaft durchlebt, um schließlich im Zustand geistiger Verwirrung zu enden. Mit Hans Wolfschütz läßt sich feststellen, daß in den St.-Stücken der 70er Jahre die Sehnsucht in einer Atmosphäre allgemeiner Erschöpfung »als einziger Lebensantrieb« fungiert und das Passive, das Warten zur Haupteigenschaft der Personen wird. Auch in *Kalldewey, Farce* (1982) werden Personen vorgestellt, denen es an innerem Halt mangelt; gefühlskalte Menschen lassen keine Hoffnung aufkommen. Zunehmend deutlich wird die Tendenz, Gegenwartsprobleme auf überhistorische, mythische Grundlagen zu beziehen. Die Erzählweise schwankt zwischen Ironie und Melancholie. Das Fehlen einer Fabel sowie einer durchgehenden Problemkonstellation ist charakteristisch. Kaleidoskop- und collageartig sowie mit filmischen Schnitt-Techniken wird das Leiden des Individuums in der Gegenwart vorgeführt. Den Vorwurf des Esoterischen handelt sich St. dadurch ein, daß er z.B. in *Der Park* (1984) die Grenzen von banalem Alltag und Phantasiewelt aufhebt oder in den Reflexionen *Paare, Passanten* (1981) Versatzstücke aus Philosophie und Bildungsgut eigenwillig vermengt. Im *Park* wollen Oberon und Titania, die St. aus Shakespeares *Sommernachtstraum* geborgt hat, in den nüchternen und beziehungsgestörten Gegenwartsmenschen die verschütteten sinnlichen Energien zu neuem Leben erwecken. Allerdings, am Ende verändern sich nicht die Menschen, sondern die Götter ähneln immer mehr den lustlosen Alltagsmenschen. Um das Scheitern absoluter Liebe geht es in dem Drama *Die Fremdenführerin* (1986). Während eines Urlaubs in Griechenland verliebt sich ein deutscher Lehrer in die Fremdenführerin, die ihm nicht nur die Ruinen der altgriechischen Kultur erklärt, sondern auch die Gefühlswelt durcheinanderwirbelt. Reagierte hier die Kritik recht verhalten, so wurde *Die Zeit und das Zimmer* (1988) von Publikum und Feuilleton gleichermaßen begeistert aufgenommen. In unzusammenhängenden Episoden wird das Verhältnis der Geschlechter zwischen Kampf und Nähewunsch vorgeführt. Mythische Gewalten scheinen im *Schlußchor* (1991) das Mißlingen der Liebe zu beeinflussen. Ein Mann überrascht eine unbekleidete Frau im Bade und entkommt, als wäre sie die rachedurstige Göttin Diana, ihren tödlichen Nachstellungen nicht. Das Stück bringt zugleich die deutsche Wiedervereinigungsproblematik in drastischer, manchmal allegorischer Weise auf die Bühne.

Unter keinen Gattungsbegriff ist der ›Roman‹ *Der junge Mann* (1984) zu fassen. Theoretische Visionen werden mit phantastischen Erzählungen verknüpft, satirische, allegorische und essayistische Momente, die insgesamt sich gegen eine plausible Deutung sperren, fließen ineinander. Spätestens seit dieser merkwürdig-unverständlichen Romanschrift sowie auch dem 80seitigen Gedicht *Erinnerung. . .* (1985) stehen sich Gegner und Befürworter seines Werkes unversöhnlich gegenüber. Günter Schäble sprach bereits von einem »Glaubenskrieg« und bezeichnete den Autor als Indiz für die »Wende in der Dichtkunst« zum konservativen Kitsch. Ein zentrales Thema der in regelmäßigem zeitlichen Wechsel zu den Dramen erscheinenden Prosa ist die Unmöglichkeit der Liebe, wie St. es in *Kongreß. Die Kette der Demütigungen* (1989) auf beinahe peinigende Weise vorführt. Wie durch ein Blitzlicht erhellt und stillgestellt wirken die Situationen, in die St. seine Figuren in *Niemand anderes* (1987) und in *Beginnlosigkeit* (1992) stellt. Philosophische und essayistische Reflexionen stehen hier gleichberechtigt neben erzählter Episode und wortwitzigem Aperçu. Der mit dem Jean-Paul-Preis (1987) und dem Georg-Büchner-Preis (1989) ausgezeichnete Autor gehört heute nicht nur zu den erfolgreichsten Gegenwartsautoren, sondern kann für sich auch in Anspruch nehmen, der vielleicht einzelgängerischste und rätselhafteste zu sein.

Literatur: *Arnold*, Heinz Ludwig (Hrsg.): Botho Strauß. Text + Kritik. Sonderband. München 1984.
Claus Gelfort/Frank Dietschreit

Der Stricker
erste Hälfte 13. Jahrhundert

Wie von vielen mittelalterlichen Autoren sind auch vom St. außer den dichterischen Werken nur wenige Zeugnisse bekannt. So erwähnt der Zeitgenosse Rudolf von Ems im Literaturexkurs seines Romans *Willehalm von Orlens* (um 1230) den St. lobend mit einem Artusroman (Vers 2230–2233); ein späterer Literaturexkurs in dessen *Alexanderroman* (um 1240), der ihn ebenfalls – unter 17 Autoren – hervorhebt, versieht den Namen des Strickaere mit dem erstaunlichen Zusatz »swenn er wil,... sô macht er guotiu maere« (Vers 3257f.), ein Hinweis, daß zumindest Rudolf von Ems gerade diejenigen Werke, auf die sich der neuzeitliche literarhistorische Rang des St. gründet, die Verserzählungen (maeren), nicht allzusehr schätzte – evtl. ein aufschlußreicher Einblick in die ästhetischen Wertungen des Mittelalters. Polemisch ist eine dritte Erwähnung des – offenbar populären – St. in Volmars Gedicht »Von den Edelsteinen« (Mitte 13. Jahrhundert), weil er nicht an deren magische Kraft glaube.

Aufgrund dieser Nennungen wird die Schaffenszeit des St. auf etwa 1220 bis 1250 angesetzt. Weitere Daten suchte die Forschung aus seinen Werken zu gewinnen: Seine Sprache weist ihn als Rheinfranken aus; Anspielungen in einzelnen Werken machen indes als hauptsächlichen Wirkungsbereich den oberdeutschen Raum, insbesondere Österreich wahrscheinlich. Der Name »St.«, den er selbst nur einmal nennt (»Frauenehre«), wurde zweifach gedeutet: einmal als Berufsbezeichnung (Seiler oder Fallensteller) des Autors selbst oder seiner Familie oder auch metaphorisch als sprechender (Dichter-)Name im Sinne von »Worte zusammenfügen« oder auch »durch Worte bestricken«. Im Anschluß an die zweite Deutung und aufgrund einer Äußerung des St. sieht man ihn als Fahrenden: Er stilisiert sich im Zusammenhang mit seiner Namensnennung als arm, von Gaben (Pferd und Kleidung) abhängig – was im Mittelalter allgemein auf fahrende Dichter zutrifft – falls die Stelle nicht als Bescheidenheitstopos interpretiert werden muß. Dem Status eines Fahrenden widersprechen nicht seine Gelehrsamkeit und seine Kenntnisse in Rechtspraktiken und theologischen Fragen.

In seinen Werken erweist sich der St. als Verfechter der althergebrachten Stände- und Weltordnung, ganz entsprechend dem Zeit- und Mentalitätsgefühl des 13. Jahrhunderts, in welchem immer wieder die Auflösung der traditionellen Werte und Normen beklagt wird. Als Frühwerke des St. gelten seine beiden Romane: eine Neufassung des Rolandsliedes des Pfaffen Konrad, das durch Erweiterung und Ummotivierung zu einem kaiser- und stauferfreundlichen Karls-Epos wurde, und der erwähnte, in der Tradition von Hartmanns *Iwein* stehende höfische Roman *Daniel von dem blüenden tal*, in dem Motive und Handlungsstruktur z.T. so übersteigert sind, daß das Werk heute wie eine Persiflage auf den Typus des Artusromans wirkt. Seine literarisch innovative Leistung beruht indes – in neuzeitlicher Sicht – auf seinen über 160 kleinen Verserzählungen, den maeren, reden, bîspeln, Fabeln, Exempeln, die er als Gattungen literaturfähig machte. In ihnen formulierte er sein didaktisches Grundanliegen, die Forderung, den althergebrachten ordo zu respektieren. Die Stoffe entnahm er dem abendländischen und orientalischen Erzählgut und formte sie durchaus originell gemäß seinen erzieherischen Zwecken zu schwankhaften, belehrenden, allegorischen oder religiös-besinnlichen Geschichten aus, stellte in ihnen Fragen der Sünde und Buße, Laster und Alltagserscheinungen – erstmals auch bei Nicht-Adligen –, von der Trunksucht bis hin zu Eheproblemen, ebenso zur Diskussion wie Moral und Machtmißbrauch des Adels oder allgemein politische Mißstände. Er schuf überdies den ersten deutschen Schwankroman, zwölf Abenteuer um die Gestalt des *Pfaffen Amîs*, in dem die Doppelmoral der Kleriker und die Dummheit des einfachen Volkes dargestellt wird. Vielseitig und gewandt in der Handhabung des höfischen Form- und Stilideals, fand der St. sein Publikum an geistlichen und weltlichen Höfen, im Stadtadel und Patriziertum. Seine Nachwirkung war beträchtlich, insgesamt sind fast einhundert Handschriften bekannt.

Werkausgaben: *Moelleken*, Wolfgang W. (Hrsg.): Die Kleindichtung des Strickers. 5 Bde. Göppingen 1973–1978; *Fischer*, Hanns (Hrsg.): Der Stricker. Verserzählungen. 2 Bde., revid. von Johannes *Janota*. Tübingen, Bd. 1 ⁴1979, Bd. 2 ³1984; *Ehrismann*, Otfrid (Hrsg.): Der Stricker. Erzählungen, Fabeln, Reden. Mhd./Nhd. Stuttgart 1992.

Literatur: *Ragotzky*, Hedda: Gattungserneuerung und Laienunterweisung in den Texten des Strickers. Tübingen 1981; *Wailes*, Stephen L.: Studien zur Kleindichtung des Stricker. Berlin 1981.

Günther Schweikle

Strittmatter, Erwin
Geb. 14. 8. 1912 in Spremberg

St.s berühmtester und in viele Sprachen übersetzter Roman *Ole Bienkopp* (1963) – mit dem sprechenden Namen ist zugleich ein Typus und Menschenschlag benannt, dem der Autor fortan treu bleiben wird – war zunächst nach seinem Erscheinen durchaus umstritten und lag inhaltlich, von der Botschaft her, wie auch formal, quer zu den damals noch verpflichtenden Gesetzen des sog. ›sozialistischen Realismus‹: Ole Bienkopp als ein Menschentypus jenseits der DDR-Wirklichkeit oder doch in deren Nische; der Sonderling in der großen mecklenburgisch-niedersächsischen Tradition eines Fritz Reuter und Wilhelm Raabe, und selbst Uwe Johnsons Figuren besitzen Spuren dieser Erzähllinie. Die Auseinandersetzung und der letztliche Erfolg des Autors bedeutete zugleich so etwas wie eine Zäsur und eine frühe und partielle Öffnung der Literaturkritik. Und in der Tat erscheinen die Aufbaujahre 1952 bis 1959 (Erzählzeit) hier lebensnaher und nachvollziehbarer und bar jeden verordneten Kadergeistes als im kontemporären und ebenso zur Schulpflichtlektüre erhobenen Roman *Die Aula* von Hermann Kant. So kann es kaum verwundern, daß St. von nun an zum erklärten Lieblingsschriftsteller, zu *dem volkstümlichen* Erzähler in der DDR wurde, ein ideologisch besetztes Genre, das es doch eigentlich gar nicht hätte geben dürfen. Hohe Ehrungen und politische Anerkennung folgten (mehrmals Staatspreisträger), mit den damit verbundenen Privilegien. St.s Erfolg und seine Wertschätzung haben nach der Vereinigung eher noch zugenommen, insofern sich die Leserschaft der ehemaligen DDR angesichts dieses Autors und seiner Schreibart der Unterschiede beider Kulturnationen und Lesekulturen bewußt wird (vgl. *Der Laden*).

St.s Romane und die Geschichte seines Erfolges belegen aber auch ein literatursoziologisches innerliterarisches Phänomen, das man bei der wissenschaftlichen Betrachtung der DDR-Literatur in der BRD ganz übersehen hatte, weil es kaum in die ideologische Diskussion paßte: das Eingreifen des Ländlichen in die Literatur der DDR und das Fortleben bestimmter binnendeutscher Erzähltraditionen. Und wenn es zutrifft, daß sich St.s Figuren von ihrer Bodenständigkeit und ihrem Heimatsyndrom in Richtung einer generellen Problematisierung des Individuellen bis zum Schutzraum des Verschrobenen, Unzeitgemäßen und Sonderlinghaften hin – modellhaft vorgeführt an der Künstlerexistenz – entwickeln, ist wiederum die Erzähltradition des poetischen Realismus, Adalbert Stifter, Gottfried Keller und Wilhelm Raabe zumal, präsent, und St.s Äußerung, daß »zu jeder Arbeit eine bestimmte Art von Poetisierung« gehöre, kann deshalb durchaus als eine Art Standortbestimmung seines Schreibens bezeichnet werden. Damit ist aber auch die ästhetische Problematik einer solchermaßen relativ ungebrochenen Tradierung – auch der von St. immer wieder bemühte und bis zum Kalauer hin strapazierte Humor gehört ja durchaus in diese Linie – mit angesprochen. Jene nahezu exzessive Erzählerreflexion, wie sie der späte Raabe in den *Akten* oder im *Odfeld* durchspielt, fehlt in den epischen Großwerken St.s, nicht aber in den sog. »Kleingeschichten«, die als virtuose Fingerübungen und poetologische Keimzellen zu betrachten sind und von der damaligen Kritik auch sofort so verstanden wurden. Wenn gesagt wurde, daß mit dem dritten Teil des *Wundertäters* (1966) und besonders mit der Trilogie *Der Laden* (1983/1987/1991) zunehmend Selbstreflexion, Kommentar und offene Schreibweise die Struktur und das Erzählgefüge bestimmen, so bedarf das der Einschränkung, insofern diese Erzählmittel immer perspektivisch eingebunden und an die biographischen Strukturlinien angepaßt bleiben (z. B. Esau Matts Geschichte im *Laden*).

Was die biographische und manchmal ans Autobiographische anspielende Präsentation von Lebensgeschichten über mehrere Generationen in unserem Jahrhundert betrifft, so erinnert St.s Verfahren, besonders im Einbeziehen lokal-realistischer Versatzstücke und in der Sprachkomik, an Kempowski, in der Urwüchsigkeit und Derbheit, die auch Zoten nicht scheut, an Oskar Maria Graf. St. selbst beruft sich gerne auf den großen Knut Hamsun – gemeinsam und bestimmend ist die Hochschätzung der epischen Wirklichkeit, jenes Moment, das immer wieder für Mißverständnisse, aber gerade auch für den hohen Grad an Identifikation für den DDR-Leser verantwortlich ist. Im dritten Band des *Wundertäters* (1978) wird u. a. die Vergewaltigung einer jungen Frau durch einen Rotarmisten geschildert, ein absolutes Tabu in der DDR, weshalb die Auflage zunächst von der Armee konfisziert wurde; es macht aber anschaulich, daß das Wir-Gefühl, das sich für die damaligen Leser einstellte, nachprüfbare Gründe hat; ebenso entspricht die an dem ausbleibenden gesellschaftlichen Eingreifen der Figuren ablesbare Desillusionierung durchaus der gelebten Wirklichkeit in der DDR seit den siebziger Jahren. Allerdings weichen auch die erst 1990 veröffentlichten Tagebuchaufzeichnungen (*Die Lage in den Lüften*, 1973–1980) in der Reflexion der eigenen Selbstzensur und des stillschweigenden Nischendaseins kaum erheblich vom gängigen Intellektuellenmuster in diesen Jahren ab; die Rolle des Dissidenten oder Oppositionellen geht mit St.s Selbstverständnis und seinen literarischen Anfängen nicht zusammen.

St.s dramatischer Erstling *Katzgraben* (1953) wurde von Bertolt Brecht bearbeitet, beachtet sein Theaterstück *Die Holländerbraut* (1960), sein vielgelesenes Jugendbuch

Tinko (Flüchtlingsschicksale in der frühen DDR – ein Reizthema) wurde sogar verfilmt; mit dem ersten Teil des *Wundertäters* (1957) wäre beinahe der erste bedeutende Beitrag der DDR-Literatur in der BRD gelungen, wenn nicht St.s Haltung zum Bau der Mauer (1961) das Vorhaben gestoppt hätte. Der anhaltende Erfolg seines jüngsten Romanprojekts *Der Laden*, insbesondere Teil III, die zahlreichen Lesereisen des Autors in den neuen (seinen »alten«) Bundesländern, scheinen zu bestätigen, daß St. in der intellektuellen Zurücknahme, der mitunter deftigen Tonlage, dem Wechsel der Personenrede, seinem volksnahen Optimismus gerade für seine Landsleute ein Stück poetischer Lebenshilfe bedeutet, ohne daß er deshalb schon zum Philosophen stilisiert werden müßte; für die Leser im Westen scheint es vor allem das provinziell Exotische, die Innensicht der Verhältnisse in der ehemaligen DDR zu sein, die ihm den Erfolg sichern.

So nah am »richtigen Leben« sich dieses Erzählen auch gibt, so wenig darf man die ans Manieristische grenzende Kunstmäßigkeit des szenischen und personengebundenen Erzählens übersehen; der ›Perspektiventrick‹ – ein Kind und dann Jugendlicher tritt als Erzähler auf – deckt freilich die ästhetische Seite seines Anspruchs, eine »mecklenburgisch-ländliche Comédie humaine«, eine Naturgeschichte unseres Jahrhunderts aus dem Blickwinkel derer ›von unten‹ zu bieten, kaum hinreichend ab. Den poetologisch anderen Autor zeigen die ³/₄ *hundert Kleingeschichten* oder die *Nachtigall-Geschichten*: versiert, vertraut mit den Techniken modernen Erzählens, Kabinettstücke gerade auch für den mündlichen Vortrag; St. selbst ist wegen seiner artistisch-komödiantischen Vortragsweise, neuerdings wegen seines philosophisch-meditativen Stils berühmt. Und nicht nur Stanislaus Büdner (im *Wundertäter*) ist – trotz seines »Entfalls«, womit St. die besondere Weise der Teilhabe der Figur an gesellschaftlicher Entfremdung benennt, bestrebt, »das große Wundern aus der Kindheit in sein Leben zurückzuholen«, diese »Wunderstruktur« bestimmt auch die autobiographischen Erzählungen *Die blaue Nachtigall oder Der Anfang von etwas* (1972) oder die kleine Skizze *Maiwind* aus dem *Schulzenhofer Kramkalender* (1966). St.s poetische Bedeutung liegt begründet in der spezifischen Form und Funktion des »diktionalen« Erzählens (Sprechstil) und der Tendenz zum Figurenroman mit deutlichem Bezug zu volkstümlichen Motiven, z. B. das Dümmlingsmotiv aus dem Volksmärchen oder der romantische Wiederkehrer. Ungeachtet der von der Literaturkritik immer wieder hervorgehobenen Wandlungsfähigkeit und der Entwicklung seines Erzählens bleibt die Anbindung dieses Werks an die kreatürliche Erfahrung – der wie fragwürdig auch immer zu interpretierende Zusammenhang des Menschen mit der Natur, so wie es im Bild vom Weinstock in einem Brief (1971) formuliert ist: »Diesen Weinstock vom Inneren dieses Weinstocks her beschreiben – das mußt du schaffen! – Denn der Weinstock mit seinen suchenden Ranken war für mich etwas Kreatürliches«. Mögen in diesem Glauben an eine »geheime Welt« Bedeutung und Begrenzung des Erzählens von St. liegen, man wird, wo von mecklenburgischer Weltliteratur des 20. Jahrhunderts die Rede ist, nach und neben Uwe Johnson wohl auch St. nennen.

Literatur: *Kopelew*, Lew: Ein Wundertäter sattelfest. In: Ders.: Der Wind weht, wo er will. Hamburg 1988; *Strittmatter*, Erwin: Leben und Werk. Analysen, Erörterungen, Gespräche. Bearbeitet und erweitert. Berlin 1984.   *Karl Hotz*

Tepl, Johannes von

Geb. um 1350 in Tepl oder Šitbor̆; gest. etwa 1415 in Prag (?)

Es bedurfte detektivischen Spürsinns der Forscher, um Stationen der Lebensgeschichte dieses Autors, der nur ein einziges Buch schrieb, zu rekonstruieren, der sich seinen Platz in der Literaturgeschichte durch das Streitgespräch *Der Ackermann aus Böhmen* (1400 oder 1401) gesichert hat. Den Beleg für die zunächst erschlossene Autorschaft brachte 1933 der Historiker Heilig. Er fand in dem Freiburger Codex 163 das Widmungsschreiben, gerichtet an den Prager Peter Rothirsch. Hier unterzeichnete J. als Johannes de Tepla, Bürger zu Saaz. In Saaz ist er 1378 als Notar der Stadt bezeugt, später in weiteren Ämtern, so als Rektor der örtlichen Lateinschule. Eine Vorstellung von den ihm zufließenden Einnahmen vermittelt die Nachricht, er habe nebenher mit alkoholischen Getränken gehandelt, auch das Privileg in Anspruch nehmen müssen, von Saazer Schlachtern auf dem Markt je einen Groschen zu erheben. Es fehlen die präzisen Geburts- und Sterbedaten. Eine einzige exakte Angabe bietet die Dichtung; hier findet man das Datum des Todes der Ehefrau Margaretha (1. August 1400).

Indes ist eben dies verdächtig. Benötigte J. die Fiktion, um der Anklage des Ackermanns, der den Tod wegen des Verlusts der Gattin vor das Gericht Gottes zieht, Authentizität zu verleihen? (Bei dem *Ackermann aus Böhmen* handelt es sich um ein Streitgespräch über den Sinn von Leben und Tod zwischen einem Schriftsteller und dem Tod, der ihm sein Weib im Kindbett genommen hat.) Die Klage eines Hinterbliebenen war im Spätmittelalter längst Topos und wurde sogar bereits ironisch gewendet: Im *Libro de Buen Amor* (um 1340) des Juan Ruiz, Erzpriesters von Hita, beklagt dieser den Tod seiner altgedienten Kupplerin, der Trotaconventos.

J. gehörte einem Berufsstand an, der nicht nur den Aufbau eines modernen Verwaltungs- und Erziehungswesens vorantrieb, sondern zugleich ein Hauptträger des neuen geistigen Mediums war, des Renaissancehumanismus. Die Humanisten verherrlichten sich selber im Typus des Poeten und Orators oder Mannes der Wohlredenheit, der zum Nutzen der Gesamtheit wirkt. In der Reformation erscheint er als Mann des Wortes, nämlich als Prediger. Keinen andren als den Poeten und Orator konfrontiert J. in seiner Dichtung mit dem Tode, dem »grimmigen Tilger aller Leute«. Der Ackermann ist der Schriftsteller. Dieser aber spricht als Anwalt der Menschheit, namens aller vom Tode Bedrohten. Obgleich vom Tod zur Anerkennung der Naturgesetzlichkeit des Sterbens bewogen, gibt er dennoch nicht das Recht der Menschheit auf das Glück im Diesseits preis; sein Terminus dafür: »Freude«. Hier keimt ein Kult, der später, im 18. Jahrhundert, in hymnischen Gesängen »an die Freude« kulminieren wird, in Leugnung der christlichen Vorstellung von der Erde als dem todverfallenen Jammertal.

Als Notar der zweisprachigen Stadträte von Saaz und (seit 1411) Prager Neustadt sowie als Schulrektor war J. beider Landessprachen mächtig, als Akademiker darüberhinaus des Lateinischen. Er entschied sich dafür, den *Ackermann*-Text in (frühneuhoch-) deutscher Prosa zu geben. Merkwürdig dabei ist allerdings: Zwischen der Entstehung (1400/01) und der Frührezeption des Streitgesprächs liegt eine Pause von knapp fünfzig Jahren: Überliefert ist die Dichtung in 16 Handschriften und 17 alten Drucken zwischen 1449 und 1547. Die Drucke stammen mit zwei Ausnahmen (Bamberg) vom

Oberrhein (Basel, Straßburg). Dies gab Anlaß zu der Erwägung: War J. gar nicht der Urheber des uns vorliegenden Texts, sondern nur eines »Ur-Ackermann«? Wäre der Erfolg erst gekommen, als ein jüngerer süddeutscher Anonymus eine Bearbeitung vorlegte? Wie auch immer, Entstehung und Frührezeption fallen in das Zeitalter der Reformationen, von John Wiclif und Johannes Hus bis zum Ausgang des Schmalkaldischen Kriegs. Nach einer zweiten – langen – Pause folgte im 20. Jahrhundert die späte Rezeption, angeregt und eingeleitet durch das Interesse, das die Literaturwissenschaft dem Autor zuteil werden ließ. Seither riß die Beschäftigung mit J., seiner Lebensgeschichte und der *Ackermann*-Dichtung nicht mehr ab.

Werkausgabe: Johannes von Tepl: Der Ackermann aus Böhmen. Bd. 1. Hrsg. von *Jungbluth*, Günther. Heidelberg 1969. Bd. 2. Kommentar. Hrsg. von Rainer *Zäck*. Heidelberg 1983.

Literatur: *Hahn*, Gerhard: Der Ackermann aus Böhmen des Johannes von Tepl. Darmstadt 1984; *Hrubý*, Antonin: Der »Ackermann« und seine Vorlage. München 1971   *Wolfgang Beutin*

Thoma, Ludwig
Geb. 21. 1. 1887 in Oberammergau; gest. 26. 8. 1921 auf der Tuften bei Rottach am Tegernsee

Fast alle Werke Th.s wurden auch als Verfilmungen große Publikumserfolge und krönten ihn zum bayrisch-münchner Heimat- und Regionaldichter. Seine Beliebtheit resultiert vor allem aus der vermeintlichen Echtheit der naturalistischen Milieuschilderungen des bäuerlichen Lebens und der kleinbürgerlichen Moral. Sowohl in seinen Romanen (*Andreas Vöst*, 1906 und *Der Wittiber*, 1911) als auch in seinen zahlreichen Komödien knüpft er mit Humor, Satire, politischer Kritik und antipreußischen Ressentiments an lokale Literaturtraditionen an. Nach seinem Tod fiel sein Nachlaß per Testament an Maidi von Liebermann mit der Auflage, daß der Münchner Pädagoge und Professor Hofmiller die Manuskripte ordnen sollte. Alle Schriften blieben jedoch bis 1957 so gut wie unangetastet in Th.s Wohnsitz auf der Tuften am Tegernsee, da Maidi bis zu ihrem Tode keinen Zutritt gewährte. Erst danach kamen alle Nachlaßdokumente in die Handschriftensammlung der Stadtbibliothek München, darunter der Roman *Wittiber* (in zehn blauen Schulheften) Ledernotizbücher, auch aus der Zeit seines Stadelheimer Gefängnisaufenthaltes, sowie 97 polemische Aufsätze für den *Miesbacher Anzeiger* aus den beiden letzten Lebensjahren und ein Roman-Fragment mit dem Titel *Münchnerinnen*. Th. hatte eine besondere Vorliebe für edles Papier und schrieb oft auf handgeschöpften Blättern.

Er wurde als fünftes von acht Kindern eines königlichen Oberförsters in Oberammergau geboren. Seine frühe Kindheit verbrachte er bis 1873 in der Vorderriß, wo seine Eltern nebenbei einen Gastbetrieb führen. Nach dem Tod des Vaters und einer schweren Erkrankung der Mutter (1874) bekommt er einen Vormund und besucht in Landstuhl (Pfalz), wo er bei seinem Onkel wohnt, die Lateinschule. 1877 wird er Zögling im Internat in Neuburg an der Donau, später in der Studienanstalt zu Burghausen. Der dortige Religionslehrer Professor Faltermeier diente ihm als Vorlage für die Figur des Professor Falkenberg in den *Lausbubengeschichten*. 1879 bis 1885 besucht er das königliche Wilhelmsgymnasium in München, 1885/86 verbringt er in der königlichen Studienanstalt Landshut und gerät im Jahr seiner »Maturität« (1886) wegen nächtlicher Bübereien mit der Polizei in Konflikt. Zuerst studiert Th. in Aschaffenburg Forstwissenschaften, wechselt jedoch nach München zur Jurisprudenz, setzt 1888 bis 1890 sein Studium in Erlangen fort, wo er 1891 seine Approbation zum Dr. Jur. erlangt. Bis 1893 ist er als Rechtspraktikant am Königlichen Amtsgericht in Traunstein tätig, danach beim Stadtmagistrat in München. 1894 legt er die Prüfung für den höheren Justiz- und Verwaltungsdienst ab und erlangt die Zulassung zur Rechtsanwaltschaft beim Amtsgericht Dachau. Während dieser Zeit lernt Th. einen Redakteur der *Augsburger Abendzeitung* kennen, der es ihm ermöglicht, in der belletristischen Beilage zu veröffentlichen. Ab 1895 publiziert er auch Geschichten im *Sammler*. In Dachau wird er Mitglied im Radfahrer-Verein »Stellwagen«, dort lernt er die Honoratioren der Stadt kennen. Ab 1896 schreibt er auch für die Zeitschrift *Jugend*. 1897 eröffnet Th. eine eigene Kanzlei in München und beginnt mit der Arbeit an seinem ersten dramatischen Werk, dem Lustspiel *Witwen*. Im selben Jahr erscheint auch sein erstes Buch *Agricola. Bauerngeschichten*. Er findet Anschluß an die 1886 von Albert Langen gegründete satirische Zeitschrift *Simplicissimus*, für die er bis zu seinem Tod ca. 800 Beiträge liefert, oft unter dem Pseudonym Peter Schlemihl, und bei der er ab 1900 Redakteur und ab 1906 Mitgesellschafter wird.

Nach Beendigung seines Lustspiels *Witwen*, das bei den Münchner Bühnen abgelehnt und erst 1958 uraufgeführt wurde, verkauft er seine Anwaltspraxis und versucht von der Schriftstellerei zu leben. 1901, nach Beendigung der Komödie *Die Medaille*, macht er in Berlin Bekanntschaft mit dem Kabarett »Überbrettl« Ernst von Wolzogens und verpflichtet sich vertraglich zur Mitarbeit. In Wien schließt er Bekanntschaft mit Karl Kraus und findet Anschluß an die Berliner Gesellschaft. Er lernt Hermann Sudermann, in München Maximilan Harden und Ludwig Ganghofer und in Paris Auguste Rodin kennen. Am 19.10.1902 findet die Uraufführung der *Lokalbahn* im Königlichen Residenztheater in München und später in der Wiener Hofburg statt. Es bedeutete seinen Durchbruch am Theater, laut Kritiken hat er einen Sieg errungen »durch die kühn erreichte Verpflanzung von Kraftausdrücken auf die Hofbühne« habe er das Publikum mit »prickelnd angenehmen Schauder übergossen«. 1903 beginnt er mit der Niederschrift seines ersten Romans *Andreas Vöst*, einem Stoff aus seinen Rechtsanwaltsakten. Es geht um die Rechtsstreitigkeiten eines Bauern mit einem katholischen Pfarrer. In naturalistischer Unmittelbarkeit und bayerischer Mundart schildert das Werk ein Michael-Kohlhaas-Schicksal. Als Liebhaber von Forst, Wald und Natur pachtet Th. zusammen mit Albert Langen ein Jagdrevier in Garmisch, lernt in Nürnberg die Sektfabrikanten-Tochter Maria (Maidi)Feist-Belmont, die spätere Maidi von Liebermann kennen. Nach einer Radtour von Genf über Marseille, Tunis nach Italien verfaßt er 1904 in Finsterwald die *Lausbubengeschichten*. Der evangelische Oberkirchenrat stellt eine Strafanzeige gegen ihn wegen seines Gedichts *An die Sittlichkeitsprediger in Köln am Rheine*, das Th. anläßlich der »Allgemeinen Konferenz der deutschen Sittlichkeitsvereine« und des »Internationalen Kongresses zur Bekämpfung der unsittlichen Literatur« im *Simplizissimus* veröffentlicht. Wegen »Beleidigung und der öffentlichen Beschimpfung einer Einrichtung der christlichen Kirche mittels Presse« wird er trotz Berufung gegen das Urteil zu einer Gefängnisstrafe von 6 Wochen verurteilt, die er vom 16.10. bis 27.11.1906 im Stadelheim bei München verbüßt.

1907 erscheint das erste Heft der Zeitschrift *März*, für die er bis 1917 ca. 200 Beiträge liefert und deren Mitgesellschafter er wird. Er heiratet Marion – die Tänzerin Marietta di Rigardo –, baut ein Bauernhaus auf der Tuften bei Rottach-Egern am Tegernsee und unternimmt zahlreiche Italien-Reisen. Im Münchner Hotel »Bayerischer Hof« liest er vor großem Publikum aus seinen *Kleinstadtgeschichten* und arbeitet am ersten Brief eines Bayerischen Landtagsabgeordneten (bis 1914 verfaßt er 41 »Filser-Briefe«). In der Uraufführung der Komödie *Moral* am 24. 11. 1908 im Münchner Schauspielhaus »schwemmt unbändiges Gelächter alle kritischen Anfechtungen hinweg«: Die Polizei stellt das sorgfältig geführte Tagebuch einer Dame von zweifelhaftem Ruf sicher, Madame Ninon de Hauteville, und darin findet man die Namen der Mitglieder der Honoratioren der Stadt und Mitglieder des »Sittlichkeitsvereins für eheliche Treue«. Madame erhält ein Schweigegeld, der moralische Schein kann gewahrt werden.

1910 wird neben seiner Arbeit am Roman *Der Wittiber* der Einakter *Säuglingsheim* im Oberbayerischen Bauerntheater am Tegernsee uraufgeführt. Als er vom Ehebruch seiner Frau Marion erfährt, will er sich duellieren, bleibt aber auch nach der Scheidung mit Marion in engem Kontakt. 1912 findet die Uraufführung des Volksstücks *Magdalena*, Geschichte eines Bauernmädchens, einer bayerischen »Emila Galotti«, im kleinen Theater zu Berlin statt: »Sein größtes Drama. Gebaut ... mit dem was man seit Menschen wie Gerhart Hauptmann,... bauen heißt«. 1913 veröffentlicht er zusammen mit Georg Queri das *Bayernbuch* (100 bayerische Autoren eines Jahrtausends). Bei Ausbruch des Ersten Weltkrieges meldet Th. sich zum Sanitätsdienst, wird an der Westfront eingesetzt, ebenso an der Ostfront in Galizien und Rußland, erhält das Eiserne Kreuz II. Klasse und erkrankt in Brest-Litowsk an der Ruhr.

Nach seiner Heimkehr treibt er Studien zu einem Roman aus dem Jahre 1705 und diversen Theaterstücken. 1917 erscheint *Altaich. Eine heitere Sommergeschichte,* und er beginnt mit der Niederschrift der *Erinnerungen.* Er schließt sich der deutschen Vaterlandspartei an und spricht auf Versammlungen in der Berliner Philharmonie und im Münchener Löwenbräukeller. 1918 Arbeit an der Altmünchner Novelle *Lola Montez* und erste Ideen für den Roman *Der Ruepp.* Er trifft Maidi von Liebermann wieder und trennt sich endgültig von Marion. Nach den Uraufführungen von *Gelähmte Schwingen* und *Waldfrieden* im Residenz-Theater verbietet die Regierung Eisner die Aufführung von Thoma-Stücken im Nationaltheater. Als Mitglied des Tegernseer Corps-Philister-Vereins knüpft er Verbindungen zum *Miesbacher Anzeiger,* als deren Mitarbeiter er bis 1921 etwa 170 anonyme Beiträge liefert, in denen er gegen die Berliner Regierung und gegen Juden mit antisemitischen Parolen vorgeht. Als 1920 Ludwig Ganghofer stirbt und am Tegernsee begraben wird, erwirbt sich Th. seinen Grabplatz daneben. Die allgemeine politische Lage und die Aussichtslosigkeit, Maidi von Liebermann heiraten zu können, führen zu schweren Depressionen des an Magenkrebs Erkrankten. Nach einer Operation stirbt Th. 1921 in seinem Haus am Tegernsee.

Werkausgabe: Ludwig Thoma. Gesammelte Werke. 7 Bde. 1922. Erw. 8 Bde. 1956.
Literatur: *Rösch,* Gertrud: Ludwig Thoma als Journalist. Frankfurt a. M. 1991; *Lemp,* Richard: Ludwig Thoma. Bilder, Dokumente, Materialien. München 1984; *Ahrens,* Helmut: Ludwig Thoma. Pfaffenhofen 1983.

Gabriele Riedel

Tieck, Ludwig
Geb. 31. 5. 1773 in Berlin; gest. 28. 4. 1853 in Berlin

T. ist als Klassiker kein lebendiger Bestandteil der heute gelesenen Literatur. Daß sein Name am geläufigsten blieb in Verbindung mit der maßgeblichen deutschen Shakespeare-Übersetzung, zu der er streng genommen keine Zeile beitrug, die er vielmehr, nach August Wilhelm Schlegels Rückzug, als Redaktor und Herausgeber zu Ende geführt hat (von 1825 bis 1833), liefert dafür nur eine letzte Bestätigung. Die Nachwelt stufte ihn, der nach Johann Wolfgang Goethes Tod als der repräsentative Schriftsteller der deutschen Literatur galt und noch bei seinem Tode von Friedrich Hebbel als »König der Romantik« gefeiert wurde, als ein Talent minderen Ranges ein. Das Urteil des Literarhistorikers Friedrich Gundolf: »Er fing an als Unterhaltungsschriftsteller niedrigen Niveaus, er hörte auf als Literaturgreis und Unterhaltungsschriftsteller hohen Niveaus«, von 1929 hält noch im Lob die Herablassung, ja Verachtung fest. Man bewunderte den wendigen, witternden Nachahmer der jeweils virulenten Zeitströmung, der es von der Schauerliteratur seiner Anfänge bis zur Behandlung der Frauenemanzipation in der *Vittoria Accorombona* (1840) immer mit der Aktualität hielt. Man respektierte den geschickten Zweitverwerter alter Stoffe und Formen, der sich elisabethanische Schauspiele, deutsche Volksmärchen und Volksbücher, mittelalterliche Gedichte und Epen gleichermaßen produktiv zu Nutzen machte; schätzte nicht zuletzt den bahnbrechenden Literaturvermittler, Übersetzer (Miguel Cervantes' *Don Quixote*, von 1799 bis 1801) und verdienstvollen Editor (u. a. der Werke von Wilhelm Heinrich Wackenroder, Novalis, Maler Müller, Heinrich von Kleist und Jakob Michael Reinhold Lenz). Aber den Rang eines eigenständig schöpferischen Autors sprach man ihm bis in die jüngste Zeit immer wieder ab. Mit seinen weitgespannten Interessen, seiner umfassenden Belesenheit, der nervösen Unrast seiner so aufnahmesüchtigen wie labilen Psyche war T. der erste »moderne« Dichter der deutschen Literatur – Eigenschaften, auf die vor allem Arno Schmidt hinwies.

Geboren als Sohn eines gebildeten Handwerkers, kam er bereits in früher Jugend mit der Welt des Theaters in Berührung; den größten Schauspieler, der je die Bühne nicht betrat, hat ihn Clemens Brentano genannt. Berlin, durch Friedrich II. zu einem Zentrum der Aufklärung geworden, hat ihn entscheidend geprägt. T. war ein Großstadtmensch, dessen Werk durch und durch urbane Züge trägt – noch seine Naturbegeisterung, seine frühromantische Landschaftsdichtung entstammt poetischer Einbildungskraft. Mit seinen seit 1821 erscheinenden Novellen, aber auch schon mit vielen der frühen Werke erschloß er der Dichtung den Alltag des modernen Lebens, die Atmosphäre der Stadt. Dem behenden, gewitzt-distanzierten, ironischen Tonfall – der Meister des Gesprächstons war ein weitgerühmter Rezitator eigener und fremder Texte – , der aufs Raffinierteste das Bekenntnis mit der Konversation zu mischen weiß, begegnen wir schon in den präromantischen Erzählungen, die er von 1794 bis 1798 für den populären Almanach *Straußfedern* des Berliner Verlegers und spätaufklärerischen Literaturpapstes Friedrich Nicolai verfaßt hat. Gerade seine schriftstellerischen Anfänge, die Jahre zwischen 1789 und 1796, als er noch (aber nicht nur) in die Schule der Trivialliteratur ging und um Geld schrieb, hat man T. später immer besonders angekreidet.

Daß der Frühreife, der seinen Lehrern August Ferdinand Bernhardi und Friedrich Eberhard Rambach bei der Ausarbeitung von Sensationsromanen half, in knapp fünf Jahren ein gutes Dutzend Dramen und zwei Schauerromane neben vielem anderem verfaßte, wenig später aber zum Mitbegründer der Romantik wurde, um im Alter dann die Gesellschaftskunst der Novelle in Deutschland heimisch zu machen – diesem verschlungenen Hin und Her ließ sich keine Entwicklung, kein Reifeprozeß abgewinnen. Die Literaturwissenschaft verfiel auf den Ausweg, nur die Werke der romantischen Jahre (von 1796 bis 1804) gelten zu lassen. Zweifellos war dies T.s glücklichste Zeit, als er, im Mittelpunkt eines großen Kreises von Freunden (u. a. Novalis, August Wilhelm und Friedrich Schlegel, Heinrich Steffens, Wilhelm Heinrich Wackenroder) stehend, jene Resonanz des Gesprächs und der wechselseitigen Anregung fand, die er zum Schreiben als Stimulans benötigte. In schneller Folge entstanden jene Werke, die noch heute seinen Ruhm ausmachen: die ironisch-satirischen Märchenspiele (*Der gestiefelte Kater*, 1797; *Ritter Blaubart*, 1797), in deren Verkehrungsprinzip auch zeitkritische Bezüge durchklingen; die teils holzschnitthaft-naiv stilisierten, teils dämonisch-abgründigen Volksbuchbearbeitungen und Märchenerzählungen (*Der blonde Eckbert*, 1797; *Der Runenberg*, 1804); schließlich die Lesedramen *Leben und Tod der heiligen Genoveva* (1799) und *Kaiser Octavianus* (1804), in denen Friedrich Schlegels Programm einer »progressiven, romantischen Universalpoesie« vielleicht am reinsten, gewiß aber auch am blassesten verwirklicht ist.

Blutleer wirkt heute auch der Roman *Franz Sternbalds Wanderungen* (1798), dem neben Wackenroders *Herzensergießungen* wegweisenden Text für die romantische Mittelaltersehnsucht und Kunstreligion: »Wenn alle Menschen Künstler wären oder Kunst verständen, wenn sie das reine Gemüt nicht beflecken und im Gewühl des Lebens abängstigen dürften, so wären doch gewiß alle um vieles glücklicher. Dann hätten sie die Freiheit und die Ruhe, die wahrhaftig die größte Seligkeit sind.« Die Wirklichkeit T.s sah anders aus. Die Abhängigkeit von Verlegern und Publikum, von Freunden und Mäzenen machten den ständig in Geldnöten Schwebenden, wohl auch über seine Verhältnisse Lebenden zum »Freibeuter der Gesellschaft« (Heinz Hillmann). »Jener fröhliche Leichtsinn« – so schrieb er während seiner Lebenskrise, als er am Sinn aller Kunst zweifelte, am 16. 12. 1803 an Friedrich Schlegel – , »in welchem ich mich doch nur eingelernt hatte, ist mir eigentlich sehr unnatürlich, von meiner frühesten Kindheit hängt mein Gemüth zu einer schwärmerischen Melankolie und je älter ich werde, je mehr tritt meine Kindheit entwickelt wieder in mir hervor.« Daß das Dämonische ans Alltägliche angrenzt, das Seltsamste mit dem Gewöhnlichen sich mischt, hatte T. früh erfahren und es als eine Poetik des Wunderbaren zu erfassen und zu gestalten versucht.

Zeitweise wurden die Depressionen in den Jahren zwischen 1803 und 1818 so stark, daß sie den Schaffensdrang völlig lähmten. In dieser krisenhaften Situation nahm er das Angebot seines Freundes Wilhelm von Burgsdorff an und übersiedelte im Herbst 1802 in die ländliche Einsamkeit der Mark Brandenburg, nach Ziebingen. Dort lernte er – seit 1798 mit Amalie Alberti verheiratet – die »Gräfin«, Henriette von Finckenstein, kennen, die ihm Geliebte, Muse und Mäzenin in einem ist und fortan mit seiner Familie lebt. Bis 1819 blieb Ziebingen sein Wohnsitz, unterbrochen durch Reisen nach München (1804, von 1808 bis 1810), Rom (1805/1806), Wien (1808), Prag (1813), London und Paris (1817). In diesen Jahren vollzog sich der entscheidende Wandel seines Werks – ein Wandel, für den, neben den Anregungen durch den Ziebinger Kreis, die Freundschaft mit dem Philosophen Karl Wilhelm Ferdinand Solger von ausschlaggebender Bedeutung war. Den pathologischen Nihilismus seines Frühwerks (*William Lovell*, 1795/96) lernte er, wenn nicht zu überwinden, so doch in wissender Ironie, der Selbstaufhebung des Endlichen, zu bannen. Der Ziebinger Kreis, dem er in den Rahmengesprächen des *Phantasus* (1812–16), einer Sammlung seiner romantischen Erzählungen und Spiele, ein bleibendes Denkmal gesetzt hat, wurde mit seiner Gesprächskultur und literarischen Geselligkeit auch zur Keimzelle von T.s Novellistik.

1819 zog er nach Dresden. Als Hofrat und Dramaturg des Theaters (ab 1825) nahm er bald eine zentrale Stellung im kulturellen Leben der Stadt ein. Seine Leseabende, die er wie ein Dichterfürst zelebrierte, lockten Gäste aus nah und fern an. Auch als Schriftsteller gewann er nun endlich die Reputation und Ausstrahlung, die ihn beim Lesepublikum bekannt und populär machten. 1821 erschienen die beiden ersten Novellen (*Der Geheimnisvolle*, *Die Gemälde*), denen bis 1841 noch über dreißig weitere folgten (darunter 1838 *Des Lebens Überfluß*, das Meisterstück von seiner Hand): »Ich bilde mir ein, eigentlich unter uns diese Dichtart erst aufzubringen, indem ich das Wunderbare in die sonst alltäglichen Umstände und Verhältnisse lege.« Seine Novellen, die den Zeitgenossen zum Vorbild für die Gattung wurden, spiegeln thematisch wie stilistisch die ganze Physiognomie der biedermeierlichen Gesellschaft wider. Charakteristisch für T.s Novellenkunst ist das ironische Changieren zwischen den Standpunkten, das »begebenheitliche« Interesse der Konversation, dem es nicht um Überzeugungen, sondern um die Form, das Spiel geht.

1842 folgte T. einem Ruf des preußischen Königs Friedrich Wilhelm IV., auf Dauer wieder in seine Heimatstadt Berlin zu übersiedeln. Mit der Einladung verband der König den Wunsch und die Aufgabe, Musteraufführungen auf der Bühne des Potsdamer Neuen Palais in Szene zu setzen. Theatergeschichte gemacht hat von diesen Aufführungen nur die Inszenierung von Shakespeares *Sommernachtstraum* mit der Bühnenmusik von Felix Mendelssohn-Bartholdy (1843). Geschrieben hat T. nach der letzten, noch in Dresden entstandenen Novelle *Waldeinsamkeit* (1840) nichts mehr.

Die letzten Lebensjahre des Alternden waren von Einsamkeit, Resignation und fortschreitender Krankheit bestimmt. Auf die Revolution von 1848 reagierte er mit Unverständnis, ja Verbitterung. Er verstand die Zeit nicht mehr, die über ihn hinwegging. Robert Minder hat als die beiden Pole von T.s Leben und Werk »Partizipation« und »Mystifikation« benannt: »Mit jener ist echte, volle Hingabe an ein Ereignis gemeint; mit dieser eine limitierte Teilnahme, die der Lust an Nachahmung und der Gabe mimischer Brillanz entspringt.« Von den frühesten Versuchen noch des Schülers bis zu dem großen, bedeutenden Altersroman *Vittoria Accorombona* (1840) zieht sich eine »Einheit von Enthusiasmus und Ironie« (Robert Minder). In diesem Sinne ist T. in allen Wandlungen, in allen Masken und Wendungen, immer Romantiker geblieben – auch dort noch, wo sein Werk schon an den heraufdämmernden Realismus einer neuen Zeit grenzt.

Werkausgabe: Tieck, Ludwig: Schriften in 12 Bänden. Hrsg. von Manfred *Frank* u. a. Frankfurt a. M. 1985 ff. (noch nicht abgeschlossen).
Literatur: *Paulin*, Roger: Ludwig Tieck. Eine literarische Biographie. München 1988; *Paulin*,

Roger: Ludwig Tieck. Stuttgart 1987; König der Romantik. Das Leben des Dichters Ludwig Tieck in Briefen, Selbstzeugnissen und Berichten. Vorgestellt von Klaus *Günzel*. Berlin/Tübingen 1981; *Segebrecht,* Wulf (Hrsg.): Ludwig Tieck, Darmstadt 1976; *Schweikert,* Uwe (Hrsg.): Dichter über ihre Dichtungen. Ludwig Tieck. 3 Bände. München 1971; *Thalmann,* Marianne: Ludwig Tieck. Der romantische Weltmann aus Berlin. Bern 1955.

Uwe Schweikert

Toller, Ernst
Geb. 1. 12. 1893 in Samotschin/Posen; gest. 22. 5. 1939 in New York

»Wer keine Kraft zum Traum hat, hat keine Kraft zum Leben«, läßt T. die Titelfigur seiner Skandal- und Erfolgstragödie *Hinkemann* (1923) sagen, bevor sie resigniert einen Strick knüpft, um sich zu erhängen. Als literarisches Motiv ist der Freitod in seinem ganzen Werk von zentraler Bedeutung. Der Autor selbst nahm sich im Alter von 45 Jahren in einem New Yorker Hotel das Leben – wie viele dieser expressionistischen Generation zermürbt von langen Jahren der Gefangenschaft, Verfolgung, Diffamierung und des Exils. Die ohnehin stets von Zweifeln angefochtene Kraft zum Traum von einer friedlichen, freiheitlichen und brüderlichen Menschengemeinschaft, für dessen Verwirklichung T. seine ganze Existenz einsetzte und der während der Münchener Räterepublik wenige Wochen lang Realität zu werden schien, hatte sich mit den Möglichkeiten zum wirksamen Widerstand gegen das Hitler-Regime erschöpft.

In den Ersten Weltkrieg war er – wie so viele seiner Altersgenossen – mit vaterländischer Begeisterung als Freiwilliger gezogen, aber den Deutschnationalen galt er bald als einer jener »Literaturjuden«, von deren »Einfluß man die deutsche Literatur befreien müsse« (Adolf Bartels). Im Theaterleben der Weimarer Republik avancierte er dennoch zum erfolgreichsten Dramatiker deutscher Sprache. Und auch als Lyriker fand er, vor allem mit dem *Schwalbenbuch* von 1923, die Sympathien eines breiten Publikums. Zur legendären Gestalt, zum Held und Märtyrer der gescheiterten Revolution von 1918/19, an der der Jurastudent sich als Mitglied der USPD in München führend beteiligt hatte, machte ihn die Aufführung seines dramatischen Erstlings *Die Wandlung* in Berlin, nachdem er wenige Monate vorher, im Juli 1919, zu fünf Jahren Festungshaft verurteilt worden war. Das messianisch hochgestimmte Pathos dieses expressionistischen Stationendramas aus dem sozialistischen Geiste Gustav Landauers ruft zur Geburt eines neuen, aus dem gegenwärtigen Zustand der Selbstentfremdung befreiten Menschen auf. Die Revolutionierung des Herzens, darauf zielt der argumentative Aufbau des Stücks, hat aller revolutionären Praxis vorauszugehen, soll diese nicht zu blindem, gewalttätigem Aktionismus verkommen. Die Botschaft des zweiten, im November 1920 uraufgeführten Dramas *Masse-Mensch*, einer »Tragödie«, der die Enttäuschung über den unglücklichen Verlauf der Revolution deutlich eingeschrieben ist, lautet ähnlich. Die revolutionäre Heldin will sich nicht mit Hilfe von Gewalt aus dem Gefängnis befreien lassen. Sie stirbt, damit das Prinzip der Gewaltlosigkeit weiterlebt. In dem Drama *Die Maschinen-stürmer* (1922) erschlägt das aufgehetzte Volk am Ende seinen friedliebenden Führer.

T.s Gefängnisjahre waren eine Zeit literarisch produktiver Trauerarbeit um die verlorenen Revolutionshoffnungen. Das Scheitern utopischer Entwürfe an der Wirklichkeit, schockhaft plötzliche Erkenntnisgewinne und Wandlungserlebnisse, die tragischen Verstrickungen des politisch Handelnden in Schuld, die menschliche Unzulänglichkeit der Revolutionäre, das Fortleben deutscher Untertanen-Mentalität und Wilhelminischer Machtstrukturen in der Republik, die Gefangenschaft als Anlaß zur Justizkritik und zugleich als existentielle Metapher, das sind charakteristische Motive in T.s Werk, auch noch nach der Haftentlassung im Juli 1924. Das 1927 von Erwin Piscator zum kurzlebigen Theatererfolg geführte Zeitstück *Hoppla, wir leben* markiert den Stilwechsel von einer expressiven Sprache der Gefühle zu dokumentarischer Sachlichkeit. Mit dem ehemaligen Revolutionär Karl Thomas, der sich nach sieben Jahren Nervenheilanstalt in der veränderten Welt der »Roaring Twenties« nicht mehr zurechtfindet und an der Normalität ihrer verlogenen Fröhlichkeiten zweifelt, spiegelte der Autor auch etwas von der eigenen Situation in Berlin.

Man hat T. treffend einen »deutschen Danton« genannt. Er war ein genialer, mitreißender Redner, ein linker, von Frauen umschwärmter Star der Weimarer Republik, ein Genießer, dessen Lebenswandel allen puritanischen Kommunisten ein Ärgernis sein mußte, und zugleich ein von Resignation gequälter Melancholiker. Von 1924 bis zum Ende seines Lebens unternahm er zahlreiche Vortragsreisen: als Ankläger deutscher Justiz, als pazifistischer Prediger fern aller parteipolitischen Bindungen, als Warner vor dem Faschismus. 1933 erschien sein wohl bedeutendstes Werk, die Autobiographie *Eine Jugend in Deutschland*. In den Jahren des Exils häuften sich indes die politischen, literarischen und privaten Mißerfolge. Der vormals berühmte Autor war in den Vereinigten Staaten ein unbekannter Mann. Sein letztes Drama, *Pastor Hall* (1939), die Geschichte eines Einzelgängers, der sich gegen die Diktatur Hitlers auflehnt, ein Dokument auch quälender Selbstzweifel, wurde von keinem Theater mehr angenommen.

Werkausgabe: Ernst Toller. Gesammelte Werke. Hrsg. von *Frühwald*, Wolfgang und *Spalek,* John M. 5 Bände. München 1978.
Literatur: *Rothe*, Wolfgang: Ernst Toller. Reinbek bei Hamburg 1983; *Haar,* Carel ter: Ernst Toller. Appell oder Resignation? München ²1982; *Frühwald*, Wolfgang u. *Spalek*, John (Hrsg.): Der Fall Toller. Kommentar und Materialien. München/Wien 1979.   *Thomas Anz*

Torberg, Friedrich (d. i. Friedrich Kantor-Berg)
Geb. 16.9.1908 in Wien; gest. 10.11.1979 in Wien

T. war eine maßgebende Stimme im österreichischen Kultur-
leben der Nachkriegszeit. Nach einem Germanistik-Studium
in Prag wurde der außergewöhnlich sportliche Intellektuelle
Journalist. 1938 emigrierte er in die Schweiz, dann nach
Frankreich, er wurde Freiwilliger der tschechoslowakischen
Armee; 1940 floh er in die USA. Emigrantenschicksale und
die Leidensgeschichte des jüdischen Volkes sollten später die
zentralen Themen seiner Romane werden (*Hier bin ich, mein
Vater*, 1948, *Golems Wiederkehr*, 1968; die Romanbiographie
Süßkind von Trimberg, 1972). 1951 kehrte er nach Wien zurück
und wurde dort Herausgeber (1954–65) der Zeitschrift *Forum*,
die als politisch-kulturelle Plattform eine dezidiert antikommunistische Linie vertrat.
In diesem Zusammenhang erlangte T. eine zwiespältige Berühmtheit, weil er sich mas-
siv gegen jede Brecht-Aufführung in Wien aussprach (»Brecht-Boykott«). Er bestimmte
als Theaterkritiker, Essayist und Feuilletonist – er sah sich in der Nachfolge von Karl
Kraus – das Wiener und das österreichische Theatergeschehen nach dem Zweiten Weltkrieg entscheidend mit.

Hervorgetreten war T. zunächst mit Lyrik und dem Roman *Der Schüler Gerber hat
absolviert* (1930), der die Konfrontation eines Jugendlichen mit der verständnislosen
Autorität eines Lehrers, der ihn in den Tod treibt, auf einfühlsame Weise erzählt. Mit
diesem Roman schrieb sich der 22jährige T. in die Literaturgeschichte ein. Der Sportroman *Die Mannschaft* (1935) trägt stark autobiographische Züge und ist neben Kasimir
Edschmids *Sport um Gagaly* (1927) eines der wenigen Beispiele einer lesenswerten
Sportliterartur.

T. war ein leidenschaftlicher Sammler und Überlieferer jüdischer Anekdoten, die er
vor allem in *Die Tante Jolesch oder Der Untergang des Abendlandes in Anekdoten* (1975) mit
großem Erfolg publizierte. T. gehörte zu den Autoren, die die Tradition des Wiener Kaffeehausliteraten fortsetzten. Mehr oder weniger sind alle seine Bücher vor dem Hintergrund des Cafés entstanden, vor allem vor dem des Cafés Herrenhof. »Der Begriff Herrenhof ist das Substrat aller Einzelkaffeehäuser der Welt«, schopenhauerte er. Vier Titel
sind es, die sich mit dem Lebensstil der »Kaffeehausinsassen« ausschließlich befassen:
Kaffeehaus ist überall, Traktat über das Wiener Kaffeehaus (beides in *Die Tante Jolesch oder Der
Untergang des Abendlandes in Anekdoten*), dann *Ergänzungen zum Kaffeehaus* (in *Die Erben der
Tante Jolesch*, 1978) und *Kaffeehaus war überall*, ganz dem Herrenhof zugedacht.

Für T. folgte in Wien die Wirklichkeit der Legende und nicht die Legende der Wirklichkeit. Dies gilt im besonderen Maße für das Kaffeehaus. Er machte wiederholt auf
den bedeutenden Anteil der jüdischen Intellektuellen und auf die Rolle des jüdischen
Witzes im Zusammenhang mit dieser Wiener Institution aufmerksam. Die angeführten
Titel sind Anekdotensammlungen, in denen das Leben im Kaffeehaus und dessen
Hauptakteure gegenwärtig bleiben. Sie haben den Charakter einer anekdotischen Ethnologie der Kaffeehausbewohner. Das Ende der legendären Kaffeehauszeit machte T.
auch den notwendigen Untergang des Abendlandes verständlich. Er erklärte ihn aus

dem Mangel an Käuzen, Originalen und Sonderlingen, mit denen auch der Spleen abhandengekommen ist. T.s platonische Idee vom Kaffeehaus wird geprägt durch den Wunsch, dem Unkonventionellen und Unangepaßten eine Behausung zu geben, das Abendland vor dem Untergang, vor dem Verstand durch den Spleen zu retten.

Werkausgabe: Friedrich Torberg. Gesammelte Werke in Einzelausgaben, München/Wien 1962 ff.

Literatur: *Hackel*, Franz-Heinrich: Zur Sprachkunst Friedrich Torbergs, Parodie – Witz – Anekdote, mit einem Anhang unbekannter Arbeiten aus der Frühzeit Torbergs, Frankfurt a.M. 1984; *Strelka*, Josef (Hg.): Der Weg war schon das Ziel, Festschrift für Friedrich Torberg zum 70. Geburtstag. München und Wien 1978. *Helmut Bachmaier*

Trakl, Georg
Geb. 3. 2. 1887 in Salzburg; gest. 4. 11. 1914 in Krakau

»Wer mag er gewesen sein?«, fragte sich Rainer Maria Rilke, als T. – wahrscheinlich durch Selbstmord – so früh gestorben war. Wie sein Werk, entzieht sich auch die Person des Lyrikers der Mitteilbarkeit: Verschlossen, düster, einsam, verrätselt und voller Leiderfahrung, so war er als Mensch: »Gleichsam auf seine Pausen aufgebaut, ein paar Einfriedungen um das grenzenlos Wortlose: so stehen seine Zeilen da« (Rilke). Der Versuch, sich zum Leben zu bringen, ohne wirklich lebensfähig zu sein, und zur Sprache zu bringen, was sich der Sprache entzieht, so ließe sich das Paradox von Leben und Werk auf eine Formel bringen. T. stammte aus gutbürgerlichem Elternhaus (der Vater war Eisenhändler), scheiterte aber gänzlich an den bürgerlichen Realitäten. Die Schule wird abgebrochen, der Beruf als Pharmazeut nur sporadisch ausgeübt; die Kriegserfahrung 1914 (Schlacht bei Grodek, über die er eines seiner bekanntesten Gedichte schreibt) stürzt ihn in den Wahnsinn, freilich entschieden gefördert durch die schon früh ausgeprägte Drogen- und Alkoholsucht; einer Kokainvergiftung erliegt er wenig später, nachdem er schon einige Selbstmordversuche unternommen hatte. Zur Schwester Margarethe, die namenlos immer wieder in den Gedichten auftaucht, unterhielt er ein inzestuöses Verhältnis. Freunde machte er sich nur wenige; die wenigen aber standen zu ihm. Vorab Ludwig von Ficker, den T. 1912 kennenlernte und der seine Gedichte von da an regelmäßig in seiner Zeitschrift *Der Brenner* publizierte. Er war es auch, der dem Umhergetriebenen, meist Mittellosen Zuflucht bot und den Lebensunterhalt besorgte.

»Es ist ein so namenloses Unglück, wenn einem die Welt entzweibricht«, notierte T. im Jahr 1913. Das mit dieser Erfahrung verbundene Leid ist das Grundmotiv der Dichtung, die Martin Heidegger als »ein einziges Gedicht« deklariert hat (auch die wenige Prosa, die T. schrieb, ist durchweg lyrisch). Freilich betrifft dies kaum die frühe Lyrik, die zwischen 1906 und 1910 anzusetzen ist. Sie ist z.T. banal, romantisch sentimental, vordergründig und bevorzugt strenge Formen (u.a. das Sonett). Erst die spätere Lyrik gewinnt die für T. typische Eigenheit: Aus wenigen, miteinander verflochtenen Bildge-

fügen, die in immer neuen Variationen und Konfigurationen erscheinen, häufig fremdartig dunkel wirken und überraschende Farbmotive bevorzugen, entsteht das Bild der
zerbrochenen Welt und des leidenden Menschen in ihr. Charles Baudelaire, der poète
maudit, war der entscheidende poetische Anreger, Friedrich Nietzsche, der Künder des
Untergangs und des Wertverlusts, der philosophische. Auch in der Form »zerbricht« T.
seine spätere Lyrik in zunehmendem Maße und sucht so die adäquate Gestaltung ihres
Inhalts. Allerdings steht der zerbrochenen Welt die Suche nach – freilich – unerfüllter
transzendenter Geborgenheit gegenüber. In den Leitgestalten des Knaben, auch als
Kaspar Hauser, des Kindes, der Schwester, Helians, Christus', des Engels und Gottes
selbst beschwört die Lyrik die überzeitlich rettenden Mächte: »Ein Schatten bin ich
ferne finsteren Dörfern. / Gottes Schweigen / Trank ich aus dem Brunnen des Hains«.
Offenbarung und Untergang heißt eines seiner späten Prosagedichte, die beiden Pole der
Dichtung T.s benennend.

Es besteht Unsicherheit darüber, ob T.s Lyrik aus letztlich unentzifferbaren poetischen Chiffren besteht, T. also einer der ausgeprägtesten rein intuitiv dichtenden Künstler war, oder ob er sehr bewußt angeordnet, seine Variationen nach strengem Struktur-
gesetz gebaut hat. Der Entstehungsprozeß der Gedichte läßt verfolgen, daß T. fast
immer von beobachtbaren Realitätsdetails, die z.T. romantisch verklärt sind, ausgeht
und sie dann im weiteren Arbeitsprozeß »verfremdet«, so lange, bis sie sozusagen
sprachlos geworden sind.

Werkausgabe: Georg Trakl: Dichtungen und Briefe. Historisch-kritische Ausgabe. Hrsg. von
Walther *Killy* und Hans *Szklenar*. 2 Bände. Salzburg ²1987.
Literatur: *Doppler*, Alfred: Die Lyrik Georg Trakls. Wien 1992; *Saas*, Christa: Georg Trakl.
Stuttgart 1984; *Killy*, Walther: Über Georg Trakl. Göttingen ²1960.   *Jan Knopf*

Traven, B.
Geb. 25. 2. 1882 (?) in San Franzisco (?); gest. 26. 3. 1969 in Mexico City

»Die Biographie eines schöpferischen Menschen ist ganz und
gar unwichtig.« Die früheste Spur, die das Leben des Mannes,
der dies (1926) schrieb, aktenkundig hinterlassen hat, ist nicht
eine Geburtsurkunde, sondern der *Neue Theater-Almanach* für
das Jahr 1908. Hier wird für die Saison 1907/08 ein gewisser
Ret Marut (höchstwahrscheinlich ein Pseudonym) als Schauspieler und Regisseur am Stadttheater Essen aufgeführt. Nach
wenig glanzvoller Bühnenlaufbahn, hauptsächlich in der Provinz, aber auch am renommierten Düsseldorfer Schauspielhaus, tritt er ab 1917 mit der radikal-anarchistischen Zeitschrift *Der Ziegelbrenner* (München) vor die literarische Öffentlichkeit, in der er bereits seit 1912 als Verfasser von Kurzgeschichten und Erzählungen
bekannt geworden war. Als das wilhelminische Deutschland, zu dessen heftigem Kritiker der Journalist und Erzähler Marut sich profiliert hatte, zusammenbricht, beteiligt er
sich an der bayerischen Räteregierung als Zensor und treibende Kraft hinter der »Sozia-

lisierung der Presse«. Am 1. Mai 1919 wird er auf der Straße festgenommen und vor ein Schnellgericht gestellt. Er entkommt jedoch – so hat er es jedenfalls selbst dargestellt – Minuten bevor ein zigarettenrauchender Leutnant der Weißen Garde das Todesurteil ausgesprochen hätte. Von da an ist Ret Marut im Untergrund – erst im Sommer 1924 taucht er wieder auf, im tropischen Busch an der karibischen Küste Mexikos in der Nähe des Erdölhafens Tampico. Von hier aus schickt er der Büchergilde Gutenberg die Romane und Erzählungen, größtenteils über Mexiko, die ihn über Nacht unter dem Namen »B. Traven« berühmt und bald weltberühmt machen sollten: *Die Baumwollpflücker* (1926), *Das Totenschiff* (1926), *Der Schatz der Sierra Madre* (1927), *Der Busch* (1928), *Die Brücke im Dschungel* (1929) und dann vor allem die sechs Bände der »Mahagoni-Serie«, welche die Ausbeutung der Indios in den Holzfäller-Lagern Südmexikos mit krassem Detail beschrieben (von *Der Karren*, 1931, bis *Ein General kommt aus dem Dschungel*, 1940). Als seine »Herzensbrüder« und als die »Proletarier« der Neuen Welt hat T. die Indianer gern bezeichnet, und tatsächlich ist jede Seite seiner mexikanischen Romane nicht nur mit persönlicher Sympathie mit der Urbevölkerung geschrieben, sondern darüber hinaus auch mit scharfem Blick für die politische, soziale und kulturelle Umwälzung, die T. von dieser ausgehen sieht, nämlich seit der Revolution von 1910, die für ihn noch längst nicht abgeschlossen ist. Die »Mahagoni-Serie« wird so das Epos vom Befreiungskampf der indianischen Bevölkerung – aber nicht nur dieser, vielmehr parabolisch auch die Darstellung der Befreiung der Unterdrückten jeden politischen Systems. Das ist den Nationalsozialisten nicht verborgen geblieben, die T. im Mai 1933 gleich auf die erste ihrer Schwarzen Listen setzten.

Wenn schon Ret Marut, selbst als Publizist, persönlich die Öffentlichkeit mied und dadurch in den Ruf des Mysteriösen kam, so wurde der Name »B. Traven«, bereits seit Mitte der 20er Jahre, geradezu gleichbedeutend mit »geheimnisumwittert«. Vom größten literarischen Geheimnis der Moderne zu sprechen hat sich eingebürgert. Wer war der Mann mit dem merkwürdigen Schriftstellernamen, der in Lateinamerika deutsche Bestseller schrieb und behauptete, gebürtiger Amerikaner englischer Muttersprache zu sein? Während Presse und Literaturkritik daran herumrätselten, lebte der Autor, »el Gringo«, in Mexiko – zuerst, bis etwa 1930, in einem baufälligen Holzhaus im Dschungel im Hinterland des Staates Tamaulipas, dann im damals noch dörflichen Acapulco, wo er eine bescheidene Obstfarm bewirtschaftete, schließlich seit seiner Heirat (1957) in Mexico City, wo er sich allerdings schon zwischen seinen häufigen Expeditionen in den mexikanischen Südstaat Chiapas seit den zwanziger Jahren oft aufgehalten hatte. »Traven Torsvan« – so nannte er sich im Privatleben – ließ sich nicht ausräuchern. Als Luis Spota ihn 1948 in einer berühmten Reportage in der Illustrierten *Mañana* als den weltweit gesuchten »B. Traven« identifizierte, ließ T., in die Enge getrieben, allenfalls verlauten, er habe T. »Material« geliefert. An der Verfilmung seiner Romane, zuerst *Der Schatz der Sierra Madre* (1948), beteiligte er sich als Berater unter dem Namen Hal Croves, wobei er sich als Beauftragter des Autors angab. Als er 1969 in seinem Stadthaus in Mexico City starb, waren seine Bücher in mehr als zwei Dutzend Sprachen und, wie es heißt, in ca. 25 Millionen Exemplaren verbreitet. Aber wer der Mann war, dessen Asche von einem Sportflugzeug über den Regenwäldern am Río Jataté in der Nähe der guatemaltekischen Grenze verstreut wurde, woher er stammte, warum er ein Leben im Verborgenen, ja auf der Flucht führte, ist bis heute ein Geheimnis geblieben. War er Jack

London oder Ambrose Bierce oder Arthur Breisky? Ein Hohenzollernsproß oder ein Theologiestudent aus Cincinnati oder ein Schlosserlehrling aus Schwiebus bei Posen? Ein Millionär mit schlechtem Gewissen oder ein Farmersohn aus dem Mittleren Westen oder das Kind eines Theater-Impresarios aus San Franzisco? Hat er sein Geheimnis mit ins Grab genommen – oder hat er selbst nicht gewußt, wer er war?

Werkausgabe: B. Traven: Werkausgabe. Hrsg. von Edgar *Päßler*. Frankfurt a. M. 1977–82. Literatur: *Arnold*, Heinz Ludwig: B. Traven. Edition Text + Kritik. München 1989; *Guthke*, Karl S.: B. Traven: Biographie eines Rätsels. Frankfurt a. M. 1987; *Guthke*, Karl S.: »Das Geheimnis um B. Traven entdeckt« – und rätselvoller denn je. Frankfurt a. M. 1984.   *Karl S. Guthke*

Troll, Thaddäus (d. i. Hans Bayer)

Geb. *18.3.1914 in Stuttgart-Bad Cannstatt; gest. 5.7.1980 in Stuttgart*

»›Er hat niemandem Furcht eingeflößt.‹ Könnte man diese üble Nachrede auch auf Thaddäus Troll anwenden, wahrlich, er wäre postum mit seinem Leben zufrieden.« So schließt T. seinen *Nachruf zu Lebzeiten*, der bei seiner Beerdigung am 9. 7. 1980 den Trauergästen ausgehändigt wurde. Walter Jens modifiziert dies in ein »niemandem, außer denen, die Grund hatten, diesen sehr leisen, aber eben deshalb unabweisbaren Ankläger zu fürchten«. Und Grund hatten – trotz der großen Toleranz, die T. auszeichnete – einige, vor allem Täter und Mitläufer des Dritten Reiches, diejenigen, die geschwiegen hatten, wobei er sich selbst nicht ausnahm von Anklage und Kritik. Das Bewußtsein, nicht mutig genug zum aktiven Widerstand gewesen zu sein, »trieb ihn in eine zuweilen fast selbstzerstörerische Hypochondrie, so daß das Gebot ›Liebe deinen Nächsten wie dich selbst‹ für ihn geradezu ironisch klang«, heißt es im *Nachruf zu Lebzeiten*. Kein Wunder also, daß seine Sympathie für die rebellische Jugend so groß war, kein Wunder auch, daß sein Engagement nach dem Krieg dem Anprangern von Intoleranz im allgemeinen und der Anklage von »Erinnerungslosen« vom Schlage eines Hans Filbinger im besonderen galt. Diese Aversion gegen Faschismus, gegen jegliche Art von Unfreiheit und Unterdrückung war jedoch keineswegs ein Nachkriegsprodukt, sondern schon von jeher in seinem Wesen verankert, verstärkt durch die Erziehung im Elternhaus – er war Sohn eines Handwerksmeisters – und durch sein Studium der Germanistik, der Kunstgeschichte und der Theater- und Zeitungswissenschaften, das ihn nach Tübingen, München, Halle und Leipzig führte (Promotion 1938).

Nach Krieg und englischer Gefangenschaft ließ er sich in Stuttgart nieder, zunächst als Redakteur der satirischen Zeitschrift *Das Wespennest*, dann – von 1948 an – als freier Schriftsteller. Und als solchen gab es ihn sozusagen gleich zweimal: Unter seinem bürgerlichen Namen verfaßte er Theaterkritiken und Essays für Stuttgarter Zeitungen und Texte für das Düsseldorfer Kabarett *Kom(m)ödchen*; zusammen mit seiner Frau Susanne

Ulrici veröffentlichte er Bücher wie *Wohl bekomms* (1957), *Und dazu guten Appetit* (1961) oder *Wie man sich bettet* (1968), deren Themen seiner unpietistischen »Genüßlichkeit« entsprachen. Als Thaddäus Troll folgte er der früh gewonnenen Einsicht, »daß der Schreibende stärkere Wirkungen erzielen kann, wenn er ernste Dinge ins Heitere verfremdet«. Seinen größten Erfolg hatte er mit *Deutschland deine Schwaben* (1968; neu bearbeitet unter dem Titel *Deutschland deine Schwaben im neuen Anzügle*, 1978). Weitere Bücher über Schwaben und die Verwendung des schwäbischen Dialekts – auch in seinem Gedichtband *O Heimatland* (1976) – haben dazu geführt, daß T. das Etikett »Mundartdichter« und »Heimatdichter« angeheftet wurde. Fälschlicherweise, denn T.s Texte sind in Wahrheit Satiren, die Engstirnigkeit und Duckmäusertum entlarven wollen, indem sie vordergründig Gemütlichkeit und Behäbigkeit des bürgerlichen Milieus darstellen. Der Dialekt ist hierbei – ebenso wie seine Wortspiele und seine oft beißende Ironie – ein Stilmittel, das im Dienst der Entlarvung steht, keineswegs Element der Verharmlosung. Besonders deutlich wird dies in dem Stück *Der Entaklemmer* (1976), einer Übertragung von Molières *Geizigem* in den schwäbischen Dialekt und in die Stuttgarter Bürgerwelt des Jahres 1875, die der kritischen Schärfe des Originals in nichts nachsteht.

Überhaupt waren der sorgfältige Umgang mit der Sprache und das Bemühen, das richtige Adjektiv, das passende Bild, die bessere Formulierung zu finden, von großer Wichtigkeit für T.s Schaffen: »Er liebte die Sprache als Handwerkszeug«, wie er selbst schrieb, und hatte, wie Walter Jens es formulierte, hierin »ein absolutes Gehör«. Das ist in allen seinen Werken spürbar, ob sie sie nun Alltägliches zum Thema haben oder Zeit- und Gesellschaftskritisches wie die Erzählung *Der Tafelspitz*, in der Mißstände in Industrie und Kirche offengelegt werden mit Hilfe eines wundertätigen Stückes Fleisch. Hier zeigt sich stärker als in den meisten anderen Texten der politische Schriftsteller T. Sein Engagement in diesem Bereich beschränkte sich jedoch nicht auf rein Literarisches. So war T. z. B. im Rahmen der Sozialdemokratischen Wählerinitiative der 60er und 70er Jahre tätig und entzog sich auch anderen öffentlichen Aufgaben nicht: Er war Gründungsmitglied des Verbandes deutscher Schriftsteller und von 1968 bis 1977 Vorsitzender des VS-Landesverbandes Baden-Württemberg. – Er starb durch eine Überdosis Schlaftabletten.

Literatur: In Memoriam Thaddäus Troll zum 70. Geburtstag. In: Exempla. Eine Tübinger Zeitschrift. Sonderheft 1 (1984), S. 1–131; *Jens*, Walter: Nachwort zu »Das große Thaddäus-Troll-Lesebuch. Hamburg 1981. *Marianne Meid*

Tucholsky, Kurt
Geb. 9. 1. 1890 in Berlin; gest. 21. 12. 1935 in Hindaås/Schweden

Er hat die erste deutsche Republik nur um eine kurze Zeitspanne überlebt. Am 21. Dezember 1935 begeht er, nach quälender Krankheit und mehreren schweren Operationen, im schwedischen Hindaås Selbstmord. Den Bruch mit seiner deutschen Existenz, mit dem er in selbstauferlegtem Schweigen und der Weigerung schließlich, deutsche Zeitungen zu lesen, nicht weniger Konsequenz bewies als in den Schriften, die seinen Ruhm begründeten, hatte er schon früher vollzogen. Seine Übersiedlung nach Schweden, in dem er sich im Sommer 1929 ein Haus gemietet hatte, bedeutete den Abschied von einem Land, auf dessen politische und kulturelle Entwicklung einzuwirken er nach der Wahl Hindenburgs zum Präsidenten »der deutschen Republik, die es nun wohl nicht mehr lange sein wird«, und nach dem Tod seines Mentors und *Weltbühnen*-Herausgebers Siegfried Jacobsohn im Dezember 1926 immer geringere und endlich gar keine Veranlassung mehr sah. Deutschland, das er schon 1924 verlassen hatte, um als Korrespondent der *Weltbühne* und der *Vossischen Zeitung* nach Paris zu gehen, war ihm, wie er an Maximilian Harden schrieb, »kein sehr freundlicher Boden«. »Wenn man nicht eitel und nicht rechthaberisch ist, macht das wenig Spaß, was ich da tun mußte – es sei denn, man fühlte die Sendung in sich. Und davon ist 1927 nicht gerade die Rede.«

Dieser Entwicklung, die von vielen Freunden und Gleichgesinnten als Verrat an der gemeinsamen demokratischen Sache und als unverzeihliche Resignation angesehen wurde, war ein immer entschiedeneres Eintreten für die noch junge Republik vorausgegangen, das ihn zuletzt, als die nationalkonservative bis völkische Reaktion immer offener und ungehinderter hervortrat, auch zur Unterstützung kommunistischer Positionen führte. Doch der Grundbestand seiner Überzeugungen zeichnet sich schon ab, noch ehe der Krieg der wilhelminischen Welt ein Ende bereitet. Die 1907 unter dem Titel *Märchen* in der satirischen Zeitschrift *Ulk* erschienene Erstveröffentlichung des Siebzehnjährigen deutet das Thema schon an, das in der Folgezeit nicht nur ihn beschäftigen wird – die Unverträglichkeit emanzipatorischen Geistes mit etablierter Macht. 1911 beginnt der einundzwanzigjährige Jurastudent seine journalistische Karriere mit Beiträgen und Gedichten für den sozialdemokratischen *Vorwärts*. Seit 1913 ist er fester Mitarbeiter der Berliner Wochenschrift *Die Weltbühne*, die sich damals noch *Die Schaubühne* nannte, und in der in den 20er Jahren »die gesamte deutsche Linke in des Wortes weitester Bedeutung zu Wort kommen sollte«. Von sich selber bemerkte er rückblickend, daß er sich »vom Jahre 1913 bis zum Jahre 1930 als Pacifist schärfster Richtung in Deutschland betätigt« habe. In der Stetigkeit dieser Haltung liegt auch zu einem guten Teil der einheitliche Impetus seiner zeit- und kulturkritischen Polemik beschlossen. Sie entsteht gleichsam im Handgemenge mit dem Gegner, den ewig Gestrigen, die sich einem besseren, freiheitlichen Deutschland entgegenstemmten. »Wenn sich der Verfasser mit offenen Armen in die Zeit gestürzt hat, so sah er nicht, wie der Historiker in hundert Jahren sehen wird ... Er war den Dingen so nahe, daß sie ihn schnitten und er sie schlagen konnte.« An dem Satiriker, dessen Geistesgegenwart auf die Situation berechnet war, lag es nicht, daß die Gegner bald überhand nahmen: Militarismus, rechtslastige Justiz, eine lavierende, die »Novemberideale« von 1918 verratende sozialdemokratische Führung (»außen rot und innen weiß«). Es lassen sich mit T.s Werk – von den *Frommen Gesängen* (1919) bis zu *Deutschland, Deutschland, über alles* (1929) – die entscheidenden Wendepunkte und Fehlentwicklungen der Weimarer Nachkriegsgesellschaft diagnostizieren, es ist jedoch gerade in seiner stilistischen Brillanz und zunehmenden Schärfe selber auch ein Indiz dafür, daß politischer Borniertheit und nationalmilitaristischem Wiederholungszwang mit den Mitteln einer perennierenden Invektive allein nicht beizukommen war. Sein *Deutschland, Deutschland, über alles*, zu dem John Heartfield die Photomontagen beigesteuert hatte, war nicht nur dem politischen Gegner ein Ärgernis. Der Autor, schrieb Herbert Ihering, erreiche damit »das Gegenteil seiner Absichten«. Solche Kritik übersieht allerdings, daß die nationalen Affekte und deutschtümelnden Ressentiments, die T. so treffsicher attackiert hatte, nicht nur den enttäuschten Aufklärer, sondern in einer tieferen Schicht auch den intellektuellen Außenseiter und Angehörigen einer in ihrem Bürgerrecht bedrohten Minderheit herausfordern mußten.

Erfolg bedeutete nicht schon Wirkung. Der hellsichtige Beobachter – »ich bin ausgezeichnet, wenn ich einer noch dumpfen Masseneinsicht Ausdruck geben kann« – wußte sehr gut, mit welcher Fatalität seine Position als Aufklärer belastet war. Was, 1912, als »Kämpfen – aber mit Freuden! – Dreinhauern – aber mit Lachen!« *(Rheinsberg)* begonnen hatte, war längst zu einer Verpflichtung geworden, die er seiner Hoffnung auf eine weniger zerrissene Welt schuldig zu sein glaubte. »Nichts ist schwerer ... als sich in offenem Gegensatz zu seiner Zeit zu befinden und laut zu sagen: Nein.« Aber »immer und immer wieder raffen wir uns auf«. Öffentliches, zu einem negativen Zeitalter Nein sagendes Ich und privates Ich trennten sich immer mehr, und eben darin war er seiner Zeit stärker verbunden, als ihm selber bewußt sein konnte. Er war nicht bereit, sein Leben, seine innere Biographie mit seiner professionellen Existenz zu vermengen. So sind seine fünf Pseudonyme, unter denen er, seinen eigenen Namen inbegriffen, als fünffacher Akteur der *Weltbühne* auftrat *(Mit fünf PS)*, mehr als ein reizvolles und allzu häufige Nennung ein und desselben Namens vermeidendes Versteckspiel. Es ist auch ein Spiel mit der Eigenschaftslosigkeit, hinter der sich »das sich umgrenzende Ich« (Gottfried Benn) mit seiner »Sehnsucht nach Erfüllung« umso sicherer verbergen konnte. Hinter allem stand – wie in anderen Formen bei Bert Brecht, Robert Musil, aber auch auf der Rechten – eine Suche nach Identität, die im Chaos der zersplitterten Lebensmasse der Nachkriegszeit am wenigsten zu finden war. T.s Uneigentlichkeit, seine Selbstdistanzierung haben es in der Nachwirkung leicht gemacht, sich vom unerschrockenen Kämpfer für den Sozialismus bis zum besinnlichen »Meister der kleinen Form« ein jeweils passendes Bild des Schriftstellers zurechtzulegen. Sein Hinweis auf die »heitere Schizophrenie« seines Spiels mit den Pseudonymen sollte jedoch davor bewahren, seine Produktivität nur aus dem Anlaß der Tageserfordernisse heraus verstehen zu wollen. Er selber hebt hervor, daß er seine Anerkennung als Autor einer, wie er in Abgrenzung zu seinem publizistischen Oeuvre formuliert, literarischen Arbeit verdankte. *Rheinsberg. Ein Bilderbuch für Verliebte* (1912) brachte es noch in Weimarer Zeit auf eine Auflage von einhundertzwanzigtausend Exemplaren. 1927 erscheint *Ein Pyrenäen-*

buch, das 1925 anläßlich einer Reise nach Südfrankreich und Spanien entstand. Es ist, abgesehen von den massenpsychologisch inspirierten Betrachtungen des Kapitels über den Wallfahrtsort Lourdes, »darin mehr von meiner Welt als von den Pyrenäen die Rede«. Ebenso wie *Schloß Gripsholm* (1931) sind diese selbständigen Buchveröffentlichungen auf eine Ausnahmesituation bezogen. Unter dem Eindruck des Ortswechsels und des Abstands zum »lächerlich lauten Getriebe« scheint am ehesten ein Ausgleich der zwiespältigen Lebensansprüche zu gelingen. »Ich komme immer mehr dahinter, daß es falsch ist, nicht *sein* Leben zu leben«, notiert er 1924. Doch die Hoffnung auf eine gelassene, kontemplative, dem Daseinskampf enthobene Existenz, Nachklang Schopenhauerscher Philosophie, ist nicht zu verwirklichen. »Warum bleiben wir eigentlich nicht hier«, heißt es beim Abschied von der Urlaubsidylle in *Schloß Gripsholm*? »Nein, damit ist es nichts.« Denn »ist man für immer da, dann muß man teilnehmen«.

Werkausgabe: Kurt Tucholsky: Gesammelte Werke. Hrsg. von *Gerold-Tucholsky*, Mary und *Raddatz*, Fritz J. 10 Bände. Reinbek bei Hamburg 1979.
Literatur: *Grenville*, Bryan P.: Kurt Tucholsky. München 1983; *Heß*, Dieter: Zur literarischen und publizistischen Strategie der Aufklärung im Werk Kurt Tucholskys, insbesondere in der »Weltbühne«. Frankfurt a.M./Bern 1982; *Ackermann*, Irmgard (Hrsg.): Kurt Tucholsky. Sieben Beiträge zu Werk und Wirkung. München 1981.
Bernd Weyergraf

Uhland, Ludwig
Geb. 26. 4. 1787 in Tübingen; gest. 13. 11. 1862 in Tübingen

Der Tod des »Volksdichters«, als der er in der Flut der Glückwünsche zu seinem 75. Geburtstag knapp über ein halbes Jahr zuvor häufig angesprochen wird, demonstriert noch einmal das Ausmaß seiner Beliebtheit quer durch die sozialen Schichten. Gedenkfeiern finden in ganz Deutschland statt. Bei der Beerdigung folgen nahezu tausend Trauergäste – viele von ihnen mit dem eigens bereitgestellten Sonderzug aus Stuttgart angereist – dem mit zwölf Lorbeerkränzen geschmückten Sarg. Daß sich unter ihnen jedoch kein einziger Vertreter der Regierung befindet, ist signifikant für einen Lebensweg, dessen wiederholte Konfrontationen mit der Macht zugleich wichtige Stationen der gescheiterten deutschen Freiheitsbewegung in der ersten Hälfte des 19. Jahrhunderts bezeichnen, als deren Symbolfigur U. seinen Zeitgenossen weithin erscheint.

Die Familie zählt bereits in der zweiten Generation zum höheren Tübinger Universitätsbürgertum. Dem Wunsch des Vaters entsprechend – er ist juristischer Beirat des akademischen Senats – nimmt U. 1805 in seiner Heimatstadt das Studium der Rechte auf. Eine Mitte 1810 im Anschluß an die Promotion unternommene, etwa achtmonatige Reise nach Paris nutzt er freilich weniger zur fachlichen Weiterbildung als im Sinne seiner poetischen und philologischen Neigungen. Während der Zugehörigkeit zu einem Kreis literarisch ambitionierter Kommilitonen, darunter Justinus Kerner, der zeitlebens sein enger Freund bleibt, hatte er damit begonnen, die früh einsetzende Lyrik, gemäß dem romantischen Programm einer kunstbewußten Rekonstruktion von Naivität, am Muster des Volkslieds, der »objektiven, alten, einfachen Poesie«, auszurichten, neben dem er jedoch auch komplizierte Formen souverän beherrscht. Für die Entstehung seiner plastischen (sagen-)geschichtlichen Balladen ist die Lektüre mittelalterlicher Handschriften auf der »Bibliothèque Nationale« von maßgeblichem Einfluß. Die erste, sehr selbstkritisch ausgewählte Sammlung von U.s Gedichten (1815) bezeichnet zugleich das, von ihm selbst gelegentlich mit der politischen Restauration in Verbindung gebrachte, Ende seiner kontinuierlichen dichterischen Produktivität, die danach nur noch während zweier kurzer Phasen, 1829 und vor allem 1834, einsetzt. Bis zu seinem Tod erzielt die Ausgabe nicht weniger als 60 Auflagen – einige Raubdrucke kommen noch hinzu – und hält damit (neben Heinrich Heines *Buch der Lieder*) den Verkaufsrekord des Jahrhunderts.

Nach seiner Rückkehr aus Paris und einer kurzen Tätigkeit als Advokat in Tübingen nimmt er die entgegen den gemachten Versprechungen unbezahlt bleibende Stelle des zweiten Sekretärs im Stuttgarter Justizministerium an. Da er es ablehnt, die für den Monarchen bestimmten Vorlagen beschönigend zu manipulieren, bleiben Reibereien mit den Vorgesetzten nicht aus. Trotz seiner mißlichen finanziellen Lage – als er sich 1814 erneut als Advokat niederläßt, kehrt die lakonische Notiz »Geldnot« in seinem Tagebuch oft wieder – verzichtet er während der dem Wiener Kongreß folgenden knapp vierjährigen Auseinandersetzungen um eine neue württembergische Verfassung auf jedes der ihm zwischenzeitlich angebotenen Staatsämter, weil er dem seit Mitte 1817 verfassungslos regierenden König keinen Eid schwören möchte. Der im gleichen Jahr erschienene Zyklus *Vaterländische Gedichte* weist durch sein gegen den fürstlichen Gnadenerweis gerichtetes Insistieren auf dem politischen Mitbestimmungsrecht des Volkes über den unmittelbaren Anlaß auf das emanzipatorische Thema der Lyrik des Vormärz voraus. Auch die beiden historischen Dramen *Ernst, Herzog von Schwaben* (1817) und *Ludwig der Baier* (1818) erinnern angesichts der deutschen Kleinstaaterei, in der sich »innen nichts gehellt« hat, an die uneingelösten Hoffnungen der Befreiungskriege auf nationale Einheit, Freiheit und Rechtsstaatlichkeit.

1819 wird U. in die verfassunggebende württembergische Ständeversammlung gewählt. Bis zu seinem freiwilligen Ausscheiden sieben Jahre später gehört er dem Landtag an. Parallel dazu erfolgt seine Hinwendung zur Germanistik, die den umfangreichsten Teil seines Gesamtwerks stellt. Obschon er mit einer wissenschaftsgeschichtlich noch immer bedeutsamen Monographie über *Walther von der Vogelweide* (1822) Aufmerksamkeit erregt, gilt sein Hauptinteresse nicht der individuellen Kunst, sondern der Erforschung anonymer Überlieferungen von »Mythus, Sage, Volksgesang«, die »jenseits der Literatur im buchstäblichen Sinne liegen« und ihm daher besonders geeignet erscheinen, »das Wesen des dichterisch schaffenden und bildenden Volksgeistes kennenzulernen«. Eine außerordentliche Professur für deutsche Sprache und Literatur in Tübingen hat er allerdings nur drei Jahre lang inne. Als der König 1833 in den Landtag gewählten Beamten den zur Wahrnehmung ihres Mandats erforderlichen Urlaub verweigert, reicht U. ein Gesuch »um Entlassung aus dem Staatsdienst« ein, dem Wilhelm I., so sein eigenhändiger Vermerk, »sehr gerne« nachkommt, »da er als Professor ganz unnütz war«. Der von der Pariser Julirevolution von 1830 ausgehende Auftrieb der liberalen Opposition in Deutschland währt allerdings nur kurz: 1838 verzichtet U. auf eine neue Kandidatur. Als Privatgelehrter befaßt er sich insbesondere mit der kommentierten, textkritischen Edition *Alter hoch- und niederdeutscher Volkslieder* (1844/45), deren Quellenstudium zahlreiche Reisen erforderlich macht.

Im Revolutionsjahr 1848 kehrt U., dessen »Bescheidenheit, Einfachheit« (so Annette von Droste-Hülshoff) und Wortkargheit viele Zeitgenossen bezeugen, wiederum »nur als Freiwilliger, als Bürger, als einer aus dem Volke« ein drittes Mal in die Politik zurück, die, wie er klagt, seiner Arbeit »eine Reihe der besten Jahre verdorben« habe. Als Abgeordneter des Wahlkreises Tübingen-Rottenburg sitzt er, schon vorher der Vertreter Württembergs im Ausschuß zur Ausarbeitung eines bundesstaatlichen Verfassungsentwurfs, in dem ersten gesamtdeutschen Parlament der Frankfurter Paulskirche, wo er sich für eine »demokratische« Legitimation der künftigen Reichsgewalt engagiert. Obgleich er die auf Druck vor allem Preußens und Österreichs zustandegekommene Verlegung der Volksvertretung nach Stuttgart nicht befürwortet, nimmt er auch an den dortigen Sessionen teil. Bei ihrer gewaltsamen Auflösung durch württembergisches Militär Mitte Juni 1849 geht er an der Spitze der protestierenden Abgeordneten.

U. vergißt diese Erfahrung nicht. Ende 1853 lehnt er Alexander von Humboldt gegenüber den höchsten preußischen Orden, »Pour le mérite«, ab, da er »mit literarischen und politischen Grundsätzen, die ich niemals verleugnet habe, in unlösbaren Widerspruch geraten würde, wenn ich in die mir zugedachte, zugleich mit einer Standeserhöhung verbundene Ehrenstelle eintreten wollte, während solche, mit denen ich in vielem und wichtigem zusammengegangen bin, weil sie in der letzten Zerrüttung weiterschritten, dem Verluste der Heimat, Freiheit und bürgerlichen Ehre, selbst dem Todesurteil verfallen sind«.

Werkausgabe: Ludwig Uhland: Werke. Hrsg. von Hartmut *Fröschle* und Walter *Scheffler.* 4 Bände. München 1980–84.

Literatur: *Bausinger,* Hermann (Hrsg.): Ludwig Uhland. Dichter, Politiker, Gelehrter. Tübingen 1988; *Schwab,* Hans-Rüdiger: Anhang. In: ders. (Hrsg.): Ludwig Uhland. Werke. 2 Bände. Frankfurt a. M. 1983. S. 263–344 in Band 2; *Fröschle,* Hartmut: Ludwig Uhland und die Romantik. Köln/Wien 1973.   *Hans-Rüdiger Schwab*

Ullmann, Regina
Geb. 14.12.1884 in St. Gallen, Schweiz: gest. 6.1.1961 in Ebersberg/Obb.

Am 8. November 1926, knapp zwei Monate vor seinem Tod, warb Rainer Maria Rilke in einem Brief an Georg Reinhart um finanzielle Hilfe für U., deren Rang und Eigenart er durch die Spannung zweier Namen bezeichnete: »Es handelt sich... um eine Dichterin, die sich in der Erzählung *Von einem alten Wirtshausschild* (in ihr ganz besonders), indem sie ihre Mängel selbst einer intensiven und genialischen Noth des Ausdrucks dienstbar machte, eine Prosa geschaffen hat, die man künftig, neben Texte Büchner's oder Claudius'in Anthologien einstellen wird«. Daß sich Rilkes Prophezeiung nicht erfüllte – U. ist bis heute weitgehend unbekannt – spricht nicht gegen sein Urteil. Die Tochter Richard Ullmanns, eines früh verstorbenen (1889) jüdischen Kaufmanns österreichischer Nationalität und seiner aus Ulm gebürtigen Frau Hedwig, geb. Neuberger, wuchs mit ihrer älteren Schwester Helene in St. Gallen auf. U. war ein langsames, retardiertes Kind mit Sprech- und Schreibschwierigkeiten, das zunächst eine Privatschule für gehemmte Kinder besuchte. Ihr geistiges »Erweckungserlebnis« und die Grundfigur ihrer poetischen Produktivität hat sie später in der Erzählung *Goldener Griffel* geschildert: ein durch Phantasie beflügeltes, plötzliches, wie traumhaftes Gelingen da, wo sie bisher versagt hatte. Rilke hat von der »Diktathaftigkeit« ihres Schaffens gesprochen.

1902 zieht die Familie nach München, wo U. mit längeren Unterbrechungen bis 1936 immer wieder gewohnt hat, allein oder zusammen mit der sie dominierenden, behütenden, in ihren poetischen Neigungen fördernden Mutter, an die sie bis zu deren Tod (1938) gebunden blieb. Ihre Liebesbeziehungen scheiterten. 1906 und 1908 wurden ihre ledigen Töchter Gerad und Camilla geboren, die bei Pflegeeltern und in Pensionaten aufwuchsen (die Väter waren der Wirtschaftswissenschaftler Hanns Dorn und der Psychiater Otto Groß); 1911 konvertierte sie unter dem Einfluß von Ludwig und Anna Derleth zum Katholizismus. Versuche, ihre Existenz durch einen bürgerlichen Beruf zu sichern, schlugen fehl. Eine Gärtnerlehre in Burghausen (1915/16) brach sie ab, die Werkstatt für Wachsgießerei, die sie zeitweise betrieb (1929), gab sie bald wieder auf. So blieb sie auf die finanzielle Unterstützung von Mutter, Freunden, Mäzenen angewiesen. 1935 wurde U. aus der Reichschrifttumskammer ausgeschlossen. Anfang des folgenden Jahres zog sie mit der Mutter zunächst nach Österreich, dann, nach deren Tod und der Besetzung des Landes durch deutsche Truppen, in ihre Heimat St. Gallen, wo sie seitdem in dem von Ordensschwestern geleiteten Marienheim gelebt hat. In der letzten Zeit ihrer Krankheit (Sklerose und Darmkrebs) hat die Tochter Camilla sie bei sich genommen und in Eglharting bei Kirchseeon gepflegt.

Die Aufbrüche und Aufschwünge von Reisen, Wohnungswechseln, Besuchen bei Freunden waren für das Schaffen U.s wichtig, ebenso ihr großer und prominenter Freundeskreis, u.a. Lou Andreas-Salome, Felix Braun, Carl Jacob Burckhardt, Hans Carossa, Eva Cassirer, Carl und Maria Caspar-Filser, Ellen Delp, Wilhelm Hausenstein, Hermann Hesse, Editha Klipstein, Thomas Mann, Max Picard, Karl Wolfskehl, Nanny Wunderly-Volkart. Hervorgehoben werden muß die besondere Bedeutung Rilkes, den

U. 1912 kennenlernte. Vier Jahre vorher hatte sie ihm die erste Veröffentlichung, die dramatische Dichtung *Feldpredigt*, zugeschickt. »Daß ich Ihnen doch so recht überzeugend sagen könnte, was Schönes Sie da gemacht haben« (3. 9. 1908) antwortete er. Fortan hat er die Dichterin als Freund und Förderer begleitet, vermittelte wichtige Bekanntschaften, Verlagskontakte, finanzielle Hilfen, schrieb das Geleitwort zu ihrem zweiten Buch *Von der Erde des Lebens*, in dem er U.s dichterische Welt als »durchaus unedierte Welt« charakterisiert, war ein scharfsinniger und behutsamer Kritiker ihrer Arbeiten. Die Erzählung *Von einem alten Wirtshausschild* (1920) feierte er als Sieg und gleichsam als das Meisterstück seines Dichterlehrlings: zur Diktathaftigkeit ihrer Produktion sei »das Gelingen der Arbeit hinzugekommen, die Beherrschung dessen, was in diesem Göttlichen beherrschbar ist und beherrscht sein will« (an Eva Cassirer, 16. 12. 1920).

U. war Erzählerin, auch dann noch, wenn sie Lyrik verfaßte. Ihre mündliche Erzählgabe ist vielfach bezeugt: »Sie erzählten so behutsam und genau, wie ich das nie gehört hatte«, sprach sie Burckhardt in der Einführung zu einem Leseabend an; das trifft auch für ihre geschriebenen Geschichten zu, die in verschiedenen Sammlungen erschienen: *Die Landstraße* (1921); *Die Barockkirche* (1925), *Vom Brot der Stillen* (1931), *Der Apfel in der Kirche* (1934), *Der Engelskranz* (1942), *Schwarze Kerze* (1954). Sie kommen mit einem Minimum an Stoff und Handlung aus und spielen meist im ländlichen Raum oder in kleinen Städten. Ihre Protagonisten sind vor allem Kinder und Greise, einsame, beschädigte, geschlagene Menschen. Immer wieder greift sie Schlüsselerlebnisse aus der eigenen Kindheit auf. Das Gefühl eines Mangels, eines isolierenden Defekts ist ein Hauptantrieb der Erzählungen, die ihn gleichsam als leere Mitte umkreisen, ihm erliegen, ihn zu heilen suchen: »Denn es ist von Anfang an, von Geburt an etwas nicht in mir, etwas was die andern alle haben« (U. an Nanny Wunderly-Volkart, 22. Juni 1927). Ihre Figuren sind in sich gefangen bis in die kleinsten Bewegungen: »Und er hörte das Tappen der Taubenfüße und würde am liebsten das innere Gätterchen aufgemacht haben, wenn das nicht eine gar so ungewöhnliche Handlung für ihn gewesen wäre. Man ist eben immer an sich gebunden, und jede menschliche Handlung ist, wenn man so will, einem vorgeschrieben« (*Das Hochwasser*). U. hat sich als pädagogische Schriftstellerin (in der Nachfolge Pestalozzis und Gotthelfs) gefühlt und ihre Freunde durch ihr lehrhaftes Wesen belustigt und irritiert. Aber was kann Moral gegen solche Sätze noch ausrichten?

Werkausgabe: Regina Ullmann. Erzählungen, Prosastücke, Gedichte. Hrsg. von Friedhelm *Kemp*. 2 Bde. München 1978.

Literatur: Rainer Maria Rilke, Briefwechsel mit Regina Ullmann und Ellen Delp. Hrsg. von Walter *Simon*. Frankfurt a. M. 1987. *Delp*, Ellen: Regina Ullmann. Eine Biographie. Einsiedeln 1960.

Ursula Naumann

Valentin, Karl (d.i. Valentin Ludwig Fey)

Geb. 4. 6. 1882 in München; gest. 9. 2. 1948 in München

Bertolt Brecht: »Dieser Mensch ist ein durchaus komplizierter, blutiger Witz.« Alfred Kerr: »Woraus besteht er? Aus drei Dingen. Aus Körperspaß. Aus geistigem Spaß. Und aus gewollter Geistlosigkeit.« Kurt Tucholsky: »Ein selten trauriger, unirdischer, maßlos lustiger Komiker, der links denkt.« Alfred Polgar: »Sein Humor, eine wunderliche Mischung aus Schwachsinn und Tiefsinn, ist metaphysische Clownerie.« Franz Blei: »Er ist das erleidende Schlachtfeld des Kampfes zwischen Logik und Sprache.« Anton Kuh: »Voll Respekt die Hochdeutschwelt hinanblickend.« Samuel Beckett: »Ich habe viel und voll Trauer gelacht« (1937). Adolf Hitler: »Er ist nicht nur ein Komiker aus Leidenschaft, er ist dazu geboren.« Und noch einmal Brecht: »Eine der eindringlichsten Figuren der Zeit«. Karl Valentin: »Also, was die da wieder ois über mich zsammgschriebn ham!« Aufgewachsen ist der Sohn eines Möbeltransporteurs in der ländlich geprägten, zu München eingemeindeten Au, die er als rothaariger »Fey-Deifi« verunsicherte: mit ihren proletarisierten, stadtbekannt streitsüchtigen Kleinbürgern, ihren Originalen, ihrer Bürger- und Feuerwehr, ihren Festen und Festivitäten, ihren Vereinen und ihrer Leidenschaft fürs Laien- und Marionettentheater, ein unerschöpfliches thematisches Reservoir, aus dem V. zeitlebens schöpfen konnte. Der Schule, dieser »Zuchthausstrafe«, schloß sich eine Schreinerlehre an (von 1897 bis 1899) samt dreijährigen Berufsausbildung, was V. später befähigte, seine vielfältigen Requisiten und Apparate selbst herzustellen. Doch dann verwirklichte er, was er als 14jähriger beschlossen hatte: es dem berühmten Gesangshumoristen Karl Maxstadt nachzutun, und besuchte die Varieté-Schule in München (1902). Der Tod des Vaters setzte seinem Engagement als Couplet-Sänger ein Ende. V. wurde genötigt, den väterlichen Betrieb zu übernehmen, den er schließlich unter Verlusten verkaufen mußte (1906). Das übriggebliebene Geld steckte er in sein selbstgebautes, sechs Zentner schweres Orchestrion (mit dem sich 27 Instrumente gleichzeitig spielen ließen) und ging als Musical-Fantast Charles Fey auf Tournee nach Leipzig, Halle, Berlin (1907). Verarmt kehrte er nach lauter Mißerfolgen nach München zurück, wo er sich in Gastwirtschaften und als »Nachstandler« in Volkssängerlokalen mit Pfennig-Gagen durchschlug.

Mit der Ablösung von der eher musikorientierten Volkssängerkonvention erfolgte der Durchbruch: Ins Zentrum rückte V. den gesprochenen Text, seinen zaundünnen Körper von 55 Kilogramm, den er mit Maske und Kostüm kalkuliert ausstattete, und ausgewählten Requisiten, denen er eine dramaturgisch eigengewichtige Funktion beimaß. An die bekannte Volkssängerbühne, den »Frankfurter Hof«, engagiert, brillierte V. mit Nonsense-Monologen wie *Das Aquarium* (mit dem Finale: »Ich nehm den Fisch und trag ihn in die Isar und tu ihn ertränken«) oder *Im Gärtnertheater* (mit dem Beginn: »Ich weiß nicht mehr genau, war es gestern oder wars im vierten Stock«). Am »Frankfurter Hof« lernte er Liesl Karlstadt kennen (1911), die seine ideale, weil für alle Rollen einsetzbare Partnerin wurde. Zur gleichen Zeit heiratete er Gisela Royes, mit der er bereits zwei Töchter hatte. Sie durfte ihm nach seinen Angaben die Kostüme schneidern; daß seine Familie seine Vorstellungen besuchte, wünschte er nicht. Die vielfältigen Szenen von Ehen in seinen Sketchen sind ihre Bankrotterklärung: Die Braut *Im Photoatelier* setzt ihren Fuß auf den frisch Angetrauten – allemal schlechter als der schlechte Mann kommt die Frau dabei weg. Dralle Damen mochte V. am liebsten (die Schönheit einer Frau fange erst bei zwei Zentnern an), eine große Sammlung mit schweinösen Photographien ist verbürgt. Mit Liesl Karlstadt trat er zum ersten Mal im *Alpensängerterzett* auf, einer parodistischen Attacke auf die zahlreichen Pseudo-Tiroler Sängervereinigungen (»Vater, packs Gebirg zsamm, dann gehn ma«). Eine bildungsbürgerlich kanonisierte hohe Literatur samt ihrem Kunstbetrieb wird umfunktioniert und verlächerlicht: Goethes *Faust (Theaterbetrieb),* Schillers *Glocke* und die akkustisch untermalten Rundfunkdichterlesungen *(Im Senderaum)*, Heines *Lorelei (Die Loreley).* Das Kunstlied und dessen Vortrag wird als Hinterzimmerkunst bloßgestellt: *Die vier Jahreszeiten,* deren Abbruch das Publikum erzwingt, oder *Das Lied vom Sonntag,* das vom Kläffen eines Köters begleitet wird. Verspottet wird der »moderne Krampf« der zeitgenössischen Kunst *(Expressionistischer Gesang; Das futuristische Couplet),* zerstört der Anspruch aufs geschlossene Kunstwerk: zahlreich die Texte, die über den Anfang nicht hinauskommen *(Die Uhr von Loewe),* nicht zu Ende gebracht werden *(Der Zithervirtuose,* mit dem nie endenden Refrain der »Liebesperlen«), wieder von vorn anfangen *(Buchbinder Wanninger; Der Umzug; Interessante Unterhaltung),* in einer eher seichten Pointe auslaufen oder unvermittelt enden.

Obschon in seiner Destruktion und Subversion der Avantgarde zugehörig, hat V. sich dem Kunstbetrieb der avantgardistischen Zentren München und Berlin entzogen (»literarische Vorbilder: keine«). Einmal jährlich ließ er sich durch Rauppachs Schmachtfetzen *Der Müller und sein Kind* (1835) anrühren, Bücher soll er deren dreizehn besessen haben, darunter drei eigene, einige Adreßbücher und Kurt Schwitters' *Anna Blume.* V. ängstigte sich vor jeder Form der Veränderung: nur dreimal gastierte er im Ausland (Wien, Zürich, 1923/24), sein Zentrum blieb München und Berlin, wo er seine größten Erfolge feierte, hauptsächlich im »Kabarett der Komiker« (ab 1924). Zur größten Zugnummer wurde *Tingeltangel (Orchesterprobe* u.a. Titel), der auf den Kopf gestellte Varieté-Betrieb. Neben den kleinbürgerlichen Kleinkünstlern sind es die kleinen Warenproduzenten, Kleinhändler und Käufer, die V. darstellt, deren Verunsicherung, Orientierungslosigkeit und Ohnmacht gegenüber einer wachsenden Kapitalisierung, Technisierung und Anonymisierung sie in Konfliktsituationen scheitern lassen. Die versuchte Anpassung in Sprache und Verhalten mißrät in einer gebrochenen Komik, welche die sozialkritischen Elemente nicht zu verdecken vermag *(Buchbinder Wanninger* u.v.a.). Inszeniert und versinnlicht wird eine maskierte Sprachphilosophie: Alltägliche Situationen werden so zerdacht, zerfragt und zerredet, Wörter hinter-, über- und unterfragt, daß das Selbstverständliche aufhört, es zu sein *(Semmelnknödeln* u.v.a.).

Wird das Absurde hier nur gestreift, so wird es in anderen Texten vorherrschend *(Das Christbaumbrettl; Der Weltuntergang; Vereinsrede; Familiensorgen).* Dem leidenschaftlichen Hypochonder V. geriet der Alltag zur Bedrohung: lebenslang geplagt von einem schweren Asthma, von Unfallängsten (der Chauffeur durfte nie schneller als 40 km/h fahren), Schluck- und Ansteckungsphobien (V. vollzog den Handschlag mit zwei Fingern). Die Tücke des Objekts, das sich verselbständigt und quer legt, stört und verstört *(Der verhexte*

Notenständer; Der reparierte Scheinwerfer). Die Angst vor Veränderungen führte V. dazu, Alt-münchener Bilder (Postkarten, Fotos) systematisch zu sammeln (ab ca. 1925). Er sammelte an gegen die »Amerikanisierung« und die Zerstörung des Münchner Stadtbildes und bot seine Riesensammlung später Hitler für 100 000 RM zum Kauf an (um einen Film drehen zu können).

V.s Geschichtsbild war simpel: »Das war noch eine gute alte Zeit bis 1914, dann ist der Saustall losgegangen.« So wurde er nicht müde, das zu beschwören, was er unter »guter alter Zeit« verstand, etwa in seinen Militärstücken, die, *Das Brillantfeuerwerk* ausgenommen, nicht in der Gegenwart angesiedelt sind *(Die Raubritter vor München; Ritter Unkenstein).* Der Konservativismus hinderte V. nicht daran, sich der modernsten Medien früh und konsequent zu bedienen: des Films und des Rundfunks. Viele seiner Interpretationen liegen als Höraufnahmen vor (von 413 Repertoirenummern V.s soll allerdings nur etwas mehr als ein Drittel veröffentlicht sein, Erwin Münz). 37 Filmdokumente mit V. sind erhalten, 26 davon sind V.-Filme, ca. 25 Filmdokumente gelten als verloren. Nur zum Teil sind die Stumm- (von 1912/13 bis 1929) und Ton-Filme (von 1932 bis 1941) Verfilmungen der bekanntesten Sketche (darunter auch *Der Firmling;* »wahrscheinlich der beste deutsche Film«, Herbert Achternbusch). Drei Filme sind besonders hervorzuheben: die surreale Stummfilmgroteske *Mysterien eines Frisiersalons* (1922 oder 1923, Regie: Erich Engel und Bertolt Brecht), *Der Sonderling* (1929, Regie: Walter Jerven), ein Schneidergeselle, dem im Finale seine Selbstmordversuche kläglich mißraten, und *Die Erbschaft* (1936, Regie: Jacob Geis), der von der Nazizensur wegen »Elendstendenzen« verboten wurde.

V.s suggestive Darstellungskraft machte ihn einmalig: sein minimaler gestischer, mimischer und stimmlicher Aufwand (»Komik ohne Fett«, Wilhelm Hausenstein), seine distanzierende, anti-illusionistische, improvisationsoffene Spielweise, die nie vergessen läßt, daß Rollen gespielt werden (im *Großfeuer* wird einfach der Feuerventilator ausgeschaltet); was Wunder, daß Brecht den V. fasziniert ausstudierte. Seine Spitzengagen steckte V. nur allzu oft in Projekte, deren Erfolg ausblieb, so in sein aufwendiges »Panoptikum«, das »originellste Museum der Welt«, ein Lach- und Gruselkeller, 122 Objekte, von der zerronnenen Schneeplastik bis zur kompletten mittelalterlichen Folterkammer mit Hexenpeitschung (1934/35). Später wurde es V.s »Ritterspelunke« einverleibt: Panoptikum, Kneipenkeller und Kabarett waren endlich an einem Ort vereint (Eröffnung 17.7.1939); Annemarie Fischer war die neue Partnerin, mit der er im *Ritter Unkenstein* auftrat.

Von den Nationalsozialisten wurde V. geduldet, aber nicht gefördert. 1940 betrugen seine jährlichen Einnahmen noch 27 600 RM, von 1941 bis 1944 nur mehr jährlich 800 RM. Für die *Münchener Feldpost* schrieb V. in den letzten Kriegsjahren pro Monat seine hintersinnigen Artikel. Fünf Jahre trat er nicht mehr auf (von 1942 bis 1947), schrieb aber unentwegt. Die Texte bezogen sich stärker auf die Gegenwart *(Die Geldentwertung),* nahmen politisch Stellung *(Vater und Sohn über den Krieg:* »Die Arbeiter werden von den Kapitalisten überlistet«). Parteimitglied war V. nicht gewesen (aus »Angst« wäre er schon beigetreten, aber es habe ihn nie jemand gefragt). Nach dem Krieg zerschlugen sich seine neuen Pläne: Der Rundfunk und die Hörer boykottierten ihn (»schickt's den Deppen hoam«), nur wenige Sendungen und Auftritte folgten (wiederum mit der Karlstadt). Am 31.1.1948 trat er ein letztes Mal auf, hungerschwach und von einer tödlichen Erkältung geschüttelt. Am Rosenmontag ist er gestorben, am Aschermittwoch wurde er beigesetzt. Hinterlassen hat er ein »multimediales Gesamtkunstwerk« (Helmut Bachmaier). In seinem Nachtkasterl fand man neben verschiedenen Tabletten und Rauchwaren einen Kanonenschlag der Marke »Phönix«.

Werkausgabe: Karl Valentin: Sämtliche Werke in 8 Bänden. Hrsg. von Helmut *Bachmaier* und Manfred *Faust*. München/Zürich 1991 ff.

Literatur: *Bachmaier,* Helmut (Hrsg.): Kurzer Rede langer Sinn. Texte von und über Karl Valentin. München 1990; *Glasmeier,* Michael C.: Karl Valentin. Der Komiker und die Künste. München, Wien 1987; Karl Valentin. Volks-Sänger? DADAist? Ausstellungskatalog. München 1982; *Schulte,* Michael: Karl Valentin. Eine Biographie. Hamburg 1982.

Dirk Mende

Varnhagen, Rahel
Geb. 19. 5. 1771 in Berlin; gest. 7. 3. 1833 in Berlin

»Es wird mir nie einkommen, daß ich ein Schlemihl und eine Jüdin bin; da es mir nach langen Jahren und dem vielen Denken drüber nicht bekannt wird, so werd ich's auch nie recht wissen.« Hellsichtig hat Rahel Levin in dieser Äußerung an ihren ersten Korrespondenten David Veit 1793 ihr Schicksal benannt. Schlemihl und Jüdin – diese Verbindung blieb ihr existentielles Trauma. Als Frau und Jüdin war sie doppelt ausgeschlossen, einem zwiefachen Paria-Dasein ausgeliefert: der Absonderung durch die Gesellschaft und der intellektuellen Entmündigung im Hause. Sie gehörte zu jener Generation romantischer Frauen, die nicht nur eine Emanzipation der Gefühle, sondern menschliche Gleichstellung für sich forderten, aber doch auch erfahren mußte, daß Sensibilität zwar als freischwebendes Zahlungsmittel valutiert, gesellschaftliche Anerkennung aber einzig auf dem »bürgerlichen Amboß« einer standesgemäßen Heirat verliehen wurde.

Als Tochter eines zu Wohlstand gekommenen jüdischen Kaufmanns und Bankiers wurde sie geboren. Ihre Bildung war selbsterworben; der anarchische, rebellische Zug ihres Denkens, Fühlens und Schreibens mag hier seine Wurzeln haben. Seit Anfang der 90er Jahre traf sich in ihrem Dachstübchen im elterlichen Haus die intellektuelle und literarische »jeunesse dorée« Berlins, ein sozialer Raum des freien und geselligen Miteinander, außerhalb der hierarchisch-ständischen Gesellschaft: »Statt mit wenigen über weniges zu sprechen, spricht Rahel mit allen über alles« (Hannah Arendt). Ihr Talent lag im Gespräch, in der Geselligkeit im umfassend frühromantischen Sinn. Sie wirkte allein durch die Faszination ihrer Person, durch ihr pädagogisch-erotisches Geschick, mit dem sie Männer der unterschiedlichsten Klassen und Begabungen erweckte, eine »moralische Hebamme« nannte sie Prinz Louis Ferdinand von Preußen. Dabei besaß sie ein ausgeprägtes Selbstbewußtsein, einen scharfen, sondernden Intellekt: »Ich bin *so* einzig, als die größte Erscheinung dieser Erde. Der größte Künstler, Philosoph oder Dichter ist nicht über mir. Wir sind vom selben Element. Im selben Rang, und gehören zusammen. Und der den andern ausschließen wollte, schließt nur sich aus. Mir aber war das *Leben* angewiesen« (15.2.1805). Zweimal versuchte sie, den Makel ihrer »infamen Geburt« durch Liebesbeziehungen zu Angehörigen des Adels zu nobilitieren; zweimal wurde sie verlassen – »Schicksalsprügel, wovon die Flecke nicht vergehen«. 1808, zwei Jahre, nachdem durch Preußens Niederlage gegen Napoleon das Geschäft ihrer Brüder und damit auch das Leben der Geschwister in Bedrängnisse geraten war, lernte sie Karl August Varnhagen kennen. Der um vieles jüngere Diplomat im Dienste Preußens und Schriftsteller wurde ihr Kind, Schüler und Liebhaber, später der sie vergötternde Prophet, Chronist und Editor. Zugleich mit der 1814 erfolgten Heirat trat sie zum Christentum über und ließ sich auf den Namen Friederike taufen – und blieb doch unter aller Schminke der Assimilation bis an ihr Lebensende Schlemihl und Jüdin. Sie begleitete ihren Mann 1814/1815 zum Wiener Kongreß. Von 1816 bis 1819 lebte sie in Karlsruhe, wo Varnhagen preußischer Geschäftsträger am badischen Hof war. Nach seiner Abberufung – hinter der man den neu aufflammenden Antisemitismus vermuten darf – lebte sie seit Oktober 1819 wieder in Berlin. Jetzt erst entfaltete sie, als Gattin eines Mannes von Reputation, in ihrem Salon eine weithin ausstrahlende gesellschaftliche Wirksamkeit. Sie trat in Wort und Tat für Goethe, aber auch für die sozialrevolutionären Utopien des Saint-Simonismus ein, verkehrte freundschaftlich mit dem jungen Heinrich Heine, aber auch weiterhin mit dem ultramontanen Metternich-Vertrauten Friedrich von Gentz.

Als V. starb, hinterließ sie kein Werk im Sinne der literarischen Übereinkunft. Ihr Werk besteht aus Briefen, deren Zahl bis an die Zehntausendergrenze gehen dürfte und die nur zum Teil veröffentlicht wurden. Anders als im Falle Bettine von Arnims, die persönliche Zeugnisse zu Briefromanen komponiert und damit literarisch stilisiert hat, sind V.s Briefe ungezähmte private Äußerungen. »Mein Leben soll zu Briefen werden«, hat sie selbst einmal bekannt. Was und wie sie es schreibt, ist leidenschaftlich bis zum Schamlosen, ja Ordinären, lebendig und dabei voller Witz und Klatsch, immer aber originell und spontan – abgerissene Gedanken eines unendlichen Gesprächs, Bruchstücke einer großen Konfession. Ihre Briefe offenbaren ein grenzenloses Mitteilungsbedürfnis – »Sie kam, *sprach* und *siegte*« (Carl Gustaf von Brinckmann) –, eine grenzenlose Fähigkeit nicht nur zu fühlen und zu denken, sondern auch zu schmecken und zu riechen, mit einem Wort: das Leben auf sich regnen zu lassen. Sie »urteilt eigentlich nicht, sie *hat* den Gegenstand, und sofern sie ihn nicht besitzt, geht er sie nichts an« (Goethe).

Werkausgabe: Gesammelte Werke. Hrsg. von Konrad *Feilchenfeldt,* Uwe *Schweikert* und Rahel E. *Steiner.* 10 Bände. München 1983; Briefwechsel. Hrsg. von Friedhelm *Kemp.* 4. Bde., München ²1979.

Literatur: *Seibert,* Peter: Der literarische Salon. Literatur und Geselligkeit zwischen Aufklärung und Vormärz. Stuttgart 1993; *Hahn,* Barbara: »Antworten Sie mir!« Rahel Levin Varnhagens Briefwechsel. Frankfurt a. M. 1990; *Thomann Tewarson,* Heidi: Rahel Varnhagen. Reinbek bei Hamburg 1988; *Arendt,* Hannah: Rahel Varnhagen. Lebensgeschichte einer deutschen Jüdin aus der Romantik. München 1959. *Uwe Schweikert*

Vesper, Bernward
Geb. 1. 8. 1938 in Gifhorn; gest. 15. 5. 1971 in Hamburg

Als im Sommer 1977, wenige Wochen vor dem »deutschen Herbst« und den bis heute ungeklärten Ereignissen in der Landesvollzugsanstalt Stuttgart-Stammheim, V.s Fragment gebliebener Romanessay *Die Reise* erschien, ahnten wohl wenige, daß diese nachgelassene Autobiographie zum Schlüsselwerk für das Verständnis einer ganzen Generation, die sich in der Außerparlamentarischen Opposition befunden hatte, werden sollte. V. war ein Sohn des prominenten nationalsozialistischen Schriftstellers und Lyrikers Will Vesper. Seine Kindheit und Jugend verbrachte er auf dem am Südrand der Lüneburger Heide gelegenen Gut Triangel. Nach dem Abitur machte er zunächst eine Lehre als Verlagsbuchhändler, ehe er von 1961 bis 1964 in Tübingen, danach in Berlin Germanistik und Soziologie studierte. In Tübingen lernte er auch die Pfarrerstochter Gudrun Ensslin kennen, mit der er bis 1968 zusammenlebte. V. konnte sich, in seinen politischen Überzeugungen wie in seinen schriftstellerischen Versuchen, zunächst nur schwer von seinem Vater lösen, für dessen Werke er noch 1963 einen Verleger suchte. Im Zuge der entstehenden studentischen Protestbewegung radikalisierte sich seine politische Haltung seit Mitte der 60er Jahre. Bereits 1964 veröffentlichte er gemeinsam mit Gudrun Ensslin das Buch *Gegen den Tod. Stimmen deutscher Schriftsteller gegen die Atombombe*. Anläßlich der Bundestagswahl 1965 engagierte er sich im Wahlkontor der deutschen Schriftsteller für die SPD. 1966 gründete er die *Voltaire Flugschriften*, 1968 die *Edition Voltaire* als publizistisches Forum der Außerparlamentarischen Opposition (APO). Die Trennung von Gudrun Ensslin markierte den persönlichen, die Entstehung der Roten Armee Fraktion (RAF) den politischen Bruch in seinem Leben. Den Weg der militanten Linken in die »Gespensterarmee« des Terrorismus wollte er nicht gehen; er floh in den Ausweg der Droge. Am 21. 2. 1971 wurde er nach Gewalttätigkeiten infolge Drogeneinfluß und Alkoholsucht in das Nervenkrankenhaus Haar bei München eingeliefert, von dort Anfang März auf eigenen Wunsch in die Universitäts-Nervenklinik Hamburg-Eppendorf verlegt, wo er am 15. 5. 1971 Selbstmord beging.

Der Romanessay *Die Reise* entstand von 1969 bis 1971 und beschreibt eine »Geisterreise ins Ich und in die Vergangenheit«. V. unternimmt in diesem Buch in Form einer Individualarchäologie eine radikale Erkundung seiner selbst, seiner Herkunft, seiner Psyche und der bundesrepublikanischen Wirklichkeit. Er und sein Leser »reisen« dabei auf drei einander kaum verbundenen Ebenen, die sich collagehaft ineinanderschieben und die immer wieder durch Zeichnungen, Traumprotokolle, Zitate aus Zeitungen, ästhetische und politische Überlegungen unterbrochen sind. Die erste Ebene ist die »Rückerinnerung« (im Buch »Einfacher Bericht« genannt) an die eigene Kindheit, deren ländlich behütete Idylle sich ihm als die Einübung in ein Terrorsystem enthüllt; an den überlebensgroß-autoritären Vater, dessen Bild sich mit dem des Führers zu einer negativen Identifikationsfigur verwischt. Die zweite Ebene gehört der realen Reise in der Zeit der Niederschrift, als die APO zerbricht und V. ruhelos durch Europa irrt. Die dritte Ebene, als Kontrapunkt des Textes, gilt dem Trip, dem Eintauchen in die künstlichen Paradiese des Rauschgifts (Passagen einer assoziativ-wuchernden Sprache der Verrücktheit, von wilder Schönheit, aber auch beklemmend durch ihre Nähe zu Gottfried Benn, gar zu Ernst Jünger). Die Kontinuität des Faschismus über das Jahr 1945 hinaus, das Erbe der Väter als Last der Söhne – selten wurde der Verblendungszusammenhang deutscher Geschichte so deutlich, wie an V.s Buch und Person. Es macht die verzweifelte Radikalität dieses Buches aus, daß sein Autor Literatur als Harakiri betreibt. Hier hat einer schreibend sein Leben aufs Spiel gesetzt – und verloren.

Werkausgabe: Bernward Vesper: Die Reise. Romanessay. 16. Auflage, Ausgabe letzter Hand. Frankfurt a. M. 1979.

Literatur: *Türkis,* Wolfgang: Beschädigtes Leben. Autobiographische Texte der Gegenwart. Stuttgart 1990; *Schneider,* Michael: Über die Außen- und Innenansicht eines Selbstmörders. Notwendige Ergänzungen zu Bernward Vespers *Die Reise.* In: ders.: Den Kopf verkehrt aufgesetzt oder Die melancholische Linke. Darmstadt 1981. S. 65–79. *Uwe Schweikert*

Vischer, Friedrich Theodor
Geb. 30. 6. 1807 in Ludwigsburg; gest. 14. 9. 1887 in Gmunden

»Das Leben ist eine Fußreise mit einem Dorn oder Nagel im Stiefel.« Unterwegs ins geliebte Venedig (seiner 10. Italienreise) erliegt V. den Tücken eines verdorbenen Pilzgerichts, ohnehin geschwächt durch den Personenkult zu seinem 80. Geburtstag, der in Stuttgart als eine Art Volksfest zelebriert wurde, das dem »großen Repetenten deutscher Nation für alles Schöne und Gute, Rechte und Wahre« galt (Gottfried Keller). Als Professor für Ästhetik, Deutsche Literatur und Redeübungen predigt V. vom Katheder am Stuttgarter Polytechnikum. Auch wenn er über Bürstenbinderei lesen würde, hätte er solche Vorlesungen besucht, beichtet ein Hörer. Was hat V. dazu gesagt, war eine gängige Frage, wem nach Wegweisung verlangte. Nichts, wozu er sich nicht geäußert hätte: als Literat und Philosoph, Kunst- und Literaturwissenschaftler, Journalist und Politiker, Essayist und Briefeschreiber. Und allzeit »in Gefechtstellung«: aufbegehrt gegen die Religion, die Kirche, die Pietisten, gewettert gegen Linke und Franzosen, Frauen und Sittenverfall, Mode und tote Gelehrsamkeit, angedonnert gegen Tierquäler und Vaterlandsfeinde, Feiglinge und »Fußflegeleien auf der Eisenbahn«, Lebensmittelverfälschungen und die Geldsackgesinnung der Gründerzeit.

V.s Schriften werden zu Waffen-»Gängen«, das Leben zur Schlacht. Je stärker ihm die Zornesader im Zickzack über die Schläfe hüpft, um so wortmächtiger schreibt er, 1.65 m klein und auf dem linken Auge seit der 48er Revolution mählich erblindet: ironisch, sarkastisch, zynisch. Die öffentlichen Vorträge des universellen Eigenbrötlers sind überfüllt: Vor 3000 Menschen spricht er über Shakespeare, die königliche Familie zu seinen Füßen. Rastlos in seinem Leben, rastlos in seinem Schaffen (»Arbeit! Arbeit!« die vorletzten Worte, auch sterbend noch strebend), versteht er sich als »Geteilter«, schwankend zwischen Poesie und Wissenschaft, auch wenn er die Philosophie über die Kunst stellt. Das reiche Lebenswerk wird gesichtet: Die Studien zu *Goethes Faust* erscheinen (1875), die Essaysammlung *Altes und Neues* (1881/82/89) mit seiner autobiographischen Skizze (*Mein Lebensgang*), seinem Hymnus auf die Karikatur, die er mit einer Begrifflichkeit analysiert, die bisher der hohen Kunst vorbehalten war, sowie seine Reflexionen über den *Traum* und *Das Symbol* mit so lichtvollen Sätzen wie: »Einst geglaubtes Mythisches, ohne sächlichen Glauben, doch mit lebendiger Rückversetzung in diesen Glauben an- und aufgenommen als freies ästhetisches, doch nicht leeres, sondern sinnvolles Scheinbild, ist symbolisch zu nennen.« In *Mode und Cynismus* (1878) versammelt V. seine Artikel für die rechte und wider die falsche Anziehung (Tracht contra Mode) und dem, was sie verdeckt, heraushebt oder entblößt (»Keinen oder einen schlechten Hintern zu haben, ist immer ein ästhetisches Unglück«).

An Literatur präsentiert er die Auswahl seiner zahlreichen Gedichte, *Lyrische Gänge* (1882), eine Art poetisches Bekenntnisbuch aus allen Phasen seines Lebens, das im Schwäbischen wurzelt, von V. gegenüber dem gekünstelten Norddeutschen als das Naive und Genuine aufgewertet, ohne sich den kritischen Blick auf die Schwaben zu verstellen (»Summa: Völklein, schwer zu begreifen, Gutes und Schlimmes verknäuelt wie kaum irgendwo«). Vielgespielt, *Nicht I, a Schwäbisches Lustspiel* (1884), ein evangelisches Pfarrhaus im März 1848, wo V. als »Lumpen« verspottet, was auch er mal zu sein dachte: Republikaner. Und schließlich sein literarisches Hauptwerk: *Auch Einer. Eine Reisebekanntschaft* (1878), ein komischer Roman, der sich auch als Selbstporträt lesen läßt, als »monumentaler Monolog« (G. Keller) modern in seiner Formlosigkeit, »alle Begriffe führen ja eben ins Ratlose«. Eine Rahmenhandlung, die eine selbständige Erzählung einfaßt (*Der Besuch. Eine Pfahldorfgeschichte*), und beschlossen wird durch ein Tagebuch, das von brillanten Einfällen über Gott, die Welt und die Halbwelt nur so funkelt, geschrieben von einem genialischen Sonderling, der Hauptfigur, der eine Theorie der »Tücke des Objekts« entwirft (V.s berühmteste Wortprägung), der er, wie sein Schöpfer, in der Praxis dauernd erliegt, verdammt zu feurigem Katarrh, höllischen Hühneraugen, sauenden Schreibfedern, verhexten Hemdknöpfchen – quicke Teufelsbrut, die im »unteren Stockwerk« menschlicher Existenz hämisch haust und ihr idealisches »oberes Stockwerk« unterminiert und zerstört. V. entwirft eine ganze Kulturtheorie aus dem Katarrh, schreibt Geschichte vom Alltag, vom Körper aus, als Leidensgeschichte. Sie wird nicht mehr wie von Hegel verstanden als objektive Entfaltung des Weltgeistes, der Zufall schlägt zu. Er will es, daß V. »ein Hühnerauge, das jeder Beschreibung spottet«, den Eintritt in den Deutsch-Französischen Krieg (1870/71) sabotiert, den er, als »von V.« vom württembergischen König geadelt, in seiner Rede *Der Krieg und die Künste* (1872) als Voraussetzung fürs große Kunstwerk nobilitiert. Einst hieß es »Ich bin links«, jetzt aber »Ich bin kein Demokrat«, da V. ins wilhelminische Kaiserreich einschwenkt, als er die deutsche Einheit verwirklicht sieht, für die er sich immer verkämpft hatte. Marx verspottet ihn als »Vergil Wilhelm I«, Nietzsche als »Bildungsphilister«. Vor seinem Ruf ans Polytechnikum (seit 1866) lehrt V. in Tübingen (»auch nur ein Misthaufen«), dessen Universität er nach Stuttgart verlegen will. Seine *Epigramme aus Baden-Baden* erscheinen anonym (1867), hexametrische Kanonaden gegen den Kulturzerfall (»Heute verjodeln die Söhne ums Geld ihr tirolisches Heimweh«). Kritik an seiner Arbeit vermag V. nur zu ertragen, wenn er sie selbst formuliert. Noch in Stuttgart legt er die *Kritik meiner Ästhetik* vor (1873), die seinem enzyklopädisch-philosophischen Hauptwerk gilt, *Ästhetik oder Wissenschaft des Schönen* (1846–57, 9 Teilbände), in der er sämtliche Künste in unzähligen Paragrafen streng, aber vergeblich zu systematisieren versucht und in einfühlenden Anmerkungen erläutert, ein vielschichtiger Steinbruch, voller vergrabner Entdeckungen. In Zürich schließt er seine *Ästhetik* ab, wo er am Polytechnikum lehrt (seit 1855) und mit Gottfried Keller Umgang pflegt. Goethes *Faust I* gilt ihm als Meisterwerk der deutschen Literatur, *Faust II* hingegen als »halbkindisches Alterprodukt« eines »Allegorientrödlers und Geheimnistüftlers«, gegen das er aus »erzürnter Liebe« die sprühende Parodie seines *Faust. Der Tragödie 3. Teil* setzt (1862, umgearbeitet 1886), in dem er, unterm Pseudonym »Mystifizinsky«, den wabernden Tiefsinn als Unsinn und Schwachsinn bloßstellen möchte, und die Deutungen der Deuter, die »Stoff-« und »Sinnhuber«, desgleichen. Zum 100. Geburtstag Schillers hält V. in Zürich die Gedenkrede (1859) – Shakespeare (den er auch übersetzt hat), Goethe, Schiller, Hölderlin, Jean Paul, Mörike und Uhland, immer wieder setzt er sich mit ihnen auseinander. Im 1. Heft der Neuen Folge der *Kritischen Gänge* (»hier spricht sich ein Riese an Geist aus«, Rudolf Steiner) erscheint *Eine Reise* (1860), V.s längster Essay, eine Mischung aus politischer Reflexion, Kunst- und Naturbetrachtung, im 2. Heft dann sein großer Essay über Hamlet, der als melancholischer Zauderer neben dem tatendurstigen Faust V. als Identifikationsfigur dient.

Robert, der Sohn, wird 1847 geboren, der den Vater nach dessen Tode in Neuauflagen und Neuerscheinungen noch einmal auferstehen läßt. V. wünscht sich einen »Buben, der allen Pfaffen ins Gesicht scheißt«. Die Ehe mit Thekla Heinzel, für beide ein Abgrund (Heirat 1844, Trennung 1855). Fortan haust V. nur noch mit Hund (Xanthos u. a.) und Katze (113 Kosenamen). Für den Wahlkreis Reutlingen-Urach zieht V. (1848/49) ins Frankfurter Paulskirchenparlament (wegen der Zugluft und anderer Unbill »ein Lokal wie vom Satan erfunden«), um dem »Kultur- und Hämorrhoidalvolk« der Deutschen aufzuhelfen. Schwerpunkte seiner Arbeit: Kirchenpolitik und Volksbewaffnung (V. ist Hauptmann der Tübinger Bürgerwehr). Die Grundsätze von Freiheit und Volkssouveränität unterwirft er bald dem Ziel der nationalen Einigung. Der einzige mehrheitsfähige Antrag in seinem »Marterjahr«: die Aufhebung der Spielbank in Baden-Baden. Zwar erhält V. in Tübingen endlich eine ordentliche Professur, doch seine Antrittsvorlesung (1845) mit ihrem Bekenntnis zum Pantheismus und der Versicherung, allein »der Wahrheit treu zu folgen«, seinen Feinden einen Kampf ohne Rücksichten zu liefern und der Jugend sein »Herzblut einzuschenken«, derlei gerät zum Skandal und führt zum 2jährigen Lehrverbot des »Dieners des Teufels«, so seine Feinde. Die Aufsatzsammlung der *Kritischen Gänge* erscheint (1844) und die Habilitationsschrift über *Das Erhabene und Komische* (1836), die er nicht als Gegensatz, sondern als Verkehrungsverhältnis bedenkt. Harmonieren Erscheinung und Idee, so bildet sich das Schöne, überwiegt die Idee und schwindet die sinnliche Erscheinung, so entsteht das Erhabene, umgekehrt das Komische. Eine einjährige Reise durch Italien und Griechenland läßt ihn, »neugeschaffen«, wissen, »was klassisch ist«, und den hellen und heiteren Süden zum Gegenbild des trüben und traurigen Norden werden (*Briefe aus Italien*, 1839).

Erste Erzählungen und Gedichte werden im *Jahrbuch schwäbischer Dichter und Novellisten* gedruckt (1836), ein Erfindungsbuch wird angelegt, in das er seine literarischen Pläne, seine Ein- und Ausfälle notiert (»Einen Gott glauben, ist der wahre Atheismus«).

In Arnold Ruges *Hallischen Jahrbüchern* verteidigt V. *Das Leben Jesu* von David Friedrich Strauß (*Dr. Strauß und die Wirtemberger*, 1838). Die wissenschaftliche, nicht die theologische Laufbahn wird angestrebt. V. hält Vorlesungen am Tübinger Stift über Goethe, erwirbt den theologischen Doktortitel (1832), beginnt sein Vikariat in Horrheim (1830), predigt, tauft, traut, aber nicht der Kirche und dem Christentum immer weniger. Studiert »Hegel und immer Hegel«. Die lebenslange Freundschaft mit Eduard Mörike beginnt, ihr Briefwechsel wird zum kostbaren literarischen Zwiegespräch. Aufgenommen ins Tübinger Stift studiert V., den Melancholie umfängt und Selbstmordgedanken umtreiben, Theologie (1827–30), Philosophie und Philologie (1825–27), nachdem er die Klosterschule in Blaubeuren in »beständigem Krieg gegen die Klostergesetze« erfolgreich absolviert hatte (1821–25), die begabte Schüler umsonst auf das Theologiestudium vorbereitete. Strauß, ebenfalls Zögling dieses Männerbundes, über seinen Freund Fritz, mit dem er später in blitzgescheitem brieflichen Schlagabtausch stehen wird: »Der Fritz ergreift die Feder, / Die Muse zieht vom Leder, / Dacht' ich in meinem Sinn, / Da legt er's wieder hin.« Zwei schaurig-komische Mordlieder im Bänkelsängerton (1825/29), die V. unter dem Pseudonym »Schartenmayer« ausheckt, werden landauf landab gesungen und rezitiert (»Oh verehrtes Publikum, / Bring doch keine Kinder um«).

Das Gymnasium in Stuttgart wird besucht (ab 1814), wohin die Familie zieht, als der Vater stirbt und sich der Berufswunsch des Knaben, Maler zu werden, zerschlägt, weil das Geld fehlt. Aus seiner Kinderzeit freute ihn nichts so sehr als eine Arche Noah, die er zum Christtag bekam. »Das Menschenleben sollte lieber umgekehrt laufen: als Greis zur Welt kommen, in die vollen, kraftgefüllten Mannesjahre, dann in die hoffnungsgeschwellte Jugend hineinwachsen, endlich als Kind einschlummern und statt in Mutterschoß in Erdenschoß sinken.«

Werkausgabe: Friedrich Theodor Vischer. Ausgewählte Werke in 8 Teilen. Hrsg. von Theodor *Kappstein*. Leipzig 1919.

Literatur: Friedrich Theodor Vischer 1807–1887. Bearbeitet von Heinz *Schlaffer* und Dirk *Mende*. Marbacher Magazin 44/1987 (Sonderheft); »Auch Einer«. Friedrich Theodor Vischer zum 100. Todestag. Katalog zur Ausstellung des Städtischen Museums Ludwigsburg. Ludwigsburg 1987; *Schlawe*, Fritz: Friedrich Theodor Vischer. Stuttgart 1959; *Oelmüller*, Willi: Das Problem des Ästhetischen bei Friedrich Theodor Vischer. Stuttgart 1959; *Frapan*, Ilse: Vischer-Erinnerungen. Äußerungen und Worte. Ein Beitrag zur Biographie Friedrich Theodor Vischers. Stuttgart 1889.

Dirk Mende

Voß, Johann Heinrich
Geb. 20.2.1751 in Sommersdorf b. Waren/Mecklenburg; gest. 29.3.1826 in Heidelberg

»Er ist vielleicht, nach Lessing, der größte Bürger in der deutschen Literatur« (Heinrich Heine). Sein »ländliches Gedicht in drei Idyllen« *Luise*, entstanden zwischen 1782 und 1794, beschreibt die patriarchalisch geordnete Welt eines protestantischen Pfarrhauses. Es gilt als Hohelied der bürgerlichen Familie. V. muß sich seine Zugehörigkeit zum Bürgertum freilich mühsam über Bildung und Schriftstellerei erkämpfen. Er entstammt einer Leibeigenenfamilie in Mecklenburg. Sein bereits freier Vater ist Gastwirt und Zolleinnehmer. Erfahrungen drückender Armut prägen seine Jugend. Den zielstrebigen Aufstieg in die Bildungsintelligenz ermöglicht ein Studium der Theologie und vor allem der klassischen Philologie in Göttingen (ab 1772). V. nutzt seine Kompetenz in dieser Wissenschaft in den folgenden Jahren systematisch zum eigenen Aufstieg und Ruhm in der literarischen Öffentlichkeit: als umstrittener Experte für Fragen der Metrik, als erster Übersetzer Homers, als Übersetzer Vergils und in seinen an diesem und an Theokrit geschulten Idyllen. Eine idealisierte Sicht der antiken Klassik setzt V. gegen die absolutistisch geprägte Ständeordnung seiner Zeit, die er kritisiert.

In Göttingen wird er Mitglied des Hainbundes – zusammen mit u.a. Heinrich Christian Boie, Ludwig Hölty, Johann Martin Miller, den Brüdern Christian u. Friedrich Leopold Stolberg. »Der Bund geht auf Freiheit«, verwirklicht in einer von der Gesellschaft separierten freien Kommunikation weniger Auserwählter. Nicht zufällig wird er in einem »Eichengrund« beschworen. Die Verehrung des Germanentums und die Ablehnung alles »Welschen« eint die Freunde. Die Entfernung von der Stadt und ein gemeinsames Milchtrinken symbolisieren die Zuwendung zur Natur und zum freilich verklärten »Volk«. Als Herausgeber des Göttinger und später des Hamburger *Musenalmanachs* (1775) ist V. in der literarischen Öffentlichkeit außerordentlich erfolgreich. Seinen sozialen Status sichert er durch eine Stelle als Schulrektor ab: 1778 in Otterndorf bei Cuxhaven, von 1782 bis 1802 in Eutin. V. ist sein Leben lang ein Aufklärer – auch in seinen Idyllen, die zum Teil für die Gattung neue sozialkritische Tendenzen enthalten. Er befürwortet selbst nach der Hinrichtung des Königs grundsätzlich die Französische Revolution. In seinen letzten Jahren wird er in Jena und Heidelberg folgerichtig zum engagierten Streiter gegen Romantik, Katholizismus, Mystizismus und politische Restauration (u.a. *Wie ward Fritz Stolberg ein Unfreier?*, 1819, gerichtet gegen die Konversion des ehemaligen Freundes zum Katholizismus).

Werkausgaben: Johann Heinrich Voß: Sämtliche Gedichte. 6 Bände. Neudruck Bern 1969; Johann Heinrich Voß: Sämtliche poetischen Werke. Leipzig 1835.
Literatur: *Hahn*, Christian Diederich: Johann Heinrich Voß. Leben und Werk. Husum 1977; *Herbst*, Wilhelm: Johann Heinrich Voß. 2 Bde. Leipzig 1872–1876. *Hans-Gerd Winter*

Vring, Georg von der

Geb. 30. 12. 1889 in Brake/Oldenburg; gest. 1. 3. 1968 in München

Obwohl das geistige Umfeld seiner Wahlheimat München den Norddeutschen sicher stark geprägt hat, ist V. schreibend doch immer den Kindheitserlebnissen an der Niederweser verhaftet geblieben. »Ich möchte glauben, daß ein Schattenbild der heimatlichen Landschaft, ein Schatten meiner selbst, Schattenbilder der Menschen, die ich geliebt und verloren habe, in meinen Gedicht- und Prosabüchern zu sehen sind.« Lange schwankte der junge Lehrerseminarist zwischen den Begabungen des Malers und des Schriftstellers. Er nahm Urlaub vom Lehrerberuf, um in Berlin auf der Kunstschule zu studieren. Doch das Schreiben ließ ihn nicht los. Ein erstes Gedichtbändchen, *Muscheln*, erschien 1913 im Selbstverlag. In den Ersten Weltkrieg zog er als »guter Soldat wider Willen«, die allgemeine Kriegsbegeisterung teilte er nicht. Die meisten seiner Jugendfreunde fielen, er selber geriet schwer verwundet in Gefangenschaft. Das tiefgreifende Erlebnis dieser Jahre fand im Antikriegsroman *Soldat Suhren* (1927) seinen Niederschlag. Die Arbeit an dem Werk und dessen großer Erfolg bedeutete auch die endgültige Hinwendung zur Schriftstellerei. Er quittierte 1928 den Schuldienst (seit 1918 arbeitete er als Zeichenlehrer in Jever) und lebte fortan als freier Autor im Süden. Im Erfolgskreis des *Soldat Suhren* wurde V. in den 30er Jahren vor allem als Erzähler zur Kenntnis genommen. Immer wieder griff er schwermütige und phantastische Themen seiner niederdeutschen Heimat auf (*Der Schritt über die Schwelle*, 1933; *Einfache Menschen*, 1933; *Die Spur im Hafen*, 1936). Den Nazis war er verdächtig, zwei seiner Bücher durften nicht erscheinen. Für den Broterwerb schrieb V. für Zeitschriften mehrere Fortsetzungsromane, die auch als Bücher erschienen. Mehr und mehr wandte er sich der Lyrik zu, mit der er erst allmählich sein Publikum fand (*Das Blumenbuch*, 1933; *Die Lieder des Georg von der Vring*, 1939; *Oktoberrose*, 1942). Man rechnete ihn zu den Naturlyrikern. Auch in den »naiven« volksliedhaften Gedichten kehren Motive der heimatlichen Landschaft wieder. Dem Blick des Malers verdanken die Gedichte dabei »ihre sinnliche Fülle, das Überwiegen des Wahrnehmbaren vor dem gedanklichen, die Lust an der Farbe« (Günter Eich). Er siedelte nach München über. Hier entstand das Alterswerk von Gedichten, in denen sich die introvertierten Erfahrungen einer melancholischen Altersexistenz spiegeln (*Der Schwan*, 1961; *Der Mann am Fenster*, 1964; *Gesang im Schnee*, 1967). Zudem arbeitete V. an Übersetzungen (*Englisch Horn*, 1953), betreute Gedichtanthologien und schrieb für den Rundfunk.

Literatur: Georg-von-der-Vring-Ausstellung der Bayerischen Staatsbibliothek München. München 1971; *Soergel*, Albert und *Hohoff*, Curt: Dichter und Dichtung der Zeit. Band 2. Düsseldorf 1963. S. 643 ff.

Horst Ohde

Wackenroder, Wilhelm Heinrich

Geb. 13. 7. 1773 in Berlin; gest. 13. 2. 1798 in Berlin

Wir kennen die Gestalt des Frühverstorbenen nur aus der verklärenden Sicht des überlebenden Freundes Ludwig Tieck: »Sein Gemüt war fromm und rein, und von einer echten durchaus kindlichen Religiosität geläutert ... Die Kunst und die Poesie und Musik erfüllten sein ganzes Leben.« Von ahnungsvoller, prophetischer Natur sei er gewesen; weltfremd den Geschäften des gewöhnlichen Alltags entrückt. Tiecks Stilisierung scheint das Bild des Menschen W. bis zur Unkenntlichkeit verzeichnet, ihn zum Abklatsch seines schwärmerischen Klosterbruders aufgeschminkt zu haben. Dagegen zeigen ihn die Reisebriefe an die Eltern als einen nüchtern abwägenden, sicher urteilenden Beobachter, dessen Kenntnisse und Interessen sich auf alle Bereiche des bürgerlichen Lebens, auch auf Handwerk und Industrie erstrecken. Es ist schwer auseinanderzuhalten, was hier Verstellung, was Bekenntnis, was davon Dichtung, was Wahrheit ist. W. entstammte der bürgerlichen Oberschicht Preußens. Sein Vater war Kriegsrat und Justizbürgermeister in Berlin. Sein Elternhaus wird von Tieck als eng und streng beschrieben. Der Vater hatte das einzige Kind für die Rechtslaufbahn bestimmt. W. und Tieck lernten sich auf der Schule kennen. Tieck war von Natur aus Schauspieler, Exzentriker, wendig und witternd im Aufgreifen der irrationalistischen Zeitströmung. Dies muß den elegisch zwischen Pflicht und Neigung schwankenden W. angezogen und fasziniert haben. Die Freundschaft der beiden Heranwachsenden jedenfalls hat in der deutschen Literatur Epoche gemacht. Ihr Bund bezeichnet die Geburtsstunde der Romantik. Gemeinsam studieren sie im Sommer 1793 in Erlangen, im Winter 1793/94 in Göttingen. Neben der ungeliebten Jurisprudenz betrieb W. in dieser Zeit auch Studien zur mittelalterlichen deutschen Literatur, beschäftigte sich mit Malerei und Musik. Im Herbst 1794 beorderte ihn der Vater zur Ableistung des Gerichtsreferendariats nach Berlin zurück. Von Erlangen aus unternahmen W. und Tieck mehrere Ausflüge und Wanderungen in die nähere und fernere Umgebung Frankens, die zum Vorbild aller späteren romantischen Kunstreisen wurden. Sie besuchten Nürnberg und lernten erstmals eine noch weitgehend mittelalterlich gebliebene Stadt kennen; reisten nach Bamberg, wo sie dem zeremonialen Gepränge des katholischen Gottesdienstes erlagen; sahen auf Schloß Pommersfelden Gemälde der italienischen Renaissance im Original; machten schließlich ihre berühmt gewordene Pfingstreise nach Bayreuth und ins Fichtelgebirge, wo sie der noch unverstädterten Natur begegneten. Die Verherrlichung des deutschen Mittelalters, der katholischen Kirchenmusik, Albrecht Dürers und Raffaels – dies sind die Chiffren einer rückwärts gewandten Sehnsucht, zu der sich W.s Kunstfrömmigkeit in seinem schmalen Werk verklären sollte. Tieck hat die Schriften seines Freundes – Erzählungen, Gedichte, kunstbetrachtende Reflexionen und Berichte – gesammelt, wohl teilweise auch redigiert und, ganz im Sinne der romantischen Gemeinschaftsproduktion, mit eigenen Beiträgen ergänzt zum Druck gebracht (anonym die *Herzensergießungen eines kunstliebenden Klosterbruders*, 1797; mit Nennung des Verfassers die *Phantasien über die Kunst für Freunde der Kunst*, 1799). Die *Herzensergießungen*

sind das erste bedeutende Zeugnis der literarischen Frühromantik. W. war der erste jener von nun an zahllosen Künstler der bürgerlichen Moderne, der im Alltag das Auseinanderbrechen von Ideal und Wirklichkeit erfuhr und der sich diesem Zwiespalt durch eine Flucht in das eigene Innere entzog. Beispielhaft hat er diesen Bruch in seiner Erzählung *Das merkwürdige musikalische Leben des Tonkünstlers Joseph Berglinger* (1797) gestaltet. Weil Berglinger die Welt als ungenügend erlebt, gilt seine Liebe und Sehnsucht der reinen, der religiös geoffenbarten Kunst. An diesem Zwiespalt scheint sich auch W.s Leben zerrieben zu haben: er starb – so erinnert Tieck sich 1847 – »endlich am Nervenfieber, eigentlicher fast an der Angst vor dem Examen, so sehr hatten ihn die Vorarbeiten dazu aufgeregt, weil er von den Rechten gar nichts verstand«.

Werkausgabe: Johann Heinrich Wackenroder: Sämtliche Werke und Briefe. Hist.-krit. Ausgabe. Hrsg. von Silvio *Vietta* und Richard *Littlejohns.* 2 Bände. Heidelberg 1991.

Literatur: *Kemper,* Dirk: Sprache der Dichtung. Wilhelm Heinrich Wackenroder im Kontext der Spätaufklärung. Stuttgart 1993; *Littlejohns,* Richard: Wackenroder-Studien. Gesammelte Aufsätze zur Biographie und Rezeption des Romantikers. Frankfurt a. M. 1987; *Bollacher,* Martin: Wackenroder und die Kunstauffassung der frühen Romantik. Darmstadt 1983.
Uwe Schweikert

Wagner, Heinrich Leopold
Geb. 19. 2. 1747 in Straßburg; gest. 4. 3. 1779 in Frankfurt a. M.

Für Johann Wolfgang Goethe *(Dichtung und Wahrheit,* 1811 – 13) ist er »von keinen außerordentlichen Gaben«, aber »ein Strebender«. Für die Nachwelt »durfte er in dem Frankfurter genialen Kreise als dienendes Glied aus- und eingehen« (Erich Schmidt). Goethe wirft ihm vor, er habe das Sujet der Gretchen-Tragödie im ersten Teil des *Faust* plagiiert. Der Tadel bezieht sich auf W.s Trauerspiel *Die Kindermörderin* (1776). Von heute aus gesehen wirkt er lächerlich, da das Stück eine gänzlich andere Gestaltungs- und Wirkungsabsicht hat. Es befaßt sich mit einem damals brisanten, sozialgeschichtlich wie literarisch bedeutsamen Thema: dem Kindesmord. Der Jurist W. nimmt Bezug auf die aufklärerischen Bestrebungen zur Reform des archaischen Strafrechts, das für Kindesmörderinnen Enthauptung vorsieht. Zugleich nutzt W. wie die anderen Stürmer und Dränger, die dieses Thema bearbeiten, es zu einem radikalen Angriff auf eine Gesellschaftsordnung, welche die Voraussetzungen für Kindesmorde schafft und straft, ohne die sozialen Bedingungen zu reflektieren. Diese Straftat wird nämlich in der Regel von ledigen Frauen begangen, die von Männern höherer Stände geschwängert werden. Während diese bei einer Verführung mit Folgen nur ein geringes Risiko eingehen, weil sie aufgrund des Standesunterschieds selten belangt werden können, droht den Frauen und ihren Eltern lebenslange Entehrung. Literarisch revolutionär sind die Darstellung fast aller wichtigen städtischen Stände im Trauerspiel, der Bruch mit ästhetischen Konventionen (die Bordellszene), der Umbau des nach aristotelischen Regeln gestalteten Dramas (u. a. Einstieg mit dem Konflikt statt mit einer Exposition). Diese Neuerungen behindern eine Aufführung und eine Breitenwirkung in der literarischen Öffentlichkeit. Eine den Schluß zum Guten wendende Bearbeitung *Evchen Humbrecht oder Ihr Mütter merkts Euch* (1779) ist nach dem Eingeständnis des Autors der Versuch, den »Stoff so zu modifizieren, daß er auch in unsern delikaten tugendlallenden Zeiten auf unsrer sogenannten gereinigten Bühne mit Ehren erscheinen sollte«.

W. ist der Sohn eines Frankfurter Kaufmanns. Straßburg, dessen Milieu im Stück lebendig dargestellt wird, ist auch die Stadt, in der der Jurastudent zum Autor wird. Er schließt sich an die durch Christian Gotthilf Salzmann und Jakob Michael Reinhold Lenz begründete »Deutsche Gesellschaft« und den Freundeskreis der Stürmer und Dränger an. Er veröffentlicht den Roman *Leben und Tod Sebastian Silligs* (1776) und ein zweites größeres Drama, *Die Reue nach der Tat* (1775). Seine den *Werther* verteidigende Farce *Prometheus, Deukalion und die Rezensenten* (1775) führt zum Bruch mit Goethe aufgrund von Anspielungen auf dessen Treffen mit dem Weimarer Prinzen in Mainz. Ein wichtiges Verdienst W.s ist die Übersetzung von Louis-Sebastian Merciers antiklassizistischer Programmschrift *Neuer Versuch über die Schauspielkunst* (1776). Die schlechte finanzielle Lage zwingt W. 1773/74 zur Annahme einer Hofmeisterstelle beim Präsidenten Gränderode in Saarbrücken, nach dessen politischem Scheitern er des Landes verwiesen wird – eine nachdrückliche Erfahrung mit den engen Grenzen der Ständegesellschaft. Nach dem Doktorexamen 1776 in Straßburg ergreift W. in Frankfurt a. M. den Beruf des Advokaten. Erst die Naturalisten und später Peter Hacks mit seiner Bearbeitung der *Kindermörderin* (1963) erkennen die Verdienste dieses Autors, der schon mit 32 Jahren stirbt. Er steht – neben Jakob Michael Reinhold Lenz – aufgrund der Verschränkung von Sozialkritik und offener Dramenform in seiner Zeit einzigartig da, stellt aber schon zu Lebzeiten fest, man habe sein Werk »verstümmelt, verhunzt, eignen Koth hineingeschissen«.

Literatur: Werner, Johannes: Gesellschaft in literarischer Form. H. L. Wagners »Kindermörderin« als Epochen- und Methodenparadigma. Stuttgart 1977; *Schmidt,* Erich: Heinrich Leopold Wagner. Jena 1875. *Hans-Gerd Winter*

Wagner, Richard
Geb. 22. 5. 1813 in Leipzig; gest. 12. 2. 1883 in Venedig

In einem Selbstporträt aus dem Jahr 1851 bezeichnet W. sich als Schriftsteller wider Willen. »Verhaßt« ist ihm »das schriftstellerische Wesen und die Not«, die ihn zum Autor gemacht haben (*Eine Mitteilung an meine Freunde*, 1851). Diese Widerwilligkeit des Schreibenden, die »wie ein Schatten« auf den Schriften liegt, entging dem scharfsichtigen Blick seines Freundes Friedrich Nietzsche nicht, dem es vorkam, »als ob der Künstler des begrifflichen Demonstrierens sich schämte« (*Richard Wagner in Bayreuth*, 1876). W. sah sich zeit seines Lebens veranlaßt, seinen Kunstanspruch in weitschweifigen Abhandlungen zu begründen und zu rechtfertigen. Sein Verhältnis zur Theorie war gebrochen: Er beschimpfte sie als »intellektuell« und »lebensfern« und brauchte sie zur Selbstvergewisserung und Rechtfertigung.

Nach dem Tod seines Vaters, des Polizeiaktuars Friedrich W., der sechs Monate nach der Geburt des Kindes starb, wuchs W. mit seiner Mutter und seinem Stiefvater, dem Schauspieler, Schriftsteller und Porträtmaler Ludwig Geyer auf, den er später als seinen »geistigen Vater« bezeichnete. Trotz abgebrochener Schulausbildung wurde W. 1831 an der Leipziger Universität immatrikuliert, wo er seine musikalische Ausbildung erhielt. Während er sich in seinen Frühschriften aus der Zeit als Chor- und Musikdirektor in Würzburg, Magdeburg, Königsberg und Riga (1834 bis 1839) und in den journalistischen Artikeln der Pariser Jahre (1839 bis 1842) vorwiegend auf musikalisch-ästhetische Fragen konzentrierte, entwickelte er seit der Revolutionszeit 1848/49 umfassende Perspektiven auf eine »künstlerische Gestaltung der Gesellschaft« (*Mein Leben*, 1870). Seit 1843 wirkte er als königlich-sächsischer Kapellmeister in Dresden. Von der Vision einer ästhetisch-schöpferischen Revolution geleitet, kämpfte er im Mai 1849 in flammenden Reden für die Umwandlung der bestehenden gesellschaftlichen und politischen Strukturen. »Vernichtet sei der Wahn, der den Menschen untertan macht seinem eigenen Werke, dem Eigentume« (*Die Revolution*, 1849).

Steckbrieflich verfolgt, lebte W. nach dem Scheitern der Revolution im Exil in Zürich (1849 bis 1858), wo er in den sog. »Kunstschriften« die von Pierre Joseph Proudhon, Wilhelm Weitling und Ludwig Feuerbach inspirierte Kritik an den herrschenden Eigentums- und Machtverhältnissen in Verbindung mit seinen ehrgeizigen künstlerischen Plänen zu einer mythologischen Erlösungslehre entwickelte. W. setzt sich zum Ziel, den Mythos, dem er im idealisierten Vorbild der griechischem Tragödie sinnstiftende und integrative Funktionen zuschreibt, als Organon einer »miteinander verketteten Volksgenossenschaft« im *Kunstwerk der Zukunft* (1849) wiederzubeleben. Seine schwärmerische Hoffnung beruht auf dem Glauben an ein völkisches Bewußtsein, das die politischen, ökonomischen und weltanschaulichen Gegensätze überwölbt und sich mit Hilfe der Kunst praktisch verwirklichen soll. »Denn«, so verspricht W., »im Kunstwerk werden wir eins sein!« Die Notwendigkeit der Mythologisierung des Denkens und der Ästhetisierung der Politik erklärt er damit, daß »Staatsweisheit«, Wissenschaft und Philosophie die gesellschaftlichen Widersprüche eher hervorbringen als überwinden helfen. *Kunst und Revolution* (1849) sind, wie er in dem so betitelten Aufsatz erklärt, untrennbar miteinander verknüpft. Künstlerischer Gestaltungswille soll an die Stelle von Politik im Sinne eines regelgeleiteten Interessenausgleichs treten.

Ein von Schellings Naturphilosophie inspirierter Antirationalismus bildet das Rückgrad seiner Mythologie. Mit der dezidierten Absage an die Möglichkeit rationaler Erkenntnis wird die Autorität des Künstlers begründet, Wahrheiten zu offenbaren, die als zeitlos, natürlich und allgemeingültig hypostasiert werden. W. fordert die »Versinnlichung des Verstandes«, in deren Vollzug die Menschheit von ihrer Selbstentfremdung durch die Vernunft befreit werde. »Im Drama«, so heißt es in *Oper und Drama* (1851), »müssen wir Wissende werden durch das Gefühl.«

Für den Musikdramatiker erforderte die »Gefühlswerdung des Verstandes« die Darstellung einer unmittelbar sinnfälligen Handlung durch das Ineinandergreifen von Dichtung, Musik und szenischer Aktion im Gesamtkunstwerk. W. nahm seit dem *Fliegenden Holländer* (1841) ausnahmslos Überlieferungen aus der mittelalterlichen Sagenwelt zur Grundlage seiner von ihm selbst geschriebenen Opernlibretti. 1845 vollendete er *Tannhäuser*, 1848 *Lohengrin*, 1859 *Tristan und Isolde*, 1867 *Die Meistersinger*, 1874 *Der Ring des Nibelungen* und 1881 *Parsifal*. Die epischen Werke wurden auf ihre Grundmotive reduziert, um das »von aller Konvention losgelöste Reinmenschliche« durch suggestive Bildhaftigkeit zu vergegenwärtigen. Mit der einschlägigen Fachliteratur zur griechischen Mythologie und mittelalterlichen Literatur bestens vertraut, versuchte W. den Mythos künstlich wiederherzustellen, nachdem die historischen Bedingungen seiner Wirkung vergangen waren.

Wie seine weltanschaulichen Schriften kreisen auch W.s Musikdramen um das Problem der Erlösung. Sein Hauptwerk, die Tetralogie *Der Ring des Nibelungen*, ist in seiner mythologisierenden Struktur ein sozialkritisches Zeitbild, die Allegorie einer verfallsgeschichtlichen Vision vom notwendigen Untergang der bürgerlich-kapitalistischen Welt. Sie enthält W.s revolutionär aufgeladene, frühsozialistisch und religionskritisch geprägte Zivilisationskritik, zugleich aber auch die mythologisierende Flucht aus der zunehmend sich komplizierenden Welt in die vermeintlich heilbringende Natur. Im *Ring* habe, so bekundete W. nach Fertigstellung der Dichtung, seine »ganze« Weltanschauung ihren vollendetsten künstlerischen Ausdruck gefunden«.

Alle Musikdramen haben ihre eigene dichterische Sprache, einen je eigenen Versbau und Ton. Um größte Knappheit und Bildlichkeit des Ausdrucks zu erreichen, verwendet der Librettist W. Elemente aus verschiedenen Dialekten, Archaismen und verbale Neubildungen. Der für den *Ring* charakteristische Stabreim dient sowohl der Rhythmisierung der Sprache als auch ihrer Anpassung an das mythologisierende Sujet und korrespondiert zugleich mit der Syntax der Musik, deren Charakteristikum die Technik des Leitmotivs ist. Für sich genommen, erscheinen W.s monotone Lautmalereien und Vokalisierungen häufig schwer erträglich. Sie kommen jedoch der Singbarkeit des Textes entgegen. Die Flexibilität seiner Sprachkunst und die Vielfalt seiner poetischen Mittel werden, aufs ganze gesehen, dem musikdramatischen Zweck gerecht. Sein intimstes Kunstwerk, das auf wenige Szenen verdichtete Drama *Tristan und Isolde*, konstituiert sich nicht im Dialog der Personen, sondern als ein von der Liebes- und Todessehnsucht bestimmter innerer Vorgang. Während das Delirium ihrer Gefühle Tristan und Isolde verstummen läßt und die Musik als die »Kunst des tönenden Schweigens« zur Entfaltung kommt, schwingt sich die Sprache in »Isoldes Liebestod« zu Zeilen von lyrischer Intensität auf: »Mild und leise/wie er lächelt...«

In dem 1850 erstveröffentlichten Pamphlet *Das Judentum in der Musik* protestierte W. durch gezielte Irrationalisierung der Judenfrage gegen den liberalen Emanzipationsgedanken. Der Artikel, in dem sich bereits die Idee einer antisemitisch geprägten völkischen Ersatzreligion abzuzeichnen beginnt, ist ein frühes Dokument des modernen Antisemitismus in Deutschland. In der zweiten Ausgabe der Schrift 1869 erwägt W. »eine gewaltsame Auswerfung des zersetzenden fremden Elements«. W.s Judenfeindschaft zeigt aufs deutlichste den totalitären Charakter einer Mythologie, die im Zeichen völkischer Einheit die Auslöschung des jeweils Anderen fordert.

In seiner zweiten Lebenshälfte fand der desillusionierte Revolutionär in Arthur Schopenhauers Willensmetaphysik die Welterklärung, die seiner resignativen Stimmungslage entsprach. Die Mißstände der Zeit werden nun als metaphysisches Geheimnis verklärt, das unabänderlich »in der Gewaltsamkeit der Urelemente« verankert sei. Auch W.s späte Kunsttheorie läßt nichts mehr von den früheren euphorischen Glücksversprechen spüren. Im Zeichen der »Erkenntnis der Hinfälligkeit der Welt« liegt die Funktion der Kunst nurmehr in der trostspendenden Verklärung des tragischen Bewußtseins. Sein Anspruch, »den Kern der Religion zu retten«, ist die Neuauflage einer schon immer kunstreligiös gestimmten Mythologie – jetzt allerdings unter affirmativem Vorzeichen (*Religion und Kunst*, 1880). Der »übergelaufene Rebell« (Th.W. Adorno) fand 1864 die Gunst des Bayernkönigs Ludwig II., der ihm mit dem Bau des Bayreuther Festspielhauses die Verwirklichung seiner ehrgeizigen künstlerischen Pläne ermöglichte. In seinen zur Belehrung des bayrischen Königs gedachten Schriften und den Beiträgen für die seit 1878 erscheinenden *Bayreuther Blätter* vermischen sich Ästhetizismus und sozialdarwinistischer Biologismus zu einem rassenmythologischen Ideal deutscher Identitätsstiftung, das W. dem »Verfall der Rassen« entgegenstellte. »So ist die Kunst des Dichters zur Politik geworden: Keiner kann dichten, ohne zu politisieren« (*Oper und Drama*, 1851). Der zu den unverrückbaren Grundfesten seines Denkens gehörende Wahlspruch erklärt die fatale politische Wirkung, die W.s Mythologie in der Folgezeit zeitigte.

Werkausgabe: Richard Wagner. Gesammelte Schriften und Dichtungen. 10 Bde. Leipzig 1871–83; Richard Wagner. Sämtliche Werke. Hrsg. von Carl *Dahlhaus* in Verbindung mit der Bayerischen Akademie der Schönen Künste, München. Mainz 1970 ff.
Literatur: *Dahlhaus*, Carl: Richard Wagners Musikdramen, Zürich 1985. *Gregor-Dellin*, Martin: Richard Wagner. Sein Leben, sein Werk, sein Jahrhundert. München 1980; *Adorno*, Theodor W.: Versuch über Wagner. Frankfurt a. M., 1974.

Andrea Mork

Waiblinger, Wilhelm

Geb. 21.11.1804 in Heilbronn; gest. 17.1.1830 in Rom

Er verstand es, stets unverstanden zu sein, und seiner Dichtung blieb dieses Geschick lange bewahrt, während man seine Biographie eher begreifen kann. Als früh verstorbenes »enfant terrible« mit eben gereiftem Werk spukt W. durch die Literaturgeschichte. Hochgesteckte Pläne standen am Anfang: Er hält sich für William Shakespeare, will seine Person als neuen Werther darstellen, Theoderich, Raffael, Sickingen, Trenck, Hölderlin werden ihm nebeneinander zum Gegenstand von großen Dichtungen: »Ich kann nicht leben, wenn ich keinen Wahnsinnigen schildre«. Mit starken Worten formuliert der Exzentriker seine Bekenntnisse in Briefen und im Tagebuch, das unter Freunden zirkuliert, 1823 zum Verlag angeboten wird. Daneben schreibt er Gedichte im klassizistischen Stil jener Künstler, bei denen er in Stuttgart verkehrt: Friedrich von Matthisson, Johann Heinrich von Dannecker u.a. Doch er legt sich mit diesen Gönnern an, steht mit Gustav Schwab im offenen Streit, kritisiert die Institutionen und fällt dann im Tübinger Stift unter besondere Aufsicht; enge Freunde wie Eduard Mörike distanzieren sich mit der Zeit von ihm. Mit der Literatursatire *Drei Tage in der Unterwelt* (1826) verabschiedet sich W. von der Heimat und geht nach Italien. Sein Leben im Süden verläuft ruhelos, er findet hier kaum Freunde, greift seine deutschen Landsleute sogar öffentlich an. W. lebt in großer Armut, führt eine wilde Ehe mit einer Römerin, reist 1828/1829 nach Süditalien und Sizilien. Der Einzelgänger und Außenseiter stirbt verarmt an Schwindsucht.

W.s ausgeprägter Subjektivismus trübt keineswegs seinen Blick für die Realitäten: Während ihn seine Begegnungen mit Friedrich Hölderlin zum *Hyperion*-Roman *Phaëthon* (1823) inspirieren, beobachtet er das Vorbild fast klinisch, so daß *Hölderlins Leben, Dichtung und Wahnsinn* (1831) noch heute als vorzügliche Pathographie gilt. Der Egozentrik seiner Themen korrespondierte schon bald die virtuose Beherrschung traditioneller Formen; sein Wahrnehmungsvermögen strebte über die gewohnten Perspektiven hinaus und erlaubte deswegen gestalterische Rückgriffe auf tradierte Muster immer seltener. Seine »Absicht, eine vollkommen lebhafte, feurige, wahre und anschauliche Schilderung« zu geben, ist in seinen *Blüthen der Muse aus Rom* (1827) und den beiden *Taschenbüchern aus Italien und Griechenland* (1828/29) vielfach gelungen: W.s subjektive und perspektivenreiche Realistik führt von den Dingen aus zu neuen Erkenntnissen; der allwissende Autor ist (mitsamt den großen Themen) aufgegeben. »Meine Schilderung soll recht ins Einzelne hineingehen, denn das Ganze selbst kann ich Ihnen nicht geben«. Dabei steht neben erlebten Eindrücken so viel Abenteuerliches und Phantastisches, daß seine Autobiographik als zweifelhaft (und seine stete Egozentrik als fiktiv) erscheint: Thema der realistischen Stoffe ist die Unsicherheit des Menschen; ihm tritt die Welt zerstreut, flüchtig entgegen, als Bild im Kaleidoskop, eine Welt, die bald kopfsteht, bald in Träume übergeht.

Werkausgabe: Wilhelm Waiblinger: Werke und Briefe. Hrsg. von Hans *Köninger*. 6 Bände. Stuttgart 1980–88.

Literatur: *Waiblinger,* Wilhelm: Marbacher Magazin 14, bearbeitet von Hans-Ulrich Simon. Marbach a. N. 1979; *Behne,* Hermann: Wilhelm Waiblinger. Berlin/Leipzig 1939.

Hans-Ulrich Simon

Wallraff, Günter
Geb. 1. 10. 1942 in Burscheid bei Köln

»Nicht Literatur als Kunst, sondern Wirklichkeit! Die Wirklichkeit hat noch immer größere und durchschlagendere Aussagekraft und Wirkungsmöglichkeit, ist für die Mehrheit der Bevölkerung erkennbar, nachvollziehbar und führt eher zu Konsequenzen als die Phantasie des Dichters.« Mit diesem Bekenntnis über seinen eigenen Standort, vorgetragen als Grundsatzreferat auf der ersten Tagung des »Werkkreises Literatur der Arbeitswelt« im Jahr 1970, umreißt W. treffend seine literarisch-journalistischen Vorhaben. Der Erfolg seines im Herbst 1985 veröffentlichten Buches *Ganz unten,* in dem W., verkleidet als Türke Ali, alle Formen der Ausbeutung und Erniedrigung ausländischer Arbeiter am eigenen Leib zu spüren bekommt, scheint ihm Recht zu geben; es wurde der größte Bucherfolg der Nachkriegszeit. Innerhalb von vier Monaten wurden fast zwei Millionen Exemplare verkauft, ganz neue Leserschichten bestürmten die Buchhandlungen, sie wollten aus erster Hand etwas über Leben und Arbeit der ausländischen Arbeiter in der Bundesrepublik erfahren.

Nach dem Besuch des Gymnasiums ergriff W., Sohn eines Kölner Ford-Arbeiters und einer Fabrikantentochter, den Beruf des Buchhändlers. Seine Kriegsdienstverweigerung wurde nicht anerkannt. Aus der Bundeswehr wurde er jedoch bald wegen andauerndem und radikalem Protest als wehrdienstuntaugliche, »abnorme Persönlichkeit« entlassen. Danach nahm er verschiedene Jobs in Großbetrieben an und sammelte dort den Stoff für seine ersten Berichte.

Die Methode, die W. anwandte, ist immer dieselbe: die der Verkleidung, der Verstellung, der Maske, um der Wahrheit und Wirklichkeit auf die Spur zu kommen. Kein Schriftsteller hat so oft die Gerichte bemüht; ungewöhnlich für einen Literaten, jedes seiner Werke ist durch eidesstattliche Erklärungen und juristische Prüfungen abgesichert, dennoch blieb keine seiner Veröffentlichungen ohne gerichtliche Nachspiele. Gegen die Anklage antwortete W. mit einem Angriff: »Die Methode, die ich wählte, war geringfügig im Verhältnis zu den rechtsbeugenden Maßnahmen und illegalen Erprobungen, die ich damit aufdeckte.« Seine ersten aufsehenerregenden Reportagen beschrieben die unmenschlichen Arbeitsbedingungen in Großbetrieben (*Wir brauchen dich. Als Arbeiter in deutschen Großbetrieben,* 1966; *13 unerwünschte Reportagen,* 1972); ebenso wenig verschonte er mit seinen Nachstellungen die unzugängliche und isolierte Welt der Chefetagen und fürstlichen Häuser (*Ihr da oben – wir da unten,* zusammen mit Bernt Engelmann, 1973); und schließlich enthüllte er – getarnt als Journalist Hans Esser – die sensationsgierige und wahrheitsverkrümmende Berichterstattung der *BILD-*

Zeitung (*Der Aufmacher. Der Mann, der bei ›Bild‹ Hans Esser war*, 1977; *Zeugen der Anklage. Die ›Bild‹-Beschreibung wird fortgesetzt*, 1979).

W. hat in der Bundesrepublik eine Gattung wiederbelebt, die nur sehr schwache Traditionen in Deutschland hat, den republikanischen Enthüllungs-Journalismus. Er fühlt sich der dokumentarischen Tatsachenliteratur verpflichtet. Obwohl W. zur Gruppe 61 gehörte und später Mitbegründer des »Werkkreises Literatur der Arbeitswelt« wurde, hat er sich stets geweigert, als Schriftsteller zu firmieren: »Schreiben ist für mich belegen. Als Autor bin ich Utopist. Kunst ist die Dramatik der Wirklichkeit, aber ich gehöre nicht zur Literaturszene.« W. will bewegen, aufrütteln, nachdenklich stimmen. So sind auch seine Aktionen zu verstehen, wie zum Beispiel sein Protest gegen die griechische Militärjunta im Sommer 1974. W. kettete sich auf dem Syntagma-Platz in Athen an einen Laternenpfahl und verteilte antifaschistische Flugblätter, bis ihn die Polizei unter Anwendung von Gewalt ins Gefängnis abschleppte. Grunderfahrung seines Schreibens ist das persönliche Erleben; er muß sich erst selbst den Gefahren, Demütigungen und Unterdrückungen aussetzen, bevor er zur Feder greift und darüber berichtet. W. will Authentizität, denn nur so kann er nach seinem eigenen Selbstverständnis als radikaler Moralist auf das soziale Gewissen der Nation einwirken. Ideologische und literarische Einordnungen weist W. zurück: »Es widerstrebt mir, mich auf eine Ideologie festzulegen. Ich brauche immer die gegenläufige Erfahrung. Überall kommt man mir mit Marx, und immer häufiger werde ich an Egon Erwin Kisch gemessen. Ich brauche doch meine eigenen Rollenerlebnisse, um die eigenen Vorurteile widerlegen zu können.«

Literatur: *Hahn*, Ulla und *Töteberg*, Michael: Günter Wallraff. München 1979; *Ludwig*, Martin H.: Arbeiterliteratur in Deutschland. Stuttgart 1976; *Dithmar*, Reinhard: Günter Wallraffs Industrie-Reportagen. Kronberg/Ts. 1973.

Lerke von Saalfeld

Walser, Martin
Geb. 24.3.1927 in Wasserburg/Bodensee

W. ist ein freundlicher Mensch mit einem unbestechlichen Blick, für den das Schreiben einem Mittel zum Überleben gleichkommt. Wenn er nicht selbst redet, dann ist seine Hand fast immer in Bewegung, macht Striche, zeichnet Figuren, notiert Sätze, Gedanken, Beobachtungen. Dieses Sichbewegen – »wer sich schreibend verändert, ist ein Schriftsteller« – mag der Grund sein für die Vielzahl, für die formale Vielfalt seiner Bücher: Er hat Erzählungen, Romane, Essays, Theaterstücke und Gedichte veröffentlicht, Hörspiele und Drehbücher geschrieben und aus dem Englischen übersetzt. W. stammt aus dem alemannischen Sprachraum, wuchs auf in einem katholischen Kleinbürgermilieu, war in den letzten Kriegsmonaten bei Arbeitsdienst und Wehrmacht, studierte an der Theologisch-Philosophischen Hochschule Regensburg und in Tübingen, wo er mit einer Arbeit über Franz Kafka promovierte (*Beschreibung einer Form*, 1961). Er sammelte Theatererfahrung bei einer Studentenbühne und war in den 50er Jahren Mitarbeiter des Süddeutschen Rundfunks im Ressort Politik und Zeitgeschehen, für das er Reisen quer durch Mitteleuropa machte. Dieser Lebenslauf weist W. aus als einen bodenständigen Menschen – seine Wohnsitze waren Stuttgart, Friedrichshafen und seit 1968 Nußdorf – , was es ihm ermöglicht, neugierig auf die Welt und auf die politische und literarische Geschichte des eigenen Landes zu sein. Dieser Hang zur Seßhaftigkeit hat ihn bei aller essayistischen Schärfe und formalen Radikalität in der Prosa immer vor Einseitigkeiten bewahrt. Seit seiner frühesten Prosaveröffentlichung (*Ein Flugzeug über dem Haus*, 1955) dominiert ein Thema: die Abhängigkeit in ihren psychischen und sozialen Ursachen und Auswirkungen. Das macht ihn zum Realisten und zu einem »sanften Wüterich« (Hans Magnus Enzensberger), der auf die freundliche Utopie, am Ende werde es doch noch gut, nicht verzichtet. So leiden alle seine Figuren an ihren Rollenzwängen und an den Erwartungen der anderen; aber sterben – als Metapher für ein unwiderrufliches Ende – müssen sie daran (bis auf wenige Ausnahmen) nicht. Sie reden und reden mit sich und ihren Freunden und Feinden; und wenn das nicht mehr hilft, dann werden sie krank. Formal entspricht dieser Hoffnung, das Nichtveränderbare doch noch zu verändern, daß Anfang und Ende einer Geschichte bis in Satzwiederholungen sich gleichen: eine Kreis- oder Spiralbewegung, wobei häufig in der Rückschau erzählt wird.

Es ist nicht verwunderlich, daß dieser freundliche Kritiker vom Bodensee keiner literarischen Gruppe zuzuordnen ist und daß die breite Öffentlichkeit erst spät auf seine Werke aufmerksam wurde. 1955 schon hatte er den Preis der Gruppe 47 erhalten, dennoch ging er literarisch einen ganz anderen Weg als Günter Grass, Ingeborg Bachmann, Hans Magnus Enzensberger oder Uwe Johnson. 1957 wurde sein skandalumwitterter erster Roman *Ehen in Philippsburg* – in dem u. a. eine Abtreibung dargestellt wird – mit dem Hermann-Hesse-Preis ausgezeichnet. Der angesehene Georg-Büchner-Preis wurde ihm aber erst 1981 verliehen. Sein bislang ambitioniertestes Romanprojekt, die Anselm Kristlein-Trilogie – *Halbzeit* (1960), *Das Einhorn* (1966) und *Der Sturz* (1973) – war in der Literaturkritik heftig umstritten. Mit Hilfe der Berufswechsel der Hauptfigur (Werbefachmann, literarischer Intellektueller, Hausverwalter) ist in diesen Romanen in konsequenter Ichperspektive die Geschichte der Bundesrepublik aufgeschrieben, jenseits der Wiederaufbaueuphorie der 50er Jahre und der Veränderungseuphorie der späten 60er Jahre. Warfen die professionellen Leser W. Weitschweifigkeit und Wortorgien vor, so wurde das Publikum wohl eher von dem hohen Kunstanspruch dieser Bücher abgehalten (Marcel Prousts Einfluß auf die Zeit- und Erinnerungsthematik in *Halbzeit* und *Das Einhorn* und der Entwurf einer Zukunft im Futur II in *Der Sturz*). W.s Interesse gilt der Darstellung der Lebens- und Leidensverhältnisse des kleinen Mannes. Schon in seinem ersten Essayband, *Erfahrungen und Leseerfahrungen* (1965), hatte er sich als kritischer Zeitgenosse zu Wort gemeldet. 1961 engagierte er sich für die SPD und später eine Zeitlang für die wiederzugelassene DKP. Er setzte sich vor allem in den Theaterstücken *Eiche und Angora* (1962) und *Der Schwarze Schwan* (1964) mit der nationalsozialistischen Vergangenheit auseinander und protestierte gegen den amerikanischen Vietnamkrieg. Er hat sich immer wieder an der Realismusdebatte beteiligt, Ende der 60er Jahre selbst protokollarische Berichte (von W. Werner und U. Trauberg) herausgegeben, die Werkkreisliteratur gefördert und sich für eine eigene Gewerkschaft aller Kunstproduzenten eingesetzt. Dieses öffentliche Engage-

ment reichte aus, daß man ihn zu den »Linken im Lande« zählte, denen man mit Mißtrauen begegnen müsse.

Anfang der 70er Jahre fand die Spannung zwischen Selbstverwirklichung und Fremdbestimmung ihre extremste erzählerische Ausformulierung in *Fiction* (1970). »Ich. Es
gibt.« – mit dieser Spaltung zwischen dem Ich und der Welt beginnt die Erzählung –
und in dem utopischen vierten Kapitel von *Die Gallistl'sche Krankheit* (1972), in dem das
harmonische Zusammenleben mit liebenswerten Gleichgesinnten unter der Überschrift »Es wird einmal« entworfen ist. Von diesen Endpunkten aus konnte W. in *Der
Sturz* ganz und gar unfreundlich seine Kristlein-Welt auflösen, indem ein großer Teil
des Personals zu Tode kommt, während Kristlein sich mit seiner Frau und einem Segel-
boot über die Alpen zu retten versucht. Seitdem hat sich W.s literarisches Interesse in
zwei Richtungen verstärkt: Einerseits beschäftigte er sich mit der deutschen Kultur-
und Literaturgeschichte (in den Stücken *Das Sauspiel*, 1975; *In Goethes Hand*, 1982, und
in den Frankfurter Poetikvorlesungen *Selbstbewußtsein und Ironie*, 1981). Und andererseits dominiert nun in seinen Prosawerken die Schilderung der Mentalität von Angestellten, Lehrern und Selbständigen, deren Leben jetzt aus der kontrollierten Perspektive und bisweilen in der strengen Form der Novelle erzählt wird. Die Möglichkeit der
Identifikation des Lesers mit der leidenden Hauptfigur sowie die nun kurzen, überschaubaren Sätze und eine einfache Darstellungsform ließen W. mit seinen Büchern
Ein fliehendes Pferd (1978), *Seelenarbeit* (1979), *Das Schwanenhaus* (1980) und *Brandung*
(1985) zu einem vielgelesenen und populären Autor werden und an einen Erfolg
anknüpfen, den er schon früher mit dem vielgespielten Zweipersonenstück *Die Zimmer-
schlacht* (1967) gehabt hatte. Verwunderlich ist deshalb auch nicht, daß die schmerzgebo-
renen Alpträume in *Meßmers Gedanken* (1985) vom Kritiker und vom Leser kaum wahrgenommen wurden. W. verhält sich nun seinen Figuren und seinen Lesern freundlich
gegenüber; aber es ist eine ironische Freundlichkeit, die ihm als Maske, als Darstellungsmittel und als Waffe dient. Im Schreiben wie im Sprechen und Lehren – mehrmals war er an Universitäten in den USA und in England tätig; so spielt die Handlung
von *Jenseits der Liebe* (1976) zum Teil in England und die von *Brandung* in Kalifornien –
gelingt es ihm, vielfältig und formenreich wie kaum ein anderer Schriftsteller seiner
Generation, Welt darzustellen und sie ein wenig erträglicher zu machen.

Welt darstellen: das hat auch etwas mit der Neugierde auf Zusammenhänge – auf
Kontinuitäten oder Brüche – zu tun. Schon seine erste Aufsatzsammlung *Erfahrungen
und Leseerfahrungen* (1965) enthält Arbeiten zur Zeitgeschichte und zur Literaturgeschichte. In seinen literarischen Essays, aus denen man mehr über die Autoren und die
Literatur lernen kann als aus vielen germanistischen Fachbüchern, geht W. klug und
kenntnisreich u. a. auf Hölderlin und Proust, auf Robert Walser und Kafka ein (gesammelt in *Liebeserklärungen*, 1983) und stellt sich selbst in den Zusammenhang dieses literarischen Prozesses. Größeres öffentliches Interesse erregte sein soziales Engagement,
seine parteipolitisch ungebundenen Einsprüche und Forderungen, mehr aber noch sein,
bisweilen belächeltes, Festhalten an den Ideen »Heimat« (nicht in einem provinziellen
Sinn, vgl. *Heimatkunde*, 1968) und »Deutschland«. Schon 1977 hatte er von der »Wunde
namens Deutschland« gesprochen, und in seinem rasch berühmt gewordenen Münchener Vortrag *Über Deutschland reden* (1988, gedruckt 1989) verwarf er die Notwendigkeit
zweier deutscher Staaten und äußerte aus einem »Geschichtsgefühl« heraus seine Sehn-

sucht nach dem einen Deutschland, ohne, damals, konkrete Schritte zur Aufhebung der Teilung benennen zu können. »Heimat« und »Deutschland« sind W. wichtig nicht als Werte an sich, sondern als Identität stiftende Voraussetzungen seines Kulturkreises.

Schon 1987, als niemand an ein Ende der DDR (und damit der BRD) dachte, stellte W. in seiner Novelle *Dorle und Wolf* die zwei halbierten Landesteile dar aber auch die Tatsache, daß seine Landsleute an diesem Zustand nicht litten. Sein umfangreicher Roman *Die Verteidigung der Kindheit* (1991) wurde von der Literaturkritik als der Roman der – nun abgeschlossen – deutschen Nachkriegsgeschichte gefeiert (und W.s größter Publikumserfolg seit längerem). Alfred Dorn, geboren 1929, überlebt die Bombardierung Dresdens, studiert in Leipzig Jura, versagt aber in der obligaten Gesellschaftstheorie, macht in Westberlin das Examen und stirbt 1987 in Wiesbaden als Verwaltungsjurist. Ein deutsches Schicksal, das nicht die großen politischen Ereignisse jener Jahre erzählt, sondern die Konditionierung (bzw. Ausgrenzung) eines Einzelnen durch die so unterschiedlichen Gesellschaftssysteme: Geschichte als Scheitern eines Ich. Die widersinnige Spaltung Deutschlands »spiegelt« sich – entsprechend dem an Franz Kafka und Robert Walser entwickelten Ironiebegriff W.s – im radikalen Mißlingen des eigenen Lebens eines Subjekts. So scheitert Alfred Dorn an dem Projekt, seine Kindheit museumsreif zu rekonstruieren, um dadurch seiner Mutter ein Denkmal zu setzen. Private und politische Schizophrenie gehen ineinander über, so daß nicht zu entscheiden ist, ob Dorn nur ein pathologischer Fall ist oder ob sein Lebensentwurf in keinen der beiden deutschen Teilstaaten paßt.

Literatur: *Schlunk,* Jürgen E. und *Singer,* Armand E. (Hrsg.): Martin Walser. International Perspektives. New York 1987; *Moser,* Tilmann: Romane als Krankengeschichten. Frankfurt a. M. 1985. S. 79–152; *Siblewski,* Klaus (Hrsg.): Martin Walser. Frankfurt a. M. 1981; *Beckermann,* Thomas (Hrsg.): Über Martin Walser. Frankfurt a. M. 1970.   *Thomas Beckermann*

Walser, Robert
Geb. 15. 4. 1878 in Biel; gest. 25. 12. 1956 in Herisau/Aargau

»Der Roman, woran ich weiter und weiter schreibe, bleibt immer derselbe und dürfte als ein mannigfaltig zerschnittenes Ich-Buch bezeichnet werden können.« W. wuchs in einer großen Familie als siebentes von acht Kindern auf. Kein Wunder, daß ihm nur eine nachlässige Erziehung zuteil wurde. Die Mittel reichten nicht aus, um dem Sohn eines Buchbinders und Kaufmanns eine gehobene berufliche Karriere zu ermöglichen. Nach dem Progymnasium absolvierte er eine Banklehre. Auch sonst kümmerte man sich nicht sehr um ihn. Der autobiographische Züge tragende Simon sagt im Roman *Geschwister Tanner* (1907), er sei als Kind immer sehr gern krank gewesen, weil er von der Mutter verhätschelt werden wollte. Seine seelisch labile Mutter hatte aber mit ihren Depressionen genug zu tun. Sein Vater war von robuster Statur; er konnte Armut und Demütigungen ruhig und gelassen wegstecken. W. hatte von beiden etwas geerbt. Nach seiner Tätigkeit als Bank- und Büroangestellter ging er für ein Jahr nach Stuttgart zu seinem Bruder Karl, dem Maler. Er war es, der W. auf den Geschmack am selbständigen Leben brachte. Seine Pläne, in Stuttgart Schauspieler zu werden, scheiterten. Danach hatte er acht Jahre in Zürich, mal hier mal dort, gearbeitet, meist für wenig Lohn, als Commis oder Diener, als Angestellter in einer Nähmaschinenfabrik, als Assistent bei einem Erfinder, u.a. auch 1903 als Gehilfe des Ingenieurs Dubler in Wädenswil am Zürichsee. Die Erlebnisse dort lieferten ihm den Stoff zu seinem Roman *Der Gehülfe* (1908). Wie in seinem ersten Buch, *Fritz Kochers Aufsätze* von 1904, ist auch dieser Roman aus der für W. typischen Perspektive eines unscheinbaren jungen Mannes erzählt, dem bisweilen der Schalk aus den Augen blitzt. »Stets betrachtete ich mit großer Lust die Pracht und den Glanz; mich selbst jedoch wünschte ich von jeher in einen ruhigen, bescheidenheitsreichen Hintergrund zurückgestellt, um von hier aus in das helle Leuchten mit frohen Augen hinein- und hinaufzuschauen.« Die Helden seiner allesamt autobiographischen Romane und Prosastücke können nichts verlieren, sie sind besitzlos. Dafür aber haben sie die Freiheit, mit ihrer Existenz zu experimentieren. W. und seine Figuren sind trotz oder gerade wegen der öffentlichen Mißachtung in erhöhtem Maß unvoreingenommen beobachtend, staunend und erlebnishungrig zugleich.

Welch energischer Ton, mit dem W. 1905 seinen Aufbruch nach Berlin untermalt! »Eine Stadt, wo der rauhe, böse Lebenskampf regiert, habe ich nötig. Eine solche Stadt wird mir guttun, wird mich beleben. Eine solche Stadt wird mir zum Bewußtsein bringen, daß ich vielleicht nicht gänzlich ohne gute Eigenschaften bin. In Berlin werde ich in kürzerer oder längerer Zeit zu meinem wahrhaften Vergnügen erfahren, was die Welt von mir will und was ich meinerseits von ihr zu wollen habe.« Wie recht er hatte! 1905 reiste er seinem Bruder Karl nach Berlin nach. Erfüllt von kühnen Hoffnungen, begannen für ihn produktive Jahre. Er arbeitete an den Zeitungen *Die neue Rundschau*, *Die Schaubühne*, *Die Zukunft* mit, lernte Max Liebermann, Max Slevogt und Gerhart Hauptmann kennen. Sechs Romane schrieb er hier, wovon allerdings nur drei erhalten sind. Nacheinander entstanden *Geschwister Tanner* (1906) – in nur sechs Wochen niedergeschrieben –, *Der Gehülfe* (1908) und *Jakob von Gunten* (1908). Was die Welt von ihm wollte, mußte er aber auch recht bald schmerzlich erfahren. Alle Romane waren klägliche Mißerfolge. Er schrieb zu eigenwillig, zu persönlich, wollte keine der en vogue befindlichen Schreibmanieren übernehmen, nannte als Wahlverwandte vielmehr Jakob Michael Reinhold Lenz, Clemens Brentano, Heinrich von Kleist und Nikolaus Lenau. Bruno Cassirer, bei dem seine Romane erschienen und der ihn erst förderte, stutzte mit der Zeit über diesen linkischen, trockenen Schweizer, der sich keine Spur anpassungswillig zeigte, und wandte sich schließlich ab von ihm. Jugendlich unbekümmert war W. nach Berlin gegangen, herb und verbittert kehrte er 1913 heim, krank im Innern, ohne Zuversicht und ohne Glauben an die Menschen. In Biel nahm er zu seiner Schwester Lisa, die wie er unverheiratet geblieben war, wieder ein enges, vertrauliches Verhältnis auf. Auf weiten Spaziergängen in der freien Natur fand er wieder zu sich. Poetischer Ertrag davon waren viele kleine Prosastücke, die er in Zeitungen veröffentlichte. Die Bieler Jahre waren für ihn nach eigener Angabe die glücklichsten seines Lebens. Er machte sich die Natur bewußt. Ohne weltfremde Sentimentalität beschreibt er den Wald, die Bäume, die Blumen, war glücklich über seine Betrachtungen und genoß es, sich bewegen zu können. »Was schreien und keifen möchte, ist ausgeschlossen. Vielmehr ist jedes einzelne Wesen, indem es sich dicht ans andere lehnt, vollauf gesättigt und still vergnügt. Sie vertragen sich gut, da sie einander beleben und ergänzen.« Wie weit sind davon hastige, vielbeschäftigte Menschen entfernt! Seine Eigenart blieb W. treu, er wollte unter allen Umständen nur sich selbst gehören, keine Macht und Not brachte ihn davon ab. Er wußte aber auch, daß er nach bürgerlichen Maßstäben ein Müßiggänger war; er spöttelte oft in diesem Sinn über sich. Wie seine Schriftstellerei, war sein Leben ein einziges Experimentieren. Bewegung war ihm wichtig. So vagabundierte er von Stadt zu Stadt, von Quartier zu Quartier, von Stellung zu Stellung. Da er keinen Besitz, nicht einmal Bücher hatte, fiel ihm das Nomadisieren leicht. Mit der Sprache stellte er Versuche an, auch um sich die muntere Entdeckerfreude wachzuhalten. Immer blieb er den unbeachtet am Rande liegenden, existierenden Dingen und Menschen seines unmittelbar nächsten Erfahrungskreises zugetan. Seine Prosastücke sind ihm, wie er sagt, »Alltagsvertiefungsversuche«. »Was habe ich anderes in der Poesie getan, als alles, was mir ins Auge fiel, wortreich darzustellen, verwundert zu bereden und angenehme Gedanken und Empfindungen damit zu verknüpfen?«

1921 siedelte W. nach Bern über. Nach vielen Jahren mühsam behaupteter Dichterfreiheit mußte er nun wieder untergeordnete Lohnarbeiten annehmen. Auch wechselte er hier wieder häufig seine Wohnungen, fünfzehnmal in sechs Jahren. Sein seelischer Zustand begann sich wieder zu verschlechtern, Angst und Halluzinationen peinigten ihn. Seine Schriftstellerei fiel ihm auf einmal schwer, der Schwung von früher erlahmte, die schöpferische Glut war am Erlöschen. In winzigster Schrift und mit Bleistift schrieb er, kaum entzifferbar, nur noch für sich. »In den letzten Berner Jahren quälten mich wüste Träume: Donner, Geschrei, würgende Halsgriffe, halluzinatorische Stimmen, so daß ich oft laut rufend erwachte.«

1929 ging er schließlich in die Heilanstalt Waldau. Vorher hatte er aber noch seine Schwester um ihre Meinung zu diesem Entschluß gebeten. Insgeheim wollte er zu ihr nach Bellelay ziehen. Da sie aber schwieg, fügte er sich ihrem unausgedrückten Willen. In Waldau schrieb er nur noch wenig, 1933 nach der Überweisung nach Herisau nichts mehr. W. war ein unauffälliger, geduldiger Insasse, der keinerlei Ansprüche mehr an das Leben stellte. Er verschloß sich in sich selbst und war bei aller Bescheidenheit unnahbar und wenig gesprächig. Nur seiner Schwester Lisa und seinem späten Freund Carl Seelig, der 1944 die Vormundschaft über ihn übernahm und W.s Werk als Herausgeber betreute, öffnete er sich noch. Zu ihm sagte er am Ende seines Lebens: »Wenn ich nochmals von vorne beginnen könnte, würde ich mich bemühen, das Subjektive konsequent auszuschalten und so zu schreiben, daß es dem Volk gut tut. Ich habe mich zu sehr emanzipiert. Ich will mit dem Volk leben und mit ihm verschwinden.« W. starb auf einem einsamen Spaziergang.

Werkausgabe: Robert Walser: Das Gesamtwerk. Herausgegeben von Jochen *Greven*. Genf/Hamburg 1972.

Literatur: *Keutel,* Walter: Röbu, Robertzhen, des Walsers Zweiter Tod u. literarische Wiedergeburt von Robert Walser; *Seelig,* Carl: Wanderungen mit Robert Walser. Frankfurt a.M. 1977; Robert Walser zum Gedenken, Carl Seelig-Stiftung Zürich 1976; *Mächler,* Robert: Das Leben Robert Walsers. Genf und Hamburg 1966.

Gunther Pix

Walther von der Vogelweide

um 1200

Im Reiserechnungsbuch des Passauer Bischofs Wolfger von Erla ist zum Martinstag (11. 11. 1203) ein »Waltherus cantor de Vogelweide« als Empfänger eines Geldgeschenks für einen Pelzrock aufgeführt. Dies ist das einzige, auf einen deutschen Lyriker des Hochmittelalters als »Dichter« bezogene urkundliche Zeugnis, zugleich das einzige sichere Datum aus W.s Leben. Nach eigenem Bekunden lernte er »ze ôsterrîche« »singen unde sagen«. Mehr ist über seine Herkunft nicht zu erfahren. Literarhistorische Spekulation hat zwar einige Geburtsorte propagiert, vor allem im Layener Ried im Gröd- nertal (Südtirol; vgl. das Denkmal auf dem »Walther-Platz« in Bozen), ohne andere Basis als den politisch-national fundierten Enthusiasmus des 19. Jahrhunderts. Für eine regionale Fixierung müßte erst zu klären sein, ob W.s Bei- name ein Herkunfts- oder ein Künstlername ist. Auch die frühere ständische Einord- nung W.s als »ritterbürtig« kann sich nicht auf Belege aus W.s Zeit stützen. Er selbst hebt nie auf Geburtsadel ab, sondern stets nur auf Gesinnungs- und Handlungsadel: »sô bin ich doch, swie nider ich sî, der werden ein!« Er war also wohl ein fahrender Sänger unbekannter Herkunft, der an weltlichen und geistlichen Höfen um Brot sang.

Weitere Lebensdaten können aus seiner politischen Lyrik erschlossen werden, die in der mittelhochdeutschen Dichtung etwas Neues darstellt: W. entwickelte aus der älte- ren, von Spervogel vertretenen moralisch-belehrenden Spruchdichtung ein poetisch- publizistisches Organ, mit dem er zu den politischen und geistigen Streitpunkten seiner Zeit z.T. scharf Stellung bezog. Die ältesten Sprüche fallen wohl ins Jahr 1198, in dem, nach dem Tode Kaiser Heinrichs VI., die Nachfolgekontroversen zwischen dem Staufer Philipp von Schwaben und dem Welfen Otto von Poitou einer ersten Entscheidung zustrebten. W. war in diesem Jahr, nach dem Tod seines bisherigen Gönners, des Her- zogs Friedrich, von Österreich in den Westen des Reiches gezogen und hatte offenbar am Hof des staufischen Thronprätendenten Philipp Aufnahme gefunden. Die frühen Sprüche, die er als Philipps zunächst engagierter Parteigänger verfaßte, wurden auch seine bekanntesten, z.B. der sog. Reichston: *Ich saz ûf eime steine* (die Miniaturen zu W.s Liedercorpus in den beiden illustrierten Minnesanghandschriften setzen diesen Ein- gangstopos ins Bild um) oder der *Magdeburger Weihnachtsspruch* (sog. 1. Philippston). Aus der staufischen Parteinahme resultierte wohl auch W.s lebenslange Frontstellung gegen Papst Innozenz III., welcher Otto, den Gegenspieler Philipps, favorisiert hatte. W. pole- misierte aber nicht nur gegen Papst und Kurie (wofür ihn Thomasin von Zerklaere tadelt), sondern bald auch gegen Philipp und nach dessen Tode (1208) auch gegen den Nachfolger, Otto IV., dem er sich zunächst als höchstem Repräsentanten des Reichs zugewandt hatte. Alle Kritik ging von dem Idealbild eines weltlichen und geistlichen Herrschertums aus, mit dessen Würde W. die machtpolitischen oder materiellen Inter- essenhändel und die oft kleinlichen Machenschaften unvereinbar hielt. Eine Verletzung des Herrscherideals sah er auch in der mangelnden »milte« (Freigebigkeit), in der Gleichgültigkeit gegenüber der materiellen Not der nachgeordneten Schichten. Humorvoll, grimmig oder ätzend ficht W. hier auch für eigene Belange, für seine eigene Versorgung, bis ihm schließlich Friedrich II. ein nicht näher bestimmbares Lehen verlieh (um 1220). Gekämpft hatte er lange auch um die erneute Aufnahme an dem »wünneclîchen hof ze Wiene« Leopolds VI., der ihm aus unbekannten Gründen versperrt blieb. Als weitere fürstliche Gönner nennt er den Landgrafen Hermann von Thüringen, den Markgrafen Dietrich von Meißen, Herzog Bernhard von Kärnten, Graf Diether von Katzenellenbogen, Erzbischof Engelbert von Köln, nach denen meist auch ein bestimmter Lied-Ton genannt wird.

W. war nicht nur der bedeutendste mittelhochdeutsche Sangspruchdichter, er war auch der vielseitigste und bis heute am stärksten lebendig gebliebene Minnesänger. Er hatte im Stil Reinmars des Alten zu dichten angefangen, dem er einen zweistrophigen preisenden und zugleich kritischen Nachruf widmete. Gegen Reinmars ihm prätentiös erscheinende Leidensminne mit ihrem Absolutheitsanspruch vertrat W. eine neue Minnekonzeption, die Minne auf Gegenseitigkeit, nicht durch Unterwerfung (»wîp«-Strophen mit der Gegenüberstellung von ständischer und menschlicher Würde). Noch radikaler löste er sich von der Hohe-Minne-Tradition in den Mädchenliedern (auch als »Lieder der niederen Minne« bezeichnet). Ausgetragen wurden die gegensätzlichen Auffassungen vom rechten Frauenpreis in der sog. Reinmar-Walther Fehde, in welcher W. Lieder Reinmars parodierte oder übertrumpfte (z. B. in *Ir sult sprechen willekomen*).

W. gestaltete auch religiöse Themen, in radikaler Skepsis etwa *Vil wol gelobter got*, weiter einen Marienleich und Kreuzzugslieder als politische Mahnungen an Kaiser und Papst, schließlich mutmaßlich das sog. *Palästina-Lied*, zu dem die einzige, wohl authentische Melodie W.s überliefert ist. Die *Elegie*, ein resignierter Lebensrückblick, steht wohl am Ende seines Schaffens gegen 1230. Nach einer Notiz in einer Handschrift aus der Mitte des 14. Jahrhunderts soll W. im Kreuzgang des Würzburger Neumünsters begraben sein, wo ein neuzeitliches Denkmal mit einem Lobspruch Hugos von Trimberg an ihn erinnert.

W. war schon im Mittelalter allgemein als der größte deutsche Lyriker anerkannt, wie zahlreiche Nennungen bei zeitgenössischen und späteren Dichtern verraten. Dies belegt auch die relativ reiche handschriftliche Überlieferung. Seine Hochschätzung hat sich ununterbrochen erhalten. Die Meistersinger zählten ihn zu ihren Zwölf Alten Meistern. An der Wende vom Mittelalter zur Neuzeit kreuzen sich zwei Rezeptionsstränge: Bei dem Meistersinger-Historiographen Cyriacus Spangenberg (um 1600) ist nur noch sein Name (in unsicherer Fassung) bekannt. Zur selben Zeit beginnt aber mit dem Schweizer Rechtshistoriker Melchior Goldast die Neubelebung des Wissens um W.s Werk unmittelbar aus der handschriftlichen Überlieferung (Handschrift C).

Werkausgabe: Walther von der Vogelweide. Gesamtwerk. In gleichartiger Reimübersetzung von Helmut *Schwaning*. Bad Mergentheim 1983.
Literatur: *Nolte*, Theodor: Walther v. d. Vogelweide. Höf. Idealität u. konkrete Erfahrung. Stuttgart 1991; *Müller*, Jan-Dirk und *Worstbrock*, Franz Josef (Hrsg.): Walther v. d. Vogelweide. Stuttgart 1989; *Hahn*, Gerhard: Walther v. d. Vogelweide. Eine Einführung. München/Zürich 1986; *Halbach*, Kurt Herbert: Walther von der Vogelweide. 4. Aufl. bearbeitet von Manfred Günter *Scholz*. Stuttgart 1983; *Beyschlag*, Siegfried (Hrsg.): Walther von der Vogelweide. Darmstadt 1971.

Günther Schweikle

Wassermann, Jakob

Geb. 10. 3. 1873 in Fürth; gest. 1. 1. 1934 in Altaussee/Steiermark

Als er starb, war W. – unter den literarisch angesehenen Autoren des Kaiserreichs und der Weimarer Republik einer der vielgelesenen, auch international berühmt – praktisch bankrott. Immense Summen nämlich hatte sich Julie Wassermann-Speyer (1876–1963), seine erste Frau, durch Serien von Prozessen von ihm zu erstreiten vermocht; jetzt konnte W. nicht mehr zahlen, denn in Deutschland wurden seine Bücher nur noch unterm Ladentisch gehandelt, und die ausländischen Tantiemen reichten nicht aus. Die glänzende Karriere endete in Düsternis – und mußte W. nicht fürchten, daß auch manche seiner Leser, gerade junge, auf Erneuerung hoffende, Hitler zugelaufen waren? War seinem Lebensmut mit dem 30. Januar 1933 nicht der Grund zerstört worden, nämlich in Deutschland geachtet zu sein als Jude, der Deutscher ist? Schon der Essay *Das Los der Juden* (1904), hervorgerufen durch die Pogrome in Osteuropa, war von schweren Zweifeln durchzogen. *Mein Weg als Deutscher und Jude* (1921), entstanden unter dem Eindruck der drohend umlaufenden Devise, daß die Juden schuld an Krieg und Niederlage seien, zog eine erste Bilanz, die erschreckend war, und doch von Hoffnung bestimmt; es dürfte kein Zufall sein, daß dieser Text zwischen 1922 und 1984 nicht wieder gedruckt wurde. Und mit den 1931/33 geschriebenen, z. T. in Zeitschriften veröffentlichten *Selbstbetrachtungen*, als Buch 1933 zu W.s 60. Geburtstag von seinem alten Verlag S. Fischer herausgebracht, war noch einmal deutlich geworden, welch ein ungewöhnlicher Autor nun verfemt wurde. Wegen eines Abschnitts, in dem W. Deutschland als Herd des Antisemitismus bezeichnet hatte, wurde er aus der Preußischen Akademie der Künste ausgeschlossen, rund drei Wochen, nachdem er selbst seinen Rücktritt erklärt hatte.

Erstmals hatte W. 1897 Aufmerksamkeit erregt durch seinen nach Thematik und Durchführung ungewöhnlichen Roman *Die Juden von Zirndorf*. Der chronikartige erste Teil (»Vorspiel«) handelt von dem Zug der Fürther Juden dem vermeintlichen Messias Sabbatai Zewi entgegen und von der Gründung Zirndorfs; der Roman selbst erzählt aus dem Leben des messianisch gestimmten jungen Zirndorfers Agathon Geyer in der modernen Großstadt. Dies ist ein erstes Beispiel für W's Kunsttendenz, zwischen unverbundenen Erzählhandlungen oder divergierenden Handlungssträngen Zusammenhänge herzustellen. Moritz Heimann hat das Buch eindringlich-streng gewürdigt und dadurch die Verbindung mit S. Fischer angebahnt. Schon der nächste Roman, in dem auch jener Agathon Geyer noch einmal kurz auftaucht (und stirbt), erschien bei Fischer: *Die Geschichte der jungen Renate Fuchs* (1901). Begonnen hatte W. mit kleinen Erzählungen in der *Jugend* und in Albert Langens *Simplicissimus*, dessen Redakteur er, vermittelt durch Ernst von Wolzogen, für zwei Jahre war. 1896 war bei Langen auch sein erstes Buch erschienen, von dem er sich später distanzierte: *Melusine. Ein Liebesroman*. 1898 zog W. als Theaterreferent für die *Frankfurter Zeitung* nach Wien, wo er bald zum Freundeskreis von Beer-Hofmann, Arthur Schnitzler, Hugo von Hofmannsthal zählte; 1901 heiratete er. Das folgende Jahrzehnt war bestimmt von Erzählexperimenten, das meiste wurde vernichtet oder ad acta gelegt, erstaunlich ist dennoch die Menge des Gedruckten. Es erschienen die Romane *Der Moloch* (1903), *Alexander in Babylon* (1905), der Novellenband *Die Schwestern* (1906); die letzten beiden von großer stilistischer Kühnheit, ihnen gelten Hofmannsthals *Unterhaltungen über ein neues Buch* (1906). Dem Ziel, seine unglückliche Kindheit – die Mutter war schon 1882 gestorben – und Jugend in Autobiographie und Roman auch als erzählte hinter sich zu bringen, galt das *Engelhart Ratgeber*-Projekt; W. rief den schon fertigen Text aus der Setzerei zurück und versteckte ihn als Fortsetzungsroman in der *Deutschen Roman-Bibliothek* (1907). Jahrelang arbeitete er an einer anderen Variante seines Lebensthemas, der Geschichte von Kaspar Hauser, dem Findling; das erfolgreiche Buch erschien 1908: *Caspar Hauser oder Die Trägheit des Herzens*. 1910 wurde der Roman *Die Masken Erwin Reiners* veröffentlicht, im Jahr darauf die Novellensammlung *Der goldene Spiegel*, Reflex auch der Geselligkeit des Wiener Freundeskreises, 1913 ein kleiner Roman (ursprünglich angelegt als erster einer Zehner-Serie): *Der Mann von vierzig Jahren*. W. gehörte nicht zu den Autoren, die einen einheitlichen persönlichen Stil ausbildeten, er erfand immer neue Möglichkeiten, verwickelte Geschichten zu erzählen, in manchem wurde er Wegbereiter; so wies etwa Franz Pfemfert 1911 in der *Aktion* enthusiastisch auf den expressionistisch verstandenen *Alexander in Babylon* (geschrieben 1905) hin.

»Gegen Wassermanns Romane ließe sich sagen, daß sie zu romanhaft, allzu interessant seien«, so 1935 Thomas Mann, befreundet mit W. seit der legendären *Simplicissimus*-Zeit. Der gewiß zutreffende Einwand macht freilich auch klar, daß sehr viel erzähltes Leben in diesen Büchern steckt. Das gilt vornehmlich für den zweibändigen Roman *Christian Wahnschaffe* (1919), in dem noch einmal, reich facettiert, die entschwundene Welt des Europa vor 1914 aufscheint. W., »ein Räuber wie alle geborenen Erzähler«, schleppe darin zugleich aber eine »ethische Überlast« mit sich, die abzuwerfen Moritz Heimann in seiner Rezension rät, dem der noch vor dem Krieg fertiggestellte, in der Kriegszeit dann viel gelesene Roman aus W.s fränkischer Heimat, *Das Gänsemännchen* (1915), gewidmet war.

1915 hatte W. die Schriftstellerin Marta Karlweis (1889–1965) kennengelernt, die später seine zweite Frau wurde; ab 1919 lebte er mit ihr in Altaussee. In diesem Refugium entstand *Mein Weg als Deutscher und Jude* (Ferruccio Busoni gewidmet). In Altaussee, von wo aus er häufig auf Reisen ging, schrieb W. auch den vierbändigen Zyklus *Der Wendekreis* (1920/1924), *Laudin und die Seinen* (1925), den Roman der komplizierten Auflösung einer bürgerlichen Ehe, und sein berühmtestes Buch: *Der Fall Maurizius* (1928), wieder eine Art Doppelroman; neben der Aufklärung des Kriminalfalls geht es um die Begegnung der den Roman beherrschenden Figur Gregor Warschauer-Waremme – hinter dem man Rudolf Borchardt erkennen kann – mit dem sechzehnjährigen Etzel Andergast. W. schätzte solche jugendlichen Helden, die noch voller Möglichkeiten stecken; 1926 hatte er die im Würzburg der Hexenprozesse spielende kleine Erzählung *Der Aufruhr um den Junker Ernst* veröffentlicht, in welcher der fünfzehnjährige Junker alle Welt durch rettende Geschichten bezaubert. In seiner *Unterhaltung mit dem Leser über die Zukunft des Knaben Etzel* (ein Vortrag, gedruckt in der *Neuen Freien Presse*, 1929) läßt W. seinen Helden älter werden, so daß er in den nächsten Doppelroman eintreten kann: *Etzel Andergast* (1931), dessen zweite wichtige Figur, der Arzt Joseph Kerkhoven, in W.s letztem fertiggestellten Roman übergeht: *Joseph Kerkhovens dritte Existenz* (postum 1934 bei Querido, Amsterdam), nochmals ein Doppelroman. Das Mittelstück, die Aufzeichnung des Patienten Alexander Herzog, ursprünglich wohl als selbständiges Buch geplant, stellt die letzte Autobiographie W.s dar: *Ganna oder Die Wahnwelt*, ein höchst unterhaltsamer, stilistisch konzentrierter, witzig-böser Roman für sich. Noch im Dezember 1933 schloß W. mit Fritz Landshoff für Querido den Vertrag über ein nächstes Buch ab: geplant war, schon seit 1926, ein Roman in Dialogform: *Ahasver*; Aufzeichnungen sind überliefert.

In W.s späten Romanen wechselt raffiniert dialogisches Erzählen unvermutet mit essayistischem; dahinter steht die vom Erzähler W. immer schon praktizierte Übung, sich zu wundern, Ratschläge zu geben, Fragen zu stellen. Seine Essays sind gesammelt in den Bänden *Die Kunst der Erzählung* (1904), *Der Literat oder Mythos und Persönlichkeit* (1910), *Imaginäre Brücken* (1921), *Gestalt und Humanität* (1924), *Lebensdienst* (1928). In seinen Nachrufen auf Freunde kommt behutsam-präzis, ohne jede Indiskretion Persönlichstes zur Sprache: *In memoriam Ferruccio Busoni* (1925), *Hofmannsthal der Freund* (1930), *Erinnerung an Arthur Schnitzler* (1932 in der *Neuen Rundschau*) und die Schilderung Moritz Heimanns in den *Selbstbetrachtungen*.

Werkausgabe: Jakob *Wassermann: Gesammelte Werke* [in Einzelausgaben]. Berlin 1924–1931. Sammlung: Deutscher und Jude. Reden und Schriften 1904–1933. Hrsg. u. in einem Kommentar versehen von Dierk *Rodewald*. Mit einem Geleitwort von Hilde *Spiel*. Heidelberg 1984.
Literatur: *Schäfer,* Regina: Plädoyer für Ganna. Männer und Frauen in den Romanen Jakob Wassermanns. Tübingen 1992; *Shaked,* Gershon: Der Fall Wassermann, in: Die Macht der Identität. Essays über jüdische Schriftsteller. Königstein/Ts. 1986, S. 95–114; *Horch,* Hans Otto: »Verbrannt wird auf alle Fälle ...«. Juden und Judentum im Werk Jakob Wassermanns, in: Im Zeichen Hiobs. Jüdische Schriftsteller und deutsche Literatur im 20. Jhdt., hrsg. von Gunter E. *Grimm* u. Hans-Peter *Bayerdörfer,* Königstein/Ts. 1985, S. 124–146; Jakob Wassermann 1873–1934. Ein Weg als Deutscher und Jude. Lesebuch zu einer Ausstellung. In Verbindung mit dem Deutschen Literaturarchiv Marbach a. N. hrsg. von Dierk *Rodewald*. Bonn 1984; *Karlweis,* Marta: Jakob Wassermann. Bild, Kampf und Werk. Mit einem Geleitwort von Thomas Mann. Amsterdam 1935; *Bing,* Siegmund: Jakob Wassermann. Weg und Werk des Dichters. Neue, erweiterte Ausgabe. Berlin 1933.   *Dierk Rodewald*

Weckherlin, Georg Rodolf
Geb. 14. 9. 1584 in Stuttgart; gest. 13. 2. 1653 in London

»Denen ich jung bekandt gewesen / die wissen wol / daß ich vor dreyssig / ja mehr dan vierzig Jahren / unserer Sprach Reichthumb und Zierlichkeit den Frembden durch meine Gedichte für augen geleget«, mit diesen Worten erinnert W. die Leser seiner *Gaistlichen und Weltlichen Gedichte* (1641/1648) an seine geschichtliche Bedeutung, daran, daß er am Anfang der neuen deutschen Kunstdichtung in der Nachfolge der europäischen Renaissanceliteraturen gestanden habe. Daß ihm diese Erinnerung notwendig erschien, hat mit dem ungewöhnlichen Lebenslauf des Hofmanns und Dichters zu tun.

W. stammte aus einer württembergischen Beamtenfamilie. Seine Ausbildung am Stuttgarter Pädagogium und an der Universität und dem »Collegium illustre« in Tübingen bereitete ihn auf den Hofdienst vor. Zunächst, von 1606 bis 1615, hielt er sich im Gefolge württembergischer Diplomaten im Ausland auf, in Frankreich, Italien und vor allem England. Hier lernte er Elizabeth Raworth kennen, Tochter des Stadtschreibers von Dover, die er 1616 heiratete.

Als W. 1616 zum Sekretär und Hofhistoriographen des württembergischen Herzogs ernannt wurde, kamen ihm nicht nur seine ausgezeichneten Sprachkenntnisse zugute, sondern auch die literarischen und kulturellen Anregungen, die er im Ausland empfangen hatte. In seiner Position als Hofdichter, wie man sein Amt bezeichnen darf, hatte er die Aufgabe, prunkvolle Hoffeste zu planen und in Beschreibungen festzuhalten. Diese aufwendig illustrierten Manifestationen protestantischer höfischer Kultur enthielten von der ersten Beschreibung an (*Triumf Newlich bey der F. kindtauf zu Stutgart gehalten*, 1616) Beispiele seiner Lyrik. Vorbild war die französische Renaissancedichtung: Die Pierre de Ronsard verpflichteten Oden mit ihren langen Satzbögen, ihrer Gleichnis- und Metaphernsprache und ihrem rhetorischen Gestus verwirklichen zum erstenmal den hohen dichterischen Stil in der neueren deutschen Dichtung. W.s gesammelte *Oden und Gesänge* erschienen 1618–19, blieben jedoch folgenlos für die literarische Entwicklung in Deutschland.

Daß diese Leistungen wenig Beachtung fanden, hat seinen Grund nicht nur in dem überwältigenden Erfolg der Reform von Martin Opitz, sondern ebensosehr in W.s Lebensweg, der ihn 1619, kurz nach dem Erscheinen der *Oden und Gesänge*, nach England führte. Damit waren seine Wirkungsmöglichkeiten in Deutschland begrenzt, zumal ihn seine berufliche Tätigkeit immer fester an England band. Zwar stand er zunächst noch in württembergischen und dann in pfälzischen Diensten (am Hof des exilierten »Winterkönigs« Friedrich V.), doch trat er 1626 in englische Dienste, auch hier – als Sekretär des für auswärtige Angelegenheiten zuständigen Staatssekretärs – bemüht, der protestantischen Sache zu nützen.

Als W. dann 1641 und 1648 alte und neue Beispiele seiner kunstvollen Oden, Eklogen und Sonette veröffentlichte, war die Entwicklung endgültig über ihn hinweggegangen. Seine an romanischen Vorbildern geschulten metrischen Vorstellungen – Silbenzählung ohne regelmäßige Alternation – galten als antiquiert. Gleichwohl zeigen ihn die späten Sammlungen als Lyriker von großer Sprachkraft, dem über den höfisch-»zierlichen« oder petrarkistisch-preziösen Ton hinaus vielfältige, auch derb-volkstümliche Ausdrucksmöglichkeiten zur Verfügung stehen. Kaum ihresgleichen in der deutschen Lyrik des 17. Jahrhunderts haben seine politischen Gedichte, die ihn als leidenschaftlichen Verfechter der deutschen – das heißt für ihn der protestantischen – Sache offenbaren: Er war im Ausland zum aggressiven politischen Dichter und Kommentator deutscher Verhältnisse geworden.

Nach dem Ausbruch des englischen Bürgerkriegs bewarb sich W., der schon 1630 eingebürgert worden war, bei verschiedenen protestantischen Mächten um eine Anstellung, ohne Erfolg. Er stellte sich im Verlauf des Bürgerkriegs auf die Seite des Parlaments und wurde 1644 Sekretär für auswärtige Angelegenheiten. Nach der Hinrichtung des Königs (1649) reichte er seinen Rücktritt ein, wurde jedoch noch einmal, 1652, für kurze Zeit als Assistent seines Nachfolgers, des Dichters John Milton, in den Dienst zurückberufen.

Werkausgabe: Gedichte. Hrsg. von Hermann *Fischer.* 3 Bände. Tübingen 1894–1907. Nachdruck Darmstadt 1968.

Literatur: *Nilges,* Annemarie: Imitation als Dialog. Die europäische Rezeption Ronsards in Renaissance und Frühbarock. Heidelberg 1988; *Ribbat,* Ernst: Georg Rodolf Weckherlin. In: Harald *Steinhagen*/Benno von *Wiese* (Hrsg.): Deutsche Dichter des 17. Jh.s. Berlin 1984. S. 74–89; *Laurien,* Ingrid: »Höfische« und »bürgerliche« Elemente in den »Gaistlichen und weltlichen Gedichten« Georg Rodolf Weckherlins. Stuttgart 1981; *Forster,* Leonard Wilson: Georg Rodolf Weckherlin. Zur Kenntnis seines Lebens in England. Basel 1944. *Volker Meid*

Wedekind, Frank
Geb. 24. 7. 1864 in Hannover, gest. 9. 3. 1918 in München

Im Frühjahr 1909 fragt der Goethebund in Dresden bei W. an, ob er nicht bei einem Vortragsabend »einige Lieder zur Gitarre« singen könne. Der grimmige Entwurf des Absagebriefes verweist auf W.s Dilemma: Als »Bänkelsänger«, als »Spaßmacher und Hanswurst« (Brief vom 6. 8. 1901 an M. Zickel) wird er vom Publikum bejubelt und von den Zensurbehörden geduldet, jedoch nicht als ein Dramatiker anerkannt, der sich »der Bewältigung ernster ethischer und künstlerischer Aufgaben widmet«. Obwohl 1906 – in Max Reinhardts Inszenierung – endlich die Kindertragödie *Frühlings Erwachen* (bereits 1891 veröffentlicht) uraufgeführt werden konnte und ihm den Durchbruch brachte, lag W. immer noch in einem aufreibenden Kampf mit der Zensur, die Anstoß an seinen »unsittlichen« Texten nahm. Er beklagte sich über Regisseure und Schauspieler, die sein dramaturgisches Konzept nicht begriffen, und über das Publikum, das ihn nur als zynischen Provokateur der »bürgerlichen Moral« und als skandalösen Propheten der »Emanzipation des Fleisches«, der mißachteten und unterdrückten Sexualität verstand. Doch läßt der Lebenslauf hinter dem Bohémien auch den Habitus des Bürgers, hinter dem »Genußmenschen« den Moralisten erkennen.

W.s Vater, Ersatz-Abgeordneter des Frankfurter Paulskirchen-Parlaments, war 1849 als Arzt in die Vereinigten Staaten ausgewandert und hatte dort die Schauspielerin Emilie Kammerer geheiratet, deren Vater »als ungarischer Mausefallenhändler angefangen«, als politischer Verschwörer 1830 auf der Festung Hohenasperg eingesessen und dort die Phosphorstreichhölzer erfunden hatte, dann »eine chemische Fabrik in Zürich« gründete und 1857 in »vollkommener Geistesumnachtung« im Irrenhaus starb *(Autobiographisches)*. Benjamin Franklin W. wuchs auf dem Schloß Lenzburg im Schweizer Kanton Aargau auf, das der Familie seit 1872 gehörte. Bereits als Gymnasiast schreibt er Gedichte und szenische Entwürfe, vielfach mit parodistischer Brillanz und zum Lobpreis sinnlicher Liebe, mitunter auch mit obszönen und blasphemischen Akzenten (Entwürfe zum *Neuen Vaterunser,* 1891 als Privatdruck). Nach dem Abitur folgen erste Universitätssemester in Lausanne und München, wo W. 1884 auf Geheiß des Vaters Jura belegt, doch vor allem seinen Neigungen zur Literatur, bildenden Kunst und Musik nachgeht. 1886 sperrt der Vater die finanziellen Zuwendungen für den »Bummelstudenten«, der sich nun sein Geld als Vorsteher des »Reklame- und Preßbüros« der aufstrebenden Züricher Firma Maggi verdienen muß. Durch den Freund Karl Henckell findet W. 1887 Kontakt zu dem Züricher Literatenkreis »Das junge Deutschland« um Gerhart Hauptmann, dann reist er für ein halbes Jahr als Sekretär mit dem Zirkus Herzog. Nach dem Tod des Vaters 1888 kann W. über sein Erbteil verfügen. Er vertieft die Verbindungen zu anderen Schriftstellern und knüpft neue Kontakte in den Zentren des Literaturgeschehens, in Berlin und München (1889 bis 1891). Im Dezember 1891 siedelt er nach Paris über, führt dort bis 1895 das Leben eines Bohémiens und beginnt mit der Arbeit an *Die Büchse der Pandora. Eine Monstertragödie in fünf Akten,* die später zu dem zweiteiligen Lulu-Drama *Der Erdgeist* (1895) und *Die Büchse der Pandora* (Erstdruck 1902) erweitert wird. Der Verleger August Langen gewinnt W. als ständigen Mitarbeiter für seine satirische Zeitschrift *Simplicissimus* (erstmals April 1896) und bindet den Autor mit Vorschüssen an seinen Verlag. Neben der »Lohnsklavenarbeit« (23.12. 1897, an R. Weinköppel) für Langens Zeitschrift verdient W. sein Geld als Dramaturg, Regisseur und Schauspieler. Die *Simplicissimus*-Gedichte zur Palästina-Reise Wilhelms II. führen zur Anklage wegen Beleidigung der kaiserlichen Majestät (Oktober 1898). Nach der Flucht ins Ausland stellt W. sich im Juni 1899 den Behörden, wird verurteilt und nach einem halben Jahr Festungshaft im März 1900 entlassen. Er gilt nun als Skandalautor. Stets in Geldnot, arbeitet er weiter als Schauspieler und schließt sich im April 1901 dem gerade gegründeten Münchener Kabarett der »Elf Scharfrichter« an. Die allabendlichen Auftritte mit eigenen Liedern, Balladen und Satiren prägen sein Bild in der Öffentlichkeit: »ein scharf geschnittener Kopf mit Cäsarenprofil, die Stirn unheilverheißend gesenkt«; »nasal, scharf, schallend« singt W. zur Laute, krümmt sich »in vielsagenden Pausen . . .unter den eigenen Hintergedanken. Er ertrug nur schwer sich selbst und fast nicht mehr sein Publikum« (Heinrich Mann). In dem satirischen Einakter *Der Kammersänger* (1899) und dem Hochstapler-Drama *Der Marquis von Keith* (1901) hat W. das Verhältnis von Kunst und Kommerz analysiert. In den Tragikomödien *So ist das Leben* (Uraufführung 1902; später als *König Nicolo*) und *Hidalla* (1904; später als *Karl Hetmann, der Zwergriese*) stellt er die Diskrepanz zwischen dem weltverbessernden Anspruch seiner Bühnenwerke und dem Mißverständnis der Öffentlichkeit dar. 1904 wurde die Buchausgabe der *Büchse der Pandora* beschlagnahmt. Wiederholt hat W. versucht, seine Absichten durch Bearbeitungen und Ergänzungen seiner Stücke dem Publikum verständlicher oder die Texte für die Zensur unangreifbar zu machen.

Aus seiner Theater-Erfahrung entsteht ein dramaturgisches Konzept, das sich gegen den naturalistischen Stil der Stücke Gerhart Hauptmanns wendet. Nach der Berliner Erstaufführung des *Erdgeist* schreibt Friedrich Kayssler 1902 begeistert an W.: »Sie haben die naturalistische Bestie der Wahrscheinlichkeit erwürgt und das spielerische Element auf die Bühne gebracht.« Obwohl W. seine Kompositionselemente aus »dem Schutthaufen der Ästhetik« des 19. Jahrhunderts nimmt, weist er mit seinen »schräg überschnittenen Dialogen« (Theodor W. Adorno) auf das absurde Theater der Surrealisten voraus und entkleidet seine kolportagehaften Geschichten durch die groteske Kombination ihrer Elemente aller schematisierten Stofflichkeit. Nicht immer gelingt dieses Verfahren (vgl. etwa *Musik*, 1908; *Schloß Wetterstein*, 1910; *Franziska*, 1912), doch setzen sich Autoren wie Karl Kraus (im Kampf gegen die Kriminalisierung der Kunst aus Gründen der »Sittlichkeit«) und Regisseure wie Max Reinhardt für W. ein. 1908, zwei Jahre nach der Heirat mit der Schauspielerin Tilly Newes und gemeinsamen Theater-Engagements, nimmt W. seinen Wohnsitz in München und gilt nun als einer der Protagonisten des literarischen Lebens. Zu Ehren seines 50. Geburtstags beginnt 1914 das Deutsche Theater in Berlin einen Zyklus seines dramatischen Werks, der mit dem Beginn des Ersten Weltkriegs abgebrochen wird. Die Kriegsjahre bringen mit den Dramen *Bismarck* (1916) und *Herakles* (1917) zu dem vertrauten Wedekind-Thema vom Kampf der Geschlechter, von der vitalisierenden und zugleich tödlichen Kraft des Eros eine neue Perspektive in der Satire auf politischen Machtrausch, blindwütigen Militarismus und zerstörerisches Heldentum. Das Ende des Weltkriegs erlebt der Autor nicht mehr; er stirbt an den Folgen einer Operation, die ein »Leben als Krüppel« verhindern sollte. Die Beisetzung W.s auf dem Münchner Waldfriedhof gerät zu einem lebenden Bild aus dem grotesken Szenarium seiner Dramen. Bertolt Brecht, der als Schriftsteller viel von W. lernte und die »enorme Lebendigkeit dieses Menschen« bewunderte, notiert in sein Tagebuch: »Sie standen ratlos in Zylinderhüten / Wie um ein Geieraas. Verstörte Raben. / Und ob sie (Tränen schwitzend) sich bemühten: / Sie konnten diesen Gaukler nicht begraben.« Über W., der als Dramatiker »an der Grenze der Zeiten« (Theodor W. Adorno) keine eindeutigen Konturen gewann, setzte sich die anti-illusionistische Tradition des deutschen Theaters von Jakob M. R. Lenz, Christian D. Grabbe und Georg Büchner fort zu Carl Sternheim, Georg Kaiser, Bertolt Brecht, Friedrich Dürrenmatt und Rainer W. Fassbinder. Zudem gaben W.s viel diskutierte Lulu-Dramen die Vorlage für Ereignisse in der Filmgeschichte (Georg W. Pabsts Stummfilm *Die Büchse der Pandora*, 1928/29) und auf der Opernbühne (Alban Bergs *Lulu*, 1935).

Werkausgabe: Wedekind, Frank: Gesammelte Werke. 9 Bände. München 1912–21.
Literatur: *Vinçon,* Hartmut: Frank Wedekind. Stuttgart 1987; *Höger,* Alfons: Frank Wedekind. Der Konstruktivismus als schöpferische Methode. Königstein 1979; *Rothe,* Friedrich: Frank Wedekinds Dramen. Jugendstil und Lebensphilosophie. Stuttgart 1968; *Kutscher,* Arthur: Frank Wedekind. Sein Leben und seine Werke. 3 Bde. München 1922–1931.

Jörg Schönert

Weerth, Georg Ludwig

Geb. 17. 2. 1822 in Detmold; gest. 30. 7. 1856 in Havanna

Kein schöner Ding ist auf der Welt, als seine Feinde zu beißen – ein Gedichttitel, der – als Selbstaussage verstanden – vielfältigen Aufschluß über W.s Lebenshaltung, Schreibabsichten und literarische Technik zu geben vermag und zugleich Nähe und Differenz zu Heinrich Heine kennzeichnet: Negation der deutschen Verhältnisse und Religionskritik, Literatur als »Waffe« und Satire als Methode heißt bei W. nämlich seit den 40er Jahren politisches Engagement als Kommunist, sei es als Kurier, Redner oder Delegierter des Bundes der Kommunisten, sei es als Korrespondent, Redakteur oder Schriftsteller; heißt klassenkämpferischer Gestus seiner Literatur, heißt selbstbewußte und aggressive Adels- und Bürgersatire (*Leben und Taten des berühmten Ritters Schnapphahnski*, 1848/49; *Humoristische Skizzen aus dem deutschen Handelsleben*, 1845–48). In diesem Kontext ist auch der viel zitierte Satz von Friedrich Engels zu verstehen: W. sei der »erste und bedeutendste Dichter des deutschen Proletariats«.

Die antipietistische, soziale Atmosphäre im elterlichen Pfarrhaus, der Kaufmannsberuf mit seinen kapitalistischen Praktiken und die Tradition der Romantik, das Vorbild Heinrich Heine einerseits sowie Ludwig Feuerbach, die »wahren Sozialisten«, Karl Marx und Friedrich Engels als politische »Lehrmeister« andererseits, beeinflussen widersprüchlich W.s Werdegang; pointiert ausgedrückt: W. als romantisierender Realist (*Fragment eines Romans*, 1843–47) und als hedonistischer Kommunist (*Proklamation an die Frauen*, 1849).

Besonders geprägt wird W.s politisch-literarische Entwicklung durch seinen Aufenthalt in England (1843–45), dem damaligen ökonomischen Zentrum der Welt. In Bradford wurde W. in seinem Beruf als Kaufmann in einem Textilunternehmen mit der hochentwickelten industriellen Produktion konfrontiert und erwarb zugleich mit Hilfe seines Freundes Engels umfangreiche Kenntnisse in der ökonomischen Theorie. Durch den engen Kontakt zu einem Armenarzt sowie zu den Chartisten, mit deren Führer Robert Owen er ebenfalls befreundet war, erlebte er sehr direkt die soziale Not, aber auch das politische Bewußtsein und die Kampfbereitschaft des englischen Proletariats. Er lernte »alles Elend, aber auch alle Mittel, es zu heben«, kennen (Brief vom 12. 1. 1845). W. zählte sich selbst zu den »Lumpen-Kommunisten« (19. 7. 1845), wurde Mitglied im »Bund der Gerechten« und später im »Bund der Kommunisten«.

England bedeutet für W. auch einen Neuanfang in der literarischen Produktion: Neben mythologischer Gedankenlyrik (*Die Natur*, 1845; *Die Industrie*, 1845 – das Janusgesicht der Göttin Industrie) stehen mit zunehmender politischer Erfahrung volksliedhafte soziale Gedichte (*Lieder aus Lancashire*, 1845/46), in denen soziale Mitleidshaltung, aber auch klassenkämpferische Töne anklingen – die englischen Arbeiter als »wilde, zorn'ge Kerle« in revolutionärer Haltung und internationaler Solidarität mit dem schlesischen Weberaufstand (1844). In den *Skizzen aus dem sozialen und politischen Leben der Briten* (1843–49) legt W. eine literarisch-wissenschaftliche Mischform vor, in der sich Stilformen von Heinrich Heines *Reisebildern* und Friedrich Engels' *Lage der arbeitenden Klasse*, die mit ihrer Montage von feuilletonistischen Reiseberichten, Großstadtschilderungen, erzählenden Abschnitten, dokumentarischen Reportagen, Geschichtsschreibung und soziologischer Analyse am Anfang der literarischen Moderne und zugleich der sozialistischen Literatur steht, miteinander verbinden. Die Vielschichtigkeit von subjektiven Eindrücken, proletarischer Perspektive *(Das Blumenfest der englischen Arbeiter)* und wissenschaftlicher Untersuchung entspricht der Vieldimensionalität der entwickelten kapitalistischen Gesellschaftsformation und verweist zugleich auf einen besonderen Leserbezug.

1846 verlegte W. seine Kaufmannstätigkeit nach Brüssel und arbeitete dort eng mit Marx und Engels zusammen; 1847 hielt er »im Namen der Arbeiter« eine vielbeachtete Rede auf dem Brüsseler Freihandelskongreß und nahm am zweiten Kongreß des Bundes der Kommunisten teil. Als dessen Delegierter ging er im Februar 1848 nach Paris – »Diese Revolution wird die Gestalt der Erde ändern – und das ist auch nötig!« (11.3. 1848) –, im März eilte er nach Köln. Seine Erfahrungen mit der kapitalistischen Produktionsweise und den proletarischen Lebensverhältnissen sowie sein enger Kontakt zur englischen Arbeiterbewegung bilden die Basis für sein politisches Verhalten in der 48er Revolution und für seine Arbeit als Feuilletonredakteur zusammen mit Marx, Engels und Ferdinand Freiligrath an der *Neuen Rheinischen Zeitung* (1848/1849). Mit seinen spöttischen Gedichten (*Heuler und Wühler*, 1848; *Ich wollt, ich wär Polizeiminister*), 1848; den ca. dreißig Feuilletons und den Gesellschaftssatiren gegen Adel und Bürgertum kommentiert er parallel zu Marx' politischen Artikeln die Revolutionsereignisse, indem er seine politischen Gegner der Lächerlichkeit preisgibt und scharfe Kritik an den Halbheiten der Revolution übt.

Mit ihrer Verfremdungstechnik (Kommentieren und Zitieren, Montage und desillusionierender Kontrast) und ihrer offenen Form sind W.s Feuilletons, Essays und Reiseberichte, seine *Skizzen* und der erste deutsche Feuilletonroman *Schnapphahnski* frühe Beispiele einer politisch eingreifenden Literatur, die »robuste Sinnlichkeit und Fleischeslust« (Engels), »frivoles Lachen« gegen Bigotterie, Sexualtabus und Körperfeindlichkeit stellt, im Blick »ein Zeitalter der Menschlichkeit und des Genusses«. Als sich W.s Hoffnungen mit der Niederlage der Revolution nicht erfüllten, resignierte er: »An Revolutionen in Deutschland glaube ich nun einmal nicht« (2.6.1850). Angewidert wandte er sich von dem Deutschland der Restauration ab und gab, entsprechend seinem engagierten Literaturverständnis, seine Schriftstellertätigkeit auf; als Kaufmann auf weiten Reisen schrieb er nur noch Briefe – allerdings sehr ausführlich und anschaulich. In einer Zeit, in der »Gelb-Veiglein, Rosen und Tränen ... wieder an der Tagesordnung« waren (28.3.1851), zog er es vor, in der Öffentlichkeit zu schweigen: »Jetzt schreiben! Wofür? Wenn die Weltgeschichte den Leuten die Hälse bricht, da ist die Feder überflüssig« (10.6.1851). 1856 starb W. im Alter von 34 Jahren während einer Geschäftsreise nach den westindischen Inseln in Havanna am Gelbfieber.

Werkausgabe: Georg Ludwig Weerth: Sämtliche Werke. Hrsg. von Bruno *Kaiser.* 5 Bände. Berlin 1956 f.

Literatur: *Zemke,* Uwe: Georg Weerth 1822–1856. Ein Leben zwischen Literatur, Politik und Handel, Düsseldorf 1989; *Füllner,* Bernd (Hrsg.): Georg Weerth. Neue Studien, Bielefeld 1988; Georg Weerth. Werk und Wirkung. Berlin 1974; *Vaßen,* Florian: Georg Weerth. Ein politischer Dichter des Vormärz und der Revolution von 1848/49, Stuttgart 1971. *Florian Vaßen*

Weinheber, Josef
Geb. 9. 3. 1892 in Wien; gest. 8. 4. 1945 in Kirchstetten bei Wien

Auf dem Höhepunkt seines Schaffens und im Zenit seines Ruhmes im Deutschen Reich (und in Österreich, das 1938 ins Reich »heimkehrte«) Ende der 30er Jahre fühlte sich W. Stefan George überlegen, Rainer Maria Rilke ebenbürtig, Friedrich Hölderlin verwandt, und er zählte Sappho, Alkaios, Horaz und Michelangelo zu seinen Ahnen. Damit sind die Hauptkomponenten des lyrischen Schaffens, die er in seinem Selbstverständnis immer wieder hervorhob, angedeutet; zu ergänzen sind sie, mit besonderem Gewicht, durch den Verweis auf sein bewußt zur Schau getragenes und gelebtes Wienertum.

Das Wienertum W.s darf jedoch nicht ineins gesetzt werden mit der Erinnerung an Kaffeehaus-Literatur oder an Namen wie Hugo von Hofmannsthal, Arthur Schnitzler oder Robert Musil. W.s Herkunftsmilieu war das kleinstbürgerlich-proletarische des Vorstadtbezirkes Ottakring, die Mischung aus Gasthaus- und Weinbauernszene und angrenzendem Arbeiterelend. Sein Vater war Kellner, die Mutter Weißnäherin, die Familie zerrüttet. Als Kleinkind kam W. schon in eine »Knabenkorrektionsanstalt«, nach dem Tod des Vaters ins Waisenhaus, das ihm immerhin die Chance der Gymnasialbildung eröffnete; mit 12 Jahren war er Vollwaise, den Abschluß des Gymnasiums erreichte er nicht, er wurde 1911 Postbeamter in untergeordneter Stellung und blieb es bis 1932. Im Waisenhaus-Gymnasium dürfte W.s neuromantisch-idealistische Vorstellung vom Künstler und Dichter geprägt worden sein (*Das Waisenhaus*, autobiographischer Roman, 1924). Im Visionsdrama *Genie* (1918, Erstveröffentlichung 1980), markanter Schlußpunkt der Jugendentwicklung, übernimmt am Ende der Dichter den göttlichen Auftrag, die »suchenden Seelen« zur »geklärten Menschlichkeit« zu führen.

Man muß sich die Sozialisationsvoraussetzungen in Erinnerung rufen, um die Spannungen in W.s Werk und Leben zu verstehen: einerseits der Anspruch, als Dichter für den Menschen schlechthin zu sprechen, im hohen Stil der Sonettenkränze, der Oden und Hymnen von *Adel und Untergang* (1934 – der Durchbruch zum Ruhm), *Späte Krone* (1936), *Zwischen Göttern und Dämonen* (1938); andererseits die meisterhafte Adaption der Vielfalt heimatlicher Töne (*Wien wörtlich*, 1935) und der Gelegenheitsformen der Kalendergedichte (*O Mensch, gib acht*, 1937). Noch stärker ausgeprägt als das Sendungsbewußtsein ist beim reifen W. das der handwerklichen Könnerschaft. Sprachkünstler zu sein begreift er zeitweilig als eine dem Dichter überlegene Position. Die dauernde Beschäftigung mit den technischen Fragen des Gedichts und mit den klassischen Formen verbindet sich mit dem Interesse an sprachtheoretischen Erörterungen zur Lyrik. Sprachauffassung und Poetik sind dabei wesentlich bestimmt durch Karl Kraus; W. vertritt eine Mystik des Lautes (*Ode an die Buchstaben*) und des Wortes und einen Kult der (Mutter-) Sprache (*An die Göttin des Wortes; Hymnus auf die deutsche Sprache*). Über die Nachgestaltung des Wesens von Eindrücken, z. B. der Klangcharakteristik von Musikinstrumenten (*Kammermusik*, 1939) gelangt er folgerichtig zur Thematisierung der Sprache und der Gedichtformen selbst (*Hier ist das Wort*, postum 1947). Es geht ihm dabei um die gestalterische Herausarbeitung dessen, was er für die Substanz der Dinge hält, in der dichtenden Sprache.

W.s lyrisches Werk zeigt eine außerordentliche Spannweite, da sich grundsätzlich nichts Seiendes der Gestaltung entzieht. Vom Spruch und vom Volksliedton über Mundartgedichte bis zum hohen Stil der Oden und Hymnen reicht sein Repertoire, die kompliziertesten Formen der Gedichttradition eingeschlossen, von Anfang an begleitet von Gelegenheitsgedichten jeder Art (z.B. für einen Zahnärztekongreß, zum »Anschluß« Österreichs an Hitler-Deutschland der *Hymnus auf die Heimkehr* (1938), zum Führer-Geburtstag, zum Jubiläum der Wiener Philharmoniker etc.) Er wollte, wie Karl Kraus, Bewahrer der Sprache und der überlieferten Formen sein und wandte sich ostentativ gegen die Richtungen der Moderne, in denen er Sprachzerfall diagnostizierte, gegen den Expressionismus ebenso wie gegen die Blut-und-Boden-Mode und gegen die Gebrauchslyrik (*Über den Unfug der Gebrauchslyrik*, 1931), die ihre Gegenstände nur beredet, nicht aus dem Sprachmaterial gestaltet. »Gestaltung« ist der Kernbegriff seiner Poetik. W. war schon in den 20er Jahren so überzeugt, dem Wesen der Lyrik auf der Spur zu sein, daß er äußerte, er wolle nicht ein Lyriker sein, sondern *der* Lyriker – »Weinheber und Lyrik sind ein- und dasselbe«.

Die Hauptthemen seiner Gedichte, im Jugendwerk schon angelegt, erfahren charakteristische Verschiebungen. Die Geschlechterbeziehung, von Otto Weininger und Kraus beeinflußt, wird seit den 20er Jahren symbolisch transformiert zum Verhältnis zwischen dem männlich-heldischen Dichtergeist und der weiblichen Sprache, der Sprache als Göttin, die allein ein Liebesgedicht wert sei. In den 30er Jahren tritt die heroische Einsamkeit des Künstlers und damit des Geistes in einer entgötterten Welt in den Vordergrund, das »nackt Menschliche«, begleitet von Endzeitgefühlen, vom Motiv der Nacht und der Selbstbehauptung des Künstlers im äußeren Untergang. Der Sprachverfall steht ihm für den Verfall der Welt.

W. war ein unpolitischer Mensch, soziale und tagespolitische Fragen interessierten ihn viel weniger als die metaphysischen Probleme der Existenz. Dennoch holte ihn die Politik, die er als Ausdruck der »verrotteten Zeit« verachtete, ein. Vom Österreich der Zwischenkriegszeit erwartete er nichts, wohl aber von der »Bewegung«: 1931 trat er dem österreichischen Ableger der NSDAP bei und wurde zu einer Hauptfigur des »Bundes deutscher Schriftsteller in Österreich«, der literarischen Vorhut der »Anschluß«-Befürworter. Unbeschadet der unbestreitbaren Wirkung seiner Lyrik auf Zuhörer und Leser ermöglichten ihm die Parteibeziehungen den Durchbruch in Deutschland, sie verschafften ihm den Mozartpreis der Goethestiftung (1936) und eine Reihe weiterer Ehrungen nach dem »Anschluß«. Er diente den Nazis als Aushängeschild, feierte aus Opportunismus Parteigrößen, Autobahnbau und soldatische Haltung, mokierte sich über die beflissenen Parteidichter im »Altreich«, wähnte sich erhaben über die Politik – im Hauptberuf eigentlich Denker, sagte er von sich – und bejammerte im Freundeskreis die Gleichschaltung Österreichs, zu der er beigetragen hatte. Seine Unberechenbarkeit, gesteigert durch die inzwischen chronische Trunksucht, das Schwanken zwischen Selbstwertgefühl und Zerknirschung, »Reichs«-Hirngespinsten und Katastrophenstimmung – das alles findet in den selbstanklägerischen Bekenntnis-Gedichten der 40er Jahre, die freilich nicht mehr zu seinen Lebzeiten erschienen sind, seine metaphysische Verbrämung: vermeintliche Rettung im Heroismus des einzigen und letzten Dichters, der eigentlich nur einer einzigen »Herrin«– der Sprache – dienen wollte. Schon 1940, im Gedicht *Als ich noch lebte…* (Erstveröffentlichung in *Hier ist das Wort*, 1947), spricht er von sich als von einem Toten, der allerdings im Wort fortlebe. Nach außen blieb er der loyale, geehrte, angesehene Dichter, der 1944 an der Wiener Universität Vorlesungen zum Thema Die Sprache halten durfte. Als das NS-Regime zusammenbrach, hat W. sich umgebracht, am 8. April 1945.

Werkausgabe: Josef Weinheber. Sämtliche Werke. Hrsg. von Josef *Nadler*. 5 Bde. Salzburg 1953 ff: Neu hrsg. von Friedrich *Jenaczek* (mit Kommentar; nicht abgeschlossen), 1972 ff.

Literatur: *Berger,* Albert: Götter, Dämonen und Irdisches. Josef Weinhebers dichterische Metaphysik. In: Klaus *Amann*/Albert *Berger*(Hrsg.): Österreichische Literatur der dreißiger Jahre, Wien/Köln 1990; *Nadler,* Josef: Josef Weinheber. Geschichte seines Lebens und seiner Dichtung. Salzburg 1952.

Albert Berger

Weise, Christian
Geb. 30. 4. 1642 in Zittau; gest. 21. 10. 1708 in Zittau

»Die Schule ist ein schattichter Ort / da man dem rechten Lichte gar selten nahe kömt«, heißt es bedeutsam in W.s Widmung zu seinem *Zittauischen Theatrum Wie solches Anno MDCLXXXII. praesentiret worden* (1683). Es hat, schreibt Gotthold Ephraim Lessing am 14. Juli 1773 über das darin enthaltene Stück *Von dem Neapolitanischen Haupt-Rebellen Masaniello,* »ganz den freien Shakespearschen Gang«, man werde, »des pedantischen Frostes ungeachtet, der darin herrscht, hin und wieder Funken von Shakespearschem Genie finden«. Schule und Shakespeare? Lessings Bruder Karl jedenfalls ist skeptisch: »Warum ihn gleich mit Shakespear vergleichen?« (24. 8. 1773). W. besuchte zunächst das Zittauer Gymnasium, an dem sein Vater lehrte, studierte dann ab 1660 an der Leipziger Universität Theologie und Philosophie, später vor allem Geschichts-, Politik- und Rechtswissenschaft. Nebenbei schrieb er Gedichte gegen Bezahlung, und diese Erzeugnisse des »Miethpoeten« bildeten die Grundlage seiner ersten Gedichtsammlung *Der grünenden Jugend überflüssige Gedancken* (1668), von der er sich später distanzierte, weil sie wohl nicht den wünschenswerten moralischen Ernst besaß. Stilistisch entsprechen die Lieder mit ihrem leichten, geselligen, der Alltagssprache nahen Ton aber durchaus den poetologischen Vorstellungen seiner *Curiösen Gedancken Von Deutschen Versen* (1692): »Welche Construction in prosâ nicht gelitten wird / die sol man auch in Versen darvon lassen.«

Nach seiner Magisterpromotion (1663) hielt er Vorlesungen in mehreren Fachgebieten – Rhetorik, Ethik, Politik, Geschichte und Poetik –, doch seine Bemühungen um eine Professur blieben ohne Erfolg. So wurde der Schritt von der Theorie in die Praxis möglich, der W.s Bildungsprogramm entscheidend prägte: Er erhielt die Gelegenheit, sich als Sekretär am Hof des ersten Ministers von Sachsen-Weißenfels in Halle mit absolutistischer Verwaltungspraxis und höfischer Politik vertraut zu machen(von 1668 bis 1670). 1670 wurde er als Professor der Politik, Rhetorik und Poesie an das Gymnasium illustre Augusteum in Weißenfels berufen, eine Art Ritterakademie, die junge Adelige für eine Beamtenkarriere im absolutistischen Staat ausbildete.

Literarische und pädagogische Interessen verbinden sich. Das zeigt sich zunächst in seiner satirischen Erzählprosa, mit der er die Gattung des »politischen Romans« begründet: W. propagiert hier ein auf Erfahrung, Klugheit und Selbsterkenntnis basierendes Bildungsideal, das den Weg zu einem glücklichen und erfolgreichen Leben im absolutistischen Staat zu bereiten sucht (*Die drey ärgsten Ertz-Narren in der gantzen Welt*, 1672; *Die Drey Klügsten Leute*..., 1675; *Der Politische Näscher*, 1678; *Kurtzer Bericht vom Politischen Näscher / wie nehmlich Dergleichen Bücher sollen gelesen / und...nachgemacht werden*, 1680). Die rhetorische Grundlegung seiner literaturpädagogischen Bemühungen leistet W. mit dem *Politischen Redner* (1677) und zahlreichen ergänzenden »politischen«, poetischen und rhetorischen Lehrbüchern, die es sich zur Aufgabe machen, die rhetorische Tradition der Antike mit den Erfordernissen der politischen Praxis im Absolutismus zu vereinbaren.

Mit der Berufung zum Rektor des Gymnasiums seiner Heimatstadt Zittau im Jahr 1678 erhielt W. die Möglichkeit, auch das Theater in seine pädagogische Praxis einzubeziehen. Er verfaßte etwa sechzig Stücke für die jährlichen Aufführungen des Zittauer Schultheaters (»erstlich etwas Geistliches aus der Bibel / darnach was Politisches aus einer curiösen Historie / letztlich ein freyes Gedichte«, d.h. ein Lustspiel). Die personenreichen Stücke – jeder Schüler sollte mitspielen – verwenden durchweg Prosa, auch die Trauerspiele, muß doch die Rede »gewißlich dem Menschlichen Leben ähnlich seyn«. Die Forderung nach Lebensnähe ließ sich am unproblematischsten in den Lustspielen erfüllen (z.B. *Baurischer Machiavellus*, 1679; *Tobias und die Schwalbe, 1682; Schau-Spiel Vom Niederländischen Bauer*, 1685; *Die unvergnügte Seele*, 1688; *Vom verfolgten Lateiner*, 1696), bei einem Stück wie dem *Trauer-Spiel Von dem Neapolitanischen Haupt-Rebellen Masaniello* allerdings führt sie zu einer gewissen Zwiespältigkeit: Demonstriert die eigentliche Handlung, daß der Aufstand des unterdrückten Volkes berechtigt ist, so bestätigen die Rahmentexte die gottgewollte hierarchische Ordnung. Damit korrespondiert eine tieferliegende Spannung, die W.s Werk durchzieht und seine Stellung zwischen Barock und Aufklärung bezeichnet: die Spannung zwischen dem innerweltlich erfolgsorientierten »politischen« Lebensideal und den Forderungen des christlichen Glaubens.

W. starb 1708 in Zittau, nachdem er insgesamt – so rechnete sein Nachfolger die Gesamtzahl seiner Schüler aus – »12 808 Untergebene / darunter 1 Grafe / 5 Barones / 92 Adliche Söhne / 1709 auswärtiger und grossentheils ausländischer vornehmer Eltern Kinder« unterrichtet hatte.

Werkausgabe: Sämtliche Werke. Hrsg. von John D. *Lindberg*. Berlin/New York 1971 ff.
Literatur: *Barner*, Wilfried: Christian Weise. In: Harald *Steinhagen*/Benno von *Wiese* (Hrsg.): Deutsche Dichter des 17. Jh.s. Berlin 1984. S. 690–725; *Barner*, Wilfried: Barockrhetorik. Untersuchungen zu ihren geschichtlichen Grundlagen. Tübingen 1970. S. 190–220; *Horn*, Hans Arno: Christian Weise als Erneuerer des deutschen Gymnasiums im Zeitalter des Barock. Der »Politicus« als Bildungsideal. Weinheim 1966; *Hirsch*, Arnold: Bürgertum und Barock im deutschen Roman. Köln/Graz ²1957. *Volker Meid*

Weisenborn, Günter
Geb. 10.7.1902 in Velbert; gest. 26.3.1969 in Berlin

Theater und Widerstand – an diesen beiden Linien sind Leben und Werk W.s ausgerichtet; wo sie sich kreuzen, war er erfolgreich. *Die Illegalen,* W.s Stück über die Arbeit einer Widerstandsgruppe gegen den Nationalsozialismus, wird 1946 auf über einhundert Bühnen in den vier Besatzungszonen aufgeführt, das Stück ist das Theaterereignis der Saison. W. will damit öffentliche Anerkennung für die Widerstandsgruppen erreichen, die bei der Bevölkerung auf Unverständnis und Ressentiments stießen. »Wir Überlebenden haben als Instrument der Toten die sehr konkrete Verpflichtung, Denkmäler für die Dahingegangenen in die Gegenwart zu setzen.« In den westlichen Besatzungszonen kommt noch im selben Jahr Carl Zuckmayers *Des Teufels General* – ein Nazi-Offizier in glänzender Uniform – auf die Bühne und bereitet dem Erfolg der *Illegalen* ein Ende. Zuckmayers Stück bietet den zahlreichen Mitläufern des Nazi-Systems eine angenehmere Identifikationsfigur und eine Entlastung. Am Schicksal dieser beiden Stücke manifestiert sich ein Stück Nachkriegsgeschichte und die beginnende Restauration: *Die Illegalen* sind heute vergessen, Zuckmayer ist Schullektüre.

In Velbert am Rhein als Sohn eines Chemiearbeiters geboren, beginnt W. seine Theaterkarriere schon als Schüler. Während seines Studiums der Medizin, dann der Germanistik schreibt er Theaterkritiken, ab 1922 ist er Hilfsdramaturg am Stadttheater in Bonn. 1928 hat der 26jährige mit dem Stück *U-Boot S 4* seinen ersten Erfolg als Dramatiker. W.s Bühnenerstling wird auf der Berliner Volksbühne in der Regie von Erwin Piscator uraufgeführt. Dieses Antikriegsstück, das Rüstung und Profitinteressen auf Kosten der kleinen Leute aufdeckt, arbeitet mit expressionistischen Mitteln, z.B. der Montagetechnik. Durch diesen Erfolg ergibt sich für W. ein gemeinsames Projekt und sogar eine Freundschaft mit Brecht. Dessen Einfluß ist auch noch in der späten Theaterarbeit spürbar, jedoch erreicht der Moralist W. nie Brechts politische Schärfe, er bleibt – fast Epigone – immer in seinem Schatten. Seine Erlebnisse als Postreiter in Argentinien, wo er von 1930 bis 1933 lebt, verarbeitet W. in seinem Roman *Die Furie* (1937). Sein Stück *Warum lacht Frau Balsam?* (1933) provoziert bei einer Aufführung einen Skandal, so daß die Nationalsozialisten das Theater schließen. Seine Werke werden verboten und verbrannt, W. schreibt unter Pseudonym weiter: *Die Neuberin* (1934), sein Stück über die Wanderbühnenprinzipalin des 18. Jahrhunderts, wird in Berlin 256 mal aufgeführt. 1936 ist W. Lokalreporter in New York. Schon 1937 kehrt er aus diesem kurzen Exil zurück. Heinrich George stellt ihn als Chefdramaturg am Berliner Schiller-Theater ein, außerdem arbeitet er seit 1941 in der Informationsabteilung des Großdeutschen Rundfunks. Seine literarischen Arbeiten von 1933 bis 1940 sind völlig unpolitisch. Der Roman *Das Mädchen von Fanö* (1935), eine Seefahrerromanze, deren kraftvolle Sprache der der nationalsozialistischen Literatur gleicht, wird 1941 in Starbesetzung verfilmt. W. agiert im Kulturbereich wie ein Repräsentant des Nazi-Systems, insgeheim aber nutzt er seinen Einfluß beim Rundfunk für Widerstandsarbeit. Er schließt sich der Schulze-

Boysen-Harnack-Gruppe, der sogenannten »Roten Kapelle«, an. 1942 werden er und seine Frau verhaftet und wegen Vorbereitung von Hochverrat zum Tode verurteilt, das Urteil wird jedoch nicht vollstreckt. W. ist bis Kriegsende Häftling in Luckau bei Berlin und wird dann für kurze Zeit Bürgermeister dieses Ortes. Nach seiner Befreiung beschreibt er den Gefängnisalltag mit Verhören, Begegnungen mit Mitgefangenen, Zwangsarbeit. Sein Gefängnistagebuch *Memorial* (1948) besteht aus einer Montage dieser Gefängniserlebnisse und der Erinnerungen aus glücklicheren Zeiten, die er als Gefangener aufzeichnete.

Nach dem Krieg gründet W. die Zeitschrift *Ulenspiegel* und wird Vorsitzender des Schutzverbandes deutscher Autoren; er ist in dieser Funktion neben Ricarda Huch Organisator des letzten gesamtdeutschen Schriftstellerkongresses 1947 in Berlin. Zu diesem Anlaß – kurz vor ihrem Tod – übergibt Ricarda Huch W. Dokumente aus dem Widerstand, die sie gesammelt hatte, mit der Bitte, sie zu ergänzen und zu veröffentlichen. So erscheint 1953 der Band *Der lautlose Aufstand*. Die dort zusammengetragenen Briefe, Tagebuchnotizen, Flugblätter, Gestapo-Statistiken, Geheimberichte etc. vermitteln ein Bild von den verschiedenen Gruppen und Formen des Widerstands. Schon im Sommer 1945 werden v.a. in Berlin zahlreiche Theater wiedereröffnet oder neu gegründet, und W. nimmt als Chefdramaturg am Hebbeltheater seine Theaterarbeit wieder auf. Er schreibt zeitkritische Stücke, weiterhin im epischen Stil Brechts, z.B. *Babel* (1947), über den Fluch des Kapitalismus. Dementsprechend fordert er in seiner Rede zur *Erneuerung des Theaters 1945* ein engagiertes, politisches Theater.

1951 ziehen die Weisenborns nach Hamburg. W. wird Dramaturg der Kammerspiele, er gründet die »Lektürenbühne« und entwickelt darauf aufbauend sein Konzept einer »ortlosen Dramaturgie«, einer Aufführungspraxis, die mit einem Minimum an Requisiten und Bühnenbild auskommt und so alle Konzentration auf die Dialoge lenkt. Er macht aus der materiellen Not der Nachkriegszeit eine Tugend: »Die Dekoration wird gesprochen«, dem Publikum somit Phantasie und Mitarbeit abverlangt. Typisches Beispiel für die »ortlose Dramaturgie« sind die *Drei ehrenwerten Herren* (1951), eine Komödie über einen ehemaligen politischen Gefangenen, der einen Mitläufer des Nationalsozialismus als Bürgermeister ablösen soll.

Von W.s wenig bedeutsamen Romanen seien nur die beiden Nachkriegswerke erwähnt. *Der dritte Blick* und der Bonn-Roman *Auf Sand gebaut*, beide 1956 erschienen, richten sich gegen restaurative Tendenzen, gegen Wiederbewaffnung und gegen die Macht der Konzerne. Sie sind sehr vordergründig agitatorisch, ihr Stil ist ein Gemenge aus expressionistisch überzogenen Formulierungen und Trivialem. In den Jahren vor seinem Tod macht W. literarisch wenig von sich reden, er engagiert sich jedoch weiterhin als Theaterschaffender und Sozialist und äußert sich zu aktuellen Fragen. Seine *Göttinger Kantate* gegen den Atomtod wird 1958 in einer Inszenierung von Erwin Piscator auf dem Stuttgarter SPD-Parteitag aufgeführt.

Literatur: *Brauer*, Ilse und *Kayser*, Werner (Hrsg.): Günter Weisenborn. Hamburg 1971.

Ute Hechtfischer

Weiss, Ernst
Geb. 28. 8. 1882 in Brünn/Mähren; gest. 14. 6. 1940 in Paris

W. hat wie kein anderer Autor seine eigentliche Profession zum Thema seines literarischen Werks gemacht: Der Arzt als Held und dessen Konflikte zwischen Wissenschaft und Ethik, Schuld und Sühne (jedoch ohne christliche Wertung), Eros und Thanatos.

Der Sohn eines jüdischen Tuchhändlers studierte Medizin in Prag und Wien, wo er 1908 promovierte und sich anschließend in Bern und Berlin bei bekannten Größen der Zeit ganz der Chirurgie widmete. 1911 kehrte er nach Wien zurück, arbeitete in der chirurgischen Abteilung des Wiedener Hospitals, war mit Arthur Schnitzler und Albert Ehrenstein befreundet, und befand sich trotz unermüdlicher Tätigkeit stets in finanziellen Nöten. Eine Lungenkrankheit zwang ihn zur Aufgabe seiner Stellung, und da er sich keinen Sanatoriumsaufenthalt leisten konnte, reiste er als Schiffsarzt bis nach Japan und Indien. Sein erster Roman (*Die Galeere*, 1913) deutet schon zahlreiche Motive der späteren Werke an. Ein Röntgenarzt, der seine bahnbrechenden Experimente gegen die emotionalen Abhängigkeiten in Hinblick auf die Geliebte und die Eltern skrupellos durchzusetzen weiß, erliegt dem Strahlentod. W., den man gerne als Freudschüler gesehen hat – nachweislich hat er ihn in Wien nicht gehört –, scheint das Geschlechterverhältnis vielmehr an Otto Weiningers *Geschlecht und Charakter* auszurichten. Die Frau als dämonische Verführerin steht dem heroischen Streben des Mannes im Wege und gelangt nur dann zu eigenem Wert, wenn sie männliche Verhaltensweisen zu kopieren versucht. So in *Der Kampf* (1916, Neufassung unter dem Titel *Franziska*, 1919), wo eine Klavierlehrerin eine Pianistenkarriere erkämpft.

Die Erlebnisse des Ersten Weltkriegs – W. war Regimentsarzt in der Etappe und an der Ostfront – verarbeitete W. in dem Gedichtzyklus *Das Versöhnungsfest* (1920). Er mystifiziert darin den Krieg, den er ohnehin als Bestätigung seines pessimistischen Weltbildes sieht, als Kampf mit dem »Gegengott«, mit Schicksalsmächten und Dämonen, und erweist sich, wie auch z.T. in seinen frühen Romanen, den Epressionisten verwandt. Realistische Einblicke in das Grauen des Krieges erhält man dagegen im Roman *Mensch gegen Mensch* (1919), der die Fronterlebnisse eines Sanitäters schildert und von Alfred Döblin als »wahrer Höllenbreughel« gelobt wurde. In seinen wenigen Dramen fällt W. hinter diese Position zurück. Zwar gilt *Tanja* (1919) als Revolutionsdrama, jedoch benutzt W. die russischen Revolutionswirren eher als Kulisse für das verzweifelte Verhältnis einer ehemaligen Prostituierten zu einem Anarchisten. Das Stück hatte zeitbedingt einigen Erfolg. Die Tragikomödie *Olympia* (1923) ist im Bordellmilieu angesiedelt: Ein tugendhafter Mann versucht, eine Prostituierte zu »erretten«.

Bereits 1913 hatte W. Franz Kafka kennengelernt, der für W. Romankorrekturen übernahm; W. vermittelte in Sachen Felice Bauer. Dessen Einfluß – vermischt mit Freuds Traumtheorie – macht sich am deutlichsten in dem Roman *Die Feuerprobe* (1923, Zweitfassung 1929) bemerkbar, der den Angsttraum eines Mannes von der Ermordung seiner eigenen Frau, die Einflüsse einer traumatischen Vaterfigur und die Läuterung durch eine visionäre Feuersbrunst beschreibt: eine »Confesssion, als Rettung meiner selbst«. 1921 war W. von Prag nach Berlin umgesiedelt, nachdem er bereits 1919 endgültig seine ärztliche Tätigkeit aufgegeben hatte. Er schrieb, nicht zuletzt aus finanziellen Gründen, kleinere Essays für die *Prager Presse* und das *Prager Tagblatt*, ab 1924 Rezensionen für den *Berliner Börsen-Courier*. In diesen Beiträgen artikulieren sich seine Enttäuschungen über die Gegenwart. W., der Welt vor 1914 verhaftet, vermißte den »glanzvollen Hof«, sprach vom »poversten Zeitalter, das die Weltgeschichte gesehen hat«. Er plädierte für die Rückbesinnung auf geistige Größen, für *Das Unverlierbare* (1928) – so der Titel einer Essaysammlung, in der nicht ohne Pathos Goethe, Cervantes, Kleist, Balzac u. a. ›vergöttert‹ werden. Mit seinem Erfolg als Schriftsteller unzufrieden, lehnte es W. jedoch nach wie vor ab, sich zeitgeschichtlichen Problemen zu stellen. In der Art eines Bildungsromans steht das elegisch geschilderte Leben eines verarmten Adligen, der zum Industriearbeiter wird (*Boetius von Orlamünde*, 1928), im Mittelpunkt jenes Werks, das W. im gleichen Jahr den Literaturpreis der Olympiade von Amsterdam (für die Beschreibung der Pferdedressur) und 1930 den Adalbert-Stifter-Preis der Stadt Prag einbrachte. In diesen Jahren beschäftigte sich W. mit einigen Neufassungen älterer Romane. Seine Erzählungen (*Dämonenzug*, 1928, vollständige Ausgabe *Die Erzählungen*, 1982) zeigen einen Autor, der sich vermehrt einer Sachlichkeit zuwendet, der nach eigenem Bekunden nunmehr Krankenbeschreibungen als die einzige Schule des Schreibens gelten läßt, dabei jedoch nach wie vor eine Neigung zu auch sprachlich überzogenen drastischen Szenarien zeigt. Dies gilt auch für den Roman *Georg Letham. Arzt und Mörder* (1931): Einem Arzt, wegen Mordes an seiner Frau auf eine tropische Sträflingsinsel verbannt, gelingt es, das dort herrschende Gelbfieber zu besiegen, ganz im Sinne einer Metaphorik der Seelenreinigung und der Vorstellung, der Mensch könne nur in extremen Situationen an Wert gewinnen.

1933 verließ W. Berlin und ging nach Paris, wo er, in winzigen Hotelzimmern hausend und um Unterstützungen bettelnd – er bekam Hilfe von Thomas Mann und Stefan Zweig und stand ohne sein Wissen schon auf der Liste der USA-Visumsanwärter – gegen Depressionen und Krankheit schreibend ankämpfte. Das politische Klima in den letzten Jahren der Weimarer Republik wird subtil erfaßt in *Der Gefängnisarzt oder die Vaterlosen* (1934). Ein übermächtiger Vater, der seinen Sohn – beide Ärzte – auch beruflich ausbeutet, wird im Roman *Der arme Verschwender* (1936) dargestellt; *Der Verführer* (1938) beschwört noch einmal die Aura der Donaumonarchie, den Glanz »der trotz allem schönen und lebenswerten Welt von 1913« herauf, den Aufstieg eines Schusterlehrlings zum Elégant aristokratischer Kreise schildernd. 1938 entstand jener Roman, der, mit fünfundzwanzigjähriger Verspätung erschienen (*Der Augenzeuge*, 1963), ursprünglich für einen amerikanischen Autorenwettbewerb gedacht, die Wiederentdeckung des Autors einleitete. Dieser Roman – wieder ein Arzt-Roman, in der Ich-Form erzählt – beschreibt als fiktive Autobiographie die Heilung eines »A. H., Gefreiten des bayerischen Regiments List, Ordonnanz beim Regimentsstab« von seiner »hysterischen Blindheit« und die anschließende Bedrohung des Arztes (es finden sich erste Schilderungen eines Konzentrationslagers), der die Krankenpapiere den neuen Machthabern ausliefern muß, dabei aber die Ambivalenz von Schuld und Faszination spürt. 1940, am Tag des Einmarsches deutscher Truppen in Paris, nahm sich W. das Leben. Sein Werk wurde stets sehr zwiespältig bewertet. Heinrich Mann urteilte:

»Die Werke des Dichters Ernst Weiß weiten das Herz, da sie das Gebiet des Menschen erweitern: nach unten zu Tier und Tiefe, nach oben zum Geist.«

Werkausgabe: Ernst Weiss. Gesammelte Werke. Hrsg. von Peter *Engel* und Volker *Michels*. 16 Bde. Frankfurt a. M. 1982.

Literatur: *Adler*, Sabine: Vom »Roman expérimental« zur Problematik des wissenschaftlichen Experiments. Untersuchungen zum literarischen Werk von Ernst Weiss. Frankfurt a. M./Bern/New York 1990; *Versan*, Margherita: Ernst Weiss. Individualitäten zwischen Vernunft u. Irrationalismus. Frankfurt a. M. 1984; *Engel*, Peter (Hrsg.): Ernst Weiss. Frankfurt a. M. 1982.

Oliver Riedel

Weiss, Peter
Geb. 8. 11. 1916 in Nowawes bei Potsdam; gest. 10. 5. 1982 in Stockholm

Der Vater ist Textilfabrikant, die Mutter war vor ihrer – zweiten – Ehe Schauspielerin am Max-Reinhardt-Theater in Berlin. Zusammen mit seinen Schwestern und Stiefbrüdern wächst W. in Bremer und Berliner Villen der 20er Jahre auf, doch in seiner späteren Erinnerung herrscht in dem großbürgerlichen Milieu immer eine beklemmende Atmosphäre. Die kaufmännische Welt des Vaters bleibt dem Sohn fremd, und er will sich nicht als Nachfolger verstehen. Daß auch die Mutter seinen Anspruch auf künstlerische Selbstverwirklichung nicht anerkennt, empfindet der junge W. als belastende Herausforderung, muß er doch seine ästhetische Produktion – zunächst die Malerei – nicht nur gegen die Widrigkeiten der Zeitläufte verteidigen, sondern auch gegen die Lebens- und Arbeitsvorstellungen seiner Eltern.

Die Familie emigriert 1934 nach London, weil der Vater Jude ist. Doch die politischen Gründe des Aufbruchs werden von einem tragischen Ereignis überschattet: W.' jüngste Schwester stirbt kurz vor der Abreise an den Folgen eines Autounfalls. Der 17jährige versucht, in der Malerei die traumatische Erfahrung zu verarbeiten. Bilder im Stil des magischen Realismus entstehen.

Als die Eltern 1936 von London nach Böhmen übersiedeln – der Vater kann sich geschäftlich in England nicht halten – setzt W. seine Aufnahme in die Prager Kunstakademie durch, ist aber zwei Jahre später durch den Einmarsch der Deutschen in die Tschechoslowakei gezwungen, seine Ausbildung abzubrechen und den Eltern nach Schweden zu folgen. Während er im Sommer des Jahres 1936, den er bei dem verehrten Hermann Hesse im Tessin verbringt, sich zum erstenmal in seiner künstlerischen Tätigkeit bestätigt fühlt, vernichtet die Mutter, die allein den Umzug nach Schweden vorbereitet, aus einer Panik heraus die düsteren Bilder ihres Sohnes, die er zurückgelassen hatte.

Im Schweden der 40er Jahre bleibt W., als junger und unbekannter Maler erfolglos und ohne rechte Orientierung, darauf angewiesen, in der väterlichen Fabrik zu arbeiten und im elterlichen Haus in Alingsaås zu wohnen. Doch immer wieder versucht er, sich in Stockholm niederzulassen, ein Atelier einzurichten, selbst wenn er am Rande des

Existenzminimums lebt. Hier hat er freundschaftlichen Kontakt zu anderen Emigranten, die ihn in seiner künstlerischen Arbeit und seinem Unabhängigkeitsstreben unterstützen. 1944 heiratet W. eine schwedische Malerin, im gleichen Jahr kommt eine Tochter zur Welt; neue Abhängigkeiten entstehen.

Seine ersten schriftstellerischen Versuche (in schwedischer Sprache) finden nur ein begrenztes Echo (*Von Insel zu Insel*, 1947; *Die Besiegten*, 1948; *Dokument I/Der Vogelfreie*, 1949; *Das Duell*, 1953). 1947 kommt W. als Reporter einer schwedischen Zeitung nach Deutschland. Nüchtern, ohne Rancüne, letztlich unberührt von den ehemaligen Bindungen an das Land seiner Kindheit, schildert er das Nachkriegselend. An eine Rückkehr denkt er nicht (seit 1945 ist er schwedischer Staatsbürger), aber er beginnt, sich die Sprache seiner Jugend zurückzuerobern und kultiviert in seinen Texten diese Anstrengung als einen besonderen Stil: komplizierte Grammatik bei einfachem Vokabular und einer immer wieder durchschlagenden Lust am reinen Benennen der Realität. Anfang der 60er Jahre wird man in der Bundesrepublik auf W.' Texte aufmerksam. Das schon 1952 entstandene und zunächst von mehreren Verlagen abgelehnte Prosastück *Der Schatten des Körpers des Kutschers* (1960) fällt nun als avantgardistische Prosa verspätet in die Rezeption des »nouveau roman«. Der Text zeigt, wie W. seine visuelle Begabung (er hat in den 50er Jahren auch experimentelle Filme gedreht) in Schrift umsetzt. Zwei Aspekte kennzeichnen das Werk vor der Politisierung des Autors Mitte der 60er Jahre: die Bedeutung des Traums, des Unbewußten (in der Tradition des Surrealismus) und die formale Strenge, nüchterne Diktion, häufig mit einem Sinn fürs Groteske, Komische (*Wie dem Herrn Mockinpott das Leiden ausgetrieben wurde*, 1968; *Nacht mit Gästen*).

Nach dem Tod der Eltern (1959) schreibt W. sich gleichsam frei. *Abschied von den Eltern* (1961) und *Fluchtpunkt* (1962), autobiographische Romane, welche die Verwirrungen des jungen W., Kindheit und Jugend bis ins schwedische Exil, als einen ständigen Abnabelungsversuch von den »Portalfiguren« seines Lebens beschreiben, machen ihn einem breiten Lesepublikum bekannt. *Fluchtpunkt* schließt mit der endgültigen Entscheidung, allen Widrigkeiten zum Trotz sich zur künstlerischen Existenz zu bekennen: »An diesem Abend, im Frühjahr 1947, auf dem Seinedamm in Paris, im Alter von dreißig Jahren, sah ich, daß es sich auf der Erde leben und arbeiten ließ und daß ich teilhaben konnte an einem Austausch von Gedanken, der ringsum stattfand, an kein Land gebunden.«

In den Texten, Bildern (auch Collagen zu eigenen Texten) und Filmen der 50er Jahre werden die Schuldgefühle, die das gegen die Eltern behauptete Bohèmeleben und das Scheitern der eigenen Familie erzeugen (seine Ehe wurde 1947 geschieden), zunehmend aufgehoben in einem psychoanalytischen Begreifen des libidinösen, sadomasochistischen Beziehungsgeflechts zwischen Mann und Frau, Eltern und Kind. Die aufgeladene Thematik wird allerdings immer in einer kühl-artifiziellen Distanz vorgetragen. Anfang der 50er Jahre unterzieht sich W. einer psychoanalytischen Behandlung, und trotz seiner später geäußerten Kritik daran bleibt seine Produktion von ihren Erkenntnissen geprägt – dem surrealistischen Kunstverständnis verwandt (*Der große Traum des Briefträgers Cheval*, 1960). Die fast kontinuierliche Tagebuchführung, die W. betreibt (*Kopenhagener Journal*, Notizbücher 1960–1981), dient neben dem Stoffsammeln wesentlich der Selbstvergewisserung und der Beschreibung der eigenen seelischen Verfassung. Das Thema der Schuld wird bald allgemeiner gefaßt: als Schuld des »Bessergestellten« gegenüber den Ausgebeuteten (W. hat sich immer wieder als »Proletarier« zu deuten versucht), und des »Davongekommenen« gegenüber denen, die in den Vernichtungslagern der Nazis ermordet wurden. Das »Um-Schreiben« der eigenen Biographie – zunächst in selbstanalytischer Erinnerung, schließlich im fiktiven Ich der *Ästhetik des Widerstands* (1971–1981) – wird zur literarischen Antwort auf den haltlosen Zustand, ohne gesicherte Identität zu leben. Als *Meine Ortschaft* hat W. 1965 nicht eine der zahlreichen Stationen seines Lebens bezeichnet, sondern Auschwitz, dem er entkam.

Der Durchbruch zum internationalen Erfolg findet mit dem Drama *Die Verfolgung und Ermordung Jean Paul Marats, dargestellt durch die Schauspieltruppe des Hospizes zu Charenton unter Anleitung des Herrn de Sade* statt, das 1964 in Berlin uraufgeführt wird. Bei der (mehrmaligen) Textüberarbeitung ändert sich die Beurteilung der beiden Antagonisten durch den Autor: seine Sympathie verschiebt sich vom zögernden Intellektuellen Sade, der die unverantwortliche Kunstproduktion, den selbstinszenierten Lustgewinn, die Beherrschung der Imagination verkörpert, zu Marat, dem Märtyrer der Revolution, der die radikale, (selbst-)zerstörerische soziale Verantwortung lebt. W. selbst hat in den 50er Jahren gerade in seiner Filmarbeit soziales Engagement und avantgardistische Kunstpraxis zu verbinden gesucht (*Im Namen des Gesetzes* – Film über jugendliche Strafgefangene, 1956).

In den *10 Arbeitspunkten eines Autors in der geteilten Welt* (1965) bekennt sich W. zum Sozialismus, und von nun an schaltet er sich mit politischen Statements in die öffentlichen intellektuellen Diskussionen ein, wird in beiden Teilen Deutschlands gespielt, gelesen, diskutiert. Sein Engagement (er wird Mitglied der schwedischen KP, steht später dem Eurokommunismus nahe) macht ihn manchmal allzu nachsichtig gegenüber den Schwächen und Verbrechen im linken Lager, wenngleich er sie durchaus zu registrieren vermag. Sein politisches Denken ist vom Moralismus bestimmt, Machtfragen gegenüber naiv. Sowohl sein antiimperialistisches Dokumentartheater (*Gesang vom lusitanischen Popanz*, 1967, über den portugiesischen Kolonialismus in Afrika; und der *Viet Nam Diskurs*, 1968) als auch seine Dramen über die Rolle des Intellektuellen zwischen Kunst und Politik (*Trotzki im Exil*, 1970, und *Hölderlin*, 1971) zeugen von einer (häufig plakativen) moralisch-politischen Parteinahme für die aufbegehrenden Unterdrückten der Geschichte, die Opfer der Macht. Weitaus überzeugender dagegen ist das Oratorium *Die Ermittlung* (1965), das auf Dokumenten des Frankfurter Auschwitz-Prozesses (von 1963 bis 1965) beruht: durch die sachlich kühle Sprache, den stilisierten Wechselgesang zwischen Täter und Opfer auf der Folie von Dantes *Inferno* (mit dem sich W. immer wieder beschäftigt hat). Nüchternheit, wo Pathos erwartet wird, – diese literarische Technik hat W. bei Brecht und Kafka gelernt, die neben Surrealismus und »nouveau roman« nachhaltigen Einfluß auf sein Schreiben hatten.

W.' Arbeit am und für das Theater (häufig zusammen mit seiner zweiten Frau Gunilla Palmstierna als Bühnen- und Kostümbildnerin) wird zum Problem, als Anfang der 70er Jahre der Grundkonsens unter den Linken zerbricht und die Bereitschaft für dokumentarische Aufklärung und Agitation schwindet. Ein Rückzug in die »Innerlichkeit«, wie er die Literatur der 70er Jahre prägt, ist für W., der aus der beharrlichen Beschäftigung mit der eigenen Gefühlswelt aufgebrochen in weltpolitische Themen war, nicht annehmbar. Er beginnt – nunmehr 50jährig – ein Romanprojekt über den antifaschistischen deutschen Widerstand, das die Bedingungen des Scheiterns zum Thema macht:

die Geschichte der deutschen Linken als Geschichte signifikanter Niederlagen. Autobiographische Daten des Autors, Stationen und Begegnungen seines Lebens werden zu einer »Wunschbiographie« verdichtet mit Merkmalen »typischer« Biographien von Sozialisten und Kommunisten in den dreißiger und vierziger Jahren zu einem abstrakten proletarischen »Ich«, das als Verkörperung der politischen wie der künstlerischen Verantwortung gegenüber einem geschichtsphilosophischen Auftrag funktioniert: der umfassenden Selbstbefreiung der Unterdrückten.

W.' identifikatorischer Umgang mit historischen Dokumenten, aus denen die *Ästhetik des Widerstands* zusammengesetzt ist, wird durch den abweisenden, bürokratisch auflistenden, verschachtelten Stil einer (Selbst-)Kritik unterzogen. Die Widersprüche seines Werks und Lebens: Einfühlung und Distanz, sich heraushalten/einmischen, proklamieren/befragen finden hier ihren zwiespältigen, ungelösten Ausdruck im Kontrast zwischen Inhalt und Form des monumentalen, fast tausendseitigen Werks. W. hat an seiner »summa« zehn Jahre gearbeitet, zeitweise sehr krank und von der Angst gequält, er könne es nicht mehr vollenden. In den *Notizbüchern*, die sein Leben und Schaffen begleitet haben, ist auch diese Zeit festgehalten: seine recherchierende, gleichsam wissenschaftliche Arbeitsweise, sein Stockholmer Alltag, seine Reisen und Freundschaften, seine Freude an der 1972 geborenen Tochter Nadja und seine politischen Auseinandersetzungen und Stellungnahmen. Es ist eine unwillkürlich schonungslose Darstellung der eigenen Empfindlichkeiten und Irrtümer, wobei auch hier das Bedürfnis nach Selbstvergewisserung auffällt.

Das Werk von W. formuliert in exemplarischer Weise die Entwicklung von individualistischer Selbstanalyse zu politischem Bewußtsein und Engagement. Noch der Titel seines letzten großen »Romans«, *Die Ästhetik des Widerstands*, zeugt von dem Versuch, Politik und Kunst zu vermitteln, aber auch die fortdauernde Spaltung zwischen beiden Größen schreibend auszutragen. Der rigorose Moralismus seiner Äußerungen, auch das hartnäckige Festhalten an geschichtsphilosophischen und marxistischen Kategorien, die für seinen Humanismus verbindlich blieben, verschafften ihm und seinem Werk nicht nur in der literarischen Öffentlichkeit immer wieder Gehör. Er wurde ein in beiden Teilen seines Herkunftslandes kontrovers diskutierter Autor, der sich lieber angreifbar machte, als in seinen Stellungnahmen Kompromisse einzugehen. In seiner letzten Lebenszeit hat er manchmal mit dem Gedanken gespielt, nach Berlin überzusiedeln.

Literatur: *Cohen,* Robert: Peter Weiss in seiner Zeit. Leben und Werk. Stuttgart 1992; *Gabers,* Jürgen u. a. (Hrsg.): Ästhetik, Revolte, Widerstand. Zum literarischen Werk von Peter Weiss. Lüneburg u. Jena 1990; *Vogt,* Jochen: Peter Weiss. Reinbek bei Hamburg 1987; *Schulz,* Genia: »Die Ästhetik des Widerstands«. Versionen des Indirekten in Peter Weiss' Roman. Stuttgart 1986; *Gerlach,* Rainer (Hrsg.): Peter Weiss. Frankfurt a. M. 1984; *Arnold,* Heinz Ludwig (Hrsg.): Peter Weiss. Text + Kritik. Sonderband. München ²1982; *Vormweg,* Heinrich: Peter Weiss. München 1981. *Genia Schulz*

Wellershoff, Dieter
Geb. 3. 11. 1925 in Neuß/Niederrhein

»Ich hätte vieles andere werden können: Arzt, Psychotherapeut, Tanzlehrer, Philosophieprofessor, Architekt, Verbrecher, Kriminalbeamter, Geisteskranker, und vielleicht bin ich das auf mittelbare Weise alles geworden, indem ich Schriftsteller geworden bin. Das, was man schließlich wird, begrenzt und formt unbestimmte offene Möglichkeiten, und wenn man nicht ganz in seiner Identität versteinern will, dann müssen sie verändert darin aufgehoben sein.« Schreiben und Lesen sind für W. motiviert durch einen »Wunsch nach mehr Leben, nach einer Ausweitung der Existenz, der unbefriedigt bliebe durch Harmonisierungen, in denen die Bewegung zur Ruhe kommen soll«. Gelegentlich führe der anarchische Antrieb den Schriftsteller dazu, eigene »kriminelle Instinkte auszuleben« (*Erkenntnisglück und Egotrip*, 1979). Biographische Erfahrungen gehen in diese Argumentation ein. W. erlebt das Scheitern des kollektiven »Allmachtstraumes« des Faschismus. Diese Erfahrung begründet bei ihm – wie bei einem Großteil seiner Generation – eine »Ohne-mich-Haltung«, die er nach eigenem Eingeständnis bis heute nur schwer überwinden kann. »Das Kollektiv war der offenbar gewordene Wahnsinn, die Selbstentfremdung. Was galt, war das eigene Leben.«

W. wird als Sohn eines Kreisbaumeisters geboren. 1943 meldet sich der Gymnasiast freiwillig zum Militär. Nach einem »Zustand halben Gestorbenseins« im Krieg ergreift er die Chance, »frei gehen zu können«. Zielstrebig studiert er 1947–1952 Germanistik, Psychologie und Kunstgeschichte in Bonn. Seine Promotionsarbeit gilt Gottfried Benn, dem als »Phänotyp dieser Stunde« er 1958 eine erfolgreiche zweite Publikation widmet. Benns Witwe überträgt W. die Werkedition ihres verstorbenen Ehegatten (1959–1961). Eine krisenhafte Phase des noch »Unbewiesenen« wird beendet durch Familiengründung und die Annahme des Wissenschafts-, später auch Literaturlektorats bei Kiepenheuer & Witsch (1959). W. baut eine Reader-Reihe, die erfolgreiche *Neue wissenschaftliche Bibliothek* auf. 1960 liest er bei der Gruppe 47. 1965 stellt er junge Autoren (u. a. Günter Herburger, Rolf Dieter Brinkmann, Nicolas Born, Günter Seuren) unter dem mißverständlichen, aber damals provokanten Etikett des »neuen Realismus« vor. Nach Hörspielen veröffentlicht W. 1966 seinen ersten Roman *Ein schöner Tag*. Dieser erzählt zwei Wochen aus dem Alltag einer Kölner Familie. Ihre Mitglieder legen sich selbst einen Zwang zur Scheinidylle auf, verheimlichen eigene Wünsche und Aggressionen. Ausbruchsversuche scheitern und befestigen dadurch die lähmende gegenseitige Bindung. W. erzählt diese Geschichte im Präsens mit der Detailgenauigkeit eines »soziologischen Realismus« (Heinrich Vormweg). 1970 gibt W. seine berufliche Bindung an den Verlag teilweise, schließlich ganz auf. Als nunmehr freier Schriftsteller nutzt er die Möglichkeiten von Funk und Fernsehen (Hörspiele, ab 1974 Fernsehspiele). Ferner publiziert er Essays, Gespräche, Romane, Erzählungen, ein Drama, ein Opernskript, wenige Gedichte.

Gegenüber dem »Aktionismus« der Protestbewegung Ende der 60er Jahre, welcher der Literatur »nichts anderes mehr erlauben wollte als die direkte Vorbereitung politischer Praxis«, beharrt W. entsprechend seiner Lebenserfahrung auf dem Thematisieren des »Privaten«: »Das Individuelle ist Abdruck des Allgemeinen, aber zugleich dessen Kritik. Denn indem kenntlich wird, daß eine Verhaltensstilisierung die menschlichen Möglichkeiten einschränkt, verdirbt und verzerrt, zeugt sie gegen die menschliche Praxis, die auf Kosten des unterdrückten Lebens funktioniert«. Entsprechend sieht W. »in der Subjektivität des Autors die konstituierende Kraft. Aus seiner inneren Aufmerksamkeitsrichtung, seinem besonderen Blick müssen die Formen als Suchmuster für neue Erfahrungen entstehen, in denen auch andere Menschen jenseits ihrer Gewohnheiten sich erkennen können.«

Nach *Ein schöner Tag* thematisiert W. die Neurosen und Schizophrenien von gesellschaftlichen Außenseitern: zum Beispiel in *Die Schattengrenze* (1969). 1972 schildert er einen gehetzten Kriminellen in *Einladung an alle*, 1977 einen psychisch und sozial sich deklassierenden Intellektuellen in *Die Schönheit des Schimpansen*. Seit einigen Jahren geht es W. um die Verirrungen »normaler« Menschen, zum Beispiel in *Die Sirene* (1980), eines unter Selbstdisziplinierung und Verdrängungen leidenden Hochschullehrers, der schließlich statt des Wagnisses doch wieder die Routine wählt; in *Der Sieger nimmt alles* (1983) eines Unternehmers, der Allmachtsphantasien zunächst eher produktiv, später immer destruktiver auslebt. Der »besondere Blick« des Autors führt W. zunächst zu einer sehr experimentellen Schreibweise, die stark vom »nouveau roman« beeinflußt ist. Sie ist am kunstvollsten in *Die Schattengrenze* entwickelt. Später weicht sie einfacheren und klareren Bauformen. *Die Arbeit des Lebens* (1985) und *Blick auf einen fernen Berg* (1991) greifen Erfahrungen des eigenen Lebens auf und versuchen sie in generationstypische Zusammenhänge einzuordnen. *Blick auf einen fernen Berg* erweitert die Erfahrung der persönlichen Betroffenheit durch den Tod des Bruders zu seiner sehr grundsätzlichen Auseinandersetzung mit der Endlichkeit des Lebens.

Literatur: Manfred *Durzak,* Hartmut *Steinecke,* Keith *Bullivant* (Hrsg.): Dieter Wellershoff. Studien zu seinem Werk. Köln 1990. *Tschierske,* Ulrich: Das Glück, der Tod und der »Augenblick«. Realismus und Utopie im Werk Dieter Wellershoffs. Tübingen 1990; *Arnold,* Heinz Ludwig (Hrsg.): Dieter Wellershoff. Text + Kritik. Sonderband. München 1982; *Helmreich,* Hans: Dieter Wellershoff. München 1982. *Hans-Gerd Winter*

Werfel, Franz

Geb. 10. 9. 1890 in Prag; gest. 26. 8. 1945 in Beverly Hills (USA)

Als W. 1945 einem Herzinfarkt erlag, ließ ihn seine Frau wunschgemäß in Smoking und Seidenhemd begraben, weltlich also, was angesichts der stark ausgeprägten religiösen Thematik seines Werkes verwundern mag. W.s Wende zum Religiösen, zum Christlichen und zum Jüdischen war keineswegs durch seine Kindheit vorgeprägt. Als Sohn eines Prager Kaufmanns geboren, wuchs er im deutsch-jüdischen Kulturraum der Moldau-Metropole auf, unter anderem befreundet mit Max Brod und Franz Kafka. Nach einer kurzen Lehre als Spediteur erhielt er den Alibiposten eines Lektors im avantgardistischen, um die Literatur des Expressionismus verdienten Kurt Wolff-Verlag, der ihm für die üppige Eigenproduktion reichlich Zeit ließ. Angetreten als hymnisch-pathetischer Lyriker in der Nachfolge des amerikanischen Naturlyrikers Walt Whitman (*Der Weltfreund*, 1912; *Wir sind*, 1913; *Einander*, 1915; *Der Gerichtstag*, 1919), verlagerte sich der Schwerpunkt seines Schaffens zunehmend auf die Dramen- und Romanproduktion. Nach symbolisch-expressiven Ideendramen (*Die Mittagsgöttin*, 1919; *Spiegelmensch*, 1921; *Bocksgesang*, 1922; *Schweiger*, 1922) wandte W. sich der Gestaltung historischer Ereignisse und Charaktere zu (weltlich: *Juarez und Maximilian*, 1924; religiös-chiliastisch: *Paulus unter den Juden*, 1926; *Das Reich Gottes in Böhmen*, 1930; *Der Weg der Verheißung*, 1937). Seine Novellen und Romane nehmen zwar auch ihren Ausgang von der expressionistischen Mode, stehen z.T. unter dem Einfluß der Psychoanalyse (*Nicht der Mörder, der Ermordete ist schuldig*, 1920; *Der Tod des Kleinbürgers*, 1926; *Der Abituriententag*, 1928) und verschmähen keineswegs reißerische Effekte. Seit ihm, dem Musikfreund und glühenden Verdi-Verehrer, mit seinem Verdi-Roman (*Verdi. Roman der Oper*, 1924) der Durchbruch als Romancier gelang, hat W. stets eingängige Psychologie und effektvolles Szenarium verbunden, etwa in seinem umfangreichsten Roman *Barbara oder Die Frömmigkeit* (1929), in dem die realistisch geschilderten Weltkriegserfahrungen, die untergründige Bindung an das alte Österreich und die dezidierte Zivilisationskritik einander die Waage halten, oder im Epos über den Freiheitskampf der Armenier, *Die vierzig Tage des Musa Dagh* (1933), oder im Legendenroman *Das Lied von Bernadette* (1941) – ein Grund auch dafür, daß sein Werk bei den Zunftleuten in Mißkredit gefallen ist. Neben schwer erträglicher, gefühlsgeladener und rhetorischer Suada enthält sein Werk freilich auch sprachlich virtuose Glanzstücke, so Teile des Romans *Der veruntreute Himmel* (1939), so Partien des Fragment gebliebenen antifaschistischen Romans *Cella oder Die Überwinder* (1938/39).

Nach Jahren schriftstellerischen Erfolgs traf auch ihn, der inzwischen mit der berühmten Femme fatale Alma Mahler-Gropius verheiratet war, das Desaster der nationalsozialistischen Machtübernahme mit voller Wucht. Beim Anschluß Österreichs hielt sich der reisefreudige W. gerade in Italien auf. Die nächsten Jahre verbrachte er im Exil, mit den Stationen Mailand, Zürich, Paris, London, Vichy und Marseille. Nach einer abenteuerlichen Flucht über die Pyrenäen gelang ihm von Portugal aus die Überfahrt nach New York (1940). Bekannt ist W.s Gelübde in Lourdes: wenn die Flucht nach

Amerika gelänge, wolle er der Heiligen Bernadette zu Ehren ein Buch schreiben. Umgehend löste W. sein Versprechen ein; der sofort einsetzende Erfolg des Romans (*Das Lied von Bernadette*, 1941) überraschte den Autor selbst. Nach Zwischenaufenthalten in New York, Los Angeles und Santa Barbara erwarb W. ein Haus in Beverly Hills.

W. war als Schriftsteller ungeheuer fruchtbar. Außer fünfzehn Dramen, zahlreichen Novellen, neun vollendeten und zwei unvollendeten Romanen (Frucht seiner Italienaufenthalte: *Die Geschwister von Neapel*, 1931; seiner Reisen in den Vorderen Orient: *Höret die Stimme. Jeremias*, 1937) hat er eine Fülle von essayistischen Arbeiten verfasst. Im Zentrum seines literarischen und denkerischen Werkes stehen Probleme des Glaubens und der Kampf gegen den Zerfall der Werte – eine in der ersten Jahrhunderthälfte herrschende Thematik, die er ganz im Sinne des christlichen Glaubens diskutiert. Unverkennbar ist W.s Annäherung an die katholische Kirche. Ohne je offiziell zu ihr überzutreten oder sich taufen zu lassen, ringt er doch in zahlreichen Aufsätzen und Aphorismen (*Zwischen oben und unten*, Essays, 1946) um eine Synthese aus Judentum und Christentum, in denen er, der Sinnenmensch, europäische Kultur und Tradition am bildkräftigsten ausgedrückt sieht. W.s Hang, das irdische Geschehen metaphysisch zu verankern, stört in zunehmendem Maße die stilistische Einheit seiner Werke. Sinnliche Anschauung und kritische Reflexion gehen allmählich unter im Strom abstrakter Leerformeln und verblasener Rhetorik. Diese Einwände gelten auch für seinen letzten, in den USA entstandenen Monumentalroman, *Stern der Ungeborenen* (1946), in dem W. eine Bilanz der Menschheitsentwicklung zieht. Vom Anspruch her als moderne *Divina Commedia* geplant, tendiert das Opus doch eher zur Science Fiction. Neben grandiosen Partien gibt es auch hier wieder poetisch-denkerische Durststrecken, ein Charakteristikum für W.s schwungvolle, jedoch unkritische Schreibweise. Bestes Produkt der Spätzeit ist zweifellos die Komödie *Jakobowsky und der Oberst* (1945), in der W. mit souveräner Ironie das moderne Ahasverschicksal zweier weltanschaulich grundverschiedener Emigranten gestaltet, in der Überzeugung, daß eines fernen Tages auch die religiösen Gegensätze sich finden, »wie die Parallelen im Unendlichen«.

Werkausgabe: Franz Werfel: Gesammelte Werke in Einzelbänden. Hrsg. von Adolf D. *Klarmann*. Frankfurt a. M. 1948–67.
Literatur: *Jungk*, Peter Stephan: Franz Werfel. Eine Lebensgeschichte. Frankfurt a. M. 1987; *Steinman*, Lionel B.: Franz Werfel. The Faith of an Exile. From Prague to Beverly Hills. Waterloo/Ontario (Canada) 1985; *Foltin*, Lore B.: Franz Werfel. Stuttgart 1972. *Gunter E. Grimm*

Wezel, Johann Carl
Geb. 31.10.1747 in Sondershausen/Thüringen; gest. 28.1.1819 in Sondershausen

Als der Schriftsteller Jonas Ludwig von Hess in den 90er Jahren des 18. Jahrhunderts auf seinen »Durchflügen durch Deutschland« das kleine Residenzstädtchen Sondershausen am Harz besuchte, interessierte er sich dort vor allem für den skurrilen bauwütigen Kleinfürsten und daneben für einen anderen Sonderling, den er so charakterisiert: »Er lebt völlig einsam, flieht die Spur alles dessen was Mensch heißt, geht nie bei Tage aus, nur des Nachts wagt er sich hervor, und streift bis zum grauen Morgen in den Wäldern herum. Er genießt nichts als dünnen Caffe und abgebrühte Kartoffeln. Bei Hofe kennt man ihn nur unter dem Namen des übergeschnappten Gelehrten.« Allein seine Biographie hätte W., von dem Hess hier spricht, für eine reiche Wirkungsgeschichte prädestiniert: Hofmeister, Dichter und zuletzt geisteskrank – die Parallelen zu Friedrich Hölderlin sind offensichtlich. Doch der Vergleich hinkt. Die äußeren Daten und die soziale Biographie beider haben zwar manches gemeinsam. Und nachdem W. sich nach dem Manifestwerden der Krankheit in seinen Geburtsort zurückgezogen hatte, wurde die interessierte Öffentlichkeit wie bei Hölderlin mit Nachrichten von seinem Zustand versorgt, bis zu seinem Tode. Aber danach verlor sich das Interesse rasch, zu sehr waren W.s Arbeiten auf die Positionen der Spätaufklärung und ihre Widersprüche bezogen gewesen: Die humoristische *Lebensgeschichte Tobias Knauts des Weisen* (1773–76) demonstriert den Lebenslauf eines Sonderlings nach den Prinzipien des französischen Materialismus. In der bissigen Satire *Belphegor* (1776) fand Arno Schmidt 1961 den »ehrwürdigsten Gott-, Welt- und Menschenhaß« am Werk, der allem Vertrauen in die Perfektibilität des Individuums und allem Glauben an eine Reform der von gnadenlosem Kampf aller gegen alle geprägten Verhältnisse spottet. Und der *Robinson Krusoe* von 1780 läßt die Utopie des harmonischen Gemeinwesens im Chaos enden. Selbst der auf den ersten Blick versöhnliche Schluß von W.s wichtigstem Werk, dem heiter gestimmten komischen Roman *Herrmann und Ulrike* (1780), wird ironisch in Frage gestellt. Einseitigen Pessimismus warfen ihm seine Kritiker vor, unter ihnen Christoph Martin Wieland, der ihm andererseits das Talent bescheinigt hatte, der »deutsche Fielding« zu werden. Doch die radikale Skepsis, die W.s Schriften durchzieht, ist nicht einfach ein taktischer Fehler, vermeidbar durch Mäßigung und Kultivierung, wie Wieland riet; sie ergibt sich vielmehr fast zwangsläufig aus der Konfrontation von W.s ehrgeizigen Ansprüchen (angeblich habe ihm vorgeschwebt, der »Homer des Romans« zu werden) mit einer Marktlage, die einer zu großen Zahl freier Schriftsteller nur wenige Chancen zur Etablierung bot. Der in beengten Verhältnissen als Sohn des fürstlichen Reisemundkochs aufgewachsene W. hatte ein feines Sensorium für soziale Diskriminierung und war letztlich den harten Existenzbedingungen des entwickelten Literaturbetriebs nicht gewachsen. Sein Zeitgenosse von Hess diagnostizierte: »Wezel war damals ein junger, feuriger, ehrsüchtiger Kopf, der sich das: aut Caesar aut nihil, zum Wahlspruche genommen zu haben schien. Dieser Druck, den das mißgünstige Urteil des großen (Wieland) und anderer kleinern Meister seinen Leidenschaften beybrachte, die Dürftigkeit seiner Jugend, die seinen gewaltsamen Flug hemmte, und verschiedene Wirbeleyen, die er mit Menschen und Buchhändlern hatte, klemmten seine verwegene Seele. Er ward mißmüthig, barsch, kaustisch. Er konnte sich zwischen Menschenliebe und Menschenhaß nicht unbeschädigt durchwinden.« Für die Beobachter seines mehr als 30jährigen Dämmerzustandes war W. der »arme Mann«. Ein auch nur bescheidener Nachruhm blieb ihm jedoch, anders als dem »armen Hölderlin«, versagt – zu Unrecht, denn kaum ein Autor der späten Aufklärung hat wie er die »Dialektik der Aufklärung« mit solch unerbittlich scharfem Blick literarisch verarbeitet und analysiert.

Werkausgabe: Johann Carl Wezel: Kritische Schriften In Faks. dr. hrsg. mit einem Nachwort und Anmerkungen von Albert R. *Schmidt.* Stuttgart 1971.

Literatur: *Knautz,* Isabel: Epische Schwärmerkuren. Johann Karl Wezels Romane gegen die Melancholie. Würzburg 1990; *Jansen,* Wolfgang: Das Groteske in der deutschen Literatur der Spätaufklärung. Ein Versuch über das Erzählwerk Johann Carl Wezels. Bonn 1980; *Thurn,* Hans Peter: Der Roman der unaufgeklärten Gesellschaft. Untersuchungen zum Prosawerk Johann Karl Wezels. Stuttgart 1973.

Georg Braungart

Wickram, Georg

Geb. um 1505 in Colmar; gest. vor 1562 in Burkheim am Rhein

Er habe »ein groß unnd schwer leger gehapt / in welchem ich ein semlich groß hauptwe erlitten / so groß / das ich vor schmertzen mein selbs gar nit befunden«, klagt W. 1555 im Vorwort zu seinem *Irr Reittend Bilger,* und beim Dichten sei er »noch sehr bloed gewesen«. Nach solch matten Worten verstummt einer der produktivsten und vielseitigsten Autoren des 16. Jahrhunderts, dem vor allem sein zu der Zeit »einmaliger Antrieb zu selbständiger Romanerfindung« die in der Literaturwissenschaft gängige Titulierung als »Begründer des deutschen Prosaromans« eingetragen hat.

Nicht nur an der Veränderung seines Sujets, auch in der immer prägnanter herausgearbeiteten frühbürgerlichen Mentalität läßt sich eine konsequente Entwicklung W.s zum konzeptiven Ideologen des frühen Bürgertums ablesen. Geht es im *Galmy* (1539) noch um eine höfisch-ritterliche Geschichte von Liebe und Heirat, in *Gabriotto und Reinhart* (1551) um die gedoppelte Liebe edler Jünglinge zu hochadligen Damen mit allseits tragisch-tödlichem Ausgang, so stellt der *Goldfaden* (verfaßt 1554, gedruckt 1557) dagegen einen armen Hirtenjungen in den Mittelpunkt, der durch Glücksfälle, aber auch durch enormen Fleiß und aufopferungsvolle Treue nicht nur zum Gatten einer gräflichen Tochter, sondern selbst zum Grafen aufsteigt.

Vollends zum »Karriereroman« gerät der *Knabenspiegel* (1554). Der sittsame Bauernsohn Friedbert, ein wahrer »Tugendbold«, avanciert bei Hofe zum Kanzler, während der junge Adlige Wilbaldus aufgrund seines lotterlichen Lebenswandels folgerichtig und in schöner Gegenbildlichkeit zum Schweinehirten absteigt, nach reumütiger Einkehr allerdings wieder zu Hause aufgenommen wird (in einer poetologisch bedeutsamen, das ideologische Programm dieses Romans verteidigenden Rechtfertigungsschrift, dem fingierten *Dialog vom ungeratnen Sohn,* 1555, besteht W. auf dem Realitätsgehalt eines solchen Schicksals). Neben der Demonstration belohnter Tugend enthält der *Knabenspiegel* zugleich ein Erziehungsprogramm für die Jugend, in dem Fleiß und Demut,

Sparsamkeit und Arbeit als positive Werte ausgestellt werden – eine Mischung aus protestantischem Arbeitsethos und puritanischer Moral.

W.s letzter Roman, *Von Guåtenn vnd Bœsen Nachbaurn* (1556), entwirft schließlich ein umfassendes Panorama frühbürgerlicher Alltagsideologie. Über drei Generationen finden Handelskapitalisten und Gewerbetreibende zu einem freundschaftlich-ökonomischen Bündnis, das zudem mit mehreren Eheschließungen gefestigt wird: Wirtschaftliche Prosperität und private Idylle bedingen und ergänzen sich. Durch treue Hilfsbereitschaft und frommen Fleiß entsteht so in der Fiktion eine gute Nachbarschaft, die Schutz vor den Fährnissen des Handelslebens bietet, die ökonomische Konkurrenz in eine Kooperation transformiert und die nicht zuletzt einen Hort der gegenseitigen geistlichen Erbauung abgibt. Zentriert ist diese harmonische Gemeinschaft der Guten um rührige Arbeit, die dem Einzelnen nicht nur ein ansehnliches Einkommen garantiert und sozialen Aufstieg ermöglicht, sondern darüberhinaus im reformiert-calvinistischen Sinne als geistliche Bestimmung des Menschen gedacht wird: »Wie dann das gantz menschlich geschlecht / zuå unruå geboren und erschaffen ist / ein yeder muås nach Gottes ordnung sein arbeit und lauff volbringen.«

In diesem fiktionalen Entwurf artikuliert sich die Ideologie des Bürgertums im 16. Jahrhundert, aber es scheint darin auch die soziale und biographische Situation seines Autors auf. Wahrscheinlich 1505 als Sohn des Colmarer Patriziers und Ratsvorsitzenden Conrad W. geboren, hat W. zunächst mit dem Makel einer unehelichen Geburt zu kämpfen, so daß er erst 1546 nach der Erbschaft eines Hauses das Bürgerrecht in seiner Vaterstadt erwerben kann. Ohne schulische oder wissenschaftliche Bildung eignet er sich autodidaktisch Literatur unterschiedlicher Provenienz an und nennt sich dann stolz »Tichter und Buerger«. Neben seiner Tätigkeit als Ratsdiener leitet er schon zu Beginn der 30er Jahre die bürgerlichen Schauspiele der Stadt. 1546 gründet und leitet er nach dem Ankauf der (für die Geschichte der mittelalterlichen Lyrik, vor allem des Meistersangs bedeutende, etwa 1450 entstandene) Colmarer Liederhandschrift eine Meistersingerschule. Und dann gelingt ihm ein weiterer sozialer Aufstieg: Ab Anfang 1555 zeichnet er die Vorworte seiner Schriften mit »Jorg Wickram Stattschreiber zuå Burckhaim«. Vor allem aber dichtet er unermüdlich, darin vergleichbar mit Hans Sachs, der ihn zwar an Quantität übertrifft, der sich aber nie an Romanen versucht hat. W. verfaßt biblische Dramen und Fastnachtspiele, satirische und didaktische Schriften, Meisterlieder und eine Bearbeitung der *Metamorphosen* des Ovid, erfindet Lieder-»Töne« und illustriert seine Schriften zum Teil selbst. Nicht zuletzt im *Rollwagenbuchlin* (1555), einer Sammlung von Schwänken, zeigt sich noch einmal die W. eigene Intention, Unterhaltung und Moral, Narratio und Didaxe zu verbinden: Zur Ermunterung der »schweren Melancolischen Gemuter« habe er »kurtzweilige schwencke und bossen« zusammengebracht, die gleichwohl angetan seien, ein »züchtig und erbar« Gespräch zu fördern.

So spricht in allen Werken W.s der strebsame und fromme Bürger des 16. Jahrhunderts, der die für diesen Stand zentralen Momente des Denkens zeigt: Aufstieg, Leistung, Arbeit, Warentausch, Konkurrenz, Risiko, Einsamkeit; der gegen diese alltäglichen Kümmernisse gleichwohl Utopien von Freundschaft, Liebe und Vertrauen setzt, die immer in ungebrochener Gläubigkeit und protestantischer Moral aufgehoben bleiben: »Darumb hab ich ... gedicht / das wir armen madensack und misthauffen / ein

wenig uns darinn ersehen und bedechten / was wir gewesen / was wir sind / und was
wir werden mussen«.

Werkausgabe: Georg Wickram: Sämtliche Werke. Hrsg. von Hans-Georg *Roloff.* 12 Bände. Berlin 1967–73.
Literatur: Lühe, Irmela von der: Jörg Wickram: Von guten und bösen Nachbarn. In: Frey, Winfried/Raitz, Walter/Seitz, Dieter (Hrsg.): Einführung in die deutsche Literatur des 12. bis 16. Jahrhunderts, Band 3: Bürgertum und Fürstenstaat. Opladen 1981. S. 190–210; *Christ,* Hannelore: Literarischer Text und historische Realität. Versuch einer historisch-materialistischen Analyse von Jörg Wickrams »Knabenspiegel« und »Nachbarn«-Roman. Düsseldorf 1974.

Hans-Jürgen Bachorski

Wiechert, Ernst

Geb. 18. 5. 1887 in Kleinort/Ostpreußen; gest. 24. 8. 1950 in Uerikon/Schweiz

»Den Toten zum Gedächtnis, den Lebenden zur Schande, den Kommenden zur Mahnung«, hat W. 1946 seine Erfahrung im Konzentrationslager Buchenwald unter dem Titel *Der Totenwald* vorgelegt. Noch 1945 war der erste Band des Familien- und Dorf-Romans *Die Jeromin-Kinder* erschienen (2. Bd. 1947), den zeitgenössische Kritiker neben die *Buddenbrooks* stellten. Zusammen mit der Rede *Rede an die deutsche Jugend (1945)* im Münchner Schauspielhaus, die breiteste Aufnahme fand, bilden diese Bücher die Grundlage für den großen Ruhm W.s während der sogenannten Trümmerzeit. Kein Exilant – er war im Reich geblieben und hatte sich den Verhältnissen gestellt –; zweifelfreier Antifaschist und damit ein unwiderlegbarer Beweis für die – von Emigranten bestrittene – Existenz einer »inneren« Emigration; mit einer Sprache, die man auch die letzten 12 Jahre gehört hatte und der man nicht entfremdet war: nämlich der des Wegs nach innen, den so viele in dieser Zeit gegangen waren; mit einem der wenigen großen Romane, den ein im Reichsgebiet gebliebener Schriftsteller heimlich geschrieben hat –: Damit ist W. nach 1945 die Verkörperung eines ersehnten Alibis, ein Bild des »besseren« Deutschen, mit dem sich viele identifizieren können oder wollen, die das Dritte Reich sowohl bejaht wie abgelehnt hatten. So bekennt W. etwa im *Totenwald,* es habe nicht an Gelegenheiten gefehlt, »bei denen eine unbeugsame Haltung ein Nein gefordert hätte, indes er sich zu einem widerwilligen Ja bequemte«. Diese Aspekte der Person und des Werks verdrängten zunächst, daß W. auch im Dritten Reich ein vor allem von der Jugend verehrter Autor war – ein Umstand, ohne den er nicht nach drei Monaten wieder aus dem KZ entlassen worden wäre –, dessen Bücher systemstabilisierend wirkten (und sogar für die KZ-Bücherei zugelassen waren).

Freilich hatte sich W. von seinen ersten Romanen (*Der Wald*, 1920; *Der Totenwolf*, 1924), deren Helden – wie er ehemalige Weltkriegs-Offiziere – eine rechtsradikale gegenrevolutionäre Haltung vertreten und eigentlich Wegbereiter des nationalistischen Irrationalismus sind, längst distanziert, sich und seine Protagonisten inzwischen auf Ideale jenseits der Gegenwart festgelegt. Aufgewachsen in der Einsamkeit ostpreußischer Wälder, dann in Königsberg, in Berlin, bis 1933 Gymnasiallehrer, seither als freier Schriftsteller in der Nähe Münchens, wandte er sich hier von Anfang an öffentlich – vorder Münchener Studentenschaft schon im Juli 1933 und nochmals 1935 – gegen Fremdbestimmung und Machtmißbrauch; doch erst sein Eintreten für Martin Niemöller und gegen dessen Verhaftung führte dann im Mai 1938 zur Einweisung ins KZ und zur anschließenden Gestapo-Aufsicht. W.s unzweideutige Haltung unterscheidet sich damit von der vieler, die ebenfalls zur »inneren Emigration« zu rechnen sind, nicht zuletzt dadurch, daß er sein Leben eingesetzt hatte; nicht besteht dieser Unterschied allerdings in seinem literarischen Werk: Es wurde wie das anderer von den Nazis benutzt, und es ließ sich auch benutzen, und keineswegs nur, um dem heimlichen Protest Konservativer ein – ungefährliches – Ventil zu geben, sondern weil es zahlreiche Elemente der völkisch-konservativen Blut-und-Boden-Romantik tradiert. Bezeichnenderweise wurde nach W.s KZ-Zeit die Publikation seiner bisherigen Werke nicht verboten (darunter die besonders erfolgreichen Romane *Die Magd des Jürgen Doskocil*, 1932, und *Die Majorin*, 1934). Sogar ein neuer Roman *Das einfache Leben* (1939) konnte erscheinen. Dessen Hauptgestalt Korvettenkapitän von Orla findet aus der »verwirrten Zeit« des Nachkriegs, der »roten Revolte« und dem »sinnlosen Chaos einer nur auf eigenen Vorteil gestellten Zivilisation ... heim in ein von Wind und Wasser, Wald und Tieren umgrenztes, einfaches, arbeitsreiches Leben ... an den Grenzen des Reiches«; und sein Sohn wird beschrieben als »aufrecht, klar, ganz der neuen der Zukunft zugewandten Jugend unserer Zeit angehörig«. So gibt die Verlagswerbung 1939 nicht unangemessen Inhalte des *Einfachen Lebens* wieder und dokumentiert, wie der Roman von damaligen Lesern zwar als Widerstandsdichtung aufgefaßt werden konnte, weil er mit der Darstellung humanistischer Werte gegen den Nationalsozialismus sensibilisierte, und gleichwohl von diesem dienstbar zu machen war. Bis zum Untergang des Nazi-Regimes erreicht W.s Gesamtwerk deshalb eine Auflage von über einer Million.

W.s moralische Integrität wurde nicht bestritten; aber die Ablehnung, die seine Vermittlung eines antimodernen und anti-emanzipatorischen Lebenssinns schon durch die *Rede an die deutsche Jugend* gerade bei der jungen Generation hervorrief, der als Flucht aus der Zeit erschien, was er als Zeitlosigkeit der Dichtung verstand, verletzte W. tief. »Wenn Hitler morgen wieder käme, so würden ihn 60 bis 80 Prozent mit offenen Armen aufnehmen«, folgerte er 1946 in seiner Enttäuschung, »nie wieder will ich zu Deutschland sprechen, auch nicht zur deutschen Jugend«. Auch *Jahre und Zeiten* (1949) – Erinnerungen, die an den Rückblick *Wälder und Menschen* (1936) anschließen und bis in die Gegenwart führen – drücken seine Resignation aus. 1948 emigrierte er deshalb in die Schweiz. Gleichwohl setzt auch sein letzter Roman *Missa sine nomine* (1950) die Linie der bisherigen Romane fort. Ihre Thematik und Sprache verloren indessen als typischer Ausdruck deutscher Innerlichkeit stetig an Resonanz; und die große Leserschaft zerfiel noch in den fünfziger Jahren.

Werkausgabe: Ernst *Wiechert*. Sämtliche Werke. 10 Bde. München 1957
Literatur: Der Dichter und die Zeit. Verantwortete Zeitgenossenschaft. Ernst Wiechert 1887–1950–1987. Hrsg.: Konrad-Adenauer-Stiftung. Alfter-Oedekoven 1987; Ernst Wiechert. Der Mensch und sein Werk. München 1951.   *Ludwig Dietz*

Wieland, Christoph Martin

Geb. 5. 9. 1733 in Oberholzheim bei Biberach; gest. 20. 1. 1813 in Weimar

»W. war in der Nähe von Biberach, einer kleinen Reichsstadt in Schwaben, 1733 geboren. Sein Vater, ein evangelischer Geistlicher, gab ihm eine sorgfältige Erziehung und legte bei ihm den ersten Grund der Schulkenntnisse. Hierauf ward er nach Kloster Bergen an der Elbe gesendet, wo eine Erziehungs- und Lehranstalt, unter der Aufsicht des wahrhaft frommen Abtes Steinmetz, in gutem Rufe stand. Von da begab er sich auf die Universität zu Tübingen, sodann lebte er einige Zeit als Hauslehrer in Bern, ward aber bald nach Zürich zu Bodmern gezogen, den man in Süddeutschland, wie Gleimen nachher in Norddeutschland, die Hebamme des Genies nennen konnte. Dort überließ er sich ganz der Lust, welche das Selbsthervorbringen der Jugend verschafft, wenn das Talent unter freundlicher Anleitung sich ausbildet, ohne daß die höheren Forderungen der Kritik dabei zur Sprache kommen. Doch entwuchs er bald jenen Verhältnissen, kehrte in seine Vaterstadt zurück, und ward von nun an sein eigner Lehrer und Bildner, indem er auf das rastloseste seine literarisch-poetische Neigung fortsetzte.«

In der biographischen Skizze der Lehr- und Wanderjahre W.s streicht Goethe – in seinem Nachruf *Zu brüderlichem Andenken W.s* (1813) – den Einfluß heraus, den Bodmer auf den jungen W. in seiner Tübinger Studienzeit (1750 bis 1752), vor allem jedoch in den Jahren, die er in der Schweiz verbrachte (1752 bis 1760), ausübte. Nach dem Motto, daß die Dichtung Magd der Religion sein sollte, hatte sich W. durch moralisierende Dichtungen Zutritt bei Bodmer verschafft und ließ sich von diesem in seine literarische Fehde gegen Johann Christoph Gottsched und die Anakreontik einspannen. Die Empörung jedoch, die W.s unter Bodmers Einfluß entstandene Schrift *Empfindungen eines Christen* (1757) in aufgeklärten literarischen Kreisen hervorrief, veranlaßte ihn, sich aus der zu starken Abhängigkeit von Bodmer zu lösen. »Wenn ich nicht impertinenter Urteile zu gewohnt wäre, so müßte ich mich ärgern, daß irgend ein ehrbarer Mensch mich der insektenmäßigen Kleinheit fähig halten kann, der Waffenträger eines Chef de Secte oder etwas dergl. zu sein.« Der Brief W.s an den Freund Johann Georg Zimmermann (20.3.1759) zeigt das Streben nach geistiger Unabhängigkeit und ist ein erstes Zeichen jener 'angeborenen Liberalität', die Goethe an W. so schätzte. Der Versuch, sich von Bodmers Einfluß zu befreien, wurde durch W.s Liebe zu der Philosophin Julie Bondely verstärkt und durch die Wahl zum Ratsherren (später Kanzleidirektor) in Biberach, die ihm finanzielle Unabhängigkeit verschaffte, möglich gemacht. Die Verlobung mit J. Bondely wurde jedoch bald gelöst; 1765 heiratete W. eine Biberacher Bürgerstochter.

In den Biberacher Jahren (1760 bis 1769) übte einen entscheidenden Einfluß auf W. der Kreis um den Grafen Stadion aus, einen freigeistigen Adligen. Die Gespräche, die er in der Bibliothek im Schloß zu Warthausen mit Frank und Sophie La Roche, seiner Jugendliebe, führte, sowie das Studium der französischen und vor allem der antiken Literatur waren entscheidende Anregungen. In den Romanen *Don Sylvio* (1764) und

Die Geschichte des Agathon (1766/1767) ließ er die religiöse Schwärmerei des Pietismus endgültig hinter sich und orientierte sich – vor allem im *Agathon* – an antiken Paradigmen. Insbesondere Xenophons Bildungsroman, die *Kyrupädie (Die Erziehung des Kyros)*, war literarisches Vorbild: Die *Geschichte des Agathon*, das unvollendete Heldengedicht *Cyrus* (1756/57) und die ’Geschichte in Dialogen' *Araspes und Panthea* (1758) sind durch Xenophons Werk angeregt. Auch für W.s weiteres literarisches Schaffen blieb Xenophon ein ständiger Bezugspunkt. Neben der *Kyrupädie* ist vor allem das *Symposion* zu nennen, das W. aufgrund des dialogischen Charakters und der literarischen Möglichkeiten, die diese Form bietet, faszinierte. In der Versdichtung *Musarion oder die Philosophie der Grazien* (1768) und dem *Neuen Amadis* (1771), einem Versepos mit einer verschlungenen und motivreichen Handlungsführung sowie ironischen Selbstreflexionen des Erzählers, kommt Laurence Sternes Einfluß deutlich zum Tragen. In den Übersetzungen von 22 Dramen Shakespeares, die Lessings ungeteilten Beifall fanden, brachte W. den englischen Dramatiker dem deutschen Publikum nahe. Schon in diesen Übertragungen ließ sich W. – wie später in seinen Übersetzungen antiker Autoren – von dem Bestreben leiten, dem Publikum den *Sinn* eines Textes zu vermitteln, indem er den fremdsprachigen Autor in unsere Zeit herüberzuholen versuchte und nicht eine möglichst große Genauigkeit in der Wiedergabe des Originals erstreben wollte.

Die literarischen Erfolge dieser Jahre brachten W. den Ruf als Philosophieprofessor nach Erfurt (1769). Einige populärphilosophische Abhandlungen und *Der Goldne Spiegel* (1772), eine Art Staatsroman und Fürstenspiegel, in dem wie im *Agathon* noch der Einfluß von Xenophons *Kyrupädie* zu greifen ist, sind die literarischen Produkte dieser Zeit, die W. zwar nicht, wie erhofft, die Berufung nach Wien, wohl aber als Prinzenerzieher nach Weimar einbrachten. Von 1772 bis 1775 betätigte sich W. als Erzieher von Carl August, danach zog er sich auf sein Landgut bei Oßmannstädt bei Weimar zurück, um sich ganz seinen neuen literarischen Projekten zu widmen. In seinem Nachruf hebt Goethe insbesondere die von W. gegründete Zeitschrift *Teutscher Merkur* (1773, von 1778–1810 *Neuer Teutscher Merkur*) hervor, die er als Leitfaden der Literaturgeschichte dieser Jahre bezeichnet. W.s sämtliche Schriften – mit Ausnahme der Übersetzungen – erschienen in diesem Organ; Autoren wie Goethe, Schiller und Herder konnte W. als Mitarbeiter gewinnen. Kein anderes Unternehmen wirkte nach dem Zeugnis der Zeitgenossen mehr stilbildend, keines weckte in höherem Maße das ästhetische Urteil und den literarischen Geschmack eines breiteren Publikums als W.s Zeitschrift.

Literarische Ergebnisse der Weimarer Zeit sind einerseits die großen Romane *(Geschichte der Abderiten*, 1774; *Peregrinus Proteus*, 1791; *Agathodämon*, 1791; *Aristipp und seine Zeitgenossen*, 1800–1802), andrerseits die Übersetzungen griechischer und römischer Klassiker: die *Episteln* und *Satiren* des Horaz (1782, 1786), die Werke Lukians (1788/89), Ciceros Briefwechsel (1800ff.), der *Ion* und die *Helena* des attischen Tragikers Euripides und schließlich die *Ritter, Wolken* und *Vögel* des Komödiendichters Aristophanes. Goethe – wiederum in seinem Nachruf – hat den unterschiedlichen paradigmatischen Wert, den die griechischen und römischen Autoren für W.s literarisches Werk und seine Poetik darstellten, klar analysiert: Die Griechen seien für W. »in ihrer Mäßigung und Reinheit, höchst schätzbare Muster«; der dialogische Charakter der griechischen Texte habe W.s offenes, jeder Doktrin abholde Verständnis von Literatur in hohem Maße geprägt. Darüber hinaus entsprächen die problematischen Charaktere, die die Griechen entworfen hätten, und das (populär)philosophische Substrat vieler ihrer Texte durchaus W.s Wesen. Insbesondere das Heitere der griechischen Literatur habe W. jedoch angezogen, so daß es kein Zufall sei, daß er als einen Geistesverwandten den Spötter Lukian ins Deutsche übertragen habe. »War er jedoch mit den Griechen durch Geschmack nah verwandt, so war er es mit den Römern noch mehr durch Gesinnung. ... er findet, wie er sich den Griechen gewissermaßen nur andichtete, unter den Römern wirklich seinesgleichen. Horaz hat viel ähnliches von ihm selbst; selbst kunstreich, selbst Hof- und Weltmann ist er ein verständiger Beurteiler des Lebens und der Kunst; Cicero, Philosoph, Redner, Staatsmann, tätiger Bürger, und beide aus unscheinbaren Anfängen zu großen Würden und Ehren gelangt.« Insbesondere Horaz war für W.s Schriftstellerei von entscheidender Bedeutung. Eine Schlüsselstelle für seine Poetik ist seine Interpretation von Vers 242 der *Dichtkunst (Ars poetica)* des Horaz. Den Satz »Die Kunst liegt im Zusammenfügen und Verbinden der Worte«, so die wörtliche Übersetzung, überträgt W. mit »so viel kommt auf die Kunst des Mischens an«. Gerade W.s großer Briefroman *Aristipp* zeigt diese *Poetik des Mischens* in aller Klarheit: Dialog und Brief in der Großform einer Romanhandlung, Reisebericht und Elemente des Fürstenspiegels, historisches Panorama und Liebesroman: eine Vielzahl von Einzelelementen gehen eine in Harmonie stehende neue Einheit ein, die traditionellen Gattungen bleiben transparent, sind jedoch in einer neuen Form im Hegelschen Sinne aufgehoben.

W. gehörte zeitlebens zu den gefeiertsten und umstrittensten Autoren: Bereits 1773 zündeten sich die Mitglieder des Göttinger Hain-Bundes ihre Pfeifen mit W.s Schriften an, und von Seiten der Romantiker sah er sich mancher Anfeindung ausgesetzt, während Lessing (1767) den *Agathon* als »den ersten und einzigen Roman für den denkenden Kopf, von klassischem Geschmack« rühmt. Goethe selbst ist Zeuge für das zwiespältige Verhältnis der Zeitgenossen zu W.: Während er noch 1774 W.s Singspiel *Alceste* in seiner Farce *Götter, Helden und Wieland* beißendem Spott aussetzte, erkannte er später uneingeschränkt W.s Verdienste um die deutsche Literatur an. In seinem Nachruf auf W., jedoch auch schon 1795 in seiner Abhandlung *Literarischer Sansculottismus* betont Goethe mit Nachdruck, in welchem Maße W. den literarischen Geschmack des zeitgenössischen Publikums, aber auch die zeitgenössische Lieteratur überhaupt geprägt habe.

Gegen die Verkennung W.s wendet sich auch Arno Schmidt (1958), der W. vor seinen »oberflächlichen Lesern« zu verteidigen versucht. »Natürlich war Wieland nervös, wie nur je ein Intellektueller, zappelig im Kaffeerausch – Alkohol trank er nie. Aber eben das zusammen mit einem blitzartig arbeitenden Gehirn / ... / ergibt dann das Feuerpulver seiner Prosa, die nur dem oberflächlichen Leser weitschweifig erscheinen kann.«

Werkausgabe: Wieland, Christoph Martin: Werke in zwölf Bänden. Frankfurt a. M. 1986 ff.
Literatur: *Schaefer*, Klaus: Christoph Martin Wieland. Stuttgart 1996; *Fuhrmann*, Manfred: Vom Übersetzen aus dem Lateinischen. Freiburg 1986; *Manger*, Klaus: Wielands klassizistische Poetik als Kunst des Mischens. In: Hans-Joachim Simm (Hrsg.): Literarische Klassik. Frankfurt a. M. 1988, 327-353; *Schnelle*, Hansjörg: Christoph Martin Wieland. Darmstadt 1981; *Sommer*, Cornelius: Christoph Martin Wieland. Stuttgart 1971; *Sengle*, Friedrich: Wieland. Stuttgart 1949.

Bernhard Zimmermann

Wittenwîler, Heinrich
um 1400

»So mügt irs haben für ein mär / sprach Hainreich Wittenwey-
lär« – damit beschließt der Autor die Einleitung zu seinem
satirischen Versroman (9700 Reimverse), dem er den Titel *Der
Ringk* gab und diesen als zweifache Allegorie deutet: einmal
im Sinne von »orbis« (Weltkreis, Kompendium), zum anderen als Fingerring, dessen Edelstein für gute Lehren stehe. –
Das Werk handelt von Werbung, Verlobung und Hochzeit der
Bauerntölpel Bertschi Triefnas und Mätzli Rüerenzumph und
endet mit Krieg und Untergang des Dorfes Lappenhausen,
dem Bertschi (wie später Simplicius) als Einsiedler in den
Schwarzwald entkommt. Die manchmal derb, ja zotig
erzählte Geschichte ist in drei unter dem Signum der »vanitas« stehende Bereiche
gegliedert: Lebensführung, Morallehre, Verhalten in Kriegs- und Notzeiten. Eingestreut sind mit parodistischer Tendenz eine Reihe didaktischer Passagen wie eine Einführung in Frauendienst und Liebeskunst, eine Minneallegorie, ein Schüler-Spiegel,
eine Christen-, Gesundheits-, Tugend- und Haushaltslehre, eine Tischzucht u. a. Das
Werk ist eine Weltsatire, angesiedelt auf bäurischem Felde, jedoch nicht gegen Bauern,
sondern allgemein gegen menschliche Schwächen gerichtet. Es stellt sich ironisch in die
Tradition der mittelhochdeutschen Artus- und Heldenepik; aus dem Minnesang greift
es Motive, Posen und Pathos in persiflierender Übersteigerung auf. Nicht von ungefähr
tritt Neidhart, der Initiator des höfischen Gegensangs, in der Einleitung auf. Das Werk
vereinigt zwei Strömungen der spätmittelhochdeutschen Literatur in sich: Lehrhaftig-
keit und Grotesk-Schwankhaftes und weist in diesem Sinne voraus auf die Narrenliteratur des 16. Jahrhunderts, welche um 1500 mit Sebastian Brants *Narrenschiff* einsetzt, wie
dieses mit negativen Beispielen argumentierend. Literarische Vorlage ist der anonyme
Schwank *Metzen hochzît* (nach 1300). – *Der Ringk* ist nur in einer einzigen Handschrift
(Pergament) aus dem Jahr 1410 (heute in Meiningen) erhalten. Sie ist nach Anregungen des Autors recht originell gestaltet: Der Texteintrag ist von roten und grünen
Linien begleitet, welche jeweils die ernsten und burlesken Partien bezeichnen. Die Ein-
gangs-Initiale D umschließt das stilisierte Brustbild eines Gelehrten, der einen Ring in
Händen hält.

Der Autor ist nicht sicher faßbar, obwohl in der Zeit um 1400 auch Zeugnisse zur
Literarhistorie keine Seltenheit mehr sind. Zwei urkundlich bezeugte Personen werden
in der Forschung für den Dichter gehalten: Meister Heinrich von Wittenwîler, zwischen 1387 und 1395 in Konstanz als notarius und advocatus curie constantiensis nachweisbar, und neuerdings (und eher) ein Heinrich Wittenwîler, gen. Müller aus Wängi
im Thurgau, bezeugt zwischen 1395 und 1426, als Einwohner von Lichtensteig (Tog-
genburg) sogar bis 1436 faßbar. Für diesen werden die Mundart und die in der Dichtung durchscheinende Vertrautheit mit der Lichtensteiger Gegend geltend gemacht.
Das Werk dieses Epikers steht auf Grund der singulären Überlieferung ähnlich vereinzelt in der Literaturlandschaft des 15. Jahrhunderts wie das des Lyrikers Oswald von
Wolkenstein. Von literarischen Fortwirkungen ist nichts bekannt.

Literatur: *Gruchot,* Christoph: Heinrich Wittenwilers »Ring«. Konzept u. Konstruktion eines Lehrbuches. Göppingen 1988; *Sowinski,* Bernhard (Hrsg.): Heinrich Wittenwiler »Der Ring« (mit Übersetzung u. Kommentar). Stuttgart 1988; *Plate,* Bernward: Heinrich Wittenwiler. Darmstadt 1977.

Günther Schweikle

Wohmann, Gabriele
Geb. 21. 5. 1932 in Darmstadt

Wenn in der Erzählung *Scherben* (aus *Paarlauf* 1978) die Vertreterin Gisela Geller, von einer Geschäftsreise zurückgekehrt, leichte Veränderungen in der Wohnung bemerkt, einen gewissen »Entfremdungseindruck« empfindet, kurz darauf kleine Glassplitter im Mund fühlt, der Mann ihre aufkommenden Ängste für absurd erklärt, dann hat der Leser so etwas wie ein Grundmuster vieler Geschichten und Kurzszenen der W. vor sich: An alltäglich Zufälligem wird offenbar, wie sich die Partner auseinandergelebt haben, wie sie aneinander vorbeireden und sich über ihre tatsächliche Situation hinwegzumogeln suchen. Man hat der in einem evangelischen Pfarrhaus geborenen und von dessen Milieu wesentlich geprägten Autorin bisweilen vorgehalten, in ihrem umfangreichen Werk – W. ist eine der produktivsten Autorinnen der Gegenwart mit bisher zwölf Romanen, u. a. *Ernste Absicht,* 1970; *Schönes Gehege,* 1975; *Frühherbst in Badenweiler,* 1978; *Ach wie gut, daß niemand weiß,* 1980; mehr als dreihundert(!) Erzählungen, Kurzgeschichten, Skizzen und Szenen (die ersten hat sie noch unter ihrem Mädchennamen Guyot veröffentlicht), dazu zahlreiche Hör- und Fernsehspiele, mehrere Gedichtbände, im lyrischen Duktus der Kurzprosa verwandt, und ihr Schreiben reflektierende essayistische Arbeiten und Werkkommentare – würden die immer gleichen Themen und Motive variiert: Das Leiden in und an der Familie, die Ehe als Beziehungskatastrophe, das Älterwerden als »ein stetiger Seelenselbstmord«, eine Pathologie des Alltagslebens der Gegenwart mithin in satirisch-parodistischer oder grotesk-zynischer Überzeichnung (das sog. »Wohmannisieren«); letztlich aber bleibe eine derartige Demaskierung und Demontage der trügerischen, zumeist bürgerlich-intellektuellen Idyllen gesellschaftlich und politisch folgenlos. Eine solche Betrachtungsweise unterschätzt die schriftstellerischen Antriebe der G. W. ebenso wie ihr durchgehendes ästhetisches Engagement: Die vielfältigen und nüancierten Aufzeichnungen und Momentaufnahmen aus dem Innenleben unserer Gesellschaft sind, wo sie den Einzelnen betreffen, nicht selten zugleich säkular-christliche und existentielle Analyse und, wo sie Phänomene wie das Weiterleben faschistoider Denk- und Empfindungsweisen, die massiven Verdrängungsversuche der Vergangenheit oder die rigide soziale Ausgrenzung von Fremdartigem aufzeigen und zumeist am Sprachverhalten aufdecken, durchaus politisch zu nennen. Und auch das »frauliche Schreiben«, ein weiterer Topos, auf den sie gerne festgelegt wird, ist für W. nicht nur Mittel der Selbsterfahrung (*Gegenangriff,* 1972; *Entziehung,* 1974), sondern zugleich ein Anschreiben gegen die alltäglichen Formen der

»Krankheit zum Tode«, ist nicht selten sogar persönlich wie kollektiv schuldhaft besetzte 'Trauerarbeit' –, »Todesspielarten zu Lebzeiten« hat sie einmal ihr Schreiben genannt (vgl. u. a. *Ich lese. Ich schreibe. Auskunft für Leser* u. *Schreiben müssen*). Die Momente von partieller Glückserfahrung und utopischer Hoffnung erscheinen zumeist als »Rufe aus der Kindheit«, im erfüllten, dann sich zum Schmerz auswachsenden Verhältnis zu den Eltern, besonders der Mutter (*Abschied für länger*, 1965; *Ausflug mit der Mutter*, 1976) und der spontanen Parteinahme für das kindliche Dasein, Protest der eher leisen Töne gegen alles Geregelte und alle verordneten Erziehungs- und Ideologiekonzepte (*Der Fall Rufus*, 1971; *Paulinchen*, 1974). Zwar finden sich immer wieder biographische Spuren in ihrem Werk, doch sind diese sowohl von der ästhetischen, erzählerisch mehrfach gebrochenen Darbietungsweise wie von der literarisch kryptischen Zitationsweise her zumeist änigmatisch und mehrdeutig. Inzwischen sind ihre *Gesammelten Erzählungen* aus dreißig Jahren in drei Bänden erschienen, 1987 hat die mehrfach ausgezeichnete Autorin (u. a. Bremer Literaturpreis; Bundesverdienstkreuz; Mainzer Stadtschreiberin 1985) eine Art Endzeitroman vorgelegt (*Der Flötenton*), doch auch in den jüngst publizierten Erzählungen mit dem bezüglichen Titel *Das Salz bitte* (1992) bleibt sie ihrer Thematik und erzählerischen Motivation treu: Es sind »Ehegeschichten«, Fallbeispiele, die aus einem Komik und Satire einschließenden, analysierenden und sezierenden Blick vorgetragen werden.

Literatur: Wagener, Hans: Gabriele Wohmann. Berlin 1986; *Häntzschel*, G.: Gabriele Wohmann. München 1982; *Scheuffelen*, Thomas (Hrsg.): Materialienbuch Gabriele Wohmann. Darmstadt 1977; *Wellner*, Klaus: Leiden an der Familie. Zur sozialpathologischen Rollenanalyse im Werk Gabriele Wohmanns. Stuttgart 1976.   *Karl Hotz*

Wolf, Christa
Geb. 18. 3. 1929 in Landsberg/Warthe, heute Gorzów/Wielpolski

Sie kommt aus dem Kleinbürgertum. Der Vater besaß in Landsberg ein kleines Geschäft, ihre Kindheit blieb von den Schrecken des Nationalsozialismus und des Kriegs weitgehend verschont, ein Alltag in der »Volksgemeinschaft«. Im Januar 1945 muß die Familie mit den großen Flüchtlingstrecks Richtung Westen ziehen. Das Verlassen der Heimat, die Konfrontation mit Elend, Gewalt und Tod bedeutet für die 16jährige das Ende der Kindheit. In Mecklenburg wird sie nach Kriegsende als Schreibkraft eines Bürgermeisters eingestellt, besucht die Oberschule, macht 1949 – im Gründungsjahr der DDR – das Abitur und tritt in die SED ein, identifiziert sich mit den Idealen des neuen Staats und seiner Partei. Während ihrer Studienzeit heiratet sie den Essayisten Gerhard Wolf (1951), mit dem sie teilweise zusammenarbeitet (Anthologien, Filmdrehbücher). Zwei Töchter (1952 und 1956 geboren) gehen aus der Ehe hervor.

Schon während des Germanistikstudiums in Jena und Leipzig, das sie 1953 bei Hans Mayer mit einer Arbeit über *Probleme des Realismus bei Hans Fallada* abschließt, setzt W.

als Literaturkritikerin ihre frisch erworbenen Seminarkenntnisse um. Maßstab ihres Urteils ist die damals noch herrschende Ästhetik von Georg Lukács, sind die kunstfremden Normen des Sozialistischen Realismus. Sie schätzt an Anna Seghers, mit der sie seit den 50er Jahren befreundet ist, die politisch standfeste, psychologisch motivierte Erzählweise, und orientiert sich an Seghers'Theorie der literarischen Produktion, in der die aktive Rolle des Autors betont wird. »Literatur und Wirklichkeit stehen sich nicht gegenüber wie Spiegel und das, was gespiegelt wird. Sie sind ineinander verschmolzen im Bewußtsein des Autors. Der Autor nämlich ist ein wichtiger Mensch«, steht in W.s Essay *Lesen und Schreiben* von 1972. In den 50er Jahren ist W. als wissenschaftliche Mitarbeiterin beim Schriftstellerverband (bis 1977 Mitglied des Vorstands) tätig, Redakteurin der Verbandszeitschrift *Neue Deutsche Literatur* und Cheflektorin des Jugendbuchverlags »Neues Leben«. Ihre erste eigene literarische Arbeit, die *Moskauer Novelle* (1961), hat sie später selbst kritisch kommentiert und sich vorgeworfen, darin die wesentlichen Konflikte jener Jahre (so auch Stalinismus und »Entstalinisierung«) ausgeblendet zu haben zugunsten literarischer Klischees im Dienste der Ideologie (*Über Sinn und Unsinn von Naivität*, 1974).

1959, im Rahmen des »Bitterfelder Weges«, als die Partei die Künstler auffordert, sich in Fabriken und landwirtschaftlichen Produktionsgenossenschaften Kenntnisse von der Wirklichkeit der Arbeitswelt zu verschaffen, hospitiert W. als Lektorin des Mitteldeutschen Verlags Halle in einer Waggonfabrik, und nimmt an »Zirkeln Schreibender Arbeiter« beratend teil. Die Erfahrungen, die sie im Betriebsalltag gewinnt, gehen in eine Geschichte ein, in der das Scheitern einer Liebe mit dem Mauerbau 1961 verknüpft wird: *Der geteilte Himmel* (1963) ist der erste Roman, der als spezifische DDR-Prosa weltweit Anerkennung findet. Wenngleich stilistisch dem bürgerlichen Realismus des 19. Jahrhunderts verpflichtet, ist der Text dennoch ein Novum, weil er die moralische Bewertung gesellschaftlicher Verhaltensweisen (z.B. der Republikflucht) mit einer psychologischen Differenzierung verbindet, die das bis dahin in der DDR-Literatur geläufige Schema von Gut und Böse durchbricht.

Es scheint eine Bilderbuchkarriere zu werden: die Autorin, – sie lebt jetzt mit ihrer Familie in Berlin, – ist als freie Schriftstellerin anerkannt, wird zwischen 1963 und 1967 (dem VI. und VII. Parteitag) Kandidatin des ZK der SED, ist Mitglied des PEN-Zentrums der DDR, erhält Auszeichnungen und Reiseerlaubnis in die Bundesrepublik (u. a. 1964 zum Besuch des Auschwitz-Prozesses in Frankfurt a. M.). Aber schon im Dezember 1965 auf dem 11. Plenum des ZK der SED stößt sie mit ihrem Diskussionsbeitrag, der mehr Erfahrung und Wirklichkeit, weniger »Typik« in der Literatur fordert, auf Kritik. Weniger spektakuläre Zurückweisung als kleinliche Bevormundung verringern zunehmend ihren Enthusiasmus. So kann man ihrem 1966 entstandenen (erst 1972 im Westen veröffentlichten) Porträt Ingeborg Bachmanns an vielen Stellen die Formulierung der eigenen Situation ablesen: »Kühnheit? Wo hätten wir sie zu suchen, bei eingestandenem Rückzug vor Übermächten, bei eingestandener Ohnmacht gegenüber dem Fremderwerden ihrer Welt? In den Eingeständnissen selbst? Gewiß, da sie nicht aus Routine, nicht freiwillig gegeben werden. Mehr aber noch im Widerstand. Nicht kampflos weicht sie zurück, nicht widerspruchslos verstummt sie, nicht resignierend räumt sie das Feld. Wahrhaben, was ist – wahrmachen, was sein soll. Mehr hat Dichtung sich nie zum Ziel setzen können« (*Die zumutbare Wahrheit. Prosa der Ingeborg Bachmann*).

Als 1968 ihr zweiter Roman *Nachdenken über Christa T.* erscheint, stößt er in der DDR weitgehend auf Ablehnung und Befremden. Dem Text, der das Leben einer verstorbenen Freundin zu rekonstruieren und im Erinnern aufzubewahren sucht, ist als Motto ein Satz Johannes R. Bechers vorangestellt: »Was ist das: Dieses Zu-sich-selber-Kommen des Menschen?«. Die Frage wird im Roman höchst ambivalent »beantwortet«: der frühe Tod der Hauptfigur wird angesichts der Unmöglichkeit, die eigenen Empfindungen mit den gesellschaftlichen Ansprüchen zu vereinbaren, zur Herausforderung von Fortschrittsoptimismus und normiertem Menschenbild. Christa T. – in vielem der Autorin verwandt – zeichnet sich durch eine leise, aber bestimmte Verweigerung aus gegenüber dem »Mitmachen« – sei es im nationalsozialistischen Alltag, sei es beim Aufbau einer sozialistischen Gesellschaftsordnung. Die Ideale werden zunehmend von der Wirklichkeit im »real existierenden Sozialismus« in Frage gestellt, wenn nicht zersetzt.

Auch mit dem nächsten Roman *Kindheitsmuster*, der nach einigen Erzählungen 1976 erscheint, bewegt sich die Autorin außerhalb der gängigen Bahnen. Auf mehreren stilistisch unterschiedenen Erzählebenen rekonstruiert sie wie für eine kollektive Psychoanalyse ihre Kindheit im Nationalsozialismus und zeigt, wie die damals eingeübten und verinnerlichten Erziehungsmuster im Verhalten der jetzt Erwachsenen (der »Aufbaugeneration«) unwillkürlich weiterwirken. Die historisch-politische Zäsur zwischen Faschismus und Sozialismus ist von psychischen Kontinuitäten überlagert, die das Handeln und die Gefühle der Menschen oft stärker beeinflussen als der verordnete Neubeginn. »Das Vergangene ist nicht tot, es ist nicht einmal vergangen« (W. Faulkner) beginnt der Roman, den die Autorin ihren beiden Töchtern gewidmet hat; Prosa als »authentische Sprache der Erinnerung«, übersetzte Erfahrung.

Durch die Ausbürgerung Wolf Biermanns wird das Jahr 1976 in der DDR zum kulturellen und kulturpolitischen Einschnitt. W. gehört zu den ersten Unterzeichnern einer Protestpetition (dem »Offenen Brief« vom 17. 11. 1976), welche die Partei bald zum Anlaß nimmt, mißliebige Künstler und Schriftsteller zu reglementieren, kaltzustellen oder ebenfalls auszuweisen. W. geht auf »innere Distanz«.

Sie befaßt sich (angeregt durch die gerade in Gang gekommene feministische Diskussion und durch das neu erwachte Interesse an der Romantik) mit dem Werk und Leben der Karoline von Günderrode, an der sie die gesellschaftliche Widerstandskraft und die persönliche Tragik herausstellt, die in dem Unvermögen und der Weigerung liegt, sich mit der Realität zu arrangieren. Unter dem Titel *Der Schatten eines Traumes* gibt sie 1979 Günderrodes Schriften heraus, begleitet von einem einfühlsam-identifikatorischen Essay. Die politische Brisanz ihrer Beschäftigung gerade mit dem Romantikerkreis ist unverkennbar; W. sieht in ihm den »Versuch eines gesellschaftlichen Experiments einer kleinen progressiven Gruppe, die dann, nachdem die Gesellschaft sich ihr gegenüber totalitär und ablehnend verhalten hat, restriktiv in jeder Hinsicht, unter diesem Druck auseinanderbricht und in verschiedene Richtungen hin sich zurückzieht.« Im Rahmen dieser Studien entsteht der Prosatext *Kein Ort. Nirgends* (1979). In einem statuarischen, den Fortschritt der Handlung mehr aufhaltenden als vorantreibenden Stil wird eine fiktive Begegnung zwischen der Günderode und Heinrich von Kleist geschildert, die tiefe Vereinsamung der beiden Einzelgänger – jeder von ihnen wird Jahre später den Freitod wählen – , deren Gefühle wie abgeschnitten von der Außenwelt scheinen. Kraft einer geheimen Seelenverwandtschaft können sie einen Augenblick lang ein imaginatives

Verständnis, eine freilich brüchige Solidarität füreinander formulieren. Neben diesem Ausbruch nach Innen, den die beiden Schriftsteller gegen die Gesellschaft betreiben, geht es der Autorin um die besonderen Bedingungen einer weiblichen Existenz als Künstlerin und Intellektuelle, die sie an der Günderrode, aber auch an Bettine von Arnim reflektiert (*Nun ja! Das nächste Leben geht aber heute an. Ein Brief über die Bettine*, 1980). Auch in ihrer Frankfurter Poetikvorlesung 1982 behandelt sie die Frage nach einem spezifisch weiblichen Weltbild und einer weiblichen Ästhetik, inspiriert von feministischen Theorien, die seit Mitte der 70er Jahre im Gespräch sind.

Angeregt durch die Lektüre der *Orestie* von Aischylos, der Inszenierung von Peter Stein an der Westberliner Schaubühne und einer Griechenlandreise beginnt sie 1980, sich mit der Kassandrafigur auseinanderzusetzen. Die Antike dient in der Erzählung *Kassandra* als Folie: an der Seherin, deren Untergangsprophezeiung dazu verdammt ist, nicht gehört zu werden, entwickelt die Autorin die Rolle der Frau als Kontrastbild zur männlichen Rationalität, die auf kriegerische Vernichtung hinausläuft. Kassandra verkörpert aber auch die (vergebliche) Seherkraft der Kunst angesichts der totalen Bedrohung, in der der Leser die weltpolitischen und atomaren Gefahren von heute erkennt. Mit diesem Text hat sich W. in die aktuelle Diskussion um Frieden und Abrüstung eingemischt und diese Thematik mit der Situation einer von der patriarchalischen Gesellschaft unterdrückten Frau verknüpft. In den *Voraussetzungen einer Erzählung: Kassandra*, die sie 1982 an der Frankfurter Universität als Gastdozentin vorträgt, ist das ganze Spektrum ihrer Arbeit unter den Anspruch gestellt, »gegen das unheimliche Wirken von Entfremdungserscheinungen auch in der Ästhetik, auch in der Kunst« anzuschreiben. Bewußt knüpft sie damit an die früheren Ideale an. Ihr Schreiben hat sich indessen von einer eingeschränkten DDR-Problematik gelöst, ohne die eigene Geschichte zu verleugnen. Deutlich ist der persönliche Blick profiliert: fast immer hat sie die Perspektive einer Frau am Rand des Todes beschrieben, aus der heraus die Gesellschaft betrachtet wird: im *Geteilten Himmel* ebenso wie in *Nachdenken über Christa T.*, in *Kein Ort. Nirgends* oder der Erzählung *Kassandra*, die vor dem Haus Agamemnons ihren Erinnerungsmonolog beginnt: »Mit dieser Erzählung gehe ich in den Tod.«

Mit der »Wende« in der DDR, dem Fall der Grenze zwischen Ost und West am 9. November 1989, und der Wiedervereinigung der beiden deutschen Staaten 1990 bricht neben der Hoffnung »auf bessere Zeiten« gerade auch bei der Aufbaugeneration die Trauer über das große Mißlingen des Experiments »Sozialismus« durch. »Immer scheinen die unzumutbaren Forderungen sich auf Versäumnisse in ungelebten Lebenszonen zu beziehen, die nicht ohne weiteres durch nachgelebtes Leben auffüllbar sind« (*Störfall*). Moralität und Integrität, womit sich eine zurückhaltend und gleichzeitig präsente gesellschaftliche Rolle einnehmen ließ, werden nun hinterfragt. *Was bleibt* – ein 1979 geschriebener und 1990 veröffentlichter Text – entfacht unter den Literaturkritikern im Westen erneut eine Auseinandersetzung über die »Gesinnungsästhetik« der Autorin, ihre politische Glaubwürdigkeit und ästhetische Qualität.

Schon der Text von 1986, *Störfall – Nachrichten eines Tages*, der persönliche Gedanken und Gefühle anläßlich einer technologischen Katastrophe notiert: dem Unfall des Atomkraftwerks Tschernobyl in der damaligen Sowjetunion, begleitet von den telefonischen Nachrichten über das Gelingen einer Gehirnoperation des Bruders, wurde in Ost und West viel gelesen, dabei aber auch einer grundsätzlichen literarischen Kritik unterzogen. Eine produktive Auseinandersetzung mit den Stärken und Schwächen des Gesamtwerks – das durchgehaltene Motiv der gemäßigten Klage und angepaßten Melancholie als Erzählhaltung – zeigt eine weiterwirkende Herausforderung, die das zumindest historische Interesse an der international bekanntesten zeitgenössischen deutschsprachigen Autorin wachhält.

Literatur: Hilzinger, Sonja: Christa Wolf. Stuttgart 1986; *Hörnigk,* Therese: Christa Wolf. Berlin 1989; *Sauer,* Klaus (Hrsg.): Christa Wolf Materialienbuch, Darmstadt/Neuwied 1983.

Genia Schulz

Wolf, Friedrich
Geb. 23. 12. 1888 in Neuwied; gest. 5. 10. 1953 in Lehnitz

In W.s Bauernkriegsdrama *Der Arme Konrad* (1924) ziehen die Bauern des »Bundschuh« während einer Aufführung des *Ehrsamen Narrengerichts* aus ihren Narrenpritschen die Schwerter und beginnen aus dem Spiel heraus den bewaffneten Aufstand. Es ist dies eine Schlüsselszene zum Verständnis von W.s Kunstkonzept: Die Szene wird zum Tribunal, die Kunst ist Waffe im Kampf der Klassen und der Dichter Trommler neben der Fahne. Kein anderer Dramatiker seiner Zeit hat dem politischen Gegenwartsstück so zum Erfolg verholfen wie W. Kein anderer hat die »Einheit des Mannes und seines Werkes« (Lion Feuchtwanger) so zur Grundlage des literarischen Erfolgs machen können wie W.

In ersten, expressionistisch geprägten Dramen verarbeitet der einstige Truppenarzt seine Wandlung zum Kriegsgegner. Er entwirft revolutionäre Utopien mit antizivilisatorischer und anarchistischer Tendenz. Seine praktische Beteiligung am »Kampf im Kohlenpott« gegen den Kapp-Putsch, sein Aufenthalt in der syndikalistischen Siedlergemeinschaft Barkenhoff bei Worpswede, seine Tätigkeit als Arzt für Naturheilkunde und Homöopathie im schwäbischen Hechingen: alles wird umgehend literarisch verarbeitet.

Mit dem 1924 uraufgeführten *Armen Konrad* beginnt seine Karriere als erfolgreicher Bühnenautor. Populär wird er auch durch seine aufklärenden Vorträge als Sozialmediziner und Sexualhygieniker, durch seine knalligen Gesundheitsbroschüren mit Titeln wie: *Dein Magen ist kein Vergnügungslokal, sondern Kraftzentrale,* und vor allem durch sein großes Volksgesundheitsbuch, *Die Natur als Arzt und Helfer* (1928).

Während seiner Jahre in Stuttgart von 1927 bis 1933 entwickelt sich W. zu einer der wichtigsten Symbolfiguren der Arbeiteröffentlichkeit. Er tritt der KPD bei und wirbt als faszinierender Redner für ihre Ziele. Er experimentiert mit den neuen Medien, hält Rundfunkvorträge, schreibt Hörspiele, propagiert den Arbeiterfilm, gründet und leitet den »Spieltrupp Südwest«, für den er Agitpropstücke schreibt (*Bauer Baetz,* 1932). Er hält den für die proletarische Kulturpolitik folgenreichen Vortrag mit dem apodiktischen Titel: *Kunst ist Waffe! Eine Feststellung* (1928). Sein zweifelsohne populärstes Bühnenstück wird *Cyankali* (1929), das die Folgen des Abtreibungsparagraphen 218 drastisch schildert und den politischen Kampf um seine Abschaffung beflügelt. Als W. wenig später unter dem – unrichtigen – Vorwurf der ärztlichen Beihilfe zur Abtreibung verhaftet wird, beginnt eine nationale Solidaritätskampagne für seine Freilassung.

Als Kommunist, Erfolgsautor, medizinischer Aufklärer und Jude war W. für die Nationalsozialisten eine negative, aber schwer angreifbare Symbolfigur. Mit seiner Flucht ins Exil konnte er sich 1933 einer Verhaftung entziehen. W. versuchte vergeblich, sich den Internationalen Brigaden in Spanien anzuschließen; am 1. September 1939 wurde er als »gefährlicher Ausländer« von den Franzosen verhaftet und ins Straflager Le Vernet eingeliefert. Die Verleihung der sowjetischen Staatsbürgerschaft ermöglichte ihm die Übersiedlung in die UdSSR.

Es blieb W. keine Zeit mehr, seine Theorie und Praxis des Arbeitertheaters systematisch weiterzuentwickeln, seine eher am bürgerlichen Theater orientierte, auf Identifikation und Katharsis setzende Dramenform zu differenzieren. So ging W.s Wirkung weniger von seinen theoretischen Einsichten zum sozialistischen Theater als von seiner Fähigkeit aus, brennende Themen schnell zu ergreifenden Zeitstücken zu verarbeiten. In der Zeit nach 1945 war *Professor Mamlock* (1933) das erste antifaschistische Exildrama, das Stück schlechthin zur nationalsozialistischen Machtergreifung. Sein Sohn Konrad W. drehte 1960 den gleichnamigen DEFA-Film.

Nach seiner Rückkehr aus der UdSSR übernahm W. viele wichtige Funktionen im kulturellen Leben der damaligen DDR. Seine literarischen Erfolge aus der Zeit der Weimarer Republik wiederholten sich indes nicht. Obwohl er zu Gegenwartsproblemen des sozialistischen Aufbaus (*Bürgermeister Anna*, (1950) und der Restauration des Kapitalismus (*Der Rat der Götter*, 1950, Film) Stellung nahm, blieb W. in der DDR ein hochgeehrter, aber kaum noch gespielter Klassiker des sozialistischen Dramas.

Werkausgabe: Friedrich Wolf: Gesammelte Werke in 16 Bänden. Hrsg. von *Wolf*, Else und *Pollatschek*, Walther. Berlin 1960.

Literatur: *Hohmann*, Lew: Friedrich Wolf. Bilder einer deutschen Biografie. Berlin 1988; *Kienzle*, Michael und *Mende*, Dirk: Dr. Friedrich Wolf, Stuttgart, Zeppelinstr. 43. »Spuren«. Hrsg. von *Ott*, Ulrich, *Pfäfflin*, Friedrich, *Scheuffelen*, Thomas. Marbach 1988; *Müller*, Henning: Friedrich Wolf. Weltbürger aus Neuwied. Selbstzeugnisse in Lyrik und Prosa. Dokumente und Dokumentarisches. Bilder und Briefe. Neuwied 1988; *Kienzle*, Michael und *Mende*, Dirk: Friedrich Wolf: Die Jahre in Stuttgart 1927–1933. Ein Beispiel. Hrsg. vom Projekt Zeitgeschichte der Landeshauptstadt Stuttgart. Stuttgart 1983. *Michael Kienzle*

Wolf, Ror *(Pseudonym Raoul Tranchirer)*
Geb. 29. 6. 1932 in Saalfeld/Thüringen

»Am Ende einer Verwirrung sprangen zwei Männer vom Dach eines Hauses herab. Der eine fiel auf die Straße, wo er sich unter die Menge mischte. Der andere stürzte in einen Kanal und schwamm durch das schwarze Wasser zum gegenüberliegenden Ufer. Einem Schleppkahn, an dem er vorbeikam, rief er ein lautes Grüß Gott zu. Aber nun geschah etwas, womit niemand an dieser Stelle gerechnet hatte, in diesem schweren trägen dick in die Dunkelheit hineinfließenden Moment. Das ist eine trotz ihres blutigen Ausgangs eigentlich doch recht hübsche Geschichte.«

Wie diese, ließen sich ihrer hochkomprimierten Kürze wegen auch viel andere des Artisten W. (hier aus *Mehrere Männer*, 1987) vollständig zitieren. Auch diese anderen zeigen, ohne daß sich die schockähnliche Wirkung der kurzen Geschichten je minderte, eine stets ähnliche Grundstruktur, zeigen das Geheimnis seines Erfolges wie auch die Wurzel der noch immer geringen Popularität seines Œuvres: Denn, die eingefleischten Lesererwartungen stets unerfüllt an den Leser zurückspielend, überschüttet der Autor ihn gleichzeitig mit spannungsgeladenen Ungeheuerlichkeiten. Deren Ort und Ursprung liegt, ungewohnt und ungewohnt konsequent, jedoch nicht in irgendeiner außersprachlichen Wirklichkeit, sondern – ausschließlich – auf den mit Bleistift oder Computer beschreibbaren Flächen von Papier, einer im Doppelsinn des Worts beschreibbaren Materie. Denn allerorten wird auch der Akt des Erzählens, des puren Hinschreibens als sich selbst gänzlich genügend, herausgestellt und thematisch gemacht; das Eingangsbeispiel bereits zeigt es hinreichend.

Die schier obsessionelle Lust am Verfügen über die Kraft von Einzelwörtern, über die ihnen innewohnende sowohl aufpeitschende wie kalmierende Bildkraft, über ihre tiefinneren Vokal- und Konsonantenklänge beherrscht das in vielfältige Gattungen ausgelegte Werk W.s: Gleichsam als ästhetischer Nerv des Œuvres ist sie es, die das Wechselspiel seiner Wort-, Bild- und Ton-Collagen regiert, sie regiert dies nicht nur stärker als all die für gewöhnlich erwarteten »echten Anliegen«, »raunenden Botschaften und dampfenden Bedeutungen« (so W. bereits 1968; 1992 anläßlich der Verleihung des Bremer Literaturpreises variiert er: »Das Hochfeierliche, das Schwerpathetische ist mir nicht nur fremd, es ist nach meinen Erfahrungen immer auch das Falsche und zwar das geradezu donnernd Falsche gewesen«), – sie dominiert vielmehr absolut.

Die Poetologie W.s, als deren Lehrer die Iren James Joyce und Samuel Beckett, nicht zuletzt auch der deutsche Arno Schmidt fungierten, läßt sich, beispielhaft, auch aus einer der den Prosatexten oft beigegebenen Bildcollagen ersehen. Gleich eingangs in dem bereits zitierten Werk *Mehrere Männer* findet sich ein Klebebild, das, im rechten oberen Drittel – und dort nicht nur formal herausstechend – das naturwissenschaftliche Dokument einer totalen Sonnenfinsternis fixiert. Jenseits und unterhalb ihrer gestikulieren, halb exaltiert, halb in sich versunken, mehrere Männer in nicht verbindbaren Gruppen, ohne ersichtlichen Grund; hie und da scheint Nacht oder schweres Gewitter zu herrschen; ganz im Dunkel indes bleibt der zusammenhangstiftende Kern der disparat zueinandergefügten Montageelemente. Der jedoch findet sich – exemplarisch für das artistische Verfahren W.s insgesamt – in jenem Klebeausschnitt des total geschwärzten Glutballs unseres Zentralgestirns. Dessen Anwesenheit wird auf diese Weise, und zwar dramatisch, erst deutlich, durch seine Abwesenheit, durch präzise, hier astronomisch begründete, Aussparung! Für das Auge desto erregender sichtbar sind indes die unberechenbaren Auswüchse, die Ritzen und Buckel der flammenden Corona.

Für den Leser W.s hieße das in den Worten des Autors: »Er soll mit den Bewegungen der Sprache die Ritzen und Buckel der Realität nachfahren, die mikrobisch und monströs, bizarr und banal, konkret und phantastisch zugleich ist. Bewegungen der Sprache – mithin auch unserer eigenen in all ihrem Aufputz – spiegelt das W.sche Werk als eine – den Kern konstitutionell nie erreichende – Dauerbewegung ab. Hierin weniger, wie oft unterstellt, als Surrealist, sondern als vielmehr weit fortgeschrittener Realist wäre W. zu erkennen, vertraute man sich seinen aufweckenden künstlerischen Verfahren an. Präzis und verallgemeinerbar werden diese von der artverwandten Schriftstellerin Brigitte Kronauer erfaßt: »Wie ein dekoratives Baugerüst um ein fehlendes Haus stehen die spannungssteigernden Apparaturen und Floskeln zum Fabrizieren ungeheuerlicher Vorfälle und spektakulärer Biografien um die eigentliche, angekündigte, aber gewissenhaft entfernte Handlung herum.«

Lediglich W.s frühste, 1958 in der Frankfurter Studentenzeitung *Diskus* erschienene Prosaarbeit – ab 1959 ist der Literatur-, Soziologie- und Philosophiestudent dort Feuilletonredakteur – zeigt noch Spuren einer konventionellen Handlung; in der rasch darauf folgenden zweiten Textfassung (ebenfalls 1958, erschienen jedoch erst 1969 in: *Dankeschön. Nichts zu danken*) sind diese bereits getilgt. Mit dem ersten großen Roman, der mit den vertrauten Erzählmodalitäten auch hinsichtlich der Zeitstrukturen bricht (*Fortsetzung des Berichts*, 1967), gewinnt W. bereits eine erste, exklusive Lesergemeinde. Das Phänomen Fußball übt besondere Faszination auf W. aus (*Punkt ist Punkt. Fußball-Spiele*, 1971; *Die heiße Luft der Spiele*, 1980; *Der Ball ist rund*, 1987). Im Nachwort zu *Das nächste Spiel ist immer das schwerste* (1982) heißt es: »Die Welt ist zwar kein Fußball, aber im Fußball findet sich eine ganze Menge Welt.« Das Hauptwerk seiner poetischen Produktion – ungeschlagen bislang *Pilzer und Pelzer. Eine Abenteuerserie* (1967) –, doch auch seine Moritaten (*Mein Famili*, 1968), zahlreiche Hörspiele (zuerst *Der Chinese am Fenster*, 1970) bis hin zur großen Legende von *Leben und Tod des Kornettisten Bix Beiderbecke aus Nord Amerika* (1986) führten rasch zu gesammelten Preisungen, teils in Form monetärer Auszeichnungen, teils in Form analytischer Essays.

Die Leser bleiben nach wie vor hochgefordert, eine neue Werkausgabe (seit 1991) kann den Nachvollzug der W.schen Arbeit, und ihre Lust daran, nunmehr sichern. W.s große Hülfs- und Ratgeberkompendien von A–Z, publiziert unter dem Pseudonym Raoul Tranchirer, (1983 und 1990), sind gleichfalls leicht zu erreichen.

Literatur: Anfang und vorläufiges Ende. 91 Ansichten über den Schriftsteller Ror Wolf. Hrsg. von Lothar *Baier* u. a. Frankfurt a.M. 1992; *Baier*, Lothar (Hrsg.): Über Ror Wolf. Frankfurt a.M. 1972; *Bündgen*, Thomas: Sinnlichkeit und Konstruktion. Frankfurt a.M./Bern 1985; *Schütte*, Rolf: Material, Konstitution, Variabilität. Sprachbewegungen im literarischen Werk von Ror Wolf. Bern 1987.   *Bettina Clausen*

Wolfram von Eschenbach
um 1200

»Laien munt nie baz gesprach«, so wird W. um 1210 von Wirnt von Grafenberg, dem Verfasser eines Artusromans *(Wigalois)*, gepriesen. Trotz seines unbestrittenen literarischen Ranges ist von W.s Leben wenig bekannt. Es gibt kein einziges urkundliches Zeugnis. Er bezeichnet sich selbst als »ritter«: »schildes ambet ist mîn art« (»das Schildamt ist meine Bestimmung«). Aus seinem Beinamen und geographischen Angaben in seinen Werken läßt sich schließen, daß er aus Franken stammte. Heute wird allgemein Wolframs-Eschenbach (südwestl. Nürnberg, diese Namensform seit 1917) als W.s Herkunftsort angenommen. Nach Andeutungen im *Parzival* war er verheiratet und hatte (laut *Willehalm*) eine Tochter. Er nimmt in seinen Werken u. a. Bezug auf die Herren von Dürne, auf deren Burgsitz Wildenberg (bei Amorbach; der Name der Gralsburg, Munsalvaesche; »mont sauvage«, könnte darauf anspielen) er das 5. Buch seines *Parzival* vollendet haben dürfte, auf die Grafen von Wertheim und vor allem auf Landgraf Hermann I von Thüringen.

Geschaffen hat W. drei epische Werke: den *Parzival*, einen Doppelroman in 16 nach den Hauptgestalten strukturierten Büchern mit zwei Helden: der Titelgestalt, welche eine Entwicklung vom außerhöfischen Dümmling über den vollendeten Artusritter zum Herrn des utopischen Gralsreiches durchläuft, und mit einer Kontrastfigur, Gawan, der sich von Anfang an als idealer Ritter bewährt, der sich nur im Bereich der Minne, in welchem Parzival rasch und traumwandlerisch zum Ziel gelangt, noch zu bewähren hat. Mit Parzivals Halbbruder Feirefiz, der gegen Ende des Romans Gawan als komplementäre Gestalt ablöst, kommt zum Okzident der Haupthandlung der damals zweite bekannte Weltkreis, der Orient, wieder ins Spiel, der schon in der Vorgeschichte für Parzivals Vater bestimmend war. So umfassend wie der geographische Horizont sind auch die ethischen Dimensionen des Werkes, das ein breites Spektrum menschlicher Schicksale, Irrungen und Bewährungen vorführt. W. kleidet die Fabel in einen metaphernreichen (sog. »geblümten«) Sprachstil, durchsetzt mit einem eigenwilligen, oft skurrilen Humor. Er verarbeitete eine Fülle zeitgenössischen Wissens, vor dem die Frage, ob W. ein »illiteratus« gewesen sei, verfehlt erscheint, auch wenn sie sich auf einen aus dem Zusammenhang gerissenen, doch wohl ironisch gemeinten Vers (»ich enkan deheinen buochstab«) stützt. W. bezieht sich außerdem z. T. kritisch, z. T. ironisch auf zeitgenössische Dichter wie Heinrich von Veldeke, Hartmann von Aue, Walther von der Vogelweide, Neidhart. Überlegungen, ob er auch gegen Gottfried von Straßburg polemisierte, bleiben spekulativ. – Der *Parzival* gibt der Forschung zahlreiche Probleme auf, u. a. das Verhältnis zum gleich angelegten, unvollendeten *Perceval* Chrestiens de Troyes, von welchem sich W. ausdrücklich distanziert, wogegen er sich auf einen sonst nirgends bezeugten Gewährsmann Kyot beruft, ferner die Schuld (oder die Sünden) des Haupthelden, das Gralsproblem.

Nach einer vom Landgrafen Hermann vermittelten Vorlage schuf W. das Epos *Willehalm*, unvollendet abgebrochen vielleicht nach dem Tode des Auftraggebers (1217). Im Mittelpunkt des in der Karolingerzeit spielenden Heidenkriegsromans stehen der Markgraf Willehalm und seine Frau Gyburg, eine getaufte Heidin. Dieses Werk setzt sich von früheren Heidenkampfgeschichten v. a. durch die Vertiefung und Problematisierung des christlich-heidnischen Gegensatzes ab, welcher in der berühmten Toleranzmahnung gipfelt, die nicht von ungefähr der getauften Heidin Gyburg in den Mund gelegt ist, evtl. eine Kritik an abendländischer Selbstüberhebung.

Bis ins Spätmittelalter wird W. als Hauptwerk ein dritter Roman (in Strophen), der *Titurel*, zugeschrieben, eine Geschichte des Gralsgeschlechtes, in dessen Zentrum die Kinderminnetragödie um Sigune und Tschionatulander steht. Hugo von Montfort preist ihn (um 1400) als »aller teutsch ein bluom«, Jakob Püterich von Reichertshausen nennt ihn in seinem *Ehrenbrief* (um 1460) das »haubt ab teutschen puechen«. Dieser bairische Landrichter und Literaturliebhaber berichtet überdies, er habe W.s Grab in Eschenbach gesehen. Im *Titurel* findet sich als weiterer Beiname W.s »von Blienfelden«: dies ein Ort (Pleinfeld), der wie Eschenbach zum Lehensbereich der Wertheimer Grafen gehörte. Da W. im *Titurel* als älterer Mann erscheint, könnte er im Alter an diesem Ort gewohnt haben. Seit Lachmann wird dieses Werk einem Albrecht (manche meinen »von Scharfenberg«) zugeschrieben, der sich in den letzten 400 Strophen (von insgesamt 6300) zu Wort meldet. W. werden nur zwei gesondert überlieferte Episoden, die sog. Titurelfragmente, belassen. Überliefert sind von W. auch einige Tagelieder; er gilt als Schöpfer des sog. Wächterliedes. W.s Epen übertreffen in der Zahl der Handschriften die seiner Zeitgenossen um ein Vielfaches (z. B. 84 Parzival-Handschriften gegenüber 27 von Gottfrieds *Tristan*). Sein Ruhm überdauerte das Mittelalter. Schon 1477 erschienen *Parzival* und *Titurel* als erste mittelhochdeutsche Epen im Druck. Er war und ist die beherrschende Gestalt der mittelhochdeutschen Literaturgeschichte.

Literatur: *Bumke,* Joachim: Wolfram von Eschenbach. Stuttgart ⁶1991; *Bertau,* Karl: Wolfram von Eschenbach. Neun Versuche über Subjektivität und Ursprünglichkeit in der Geschichte. München 1983; *Schirok,* Bernd: Parzivalrezeption im Mittelalter. Darmstadt 1982; *Wapnewski,* Peter: Die Lyrik Wolframs v. Eschenbach. München 1972; *Bumke,* Joachim: Die Wolfram von Eschenbach-Forschung seit 1945. Bericht und Bibliographie. München 1970; *Pretzel,* Ulrich und *Bachofer,* Wolfgang: Bibliographie zu Wolfram von Eschenbach. Berlin ²1968; *Rupp,* Heinz (Hrsg.): Wolfram von Eschenbach. Darmstadt 1966. *Günther Schweikle*

Wolfskehl, Karl
Geb. 17. 9. 1869 in Darmstadt; gest. 30. 6. 1948 in Bayswater-Auckland (Neuseeland)

»Heute, ein volles Jahr nachdem das, von dem Ihr Euch als von einem Spuk oder Nachtmahr befreit fühlt, mit dem Köstlichsten der Heimat zusammengebrochen ist, hat die Heimat durchaus vergessen, daß es den deutschen Dichter Karl Wolfskehl noch gibt, wahrscheinlich vergessen, daß es ihn je gegeben hat.« Als W. diese ahnungsvollen Zeilen an einen Jugendfreund in Deutschland schrieb, lagen bereits dreizehn Jahre Exil hinter ihm. Ausgestoßen von dem Land, dessen Sprache und Literatur ihm Lebensgrund war, ausgeschlossen aus dem Kulturkreis, dessen Traditionen sein Werk bestimmten, teilte er das Schicksal vieler deutscher Juden seiner Generation: Armut, Isolation, Vergessensein.

W. entstammte einer alteingesessenen, zu Wohlstand und gesellschaftlichem Ansehen gelangten jüdischen Familie. Nach dem Studium der Germanistik in Berlin, Leipzig und Gießen, das er 1893 mit einer Promotion über *Germanische Werbungssagen* abschloß, ließ er sich 1898, mittlerweile verheiratet mit der Kapellmeisterstochter Hanna de Haan, als Privatgelehrter in München nieder. Das väterliche Erbe ermöglichte ihm eine unabhängige, der Dichtung und Forschung gewidmete Existenz. Prägende Bildungseinflüsse hatte der junge W. aus der Lektüre Henrik Ibsens und Friedrich Nietzsches bezogen. Das zukunftsweisende »Erweckungserlebnis« jedoch war die Begegnung mit Stefan George, dem esoterischen Dichter und charismatischen Führer, dessen Dichtung und Weltsicht »Haltung, Gestus, Niveau der ganzen Zeitrunde . . . als Verpflichtung zu einer besonderen, äußerlich von der übrigen Welt kaum getrennten, innerlich auf strengste eingehaltenen Lebensführung« wirkte. W.s erste Gedichtsammlung *Ulais* (1897) steht im Zeichen Georges, an dessen Verehrung er zeitlebens festhalten sollte. Sie erschien im Verlag der *Blätter für die Kunst*, dem Organ des George-Kreises, für das W. bis 1919 als Mitherausgeber zeichnete. Gemeinsam edierten der »Meister« und der »Mittler« – W. führte dem zurückgezogen lebenden George Friedrich Gundolf und andere Jünger zu – drei Bände *Deutsche Dichtung* (von 1900 bis 1903), die einen neuen Zugang zu Johann Wolfgang Goethe, Jean Paul und Friedrich Hölderlin eröffneten. In einer Zeit, »da die Bücher noch ein Gewand hatten« (Walter Benjamin), konnte der Sammler und Künstlerfreund – u. a. mit Franz Marc, dem Buchillustrator Melchior Lechter, dem Bühnenbildner Emil Preetorius – seinen bibliophilen Neigungen in der Betreuung der Rupprecht-Presse nachgehen. Ein anderer Wesenszug des vielseitig Interessierten, sein »Menschenhunger«, konnte sich in der Schwabinger Künstlerszene entfalten: Sein Ideenreichtum, sein kommunikatives Talent und dionysisches Naturell – nicht zuletzt sein gastliches Haus – bestimmten ihn zum »Zeus« jenes »Wahnmoching«, das seine Freundin Franziska Gräfin von Reventlow in Romanen und Tagebüchern überliefert hat. Allem Okkulten grundsätzlich zugewandt, schloß er sich zeitweilig der »Kosmischen Runde« um Alfred Schuler und Ludwig Klages an, die eine Wiederbelebung antiken Heidentums betrieben und eine obskure Rassentheorie verfochten. W. vermittelte dem Kreis die »Mutterrecht«-Theorie Johann Jakob Bachofens – 1923 edierte er dessen *Autobiographische Rückschau* – und beschwor seinerseits die Idee eines mythischen, jüdische und abendländische Traditionen verbindenden Altertums. Daß W., Mitbegründer der zionistischen Ortsgruppe München (1897), gleichzeitig mit den antisemitischen »Kosmikern« und mit Martin Buber Beziehungen unterhielt, verdeutlicht das durchaus Widersprüchliches einschließende Spektrum seiner Persönlichkeit – und auch die Arglosigkeit eines deutschen Juden vor dem Ersten Weltkrieg. So schloß sein Selbstverständnis als Jude, wie es sich z.B. in dem Aufsatz *Das jüdische Geheimnis* (1913) bekundet, das vorbehaltlose Miteinstimmen in die nationale Begeisterung bei Kriegsausbruch nicht aus. In einem in der *Frankfurter Zeitung* abgedruckten offenen Brief an den Pazifisten Romain Rolland erklärte er den Krieg als »von Gott gewollt«.

Die Nachkriegsinflation – er verlor einen Großteil seines Vermögens – zwang W. zum Broterwerb, dem er zunächst als Privatlehrer in Italien, dann mit journalistischen Arbeiten nachkam. Für die *Frankfurter Zeitung*, die *Münchner Neuesten Nachrichten* und verschiedene Radiozeitschriften verfaßte er Rezensionen und Essays, die z.T. in den Aufsatzband *Bild und Gesetz* (1930) aufgenommen wurden. Die literarische Kurzform entsprach einer intellektuellen Unrast, die wissenschaftliche Abhandlungen sowie epische Großformen ausschloß. W. war ein Mann des gesprochenen Wortes, der infolge einer fortschreitenden Augenschwäche und eines Schreibkrampfes in der rechten Hand die meisten Aufsätze und Briefe diktieren mußte. Die Briefe aus dem Exil von 1938 bis 1948 entstanden auf diese Weise: »Mit großen, erregten Schritten und wie im Fieber ging er im Zimmer auf und ab, stundenlang, und entrückt« (Margot Ruben). Die Summe seines bisherigen poetischen Schaffens zog W. in dem Band *Der Umkreis* (1927). »Wie von jeher gehen die Gedichte auf dem Schattenpfad, ja die jüngsten frösteln stärker im Schauer, sprechen böser vom Grauen« (Friedrich Wolters). W.s letzte in Deutschland erschienene Gedichtsammlung, *Die Stimme spricht* (1934/36), steht bereits ganz im Zeichen des Grauens, das den »blinden Seher«, als den sich W. unter Anspielung auf Homer gern stilisierte, vor dem aufziehenden Faschismus erfaßt hatte. Früher als viele seiner Mitbetroffenen erkannte der zeitlebens Unpolitische die Gefahr. 1933 ging er nach Italien, dessen Kultur er sich tief verbunden fühlte. Fünf Jahre später emigrierte er nach Neuseeland, wo er, »ein sonderbar krauses Halbfossil aus vergangener Welt«, die letzten zehn Jahre seines Lebens verbrachte. Vereinsamt, nahezu erblindet und verarmt, sah er sein Schicksal »unter dem Bilde Hiob«: »Von diesem Bild, keinem Bild, fast einer Rückverwandlung, ist seither alles bestimmt was ich lebe, was ich schaffe und gestalte.« Es entstanden die Dichtungen *Hiob oder die vier Spiegel*, der *Sang aus dem Exil*. Auf Angebote von Freunden, ihn zu repatriieren, ging er nicht ein. Das ein Jahr vor seinem Tode in Zürich erschienene *Lebenslied mit Abgesang*, *An die Deutschen* verstand er als sein Vermächtnis.

Werkausgabe: Wolfskehl, Karl: Gesammelte Werke. 2 Bände. Hamburg 1960.
Literatur: *Klussmann*, Paul (Hrsg.): Karl Wolfskehl Kolloquium. Vorträge – Berichte – Dokumente. Amsterdam 1983; *Schlösser*, Manfred (Hrsg.): Karl Wolfskehl 1869–1969. Leben und Werk in Dokumenten. Darmstadt 1970. *Angelika Beck*

Zahl, Peter-Paul
geb. 14.3.1944 in Freiburg/Breisgau

Leben und Werk des Schriftstellers Z. sind entscheidend geprägt durch die zehnjährige Haftstrafe, die der Autor zwischen 1972 und 1982 verbüßen mußte. Z., seit 1966 Mitglied der Dortmunder Schriftsteller-»Gruppe 61« und seit 1967 Besitzer einer Druckerei und eines Kleinverlages sowie Herausgeber der Literaturzeitschrift *Spartacus*, hatte sich mit großem, zum Teil militantem Engagement an der Außerparlamentarischen Opposition (APO) in Westberlin beteiligt. 1972 war er nach einem Schußwechsel mit der Polizei, bei dem ein Beamter und Z. selber verletzt wurden, festgenommen und in erster Instanz zu vier Jahren, in zweiter Instanz zur Höchststrafe von fünfzehn Jahren Haft verurteilt worden – wegen versuchten Mordes. In seiner Begründung sprach das Gericht unumwunden von der notwendigen Abschreckungsfunktion des Strafmaßes und davon, daß Z. »von einem tiefgreifenden Haß auf unser Staatswesen« ergriffen sei. Kritiker des Gerichts sahen in Strafmaß wie Begründung ein »Gesinnungsurteil«. – Bis zum Zeitpunkt seiner Verurteilung war Z. durch den Erzählungsband *Elf Schritte zu einer Tat* (1968) und den Roman *Von einem der auszog, Geld zu verdienen* (1970) einer begrenzten literarischen Öffentlichkeit als präziser Beobachter eines politisierten Alltagslebens bekannt geworden. Im Gefängnis, zum Teil in verschärfter Isolationshaft (bis Mai 1979), sah sich Z. nunmehr gezwungen, Literatur als »Instrument zum Überleben« zu entdecken und zu nutzen, in einem ganz buchstäblichen Sinne: als ein »Überlebensmittel«, in dem sich die körperlichen und seelischen Schäden der Haftzeit ausdrücken, herausschreien, aber auch verarbeiten und sublimieren ließen. Anhand der Lyrikbände *Schutzimpfung* (1975) und *Alle Türen offen* (1978) sind beispielhaft Produktivität und Problematik einer Dichtung zu verfolgen, deren Gefängnis-Innenwelt nur noch auf vermittelte Weise eine Beziehung zur sozialen Außenwelt herstellen kann. Produktiv ist Z.s Dichtung darin, die Erfahrungen des kriminalisierten und ausgegrenzten Autor-Subjekts durch die Entwicklung einer spezifischen Formensprache zu einem unverwechselbaren Ausdruck kommen zu lassen. Subversivität, Negativität, Uneigentlichkeit und reflektiertes Spiel der Ironie mit Übergängen zu Parodie und Satire kommen immer dort zum Tragen, wo es um Kritik institutioneller Zwänge geht, wo Z.s revolutionäre Phantasie die borniert sozialen Zustände konkret und bestimmt in Frage stellt, negiert, bekämpft, um zu ihrer Veränderung beizutragen. Das Dilemma dieser Dichtung aber besteht darin, daß sie, um öffentlich zu wirken, versuchen muß, die subjektiven, persönlichen Erfahrungen des im Gefängnis einsitzenden Autors zu verallgemeinern. Dies geht nicht immer ohne Gewaltsamkeiten und Abstraktionen vor sich, insbesondere dort, wo die Innenwelt des Gefängnisses immer aufs neue als Modell der gesellschaftlichen Wirklichkeit gedeutet wird. Z. selber hat in theoretischen Erörterungen und kritischen Repliken auf Literaturkritiker immer wieder auf das komplexe Beziehungsgeflecht hingewiesen, das sich zwischen seinen »Knast«-Erfahrungen und deren literarischen Verarbeitungsformen herausgebildet habe. Deutlich beeinflußt von Z.s Haftsituation zeigt sich auch sein Hauptwerk, der Roman *Die Glücklichen*. Es ist ein Schelmenroman im ursprünglichen Sinne des Wortes, ein Roman nämlich über Ganoven, Kriminelle und Verbrecher. Erzählt wird von der Einbrecherfamilie Hemmers, die in Berlin-Kreuzberg ihren zwielichtigen Geschäften nachgeht und sich mit der politisch-anarchistischen Szene um 1968 verbindet. Z. knüpft mit diesem Werk an die Tradition eines Genres an, das – bei aller Unterschiedlichkeit der entwickelten Erzählmuster von Grimmelshausens *Simplicius Simplicissimus* bis zu Thomas Manns *Die Bekenntnisse des Hochstaplers Felix Krull* und Günter Grass' *Die Blechtrommel* – über die Jahrhunderte hinweg ein wesentliches Strukturmerkmal sich bewahrt hat: die Perspektive des Außenseiters, die Sicht »von unten«, die Unbürgerlichkeit und Unbehaustheit der Helden. Z. akzentuiert diese Perspektive in seinem Roman als fröhliche Utopie einer kompromißlosen Asozialität, die sich in Abenteuern und Irrfahrten, bei Beutezügen und Ballonflügen, in proletarischen und subkulturellen Milieus phantasievoll und farbig entfaltet. Die politische Szene Berlins rückt ebenso in den Blickpunkt wie studentische Wohngemeinschaften, die Drogenszene oder die Prostitution, bis sich am Ende die verwirrende Vielfalt buchstäblich in Luft auflöst, in eine Jean Paul nachempfundene Ballonfahrt der Protagonisten dieses Romans. So vielfältig das Ensemble der Handlungs- und Ereignisstränge, so vielgestaltig ist auch die Erzählperspektivik organisiert. Dem Roman fehlt – dies erschwert freilich seine Lektüre – der »rote Faden« einer Erzähleranleitung. Statt dessen wird aus verschiedenen Perspektiven erzählt, von denen die des Autors nur eine unter anderen darstellt. Zentrifugal streben die Erzählelemente auseinander, Rankenwerk rückt in den Mittelpunkt, scheinbar Nebensächliches ist breit ausgemalt, barock wird fabuliert, und noch bis in die äußere Gestaltung hinein spürt man die Lust an der Zerstörung traditionell-realistischer Erzählmuster. Zugleich wird auf diese Weise eine Zerstörung von Oberflächen der sozialen Wirklichkeit betrieben: Sie sollen durchsichtig und durchschaubar gemacht werden, so daß die Orientierungen, die sie zu bieten scheinen, ihre verführerische Sicherheit verlieren. Gerade unter diesem Aspekt aber bleibt die didaktische Absicht des Autors gelegentlich spürbar, die sich in politischen Statements, in der spröden Wiedergabe politischer Fakten, in Belehrung, Bewertung und Benotung zu Wort meldet. – Z. hat nach seiner Haftentlassung 1982 zahlreiche Reisen unternommen und ist bei Lesungen seiner Werke verschiedentlich gemeinsam mit Rockbands aufgetreten. Seit 1985 hat er seinen Wohnsitz auf Jamaica genommen. Seither ist er mit mehreren Theaterstücken an die Öffentlichkeit getreten (u. a.: *Fritz, a German Hero – oder: Nr. 447 bricht aus!*, 1988; *Erpreßbar – oder: Niemand geht aus diesem Raum ohne Schuld*, 1988), in denen in ironisch-dialektischer Weise das Verhältnis von Staatsautorität und politischem Befreiungskampf thematisiert wird.

Literatur: *Schnell*, Ralf (Hrsg.): Schreiben ist ein monologisches Medium. Dialoge mit und über Peter-Paul Zahl. Berlin 1979; *Fried*, Erich, und *Novak*, Helga M. (Hrsg.): Am Beispiel Peter-Paul Zahl. Eine Dokumentation. Frankfurt a. M. 1976   *Ralf Schnell*

Zesen, Philipp von
Geb. 8. 10. 1619 in Priorau b. Dessau; gest. 13. 11. 1689 in Hamburg

»Ach! Gott gebe mir, nach so langem herümschwärmen, endlich einmahl einen festen und gewissen sitz«, lesen wir in einem Brief vom 31. Juli 1674. Der Wunsch ging nicht in Erfüllung, und Z. blieb weiterhin ohne »guhte bestallung von diesem oder jenem Fürsten«. Dabei hatte alles recht hoffnungsvoll begonnen. Z., Sohn eines lutherischen Pfarrers, besuchte zunächst das von dem Grammatiker Christian Gueintz geleitete Gymnasium in Halle (1631 bis 1639) und dann von 1639 bis 1641 die Universität Wittenberg, wo der einflußreiche Augustus Buchner als Professor für Poetik und Rhetorik lehrte. Dessen Anregungen fielen auf fruchtbaren Boden: Z. vertrat Buchners prosodische Vorstellungen – es ging u. a. um die Rechtfertigung daktylischer Verse – , veröffentlichte schon 1640 die erste Auflage seiner Poetik (*Deutscher Helicon*, bis 1656 mehrfach erweitert) und behielt zeit seines Lebens ein Interesse für poetologische Fragen. Nach seinen Studien, die er am 28. 4. 1641 mit dem Magistergrad abschloß, wandte sich Z. nach Hamburg – hier erschien 1642 seine erste größere Liedersammlung *(FrühlingsLust)* – und von da aus in die Niederlande (1642 bis 1648). Er gründete 1642 oder 1643 eine Sprachgesellschaft, die Teutschgesinnete Genossenschaft, der er als »Ertzschreinhalter« vorstand, und knüpfte Kontakte zu dem berühmten Elzevier-Verlag, für den er Korrektur- und Übersetzungsarbeiten übernahm. Bei Elzevier erschien auch sein erster Roman, die *Adriatische Rosemund* (1645), die lyrisch-idyllische Seelengeschichte eines liebenden Paares, dessen Glück an der Konfessionsfrage scheitert, ein Werk nicht ohne emblematische und allegorische Züge. Widerstände zeichneten sich aber jetzt schon ab. Sie hatten wohl weniger mit Z.s eigenwilliger Orthographie und seinen Fremdwortverdeutschungen (»Jungfernzwinger«, aber auch »Anschrift«) als mit einem gewissen Neid auf seine literarischen Erfolge zu tun. Die Aufnahme Z.s in die Fruchtbringende Gesellschaft führte schließlich zum Eklat, als er die erforderliche Geschmeidigkeit – oder Unterwürfigkeit – im Umgang mit dem fürstlichen Oberhaupt der Sprachgesellschaft vermissen ließ. Er möge sich vorsehen, schrieb ihm Ludwig von Anhalt-Köthen am 26. Mai 1649, »damit er nicht wegen seiner ausschweiffenden gedancken den Nahmen des wolsetzenden (Z.s Gesellschaftsname) verliere«, d. h. ausgeschlossen würde. Daraufhin setzte eine Kampagne ein, die man nur als Rufmord bezeichnen kann und die wesentlich dazu beitrug, daß Z. trotz akademischer Ausbildung, literarischen Erfolgen und Nobilitierung (1653) nirgends festen Fuß fassen konnte. Amsterdam wurde für viele Jahre seine zweite Heimat: 1662 erhielt er das Bürgerrecht, für das er sich mit einer großen *Beschreibung der Stadt Amsterdam* (1664) bedankte. Und hier heiratete er 1672 die achtzehnjährige Maria Bekkers aus Stade, die einen »Handel mit Schlesischem Leinwand« anfangen wollte. Der Aufenthalt in der prosperierenden Stadt wurde durch mehrere Reisen ins Baltikum und nach Deutschland unterbrochen, die seine literarischen und beruflichen Pläne fördern sollten.

Die Zwänge, denen sich der unfreiwillige »freie Schriftsteller« ausgesetzt sah, führten zu einem kaum überschaubaren Werk, das umfassende literarische, religiös-erbauliche, historische und mythologische Interessen sichtbar werden läßt (und mit den zahlreichen

Übersetzungsarbeiten auf die finanziellen Schwierigkeiten aufmerksam macht). In seinem lyrischen Schaffen nimmt das Lied eine beherrschende Stellung ein. Musikalische Gestaltungsprinzipien dominieren: rhythmische Bereicherung durch Daktylen und Mischformen, Betonung der Klangwirkung durch Binnenreime, Alliterationen und Assonanzen. Eine Summe der lyrischen Arbeiten bietet das *Dichterische Rosen- und Liljentahl* (1670) mit Texten aus verschiedenen Perioden. Den letzten größeren Erfolg erzielte Z. mit dem biblischen Roman *Assenat* (1670) – ein weiterer biblischer Roman (*Simson*, 1679) blieb ohne Resonanz –, einer Josephsgeschichte, die als Darstellung des absolutistischen Staats und seiner Ideologie aus der Perspektive des dienenden Beamtentums zu verstehen ist: Joseph als »lehrbild« für alle »Beamten der Könige und Fürsten«.

Z. freilich blieb der Fürstendienst versagt. In seinen letzten Jahren, als ihm Holland »gantz nicht mehr gefallen« wollte, erlangte Hamburg eine immer wichtigere Stellung in seinem Leben. 1683 oder 1684 siedelte er endgültig nach Hamburg über. Hier starb er auch. Eine Zeitungsanzeige gab später »den Gelehrten und allen Liebhabern guter Bücher« Nachricht, »daß am künfftigen 31 Martii (1690) des weitberühmten Hn. von Zesen Bibliothec / darin allerhand schöne und rare Bücher vorhanden / durch eine öffentliche Auction distrahirt / und an den meistbietenden verkauft werden soll. Der Catalogus ist bey der Fr. Wittwe ... zu bekommen.«

Werkausgabe: Sämtliche Werke. Unter Mitwirkung von *Maché*, Ulrich und *Meid*, Volker hrsg. von Ferdinand *van Ingen*,. Berlin/New York 1970 ff.
Literatur: *Keller*, Josef: Die Lyrik Philipp von Zesens. Bern usw. 1983; *Otto*, Karl F.: Philipp von Zesen. A Bibliographical Catalogue. München/Bern 1972; *Ingen*, Ferdinand van (Hrsg.): Philipp von Zesen (1619–1969). Beiträge zu seinem Leben und Werk. Wiesbaden 1972; Ders.: Philipp von Zesen. Stuttgart 1970.   *Volker Meid*

Ziegler und Kliphausen, Heinrich Anshelm von
Geb. 6. 1. 1663 in Radmeritz b. Görlitz; gest. 8. 9. 1697 in Liebertwolkwitz b. Leipzig

Der Verfasser der *Asiatischen Banise* – auf diese »herrliche Antiquität«, wie Heinrich Jung-Stilling den Roman nannte, gründet sich sein Nachruhm – stammte aus einer alten Adelsfamilie mit Besitztümern in der Oberlausitz und in Sachsen. Nachdem er das Gymnasium in Görlitz absolviert, seine Studien an der Universität Frankfurt an der Oder 1684 wegen des Todes seines Vaters abgebrochen und ein Jahr später die Tochter des kursächsischen Oberküchenmeisters geheiratet hatte, widmete er sich der Verwaltung und Vermehrung des ererbten und erheirateten Besitzes. An einem Hofamt war er nicht interessiert, obwohl ihm Herkunft, Bildung und Vermögen die besten Möglichkeiten eröffnet hätten. Er bevorzugte das Leben auf dem Land, das ihm die Muße für seine Neigungen gewährte.

Mit der *Asiatischen Banise* (1689) gelang ihm der populärste deutsche Barockroman, ein Werk, das bis weit ins 18. Jahrhundert hinein immer wieder neu aufgelegt, fortgesetzt und nachgeahmt wurde und dessen Gestalten auf der Opern- und Schauspielbühne (und Wilhelm Meisters Puppentheater) weiterlebten. Zu dem Erfolg der *Banise* hat sicherlich der Umstand beigetragen, daß Z. die barocke Großform des höfisch-historischen

Romans auf ein überschaubares Maß reduzierte und zugleich für einen exotischen Anstrich – das effektvolle und blutige Geschehen ist nach Asien verlagert – und eine publikumswirksame dramatische Inszenierung sorgte. Hinter dieser Verkleidung verbirgt sich jedoch, wie bei den anderen höfisch-historischen Romanen der Zeit, ein politischer Kern: die Diskussion (und Ablehnung) einer »machiavellistisch« verstandenen Staatsräson und die Propagierung einer an moralische und religiöse Normen gebundenen absoluten Monarchie.

In eine andere Welt führt Z.s nächstes, ebenfalls sehr erfolgreiches Werk: *Helden-Liebe Der Schrifft Alten Testaments* (1690), poetische Briefwechsel zwischen biblischen Gestalten, ein moralisierendes Gegenstück zu Christian Hoffmann von Hoffmannswaldaus galanten *Helden-Briefen* (1679). Die »ungemeine Liebe zur Historie und deren Connoissance« veranlaßt ihn schließlich noch zu dem *Täglichen Schau-Platz der Zeit* (1695), einem riesigen polyhistorischen Kuriositätenkabinett, das für jeden Tag des Jahres die »merckwürdigsten Begebenheiten / so sich vom Anfang der Welt / biß auff diese ietzige Zeiten / an demselben zugetragen / vorstellig machet«. Über einer zweiten Kompilation dieser Art – *Historisches Labyrinth der Zeit*, postum 1701, von Philipp Balthasar Sinold von Schütz vollendet – verstarb Z. im Alter von 34 Jahren.

Literatur: *Frick,* Werner: Providenz und Kontingenz. Tübingen 1988. Teil 1. S. 25–73; *Roloff,* Hans-Gert: Heinrich Anshelm von Ziegler und Kliphausen. In: Harald *Steinhagen/*Benno von *Wiese* (Hrsg.): Deutsche Dichter des 17. Jh.s. Berlin 1984. S. 798–818; *Geulen,* Hans: Erzählkunst der frühen Neuzeit. Tübingen 1975. S. 117–139.
Volker Meid

Zuckmayer, Carl
Geb. 27. 12. 1896 in Nackenheim; gest. 18. 1. 1977 in Visp/Schweiz

Der Dramatiker, sonst kein Freund von Larmoyanz, war bewegt, als er die Veteranen des Ersten Weltkriegs an einem Frühlingstag, fünfzig Jahre nach dessen Ausbruch, über die Champs Elysées marschieren sah, »freundliche Gestalten, wie man sie in jedem Bistro« traf, die ihm »furchtbar alt« vorkamen, wie er sich selbst, und denen er sich am liebsten angeschlossen hätte auf dem Weg zum »Grabmal des Unbekannten Soldaten«: »jenes zerrissenen, zermörserten, atomisierten Niemand, der das Symbol unserer Zeit geworden ist. Ich hatte das Gefühl, ich müßte hingehen und sie umarmen, diese Groß- und Kleinbürger, Pensionäre und Handwerker, ich müßte ihnen sagen: ›Hier bin ich! der auf euch geschossen hat, dem ihr nach dem Leben trachten mußtet‹. Ich hatte das Gefühl, ich gehörte zu ihnen, mehr als zu irgend jemand anderem auf der Welt. Denn sie waren die ›Feinde‹. Ich mußte weinen« (1966). Z.s intellektuelle und künstlerische Entwicklung ist durch das Erlebnis zweier Weltkriege, des ersten als Kriegsfreiwilliger, des zweiten als Emigrant in den USA, entscheidend geprägt, und seine pazifistischen Bemühungen um Völkerverständigung und linkshumanitäre, brüderliche Erneuerung der Werte ist nach beiden Kriegen erstaunlich ähnlich; von hier lassen sich Verbindungslinien zum Verständnis des Gesamtwerks und der einzigen politischen Maxime seiner sonst eher »überzeitlichen«, verständlichen »Menschenkunst« mit ihrem pantheistisch-religiösen Ethos ziehen.

Am Vorabend des Ersten Weltkriegs hatte der siebzehnjährige mit Erfolg pazifistische Lyrik an die *Frankfurter Zeitung* gesandt, wurde aber, wie die Zeitungsredakteure auch, von einer Welle patriotischer Kriegsbegeisterung überrollt, die, in der Hoffnung auf Befreiung von abgelebten Konventionen, ganz Europa erfaßt hatte. Während des Krieges verfaßte er expressionistische Verse und Prosa für Franz Pfemferts Wochenzeitschrift *Aktion* und gehörte dessen utopisch-anarchistischer »Antinationaler Sozialisten-Partei« an. Mit Ehrenmedaillen dekoriert, verwundet, vom Nervenlazarett mühsam genesen, von seiner Truppe zum revolutionären Soldatenrat ernannt, schreibt er nach dem Krieg als Philosophie- und Botanik-Student aus Frankfurt a. M. dem Soldatenfreund Kurt Grell die Bilanz seiner Schützengraben-Lektüre und -Erfahrung: » – – Bürgerstumpfsinn, – – Staatskirche – : der Verkalkung und Verlogenheit dieser Zeit. Resultat: der Krieg . . . – – Schändung der Seele: Vaterland. Heilige Pflicht. Geldsack. Kriegsgewinn. Kameradschaft. E. K. I. = Schiebung und Beförderungsintrigue, Verpflegungsoffiziere – – , viehische Ärzte, Etappe, Ehrgeizlinge die Bataillone opfern – oh Kulturmenschheit . . . Und doch. Die Kameraden – : das sind – die Armen, die dumpf im Graben Hockenden, die in Fabriken Zermalmten, die Geschobenen, die Getretenen« (Sommer 1919). Nach dem Zweiten Weltkrieg im Exil findet der lebensfrohe Z., nach seiner zeitnahen und neusachlichen Phase des Volksstücks – *Der fröhliche Weinberg* (1925), *Schinderhannes* (1927), *Katharina Knie* (1928), *Der Hauptmann von Köpenick* (1931) – zum Problemstück in der Art Friedrich Schillers und seiner expressionistischen Anfänge zurück. *Des Teufels General* (1946) bildet ein genaues Übergangsstück: es enthält den aktuellen Stoff des Widerstands im Krieg und einen naturalistischen, ersten Akt gegenüber dem expressionistischen Pathos der Schicksals-»Hand« und »Verdammnis« des sich selbst richtenden Fliegergenerals. *Der Gesang im Feuerofen* (1950) stellt von Beginn an den metaphysisch-allegorischen Bezug des wiederum aktuellen Stoffes her: Ein französischer Kollaborateur wird in Lyon 1948 hingerichtet. Auf dessen Verrat an die Gestapo hin wird eine Gruppe junger Résistance-Mitglieder zusammen mit dem deutschen Funker, der sie warnen wollte, verbrannt. Am Ende des Stücks steht die pazifistische Botschaft, die Z. auch in der Champs-Elysées-Passage seiner Memoiren so deutlich heraushebt: »Sagt nicht: / Das waren ›andre‹. Das war ein ›andres Volk‹. / Sprecht nicht, / Das ist der ›Feind‹. / (Der erste Engel:) Sprecht immer: DAS BIN ICH!« Die Schlußzeilen betonen die Aufgabe des Künstlers, völkerverbindend zu wirken. Z. gibt darin eine pantheistische Variante der katholischen Erneuerungsbewegung (»renouveau catholique« à la Paul Claudel u. a.) und distanziert sich deutlich vom Existenzialismus: »Was zersprengt wird / Von den Kräften der Zeit, / Bindet . . . neu / In Euren Werken.« In unermüdlichen Diskussionen mit jungen Deutschen über *Des Teufels General*, dessen politischer Inhalt recht fragwürdig gezeichnet war, sollte die Botschaft der Überwindung des Generationenkonflikts und der Ablehnung eines Kollektivschulddenkens an dem zu liebenswert geratenen General Harras und dem zu blaß wirkenden Oderbruch als Widerstandsfigur deutlich werden. Z. erlitt durch diese Anstrengung 1948 seinen ersten Herzinfarkt.

Der großbürgerliche Sohn eines aufstrebenden Mainzer Fabrikanten und einer jüdisch-evangelischen Mutter aus musischem, theaterliebenden Verlegerhaus hatte nicht genug Geduld, um sein Studium durchzuhalten. Z. beschäftigte sich ziemlich systemlos mit Jura und Nationalökonomie, mit Literatur- und Kunstgeschichte, sogar mit Biologie und Zoologie. Er hatte Verbindungen zu dem linken sozialdemokratischen Darmstädter Kreis um Carlo Mierendorff. Schon im zweiten Jahr gab er im jugendbewegten Künstlerkreis von Heidelberg Aufführungen von Bellmann-Liedern zur Laute und verfaßte Stücke. Als das *Kreuzweg*-Drama 1920 in Berlin angenommen wurde, wechselte er endgültig zum Theaterberuf über und zog in die Großstadt. Danach war er Regieassistent in Berlin und Dramaturg in Kiel, später in München. Mit dem Antipoden und Freund Bertolt Brecht arbeitete er seit 1925 bei Max Reinhardt als Dramaturgie-Assistent. Über ihn äußerte Z. 1961, Brecht, dessen anarchischer *Baal*-Phase sich das Stück *Pankraz oder Die Hinterwäldler*, ein lehrreicher Mißerfolg, verdankt, bleibe für ihn »der genialste Dichter und Szeniker« seiner Generation: »Der Dialektiker, das ist mir nicht so bedeutsam.« So wie Z. als Student die Soziologie nur »als Ausdruck des Zeitgeistes, am Rande« fesselte (*Als wär's ein Stück von mir. Horen der Freundschaft*, 1966), blieb auch seine wirkungsstärkste zeitkritische Komödie, *Der Hauptmann von Köpenick* durch die eingearbeiteten Märchenmotive für eine ahistorisch-menschliche Deutung offen: am Ende des in der Berliner Atmosphäre von 1931 geschriebenen Stücks, worin Z. den nationalsozialistischen Gefolgsleuten und Hindenburg-Deutschen zusetzt, indem er gegen Kadavergehorsam, übertriebene Uniformverehrung und Preußische Militärbürokratie polemisiert, findet auch der deutsche Kaiser noch Grund zum Lachen.

Z. befürwortete Erich Maria Remarques *Im Westen nichts Neues*, obwohl die Filmversion dieses Romans von der Zensur verboten wurde. Gleichzeitig attackierte Z. in seinen Reden Joseph Goebbels, so daß er 1933 Aufführungsverbot erhielt und daraufhin emigrierte: zunächst mit seiner Frau (seit 1925), der Schauspielerin und späteren Autorin Alice Herdan nach Henndorf bei Salzburg, dann über die Schweiz (1938) nach Hollywood und New York. Z.s Mut und die genaue Einschätzung der damaligen Mentalität deutscher Militärs retteten ihm das Leben, als er 1938 an der Schweizer Grenze »wie ein kommandierender General« von einer SS-Ehrenwache zum Schweizer Zug eskortiert wurde; der Autor kam sich vor wie sein eigener Köpenick. In New York war Z. Lehrer an der von Erwin Piscator geleiteten Theaterabteilung einer Exil-Hochschule. Schließlich zog er nach Vermont. Dort pachtete er ab 1941 eine Farm. Der faschistische Einbruch bewirkte, aufs Ganze gesehen, eine Qualitätsverschlechterung des Werks, das um 1930 seinen, auch zeitkritischen, Höhepunkt erreichte, wie wichtige Drehbücher unterstreichen (Sternbergs *Der blaue Engel* nach Heinrich Manns Roman *Professor Unrat*, 1928; Alexander Kordas *Rembrandt* 1936), auch erarbeitete er die Bühnenfassung (*Kat*, Berlin 1931) von Ernest Hemingways pazifistischem *A Farewell to Arms*. Der eigene Widerstand in Theodor Haubachs *Eiserner Front* erschien ihm später als »zu wenig, zu spät«; er bekannte sich zur »kollektiven Scham« (Theodor Heuß).

Z. wollte, obwohl vom Nachkriegsdeutschland dankbar geehrt, nicht mehr dort leben. Seit 1951 lebte er wechselweise in den USA, der Bundesrepublik und der Schweiz. Seit 1958 in Saas-Fee (Wallis) schrieb er an seinem größten Prosa-Erfolg *Als wär's ein Stück von mir*, der heute die sieben Nachkriegsdramen verblassen läßt. Der Titel des Ludwig-Uhland-Liedes weist auf die den Krieg überwindende Liebe, ein Wert, dem auch der späte Briefwechsel mit Karl Barth galt. Der herausragende Denker der Bekennenden Kirche hatte dem Büchnerpreisträger (1929) nach der Lektüre der Memoiren geschrieben.

Durch den Briefwechsel kam es 1967 zur letzten der vielen, intensiven Freundschaften Z.s mit bedeutenden Zeitgenossen. Barth nannte ihn einen »spät, aber um so dankbarer entdeckten ... etwas jüngeren Bruder« und bescheinigte seinem Werk bei aller »menschlichen Dunkelheit, Verkehrtheit und Misere« eine »nirgends versagende Barmherzigkeit«, ein durch »›weltliche‹ Schriftstellerei« faktisch ausgeübtes »priesterliches Amt« (*In memoriam Karl Barth*, 1969). In den Dramen nach 1949, angefangen mit *Barbara Blomberg* (1949) ist ungeachtet Z.s hoher Zielsetzung, der Zug ins episch Breite immer weniger zu übersehen. Das Viereinhalb-Stunden-Stück hatte Heinz Hilpert um ein Drittel kürzen müssen. Als Z. 1961 dem Freund (und Regisseur von neun Premieren seiner 21 Stücke) im Wiener Burgtheater zum Probenbeginn von *Die Uhr schlägt eins* (einem vielfältig verflochtenen Versuch, die Leere der Restauration von 1953 als deutsch-jüdisches Familiendrama unbewältigter Vergangenheit darzustellen) das Stück begeistert vorlas, um dann seine Reaktion zu hören, soll der trockene Berliner gesagt haben: »Ick habe nur Striche jehört, Carl!«

Werkausgabe: Zuckmayer, Carl: Gesammelte Werke. 4 Bände. Berlin 1960.
Literatur: *Kieser*, Harro (Hrsg.): Carl Zuckmayer. Materialien zu Leben und Werk. Frankfurt a. M. 1986; *Wagener*, Hans: Carl Zuckmayer. München 1983.   *Volker Wehdeking*

Zweig, Arnold
Geb. *10.11.1887 in Glogau; gest. 26.11.1968 in Berlin*

Die Wirkung Z.s ist merkwürdig zweigeteilt: In der DDR wurde er mit Ehrungen überschüttet, war Abgeordneter der Volkskammer (1949 bis 1967) und Präsident der Akademie der Künste (1950 bis 1953); in der Bundesrepublik drang er trotz einiger prominenter Fürsprecher kaum in das Bewußtsein der literarischen Öffentlichkeit; bestenfalls kennt man die Titel oder Verfilmungen seiner Romane. Dies ist um so erstaunlicher, da der Autor einer traditionellen realistischen Diktion verpflichtet blieb und weder politisch noch ästhetisch revolutionär wirkte: Die französischen und russischen Romane des 19. Jahrhunderts, dann Gottfried Keller und Thomas Mann, vor allem jedoch Theodor Fontane dienten ihm als Vorbilder. Der Schwund an epischer Energie bei den letzten Arbeiten oder Zugeständnisse an die offizielle Kunstdoktrin des Sozialistischen Realismus vermögen die weitgehende Ignoranz gegenüber Z. nur teilweise zu erklären.

Drei Bereiche bestimmen seine schriftstellerische Arbeit: die intensive Auseinandersetzung mit der Psychoanalyse, wofür u. a. sein Briefwechsel mit Sigmund Freud steht; sein zeitweiliges Eintreten für den Zionismus (1933 emigrierte Z. nach Haifa im damaligen Palästina; 1948 kehrte er nach Deutschland zurück und ließ sich in Ostberlin nieder); schließlich sein Studium der marxistischen Klassiker, das seine weltbürgerliche, humanistische Haltung eines apolitischen Ästhetentums veränderte und als analytische Kraft spürbar bleibt, ohne das Vorherrschen psychologischer Fragen zu verdrängen. Darüber hinaus sind die frühe Lektüre Friedrich Nietzsches, die in seinen Romanen Spuren hinterlassen hat (etwa der Mythos der ewigen Wiederkehr des Gleichen), oder das Studium der Phänomenologie bei Edmund Husserl in Göttingen hervorzuheben. Der Handwerkersohn, dessen Vater sein Geschäft infolge antisemitischer Aktionen verlor, studierte zwischen 1907 und 1915 Germanistik, Anglistik, Romanistik, Philosophie, Psychologie, Kunstgeschichte und Nationalökonomie. Bereits 1906/07 erfolgen die ersten Veröffentlichungen; aus seinem Frühwerk ragen die *Novellen um Claudia* (1912) heraus. Hatte Z. zu Beginn des Ersten Weltkrieges noch begeistert nationalistische Töne angestimmt, so verwandelte ihn das Kriegserlebnis zum entschiedenen Pazifisten: er wurde 1915 Soldat und war ab Mitte 1917 Mitarbeiter der Presseabteilung im Hauptquartier des Oberbefehlshabers Ost. Nach 1918 ist er Mitglied des Soldatenrats in Wilna, seit 1923 in Berlin Redakteur der *Jüdischen Rundschau*. Sein bekanntester Roman *Der Streit um den Sergeanten Grischa* (1927) gehört zu dem Weltkriegs-Zyklus *Der große Krieg der weißen Männer*, der durch die Romane *Junge Frau von 1914* (1931), *Erziehung vor Verdun* (1935), *Einsetzung eines Königs* (1937) erweitert und durch die weniger überzeugenden Romane *Die Feuerpause* (1954) und *Die Zeit ist reif* (1957) abgeschlossen wurde. Im *Grischa*-Roman streiten sich die Vertreter der alten preußischen Ordnung wie Lychow, der an Theodor Fontanes Briest oder den Stechlin erinnert, mit dem modernen technokratischen Militaristen Schieffenzahn (Modell dafür war der Feldmarschall Ludendorff) um den russischen Kriegsgefangenen Grischa, der kalt dem strategischen Kalkül des Militärs geopfert wird. Dabei werden die Mechanismen der Militärbürokratie, der Untergang des einzelnen in der Masse und der labyrinthische Charakter der Wirklichkeit durch ein Gesellschaftspanorama, das alle sozialen Gruppen umfaßt, freigelegt; der Weltkrieg dient als Folie für die Darstellung und Analyse militärischer Herrschaftsstrukturen, die mit der Diskussion um Moralität, Staat und Recht verbunden wird. Die Militarisierung des Lebens überlagern kosmische Visionen von Wiedergeburt und Vitalität, archaische und mythische Bedeutungen der Urmutter und des Lebenskreislaufs; allein der Name Grischa (Gregorius-Ödipus) ruft eine ganze Reihe literarischer Bezüge hervor. Für die Romanhandlung forderte Z., daß die Ereignisse sich durch strenge Kausalität auseinander entwickeln und der Autor als auktorialer Erzähler »wie der Geist des Weltschöpfers« die Dinge ordnen soll. In seinem Roman *Das Beil von Wandsbek* (1943) behandelt er erstmals die Frage des Mitläufertums unter der Naziherrschaft. Z. ist auch als Herausgeber (u. a. Gotthold Ephraim Lessing, Georg Büchner, Heinrich von Kleist) und als Essayist hervorgetreten, wobei seine Studie über Carl Sternheim und seine Untersuchung des Antisemitismus als Gruppenaffekt in *Caliban oder Politik und Leidenschaft* (1927), die übrigens Sigmund Freud gewidmet ist, noch heute Interesse verdienen.

Werkausgabe: Zweig, Arnold: Ausgewählte Werke in Einzelausgaben. 16 Bände. Berlin/Weimar 1957–67.
Literatur: *Midgley,* David R.: Arnold Zweig. Frankfurt a. M. 1987; *Reich-Ranicki,* Marcel: Deutsche Literatur in Ost und West. München 1963. S. 305–342; *Lukács,* Georg: Arnold Zweigs Romanzyklus über den imperialistischen Krieg 1914–1918. In: ders.: Schicksalswende. Beiträge zu einer neuen deutschen Ideologie. Berlin 1956. S. 162–189.   *Helmut Bachmaier*

Zweig, Stefan

Geb. 28. 11. 1881 in Wien; gest. 23. 2. 1942 in Petropolis bei Rio de Janeiro

»Jeder von uns, auch der Kleinste und Geringste, ist in seiner innersten Existenz aufgewühlt worden von den fast pausenlosen vulkanischen Erschütterungen unserer europäischen Erde; und ich weiß mir inmitten der Unzähligen keinen anderen Vorrang zuzusprechen als den einen: als Österreicher, als Jude, als Schriftsteller, als Humanist und Pazifist jeweils just dort gestanden zu sein, wo diese Erdstöße am heftigsten sich auswirkten. Sie haben mir dreimal Haus und Existenz umgeworfen, mich von jedem Einstigen und Vergangenen gelöst und mit ihrer dramatischen Vehemenz ins Leere geschleudert, in das mir schon wohlbekannte ›Ich weiß nicht wohin‹.«

Diese trotzig-resignativen Töne leiten Z.s Autobiographie *Die Welt von Gestern* (1942) ein; in ihnen scheint zugleich die Deutung für den Selbstmord eines Mannes auf, der ökonomisch gesichert, im Gastland Brasilien auch als Exilierter geschätzt und geehrt wurde und überall in der Welt mit seinen Werken Zuspruch fand. »Ob man nach Kairo kam oder nach Kapstadt, nach Lissabon oder nach Shanghai, nach Batavia oder Mexiko City, es gab keine Buchhandlung, in der die Bücher Z.s nicht in der vordersten Reihe prangten, und zwar fast ohne Unterbrechung. Man sollte denken, solch ein Erfolg sei eine Droge, begeisternder als Heroin und solch ein Ruhm ein ewiger Champagnerrausch.« Franz Werfel, aus dessen Trauerrede in Los Angeles diese Worte stammen, wußte aber auch um die depressive Stimmung des wohl erfolgreichsten deutschen Autors in den 20er und 30er Jahren: »Sein vom humanistischen Optimismus verwöhntes Herz erkannte urplötzlich die ganze eisige, unlösbare Tragik des Menschen auf der Erde, die eine metaphysische Tragik ist und daher jedes ausgeklügelten Heilsmittel spottet. Es war in ihm zuletzt nur mehr schwarze Hoffnungslosigkeit, das Gefühl der Schwäche und ein bißchen ohnmächtige Liebe.« Daß Werfel von »Tragik« sprach, war im Blick auf einen Autor berechtigt, der seine Biographien – z.B. *Fouché* (1930); *Marie Antoinette* (1932); *Maria Stuart* (1935); *Erasmus* (1935) – dramatisch gestaltete und auch sein Leben unter dramatischen Gesetzen ablaufen sah.

Der Start ins literarische Leben erfolgte noch während des Studiums der deutschen und französischen Literatur in Berlin und Wien, das er 1904 mit einer Dissertation über Hippolyte Taine abschloß. 1901 erschien die Lyriksammlung *Silberne Saiten*, hervorstechend in ihrer »aufdringlichen Süßlichkeit und wässrigen Geschwollenheit« (Erich Mühsam). In den nächsten Jahren debütierte Z. außerdem mit Prosa und Dramen. Später hat er diese »ästhetische Zeit« gern verleugnet, da er bald die Erweiterung seines »Horizonts vom Literarischen ins Zeitgeschichtliche« erreicht habe: Nun wollte Z. vor allem als Europäer und Pazifist gesehen werden. Ausgedehnte Reisen und intensive Kontakte ließen ihn zu einem sich kosmopolitisch fühlenden Intellektuellen reifen, der eine Allianz des Geistes gegen die Machtpolitik zu bilden hoffte. Während des Ersten Weltkriegs schloß er sich einer Gruppe von Intellektuellen an, die von Zürich aus für den Frieden stritten. Zu ihr gehörten u.a. Leonhard Frank, Hermann Hesse, James Joyce, Annette Kolb, Frans Masereel, Romain Rolland, Fritz von Unruh. Aus dieser neuen Stimmung heraus entstand das wohl beste Drama Z.s, *Jeremias* (1917), das wie fast alle seine Werke »das Problem der seelischen Superiorität des Besiegten« behandelt. Ein Titel wie *Castellio gegen Calvin oder ein Gewissen gegen die Gewalt* (1936) hebt im Untertitel programmatisch hervor, was auch für die großen Biographien und mehr noch für die meisten der zahlreichen biographischen Essays, z. B. über Sigmund Freud, Fjodor M. Dostojewski, Friedrich Hölderlin, Heinrich von Kleist, Friedrich Nietzsche, Leo Tolstoi gilt. Z.s Werke beeindrucken durch strenge Ethik, bewußt herausgestellte Humanität und hohen geistigen Anspruch. Nach dem Ersten Weltkrieg konnte Thomas Mann ihn »die bedeutendste dichterische Frucht dieses Krieges« nennen. Als Z. sich in den 20er Jahren in Salzburg niederließ, besuchte ihn die geistige Elite Europas in seinem Haus. Ein Mann, der sich so zur Freundschaft berufen und sich besonders Romain Rolland und Emile Verhaeren verbunden fühlte, der sich als Europäer um die Erhaltung der alten geistigen Werte bemühte, mußte im fernen Brasilien verzweifeln. Aber diese Depression wurde noch genährt durch einen Pessimismus, der Z. seit den 20er und 30er Jahren immer wieder befiel. Sein Optimismus, mit moralischen Appellen in die Politik eingreifen zu können, wich allmählich einem starken Ohnmachtsgefühl. Anders als z. B. Heinrich Mann, der Geist und Tat gern verbunden sah, gab sich Z. frühzeitig einer Resignation hin: »Die anderen mögen die praktischen Konsequenzen ziehen, ich selbst bin nur ein Mann der moralischen Aktion. Ich kann nur vereinigen und besänftigen, aber ich verstehe nicht zu kämpfen.« Z. wollte als »eine moralische Autorität« gelten, und dafür sollte sein Werk zeugen, das meist die »Welt von Gestern« beschwor, d. h. die Vergangenheit der Gegenwart als Beispiel vor Augen führen wollte. Aber es ist bezeichnend für sein Geschichtsverständnis, daß er die Vergangenheit allein unter personalem Gesichtspunkt sah und die psychologische Deutung suchte, dabei aber die wirkenden politischen, sozialen und ökonomischen Prozesse vernachlässigte. Entweder verdichtete sich für ihn die Geschichte in herausragenden historischen Momenten, wie in seinem erfolgreichsten Buch *Sternstunden der Menschheit. Zwölf historische Miniaturen* (1927), oder zu tragischen Lebensläufen, in denen der einzelne einem übermächtigen Schicksal ausgeliefert ist. »Gleichgültig gegen den Willen des einzelnen, stößt oft der stärkere Wille der Geschichte Menschen und Mächte in ihr mörderisches Spiel« (*Maria Stuart*, 1935).

Mit solchen Schicksalsformeln war keine Erklärung der geschichtlichen Prozesse zu gewinnen; als Deutung wußte Z. allenfalls Naturmetaphorik (»vulkanische Erschütterungen«) oder eine personalisierte Geschichte als »Dichterin, als Dramatikerin« anzubieten. Aber wahrscheinlich gründet gerade in dieser Unbestimmtheit der große Erfolg: Z. spricht nicht als Geschichtslehrer, nicht als Aufklärer, sondern als ein an der Welt Leidender und Verunsicherter, der sich und den Lesern allenfalls Trost, aber keinen Mut zum Handeln vermitteln konnte. »Da saß man und harrte und starrte ins Leere wie ein Verurteilter in seiner Zelle, eingemauert, eingekettet in dieses sinnlose, kraftlose Warten und Warten, und die Mitgefangenen rechts und links fragten und rieten und schwätzten, als ob irgendeiner von uns wüßte oder wissen konnte, wie und was über uns verfügte« (*Die Welt von Gestern*). Während seine Leser in Europa eine bittere Geschichtslektion erlebten, erlitt Z. in Südamerika seinen persönlichen Zusammenbruch. Er hatte immer, wie Erasmus, ein »Mann der Mitte« sein wollen und deshalb nicht gelernt, daß man in solchen Zeiten nicht auf einem bildungsaristokratischen Standpunkt beharren durfte, sondern auch Partei ergreifen, ja sich einmischen mußte.

Sein Lebenstraum war bereits 1935 im *Erasmus*, der viele autobiographische Züge trägt, aufgegeben worden: »Niemals dagegen hat bisher der erasmische Gedanke Geschichte gestaltet und sichtbaren Einfluß genommen auf die Formung des europäischen Schicksals: der große humanistische Traum von der Auflösung der Gegensätze im Geiste der Gerechtigkeit, die ersehnte Vereinigung der Nationen im Zeichen gemeinsamer Kultur ist Utopie geblieben, unerfüllt und vielleicht nie erfüllbar innerhalb unserer Wirklichkeit.«

Werkausgabe: Zweig, Stefan: Gesammelte Werke in Einzelbänden. Hrsg. von Knut *Beck*. Frankfurt a. M. 1981 ff..
Literatur: *Müller*, Hartmut: Stefan Zweig. Reinbek bei Hamburg 1988; *Gelber*, Mark M. (Hrsg.): Stefan Zweig heute. New York u. a. 1987; *Prater*, Donald A.: Stefan Zweig. Das Leben eines Ungeduldigen. München 1981. *Helmut Scheuer*

Zwerenz, Gerhard
Geb. am 3. 6. 1925 in Gablenz

»Unsere Schreibmaschinen waren nur, was für RWF die Kamera war: Auge, Gedächtnis, Mund.« Das Zitat findet sich in der »Vorbemerkung« eines Buches über den verstorbenen Filmemacher Rainer Werner Fassbinder, mit dem Z. befreundet war, und es spricht von der Produktionsgemeinschaft Gerhard und Ingrid Zwerenz (geb. Hoffmann), die zumeist unter dem Namen Z. firmiert und die auf ihren Schreibmaschinen schon mehr als hundert Bücher produziert hat. Z. verleugnet nicht, daß einige seiner Werke weniger Resultat eines zähen Kampfes um Sprache oder erschöpfender Auseinandersetzung mit literarischen oder gesellschaftlichen Problemen sind, denn Plaudereien für den großen Markt (*Das Lachbuch* wurde beispielsweise über Supermärkte vertrieben). Doch die Trennlinie zwischen den »wesentlichen« und »beiläufigen« Büchern läßt sich so scharf nicht ziehen. So finden sich in einigen Titeln dicht komponierte Passagen neben eher belanglosen, und umgekehrt stößt man auch in beiläufigen Arbeiten auf überraschende Verdichtungen und »anarchische Elemente«.

Die Bücher vermitteln nur selten den Charakter des Abgeschlossenen, häufiger liefern sie Varianten oder ziehen Verbindungslinien zu früheren und enthalten Verweise auf kommende Bücher. Die Vielfalt und Fülle läßt sich nach wiederkehrenden Themen ordnen, wobei freilich die Bücher über Hunde, Katzen oder Sternenglauben vernachlässigt werden: Einmal ist da die Kritik des Stalinismus und des Systems der DDR mit besonderem Blick auf dessen Funktionäre und intellektuelle Repräsentanten; personenorientierte Polemik, die nicht selten gegen den Strom schwimmt mit einem freundlichen Porträt des Alfred Kurella und mit einem boshaften des Stephan Hermlin. Hierher gehören u. a.: *Ärgernisse. Von der Maas bis an die Memel* (1961), *Walter Ulbricht* (1966), *Die Quadriga des Mischa Wolf* (1975), *Antwort an einen Friedensfreund oder längere Epistel für Stephan Hermlin und meinen Hund* (1982), *Die DDR wird Kaiserreich* (1985).

Zum anderen: Kritik der kapitalistischen Lebenswelt und deutscher Traditionen, der Blick auf die Ausgestoßenen und Verlierer wie auf die Machtelite, Kritik der westlichen Intellektuellen und des Literaturmarktes, häufig lokalisiert im »Betonbabel« Frankfurt am Main (in der »A- und B-Ebene« der City); die Bandbreite reicht von Sachbuch und Dokumentarliteratur bis zum Polit-Thriller: *Wider die deutschen Tabus. Kritik der reinen Unvernunft* (1962), *Die Lust am Sozialismus. Ein Wahlgeschenk* (1969), *Bericht aus dem Landesinneren. City-Strecke-Siedlung* (1972), *Der plebejische Intellektuelle* (1972), *Wozu das ganze Theater* (1977), *Die Westdeutschen* (1977), *Wir haben jetzt Ruhe in Deutschland* (1981) etc.

Und dann: Emanzipation und Frustration im Zeichen der »sexuellen Revolution«, vorgeführt nicht nur in theoretischen Reflexionen (»Die großen Pornographien der Weltliteratur sind durchweg gegen die herrschende Moral, gegen deren Wächter und Nutznießer geschrieben«) und zahlreichen erotischen Romanen, sondern auch praktisch unterstützt in der kurzzeitigen Rolle des Verlegers. *Erbarmen mit den Männern* (1968), *Tantenliebe* (1970), *Rasputin* (1970), *Bürgertum und Pornographie* (1971), *Der Sex-Knigge* (1983) etc.

Schließlich Autobiographisches: *Kopf und Bauch. Die Geschichte eines Arbeiters, der unter die Intellektuellen gefallen ist* (1971), *Der Widerspruch. Autobiographischer Bericht* (1974), *Das Großelternkind* (1978), *Vergiß die Träume deiner Jugend nicht* (1989) etc. Unter diesen vier Bereichen ist der letzte gewiß der quantitativ und qualitativ gewichtigste, da er auch die anderen mit umfaßt. Gewiß wäre es falsch zu folgern, daß alle einhundert Bücher Kapitel einer großen Autobiographie sind, doch die autobiographische Brechung der Themen läßt sich bis in Randbereichen oder Rezensionen des Autors ausmachen. Selbst die romanhaften Exkursionen lassen sich als versuchsweise Verwandlungen des Autors in seine Protagonisten verstehen, von Michel Casanova bis zu Rasputin.

Z., im Sächsischen als Sohn eines Arbeiterpaares geboren, aufgewachsen in der Ziegelei der Großeltern, Absolvent einer Lehre als Kupferschmied, freiwilliger Wehrmachtssoldat, Deserteur, Kriegsgefangener in Rußland, Volkspolizist in der DDR, Lehrer und SED-Mitglied, begann 1952 in Leipzig bei Ernst Bloch sein Philosophie-Studium und bald darauf seine publizistische Tätigkeit in der *Weltbühne* und im *Sonntag* sowie als Mitarbeiter des Kabaretts »Pfeffermühle«. Er publizierte z.T. unter Pseudonym (etwa Gert Gablenz) und geriet, nicht nur über seine schriftstellerischen Arbeiten, in Konflikt zur DDR-Staatsführung; seiner drohenden Verhaftung als einer der führenden Köpfe der DDR-Opposition entzog er sich 1957 durch die Flucht nach Westdeutschland. Dort vollzog er mit den autobiographisch getönten Romanen *Aufs Rad geflochten. Roman vom Aufstieg der neuen Klasse* und *Die Liebe der toten Männer* (beide 1959), in denen der Aufstieg der neuen Klasse und der Volksaufstand vom 17. Juni aus der Sicht eines enttäuschten Kommunisten beschrieben werden, einer Sammlung von Parabeln und Satiren unter dem Titel *Gesänge auf dem Markt* (1962) und dem Erzählband *Heldengedenktag* (1964) seinen furiosen Einstieg als Außenseiter in den westdeutschen Literaturbetrieb, der vorerst von anderen Außenseitern – von Erich Fried bis Robert Neumann – Anerkennung fand, und er entwickelte mit den Bänden *Ärgernisse* (Tagebuchaufzeichnungen des DDR-Flüchtlings im westdeutschen Exil) und *Wider die deutschen Tabus* seine genuine Stärke: den polemischen Essay.

Er belebt die Streitkultur mit z.T. absichtsvoll ungerechten Attacken (eine Schriftstellerkollegin nennt er beispielsweise eine »verbale Stalinorgel«), mit Reportagen in teilweise mitreißender Prosa, die manchmal die Nähe zur Groteske zeigt; mit seiner Schreibwut erinnert er nicht selten an sein amerikanisches Vorbild Norman Mailer. Durchgängig ist die literarische Technik der Verschränkung von Fiktion und Dokumenten (von Fotografien bis zu Tagebuch-Fragmenten), sowie die Neigung des Autors zur kurzen Story: »Allerdings erkannte ich, verblüfft und staunend, daß sich meine Kurzgeschichten wie Bausteine zusammenfügen ließen, und es entstehen daraus ganze Gebäude, die Roman zu nennen vieles mich hindert, wiewohl auch manches dafür spricht.« Dem zeitkritischen Schelmenroman um einen sächsischen Nachfahren von Casanova, der von der Pleiße an den Rhein wandert (*Casanova oder der kleine Herr in Krieg und Frieden*, 1966), folgen eine Ulbricht-Monographie, pornographische Romane, Polit-Thriller, Filmbücher, Biographien, »Schulbuchgeschichten«, Essays, ein »Unterhaltungsroman für Pazifisten« (*Venus auf dem Vulkan*, 1982) und eine negative Utopie (*Der Bunker*, 1983).

Nicht zu unrecht zählen die autobiographischen Bände *Kopf und Bauch* und *Der Widerspruch* sowie der Frankfurt-Roman *Die Erde ist unbewohnbar wie der Mond* (1973) der Faßbinder zu seinem umstrittenen Theaterstück (*Der Müll, die Stadt und der Tod*) inspiriert hat, zu den bekanntesten Werken des Autors. Wenigstens zwei seiner späteren Bücher verdienen es, dazugerechnet zu werden: *Die Rückkehr des toten Juden nach Deutschland* (1986) und *»Soldaten sind Mörder«. Die Deutschen und der Krieg* (1988), »ein Buch des ungedämmten Ingrimms« (Ralph Giordano). Inzwischen schreibt Z. auch wieder für das ehemalige Zentralorgan der SED, *Das Neue Deutschland*.

Literatur: *Rohrwasser*, Michael: Der Stalinismus und die Renegaten. Stuttgart 1991; *Janssen*, Tons: Der Schelm als Verfechter einer sexuellen Enttabuisierung in den Sechziger Jahren. Nijmwegen 1981; *Arnold*, Heinz Ludwig: Als Schriftsteller leben. Reinbek bei Hamburg 1979; *Rudolph*, Ekkehardt: Gerhard Zwerenz. Protokoll zur Person. München 1971.

Michael Rohrwasser

Weiterführende Bibliographie

Vorbemerkung: Die Literaturangaben am Schluß der einzelnen Artikel nennen in der Regel neuere bis neueste Publikationen, von denen aus weitergearbeitet werden kann. Soweit es möglich war, wurden stets das Werk und die Biographie umfassende Titel aufgeführt. Zum Teil mußte auf ältere, in einigen Fällen bis ins 19. Jahrhundert zurückreichende Arbeiten verwiesen werden, weil keine vergleichbaren neueren Veröffentlichungen vorliegen. Auch über jüngste Autoren der Gegenwartsliteratur können in einigen Fällen nur Zeitungs- oder Zeitschriftenveröffentlichungen angegeben werden. Generell sei darauf hingewiesen, daß die *Sammlung Metzler* über zahlreiche Autorenbände verfügt, die nicht immer bibliographisch erfaßt wurden; dies trifft auch für die Reihe der *rowohlt monographien* und auf die einzelnen Autoren der deutschen Nachkriegsliteratur gewidmeten Hefte der Reihe *Text + Kritik* zu.

Lexika

Albrecht, Günter u. a.: Lexikon deutschsprachiger Schriftsteller. Von den Anfängen bis zur Gegenwart. Leipzig 1972/Kronberg/Ts. 1974.

Arnold, Heinz Ludwig (Hrsg.): Kritisches Lexikon zur deutschsprachigen Gegenwartsliteratur. (5 Bände) München 1982 ff. Loseblattsammlung.

Barck, Simone/Schlenstedt, Silvia/Bürgel, Tanja/Gier, Volker/Schiller, Dieter (Hrsg.): Lexikon sozialistischer Literatur. Ihre Geschichte in Deutschland bis 1945. Stuttgart 1994.

Brauneck, Manfred (Hrsg.): Autorenlexikon deutschsprachiger Literatur des 20. Jahrhunderts. Reinbek bei Hamburg ³1988.

Brinker-Gabler, Gisela/Ludwig, Karola/Wölffen, Angela: Lexikon deutschsprachiger Schriftstellerinnen von 1600 bis 1945. München 1986.

Deutsches Literatur Lexikon. Biographisches und bibliographisches Handbuch. Begründet von Wilhelm Kosch. Dritte, völlig neu bearbeitete Auflage. Bern/München 1968 ff. Der »Kosch« ist das umfangreichste biographische Lexikon der deutschen Literatur. Bislang sind in der Neubearbeitung fünfzehn Bände erschienen (bis Schnydrig). Die Artikel nennen stichwortartig den Lebenslauf, der Schwerpunkt liegt auf der Bibliographie, die sämtliche Schriften, Ausgaben, Briefe, Gespräche, Nachlaß, Periodica, Dokumente, Einzelbibliographien, Forschungsberichte, Sammelbände, Veröffentlichungen zum Leben, zum Werk und zur Wirkungsgeschichte nennt.

Grimm, Gunther E./Max, Frank R. (Hrsg.): Deutsche Dichter. Leben und Werk deutschsprachiger Autoren. Vom Mittelalter bis zur Gegenwart. 8 Bände. Stuttgart 1988–1990.

Wilpert, Gero von: Deutsches Dichterlexikon. Biographisch-bibliographisches Handwörterbuch zur deutschen Literaturgeschichte. Zweite, erweiterte Auflage. Stuttgart 1976.

Literaturgeschichtliche Darstellungen

Beutin, Wolfgang u.a.: Deutsche Literaturgeschichte. Von den Anfängen bis zur Gegenwart. Vierte, überarbeitete Auflage. Stuttgart 1992.

Geschichte der deutschen Literatur. Von den Anfängen bis zur Gegenwart. Begründet von Helmut de Boor und Richard Newald. 7 Bände. München o.J.

Geschichte der deutschen Literatur. Von den Anfängen bis zur Gegenwart. 12 Bände. Berlin o.J.

Glaser, Horst Albert (Hrsg.): Deutsche Literatur. Eine Sozialgeschichte. 10 Bände. Reinbek bei Hamburg o.J.

Grimminger, Rolf (Hrsg.): Hansers Sozialgeschichte der deutschen Literatur vom 16. Jahrhundert bis zur Gegenwart. 11 Bände (noch nicht vollständig). München o.J.

Meid, Volker: Metzler Literatur Chronik. Werke deutschsprachiger Autoren. Stuttgart 1993.

Schnell, Ralf: Geschichte der deutschsprachigen Literatur nach 1945. Stuttgart 1993.

Wild, Reiner (Hrsg.): Geschichte der deutschsprachigen Kinder- und Jugendliteratur. Stuttgart 1990.

Zmegač, Viktor (Hrsg.): Geschichte der deutschen Literatur vom 18. Jahrhundert bis zur Gegenwart. 3 Bände. Königstein/Ts. o.J.

Ergänzende Nachschlagewerke

Brüggemann, Theodor (Hrsg.): Handbuch zur Kinder- und Jugend-Literatur. 4 Bände. Stuttgart 1982 ff.

Doderer, Klaus (Hrsg.): Lexikon der Kinder- und Jugendliteratur. Personen-, Länder- und Sachartikel zu Geschichte und Gegenwart der Kinder- und Jugendliteratur. In drei Bänden. Weinheim/Basel 1975 ff.

Gnüg, Hiltrud und Möhrmann, Renate (Hrsg.): Frauen Literatur Geschichte. Schreibende Frauen vom Mittelalter bis zur Gegenwart. Stuttgart 1985.

Helferich, Christoph: Geschichte der Philosophie. Von den Anfängen bis zur Gegenwart und Östliches Denken. Zweite, überarbeitete und erweiterte Auflage. Stuttgart 1992.

Lutz, Bernd (Hrsg.): Metzler Philosophen Lexikon. Von den Vorsokratikern bis zu den Neuen Philosophen. Stuttgart 1988.

Paul, Hainer: Illustrierte Geschichte der Trivialliteratur. Hildesheim/Zürich/New York 1983.

Oberhauser, Fred und Oberhauser, Gabi (Hrsg.): Literarischer Führer durch die Bundesrepublik Deutschland. Frankfurt a.M. 1974.

Schultz, Hans Jürgen (Hrsg.): Frauen. Porträts aus zwei Jahrhunderten. Stuttgart 1981.

Schweikle, Günther und Schweikle, Irmgard (Hrsg.): Metzler Literatur Lexikon. Begriffe und Definitionen. Zweite, überarbeitete Auflage. Stuttgart 1990.

Serke, Jürgen: Frauen schreiben. Ein neues Kapitel deutschsprachiger Literatur. Frankfurt a.M. 1982

Verzeichnis der Mitarbeiter

Albert, Claudia (Berlin): Gessner, Hölty, H. Mann, Th. Mann, Novalis

Anz, Thomas (Seefeld-Hechendorf): Einstein, F. Schlegel, Toller

Bachmaier, Helmut (Konstanz): Altenberg, Frischmuth, Grillparzer, A. Grün, Jonke, Schnitzler, Torberg, A. Zweig

Bachorski, Hans-Jürgen (Eckersdorf): Wickram

Backes-Haase, Alfons (Stuttgart): Serner

Baltzer, Burkhard (Berlin): Gerstäcker, Gessner, Hölty, Sealsfield

Bauer, Stefan (München): Brod, Meyrink, Perutz

Bauer, Michael (München): Kisch, Kramer, Lichtenstein

Beck, Angelika (Fürth): Wolfskehl

Becker-Cantarino, Barbara (Columbus, Ohio): von LaRoche

Beckermann, Thomas (Frankfurt a. M.): M. Walser

Berens, Cornelia (Hamburg): Fühmann

Berger, Albert (Klagenfurt): Weinheber

Beutin, Heidi (Köthel/Stormarn): Ebner-Eschenbach

Beutin, Wolfgang (Köthel/Stormarn): Brant, Fischart, Luther, Müntzer, F. Reuter, Rosegger, H. Sachs, Tepl

Blamberger, Günter (Lauf/Pegnitz): Böll, Chamisso, Hildesheimer

Bohnert, Christiane (Cincinnati, Ohio): S. Heym

Bollenbeck, Georg (Siegen): Keller, Meyer, Storm

Borges, Harald (Konstanz): Löns

Braungart, Wolfgang (Gießen): Gotthelf

Braungart, Georg (Tübingen): Nicolai, Wezel

Büchler-Hauschild, Gabriele (Düsseldorf): Freytag

Clausen, Bettina (Hamburg): Henscheid, Schmidt, R. Wolf

Damm, Sigrid (Berlin): Schlegel-Schelling

Dierks, Manfred (Bad Zwischenahn): Muschg

Dietschreit, Frank (Berlin): Enzensberger, Strauß

Dietz, Ludwig (Horb): Auerbach, Blei, Borchardt, Däubler, Gaiser, G. Heym, Kafka, Kolb, Krolow, Lehmann, Schickele, Stadler, Stramm, Wiechert

Duelli, Simone (Stein a. Rhein): Ende

Ehlert, Klaus (Bassum): Schiller

Emmerich, Wolfgang (Bremen): Arendt, Bobrowski, Braun, Celan, Fries, Hein, Leonhard, Plenzdorf

Engel, Manfred (Erlangen): Rilke

Farin, Michael (München): Flake, v. Sacher-Masoch

Ferchl, Irene (Stuttgart): I. Kurz, Marlitt

Gelfort, Claus (Berlin): Strauß

Gönner, Gerhard (Bietigheim-Bissingen): Härtling, Lenau

Görres-Ohde, Konstanze (Hamburg): Görres

Grimm, Gunter E. (Würzburg): Dauthendey, George, Gerstenberg, Hagedorn, Heyse, E. v. Kleist, Liscow, Platen, Werfel

Grunenberg, Antonia (Würzburg): Maron
Guthke, Karl S. (Cambridge, Mass.): Traven
Haarmann, Hermann (Berlin): Kerr
Habersetzer, Karl-Heinz (Baden-Baden): Brentano, Doderer, Hoffmansthal, Nestroy
Hauschild, Jan-Christoph (Düsseldorf): Büchner, Herwegh
Hechtfischer, Ute (Stuttgart): Weisenborn
Heidtmann, Horst (Stuttgart): A. v. Arnim, Becher, Eichendorff, Krüss
Henze, Stefan (Konstanz): Goetz
Hilzinger, Sonja (Jugenheim): Bruyn, Kolmar, Novak, Seghers
Hoben, Josef (Uhldingen-Mühlhofen): Burger, Frank
Hoepner-Péña, Carola (Reichenau): M. v. d. Grün
Hollmer, Heide (München): J. E. Schlegel
Hotz, Karl (Mainz): Czechowski, Fritz, Herrmann-Neiße, Klabund, S. Lenz, N. Sachs,
    Stifter, Strittmatter, Wohmann
Jaegle, Dietmar (Stuttgart): v. Haller
Jansen, Hans (Mainz): Ehrenstein, Musil
Jolles, Charlotte (London): Fontane
Joost, Ulrich (Göttingen): Kraus, Lichtenberg
Karge, Gesine (Berlin): Th. Mann
Kaukoreit, Volker (Wien): Fried
Kienzle, Michael (Stuttgart): Gernhardt, H. Kurz, Simmel, F. Wolf
Kiermeier-Debre, Joseph (Irsee): H. v. Kleist, Kubin, Raimund
Knopf, Jan (Karlsruhe): Brecht, Dürrenmatt, Trakl
Kopitzki, Siegmund (Konstanz): Hacks, Kinder
Kreidt, Dietrich (Stuttgart): Bodmer, Gottsched, Horváth, Kotzebue
Kretschmer, Ernst (Varese): Artman, Ganghofer, Geibel, Morgenstern, Neumann,
    Ringelnatz
Liebel, Helmut (Wiesbaden): Raabe
Liebl-Kopitzki, Waltraut (Konstanz): Born
Limlei, Michael (Heusenstamm): Scheffel
Lohr-Jasperneite, Andreas (Köln): v. Keyserling, Meister
Lutz, Bernd (Stuttgart): Andersch, Bachmann, Fallada, Johst, May, Nossack, Rückert,
    Schröder
Ma-Kircher, Klaralinda (Stuttgart): Herzmanovsky-Orlando
Mack, Gerhard (St. Gallen): Nizon
Marti, Madeleine (Zürich): Reinig
Meid, Marianne (Nürtingen): Andres, Ausländer, Keun, Troll
Meid, Volker (Nürtingen): Abraham a Sancta Clara, Andreae, Angelus Silesius, Anton
    Ulrich, Balde, Beer, Bidermann, Brockes, Dach, Fleming, Gerhardt, Greiffenberg,
    Grimmelshausen, Gryphius, Günther, Harsdörffer, Hoffmann von Hoffmannswal-
    dau, Kuhlmann, Logau, Lohenstein, Moscherosch, Niebergall, Opitz, C. Reuter,
    Rist, Schnabel, Schottelius, Spee, Stieler, Weckherlin, Weise, Zesen, Ziegler und Klip-
    hausen.
Mende, Dirk (Stuttgart): Courths-Mahler, Hoddis, Mehring, Mereau, Remarque,
    Valentin, Vischer

Modick, Klaus (Mollberg/Wiefelstede): Benjamin, Feuchtwanger, E. Jünger
Mork, Andrea (Aachen): R. Wagner
Möhrmann, Renate (Köln): Aston, Hahn-Hahn, Mühlbach
Mülder-Bach, Inka (Berlin): Kracauer
Müller, Wolfgang (Carlisle, Pennsylvania): Biermann
Müller-Hanpft, Susanne (Frankfurt a. M.): Eich
Natter, Wolfgang (Tübingen): Glaeser, Köppen
Naumann, Ursula (Baiersdorf): v. Günderrode, Ullmann
Naumann, Uwe (Hamburg): K. Mann
Neuhaus, Volker (Köln): Grass, Liliencron
Nusser, Peter (Berlin): Schnurre
Ohde, Horst (Hamburg): Arp, Britting, Gomringer, Heißenbüttel, Huchel, Jandl,
    Loerke, Mon, Schwitters, Vring
Petersen, Jürgen, H. (Osnabrück): Frisch
Pix, Gunther (Berlin): R. Walser
Pohl, Christian (Mainz): Hochhuth
Raabe, Paul (Wolfenbüttel): Lasker-Schüler
Ramm, Klaus (Spenge): Rühm
Raub, Annelise (Münster): Miegel
Rector, Martin (Hannover): Jung, Mühsam
Rentsch, Thomas (Duisburg): Ernst
Riedel, Gabriele (Ludwigsburg): Thoma
Riedel, Nicolai (Ludwigsburg): Johnson, Kunert
Riedel, Oliver (Mannheim): Hasenclever, Kesten, Weiss
Rodewald, Dierk (Köln): Heimann, Wassermann
Rohrwasser, Michael (Berlin): Zwerenz
Saalfeld, Lerke von (Stuttgart): Hoffmann v. Fallersleben, Wallraff
Schafroth, Heinz F. (Alfermeé bei Biel): Aichinger
Scheuer, Helmut (Bonn): Hauptmann, Holz, Hutten, Kühn, S. Zweig
Schlaffer, Hannelore (Stuttgart): Goethe
Schlaffer, Heinz (Stuttgart): A. W. Schlegel
Schmähling, Walter (München): Barlach, Gleim, Schlaf
Schmidt, Siegfried J. (Münster): Mayröcker
Schmidt-Dengler, Wendelin (Wien): Herzmanovsky-Orlando
Schmitz, Matthias (Hamburg): Anders, Bernhard, Humboldt
Schmitz-Köster, Dorothee (Bremen): Kant, Kirsch, Morgner
Schneider, Ronald (Oberhausen): Droste-Hülshoff
Schneider, Thomas (Altenstadt/Hessen): Grabbe, Rabener
Schnell, Ralf (Tokyo): Zahl
Scholvin, Regina (Berlin): Karsch
Schön, Erich (Konstanz): Iffland
Schönert, Jörg (Hamburg): Dahn, Ludwig, Sternheim, Wedekind
Schramke, Jürgen (Göttingen): Heinse
Schulz, Genia (Frankfurt a. M.): Fleißer, Müller, Weiss, C. Wolf
Schutte, Jürgen (Berlin): Frischlin, Murner

Schütte, Wolfram (Frankfurt a. M.): Fichte

Schwab, Hans-Rüdiger (Garching): Arndt, B. v. Arnim, Bender, Bergengruen, Bichsel, Dorst, J. Grimm, W. Grimm, Hauff, Hebel, Hrotsvit von Gandersheim, Kerner, Körner, Kunze, LeFort, Loest, Rinser, Schneider, Schwab, Uhland

Schweikert, Uwe (Stuttgart): Canetti, Döblin, Haushofer, Jahnn, Jean Paul, Kaschnitz, Tieck, Varnhagen, Vesper, Wackenroder

Schweikle, Günther (Stuttgart): Ezzo, Frauenlob, Friedrich von Hausen, Gottfried von Neifen, Gottfried von Straßburg, Hadloub, Hartmann von Aue, Heinrich von Veldecke, Heinrich von Morungen, Hugo von Trimberg, Konrad von Würzburg, Neidhart, Nibelungenlied-Dichter, Oswald von Wolkenstein, Otfried von Weißenburg, Pfaffe Konrad, Reinmar, Rudolf von Ems, Stricker, Walther von der Vogelweide, Wittenwiler, Wolfram von Eschenbach

Simon, Hans-Ulrich (Marbach): Mörike, Waiblinger

Sokolowsky, Kay (Hamburg): Friedell

Stark, Michael (Bamberg): Benn, Kaiser

Stein, Peter (Lüneburg): Börne, Gutzkow, Immermann

Stephan, Inge (Aumühle): Bürger, Campe, Claudius, Forster, Gellert, Huch, J. G. Kerner, Knigge, Schubart, Seume

Stich, Susanne (Steißlingen): F. G. Jünger, Kantorowicz, Piontek, Seidel

Stollmann, Rainer (Bremen): Achternbusch, Graf, Kluge

Töteberg, Michael (Hamburg): Fassbinder

Tromsdorf, Kristine (Langgöns): Lewald

Tscherpel, Roland (Hochheim/M.): Hebbel, Kästner

Vaßen, Florian (Hannover): Brinkmann, Busch, Freiligrath, Heine, Weerth

Viering, Jürgen (Bovenden): Dehmel

Vollhardt, Friedrich (Hamburg): Broch, Lessing

Wackwitz, Stephan (Berlin): Hermlin, Hölderlin, H. Lenz, Moritz

Wagner, Hans-Ulrich (Bamberg): Demski, Fuchs, Meckel

Wagner-Egelhaaf, Martina (Konstanz): Handke, Jacobi

Walther, Elisabeth (Stuttgart): Bense

Wehdeking, Volker (Stuttgart): Borchert, Domin, Hesse, W. Koeppen, Zuckmayer

Weißenborn, Birgit (Bremen): Drewitz, Jelinek

Westermann, Klaus (Ravensburg): Roth

Wetzel, Heinz (Toronto): Becker, Müller

Weyergraf, Bernd (Berlin): Tucholsky

Williams, Rhys W. (Dwansea): Bronnen, Kasak, Kipphardt, Langgässer

Wimmer, Susanne (Plettendorf): Kempowski, Kroetz

Winter, Hans-Gerd (Hamburg): Hamann, Herder, Klinger, J. M. R. Lenz, Rühmkorf, Voß, H. L. Wagner, Wellershoff

Witte, Bernd (Düsseldorf): Hessel

Wuthenow, Ralf-Rainer (Frankfurt): Hippel

Zeidler, Lothar (Edison): Carossa, Edschmid

Zimmermann, Bernhard (Konstanz): E. T. A. Hoffmann, Wieland

Zimmermann, Harro (Weyhe): Klopstock

Personenregister

Bildquellen

Archiv für Kunst und Geschichte, Berlin 566.
Rolf Becks, Nieder-Ramstein 727.
Bildarchiv Preussischer Kulturbesitz, Berlin 19,
26, 102, 111, 135, 160, 172, 246, 272, 277,
283, 379, 386, 391, 396, 402, 403, 428, 446,
473, 481, 488, 525, 527, 533, 543, 547, 550,
568, 587, 601, 603, 607, 610, 633, 653, 656,
676, 681, 757, 790, 800, 828, 848, 876.
Bilderdienst Südd. Verlag, München 2, 7, 17, 57,
69, 106, 108, 117, 125, 129, 143, 145, 147,
175, 195, 207, 261, 301, 328, 368, 413, 436,
438, 454, 456, 493, 521, 561, 583, 592, 625,
630, 665, 689, 701, 755, 776, 784, 788,
812, 820, 825, 834, 838, 840, 853, 866, 872,
883.
Büchergilde Gutenberg, Frankfurt/M. 786.
Claassen Verlag, Hildesheim 320.
Deutsche Presse Agentur, Stuttgart 92, 186
(Foto: D. Klar).
Deutsches Literaturarchiv/Schiller National-
museum, Marbach/N. 73, 86, 120, 127, 149,
162, 165, 167, 174, 182, 201, 211, 213, 217,
234, 238, 249, 253, 309, 316, 322, 324, 348,
375, 376, 382, 385, 388, 410, 424, 433, 440,
444, 452, 469, 479, 489, 498, 499, 500, 503,
512, 519, 530, 531, 534, 555, 563, 571, 574,
576, 640, 648, 664, 667, 685, 694, 708, 709,
711, 730, 741, 743, 751 (© Chr. Schad by
G. A. Richter, Rottach-Egern), 758, 760,
766, 792, 803, 808, 815, 829, 850, 870, 879,
881.
Droemer-Knaur Verlag, München 233.
S. Fischer Verlag, Frankfurt/Main 429, 460.
Freies Deutsches Hochstift/Frankfurter Goethe Museum, Frankfurt/Main (Fotografin:
Ursula Edelmann) 254, 344, 719, 807, 809,
810.
Brigitte Friedrich, Köln 75, 99, 137, 168, 197,
252, 347, 363, 416, 422, 462, 490, 606, 686,
697, 846, 859.
Hamburger Theatersammlung/Archiv Rosemarie Clausen 81.
Heinrich-Heine-Institut, Düsseldorf 331, 350.
Elisabeth Henrichs, Frankfurt/Main 340.
Dr. Wolfgang u. Inge Henze-Ketterer, Wich-
tracht/Bern 30.
Herzog August Bibliothek, Wolfenbüttel 16,
21, 49, 104, 139, 200, 225, 245, 297, 308,
513, 559, 612, 615, 629, 643, 737, 762, 836.

Historia-Photo, Hamburg 1, 97, 119, 123, 132,
134, 193, 205, 209, 235, 241, 248, 251, 264,
266, 268, 280, 287, 289, 291, 292, 296, 304,
337, 339, 378, 390, 398, 400, 536, 558, 627,
636, 655, 669, 679, 688, 703, 721, 725, 746,
753, 779, 823, 855, 868, 874.
Interfoto Pressebild, München 9, 12, 22, 32,
36, 45, 52, 71, 79, 81, 140, 153, 189, 222,
285, 318, 361, 371, 408, 420, 435 (Foto:
R. Meisel), 449, 451, 465, 474, 486, 502,
510, 541, 594, 597, 599, 618, 636, 638, 692,
735, 738, 744, 750, 763, 782, 816, 864.
Keystone Pressedienst, Hamburg 5, 90, 154,
220, 229, 232, 243, 365, 426, 442, 495, 523,
646, 663, 772, 797.
Renate von Mangoldt, Berlin 50, 367, 620,
699, 706.
Leonore Mau, Hamburg 191, 406.
Roger Melis, Berlin 231, 294, 393, 747.
Niedersächsische Landesbibliothek, Hannover
276.
Isolde Ohlbaum, München 47, 61, 64, 67, 84,
109, 158, 177, 215, 226, 274, 286, 305, 458,
467, 506, 507, 514, 515, 565, 590, 609, 651,
672, 817, 860.
Österreichische Nationalbibliothek, Wien 671.
Residenz Verlag, Salzburg 352.
Rhein. Bildarchiv/Wallraf Richartz-Museum,
Köln 270.
Jörg Schröder (März Verlag) 802.
Staatsbibliothek/Bildarchiv preuss. Kulturbe-
sitz, Berlin 41, 101 (Foto: W. Pabst).
Staatsbibliothek München 795.
Stadtarchiv Darmstadt 645.
Stadtarchiv u. Wissenschaftl. Bibliothek, Bonn
24.
Liselotte Strelow 604.
Ullstein Bilderdienst, Berlin 38 (Foto: H. Cro-
ner), 43, 54, 156, 179, 227 (Foto: H. Tappe),
314, 326, 342, 354, 359, 518, 539, 585
(Foto: J. Ritter), 616, 660, 769, 842.
Universitätsbibliothek, Heidelberg 263, 312,
496, 556, 658, 674.
Universitätsbibliothek, Hamburg 219, 263,
336, 556.
Verlag J. B. Metzler, Stuttgart/Weimar 28, 59,
299, 732, 832.
Zentralbibliothek, Zürich 34.